# ÔL-RYFEL I ÔL-FODERN:

## BYWGRAFFIADUR ARTISTIAID CYMRU

Cyhoeddwyd yn 2015 gan Wasg Gomer, Llandysul, Ceredigion SA44 4JL

www.gomer.co.uk

ISBN 978 1 84851 944 2

Mae cofnod CIP o'r llyfr hwn ar gael gan y Llyfrgell Brydeinig.

Dylunio'r llyfr a'r siaced: www.designworld.co.uk
Cyfieithu: Afiaith

Dymuna'r cyhoeddwyr gydnabod cymorth ariannol Cyngor Llyfrau Cymru, ynghyd â chefnogaeth
Ymddiriedolaeth Celf Brycheiniog, Cymdeithas Celfyddyd Gyfoes Cymru, Ymddiriedolaeth Derek Williams,
Ymddiriedolaeth Gibbs, Ymddiriedolaeth Morel, a chyfranwyr preifat.

Argraffwyd a rhwymwyd yng Ngwasg Gomer, Llandysul, Ceredigion SA44 4JL

Clawr blaen: Yr artistiaid Paul Davies, sy'n dal *Welsh Not*, a Mario Merz
yn yr Eisteddfod Genedlaethol Cymru, Wrecsam 1977
Clawr cefn: Anna Lewis *Vanished – feather wrap* 2001

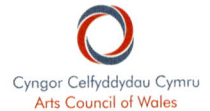
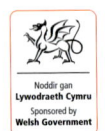
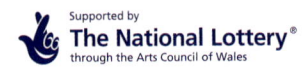
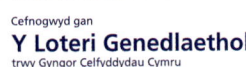
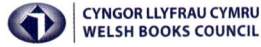

# ÔL-RYFEL I ÔL-FODERN:

## BYWGRAFFIADUR
# ARTISTIAID
# CYMRU

PETER W JONES AC ISABEL HITCHMAN

Gomer

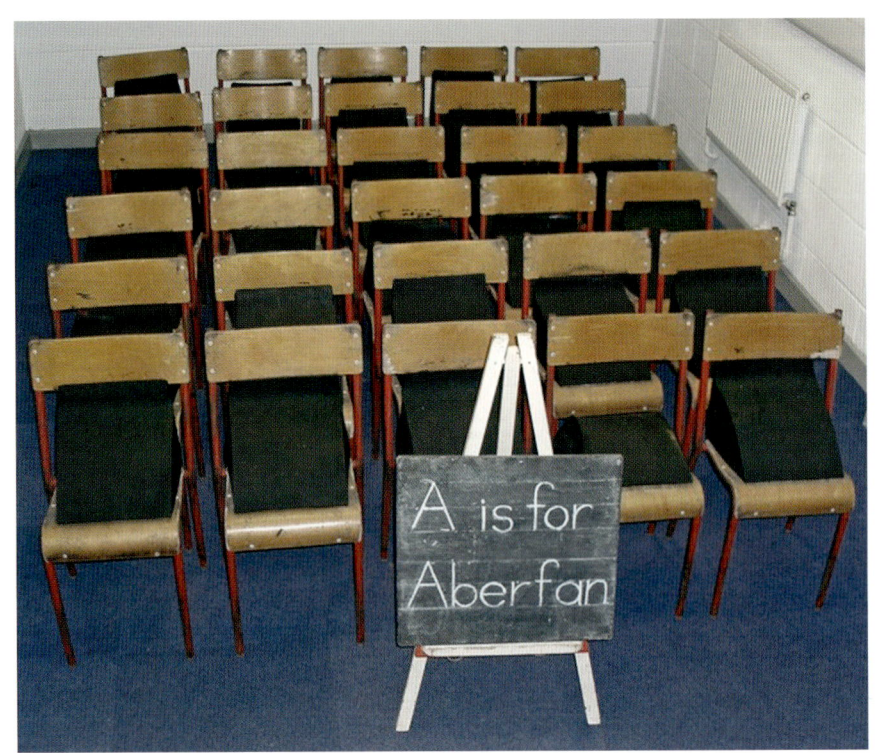

David Garner *A is for Aberfan 1999*

# CYNNWYS

# RHAGAIR GAN Y LLYWYDD

Fe'm hatgoffir, gan y rheini a ŵyr, i *Ôl-ryfel i Ôl-fodern: Bywgraffiadur Artistiaid Cymru* gael ei ysbrydoli'n rhannol gan sylw a wnes i ar ddiwedd y 1980au neu ddechrau'r 90au, wrth uwch-swyddogion hir eu gwasanaeth yn Adran Gelf Cyngor Celfyddydau Cymru. 'Rwy'n poeni', dywedais i, 'am beth fydd yn digwydd i'r holl wybodaeth am artistiaid a'r celfyddydau gweledol yng Nghymru sydd ym mhennau Peter Jones ac Isabel Hitchman – os na fydd yn cael ei gofnodi'. Camwch ymlaen ar hyd y blynyddoedd ac mae Peter Jones arall – meddyg sydd wedi ymddeol, wedi'i ysbrydoli, yn ei achos yntau, gan gasglu celf – a'r cyn-swyddog o CCC gyda chydweithwyr ymroddedig o'r un anian, wedi ceisio cofnodi gwaith rhai o'r artistiaid yng Nghymru, yn eu cyd-destun, dros y trigain mlynedd a rhagor diwethaf.

Nid y nhw, wrth gwrs, fu'r unig rai i roi cynnig ar ddogfennu cyfnod penodol a'i ddwyn i gynulleidfa ehangach. Mae'r sylw ysgolheigaidd a roddir i artistiaid yng Nghymru wedi cynyddu yn ystod y blynyddoedd diwethaf. Fodd bynnag, hwn yw'r ymgais rwyf wedi bod yn gysylltiedig ag ef, fel Llywydd 'Prosiect y Bywgraffiadur'. Fel y cyfryw, testun rhyddhad a phleser yw cael gweld o leiaf un cyfnod o fywiogrwydd a chyfoeth creadigol rhyfeddol wedi'i gofnodi yng ngyrfaoedd artistiaid a fu'n gweithio yr adeg honno ac sydd, mewn llawer o achosion, yn dal i weithio yn niwylliant gweledol Cymru. Cenedl gerddorol ydym ni (Diolch i'r Arglwydd), i gamddyfynnu Dylan Thomas ryw fymryn, ac rydym yn adnabyddus hefyd fel un lenyddol; rydym hefyd yn cynhyrchu dawn artistig sydd, ar ei gorau, nid yn unig yn cipio'r anadl, ond yn hafal ag unrhyw dalent artistig yn y byd. Yn wyneb fy mhryder gynt, testun rhywfaint o foddhad yw cynnwys y tudalennau a ganlyn.

*Mathew Prichard*
*Brynbuga*
*Rhagfyr 2014*

1

# RHAGAIR

*Ôl-ryfel i Ôl-fodern: Bywgraffiadur Artistiaid Cymru* yw'r arolwg darluniedig cyntaf o yrfaoedd artistiaid ac artistiaid cymhwysol sydd wedi cyfrannu at ddatblygu'r celfyddydau gweledol a'r celfyddydau cymhwysol yng Nghymru dros y chwe deg mlynedd diwethaf. Hyd yn hyn, ni fu gwaith cyfeirio manwl cynhwysfawr a chyfredol am gelf fodern a chyfoes a chelf gymhwysol yng Nghymru. Er y ceir cyfrolau nodedig sy'n ymdrin ag agweddau ar gelf yng Nghymru o wahanol safbwyntiau, nid oes yr un sy'n cyflawni swyddogaeth gynhwysfawr y bywgraffiadur.

Mae'r *Bywgraffiadur* yn olynydd i lyfr gwerthfawr Kirstine Brander Dunthorne *Artists Exhibited in Wales 1945–74* (Cyngor Celfyddydau Cymru 1975), a chyfrol helaeth David Buckman *Artists in Britain since 1945* (Art Dictionaries Cyf 1998, wedi'i diwygio 2006). Erbyn hyn, ceir ffynonellau ar-lein, yn enwedig *Contemporary Artists in Wales (The Visual Arts since c. 1950)*, wedi'i golygu gan Herbert E Roese; *Axis*, sy'n hybu artistiaid byw; gwefannau llawer o artistiaid unigol a gwefan y BBC ac *Your Paintings* Sefydliad y Catalog Cyhoeddus. Mae'r *Bywgraffiadur* yn darparu gwybodaeth helaeth ac ymchwil wreiddiol sy'n ategu *Art in Wales: An Illustrated History 1850–1980* gan Eric Rowan (Cyngor Celfyddydau Cymru/Gwasg Prifysgol Cymru 1985); dwy gyfrol o drioleg Peter Lord, *Diwylliant Gweledol Cymru: Y Gymru Ddiwydiannol* (1998) a *Delweddu'r Genedl* (2000) (y ddwy wedi'u cyhoeddi gan Ganolfan Uwchefrydiau Cymreig a Cheltaidd Prifysgol Cymru/Gwasg Prifysgol Cymru) a *Gwyddoniadur Cymru yr Academi Gymreig*, a olygwyd gan John Davies ac eraill (Gwasg Prifysgol Cymru 2008).

Mae ail hanner yr ugeinfed ganrif a degawd cyntaf yr unfed ganrif ar hugain wedi bod yn gyfnod cyfoethog yn y celfyddydau gweledol a'r celfyddydau cymhwysol yng Nghymru. Erbyn y chwe degau, roedd darbodaeth ac agweddau ôl-ryfel wedi colli eu gafael. Mewn achosion niferus, dechreuodd artistiaid ymroddedig y genedl dderbyn rhywfaint o gefnogaeth galonogol gan orielau cyhoeddus a phreifat, y Cyngor Celfyddydau, sefydliadau ac asiantaethau cenedlaethol, strategaethau llywodraeth leol ac yn ddiweddar, y Loteri Genedlaethol. Yn ystod y cyfnod dan sylw yn y *Bywgraffiadur*, yn raddol daeth artistiaid ac artistiaid cymhwysol yng Nghymru'n fwy amlwg ar y llwyfan rhyngwladol.

Bydd y cyhoeddiad hwn, sy'n ymddangos mewn argraffiadau Cymraeg a Saesneg, o ddefnydd i'r rheini sy'n gweithio yn y celfyddydau gweledol a chymhwysol; i athrawon, pobl ifanc a myfyrwyr o bob oed, mewn addysg lawnamser, ran amser neu sy'n addysgu eu hunain; i addysgwyr, trefnyddion a churaduriaid orielau; i staff mewn tai arwerthu, sydd, yn gynyddol, angen gwybodaeth am Gymru; i'r rheini sy'n comisiynu ac sy'n casglu gwaith artistiaid ac i artistiaid, haneswyr a beirniaid celf. Ei nod yw hyrwyddo gwybodaeth am y celfyddydau gweledol a'r celfyddydau cymhwysol yng Nghymru, o fewn ffiniau'r genedl ac yn rhyngwladol.

Mae tair rhan i'r *Bywgraffiadur*: traethawd rhagarweiniol gan Dr Ifor Davies, sy'n darparu trosolwg sy'n disgrifio mudiadau a sefydliadau yng Nghymru er 1945; bywgraffiadau byrion o artistiaid gweledol a chymhwysol sy'n gweithio mewn cyfryngau newydd a thraddodiadol; a darluniau, rhai lliw a rhai du a gwyn.

Y meini prawf er mwyn cynnwys artist oedd pedwar o'r canlynol. Rhaid oedd bod artist:

- wedi'i eni yng Nghymru neu o dras Gymreig;

- wedi byw/yn byw a/neu wedi gweithio/yn gweithio yng Nghymru;

- wedi hyfforddi fel ymarferwr yn y celfyddydau neu'r celfyddydau cymhwysol yng Nghymru;

- wedi arddangos yng Nghymru (gan gynnwys sioeau ar y cyd) deirgwaith o leiaf ac unwaith o leiaf mewn gofod arddangos a ariannwyd yn gyhoeddus yng Nghymru;

- wedi cael ei gomisiynu i wneud gwaith i leoliadau sy'n hygyrch i'r cyhoedd yng Nghymru;

- wedi cynnal preswyliadau yng Nghymru;

- wedi derbyn grantiau, gwobrau neu fwrsarïau gan Bwyllgor Cymreig Cyngor Celfyddydau Prydain Fawr/Cyngor Celfyddydau Cymru;

- yn gwneud/wedi gwneud gwaith ac iddo gyfeiriadau uniongyrchol at Gymru;

- wedi cael gwaith wedi'i brynu i, neu gan, gasgliad neu archif gyhoeddus yng Nghymru.

Mae'r Golygydd hefyd wedi dyfarnu ynghylch rhai artistiaid sy'n cyrraedd llai o'r meini prawf ond y byddai eu henw da'n golygu yr ymddangosai'n afresymol i'w hepgor neu y mae eu cyfraniad i fyd y celfyddydau yng Nghymru fel pe bai'n cyfiawnhau eu cynnwys.

Yn hytrach na darlunio pob artist, penderfynwyd cyflwyno detholiad cyforiog o ffotograffau da o ddelweddau trawiadol, mewn lliw a du a gwyn, gan gyflwyno amrywiaeth y cyfnod o ran cyfryngau a disgyblaeth weledol, a rhyw'r artist, yr adeg yn ei yrfa a'i leoliad daearyddol. Ffactorau eraill oedd yn rheoli'r dethol oedd maint, argaeledd a fforddiadwyedd y delweddau.

Ymgymerwyd â chyhoeddi'r *Bywgraffiadur* gan dîm o arbenigwyr – gwirfoddol yn bennaf – mewn amrywiaeth o feysydd. Menter o eiddo Dr Peter W Jones ydyw, casglwr a noddwr y celfyddydau a Chadeirydd y Grŵp Golygyddol. Aelodau'r Grŵp yw'r Is-Gadeirydd, Dr Ceri Thomas, artist, hanesydd celf a Churadur ym Mhrifysgol De Cymru (Prifysgol Morgannwg gynt), Pontypridd; Gareth Davies, cyn-Ysgrifennydd a Chadeirydd Cymdeithas Celf Gyfoes Cymru; Dr Ifor Davies, artist, hanesydd celf a Llywydd blaenorol yr Academi Frenhinol Gymreig; Oliver Fairclough, Ceidwad Celf, Amgueddfa Cymru, Caerdydd; Tessa Hartog, gweinyddwr yn y celfyddydau, gynt gyda Chyngor Celfyddydau Cymru ac Artes Mundi; Sue Hiley Harris, cerflunydd-wehydd; Isabel Hitchman, cyn uwch-swyddog gyda Chyngor Celfyddydau Cymru. Bu Martin Barlow, cyn Gyfarwyddwr, Oriel Mostyn, yn ymwneud â'r prosiect yn y dyddiau cynnar. Mathew Prichard CBE, DL yw Llywydd *Prosiect y Bywgraffiadur*.

Darparodd Oliver Fairclough le yn Amgueddfa Cymru ar gyfer cyfarfodydd a bu'n cynorthwyo bob cam gyda chyngor, yn dod ag arbenigedd o'r Adran Gelf ac yn drafftio cofnodion ar gyfer yr artistiaid ymadawedig mwyaf adnabyddus. Daeth Dr Ifor Davies â'i holl ysgolheictod at ysgrifennu'r Cyflwyniad. Bu Tessa Hartog, Ysgrifennydd/Trysorydd y prosiect ac ar brydiau yn amanuensis, yn drafftio cofnodion a hi a fu'n gyfrifol am wiriad cyntaf yr holl destunau golygedig. Hwylusodd Gareth Davies gymorth hanfodol gan Gymdeithas Celf Gyfoes Cymru. Darparodd Dr Ceri Thomas, un o'r aelodau cynharaf, wybodaeth arbenigol am yrfaoedd artistiaid yn ne Cymru, yn enwedig, fel a wnaeth Sue Hiley Harris, i artistiaid yng nghanolbarth Cymru. Cymerodd yr aelodau ofal manwl wrth adolygu eu cofnodion drafft. Bu Isabel Hitchman yn ysgrifennu ac yn golygu.

Cynorthwyodd Valmai Ward, cyn-weinyddwr yn y celfyddydau gyda Chyngor Celfyddydau Cymru, ag ymchwil i'r *Bywgraffiadur*, gan ddod o hyd i wybodaeth am artistiaid ac artistiaid cymhwysol ymadawedig ac anadnabyddus (wedi'i thynnu'n arbennig o'r archifau a ddelir gan Lyfrgell Genedlaethol Cymru), ynghyd â'r delweddau a bu hefyd yn drafftio cofnodion.

Y cofnodion sy'n ffurfio prif swmp *Y Bywgraffiadur*. Yn ychwanegol at yr awduron y soniwyd amdanynt eisoes, bu Janet Jones, cyn Gofrestrydd Cynorthwyol Cofrestrfa Prifysgol Cymru, Caerdydd, yn cydweithio â'i gŵr, y Cadeirydd, Peter W Jones, ar ddrafftio dros eu hanner. Gwnaeth Peter Jones filoedd o alwadau ffôn i gael hyd i artistiaid ac i'w hannog i ymateb i'r holiadur a ffurfiodd sail y rhan fwyaf o'r wybodaeth fywgraffyddol yn y cofnodion.

Cyhoeddir y Bywgraffiadur mewn argraffiadau Cymraeg a Saesneg, a Martin Davis a Siân Saunders, cwmni cyfieithu Afiaith, â'u cyd-gyfieithydd, Elin ap Hywel a gyflawnodd y dasg o greu'r argraffiad Cymraeg gyda haelioni ac amynedd. Gyda diolch yn fawr iddynt, a hefyd i Ceri Davies a Louise Mock o Designworld, a fu'n gyfrifol am ddiwyg dwy gyfrol y Bywgraffiadur. Bu'r gwaith cyfieithu a'r gwaith dylunio yn dasgau anferth.

Er bod diolch a gwerthfawrogiad y Cadeirydd a'r Golygydd yn ddyledus i'w holl gydweithwyr rhaid i'w diolch pennaf fynd i'r artistiaid a'r artistiaid cymhwysol eu hunain, ac i'w teuluoedd, a ymatebodd mewn modd mor hael ac, yn aml iawn, yn ddiymdroi i geisiadau am wybodaeth. Yn aml, gwnaed hyn gyda gofal a dirnadaeth hynod gywir o ran y manylion y gofynnwyd amdanynt, a bu sawl ymatebwr yn helpu gyda chysylltiadau eraill. Mae llawer o gofnodion wedi dibynnu ar yr wybodaeth a roddwyd gan artistiaid ac artistiaid cymhwysol. Yr unig wiriadau y gallodd awduron *Y Bywgraffiadur* eu gwneud oedd rhai er eglurder ac ychwanegu manylion coll hanfodol.

Yn anochel, ni all y cyhoeddiad hwn ond cyflwyno cipolwg ar yrfaoedd yr artistiaid a'r artistiaid cymhwysol hynny sydd wedi'u cynnwys. Bydd y rheini sy'n dal i weithio wedi symud ymlaen er dyddiad cau coladu'r

wybodaeth, ac efallai fod gwaith y rheini sydd wedi ein gadael bellach wedi bod ar ddangos ers hynny. Fodd bynnag, mae *Ôl-ryfel i Ôl-fodern: Bywgraffiadur Artistiaid Cymru* yn cyflwyno darlun o'r byd celf a chelf gymhwysol ar ddechrau'r unfed ganrif ar hugain yn ogystal â thrwy gydol y trigain mlynedd blaenorol.

*Peter W Jones, Cadeirydd, Y Grŵp Golygyddol*
*Isabel Hitchman, Golygydd*
*Caerdydd*
*Rhagfyr 2014*

# CYDNABYDDIAETHAU

Cydnabyddwn gyda diolch y cymorth ariannol gan:

Gyngor Celfyddydau Cymru a fu hefyd yn rhoi cymorth ymarferol wrth ddosbarthu'r holiaduron i artistiaid ac artistiaid cymhwysol, gyda'r ohebiaeth ar y dechrau a chyda mynediad i ffeiliau artistiaid nad ydynt yn gyfrinachol;

Ymddiriedolaeth Derek Williams a ariannodd waith yr ymchwilydd, ac a roddodd gymorth at y cyhoeddi;

Cyngor Llyfrau Cymru a Chymdeithas Celf Gyfoes Cymru, a roddodd, y naill a'r llall, gymorth tuag at y cyfieithu Cymraeg;

Ymddiriedolaeth Gelf Brycheiniog, Ymddiriedolaeth Elusennol Gibbs, Ymddiriedolaeth Elusennol Morel, a thri chyfrannwr anhysbys, a roddodd oll gymorth at y cyhoeddi.

Hoffem hefyd gydnabod, gyda llawer o ddiolch: Y llythyrau cefnogaeth cynnar gan yr Athro Geraint H Jenkins, Uwch-gymrawd Mygedol, Y Ganolfan Uwchefrydiau Cymreig a Cheltaidd, Aberystwyth; Jenni Spencer Davies, Curadur Oriel Gelf Glynn Vivian, Abertawe, Iwan Bala, artist, awdur a darlithydd; Yr Athro Meic Stephens, Prifysgol Morgannwg gynt (Prifysgol De Cymru erbyn hyn); Yr Athro Michael Connolly, cyn Bennaeth Ysgol, Dyniaethau a Gwyddorau Cymdeithasol, Prifysgol Morgannwg (Prifysgol De Cymru erbyn hyn); John Upton, cyn Swyddog Addysg, Oriel Gelf Glynn Vivian, Abertawe; y ddiweddar Tamara Krikorian, cyn Gyfarwyddwr, Cywaith Cymru; y diweddar Arthur Giardelli, artist a Llywydd Grŵp 56 Cymru; Dr Kim Howells; Andrew Green, cyn Lyfrgellydd, Llyfrgell Genedlaethol Cymru ac eraill;

Y cymorth hael mewn nwyddau gan Edwards Geldard a ddarparwyd gan Rowland Davies, Ceri Delemore, Felicity Sheppard; gan John Davies o Groves Davey; a chan Huw John;

Cefnogaeth staff, cynt a phresennol, Cyngor Celfyddydau Cymru, yn enwedig Anthony Owen-Hicks; David Alston; Angela Blackburn; Nathalie Camus; Yvonne Cheal; Alyn Coleman; Iestyn Davies; Emma Geliot;

Y cymorth a roddwyd gan Elwyn Jones a Richard Owen, Cyngor Llyfrau Cymru;

Diddordeb cynnar Michael Connolly a Ron Cobley, cyn-gydweithwyr adrannol ym Mhrifysgol De Cymru a ymchwiliodd i'r posibilrwydd o gyhoeddiad ar-lein;

Y cynnig hael o ran cymorth gyda'r delweddau gan William Gibbs, Ymddiriedolaeth Gelf Brycheiniog, a'r Athro Bryan Hibbard, Cymdeithas Celf Gyfoes Cymru;

Cymorth parhaus staff Amgueddfa Cymru, yn enwedig staff yr Adran Gelf: Clare Smith, Rheolwr Casgliadau; Tim Egan, cyn Gofrestrydd; Dominik Hurthe, intern; Carolyn Cheadle, Ysgrifennydd; John Kenyon, Louise Carey a staff y Llyfrgell; Mari Gordon, Pennaeth Cyhoeddiadau; Catherine Jones, cyn-Gyfieithydd, yr Adran Gyhoeddiadau;

Y cymorth a roddwyd gan staff Llyfrgell Genedlaethol Cymru a'i Hystafell Ddarllen, gan gynnwys Nia Wyn Griffiths, Paul Joyner, Michael J Pearson;

Yr wybodaeth, catalogau, cyngor a'r awgrymiadau ynglŷn ag olrhain artistiaid neu eu teuluoedd a'r cymorth wrth gysylltu â nhw a gynigiwyd yn llawen ac yn effeithlon gan staff ac aelodau, cynt a phresennol, orielau ac amgueddfeydd, gan gynnwys: Ron Adam, Crefft yn y Bae, Caerdydd; Nigel Blackamore, Amgueddfa ac Oriel Gelf Brycheiniog,

Aberhonddu; Richard Braine, Fountain Fine Art, Llandeilo; Christopher Brown, Anthony Shapland, g39, Caerdydd; Oriel Celf, Abertawe; Canolfan Gelfyddydau Chapter, Caerdydd; Christopher Coppock a Karen Ingham, Ffotogallery; Richard Cox, Oriel Gerddi Howard, Caerdydd; Oriel Crane, Abertawe; Roger Cucksey, Sandra Jackaman a Robin Hawkins, Amgueddfa ac Oriel Casnewydd; Gwern Evans, Oriel Rhiannon, Canolfan Aur Cymru, Tregaron; Rosie Evans, Canolfan Sainsbury i'r Celfyddydau Gweledol; Gaynor Hill, Ruth Cayford, Neuadd Dewi Sant, Caerdydd; Ellie Dawkins, Oriel Gelf Glynn Vivian, Abertawe; Ann Dorsett, Amgueddfa Sir Gaerfyrddin; Amanda Farr, Oriel Davies, Y Drenewydd, Powys; John Faulkner, Art Matters, Dinbych-y-pysgod; Carol Fern, Hannah Lee, Oriel Albany, Caerdydd; Barbara Geddes, Oriel Countryworks, Trefaldwyn; Carol Griffiths, Oriel Tegfryn, Porthaethwy; y ddiweddar Jane Griffiths, Oriel Mission, Abertawe; Philip Hughes, Jane Gerrard, Dewi Lloyd, Canolfan Grefft Rhuthun; Victoria James, Oriel y Golden Sheaf, Arberth; Bethan Jones, ac eraill, Yr Academi Frenhinol Gymreig, Conwy; Cassandra Jones, Rhian a Neil Kooy, Oriel Kooywood, Caerdydd; Ian Jones, Swyddog Amgueddfeydd y Sir, Oriel Ynys Môn; Tom Learmonth, Oriel Dwr Fach, Caerfyrddin; Bethan Lewis, Sain Ffagan: Amgueddfa Werin Cymru; Neil Holland a Robert Meyrick, Amgueddfa ac Oriel yr Ysgol Gelf, Prifysgol Aberystwyth; Oriel Linda Norris, Maenclochog; Oriel Mostyn, Llandudno; Enid Piercy, Oriel Rob Piercy, Porthmadog; Wendy Powell-Jones, Oriel y Bont, Llandeilo; Sian Povey, Mari Lewis-Jones, Oriel Plas Glyn-y-Weddw, Llanbedrog; Nia Roberts, Oriel Mostyn, Llandudno (a Chymru yn Fenis); David ac Alexandra Roe, Oriel yr Atig, Abertawe; Fiona Ryall, Oriel Green, Rhosili; Canolfan Gelfyddydau Taliesin, Abertawe; Dr Ceri Thomas, Oriel y Bont, Prifysgol De Cymru; Martin Tinney, Myfanwy Sheney, Oriel Martin Tinney, Caerdydd; Wimke Wakley, Oriel Mount Street, Aberhonddu; Tracey Watkins, Canolfan Gelfyddydau Gorllewin Cymru, Abergwaun;

Y cymorth, sylweddol yn aml, gan unigolion niferus gan gynnwys:
Tony Ainsworth, Cymdeithas y Crochenwyr Crefft; Joan Baker, artist; Paul Beauchamp, artist; Kirstine Brander Dunthorne, hanesydd celf ac ymchwilydd yn Oriel Gelf Glynn Vivian, Abertawe, a'r cyn Uwch-ddarlithydd, Prifysgol Fetropolitan Abertawe; Stuart Brereton, cynghorydd TG; Elspeth Broady; Michelle Brown, Peter Castle, Anna Hayes a Mark Narusberg, Prifysgol Fetropolitan Caerdydd; David Buckman, awdur a newyddiadurwr; Peter Clee a Jean Williams, Cymdeithas Celf Gyfoes Cymru; Clare Colvin, Y Gronfa Gelf; Howard Evans, Ymddiriedolaeth Derek Williams; Sally Freeman, Diana Hale, Y Cyngor Crefftau, Llundain; William Gibbs, dyngarwr; Llinos Harries, Cymru yn Fenis; Dr Cathy Hartog, cynghorydd TG; Bryan Hibbard, Cymdeithas Celf Gyfoes Cymru; Stephen Hill, Manor House Fine Arts gynt; Sol Jorgensen, artist; Radovan Kraguly, artist; Don Llewellyn, Cymdeithas Hanesyddol Pentyrch a'r Cylch; Mary Lloyd Jones, artist; Nicola Morgan, Celfyddydau Rhyngwladol Cymru; David Moore, hanesydd celf; Michael Nixon, ymgynghorydd yn y celfyddydau; Bart O'Farrell, artist; Emrys Parry, artist; Dr Anne Price-Owen, hanesydd celf, Prifysgol Fetropolitan Abertawe; Dr Heike Roms, Prifysgol Aberystwyth; Susan Sands, artist; John Sansom, Sansom and Co; Maurice Sheppard, artist; Jeffrey Steele, artist; Philippa Talbott, Mitchell Beazley publishers; Margaret Tietze, artist, Grŵp 75; Robyn Tomos, Eisteddfod Genedlaethol Cymru; Dr Peter Wakelin, hanesydd; Joyce Wells, Prifysgol Fetropolitan Abertawe; David Wynn Millward, artist;

Yr holl artistiaid ac artistiaid cymhwysol, ffrindiau a chydweithwyr artistiaid ymadawedig ac eraill a ymatebodd yn frwd, yn gwrtais ac yn gyflym i geisiadau am help a gwybodaeth, a – lle oedd yn berthnasol – a helpodd i daenu'r gair drwy sôn am *Ôl-ryfel i Ôl-fodern: Bywgraffiadur Artistiaid Cymru* yn eu cyhoeddiadau;

Axis – yr Adnodd Ar-lein ar gyfer Celf Gyfoes;

Y cyfranwyr i'r Cyflwyniad y rhestrir eu henwau yno.

# CYFLWYNIAD

Ers i gelf a'i hanes ddatblygu fel astudiaeth ar wahân yn y ddeunawfed ganrif, cafwyd aml brototeip bywgraffiadur yn y maes. Bu'r athronydd Denis Diderot (1713–84) yn cyplysu artistiaid ag ysbryd yr oes ynghyd â'u tarddiad cenedlaethol. Parhawyd â'r gwaith casglu a dosbarthu gwybodaeth gan arwain at gyhoeddi bywgraffiaduron celf o bwys yn ystod yr ugeinfed ganrif.

Bywgraffiadur 'artistiaid Cymru' yw'r cyhoeddiad presennol hwn yn hytrach nag 'artistiaid Cymreig'. Yn aml, mae'r cwestiwn 'beth yw celf Gymreig?' yn rhagdybio bod rhyw un arddull monolithig yn cynrychioli cenedl gyfan, hyd yn oed os yw'n rhy gyfnewidiol i'w ddiffinio. Fodd bynnag, credai Christopher Williams (1873–1934), un o artistiaid mwyaf llwyddiannus Cymru yn ei amser, fod llawer o ddawn, a hynny'n ddawn artistig, ynghudd yn ei wlad frodorol, gan honni bod modd gwahaniaethu rhwng gwaith artistiaid Cymreig a gwaith artistiaid eraill.

Serch hynny, mae unrhyw hunaniaeth Gymreig yn cael ei chymylu gan wasg sydd braidd yn anhyddysg ac sy'n methu â chydnabod bod na phobl na diwylliant ar wahân yma yng Nghymru. Mae artistiaid pwysig megis John Gibson, Thomas Jones, Ceri Richards ac eraill wedi'u disgrifio fel rhai Seisnig, neu, ar y gorau, fel artistiaid Prydeinig; yr hen arfer o adfeddu hanes ar waith unwaith eto, fe ymddengys.

Yn fuan ar ôl i TR Roberts gyhoeddi bywgraffiadur cyffredinol y Cymry enwog (a oedd yn cynnwys artistiaid) ym 1908, crynhodd T Mardy Rees y bywgraffiadur artistiaid Cymreig cyntaf ym 1915. Nid yw hwn chwaith ond yn cofnodi'r artistiaid hynny a aned yng Nghymru a'r rheini a honnai iddynt, neu y cydnabyddid iddynt ddod o dras Gymreig, megis G F Watts a William Morris. Diystyriwyd unrhyw artistiaid a oedd wedi ymsefydlu yng Nghymru. Yn rhagair y gwaith hwn, disgrifiwyd Inigo Jones fel 'tad pensaernïaeth fodern'; Richard Wilson fel 'tad paentio tirluniau Seisnig' ac Owen Jones fel 'crëwr addurniadaeth fodern'.

Gwaith Rees oedd y bywgraffiadur celf diwethaf i ymwneud â Chymru nes i *Artists Exhibted in Wales 1945–75* (Cyngor Celfyddydau Cymru, Caerdydd) Kirstine Brander Dunthorne, gael ei gyhoeddi ym 1976. Ceir rhai cofnodion am artistiaid, rhai ohonynt wedi marw'n ddiweddar, yn *Y Gwyddoniadur* (Academi, Caerdydd 2008).

Mae syniadaeth ynglŷn â beth yw celf wedi'i seilio ar rai traddodiadau a chysyniadau penodol, ac yn aml bydd y syniadau hyn – gwybodaeth *connoisseur*, celfyddydau a thechnoleg ddefnyddiol, gwrthrychau trefol a gwledig – yn gwrthdaro â'i gilydd. Yng Nghymru, parhaodd traddodiad hynafiadol a phendefigaidd noddi barddoniaeth y tu hwnt i Ddeddfau Uno'r unfed ganrif ar bymtheg hyd yn oed. Nid yn unig roedd Syr Watkin Williams Wynn (1749–89) yn un o brif gasglwyr y celfyddydau cain a chymhwysol, ond roedd hefyd yn noddi cerddoriaeth a llenyddiaeth Gymreig a Chymraeg.

Ar y llaw arall, byddai'r duedd gyhoeddus, o leiaf ers y Chwyldro Seisnig yn y 1640au, yn aml yn ffafrio celf 'ddefnyddiol' a chymhwysol. Ym 1947, yn ei waith arloesol ar gelf a'r Chwyldro Diwydiannol, cyfrannodd Francis D. Klingender (1907–55) at hyn trwy helpu i gysylltu celf â diwydiant, maes lle y buasai Cymru'n arwain y ffordd.

Mewn cyferbyniad â hyn, bu Iorwerth Peate (1901–82) yn astudio bywyd gwledig cynhenid Cymru, gan ystyried y gwrthrychau a'r arfau a wnaed gan y werin bobl eu hunain yn aml, yn hytrach na datblygu trefol a diwydiannol. Ym 1946, cymerodd Amgueddfa Genedlaethol Cymru feddiant ar Gastell Sain Ffagan fel Amgueddfa Werin Cymru. Achubwyd adeiladau cynhenid Cymru o'u safleoedd gwreiddiol a'u hailgodi ar diroedd helaeth Sain Ffagan, proses sy'n dal i fynd rhagddi hyd heddiw.

## TIRWEDD A GRYM

Gellir astudio hunaniaeth genedlaethol trwy edrych ar bortreadau a'i delweddu ar sail osgo coegwych yr arweinwyr yn y lluniau. Gall hunaniaeth hefyd gael ei chynrychioli gan eiconau crefyddol neu arwrol: ymhell i'r ugeinfed ganrif, byddai wynepryd cain, ysgythrog William Williams, Pantycelyn, bardd a rhamantydd crefyddol o'r ddeunawfed ganrif, i'w weld yn amlwg ym mron pob parlwr a chegin drwy Gymru – hyd yn oed yng nghanol holl arwyddluniau'r Ymerodraeth Brydeinig.

Ym 1937 bu'r mudiad ieuenctid, Urdd Gobaith Cymru, yn ailddosbarthu atgynyrchiadau o Salem (1909), llun dyfrlliw poblogaidd gan yr artist o Gernyw, Sydney Curnow Vosper (1866–1942) sy'n dangos hen ddynes mewn gwisg Gymreig yng nghanol corau'r capel. Hefyd, bu'r Urdd yn defnyddio'r un llun ar gloriau calendrau ym 1950, 1956 a 1957. Fel hyn daeth yn llun llawn ystyr i'w hongian ar y wal i ddwy genhedlaeth arall.

Weithiau, deuai'r tir ei hun yn symbol o hunaniaeth genedlaethol (fel ym mhaentiadau Gweriniaeth yr Iseldiroedd yn yr ail ganrif ar bymtheg). O'r tu allan, mae llawer un wedi rhamanteiddio Cymru fel rhywle tlws, hegar, Celtaidd, digroeso neu ddirgel. Ond mae rhyw ddychymyg a realaeth gynhenid arbennig yn cael eu cynrychioli yn eu ffurf fwyaf poblogaidd, trwy waith Kyffin Williams a thirlunwyr mynegus eraill.

## YSGRIFENNU A DARLLEDU YNGLŶN Â CHELF YNG NGHYMRU

O'r ail ganrif ar bymtheg, mae cyhoeddiadau llenyddol a hynafiaethol yn Gymraeg ac yn Saesneg wedi taenu hanesion am artistiaid Cymru; cafwyd sawl adroddiad canmoliaethus ynglŷn â dwy ddarlith gan Oscar Wilde yn yr Academi Gelf Frenhinol Gymreig yng Nghaerdydd (27 Mawrth 1884).

Ysgrifennwyd The Artist in Wales ym 1957 gan David Bell, curadur llawnamser cyntaf Oriel Gelf Glynn Vivian, Abertawe. Mae'r gyfrol hon bellach yn enwog am gynnwys y gosodiad ystrydebol bod athrylith pobl Cymru wedi'i mynegi'i hun yn bennaf trwy lenyddiaeth a barddoniaeth ac nid trwy'r celfyddydau gweledol. Serch hynny, cyfaddefodd Bell ei fod yn cael ei arwain at ddod yn fwyfwy ymwybodol o'i anwybodaeth ac yn fwy cadarnhaol ynglŷn â Chymru, gan sylweddoli bod yr artist Cymreig sy'n ennill ei fywoliaeth yno, gan ddefnyddio cefndir Cymru'n destun ac sy'n 'byw ei gelf' yr ochr yma i Glawdd Offa, yn gryn gaffaeliad o ran cyfoethogi bywyd diwylliannol y wlad.

Rhoi sylw i Gaerdydd a darlithwyr gwadd o Lundain a wnâi Eric Rowan yn Art in Wales 1850–1980 (Cyngor Celfyddydau Cymru, Caerdydd 1985). Roedd dylanwad Americanaidd ar Lundain a diddordeb o'r newydd yn ysgol Bauhaus yn treiddio Coleg Celf Caerdydd erbyn y 1960au. Pe bai Rowan wedi cyrraedd mannau eraill yng Nghymru, byddai wedi cael hyd i rai artistiaid radicalaidd o'r cyfnod hwnnw.

Yn nes ymlaen, dechreuodd artistiaid a sylwebyddion megis Shelagh Hourahane, Osi Rhys Osmond, Delyth Prys, David Petersen, Iwan Bala, Ogwyn Davies, Paul a Peter Davies, Hugh Adams, Tony Curtis, Peter Wakelin, Ceri Thomas ac eraill gyhoeddi eu syniadau, neu, yn achos David Petersen, er enghraifft, ymddangos ar y teledu.

O blith y cylchgronau Cymraeg sy'n cynnwys eitemau am gelf, *Barn* sydd wedi goroesi, ac, yn Saesneg, *Planet*. Fodd bynnag, rydym o hyd heb gylchgrawn sefydledig sy'n hyrwyddo dadleuon ynghylch y celfyddydau gweledol a chymhwysol yng Nghymru. Prin hefyd yw manylion systematig am waith artistiaid mewn catalogau arddangosfeydd a mannau eraill, ac er pan ddarfu cylchlythyr Cymdeithas Artistiaid a Dylunwyr Cymru, *Link*, ym 1987, collwyd unrhyw gofnod ynglŷn â digwyddiadau a thrafodaethau. Fodd bynnag, yn 2007, dechreuodd yr Academi Frenhinol Gymreig gyhoeddi cylchgrawn dwyieithog o'r enw *Celf-125*, er bod hwnnw hefyd bellach wedi dod i ben. Y datblygiadau diweddaraf yw *Blown*, a ildiodd i *Culture Colony Quarterly*, estyniad o'r wefan rwydweithio, *Culture Colony*.

Bu hon a gwefannau eraill yn ymddangos yn ystod degawd cyntaf yr unfed ganrif ar hugain: *Artists in Wales*, Herbert E Roese; *Wales Modern*, a sefydlwyd gan Robert Alwyn Hughes; *Welsh Culture and the Arts* gan Nigel Williams ac *Artist Resource Cardiff*, gan Richard Higlett yn 2008. Lansiwyd *Culture Colony – Y Wladfa Newydd* yn 2008 gan Peter Telfer a'i bwriad yw cynnig trafodaeth hyddysg ar gelf a diwylliant Cymru'n fyd-eang. Mae Michael Cousin, artist o Gaerdydd, wedi cychwyn *Outcasting*, sy'n dangos gwaith electronig gwreiddiol gan artistiaid.

Fe ddichon mai'r artist a'r hanesydd, Peter Lord oedd y cyntaf i wneud ymchwil o safbwynt bwriadol Gymreig. Datgelodd ei waith gefndir gweledol a diwylliannol cymhleth a ddangosai sut y dylai canfyddiad ddeillio o Gymru yn hytrach na chael ei gyfeirio tuag ati. Yn ei farn yntau, 'mae Cymru'n anghyflawn onid oes ganddi sawl bydolwg amrywiol. Rhaid i'r rhain gwmpasu diwylliant gweledol yn yr un modd ag y maent yn cwmpasu gwleidyddiaeth.' Yn y Ganolfan Uwchefrydiau Cymreig a Cheltaidd yn Aberystwyth, cyhoeddodd Peter Lord ei dair cyfrol ddylanwadol, *Diwylliant Gweledol Cymru*.

Dadansoddiad oedd y gyntaf o gymdeithas ddiwydiannol Cymru, a'i heffaith ar wleidyddiaeth a'r celfyddydau, nawdd a'r gwahanol gyfryngau o 1670 hyd 1960. Bu'r ail gyfrol, *Delweddu'r Genedl* yn edrych ar hunaniaeth Cymru trwy ddelweddau gweledol yn ystod cyfnod y Tuduriaid, y ddeunawfed ganrif, y mudiad cenedlaethol yn ystod y bedwaredd ganrif ar bymtheg a moderniaeth yn yr ugeinfed ganrif. Y drydedd oedd *Gweledigaeth yr Oesoedd Canol* sy'n ystyried y cyfnod o ddiwedd llywodraeth y Rhufeiniaid hyd ddechrau'r bedwaredd ganrif ar ddeg.

Yn fwy diweddar, mae sawl monograff ynglŷn â chelf ac artistiaid yng Nghymru wedi'u cyhoeddi gan Seren, Gomer, Llyfrgell Genedlaethol Cymru, Amgueddfa Cymru ac eraill.

Roedd y darlledwr cyntaf i roi ystyriaeth i beintwyr ac awduron Cymreig hefyd yn beintiwr ac yn fardd, sef John Ormond. Ym 1957, dechreuodd ei yrfa â BBC Cymru fel cyfarwyddwr a chynhyrchydd ffilmiau dogfen. Mae'r rhain yn cynnwys astudiaethau o Ceri Richards, Dylan Thomas, Alun Lewis ac R S Thomas a fu'n gyfeillion iddo ynghyd â ffilm ddogfen am Josef Herman ym 1979.

Er 1981, yn sgil sefydlu Sianel Pedwar Cymru (S4C) yn sianel deledu Gymraeg, mae bron pob rhaglen deledu sy'n ymdrin â'r celfyddydau gweledol yng Nghymru wedi'i chynhyrchu yn y Gymraeg, a hynny'n bennaf gan Cwmni Da, Ffilmiau'r Bont, Fflic, Zip a chwmnïau ffilmiau a theledu bach eraill. Mae'r gwneuthurydd ffilmiau a'r ffotograffydd Peter Telfer, sy'n rhedeg Pixel Foundry, wedi casglu archif recordiadau gweledol o artistiaid Cymreig sydd wedi ymddangos mewn ffilmiau dogfen unigol yn ogystal â rhaglenni eraill.

Ymhlith y cyfresi cyffredinol am y celfyddydau ceir *The Slate* (1993–2000) gan BBC Cymru, *Double Yellow* ac *On Show* (2003–), *High Performance* HTV (1999–2002), *The Wales Show*, ITV (o 2009) a *Graffiti*, S4C (1990–1993, a gynhyrchwyd i'r sianel gan HTV) a *Sioe Gelf*

(1997–), sy'n cynnwys sylw i'r celfyddydau gweledol. Bu *First Hand*, Radio Wales (a ddaeth i ben yn 2006), yn trafod y celfyddydau gweledol ac fe'i dilynwyd gan *Arts Show*, Radio Wales (o 2006).

Mae cwmnïau animeiddio creadigol hefyd wedi datblygu cyfresi teledu a ffilmiau yn Gymraeg a Saesneg: cynhyrchodd cwmni Cathryn Gwynn, Siriol, y gyfres *Superted* am arth fach arwrol sy'n gallu hedfan – cyfres a allforiwyd ar draws y byd. Bu Cartŵn Cymru'n cydweithio â'u cymheiriaid yn Moscow i gynhyrchu *Y Mabinogi*. Mae cwmnïau animeiddio eraill yn cynnwys Living Doll Tracy Tinker a Cinetig Gerald Conn. Dros amser enillodd Caerdydd enw da iddi ei hun fel prifddinas animeiddio.

## ADDYSG GELF

Mae Cymru wedi cael ei chyfran o artistiaid sy'n athrawon ac yn addysgwyr nodedig. Yn Ysgol Haf y Barri yn y 1950au daeth Leslie Moore ag artistiaid mawr i Gymru gan gynnwys Hubert Dalwood, Kenneth Martin a Harry Thubron.

Yn ystod y cyfnod ar ôl y rhyfel, bu Esther Grainger a Nan Youngman yn creu arddangosfeydd gan artistiaid Cymreig a oedd yn byw ar y pryd, yn fwyaf arbennig *Pictures for Welsh Schools*, a welid yn flynyddol yn Amgueddfa Cymru trwy'r Gymdeithas Ryngwladol Er Addysg trwy Gelf (INSEA). Ers blynyddoedd lawer mae Adran Ddysgu (Gwasanaeth Ysgolion gynt) Amgueddfa Cymru yn cyflwyno pobl ifainc i arteffactau trwy'u casgliad 'trafod' arbennig eu hunain.

Ymhlith yr athrawon ysbrydoledig mewn ysgolion cynradd, uwchradd neu addysg dosbarth nos, bu Glyn Morgan, Glyn Baines, Alan Torjusson, Elis Gwyn Jones, John Upton a Lewis Allan. Dyfeisiodd Nigel Meager, artist ac athro yn Abertawe, raglen i ysgolion yn y 1970au a olygai fod y ddinas yn arloesol wrth ddatblygu addysg orielau ledled y wlad. Ymhlith prosiectau niferus Meager roedd *Opt*

*for Art* (1995–2000) i *engage* (Cymdeithas Genedlaethol Addysg Orielau) yng Nghymru a fu'n cynorthwyo pobl ifainc 14–16 oed wrth ymweld ag orielau.

Erbyn 1965 dim ond Caerdydd a Chasnewydd oedd yn cynnal cyrsiau gradd cydnabyddedig. Byddai Abertawe, Caerfyrddin, Llanelli, Wrecsam, Cei Connah a Bangor yn darparu cyrsiau galwedigaethol a chyn-ddiploma. Erbyn diwedd y ganrif, roedd graddau hefyd yn cael eu cynnig gan Wrecsam, Bangor, Aberystwyth, Abertawe, Caerfyrddin a Morgannwg, gydag integreiddio â sefydliadau mwy o faint yn arferol.

Y coleg celf gyntaf yng Nghymru oedd hen Ysgol Gelf Caernarfon a agorodd ym 1853 ac sydd bellach wedi darfod; agorodd Coleg Celf Abertawe (sydd bellach yn rhan o Brifysgol Ddinesig Abertawe) yr un flwyddyn. Ym 1909, penodwyd William Grant Murray yn Brifathro'r Ysgol Gelf a Chrefftau Ddinesig newydd ac yn Gyfarwyddwr Celf i Abertawe ym 1911. Ef a ddaeth yn guradur cyntaf Oriel Gelf Glynn Vivian. Sefydlwyd y cwrs gwydr lliw enwog ym 1937 gan Howard Martin. Ymhlith y myfyrwyr yn ystod y cyfnod rhwng y ddau ryfel byd roedd Evan Walters a Ceri Richards. Arddangosfeydd teithiol yn y 1950au, yn enwedig un a gynhwysai gyn-fyfyrwyr yr Ysgol Gelf a Chrefftau, a ysgogodd gwestiwn Grant Murray, a allai Abertawe gymryd yr awenau wrth sefydlu ysgol gelf genedlaethol, neu o leiaf ysgol baentio yn Abertawe.

Noda Joan Baker, un o'r cyn-ddarlithwyr, fod Coleg Celf Caerdydd (yn nes ymlaen yn rhan o Athrofa Prifysgol Cymru, Caerdydd ac, o 2011, Ysgol Gelf a Dylunio Caerdydd ym Mhrifysgol Fetropolitan Caerdydd) wedi dechrau ar y trydydd llawr yn Heol Eglwys Fair ym 1865. Deuai'r rhan fwyaf o'r myfyrwyr yn grefftwyr/ dylunwyr yn niwydiannau lleol Caerdydd. Ar droad y ganrif, ehangodd yr ysgol i gynnwys Celf Gain a bu Goscombe John yn astudio yno am gyfnod.

Rhwng y rhyfeloedd, bu myfyrwyr Caerdydd yn sefyll arholiadau cenedlaethol. Byddent yn dilyn cwrs arlunio hegar ac wedyn arbenigedd am ddwy flynedd ar ôl hynny ym maes paentio neu ddarlunio. Yna, byddai llawer un yn astudio ar gyfer y Diploma Athro Celf. Ar y pryd, realaeth a chlasuraeth y 1930au a gyflwynid yn bennaf o ran hyfforddiant academaidd, a hyd at 1960, byddai darnau arholi Paentio'r NDD yn cael eu graddio a'u marcio yn Llundain. Ond yn y 1960au, datganolwyd y system gan yr Adran Addysg a Gwyddoniaeth gan roi annibyniaeth i'r arholwyr.

Symudodd Tom Hudson, darlithydd mewn Dylunio Sylfaenol yn Leeds a Chaerlŷr, i Gaerdydd i fod yn Gyfarwyddwr Astudiaethau rhwng 1964 a 1977. Am oddeutu pymtheng mlynedd athroniaeth addysgol Hudson a fu mewn grym yng ngholegau celf Cymru. Datblygwyd Caerdydd gan Derrick Turner, y Pennaeth ar ddechrau'r 1970au, fel un o'r pum prif goleg yn y DU. Gan newid gyda'r amserau, mae Coleg Caerdydd bellach wedi ymgartrefu yn ei ail adeilad sydd wedi'i gynllunio'n arbennig ar ei gyfer.

Sefydlwyd y Llyfrgell Rydd ac Ysgolion Celf a Gwyddoniaeth, Casnewydd ym 1881 fel rhan o ddatblygiad dinesig pwrpasol. Roedd bywlunio, anatomeg a phersbectif, hyfforddiant academaidd traddodiadol, yn astudiaethau sylfaenol tan y 1960au.

Daeth y ffotograffydd, Keith Arnatt, a hyfforddodd fel peintiwr, i Gasnewydd (a ddaeth, fel Coleg Prifysgol Casnewydd, yn rhan o Brifysgol Cymru, ac yn 2013, o Brifysgol De Cymru) ym 1969. Ei enw da yntau ynghyd â'r cwrs ffotograffiaeth ddogfen a sefydlwyd gan y ffotograffydd Magnum, David Hurn, a roddodd Gasnewydd ar y map fel canolfan ar gyfer astudio ffotograffiaeth. Yn y 1970au, newidiodd cyfeiriad y Sefydliad ar ôl cyfuno â'r Coleg Addysg Uwch yng Nghaerllion. Daeth Celf Gain yn gysyniadol a dilyffethair. Ym marn yr artist a chyn-ddarlithydd yng Nghasnewydd,

John Selway, bu dyhead y 1980au ar ran colegau polytechnig i sicrhau statws prifysgol yn creu rhaniad rhwng addysgwyr celf ac artistiaid a fuasai'n addysgu mewn amgylchedd unigryw a gynigiai iddynt ffordd arbennig o fyw.

Bu Stanley C Lewis, a oedd yn fyfyriwr yng Nghasnewydd a'r Coleg Celf Brenhinol, yn addysgu yng Nghasnewydd yn y 1930au a bu'n bennaeth Ysgol Gelf Caerfyrddin rhwng 1946 a 1968. Datblygodd Caerfyrddin gwrs hynod lwyddiannus mewn darlunio bywyd gwyllt a barhaodd nes iddo gael ei ddisodli gan gyrsiau cryf mewn cerfluniaeth a phaentio yn y 1990au. Er 2013, mae Ysgol Gelfyddydau Gorllewin Cymru, sy'n cynnig cyrsiau BA a chyrsiau Addysg Bellach, yn rhan o Brifysgol y Drindod Dewi Sant.

Felly hefyd Coleg y Drindod, Caerfyrddin a sefydlwyd ym 1848, sydd bellach yn cynnig rhaglenni gradd Prifysgol Cymru. Mae ei Ysgol Gelfyddydau Creadigol a Dyniaethau yn cynnwys paentio, cerfluniaeth a hanes celf.

Yng ngogledd-ddwyrain Cymru, sefydlwyd Ysgol Wyddoniaeth a Chelf Wrecsam ym 1887. Ym 1975, cyfunwyd y tri phrif goleg yng Nghlwyd i ddod yn Athrofa Addysg Uwch Gogledd Ddwyrain Cymru, un o'r colegau mwyaf yng ngwledydd Prydain, gyda 9,000 o fyfyrwyr. Yn 2008, daeth NEWI yn Brifysgol Glyndŵr. Lleolir Ysgol Gelf a Dylunio Gogledd Cymru, sy'n rhan o'r brifysgol, yn Wrecsam mewn adeilad neo-glasurol a agorwyd yn wreiddiol fel ysbyty ym 1838.

Sefydlwyd y Coleg Normal, Bangor, lle y bu Peter Prendergast yn addysgu am flynyddoedd lawer, fel coleg hyfforddi athrawon ym 1858. Ym 1996, daeth yn rhan o Brifysgol Cymru, Bangor (Prifysgol Bangor erbyn hyn). Rhannai Coleg Technegol Gwynedd a'r Coleg Normal Bangor gwrs ym 1980 gyda Selwyn Jones fel y pennaeth. Athrawon pwerus oedd Paul Davies a Peter Prendergast ar gyfer y cwrs Celf Gain ac mae llawer o'r myfyrwyr a astudiodd ar y cwrs hwn bellach yn gweithio fel artistiaid llwyddiannus.

Mae Coleg dwyieithog Menai bellach yn un o'r colegau addysg bellach mwyaf yng ngogledd Cymru. Mae'n cynnig cyrsiau BA Anrhydeddau ym maes darlunio ac animeiddio ac HND mewn Celf a Dylunio.

Mae gan Ysgol Gelf Prifysgol Aberystwyth gasgliadau helaeth o baentiadau, gwaith ar bapur a cherameg, ynghyd ag archif cerameg o bwys. Er mwyn dathlu 125 mlwyddiant y brifysgol ym mis Hydref 1997, cyhoeddodd Gwasg yr Ysgol Gelf arweinlyfr i'w chasgliad a ysgrifennwyd gan Robert Meyrick, Uwch-ddarlithydd a Churadur Celf Graffeg, a Neil Holland, y Curadur Cynorthwyol. Bu Shelagh Hourahane yn darlithio ar y cwrs hanes celf yn Aberystwyth o ganol y 1960au, yn ogystal â Moira Vincentelli o 1971; fodd bynnag, ni fu erioed adran hanes celf ym Mhrifysgol Cymru.

O dan David Tinker, daeth Celf yn adran ar wahân. Pan ymddeolodd Tinker ym 1986, Alistair Crawford, a fuasai'n darlithio yno er 1974, a gymerodd drosodd fel Pennaeth yr Ysgol gan gyflwyno dau gwrs trwy ddarlithoedd ar gelf yng Nghymru. Ei ddiddordebau yntau oedd mewn gwneud printiau, paentio, ffotograffiaeth a thypograffeg ddwyieithog.

Olynwyd Crawford gan John Harvey rhwng 1995 a 2005. Mae'r hyn a ysgrifennwyd ganddo wedi mynd ymhell i fwrw anfri ar y syniad bod Anghydffurfiaeth mewn gwirionedd wedi arafu datblygiad rhai o briodweddau gorau'r cymeriad Cymreig. 'It has dulled the artistic sense…' (V Cambrensis… Nonconformity…) (Llundain 1912). Mae Robert Meyrick a gymerodd yr awenau oddi wrth John Harvey, wedi gwneud cyfraniad nodedig i gatalogau a chyhoeddiadau eraill yn ogystal ag ym maes gwneud printiau.

Mae Prifysgol Morgannwg (sydd bellach wedi'i chyfuno â Choleg Prifysgol Casnewydd i ffurfio Prifysgol De Cymru) ym Mhontypridd a Chaerdydd yn cynnig amrywiaeth o raddau yn y celfyddydau gweledol a disgyblaethau cysylltiedig. Wedi'i sefydlu ym 1913 yn Nhrefforest, trodd Ysgol y Glofeydd De Cymru a Sir Fynwy yn Goleg Polytechnig Morgannwg a ddaeth ym 1983 yn Bolytechnig Cymru ac yn Brifysgol Morgannwg ym 1992. Agorodd ei Hysgol Diwydiannau Creadigol a Diwylliannol yng Nghaerdydd yn 2007 mewn adeilad pwrpasol o'r enw Atriwm. Frances Woodley, y ceramegydd a'r gwneuthurydd printiau nodedig, sydd wedi bod yn bennaeth ar yr Adran Gelf yng Nghyfadran y Dyniaethau. Yn ystod gyrfa addysgu hir, bu'r peintiwr Alan Salisbury hefyd yn rhedeg oriel y Brifysgol – Oriel y Bont. Mae'r Casgliad Celf â'i gystadleuaeth gwobr brynu flynyddol yn canolbwyntio ar waith modern a chyfoes gyda phwyslais ar dde Cymru a'r Cymoedd. Datblygwyd yr arbenigedd hwn gan Guradur y Brifysgol, Ceri Thomas, gan greu Oriel Ernest Zobole a fodolai rhwng 2002 a 2007.

## CELF GYMHWYSOL

Ym marn Iorwerth Peate, yn eu crefftau y gorweddai cyneddfau gweledol y Cymry yn hytrach nac mewn celfyddyd gain – crefft a oedd yn gysylltiedig ag anghenion diwylliannol a'r adnoddau a oedd ar gael. Dywed Y Gwyddoniadur 'Mae polisi cyhoeddus – sydd weithiau wedi cefnogi ceisiadau am grantiau gan fewnfudwyr ar draul crefftwyr lleol cynhenid – wedi hybu crefftau a chanolfannau crefft fel canolbwynt ar gyfer adnewyddu'r economi wledig.' Mae'r crefftau hefyd wedi datblygu o ddiwydiant ac mae eu hanes ar ddiwedd yr ugeinfed ganrif yn gymhleth fel a ddisgrifir gan Roger Lefevre, cyn-Gyfarwyddwr Crefft Cyngor Celfyddydau Cymru a Sandra Bosanquet, cyn-Swyddog Crefftau Cyngor Celfyddydau Cymru:

> … mae newidiadau wedi digwydd mewn addysg, o ran cymhwyster a chyfleoedd cyflogaeth, datblygiad urddau a chymdei-thasau crefft, integreiddio'r traddodiadol a'r newydd trwy sefydliadau megis CoSira yn ystod y chwedegau ac yn nes ymlaen yn rôl Awdurdod Datblygu Cymru, Bwrdd

Croeso Cymru a Chyngor Crefft Cymru. Yn gyfochrog â'r hyn a oedd yn digwydd yn y maes economaidd, roedd gennym gyfraniad y Cyngor Dylunio, y Pwyllgor Cynghori ar Grefft (Y Cyngor Crefftau yn nes ymlaen) a Chyngor Celfyddydau Cymru, ynghyd â'r Loteri. Mae'r holl ffactorau hyn ac eraill wedi dylanwadu ar ddatblygu crefft/celf gymhwysol yng Nghymru a rôl yr ymarferwyr dros y cyfnod.

Yn ystod y 1970au ymhlith yr ymfudwyr i Gymru roedd Roger Oates a Fay Morgan, artistiaid tecstiliau yn ogystal â'r dylunydd Cymreig enwog, Laura Ashley a sefydlodd ffatri yng Ngharno. Ymhlith yr athrawon tecstiliau dylanwadol roedd Morfudd Roberts, June Tiley a Julia Griffiths. Erbyn degawd cyntaf yr unfed ganrif ar hugain, roedd gwyddïau cyfrifiadurol yn cael eu defnyddio gan Laura Thomas, gyda brodwyr arbrofol eraill, y rhan fwyaf ohonynt yng nghanolbarth a gorllewin Cymru – Audrey Walker, Eirian Short, Eleri Mills, Marcelle Davies a Ruth Harries – yn derbyn cydnabyddiaeth ar hyd ac ar led.

Mae hen draddodiad y melinau gwlân wedi denu llawer o fewnfudwyr, megis Marianne Straub, i Gaergybi hyd yn oed cyn 1939. Mae Ann Sutton, myfyrwraig o Gaerdydd ar ddechrau'r 1950au, wedi bwrw y rhwyd yn rhyngwladol â'i chelf decstiliau. Mae gweuwaith sydd wedi'i wneud â llaw hefyd wedi ffynnu yma, gyda busnesau rhyngwladol yng nghanolbarth Cymru.

Ceir casgliadau astudio pwysig o Gelf Gymhwysol gyfoes yng Nghymru, yn enwedig ym maes cerameg, yn Amgueddfa Cymru ac Oriel Gelf Glynn Vivian (yn ogystal ag Aberystwyth), a thecstiliau yn Amgueddfa Wlân Cymru a agorodd yn Nre-fach Felindre ym 1976.

Byddai sefydliadau addysg uwch yn cynnal cyrsiau crefft: yng Ngholeg Celf Caerdydd yng nghanol y 1950au, sefydlwyd cwrs cerameg a ddilyswyd yn DIP AD ym 1966 gan Frank Vining

a oedd wedi astudio paentio a darlunio gyda Ceri Richards. Daeth Jeff Milsom, a oedd wedi addysgu cerfluniaeth yno yn y 1950au, yn Gyfarwyddwr y Cwrs. Yn fuan ar ôl hynny, penodwyd Alan Barrett-Danes: roedd Alan a'i wraig, Ruth, yn nodedig am eu gwaith ffigurol, ffantastig. Sefydlodd Frances Woodley y cwrs cerameg fel rhan o'r radd ym Mhrifysgol Morgannwg, Pontypridd (bellach yn Brifysgol Cymru Pontypridd). Erbyn hyn, mae gan Athrofa Prifysgol Cymru Caerdydd (Prifysgol Fetropolitan Caerdydd er 2011) enw da'n rhyngwladol am ei BA ac MA Cerameg ac mae cyrsiau cerameg yng Ngholeg Celf Gorllewin Cymru, Caerfyrddin ac Ysgol Gelf a Dylunio Gogledd Cymru, Athrofa'r Gogledd Ddwyrain hefyd wedi hen ymsefydlu. Mae Gŵyl Gerameg Aberystwyth wedi'i sefydlu ers amser maith.

Mae crochenwyr a cherflunwyr cerameg unigol yn cynnal enw da Cymru ym maes cerameg yn ogystal â'r graddedigion a sefydlodd stiwdio gerameg *Fireworks* yng Nghaerdydd. Mae stiwdios gwydr lliw'n aml yn cael eu creu gan artistiaid sydd wedi cael eu hyfforddi yn Abertawe.

Mae cymdeithas grochenwyr hynaf gwledydd Prydain, *Crochenwyr De Cymru* – a gafodd ei hailsefydlu ym 1964 – ynghyd â'i chymheiriaid yn *Crochenwyr Gogledd Cymru* – yn darparu ar gyfer 200 o aelodau.

Yng Nghanolfan Grefft Rhuthun, mae Philip Hughes wedi ennill bri dros sawl degawd am arddangosfeydd sydd wedi'u trefnu'n effeithiol ac sy'n cynnwys gwaith sydd wedi estyn y syniad o grefft i fod yn gelfyddyd gain. Mae ei chyhoeddiadau graenus ac awdurdodol wedi derbyn cydnabyddiaeth eang. Ailagorodd y Ganolfan yn 2008 ar ôl cael ei hailadeiladu gan y penseiri Sergison Bates, a fu'n gyfrifol am gynllunio'r arddangosfa i'r celfyddydau gweledol a chrefftau yn yr Eisteddfod Genedlaethol yn y 1990au.

Yng Nghaerdydd, sefydlwyd Crefft yn y Bae gan Urdd Gwneuthurwyr Cymru gan drawsblannu sied beiriannau anferthol o'r 19eg ganrif o un o'r ceiau. Ar flaen y gad yn nadeni'r adeilad hwn roedd Ron Adams, a fu hefyd yn arwain gwaith i ddatblygu Oriel Canfas – oriel a stiwdios dan arweiniad artistiaid yn y ddinas ei hun. Mae gwaith crefft hefyd yn cael ei ddangos gan lawer o orielau yng Nghymru, rhai sy'n cael eu hariannu'n gyhoeddus yn ogystal â'r rhai preifat.

Mae rhwydweithiau pobl grefft yn cynnwys Celf Ffibr, Cymru, MAP (*Makers and Practioners*, grŵp athrawon) a Minerva, canolfan gwiltio yn Llanidloes.

Mae llawer iawn o weithgarwch yn y celfyddydau cymhwysol wedi'i danategu gan Gyngor Celfyddydau Cymru. Yn y 1980au, bu'r Cyngor yn cefnogi Yr Ŵyl Haearn Ryngwladol Gyntaf. O'r 1990au, roedd traddodiad gwaith haearn yn ymestyn dros ganrifoedd maith wedi'i gynnal gan David Petersen a'i feibion, pob un ohonynt yn of. Mae dwy wraig sy'n dylunio ac yn saernïo gyda metel – Ann Catrin Evans ac Angharad Pearce – hefyd wedi sefydlu gweithdai. Wrth ben arall y sbectrwm metel cain ac yn wir y tu hwnt iddo, ymhlith gwneuthurwyr gemwaith a gofaint arian Cymru mae Kathleen Makinson, sydd wrthi ers rhyw bum degawd, yr hen law Celia Davies a'r ddiweddar Pamela Rawnsley ac Anna Lewis o blith y to iau sy'n gweithio â deunyddiau darfodedig megis plu. Mae Grantiau Sefydlu a Dyfarniadau Cymru Greadigol y Cyngor Celfyddydau wedi cynorthwyo amrywiaeth o fusnesau i 'ddylunwyr-gwneuthurwyr blaengar', 'unigolion gwreiddiol' a 'gweithdai cyntaf'.

## GWEISG PREIFAT

Ym 1920 prynwyd Plas Gregynog, stad 800 erw ger y Drenewydd, gan Gwendoline a Margaret Davies, gorwyresau David Davies, Llandinam, un o brif feistri glo ei gyfnod. Erbyn iddynt symud yno i fyw ym 1924 roeddent wedi sefydlu Gwasg Gregynog. Ymhlith y darlunwyr dawnus a gyflogwyd gan y Wasg oedd Blair Hughes Stanton a Gertrude Hermes. Bu'r Wasg yn gyfrifol am godi safonau ysgythru coed yng ngwledydd Prydain ac o hyd fe'i cydnabyddir ar draws y byd fel un o weisg preifat gorau'r ugeinfed ganrif. Bu ar waith rhwng 1922 a 1940 ac yna cafodd ei hadfywio ym 1960.

Mae David Vickers, Rheolwr Gwasg Gregynog, wedi disgrifio sut y cafodd y bwlch ei lenwi dros dro gan fentrau llai:

> Dechreuwyd Gwasg y Gaseg yn wreiddiol ym 1931 gan John Petts a Brenda Chamberlain gyda'r awdur Alun Lewis ac wedyn cafodd ei dechrau o'r newydd ym 1947 gyda chymorth yr artist ifanc, Jonah Jones. Daeth y gwaith i ben cyn 1950.

> Becweddwyd stad Gregynog mewn ymddiriedaeth i Brifysgol Cymru, fel canolfan gynadledda ryng-golegol ar ddechrau'r 1960au. Roedd ei warden cyntaf, Dr Glyn Tegai Hughes, yn gasglwr argraffwaith cain. Fel y buasent o'r blaen, y meini prawf oedd cyhoeddi testunau clasurol a chyfoes a chanddynt gysylltiadau Cymreig neu Geltaidd, yn aml yn yr iaith Gymraeg, gydag ysgythriadau pren a llinluniau gan artistiaid o fri.

> Sefydlwyd Gwasg y Red Hen ym 1983. Awdur, darlunydd ac argraffydd ei hargraffiadau bach cyfyngedig ei hun oedd unig berchennog y fenter, yr artist Shirley Jones.

> Ym 1986, dechreuodd Nicholas a Frances McDowall eu gwaith yn yr Old Stile Press o'u cartref yn Llandogo, Dyffryn Gwy.

## DYLUNIO GRAFFIG

Cynigiwyd y cwrs gradd er anrhydedd mewn dylunio graffig gan Goleg Celf Casnewydd yn y 1960au. Yn fuan ar ôl hynny, bu Cyngor Celfyddydau Cymru ac Amgueddfa Cymru'n helpu cwmnïau dylunio annibynnol, rhai a oedd yn aml wedi'u sefydlu gan raddedigion o Gasnewydd a chyn-ddylunwyr BBC Cymru, i ddatblygu. Ymhlith y rheini a gomisiynwyd i ddylunio a chynhyrchu deunyddiau arddangos ac argraffu i arddangosfeydd teithiol yr Amgueddfa ac Oriel, galeri'r Cyngor yng Nghaerdydd, ac i ddylunio gwaith ar gyfer eu cyhoeddiadau eu hunain oedd Brian Shields, Matrix (Strata Matrix yn ddiweddarach), Peter Gill (a'i Gwmni), Peter Seaward, Roger Fickling a Stuart Heveron, i gyd o Penknife, ac yn nes ymlaen, Neil Wallace, A1 Design. Cafwyd gwelliant yn niwyg cyhoeddiadau yn sgil gwaith Adran Ddylunio'r Cyngor Llyfrau Cymraeg.

## FFOTOGRAFFIAETH

Mae hanes ffotograffiaeth wedi'i ymgorffori yng nghasgliadau'r Sefydliad Brenhinol, Abertawe, Amgueddfa Cymru a Llyfrgell Genedlaethol Cymru. Drwy arwain y ffordd wrth gynorthwyo ffotograffiaeth yn y 1970au, bu Cyngor Celfyddydau Cymru'n cynnwys ffotograffwyr yn ei rhaglenni arddangosfeydd teithiol ac eraill. Ym 1977, cychwynnodd David Hurn ddeunaw o ddarlithoedd ar ffotograffiaeth trwy Adran Efrydiau Allanol Coleg y Brifysgol, Caerdydd. Erbyn 1978, roedd Alistair Crawford yn cynnig y dylid sefydlu oriel ffotograffiaeth i Gymru.

Yn y flwyddyn honno, yn ôl atgofion Robert Greetham, cyn-Gyfarwyddwr Ffotogallery, cyfarfu hanner cant o bobl yng Nghanolfan Gelfyddydau Chapter i sefydlu cymdeithas i ffotograffwyr. Cafodd ei hadnabod ar y dechrau fel *Pinhole*, ac aeth Cymdeithas Ffotograffwyr Cymru ati i sefydlu, fel blaenoriaeth Oriel Ffotograffeg, Caerdydd wrth iddynt symud i 41 Charles Street. Cyhoeddwyd cylchlythyr a hyrwyddwyd cysylltiadau â cholegau, canolfannau celfyddydau ac orielau. Ffotogallery, fel y'i hailfedyddiwyd ym 1981, yw'r unig oriel bwrpasol o hyd i ffotograffiaeth yng Nghymru. Bydd yn trefnu rhaglen arddangosfeydd teithiol gyda chyhoeddiadau cysylltiedig, gan gyflwyno gwaith cyfoes o Gymru a thramor, a chanddo fin gwleidyddol a chymdeithasol. Mae'n gyfrifol am ystafelloedd tywyll, cynnal cyrsiau achrededig a gweithdai. Trefnwyd ei

weithdy preswyl cyntaf yn Oriel y Bont yn Llanrwst. Mae Ffotogallery bellach wedi'i lleoli yng Nghanolfan Gelfyddydau Chapter, lle, er 2003, mae'n dangos ei rhaglen arddangosfeydd yn Nhŷ Turner, Penarth. Cafwyd ergyd i gynlluniau i'w datblygu'n Ganolfan Genedlaethol i Ffotograffiaeth Cymru, wedi'i lleoli yn y Castell ym Mharc Margam, yn 2007, pan chwalodd partneriaeth â Chyngor Bwrdeistref Sirol Castell-nedd Port Talbot. Fodd bynnag, mae gwaith Ffotogallery ym maes arddangosfeydd, addysg a chyhoeddi'n parhau i ddatblygu.

Mewn mannau eraill yng Nghymru, mae gwaith sy'n seiliedig ar y lens yn parhau i ehangu ymhlith unigolion yn ogystal â'r byd academaidd, yn enwedig ym Mhrifysgol De Cymru, Casnewydd.

## GRWPIAU A CHYMDEITHASAU 1880–1980

Sefydlwyd yr Academi Gymreig ym 1881 gan y peintiwr, Henry Clarence Whaite o Fanceinion, ynghyd ag artistiaid eraill a oedd yn gweithio yn Nyffryn Conwy. Derbyniodd yr Academi nawdd brenhinol y flwyddyn ganlynol pan gynhaliwyd yr arddangosfa gyntaf yn Llandudno. Methiant fu ymdrechion i ganoli'r Academi Frenhinol Gymreig newydd yng Nghaerdydd a chynhaliwyd arddangosfeydd o 1886 ym Mhlas Mawr Conwy. Ar ôl ymestyn cyfnod symudiad dros dro, addaswyd Capel Seion gerllaw gan ei agor fel oriel yr Academi ym mis Awst 1993.

Llywyddion enwocaf yr Academi Frenhinol Gymreig oedd Augustus John a etholwyd ym 1934 a Kyffin Williams yn y 1970au a'r 1990au tan 2006. Bu'r ddau'n ymdrechu i sicrhau bod yr Academi yn cynrychioli Cymru gyfan. Ym 1972, ceisiodd Kyffin Williams yn aflwyddiannus i ddarbwyllo'r academyddion i symud i Oriel Mostyn, Llandudno.

Er mai'r Eisteddfod Genedlaethol yw'r sefydliad hynaf presennol i gefnogi celf yng Nghymru, yn enwedig er 1830, yr Academi Frenhinol Gymreig yw'r sefydliad hynaf sy'n cael ei redeg gan artistiaid. Traddodwyd y gyfres gyntaf o ddarlithoedd ysgolheigaidd yng Nghymru yno ym 1995 (eu cyhoeddi ym 1999). Roeddent yn ymdrin yn bennaf â'r dulliau a'r deunyddiau a oedd ar gael at wneud ymchwil ar gelf yng Nghymru.

Mae Cymdeithas Gelf Abertawe, a sefydlwyd ym 1896, yn parhau i gynnal arddangosfeydd a darlithoedd, yn yr un modd â Chymdeithas Gelf De Cymru yr oedd Goscombe John ymhlith ei haelodau sefydlu ym 1888.

O Gymdeithas Gelf De Cymru y tarddodd Cymdeithas Ddyfrlliwiau Cymru ym 1959, Cymdeithas Frenhinol Dyfrlliwiau Cymru erbyn hyn, sy'n dal i fod yn weithredol gyda bron i drigain o aelodau. Roedd ei harddangosfa gyntaf yn Amgueddfa Cymru'n cynnwys yr aelodau sefydlu David Tinker, Stan Jones, Leslie Moore, Dulcie Stephens, Gareth Russell ac Eric Malthouse. Bydd aelodau'r Gymdeithas yn arddangos ledled gwledydd Prydain.

Torrodd Grŵp De Cymru'n rhydd oddi wrth Gymdeithas Gelf De Cymru ym 1948. Yn wreiddiol, unwyd yr aelodau gan yr anawsterau wrth geisio arddangos eu gwaith ac yn wyneb ysbryd gwrthnaturiolaidd cyffredinol a fodolai ar y pryd. Dan gadeiryddiaeth Evan Charlton, bu'n hyrwyddo celf gyfoes gan gynnwys artistiaid a oedd yn fwy proffesiynol. Fe'i hailenwyd fel y Grŵp Cymreig ym 1975 ac ar hyn o bryd mae ganddo tua 40 o aelodau sy'n gweithio mewn cyfryngau amrywiol.

Ym 1956 sefydlwyd Grŵp 56 Cymru – carfan a dorrodd yn rhydd – gan David Tinker, Eric Malthouse a Michael Edmonds; roedd yr aelodau cynnar yn cynnwys Heinz Koppel ac Arthur Giardelli, a fu'n gadeirydd y Grŵp am flynyddoedd maith. Roedd gan y Grŵp ddyheadau rhyngwladol. Dim ond ambell un o'r deuddeg aelod gwreiddiol oedd yn Gymry ac erbyn y nawdegau o blith rhyw ugain o artistiaid a oedd yn aelodau, roedd llawer

ohonynt wedi ymfudo i weithio yng Nghymru o fannau eraill. Grŵp a âi ati'n fwriadol i drefnu a dethol ar gyfer arddangosfeydd oedd hwn a dderbyniodd gefnogaeth gan Gyngor Celfyddydau Cymru a chyrff cyhoeddus eraill. Ym 1967 ychwanegwyd y gair *Cymru* at ei enw. Dyblodd yr aelodaeth ym 1967 ac yn aml nid oedd aelodaeth yn parhau'n hir gyda'r artistiaid yn gysylltiedig yn bennaf â Cholegau Celf Caerdydd a Chasnewydd.

## ARTISTIAID YMFUDOL

O blith yr artistiaid a ddihangodd i Brydain rhag y llywodraeth Natsïaidd yn yr Almaen a Gwlad Pwyl a gyrhaeddodd Gymru, yr un mwyaf adnabyddus oedd Josef Herman (1911–2000), o Warsaw. Roedd yn byw yn Ystradgynlais yng Nghwm Tawe rhwng 1944 a 1955. Symudodd Heinz Koppel (1919–1980) o Lundain i Ddowlais ym 1943, cyn mynd ymlaen i addysgu yn Lerpwl gan ddychwelyd i fyw a gweithio yng Nghymru. Ymgartrefodd Friedrich Könekamp (1897–1977), ffoadur sosialaidd Catholig ar lethrau Carn Ingli uwchben Trefdraeth yn Sir Benfro; daeth Fred Uhlman (1901–1985) i Benrhyndeudraeth; byddai Martin Bloch (1883–1954) yn ymweld â'r Wyddfa a cheisiai George Mayer-Marton (1897–1960), a aned yn Hwngari, ysbrydoliaeth yng Ngwent.

Yn ystod ei ieuenctid yn Warsaw, roedd Herman yn edmygu Munch. Ar ôl ffoi i wlad Belg ym 1938, daeth yn gyfeillgar â Constant Permeke (1886–1952). Buont yn ddylanwad ar ei waith, a oedd yn cyfleu ar yr un pryd agwedd gadarnhaol tuag at fywyd cyffredin y Cymry i Cyril Ifold, George Fairley, Will Roberts ac eraill.

Rhwng 1944 a 1948, bu Heinz Koppel yn addysgu paentio yn Sefydliad Addysgol Merthyr Tudful a hyd at 1950 ef oedd yn brifathro ac yn athro yng Nghanolfan Gelf Dowlais. Bu yntau hefyd yn ymhyfrydu mewn golygfeydd beunyddiol ac yn lliwiau amlwg 'Cyntefigion' Rwsia, Chagall a Mynegiadwyr Cynnar yr Almaen.

Bu gwaith Koppel yn helpu to o fyfyrwyr ifainc, Charles Burton, Nigel Flower, Gwyn Evans, David Mainwaring ac yn enwedig Ernest Zobole, yn fuan ar ôl yr Ail Ryfel Byd. Wrth deithio â'i gilydd ar y trên i Goleg Celf Caerdydd, dyma nhw'n sylweddoli bod eu cynefin a'r bobl ynddo, sef pentrefi a threfi Cwm Rhondda, yn destunau perthnasol iddynt. Yn ystod dechrau'r 1950au ymunodd eraill â'r daith ar y trên. Daethant i gael eu hadnabod fel Grŵp y Rhondda, byddent yn pwysleisio ffurf, arlunyddoldeb 'diffuantrwydd' a bod â'u traed ar y ddaear ac roedd eu gwaith yn amlwg yn perthyn i'w gyfnod a'i leoliad. Ildiodd yr optimistiaeth a enynnwyd gan welliannau cymdeithasol y llywodraeth ar ôl y rhyfel, gwelliannau roeddent i gyd wedi elwa arnynt, i ddylanwadau eraill, yn yr un modd â'u gwaith a Chwm Rhondda ei hun. Dim ond Zobole, yr amlycaf yn eu plith, a arhosodd yn driw i esblygiad y lle hwnnw.

Roedd Sefydliad Merthyr hefyd wedi cynnwys Cedric Morris, Esther Grainger, Glyn Morgan ac Arthur Giardelli, a oedd yn destun edmygedd i beintwyr y Rhondda.

## CANOLFAN GELFYDDYDAU CHAPTER

Sefydliadau cymharol newydd oedd canolfannau celfyddydau ym 1968 pan aeth yr artistiaid Christine Kinsey, Bryan Jones a Mik Flood, a fu nes ymlaen yn Gyfarwyddwr y Sefydliad Celf Coed yn Llundain, ati i greu un i Gymru. Ym 1970, gyda Gilly Adams, buont yn rhedeg *Pavilions in the Parks* yng Nghasnewydd a Chaerdydd. Rhaglen lwyddiannus iawn a redai dros fis oedd hon yn cynnwys digwyddiadau mewn pafiliynau plastig ar ffurf cytiau Nissan gydag artistiaid gweledol, awduron a pherfformwyr. Cafwyd cyngerdd bop gyda Pink Floyd a Black Sabbath. Trefnwyd ffilmiau yn sinema y Global, Caerdydd, symposia yn Narlithfa Reardon Smith ac arddangosfeydd a pherfformiadau mewn siop fawr wag. Fel Grŵp Prosiect y Ganolfan Gelfyddydau, buont

yn gweithio'n galed i gael gafael yn Ysgol Uwchradd Treganna a'i thrawsnewid yn ofodau parhaol i weithgareddau creadigol o bob math. Agorodd Canolfan Gelfyddydau Chapter, a oedd yn estyn croeso i'r gymuned leol yn ogystal â byd y celfyddydau, ym 1971. Esblygodd oriel, theatr, dwy sinema a stiwdios ar y safle. Mae Chapter wedi parhau i ddatblygu ac er 2008 mae'r rhannau sy'n agored i'r cyhoedd wedi cael eu gwella'n sylweddol.

## GRWPIAU SY'N CAEL EU RHEOLI GAN ARTISTIAID

Yng Nghanolfan Chapter y cafwyd y trafodaethau a arweiniodd at sefydlu Cymdeithas Artistiaid a Dylunwyr Cymru (CADC) ym 1974. Deuai'r artistiaid dan sylw o dde Cymru'n bennaf ac roedd llawer ohonynt yn gweithio yng Ngholegau Celf Caerdydd, Casnewydd ac Abertawe. Glyn Jones a oedd yn bennaeth Celf Gain yng Nghaerdydd ar y pryd oedd Cadeirydd cyntaf y Gymdeithas.

> Roedd nodau CADC yn cynnwys darparu gofod stiwdio fforddiadwy mewn cynifer o leoliadau â phosibl. Ffurfiwyd canghennau ledled Cymru, gan sefydlu gofodau stiwdio ac, o bryd i'w gilydd, orielau… Datblygiad gan Gangen Caerdydd oedd BayArt a'i stiwdios yn Stryd Bute, sydd hefyd yn cynnwys oriel.

Rhwng 1976 a 1987, bu'r Gymdeithas yn cyhoeddi'i gylchlythyr tabloid, *Link*, unig lwyfan Cymru a oedd yn cynnwys newyddion a beirniadaeth am y celfyddydau gweledol a dylunio. Yn nes ymlaen sefydlwyd Cymdeithas Les i gynorthwyo aelodau mewn cyni ac agorwyd y Gweithdy Argraffu yng Nghaerdydd, dan reolaeth Peta Cole. Erbyn diwedd y 1980au, roedd CADC wedi peidio â bod fel endid unigol.

Y sefydliad mwyaf radicalaidd, a'r unig un a chanddo raglen unol, penderfynol oedd Beca, a enwyd ar ôl Terfysg Beca. Fe'i lansiwyd ym 1983 gan Paul Davies, yn enedigol o Abertawe, a'i frawd, Peter (swyddog â Chelfyddydau

Gogledd Lloegr). Byddai'r aelodau'n gweithio ar wahân ac ar y cyd. 'Gan mwyaf,' yng ngeiriau Paul Davies, 'roedd teimlad o gyfrifoldeb am gymunedau bregus Cymraeg, wedi'u dinistrio gan fewnfudwyr, tai haf ac ieithoedd lleiafrifol yn cael eu gormesu.'

Sefydlwyd y Prosiect Artistiaid gan Iwan Bala a Sean O'Reilly ym 1992. Y flwyddyn honno, bu'n cydberthyn ag Amgueddfa'r Artistiaid Lodz yng ngwlad Pwyl fel cymuned ryngwladol, 'yn amgueddfa heb waliau', lle'r oedd gwaith adeiladu, ymdrech gydweithiol a chydweithrediad rhyngwladol yn bwysicach na'r cynnyrch ar y diwedd. Dangoswyd hyn ym 1994 gyda *Lle-olion*, digwyddiadau amgylcheddol a saflebenodol mewn ffatrïoedd a mannau eraill yng Nghaerdydd. Bu'r grŵp hefyd yn cynnal ymweliad cyfnewid â Chroatia ym 1998, gan arddangos mewn amgueddfeydd yn Zagreb, Split a Chaerdydd gyda chatalog deirieithog gynhwysfawr.

Er 2000, mae Locws Rhyngwladol yn llwyfannu digwyddiadau celfyddydau ar draws y ddinas gydag artistiaid rhyngwladol a rhai sy'n byw yn y DU gan greu gwaith celf saflebenodol dros dro ar draws Abertawe. Amrywia'r rhain o dafluniadau fideo, gosodwaith sain ac ymyriadau mewn amgueddfeydd i waith ffotograffig a gwaith sy'n seiliedig ar wrthrychau a defnydd. Yn fwy diweddar, mae Fframwaith, grŵp radicalaidd a gwleidyddol o artistiaid ifainc wedi'u ffurfio gan Owen Griffiths.

Yn y 1980au, astudiwyd ymarfer celf a dylunio'n broffesiynol a sut i oroesi fel artist. Erbyn hyn nid artistiaid eu hunain oedd y gweinyddwyr mewn sefydliadau a cholegau celf. Enw nodedig yr adeg hon oedd Nick Clements a *The Pioneers* a fu'n cynnig cyflogaeth i artistiaid trwy weithio ag ysgolion a chyrff cyhoeddus.

Y grŵp celf menywod sydd wedi arddangos yn fwyaf rheolaidd yw Gŵyl Gelf y Merched Permanent Waves (1992–2001) – Cymdeithas Celfyddydau'r Merched. Mae grwpiau rhanbarthol yn cynnwys Grŵp 75 yng ngogledd Cymru, Grŵp 62 yn Sir Benfro ac Artistiaid Bro Morgannwg.

Am gyfnod byr ar ddiwedd y 1990au, daeth Hen Lyfrgell Caerdydd yn ganolfan i'r celfyddydau gweledol. Yn cael eu hadnabod o hyd fel Artistiaid yr Hen Lyfrgell, llwyddodd carfan fechan a fu'n gweithio yno i drawsnewid hen adeilad lle gynt y byddai canfas yn cael ei gyfanwerthu yn oriel a stiwdios, sef Oriel Canfas.

Grŵp arddangos yw Ysbryd sy'n cynnwys rhai o brif beintwyr Cymru. Fe'i sefydlwyd ym 1997 gan John Uzzell Edwards a Brendan Stuart Burns, ac mae'n arddangos yma yng Nghymru a thramor yn yr un modd â Cherfluniaeth Cymru.

Sefydlwyd Gweled yn Aberystwyth ym 1984 i gynorthwyo'r celfyddydau gweledol a'i gyfrwng oedd y Gymraeg. Roedd llawer un yn teimlo bod y mynegiant diwylliannol cyfrwng Cymraeg hwn wedi'i esgeuluso gan wahanol sefydliadau, yn eu plith colegau celf, adrannau celf prifysgolion, orielau cyhoeddus ac amgueddfeydd. Yn ystod y degawd pryd y bu mewn bodolaeth, roedd Gweled yn cynnwys artistiaid, athrawon, cerflunwyr, pobl grefft, dylunwyr, ffotograffwyr, penseiri ac eraill. Trefnwyd gweithdai, cynadleddau a chyfarfodydd eraill. Roedd aelodau Gweled yn medru ieithoedd eraill a gwnaed cysylltiadau rhyngwladol.

Ymhlith mentrau eraill gan artistiaid roedd *Celtic Vision*, a grëwyd gan y peintiwr, Denis Bowen (1921–2006). Roedd hon yn arddangosfa ryngwladol ar raddfa fawr gan artistiaid o'r gwledydd Celtaidd. Fe'i dechreuwyd ym Madrid ym 1986 a theithiodd i Galisia, Llydaw, Iwerddon, Cymru, Yr Alban a Jarrow. Ysbrydolwyd *Meta*, a grëwyd yn wreiddiol gan Christine Kinsey, gan y syniad bod 'y weithred o ddod ag artistiaid a beirdd at ei gilydd yn ychwanegu at eu nerth…' Dewisodd wyth o artistiaid yng Nghymru wyth o feirdd gyda'r arddangosfa'n cael ei chynnal yn Arberth yn 2002, Filniws yn 2003 a Chaerdydd yn 2004.

Yr un mor unigryw ag Ynys Môn, lle y bydd stiwdios yn cael eu hagor yn flynyddol i ymwelwyr, mae gan orllewin Cymru ei fyd celf ei hun i'w gynnig. Rhwng Tyddewi hyd at Oriel Neuadd y Frenhines yn Arberth, ac, ymhellach i'r gogledd, o Grymych i Abergwaun a draw wedyn i Aberteifi, Caerfyrddin a Llandeilo, ceir ardal ddiwylliedig Gymreig a Chymraeg lle mae'r celfyddydau'n ffynnu. Mae stiwdios agored, sydd yn aml yn cyd-fynd â gweithdai dan arweiniad artistiaid, yn frith, ac nid lleiaf yn Aberteifi. Mae Helfa Gelf yn agor stiwdios yng Nghonwy a Dinbych er 2006.

## AMGUEDDFEYDD AC ORIELAU CYHOEDDUS

Sefydlwyd Amgueddfa Genedlaethol Cymru (Amgueddfa Cymru erbyn hyn) ym 1907 ynghyd â Llyfrgell Genedlaethol Cymru, yn sgil ymgyrch hir yng Nghymru dros sicrhau sefydliadau addysg a diwylliannol cenedlaethol. Hanesydd cydnabyddedig Amgueddfa Cymru yw ei chyn-Gyfarwyddwr, Douglas Bassett, sydd wedi cyhoeddi'n eang ynglŷn â'r sefydliad. Ymchwiliwyd i'w hanes hefyd gan Oliver Fairclough, y Ceidwad Celf. Etifeddodd yr Amgueddfa gasgliadau amgueddfa ddinesig Caerdydd a symudodd i adeilad neo-glasurol crand ym Mharc Cathays yn y ddinas ym 1922. Yn y fan honno cymerodd y celfyddydau eu lle, ochr yn ochr ag archeoleg, daeareg, botaneg, swoleg a diwydiannau arbennig Cymru. Hyd at 1945, tueddai'r casglu i fod yn hanesyddol: Richard Wilson; porslen regentaidd Abertawe a Nantgarw; ac yn ddarluniadol, yn enwedig printiau portreadol a thopograffigol Cymreig. Bu'r Amgueddfa hefyd yn derbyn rhoddion o gelf Seisnig ac estron gan roddwyr o Gymru, gan roi iddi ryw gymeriad deuluol – yn amgueddfa gelf Gymreig ac yn oriel genedlaethol i gelf ryngwladol yng Nghymru, sy'n parhau hyd heddiw.

Ym 1914 trefnwyd arddangosfa gan yr amgueddfa i waith artistiaid modern a oedd wedi'u geni yng Nghymru ac o dras Gymreig.

Gellir priodoli hyn i raddau i fywgraffiadur diweddar T Mardy Rees. Hefyd roedd yn cynnwys Augustus John, y caffaelwyd ei waith gan yr Amgueddfa o 1920. Dylanwad pwysig yn y dyddiau cynnar oedd y cerflunydd Syr William Goscombe John a roddodd, rhwng 1911 a 1948, yn hael o'i waith ei hun ynghyd â gwaith ei gyfoedion. Un a fu'n eiriol yn gynnar dros waith David Jones oedd David Baxendall a benodwyd yn Geidwad Celf Cynorthwyol i'r amgueddfa ym 1928. Bu'r amgueddfa hefyd yn bleidiol i Gymdeithas Celf Gyfoes Cymru, a sefydlwyd ym 1937, ac yn un o'i buddiolwyr.

Rhwng 1908 a 1924 yn bennaf, roedd y chwiorydd Gwendoline a Margaret Davies wedi hel casgliad celf neilltuol. Yn gymwynaswyr hael, buont yn rhoi cerfluniaeth gan Rodin a phaentiadau gan Augustus John ar fenthyg – benthyciad a ddaeth yn rhodd ym 1940. Pan fu farw Gwendoline ym 1951, derbyniodd yr amgueddfa ei phaentiadau Realydd, Argraffiadyddol ac Ol-Argraffiadyddol, yn eu plith gwaith o bwys rhyngwladol gan Renoir, Monet, Van Gogh a Cézanne. Dilynwyd hwn gan gasgliadau Margaret Davies ym 1963 a ychwanegodd fwy o waith argraffiadyddol, paentiadau gan yr Hen Feistri a chelf Seisnig a Chymreig diweddar yn y 1950au. Cafodd y cyfle hwn i fynd yn uniongyrchol at gelf fodern glasurol Ewropeaidd effaith sylweddol ar genhedlaeth o artistiaid yng Nghymru.

Gweddnewidiwyd casgliad celf yr amgueddfa gan gymynrodd y ddwy chwaer Davies gan annog prynu celf gan Hen Feistri Ewropeaidd yn ogystal â'r meistri modern. Yn y cyfamser, o 1948 a thrwy gydol y 1950au ymlaen, byddai'r amgueddfa wrthi'n rheolaidd yn prynu gwaith gan artistiaid cyfoes yng Nghymru. Bu'r staff curadu bach, o dan Rollo Charles, y Ceidwad Celf rhwng 1952 a 1977, hefyd yn ymwneud â Chyngor Celfyddydau Cymru, yng Ngholeg Celf Caerdydd ac yn yr Eisteddfod Genedlaethol. Bu gwaith Grŵp De Cymru, Grŵp 56 Cymru, myfyrwyr a sefydliadau eraill i'w weld mewn arddangosfeydd dros dro yn yr Amgueddfa Genedlaethol yn ogystal ag Oriel Tŷ Turner, Penarth.

Dilynwyd Timothy Stevens, a oedd yn Geidwad rhwng 1987 a 1993, pryd y bu gwaith adfer ac ymestyn yn flaenoriaeth, gan gyfnod David Alston yn yr un swydd, 1994–1998 ac am ddegawd roedd rhaglen arddangos brysur yn cynnwys agweddau ar gelf Gymreig gydag agenda fodern helaeth. Mae hon wedi'i chynnal a'i datblygu yn ystod cyfnod Oliver Fairclough fel Ceidwad Celf, yn enwedig gyda chefnogaeth Ymddiriedolaeth Colwinston.

Ers canol y 1990au, mae'r amgueddfa hefyd wedi elwa ar gefnogaeth Ymddiriedolaeth Derek Williams, sydd wedi gosod casgliad ei sefydlydd, Derek Williams (1929–1984) ar fenthyciad hirdymor ac wedi cynorthwyo wrth brynu gwaith o'r ugeinfed ganrif. Mae'r Ymddiriedolaeth hefyd yn ychwanegu at ei chasgliad ei hun, gan gaffael gwaith cyfoes o Gymru, yn rhannol trwy gysylltiad â'r Eisteddfod Genedlaethol.

Mae arddangosfeydd newydd er 2008 yn ceisio cyflwyno celf Cymru mewn cyd-destun rhyngwladol, ond, mewn gwrthgyferbyniad, maent yn cynnwys am y tro cyntaf nifer o orielau sy'n edrych ar waith artistiaid Cymru yn y gorffennol o safbwynt hanes a diwylliant Cymru. Ar ddechrau degawd cyntaf yr unfed ganrif ar hugain, sefydlodd Amgueddfa Cymru bartneriaeth â grŵp bach o orielau a ariennir gan gyllid cyhoeddus – yn enwedig Oriel Davies yn y Drenewydd – er mwyn arddangos gwaith o'r casgliad cenedlaethol o gwmpas Cymru. Yn 2011, daeth rhan o adain orllewinol yr amgueddfa'n gyfres o orielau i'r casgliad neilltuol o gelf fodern a chyfoes.

Ym 1989, cymerodd yr Amgueddfa gyfrifoldeb am baentiadau a roddwyd gan Graham Sutherland i Gymru, sydd ar ddangos er 1976 yng Nghastell Picton yn Sir Benfro. Erbyn hyn mae rhai o'r rhain yn cael eu harddangos mewn oriel newydd, Oriel y Parc, a agorwyd yn 2008 yn Nhyddewi. Yn eiddo i Barc Cenedlaethol

Arfordir Sir Benfro, mae gan yr oriel raglen arddangosfeydd newidiol sy'n tynnu o gasgliadau celf, archeoleg a gwyddor naturiol yr Amgueddfa. Yn y cyfamser, mae'r drafodaeth sydd wedi ymestyn dros ganrif a hanner ynglŷn ag oriel i gelf Gymreig ac un arall i gelf fodern, wedi'i hailgynnau.

Wedi'i chynllunio yn y 1890au, ei sefydlu ym 1907 a'i hagor ym 1911 ac wedyn ei hagor yn swyddogol ym 1937, bwriadwyd Llyfrgell Genedlaethol Cymru fel storfa i lawysgrifau ac archifau yn ogystal â llyfrau printiedig. Ymhlith y casgliadau enfawr a ddelir yno mae llythyrau Augustus a Gwen John a pheth o waith David Jones. Anogai Siartr Sefydlu Frenhinol y Llyfrgell gasglu 'portreadau, golygfeydd o gefn gwlad, adeiladau, trefi a phentrefi, addoldai, pontydd a lluniau topograffigol eraill'. Mae'r Llyfrgell Genedlaethol yn rhedeg rhaglen arddangosfeydd dros dro yng ngofod gogoneddus Oriel Gregynog.

Yn ôl David Moore, curadur Amgueddfa ac Oriel Gelf Brycheiniog o 1992–2006,

> mae ansawdd casgliadau celf yn amgueddfeydd rhanbarthol Cymru'n amrywio'n sylweddol gan ddibynnu ar bolisïau casglu. Archifau sydd heb eu harchwilio i raddau yw'r rhain, gyda llawer ohonynt yn ddigon arwyddocaol i ategu rhai'r sefydliadau cenedlaethol.

Caffaelwyd gwaith cynrychioladol ac arwyddocaol gan Moore gan artistiaid sydd wedi gweithio – ac sy'n dal i weithio – yn Sir Frycheiniog a'i chyffiniau. Bu sefydlu Ymddiriedolaeth Amgueddfa Brycheiniog yn 2000 yn gymorth wrth gaffael dyfrlliwiau ac ysgythriadau pren gan David Jones a wnaethpwyd yn ystod ei ymweliadau â Chapel-y-ffin rhwng 1924 a 1928, a gwaith gan Eric Ravilious, Graham Sutherland a John Piper o'r 1930au a'r 1940au. Ceir hefyd gryn dipyn o waith gan Josef Herman, o'i gyfnod yn Ystradgynlais. Comisiynwyd Bernard

Mitchell gan Moore i dynnu ffotograffau o artistiaid a oedd yn cael eu cynrychioli yn y casgliad ac mae cyfweliad ag amryw wedi'u recordio. Arweiniodd Gŵyl Jazz Aberhonddu at greu is-gasgliad o waith sy'n gysylltiedig â jazz.

Â'i chysylltiad agos ag Ysgol Gelf Abertawe ar draws Heol Alecsandra, sefydlwyd Oriel Gelf Glynn Vivian ym 1911 trwy rodd i'r ddinas gan Richard Glynn Vivian, pedwerydd mab teulu'r diwydianwyr copr. Roedd y casgliadau'n cynnwys crochenwaith a phorslen Abertawe a Nantgarw, llestri o wledydd Prydain, Ewropeaidd a Dwyreiniol a chelf gain o'r ugeinfed ganrif gan artistiaid Cymreig a rhai sy'n byw yng Nghymru. Cynhelir arddangosfa'r Oriel ar hyd y flwyddyn, ac mae hon ynghyd â'i chelfyddydau cymunedol a'i rhaglenni addysg wedi ennill gwobrau a chydnabyddiaeth. Mae arddangosfeydd celf gymhwysol gyfoes o'r ansawdd ryngwladol uchaf yn nodwedd reolaidd ers degawd a digwyddiadau blynyddol o bwys yw'r Ŵyl a'r Arddangosfa Agored. Mae gwaith adnewyddu helaeth ar y gweill.

Mae Amgueddfa ac Oriel Gelf Casnewydd wedi anrhydeddu artistiaid Cymreig byw, yn enwedig yn ystod yr ugain mlynedd diwethaf, wrth ymchwilio i hanes y dre trwy gomisiynau sy'n ei bortreadu a chasglu gwaith. Agorwyd yr adeilad presennol sy'n cynnwys gofod arddangos pwrpasol ym 1968. O'r adeg honno, câi arddangosfeydd dros dro eu cynnal tan 2013, ochr yn ochr â'r casgliadau parhaol. Mae'r rhain yn cynnwys cerameg stiwdio a gwaith o bwys sydd ar ddangos yn Nhŷ Tredegar. Bu Cyngor Celfyddydau Cymru a Chymdeithas Celf Gyfoes Cymru'n ffynonellau pwysig ar gyfer rhoddion ynghyd â chymwynaswyr unigol.

Wedi'i hadeiladu fel theatr rhwng 1904 a 1905, mae'r Coliseum yn Aberystwyth bellach yn gartref i Amgueddfa Ceredigion. Yn sinema rhwng 1932 a 1977, agorodd fel amgueddfa ym 1982 a'i disgrifio fel un o'r rhai harddaf yng ngwledydd Prydain. Mae'n dal casgliad mawr o baentiadau gan Alfred Worthington

(1835–1927), gan gynnal arddangosfeydd celf gyfoes Gymreig.

Mae gan amgueddfeydd a ariennir yn gyhoeddus yng Nghastell Cyfarthfa, Merthyr Tudful, yng Nghaerfyrddin, Cas-gwent, Bangor, Cwm Cynon, Llanelli a mannau eraill, orielau ar gyfer arddangosfeydd dros dro i gelf gain. Mae gan Amgueddfa ac Oriel Gelf Dinbych-y-pysgod, sy'n cael ei rhedeg gan ymddiriedolaeth annibynnol, rai peintiadau sylweddol yn ei chasgliad o waith modern a chyfoes.

Adeiladwyd Oriel Davies, Y Drenewydd yn y 1960au gyda chymynrodd gan y chwiorydd Davies ac erbyn hyn, wedi'i hailwampio a'i hehangu, mae'n rhoi pwyslais ar gelf Gymreig gyfoes mewn gofod oriel sydd wedi'i goleuo'n dda. Roedd Canolfan Gelfyddydau Llyfrgell Wrecsam yn wreiddiol yn rhan o ddarpariaeth awdurdod lleol Clwyd gynt i'r celfyddydau, ac ers degawdau mae ganddi ofod arddangos pwrpasol. Ysgol i enethod fu Castell Bodelwyddan ar un adeg; fe'i hailwampiwyd a'i sefydlu fel ymddiriedolaeth gan Gyngor Clwyd ar ddiwedd y 1980au i dderbyn gwaith gan yr Oriel Bortreadau Genedlaethol yn Llundain.

Mae Martin Barlow, a churaduron sydd wedi'i ragflaenu, gan gynnwys Clive Adams a Susan Daniel McElroy, wedi troi Oriel Mostyn Llandudno yn un o'r canolfannau mwyaf anturus i gelf Gymreig a rhyngwladol. Wedi'i sefydlu ym 1901 gan y Foneddiges Augusta Mostyn i ddangos gwaith Cymdeithas Celf Boneddigesau Gwynedd, hon oedd yr oriel gyntaf yn y byd i ddangos gwaith gan artistiaid benywaidd. Bu Oriel Mostyn ynghau am flynyddoedd lawer cyn ailagor ar ddiwedd y 70au. Mae adeilad yr hen swyddfa bost wrth law'n cael ei ymgorffori rhwng 2007 a 2010, er mwyn helaethu'r gofod yn sylweddol.

Y tu hwnt i dir mawr gogledd Cymru, derbyniodd Oriel Ynys Môn yn Llangefni, a adeiladwyd ar ddiwedd yr wythdegau, gymynrodd sylweddol gan Charles Tunnicliffe yn cynnwys ei baentiadau a darluniau adaryddol. Agorwyd estyniad i arddangos gwaith y diweddar Kyffin Williams yn 2008.

Mae llawer o orielau eraill yng Nghymru wedi'u sefydlu fel mentrau unigol gan dderbyn cymorth cyhoeddus yn nes ymlaen ar gyfer arddangosfeydd a rhaglenni addysg. Mae'r Tabernacl ym Machynlleth yn gartref i ganolfan ddiwylliannol a adeiladwyd o gwmpas capel mawr ym 1986; mae'n dal casgliad parhaol o gelf Gymreig ac Ewropeaidd o'r ugeinfed ganrif. Ail-grëwyd Plas Glyn-y-Weddw yn Llanbedrog yn oriel ar ddechrau'r 1980au. Erbyn hyn mae Oriel Mission yn Abertawe, a sefydlwyd gan artistiaid a gwneuthurwyr i ddangos crefftwaith cyfoes, yn derbyn arian cyhoeddus ar gyfer ei rhaglen, yn yr un modd ag Oriel Myrddin yng Nghaerfyrddin. Trawsnewidiwyd Oriel Washington (sydd bellach wedi cau), ym Mhenarth, o hen sinema a adeiladwyd ym 1936.

Mae gan y prifysgolion hefyd orielau a gofodau arddangos; Oriel Ceri Richards yn Abertawe, Oriel y Bont ac Oriel Zobole ym Mhrifysgol De Cymru, Pontypridd. Mae Canolfan y Celfyddydau, Aberystwyth o dan ei chyfarwyddwr, Alan Hewson, wedi'i hailwampio'n llwyr gan greu digon o le i gelf gyfoes, crochendy, ystafell dywyll, stiwdio recordio ac ardal fideo a stiwdios dychmygus o ran eu cynllun. Am flynyddoedd roedd yr Hen Ganondy ym Mangor, sydd bellach yn Amgueddfa ac Oriel Gelf Gwynedd, yn cael ei redeg gan yr artist, Michael Cullimore. Mae Oriel Gerddi Howard, yn Ysgol Gelf a Dylunio Prifysgol Fetropolitan Caerdydd, wedi bod yn ddigyfaddawd erioed, gyda phob curadur yn ei dro'n coleddu gweledigaeth wahanol (yn fwyaf diweddar, yr artist Richard Cox – ei dasg olaf fu goruchwylio cau'r oriel yn 2013).

Mae Canolfan Gelfyddydau Sain Dunwyd, a ailgynlluniwyd gan Christopher Loyn, yn cael ei rhedeg gan Goleg Iwerydd yng nghastell rhamantaidd Sain Dunwyd ar yr arfordir, a fu gynt yn eiddo i'r meistr papurau newydd,

William Randolph Hurst y mae ei hanes yn cael ei ffuglenoli yn y ffilm Citizen Kane (1941).

Bu cryn dipyn o ailadeiladu yng Nghaerdydd ar ddiwedd y 1960au a diwedd y 1990au. Ar y ddau achlysur, y bwriad oedd codi oriel gelf, ond diflannodd o'r cynllun, gan ddod yn nodwedd fechan yn unig mewn dwy ganolfan fawr ar gyfer cerddoriaeth a'r celfyddydau perfformio. O ganlyniad, tipyn o ôl-ystyriaeth wedi'u creu o ardaloedd cylchdroi cyhoeddus oedd y ddau ofod arddangos a ddaeth yn ei sgil, sef Neuadd Dewi Sant a gynhelir gan y cyngor sir, a Chanolfan Mileniwm Cymru sy'n sefydliad annibynnol, ond darparent gyfleusterau yr oedd eu dirfawr angen. Daeth rhaglen arddangosfeydd Neuadd Dewi Sant a Gwobr Artist y Flwyddyn Cymru i ben yn 2014.

## ORIELAU PREIFAT, PARCIAU A GOFODAU CELF GWLEDIG

Yn y 1950au cynnar yng Nghymru, nid oedd fawr o orielau preifat i'w cael. Yng Nghaerdydd, arloeswr yn y maes oedd Oriel Howard Roberts, a ddilynwyd gan Oriel Albany ym 1965, ac yn Abertawe, Yr Atig (Y Dillwyn gynt, sef yr oriel deuluol hynaf yng Nghymru) ym 1962; dechreuodd Oriel Tegfryn ym Mhorthaethwy ar ddechrau'r 1960au hefyd. Am saith mlynedd yn y 1980au, bu Oriel Andrew Knight yng Nghaerdydd yn hyrwyddo artistiaid yng Nghymru. Hefyd yng Nghaerdydd, o'r 1970au tan ddiwedd y 1990au, byddai Celfyddydau Cain Manor House yn cyflwyno artistiaid cyfoes a rhai cynharach. Yr oriel breifat fwyaf, sydd hefyd yn arbenigo ar baentio a cherfluniaeth gyfoes Gymreig, yw Martin Tinney yng Nghaerdydd. Ar ôl goroesi dirwasgiad ariannol y 1980au, symudodd yr oriel i le mwy a gwell ar ddechrau'r unfed ganrif ar hugain. Hefyd yn cynrychioli artistiaid yng Nghymru, agorodd Oriel Kooywood yng Nghaerdydd yn 2004. Agorodd nifer o orielau llai yn Aberhonddu ar ddechrau'r unfed ganrif ar hugain, wedi'u hysgogi gan waith Amgueddfa ac Oriel Gelf Brycheiniog. Erbyn hyn ceir orielau preifat niferus yn y wlad ac mewn trefi bach o Drefaldwyn i Hwlffordd.

Er nad yn 'barc cerfluniaeth', roedd Parc Margam, Port Talbot, yn gysylltiedig ag arddangosfeydd a gweithgareddau Ymddiriedolaeth Gerfluniaeth Cymru (Cywaith Cymru'n nes ymlaen yn y 1980au). Felly hefyd Parc Glynllifon, Caernarfon.

Yng nghanol y 1970au, gwahoddwyd y cerflunydd Tom Gillespy i Latfia ac Armenia Sofietaidd, ac ym 1989 a 1990, daeth ag artistiaid Sofietaidd draw i arddangos yng Nghymru. Ym 1996, trefnodd y symposiwm rhyngwladol cyntaf yng Nghymru a arweiniodd ym 1999 at Symposiwm Cerfluniaeth Llyn Efyrnwy ym Mhowys. Bob blwyddyn, gwahoddir pum artist rhyngwladol i weithio ochr yn ochr â phum artist Cymreig, pob un yn cynhyrchu cerflun.

Mae Coed Hills, fferm sydd â 180 erw o dir ger Saint Hilari ym Mro Morgannwg, wedi'i rhedeg gan Rawley Clay ers dechrau'r 1990au fel 'gofod celf gwledig'. Bydd gwirfoddolwyr, artistiaid yn bennaf, yn cynhyrchu cerfluniaeth saflebenodol ar gyfer cynlluniau amgylcheddol, yn ymgymryd â phrosiectau ailgylchu, arddangosiadau, gweithdai, perfformio, gosodwaith a gweithdai crefft yn y caeau a'r goedwig. Mae Coed Hills yn cynhyrchu trydan trwy dyrbin gwynt, gan werthu'r cyflenwad sydd dros ben i'r grid cenedlaethol.

Sefydlwyd Gweithdy Berllanderi ger Rhaglan, Gwent gan Harvey Hood yn y 1980au. Mae'n cynnig lloty, stiwdios, ffowndri a chyfleusterau eraill i gerflunwyr.

Ffurfiwyd Creu-ad, Celfyddyd i'r Amgylchedd Gwledig gan Shelagh Hourahane a Lynne Denman yn 2001. Ei amcan yw 'dehongli' y wlad a chymunedau gwledig. Anogir awduron, cerflunwyr, darlunwyr, gwneuthurwyr printiau, gweithwyr metel, gwneuthurwyr basgedi, ceramegyddion, artistiaid cymunedol a chyfarwyddiaid i ddatgelu 'ysbryd y lle', gan gynnwys y gymuned mewn ffyrdd newydd trwy gelf a gwyddoniaeth.

## CELF GWEITHREDOL A LLONYDD MEWN AMSER A GOFOD

Enwau eraill ar 'ddigwyddiadau' y 1950au a 60au oedd 'gweithgareddau' a 'chyflwyniadau' ac erbyn y 1970au, 'celf fyw', 'gweithredu', 'aktion', 'seiliedig ar amser' a 'chelf berfformio', pob un â'i bwyslais ei hun. Amrywiai'r gwreiddiau o'r theatr arbrofol i estyniadau paentio, collage a chyfosod, cerddoriaeth, dawns neu farddoniaeth. Y perfformiad strwythuredig cyntaf ar raddfa fawr yng Nghymru oedd yn Abertawe ym mis Ionawr 1968. Fe'i rhagflaenwyd gan arbrofion yng Ngholeg Celf Caerdydd. Yn y 1970au yn Ysgol Haf y Barri, ceid ymddangosiadau nodedig gan Roland Miller a Shirley Cameron fel 'Seiclwyr Syclamen'.

Yn ei chyhoeddiadau diweddar ar hanes celf berfformio yng Nghymru, mae Heike Roms wedi disgrifio safleoedd neu 'heterotopau' yng Nghymru megis Y Maes, Y Tir, Y Ddinas. Yn ôl Roms,

> mae'r rhain yn cael eu hysbrydoli'n gyfartal gan symudiad yr *avant-garde* rhyngwladol tuag at ddisylweddu ymarfer celf, ailgadarnhau hunaniaeth ddiwylliannol ar wahân a dathlu'r iaith Gymraeg.

Mae hyn yn cyfeirio'n arbennig at berfformiad answyddogol Paul Davies yn yr Eisteddfod Genedlaethol yn Wrecsam ym 1977 lle y daliai sliper rheilffordd fel Welsh Not anferthol. Y flwyddyn honno, roedd Cyngor Celfyddydau Cymru wedi cyflwyno rhaglen o artistiaid perfformio rhyngwladol yn yr Eisteddfod (syniad Davies fwy na thebyg), ond ni chafodd artistiaid Cymreig eu cynnwys. Fodd bynnag, er mai gweithred answyddogol Davies a gipiodd y sylw i gyd, aeth Mario Merz, a oedd newydd gyflawni digwyddiad cymhleth, ato a'i wynebu. Paul Davies a'i frawd Peter oedd y rhai cyntaf i fynegi materion diwylliannol a gwleidyddol yn gyson. Hyd yn oed ar ôl marwolaeth Davies ym 1993, daliai Beca i weithredu. Yn Eisteddfod Bro Colwyn 1995, cafwyd perfformiad a barodd wyth awr yn yr awyr agored. Bu adrodd seiniau'r Wyddor Gymraeg a'u cysylltiadau'n gyfeiliant i frandio'r llythrennau ar garthenni gwlanen Cymreig.

O 1992, bu Cywaith Cymru, y sefydliad cenedlaethol ar gyfer celf gyhoeddus yng Nghymru, yn comisiynu prosiectau perfformio arbennig i'r Eisteddfod Genedlaethol gan artistiaid (y dawnsiwr Marc Rees yn eu plith) a beirdd.

Mae Simon Whitehead, sydd wedi creu perfformiadau 'mapio' sy'n seiliedig ar deithiau cerdded hirfaith yn nhirwedd Cymru, yn aelod o'r Grŵp *Ointment* yng ngorllewin Cymru sy'n gwneud gwaith sy'n 'sensitif i le' mewn safleoedd gwledig. Mae Phil Babot sydd hefyd yn cerdded ac yn mapio, yn creu perfformiadau seicolegol. Mae Eddie Ladd, sy'n byw ar fferm yng ngorllewin Cymru (yn hytrach na bod yn '*based*' yno), yn canfod erydiad seicolegol a diwylliannol a hunan-gasineb a darnio a dryllio.

Yn Ysgol Gelf a Dylunio Caerdydd, sefydlodd John Gingell gwrs gradd mewn perfformio, gosodwaith a fideo. Ymunodd Anthony Howell ag ef, a greodd Theatr y Camgymeriadau yn y 1970au ac a ddaeth ag André Stitt i Gaerdydd, artist ac athro dylanwadol a aned ym Melffast. Mae perfformiadau Stitt yn datgelu themâu sy'n cynnwys gormes, adfeddiannu diwylliannau ac ymddieithrio, themâu a rennir gan rai artistiaid Cymreig. Rhwng 2000 a 2008, yn ei dŷ teras, bu André Stitt yn rhedeg *Trace: installation artspace*, ar gyfer gwaith perfformio byw, gan sefydlu ymweliadau cyfnewid rhyngwladol. Ymhlith canolfannau eraill dan ofal artistiaid ar gyfer celf arbrofol mae tactileBOSCH (a gaeodd yn 2012), *Mor front a g39*. Agorwyd tactileBOSCH ar ôl 2000 mewn hen olchdy, gan Kim Fielding a Simon Mitchell ac mae cyfnewid rhyngwladol wedi datblygu. Yn wreiddiol, agorodd *g39*, a elwid hefyd yn Contemporary Temporary Artspace, ym 1998. Cydweithfeydd a reolir gan artistiaid yw The Artists Project, The Umbrella Group a Trailer Park, sy'n trefnu digwyddiadau perfformio yn ogystal ag arddangosfeydd.

Mae Bloc, fforwm ar gyfer celf a thechnoleg, yn trefnu seminarau a chynadleddau sy'n cynnwys cyfryngau digidol. Mae Canolfan Ymchwil Perfformio Aberystwyth yn cynnal Canolfan gyda gweithdai, gwyliau, symposia a chynadleddau rhyngwladol.

Bydd SWICA (Celfyddydau Cymunedol Rhyngddiwylliannol De Cymru), a adwaenir bellach fel Carnifal SWICA – hwn, fwy na thebyg, yw'r grŵp amlddiwylliannol hynaf sydd ar gael – yn trefnu digwyddiadau â chymunedau hen a newydd yng Nghaerdydd.

## CELF YN YR EISTEDDFOD GENEDLAETHOL A GWYLIAU ERAILL

Ceir cofnod o ŵyl barhaus fwyaf Cymru yn Aberteifi ym 1176. Yn wahanol i eisteddfodau lleol, bydd yr Eisteddfod Genedlaethol fawreddog yn cael ei hail-greu mewn gwahanol dref bob blwyddyn. Ym 1944, ymwelodd 20,000 â'r arddangosfa gelf a chrefftau yn Llandybïe; drigain mlynedd yn ddiweddarach, roedd y gynulleidfa hon wedi cynyddu i dros 100,000. O'i gymharu â'r modd y byddai Iorwerth Peate yn hyrwyddo crefft gynhenid, rhoddai David Bell, yn swyddfa Cyngor Celfyddydau Prydain Fawr yng Nghymru, bwyslais ar gelf gain gyfoes, ac ym 1947 agorodd arddangosfa agored â phwyllgor dethol, system sy'n parhau hyd heddiw. Mae cannoedd o ddarnau gwaith yn cael eu cyflwyno ac ym 2008, bu gwaith a oedd heb ei ddethol yn cael ei ddangos yn tactileBOSCH.

Ym 1951, cyflwynwyd y Fedal Aur am Gelfyddyd Gain yn Eisteddfod Llanrwst. Fe'i cyflwynir bob blwyddyn o hyd er gwaethaf toriad rhwng 1968 a 1985. Sefydlwyd y Fedal Aur am Bensaernïaeth ym 1960 a'r Fedal am Grefft a Dylunio ym 1985.

Ym 1965, gresynwyd ynglŷn â diffygion newyddiadurol a beirniadol yn gyffredinol. Yn ôl A Pritchard yn y *Western Mail*, 10 Awst,

> mewn cysylltiad â gwobrau llenyddol, bydd y cyhoedd at ei gilydd yn fodlon derbyn penderfyniad y beirniaid… hyd yn

oed pan na fydd y rhan fwyaf yn deall y gwaith yn iawn na hyd yn oed yn ei ddarllen. Yn y Celfyddydau Cain, mae'r sefyllfa'n wahanol gan fod pawb yn ddigon bodlon i farnu.

Arddangosfa'r Eisteddfod Genedlaethol yw un o'r rhai mwyaf ac sy'n derbyn y nifer uchaf o ymwelwyr yng ngwledydd Prydain.

Mae Peter Lord wedi trafod ei hesblygiad yn ei lyfr *Y Chwaer Dduwies* (Llandysul 1992). Yn ôl Lord, yng nghatalog *Arddangosfa Celf a Chrefft yr Eisteddfod Genedlaethol* ym 1992,

> am dros 150 o flynyddoedd mae'r Eisteddfod wedi ceisio cynnig canolbwynt cenedlaethol i drafod y diwylliant gweledol cynhenid a dyma'r unig sefydliad sy'n ymrwymedig i ddal ati i wneud hynny.

Mae digwyddiadau llai sy'n cynnwys elfen i'r celfyddydau gweledol wedi'u cynnal ers blynyddoedd lawer. Mae'r gwyliau yn Abertawe, Caerllion, Y Clas-ar-Wy, Llanberis ac Abergwaun i gyd yn cynnwys arddangosfeydd. Mae artistiaid o bob cwr o'r byd yn dod i weithio ac arddangos yn Biennale Harlech a sefydlwyd ym 1994.

O ran gwyliau rhyngwladol mwy o faint, er 2003 mae Cymru'n bresennol yn Biennale Fenis, gyda chryn lwyddiant bob tro. Ceir sawl safbwynt ynglŷn â hyn gan gynnwys y farn nad yw'r hyn sydd ar ddangos yn cynrychioli Cymru.

## CYNGOR CELFYDDYDAU CYMRU

Mae Isabel Hitchman, a fu'n swyddog gyda Chyngor Celfyddydau Cymru am flynyddoedd maith, wedi sylwi sut mae Cyngor Celfyddydau Cymru (â'i statws a'i enw wedi'i newid mewn gwahanol ffyrdd dros y blynyddoedd) wedi cydweithio â sefydliadau'r llywodraeth, orielau ac unigolion i ddatblygu'r modd y cynhyrchir ac y cyflwynir celf. Mae'r Cyngor wedi annog twf cyllid i'r celfyddydau gweledol a'r crefftau sy'n amrywio o arian gan lywodraeth genedlaethol a lleol i nawdd preifat, sefydliadau datblygu a'r

loteri genedlaethol. Mae Cyngor Celfyddydau Cymru wedi cefnogi llawer o'r gweithgareddau a amlinellir yn y Cyflwyniad.

Arweiniodd y Cyngor Er Hybu Cerddoriaeth a'r Celfyddydau yn ystod y rhyfel at ffurfio Cyngor Celfyddydau Prydain Fawr ym 1945–46. Sefydlwyd Pwyllgor Cymreig y Cyngor hwn yn ystod 1946. Yn ystod yr ugain mlynedd ar ôl hynny, rhoddwyd polisïau a gweithgareddau yn eu lle a fyddai'n parhau'n sylfaenol. Trefnodd y Pwyllgor Cymreig arddangosfeydd (gyda chlybiau celfyddydau ledled Cymru) a bu'n prynu gwaith artistiaid. Parhaodd i wneud y ddeupeth hyn tan 1981. Detholwyd arddangosfa i'r Eisteddfod Genedlaethol ar ôl y rhyfel gan Henry Moore, Ceri Richards ac Eric Newton. Gweinyddid rhaglen 'darpariaeth uniongyrchol' y Pwyllgor Cymreig yn llwyddiannus gan David Bell, John Petts a Tom Cross. Bu darpariaeth uniongyrchol yn ei hanterth rhwng 1966 a 1981, pan fu Cyngor Celfyddydau Cymru'n arloesi o ran gweithgareddau, wedi'i ysbrydoli i raddau helaeth gan Gyfarwyddwr Cynorthwyol newydd, artist ac athro a hyfforddwyd yn Abertawe, Peter Jones. Ei ymagwedd yntau oedd creu arddangosfeydd, hybu datblygiadau i gynorthwyo artistiaid ac orielau a mynnu bod dylunio dwyieithog clir ym mhob cyflwyniad cyhoeddus.

Bu arddangosfeydd ar y cyd â rhai o'r prif sefydliadau yn cynnwys Amgueddfa Cymru ynghyd â chyfres bwysig *Celf yn y Gymdeithas* (*Rhyfel, Gwaith, Addoli, Priodas*). Comisiynwyd artistiaid yng Nghymru a Lloegr i wneud gwaith ar gyfer arddangosfeydd, yn eu plith cyfres o *Brintiau Poster* i'w harddangos ar hysbysfyrddau mawr. Raymond Moore oedd y ffotograffydd byw cyntaf i'w waith gael ei arddangos gan Gyngor Celfyddydau. Datblygwyd polisïau i gynorthwyo orielau, eu harddangosfeydd ynghyd â dechreuad addysg mewn orielau. Sefydlwyd y grantiau cyntaf yng ngwledydd Prydain a alluogai orielau i dalu ffioedd i arddangoswyr ac, am y tro cyntaf erioed, fenthyciadau di-log.

Ym 1974, agorwyd oriel a siop lyfrau'r Cyngor yng Nghaerdydd. Un o wasanaethau'r oriel oedd cynllun prynu di-log, Cynllun Casglwr Celf Oriel. Ym 1983, fel y Cynllun Casglu, estynnwyd y cynllun hwn i orielau eraill, preifat a chyhoeddus yng Nghymru. Yn y 1990au, fe'i copïwyd yn helaeth ledled gwledydd Prydain. Caeodd Oriel ym 1998 er mwyn gwneud lle i Ganolfan newydd – os byrhoedlog – y Celfyddydau Gweledol yng Nghaerdydd.

Erbyn 1981, roedd y gwariant mwyaf wedi symud o'r rhaglen arddangosfeydd tuag at sefydliadau, orielau ac artistiaid. Goruchwyliwyd y newid hwn gan sawl pwyllgor celf olynol a oedd yn cynnwys artistiaid yn bennaf. Gam wrth gam o 1982, cafwyd gwared â darpariaeth uniongyrchol gyda chyllid yn cael ei ailgyfeirio tuag at ddatblygu orielau yn Abertawe, Llandudno, Rhuthun, Wrecsam, Y Drenewydd a Chasnewydd a hynny ar y cyd ag awdurdodau lleol. Cyflwynwyd cymorth i gomisiynu celf gyhoeddus a ddilynwyd gan wasanaeth ymgynghori cyfatebol yn nes ymlaen ar gyfer comisiynau unigol.

O 1994 daeth Loteri'r Celfyddydau a weinyddid gan Gyngor Celfyddydau Cymru, ag arian newydd i egin-brosiectau, offer, celf gyhoeddus a phrosiectau celfyddydol. Roedd hyn yn galluogi cryn dipyn o waith i ddatblygu orielau, canolfannau celfyddydau a gofodau stiwdio gan gefnogi prosiectau adfywio sirol a rhoi gwaith i artistiaid. Bu Celfyddydau Rhyngwladol Cymru, ar y cyd â'r Cyngor Prydeinig, yn hwyluso cynlluniau cyfnewid artistiaid.

Ym 1994, newidiodd enw Cyngor Celfyddydau Cymru yn y Saesneg o'r *Welsh Arts Council* i *Arts Council of Wales*, wedi'i ddatganoli o Gyngor Celfyddydau Prydain Fawr gan gyfuno â'r tair Cymdeithas Gelfyddydau Ranbarthol yng Nghymru. Cyflwynwyd polisïau newydd ar gyfer arfarnu cleientiaid, addysg, hyfforddiant, marchnata, cyfranogi, mynediad a chyfnewid rhyngwladol. Trwy ailstrwythuro ni chyfyngwyd cyllidebau bellach i ffurfiau penodol ar y celfyddydau. Yn 2000, dyma Lywodraeth

Cynulliad Cymru'n ymgymryd â'r cyfrifoldeb am gyllid Cyngor Celfyddau Cymru. Yn raddol, chwalwyd 'Y Casgliad Cymreig' ar ffurf rhoddion i orielau, amgueddfeydd a lleoliadau eraill a oedd yn hygyrch i'r cyhoedd.

Daeth y Mileniwm â mentrau mawr yn ei sgil, megis y miloedd o bunnoedd a ychwanegwyd at grantiau bychain a roddid i artistiaid y degawdau gynt (*Cymru Greadigol*), cefnogaeth i wobr ac arddangosfa i artist rhyngwladol, *Artes Mundi*; presenoldeb Cymru yn Biennale Fenis. Fodd bynnag, mae'r gostyngiad yn y nifer sy'n prynu tocynnau loteri a'r Gêmau Olympaidd yn Llundain wedi disbyddu'r arian sydd ar gael. Er gwaethaf yr ansicrwydd o hyd am ei gyllid, dros drigain mlynedd mae Cyngor Celfyddydau Cymru wedi dwyn cryn fudd i'r celfyddydau gweledol.

Er gwaethaf yr holl gyflawniadau hyn, ceir barn na all Cyngor y Celfyddydau weithredu'n groes i'r sefydliad a'i fod wedi colli'i syniadau o 'ragoriaeth' a 'safonau' ar draul y 'lleol', y 'rhanbarthol' a'r 'plwyfol' a'i fod wedi gwahardd chwyldroadwyr. Serch hynny, mae meysydd diogel tirlunio, portreadaeth ac, yn y pen draw, foderniaeth, wedi esgor ar arddangosfeydd diddorol, cyfres o wyth sioe arddangos deithiol *Paentio a Cherfluniaeth Gymreig* yn flynyddol a ddechreuodd ym 1953 ac *Young Welsh Artists* a fu'n teithio Cymru ym 1959. Yn ogystal ag arddangosfeydd Cyngor Celfyddydau Cymru yn y saithdegau, bu Shelagh Hourahane yn trefnu *Cymru a'r Mudiad Modern* yn Aberystwyth ym 1973 i ddangos 'sut mae artistiaid yng Nghymru wedi cymryd rhan wrth i fudiadau celf modern ddod i'r golwg'.

Erbyn diwedd y 1980au daeth sylwi ar leiafrifoedd yn dueddiad cyfredol ar draws y byd. Gwelwyd arddangosfeydd teithiol gan Gyngor Celfyddydau Prydain Fawr, megis *Shock to the System*, a roddai sylw i faterion llosg gwleidyddol a chymdeithasol gan artistiaid o grwpiau ar yr ymylon gan gynnwys gwaith gan bobl dduon, Gwyddelod, realwyr cymdeithasol a ffeministaidd, yng Nghymru lle, ar yr un pryd, y byddai testunau a materion cadarnhaol Cymreig yn dal i gael eu cau allan o orielau a'r teledu. Ym 1995, bu arddangosfa arloesol, *Safbwyntiau: Artistiaid Cymru ar Gymru* a guradwyd gan Lois Williams a'i threfnu gan Martin Barlow yng Nghanolfan Gelfyddydau Llyfrgell Wrecsam yn cynnwys naw artist yn rhychwantu tair cenhedlaeth, gan ddefnyddio ffurfiau cyfoes i ymateb i gwestiynau'n ymwneud â materion diwylliannol, gwleidyddol ac ieithyddol. Yn 2001, trefnwyd yr arddangosfa helaeth *Wales, Unauthorised Versions* gan Alex Farquharson a'i dangos yn Zagreb yn unig.

## LLYWODRAETH LEOL

Mae dyletswydd statudol ar awdurdodau lleol i gefnogi'r celfyddydau, ond dros y blynyddoedd mae Abertawe, Clwyd a Sir Ddinbych wedi sefyll ar wahân ar wahanol adegau fel awdurdodau a chanddynt uwch-swyddogion dylanwadol neu gefnogol. Sefydlwyd y gwasanaeth celf sirol cyntaf yng Nghymru gan Swyddog Celfyddydau Clwyd, Steve Brake (1944–2008), a oedd wedi'i hyfforddi'n gerflunydd. Steve a ffurfiodd y Grŵp Arddangosfeydd Teithiol (GAT (TEG)) ym 1980 i hwyluso cyfnewid arddangosfeydd ledled gwledydd Prydain, ac, yn nes ymlaen, *Celfyddydau mewn Gofal Iechyd* yn Sir Ddinbych a oedd yn rhoi cymorth i roi celf mewn ysbytai newydd. Ar yr adeg honno roedd Canolfan Gelfyddydau Llyfrgell Wrecsam, a oedd wedi'i sefydlu gan Clwyd dros dri deg mlynedd yn ôl, yn cael ei chynnal gan Sir Ddinbych. Mae Canolfan Gelfyddydau Abaty Nant Teyrnon yng Nghwmbrân a Chanolfan Gelfyddydau Neuadd Llanofer yng Nghaerdydd hefyd yn derbyn cymorth hanfodol gan awdurdodau lleol.

## ASIANTAETHAU CELF GYHOEDDUS A CHYNLLUNIAU ARTISTIAID PRESWYL

Cywaith Cymru oedd y sefydliad cenedlaethol ar gyfer celf gyhoeddus yng Nghymru er pan gafodd ei sefydlu ym 1981 fel Ymddiriedolaeth Gerfluniaeth Cymru a grëwyd gan Shelagh

Hourahane. Gan gymryd cyfrifoldeb am wasanaeth comisiynu datganoledig Cyngor Celfyddydau Cymru, a chydag ymrwymiad cryf wrth fywyd diwylliannol Cymru, ei ddiben oedd annog gosod celf yn yr amgylchedd trefol a gwledig. O dan gyfarwyddiaeth Tamara Krikorian (1944–2009), bu Cywaith Cymru'n cydweithio'n agos ag awdurdodau lleol, asiantaethau llywodraeth, y sector preifat, grwpiau amgylcheddol a chymunedol, ysgolion, colegau a sefydliadau celf, gan annog cydweithrediad rhwng artistiaid, penseiri a datblygwyr.

Yn gynnar yn y 1980au bu'n ymwneud ag arddangosfa bensaernïaeth o bwys ym Mharc Margam, Port Talbot a gychwynnodd gyfres o arddangosiadau yno, ac, ym 1988, *Stoneworks*, a drefnwyd ar y cyd ag Oriel 31 yng Nghastell Powys a oedd yn cynnwys sawl cerflunydd o Gymru a hen feistri modern. Comisiynwyd gwaith ar thema *Awduron Gwynedd* ar gyfer Parc Glynllifon. Yn Ngŵyl Erddi Glynebwy a Pharc Arfordirol Llanelli 2000, bu artistiaid yn ailwampio talpiau helaeth o dir a fu gynt yn ddiffaith.

Roedd gan bob un o'r cymdeithasau celfyddydau rhanbarthol a oedd yn gysylltiedig â Chyngor Celfyddydau Cymru raglen artistiaid preswyl a arweiniai weithiau at greu celf gyhoeddus. Trefnwyd y rhain gan Richard Cox yn Ne-Ddwyrain Cymru, Carwyn Rogers a Sybil Crouch yng Ngorllewin Cymru a John Clifford Jones yng ngogledd Cymru. Datganolwyd datblygu'r cyfrifoldeb am reoli a datblygu rhaglen breswyl genedlaethol gan Gyngor Celfyddau Cymru i Gywaith Cymru ym 1998.

Sefydlwyd Corfforaeth Datblygu Bae Caerdydd ym 1987 i drawsnewid 2,700 erw o dir preswyl, diwydiannol a dociau ger canol y ddinas. Ym 1990, comisiynwyd strategaeth celf gyhoeddus gyflawn. Fe arweiniodd at sefydlu Ymddiriedolaeth Gelfyddydau Bae Caerdydd a adwaenid yn nes ymlaen fel CBAT – Yr Asiantaeth Gelf ac Adfywio i roi'r strategaeth hon ar waith. Diolch i'r ganran i gelf a godwyd ar ddatblygwyr mewnfudol, llwyddodd yr Asiantaeth i gyflawni amrywiaeth o brosiectau. Gyda diwedd y Gorfforaeth Ddatblygu, daeth yr Asiantaeth yn wasanaeth ymgynghori celf annibynnol a gydweithiai ag artistiaid ar gynlluniau trefol. Arweiniodd cyfuno dadleuol rhwng Cywaith Cymru a'r Ymddiriedolaeth at ffurfio sefydliad newydd ar gyfer celf gyhoeddus, Safle yn 2007. Daeth Safle i ben yn 2010. Mae gwasanaeth ymgynghori annibynnol, Celfwaith, hefyd wedi'i sefydlu ers hynny.

## PRYNU, GWOBRAU A NAWDD

Cymdeithas Celf Gyfoes Cymru yw un o'r elusennau hynaf i'r celfyddydau gweledol. Ar ôl dwy arddangosfa gelf Gymreig hynod lwyddiannus ym 1935 a 1936, gwahoddwyd yr Arglwydd Howard de Walden o Gastell y Waun, Llywydd y Gymdeithas Gelf Gyfoes (a sefydlwyd yn Llundain ym 1916) i fynychu pwyllgor a arweiniodd at ffurfio Cymdeithas Gelf Gyfoes i Gymru ym 1937. Ddeng mlynedd a thrigain yn nes ymlaen, bydd prynwr yn dal i gael ei ethol yn flynyddol i bwrcasu gwaith gan artistiaid o Gymru neu sydd â chysylltiad go ddifrif â'r wlad. Mae'r Gymdeithas hefyd yn cynnig dwy wobr fyfyriwr bob blwyddyn, gwobr a roddir yn yr Eisteddfod. Mae'n rhoi cefnogaeth i Artes Mundi, Cymru yn Fenis a phrosiectau eraill.

Ymhlith noddwyr nodedig eraill y celfyddydau mae Elusennau Davies, Ymddiriedolaeth Derek Williams ac Ymddiriedolaeth Colwinston. Sefydlwyd yr ymddiriedolaeth olaf hon ym 1995 gan Mathew Prichard ac mae'n dosbarthu grantiau i elusennau o'r DU sy'n gweithio ym maes cerddoriaeth a'r celfyddydau gweledol yn bennaf. Mae incwm o ddrama Agatha Christie, *The Mouse Trap*, sy'n rhedeg yn Llundain er 1952 wedi rhoi budd i amrywiaeth o weithgareddau yng Nghymru.

Mae Elusennau Davies, a sefydlwyd gan Gwendoline a Margaret Davies, yn cefnogi sefydliadau elusennol y celfyddydau a meddygol yn bennaf. Yn ychwanegol at gefnogi prynu gan Amgueddfa Cymru, bydd Ymddiriedolaeth Derek Williams yn prynu gwaith gan artistiaid yng Nghymru a'r tu hwnt ac mae wedi cynorthwyo cyhoeddiadau'r celfyddydau gweledol.

Mae unigolion sy'n creu a chyflawni prosiectau'n rhy niferus i'w rhestru. Fodd bynnag, mae William Wilkins, artist ac arbenigwr ym maes adfywio treftadaeth genedlaethol, wedi creu un o'r gwobrau mwyaf i artistiaid unigol. Gyda Tessa Jackson yn Gyfarwyddwr Artistig, yn 2004, sefydlodd y wobr ryngwladol i gelf weledol, Artes Mundi, gydag arddangosfa radicalaidd a rhaglen ategol, yn Amgueddfa Cymru.

Mae Oriel Mostyn yn trefnu arddangosfeydd sy'n cynnig gwobrau prynu. Mae gwobrau eraill hen a newydd yn cynnwys gwobr *Biennale Arlunio Cymru, Gwobr Brynu Prifysgol Morgannwg* ac *Artist y Flwyddyn Cymru*; yn Abertawe, *Gwobr Richard a Rosemary Wakelin* a sefydlwyd er cof am y ddau artist o'r ddinas, ac amrywiaeth o wobrau yn Ysgol Gelf a Dylunio Caerdydd, rhai ohonynt yn cael eu rhoi gan rieni myfyrwyr. Yn 2006 cychwynnwyd *Gwobr Bortreadau Cymru* gan Steve Brake gyda £30,000 yn wobr.

********************

Yn y cyflwyniad hwn crynhowyd esblygiad y sefydliadau y tu ôl i gelf yng Nghymru ac sydd wedi dylanwadu arni er 1945. O fewn cyfyngiadau'r nodiadau rhagarweiniol hyn, ni ellid cynnwys popeth – mae artistiaid Cymru dramor neu'r rheini yn Llundain, yn unig, yn haeddu astudiaeth benodol ar wahân. Byddai pob awdur yn adrodd stori wahanol, ond mae safon uchel y creadigrwydd a geir yng Nghymru'n haeddu bod yn fwy adnabyddus.

**Ifor Davies**

*Dymuna Ifor Davies ddiolch i bawb sydd wedi gwneud cyfraniad i'r cyflwyniad hwn, gan gynnwys Joan Baker, Sandra Bosanquet, Alistair*

*Crawford, Oliver Fairclough, Tom Gilhespy, Robert Greetham, Sue Hiley Harris, Isabel Hitchman, Glyn Jones, Christine Kinsey, Roger Lefevre, David Moore, Jill Piercy, Peter Prendergast, Heike Roms, Denys Short, Ceri Thomas, Noel Upfold a David Vickers.*

*Mae'r cyflwyniad hwn a ysgrifennwyd yn 2009 wedi'i ddiweddaru rywfaint cyn ei gyhoeddi.*

# LLYFRYDDIAETH

## GEIRIADURON

T R Roberts, *Eminent Welshmen: a short biographical dictionary of Welshmen who have attained distinction from the earliest times to the present* (Caerdydd a Merthyr Tudful 1908) 613 tt. Mae'n cynnwys: Moses Griffith (1869–1904), John Gibson, Syr Edward Coley Burne-Jones, Richard Wilson, Thomas Jones, Thomas Barker (1769–1847), Thomas John Barker (1815–1882) peintiwr, William Camden Edwards (1777–1855) ysgythrwr, Ellis Owen Ellis (1813–1861) peintiwr, Milo James Griffith (1843–1897) cerflunydd.

Y Parch. T Mardy Rees, *Welsh Painters, Sculptors and Engravers, 1527–1911* (Caernarfon 1912). Mae'n cynnwys portreadau wedi'u hysgythru o'r awdur, M Mark Anthony, Thomas Barker, Frank Brangwyn, Joseph Edwards ('cerflunydd'), J Deffet Francis ('peintiwr'), John Gibson ('cerflunydd'), J Milo Griffiths ('cerflunydd'), Moses Griffith, Hugh Hughes, Syr W. Goscombe John ('cerflunydd'), Inigo Jones, Owen Jones ('artist addurniadol'), Christopher Williams ('peintiwr portreadau'), Penry Williams a Richard Wilson.

*Cymry Enwog*, Adran Addysg Gwasg Prifysgol Cymru, Caerdydd 1944

Robert Gunnis, *Dictionary of British Sculptors, 1660–1851* (Llundain 1951)

Kirstine Brander Dunthorne, *Artists Exhibited in Wales 1945–74* (Cyngor Celfyddydau Cymru 1976)

*Y Gwyddoniadur*, o dan olygyddiaeth gyffredinol yr hanesydd, John Davies. Golygydd y fersiwn Gymraeg yw Menna Baines a'r fersiwn Saesneg yw Nigel Jenkins (Prifysgol Cymru, Caerdydd 2007).

## CATALOGAU ARDDANGOSFEYDD

Shelagh Hourahane, *Wales and the Modern Movements*, Coleg Prifysgol Cymru, Aberystwyth, 4–24 Medi 1973

*Art Exile in Great Britain* 1933–45, Awst–Hydref 1986, Canolfan Gelfyddydau Camden, Llundain, trefnwyd gan Ymddiriedolaeth Arkwright mewn cydweithrediad â Chymdeithas Newydd y Celfyddydau Cain, Gorllewin Berlin.

*Safbwyntiau: Artistiaid Cymreig yng Nghymru*, curadwyd gan Lois Williams, Canolfan Gelfyddydau Llyfrgell Wrecsam 1995.

Robert Meyrick a Neil Holland, *To Instruct and Inspire: 125 Years of the Art and Crafts Collection* (Yr Ysgol Gelf, Aberystwyth 1997)

*Creu Cymuned o Arlunwyr: 50 Mlynedd o'r Grŵp Cymreig*, Cyflwyniad gan Peter Wakelin (Amgueddfa ac Orielau Cenedlaethol Cymru 1999)

Jean-Marc Michaud, *Sydney Curnow Vosper*, Musée du Faonet, Morbihan (tua 2000) Gweler hefyd Peter Lord, 'A National Icon', *Planet* Rhif 67, 1988, a 'Salem: A National Icon' in *Gwenllian, Essays on Visual Culture* (Gwasg Gomer, Llandysul 1994); Tal Williams, *Salem, y Llun a'r Llan* (Barddas, Llandybïe, 1991, 1997).

*Wales: Unauthorised Versions*, Zagreb 2001, curadwyd gan Alex Farquharson

Moira Vincentelli, ' Figurative Ceramics in Cardiff', *Bodywork: Figurative Art with a Cardiff Connection*, curadwyd gan Jo Dahn a Moira Vincentelli (Yr Ysgol Gelf, Aberystwyth 2005)

*Form: contemporary craft in Wales* (Celfyddydau Rhyngwladol Cymru, Caerdydd 2003)

*Catalyst : The Craft Setting Up Grant* (Canolfan Grefft Rhuthun 2006)

*Collecting Contemporary Ceramics – An Exhibition of Purchases for the NMW Collection* (Canolfan Grefft Rhuthun 2006)

John R Wilson a Roger Cucksey, *Art and Society in Newport: Documenting the Twentieth Century* (Amgueddfa ac Oriel Gelf Casnewydd 2000)

Ceri Thomas, *Mapio'r Grŵp Cymreig yn 60* (Aberystwyth 2008)

## AROLYGON HANES

David Bell, *The Artist in Wales* (Llundain, 1957)

Golygydd Meic Stephens, *Y Celfyddydau yng Nghymru 1950–75* (Cyngor Celfyddydau Cymru, Caerdydd 1979) ac argraffiad Saesneg ar wahân

Eric Rowan, *Art in Wales: An Illustrated History, 1850–1980* (Cyngor Celfyddydau Cymru /Gwasg Prifysgol Cymru, Caerdydd 1985); dwy gyfrol ddarluniedig, cyhoeddwyd ym 1978 a 1985

Peter Lord, *Y Chwaer-Dduwies: Celf, Crefft a'r Eisteddfod* (Gwasg Gomer, Llandysul 1992)

Peter Lord, *The Aesthetics of Relevance* (Gwasg Gomer, Llandysul, 1992)

Peter Lord, *Y Gymdeithas Ddiwydiannol* (Gwasg Prifysgol Cymru, Caerdydd 1998)

Peter Lord, *Delweddu'r Genedl* (Gwasg Prifysgol Cymru, Caerdydd 2000)

Peter Lord, *Clarence Whaite and the Welsh Art World: The Bettws-y-Coed Artists' Colony, 1844–1914* (Llyfrgell Genedlaethol Cymru, Aberystwyth 1998)

Ceri Thomas, *Ernest Zobole: A Life in Art* (Seren, Pen-y-bont ar Ogwr 2007)

## CYFFREDINOL

Iorwerth Peate, *Diwylliant Gwerin Cymru* (Lerpwl 1942)

Francis D Klingender, *Art and the Industrial Revolution* (Llundain 1947)

Mark Evans ac Oliver Fairclough, *Amgueddfa Genedlaethol Cymru* (Caerdydd 1993)

Nicholas M Pearson, *The State and the Visual Arts* (Milton Keynes 1982)

John Harvey, *The Art of Piety: The Visual Culture of Welsh Noncomformity* (Gwasg Prifysgol Cymru, Caerdydd 1995)

Ivor Davies a Ceridwen Lloyd-Morgan (golygyddion), *Darganfod Celf Cymru* (Gwasg Prifysgol Cymru, Caerdydd 1999)

Iwan Bala (golygydd), *Certain Welsh Artists, Custodial Aesthetics in Contemporary Welsh Art,* (Seren, Pen-y-bont ar Ogwr 1999)

Kirstine Brander Dunthorne (golygydd), *Drawn from Wales: A School of Art in Swansea 1853–2003* (Gwasg yr Academi Gymreig, Gorffennaf 2003)

David Moore, *Building a Significant Regional Art Collection: the Visual Arts at Brecknock Museum and Art Gallery, 1992–2005* (Ymddiriedolaeth Gelf Amgueddfa Brycheiniog 2006, diwygiwyd 2007)

Heike Roms, *What's the Welsh for Performance? 30 Years of Action Art in Wales*, Cyfnewid perfformio Cymru-Quebec 2003–04 (Caerdydd a Quebec)

Tony Curtis, *Welsh Painters Talking* (Seren, Pen-y-bont ar Ogwr 1997)

Tony Curtis, *Welsh Artists Talking* (Seren, Pen-y-bont ar Ogwr 2002)

Iwan Bala, *Essays on Contemporary Art in Wales* (Seren, Pen-y-bont ar Ogwr 2003)

# NODYN YNGLŶN Â'R COFNODION

1   Dewiswyd diwedd 2007 fel y dyddiad terfynol ar gyfer gwybodaeth. Mae hwn wedi'i ddefnyddio drwyddi draw er i eithriad gael ei wneud fel arfer ar gyfer dyddiadau marwolaethau diweddarach sy'n hysbys.

2   Mae'r cofnodion wedi'u crynhoi o wybodaeth a ddarparwyd gan artistiaid /artistiaid cymhwysol a'u teuluoedd ac o ffynonellau cyhoeddedig. Er i awduron y Bywgraffiadur wirio gwybodaeth lle y bu modd, er eglurdeb ac er mwyn ychwanegu manylion o bwys, ni fu modd gwirio pob manylyn a roddwyd gan artistiaid ac eraill. *Nid yw Grŵp Golygyddol, Golygydd nac awduron Ôl-ryfel i Ôl-fodern: Bywgraffiadur Artistiaid Cymru yn derbyn unrhyw gyfrifoldeb am wallau yn y testun printiedig.*

3   Mae ymddiheuriadau'n ddyledus i'r artistiaid /artistiaid cymhwysol hynny a atebodd geisiadau am wybodaeth ond nad oedd yn bosibl eu cynnwys. Mae gwahanol resymau am hyn: rhy ychydig o feini prawf a gyrhaeddwyd; artistiaid (pa mor addawol bynnag) oedd yn rhy ifanc i fod â hanes blaenorol yn y maes; nid oedd artistiaid yn hysbys neu nid oedd yn bosibl cael hyd i ddigon o wybodaeth amdanynt; ni atebodd artistiaid geisiadau am wybodaeth ac nid oedd ambell un, er mawr ofid i'r Golygydd, yn dymuno cael ei gynnwys.

4   Lle y darparwyd yr wybodaeth gan yr artist/artist cymhwysol, mae hyn wedi'i nodi wrth waelod y cofnod. Lle bu cofnod yn dibynnu ar ffynonellau cyhoeddedig neu ar y rhyngrwyd, mae'r rhain wedi'u nodi yn yr adran *Ffynonellau Gwybodaeth a ddefnyddiwyd wrth grynhoi Cofnodion.*

5   Geiriau'r artistiaid eu hunain yw'r dyfyniadau, oni nodir fel arall.

6   Lle'r oedd/mae artist/artist cymhwysol yn aelod o grŵp, nid yw unrhyw arddangosfeydd cysylltiedig ar y cyd wedi'u cynnwys ond os oeddent/ydynt yn ffurfio'r rhan fwyaf o yrfa arddangos yr artist. Nid yw grwpiau artistiaid, fel y cyfryw, wedi'u cynnwys.

7   Mewn rhai cofnodion, mae'r wybodaeth yn brin, neu'n darfod cyn (weithiau ymhell cyn) 2007. Dyma'r cwbl oedd ar gael ac nid oedd modd cysylltu â'r artist/artist cymhwysol (nac iddo ddarparu rhagor o wybodaeth) ar gyfer diweddariad. Mewn achosion eraill, roedd *curricula vitae* hirfaith, wedi'u cyflwyno heb dynnu sylw at fanylion o bwys, yn golygu mai'r Golygydd ddewisodd pa arddangosfeydd a gwybodaeth arall i'w cynnwys.

8   Lle mae enwau sefydliadau wedi newid, nodir y rhain ar y ffurf a ddefnyddiid ar yr adeg pan oedd yr artist yn ymwneud â nhw, a hyd at 2007, beth bynnag. Yr eithriad yw Amgueddfa Cymru, sef yr enw cyfredol, a ddefnyddir drwyddi draw. Mae'r Tabernacl, Machynlleth, hefyd yn cael ei adnabod fel Amgueddfa Celf Fodern Cymru. Rhoddir enwau casgliadau cyhoeddus fel y maent ar hyn o bryd.

9   Defnyddir rhanbarthau Cymru (de, canolbarth a gogledd Cymru) yn hytrach nag enwau'r Siroedd, oherwydd newidiadau yn nherfynau llywodraeth leol. Mae rhai

eithriadau, megis Bethesda ac enwau eraill, sy'n digwydd mewn mwy nag un ardal, lle y mae siroedd neu ranbarthau'n cael eu defnyddio.

10  Gall cyfeiriad bod gwaith artist wedi'i gynnwys yng nghasgliad Amgueddfa Cymru olygu ei fod yn cael ei gynrychioli yn yr Adran Gelf, yn Sain Ffagan: Amgueddfa Werin Cymru, yn yr Adran Ddiwydiant neu yn y Casgliad Gwaith Allanol.

11  Yn dilyn gwasgaru Casgliad Cymreig Cyngor Celfyddydau Cymru, mae'r geiriau 'Prynwyd gwaith gan Gyngor Celfyddydau Cymru' neu 'Cymdeithas Gelfyddydau Gorllewin Cymru' yn golygu bod y gwaith wedi'i roi ar ôl hynny i gasgliadau eraill, rhai cyhoeddus gan mwyaf.

12  Ceir anghysonderau o ran gwybodaeth ac arddull. Fel arfer, canlyniad ffynonellau annigonol neu ddyddiadau coll yw'r cyffredinoli achlysurol. Mae arddangosfeydd heb ddyddiadau a ddarparwyd gan artistiaid/artistiaid cymhwysol fel arfer wedi'u hepgor, oni bai bod ffynonellau eraill wedi'u hadnabod. Mae cyfeiriadau at gyhoeddiadau'n arbennig o anghyson. Lle mai hi sy'n gyfrifol, mae'r Golygydd yn ymddiheuro.

IH

# ARTISTIAID: A

### Heather ACKROYD a Dan HARVEY 1959–

**Artistiaid sy'n seilio eu gwaith ar amser ac sy'n gweithio â'i gilydd er 1989.**

A

Heather Ackroyd, ganed 1959. Astudiodd ym Mhrifysgol Ddinesig Manceinion, gyda Cornelia Parker; Dan Harvey, ganed 1959. Astudiodd yng Ngholeg Celf Caerdydd a'r Coleg Celf Brenhinol, Llundain, ddechrau'r 1980au. Comisiynau'n cynnwys *Field Study*, Eisteddfod Genedlaethol Cymru (EGC), Y Trallwng 2003. Arddangosfeydd a gosodwaith saflebenodol, gan gynnwys Oriel Serpentine, Llundain 1992; Gŵyl Gelfyddydau Ryngwladol Seland Newydd 1996; Amgueddfa Victoria ac Albert, Llundain 2000; Canolfan y Celfyddydau Aberystwyth 2002; Amgueddfa Cymru 2004; Y Theatr Genedlaethol, Llundain 2007. Llawer o grantiau, gwobrau, preswyliadau gan gynnwys Y Gwaddol Gwyddoniaeth, Gwobr Technoleg ac Arloeswr Celf. Mewn cydweithrediad â'r Sefydliad Ymchwil Tir Glas a'r Amgylchedd, Aberystwyth, 2000; Gwobr Fawr Celf a Gwyddoniaeth Liw L'Oreal 2000; Gwobr Ymchwil Gwyddoniaeth-Celf Wellcome 1997; Cymdeithas Frenhinol y Celfyddydau, Gwobr Celf ar gyfer Pensaernïaeth 1995, 1999. Casgliadau'n cynnwys AC. 'Ymateb yw *Field Study* i leoliad a thirwedd sy'n canolbwyntio ar Gwm Nant-yr-eira…' *(EGC 2003).* Stiwdio yn Dorking, Lloegr.

### ADJ Gweler DEMPSTER JONES

### Anna ADAM 1943–

**Enw gwaith Anna Elizabeth Adam, artist tecstiliau. Ganed yng Nghaerdydd, de Cymru.**

Astudiodd yng Ngholeg Celf Caerdydd 1961–63 gyda Frank Roper a Frank Vining; Yr Ysgol Gelf a Dylunio Ganolog, Llundain 1963–66 gyda Peter Collingwood, Ruth Harris a Marianne Straub. Darlithydd mewn Gwehyddu, Prifysgol Morgannwg 1983–91. Gydag artistiaid cymhwysol eraill, sefydlodd Oriel Makers Gallery (OMG) yn y Bont-faen, 1984 ac yng Nghaerdydd ym 1991; Canolfan Grefft Urdd Gwneuthurwyr Cymru (UGC) yn yr Hen Lyfrgell, Caerdydd 1989; Crefft yn y Bae (CyyB), Caerdydd. Aelod o Fwrdd CyyB 1996, aelod sefydlol Urdd Gwehyddwyr, Nyddwyr a Lliwyddion Morgannwg ac UGC (cadeirydd am saith mlynedd); aelod o Gylch y Mynydd Du. Dyfarnwyd y wobr gyntaf iddi yn Eisteddfod Genedlaethol Cymru (EGC) Caerdydd 1978, yr ail wobr yn EGC Abergwaun 1986. Comisiynau'n cynnwys tapestrïau i Eglwys y Santes Fair, Cas-gwent, Gwent 1989, Eglwys Sant Edeyrn, Caerdydd 1994. Arddangosfeydd niferus ar y cyd yn cynnwys *The Art of Craft*, Oriel Gelf ac Amgueddfa Casnewydd (OGAC) 1983; *Summer Textiles*, Canolfan y Celfyddydau Aberystwyth 1987; *All About Wool*, Canolfan Gelfyddydau Abaty Nant Teyrnon, Cwmbrân 1990, Tangled Webs, Urdd Crefftwyr Dyfnaint, Bovey Tracey 1991; *Urdd Gwehyddwyr a Lliwyddion Morgannwg*, Amgueddfa Werin Cymru, Sain Ffagan, Caerdydd, o 1979; UGC o 1984; Centre Permanent, Barcelona 1995, a Fforwm Rhyngwladol Tokyo, Japan 1998 gyda Fforwm Crefft Cymru. Arddangosfa un-ddynes, Neuadd Dewi Sant, Caerdydd 1998. Gwaith yng nghasgliad OGAC. Yn byw ger y Fenni, de Cymru.

*Yr artist*

## Alexander ADAMS 1973–
**Peintiwr a gwneuthurydd printiau, ganed yn Llundain, Lloegr.**

Astudiodd yn Athrofa Gogledd-Ddwyrain Cymru, Wrecsam 1991–92 gydag Alan Lumsden ('a fu'n ddylanwad mawr arnaf; cof annwyl, edmygol a theyrngar sydd gen i ohono'); Coleg y Gofaint Aur, Llundain 1992–95 gyda Lis Milroy, Trevor Allen, Basil Beattie. Cyrhaeddodd Gymru ym 1985, gan rannu'i amser rhwng Llundain a Sir Ddinbych o 1992. Arddangosfeydd ar y cyd yn cynnwys *Frankfurt Art Fair* (gydag Oriel Raw, Llundain) 1997; *The Discerning Eye*, Orielau'r Mall, Llundain 1998 (teithiol); *What Next From London?*, Oriel Gelf Orion, Ostend, Gwlad Belg 2001; *The Proper Study of Mankind*, Amgueddfa Gelf Fodern, Machynlleth 2004. Arddangosfeydd undyn yn cynnwys *Recent Paintings*, Canolfan Gelfyddydau Llyfrgell Wrecsam 2002; *Large Paintings*, Oriel Theatr Clwyd, Yr Wyddgrug 2003; *Works on Paper*, Canolfan Gelfyddydau Y Rhyl, 2004 (teithiol); *Tree Paintings*, Amgueddfa ac Oriel Gelf Gwynedd, Bangor 2005. Cyhoeddiadau'n cynnwys 'Cause for Concern' (*Printmaking Today*, Haf 2004); 'Melancholy of the Modern' ac 'Art of Entropy' (*The Jackdaw*, rhifynnau 60, 61, 2006); *Noctes* (*Golconda Fine Art Books*, Caer 2005). Casgliadau'n cynnwys Amgueddfa Wladwriaethol Darwin, Moscow; Amgueddfa Wrecsam; Oriel Gelf ac Amgueddfa Northampton; Prifysgol Aberystwyth; Prifysgol Lerpwl. 'Un o brif ffynonellau amlwg ei baentio yw ffotograffiaeth ddu a gwyn' (Edward Lucie-Smith, catalog, *Works on Paper* 2004). 'Ym 1994, ymwrthododd â defnyddio lliw, gan weithio mewn du a gwyn yn unig ar ôl hynny.' Yn byw yn Sir Ddinbych, gogledd Cymru a Newcastle-upon-Tyne, Lloegr.
*Yr artist*

## Becky ADAMS 1972–
**Enw gwaith Rebecca Jane Adams, peintwraig, artist tecstiliau ac artist llyfrau, ganed ym Mhontypridd, de Cymru.**

Astudiodd yn Athrofa Addysg Lerpwl 1991–94; Prifysgol Cymru (PC), Caerdydd 1996–97; Coleg Celf Camberwell 2000–01 (MA Celfyddydau Llyfrau). Artist Preswyl, Ysgol Queenswood, Swydd Hatfield 1998–2002; Plas Newydd, Llangollen 2003; Townhill, Wrecsam 2005; Ysgolion Gogledd Abertawe 2006. Teithio yn India 2002–04. Arddangosfeydd ar y cyd yn cynnwys *Ida Branson Memorial Bequest*, Millfield 2002; *Artist Cymreig y Flwyddyn*, Neuadd Dewi Sant, Caerdydd 2002; *For the Love of Making Books*, Canolfan Gelfyddydau Llyfrgell Wrecsam 2007; *Rich and Strange: Altered Books*, PC, Casnewydd 2007. Arddangosfa un-ddynes, *Reading Hands*, Oriel Chitraniketan, Trivandrum Kerala 2003. Casgliadau'n cynnwys Amgueddfa Victoria ac Albert; Casgliad Llyfrau Artistiaid Loch Garman; Coleg Argraffu Llundain; Oriel Tate. Mae ei 'gwaith yn cynnwys dylunio arwynebau, celf decstiliau a llyfrau sy'n deillio o [fy] awydd obsesiynol i ysgrifennu, casglu a dogfennu profiad …' Yn byw ym Mhenarth, de Cymru.
*Yr artist*

## Billy ADAMS 1962–
**Enw gwaith William Gerald Adams, ceramegydd. Ganed yn Derry, Gogledd Iwerddon.**

Cyrhaeddodd Gymru ym 1987. Astudiodd yng Ngholeg Polytechnig Ulster 1982–83; Prifysgol Ulster (PU) 1983–86; Athrofa Addysg Uwch De Morgannwg 1987–88 (MA); Coleg Addysg Uwch Gwent 1989–90. Uwch-diwtor, Canolfan Gelfyddydau Neuadd Llanofer, Caerdydd (CGNLl) 1988–2004; darlithydd (rhan-amser), Coleg Addysg Uwch Gwent 1990; darlithydd (llawnamser), Coleg Pont-y-pŵl 1991–2000; Coleg y Barri, o 2000. Artist preswyl, Oriel Myrddin, Caerfyrddin (OMyr) 1997; Canolfan Eurocat, Derry 1998. Gwobrau'n cynnwys Cyngor Celfyddydau Cymru (CCC) 1990; Cyngor Celfyddydau Gogledd Iwerddon 1993. Cymrawd o'r Gymdeithas Crochenwyr Crefft (CCCr). Aelod o Urdd Gwneuthurwyr Cymru. Arddangosfeydd ar y cyd yn cynnwys *The Natural Element*, Oriel, CCC,

Caerdydd 1989; *In the First Place*, Canolfan y Celfyddydau Aberystwyth (CCA), 1990; Biennale Cerameg Rhyngwladol, Manises, Sbaen 1993, 1995, 1997, 2003; *Ar Lan y Môr*, OMyr 1995; Neuadd Dewi Sant, Caerdydd 1996, 1997; *The Cat Scratched Little Johnny*, CCA 1999 (teithiol); *Myths and Legends*, OMyr 2000; *Draw*, OMyr 2003; Amgueddfa ac Oriel Gelf Casnewydd (AOGC) 2004, 2005, 2007; CPA @ 50, Llundain 2007. Arddangosfa ddeuddyn, Canolfan Grefft Rhuthun 1992. Arddangosfeydd undyn yn cynnwys CGNLl 1989; Oriel Orchard, Derry 1990; Canolfan Gelfyddydau Abaty Nant Teyrnon, Cwmbrân 1990 (CGANT); Oriel Cyngor Celfyddydau, Belffast 1990; Oriel Gelf Crawford, Corc 1990; CCA 1991; *Petrified Landscape*, CGANT 1998 (teithiol). Erthyglau sydd wedi'u cyhoeddi'n cynnwys *Ceramics Technical* (2007). Casgliadau'n cynnwys Amgueddfa Stoke-on-Trent; AOGC; Oriel Gelf Crawford, Corc; Prifysgol Aberystwyth; Prifysgol Cymru Y Drindod Dewi Sant (Campws Abertawe); PU. '…agweddau ar y dirwedd.' Yn byw yng Nghaerdydd, de Cymru.
*Yr artist*

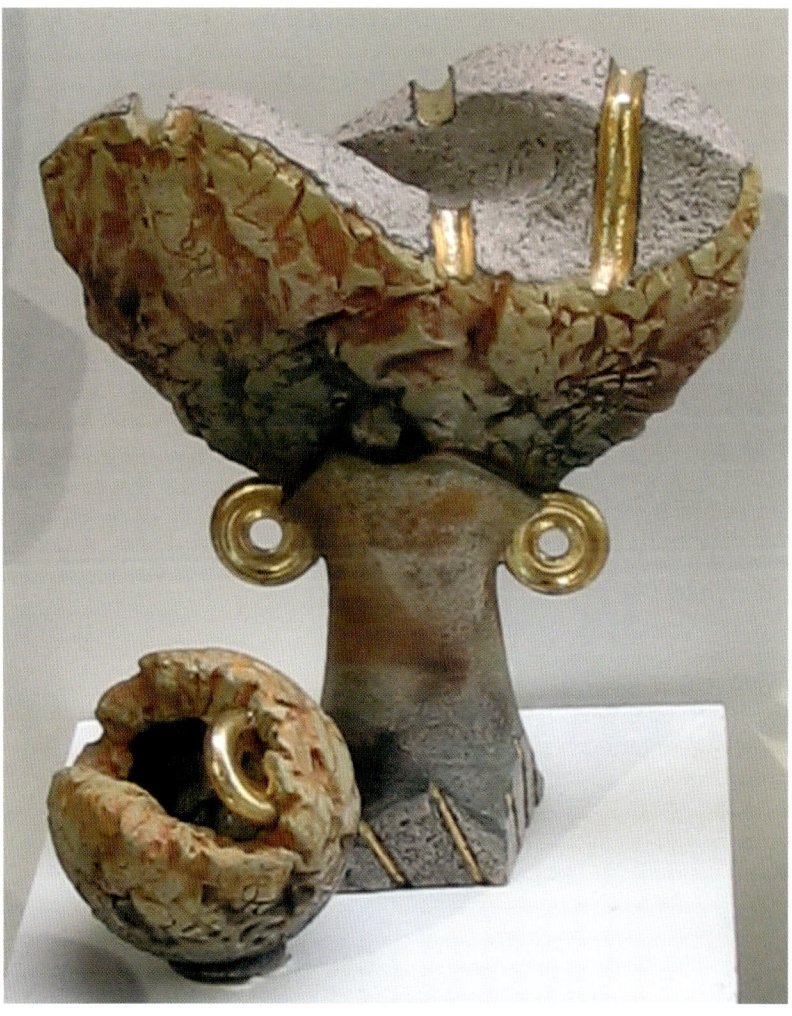

1 | Billy Adams
*Landscape Chalice* a *Bowl* 2006

## Mac ADAMS 1943–
**Cerflunydd a ffotograffydd. Ganed ym Mryn-mawr, de Cymru.**

Astudiodd yng Ngholeg Celf Caerdydd 1961–67; Prifysgol Rutgers, UDA (MFA) 1967–69. Symudodd i UDA ym 1967. Darlithydd, colegau yn America 1969–88; cerfluniaeth, ffotograffiaeth, graffeg gyfrifiadurol, Prifysgol Daleithiol Efrog Newydd (EN) yn Old Westbury, Talaith Efrog Newydd o 1988. Gwobrau'n cynnwys Cymrodoriaeth Waddol Genedlaethol i'r Celfyddydau 1976, 1980, 1982; Cymrodoriaeth Talaith EN i'r Celfyddydau 1988; Gwobr Ymchwil Canghellor Prifysgol Daleithiol EN am Ragoriaeth yn y Celfyddydau a Dyniaethau 2002. Comisiynau'n cynnwys Yr Asiantaeth Gelf ac Adfywio (AGAA) a Chorfforaeth Datblygu Bae Caerdydd 1999. Arddangosfeydd niferus ar y cyd yn UDA, y DU, Ewrop, Canada, Awstralia, gan gynnwys *Contemporary Painting and Sculpture in Wales*, Cyngor Celfyddydau Cymru (CCC)/Amgueddfa Cymru (AC) 1967; *Mac Adams Mysteries*, CCC 1979 (teithiol); *Works from the Welsh Collection*, Oriel, CCC, Caerdydd 1981; *Silence of Shadows*, AGAA 1998 (teithiol). Gwaith wedi'i gynnwys mewn llawer iawn o gyhoeddiadau gan gynnwys *Mac Adams Mysteries*, cyfweliad â Kim Levin (CCC 1979); *Mac Adams Silence of Shadows*, Norbert Lynton (AGAA 2000). Casgliadau niferus yn cynnwys AC; Amgueddfa Celf Fodern, EN; Amgueddfa Guggenheim, EN; Amgueddfa Victoria ac Albert; Fonds Nationale d'Art Contemporain, Paris. Gwaith wedi'i brynu gan CCC. 'Dw i'n meddwl pan fyddwch yn byw yn America, byddwch yn cael hyd i'ch gwreiddiau …. Trwy fod y tu allan (i Brydain) ac wrth geisio dygymod â'ch buddiannau'ch hun, rydych yn dod wyneb yn wyneb â chi'ch hun. Mae'ch cefndir a'ch diwylliant yn rhan ohoni.' Yn byw yn UDA.
*Yr artist*

## Susan ADAMS 1966–
**Enw gwaith Susan Jane Adams, peintwraig, gwneuthurydd printiau, cerflunydd ac artist digidol. Ganed yn Swydd Gaint, Lloegr.**

Astudiodd yng Ngholeg Celf Maidstone, 1985–86; Coleg Celf Norwich 1986–89 (gradd ddosbarth cyntaf) gydag Ana Maria Pacheco; Ysgol Gelf Slade, Llundain 1990–92 gyda Jock McFadyen, Neil Jeffries; Prifysgol Middlesex 1998–2000 (MA Celfyddydau Electronig). Cymrodor Celf Gain, Coleg Celf Cheltenham 1992–93; Artist Preswyl, Cadeirlan Caerloyw 1996–97; Oriel Mostyn, Llandudno (OM) ac Ynys Enlli 2002. Gwobrau gan Gyngor Celfyddydau Cymru 1996, 1998, 2004. Arddangosfeydd ar y cyd yn cynnwys *Wales: Unauthorised Versions*, Tŷ'r Artistiaid Croataidd, Zagreb 2001; *Something Funny in the Woodshed*, Oriel Gerddi Howard, Athrofa Prifysgol Cymru, Caerdydd 2001 (teithiol); *Artists in Residence at Gloucester Cathedral* 2002; *Cymdeithas Celf Gyfoes Cymru* (CCGC), Llyfrgell Genedlaethol Cymru, Aberystwyth 2006. Arddangosfeydd un-ddynes yn cynnwys *Theatre of Love*, Oriel y Bont, Prifysgol Morgannwg 1995; *Proposals for Saints*, Oriel Gelf Dinas Caerloyw, Oriel Gelf Glynn Vivian, Abertawe 1997; *Waiting for Something*, OM (teithiol), Canolfan Grefft Rhuthun 2003. Darluniodd *Duke Bluebeard's Castle* (Old Stile Press 2006). Ei gwaith wedi'i gynnwys yn *A Tale Told by an Idiot* (Gerbiltree 2002); *New Welsh Review* (rhifyn 55, 2002); *Planet* (rhifyn 157, 2003). Ei chasgliadau'n cynnwys Amgueddfa ac Oriel Gwynedd, CCGC. '… mae'r gwaith yn edrych ar y rhaniad a'r gwrthdaro rhwng ffantasi a phrofiad go-iawn … daw syniadau o ffilm, ffuglen, celf werin, hanes a mytholeg grefyddol a seciwlar … Rwyf am awgrymu bod … ambell realaeth bob amser i'w chyrchu wrth ddargyfeirio drwy ddrysfa'r dychymyg.' Yn byw ger Aberhonddu, canolbarth Cymru.
*Yr artist*

## Henry Leslie ADAMSON 1900–?
**Peintiwr. Ganed yn Bilston, Lloegr.**

Astudiodd (rhan-amser) yng Ngholeg Celf Birmingham 1938–52. Prentisiaeth beirianneg, Joseph Lucas Cyf.; Coleg Technegol Harmondsworth. Cyrhaeddodd Gymru ym 1955. Darlithydd, dosbarthiadau nos awdurdod lleol, Llandrillo a mannau eraill tan 1970. Aelod o'r Academi Frenhinol Gymreig (AFG). Arddangosfeydd ar y cyd yn cynnwys AFG 1955, 1971; Cymdeithas Frenhinol Artistiaid Birmingham; Sefydliad Brenhinol Artistiaid mewn Dyfrlliw. Arddangosfa undyn, Llandudno 1972. Roedd yn byw yng ngogledd Cymru.

### John ADDYMAN 1929–2006
**Peintiwr, ceramegydd, gwneuthurydd printiau. Ganed yn Wallasey, Lloegr.**

Ei fam yn Gymraes. Dychwelodd y teulu i Gymru yn y 40au cynnar. Astudiodd yng Ngholeg Celf Wallasey 1945–49; Y Coleg Celf Brenhinol 1949–1952. Darlithio yn Abertawe; Colchester 1957–63; Nottingham (o 1963); Norwich. Symud i Swydd Suffolk 1967; Sir Benfro 1990au. Un o brif enillwyr *Singer and Friedlander/Sunday Times Watercolour Competition* 1996. Arddangosfeydd yng Nghymru'n cynnwys Grŵp De Cymru; Cymdeithas Celf Gyfoes Cymru; Oriel Howard Roberts, Oriel Albany, Caerdydd; Eisteddfod Genedlaethol Cymru, Aberteifi 1976 (enillydd); Oriel Bangor 1976 (undyn); *Layers of Perception*, Oriel Neuadd y Frenhines, Arberth, Sir Benfro 2003 (undyn, teithiol). Arddangosfeydd niferus mewn mannau eraill gan gynnwys *The Graven Image*, Oriel Gelf Whitechapel 1957, Yr Academi Frenhinol, Llundain; The Minories, Colchester; Orielau Chappel, Essex 1990–2001; *4 Artists from Britain*, Elzenfeld 1998 (teithiol).  Ei gynnwys yn *The Artist in Wales*, David Bell (Harrap, 1957). Paentiadau i Deledu Anglia, *Constable Country in the 80s*. Casgliadau'n cynnwys Amgueddfa Cymru; Amgueddfa'r Ddinas, Lwcsembwrg; Amgueddfa ac Oriel Gelf Casnewydd; Casgliad Celf y Llywodraeth; Prifysgol Aberystwyth. Gwaith wedi'i brynu gan Gyngor Celfyddydau Cymru. 'Dyddia fy nefnydd neilltuedig bron o ddyfrlliwiau'n ôl i'm hamser yn fyfyriwr yn ystod y blynyddoedd yn union ar ôl y rhyfel … deuthum i ymddiddori ym mhriodweddau graffig artistiaid y rhyfel. Symudodd fy nheulu i Bort Talbot yn y 50au ac yn syth cafodd ffurfiau naturiol y creigiau ar hyd arfordir Sir Forgannwg effaith barhaol.' Roedd yn byw yn Arberth, gorllewin Cymru.
*Yr artist*

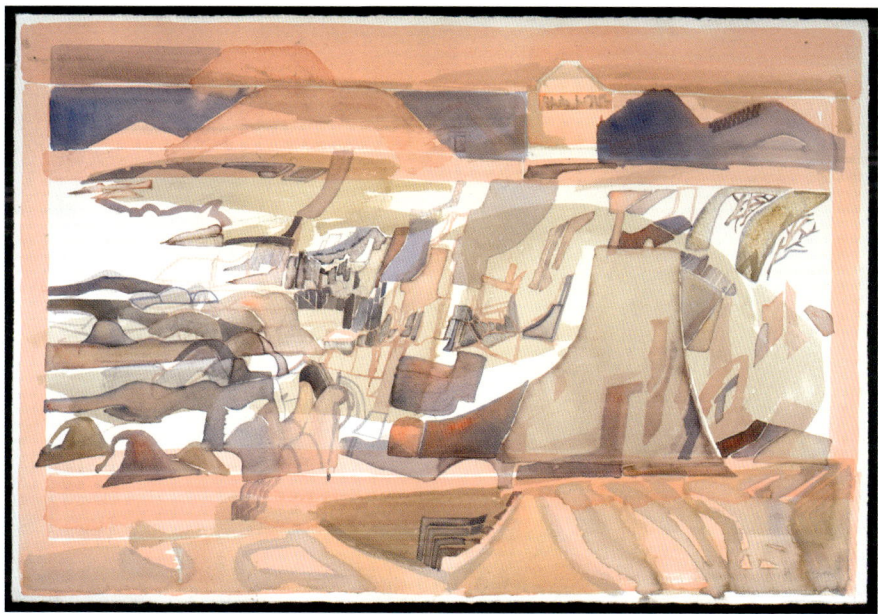

2 | John Addyman
*Parrog* 1998

## Madeline ADDYMAN 1929–2005
**Dylunydd ac athrawes, ganed yn Lerpwl, Lloegr. Yn llofnodi'i gwaith M.**

Astudiodd yng Ngholeg Celf Wallasey 1946–50 gyda George Moore; Coleg Celf Brenhinol Llundain 1950–1952 cydag Abraham Games, Richard Guyatt. Bu'n gweithio ym Mhort Talbot, Morgannwg, 1953; athrawes, Cyngor Sir Swydd Suffolk 1970–90; dirprwy brifathrawes 1982; pennaeth cynradd o 1983. Symudodd yn ôl i Gymru 1990; sefydlodd Gweithdai Gwndwn (gwneud barcutiaid, racw), Bridell, Aberteifi. Aelod o bwyllgor i sefydlu'r Hen Ysgol Gelf, Caerfyrddin yn oriel, 1993. Artist preswyl, Y Llysgenhadaeth Brydeinig, Lwcsembwrg 1994–98. Comisiynau'n cynnwys argraffiad print i Museum Communale, Lwcsembwrg, 1995. Arddangosfeydd ar y cyd yn cynnwys *Sioe Gelf Dyfed*, Caerfyrddin 1993; *Ailymweld ag Aberteifi*, Theatr Mwldan, Aberteifi, 1999; Plas Dinefwr, Llandeilo 2001; Oriel Sessions, Trefdraeth 2004; Neuadd y Frenhines, Arberth 2004. Arddangosfeydd un-ddynes yn cynnwys Tŷ Gainsborough, Sudbury 1976; Oriel Alwin, Llundain 1980 (cyfweliad gan y BBC). Casgliadau'n cynnwys Casgliad Celf y Llywodraeth; Cyngor Swydd Suffolk. Ymhlith ei gweithgareddau roedd 'paentio ag olew, printiau leino a charden, teiliau a chladin gyda diddordeb arbennig mewn addysg gynradd'. Roedd yn byw yn Arberth, gorllewin Cymru.
*Yr artist*

## Idris AERON  Gweler Idris Aeron WILLIAMS

## Menna ANGHARAD 1957–
**Enw gwaith Menna Angharad Williams-Ellis, peintwraig, ganed ym Mangor, gogledd Cymru.**

Astudiodd yng Ngholeg Prifysgol Gogledd Cymru, Bangor (Botaneg) 1979–82, Ysgol Gelf Byam Shaw, Llundain 1990–92; Athrofa Prifysgol Cymru Caerdydd 2005–07 (MA Celf Gain). Dylunydd patrymau ar gyfer crochenwaith Portmeirion 1987–97. Arddangosfeydd ar y cyd yn cynnwys Oriel Davies, Y Drenewydd 2005; Yr Academi Frenhinol Gymreig, Conwy 2004; Oriel Kooywood Caerdydd (arddangosfa ddeuddyn gyda Jem Stiff) 2005; *Welsh Contemporaries*, Oriel Woburn, Llundain 2006. Mae ei themâu'n cynnwys 'portreadu natur; paentiadau o fân aeron, ffrwythau ac yn y blaen, wedi'u chwyddo o'r di-nod i'r hynod.' Yn byw yn Nhre-goed, canolbarth Cymru.

## Charles AITHIE 1952–
**Ffotograffydd, ganed yng Nghaeredin, Yr Alban.**

Astudiodd ym Mhrifysgol Aberdeen (gradd ddosbarth cyntaf mewn Daeareg) 1970–74; New College, Rhydychen 1974–77 (D.Phil). Daearegydd gyda BP 1977–87. Gyda'i wraig, y ffotograffydd Patricia Aithie, sefydlodd y ffoto-lyfrgell ac asiantaeth FFOTOGRAFF, yng Nghaerdydd. Arddangosfeydd ar y cyd yn cynnwys *Yemen*, Canolfan y Gymuned Yemenaidd, Caerdydd 1994; *Cities on the Edge*, Sefydliad Brenhinol y Penseiri Prydeinig 1997; *Out of Time – Yemen Unveiled*, Amgueddfa ac Oriel Gelf Casnewydd 1998. Cyhoeddiadau'n cynnwys *Yemen, Jewel of Arabia* (Stacey International 2002); *The Wisdom of Wales* (Athrofa Prifysgol Cymru Caerdydd 2001); *Cardiff and Beyond – Caerdydd a Thu Hwnt* (Sutton Publishing 1994). Casgliadau'n cynnwys Llyfrgell Genedlaethol Cymru, Aberystwyth. 'Ffotograffiaeth deithio – Dwyrain Canol a Phell.' Yn byw yng Nghaerdydd, de Cymru.
*Yr artist*

## Patricia AITHIE 1957–
**Ffotograffydd, peintwraig ac awdur, ganed yng Nghaerdydd, de Cymru.**

Astudiodd yng Ngholeg Celf Caerdydd 1976–77, Coleg Celf Caergaint 1977–80. Gyda'i gŵr, y ffotograffydd Charles Aithie, sefydlodd ffoto-lyfrgell ac asiantaeth FFOTOGRAFF. Yn gweithio ar

brosiectau paentio a ffotograffig yng Nghymru a ledled y byd, yn enwedig yn y Dwyrain Canol a Phell a'r Yemen. Arddangosfeydd ar y cyd yn cynnwys Yr Emiraethau Arabaidd Unedig 1985, Jakarta 1986, Eisteddfod Genedlaethol 1986; *Self Portraits by Women Photographers*, Neuadd y Frenhines Elisabeth, Llundain 1988; *The Welsh Lens/12 Contemporary Photographers from Wales*, Amgueddfa Celf Fodern Machynlleth 1997 (teithiol); *Out of Time – Yemen Unveiled*, Oriel ac Amgueddfa Casnewydd 1998. *Three Landscape Painters*, Oriel Martin Tinney, Caerdydd 2007. Arddangosfeydd un-ddynes yn Abu Dhabi, 1985; Llyfrgell Genedlaethol Cymru, Aberystwyth (LlGC) 1993. Cyhoeddiadau'n cynnwys *Morgannwg, Glamorgan* (Sutton Publishing 1993); *The Wisdom of Wales* (Athrofa Prifysgol Cymru Caerdydd 2001); *Burning Ashes of Time* (Seren 2005). Darlledwyd ei gwaith yn Journeys Through Dust, teledu BBC Cymru 1995; *Rebuilding on the Roof of Arabia*, Radio 4, 1997. Casgliadau'n cynnwys Bank Duta, Indonesia; BBC Cymru; LlGC; Llysgenhadaeth yr UD a'r Ariannin; Teulu Brenhinol Abu Dhabi. Disgrifir themâu yng ngwaith FFOTOGRAFF fel: 'pensaernïaeth, archeoleg, celfyddydau a diwylliant traddodiadol, pobl a thirwedd, bywyd gwyllt a'r amgylchedd, eglwysi ac eglwysi cadeiriol gwledydd Prydain, celfyddydau Cymru'r canol oesoedd, cymunedau crefyddol gwledydd Prydain'. Yn byw yng Nghaerdydd.
*Yr artist*

### Barry AKINS 1957–
**Cerflunydd, artist mosäig. Ganed yn Wolverhampton, Lloegr.**

Astudiodd yng Ngholeg Celfyddydau a Chrefftau Caerhirfryn 1973–75; Coleg Celf Dyfed, Caerfyrddin 1973–82. Cydgysylltydd, Prosiect Datblygu Celfyddydau Cymunedol Watershed, Cydweli 1985–87; sefydlodd/rhedodd gwmni gwasanaethau cerfluniaeth, Llundain (gan gynnwys prosiectau yng Nghaerdydd) 1988–96; darlithydd (rhan-amser), Ysgolion yr Academi Frenhinol, Llundain 1991; technegydd (rhan-amser), Yr Ysgol Gelf Ganolog, Llundain 1991. Dychwelodd i Gaerdydd 1998. Bu'n gweithio i Stage Works, Caerdydd 1998–99; tiwtor, Addysg Oedolion a Chymdeithas Addysg y Gweithwyr, Caerdydd 2002–05. Comisiynau'n cynnwys British Telecom 1990. Prosiectau mosäig niferus mewn ysgolion, canolfannau cymunedol, ysbytai, de Cymru. Aelod o Gymdeithas Artistiaid a Dylunwyr Cymru (Trysorydd 1983–86). Arddangosfeydd ar y cyd yn cynnwys *Arddangosfa Agored Cymru*, Ffotogallery, Caerdydd 1983 (teithiol); Gweithdy Celfyddydau Abertawe (GCA), 1981–83; *Arddangosfa Agored Canolbarth Cymru*, Canolfan y Celfyddydau Aberystwyth 1986 (ail wobr). Arddangosfeydd deuddyn, GCA (gyda Gareth Davies) 1984; Oriel Show Room, Llundain (gyda Mark Atkins) 1987. Arddangosfeydd undyn yn cynnwys Llyfrgell Caerfyrddin 1984; Oriel Henry Thomas, Caerfyrddin 1988. '…cerfluniaeth, perfformio, cerameg … defnyddio pren, llechi, carreg, dur yn ogystal â theiliau mosäig confensiynol … tirwedd…' Yn byw yng Nghaerdydd, de Cymru.
*Yr artist*

### Susan AKINS 1956–
**Peintwraig, dylunydd. Ganed yn Birmingham, Lloegr.**

Cyrhaeddodd Gymru ym 1971. Astudiodd yng Ngholeg Celf a Dylunio Caerdydd 1975–76; Coleg Celf a Dylunio Caerwysg 1976–78. Peintwraig/dylunydd setiau, Theatr Arcadia Caerdydd 1993–95. Gwobrau Cyngor Celfyddydau Cymru (CCC) 1980, 81. Arddangosfeydd ar y cyd yn cynnwys *Artistiaid Caerdydd*, Galerie Der Stadt, Stuttgart, Yr Almaen 1982; *Arddangosfa'r Nadolig*, Oriel, CCC, Caerdydd 1982; *Arddangosfa Agored Canolbarth Cymru*, Canolfan y Celfyddydau Aberystwyth, 1991; *Gŵyl Fenywod De Morgannwg*, Neuadd y Sir, Caerdydd 1992. Arddangosfeydd un-ddynes yn cynnwys *Nocturnal Arc*, Y Llyfrgell Ganolog, Caerdydd 1990; *Commanding Company*, Neuadd Dewi Sant, Caerdydd 1991. Gwaith yng nghasgliad Ysbyty Athrofaol Cymru, Caerdydd. '…cydweithrediadau lu … theatr, graffeg, darlunio, dylunio llyfrau…' Yn byw yng Nghaerdydd, de Cymru.
*Yr artist*

## Tony ALCOCK 1956–
**Cerflunydd; ganed yn Aldershot, Lloegr.**

Plentyndod yn y Barri; astudiodd yng Ngholeg Celf Caerdydd 1979–1980. Byw yn Ffrainc 1980–84, gan weithio ym maes sinema, theatr, dylunio: comisiynau murluniau. Symudodd yn ôl i Gymru 1994. Gweithdai gydag ysgolion ym Mro Morgannwg 1995–2005. Aelod o Artistiaid Bro Morgannwg. Arddangosfeydd ar y cyd ym Mharis, Tours, Rennes, Deauville, Cannes; Eisteddfod Genedlaethol Cymru, 1995, 1997, 1998; *Visionfest*, Amgueddfa Forwrol Lerpwl 1995; *Deconstruction: Reconstruction* (gyda Frank Watkins), Amgueddfa ac Oriel Gelf Casnewydd 1998; *Fine to Functional*, Canolfan Gelfyddydau Nant Teyrnon, Cwmbrân 2003. Arddangosfeydd undyn yn cynnwys *A Load of Old Bollards*, Canolfan yr Archif Fyw, Y Barri 1997–8; *Learning to Talk* 2001, *Ordinary Lives* 2003, Oriel Gelf Washington, Penarth. 'Mae porthladd y Barri'n rhoi llawer iawn o ysbrydoliaeth i mi ac mae delweddau a defnyddiau'r dociau'n cael eu hadlewyrchu yn fy ngwaith. Yn naturiol, mae hyn yn rhoi naws y lle'n gryf yn ogystal ag ymdeimlad ag atgofion a threigl amser. … diddordeb mawr mewn defnyddio gwrthrychau hapgael/defnyddiau wedi'u hailgylchu yn y gwaith – pryderon am ein cymdeithas heddiw a sut mae'n effeithio arnom.' Yn byw ym Mhenarth, de Cymru.
*Yr artist*

## Phil ALDER 1951–
**Enw gwaith Phillip Alder, peintiwr. Ganed yn Llundain, Lloegr.**

Teulu'i fam o ogledd Cymru. Astudiodd yng Ngholeg Addysg Hull 1970–73, Y Brifysgol Agored 1988–92. Roedd Michael Chilton yn ddylanwad cynnar. Darlithydd rhan-amser mewn celf a dylunio a chynorthwy-ydd amgueddfa, 1975–89; Swyddog Celfyddydau Sirol, Dyfed a rheolwr Oriel Myrddin, Caerfyrddin 1990–96. Rheolwr Celfyddydau Sirol, Sir Gaerfyrddin o 1996. Aelod o Gymdeithas Artistiaid a Dylunwyr Cymru (CADC) 1981–85. Arddangosfeydd ar y cyd yn cynnwys *Winter Exhibitions* 1972, 1973, 1975, Oriel Ferens, Hull; Cydweithfa Celfyddydau Sir Benfro, Hwlffordd 1976; Eisteddfod Genedlaethol Cymru 1980, 1993; *Myths and Monuments* (gyda Lorna Green), Canolfan Gelfyddydau Wrecsam 1988. Arddangosfeydd undyn yn cynnwys *Jack in the Green*, Oriel Gelf Glynn Vivian, Abertawe (OGGV) 1988 (teithiol); *Paintings of a Valley*, Amgueddfa ac Oriel Dinas Henffordd 1989; *Natur a Brogarwch*, Llyfrgell Genedlaethol Cymru, Aberystwyth (LlGC) 1991. Erthyglau yn *Link* (rhifynnau 16, 43, 51, CADC); 'Celtic Light of Pete Davis' (*Radical Wales* rhifyn 22, 1989); *The Intricate Image* (Cyngor Bwrdeistref Llanelli 1994). Gwaith yn *Link* (Roger Moss, rhifyn 9, CADC); *Spirit of Place*, Ann Dorsett (OGGV 1988). Casgliadau'n cynnwys Amgueddfa Caerfyrddin; Esgobaeth Tyddewi; Gwasanaeth Amgueddfa Sir Benfro; LlGC. Gwaith wedi'i brynu gan Gyngor Celfyddydau Cymru. 'Testunau tirlunio, yn enwedig coed, wedi'i ddatblygu'n baentio haniaethol … bu Cymru'n rhan bwysig o'm magwraeth … mae paentio fel profiad crefyddol … mae ein canfyddiad o'r byd yn cael ei gyfryngu trwy ein 'cof' diwylliannol am storïau a hanes …' Yn byw yng Nghaerfyrddin, gorllewin Cymru.
*Yr artist*

## Jacqueline Louise Maria ALKEMA 1948–
**Peintwraig, ganed yn Kropswolde, Yr Iseldiroedd.**

Cyrhaeddodd Gymru ym 1979. Astudiodd yn Athrofa Addysg Uwch De Morgannwg (AAUDM), 1984–88 (enillydd gwobr 1985). Gweithiodd yn llyfrgell AAUDM 1989–1993. Aelod o Gymdeithas Gelf y Menywod. Arddangosfeydd ar y cyd yn cynnwys *Women's Art Festival*, Cyngor Sir De Morgannwg, Caerdydd 1987–1992; *An Indian Summer*, Oriel Mostyn, Llandudno 1989; Neuadd Dewi Sant, Caerdydd (sioe ddeuddyn) 1990; *Permanent Waves*, Oriel Washington, Penarth 1998. Arddangosfeydd un-ddynes yn cynnwys *Moving Pictures*, Cymdeithas Gelf De-Orllewin Cymru; Cymdeithas Gelf, Ysgol Croesyceiliog,

Cwmbrân 1992; Canolfan Gelfyddydau Neuadd Llanofer, Caerdydd (CGNLI) 1996; *Women with a Past*, CGNLI (teithiol) 2005. Casgliadau'n cynnwys Adran Addysg, Amgueddfa Cymru, Caerdydd; Cyngor Bro Morgannwg. 'Y ffigur benywaidd yw canolbwynt [fy ngwaith] … mae defnyddio collage … technegau paentio a haenau o ddefnydd yn fy ngalluogi i greu dyfnder corfforol ac emosiynol.' Yn byw yng Nghaerdydd, de Cymru.

*Yr artist*

### Eileen ALLAN 1924–
**Peintwraig, ganed yn Glasgow, Yr Alban.**

Astudiodd yn Ysgol Gelf Glasgow 1946–48; Coleg Addysg Morgannwg. Athrawes yn Yr Alban 1953–63; athrawes a darlithydd (drama), Caerdydd 1972–87. Aelod o'r Grŵp Cymreig (GC); Artistiaid Bro Morgannwg (ABM). Arddangosfeydd yn cynnwys y GC; ABM; *The Essence of Wales*, Neuadd Dewi Sant, Caerdydd (NDS) 2004; *Looking Back* gyda'i gŵr, Lewis Allan, Oriel y Bont, Prifysgol Morgannwg 1996; *Lang Syne and After* gyda Lewis Allan, Oriel Washington, Penarth 2002; *Quartet*, gyda Lewis Allan, James Allan a Jennifer Allan, NDS, 1997; *A Family Affair*, Oriel Lillie, Glasgow 2001. Gwaith wedi'i gynnwys yn *Mother and Daughter* (HTV Cymru 1995); *In Praise of Older Women* (Teledu BBC Cymru 1996). Casgliadau'n cynnwys Casgliad Celf Menywod, New Hall, Caergrawnt; Cyngor Caerdydd. 'Wrth imi dyfu'n hŷn, dwi wrthi'n paentio'r byd yn union o'm cwmpas gyda goblygiadau mwy.' Yn byw yn y Barri, de Cymru.

*Yr artist*

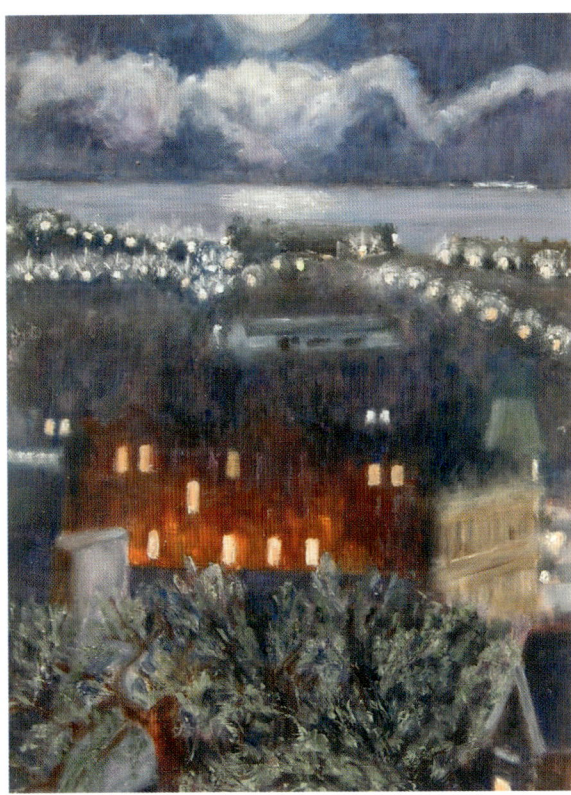

3 | Eileen Allan
*Barry Night Lights* 2007

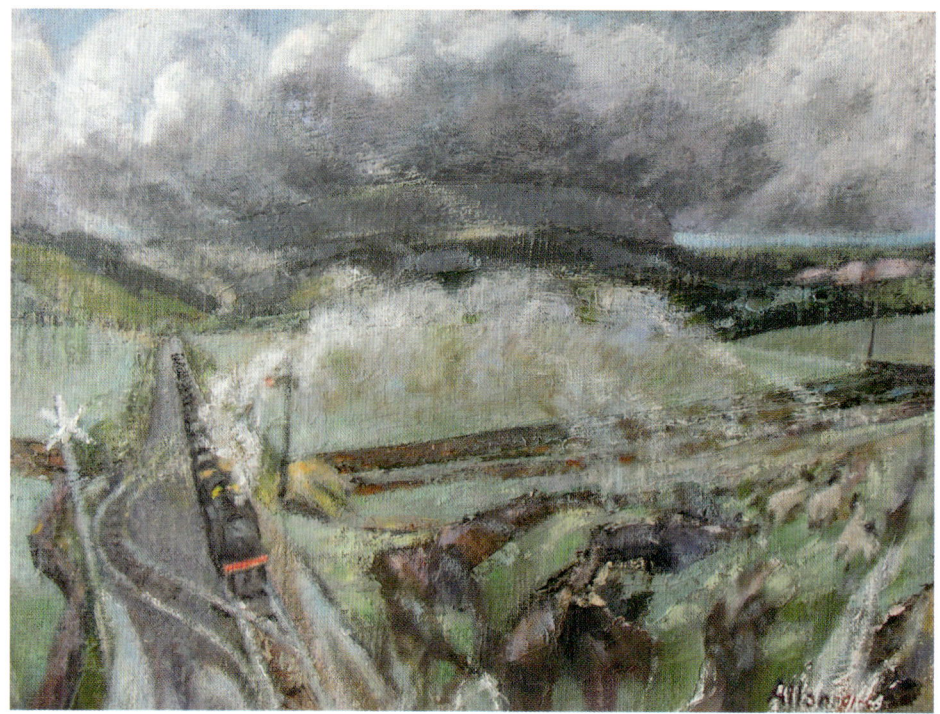

4 | Lewis Allan
*Rain, Steam and Stamina* 2004

## Lewis ALLAN 1925–2013
**Enw gwaith Lewis Davidson Allan, peintiwr a hanesydd celf. Ganed yn Glasgow, Yr Alban. Hefyd yn defnyddio'r llofnod LD ALLAN.**

Astudiodd yn Ysgol Gelf Glasgow 1942–49. Tarfwyd ar hyn gan wasanaeth fel peilot yn Llu Awyr y Llynges; Coleg Addysg Jordanhill 1949–50; Prifysgol Cymru (BA 1962); Coleg Prifysgol Cymru, Caerdydd (CPCC), MA (1984); Athro yn Glasgow, Market Weighton, Jedburgh, darlithydd a thiwtor addysg oedolion, a chynllunydd gweuwaith rhan-amser i Lyle and Scott, Hawick 1950au/dechrau'r 1960au. Cynlluniodd a chynhyrchodd basiant i Abaty Jedburgh 1960. Addysgodd Hanes Celf yn Ysgol Gelf Blackpool 1963–67, CPCC 1967–86. Aelod o *Group of Seven*, Glasgow (GoS) 1947–50; Cymdeithas Ddyfrlliwiau Cymru 1993–99; y Grŵp Cymreig (GC) o 1993; Artistiaid Bro Morgannwg (ABM). Arddangosfeydd ar y cyd yn cynnwys Canolfan y Celfyddydau Eglwys yr Alban, Gŵyl Caeredin 1949; *Condition of Man*, GoS, Orielau McLellan, Glasgow 1949; y GC; ABM; *Looking Back* gyda'i wraig, Eileen Allan, Oriel y Bont, Prifysgol Morgannwg 1996; *Lange Syne and After*, gydag Eileen Allan, Oriel Washington, Penarth 2002; *Quartet* gydag Eileen Allan, James Allan a Jennifer Allan, Neuadd Dewi Sant, Caerdydd 1997; *A Family Affair*, Oriel Lillie, Glasgow 2001. Arddangosfa undyn i ddathlu Canmlwyddiant Dociau'r Barri, Adeilad Doc y Barri 1989. Cyhoeddiadau'n cynnwys *Patronage in Perspective* (Cofrestrfa Coleg Prifysgol Cymru, Aberystwyth, 1976), erthyglau yn *Anglo-Welsh Review* (1974). Casgliadau'n cynnwys Amgueddfa ac Oriel Gelf Casnewydd; Oriel Lillie, Glasgow; Porthladdoedd Cysylltiedig Prydain. 'Bu diddordeb cynnar ac arhosol yn hanes celf ac ymwybyddiaeth o'r tridegau ynglŷn â'i sail gymdeithasol yn ddylanwad cyson.' Roedd yn byw yn y Barri, de Cymru.
*Yr artist*

**Brian ALLEN** 1947–

**Enw gwaith Brian James Allen, gwneuthurydd printiau, ganed yn Hwlffordd, gorllewin Cymru.**

Bu Ron (Ronald) Lowe yn ddylanwad cynnar. Astudiodd yng Ngholeg Celf Casnewydd (ColCC) 1964–68; Coleg Celf Birmingham 1968–69; Coleg Celf Caerdydd 1973-74; ymhlith ei diwtoriaid oedd Michael Kidner, Derek Southall. Yn ddarlithydd rhan-amser, Hanes Celf (ColCC) 1970–73; addysgodd yng Nghwmbrân 1974-76; Pennaeth Celf a Dylunio, Rydal-Penrhos, Bae Colwyn 1976–2002. Artist preswyl cynllun peilot i Gymdeithas Gelfyddydau Gogledd Cymru 1984. Mae comisiynau'n cynnwys Little Theatre, Casnewydd 1967; gwobr ddrama, Eisteddfod Genedlaethol Cymru 1978. Arddangosfeydd ar y cyd yn cynnwys Oriel Grŵp Canolbarth Lloegr, Nottingham 1967, 1976; *Porcelain and Prints*, Oriel Gelf Bangor 1984 (deuddyn, teithiol). Arddangosfeydd undyn, Oriel Gelf y Castell, Hwlffordd 1969. Casgliadau'n cynnwys Gwasanaeth Amgueddfeydd Sir Benfro; gwaith wedi'i brynu gan Gyngor Celfyddydau Cymru. Yn byw yn Abergele, gogledd Cymru.
*Yr artist*

**Colin ALLEN** 1926–1987

**Enw gwaith Colin Gard Allen, ganed yng Nghaerdydd, de Cymru.**

Astudiodd yn Ysgol Gelf Caerdydd 1941–44 gyda Ceri Richards; Coleg Celf Brenhinol, Llundain 1949–53 gyda Carel Weight, Edward Bawden, John Minton, Ruskin Spear, John Nash; ysgoloriaeth deithiol

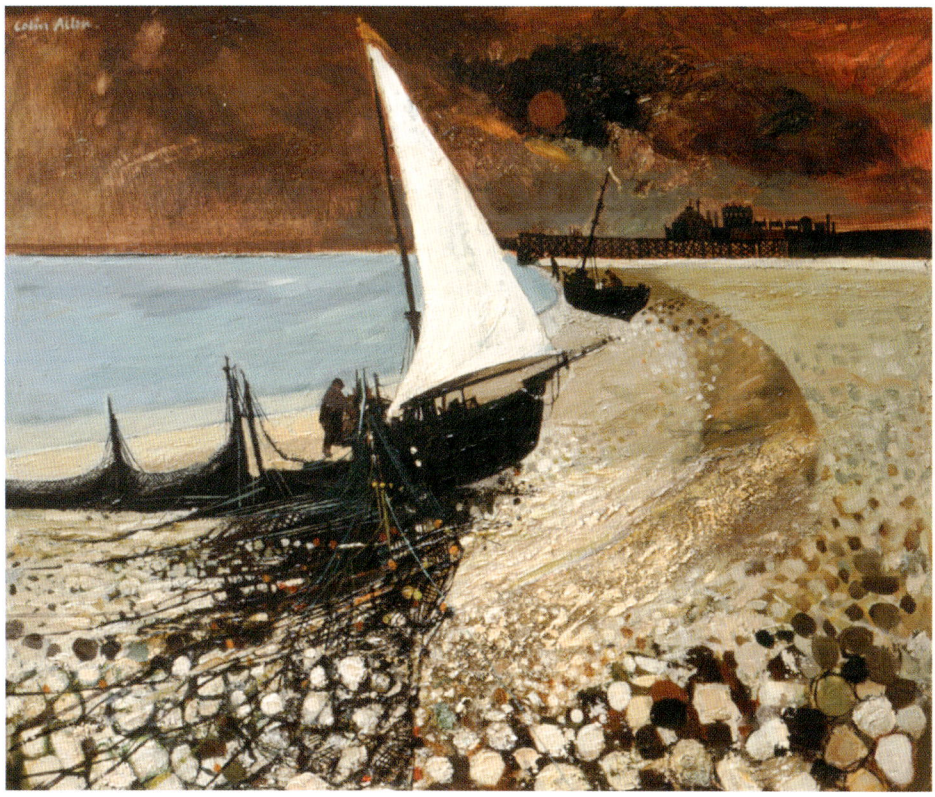

5 | Colin Allen
*Fishing Boat and Pier* tua 1950–70

bwysig 1953. Gwasanaeth Cenedlaethol 1944–47; bu'n byw yng Nghaerdydd 1947–49. Enillydd Cystadleuaeth Paentio Diwydiannol INGOT 1956. Pennaeth Celf Gain 1959–66, Pennaeth Astudiaethau Efrydiau Allanol 1967-84. Coleg Celf Caerliwelydd. Comisiynau'n cynnwys darluniau ar gyfer pedair pamffled *Dysgu Cymraeg*, BBC Cymru 1952, 1953, 1955; darluniau ar gyfer *History of Carlisle*, Brian a Joyce Blake (Chiswick Press 1958); paentiadau i ystafelloedd y Maer yng Nghanolfan Ddinesig Caerliwelydd; portreadau niferus. Aelod o Grŵp De Cymru 1955–59. Arddangosfeydd grŵp yn cynnwys *World Cultural Exhibition*, Philadelphia 1952; *Looking Forward*, curadur John Berger, Oriel Gelf Whitechapel, Llundain; Arddangosfeydd yr Haf, yr Academi Frenhinol; Cyngor Celfyddydau Cymru, Llundain 1956, Caerdydd 1957; *Pictures for Schools*, Cymdeithas Addysg drwy Gelf, Llundain a Chymru. Sawl arddangosfa gyda'i wraig, Sadie Allen. Sioeau undyn yn Oriel Howard Roberts, Caerdydd 1961, 1967. Casgliadau'n cynnwys awdurdodau addysg yng Nghymru a Lloegr; Amgueddfa Cymru; Cymdeithas Celf Gyfoes Cymru; Oriel Gelf Dinas Caerliwelydd; Oriel Gelf Glynn Vivian; Prifysgol Caerdydd; Prifysgol De Cymru, Pontypridd; Prifysgol Reading. Gwaith wedi'i brynu gan Gyngor Celfyddydau Cymru. Roedd yn byw yng Nghaerliwelydd, Lloegr.
*Sadie Allen a Ceri Thomas*

### Daniel ALLEN 1973–
**Enw gwaith Daniel Robert Allen, ceramegydd, ganed yn Sheffield, Lloegr.**

Astudiodd yng Ngholeg Celf Chesterfield 1990–91; Athrofa Addysg Uwch Caerdydd (AAUC) 1991–95, Ysgol Gelf a Dylunio Caerdydd 2002–04 (MA Cerameg). Darlithydd Celf, Prifysgol Morgannwg (PM) o 1998; Curadur, Oriel y Bont, Pontypridd, 2003–07. Aelod sefydlu a chyfarwyddwr Stiwdios Fireworks,

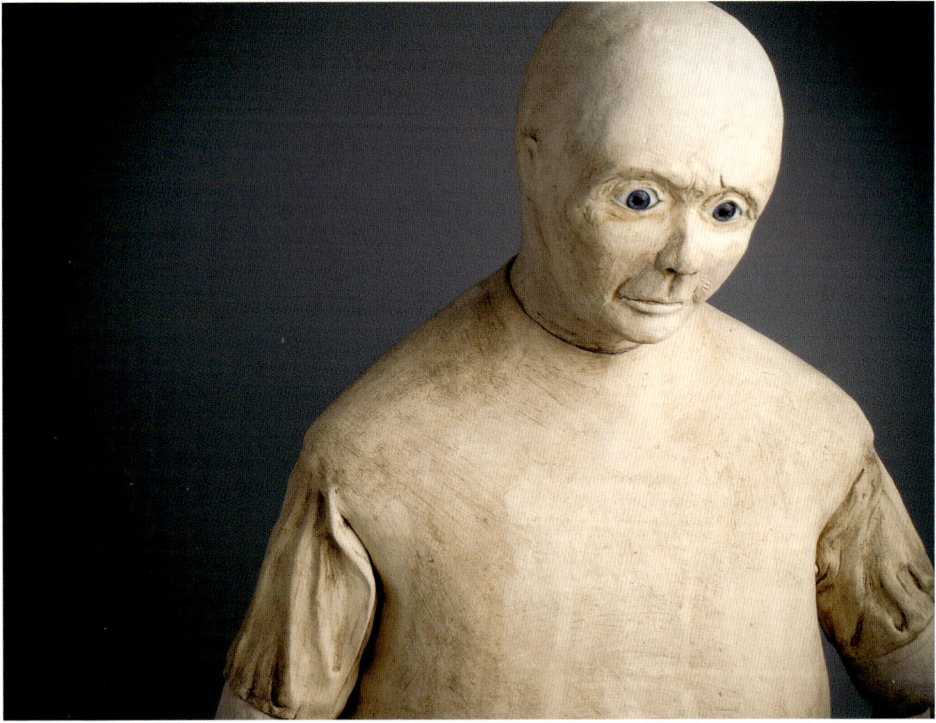

6 | Daniel Allen
*Dummy* 2006

Caerdydd; aelod, Celfyddydau Cymhwysol Cyfoes. Gwobrau yn cynnwys AAUC 1995; Cymrodoriaeth Artistiaid Cymru Rajasthan 1996; Cyngor Celfyddydau Cymru 1999; Cyflawnwyr o Oedolion Ifainc, derbyniad Palas Buckingham 1999. Arddangosfeydd ar y cyd yn cynnwys *SOFA (Sculpture, Objects and Functional Art)* gyda Chanolfan Grefft Rhuthun (CGRh), Chicago 2003, 2004; *COLLECT* gyda CGRh, Amgueddfa Victoria ac Albert, Llundain (VacA) 2003, 2004; *Body Conscious*, VacA 2004; *L'Obsession du Detail*, Fondation Bernadaud, Limoges 2004; *The Cat Scratched Little Johnny*, Canolfan y Celfyddydau Aberystwyth (CCA) 1999, arddangosfeydd undyn yn cynnwys Model House, Llantrisant 1996; *Laughter*, Canolfan Gelfyddydau Abaty Nant Teyrnon, Cwmbrân 1996; *Gwaith Newydd*, CCA 1999; Ysgol Tonbridge, Swydd Gaint 2001. Gwaith wedi'i gynnwys yn *Ceramic Review* (Mawrth 1998, Hyd. 2002, Mawrth 2003); y cylchgrawn *Crafts* (Medi 2003). Casgliadau'n cynnwys Prifysgol Aberystwyth, Amgueddfa ac Oriel Gelf Casnewydd. Mae ei waith 'yn canolbwyntio ar y ffigur dynol … yn ddoniol ac yn od fel dyblygiadau o'r artist ei hun' *(Frederic Bodet, catalog ar gyfer Fondation Bernadaud).* 'Hunanbortreadu yw'r hyn dw i'n ei wneud.' Yn byw yng Nghaerdydd, de Cymru.
*Yr artist*

## Sadie ALLEN 1930–
**Enw gwaith Sarah Margaret Allen, artist tecstiliau/brodwraig, ganed yn y Barri, de Cymru.**
Astudiodd yn Ysgol Gelf Caerdydd 1945–50. Bu'n gweithio mewn ysgolion a cholegau yn Swydd Gaerwynt, Swydd Stafford, Swydd Gaerhirfryn, Cumbria a Northumbria, ac yn olaf bu'n uwch-ddarlithydd mewn Celf ac Addysg. Arholwr Astudiaethau Creadigol y *City and Guilds*. Gwaith wedi'i gomisiynu gan Ganolfan Ddinesig Caerliwelydd; Eglwys Dacre, Cumbria. Llawer iawn o gomisiynau preifat. Aelod o Ganolfan Grefft Prydain Fawr; Cymdeithas y Crefftwyr Dylunio; Urdd Crefftwyr y Rhosyn Coch; Canolfan y Cotiau Gleision, Lerpwl, Urdd Crefftwyr Ardal y Llynnoedd; Urdd Cumbria. Arddangosfeydd ar y cyd yn cynnwys *Six Northern Embroiderers*, Theatr Gulbenkian, Newcastle upon Tyne 1966; *Pictures for Schools*, Cymdeithas Addysg trwy Gelf 1957–67; Eisteddfod Genedlaethol Cymru 1960, 1966, 1968; *Embroidery Collage*, Abbott Hall, Kendal (AH) 1964. Sioe un-ddynes, AH 1988. Arddangosfeydd gyda'i gŵr, Colin Allen (gweler), Oriel Howard Roberts, Caerdydd (OHR) 1968, ac Oriel Albany, Caerdydd (OA) 1971; sioeau un-ddynes yn OHR ac OA; Dumfries; Caerliwelydd; Nashville. Cyhoeddiadau'n cynnwys *Creative Embroidery Collage* (Bell and Hyman 1977). Gwaith wedi'i gynnwys yn rhaglenni Border TV am ddylunio, tua 1965. Gwaith wedi'i gynnwys yn *History of 20th Century Embroidery*, Constance Howard (cyfrolau 3 a 4), (Batsford 1985, 1986). Casgliadau'n cynnwys awdurdodau addysg; AH; Prifysgol Bangor; Cyngor Sir Caerliwelydd; Gawthorpe Hall, Burnley; Viyella Cyf. Yn byw yng Nghaerliwelydd, Lloegr.
*Yr artist*

## Pandora ALLIN 1934–
**Peintwraig, ganed yng Nghastell-nedd, de Cymru.**
Dosbarthiadau nos gydag Alfred Janes, Ysgol Gelf Abertawe 1950–52; Will Roberts, Castell-nedd 1960–63. Arddangosfeydd ar y cyd yn cynnwys Eisteddfod Genedlaethol Cymru, Aberteifi 1976 (arobryn), 1978, 1982; *Arddangosfa'r Nadolig*, Oriel, Cyngor Celfyddydau Cymru, Caerdydd 1982; Arddangosfa Agored y Grŵp Cymreig, Amgueddfa Cymru 1977, 1982; *Artist Cymreig y Flwyddyn*, Neuadd Dewi Sant, Caerdydd 2000, 2003, 2006; Orielau'r Mall, Llundain 1995, 2004. Gwaith yng nghasgliad Cyngor Caerdydd; wedi'i brynu gan Gyngor Celfyddydau Cymru. Ei mam oedd yr artist Vera Oak. Yn byw yn Llanfleiddan, de Cymru.
*Yr artist*

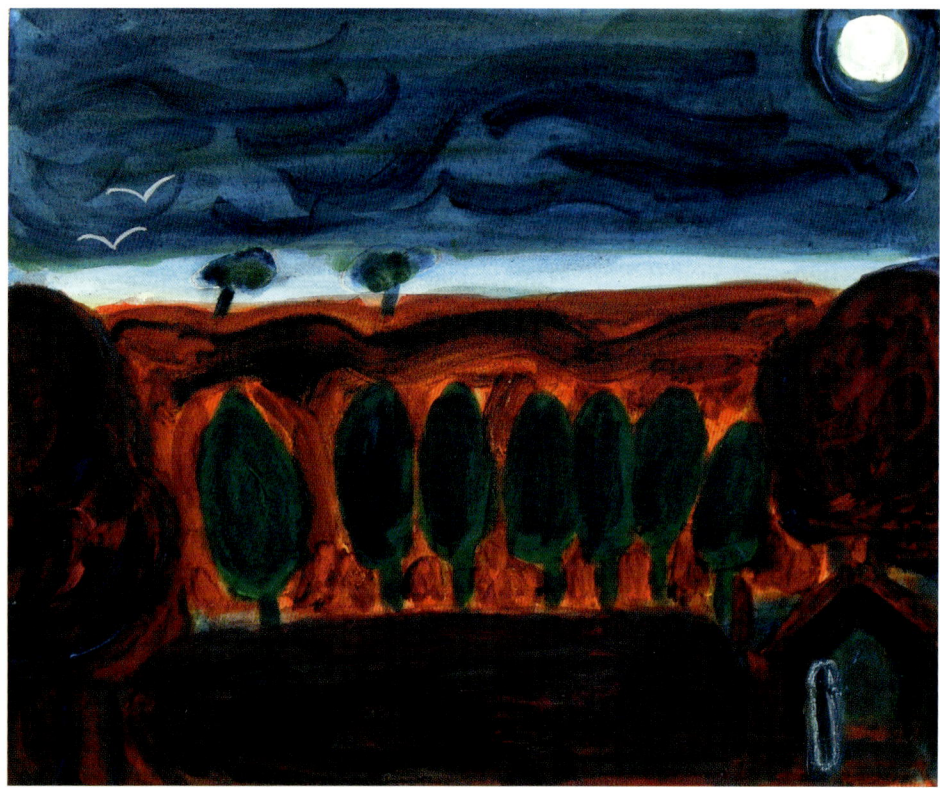

7 | Pandora Allin
*Night over Pensax* 2007

### Keith ANDREW 1947–
**Peintiwr, ganed yn Llundain, Lloegr.**

Astudiodd yn Ysgol Gelf Beckenham 1963–64; Coleg Celf a Dylunio Ravensbourne 1965–68, gyda Michael Tyzack, Ralph Beyer. Bu'n gweithio fel artist graffig 1967–75. Cyrhaeddodd Ynys Môn a dechreuodd baentio'n llawnamser 1975. Yn aelod o'r Academi Frenhinol Gymreig, (AFG) (Is-Lywydd 1993–95). Arddangosfeydd ar y cyd yn cynnwys *Through Artists' Eyes*, Oriel Mostyn, Llandudno 1979; Oriel, Cyngor Celfyddydau Cymru, Caerdydd 1981; Arddangosfa Haf yr Academi Frenhinol 1981; Eisteddfod Genedlaethol Cymru, Abertawe 1982, Llangefni 1983; Sefydliad Brenhinol y Peintwyr mewn Dyfrlliwiau 1985; *Artists in the National Parks*, Amgueddfa Victoria ac Albert, Llundain 1987; Yr Arddangosfa Brintiau Genedlaethol, Orielau'r Mall, Llundain 2002. Arddangosfeydd undyn yn cynnwys Canolfan y Celfyddydau Aberystwyth 1982; Amgueddfa Lechi Cymru, Llanberis 1990; Oriel Ynys Môn, 1991; AFG, Conwy 1995. Gwaith wedi'i gynnwys yn *Lliwiau Atgof* (HTV/S4C Mehefin 1991). Casgliadau'n cynnwys Coleg Brenhinol yr Anesthetigwyr; Cyngor Sir Ynys Môn; Cymdeithas Celf Gyfoes Cymru; Llyfrgell Genedlaethol Cymru, Aberystwyth; Prifysgol Abertawe; Ysgol Gelf Prifysgol Aberystwyth '… y tu mewn i fythynnod a thirluniau gwledig … ond y dirwedd ehangach a morluniau dwi wedi'u gwneud erioed … Bu grymoedd naturiol yn gorfodi'u trefn ar fywydau. Mae'r mewnwelediad hwn yn creu ymdeimlad cryfach â'r dirwedd …' Yn byw yng Nghaergybi, gogledd Cymru.
*Yr artist*

## Maggie ANDREWS 1953–

**Enw gwaith MAGGIE ANDREWS PORCELAIN. Ceramegydd, ganed yn Newton, de Cymru.**

Astudiodd yng Ngholeg Celf Caerdydd (ColCCaer) 1971–75 gyda Tom Hudson, Frank Vining, Alan Barrett-Danes. Cymrodor ymchwil, Cyngor Celfyddydau Cymru (CCC)/ColCCaer 1982; Grant CCC i ddatblygu technegau tanio odyn ar gyfer porslen 2003. Aelod o Grochenwyr De Cymru. Arddangosfeydd grŵp yn cynnwys *London Welsh Ceramics*, Cymdeithas Crochenwyr Crefft Prydain Fawr 1979; *British Ceramicists*, Efrog Newydd 1980 a Sarasota 1982; Biennale Internationale de Ceramique d'Art, Vallauris 1984; Canolfan Celfyddydau Taliesin, Abertawe 2004, 2005. Arddangosfeydd un-ddynes yn cynnwys Artisan, Caerdydd 1976; Oriel Studio One, Llundain 1977; Amgueddfa Cymru, Caerdydd 1982; Oriel Washington, Penarth 2000; Oriel WD2, Aberhonddu 2004. Gwaith wedi'i gynnwys yn *Ceramic Review* (rhifyn 35, Medi-Hydref 1975); *Studio Porcelain*, Peter Lane (Pitman, Llundain 1980); *British Studio Potters' Marks*, Robert Fournier (Eric Yates-Owen 2005); *Encyclopaedia of British Porcelain Manufacturers*, Geoffrey A Godden (Barrie a Jenkins, Llundain 1988). Casgliadau'n cynnwys Amgueddfa Cymru; Institute Statale d'Arte Castelli, Terramo; Museum Frechen, Cwlen; Sefydliad Froebel. 'Dwi'n dal ati i archwilio a datblygu technegau tanio amgen ar gyfer porslen. Mae'r darnau'n portreadu priodweddau sydd i'w gweld yn nhirwedd Cymru'. Yn byw yn y Bont-faen, de Cymru.
*Yr artist*

## Sandra ANSTISS 1948–

**Artist digidol, ganed yn Llanelli, gorllewin Cymru.**

Astudiodd yng Nghanolfan Morgannwg ar gyfer Celf, Dylunio a Thechnoleg 1990–91; Athrofa Addysg Uwch Caerdydd 1991–94 gyda Sue Hunt, Tom Piper. Gweithreg addysg i oedolion yn y gymuned 1995; amrywiaeth eang o swyddi gydag elusennau 1996–2002; gweinyddwraig 2003–06. Yn aelod o Gymdeithas Gelfyddydau y Menywod; Cyngor y Gwneuthurwyr Printiau; Cymdeithas Gelf De Cymru. Arddangosfeydd ar y cyd yn cynnwys *OLA and Out*, Yr Hen Lyfrgell, Caerdydd 1995; *Cymru Agored*, Canolfan y Celfyddydau Aberystwyth 1993, 1996; *The Dreamer and the Dreamed, Symbolist Art Show* (ar-lein) 2004; *Artist Cymreig y Flwyddyn*, Neuadd Dewi Sant, Caerdydd 2003. '…(Dwi'n) archwilio technegau traddodiadol gyda thechnoleg newydd gan gyfuno argraffu, arlunio, paentio a delweddaeth gyfrifiadurol …' Yn byw yn Nhreharris, de Cymru.
*Yr artist*

## Reiko AOYAGI 1953–

**Artist sy'n defnyddio golau, gofod pensaernïol a'r amgylchedd. Ganed yn Chiba, Japan.**

Astudiodd ym Mhrifysgol Ibaraki, Rhaglawiaeth Ibaraki 1971–77; Coleg Richmond, Llundain 1979–81; Prifysgol Guildhall Llundain 1992–93; Athrofa Addysg Uwch Caerdydd, Cyfadran Celf a Dylunio, 1993–95 (MA Celf Gain). Bu'n byw yng Nghaerdydd 1993–2008. Artist preswyl, Parc Celf Stone Quarry Hill, Talaith Efrog Newydd 2006; Biennale Harlech 2005; Coleg Cenedlaethol y Celfyddydau, Lahore 1996. Gwaith wedi'i gomisiynu, *Flow*, Yr Hen Amgueddfa Gwyddoniaeth a Diwydiant, Birmingham 2006. Gwobrau'n cynnwys Cyngor Celfyddydau Cymru (CCC) 1997; Celfyddydau Rhyngwladol Cymru, 2004, 2006. Arddangosfeydd ar y cyd yn cynnwys *Site-ations*, Caerdydd 1994; *Out of Place*, Canolfan Gelfyddydau Chapter 1998; *Transparent IV*, Oriel Gerddi Howard, Athrofa Prifysgol Cymru, Caerdydd 2005; Tŷ Celf, Ceské Budějovice (TCCB) (arddangosfa ddeuddyn gyda Philippa Lawrence) 2005. Arddangosfeydd un-ddynes yn cynnwys *Inscape Wales*, Oriel, CCC Caerdydd 1996; *Transparent II*, Oriel Mostyn, Llandudno (OM) 2001; *Transparent III*, Canolfan Bleddfa i'r Celfyddydau, Trefyclo 2002; *As it is*, Toki Art Space, Tokyo 2004. Gwaith wedi'i gynnwys yn *Identity in Place? Reiko Aoyagi*, Christina

Crossingham (OM, 2003); *Reiko Aoyagi/Philippa Lawrence*, Michal Skoda (TCCB 2005); *Salvage Documentation Transformation* (Amgueddfa Treftadaeth Goll, Birmingham 2007). 'Dwi'n archwilio i'r ffyrdd y gall pobl sy'n wahanol yn ddiwylliannol ac yn unigol gyfathrebu … Wrth chwilio am ddeialog bosibl, mi fydda i'n trosglwyddo gofod neu leoedd er mwyn creu gofod hylifol newydd sydd wedi'i lenwi ag egni sylfaenol yr elfennau clasurol, naturiol – aer, tân, daear a dŵr.' Yn byw yn Llundain.
*Yr artist*

### Philip ARCHER 1954–
**Peintiwr. Ganed yng Nghaerdydd, de Cymru.**

Astudiodd yng Ngholeg Celf Caerdydd 1972–73; Coleg Celf Sheffield 1973–76 (Ysgoloriaeth Deithio Cymynrodd Harmstone); Y Coleg Celf Brenhinol, Llundain 1977–80 (MA), gyda Peter de Francia, Donald Hamilton Fraser. Darlithydd (rhan-amser), Coleg Celf Epping 1980–89; Coleg Celf Basingstoke 1980–89; bu'n gweithio ym meysydd rheoli a marchnata, Llundain 1980–87; paentio, addysgu mewn stiwdio, Caerdydd 1988–91; pennaeth, Ysgol Gelf Leith, Caeredin, o 1991. Llywydd, Celfyddydau Gweledol yr Alban (CGyA) (o 2006). Arddangosfeydd ar y cyd yn cynnwys Oriel Thackeray, Llundain, Oriel Boundary, Llundain 1989–93; Oriel Martin Tinney, Caerdydd 1995, 2004–05; *Presence*, Cadeirlan Sant Paul, Llundain 2003; *Artist y Flwyddyn Cymru*, Neuadd Dewi Sant, Caerdydd 2004–05; CGyA, Academi Frenhinol yr Alban, Caeredin 2004 (arobryn), 2005–07. Arddangosfeydd undyn yn cynnwys Canolfan Gelfyddydau Muni, Pontypridd 1993; Oriel Open Eye, Caeredin 1994, 1998; Oriel Gold, Caeredin 2002; Celf Gain Bourne, Caeredin 2003; Oriel Flying Colours, Llundain 2007. Casgliadau'n cynnwys Banc Brenhinol yr Alban; Sefydliad Nuffield; Ysbyty Athrofaol Cymru, Caerdydd. 'Tiroedd ar yr ymylon … croesi'r ffiniau rhwng yr haniaethol a'r byd go iawn, yr ysbrydol a'r materol. Wedi fy ysbrydoli gan gerddoriaeth … a barddoniaeth...' Yn byw yng Nghaeredin, Yr Alban.
*Yr artist*

### Diana ARMFIELD 1920–
**Enw gwaith Diana Maxwell Armfield RA, peintwraig, ganed yn Ringwood, Lloegr.**

Astudiodd yn Ysgol Celf Gain Slade, Llundain, gydag Allan Gwynne-Jones; Ysgol Ganolog Celf a Chrefftau, Llundain (YGCCh), gyda Dora Batti. Trefnydd Gweithgareddau Diwylliannol, Y Weinyddiaeth Gyflenwi 1942–46; tiwtor yn yr Adran Decstiliau, YGCCh 1949–50; tiwtor yn Ysgol Gelf Byam Shaw 1959–90. Tiwtor gwadd mewn gwahanol ysgolion celf 1959–91. Comisiynau'n cynnwys Reuters 1986–87; Yr Ymddiriedolaeth Genedlaethol 1988; Ei Fawrhydi Tywysog Cymru 1989. Etholwyd yn aelod o'r Academi Frenhinol, 1991; aelod o'r Academi Frenhinol Gymreig, Conwy (AFG). Arddangosfeydd yn cynnwys Oriel Gelf Tegfryn, Ynys Môn 1975, 1978; Browse and Darby, Llundain o 1979; Oriel Albany, Caerdydd 1986, 1995, 2001; Oriel 31, Y Drenewydd a'r Trallwng 1988 (gyda Bernard Dunstan); Plas Glyn-y-Weddw, Llanbedrog 1995; *Arddangosfeydd 50fed a 60fed mlwyddiant Cymdeithas Celf Gyfoes Cymru* (CCGC) 1987, 1997; AFG 2001; *Visual Wit*, Ystafell y Cyfeillion, Yr Academi Frenhinol, Llundain 2005. Cyhoeddiadau'n cynnwys *Painting in Oils* (Llawlyfr Mitchell Beazley 1982); *Drawing* (Llyfr Poced Simon a Schuster 1982); gwaith yn cael ei gynnwys yn *The Art of Diana Armfield*, Julian Halsby (David a Charles, Llundain 1995). Casgliadau'n cynnwys Amgueddfa Victoria ac Albert; CCGC; Canolfan Celf Brydeinig Iâl (Yale, UDA); Casgliad Celf y Llywodraeth; Oriel Gelf Dinas Caerhirfryn; Y Gymdeithas Dyfrlliwiau Frenhinol; Yr Amgueddfa Brydeinig. Yn paentio blodau a thirweddau gwledig a threfol. Yn byw yn y Bala, gogledd Cymru, a Llundain, Lloegr.
*Yr artist*

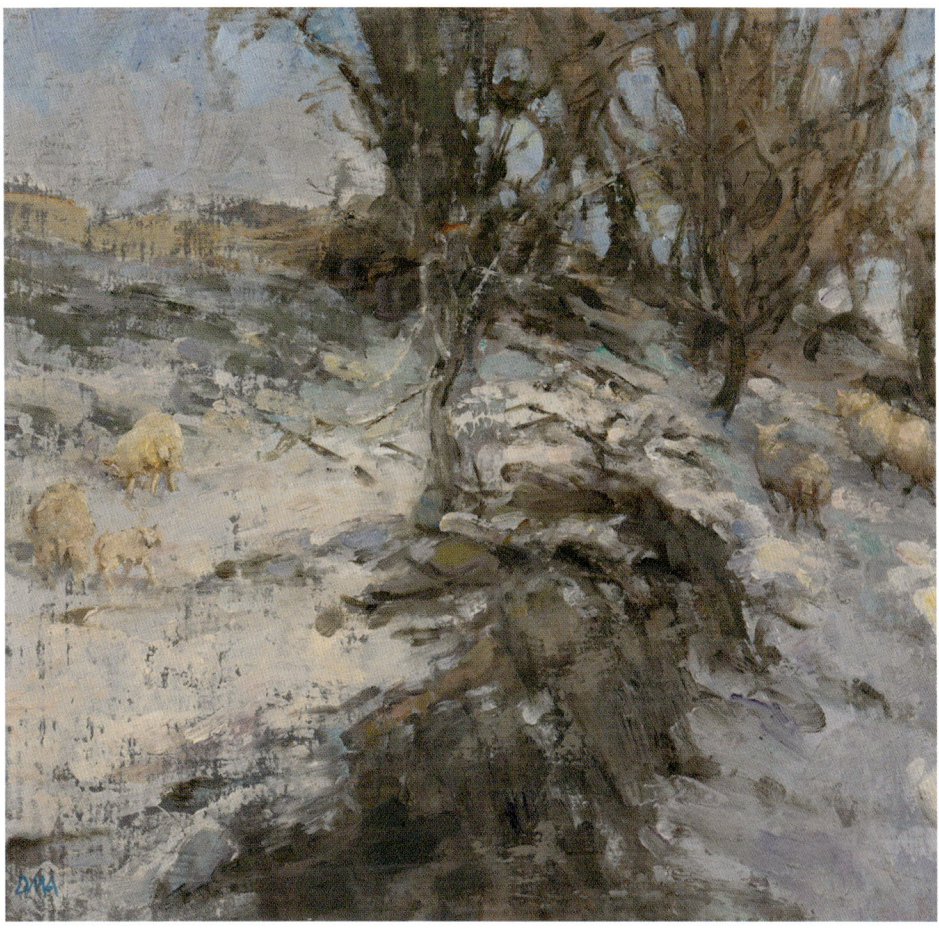

8 | Diana Armfield
*Sheep in the Snow, above Llanycil* 2007

## Keith ARNATT 1930–2008
**Peintiwr, cerflunydd, artist cysyniadol, ffotograffydd. Ganed yn Rhydychen, Lloegr.**

Astudiodd yn Ysgol Gelf Rhydychen, 1951–55; Ysgolion yr Academi Frenhinol, Llundain, 1956–58. Darlithydd, Celf Gain, Coleg Celf Lerpwl 1962–65; Coleg Celf Manceinion 1965–69; Coleg Addysg Uwch Gwent, Casnewydd 1969–90. Arddangosfeydd ar y cyd yn cynnwys *Mysterious Coincidences*, Oriel y Ffotograffwyr, Llundain 1987 (teithiol, gan gynnwys Ffotogallery, Caerdydd (Ffotog)); *3 Artists in Wales* (gyda Gillian Ayres a David Nash), Oriel, Cyngor Celfyddydau Cymru (CCC), Caerdydd 1988; *Llath*; Ffotog, Caerdydd/Ymddiriedolaeth Gelf Bae Caerdydd 1998; *Blast to Freeze: Britische Kunst im 20 Jahrhundert*, Y Cyngor Prydeinig 2002 (teithio'n rhyngwladol); *Centre of the Creative Universe: Liverpool and the Avant-Garde*, Tate Lerpwl 2007. Arddangosfeydd undyn yn cynnwys *Walking the Dog* 1979; *Keith Arnatt: Rubbish and Recollections*, Oriel Mostyn, Llandudno 1989 (teithiol); *One Foot Has Not Yet Reached The Next Street*, Y Cyngor Prydeinig 1992–1998 (teithio'n rhyngwladol); *Ffotofactions*, Ffotog/Canolfan Gelfyddydau Chapter, Caerdydd 1993–4 (teithiol); *New Natural History*, Amgueddfa Ffotograffiaeth, Ffilm a Theledu Genedlaethol, Bradford 1999; *I'm a Real Photographer, Keith Arnatt:*

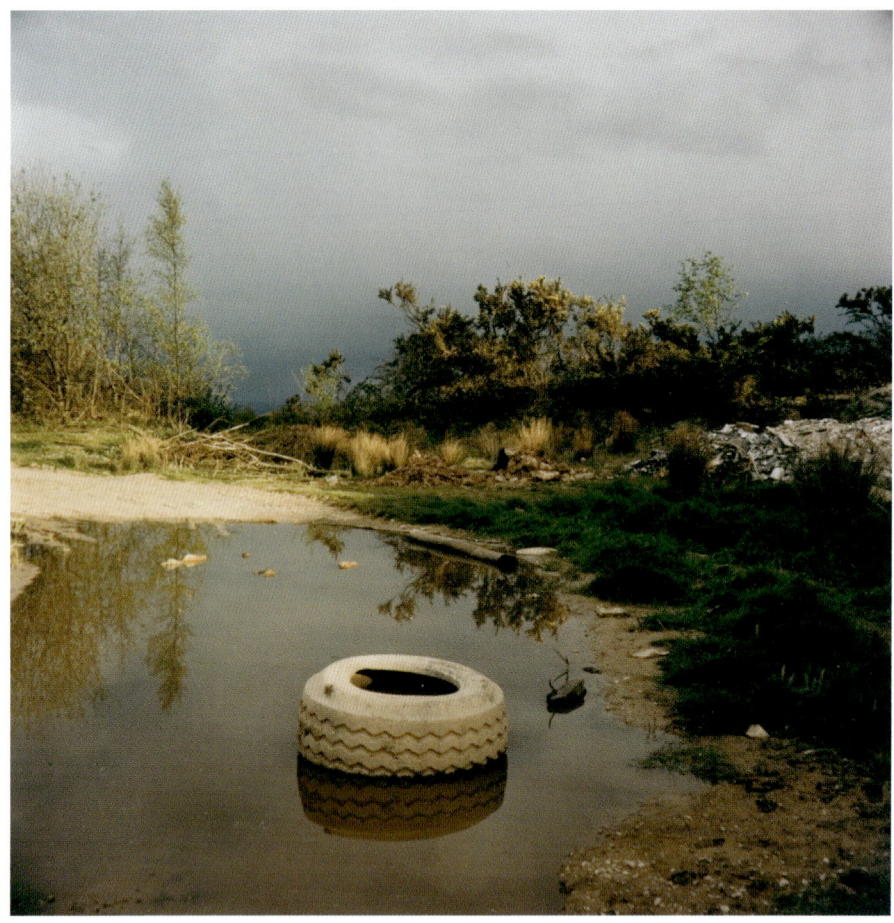

9 | Keith Arnatt
O *Miss Grace's Lane* 1986

*Photographs 1974 – 2002*, Oriel y Ffotograffwyr, Llundain, 2007 (teithiol, gan gynnwys Abertawe). *Interviews with Susan Butler*, Recordiadau Sain Archifol y Llyfrgell Brydeinig, Hanes Llafar Ffotograffiaeth Prydain, 1993. Cyhoeddiadau niferus yn cynnwys ei waith, yn eu plith *Photography as Performance* (Oriel y Ffotograffwyr, Llundain 1986); *Re: Imaging Wales – A Yearbook of the Visual Arts*, cyfraniad gan Christopher Coppock (Seren Books, Pen-y-bont ar Ogwr 2006); Martin Parr, *The Guardian* (19 Mai 2007). Casgliadau'n cynnwys Amgueddfa Cymru; Yr Amgueddfa Gyfryngau Genedlaethol, Bradford; Amgueddfa Victoria ac Albert, Llundain; Casgliadau Tate, Llundain; Cyngor Celfyddydau Lloegr; Y Cyngor Prydeinig, Llundain; Y Gymdeithas Celf Gyfoes, Llundain. 'Mae ysgafnder cyffyrddiad Arnatt ynghyd â'i allu i drawsnewid y cyffredin, yn treiddio i'w waith.' (*Gwefan y Cyngor Prydeinig.*) Roedd yn byw yn Nhyndyrn, de Cymru.

## Alexander ARNELL 1976–
**Enw gwaith Alexander Matthew Arnell, peintiwr. Ganed ym Mryste, Lloegr.**

Mam yn Gymraes. Astudiodd ym Mhrifysgol East Anglia 1996–99; Athrofa Prifysgol Cymru Caerdydd 1999–2000. Arddangosfeydd ar y cyd yn cynnwys *The Gate Open*, The Gate, Caerdydd 2005; *Celebrations*,

Neuadd Dewi Sant, Caerdydd (NDS) 2005; *Artist Cymreig y Flwyddyn*, NDS 2006; *Wales Works*, Oriel Kooywood, Caerdydd 2007. Arddangosfeydd undyn yn cynnwys *The City in Paint*, Oriel GPF, Casnewydd 2006; *Urban Truths*, The Riverfront, Casnewydd 2006. 'Testunau – trefi de Cymru (yn enwedig Caerdydd).' Yn byw yng Nghaerdydd, de Cymru.
*Yr artist*

## Peter ARNOLD 1922–2009
**Enw gwaith Peter Arnold Collen, peintiwr a gwneuthurydd printiau, ganed yn Berlin, Yr Almaen.**

Mynychodd Ysgol Gelf St Martin's, Llundain 1947; Coleg Celf Birmingham 1961. Cyrhaeddodd Gymru yn y 1950au. Arddangosfeydd ar y cyd yn cynnwys Oriel Richmond, Llundain 1992. Arddangosfeydd undyn yn cynnwys Siambr Fasnach yr Almaen, Llundain 1976; Canolfan y Celfyddydau Camden, Llundain 1978; Sefydliad Goethe, Llundain 1983; Amgueddfa Kirsten Kjaers, Frostrup, Denmarc 1991. Cyhoeddiadau'n cynnwys 'Crisis in the Visual Arts' (*Tract* 1982, Gryphon Press, Sussex). Gwaith wedi'i gynnwys mewn erthyglau niferus, gan gynnwys *The Listener* (DAN Jones, Rhagfyr 1978, Mai 1979); *The Spectator* (Giles Auty, Rhagfyr 1992). Monograff gan Christopher Wright (Hydref 1992). Casgliadau'n cynnwys Amgueddfa Victoria ac Albert; Kupferstichkabinett, Berlin; Llyfrgell Genedlaethol Cymru, Aberystwyth; Museum am Ostwall, Dortmund; Yr Oriel Bortreadau Genedlaethol. 'Mae Cymru'n fy ysbrydoli … dwi'n cynhyrchu golygfeydd gyda phobl wrth eu gwaith … y prif ddylanwadau fu'r mynegiadwyr Almaenig. Mae fy mhlentyndod yn Berlin yn ystod y cyfnod Natsïaidd yn cael ei ddatgelu'n arbennig yn naws rhai o'm torion leino.' Roedd yn byw yn Llansteffan, gorllewin Cymru, a Llundain.
*Yr artist*

## ARTIJAN  Gweler Janine THOMPSON

## ARTSTATION  Gweler Glenn DAVIDSON ac Anne HAYES

## Oldrich ASENBRYL 1943–
**Enw gwaith CROCHENDY SARN. Ganed yn Ceské Budějovice, Tsiecoslofacia.**

Astudiodd yng Ngholeg Cerameg Bechyně 1957–61 gyda B Dobiāš. Cyrhaeddodd Gymru ym 1973. Arddangosfeydd ar y cyd yn cynnwys Oriel Mostyn, Llandudno 1986; Amgueddfa Cymru, Caerdydd (AC) 1987; Walzbrych, Gwlad Pwyl 1989. Erthygl gyhoeddedig, 'Symposium of Ceramics, Gothenburg' (*Ceramic Review* 1976). Gwaith wedi'i gynnwys yn *Studio Ceramics a Studio Porcelain*, y ddau gan Peter Lane (Pitman, Llundain 1976); *New Ceramics*, Eileen Lewenstein (Studio Vista 1974); *Art in Wales* (S4C 1990). Casgliadau'n cynnwys Amgueddfa Berne; AC; Amgueddfa Gateshead; Amgueddfa Tennessee; Castell Cesky Krumlov. Yn byw yn Sarn Mellteyrn, gogledd Cymru.
*Yr artist*

## Bethan ASH 1949–
**Gwneuthurwraig gwiltiau, ganed yng Nghastell-nedd, de Cymru.**

Astudiodd yng Ngholeg Celf Abertawe 1965–68; Coleg Celf Caerdydd 1968–70; Polytechnig Northampton, 1970–71. Cymrodoriaeth y Sefydliad British Boot and Shoe 1970; Gwobr Crefft a Dylunio, Eisteddfod Genedlaethol Cymru, Castell-nedd 1994; tair gwobr yn y Bencampwriaeth Gwiltio Ewropeaidd gyntaf yn Veldhoven 1997. Aelod sefydlol o Urdd Gwneuthurwyr Cymru 1984, a *Fibre. Art. Wales* 1999; aelod o'r Gymdeithas Celf Cwiltiau. Comisiynau'n cynnwys *Cwilt Chwe chanmlwyddiant Owain Glyndŵr*, Eisteddfod Genedlaethol Cymru, Llanelli 2000, cwilt *Hide and Seek* ar gyfer cynhyrchiad theatr, Canolfan Gelfyddydau Chapter, Caerdydd 2001. Arddangosfeydd ar y cyd yn cynnwys *European Art Quilt 1*, Tilsburg (teithiol) 1997; *Fibre Visions*, The Contemporary Craftsman,

Trefynwy 2001 (teithiol); Eisteddfod Genedlaethol Cymru, Abertawe 2006; *Quilt Art 22*, Llanidloes 2007 (teithiol). Arddangosfeydd un-ddynes: *Rags to Riches*, Oriel Pendeitsh, Caernarfon 1999; *Colour and Form*, Canolfan Gelfyddydau Abaty Nant Teyrnon 1999. Gwaith wedi'i gynnwys yn *The Encyclopaedia of Quilting Techniques*, Kathryn Guerrier (Running Press, y DU 1995); *Floral Quilts*, Marion Haslam (Chrysalis Publications 2003); *The World of Embroidery* (Jill Nichols, 2004); y cylchgrawn *Crafts; Country Homes and Interiors; Selvedge*. Casgliadau'n cynnwys Amgueddfa ac Oriel Gelf Braintree; Amgueddfa Gelf a Dylunio, Efrog Newydd. 'Mae fy ngwaith … (erbyn hyn) yn debycach i collage. Mi fydda i'n defnyddio defnyddiau dwi wedi'u lliwio a'u printio fy hun gan osgoi defnyddio patrymau … yn aml gyda chymhlethdod sy'n troi'r pen … lliw, haniaethau … yw asgwrn cefn fy ngwaith.' Yn byw yng Nghaerdydd, de Cymru.
*Yr artist*

### Nigel ASH 1965–
**Cerflunydd a pheintiwr. Ganed yn Manama, Bahrain.**

Astudiodd yn yr Ysgol Celf Gain, Athrofa Addysg Uwch Caerdydd 1988–91 gyda Paul Beauchamp, Barrie Cook, Mona Hatoum. Cyrhaeddodd Gymru ym 1986. Artist masnachol 1991–2001. Comisiynau'n cynnwys cofeb i garcharorion rhyfel o'r Eidal, Cas-gwent 1995. Arddangosfeydd ar y cyd yn cynnwys Oriel Washington, Penarth 1999, 2000, 2004; Parc Glynllifon, Caernarfon 2002; The Gate, Caerdydd 2005. Arddangosfeydd undyn yn cynnwys Llyfrgell Ganolog Caerdydd 2000; Oriel Hans Price, Weston-super-Mare 2003, 2004; Yr Oriel Goch, Hull 2005. 'Gellir canfod yr ysbrydoliaeth i'm gwaith yn yr amgylchedd naturiol a'r dirwedd a'r amgylchedd adeiledig … geometreg, pensaernïaeth a'r gwyddorau daear… Mae arlunio yn fy ngalluogi i grisialu syniad neu'n awgrymu syniadau pellach…' Yn byw yng Nghaerdydd, de Cymru.
*Yr artist*

### Janet ASHWORTH-HAMER 1932–
**Enw gwaith JANET HAMER CERAMICS. Ceramegydd, ganed yn Accrington, Lloegr.**

Astudiodd 'drwy gydol ei bywyd fel oedolyn gyda chrochenwyr nodedig yn dangos ac yn rhannu sgiliau'. Cyrhaeddodd Gymru ym 1959. Athrawes, Canolfan Addysg Oedolion Brynbuga ac yn ei stiwdio'i hun. Comisiynau'n cynnwys Canolfan Mynyddoedd Bannau Brycheiniog (pedair gwaith). Taith astudio, Tsieina 1981; Symposiwm Cerameg, Y Weriniaeth Tsiec 1993. Gwobr Cyflawniad Oes am Gerameg, Prifysgol Cymru Aberystwyth 2005, gyda'i gŵr, y ceramegydd Frank Hamer. Aelod o Grochenwyr De Cymru. Arddangosfeydd ar y cyd yn cynnwys *7 Studio Potters*, Amgueddfa Hanley 1981; *Ceramic Creatures*, Canolfan y Celfyddydau Aberystwyth (CCA) 1988; *The Cat Scratched Little Johnny*, CCA 1999; *Breath of the Dragon*, Canolfan Gelfyddydau y Barbican, Llundain 1992; *Animal Farm*, Canolfan y Cotiau Gleision, Lerpwl 1996. Arddangosfeydd un-ddynes yn cynnwys Coleg Collingwood, Prifysgol Durham 1978; Canolfan Gelfyddydau Abaty Nant Teyrnon, Cwmbrân 1981; Oriel y Bont, Polytechnig Cymru 1986; *Craft Showcases*, Cyngor Celfyddydau Cymru/Amgueddfa Genedlaethol Cymru, Caerdydd 1986; Canolfan Ddinesig Islwyn, Gwent 1990. Cyhoeddiadau, gyda Frank Hamer, yn cynnwys *The Potter's Dictionary of Materials and Techniques* (A&C Black, Llundain 1975; ailargraffwyd bump o weithiau); *Clays* (Pitman, Llundain 1977; Axner, UDA 2003). Erthyglau yn *Ceramic Review*. Gwaith yng nghasgliad Amgueddfa ac Oriel Gelf Casnewydd. 'Dwi'n gweithio gyda llestri caled sydd wedi'u tanio ar wres uchel a'u lleihau … gan ymelwa ar amrywiaeth eang o liwiau, gwydreddau a thechnegau tanio cerameg … dehongliadau dychmygus o adar a rhai ffigurau mawr i'r ardd.' Yn byw ym Mamhilad, de Cymru.
*Yr artist*

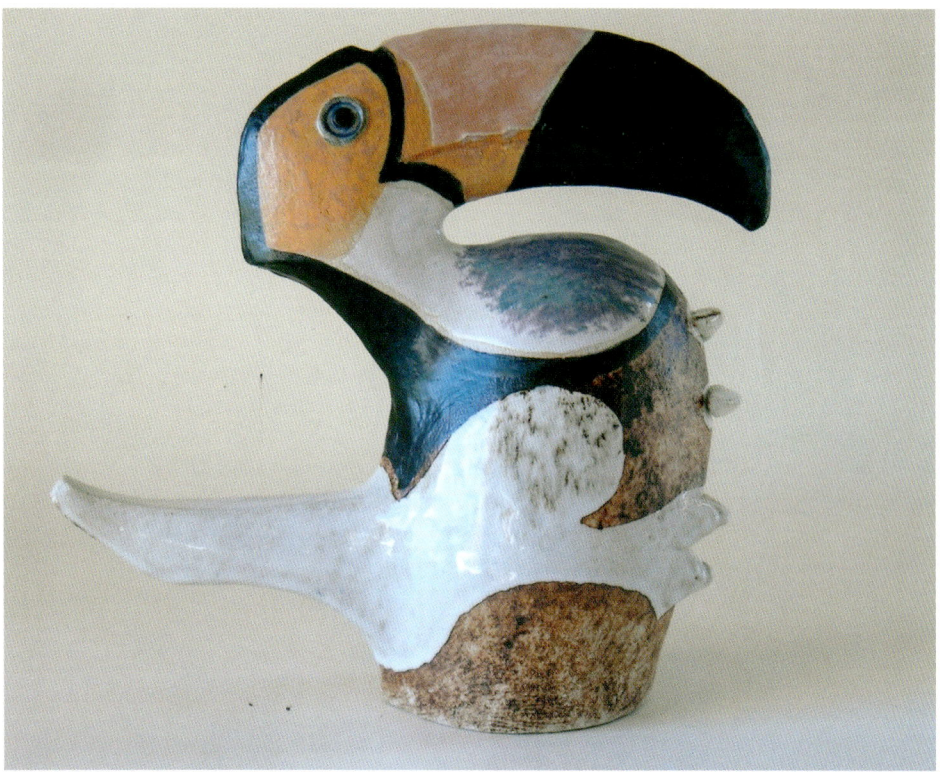

10 | Janet Ashworth Hamer
*Mexican Toucan 2007*

## Kim ATKINSON 1962–
**Artist bywyd gwyllt. Ganed yng Nghaerfaddon, Lloegr.**

Astudiodd yn Ysgol Gelf Falmouth 1980–81; Coleg Celf Cheltenham 1982–84; Y Coleg Celf Brenhinol, Llundain 1984–87 (MA Darlunio Byd Natur). Roedd yn byw ar Ynys Enlli 1963–69; cyrhaeddodd Gymru ym 1987. Aelod o Gymdeithas yr Artistiaid Bywyd Gwyllt (CABG). Gwneuthurydd printiau preswyl, Oriel Mostyn 1991. Gwobrau'n cynnwys Egin-artist Ewropeaidd y Flwyddyn 1992; Gwobr Gelf Byd Natur 1993; Gwobr Gelf yr RSPB 2002. Teithiau gyda Sefydliad Artistiaid dros Natur i Ewrop, De America, India 1992–2004. Arddangosfeydd ar y cyd yn cynnwys CABG, Orielau'r Mall, Llundain 1992–2003; *Artists for Nature Foundation*, Zeist 1992–2004 (teithiol); *The Art of the Print*, Oriel, Cyngor Celfyddydau Cymru, Caerdydd 1991 (teithiol); Eisteddfod Genedlaethol Cymru, Castell-nedd 1994; *Drawn from Life*, Oriel Ynys Môn, Llangefni 1997. Arddangosfa deuddyn, *Global Sketchbook*, OYM (gyda Philip Snow) 1998. Arddangosfeydd un-ddynes yn cynnwys Canolfan y Celfyddydau Plymouth 1988; Oriel Plas Glyn-y-Weddw 1990. Gwaith wedi'i gynnwys yn *Birds in Wales*, Williams, Williams a Lovegrove (Poyser 1994); *Enlli*, C Arnold (Gwasg Prifysgol Cymru 1996); *Modern Wildlife Painters*, N Hammond (Pica Press 1998); *Tomos o Enlli*, J Jones (Gwasg Carreg Gwalch (GCG) 1999); *Featherpaths*, C Holmes (GCG 2004). '… mae fy ngwaith yn aml yn cyfuno torion coed neu fonoprintiau …y byd yn union o'm cwmpas – yr ardd, yr arfordir – a'i fywyd gwyllt … yw fy themâu.' Yn byw yn Aberdaron, gogledd Cymru. *Yr artist*

**John AUBREY** 1939–
**Peintiwr a cherflunydd, ganed ym Mhontyberem, gorllewin Cymru.**

Astudiodd yn King's College, Newcastle upon Tyne, Prifysgol Durham 1958–63 gyda Lawrence Gowing, Kenneth Rowntree, Victor Pasmore, Richard Hamilton. Addysgodd yng Ngholeg Polytechnig/Celf Wolverhampton, Cyfadran Gelf a Dylunio 1963–83, yn nes ymlaen fel Uwch-ddarlithydd mewn gofal y Cwrs Astudiaethau Sylfaen. Pennaeth Astudiaethau Sylfaen, Athrofa Addysg Uwch De Morgannwg, Caerdydd 1984–90. Gwobrau yn cynnwys *Television Wales and the West Award Exhibition*, Oriel Howard Roberts, Caerdydd 1964 (gwobr baentio); *Cymru Nawr*, Cyngor Celfyddydau Cymru (CCC)/Eisteddfod Genedlaethol Cymru (EGC) 1968; *Cerfluniaeth yn Hwlffordd*, CCC EGC 1972 (yr ail orau). Comisynau'n cynnwys Ysbyty Gorllewin Cymru, Caerfyrddin 1981. Aelod o'r Grŵp Cymreig (GC). Arddangosfeydd ar y cyd yn cynnwys y GC 1975–85; *Wales and the Modern Movements*, CCC, Canolfan y Celfyddydau Aberystwyth 1973; *John Moores Liverpool Exhibition 8, 9*, Oriel Gelf Walker, Lerpwl 1972, 1974; *Beth sy'n Newydd*, CCC/Grŵp De Cymru 1974; *Cymru 1983*, CCC/GC. Arddangosfeydd undyn yn cynnwys Canolfan y Celfyddydau Abaty Nant Teyrnon, Cwmbrân 1977; Coleg Celf Dyfed, Sir Gaerfyrddin 1982; *American Scenes*, Amgueddfa a Chanolfan y Celfyddydau Llyfrgell y Rhyl 1986. Gwaith wedi'i adolygu yn y *Times Educational Supplement* (8 Rhagfyr 1961); y *Western Mail* (2 Ionawr 1965). Casgliadau'n cynnwys Bwrdd Iechyd Prifysgol Hywel Dda ; Prifysgol Newcastle. Gwaith wedi'i brynu gan CCC. '…mae fy ngwaith yn ymwneud â sut mae'r byd gweledol yn trosi'n ddelweddau … Arweiniodd hyn at … drafod lliwiau mewn paentiadau sy'n seiliedig ar systemau. Mae fy ngwaith diweddarach yn ymateb uniongyrchol i brofiadau gweledol…' Yn byw yn Abertawe, de Cymru.
*Yr artist*

**AWST a WALTHER**
**Enwau gwaith Manon Awst a Benjamin Walther, artistiaid gosodwaith sy'n cydweithio.**

Ganed Manon Awst ym 1983 ym Mangor, gogledd Cymru. Astudiodd yng Ngholeg Menai, Bangor 2001–02; Prifysgol Caergrawnt 2002–04. Ganed Benjamin Walther ym 1978 yn Dresden, Yr Almaen. Astudiodd yn Humboldt-Universität Berlin 1996–98. Preswyliadau artist yn cynnwys Oriel Ynys Môn, 2007; Projekt Fortschritt, Dresden 2008. Gwobrau'n cynnwys Y Cyngor Prydeinig 2006; Cronfa Ymddiriedolaeth Cymunedau yn Gyntaf 2007; Cronfa Ymddiriedolaeth Elusennol Stadiwm y Mileniwm 2007; Cyngor Celfyddydau Cymru (CCC) 2007; Sefydliad Calouste Gulbenkian 2006–2007; Celfyddydau Rhyngwladol Cymru 2006, 2007. Arddangosfeydd ar y cyd yn cynnwys Eisteddfod Genedlaethol Cymru (EGC) (Ysgoloriaeth Bensaernïaeth 2004, 2006); Oriel Left Wing, Llundain 2005; (Manon Awst) *Renegade Cities*, Sefydliad Pensaernïaeth, Llundain 2006; *Lange Kunstnacht*, Ballhaus Ost, Berlin 2006; *Digger*, EGC Abertawe a Bochum 2006; *Y Lle Celf*, EGC/CCC, Sir y Fflint 2007. Arddangosfeydd deuddyn yn cynnwys *Paradise Lost* (perfformiad) yn *Dreammachine*, Amgueddfa Abertawe 2007; *Island Utopia*, Zeche Zollverein, Essen 2007; *Survival of the Fittest*, Galeri, Caernarfon 2008; *Unfinished Realities*, Oriel Hannah Barry, Llundain 2008. Cyhoeddiadau'n cynnwys *Platfform tri/3* (Celfyddydau Rhyngwladol Cymru 2007); *Digger* (2007); *Island Utopia* (2008). Mae themâu eu gwaith yn cynnwys diweithdra, datblygu trefol a hunaniaeth gymdeithasol. Yn byw ac yn gweithio yng Nghymru a'r Almaen.
*Yr artistiaid*

**Eirlys AYRES  Gweler Eirlys MORRIS**

## Duncan AYSCOUGH 1968–
**Ceramegydd, ganed ym Manceinion, Lloegr.**

Astudiodd yng Ngholeg Technoleg Filton, Bryste 1986–87; Coleg Polytechnig Manceinion 1988–90; Athrofa Prifysgol Cymru Caerdydd 1992–94 (MA Cerameg, gyda Rhagoriaeth). Gwobrau'n cynnwys Cymrodoriaeth William de Morgan 1995; Cyngor Celfyddydau Cymru 2000, 2004; Cyngor Sir Caerfyrddin 2004. Darlithydd, Cerameg, Ysgol Gelfyddydau Gorllewin Cymru, Caerfyrddin 1995–2003; Uwch-ddarlithydd, Cerameg, Athrofa Prifysgol Cymru, Caerdydd o 2000. Aelod o Gymdeithas Crochenwyr Crefft Prydain Fawr; Cymdeithas y Crefftwyr Dylunio. Arddangosfeydd ar y cyd yn cynnwys *Ceramics Contemporaries*, Amgueddfa Victoria ac Albert, Llundain 1995, 1996; *International Ceramics*, Canolfan y Celfyddydau Aberystwyth 1999; Eisteddfod Genedlaethol Cymru, Tyddewi 2002; *Naked Clay*, Canolfan Grefft Rufford 2005. Arddangosfeydd undyn yn cynnwys Oriel Maltby, Caerwynt 2001; Oriel Made, Bryste 2002, 2003; Oriel Galanthus, Henffordd 2006; Model House, Llantrisant 2006. Gwaith wedi'i gynnwys yn *Sources of Inspiration*, Caroline Genders (A&C Black, Llundain (A&CB) 2002); 'Duncan Ayscough, himself and his work' (*Ceramic Review*, Medi 2003); FORM, *Contemporary Craft in Wales* (Celfyddydau Rhyngwladol Cymru, Caerdydd 2004); *Unglazed Ceramics*, Joy Bosworth (A&CB 2005). 'Dwi'n edrych yn gyntaf tuag at Ddiwylliannau Gorllewinol, yn enwedig y rhai Groegaidd a Rhufeinig â'u ffurfiau 'clasurol', cymesur… mae'r potiau'n cael eu cwyro gan gynnig gwobr gyffyrddadwy i'r gwyliwr…' Yn byw ym Methlehem, gorllewin Cymru.

*Yr artist*

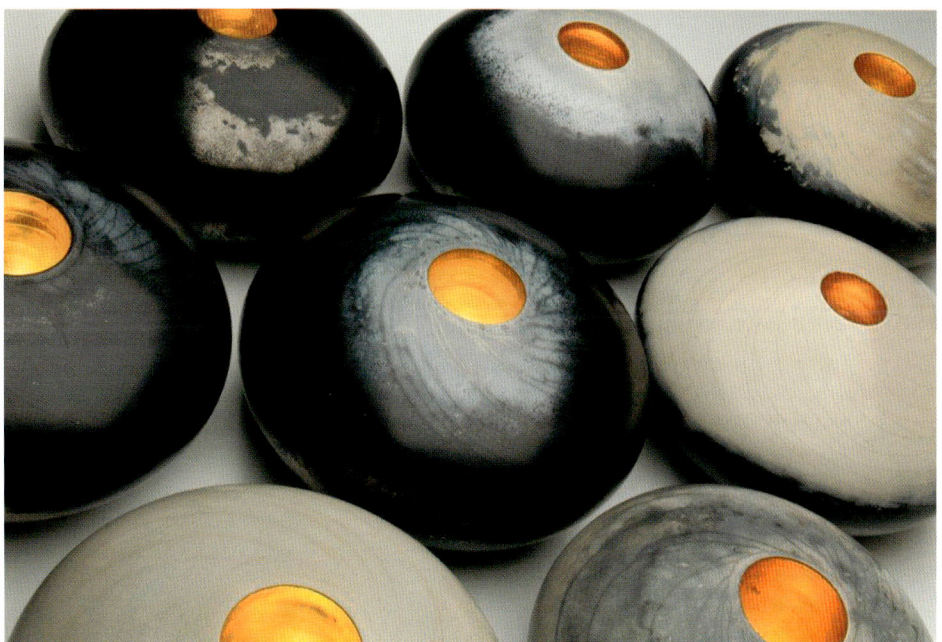

11 | Duncan Ayscough
*Heb Deitl* 2006–07

# ARTISTIAID: B

B **HB Gweler Honor BROGAN**

**Philip BABOT** 1961–
**Artist perfformio, ganed yn Nottingham, Lloegr.**

Astudiodd yn Athrofa Prifysgol Cymru, Caerdydd 2000–02 (MA Celf Gain). Bwrsarïau teithio, Celfyddydau Rhyngwladol Cymru 2002–05; grantiau, Cyngor Celfyddydau Cymru (CCC) 2002–05; dyfarniad sylweddol (CCC) am *The Long Road to the North* 2001. Preswyliadau'n cynnwys *Ancient Futures*, Gofod Celf Gwledig Coed Hills, Bro Morgannwg, 2002; *Beyond Belief*, Boréal Art Nature, La Minerve, Québec, 2002. Yn aelod o stiwdios tactileBOSCH, Caerdydd; yn aelod sefydlol o ofod gosodwaith celf *trace:* Caerdydd. Arddangosfeydd ar y cyd yn cynnwys *Stimulata in Siberia*, Siberia, Efrog Newydd 2002; *la-bas festival*, Taidehalli, Helsinki 2003; *Nature of Performance*, 5ed Wŷl Celf Amlgyfrwng Ryngwladol, Serbia a Montenegro 2003; Gŵyl Celf Fyw Ryngwladol Dadoa, Beijing 2004; *Rhwnt*, cyfnewid Cymru/Québec, Le Lieu, Centre en Art Actuel, Dinas Québec 2004. Arddangosfeydd undyn yn cynnwys *10 Days That Shook The World*, Chapter, Caerdydd 2001. 'Zen; Taoiaeth; shamanistiaeth; cyflyrau ymwybyddiaeth addasedig; y syniad Dwyreiniol o ddealltwriaeth reddfol yn lle'r cysyniad Gorllewinol o wybodaeth resymegol' yw'r dylanwadau ar ei waith. Yn byw yng Nghaerdydd, de Cymru.
*Yr artist*

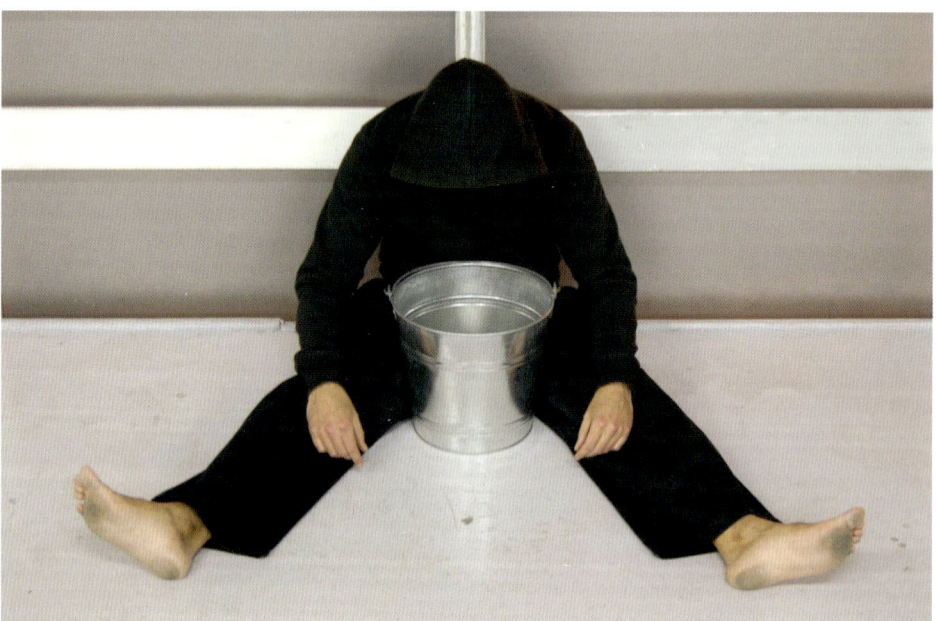

12 | Philip Babot
*Black Narcissus* 2007

## Irene BACHE 1901–1999
**Enw gwaith Irene Mary Bache, peintwraig. Ganed yn Brockley, Lloegr.**

Astudiodd yng Ngholeg Celf Croydon; Ysgol Ganolog y Celfyddydau a Chrefftau, Llundain; Coleg Celf Camberwell, Llundain. Athrawes, ysgolion yn Croydon, Peterborough, Worthing; darlithydd, Y Coleg Celf Brenhinol, Llundain; Pennaeth Adran Gelf a Chrefft, Coleg Addysg Abertawe 1942–66. Bu'n teithio'n helaeth dramor. Sefydlodd stiwdio-oriel gartref 1966; athrawes, disgyblion preifat. Comisiynau'n cynnwys Cyngor Celfyddydau Cymru (CCC) 1969; darluniau, *Wild Mushrooms: How to Find, Identify and Cook Them*, Nigel a Marie-France Addinall (Christopher Davies 1992). Aelod o Grŵp De Cymru/Y Grŵp Cymreig; Cymdeithas Gelf Abertawe (Cadeirydd 1955; Is-lywydd). Arddangosfeydd ar y cyd yn cynnwys *Wales Through the Painter's Eye*, Oriel Howard Roberts, Caerdydd 1957; Oriel Dillwyn, Abertawe; *Cofnodi Cymru 2, Capeli*, CCC 1969 (teithiol); Eisteddfod Genedlaethol Cymru, Caerfyrddin 1974; Cymdeithas Ddyfrlliwiau Cymru. Arddangosfeydd un-ddynes yn cynnwys Oriel Gelf Glynn Vivian, Abertawe (OGGV) 1954, 1991; adolwg, Coleg Addysg, Abertawe 1966; Plantasia, Abertawe 1991. Cyhoeddiadau'n cynnwys *Gower Poems* (Irene Bache 1981). Ysgrif goffa, R M Healey (*The Independent*, 23 Mehefin 1999). Casgliadau'n cynnwys Llyfrgell Genedlaethol Cymru, Aberystwyth; OGGV. Prynwyd gwaith gan CCC. Tirluniau, morluniau, paentiadau o flodau/planhigion, yn arbennig dyfrlliwiau. Roedd yn byw ar Benrhyn Gŵyr, de Cymru.

## David BACKHOUSE 1941–
**Cerflunydd, ganed yn Corsham, Lloegr.**

Myfyriwr yng Ngholeg Celf Gorllewin Lloegr 1959–63; Prifysgol Bryste 1963–64. Comisiynau'n cynnwys *Flying Figurehead*, Ardal Forol Abertawe; *Shepherd, Ewe and Lamb*, Y Fenni; *Man and Hawk*, Treforys; *Children through the Ages*, J Sainsbury, Y Rhyl; *Sir Kyffin Williams*, Llyfrgell Genedlaethol Cymru, Aberystwyth (LlGC). Arddangosfeydd ar y cyd yn cynnwys Oriel Albany, Caerdydd 1997, 2001, 2005. Casgliadau'n cynnwys LlGC. Gwaith mewn efydd a charreg. Yn byw yn Frome, Lloegr.
*Yr artist*

## Peter BAILEY 1944–2005
**Enw gwaith Peter Charles Bailey, cerflunydd, ganed yng Nghefn-mawr, Sir Ddinbych, gogledd Cymru.**

Astudiodd yng Ngholeg Prifysgol Cymru, Aberystwyth (CPCA) 1962–65 gyda David Tinker; Academi Gelf Caerfaddon, Corsham 1966–69 gyda John Furnival. Tiwtor a Chymrodor mewn Cerfluniaeth yn CPCA 1969–74; tiwtor yng Nghanolfan Gelfyddydau Neuadd Llanofer, Caerdydd (CGNLl) o 1991. Trysorydd Cangen Caerdydd Cymdeithas Artistiaid a Dylunwyr Cymru (CADC). Gyda Vanessa Webb, Swyddog Gweinyddol CADC, sefydlodd stiwdios Stryd Bute; rheolwr 1984–89. Aelod o 'Dorothy'; Y Grŵp Cymreig (GC); CADC. Arddangosfeydd ar y cyd yn cynnwys GC; *Dorothy*, Oriel Bear Lane, Rhydychen 1970; *Dorothy's Umbrellas*, Oriel Ikon, Birmingham 1971 (teithiol); *Fine to Functional*, Canolfan Gelfyddydau Abaty Nant Teyrnon, Cwmbrân 2003; *Insiders*, Oriel Davies, Y Drenewydd 2003 (teithiol). Arddangosfeydd undyn yn cynnwys *Metamorphoses*, Oriel, Cyngor Celfyddydau Cymru, Caerdydd 1983, *Celebration Dance*, Amgueddfa ac Oriel Gelf Frycheiniog, Aberhonddu 1999; *Dreaming of Babylon*, CGNLl 1999; *The Artist's Life*, Neuadd Dewi Sant, Caerdydd 2001; *Par Avion*, Oriel yr Asiantaeth Gelf ac Adfywio, Caerdydd 2003 (teithiol). Gwaith wedi'i gynnwys yn *Peter Bailey*, Tamara Krikorian (Orian Hopkin 2006). Casgliadau'n cynnwys Amgueddfa Ceredigion; Amgueddfa ac Oriel Gelf Brycheiniog; Amgueddfa Sefydliad Paul Getty; Cyngor Celfyddydau Lloegr; Cymdeithas Celf Gyfoes Cymru; Gardd Fotaneg Genedlaethol Cymru: Sefydliad Gulbenkian. Gwaith wedi'i brynu gan Gyngor Celfyddydau Cymru. Defnyddiai wrthrychau hapgael, 'yn weledol ac yn semiotig, fel iaith farddonol … gan gredu fel Umberto Eco, mai ni yw ein gwrthrychau – maent yn diffinio cymdeithas.' Roedd yn byw yng Nghaerdydd, de Cymru.
*Yr artist*

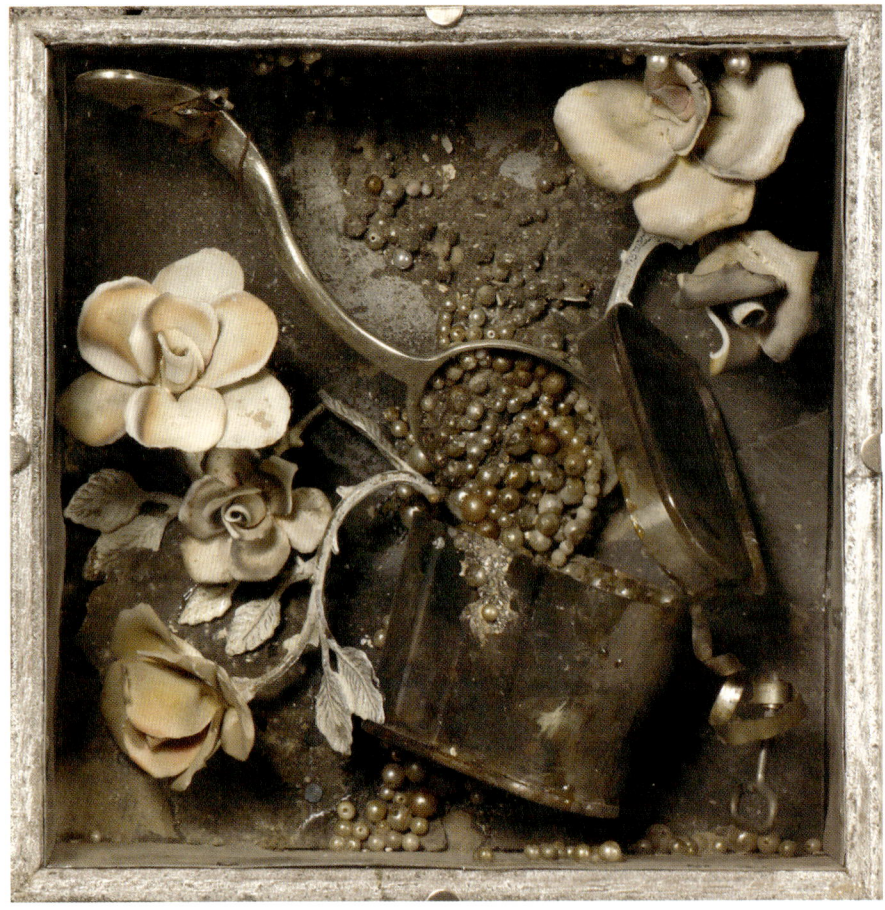

13 | Peter Bailey
*Still Life in Wales After The Referendum: The Love Spoon* 1999

## Glyn BAINES 1930–

**Peintiwr. Ganed yng Ngharrog, gogledd Cymru.**

Astudiodd mewn dosbarthiadau nos 1960–61, gyda DC Roberts; Coleg Celf Wrecsam 1961–65; hyfforddiant athrawon, Caerdydd 1966. Gweithiwr, ffermydd y teulu, Carrog, yna Botwnnog tua 1946–61; athro, ac yn nes ymlaen, Pennaeth yr Adran Gelf, Ysgol y Berwyn, Y Bala 1966–89; tiwtor, sawl blwyddyn, Cymdeithas Addysg y Gweithwyr. Aelod sefydlu Gweled; aelod, Athrawon Celf Gogledd Cymru. Arddangosfeydd ar y cyd yn cynnwys *9fed Arddangosfa Agored Mostyn*, Oriel Mostyn, Llandudno 1997; *Gogledd Cymru mewn Lluniau/Nordwales in Bildern*, Canolfan Gelfyddydau Wrecsam 1999 (teithio'n rhyngwladol); *Y Môr a'r Mynydd Maith*, Canolfan Grefft Rhuthun (CGRh) 2004; Eisteddfod Genedlaethol Cymru. Arddangosfa ddeuddyn, Oriel Pendeitsh, Caernarfon (gyda Mhairi Corr) 2002. Arddangosfeydd undyn yn cynnwys Oriel Plas Glyn-y-Weddw, Llanbedrog 1991; Stiwdio

8, CGRh 1997; CGRh 2001; *Paent, Papur a Phren*, Canolfan y Plase, Y Bala 2004. Wedi'i gynnwys ar raglenni teledu/radio, gan gynnwys Y Sioe Gelf (S4C, 1990). Gwaith yng nghasgliad y Tabernacl, Machynlleth. 'Tirluniau arfordirol haniaethol o Ben Llŷn.' Yn y byw yn y Bala, gogledd Cymru.
*Yr artist*

## Joan BAKER 1922–
**Peintwraig, ganed yng Nghaerdydd, de Cymru.**

Astudiodd yn Ysgol Gelf Caerdydd 1939–44, gydag Evan Charlton, Ceri Richards. Darlithydd, Ysgol Gelf Caerfaddon 1944–45, Coleg Celf Caerdydd, Athrofa Addysg Uwch De Morgannwg, Cyfadran Gelf, Dylunio a Thechnoleg 1945–83. Murluniau wedi'u comisiynu 1945–1954, gan gynnwys Clwb Tramor Caerdydd 1945–46; Ysgol Gynradd Trelái 1952. Arddangosfeydd ar y cyd 1940–79, gan gynnwys Amgueddfa Genedlaethol Cymru, Caerdydd, Oriel Howard Roberts, Caerdydd; Oriel Gerddi Howard, Caerdydd (OGH) 1979; Oriel, Cyngor Celfyddydau Cymru, Caerdydd; *Zobole and Friends*, Oriel Pen y Fan, Aberhonddu 2007. Arddangosfa un-ddynes, *A Chosen Way*, OGH 1984. Gwaith yng nghasgliadau GIG; Oriel Gelf Glynn Vivian. 'Tirluniau – golau, aer, lliw, y tymhorau'n newid, y môr, yr arfordir. Y Fro, y bryniau a'r coed. Sef i mi, erbyn hyn, yr Arfordir Treftadaeth a'r Fro o Sain Ffagan i Ferthyr Mawr.' Yn byw yng Nghaerdydd.
*Yr artist*

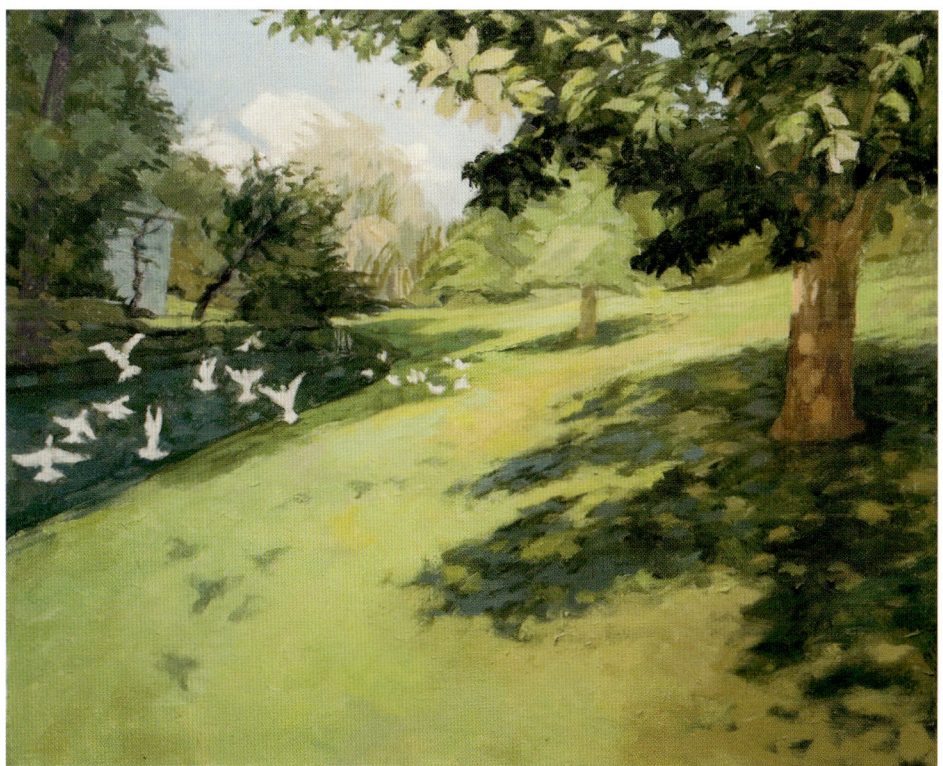

14 | Joan Baker
*St Fagans – Flutter of Doves* 2002

## Iwan BALA 1956–
**Peintiwr ac awdur, ganed yn Sarnau, gogledd Cymru.**

Astudiodd ym Mhrifysgol Cymru, Aberystwyth (Gwleidyddiaeth a Gwyddorau Cymdeithasol) 1973–74; Coleg Celf Caerdydd 1975–78; Athrofa Prifysgol Cymru Caerdydd 1991–93 (MA Celf Gain). Artist preswyl, Oriel Genedlaethol Zimbabwe 1990. Uwch-ddarlithydd, Coleg y Drindod, Caerfyrddin, o 2007. Enillydd, Medal Aur Celf Gain, Eisteddfod Genedlaethol Cymru (EGC) 1997. Gwobrau'n cynnwys CCC, Y Cyngor Prydeinig, EGC 1988, 1989, 1993. Gwobr Owain Glyndŵr, 1998. Aelod o Beca; Ysbryd Cymru; cydsefydlydd, Prosiect Artistiaid. Rheolwr Prosiectau Cywaith Cymru 2002–07. Arddangosfeydd ar y cyd yn cynnwys *Myth and Modernity*, Oriel y Rotunda, Hong Kong 1997; *Tirnodau*, Amgueddfa ac Oriel Genedlaethol Cymru, Caerdydd (AOGC) 1998; *Locws International*, Abertawe 2000; *Dreaming Awake*, Y Weriniaeth Tsiec 2001 (teithiol); *A Propos Ceri Richards*, AOGC 2002. Arddangosfeydd undyn yn cynnwys *Hiraeth*, Oriel, Cyngor Celfyddydau Cymru, Caerdydd 1992 (teithiol); *Offrymau + Ailddyfeisiadau*, Oriel Davies, Y Drenewydd 2000 (teithiol); *Hanes*, Coleg Le Moyne, Syracuse 2002. Arddangosfeydd wedi'u curadu'n cynnwys *Trosi/Trasni* 1991–92 (teithiol, Cymru ac Iwerddon). Cyhoeddiadau'n cynnwys *Certain Welsh Artists* (Seren, Pen-y-bont ar Ogwr (Seren 1999); *Offrymau ac Ailddyfeisiadau* (Seren 2000); *here + now. Essays on Contemporary Art in Wales* (Seren 2004); cyfraniad i gatalog, *Artes Mundi* (Seren 2004); *Postcolonial Wales* (Gwasg Prifysgol Cymru, Caerdydd 2005). Casgliadau'n cynnwys CCGC; Oriel Genedlaethol Zimbabwe; Ymddiriedolaeth Derek Williams; Yr Amgueddfa Ryfel Ymerodrol. 'Llenyddiaeth, gwleidyddiaeth a mytholeg' yw ei ddylanwadau. Yn byw yng Nghaerdydd, de Cymru.
*Yr artist*

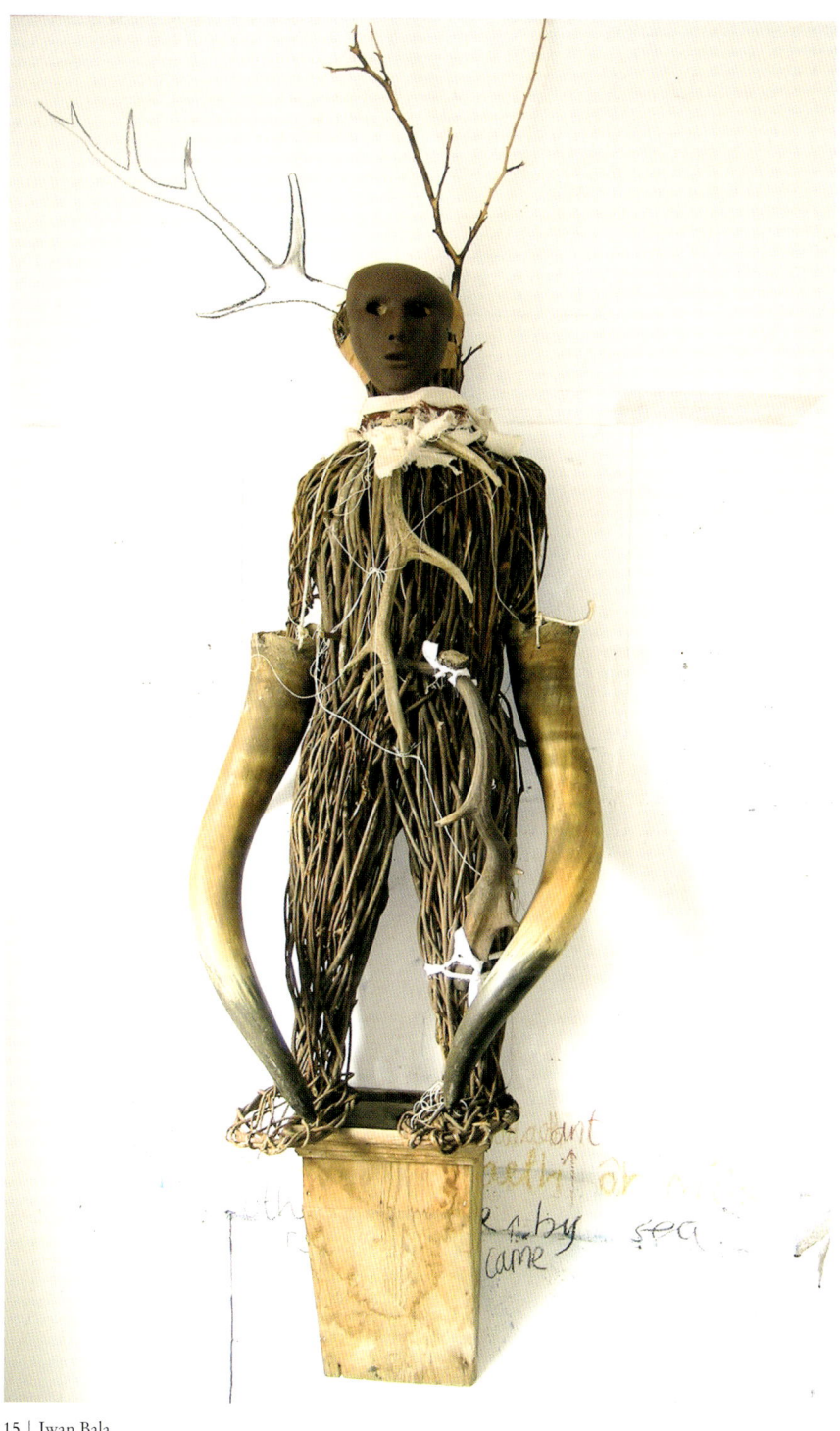

15 | Iwan Bala
*Cernunnos* 2006–07

## Mervyn BALDWIN 1934–
**Peintiwr a cherflunydd, ganed yn Immingham, Lloegr.**

Astudiodd yn Ysgol Gelf Grimsby 1951–53; Coleg Celf Caerlŷr 1953–55; Yr Ysgol Brydeinig yn Rhufain 1960–62. Yn byw yng Nghymru 1965–1998. Darlithydd, colegau celf yn y DU 1962-75; Uwch-ddarlithydd, Coleg Celf Caerdydd 1965–73; Prif ddarlithydd, Coleg Celf Casnewydd 1973–1975. Aelod o Grŵp 56 Cymru (G56C). Comisiynau'n cynnwys *That's the Way the Column Crumbles*, Cyngor Celfyddydau Cymru 1971. Arddangosfeydd niferus ar y cyd yn cynnwys G56C; *Art Spectrum – Wales*, Cyngor Celfyddydau Cymru (CCC) 1971 (teithiol); Oriel Grabowski, Llundain (OG) (deuddyn, gyda Victor Newsome) 1966; OG (deuddyn, gyda Tom Hudson) 1968; *Billy the Caterpillar*, OG (deuddyn, gyda Tom Hudson) 1971. Arddangosfa undyn, Oriel, CCC Caerdydd 1978. Gwaith wedi'i gynnwys yn y ffilm *Artist at Work* (Bill Aaron 1972). Casgliadau'n cynnwys Amgueddfa Cymru; Amgueddfa ac Oriel Gelf Casnewydd; Oriel Dinas Ludwigshafen; Prifysgol De Cymru, Pontypridd. Gwaith wedi'i brynu gan CCC. Yn byw yn Ballachulish, Yr Alban.
*Yr artist*

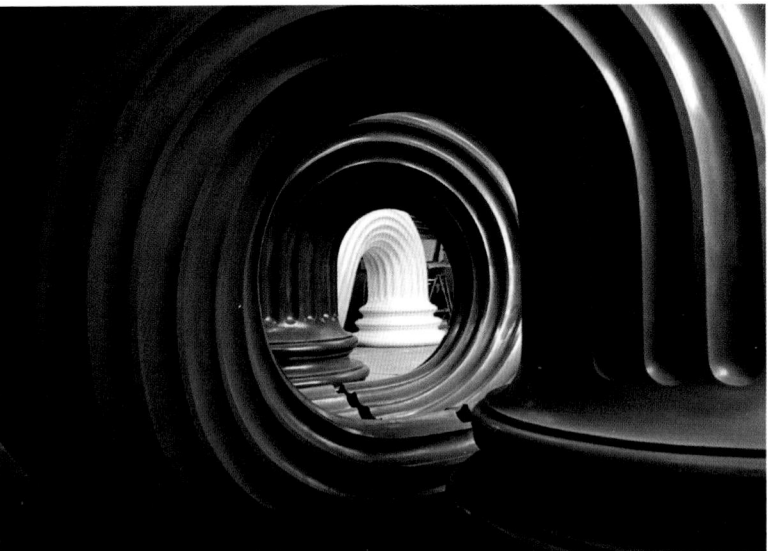

16 | Mervyn Baldwin
*That's the Way the Column Crumbles* 1970

## Gerry BALL 1948–
**Peintiwr, ganed yn Ashton-under-Lyne, Lloegr.**

Astudiodd yng Ngholeg Celf Ashton-under-Lyne 1972–75, gyda Frank Shenton. Yn paentio'n llawnamser er 1976. Stiwdio ar Ynys Môn 1976–81; Swydd Henffordd 1981–2000; canolbarth Cymru o 2000. Aelod o'r Academi Frenhinol Gymreig (AFG). Arddangosfeydd ar y cyd yn cynnwys Oriel Tegfryn, Porthaethwy 1983 (deuddyn); AFG, Conwy 1997, 1999 (teithiol), 2003; Neuadd Dewi Sant, Caerdydd o 1999; Oriel y Bont, Aberystwyth 2005 (deuddyn, gydag Ann Mumford). Arddangosfeydd undyn yn cynnwys Celf Gain Neville, Caer 1988, 1990; Oriel Catto, Hampstead 1998. Gwaith yn Llyfrgell Genedlaethol Cymru. 'Tirwedd a'r tu mewn i anheddau gwledig … Arsylwi a chwblhau o'r byw. Fawr o waith stiwdio.' Yn byw ym Mhonterwyd, canolbarth Cymru.
*Yr artist*

### Sarah BALL 1965–
**Peintiwr, ganed yn Rotherham, Lloegr.**

Astudiodd yng Ngholeg Celf Casnewydd 1982–85; Prifysgol Sba Caerfaddon (MA Celf Gain) 2003–05, gyda Maria Lalic, Colin Crumplin. Arddangosfeydd ar y cyd yn cynnwys *Undercover*, Oriel Davies, Y Drenewydd 2006; *Gwobr Bwrcasu Prifysgol Morgannwg*, Oriel y Bont, Pontypridd 2006; *Artist Cymreig y Flwyddyn*, Neuadd Dewi Sant, Caerdydd 2007; *Polarities*, Oriel Washington, Penarth 2007. Arddangosfeydd un-ddynes yn cynnwys Oriel Hybrid (OH), Llundain 1994, 1996, 2003; OH, Dyfnaint 2007. Gwaith yng nghasgliad Prifysgol De Cymru, Pontypridd. 'Mi fydda i'n rhoi'r dirwedd a fflora a ffawna o dan y chwyddwydr gan chwilio am arwynebau a ffurfiadau cudd a geir yn y manylion lleiaf, megis swigen aer a adewir yn y tywod neu ewyn y gwynt a adewir gan donnau'r môr.' Yn byw yng Nghaerllion, de Cymru.
*Yr artist*

### Niel BALLY 1951–
**Peintiwr. Ganed yn Wantage, Lloegr.**

Bu'n byw yng Nghymru 1955–69, o 1997. Astudiodd yn Ysgol Arlunio a Chelf Gain Ruskin, Rhydychen 1969–70; Coleg Celf a Dylunio Gorllewin Surrey 1970–74. Bu'n byw yn Lloegr, Mexico, UDA a De Affrica 1969–96. Darlithydd rhan-amser, Ysgolion Celf Putney, Caergaint, Wimbledon, Lloegr, Ysgol Gelf Prifysgol Rhodes, De Affrica 1975–95. Dyfarniad Gwobr Hunting 1997, 1998. Arddangosfeydd ar y cyd yn cynnwys Oriel y Globe, Y Gelli Gandryll, canolbarth Cymru 2000; Eisteddfod Genedlaethol Cymru, Llanelli 2000; Oriel Albany, Caerdydd 2003. Arddangosfeydd undyn yn cynnwys Oriel Canvas, Llundain 1993; Oriel Coningsby, Llundain 1998; Amgueddfa ac Oriel Gelf Brycheiniog, Aberhonddu (AOGB) 2003. Ei waith wedi'i gynnwys yn *Painting Interiors*, Jenny Rodwell (Collins 1989). Casgliadau'n cynnwys Amgueddfa Gelf Prifysgol Stellenbosch, Cape Town; AOGB; Banc ABSA, Johannesburg, De Affrica, Banc Cronfa De Affrica, Johannesburg; Orielau Celf Dinas Sheffield. Yn byw yn Nhalgarth, canolbarth Cymru.
*Yr artist*

### Ceri BARCLAY 1937–
**Peintiwr, ganed yn Nhonypandy, de Cymru.**

Astudiodd yng Ngholeg Celf Caerdydd 1955–60 gydag Eric Malthouse. Darlithydd, Celf ac Addysg, Coleg Bretton Hall 1967–1972; Uwch-ddarlithydd, Celf ac Addysg, Prifysgol Bryste 1972–74. Dychwelodd i Gymru ym 1974. Cynghorydd Celf Sirol, Awdurdod Addysg Lleol Cyngor Gorllewin Morgannwg 1974–1992; Arolygwr Celf i Ysgolion (Estyn; Ofsted) 1993–2002. Aelod o (ail) Grŵp (Artistiaid) y Rhondda 1955–59. Arddangosfeydd ar y cyd yn cynnwys Eisteddfod Genedlaethol Cymru, Castell-nedd 1994, Llandeilo 1996, Y Bala 1997; *Summer Exhibition*, Oriel Martin Tinney, Caerdydd 1995; *Winter Exhibition*, Oriel Attic, Abertawe (OAA) 2003; *Visions of the Valleys*, OAA 2004. Arddangosfeydd undyn yn cynnwys *Journeys Through the Valleys*, Canolfan Gelfyddydau Taliesin, Prifysgol Abertawe (CCT) 2000; *A Narrow Winding Valley Confined by Squat Denuded Hills*, CCT 2003. Sonnir am ei waith yn *Diwylliant Gweledol Cymru: Y Gymru Ddiwydiannol*, golygydd Peter Lord (Y Ganolfan Uwchefrydiau Cymreig a Cheltaidd/Gwasg Prifysgol Cymru 1998). Casgliadau'n cynnwys Prifysgol Abertawe; Prifysgol Cymru Y Drindod Dewi Sant. 'Rhois i gynnig ar ddal naws y cymoedd am y tro cyntaf yn y 50au. Roedd y diffyg mwg a budreddi (ym 1974) wedi rhoi ymdeimlad o ymwybyddiaeth aruchel i mi ynglŷn â newidiadau atmosfferig, tymhorol o ran y golau a lliw.' Yn byw yn Abertawe, de Cymru.
*Yr artist*

## Maurice BARNES 1911–1971
**Peintiwr a ddefnyddiai dyfrlliw. Ganed yn Abertawe, de Cymru.**

Astudiodd yng Ngholeg Celf Casnewydd; Ysgol Gelf Croydon, gyda William Watkins. Hyfforddwr Celf Rhan-amser â'r Fyddin, 1939–45. Bu'n gweithio i'r Rheilffyrdd Prydeinig. Aelod o Gymdeithas Ddyfrlliwiau Prydain (Cyswllt); Cymdeithas Gelf a Chrefftau Casnewydd (Aelod sefydlu 1940; Cadeirydd 1940–66; Llywydd 1966–71); Grŵp De Cymru/Y Grŵp Cymreig (Trysorydd) 1949–70; Cymdeithas Gelf De Cymru. Arddangosfeydd niferus ar y cyd gan gynnwys *Festival Exhibition of Contemporary Welsh Painting*, Pwyllgor Cymreig Cyngor Celfyddydau Prydain Fawr (PCCCPF) 1951; *Contemporary Welsh Painting and Sculpture*, PCCCPF, 1953–4; Yr Academi Frenhinol 1954, 1961; Paris Salon, 1955; *Wales Through the Painter's Eye*, Oriel Howard Roberts, Caerdydd 1957; Eisteddfod Genedlaethol Cymru 1950, 1952, 1954, 1955, 1958; *Industrial South Wales: The Poetics of Place*, Amgueddfa ac Oriel Gelf Casnewydd (AOGC) 2004. Arddangosfeydd undyn yn cynnwys AOGC 1947, 1961, 1971, 1997. Darluniau i'r arweinlyfr, Cadeirlan Sant Gwynllyw. Gwaith wedi'i gynnwys yn 'Artists of Wales', Goronwy Powell (*Western Mail and South Wales News* 23 Medi 1955); *Studio* (Medi 1952). Casgliadau'n cynnwys AOGC; Cymdeithas Celf Gyfoes Cymru. Roedd yn byw yng Nghasnewydd, de Cymru.

## Alan BARRETT-DANES 1935–2004
**Enw gwaith Alan Thomas Barrett-Danes, ceramegydd, ganed yn Rainham, Swydd Gaint, Lloegr.**

Astudiodd yng Ngholeg Celf a Dylunio Medway 1950–54; Coleg Celf Stoke on Trent 1956–57. Dylunydd staff i Crown Clarence, Stoke on Trent 1957–60; Darlithydd yn Nuneaton 1960–62; Slough 1962–67; Coleg Celf Caerdydd/Athrofa Addysg Uwch Caerdydd 1967–91. Aelod o Gymdeithas y Crochenwyr Crefft (CymCC); Celf Gymhwysol Gyfoes. Arddangosfeydd ar y cyd yn cynnwys *Teapotmania*, Amgueddfa'r Castell, Norwich 1995 (teithiol); *Teapots*, Oriel Montpellier, Stratford upon Avon 1998; Oriel y Llew, Llanllieni 2001; Bowie a Hulbert, Y Gelli Gandryll 2002. Arddangosfeydd undyn yn cynnwys Cymdeithas Crochenwyr Crefft Prydain, Llundain 1985; Oriel Collection, Ledbury 1997; Oriel Washington, Penarth 1998. Gwaith wedi'i gynnwys yn *Studio Ceramics*, Peter Lane (Pitman, Llundain 1984); *A Dictionary of British Studio Potters*, Pat Carter (Scholar Press 1990); *British Studio Pottery, The V&A Ceramics Collection*, Oliver Watson (Phaidon 1991); *The Potter's Art; Complete History of Pottery in Britain*, Garth Clark (Phaidon 1995). Casgliadau'n cynnwys Amgueddfa Cymru; Amgueddfa ac Oriel Gelf Dinas Portsmouth; Amgueddfa ac Oriel Gelf Dinas Southampton; Amgueddfa Victoria ac Albert; Cyngor Celfyddydau Lloegr; Y Cyngor Prydeinig. Gwaith wedi'i brynu gan Gyngor Celfyddydau Cymru. 'Hanai Alan o sawl cenhedlaeth o grochenwyr gwlad ac wrth weithio ochr yn ochr â'i daid, cafodd ei drwytho yn nhraddodiadau'r teulu. Yn nes ymlaen, wrth weithio fel dylunydd yn Stoke on Trent, meithrinodd barch mawr tuag at draddodiadau hanesyddol y diwydiant, yn enwedig yng nghyswllt crochendai Lloegr yn yr 17eg a'r 18fed ganrif. Cafodd yr holl adleisiau hyn o'r gorffennol eu cydblethu trwy'i waith.' *(Ruth Barrett-Danes)* Roedd yn byw yn y Fenni, de Cymru.
*Ruth Barrett-Danes*

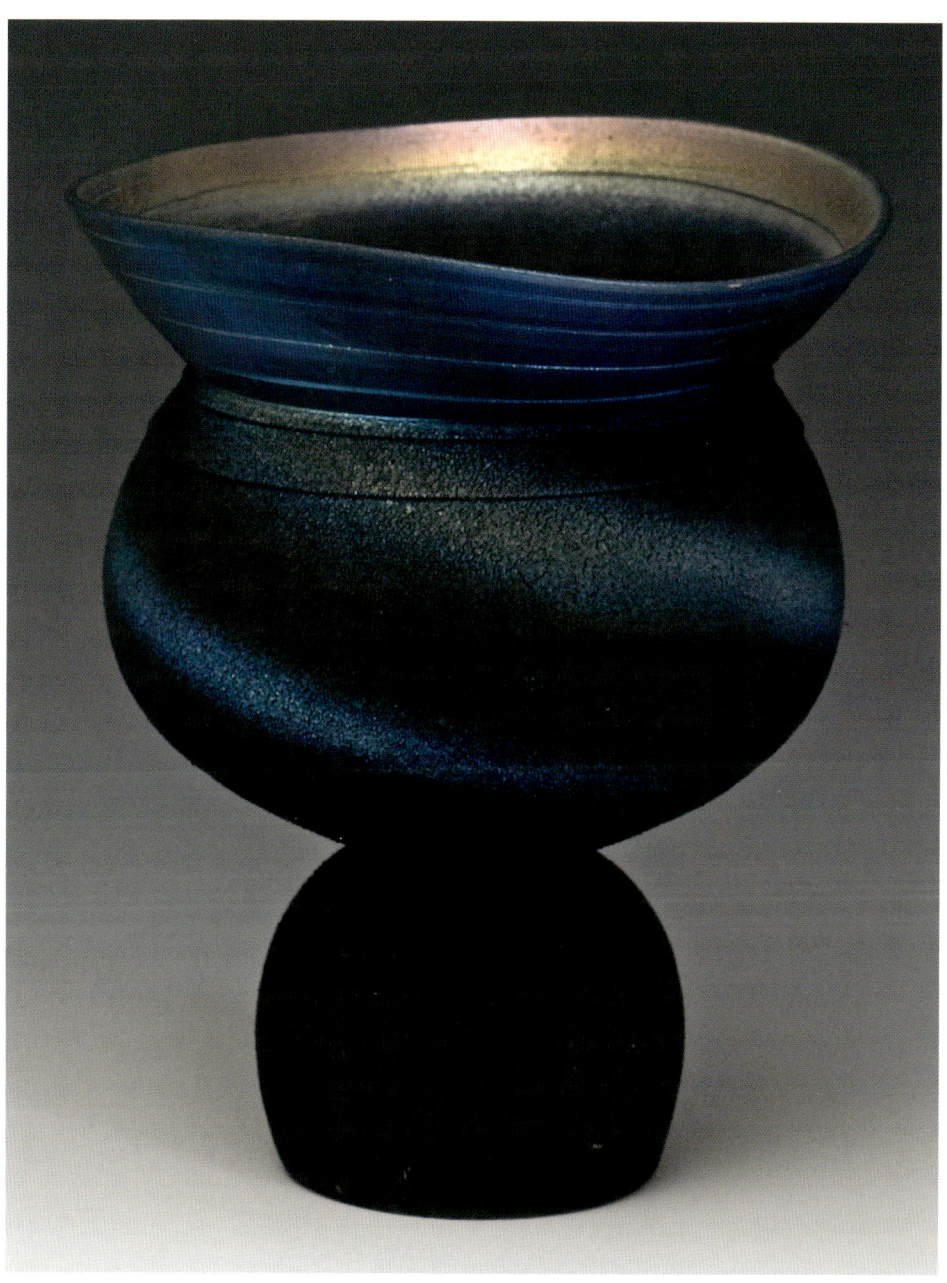

17 | Alan Barrett-Danes
*Pot gloywedd â slip gwydrog* tua 1985–87

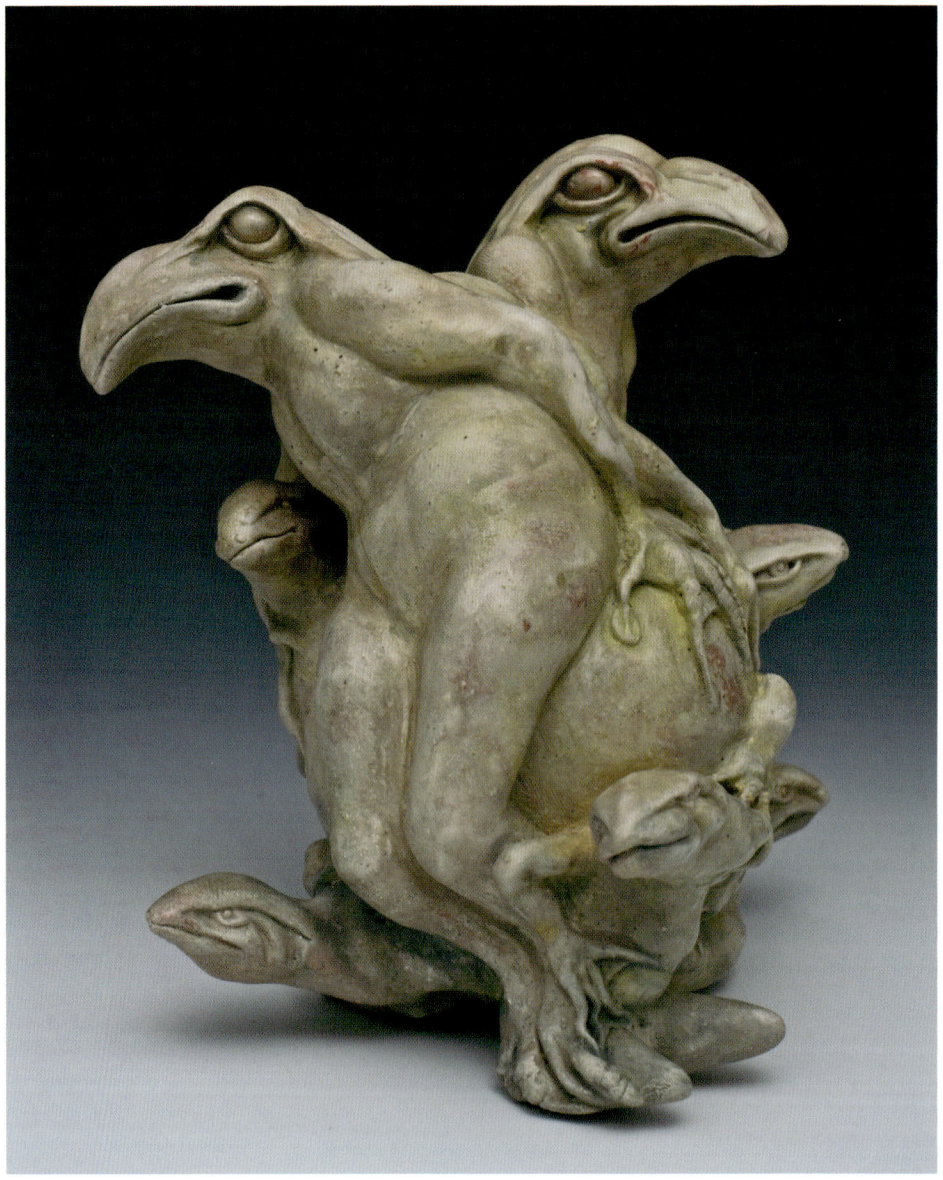

18 | Ruth Barrett-Danes
*A Stranger in our Midst* 1999

## Ruth BARRETT-DANES 1940–
**Enw gwaith Ruth Dorothy Barrett-Danes, ceramegydd. Ganed yn Plymouth, Lloegr.**

Astudiodd yng Ngholeg Celf a Dylunio Plymouth 1956–60; Coleg Celf Brighton 1960–61. Bu'n byw yng Nghymru 1967–2006. Pennaeth Adran Gelf, Ysgol Uwchradd Nuneaton i Ferched 1961–62 ac Ysgol Bayliss Court, Slough 1962–64; Cydgysylltydd Cyfryngau Ymarferol, Ysgol Astudiaethau Therapi Galwedigaethol, Coleg Meddygol Prifysgol Cymru 1969–94; Aelod o Gymdeithas y Crochenwyr Crefft; Celf Gymhwysol Gyfoes, Llundain (CGG). Arddangosfeydd ar y cyd yn cynnwys *International Exhibition of Contemporary Ceramic Art*, Taiwan 1992; Oriel Rhydychen 1993; Museum für Angewandte Kunst, Cwlen 1995; *Shades of Blue*, CGG 1996; *Body Language*, Oriel Gelf Glynn Vivian, Abertawe 1998. Arddangosfeydd un-ddynes yn cynnwys *New Ceramics*, Oriel Rhydychen, Rhydychen 1983; Galerie L, Hambwrg 1990; Canolfan Gelfyddydau Glannau Gwy, Llanfair-ym-Muallt 1991; *Focus Showcase*, CGG 1997; Oriel Washington, Penarth 1998. Gwaith wedi'i gynnwys mewn nifer o gyhoeddiadau er 1977, gan gynnwys *Women and Ceramics/Gendered Vessels*, Moira Vincentelli (Gwasg Prifysgol Manceinion 2000); *The Figure in Fired Clay*, Betty Blandino (A&C Black, Llundain 2001); *Ceramic Figures*, Michael Flynn (A&C Black 2002). Casgliadau yn cynnwys Amgueddfa Cymru; Amgueddfa ac Oriel Gelf Dinas Southampton; Amgueddfa Victoria ac Albert; Y Cyngor Prydeinig. 'Craffu'n agos ar gyd-ddibyniaeth cysylltiadau dynol a chymdeithasol sydd wrth graidd y gwaith. Mae pob darn… yn cynrychioli microcosm unigol a'r frwydr hunangynhaliol rhwng trigolion y bydoedd trosiadol hyn.' Yn byw yn Liss, Lloegr.
*Yr artist*

## David BARRON 1938–
**Gwneuthurydd printiau. Ganed yn Llundain, Lloegr.**

Rhai o'r teulu'n Gymry. Astudiodd yn Ysgol Gelf St Martin, Llundain 1954–58, gydag Anthony Caro, Peter Kinley, Bernard Cheese, Frederick Gore; Coleg y Gofaint Aur 1958–59. Cyrhaeddodd Gymru ym 1964. Darlithydd, gwneud printiau, Ysgol Gelf Caer 1961–64; arweinydd cwrs sylfaen, Coleg Celf Abertawe 1964–89. Aelod o'r Academi Frenhinol Gymreig (AFG); Gweithdy Printiau Abertawe. Arddangosfeydd ar y cyd yn cynnwys y rhan fwyaf o sioeau haf yr AFG, o 1966; *In a City Garden*, Oriel Gelf Glynn Vivian, Abertawe 1986 (teithiol). Casgliadau yn cynnwys Cyngor Sir Gaerfyrddin; Ysbyty Cyffredinol Glangwili. 'Gwneuthurydd printiau fues i erioed, ar hyn o bryd dw i'n ymwneud yn helaeth â sychbwynt ac ysgythru.' Yn byw yn Abertawe, de Cymru.
*Yr artist*

## Kate BASSETT 1980–
**Gwneuthurydd printiau. Ganed yn Llundain, Lloegr.**

Ei mam yn Gymraes. Cyrhaeddodd Gymru ym 1988. Astudiodd yng Ngholeg Prifysgol Cymru, Casnewydd (Dylunio Ffasiwn) 1999–2002; Ysgol Gelf a Dylunio Caerdydd, Athrofa Prifysgol Cymru Caerdydd (gradd yn y dosbarth cyntaf) (APCC) 2003–06, gyda Tom Piper a Sue Hunt. Gwobr Myfyriwr, *Artist Cymreig y Flwyddyn*, Neuadd Dewi Sant, Caerdydd (NDS) 2006; Gwobr Bwrcasu Pennaeth yr Ysgol, APCC 2006; Llywodraeth Cynulliad Cymru, Gwobr y Gweinidog dros Ddiwylliant, yr Iaith Gymraeg a Chwaraeon 2006. Arddangosfeydd ar y cyd yn cynnwys *Artist Cymreig y Flwyddyn*, NDS 2006, 2007; *My Terrain*, Oriel BayArt, Caerdydd 2007; *Five Women Printmakers*, NDS 2007; *Contemporary Welsh Printmakers*, Gweithdy Printiau Abertawe (teithiol ym Mhacistan) 2007; *Creativity in Education*, Sefydliad y Celfyddydau Cain Sichuan, Chongqing 2007. Gwaith yng nghasgliad Prifysgol Metropolitan Caerdydd. 'Mae fy ngwaith yn edrych ar hwyl, ffordd-o-fyw ac amgylchedd dosbarth

gweithiol y stad gyngor yn Nhreláí lle mae fy nheulu'n byw… ceir naws bruddglwyfus ac eto llawn digrifwch … mae ansawdd colagraff a phwynt sych yn hynod 'arluniedig' gan ategu naws y delweddau.' Yn byw yn Llundain, Lloegr.
*Yr artist*

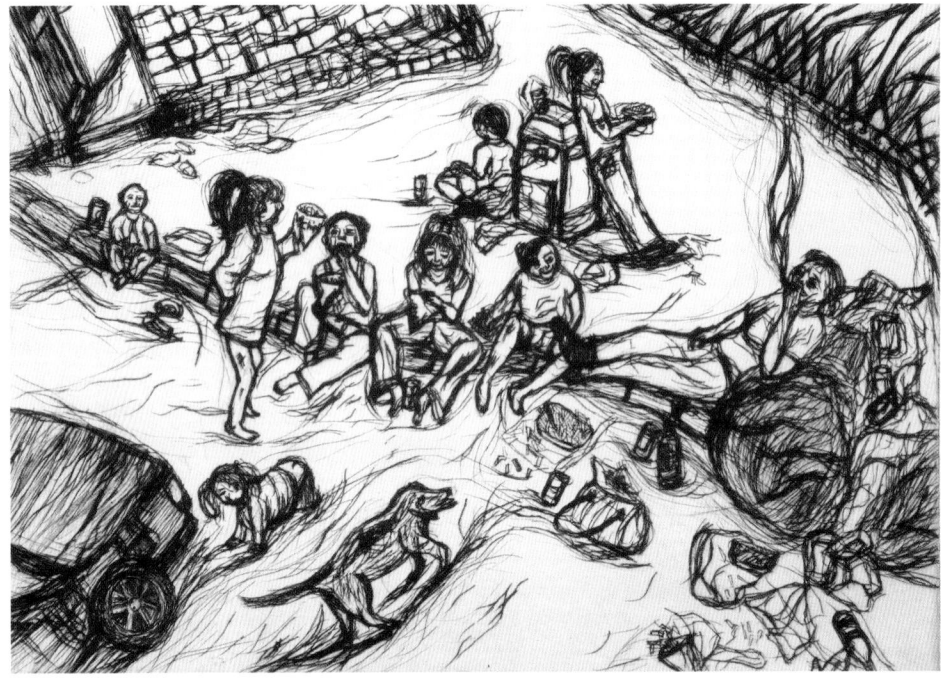

19 | Kate Bassett
*'aving a bag of chips down Barry* 2006

## Vera BASSETT 1912–1997
**Enw gwaith Elizabeth Vera Bassett, peintwraig. Ganed ym Mhontarddulais, gorllewin Cymru.**

Astudiodd ran-amser yng Ngholeg Celf Abertawe yn y 1940au. Aelod o Grŵp De Cymru/Y Grŵp Cymreig (GDC/GC). Arddangosfeydd niferus ar y cyd yn cynnwys GDC 1950, 1951, 1957; *Artists of Fame and Promise*, Orielau Caerlŷr, Llundain 1956, 1959, 1960; Cymdeithas Celf Gyfoes Cymru 1956, 1968, 1987; *Six Welsh Artists*, Llyfrgell Genedlaethol Cymru, Aberystwyth (LLGC) 1959; Eisteddfod Genedlaethol Cymru 1962, 1964; *Pictures from the Margaret Davies Collection*, Amgueddfa Cymru (AC) 1964; *Art in Wales, the 20th Century: The Early Years 1900–56*, Cyngor Celfyddydau Cymru (CCC) 1968. Arddangosfeydd un-ddynes yn cynnwys Sefydliad y Peirianwyr, Pontarddulais 1948; Oriel Gelf Glynn Vivian, Abertawe (OGGV) 1949; Oriel Ruth White, Efrog Newydd 1961; Coleg y Brifysgol, Abertawe 1972, 1984; LlGC 1974; Oriel Wildenstein, Llundain 1984. Casgliadau'n cynnwys AC; Amgueddfa Sir Gaerfyrddin; Cymdeithas Addysg trwy Gelf; Cymdeithas Celf Gyfoes Cymru; LlGC; OGGV; Yr Amgueddfa Brydeinig. Prynwyd gwaith gan CCC. Gwaith wedi'i gynnwys yn *Dock Leaves* (Mervyn Levy, Gwanwyn 1955); cyfnodolion yn y DU a Ffrainc; *Diwylliant Gweledol Cymru: Delweddu'r Genedl*, golygydd Peter Lord (Y Ganolfan Uwchefrydiau Cymreig a Cheltaidd/Gwasg Prifysgol Cymru 2004); *Drawn from Wales: A School of Art in Swansea 1853–2003*, golygydd Kirstine Brander Dunthorne

(Gwasg Academaidd Cymru 2003). Ffilmiau'n cynnwys ei gwaith gan y BBC a HTV. '…bu'r gwaith yn llwyddiannus yn rhyngwladol ond erbyn diwedd ei bywyd nid oedd bellach yn ffasiynol. Gan weithio'n bennaf mewn dyfrlliwiau, ei thestun gan mwyaf oedd grwpiau o ferched mewn ciwiau neu ar fysiau, yn ogystal â thirluniau. Honnai nad oedd neb yn dylanwadu arni.' *(Ann Dorsett, Swyddog Amgueddfeydd Sirol, Sir Gaerfyrddin)* Roedd yn byw ym Mhorth Tywyn, gorllewin Cymru.

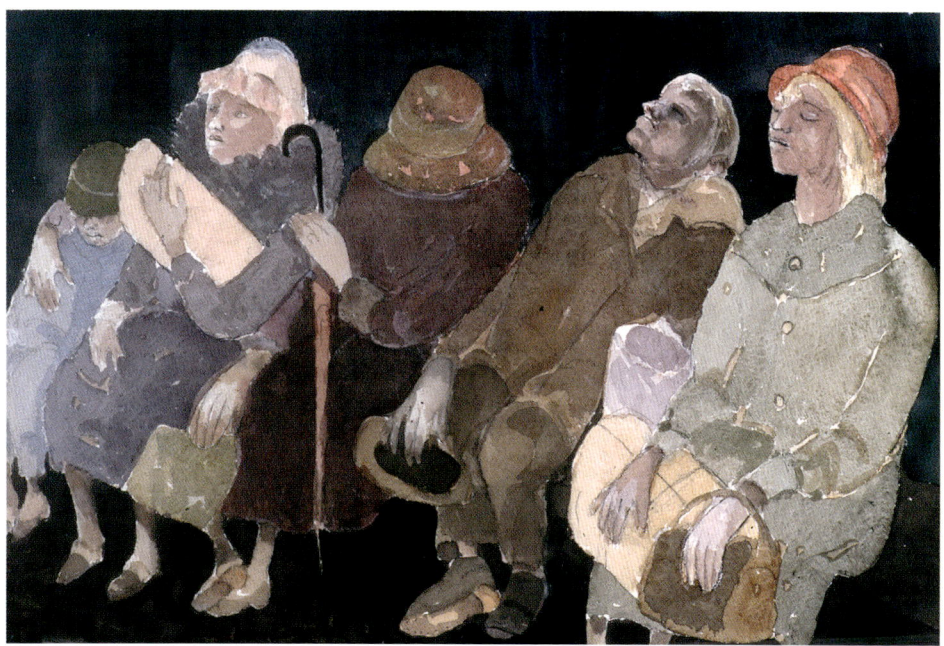

20 | Vera Bassett
*Heb Deitl* tua 1970

## Trevor BATES 1921–2008
**Enw gwaith Trevor Harry Bates DFC, cerflunydd. Ganed yn Eltham, Lloegr.**

Peilot yn yr yr Awyrlu Brenhinol 1940–46. Astudiodd yng Ngholeg Celf Slade 1947–51 (Gwobr Gerflunio 1950); gydag Ossip Zadkine, Académie de la Grand Chaumière, Paris 1952. Darlithydd, Coleg Celf Casnewydd, tan 1960; Pennaeth Cerflunio, Coleg Celf Hornsey, 1960–67. Aeth i Ganada 1967 (Dinesydd Canada 1974). Cydgysylltydd, Celf yn Ysgolion y Ddinas, Newcastle, Canada 1972–1986. Gwobrau'n cynnwys Cystadleuaeth Gerfluniaeth Ryngwladol, *Unknown Political Prisoner*, Oriel Tate 1953 (Gwobr Cyngor Celfyddydau Prydain Fawr). Aelod o Grŵp 56 Cymru 1956–68 (aelod gwreiddiol, Aelod Cyswllt 1963–67); Grŵp De Cymru/Y Grŵp Cymreig; Mygedol am oes, Oriel One-Twenty-One, Belleville, Ontario. Arddangosfeydd rhyngwladol niferus ar y cyd gan gynnwys *Salon de la Jeune Sculpture*, Paris 1952; *Contemporary Welsh Painting and Sculpture*, Pwyllgor Cymreig Cyngor Celfyddydau Prydain Fawr (PCCCPF) 1958; *Festival Exhibition of Contemporary Welsh Painting*, Oriel Howard Roberts, Caerdydd 1958; *Industrial Wales (7fed Arddangosfa Paentio, Arlunio a Cherflunio Cyfoes Cymru)*, PCCCPF 1960; *8fed Arddangosfa Paentio, Arlunio a Cherflunio Cyfoes Cymru*, PCCCPF 1961; *Face of Wales*, PCCCPF 1964. Arddangosfeydd undyn yn cynnwys Oriel Waddington, Llundain 1959; Oriel Grabowski, Llundain 1965, 1966. Gwaith wedi'i adolygu, *Architectural Design* (Tachwedd 1957); *Motif* (1960). Casgliadau'n cynnwys Amgueddfa ac Oriel Gelf Casnewydd; Amgueddfa Cymru;

Amgueddfa Victoria ac Albert, Llundain; Awstralia; Canada; Cyngor Celfyddydau Lloegr; Prifysgol Aberystwyth; Prifysgol Bangor. Prynwyd gwaith gan Gyngor Celfyddydau Cymru. Cerfluniau efydd a metel wedi'i weldio; 'y ffurf annisgwyl ac afresymegol ym myd natur … y planhigyn asgellog, yr aderyn a orchuddir gan betalau.' Roedd yn byw yn Ontario, Canada.

### Richard BATT 1945–
**Enw gwaith Richard Alan Batt, peintiwr. Ganed ym Mryste, Lloegr.**

Astudiodd yng Ngholeg Celf Caerwysg 1966–67, gyda Harry Thubron; Coleg Celf Caerdydd 1967–70 gyda Tom Hudson, Terry Setch. Grantiau Cyngor Celfyddydau Cymru 1981, 1990. Cynllunydd/ adeiladwr arddangosfeydd 1970–80; bu'n cofnodi Dociau Caerdydd 1981–94; perchennog oriel a bwyty yn Ninas, Sir Benfro, ganol y 1980au. Artist preswyl, Allied Steel and Wire Holdings, Caerdydd 1988–89. Arddangosfeydd ar y cyd yn cynnwys Eisteddfod Genedlaethol Caerdydd 1978; *Welsh Landscape*, Gweithdy Celfyddydau Abertawe 1990; Gŵyl Gerdd Abergwaun 1992, 1994; *Myth, Legend and Faith*, Yr Academi Frenhinol Gymreig, Conwy 1997. Arddangosfeydd undyn yn cynnwys Coleg y Brifysgol, Caerdydd 1980; *Moving Pictures*, Cymdeithas Gelfyddydau DeDdwyrain Cymru 1987. Casgliadau'n cynnwys Amgueddfa Cymru; Cyngor Caerdydd; Llyfrgell Genedlaethol Cymru. 'Dyfrlliwiau, pensil lliw, creon, pastel a phen ac inc. Hefyd delweddu digidol. Mi fydda i hefyd yn defnyddio llawer iawn o ffotograffiaeth.' Yn byw yn Preston, Swydd Gaerhirfryn, Lloegr. *Yr artist*

### John BAUM 1942–
**Enw gwaith John Malcolm Baum, peintiwr. Ganed yn Rugby, Lloegr.**

Teulu'n Gymry. Bu'n byw yn Llanaelhaearn yn Llŷn, 1942–60; un o'i athrawon nodedig oedd Elis Gwyn Jones. Astudiodd yn Ysgol Celf Gain Slade, Llundain 1960–64 gyda Patrick George, RB Kitaj. Darlithydd, yn ddiweddar yn bennaeth adran, Coleg Celf Rhanbarthol/Polytechnig Lerpwl 1965–89. Pennaeth Celf, Coleg Menai, Bangor 1989–94. Aelod o'r Academi Frenhinol Gymreig. Arddangosfeydd niferus ar y cyd gan gynnwys *Young Contemporaries*, Y Sefydliad Celf Gyfoes, Llundain 1964; *Cymru Nawr*, Cyngor Celfyddydau Cymru (CCC) 1971 (teithiol); *Every Picture Tells…*, CCC 1971; Eisteddfod Genedlaethol Cymru, 1972 (gwobr gyntaf); Neuadd Dewi Sant, Caerdydd 1994. Oriel Ynys Môn, Llangefni 2004; Amgueddfa Geffrye, Llundain 2007; *Centre of the Creative Universe: Liverpool and the Avant-Garde*, Tate Lerpwl 2007. Gwaith wedi'i gynnwys yn *Arts Review* (erthygl gan Julian Lacey 1974); *Sunday Times Magazine* (Edward Lucie Smith, 'The New British Realists' 1976); *Y Faner* (1977); *Michigan Arts Magazine* (1977); *Y Genhinen* (1978); *Barn* (1987). Cyfweliadau ac eitemau nodwedd i'r radio a'r teledu 1964–2004 gan gynnwys S4C *Croma; Y Sioe Gelf*. Casgliadau'n cynnwys Amgueddfa ac Oriel Gelf Casnewydd; Oriel Gelf Walker; Prifysgol Lerpwl. Prynwyd gwaith gan Gyngor Celfyddydau Cymru. 'Mae o'n gobeithio y bydd rhywun yn cipio'i anadl yn sydyn wrth weld y cyfarwydd mewn datganiad enfawr, lliwgar am y cyffredin.' *(Patricia Herrod, John Baum, catalog arddangosfa, Oriel Bruton Street 2002)*. Yn byw yn Rhos-cefn-hir, Ynys Môn, gogledd Cymru. *Yr artist*

### Leonard BEARD 1942–2008
**Peintiwr. Ganed yn Llundain.**

Astudiodd gelf gyda David Morris 1954–60. Cyrhaeddodd Gymru tua 1980. Arddangosfeydd niferus ar y cyd gan gynnwys Canolfan Gelfyddydau Gorllewin Cymru, Abergwaun (CGGCAber) 2000–06; Canolfan Gelfyddydau Waterford 2000; Academi Frenhinol Gorllewin Lloegr 1997, 1998; Oriel, Cyngor Celfyddydau Cymru, Caerdydd 1989; Salon Paris 1994; Neuadd Dewi Sant 2000–05. Arddangosfeydd undyn yn cynnwys CGGCAber 1999, 2001, 2004; Gŵyl Wexford 2000; Oriel yr Atig, Abertawe 2006;

Oriel Martin Tinney, Caerdydd 1993, 1994, 1997. Themâu sy'n ymwneud â natur, blodau a blagur coed. Rhannai ei amser rhwng Abergwaun ac Abertawe, de Cymru.
*Yr artist*

### Paul BEAUCHAMP 1948–
**Enw gwaith Paul Mervyn Beauchamp, cerflunydd, artist sy'n defnyddio ffotograffiaeth. Ganed yn Barrow-upon-Soar, Lloegr.**

Ei dad yn Gymro. Cyrhaeddodd Gymru ym 1974. Astudiodd yng Ngholeg Celf Loughborough 1967–68; Coleg Celf Hornsey, Llundain 1968–71, gyda Hubert Dalwood, Michael Tyzack; Ysgol Celf Gain Slade, Llundain 1971–73, gyda Keith Vaughan. Darlithydd, Coleg Celf Caerdydd/Athrofa Addysg Uwch De Morgannwg 1974–88; darlithydd, Coleg Charleston, De Carolina, UDA 1988–90; cyfarwyddwr cwrs, BA Celf Gain, Athrofa Addysg Uwch Caerdydd/Athrofa Prifysgol Cymru, Caerdydd 1990-2006. Cyd-guradur/cyfarwyddwr, prosiect *Sense in Place*, canolfannau yng Nghymru ac Ewrop 2005. Comisiynau, Canolfan Gelfyddydau Chapter, Caerdydd/Cyngor Celfyddydau Cymru (CCC) 1982, 1983; CCC/Y Cyngor Prydeinig, Efrog Newydd 2000. Aelod o Gymdeithas Artistiaid a Dylunwyr Cymru 1975–86; Ffotogallery (Cadeirydd 1990). Arddangosfeydd ar y cyd yn cynnwys *The Welsh Lens*, Y Tabernacl, Machynlleth 1997 (teithiol); *Rubno/Ffiniau/Borders*, Amgueddfa Cymru (AC)/Amgueddfa Celf Fodern, Zagreb 1997; *Educating Barbie*, Oriel Trans Hudson, Efrog Newydd 1998; *Site-Ations International*, Efrog Newydd 2000; Eisteddfod Genedlaethol Cymru, Tyddewi 2002 (y wobr gyntaf); *Co-ordinates*, Biennale Harlech 2005; *The Collection*, BayArt, Caerdydd (BAC) 2006. Arddangosfeydd undyn yn cynnwys *A Short History of Painting*, Canolfan Gardner, Brighton 1992; *Timescapes*, BAC 2004 (a fu'n teithio'n rhyngwladol tan 2007); *Tulipa Britannica, Lowbrids and Hybrids*, Oriel Kooywood, Caerdydd 2006. Casgliadau'n cynnwys AC; Cymdeithas Celf Gyfoes Cymru; Cyngor Celfyddydau

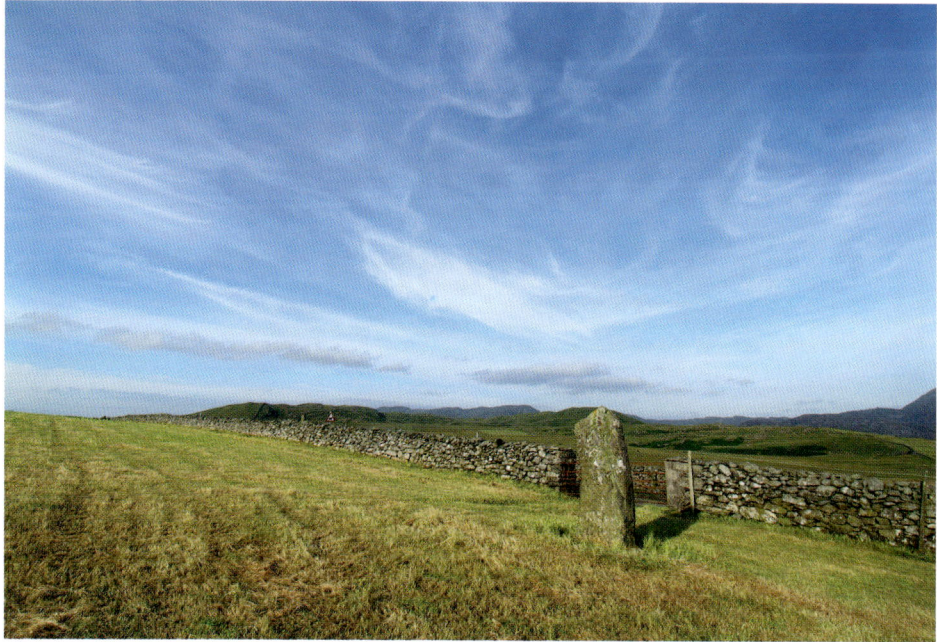

21 | Paul Beauchamp
*Timescape Coordinate 52.52N  04.06W 5/08/2005*

Lloegr; Llyfrgell Genedlaethol Cymru, Aberystwyth; Prifysgol Aberystwyth; Prifysgol Bangor; Tate, Llundain; Y Gymdeithas Celf Gyfoes, Llundain. Prynwyd gwaith gan CCC. Gwaith diweddarach, blodau, y dirwedd o gwmpas Caerdydd. '… mae'r ffotograffau wedi'u cyfansoddi a'u tynnu'n gelfydd…(ond) ymchwiliad ydyn nhw yn hytrach na chynrychioliad yn unig.' *(Jonathan Clarkson, catalog, Timescapes 2004)*. Yn byw yng Nghaerdydd, de Cymru.
*Yr artist*

### Lynne BEBB 1946–
**Cerflunydd, gwneuthurydd printiau. Ganed ym Mhenbedw, Lloegr.**

Cyrhaeddodd Gymru ym 1970. Astudiodd yn Ysgol Economeg Llundain 1967–70 (Anthropoleg Gymdeithasol); Coleg Celf Dyfed/Coleg Technoleg a Chelf Sir Gaerfyrddin (CTChSG) 1982–86; Coleg Prifysgol Cymru, Aberystwyth 1992–95 (MA). Darlithydd (rhan-amser), CTChSG 1986–94; Coleg Trydyddol Castell-nedd 1994; darlithydd, Coleg Sir Gâr, Caerfyrddin, o 2003. Cadeirydd, Sefydliad Celf Josef Herman, Cymru. Artist preswyl, Amgueddfa Dunblat Cydweli 1987; Ysgol Gynradd y Glais, Abertawe 1991; Amgueddfa Abertawe 1994; Llwybr 4, y Rhwydwaith Beiciau Cenedlaethol, 1994; Amgueddfa Cymru 1995; Cyngor Dinas a Sir Abertawe, o 2000. Un o bedwar artist arweiniol, Prosiect Parc Arfordirol y Mileniwm Llanelli 1998–99. Prosiectau cymunedol yn cynnwys Canolfan Hamdden Abertawe 1995; Hafan Plentyn, Abertawe 1998. Gwobrau Cyngor Celfyddydau Cymru 1989 (gyda Gareth Davies), 1996, 1999. Aelod o'r Grŵp Cymreig (cyn-gadeirydd); Grŵp 75. Arddangosfeydd ar y

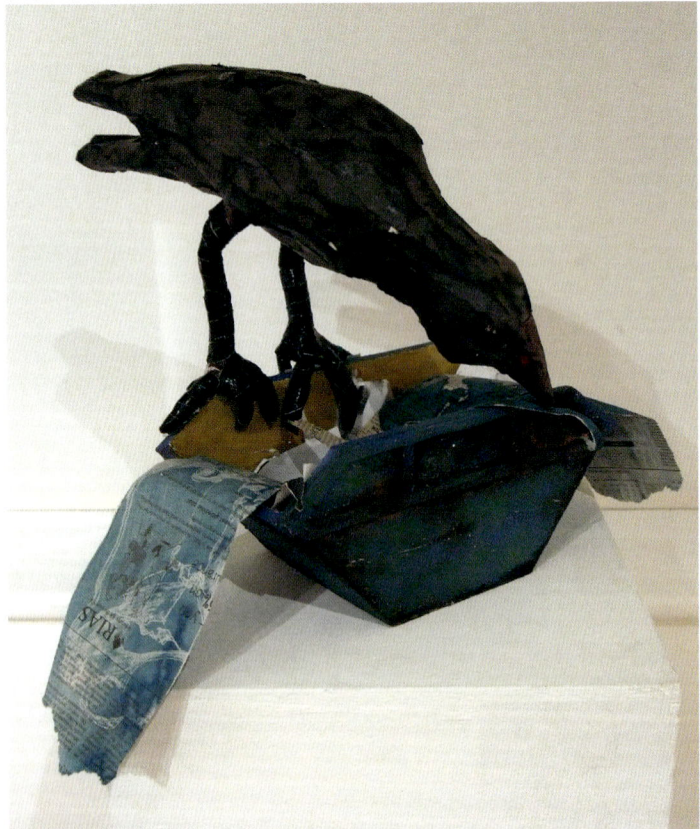

22 | Lynne Bebb
*Shredded Past* 2004

cyd yn cynnwys Gŵyl Erddi Cymru, Glynebwy 1992; Eisteddfod Genedlaethol Cymru 1992, 1995, 1996; *Intimate Portraits*, Oriel Gelf Glynn Vivian, Abertawe (OGGV) 1995 (teithiol); *Homeland*, Amgueddfa Ceredigion, Aberystwyth 1998 (teithiol); *Anastamosis*, Oriel Canfas, Caerdydd 2005; *Arddangosfa Agored Gwneuthurwyr Printiau Cymru*, Oriel Gelf VM, Karachi, Pacistan 2007 (yn teithio Pacistan, Cymru). Arddangosfeydd un-ddynes yn cynnwys *Scattered Offerings*, Oriel Henry Thomas, Caerfyrddin 1989 (teithiol); OGGV 1991; *Industrial Reliquary*, Oriel Lliw, Pontardawe (OLIP) 2003; *'Na 'Og*, Amgueddfa Ceredigion/OLIP 2005 (teithiol). Cyhoeddiadau'n cynnwys *Welsh Pottery* (Shire Publications 1997); *Painting the Mountains: Kyffin Williams*, gyda Carolyn Davies (Gwasg Gomer 2005). Casgliadau'n cynnwys Amgueddfa Ddiwydiannol Cydweli; Parc Cerfluniau Margam. '…bwrw efydd, cerfio carreg neu bren … cynnwys naratif…sy'n deillio o…hanes lleol, manylion topograffaidd a chrefftau traddodiadol.' Yn byw yng Nghydweli, gorllewin Cymru.
*Yr artist*

## Jan BEENY 1965–
**Ceramegydd. Ganed yn Bury, Swydd Gaerhirfryn, Lloegr.**

Astudiodd yng Ngholeg Celf Rochdale 1982–83; Athrofa Addysg Uwch De Morgannwg, Cyfadran Gelf a Dylunio (AAUDM) 1983–86; AAUDM 1986–88 (Gradd Feistr Dylunio/Cerameg). Preswyliadau'n cynnwys Fferm Ddinas Caerdydd 1987; Ysgol Gyfun Gŵyr, Tre-gŵyr, Abertawe 1989; Valleys Live, prosiectau murluniau ysgol 1993. Aelod o Gymdeithas y Crochenwyr Crefft; Urdd Gwneuthurwyr Cymru (Ymddiriedolwraig/Swyddog Arddangosfeydd 1994–2000, Cyfarwyddwr 1994–2000); Artistiaid Butetown. Arddangosfeydd ar y cyd yn cynnwys *Artist y Flwyddyn Cymru*, Neuadd Dewi Sant, Caerdydd 2003; Canolfan Grefft Rufford, Nottingham 2003; *Out of the Ark*, Contemporary Craftsman, Trefynwy 2003; *Arddangosfa Anifeiliaid y Nadolig*, Canolfan y Celfyddydau Aberystwyth 2004; *Fire, Feathers and Fleece*, Canolfan Grefft a Dylunio Model House, Llantrisant 2004. '…darnau ceramig untro wedi'u hadeiladu â slab a'u seilio ar anifeiliaid.' Yn byw yng Nghaerdydd, de Cymru.
*Yr artist*

## Alexander BELESCHENKO 1951–
**Artist gwydr pensaernïol. Ganed yn Corby, Lloegr.**

Cyrhaeddodd Gymru ym 1978. Astudiodd yn Ysgol Gelf Northampton 1967–69; Ysgol Gelf Caer-wynt 1969–72, gyda John Bellany; Ysgol Celf Gain Slade, Llundain 1973–75, gyda Bartolomeu dos Santos; Ysgol Gelf Norwich 1975–76; Athrofa Addysg Uwch Gorllewin Morgannwg 1978–79, gyda Marjorie Walters. Sefydlodd Stiwdios Gwydr Beleschenko (ffenestri, waliau, sgriniau), Abertawe 1986. Cymrawd o'r Gymdeithas Gelfyddydau Frenhinol (CGF); Cymrawd Anrhydeddus, Sefydliad Brenhinol Penseiri Prydain. Gwobrau'n cynnwys y Cyngor Crefftau Llundain (CCr) 1982; Celf i Bensaernïaeth, CGF 1991, 1993. Comisiynau niferus ar y cyd gan gynnwys Coleg Sant Ioan, Rhydychen 1993; Y Llysgenhadaeth Brydeinig, Moscow 1999; Millennium Place, Coventry 2003; Y Swyddfa Dywydd, Caerwysg 2004; Eglwys y Drindod, Boston, UDA 2005; Cynulliad Cenedlaethol Cymru 2006; Priordy Ewenni, Pen-y-bont ar Ogwr 2006. Gwobrau'n cynnwys CCr 1982; Celf i Bensaernïaeth, Y Gymdeithas Gelfyddydau Frenhinol 1991, 1993. Arddangosfeydd ar y cyd yn cynnwys *Arddangosfa Gwobr Jerwood*, CCr 2003 (teithiol); *Celf yn y Senedd*, Cywaith Cymru 2006. Arddangosfeydd undyn yn cynnwys *Glass Interventions*, Deutsches Glasmalerei-Museum, Linnich, Yr Almaen 2002. Cyhoeddiadau'n cynnwys 'Beleschenko on Beleschenko' (cylchgrawn *Crafts*, Mawrth/Ebrill 1986). Wedi'i gynnwys yn *Contemporary Stained Glass*, A Moor (Mitchell Beazley 1989); *The Crafts in Britain in the 20th Century*, Tanya Harrod (Yale University Press 1999); Jonathan Glancey, The Independent (Ionawr 1994), The Guardian (Rhagfyr 1997, Tachwedd 2002). Yn byw yn Abertawe, de Cymru.
*Yr artist*

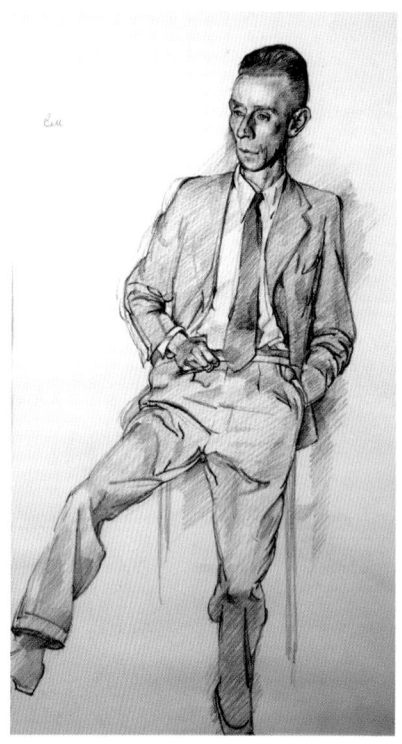

23 | David Bell
*A Civil Servant* dyddiad anhysbys

## David BELL 1916–1959
**Peintiwr/gweinyddwr celfyddydau. Ganed yn Llundain.**

Rhieni'n Gymry. Astudiodd yn Ysgol Gelf Chelsea 1933; Y Coleg Celf Brenhinol 1933–37. Hydrograffydd amser rhyfel, y Morlys; aelod, Adran Hanesyddol Swyddfeydd y Cabinet Amser Rhyfel, Llyfrgell Genedlaethol Cymru (LlGC) (1939–45). Cyfarwyddwr Cynorthwyol Cymru (Celf), Pwyllgor Cymreig Cyngor Celfyddydau Prydain Fawr (PCCCPF) 1946–51; Curadur, Oriel Gelf Glynn Vivian, Abertawe (OGGV) 1951–59. Aelod o Grŵp De Cymru 1949–59 (Cadeirydd 1949, 1958–59; Is-lywydd 1950–56). Arddangosfeydd ar y cyd yn cynnwys *Welsh Landscape in British Art* 1947; *25 Paintings by Contemporary Welsh Artists*, PCCCPF 1949; Eisteddfod Genedlaethol Cymru, Caerffili 1950; *Yr Artist yng Nghymru*, LlGC 1952; Cymdeithas Celf Gyfoes Cymru (CCGC) 1956, 1977 (teithiol); *Art in Wales, The 20th Century: The Early Years 1900–56*, Cyngor Celfyddydau Cymru (CCC) 1969. Arddangosfa undyn, *Arddangosfa Goffa David Bell*, OGGV 1960–61 (teithiol). Cyhoeddiadau'n cynnwys *The Language of Pictures*, 1953; *The Artist in Wales* (Harrap, Llundain 1957); *Brangwyn Panels and Drawings at Swansea Guildhall*, 1958/*The British Empire Panels of Sir Frank Brangwyn*, 1959; *Guide to the Collection of the Glynn Vivian Art Gallery*, Abertawe 1959; erthyglau/adolygiadau, gan gynnwys 'Lady in Blue', *Dock Leaves* (Cyf 3 rhif 8); 'John Elwyn' (*Anglo-Welsh Review*, Cyf 9, rhif 23). Gwaith wedi'i gynnwys yn 'Artists of Wales: David Bell' (Goronwy Powell, *Western Mail and South Wales News*, 10 Chwefror 1956). Casgliadau'n cynnwys Amgueddfa Ceredigion, Aberystwyth; Amgueddfa Cymru, Caerdydd; CCGC; Coleg Newnham, Caergrawnt; LlGC; OGGV; Yr Amgueddfa Brydeinig, Llundain. Gwaith wedi'i brynu gan CCC. Paentio cynrychioliadol; sawl portread. Roedd yn byw yn Abertawe, de Cymru.

## David BELLAMY 1943–

**Peintiwr. Ganed ym Mhenfro, gorllewin Cymru.**

Hunanaddysgedig yn bennaf; mynychodd ddosbarthiadau bywluniadu, Highgate 1973–75; hyfforddiant gyda Sally Lawford, Hampstead 1975–77. Yr Awyrlu 1961–66; dadansoddwr cyfrifiadurol, Llundain 1967–84. Artist llawnamser, o 1984. Trefnydd, gweithdai/cyrsiau dyfrlliwiau, y DU/dramor; arddangosiadau, darlithoedd o 1989. Aelod o Gymdeithas Ryngwladol y Celfyddydau Ogofegol; Cymdeithas Gelf Inverness (Llywydd Anrhydeddus tan 2004); Cymdeithas Ddyfrlliwiau Prydain; Société des Peintres de Montagne. Arddangosfeydd niferus ar y cyd gan gynnwys yr Academi Gymreig Frenhinol, Conwy 1983; Oriel Framed, Caerwrangon 1984–diwedd y 90au; Oriel Albany, Caerdydd o 1985; Amgueddfa Trefynwy 1990; Amgueddfa Pont-y-pŵl (AP) 1995; Neuadd Dewi Sant, Caerdydd 1998; Oriel Mathaf, Llundain (OMath) 2004. Arddangosfeydd deuddyn (gyda Jenny Keal) yn cynnwys AP 1995, 2006; Amgueddfa'r Fenni 1997. Arddangosfeydd undyn niferus gan gynnwys Llyfrgell Hwlffordd 1985, 1992; Amgueddfa ac Oriel Gelf Dinbych-y-pysgod (AOGDyp) 1989, 2004; Siop y Siswrn, Yr Wyddgrug 1990, 1992, 1996, 1998, 2001; Canolfan Gelfyddydau Abaty Nant Teyrnon, Cwmbrân 1992; Canolfan Gelfyddydau Taliesin, Abertawe 1993; OMath 2005, 2007. Cyhoeddiadau niferus gan gynnwys *The Wild Places of Britain* (Webb a Bower 1986); *Images of the South Wales Mines* (Tachwedd 1993); *The Grog Invasion* (Y Lolfa 2006). Wedi'i gynnwys mewn llawer o lyfrau, gan gynnwys *Landscapes in Watercolour*, Theodora Philcox (AVA Publishing 2002); fideos paentio, gan gynnwys *Coastal Ventures in Watercolour* 1989; *Developing your Watercolours* 1997; rhaglenni HTV/BBC. Casgliadau'n cynnwys Amgueddfa Wilson, Arberth; AOGDyp. '… golygfeydd gwyllt o'r arfordir, y mynyddoedd a'r anialdir…themâu'r Dwyrain Canol… Mynyddoedd Himalaia, yr Andes, yr Alpau a'r Ynys Las…yn ogystal â'm tirluniau o Gymru; dyfrlliwiau, rhai pastelau ac olewau.' Yn byw yn Aberedw, canolbarth Cymru.
*Yr artist*

## Bev BELL-HUGHES 1948–

**Enw gwaith Beverley Kathleen Bell-Hughes, ceramegydd. Ganed yn Epsom, Lloegr.**

Astudiodd yng Ngholeg Celf Sutton 1965–67, gyda Walter Keeler, Brian Starkey; Ysgol Gelf Harrow 1967–69, gyda Michael Casson, Victor Margrie. Stiwdio, Crochendy Oxshott 1969–78. Seŷdlodd grochendy yng Nghyffordd Llandudno, gyda'i gŵr, Terry Bell-Hughes 1978. Trefnydd gweithdai/cynlluniau chwarae yng ngogledd Cymru, o 1990. Artist preswyl, Canolfan yr Orsedd, Llandudno 1990; Ysgol y Foryd, Y Rhyl 1995; Ysgol Bodnant, Prestatyn 1997, 1999. Gwobrau Cyngor Celfyddydau Cymru 1995, 2007. Aelod o Gymdeithas y Crochenwyr Crefft; Celfyddydau Anabledd Cymru (cyd-gadeirydd); Urdd Gwneuthurwyr Cymru; Crochenwyr Gogledd Cymru (cadeirydd). Arddangosfeydd niferus ar y cyd gan gynnwys Oriel Mostyn, Llandudno (OM) 1985, 1987; *In the First Place*, Canolfan y Celfyddydau Aberystwyth (CCA) 1990; Eisteddfod Genedlaethol Cymru 1992, 1995, 1996, 1998 (arobryn), 2007; *The Cat Scratched Little Johnny*, CCA 1999 (teithiol); *The Pot, the Vessel and the Object*, Yr Ŵyl Gerameg Ryngwladol, CCA 2007. Arddangosfeydd deuddyn (gyda Terry Bell-Hughes), Llyfrgell Dinbych 1993; Oriel Harlequin, Llundain 2000. Arddangosfeydd un-ddynes yn cynnwys OM 1983, 2003; *Y Gyfres Gerameg*, CCA 1987; Amgueddfa Cymru (AC) 1989; Oriel Gelf Glynn Vivian, Abertawe 1997; Canolfan Grefft Rhuthun (CGRh) 1997; Oriel Bettles, Ringwood 2007. Cyhoeddwyd erthygl, 'A Potter's Day' (*Ceramic Review*, rhif 166, 1997). Wedi'i chynnwys yn *Talking Pots* (CCA 1991); *Beverley Bell-Hughes*, Emmanuel Cooper (CGRh 1997). Casgliadau'n cynnwys AC; Bill Ismay, Oriel Gelf Dinas Caerefrog; Prifysgol Aberystwyth. '…y môr, erydu, y system lanw, patrymau wedi'u gadael ar y tywod…' Yn byw yng Nghyffordd Llandudno, gogledd Cymru.
*Yr artist*

## Terry BELL-HUGHES 1939–
**Ceramegydd. Ganed yn Abergele, gogledd Cymru.**

Astudiodd yng Ngholeg Addysg Morgannwg, Y Barri 1963–66; Ysgol Gelf Harrow 1967–68, gyda Michael Casson, Victor Margrie. Stiwdio, Crochendy Oxshott 1968–79; darlithydd (rhan-amser), colegau yn Llundain 1968–79; colegau gogledd Cymru gan gynnwys Athrofa Gogledd Ddwyrain Cymru, Wrecsam; Coleg Menai, Bangor; Coleg Llandrillo, Llandrillo-yn-Rhos 1980–2007. Sefydlodd grochendy yng Nghyffordd Llandudno, gyda'i wraig, Bev Bell-Hughes 1978. Gwobr Cyngor Celfyddydau Cymru (CCC) 1983. Cymrawd o Gymdeithas y Crochenwyr Crefft; aelod, Celfyddydau Cymhwysol Cyfoes; Cymdeithas Crochenwyr Gogledd Cymru. Arddangosfeydd ar y cyd yn cynnwys *Domestic Pottery*, y Pwyllgor Cynghori ar Grefftau, Llundain 1977 (teithiol); *Studio Ceramics Today*, Amgueddfa Victoria ac Albert, Llundain 1983; *Teapots*, Oriel Westminster, Boston, UDA 1985; *The Pot, the Vessel and the Object*, Gŵyl Geremeg Ryngwladol, Canolfan y Celfyddydau Aberystwyth (CCA) 2007 (teithiol); *Beyond Buckley*, Eisteddfod Genedlaethol Cymru, Sir y Fflint 2007. Arddangosfeydd deuddyn yn cynnwys Aarhus Kunstmuseum, Denmarc (gyda Trefor Owen) 1984; (gyda Bev Bell-Hughes) Llyfrgell Dinbych 1993, Oriel Harlequin, Llundain 2000. Arddangosfeydd undyn yn cynnwys Heals, Llundain 1971; Coleg Sutton 1981; *Y Gyfres Gerameg*, CCA 1985. Cyhoeddwyd erthygl, 'The Magnetism of Function' (*Ceramic Review* (CR) 1998). Wedi'i gynnwys yn CR (1976); *Y Gyfres Gerameg*, CCA (1985); *Pottery Quarterly* (rhifyn 41, 1995). Casgliadau'n cynnwys Amgueddfa Cymru; Amgueddfa Frenhinol yr Alban; Amgueddfa Ulster, Belffast; Prifysgol Aberystwyth; Y Cyngor Crefftau, Llundain. Prynwyd gwaith gan CCC. Crochenwaith i'r cartref. 'Potiau gwledig Prydain. Clai a hiwmor. Potiau dwyreiniol. Gwydreddau lludw. Yr ymarferol.' Yn byw yng Nghyffordd Llandudno, gogledd Cymru.
*Yr artist*

## Beverley BELSHAW 1962–
**Peintwraig ar sidan. Ganed ym Manceinion, Lloegr.**

Hyfforddodd yng Ngholeg Celf Southport 1979–81; Coleg Stockport 1983. Gweithdai a phreswyliadau yng ngogledd Cymru a Chilgwri. Aelod o Gymdeithas Celf Gain Gogledd Cymru (CCGGC); Urdd y Peintwyr Sidan; aelod cyswllt o Gymdeithas Celf Graffeg Gain. Gwobr Aelodau, CCGGC 2002, 2004. Arddangosfeydd ar y cyd yn cynnwys Y Tabernacl, Machynlleth 1998; Neuadd Dewi Sant, Caerdydd 2003; Oriel Plas Glyn-y-Weddw, Llanbedrog 2004. Arddangosfa un-ddynes, Canolfan Ucheldre, Caergybi 2003; Theatr y Lyceum, Crewe 2004. Darparodd ddelweddau i *Discover Silk Painting* (Top That! Publishing, Kudos Books, Woodbridge 2003). 'Teithio a'r amgylchedd yn dylanwadu arni … Mae'i gwaith cynnar yn gynrychioladol, gyda'i gwaith diweddar yn troi tuag at ymateb haniaethol.' Yn byw yn Nannerch, gogledd Cymru.
*Yr artist*

## Nicolette Amanda BERRY 1959–
**Peintwraig. Ganed yng Nghasnewydd, de Cymru. Hefyd yn defnyddio'r llofnodau Amanda Berry, Amanda Angelika, Amanda Angelika Berry, Nicholas Berry.**

Astudiodd yng Ngholeg Addysg Uwch Gwent 1977–78; Athrofa Addysg Uwch De Morgannwg, Caerdydd 1978–81, gyda Harry Holland, Philip Nicol, Terry Setch. Gwobr Cyngor Celfyddydau Cymru (CCC) 1983. Aelod o Gymdeithas Artistiaid a Dylunwyr Cymru gynt.. Arddangosfeydd ar y cyd yn cynnwys *Arddangosfa Tlws Stowells*, Yr Academi Frenhinol, Llundain (AF) 1981; *The Art of Giving*, Oriel, CCC, Caerdydd (Oriel) 1982; *New Heritage*, Oriel 1983; Eisteddfod Genedlaethol Cymru, Llanbedr Pont Steffan 1984 (gwobr brynu); *Arddangosfa Agored Canolbarth Cymru*, Canolfan y Celfyddydau Aberystwyth 1985, 1986; *Arddangosfa Haf*, AF 1988; Oriel Martin Tinney, Caerdydd 1990au; Oriel

Kooywood, Caerdydd 2006. Arddangosfeydd un-ddynes, *Aspects of Landscape*, Canolfan Gelfyddydau Abaty Nant Teyrnon, Cwmbrân 1983; *Moving Pictures*, Cymdeithas Gelfyddydau De Ddwyrain Cymru 1990 (teithiol). Casgliadau'n cynnwys Cyngor Celfyddydau Swydd Gaerlŷr; Cyngor Sir Caerdydd. 'Tirwedd: swrrealaidd, haniaethol. Paentio; gwneud printiau trwy gyfryngau traddodiadol a digidol.' Yn byw yng Nghaerdydd, de Cymru.
*Yr artist*

### Alfred BESTALL 1892–1986
**Enw gwaith Alfred Edmeades Bestall MBE, darlunydd a digrifwr. Ganed yn Mandalay, Myanmar.**

Mynychodd Ysgol Rydal, Bae Colwyn rhwng 12 a 18 oed. Astudiodd yn Ysgol Gelf Ganolog Birmingham tan 1914. Gwasanaeth rhyfel. Bu'n byw yn Llundain hyd 1980. Cyfrannodd yn helaeth i *Punch*, *The Sketch* a *Tatler*, llyfrau ffuglen ac addysgiadol. Ym 1935 olynodd Mary Tourtel fel awdur a darlunydd cymeriad cartŵn stribed y *Daily Express*, *Rupert the Bear*, yn y papur newydd a blwyddlyfrau. Parhaodd â'r stribed papur newydd tan 1965, cloriau'r blwyddlyfrau tan 1973. Cymerodd fwthyn ym Meddgelert, gogledd Cymru ym 1956, gan ymweld bob blwyddyn; symudodd yno i fyw'n barhaol ym 1980. Ysbrydolwyd ffilm gartŵn (cyfarwyddwr Geoff Dunbar 1984) gan y darlun *Rupert, The Frog's Chorus*, gyda chân gan Paul McCartney, *We All Stand Together*. Mae cyhoeddiadau'n cynnwys *Rupert – A Bear's Life*, George Perry gydag Alfred Bestall (Pavilion Books, Llundain 1985). Rhaglen ddogfen ar *Rupert* ac Alfred Bestall, gan Terry Jones (Sianel 4, 1982). Roedd yn byw ym Meddgelert, gogledd Cymru.

### Sarah BETTS 1945–
**Artist amlgyfrwng. Ganed yn Fairlie, Yr Alban.**

Astudiodd yn Ysgol Gelf Caer-wynt 1965–66; Coleg Celf Caerdydd 1966–69, gyda Tom Hudson, Michael Tyzack, Terry Setch; Coleg Celf Lerpwl 1972–73; Coleg Celf Caer 1984–86. Athrawes/pennaeth adran, ysgol uwchradd, Lerpwl 1973–78; athrawes (rhan-amser), addysg uwch, Lerpwl 1978–79; gweithwraig decstiliau (rhan-amser), Patchwork Murals, Lerpwl 1979–84. Cyrhaeddodd Gymru ym 1984. Gweithwraig Addysg Gymunedol, Cyngor Sir Clwyd 1984–96. Artist llawnamser o 1996. Gwobr Cyngor Celfyddydau Cymru 2005. Aelod o Gymdeithas Gelfyddydau y Menywod. Arddangosfeydd ar y cyd yn cynnwys *Arddangosfa Agored Clwyd*, Theatr Clwyd, Yr Wyddgrug 1997–2000; *Biennale Arlunio Cymru*, Canolfan y Celfyddydau Aberystwyth 1999 (teithiol); Oriel Stiwdio, Tyddewi 2000, 2001, 2005; *Pages from a Domestic Sketchbook, 5 Women Artists*, Oriel Llyfrgell Rhuthun (OLlRh) 2001; *Arddangosfa Agored Wrecsam*, Canolfan Gelfyddydau Wrecsam 2002, 2006; *Undercover, Arddangosfa Agored Oriel Davies*, Oriel Davies, Casnewydd 2006. Arddangosfeydd un-ddynes yn cynnwys *All Change*, Llyfrgell Llangollen 1998; *Times Passed*, OLlRh 1999; *A Winters Tale*, Amgueddfa ac Oriel Llyfrgell Dinbych 2001; *Negeseuon Cymysg*, Y Tabernacl, Machynlleth 2003; *Private Spaces*, Oriel Plas Glyn-y-Weddw, Llanbedrog 2005 (teithiol). Gwaith yng nghasgliad Cyngor Caerdydd. '…eitemau a deunyddiau hapgael a gesglir o draethau, gwrychoedd ac wrth ymyl y ffordd… delweddau o ddrysau, lleoedd tân neu dirweddau.' Yn byw yn Llanbedr Dyffryn Clwyd, gogledd Cymru.
*Yr artist*

### Graham BEVAN 1935–2006
**Enw gwaith Graham J Bevan, peintiwr. Ganed ym Mhontypridd, de Cymru.**

Astudiodd yng Ngholeg Celf Caerdydd 1951–53; Gwasanaeth Milwrol 1953–55; Ysgol Celf Gain Slade 1956–59 (Gwobr Wilson Steer); Ysgoloriaeth Ymchwil Ôl-raddedig Prifysgol Llundain 1960. Darlithydd, Celf Gain, Coleg Celf/Polytechnig Sheffield, o 1961. Dychwelodd i Gymru yn y 1990au; stiwdio yn Llanilltud Fawr. Arddangosfeydd ar y cyd yn cynnwys *Young Contemporaries*, 1958–60; *Industrial Wales*

*(7fed Arddangosfa Paentio, Arlunio a Cherflunio Cyfoes Cymru)*, Pwyllgor Cymru Cyngor Celfyddydau Prydain Fawr 1960; Eisteddfod Genedlaethol Cymru 1960; Oriel Howard Roberts, Caerdydd, Cymdeithas Celf Gyfoes Cymru 1963; Oriel Gelf Bangor gogledd Cymru 1964. Arddangosfeydd undyn, y Ganolfan Gelf Newydd, Llundain 1963, 1965. Casgliadau'n cynnwys Amgueddfa ac Oriel Gelf Castell-nedd; Amgueddfa Cymru; Casgliad Celf y Llywodraeth; Coleg y Brifysgol, Llundain; Cyngor Celfyddydau Lloegr; Cymdeithas Celf Gyfoes Cymru; Prifysgol De Cymru, Pontypridd; Prifysgol Sheffield; Ysbyty Llandochau, Penarth. Prynwyd gwaith gan Gyngor Celfyddydau Cymru. '…cefn gwlad, patrymau natur trwy ffrwydrad y lliw a'r gweadau cynhenid a geir yn y dirwedd ac yn nentydd ffrochwyllt y mynyddoedd.' *(Gwefan Art in Wales a Wales Modern Newsletter, 03/06)*. Roedd yn byw ym Mro Morgannwg, de Cymru.

### Vince BEVAN 1954–
**Enw gwaith Vincent Neal Bevan, ffotograffydd. Ganed yn Abertawe, de Cymru.**

Myfyriwr yng Ngholeg Celf Abertawe 1973–76. Gwaith ym maes ffotonewyddiaduraeth, celf gain, ffotograffiaeth olygyddol a hysbysebu er 1976. Comisiynau'n cynnwys *Bookworks* 1986–93; Oriel Gelf Glynn Vivian, Abertawe (OGGV); Oriel Theatr Clwyd. Ffotograffydd preswyl, Cyngor Bwrdeistref Copeland 2002–3; Amgueddfa Frenhinol Cernyw ac Oriel Gelf Falmouth 2004. Gwobrau'n cynnwys Ffotograffwyr Newydd (cylchgrawn *Cosmopolitan* 1982); Cystadleuaeth Ffoto Ryngwladol Nikon 1991–2. Arddangosfeydd ar y cyd yn cynnwys Ffotogallery, Caerdydd 1984; *Marking Time*, Amgueddfa Llundain 1986; *Journey of a Book*, Y Llyfrgell Brydeinig, Llundain 1991; Eisteddfod Genedlaethol Cymru 1999. Arddangosfa undyn yn cynnwys Café Brava, Caerdydd 2000; Oriel Ten, St Ives 2003. Gwaith wedi'i gyhoeddi yn y *Guardian*; *Times*; *Telegraph*; cylchgrawn yr *Independent* (1993); *Suddeutsche Zeitung*; cylchgrawn *Das*; *Art Review*; *Incisive Eye* (Scolar Press 1996). Adolygiadau o'i waith yn cynnwys *British Journal of Photography* (1992, 1996, Ebrill a Mehefin 2003). Casgliadau'n cynnwys Amgueddfa Llundain; OGGV. Nodweddion yn ei waith yw bywyd yng Nghymru, tir a môr Cymru. Yn byw yng Nghernyw.
*Yr artist*

### Lorraine BEWSEY 1958–
**Darlunydd ac artist portreadau. Ganed yn Llundain, Lloegr.**

Astudiodd yn Athrofa Addysg Uwch Abertawe (AAUA) 1992–96, gydag Anne Price-Owen; AAUA 1998–2000. Darlunydd llawrydd 1990–2005; darlithydd, celf a dylunio, AAUA 1997–2004. Arddangosfeydd grŵp yn cynnwys Yr Academi Frenhinol Gymreig 2005; *Artist Cymreig y Flwyddyn*, Neuadd Dewi Sant, Caerdydd 2006. Arddangosfeydd un-ddynes yn cynnwys *Portreadau Beirdd*, Canolfan Mileniwm Cymru, Caerdydd (teithiol) 2006. Wedi'i chyhoeddi yn *Poet Portraits/Portreadau Beirdd* (Seren, Pen-y-bont ar Ogwr 2006). Adolygiadau niferus yn y wasg Gymreig 2006–07. 'Dw i wedi arbenigo ar baentio pobl greadigol o Gymru gan ddechrau â'r beirdd.' Yn byw yn Aber-craf, gorllewin Cymru.
*Yr artist*

### Gwenllian BEYNON 1963–
**Enw gwaith Gwenllian Mair Beynon, gwneuthurydd printiau. Ganed yng Nghaerfyrddin, gorllewin Cymru.**

Astudiodd yn Ysbyty Athrofaol Cymru, Caerdydd 1982–85 (Nyrs Gyffredinol Gofrestredig); Coleg Technoleg a Chelf Caerfyrddin 1989–90; Athrofa Addysg Uwch Caerdydd a Phrifysgol Talaith Kansas, UDA 1990–93; Ysgol Gelf Wimbledon, Llundain 1993–96 (MA Gwneud printiau); Coleg Ceredigion, Aberystwyth 2001–02. Sefydlodd/rheolodd bartneriaeth greadigol, Canys Rufus, 1996–2005. Tiwtor, rhan-amser, celf/gwneud printiau, Llundain/Caerfyrddin 1993–97; hwylusydd gweithdai/prosiectau creadigol o 1995 (prosiectau murlunio/mosäig, ysgolion yng ngorllewin Cymru o 2002); tiwtor,

gwneud printiau, Canolfan y Celfyddydau Aberystwyth 2000–2005; darlithydd (rhan-amser), Coleg Ceredigion, Aberystwyth o 2001; Darlithydd Celf Gain, Coleg y Drindod, Caerfyrddin 2006. Aelod o Grŵp '75. Arddangosfeydd ar y cyd yn cynnwys *Ar Bapur*, 2003 (teithiol); *Dylan Thomas*, Oriel Myrddin, Caerfyrddin 2004. Arddangosfeydd un-ddynes yn cynnwys *Cŵn a chwningod*, Iaith Cyf, Castellnewydd Emlyn 2000; *Popeth Cymraeg*, Dinbych 2000; *Cadwyn Amser Aerwyl*, Theatr Felin-fach 2001; *Mari Lwyd*, Oriel Rhiannon, Tregaron 2004. '…fy nghenedligrwydd (Cymreig)… Dwi'n dweud storïau… symbolaeth a mytholeg… fy amgylchedd…'. Yn byw ym Mhontrhydfendigaid, canolbarth Cymru.
*Yr artist*

## David BINNS 1959–
**Enw gwaith David Stuart Binns, ceramegydd. Ganed yn Altrincham, Lloegr.**
Astudiodd yng Ngholeg Celf Warrington 1977–78; Coleg Polytechnig Manceinion 1978–82 (gradd yn y dosbarth cyntaf), gyda Malcolm Allen, Chris Jenkins. Bu'n gweithio gyda David Roberts, Holmfirth 1982–83. Darlithydd, Athrofa Gogledd Ddwyrain Cymru (rhan-amser) 1982–83, (llawnamser) 1983–90; ymgynghorydd, Dennis Rhiwabon Cyf, gogledd Cymru 1988–91; darllenydd, Prifysgol Canol Swydd Gaerhirfryn, o 1990. Yng Nghymru o 1988. Preswyliad ymchwil, Marshalls Clay Products, Accrington 1999. Eisteddfod Genedlaethol Cymru (EGC) Y Fedal Aur, Ynys Môn 1999. Gweithdai'n cynnwys Stiwdio Cerameg Ryngwladol, Kecskemet, Hwngari (SCRK) 2000, 2004; Gŵyl Gerameg Ryngwladol, Canolfan y Celfyddydau, Aberystwyth 2001. Gwobrau'n cynnwys Cyngor Celfyddydau

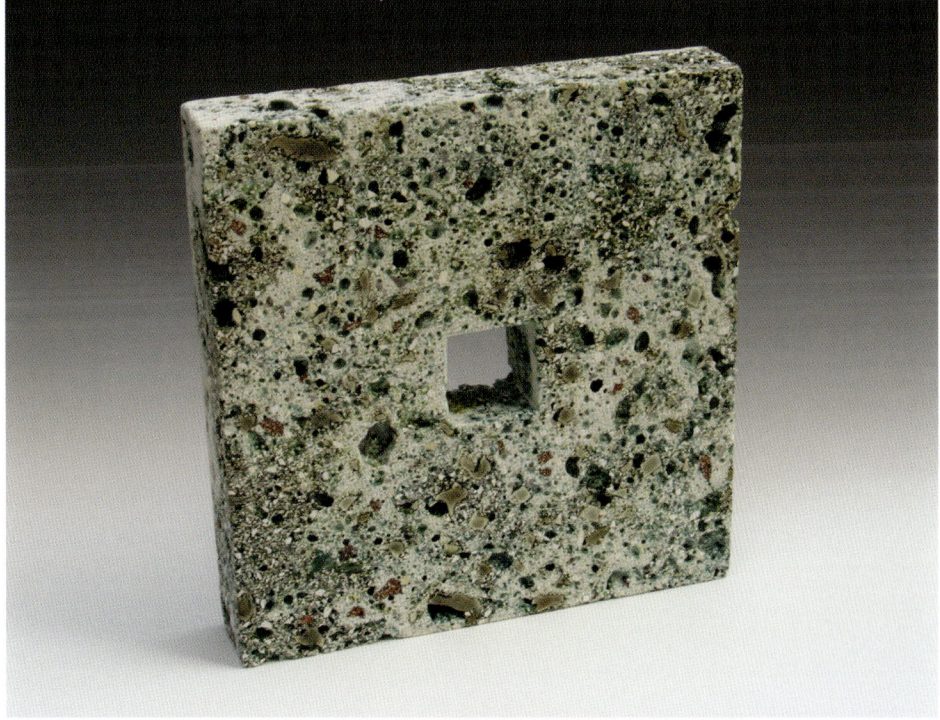

24 | David Binns
*Square Pierced Form* 2006

Cymru 1999; Cyngor Ymchwil Celfyddydau a Dyniaethau 1999, 2003; Celfyddydau Rhyngwladol Cymru (CRhC) 2004, 2007. Aelod o Gelfyddydau Cymhwysol Cyfoes, Llundain (CCCLl); Yr Academi Gerameg Ryngwladol (AGR); cymrawd, Cymdeithas y Crochenwyr Crefft. Gwneuthurydd Dethol y Cyngor Crefftau. Arddangosfeydd niferus ar y cyd gan gynnwys EGC, Pen-y-bont ar Ogwr 1998 (arobryn); *Millennium Platter Exhibition*, Oriel Celf Gerameg, Sydney, Awstralia 2000; *SOFA (Sculpture, Objects and Functional Art and Design)*, Chicago, gyda Chanolfan Grefft Rhuthun (CGRh) 2004; *Collect*, Amgueddfa Victoria ac Albert, Llundain 2004–06; *Y Teirflwydd Ryngwladol Gyntaf i Gelfyddydau Silica*, Kecskemet 2005; *Collecting Contemporary Ceramics*, CGRh 2006; *Artist y Flwyddyn Cymru*, Neuadd Dewi Sant, Caerdydd 2007. Arddangosfeydd undyn yn cynnwys *Gwaith Newydd*, CGRh 2001 (teithiol); *Solo Focus*, CCCLl 2003; *Fragments of Clay*, Amgueddfa SCRK 2004. Cyhoeddwyd erthyglau yn *Ceramic Review* (rhifynnau 159, 182); *Studio Pottery/Ceramics in Society* (rhifyn 40, Mai 2000). Wedi'i gynnwys yng nghylchgrawn *Crafts* (Mawrth/Ebrill 2000, 2001); *The Complete Potter*, Steve Mattison (Apple Press 2003); *form: contemporary craft in Wales* (CRhC 2003). Casgliadau'n cynnwys Amgueddfa Cymru; Amgueddfa Lerpwl; Dokuz Eylul Universitesi, Izmir, Twrci; Prifysgol Aberystwyth; Prifysgol De Cymru, Pontypridd. '…ffurf bensaernïol (hanesyddol a chyfoes) a'r dirwedd naturiol.' Yn byw yn Ninbych, gogledd Cymru.
*Yr artist*

### Chris BIRD-JONES 1956–
**Enw gwaith Christine Bird-Jones, artist gwydr. Ganed yn Llangollen, gogledd Cymru.**

Astudiodd yng Ngholeg Celf Abertawe 1974–77, gyda Tim Lewis, Marjorie Walters; Y Coleg Celf Brenhinol, Llundain 1985–87 (MA Gwydr), gyda Martin Hunt, David Hamilton. Pennaeth Gwydr Pensaernïol, Athrofa Gogledd Ddwyrain Cymru, Wrecsam 1993–97; uwch-ddarlithydd, Gwydr, Prifysgol Wolverhampton.

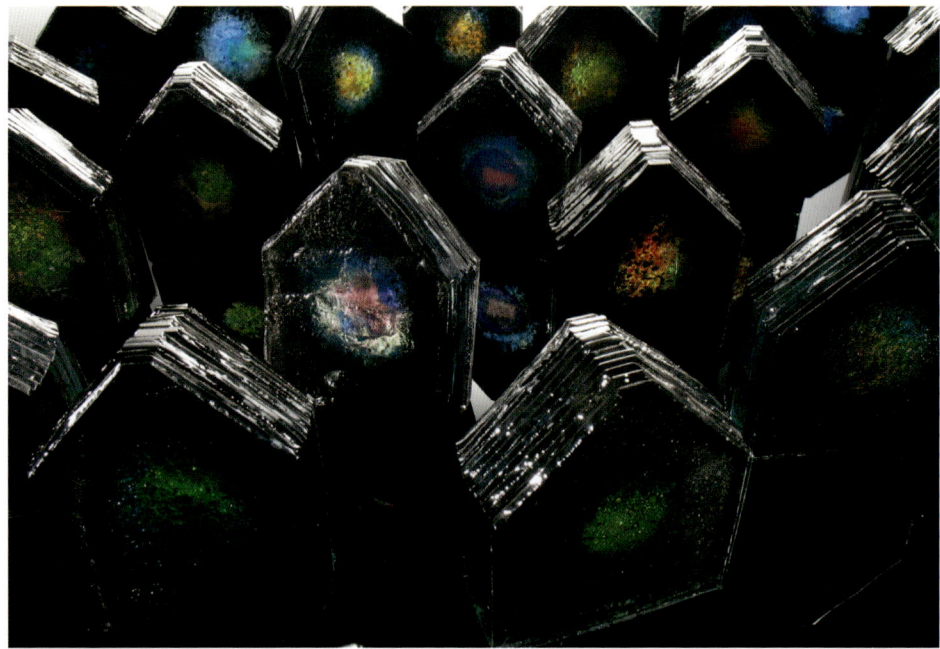

25 | Chris Bird-Jones
*Intimate Spaces* 1999

Gwobrau'n cynnwys Cyngor Celfyddydau Cymru, (Cymru Greadigol) 2005. Comisiynau'n cynnwys *Timepiece*, Cyngor Celfyddydau Cymru 1979; Women in Film 1991; Canolfan Daniel Owen, Yr Wyddgrug 1995; Canolfan Gelfyddydau QuBe, Croesoswallt 2002; Capel Bethania, Bethesda 2003; ysbytai yng Nghymru. Aelod o Rwydwaith Rhyngwladol Gwydr Lliw Menywod; Cymdeithas Pen-paentwyr Gwydr Prydain. Arddangosfeydd ar y cyd yn cynnwys *Wales Tales*, Baden, Awstria 1993; *Traces of Travel*, Oriel Gelf Ddinesig Corc 1997 (teithiol); *Glass: Laboratory of the Spirit*, Canolfan Grefft Rhuthun (CGRh) (gyda Catrin Jones) 1995; *Farmers' Daughters*, CGRh 2000; *Religios Glaskunst*, Glasmuseet, Ebeltoft, Denmarc 2001; *Glass with Altitude*, Oriel Lane, Auckland 2002; *Spotlight on Glass*, Canolfan Gelfyddydau Ucheldre, Caergybi 2002; *Clearly Different*, Parc Glynllifon, Caernarfon 2005. Arddangosfeydd un-ddynes yn cynnwys *Evanescence*, Yr Amgueddfa Gyfoes, Honolulu 1990; *Visitation*, Gweithdy Celfyddydau Abertawe, Gŵyl Abertawe 1992; *Sheer Surface*, Gŵyl Caer 1996; *Walking on Glass*, Canolfan Gelfyddydau Llyfrgell Dinbych 2000; *From the Outside*, Oriel Acute Angle, Llundain 2001. Ymhlith y cyhoeddiadau sy'n cynnwys gwaith mae *form: contemporary craft in Wales* (Celfyddydau Rhyngwladol Cymru 2003 (CRhC)). '…ei hymateb i'w hamgylchedd, naturiol a gwneuthuredig, ac yn bwysicaf oll, i'r effeithiau lu y bydd golau'n eu cael arno' (*form*, WAI 2003). Yn byw yn Wrecsam, gogledd Cymru.
*Yr artist*

### Colin BISHOP 1935 –
**Enw gwaith Colin Charles Bishop, peintiwr. Ganed yng Nghaerdydd, de Cymru.**

Astudiodd yng Ngholeg Prifysgol Caerdydd 1953–56 (Peirianneg). Peiriannydd Ymgynghorol, Caerdydd 1956–92. Artist hunanaddysgedig. Aelod o Gymdeithas Gelf De Cymru. Arddangosfeydd ar y cyd yn cynnwys Oriel Albany, Caerdydd, o 1993; Neuadd Dewi Sant, Caerdydd 1995, 2003; Parc Treftadaeth y Rhondda, Trehafod, o 1995; Tŷ Turner, Penarth 1997–2000; Oriel Washington, Penarth, o 2004; Oriel Victoria Fearn, Caerdydd, o 2004. Arddangosfeydd undyn yn cynnwys Llyfrgell Rhiwbeina, Caerdydd 1994–99; Llyfrgell Abertridwr 1995. Casgliadau'n cynnwys Canolfan Ganser Felindre, Caerdydd; Ysbyty Athrofaol Cymru, Caerdydd. 'Dyfrlliwiau…golygfeydd o Gymru – fel arfer yn darlunio pobl yn mwynhau eu hunain.' Yn byw yng Nghaerdydd.
*Yr artist*

### John BLACKWELL 1949–
**Ceramegydd. Ganed yn Watford, Lloegr.**

Astudiodd yn Athrofa Addysg Uwch Caerdydd 1993–96 (gradd yn y dosbarth cyntaf), gyda Peter Starkey, Gwen Heeney. Athro crochenwaith, Canolfan Addysg Gymunedol Blaenafon o 1999. Aelod o Stiwdios Fireworks, Caerdydd. Arddangosfeydd ar y cyd yn cynnwys *The Cat Scratched Little Johnny*, Canolfan y Celfyddydau, Aberystwyth (CCA) 2000; *Ceramic Contemporaries 4*, Y Coleg Celf Brenhinol, Llundain 2002; *That was Then*, Amgueddfa ac Oriel Gelf Casnewydd 2003; Eisteddfod Genedlaethol Cymru, Casnewydd 2004; *Arddangosfa Gwobr Brynu*, Prifysgol Morgannwg 2005; Oriel Kooywood, Caerdydd 2006. Arddangosfa undyn, *Y Gyfres Gerameg*, CCA 2003. Casgliadau'n cynnwys Prifysgol De Cymru, Pontypridd; Yr Ysgol Gelf, Prifysgol Aberystwyth. 'Mae ei waith ceramig yn cynnwys tri phrif faes; hunanbortreadu ar ffurf pen a thorso toredig, ffurfiau sy'n sefyll wedi'u hadeiladu â slabiau, yn aml yn debyg i gychod â marciau peintwrus, a llestri bwrdd slip.' Yn byw yng Nghaerdydd, de Cymru.
*Yr artist*

### Betty BLANDINO 1927–2011
**Enw gwaith Elizabeth Assunta Jones, ceramegydd. Ganed yn Llundain, Lloegr.**

Astudiodd yng Ngholeg y Gofaint Aur, Llundain 1956–58 gyda Gordon Baldwin, Ian Auld; Athrofa Addysg, Llundain 1971–73. Athrawes ar bob lefel 1947–58; arholwr prifysgol, colegau addysg 1963–67; Cyfarwyddwr, Upper Gallery, Whitechapel, Llundain 1961–67; ymgynghorydd celf, Awdurdod Addysg

Swydd Sussex 1967–71. Cyrhaeddodd Gymru ar ddechrau'r 1970au. Arddangosfeydd niferus ar y cyd gan gynnwys *From Earth and Fire*, Cyngor Celfyddydau Cymru (CCC)/Eisteddfod Genedlaethol Cymru (EGC) 1973 (enillydd gwobr); *Ceramics by Betty Blandino*, Abaty Nant Teyrnon, Cwmbrân 1976; *Crefft Cymru '76*, CCC/Athrofa Addysg Uwch De Morgannwg, Caerdydd 1976; *Gwreiddiau* CCC/EGC 1976; *The Artist Craftsman in Wales*, Y Cyngor Dylunio, Caerdydd 1979. Arddangosfeydd un-ddynes yn cynnwys *Gŵyl Gerdd yr 20fed Ganrif* Coleg y Brifysgol, Caerdydd 1975, 1977. Arddangosfa ddeuddyn, Oriel CCC, Caerdydd 1976. Cyhoeddiadau'n cynnwys *Coiled Pottery – Traditional and Contemporary Ways* (A&C Black, Llundain (ACB) 1984, diwygiwyd 1997, argraffiad lliw 2003); *The Figure in Fired Clay* (ACB 2001). Gwaith wedi'i gynnwys yn *The Complete Potter's Companion*, Tony Birks (Conran Octopus 1993); *The Potter's Dictionary of Materials and Technique*, Frank a Janet Hamer (ACB 1991); *British Studio Potters*, Paul Rice a Christopher Gowing (Barrie a Jenkins, argraffiad diwygiedig 1989). Llawer o gasgliadau, gan gynnwys Amgueddfa Cymru; Amgueddfa Fitzwilliam; Amgueddfa Pont-y-pŵl; Amgueddfa Victoria ac Albert; Prifysgol Aberystwyth. Prynwyd gwaith gan CCC., Mynegai Dethol Gwneuthurwyr y Cyngor Crefftau. '…Pob siâp … yn wrthrych llonydd, gosgeiddig, dirgel ar wahân. Mae'r potiau hyn yn cael eu hadeiladu â llaw trwy binsio a thorchi: wrth eu ffurfio mae'r waliau tenau'n cael eu gwasgu a'u hymestyn tuag allan, gan amgáu mwy a mwy o aer…' Roedd yn byw yn Rhydychen, Lloegr.
*Yr artist*

### Janet M BLIGH 1938–

**Enw gwaith Janet Mary Bligh, peintwraig. Ganed yn Abersychan, de Cymru.**

Astudiodd yng Ngholeg Hyfforddi Dudley 1957–59; Coleg Celf Caerdydd 1959–60; Coleg Celf Glasgow (rhan-amser) 1982. Athrawes, Ysgol Uwchradd Sirol Llanllieni 1960–62; Ysgol Uwchradd Hartridge, Casnewydd 1962–72; Ysgol Uwchradd Wyke Regis, Weymouth 1973–80. Yn byw yn yr Alban 1980–83; dychwelodd i Gymru 1983. Tiwtor (rhan-amser), addysg gymunedol, Abertawe 1996–2000; Cymdeithas Addysg y Gweithwyr, Llanelli 1998–2001. Trefnydd, ysgolion dydd, cyrsiau preswyl, Canolfan Adar y Gwlyptir, Pen-clawdd; Ystad Glyn-hir, Rhydaman. Aelod o Gymdeithas Gelf Abertawe; Cymdeithas Gelf De Cymru; Cymdeithas Ddyfrlliwiau Cymru; Cymdeithas Gelf Llanelli. Arddangosfeydd ar y cyd yn cynnwys Canolfan Gelfyddydau Abaty Nant Teyrnon, Cwmbrân (CGANT) 1999; *Artist y Flwyddyn Cymru*, Neuadd Dewi Sant, Caerdydd 2001; Canolfan Gelfyddydau Taliesin, Abertawe (CGT) 2004, 2006; Tŷ a Gerddi Aberglasne 2006; Canolfan Dylan Thomas, Abertawe 2007. Arddangosfeydd un-ddynes yn cynnwys Glasgow 1981, 1983; Caeredin 1982; Oriel Mission, Abertawe 1986; Oriel Gelf Glynn Vivian 1994; CGT 1999, 2002, 2005; CGANT 2006. '…golygfeydd domestig o'r ardd a'r fferm…tirluniau, morluniau, anifeiliaid…' Yn byw yn Nynfant, de Cymru.
*Yr artist*

### Martin BLOCH 1883–1954

**Peintiwr. Ganed yn Neisse, Yr Almaen (bellach yng Ngwlad Pwyl).**

Astudiodd ym Mhrifysgol Munich 1905–06; gyda'r Athro Wölflinn, Lovis Corinth, Berlin 1907. Bu'n byw yn Sbaen 1914–19; Berlin, 1920–33. Ffodd o'r Almaen Natsïaidd i Ddenmarc 1933; yn Lloegr 1934. Addysgodd yn Llundain (Heinz Koppel yn fyfyriwr); cymerodd stiwdio Josef Herman yn Llundain 1944. Ymweliadau â Chymru 1947–54; ym Mangor a Bethesda, cynhyrchodd gyfres o baentiadau a lluniau o'r dirwedd a chwarelwyr. Arddangosfeydd ar y cyd yn cynnwys *Festival Exhibition of Contemporary Welsh Painting*, Pwyllgor Cymreig Cyngor Celfyddydau Prydain Fawr (PCCCPF) 1951; *Paintings from the Arts Council's Welsh Collection*, PCCCPF 1955–56; *Face of Wales*, PCCCPF 1964; *Art in Wales, The 20th Century: The Early Years 1900–56*, Cyngor Celfyddydau Cymru (CCC) 1969; *40 Years On: Works Purchased Since 1938* gan Gymdeithas Celf Gyfoes Cymru, CCGC/CCC 1977; *The Dark Hills The Heavy Clouds*, CCC 1981; *Arddangosfa 50 mlwyddiant*, CCGC/Amgueddfa Cymru (AC) 1987.

Arddangosfeydd undyn yn cynnwys Oriel Paul Cassirer, Berlin 1920; *Paintings and Works in Black and White*, Oriel Lefevre, Llundain 1939; arddangosfa goffa, Cyngor Celfyddydau Prydain Fawr 1957; *Martin Bloch 1883–1954*, Oriel Gelf De Llundain 1984. Gwaith wedi'i gynnwys yn *Studio* (Stephen Andrews, 'Martin Bloch', rhif 155, Chwefror 1958); *Martin Bloch - A Painter's Painter* (Canolfan Sainsbury i'r Celfyddydau Gweledol, Prifysgol East Anglia 2007). Rhaglen deledu, *Omnibus* (BBC, 1983). Casgliadau niferus gan gynnwys AC; Amgueddfa Victoria ac Albert, Llundain; CCGC; Cyngor Celfyddydau Lloegr; Yr Amgueddfa Brydeinig, Llundain; Y Gymdeithas Celf Gyfoes, Llundain. Prynwyd gwaith gan CCC. Mae dylanwadau arno'n cynnwys Max Liebermann, Lovis Corinth; cerddoriaeth a phensaernïaeth. Roedd yn byw yn Llundain, Lloegr.

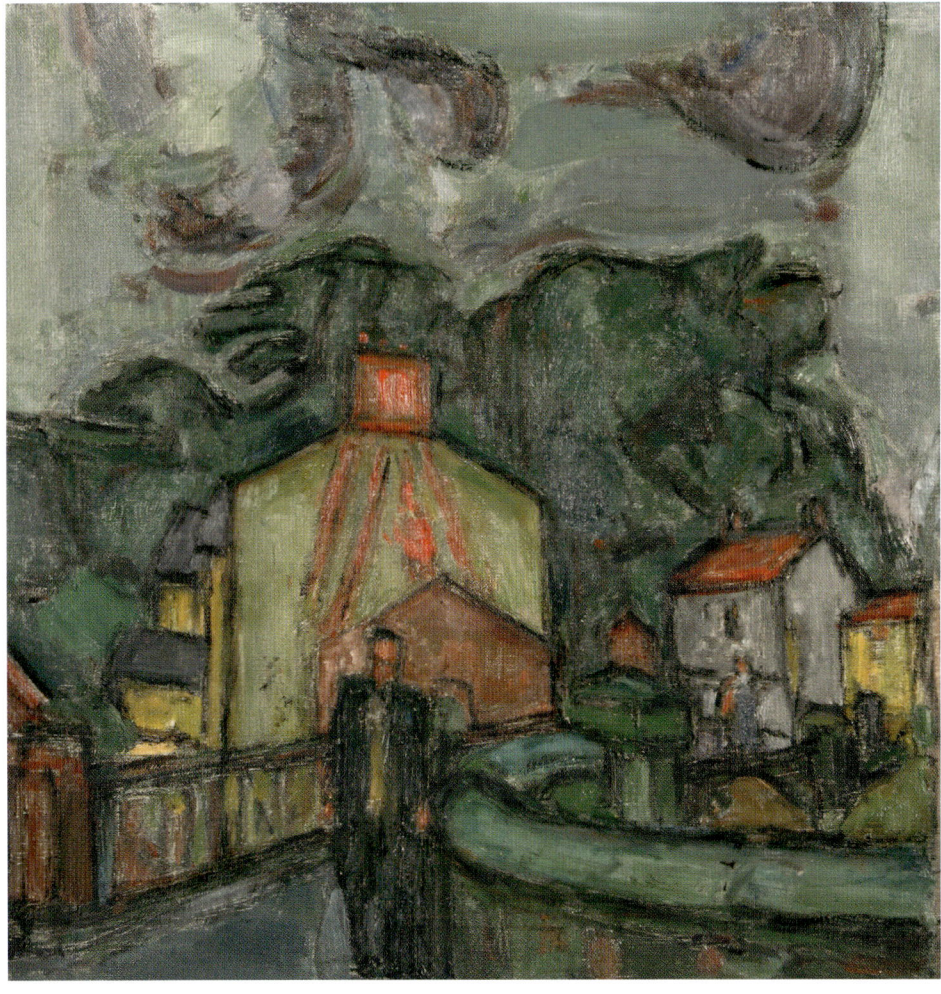

26 | Martin Bloch
*Welsh Village* 1954

## Margaret BLUNDELL  Gweler Margaret JAGGAR

### Alan BOAST 1939–
**Enw gwaith Alan Walter Boast, cerflunydd, peintiwr. Ganed yn Llundain, Lloegr.**

Astudiodd yn Ngholeg Technegol Farnborough 1962–63. Astudiodd baentio portreadau gyda Richard Wills, Trefynwy 1994–95; cerfluniaeth gydag Angela Palmer, Cas-gwent 1995–96. Peiriannydd trydanol 1962–91. Cyrhaeddodd Gymru ym 1975. Comisiynau'n cynnwys Cyngor Cefn Gwlad Cymru 1996; Clwb Rygbi Glynebwy 1999. Aelod o Gymdeithas Gelf Dyffryn Gwy. Arddangosfeydd ar y cyd yn cynnwys Amgueddfa Trefynwy 1992; *Artists in Arms*, Y Groes Goch, Neuadd Dewi Sant, Caerdydd 1998 (teithiol); The Vineyard, Tyndyrn 2004–07; *Creative Enterprise Exhibition*, Taurus Crafts, Lydney 2005; *Art for Africa*, Neuadd Goffa, Catbrook, 2006, 2007; *Art in the Blake*, Theatr Blake, Trefynwy 2007. Arddangosfa ddeuddyn, Llyfrgell Cas-gwent (LlC) (gyda Mary Edwards) 1995. Arddangosfeydd undyn, Gorsaf Tyndyrn 1994, 1998; LlC 1996. Wedi'i gynnwys yn *South Wales Argus* (Awst 1997). 'Tirluniau, Pen Llŷn, Dyffryn Gwy. Cerfluniau… o fywyd.' Yn byw yng Nghas-gwent, de Cymru.
*Yr artist*

### Peter BOBBY 1975–
**Ffotograffydd. Ganed yn Rhydychen, Lloegr.**

Astudiodd ym Mhrifysgol Brookes Rhydychen 1994–95; Athrofa Prifysgol Cymru, Caerdydd 1995–98 (yn y dosbarth cyntaf), MA (Celf Gain) 1998–2000. Uwch-ddarlithydd (rhan-amser), Ffotograffiaeth, Prifysgol Cymru, Casnewydd (PCC), o 2005. Ei wobrau'n cynnwys Axis Artists 2000; Cyngor Celfyddydau Cymru 2002; Arts and Business Cymru 2007 (ar gyfer prosiect gydag ARUP). Preswyliadau'n cynnwys Canolfan i'r Amgylchedd Trefol Adeiledig (Cube), Manceinion 2006; Sefydliad B.a.d., Rotterdam 2005.

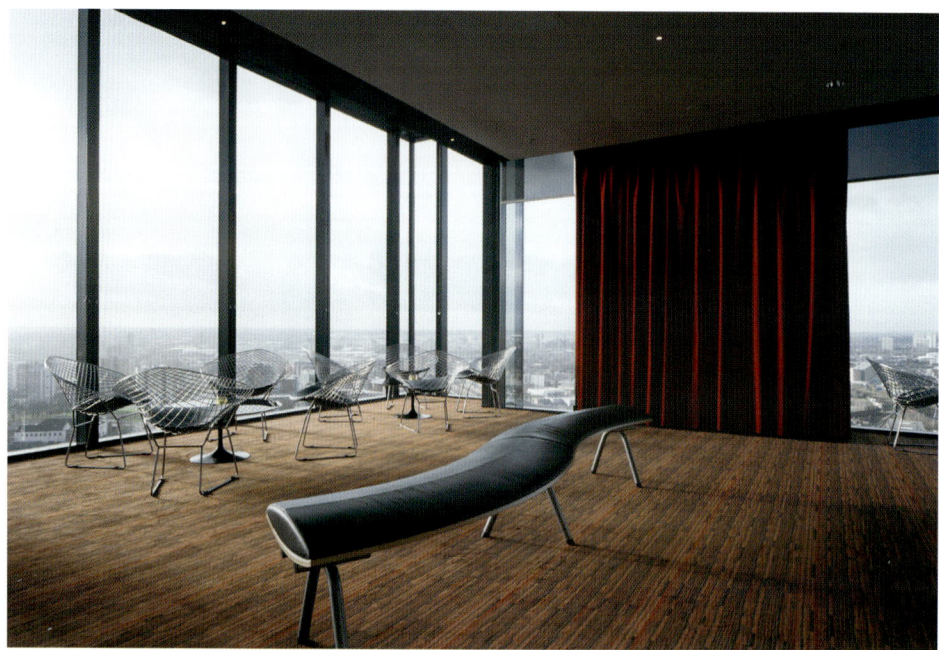

27 | Peter Bobby
*High-rise (23rd, Bar)* 2007

Aelod, Canolfan Ewropeaidd ar gyfer Ymchwil Ffotograffig, PCC; cyd-sylfaenydd, Format, Rhwydwaith Fideo a Ffotograffiaeth, Bryste 2007. Arddangosfeydd ar y cyd yn cynnwys *Matinée*, g39, Caerdydd 2000; *West*, Y *Ffotobiennale Cyntaf, Cymru 2000*, Ffotogallery, Caerdydd (Ffotog) 2000 (teithio Cymru) (arobryn); *Arddangosfa Gymynrodd Goffa Ida Branson*, Oriel Atkinson, Millfield 2001; *Carte Blanche*, Nouvelle Gallerie, Grenoble 2002; Locale, Oriel Unit 2, Llundain 2005; *Tall Storeys*, Oriel Cube, Manceinion (OCM) 2006. Arddangosfeydd undyn yn cynnwys *Reception*, Ffotogallery, Caerdydd 2003 (teithiol); OCM 2007. Gwaith wedi'i gynnwys yn *Reception* (Ffotog/Oriel Mission, Abertawe 2003); *Clean Slate* (Prosiect Artistiaid/Celfyddydau Rhyngwladol Cymru 2000); *Portfolio* (Rhifyn 37, 2003); *Source* (Rhifyn 34, 2003). Cyfweliad, Radio BBC Manceinion 2007. '…delweddau goleuol mawr sy'n mynd ati i droedio llinell denau rhwng celf, pensaernïaeth a gwneud delweddau corfforaethol.' (*Gwefan yr artist*) Gwaith yng nghasgliad Fotografia Europea, Reggio Emilia. Yn byw ym Mryste.
*Yr artist*

### Peter BODENHAM 1965–
**Enw gwaith Peter Manson Bodenham, peintiwr, cerflunydd. Ganed yn Walsall, Lloegr.**

Cyrhaeddodd Gymru ym 1974. Astudiodd yng Ngholeg Celf Dyfed (CCD) 1982–84; Ysgol Gelf Camberwell, Llundain 1984–87; Athrofa Addysg Uwch Caerdydd 1992–94 (MA). Darlithydd, CCD (rhan-amser) 1987–92, (llawnamser) 1994–2003, (rhan-amser) o 2003; darlithydd (rhan-amser) Athrofa Prifysgol Cymru, Caerdydd 2003–04; Prifysgol Cymru, Aberystwyth/Prifysgol Aberystwyth, Addysg Barhaus, o 2003. Aelod o Grŵp Celf Ointment. Arddangosfeydd ar y cyd yn cynnwys Canolfan y Celfyddydau Aberystwyth 1990, 1992; Oriel Henry Thomas, Caerfyrddin 1994, 1996; *Experimentica 02*, Canolfan Gelfyddydau Chapter, Caerdydd 2002; *Fine to Function*, Canolfan Gelfyddydau Abaty Nant Teyrnon, Cwmbrân 2003 (teithiol); *Eli*, Gardd Fotaneg Genedlaethol Cymru, Llanarthne 2005; *Gwobr Arlunio Jerwood*, Llundain 2007 (teithiol). Arddangosfa ddeuddyn, Yr Oriel Albanaidd, Caeredin 1991. Arddangosfeydd undyn yn cynnwys Orielau Michaelson ac Orient, Llundain 1990; Theatr Mwldan, Aberteifi 2006. Cynllun y clawr i *The Tower*, Tristan Hughes (Parthian Books (PB) 2003). Cyhoeddwyd erthyglau yn *Ceramic Review* (Mawrth/Ebrill 2001, Gorffennaf/Awst 2003); cyfraniad i *Sideways Glances*, golygydd Jeni Williams (PB 2005). Gwaith yng nghasgliad y Cyngor Crefftau, Llundain. '… gweithrediadau, paentiadau, darluniau a gosodwaith saflebenodol. Y siwrnai yw un o'r themâu canolog.' Yn byw yn Llandudoch, gorllewin Cymru.
*Yr artist*

### Francesca BOEHM 1905/1910–1997(?)
**Peintwraig oedd yn defnyddio dyfrlliw. Ganed yn yr Almaen.**

Aelod o Grŵp De Cymru/Y Grŵp Cymreig; Cymdeithas Ddyfrlliw Cymru (Ysgrifenyddes). Arddangosfeydd ar y cyd yn cynnwys *Contemporary Welsh Painting and Sculpture*, Pwyllgor Cymreig Cyngor Celfyddydau Prydain Fawr 1956 (teithiol); Eisteddfod Genedlaethol Cymru, Llanelli 1962; Grŵp De Cymru/Y Grŵp Cymreig 1961 ac yn ddiweddarach; *Pictures for Welsh Schools*, Y Gymdeithas Addysg Trwy Gelf 1971; arddangosfeydd dwy-ddynes, Canolfan Gelfyddydau Abaty Nant Teyrnon, Cwmbrân (gyda Valerie Jones) 1970, (gyda Helga Prosser) 1974. Gwaith wedi'i gynnwys mewn adolygiad, *South Wales Argus* (24 Medi 1970). Gwaith yng nghasgliad Cyngor Sir Rhydychen. Bu'n byw yng Nghaerdydd; credir iddi symud i ardal Rhydychen yn nes ymlaen yn ei bywyd.

### Kate BOSSET 1930–

**Enw gwaith Catherine Beatrice Bosset, dylunydd/gwneuthurydd ffeltiau. Ganed yn Gisborne, Seland Newydd.**

Ei nain yn Gymraes. Cyrhaeddodd Gymru ym 1979. Astudiodd ym Mhrifysgol Auckland 1948–50 (Saesneg a Hanes); seminarau/gwersi preifat gan Sheila Smith. Teipydd, Caeredin, Llundain 1950–52; bu'n byw yn Nwyrain Affrica 1953–58, Japan 1958–60, Llundain 1960–63, Seland Newydd 1963–66. Gweithdai/arddangosiadau mewn arddangosfeydd/ysgolion yng Nghymru, Crefft yn y Bae, Caerdydd (CyyB) 1987–2006. Aelod o Urdd Gwneuthurwyr Cymru (UGC) (cadeirydd 1995–2001; aelod oes mygedol 2006); Cymdeithas Ryngwladol y Gwneuthurwyr Ffelt (CRGFf). Chwaraeodd ran allweddol wrth sefydlu CyyB. Arddangosfeydd ar y cyd, UGC, Eisteddfod Genedlaethol Cymru 1992–2003; CRGFf, Oriel Collins, Prifysgol Ystrad Clud 1996; UGC, Amgueddfa Trefynwy 1997; UGC, Amgueddfa ac Oriel Casnewydd 1999; *Yr Arddangosfa Gymreig*, UGC, San Diego, California 2001. Arddangosfa un-ddynes, Oriel Grefft Court Cupboard, Y Fenni 1999. Wedi'i chynnwys yng nghylchgrawn *British Travel Association* (Chwefror 1999). 'Ar y dechrau bûm yn dylunio gweuwaith a oedd yn seiliedig ar batrymau gwlanenni Cymreig… gwneud ffeltiau… hetiau a stolau o ffelt cain.' Yn byw yn Llangynidr, canolbarth Cymru. *Yr artist*

### William A BOSWELL 1926–1998

**Enw gwaith William Aubrey Boswell RCA, FRSA, peintiwr. Ganed yn Nottingham, Lloegr.**

Astudiodd yng Ngholeg Celf a Chrefftau Nottingham 1941–43 (Ysgoloriaeth Gelf Iau); Ysgol Gelf Kingston, rhan-amser, 1945; Coleg Geniefa, Suez, rhan-amser, 1946; Ysgol Gelf a Phensaernïaeth Yr Awyrlu Brenhinol, Heliopolis 1947. Lithograffydd, Y Lluoedd Arfog, Y Peirianwyr Brenhinol 1944–49. Darlithydd, rhan-amser, Coleg Technegol Dinbych 1966–68; Coleg Addysg Bellach Croesoswallt 1968. Prif Swyddog Dylunio i Adran Gynllunio Cyngor Sir Clwyd. Aelod o'r Academi Frenhinol Gymreig (AFG) (Academydd); aelod sefydlu, Grŵp Celf Wrecsam (Cadeirydd 1962–70). Arddangosfeydd grŵp yn cynnwys Grŵp Celf 512, Cairo 1945; *Pictures for Welsh Schools*, Y Gymdeithas ar gyfer Addysg drwy Gelf 1967; Oriel Gelf Williamson, Penbedw, 1970; Sioe Frenhinol Cymru, 1972; Cymdeithas Frenhinol Artistiaid Dyfrlliw Cymru 1972–74; Grŵp Gogledd Cymru, 1978. Arddangosfeydd deuddyn, Llyfrgell Gyhoeddus Wrecsam (gyda Leo Carroll) 1965; AFG (gyda John Webster a Ted Dummet) 1972. Cyhoeddiadau'n cynnwys *Along the Cambrian Coast* (Window on Wales 1990); llwybrau tref/amgylcheddol i Gorwen, Carrog, Dinbych, Llangollen, Dyffryn Tanat, Wrecsam. 'Peintiwr dyfrlliw traddodiadol … testunau arfordirol … yn gweithio allan yn y maes, yn uniongyrchol o'r testun …awyrgylch, golau a gofod, yn hytrach na manylion. Hefyd gwaith mewn olew, tirluniau a bywyd llonydd.' Roedd yn byw yn Wrecsam, gogledd Cymru.

### Christopher BOURNE 1930–

**Peintiwr. Ganed yn Wolverhampton, Lloegr.**

Athro, Llundain; Ysgol David Hughes, Porthaethwy, gogledd Cymru; Academi Gelf Caerfaddon; Ysgol Gelf Chelsea, Llundain. Comisiynau'n cynnwys y cynllun ar gyfer *Façade*, BBC Canolbarth Lloegr/Sefydliad Barber, Gŵyl Gerdd Birmingham/Cheltenham 1964; cerflun y Geni, Cadeirlan Bangor 1971. Arddangosfeydd ar y cyd yn cynnwys Grŵp Mur Mawr, Caernarfon 1959; Eisteddfod Genedlaethol Cymru 1959–65; *Arddangosfa John Moores*, Lerpwl 1959. Arddangosfeydd undyn yn cynnwys Theatre on the Steps, Bridgnorth 1967; Coleg Prifysgol Gogledd Cymru, Bangor 1968. Wedi'i gynnwys yn y wasg leol a chenedlaethol. Casgliadau'n cynnwys Prifysgol Bangor; Ymddiriedolaeth Castell Bodelwyddan. Prynwyd gwaith gan Gyngor Celfyddydau Cymru. Man preswyl yn anhysbys.

## John BOURNE 1943–
**Enw gwaith John Wilson Bourne, peintiwr. Ganed yn Audlem, Lloegr.**

Cyrhaeddodd Gymru ym 1953. Astudiodd yn y Coleg Normal, Bangor 1964–66; Coleg Prifysgol Gogledd Cymru, Bangor 1966–69 (Ffiseg); Y Coleg Ymerodrol, Llundain 1970–71; Sefydliad Oersted, Copenhagen 1971–72. Fel artist, yn hunanaddysgedig yn bennaf; mynychodd ddosbarthiadau gan Phyllis Spencer Jones, A Burgess Sharrocks, Roger Bettison; John Horwill yn ddylanwad. Athro (Mathemateg), Ysgol Dyffryn Conwy, Llanrwst 1972–78; darlithydd (Ffiseg), Athrofa Gogledd Ddwyrain Cymru, Wrecsam 1978–86. Artist (llawnamser) o 1986. Aelod o Gymdeithas Artistiaid Gogledd Cymru (cyd-sefydlydd, gyda Hamish Weir) 1999–2001; Stucwyr Wrecsam (cyd-sefydlydd 2001). Arddangosfeydd niferus ar y cyd gan gynnwys Oriel Mostyn, Llandudno 1989–93 (y wobr gyntaf 1990); *Arddangosfa Agored Cymru*, Canolfan y Celfyddydau Aberystwyth 1980au; *Arddangosfa Gogledd Cymru*, Theatr Clwyd, Yr Wyddgrug (ThCyW) 1990au; *Stuckists Punk Victorian*, Oriel Gelf Walker, Lerpwl 2004; *Stucwyr Wrecsam*, Canolfan Dreftadaeth Croesoswallt 2005–07; *International Symposium of Stuckism*, Prifysgol John Moores Lerpwl 2006. Arddangosfa undyn, ThCyW 1991. '…dychymyg ac atgofion plentyndod o Ogledd Iwerddon a gogledd Cymru…' Yn byw yng Nghaergwrle, gogledd Cymru.
*Yr artist*

## Howard BOWCOTT 1956–
**Cerflunydd. Ganed ym Manceinion, Lloegr.**

Cyrhaeddodd Gymru ym 1979. Astudiodd ym Mhrifysgol Newcastle 1975–79. Waliwr cerrig/peiriannydd sifil, Blaenau Ffestiniog 1979–85; cynorthwy-ydd achlysurol i David Nash 1985–88. Ymweliad cyfnewid â Zimbabwe, Y Cyngor Prydeinig 1987–88. Artist preswyl, Amgueddfa Lechi Cymru, Llanberis (ALC) 1988. Artist arweiniol, Pengam Green, Bae Caerdydd, Ymddiriedolaeth Gelfyddydau Bae Caerdydd/Corfforaeth Datblygu Bae Caerdydd 1991; cynllun Stryd Fawr Cas-gwent, Cyngor Sir Fynwy 2005. Mae comisiynau eraill yn cynnwys Cyngor Sir Gwynedd 1989–91; Bae Caerdydd 1992, 1998–99, 2006; Cyngor Bwrdeistref Trefynwy 1995; Parc Gwyddoniaeth Westlakes, Cumbria 1996; Cyngor Sir Swydd Lincoln 2002; Canolfan Bywyd Gwledig, Y Bala (gydag Angharad Pearce Jones) 2007. Gwobrau niferus gan gynnwys ABSA Cymru/S4C, y wobr gyntaf 1993; gwobr Goleuadau Gorau SWALEC, enillydd 1995; Cyngor Celfyddydau Cymru 2001; Ffederasiwn Canolfannau Siopa Prydain, Medal Aur 2005; Hybarch Gwmni yr Arlwywyr 2005; Yr Ymddiriedolaeth Ddinesig 2005. Arddangosfeydd ar y cyd yn cynnwys Eisteddfod Genedlaethol Cymru 1987, 1989, 1992; *Artists in National Parks*, Amgueddfa Victoria ac Albert, Llundain 1988 (teithiol); *Fourth Maritime Sculpture Commission Exhibition*, Oriel Gelf Glynn Vivian, Abertawe (OGGV) 1989; *Alchemica*, Oriel Mostyn, Llandudno (OM) 1993; *Onwards*, Gerdd Gerfluniau Hannah Peschar, Ockley 1994–98; *Native Land*, OM 2004 (teithiol). Arddangosfa ddeuddyn, *Mountain Valley River Sea*, Oriel, Cyngor Celfyddydau Cymru, Caerdydd (gyda Meic Watts) 1991. Arddangosfeydd undyn yn cynnwys *Zimbabwe Drawings*, Oriel Gelf Dinas Bulawayo, Zimbabwe 1987; *Earth and Fire*, Oriel Pendeitsh, Caernarfon 1988; Ryfylke Kunstlag, orielau yn Tau a Sand, Norwy 1992; OGGV 1993. Cyhoeddiad, *At the Edge of the Slate Tip* (Howard Bowcott 1986). Wedi'i gynnwys yn rhaglenni HTV 1991, 2002. Gwaith yng nghasgliad ALC; Amgueddfa Cymru. '…comisiynau celf gyhoeddus…llechi, pren, tirffurf'. Yn byw ym Mhenrhyndeudraeth, gogledd Cymru.
*Yr artist*

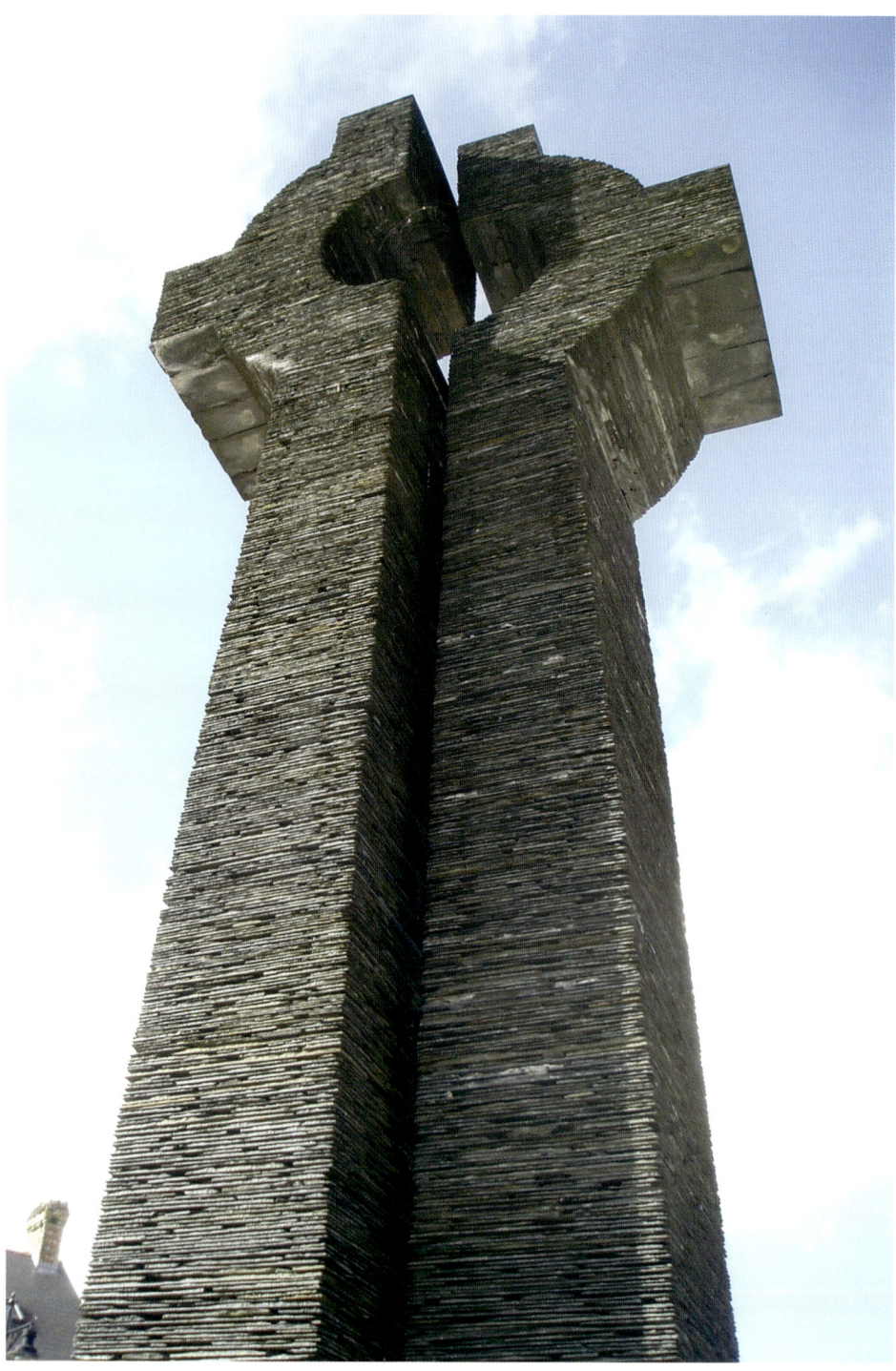

28 | Howard Bowcott
*Landsker Cross, Narberth* 1994

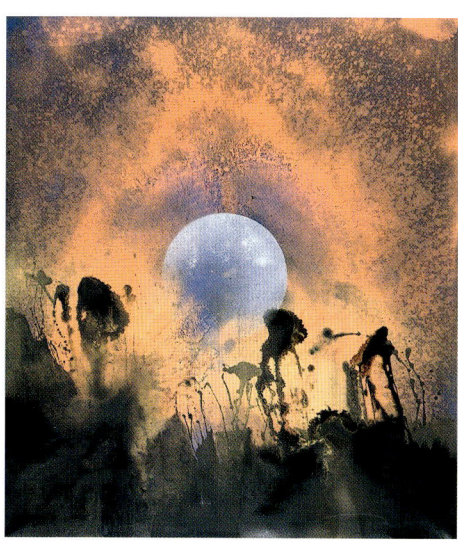

29 | Denis Bowen
*Moon Rising* 1989

## Denis BOWEN 1921–2006
**Peintiwr. Ganed yn Kimberley, De Affrica.**

Tad yn Gymro. Astudiodd yn Ysgol Gelf Huddersfield 1936, gyda Reginald Napier; Y Coleg Celf Brenhinol 1946–50, gyda Carel Weight, Robert Buhler, John Minton. Gwasanaeth amser rhyfel, Y Llynges Frenhinol. Cyfarwyddwr, Oriel New Vision Centre, Llundain 1956–1966. Aelod o Grŵp y Peintwyr a Cherflunwyr Rhydd; Y Grŵp Celtaidd, gyda Derek Culley a John Bellany. Gwobr 13 Tachwedd, Dinas Skopje, Macedonia 2004. Aelod o'r Academi Frenhinol Gymreig. Arddangosfeydd cenedlaethol/rhyngwladol niferus ar y cyd, gan gynnwys Amgueddfa Cymru, Caerdydd (AC) 1963; *Gweledigaeth Geltaidd*, Oriel Mostyn, Llandudno 1987 (teithio'n rhyngwladol); Cymuned Gelf, Galicnic 1990–99; Biennale Harlech 1996, 2005 (Artist Gwadd Arbennig); *Myth and Modernity of Welsh Artists*, Hong Kong ac Oriel Ynys Môn, Llangefni 1997; *State of a Nation*, Grŵp Beca, Llyfrgell Caerfyrddin 1995; Academi Frenhinol Gorllewin Lloegr, Bryste 2005. Arddangosfeydd undyn yn cynnwys adolwg, Ljubljana 1992; Daut Pasha Hamana, Skopje 2004 (teithiol). Gwaith wedi'i gynnwys yn *Denis Bowen*, Peter Davies (2000). Casgliadau niferus gan gynnwys AC; Amgueddfa Celf Gyfoes Macedonia, Skopje; Amgueddfa Victoria ac Albert, Llundain; Casgliadau Tate, Llundain; Oriel Genedlaethol Israel, Tel Aviv; Oriel Genedlaethol, Warsaw; Sefydliad Celf Chicago. '…yn gyfrwng i… (sefydlu) preswyliadau Biennale Harlech gydag artistiaid o Facedonia'. *(John Brown, trefnydd Biennale Harlech)* 'Peintiwr haniaethol oes y gofod'; 'Roedd o'n teimlo cysylltiad cryf â'i wreiddiau Celtaidd.' *(Peter Davies, ysgrif goffa, The Independent, 28 Mawrth 2006)*. Roedd yn byw yn Llundain.

## Dewi BOWEN 1927–
**Ceramegydd a darlunydd/ceinlythrennydd. Ganed yng Nghefncoedycymer, Merthyr Tudful, de Cymru.**

Astudiodd yng Ngholeg Celf Caerdydd 1948–54, gyda Frank Roper, Marjorie Davies; Dowlais 1946–7, gyda Heinz Koppel. Athro celf, Ysgol Uwchradd Fodern Windsor Clive, Caerdydd 1954–55; hyfforddwr cerameg, Coleg Addysg Bellach, Merthyr Tudful 1954–59; Pennaeth yr Adran Gelf, Ysgol Ramadeg Castell Cyfarthfa/Ysgol Uwchradd Cyfarthfa, Merthyr Tudful 1955–84. Cydymaith Grŵp (Artistiaid) (cyntaf) y Rhondda 1948–53. Gwobr gyntaf am gerameg, Eisteddfod Genedlaethol Cymru (EGC),

Aberdâr 1956. Comisiynau'n cynnwys Urdd Gobaith Cymru. Arddangosfeydd ar y cyd yn cynnwys EGC 1956–59, 1970; Coffáu Dr William Price, Amgueddfa Castell Cyfarthfa (ACC) 1954; Dathliadau deucanmlwyddiant Richard Trevithick, ACC 2004. Arddangosfeydd undyn yn cynnwys ACC 1964, 1978; *Dic Penderyn and the Merthyr Riots*, Eglwys Ddewi Sant, Merthyr Tudful 2000.  Paentiad wedi'i atgynhyrchu ar CD Rom ar gyfer *Diwylliant Gweledol Cymru: Delweddu'r Genedl*, golygydd Peter Lord (Canolfan Uwchefrydiau Cymreig a Cheltaidd/Gwasg Prifysgol Cymru 2002). Darluniau ar gyfer cyhoeddiadau niferus, yn ymwneud â Merthyr Tudful yn bennaf, gan gynnwys *Vaynor, a Study of the Welsh Countryside; Sweet Beulah Land, a Rural Autobiography; Traditional Industries of Rural Wales, Self-sufficiency to Dependency in the County of Breconshire*, i gyd gan Elwyn Bowen. Gwaith yn cynnwys cymhorthion gweledol ar gyfer ysbytai lleol; sgroliau goliwiedig; arysgrifau; coflechau. Casgliadau'n cynnwys Amgueddfa Meysydd Fflandrys, Yr Amgueddfa Ryfel Ymerodrol. Yn byw yng Nghefncoedycymer.
*Yr artist*

## John BOWEN 1914–2006
**Enw gwaith John Brynmor Bowen, peintiwr. Ganed yn Llanelli, gorllewin Cymru.**

Astudiodd yn Ysgol Gelf Llanelli (ysgoloriaeth 1930); Coleg Celf Abertawe. Athro, Ysgol Ramadeg Llanelli 1939–40, 1945–79; athro (rhan-amser), Ysgol Gelf Llanelli 1939–40, 1945–60. Gwasanaeth Rhyfel, y Llu Awyr Brenhinol 1940–45. Aelod o Grŵp De Cymru; Cymdeithas Gelf Llanelli (CGLl). Arddangosfeydd niferus ar y cyd gan gynnwys CGLl, yn flynyddol o 1939; Cymdeithas Celf Gyfoes Cymru (CCGC) 1950, 1960–61, 1963; *The Artist in Wales*, Pwyllgor Cymreig Cyngor Celfyddydau Prydain Fawr (PCCCPF)/Llyfrgell Genedlaethol Cymru, Aberystwyth 1952; *Thirty Welsh Paintings of Today*, PCCCPF 1954 (teithiol); Eisteddfod Genedlaethol Cymru, Pwllheli 1955. Arddangosfeydd undyn yn cynnwys *Retrospect*, Parc Howard, Llanelli 1968; Oriel Nevill, Llanelli 1999. Wedi'i gynnwys yn 'The Work of John Bowen', Ann Dorsett *(Carmarthenshire Life)*. Casgliadau'n cynnwys Amgueddfa ac Oriel Gelf Casnewydd; Amgueddfa ac Oriel Gelf Castell Cyfarthfa; Amgueddfa Cymru; awdurdodau addysg Dyfed, Morgannwg a Phowys gynt; CCGC; Coleg Harlech; Prifysgol Cymru Y Drindod Dewi Sant Caerfyrddin; Cyngor Llanelli. Prynwyd gwaith gan Gyngor Celfyddydau Cymru. 'Ysbrydoliaeth gyson oedd Llanelli… bu'n ceisio dal ysbryd y lle a'r bobl a oedd yn byw yno. …bu ymweliadau â de Ffrainc a Sbaen yn ysbrydoliaeth o ran 'golau a lliw llachar' chwedl yntau.' *(Ann Dorsett)* Roedd yn byw yn Llanelli.
*Yr artist*

## Keith BOWEN 1950–
**Peintiwr. Ganed yn Wrecsam, gogledd Cymru.**

Astudiodd yng Ngholeg Technegol Sir Ddinbych 1968–69; Coleg Polytechnig Manceinion 1969–72. Darlithydd (rhan-amser), Athrofa Gogledd Ddwyrain Cymru, Wrecsam (AGDdC) 1975–88. Comisiynau'n cynnwys dylunio stampiau'r Post Brenhinol (Y Beibl Cymraeg 1988, *Wintertime* 1992). Gwobr Ddylunio a Chyfarwyddo Celf 1973; Eisteddfod Genedlaethol Cymru (EGC) Medal Aur, Abergwaun 1986; Gwobr Gyfoes cylchgrawn *Pastel Artist International* 2000. Cymrawd Anrhydeddus, AGDdC 1997. Aelod o'r Academi Frenhinol Gymreig (AFG). Arddangosfeydd ar y cyd yn cynnwys EGC 1977, 1983 (cyd-enillydd y wobr gyntaf), 1984, 1985, 1986 (y wobr gyntaf); *Gwobrau Portreadau*, Yr Oriel Bortreadau Genedlaethol, Llundain 1982, 1986; *Arddangosfa Agored Gogledd Cymru*, Oriel Mostyn, Llandudno 1984 (y wobr gyntaf), 1985, 1986; *Faces of Britain*, Y Cyngor Prydeinig (yn teithio Tsieina) 1988; *Ffermio a'r Dirwedd Gymreig*, Arddangosfa Ganmlwyddiant Cymdeithas Amaethyddol Frenhinol Cymru 2004; *Gwobr Bortreadau Cymru*, Castell Bodelwyddan 2006 (teithiol); Cymru ar Gynfas, Cynulliad Cenedlaethol Cymru/Y Cyngor Prydeinig, Brwsel 2007 (teithiol). Arddangosfeydd undyn yn cynnwys *Bugail Eryri*, Amgueddfa'r Gogledd, Llanberis 1991; *Among the Amish*, Oriel ECTARC, Llangollen 1997 (teithiol);

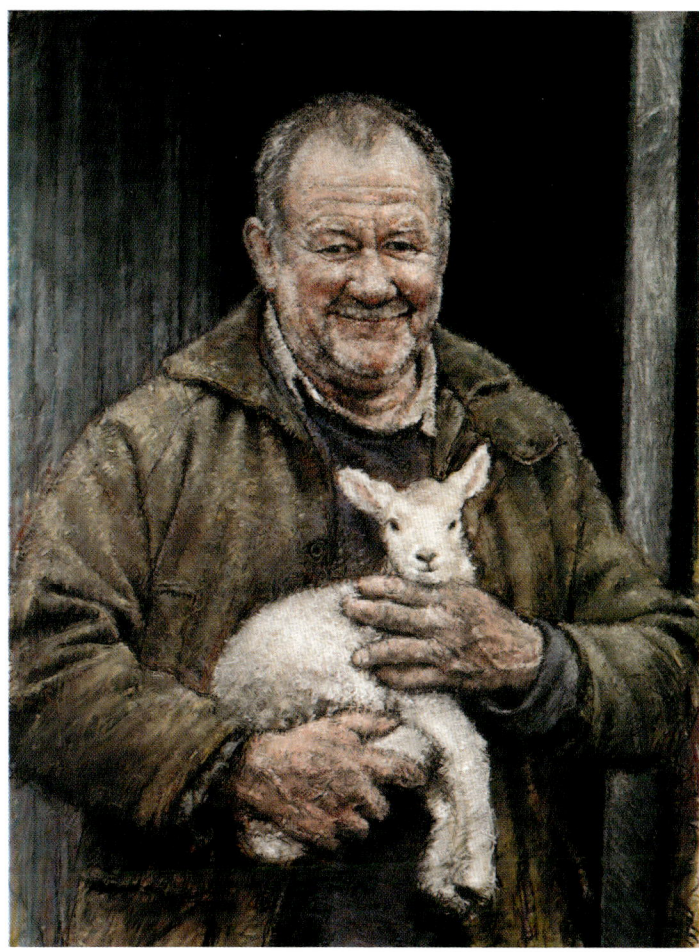

30 | Keith Bowen
*Shepherd and Lamb* 2007

Oriel Open Eye, Caeredin 1998, 2001; Oriel Richard Hagen, Broadway, Swydd Gaerwrangon 1999–2002; *New Paintings of Old Wales*, AFG, Conwy 2005 (teithiol); Oriel Martin Tinney, Caerdydd 2007. Cyhoeddiadau'n cynnwys *Bugail Eryri - Pedwar Tymor ar Ffermydd Mynydd yng Ngogledd Cymru* (Pavilion Books 1991; Gwasg Gomer 1997, 1999); *Among the Amish* (Running Press, Philadelphia 1996); erthygl, 'Welsh Pastels' (cylchgrawn *International Artist*, 2002). Wedi'i gynnwys yn rhaglenni HTV/S4C (1988, 1997). Casgliadau'n cynnwys Amgueddfa Genedlaethol y Post; Cyngor Sir Ddinbych; Cyngor Swydd Gaerlŷr; Llyfrgell Genedlaethol Cymru, Aberystwyth; Oriel Ynys Môn, Llangefni ; Yr Ymddiriedolaeth Genedlaethol. 'Tirwedd gogledd Cymru yw'r brif thema…' Yn byw yn Wrecsam.
*Yr artist*

### Paul BOWEN 1951–
**Enw gwaith Paul Rhys Bowen, cerflunydd. Ganed ym Mae Colwyn, gogledd Cymru.**
Astudiodd yn Ysgol Gelf Caer 1968–69, gyda Jack Shore; Coleg Celf Casnewydd 1969–72, gyda John Selway, Ernest Zobole; Coleg Celf Sefydliad Maryland, Baltimore 1972–74 (MFA). Darlithydd, Coleg Polytechnig Sheffield 1974–77; hyfforddwr cerfluniaeth, colegau yn UDA 1983–2007. Comisiynau niferus gan gynnwys Cyngor Celfyddydau Cymru (CCC) 1976. Gwobrau'n cynnwys Cymrodoriaeth

Hudson D Walker, Canolfan Celfyddydau Cain, Provincetown, Maryland 1977–79; CCC 1978; Sefydliad Artistiaid Massachusetts 1981; Sefydliad Pollock-Krasner 1987; Sefydliad Celfyddydau Lloegr Newydd 1993; Sefydliad Adolph ac Esther Gottlieb 2007. Aelod o'r Academi Frenhinol Gymreig (AFG). Arddangosfeydd rhyngwladol niferus ar y cyd gan gynnwys *Gwreiddiau*, Eisteddfod Genedlaethol Cymru/CCC 1976 (teithiol); *The Fall*, Oriel, CCC, Caerdydd (Oriel) 1976 (teithiol); *100: Canmlwyddiant yr Arddangosfa Haf Flynyddol*, AFG, Conwy 1982; *Eight Sculptures, Two Decades*, Oriel 1984; *Excellent Coast*, Yokohama, Japan 1990; *Collage and Light*, Coleg Colby-Sawyer, New London, New Hampshire 2006. Arddangosfeydd deuddyn yn cynnwys Canolfan Celfyddydau Cain Hardison, Efrog Newydd (gyda Robert Mapplethorpe) 1987; Oriel Cherry Stone, Westfleet, Massachusetts 1987 (gyda Jack Tworkov). Arddangosfeydd undyn niferus gan gynnwys Oriel Newydd Colwyn, Bae Colwyn 1976; Oriel Jack Shainman, Efrog Newydd 1985–88, 1991, 1996; Oriel Howard Yezerski, Boston, Massachusetts 2001; *Sculpture 1974–2004*, Amgueddfa Celfyddydau Cain Cape, Dennis, Massachusetts 2004. Wedi'i gynnwys mewn cyhoeddiadau celf Americanaidd o 1976, gan gynnwys *Paul Bowen Sculpture: 1974–2004*, Jennifer Liese (Coleg Dartmouth 2004). Casgliadau'n cynnwys Amgueddfa Celfyddydau Cain, Boston; Amgueddfa Gelf Fogg, Prifysgol Harvard; Amgueddfa Guggenheim, Efrog Newydd; Prifysgol Aberystwyth; Prifysgol De Cymru, Pontypridd; Ymddiriedolaeth Castell Bodelwyddan. Prynwyd gwaith gan CCC. 'Cerfluniau pren yn bennaf er 1977; hefyd printiadau a darluniau.' Yn byw yn Williamsville, Vermont, UDA.
*Yr artist*

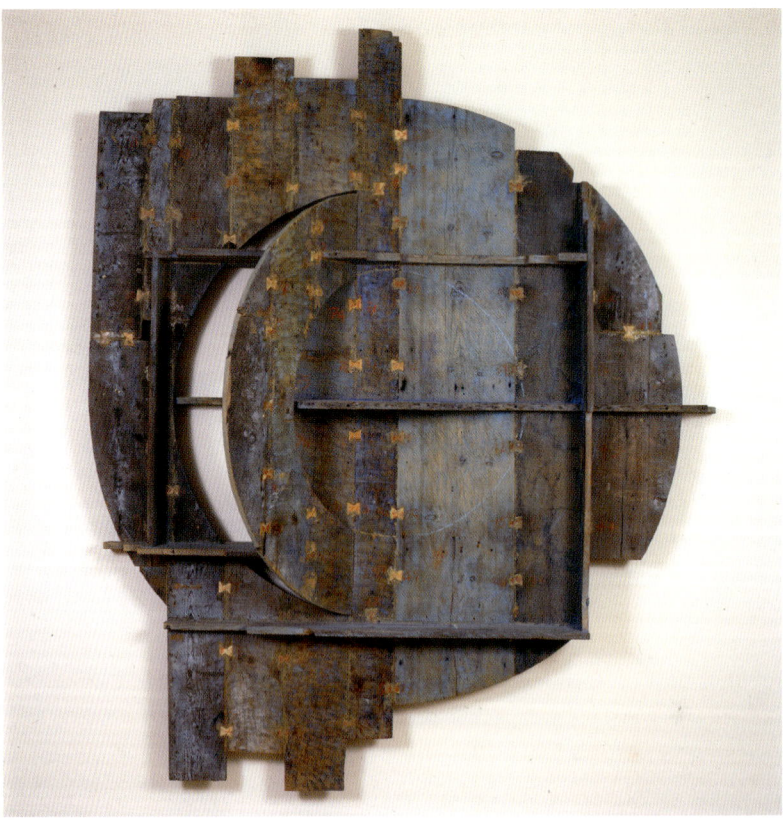

31 | Paul Bowen
*Hiraethum* 1986

## Richard BOWERS 1964–
**Enw gwaith Richard William Bowers, artist fideo. Ganed yn Aldershot, Lloegr.**

Astudiodd yng Ngholeg Celf a Thechnoleg Swydd Gaerloyw, Cheltenham 1984; Athrofa Addysg Uwch De Morgannwg, Caerdydd 1984–7, gyda Terry Setch, Tom Piper. Swyddog Gweinyddol Cymdeithas Artistiaid a Dylunwyr Cymru (CADC) 1989–94; Swyddog Cyfathrebu (Cyfryngau Amgen), Cyngor Cymru i'r Deillion, o 1994. Gwobr Cyngor Celfyddydau Cymru 2007. Aelod o Weithdy Printiau Caerdydd (GPC); CADC 1988–94; The Sound of Aircraft Attacking Britain (TSAAB). Arddangosfeydd ar y cyd yn cynnwys GPC 1987–91; Gweithdy Celfyddydau Abertawe 1991. Comisiynau'n cynnwys *Mouth* (fel TSAAB) ar gyfer *Sightsonic 2001*, Oriel Impressions, Caer Efrog 2001. Cyflwyniadau clywedol/fideo yn cynnwys Gofod Celf Gwledig Coed Hills, Bro Morgannwg (digwyddiad ar y cyd) 2002; *Oboe 1996*, Prifysgol Bangor 2003; Departure, Eisteddfod Genedlaethol Cymru 2006; *Writing…Receiving*, Caerdydd 2004. Erthyglau ac adolygiadau i LINK, 1989–91; gwaith technegol i *Csound Ezine* 2000, 2001. Casgliadau'n cynnwys Cyngor Caerdydd. Yn byw ym Mhenarth, de Cymru. *Yr artist*

## Sebastien BOYESEN 1960–
**Enw gwaith, Sebastien Boyesen – Boyesen Design. Cerflunydd. Ganed yn Felpham, Lloegr.**

Astudiodd yng Ngholeg Celf a Thechnoleg Caergrawnt 1976–78; Coleg Celf a Dylunio Bournemouth a Poole 1978–81, gyda Sam Rabin; Coleg Cerdd a Drama Cymru, Caerdydd 1981–82 (Cynllunio Llwyfan). Aelod o Gymdeithas Artistiaid a Dylunwyr Cymru 1982–84. Tiwtor, Dylunio a Gwneud Printiau, Canolfan Gelfyddydau Neuadd Llanofer, Caerdydd (CGNLl); gweithdai cymunedol; gwneuthurydd celfi llwyfan, Opera Genedlaethol Cymru 1982–84. Technegydd Cerfluniaeth, Athrofa Addysg Uwch De Morgannwg

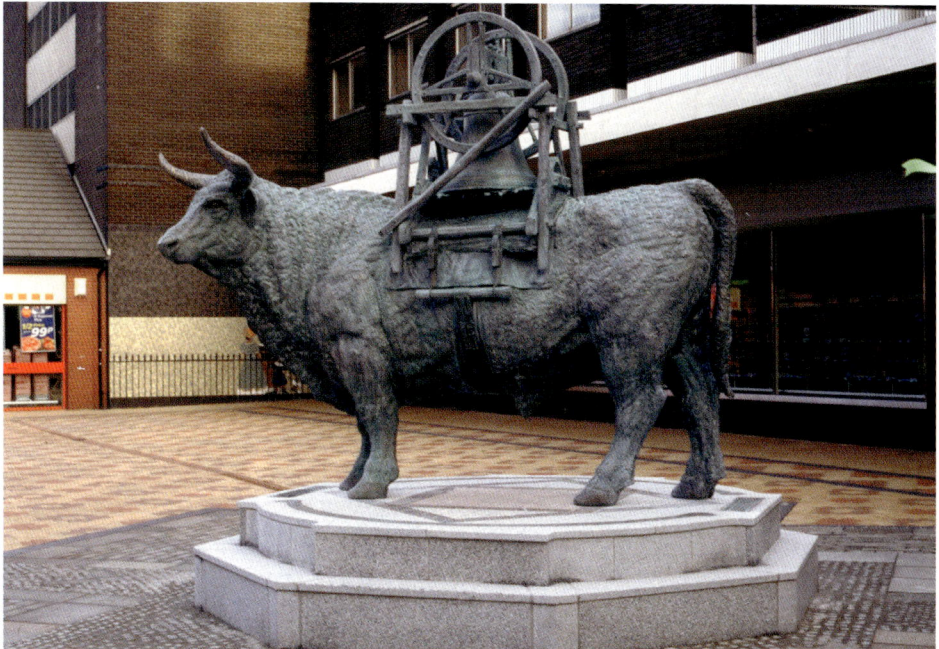

32 | Sebastien Boyesen
*The Vision of St Gwynllyw* 1996

1985–86. Bu'n gweithio yng Ngweithdy Cerfluniaeth Berllanderi, Rhaglan 1984–87; Prosiectau Treftadaeth, Caer Efrog 1986–90. Cerflunydd y Dref, Cyngor Bwrdeistref Casnewydd (CBC) 1992–95. Gwobrau'n cynnwys Cyngor Celfyddydau Cymru (CCC) 1983, 1984, 1985. Comisiynau o bwys ledled y DU yn cynnwys Cyngor Sir Clwyd 1984; Awdurdod Datblygu Cymru/Rheilffyrdd Prydeinig/Cyngor Morgannwg Ganol 1990; CBC 1991; Yr Asiantaeth Gelf ac Adfywio 1996, 2000; Cyngor Bwrdeistref (CB) Dinesig Doncaster 2000; CB Dinesig Blackburn a Darwen 2000; Cyngor Dinas Southampton 2001; CB Castell-nedd Port Talbot 2001; Cyngor Dinas Casnewydd 2003; CB Caerffili 2004, 2006; Gwasanaeth Iechyd Gwladol/Arch Noa, Caerdydd 2005. Arddangosfeydd ar y cyd yn cynnwys Oriel, CCC, Caerdydd 1983; *Art and Architect*, Ymddiriedolaeth Gerfluniaeth Cymru 1985; Canolfan Gelfyddydau Chapter, Caerdydd 1986. Arddangosfa undyn yn cynnwys *Alterpiece*, CGNLl 1985; Cywaith Cymru, Caerdydd 1996. Cyhoeddiad, *The Vision of St Gwynllyw and Other Stories. Public Art Projects by Sebastien Boyeson* (1997). '…creu amgylchedd sy'n fwy dymunol… Astudio natur…' Yn byw yn Llandysul, gorllewin Cymru.
*Yr artist*

## Graham BRACE 1949–
**Enw gwaith Graham Christopher Brace, peintiwr, dylunydd graffeg, darlunydd. Ganed yn Aberdaugleddau, gorllewin Cymru.**

Astudiodd yng Ngholeg Celf Caerdydd 1966–69, gyda Tom Hudson, Brian Shields, Terry Setch. Cyfarwyddwr Celf Hysbysebu/dylunydd graffeg/darlunydd, Llundain 1969–76; dychwelodd i Gymru 1976. Cyfarwyddwr, ymgynghoriaeth dylunio graffeg/hysbysebu, Hwlffordd 1976–99; artist (llawnamser), o 2003. Aelod sefydlu, Cymdeithas Penseli Lliw'r DU (CPLlDU); aelod, Cymdeithas Penseli Lliw America; Gwneuthurwyr Crefft Sir Benfro. Arddangosfeydd ar y cyd yn cynnwys *Artist y Flwyddyn Cymru*, Neuadd Dewi Sant, Caerdydd (NDS) 2001; *Pentigili – Arddangosfa Artistiaid Sir Benfro*, Eisteddfod Genedlaethol Cymru, Tyddewi 2001 (teithiol); CPLlDU, Amgueddfa Benseli Cumberland, Keswick 2003 (Gwobr Dewis y Bobl); Arddangosfa'r Nadolig, NDS 2004, 2005. Arddangosfeydd deuddyn, Oriel Waterfront, Aberdaugleddau (OW) (gyda Luke Adam Kite) 2004; Y Llyfrgell Sirol, Hwlffordd (gyda David Wilson) 2006. Arddangosfeydd undyn yn cynnwys Oriel Dockside, Aberdaugleddau 2000; Art Matters, Dinbych-y-pysgod 2002; Oriel Rhiannon, Tregaron 2004; OW 2005; Oriel Colby, Amroth 2006. 'Mae fy lluniau'n gynrychioliadol ac yn fanwl iawn… mewn pensel liw'n bennaf (toddadwy ac fel arall) … arfordir a chefn gwlad Sir Benfro … yn enwedig golygfeydd gwych yr aber o gwmpas Llangwm ….' Yn byw yn Llangwm, gorllewin Cymru.
*Yr artist*

## Geoffrey BRADFORD 1947–
**Cerflunydd. Ganed yn Llundain, Lloegr.**

Astudiodd yng Ngholeg Technegol ac Ysgol Gelf y De-ddwyrain, Essex 1965–69, gyda Thomas Baylis Huxley-Jones, Colin Davidson. Darlithydd cerflunio, cyrsiau sylfaen yn Llundain ac Essex 1969–76; athro ysgol, gorllewin canolbarth Lloegr 1976–83. Cyrhaeddodd Gymru ym 1983. Pennaeth Adran, Ysgol Uwchradd Crucywel 1983–1989; Athro Ymgynghorol i Bowys 1989–92; Cynghorydd/Arolygydd Celf 1992–97. Arholwr Allanol, Addysg Celf a Dylunio, Prifysgol Canolbarth Lloegr 1996–2000. Detholydd ar gyfer Eisteddfod Genedlaethol Cymru (EGC), Llanfair-ym-Muallt 1993. Preswyliadau, *Opt for Art*, Ysgol Lewis y Bechgyn, Morgannwg Ganol 1999; Canolfan Gelfyddydau Llyfrgell Wrecsam 2000. Arddangosfeydd ar y cyd yn cynnwys EGC 1996, 1998, 2000; *Arddangosfa Agored Machynlleth* (enillydd gwobr), Y Tabernacl 1995; Oriel Martin Tinney, Caerdydd 2001. Arddangosfeydd undyn yn cynnwys Oriel y Bont, Prifysgol Morgannwg 2001; Oriel Canfas, Caerdydd 2004; Oriel Salthouse, St Ives

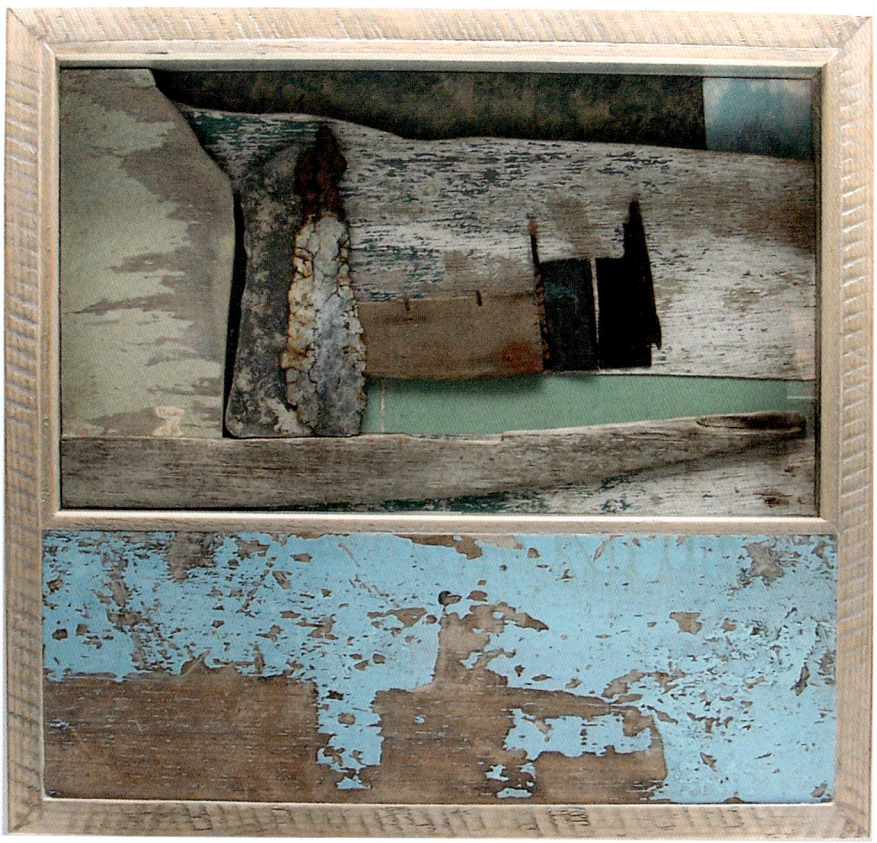

33 | Geoffrey Bradford
*From The Time of the Beginning* 2001

1993; Amgueddfa ac Oriel Gelf Frycheiniog, Aberhonddu 1997. Cyfweliad i BBC Cymru, EGC 1993. Casgliadau'n cynnwys Amgueddfa ac Oriel Gelf Brycheiniog. 'Thema barhaus yn fy ngwaith yw'r arfordir; adeiladu, assemblage; collage'. Yn byw yn Northumberland, Lloegr.

### Sarah BRADFORD 1943–
**Peintwraig. Ganed yn Llundain, Lloegr.**
Astudiodd yng Ngholeg Celf Stourbridge, gorllewin canolbarth Lloegr 1976–79 gyda John Mitchell, Peter Olley. Athrawes, ysgolion uwchradd 1980–92. Cyrhaeddodd Gymru ym 1983. Preswyliadau, *Opt for Art*, Wrecsam 2000. Aelod o Ysbryd Cymru (YC). Arddangosfeydd ar y cyd yn cynnwys *Gwobr Gelf Hunting* (goreuon terfynol), Orielau'r Mall, Llundain (OM) 1998; Coleg Celf Brenhinol, Llundain 1998; Amgueddfa ac Oriel Gelf Casnewydd 1998; YC, OM 2001 (teithiol); *A Propos Ceri Richards*, Amgueddfa Cymru, Caerdydd 2002. Arddangosfeydd un-ddynes yn cynnwys Amgueddfa ac Oriel Gelf Brycheiniog, (AOGF) 1997; Canolfan Gelfyddydau Wrecsam 2000; *Works on Paper*, Amgueddfa ac Oriel Gelf Casnewydd 2003 (teithiol). Cyhoeddiadau'n cynnwys *Understanding Artists, Craftworkers and Designers* (Adran Addysg Powys 1994); nodiadau catalog ar sawl artist. Gwaith wedi'i gynnwys

yn *Tir Cymysg y Ffin* (Menna Baines, *Barn*, Awst 2003). Casgliadau'n cynnwys AOGF. 'Tirwedd, yr arfordir a safleoedd hynafol … Dw i wedi ceisio dal hanfod y lleoedd a welwyd neu a deimlwyd, nid mewn unrhyw ffordd dopograffig, ond fel golwg oddrychol a phersonol.' Yn byw yn Northumberland, Lloegr.

*Yr artist*

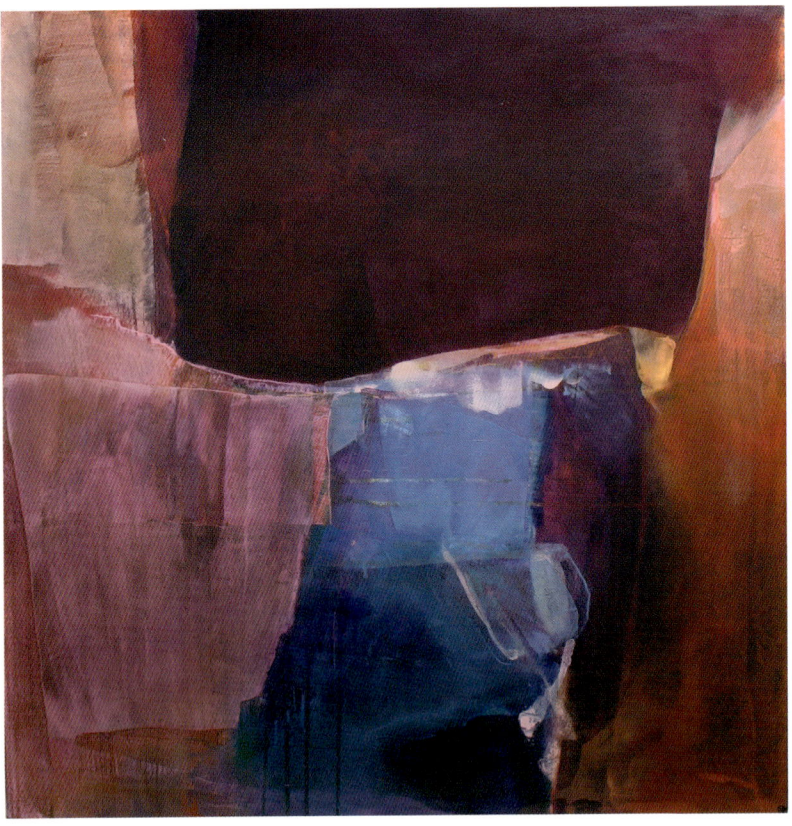

34 | Sarah Bradford
*And all around us (1)* 2003–07

## Steve BRAKE 1944–2008
**Enw gwaith Stephen Brake, cerflunydd, gweinyddwr celfyddydau. Ganed yn Llundain, Lloegr.**

Astudiodd yng Ngholeg Celf Wimbledon, Llundain 1968–69, gydag Alan Cuthbert; Coleg Celf St Martin, Llundain 1969–72, gydag Anthony Caro, Barry Flanagan; Prifysgol y Ddinas, Llundain 1978–79 (Gweinyddiaeth y Celfyddydau). Daeth i Gymru ym 1972. Tiwtor, Celf, Addysg Oedolion a Phellach; Adran Efrydiau Allanol, Coleg Prifysgol Cymru, Aberystwyth 1972–78; Swyddog Celfyddydau Sirol, Cyngor Sir Clwyd 1980–96; Swyddog Celfyddydau Sirol, Sir Ddinbych 1998–2008. Aelod o Gymdeithas Artistiaid a Dylunwyr Cymru, Cangen Canolbarth Cymru 1972–78; Ymddiriedolaeth Gerfluniaeth Cymru 1983–91. Mae arddangosfeydd ar y cyd yn cynnwys Oriel 700, Aberystwyth (O700) 1975. Arddangosfeydd undyn yn cynnwys Canolfan y Celfyddydau Aberystwyth 1975; O700, 1976. Gwaith yng nghasgliad Ymddiriedolaeth Celfyddydau Cain Clwyd. Roedd yn byw yn Wrecsam, gogledd Cymru.

*Yr artist*

## Rosemary BRAMLEY 1929–1995
**Peintwraig. Ganed ym Mryste, Lloegr.**

Hunanaddysgiedig. Astudiodd yng Ngholeg Loughborough, Llyfrgellydd Siartredig 1952. Cyrhaeddod Gymru ym 1963. Llyfrgellydd rhan-amser, Prifysgol Cymru, Caerdydd; cyfansoddwraig; athrawes piano. Aelod o Gymdeithas Gelf De Cymru (Swyddog Cyhoeddusrwydd); athrawes i Grŵp Celf Dinas Powys. Arddangosfeydd ar y cyd yn cynnwys Cymdeithas Gelf De Cymru; *Arddangosfa Celf Gain Dinas Powys*, 1978; *Arddangosfa'r Nadolig*, Oriel, Cyngor Celfyddydau Cymru, Caerdydd 1982; *Arddangosfa Agored Canolbarth Cymru*, Canolfan y Celfyddydau Aberystwyth 1982; arddangosfa ddeuddyn, gyda Gerard Collins, Dinas Powys, 1984. Arddangosfa goffa un-ddynes, Dinas Powys 1995. Gwaith wedi'i gyhoeddi gan y *South Wales Echo* ('Pen and Ink', Caerdydd 1984). Llawer o waith arlunio pen ac inc a lithograffau o Ddinas Powys; byddai'n darlunio ac yn cofnodi hen adeiladau a safleoedd hanesyddol oedd dan fygythiad cael eu dymchwel. Roedd yn byw yn Ninas Powys, de Cymru.

## Toril BRANCHER 1955–
**Ffotograffydd. Ganed yn Oslo, Norwy.**

Astudiodd yn Kristiansand, Norwy 1977; Prifysgol Cymru, Casnewydd (rhan-amser) 1993–98 (gradd yn y dosbarth cyntaf), 1999–2001 (MA Ffotograffiaeth Ddogfennol), gyda Paul Seawright, Ian Walker. Bu'n byw yn Japan, UDA, Lloegr; cyrhaeddodd Gymru ym 1989. Darlithydd (rhan-amser), Coleg Addysg Bellach Glynebwy 2000; tiwtor, Prifysgol Caerdydd/Ffotogallery, Caerdydd (Ffotog), o 2002. Artist preswyl, Blaenafon 2003; cynhadledd NALGO, Caerdydd 2005; Merthyr Tudful 2005.

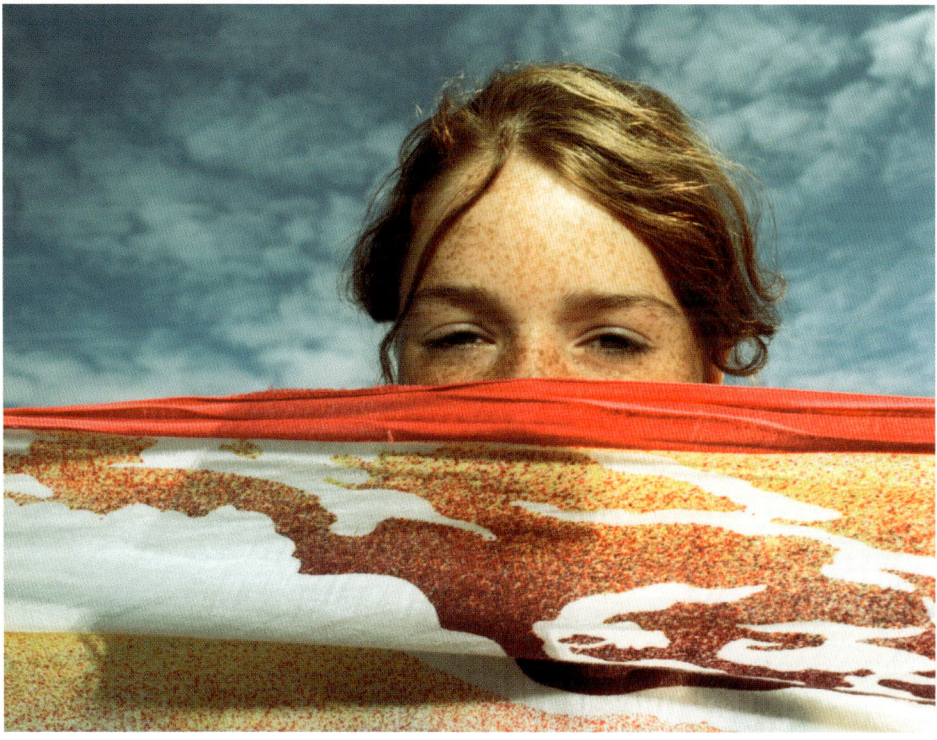

35 | Toril Brancher
*Heb Deitl rhif 43 o'r gyfres, mean time* 2001

Arddangosfeydd niferus ar y cyd yn cynnwys *In the Habit of Dwelling*, Canolfan Ffotograffiaeth Awstralia, Sydney 1998; Gŵyl Ffotograffiaeth Henffordd (GFfH), o 1999; *West – Ffotobiennale*, Ffotog/Oriel Gelf Glynn Vivian, Abertawe 2000; *Scene Around*, Big Pit, Blaenafon 2004; *Mean Time – East International*, Oriel Norwich 2004; *Mean Time, The Fringe*, GFfH 2005; *Porcelain Ritual and Process*, Canolfan Gelfyddydau Abaty Nant Teyrnon, Cwmbrân 2007. Arddangosfeydd un-ddynes yn cynnwys *Over the Road*, Theatr Sherman, Caerdydd 1997/The White Space, Brynbuga 2000; *Good Night*, Ffotog 1998; *Picturing Cardiff*, BayArt/Canolfan Gelfyddydau Chapter/ Canolfan Gelfyddydau'r Eglwys Norwyaidd, Caerdydd 2002; *New View, Merthyr Tydfil*, Y Senedd, Bae Caerdydd 2006. Cyhoeddiadau'n cynnwys *Picturing Cardiff* (Fforwm y Celfyddydau Gweledol Caerdydd 2002); *Turning Tides* (Celfyddydau Rhyngwladol Cymru 2004). Casgliadau'n cynnwys Amgueddfa Cymru, Caerdydd; Amgueddfa Victoria ac Albert, Llundain. '… ffocws pendant ar bobl… perthnasoedd unigol a'r amgylchedd…'. Yn byw yn y Fenni, de Cymru.
*Yr artist*

### Frank BRANGWYN 1867–1956
**Enw gwaith Francis Gillaume Brangwyn (Syr Frank Brangwyn RA), peintiwr a dylunydd. Ganed yn Bruges, Gwlad Belg.**

Ei fam yn Gymraes, ei dad yn Eingl-Gymreig. Dychwelodd y teulu i Lundain ym 1875. Hunanaddysgedig. Dechreuodd weithio i William Morris 1882. Bu'n arddangos yn yr Academi Frenhinol, Llundain (AF) 1885. Teithiodd yn eang. Medal Arddangosfa Chicago, 1884, ei waith wedi'i werthu i Lywodraeth Ffrainc 1885. Aelod sefydlu, Clwb Celfyddydau Chelsea 1891; Cymdeithas yr Artistiaid Prydeinig (Llywydd 1913). Llawer o gomisiynau cenedlaethol a rhyngwladol, yn aml ar raddfa fawr ar gyfer paentiadau, darluniau a phrintiau, cynllunio mewnol, dodrefn, tecstiliau, cerameg, gwaith metel, gwydr. Comisiynau'n cynnwys Paneli'r Ymherodraeth Brydeinig, 1925, a wrthodwyd gan Dŷ'r Arglwyddi, a'u lleoli gyda Chyngor Dinas Abertawe, Neuadd y Ddinas, Abertawe, 1934. Gyda John M. Swan, agorodd Yr Ysgol Gelf, Llundain ym 1904. Arddangosfeydd yn cynnwys yr Academi Frenhinol, Llundain (AF); *Art in Wales, The 20th Century: The Early Years 1900–56*, Cyngor Celfyddydau Cymru (CCC) 1969; *40 Years On: works purchased since 1938* gan Gymdeithas Celf Gyfoes Cymru, CCGC/CCC, 1977. Arddangosfeydd undyn niferus yn Llundain, Paris, Efrog Newydd, gan gynnwys adolwg, AF 1952. Arddangosfeydd ar ôl ei farwolaeth yn cynnwys *Frank Brangwyn Centenary*, Amgueddfa Cymru (AC)/CCC 1967. Llawer o gyhoeddiadau am Brangwyn gan gynnwys *The Watercolours of Sir Frank Brangwyn RA*, Cyril G E Bunt (F Lewis 1958); *The oils and murals of Sir Frank Brangwyn RA*, Oriel Vincent (F Lewis 1962); *Brangwyn*, Rodney Brangwyn (William Kimber 1978); *The British Empire Panels of Sir Frank Brangwyn RA*, David Bell (Bwrdeistref Sir Abertawe 1958); *Sir Frank Brangwyn RA, 1867–1956: Studies for the British Empire Panels*, Hilary Woolley (Gwasanaeth Amgueddfeydd Abertawe/Oriel Gelf Glynn Vivian (OGGV) 1987). Casgliadau'n cynnwys AC; Amgueddfa Brangwyn, Bruges; Oriel William Morris, Walthamstow; CCGC; OGGV. 'Bu Brangwyn yn ystyried ei gynnyrch yn 'jobiau' yn hytrach nag yn weithiau celf … ymhyfrydai mewn crefftwaith cadarn ac arfau a deunyddiau da…' (RL Charles, catalog i *Frank Brangwyn Centenary* 1967). Roedd yn byw yn Ditchling, Lloegr.

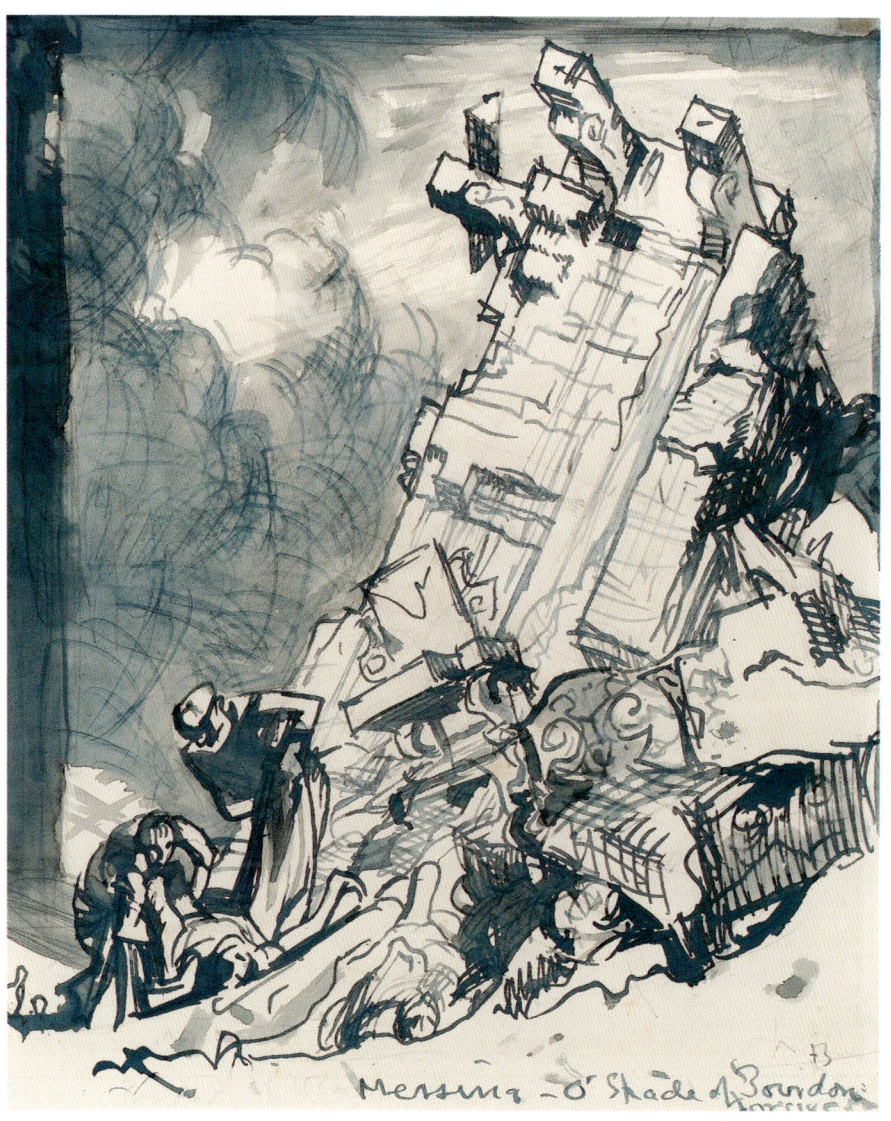

36 | Frank Brangwyn
*Messina after the Earthquake* tua 1948

## Evelyn BREARLEY 1906–1985
**Enw gwaith Evelyn Gertrude Brearley, peintwraig. Ganed yn Douglas, Ynys Manaw.**

Rhywfaint o ysgol yng ngogledd Cymru. Astudiodd yng Ngholeg Celf Manceinion (enillodd Fwrsari ac Ysgoloriaeth). Athrawes, ysgolion yn Bradford, Lerpwl a Phont-y-pŵl; darlithydd rhan-amser, Cymdeithas Addysg y Gweithwyr; Cyngor Sir Gwent. Canmoliaeth uchel am Ddylunio Tecstiliau, Y Gymdeithas Gelf Frenhinol. Comisiynau ar gyfer portreadau a darluniadau o adeiladau. Aelod o'r Grŵp Cymreig (GC); Cymdeithas Ddyfrlliwiau Cymru (CDdC). Arddangosfeydd niferus ar y cyd gan gynnwys Eisteddfod Genedlaethol Cymru 1958, 1964; Cymdeithas yr Artistiaid Proffesiynol, Caerdydd 1961–2; *Pictures for Welsh Schools*, Cymdeithas er Addysg drwy Gelf 1964, 1970; *Two from Wales* (gyda Mary Fogg), Oriel Gelf Henffordd 1965; Clwb Celf Seisnig Newydd; Cymdeithas Artistiaid Prydain. Arddangosfeydd un-ddynes yn cynnwys Anheddiad Addysgol Pont-y-pŵl, 1962; Castell Cyfarthfa, Merthyr Tudful, 1962; Amgueddfa ac Oriel Gelf Casnewydd (AOGC) 1962; *Colour +*, Canolfan Gelfyddydau Abaty Nant Teyrnon, Cwmbrân 1971; Coleg Prifysgol Cymru, Caerdydd 1974. Gwaith yn cael ei gynnwys yn *Arts Review*, 1965, 1967, 1970, 1971, 1972; *Liverpool Daily Post* (Lawrence Bisson) 1972; adolygiadau yn y *Western Mail*, *South Wales Argus*, *North Wales Weekly News*. Casgliadau'n cynnwys AOGC; Cyngor Caerdydd; Cyngor Sir Ynys Môn; Cymdeithas Celf Gyfoes Cymru. Roedd yn byw ym Mhont-y-pŵl, de Cymru.

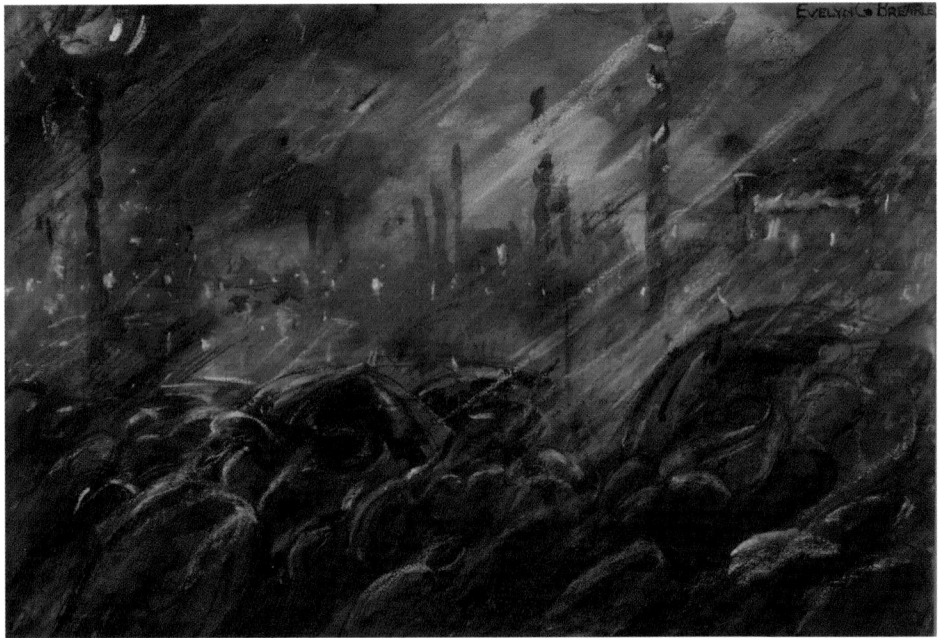

37 | Evelyn Brearley
*Rush Hour Rain* 1962

## Keith BREEDEN 1956–
**Enw gwaith Keith James Breeden, peintiwr, cerflunydd, dylunydd graffeg. Ganed yn Swydd Gaer, Lloegr.**

Hunanaddysgedig. Cyrhaeddodd Gymru ym 1988. Garddwr, torrwr beddau, gyrrwr wagen fforch godi 1976–78; artist/dylunydd i'r diwydiant cerddoriaeth, gyda Malcolm Garrett, Assorted Images, Llundain 1979–85 (cleientiaid yn cynnwys Duran Duran, Culture Club); sefydlodd/rheolodd Stiwdio DKB, Llundain 1986–94 (cleientiaid yn cynnwys Bryan Ferry, Pink Floyd, NME, Greenpeace); artist (llawnamser), o 1996. Gwobrau'n cynnwys Music Week, Llundain 1985, 1986; Internationale Kalenderschau, Stuttgart 2000 (gwobr gyntaf, Kodak Fotokalender). Preswyliadau a gweithdai niferus, o 1996, gan gynnwys Coleg Powys; Iechyd Powys/Heddlu Dyfed Powys; Cyswllt Celf/Cyngor Sir Powys; ysgolion yn Mhowys, gan gynnwys Ysgol Llanfihangel. Comisiynau portreadau niferus gan gynnwys Syr Brian Smith, Is-ganghellor, Prifysgol Caerdydd. Aelod o Gymdeithas Frenhinol y Peintwyr Portreadau (CFPP). Arddangosfeydd ar y cyd yn cynnwys *Creative Futures*, Oriel Hamiltons, Llundain 1986; *Yr Arddangosfa Agored Flynyddol*, Oriel 31, Y Drenewydd 1995, 1998; *BP Portrait Awards*, Yr Oriel Bortreadau Genedlaethol, Llundain 1996 (Dewis Ymwelwyr); Yr *Arddangosfa Agored Flynyddol*, Y Tabernacl, Machynlleth 1996 (y wobr gyntaf), 1997; *Adnoddau Cymru*, Y Symposiwm Cerfluniaeth Rhyngwladol, Llanfyllin 1996; *Llwybr Cerfluniau Powys*, Llyn Efyrnwy 1996, 1998; CFPP, Oriel y Mall, Llundain 1998–2000; *People's Portraits* 2000 (teithiol, gan gynnwys Neuadd Dewi Sant, Caerdydd). Casgliadau'n cynnwys Coleg Brenhinol y Ffisigwyr, Caeredin; Coleg Brenhinol y Llawfeddygon; Coleg Fettes, Caeredin; Cymdeithas Feddygol Prydain; Prifysgol De Cymru, Pontypridd. '…Dwi wedi dod i weld paentio fel proses trefnu'r byd.' Yn byw yn Llanfyllin, canolbarth Cymru.
*Yr artist*

## Mary BRENIG-JONES 1945–
**Peintwraig, gwneuthurwraig printiau, artist digidol. Ganed yng Nghaerdydd, de Cymru.**

Bu'n hyfforddi fel nyrs, Ysbyty Brenhinol Caerdydd 1963–66; astudiodd yng Ngholeg Celf a Dylunio Berkshire, Maidenhead 1990–91; Coleg Celf a Dylunio West Surrey, Farnham 1991–92; Sefydliad Celf a Dylunio Surrey, Farnham 1992–95. Nyrs ddiwydiannol, Essex 1967–68; nyrs staff, Reading 1968–69, 1988–90; artist, o 1990. Aelod o Gymdeithas Gelfyddydau y Menywod. Arddangosfeydd ar y cyd yn cynnwys Eisteddfod Genedlaethol Cymru, Pen-y-bont ar Ogwr 1998; The Artlounge, The Mailbox, Birmingham 2001; Canolfan Gelfyddydau Abaty Nant Teyrnon, Cwmbrân 2002; Amgueddfa Pont-y-pŵl 2003; Y Senedd, Cynulliad Cenedlaethol Cymru, Bae Caerdydd 2005; Celf Ganolog, Y Barri 2006, 2007. Arddangosfeydd un-ddynes yn cynnwys Oriel Washington, Penarth 1997; Amgueddfa ac Oriel Cwm Cynon, Aberdâr 2000, 2002; Oriel Myrddin, Caerfyrddin 2001. 'Arfordir de Cymru; …o 2004, yn gweithio mewn print… ac yn arbrofi mewn gwahanol ffyrdd o gyflwyno, gan gynnwys y ddelwedd ddigidol. Yn byw ym Mhenarth, de Cymru.
*Yr artist*

## Karen BRETT 1968–
**Ffotograffydd. Ganed ym Mryste, Lloegr.**

Astudiodd yng Ngholeg Filton, Bryste (CFB) 1994–95; Prifysgol Cymru, Casnewydd 1995–98 (gradd yn y dosbarth cyntaf); Coleg Cyfathrebu Llundain (MA Ffotograffiaeth) 2005. Cydgysylltydd, gweithdai Ffotograffiaeth Greadigol, Prifysgol Caerfaddon 2000–04; tiwtor, Ffotograffiaeth Ddogfen, Canolfan Gelfyddydau Chapter, Caerdydd o 2000; darlithydd (rhan-amser), CFB o 1999; Uwch-ddarlithydd, Prifysgol Swydd Gaerloyw 2007. Gwobrau'n cynnwys Celfyddydau De-orllewin Lloegr 2001; Cyngor Celfyddydau Lloegr, De-orllewin 2003, 2006. Comisiynau'n cynnwys *Just Another Day, Cartref Nyrsio*

*y Gogarth, Llandudno*, Ffotogallery (Ffotog), Caerdydd 2000 (ar gyfer arddangosfa deithiol); *Waiting Rooms*, Rhwydwaith Artistiaid Ardal Caerfaddon, Caerfaddon a Bryste 2001 (ar gyfer arddangosfa deithiol, gan gynnwys canolfannau yng Nghymru); Celfyddydau Gogledd-ddwyrain Gwlad yr Haf 2003. Arddangosfeydd ar y cyd yn cynnwys *West, Ffotobienniale Gyntaf, Cymru 2000*, Ffotog 2000 (yn teithio Cymru) (arobryn). Arddangosfeydd un-ddynes yn cynnwys *The Myth of Sexual Loss*, Ffotog 2003 (teithiol); *Kiss and Tell*, Canolfan Ffotograffiaeth, Woodstock, Efrog Newydd 2007. Cyhoeddiadau'n cynnwys erthygl, *Nextlevel* (rhifyn 01, cyfrol 02, Llundain 2003); catalog, *West, Ffotobienniale Gyntaf Cymru* (Ffotog 2000). '…iechyd meddwl, cam-drin domestig ac agosatrwydd yn y drydedd oes.' Gwaith yng nghasgliad Amgueddfa Cymru. Yn byw ym Mryste.
*Yr artist*

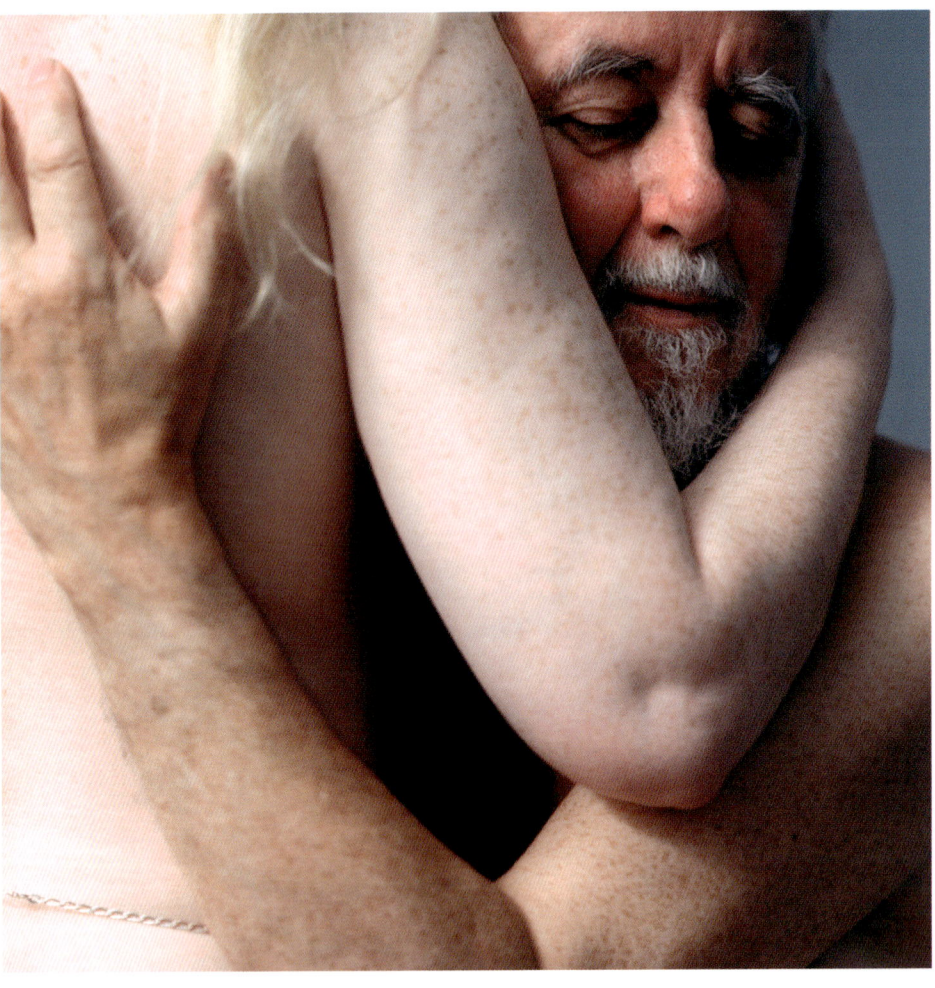

38 | Karen Brett
*The Myth of Sexual Loss* 2003

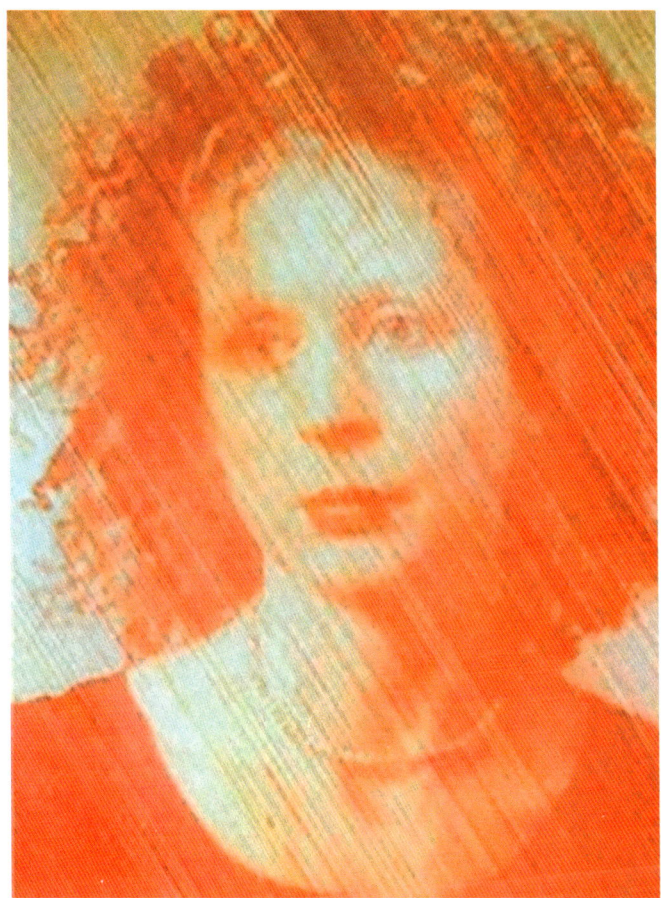

39 | Paul Brewer
*Brewer 12/1* 2000

## Paul BREWER 1946–

**Enw gwaith Paul Anthony Brewer, ffotograffydd, peintiwr. Ganed yng Nghaerdydd, de Cymru.**

Astudiodd yng Ngholeg Celf Casnewydd 1965–69; Prifysgol Cymru, Sefydliad Gwyddoniaeth a Thechnoleg 1972–73 (Seicoleg Gymhwysol); Coleg Celf Caerdydd 1973–74. Stiwdio yng Nghanolfan Gelfyddydau Chapter, Caerdydd (CGChap) 1971–2005; rhaglen dosbarthiadau meistr mewn stiwdio 1990–98; darlithydd (Ffotograffiaeth) (rhan-amser/ar wahanol adegau) 1998–2003, Casnewydd, Caerdydd, Southampton, Aberystwyth. Y Fedal Aur am Gelf Gain, Eisteddfod Genedlaethol Cymru (EGC), Abergele 1995. Gwobrau niferus gan gynnwys Cyngor Celfyddydau Cymru (CCC) 1977–2007 (naw gwobr); Y Cyngor Prydeinig 1989, 1998; Comisiwn y Mileniwm 1997, 1999 (Cymrodoriaeth); Celfyddydau Rhyngwladol Cymru (CRhC) 2002, 2005. Artist preswyl, Oriel Gelf Glynn Vivian, Abertawe (OGGV) 1999; *Wales Week in Lyon*, Cynulliad Cymru/CCC 2000; *Camera Obscura/Dead Flowers*, Laterna Magica, Helsinki, CRhC 2006. Arddangosfeydd niferus ar y cyd, o 1966, gan gynnwys EGC/CCC 1976 (teithiol) (arobryn), 1986 (arobryn), *Gold Medal Winners 1990–2000*, 2000; *Welsh Artists at Editions Alecto*, CCC 1979 (teithiol); *Lensless Photography*, Sefydliad Franklin a'r Amgueddfa Wyddoniaeth, Philadelphia 1983 (teithiol); *Hunanbortreadau*, Llyfrgell Genedlaethol Cymru (LlGC) 1995.

Arddangosfeydd undyn niferus gan gynnwys CGChap 1974–76, 1991; *Floors and Photographs*, Oriel, CCC, Caerdydd 1981; Amgueddfa Fox Talbot, Lacock, Lloegr (AFT) 1982, 1987; *Camera Obscura*, Y Cyngor Prydeinig/CCC 1989 (yn teithio Iwgoslafia); *Under Cover of Darkness*, Ffotogallery (Ffotog) 1991; *A Negative View*, OGGV 2000; *Double Negative*, Oriel Ymddiriedolaeth Julia Margaret Cameron, Ynys Wyth 2004; *One Woman Show*, Oriel Canfas 2004 (teithiol). Wedi'i gynnwys yn helaeth yn y wasg gelf/cyfryngau cenedlaethol/rhyngwladol. Casgliadau'n cynnwys AFT; Amgueddfa ac Oriel Gelf Casnewydd; Amgueddfa Victoria ac Albert, Llundain; Cymdeithas Celf Gyfoes Cymru; Ffotog; LlGC; Prifysgol De Cymru, Pontypridd; Y BBC. Prynwyd gwaith gan CCC; Cymdeithas Gelfyddydau De Ddwyrain Cymru. '…portreadau lliw [a bywyd llonydd], gan ddefnyddio dull argraffu'r bedwaredd ganrif ar bymtheg o'r enw bicromad gwm. Camera obscura…sy'n gallu creu delwedd hyd at 10'x4' fan bellaf.' Yn byw yn Abergwaun, gorllewin Cymru.
*Yr artist*

### Elizabeth BRICKELL 1961–
**Enw gwaith Elizabeth Ann Brickell, artist yn defnyddio cyfryngau cymysg. Ganed yn Amwythig, Lloegr.**

Astudiodd yng Nghaer 1979–80; Bryste 1980; Cyprus 1985–86. Artist preswyl, ysgolion yng ngorllewin Cymru 1992–99; ysbytai gyda Gofal Celf, Aberystwyth, Caerfyrddin, Aberteifi 1995, 1998, 2000. Comisiwn, cerflun i Goedwig Pen-bre, Llanelli, y Comisiwn Coedwigaeth 1994 Tiwtor rhan-amser, Cerflunio, Adran Addysg a Dysgu Gydol Oes, Aberystwyth o 1996; Coleg Castell-nedd 1998–2002. Arddangosfeydd ar y cyd yn cynnwys *Gwneuthurwyr Printiau yng Nghymru*, Canolfan Gelfyddydau Chapter, Caerdydd 1987; *Book Art*, Oriel Gelf Glynn Vivian, Abertawe 1995; *Mabinogion*, Celf Gain y Fountain, Llandeilo 1996; *Art West*, Llyfrgell Caerfyrddin 1997, 2002 (arobryn y ddau dro); *Artist Cymreig y Flwyddyn*, Neuadd Dewi Sant, Caerdydd 2003. Arddangosfeydd un-ddynes, Canolfan Gelfyddydau y Capel, Croesoswallt 1987; Y Groes, Pontardawe 1988. 'Yr ysbrydoliaeth [yw] … tirwedd Cymru … mi fydda i'n gosod paent ac inc mewn haenau … gan grafu'n ôl ac adeiladu … mi fydda i'n ymgorffori gwifren gopr a phlwm ochr yn ochr â phapurau cain wedi'u gwneud â llaw…' Yn byw yn Llangadog, gorllewin Cymru.
*Yr artist*

### David WILSON BRIDELL 1936–
**Enw gwaith David Wilson, o 1986, peintiwr, gwneuthurydd printiau. Ganed yn Gillingham, Lloegr; yn aml yn cael ei gofnodi fel David Wilson.**

Hunanaddysgedig; dosbarthiadau nos, ysgythru/lithograffeg, Ysgol Gelf Heatherley, Llundain 1976–80, gyda Terry Shave. Aelod o Heddlu Llundain 1956–81; cyrhaeddodd Gymru ym 1981, artist (llawnamser) ar ôl hynny. Arddangosfeydd ar y cyd yn cynnwys Cymdeithas yr Artistiaid Graffeg 1978, 1984, 1985; *Arddangosfa Haf*, Yr Academi Frenhinol, Llundain 1978, 1981, 1992, 1993; Y Clwb Celf Seisnig Newydd, Llundain 1981, 1983, 1985; Eisteddfod Genedlaethol Cymru, Cwm Rhymni 1990; *ArtWest*, Caerfyrddin a Hwlffordd 1990, 1993, 1995, 1997, 2000, 2002; *Print News*, Oriel, Cyngor Celfyddydau Cymru, Caerdydd/Canolfan Gelfyddydau Chapter, Caerdydd 1990 (teithiol); Celfyddydau Cain Manor House, Caerdydd 1994; *Printmaking in Wales*, Yr Academi Frenhinol Gymreig, Conwy 1994; *The Discerning Eye* (Enillydd Gwobr Ranbarthol Cymru), Orielau'r Mall, Llundain 2002; *Arddangosfa Agored*, Oriel Heol y Brenin, Caerfyrddin 2006. Arddangosfeydd undyn yn cynnwys Oriel Loggia, Llundain 1977, 1979; Oriel y Coetiws, Hwlffordd 1985; Theatr Mwldan, Aberteifi 1986, 1996; Oriel Riverside, Llundain 1989; Canolfan Gelfyddydau'r Eglwys Norwyaidd, Caerdydd 2000. Casgliadau'n cynnwys Llyfrgell Genedlaethol Cymru, Aberystwyth. '… tirwedd Cymru, yn arbennig corsydd yr aberoedd.' Yn byw ym Mridell, gorllewin Cymru.
*Yr artist*

## Ann BRIDGES 1960–
**Enw gwaith Ann Elizabeth Bridges. Gwneuthurydd printiau. Ganed yn Llundain, Lloegr.**

Astudiodd yng Ngholeg Iâl, Wrecsam 1995–96; Athrofa Gogledd Ddwyrain Cymru, Wrecsam (gradd yn y dosbarth cyntaf) 1996–99. Tiwtor, Cymdeithas Addysg y Gweithwyr Harlech 2003. Artist preswyl, Sŵ Caer 1999–2001; *Opt for Art*, Canolfan Grefft Rhuthun (CGRh) 2000. Gweithdai gydag ysgolion yng ngogledd Cymru a grwpiau cymunedol 2000–2005. Gwobrau Cyngor Celfyddydau Cymru 2001, 2006. Aelod o'r Academi Frenhinol Gymreig (AFG). Arddangosfeydd ar y cyd yn cynnwys *Biennale Arlunio Cymru*, Canolfan Gelfyddydau Llyfrgell Wrecsam (CGLlW) 1997, 2002, 2005 (i gyd yn deithiol); Eisteddfod Genedlaethol Cymru, Dinbych 2001; *Arddangosfa Brintiau Rhyngwladol Wrecsam*, CGLlW 2005 (teithiol); *Undercover*, Oriel Davies, Y Drenewydd 2006. Arddangosfeydd un-ddynes yn cynnwys Stiwdio 8, CGRh 2000; Clwyd Theatr Cymru 2001, 2003; *Kaleidoscope*, Llyfrgell, Amgueddfa ac Oriel Gelfyddydau Y Rhyl 2002; AFG, Conwy 2003. Gwaith wedi'i gynnwys yn *Artists and Illustrators*, Karen Taylor (pecyn adnoddau i ysgolion, Asiantaeth Gelf Wrecsam 2001). Casgliadau'n cynnwys Paentiadau mewn Ysbytai (Cymru). 'Delweddau a gweithgareddau sy'n ymwneud â phrofiadau plentyndod hapus … yn arlunio bob dydd mewn dyddiadur gweledol, cofnodi bywyd teuluol … pysgod, ystlumod, y pryf sidan …' Yn byw yn Rhuthun, gogledd Cymru.
*Yr artist*

## Pat BRIGGS 1930–2012
**Enw gwaith Patricia Mary Briggs, cerflunydd. Ganed yn Bishopthorpe, Lloegr.**

Astudiodd yng Ngholeg Celf Leeds gyda Maurice de Saumarez; Coleg Celf Brenhinol, Llundain 1956–7, gyda John Skeaping. Darlithydd, Ysgol Gelf Blackpool 1959–60. Ysgol Gelf Scarborough 1960–66; Coleg Celf Abertawe/Athrofa Addysg Uwch Abertawe (AAUA) 1968–95. Disgybl cyntaf yn y Stiwdio Gwneud Printiau, AAUA 1995–2003. Aelod sefydlol o Gymdeithas Artistiaid a Dylunwyr Cymru, aelod o Weithdy Printiau Abertawe; Stiwdios Abertawe. Arddangosfeydd ar y cyd yn cynnwys Eisteddfod Genedlaethol Cymru, Abertawe 1982, Castell-nedd 1994: *Arddangosfa Agored* Abertawe, Oriel Gelf Glynn Vivian, Abertawe 2002–05. Arddangosfa un-ddynes, Oriel Mission, Abertawe 2003. Wedi'i chynnwys yn *Drawn from Wales: A School of Art in Swansea 1853–2003*, golygydd Kirstine Brander Dunthorne (Gwasg Academaidd Cymru 2003). Gwaith yng nghasgliad Amgueddfa'r Academi Fale, St Petersburg. Roedd yn byw yn Abertawe, de Cymru.
*Yr artist*

## Michael BRIMBLE 1963–
**Enw gwaith Michael David Brimble, cerflunydd.**

Astudiodd yng Ngholeg Addysg Uwch Gwent 1981–82; Coleg Celf a Dylunio Caerwysg 1982–85. Grantiau teithio Cyngor Celfyddydau Cymru (CCC) 1991, 1997, 2000; Gwobr Jon 1992; Ysgoloriaeth Deithio Henrietta Bowder, 1993. Teithio yng ngwlad Groeg, gorllewin Affrica, Awstralia. Cymrodor Artscape, Lincoln 1992, 1999, Gogledd Iwerddon 1996. Trefnydd gweithdai cymunedol ac i israddedigion yng Nghymru a Lloegr 1985–99. Arddangosfeydd niferus ar y cyd gan gynnwys Oriel, CCC, Caerdydd 1989; Eisteddfod Genedlaethol Cymru 1989, 1993; Gweithdy Celfyddydau Abertawe 1991; Neuadd Dewi Sant, Caerdydd 1992; Oriel Myrddin, Caerfyrddin 1995. Yn byw yn y Barri, de Cymru.
*Yr artist*

## Mike BRISCOE 1960–

**Peintiwr. Ganed ym Mae Colwyn, gogledd Cymru.**

Astudiodd yn Athrofa Gogledd- Ddwyrain Cymru, Wrecsam 1978–89, gyda David Cooper; Coleg Celf Sheffield 1979–81, gyda Brian Peacock, Terry Lee. Aelod o'r Academi Frenhinol Gymreig (AFG). Arddangosfeydd ar y cyd yn cynnwys *Arddangosfa Haf*, Yr Academi Frenhinol, Llundain 1981 (enillydd gwobr), 1983, 1984; Oriel Mostyn, Llandudno 1984; Salon des Nations, Paris 1984; Arddangosfa Agored Cymru, Canolfan Celfyddydau Aberystwyth 1996; Eisteddfod Genedlaethol Cymru 1997, 1999; Oriel Martin Tinney, Caerdydd (OMT) 2001–02, 2004. Arddangosfeydd undyn yn cynnwys Oriel Blackthorn, Penbedw 1998; AFG 2000; OMT 2002–04. Gwaith wedi'i gynnwys yn *High Performance* HTV 2001, y cylchgrawn *International Artist* (Chwefror/Mawrth 2005); y cylchgrawn *North Wales Living* (Ionawr 2006). Casgliadau'n cynnwys Amgueddfa Celf Fodern, Machynlleth; Cymdeithas Celf Gyfoes Cymru. Ei brif thema yw pobl ar lan y môr. Yn byw ym Mae Colwyn.
*Yr artist*

## Clio M BROAD 1934–

**Enw gwaith Clio Mansel Broad, peintwraig. Ganed yn Aberystwyth, canolbarth Cymru.**

Astudiodd yng Ngholeg Celf Caerhirfryn a Morecambe 1951–53; Coleg Celf Abertawe 1953–55, gyda Howard Martin, Bill Price. Bu'n gweithio fel peintwraig gwydr lliw, Bryste 1955–56, athrawes gelf Ysgol Gyfun Maesydderwen, Ystradgynlais 1975–87. Arddangosfeydd niferus ar y cyd gan gynnwys Canolfan Gelfyddydau Taliesin, Abertawe 1989, 1991, 1995; *Pictures for Schools*, Amgueddfa Cymru 1989; Oriel, Cyngor Celfyddydau Cymru, Caerdydd 1989; Canolfan y Celfyddydau, Aberystwyth 1989–92, 1995, 1997; Coal Industry National Art Competition and Exhibition, Blackpool 1989–92; Eisteddfod Genedlaethol, Yr Wyddgrug 1991. Arddangosfeydd un-ddynes yn cynnwys Oriel Fach, Ystradgynlais; Sefydliad Gorseinon 1994. 'Tirwedd Cymru, bywyd llonydd, paentio blodau.' Yn byw yn Ystradgynlais, gorllewin Cymru.
*Yr artist*

## Honor BROGAN 1946–

**Peintwraig, cerflunydd, artist sy'n defnyddio arlunio. Ganed yn y Trallwng, canolbarth Cymru. Hefyd yn defnyddio'r llofnod HB.**

Astudiodd yng Ngholeg Prifysgol De Cymru a Sir Fynwy 1964–67 (Saesneg a Ffrangeg), 1967–68; Coleg Morley, Llundain (cyrsiau rhan-amser) 1977–85, gyda John Flemons, Alan Thornhill. Athrawes, Ysgol Uwchradd Bridlington 1969–71. Artist preswyl, Cadeirlan Caerlwytgoed (CCaer) 1996, 2001; Abaty Dore, Swydd Henffordd 2007. Prosiectau'n cynnwys arluniau cardiau post o daith gerdded 200 milltir, Llwybr Arfordir Sir Benfro 1994; cyfnewidfa *Celtic Uzbek*, gydag Undeb Artistiaid Tashkent 1996. Arddangosfeydd ar y cyd yn cynnwys *Arddangosfa Haf*, Yr Academi Frenhinol, Llundain 1997; Y Tabernacl, Machynlleth 1999, 2001, 2002, 2005, 2006; Oriel Albany, Caerdydd (OA) 2000, 2002, 2005; *Artist y Flwyddyn Cymru*, Neuadd Dewi Sant, Caerdydd 2006; Celf Gyfoes Denise Yapp, Gwenffrwd 2007. Arddangosfeydd deuddyn (gyda John Knapp-Fisher), Yr Academi Frenhinol Gymreig, Conwy 1999; OA 2000, 2002; Amgueddfa'r Castell, Dinbych-y-pysgod, 2007. Arddangosfeydd un-ddynes yn cynnwys CCaer 1996, 2001. Wedi'i chynnwys yn *Sounding the Depths: Theology Through the Arts*, Jeremy S Begbie (SCM Press 2002). Gwaith yng nghasgliad Amgueddfa ac Oriel Gelf Dinbych-y-pysgod. 'Bywlunio; …cerfluniaeth glai; … tirluniau, yn arbennig yng Nghymru.' Yn byw yn Llundain, Lloegr.
*Yr artist*

## Alex BROMBLEY 1983–
**Enw gwaith Alexandria Toni Brombley, peintwraig. Ganed yn Hwlffordd, gorllewin Cymru.**

Astudiodd yng Ngholeg Sir Benfro, Hwlffordd 2001–02; Athrofa Prifysgol Cymru, Caerdydd 2002–05. Arddangosfeydd ar y cyd yn cynnwys Oriel-y-Felin, Tyddewi 2002; Art Matters, Dinbych-y-pysgod 2005; Oriel Arberth 2005, 2006; Oriel Albany, Caerdydd 2006. Wedi'i chynnwys yn y cylchgrawn *Pembrokeshire Life* (2005). 'Creu golau drwy liw/tirluniau syml, fel mai lliw yw'r prif destun.' Yn byw yn Sageston, gorllewin Cymru.
*Yr artist*

## David BROOK 1948–
**Artist fideo a gosodwaith. Ganed yn y Barri, de Cymru.**

Astudiodd yng Ngholeg Prifysgol Gogledd Cymru, Bangor (Seicoleg) 1967–71, Athrofa Addysg Uwch Caerdydd, Cyfadran Gelf a Dylunio 1988–96, 1991–92; Ysgol Gelf a Dylunio Caerdydd, Athrofa Prifysgol Cymru, Caerdydd (APCC) 2000–2 (MA Celf Gain). Gwas sifil 1971–91; technegydd APCC 1992–96. Aelod o Artistiaid Butetown o 1996; bwrdd y cyfarwyddwyr, BayArt, Caerdydd. Arddangosfeydd ar y cyd yn cynnwys *Experimentica 1 and 3*, Chapter 2001 a 2003; *Clean Slate 2*, tactileBosch 2003; Eisteddfod Genedlaethol Cymru, Meifod 2003. '…Cynhyrchu gwaith fideo a gosodwaith sy'n edrych ar berthynas arwynebau â delweddau sydd wedi'u taflunio.' Yn byw yng Nghaerdydd, de Cymru.
*Yr artist*

## Julia BROOKER 1963–
**Peintwraig. Ganed yn swydd Surrey, Lloegr.**

Taid a mam yn Gymry. Astudiodd yn Ysgol Gelf a Dylunio Caerdydd, Athrofa Prifysgol Cymru, Caerdydd 1997; Coleg Addysg Uwch Cheltenham a Chaerloyw (gradd yn y dosbarth cyntaf, Celf Gain) 1997–2000. Gwaith ar gynlluniau tai cymdeithasol yng Nghaerdydd ac Abertawe 1989–2003. Comisiynau ar gyfer gwestai o fri 2003–04. Arddangosfeydd ar y cyd yn cynnwys Gwobr Brynu Prifysgol Morgannwg, 2001; *Waterlines*, Amgueddfa ac Oriel Gelf Casnewydd 2002; Eisteddfod Genedlaethol Cymru, Casnewydd 2004. Mae arddangosfeydd un-ddynes yn cynnwys *Light Touch*, Yr Asiantaeth Gelf ac Adfywio 2002; *Heavenly Bodies*, Canolfan Gelfyddydau Abaty Nant Teyrnon, Cwmbrân 2004 (teithiol). Disgrifir ei gwaith fel 'haenau tryloyw o baent acrylig ar alwminiwm … Arwyneb moethus, golau a lliw'. Yn byw yng Nghaerdydd, de Cymru.
*Yr artist*

## Eleanor BROOKS 1925–
**Enw gwaith Eleanor Charlotte Magdalene Brooks, peintwraig, cerflunydd mewn pren. Ganed yn Wellingore, Lloegr.**

Aeth yn faciwî i Gymru 1940; bu'n byw yng Nghymru 1953–60; o 1990. Astudiodd yn Ysgol Gelf Prifysgol Cymru, Aberystwyth 1942–43; Ysgol Gelfyddydau a Chrefftau Camberwell, Llundain (YGChC) 1946–50, gyda William Coldstream, Martin Bloch, Victor Pasmore; Ysgol Gelf Lincoln 1951–52; YGChC 1962–63, gyda Frank Auerbach. Gwasanaeth Llyngesol Brenhinol y Merched, 1943–46;. Athrawes, ysgolion yn Llundain 1973–90, gan gynnwys EGA Starcross 1973–87. Gweithdai mewn ysgolion cynradd, carchardai, clybiau ieuenctid, o 1963; tiwtor, Ysgol Dysgu Gydol Oes, Prifysgol Bangor, o 1990. Comisiynau, eglwys yn Nottingham 1954; Yr Eglwys Gatholig, Cricieth 1957. Aelod o Grŵp Celf Gogledd Cymru. Arddangosfeydd niferus ar y cyd gan gynnwys Cymdeithas Frenhinol y Peintwyr Portreadau, Orielau'r Mall, Llundain 1950; *Arddangosfa Haf*, Yr Academi Frenhinol, Llundain 1964, 1965; *Small is Beautiful*, Oriel Angela Flowers, Llundain 1985–2007; Eisteddfod Genedlaethol Cymru,

Ynys Môn 1999; Oriel Plas Glyn-y-Weddw, Llanbedrog 2002, 2005, 2006; Oriel Ynys Môn, Llangefni 2006. Arddangosfeydd un-ddynes yn cynnwys *Welsh Landscapes*, Oriel AIA, Llundain 1956; *A Portrait of Mrs Spinks*, Oriel Morley, Llundain 1973 (teithiol, gan gynnwys Cymru 1973–84, 2006); *Welsh Landscapes*, Canolfan y Celfyddydau Aberystwyth 1977; *Some of our Girls*, Ysgol Elizabeth Garrett Anderson i Ferched, Llundain 1986 (teithiol, gan gynnwys Cymru 2007); Oriel y Ddraig, Blaenau Ffestiniog 1990; *Fire Paintings*, Canolfan Gelf a Chrefft Melin yr Wyddfa, Porthmadog 2000 (teithiol). Wedi'i chynnwys yn *A Portrait of Mrs Spinks*, Second House, BBC (1973); y wasg leol. Casgliadau'n cynnwys Paentiadau mewn Ysbytai; Paentiadau mewn Ysgolion; Prifysgol Caerlŷr; Y Tabernacl, Machynlleth. '…yn canolbwyntio'n llwyr ar natur, golwg natur boed mewn portread, bywyd llonydd neu dirlun.' Yn byw yn Llanfrothen, gogledd Cymru.
*Yr artist*

### Geoff BROWN 1948–
**Enw gwaith Geoffrey Brown, peintiwr. Ganed yn Rhydaman, gorllewin Cymru.**

Astudiodd yn Ysgol Gelf Llanelli 1965–67, gyda Tom Nash; Coleg Celf Camberwell, Llundain 1967–70, gyda Jerry Hunt. Athro celf 1971–2004; yn olaf fel Pennaeth Celf, Ysgol Maridunum y Frenhines Elizabeth yng Nghaerfyrddin. Arddangosfeydd ar y cyd yn cynnwys Gwobr Gelf Stowells, Orielau Chenil, Llundain 1970; *Two Generations, Two Contemporary Artists*, Oriel y Llyfrgell, Caerfyrddin 1989; Oriel y Groes, Pontardawe 1990. Grŵp Celfyddydau Cheltenham 1993–94. Arddangosfeydd undyn yn cynnwys Canolfan Gelfyddydau Chapter 1973; Oriel Smith's, Llundain 1991; Oriel Stryd Dryden, Llundain 1993. Delir ei waith gan Gyngor Sir Gaerfyrddin. Ymhlith y dylanwadau arno mae Edward Hopper. Yn byw yn Rhydaman, de Cymru.
*Yr artist*

### John BROWN 1936–
**Cerflunydd, peintiwr, artist digidol. Ganed yn Hanworth, Lloegr.**

Astudiodd yn Ysgol Gelf Wolverhampton 1973–74; Coleg Polytechnig Gogledd Swydd Stafford, Stoke on Trent 1974–77; Ysgol Addysg Gelf Birmingham 1977–78. Gwasanaeth Milwrol, Llanbedr, Meirionnydd 1955. Aelod sefydlu/rheolwr prosiect, Biennale Harlech (Celf Gyfoes Ryngwladol Cymru) (BHarl) o 1994. Arddangosfeydd ar y cyd yn cynnwys BHarl 1996, 1999, 2005, 2007; Art Colony Galichnik, Macedonia 2005; *Ein Hod (Pentre'r Artistiaid)*, Israel 2007; Nexo 2007, Toledo 2007. 'Mae'r gerfluniaeth… yn codi o gymysgedd o wrthrychedd, afresymoldeb a goddrychedd…' Enghraifft o deitl: *Land Rover – in the Spirit of Don Quixote*. Yn byw yn Harlech, gogledd Cymru.
*Yr artist*

### Julian BROWN 1934–
**Peintiwr. Ganed yn Abertawe, de Cymru.**

Astudiodd yng Ngholeg Celf Abertawe 1950–55; Prifysgol Cymru, Abertawe 1956. Prif ddarlithydd, Dylunio, Coleg Celf Dyfed 1962–86. Aelod o Grŵp Aberteifi; Grŵp Abertawe. Arddangosfeydd undyn yn cynnwys Cymdeithas Gelfyddydau Gorllewin Cymru, Caerfyrddin 1965; Sessions House, Trefdraeth, Sir Benfro 1991–2006; Canolfan Gelf a Chrefft Trap, 1986–91. Gwaith wedi'i gynnwys yn 'Capturing the Light' (*Carmarthenshire Life* 1997). Yn disgrifio'i waith fel 'Eiliadau o brofiad wedi'u crynhoi mewn paentiad'. Yn byw yng Nghaerfyrddin, gorllewin Cymru.
*Yr artist*

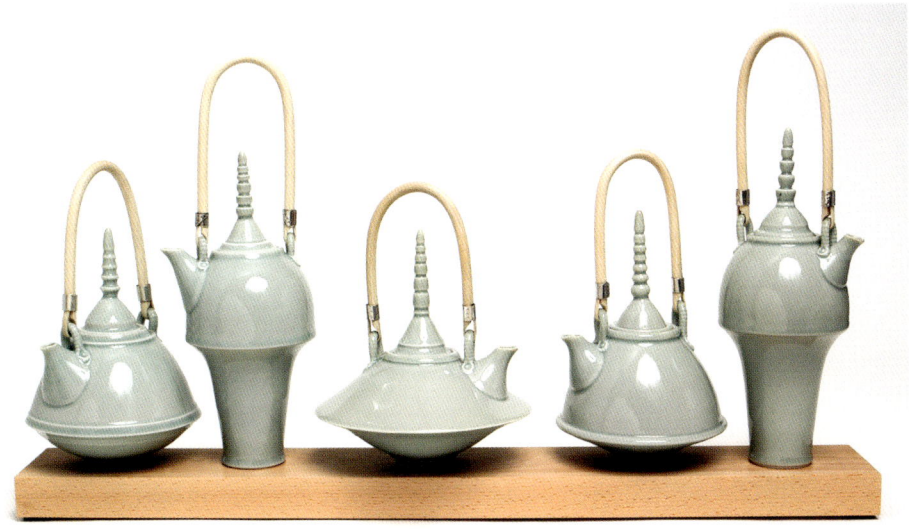

40 | Melanie Brown
*Family* 2006

## Melanie BROWN 1954–
**Ceramegydd. Ganed yn Swydd Surrey, Lloegr.**

Astudiodd yng Ngholeg Polytechnig Bryste 1974–77, gyda Walter Keeler; Athrofa Addysg Uwch De Morgannwg 1984–86 (MA Cerameg), gyda Michael Casson, Alan Barrett-Danes. Darlithydd, Dylunio/ Crefftau, Coleg Celf Sir Gaerfyrddin 1983–87; Addysg, Polytechnig Bryste 1983–87; Uwch-ddarlithydd, Cerameg, Prifysgol Wolverhampton 1990–2004. Mae gwobrau'n cynnwys Thomas Twining (gwobr gyntaf) 1981; Celfyddydau'r De-orllewin 1984; Cyngor Celfyddydau Cymru 2004 (Cymru Greadigol) 2006; Y Cyngor Crefftau 2005. Stiwdios yn y Fenni a Bryste o 1978. Cyd-sefydlydd, Ffair Cerameg Gyfoes Tŷ Tredegar, Casnewydd, de Cymru. Aelod o Gymdeithas y Crochenwyr Crefft; Grŵp Crochenwyr De Cymru. Arddangosfeydd yn cynnwys *Made in Wales*, Cymru yng Nghatalonia, Barcelona 1995; Eisteddfod Genedlaethol Cymru, Casnewydd (gwobr brynu Cymdeithas Celf Gyfoes Cymru (CCGC)) 2004; *Best of Britain*, Tokyo 2005; *SOFA (Sculpture, Objects & Functional Art)*, Chicago gyda Chanolfan Grefftau Rhuthun (CGRh) 2005. Arddangosfeydd eraill ar y cyd 2000–05 yn Oriel Myrddin, Caerfyrddin; Amgueddfa ac Oriel Gelf Brycheiniog; Canolfan y Celfyddydau, Abaty Nant Teyrnon; Amgueddfa ac Oriel Gelf Casnewydd. Gwaith wedi'i gynnwys yn *Cone 9 Glazes*, Michael Bailey (A&C Black, Llundain 2004); *Raku, Investigations into Fire*, David Jones (Crowood Press 1999). Casgliadau'n cynnwys CCGC. Yn byw yn y Fenni, de Cymru.
*Yr artist*

## Mick BROWN 1954–
**Enw gwaith Michael Thomas Brown, peintiwr a chynllunydd setiau. Ganed yn Hoddesdon, Lloegr.**

Astudiodd yn Ysgol Gelf Byam Shaw 1977–78 (gwobr arlunio); Sefydliad Addysg Uwch De Morgannwg 1978–81 (gradd yn y dosbarth cyntaf), gyda Terry Setch, Adrian Heath, Terry Frost; Prifysgol Reading 1982–83 (MA Celf Gain). Tiwtor/Dirprwy Gyfarwyddwr, Canolfan Gelfyddydau Neuadd Llanofer, Caerdydd 1985–92; arweinydd cwrs a thiwtor, Coleg Menai o 1995. Artist preswyl, Oriel Mostyn,

Llandudno, i gyd-fynd ag arddangosfeydd gan Paul Nash a Bill Viola 1997. Comisiynau'n cynnwys paentiad i Eglwys Settle, *The Ascension* 2001. Gwobrau Cyngor Celfyddydau Cymru 1984, 1988, 1990. Aelod o Gymdeithas Artistiaid a Dylunwyr Cymru 1981–91 (Cadeirydd Cangen Caerdydd 1985–86). Perfformiad gyda Roland Miller a Shirley Cameron, *Noughts and Crosses*, Canolfan Gelfyddydau Chapter 1979. Arddangosfeydd ar y cyd yn cynnwys Nantes 1982; Eisteddfod Genedlaethol Cymru o 1987; *Vital Art*, Oriel Atlantis, Llundain 1998, 1999; *Between Times*, gosodwaith gyda Jeni Farrell Booth a cherddoriaeth gan Jeffrey Lewis, Canolfan Gelfyddydau Ucheldre, Caergybi (CGU) 1999; gosodwaith gyda'r un perfformwyr a chôr, Cadeirlan Manceinion 2002. Arddangosfeydd undyn gan gynnwys Oriel Cahill a Grebler, Llundain, 1989; Neuadd Dewi Sant, Caerdydd 1990; *Icons, Monuments and Memorials*, CGU 1996 (teithiol); *Silent Conversation*, CGU 1997 (teithiol). Gwaith wedi'i adolygu yn *Bangor and Anglesey Mail, Daily Post* 1995–97; cyfweliad ag HTV 1997. Casgliadau'n cynnwys Cadeirlan Bangor, Prifysgol Metropolitan Caerdydd. 'Ysbrydolrwydd ac ymdeimlad â lle' sy'n dylanwadu ar ei waith.' Yn byw ym Miwmares, gogledd Cymru.
*Yr artist*

### William BROWN 1953–2008
**Enw gwaith William McClure Brown, peintiwr a gwneuthurydd printiau. Ganed yn Toronto, Canada. Roedd hefyd yn llofnodi ei waith â'r enwau McClure; Aristide Cornichon.**

Astudiodd yn École des Beaux Arts, Montreal 1981–83. Grantiau gan Gyngor Celfyddydau Cymru i deithio i Foroco, Tunisia a mannau eraill. Aelod o Artistiaid yr Hen Lyfrgell; Y Grŵp Cymreig; Grŵp 56 Cymru (G56C). Comisiynau'n cynnwys Rheilffyrdd Prydain. Bu'n gweithio yn Galisia; de Moroco; gogledd Canada. Arddangosfeydd niferus ar y cyd yn cynnwys G56C; ac yn Ewrop, Canada a Corea. Arddangosfeydd undyn yn cynnwys Oriel Gelf Glynn Vivian, Abertawe (OGGV) 1989; Oriel East West,

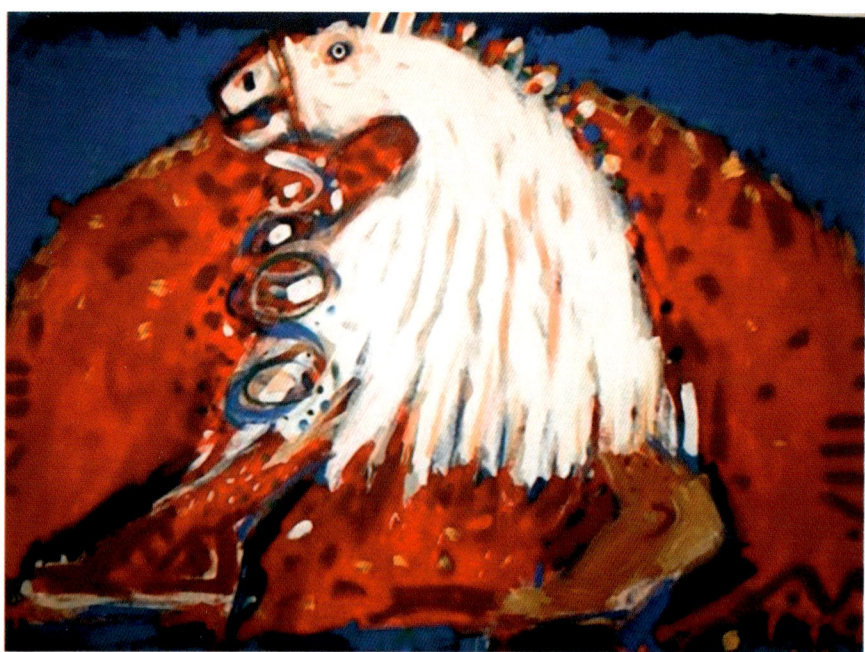

41 | William Brown
*Mari Lwyd ar y Bryn Coch* 1999

Llundain 1990, 1992, 1994, 1998: Canolfan y Celfyddydau Aberystwyth 1998; Canolfan Gelfyddydau Canolbarth Lloegr, Birmingham 1997, 1998; Canolfan Treftadaeth Peel, Toronto 1992. Cyhoeddiadau'n cynnwys cyweithiau â beirdd, yn enwedig David Greenslade a Lucien Suel; *What's Behind the Blanket?* (OGGV 1996); *Au-delà du Loup Garou* (Amgueddfa ac Oriel Gelf Casnewydd (AOGC) 1998). Ffilm nodwedd i S4C. Casgliadau'n cynnwys AOGC; Cyngor Sir Dyfnaint; Cymdeithas Celf Gyfoes Cymru; Musée de Douai; Musée de Lille; OGGV; Sefydliad y Gymanwlad; Tŷ Canada. 'Celf plant – celf gyntefig a naratif – cyfeiriadau llenyddol Celtaidd a Gogledd Americanaidd… Mae barddoniaeth, llenyddiaeth a theithio'n dylanwadu ar y gwaith.' Roedd yn byw ym Mhen-y-bont ar Ogwr, de Cymru.
*Yr artist*

## John BRUNSDON 1933–
**Enw gwaith John Reginald Brunsdon, peintiwr, gwneuthurydd printiau. Ganed yn Cheltenham, Lloegr.**

Astudiodd yng Ngholeg Celf Cheltenham 1949–53, gyda Stanley Dent, Ken Oliver; Y Coleg Celf Brenhinol, Llundain 1955–58, gyda Julian Trevelyan, Alistair Grant. Darlithydd, Coleg Celf St Albans 1969–77 (cwrs argraffu sefydledig). Comisiynau niferus gan gynnwys Celf Gyfoes Christies (CGChr); Yr Ymddiriedolaeth Genedlaethol 1973–87; Cyngor Diogelu Prydain Wledig 1980. Aelod cyswllt o'r Coleg Celf Brenhinol; Cymrawd, Cymdeithas Frenhinol y Peintwyr Gwneuthurwyr Printiau. Arddangosfeydd undyn niferus gan gynnwys Lund, Sweden 1965, 1968; Oriel John Owen, Caerdydd 1984; Oriel John Russell, Ipswich 1988, 1991,1996, 2002 (adolwg); CGChr 1993 (teithiol); Oriel yr Atig, Abertawe 1995, 2004; Orielau Snape, Suffolk 1999. Cyhoeddiad, *The Techniques of Etching and Engraving* (Batsford, Llundain 1965). Casgliadau'n cynnwys Amgueddfa Celf Fodern Efrog Newydd; Amgueddfa Victoria ac Albert, Llundain; Cyngor Celfyddydau Lloegr; Oriel Gelf Fodern Genedlaethol yr Alban, Caeredin; Tate, Llundain; Y Cyngor Prydeinig. Prynwyd gwaith gan Gyngor Celfyddydau Cymru. 'Ymweliadau rheolaidd â Chymru o adeg fy arddegau ymlaen, i wneud arluniau ac ysgythriadau o arfordir a mewndir Cymru.' Yn byw yn Eye, Suffolk, Lloegr.
*Yr artist*

## Angela M BRUNT 1945–
**Peintwraig a cherflunydd. Ganed ym Mryste, Lloegr.**

Astudiodd yn Academi Frenhinol Gorllewin Lloegr, Bryste 1960–64; Coleg Prifysgol Cymru, Abertawe 1964–67; Prifysgol Reading 1967–70 (PhD); Prifysgol Caergrawnt 1970–71; Athrofa Addysg Uwch Abertawe 1998–2000. Darlithydd/Uwch-ddarlithydd, Prifysgol Westminster 1971–84; tiwtor, Prifysgol Llundain a Phrifysgol Reading 1984–94; tiwtor, Addysg Oedolion; Swyddog Datblygu Addysg, Rhwydwaith y Coleg Agored, Abertawe 1994–97; tiwtor, Prifysgol Cymru, Abertawe 1994–2004; Swyddog Datblygu Addysg, Cyngor Gwasanaeth Gwirfoddol Abertawe 2001–04. Gwobr Mileniwm 2000 am gerfluniaeth a gwaith artist cymunedol ym Mhen-clawdd, gorllewin Cymru. Aelod o Gymdeithas Gelfyddydau y Menywod; Urdd Artistiaid Abertawe. Arddangosfeydd ar y cyd yn cynnwys *Arddangosfa Agored Abertawe*, Oriel Gelf Glynn Vivian, Abertawe 2000, 2001, 2002, 2004. Cymdeithas Gelfyddydau y Menywod, Neuadd Dewi Sant, Caerdydd 2001, 2003; Arddangosfa Gwobrau'r Mileniwm, Canolfan Celfyddydau Taliesin, Abertawe 2002. Arddangosfa un-ddynes yn Llyfrgell Ganolog Caerdydd 1998, 1999; Canolfan yr Amgylchedd, Abertawe; Canolfan Gymunedol Llanmorlais; Canolfan Dreftadaeth Bro Gŵyr 2000, 2002, 2003. Disgrifir ei themâu fel 'symbolaeth gynhanesol, yn enwedig mewn cysylltiad â safleoedd yng Nghymru; defnyddio gwrthrychau hapgael a deunyddiau wedi'u hailgylchu; Dylan Thomas a Vernon Watkins; Bro Gŵyr'. Yn byw ym Mro Gŵyr, gorllewin Cymru.
*Yr artist*

## Wolfe VAN BRUSSEL 1950–
**Enw gwaith MIRAGE GLASS; artist gwydr. Ganed ym Mhrydain.**

Astudiodd yn Athrofa Gogledd Ddwyrain Cymru, Wrecsam, gyda Mel Harries, Chris Bird-Jones. Comisiynau'n cynnwys paneli mynedfa, Theatr Llwyn, Llanfyllin; sgrin ar gyfer atriwm Adran yr Adran Fasnach a Diwydiant, Llundain; panel, Ysgol Tregynon, Y Drenewydd, canolbarth Cymru. Aelod, Celfyddydau Gweledol y Gororau (CGGor); aelod sefydlu, Arts Connection, Powys. Arddangosfeydd ar y cyd yn cynnwys Arts Connection, Llanfyllin; CGGor, Croesoswallt a Llangollen 2000. Arddangosfa undyn, Canolfan Dreftadaeth, Croesoswallt 2003. Gwaith wedi'i gynnwys yn *A Stained Glass Source Book*, Lynette Wrigley (New Holland 1998). Themâu'n cynnwys 'y cysylltiadau rhwng myth a'r dirwedd. Mi fydda i'n gweithio o fewn terfynau gwydr lliw traddodiadol – yn haniaethol o ddewis (ond yn aml bydd comisiynau'n ffigurol).' Yn byw ym Mhen-y-bont-fawr, canolbarth Cymru.
*Yr artist*

## Hilary BRYANSTON 1951–
**Peintwraig a cherflunydd. Ganed yn Llundain, Lloegr.**

Astudiodd yn Solihull, Lloegr 1968–70; Coleg Celf Casnewydd 1970–73, gydag Anthony Stevens, Jack Crabtree, Keith Richardson-Jones. Cynllunydd gemwaith gwisg, Birmingham 1980–82. Dychwelodd i Gymru ym 1996. Tiwtor addysg oedolion, Pontardawe a Chymdeithas Addysg y Gweithwyr, Ystradgynlais, o 1978. Arddangosfeydd ar y cyd yn cynnwys *Artist Cymreig y Flwyddyn*, Neuadd Dewi Sant, Caerdydd 2003; *Arddangosfa Agored Abertawe*, Oriel Gelf Glynn Vivian, Abertawe 2003; *Sculpture Cymru with Sculpteurs Bretons*, Llydaw 2002 (teithiol). Arddangosfeydd un-ddynes yn cynnwys Canolfan Celfyddydau Chapter 1975; Canolfan Gelfyddydau Canolbarth Lloegr, Birmingham 1980; Amgueddfa ac Oriel Gelf Castell-nedd 2004. Wedi'i chynnwys yn *Start Sculpting*, John Plowman (Chartwell Books Inc 1995). 'Dw i'n teimlo fel pe bawn i'n tapio i mewn i lên gwerin ac ysbryd hynafol … mynydd y Gwrhyd ger Pontardawe. Mae awyrgylch y lle yma'n rhoi syniadau i mi ar gyfer paentiadau, cerfiadau, *assemblages* …' Yn byw ym Mhenrhiw-fawr, de Cymru.
*Yr artist*

## Ken BRYCE 1956–
**Enw gwaith Kenneth James Bryce, peintiwr, gwneuthurydd printiau. Ganed yn Mancot, gogledd Cymru.**

Astudiodd yng Ngholeg Kelsterton, Glannau Dyfrdwy 1974–75; Coleg Celf Casnewydd 1975–78, gyda Keith Arnatt, Ron Carlson, Ernest Zobole; Coleg Garnett, Llundain 1981–82; Y Coleg Celf Brenhinol, Llundain 1986–88 (MA Gwneud Printiau). Artist ac argraffydd ysgythriadau hunangyflogedig ar gyfer Editions Alecto, Llundain 1978–81; darlithydd (rhan-amser), Coleg Polytechnig Manceinion 1982–85; Coleg Addysg Bellach ac Uwch Blackpool a Fylde 1983–85; darlithydd (llawnamser), Coleg Polytechnig Seychelles 1990–92; Tiwtor, Celf a Dylunio, Coleg Totton, Southampton, o 1992. Gwobrau'n cynnwys Ymddiriedolaeth Gwneud Printiau Tŷ Lowick (YGPTL)/Cyngor Celfyddydau Cymru (CCC) 1979. Comisiynau'n cynnwys CCC/Rosenstiels, Llundain 1980. Arddangosfeydd niferus ar y cyd gan gynnwys *Chapter Prints*, Canolfan Gelfyddydau Chapter, Caerdydd 1979; *The Final Proof*, CCC 1981 (teithiol); *Wales 83*, Y Grŵp Cymreig 1983 (teithiol); *Tradition and Innovation in Printmaking Today*, Oriel Milton Keynes 1986 (teithiol); *Drawings of Distinction*, Stiwdio Paul Fowler, Llundain 1993; Oriel Contemporary Art, Llundain (OCA) 1995. Arddangosfeydd deuddyn, Oriel Theatr Clwyd, Yr Wyddgrug (gyda Lois Williams) 1978; Oriel Ayling Porteous, Caer (OAPC) (gyda Phyllis Mahon) 1988. Arddangosfeydd undyn yn cynnwys *Picture Show*, OAPC 1986; *Ken Bryce, Paintings and Prints*, Oriel Lamont, Llundain 1989; *Reflections from a Small Island*, OCA 1996. Wedi'i gynnwys yn *Art Review* (1989); *Etching*, Alan Smith

(Crowood Press 2004). Casgliadau'n cynnwys Penguin Books; YGPTL. Prynwyd gwaith gan CCC. '…
yn ymddiddori'n arbennig mewn "gwastadrwydd" mewn celf … paentio o'r Aifft, miniaturau Persia
a Mughal, sinema a theatr.' Yn byw yn Totton, Lloegr.
*Yr artist*

### Deborah BUCKLAND 1964–
**Basgedwraig. Ganed yn Middlesbrough, Lloegr.**

Astudiodd yng Ngholeg Filton, Bryste 1992–93; Coleg Technoleg a Chelf Sir Gaerfyrddin 1993–95.
Tiwtor mewn basgedwaith, cartref preswyl Glyntaf, Hendy-gwyn 1994. Gosodweithiau, gardd helyg,
Canolfan Bywyd Gwyllt Cymru, Cilgerran (gyda Helen Campbell) 1994; cerfluniau helyg, Parc Gwledig
Margam 1995. Aelod o Gymdeithas y Basgedwyr. Arddangosfeydd ar y cyd yn cynnwys *Art Talks*,
Canolfan Gymunedol Bishopston, Bryste 1993; Oriel Myrddin, Caerfyrddin 1995; Canolfan Halliwell,
Coleg y Drindod, Caerfyrddin 1996. Wedi'i chynnwys yn y wasg leol (1994–96); The Slate, BBC Cymru
(Hydref 1995); Artyfax, HTV Cymru (Mehefin 1996). Yn byw yn Nhre-vaughan, gorllewin Cymru, 1996.
*Yr artist*

### Roland BUFTON 1950–
**Enw gwaith Roland James Bufton, peintiwr. Ganed yn Henffordd, Lloegr.**

Ei rieni yn Gymry. Bu'n byw yng Nghymru 1950–88. Astudiodd yn breifat gyda Cecily Sash, Llanllieni
a Kingsland (1979–89). Garddiwr (rhan-amser). Aelod o Gymdeithas Gelf a Chrefft Swydd Henffordd.
Arddangosfeydd ar y cyd yn cynnwys Gŵyl Gerdd Llanandras 1994–2000; *Arddangosfa Agored y
Drenewydd*, Oriel Davies, Y Drenewydd 1997–2001; *Arddangosfa Machynlleth*, Y Tabernacl, Machynlleth
2001; *Arddangosfa'r Cyfeillion*, Yr Academi Frenhinol Gymreig, Conwy 2003. '…gludweithiau o Fachynlleth
a Chonwy.' Yn byw yn Henffordd.
*Yr artist*

### Infinity BUNCE 1966–
**Enw gwaith Tracey Jayne Bunce, peintwraig, ffotograffydd. Ganed ym Merthyr Tudful,
de Cymru.**

Astudiodd yng Ngholeg Addysg Uwch Gwent 1984–85; Athrofa Addysg Uwch Caerdydd 1991–94;
Coleg Prifysgol Cymru Caerdydd 1994–95; Coleg Celf a Dylunio Canolog Sant Martin, Llundain 1997–99
(MA Celf Gain). Tiwtor (rhan-amser), Canolfan Gelfyddydau Neuadd Llanofer, Caerdydd 1994–95;
darlithydd (rhan-amser), Coleg Addysg Bellach Merthyr Tudful 1994–96; tiwtor (rhan-amser), Carchar
Caerdydd 1996–97; athrawes, ysgolion yn Llundain, o 2000. Artist preswyl, Canolfan Addysg
Gymunedol East Moors, Caerdydd 1993. Comisiwn, Awdurdod Iechyd Pen-y-bont ar Ogwr 1995.
Gwobrau'n cynnwys Cyngor Celfyddydau Cymru 1997, 1998. Arddangosfeydd ar y cyd yn cynnwys
Ffotogallery, Caerdydd 1994, 1995; *Gŵyl Gelf y Menywod*, Yr Hen Lyfrgell, Caerdydd 1995; Oriel Black
Sheep, Penarlâg 1996; *Gwobr Marmite*, Oriel Residence, Llundain 2006; Oriel Vegas, Llundain 2007;
*Betty X*, Oriel Fish Out of Water, San Diego, UDA 2007. Arddangosfeydd deuddyn yn cynnwys *Peaches
and Cream*, Oriel Big Peg, Birmingham (gyda Martin Dallimore Jones) 1995; Oriel Art Hive, Corc (gyda
Kathleen O'Sullivan) 1996. Arddangosfeydd un-ddynes yn cynnwys Oriel Ocean, Arnhem, Yr
Iseldiroedd 1995; Canolfan Gelfyddydau'r Eglwys Norwyaidd, Caerdydd 1996; *The Wedding*, Tŷ
Hashomer, Llundain 2003. 'Peintwraig broses – haniaethol a phortreadau.' Yn byw yn Llundain, Lloegr.
*Yr artist*

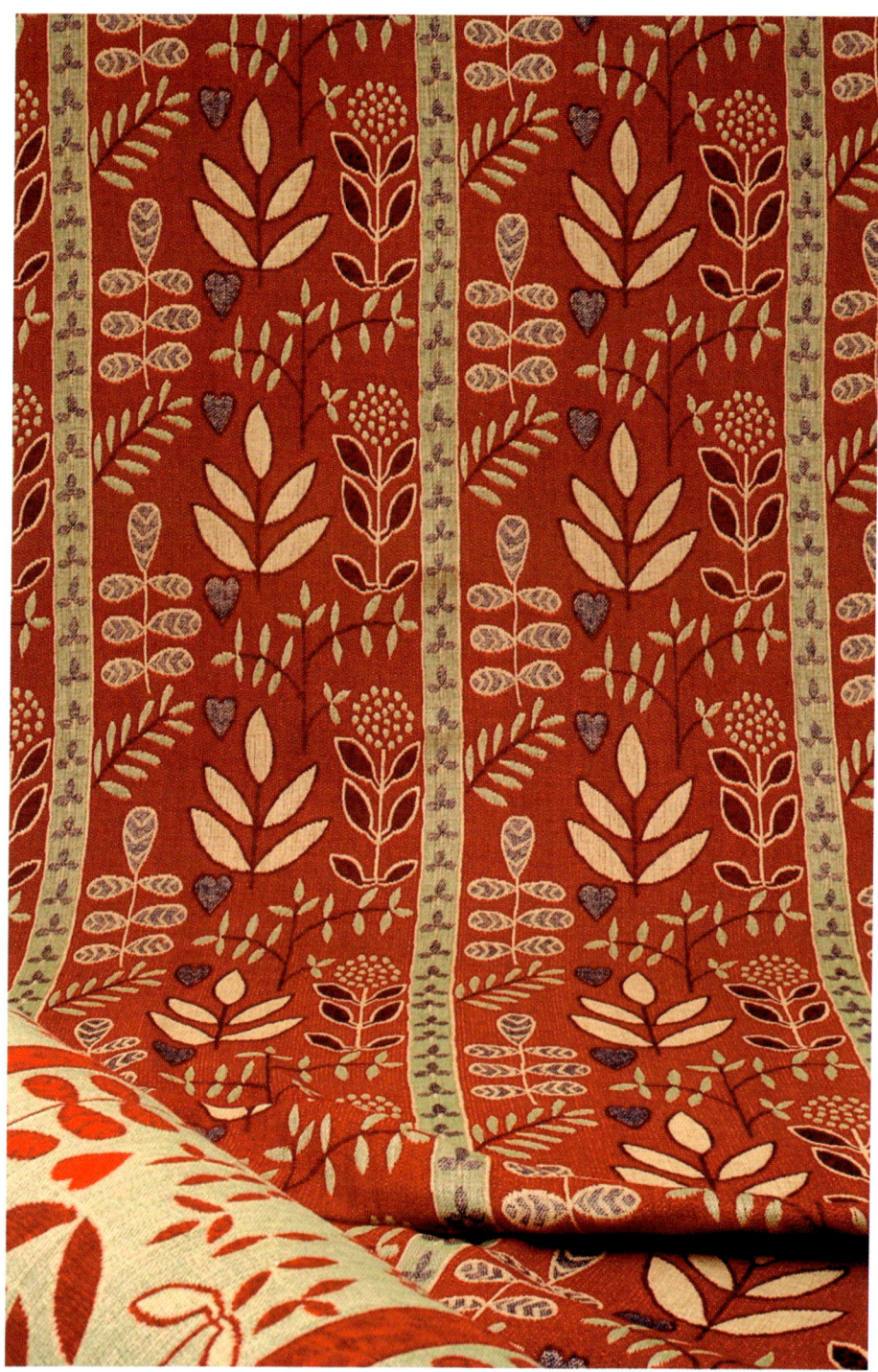

42 | Cefyn Burgess
*Slate florals, defnydd* 1990au

## Cefyn BURGESS 1961–
**Artist tecstiliau a pheintiwr. Ganed ym Methesda, gogledd Cymru.**

Astudiodd ym Mholytechnig Birmingham 1979–80; Polytechnig Manceinion 1980–83; Y Coleg Celf Brenhinol, Llundain (MA Tecstiliau wedi'u gwehyddu) 1983–85. Gwehydd preswyl, Amgueddfa Sidan Paradise Mill, Macclesfield 1987–89. Melinau gwlân Trefriw, gogledd Cymru 1989. Yn gweithio ym Mharc Glynllifon, Caernarfon o 1990. Gwobrau'n cynnwys y Cyngor Crefftau, Llundain (CC); Cwmni Anrhydeddus y Gwehyddwyr; Y Gymdeithas Gelfyddydau Brydeinig Americanaidd, 1990; Cyngor Celfyddydau Cymru (CCC) 1990, 2003, 2005 (Gwobr Cymru Greadigol); Y Fedal Aur am Grefft a Dylunio, Eisteddfod Genedlaethol Cymru, Aberystwyth 1992. Preswyliadau niferus ledled Cymru 1988–97. Comisiynau niferus yn cynnwys yr Amgueddfa Brydeinig, Llundain; Castell Cyfarthfa, Merthyr Tudful; Amgueddfa Cymru (AC); Llyfrgell Genedlaethol Cymru (LlGC). Addysgu, darlithio'n helaeth yng Nghymru a mannau eraill. Arddangosfeydd niferus ar y cyd, rhai cenedlaethol a rhyngwladol, gan gynnwys Oriel Mostyn, Llandudno 1988, 1990; *All About Wool*, Canolfan Gelfyddydau Abaty Nant Teyrnon, Cwmbrân 1989; *6 Crafts on 4*, CC 1990 (teithiol); Oriel, Caerdydd, CCC 1990; Cynhadledd y Comisiwn Ewropeaidd ar Grefftau, Avignon 1990; *SOFA (Sculpture, Objects and Functional Art)*, Chicago, gyda Chanolfan Grefft Rhuthun (CGRh) 2005; *Gweld*, CGRh 2006. Arddangosfeydd undyn yn cynnwys *Cefyn Burgess: Dylunydd*, CGRh 1992 (teithiol); AC, Llanberis 1993; *Cefyn Burgess*, CGRh 1998 (teithiol). Cyhoeddiadau sy'n cynnwys ei waith: *form, contemporary craft in Wales* (Celfyddydau Rhyngwladol Cymru 2003). Rhaglenni teledu'n cynnwys *Not Pots 6 – Crafts on 4* (Sianel 4, 1990); *Celfagati*, cyd-gyflwynydd (S4C 1994–97). Casgliadau'n cynnwys Amgueddfa Ceredigion; LlGC; Y Tabernacl, Machynlleth. Mae dylanwadau arno'n cynnwys 'capeli Cymru, planhigion gwyllt'. Yn byw yn Neganwy, gogledd Cymru.
*Yr artist*

## Christopher BURNHAM 1956–
**Enw gwaith Christopher Anthony Burnham, peintiwr, gwneuthurydd printiau. Ganed yn Llundain, Lloegr.**

Astudiodd yng Ngholeg Celf Caerdydd. Gwobrau'n cynnwys Winsor a Newton 1977; Cyngor Celfyddydau Cymru (CCC) 1979. Arddangosfeydd ar y cyd yn cynnwys *Three Artists*, Oriel Gerddi Howard, Caerdydd 1979; Canolfan Gelfyddydau Chapter, Caerdydd 1979; Corfforaeth Union Carbide, Efrog Newydd. Arddangosfeydd undyn yn cynnwys Oriel Atmosphere, Llundain 1980. Casgliadau'n cynnwys Paentiadau mewn Ysbytai (Cymru); Prifysgol Aberystwyth; Prifysgol Bangor. Prynwyd gwaith gan CCC. Man preswyl yn anhysbys.

## Brendan Stuart BURNS 1963–
**Peintiwr. Ganed yn Nakuru, Kenya.**

Astudiodd yn Athrofa Addysg Uwch De Morgannwg, Cyfadran Gelf a Dylunio 1982–85, gyda Terry Setch, Glyn Jones; Ysgol Gelf Slade, Llundain 1985–87, gyda Tess Jaray, John Hoyland, Bruce McLean. Y Fedal Aur Celf Gain, Eisteddfod Genedlaethol Cymru 1993, 1998. Enillydd, *Artist Cymreig y Flwyddyn*, Neuadd Dewi Sant, Caerdydd 2000, 2003. Artist preswyl, VII Xuntanza Obradoiro Internacional das Artes Plasticas A Solaina de Piloño, Galisia, Sbaen 2004. Aelod o Grŵp 56 Cymru (G56C); Ysbryd Cymru. Arddangosfeydd ar y cyd yn cynnwys *Landmarks*, Amgueddfa Cymru (AC) 1998; *Oil and Water*, Canolfan y Celfyddydau Gweledol, Caerdydd 2000; *Different Lights*, Canolfan y Celfyddydau Angel Orensanz, Efrog Newydd 2001; *A Propos Ceri Richards*, AC 2002. Arddangosfeydd undyn yn cynnwys *As Well as Being...* Oriel Tŷ Turner, Penarth 1999; *Not the Stillness*, Amgueddfa ac Oriel Gelf Casnewydd 2002 (teithiol). Wedi'i gynnwys yn *Welsh Artists Talking*, Tony Curtis (Seren, Pen-y-bont ar Ogwr 2000); *here*

*+ now. Essays on Contemporary Art in Wales*, Iwan Bala (Seren 2004). Casgliadau'n cynnwys AC, Casgliad Associated Newspapers ar gyfer Amgueddfeydd; Cyngor Caerdydd; Cymdeithas Celf Gyfoes Cymru; Prifysgol De Cymru, Pontypridd; Ymddiriedolaeth Derek Williams. Mae ei waith yn cael ei ysbrydoli gan y dirwedd a'r môr. Yn byw yng Nghaerdydd, de Cymru.
*Yr artist*

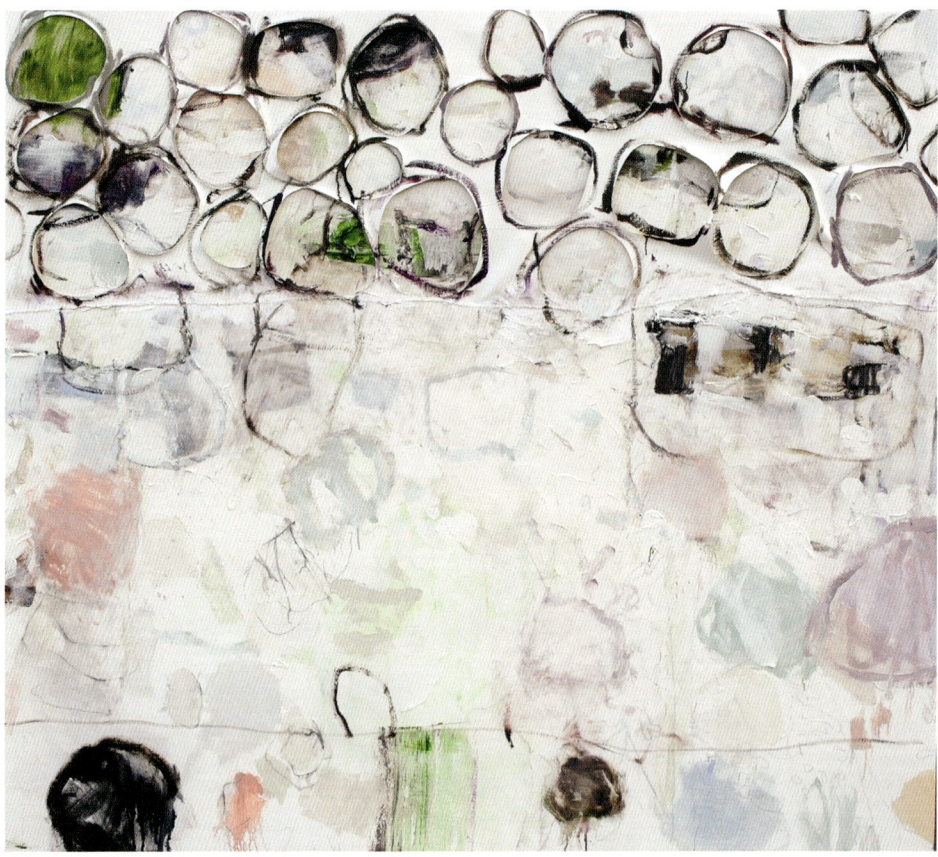

43 | Brendan Stuart Burns
*Cyfres Liquid Light. Spindrift – Ionawr 3ydd* 2007

## Laurie BURT 1925–
### Enw gwaith Laurence Burt, cerflunydd. Ganed yn Leeds, Lloegr.

Prentis gweithiwr metel pensaernïol tua 1939; astudiodd (yn rhan-amser) yng Ngholeg Celf Leeds (CCLeeds) 1949–55. Gwasanaeth gyda Lluoedd EM, yn y Dwyrain Canol 1941–46; gweithiwr metel diwydiannol tua 1947–55. Darlithydd, CCLeeds tua 1955–60; Coleg Celf Caerlŷr 1960–64; Ysgol Haf y Barri 1963–66; Coleg Celf Caerdydd (Prif Ddarlithydd) 1964–66; Coleg Polytechnig Wolverhampton 1968; Coleg Celf Hornsey a cholegau eraill yn y DU (rhan-amser) tua 1968–71. Bu'n byw yng Nghyprus 1971–74. Sefydlydd/cyfarwyddwr, Oriel Celf Gain Pisces, Famagusta 1971–73; darlithydd, Coleg Celf Falmouth 1974–80. Arddangosfeydd niferus ar y cyd gan gynnwys *Construction England*, Oriel Drian, Llundain (ODLl) 1961; *Profile III, Englische Kunst der Gegenwart*, Stadtische Kunstgalerie, Bochum 1964;

*Structure 66*, Cyngor Celfyddydau Cymru (CCC)/Amgueddfa Cymru, Caerdydd (AC) 1966; *12fed Arddangosfa Agored Paentio a Cherfluniaeth Gyfoes*, CCC 1967 (teithiol) (y wobr gyntaf); *Recent Purchases*, Cymdeithas Celf Gyfoes Cymru (CCGC), CCC, Caerdydd 1968; *11 Sculptors, One Decade*, Cyngor Celfyddydau Prydain Fawr 1972 (teithiol); *Sculpture for the Blind*, Oriel Tate, Llundain 1976. Arddangosfa ddeudyn, *Exposition* (gyda Stassinos Paraskoss), Oriel Howard Roberts, Caerdydd 1967. Arddangosfeydd undyn niferus gan gynnwys ODLl 1961, 1966; *Propaganda for Control*, Oriel Angela Flowers, Llundain 1971; *Small Monuments and Biographical Notes*, Oriel, CCC, Caerdydd 1980; *Things Out of Mind: Work Past and Present*, Oriel Roslyn Lyons, Prifysgol Caerefrog (ORL) 2005. Wedi'i gynnwys yn *Contemporary British Art*, Herbert Read (Pelican Books 1964); *Studio International* (Mawrth 1966); *The Dream of Icarus*, Kenneth Coutts-Smith (Hutchinson 1970); *Art & Artists* (Mehefin 1971). Casgliadau niferus ar y cyd gan gynnwys AC; Casgliad Gulbenkian; CCGC; Cyngor Celfyddydau Lloegr; Oriel Gelf Dinas Caerefrog; Oriel Gelf Dinas Leeds; Prifysgol De Cymru, Pontypridd; Tate, Llundain; Yr Archesgob Makarios, Cyprus. Prynwyd gwaith gan CCC. 'Cerfluniaeth draddodiadol, seiberneteg, systemau rheoli a rhyngweithio'. *(Jon Wood, catalog, ORL 2005)*. Yn byw yng Nghaer Efrog, Lloegr. *Yr artist*

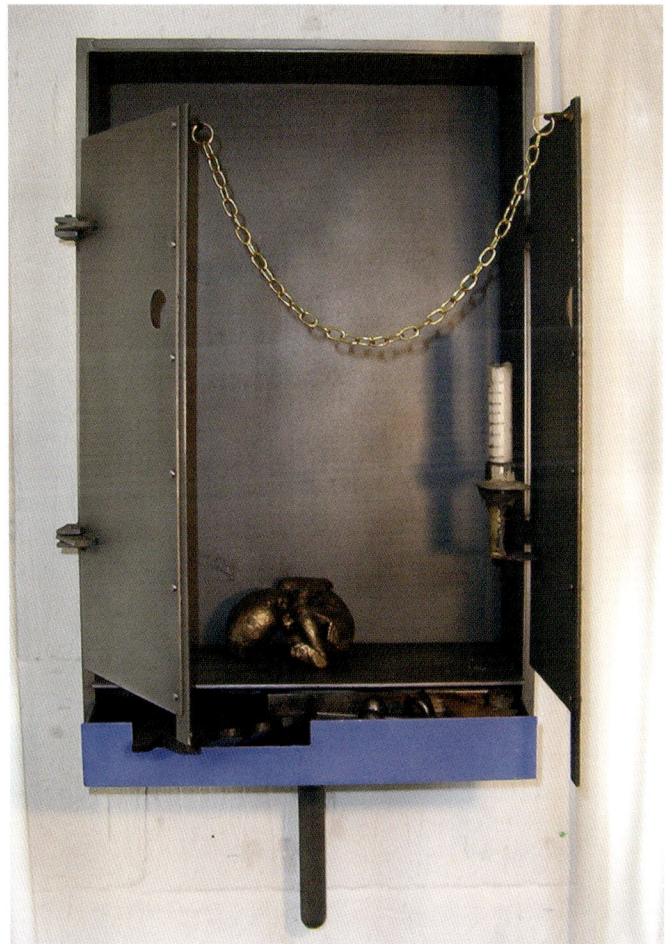

44 | Laurence Burt
*Homage to Louis MacNeice 1965;
Memorial to the Brave Old World,
and Beelzebub's Toast to the
New Scientists*

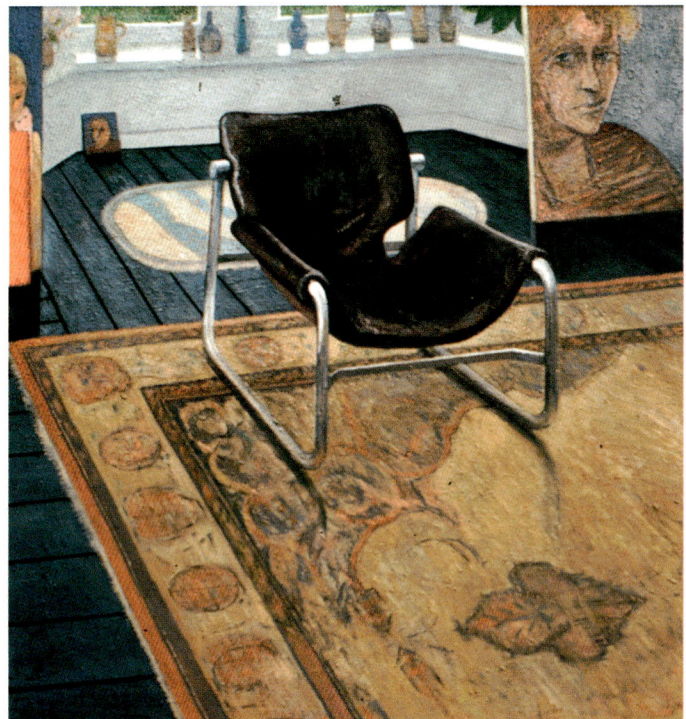

45 | Charles Burton
*Leather Chair with Painting of Marion* 1981–98

### Charles BURTON 1929–

**Enw gwaith Charles William Burton, peintiwr. Ganed yn Nhreherbert, de Cymru.**

Astudiodd yng Ngholeg Celf Caerdydd 1946–51; y Coleg Celf Brenhinol, Llundain 1953–56, gyda John Minton, Carel Weight, Ruskin Spear. Pennaeth Paentio, Coleg Celf Lerpwl 1956–70; Pennaeth Celf a Dylunio, Polytechnig Cymru 1970–80. Y Fedal Aur Celf Gain, Eisteddfod Genedlaethol Cymru 1954. Doethuriaeth fygedol, Prifysgol Morgannwg 2004. Aelod blaenllaw o Grŵp (cyntaf) y Rhondda; Grŵp De Cymru, ddechrau'r 1950au. Arddangosfeydd ar y cyd yn cynnwys *Artists in Wales*, Pwyllgor Cymru Cyngor Celfyddydau Prydain Fawr (PCCCPF)/Llyfrgell Genedlaethol Cymru 1952; *Contemporary Welsh Painting* PCCCPF 1953; *Arddangosfeydd 50fed a 60fed Pen-blwydd Cymdeithas Celf Gyfoes Cymru*, 1987, 1997; Oriel Martin Tinney, Caerdydd (OMT) 2002, 2005. Arddangosfeydd undyn yn cynnwys Oriel Prospect, Llundain 1956; Y Cyngor Prydeinig, Brwsel 1979; *Family, Some Chairs, a Number of Tables and Mary Queen of Scots*, Oriel Cyngor Celfyddydau Cymru, Caerdydd 1983; Oriel y Bont, Prifysgol Morgannwg 1990; Amgueddfa ac Oriel Gelf Frycheiniog, Aberhonddu 2001; OMT 2002. Darluniau ar gyfer *A Taste of the Belgian Provinces* (Grŵp Dydd Mawrth, Brwsel 1982). Wedi'i gynnwys yn *Welsh Painters Talking*, Tony Curtis (Seren 1997); *Art Review* (Peter Wakelin, cyfrol 52, Tachwedd 2000). Casgliadau'n cynnwys Amgueddfa ac Oriel Gelf Casnewydd; Amgueddfa Cymru; Cymdeithas Celf Gyfoes Cymru; DEFRA. Mae ei themâu'n 'syml iawn … gan droi fy anghenion a'm hymateb mewnol yn weladwy i'r byd dw i'n ei nabod … bydda i'n defnyddio paent fel fy nghyfrwng.' Yn byw ym Mhenarth, de Cymru.

*Yr artist a Ceri Thomas*

**Rosemary BURTON** 1939–
**Enw gwaith Rosemary Ann Burton, peintwraig. Ganed yng Nghaerdydd, de Cymru.**
**Bu'n gweithio fel Rosemary Calderbank, cyn 1993.**

Astudiodd yng Ngholeg Addysg Morgannwg/Coleg Polytechnig Cymru, Y Barri 1974–78 (Addysg).
Gwas sifil 1957–67; athrawes, ysgolion yng Nghaerdydd, Bro Morgannwg 1978–95. Arddangosfeydd
ar y cyd, *Summer in the Vale*, Oriel Washington, Penarth (OW) 1998 (teithiol); Oriel Martin Tinney,
Caerdydd 2001–03, 2005–07; Oriel John Davies, Stow-on-the-Wold 2005. Arddangsofa ddeuddyn,
Oriel y Bont, Prifysgol Morgannwg, Pontypridd 1987. Arddangosfeydd un-ddynes yn cynnwys yr Hen
Neuadd, Y Bont-faen 1989; Oriel Ci Melyn, Caerdydd 1999; Café Brava, Caerdydd 2000, 2005; OW
2003. Wedi'i chynnwys yn *New Welsh Review* (Tony Curtis, rhif 51). 'Blodau a bywyd llonydd.' Yn byw
ym Mhenarth, de Cymru.
*Yr artist*

**Adrian BUTLER** 1958–
**Artist murluniau/mosaigau. Ganed yn y DU.**

Astudiodd yng Ngholeg Addysg Bellach Swydd Buckingham 1977–78; Athrofa Addysg Uwch De
Morgannwg 1978–81 (gradd yn y dosbarth cyntaf); Ysgol Gelf Chelsea 1982–83 (MA Celf Gain: Paentio).
Cyd-sefydlydd (gyda Nick Clements)/aelod, Grŵp Celfyddydau'r Pioneers, Caerdydd (The Pioneers),
o 1981; darlithydd (rhan-amser), Coleg Polytechnig Portsmouth 1983–85; Canolfan Gymunedol
Bethesda, Merthyr Tudful 1986; artist annibynnol 1986–93; ymgynghorydd, murluniau a gwaith celf
cyhoeddus, Cyngor Dosbarth Cwm Rhymni 1986. Gyda Louise Shenstone, sefydlodd Artistiaid Murluniau
a Mosaigau Shenstone Butler 1993. Gwobrau'n cynnwys Cyngor Celfyddydau Cymru (CCC) 1986,
1990. Artist Preswyl y Dref, Merthyr Tudful, CCC/Cymdeithas Gelfyddydau De Ddwyrain Cymru 1983–86.
Prosiectau/comisiynau celfyddydau cyhoeddus/cymunedol niferus, de Cymru, y DU, Philadelphia,
gan gynnwys Llwybr Treftadaeth Merthyr 1985; Ysbyty Athrofaol Cymru, Caerdydd 1986; Rheilffyrdd
Prydeinig, Penarth 1987; Theatr Dylan Thomas, Abertawe 1988; *Gateway Wales, UK 2000*, 1988;
Frankford Philadelphia 1990; Bae Caerdydd 1991, 1996; Neuadd Dewi Sant, Caerdydd 1992, 1993;
Llys yr Ynadon, Caerdydd 1993. '…comisiynau a phrosiectau mawr…gan ddefnyddio'n fwyfwy
ddeunyddiau mosäig a cheramig parhaol ….' Yn byw yng Nghaerdydd, de Cymru 1993.
*Yr artist*

**Anthony BUTLER** 1927–2010
**Enw gwaith G. Anthony Butler, peintiwr a cheramegydd. Ganed yn Lerpwl, Lloegr.**
**Hefyd wedi arwyddo'i baentiadau gyda'r enw BUTLER.**

Ei fam yn Gymraes. Astudiodd yng Ngholeg Celf Lerpwl (gyda chyfnod yn y Llu Awyr Brenhinol) 1944–
50. Athro, Ysgol Dechnegol Grange Park, St Helens, Glannau Merswy 1951–59. Pennaeth Celf, Ysgol
Penbedw 1959–1978; darlithydd, rhan-amser, Ysgol Gelf Wallasey. Aelod o'r Academi Frenhinol
Gymreig (AFG) (gwobr Saxon Barton, 1950au cynnar); cyn-aelod, Academi Lerpwl; Grŵp Celf Glannau
Dyfrdwy; Cymdeithas Gelfyddydau Cilgwri. Arddangosfeydd ar y cyd yn cynnwys AFG, o 1949;
*Arddangosfa Haf*, Yr Academi Frenhinol, Llundain 1954; Oriel Albany, Caerdydd. Casgliadau yn
cynnwys Cyngor Dinas Lerpwl; Cyngor Dinas Manceinion; gwahanol awdurdodau addysg;
Gwasanaethau Amgueddfeydd Cilgwri; Llyfrgell Genedlaethol Cymru. Roedd yn byw yn Ninbych,
gogledd Cymru.
*Yr artist*

**Perryn BUTLER** 1953–
**Enw gwaith Perryn Joanna Butler, cerflunydd. Ganed yn Valetta, Malta.**
Bu'n byw yng Nghymru o dair wythnos oed ymlaen. Hefyd yn gerddor. Astudiodd yn Sefydliad
Technegol Neyland 1972 (Astudiaethau Busnes); Coleg Northern, Blackpool 1977–78 (Ffisiotherapi a
Thylino); Coleg Technoleg a Chelf Caerfyrddin 1983–87. Cantores/diddanwraig, y DU 1971–87;
tiwtor/technegydd, prosiectau cymunedol/preswyliadau/cyrsiau byr i bobl ag anableddau dysgu a
phroblemau iechyd meddwl, gan gynnwys Canolfan Stackpole, Penfro (CSP) 1992; Awdurdod
Porthladd Aberdaugleddau 1992; Ymddiriedolaeth North Downs a Hampshire 1996; Ysbyty
Brookwood, Guildford 1996–98 (llawnamser); Gofal Celfyddydau, Ysbyty Dewi Sant, Caerfyrddin
1998–2007; cyd-gyfarwyddwr, Arts Alive Wales 2001. Gwobrau'n cynnwys dwy wobr gyntaf,
*Reflections 2000*, Cyngor Sir Caerfyrddin 2000. Comisiynau niferus gan gynnwys CSP 1992; Sioe Sir
Benfro, Hwlffordd 2003; Prosiect Treftadaeth Doc Penfro 2004–05; Cyngor Tref Penfro 2005. Aelod o
Grefftwyr Sir Benfro; Cerfluniaeth Cymru. Arddangosfeydd niferus ar y cyd gan gynnwys Oriel
Centaur, Llundain 1997; *Three Painters and Three Sculptors*, Oriel La Lanterne Magique, Honiton 2002;
Oriel Martin Tinney, Caerdydd 2003; *Artistiaid Cymreig*, Y Tabernacl, Machynlleth (TM) 2003; Eisteddfod
Genedlaethol Cymru, Y Faenol 2005; Oriel Kooywood, Caerdydd 2005, 2007. Arddangosfeydd
un-ddynes yn cynnwys *See, Touch and Play*, Llyfrgell Doc Penfro 1992; *Out of the Silence*, Amgueddfa
ac Oriel Gelf Dinbych-y-pysgod (AOGDyp) 2005; *Butler*, Oriel Waterfront, Aberdaugleddau 2005.
Casgliadau'n cynnwys AOGDyp; Asiantaeth Diogelu'r Amgylchedd, Iwerddon; AOGDyp; TM.
'…[fy n]gwaith mewn cerrig yn bennaf – mae peth ohono'n cael ei fwrw mewn efydd ar gyfer gwaith
cyhoeddus.' Yn byw yn Hwlffordd, gorllewin Cymru.
*Yr artist*

**Susan BUTLER** 1942–
**Ffotograffydd. Ganed yn New Orleans, UDA.**
Astudiodd ac addysgodd ym Mhrifysgol Massachusetts, Amherst yn y 1970au (PhD Llenyddiaeth
Gymharol 1981); Athrofa Addysg Uwch Gwent 1980–81, gyda Keith Arnatt, David Hurn. Daeth i Gymru
ym 1980. Cyd-olygydd, *Creative Camera* 1984–86; tiwtor, MA Celfyddydau Cain, Athrofa Prifysgol
Cymru, Caerdydd (APCC) 1989–97; preswyliad stiwdio yng Nghanolfan Gelfyddydau Chapter,
Caerdydd (CGChap) 1993–97; Uwch-ddarlithydd (rhan-amser), APCC 1997–2007; tiwtor, MA
Ffotograffiaeth, Y Coleg Celf Brenhinol o 1997. Gwobrau'n cynnwys Cyngor Celfyddydau Cymru 1994,
2002. Comisiwn, Amgueddfa Cymru (AC) 2004–05. Aelod o Ffotogallery 1987–92 (Is-Gadeirydd 1988–90).
Arddangosfeydd ar y cyd yn cynnwys *Inventories*, Biennale Shoreditch, Llundain 1998; *Fold*, Oriel Gelf
Dinas Caerlŷr 2002; *Image and Imagination*, Mois de la Photo, Montreal 2005; *Le Spectre des Jardins*,
Fondation de Coubertin, Saint-Rémy-lès-Chevreuse2007. Arddangosfeydd un-ddynes yn cynnwys
*Phantasias*, CGChap 1997; *Aurum*, Harewood House, Swydd Efrog 2000; *Elsewhere*, AC 2004 (gyda
chyhoeddiad gan yr artist). Cyhoeddiadau niferus yn cynnwys 'So how do I look? Self-portraits by
Women', *Staging the self: self portrait photography 1840s–1980s*, golygydd James Lingwood (Yr Oriel
Bortreadau Genedlaethol, Llundain 1986); 'Disputed Territories', *Mysterious Coincidences* (Oriel Mostyn,
Llandudno/Oriel y Ffotograffwyr, Llundain 1987); *Shifting Focus: An International Exhibition of
Contemporary Women's Photography* (Oriel Arnolfini, Bryste/Oriel Serpentine, Llundain 1989); 'Cornelia
Parker in conversation with Susan Butler', *Untitled* (rhif 12, 1996); 'Susan Trangmar: A Question of
Distance', *Portfolio* (rhif 38, 2007). Gwaith wedi'i gynnwys yn *Re: Imaging Wales*, Hugh Adams (Seren
Books, Pen-y-bont ar Ogwr 2006). '…enydau wrth ymateb yn oddrychol a phersonol i waith celf yng
ngofod cyhoeddus yr oriel neu'r amgueddfa.' Yn byw yng Nghasnewydd a Llundain.
*Yr artist*

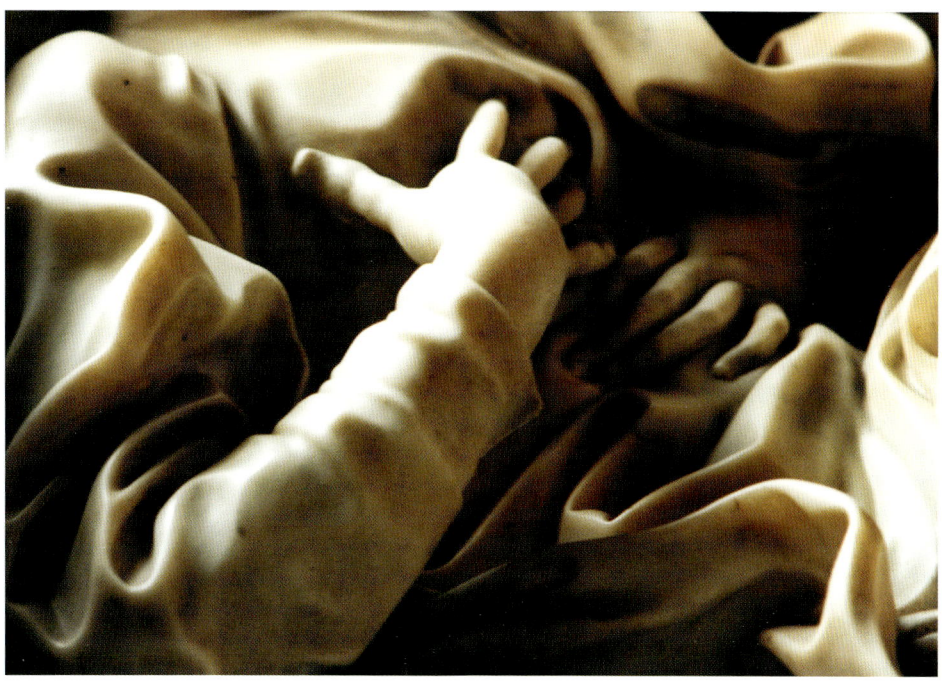

46 | Susan Butler
*After Bernini II (Ludovica Albertoni)* 2002 (manylyn)

### Charles BYRD 1916–
**Peintiwr, cerflunydd. Ganed ym Mhontypridd, de Cymru.**

Dosbarthiadau nos yn Ysgol Gelf Caerdydd 1948. Gyrfa amrywiol fel ffitiwr awyrennau, gweithiwr clerigol, gyrrwr, gweithiwr ar y tir. Artist llawnamser o 1950. Comisiwn, *Towards Sculpture*, Cyngor Celfyddydau Cymru (CCC)/Eisteddfod Genedlaethol Cymru (EGC), Rhydaman 1970. Gwobr CCC 1978. Aelod o Gymdeithas Gelf De Cymru. Arddangosfeydd ar y cyd yn cynnwys *Contemporary Welsh Painting and Sculpture*, Pwyllgor Cymreig Cyngor Celfyddydau Prydain Fawr 1953, 1957, 1958; EGC, Pwllheli 1955, Caerdydd 1960; Oriel Howard Roberts, Caerdydd 1957, 1958; *Kinetic Art*, Oriel Gelf Glynn Vivian, Abertawe 1972 (teithiol); Oriel Serpentine, Llundain 1973; *Wales and the Modern Movements*, Canolfan y Celfyddydau, Aberystwyth 1976; *A Greater Reality*, Oriel, CCC, Caerdydd 1979 (teithiol). Arddangosfeydd undyn yn cynnwys Canolfan Gelfyddydau Chapter, Caerdydd 1973; Canolfan Gelfyddydau Bryste 1976; *Museum of Magical Machines*, Yr Hen Lyfrgell, Caerdydd 1989–1996. Rhaglen HTV, *Wheels, Bells, Spirals* 1970. Gwaith wedi'i gynnwys yn *Studio International* (Ivor Davies, Tachwedd 1972), Western Mail (mis Hydref 1972). Casgliadau'n cynnwys Amgueddfa ac Oriel Gelf Casnewydd; awdurdodau lleol yng Nghymru; Cyngor Caerdydd; Cyngor Bwrdeistref Sirol Rhondda Cynon Taf. Paentio ffigurol yn y 1950au a 60au; paentiadau haniaethol yn y 60au; cerfluniaeth ginetig o'r 70au. Yn byw yng Nghaerdydd.

# ARTISTIAID: C

**Paul CABUTS** 1956–
**Ffotograffydd. Ganed ym Mryste, Lloegr.**

Ei fam yn Gymraes. Cyrhaeddodd Gymru ym 1960. Astudiodd yn Ysgol Gelf, Cyfryngau a Dylunio Coleg Prifysgol Cymru Casnewydd 1993–98; Ysgol Gelf Prifysgol Cymru, Aberystwyth 1999–2001 (MA Celf Gain). Aelod o Ffotogallery, Caerdydd (Cadeirydd 2000). Peiriannydd 1973–99; darlithydd ym maes ffotograffiaeth, Coleg Pen-y-bont ar Ogwr a Phrifysgol Cymru, Caerdydd, o 2002. Artist preswyl, Cyngor Bwrdeistref Sirol Caerffili ac Ymddiriedolaeth Groundwork (YG), Caerffili 2001–03. Gwobr Cymru Greadigol, Cyngor Celfyddydau Cymru 2002. Arddangosfeydd ar y cyd yn cynnwys *In the Habit of Dwelling*, Canolfan Ffotograffiaeth Awstralia, Sydney 1999; *Just Another Day 2000*, Ffotogallery,

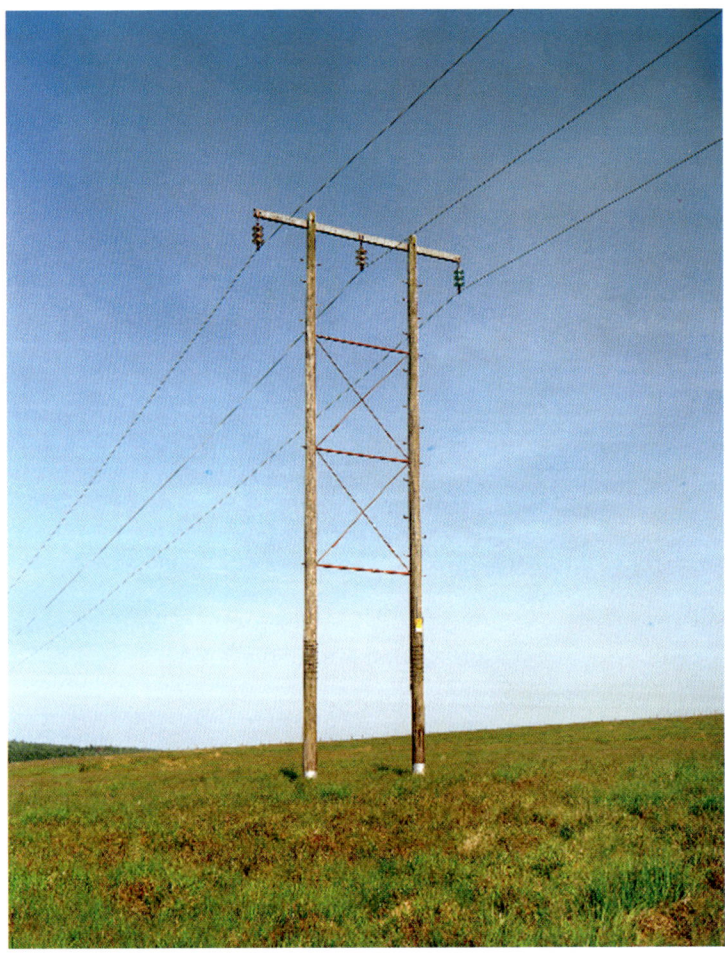

47 | Paul Cabuts
*Rhos Gwawr* 2004

Caerdydd (teithiol); *Return 2004*, Gŵyl Gelf Focal Visual, Rhuthun; *Powerlines*, Eisteddfod Genedlaethol Cymru, Casnewydd 2004 (teithiol); *Ernest Zobole and Paul Cabuts*, Prifysgol Morgannwg, Pontypridd 2005. Arddangosfeydd undyn yn cynnwys *The Heritage of Coal*, Treffpunkt Rotebuhlplatz, Stuttgart 1999; *Pontypridd in the 1990s*, Canolfan Hanesyddol a Diwylliannol Pontypridd. Cyhoeddiadau'n cynnwys 'A Photography Centre for Wales' (*Planet* 2001). *Elvis Died in My Bedroom*, ffilm ddigidol i'r BBC 2002. Casgliadau'n cynnwys Bwrdd Iechyd Prifysgol Cwm Taf; Ffotogallery; Llyfrgell Genedlaethol Cymru; YG. '…mae ei waith yn archwilio … y llithro rhwng profiad personol y Cymoedd a'r ffordd maent wedi cael eu cynrychioli'n draddodiadol mewn ffotograffiaeth. Mae natur liwgar, dopograffig fy ngwaith … yn dathlu hanesion amgen y rhanbarth nad ydynt mor weladwy …'Yn byw yn Efailisaf, de Cymru.
*Yr artist*

### Stefhan CADDICK 1969–
**Artist perfformio a gosodwaith, dylunydd graffeg. Ganed yn Poole, Lloegr.**

Astudiodd yng Ngholeg Prifysgol Cymru, Aberystwyth 1989–92, gydag Alistair Crawford, Moira Vincentelli; Prifysgol Cymru, Casnewydd 1995–97 (MA Ffotograffiaeth Ddogfennol), gyda Paul Seawright, Ian Walker. Ymhlith pethau eraill bu'n gweithio fel Swyddog Datblygu, Menter Ddiwylliannol; Rhaglennydd Digwyddiadau, bloc: Technoleg Greadigol Cymru. Sefydlodd Papergecko, stiwdio dylunio graffeg 2004. Gwobr Cyngor Celfyddydau Cymru 2007. Aelod o Gydweithfa Artistiaid Ointment (Ointment); Rêl Institwt (Gogledd Cymru) (RIGC); g39, Caerdydd. Arddangosfeydd niferus ar y cyd gan gynnwys *Ffresh 1*, Canolfan Gelfyddydau Chapter, Caerdydd (CGChap) 1998; *Art from Wales: a New Generation*, Oriel Open Space, Milan 2001; *A470*, Oriel Mostyn, Llandudno/Ffotogallery, Caerdydd 2001 (teithiol); *Tanddaear*, Eisteddfod Genedlaethol Cymru/Cywaith Cymru (gyda Simon Whitehead, Barnaby Oliver) 2002; *Roadshow*, Blaenau Ffestiniog, Parc Cerfluniau Grizedale/RIGC 2003; *Marcheurs des Bois*, Rouge Matawin Faunique, Quebec 2005; *Over*, g39, 2006. Mae arddangosfeydd undyn yn cynnwys *Arboretum*, Ysbyty Trelái, Caerdydd 1997; *Lost and Found*, Gorsaf Ganolog Caerdydd 1998; *Pleasure City*, CGChap 1998; *Via* (prosiect curadurol a CD Rom; cyhoeddiad), g39, 2001. Wedi'i gynnwys mewn cyhoeddiadau niferus, gan gynnwys cylchgrawn a-n (2000); *Art Monthly* (2001); *Live Art Magazine* (2003); *Platfform 02* (Celfyddydau Rhyngwladol Cymru 2005); *STAR: a psycho-topography of place*, Jennie Savage (Yr Asiantaeth Gelf ac Adfywio 2006); *Bordering: an Art/Geography Collaboration*, Iain Biggs, Sarah Cant *et al* (Y Frenhines Mary, Prifysgol Llundain 2007); *The Cat Show 2007: Celf mewn Amser Caerdydd*, Andre Stitt (Samizdata Press 2007). Casgliadau'n cynnwys Archif Genedlaethol Sgrin a Sain Cymru; Bwrdd Iechyd Prifysgol Caerdydd a'r Fro. '…mileindra'r byd naturiol, cyfnodau wedi'u camgofio o hanes gwleidyddol… bydda i weithiau'n dyfeisio systemau neu fethedolegau addurniadol, sydd yn aml yn hollol wirion…'Yn byw yng Nghrucywel, canolbarth Cymru.
*Yr artist*

### Rosemary CALDERBANK  Gweler Rosemary BURTON

### Simon CALLERY 1960–
**Peintiwr, ffotograffydd a cherflunydd. Ganed yn Llundain, Lloegr.**

Astudiodd yng Ngholeg Celf a Dylunio Berkshire 1979–80; Athrofa Addysg Uwch De Morgannwg 1980–83 (gradd yn y dosbarth cyntaf). Gwobrau'n cynnwys Gwobrau Artistiaid Ifainc, Cyngor Celfyddydau Lloegr 1983, 1986; Eisteddfod Genedlaethol Cymru, Y Fedal Aur am Gelf Gain, Abergwaun 1986. Arddangosfeydd niferus ar y cyd gan gynnwys *Arddangosfa Agored Lerpwl*, John Moores 1993 (arobryn); *Young British Artists III*, Oriel Saatchi, Llundain, 1994; *British Abstract Painting*, Oriel Flowers East, Llundain 2001. Arddangosfeydd undyn yn cynnwys Canolfan Gelfyddydau

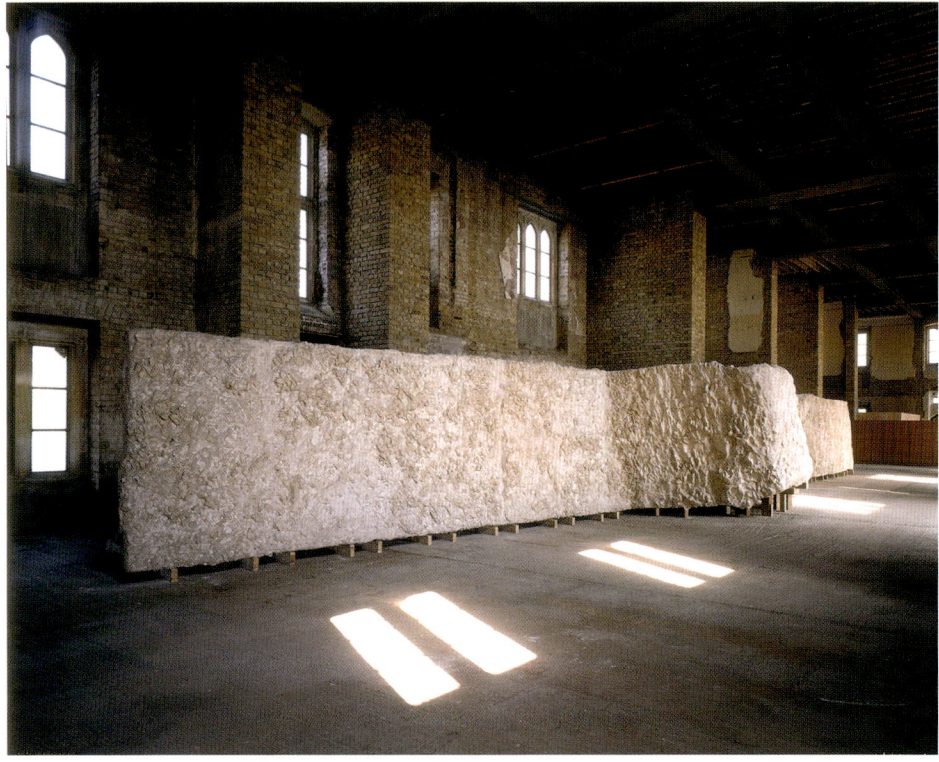

48 | Simon Callery
*Trench 10 (Prosiect Segsbury, Castell Dover, 2003)* 2000–03

Camden, Llundain 1992; *Art Now*, Oriel Tate, Llundain 1999; *Simon Callery Pit Paintings*, Coleg Celf Wimbledon, Llundain, 2007. Cyhoeddiadau niferus yn cynnwys ei waith, yn eu plith *Saatchi Gift to the Arts Council Collection*, Isobel Johnstone (Canolfan South Bank, 2000). Casgliadau'n cynnwys Cyngor Celfyddydau Lloegr; Cyngor Caerdydd; Tate; Yr Amgueddfa Brydeinig. 'Mae fy nghanfasau'n aml yn fawr… Bydda i'n gweithio ar yr arwynebau peintiedig â chyllell llawfeddyg i ddatgelu olion y marciau sy'n gorwedd o dan haenen olew islaw.' (*British Archaeology* 1996) Yn byw yn Llundain.
*Yr artist*

### Alex CAMPBELL 1936–
**Peintiwr. Ganed yn Dukinfield, Lloegr.**

Astudiodd yn Ysgol Gelf Heginbotton, Ashton-under-Lyme. Cyrhaeddodd Gymru ym 1973. Arddangosfeydd ar y cyd yn cynnwys Eisteddfod Genedlaethol Cymru, Machynlleth 1981 (arobryn); Aquarelliades de Thiérache, Hirson, Ffrainc 1992 (Grand Prix), 1994, 1996; *Arddangosfa Agored Gogledd Cymru*, Oriel Theatr Clwyd, Yr Wyddgrug 1994 (arobryn); *Cestyll ac Eglwysi*, Oriel Plas Glyn-y-Weddw, Llanbedrog (OPGW). Arddangosfeydd undyn yn cynnwys OPGW 1989, 1993, 1995; The Gallery, Manceinion (TGM) 1995; *Euro 96 Football Festival*, TGM 1996. '…persbectifau llinellol a lliw, gan ddefnyddio geometreg a mathemateg….' Acryligau; golygfeydd o ogledd Cymru, gan gynnwys chwareli llechi. Yn byw yn Nannerch, gogledd Cymru.
*Yr artist*

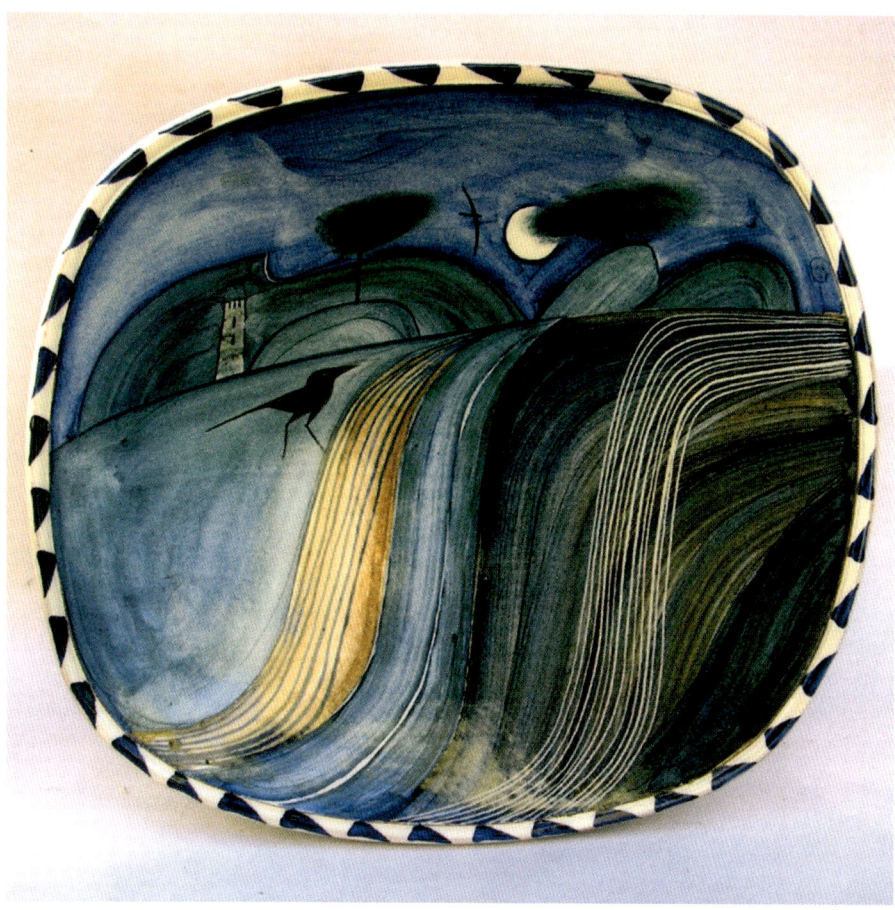

49 | James Campbell
*Pillow dish: Bird and Moon* 2007

## James CAMPBELL 1942–
**Ceramegydd. Ganed yn Cawdor, Yr Alban.**

Astudiodd yng Ngholeg Eton 1957–60 gyda Gordon Baldwin; Y Coleg Celf Brenhinol, Llundain 1960–64 gyda David Queensbury, Richard Chopping. Darlithydd, Coleg Celf a Dylunio Caerloyw 1968–92; Coleg Celf a Dylunio Henffordd 1974–98; Coleg Polytechnig Middlesex 1970–71. Wedi'i gynnwys ym Mynegai Gwneuthurwyr Dethol y Cyngor Crefftau. Arddangosfeydd ar y cyd yn cynnwys *International Ceramics*, Amgueddfa Victoria ac Albert, Llundain (VacA) 1972; *The Cat Scratched Little Johnny*, Canolfan y Celfyddydau Aberystwyth 1999; *Get Real - Romanticism and New Landscapes in Art*, Artsway, Sway 2006 (teithiol); *Collect*, VacA 2004; Tokoname 1985; Faenza 1991; Barcelona 1995. Arddangosfeydd undyn yn cynnwys Brewery Arts, Cirencester 1994; Oriel Rhydychen 1999; Black Swan Arts, Frome 2004; Canolfan Gelfyddydau Gorllewin Cymru, Abergwaun 1997, 2000, 2003, 2005. Cyhoeddiadau'n cynnwys 'Retwyning Straying Strands' (*Ceramic Review* rhif 117, Mai/Mehefin 1989); 'Artist's Diary' (*Art Review*, Mehefin 1997). Gyda Mererid Hopwood, *Un Dydd*, CD ROM (Cyngor Sir Penfro/Artswave 2004). Gwaith wedi'i adolygu yn *Ceramic Review* (rhif 158, 1996; rhif 177, 1999); gwaith wedi'i gynnwys yn *James Campbell*, Lindsey Hoole (*Y Gyfres Gerameg* rhif 92, Canolfan y

Celfyddydau Aberystwyth, Ionawr 1999). Casgliadau cyhoeddus yn cynnwys Amgueddfa Cymru; Oriel Gelf Aberdeen; Oriel Gelf Dinas Manceinion; Oriel Gelf Dundee; Oriel Genedlaethol Victoria; Sefydliad Celf Gerameg Tokoname. 'At ei gilydd, mae fy ngwaith mewn clai'n cynnwys llestri syml sydd wedi'u cyfoethogi ag addurniadau peintiedig … Mae'r ddelweddaeth yn deillio o'r tirweddau y bûm yn sylwi arnynt yn ystod fy mhlentyndod yn Yr Alban a Gorllewin Cymru – yn eu cofio, yn breuddwydio amdanynt ac yn hiraethu amdanynt a dyma hefyd yw fy mhrif ffynhonnell ar gyfer fy ngwaith ar bapur.' Yn byw ym Maenorbŷr, gorllewin Cymru.
*Yr artist*

### Kathryn CAMPBELL  Gweler Kathryn DODD

### Robin CAMPBELL 1943–
**Pensaer a chynllunydd trefol. Ganed yng Nghaeredin, Yr Alban.**
Astudiodd yng Ngholeg Celf Duncan of Jordanstone, Dundee 1962–68. Cyrhaeddodd Gymru ym 1975. Cynllunydd Trefol, Swyddog Prosiectau Arbennig, Pennaeth Cynllunio Amgylcheddol, Cyngor Dinas Abertawe (CDA) 1975–97. Gwobr yr Ymddiriedolaeth Ddinesig 1988. Dylunio, cynllunio, strategaeth celf gyhoeddus i Farina Abertawe. Sefydlydd, AIR Architecture 1997. Tiwtor dylunio rhan-amser, Ysgol Bensaernïaeth Cymru, Caerdydd, o 1995. Aelod o Gymdeithas Gelfyddydau Abertawe; Cymdeithas Artistiaid a Dylunwyr Cymru; Gweithdy Celfyddydau Abertawe (GCA). Arddangosfeydd ar y cyd yn cynnwys *Arddangosfa'r Haf*, Yr Academi Frenhinol, Llundain 1975; *Arddangosfa Agored y Grŵp Cymreig*, Amgueddfa ac Oriel Gelf Casnewydd 1982; *Word Overall, UK City of Literature and Writing 1995*, Gweithdy Celfyddydau Abertawe; *Making Buildings*, Y Cyngor Crefftau, Llundain (CC) 2001 (teithiol). Arddangosfeydd undyn yn cynnwys Theatr y Grand, Abertawe, 1977; *Stony Stories*, GCA 1988. Cyhoeddiadau'n cynnwys *Sites, Public Art in Swansea: 1985–90* (CDA 1990); *The Wind that Blows Me is Called Light*, cyflwyniad i gatalog (Oriel Gelf Glynn Vivian, Abertawe 1998). Gwaith wedi'i gynnwys yn *The Furnished Landscape*, CC (Bellew Publishing 1992); *Making Buildings* (CC 2000); *Changing Faces - Putting Art in its Place*, Open Air Productions (Ffilmiau Cyngor y Celfyddydau 1993). Casgliadau'n cynnwys Celf Gyfoes Canolbarth Lloegr; Prifysgol Bangor. 'Mae'r ffynonellau thematig i'w cael yn y berthynas rhwng celf gain, pensaernïaeth, crefft, tirwedd a symbolaeth.' Yn byw yn Abertawe, de Cymru.
*Yr artist*

### Neil CANNING 1960–
**Peintiwr. Ganed yn Enstone, Lloegr.**
Astudiodd gyda Betty Bowman 1979–81. Bu'n byw yng Nghymru 1990–97. Tiwtor, Addysg Oedolion 1986–90; artist (llawnamser), o 1990. Aelod cyswllt, Cymdeithas Frenhinol Artistiaid Prydain. Arddangosfeydd cenedlaethol/rhyngwladol niferus ar y cyd gan gynnwys Canolfan Gelfyddydau Taliesin, Abertawe 1985; Cadeirlan Tyddewi, Sir Benfro 1991; Oriel West Wharf, Caerdydd 1991; Oriel Martin Tinney, Caerdydd (OMT) 1993–2006; Paris Salon 1994 (Medal Efydd); *Arddangosfa Haf*, Yr Academi Frenhinol, Llundain 2000, 2003, 2004, 2006; *Art Cornwall Now*, Tate St Ives 2007. Arddangosfeydd undyn niferus gan gynnwys Canolfan Gelfyddydau Gorllewin Cymru, Abergwaun 1990; OMT 1993, 1995, 1998, 2005; Oriel New Millennium, St Ives 2000, 2002, 2004, 2006; Oriel Portland, Llundain 2006. Casgliadau niferus gan gynnwys Amgueddfa Ashmole, Rhydychen; Cyngor Caerdydd; Llysgenhadaeth Prydain, Venezuela; Prifysgol Cymru. '…lluniau a phrintiau lliwgar iawn wedi'u tynnu o natur.' Yn byw yn St Ives, Lloegr.
*Yr artist*

**Betty CAPEL Gweler Betty LANE**

**Frances CARLILE** 1950–
**Enw gwaith yr Arglwyddes Frances Carlile, cerflunydd. Ganed yn Falkirk, Yr Alban.**

Astudiodd yng Ngholeg Dodrefn Llundain 1971; Coleg Celf Camberwell, Llundain 1992 (gradd yn y dosbarth cyntaf); Coleg Celf a Dylunio Chelsea, Llundain 1995 (MA Cerflunio), gyda Helen Chadwick, Richard Deacon, Phyllida Barlow. Comisiynau am gerfluniaeth awyr agored gan gynnwys Glanhafren, Aberriw, canolbarth Cymru 2001; Cwm-wig, Dolfa, canolbarth Cymru 2002; Planhigfa Dingle, Y Trallwng, canolbarth Cymru 2003. Arddangosfeydd ar y cyd yn cynnwys *Arddangosfa Agored Mostyn*, Oriel Mostyn, Llandudno 1994; *Tracer*, The Tannery, Llundain 1996; *Lightness and Weight*, The Custard Factory, Birmingham 1996; *Quennington Biennial*, Quennington 2003. Arddangosfeydd un-ddynes yn cynnwys *The Butterfly that Stamped*, Oriel Glanhafren, Aberriw 1995, 2005; *Memento*, Oriel 31, Y Drenewydd, canolbarth Cymru 2000; *Surrounded by Weather*, Oriel yr Hen Ysgol, Bleddfa, canolbarth Cymru 2003. Ei gwaith wedi'i gynnwys yn *The Times* (erthygl gan Sasha Craddock, Chwefror 1996); *Art Monthly* (erthygl gan Libby Anson, Mawrth 1996); *Contemporary Visual Art* (erthygl gan Richard Noyce, Rhifyn 28). 'Cerflunio ac arlunio sy'n adlewyrchu atgof, colled ac absenoldeb; gan ymgorffori elfennau o'r dirwedd a'r domestig … Arte Povera, a barddoniaeth Hardy ac Yeats.' Yn byw yn Aberriw, canolbarth Cymru.
*Yr artist*

**Ron CARLSON** 1936–2002
**Peintiwr, ganed yng Nghasnewydd, de Cymru.**

Astudiodd yng Ngholeg Celf a Dylunio Casnewydd (ColCDC) 1952–56; Y Coleg Celf Brenhinol, Llundain 1956–59. Ysgoloriaethau'r llywodraeth, Gwlad Belg a Sweden 1959–60. Prif ddarlithydd,

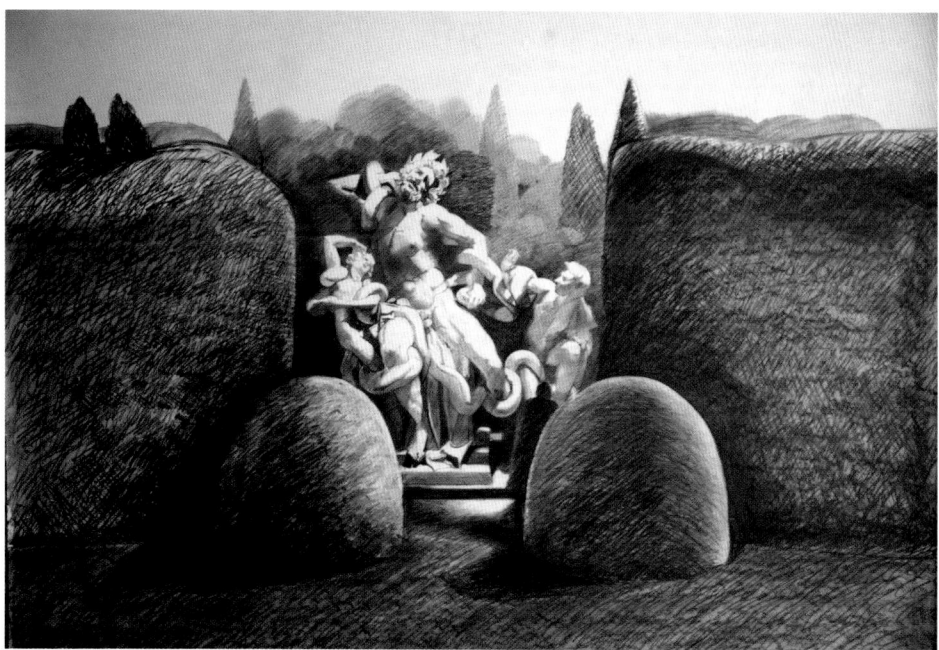

50 | Ronald Carlson
*After Laocoön* 1970au

ColCDC 1960–85. Artist Preswyl, Canolfan Casnewydd 1986. Gwobr Stiwdios Shepperton. Gwobr Celf Brydeinig i Foscow. Comisiynau ar gyfer Tŷ Shell, South Bank, Llundain; Pencadlys yr Heddlu, Cwmbrân. Arddangosfeydd ar y cyd niferus gan gynnwys y Gymdeithas dros Addysg trwy Gelf 1955–57, 1961–64, 1970; Eisteddfod Genedlaethol Cymru (EGC) 1955, 1956; *Young Contemporaries* 1956–59; Cymdeithas Celf Gyfoes Cymru (CCGC) 1960, 1963; *Structure 66*. Cyngor Celfyddydau Cymru (CCC) 1966; *Wales Today*, 1969; *4 Welsh Artists*, Gŵyl Mynwy, Brynbuga (gyda Manuel Chetcuti, John Selway, Peter Nicholas) 1968; *From Earth and Fire*, CCC/EGC 1973 (gwobr brynu); *The Probity of Art*, CCC 1980 (teithiol); John Moores, Lerpwl; Sefydliad Courtauld, Llundain. Arddangosfeydd undyn, yn cynnwys Oriel Howard Roberts, Caerdydd 1962; Prifysgol Keele 1967; Oriel, CCC, Caerdydd; Amgueddfa ac Oriel Gelf Casnewydd. Darluniau ar gyfer *Poems 74, Anthology of Anglo-Welsh Poetry 1973–74*, golygydd Peter Elfed Lewis (Gwasg Gomer 1974). Casgliadau'n cynnwys awdurdodau lleol; Coleg Addysg Wrecsam; Coleg Sant Ioan, Rhydychen; CCGC; Llyfrgell Genedlaethol Cymru; Oriel Gelf Rugby. Prynwyd gwaith gan CCC. '… aeth Ron yn sâl â sglerosis ymledol yng nghanol y 1970au. Daliodd ati i baentio ac arlunio, gyda'i waith yn olrhain cynnydd creulon y salwch. Ei waith dyfrlliw terfynol oedd marc perpendicwlar unigol, crynedig a wnaed ym 1992.' Roedd yn byw yn Rhisga, de Cymru.
*Anne Carlson, Gareth Davies*

### David L CARPANINI 1946–
**Enw gwaith David Lawrence Carpanini, peintiwr. Ganed ym Mlaengwynfi, de Cymru.**

Astudiodd yng Ngholeg Celf a Dylunio Swydd Gaerloyw 1964–68; Y Coleg Celf Brenhinol, Llundain, 1968–71; Prifysgol Reading 1971–72. Ysgoloriaeth Flynyddol yr Academi Frenhinol ar gyfer Engrafu 1969. Athro Celf, Prifysgol Wolverhampton 1992–2000; Llywydd Cymdeithas Frenhinol y Peintwyr-Gwneuthurwyr Printiau 1995–2003. Medal De Laszlo 1980; Gwobr Arlunio Agnews, y Clwb

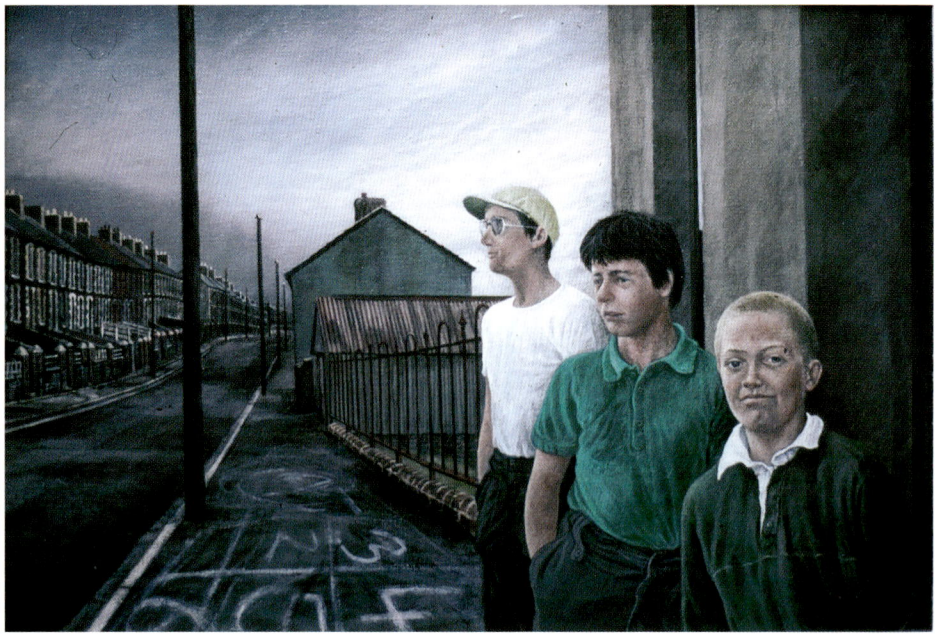

51 | David Carpanini
*The Searchers* 1991

Celf Seisnig Newydd 1992. Yn aelod o sefydliadau niferus gan gynnwys Yr Academi Frenhinol Gymreig. Arddangosfeydd ar y cyd yn cynnwys *Arddangosfa Haf*, Yr Academi Frenhinol, Llundain 1973–2004; *The Artist in Society*, Oriel Whitechapel ac Amgueddfa Ulster, Belffast 1978; *A View of Wales*, Canolfan Gelfyddydau Taliesin, Abertawe 1982; *British Printmaking Today*, Y Cyngor Prydeinig, Yr Undeb Sofietaidd 1989–90 (teithiol); Cymdeithas Celf Gyfoes Cymru (CCGC) Arddangosfeydd 50 Mlwyddiant a 60 Mlwyddiant 1987, 1997; *Pwy Ydym Ni?*, Amgueddfa Cymru (AC) 2000. Arddangosfeydd undyn yn cynnwys Oriel Mostyn, Llandudno 1988; Amgueddfa ac Oriel Gelf Walsall 1989; Neuadd Dewi Sant, Caerdydd 1999; Oriel yr Atig, Abertawe 2001, 2002, 2005; (gyda'i wraig, Jane Carpanini) *David and Jane Carpanini, Paintings 1968–80*, Oriel Cyngor Celfyddydau Cymru, Caerdydd 1980. Erthyglau a darluniau ar gyfer llyfrau celf addysgol a chyfnodolion; *Vehicles of Pictorial Expression* (Cymdeithas Gelfyddydau Gogledd Cymru, 1983). Gwaith wedi'i gynnwys yn *Everyone a Special Kind of Artist* (Sianel 4, S4C 1984); *David Carpanini* (HTV 1987); *A Word in Your Eye* (HTV 1997). Casgliadau'n cynnwys AC; Amgueddfa ac Oriel Gelf Casnewydd; Amgueddfa Ashmole; Amgueddfa Fitzwilliam; Casgliad Celf y Llywodraeth; CCGC; Llyfrgell Genedlaethol Cymru, Aberystwyth; Oriel Glynn Vivian, Abertawe. 'Y brif thema … yw hen gymunedau a chymoedd glofaol de Cymru.' Yn byw yn Leamington Spa, Lloegr.
*Yr artist*

## Jane CARPANINI 1949–
**Peintwraig mewn dyfrlliw. Ganed yn Streatley, Lloegr.**

Astudiodd yn Ysgol Gelf Coleg Technoleg Luton 1967–68; Cyfadran Gelf a Dylunio Polytechnig Brighton 1968–71; Prifysgol Reading 1971–72. Athrawes, Yr Ysgol Uwchradd, Bedford 1972–73; Ysgol Gyfun Bishops Cleeve 1973–76; Ysgol Oundle 1980–86; Pennaeth Celf a Dylunio, Ysgol Uwchradd y Brenin i Ferched, Warwick o 1987. Is-Lywydd, Y Gymdeithas Ddyfrlliwiau Frenhinol 1992–93. Comisiynau'n cynnwys paentiadau o ysgolion annibynnol a Cholegau Rhydychen a Chaergrawnt ar gyfer Contemporary Watercolours Cyf. Gwobr Grŵp Hunting 1983. Yn aelod o sawl sefydliad gan gynnwys Yr Academi Frenhinol Gymreig (AFG). Arddangosfeydd niferus ar y cyd gan gynnwys *The Native Land*, Oriel Mostyn, Llandudno 1980; *Arddangosfa Flynyddol* AFG 1993; (gyda'i gŵr, David Carpanini) *David and Jane Carpanini: Paintings 1968–80*, Oriel Cyngor Celfyddydau Cymru, Caerdydd 1980; *Arddangosfa Haf*, Yr Academi Frenhinol, Llundain 1974–80; *Three Painters: Leonard Beard, Jane Carpanini, Maurice Sheppard*, Oriel yr Atig, Abertawe 2007. Llawer o arddangosfeydd un-ddynes gan gynnwys *Watercolours and Drawings*, Canolfan Gelf Bryste 1975; *Watercolours and Drawings*, Oriel Tegryn, Porthaethwy 1982; *Watercolours of Wales*, Amgueddfa Cymru 1984; *Watercolours by Jane Carpanini*, Amgueddfa Warwick 1990. Gwaith wedi'i gynnwys yn *A Word in Your Eye* (HTV 1997). Casgliadau yn cynnwys Amgueddfa Cymru; Coleg Harlech; Y Gymdeithas Ddyfrlliwiau Frenhinol; Ei Mawrhydi, Y Frenhines, Windsor; Llyfrgell Genedlaethol Cymru, Aberystwyth. '…paentiadau o fynyddoedd a chestyll ochr yn ochr ag iardiau cefn a thai cyffredin…' Yn byw yn Leamington Spa, Lloegr.
*Yr artist*

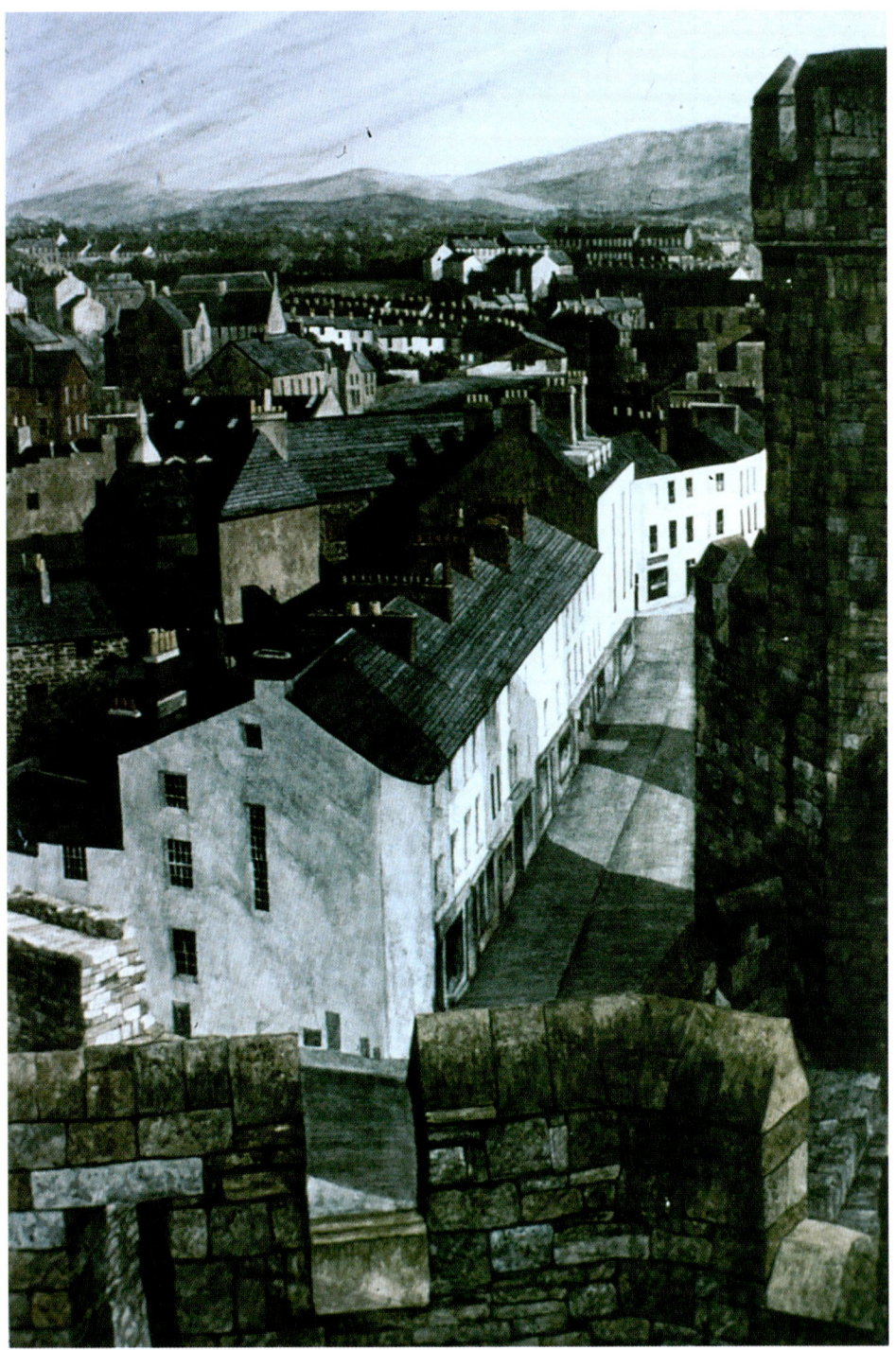

52 | Jane Carpanini
*Eagle Tower* 1978

## Judy CARPENTER 1952–
**Gwneuthurydd printiau. Ganed yn Castletown, Ynys Manaw.**

Astudiodd yng Ngholeg Celf a Dylunio Loughborough 1996–97; Prifysgol Loughborough 1997–2000 (gradd yn y dosbarth cyntaf) gyda Michael Harrison; Y Coleg Celf Brenhinol, Llundain (CCB) (MA Gwneud Printiau) 2000–03 gyda Chris Orr, Eileen Cooper. Enillydd gwobr sioe radd CCB. Cyrhaeddodd Gymru yn 2003. Aelod sefydlu o Wneuthurwyr Printiau Aberystwyth (GPA) 2004; darparydd addysg a chyfarwyddwr gweithdai. Arddangosfeydd ar y cyd yn cynnwys Amgueddfa ac Oriel Gelf Derby 2002; *Arddangosfa Haf*, Yr Academi Frenhinol, Llundain 2003; 14eg arddangosfa agored, Oriel Gelf y Ddinas, Caerlŷr 2002 (arobryn); Oriel New Ashgate, 2003 (arobryn), Arddangosfeydd GPA yng Nghanolfan y Celfyddydau, Aberystwyth 2005; Theatr Mwldan, Aberteifi 2006; Yr Wyddgrug 2006; Yr Academi Frenhinol Gymreig Conwy 2007; Canolfan Gelfyddydau Taliesin, Abertawe 2007; Coleg Green Mountain, Vermont 2007. 'Mae rhyngweithio cymdeithasol pobl a lleoedd bob amser wedi dylanwadu ar fy ngwaith… Mae ymdeimlad cryf â'r unigoliaethol a'r hunan ynghylch y cymeriadau y bydda i'n eu harlunio… gallai hyn fod yn adlewyrchiad uniongyrchol o … gymunedau canolbarth Cymru.' Yn byw yn Llan-non, gorllewin Cymru.
*Yr artist*

## Tina CARR ac Annemarie SCHÖNE
**Artistiaid sy'n creu gwaith seiliedig ar y lens ac amser ac 'sy'n gweithio fel un artist'.**

Tina Carr: ganed 1950 yn Newcastle upon Tyne, Lloegr, astudiodd yng Ngholeg Celf a Thechnoleg Harrow 1969–72; Annemarie Schöne: ganed 1947 ym München, Yr Almaen, astudiodd yn Academi München 1972–74; Sadler's Wells, Llundain, gyda'r cynllunydd Margaret Harris, Bwrsari Kodak 1980; grantiau Cyngor Celfyddydau Cymru 1987, 1997, 2003; *Making a Song and Dance About It*, gwobr Sefydliad Calouste Gulbenkian 1992; *Gwobr Ysgrifennu John Morgan*, Ymddiriedolaeth Ysgrifenwyr Cymru 1994. Enillwyr *Cystadleuaeth Ffotograffiaeth Cyngor Llundain Fwyaf* 1982. Aelodau o Gymdeithas y Ffotograffwyr Gwledig; Fforma. Arddangosfeydd ar y cyd yn cynnwys *West, first Ffotobiennial Wales*, Ffotogallery, Caerdydd (FfC) 2000; *John Kobal Photographic Portrait Award*, yr Oriel Bortreadau Genedlaethol, Llundain 2001; Eisteddfod Genedlaethol Cymru, Tyddewi 2002, Meifod 2003; *Home*, Prifysgol Morgannwg, Pontypridd 2007. Arddangosfeydd dwy-ddynes yn cynnwys *Pembrokeshire Landscapes*, Stiwdios Riverside, Llundain 1982; *Pigs and Ingots*, FfC 1989 (teithiol); *Home from Home*, Age Concern 1993 (teithiol). Cyhoeddiadau'n cynnwys *Pigs and Ingots, the Lead/Silver Mines of Cardiganshire* (Y Lolfa, 1993): 'Coal Faces' (*Planet* 157). Casgliadau'n cynnwys Archifau Swydd Northumberland; Bwrdeistref Hammersmith a Fulham, Llundain; Deutsches Bergbaumuseum, Bochum; Llyfrgell Genedlaethol Cymru; Oriel y Ffotograffwyr; Yr Amgueddfa Gyfryngau Genedlaethol, Bradford; Yr Amgueddfa Wyddoniaeth. Maent yn gweithio ym maes 'ffotograffiaeth, ffilm, fideo a cherfluniaeth gan ddefnyddio ynni amgen a chan ymgorffori defnyddiau sydd wedi'u hailgylchu'. Yn byw yn Nhre-groes, Llandysul, gorllewin Cymru.
*Yr artistiaid*

## Neil CARROLL 1958–
**Peintiwr. Ganed yn Rhymni, de Cymru.**

Astudiodd yng Ngholeg Addysg Uwch Gwent (gradd yn y dosbarth cyntaf) 1976–80 gyda Tom Hughes, Terry Ilott, Jack Crabtree. Athro celf er 1985. Aelod o gyngor y Grŵp Cymreig 1980–88. Arddangosfeydd ar y cyd yn cynnwys *Artist Cymreig y Flwyddyn*, Neuadd Dewi Sant, Caerdydd 2001–2003; Oriel Albany, Caerdydd 2001; Eisteddfod Genedlaethol Cymru, Dinbych 2001. Arddangosfeydd undyn yn cynnwys *The Spirit Fired*, Amgueddfa ac Oriel Gelf Casnewydd 2004. Wedi'i gynnwys yn *First Hand* (BBC Radio Wales 2001). Gwaith yng nghasgliad Cyngor Caerdydd. 'Y bardd, Idris Davies, oedd un o'r

prif ddylanwadau arnaf … y llinell "the spirit fired, the calm disturbed" … 'Yn wahanol i lawer o baentiadau sy'n cael eu hysbrydoli gan ddiwydiant de Cymru, mae ei ganfasau yntau'n cynnwys llwyth o liw sydd wedi'i fywiogi trwy heulwen atgofion plentyndod.' Yn byw yn Nhrefynwy, de Cymru.
*Yr artist a Sandra Jackaman*

## Lynne Frances CARTLIDGE 1964–
**Peintiwr. Ganed yn Wellington, Seland Newydd.**

Astudiodd yn Ysgol Gelf Falmouth 1983–84; Athrofa Addysg Uwch De Morgannwg, Cyfadran Gelf a Dylunio 1984–87 gyda Cherry Pickles, Michael Crowther, Terry Setch. Bu'n gweithio yn Adran Wneud Propiau Opera Cenedlaethol Cymru 1989; bu'n gwerthu dyfrlliwiau gan Cheng Yan ar y gylchdaith celf a chrefft 1991–98; athrawes Techneg Alexander (TA) dan hyfforddiant 1999–2003; athrawes TA, Coleg Cerdd a Drama Brenhinol Cymru, Caerdydd. Arddangosfeydd ar y cyd yn cynnwys *Whitworth Young Contemporaries*, Oriel Gelf Whitworth, Manceinion 1987; *Welsh Contemporaries*, Arddangosfa Flynyddol, Gŵyl y Gelli y Sunday Times, ac Oriel Woburn, Llundain 2001; *Arddangosfa Haf*, Oriel Albany, Caerdydd 2002; *Identify*, Oriel Davies, Y Drenewydd 2004. Arddangosfeydd un-ddynes yn cynnwys *Still Life Paintings*, Canolfan Gelfyddydau yr Eglwys Norwyaidd, Caerdydd 2000; *Recent Work*, Canolfan Gelfyddydau Abaty Nant Teyrnon, Cwmbrân 2001. 'Peintwraig ffigurol ydw i sydd â diddordeb yn natur berthynol gwrthrychau a ffigyrau a hynny wedi'i harchwilio a'i mynegi y tu mewn i ffiniau arferion paentio…' Yn byw yng Nghaerdydd, de Cymru.
*Yr artist*

## Sarah CARVELL 1964–
**Peintwraig. Ganed yn Kirby Muxloe, Lloegr.**

Symudodd ei theulu i ogledd Cymru ym 1968. Astudiodd yn Athrofa Gogledd Ddwyrain Cymru, Wrecsam 1982–83; Coleg Celf a Dylunio Loughborough 1983–86; Coleg Prifysgol Gogledd Cymru, Bangor, 1992–93. Cynllunydd murluniau cerameg, Craig Bragdy Design 1986–88; Swyddog Celf, Glyndŵr, Cyngor Sir Clwyd 1988–89; athrawes a darlithydd, Dinbych a Manceinion 1989–99; gweithdai celf, ysgolion cynradd, Sir Ddinbych 2000–07. Arddangosfeydd ar y cyd yn cynnwys Oriel Drumcroon, Wigan 1999 (arobryn); Oriel Plas Glyn-y-Weddw, Llanbedrog, 2003, 2004, 2006; arddangosfa agored Oriel Theatr Clwyd 2003, 2006 (arobryn), Oriel Martin Tinney 2007. Arddangosfa un-ddynes, *A Westerly Light*, Llyfrgell ac Oriel Gelf Dinbych 2007. '… amrwymau o baent impasto… y berthynas rhwng y dirwedd a'r awyr… bydda i'n tynnu brasluniau a gwneud nodiadau lliw yn y man a'r lle ac yna'n datblygu'r paentiad yn ôl yn y stiwdio.' Yn byw yn Ninbych, gogledd Cymru.
*Yr artist*

## Milward CASEY 1920–2012
**Enw gwaith Milward Reginald Casey, peintiwr. Ganed yng Nghasnewydd, de Cymru.**

Gwasanaeth rhyfel yn y Llu Awyr 1940–46. Astudiodd yn rhan-amser yng Ngholeg Celf Casnewydd 1946–48 (gwobr am baentio 1948). Bu'n paentio yng Nghernyw 1948–49; dychwelodd i Gasnewydd 1949. Comisiynau'n cynnwys Y Bwrdd Glo Cenedlaethol; Cyngres Undebau Llafur Cymru, cyflwyniad i Jack Jones wrth ymddeol. Gwobr brynu, Eisteddfod Genedlaethol Cymru 1984. Arddangosfeydd ar y cyd yn cynnwys Grŵp De Cymru 1949; Grŵp y Peintwyr Rhydd, Llundain a Pharis 1953–57; Academi Frenhinol Gorllewin Lloegr, Bryste; Eisteddfod Genedlaethol Cymru. Gwaith wedi'i gynnwys mewn erthygl gan Geoffrey Watkins (*Western Mail*, Mai 1960). Casgliadau'n cynnwys Amgueddfa ac Oriel Gelf Casnewydd; Croeso Cymru. Tirluniau a golygfeydd lleol; 'A finnau bellach yn fy henaint, fel (Bernard) Lorjou a Kokoschka, blodau y bydda i'n eu paentio'n bennaf'. Roedd yn byw yng Nghasnewydd.
*Yr artist*

## Nikki CASS 1959–
**Artist gwydr pensaernïol. Ganed yn Llundain.**

Astudiodd yng Ngholeg Celf Croydon 1977–79; Athrofa Addysg Uwch Gorllewin Morgannwg 1987–90. Artist preswyl, Dinas a Sir Abertawe 2000–01; Ysgol Bryn Tawe, Abertawe 2005. Comisiynau'n cynnwys Cyngor Sir Morgannwg Ganol 1991; Rhag-gapel Ysbyty Singleton, Abertawe; panel plwm, Ysgol Gynradd Cila, Abertawe 2001; cerflun dur di-staen a gwydr bwrw/ymdoddedig, Atlanta, UDA 2004; paneli gwydr, Ysbyty Broomfield, Chelmsford 2004; argraffiad print, Gweithdy Printiau Abertawe 2004; llawer o gomisiynau preifat. Arddangosfeydd ar y cyd yn cynnwys Oriel yr Atig, Abertawe 2002–06; Oriel Martin Tinney, Caerdydd 2002; *Density and Light Show*, Parc Cerfluniau Hannah Peschar, Swydd Surrey 2003; *Arddangosfa Agored Abertawe*, Oriel Gelf Glynn Vivian, Abertawe 2000, 2002; *Eye on Glass*, Crefft yn y Bae, Caerdydd 2004; Beaux Arts, Caerfaddon 2004, 2005. Arddangosfa un-ddynes, The Junction, Bae Abertawe 2005. Dylunio clawr i lyfryn Gŵyl Abertawe 2004. Gwaith yn cael ei gynnwys gan y Cyngor Crefftau yn y fideo *Meet the Makers* 1999; Arweiniad y Visual Association/Axis, i gomisiynu a phrynu celf 2004. '… archwilio'r dirwedd naturiol a threfol. Mae lliwiau haniaethol bras, marciau paentio llawn mynegiant a ffurfiau cysylltiedig yn cael eu hadeiladu fel haenau amser. Mae technegau paentio, bwrw ac ymdoddi'n cael eu hymgorffori yn y gwaith.' Yn byw yn Abertawe, de Cymru.
*Yr artist*

## Peter CASTLE 1951–
**Ceramegydd. Ganed yn Kingston upon Hull, Lloegr.**

Astudiodd yng Ngholeg Celf Caerdydd 1969–72 (gradd yn y dosbarth cyntaf) gyda Tom Hudson, Frank Vining, Alan Barrett-Danes. Darlithydd ym maes cerameg, Casnewydd, Sheffield a Chaerfyrddin 1977–82; uwch-ddarlithydd, Athrofa Prifysgol Cymru Caerdydd (APCC) o 1982; cyfarwyddwr cwrs, MA Cerameg, APCC o 1999; darpar-gyfarwyddwr, Canolfan Astudiaethau Cerameg, APCC o 2003. Preswyliadau yn Ulster, Glasgow, Nova Scotia 1979–1994. Arddangosfeydd ar y cyd yn cynnwys *Faenza International Ceramics Biennale* 1972; *Masquerade*, Cyngor Celfyddydau Cymru 1977 (teithiol); *Potters from Wales*, Cymdeithas Crochenwyr Crefft Prydain Fawr, Llundain 1979; *British Raku and Saltglaze*, Canolfan Grefftau Prydain, Llundain 1981; Crefft yn y Bae 1996; *Biennale Darlunio Cymru*, Canolfan Gelfyddydau Llyfrgell Wrecsam 2001 (teithiol). Cyhoeddiadau'n cynnwys *New Technologies, Friend or Foe* (Cyngor Cenedlaethol ar Addysg ar gyfer Celf Gerameg 1999); *Approaches to Reinventing Studio Practice* (Ceramic Technical 2000) '(Mi fydda i'n) parhau i ddatblygu technegau printio i'w cymhwyso at gerameg i'r Celfyddydau Cain/Cymhwysol.' Yn byw yn y Bont-faen, de Cymru.
*Yr artist*

## Claire CAWTE 1968–
**Enw gwaith Claire Lisa Cawte, artist tecstiliau. Ganed yng Nghaerdydd, de Cymru.**

Astudiodd yn Athrofa Prifysgol Cymru, Caerdydd 2001–04. Trinydd gwallt 1985–2007, derbynnydd 1991–2000, cynorthwy-ydd chwarae 2000–05. Comisiynau'n cynnwys Ysbyty'r Brifysgol, Caerdydd 2001, 2002. Gweithdai niferus ledled Cymru o 2005. Gwobrau'n cynnwys Cyngor Celfyddydau Cymru 2004, Rhwydwaith yr Angylion Crefft 2007. Aelod o Urdd Gwneuthurwyr Cymru; Grŵp Tecstiliau Celf Gwneuthurwyr ac Ymarferwyr; Cymdeithas Ryngwladol y Gwneuthurwyr Ffelt. Arddangosfeydd ar y cyd yn cynnwys Ffair Crefft Gyfoes Bovey Tracey, Dyfnaint 2006, 2007; Crefft yn y Bae 2006; *Gorffennol, Presennol a Dyfodol*, Canolfan Mileniwm Cymru, Caerdydd 2007. Arddangosfeydd deuddyn, Canolfan Gelfyddydau Abaty Nant Teyrnon (gyda Peter Ford) 2006; Oriel y Waterfront, Aberdaugleddau (gyda Laura Thomas) 2007. Arddangosfa un-ddynes, Canolfan Grefft Rhuthun 2005. '…ategolion…gan arbenigo mewn lliain, gwlân a sidan ….yn cael ei hysbrydoli gan natur.' Yn byw yng Nghaerdydd.
*Yr artist*

## Roger CECIL 1942–
**Peintiwr, artist yn defnyddio arlunio. Ganed yn Abertyleri, de Cymru.**

Astudiodd yng Ngholeg Celf a Dylunio Casnewydd (CCDC) 1959–63 (y wobr uchaf yn y flwyddyn), gyda Thomas Rathmell, John Wright; am gyfnod byr yn Y Coleg Celf Brenhinol, Llundain (CCB) tua 1964; Coleg Canolog Celf a Dylunio St Martin, Llundain 1995–98 (MA). Darlithydd, CCDC, ac yn ddiweddarach, Coleg Glynebwy; adeiladwr, glöwr glo brig, o ganol y 1960au. Arddangosfeydd ar y cyd yn cynnwys Oriel Howard Roberts, Caerdydd 1963; Yr Academi Frenhinol, Llundain 1964 (Gwobr Tirlunio David Murray); Oriel Albany, Caerdydd 1972; Oriel Martin Tinney, Caerdydd 1993; Oriel Kilvert, Cleirwy 1993; Secret, CCB, o 1995; *Hoar Frost*, Oriel Myrddin, Caerfyrddin (OMyr) 2007. Arddangosfeydd undyn yn cynnwys Oriel Hill Court, Y Fenni 1995; Gallery 27, Llundain 1999; *Cariad*, OMyr 2006 (teithiol). Wedi'i gynnwys mewn ffilm ar y BBC, *The Gentle Rebel* (1964). Casgliadau niferus gan gynnwys Amgueddfa Cymru, Caerdydd; Cymdeithas Celf Gyfoes Cymru; Llyfrgell Genedlaethol Cymru, Aberystwyth; Prifysgol Aberystwyth; Prifysgol De Cymru, Pontypridd; Ymddiriedolaeth Amgueddfa Torfaen, Pont-y-pŵl; Y Tabernacl, Machynlleth. Prynwyd ei waith gan Gyngor Celfyddydau Cymru. Tirwedd Cymru. Yn byw yn Abertyleri, de Cymru.
*Yr artist*

## CHAI Gweler Mike SCOTT

## Brenda CHAMBERLAIN 1912–1971
**Enw gwaith Brenda Irene Chamberlain, peintwraig a bardd. Ganed ym Mangor, gogledd Cymru.**

Astudiodd yn Ysgolion yr Academi Frenhinol, Llundain 1931–36, gyda Walter Russell RA, WW Monnington RA. Symudodd i Lanllechid, gogledd Cymru. Gyda'i gŵr ar y pryd, John Petts, sefydlodd Caseg Press 1936. Bu'n byw ar Ynys Enlli, 1947–62, gyda Jean Paul van de Bijl. Symudodd i'r ynys Roegaidd, Ydra 1962; dychwelodd i Fangor 1967. Y Fedal Aur am Gelfyddyd Gain, Eisteddfod Genedlaethol Cymru (EGC) Llanrwst 1951 (y gyntaf i'w derbyn), Y Rhyl 1953; a Gwobr Farddoniaeth Pwyllgor Cymreig Cyngor Celfyddydau Gwledydd Prydain (PCCCPF) 1956. Aelod o Glwb Celf Rhyngwladol y Merched. Arddangosfeydd niferus yn cynnwys *Festival Exhibition of Contemporary Welsh Painting*, PCCCPF 1951; *Two Painters: Brenda Chamberlain, Ernest Zobole*, PCCCPF 1963; *Art in Wales, The 20th Century: The Early Years, 1900–56*, Cyngor Celfyddydau Cymru (CCC) 1969; *Wales and the Modern Movement*, Coleg Prifysgol Cymru (CPC) Aberystwyth 1973; *Arddangosfa 50 mlwyddiant Cymdeithas Celf Gyfoes Cymru* (CCGC)/Amgueddfa Cymru (AC) 1987. Llawer o arddangosfeydd un-ddynes gan gynnwys Gimpel Fils, Llundain 1950, 1955; CPGC Bangor, 1954; *Word and Image*, CCC 1970 (teithiol); *Brenda Chamberlain Memorial Exhibition*, AC/CCC 1973; *Island Artist*, Oriel Mostyn, Llandudno 1988 (teithiol). Cyhoeddiadau'n cynnwys *Tide Race*, 1962; *The Water Castle*, 1963; *A Rope of Vines; Poems with Drawings* (Enitharmon Press, Llundain 1969); *Alun Lewis and the Making of the Caseg Broadsheets*, golygydd Brenda Chamberlain (Enitharmon Press 1970); traethawd hunangofiannol, *Artists in Wales*, golygydd Meic Stephens 1971. Gwaith wedi'i gynnwys yn *Dock Leaves* (Tom Griffiths, Cyf. 6 Rhifyn 18, 1955); 'The Painting of Brenda Chamberlain', Maurice Cooke (*Anglo-Welsh Review*, Cyf. 20 Rhifyn 46, 1972); 'Between Two Arts - Brenda Chamberlain as artist and writer 1912–1971', Jill Piercy (*Planet*, rhifyn 68, 1988). *Brenda Chamberlain*, Kate Holman (Gwasg Prifysgol Cymru 1997). Casgliadau'n cynnwys AC; CCGC; Llyfrgell Genedlaethol Cymru; Prifysgol Bangor. Prynwyd ei gwaith gan CCC. Bu Gauguin yn ddylanwad cynnar arni. Disgrifiwyd ei gwaith diweddarach yn brin o liw a daeth yn fwyfwy haniaethol. Roedd hi'n byw ym Mangor, gogledd Cymru.

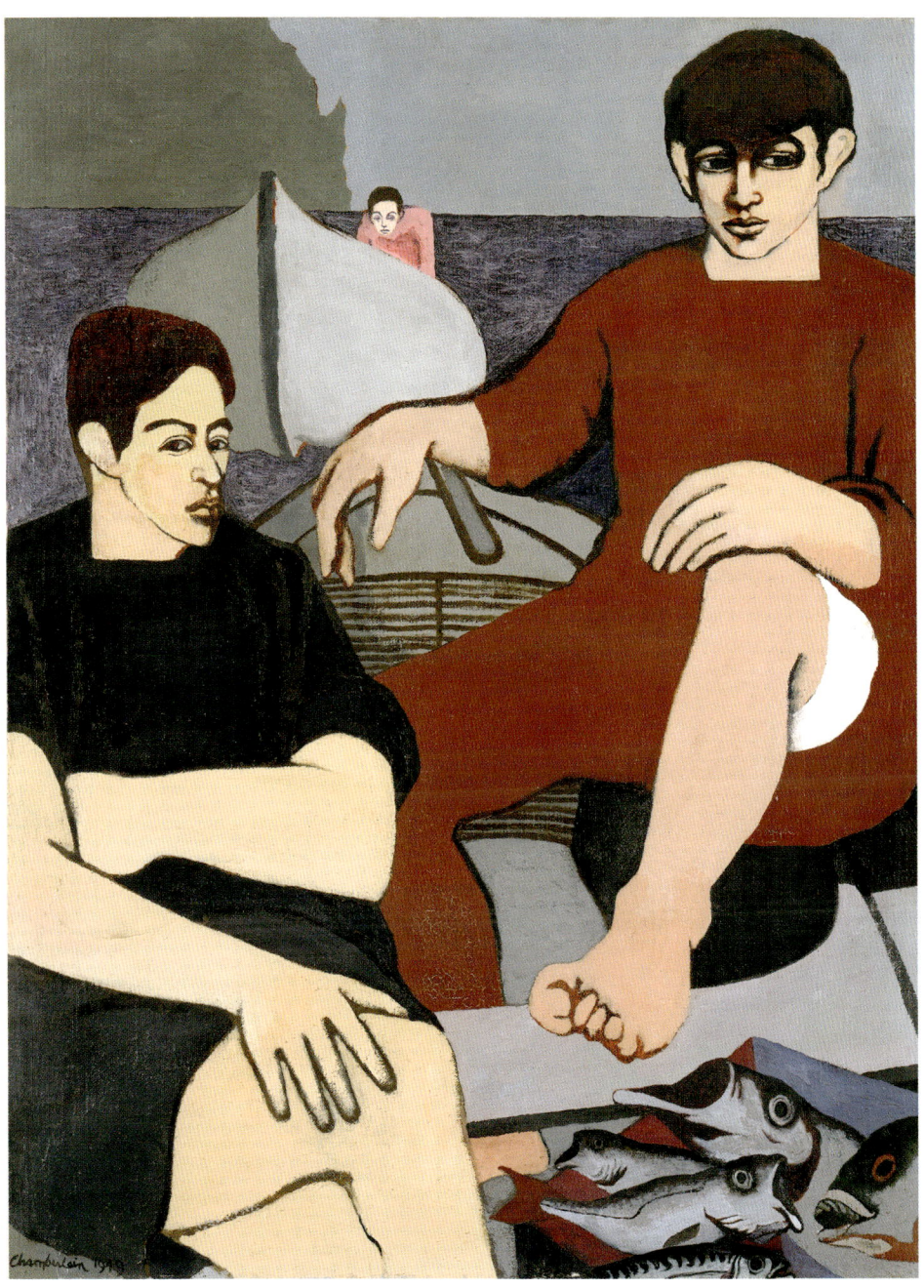

53 | Brenda Chamberlain
*The Fisherman's Return* 1949

### Bill CHAMBERS 1968–
**Gwneuthurydd printiau. Ganed yng Nghasnewydd, de Cymru.**

Astudiodd yn Athrofa Prifysgol Cymru, Caerdydd (APCC), 1989–1992; Ysgol Gelf Chelsea, Llundain, 1992–1993 (MA Gwneud Printiau); APCC 2002. Dychwelodd i Gymru ym 1989. Stiwdio yn Oriel Canfas, Caerdydd (OCC); yn cynnig gweithdai/dosbarthiadau meistr i unigolion, sefydliadau, gan gynnwys Theatr Gwent (prosiect darlunio) 2001; tiwtor (rhan-amser), Coleg Gwent, Casnewydd a Charchar EM, Caerdydd. Aelod o Artistiaid yr Hen Lyfrgell. Arddangosfeydd ar y cyd yn cynnwys *Experiments in Print*, OCC, 2000; *Gwneuthurwyr Printiau Cyfoes Cymru*, Theatr y Grand, Abertawe 2007. Arddangosfeydd undyn yn cynnwys Oriel Washington, Penarth 2007; Oriel NB, Trowbridge 2007. Cyhoeddiadau'n cynnwys cyfrol o gerddi â thorluniau leino gan blant yng Ngwent (2001). '… technolegau newydd a sut gall y rhain gael eu hintegreiddio i ddulliau gwneud printiau sydd eisoes yn bodoli…' Yn byw ym Mhenarth, de Cymru.
*Gwefan yr artist*

### George CHAMBERS 1960–
**Peintiwr. Ganed yn Chesterfield, Lloegr.**

Astudiodd yng Ngholeg Celf a Dylunio Chesterfield 1978–79; Athrofa Addysg Uwch De Morgannwg 1980–83 gyda Harvey Hood, Bob Mitchell, David Shepherd. Pensaer cloeon; yn gweithio i Gymru Ddiogelach, elusen atal trosedd. Aelod o Artistiaid yr Hen Lyfrgell. Arddangosfeydd ar y cyd yn cynnwys *Arddangosfa Arlunio Agored Cheltenham* 1998; *21 Plus*, Gweithdy Printmarket, Marchnad Jacob, Caerdydd 2004; *Biennale Arlunio Cymru*, Canolfan y Celfyddydau Aberystwyth 2005 (teithiol). Arddangosfa ddeuddyn, Layers, Oriel Canfas, Caerdydd (OC) (gyda Chris Griffin) 2006. Arddangosfa undyn, OC 2003. 'Hyfforddi yn wreiddiol mewn… cerfluniaeth, bellach yn gweithio â phaent yn bennaf… yn fras mae'r gwaith yn gysylltiedig â lle; yn fuan mae hynny'n mynd ar goll wrth i'r paentiad ddatblygu ei hunaniaeth ei hun.' Yn byw yng Nghaerdydd, de Cymru.
*Yr artist*

### George CHAPMAN 1908–1993
**Peintiwr. Ganed yn Llundain.**

Astudiodd yn Ysgol Gelf Gravesend; Ysgol Gelf Slade; Y Coleg Celf Brenhinol. Bu'n gweithio â Thrafnidiaeth Llundain gyda John Nash, Graham Sutherland, John Piper. Ymwelodd â Chwm Rhondda 1953; stiwdio yn Wattstown am 2 flynedd; ymweliadau hirfaith. Bu'n ymatal rhag paentio rhwng 1969–79. Ymsefydlodd yn Aberaeron, gorllewin Cymru. Y Fedal Aur am Gelfyddyd Gain Eisteddfod Genedlaethol Cymru, Llangefni 1957. Arddangosfeydd ar y cyd yn cynnwys *Arddangosfa Haf*, Yr Academi Frenhinol, Llundain; *Industrial Wales (7th Exhibition of Contemporary Welsh Painting, Drawing and Sculpture)*, Pwyllgor Cymreig Cyngor Celfyddydau Prydain Fawr (PCCCPF) 1960; *Face of Wales*, PCCCPF 1964; *Arddangosfa Y Fedal Aur*, Eisteddfod Genedlaethol Cymru/Cyngor Celfyddydau Cymru (CCC) 1967; *Art in Wales, The 20th Century: The Early Years 1900–56*, CCC 1969; *Cofnodi Cymru 2, Capeli*, CCC 1969; *The Dark Hills The Heavy Clouds*, CCC 1981 (teithiol); *Arddangosfa 50 Mlwyddiant*, Cymdeithas Celf Gyfoes Cymru (CCGC); Amgueddfa Cymru/CCGC 1987; Llyfrgell Genedlaethol Cymru, 1992, 1993. Arddangosfeydd undyn yn cynnwys Oriel Piccadilly, Llundain; Oriel Zwemmer, Llundain 1967; Oriel Howard Roberts, Caerdydd 1969; Oriel King Street, Caergrawnt; *A Welsh Story, George Chapman, a Retrospective Exhibition*, Canolfan y Celfyddydau Aberystwyth 1989 (teithiol). Casgliadau yn cynnwys Amgueddfa Victoria ac Albert; CCGC; Cyngor Sir Ynys Môn; LlGC; Oriel Gelf Brunswick; Prifysgol Aberystwyth. Prynwyd ei waith gan CCC. Aeth siwrnai hap â'r artist trwy Gwm Rhondda am y tro cyntaf ym 1953. 'Roeddwn i wedi fy ngwefreiddio gan yr ardal a gwyddwn i mai yma o'r diwedd roedd problem a thestun a fyddai'n rhoi rhyw gyfeiriad personol i'm gwaith.' Roedd yn byw yn Aberaeron, gorllewin Cymru.

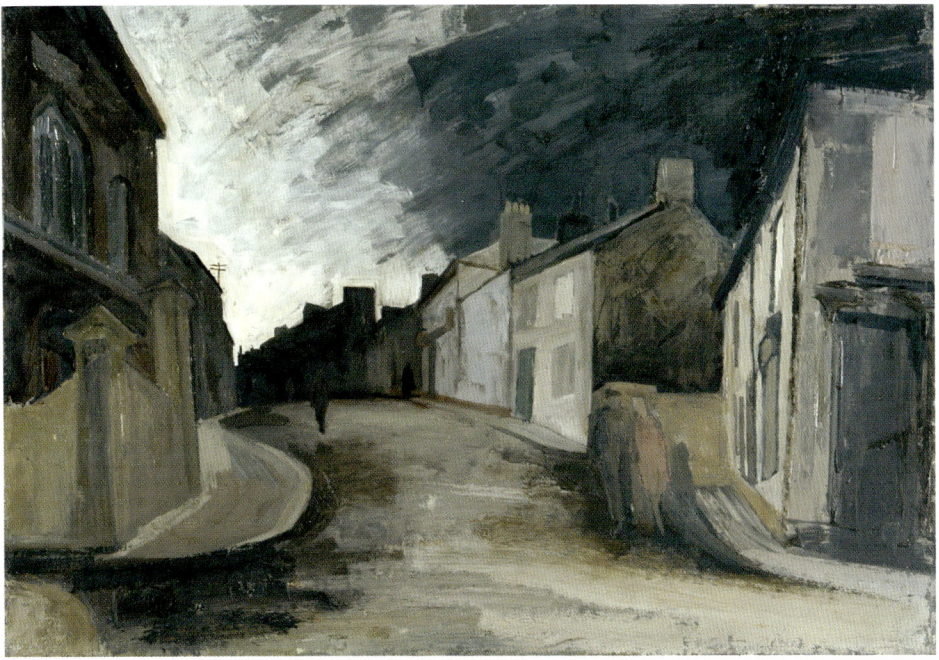

54 | George Chapman
*Street in Merthyr* tua 1961–64

### Dick CHAPPELL 1954–
**Enw gwaith Richard Chappell, peintiwr. Ganed yn Chesterfield, Lloegr.**

Astudiodd yng Ngholeg Celf Chesterfield 1972–73; Coleg y Gofaint Aur, Llundain 1973–76. Bu'n gweithio yn Adran Gadwraeth yr Amgueddfa Brydeinig (Adran Ethnograffig, Amgueddfa'r Ddynolryw) 1977–85; cadwraethwr llawrydd, Yr Ymddiriedolaeth Genedlaethol a Chasgliad Josef Herman 1982–85; ymgynghorydd (cadwraeth) yr Ymddiriedolaeth Genedlaethol 1983–88; darlithydd (cadwraeth) Coleg Celf Swydd Lincoln 1985–88; Pennaeth Astudiaethau Cyd-destunol, Coleg Celf Henffordd o 1988; darlithydd, Prifysgol Portsmouth 1992–93. Cyrhaeddodd Gymru ym 1988. Aelod o'r Pwyllgor Celf Gain a Chrefft, Eisteddfod Genedlaethol Cymru (EGC), Casnewydd 2003–4. Gwobr Richard a Rosemary Wakelin 2005. Arddangosfeydd ar y cyd yn cynnwys *Arddangosfa Haf*, Yr Academi Frenhinol, Llundain 1980–97; EGC 1993–95; Celf Gain Keith Chapman, Llundain 1995–2001; Oriel Martin Tinney, Caerdydd o 1993. Arddangosfeydd undyn yn cynnwys Canolfan Gelfyddydau Glannau Gwy, Llanfair-ym-Muallt 1991; Celf Gain Keith Chapman, Llundain 1993, 1994; Amgueddfa ac Oriel Gelf Frycheiniog, Aberhonddu 2005; Oriel Gelf Glynn Vivian, Abertawe 2005. Erthyglau sy'n cynnwys ei waith: Caroline McAdam Clark (*Art Review*, Chwefror 1988); Peter Wakelin (*Art Review*, Mawrth 1997); *Arts Profile* (HTV Gorffennaf 1997); *Barn* (Mehefin 1994). Casgliadau'n cynnwys Cymdeithas Celf Gyfoes Cymru. 'Dw i'n edmygu gwaith Alexander Mackenzie yn fawr a['i] … gysylltiadau ag artistiaid St Ives yn y 1950au a'r 60au … Mae fy mhaentiadau'n ymwneud â'r … synhwyrau emosiynol a chorfforol wrth fod yng nghanol y dirwedd a'r profiad o berthynas ddynol.' Yn byw yn y Fenni, de Cymru.
*Yr artist*

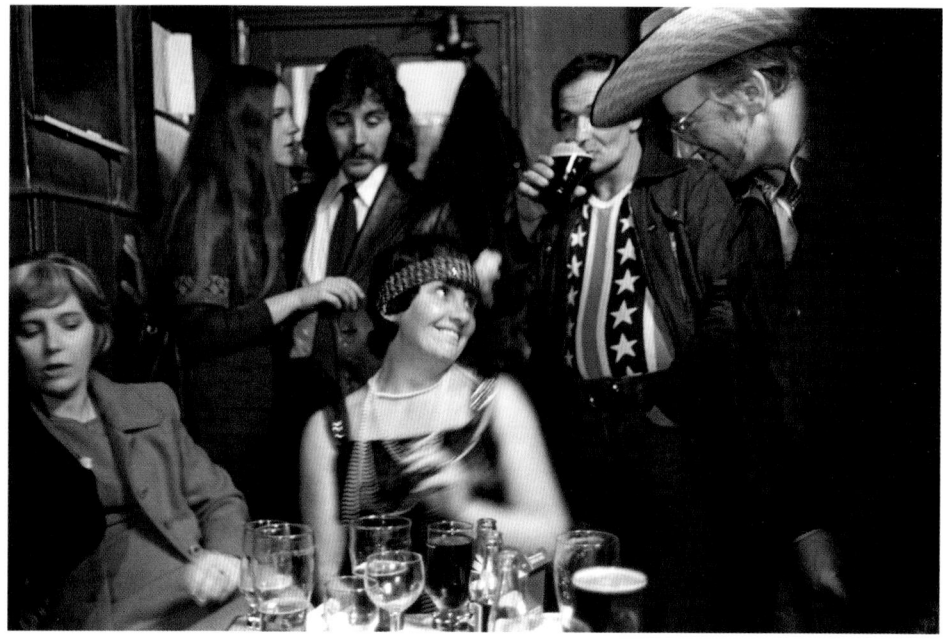

55 | John Charity
*Fancy Dress Party, The Crown Inn, Newport, Gwent* 1976

## John CHARITY 1946–
**Enw gwaith John Scott Charity, ffotograffydd. Ganed yn Retford, Lloegr.**

Astudiodd ym Mholytechnig Trent, Nottingham 1969–72; Prifysgol Aberdeen/Coleg Gaeleg yr Alban, Ynys Skye (CGyrA) (Astudiaethau Gaeleg yr Alban) 1993–98. Bu'n byw yng Nghymru 1972–81. Ffotograffydd, athro 1972–74; darlithydd, Ffotograffiaeth ddogfen, Coleg Addysg Uwch Gwent 1974–81. Symudodd i ucheldiroedd gogledd orllewin yr Alban 1981. Comisiynau'n cynnwys Ross a Cromarty 1986. Gwobrau'n cynnwys Cyngor Celfyddydau Prydain Fawr 1974; Cyngor Celfyddydau Cymru (CCC) 1977, 1982; Cyngor Celfyddydau'r Alban 1988, 1990. Aelod o Midland Group Photography 1972–74. Curadodd *Photographs from Welsh Collections*, CCC (teithiol) 1977. Arddangosfeydd ar y cyd yn cynnwys Amgueddfa ac Oriel Gelf Casnewydd (AOGC) 1975; Canolfan Gelfyddydau Chapter, Caerdydd 1976; *Photography and Looking at Photographs*, Ffotogallery 1982. Arddangosfeydd deuddyn yn cynnwys Oriel Arnolfini, Bryste (gyda John Blakemore) 1974; Oriel, CCC, Caerdydd (gyda Sue Wells) 1977; AOGC (gyda Ron McCormick) 1981. Arddangosfeydd undyn yn cynnwys *Photographs from 1970*, Oriel Mackintosh, Glasgow 1983; *From a Northern Land*, Oriel Portfolio, Caeredin 1990. Gwaith wedi'i gynnwys yn *British Journal of Photography* (mis Mawrth 1977); *Photographers Photographed*, Bill Jay (Peregrine Smith Books 1983); *New Scottish Photography* (Oriel Genedlaethol yr Alban (OGyrA) 1991); *Light and Space, Light from the Dark Room* (OGyrA 1995); *Companion Guide to Photography in the National Galleries of Scotland* (OGyrA 2001). Casgliadau'n cynnwys CGyrA; Llyfrgell Genedlaethol Cymru, Aberystwyth; OGyrA; Prifysgol Aberystwyth. Prynwyd gwaith gan CCC. 'Yr hyn sy'n gyffredin i'r holl waith yw fy mod wedi gweld rhywbeth dw i'n ymhyfrydu ynddo neu dw i am ei ddathlu.' Yn byw yn Wester Ross, Yr Alban.

*Yr artist*

## Andy CHARLTON 1917–2007
**Enw gwaith Arthur Charlton, gwneuthurydd printiau. Ganed yn Hartlepool, Lloegr.**

Astudiodd yn Ysgol Gelf Gorllewin Hartlepool (bwrsari yn 13 oed); yn Y Coleg Celf Brenhinol, Llundain 1945–48. Gwasanaethodd â'r Llu Awyr Brenhinol 1940–45 (carcharor rhyfel). Gwneuthurydd modelau arddangosfeydd, Gŵyl Prydain 1951. Darlithydd (rhan-amser), Coleg Celf Willesden; darlithydd, Ysgol Gelf a Chrefftau Abertawe 1952–82. Symudodd i Tewkesbury, yna Cheltenham 2004. Arddangosfeydd ar y cyd yn cynnwys *Pictures for Welsh Schools*, Amgueddfa Cymru (AC); *Arddangosfa Staff*, Oriel Glynn Vivian, Abertawe, 1957; *The Final Proof*, Cyngor Celfyddydau Cymru 1981 (teithiol). Arddangosfeydd undyn yn cynnwys *Sixty Years of Printmaking*, Coleg Celf a Dylunio Cleveland, Hartlepool 2003. Gwaith wedi'i gynnwys yn *Drawn from Wales: A School of Art in Swansea 1853–2003*, golygydd Kirstine Brander Dunthorne (Gwasg Academaidd Cymru 2003). Casgliadau'n cynnwys AC; Llyfrgell Genedlaethol Cymru, Aberystwyth; Yr Amgueddfa Ryfel Ymerodrol, Llundain. Prynwyd gwaith gan Gymdeithas Gelfyddydau Gorllewin Cymru. Fel carcharor rhyfel yn yr Almaen 'mi gymerais i ddosbarth celf. Bydden ni'n arfer cyhoeddi papur newydd, felly bydden nhw'n arfer sticio fy lluniau (lluniau, er enghraifft, o bwy bynnag oedd wedi sgorio gôl) yn y lle oedd wedi'i neilltuo ar eu cyfer. Mi wnes i gymynroddi'r rhai gorau i'r Amgueddfa Ryfel Ymerodrol. Cafodd llawer iawn o'r rhain eu gwneud ar bapur lapio bisgedi cyn i'r Groes Goch anfon papur o ansawdd da aton ni.' *(Ceri Thomas, Cyfweliad ag Andy Charlton 2002)*. '…y môr, golygfeydd dociau ac arfordiroedd naturiol (roedd …wrth ei fodd â Phenrhyn Gŵyr)…' *(Tony Charlton)*. Roedd yn byw yn Abertawe, de Cymru.
*Ceri Thomas, Tony Charlton*

## Evan CHARLTON 1904–1984
**Enw gwaith Frank Evan Charlton, peintiwr. Ganed yn Llundain, Lloegr.**

Ei fam yn Gymraes. Astudiodd yng Ngholeg y Brifysgol, Llundain (Cemeg) 1923–27. Ysgol Gelf Gain Slade, Llundain 1930–33, gyda Henry Tonks, Philip Wilson Steer. Ei wahodd i'w hyfforddi i Dîm Cleddyfa Olympaidd Prydain. Athro Paentio, Coleg Celf Gorllewin Lloegr, Bryste 1935–38; Pennaeth Ysgol Gelf Caerdydd 1938–45; Artist Rhyfel 1939–44; Arolygaeth Ei Mawrhydi (AEM) Cymru 1945–66; Arolygwr Staff, AEM Cymru a Lloegr 1962–66. Peintiwr llawn-amser 1966–84. Aelod o'r Clwb Celf Seisnig Newydd 1934–39; Grŵp De Cymru 1949–54; Cymdeithas Ddyfrlliwiau Cymru; Cymdeithas Gelf De Cymru 1947–54. Aelod o'r Pwyllgor Celf, Pwyllgor Cymru Cyngor Celfyddydau Prydain Fawr (PCCCPF) hyd 1966; Cyngor Celfyddydau Cymru (CCC) 1975–78. Arddangosfeydd niferus ar y cyd yn cynnwys *Festival Exhibition of Contemporary Welsh Painting*, PCCCPF 1951; *The Artist in Wales*, Llyfrgell Genedlaethol Cymru/CCC 1952; *Art Spectrum – Wales*, Amgueddfa Cymru (AC) CCC, 1971; *British Painting '74*, Cyngor Celfyddydau Prydain Fawr, Oriel Hayward, Llundain 1974; *Recent Paintings*, Oriel, CCC, Caerdydd, a *Paintings 1937–81*, Amgueddfa ac Oriel Gelf Casnewydd (AOGC) (y ddwy gyda Felicity Charlton) 1981; *Evan and Felicity Charlton: Paintings 1937–86*, Academi Frenhinol Gorllewin Lloegr, Bryste/Oriel Andrew Knight 1986. Arddangosfeydd undyn yn cynnwys Oriel Palser, Llundain 1934; Oriel Ruskin, Birmingham 1938; *Evan Charlton, A Retrospective Exhibition*, AC 1975; Oriel Ikon, Birmingham 1978; *Evan Charlton: Last Paintings*, AC, Tŷ Turner, Penarth 1985. Gwaith wedi'i gynnwys yn 'Evan Charlton', Bryn Richards (*Anglo-Welsh Review*, cyfrol 21, rhifyn 48, Gaeaf 1972); adolygiad, David Briers (*Arts Review*, Awst 1985). Casgliadau'n cynnwys AC; AOGC; Yr Amgueddfa Ryfel Ymerodrol, Llundain; Cymdeithas Celf Gyfoes Cymru; Prifysgol Aberystwyth; Prifysgol Metropolitan Caerdydd; Tate, Llundain. Prynwyd ei waith gan CCC. 'Mae dau ddylanwad yn amlwg arno … celf gynnar y Dadeni… [a] Giorgio de Chirico…' (Ken Rowat, *Guardian*, Medi 1985.) Roedd yn byw ym Mhorthceri, de Cymru.

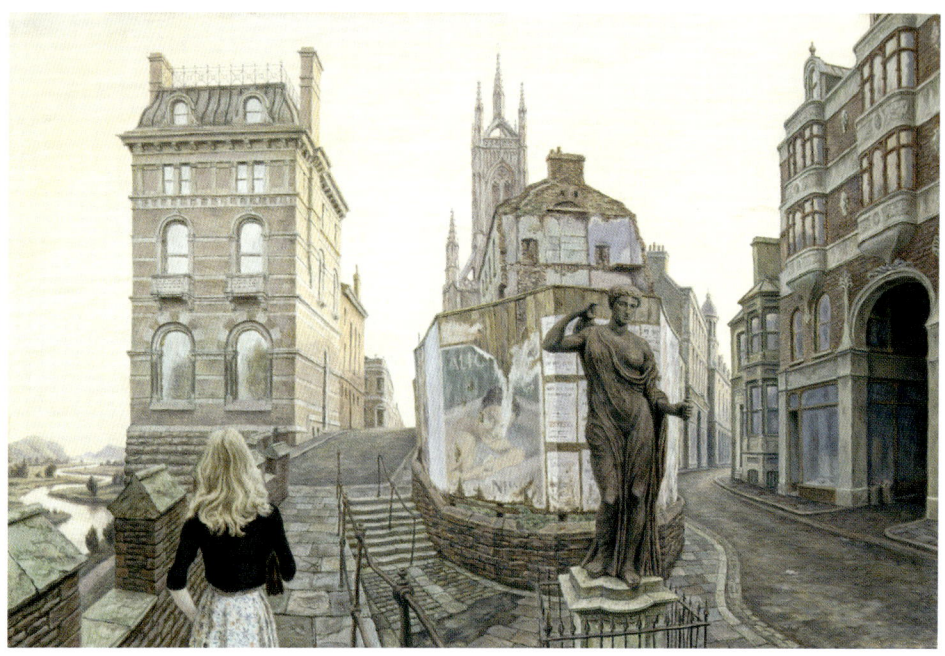

56 | Evan Charlton
*Early Morning* 1956

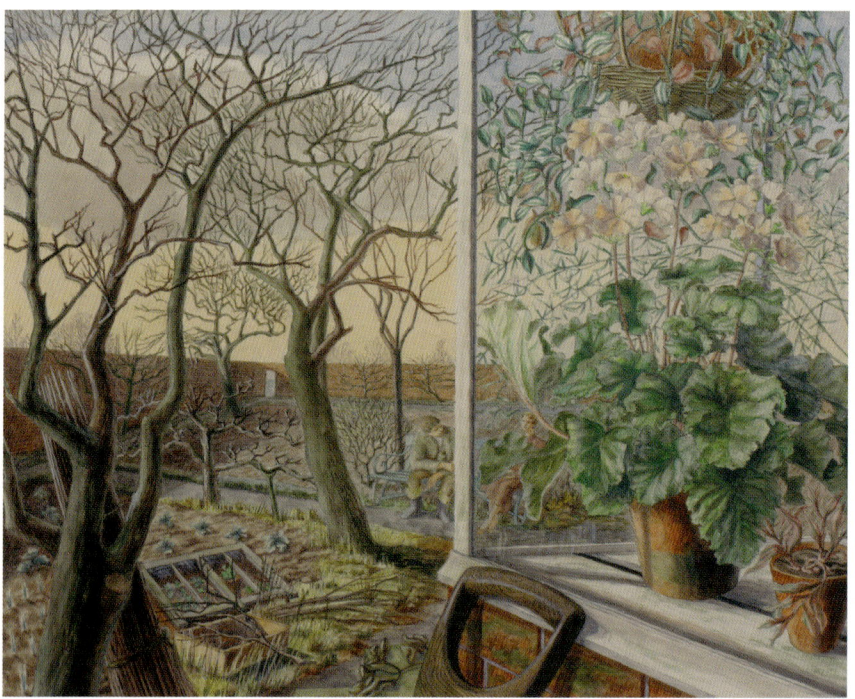

57 | Felicity Charlton
*Garden and Greenhouse* 1956

## Felicity CHARLTON 1913 – 2009
**Enw gwaith Felicity Ursula Hartland Charlton, peintwraig. Ganed ym Mryste, Lloegr.**

Astudiodd yng Ngholeg Celf Gorllewin Lloegr, Bryste 1932–37, gydag Evan Charlton, Donald Milner. Cyrhaeddodd Gymru ym 1938. Gweithreg amaethyddol 1939–45. Aelod o Gymdeithas Gelf De Cymru 1947–54; Grŵp De Cymru/Y Grŵp Cymreig 1949–59; Cymdeithas Ddyfrlliwiau Cymru. Comisiwn gan Gyngor Celfyddydau Cymru (CCC), *Prints for the Proclamation 1974*. Arddangosfeydd ar y cyd yn cynnwys *Twenty-five Paintings by Contemporary Welsh Artists*, Pwyllgor Cymru Cyngor Celfyddydau Prydain Fawr (PCCCPF) 1949; *Festival Exhibition of Contemporary Welsh Painting*, PCCCPF 1951; *The Artist in Wales*, Llyfrgell Genedlaethol Cymru/CCC 1952 (teithiol); *Wales Through the Painter's Eye*, Oriel Howard Roberts, Caerdydd 1957; *Recording Wales 2, Chapels*, CCC 1969; *Recent Paintings*, Oriel, CCC, Caerdydd a Paintings 1937–81, Amgueddfa ac Oriel Gelf Casnewydd (AOGC) (y ddwy gyda'i gŵr, Evan Charlton) 1981; *Evan and Felicity Charlton: Paintings 1937–86*, Academi Frenhinol Gorllewin Lloegr, Bryste/Oriel Andrew Knight 1986. Arddangosfeydd un-ddynes yn cynnwys Yr Oriel Gymreig, Y Fenni 1973, Oriel Underground, Caerfaddon 1989; *Felicity Charlton at 80*, AOGC 1993. Gwaith wedi'i gynnwys yn *Welsh Painters Talking*, Tony Curtis (Seren, Pen-y-bont ar Ogwr 1997); *Western Mail*, 20 Awst 1985. Casgliadau'n cynnwys Amgueddfa Cymru; AOGC; Cymdeithas Celf Gyfoes Cymru; New Hall, Caergrawnt; Oriel Gelf Glynn Vivian. Prynwyd ei gwaith gan CCC. '…y tu mewn i adeiladau, gerddi, ffigyrau mewn tirluniau dychmygol… olew a dyfrlliw'. Roedd yn byw Mhorthceri, de Cymru.

## Elwyn Charles CHESTERFIELD 1913–1991
**Peintiwr. Ganed yn ardal Castell-nedd, de Cymru.**

Hunanaddysgedig. Glöwr, Glofa'r Rock, Glyn-nedd; gweithiwr gyda'r datblygwyr/adeiladwyr, George Wimpey a'i Gwmni. Arddangosfeydd ar y cyd yn cynnwys *Miner-Artists: The Art of Welsh Coal Workers*, Llyfrgell Genedlaethol Cymru, Aberystwyth (LlGC) 2000 (teithiol); cyhoeddiad i fynd gyda'r arddangosfa, John Harvey (LlGC 2000). Gwaith traddodiadol, rhai symbolau/cyfeiriadau Cristnogol. Roedd yn byw yn ardal Glyn-nedd, de Cymru.

## Manuel CHETCUTI 1939–
**Cerflunydd. Ganed yng Nghaerdydd, de Cymru.**

Astudiodd yng Ngholeg Celf Caerdydd 1959–63. Darlithydd, Coleg Celf Casnewydd 1963–73; uwch-ddarlithydd, Coleg Polytechnig Sheffield 1973–89; Pennaeth Celf Gain, Ysgol Gelf Norfolk 1989–96. Gwobrau'n cynnwys Cymrodoriaeth Churchill 1976; Cymynrodd Harmstone 1985. Comisiynau'n cynnwys Cadeirlan Llandaf 1960; Cwmni Theatr Cymru 1966; Cadeirlan Dinas Sheffield 1975. Arddangosfeydd ar y cyd yn cynnwys Oriel Mynwy, Brynbuga 1963; *4 Artist Cymreig*, Gŵyl Fynwy, Brynbuga (gyda Ron Carlson, John Selway, Peter Nicholas) 1968; *Art in Wales: The 20th Century: Today – Invited Artists*, Cyngor Celfyddydau Cymru (CCC) 1969 (teithiol); Oriel Richard Demarco, Gŵyl Caeredin 1974; *Weather View*, Oriel Norwich 1991; Yr Academi Gelfyddydau Frenhinol, Yr Hag 1996. Arddangosfeydd undyn yn cynnwys Amgueddfa Genedlaethol y Celfyddydau Cain, Valletta 1978; Plas Bretton, Swydd Efrog 1979; *Multiples*, Galleria Tommaseo, Trieste (GTT) 1979; GTT 1980; Prifysgol San Jose 1982. Curadur, *Saltchurch 04: Crossing the Line, Contemporary Norfolk Art*, Salt House, Norfolk 2004 (cyhoeddiad gan yr artist). Cyhoeddiadau'n cynnwys 'Art Theory and Practice: An Holistic Approach' (*Cymdeithas Genedlaethol er Addysg Celf Gain* 1991); cyfraniadau i *International Journal of Art and Design Education*. Gwaith wedi'i gynnwys mewn erthygl, 'Origins', Richard England (Malta 1975); erthygl, 'Manuel Chetcuti', Paolo Patelli (Mestre, Yr Eidal 1976). Casgliadau'n cynnwys Amgueddfa Cymru. Prynwyd gwaith gan CCC. '…gwrthrychau bach i ganolig wedi'u gwneud o efydd, plastr, pren neu glai… wedi'u lliwio, eu sgleinio neu'u gweithio mewn gwahanol ffyrdd. … edau gyson sy'n delio â hunaniaeth ddiwylliannol …gwaith arlunio parhaus.' Yn byw yn Norwich, Lloegr.

*Yr artist*

## Terry CHINN 1957–

**Enw gwaith Terrence Howard Chinn, artist, dylunydd. Ganed yng Nghastell-nedd, de Cymru.**

Astudiodd yn Athrofa Addysg Uwch Gorllewin Morgannwg 1978–79, gyda Pat Briggs, David Barron; Ysgol Gelf Wimbledon 1980–83, gyda Richard Negri, Derek Jarman, Yolanda Sonnabend. O'r 1980au, artist, dylunydd cynyrchiadau, Neuadd Dewi Sant, Caerdydd; dylunydd, athro, adrannau addysg y Theatr Newydd, Caerdydd; Opera Genedlaethol Cymru; Cerddorfa Genedlaethol Gymreig y BBC. Yn gynnar yn yr 80au, perfformiwr, dylunydd gyda Welfare State International; Theatr yr Half Moon, Llundain; Lumiere and Son; Contact Theatre, Manceinion; Spectacle Theatre Company, Tonypandy; Bragod cerdd/barddoniaeth, Caerdydd. Dyfeisiwr/dylunydd, digwyddiadau carnifal/gŵyl niferus ar draws y DU; athro ar draws gwahanol ffurfiau ar gelfyddyd, gweithiwr, Cerdd Gymunedol Cymru am 10 mlynedd; prosiectau cymunedol, Rhondda Cynon Taf. Gwobrau'n cynnwys Cyngor Celfyddydau Cymru 1987, 1993; Y Cyngor Prydeinig 1999. Aelod o Weithdy Ffilmiau Chapter 1984–87; Cymdeithas Artistiaid a Dylunwyr Cymru 1984–87; Saith Rhyfeddod 1987–90; Prosiect Ansawdd Bywyd, o 1997. '…defod a chyd-destun dathliadol celf.' Yn byw yn Aberpennar, de Cymru.
*Yr artist*

## Ferdinand CIREL 1884–1968

**Peintiwr. Ganed yng Nghaerdydd, de Cymru.**

Hunanaddysgedig. Tocynnwr a gyrrwr tramiau a bysiau am 42 o flynyddoedd, Corfforaeth Caerdydd. Aelod o Gymdeithas Gelf De Cymru (Is-lywydd ac Ysgrifennydd Cynorthwyol Mygedol 1954); Grŵp

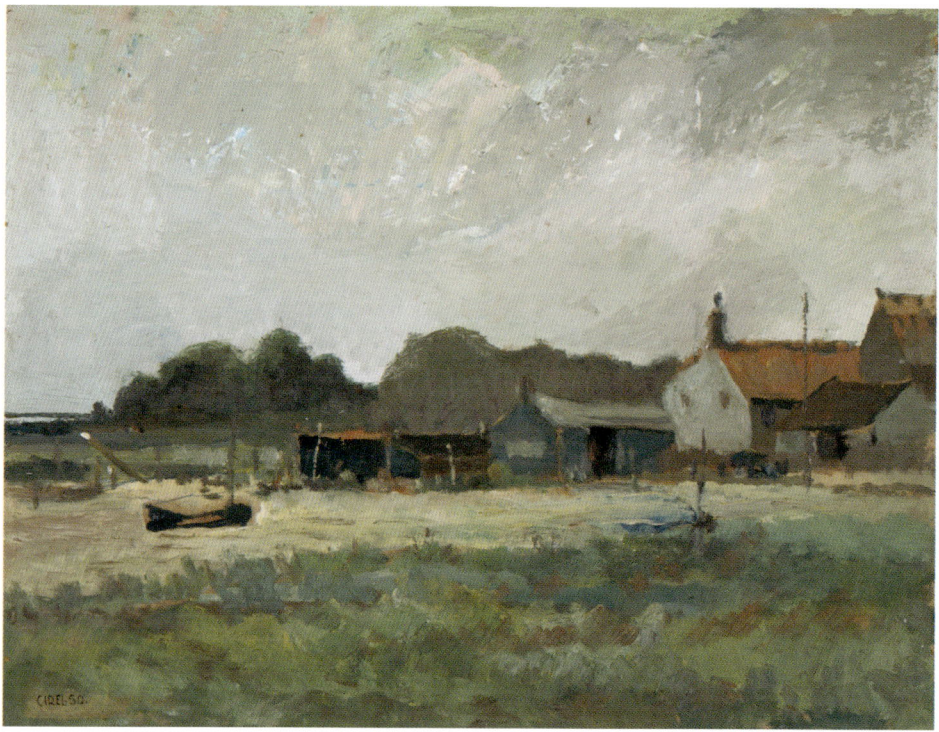

58 | Ferdinand Cirel
*Gentle Evening* 1950

De Cymru/Y Grŵp Cymreig 1949–65; Grŵp Llundain; Cylch Norwich. Arddangosfeydd niferus ar y cyd gan gynnwys *Festival Exhibition of Contemporary Welsh Painting*, Pwyllgor Cymreig Cyngor Celfyddydau Prydain Fawr (PCCCPF) 1951; *Paintings from the Arts Council's Welsh Collection*, PCCCPF 1955–56; Cymdeithas yr Artistiaid Proffesiynol, Caerdydd, 1959–62; *Arddangosfa'r Haf*, Yr Academi Frenhinol, Llundain; Eisteddfod Genedlaethol Cymru 1950–66; *Pictures for Welsh Schools*, Y Gymdeithas er Addysg drwy Gelf 1952–66; Cymdeithas Celf Gyfoes Cymru (CCGC) 1956, 1961, 1963; *Art in Wales, The 20th Century: The Early Years, 1900–1956*, Cyngor Celfyddydau Cymru (CCC) 1969. Arddangosfeydd undyn yn cynnwys *Paintings by Ferdinand Cirel*, adolygol, PCCCPF 1953; Anheddiad Addysgol Pont-y-pŵl 1953. Gwaith wedi'i gynnwys yn *La Revue Moderne*, 1936; erthyglau ac adolygiadau mewn papurau lleol. Casgliadau'n cynnwys Amgueddfa ac Oriel Gelf Casnewydd; Amgueddfa Cymru; CCGC; Oriel Gelf Glynn Vivian. Prynwyd ei waith gan CCC. Bu'n paentio bywyd llonydd a thirluniau (yn enwedig ym Mro Morgannwg a'r bryniau yn ardal y Fenni). Roedd yn byw yng Nghaerdydd.

### Dominic CLARE 1963–
**Cerflunydd. Ganed yn Addis Ababa, Ethiopia.**
Astudiodd ym Mholytechnig Leeds 1981–85, cynorthwyydd i David Nash 1981–82. Cyrhaeddodd Gymru 1991. Gwobr Cyngor Celfyddydau Cymru 1995. Artist preswyl Amgueddfa Lechi Cymru, Llanberis 2002. Comisiynau niferus gan gynnwys *Benchmarks*, Gerddi Tatton Park, Caer 1993; bwâu mynediad a meinciau, Llwybr Seiclo Ardudwy 2004; cerfluniau a giatiau, Ymddiriedolaeth Genedlaethol Cymru 2003; Llwybr Cerfluniaeth y Dingle, Ynys Môn 2003; Tyddyn Môn, Ynys Môn 2003. Arddangosfeydd ar y cyd yn cynnwys Oriel Ikon, Birmingham 1987 (teithiol); Arnolfini, Bryste (AB) 1989; Eisteddfod Genedlaethol Cymru, Y Bala 1997; *Sitting Pretty*, Amgueddfa ac Oriel Gelf Kirkcaldy 1997; *Enfys Chapman Collection*, Y Tabernacl, Machynlleth 2003. Arddangosfeydd undyn yn cynnwys Oriel Celtica, Machynlleth 1999; *Deep Rooted*, Oriel Dispersed, Harlech 2004. Perfformiadau'n cynnwys *Fire, Air, Earth and Water*, AB 1989; Rhosan ar Wy 2003. Gweithdai niferus o 1988. 'Diwylliannau hynafol a modern, ecoleg a ffurfiau ym myd natur sy'n dylanwadu arnaf… Mi fydda i'n tynnu oddi ar amrywiaeth eang o ffynonellau croes-ddiwylliannol, o'm man geni yn Affrica i hanes Cymru, y wlad lle dw i'n byw erbyn hyn…'. Yn byw yn Llanfrothen, gogledd Cymru.
*Yr artist*

### Pat CLARKE 1940–2013
**Peintwraig a gwneuthurydd printiau. Ganed yn Banstead, Lloegr.**
Astudiodd yn Ysgol Gelf Reigate, Swydd Surrey 1966–69. Tiwtor addysg oedolion, Swydd Surrey 1970–81; athrawes myfyrwyr ag anghenion arbennig. Cyrhaeddodd Gymru ym 1981. Gyda'i gŵr, agorodd Oriel y Ddraig, Blaenau Ffestiniog 1984. Aelod o'r Academi Frenhinol Gymreig; Cymdeithas Ddyfrlliwiau Cymru; Cymdeithas Genedlaethol y Peintwyr, Cerflunwyr a Gwneuthurwyr Printiau (Gwobr Baentio Aya Broughton 1998); Peintwyr a Cherflunwyr Rhydd, Oriel Loggia, Llundain. Arddangosfeydd ar y cyd yn cynnwys *Ways of Telling*, Oriel Mostyn, Llandudno 1989 (teithiol); *Biennale Arlunio Cymru*, Canolfan y Celfyddydau Aberystwyth (CCA), Canolfan Gelfyddydau Wrecsam 1997–2003; Oriel Celf Fodern, Wandsworth, Llundain 1994, 2002. *Radiant Earth*, Canolfan Gelfyddydau a Llyfrgell Y Rhyl 2007 (teithiol). Arddangosfeydd un-ddynes niferus gan gynnwys CCA 1983, Oriel Gelf Dinas Henffordd (OGDH) 1992; Canolfan y Celfyddydau Abaty Nant Teyrnon, Cwmbrân 2000; Oriel Mezzanine, Prifysgol Sheffield 2004. Cyhoeddodd *To the Mountain*, argraffiad cyfyngedig o luniau, rhyddiaith a barddoniaeth 1994. Casgliadau'n cynnwys Archifau Amgueddfa Gelf Gweriniaeth Karelia, Petrozavodsk; OGDH; Paentiadau yn Ysbytai Cymru. 'Mae tirwedd Cymru'n ddylanwad parhaus arnaf – dw i'n gweithio yn yr awyr agored yn Nant Gwynant… ym Mlaenau Ffestiniog, mi fydda i'n paentio gwaith sy'n fwy

haniaethol a synfyfyriol… a hynny o dan ddylanwad creadigol, dwys mynyddoedd Eryri. (Mae gwaith arall yn cynnwys) gwydr wedi'i danio mewn odyn… clai … gwneud printiau.' Roedd yn byw ym Mlaenau Ffestiniog, gogledd Cymru.

*Yr artist*

### Andie CLAY 1954–
**Peintiwr. Ganed yn Caterham, Lloegr.**

Astudiodd yng Ngholeg Argraffu Llundain 1971–75 gyda Tom Eckersley. Cynllunydd graffig, Haymarket Publishing ac IPC Magazines 1975–83; tiwtor (rhan-amser), addysg oedolion, Coleg Prifysgol Cymru, Aberystwyth a mannau eraill 1989–2003. Aelod sefydlol o Stiwdios Agored Ceredigion 1994; aelod o Grŵp Artistiaid Teifi. Gwobr Goffa Oppenheim-John Downes 1993. Arddangosfeydd ar y cyd yn cynnwys Canolfan Gelfyddydau Loch Garman 2000; Yr Academi Frenhinol Gymreig, Conwy 2001; Oriel Albany, Caerdydd 2003; *Equus – a Celebration of the Horse*, Parc Margam 2006. Arddangosfeydd undyn yn cynnwys Canolfan Gelfyddydau Taliesin, Abertawe 1997; Theatr Brycheiniog, Aberhonddu 1998; Canolfan y Celfyddydau Aberystwyth 1999; Oriel Plas Glyn y Weddw, Llanbedrog 2003; Neuadd Dewi Sant, Caerdydd 2007. Cyfrannodd i *Paint Landscapes* (golygydd Betsy Hosegood, Rotovision 1999). Gwaith wedi'i gynnwys yn *Primetime* (HTV Cymru 1999); *Double Yellow* (BBC2 2001); *The Guardian* (adolygiad, Jonathon Jones 1999); *Pembrokeshire Life* (Keith Johnson 2004); y cylchgrawn *Galleries* 2007. Casgliadau'n cynnwys y Llysgenhadaeth Brydeinig, Brasil, Ymddiriedolaeth Gofal Iechyd y GIG Gwent. 'Yn y môr a ffurfiau'r tir mae fy niddordeb pennaf … cylchoedd egni a rhythmau naturiol y bydysawd – gan gyfeirio at athroniaeth Tsieineaidd.' Yn byw ym Mlaen-porth, gorllewin Cymru.

*Yr artist*

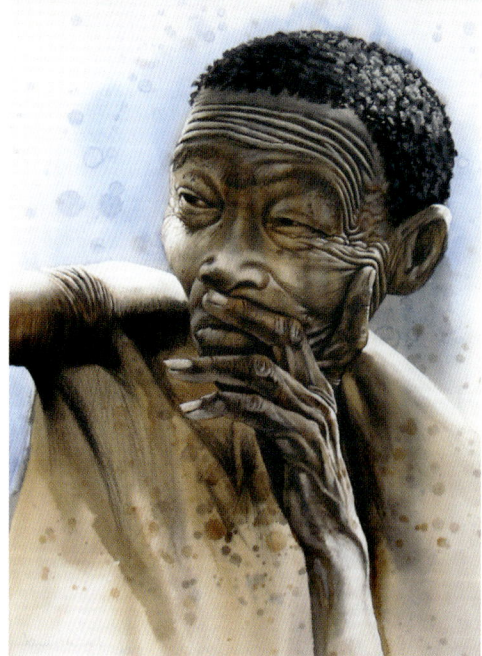

59 | John Cleal
*Maasai Woman* 1998

## John CLEAL 1929–2007
**Peintiwr, cerflunydd. Ganed yn Johannesburg, De Affrica.**

Cyrhaeddodd Gymru ym 1961. Sefydlodd Oriel Gweithdy Cymru, Abergwaun 1970 (symudodd i Fanorowen 1996) (OGC). Comisiynau'n cynnwys EM y Frenhines, Castell Windsor; Tenovus, ar gyfer Ysbyty Felindre, Caerdydd. Arddangosfeydd ar y cyd yn cynnwys Orielau Upper Grosvenor, Llundain 1971; *Landscapes and Portraits*, Llandeilo 1997; *Moody Beaches*, Oriel Everard Read, Johannesburg 1997; OGC, yn rheolaidd. Arddangosfeydd undyn niferus yn cynnwys *Zulus*, Sefydliad y Gymanwlad, Llundain 1986 (teithiol, gan gynnwys Cymru); Cwm Dâr, Aberdâr 1989, 1998; Athrofa Gogledd Ddwyrain Cymru, Wrecsam 1998; yn rheolaidd, OGC. Wedi'i gynnwys yn *Love Spoons from Wales*, Mitchell Cleal (OGC 1977). Gweithiau wedi'u rhoddi i lawer o adeiladau cyhoeddus yng Nghymru a mannau eraill. Casgliadau'n cynnwys Canolfan Ganser Felindre; Canolfan Gymunedol Aberdâr; Neuadd y Dref Abergwaun; Oriel a Chanolfan Ymwelwyr y Parc, Tyddewi, Sir Benfro; Prifysgol De Cymru, Pontypridd; Y Cei, Abergwaun Isaf; Ysbyty Llwynhelyg, Hwlffordd; Ysbyty y Frenhines Elisabeth, Birmingham. Roedd yn byw yn Abergwaun a Manorowen, gorllewin Cymru.
*Yr artist; Mitchell Cleal*

## Mitchell CLEAL 1957–
**Peintiwr, cerflunydd. Ganed yn Durban, De Affrica.**

Cyrhaeddodd Gymru ym 1961. Cymerodd drosodd Oriel Gweithdy Cymru, Abergwaun (Manorowen yn nes ymlaen) (OGC), oddi wrth ei dad, John Cleal. Trefnydd, preswyliadau/gweithdai, OGC, o 1975; athro (rhan-amser), myfyrwyr unigol, o 1980. Artist preswyl, Llys yr Esgob, Tyddewi, Sir Benfro (LIET) 2000. Arddangosfeydd ar y cyd yn cynnwys OGC, o 1965; LIET 2000; Eisteddfod Genedlaethol Cymru, Tyddewi 2002; Fountain Fine Art, Llandeilo 2002. Arddangosfeydd undyn, OGC, yn rheolaidd. Cyhoeddiadau'n cynnwys *Love Spoons from Wales*, graffeg gan John Cleal, ffotograffau gan Arthur Williamson (OGC 1977). 'Dw i'n paentio mewn amrywiaeth o gyfryngau ac mae fy nhestunau hefyd yn amrywio … gwaith ffigurol haniaethol yn bennaf yw'r gerfluniaeth …mewn pren neu garreg, weithiau efydd…' Yn byw ym Manorowen, gorllewin Cymru.
*Yr artist*

## Muriel CLEMENT 1929–
**Gwehydd, artist tecstiliau. Ganed yn Southport, Lloegr.**

Astudiodd yn Ysgol Gelf a Chrefftau Southport 1943–47. Mynychodd ysgolion haf, Urdd y Nyddwyr, Gwehyddion a Lliwyddion, mewn gwahanol leoliadau yn Lloegr yn y 1970au, gyda Theo Moorman, Ian McDonald, Tadek Beutlich. Trinwraig gwallt 1948–54. Daeth i Gymru ym 1963. Tiwtor, tecstiliau (rhan-amser), Coleg Iwerydd, Sain Dunwyd 1978–2003. Aelod o Gymdeithas Artistiaid Gweledol Cymru gynt (1992–98). Arddangosfeydd ar y cyd yn cynnwys *Design in Wales*, Canolfan Ddylunio, Llundain 1973; *Modern Artists Craftsmen*, Amgueddfa Cymru 1977; *Textiles, a Broader Definition*, Canolfan y Celfyddydau, Aberystwyth 1978; *Weavers from Wales*, Canolfan Grefft Rhuthun 1987; *All About Wool*, Canolfan Gelfyddydau Abaty Nant Teyrnon 1990 (teithiol); *Celf Gyfoes o Gymru*, Congres Centrum, Leeuwenhorst, Yr Iseldiroedd 1994. Arddangosfeydd dwy-ddynes yn cynnwys Coleg Prifysgol Abertawe (gydag Alison Lochhead) 1978; Gweithdy Celfyddydau Abertawe/Oriel Mission (gyda Richard Wakelin) 1983, (gyda Mick Morgan) 1991; Canolfan Gelfyddydau Taliesin, Abertawe (gyda Philip Snow) 1984. Arddangosfeydd un-ddynes, Sefydliad Gorseinon 1991; Amgueddfa Wlân Cymru, Dre-fach Felindre 1995. Gwaith yng nghasgliad Oriel Gelf Glynn Vivian, Abertawe. 'Ynysoedd Gwlad Groeg, traethau Gŵyr, cefn gwlad Ffrainc…' Yn byw yn Abertawe, de Cymru.
*Yr artist*

## Jeff CLEMENTS 1934–
**Artist rhwymo llyfrau, peintiwr, dylunydd graffeg. Ganed yn Plymouth, Lloegr.**

Astudiodd yng Ngholeg Celf a Dylunio Plymouth (CCDP) 1950–55; Ysgol Ganolog y Celfyddydau a Chrefftau, Llundain 1956–57. Darlithydd, CCDP 1961–63; Coleg Celf Casnewydd/Coleg Addysg Uwch Gwent 1963–77; Pennaeth Cyfathrebu Graffeg, yna Cadeirydd y Gyfadran Gelf a Dylunio, Polytechnig Bryste 1977–88. Tra oedd yng Nghymru bu gweithdy ganddo ym Magwyr. Symudodd i'r Iseldiroedd 1988. Gwobr Cymdeithas Frenhinol y Celfyddydau; Comisiwn Gwobr Rhwymo Llyfrau Koopman 2005. Comisiynau'n cynnwys Golden Cockerel Press 1960; Hand and Flower Press 1950; Editiones Tallone 1982. Aelod o Gymdeithas y Dylunwyr Rhwymo Llyfrau (Cymrodor 1957; Llywydd 1981–83). Arddangosfeydd rhyngwladol niferus ar y cyd gan gynnwys *Ail Biennale Llyfrau*, São Paulo, Brasil 1972; *Crefft Cymru 76*, Cyngor Celfyddydau Cymru (CCC) 1976 (teithiol); *Designer Bookbinders in North America*, 2000 (teithio yn UDA, Canada). Cyhoeddiadau'n cynnwys erthyglau, *The New Bookbinder*. Gwaith wedi'i gynnwys yn 'Craft Binders at Work VII, Jeff Clements, Dorothy Harrop' (*The Book Collector*, Gaeaf 1976). Casgliadau'n cynnwys Llyfrgell Genedlaethol Cymru, Aberystwyth. Prynwyd gwaith gan CCC. '…rwy'n ei gweld hi'n bosib i weithio yn rhydd trwy ddefnyddio lledrau enosodedig ac offeru dall llinol yn unig…' *(Dyfyniad gan yr artist ar wefan Joshua Heller Rare Books, 2005.)* Yn byw yn Amsterdam, Yr Iseldiroedd.

## Nick CLEMENTS 1956–
**Artist cymunedol. Ganed yn Barnet, Lloegr.**

Cyrhaeddodd Gymru ym 1978. Astudiodd yng Ngholeg Celf Caerdydd 1978–81. Cyd-sefydlydd (gydag Adrian Butler), cyfarwyddwr, Grŵp Celf y Pioneers (GCyP)/The Pioneers, cydweithredfa dan arweiniad artistiaid, a fu ar waith yng Nghymru, y DU ac yn rhyngwladol, 1981–2001; sefydlodd Sound of the Heart Publishing (SHP) 2004. Un o'r artistiaid cymunedol llawnamser cyntaf yng Nghymru. Bu'n gweithio â thros 200 o ysgolion yng Nghymru gan wneud celf a chreu celf gyhoeddus ar raddfa fawr mewn gwahanol gyfryngau. Cododd dros £7,000,000 tuag at brosiectau a fu'n cyflogi dros 80 o artistiaid yng Nghymru, y DU a thramor. Darlithydd, Celfyddydau Cymunedol, Athrofa Prifysgol Cymru, Pontypridd 1988–90; Gwneud ffilmiau, Coleg Casnewydd, Caerllion 2000–02; gweithdai/darlithoedd mewn prifysgolion/colegau, Yr Almaen, UDA, Cymru a'r DU; gweithdai/darlithoedd ar gyfer artistiaid, gweithwyr gofal iechyd, gweithwyr cymdeithasol, gweithwyr ieuenctid, cymunedol a rhai cysylltiedig, Merthyr Tudful, Pen-y-bont ar Ogwr, Caerdydd, Abertawe 1996–2006. Gwobrau i'r Pioneers yn cynnwys "Rewarding Hoarding" Ewrop am y flwyddyn 1987; Gwobr Gymunedol BBC Cymru 1994; Cyfraniad Neilltuol i Ddatblygu Cymunedol Nwy Prydain 1995. Arddangosfeydd y Pioneers yn cynnwys Canolfan Gelfyddydau Chapter, Caerdydd 1982; Oriel Gelf Glynn Vivian, Abertawe 1984; Oriel yr Hen Lyfrgell, Caerdydd 1994; Kunst am Neubau, Neukölln, Berlin 1994. Cyhoeddiadau'n cynnwys *Call Yourselves Artists* (GCyP 1984); *The Pioneers: Improving Your School Environment* (Cymdeithas Genedlaethol er Addysg mewn Celf a Dylunio 1996); *The Pioneers: Murals, Mosaics, Madness and Myths* (SHP 2004); *Creative Collaboration* (SHP 2004); ffilm gan BBC Cymru, *The Pioneers* (1994). '…artist cymunedol sy'n gweithio ar draws disgyblaethau a thechnegau celf fel catalydd ar gyfer newid cymdeithasol.' Yn byw yn Abertawe, de Cymru.
*Yr artist*

## Helen CLIFFORD 1961–
**Ceramegydd, artist gosodwaith/perfformio. Ganed yn Reading, Lloegr.**

Astudiodd yng Ngholeg Ripon a York St John, Caerefrog 1985–89 (gradd yn y dosbarth cyntaf); Athrofa Prifysgol Cymru, Caerdydd (APCC) 1992–94 (MA Cerameg) (rhagoriaeth). Darlithydd, Coleg

Celf a Thechnoleg Caerefrog 1987–89; athrawes, Saesneg, Barcelona 1989–91; crochenydd/ceramegydd stiwdio, Canolfan Grefft Bryste 1991–92; llyfrgellydd celf (rhan-amser), APCC, o 1993; cynorthwy-ydd oriel (rhan-amser), Oriel, Cyngor Celfyddydau Cymru, Caerdydd 1994–1998; tiwtor, cerameg, o 1994, Canolfan Gelfyddydau Abaty Nant Teyrnon, Cwmbrân, Canolfan Bedwas, Caerffili; stiwdio yng Nghanolfan Gelfyddydau Chapter, Caerdydd (CGChap), o 1996; ymchwilydd/detholydd arddangosfeydd, *Doing In Its Own Right*, Caffi Oriel Serpentine, Llundain 1997; trefnydd prosiect, *Sense in Place*, Site-Ations, Prosiect Artistiaid (SPA), ysgolion yng Nghaerdydd 2005. Gwobr Syniadau Da, Cywaith Cymru, Caerdydd 2004–07. Preswyliadau/ gweithdai/prosiectau cymunedol yn cynnwys Stepping Stones, Caerdydd, o 1994; Prosiect Hawthorns, Morgannwg Ganol 1994; diwrnodau HMS, Torfaen 1997, Amgueddfa Cymru, Caerdydd (AC) 2007; Star Radio, Ymddiriedolaeth Gelfyddydau Bae Caerdydd – Yr Asiantaeth Gelfyddydau ac Adfywio, Caerdydd 2005 (gydag arddangosfa yn AC); *On Common Ground*, AC/grwpiau ieuenctid yn ne Cymru 2005–07. Prosiect llyfrau (gyda Richard Powell), *Bubble a Byrlymu*, AC 2002–07. Aelod o SPA. Arddangosfeydd/gosodweithiau niferus ar y cyd gan gynnwys *Ceramegyddion Newydd Cymru*, Canolfan y Celfyddydau Aberystwyth (CCA) 1995; Eisteddfod Genedlaethol Cymru, Abergele 1995, Llandeilo 1996; *Trans-Formations*, SPA/Amgueddfa'r Artistiaid, Łódź, Gwlad Pwyl 1996; *Young Wales III*, Yr Academi Frenhinol Gymreig, Conwy 1996; *Arddangosfa Lyfrau*, Oriel Gelf Glynn Vivian, Abertawe 1996; *Biennale Arlunio Cymru*, CCA 1997; *Ffresh*, CGChap 1998; *Framed in Time*, g39, Caerdydd 2001. Yn byw yng Nghaerdydd, de Cymru.
*Yr artist*

## Patricia CLIFFORD 1946–
**Peintwraig sy'n defnyddio cyfryngau cymysg. Ganed yn Swydd Stafford, Lloegr.**

Astudiodd yn Athrofa Addysg Uwch Gwent 1992–96. Artist mewn ysgolion, Canolfan Gelfyddydau Abaty Nant Teyrnon, Cwmbrân (CGANT) o 2002; tiwtor celf, Cyngor Sir Caerffili, Cyngor Sir Caerdydd; artist preswyl Ysgol Pen-y-cwm, Glynebwy 2004. Yn aelod o Gymdeithas Gelfyddydau y Menywod. Arddangosfeydd ar y cyd yn cynnwys *Artists for the New Millenium*, CGANT 1997; *Visible 11*, CGANT 2002; *Elements*, Yr Eglwys Norwyaidd, Caerdydd 1999 (teithiol). Arddangosfeydd un-ddynes yn cynnwys Coleg Templeton, Rhydychen 1999; *Passion*, Oriel White Space, Brynbuga 2002; *Seven Deadly Sins*, Parc Treftadaeth y Rhondda, Pontypridd 2004. Gwaith yng nghasgliad Coleg Templeton Rhydychen. 'Canfasau enfawr; cyfryngau cymysg 2D a 3D; byd natur, gwead, lliw; y saith pechod marwol.' Yn byw yng Nghasnewydd, de Cymru.
*Yr artist*

## John CLINCH 1934–2001
**Enw gwaith John Ian Howard Clinch, cerflunydd. Ganed yn Folkestone, Lloegr.**

Astudiodd yng Ngholeg Celf Kingston 1951–55, gyda Charles Lewis, Andy Wittensor; Y Coleg Celf Brenhinol, Llundain 1957–61, gyda John Skeaping, Bernard Meadows (Medal Arian; gwobr arlunio; dwy wobr). Athro (rhan-amser), Colegau Celf Camberwell, Colchester, Hammersmith 1962–64. Darlithydd, wedyn Pennaeth Cerfluniaeth, Prifysgol Trent Nottingham 1964–87. Daeth i Gymru ym 1988. Aelod o Gymdeithas Frenhinol Cerflunwyr Prydain (Cymrodor 1994). Comisiynau celf cyhoeddus i Gaerlŷr; Glasgow; Swindon; Milton Keynes; Lerpwl; Ynys y Barri 1995; Bae Caerdydd 1993, 2005 (gwaith wedi'i wneud gan Jon Buck). Gwobrau'n cynnwys Celfyddydau Dwyrain Canolbarth Lloegr 1972; Cyngor Celfyddydau Cymru 1989, 1993. Aelod o Gymdeithas Frenhinol Cerflunwyr Prydain (Cymrodor 1994). Arddangosfeydd ar y cyd yn cynnwys *Arddangosfa Haf*, Yr Academi Frenhinol 1980–97; Parc Cerfluniaeth Swydd Efrog 1983, 1986; *Home and Abroad*, Oriel Serpentine, Llundain 1984; *Cerfluniaeth ym Mharc Margam*, Ymddiriedolaeth Gerfluniaeth Cymru 1993; *Ugain o Gerflunwyr yng*

*Nghymru*, Parc yr Ŵyl, Glynebwy 1997. Coflithoedd, y *Guardian* (Colette Bailey, 14 Ebrill 2001); yr *Independent* (David Buckman, 9 Ebrill 2001). Casgliadau'n cynnwys Cyngor Celfyddydau Dwyrain Canolbarth Lloegr; Cyngor Celfyddydau Lloegr; Oriel Gelf Walker, Lerpwl. '...cerfluniaeth... yn boblogydd o ran ei ddulliau a chynnwys, yn hygyrch ac yn aml yn ffraeth ...' Roedd yn byw yn Nhregaron, gorllewin Cymru.

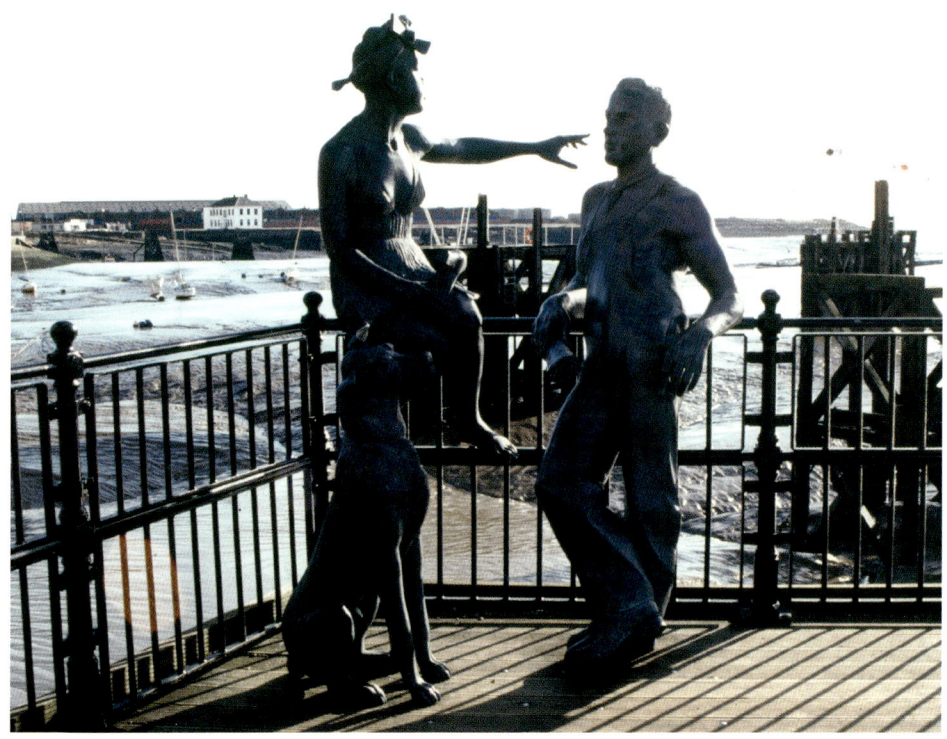

60 | John Clinch
*People Like Us* 1993

## Maurice COCKRILL 1936–2013
**Enw gwaith Maurice Cockrill RA, peintiwr. Ganed yn Hartlepool, Lloegr.**

Bu'n byw yn ardal Wrecsam 1942–48. Astudiodd yng Ngholeg Celf Wrecsam a Phrifysgol Reading 1960–64. Athro, Ysgol Gelf St Helens, Glannau Merswy 1964–66; darlithydd, Cyfadran Gelf, Coleg Polytechnig Lerpwl 1967–80. Treuliodd amser yng ngogledd Cymru. Ceidwad, Ysgolion yr Academi Frenhinol, o 2005. Llywydd yr Academi Frenhinol Gymreig (AFG), o 2007. Gwobrau'n cynnwys Cyngor Celfyddydau Prydain Fawr (CCPF) 1977; Y Cyngor Prydeinig 1985; Athrofa Addysg Uwch Gogledd Ddwyrain Cymru, Cymrodoriaeth Fygedol 2007. Arddangosfeydd niferus ar y cyd gan gynnwys *Art Spectrum North*, CCPF 1971 (teithiol); *Every Picture Tells...*, Cyngor Celfyddydau Cymru (CCC) 1972 (teithiol); *Portraits of Welsh People*, Eisteddfod Genedlaethol Cymru/CCC 1973 (arobryn) (teithiol); *Arddangosfa Agored Lerpwl*, John Moores 1974 (arobryn); *Cabinet Paintings*, Oriel Gillian Jason, Llundain 1991–2 (teithiol, gan gynnwys Oriel Gelf Glynn Vivian, Abertawe), *Afon*, Oriel Mostyn, Llandudno

2000. Arddangosfeydd undyn yn cynnwys Oriel Serpentine, Llundain 1971; Oriel Bernard Jacobson, Llundain 1987–92, 1995, 1996; *Maurice Cockrill: Paintings and Drawings 1974–94*, Oriel Gelf Walker, Lerpwl (OGW) 1995; Oriel Ogilvy ac Estill, Conwy 1998; AFG, Conwy 2004. Ei waith wedi'i gynnwys yn *Maurice Cockrill*, Marco Livingstone a Nicholas Alfrey (Merrell 2002); *Afon*, rhaglen HTV (Awst 1999). Casgliadau'n cynnwys Amgueddfa Bwrdeistref Sir Wrecsam; Cyngor Celfyddydau Lloegr; Cymdeithas Celf Gyfoes Cymru; OGW; Yr Amgueddfa Brydeinig. Prynwyd ei waith gan CCC. 'Canlyniadau cyfarfyddiad â darn o'r dirwedd dwi'n ei nabod ac sy'n annwyl imi ers fy mhlentyndod yw'r paentiadau dw i'n gweithio arnynt yn Nyffryn Conwy…' Roedd yn byw yn Llundain, Lloegr.
*Yr artist*

## Sally COHEN 1959–
**Ffotograffydd. Ganed yn Birmingham, Lloegr.**

Astudiodd yn Athrofa Addysg Uwch De Morgannwg 1980–83. Tiwtor, Ffotogallery, Caerdydd, rhaglen addysg (ffotog); Prifysgol Caerdydd; Cyngor Sir Caerdydd; prosiectau addysg niferus eraill. Aelod o Artistiaid yr Hen Lyfrgell; ffotog. Arddangosfeydd ar y cyd yn cynnwys *Cars* 2002 a *Projections* 2005, y ddwy yn Oriel Stroud House, Stroud; *Off the Wall (Alternative Photography Show)*, Oriel Canfas, Caerdydd 2003; *Experimentica (Jacuzzi Junta)*, Canolfan Gelfyddydau Chapter 2004; *In Absentia*, The House, 5 Heol Llandaf, Caerdydd 2005. Arddangosfeydd un-ddynes yn cynnwys *Voyage of Discovery*, Canolfan Hanesyddol a Diwylliannol, Pontypridd 1993; Canolfan Gelfyddydau Abaty Nant Teyrnon, Cwmbrân 1994; Ysbyty Llandochau 1995. 'Dw i'n ceisio creu cydbwysedd rhwng fy ymateb cysyniadol i faterion a datblygu iaith weledol. Gall cysyniad ddylanwadu ar y deunyddiau sy'n cael eu dewis, ond mae gwrthrych sydd wedi fy nghyffroi wrth syllu arno yr un mor debygol o ddatgan beth yw'r ffordd ymlaen.' Yn byw yng Nghaerdydd.
*Yr artist*

## Howard COLES 1935–
**Peintiwr. Ganed yng Nghaerdydd, de Cymru.**

Astudiodd yng Ngholeg Celf Caerdydd 1951–55, gyda Geoffrey Milsom, David Tinker, 1957–58. Pennaeth Celf, Ysgol Ramadeg Alexander, Singapôr 1960–63; Ysgol Gyfun Ruffwood, Kirkby 1963–70; Coleg St Katherine/Athrofa Addysg Uwch Lerpwl 1970–91. Aelod o'r Academi Frenhinol Gymreig (AFG). Arddangosfeydd ar y cyd yn cynnwys Neuadd Dewi Sant, Caerdydd 2000–05; AFG, Conwy, o 2001; *Summer*, Oriel Leith, Leith 2002; Oriel Albany, Caerdydd, o 2003; *New Artists*, Oriel Church Street, Trefynwy (OChS) 2004. Arddangosfeydd undyn yn cynnwys *Tidemarks 2*, Oriel Plas Glyn-y-Weddw, Llanbedrog 2001; *New Work*, Y Capel Celf, Cricieth 2002; *Cross-currents*, Oriel Caeredin 2003; *Tidemarks*, OChS 2005. Gwaith yn y Casgliad Cenedlaethol, Kuala Lumpur. '… tirwedd arfordirol … Pen Llŷn...' Yn byw yn Llanystumdwy, gogledd Cymru.
*Yr artist*

## Frank COLLICT 1958–
**Peintiwr. Ganed yn Greenock, Yr Alban.**

Astudiodd yng Ngholeg Celf Hartlepool 1974–78; Coleg Celf Dyfed 1978–80. Darlunydd, Castell Caerdydd 1981–82; bu'n gweithio yng Nghanolfan Arfordir Treftadaeth Morgannwg, Southerndown 1982–83; dylunydd graffeg, y diwydiant adloniant 1983–84. Arddangosfeydd ar y cyd yn cynnwys Oriel Adam, Penarth 1998; Yr Oriel Newydd, Abertawe 2002; Oriel Albany, Caerdydd 2006; Oriel Kooywood, Caerdydd 2007. 'Artist tirluniau, sy'n gweithio mewn olew a dyfrlliw'. Yn byw yng Nghaerdydd, de Cymru.
*Yr artist*

### Stephen COLLINGBOURNE 1943–
**Cerflunydd, peintiwr, artist cyfryngau cymysg. Ganed yn Dartington, Lloegr.**

Astudiodd yng Ngholeg Celfyddydau Dartington (CCD) 1960–61; Academi Gelf Caerfaddon 1961–64, gyda Gillian Ayres, Adrian Heath, William Crozier; Y Coleg Celf Brenhinol, Llundain 1970. Athro, ysgol gyfun, Rhydychen 1965; darlithydd, CCD 1965–70; cynorthwy-ydd, Oriel Serpentine, Llundain (OSLl) 1971; bu'n byw/gweithio yn Malaya 1972–73; Cymrawd mewn Cerfluniaeth, Coleg Prifysgol Cymru, Aberystwyth 1974–76 (PCA); darlithydd (llawnamser), Coleg Celf Caeredin 1976–98; artist (llawnamser), o 1999. Artist preswyl, Svenska Yrkeshogskolan, Y Ffindir 1998. Comisiynau'n cynnwys Prifysgol Caerlŷr 1974; Y Comisiwn Coedwigaeth, Cymru 1975; Tre Newydd Livingstone 1977. Gwobrau'n cynnwys Cyngor Celfyddydau Prydain Fawr 1972; Y Cyngor Prydeinig (CP) 1973; Cyngor Celfyddydau Cymru (CCC) 1975, 1976; Academi Frenhinol yr Alban 1977, 1978; Cyngor Celfyddydau'r Alban (CCyA) 1985. Arddangosfeydd niferus ar y cyd gan gynnwys *John Moores*, Oriel Gelf Walker, Lerpwl 1972 (arobryn); OSLl 1972; *Gwreiddiau*, Eisteddfod Genedlaethol Cymru, Aberteifi/CCC 1976 (teithiol); *Maquettes for Public Sculpture*, CCC 1982 (teithiol); *Built in Scotland*, Canolfan Third Eye, Glasgow 1983; *Arddangosfa'r Cynfyfyrwyr*, Prifysgol Aberystwyth 2007. Arddangosfeydd undyn yn cynnwys Oriel Bluecoat, Lerpwl 1972; CP, Kuala Lumpur 1973; PCA 1974, 1975; Oriel, CCC, Caerdydd 1975; Canolfan Gelfyddydau MacRobert, Prifysgol Stirling 1979; Galleri Viktor, Nykarleby, Y Ffindir 1998. Casgliadau'n cynnwys Celf mewn Ysbytai; Oriel Gelf Dinas Caeredin. Prynwyd gwaith gan CCC; CCyA. '…fel arfer dw i'n cadw ffurfiau a deunyddiau i'r raddfa leiaf posibl dw i'n teimlo y gall syniad ddygymod â hi. … Yn ystod 1974/75, bu tirwedd y mewndir ger Aberystwyth, lle'r o'n i'n byw, yn ddylanwad arbennig ar fy ngwaith.' Yn byw ar Ororau'r Alban.
*Yr artist*

### Amanda COLLINS 1970–
**Peintwraig. Ganed yn Cuckfield, Lloegr.**

Astudiodd yng Ngholeg Technoleg a Chelf Sir Gaerfyrddin 1988–92 gyda Roger Moss, Christine Kinsey, Robert Harding; Ysgol y Celfyddydau Gorllewin Cymru, Coleg Sir Gâr 2003–05 gyda Catherine Roche, Catrin Webster, Peter Spriggs. Gweithdai a phrosiectau sy'n seiliedig ar gelf gymunedol. Comisiwn cerfluniaeth ar gyfer Castell Henllys, Parc Cenedlaethol Sir Benfro 1994. Arddangosfeydd ar y cyd yn cynnwys *Trywydd y Twrch Trwyth*, Oriel Myrddin, Caerfyrddin 1995 (teithiol); Oriel y Star, Lewes, Swydd Sussex 1999; Eisteddfod Genedlaethol Cymru, Eryri 2005; *Anastomosis* 2005, Oriel Canfas, Caerdydd. Arddangosfeydd un-ddynes yn cynnwys *Passage* 1995, Oriel Henry Thomas, Caerfyrddin, *Breathing Space*, Canolfan Gelfyddydau Taliesin, Abertawe 1998. 'Yn y paentiadau bydd yr hyn sy'n naturiol a'r hyn sydd wedi'i gynhyrchu'n cwrdd i wneud rhywbeth gwahanol… mae 'tun' wedi dod yn ddeunydd llawn cymariaethau a chysylltiadau – y gwledig a'r trefol, yr ysgubor a'r archfarchnad…'. Yn byw yng Nghaerfyrddin, gorllewin Cymru.
*Yr artist*

### Martin COLLINS 1941–
**Peintiwr, gwneuthurydd printiau. Ganed yng Nghaerloyw, Lloegr.**

Ei fam yn Gymraes. Astudiodd yng Ngholeg Celf a Dylunio Swydd Gaerloyw 1957–61, gyda John Furnival, Alistair Flatteley; Coleg Celf Hornsey, Llundain 1961–62. Cyrhaeddodd Gymru ym 1984. Darlunydd 1964–66; darlithydd, celf, addysg uwch 1972–84; awdur (tywyslyfrau), ffoto-newyddiadurwr (cerdded a chefn gwlad) 1984–95; cartograffydd llawrydd 1995–2000; peintiwr (llawnamser), o 2000. Arddangosfeydd niferus ar y cyd gan gynnwys *Arddangosfa Agored Wrecsam*, Canolfan Gelfyddydau Wrecsam 2003; *Ysbryd Llŷn*, Plas Glyn-y-Weddw, Llanbedrog 2004; *Arddangosfa Agored*, Yr Academi

Frenhinol Gymreig, Conwy 2005, 2006; Coast, Canolfan Gelfyddydau'r Rhyl 2007 (y wobr gyntaf); Oriel Martin Tinney, Caerdydd, yn rheolaidd o 2007. Arddangosfa ddeuddyn, *Looking in, Looking out*, Canolfan Gelfyddydau Ucheldre, Caergybi (gyda John Hedley) 2007 (teithiol). Arddangosfeydd undyn yn cynnwys *From Conwy Bay to the Isles of Scilly*, Oriel Great Atlantic, Falmouth (OGAF) 2006; *From Snowline to Shoreline*, Oriel Great Atlantic, Trefynwy 2006; *Celtic Shores*, OGAF 2007. Cyhoeddiadau'n cynnwys *Walking the French Alps* (Cicerone Press 1984); *On Foot Through History* (Oxford Illustrated Press (OIP) 1991); *Classic Coastal Walks of Britain* (OIP 1995). Gwaith yng nghasgliad Plas Cartwright, Bradford. '… brwdfrydedd am dirwedd – wedi cael ysbrydoliaeth drwy oes gyfan o gerdded y bryniau, cefn gwlad a'r arfordir. … tynfa gynnil at y gwledydd Celtaidd ar gyrion gorllewinol Ewrop'. Yn byw yng Nghonwy, gogledd Cymru.
*Yr artist*

## COLOURSCAPE  Gweler Peter JONES a Lynne DICKENS

## Morag COLQUHOUN 1961–
**Cerflunydd, artist perfformio. Ganed yn Newcastle upon Tyne, Lloegr.**

Astudiodd ym Mhrifysgol Durham 1980–83 (Archeoleg); Athrofa Prifysgol Cymru, Caerdydd, o 2007 (MA Celf Gain). Cyrhaeddodd Gymru ym 1990. Gwobrau Cyngor Celfyddydau Cymru 1994, 2004, 2006 (Cymru Greadigol), 2007. Artist preswyl, Pen-pont, Aberhonddu (PA), Cywaith Cymru (CywCym) 1994; Oriel Davies (OD), Y Drenewydd 2000; OD/Y Comisiwn Coedwigaeth 2004; Safle/Parc Cenedlaethol Bannau Brycheiniog 2007. Comisiynau'n cynnwys Eisteddfod Genedlaethol Cymru (EGC) Dinbych/CywCym 2001; Art 4 Environment/Cyngor Amwythig ac Atcham 2004; Cyngor Sir Powys 2006; Cyngor Sir Swydd Henfordd 2007. Arddangosfeydd ar y cyd yn cynnwys EGC, Tyddewi 2002; *Material Spaces*, Oriel Tullie House, Caerliwelydd 2003; *Surface*, OD 2006; *Parclife*, PA 2007. Arddangosfa ddwy-ddynes, *River/Forest*, OD (gyda Claire Barber) 2004. Cyhoeddiadau'n cynnwys *Prosiect Afon Hafren*, Claire Barber a Morag Colquhoun (OD/CywCym 2004); *Homerange 2007*. '…yn gweithio yn saflebenodol â chymunedau … Technolegau ynni adnewyddadwy wedi'u cyfuno â sain a fideo digidol…' (*gwefan Axis*). Yn byw yn Aberhonddu.
*Yr artist*

## David COLWELL 1944–
**Enw gwaith David John Colwell, dylunydd/gwneuthurydd dodrefn. Ganed yn Llundain.**

Astudiodd yng Ngholeg Celf Kingston 1963–65; Y Coleg Celf Brenhinol, Llundain (CCB) 1966–68 (Gradd Feistr mewn Dylunio) (Medal Arian, Gwobr Dylunio 3D); dosbarthiadau nos mewn peirianneg ymarferol. Bu'n gweithio i James Gardiner 1965–66; ei fusnes dylunio ei hun, Llundain 1968–78; sefydlodd Trannon Furniture 1977; tiwtor, Dylunio, Hooke Park, Dorset 1988–90; sefydlodd gwmni ychwanegol, gyda Richard Foyle, Roy Tam 1991. Bu'n byw yng Nghymru 1979–94; o 2004.  Wedi'i ddewis i Photostore, Y Cyngor Crefftau (CC). Comisiynau niferus gan gynnwys Amgueddfa Cymru, Caerdydd 1988–93; Amgueddfa ac Oriel Gelf Birmingham; Porthdy Castell Conwy; CC; Amgueddfa Holbourne, Caerfaddon; Yr Amgueddfa Ryfel Ymerodrol, Llundain; Cadeirlan Caerlŷr; Amgueddfa Astudiaethau Natur, Llundain; Comisiwn Brenhinol Celf Gain yr Alban; Senedd yr Alban 2002; Parc Cerfluniau Swydd Gaerefrog. Aelod o'r Celfyddydau Cymhwysol Cyfoes, Llundain (CCCyf). Arddangosfeydd niferus ar y cyd gan gynnwys *Modern Chairs*, Oriel Gelf Whitechapel, Llundain 1970; *The Maker's Eye*, CC 1982; *In the First Place*, Canolfan y Celfyddydau Aberystwyth 1990; *Having it Made*, Oriel, Cyngor Celfyddydau Cymru, Caerdydd 1992; *Greenwood*, CCCyf 1995; *Natural Resources*, Canolfan Grefft Rhuthun (CGRh) 1998; Canolfan Bleddfa 2001; *Catalyst*, CGRh 2006. Arddangosfeydd undyn yn

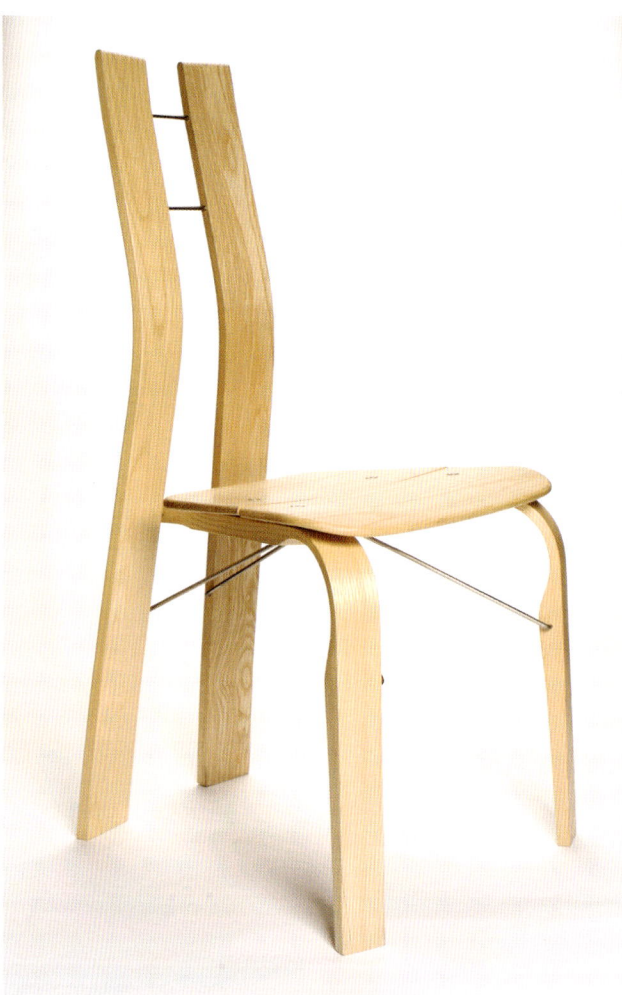

61 | David Colwell
*Cadair Giniawa C10* fersiwn 2006

cynnwys *Furniture Projects*, CC 1980; Oriel 31, Amgueddfa'r Trallwng 1986. Casgliadau'n cynnwys Amgueddfa Victoria ac Albert, Llundain; CC; Temple Newsam, Leeds; Yr Amgueddfa Wyddoniaeth, Llundain. Wedi'i gynnwys yn y wasg ddylunio a chenedlaethol. 'Arloeswyr dylunio cynaliadwy a chynhyrchu ecogyfeillgar…' *(gwefan Trannon Furniture)* Yn byw yng Nghaersŵs, canolbarth Cymru. *Yr artist*

### Helen CONRAD 1953–
**Artist/brodwraig. Ganed yn Kettering, Lloegr.**

Astudiodd yng Ngholeg Celf Wrecsam 1982; Coleg Polytechnig Manceinion 1982–86 gydag Anne Morrell, Isobel Dibden. Cyrhaeddodd Gymru ym 1985. Comisiynau'n cynnwys lluniau posteri ar gyfer Cyfarwyddiaeth Trafnidiaeth Gorllewin Canolbarth Lloegr 1986. Tiwtor gwadd, Ysgol Uwchradd Neston, Cilgwri 2000. Aelod o Fforwm Tecstiliau Gogledd Orllewin Lloegr, Cymdeithas Gelfyddydau y Menywod. Arddangoswyd ei gwaith yn *Art of the Stitch*, Orielau'r Mall 2001 (teithiol). Arddangosfeydd un-ddynes yn cynnwys Oriel Myrddin, Caerfyrddin 1994; Model House, Llantrisant 1994; Canolfan Grefft Rhuthun 1986, 1992, 1996. Neuadd y Sir, Oriel Sirol Swydd Stafford 1998. Sampleri ar gyfer *Una*

*Stubbs in Stitches*, Una Stubbs (Ward Lock 1984) ac yn *The Embroidery Kit* (Marshall Cavendish 1986). 'Mi fydda i'n gweithio'n bennaf gyda phwythau llaw, wedi'u cyfuno'n aml â brodio â pheiriant dros fân arwynebedd, a bydda i'n aml yn defnyddio collage i bontio o'r arlunio i'r tecstiliau. Nodwedd yn fy ngwaith yw arwynebau gwydr a sgleiniog sy'n creu tryloywder ac sy'n adlewyrchu.' Yn byw yn Rhuthun, gogledd Cymru.
*Yr artist*

## Robert CONYBEAR 1949–
**Cerflunydd, artist perfformio. Ganed yng Nghastell-nedd, de Cymru.**
**Yn gweithio ynghynt fel Rob Con.**

Astudiodd yng Ngholeg Celf Abertawe 1968–69; Coleg Polytechnig Wolverhampton 1969–72 (gradd yn y dosbarth cyntaf); Prifysgol Birmingham 1972–73 (MA). Darlithydd (rhan-amser), Coleg Celf Manceinion 1973–76; Athrofa Addysg Uwch Gorllewin Morgannwg, Abertawe 1985–87. Nawdd gan y comedïwr, Paul Merton 2004–06. Digwyddiadau perfformio wedi'u seilio ar amser, Prydain ac Ewrop

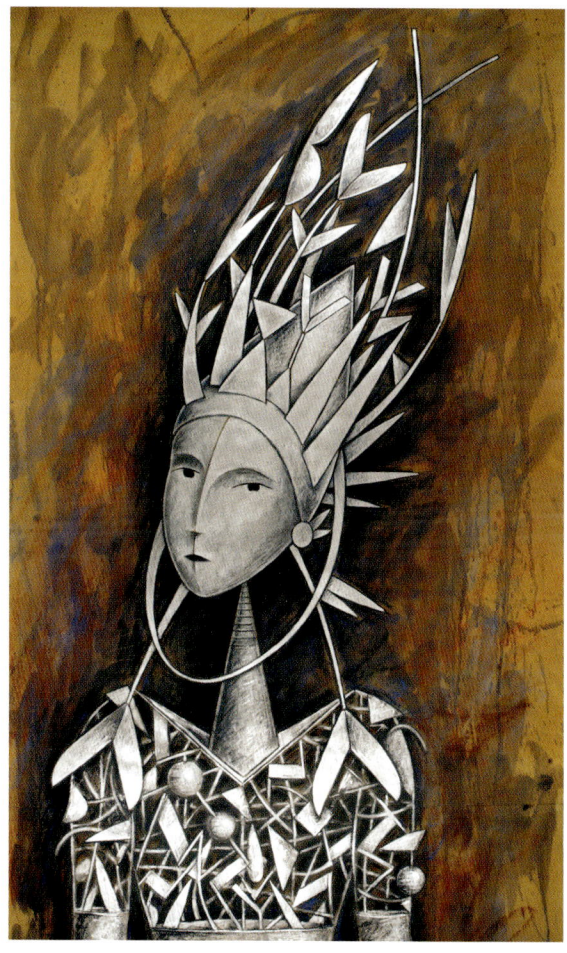

62 | Rob Conybear
*Anthropologist (Native North American Indian)* 2006

1970–84. Comisiynau'n cynnwys Cyngor Dinas Abertawe 1986–88, 1990–92, 1995; Cyngor Widnes 1996–97; Cyngor Luton 1997; Cyngor Coventry 1999; Cyngor Bwrdeistref Pen-y-bont ar Ogwr 2002; Ymddiriedolaeth y Tywysog 2003, 2005. Gwobrau'n cynnwys Cyngor Celfyddydau Cymru (CCC) 1975, 1977, 1989, 2006; Celfyddydau Gorllewin Canolbarth Lloegr 1975, 1979; Cyngor Celfyddydau Prydain Fawr 1975, 1976. Arddangosfeydd ar y cyd yn cynnwys *Gateway to Europe*, Canolfan Gelfyddydau Hull 1970; *Portraits of Welsh People*, Eisteddfod Genedlaethol Cymru, Rhuthun/CCC 1973 (teithiol) (arobryn); Oriel Serpentine, Llundain 1975; *'Off the Catwalk' Art Hats*, Oriel Gelf Drumcroon, Wigan 1994; *Blwyddyn Llenyddiaeth*, Gweithdy Celfyddydau Abertawe 1995. Arddangosfeydd deuddyn yn cynnwys Oriel Tate, Llundain (gyda Joseph Beuys) 1972. Arddangosfeydd undyn yn cynnwys *Rob Con*, Oriel, CCC, Caerdydd 1974; *Inner Portraits*, Oriel Mission, Abertawe 2006 (teithiol); Canolfan Mileniwm Cymru, Caerdydd 2007; Amgueddfa Genedlaethol y Glannau, Abertawe 2007. Casgliadau'n cynnwys Amgueddfa Gelf Darmstadt; Cyngor Dinas Bradford; Dinas a Sir Abertawe; Oriel Gelf Glynn Vivian, Abertawe; Prifysgol De Cymru, Pontypridd; Sefydliad Brenhinol Penseiri Prydain. Prynwyd gwaith gan CCC. 'Dur gwrthstaen, mosäig, neon, carreg, ffibr gwydr, gwynt, gwydr, pres, copr, pren, concrit…' Yn byw yn Abertawe, de Cymru.

*Yr artist*

## Barrie COOK 1929–
### Peintiwr. Ganed yn Birmingham, Lloegr.

Astudiodd yng Ngholeg Celf Birmingham 1949–54 gyda Bernard Fleetwood-Walker RA. Uwch-gymrawd Celf Gain, Coleg Celf Caerdydd 1974–77; Cymrawd Gregynog, Prifysgol Cymru 1977–78; Pennaeth Celf Gain, Coleg Polytechnig Birmingham 1979–83. Stiwdio yng Nghaerdydd 1974–92. Gwobrau'n cynnwys Cyngor Celfyddydau Prydain Fawr 1973, 1980, 2005; Cyngor Celfyddydau Cymru (CCC) 1983. Aelod o Grŵp 56 Cymru 1974–80; Cymdeithas Gelfyddydau Newlyn o 1992. Llawer iawn o arddangosfeydd ar y cyd gan gynnwys Musée d'Art Moderne de la Ville de Paris 1970; Oriel Tate, Llundain 1973; Arddangosfa John Moores Lerpwl 9, 13, Oriel Gelf Walker, Lerpwl (enillydd gwobr 1974, 1982); *British Painting '74*, Oriel Hayward, Llundain; *Twentieth Century Art in Wales*, Japan 1989 (teithiol); *Selected Paintings*, Tate St Ives, Cernyw 1998. Arddangosfeydd undyn yn cynnwys Oriel Whitechapel, Llundain 1975; Oriel, CCC, Caerdydd 1977; Oriel Serpentine, Llundain 1988; Amgueddfa Cymru (AC) 1977, 1988; Oriel Lemon Street, Truro o 2001. Casgliadau'n cynnwys AC, Amgueddfa Hunterian, Oriel Gelf ac Amgueddfa Dinas Birmingham, Sefydliad Calouste Gulbenkian, Tate Prydain. Prynwyd gwaith gan CCC. Gwaith wedi'i gynnwys yn *The Moderns 1945–75* (Terry Measham, Phaidon 1976); *Y Celfyddydau yng Nghymru 1950–76* (Meic Stephens, CCC 1979); *Art in Wales 1850–1980* (Eric Rowan, CCC 1981); *Essential History of British Art* (Isabella Steer, Paragon Press 2001); *Catching the Wave* (Tom Cross, Halsgrove Press 2002). '… er yn hollol haniaethol, mae yna ymdeimlad cryf â'r tri-dimensiynol a rhyw rith grymus o ran dyfnder a disodli rhwng y planiau lliw… Yn ei ddwylo mae'r gwn chwistrellu'n dod yn offeryn celfyddyd gain…' *(Tom Cross 2003)*. Yn byw yn Helston, Cernyw.

*Yr artist*

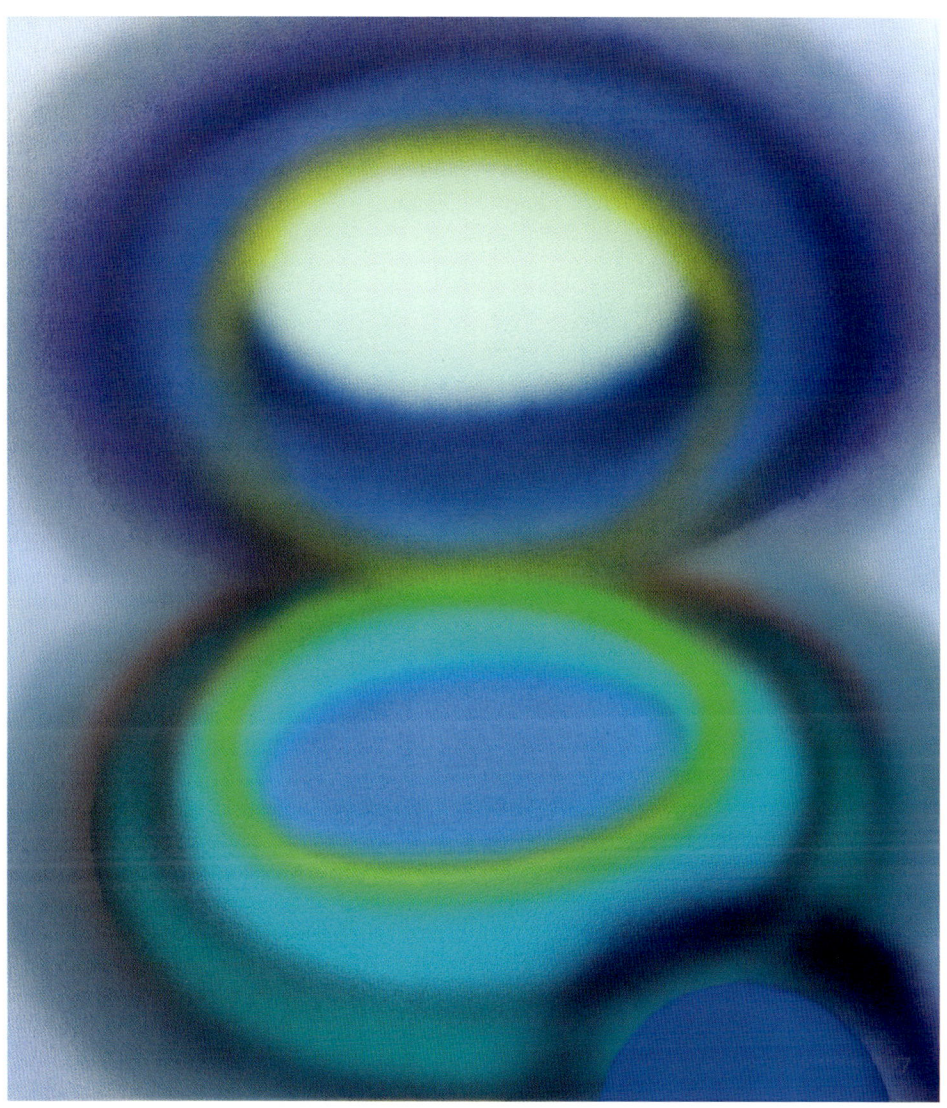

63 | Barrie Cook
*Good Vibes* 2007

## Marianne COOK 1942–
**Peintwraig. Ganed yn Dartford, Lloegr.**

Tad yn Gymro. Astudiodd yng Ngholeg Menai, Bangor 2000–04, gyda Peter Prendergast ac Emrys Williams. Darlithydd Astudiaethau Rhyddfrydig, Coleg Celf Eastbourne 1975–79; awdur/golygydd llawrydd, Swydd Sussex 1975–96 gyda'r BBC, Y Gymdeithas Genedlaethol ar gyfer Addysg Orielau/engage, Gwasanaethau HIV AIDS (Brighton). Symudodd i Ynys Môn ym 1996. Arddangosfeydd ar y cyd yn cynnwys Canolfan Gelfyddydau Wrecsam 2003, 2004; Oriel Surface, Nottingham 2004–06; Yr Academi Frenhinol Gymreig, Conwy 2005; Oriel Albany, Caerdydd 2005, 2006. Arddangosfeydd un-ddynes yn cynnwys Amgueddfa ac Oriel Gelf Gwynedd, Bangor, 2005; Oriel Plas Glyn-y-Weddw, Llanbedrog 2005; Oriel Môn, Ynys Môn 2006. Cyhoeddiadau, ar bynciau amrywiol, gan gynnwys llyfrau, erthyglau, sgriptiau radio/teledu a drama gerdd. 'Peintwraig ffigurol, yn enwedig bywyd llonydd a lluniau mewnol sydd weithiau'n cynnwys pobl.' Yn byw ym Mhentraeth, Ynys Môn.
*Yr artist*

## Matt COOK 1980–
**Artist perfformio/sain. Ganed yng Nghaer Colun, Lloegr.**

Yn byw yng Nghymru 1999–2006. Astudiodd yn Athrofa Prifysgol Cymru, Caerdydd 1999–2002, gydag Ella Gibbs, Paul Granjon, André Stitt. Trefnydd, gweithdai, Riom, Ffrainc 2003; Prifysgol Cymru, Aberystwyth 2004; Coleg Bedford, Bedford 2005; Oriel BCA, Bedford (BCA) 2005. Artist preswyl, BCA 2004; Eisteddfod Genedlaethol Cymru, Casnewydd (gyda Richard Morgan) 2004. Comisiynau'n cynnwys Canolfan Gelfyddydau Chapter, Caerdydd (CGChap) (prosiect gan Michael Toppings a Marc Rees) 2004; *Experimentica*, CGChap 2005; Amgueddfa Genedlaethol y Glannau, Abertawe 2006; Amgueddfa'r *Foundling Hospital*, Llundain 2007. Arddangosfeydd ar y cyd yn cynnwys *From Bahia to Over By Here*, stiwdios tactileBOSCH a More Front, Caerdydd 2003; *Radiographic*, g39, Caerdydd 2004. Arddangosfeydd undyn yn cynnwys *The Rhythm of the City, trace:* Installation artspace, Caerdydd; Gofod Celf Gwledig Coed Hills, Bro Morgannwg 2002; *Stereography: Stereophonic Geography*, BCA 2005. Perfformiadau cenedlaethol/rhyngwladol yn cynnwys The Cable Factory, Koneisto, Helsinki 2002; *2il Ŵyl Celf Fyw DaDoa*, Beijing 2004; *Festival Art Action*, Monica, Yr Eidal (gydag André Stitt) 2005; *The Panacea Society* (gydag André Stitt) 2006 (gan deithio yng ngogledd America). Cyhoeddiadau 2003–07 yn cynnwys recordiau 10"; cardiau post; albwm CD. '…nod fy ngwaith â sain yw lleoli…strwythurau rhythmig, eu hoelio i lawr a dod o hyd i'w harddwch cyffredin.' Yn byw yn West Mersea, Lloegr.
*Yr artist*

## Andrew COOMBER 1949–
**Artist grefftwr. Ganed ym Manceinion, Lloegr.**

Astudiodd waith gof arian a gemwaith, paentio a cherflunio yng Ngholeg Celf Caeredin 1967–71, gydag Elizabeth Blackadder, John Huston, Douglas Brown; ysgoloriaeth deithiol i wledydd Llychlyn 1971; Coleg Addysg Tŷ Moray, Caeredin 1971–72. Darlithydd rhan-amser, dylunio tri-dimensiynol ac astudiaethau busnes, Coleg Polytechnig Manceinion 1979–84. Darlithydd ym maes coed, metel, cerameg, Coleg Polytechnig Preston 1984–85. Darlithydd, Gemwaith Gwaith Metel ac Astudiaethau Busnes, Athrofa Gogledd Ddwyrain Cymru, Wrecsam (AGDdC) 1985–90. Pennaeth Adran, Gemwaith/Gwaith Metel, AGDdC 1990–2002. Aelod o'r Gymdeithas Gemwaith Cyfoes 2001–04. Mentor, Gwasanaethau Menter Ddiwylliannol 2002–06. Arddangosfeydd ar y cyd yn cynnwys *Dazzle*, Manceinion 1979–84; Oriel Electrum, Llundain 1982–94; Canolfan Grefft Rhuthun 2003; Oriel Flat Cat, Lauder 2004–5. Comisiynau'n cynnwys llestri arian coffaol, Prifysgol Manceinion; gwobrau am raglenni, Teledu Granada; gwobrau a darnau cyflwyno, y BBC; caregl yn cael ei ddefnyddio gan y Pab John Paul II yn Heaton Park, Pwyllgor Ymweliad y Pab 1982; cyflwynwyd gwobrau iddo yn

Eisteddfod Genedlaethol Cymru, Menter a Busnes, Cymru; panel dehongli efydd yn Eryri, Comisiwn Cefn Gwlad Cymru. 'Y brif ysbrydoliaeth i'm gwaith 3–dimensiwn erioed fu'r dirwedd, a bu arlunio a phaentio'n iaith arsylwi ac ymchwilio.' Yn byw yn Nhreffynnon, gogledd Cymru.
*Yr artist*

## Andrew COOPER 1956–
**Artist gosodwaith/cerfluniaeth ac amlgyfrwng. Ganed yng Nghaerdydd, de Cymru.**

Astudiodd yng Ngholeg Celf Caerdydd/Athrofa Addysg Uwch De Morgannwg 1974–77; Y Coleg Celf Brenhinol, Llundain 1979–82 (MA), gydag Eduardo Paolozzi. Dylunydd, peiriannau hapchwarae 1977–79; dylunydd gwydr llawrydd 1982–92; cynorthwy-ydd i Eduardo Paolozzi 1986; tiwtor (rhan-amser), Ysgol Gelf Epsom 1992–94; tiwtor cartref (rhan-amser), plant ag anableddau dysgu, Caerdydd 1997–2000; teithio, UDA, Canada 1996–2006. Comisiynau'n cynnwys y Rheilffyrdd Prydeinig (Gorsaf Lime Street, Lerpwl) 1993; Eglwys St Lawrence, Eastcote, Middlesex 1993; Gasomedr, Llwynypia, Nwy Prydain/Cywaith Cymru 1993; Eglwys Ddiwygiedig Unedig y Ddinas, Caerdydd 1997; Canolfan Gelfyddydau Tredomen, Coed-duon 1998; Priordy Ewenni 1999. Gwobrau'n cynnwys Ymddiriedolaeth Dewi-Prys Thomas 2003; Cyngor Celfyddydau Cymru 2006. Aelod o Gymdeithas yr Artistiaid a'r Dylunwyr Diwydiannol; Cymdeithas Artistiaid a Dylunwyr Cymru 1977–79; tactileBOSCH (cadeirydd 2001–07). Arddangosfeydd niferus ar y cyd gan gynnwys *New Age Glass*, Amgueddfa Victoria ac Albert, Llundain (VacA) 1989; *Artistiaid yr Hen Lyfrgell*, Caerdydd 1996, 1997; Gofod Celf Gwledig Coed Hills, Saint Hilari 2003, 2004; *Dirty Harry*, Oriel y Bont, Prifysgol Morgannwg, Pontypridd (OYB) (PM) 2004; *Arddangosfa Gwobr Prynu Celf*, PM, Canolfan Mileniwm Cymru, Caerdydd 2007 (enillydd). Arddangosfeydd undyn yn cynnwys Oriel Piccadilly, Llundain 1992; Ysbyty Llandoche, Penarth 1995; *Maquette Show*, Cydweithfa ASK, Efrog Newydd 2004; *Counter Measures*, Ymddiriedolaeth Fflorens, Llundain 2004; OYB 2006; Oriel Agora, Efrog Newydd 2007. Cyhoeddiadau'n cynnwys erthyglau, *Science Review* (1989); *Neue Glass* (Yr Almaen 1990). Wedi'i gynnwys yn *Imaging Wales*, Hugh Adams (Seren Books, Pen-y-bont ar Ogwr) (Seren) 2003; *Groundbreaking: 20 Years of Public Art*, Iwan Bala (Seren 2005); y cylchgrawn *ARTisSpectrum* (Efrog Newydd 2007); y wasg genedlaethol; *High Performance*, rhaglen HTV (2002). Casgliadau'n cynnwys Prifysgol De Cymru, Pontypridd; VacA. 'Gwydr, ffilm, sain, gwydr ffibr bwrw, polycarbonad, graffeg gyfrifiadurol, animatroneg.' *(Catalog, 'Andrew Cooper' 2006)* 'Rhyfeddodau ac anghysondebau'r byd gweledol….' Yn byw yng Nghaerdydd, de Cymru.
*Yr artist*

## David COOPER 1950–
**Peintiwr. Ganed yng Nghaer, Lloegr.**

Astudiodd yn Ysgol Gelf Caer 1967–69; Coleg Polytechnig Newcastle upon Tyne 1969–72, gyda John Crisp, Derek Dalton, Alistair Park; Coleg Polytechnig Lerpwl 1972–73. Darlithydd, Astudiaethau Sylfaen, Coleg Technegol Sir Dinbych 1973–75; Athrofa Gogledd Ddwyrain Cymru, Wrecsam 1975–95; Coleg Iâl, Wrecsam 1995–2006. Aelod o Grŵp 75. Arddangosfeydd ar y cyd yn cynnwys *From a Public Collection 2*, Oriel, Cyngor Celfyddydau Cymru (CCC), Caerdydd 1979; *Cystadleuaeth Canolbarth Cymru*, Canolfan y Celfyddydau, Aberystwyth 1984–96, 1988–89; *Arddangosfa Agored Mostyn*, Oriel Mostyn, Llandudno 1986; *Arddangosfa Agored Clwyd*, Oriel Theatr Clwyd, Yr Wyddgrug 1990–96; *In Our Element*, Canolfan Gelfyddydau Llyfrgell y Rhyl 1991 (teithio Cymru a'r UDA); *Alliances*, Oriel Gelf Glynn Vivian, Abertawe 1993 (teithiol); *Spirit of the Place*, Canolfan Gelfyddydau Pontardawe 2001 (teithiol); *Open Prospect*, Canolfan Ucheldre, Caergybi 2005 (teithiol). Arddangosfa ddeuddyn, Contrasts, Oriel Vernon, Preston 1981. Arddangosfa undyn, Canolfan Gelfyddydau Llyfrgell Wrecsam 1978. Prynwyd gwaith gan CCC. 'Tirluniau, parciau a gerddi, gemau bagatél.' Yn byw yn Summerhill, gogledd Cymru.
*Yr artist*

## John Frederick COOPER 1929–
**Peintiwr. Ganed ym Merthyr Tudful, de Cymru.**

Astudiodd yng Ngholeg Celf Abertawe 1949–56, gyda George Fairley, Alfred Janes, Coleg Celf Caerdydd 1967–68. Curadur cynorthwyol i David Bell, Amgueddfa ac Oriel Gelf Glynn Vivian, Abertawe 1954–56. Athro, Tewkesbury 1956–91; Caerdydd, Port Talbot a mannau eraill yn ne a gorllewin Cymru 1991–98. Cyn-aelod o Gymdeithas Gelf Abertawe. Arddangosfeydd ar y cyd yn cynnwys *Young Contemporaries*, Orielau Chenil, Llundain 1953; *Three Painters*, Tŷ Turner, Penarth 1962; Eisteddfod Genedlaethol Cymru, Pen-y-bont ar Ogwr 1998; *Delweddu Cymru*, Theatr y Grand, Abertawe 2000; *Artist y Flwyddyn Cymru* 2003, 2005 Neuadd Dewi Sant, Caerdydd; arddangoswr rheolaidd, Oriel yr Atig a Chanolfan Gelfyddydau Taliesin, Abertawe. Cynlluniodd glawr llyfryn ar gyfer perfformiad brenhinol y ffilm *The Day of the Jackal* 1973. Gwaith wedi'i gynnwys yn *The Artist in Wales*, David Bell (Harrap, Llundain 1957); 'Innocent Eyes' (*Planet*, Ebrill/Mai 2000); *Naïve Realism*, Peter Wakelin (Gwasg Gomer 2000); 'Valley Lines', Peter Wakelin (*Western Mail*, Mai 2004). Gwaith yng nghasgliad Amgueddfa Cymru. Prynwyd gwaith gan Gyngor Celfyddydau Cymru. Ymhlith y dylanwadau cynnar arno roedd 'Heinz Koppel – Mynegiadwr Almaenig – a'm tad, Frederick Cooper, a fu'n fyfyriwr i Koppel yng Nghanolfan Gelfyddydau Tŷ Gwernllwyd, Dowlais, Merthyr Tudful ar ddiwedd y 1940au a dechrau'r 1950au; Margaret Lloyd Cooper, a hyfforddodd yn gerflunwraig yng Ngholeg Celf Abertawe ar ddechrau a chanol y 1950au; tiwtor, Ronald Cour ARCA'. Yn byw yn Abertawe, de Cymru.
*Yr artist*

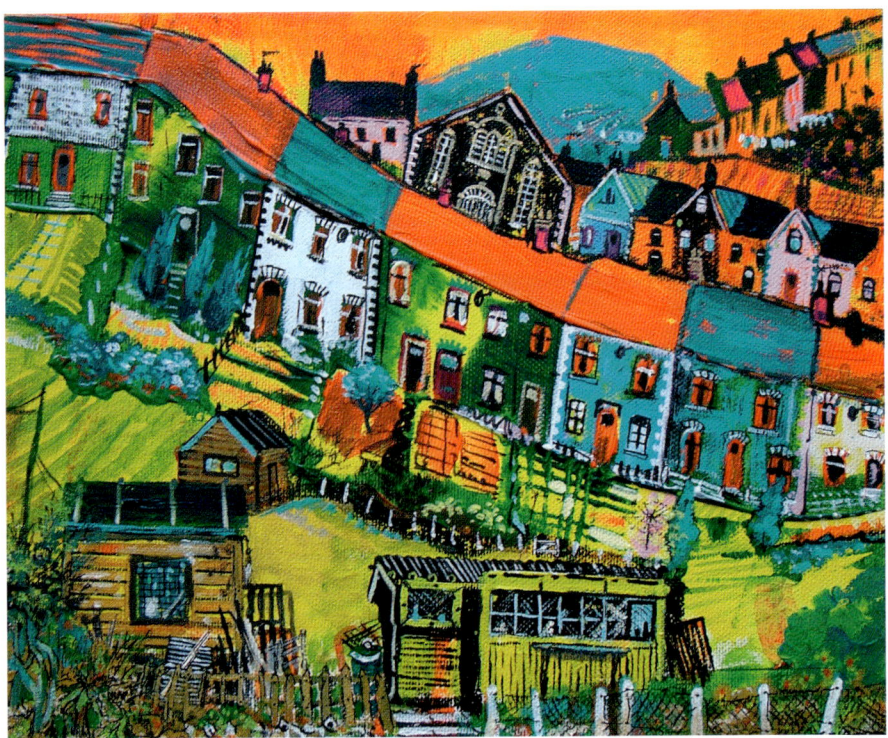

64 | John F Cooper
*Terraced Houses, Swansea* 2006

## Clifford Snowden CORKE 1919–1989
**Peintiwr. Ganed ym Mhentwyn-mawr, de Cymru.**

Hunaddysgedig. Bu'n gweithio yn y diwydiant manwerthu dillad dynion o 1946. Gwasanaeth Rhyfel gyda'r Llu Awyr Brenhinol 1939–46. Bu'n byw yn nwyrain Canolbarth Lloegr 1954–72. Aelod o Gymdeithas Gelf Aberteifi (CGAbert). Arddangosfeydd ar y cyd yn cynnwys CGAbert 1979–81; *Arddangosfa Agored Canolbarth Cymru*, Canolfan y Celfyddydau, Aberystwyth 1980; Coleg Addysg Bellach Aberteifi 1982; *The Art of Giving*, Oriel, Cyngor Celfyddydau Cymru, Caerdydd 1982; Scene at Six, Cystadleuaeth HTV 1983. Arddangosfeydd undyn yn ei oriel ei hun, Tŷ Teifi, Castellnewydd Emlyn. Roedd yn byw yn Nhre-groes, gorllewin Cymru.

## Aristide CORNICHON  Gweler William BROWN

## Sue CORR 1954–
**Peintwraig, gwneuthurydd printiau, ffotograffydd. Ganed yn Oadby, Lloegr.**

Bu'n byw yng Nghymru 1987–89; o 1997. Astudiodd yng Ngholeg Celf a Dylunio Surrey 1992–95; Coleg Technegol Llandrillo 1997–98; Coleg Caer (CCaer) 2001–03, gyda Maxine Bristow, John Renshaw (MA Celf Gain). Cyflogaeth amrywiol, Llundain, dramor 1970–87; lleoliad artist, Uned Ddydd Inffyrmari Dinbych 2004; mentor ar gyfer Rhwydwaith Craft Angels, Caerdydd 2007; cynorthwy-ydd ymchwil, CCaer 2005; darlithydd (rhan-amser), Prifysgol Caer, o 2006; hwylusydd gweithdai, Castell Penrhyn, Bangor 2007, The Studio Space, Betws-y-coed, o 2007. Artist preswyl, Ysgol Maelgwyn, Cyffordd Llandudno 2004. Prosiectau'n cynnwys *The Butterfly Dance*, cydweithio â Rubato, Grŵp Dawns Berlin, a Marc Rees, Ynys Môn 2006. Gwobrau'n cynnwys Cywaith Cymru 2003; Cyngor Celfyddydau Cymru 2004, 2006. Aelod sefydlu, Helfa Gelf, Conwy (Cadeirydd 2006). Arddangosfeydd ar y cyd yn cynnwys *Focal*, gwahanol ganolfannau, Rhuthun 2004; *Ffair Celf Gyfoes Cymru*, Melin yr Wyddfa, Porthmadog 2004–06; *Royal Birmingham Society of Artists Print Prize Exhibition*, Birmingham 2006; Oriel Makers, Caerdydd 2006; Oriel Betws-y-coed 2006, 2007; *Arddangosfa Agoriadol*, Ffynnon Wen, Corwen 2007; Base 1, *ArtbelowFinal*, Oriel RK Burt, Llundain 2007. Cyhoeddwyd erthygl 'Instant Carbon Transfer' (*Printmaking Today*, Haf 2007). '…awch obsesiynol am …fanylion bychain a diddordeb mawr mewn golau, haenau, gofod ac wyneb.' Yn byw ym Metws-y-coed, gogledd Cymru.
*Yr artist*

## Jane CORSELLIS 1940–
**Peintwraig, gwneuthurydd printiau. Ganed yn Rhydychen, Lloegr.**

Ymweliadau â Sir Benfro, o 1956; yn byw yng Nghymru, o 2007. Astudiodd yn Ysgol Gelf Byam, Llundain 1960–62, gyda Bernard Dunstan, Peter Greenham (Ysgoloriaeth Leverhulme; Y Wobr Baentio 1962). Athrawes 1963–65. Cyfnodau hir dramor 1972–91. Comisiynau'n cynnwys Ystadau'r Goron 2002; Y Swyddfa Dramor a Chymanwlad. Gwobrau'n cynnwys Medal de Laszlo. Aelod o Glwb Celf y New English; Cymdeithas Frenhinol Artistiaid Prydain; Academi Frenhinol Gorllewin Lloegr; Cymdeithas Frenhinol y Peintwyr mewn Dyfrlliwiau; Yr Academi Frenhinol Gymreig (AFG). Arddangosfeydd ar y cyd yn cynnwys *Arddangosfa Haf*, Yr Academi Frenhinol, Llundain 1960au; *Discerning Eye*, Orielau'r Mall, Llundain 2001, 2003; AFG, Conwy 2003, 2004; Oriel Albany, Caerdydd (OA) 2004. Arddangosfa ddeuddyn, OA (gyda Peter Brown) 2006. Arddangosfeydd un-ddynes niferus gan gynnwys Oriel Hong Kong 1974; Oriel Braam, Ottawa, Canada 1981; Oriel y New Academy, Llundain, 10 o weithiau 1985–2004; Messum's, Llundain 2006. Cyhoeddiadau'n cynnwys *Painting Figures in Light* (Watson-Guptill Publications, UDA (W-GP) 1982); *Oil Painting Techniques*, Jane Corsellis ac eraill (W-GP 1983); *A Personal View: Painting in Oils and Watercolours*, gyda Robin Capon (Atelier Series, David & Charles 2000). Wedi'i

chynnwys yn *Painting Interiors*, Jenny Rodwell (Collins 1989); *Creating a Self Portrait*, Tom Coates (W-GP) 1989; *Landscapes in Oils* 2000, *Coastal Watercolours* 2004 (Ffilmiau APV). Casgliadau'n cynnwys y Cyngor Meddygol Cyffredinol. 'Portreadau, noethluniau, bywyd llonydd, adeiladau, morluniau o orllewin Cymru.' Yn byw yng Nghwmyreglwys, gorllewin Cymru, a Llundain.
*Yr artist*

### Charlotte CORTAZZI 1967–
**Peintwraig, artist tecstiliau. Ganed yn Tokyo, Japan.**

Hefyd yn homeopath. Cyrhaeddodd Gymru ym 1992. Astudiodd yng Ngholeg Celf Wimbledon 1985–86; Coleg Polytechnig Lerpwl 1986–89. Gweithdai, ysgolion/cymunedol, gorllewin Cymru o 1992; Gofal Celf, gorllewin Cymru, o 1995. Artist preswyl, Prosiect Gulliver, Y Rhyl 1990; Gŵyl Japan, Amgueddfa Prydain, Llundain 1991; Ysgol Arbennig Penlle'r-gaer, Abertawe 1993; Gŵyl Blant Arberth 1995; *Animal Magic*, Amgueddfa Cymru 1999. Prosiectau'n cynnwys Gŵyl Cerfio Eira, y Dolomitiau 1994. Comisiynau, Canolfan Ystangbwll, Penfro (CSP) 1992; Theatr Mwldan, Aberteifi (ThM) 2005. Gwobrau'n cynnwys Ymddiriedolaeth y Tywysog 1990; Cyngor Celfyddydau Cymru 1994. Aelod o Sand Palace Arts. Arddangosfeydd ar y cyd yn cynnwys *New Waves/Changing Depths*, Amgueddfa Forol Glannau Mersi, Lerpwl 1991; ThM 1994; Oriel Neuadd y Frenhines, Arberth 1997; Eisteddfod Genedlaethol Cymru, Tyddewi 2002; Oriel Pebbles Yard, Tyddewi 2004; Gwesty Druidstone, Hwlffordd 2005. Arddangosfeydd un-ddynes yn cynnwys Llyfrgell Hwlffordd 1993; Canolfan Gelfyddydau Windsor, Windsor 1994; CSP 1994, 1995. '[Dw i'n] defnyddio amrywiaeth o gyfryngau gydag awch am liw, golau a gwead.' 'Digwyddiadau celf…baneri stryd mawr, llusernau, gorymdeithiau.' Yn byw yn Ystangbwll, gorllewin Cymru.
*Yr artist*

### Peter COSSLETT 1946–
**Enw gwaith Peter Baldwin Cosslett, gof aur/arian. Ganed yng Nghaerdydd, de Cymru.**

Astudiodd yng Ngholeg Ryecotewood, Thame 1962–64; Coleg Celf a Dylunio Loughborough 1967–70. Darlithydd, Coleg y Barri 1972–73. Gwaith stiwdio o 1973. Aelod o Urdd Gwneuthurwyr Cymru 1991–94. Comisiynau eglwysig yn cynnwys Abaty Margam, Eglwys Sant Ioan, Caerdydd, Eglwys Sant Pedr, Y Rhath, Caerdydd, o 1973. 'Dylanwadau Celtaidd mewn ffordd ddiamser.' Yn byw yng Nghaerdydd.
*Yr artist*

### Glenys I COUR 1924–
**Enw gwaith Glenys Irene Cour, peintwraig, dylunydd. Ganed yn Abergwaun, gorllewin Cymru.**

Astudiodd yng Ngholeg Celf Caerdydd 1940–44, gydag Evan Charlton, Ceri Richards. Diploma Athrawes Gelf 1944–45. Athrawes, Ysgol Ramadeg Glanmor i Ferched, Abertawe 1945–53; darlithydd (rhan-amser), Celf Gain, Gwydr Lliw, yn nes ymlaen Gwydr Pensaernïol, Coleg Celf Abertawe/Athrofa Addysg Uwch Gorllewin Morgannwg/Athrofa Addysg Uwch Abertawe (AAUA) 1956–1990au. Artist preswyl, Oriel Gelf Glynn Vivian, Abertawe (OGGV) 1992. Comisiynau niferus gan gynnwys Gŵyl Abertawe 1988–93; Athrofa Abertawe/Cymdeithas Dylan Thomas 1989; Gŵyl Jazz Aberhonddu 1993, 1997; Gŵyl Caerdydd 1994, 1995; Cymdeithas Celf Gyfoes Cymru (CCGC) 2001; Yr Hen Ysgol Ramadeg, Abertawe 2001. Y wobr gyntaf, Cymdeithas Gwyliau Celf Prydain 1989; Cymrawd anrhydeddus AAUA 2004; MA (Anrhydedd), Prifysgol Cymru 2006. Aelod o Gymdeithas Artistiaid a Dylunwyr Cymru; Y Grŵp Cymreig. Mae arddangosfeydd ar y cyd yn cynnwys Amgueddfa Victoria ac Albert, Llundain 1957; *Saith Artist o Abertawe*, Mannheim, Yr Almaen 1983; Oriel Martin Tinney, Caerdydd 1991–2001; *Intimate Portraits*, OGGV 1995 (teithiol); *Saith Artist o Abertawe*, Bruges 2002. Arddangosfeydd

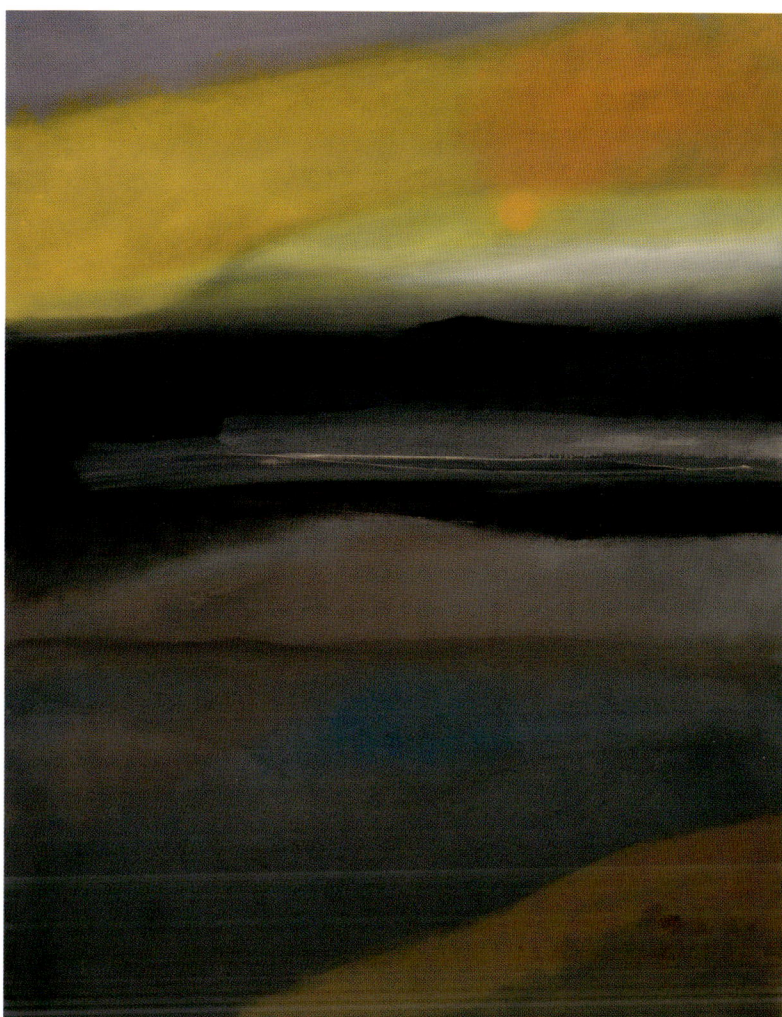

65 | Glenys Cour
*Metaphor* 2007

un-ddynes yn cynnwys Prifysgol Caerwysg 1982; OGGV 1986, adolwg mawr 2004; Oriel Davies, Y Drenewydd 1989; Neuadd Dewi Sant, Caerdydd 1991; Canolfan Gelfyddydau Taliesin, Abertawe 1992;Oriel yr Atig, Abertawe 1996, 2005. Darluniau ar gyfer *Taliesin and the Mockers*, Vernon Watkins (Old Stile Press (OSP) 2004); *Black Marigolds*, E Powys Mathers (OSP 2007). Wedi'i chynnwys yn *Glenys Cour: Paintings and Works on Paper 1980–2003*, Mel Gooding a Peter Wakelin (OGGV 2003); 'The Blue Room', Peter Wakelin (*Planet*, rhif 159, 2003); *Rivers of Wales*, rhaglen HTV (1990au); y wasg leol. Casgliadau'n cynnwys Amgueddfa Cymru; BBC Cymru; CCGC; Dinas a Sir Abertawe; Kunsthalle Mannheim; Llyfrgell Genedlaethol Cymru, Aberystwyth; OGGV; Prifysgol Abertawe; Prifysgol De Cymru, Pontypridd; Tywysoges Cymru. Prynwyd gwaith gan Gyngor Celfyddydau Cymru. Gwneud papur, gludwaith, paentio olew, gwydr lliw. '…gweddillion diwylliannau hynafol…obsesiwn gydag aur… Mabinogi. …Dw i'n hoffi mynegi fy hun yn drosiadol, a dw i wrth fy modd ag amwysedd.' Yn byw yn Abertawe, de Cymru.

*Yr artist*

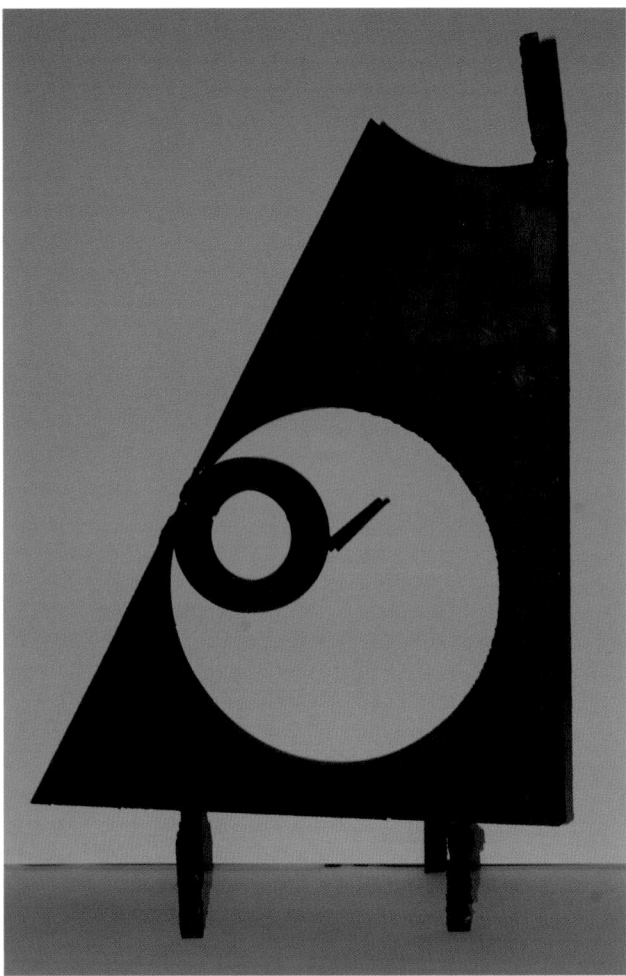

66 | Ronald Cour
*The Bull* 1970

## Ronald COUR 1914–1978
**Cerflunydd. Ganed yn Abertawe, de Cymru.**

Astudiodd yng Ngholeg Celf Abertawe (CCAbert); Y Coleg Celf Brenhinol 1944–47 gyda Frank Dobson. Darlithydd a Phennaeth Cerfluniaeth, CCAbert 1947–1976; Pennaeth Athrofa Addysg Uwch Gorllewin Morgannwg 1976–78. Comisiynau'n cynnwys croes i Eglwys Manselton, Abertawe; cerfluniaeth ar gyfer Coleg Prifysgol Abertawe; portread pen o Percy Morris AS ar gyfer Neuadd y Ddinas, Abertawe, carreg goffa i Dylan Thomas, Parc Cwmdonkin, Abertawe. Cadeirydd Grŵp De Cymru (GDC) o 1964. Cadeirydd, Cymdeithas Artistiaid a Dylunwyr Cymru, Cangen Abertawe, yn weithredol wrth drawsnewid Capel San Niclas yn Weithdy Celfyddydau Abertawe. Llywydd Cymdeithas Gelf Abertawe o 1969. Arddangosfeydd ar y cyd yn cynnwys Eisteddfod Genedlaethol Cymru, cyn 1945 (Gwobr Gerfluniaeth 1936), 1964; Pwyllgor Cymru Cyngor Celfyddydau Prydain Fawr 1956, 1962; *Nine Swansea Artists*, Oriel Gelf Glynn Vivian (OGGV) 1957; *Abstract Sculpture – South Wales*, Canolfan New Vision, Llundain 1960; *Artists from Swansea and West Wales*, Oriel Howard Roberts, Caerdydd 1961; *Three Swansea Artists*, OGGV 1961; Cymdeithas Celf Gyfoes Cymru, 1963. Arddangosfeydd

deuddyn Oriel New Vision Llundain (gydag Anthony Stevens); Oriel Dillwyn, Abertawe (gyda Jack Waldron) 1964; Canolfan y Celfyddydau Abaty Nant Teyrnon, Cwmbrân (gyda Glenys Cour) 1970. Arddangosfa undyn, Canolfan Myfyrwyr Prifysgol Abertawe. Casgliadau'n cynnwys Dinas a Sir Abertawe; Prifysgol Abertawe; y Llysgenhadaeth Brydeinig, Brwsel; y Swyddfa Dramor. Prynwyd gwaith gan Gyngor Celfyddydau Cymru. 'Yn gyfaill i Dylan Thomas … yn fodelwr, gwnaeth lawer iawn o bortreadau hynod. Bu'n gweithio mewn metel…' Roedd yn byw yn Abertawe.
*Glenys Cour*

## Michael COUSIN 1965–
**Artist fideo. Ganed yn Basildon, Lloegr.**

Astudiodd yn Athrofa Southampton 1993–96 (gradd yn y dosbarth cyntaf), gyda Helen Sear; Athrofa Prifysgol Cymru Caerdydd, MA Celf Gain 1996, gyda John Gingell. Artist preswyl, Sefydliad a Chanolfan Celf Gyfoes, Prâg 2002; darlithydd (rhan-amser) Athrofa Southampton 2003–04; curadur a swyddog prosiectau llawrydd, g39 Caerdydd o 2003; sefydlydd a churadur Outcasting, oriel delweddau symudol ar-lein. Gwobr Cymru Greadigol, Cyngor Celfyddydau Cymru 2007. Arddangosfeydd ar y cyd yn cynnwys *Ffresh 3*, Chapter, Caerdydd 2002; *The Bigger Picture*, Cornerhouse, Manceinion 2004; *Remembering, Repressing, Forgetting, Version 2*, Amgueddfa Celf Gyfoes, Bucharest 2004; *year07*, Neuadd y Sir, Llundain 2007. Arddangosfeydd undyn yn cynnwys *Half a Tick*, g39, Caerdydd 2000; *As Above, So Below*, Gŵyl Celf Gyfoes a Golau Rhuthun 2004; *Little Jewel Cinema*, Oriel Waygood, Newcastle 2007. Gwaith wedi'i gynnwys yn *Painting the Dragon* 2000, BBC Cymru; *The Wrap* 2000, BBC Choice. 'Artist fideo sy'n ymdrin â thrawsnewid y cyffredin er mwyn datgelu'r anghyffredin'. Yn byw yng Nghaerdydd, de Cymru.
*Yr artist*

## David COWDRY 1970–
**Enw gwaith David Edward Cowdry, peintiwr. Ganed yn Sidcup, Lloegr.**

Cyrhaeddodd Gymru ym 1992. Astudiodd yng Ngholeg Technoleg a Chelf Croydon 1991–92; Coleg Technoleg a Chelf Sir Gaerfyrddin 1992–94. Gwaith manwerthu 1987–91. Arddangosfeydd ar y cyd yn cynnwys Celf Gain Fountain, Llandeilo 1996, 1998. Arddangosfeydd deuddyn, Tŷ Newton, Parc Dinefwr, Llandeilo (TN) (gyda Richard Evans) 2001, 2004. Arddangosfeydd undyn yn cynnwys *To Be There*, TN 2003; *In Winter's Silent Light*, TN 2004; Oriel y Bont, Llandeilo 2006; *Sunshine*, Gerddi Aberglasne, Llangathen 2007; Oriel Birdscapes, Holt 2007. Wedi'i gynnwys yn 'Light and Atmosphere in Wildlife Painting', Fran Price (*Artist and Illustrators*, Hydref 2001); 'Wildlife Painter', David Fielding (*Carmarthenshire Life*, Awst 2005). '…y byd naturiol… peintio bywyd gwyllt a'r dirwedd…' Yn byw yn Ffair-fach, gorllewin Cymru.
*Yr artist*

## Daphne COWEN 1931–
**Enw gwaith Daphne Garnock Cowen, artist tecstiliau. Ganed yn Lerpwl, Lloegr.**

Astudiodd yng Ngholeg Celf Lerpwl 1948–53, gyda Grace Best. Athrawes, Ysgol Ackworth, Swydd Efrog 1953–57; Ysgol y Frenhines, Caer 1961–71; Coleg Caer, Adran Decstiliau 1972–73. Cyrhaeddodd Gymru ym 1972. Addysgodd ym Mhlas Moreton, Weston Rhyn 1976–90; Celfyddydau Cymunedol Wrecsam 1992–94; Canolfan Grefft Rhuthun 1992–2002. Aelod o Gymdeithas Celf Gain Gogledd Cymru; Urdd Brodwyr Gogledd Cymru; Cymdeithas Gelf Clwyd. Arddangosfeydd ar y cyd yn cynnwys *Arddangosfa Agored Gogledd Cymru*, Theatr Clwyd, Yr Wyddgrug (ThCYW) 1995 (enillydd gwobr); *Arddangsofa Agored Llangollen*, ECTARC, Llangollen 1998 (enillydd gwobr); Yr Academi Frenhinol Gymreig 2000; *Artist y Flwyddyn Cymru*, Neuadd Dewi Sant, Caerdydd 2003. Arddangosfeydd un-ddynes yn cynnwys Llyfrgell Rhuthun 2001; Llyfrgell Llandudno 2004; Castell Penrhyn, Bangor 2001–06; ThCYW 2005. Gwaith wedi'i gynnwys yn *Country Living* (Awst 1998); *Wales in Action* (Julie Richards-Williams, Awst 1998). 'Mae'r rhan fwyaf o'r gwaith wedi'i seilio ar dirwedd Cymru … paentiadau sidan wedi'u brodio â pheiriant … gludwaith gan frodio â llaw ac â pheiriant.' Yn byw ger Rhuthun, gogledd Cymru.

*Yr artist*

### Jonathan COX 1956–

**Enw gwaith Jonathan James Cox, ceramegydd. Ganed yn Stanmore, Swydd Middlesex, Lloegr.**

Ei daid yn Gymro. Astudiodd yng Ngholeg Polytechnig Gogledd Swydd Stafford 1980–93, gyda James Rushton RA. Aelod o Grochenwyr De Cymru 2004–05. Arddangosfeydd ar y cyd yn cynnwys Canolfan Gelfyddydau Taliesin, Abertawe 2003; Oriel Tŷ Rhosson, Tyddewi 2004; Oriel Albany, Caerdydd 2004; Art Matters, Dinbych-y-pysgod 2004. 'Ceramegydd sy'n arbenigo mewn tiwbleinin (cyfor-amlinelliad slip); gwaith yn flodeuog, potiau wynebau a llestri gloywedd.' Yn byw ger Caerfyrddin, gorllewin Cymru.

*Yr artist*

### Richard COX 1946–

**Enw gwaith Richard Christopher Cox, peintiwr. Ganed yn Aylesbury, Lloegr.**

Astudiodd yn Ysgol Gelf Southend 1963–66; Coleg Celf Casnewydd 1966–69; Coleg Celf Birmingham 1969–70; Athrofa Addysg Prifysgol Llundain 1973–74. Athro 1970au–1980au; Swyddog Celf, Cymdeithas Gelfyddydau De-ddwyrain Cymru 1983–94; Uwch-swyddog y Celfyddydau, Cyngor Celfyddydau

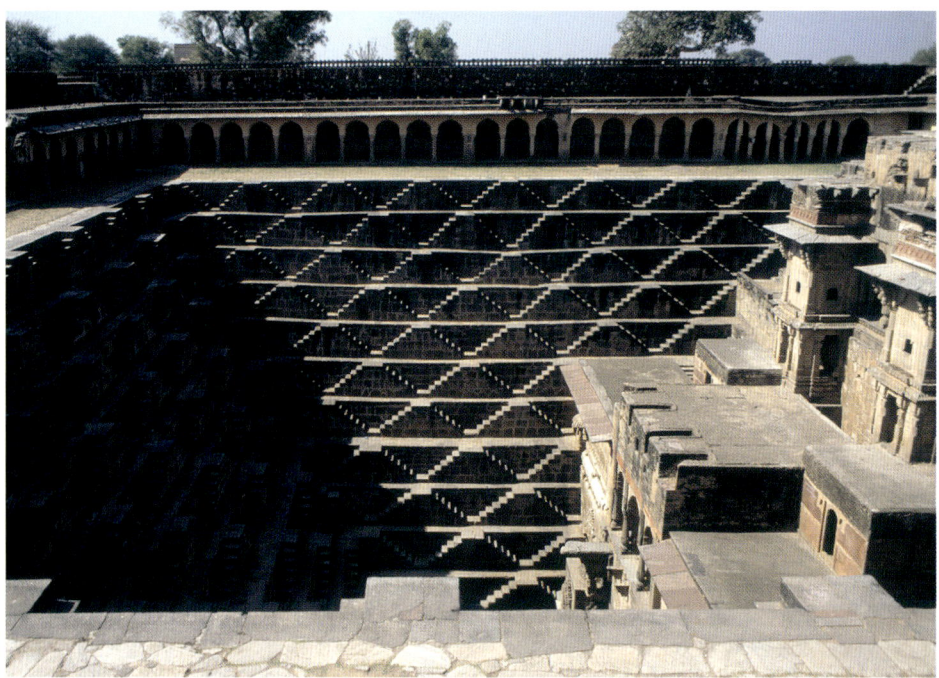

67 | Richard Cox
*Abhaneri Chand Boari Cyfres Stepwell* 3.2.2005

Cymru 1994–1998; Cyfarwyddwr, Oriel Gerddi Howard, Athrofa Prifysgol Cymru, Caerdydd o 2004. Gwobrau yn cynnwys Cyngor Celfyddydau Cymru (CCC) 1977. Artist preswyl, colegau celf yn Trondheim, Philadelphia, Montmiral, Caerdydd, Omaha, Delhi, Hiroshima 1987–2003. Arddangosfeydd ar y cyd yn cynnwys Nawr, Eisteddfod Genedlaethol Cymru (EGC) 1970 (gwobr gyntaf); *Daear, Awyr a Dŵr* EGC 1975 (gwobr brynu); Amgueddfa Celfyddydau Cain Bhopal, India 1997; Gwobr Arlunio Jerwood 2002 (teithiol). Arddangosfeydd undyn yn cynnwys Oriel Ikon, Birmingham 1970; Oriel CCC, Caerdydd 1976; *Paintings, Drawings, Objects*, Canolfan Celf Gyfoes Bemis, Omaha 2001; *Unfinished Business 75 30 05*, Amgueddfa ac Oriel Gelf Casnewydd (AOGC) 2005 (teithiol). Cyhoeddiadau'n cynnwys *Detroit's Golden Age* (*Blue Print 9*, 1984); *Residencies in Hospitals* (Celfyddydau Gofal Iechyd Prydain 1988); *A Decade of Residencies* (*AN* 1994). Gwaith wedi'i gynnwys yn *AN* (David Briers, *Artist in Norway* 1987); *Uned Gelf* (Derek Stears, *Artists in Residence*, 1994). *Red Beard*, Anne Price-Owen (Yr Asiantaeth Gelf ac Adfywio 2001). Casgliadau niferus gan gynnwys Amgueddfa Cymru; AOGC; Cymdeithas Celf Gyfoes Cymru; Prifysgol De Cymru, Pontypridd; Sefydliad Daiwa. Prynwyd gwaith gan CCC. 'Mae elfennau amlddiwylliannol cryf yn fy ngwaith yn enwedig rhai sy'n gysylltiedig ag India, Japan ac UDA.' Yn byw yng Nghaerdydd, de Cymru.
*Yr artist*

## Josephine COY 1939–
**Peintwraig. Ganed yn Eydon, Lloegr.**

Astudiodd yng Ngholeg Celf Abertawe 1956–61, gydag Alfred Janes, William Price. Grantiau Cyngor Celfyddydau Cymru i deithio i India ac Aix-en-Provence 1989, 1993. Aelod o Grŵp 56 Cymru 1989–96. Arddangosfeydd ar y cyd yn cynnwys *The Probity of Virtue*, Oriel Mostyn, Llandudno 1990; *The London Group 80th Anniversary Exhibition*, Oriel Gelf y Barbican, Llundain 1994; Prifysgol Daleithiol Campinas, Brasil (SUCB) 2001; VIII Bienal, Balconadas 2002, Betanzos, Sbaen (arobryn). Arddangosfeydd un-ddynes yn cynnwys Oriel Viriamu Jones, Coleg Prifysgol Cymru, Caerdydd 1985; Oriel Herbert, Coventry 1987; Amgueddfa ac Oriel Gelf Victoria, Caerfaddon 1996; Prifysgol Brasilia, 2000. Gwaith wedi'i gynnwys yn *Transmigrations* (*Transformação e Realidade: Mundos Convergentes e Divergentes*, Dulcimira Capesani, Departamento de Comunicação e Artes Campo Grande, Brasil 2001). Casgliadau'n cynnwys SUCB. 'Roedd y gwaith cyntaf a fu ar ddangos gen i fel peintwraig yn ffigurol ac roedd *y Mabinogi* wedi dylanwadu arno. Mae thema ontolegol i'm gwaith presennol sy'n defnyddio ffotograffiaeth ddigidol, ac hefyd mae'n adlewyrchu fy niddordeb mewn realiti cwantwm.' Yn byw ym Mryste, Lloegr.
*Yr artist*

## Jack CRABTREE 1938–
**Peintiwr. Ganed yn Rochdale, Lloegr.**

Astudiodd yng Ngholeg Celf Rochdale 1955–57; Ysgol Gelf St Martin 1957–59; Ysgolion yr Academi Frenhinol 1959–61. Darlithydd, Colegau Celf Salford a Rochdale 1961–66; Coleg Celf Casnewydd 1966–74. Comisiynau'n cynnwys Plas Machynlleth, Cymdeithas Gelf Gogledd Cymru 1971; Bwrdd Glo Cenedlaethol (BGC) 1974–75. Ysgoloriaeth Ryngwladol gyntaf y Ruhr, Siedlungsverband Ruhrkohlenbezirk, Essen (SRE) 1978; Cymrodor Celf Gregynog, Prifysgol Cymru 1975–76. Athro/Pen-naeth Celf Gain, Prifysgol Ulster 1984–86. Bu'n byw yn Ffrainc 1987–1990au; dychwelodd i (ogledd) Cymru yn y 1990au. Aelod o Grŵp 56 Cymru 1972–76; Grŵp De Cymru/Y Grŵp Cymreig. Arddan-gosfeydd ar y cyd yn cynnwys *Art in Wales: the Twentieth Century: Today: Invited Artists*, Cyngor Celfyddydau Cymru (CCC) 1969 (teithiol); Oriel Trafford, Llundain 1972, 1973; *The British Art Show*, Cyngor Celfyddydau Prydain Fawr 1979 (teithiol); *The Probity of Art*, CCC 1980 (teithiol); *Human Interest:*

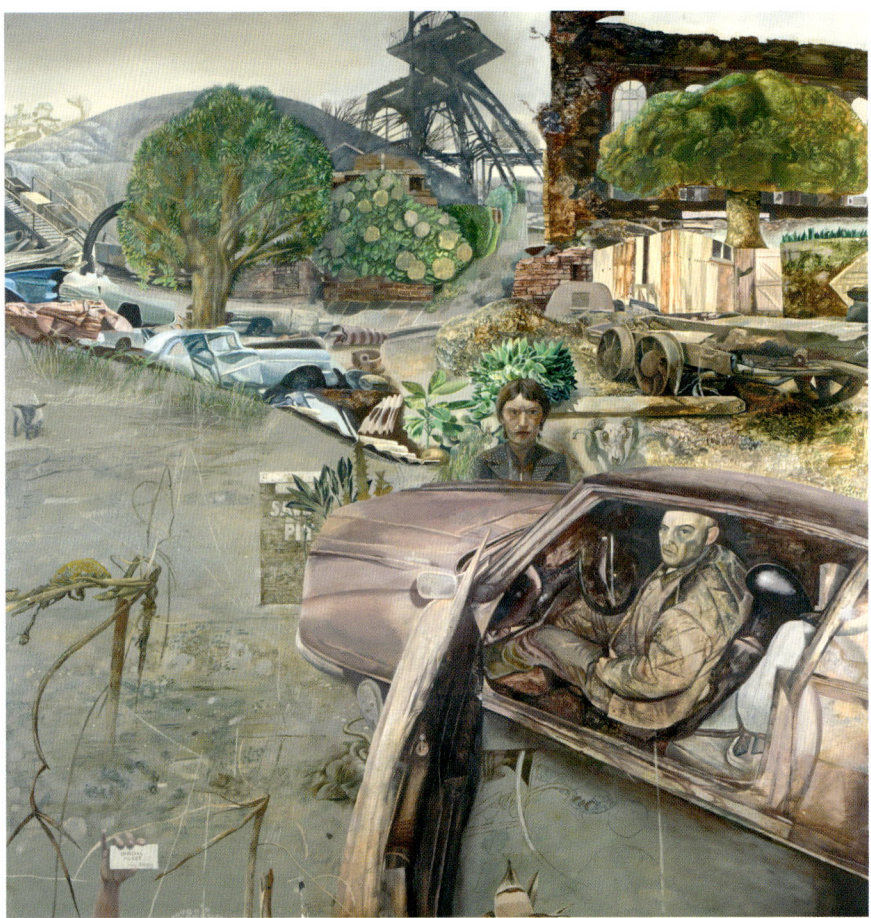

68 | Jack Crabtree
*Save This Pit* 1974

*50 Years of British Art about People*, Cornerhouse, Manceinion 1985; *Industrial South Wales: the Poetics of Place*, Amgueddfa ac Oriel Gelf Casnewydd (AOGC) 2004. Arddangosfeydd undyn yn cynnwys Oriel Howard Roberts, Caerdydd 1969; Prifysgol Cymru, Gregynog 1976; Oriel, CCC, Caerdydd 1976; *Vor Ort/Face to Face*, SRE/Bwrdd Glo Cenedlaethol/CCC 1978 (teithiol); Oriel Kerlin, Dulyn 1990; Y Tabernacl, Machynlleth 2004. Cyfweliadau radio/teledu, erthyglau niferus yn y wasg o 1963. Casgliadau'n cynnwys Amgueddfa Cymru; AOGC; BGC; Cymdeithas Celfyddydau Cyfoes Cymru; Llyfrgell Genedlaethol Cymru, Aberystwyth; Oriel Gelf Rochdale; Prifysgol Aberystwyth; Prifysgol De Cymru, Pontypridd; Ymddiriedolaeth Celfyddydau Cain Clwyd. Prynwyd gwaith gan CCC. 'Tirlun cloddfeydd; portreadaeth; hanes.' Yn byw ym Mhen-y-groes, gogledd Cymru.

### Elizabeth CRAMP 1929–2010
**Peintwraig. Ganed ger Rye, Lloegr.**

Astudiodd yn Ysgol Gelf Hastings ac Ysgolion yr Academi Frenhinol, 1940au a 50au. Athrawes mewn addysg bellach. Artist preswyl, Llundain, Cheltenham, Aberystwyth, Hwlffordd; gyda Cherddorfa Genedlaethol Gymreig y BBC, taith yn Japan 1991. Gwobr Cyngor Celfyddydau Cymru (CCC) 1987.

Cynlluniodd *Tapestri Brodwaith y Goresgyniad Diwethaf*, Abergwaun 1997. Murlun ar gyfer Ysgol Gynradd Red Lake, Hastings 1954. Aelod o'r Gymdeithas Ddyfrlliwiau Frenhinol (CDdF). Arddangosfeydd ar y cyd yn cynnwys CDdF, Canada; *Arddangosfa Ddyfrlliwiau Ryngwladol Sbaen*; Arddangosfeydd yr Haf, Yr Academi Frenhinol, Llundain; *Under Milkwood*, Yr Ysgol Gelf, Coleg Prifysgol Cymru, Aberystwyth, 1990au; *Cofnodi Cymru – Capeli*, Cyngor Celfyddydau Cymru 1969 (teithiol). Arddangosfeydd un-ddynes yn cynnwys Eastern Rooms, Rye 1982; *Paintings of Japan*, Neuadd Dewi Sant, Caerdydd (NDS) 1987; *Festival of Japan*, NDS 1991; Canolfan Gelfyddydau Taliesin, Abertawe 2002; Oriel Neuadd y Frenhines, Arberth 2004. Cyfrannodd erthygl, 'Watercolours and Drawings', *Artists' News* (CDdF cyf. 2, Rhif 3 Haf 1987). Gwaith wedi'i gynnwys yn *Arts Review* 1972; *Sunday Times* (Marina Vaizey, 'The Symbols of Greatness' 23 Hydref 1977); *Daily Telegraph* (Terence Mullaly 1980); *The Ham and High* (Linda Talbot, 'Less Familiar Waters' 1984). Casgliadau'n cynnwys Cyngor Sir Fynwy; Cyngor Sir Penfro, Gwasanaeth Addysg Ysgolion Amgueddfa Cymru; Prifysgol Bangor. Prynwyd gwaith gan CCC. Roedd yn byw yn Abergwaun, gorllewin Cymru.
*Yr artist*

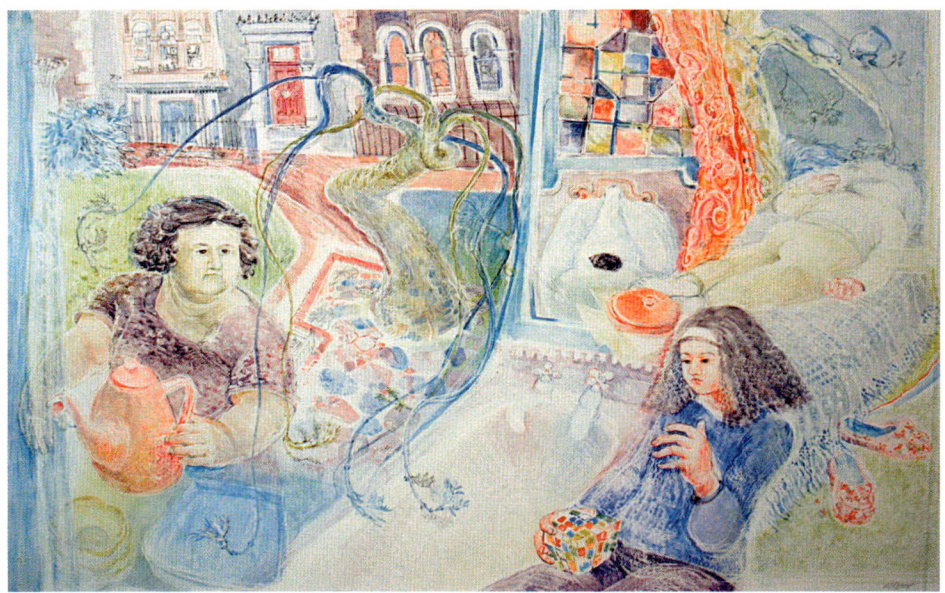

69 | Elizabeth Cramp
*Leinster Square* 1983

## Jonathan CRAMP 1930–
### Peintiwr. Ganed yn Ninfield, Lloegr.

Astudiodd yng Ngholeg Celf Hastings, gyda Vincent Lines; Coleg Celf Bournemouth. Athro celf, Ysgol Abergwaun 1954–81. Comisiynau'n cynnwys Shell Oil (UK) Cyf; Dur Prydeinig; Cwmni'r Grid Cenedlaethol. Aelod o'r Gymdeithas Ddyfrlliwiau Frenhinol o 1974. Arddangosfeydd ar y cyd yn cynnwys *Daily Express Young Artists Exhibition*, detholydd Graham Sutherland, 1955; Academi Frenhinol yr Alban 1967; Agnews 1975–77; *The Probity of Art*, Cyngor Celfyddydau Cymru (CCC) 1980 (teithiol). Cymdeithas Ddyfrlliwiau'r Iseldiroedd 1990, Den Haag; *Singer and Friedlander/Sunday Times Watercolour Competition* (10 o weithiau). Arddangosfeydd undyn, Canolfan Gelfyddydau Gorllewin

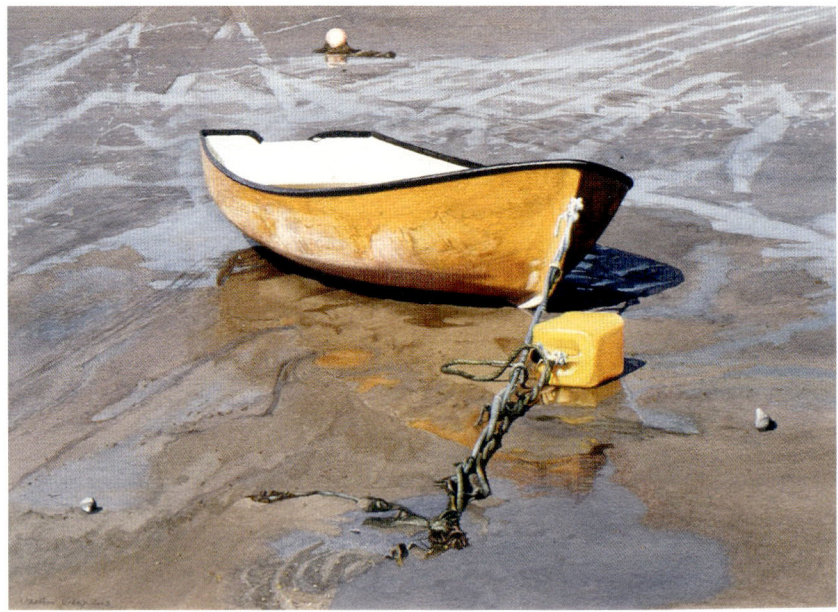

70 | Jonathan Cramp
*Orange Boat on Wet Sand* 2003

Cymru, Abergwaun 1994, 1998. Gwaith wedi'i gynnwys yn *Still Life Painting* (Dorling Kindersley 1994); *Painting with Watercolour* (Eaglemoss Publications 2004); *The Watercolour Expert* (Cassel Illustrated 2004). Casgliadau'n cynnwys Amgueddfa Providence, Rhode Island; Casgliad Celf y Llywodraeth; cynghorau sir yn Lloegr; Cyngor Sir Fynwy; Cymdeithas Celf Gyfoes Cymru; Llyfrgell Genedlaethol Cymru, Prifysgol De Cymru, Pontypridd. Prynwyd gwaith gan CCC. 'Am flynyddoedd lawer, dw i wedi bod wrthi'n paentio cyfres o forluniau dyfrlliw gyda'r glannau, yn enwedig yn gynnar yn y bore ac yn hwyr gyda'r nos ar ddiwrnodau llonydd. Rhyfeddod a hyfrydwch o hyd i mi yw'r golau bytholnewidiol sy'n arbennig i'r môr a'r glannau a dyma wir destun y lluniau hyn. Yn fwy diweddar, mae fy ngwaith wedi datblygu gan ddarlunio bywyd llonydd yn yr awyr agored – bwiau, gwymon, rhaffau ac yn y blaen yn bennaf. Mae arfordir Sir Benfro'n ddelfrydol ar gyfer y themâu hyn.' Yn byw yn Abergwaun, gorllewin Cymru.
*Yr artist*

### Martin CRAMPIN 1972–
**Artist a chynllunydd amlgyfrwng. Ganed yn Billericay, Lloegr.**

Astudiodd yng Ngholeg Technegol Thurrock 1988–91; Coleg Addysg Uwch Gwent 1991–95, gyda Roy Ascot, Richard Wiggins; Coleg Prifysgol Casnewydd 1996–98, gyda Miranda Aldhouse-Green, Ray Howell. Darlithydd, delweddu digidol ac amlgyfrwng, Coleg Trydyddol Gwent, Crosskeys 1998–99; cydlynydd a chynhyrchydd cynnwys cyfres CD-ROM, *Diwylliant Gweledol Cymru*, Canolfan Uwchefrydiau Cymreig a Cheltaidd, Prifysgol Cymru, Aberystwyth 1999–2004; darlithydd, delweddu digidol, Ysgol Addysg a Dysgu Gydol Oes Prifysgol Aberystwyth (PA) o 2003; gwefeistr i'r Ysgol Gelf ac Amgueddfa ac Orielau'r Ysgol Gelf, PA o 2004; artist a chynllunydd amlgyfrwng i *Dehongli'r Beibl a'i fynegiant gweledol yng Nghymru 1825–1975*, Prifysgol Cymru, Llanbedr Pont Steffan 2005–08. Aelod o Grŵp Canolfan Gelfyddydau, Llundain, o 1992; aelod sefydlu o Diverse Manners (grŵp yn arddangos

yng Nghasnewydd) 1998. Arddangosfeydd ar y cyd yn cynnwys *North Wales/North West Young Professionals* 1996 (teithio yn Sbaen, gogledd-orllewin Lloegr a gogledd Cymru); *Diverse Manners*, Amgueddfa ac Oriel Gelf Casnewydd 2000; *Biennale Arlunio Cymru*, Canolfan Gelfyddydau Llyfrgell Wrecsam 2002 (teithiol); *Sticks and Stones* (arddangosfa ddeuddyn), Oriel Toko, Aberystwyth 2003; *A Love Supreme*, Diverse Manners, Cadeirlan Aberhonddu 2005. Arddangosfa undyn, *Saint Gwynllyw: Two Tales of a King*, Celtica, Machynlleth 2000. '… diddordeb yn chwedlau canoloesol Cymru… diwylliant gweledol Cymru ac Iwerddon yn yr hen oesoedd a'r oesoedd canol … Dw i'n gweithio trwy ymgorffori arlunio, paentio a ffotograffiaeth trwy ddelweddu digidol… printiau, gosodwaith ac animeiddio digidol.' Yn byw yn Aberystwyth, canolbarth Cymru.
*Yr artist*

## Alistair CRAWFORD 1945–
**Peintiwr, gwneuthurydd printiau a ffotograffydd. Ganed yn Fraserburgh, Yr Alban.**
Astudiodd yn Ysgol Gelf Glasgow 1962–66, gyda W Drummond Bone, Robert Stewart; Coleg Addysg Aberdeen 1967–68, gyda Williams Burns. Darlithydd, Prifysgol Leeds 1968–71; Coleg Polytechnig Lanchester 1971–73. Yn byw yng Nghymru o 1974. Addysgu ym Mhrifysgol Aberystwyth o 1974.

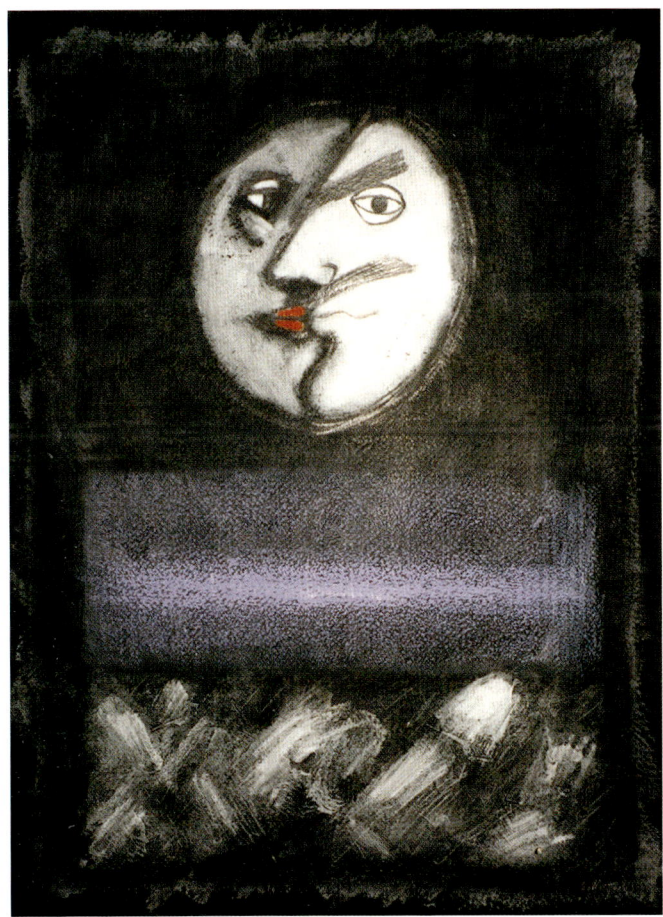

71 | Alistair Crawford
*Flamenco II (Cheek to Cheek)* 1994
o *Barcelona Tango*

Athro Celf 1990, Pennaeth Ysgol Gelf a Cheidwad Casgliadau'r Coleg 1993–98; tiwtor, Celf a Hanes Celf, Yr Ysgol Addysg o 2001. Gwobr gwneud printiau Cyngor Celfyddydau Cymru/Editions Alecto 1977; Cymrawd Syr Winston Churchill ym maes Ffotograffiaeth fel Celf 1982; Eisteddfod Genedlaethol Cymru (EGC), Y Rhyl, Y Fedal Aur am Gelfyddyd Gain 1985; gwobr ffotograffiaeth EGC 1989. Aelod o Fwrdd Gwasg Gregynog 1989–96; Y Gymdeithas Ewropeaidd ar gyfer Hanes Ffotograffiaeth 1994–97. Ymddiriedolwr, Yr Ysgol Brydeinig yn Rhufain 1996–2000. Yr Academi Gymreig Frenhinol o 1993. Arddangosfeydd ar y cyd yn cynnwys EGC, Llanrwst 1989, Gwobr Ffotograffiaeth; *Rural Wales*, Bwrdd Datblygu Cymru Wledig, Tŷ'r Cyffredin 1991 (teithiol); *Pivot, 16 Artists using Photography in Wales and Philadelphia*. Oriel Mostyn, Llandudno 1991–92 (teithiol); Oriel Printworks Chicago 1991; *Ogwyn Davies and Alistair Crawford, Paintings and Prints*, Yr Academi Frenhinol Gymreig, Conwy 2001. Arddangosfeydd undyn yn cynnwys *The Spirit of Place*, Oriel Theatr Clwyd 1986 (teithiol); *Vedute d'Italia*. Casa Cinus, Quartu S. Elena, Sardegna 1994; *A Return to Wales*, Llyfrgell Genedlaethol Cymru, Aberystwyth (LlGC) 2000. Llawer o gyfraniadau i gyhoeddiadau gan gynnwys *Erich Lessing: vom Festhalten der Zeit. Reportage-Fotografie 1948–73* (Kunsthistorisches Museum, Fiena 2002). Casgliadau'n cynnwys Amgueddfa Ashmole; Amgueddfa Cymru; Amgueddfa Pysgodfeydd yr Alban; Cymdeithas Celf Gyfoes Cymru; LlGC; Y Cyngor Prydeinig. '… mae'r testunau'n amrywio o dirluniau i bensaernïaeth… yn haniaethol ac yn gynrychioladol… synfyfyrio ynglŷn ag ysbryd lle …' Yn byw yn Sudbury, Lloegr.
*Yr artist*

### Daniel CRAWSHAW 1967–
**Peintiwr. Ganed yn Rhosan ar Wy, Lloegr.**

Astudiodd yn Athrofa Addysg Uwch De Morgannwg 1985–86; Coleg Polytechnig Caerlŷr 1987–90. Cafodd ei fagu yng Nghymru gan ddychwelyd yno ar ôl graddio. Bu'n gweithio i Cartrefi Cymru (tai â chymorth), Aberhonddu 1990–97, Artist preswyl, Centro del Arte Contempriani, Barcelona 1997. Ymddiriedolaeth Sydney Nolan, Llanandras (YSN) 2005. Arddangosfeydd ar y cyd yn cynnwys Oriel Washington, Penarth 2002; arddangosfa agored, Oriel Davies, Y Drenewydd (ODYD) 1998; *Undercover*, arddangosfa agored, ODYD 2006; Eisteddfod Genedlaethol Cymru 2000, 2002, 2004 (enillydd Gwobr y Bobl), 2006, 2007; Amgueddfa ac Oriel Gelf Henffordd 2004. Arddangosfeydd undyn yn cynnwys *Lost Mountains* YSN 2005; Oriel Rebecca Hossack, Llundain 2005; Gŵyl y Gelli 2002–05, 2007. 'Mae fy ngwaith yn ymwneud â thirwedd Cymru… yn archwilio ac yn dwyn i gof fynyddoedd Cymru, yn aml yn edrych i lawr trwy'r cymylau, gan chwarae ar gelu a datgelu manylion.' Yn byw yng Ngheintun, Lloegr.
*Yr artist*

### Paul CROFT 1963–
**Enw gwaith Paul John Croft, gwneuthurydd printiau. Ganed yn Belffast, Gogledd Iwerddon.**

Astudiodd yng Ngholeg Celf Caeredin 1981–86; Prifysgol Ulster, Belffast (PUB) 1989–90; Sefydliad Tamarind, Prifysgol Mexico Newydd 1994–96. Cynorthwy-ydd Gwneud Printiau, Gweithdy Gwneuthurwyr Printiau Dundee 1986–88; Darlithydd cysylltiol mewn Gwneud Printiau Celf Gain, PUB, 1990–94, 1996–99; uwch-argraffydd, Sefydliad Tamarind, 1994–96; Darlithydd mewn Celf Gain/Gwneud Printiau, Yr Ysgol Gelf, Prifysgol Aberystwyth (YGPA) o 1999. Gwobrau'n cynnwys y Sefydliad dros Chwaraeon a'r Celfyddydau 1964; Cyngor Celfyddydau Gogledd Iwerddon 1997, 1998; Academi Frenhinol Ulster, Gwobr Gwneud Printiau Cyfoes 1999; Cymdeithas Ddysgedig Prifysgol Aberystwyth 2001. Cyd-sefydlydd fforma 2001. Arddangosfeydd yn cynnwys *The First Shen Zhen Ink*

*Painting Biennale* 1998, Oriel Gelf Guan Shan Yue, Shen Zhen; *Printiau Rhyngwladol Wrecsam* 2000, Canolfan Gelfyddydau Llyfrgell Wrecsam; *fforma yn Y Tabernacl*, Machynlleth 2004; Oriel yr Atig, Abertawe 2004. Arddangosfeydd undyn yn cynnwys Oriel Sudo, Roppongi, Tokyo 1993; *Drawings and Prints* 1998. Amgueddfa Tŷ Gainsborough, Sudbury; *From Tokyo to Tamarind* 2000; YGPA. Cyhoeddiadau'n cynnwys cyfraniadau i *Printmaking Today* 1997, 1998, 2003, 2004; *Stone Lithography a Platelithography* (A&C Black, Llundain 2001, 2003). Gwaith wedi'i gynnwys yn *Tamarind: Forty Years*, golygydd Marjorie Devon (Gwasg Prifysgol Mexico Newydd 2000). Casgliadau'n cynnwys Cyngor Celfyddydau Gogledd Iwerddon; Prifysgol Aberystwyth. 'Defnyddio technegau lithograffeg garreg, plât a di-ddŵr… datblygu delweddau o ludwaith sy'n seiliedig ar atgofion am safleoedd penodol ac adeileddau y mae rhywun yn dod ar eu traws yn y dirwedd…' Yn byw yn Aberystwyth, canolbarth Cymru.
*Yr artist*

### Lynne CROMPTON 1952–
**Peintwraig. Ganed yng Nghastell-nedd, de Cymru.**

Astudiodd yng Ngholeg Celf Casnewydd 1972; Coleg Celf Abertawe (Addysgu Celf Arbenigol) 1973–76. Athrawes, Hackney, Llundain 1978–87; Hwlffordd 1998–2000, Dinbych-y-pysgod 2001. Tiwtor, bywlunio, Prifysgol Ddinesig Abertawe, o 2007. Sefydlodd Oriel Neuadd y Frenhines, Arberth, Arberth (NF), 1993 (wedi'i hariannu gan Gyngor Celfyddydau Cymru o 2003). Aelod (sefydlu) o Artlink, o 1992. Arddangosfeydd ar y cyd yn cynnwys Tŷ Bloomfield, Arberth 1991, 1992; NF 1993, 1994. Arddangosfeydd un-ddynes yn cynnwys Llyfrgell Hwlffordd 1990; Theatr y Torch, Hwlffordd 1988. Paentio ffigurol, bywlunio. Yn byw yn Arberth, gorllewin Cymru.
*Yr artist*

### Tom CROSS 1931–2009
**Peintiwr, gwneuthurydd printiau. Ganed ym Manceinion, Lloegr.**

Astudiodd yng Ngholeg Celf Manceinion 1949–53; Ysgol Celf Gain Slade 1953–56, gyda Claude Rogers. Mân Ysgoloriaeth Abbey, Yr Ysgol Brydeinig yn Rhufain 1956; Ysgoloriaeth Llywodraeth Ffrainc 1956–57. Cyfarwyddwr Cynorthwyol (Celf), Pwyllgor Cymreig Cyngor Celfyddydau Prydain Fawr 1959–63; darlithydd/uwch-ddarlithydd, Prifysgol Reading 1963–76; Pennaeth, Ysgol Gelf Falmouth 1976–87; darlithydd, Addysg Barhaus, Prifysgol Caerwysg 1989–94. Aelod o Grŵp Llundain 1978–94; Yr Academi Frenhinol Gymreig (AFG) 1998; Cymdeithas Gelfyddydau Penwith, o 1976 (Cadeirydd 1982–84). Arddangosfeydd niferus ar y cyd gan gynnwys Gimpel Fils, Llundain 1955; Cymdeithas Celf Gyfoes Cymru (CCGC) 1960, 1963, 1999; *12th Open Exhibition of Contemporary Painting and Sculpture in Wales*, Cyngor Celfyddydau Cymru (CCC) 1967 (teithiol); *Colour*, Celfyddydau De Lloegr 1975 (teithiol); *Artists from Cornwall*, Academi Frenhinol Gorllewin Lloegr, Bryste 1990; *Visits to Wales*, AFG, Conwy 1999. Arddangosfeydd undyn yn cynnwys *Light Works – Paintings and Graphics*, Oriel CCC, Caerdydd 1971 (teithiol); *A River and Some Landscapes*, Oriel William Halsey, Charleston 1984; *Paintings of Cornwall and Wales*, Ysgol Gelf, Prifysgol Cymru, Aberystwyth 1995 (teithiol); *Paintings of Venice*, Clwb Celf Chelsea, Llundain 2003. Cyhoeddiadau'n cynnwys *Painting the Warmth of the Sun: St Ives Artists 1939–1975*, gydag Alison Hodge (Lutterworth Press 1984); *The Shining Sands: Artists in Newlyn and St Ives 1880–1930* (Westcountry Books 1994); *Catching the Wave: Art and Artists in Contemporary Cornwall* (Halsgrove 2002). Casgliadau'n cynnwys CCGC; Oriel Gelf Walker, Lerpwl; Oriel Gelf Whitworth, Manceinion; Prifysgol Aberystwyth. Prynwyd gwaith gan CCC. Haniaethu/tirwedd. Roedd yn byw yng Nghernyw.
*Yr artist*

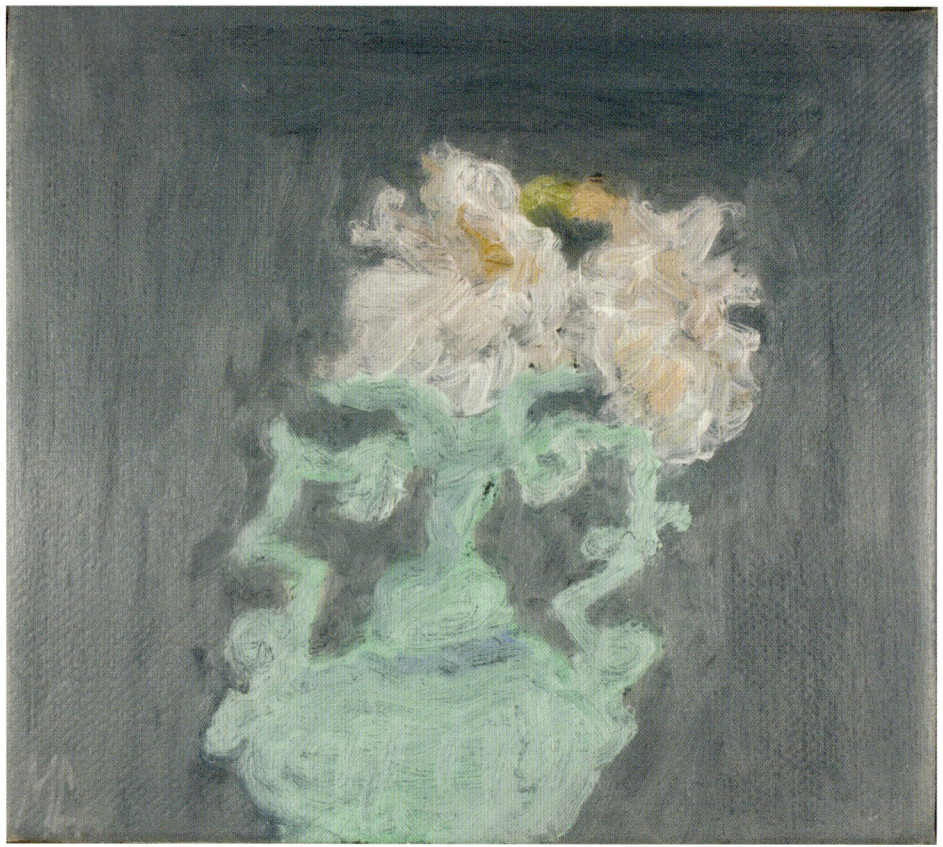

72 | Michael Crowther
*Flowers* 2007

## Michael CROWTHER 1946–
**Enw gwaith Michael Julian Crowther, peintiwr. Ganed yn Swydd Durham, Lloegr.**

Astudiodd yng Ngholeg Celf Leeds 1964–68 (gradd yn y dosbarth cyntaf). Fe'i gwahoddwyd i Gaerdydd gan Tom Hudson, 'a fu'n ddylanwad enfawr ar fy ngyrfa fel athro.' Darlithydd, Coleg Celf Caerdydd, Astudiaethau Sylfaen 1970–81; Celf Gain 1981–93; Pennaeth Paentio, Athrofa Prifysgol Cymru, Caerdydd 1993–2006. Gwobr Cyngor Celfyddydau Cymru (CCC) 1977. Aelod sefydlu o Gymdeithas Artistiaid a Dylunwyr Cymru, Cangen Caerdydd. Arddangosfeydd ar y cyd niferus gan gynnwys *The British Art Show 1979*, Cyngor Celfyddydau Prydain Fawr (teithiol); *The Probity of Art* 1980 CCC (teithiol); *11eg Biennale Paris*, Musée d'Art Moderne de la Ville de Paris 1980; *Direct Contact, Six Cardiff Artists*, Kunstlerhaus Stuttgart, Canolfan Gelfyddydau Chapter, Caerdydd 1986; *Arddangosfa 50 Mlwyddiant* Cymdeithas Celf Gyfoes Cymru (CCGC), Amgueddfa Cymru (AC) 1987; *20th Century and Contemporary Welsh Art*, Oriel Martin Tinney, Caerdydd (OMT) 2002 (arddangoswr rheolaidd o 1994). Arddangosfeydd undyn yn cynnwys Oriel Serpentine, Llundain 1965; Oriel Benjamin Rhodes, Llundain 1987, 1988; OMT 1998. Gwaith wedi'i adolygu yn *Arts Review* (Mary Rose Beaumont, 'Michael Crowther, Oriel Benjamin Rhodes, Mehefin 1987); traethawd gan William Packer ('Still Lives, Michael Crowther', OMT 1998). Casgliadau cyhoeddus yn cynnwys AC; CCGC; Cyngor Celfyddydau Lloegr;

Cyngor Sir Swydd Gaerlŷr; Oriel Hatton. Prynwyd gwaith gan CCC. 'Ers y gwaith ar raddfa fawr yn y saithdegau a'r wythdegau, bûm yn paentio'n gyson ar raddfa fach, yn olew ar liain neu banel … arsylwi ar wrthrychau a sefyllfaoedd'. Yn byw yng Nghaerdydd, de Cymru.

*Yr artist*

### Michael CULLIMORE 1936–
**Peintiwr. Ganed yn Bradford-on-Avon, Lloegr.**

Astudiodd yng Ngholeg Celf a Dylunio Swindon, 1952–54, 1959–60: Ysgol Gelf y Gofaint Aur, Coleg Prifysgol Llundain 1960–62. Bu'n gweithio mewn ffowndri, yn bwrw sgriwiau llongau, dwyrain Llundain. Bu'n byw yng ngogledd Cymru 1952–1983. Curadur Oriel Bangor, Coleg Prifysgol Gogledd Cymru 1972–82. Arddangosfeydd ar y cyd yn cynnwys *12fed Arddangosfa Agored* Cyngor Celfyddydau Cymru (CCC) 1967 (teithiol); *Cymru Nawr*, CCC 1968 (teithiol); Oriel CCC, Caerdydd 1975 (deuddyn); *The Native Land*, Oriel Mostyn, Llandudno (OM) 1979; *The Probity of Art*, CCC 1980 (teithiol); Art and the Sea, OM, 1981 (teithiol). Arddangosfeydd undyn yn cynnwys OM, olsyllol, 1983 (teithiol); OM 1989; *Works on Paper*, Oriel Michael Parkin, Llundain, Oriel Cosa, Llundain 2003, 2005, 2007. Casgliadau'n cynnwys Amgueddfa Cymru; Cyngor Gwynedd; Cymdeithas Celf Gyfoes Cymru; Oriel Gelf ac Amgueddfa Russell Cotes; Oriel Gelf Glynn Vivian; Prifysgol Bangor. Prynwyd gwaith gan Gymdeithas Celf Gogledd Cymru; CCC. Yn byw yn Bideford, Lloegr.

*Yr artist*

### Molly CURLEY 1928–
**Ceramegydd. Ganed yng Nghaerdydd, de Cymru.**

Astudiodd yng Ngholeg Celf Caerdydd 1945–50 gydag Eric Malthouse, Viv James, Frank Roper, Marjorie Davies. Athrawes gelf, Ysgol Ramadeg Caerffili i Ferched 1950–54, Ysgol Uwchradd Caerdydd 1966–82. Aelod o Grochenwyr De Cymru, Cymdeithas y Crochenwyr Crefft; aelod sefydlu Urdd Gwneuthurwyr Cymru (UGC). Llawer iawn o arddangosfeydd gyda Chrochenwyr De Cymru, UGC; *Molly Curley ac Anna Adam*, Oriel Makers, Caerdydd 1995, 2005. Ymhlith y dylanwadau arni mae 'crochenwaith canoloesol wedi'i addurno â slip'. Yn byw yng Nghaerdydd, de Cymru.

*Yr artist*

### Claire CURNEEN 1968–
**Cerflunydd ceramig. Ganed yn Tralee, Iwerddon.**

Astudiodd yng Ngholeg Celf a Dylunio Crawford, Corc 1986–90, gyda Roisín Collins, Les Reed; Prifysgol Ulster, Belffast 1990–91, gyda Peter Meanley, Jan Taylor; Athrofa Addysg Uwch Caerdydd, Cyfadran Gelf a Dylunio 1991–92 (MA Cerameg), gyda Michael Hose, Peter Castle. Gwobr y Cyngor Crefftau 1995; Eisteddfod Genedlaethol Cymru, Y Fedal Aur ar gyfer Crefft a Dylunio 2001; Le Prix de l'AMN, Triennale de la Porcelaine, Nyon, Y Swistir 2001; Cyngor Celfyddydau Cymru 2005. Wedi'i dewis ar gyfer y Gystadleuaeth Gerameg Ewropeaidd 1af, Gwlad Groeg 2004. Uwch-ddarlithydd, Canolfan Astudiaethau Cerameg, Athrofa Prifysgol Cymru, Caerdydd, o 2004. Aelod o Gelfyddydau Cymhwysol Cyfoes, Llundain (CCymCyf); Academi Gerameg Ryngwladol, Genefa. Arddangosfeydd ar y cyd yn cynnwys *Philip Eglin and Claire Curneen*, CCymCyf 1996; *SOFA (Sculpture, Objects and Functional Art)*, Chicago 2002; *Augenblicken*, Kunstforum Kirchberg, Y Swistir 2003; Collect, Amgueddfa Victoria ac Albert (V ac A), Llundain 2006. Arddangosfeydd un-ddynes yn cynnwys *New Work, Claire Curneen*, Canolfan Grefft Rhuthun (CGRh) 1997 (teithiol); *Succour – Claire Curneen*, CGRh 2004 (teithiol); *Y Gyfres Gerameg/Claire Curneen*, Canolfan y Celfyddydau Aberystwyth 1998. Gwaith wedi'i gynnwys yn *The Figure in Fired Clay*, Betty Blandino (A&C Black, Llundain (ACB) 2001), *Ceramic Figures*, Michael Flynn

(ACB 2002). Casgliadau'n cynnwys Amgueddfa Benaki, Athen; Amgueddfa Cymru; Amgueddfa Fitzwilliam; Amgueddfa Ulster, Belffast; Prifysgol Aberystwyth; V ac A; Y Cyngor Crefftau. 'Ymdeimlad â marwoldeb, dyna beth sydd gen i ddiddordeb ynddo.' 'Mae (ei) ffigyrau ceramig yn sefyll yn noeth, a'u gwallt wedi'i gneifio... Maent fel pe baent wedi derbyn rhyw newydd trist nad oes modd ei fynegi...' *(Judy Dames, Collecting Contemporary Ceramics, CGRh 2006).* Yn byw yng Nghaerdydd, de Cymru. *Yr artist*

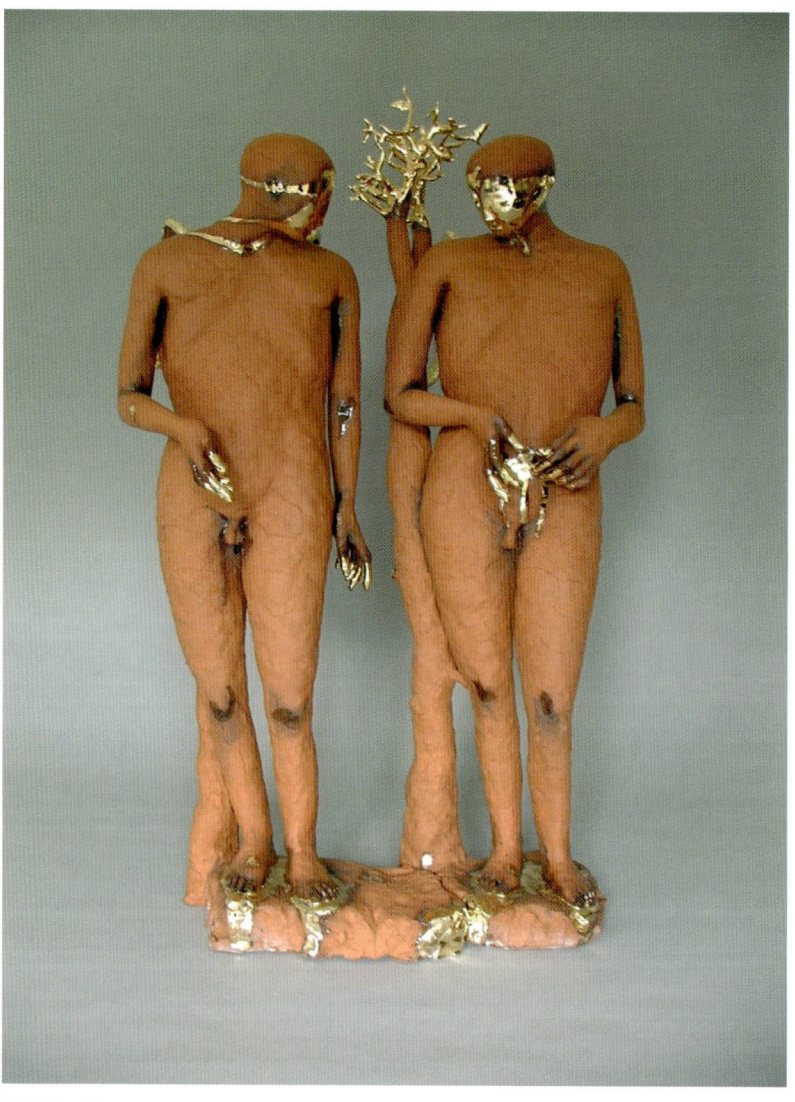

73 | Claire Curneen
*In the Tradition of Smiling Angels* 2007

## Denis CURRY 1918–
**Peintiwr. Ganed yn Newcastle-upon-Tyne, Lloegr. Hefyd yn defnyddio'r llofnod DV Curry; DVC; Denis; DC.**

Astudiodd yn Ysgol Gelf Gain Slade, graddiodd yn 1950, diploma ôl-raddedig 1951, gyda William Coldstream a Henry Moore. Gwasanaethodd yn y Peirianwyr Brenhinol 1939–46. Pennaeth Cerfluniaeth, Coleg Celf Caerwysg 1960–62; Pennaeth Astudiaethau Sylfaen, Ysgol Gelf Bryste 1963–76. Cynllunydd a chyd-gerflunydd, Cofeb Churchill, Chatsworth. Aelod cyswllt o'r Gymdeithas Awyrennol Frenhinol. Aelod o'r Academi Frenhinol Gymreig (AFG). Arddangosfeydd ar y cyd yn cynnwys *Arddangosfa'r Haf*, Yr Academi Frenhinol, Llundain 1957; Academi Frenhinol Gorllewin Lloegr, Bryste 1958, 1998; Oriel Cyngor Celfyddydau Cymru, Caerdydd 1981; AFG Conwy, o 1991. Arddangosfeydd undyn yn cynnwys Pelter/Sands, Bryste 1976; Oriel Gweithdy Cymru, Abergwaun 1979; Amgueddfa Sir Benfro 1982; Oriel Sessions, Trefdraeth, Sir Benfro. Cyhoeddiadau'n cynnwys *Denis Curry – Painting, Sculpture, Images* (Radcliffe Press, Bryste 1985); *Propulsion of a Variable Geometry Ornithopter* (*Proceedings of Human-Powered Aircraft Group of Royal Aeronautical Society*, Papur 7, 2 Chwefror 1975). Rhaglenni'r BBC yn cynnwys gwaith, *Points West* (*Analysis of the Swan* 1973 – arddangosiad cerfluniaeth ginetig): *River Patrol, The Cleddau 2000*. Casgliadau'n cynnwys Amgueddfa Cymru; Cyngor Sir Penfro; Cymdeithas Celf Gyfoes Cymru. 'Astudiaeth arbennig ym maes biobeirianneg a mecanweithiau hedfan mewn pryfaid, adar, terosoriaid; cydweithio ar hyn o bryd ag ymchwilwyr yn Adran Sŵoleg Prifysgol Bryste a Phrifysgol Götenborg, Sweden. Yn byw yn Llan-y-cefn, gorllewin Cymru.
*Yr artist*

## David CUSHWAY 1965–
**Ceramegydd. Ganed yn Wickford, Lloegr.**

Astudiodd ym Mhrifysgol Sba Caerfaddon 1986–89, Athrofa Addysg Uwch Caerdydd 1992–94. Darlithydd rhan-amser, Coleg Northbrook, Swydd Sussex 1990–92; artist preswyl, Ysgol Christ's Hospital, Horsham 1994–96; Canolfan Gwaith Ceramig Ryngwladol, S'hertogenbosch. Grantiau teithio gan Gyngor Celfyddydau Cymru 2000, 2001. Comisiynau'n cynnwys *Cycle*, g39, Caerdydd 2001; *Yr Wyddfa*, Amgueddfa Whitworth, Manceinion 2002; *Reconstructing Culture*, Canolfan Gelfyddydau Chapter, Caerdydd (CGChap) 2003. Gwobr Prynu Crameg, Prifysgol Morgannwg 2004. Rheolwr safle, Cyngor Sir Caerdydd 1999–2001. Aelod o Stiwdios Fireworks, Caerdydd. Arddangosfeydd ar y cyd yn cynnwys Sefydliad y Celfyddydau Cyfoes, Llundain 1989; *Young Contemporaries*, Amgueddfa Victoria ac Albert, Llundain 1993; *Ffresh 1*, CGChap, Caerdydd 1998, *Ffresh 3*, CGChap 2002; *Celf o Gymru: Cenhedlaeth Newydd* 2001, Commune di Milano, Yr Eidal; Eisteddfod Genedlaethol Cymru, Ynys Môn 1999, Casnewydd 2004; *Bodywork 2005*, Canolfan y Celfyddydau Aberystwyth (teithiol). Arddangosfeydd undyn yn cynnwys CGChap 2003. Gwaith wedi'i gynnwys yn *Arts Monthly* 1996; *Ceramic Review* 2000, 2004; *Ceramic Figures*, Michael Flynn (A&C Black, Llundain 2002); *Delweddu Cymru*, Hugh Adams (Seren, Pen-y-bont ar Ogwr/Celfyddydau Rhyngwladol Cymru 2003). Cyfweliadau radio wrth fwrw castin rhan o gopa'r Wyddfa i Oriel Gelf Whitworth, Manceinion 2002. Mae'r 'clai ei hun, ffilmiau, gosodwaith, cerflunwyr a cheramegwyr' wedi dylanwadu arno. 'Mae fy ngwaith yn ymwneud â chylch bywyd a marwolaeth.' Yn byw yng Nghaerdydd, de Cymru.
*Yr artist*

# ARTISTIAID: D

D **Erica DABORN** 1951–
**Peintwraig. Ganed yng Nghaer-wynt, Lloegr.**

Astudiodd yn Ysgol Gelf Caer-wynt 1968–72 gyda John Bellany; Y Coleg Celf Brenhinol, Llundain 1973–74, 1975–77 (MA) gyda Peter Blake. Cymrodor Iau, Athrofa Addysg Uwch De Morgannwg 1977–78; darlithydd, Prifysgol California, 1986–87, 1988–90; Ysgol Amgueddfa'r Celfyddydau Cain, Boston o 1995. Gwobrau'n cynnwys Eisteddfod Genedlaethol Cymru, enillydd 1980; Cyngor Celfyddydau Cymru (CCC). Stiwdio yng Nghanolfan Celfyddydau Chapter, Caerdydd 1978–83. Comisiynau'n cynnwys arwyddion tafarndai, Bragdy Ansells 1982; Awdurdod Datblygu Cymru 1985. Aelod o Gymdeithas

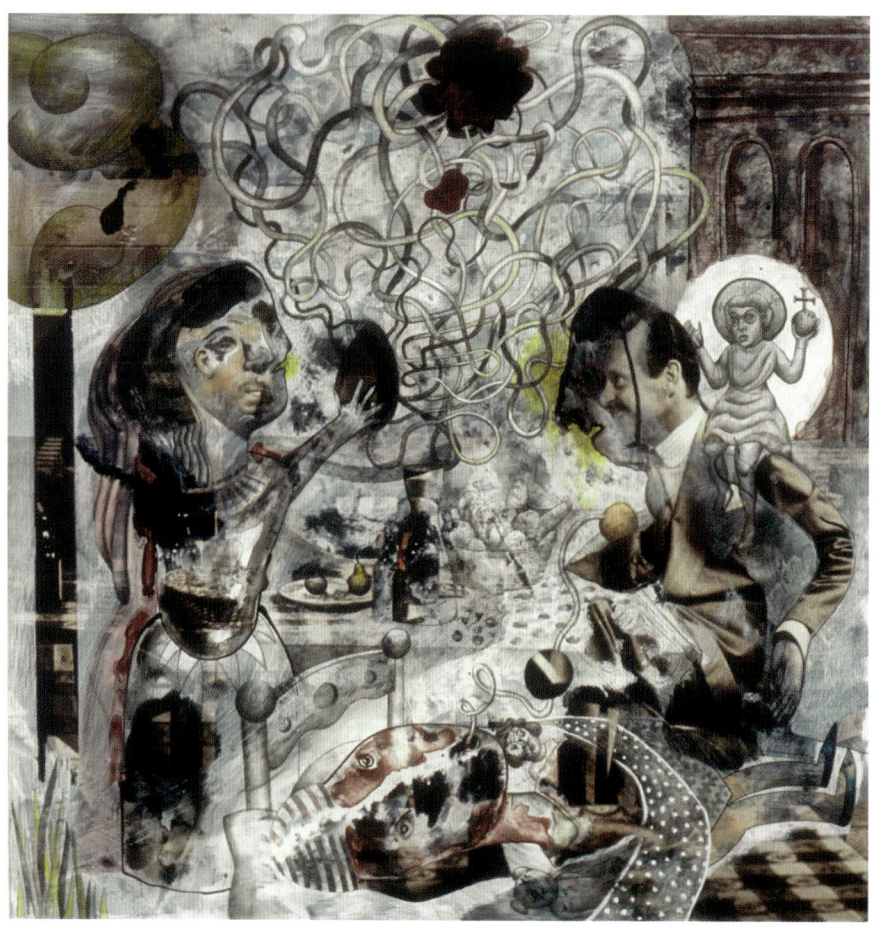

74 | Erica Daborn
*Interplay: Carafe* 2006

Artistiaid a Dylunwyr Cymru 1978–82; Grŵp 56 Cymru (G56C) 1977–84. Arddangosfeydd niferus ar y cyd yn cynnwys G56C; *Family Album*, Prifysgol Talaith California, 1994; *Life, Death and In Between*, Oriel William Havu, Denver 2003. Arddangosfeydd un-ddynes yn cynnwys *The Journey*, Oriel, CCC Caerdydd 1985; *Art at Work*, Amgueddfa Môr a Diwydiant Cymru, Caerdydd 1986 (teithiol); *Family Matters*, Oriel Sherry Frumkin, Santa Monica 1993; *Out of Place*, Prifysgol Denver 1999; Annette Howell Turner Center for the Arts, Valdosta 2007. Ysgrifennodd 'Backtalk' (*Santa Barbara Contemporary Arts Forum* 1993). Cyhoeddiadau niferus yn cynnwys John Russell Taylor (*The Times* 14 Hydref 1980); David Briers (*Artscribe* Awst 1985); Michael Paglia (*Westword* 11 Ebrill 1999). Casgliadau'n cynnwys Amgueddfa Gelf Santa Barbara; Yr Amgueddfa Brydeinig. Gwaith wedi'i brynu gan CCC. 'Roedd ei thad, Stuart Daborn, yn beintiwr. Prif ddylanwadau … Stanley Spencer, John Bellany, Romare Bearden, Jose Luis Cuevas. Mae ei gwaith yn datblygu o arlunio… yn ymchwilio i berthynas seicolegol…' Yn byw yn Gloucester, Massachusetts, UDA.
*Yr artist*

### Berenice DAINES 1962–
**Gwneuthurwraig brintiau. Ganed yn Lincoln, Lloegr.**

Astudiodd yng Ngholeg Celf Lincoln 1980–81; Coleg Celf Caerwysg 1981–84. Cyrhaeddodd Gymru ym 1986. Addysgodd lithograffeg, Gweithdy Printiau Caerdydd. Aelod o Gymdeithas Artistiaid a Dylunwyr Cymru 1986–91 (cadeiriodd Gangen Caerdydd 1988; golygydd, *Link*); Sand Witches ('rhai gwragedd creadigol yn Sir Benfro'). Arddangosfeydd ar y cyd yn cynnwys *Y Darlun Mawr*, Llyfrgell Doc Penfro 2000; *Sand Witches*, Theatr y Torch, Aberdaugleddau 2002; *Artist Cymreig y Flwyddyn*, Neuadd Dewi Sant, Caerdydd 2006; *British Miniature Print Exhibition* 2006 (teithiol). 'Printiau ffigurol' yw natur ei gwaith, 'lithograffau neu dorion leino fel arfer. Mae gwaith diweddarach yn cynnwys … panel gwydr lliw. Arlunio, siarcol yn bennaf.' Yn byw yn Noc Penfro, gorllewin Cymru.
*Yr artist*

### Martyn DALLIMORE-JONES   Gweler Martyn JONES

### Hubert DALWOOD 1924–1976
**Enw gwaith Hubert Cyril Dalwood, cerflunydd. Ganed ym Mryste, Lloegr.**

Prentis, Cwmni Awyrennau Bristol; peiriannydd, Y Llynges Frenhinol 1944–46. Astudiodd yn Academi Gelf Caerfaddon 1946–49, gyda Kenneth Armitage. Bu'n gweithio mewn ffowndri efydd, Milan 1950 (Ysgoloriaeth Llywodraeth yr Eidal). Darlithydd, Coleg Celf Casnewydd 1951–55; Cymrodoriaeth Gregory, Prifysgol Leeds 1955–59; darlithydd (rhan-amser), Leeds, Llundain, Maidstone 1956–64. Pennaeth Cerfluniaeth, Coleg Celf Hornsey, Llundain 1968–73, Y Coleg Celf Canolog, Llundain 1974–76. Cymrodoriaeth Deithio Winston Churchill 1972. Comisiynau'n cynnwys Prifysgol Lerpwl; Coleg Nuffield, Prifysgol Rhydychen; Swydd Ystadegau Busnes, Casnewydd. Aelod o Grŵp 56 Cymru 1956–70; Aelod Cyswllt, Yr Academi Frenhinol 1976. Arddangosfeydd ar y cyd yn cynnwys *Arddangosfa Haf*, Gimpel Fils, Llundain (GFLI) 1949; *Contemporary Welsh Painting and Sculpture*, Pwyllgor Cymreig Cyngor Celfyddydau Prydain Fawr 1955 (teithiol); *Contemporary British Sculpture*, Cyngor Celfyddydau Prydain Fawr (CCPF) 1957, 1961, 1965 (teithiol); *Arddangosfa Lerpwl John Moores* 1959 (Gwobr gerfluniaeth); XXXI Biennale Fenis 1962 (Gwobr Gerfluniaeth David E Bright); *British Sculpture in the Sixties,* TG 1965; Cymdeithas Celf Gyfoes Cymru (CCGC) 1968, 1977, 1987; *Kinetic Art*, Cymdeithas Gelfyddydau Gorllewin Cymru/Oriel Gelf Glynn Vivian, Abertawe 1972; Canolfan New Art yn Roche Court, Caersallog 1986, 1992, 1995, 1997; *St. Ives Connections: Dartington, Corsham, Leeds*, Tate St. Ives 1998. Arddangosfeydd undyn yn cynnwys GFLI, saith gwaith 1954–90; *Hubert Dalwood: Sculptures and Reliefs*, CCPF 1979 (teithiol, gan gynnwys Amgueddfa ac Oriel Gelf Casnewydd (AOGC). Wedi'i gynnwys yn

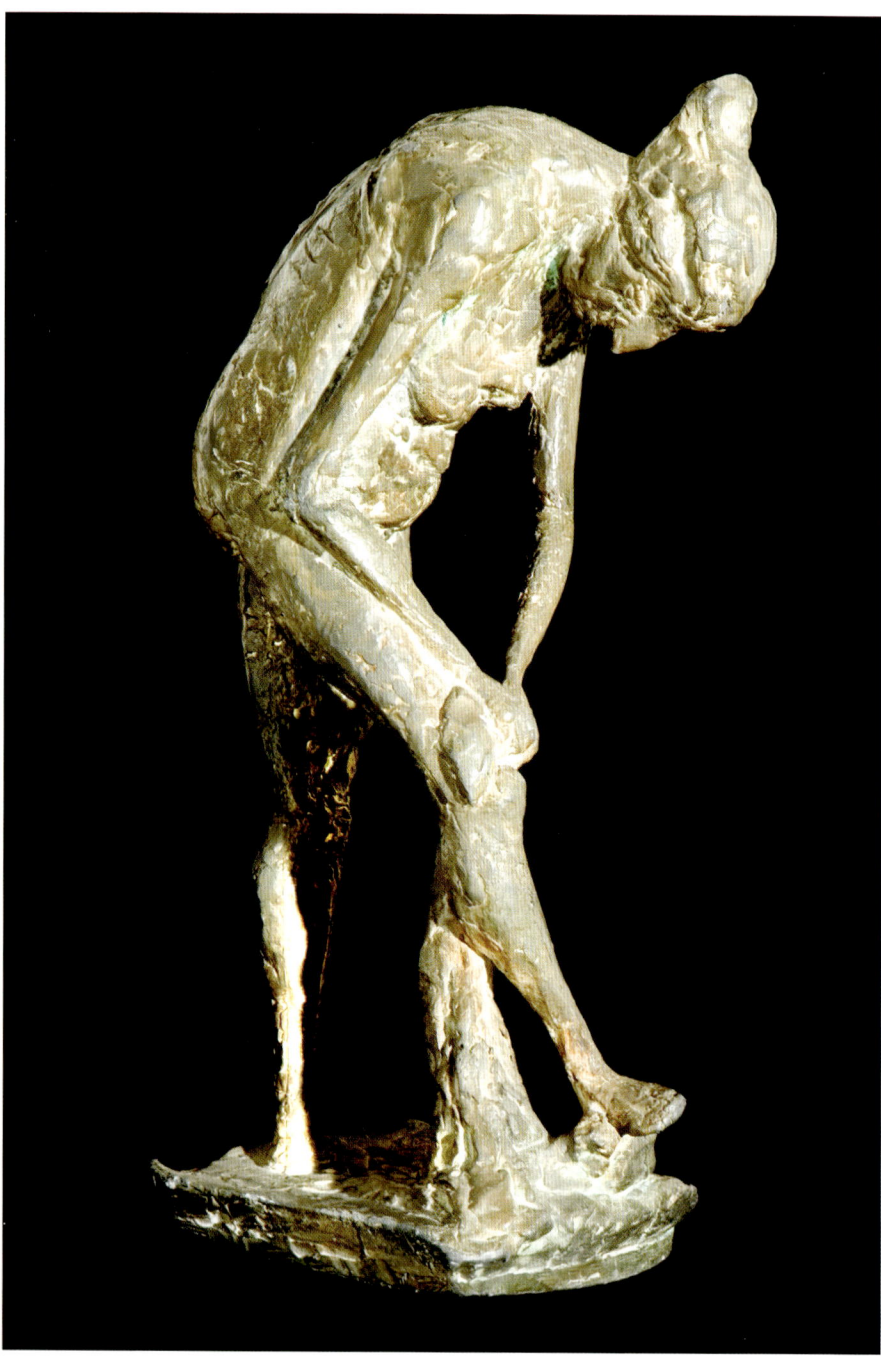

75 | Hubert Dalwood
*Woman Washing* tua 1954

*The Sculpture of Hubert Dalwood*, Chris Stephens (Lund Humphries 1999). Casgliadau'n cynnwys Amgueddfa Cymru, Caerdydd; Amgueddfa Guggenheim, Efrog Newydd; Amgueddfa Victoria ac Albert, Llundain; AOGC; Casgliadau Tate, Llundain; CCGC; Cyngor Celfyddydau Lloegr; Y Cyngor Prydeinig. Prynwyd gwaith gan Gyngor Celfyddydau Cymru. Roedd yn byw yn Llundain, Lloegr.

### Ieuan Rhys DANIEL 1943–
**Peintiwr, gwneuthurydd printiau, ffotograffydd. Ganed ym Mhen-uwch, gorllewin Cymru.**
Astudiodd yng Ngholeg Celf Caerdydd 1960–61; Coleg Celf Abertawe 1961–63. Athro, Ysgol Uwchradd Fodern Trealaw 1963–64; Ysgol Gyfun Maesydderwen, Ystradgynlais 1965–68; Pennaeth Celf, Ysgol Gyfun Rhydfelen, Pontypridd 1968–94; athro cyflenwi 2001–07; tiwtor (rhan-amser), o 1981, Gweithdy Murluniau Gwaelod y Garth (cyd-sefydlydd); Celfyddydau Cymunedol y Rhondda; Celfyddydau i Bobl Anabl yng Nghymru; Sain Ffagan: Amgueddfa Werin Cymru; Amgueddfa Cymru; Ysbyty Hensol, Bro Morgannwg. Parcmon Gwasanaeth Cefn Gwlad Mynydd Caerffili, o 1995. Aelod o'r grŵp artistiaid Gweled gynt; Gweithdy Argraffu Caerdydd. Arddangosfeydd ar y cyd yn cynnwys *Arddangosfa Canolbarth Cymru*, Canolfan y Celfyddydau Aberystwyth 1992; Canolfan Gelfyddydau Taliesin, Abertawe 1992; Eisteddfod Genedlaethol Cymru, Llanfair-ym-Muallt 1993; Oriel, Cyngor Celfyddydau Cymru, Caerdydd 1995; *Sioe Haf*, Neuadd Dewi Sant, Caerdydd 2001; *Ancient Stones of Shetland and Wales*, Canolfan Gelfyddydau Neuadd Llanofer, Caerdydd (CGNLI) 2007. Arddangosfa ddeuddyn, *Gwreiddiau*, Parc Treftadaeth y Rhondda, Trehafod (gydag Elwyn Thomas) 1999. Arddangosfeydd undyn yn cynnwys *Studies of the Welsh Colony*, Trelew a Gaiman, Patagonia 1977; *Welsh Landscape*, CGNLI 1996; Canolfan Howardian, Caerdydd 1997; *Moving Pictures*, Canolfan Celfyddydau Cymru, Ysbyty Llandoche 1997; Oriel Pebbles Yard, Tyddewi 2006. Wedi'i gynnwys yn y wasg leol; Y Sioe Gelf, S4C (1996). '…coedwig hynafol, pydru ac adfywio yn nhirwedd Cymru.' Yn byw yn Ffynnon Taf, de Cymru.
*Yr artist*

### Peter DANIELS 1935–1998
**Enw gwaith Peter Wakefield Eden Daniels, peintiwr. Ganed yn Salford, Manceinion Fwyaf, Lloegr.**
Astudiodd yng Ngholeg Celf Manceinion 1952–53; Canolfan Ddylunio'r Argraffwyr Calico 1953–57. Dylunydd graffeg, Llundain. Cyrhaeddodd Gymru ym 1970. Artist/dylunydd i gwmnïau cenedlaethol; peintiwr llawn amser o 1975. Addysgwyd/ysbrydolwyd gan Eugene Halliday 1978–82. Agorodd Oriel y Tŷ Pinc, Solfach 1986. Dechreuodd Achub Tyddewi, Ymgyrch Sir Benfro yn erbyn Radar (PARC) 1990. Comisiynau'n cynnwys Sefydliad Nimbus 1993–2003 (paentiadau wedi'u gorffen ar ôl ei farwolaeth trwy ddefnyddio delweddau wedi'u cadw ar gyfrifiadur); Cyngor Cenedlaethol Ymchwil i'r Amgylchedd, tua 1995. Arddangosfeydd ar y cyd yn cynnwys *Save St Davids/The Exhibition*, PARC, Cadeirlan Tyddewi 1990 (teithiol); Oriel Albany, Caerdydd 1991, 1992; Neuadd Dewi Sant, Caerdydd 1994; *Welsh Contemporaries*, Oriel Celf Gyfoes, Llundain (OCG) 1996, 1997; Oriel Abermarle, Llundain 1997. Arddangosfa ddeuddyn, Oriel y Courtyard, Cás-gwent (gyda Philip Brown) 1996. Arddangosfeydd undyn yn cynnwys Oriel Pont Cleveland, Caerfaddon 1991, 1992; Beaux Arts, Caerfaddon 1991; *Paintings from Pembrokeshire*, OCG 1995; Orielau Business Art, Llundain 1997. Rhaglen HTV, *Nimbus Concert Hall Paintings* 1995; rhaglen ddogfen, *Creative Roads* 2004. 'Golau'n crynu ar y coed neu ar ddŵr yw'r sbardun ac wedyn yr ymhyfrydu megis plentyn wrth ganolbwyntio ar y lliw y mae'n ei greu…' Roedd yn byw yn Solfach, gorllewin Cymru.
*Elizabeth Daniels*

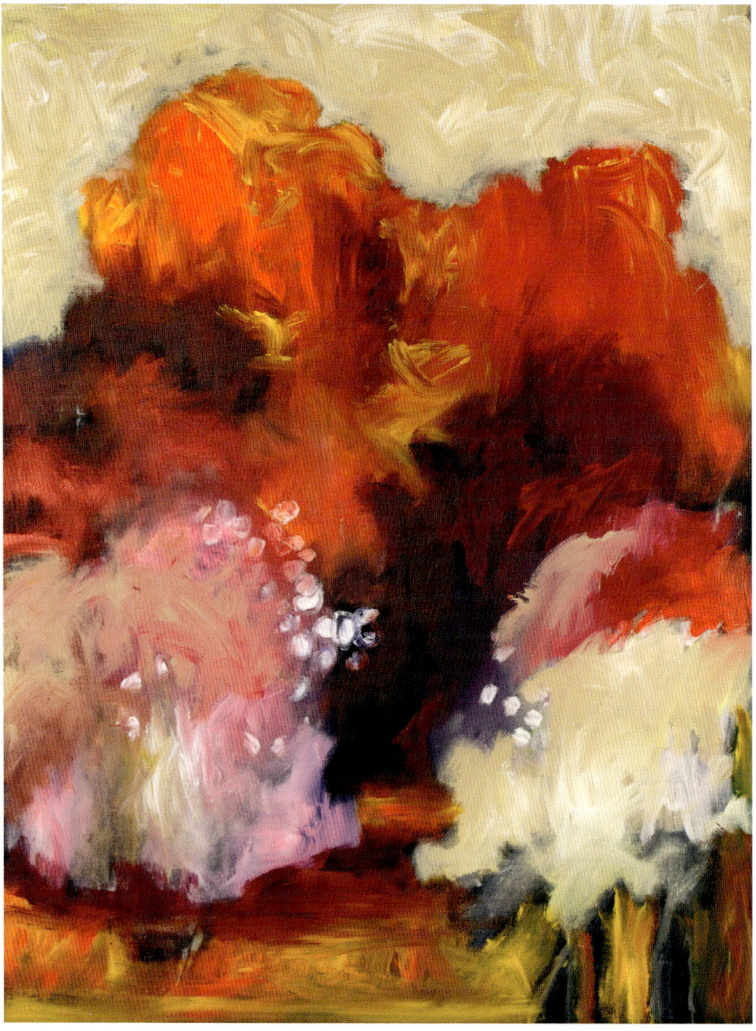

76 | Peter Daniels
*Gardens at Picton, Pembrokeshire* 1997

### Dainis DAUKSTA 1953–

**Cerflunydd. Ganed yn Northampton, Lloegr.**

Astudiodd yn Ysgol Gelf Northampton 1971–73, gyda Malcolm Pollard, Henry Bird; Coleg Celf Caerdydd 1973 (wedi'i wahardd); Prifysgol Bangor (MSc Technoleg Diwydiannau'r Goedwig) 2007. Cerflunydd cynorthwyol, Haddonstone Cyf, Northampton 1973–1975; cynorthwy-ydd (rhan-amser) i'r cerflunydd, Edward Folkard, Llanfair-ym-Muallt 1990–99 (prosiectau yn Llandrindod, Y Gelli Gandryll). Hefyd yn goedwigiwr, tyfwr coed, dylunydd coed. Prosiectau, comisiynau'n cynnwys cynorthwyo â gwaith adfer, *Woman with Fish*, Frank Dobson 1975; eglwysi, Esgobaeth Northampton 1978, 1979; Amgueddfa Cymru 1977; Ysgol Llanynys, Llanfair-ym-Muallt 2000 '…dylunio gan ddefnyddio pren a dyfir yng Nghymru.' Yn byw ger Llanfair-ym-Muallt, canolbarth Cymru.
*Yr artist*

## Dai DAVID 1968–
**Enw gwaith David Lewis, peintiwr. Ganed yng Nghastell-nedd, de Cymru.**

Astudiodd gerddoriaeth yng Ngholeg Prifysgol Gogledd Cymru, Bangor 1986–89; Y Coleg Cerdd Gogleddol Brenhinol, Manceinion 1989–94 (ysgoloriaeth). Arddangosfeydd ar y cyd yn cynnwys Oriel Russell, Llundain (yn parhau); Oriel Plas Glyn-y-Weddw, Llanbedrog 2001; Oriel Albany, Caerdydd 2006. Arddangosfeydd undyn yn cynnwys y Tŷ Opera Brenhinol, Llundain; Canolfan y Celfyddydau Aberystwyth 2003. ...'arfordir, traethau Cymru, ymwelwyr haf'. Yn byw ger Castell-nedd.
*Yr artist*

## Illtyd DAVID 1906–1992
**Peintiwr. Ganed yn Abertridwr, de Cymru.**

Hunanaddysgedig. Gwas fferm o 1919. Bu ei deulu'n byw yng Nghanada 1927–31. Gwerthwr, peiriannau amaethyddol 1931–56. Cystadleuydd aredig/plygu perthi o 1923, yn bencampwr ac yn feirniad yn nes ymlaen. Gyrrwr, Pwll Glo y Groes-faen, Deri 1956–68. Peintiwr llawn amser o 1968. *Gwobr Cystadleuaeth Agored y Sunday Telegraph* 1969, 1971; Medal Arian, Paris Salon, Société des Artistes Français (SAF) 1974; Medal Efydd, Barcelona 1975; Medal Aur, Paris Salon, SAF 1976. Aelod o Gymdeithas Gelf Bargoed (Llywydd); Cymdeithas y Peintwyr Celf Gyfoes; AFG. Arddangosfeydd ar y cyd yn cynnwys

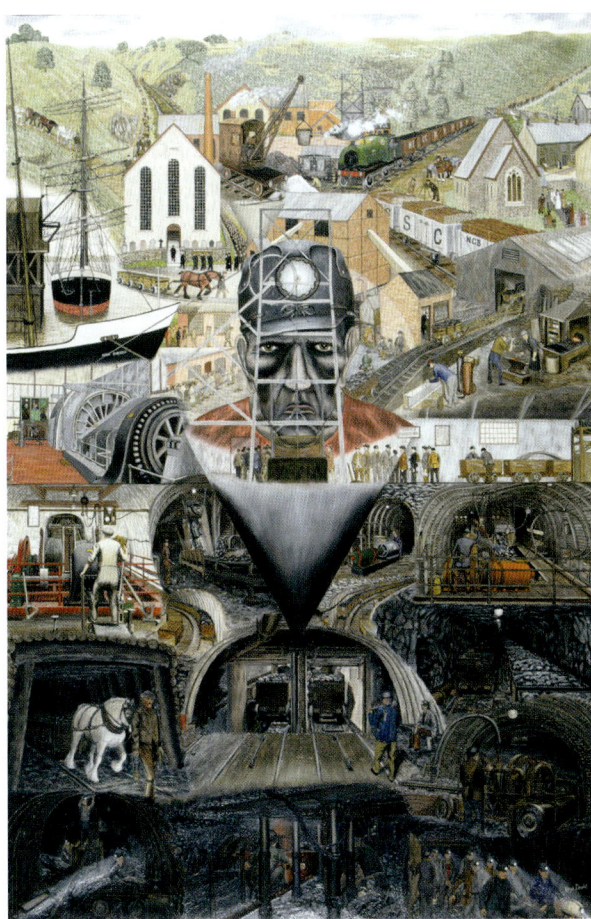

77 | Illtyd David
*Groesfaen Saga* 1969

*Pictures for Welsh Schools*, Y Gymdeithas er Addysg trwy Gelf, Amgueddfa Cymru (AC) 1968–70; Yr Academi Frenhinol Gymreig, Conwy 1968, 1969, 1974, 1977, 1982 (teithiol); *Cofnodi Capeli 2*, Cyngor Celfyddydau Cymru (CCC) 1969 (teithiol); Eisteddfod Genedlaethol Cymru (EGC), Rhydaman 1970, Hwlffordd 1972; *Arddangosfa Haf*, Yr Academi Frenhinol, rhwng 1970 a 1985 (arddangosfa deithiol 1974); Prifysgol Cymru, Abertawe 1975, 1983; *Miner-Artists: the Art of Welsh Coal Workers*, Llyfrgell Genedlaethol Cymru, Aberystwyth 2000. Arddangosfeydd undyn yn cynnwys Theatr y Sherman, Caerdydd 1977; Gŵyl Gelfyddydau Cwm Rhymni, Caerffili 1978. Cyfrannodd bennod, 'Jenkins versus Williams', *A Long, Straight Furrow: the Story of Gelligaer, Llanfabon, and Merthyr Ploughing and Hedging Societies 1871–1971*, golygydd D Gethin Thomas. Gwaith wedi'i gynnwys yn y wasg genedlaethol/gwasg y celfyddydau, gan gynnwys *Revue d'Art Moderne* (1970); *The Artist* (Bernard Dunstan, Ebrill 1971); *Financial Times* (Marina Vaizey, 3 Mehefin 1972). Casgliadau'n cynnwys AC. Prynwyd gwaith gan CCC. Paentiadau naratif manwl am amaethyddiaeth a bywyd diwydiannol yn ei gwm. Roedd yn byw yn y Deri, Bargoed, de Cymru.

## JM DAVIDOFF  Gweler Judith STROUD

## GLENN DAVIDSON ac ANNE HAYES
**Artistiaid sy'n gweithio â'i gilydd fel ARTSTATION, partneriaeth gelf/technoleg amlddisgyblaethol.**

Glenn Davidson FRSA (GD). Ganed ym 1957 yn Birmingham, Lloegr. Astudiodd yng Ngholeg Celf Stourbridge 1974–76; Coleg Celf Caerdydd (CCCaer) 1976–79, gyda John Gingell (JG), Harry Holland, Chris Monger, Gordon Pask. Profiad darlithio helaeth, gan gynnwys Athrofa Prifysgol Cymru, Caerdydd, Prifysgol Cymru Casnewydd, o 1990. Anne Hayes. Ganed 1957 yn Leeds, Lloegr. Astudiodd yng Ngholeg Jacob Kramer, Leeds 1975–76; CCCaer 1976–79. Gyda'i gilydd, buont yn gyfrifol am sefydlu Live Support System 1980–84; Artstation 1991. Cymrodoriaeth, Seiberneteg a Systemau Cymdeithasol, Prifysgol Amsterdam 1988–90. Preswyliadau'n cynnwys Canolfan Gelfyddydau Neuadd Llanofer (CGNLl), Caerdydd 1984. Sefydlwyr Stiwdio Celfyddydau Cyfrifiadurol, CGNLl 1995. Prosiectau niferus gan gynnwys *Locomotion* 1984–87; Gŵyl Erddi Cymru, Glynebwy 1992. Comisiynau'n cynnwys Swalec (gyda JG), Caerdydd 1993; Y Neuadd Gŵyl Frenhinol, Llundain 2000; BBC 2, Science Shack 2002; Caerdydd: Dinas Ddiwylliant 2002; Cyngor Cefn Gwlad Cymru 2003. Gosodwaith yn cynnwys Amersfoort, De Zoonehof, Yr Iseldiroedd 2002; *The Bridge*, Y Porth, Rhondda Cynon Taf 2006. Gwobrau'n cynnwys Awdurdod Datblygu Cymru 1995; Cyngor Celfyddydau Cymru 1991, 1992. Aelod o Artistiaid yr Hen Lyfrgell (GD yn Gadeirydd 1993–94); Grŵp 56 Cymru 1995–97. Arddangosfeydd ar y cyd yn cynnwys *Cardiff/ Stuttgart*, Comisiwn Cyfnewidfa Ddiwylliannol Caerdydd, Stuttgart Expo 1993; *Art of the Possible*, Grŵp 56 Cymru, Coleg y Brifysgol, Caerdydd 1996; Gŵyl Islington, Llundain 1998; *may you live in interesting times*, bloc:Technoleg Greadigol Cymru/Canolfan Gelfyddydau Chapter, Caerdydd 2005. Erthygl, GD a Wyn Mason, 'Art and Cybernetic Method' (*Journal of Media Practice*, cyf. 8, rhifyn 11, 2006, Intellect Publishing). Dilyniant animeiddio, S4C 1996. '…gosodwaith papur pensaernïol/ffilmiau/ prosiectau cyfryngau rhyngweithiol/cynllunio pensaernïol …' Yn byw yng Nghaerdydd, de Cymru.
*Yr artistiaid*

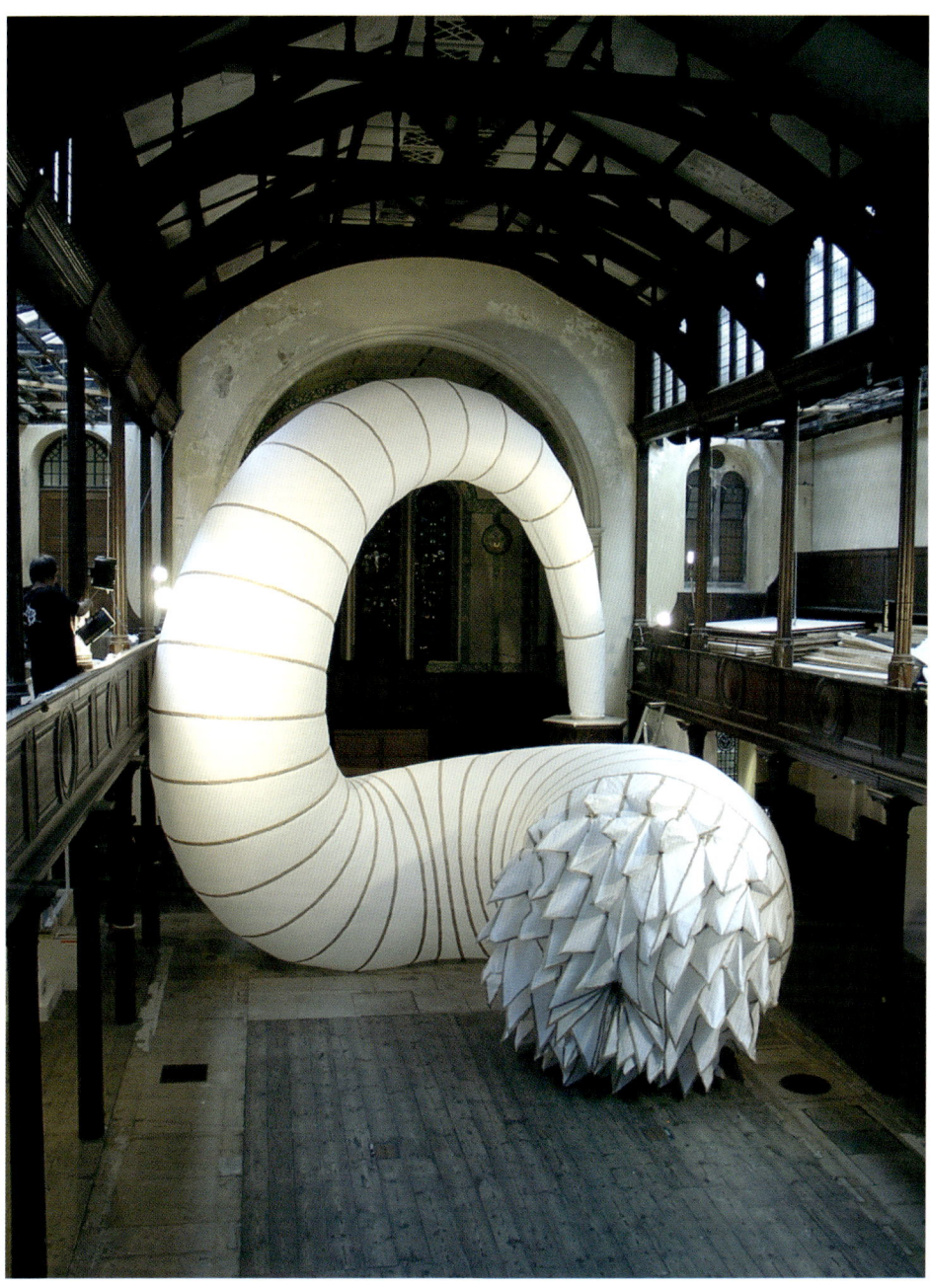

78 | Artstation
*Polyphon* 2001

### Ceri AUCKLAND DAVIES 1951–
**Peintiwr. Ganed yn Llanelli, gorllewin Cymru.**

Astudiodd yn Ysgol Gelf Llanelli 1968–70 gyda Tom Nash; Coleg Celf Casnewydd 1970–73 gyda John Selway, Jack Crabtree, Ernest Zobole, Tom Hughes; Coleg Polytechnig Birmingham 1973–74 gydag Islwyn Watkins, John Davies. Addysgodd gelf yn Wolverhampton 1974–75; Pennaeth Celf, yna Pennaeth Cyfadran y Celfyddydau Mynegiadol, Ysgol Uwchradd Llanedeyrn, Caerdydd 1975–2002. Aelod o Gymdeithas y Peintwyr Tempera. Arddangosfeydd ar y cyd yn cynnwys *Artist Cymreig y Flwyddyn*, Neuadd Dewi Sant, Caerdydd 1994, 2002, 2002; Arddangosfa Laing, Orielau'r Mall, Llundain 1995, 1996; Cymdeithas Tempera, Leighton House, Kensington 2001; Oriel Albany, Caerdydd 2003–04. Arddangosfa undyn, Oriel John Owen, Caerdydd 1993 (Cyfweliad ar Radio Wales); Oriel Albany, Caerdydd 2005. Casgliadau'n cynnwys Gwasanaeth Addysg yr Ysgolion, Amgueddfa Cymru. 'Yn defnyddio tempera wy … y dylanwadau yw arfordir Sir Benfro … afonydd a rhaeadrau sy'n gorlifo … drysau…' Yn byw yng Nghaerdydd, de Cymru.
*Yr artist*

### Adrian DAVIES 1943–
**Peintiwr. Ganed yn Abertawe, de Cymru.**

Astudiodd yng Ngholeg Celf Abertawe 1961–65, gyda Kenneth Hancock, Ronald Cour, Alfred Janes; Coleg Polytechnig Caerlŷr 1969–70, gyda Maurice Johnson; Prifysgol Reading 1978–80 (MFA), gyda Roger Cook, Terry Frost. Athro, Ysgol y Brenin Edward VII, Melton Mowbray 1970–73; darlithydd/uwch-ddarlithydd, Coleg Addysg Uwch Henffordd 1973–78; Coleg Celf a Dylunio Swydd Henffordd 1980–83; uwch-ddarlithydd/pennaeth adran, Coleg y Drindod, Caerfyrddin 1983–2005. Gwobrau'n cynnwys Cymdeithas Gelfyddydau Gorllewin Cymru 1979; Celfyddydau Gorllewin Canolbarth Lloegr 1982; Cyngor Celfyddydau Cymru (CCC) 1988. Arddangosfeydd ar y cyd yn cynnwys Eisteddfod Genedlaethol Cymru 1978, 1987, 1988 (arobryn), 1989; *Pwy Ydym Ni?*, Amgueddfa Cymru 2000. Arddangosfa ddeuddyn, *Changing Places*, Oriel, CCC, Caerdydd (gyda Robert Hunter) 1986. Arddangosfeydd undyn yn cynnwys Oriel Gelf Glynn Vivian, Abertawe 1979; Oriel Gelf ac Amgueddfa Henffordd 1983; Llyfrgell Sir Gaerfyrddin 1988; Canolfan Gelfyddydau Glannau Gwy, Llanfair-ym-Muallt 1994; Canolfan Gelfyddydau Pontardawe 1997; Oriel Henry Thomas, Coleg Technoleg a Chelf Sir Gaerfyrddin, Caerfyrddin 1998. Wedi'i gynnwys mewn rhaglenni Radio Cymru BBC 1994, 1997. Gwaith yng nghasgliad Prifysgol Cymru Y Drindod Dewi Sant. 'Er 1980… mae fy mheintiadau'n parhau i dalu teyrnged i ddarn o dir islaw pentref Craig-cefn-parc.' Yn byw yn Llanarthne, gorllewin Cymru.
*Yr artist*

### Anthony DAVIES 1947–
**Enw gwaith Anthony John Davies, gwneuthurydd printiau. Ganed yn Andover, Lloegr.**

Tad yn Gymro. Astudiodd yng Ngholeg Celf Caer-wynt (CCCaerw) 1966–70 gyda Trevor Bell, William Crozier; Y Coleg Celf Brenhinol, Llundain (RCA) 1970–73 (MA Celf Gain) gydag Alistair Grant. Prix de Rome, Yr Ysgol Brydeinig yn Rhufain 1973–75. Sefydlodd y Gweithdy Printiau, Canolfan Celfyddydau Chapter, Caerdydd 1978. Addysgodd yn CCCaerw, Coleg Celf Casnewydd, Coleg Celf Belffast 1977–1985. Sefydlodd weithdy printiau, Belffast 1985. Aelod o Grŵp 56 Cymru (G56C) 1980–88; Cymrodor Cymdeithas Frenhinol y Peintwyr ac Ysgythrwyr. Yn darlithio ac yn byw yn Seland Newydd o 1996. Gwobrau'n cynnwys Cyngor Celfyddydau Cymru (CCC); Eisteddfod Genedlaethol Cymru Dyffryn Lliw (arobryn) 1980; Cyngor Celfyddydau Gogledd Iwerddon. Comisiynau'n cynnwys *Seven Original Prints*, CCC/Rosenstiel, Llundain; *Artist's Choice*, RCA 1986. Arddangosfeydd niferus ar y cyd yn cynnwys G56C; *The Final Proof*, CCC (teithiol) 1981; *Direct Contact, 6 Cardiff Artists*, Kunstlerhaus, Stuttgart, 1986 (teithiol); *4th International Print Biennale*, Taiwan 1989. Arddangosfeydd undyn yn cynnwys Oriel, CCC

Caerdydd 1982; Canolfan y Celfyddydau Aberystwyth 1986; Oriel Orchard, Derry 1991; *Kaimanawa Horses*, Oriel Lopdell House, Auckland 2001; *Twin Towers, Wanganui*, ArtsPost, Hamilton 2004. Casgliadau niferus gan gynnwys Amgueddfa Cymru; Amgueddfa Genedlaethol, Warsaw; Amgueddfa Victoria ac Albert; Llyfrgell y Gyngres; Oriel Celf Fodern Genedlaethol yr Alban; Oriel Raglawiaethol Kanagawa, Yokohama; Yr Amgueddfa Ryfel Ymerodrol. Gwaith wedi'i brynu gan CCC. 'Gyda'r artist gweledol, yn aml iawn gwyliwr fyddwch chi, a dwi'n meddwl mai dyna fues i drwy gydol fy mywyd – gwyliwr.' Yn byw yn Wanganui, Seland Newydd.
*Yr artist*

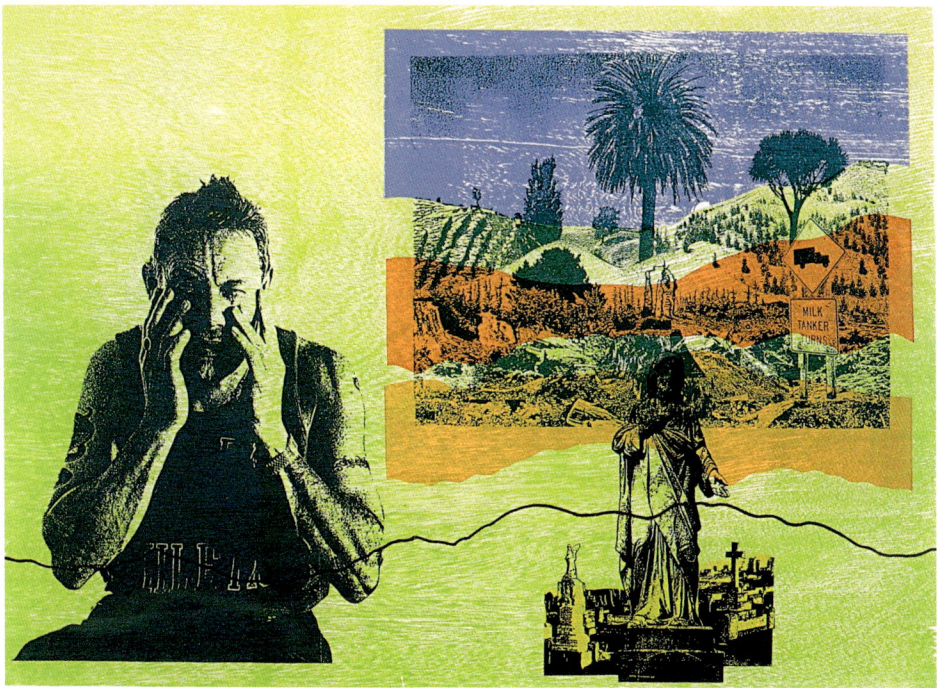

79 | Anthony Davies
*Border Crossings/Journey Through the Takapau Plains*, 5  2000

## Anthony DAVIES 1948–
**Peintiwr. Ganed yn Aberdâr, de Cymru.**

Astudiodd yng Ngholeg Celf Caerdydd 1969–72. Artist graffeg, Coleg Prifysgol, Caerdydd 1973–75; teithio, gwaith amrywiol 1975–87; swyddog gwybodaeth/artist graffeg, Cyngor Dosbarth Cwm Rhymni 1987–89; llyfrwerthwr/artist mewnol, Llyfrwerthwyr Rhyngwladol Farries 1990–2003. Artist llawn-amser, o 2003. Arddangosfeydd ar y cyd yn cynnwys Oriel GPF, Casnewydd, de Cymru 2003, 2004; Academi Frenhinol Gorllewin Lloegr, Bryste 2004–06; Oriel Albany, Caerdydd 2006; Parc Treftadaeth y Rhondda, Trehafod 2006; *Arddangosfa Haf,* Yr Academi Frenhinol, Llundain 2006; *Artist y Flwyddyn Cymru*, Neuadd Dewi Sant, Caerdydd (NDS) 2006; Arddangosfa'r *Nadolig*, NDS 2006, 2007. Arddangosfeydd undyn yn cynnwys Canolfan Gelfyddydau Abaty Nant Teyrnon, Cwmbrân 1986; Y Llyfrgell Ganolog, Caerdydd 1995. 'Tirluniau… y Mynydd Du a Bannau Brycheiniog. Hefyd yn beintiwr ffigurol.' Yn byw ym Mhontllan-fraith, de Cymru.
*Yr artist*

**Barrie J DAVIES** 1977–
**Enw gwaith Barrie John Davies, artist amlgyfrwng. Ganed yn Aberdaugleddau, gorllewin Cymru.**

Astudiodd yng Ngholeg Technoleg a Chelf Sir Gaerfyrddin 1996–97; Sefydliad Southampton 1997–2000; Athrofa Prifysgol Cymru, Caerdydd 2002–04 (MA). Artist preswyl, Ysgol Uwchradd Llanedeyrn, Caerdydd 2006. Prosiectau'n cynnwys *The Urban Improvement Project*, Caerdydd 2007. Arddangosfeydd ar y cyd yn cynnwys *Flim-Flam*, g39, Caerdydd (g39) 2004; *Slice 2*, tactileBOSCH 2004; *Slice 3*, Canolfan Gelfyddydau Chapter, Caerdydd 2005; *Surface*, Oriel Davies, Y Drenewydd (OD) 2006; *Undercover*, OD 2006; *Exhibit 27*, Amgueddfa Celf Dros Dro, Tübingen, Yr Almaen 2006; *Art In It*, Canolfan Gelfyddydau Muni, Pontypridd (Muni) 2007. Arddangosfeydd undyn yn cynnwys *23 RPM*, Llyfrgell Hwlffordd 2001; *Serendipity*, Muni 2003; *Blow My Monkey*, Oriel Red Box, Caerdydd 2004; *The Ballad of Barrie J*, g39, 2006; *Photographs on the Stairs*, Oriel Neuadd y Frenhines, Arberth 2007. Cyhoeddodd *Subesque – The Art of Barrie J Davies* (Editions Martin 2007). Wedi'i gynnwys yn *Western Mail* (Tachwedd 2004); Slaymaker (S4C, Mai 2004). Casgliadau'n cynnwys Canolfan y Mileniwm, Caerdydd. Yn byw yng Nghaerdydd, de Cymru.
*Yr artist*

**Celia DAVIES** 1947–
**Gemydd. Ganed yn Croydon, Surrey, Lloegr.**

Tad yn Gymro. Astudiodd yn yr Ysgol Gelf a Dylunio Ganolog, Llundain 1967–70 gyda Gillian Packard, David Thomas, Leo de Vroomen. Gwobr *Diamonds International* 1970. Cyrhaeddodd Gymru ym 1971. Addysgodd yn rhan-amser tan 1990. Comisiynau'n cynnwys cadwyn swydd, Cymdeithas y Prif Bobwyr 1979; medal lywyddol, Cymdeithas Frenhinol Penseiri Cymru 1980; hudlathau a batonau seremonïol,

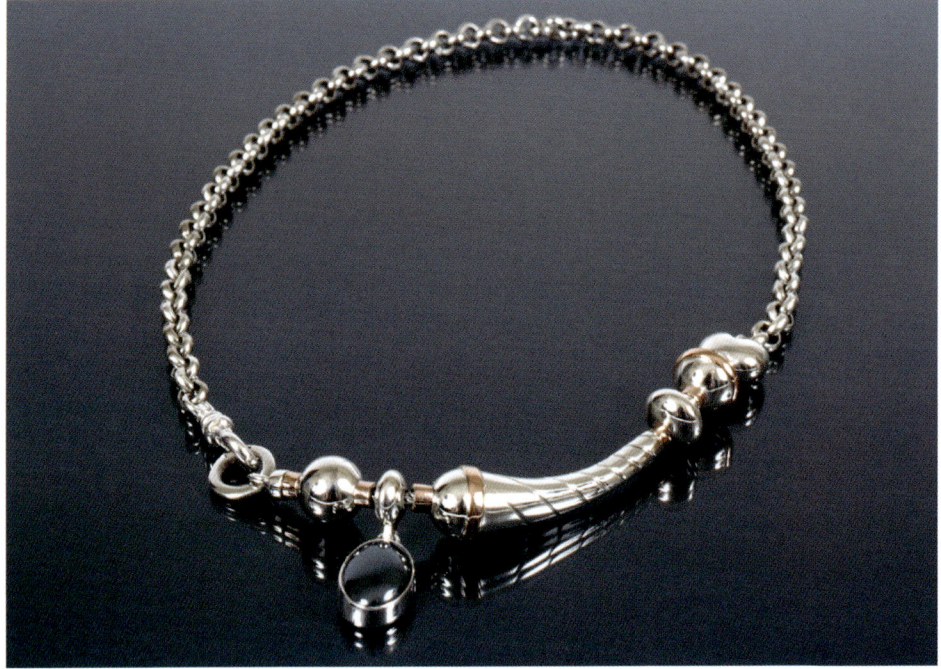

80 | Celia Davies
*Mwclis arian ag onyes du* 1998

Ysgol Feddygol Ysbyty Prifysgol Cymru, Caerdydd 1985. Arddangosfeydd ar y cyd yn cynnwys *Diamonds Today*, Y Ganolfan Ddylunio, Llundain 1970; *Loot*, Neuadd Goldsmiths, Llundain 1975,76,78; *Crefft Cymru*, Caerdydd 1976, 86. Yn arddangos yn rheolaidd yn Oriel, Cyngor Celfyddydau Cymru, Caerdydd, ac orielau eraill a restrir gan y Cyngor Crefftau. Arddangosfeydd un-ddynes, Canolfan Gelfyddydau Abaty Nant Teyrnon, Cwmbrân 1977; Neuadd Dewi Sant, Caerdydd 1986. Casgliadau'n cynnwys Celfyddydau Gorllewin Canolbarth Lloegr; Gwasanaethau Amgueddfeydd Glannau Merswy. 'gemwaith o arian, gydag uchafbwyntiau aur yn darlunio ac yn pwysleisio pob ffurf.' Yn byw yng Nghaerdydd, de Cymru.
*Yr artist*

### Darren Stanley DAVIES 1966–
**Cerflunydd. Ganed yng Nghrucywel, canolbarth Cymru.**

Astudiodd yng Ngholeg Addysg Uwch Gwent 1986–87; astudiodd gerfluniaeth gyda Gretta Begga, Copenhagen 1990; Hochschule der Künste, Berlin 1991, 1996–97 (MA); Bellas Artes, Universidad Complutense de Madrid 1995. Artist preswyl, Gweithdy Cerfluniaeth Berllanderi, Rhaglan 1996; Hôpital Nord, Marseilles 1998; Nago, Yr Eidal 1999; Oriel a Stiwdios Temple Bar, Dulyn 2000. Gwobrau'n cynnwys Gwobr Gelf Julian Hodge 1986; Rhaglen Gyfnewid Erasmus (Yr Undeb Ewropeaidd) 1995; Deutscher Akademischer Austausch Dienst 1996–97; Celfyddydau Rhyngwladol Cymru 1998; Cyngor Celfyddydau Cymru 1998; Y Cyngor Prydeinig, Iwerddon 1999. Prosiectau'n cynnwys *FIRE!*, digwyddiad ymylol, *Documenta X*, Kassel, Yr Almaen 1997. Arddangosfeydd ar y cyd yn cynnwys Prifysgol Stanford, Palo Alto, UDA 1989; *French Connection*, Oriel Radio Berlin, Berlin 1998; *PLUGsurfing*, Oriel Gerddi Howard, Caerdydd 1999; Oriel Static, Lerpwl 2000; *Trunk*, Oriel Zoller, Prifysgol Talaith Pennsylvania 2000 (teithiol). Arddangosfeydd undyn yn cynnwys Amgueddfa Gelf, Ashdod, Israel 1997; Canolfan Gelfyddydau'r Eglwys Norwyaidd, Caerdydd 1997. Wedi'i gynnwys yn *Western Mail* (12 Ionawr 1997); 'Some Grand Plans', Laura Gannon (*Sand Sculptors International*, Medi/Hydref 1999). Yn byw yng Nghaerffili, de Cymru yn 2000.
*Yr artist*

### David Randal DAVIES 1934–
**Peintiwr. Ganed ym Mhen-clawdd, de Cymru. Hefyd yn gweithio o dan yr enw David Randal.**

Astudiodd yng Ngholeg Celf Abertawe 1949–54, gydag Alfred Janes; Coleg Celf Caerdydd 1973–74, gyda David Bell; Coleg Prifysgol, Caerdydd 1977–80 (MEd). Gwasanaeth Milwrol 1954–56. Athro/pennaeth celf, ysgolion gramadeg/cyfun yn ne a gorllewin Cymru 1956–90; tiwtor (rhan-amser), Adran Allanol, Coleg Prifysgol Abertawe 1990–94. Enillydd gwobr cystadleuaeth gelf genedlaethol y Bwrdd Glo Cenedlaethol 1990. Arddangosfeydd niferus ar y cyd gan gynnwys Eisteddfod Genedlaethol Cymru, Abertawe 1964; *Singer and Friedlander/Sunday Times Watercolour Competition*, Orielau'r Mall, Llundain 1991–92, 1998–99, 2002–04; *Biennale Arlunio Cymru*, Canolfan Gelfyddydau Aberystwyth 1997, 2000, 2002 (i gyd yn deithiol); *Arddangosfa Agored Gyntaf Abertawe*, Oriel Gelf Glynn Vivian, Abertawe 1998 (arobryn); Canolfan Gelfyddydau Taliesin, Abertawe (CGT) o 2000; Neuadd Dewi Sant, Caerdydd 2001–04 (arobryn 2004), 2006, 2007. Arddangosfa ddeuddyn, Oriel yr Atig, Abertawe (gyda Nick Holly) 2006. Arddangosfeydd undyn, Oriel Newydd, Abertawe 1997, 1999; CGT 2003; Canolfan Gelf Patchings, Nottingham 2005. Gwaith yng nghasgliad Llyfrgell Genedlaethol Cymru, Aberystwyth. '…pobl a'u byd beunyddiol… atgofion maboed byw o fywyd y pentref…' Yn byw ym Mhen-clawdd.
*Yr artist*

### Elwyn DAVIES  Gweler John ELWYN

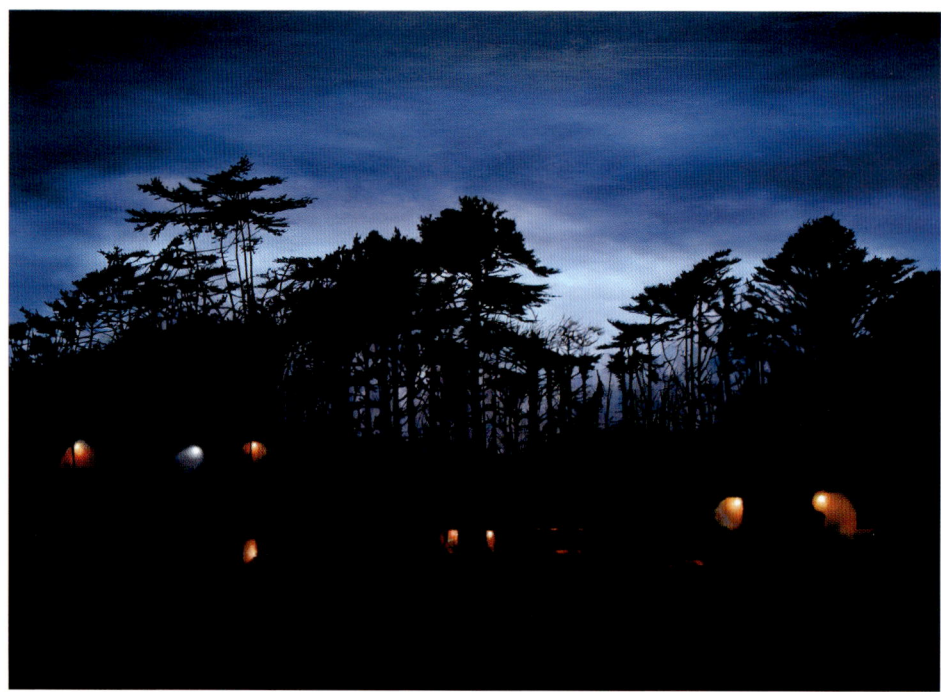

81 | Gareth Hugh Davies
*The Many Peopled Night* 2007

### Gareth Hugh DAVIES 1962–
**Peintiwr, darlunydd. Ganed yn Abertawe, de Cymru.**

Astudiodd yng Ngholeg Celf Dyfed 1980–81, Polytechnig Portsmouth 1981–82, Polytechnig Gogledd Stafford (Gwydr Lliw) 1982–84. Darlunydd archeolegol, Amgueddfa Sirol Swydd Warwick, Ymddiriedolaeth Archeolegol Dyfed, Caerfyrddin 1985–90. Medal Aur am Gelf Gain, Eisteddfod Genedlaethol Cymru (EGC), Cwm Rhymni 1990. Artist preswyl, Kieler Wocke, Kiel 1985; Gŵyl Llanelli 1992. Arddangosfeydd niferus ar y cyd gan gynnwys *Arddangosfa Haf*, Yr Academi Frenhinol 1990–92, 1998; EGC Abertawe 2006; *Under the Eye of Saturn*, Oriel Mostyn, Llandudno 1991; *BP National Portrait Award*, Yr Oriel Bortreadau Genedlaethol, Llundain 1995; *Biennale Arlunio Cymru*, Aberystwyth 1999 (Gwobr Brynu Confreys); Yr Academi Frenhinol Gymreig, Conwy 2005. Arddangosfeydd undyn yn cynnwys Oriel Martin Tinney, Caerdydd 1996; Oriel Neuadd y Frenhines, Arberth 2005; Oriel Leith, Caeredin 2006; Olion, Oriel Myrddin, Caerfyrddin 2007 (teithiol). Casgliadau'n cynnwys Amgueddfa Sir Gaerfyrddin; Oriel Gelf Glynn Vivian, Abertawe; Prifysgol De Cymru, Pontypridd. '…delweddau'r deildy, golygfeydd y nos, a chymylau … Mae ein perthynas â…thirwedd goediog …ymhell o fod yn ddelfrydol na dilychwin.' Yn byw yn Llandybïe, gorllewin Cymru.
*Yr artist*

### Geoff DAVIES 1944–
**Enw gwaith Geoffrey Francis Davies, peintiwr. Ganed yn St Albans, Lloegr.**

Tad yn Gymro. Astudiodd yn Ysgol Gelf y Gofaint Aur, Llundain 1960–63; Y Coleg Celf Brenhinol, Llundain 1963–66 gydag Alistair Grant, Julian Trevelyan. Dylunydd graffig a setiau, Cwmni Theatr Cymru, Caerdydd 1971–73. Darlithydd, Athrofa Addysg Uwch Caerdydd tan 1995. Yn gweithio ym

maes printiau, dylunio a brodwaith 2006. Comisiynau'n cynnwys 'print sgrin hunanddinistriol' ar gyfer Cyngres Gelf y Byd, Coventry 1970; murlun i Goleg Prifysgol Abertawe (CPCA) 1976; *Printiau ar gyfer y Seremoni Cyhoeddi* Eisteddfod Genedlaethol Cymru /Cyngor Celfyddydau Cymru (CCC) 1977. Aelod o Grŵp 56 Cymru (G56C) 1970–84. Arddangosfeydd ar y cyd yn cynnwys G56C a *Cymru Nawr*, CCC 1968 (teithiol); *The Final Proof*, CCC 1981 (teithiol); *Drawn Together*, gydag Erica Daborn, Anthony Davies, Ian Grainger, CPCA 1983 (teithiol); Oriel, CCC Caerdydd 1986. Arddangosfeydd undyn yn cynnwys Neuadd Dewi Sant, Caerdydd (NDS) 1989; Oriel y Crypt, Bryste 2000; *Rust Never Sleeps*, NDS 2003. Casgliadau'n cynnwys Amgueddfa Cymru; Prifysgol Abertawe; Yr Ysgol Gelf, Prifysgol Aberystwyth. Yn byw ym Mhorthcawl, de Cymru.
*Yr artist*

## Glyn DAVIES 1964–
**Ffotograffydd. Ganed yn Swydd Gaer, Lloegr.**

Tad yn Gymro. Astudiodd yn Ysgol Gelf Falmouth 1983–84, gyda Jem Southam; Coleg Addysg Uwch Harrow 1984–87. Athro ffotograffiaeth 1988–2003. Aelod, Cymdeithas y Ffotograffwyr (CFf). Is-gadeirydd, Fforwm Celf Ynys Môn, 2004. Arddangosfeydd ar y cyd yn cynnwys *Family Affair*, Canolfan y Celfyddydau Ucheldre, Caergybi 2001; *Hung in Beaumaris*, Oriel Canolfan Biwmares (OCB) 2002; *Lasting Impressions*, Castell Penrhyn, Bangor 2004; *Salt 'n' Ships*, gyda'i dad, Gareth Davies, Oriel Gelf ac Amgueddfa Williamson, Penbedw (OGAW) 2005. Arddangosfeydd undyn yn cynnwys OCB 1991, 1993, 2001; *Beside the Sea*, Oriel Pendeitsh, Caernarfon 2001; *Celtic Connections*, Oriel Ynys Môn, Llangefni (OYM) 2005 (teithiol); arddangosfa wedi'i chynnwys yn *Image* (CFf, Mai 2005) ac *Welsh Journeys*, BBC2 Cymru, Tachwedd 2005. Casgliadau'n cynnwys BBC Cymru, Bangor; OGAW; OYM. 'Mi fydda i'n ymateb … i bob tirwedd, (ond) mi fydda i bob amser yn dychwelyd i'r arfordir, moroedd a morluniau, hyd yn oed amgylchedd trefol yr arfordir.' Yn byw yn Ynys Môn, gogledd Cymru.
*Yr artist*

## Hanlyn DAVIES 1942–
**Gwneuthurydd printiau. Ganed yng Ngorseinon, gorllewin Cymru.**

Colin Jones, Archie Williams yn athrawon cynnar arno. Astudiodd yng Ngholeg Celf Abertawe 1960–64 gyda George Fairley, Alfred Janes, William Price; Ysgol Gelf Prifysgol Yale 1964–66 gyda Jack Tworkov, Jim Dine. Athro ym Mhrifysgol Vermont, Burlington, 1966–70; Prifysgol Massachusetts, Amherst (PMA), o 1970. Gwobrau'n cynnwys *Ysgoloriaeth Goffa Thomas ac Elizabeth Williams* 1964–66; Cymrodoriaeth Artistiaid, Gwaddol Cenedlaethol i'r Celfyddydau 1981; Cyngor Celfyddydau Cymru (CCC) 1977; Cymrodoriaeth y Celfyddydau Gweledol, Sefydliad y Celfyddydau a'r Dyniaethau Massachusetts 1978; Cymrodoriaeth Fygedol, Prifysgol Cymru, Abertawe 2000; Gwobr Addysgu Rhagorol, PMA 2004. Arddangosfeydd niferus ar y cyd yn cynnwys Oriel Gelf Glynn Vivian, Abertawe (OGGV) 1963; Eisteddfod Genedlaethol Cymru, Abertawe 1964, Aberteifi 1976; *Eleventh Open Exhibition*, CCC 1964; *Beth sy'n Newydd*, Grŵp De Cymru /CCC 1974 (teithiol); *A Welsh American Portfolio: Prints and Poems*, CCC 1984 (teithiol: Cymru ac America). Arddangosfeydd undyn yn cynnwys *Prints and Drawings*, Canolfan y Celfyddydau Aberystwyth 1977 (teithiol); *States of Seizure*, OGGV 1987 (teithiol); *Return Journey*, Canolfan Celfyddydau Taliesin, Abertawe 1999; *Works on Paper 1972–2007*, Oriel Gelf Herter, PMA 2007. Gwaith wedi'i brynu gan CCC. Gwaith wedi'i gynnwys yn *Swansea: an Illustrated History*, golygydd Glanmor Williams (Christopher Davies, Abertawe 1990); 'Portrait of the Artist as a Young (Brynteg) Man', M Wynn Thomas (*Planet* rhifyn 172, 2005). Casgliadau niferus yn cynnwys Amgueddfa'r Celfyddydau Cain, Boston, Massachusetts; Amgueddfa ac Oriel Gelf Casnewydd; Cyngor Celfyddydau Lloegr; Llyfrgell y Gyngres; Oriel Gelf Dinas Glasgow; OGGV. 'Dim ond offeryn arall yw'r wasg offset.' Yn byw yn New Haven, Connecticut, UDA.
*Yr artist*

## Ivor/Ifor DAVIES 1935–

**Enw gwaith Ifor John Davies MBE, peintiwr. Ganed yn Nhreharris, de Cymru.**

Astudiodd yng Ngholeg Celf Caerdydd 1952–56; Coleg Celf Abertawe 1956–57; Prifysgol Caeredin (PCaered) (PhD 1975). Darlithydd, PCaered 1963–78; Pennaeth yr Ysgol Astudiaethau Diwylliannol, Coleg Addysg Uwch Gwent 1978–88. Gwobrau'n cynnwys PCaered 1968; Eisteddfod Genedlaethol Cymru (EGC), Y Fedal Aur am Gelf Gain 2002 (defnyddiwyd y wobr i greu *Gwobr Ivor Davies* am 'waith sy'n cyfleu ysbryd bod yn weithredol yn y frwydr dros iaith, diwylliant a gwleidyddiaeth yng Nghymru'). Aelod o Gymdeithas Artistiaid a Dylunwyr Cymru (Golygydd, *Link* 1985–87); Y Grŵp Cymreig; Beca; Is-lywydd yr Academi Frenhinol Gymreig (AFG); Gweled. Arddangosfeydd niferus ar y cyd gan gynnwys *Contemporary Welsh Painting and Sculpture*, Cyngor Celfyddydau Cymru (CCC)/Amgueddfa Cymru (AC) 1955; *Celtic Vision* 1986 (teithiol); EGC 1973–2003 (arobryn 1975); *Wales, Unofficial Version*, Zagreb 2001; *Blast to Frieze: British Art in the 20th Century*, Amgueddfa Wolfsburg 2002 (teithio'n fyd-eang tan 2006); *This was Tomorrow: Art and the 1960s*, Tate Prydain 2004 (teithiol). Arddangosfeydd undyn yn

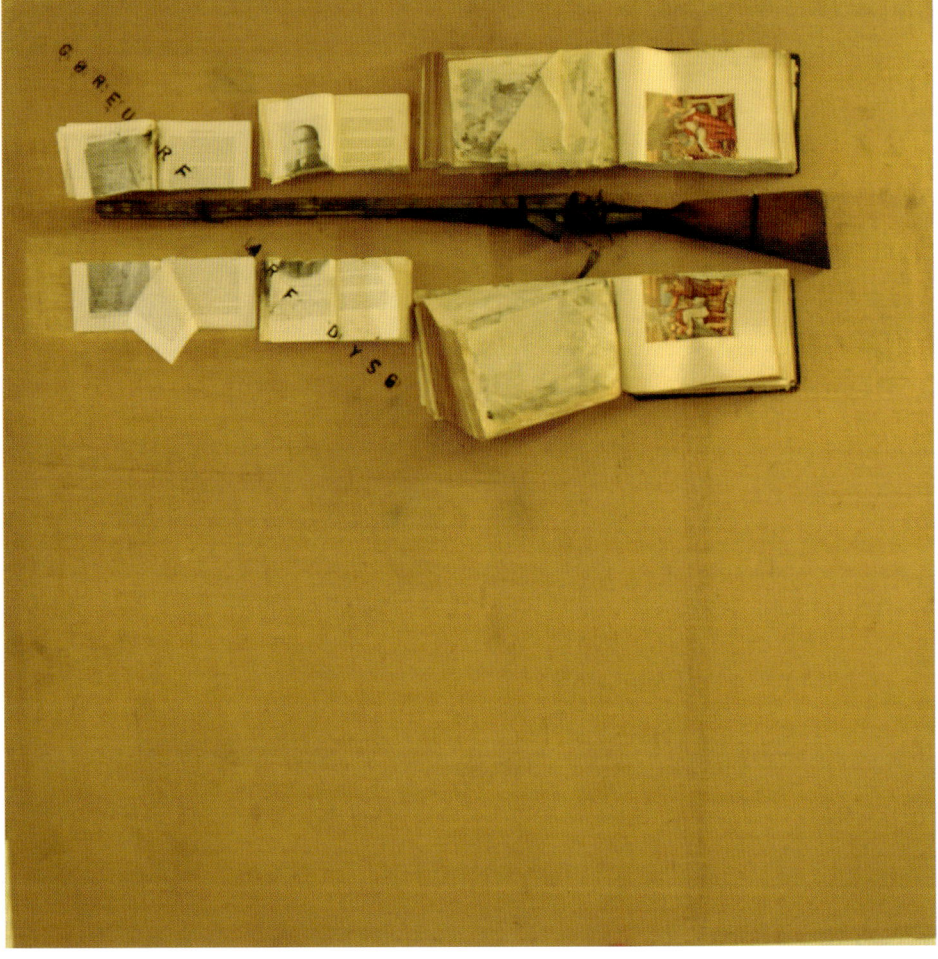

82 | Ifor Davies
*Yr Ysgrifen ar y Mur: dinistr iaith a chymuned* 2001

cynnwys Canolfan Gelfyddydau Talbot Rice, PCaered 1972–74, 1977; Oriel, CCC, Caerdydd 1974; Palacio Municipal de Exposiciones, Corunna 1986; Jedda 1990; AFG 1998 (teithiol). Perfformiadau theatr amlgyfrwng ac arbrofol 1966–68, gan gynnwys *International Destruction in Art Symposium*, Llundain 1966. Darluniau i wahanol gyhoeddiadau 1971–82. Cyhoeddiadau niferus gan gynnwys 'Suprematism and Nihilism' (*Klepht*, Ionawr 1970); 'Giorgio de Chirico…' (*Art International*, Chwefror-Mawrth 1980); *The Age of the Vanguards* (Universal History of Art, Unione Tipigraphico-Editrice Torinese 2002); *Darganfod Celf Cymru*, gyda Ceridwen Lloyd Morgan (Gwasg Prifysgol Cymru, Caerdydd 1998). Gwaith wedi'i gynnwys yn *Studio International* (Rhagfyr 1966); Kristine Stiles, *The Destruction of Art Symposium* … (Prifysgol California, Berkeley 1986); 'Ifor Davies ar ei Waith ei Hun' (*Golwg*, cyfrol 4, rhifyn 12, Tachwedd 1991); *Welsh Artists Talking*, Tony Curtis (Seren, Pen-y-bont ar Ogwr 2000); Iwan Bala, *Essays on Contemporary Art in Wales* (Seren 2003). Casgliadau'n cynnwys AC; Amgueddfa ac Oriel Gelf Casnewydd; Cyngor Celfyddydau Lloegr; Cyngor Celfyddydau'r Alban; Cymdeithas Celf Gyfoes Cymru; PCaered; Prifysgol Aberystwyth; Prifysgol De Cymru, Pontypridd. Prynwyd ei waith gan CCC. Yn byw ym Mhenarth, de Cymru.
*Yr artist*

### JED Gweler John ELWYN

### John DAVIES 1936–
**Ceramegydd, peintiwr. Ganed yn Llundain, Lloegr.**
Ei nain ai'i daid yn Gymry. Cyrhaeddodd Gymru ym 1968. Astudiodd yng Ngholeg Technegol ac Ysgol Gelf De Orllewin Essex 1953–54; hyfforddiant preifat 1950au–60au gyda Kate Moss, Peter Chadwick. Cynorthwy-ydd camera teledu llawrydd; sefydlodd a bu'n rheoli ei grochendy ei hun, Pwllheli 1968–95. Bu'n gweithio fel peintiwr, o 1995. Aelod o Grochenwyr Gogledd Cymru (aelod sefydlu, Urdd Crochenwyr Gogledd Cymru (UCGC) 1971); Cymdeithas Crochenwyr Crefft. Arddangosfeydd ar y cyd yn cynnwys UCGC, Cricieth, Y Bala 1971, 1973; Narbonne, 1975; Bremen 1978; Bendigo, Awstralia 1978; Oriel Gelf Glynn Vivian, Abertawe 1978; Eisteddfod Genedlaethol Cymru/Cyngor Celfyddydau Cymru 1978; *Arddangosfa 25 Mlwyddiant*, Cymdeithas Crochenwyr Crefft Prydain Fawr, Amgueddfa Victoria ac Albert, Llundain (VacA) 1983. Arddangosfeydd undyn yn cynnwys VacA 1978; Nijmegen, Yr Iseldiroedd 1981; Rotenburg, Yr Almaen 1981; Oriel Pendeitsh, Caernarfon 1994. Cyhoeddwyd erthyglau ar danio â choed, dylunio odynau. Casgliadau'n cynnwys Prifysgol Aberystwyth; VacA. 'Mae crochenwyr Japaneaidd wedi dylanwadu arna i'n fawr; ynghyd â…Bernard Leach, Michael Cardew, Richard Batterham – sydd/a oedd i gyd yn ffrindiau i mi ar un adeg.' Yn byw ym Mhwllheli, gogledd Cymru.
*Yr artist*

### John DAVIES 1949–
**Ffotograffydd. Ganed yn Sedgefield, Lloegr.**
Astudiodd yng Ngholeg Polytechnig Trent, Nottingham 1971–74. Argraffydd/ffotograffydd, Sotheby's 1976; cymrawd, Coleg Polytechnig Sheffield 1981; uwch-gymrawd ymchwil, Athrofa Addysg Uwch Caerdydd 1995–96; cymrawd ymchwil, Athrofa Prifysgol Cymru, Caerdydd 1998–2002. Cadeirydd, Counter Image Ltd, Manceinion 1986–90. Bu'n byw yng Nghymru 1991–2001. Comisiynau (ar gyfer arddangosfeydd) yn cynnwys *The Valleys Project: The Rhymney Valley*, Ffotogallery, Caerdydd (Ffotog) 1984 (gyda monograff 1985); *Just Another Day*, Ffotog 2000; *Shrinking Cities*, Sefydliad Celf Gyfoes, Berlin 2004. Gwobr Celf BBC Cymru 1993. Arddangosfeydd niferus ar y cyd gan gynnwys *Personal Views*, Amgueddfa Victoria ac Albert, Llundain (VacA) 1983; *The Art of Photography*, Yr Academi Frenhinol, Llundain 1986; *British Photography from the Thatcher Years*, Amgueddfa Celf Fodern, Efrog Newydd (ACF) 1991; *Le Temps Vite*, Centre Pompidou, Paris 2000; *A470*, Oriel Mostyn, Llandudno 2001

(teithiol); *Where Are We? Questions of Landscape*, VacA 2001; *How We Are – Photographing Britain*, Tate Britain, Llundain 2007. Arddangosfeydd undyn yn cynnwys Oriel y Ffotograffwyr, Llundain 1976, 1987; *Cross Currents*, Ffotog 1992 (gyda monograff, Ffotog/Cornerhouse Publications, Manceinion); *Through Fire and Water: The River Taff*, Oriel, Cyngor Celfyddydau Cymru, Caerdydd/Amgueddfa Cymru (AC) 1997 (teithiol) (gyda monograff); *Sguardigardesani*, Museo Civico Riva del Garda, Yr Eidal 1999 (gyda monograff); *Metropoli* (rhan 1), Ffotog 2001; *Urban Dreams*, Ffotog 2004; *The British Landscape*, Yr Amgueddfa Gyfryngau Genedlaethol, Bradford (AGG) 2006 (yn teithio'n rhyngwladol) (gyda monograff). Cyhoeddiadau rhyngwladol niferus hefyd yn cynnwys *Mist Mountain Water Wind* (Travelling Light, Llundain 1986); *Seine Valley* (Le Point du Jour Editeur/Pole Image Haute-Normandie 2002). Casgliadau'n cynnwys AC; ACF; AGG; Cyngor Celfyddydau Lloegr; Llyfrgell Genedlaethol Cymru, Aberystwyth; VacA. Yn byw yn Lerpwl, Lloegr.
*Yr artist*

### John Philip DAVIES 1946–
**Cerfiwr arwyddion, naddwr ffyn. Ganed yn Llanwrtyd, canolbarth Cymru.**

Astudiodd yn Ysgol Gelf Caerfyrddin 1964–68. Bugail/ffermwr 1968–2000; cerfiwr arwyddion 1990–98; naddwr ffyn o 1970. Artist preswyl, Amgueddfa ac Oriel Gelf Brycheiniog, Aberhonddu (AOGB) 1998–2001. Comisiynau'n cynnwys Cyngor Sir Caerdydd, i Esgob Llandaf 1999; Yr Eglwys Ddiwygiedig Unedig, i Esgob De India 2002; Cyngor Bwrdeistref Blaenau Gwent, i Michael Foot 2003. Aelod o Gymdeithas Cerfwyr Pren Prydain; Urdd Gwneuthurwyr Ffyn Prydain. Arddangosfeydd ar y cyd, Canolfan Gelfyddydau Glannau Gwy, Llanfair-ym-Muallt 1998; Amgueddfa Werin Cymru, Sain Ffagan 1999–2001; Stiwdio Bauer, Langley, UDA 2002. Casgliadau'n cynnwys AOGB; Prifysgol Bryste. '…gwaith mewn pren a chorn…gan ychwanegu at eu harddwch naturiol wrth greu gwaith celf ymarferol sydd wedi'i seilio'n bennaf ar gynlluniau lleol a drosglwyddwyd dros genedlaethau.' Yn byw yn Llan-ddew, canolbarth Cymru.
*Yr artist*

### Lorne DAVIES 1948–
**Enw gwaith Robin Lorne Davies, peintiwr. Ganed yng Nghoed-duon, de Cymru.**

Artist hunanaddysgedig. Astudiodd ym Mhrifysgol Southampton 1967–69 (Hanes a Gwleidyddiaeth); Coleg Prifysgol Cymru, Abertawe 1972–75 (Hanes); Coleg Prifysgol Cymru, Caerdydd 1975–76. Adeiladwr, Texas 1969–70; newyddiadurwr, *Gwent Guardian* 1970–72; athro, ysgolion yn ne Cymru 1976–2001; swyddog trethi, o 2001. Aelod o Glwb Celf Coed-duon. Arddangosfeydd ar y cyd yn cynnwys Big Pit, Blaenafon, ar ddechrau'r 1990au; Cymdeithas Ddyfrlliwiau Cymru, Neuadd Dewi Sant, Caerdydd, ar ddechrau'r 1990au. Arddangosfa undyn, Llyfrgell Coed-duon, ar ddechrau'r 1990au. 'Golygfeydd o'r cymoedd lleol, tirluniau a phortreadau.' Yn byw ym Mhontllanfraith, de Cymru.
*Yr artist*

### Lowri DAVIES 1978–
**Enw gwaith Catrin Lowri Davies, ceramegydd. Ganed ym Mhentre'r Eglwys, de Cymru.**

Astudiodd yng Ngholeg Technoleg a Chelf Sir Gaerfyrddin 1997–98, gyda Carol Gwizdak, Ingrid Murphy; Athrofa Prifysgol Cymru, Caerdydd 1998–2001, gyda Delyth Done, Geoffrey Swindell. Artist preswyl, Morelia, Mexico 2005. Comisiynau'n cynnwys Menter a Busnes 2002; Academi, Caerdydd 2005; Llyfrgell Genedlaethol Cymru, Aberystwyth 2005. Aelod o Stiwdios Clai Fireworks, Caerdydd. Arddangosfeydd ar y cyd yn cynnwys *Modus Operandi*, Canolfan Grefft Rhuthun (CGRh) 2002 (teithiol); *New Wave*, CGRh 2003 (teithiol); Eisteddfod Genedlaethol Cymru, Y Faenol 2005; *Prospect*, Amgueddfa Cymru 2006. Arddangosfeydd un-ddynes yn cynnwys *Ceramic Showcase*, Oriel Grefft a Dylunio Leeds 2005; *Sioe Arddangos*, Model House, Llantrisant 2006; *Lowri Davies*, CGRh 2006; Canolfan

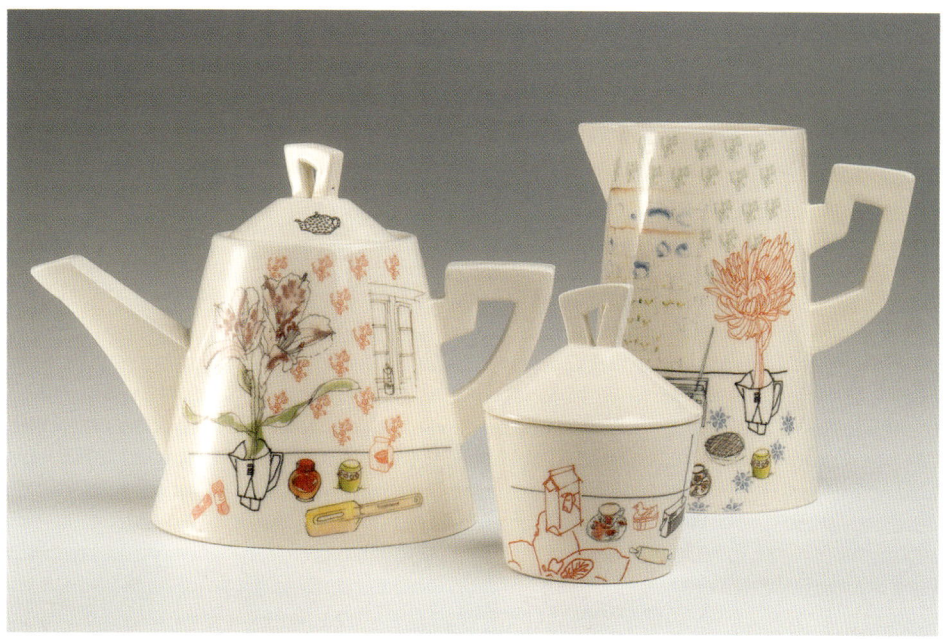

83 | Lowri Davies
*Tebot, powlen siwgr a jwg mawr wedi eu haddurno gyda delweddau o'r gegin 2007*

Gelfyddydau Abaty Nant Teyrnon, Cwmbrân 2007. Wedi'i chynnwys yn *Lowri Davies* (CGRh 2006). Casgliadau'n cynnwys Amgueddfa ac Oriel Gwynedd; Prifysgol Aberystwyth. '…y raddfa fechan, yr addurniadol, y stereoteip, diwylliant Cymru, merched a bywyd cartref…yn annwyl ac yn ddifyr, ond mae yna ddwrn dan y felfed hefyd yn ei gwaith …' (*Moira Vincentelli*, CGRh 2006) Yn byw yng Nghaerdydd, de Cymru.
*Yr artist*

### Lynn Llewelyn DAVIES 1919–
**Peintwraig. Ganed yn y Bryn-du, Ynys Môn, gogledd Cymru.**

Mynychodd ddosbarthiadau gydag Anne Whalley, Ron Ranson, David Tress, Edward Wesson. Perchennog oriel, Oriel y Reading Room, Dale, gorllewin Cymru. Arddangosfeydd niferus ar y cyd gan gynnwys Cymdeithas Artistiaid sy'n Fenywod, Neuadd San Steffan, Llundain 1984–95; Neuadd Dewi Sant, Caerdydd; Oriel Fach, Biwmares; Oriel Plas Glyn-y-Weddw, Llanbedrog. Casgliadau'n cynnwys Amgueddfa ac Oriel Gelf y Castell, Hwlffordd; Cyngor Sir Gaerfyrddin; Ysbyty Llwynhelyg, Hwlffordd. 'Morluniau a thirluniau.' Yn byw yn Dale.
*Yr artist*

### Mansel DAVIES 1960–
**Enw gwaith Mansel Hefin Davies, ffotograffydd. Ganed yn Ilford, Lloegr.**

Rhieni'n Gymry. Bu'n gweithio yn y diwydiant argraffu 1978–91; gwasanaethau ariannol 1991–97. Astudiodd yng Ngholeg y Brifysgol, Casnewydd 1997–2000 (gradd yn y dosbarth cyntaf), gydag Anna Bush Crews, Eileen Little. Oriel Stiwdio, Brynbuga o 2001. Curadur, Oriel Gelf WhiteSpace, Brynbuga (OGWS) 2001–06. Arddangosfeydd ar y cyd yn cynnwys *The Art of Love*, Twr Oxo, Llundain 2005; *Swansong*, OGWS 2006. Arddangosfeydd undyn yn cynnwys *Omni*, OGWS 2001; *Ble Mae'r Rhosys Cochion*, Yr Eglwys Norwyaidd, Caerdydd 2003; *In a Different Light*, Canolfan Gelfyddydau Glan yr afon

Casnewydd 2006; Canolfan Share, Casnewydd 2007. 'Tirweddau dramatig …haniaethau byrlymus.' Yn byw ym Mrynbuga, de Cymru.

*Yr artist*

## Marcelle DAVIES 1945–

**Enw gwaith Nadia Marcelle Davies, artist tecstiliau. Ganed yn Aberhonddu, canolbarth Cymru.**

Astudiodd yng Ngholeg Celf Caerdydd 1963–64; Coleg Celf a Dylunio Ravensbourne, Bromley 1964–67. Eisteddfod Genedlaethol Cymru (EGC) Y Fedal Aur, Y Bala 1997. Gwobr Cyngor Celfyddydau Cymru 2001. Arddangosfeydd ar y cyd yn cynnwys EGC 1993, 1994 (Y Fedal am Grefft), 1995–97 (gwobrau Dewis y Bobl), 1998, 1999 (gwobr Dewis y Bobl), 2000–02; *Book Art*, Oriel Gelf Glynn Vivian, Abertawe 1996; *Sculpture in the Park*, Parc yr Ŵyl, Glynebwy 1997; Neuadd Dewi Sant, Caerdydd 1998, 2003; *The Queen's Christmas Tree*, Palas Buckingham, Llundain 1998 (teithiol); Amgueddfa ac Oriel Gelf Brycheiniog (AOGB) 2002–04, 2006; *Beaux Arts Gallois*, Mortagne-sur-Gironde, Ffrainc 2003 (curadur); *Art at Work*, Oriel Coningsby, Llundain 2004; *Wyth Carreg, Wyth Arlunydd, Llwybr Celf Ffordd y Bannau*, AOGB/Oriel Mount Street, Aberhonddu 2007. Arddangosfeydd un-ddynes yn cynnwys Llyfrgell Aberhonddu 1992; AOGB 1995, 1996, 1998; *Carthen y Cof*, arddangosfa barhaol, AOGB, o 2000; *Welsh Threads*, AOGB 2002; Oriel Myrddin, Caerfyrddin 2004. Gwaith yng nghasgliad AOGB. '…fy mhrif ddylanwad… yw magwraeth o fewn grŵp teulu mawr; atgofion… wedi'u cadw er mwyn eu hailadrodd, drwy frodio â llaw.' Yn byw yn Aberhonddu.

*Yr artist*

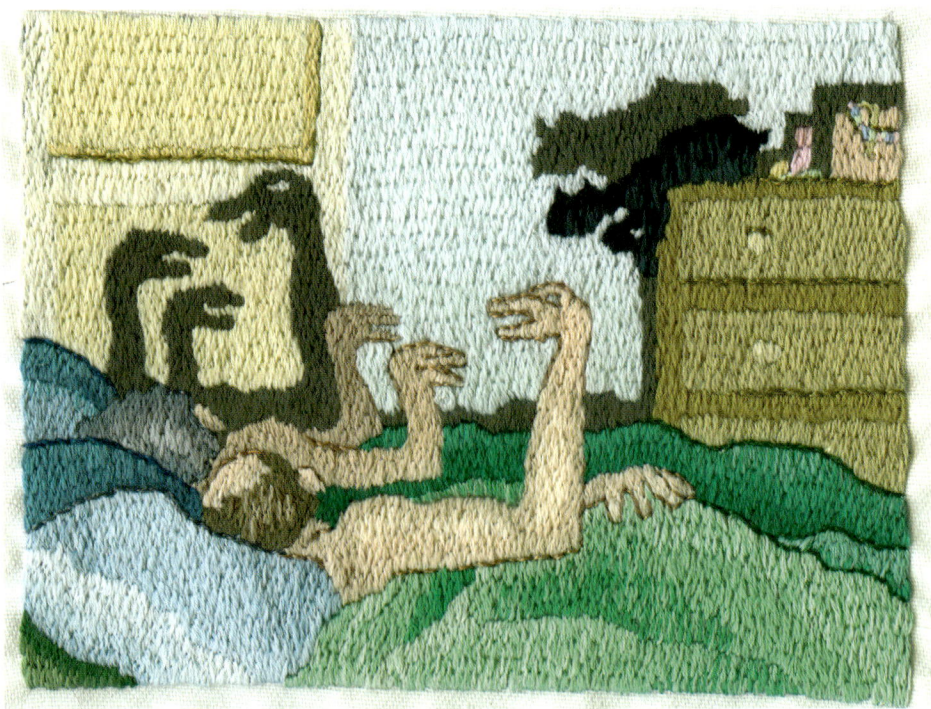

84 | Marcelle Davies
*Moonlight* 2007

## Margaret DAVIES 1884–1963
**Enw gwaith Margaret Sidney Davies, peintwraig amatur, gwneuthurydd printiau. Ganed yn Llandinam, canolbarth Cymru.**

Casglydd celf, noddwraig, dyngarwraig, cymwynaswraig y celfyddydau yng Nghymru. Dywedir iddi fynychu Ysgol Celf Gain Slade, Llundain, fel myfyrwraig allanol; astudiodd ym Mharis, Yr Almaen, Yr Eidal, ar ddechrau'r 1900au. Gweithredwraig ffreutur wirfoddol mewn gwersylloedd tramwy Ffrengig i Bwyllgor Llundain y Groes Goch, yn ystod y Rhyfel Byd Cyntaf. Gyda'i chwaer, Gwendoline, bu'n cefnogi mentrau cymdeithasol, economaidd, addysgol a diwylliannol yng Nghymru 1920au–30au; sefydlodd Wasg Gregynog, Plas Gregynog 1922; dechreuodd/rheolodd Ŵyl Gerdd a Barddoniaeth Gregynog 1933–38. LLD Anrhydeddus, Prifysgol Cymru 1949. Cymynodd y chwiorydd gasgliadau mawr i Amgueddfa Cymru (AC). Aelod sefydlu o Gymdeithas Celf Gyfoes Cymru (CCGC) 1937 (Is-lywydd 1960–63). Arddangosfa un-ddynes, Llyfrgell Genedlaethol Cymru, Aberystwyth (LlGC) 1950. Wedi'i chynnwys mewn llawer o gyhoeddiadau, gan gynnwys *The Ladies of Gregynog*, Eirene White (Gwasg Prifysgol Cymru 1997); *The Davies Sisters of Llandinam and Impressionism for Wales, 1908–23*, Mark Evans (*Journal of the History of Collections, Oxford Journals, cyf 16, rhifyn 2*, 2004); *Things of Beauty: What Two Sisters Did for Wales*, golygydd Oliver Fairclough (AC 2007). Paentiadau, torluniau pren. Casgliadau'n cynnwys AC; CCGC; LlGC; Ymddiriedolaeth Elusennol Margaret Davies. Roedd yn byw yn Nhregynon, canolbarth Cymru.

## Nathaniel DAVIES 1922–1996
**Enw gwaith Thomas Nathaniel Davies, peintiwr. Ganed yn Nowlais, de Cymru. Hefyd wedi'i gofnodi fel Thomas Davies, Thomas N Davies.**

Astudiodd yn Ysgol Gelf Caerdydd 1939–42, 1947, gydag Evan Charlton; Gwasanaeth Rhyfel, Corfflu Brenhinol y Signalau 1942–46. Darlithydd, gan ddod yn Bennaeth Celf, Ysgol Gelf Newton Abbot/Coleg Celf De Dyfnaint, Newton Abbot/Torquay 1947–84; am gyfnod byr, Y Coleg Celf Brenhinol, Llundain 1950au. Arddangosfeydd ar y cyd yn cynnwys *Contemporary Welsh Painting and Sculpture*, Pwyllgor Cymreig Cyngor Celfyddydau Prydain Fawr (PCCCPF) 1955, 1957, 1958; *Paintings from the Arts Council's Welsh Collection*, PCCCPF 1955; *Pictures for Welsh Schools*, Cymdeithas er Addysg drwy Gelf, Amgueddfa Cymru, Caerdydd (AC); *Festival Exhibition of Contemporary Welsh Painting*, Oriel Howard Roberts, Caerdydd (HR) 1958; *Nathaniel Davies, Ronald Lowe, Jack Waldron*, HR 1962; *New Painting in Devon*, Celfyddydau De Orllewin Lloegr 1963 (teithiol); Coleg Celf Dartington tua 1970. Arddangosfeydd deuddyn (gyda Marcus Davies), yn cynnwys Coleg Celfyddydau a Thechnoleg De Dyfnaint, Torquay 1991, Amgueddfa Goffa Frenhinol Albert, Caerwysg 1993. Wedi'i gynnwys yn 'Young Artists of Promise', Jack Beddington (*Studio International* 1957); *Face to Face: British Self-Portraits in the Twentieth Century*, Philip Vann (Sansom and Company, Bryste 2004). Casgliadau'n cynnwys AC; Amgueddfa ac Oriel Gelf Derby; Amgueddfa Victoria ac Albert, Llundain; Cymdeithas Celf Gyfoes Cymru; Llyfrgell Genedlaethol Cymru, Aberystwyth; Prifysgol De Cymru, Pontypridd. Prynwyd gwaith gan Gyngor Celfyddydau Cymru. Gwaith ffigurol 1940au, yna haniaethu; themâu naratif yn rhan olaf ei yrfa. Roedd yn byw yn Newton Abbot, Lloegr.

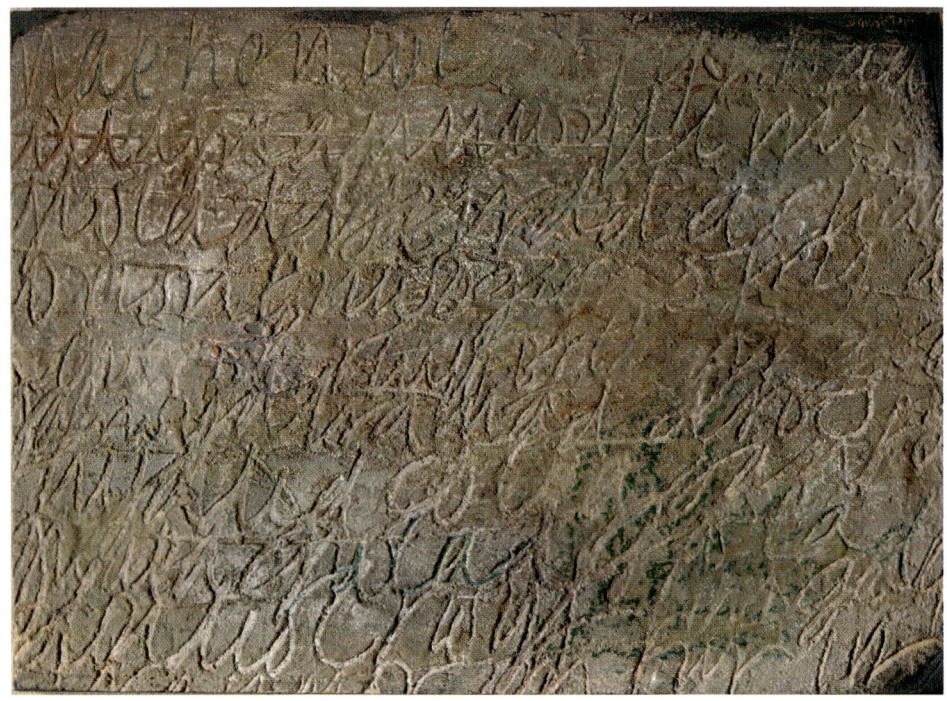

85 | Ogwyn Davies
*Hen Wlad fy Nhadau...* 1975

## Ogwyn DAVIES 1925–

**Enw gwaith David Ogwyn Davies, peintiwr, ceramegydd. Ganed yn Nhrebanos, de Cymru.**

Astudiodd yng Ngholeg Celf Abertawe 1947–52, gyda George Fairley, Kenneth Hancock; Coleg Celf Stourbridge (rhan-amser) 1952–55. Bu'n gwasanaethu yn y Llu Awyr Brenhinol 1943–47. Athro, Ysgol Ysbyty Old Winford, Stourbridge 1952–55; pennaeth adran, Ysgol Uwchradd Sirol Tregaron 1955–85. Comisiynau'n cynnwys darluniau llyfrau, Gwasg Gomer 1967–68; dylunio clawr CD, barddoniaeth RS Thomas 2000; *New Welsh Review* 2000. Aelod o'r Academi Frenhinol Gymreig (AFG); Cymdeithas Ddyfrlliwiau Cymru. Arddangosfeydd niferus ar y cyd yn cynnwys Eisteddfod Genedlaethol Cymru (EGC) rhwng 1954 a 2000; *Recording Wales: Chapels*, Cyngor Celfyddydau Cymru (CCC) 1969 (teithiol); Origins, EGC Aberteifi/CCC 1976 (arobryn) (teithiol); *The Land*, S4C/Swyddfa'r Post 1992 (y wobr gyntaf); *Standpoints*, Canolfan Celfyddydau Llyfrgell Wrecsam 1995; *Landmarks*, Amgueddfa Cymru (AC) 1998; Neuadd Dewi Sant, Caerdydd 1997–2000, 2006. Arddangosfa ddeuddyn, AFC, Conwy (gyda Alistair Crawford) 2001. Arddangosfeydd undyn yn cynnwys Canolfan y Celfyddydau Aberystwyth 1974; *Retrospective*, Llyfrgell Genedlaethol Cymru, Aberystwyth (LlGC) 1994; Theatr Felinfach 1995; Oriel 31, Y Drenewydd 1998; Canolfan Gelfyddydau Taliesin, Abertawe 2002; Canolfan Grefft Rhuthun 2004. Wedi'i gynnwys yn *Certain Welsh Artists*, Iwan Bala (Seren Books, Pen-y-bont ar Ogwr 1999); *Darllen Delweddau*, Iwan Bala (Gwasg Carreg Gwalch 2000); *Made in Wales*, Alistair Crawford (Y Tabernacl, Machynlleth (TM) 2000); rhaglenni S4C, HTV, BBC Radio Cymru 1994–2005. Casgliadau'n cynnwys AC; Amgueddfa Ceredigion; Cymdeithas Celf Gyfoes Cymru; LlGC; Prifysgol Aberystwyth; Prifysgol

Bangor; Prifysgol Ohio; TM; Ymddiriedolaeth Derek Williams. Prynwyd gwaith gan CCC. 'Er pan o'n i'n blentyn, dw i wedi bod yn arlunio, yn gwneud pethau ac yn ceisio ysgrifennu'n gain. Yn byw yn Nhregaron, gorllewin Cymru.
*Yr artist*

## Pamela DAVIES 1947–

**Peintwraig. Ganed yn Nhretomas, de Cymru.**

Astudiodd ym Mhrifysgol Morgannwg 2001–04, gyda Christopher Nurse, Alan Salisbury. Gwaith ffatri, manwerthu, gwirfoddol, Caerffili a Chaerdydd, 1963–2006. Artist preswyl, Llancaeach Fawr, Nelson (LlanF) 2001. Comisiwn, Bedwas, Tretomas a Chyngor Cymuned Machen 2000. Arddangosfeydd ar y cyd yn cynnwys *Arddangosfa Agored Worthing*, Ysgol Gelf Worthing 1999; *Arddangosfa'r Mileniwm*, Sefydliad y Glowyr Coed-duon 2000; LlanF 2000; Neuadd Dewi Sant, Caerdydd 2004, 2005; *Arddangosfa Bortreadau Cymru*, Castell Bodelwyddan 2006 (teithiol). Arddangosfa un-ddynes, Oriel Maximum Exposure, Tregatwg 2006. '…diwylliant a phobl Cymru.' Yn byw ym Medwas, de Cymru.
*Yr artist*

## Paul DAVIES 1947–1993

**Enw gwaith Paul Adrian Peregrine Davies, peintiwr, cerflunydd. Ganed yn Abertawe, de Cymru.**

Astudiodd yn Ysgol Gelf St Martin, Llundain (Gwobr Gymynrodd Pratt am Gerfluniaeth) 1966–69; Prifysgol Essex (Cymdeithaseg) 1969–72; Prifysgol Lerpwl (MA Dylunio) 1986. Darlithydd, Ysgol Gelf a Dylunio Swydd Gaer 1974–80; Coleg Gwynedd, Bangor 1980–93. Artist preswyl, Ymddiriedolaeth *Groundwork* Merthyr Tudful /Cymdeithas Gelfyddydau De-Ddwyrain Cymru (CGDDdC) 1989–90; Academi Gelf Leningrad 1989. Gwobr Cyngor Celfyddydau Cymru 1977. Aelod sefydlu (gyda Peter Davies) o Beca 1985; aelod, Y Grŵp Cymreig; Gweled; Grŵp 56 Cymru; Cymdeithas Artistiaid a Dylunwyr Cymru. Comisiynau'n cynnwys Oriel Rochdale 1983; Awdurdod Dŵr Cymru 1987; Gŵyl Erddi Cymru, Glynebwy 1992. Gosodwaith a pherfformiadau niferus, gan gynnwys *Welsh Not*, Eisteddfod Genedlaethol Cymru (EGC) Wrecsam 1977. Arddangosfeydd ar y cyd yn cynnwys Symposiwm *Destruction in Art*, Llundain 1966; EGC 1974, 1977, 1988, 1989, 1992; *Artistiaid o Ogledd Cymru*, Oriel Mostyn 1981, 1982; *Rebecca and the Davies Brothers*, Oriel Bangor 1984; *Standpoints, Welsh Artists on Wales*, Canolfan Gelfyddydau Llyfrgell Wrecsam (CGLlW) 1995 (teithiol). Arddangosfa ddeuddyn, *Return to Rhos, Knots and Tangles*, CGLlW (gyda Peter Davies) 1986. Arddangosfeydd undyn yn cynnwys CGDDdC 1987 (teithiol); *State of Wales*, Canolfan Gelfyddydau Abaty Nant Teyrnon, Cwmbrân 1988; Amgueddfa ac Oriel Gelf Gwynedd 1994; *A Mare in a Grey Sheet*, CGLlW 1998 (teithiol). Cafwyd sylw i'w waith ar Radio Cymru 1992; *The Slate*, teledu'r BBC 1993; *Barn* (Wyn Owens, Rhagfyr 1991). Casgliadau'n cynnwys Amgueddfa Cymru; Oriel Gelf Glynn Vivian, Abertawe; Prifysgol Bangor. '…materion cymdeithasol a diwylliannol, yn aml gydag eraill … themâu Cymreig neu bersonol.' Roedd yn byw ym Mangor, gogledd Cymru.

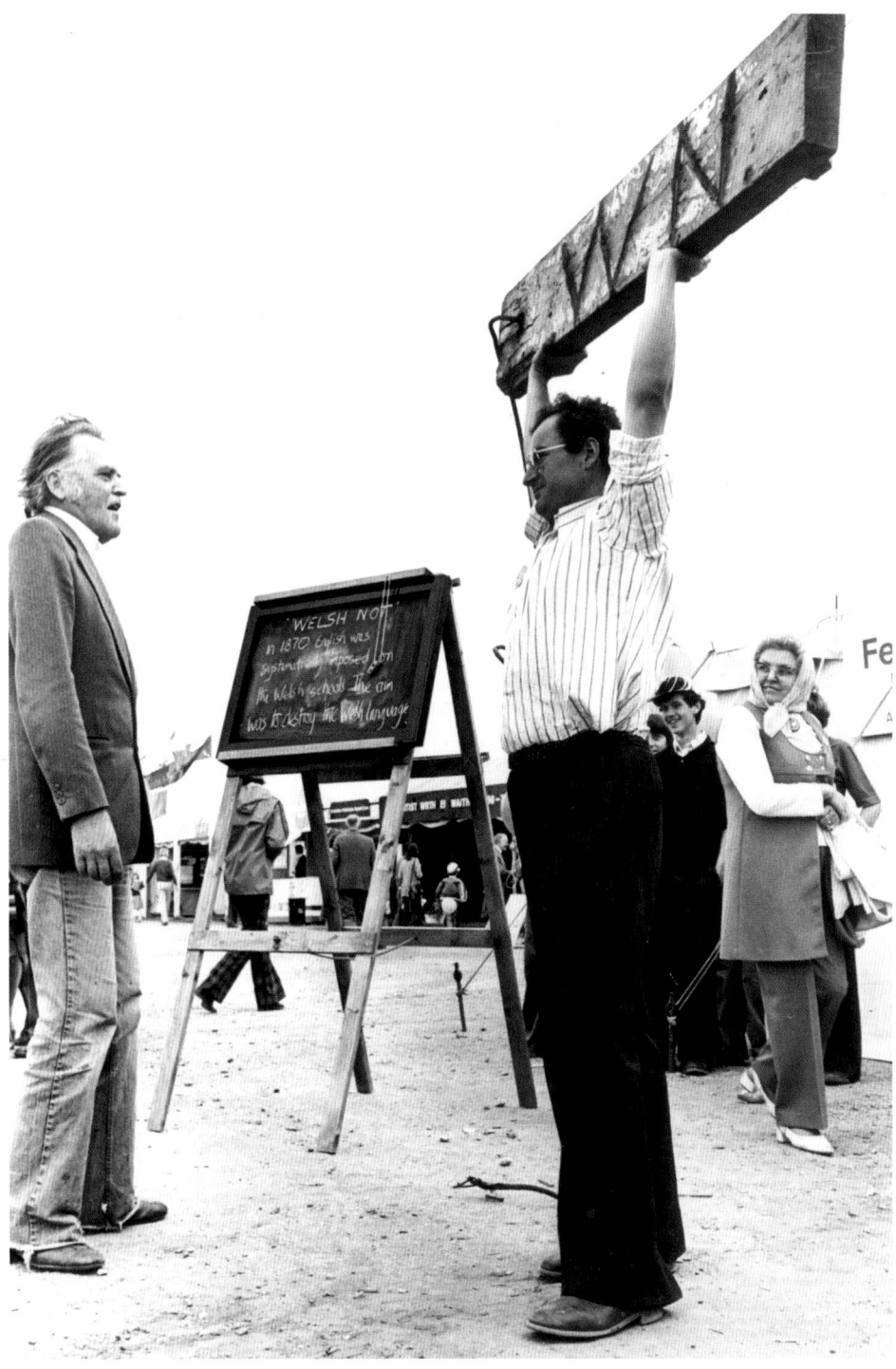

86 | *Yr artistiaid Paul Davies, sy'n dal Welsh Not, a Mario Merz*
*yn yr Eisteddfod Genedlaethol Cymru, Wrecsam 1977*

## Peter DAVIES 1944–

**Enw gwaith Peter Peregrine Davies, peintiwr, artist perfformio. Ganed yn Abertawe.**

Astudiodd yn Ysgol Gelf Abertawe 1963–64; Coleg y Gofaint Aur, Llundain 1964–68; Prifysgol Cymru, Caerdydd 1972–73; Y Coleg Celf Brenhinol 1984–86. Tiwtor, Athrofa'r Ysgol Gelf, Chicago 1969–71; Pennaeth Celfyddydau Gweledol, Celfyddydau'r Gogledd 1974–92; Cyfarwyddwr Comisiynau, Yr Asiantaeth Gelf ac Adfywio 1994–95; Pennaeth Celfyddydau Gweledol a Chrefft, Cyngor Celfyddydau Cymru 1998–99; Athro Prifysgol, Pennaeth Gwydr a Cherameg, Prifysgol Sunderland o 2000. Gwobr Cronfa'r Casgliad Celf Cenedlaethol 1987. Aelod sefydlu (gyda Paul Davies) Beca 1985. Arddangosfeydd ar y cyd yn cynnwys *Rebecca and the Davies Brothers*, Oriel Bangor 1984; *Standpoints, Welsh Artists on Wales*, Canolfan Gelfyddydau Llyfrgell Wrecsam (CGLIW) 1995 (teithiol); Eisteddfod Genedlaethol Cymru, Casnewydd 2004; *New British Glass*, Oriel Earl Lu, Singapore 2006. Arddangosfeydd deuddyn, *Return to Rhos, Knots and Tangles*, CGLIW (gyda Paul Davies) 1986. Cyhoeddiadau'n cynnwys *A Sense of Place*, gyda Tony Knipe (Ceolfrith Press 1984); *Space for Dreaming – A Different Reality* (Oriel Bede 1991); *With Animals* (Pedalling Arts 1994); *Glass North East* (golygydd) (Art Editions North 2007). Casgliadau'n cynnwys Cyngor Celfyddydau Lloegr – Gogledd Ddwyrain; Coleg Hatfield. '…yn ymwneud yn bennaf â hunaniaeth, diwylliant a gwleidyddiaeth Cymru…' Yn byw yn Tynemouth, Lloegr.
*Yr artist*

## Philip Y DAVIES 1946–

**Enw gwaith Philip Yeo Davies, peintiwr. Ganed yn Abertawe, de Cymru.**

Astudiodd yng Ngholeg Celf Abertawe 1967–70; Coleg Prifysgol Caerdydd 1970–71. Swyddog cymhorthion gweledol, Coleg Amaethyddol Cymru, Aberystwyth 1971–74; rheolwr, dylunio graffeg, Cyngor Dinas Abertawe 1974–92; artist llawnamser, o 1992. Yn byw yn Iwerddon 2000–04. Arobryn, Cystadleuaeth Nwy Cymru 1971. Aelod o Gymdeithas Ddyfrlliwiau Cymru; Cymdeithas Ddyfrlliwiau Iwerddon. Arddangosfeydd ar y cyd yn cynnwys *Arddangosfa Agored Abertawe*, Oriel Gelf Glynn Vivian, Abertawe 1998; *Arddangosfa Agored y Gymdeithas Ddyfrlliwiau Frenhinol*, Oriel Bankside, Llundain 1995, 1997; Oriel Albany, Caerdydd 1996; Celf Gain Fountain, Llandeilo 1996, 1999; Yr Academi Frenhinol Wyddelig, Dulyn 1997, 1999; Cymdeithas Frenhinol Artistiaid Prydain, Orielau'r Mall, Llundain 1999. Arddangosfeydd undyn yn cynnwys yr Oriel Newydd, Abertawe 1994, 1995; Oriel Courtyard, Dulyn 1997; Canolfan Gelfyddydau Banc Iwerddon, Dulyn 2001; Canolfan Gelfyddydau Taliesin, Abertawe 2002; *Ballet Russe*, Gŵyl Gŵyr, Abertawe 2003, 2004. Gwaith yng nghasgliad Prifysgol Limerick. '…ymatebion i'r dirwedd… gwaith yn cael ei gwblhau ar y safle lle bo modd…' Yn byw yn Abertawe.
*Yr artist*

## Ron DAVIES 1921–2013

**Enw gwaith Ron Davies OBE, ffotograffydd. Ganed yn Aberaeron, gorllewin Cymru.**

Darganfu ffotograffiaeth pan oedd yn was negesau, drwy ystafell dywyll siop fferyllfa, Aberaeron 1929. Ffotograffydd rhyfel swyddogol, Rheolaeth De Ddwyrain Asia, Y Llu Awyr Brenhinol, India, Indonesia, Singapôr; ffotograffydd, *Y Cymro*, o ddiwedd y 1940au; ffotograffydd lluniau llonydd/sine y wasg, BBC Cymru, HTV, *Western Mail*. Wedi'i barlysu mewn damwain beic modur ym 1950. Derbyniodd OBE 2003. Gyda Gofal Celf, sefydlodd yr ystafell dywyll symudol gyntaf i bobl anabl. Aelod o Orsedd y Beirdd, Eisteddfod Genedlaethol Cymru. Arddangosfeydd ar y cyd yn cynnwys *Dathliadau Dydd Gŵyl Dewi Sant*, St Pauls, Minnesota 2007. Arddangosfeydd undyn yn cynnwys *24 Awr, Bronglais – Bywyd mewn Diwrnod*, Ysbyty Bronglais, Aberystwyth 1988 (cyhoeddiad, rhagair gan Alistair Crawford); Neuadd y Dre Aberaeron 2007; *Byd Ron*, adolwg ei ben blwydd yn 80, Llyfrgell Genedlaethol Cymru, Aberystwyth 2001 (cyhoeddiad, Gwasg Gomer, Llandysul (GG)). Cyhoeddiadau'n cynnwys *Llun a Chan*, Ron Davies a beirdd Cymraeg (GG 1983); *Delweddau o Gymru* (Y Lolfa (YL) 1990); *The Seven Wonders of Wales*, testun gan Elin Llwyd Morgan (YL 1993). '…wyneb newidiol bywyd Cymru, yn enwedig bywyd y cymoedd glofaol yn y de a chymunedau gwledig Ceredigion.' (*Newyddion BBC Cymru, What's On* 2002). Roedd yn byw yn Aberaeron.

*Gwefan yr artist*

### Roger DAVIES 1938–
**Peintiwr. Ganed yng Nghastell-nedd, de Cymru.**

Astudiodd yng Ngholeg Celf Abertawe 1956–57; Ysgol Gelf Chelsea, Llundain 1957–61, gyda Prunella Clough, Ceri Richards, Jack Smith. Peintiwr llawn-amser 1961–72; dylunydd diwydiannol, busnes dur y teulu 1972–97. Aelod o Grŵp De Cymru (GDC)/Y Grŵp Cymreig. Arddangosfeydd ar y cyd yn cynnwys GDC, Oriel Gelf Glynn Vivian, Abertawe 1963 (Cyngor Celfyddydau Cymru (CCC) arobryn); Oriel Howard Roberts, Caerdydd 1964 (enillydd gwobr Teledu Cymru a'r Gorllewin), 1965; Oriel Albany, Caerdydd 1965, 1967, 2001, 2002; *Eight Neath Painters*, Canolfan Ddinesig Castell-nedd 1966; Cymdeithas Celf Gyfoes Cymru (CCGC) 1968 (arobryn); Oriel Martin Tinney, Caerdydd 2002, 2003; Oriel Kooywood, Caerdydd 2006, 2007. Arddangosfeydd deuddyn yn cynnwys Oriel Dillwyn, Abertawe (gyda David Vibert) 1965. Arddangosfeydd undyn yn cynnwys *Colour and Construction*, Canolfan Gelfyddydau Bryste 1968. Casgliadau'n cynnwys Cyngor Bwrdeistref Castell-nedd Port Talbot; CCGC. Prynwyd gwaith gan CCC. 'Meini hirion Celtaidd a chyn-Geltaidd…tirwedd gyda naws dywyll…' Yn byw yn Cheltenham, Lloegr.

*Yr artist*

### Thomas DAVIES 1899–?
**Peintiwr. Ganed ym Mae Colwyn, gogledd Cymru.**

Astudio preifat gyda Robert Evans Hughes, Y Rhyl. Arddangosfeydd ar y cyd yn cynnwys Cymdeithas Gelf Sir y Fflint; Grŵp Gogledd Cymru; Cymdeithas Gelf Sir Ddinbych. Arddangosfeydd undyn yn cynnwys Castell Gwrych, Abergele. Roedd yn byw yn Abergele, gogledd Cymru.

### Thomas DAVIES/Thomas N DAVIES  Gweler Nathaniel DAVIES

### Tim DAVIES 1960–
**Enw gwaith Timothy Dilwyn Evan Davies, artist amlgyfrwng. Ganed yn Hwlffordd, gorllewin Cymru.**

Astudiodd yng Ngholeg Celf a Dylunio Ravensbourne 1986–87, gyda Roger Ackling; Ysgol Gelf Norwich 1987–90, gydag Ana Maria Pacheco; Sefydliad Celf a Dylunio Caint 1990–91 (MA), gydag Andrew Brighton. Darlithydd (rhan-amser), Coleg Technoleg a Chelf Sir Gaerfyrddin 1994–98; Athrofa Prifysgol Cymru, Caerdydd 1997–2001; darlithydd/cyfarwyddwr cyrsiau (rhan-amser), Athrofa Addysg Uwch Abertawe 1998–2001/llawn amser, o 2002. Eisteddfod Genedlaethol Cymru (EGC) Y Fedal Aur, Meifod 2003; Gwobr Brynu Richard a Rosemary Wakelin 2005. Aelod o Grŵp Beca; Locws Rhyngwladol (LocRh) (cadeirydd). Arddangosfeydd ar y cyd yn cynnwys EGC 1994–2000 (arobryn 1994, 1995), 2003; *Standpoints*, Canolfan Gelfyddydau Llyfrgell Wrecsam 1995 (teithiol); *Arddangosfa Agored Mostyn*, Oriel Mostyn, Llandudno (OM) 1997 (enillydd); *Clean Slate: Tim Davies, Bethan Huws, Mel Jackson*, Oriel Gelf De Cymru Newydd, Sydney 1998; *Artes Mundi*, Amgueddfa Cymru (AC) 2004; *May You Live in Interesting Times*, Stadiwm y Mileniwm, Caerdydd 2006. Arddangosfa deuddyn, OM (gydag Alice Maher) 1998 (teithiol). Arddangosfeydd undyn yn cynnwys *Continuum*, Oriel Gelf Glynn Vivian, Abertawe (OGGV) 1997; *Capel Celyn*, Spacex, Caerwysg 1997; *Drumming*, AC 2002; Process,

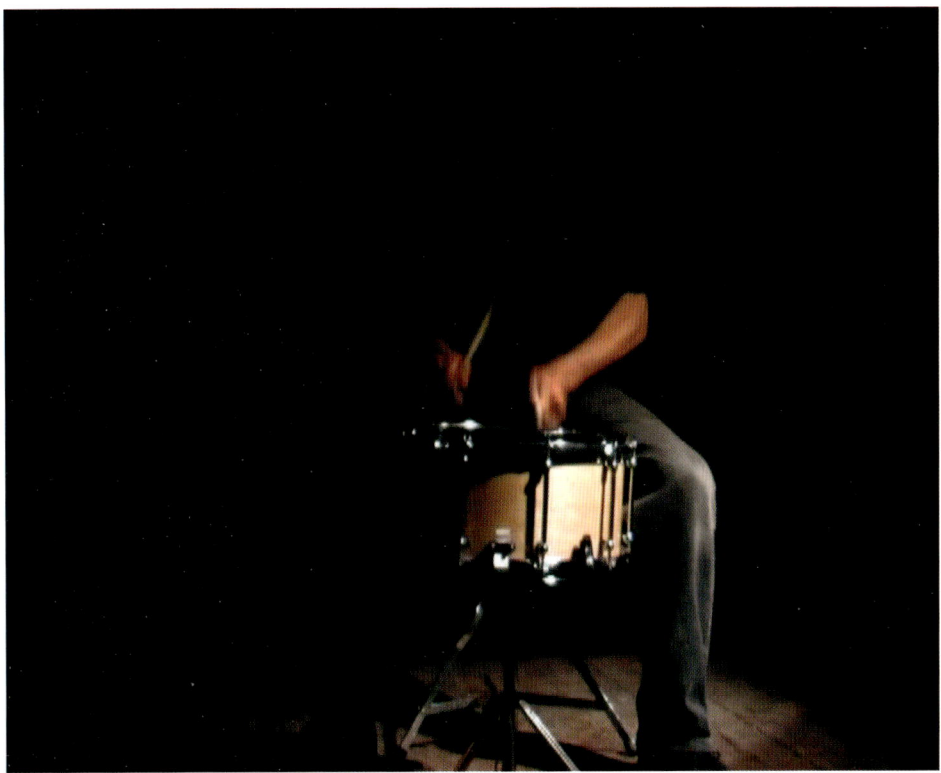

87 | Tim Davies
*Drumming* 2004

Canolfan Gelfyddydau Wrecsam (teithiol) 2003; *Still Life*, Oriel Dinas Caerlŷr 2004; *Cadet*, Amgueddfa ac Oriel Gelf Harris, Preston (AOGH) 2006 (teithiol). Cyhoeddiadau'n cynnwys *Process: Explorations of the Works of Tim Davies*, Tim Davies *et al* (Seren Books, Pen-y-bont ar Ogwr (Seren) 2002); *Locws International*, golygyddion Tim Davies a David Hastie (LocRh 2003). Wedi'i gynnwys yn *Certain Welsh Artists*, Iwan Bala (Seren 1999); *Imaging Wales*, Hugh Adams (Seren 2003). Casgliadau'n cynnwys AC/Ymddiriedolaeth Derek Williams; AOGH; Cyngor Celfyddydau Lloegr; Cymdeithas Celf Gyfoes Cymru; OGGV; OM. 'Materion cymdeithasol a diwylliannol, gan gynnwys gwthio pobl i'r cyrion, camfanteisio, difeddiannu.' Yn byw yn Abertawe, de Cymru.
*Yr artist*

### W Mitford DAVIES 1895–1966
**Enw gwaith Wilfred Mitford Davies, darlunydd, peintiwr. Ganed ym Mhorthaethwy, gogledd Cymru.**

Gwasanaeth yn y fyddin yn ystod y Rhyfel Byd Cyntaf. Astudiodd yn Ysgol Gelf Lerpwl 1920–24. Artist masnachol/llawrydd, Lerpwl; Y Gaerwen. Gwaith darlunio helaeth yn cynnwys llyfrau; papurau newydd; cyfnodolion. Arddangosfeydd ar y cyd yn cynnwys yr Academi Frenhinol Gymreig, Conwy. Arddangosfeydd undyn yn cynnwys Gwasanaeth Llyfrgelloedd Gwynedd, Caernarfon 1980; Y Neuadd Goffa, Llanfair-pwll 2005. Darluniau i gylchgrawn *Cymru'r Plant* (tua1923–63); *Hen Ffrindiau*, Edward Tegla Davies (Hughes a'i Fab (HF) 1927); *Priffordd y Gymraeg*, David O Roberts (HF 1935); *Y Gwylain Penddu ac Ystraeon Tylwyth Teg Eraill*, Awen Mona (HF 1922); *Darllen a Chwarae*, J M Williams

(HF a'r Cwmni Cyhoeddi Addysgol); *Chwedlau'r Meini: Gwib i Fro'r Cysgodion*, Meuryn (Gwasg Gee 1946); *Adventure Islands*, E J Edwards (Livingstone Press 1950); *Y Gwningen Fach a'r Hen Lwynog*, J Ellis Williams (Llyfrau'r Dryw 1957). Roedd ei waith yn cynnwys cartwnau; tirluniau o ogledd Cymru. Roedd yn byw yn Ynys Môn, gogledd Cymru.

### Frank H DAVIS 1910–1993
**Enw gwaith Frank Henry Davis, peintiwr. Ganed yn Birmingham, Lloegr.**

Astudiodd yn Ysgol Gelf Birmingham 1929–38. Ffotograffydd, Birmingham 1930au; gyrrwr 1939–45; artist masnachol llawrydd 1945–54; sefydlodd/rheolodd stiwdio ddylunio, Birmingham 1954–74. Bu'n paentio yng Nghymru o 1946; symudodd i Gymru ym 1974. Aelod o Gymdeithas Frenhinol Artistiaid Prydain (CFAP); Cymdeithas Frenhinol Artistiaid Birmingham; Cymdeithas Ddyfrlliwiau Cymru (CDdC). Arddangosfeydd ar y cyd yn cynnwys CFAP, Orielau'r Mall, Llundain 1946; Gŵyl Gelfyddydau Dinbych-y-pysgod (GGDyp) 1975–88; CDdC, Tŷ Turner, Penarth 1982. Arddangosfeydd undyn yn cynnwys Amgueddfa ac Oriel Gelf Dinbych-y-pysgod (AOGDyp) 1976; Gŵyl Abergwaun 1977; GGDyp 1980. Casgliadau'n cynnwys AOGDyp; Llyfrgell Genedlaethol Cymru, Aberystwyth. 'Tirluniau Cymru, yn enwedig eglwysi a chestyll Sir Benfro.' Roedd yn byw yn Ninbych-y-pysgod, gorllewin Cymru.
*RG Davis*

### Pete DAVIS 1947–
**Ffotograffydd. Ganed yng Nghaerdydd, de Cymru.**

Astudiodd yng Ngholeg Prifysgol Cymru, Aberystwyth (CPCA) 1995–97 (MA Hanes Celf). Technegydd, Adran Ffiseg, Coleg y Brifysgol, Caerdydd (CBC) 1962–67; ffotograffydd ffasiwn/hysbysebu, Caerdydd 1967–77; darlithydd (rhan-amser), CPCA 1977–92; uwch-ddarlithydd (rhan-amser), Coleg Addysg Uwch Gwent/Coleg Prifysgol Cymru, Casnewydd 1992–2002, arweinydd rhaglen (llawn-amser), Ffotograffiaeth Ddogfennol, o 2002. Cymrawd, Academi Addysg Uwch; Y Gymdeithas Gelfyddydau Frenhinol. Gweithdai/dosbarthiadau meistr niferus, y DU, Iwerddon, o 1989. Gwobr Brynu Richard a Rosemary Wakelin 2002. Gwobrau eraill yn cynnwys Cyngor Celfyddydau Cymru (CCC) 1979, 1988, 1993, 2004; Y Cyngor Prydeinig 1987, 2004; Cydweithredu a Theithio Diwylliannol, Y Gymuned Ewropeaidd 2007. Aelod o Gymdeithas Artistiaid a Dylunwyr Cymru (cadeirydd 1979–82); Ffotogallery. Arddangosfeydd ar y cyd yn cynnwys Gweithdy Celfyddydau Abertawe 1979–82, 1984, 1987; Llyfrgell Genedlaethol Cymru, Aberystwyth (LlGC) 1981, 1989, 2000; *Special Edition*, Ffotogallery, Caerdydd 1987; *Our Photographic Legacy – Treasures of the National Photography Collections*, Amgueddfa Genedlaethol Ffotograffiaeth, Ffilm a Theledu, Bradford 1989; Yr Academi Frenhinol Gymreig, Conwy 2000; Oriel FSM, Fflorens 2007. Arddangosfeydd undyn yn cynnwys *Photographs of Cardiff 1969–77*, Llyfrgell Caerfyrddin 1979 (teithiol); *Great Little Tin Sheds of Wales*, CBC 1984 (teithiol); *Celtic Light*, Oriel Henry Thomas, Caerfyrddin 1988 (teithiol); *Northern Light*, Canolfan Gelfyddydau Llyfrgell Wrecsam 1993 (teithiol); *Cader Idris – Soul of a Lonely Place*, Y Tabernacl, Machynlleth (TM) 1997 (teithiol); *Sardinia*, Museo Genna Maria, Sardinia 2001 (teithiol); Theatr Clwyd, Yr Wyddgrug 2007. Cyhoeddiadau'n cynnwys *Pelydrau Pell*, Pete Davis ac Euryn Ogwen Williams (C Davies, Llandybïe 1974). Wedi'i gynnwys yn 'In Search of Northern Light', William Bishop (*The Photographic Journal*, Y Gymdeithas Ffotograffig Frenhinol 1994); *Photo Art International* (rhifyn 3, 1995). Casgliadau'n cynnwys Amgueddfa Sir Gaerfyrddin; Amgueddfa Victoria ac Albert, Llundain; LlGC; Prifysgol Aberystwyth; TM. Prynwyd gwaith gan CCC; Cymdeithas Gelfyddydau Gorllewin Cymru. Ffotograffiaeth dirluniadol. Yn byw yn Alltyblaca, gorllewin Cymru.
*Yr artist*

## Richard DEACON 1949–
**Enw gwaith Richard Deacon CBE RA, cerflunydd. Ganed ym Mangor, gogledd Cymru.**

Astudiodd yng Ngholeg Celf Gwlad yr Haf, Taunton, 1968: Ysgol Gelf St Martin, Llundain (YGSM) 1969–72; Y Coleg Celf Brenhinol, Llundain 1974–77 (MA Cyfryngau Amgylcheddol); Ysgol Gelf Chelsea, Llundain (rhan-amser) 1978 (hanes celf). Bu'n darlithio'n rhyngwladol o 1977. Comisiynau'n cynnwys *Moor*, Plymouth 1990; *Between the Eyes*, Toronto 1990; *Between Fiction and Fact*, Musée d'Art Moderne, Villeneuve d'Ascq, Ffrainc 1992; *Just Us*, Beijing, Tsieina 2000. Gwobrau'n cynnwys Gwobr Turner 1987; Gwobr Robert Jakobsen, Museum Würth, Künzelsau, Yr Almaen 1995; Chevalier des Arts et des Lettres, Ffrainc 1997. Aelod o'r Academi Frenhinol 1998. Ei benodi'n CBE 1999. Arddangosfeydd ar y cyd yn cynnwys *Documenta IX*, Kassel 1992; *At Home with Art*, Tate, Llundain 1999; *Animations*, MOMA, Efrog Newydd, UDA 2001; *Ain't no love in the heart of the City…*, Yr Asiantaeth Gelf ac Adfywio, Caerdydd 2004; *And so it goes: Artistiaid o Gymru yn 52ail Biennale Fenis*, Cyngor Celfyddydau Cymru, Fenis 2007. Arddangosfeydd undyn gan gynnwys Yr Oriel, Brixton 1978; Oriel Tate, Llundain 1985; Oriel Marion Goodman, Efrog Newydd 1992, 1997, 2004; Oriel Gelf Glynn Vivian, Abertawe 2002; Oriel Lisson, Llundain 2005; *Richard Deacon: Out of Order*, Tate St Ives 2005. Cyhoeddiadau'n cynnwys *Stuff Box Object* (SMSA 1971–72, ailolygwyd/ailgyhoeddwyd gan Ganolfan Gelfyddydau Chapter, Caerdydd 1984); *What Car?* (Éditions du Regard, Paris 1992); *About the Size of It*, gyda Niels Dietrich (Edition Sindhu, Cwlen 2005); *Richard Deacon: personals* (Oriel Ikon, Birmingham 2007). Ei gynnwys yn *Richard Deacon*, Jon Thompson, Pier Luigi Tazzi, Peter Schjeldahl (Phaidon Press 1995, 2000); *Richard Deacon: Out of Order*, Edmund de Waal, Clarrie Wallis (Tate Publishing 2005). Casgliadau'n cynnwys Amgueddfa Cymru, Caerdydd; Casgliadau Tate, Llundain; Centre Georges Pompidou, Paris; Cyngor Celfyddydau Lloegr. '…hanfod y ffurf ddynol…strwythurau pren a metel wedi'u gwneud yn fanwl gywir…' *(Gwefan Sefydliad Cerfluniaeth Cass)* Yn byw yn Llundain, Lloegr.

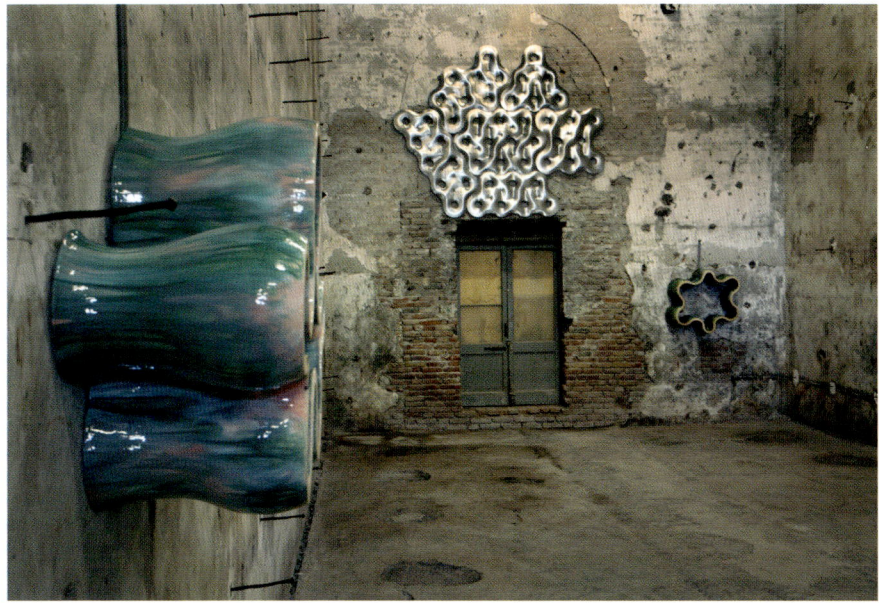

88 | Richard Deacon
*Capannone 1* 2007

## Olivier DEBRE 1920–1999
**Peintiwr, gwneuthurydd printiau, cerflunydd. Ganed ym Mharis, Ffrainc.**

Astudiodd yn Ecole Nationale Supérieure des Beaux-Arts, Paris (ENSBA) 1938–39 (Pensaernïaeth); Sorbonne, Paris 1939–42 (Hanes). Bu'n mynychu stiwdio Le Corbusier 1939 ac yn ymweld â Picasso, Paris 1942–43. Athro/Pennaeth y Stiwdio ar gyfer Paentio Murluniau, ENSBA 1980–85. Comisiynau cenedlaethol/rhyngwladol niferus gan gynnwys Comédie Française, Paris 1985; Dinas Paris, ar gyfer Dinas Montreal 1992; Eurotunnel, Calais 1994; Tŷ Opera Sianghai 1998. Cyngor Celfyddydau Cymru (CCC) Gwobr Artist Rhyngwladol 1976; Chevalier de la Légion d'Honneur, Ffrainc 1991. Bu'n gweithio yng Nghapel Bangor, canolbarth Cymru 1976, 1977. Aelod o Salon d'Automne; Comité Français des Arts Plastiques. Arddangosfeydd undyn cenedlaethol/rhyngwladol niferus gan gynnwys Galerie Bing, Paris 1949; Oriel Knoedler, Efrog Newydd 1959, 1960, 1963; Haaken A Christensen, Oslo 1966, 1972; Musée des Beaux Arts du Havre 1966; Galerie Ariel, Paris 1973, 1976; Musée d'Art Moderne de la Ville de Paris 1975; Musée des Beaux Arts, Nantes 1976; *Olivier Debré in Wales*, Oriel, CCC, Caerdydd 1977; *Olivier Debré*, Amgueddfa Cymru 1977; Bibliothéque National, Paris 1987; *Rétrospective 1943–1993*, Montbéliard/Valence/Ajaccio 1993; *Rétrospective*, Galerie Nationale du Jeu de Paume 1995 (teithiol); Centre Georges Pompidou, Paris 2003; Celf J Bastien, Brwsel 2005. Cyhoeddiadau'n cynnwys *Anatomie du Sourire* (Lacourière et Frélaut 1993). Wedi'i gynnwys yn *Olivier Debré*, Pierre Courthion (Georges Fall 1967); *Catalogue Raisonné, Estampes et Livres Illustrés* (Publications de la Sorbonne 1993). Gwaith mewn casgliadau cyhoeddus (Canada, Ffrainc, India, Israel, UDA) gan gynnwys Amgueddfa Ceredigion; Llyfrgell Genedlaethol Cymru, Aberystwyth. Prynwyd gwaith gan CCC. Lithograffeg, ysgythru, paentio olew, cerfluniaeth, cerameg, setiau/gwisgoedd/llenni i'r llwyfan, dylunio tecstiliau, gwydr lliw; pensaernïaeth; murluniau mawr. Tirwedd; y wên; syniadau am ofod. '…mewn gwirionedd, adlewyrchu realiti'n union fel mae'n cael ei theimlo yw paentio honedig haniaethol.' Roedd yn byw ym Mharis.
*Galerie Louis Carré et Cie, Paris*

## Muriel DELAHAYE 1937–
**Peintwraig. Ganed yn Oldham, Lloegr.**

Astudiodd yng Ngholeg Celf Rhanbarthol Manceinion 1951–55; Prifysgol Victoria Manceinion 1962–65; dosbarthiadau bywluniadu, Canolfan y Celfyddydau Aberystwyth (CCA) 1970au–90au, gyda Roy Marsden. Bu'n gweithio yng Nghrochendai Jersey 1955–61. Athrawes, Oldham 1961–62, 1965–68. Cyrhaeddodd Gymru ym 1968. Arddangosfeydd ar y cyd yn cynnwys Y Tabernacl, Machynlleth (TM) 1994 (y wobr gyntaf), 1999, 2000; Eisteddfod Genedlaethol Cymru, Pen-y-bont ar Ogwr 1998; *Biennale Arlunio Cymru*, CCA 1999, 2002, 2005 (i gyd yn deithiol); Oriel yr Atig, Abertawe (OAA) 2000, 2001; *Art West 2000*, Oriel Myrddin, Caerfyrddin 2000 (teithiol) (y wobr gyntaf); Neuadd Dewi Sant, Caerdydd 2002–07. Arddangosfeydd un-ddynes yn cynnwys Amgueddfa Ceredigion, Aberystwyth 1989; TM 1995, 1996; CCA 1995; Stiwdio 8, Canolfan Grefft Rhuthun 2002; OAA 2003; Oriel Washington, Penarth 2003, 2006. '…Y Borth a'i chyffiniau, lle dw i'n byw ers 35 mlynedd in edrych dros y traeth, yw'r prif a'r unig ddylanwad ar fy ngwaith – sy'n ffigurol.' Yn byw yn y Borth, gorllewin Cymru.
*Yr artist*

## Denys DELHANTY 1925–
**Enw gwaith Harold Denys William Delhanty, peintiwr. Ganed yng Nghaerdydd, de Cymru.**

Astudiodd yng Ngholeg Celf Caerdydd 1942–44, gydag Evan Charlton, Ceri Richards; 1948–51, gydag Eric Malthouse. Capten, y Ffiwsilwyr Brenhinol Cymreig 1944–48. Pennaeth Celf, Coleg Cheltenham i Foneddigesau 1951–64; darlithydd, Coleg Rolle, Exmouth 1964–66; uwch-ddarlithydd, Coleg

Addysg Swydd Gaerloyw 1966–83; tiwtor, Ysgol Haf y Barri 1964–69. Aelod o'r Grŵp Cymreig 1970–82; Grŵp Cheltenham 1954–2001; Academi Frenhinol Gorllewin Lloegr, Bryste (AFGLl) (Aelod 1964). Arddangosfeydd ar y cyd yn cynnwys *Pictures for Schools*, Cymdeithas er Addysg drwy Gelf (CEADG), Llundain 1953–61; *Pictures for Welsh Schools*, CEADG, Amgueddfa Cymru (AC) 1953–64; Eisteddfod Genedlaethol Cymru, Pwllheli 1955, Aberdâr 1956; Oriel Howard Roberts, Caerdydd 1955–58, 1963; AFGLl yn flynyddol, o 1956; Cymdeithas Celf Gyfoes Cymru (CCGC) 1958, 1963. Arddangosfa ddeuddyn, Oriel Dillwyn, Abertawe (gyda George Little) 1964. Wedi'i gynnwys yn *South Wales Argus* (Ionawr 1964). Casgliadau'n cynnwys AC; AFGLl; awdurdodau lleol de Cymru; CCGC; Oriel Gelf ac Amgueddfa Cheltenham. Prynwyd gwaith gan Gyngor Celfyddydau Cymru. 'Roedd fy ngwaith cynnar…yn canolbwyntio ar baentio tirluniau mewn olew, dyfrlliwiau, gouache…ar ddiwedd y 70au, cyflwynais bapur wedi'i rwygo a'i dorri…dw i'n paentio ac yn gwneud marciau mewn gwahanol gyfryngau ar bapur a wynebau eraill…ar raddfa fechan.' Yn byw yn Sheepscombe, Lloegr.
*Yr artist*

## Marian DELYTH 1954–
**Ffotograffydd, dylunydd graffeg. Ganed yn Aberystwyth, canolbarth Cymru.**

Astudiodd yng Ngholeg Celf Caerdydd 1972–73; Coleg Celf Casnewydd 1973–76 (Dylunio Graffeg, gradd yn y dosbarth cyntaf), gyda David Hurn; Coleg Polytechnig Birmingham 1976–77 (MA Ffotograffiaeth). Ffotograffydd/dylunydd graffeg, asiantaeth hysbysebu 1977–78; darlithydd, Coleg Ceredigion 1978; ffotograffydd/dylunydd graffeg, Cyngor Llyfrau Cymru 1978–82; llawrydd o 1982. Darluniau/cynlluniau ar gyfer dros 400 o gloriau llyfrau. Gweithdai ledled Cymru, gan gynnwys Eisteddfod Genedlaethol Cymru, Tyddewi 2002. Prosiectau'n cynnwys gwaith gyda'r ceramegydd, Meri Wells, Gwlad Swazi 2004. Wedi'i hurddo gan Orsedd y Beirdd 2007. Gwobrau niferus gan gynnwys Cyngor Llyfrau Cymru, Tír na nÓg 2000. Aelod sefydlu Ffotogallery; aelod sefydlu (cadeirydd ar un adeg), Gweled. Arddangosfeydd ar y cyd yn cynnwys *Cofio Tryweryn*, Canolfan y Plase, Y Bala 2002; *Fields of Vision*, Oriel Lexington, Efrog Newydd 2004; *Yr Wyddor*, Oriel Canfas, Caerdydd (OC) 2005; *Gorwelion*, Canolfan y Morlan, Aberystwyth 2006; *A Show for Bethlehem*, Bethlem 2007; Canolfan Celf Gyfoes Ryngwladol, Napoli 2007. Arddangosfeydd un-ddynes yn cynnwys Theatr Felin-fach, Dyffryn Aeron 1998; *Cymru o Hud*, Llyfrgell Genedlaethol Cymru, Aberystwyth (LlGC) 2002; *Radical*, OC 2003; *A Feddo Gof*, Canolfan Grefft Rhuthun 2003; *Cofio Ddoe*, Oriel Llyfrgell Caernarfon 2005; *Tracing Footsteps*, Amgueddfa Ceredigion, Aberystwyth 2005. Cyhoeddiadau'n cynnwys *Cymru'r Camera*, golygydd (Y Lolfa (YL) 1982); *Cymru o Hud*, Gwynfor Evans a Marian Delyth (YL 2002); erthyglau i *Barn*. Wedi'i chynnwys ar CD Rom, *Diwylliant Gweledol Cymru – Delweddu'r Genedl*, Peter Lord (Y Ganolfan Uwchefrydiau Cymreig a Cheltaidd/Gwasg Prifysgol Cymru 2002); *Tywysogion*, cyfres deledu/llyfr (S4C 2007); yn gyson yn *Barn*, *Golwg*; *New Welsh Review* (Haf 2006); A Winter's Tale, BBC 2 Cymru 2002; Portreadau, S4C 2002; Yr Ail Filltir, S4C 2002. Casgliadau'n cynnwys Casorio, Amgueddfa Celf Gyfoes, Napoli; LlGC. 'Yn ddiweddar…gwaith personol a gwaith yn y stiwdio, comisiynau ac addysgu rhan-amser yn achlysurol…' Yn byw ym Mlaen-plwyf, canolbarth Cymru.
*Yr artist*

## Haydn DENMAN 1962–
**Ffotograffydd, dyn camera dogfen. Ganed yng Nghastell-nedd, de Cymru.**

Astudiodd yng Ngholeg Celf a Dylunio Caerloyw 1980–83. Comisiynau ar gyfer arddangosfeydd yn cynnwys Ffotogallery, Caerdydd (Ffotog) 1991, 1992, 2000; Oriel Mostyn, Llandudno (OM)/Cywaith Cymru (CCym) 2001. Gwobrau'n cynnwys Cyngor Celfyddydau Cymru 1992; Celfyddydau Rhyngwladol Cymru 1998. Aelod Ffotog. Arddangosfeydd ar y cyd yn cynnwys *Y Filltir Sgwar*, Ffotog 1993; *A Survey*

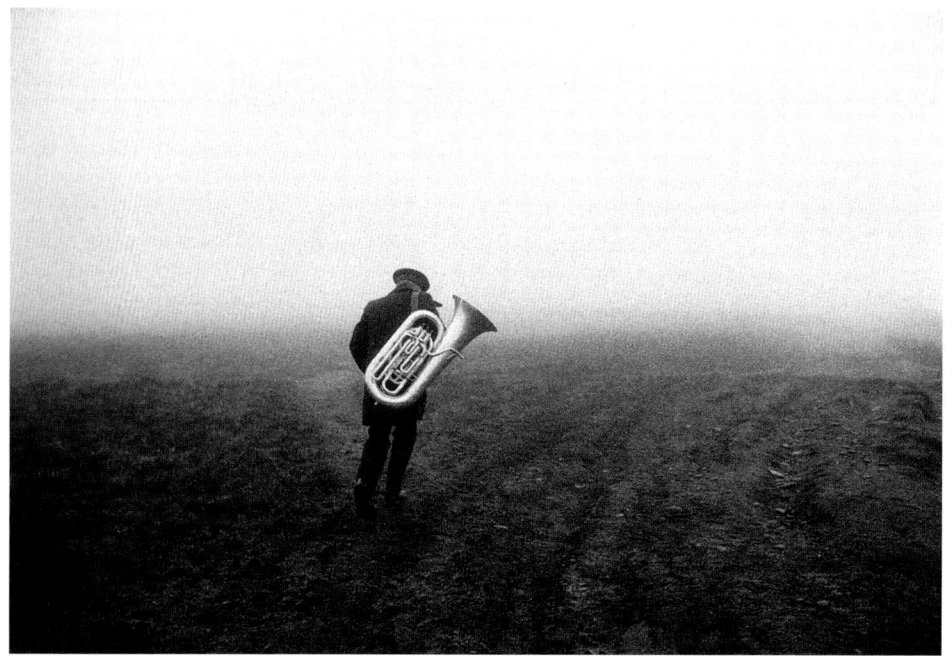

89 | Haydn Denman
*Easter Sunday, Cwm* 2001

*of Recent British Photography*, Creative Camera, Llundain 1994 (teithiol); Eisteddfod Genedlaethol Cymru, Castell-nedd 1994, Abergele 1995; *Just Another Day*, Ffotog 2000 (teithiol); *Welsh Photography*, Oriel Gerddi Howard, Caerdydd OGH) 2006; *Six Welsh Photographers*, OGH 2007. Arddangosfeydd undyn yn cynnwys *Yr Hen Orllewin*, Canolfan Gelfyddydau Chapter, Caerdydd 1995; *Patagonia: An Argentine-British Link*, Llysgenhadaeth yr Ariannin, Llundain 1996; *A470*, OM/CCym 2002 (teithiol). Casgliadau'n cynnwys Ffotog; Llyfrgell Genedlaethol Cymru, Aberystwyth. '…sbectrwm gwaith eang… [dw i'n] teithio'n helaeth…' '…yn gweithio yn y diwydiant teledu ar raglenni dogfen, dramâu, materion cyfoes, adloniant ysgafn, chwaraeon.' Yn byw yng Nghaerdydd, de Cymru.
*Yr artist*

## Kate DERBYSHIRE 1965–
**Ceramegydd, peintwraig, artist cymunedol. Ganed yn Taunton, Lloegr.**

Cyrhaeddodd Gymru ym 1984. Astudiodd yn Ysgol Gelf Yeovil 1983–84; Athrofa Addysg Uwch De Morgannwg 1984–87, gydag Alan Barrett-Danes, Geoffrey Swindell. Addurnwraig ffenestri, Caerdydd 1989–93; technegydd/tiwtor (rhan-amser), Canolfan Gelfyddydau Neuadd Llanofer, Caerdydd (CGNLl) 1997–2003; artist cymunedol (rhan-amser), prosiectau niferus, de-ddwyrain Cymru, o 1998. Comisiynau'n cynnwys CGNLl 2001; Ysbyty'r Eglwys Newydd 2006. Arddangosfeydd ar y cyd yn cynnwys Neuadd Dewi Sant, Caerdydd 2001; Oriel Kooywood, Caerdydd o 2005; Oriel Victoria Fearn, Caerdydd 2006; Oriel Tri, Penarth 2006; *Celf Glai Cymru 2007*, Dinbych 2007; Gŵyl Gerameg Stoke-on-Trent 2007. Arddangosfeydd un-ddynes, CGNLl 2005. '…y byd o'n cwmpas, o sipiau a phontydd i gregyn a phryfed.' Yn byw yng Nghaerdydd, de Cymru.
*Yr artist*

**Kathryn DEVILLE  Gweler Kathryn DODD**

**Gerald DEWSBURY** 1957–
**Enw gwaith Gerald Peter Dewsbury, peintiwr, darlunydd. Ganed yn Dartford, Lloegr.**
Astudiodd yng Ngholeg Celf Mansfield 1976–77; Ysgol Gelf Falmouth 1977–80, gyda Francis Hewlett, Ray Wilkins. Cyrhaeddodd Gymru ym 1981. Artist/darlunydd llawrydd o 1981. Aelod o'r Academi Frenhinol Gymreig; Celfyddydau Creadigol Corwen. Arddangosfeydd niferus ar y cyd gan gynnwys Eisteddfod Genedlaethol Cymru, Llanrwst 1989 (y wobr gyntaf ar y cyd); Neuadd Dewi Sant, Caerdydd (NDS) 1993 (Gwobr Cyfeillion NDS), 1995–98, 2000, 2001, 2004–07; *Arddangosfa Gelf Agored*, Amgueddfa Grosvenor, Caer (AG) 1995 (y wobr gyntaf), 2001; *Arddangosfa Canolbarth Cymru*, Canolfan y Celfyddydau Aberystwyth 1996; *Arddangosfa Agored*, Canolfan Gelfyddydau Wrecsam 2004; *Ysbryd Llŷn*, Oriel Plas Glyn-y-Weddw, Llanbedrog 2006. Arddangosfeydd undyn yn cynnwys *From Woodland to Hedgerow*, Canolfan Bleddfa, Bleddfa 1992; Theatr Clwyd, Yr Wyddgrug 1994, 1995, 1997, 2003 (teithiol); *In the Green*, NDS 1995; *Rustling the Leaves*, Y Tabernacl, Machynlleth (TM) 1996; *Reflections of Nature*, AG 1997; Oriel Llangollen 2001; NDS 2006; Canolfan Ymwelwyr ac Arddangos Croesoswallt 2006. Casgliadau'n cynnwys AG; Cymdeithas Celf Gyfoes Cymru; TM. '…o ganfyddiadau mewnsyllgar drwodd i dirluniau symbolaidd a rhamantus, astudiaethau gwrthrychol, portreadau pensaernïol a darluniau o fywyd gwyllt.' Yn byw yn Llangwm, gogledd Cymru.
*Yr artist*

**Lynne DICKENS  Gweler Peter JONES a Lynne DICKENS**

**Norman DILWORTH** 1931–
**Cerflunydd. Ganed yn Wigan, Lloegr.**
Astudiodd yn Ysgol Gelf Wigan 1949–52; Ysgol Gelf Slade, Llundain 1952–56 (Gwobr Tonks 1955). Gwobr Arlunio'r *Sunday Times* 1956. Arddangosfeydd cenedlaethol/rhyngwladol niferus yn cynnwys *Young Contemporaries* 1953, 1954, 1955, Llundain; *Structure 66*, Cyngor Celfyddydau Cymru (CCC) 1966; *Sculpture for Haverfordwest*, Eisteddfod Genedlaethol Cymru/CCC 1972 (gwobr gyntaf); *Sculpture for Cardiff*, Sefydliad Peter Stuyvesant/CCC (y wobr gyntaf); *Ways of Making*, CCC 1975 (teithiol); *British Painting '74*, Oriel Hayward, Llundain 1974 (OHLl); *Pier + Ocean. Construction in the Art of the Seventies*, OHLl 1980 (teithiol). Llawer o arddangosfeydd undyn gan gynnwys Galeries Nouvelles Images, Den Haag 1970; Oriel Lucy Milton, Llundain 1973, 1975; Galerie Swart, Amsterdam 1976–1984; *International Artist in Residence Programme*, Guernsey 1999; adolygol, Musée Matisse, Le Cateau-Cambrésis 2007. Casgliadau niferus gan gynnwys Cyngor Celfyddydau Lloegr; Dinas Amsterdam; Rijksmuseum Kröller-Müller, Otterlo; Tate, Llundain. Prynwyd gwaith gan CCC. Yn byw yn Lille, Ffrainc.
*Yr artist*

**Geraint DODD** 1938–
**Peintiwr. Ganed yng Nghaergybi, Ynys Môn.**
Astudiodd yng Ngholeg Normal Bangor 1963–65; Prifysgol Leeds 1970–71. Athro, uwchradd, trydyddol/pennaeth celf, Cyngor Sir Cilgwri a Swydd Gaer 1965–90. Artist preswyl, Coleg Llysfasi 1970au. Aelod o Border Visual Arts; Artistiaid Gogledd Ddwyrain Cymru. Arddangosfeydd ar y cyd yn cynnwys Oriel Gelf Bangor, Gwynedd 1965; *Arddangosfa Agored Cilgwri*, Oriel Gelf Williamson, Penbedw 1970; Eisteddfod Genedlaethol Cymru, Wrecsam 1977, Yr Wyddgrug 1991; *Arddangosfa Agored Gogledd Cymru*, Theatr Clwyd, Yr Wyddgrug (ThCyW) o 1992; Academi Gelfyddydau Lerpwl 2001; Oriel Davies, Y Drenewydd 2003; *Artist y Flwyddyn Cymru*, Neuadd Dewi Sant, Caerdydd 2005.

Arddangosfeydd undyn yn cynnwys ThCyW 1993, 1995; Oriel Blacksheep, Penarlâg 1997; Theatr Gwynedd, Bangor 2000; Canolfan Addysg a Chelfyddydau Gateway, Amwythig 2003; Amgueddfa ac Oriel Gelf Buxton 2006. Darluniau llyfrau, gan gynnwys *Celtic Tree Calendar*, Beryl Baigent (Third Eye, Canada 1999); *The Mary Poems*, Beryl Baigent (Cranberry Tree Press, Canada 2000). Wedi'i gynnwys yn y Sioe Gelf (S4C 2003). 'Celf a mytholeg Geltaidd, celf a diwylliant brodorion America. Cerddi RS Thomas.' Yn byw yn yr Hôb, gogledd Cymru.
*Yr artist*

### Kathryn DODD 1962–
**Peintwraig, ceinlythrennydd. Ganed yn Carshalton, Lloegr. Hefyd bu'n gweithio fel Kathryn Campbell, Kathryn Hinks, Kathryn Deville.**

Astudiodd yn Ysgol Gelf a Dylunio Epsom 1978–80; Coleg Digby Stuart, Sefydliad Roehampton, Llundain 1989–91; Cynllun Cyswllt Cymdeithas Sgrifellwyr ac Addurnwyr (CSA) 1990–93 (gydag Anne Hechle). Dylunydd graffeg/ceinlythrennydd llawrydd 1985–98; tiwtor (rhan-amser), ceinlythrennu, ardal Llundain 1992–95. Cyrhaeddodd Gymru ym 1995. Comisiynau'n cynnwys y Post Brenhinol 2004. Gwobr Cyngor Celfyddydau Cymru 2007. Aelod o CSA. Curadur/trefnydd, gyda Jane Hawkins, *Traffig*, 14 o artistiaid o Gymru a Lloegr 2002 (teithiol). Arddangosfeydd ar y cyd yn cynnwys *Fine Words and Fine Books*, CSA, Cadeirlan St Paul, Llundain 1990 (teithiol); *The Written Word*, Oriel Gelf ac Amgueddfa Dinas Portsmouth 2003; Celf Gain Fountain, Llandeilo o 2003; Oriel Kooywood, Caerdydd o 2005; *Lines and Strata*, Theatr Mwldan, Aberteifi 2006. Arddangosfeydd deuddyn yn cynnwys *Moc*, Oriel Atrium, Canolfan Whiteley, Llundain (gyda Jane Hawkins) 2000; Oriel y Gyfnewidfa Ŷd, Neuadd y Dre Aberteifi (gyda Peter Coviello) 2002; Oriel Washington, Penarth (gyda Caitlin Jenkins) 2005. Arddangosfeydd un-ddynes yn cynnwys Llyfrgell Caerfyrddin 2002; Y Tabernacl, Machynlleth 2004; Oriel Neuadd y Frenhines, Arberth 2005; *Inside the Birdhouse*, Leatherhead 2007 (yn teithio Cymru). Wedi'i chynnwys yn *The Rhythm of Writing*, Satwinder Sehmi (Merehurst 1993); *Step by Step Calligraphy*, golygydd Sue Hufton (Weidenfeld a Nicholson 1995). '…cof, etifeddiaeth ac etifeddeg. Mae gwaith diweddar yn ymdrin â'r *Mabinogi*.' Yn byw yn Alltwalis, gorllewin Cymru.
*Yr artist*

### Moira DOGGETT 1927–
**Enw gwaith Moira Marjorie Doggett, peintwraig. Ganed yn Edmondstown, de Cymru.**

Mynychodd ddosbarthiadau nos, Sefydliad Technegol y Rhondda 1953–55, Coleg Celf yr Holl Saint, Manceinion 1955–58; hyfforddiant gyda Kristen Berger, Llundain 1967. Nyrs, de Cymru, Manceinion, Llundain 1944–67; ysgrifenyddes gwmni, Llundain 1967–77. Bu'n byw yng Nghymru 1977–90. Arddangosfeydd ar y cyd yn cynnwys Oriel, Cyngor Celfyddydau Cymru (CCC), Caerdydd 1974; Cymdeithas Gelf Cwmbrân, Canolfan Gelfyddydau Abaty Nant Teyrnon, Cwmbrân, o 1974; Orielau'r Sefydliad Brenhinol, Llundain (y dyddiad yn ansicr). Arddangosfa un-ddynes, Canolfan Gelfyddydau Ripley, Bromley 1974. Gwaith yng nghasgliad Prifysgol Bangor (prynwyd gwaith gan CCC). '…y dychmygus mewn celf ffigurol.' Yn byw yn Ely, Lloegr.
*Yr artist*

### James DONOVAN 1974–
**Enw gwaith Patrick James Donovan, peintiwr. Ganed yn Aberdâr, de Cymru.**

Astudiodd yng Nghanolfan Gelf a Dylunio Morgannwg Ganol 1992–94; Athrofa Addysg Uwch Abertawe 1994–97 (gradd yn y dosbarth cyntaf). Postmon 1998–2001; athro, Ysgol Gyfun Pontllan-fraith 2002–05, Ysgol Uwchradd Cyfarthfa, Merthyr Tudful, o 2006. Artist preswyl, Coleg Addysg Bellach Abertawe (CABA) 1997–98. Gwobr Artistiaid Ifainc Syr Leslie Joseph 1998. Arddangosfeydd ar y cyd yn cynnwys

Oriel Albany, Caerdydd 1997, 1998; Oriel yr Atig, Abertawe (OAA) 1997, 1998; *Look Without Prejudice*, Neuadd Dewi Sant, Caerdydd (NDS) 1998; Celf Gain Highgate, Llundain 1998, 2000, 2007; Oriel Martin Tinney, Caerdydd (OMT) o 1999; *The Last Shift*, NDS 1999; Oriel Plas Glyn-y-Weddw, Llanbedrog 1999. Arddangosfa ddeuddyn, OAA (gyda Chris Griffin) 1998. Arddangosfeydd undyn yn cynnwys Oriel Gelf Glynn Vivian, Abertawe (OGGV) 1998; Oriel Washington, Penarth 1999; Parc Treftadaeth y Rhondda, Trehafod 2000; OMT 2001, 2002; Amgueddfa ac Oriel Gelf Casnewydd 2002. Wedi'i gynnwys yn The Slate (BBC Cymru 1999). Casgliadau'n cynnwys CABA; Cymdeithas Celf Gyfoes Cymru; Canolfan Gristnogol Ramoth, Hirwaun; Cynulliad Cenedlaethol Cymru, Caerdydd; OGGV; Prifysgol De Cymru, Pontypridd; Ysbyty Treforys. 'Yr gymuned ôl-lofaol a sut mae'r to ifanc yn ei gweld neu'n ei hanwybyddu'. Yn byw yn Aberdâr.

*Yr artist*

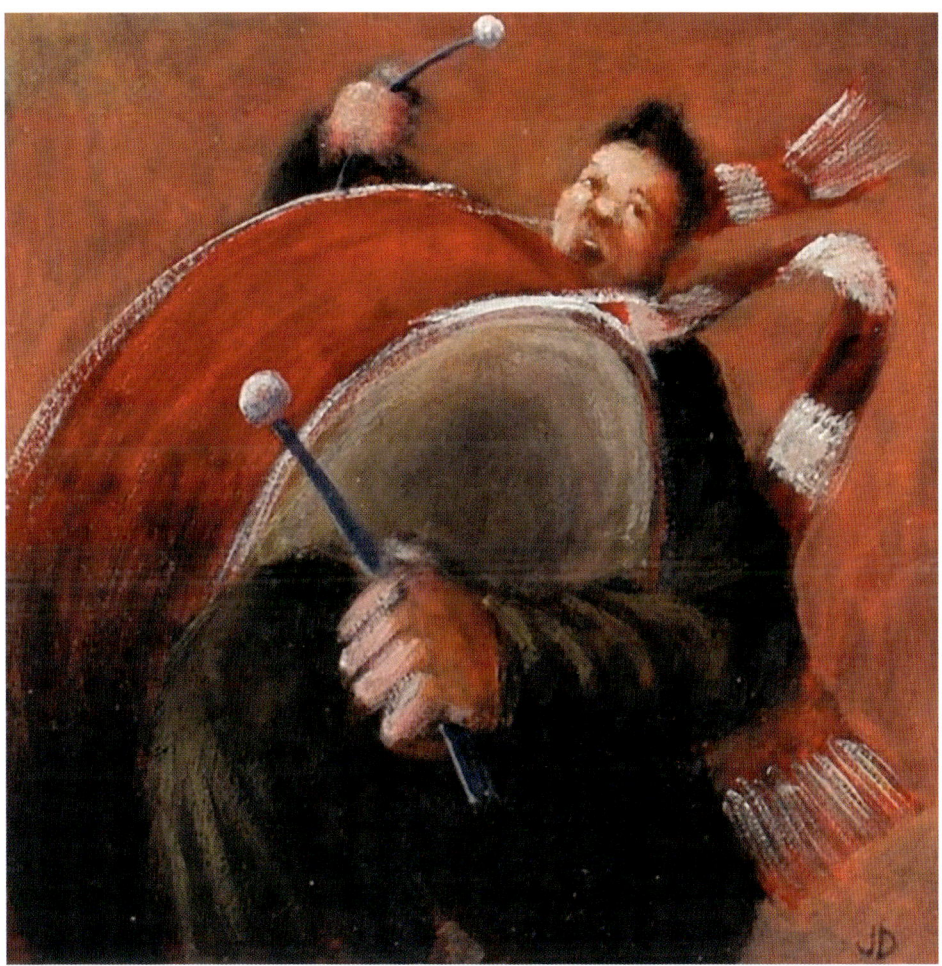

90 | James Donovan
*Boomer* 2007

### Jane DORSETT 1939–
**Artist tecstiliau. Ganed yng Nghastell-nedd, de Cymru.**

Astudiodd yng Ngholeg Polytechneg Cymru, Pontypridd 1981–84, gydag Alan Salisbury. Gwaith ysgrifenyddol 1955–65, 1972–81, Castell-nedd a Llundain; tiwtor (rhan-amser), Sain Ffagan: Amgueddfa Werin Cymru o 1996; Yr Amgueddfa Americanaidd, Caerfaddon 2001–03; Canolfan Gelfyddydau Oedolion, Prifysgol Cymru, Abertawe 2001–03. Aelod o Art 2000, Casnewydd 1995–2003; 21 o Artistiaid Cyfoes, Casnewydd 2003–04; Urdd Rhyngwladol Gwneuthurwyr Rygiau sy'n Bachu â Llaw (URGRBLI). Arddangosfeydd ar y cyd yn cynnwys *21 o Artistiaid Cyfoes*, Canolfan Gelfyddydau Abaty Nant Teyrnon, Cwmbrân 2000, 2002; *Celebrations – New Ideas in Ragwork*, Amgueddfa Pont-y-pŵl (AP) 2003 (teithiol); Amgueddfa ac Oriel Gelf Casnewydd 2003. Arddangosfa un-ddynes, Canolfan Gelfyddydau a Chrefftau Ffwrwm, Caerleon 2000. Wedi'i chynnwys mewn rhaglenni HTV/BBC Radio Cymru (2000, 2002, 2003). Casgliadau'n cynnwys AP; Sain Ffagan: Amgueddfa Werin Cymru. '… tirwedd Cymru a theithiau…' Yn byw yng Nghwmbrân, de Cymru.
*Yr artist*

### Pascal-Michel DUBOIS 1961–
**Artist amlgyfrwng/gosodwaith, ffotograffydd. Ganed yn Voiron, Ffrainc.**

Cyrhaeddodd Gymru yn 2005. Astudiodd yn Ysgol Celf Gain Lyon 1985–90, gyda Jean Gabriel Coignet, Patrick Raynaud; Coleg y Gofaint Aur, Llundain 1989, gyda Peter Lowe, Jon Thompson. Gwaith gwirfoddol/cynorthwy-ydd celf, Llundain 1990–96; technegydd oriel/curadur cynorthwyol (rhan-amser), Canolfan Gelfyddydau Diorama, Llundain 1996–2005. Artist preswyl, Coed Gwynant, gogledd Cymru 2007; Preswyliad a Phrosiect Mentora *Cymru ym Miennale Fenis*, gydag Elen Bonner, Cyngor Celfyddydau Cymru (CCC)/Cywaith Cymru/Safle 2007. Gwobr CCC 2006. Arddangosfeydd ar y cyd yn cynnwys *Mapping*, Oriel Gelf Bury 2007. 'Deunydd pob dydd, Cymru, byd natur.' Yn byw yn Nelson, de Cymru.
*Yr artist*

### William Harold DUDLEY 1890–1949
**Peintiwr. Ganed yn Bilston, Lloegr.**

Astudiodd mewn dosbarthiadau nos, Ysgol Gelf Bilston; Y Coleg Celf Brenhinol, Llundain, o 1916. Gwasanaeth yn y fyddin, y Rhyfel Byd Cyntaf, tynnu a chyfleu mapiau milwrol. Darlithydd, Coleg Celf Casnewydd; Ysgol Gelf Cheltenham. Ymweliadau peintio blynyddol â Polperro, Cernyw. Aelod o'r Academi Frenhinol Gymreig (AFG) (1939). Arddangosfeydd ar y cyd yn cynnwys yr Academi Frenhinol, Llundain; Salon Paris; AFG. Arddangosfeydd undyn yn cynnwys *Under Open Skies*, Oriel Gelf Wolverhampton (OGW) 2004. Atgynhyrchwyd gwaith ar glawr *Howard's End*, E M Forster (Penguin 1989). Casgliadau'n cynnwys Amgueddfa ac Oriel Gelf Casnewydd; Oriel Gelf Wolverhampton. Paentiadau awyr agored; yn cael ei ystyried yn un o Ysgol Newlyn. Credir ei fod yn byw diwethaf yn ardal Cheltenham.

**Terry DUFFY** 1948–
**Peintiwr. Ganed yn Lerpwl, Lloegr.**

Ei daid yn Gymro. Astudiodd yng Ngholeg Celf Lerpwl 1972–75 (ysgoloriaeth yn 13 oed; gradd yn y dosbarth cyntaf), gyda Joseph Beuys, John Cage, Yoko Ono; Coleg y Brifysgol, Caer 1997–98 (MA). Ffotolithograffydd, Lerpwl, Llundain 1968–70; darlithydd (rhan-amser), colegau addysg bellach, Lerpwl 1976–79; darlithydd, Coleg Technegol Mabel Fletcher, Lerpwl 1979–86; deon, Coleg y Ddinas, Lerpwl 1986–92. Artist llawn-amser, o 1992. Comisiynau'n cynnwys Theatr Unity, Lerpwl 1998. Gwobrau'n cynnwys Celfyddydau Glannau Mersi 1980; Gwobr Celf Gain Sotheby 1980; Celfyddydau Gogledd Orllewin Lloegr 1984; cymrodoriaeth Celf Gain y Cyngor Prydeinig, Bwdapest 1992; Cyngor Celfyddydau Cymru 1999; Cyngor Celfyddydau Lloegr 2002. Aelod o Academi Manceinion. Arddangosfeydd niferus ar y cyd gan gynnwys *John Moores 18*, Oriel Gelf Walker, Lerpwl 1991; *Gwobr Gelf Hunting/Observer*, Llundain 1991; Oriel Gelf Glynn Vivian, Abertawe 1992; Eisteddfod Genedlaethol Cymru, Abergele 1995; *Biennale Harlech*, Harlech 1996; Amgueddfa Cymru (AC) 1997; Oriel Belgrave, St Ives 2007. Arddangosfeydd undyn yn cynnwys Gwobr Celf Gain Sotheby, Caer 1980; Amgueddfa ac Oriel Gelf Harris, Preston 1984; Oriel Gelf Laing, Newcastle upon Tyne 1989; *Quality of Light Festival*, Oriel New Millennium, St Ives 1997; g39, Caerdydd 1999. Cyhoeddiadau'n cynnwys *Her Revealing Dress* (Quartet Books 1986); delwedd clawr, Penguin Books (1987); *Arts in Urban Regeneration* (Leicester University Press 1996). Wedi'i gynnwys yn helaeth mewn cyfryngau cenedlaethol/y wasg gelf o 1975. Casgliadau'n cynnwys AC, Ymddiriedolaeth Derek Williams; Cyngor Swydd Caerlŷr; Oriel Gelf Dinas Manceinion; Prifysgol Lerpwl. 'RS Thomas, Eryri.' Cyfryngau a ddefnyddir, 'olew, ffotograffiaeth, barddoniaeth.' Yn byw yn Hoylake, Lloegr.
*Yr artist*

**Ted DUMMETT** 1906–1989
**Enw gwaith Edwin James Dummett, peintiwr. Ganed yn Castle Cary, Lloegr.**

Yn hunanaddysgedig yn bennaf; dosbarthiadau nos, Yr Academi Frenhinol Gymreig, Conwy (AFG). Gwasanaeth yn yr Ail Ryfel Byd. Y diwydiant adeiladu 1945; daeth yn beiriannydd sifil. Cyrhaeddodd Cymru ym 1949. Aelod o AFG (aelod o'r Cyngor 1978). Arddangosfeydd ar y cyd yn cynnwys AFG 1972, (gydag Illtyd David, Nicholas Evans) 1981; *An Alternative Tradition*, Cyngor Celfyddydau Cymru 1972 (teithiol); Oriel Gelf Williamson, Penbedw; Oriel Gelf Mostyn, Llandudno. Wedi'i gynnwys yn y wasg leol. Roedd yn byw ger Llanrwst, gogledd Cymru.

**Alex DUNCAN** 1985–
**Enw gwaith Alexander Paul Duncan, cerflunydd, ffotograffydd. Ganed yn Abertawe, de Cymru.**

Astudiodd yn Athrofa Addysg Uwch Abertawe 2003–07 (gradd yn y dosbarth cyntaf), gyda Tim Davies, Osi Rhys Osmond, Sue Williams. Fframiwr lluniau ar archeb, o 2003. Arddangosfeydd ar y cyd yn cynnwys *Arddangosfa Agored Abertawe*, Oriel Gelf Glynn Vivian, Abertawe 2005–07; Canolfan Gelfyddydau Pontardawe 2005; *Artist y Flwyddyn Cymru*, Neuadd Dewi Sant, Caerdydd 2007; Eisteddfod Genedlaethol Cymru, Sir y Fflint 2007. Arddangosfa undyn, *Forever Autumn*, Oriel Ocean, Abertawe 2007. 'Mae profi pyllau resin solet yn y dirwedd, teimlo glaswellt ffug yn saethu i fyny rhwng craciau yn y palmant a chael eich drysu'n llwyr gan arwyddion wedi'u chwyddo yn golygu… cael eich cyfareddu gan y pethau sy'n cyfateb iddynt yn naturiol ac yn gymdeithasol.' Yn byw yn Abertawe.
*Yr artist*

## Chris DUNSEATH 1949–

**Enw gwaith Christopher Dunseath, cerflunydd. Ganed ym Mangor, Gogledd Iwerddon.**

Astudiodd yng Ngholeg Celf a Dylunio Swydd Gaerloyw, Cheltenham 1968–71; Ysgol Celf Gain Slade, Llundain 1971–73. Cymrodoriaeth cerfluniaeth, Coleg Celf Caerdydd 1973–74; darlithydd/pennaeth cerfluniaeth, Coleg Polytechnig Lanchester/Coleg Polytechnig Coventry/Prifysgol Coventry 1974–99. Comisiynau'n cynnwys Cyngor Sandwell 1989. Gwobrau'n cynnwys Cyngor Celfyddydau Prydain Fawr 1976, 1978; Celfyddydau Gorllewin Canolbarth Lloegr 1979; Celfyddydau De Orllewin Lloegr 1981; Cyngor Celfyddydau Cymru (CCC) 1983; Cymrodoriaeth Deithio Winston Churchill 1992. Cymrawd, Cymdeithas Frenhinol Cerflunwyr Prydain. Arddangosfeydd niferus ar y cyd gan gynnwys New Sculpture: Three Shows, Oriel Ikon, Birmingham 1978; Views and Horizons, Parc Cerfluniau Swydd Efrog 1984; Contemporary International Basketmaking, Y Cyngor Crefftau (CC) 1999 (teithiol); Celf, Crefft, Gwyddoniaeth a Thechnoleg, Oriel Myrddin, Caerfyrddin 2001; Arddangosfa'r Hydref, Academi Frenhinol Gorllewin Lloegr 2007 (arobryn). Arddangosfeydd deuddyn yn cynnwys Oriel, CCC, Caerdydd (gyda Trevor Crabtree) 1974; Canolfan Gelfyddydau Sain Dunwyd, Llanilltud Fawr (gyda Nick Stevens) 1983; Amgueddfa Whitefriars, Coventry (gyda Mandy Havers) 1990. Arddangosfeydd undyn yn cynnwys Tŷ Parnham, Dorset 1978; New Art Centre, Llundain 1985; Other Dimensions, Oriel Phillips, Brewhouse, Taunton 2001; Parallel Universe, Brewery Arts, Cirencester 2003. Wedi'i gynnwys yn Contemporary International Basketmaking, Mary Butcher ac eraill (CC/Merrell Publishing 1999). Casgliadau'n cynnwys Amgueddfa Tre Hwlffordd; Cyngor Celfyddydau Lloegr; Prifysgol Caerlŷr; Sefydliad Ackerman, Efrog Newydd; Sefydliad Henry Moore, Leeds. Prynwyd gwaith gan CCC. 'Celf hynafol yr Aifft a ffiseg ddamcaniaethol… Pren, carreg, efydd…yn ddiweddar, argain onnen laminedig…mwydion papur.' Yn byw yn Hinton St George, Lloegr.

*Yr artist*

# ARTISTIAID: E

**Wendy EARLE** 1954–
**Cerflunydd. Ganed yng Nghaerwynt, Lloegr.**

Astudiodd yng Ngholeg Addysg Uwch Bulmershe, Reading (Addysg) 1974–78. Athrawes, Llundain 1978; gweithwraig ieuenctid, Llundain 1978–83. Cyrhaeddodd Gymru ym 1983. Artist yn y gymuned, Llandysul 1983; artist preswyl, Ysgol Gynradd Pentip, Llanelli 1984. Gwobrau'n cynnwys Cymdeithas Gelfyddydau Llundain Fwyaf 1979; Y Cyngor Crefftau 1983; Cyngor Celfyddydau Cymru 1996, 2004 (Cymru Greadigol). Aelod cyswllt o Gymdeithas Frenhinol Cerflunwyr Prydain (CFCP); aelod, y Grŵp Cymreig. Arddangosfeydd ar y cyd yn cynnwys *With the Body in Mind*, Canolfan Richard Attenborough, Caerlŷr 2000; *Yr Arddangosfa Flynyddol*, CFCP, Llundain 2001, 2002, Caerlŷr 2005; Parc Cerfluniau Plas Newby, Ripon o 2001; *Insiders: Box Art*, Oriel Davies, Y Drenewydd 2003 (teithiol); *Journeys of the Eye*, Celf Gain Sant Anthony, Caerdydd 2004; *Cerfluniaeth Gyfoes*, Parc Dan y Garn, Dinas 2006. Arddangosfeydd un-ddynes yn cynnwys *Tunnel Vision*, Oriel Spectrum, Machynlleth 1993; *Patterns in Projection*, Oriel Gelf Glynn Vivian, Abertawe 1994; Gŵyl Bro Morgannwg 1999; *Sculpture in the Cwm*, Llandysul 1999, 2004, 2006; *Bird Places*, Model House, Llantrisant 2006. Wedi'i chynnwys yn *Wendy Earle: A Catalogue* (Chris Wall Creative 2005). Casgliadau'n cynnwys Canolfan Ddinesig Hounslow; Coleg New Hall, Caergrawnt. 'Adar a phryfed; yr amgylchedd, yn enwedig cefn gwlad lleol. Deunyddiau traddodiadol… yn ogystal â pholymerau lliw.' Yn byw yn Llandysul, gorllewin Cymru.
*Yr artist*

**Heather EASTES** 1953–
**Artist sy'n defnyddio arlunio. Ganed yn Portsmouth, Lloegr.**

Cyrhaeddodd Gymru ym 1971; bu'n byw yn yr Almaen 1975–87; dychwelodd i Gymru ym 1987. Astudiodd yng Ngholeg Prifysgol Cymru, Aberystwyth 1971–74, gyda David Tinker; Yr Academi Gelf Daleithiol, Düsseldorf, Yr Almaen 1975–81, gyda Josef Beuys, Rolf Sackenheim. Tiwtor (rhan-amser), Auxiliumschule, Düsseldorf 1979–87; Kunstakademie, Düsseldorf 1979; cyfieithydd llawrydd, Almaeneg – Saesneg, o 1981. Trefnydd (rhan-amser), gweithdai i Gofal Celf Dyfed, o 1992. Is-bostfeistres, Goginan. Gwobr Cyngor Celfyddydau Cymru 1990. Aelod o Künstler Verein, Düsseldorf; Y Grŵp Cymreig. Arddangosfeydd ar y cyd yn cynnwys Eisteddfod Genedlaethol Cymru, sawl gwaith 1990–2006; Amgueddfa Kunst Palast, Düsseldorf 1992 (gwobr brynu); Amgueddfa ac Oriel Gelf Brycheiniog, Aberhonddu 1997, 2002; *Meta*, Oriel Neuadd y Frenhines, Arberth (ONF) 1999 (teithiol); *Revelations*, Amgueddfa Cymru (AC) 2000; *Artist y Flwyddyn Cymru*, Neuadd Dewi Sant, Caerdydd (NDS) 2004, 2007 (arobryn). Arddangosfeydd deuddyn (gyda Peter Bailey), *Dreaming of Babylon*, Canolfan Gelfyddydau Neuadd Llanofer, Caerdydd 2000; *The Artists Life*, NDS 2001. Arddangosfeydd un-ddynes, Galerie Udo Bugdahn, Düsseldorf 1988; Yr Oriel Drefol, Bad Waldsee, Yr Almaen 1992; ONF 2006; *Paper Faces*, Oriel Malkasten, Düsseldorf 2007. Wedi'i chynnwys mewn erthygl ar *Meta* (Ivor Davies, *Planet*, Chwefror/Mawrth 2003); *Creating an Art Community: 50 Years of the Welsh Group*, Peter Wakelin (AC 1999). Casgliadau'n cynnwys Kunstmuseum Düsseldorf; Senedd-dy Ffederal Gogledd Rhein Westphalia. '…y ddelwedd sydd wedi'i harlunio… amgylchedd Cymru a'i chysylltiadau.' Yn byw yng Ngoginan, canolbarth Cymru.
*Yr artist*

## Michael EDMONDS 1926–2014

**Enw gwaith Michael Leighton Edmonds, peintiwr, cerflunydd. Ganed yn Bere Regis, Lloegr.**

Cyrhaeddodd Gymru ym 1944. Astudiodd yn Ysgol Bensaernïaeth Academi Frenhinol Gorllewin Lloegr, Bryste 1944, 1947–51, gyda James Michie; dosbarthiadau nos, Coleg Gelf Caerdydd 1951, gydag Eric Malthouse. Bachgen Bevin, diwydiant glo de Cymru 1944–47; pensaer, Caint, Llundain 1957–80; darlithydd (rhan-amser), Coleg Celf Croydon 1966–73. Cymrawd, y Gymdeithas Gelfyddydau Frenhinol 1973. Dychwelodd i Gymru ym 1982. Comisiynau'n cynnwys y Cyngor Ymchwil Feddygol/ Undeb Cenedlaethol y Glowyr, Ysbyty Llandochau, 1959; Y Tŷ Rhyngwladol, Penarth 1965; Eglwys Fethodistaidd Bramhall Lane, Stockport 1972. Aelod sefydlu Grŵp 56 Cymru, 1956–65, Aelod Cyswllt, 1963–65; aelod, Cymdeithas Ddyfrlliwiau Cymru; Cymdeithas yr Artistiaid Cristnogol. Arddangosfeydd ar y cyd yn cynnwys Eisteddfod Genedlaethol Cymru, 1954, 1956, 1991, 1992, 1993; *Daily Express Young Artists*, Oriel Cymdeithas Frenhinol Artistiaid Prydain, Llundain 1955; *Yr Arddangosfa Haf*, Yr Academi Frenhinol, Llundain 1958; Oriel October, California 1982, 1983; *Arddangosfa Agored Cymru*, Canolfan y Celfyddydau Aberystwyth 1996 (Gwobr y Bobl); *Arddangosfa Agored*, Oriel Davies, Y Drenewydd (OD) 1997 (y wobr gyntaf); Llyfrgell Genedlaethol Cymru, Aberystwyth 2006. Arddangosfeydd undyn, Oriel Drian, Llundain 1962; OD 1990, 2001; Country Works, Trefaldwyn 1992, 1994–97; Oriel Gelf ac Amgueddfa Cheltenham 1998. Darluniau ar gyfer *Between Mountain and Marsh in the Hundred of Wentllwg, Monmouthshire*, John Antony Foster Pickford (1946). Casgliadau'n cynnwys Amgueddfa ac Oriel Gelf Brycheiniog, Aberhonddu; Amgueddfa Cymru; Casgliad Cenedlaethol yr Eglwys Fethodistaidd; Coleg Pembroke, Rhydychen; Croes Goch Prydain; Cymdeithas Celf Gyfoes Cymru. '1940–80 dyfrlliwiau, darlunio llyfrau, olewau, murluniau, cerfluniaeth bren, polyester, gwydr ffibr, metel bwrw. 1980au ymlaen, dyfrlliwiau.' Roedd yn byw yn Nhrefaldwyn, canolbarth Cymru. *Yr artist*

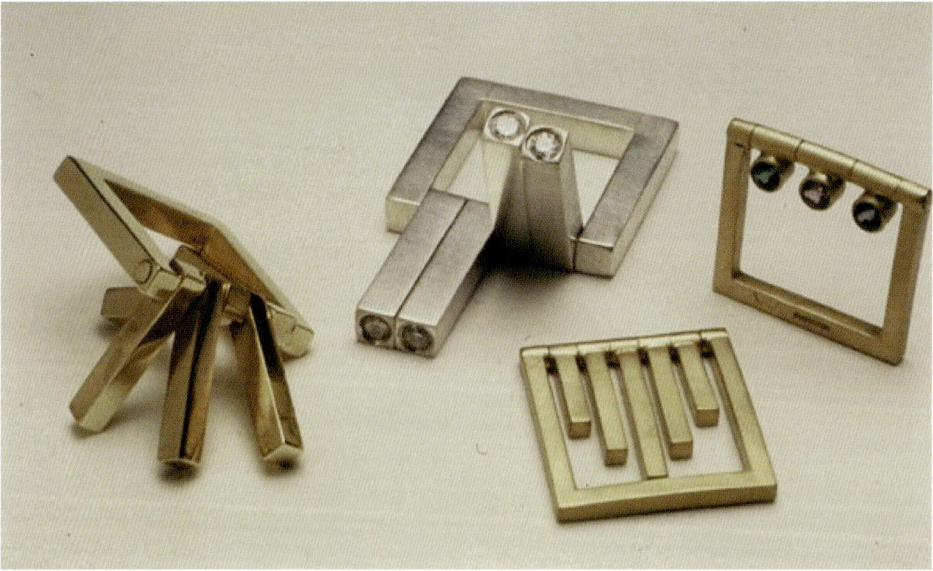

91 | Deborah Edwards
*Cat Flap Rings* 1998

## Deborah EDWARDS 1971–
**Gemydd. Ganed ym Mrynbuga, de Cymru.**

Pamela Rawnsley yn ddylanwad cynnar. Astudiodd yng Ngholeg Addysg Uwch Gwent 1989–90; Ysgol Gelf Syr John Cass, Llundain 1990–94, gyda Joel Degen, Howard Fenn, Simone ten Hompel. Cynorthwy-ydd gemwaith i Mah Rana 1995–96; rheolwr gwydr a gwaith metel, Celfyddydau Cymhwysol Cyfoes, Llundain (CCCL) 1995–99. Dychwelodd i Gymru, sefydlodd ei busnes gemwaith ei hun 1999; tiwtor gemwaith, Canolfan Addysg Oedolion Howardian, Caerdydd 2002–04. Gwobr y Cyngor Crefftau 1998. Aelod o Urdd Gwneuthurwyr Cymru; CCCL. Arddangosfeydd ar y cyd yn cynnwys *Inhorgenta*, Munich 2000; *Drawings from Childhood*, Oriel Gelf Leeds 2003; *Dazzle*, Neuadd y Ddinas Manceinion 2003; *IX Biennale Clasurol*, Brwsel (gwaith a ddewiswyd gan Gelfyddydau Rhyngwladol Cymru (CRhC)) 2003. Arddangosfa un-ddynes, Oriel Open Eye, Caeredin 2002. Gwaith wedi'i gynnwys yn *form: contemporary craft in Wales*, golygydd Ceri Jones (CRhC 2003); y cylchgrawn *Craftsman* (Mehefin 2002). Prynwyd gwaith gan Lywodraeth Cynulliad Cymru ar gyfer arddangosfa deithiol ryngwladol a oedd yn hyrwyddo crefft Cymru. '…i ennyn diddordeb y gwisgwr a'r gwyliwr. Symudiad a haenu… atgofion plentyndod a gwaith tŷ pob dydd.' Yn byw yng Nghemais Comawndwr, de Cymru.
*Yr artist*

## Fred Langford EDWARDS 1947–
**Ffotograffydd, artist gosodwaith. Ganed yn Hough, Lloegr.**

Astudiodd ym Mhrifysgol Loughborough (Cemeg) 1966–70; Polytechnig Manceinion (Ffotograffiaeth) 1970–73; Coleg Addysg Uwch Swydd Derby (MA Astudiaethau Ffotograffig) 1989–91. Darlithydd, Coleg Crist, Lerpwl 1973–75; Technegydd Ffotograffig, Coleg Celf Warrington 1975–77; Darlithydd, Coleg Dinesig Cilgwri, Penbedw 1977–96. Cyrhaeddodd Gymru ym 1987. Comisiynau'n cynnwys Tate, Lerpwl 1988; Canolfan y Celfyddydau Gweledol, Caerdydd 1998. Gwobrau'n cynnwys Cyngor Celfyddydau Cymru 2001; Celfyddydau Rhyngwladol Cymru 2002; Ymddiriedolaeth Wellcome 2007. Prosiectau'n cynnwys *The Naming Game: The influence of Linnaeus*, sy'n edrych ar archifau Byd Natur Amgueddfa Cymru, Caerdydd 2007. Arddangosfeydd ar y cyd yn cynnwys *The Mag Collection*, Oriel Gelf Ferens, Hull 1997 (teithiol); Eisteddfod Genedlaethol Cymru 1998, 1999, 2002. Arddangosfeydd undyn yn cynnwys *Myths and Realities*, Canolfan Gelfyddydau Llyfrgell Wrecsam 1993; Open Space, Canolfan Dreftadaeth y Bers 1994; *The Study of Disciplines*, Canolfan Gelfyddydau Wrecsam 1995 (teithiol); *The Order of Things*, Oriel 31, Y Drenewydd 2001 (teithiol); *Nomenclatio transitorius Edw.*, Prifysgol Manceinion 2007. Casgliadau'n cynnwys Oriel Gelf Walker, Lerpwl. 'Dw i'n ceisio gweithio rhwng y disgyblaethau astudio traddodiadol, yn enwedig celf a gwyddoniaeth.' Yn byw yn Owrtyn, gogledd Cymru.

## Griff EDWARDS 1920–1997
**Enw gwaith Griffith Edwards, peintiwr, darlunydd. Ganed ym Mhort Talbot, de Cymru.**

Astudiodd yng Ngholeg Celf Abertawe (CCAbert), Coleg Celf Bournemouth (rhan-amser) tra oedd yn Ddrafftsmon Technegol yn y Lluoedd Arfog 1940–47; Ysgol Gelf Paignton 1947–49. Darlithydd, CCAbert 1949–1965; Pennaeth Adran, Graffeg Dechnegol, Athrofa Addysg Uwch Abertawe 1965–1982. Arddangosfeydd ar y cyd yn cynnwys *Nine Swansea Artists*, Oriel Gelf Glynn Vivian, Abertawe 1957; *Cofnodi Cymru 2: Capeli*, Cyngor Celfyddydau Cymru 1969 (teithiol). Bu'n arddangos â'r Academi Frenhinol Gymreig, Conwy; Eisteddfod Genedlaethol Cymru; *Pictures for Welsh Schools*, Y Gymdeithas Addysg Drwy Gelf, Caerdydd; Cymdeithas Gelf Abertawe. Gwaith wedi'i gynnwys yn *Drawn from Wales: a School of Art in Swansea 1853–2003* ('drafftsmon hynod ofalus'), golygydd Kirstine Brander Dunthorne (Gwasg Academaidd Cymru 2003). Roedd yn byw yn Abertawe, de Cymru.

## Malcolm EDWARDS 1934–
**Peintiwr. Ganed yn Lerpwl, Lloegr.**

Ei rieni'n Gymry. Cyrhaeddodd Gymru ym 1936. Astudiodd ym Mhrifysgol Lerpwl 1952–58 (Pensaernïaeth). Practis pensaernïol preifat yng Nghymru 1960–93. Peintiwr llawnamser o 1993. Aelod o'r Academi Frenhinol Gymreig (ysgrifennydd anrhydeddus gynt). Arddangosfeydd ar y cyd yn cynnwys y Gymdeithas Bastelau, Orielau'r Mall, Llundain 1981–89; Eisteddfod Genedlaethol Cymru, Y Rhyl 1985, Llanrwst 1989; *Arddangosfa Agored Gogledd Cymru*, Theatr Clwyd, Yr Wyddgrug (ThCyW) 1985–88; Oriel Albany, Caerdydd 1995–2002; *Artist y Flwyddyn Cymru*, Neuadd Dewi Sant, Caerdydd (NDS) 2002, 2003 (Gwobr y Bobl y ddwy flynedd dan sylw), 2005; Y Tabernacl, Machynlleth 2002, 2003 (Gwobr Goffa Ailsa Owen y ddwy flynedd dan sylw); *Arddangosfa'r Nadolig*, NDS 2003 (arobryn). Arddangosfeydd undyn yn cynnwys *A View of Wales*, ThCyW 1985; *Shadows and Textures*, Oriel Tegfryn, Porthaethwy (OT) 1997; *Snowdonia, Shadow and Texture*, Llyfrgell, Amgueddfa ac Oriel Gelf Dinbych 2004; *Wales in Perspective*, NDS 2005; *Hiraeth*, OT 2007. Wedi'i gynnwys yn y wasg leol. Casgliadau'n cynnwys Amgueddfa Cymru; Cymdeithas Celf Gyfoes Cymru; Llyfrgell Genedlaethol Cymru; Ymddiriedolaeth Celf Gain Clwyd. 'Ardaloedd gwyllt a mynyddig…dyfrlliwiau a phastelau.' Yn byw yn Helygain, gogledd Cymru.
*yr artist*

## Peter EDWARDS 1955–
**Peintiwr. Ganed yn y Waun, gogledd Cymru.**

Wedi'i fagu yn Ellesmere a Chroesoswallt, Lloegr. Astudiodd yng Ngholeg Celf a Thechnoleg Amwythig 1974–75; Coleg Celf Cheltenham 1975–1978. Gwobrau'n cynnwys Sefydliad Elizabeth Greenshields, Canada 1984, 1992; Y Wobr Gyntaf, Gwobr Bortreadau BP, Yr Oriel Bortreadau Genedlaethol, Llundain (OBG) 1994; Gwobr Garrick/Milne, Christies, Llundain 2000, 2003. Portreadau wedi'u comisiynu'n cynnwys Kazuo Ishiguro, Syr Bobby Charlton. Arddangosfeydd ar y cyd yn cynnwys pum arddangosfa *Gwobr Bortreadau BP*, OBG; *The Portrait Now*, OBG 1993 (teithiol). Arddangosfeydd undyn yn cynnwys *The River Dee from Source to Estuary*, Llyfrgell Genedlaethol Cymru, Aberystwyth (LlGC) 1996 (teithiol); *Contemporary Poets*, OBG 1990 (teithiol); *From The Studio*, Canolfan Gelfyddydau Gateway, Amwythig 2002; *Portraits of Poets*, Prifysgol Birmingham 2005. Cyhoeddiadau'n cynnwys erthygl, *The Artist's and Illustrator's Magazine* (Hydref 1990). Gwaith wedi'i gynnwys yn The Slate (BBC 2 Cymru 1998); *In Your Face* (Sianel 4, 2002). Casgliadau'n cynnwys Amgueddfeydd Cenedlaethol Lerpwl; Amgueddfa Cymru, Caerdydd; Amgueddfa Lawrence House, Launceston; Amgueddfa Ulster, Belffast; Canolfan y South Bank, Llundain; Colegau Rhydychen a Chaergrawnt; LlGC, Aberystwyth; OBG; Oriel Gelf Ferens, Hull; Oriel Williamson, Penbedw; Y Tabernacl, Machynlleth. Yn byw yng ngogledd Swydd Amwythig.

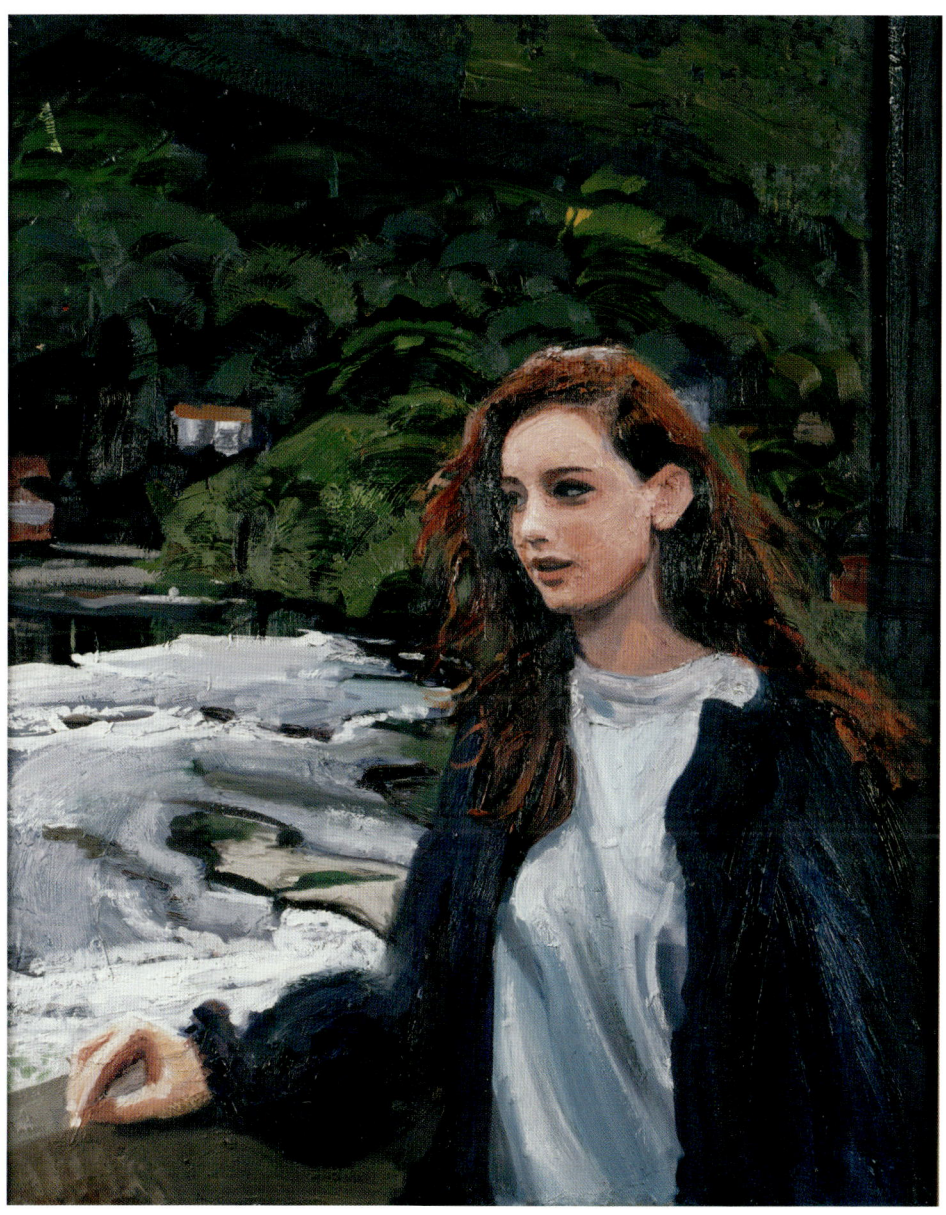

92 | Peter Edwards
*Young Woman on the Bridge at Llangollen* tua 1995

### Sheila EDWARDS 1936–
**Peintwraig, darlunydd. Ganed yn Bromley, Lloegr.**

Cyrhaeddodd Gymru ym 1949. Astudiodd yn Academi Gelf Caerfaddon, Corsham 1954–57, gyda Clifford Ellis, Rosemary Ellis, Peter Lanyon. Athrawes, ysgolion uwchradd, Gorllewin Morgannwg 1957–65; darlithydd (rhan-amser), Athrofa Addysg Uwch Gorllewin Morgannwg 1977–91; tiwtor (rhan-amser), dosbarthiadau nos, Abertawe a Llandeilo Ferwallt 1977–canol y 1990au. Cynghorydd ar y Celfyddydau, Geidiau Cymru 1994–97. Comisiynau'n cynnwys Amgueddfa Abertawe 1991. Aelod o Gymdeithas Ddyfrlliwiau Cymru (CDdC). Arddangosfeydd ar y cyd yn cynnwys *Artistiaid Benywaidd Abertawe*, Mannheim, ar ddechrau'r 1970au; *Three Women Artists*, Canolfan Gelfyddydau Taliesin, Abertawe 1985; CDdC, canolfannau ledled Cymru o 1986; *Laing Exhibition*, Orielau'r Mall, Llundain 1990. Arddangosfa ddwy-ddynes, Neuadd Dewi Sant, Caerdydd (gyda Jean Booth) 1994. '…tirwedd Cymru.' Yn byw yn Abertawe, de Cymru.
*yr artist*

### Susan EDWARDS 1942–
**Enw gwaith Susan Eleanore Edwards, peintwraig, gwneuthurydd printiau. Ganed yng Nghaerdydd, de Cymru.**

Astudiodd yn Athrofa Addysg Uwch Caerdydd 1991–92, 1993–96, gyda Michael Crowther, Tom Piper, Terry Setch. Nyrs, Rhydychen, Llundain, Caerdydd 1958–67; tiwtor (rhan-amser), o 1996, Coleg Cymunedol y Bont-faen; Canolfan Gelfyddydau Neuadd Llanofer, Caerdydd (CGNLl). Aelod o Grŵp Arlunio Caerdydd; Artistiaid Bro Morgannwg (ABM). Arddangosfeydd ar y cyd yn cynnwys Theatr Sherman, Caerdydd 1998; *Artistiaid Neuadd Llanofer*, Neuadd Dewi Sant, Caerdydd (NDS) 2000; *New Artists*, Oriel Albany, Caerdydd 2004; Cynulliad Cenedlaethol Cymru, Caerdydd 2004; *Artists of the Rural Vale*, Canolfan Gelfyddydau Sain Dunwyd, Llanilltud Fawr 2005; *Dengmlwyddiant VOGA*, NDS 2007. Arddangosfeydd un-ddynes yn cynnwys Oriel Adam, Penarth 2002; CGNLl 2002. '…ffurfiau naturiol yn y dirwedd.' Yn byw yn Aberthin, de Cymru.
*Yr artist*

### John UZZELL EDWARDS 1934–2014
**Peintiwr. Ganed yn Neri, de Cymru.**

Dosbarthiadau celf gyda Heinz Koppel, Sefydliad Dowlais 1948. Drafftsmon, cwmnïau peirianyddol, Cwm Rhymni 1952–58; paentio ym Mharis 1957; darlunydd technegol, Ysgol y Magnelwyr, Maenorbŷr 1958–60, 1962–72; drafftsmon, Teddington Aircraft Controls, Merthyr Tudful 1960–62; Darlunydd,

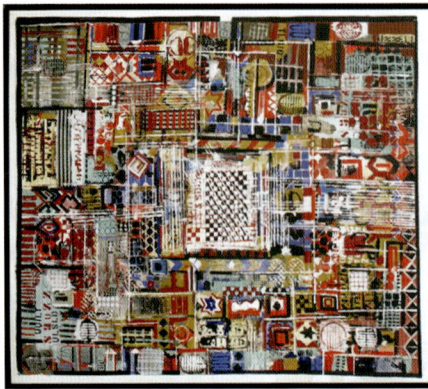

93 | John Uzzell Edwards
*Cyfres y Cwilt Cymreig* 2006

Coleg y Brifysgol, Abertawe 1972–85; peintiwr (llawnamser), o 1985. Artist preswyl, Ysgol Uwchradd Gatholig St Alban, Pont-y-pŵl 1982; Oriel Gelf Glynn Vivian, Abertawe 1986; Canolfan Gymunedol y Groes, Pontardawe 1987. Gwobrau'n cynnwys Cymrodoriaeth Gelfyddydau Granada, Prifysgol Caerefrog (PCEf) 1965–66; Ymchwil Ewropeaidd Ymddiriedolaeth Leverhulme, Yr Ysgol Brydeinig yn Rhufain 1968–69 (Prix de Rome); Cyngor Celfyddydau Cymru (CCC) 1985. Comisiynau'n cynnwys Sefydliad Shakespeare, Stratford-upon-Avon (SSSA) 1985, 1996. Cydsefydlydd/aelod, Ysbryd–Cymru. Aelod Mygedol, PCEf. Arddangosfeydd cenedlaethol/rhyngwladol niferus ar y cyd gan gynnwys Eisteddfod Genedlaethol Cymru, Y Bala 1967, Hwlffordd 1972 (y wobr gyntaf), Rhuthun 1973 (y wobr gyntaf), Pen-y-bont ar Ogwr 1998; Oriel, CCC, Caerdydd 1982; *Trasnu Trosi*, Cymru/Iwerddon 1991 (teithiol); Yr Academi Frenhinol Gymreig, Conwy 1996; *A Propos*, Amgueddfa Cymru (AC) 2003; Y Tabernacl, Machynlleth 2004, 2006. Arddangosfeydd undyn yn cynnwys Amgueddfa ac Oriel Gelf Castell Cyfarthfa, Merthyr Tudful (AOGCC), canol y 1950au; Gŵyl Caerefrog 1966; Llyfrgell Genedlaethol Cymru, Aberystwyth 1973; Canolfan Gelfyddydau Taliesin, Abertawe 1986; Oriel Humphries, San Francisco 1999; Amgueddfa ac Oriel Gelf Dinbych-y-pysgod (AOGDyp) 2000; Shoreditch, Llundain 2007. Wedi'i gynnwys yn *Conflicting Images* (gyda Peter Prendergast, Terry Setch), BBC2 Cymru (1993); rhaglenni HTV (1996, 1997). Casgliadau'n cynnwys AC; Amgueddfa ac Oriel Gelf Brycheiniog, Aberhonddu; AOGCC; AOGDyp; Cymdeithas Celf Gyfoes Cymru; Prifysgol Birmingham; PCEf; SSSA. Prynwyd gwaith gan CCC; Cymdeithas Gelfyddydau Gorllewin Cymru. 'Cymru fu fy nghynfas erioed.' Roedd yn byw yn Abertawe, de Cymru.
*Yr artist*

### Helena EFLEROVA 1978–
**Artist gosodwaith/perfformio, cerflunydd. Ganed yn Teplice, Gwladwriaeth Tsiec.**

Cyrhaeddodd Gymru yn 2001. Astudiodd yn Athrofa Addysg Uwch Abertawe 2002–03; Coleg Sir Gâr (CSG) 2003–06, gyda Peter Bodenham, Ingrid Murphy. Darlithydd (rhan-amser), CSG o 2006; cynorthwy-ydd oriel (rhan-amser), Oriel Mission, Abertawe o 2006. Artist preswyl, Ysgol Gymunedol y Gors, Abertawe. Arddangosfeydd ar y cyd yn cynnwys Oriel Henry Thomas, Caerfyrddin 2006; Canolfan Grefftau Sir Gaerfyrddin, Sanclêr 2006; Gŵyl yr Ymylon, Theatr y Grand, Abertawe 2006; *Arddangosfa Agored Abertawe*, Oriel Gelf Glynn Vivian, Abertawe 2006 (arobryn). 'Dw i'n dwyn at ei gilydd wlân Cymreig lleol a chlai cyffredinol… gan gynnwys defnyddio fy nghorff fel elfen.' Yn byw yn Abertawe, de Cymru.
*Yr artist*

### Mildred ELDRIDGE 1909–1991
**Enw gwaith Mildred Elsie Eldridge, peintwraig, darlunydd. Ganed yn Wimbledon, Lloegr. Hefyd yn cael ei hadnabod fel Elsi/Elsie.**

Astudiodd yn Ysgol Gelf Wimbledon, Llundain; Y Coleg Celf Brenhinol, Llundain (ysgoloriaeth; graddio 1931; ysgoloriaeth deithiol 1934); Yr Ysgol Brydeinig yn Rhufain (Prix de Rome). Cyfrannodd banel i *Furluniau Brockley*, Ysgol Brockley i Fechgyn/Ysgol Prendergast, Llundain 1933–36. Bu'n addysgu Celf yn Ysgol Ramadeg Croesoswallt ac Ysgol Moreton Hall, Swydd Amwythig, o 1937. Cyrhaeddodd Gymru ym 1940. Darlithydd, Adran Efrydiau Allanol Prifysgol Cymru o tua 1953. Comisiynau'n cynnwys Cymdeithas Medici; Eglwys Llanpumsaint (gyda Muriel Minter) tua 1939; *Recording Britain*, Ymddiriedolaeth y Pererin 1946–49; *The Dance of Life*, murlun yn nghartref y nyrsys, Ysbyty Orthopedeg Robert Jones ac Agnes Hunt, Gobowen, canol y 1950au. Aelod o'r Gymdeithas Ddyfrlliwiau Frenhinol, Llundain; Cymrodor, Cymdeithas Frenhinol y Celfyddydau. Arddangosfeydd ar y cyd yn cynnwys *Arddangosfa Gŵyl Paentio Cyfoes Cymreig*, Pwyllgor Cymreig Cyngor Celfyddydau Prydain Fawr (PCCCPF)

1951 (teithiol); *Welsh Painting and Sculpture*, PCCCPF 1953 (teithiol); *Thirty Welsh Paintings of Today*, PCCCPF 1954 (teithiol); Yr Academi Frenhinol Llundain; Yr Academi Frenhinol Gymreig, Conwy. Arddangosfeydd un-ddynes yn cynnwys Llyfrgell Genedlaethol Cymru, Aberystwyth (LlGC) 1959; Oriel Bruton Street, Llundain 1936; Ystafell Celf Gain Powys, Y Trallwng 1961. Cyhoeddiadau'n cynnwys clawr llyfr, *The Stones of the Field*, R.S. Thomas (1945); *In My Garden*, Mildred Eldridge (Cymdeithas Medici 1983). Gwaith wedi'i gynnwys yn *Journey Home*, E H Partridge (Faber 1946); *The Three Royal Monkeys*, Walter de la Mare (Faber 1946); *The Star-Born*, Henry Williamson (Faber 1948); 'Wards and Walls', Alan Powers (*Country Life*, 17 Mawrth 1988); 'Parallel Lives?', Peter Lord (*Planet*, cyf. 129, Mehefin/Gorffennaf 1998). Casgliadau'n cynnwys Amgueddfa Victoria ac Albert, Llundain; LlGC; Oriel Gelf Dinas Birmingham; Prifysgol Aberystwyth; Ymddiriedolaeth Castell Bodelwyddan; Yr Oriel Bortreadau Genedlaethol, Llundain. Prynwyd gwaith gan Gyngor Celfyddydau Cymru. Byd natur/ dychwelyd at natur. Effaith cymdeithas ddynol ar y byd naturiol. Roedd yn byw yn y Rhiw, gogledd Cymru.

### Ken ELIAS 1944–
### Enw gwaith Kenneth Stuart Elias, peintiwr. Ganed yng Nglyn-nedd, de Cymru.

Mynychodd ddosbarthiadau nos gyda Will Roberts 1963–65. Astudiodd yng Ngholeg Celf Caerdydd 1965–66, gyda Tom Hudson, Michael Tyzack; Coleg Celf Casnewydd 1966–69, gyda John Selway, Ernest Zobole; Coleg y Brifysgol, Caerdydd 1969–70; Athrofa Addysg Uwch De Morgannwg 1985–87 (MA), gyda John Gingell, Graham Crowley. Technegydd labordy meddygol, Castell-nedd 1961–65; athro,

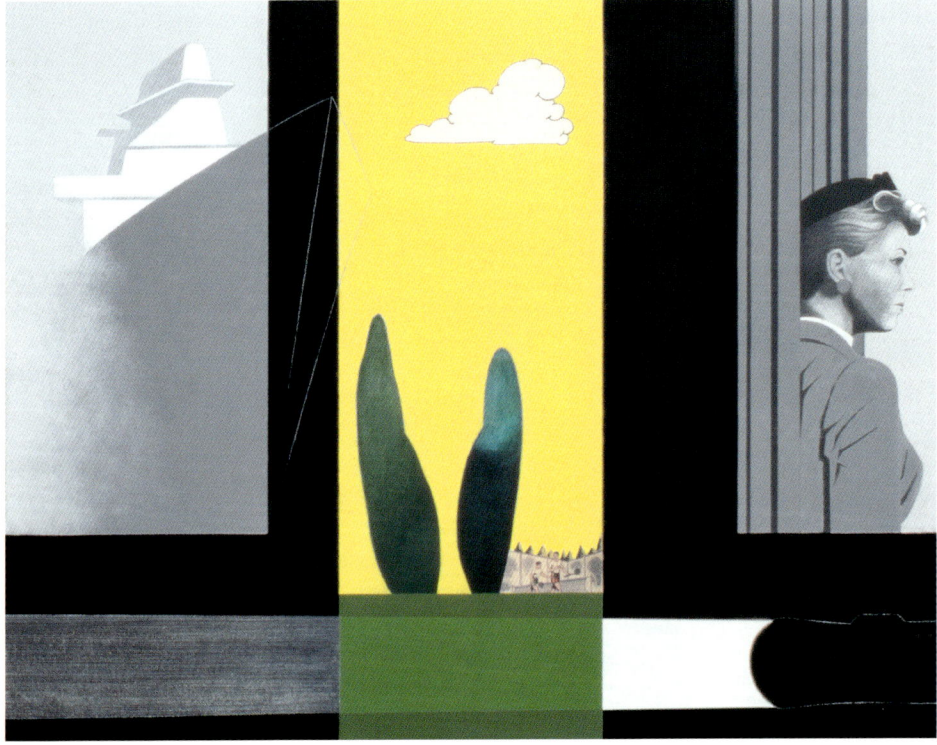

94 | Ken Elias
*Between Pictures* 2005

ysgolion yn ne Cymru 1970–90; darlithydd, Coleg Addysg Bellach Abertawe 1990–91 (rhan-amser), 1991–96 (llawnamser). Gwobrau Cyngor Celfyddydau Cymru (CCC) (dwy) 1978. Aelod o Grŵp 56 Cymru; Yr Academi Frenhinol Gymreig (AFG); Y Grŵp Cymreig. Arddangosfeydd niferus ar y cyd gan gynnwys Eisteddfod Genedlaethol Cymru 1978–2002 (7 arddangosfa); *Arddangosfa Agored Cymru*, Canolfan y Celfyddydau Aberystwyth 1989 (arobryn), 1991, 1996; *Arddangosfa Agored Cymdeithas Ddyfrlliwiau Cymru*, Neuadd Dewi Sant, Caerdydd 1996 (arobryn); *Pwy Ydym Ni?* Amgueddfa Cymru (AC) 2001; Amgueddfa ac Oriel Gelf Brycheiniog (AOGB) 2002, 2003, 2005; *Gross Innovations*, Chicago 2003. Arddangosfeydd deuddyn yn cynnwys Oriel, CCC, Caerdydd (gyda Frances Woodley) 1978. Arddangosfeydd undyn yn cynnwys Canolfan Gelfyddydau Abaty Nant Teyrnon, Cwmbrân 1988; AOGB 1997; Llyfrgell Genedlaethol Cymru, Aberystwyth (LlGC) 2001; AFG 2002; *Finding a Way*, Amgueddfa ac Oriel Gelf Casnewydd (AOGC) 2005 (teithiol). Wedi'i gynnwys mewn cyhoeddiadau niferus, gan gynnwys *Creating an Art Community: 50 Years of the Welsh Group*, Peter Wakelin (AC 1999); 'Et in Arcadia Ego', Ceri Thomas (Planet, Mehefin 2000). Casgliadau'n cynnwys AC; Amgueddfa Sir Gaerfyrddin; AOGB; AOGC; Cymdeithas Celf Gyfoes Cymru; LlGC; Prifysgol Bangor; Prifysgol De Cymru, Pontypridd. Prynwyd gwaith gan CCC. '…adennill tirwedd plentyndod drwy lygaid oedolyn.' Yn byw yng Nglyn-nedd.
*Yr artist*

## Bill ELLIS 1944–
**Peintiwr. Ganed yn y Rhyl, gogledd Cymru.**

Artist hunanaddysgedig; wedi'i gynghori gan yr artist o'r Rhyl, Robert Evans Hughes. Gwerthwr yswiriant cyn ei yrfa fel peintiwr. Aelod o Grŵp 57 Prestatyn; Cymdeithas Gelf Clwyd; Cymdeithas Gelf y Fflint a Dyfrdwy. Credir iddo gael arddangosfeydd undyn yn Llyfrgell y Rhyl. Cyhoeddiadau'n cynnwys *Seaside entertainment in old photographs: Rhyl and North Wales, 1868–1968: 100 years of nostalgia* (Countryside 1985); *The Spirit of Rhyl: The 20th Century in Photographs* (Landmark Publishing 2004). Portreadau; tirluniau; paentio haniaethol. Yn byw yn y Rhyl.

## Pete ELLIS 1950–
**Enw gwaith Peter John Ellis, cerflunydd, artist amlgyfrwng. Ganed yn Prestbury, Lloegr.**

Astudiodd yng Ngholeg Polytechnig Manceinion 1969–70; Coleg Polytechnig Wolverhampton 1970–73 (gradd yn y dosbarth cyntaf); Ysgol Gelf Chelsea, Llundain 1973–74 (MA Cerfluniaeth). Ymhlith ei athrawon roedd David Nash, Jeff Nuttall, Barrie Cook. Bu'n byw yng Nghymru 1974–92. Cymrawd Iau, Coleg Celf Caerdydd 1974–75; rheolwr technegol, Canolfan Gelfyddydau Chapter, Caerdydd (CGChap) 1976–77; athro (rhan-amser), Canolfan Gelfyddydau Neuadd Llanofer, Caerdydd 1976–81; uwch-ddarlithydd, Athrofa Addysg Uwch Caerdydd 1983–90; uwch-ddarlithydd cyswllt, Prifysgol Fetropolitan Leeds o 1992. Artist preswyl, Kunststiftung Baden-Württemberg, Stuttgart, Yr Almaen 1982; Oriel Gelf Glynn Vivian, Abertawe (OGGV) 1982; Lugansk, Ukrain 1990. Comisiynau'n cynnwys Cyngor Celfyddydau Cymru (CCC) 1977, 1979; Cymdeithas Medalau Celf Prydain 1990. Gwobrau'n cynnwys Celfyddydau Swydd Efrog a Humberside 1974; CCC (chwech) 1976–1982; Y Cyngor Prydeinig 1981; Cyngor Celfyddydau Lloegr (CCLl) 1999; Ymddiriedolaeth Elephant 1999; Celfyddydau Dwyrain Canolbarth Lloegr 2000, 2003. Aelod o Grŵp 56 Cymru; Cymdeithas Artistiaid a Dylunwyr Cymru gynt. Arddangosfeydd niferus ar y cyd gan gynnwys *Amser Dyn*, CCC 1979 (teithiol); *High Tech, Low Tech, No Tech*, Canolfan y Celfyddydau Aberystwyth 1986; *Cirque Divers Celebration*, Amgueddfa Celf Fodern, Liège 1995; *Containment*, Canolfan Gelfyddydau Abaty Nant Teyrnon, Cwmbrân 2002; *Small is Beautiful*, Flowers Central, Llundain 2005. Arddangosfeydd deuddyn yn cynnwys Oriel, CCC, Caerdydd (gyda David Gould) 1975. Arddangosfeydd undyn niferus gan gynnwys *Objects, Drawings, Collages, Installations*, CGChap 1980; *All At Sea, No 2*, canolfannau yn Abertawe 1982; *Pokin' the Pud*,

Oriel Andrew Knight, Caerdydd 1985; *Doing 'Doings'*, Amgueddfa ac Oriel Gelf Doncaster 1994; *Doodah Days*, Amgueddfa ac Oriel Gelf Derby 2003; *Pulling the Lever*, Oriel Gelf y Foneddiges Lever, Port Sunlight 2005. Cyhoeddiadau'n cynnwys *mss* (Arc Publications, Todmorden 1975). Casgliadau'n cynnwys CCLl; Cyngor Caerdydd; OGGV; Tŷ Hiwmor a Dychan, Gabrovo, Bwlgaria. Prynwyd gwaith gan CCC. Yn byw yn West Bridgford, Lloegr.
*Yr artist*

### John ELWYN 1916–1997
**Enw gwaith William John Elwyn Davies, peintiwr, gwneuthurydd printiau. Ganed yn Adpar, gorllewin Cymru. Hefyd bu'n defnyddio'r llofnod Elwyn Davies; JED.**

Astudiodd yn Ysgol Gelf Caerfyrddin 1935–37; Coleg Celf Gorllewin Lloegr, Bryste, 1937–38; Y Coleg Celf Brenhinol, Llundain 1938–40, 1946–47, gyda Gilbert Spencer (Ysgoloriaeth Arddangos Frenhinol 1938; Gwobr Ddiploma 1946; Gwobr am Arlunio o'r Byw). Gwaith coedwigaeth/gardd farchnad yn ne Cymru 1939–45 (Gwrthwynebydd Cydwybodol). Darlithydd, Coleg Celf Portsmouth 1948–53; Coleg Celf Caerwynt 1953–1976. Comisiynau'n cynnwys Curwen Press 1967; Radio Times o 1953; Old Stile Press, Llandogo, 1993. Eisteddfod Genedlaethol Cymru (EGC), Aberdâr, Y Fedal Aur 1956; D.Litt Mygedol, Prifysgol Cymru 1996. Aelod o Grŵp De Cymru (GDC); Yr Academi Frenhinol Gymreig (Aelod Mygedol 1965); Y Sefydliad Peintwyr mewn Dyfrlliwiau Brenhinol; Yr Orsedd. Arddangosfeydd niferus ar y cyd gan gynnwys EGC, yn aml 1942–1992; *Paintings by Contemporary Artists*, Amgueddfa Cymru,

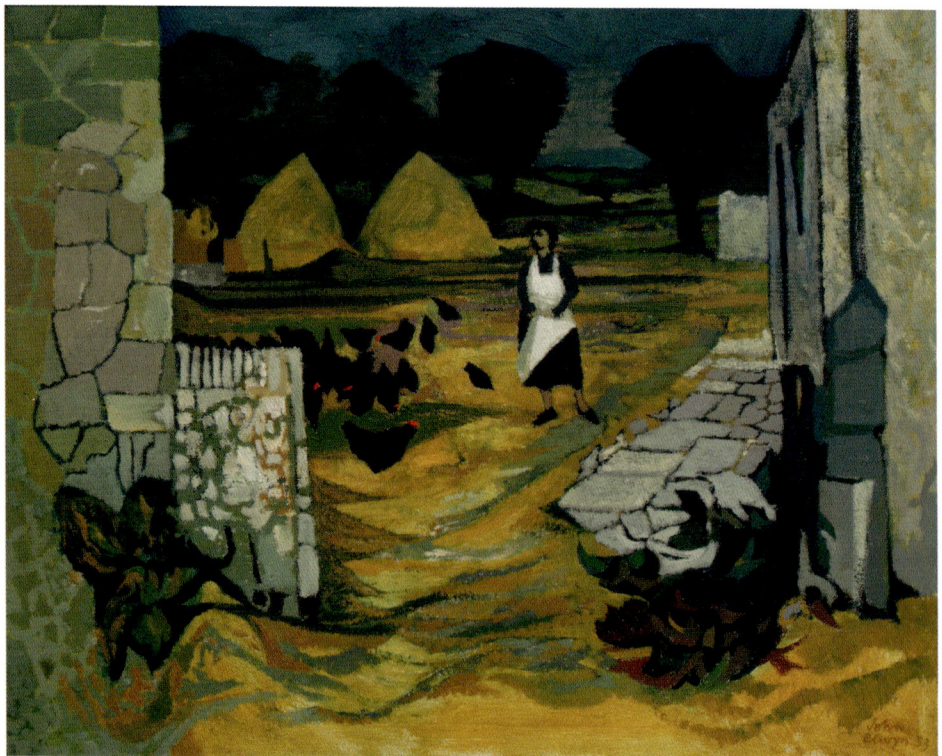

95 | John Elwyn
*The Farmer's Wife* 1953

Caerdydd (AC) 1945; *Festival Exhibition of Contemporary Welsh Painting*, Pwyllgor Cymreig Cyngor Celfyddydau Prydain Fawr, Llundain 1951; Oriel Howard Roberts, Caerdydd (HR) 1955–65,1969; *Art in Wales, The 20th Century: The Early Years 1900–56*, Cyngor Celfyddydau Cymru (CCC) 1969 (teithiol); Oriel Albany, Caerdydd, yn aml 1972–84; Oriel Gelf Tegfryn, Porthaethwy (OGT) 1973–81, 1989–91; *The Native Land*, Oriel Mostyn, Llandudno 1979; *Landscape in Britain 1850–1950*, Oriel Hayward, Llundain 1983; *Painting the Dragon*, AC 2000. Arddangosfeydd undyn yn cynnwys Orielau Leicester, Llundain 1965, 1968; HR 1965; OGT 1977, 1980; Llyfrgell Genedlaethol Cymru, Aberystwyth (LlGC) 1976, 1985, 1996 (adolygol), 1999 (arddangosfa goffa, deithiol); Yr Ysgol Gelf, Prifysgol Cymru, Aberystwyth 1996; Oriel Martin Tinney, Caerdydd 1997. Gwaith wedi'i gynnwys yn *The Artist in Wales*, David Bell (Harrap, Llundain 1957); *Barn*, Awst 1992; *John Elwyn*, Robert Meyrick (Scolar Press 2000). Casgliadau'n cynnwys AC; Amgueddfa ac Oriel Gelf Casnewydd; Casgliad Celf y Llywodraeth, Llundain; Cymdeithas Celf Gyfoes Cymru; LlGC, Aberystwyth; Oriel Gelf Glynn Vivian, Abertawe; Prifysgol Aberystwyth; Prifysgol Caerdydd; Prifysgol De Cymru, Pontypridd; Tate, Llundain; Ymddiriedolaeth Castell Bodelwyddan. Prynwyd gwaith gan CCC. Golygfeydd gwledig Ceredigion, bywyd cymunedol. Roedd yn byw yng Nghaerwynt, Lloegr.

### Elizabeth Heather ENGEL 1956–
**Peintwraig, artist tecstiliau. Ganed yng Nghaerdydd, de Cymru.**

Astudiodd yn Athrofa Prifysgol Cymru, Caerdydd 1998–2001, gyda Sue Hunt, Bob Mltchell. Gwaith clerigol 1973–95; tiwtor (rhan-amser), Canolfan Addysg Oedolion Severn Road, Caerdydd 2002–04; Oriel Canfas, Caerdydd 2004–06. Artist preswyl, Tŷ Teifi, Maerdy 2004–06. Aelod o Grŵp Arlunio Caerdydd; Cwiltwyr Caerdydd; Cwiltiau Oriel Canfas; Cwiltwyr Grŵp y Pier; Cymdeithas Gelfyddydau'r Menywod. Arddangosfeydd ar y cyd yn cynnwys Oriel Washington, Penarth 2001–06; Neuadd Dewi Sant, Caerdydd 2003; Canolfan Gelfyddydau a Chymunedol y Gate, Caerdydd 2006; Oriel Victoria Fearn, Caerdydd 2007. Symudodd i Fforest y Ddena yn 2007. '…byd natur a phrofiadau dynol.' Yn byw yn Coleford, Lloegr.
*Yr artist*

### Ken ETHERIDGE 1911–1981
**Enw gwaith Kendrick Etheridge, peintiwr. Ganed yn Rhydaman, gorllewin Cymru.**

Hefyd yn fardd, yn ddramodydd (gwobrau am ddramâu). Astudiodd yng Ngholeg Celf Abertawe; Coleg Prifysgol Caerdydd (Saesneg) 1933–36. Athro, ysgolion iau/uwchradd yng ngorllewin Cymru 1936–47; pennaeth adran gelf, Ysgol Ramadeg y Frenhines Elizabeth i Fechgyn, Caerfyrddin 1947–71. Arobryn, Cystadleuaeth Tirluniau Ryngwladol Gainsborough 1950. Arddangosfeydd ar y cyd yn cynnwys Eisteddfod Genedlaethol Cymru (EGC) 1936–56, 1973–74 (arobryn 5 o weithiau); Grŵp De Cymru 1950, 1957; Grŵp Celf Dyffryn Aman 1952–70; Grŵp Celf Cawdor 1952–70; Paris Salon 1968; *An Iconograph of The Mabinogion*, EGC Caerfyrddin/Cyngor Celfyddydau Cymru (CCC) 1974. Arddangosfeydd undyn yn cynnwys Fforwm Artistiaid Newydd, Llundain 1965; *Britain in Watercolours*, Oriel Piccadilly, Llundain 1970; Oriel Woodstock, Llundain 1972; Cymdeithas Gelfyddydau Gorllewin Cymru, Caerfyrddin 1972. Cyhoeddiadau niferus gan gynnwys *Scenic Design for the Amateur* (1947); *Collecting Drawings* (HarperCollins 1970); *Welsh Costume in the 18th and 19th Centuries* (Christopher Davies 1977); erthyglau ar gyfer *Arts Review, Collectors Guide*; cerddi yn *Dock Leaves, Welsh Review*; dramâu radio Cymraeg/Saesneg. Casgliadau'n cynnwys Cyngor Tref Caerfyrddin; Cyngor Tref Llanelli; Llyfrgell Genedlaethol Cymru, Aberystwyth. Prynwyd gwaith gan CCC. Roedd yn byw yn Rhydaman.

### John DAWSON EVANS 1946–
**Peintiwr. Ganed yn Horsham, Lloegr.**

Ei dad yn Gymro. Astudiodd 1964–71, yng Ngholeg Celf Caerdydd, Coleg Celf Stourbridge, ac yn Llundain, gyda Louis Rich (cadwraeth ac adfer). Gwobr Cyngor Celfyddydau Cymru (CCC). Symudodd i Swydd Mayo, Iwerddon 1988. Arddangosfeydd ar y cyd yn cynnwys Canolfan Gelfyddydau Chapter, Caerdydd; Canolfan y Celfyddydau Aberystwyth; Eisteddfod Genedlaethol Cymru (arobryn ddwywaith). Arddangosfeydd undyn yn cynnwys Canolfan Gelfyddydau Sain Dunwyd; Theatr Sherman, Caerdydd. Prynwyd gwaith gan CCC. Yn byw yn Swinford, Iwerddon.
*Yr artist*

### Andrew EVANS 1964–
**Enw gwaith Steven Andrew Evans, peintiwr. Ganed yng Nghaerfyrddin, gorllewin Cymru.**

Hunanaddysgedig. Diwydiant adeiladu 1983–2000. Comisiynau'n cynnwys Heddlu Dyfed Powys 2000; Premier Gardens Cymru 2006. Aelod o'r Gymdeithas i Bob Artist. Arddangosfeydd ar y cyd yn cynnwys Oriel y Bont, Llandeilo (OBLl) o 2001; Canolfan Ymwelwyr Parc Cenedlaethol Bannau Brycheiniog 2003–05. Arddangosfa ddeuddyn, Tŷ Newton, Llandeilo (gyda David Cowdry) 2004. Arddangosfeydd undyn yn cynnwys Oriel Witt, Pawlet, UDA 2001; OBLl o 2003; Gerddi Aberglasne, Llangathen 2007. '… bywyd gwyllt a thirwedd Cymru.' Yn byw yn Ffair-fach, gorllewin Cymru.
*Yr artist*

### Ann Catrin EVANS 1967–
**Dylunydd sy'n gweithio gyda dur. Ganed ym Mangor, gogledd Cymru.**

Astudiodd yng Ngholeg Technegol Gwynedd 1985–86; Coleg Polytechnig Brighton 1986–89. Artist preswyl, Eisteddfod Genedlaethol Cymru (EGC), Llanrwst 1989; Eisteddfod yr Urdd, Rhuthun 1992; Canolfan Dreftadaeth y Bers, Wrecsam 1998; Ysgol Llangwm, Y Bala 2001. Comisiynau niferus gan gynnwys Caergybi 1993; Gŵyl Ffilmiau Ryngwladol, Aberystwyth 1994; Y Tabernacl, Machynlleth 1997; Cyngor Sir Gwynedd/Cywaith Cymru (CC) 1999; Tyddyn Môn, Ynys Môn/CC 2002; Cyngor Cefn Gwlad Cymru 2004; Canolfan y Mileniwm, Caerdydd 2004; EGC, Y Faenol 2005; Cyngor Rhondda Cynon Taf 2006; Ysbyty'r Alltwen, Tremadog 2007. Y Fedal Aur, EGC, Llanfair-ym-Muallt 1993. Gwobrau eraill yn cynnwys Menywod Mewn Mentrau Targed/Banc y Midland, y wobr gyntaf 1993; Cyngor Celfyddydau Cymru (CCC) 1997, 2000, 2006; Ffair Grefft Chelsea, arobryn 2002. Arddangosfeydd niferus ar y cyd gan gynnwys *Yr Ŵyl Haearn Rhyngwladol Gyntaf*, Caerdydd 1989; Oriel Mostyn, Llandudno 1989, 1993; Oriel, CCC, Caerdydd 1989, 1992, 1997; Oriel Myrddin, Caerfyrddin 1995, 2007; EGC, Llandeilo 1996, Y Bala 1997 (y wobr gyntaf); *IX Biennale Clasurol*, Brwsel (wedi'i dewis gan Gelfyddydau Rhyngwladol Cymru (CRhC)) 2003; *SOFA (Cerffluniaeth, Gwrthrychau a Chelf Ymarferol)*, Chicago, gyda Chanolfan Grefftau Rhuthun (CGRh) 2005, 2006. Arddangosfeydd un-ddynes yn cynnwys CGRh 1989, 1994; Oriel 31, Y Drenewydd 1994; Galerie Besson, Llundain 1995; Canolfan Gelfyddydau Abaty Nant Teyrnon, Cwmbrân 1995; Oriel Pendeitsh, Caernarfon 1995; Casgliad Wetsman, Michigan, UDA 1995. Wedi'i chynnwys ar glawr blaen/mewn erthygl yn y cylchgrawn Crafts (Cyngor Crefftau, Medi-Hydref 1995); yn *form: contemporary craft in Wales*, golygydd Ceri Jones (CRhC 2003). '…yn gweithio â metel, o faint cledr llaw i'r pensaernïol… gemwaith, goleuadau, prosiectau ar raddfa fawr…ymarferol a cherfluniol…' Yn byw yng Nghaernarfon, gogledd Cymru.
*Yr artist*

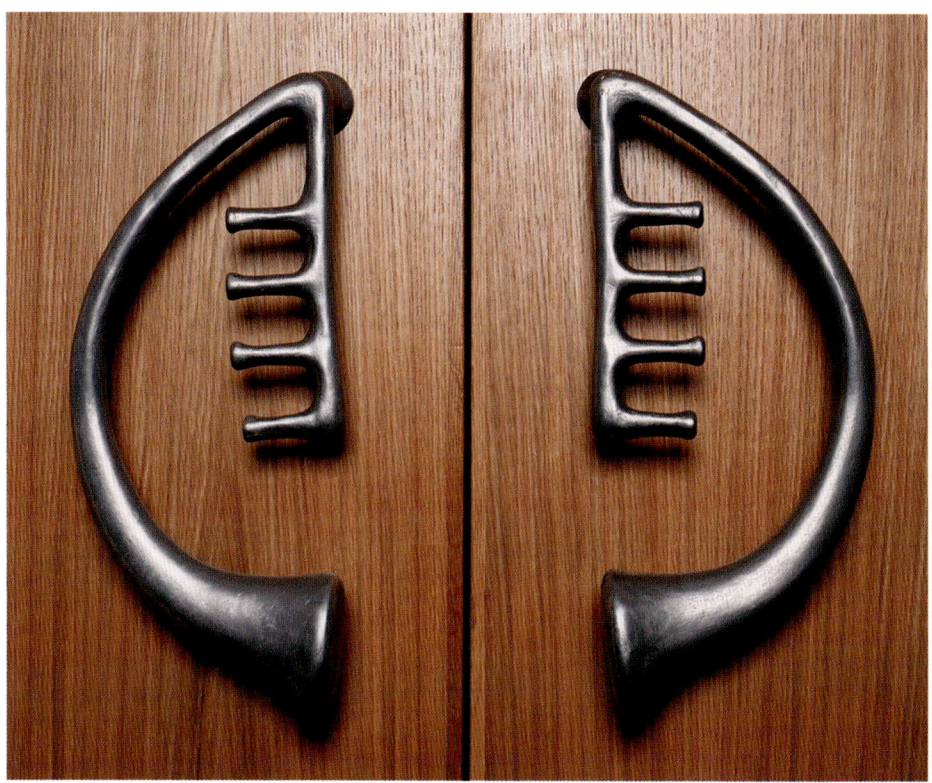

96 | Ann Catrin Evans
*Dolenni drws awditoriwm Canolfan Mileniwm Cymru, Caerdydd* 2004

## Anthony EVANS 1948–
**Enw gwaith Stuart Anthony Evans, peintiwr, dylunydd. Ganed yng Nglanaman, gorllewin Cymru.**

Astudiodd yng Ngholeg y Drindod, Caerfyrddin 1968–71, gyda Robert Hunter; Athrofa Addysg Uwch De Morgannwg 1978–81 (rhan-amser). Athro, de Cymru 1971–90; artist, darlunydd (llyfrau plant)/dylunydd, o 1990; trefnydd, gweithdai ledled y DU, o 1990. Artist preswyl, tafarn y Fic, Llithfaen, Gwynedd 2005. Gwobrau'n cynnwys Gwobr Ryngwladol Logo S4C Nadolig 1994; Llyfr y Flwyddyn Cyngor Celfyddydau Cymru 1998 (gyda'r bardd, Iwan Llwyd). Aelod o'r Grŵp Cymreig; Artistiaid yr Hen Lyfrgell. Arddangosfeydd ar y cyd yn cynnwys Eisteddfod Genedlaethol Cymru, Yr Wyddgrug 1991; *Biennale Arlunio Cymru*, Canolfan y Celfyddydau Aberystwyth 1999 (teithiol); Oriel Plas Glyn-y-Weddw, Llanbedrog (OPGW) 2002, 2004; *5ieme Salon Bilingue des Arts de Bretagne*, Guerlesquin, Ffrainc 2002 (arobryn); *Farming and the Welsh Landscape*, Sioe Frenhinol Cymru, Llanelwedd 2004 (teithiol); Canolfan Gelfyddydau Neuadd Llanofer, Caerdydd (CGNLl) 2007. Arddangosfeydd undyn yn cynnwys CGNLl 1994; Canolfan Gelfyddydau Pontardawe 1996; Canolfan Gelfyddydau'r Eglwys Norwyaidd, Caerdydd 1998; *Mapping the Memory*, Oriel Canfas, Caerdydd (OC) 2001 (teithiol); *Creatures of the Field*, OC 2003; OC 2005; *Traws Cambria*, OPGW 2004. Wedi'i gynnwys yn y Sioe Gelf, S4C (2004, 2005). Casgliadau'n cynnwys Amgueddfa Cymru; Cymdeithas Celf Gyfoes Cymru. 'Teimladau, breuddwydion, atgofion a thirwedd Cymru, yn arbennig Sir Gaerfyrddin, Sir Aberteifi.' Yn byw yn Nhongwynlais, de Cymru.
*Yr artist*

## Bob EVANS 1947–
**Peintiwr. Ganed yng Nghaerdydd, de Cymru.**

Astudiodd yng Ngholeg Celf Caerdydd 1964–68; Ysgol Gelf Chelsea, Llundain 1968–69; Coleg Celf Hornsey, Llundain 1970–71. Addysgodd yng Ngholeg Celf Caerdydd 1971–72. Hefyd yn beintiwr setiau; gwaith technegol. Arddangosfeydd ar y cyd yn cynnwys *Young Contemporaries*, Llundain 1968; *Celtic Triangle*, Cyngor Celfyddydau Cymru (CCC)/Cyngor Celfyddydau'r Alban/Cyngor Celfyddydau Gogledd Iwerddon 1970–71 (teithiol); *Every Picture Tells…*, CCC 1972 (teithiol); *Portraits of Welsh People*, Eisteddfod Genedlaethol Cymru (EGC)/CCC 1973 (teithiol); *From Earth and Fire*, EGC/CCC 1973 (teithiol, arobryn); *The Probity of Art*, CCC 1979–80 (teithiol). Arddangosfeydd undyn gan gynnwys Oriel Serpentine, Llundain 1972; Oriel, CCC, Caerdydd 1976. Gwaith wedi'i gynnwys yn *Art & Artists* (Chwefror 1969); *Arts Magazine* (Ebrill 1969); *Irish Times* (16 Ebrill 1971); *Arts Review* (Awst 1972). Casgliadau'n cynnwys Prifysgol Aberystwyth; Prifysgol Bangor. Prynwyd gwaith gan CCC. Paentiadau mawr realaidd. Yn byw yn Llundain, Lloegr.

## Brinley EVANS 1925–
**Enw gwaith George Brinley Evans, cartwnydd, cerflunydd. Ganed yn Nyffryn Cellwen, de Cymru. Ei adnabod hefyd fel G B EVANS.**

Hefyd yn awdur. Hunanaddysgedig. Glöwr, Pwll Glo'r Onllwyn, Banwen 1939; gwasanaeth rhyfel, 12fed Fyddin, Y Dwyrain Pell, o 1943. Dychwelodd i weithio fel glöwr; bu'n rhedeg siop bapurau; ymddeolodd ym 1977. Cartwnau gwleidyddol oedd ei waith cynharaf; yn nes ymlaen, bu'n modelu ffigurau portread bychain. Arddangosfeydd ar y cyd yn cynnwys *Miner-Artists: The Art of Welsh Coal Workers*, Llyfrgell Genedlaethol Cymru, Aberystwyth 2000 (teithiol) (gyda chyhoeddiadau gan John Harvey). Mae cyhoeddiadau'n cynnwys *Boys of Gold* (Parthian Books 2000); *Where the Flying Fishes Play* (Parthian Books 2006). Yn byw ym Manwen, de Cymru.

## Carole EVANS 1944–
**Enw gwaith Carole Patricia Evans, peintwraig. Ganed yng Nghastell-nedd, de Cymru.**

Mynychodd ddosbarthiadau a roddwyd gan Michael Freeman, Yr Adran Efrydiau Allanol, Coleg y Brifysgol Abertawe 1991–94. Trinwraig wallt 1959–62; gwaith manwerthu 1962–65, 1973–90; busnes hen bethau 1990–2002. Aelod o'r Grŵp Dydd Gwener, Castell-nedd a Phort Talbot; Grŵp Theodore, Port Talbot; Cymdeithas Gelfyddydau Castell-nedd. Arddangosfeydd ar y cyd yn cynnwys Canolfan Gelfyddydau Afan, Port Talbot 1985–90; Amgueddfa ac Oriel Gelf Castell-nedd (AOGCast) 1997; Y Tabernacl, Machynlleth 2001; Oriel Neuadd y Frenhines, Arberth 2003; Oriel Albany, Caerdydd 2004; Oriel Crane, Abertawe 2007. Arddangosfeydd deuddyn (gyda Peter Evans), AOGCast 1999; Canolfan Gelfyddydau Fane, Glyn-nedd 2000. '… tirluniau a ffigurau ardal.' Yn byw yng Nglyn-nedd, de Cymru.
*Yr artist*

### Carwyn EVANS 1979–
**Cerflunydd, ffotograffydd, artist gosodwaith. Ganed yng Nghaerfyrddin, gorllewin Cymru.**

Astudiodd yng Ngholeg Technoleg a Chelf Sir Gaerfyrddin 1997–98; Athrofa Prifysgol Cymru, Caerdydd 1998–2001. Ymchwilydd, BBC Cymru, o 2002; ymgynghorydd celf, y cylchgrawn *Tu Chwith*, o 2002. Artist preswyl, Morelia, Mecsico 2005. Comisiynau'n cynnwys Cywaith Cymru/Eisteddfod Genedlaethol Cymru (EGC), Casnewydd 2004; Cyngor Llyfrau Cymru 2005. Gwobrau'n cynnwys Cyngor Celfyddydau Cymru 2001; Celfyddydau Rhyngwladol Cymru 2006. Arddangosfeydd ar y cyd yn cynnwys *Biennale Arlunio Cymru*, Canolfan y Celfyddydau Aberystwyth 1999 (teithiol); EGC 2000 (Ysgoloriaeth Artistiaid Ifainc), 2001, 2002, 2003 (Gwobr Ifor Davies), 2007 (Gwobr Ifor Davies); Gardd Fotaneg Genedlaethol Cymru, Llanarthne 2000; *Ystyr y Tir*, Festival Interceltique de l'Orient, Llydaw 2002; *Art West*, Llyfrgell Caerfyrddin 2002 (Gwobr Artistiaid Ifainc); *On Leaving and Arriving*, g39, Caerdydd 2005; *Surface*, Oriel Davies, Y Drenewydd (OD) 2006; *Undercover*, OD 2007; *The Suitcase Project*, Beaver Projects, Copenhagen a'r Hen Lyfrgell, Caerdydd 2007. Arddangosfa ddeuddyn, *Without and Within*, Galerie des Kunstvereins Baden, Awstria (gyda Wanda Zyborska) 2006. Wedi'i gynnwys yn *Planet* (Awst/Medi 2004). '…profiadau personol wrth ymchwilio i symudiadau cymdeithasol a gwleidyddol yn y Gymru wledig.' Yn byw yng Nghaerdydd, de Cymru.
*Yr artist*

### Cerith Wyn EVANS 1958–
**Gwneuthurydd fideo/ffilm, ffotograffydd, cerflunydd. Ganed yn Llanelli, gorllewin Cymru.**

Astudiodd yng Ngholeg Celf Dyfed 1976–77; Ysgol Gelf St Martin's, Llundain 1977–80 (gradd yn y dosbarth cyntaf); Y Coleg Celf Brenhinol, Llundain 1981–84 (MA Ffilm a Fideo). Gwobrau'n cynnwys yr Ŵyl Fideo Fyd-eang, Yr Hag, y wobr gyntaf 1989; 3e Semaine Internationale de Video, Genefa, y wobr gyntaf 1989. Arddangosfeydd niferus ar y cyd gan gynnwys *The New Art*, Oriel Tate, Llundain 1983; *5ed Arddangosfa Agored Mostyn*, Oriel Mostyn, Llandudno 1994; *Sensation, Young British Artists*, Yr Academi Frenhinol, Llundain 1997–99 (teithiol); *Wales: Unauthorised Versions*, Cymdeithas Artistiaid Croatia, Zagreb 2001; *Documenta 11*, Kassel 2002; Cymru yn *50fed Biennale Rhyngwladol Fenis* 2003, Cyngor Celfyddydau Cymru 2003. *Further: Artists from Wales, 50fed Biennale Rhyngwladol Fenis*, Canolfan y Celfyddydau Aberystwyth 2003 (teithiol); *Tate Triennial 2006: New British Art*, Tate Prydain, Llundain 2006. Arddangosfeydd deuddyn yn cynnwys *Ian Hamilton Finlay a Cerith Wyn Evans*, Oriel Ingleby, Caeredin 2007. Arddangosfeydd undyn yn cynnwys *Cleave OO, Art Now*, Tate Prydain, Llundain 2000; Centre Pompidou, Paris 2004; Amgueddfa Celfyddydau Cain, Boston, UDA 2004; *Once a Noun, Now a Verb*, Galerie Neu, Berlin 2005; *…in which something happens all over again for the very first time*, Musée d'Art Moderne de la Ville de Paris 2006; *Futa Omote (wyneb dwbl)*, Oriel Taka Ishii, Tokyo 2007. Wedi'i gynnwys mewn catalogau niferus, gan gynnwys *Romantic Conceptualism*, Jorg Heiser ac eraill (Kerber Verlag 2007). Casgliadau'n cynnwys Cyngor Celfyddydau Lloegr; Museum für Moderne Kunst, Frankfurt; Saatchi, Llundain; Tate, Llundain. '…mae ei waith cysyniadol yn ymgorffori amrywiaeth eang o gyfryngau… gan ganolbwyntio ar iaith a chanfyddiad…' *(White Cube 2007)* Yn byw yn Llundain, Lloegr.
*Yr artist*

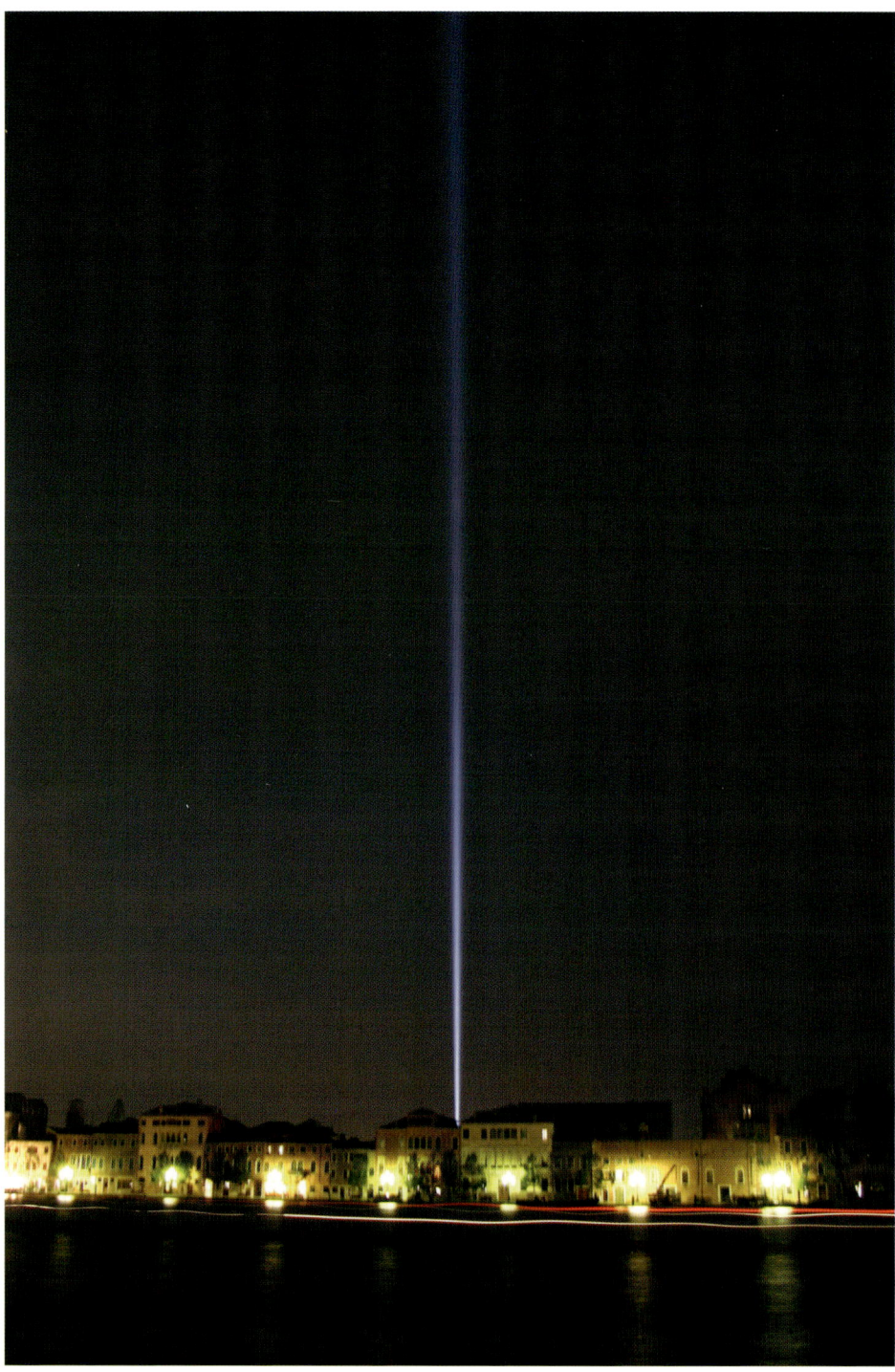

97 | Cerith Wyn Evans
*Cleave '03 (Transmission: Vision of the Sleeping Poet)* 2003

## D Alun EVANS 1945–

**Enw gwaith David Alun Evans, peintiwr, gwneuthurydd printiau. Ganed yn Hwlffordd, gorllewin Cymru.**

Astudiodd yng Ngholeg Celf Casnewydd 1963–67, gyda Thomas Rathmell, John Selway, Ernest Zobole; Coleg Celf Hornsey, Llundain (CCH) 1967–68; Coleg Polytechnig Manceinion 1991 (MA Celf Gain). Darlithydd (rhan-amser), CCH 1968–69; dylunydd cynhyrchion, Runcorn 1969–70; darlithydd, Ysgol Gelf Swydd Gaer, Northwich 1970–76; Pennaeth Celf, Coleg Addysg Bellach Halton, Widnes 1976–96; ei bractis stiwdio ei hun, peth darlithio, o 1996. Aelod o Gymdeithas Artistiaid a Dylunwyr Cymru. Arddangosfeydd ar y cyd yn cynnwys *Play Orbit*, Eisteddfod Genedlaethol Cymru, Y Fflint/Cyngor Celfyddydau Cymru (CCC) 1969 (teithiol); *Art into Landscape*, Oriel Serpentine, Llundain 1974 (teithiol); *Watch This Space*, Oriel Ikon, Birmingham 1985 (teithiol); *Print News*, Oriel, CCC, Caerdydd 1990; *Biennale Arlunio Cymru*, Canolfan y Celfyddydau Aberystwyth/Canolfan Gelfyddydau Wrecsam 1997 (teithiol), 1999 (teithiol); *Cymru ar Waith*, Amgueddfa Cymru (AC) 2005. Arddangosfeydd undyn yn cynnwys Canolfan Gelfyddydau Glannau Gwy, Llanfair-ym-Muallt 1983; *Stepping to the Edge*, Oriel Gelf Atkinson, Southport (OGA) 1986 (teithiol); Llyfrgell Hwlffordd 1988; *The Travels of St Christopher*, Amgueddfa Priordy Norton, Runcorn (APN) 1998 (teithiol); *Black Wound*, Amgueddfa ac Oriel Gelf Casnewydd 2000 (teithiol); *Scratching the Surface*, Canolfan Gelfyddydau Llyfrgell y Rhyl 2001. Wedi'i gynnwys yn y *Sunday Times* (1994); *Arts Review* (Medi 1982), *Artscribe* (Awst 1983); rhaglen HTV, Hydref 2001. Casgliadau'n cynnwys AC; Amgueddfa ac Oriel Scolton Manor, Sir Benfro; APN; Cyngor Swydd Gaer; Llyfrgell Genedlaethol Cymru, Aberystwyth; OGA; Prifysgol Edge Hill, Ormskirk; Y Tabernacl, Machynlleth. '…yn ymchwilio i dirweddau Cymru a Swydd Gaer.' Yn byw yn Frodsham, Lloegr.
*Yr artist*

## Dale EVANS 1956–

**Enw gwaith Dale Edna Evans, artist amlgyfrwng. Ganed yn Nhredegar, de Cymru.**

Astudiodd yng Ngholeg y Brifysgol, Abertawe (botaneg a sŵoleg) 1974–77; Athrofa Addysg Uwch Gorllewin Morgannwg (AAUGM) 1977–79; Coleg Polytechnig Manceinion (MA Dylunio Graffeg: rhagoriaeth) 1980–81; Athrofa Prifysgol Cymru, Caerdydd (MA Celf Gain) 2003–05. Tiwtor (rhan-amser), AAUGM 1978–80; artist botanegol, Amgueddfa Cymru (AC) 1982–90; darlunydd/artist cefndir animeiddio llawrydd, o 1986; tiwtor (rhan-amser), addysg oedolion, Caerdydd, o 2002. Gwobr Jill Smythies, Cymdeithas Linneaus (CL) 1991. Comisiynau'n cynnwys AC; Amgueddfa Astudiaethau Natur, Llundain; Gardd Fotaneg Genedlaethol Cymru, Llanarthne (GFGC); Ysgrifenyddiaeth y Gerddi Botaneg, Gerddi Kew; Eagle Moss Publications 1990au. Aelod cyswllt Cymdeithas Ddyfrlliwiau Cymru; aelod, Grŵp Arlunio Caerdydd; Cymdeithas Gelfyddydau'r Menywod. Arddangosfeydd ar y cyd yn cynnwys *Welsh Botanical Artists*, Oriel Gelf Glynn Vivian, Abertawe 1999; *Welsh Botanical Artists*, GFGC 2002; *A Passion for Plants*, AC 2002; *The Big Mix*, tactileBOSCH, Caerdydd 2003; *Me to You*, Canolfan Gelfyddydau'r Eglwys Norwyaidd, Caerdydd 2007; *Island Echoes*, Yr Hen Lyfrgell, Caerdydd 2007. Arddangosfeydd undyn yn cynnwys *Springboard Series*, Oriel Henry Thomas, Caerfyrddin 1982; *Moving Images*, Cymdeithas Gelfyddydau De Ddwyrain Cymru/Ysbyty Llandochau 1990. Cyhoeddiadau'n cynnwys *Painting the Four Seasons: Atmospheric Landscapes in Watercolour*, gyda Wendy Jelbert ac eraill (Search Press 1994); darluniau, o 1980, ar gyfer llyfrau ar fyd natur, ffeithlen blant, cyhoeddiadau amgueddfeydd; ffilmiau byrion wedi'u hanimeiddio (S4C 1999, 2001, 2003). Wedi'i chynnwys yn *Art of Botanical Illustration*, Wilfrid Blunt (Antique Collectors Club 1999); *Field Guide to the Seashores of Eastern Africa*, Matthew D Richmond (Asiantaeth Gydweithredu Datblygiad Rhyngwladol Sweden 2002). Casgliadau'n cynnwys AC; Amgueddfa East Grinstead; CL. Arlunio, paentio, animeiddio, cyfryngau digidol, modelu/cerflunio. 'Byd natur, yr amgylchedd, gwyddoniaeth.' Yn byw yng Nghaerdydd, de Cymru.
*Yr artist*

### David EVANS 1932–
**Enw gwaith David Arthur Evans, peintiwr. Ganed ym Mhorth Tywyn, gorllewin Cymru.**

Astudiodd yn Ysgol Gelf Llanelli 1948–51, gyda John Bowen, DEH Pratt; Coleg Celf Abertawe 1963–64, 1966–67, gydag Arthur (Andy) Charlton, Kenneth Hancock. Gwasanaeth Milwrol, Y Môr–filwyr Brenhinol 1952–54. Gwas sifil 1954–66; athro, Ysgol Gyfun Iau Ystumllwynarth, Abertawe 1968–74; darlunydd llawrydd 1974–80; tiwtor (rhan-amser), Cymdeithas Addysg y Gweithwyr 1970–97. Gwobr Goffa Emlyn Roberts 1981, 1983, 1984; Gwobr Edith Lodwick, Clwb Braslunio Caerfyrddin (CBC) 1997; Gwobr Ken Etheridge 1999. Aelod o CBC; Cymdeithas Gelf De Cymru. Arddangosfeydd niferus ar y cyd gan gynnwys *Y Grŵp Cymreig*, Llyfrgell Genedlaethol Cymru, Aberystwyth (LIGC) 1983; Eisteddfod Genedlaethol Cymru, Abergwaun 1986; *Arddangosfa Haf*, Yr Academi Frenhinol, Llundain 1992, 1994, 2001; Neuadd Dewi Sant, Caerdydd (NDS) 1993–2007; Amgueddfa Cymru 1994; Canolfan Gelfyddydau Taliesin, Abertawe 2003, 2006. Arddangosfeydd undyn yn cynnwys Llyfrgell Hwlffordd 1986; *Images of Landscape*, NDS 1988; Llyfrgell Caerfyrddin 1990au–2002; *Wild Wales*, NDS 1991; *Watercolours of Gower*, Oriel Gelf Glynn Vivian, Abertawe 1991; Tŷ Cwch Dylan Thomas, Talacharn 1992; Canolfan Hywel Dda, Hendy-gwyn 2005. Wedi'i gynnwys yn *An Introduction to Acrylics*, Ray Smith (Dorling Kindersley 1998); *Paint: Landscapes (Paint!)*, Betsy Hosegood (Winsor a Newton 2000). Casgliadau'n cynnwys Amgueddfa Caerfyrddin; LIGC; Llyfrgell Llanelli. '…aberoedd a morluniau.' Yn byw ym Mhorth Tywyn.
*Yr artist*

### Garth EVANS 1934–
**Cerflunydd. Ganed yn Cheadle, Lloegr.**

Ei rieni'n Gymry. Astudiodd yng Ngholeg Celf Rhanbarthol Manceinion 1955–57; Ysgol Gelf Gain Slade, Llundain 1957–60, gyda Reg Butler, AH Gerrard, FE McWilliam. Darlithydd Cyswllt, Ysgol Gelf a Chrefftau Camberwell, Llundain 1971–83; darlithydd, Cyfadran Gerfluniaeth, Yr Ysgol Brydeinig yn Rhufain 1978–83; Pennaeth Cerfluniaeth, Ysgol Stiwdio Arlunio, Paentio a Cherflunio Efrog Newydd o 1998. Artist preswyl, Yaddo, Saratoga Springs 1982, 1991. Comisiynau'n cynnwys Cyngor Dosbarth Trefol Glynebwy 1970; Cyngor Celfyddydau Prydain Fawr (CCPF) 1978. Gwobrau niferus gan gynnwys CCPF 1966, 1975, 1979; Sefydliad Gulbenkian 1974; Cyngor Celfyddydau Cymru (CCC) 1974; Cymrodoriaeth Sefydliad Coffa John Simon Guggenheim 1986; Sefydliad Pollock-Krasner 1996; Cymrodoriaeth Artistiaid 1999. Arddangosfeydd niferus ar y cyd gan gynnwys *Reliefs, Collages and Drawings*, Amgueddfa Victoria ac Albert, Llundain (VacA) 1967 (teithiol); *Prosiect Cerfluniaeth y Ddinas Peter Stuyvesant*, Caerdydd 1972; *Gwreiddiau*, Eisteddfod Genedlaethol Cymru, Aberteifi/CCC 1976 (teithiol); *Documenta VI*, Kassel 1977; *Scale for Sculpture*, CCPF 1978 (teithiol, gan gynnwys Cymru); Oriel Tate, Llundain 1978; *An Invitational*, Yr Academi Ddylunio Genedlaethol, Dinas Efrog Newydd 2002, 2006. Arddangosfeydd undyn niferus gan gynnwys Oriel Rowan, Llundain 1962–84 (11 o weithiau); Oriel, CCC, Caerdydd 1976; Canolfan Celf Brydeinig Yale, New Haven 1988; Canolfan Gelfyddydau Llyfrgell Wrecsam 1991; Celf Gain Lori Bookstein, Efrog Newydd 2004, 2006. Wedi'i gynnwys yn helaeth yn y wasg gelf/genedlaethol, y DU/UDA, o 1963. Casgliadau'n cynnwys Amgueddfa Cymru; Oriel Gelf Dinas Leeds; Tate Llundain; VacA; Yr Amgueddfa Brydeinig, Llundain; Yr Amgueddfa Gelf Fetropolitan, Efrog Newydd; Yr Amgueddfa Gelf Fodern, Efrog Newydd. Prynwyd gwaith gan CCC. Lluniau, gludwaith; gwydr ffibr, cerameg, cardbord. Yn byw yn Woodstock, UDA.
*Yr artist*

### Geoffrey EVANS 1943–
**Artist defnydd, dylunydd. Ganed yn Oakdale, de Cymru.**

Astudiodd yng Ngholeg Celf a Dylunio Casnewydd (CCDCas), gan orffen ym 1964. Darlithydd, CCDCas 1964–66, 1968–69; Coleg Addysg Bellach Casnewydd 1968–69. Dylunydd, Adran Ddylunio

BBC Cymru, Caerdydd 1967–68; Theatr Caricature, Caerdydd 1969–71; crefftwr pypedau, Theatr Bypedau, Canolfan Gelfyddydau Canolbarth Lloegr o 1971; dylunydd, Cwmni Theatr mewn Addysg, Theatr Octagon, Bolton. Arddangosfeydd ar y cyd yn cynnwys Eisteddfod Genedlaethol Cymru 1968–71 (arobryn, adran ddefnyddiau, bob blwyddyn); *Arddangosfa Ascher*, Llundain 1969; *Pictures for Welsh Schools*, Y Gymdeithas er Addysg drwy Gelf, Amgueddfa Cymru, Caerdydd 1971; *Welsh Artists One*, Oriel Gelf Glynn Vivian, Abertawe 1972. Arddangosfeydd undyn yn cynnwys Canolfan Gelfyddydau Canolbarth Lloegr, Birmingham 1972; Theatr Malvern 1973; Theatr Octagon, Bolton 1974; Cymdeithas Gelfyddydau Gogledd-orllewin Lloegr 1975; Cymdeithas Gelfyddydau Gogledd Cymru 1975. Ni wyddys lle y mae'n byw.

### Geraint EVANS 1968–
**Peintiwr. Ganed yn Yate, Lloegr.**

Ei rieni yn Gymry. Cyrhaeddodd Abertawe ym 1969. Astudiodd yn Athrofa Addysg Uwch Gorllewin Morgannwg, Abertawe 1986–87; Coleg Polytechnig Manceinion 1987–90; Ysgolion yr Academi Frenhinol, Llundain 1990–93. Artist preswyl, Canolfan Gelfyddydau Banff, Alberta 1994. Darlithio helaeth, o 1994. Arweinydd Llwybr, MA Paentio, Coleg Celf Wimbledon, o 2003. Gwobrau'n cynnwys Gwobr Sefydliad Prydeinig Fflorens: Print 1992–93; Ysgoloriaeth Deithio Tooth, UDA a Chanada 1993; Gwobr Sefydliad Elusennol Woo 2001; Cymrodoriaeth Gymnasiwm Berwick 2002–03; Gwobr Sefydliad Pollock-Krasner 2003. Arddangosfeydd ar y cyd yn cynnwys *Arddangosfa Agored Mostyn*, Oriel Mostyn, Llandudno (OM) 1994; *Wales: Unauthorized Versions*, Tŷ Artistiaid Croatia, Zagreb 2001; *On Home Ground*, OM 2002; *Yes! I am a long way from home*, Oriel Gelf Wolverhampton 2003 (teithiol); *Other Times*, Oriel Dinas Prag 2004. Arddangosfeydd undyn yn cynnwys Oriel Wilkinson, Llundain 2000, 2004; *Where Happiness Happens*, Canolfan Gelfyddydau Chapter, Caerdydd, Oriel Gelf Glynn Vivian, Abertawe 2001; Centro de Arte de Salamanca 2003. Cyhoeddiadau'n cynnwys cyfraniad, gyda Jake Arnott, *Our Comic Book*, golygydd Mel Brimfield (Revolver 2007). Wedi'i gynnwys yn *Fresh*, HTV Cymru (23 Awst 1999); 'Wild Riders of the Hobby Horse', Gordon Dalton (*Western Mail*, 5 Ionawr 2002); *Painting People: the state of the art*, Charlotte Mullins (Thames a Hudson 2006). Casgliadau'n cynnwys Oriel Gelf Ferens, Hull. '… tirwedd confensiwn a chyfaddawd faestrefol Prydain…'. Yn byw yn Croydon, Lloegr. *Yr artist*

### Gwyn EVANS 1931–
**Peintiwr. Ganed yn Nhonypandy, de Cymru.**

Astudiodd yng Ngholeg Celf Caerdydd 1948–54 (Gwobr Arlunio 1949, Gwobr Baentio 1950, 1952), 1967–68, gyda Joan Baker, James Tarr. Gwasanaeth Milwrol, Y Magnelwyr Brenhinol 1954–56. Athro, Coventry 1956–60; Pennaeth Celf a Dylunio, Ysgol Ramadeg/Gyfun Tonypandy 1960–82. Gwobr BP 1975; Gwobr Tywysog Cymru 1975. Aelod sefydlu, Grŵp y Rhondda 1948–54. Arddangosfeydd ar y cyd yn cynnwys *Pictures for Welsh Schools*, Y Gymdeithas er Addysg drwy Gelf, Amgueddfa Cymru (AC) 1951, 1952, 1977, 1984, 1986; *Contemporary Welsh Painting and Sculpture*, Cyngor Celfyddydau Cymru (CCC), AC 1952–54, 1958; Eisteddfod Genedlaethol Cymru, Aberafon 1966; *Uniaeth*, Parc Treftadaeth y Rhondda, Trehafod (PTRh) 1999 (teithiol), 2004; *Zobole and Friends*, Oriel y Bont, Prifysgol Morgannwg, Pontypridd (PG) 2004 (teithiol). Arddangosfa ddeuddyn, *Rhondda Valley Paintings and Drawings*, Oriel Washington, Penarth 2002. Arddangosfa undyn, *Where Dreams are Fashioned*, PTRh 2001. Cyhoeddiadau'n cynnwys *The Tonypandy Riots*, Gwyn Evans a David Maddox (Adran Addysg Morgannwg Ganol 1992, Gwasg Prifysgol Plymouth 2010). Casgliadau'n cynnwys Prifysgol De Cymru, Pontypridd; Ysgol Gelf, Prifysgol Aberystwyth. Prynwyd gwaith gan CCC. 'Gwaith yn adlewyrchu amgylchedd y Rhondda.' Yn byw yn Nhonypandy. *Yr artist*

## Handel EVANS 1932–1999
**Handel Cromwell Evans, peintiwr, gwneuthurydd printiau. Ganed ym Mhontypridd, de Cymru.**

Astudiodd yng Ngholeg Celf Caerdydd, 1949–54, gyda David Tinker, Eric Malthouse; Ysgol Gerdd Clifford H Lewis (Trwyddedog o'r Academi Gerdd Frenhinol) 1958; Yr Ysgol Brydeinig yn Rhufain 1962–63; Atelier 17, Paris 1975–76. Bu'n gweithio fel artist yn Jamaica, Y Bahamas, Yr Eidal, UDA, Canada. Comisiynau'n cynnwys y Sefydliad Er Gwybodaeth Wyddonol, Philadelphia, UDA, 1978–80. Gwobr Diwylliant Cyfoes, Y Sefydliad Cymreig Americanaidd Cenedlaethol, Philadelphia 2001. Arddangosfeydd rhyngwladol/ cenedlaethol niferus ar y cyd gan gynnwys *Contemporary Painting in Wales*, Pwyllgor Cymreig Cyngor Celfyddydau Prydain Fawr 1952 (teithiol); Eisteddfod Genedlaethol Cymru, Ceredigion 1992; *Artists for Europe*, Yr Almaen (yn cynrychioli Prydain) 1992. Arddangosfeydd undyn yn cynnwys Prifysgol

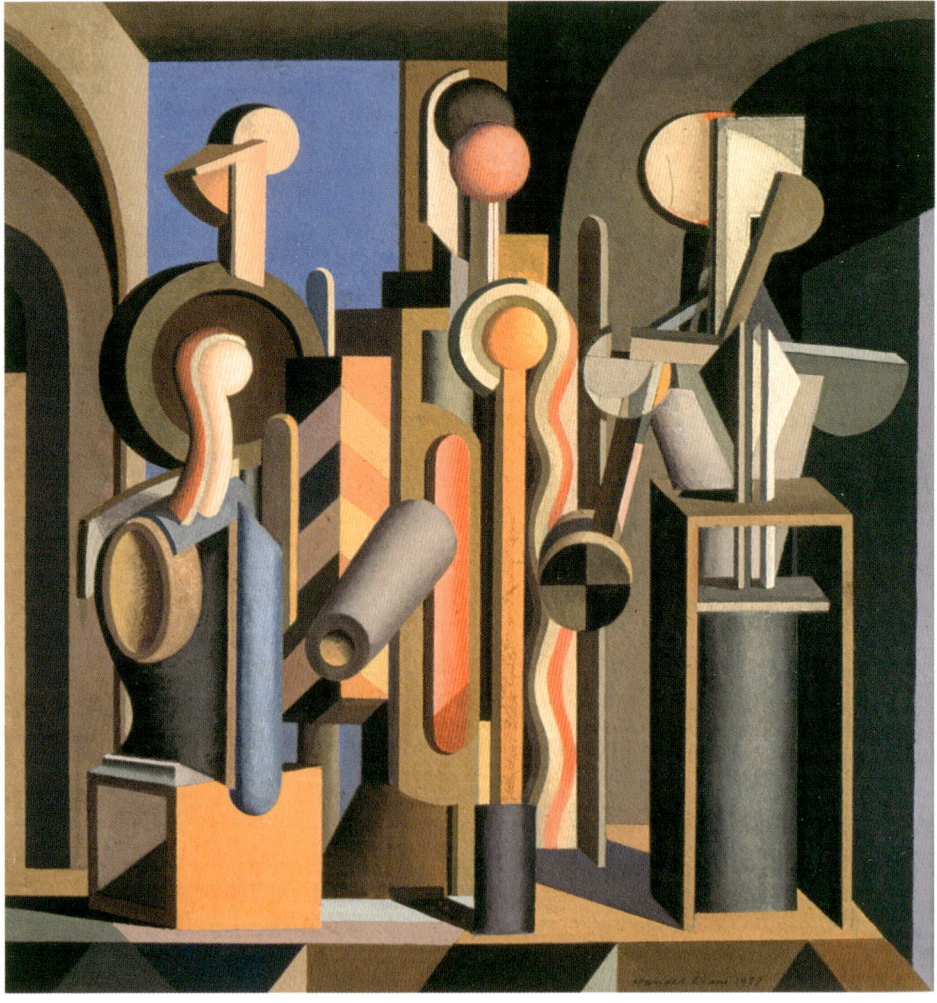

98 | Handel Evans
*The Vaults* 1987

Aberystwyth; Gwesty Brown's, Llundain 1972; Oriel Mario Flecha, Llundain 1982; Neuadd Clare, Caergrawnt 1987; Yr Almaen 1980au–1990au. Gwaith wedi'i gynnwys yn *Handel Evans: Paintings and Drawings of Three Decades* (Hamlyn, Chwefror 1989). Casgliadau'n cynnwys Amgueddfa Ashmole, Rhydychen; Amgueddfa Cymru, Caerdydd; Cymdeithas Celf Gyfoes Cymru; Llyfrgell Genedlaethol Cymru, Aberystwyth; Prifysgol Aberystwyth. Prynwyd gwaith gan Gyngor Celfyddydau Cymru. '…dyn a pheiriannau … yn gyd-ddibynnol ac yn diwallu anghenion ei gilydd.' Roedd yn byw yn yr Almaen, yna yn Ramsgate, Lloegr.

## Jenkin EVANS 1897–1966
**Cerflunydd. Ganed yn Ystalyfera, de Cymru.**

Deintydd, Ysbyty Adelina Patti, Craig-y-Nos, Pen-y-cae; yn ei amser hamdden bu'n modelu penddelwau o bobl adnabyddus yng Nghymru 1920au–30au. Arddangosfeydd ar y cyd yn cynnwys Yr Academi Frenhinol, Llundain; Eisteddfod Genedlaethol Cymru. Casgliadau'n cynnwys Amgueddfa Cymru; Neuadd y Ddinas, Abertawe. Roedd yn byw yng Nghwm Tawe, de Cymru.

## John Paul EVANS 1965–
**Ffotograffydd. Ganed yng Nghaerdydd, de Cymru.**

Astudiodd yng Ngholeg Addysg Uwch Gwent 1990–93. Darlithydd (rhan-amser), Cyfryngau Seiliedig ar Amser/Ffotoweledol, Athrofa Addysg Uwch Caerdydd/Athrofa Prifysgol Cymru, Caerdydd 1995–2005; Uwch-ddarlithydd (rhan-amser), Ffotograffiaeth, Athrofa Addysg Uwch Abertawe, o 1999. Arddangosfeydd ar y cyd yn cynnwys *Barbarella – Dolls and Doll Imagery*, Cyngor Caint 1998 (teithiol); *Idolatry*, Oriel Canfas, Caerdydd 2007. Arddangosfa ddeuddyn, *Strange Tilt*, Oriel Mission, Abertawe (gyda Nicola O'Neill) 1999. Arddangosfeydd undyn yn cynnwys *Hunks and Heroes*, Oriel Castlefield, Manceinion 1996; *Dark Secrets…Mortal Thoughts*, Amgueddfa ac Oriel Gelf Casnewydd 1996; *A Different Point of View*, Canolfan Gelfyddydau Canolbarth Lloegr, Birmingham 2000; *Bed Sheet Dreams*, Oriel Room, Llundain 2005. Wedi'i gynnwys mewn cyhoeddiadau gan gynnwys *Fully Exposed: the Male Nude in Photography*, Emmanuel Cooper (Routledge 1995); *Art Tomorrow*, Edward Lucie-Smith (Terrail 2002); *Male Bodies, a Photographic History of the Nude*, Emmanuel Cooper (Prestel 2004); *Re:Imaging Wales*, Hugh Adams (Seren Books, Pen-y-bont ar Ogwr 2006). '…y ffordd y mae ffotograffiaeth yn cael ei defnyddio i ffurfio ac atgyfnerthu syniadau am rywedd.' Yn byw yng Nghaerdydd.
*Yr artist*

## Marian EVANS 1959–
**Enw gwaith Marian Rowland, artist gosodwaith. Ganed yn Rhuthun, gogledd Cymru.**

Astudiodd ym Mhrifysgol Lerpwl 1978–81; Coleg Caer (MA Celf Gain, gyda rhagoriaeth) 1998–2001. Athrawes Technoleg Celf a Dylunio 1991–2001, ysgolion uwchradd, gan gynnwys Ysgol Brynhyfryd, Rhuthun, Ysgol Glan Clwyd, Llanelwy, Ysgol Howells, Dinbych. Arddangosfeydd ar y cyd yn cynnwys Eisteddfod Genedlaethol Cymru, Dinbych 2001; Fforwm Tecstiliau Gogledd Cymru, Caer, 2001; Gŵyl Gelfyddydau Amwythig 2002. Wedi'i chynnwys ar y Sioe Gelf, S4C (2001). Yn defnyddio gwrthrychau hapgael, gan gynnwys llechi, defnyddiau gwlân Cymreig, plwm, gwlân. Yn byw yn Llanrhaeadr, gogledd Cymru.
*Yr artist*

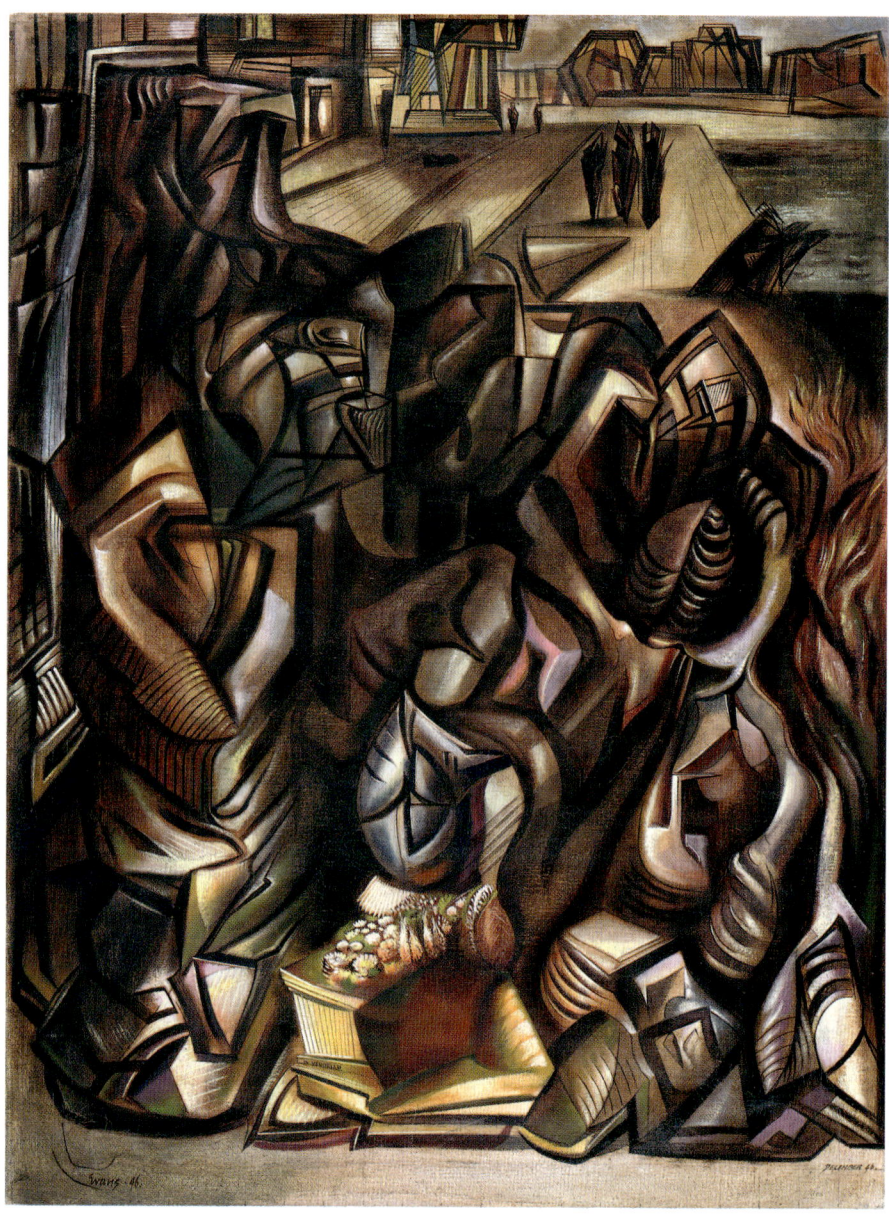

99 | Merlyn Evans
*The Refugees* 1946

## Merlyn EVANS 1910–1973
**Enw gwaith Merlyn Oliver Evans, peintiwr, ysgythrwr, cerflunydd. Ganed yng Nghaerdydd, de Cymru.**

Symudodd y teulu i Rutherglen, Glasgow ym 1913. Astudiodd yn Ysgol Gelf Glasgow 1927–31; Y Coleg Celf Brenhinol 1931–33. Bu'n addysgu yn Ysgol Ramadeg Wilson, Camberwell, ac Ysgol Reimann, Llundain 1934–36. Athro, Coleg Technegol Natal, De Affrica 1938–42. Gwasanaeth rhyfel, Byddin De Affrica 1942–45. Darlithydd, Yr Ysgol Gelf a Chrefftau Ganolog, o 1946, Y Coleg Celf Brenhinol 1965–73. Bu'n gweithio yn St Ives o 1963. Y Fedal Aur am Gelfyddyd Gain, Eisteddfod Genedlaethol Cymru, Aberafan 1966. Llawer o gomisiynau. Arddangosfeydd ar y cyd yn cynnwys *International Surrealist Exhibition*, Llundain 1936; Salon de Mai, Paris 1937; *II Bienal, Sao Paulo*, Brasil 1953; *The 7th Exhibition of Contemporary Welsh Painting and Sculpture*, Pwyllgor Cymreig Cyngor Celfyddydau Prydain Fawr (PCCCPF)/Amgueddfa Cymru (AC), Caerdydd 1962 (teithiol); *British Art and the Modern Movement, 1930–40*, PCCCPF/AC 1962; 30ain Biennale Fenis 1966. Arddangosfeydd undyn yn cynnwys *Imaginative Paintings by Merlyn Evans*, Orielau Leicester, Llundain 1949; *Paintings, Drawings & Etchings*, Oriel Gelf Whitechapel, Llundain 1956; Pafiliwn Prydain, Biennale Fenis 1960; adolygol, Sefydliad Celf Chicago 1967; *Merlyn Evans 1910–1973*, Oriel Gelf Fodern Genedlaethol yr Alban, Caeredin 1976. Gwaith wedi'i gynnwys yn *Merlyn Evans, 1910–1973: a retrospective exhibition*, M. Gooding ac eraill (Oriel Mayor ac Oriel Redfern, Llundain 1988); *The Political Paintings of Merlyn Evans, 1930–1950* (Oriel Tate, Llundain 1985); *The Graphic Work of Merlyn Evans* (Amgueddfa Victoria ac Albert, Llundain (VacA) 1972). Casgliadau cenedlaethol/rhyngwladol yn cynnwys AC; Amgueddfa ac Oriel Gelf Casnewydd; Casgliad Celf y Llywodraeth; Cyngor Celfyddydau Lloegr; Cymdeithas Celf Gyfoes Cymru; Oriel Gelf ac Amgueddfa Kelvingrove, Glasgow; Oriel Genedlaethol yr Alban, Caeredin; Oriel Tate, Llundain; VacA; Y Cyngor Prydeinig; Yr Amgueddfa Ryfel Ymerodrol, Llundain. Swrealydd arloesol Prydeinig; un o'r gwneuthurwyr printiau ôl-ryfel mawr. Roedd yn byw yn Llundain.

## Nicholas EVANS 1907–2004
**Peintiwr. Ganed yn Aberdâr, de Cymru. Ei adnabod hefyd fel Nick Evans.**

Hunanaddysgedig. Glöwr 1921–24; gweithiwr rheilffordd, gyrrwr trên yn y diwydiant glo, Cwm Cynon. Hefyd yn bregethwr. Dechreuodd baentio ar ôl ymddeol. Gwobr Cyngor Celfyddydau Cymru (CCC) 1978. Aelod, Yr Academi Frenhinol Gymreig. Arddangosfeydd ar y cyd yn cynnwys Eisteddfod Genedlaethol Cymru (EGC) 1972; Origins, EGC/CCC 1976 (arobryn); Cymdeithas Celf Gyfoes Cymru (CCGC) 1979, 1987; *Four Artists Explore Coalmining*, Oriel Gelf Glynn Vivian, Abertawe (OGGV) 1986; *Creating an Art Community: Fifty Years of the Welsh Group, Part 1*, Amgueddfa Cymru, Caerdydd (AC) 1999; *Miner-Artists: The Art of Welsh Coal Workers*, Llyfrgell Genedlaethol Cymru, Aberystwyth (LlGC) 2000 (teithiol) (gyda chyhoeddiad gan John Harvey). Arddangosfeydd undyn yn cynnwys Oriel, CCC, Caerdydd 1978; Browse a Darby, Llundain tua 1979; Yr Hen Neuadd, Y Bont-faen 1984; Parc Treftadaeth y Rhondda, Trehafod 1992, 2001, 2005; Neuadd Dewi Sant, Caerdydd 1993; Amgueddfa ac Oriel Gelf Casnewydd (AOGC) 1993. Gwaith wedi'i gynnwys yn *Delwau Duon*, Nicholas Evans a Rhoda Evans (Y Lolfa 1987). Casgliadau'n cynnwys AC; AOGC; Casgliad Celf y Llywodraeth, Llundain; CCGC; Cyngor Celfyddydau Lloegr; LlGC; OGGV; Prifysgol De Cymru, Pontypridd; Tate, Llundain. Prynwyd gwaith gan CCC; Cymdeithas Gelfyddydau Gorllewin Cymru. Gweithio yn y pwll glo, cymunedau glofaol; paent dulas yn cael ei roi gyda'r mynegfys. Roedd yn byw yn Aber-nant, de Cymru.

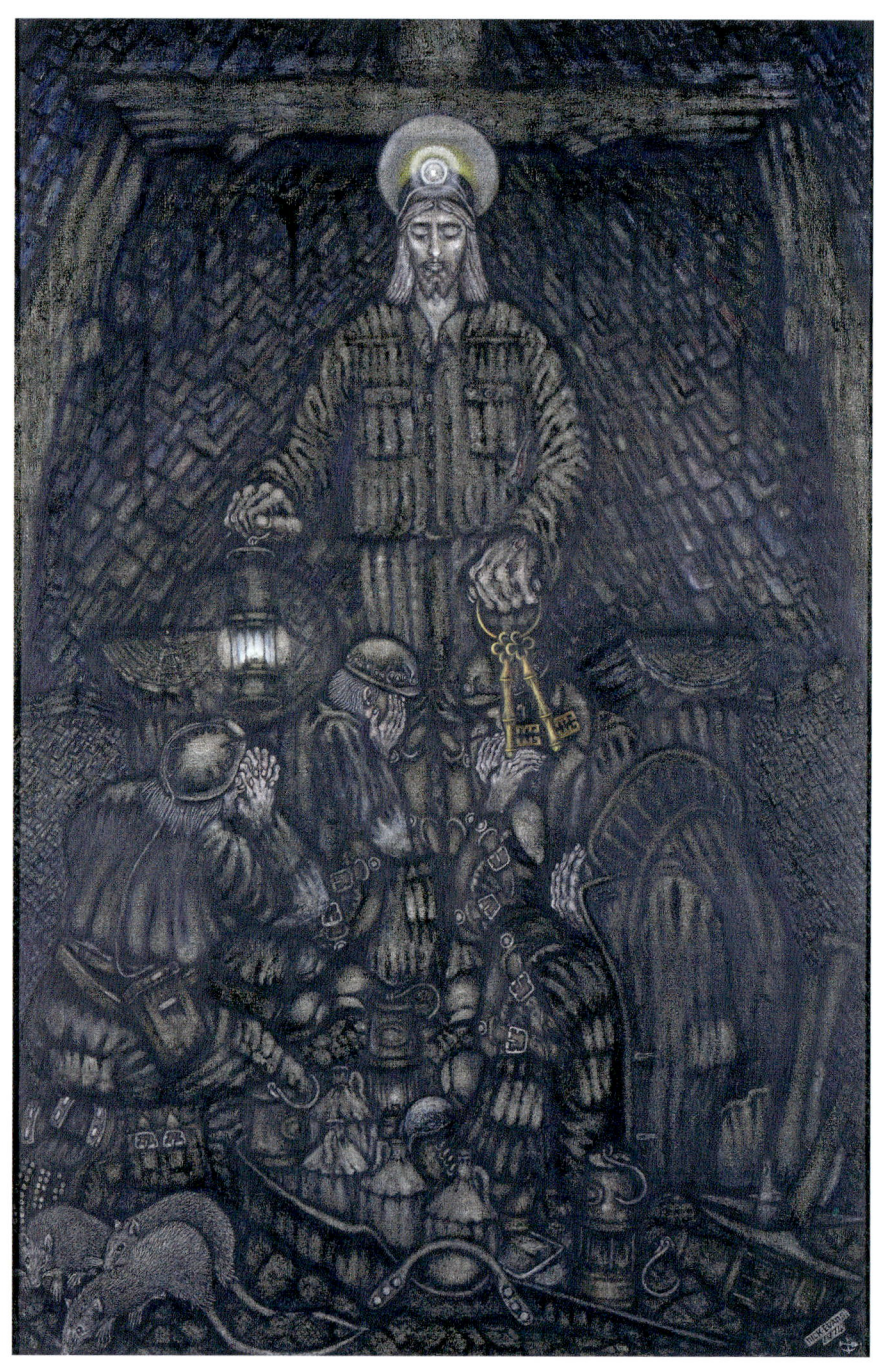

100 | Nicholas Evans
*Entombed – Jesus in the Midst* 1974

## Peter John EVANS 1950–2014
**Peintiwr. Ganed yng Nghastell-nedd, de Cymru.**

Dosbarthiadau celf yn yr Adran Efrydiau Allanol, Coleg y Brifysgol, Abertawe, gyda Michael Freeman 1978–83. Prentis beintiwr ac addurnwr 1966–70; peintiwr ac addurnwr 1970–84; tiwtor, Celf, Cymdeithas Addysg y Gweithwyr (CAG) 1984–86. Comisiwn, Cymdeithas Gelfyddydau Afan/cangen De Cymru, CAG 1994. Aelod sefydlu Grŵp Dydd Gwener, Castell-nedd. Arddangosfeydd ar y cyd yn cynnwys Canolfan Gelfyddydau Afan, Port Talbot 1980–90; Gweithdy Celfyddydau Abertawe 1989; Oriel Gelf Glynn Vivian, Abertawe 1990; Canolfan Gelfyddydau Pontardawe 1999; Y Tabernacl, Machynlleth 2001 (arobryn); Oriel Albany, Caerdydd 2004. Arddangosfeydd deuddyn, Amgueddfa ac Oriel Gelf Castell-nedd (AOGCN) (gyda Carole Evans) 1999; Canolfan Gymunedol y Groes, Pontardawe (gyda Michael Freeman) 1999; Canolfan Gelfyddydau Fane, Glyn-nedd (gyda Carole Evans) 2000. Arddangosfeydd undyn yn cynnwys Oriel Gelf Sgiwen, Castell-nedd 1996; AOGCN 1997. '…pobl a thirwedd Cymru.' Roedd yn byw yng Nghastell-nedd.
*Yr artist*

## Ray EVANS 1920–2009
**Enw gwaith Ray Bass Pryce Evans, darlunydd, peintiwr. Ganed yn Hale, Lloegr.**

Ei dad yn Gymro. Treuliodd lawer o'i blentyndod ar ffer ddefaid, Cader Idris. Astudiodd yn Accademia di Belle Arti, Fflorens 1945–46; Coleg Celf Caer 1946; Coleg Celf Manceinion 1946–48; Ysgol Celf Gain Heatherley, Llundain (YCGH) 1948–50, gydag Iain MacNab. Darlunydd llawrydd, o'r 1950au. Darlithydd, YCGH 1950–51; Coleg Celf Epsom 1951–56; Coleg Celf Southampton 1956–70. Aelod Mygedol o'r Academi Frenhinol Gymreig (AFG); Sefydliad Brenhinol y Peintwyr mewn Dyfrlliwiau (SBPD). Cymrawd y Gymdeithas Darlunio Pensaernïol. Arddangosfeydd ar y cyd yn cynnwys Oriel Albany, Caerdydd (OA) 1950au–2003; Coleg Prifysgol Cymru, Aberystwyth 1960au; AFG, Conwy 1990au–2000au; Llyfrgell Genedlaethol Cymru, Aberystwyth (LlGC) 1998; SBPD, lawer gwaith, gan gynnwys 2002 (arobryn), 2003. Arddangosfeydd undyn yn cynnwys OA 1950au–2003; Oriel Manor House, Chipping Norton 2004; Orielau Canaletto, Thackeray a Furneaux, Llundain. Cyhoeddiadau niferus gan gynnwys *Travelling with a Sketchbook* (Academic Press 1980); *Drawing and Painting Buildings* (HarperCollins 1983, 2005); *How to be a Successful Illustrator* (Batsford 1994). Casgliadau'n cynnwys Amgueddfa'r Ddinas, Caer-wynt; Awdurdod Addysg Southampton; LlGC. '…edrych ar siapiau haniaethol yn y dirwedd …tirwedd Iwerddon a Chymru.' Roedd yn byw yng Nghaersallwg, Lloegr.
*Yr artist*

## Ruth Jên EVANS 1964–
**Gwneuthurydd printiau. Ganed yn Aberystwyth, gorllewin Cymru.**

Astudiodd yng Ngholeg Celf Dyfed 1984–85; Athrofa Addysg Uwch De Morgannwg 1985–87. Dylunydd, Yr Academi Gymreig 1987–88; tiwtor (rhan-amser), addysg oedolion, Aberystwyth 1989; tiwtor (rhan-amser), Coleg Technoleg a Chelf Sir Gaerfyrddin 1990–94; tiwtor (rhan-amser), Canolfan y Celfyddydau Aberystwyth (CCA), o 1998. Ei chwmni argraffu crysau-T ei hun, Canys Rufus, o 1996. Preswyliadau niferus, o 2001, gan gynnwys *Gweledigaeth Ffres*, Cywaith Cymru 2001; CCA 2005; ysgolion, gogledd/canolbarth Cymru 2006; Oriel Davies, Y Drenewydd 2007. Gweithdai yng Ngheredigion, Powys, o 1998. Comisiynau, o 1999, gan gynnwys murluniau, ysgolion cynradd, Ceredigion/Powys; Radio Luxembourg; Cyngor Llyfrau Cymru, Mudiad Ysgolion Meithrin; *Digartrefedd*, S4C 2003; Y Lolfa (YL) 2006. Gwobr Dylunio Dwyieithog Bwrdd yr Iaith Gymraeg 2002. Aelod o Argraffwyr Aberystwyth; Gweled. Arddangosfeydd ar y cyd yn cynnwys *Chwedlau*, Oriel Myrddin, Caerfyrddin 2000; *Ar Bapur*, Oriel Washington, Penarth 2004; Canolfan Gelfyddydau William Feick, Vermont 2007; Canolfan Gelfyddydau Taliesin, Abertawe 2007; Yr Academi Frenhinol Gymreig, Conwy 2007; Y Tabernacl,

Machynlleth 2007. Arddangosfeydd un-ddynes yn cynnwys *The Prints of Wales in Vienna*, Galerie Siebenstern, Fienna 1989; *Corff o Waith*, Amgueddfa Ceredigion 1990; CCA 1998; *Da Pluog*, Theatr Felin-fach, Llanbedr Pont Steffan 2002; *Lluniare*, Oriel Cambria, Canolfan Aur Rhiannon, Tregaron 2003. Darluniau ar gyfer cylchgronau plant, *Cip a Bore Da* (2001–05); llyfrau, gan gynnwys *Lisa, Lois a Lewsyn yn Chwarae Cuddio*, Siwan Gwyndaf (YL 2007); *Dathlu Gŵyl Ddewi*, Elin Meek (Gwasg Carreg Gwalch 2007). Wedi'i chynnwys ar Y Sioe Gelf (S4C 2001, 2002, 2003). Gwaith yng nghasgliad Canolfan Dylan Thomas, Abertawe. Yn byw yn Nhal-y-bont, gorllewin Cymru.
*Yr artist*

### Stuart EVANS 1954–
**Gwneuthurydd printiau, artist cydosodiad. Ganed yng Nghaerfyrddin, gorllewin Cymru.**

Astudiodd yn Sefydliad Addysg Caergrawnt 1973–76; Prifysgol Manceinion 1991–92. Dylunydd/technegydd Amgueddfa Ceredigion, Aberystwyth (ACer), o 1976. Gweithdai, o'r 1970au, yn cynnwys Canolfan y Celfyddydau Aberystwyth (CCA); ACer; Oriel Gelf Glynn Vivian, Abertawe (OGGV); Amgueddfa Genedlaethol y Glannau, Abertawe. Artist preswyl, Coleg Green Mountain, Vermont (CGMV) 2000. Aelod o Argraffwyr Aberystwyth; Grŵp Cyfryngau Aberystwyth. Arddangosfeydd ar y cyd yn cynnwys *Llongau Ceredigion*, Amgueddfa'r Glannau, Abertawe 1999; *Arddangosfa Agored*, Oriel Davies, Y Drenewydd (OD) 2000 (arobryn); *Biennale Arlunio Cymru*, Canolfan Gelfyddydau Wrecsam 2002 (teithiol); *Insiders*, OD 2003 (teithiol); *Gwobrau Portreadau Cymru*, Castell Bodelwyddan 2006 (teithiol); *Gwneuthurwyr Printiau Cyfoes Cymru* 2007 (teithio ym Mhacistan). Arddangosfa ddeuddyn, *Prints and Pots*, CGMV (gyda Jenny Williamson) 2000. Arddangosfeydd undyn yn cynnwys *Bocses*, OGGV 1995 (teithiol); *Du a Gwyn*, CGMV 2000, CCA 2002 (teithiol); *Printiau Leino*, Oriel Myrddin, Caerfyrddin 2002; Ji-binc, Aberaeron 2005 (teithiol). Wedi'i gynnwys yn Y Sioe Gelf, S4C (2000). Casgliadau'n cynnwys Cyngor Sir Ceredigion; CGMV. 'Mae'r torluniau leino o longau wedi eu hatgynhyrchu fel cardiau post, matiau bwrdd… wedi'u hysbrydoli gan y casgliad morol hanesyddol yn Amgueddfa Ceredigion.' Yn byw yn y Borth, gorllewin Cymru.
*Yr artist*

### Sue EVANS  Gweler Tim ROBINSON a Sue EVANS

### T Leonard EVANS 1926–1990
**Enw gwaith Thomas Leonard Evans, peintiwr, darlunydd. Ganed yn Nhre-saith, gorllewin Cymru.**

Hefyd yn bensaer; astudiodd yng Ngholeg Celf Caerlŷr 1946–?; Ysgol Bensaernïaeth Caerlŷr; Ysgol Bensaernïaeth Cymru, Caerdydd. Bu'n gweithio â Syr Percy Thomas a'i Fab, Penseiri, Abertawe. Swyddog radio, Y Llu Awyr Brenhinol 1944–46. Pensaer Prosiectau, awdurdod lleol, am 26 mlynedd; ymddeolodd i baentio'n llawnamser 1981. Aelod o Gymdeithas Ddyfrlliwiau Cymru; Aelod cyswllt, Sefydliad y Dylunwyr Proffesiynol, Llundain. Arddangosfeydd ar y cyd yn cynnwys arddangos yn Llundain; Yr Academi Frenhinol Gymreig, Conwy. Arddangosfeydd undyn yn cynnwys Tŷ Thomson, Caerdydd; Gweithdy Cymru, Abergwaun; Aber-porth 1991; *T. Leonard Evans 1926–1990*, Oriel Myrddin, Caerfyrddin 1993 (teithiol). Gwaith wedi'i gynnwys yn *La Revue Moderne Illustrêe des Arts et de la Vie* (Paris). Casgliadau'n cynnwys Amgueddfa Ceredigion, Aberystwyth; Amgueddfa Sir Gaerfyrddin; Gwasanaeth Amgueddfeydd Sir Benfro, Hwlffordd; Llyfrgell Genedlaethol Cymru, Aberystwyth; Prifysgol Caerdydd. Prynwyd gwaith gan Gymdeithas Gelfyddydau Gorllewin Cymru. Tirluniau'n bennaf; portreadau, cyfansoddiadau ffigurol; adeiladau ac adeileddau. Roedd yn byw yn Aber-porth, gorllewin Cymru.

## Tony EVANS 1920–2001
**Enw gwaith Ronald Charles Evans, peintiwr. Ganed yng Nghaerdydd, de Cymru.**

Astudiodd mewn dosbarthiadau nos, ac yn ystod ei wasanaeth milwrol yn y Llu Awyr 1940–46. Drafftsmon, Caerdydd 1935–39; gwaith peirianyddol, de Cymru 1946–81. Aelod o Gymdeithas Gelf Abertawe; Cymdeithas Gelf Llanelli; Cymdeithas Artistiaid a Dylunwyr Cymru gynt (sefydlydd/ysgrifennydd, cangen Abertawe). Arddangosfeydd ar y cyd yn cynnwys *Mining Paintings*, Amgueddfa Glowyr De Cymru, Parc Fforest Afan, Port Talbot 1977; Oriel yr Atig, Abertawe 1977; *Arddangosfa Gorllewin Cymru*, Oriel Albany, Caerdydd 1977 (teithiol). Arddangosfeydd deuddyn (gyda Kathleen Evans), Amgueddfa ac Oriel Gelf Brycheiniog; Oriel Nevill, Llanelli (ON); Cadeirlan Dewi Sant, Tyddewi. Arddangosfeydd undyn yn cynnwys ON 1972, 1974, 1975, 1985, 1994; Eisteddfod Genedlaethol Cymru, Caerfyrddin 1974; *A Point of View*, Llyfrgell Hwlffordd 1985; Canolfan Gymunedol y Groes, Pontardawe 1986, 1988, 1989, 1991; Oriel Gelf Glynn Vivian, Abertawe 1988 (teithiol); *The Way We Were* (Parc Treftadaeth y Rhondda, Trehafod (PTRh) 1992 (teithiol); *Tony Evans – a Celebratory Exhibition*, Amgueddfa ac Oriel Gelf Parc Howard, Llanelli (AOGPH) 2006. Cyhoeddiadau'n cynnwys *Tin Workers* (1974); *The Intricate Image* (Cyngor Bwrdeistref Llanelli (CBLl) 1994). Wedi'i gynnwys yn 'The Way We Were', Ann Dorsett (*Planet*, rhif 103, 1994). Casgliadau'n cynnwys Amgueddfa Sir Gaerfyrddin; AOGPH; Cyngor Tref Llanelli; PTRh. '…pobl gyffredin Cymru, glowyr a gweithwyr tun …yn cael eu portreadu'n gynnes, gyda hoffter.' Roedd yn byw yn Llanelli, gorllewin Cymru.
*Kathleen Evans*

## Vincent EVANS 1895–1976
**Peintiwr. Ganed yn Ystalyfera, de Cymru.**

Astudiodd yng Ngholeg Celf Abertawe 1918–?; Y Coleg Celf Brenhinol (yr ysgoloriaeth gyntaf i'w derbyn gan fyfyriwr o Abertawe). Glöwr mewn pwll glo yn ne Cymru 1908–18. Cyfarwyddwr Celf Coleg Wanganni, Seland Newydd 1924–33. Bu'n byw yn Llundain 1936. Athro celf, Ysgol Ramadeg Slough 1940–61; Coleg Slough. Comisiynau'n cynnwys Sefydliad y Glowyr, Cangen De Cymru 1935. Aelod o Gymdeithas Frenhinol y Peintwyr Portreadau. Arddangosfeydd ar y cyd yng Nghymru a Lloegr yn cynnwys Eisteddfod Genedlaethol Cymru; *Coal: British Mining in Art 1680–1980*, Cyngor Celfyddydau Prydain Fawr 1983 (teithiol). Gwaith wedi'i gynnwys yn *Diwylliant Gweledol Cymru: Y Gymru Ddiwydiannol*, Peter Lord (Canolfan Uwchefrydiau Cymreig a Cheltaidd Prifysgol Cymru/Gwasg Prifysgol Cymru 1998); *La Revue Moderne* (1936); *Miner-Artists: The Art of Welsh Coal Workers*, John Harvey (Llyfrgell Genedlaethol Cymru, Aberystwyth [LlGC], 2000). Casgliadau'n cynnwys Amgueddfa Cymru, Caerdydd; Cymdeithas Celf Gyfoes Cymru; LlGC; Oriel Gelf Glynn Vivian, Abertawe; Prifysgol De Cymru, Pontypridd; Y Bwrdd Glo Cenedlaethol. Glowyr, golygfeydd gwaith yn y pwll. Roedd yn byw yn Slough, Lloegr.

## Wendy EVANS 1954–
**Enw gwaith Wendy Susan Evans, artist batic. Ganed yn Brighton, Lloegr.**

Astudiodd yng Ngholeg Celf Casnewydd 1971–72, gyda Peter Nicholas, Ernest Zobole; 1972–75 (Dylunio Graffeg), gyda Derek Butler; Prifysgol Sussex 1975–76. Athrawes, Ysgol Uwchradd Hitchin 1976–83; (rhan-amser) Ysgol Gyfun Emlyn, Castellnewydd Emlyn 1990–2002. Artist preswyl, Canolfan Gelfyddydau Dartington, Totnes 1995, 1996; Ysgol Llandudoch 2007. Aelod o'r Urdd Fatig (UFat); aelod sefydlu, SBECTRWM Artistiaid Gwledig Dyfed; Grŵp Artistiaid Teifi; Cylch Crefftwyr Sir Benfro. Arddangosfeydd ar y cyd yn cynnwys Llyfrgell Caerfyrddin 1993, 1994; Oriel Mwldan, Aberteifi 1993, 1994; Gŵyl Gelfyddydau Kilkenny, Iwerddon 1993, 1995; Oriel Gelf Glynn Vivian, Abertawe 1996; *Batik Transitions*, Y Ganolfan Arddangos Genedlaethol, Birmingham 2006 (teithiol); *Welsh Landscape*, Oriel Victoria Fearn, Caerdydd 2007; *Batik in Wales*, Art Matters, Dinbych-y-pysgod 2007. Arddangosfeydd un-ddynes, Oriel Dockside, Aberdaugleddau 2001; Oriel Gelf Pendre, Aberteifi 2006. Wedi'i chynnwys yn *The Batik Guild: Batik Transitions from Classic to Contemporary*, Diane Gaffney (UFat 2006). '…defnydd neu bapur, gan ddefnyddio lliwiau hylif poeth gwrth-gwyr a lliwiau ffibr adweithiol Procion. …tirwedd Sir Benfro, Mynyddoedd y Preseli a'r arfordir garw…' Yn byw yn Llandudoch, gorllewin Cymru.

*Yr artist*

### Will EVANS 1888–1957
**Peintiwr, lithograffydd. Ganed yn Abertawe, de Cymru.**

Prentis, argraffu tunplat, Gwaith Tuniau De Cymru, Abertawe (GTDC) 1902. Astudiodd yn breifat gyda Walter Goddard; rhan-amser, Ysgol Gelf a Dylunio Abertawe (YGDA) 1910, gyda W Grant Murray, Harry Hall. Gwasanaeth â'r Swyddfa Post a'r Groes Goch yn y Rhyfel Byd Cyntaf. Prif Ddylunydd a Goruchwyliwr Cynlluniau, GTDC. Darlithydd, YGDA; sefydlodd Adran Lithograffeg yno ym 1937. Lluniau dyfrlliw o ddifrod y bomio, Abertawe 1941. Aelod o Gymdeithas Gelf Abertawe; Cymdeithas Gelf De Cymru; Grŵp De Cymru; Yr Academi Gymreig Frenhinol. Arddangosfeydd ar y cyd yn cynnwys Eisteddfod Genedlaethol Cymru 1911 (y wobr gyntaf); *Some Swansea Artists*, Oriel Gelf Glynn Vivian, Abertawe (OGGV) 1957; Cymdeithas Celf Gyfoes Cymru (CCGC) 1958; *Swansea Artists*, Cyngor Celfyddydau Cymru (CCC) 1968 (teithiol); *Art in Wales, The 20th Century: The Early Years 1900–56*, CCC 1969 (teithiol). Arddangosfeydd undyn yn cynnwys OGGV 1946, 1958 (coffa). Gwaith wedi'i gynnwys yn *La Revue Moderne Illustrée des Arts et de la Vie* (Paris tua 1928). Casgliadau'n cynnwys Amgueddfa Cymru; CCGC; OGGV. Tirluniau, Bro Gŵyr, Cernyw, Cotswolds, gogledd Cymru; olew'n bennaf, dyfrlliwiau. Roedd yn byw yn Abertawe.

# ARTISTIAID: F/FF

## Michael FAIRFAX 1953–

**Enw gwaith Michael Lee Fairfax, cerflunydd. Ganed yn Windsor, Lloegr.**

Astudiodd yng Ngholeg Celf Portsmouth 1976–1977; Coleg Addysg Uwch Gwent, Casnewydd 1977–1980, gyda Michael Punt. Dychwelodd i Gymru ym 1985; symudodd i Wlad yr Haf ym 1993. Gwobrau'n cynnwys Cyngor Celfyddydau Cymru 1986. Ymweliadau cyfnewid i artistiaid yn cynnwys Cymru-Ffindir 1985; Cymru-Philadelphia 1990. Artist preswyl, Parc Margam, Port Talbot 1985, 1991; ysgolion yn Aberhonddu a'r cylch 1989–90; Cwm Garw 1992–93; Allied Bar Coaters/Ysgol Uwchradd Willows, Caerdydd 1993; Oriel Davies, Y Drenewydd 1994; Parc Penglais, Aberystwyth (PPA) 1996. Comisiynau celf gyhoeddus niferus, Cymru/DU, gan gynnwys Canolfan Hamdden Pen-y-bont ar Ogwr 1991; Gŵyl Erddi Cymru, Glynebwy 1992; Ysgol Uwchradd, Caerdydd 1993; PPA 1997; Theatr Brycheiniog, Aberhonddu 1997; Llwybr Arfordirol y Mileniwm, Llanelli 2001; Coed-duon, Cyngor Bwrdeistref Sirol Caerffili 2007. Arddangosfeydd ar y cyd yn cynnwys *Preswyliadau Cymdeithas Gelfyddydau De-Ddwyrain Cymru*, Yr Hen Lyfrgell, Caerdydd (YHL) 1992; Alchemica, Oriel Mostyn, Llandudno 1993; Eisteddfod Genedlaethol Cymru 1993 (arobryn); *Artistiaid yr Hen Lyfrgell*, YHL 1994; *Into the Elements*, Canolfan y Celfyddydau Aberystwyth 1994. Arddangosfeydd undyn yn cynnwys Neuadd Dewi Sant, Caerdydd 1991. 'Darnau allanol a mewnol. Mae fy ngwaith yn ymateb i'w safle … y bobl sy'n defnyddio'r safle hwnnw, y bensaernïaeth …hanes… y syniad o fythau'r dyfodol…' Yn byw yng Ngwlad yr Haf, Lloegr. *Yr artist*

## George FAIRLEY 1920–2003

**Enw gwaith George Wylie Fairley, peintiwr, cerflunydd. Ganed yn Dunfermline, Yr Alban.**

Astudiodd yng Ngholeg Celf Caeredin gyda William Gillies, Adam Bruce Thomson (Ysgoloriaeth Ôl-raddedig Andrew Grant); gydag artistiaid Paris, gan gynnwys Fernand Léger. Gwasanaeth yn yr Ail Ryfel Byd, technegydd radar, Y Llu Awyr Brenhinol. Darlithydd, Coleg Celf Abertawe 1947–1962. Pennaeth Astudiaethau Sylfaen, Coleg Celf Croydon 1962–1981 (ymunodd Alfred Janes ag ef 1963–81). Comisiynau'n cynnwys set ar gyfer perfformiad *Ballad of the Mari Lwyd* Vernon Watkins. Aelod o Grŵp De Cymru; aelod gwreiddiol, Grŵp 56 Cymru (1956–66). Arddangosfeydd cenedlaethol/rhyngwladol niferus ar y cyd gan gynnwys *The Artist in Wales*, Pwyllgor Cymreig Cyngor Celfyddydau Prydain Fawr (PCCCPF)/Llyfrgell Genedlaethol Cymru, Aberystwyth 1952 (teithiol); Eisteddfod Genedlaethol Cymru 1954, 1960; *The Festival Exhibition of Contemporary Welsh Painting*, Oriel Howard Roberts, Caerdydd 1958; 7fed a'r 8fed Arddangosfa *Contemporary Welsh Painting, Drawing and Sculpture*, PCCCPF 1960 (teithiol),1961 (teithiol); *Three Swansea Artists*, Oriel Gelf Glynn Vivian, Abertawe (OGGV) 1961; Arddangosfa Lerpwl John Moores 1961; Cymdeithas Celf Gyfoes Cymru (CCGC) 1961, 1963; *Art in Wales, The 20th Century: The Early Years 1900–56*, Cyngor Celfyddydau Cymru (CCC) 1969 (teithiol); Orielau Llundain. Arddangosfeydd undyn yn cynnwys Gimpel Fils, Llundain 1950, 1953; Oriel Bear Lane, Rhydychen 1953, 1962; Portbail, Normandi 1994. Cyhoeddiadau'n cynnwys 'The Art of Alfred Janes' (*Anglo-Welsh Review* (A-WR), cyf 9, rhif 24, Gaeaf 1958). Crybwyllwyd yn 'The Work of George Fairley', Arthur Giardelli (*A-WR*, cyf 12, rhif 29). Casgliadau'n cynnwys Amgueddfa Cymru; CCGC; OGGV; Prifysgol Abertawe; Prifysgol Aberystwyth. Prynwyd gwaith gan CCC. Roedd yn byw yn Wisborough Green, Lloegr.

## FDH  Gweler Falcon HILDRED

### Victoria FEARN 1977–

**Enw gwaith Victoria Matia Fearn, gemydd, gof arian. Ganed yng Nghaerdydd, de Cymru.**
Astudiodd ym Mhrifysgol Canolbarth Lloegr, Birmingham 1997–2000, gyda Maria Hanson. Ei horiel/ gweithdy ei hun, Oriel Victoria Fearn, Caerdydd, o 2004. Comisiynau'n cynnwys Ysgol Gyfun Trefynwy 2004. Aelod o Urdd Gwneuthurwyr Cymru. Arddangosfeydd ar y cyd yn cynnwys Eisteddfod Genedlaethol Cymru, Casnewydd 2004; Llyfrgell Genedlaethol Cymru, Aberystwyth 2004; *At Home*, Oriel Myrddin, Caerfyrddin 2005; *Top Dressing*, Model House, Llantrisant 2005. Wedi'i chynnwys ar P'nawn Da, S4C (Hydref 2003); 'The Craft of Victoria Fearn', *Cambria* (Gwanwyn 2004); 'Spotlight on Jewellery', Angie Boyer (*Craftsman*, rhifyn 177, Ebrill 2006). 'Gemwaith a llestri arian wedi'u morthwylio â llaw a'u sgleinio'n loyw iawn, ac weithiau wedi'u cyfuno ag aur.' Yn byw yng Nghaerdydd.
*Yr artist*

### William FEATHERSTON 1927–2009

**Enw gwaith William Lorne Featherston, cerflunydd, peintiwr. Ganed yn Toronto, Canada.**

Bu'n byw yng Nghernyw a Chymru 1957–71; Canada 1971–2009. Astudiodd ym Mhrifysgol Gorllewin Ontario, Canada (BA); Coleg Athrawon Toronto; Prifysgol Toronto; Coleg Celf Ontario. Llynges Frenhinol Canada 1943–46. Swyddi addysgu'n cynnwys darlithydd, Coleg Celf Caerdydd 1967–71; athro, Y Celfyddydau Gweledol, Prifysgol Victoria, Canada 1971–72; Prifysgol California 1973–74; Ysgol Gelf Vancouver. Gwobrau'n cynnwys Cyngor Celfyddydau Cymru (CCC); Cyngor Canada 1979–80. Aelod (Cyswllt) Grŵp 56 Cymru 1969–71. Arddangosfeydd rhyngwladol niferus ar y cyd gan gynnwys Oriel Gelf Newlyn 1962; *Gŵyl Gelfyddydau Bangor*, Coleg Prifysgol Gogledd Cymru, Bangor 1962; *Art in Wales: the 20th Century: Today – Invited Artists*, CCC 1969 (teithiol); *Towards Sculpture*, Eisteddfod Genedlaethol Cymru, Rhydaman/CCC 1970; *British Print Biennale*, Oriel Gelf Dinas Bradford 1972 (gwobr brynu), 1974 (gwobr brynu); *The History of Printmaking 1869–1983*, Oriel Gelf Victoria, Victoria, Canada 1983; Celfyddydau Cain Cascadia, Vancouver 2000–06. Arddangosfeydd undyn niferus gan gynnwys Oriel Pollock, Toronto 1959; Canolfan New Vision, Llundain 1962, 1963; Oriel Richard Demarco, Caeredin 1969, 1988, 1993, 1995; Oriel Corcoran, Washington DC (OCorW) 1974; Oriel Gelf Vancouver 1979; adolwg, Oriel Ddinesig Gogledd Vancouver 1993. Wedi'i gynnwys yn *Art in Britain 1969/70*, Edward Lucie-Smith a Patricia White (J M Dent a'i Feibion 1970); erthyglau niferus, y wasg gelf/ ryngwladol/genedlaethol. Casgliadau niferus gan gynnwys Amgueddfa Cymru, Caerdydd; Awdurdod Addysg Sir Fynwy; Cyngor Canada; OCorW; Oriel Gelf Bratislafa, Slofacia; Oriel Gelf Leeds; Prifysgol Glasgow. Prynwyd gwaith gan CCC. '…symudodd o haniaethu i gynrychioli… yn wleidyddol effro.' *(Sandra Martin, Globe and Mail, Mai 15, 2009)* Roedd yn byw yn Vancouver, Canada.
*Yr artist*

### David FELIX-DEXTER 1947–

**Enw gwaith David Petts, gwneuthurydd gludwaith, yn gweithio â geiriau, delweddau, gwrthrychau. Ganed yn Nhremadog, gogledd Cymru.**
Astudiodd yng Ngholeg Addysg Morgannwg, Y Barri 1966–69, gydag Allan Lloyd. Darlithydd (rhan-amser), Coleg Celf Dyfed, Caerfyrddin 1983–89; tiwtor, Addysg Oedolion, Caerfyrddin, Y Fenni 1984–86. Symudodd i Henffordd 1994, Denmarc 2006. Prosiectau cymunedol yn cynnwys Artistiaid ar Daith, Cymdeithas Gelfyddydau Gorllewin Cymru (CGGC) 1984–89; Gofal Celf, mewn ysbytai dydd seiciatrig, CGGC 1987–91; cyrsiau celfyddydau gweledol rhyngwladol, Hyvinkää, Y Ffindir 1992–2000. Gweithdai, Oriel Gelf Glynn Vivian, Abertawe 1985–92; Canolfan y Celfyddydau Aberystwyth 1986–93; *Y Sioe*

*Gelf Brydeinig*, Amgueddfa Cymru 1996; Oriel Ikon, Birmingham 2000, 2002. Prosiectau ysgolion, *Abertawe a'r Môr* 1987; Llandeilo 1988; Port Talbot 1988–89; Ashington, Northumberland 1991; Solihull 2002. Barddoniaeth weledol mewn gwyliau llenyddol yn cynnwys Ledbury, Cheltenham, Ilkley, Amwythig 1998–2005. Arddangosfeydd ar y cyd yn cynnwys Eisteddfod Genedlaethol Cymru, Abergwaun 1986; Sioe Gelf *Dyfed*, Caerfyrddin 1990; *Football Haiku*, Baltic, Gateshead 2002; *reVision*, yr hen Inffirmari Frenhinol, Caerwrangon 2005. Arddangosfeydd undyn yn cynnwys Oriel October, Llundain 1979; Coleg Prifysgol, Caerdydd 1981; A Window on the Hill, Amgueddfa Caerfyrddin 1983; *What Did You Say?*, Oriel Myrddin, Caerfyrddin 1992; *Seedfiddle*, Amgueddfa ac Oriel Gelf Amwythig 2005. Cyhoeddiadau'n cynnwys *Women Practitioners* (cyhoeddwr Philip Green 1999); cyfraniadau i antholegau, *Out of Order, between-age poems*, golygydd Andrew Fusek Peters (Evans Publishing 2001), *What shape is a Poem?*, golygydd Paul Cookson (Macmillan 2002). Casgliadau'n cynnwys Amgueddfa Sir Gaerfyrddin. '…defnyddio geiriau mewn ffordd gyfoethocach, ehangach ar wahanol arwynebau ac mewn gwahanol sefyllfaoedd …' Yn byw yn Nenmarc.
*Yr artist*

## Jenny FELL 1957–
**Enw gwaith Jenny Elizabeth Fell, gwneuthurydd printiau. Ganed yn Sutton, Lloegr.**

Hefyd yn therapydd celf. Ei mam yn Gymraes. Astudiodd yng Ngholeg Prifysgol Cymru, Aberystwyth 1978–81, gydag Alistair Crawford, Shelagh Hourahane, Moira Vincentelli; Prifysgol Fetropolitan Leeds 2005–07 (MA Seicotherapi Celf). Cynorthwy-ydd arddangosfeydd/swyddog cyhoeddusrwydd celfyddydau gweledol, Canolfan y Celfyddydau, Aberystwyth (CCA) 1984–96; trefnydd celfyddydau ardal, Celf o Gwmpas, Powys 1998–2005. Artist preswyl, Hosbis Sant Centigern, Llanelwy 2001–02; Inffirmari Dinbych ac Ysbyty Cymunedol Rhuthun, Cywaith Cymru (CCym)/Cyngor Sir Ddinbych, o 2003; Uned Adfer Wrecsam Maelor i'r Henoed, CCym/Ymddiriedolaeth GIG Gogledd Ddwyrain Cymru 2005–06. Comisiynau/ prosiectau dehongli tirwedd â Creu-ad, o 2002, yn cynnwys Cyngor Cefn Gwlad Cymru 2003. Gwobrau Cyngor Celfyddydau Cymru 1982, 1989. Aelod o Wneuthurwyr Printiau Aberystwyth. Arddangosfeydd niferus ar y cyd gan gynnwys *Arddangosfa Agored Canolbarth Cymru*, Canolfan y Celfyddydau Aberystwyth (CCA) 1983, 1984, 1985; *What a Relief*, Cyngor Sir Swydd Northumberland (CSN) 1993 (teithiol, gan gynnwys Cymru); *Arddangosfa Nadolig y Cyfeillion*, Amgueddfa Ceredigion (ACer) 1996; *All at Sea*, Amgueddfa Forwrol, Abertawe 1999; *The Art of the Garden*, Prifysgol Cymru, Llanbedr Pont Steffan 2000. Arddangosfeydd un-ddynes yn cynnwys Canolfan yr Ysgubor, Aberystwyth 1984; *A Calendar of Prints*, Piece Hall, Halifax 1989; *Cerameg Racŵ*, CCA 1993; *Linocuts by Jenny Fell*, Gwneuthurwyr Printiau'r Ucheldiroedd, Inverness 1995; *I Can Move the Sea*, a *Thoughts Like an Ocean*, CCA 1998; *Second Thoughts*, CCA 2002. Darluniau llyfrau'n cynnwys *Children of Rebecca*, Vivien A Bailey (Honno 1995); *I Can Move the Sea: 100 Poems by Children*, golygydd Gillian Clarke (Gwasg Gomer (GG) 1996); *Second Thoughts: Poems for Children*, golygyddion Andy Hawkins a Neil Nuttall (GG 2003). Casgliadau'n cynnwys ACer; Amgueddfa Sir Gaerfyrddin; CSN; Prifysgol Aberystwyth; Sefydliad Paul Mellon, UDA. 'Dw i wedi gweithio mewn ffordd gydweithredol â phobl leol'. Yn byw yn Nhre Taliesin, canolbarth Cymru.
*Yr artist*

## Simon FENOULHET 1958–
**Enw gwaith Simon John Fenoulhet. Artist gosodwaith. Ganed yn Derby, Lloegr.**

Cyrhaeddodd Gymru 1980. Astudiodd yng Ngholeg Addysg Uwch Derby Lonsdale 1979–80; Coleg Addysg Uwch Gwent 1980–83, gyda Keith Arnatt, Ifor Davies, Ernest Zobole (gradd yn y dosbarth cyntaf); Athrofa Addysg Uwch De Morgannwg, Caerdydd 1985–87, gyda John Gingell (MA Celf Gain). Sefydlodd Stiwdios West Wharf, Caerdydd 1988. Ymchwilydd/gweithiwr prosiect, Ymddiriedolaeth

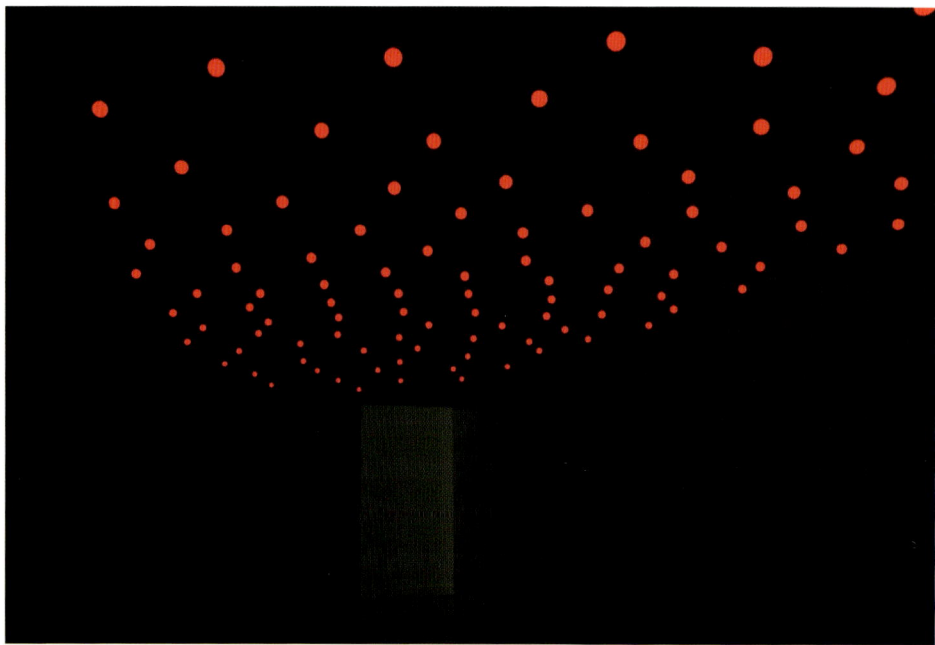

101 | Simon Fenoulhet
*Red Shift* 2005

Gerfluniaeth Cymru 1987–89; ymgynghorydd celf cyhoeddus, Cyngor Celfyddydau Cymru (CCC) 1989–91; dirprwy gyfarwyddwr, Cywaith Cymru (CywC) 1991–2002; rheolwr prosiect (rhan-amser), CywC 2004–05; artist ac ymgynghorydd celf hunangyflogedig, o 2002. Artist ar Dîm Dylunio John Miller a'i Bartneriaid, y ganolfan gelf newydd, Runcorn 1997. Trefnydd, gweithdai, Derby 2000; prosiect *Beacon*, Abaty Wymondham, Norfolk 2007. Comisiynau'n cynnwys Canolfan y Celfyddydau Gweledol, Caerdydd 1999; Celfyddydau Cyfoes Norwich (gyda'r cyfansoddwr, John Hardy) 2007. Gwobrau'n cynnwys Canolfan Gelfyddydau Chapter (CGChap) 1983–84; CCC/Cyngor Celfyddydau Cymru 1986, 2005 (Cymru Greadigol); CywC 2006. Arddangosfeydd ar y cyd yn cynnwys *Five Young Sculptors*, Parc Cerfluniau Margam 1986; *Arddangosfa Agored Mostyn*, Oriel Mostyn, Llandudno 1992; *Site-ations*, Prosiect yr Artistiaid, Caerdydd 1994; *Word Overall*, Gweithdy Celfyddydau Abertawe (GCA) 1995; *Breathing Ground*, Gofod Celf Gwledig Coed Hills, St Hilari 1997, 2006; *Addiction*, tactileBOSCH, Caerdydd 2007. Arddangosfeydd undyn yn cynnwys CGChap 1984; *A Material Fantasy*, CGChap 1989; *Ars Domestica*, GCA 1993; *Groundless*, CGChap 1998; *Light Works*, Oriel Gerddi Howard, Athrofa Prifysgol Cymru, Caerdydd 2003; *Another Light*, Oriel Gelf Glynn Vivian, Abertawe (OGGV) 2005. Cyhoeddiadau'n cynnwys 'Guggenheim Museum, Bilbao' (Cylchlythyr Ymddiriedolaeth Gerfluniaeth Swydd Gaerwynt 1998); 'Poets and Evangelists', *Groundbreaking: the Artist and the Changing Landscape*, golygydd Iwan Bala (CywC/Seren Books, Pen-y-bont ar Ogwr (Seren) 2005). Wedi'i gynnwys yn *Imaging Wales*, Hugh Adams (Seren 2003). '…ymyrryd â'r nwyddau sydd eisoes yn bodoli, i greu ystyron newydd…' (Catalog, OGGV 2005) Yn byw yng Nghaerdydd, de Cymru.
*Yr artist*

## Pat FENTON 1940–

**Enw gwaith Patricia Fenton, peintwraig. Ganed ym Manceinion, Lloegr.**

Un o'i neiniau neu'i theidiau'n dod o Gymru. Yn byw yng Nghymru 1945–2006. Astudiodd yng Ngholeg Celf Wrecsam 1957–61. Bu'n mynychu dosbarthiadau allanol, Coleg Prifysgol Cymru, Aberystwyth (CPCA) 1963–85. Gweithwraig glerigol, swyddfa bensaer 1961–67; cynorthwy-ydd llyfrgell, CPCA 1967–90. Aelod o Gymdeithas Gelf Aberteifi. Arddangosfeydd ar y cyd, Llyfrgell Genedlaethol Cymru, Aberystwyth 1968 (teithiol); Y Tabernacl, Machynlleth 1980–84, 2001–04; Amgueddfa Ceredigion (ACer) 1989, 1990, 2004–07. Arddangosfeydd deuddyn yn cynnwys ACer (gyda Jean Patrick) 1984, 1988. Casgliadau'n cynnwys ACer; Cyngor Sir Ceredigion; Plas Mawr, Conwy. 'Tirwedd Cymru – canolbarth a gogledd Cymru, lle'r ydw i'n byw ers trigain mlynedd.' Yn byw ym Miningsby, Lloegr.
*Yr artist*

## Joseph J FIELD 1944–

**Enw gwaith Joseph John Field, gwneuthurydd printiau. Ganed yn Rowley Regis, Lloegr. Hefyd yn gweithio o dan yr enw Field Fine Arts.**

Cyrhaeddodd Gymru ym 1979. Astudiodd yng Ngholeg Technoleg Sheffield 1964–68 (Peirianneg Sifil); Ysgol Fusnes Caerdydd 1999–2000 (MPhil); Coleg Celf a Dylunio Henffordd 2002–05, gyda Dick Chappell, Allison Neal. Peiriannydd/rheolwr llywodraeth leol, Cyngor Dosbarth Mynwy 1979–86; Cyngor Dosbarth Torridge 1986–92; Cyngor Bwrdeistref Mynwy 1992–95; Cyngor Bwrdeistref Sirol Torfaen 1995–2001; archwilydd rheoli perfformiad (rhan-amser), Swyddfa Archwilio Cymru 2001–2003. Aelod o Border Lines; First Impressions. Cynghorydd, Arts in Mission. Perfformiad, *Creation on a Big Canvas*, gyda Chwmni Theatr Riding Lights, Y Fenni 2005. Arddangosfeydd ar y cyd yn cynnwys *Gwobr Gelf Hunting*, Y Coleg Celf Brenhinol, Llundain 2004; *Arddangosfa Agored*, Oriel Davies, Y Drenewydd 2004; Canolfan Gelfyddydau a Chymunedol y Gate, Caerdydd 2005; *Artist y Flwyddyn Cymru*, Neuadd Dewi Sant, Caerdydd 2005, 2006; *Arddangosfa Biennale Ryngwladol Printiau Bychain*, Vancouver, Canada 2006; *Come Up and See My Etchings*, Oriel y Bont, Trefynwy 2006; *Miniworks 2007*, Canolfan Gelfyddydau Courtyard, Henffordd 2007. Arddangosfa ddeuddyn, The Tower, Caerwynt (gyda Jenny Taylor) 2007. Arddangosfa undyn, *Creation Series*, Eglwys St Julian, Casnewydd, de Cymru 2005–06 (teithiol). '…themâu beiblaidd, a hefyd tirluniau wedi'u hysbrydoli gan y wlad o'm cwmpas ar y Gororau.' Yn byw yng Nghastell-newydd, Mynwy, de Cymru.
*Yr artist*

## Kim FIELDING 1966–2014

**Enw gwaith Kim Alexander Fielding, artist sy'n defnyddio ffotograffiaeth. Ganed yng Nghaerdydd, de Cymru.**

Astudiodd yn Athrofa Addysg Uwch De Morgannwg 1984–85; Athrofa Addysg Uwch Caerdydd/Athrofa Prifysgol Cymru, Caerdydd 1995–97 (MA). Ffotograffydd masnachol, Dinas Efrog Newydd 1985–95. Gweithdai mewn colegau yn ne Cymru, o 1997. Gwobr Cyngor Celfyddydau Cymru 2006 (Cymru Greadigol). Cydsefydlydd gyda Simon Mitchell, stiwdios tactileBOSCH (tBosch), Caerdydd 2001. Arddangosfeydd cenedlaethol/rhyngwladol niferus ar y cyd gan gynnwys *Ten Tongues*, Canolfan Gelfyddydau Chapter, Caerdydd (CGChap) 1997; *Linea Imaginaria*, Canolfan Ddiwylliannol São Paulo, Brasil 2004; tBosch 2006, 2007; *Delusion*, Oriel Whitechapel, Llundain 2006; *Idolatry*, Oriel Canfas, Caerdydd 2007. Arddangosfeydd undyn gan gynnwys *Watching Me, Watching You, Aha!*, CGChap 1996; *Two Pickled Eggs*, One Naked Egg/Go Gallery, Dinas Efrog Newydd 2005; *Raw Desire*, Kunsthaus Raskolnikow, Dresden 2005. Wedi'i gynnwys yn *Imaging Wales*, Hugh Adams (Seren Books, Pen-y-bont ar Ogwr 2003); y wasg gelf/genedlaethol, gan gynnwys *Photo Art International* (cyf. 1, rhifynnau 1–3, Piers Rawson 1994–95). '… cyfuniad arloesol o'r ffotoweledol â'r cyflwr dynol.' Roedd yn byw yng Nghaerdydd.
*Yr artist*

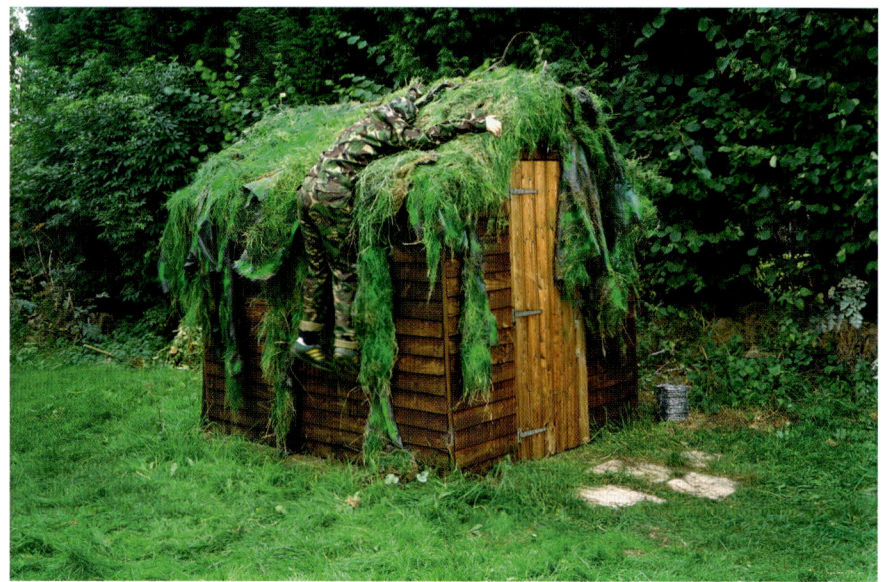

102 | Peter Finnemore
*Koan Exercises* 2004

## Peter FINNEMORE 1963–
**Artist sy'n defnyddio ffotograffiaeth. Ganed yn Llanelli, gorllewin Cymru.**

Astudiodd yng Ngholeg Celf Dyfed 1981–82; Ysgol Gelf Glasgow 1984–88, gyda Thomas Joshua Cooper; Prifysgol Michigan, Ann Arbor (PM) 1992–94 (MFA Ffotograffiaeth). Cynorthwy-ydd Addysgu/Dirprwy Athro, ffotograffiaeth, PM 1993–95; darlithydd/uwch-ddarlithydd/ymchwilydd (rhan-amser), Athrofa Addysg Uwch Abertawe, o 2000; Cymrawd yr Iaith Gymraeg mewn Ffotograffiaeth (rhan-amser), Coleg Prifysgol Cymru, Casnewydd 2007. Artist preswyl, Ysgolion Ystalyfera a Rhiwfawr, Abertawe 1999; Light Work, Syracuse, UDA 1999. Gwobr Cymru Greadigol Cyngor Celfyddydau Cymru 2003. Y Fedal Aur am Gelf Gain, Eisteddfod Genedlaethol Cymru (EGC), Y Faenol 2005. Arddangosfeydd cenedlaethol/rhyngwladol niferus ar y cyd gan gynnwys *New Contemporaries*, Sefydliad y Celfyddydau Cyfoes, Llundain 1986; *Wythfed Arddangosfa Agored Mostyn*, Oriel Mostyn, Llandudno (OM) 1996 (arobryn); *Certain Welsh Artists*, Amgueddfa Cymru (AC) 1999; *Luminaries*, Canolfan y Celfyddydau Aberystwyth (CCA) 2000; Amgueddfa Gelf Prifysgol Princeton, UDA 2001; *Cymru yn 51fed Biennale Rhyngwladol Fenis*, Cyngor Celfyddydau Cymru 2005; EGC, Abertawe 2006 (gwaith a brynwyd gan Ymddiriedolaeth Derek Williams). Arddangosfeydd undyn niferus gan gynnwys Oriel Street Level, Glasgow 1993 (teithiol, gan gynnwys Cymru); *Inheritance*, CCA 1995; *Gwendraeth House*, Ffotogallery, Caerdydd 2000 (teithiol); EGC, Llanelli 2000; *Zen Gardener*, OM 2004 (teithiol); *Project Jedi*, Oriel 40000, Chicago 2005 (teithiol); *Challenging Futures*, Ysgol Fusnes Caerdydd 2007. Wedi'i gynnwys yn *Certain Welsh Artists*, Iwan Bala (Seren Books, Pen-y-bont ar Ogwr (Seren) 1999); *Imaging Wales*, Hugh Adams (Seren 2003); *Re:Imaging Wales*, Hugh Adams (Seren 2006); *Portfolio Magazine of Contemporary Photography* (rhif 31, 2000); *Source* (rhifyn 32, 2002). Casgliadau'n cynnwys AC; Canolfan Argos ar gyfer Celf a'r Cyfryngau, Brwsel; Cymdeithas Celf Gyfoes Cymru; Cyngor Celfyddydau Lloegr; Oriel Gelf Glynn Vivian, Abertawe. Prynwyd gwaith gan Gyngor Celfyddydau'r Alban. '…ymchwil i'r cysyniad o gartref, y cof, chwedl a hanes o fewn cyd-destun diwylliannol Cymreig.' Yn byw yn Llanelli.
*Yr artist*

**Eugene FISK** 1938–
**Peintiwr. Ganed yn Dagenham, Lloegr.**

Hefyd yn awdur. Gweithiodd ym maes hysbysebu, Llundain, a theatr, Llundain, Nottingham, Essex 1953–56. Gwasanaeth Milwrol 1956–58. Astudiodd yn Ysgol Gelf Farnham 1962; Prifysgol Sussex (celf ac athroniaeth), tan 1968. Athro, ysgolion yn Ynys Jersey, Brighton, Hove, Swydd Efrog 1959–76; artist (llawnamser), o 1976. Cyrhaeddodd Gymru ym 1984. Artist preswyl, Y Gorfforaeth Ddatblygu, Milton Keynes 1980; Opera Cenedlaethol Cymru 1993. Tiwtor, gyda Elizabeth Organ, cyrsiau celf, Oriel Kilvert, Castell Bronllys, Castell Maenorbŷr, Provence, Sussex, Fenis 1980au–90au. Comisiynau portreadau niferus, 1990au, gan gynnwys Rebecca Evans, Donald Maxwell. Arddangosfeydd undyn, 1990au, yn cynnwys Oriel Kilvert, Cleiro; Castell Kinnersley, Swydd Henffordd; *Portreadau Opera Cenedlaethol Cymru*, Neuadd Dewi Sant, Caerdydd 1993 (teithiol). Cyhoeddiadau'n cynnwys *Hey Days in Hay*, gyda Jeremy Sandford (1992), *Kilvert's Clyro Now* (1995), *Azincourt* (2000). Portreadau, tirluniau, darluniau; pentrefi a lleoliadau hanesyddol. Yn byw yn y Gelli Gandryll, canolbarth Cymru.
*yr artist*

**Barry FLANAGAN** 1941–2009
**Enw gwaith Barry Flanagan OBE, RA, cerflunydd a gwneuthurydd printiau. Ganed ym Mhrestatyn, gogledd Cymru.**

Astudiodd yng Ngholeg Celf Birmingham 1957–58; Ysgol Gelf St Martin's, Llundain (YGSM) 1964–66, gydag Anthony Caro, Phillip King. Darlithydd, YGSM ac Ysgol Ganolog y Celfyddydau a Chrefftau 1967–1971. Cyfranogwr, gyda Yoko Ono, Tony Cox, yn *Destruction in Art Symposium* (trefnwyr Gustav Metzger, John Sharkey), Canolfan Affrica, Covent Garden, Llundain 1966. Gwobrau'n cynnwys Sefydliad Gulbenkian 1972; Cyngor Celfyddydau Prydain Fawr 1975. Cynrychiolodd Brydain Fawr ym Miennale Fenis 1982. Arddangosfeydd niferus ar y cyd gan gynnwys, yng Nghymru, *Some Famous Sons and Daughters*, Amgueddfa a Chanolfan Gelfyddydau Llyfrgell y Rhyl 1986; *Contrariwise: Surrealism and Britain 1930–86*, Oriel Gelf Glynn Vivian, Abertawe 1986 (teithiol); *Artworkers*, Oriel Gelf Newlyn, Newlyn 2000 (teithiol, gan gynnwys Cymru). Arddangosfeydd undyn cenedlaethol/rhyngwladol niferus gan gynnwys Oriel Rowan, Llundain 1966, 1968–74; Amgueddfa Celf Fodern, Efrog Newydd 1974; *Sixties and Seventies: Prints and Drawings by Barry Flanagan*, Oriel Mostyn, Llandudno 1982 (teithiol); Centre Georges Pompidou, Paris 1983; Oriel Tate, Llundain 1986; Orielau Waddington, Llundain 1990au; Tate Lerpwl 2000; *Barry Flanagan: Sculptures 1965–2005*, Oriel Hugh Lane Dulyn/Amgueddfa Celf Fodern Iwerddon 2006. Ei gelf gyhoeddus yn cynnwys ysgyfarnogod efydd, Park Avenue, Efrog Newydd 1995–96; Parc Grant, Chicago 1996. Casgliadau'n cynnwys Amgueddfa Cymru; Cyngor Celfyddydau Lloegr; Oriel Gelf Walker, Lerpwl; Tate, Llundain; Y Cyngor Prydeinig, Llundain, ynghyd â chasgliadau yn UDA, Ewrop a Japan. 1960au: celf finimol a chelf y tir; deunyddiau dirodres, tywod, ffyn a hesian. 1980au: un o'r artistiaid haniaethol cyntaf i droi at destunau ffigurol, yn arbennig ysgyfarnogod a cheffylau mewn efydd. 'Cerflunydd Ewropeaidd crwydrol Saesneg ei iaith'. Roedd yn byw yn Llundain, Lloegr; Ibiza, Ynysoedd Baleares; Dulyn, Iwerddon.

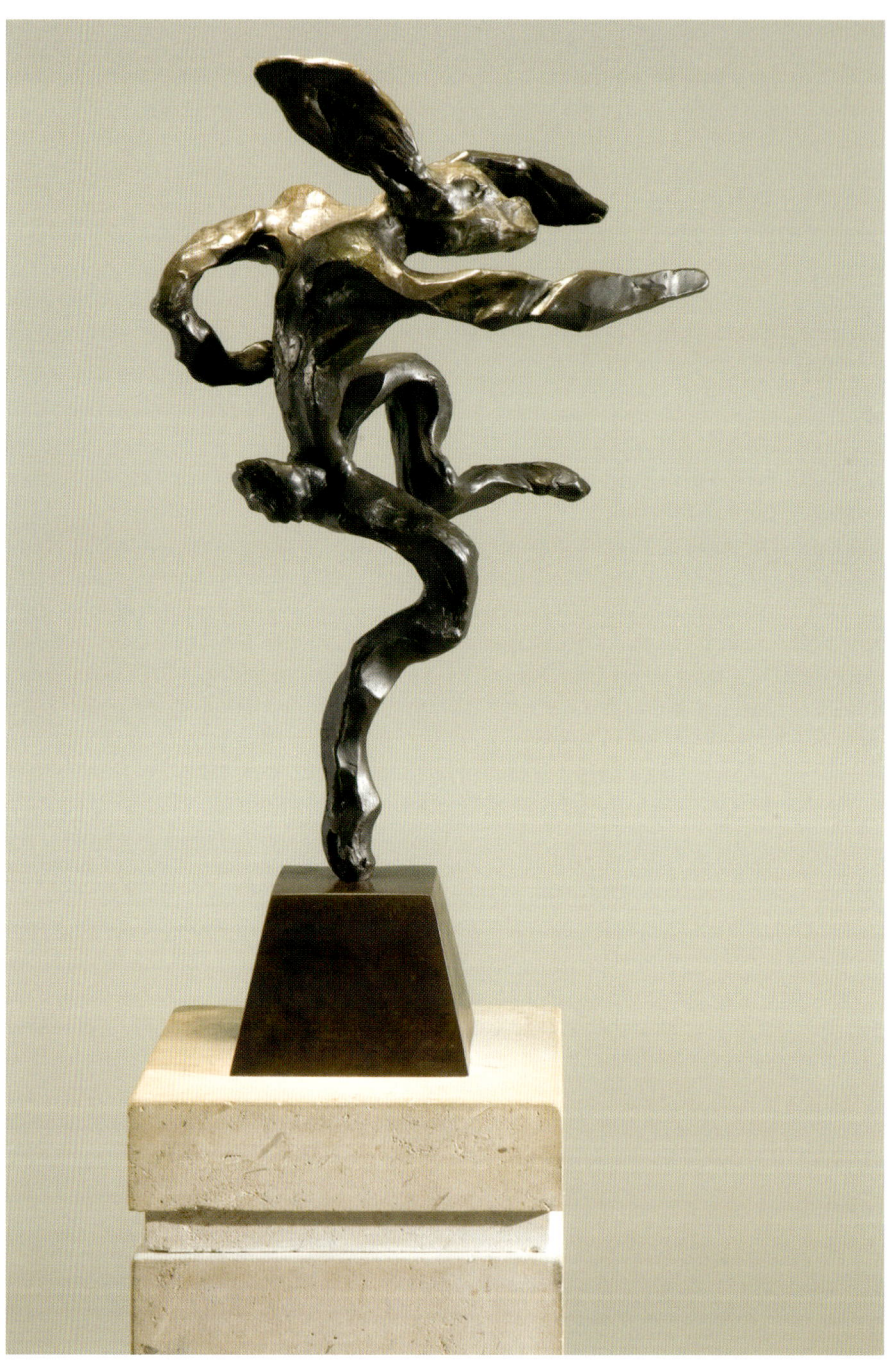

103 | Barry Flanagan
*Small Nijinsky Hare* 1992

## Sonya Dawn FLEWITT  Gweler Dawny TOOTES

## Nigel FLOWER 1931–1985
**Enw gwaith Nigel Arthur Flower, peintiwr. Ganed yn Ashbourne, Lloegr.**

Astudiodd yn Ysgol Gelf Caerdydd 1947–1953, 1964–65. Athro, ysgolion yn ardal y Rhondda, de Cymru 1953–54; Pennaeth yr Adran Gelf, Ysgol Uwchradd Fodern Okehampton 1955–59. Dylunydd graffeg, ffotograffydd, Cyngor Bwrdeistref y Rhondda 1965–81. Arddangosfeydd ar y cyd yn cynnwys Eisteddfod Genedlaethol Cymru, Caerffili 1950; Grŵp De Cymru, Caerdydd 1951; *Contemporary Painting in Wales (Casgliad y Cyngor Celfyddydau)*, Pwyllgor Cymreig Cyngor Celfyddydau Prydain Fawr 1952 (teithiol); *The Artist in Wales*, Llyfrgell Genedlaethol Cymru, Aberystwyth 1952 (teithiol); *Young Contemporaries*, Llundain 1952; *Ernest Zobole and Contemporaries*, Prifysgol Morgannwg, Pontypridd. Casgliadau'n cynnwys Cymdeithas Celf Gyfoes Cymru; Prifysgol De Cymru, Pontypridd. Prynwyd gwaith gan Gyngor Celfyddydau Cymru. Roedd yn byw yn Mhen-y-graig, de Cymru.

## Donald Henry FLOYD 1892–1965
**Peintiwr. Ganed yn Plymouth, Lloegr.**

Astudiodd â'r artist o Plymouth, F J Snell; yng Ngholeg Technegol Plymouth 1908–1912, gyda John Nobel Barlow. Bu'n gwasanaethu ym Mhalesteina, yr Aifft ac India yn y Rhyfel Byd Cyntaf; byddai'n paentio pan na fyddai ar ddyletswydd. Cyrhaeddodd Gymru ym 1920. Comisiynau'n cynnwys 68 o baentiadau yn Sri Lanka 1948, ar gyfer y dathliadau annibyniaeth. Arddangosfeydd ar y cyd yn cynnwys *Arddangosfa Haf*, Yr Academi Frenhinol, Llundain, yn rheolaidd 1920–50. Arddangosfeydd undyn yn cynnwys *Donald Henry Floyd (1892–1965)*, Amgueddfa ac Oriel Gelf Casnewydd (AOGC) 1988; Amgueddfeydd Cas-gwent a Threfynwy 1990au; Y Siop Gymunedol, Brockweir, Swydd Gaerloyw 2007. Casgliadau'n cynnwys Amgueddfa Cas-gwent; Amgueddfa Castell Cil-y-coed; Amgueddfa Trefynwy; AOGC; Llyfrgell Genedlaethol Cymru, Aberystwyth. Tirweddau, Dyffryn Gwy, cefn gwlad Sir Fynwy. Roedd yn byw yn Nhyndyrn, de Cymru.

## Michael FLYNN 1947–
**Enw gwaith Michael Joseph Raphael Flynn, ceramegydd. Ganed yn Wuppertal, Yr Almaen.**

Astudiodd yng Ngholeg Celf Birmingham 1963–65; Coleg Addysg Caerwrangon 1968–71; Coleg Celf Caerdydd/Athrofa Addysg Uwch De Morgannwg 1975–78, 1985–86 (MA Crameg). Addysgu helaeth, o 1990, gan gynnwys y Coleg Celf Brenhinol, Llundain; Athrofa Prifysgol Cymru, Caerdydd; Prifysgol Heriot-Watt, Caeredin; Prifysgol Efrog Newydd; Prifysgol George Washington, Washington DC; Töpferhuus, Albinen, Y Swistir. Wedi'i restru yn PhotoStore, Y Cyngor Crefftau, Lloegr (CyCr). Comisiynau'n cynnwys y Gerddorfa Ieuenctid Genedlaethol 1992; Theatr Sherman, Caerdydd 1993; Coleg Pierson, 's-Hertogenbosch, Yr Iseldiroedd 1995; Prifysgol Manceinion 2003. Aelod o'r Academi Gerameg Ryngwladol; Y Grŵp Cymreig. Arddangosfeydd niferus ar y cyd gan gynnwys *Crefftwyr Artist Cymru*, Canolfan y Celfyddydau Aberystwyth (CCA) 1990; *Crameg Gyfoes Cymru*, CCA 1999; *Collect*, Amgueddfa Victoria ac Albert, Llundain (VacA) 2005; *Collecting Contemporary Ceramics*, Canolfan Grefft Rhuthin 2005, 2007; *Bodywork*, CCA 2005 (teithiol). Arddangosfeydd undyn yn cynnwys *Ceramic Sculpture*, Oriel, Cyngor Celfyddydau Cymru, Caerdydd 1982; *Running the Dog*, Oriel 31, Y Drenewydd 1989 (teithiol); *Ceramic Series 52*, CCA 1992; Oriel Martin Tinney, Caerdydd 1993; *Ceramic Focus*, Celf Gyfoes Gymhwysol, Llundain 1999, 2004; *Animal Sculpture*, Galerie für Zeitgenössische Keramik, Fienna 2000; VacA 2001; Oriel Gelf Glynn Vivian, Abertawe 2006. Cyhoeddiadau'n cynnwys *Ceramic Figures, A Directory of Artists* (A&C Black, Llundain (ACB)/Rutgers University Press, New Jersey 2002); erthyglau, *Ceramic Review* (rhif 118, 1989); *Ceramics: Art & Perception* (Wyoming 1998). Wedi'i gynnwys mewn cyhoeddiadau niferus, gan gynnwys y cylchgrawn *Crafts*,

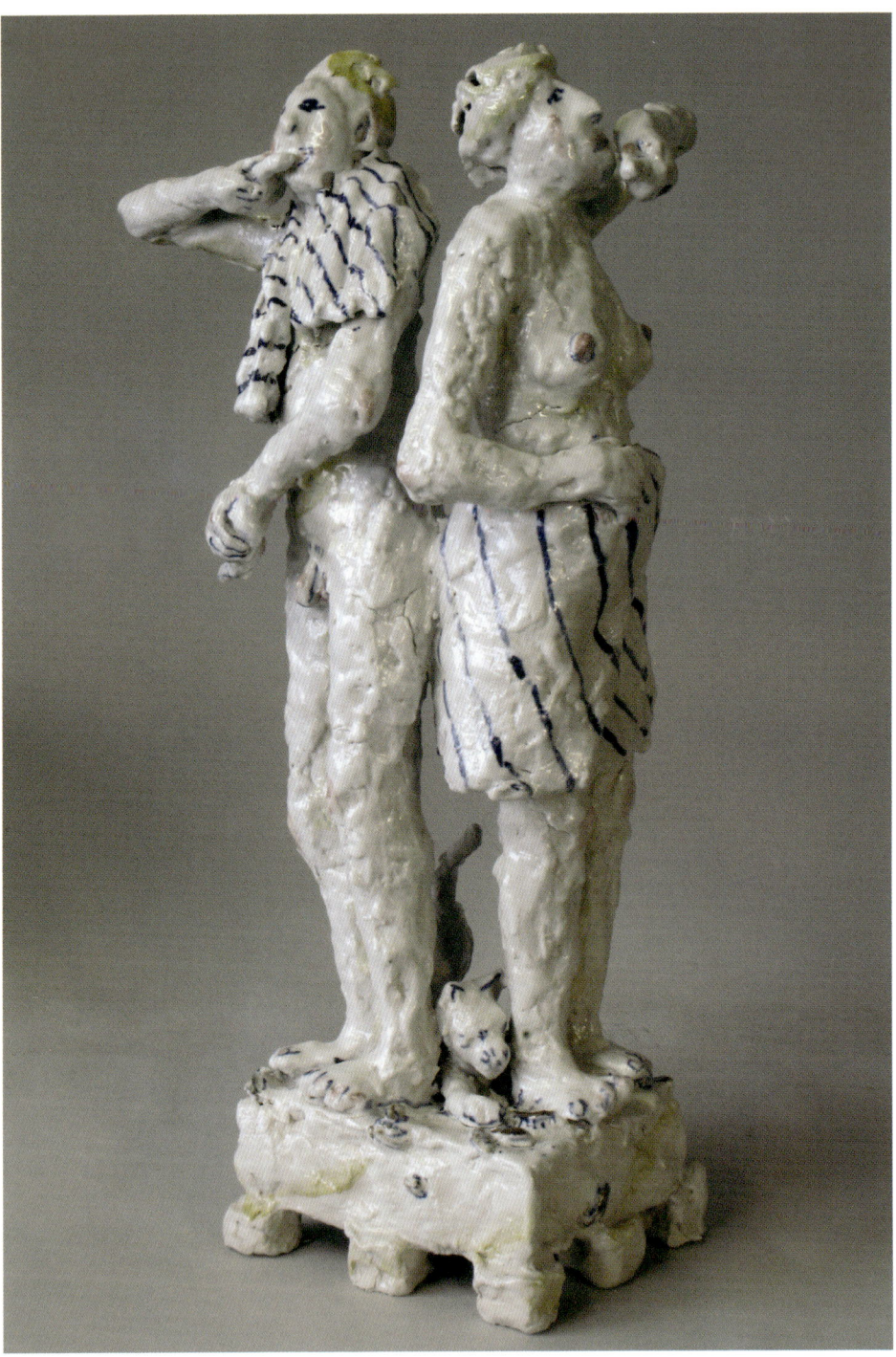

104 | Michael Flynn
*Brushing Teeth 2* 2007

Peter Dormer (Mawrth/Ebrill 1991); 'Figurative Sculpture after Henry Moore', A O'Hear, *Modern Painters* (cyf 4, 1991); *Creating an Art Community: 50 Years of the Welsh Group*, Peter Wakelin (Amgueddfa Cymru (AC) 1999); *The Figure in Fired Clay*, Betty Blandino (ACB 2001); *The Ceramic Narrative*, Matthias Ostermann (ACB 2006). Casgliadau niferus yn cynnwys AC; Amgueddfa Ariana, Genefa; Amgueddfa Fitzwilliam, Caergrawnt; Amgueddfa Pottenbakker, Yr Iseldiroedd; CyCr; Prifysgol Aberystwyth; VacA. Cerfluniaeth geramig ffiguraidd. 'Bywyd a marwolaeth, y digri, y trasig, y theatraidd.' Yn byw yng Nghaerdydd, de Cymru.

*Yr artist*

## Mary FOGG 1918–2012
**Enw gwaith Phyllis Mary Fogg, peintwraig, crochenydd. Ganed yn Poulton-le-Fylde, Lloegr.**

Ei mam yn Gymraes. Astudiodd dro yn Ysgolion Celf Preston, Manceinion a Burnley; Ysbyty Brenhinol Lerpwl (radiograffeg) 1942; dosbarthiadau nos, Ysgol Gelf Lerpwl 1942; Academi Gelf Caerfaddon 1963–67. Radiograffydd, Prescot, yna Castell-nedd 1942; Llundain 1945; Truro 1950; Burnley 1952; Abergele 1954. Athrawes gelf, Ysgol Plas Hafodunos, Llangernyw; Coleg Lowther, Bodelwyddan, ar ddiwedd y 1950au–1962; Pennaeth Celf, Ysgol Adcote, Amwythig 1967–85. Therapydd celf, Ysbyty Orthopedig Gobowen, Croesoswallt 1974–78. Ymhlith ei chyfeillion roedd Josef Herman, Ystradgynlais. Dychwelodd i ogledd Cymru, ar ddechrau'r 1980au. Aelod sefydlu Grŵp 57; aelod, Grŵp De Cymru/ Y Grŵp Cymreig o 1958; Grŵp Gogledd Cymru 1960–63; Cymdeithas Celfyddydau Rhyngwladol Menywod; Peintwyr a Cherflunwyr Rhydd; Yr Academi Frenhinol Gymreig 1959–63; Cymdeithas Ddyfrlliwiau Cymru. Comisiynau'n cynnwys Eglwys Sant Ioan, Stoke-on-Trent. Arddangosfeydd ar y cyd yn cynnwys Eisteddfod Genedlaethol Cymru 1957, 1959–62, 1964; Grŵp Gogledd Cymru 1960–63; *The 10th Annual Exhibition of Welsh Painting and Sculpture*, Pwyllgor Cymreig Cyngor Celfyddydau Prydain Fawr 1963 (teithiol); *Arddangosfa'r Nadolig*, Oriel, Cyngor Celfyddydau Cymru, Caerdydd 1988; arddangosfeydd agored, Canolfan y Celfyddydau Aberystwyth 1992–95. Arddangosfeydd dwy-ddynes yn cynnwys *Two from Wales*, Oriel Gelf Dinas Henffordd (gydag Evelyn Brearley) 1965; Oriel Loggia, Llundain 1974, 1977, 1979. Arddangosfeydd un-ddynes yn cynnwys Oriel Temple, Llandrindod 1964, 1965; Oriel Nesscliffe, Amwythig 1975; Amgueddfa ac Oriel Gelf Sir Frycheiniog, Aberhonddu 2001. Wedi'i chynnwys yn *Arts Review* (1965, Chwefror 1973, Gorffennaf 1973). Casgliadau'n cynnwys Cymdeithas Celf Gyfoes Cymru; Oriel Gelf Dinas Henffordd; Prifysgol Abertawe; Prifysgol Bangor; Prifysgol Lerpwl. Roedd yn byw yn Llanbedrog, gogledd Cymru.

## Edward FOLKARD 1911–2005
**Cerflunydd. Ganed yn Llundain, Lloegr. Hefyd yn cael ei adnabod fel Ted Folkard.**

Astudiodd yng Ngholeg y Gofaint Aur, Llundain (CGA); Ysgolion yr Academi Frenhinol, Llundain. Gwasanaeth rhyfel gyda'r Llynges Frenhinol Wirfoddol Wrth Gefn. Darlithydd, Ysgol Gelf Dover a CGA; Y Coleg Celf Brenhinol, Llundain. Cyrhaeddodd Gymru ym 1972. Cymrodor, Cymdeithas Frenhinol Cerflunwyr Prydain; aelod o Gymdeithas Frenhinol Artistiaid Prydain (CFAP). Comisiynau'n cynnwys Eisteddfod Genedlaethol Cymru (EGC) 1993; Neuadd Sir Powys, Llandrindod; Y Farchnad Gaws, Y Gelli Gandryll 1995; Cwrt y Castell, Llanfair-ym-Muallt; Bontnewydd-ar-Wy; Eglwys Sant Edmwnd, Crucywel. Arddangosfeydd ar y cyd yn cynnwys Llundain a Glasgow; Canolfan Gelfyddydau Glan Gwy, Llanfair-ym-Muallt 1980au, 1997 (gyda Helen Houlston). Arddangosfeydd undyn gan gynnwys *Cerfluniaeth gan Edward Folkard*, EGC, Llanelwedd 1993; *Edward Folkard Sculptor Celebrates His 90th Birthday*, Oriel Kilvert, Cleiro 2001. Cyhoeddiadau'n cynnwys *Casting in Ciment Fondu* (Alec Tiranti, Reading 1983); adran yn *New Materials in Sculpture* (H M Percy). Gwaith wedi'i gynnwys yn 'Into View' (Nicholas Whitehead, *Brecon and Radnor Express, Powys County Times*, 27 Chwefror 1997). Bu'n gweithio mewn coed, teracota, ciment fondu. Roedd yn byw yn Llanfair-ym-Muallt, canolbarth Cymru.

## Laura FORD 1961–
**Cerflunydd. Ganed yng Nghaerdydd, de Cymru.**

Astudiodd yn Academi Gelf Caerfaddon 1978–82. Ysgol Gelf Chelsea (MA Cerfluniaeth) 1982–83. Gwobrau'n cynnwys Cyngor Celfyddydau Prydain Fawr 1989, 1998; Dinas Diwylliant Glasgow 1989; Y Cyngor Prydeinig 1993; Sefydliad Henry Moore 1995; Cyngor Celfyddydau'r Alban 2006. Comisiynau'n cynnwys Canolfan Tref West Bromwich /Ymddiriedolaeth Datblygu Celf Gyhoeddus 1989; Yr Uchel Gomisiwn Prydeinig, Ottawa 1998; Llyfrgell Plant Swiss Cottage, Llundain 2001–02. Llawer o arddangosfeydd cenedlaethol/rhyngwladol ar y cyd gan gynnwys *New Contemporaries*, Sefydliad y Celfyddydau Cyfoes, Llundain 1982; *British Art Show 5*, Arddangosfa Deithiol Genedlaethol 2000 (teithiol, gan gynnwys Caerdydd); *New Acquisitions*, Amgueddfa Cymru, Caerdydd (AC) 2001; *Telling*, Canolfan y Celfyddydau Aberystwyth (CCA) 2002; *Somewhere Else: Cymru yn Biennale Fenis*, Cyngor Celfyddydau Cymru 2005 (ac yn Oriel Davies, Y Drenewydd 2006); *Sleeping and Dreaming*, Coleg Wellcome, Llundain 2007. Arddangosfeydd dwy-ddynes yn cynnwys Canolfan Gelfyddydau Camden, Llundain (gyda Jacqueline Poncelet) 1998; arddangosfeydd un-ddynes yn cynnwys Oriel Nicola Jacobs, Llundain 1987; *The Great Indoors*, CCA 2003 (teithiol); *Laura Ford – Beast*, Oriel Gelf Glynn Vivian (OGGV), Abertawe 2006; *Rag and Bone*, Cymdeithas Celf Gyfoes (CCG), The Economist Plaza, Llundain 2007. Gwaith wedi'i gynnwys yn 'Emotions in 3D', Tony Curtis (*Planet*, Rhagfyr 2007); *Sculpture Today*, Judy Collins (Phaidon 2007). Casgliadau'n cynnwys AC; Amgueddfa'r Potteries, Stoke-on-Trent; Amgueddfa Victoria ac Albert, Llundain; Casgliadau Celf y Llywodraeth; CCG; Cyngor Celfyddydau Lloegr; OGGV; Oriel Gelf Oldham; Tate, Llundain; Yr Oriel Gelf Newydd, Walsall. '…cerfluniau, yn aml yn rhannol ddynol, yn rhannol anifeilaidd, yn debyg i greaduriaid hybrid rhyfedd o lyfrau a theledu plant, chwedlau tylwyth teg, mytholeg a breuddwydion.' (Gwefan, *Cymru yn Biennale Celf Fenis*). Yn byw yn Llundain, Lloegr.

## Edwin FORREST 1918–2002
**Enw gwaith Edwin Vincent Forrest, peintiwr. Ganed yn Tranmere, Penbedw, Lloegr. Hefyd yn defnyddio'r llofnod EV Forrest, Forrest.**

Ei nain a'i daid yn Gymry. Astudiodd (rhan-amser) yn Ysgol Gelf Laird, Ysgol Gelf Lerpwl. Athro. Bu Will C Penn yn ddylanwad cynnar arno. Hyfforddodd fel artist llythrennu ac eglwysig, ym musnes paentio ac addurno ei daid. Artist/llythrennwr addurnol llawrydd; curadur Oriel Gelf ac Amgueddfa Williamson, Penbedw (OGAW). Cyrhaeddodd Gymru ym 1978. Aelod o'r Academi Frenhinol Gymreig, Conwy (AFG), o 1958. Arddangosfeydd ar y cyd yn cynnwys AFG; Artistiaid Glannau Merswy, Oriel Gelf Walker, Lerpwl; Oriel Gelf Atkinson, Southport; Amgueddfa Grosvenor, Caer; OGAW; Y Capel, Llangollen. Arddangosfeydd undyn yn cynnwys AFG 1980, 2003 (adolygol); Oriel Rushworth, Lerpwl 1950au; Oriel Gelf y Foneddiges Lever, Port Sunlight. Gwaith wedi'i gynnwys yn *Cheshire Life* (Mehefin 1980); *Liverpool Seen*, Peter Davies (Redcliffe Press 1992). Casgliadau'n cynnwys OGAW. '…y wybren newidiol uwchben Cilgwri, yr olygfa ddiwydiannol ym Mhenbedw, bryniau tywyll a phwerus Cymru…' *(Anne Forrest)* Roedd yn byw yn Nhrefriw, gogledd Cymru.
*Anne Forrest*

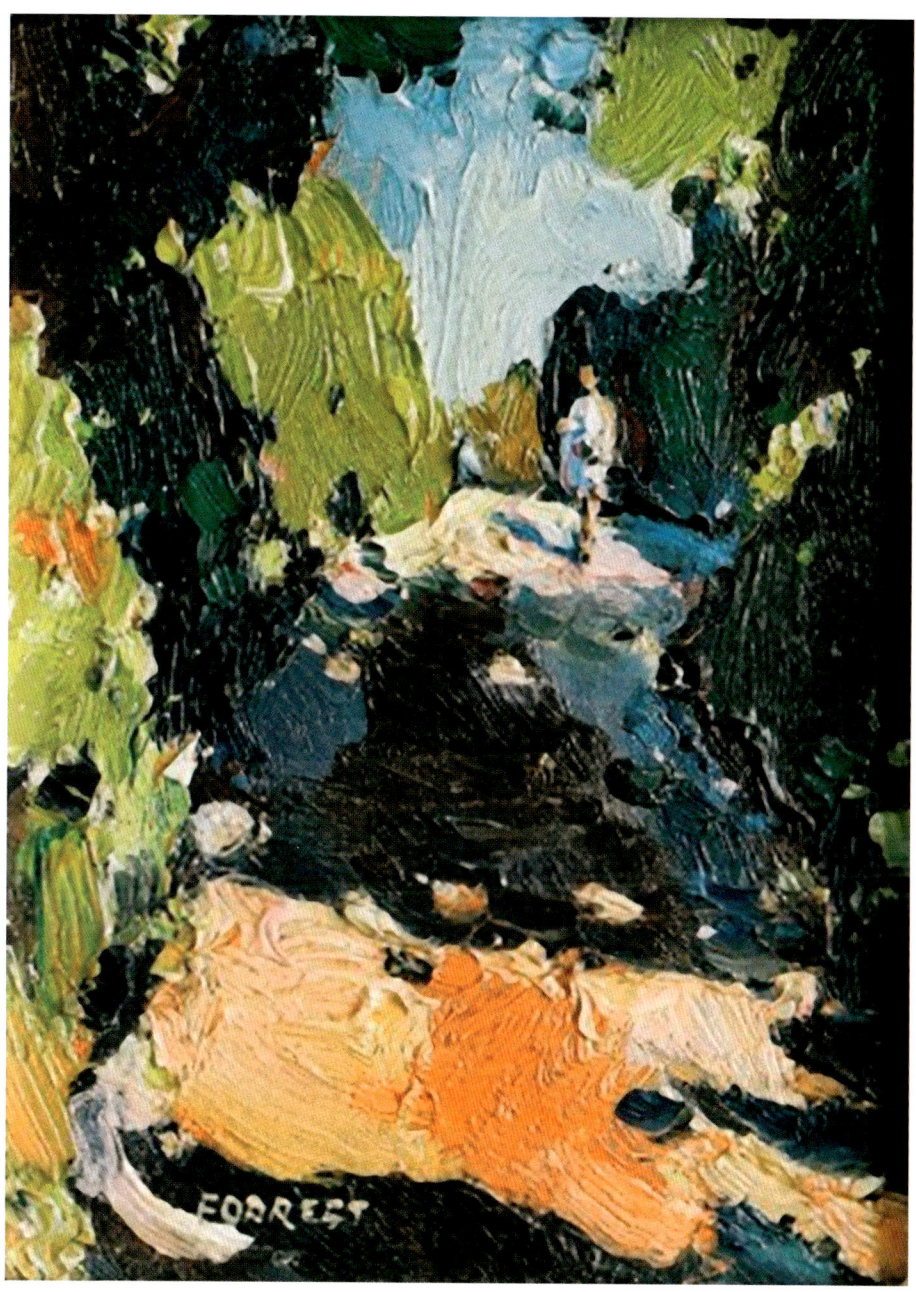

105 | Edwin V Forrest
*Anne at Bron Garth, July 1974*

### Elizabeth FORREST 1949–
**Enw gwaith Elizabeth Kay Forrest, artist llythrennu a gwneuthurydd papur. Ganed yng Nghwmbrân, de Cymru.**

Astudiodd yng Ngholeg y Brifysgol Abertawe 1967–68, gyda George Little; Coleg Prifysgol Cymru, Aberystwyth 1968–70, gyda Shelagh Hourahane, David Tinker. Mynychodd ddosbarthiadau nos mewn ceinlythrennu, gyda Meic Morgan Finch 1990–92; cwrs ceinlythrennu drwy'r post, Sefydliad Roehampton, gyda Margaret Daubney 1994–97; cynllun hyfforddiant uwch (rhan-amser), Cymdeithas y Sgrifellwyr a'r Addurnwyr 1998–2001, gyda Margaret Daubney, Hazel Dolby, Gaynor Goffe. Dylunydd graffeg, Adran Addysg, Amgueddfa Cymru 1972–2005. Aelod o Urdd Gwneuthurwyr Cymru; PaperWEIGHT. Arddangosfeydd ar y cyd yn cynnwys *Text Messages*, Canolfan Grefft Rufford, Newark 2002; *Artist y Flwyddyn Cymru*, Neuadd Dewi Sant, Caerdydd 2003, 2006 (arobryn), 2007; *Wrapped*, Melin Farfield, Sedbergh 2004; *Scoop*, Model House, Llantrisant 2004; *Yr Wyddor*, Oriel Canfas, Caerdydd 2005; Amgueddfa Bywyd Gwledig Gwlad yr Haf, Glastonbury 2006; *Undercover*, Oriel Davies, Y Drenewydd 2006. Cyfrannodd bennod yn *Paper and Beyond* (CDRom), Maggie Grey a Jane Wild (*Workshop on the Web*, Tachwedd 2004). Wedi'i chynnwys yn *Easel does it – Calligraphy*, Nancy Ouchida–Howells (HarperCollins 2004); *Paper, Metal and Stitch*, Maggie Grey a Jane Wild (Batsford 2004). '…cariad at eiriau, wedi'i gyfuno â brwdfrydedd mawr am liw, gwead a phatrwm. …tirluniau diwydiannol a natur.' Yn byw yng Nghaerdydd, de Cymru.
*Yr artist*

### Melinae FORSE 1973–
**Ceramegydd. Ganed ym Mhenarth, de Cymru.**

Astudiodd yng Ngholeg Addysg Bellach y Barri 2000–01; Prifysgol Morgannwg, Pontypridd 2001–04; 2004–06 (MA Celfyddydau Cymunedol). Prosiectau celfyddydau cymunedol yn cynnwys cynllunio gwisgoedd; agweddau ar ailgylchu. Aelod o Artistiaid Bro Morgannwg. Arddangosfeydd ar y cyd yn cynnwys tactileBOSCH, Caerdydd 2004, 2007; Arddangosfa Gwobr Prynu Celf, Prifysgol Morgannwg, Pontypridd 2005 (arobryn); *Breathing Ground*, Gofod Celf Gwledig Coed Hills, Saint Hilari 2006; Cymdeithas Gelfyddydau Merched, Art Central, Neuadd y Dre y Barri 2007; Canolfan Gelfyddydau a Chymunedol y Gate, Caerdydd 2007. Arddangosfa ddeuddyn, Llyfrgell y Barri (gyda Paul Baker) 2006. Ffurfiau planhigion/naturiol yn ddylanwad ar ei gwaith personol. Yn byw yn y Barri, de Cymru.
*Yr artist*

### Jean FRANCIS 1938–
**Enw gwaith Jean McMullen, peintwraig. Ganed yn Lerpwl, Lloegr.**

Ei rhieni yn Gymry. Cyrhaeddodd Gymru ym 1970. Astudiodd yng Ngholeg Celf Lerpwl (CCL) 1955–60, gyda Charles Burton; Y Coleg Celf Brenhinol, Llundain 1960–63. Bu Heinz Koppel yn ddylanwad cynnar. Athrawes (rhan-amser), CCL 1966–71; (llawnamser) Ysgol Gyfun Bryn Hafren, Y Barri 1972–84; Pennaeth Adran, Ysgol Sherborne i Ferched 1984–94. Bu'n byw yn Ffrainc 1994–2000. Gwobr Cyngor Celfyddydau Cymru 1990. Aelod o Artistiaid Bro Morgannwg (ABM). Arddangosfeydd ar y cyd (ABM) yn cynnwys Neuadd Dewi Sant, Caerdydd 2001, 2007; Amgueddfa ac Oriel Gelf Casnewydd 2006; Neuadd Llanofer, Caerdydd 2006; Neuadd y Dref, Y Barri 2006. Arddangosfa ddeuddyn, Oriel Centrespace, Bryste 2001. Arddangosfeydd un-ddynes, Oriel y Bont, Prifysgol Morgannwg, Pontypridd 1980au, 1990; Canolfan Gelfyddydau Sain Dunwyd 1980au; Villiers-le-Bois, Ffrainc 1995–2005. Yn byw yn y Barri, de Cymru.
*Yr artist*

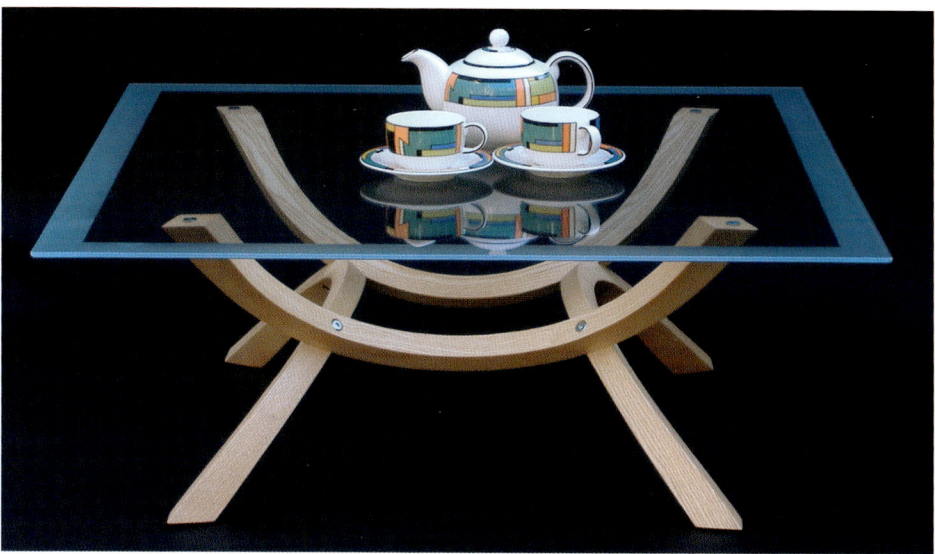

106 | Martin Fraser
*Bwrdd tangiad* 2006

### Martin FRASER 1955–

**Enw gwaith Martin David Fraser, cynllunydd a saer dodrefn. Ganed ym Mangor, gogledd Cymru.**

Ffitiwr awyrennau, Cangen Awyr Fflyd y Llynges Frenhinol 1971–79. Astudiodd yn Ysgol Gelf Banbury, Coleg Ryecotewood, Thame 1979–81 gydag Ashley Cartwright, Hugh Scriven (Tlws Harris am Gyflawniad Rhagorol yn y Flwyddyn Gyntaf). Sefydlodd weithdy dylunio/gwneud dodrefn, Manceinion 1982; Symudodd i ogledd Cymru 1984. Dylunydd ymgynghorol i weithgynhyrchwyr. Y Fedal Aur am Ddylunio a Chrefft, Eisteddfod Genedlaethol Cymru (EGC), Y Rhyl 1985. Artist preswyl, Cymdeithas Gelfyddydau Gogledd Cymru, Llyfrgell, Amgueddfa a Chanolfan Gelfyddydau y Rhyl, 1986. Dylunydd/ saer dodrefn llawrydd; technegydd-ymgynghorydd, Cynllunio â Chymorth Cyfrifiadur/Rheoli Rhifiadol â Chyfrifiadur, o 2000. Aelod o Urdd Gwneuthurwyr Cymru. Comisiynau, casgliadau'n cynnwys Cyngor Celfyddydau Cymru 1986; Cyfeillion Oriel Gelf ac Amgueddfa Williamson, Penbedw 1986; Cadw, Castell Caerffili 1986, 1989. Arddangosfeydd ar y cyd yn cynnwys Ffair Grefft Chelsea, Llundain 1985; House of Fraser, Caerdydd/Awdurdod Datblygu Cymru 1985; EGC 1986 (y wobr gyntaf, dodrefn). Wedi'i gynnwys yn *British Craftsmanship in Wood*, Betty Norbury (Stobart Davies 1990). '… y deunyddiau y mae'n eu ffafrio yw prennau caled brodorol lleol… daw ei ysbrydoliaeth o wrthrychau wedi'u gwneud gan bobl ynghyd â diddordeb cyfareddol mewn adeiladu cain… geometreg ac anghydfesuredd.' Yn byw yn yr Wyddgrug, gogledd Cymru.
*Yr artist*

### Robert A FRASER 1932–2011

**Enw gwaith Robert Alexander Fraser, peintiwr. Ganed yn Bebington, Lloegr.**

Ei nain yn Gymraes. Prentis mewn marchnata 1950–51; bu'n gweithio mewn asiantaethau hysbysebu; ei fusnes marchnata ei hun, Glannau Mersi 1949–81. Cyrhaeddodd Ruthun, gogledd Cymru; peintiwr (llawnamser) o 1982. Symudodd i Swydd Amwythig ym 1999. Aelod o Gymdeithas Gelf Clwyd; Cymdeithas Gelf Meirionnydd; Cymdeithas Gelf Grosvenor; Cymdeithas Gelfyddydau Cilgwri.

Arddangosfeydd ar y cyd yn cynnwys yr Academi Frenhinol Gymreig, Conwy; Eisteddfod Genedlaethol Cymru. Arddangosfeydd ar y cyd yn cynnwys Theatr Clwyd Cymru, Yr Wyddgrug; Canolfan Grefft Rhuthun; Oriel Gelf Llyfrgell Dinbych; Canolfan Gelfyddydau Wrecsam. Casgliadau'n cynnwys Cyngor Sir Ddinbych; Llyfrgell Genedlaethol Cymru, Aberystwyth. Mynyddoedd, arfordir, trefi bach, ffermydd Cymru. Roedd yn byw ger Amwythig, Lloegr.

*Yr artist; Mrs R A Fraser*

### Gavin FRASER-WILLIAMS 1966–

**Enw gwaith Gavin Goronwy Fraser-Williams, gemydd, gweithiwr metel cain. Ganed ym Mangor, gogledd Cymru.**

Astudiodd yng Ngholeg Technegol Gwynedd 1986–87; Polytechnig Brighton 1987–90; Y Coleg Celf Brenhinol, Llundain (CCB) 1992–94 (Gwobr Platinwm, Ayrton Metals 1993). Darlithydd, Athrofa Gogledd Ddwyrain Cymru, Wrecsam 1990–1992. Ymgynghorydd cwricwlwm yr Asiantaeth Fasnach i Wledydd sy'n Datblygu, Adran Ddylunio a Chynhyrchu Gemwaith Jasani, Polytechnig Premila Vithaldas, India, ar ddechrau'r 1990au; bu'n gweithio yn y diwydiant gemwaith, India 1995–98. Dylunydd masnachol, yn ddiweddar yn bennaeth marchnata, dylunio a chyfathrebu, Grŵp Laing 1999–2004. Gwaith ar ddarnau wedi'u comisiynu; athro, Ysgol St Christopher, Letchworth Garden City, o 2004. Y Fedal Aur am Grefft a Dylunio, Eisteddfod Genedlaethol Cymru, Bro Colwyn 1995; Gwobr Uwch Ddylunio'r Gemyddion, Y Gofaint Aur/Y Cyngor Crefftau 1998; Tlws Hyder-Jasani 2002. Arddangosfeydd ar y cyd yn cynnwys *Sioe Arddangos Artist*, Oriel, Cyngor Celfyddydau Cymru, Caerdydd 1994; *Platinum Retrospective*, Neuadd y Gofaint Aur, Llundain 1994; *Art and Image*, Ademloos Galerie, Yr Iseldiroedd 1995; *New Times New Thinking: Jewellery in Europe and America*, Y Cyngor Crefftau, Llundain 1996; *Decorative Arts Today*, Bonhams, Llundain 1996; *Design Aus Gross Britannien*, Museum für Angewandte Kunst, Yr Almaen 1996; *Jewellery Moves*, Amgueddfa Genedlaethol yr Alban, Caeredin 1998; *Beyond Material*, Oriel Mostyn, Llandudno 1998. Gwaith wedi'i gynnwys yn *Obverse/Reverse* (CCB/Y Bathdy Brenhinol 1995); *Diamond '96* (Tokuma Shoten Publishing, Tokyo 1996); *New Times New Thinking: Jewellery in Europe and America* (Thames a Hudson 1996). Gwaith mewn aur ac arian, dur, pren a chydrannau hapgael. '… siâp a ffurf syml… dur/concrid, gemwaith aur 18ct a diemwnt… gemwaith, dodrefn, golau.' Yn byw yn Letchworth Garden City, Lloegr.

*Yr artist*

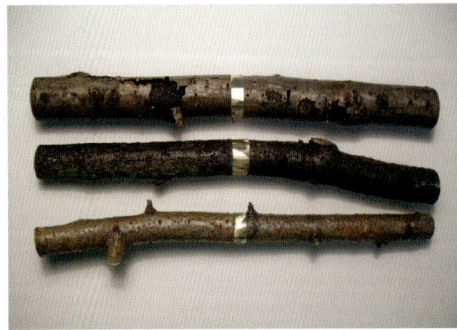

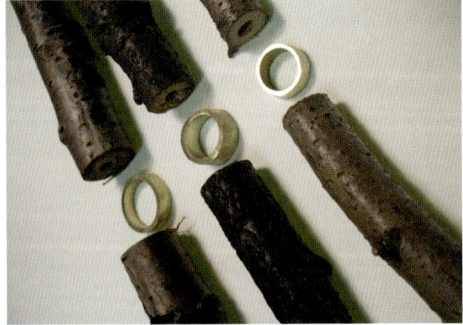

107 | Gavin Fraser-Williams
*Memory Sticks Triptych* 2007, ynghau

108 | Gavin Fraser-Williams
*Memory Sticks Triptych*, 2007, ar agor

## Michael FREEMAN 1936–
**Enw gwaith Michael John Freeman, peintiwr, gwneuthurydd printiau. Ganed yn Abertawe, de Cymru.**

Hefyd yn gerddolegydd. Astudiodd yng Ngholeg Celf Abertawe 1955–59, gydag Alfred Janes. Athro celf, Llundain 1959–61. Bu'n gweithio ar *London Evening News*; dychwelodd i Abertawe 1964. Llyfrgellydd cerddoriaeth, Llyfrgell Ganolog Abertawe 1964–70. Darlithydd mewn Celf, Yr Adran Efrydiau Allanol, Coleg y Brifysgol, Abertawe 1970–88; tiwtor celf, Cymdeithas Addysg y Gweithwyr, Castell-nedd, Port Talbot (trefnodd 31 o arddangosfeydd blynyddol ar gyfer myfyrwyr amatur) 1970–2003. Aelod o'r Grŵp Cymreig; sefydlodd Grŵp Friday yn 2000. Arddangosfeydd ar y cyd yn cynnwys Celf Gain Fountain, Llandeilo. Arddangosfeydd undyn yn cynnwys Galerie Hessler, Munich 1968; Oriel Gelf Glynn Vivian, Abertawe (OGGV) 1976; *Paintings and Drawings 1964–84*, OGGV 1985; Amgueddfa Bar Convent, Caer Efrog 1993; Neuadd y Frenhines, Arberth 2001; *How it is (a 70th birthday retrospective)*, Neuadd Gwyn, Castell-nedd 2006. Cyhoeddiadau'n cynnwys erthyglau am gerddoriaeth, yn arbennig y cyfansoddwyr Prydeinig Joseph Holbrooke, Edmund Rubbra. Darluniau a ddefnyddiwyd yn cynnwys cloriau CDs, Marco Polo/Naxos. Casgliadau'n cynnwys Amgueddfa ac Oriel Gelf Castell-nedd; OGGV. Prynwyd gwaith gan Gyngor Celfyddydau Cymru. 'Cerddoriaeth gyngerdd a pheintio'n cydberthyn yn agos'; myfyrio uwchben y môr. Yn byw yn Abertawe.
*Yr artist*

## Wally FRENCH  Gweler Richard HIGLETT

## David FRITH 1943–
**Ceramegydd. Ganed yn Ashton-under-Lyne, Lloegr.**

Cyrhaeddodd Gymru ym 1947. Astudiodd yng Ngholeg Technegol Sir y Fflint, Cei Connah 1958–61, gyda Norman Makinson; Ysgol Gelf Wimbledon 1961–62, gyda 'Dickie' Bateson; Coleg Celf Stoke-on-Trent 1962–63, gyda Derek Emms. Sefydlodd Grochendy David Frith, Dinbych 1963; daeth Crochendy'r Brookhouse, Dinbych i'w feddiant ym 1975; cynhaliai gyrsiau crochenwaith blynyddol o 1980. Ymweliadau gwaith ag Ewrop, Asia, Affrica, America. Gwobr Goffa Alan Llywellyn-Williams, HTV Cymru/Cymdeithas Gelfyddydau Gogledd Cymru 1992. Cymrawd, Cymdeithas y Crochenwyr Crefft (CyCC) (Is-gadeirydd 1984–90); aelod sefydlu/cyd-drefnydd, *ClayArt Wales* 2002; aelod o Urdd Gwneuthurwyr Cymru (UGC); aelod sefydlu, Urdd Crochenwyr Gogledd Cymru 1971. Arddangosfeydd cenedlaethol/rhyngwladol niferus ar y cyd yn cynnwys *Crefft Cymru*, Cyngor Celfyddydau Cymru (CCC)/Y Cyngor Crefftau (CCrefft)1976; *The Maker's Eye*, Oriel CCrefft, Llundain 1982; *Deuddeg Crochenydd Stiwdio*, Canolfan y Celfyddydau Aberystwyth (CCA) 1989; *Flourishing Wales*, UGC, Caerdydd 2002; *ClayArt Wales*, Llanrhaeadr 2002–07; *Prosiect Féile Clai*, Oriel Farmleigh, Dulyn/CCA 2007; *The Pot, the Vessel and the Object*, CyCC 2007 (gan deithio i CCA); yn rheolaidd, Amgueddfa ac Oriel Gelf Llyfrgell Dinbych (gyda Margaret Frith, Kathleen Makinson, Norman Makinson). Arddangosfeydd deuddyn (gyda Margaret Frith) yn cynnwys Porticus, Llandrindod 2002; Y Capel, Llangollen, Gwasanaethau Diwylliannol Sir Ddinbych 2003. Arddangosfeydd undyn yn cynnwys Amgueddfa ac Oriel Gelf Casnewydd (AOGC) 1980; CyCC, Llundain 1988, 2000; Canolfan Grefft Rhuthun 1990 (CGRh) (teithiol); Canolfan Gelfyddydau Wrecsam 1993; Canolfan Grefft Rufford 1997. Ffilm HTV, *Creative Roads*, gyda Margaret Frith, Phil Rogers (2004). Cyhoeddiadau'n cynnwys *A Potter's Partnership* (2003). Wedi'i gynnwys yn *David and Margaret Frith* (CGRh 2003); 'David Frith: Major Retrospective at Rufford Craft Centre', Judy Adams (*Ceramic Review*, rhif 166, Awst/Medi 1997). Casgliadau'n cynnwys Amgueddfa Cymru; Amgueddfa Victoria ac Albert, Llundain; AOGC; Prifysgol Aberystwyth; Prifysgol Bangor. Prynwyd gwaith gan CCC. '…nid yw tirwedd gogledd Cymru byth yn methu â'm hysbrydoli…' Yn byw yn Ninbych, gogledd Cymru.

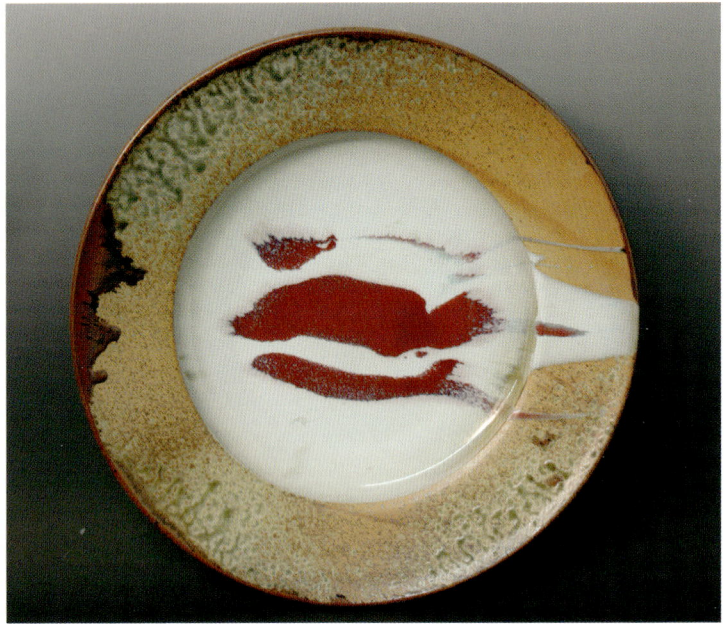

109 | David Frith
*Noe crochenwaith caled* 2006

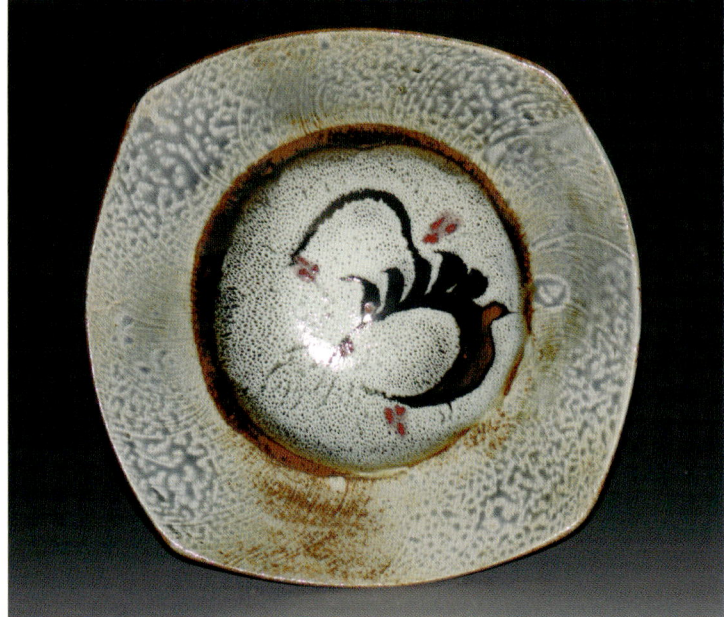

110 | Margaret Frith
*Dysgl borslen wedi'i sgwaru* 2006

## Margaret FRITH 1943–
**Ceramegydd.**

Astudiodd yng Ngholeg Celf Bolton 1959–60, gyda LF Matthews; Coleg Celf Lerpwl 1960–62; Coleg Celf Stoke-on-Trent 1962–64, gyda Derek Emms; Coleg Celf Manceinion 1964–65. Bu'n gweithio yng Nghrochendy David Frith, Dinbych, o 1966; gyda'i gŵr, David Frith, prynodd Grochendy Brookhouse, Dinbych 1975; trefnydd, cyrsiau crochenwaith blynyddol, o 1980. Tiwtor, arddangoswraig, y DU a thramor; ymweliadau gweithio yn cynnwys Japan 2000. Sefydlydd, cyd-drefnydd, *ClayArt Wales* 2002; Cymrawd, Cymdeithas Crochenwyr Crefft (CCCrefft) (Aelod o'r Cyngor 1997); aelod, Urdd Gwneuthurwyr Cymru; aelod sefydlu, Urdd Crochenwyr Gogledd Cymru 1971. Cyfranogwr mewn gweithdai a gwersylloedd, gwyliau, ysgolion haf i grochenwyr yn y DU a thramor. Arddangosfeydd cenedlaethol/rhyngwladol niferus ar y cyd gan gynnwys CCCrefft, Llundain 1990, 2001; *ClayArt Wales*, Llanrhaeadr 2002–07; *Concordia*, Amgueddfa ac Oriel Gelf Dinbych 2003; *Prosiect Féile Clai*, Oriel Farmleigh, Dulyn/Canolfan y Celfyddydau Aberystwyth (CCA) 2007; *The Pot, The Vessel and The Object*, CCCrefft 2007 (gan deithio i CCA); sawl arddangosfa, Amgueddfa ac Oriel Gelf Llyfrgell Dinbych 1990au. Arddangosfeydd deuddyn yn cynnwys *Porticus*, Llandrindod (gyda David Frith) 1997; *David and Margaret Frith*, Y Capel, Llangollen 2003. Arddangosfeydd un-ddynes yn cynnwys *New Work*, CCCrefft, Llundain 2006. Ffilm HTV, *Creative Roads*, gyda David Frith, Phil Rogers (2004). Wedi'i chynnwys yn *David and Margaret Frith* (Canolfan Grefft Rhuthun/Cyngor Sir Ddinbych 2003). Casgliadau'n cynnwys Amgueddfa Cymru, Caerdydd; Amgueddfa ac Oriel Gelf Bolton; Amgueddfa ac Oriel Gelf Preston; Amgueddfa ac Oriel Gelf Stoke-on-Trent; Casgliad Bill Ismay, Oriel Gelf Wakefield; Prifysgol Aberystwyth. '…datblygu fy mhorslen fy hun gyda gwahanol fathau o wydredd i'w gweddu… dw i bellach yn cyfuno gwydriad llwydwyrdd…gyda wynebau mat lliw rhwd a gwaith brwsh sy'n llifo'n rhydd.' Yn byw yn Ninbych, gogledd Cymru.

## Jan FRY 1950–
**Enw gwaith Janis Fry, artist, gwneuthurydd. Ganed yn Llundain.**

Astudiodd yng Ngholeg Prifysgol Gogledd Cymru, Bangor 1968–71 (Diwinyddiaeth); Coleg Celf Abertawe 1975–78, gyda Glenys Cour. Darlithydd, Coleg y Drindod, Caerfyrddin, Prifysgol Abertawe o'r 1990au; darlithydd, Mynediad i'r Celfyddydau, Coleg Technoleg a Chelf Caerfyrddin, o 1994. Rheolodd stiwdio cerameg, Pontardawe, o 1978. Tiwtor, dosbarthiadau celf preifat, Llandybïe. Artist preswyl, Ysgol Alltwen, Pontardawe 2003. Tair gwobr, Y Cyngor Cynllunio, Caerdydd (CCCaer) 1983–85. Arddangosfeydd ar y cyd yn cynnwys Oriel Albany, Caerdydd 1986; Gŵyl Gelfyddydau Dinbych-y-pysgod 2003 (y wobr gyntaf, dyfrlliw); Oriel Myrddin, Caerfyrddin 2004; Art Matters, Dinbych-y-pysgod 2005. Arddangosfeydd deuddyn yn cynnwys *Related Views*, Canolfan Gelfyddydau Taliesin, Abertawe (gyda Lawrence Fry) 2005. Arddangosfeydd un-ddynes yn cynnwys CCCaer 1986; Oriel Emrys, Hwlffordd 2003; *Untamed Nature*, Toko, Aberystwyth 2003, 2004; Canolfan Gelfyddydau Taliesin, Abertawe 2006. Cyhoeddiadau'n cynnwys *Warriors at the Edge of Time* (Capall Bann 1998). Wedi'i chynnwys mewn rhaglen ar S4C (Rhagfyr 1983); *Crefft* (Cyngor Celfyddydau Cymru, Medi 1988). Dyfrlliwiau, printiau, sidan wedi'i baentio, cerameg; 'tirwedd Geltaidd wyllt – coedydd, coed, cerrig a dŵr'. Yn byw yn Llandybïe, gorllewin Cymru.

*Yr artist*

### Lawrence FRY 1948–2005
**Peintiwr. Ganed yn Llundain.**

Ei dad yn Gymro. Astudiodd gelf gyda'r peintiwr, Lain Singh Bangdel, Kathmandu 1965. Hefyd yn gerddor ac yn gyfansoddwr. Cyrhaeddodd Gymru ym 1967. Astudiodd yng Ngholeg Prifysgol Gogledd Cymru, Bangor (Biocemeg, Gwyddor Pridd, Astudiaethau Affricanaidd) 1967–71. Llyfrgellydd, Llyfrgell Ymchwil Abertawe 1971 nes iddo ymddeol. Arddangosfeydd ar y cyd yn cynnwys Celf Gain Fountain, Llandeilo. Arddangosfeydd deuddyn yn cynnwys *Related Views*, Canolfan Gelfyddydau Taliesin, Abertawe (gyda Jan Fry) 2005. Arddangosfeydd undyn yn cynnwys *In Retrospect*, Art Matters, Dinbych-y-pysgod 2006. Bywyd llonydd, y tu mewn i adeiladau, portreadau, golygfeydd chwyldro, gorymdeithiau heddwch, bywyd modern; tirluniau, Rhosili, Sir Benfro, Eryri. 'Rhosili ym Mro Gŵyr ei darddle yntau.' Roedd yn byw yn Rhydaman, gorllewin Cymru.
*Jan Fry*

### Tim FUDGE 1965–
**Peintiwr. Ganed yng Nghaeredin, Yr Alban.**

Cyrhaeddodd Gymru ym 1991; ymweliadau blynyddol ers ei blentyndod cynnar. Astudiodd yn Athrofa Addysg Uwch Abertawe 1996–99, gyda Robert Newell, Anne Price-Owen. Tiwtor, Cymdeithas Gelf Undeb y Myfyrwyr, Prifysgol Abertawe 1998–2002. Comisiynau'n cynnwys cloriau llyfrau, *O Gwmpas Maenclochog Mewn Lluniau*, Eirwyn George (Cymdeithas Clychau Clochog 2003). Arddangosfeydd ar y cyd yn cynnwys Oriel Albany, Caerdydd 1998, 1999; *Arddangosfa Agored Abertawe*, Oriel Gelf Glynn Vivian, Abertawe 1998–2000; *For Lo, the Winter is Past*, Y Tabernacl, Machynlleth 1999; *Artist y Flwyddyn Cymru*, Neuadd Dewi Sant, Caerdydd 2007. Cyhoeddiadau'n cynnwys 'A Contemporary Spirit of Place', *Mam-gu, Siân Hwêl a Naomi - Hanes a Hudoliaeth Bro Maenclochog*, golygydd Hefin Wyn (Clychau Clochog 2006). Casgliadau'n cynnwys Prifysgol Cymru Y Drindod Dewi Sant, Campws Abertawe. Tirwedd, Sir Benfro, Yr Alban, Iwerddon. Yn byw ym Maenclochog, gorllewin Cymru.
*Yr artist*

### Andy FUNG 1972–
**Enw gwaith Andrew John Fung, artist graffiti a phaentiadau wal. Ganed yn Port-of-Spain, Trinidad.**

Hefyd yn gerddor/cyfansoddwr caneuon. Astudiodd yng Ngholeg Celf Maidenhead, 1990; Ysgol Gelf Falmouth 1991–94; Athrofa Prifysgol Cymru Caerdydd (MA Celf Gain) 2000–02. Cyfaill i Gynnydd Heddychlon, Caerdydd (tiwtor graffiti/sgiliau ar gyfer prosiectau cymunedol). Llawer o arddangosfeydd ar y cyd gan gynnwys *Ffresh 3*, Canolfan Gelfyddydau Chapter, Caerdydd (CGChap) ac g39, Caerdydd 2002; Eisteddfod Genedlaethol Cymru, Casnewydd 2004; *Lluniau wal: 16eg Arddangosfa Luniau Ryngwladol*, Amgueddfa Gelf Fodern a Chyfoes, Rijeka, Croatia 2004–05; *May You Live in Interesting Times*, Gŵyl Technoleg Greadigol Caerdydd 2005; *Focal Solo*, Gŵyl Celf Gyfoes a Golau Rhuthun 2005 (arobryn); *Walking the Line*, tactileBosch, Caerdydd 2007. Arddangosfeydd undyn yn cynnwys *Plantechtonics*, Yr Oriel Goch, Hull 2005; *Fractal Flow*, Oriel Manorhaus, Rhuthun 2006; *Assembly: Andy Fung*, CGChap 2006; *Out of Site*, Oriel Stiwdio Bridewell, Lerpwl 2007. Yn gweithio'n uniongyrchol ar waliau orielau ac adeiladau.'… darluniau ffug-wyddonol, graffiti a diwylliant pop seicedelig newydd yn ddylanwad arno …paentio â llaw'n ymdoddi â stensilio.' *(Gwefan CGChap)* Yn byw yng Nghaerdydd, de Cymru.
*Yr artist*

**Hideo FURUTA** 1949–2007
**Cerflunydd, gwneuthurydd printiau. Ganed yn Hiroshima, Japan.**

Astudiodd yng Ngholeg Celfyddydau Gweledol Tokyo 1969–71; Coleg Celf Hijiyama, Hiroshima (ysgythru) 1977–78; Prifysgol Hiroshima (athroniaeth, estheteg) 1978–80. Uwch-ddarlithydd, Academi Ddylunio Nihon, Hiroshima 1974–83; Cyfarwyddwr Celf, Ysgol Feithrin Ryusen, Hiroshima 1978–83. Dysgodd gerfio cerrig/trin gwenithfaen, Chwarel Ishizaki, Ynys Kurahashi 1982–83. Bu'n byw yng Nghymru 1985–89; symudodd i'r Alban. Cymrawd Henry Moore mewn Cerfluniaeth, Prifysgol Northumbria, Newcastle upon Tyne 1992–94. Artist preswyl, Ysgol Gyfun Heol Ddu, Bargoed 1985; Ysgol Gyfun Llanfair-ym-Muallt 1985, 1988; Castell Powys, Y Trallwng 1988; Prifysgol Caeredin 1989; Parc Gwledig Margam 1991; Coedwig Grizedale, Cumbria 1994. Comisiynau niferus gan gynnwys Oriel 31, Y Drenewydd 1988; Cyngor Cymuned y Mwmbwls/Sefydliad Brenhinol y Badau Achub, Y Mwmbwls, Abertawe; Harbwr Ardrossan, Gogledd Ayrshire 2003. Arddangosfeydd rhyngwladol niferus ar y cyd gan gynnwys Amgueddfa Tokyo 1976; *Saith Cerflunydd yn Gweithio yng Nghymru*, Oriel, Cyngor Celfyddydau Cymru, Caerdydd 1986 (teithiol); Oriel Gelf Glynn Vivian (OGGV) 1987; *Stone Works*, Castell Powys, Y Trallwng 1988; *Where Are They Now?*, Oriel Gelf ac Amgueddfa Casnewydd 1994, 1999; *Sioe Printiau Cyfoes*, Canolfan Barbican, Llundain 1998. Arddangosfeydd undyn (Y DU) yn cynnwys *Cerfluniau ac Arluniau: Hideo Furuta*, Canolfan Gelfyddydau Wrecsam 1991 (CGW); *Position and Appearance*, Oriel Mission, Abertawe 1997 (teithiol); Oriel Talbot Rice, Caeredin (OTRice) 2001; *Juxtapositions*, Regents Park, Llundain 2001. Wedi'i gynnwys yn *Landscape of Granite Spheres*, Duncan Macmillan (OTRice) 1988); *Sculpture and Drawings: Hideo Furuta*, Shelagh Hourahane (CGW 1991); *Hideo Furuta: Position and Appearance*, David Briers a William Varley (Athrofa Prifysgol Cymru, Caerdydd 1997). Casgliadau yn y DU yn cynnwys OGGV; Prifysgol Caeredin. '…cerfluniau gwenithfaen mawr … ei ddiddordeb ysol mewn gwyddoniaeth a mathemateg a cherddoriaeth gyfoes yn ddylanwad arnynt…' *(Duncan Macmillan, The Scotsman, 19 Rhagfyr 2007)*. Roedd yn byw yn Creetown, Yr Alban.

**FFOTO FICTIONS  Gweler Tim ROBINSON a Sue EVANS**

# ARTISTIAID: G

G **Moyrah GALL** 1959–
**Ffotograffydd/artist sy'n seilio'i gwaith ar y lens. Ganed yn Aberdeen, yr Alban.**

Mecanydd Land Rover i Rally International, Zimbabwe 1994–95; teithio yn Affrica. Astudiodd ym Mhrifysgol Brighton 1996–99; Canolfan Ymchwil Ffotograffig, Prifysgol Cymru Casnewydd (diploma ôl-raddedig, Ffotograffiaeth Ddogfen) 2004; Athrofa Addysg Uwch Abertawe (MA Ffotograffiaeth) 2006. Ffotograffydd llawrydd. Swyddog datblygu prosiect ystafell dywyll symudol, Gofal Celf, Caerfyrddin 2000–01; arweinydd gweithdai, Canolfan Gelfyddydau Aberystwyth 2001–02. Artist preswyl, Cywaith Cymru/Tyddyn Môn 2003. Prosiectau arbennig yn cynnwys *Sea and Sky*, Kalaallit Nunaat 1998; *Stone and Man*, Chwarel Lechi Dinorwig, Llanberis 1999; *Shooting the Past*, Prosiect Ymchwil Ystrad Fflur 2000–05, 2007. Gwobrau'n cynnwys Cyngor Gweithredu Gwirfoddol Cymru, Gwobr y Mileniwm 2001; Ffederasiwn Graddedigion Menywod Prydain, Llundain 2001; Cyllid Knowledge Exploitation 2002; Cyngor Celfyddydau Cymru 2004. Arddangosfeydd ar y cyd yn cynnwys Oriel Mostyn, Llandudno 2003; Oriel Môn, Llangefni 2004; *Out of Wales*, Canolfan Times Warner, Efrog Newydd 2006; Oriel Dray Walk, Llundain 2006. Arddangosfeydd un-ddynes yn cynnwys gosodwaith, Ystrad Fflur 2003; Oriel Parc Glynllifon, Caernarfon 2003; Neuadd y Frenhines, Arberth 2004. Wedi'i chynnwys yn *The Big Issue* (rhif 369, Awst 2003); *Sioe Gelf*, S4C 2004. Diwylliant a thirwedd. Yn byw yn Hook, gorllewin Cymru.
*Yr artist*

**Reg GAMMON** 1894–1997
**Enw gwaith Reginald Gammon, peintiwr, darlunydd. Ganed yn Petersfield, Lloegr.**

Hefyd yn awdur. Hyfforddodd â'r dylunydd Frank Patterson, Billingshurst, o 1911. Gwasanaeth Milwrol yn y Rhyfel Byd Cyntaf. Darlunydd, peintiwr, awdur llawrydd. Mae comisiynau am ei ddarluniau'n cynnwys *Punch*, *The Scout*, *The Morris Owner*, llyfrau gan George Bramwell Evens, yn seiliedig ar gyfres i blant, *Romany of the BBC*, 1930au–40au; *Cycling Touring Club Gazette* 1924–1984; *News Chronicle* 1930–39. Cyrhaeddodd Gymru ym 1940; ymunodd â'r Gwarchodlu Cartref. Roedd yn berchen ar fferm ger Capel-y-ffin 1942–62. Symudodd i Wlad yr Haf. Aelod o Grŵp De Cymru; Cymdeithas Gelf De Cymru; Sefydliad Brenhinol y Peintwyr Olew, Llundain; Academi Frenhinol Gorllewin Lloegr, Bryste (AFGLI). Arddangosfeydd ar y cyd yn cynnwys *Selection from the South Wales Group*, Pwyllgor Cymreig Cyngor Celfyddydau Prydain Fawr (PCCCPF) 1949; Cymdeithas Frenhinol Artistiaid Prydain, Llundain; Orielau Llundain; *Contemporary Welsh Painting and Sculpture*, PCCCPF 1958 (teithiol). Arddangosfeydd undyn yn cynnwys Oriel Grafton Newydd, Llundain 1986; *100th Birthday Retrospective*, AFGLI 1994; Amgueddfa Bywyd Gwledig Gwlad yr Haf, Glastonbury 2002; Oriel Tŷ Alpha, Sherborne 2002; *Reg Gammon at Capel-y-ffin*, Amgueddfa ac Oriel Gelf Brycheiniog, Aberhonddu (AOGB) 2007. Cyhoeddiadau'n cynnwys *One Man's Furrow – Ninety Years of Country Living*, casglwyd gan Enid Fairhead (Webb a Bower, Caerwysg 1990). Casgliadau'n cynnwys AFGLI; AOGB; Cymdeithas Celf Gyfoes Cymru; Llyfrgell Genedlaethol Cymru, Aberystwyth. Caffaelwyd gwaith gan CCC. 'Yr holl olygfeydd cefn gwlad lle y bues i erioed.' Roedd yn byw yn Cannington, Lloegr.

## Hamish GANE 1967–
### Artist ffotograffig. Ganed yn Kitwe, Zambia.

Astudiodd yn Athrofa Addysg Uwch Abertawe (AAUA) (BA, MA Ffotograffiaeth) 1997–2003. Technegydd/ dylunydd goleuadau, Llundain 1989–97 (gan gynnwys y Tŷ Opera Brenhinol; Teledu Sianel 4). Darlithydd (rhan-amser), Ysgol Gelf a Dylunio, AAUA 2000–07; Cyfarwyddwr y Rhaglen BA, Ffotograffiaeth yn y Celfyddydau, AAUA, o 2007. Arddangosfeydd ar y cyd yn cynnwys *Artists of Tomorrow*, Neuadd Dewi Sant, Caerdydd 2000; *Mart*, Oriel Loading Bay, Llundain 2003; Eisteddfod Genedlaethol Cymru, Y Trallwng 2003, Abertawe 2006; *Past, Present and Future (150 Years of a School of Art in Swansea)*, Oriel Gelf Glynn Vivian, Abertawe 2003; *Dark Victory*, tactileBOSCH, Caerdydd 2007. Arddangosfeydd undyn yn cynnwys *Apron*, Oriel Mission, Abertawe 2005. Teulu, y cof; perthynas hanesyddol ffotograffiaeth â gwaith celf gain arall. Yn byw yn Abertawe, de Cymru.
*Yr artist*

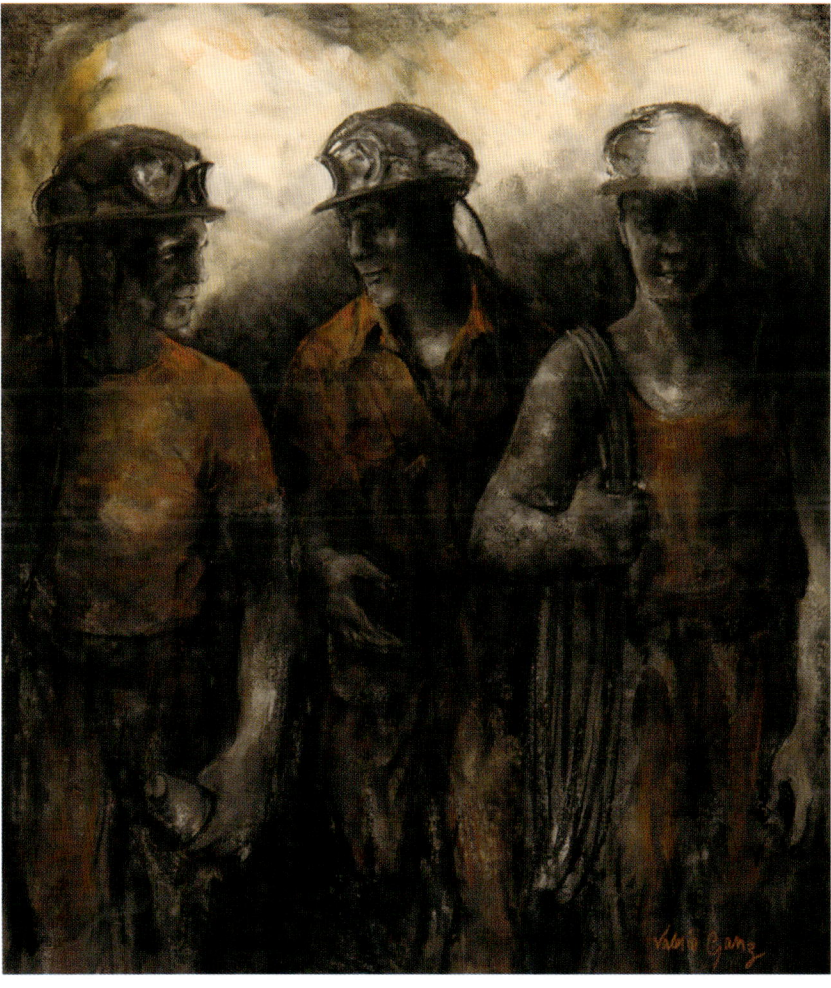

111 | Valerie Ganz
*Trio of Tower Men* 2002

**Valerie GANZ** 1936–
**Peintwraig, gwneuthurydd printiau. Ganed yn Abertawe, de Cymru.**

Astudiodd yng Ngholeg Celf Abertawe 1951–57, gyda Howard Martin, Alfred Janes, George Fairley, William Price, Ronald Cour. Darlithydd (rhan-amser), Coleg Celf Abertawe 1957–75; peintwraig (llawnamser) o 1975. Aelod o'r Academi Frenhinol Gymreig, Conwy. Gwaith yn cynnwys astudiaethau o lowyr a'u teuluoedd, Six Bells, Abertyleri 1985; arluniau yn yr Ysgol Fale Ganolog, Llundain tua 1987; astudiaethau yng Ngharchar Abertawe. Comisiynau'n cynnwys British Coal Opencast, de Cymru 1990. Artist swyddogol, Gŵyl Jazz Aberhonddu 1992, 2000. Arddangosfeydd ar y cyd yn cynnwys *Four Artists Explore Coalmining*, Oriel Gelf Glynn Vivian, Abertawe (OGGV) 1986; Llyfrgell Genedlaethol Cymru, Aberystwyth (LLGC); Gŵyl Jazz Aberhonddu 1999–2005; *And All That Jazz*, Amgueddfa ac Oriel Gelf Brycheiniog, Aberhonddu (AOGB) 1999; Celf Gain Fountain, Llandeilo. Arddangosfeydd un-ddynes yn cynnwys Oriel Albany, Caerdydd 1999, 2001, 2004; Oriel yr Atig, Abertawe 2000, 2002, 2003. Wedi'i chynnwys yn *Drawn from Wales: a School of Art in Swansea 1853–2003*, golygydd Kirstine Brander Dunthorne (Gwasg Academaidd Cymru 2003); rhaglenni teledu, *The Slate* (BBC Cymru); *Wales Today* (BBC Cymru, 14 Mehefin 2004); *South Wales Evening Post* (19 Mawrth 2004). Darlun ar gyfer *Under Milk Wood*, EMI Records 1988. Casgliadau'n cynnwys Amgueddfa Cymru, Caerdydd; Amgueddfa Sir Gaerfyrddin; AOGB; LIGC; OGGV; Palas Westminster, Llundain; Parc Treftadaeth y Rhondda, Trehafod; Prifysgol De Cymru, Pontypridd. 'Yn ystod tranc y diwydiant glo, bûm yn gweithio mewn 14 o wahanol byllau glo.' Pyllau glo a glowyr; jazz, theatr, syrcas. Yn byw yn Abertawe.
*Yr artist*

**R L GAPPER** 1897–1984
**Enw gwaith Robert Lambert Gapper, cerflunydd coffaol, torrwr llythrennau, argraffydd printiau. Ganed yn Llanaelhaearn, gogledd Cymru.**

Astudiodd yng Ngholeg y Gofaint Aur, Llundain 1913–15; Prifysgol Bangor (Peirianneg Drydanol) 1919–21; Ysgol Gelf Rugby (dosbarthiadau nos) 1922–23; Y Coleg Celf Brenhinol, Llundain (CCB) (ysgoloriaeth deithio 1927); Ysgol Gelf Chelsea, Yr Ysgol Gelf Ganolog, Llundain (dosbarthiadau nos) 1923–27. Athro, Ysgol Pwllheli 1915–16; gwasanaeth rhyfel 1916–19. Peiriannydd, Rugby 1922–23. Bu'n gweithio yn chwareli ithfaen Trefor, gogledd Cymru 1928; comisiynau am gofebion; bu'n arloesi wrth ddefnyddio cerrig lleol ar gyfer cerfluniaeth goffaol. Darlithydd cynorthwyol, yn nes ymlaen yn Bennaeth Celf ac yn Geidwad Casgliadau'r Coleg, Coleg Prifysgol Cymru, Aberystwyth 1934–1962. Wedi'i ethol i Fwrdd Gorsedd y Beirdd; yn gysylltiedig â datblygu celf a chrefft yn Eisteddfod Genedlaethol Cymru (EGC). MA Mygedol, Prifysgol Cymru 1973. Llawer o gomisiynau gan gynnwys Awdurdod Porthladd Llundain (gyda Colin Gill); Cofeb y Thetis, Caergybi 1946; Capel Celyn, y Bala 1964; Capel Seilo, Aberystwyth; Eglwys Llangwyryfon; Y Coleg Normal, Bangor. Penddelwau portreadol yn cynnwys John Morris Jones, Thomas Parry Williams, D J James, Alun Lewis. Dylunydd-gwneuthurydd, coronau EGC, Y Fedal Aur am Gelf Gain. Arddangosfeydd ar y cyd yn cynnwys Grŵp De Cymru; EGC tua 1920; *Gwaith gan Alumni*, Amgueddfa ac Oriel yr Ysgol Gelf, Prifysgol Aberystwyth 2007. Casgliadau'n cynnwys Amgueddfa Cymru. Roedd yn byw yn Llangawsai, canolbarth Cymru.

**S GARCIA** 1940–
**Enw gwaith Sheila Mary Elizabeth Garcia, peintwraig, murlunydd. Ganed yn Bushey, Lloegr. Weithiau'n defnyddio'r enw S Cashman Garcia.**

Ei thad yn Gymro. Astudiodd yng Ngholeg Celf Caerdydd 1958–61. Arddangoswraig, cynadleddau'r Blynyddoedd Cynnar, Gwasanaeth Cefnogi ac Arolygu Addysg 1998, 1999. Yn gwneud/paentio murluniau o gestyll 'canoloesol' i blant. Comisiynau'n cynnwys Ysgol Fabanod Plasyfelin, Caerffili tua

2005. Cyn-aelod o Gymdeithas Gelf Caerffili; Cymdeithas Gelf De Cymru. Arddangosfeydd ar y cyd yn cynnwys Oriel Tŷ Turner, Penarth 1970; *Pavilions in the Park*, Caerdydd 1970, Abertawe 1971; Castell Cil-y-coed 1971; Gŵyl Gelfyddydau Cwm Rhymni 1978; Castell Caerffili 1990. Arddangosfeydd un-ddynes yn cynnwys Tŷ Thompson, Caerdydd 1968. Yn byw yng Nghaerffili, de Cymru.

*Yr artist*

### Brian GARDINER 1932–

**Enw gwaith Brian Raymond Gardiner, peintiwr, artist gwydr. Ganed ym Mryste, Lloegr.**

Astudiodd (rhan-amser) yng Ngholeg Celf Gorllewin Lloegr, Bryste 1951–53, 1956–57, gyda Louis Ward; Coleg Celf Casnewydd 1957–60, gyda Thomas Rathmell; Y Coleg Celf Brenhinol, Llundain 1960–63, gyda Carel Weight, Colin Hayes, Leonard Rosoman. Llythrennwr 1950au, gyda Ronald Scrivener. Darlithydd, Coleg Celf Casnewydd 1964–73; artist llawrydd, darlithydd, dylunydd er 1973; darlithydd (rhan-amser), Yr Adran Wydr, Athrofa Addysg Uwch Gorllewin Morgannwg, Abertawe 1979–81. Arddangosfeydd ar y cyd yn cynnwys *The Craftsman's Art*, Pwyllgor Cynghori ar Grefftau, Amgueddfa Victoria ac Albert, Llundain 1973; Canolfan Gelfyddydau Abaty Nant Teyrnon, Cwmbrân 1973; Amgueddfa ac Oriel Gelf Casnewydd 1983; Reunion Exhibition (gyda Jack Crabtree, Peter Nicholas), Celf Gain St Anthony, Caerdydd 2004. Arddangosfeydd deuddyn yn cynnwys Oriel, Cyngor Celfyddydau Cymru (CCC), Caerdydd (gyda James Morgan) 1976. Arddangosfeydd undyn yn cynnwys Canolfan Gelfyddydau Sain Dunwyd 1980; Oriel Gerddi Howard, Athrofa Addysg Uwch De Morgannwg, Caerdydd 1982; Oriel GPF, Casnewydd 2004; Canolfan Gelfyddydau Neuadd Llanofer, Caerdydd 2005; Yr Hen Neuadd, Y Bont-faen 2005. Prynwyd gwaith gan CCC. Ysgythru gwydr, euro; paentiadau, arluniau o dirwedd a threfi Cymru. Yn byw yng Nghaerdydd, de Cymru.

*Yr artist*

### Jan GARDNER 1956–

**Peintwraig. Ganed ym Mhrestatyn, gogledd Cymru.**

Astudiodd yng Ngholeg Kelsterton, Cei Connah 1974, gyda Norman Makinson; Coleg Celf Wrecsam 1974–75; Ysgol Gelf Caerwynt 1976–79; Coleg Celf a Dylunio Swydd Hertford, St Albans 1981–82. Darlithydd celf, tiwtor, arddangosydd er 1980, gan gynnwys Celfyddydau ar gyfer Anabledd, Cymdeithas Gelfyddydau Gogledd Cymru (CGGogC) 1989–90; Mynediad i'r Celfyddydau, Coleg Glannau Dyfrdwy 1991–93; Coleg Gorllewin Swydd Gaer 1999–2001; *Celfyddydau mewn Iechyd*, Ysbyty Glan Clwyd, Bodelwyddan, o 2004. Gwobrau'n cynnwys CGGogC 1989; Winsor a Newton, Gwobr Brynu *Celf mewn Natur* 1993; Cyngor Celfyddydau Cymru 2007. Aelod o Artistiaid Proffesiynol yn Swydd Gaer; Rhwydwaith Artistiaid Swydd Gaer; Cymdeithas y Lliwyddion; Cymdeithas yr Artistiaid (Aelod Cyswllt Proffesiynol). Arddangosfeydd niferus ar y cyd yn cynnwys Clwyd Theatr Cymru, Yr Wyddgrug 1990, 1995, 2001, 2003, 2005; Canolfan y Celfyddydau Aberystwyth 1990, 1995, 1996; Canolfan Grefft Rhuthun (CGRh) 1990, 1992, 1993, 2004; Oriel Plas Glyn-y-Weddw, Llanbedrog (OPGW) 1991, 2004, 2006; Eisteddfod Genedlaethol Cymru, Castell-nedd 1994; Y Tabernacl, Machynlleth 1996, 2000, 2002; Yr Academi Frenhinol Gymreig 2000; *Aspects of Landscape*, Canolfan Argraffu Ranbarthol Wrecsam 2006 (teithiol). Arddangosfeydd un-ddynes yn cynnwys Oriel Stiwdio 8, CGRh 1995, 2003 (teithiol); *Secret Places*, OPGW 2004. Cyhoeddiadau'n cynnwys 'Reflections on the natural world' (*The Artist* 2006). Wedi'i chynnwys yn *Artists & Illustrators* (Medi 2002, Awst 2003); *Garden Secrets* (CGRh 2003); *Creative Denbighshire, Creative Wales* (2004). Casgliadau'n cynnwys Amgueddfa Priordy Norton, Runcorn; Cyngor Bwrdeistref Halton; Cyngor Sir y Fflint; Gwasanaeth y Celfyddydau ac Arddangosfeydd Swydd Gaer. Tirwedd gogledd Cymru; gerddi; cyfryngau cymysg. Yn byw ym Mwrdeistref Sirol Conwy, gogledd Cymru.

*Yr artist*

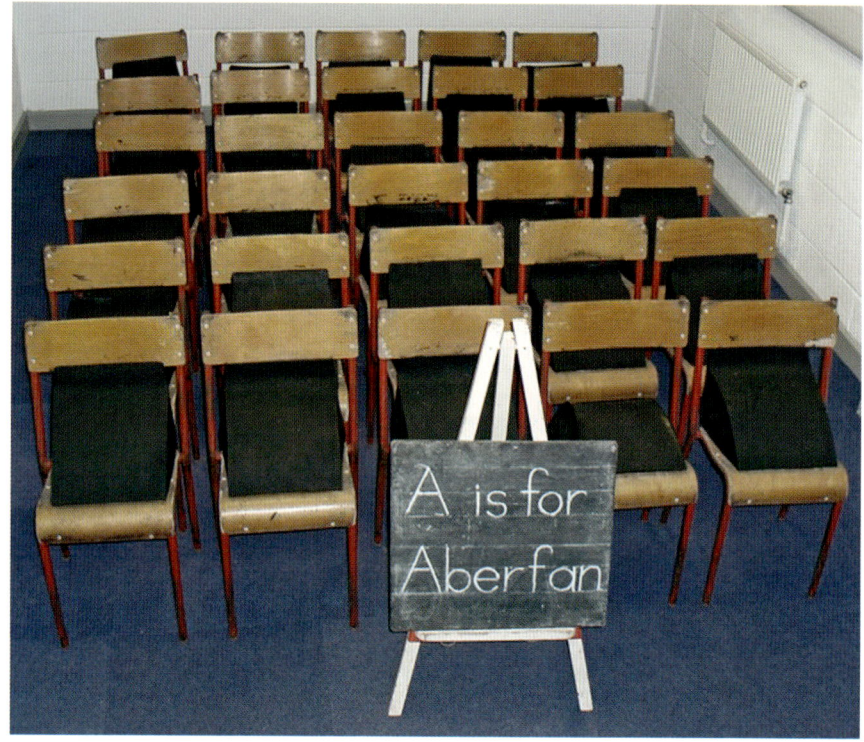

112 | David Garner
*A is for Aberfan* 1999

## David GARNER 1958–
### Cerflunydd. Ganed yng Nglynebwy, de Cymru.

Astudiodd yng Ngholeg Addysg Uwch Gwent, Casnewydd 1977–78; Athrofa Addysg Uwch De Morgannwg, Caerdydd 1978–81; Y Coleg Celf Brenhinol, Llundain (MA Celf Gain) 1981–84 (Ysgoloriaeth Stiwdio Paris 1983). Darlithydd, Coleg Gwent 1985; Coleg Addysg Uwch Gwent, Casnewydd 1986–94. Prosiect ysgolion cymunedol, Neuadd Dewi Sant, Caerdydd 1996. Gwobr Brynu Richard a Rosemary Wakelin 2004. Aelod o'r Grŵp Cymreig. Arddangosfeydd ar y cyd yn cynnwys Parc Cerfluniaeth Margam 1993; Eisteddfod Genedlaethol Cymru 1995, 1996, 1997 (arobryn), 1999, 2002; *Sanctuary*, Oriel Celf Fodern, Glasgow 2003; *Strata*, Ystrad Fflur, gorllewin Cymru a Kells, Iwerddon 2005. Arddangosfeydd deuddyn yn cynnwys *Memento*, g39, Caerdydd (gyda Sara Rees), 2002. Arddangosfeydd undyn yn cynnwys *David Garner: Political Games*, Oriel, Cyngor Celfyddydau Cymru, Caerdydd a Hen Bwll Drifft Trelewis 1996; *Detritus*, Amgueddfa ac Oriel Gelf Casnewydd 1997 (cydweithrediad â'r bardd, Patrick Jones); *End Product*, Canolfan y Celfyddydau Aberystwyth 2003 (teithiol); *Sanctuary*, Oriel Celf Fodern, Glasgow 2003. Wedi'i gynnwys yn *Certain Welsh Artists*, Iwan Bala (Seren Books, Pen-y-bont ar Ogwr (Seren) 1999); *Welsh Artists Talking*, Tony Curtis (Seren 2000); *here and now. Essays on Contemporary Art in Wales*, Iwan Bala (Seren 2004); John Peel, *Sounds of the Suburbs* (Teledu Sianel 4 1997); *Painting the Dragon* (Teledu BBC Cymru 2000). Casgliadau'n cynnwys Amgueddfa Cymru, Caerdydd; Cymdeithas Celf Gyfoes Cymru; Oriel Gelf Glynn Vivian, Abertawe; Prifysgol De Cymru, Pontypridd. 'Cydosodiad, gwrthrychau/deunyddiau hapgael, paent, coed, metel.' Cost ddynol tranc diwydiant glo de Cymru.' Yn byw yn Argoed, de Cymru.
*Yr artist*

## Sam GARRATT 1864–1946
**Peintiwr. Ganed yn Barwell, Lloegr.**

Gweithiwr, ffatri esgidiau. Mynychodd ddosbarthiadau nos, Ysgol Gelf Caerlŷr; gwersi ym Mharis yn y 1920au. Sefydlodd ei fusnes esgidiau ei hun, Burton-on Trent, yn ei ugeiniau cynnar. Cyrhaeddodd Gymru tua 1906; sefydlodd fusnesau manwerthu, gwneud a thrwsio esgidiau; treuliodd fwyfwy o'i amser yn arlunio, paentio, ysgythru. Ymweliadau paentio yn ystod yr haf â'r Canoldir. Arddangosfeydd ar y cyd yn cynnwys yr Academi Frenhinol, Llundain 1914, 1919, 1935; Yr Academi Wyddelig Frenhinol, Dulyn, sawl gwaith 1908–17; Cymdeithas Ddyfrlliwiau Iwerddon 1917–18. Arddangosfeydd undyn yn cynnwys *Sam Garratt's Brecknock*, Amgueddfa ac Oriel Gelf Brycheiniog, Aberhonddu (AOGB). Wedi'i gynnwys yn *Sam Garratt: Brecon Artist, 1864–1946* (AOGB 1986). Casgliadau'n cynnwys AOGB. Golygfeydd o'r goedwig a hela; tirwedd Bannau Brycheiniog. Roedd yn byw yn Aberhonddu, canolbarth Cymru.

## Alan GAYDEN 1936–
**Enw gwaith Leslie Alan Charles Gayden, crochenydd. Ganed yn Smethwick, Lloegr.**

Ei daid yn Gymro. Astudiodd yn Ysgol Gelf Moseley Road, Birmingham 1948–49; Ysgol Gelf Caerwrangon (YGC) 1949–54, gan gynnwys hyfforddiant yng nghwmni Porslen Frenhinol Caerwrangon; Ysgol Gelf a Dylunio Ganolog, Llundain 1954–57; astudio yn ystod y gwyliau, Crochendy Clevedon, gyda William Fishley-Holland 1953–54. Cynorthwy-ydd gweithdy i Geoffrey Whiting, Crochendy Avoncroft 1957–59. Darlithydd/tiwtor (rhan-amser), YGC 1958–66; Ysgol Summerfield i Blant Byddar, Malvern 1964–68; Ysgol Gelf Redditch 1966–69; Borstal Agored Plas Hewell, Redditch 1965–69. Ei grochendy ei hun, Spetchley 1959–70; Crochendy OSAGM, Cymru 1968; Crochendy Harlech, Harlech, gyda Lynette Gayden o 1971. Gwaith ymgynghori yn cynnwys ffilm, Last Bottle Oven Firing, Prifysgol Aston/ Amgueddfa Grochenwaith Gladstone 1978; Cynllun Menter i'r Ifanc, ysgolion yng Nghymru 1981. Derbyniodd label Tarian Tywysog Cymru 1975. Artist preswyl, Coleg Iwerydd, Llanilltud Fawr 1988. Cyn-aelod o Gymdeithas y Crefftwyr Grochenwyr 1957– ganol y 60au; aelod o Urdd Crochenwyr Gogledd Cymru /Crochenwyr Gogledd Cymru (1973–86) (Ysgrifennydd 1985–86). Arddangosfeydd ar y cyd yn cynnwys Crochendy Maentwrog 1982; Crochenwyr Gogledd Cymru a De Cymru, Amgueddfa ac Oriel Gelf Casnewydd, 1984; Ysbryd Llŷn, Oriel Plas Glyn-y-Weddw, Llanbedrog 2005. Arddangosfeydd deuddyn (gyda Lynette Gayden) yn cynnwys Canolfan Gelfyddydau Wrecsam 2002. Arddangosfeydd undyn yn cynnwys Oriel Gelf, Redditch 1966. Cyhoeddwyd ymchwil, Ceramic Review (1986); ymchwil hefyd wedi'i chynnwys yn Glazes from Natural Sources, Brian Sutherland (BT Batsford 1987). Wedi'i gynnwys yn British Studio Potters' Marks, Eric Yates-Owen/Robert Fournier (A&C Black, Llundain 1999). Casgliadau'n cynnwys Awdurdod Llundain Fwyaf. Yn byw yn Nyffryn Ardudwy, gogledd Cymru.
*Yr artist*

## Lynette GAYDEN 1940–
**Crochenydd, peintwraig. Ganed yn Cleckheaton, Lloegr.**

Astudiodd yn Ysgol Gelf Batley 1956–62. Athrawes gelf, ysgolion Swydd Efrog 1960au; ei gweithdy crochenwaith ei hun, Heckmondwike 1965–70. Sefydlodd Grochendy Harlech, Harlech, gydag Alan Gayden 1971; Oriel White Room, Harlech 1991. Cynhaliodd ddosbarthiadau crochenwaith i oedolion a phlant 1978; cyrsiau proffesiynol i grochenwyr Ewropeaidd 1981–83. Tiwtor gwadd, Bad Homburg, Yr Almaen 1980. Preswyliadau'n cynnwys Coleg Iwerydd, Llanilltud Fawr 1988. Arddangosfeydd ar y cyd yn cynnwys Crochendy Maentwrog 1982; *Crochenwyr Gogledd Cymru a De Cymru*, Amgueddfa ac Oriel Gelf Casnewydd 1984; *Crochenwyr Gogledd Cymru*, Oriel Mostyn, Llandudno 1985. Arddangosfeydd deuddyn (gydag Alan Gayden) yn cynnwys Canolfan Gelfyddydau Wrecsam 2002. Cyhoeddwyd ymchwil, *Ceramic Review* (1986); ymchwil hefyd wedi'i chynnwys yn *Glazes from Natural Sources*, Brian

Sutherland (BT Batsford 1987). Wedi'i chynnwys yn *British Studio Potters' Marks*, Eric Yates-Owen/ Robert Fournier (A&C Black, Llundain 1999). Dylanwadau o'r Dwyrain a Zen. Yn byw yn Nyffryn Ardudwy, gogledd Cymru.
*Yr artist*

### David GEPP 1948–
**Ffotograffydd. Ganed yn Belffast, Gogledd Iwerddon.**

Astudiodd yng Ngholeg Celf Nottingham tua 1969–71; Coleg Addysg Derby tua 1979–81, gyda Paul Hill, John Blakemore. Gwaith mewn theatr plant cyn astudio. Cyrhaeddodd Gymru ym 1974. Darlithydd, Ffotograffiaeth, Coleg Celf Swydd Henffordd, o 1994. Artist preswyl, gweithdai'n cynnwys Ffotograffiaeth Annibynnol Llundain; Grŵp Cyfoes y Gymdeithas Ffotograffig Frenhinol; Gofal Celf, Cymdeithas Gelfyddydau Gorllewin Cymru; Oriel Davies, Y Drenewydd (OD). Gwobrau'n cynnwys Cyngor Celfyddydau Cymru 1991–93, 1994–95, 1999. Arddangosfeydd ar y cyd yn cynnwys y Neuadd, Llanerfyl (gyda Mike Berry) 1976; *Image and Exploration - Some Directions in British Photography 1980/85*, Oriel y Ffotograffwyr, Llundain 1985; *Elegy*, OD 2003 (teithiol). Prosiectau/arddangosfeydd undyn yn cynnwys *The Silent Echo*, OD 1994 (teithiol); *The Narrow Road to the Deep North/Auguries of Innocence*, Canolfan y Celfyddydau Aberystwyth 1994 (teithiol); *Venezia Stenopaeica*, OD 1996 (teithiol); *Autographs from Llangollen*, Y Tabernacl, Machynlleth 2002 (teithiol). Cyhoeddiadau'n cynnwys *Three Dead Foxes/One Dead Man* (Shepherds Crown 2004). Wedi'i gynnwys yn *Image and Exploration* (Oriel

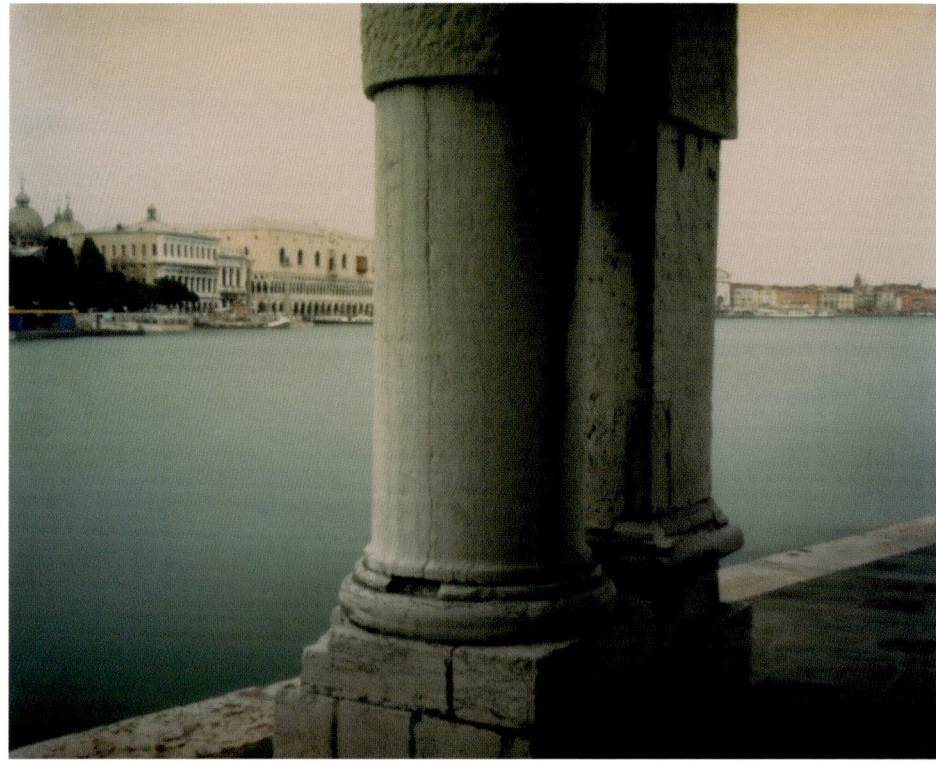

113 | David Gepp
*Punta Della Dogana, St Patrick's Day* 1995 o'r gyfres, *Venezia Stenopaeica*

y Ffotograffwyr 1985); erthyglau, Gavin Weston (*Sunday Times*, 7 Mai 1995, 9 Chwefror, 29 Mehefin 1997); mewn ffilm deledu, *An Italian Dream* (BBC2 1996); *Pinhole Photography*, Eric Renner (Focal Press 1999, 2002); 'Y Wal a Neges Heddwch', Robyn Tomos (*Western Mail*, 19 Mai 2001); erthygl, Robert Greetham (*Inscape* rhif 45, gaeaf 2001–02); *British Journal of Photography*; *Barn*; *Golwg*. Casgliadau'n cynnwys Bibliothèque Nationale, Paris; Llyfrgell Genedlaethol Cymru, Aberystwyth; Yr Ymddiriedolaeth Genedlaethol. Amser, natur fregus bodolaeth ddynol, natur golwg. Yn byw yn Llandrindod, canolbarth Cymru.
*Yr artist*

## Thomas A GERRARD 1923–1976
**Peintiwr. Ganed yn y Gaerwen, gogledd Cymru. Hefyd yn cael ei adnabod fel Tom Gerrard; hefyd yn defnyddio'r llofnod Gerrard.**

Syrfëwr Siartredig, Y Swyddfa Gymreig, Caerdydd. Arddangosfeydd ar y cyd yn cynnwys Eisteddfod Genedlaethol Cymru 1961–64; *Pictures for Welsh Schools*, Y Gymdeithas Er Addysg Drwy Gelf, Amgueddfa Cymru (AC) 1962–68, 1970–72; Grŵp De Cymru 1962–66; Cymdeithas Celf Gyfoes Cymru 1963, *Welsh Painting and Sculpture: 10fed Arddangosfa Flynyddol Pwyllgor Cymreig Cyngor Celfyddydau Prydain Fawr*, (AC) 1963 (teithiol). Arddangosfa ddeuddyn, Oriel Gelf Tegfryn, Porthaethwy, 1974. Gwaith wedi'i gynnwys yn y *Manchester Guardian*, *Liverpool Daily Post*, *Western Mail*, *South Wales Echo*; rhaglenni BBC/HTV. Casgliadau'n cynnwys awdurdodau lleol, de Cymru; Cyngor Gwynedd. Roedd yn byw yng Nghaerdydd.

## Rabab GHAZOUL 1970–
**Artist fideo/gosodwaith, hefyd yn gweithio â thestun, safle a pherfformio. Ganed yn Mosul, Irac.**

Cyrhaeddodd Gymru ym 1989. Astudiodd yng Ngholeg Prifysgol Cymru, Aberystwyth 1989–92 (Drama). Cyfarwyddwr, perfformiwraig, theatr arbrofol yng Nghymru yn y 1990au. Gwobr Cyngor Celfyddydau Cymru (Cymru Greadigol) 2005. Perfformiad byw, *Autumn Etude, Experimentica*, Canolfan Gelfyddydau Chapter, Caerdydd 2002. Arddangosfeydd ar y cyd yn cynnwys Insomnia, Bargehouse, Llundain 2005; *On Leaving and Arriving*, Oriel g39, Caerdydd 2005; *Paradise: A Step to the Left*, tactileBOSCH, Caerdydd 2006; *The Suitcase Project*, Beaver Arts, Copenhagen/Yr Hen Lyfrgell, Caerdydd 2007. Arddangosfa un-ddynes, *Where his hands decay, mine begin*, Canolfan Hanes a Chelfyddydau Butetown, Caerdydd 2004. '…mae hi'n ymddiddori mewn profiadau o ddadleoliad… mae ei gwaith creadigol yn ei chael hi'n mynegi cyfres o ddychweliadau amhosibl, fel rhoi presenoldeb eto i absenoldeb cartref.' *(gwefan axis)* Yn byw yng Nghaerdydd, de Cymru.
*Yr artist*

## Arthur GIARDELLI 1911–2009
**Enw gwaith Vincent Charles Arthur Giardelli MBE, peintiwr, cerflunydd. Ganed yn Llundain, Lloegr.**

Hefyd yn gerddor. Astudiodd yng Ngholeg Hertford (Ieithoedd Modern) ac Ysgol Arlunio a Chelf Gain Ruskin (gydag Eugène Vinaver), Rhydychen 1930–34; Ysgol Baentio East Anglia, Benton End, tua 1940au, gyda Cedric Morris. Athro, Ysgol Ramadeg Harvey, Folkestone tan 1940; gweithiwr yn y gwasanaeth tân (rhan-amser) 1939–45. Bu'n byw yn Sefydliad y Cyfeillion, Tŷ Trewern, Dowlais 1940–45; tiwtor cerddoriaeth, Ysgol Ramadeg Castell Cyfarthfa, Merthyr Tudful; darlithydd, hanes celf, Cymdeithas Addysg y Gweithwyr, Dowlais 1941–46. Ymgartrefodd yng ngorllewin Cymru ar ddiwedd y 1940au. Tiwtor, hanes celf, Adran Efrydiau Allanol, Prifysgol Aberystwyth 1958–78. Sefydlodd oriel ar gyfer ei waith ei hun, The Golden Plover, Warren, Sir Benfro, gyda Bim Giardelli. Derbyniodd MBE ym 1973. Cymrawd er Anrhydedd, Coleg Prifysgol Cymru, Aberystwyth 1979. Medal Arian, Cyfaill

Celfyddyd Cymru, Eisteddfod Genedlaethol Cymru 2002. Comisiynau'n cynnwys *South Wales Argus*, Casnewydd 1969; British Petroleum 1974. Aelod o'r Grŵp Cymreig; aelod sefydlu, Grŵp 56 Cymru (1956–2009; Cadeirydd 1958–98; Llywydd am Oes). Arddangosfeydd cenedlaethol/rhyngwladol niferus ar y cyd. Arddangosfeydd undyn yn cynnwys Llyfrgell Genedlaethol Cymru, Aberystwyth (LlGC) 1963, 2002; Oriel, Cyngor Celfyddydau Cymru (CCC), Caerdydd 1975; Oriel Grosvenor, Llundain 1987, 1994; Y Tabernacl, Machynlleth 2001; Amgueddfa ac Oriel Gelf Brycheiniog, Aberhonddu (AOGB), 2004; Oriel Davies, Y Drenewydd 2004. Cyhoeddiadau'n cynnwys *Up with the Lark* (Gwasg Prifysgol Rhydychen 1939); cyfweliadau i *Spectrum* (BBC Cymru 1960au); *The Delight of Painting* (Coleg y Brifysgol, Abertawe 1976). Wedi'i gynnwys yn *See What the Next Tide Brings* (Teledu BBC Cymru 1967); *Arthur Giardelli*, David Shiel (Seren Books, Pen-y-bont ar Ogwr (Seren) 2001); *Welsh Painters Talking*, Tony Curtis (Seren 1997); ffilm, Cymdeithas Celf Gyfoes Cymru (CCGC) 2006. Ysgrifau coffa, Meic Stephens (*The Independent*, 6 Tachwedd 2009); David Moore (*The Guardian*, 11 Tachwedd 2009). Casgliadau'n cynnwys Amgueddfa Cymru, Caerdydd; AOGB; Amgueddfa ac Oriel Gelf Dinbych-y-pysgod; CCGC; Cyngor Celfyddydau Lloegr; LlGC; Musée des Beaux Arts, Nantes; Oriel Gelf Glynn Vivian, Abertawe; Tate, Llundain. Prynwyd gwaith gan CCC. Adeileddau; dyfrlliwiau (tirluniau, coed) yn eu lle. Roedd yn byw yn Warren, gorllewin Cymru.

*Yr artist*

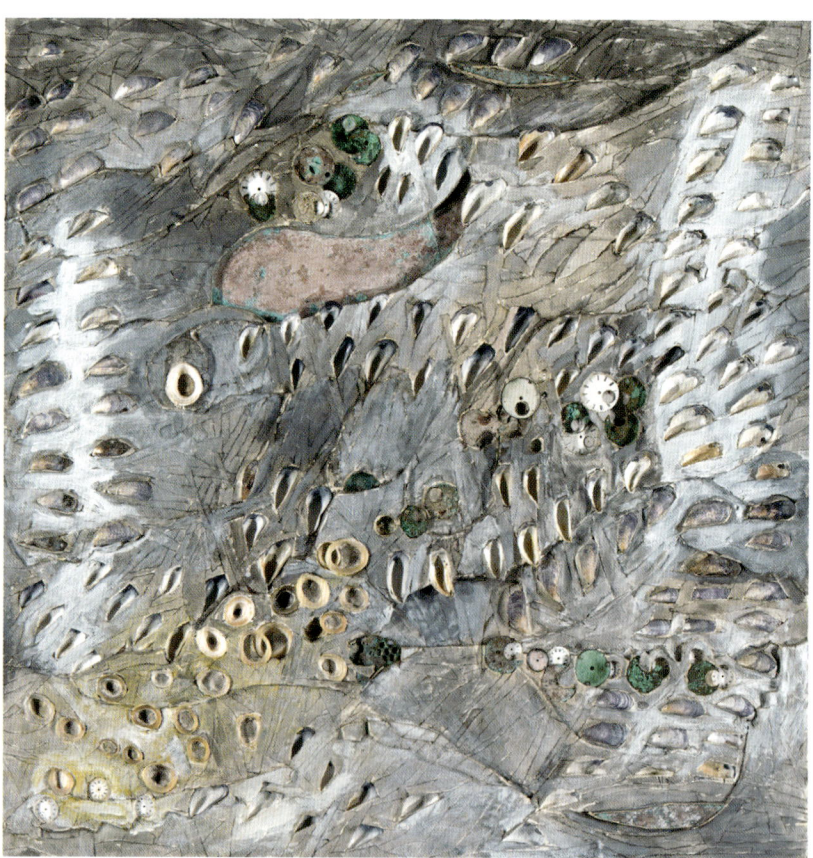

114 | Arthur Giardelli
*The Sea's Edge* 1990

## Bim GIARDELLI 1917–2011
**Enw gwaith Beryl Mary Giardelli, peintwraig, artist defnyddiau. Ganed yn Croydon, Lloegr.**

Astudiodd yn Ysgol Gelf Byam Shaw, Llundain 1934–36. Darlunydd, Stiwdios Lemay, Llundain (cleientiaid yn cynnwys *Harper's Bazaar*; *The Queen*.) Gwasanaeth yn ystod yr Ail Ryfel Byd, gyrrwr ambiwlans; Gwasanaeth Llyngesol Brenhinol y Menywod. Sefydlodd oriel ar gyfer ei gwaith ei hun, The Golden Plover, Warren, Sir Benfro gydag Arthur Giardelli. Aelod o'r Grŵp Cymreig: Cymdeithas Gelfyddydau'r Menywod. Arddangosfeydd ar y cyd yn cynnwys Oriel Arnolfini, Bryste; Oriel Mostyn, Llandudno; Oriel Gelf Glynn Vivian, Abertawe. Arddangosfeydd deuddyn yn cynnwys *Bim and Arthur Giardelli: Two Lives' Works*, Amgueddfa ac Oriel Gelf Brycheiniog, Aberhonddu 2004 (teithiol). Arddangosfeydd un-ddynes gan gynnwys Oriel Tisch Beere, Caerdydd; Canolfan y Celfyddydau Aberystwyth; Galerie Convergence, Nantes; Oriel Centaur, Llundain. Defnyddiwyd gwaith ganddi ar glawr *On My Life: Women's Writing from Wales*, a olygwyd gan Leigh Verrill-Rhys (Honno 1989). Casgliadau'n cynnwys Amgueddfa Cymru, Caerdydd; Cymdeithas Celf Gyfoes Cymru; Prifysgol Abertawe; Prifysgol Bangor. Prynwyd gwaith gan Gyngor Celfyddydau Cymru; Cymdeithas Gelfyddydau Gorllewin Cymru. Lluniau defnydd; dyfrlliwiau, yn arbennig o Fenis, Sir Benfro; y môr, creigiau, gwrychoedd, blodau. Roedd yn byw yn Warren, gorllewin Cymru.
*Yr artist*

## R J GIBBS 1916–?
**Enw gwaith Ronald James Gibbs, darlunydd, peintiwr. Ganed yn Llundain, Lloegr.**
**Yn defnyddio'r llofnod Gibby.**

Astudiodd yn Ysgol Gelf Camberwell, Llundain; Ysgol Gelf St Martin, Llundain; cafodd hyfforddiant yng Nghwmni Ysgythru'r West End, Llundain a Stiwdio Briggs, Llundain 1932–37. Darlunydd papurau newydd, newyddiadurwr, dylunydd graffeg, ar gyfer cyhoeddiadau cenedlaethol; mireiniwr ffotograffau, drafftsmon llythrennu. Gwasanaeth Rhyfel; artist staff, rhaglen bropaganda adsefydlu, Kenya. Graffeg cylchgronau 1950–73. Cyrhaeddodd Gymru ym 1974. Aelod o Glwb Brasluniau Llundain (Llywydd 1970–71); Cymdeithas Artistiaid a Dylunwyr Cymru (CADC); sefydlodd Glwb Braslunio Hundred House. Arddangosfeydd ar y cyd yn cynnwys Nairobi, Kenya 1945; CADC, Canolfan Gelfyddydau Glannau Gwy, Llanfair-ym-Muallt (CGGGLI) 1981, 1982 a'r Drenewydd 1982; Llandrindod 1976–79; Hundred House 1979–82. Arddangosfeydd undyn yn cynnwys *Paintings of the Welsh Landscape by Gibby*, CGGGLI 1983. Cyhoeddiadau'n cynnwys *Pubs in Powys, Series One* (R J Gibbs 1980). Darluniau, cartwnau, tirluniau. Roedd yn byw yn Hundred House, canolbarth Cymru.

## Veronica GIBSON 1954–
**Peintwraig, gwneuthurydd printiau. Ganed yn St Albans, Lloegr.**

Astudiodd yng Ngholeg Celf a Dylunio Swydd Hertford 1972–73, gydag Arnold Van Pragg; Coleg Celf Caergaint 1978–81 (gradd yn y dosbarth cyntaf), gyda Thomas Watt; Athrofa Prifysgol Cymru, Caerdydd 1988–89. Cyrhaeddodd Gymru ym 1983. Gwneuthurydd propiau i Opera Cenedlaethol Cymru 1983–88; Athrawes gelf, ysgolion uwchradd 1989–2005. Dau grant gan Gyngor Celfyddydau Cymru 2006. Aelod o'r Grŵp Cymreig; Grŵp 75. Arddangosfeydd niferus ar y cyd gan gynnwys Oriel Martin Tinney, Caerdydd 1984–98; *Arddangosfa Haf*, Yr Academi Frenhinol, Llundain 1995, 1996; Oriel Pen y Fan, Aberhonddu 2006; Gwneuthurwyr Printiau Cyfoes Cymru 2007 (teithiol i Bacistan); Gweithdy Printiau Abertawe 2007 (teithiol i Bacistan). Arddangosfeydd un-ddynes gan gynnwys *Land*, Amgueddfa ac Oriel Gelf Brycheiniog, Aberhonddu 2001; *A Sense of Place* 2006 (Canolfan Treftadaeth y Rhondda a theithiol). Gwaith wedi'i gynnwys yn Planet (erthygl gan Roy Powell, Rhifyn 149, 2001); *Building a Significant Regional Art Collection*, David Moore (Ymddiriedolaeth Gelf Amgueddfa

Brycheiniog (YGAB 2007). Casgliadau'n cynnwys Cymdeithas Celf Gyfoes Cymru; YGAB. Prynwyd ei gwaith gan Gymdeithas Gelfyddydau De-Ddwyrain Cymru. 'Bu'n byw ac yn gweithio yn un o bentrefi'r cymoedd. Mae rhandiroedd yn thema bwysig.' Yn byw yn Aberhonddu, canolbarth Cymru.
*Yr artist*

### Marcia GIBSON-WATT 1949–
**Peintwraig. Ganed yn Llundain, Lloegr.**

Astudiodd yng Ngholeg Celf Kingston 1967–71; Stiwdio Simi, Fflorens, Yr Eidal. Artist/cynllunydd llawrydd. Cyrhaeddodd Gymru ym 1971. Comisiynau'n cynnwys darluniau ar gyfer llyfr gweddi, eglwysi Sir Faesyfed. Aelod o Gymdeithas Artistiaid a Dylunwyr Cymru gynt. Arddangosfeydd ar y cyd yn cynnwys Coleg y Brifysgol, Caerdydd 1974, 1976; Canolfan Gelfyddydau Glannau Gwy, Llanfair-ym-Muallt 1979; Oriel Alpine, Llundain 1986, 1987; Oriel Bleddfa 1988; orielau yn Cork Street, Llundain 1997, 1999, 2001, 2004; *Arddangosfa Haf*, Yr Academi Frenhinol 1998; Amgueddfa Llandrindod 2002. Arddangosfa un-ddynes yn cynnwys Gerddi Botaneg Memphis, Tennessee 2003. Darluniau'n cynnwys *The Four Graces*, Marcia Gibson-Watt a Penelope Bourdillon (1999); *Acts 1* (2004, y ddau gan Bluestone Books, Sir Benfro). Tirluniau, paentiadau o flodau, miniaturau. Yn byw ger Llandrindod, canolbarth Cymru.
*Yr artist*

### Tom GILHESPY 1944–
**Enw gwaith Thomas Gilhespy, cerflunydd, drafftsmon. Ganed yn Ferryhill, Lloegr.**

Astudiodd yng Ngholeg Celf Caerlŷr 1962–66; Coleg Polytechnig Birmingham (PhD, Cerfluniaeth Goffwriaethol Sofietaidd) 1987–93. Darlithydd, Coleg Celf Caerdydd 1967–68; Coleg Celf Casnewydd

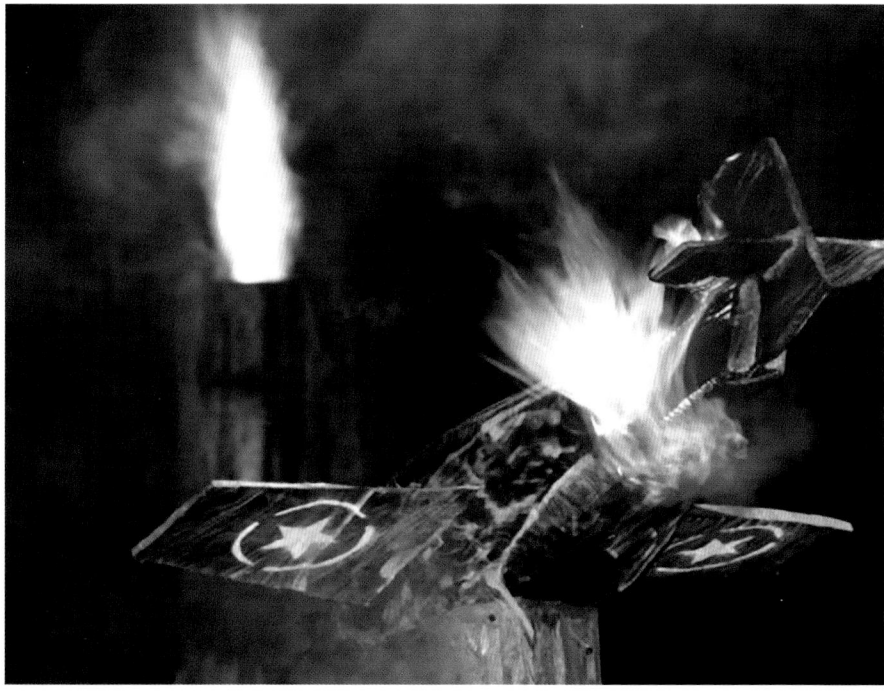

115 | Tom Gilhespy
*Homeland Security: manylyn o Fire Performance in Insterburg Castle,*
*Chernyakhovsk, Kaliningrad Oblast*, Rwsia Gorffennaf 2007

1968–80; Pennaeth Cerfluniaeth, Coleg Polytechnig Birmingham/Prifysgol Canol Lloegr 1981–90, ac yna'n Bennaeth Astudiaethau MA, Celf Gain 1990–96. Ysgoloriaeth gan Lywodraeth yr Eidal 1966–67; Gwobr Cyngor Celfyddydau Cymru (CCC) 1988; Grand Prix, Symposiwm Rhyngwladol Latfia 1988. Ymweliad cyntaf â Rwsia 1975. Artist llawrydd, trefnydd symposia. Sefydlydd, trefnydd, *Adnoddau Cymru*, symposiwm rhyngwladol am gelf yn y dirwedd, Llanfyllin 1996, yn arwain at Symposiwm Cerfluniaeth Ryngwladol blynyddol Efyrnwy a Pharc Cerfluniaeth Llyn Efyrnwy. Aelod o Grŵp 56 Cymru 1976–90; Cymdeithas Artistiaid a Dylunwyr Cymru (gynt) 1987; Grŵp Efyrnwy (o 2000). Arddangosfeydd ar y cyd yn cynnwys Eisteddfod Genedlaethol Cymru, Y Barri 1968, Dinbych 2001; *Grafika*, Yr Oriel Luniau Wladwriaethol, Moscow 1989; Arddangosfa Deirblwydd Printiau Rhyngwladol Tallinn 1998, 2001, 2007; *Mimikriya*, Kolomyagi, Rwsia 2004. Arddangosfeydd undyn yn cynnwys *Drawings*, Oriel, Cyngor Celfyddydau Cymru (CCC), Caerdydd 1986; *Leniniana*, Oriel Ikon, Birmingham 1991; *Broken Promises*, Canolfan Gelfyddydau Wrecsam 2002; *Objektio*, Oriel Deco, Tallinn 2003; *Relikvii*, Amgueddfa Cerfluniaeth Drefol, St Petersburg 2005. Cyhoeddiadau'n cynnwys 'Ettavaa Tust – Kuratorio', *Vikercaar*, Cylchgrawn Undeb Awduron Estonia (Periodika 1995). Casgliadau (DU) yn cynnwys Partneriaeth Efyrnwy, Llyn Efyrnwy; Ymddiriedolaeth Castell Bodelwyddan. Prynwyd gwaith gan CCC. Rwsia; celf a diwylliant Sofietaidd; cerfluniaeth angladdau; tân a defod. Yn byw yn Llanfyllin, canolbarth Cymru.
*Yr artist*

## Peter GILL 1947–
**Dylunydd graffeg. Ganed yng Nghaerdydd, de Cymru.**

Astudiodd yng Ngholeg Celf Caerdydd 1963–66, gyda Tom Hudson. Comisiynau'n cynnwys arddangosfeydd Cyngor Celfyddydau Cymru (CCC) 1970au–80au; cynlluniau ar gyfer Gwasg Gomer, gan gynnwys y llyfrau clawr meddal Cymraeg cyntaf; cylchgronau/papurau newydd. Sefydlodd Peter Gill & Associates, Caerdydd 1982; ei gleientiaid niferus yn cynnwys Awdurdod Datblygu Cymru gynt; Amgueddfa Cymru; Y Bathdy Brenhinol, Llantrisant; Bwrdd Croeso Cymru/Croeso Cymru; Gŵyl Erddi Cymru, Glynebwy 1992; Gardd Fotaneg Genedlaethol Cymru; Cynulliad Cenedlaethol Cymru. Cymrawd Cymdeithas Siartredig y Dylunwyr; aelod, Design and Art Direction, Llundain 1976–2006. Arddangosfa, *BBC Wales TV Graphics*, CCC, Caerdydd 1971. Sefydlodd gwmni cyhoeddi, Graffeg, Caerdydd 2003; cyhoeddiadau'n cynnwys *Landscape Wales*, David Williams (2004), *Food Wales*, Colin Pressdee (2005); *Welsh National Opera*, golygydd Caroline Leech (2006). Gwaith yng nghasgliad Amgueddfa Cymru. Yn byw yng Nghaerdydd.
*Yr artist*

## Mark GINES 1958–
**Peintiwr, cerflunydd. Ganed yn y Fenni, de Cymru.**

Astudiodd yng Ngholeg Addysg Uwch Gwent 1978–81, gyda Keith Arnatt, Ifor Davies, Ernest Zobole. Garddwr, o 1981. Arddangosfeydd ar y cyd yn cynnwys Amgueddfa ac Oriel Gelf Casnewydd 1981; Eisteddfod Genedlaethol Cymru, Casnewydd 1988; Gŵyl Celfyddydau Gweledol Caerdydd 1989; Oriel Third Wave, Caerdydd 1993, 1994. 'Tirweddau Cymru a'r corff dynol.' Yn byw yng Nghwmbrân, de Cymru.
*Yr artist*

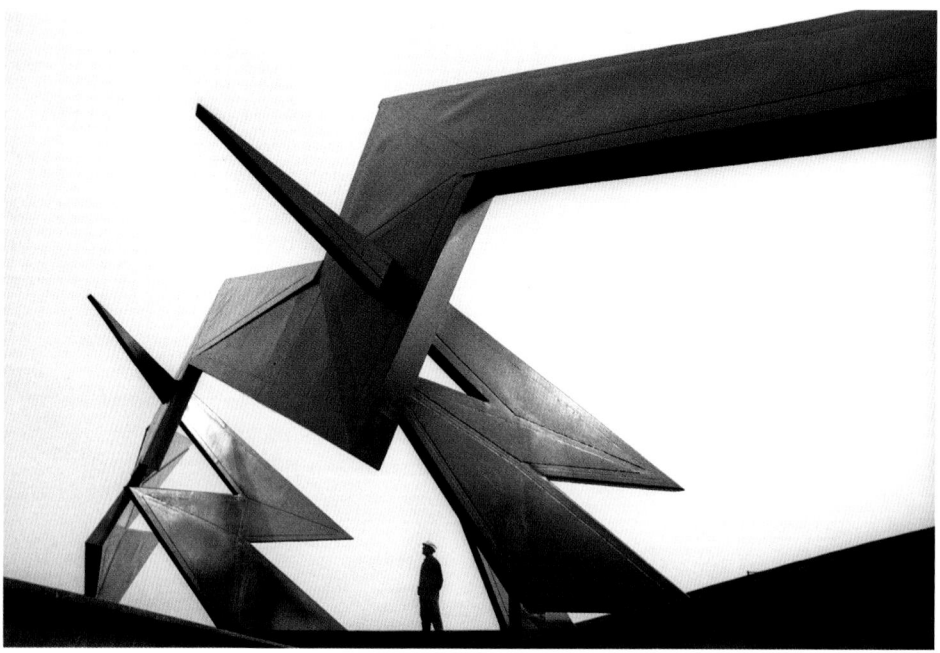

116 | John Gingell
*Power Box, Meshchip and Blue Flash* 1992–94

### John GINGELL 1935–2007
**Cerflunydd, artist perfformio. Ganed yn Welling, Lloegr.**

Astudiodd yng Ngholeg y Gofaint Aur, Llundain 1958–63 (ysgoloriaeth, Paentio). Darlithydd, Athrofa Prifysgol Cymru Caerdydd 1966–2001; bu'n arloeswr ym meysydd Astudiaethau Amgen/Astudiaethau sy'n Seiliedig ar Amser; Cyfarwyddwr Cwrs, MA Celf Gain 1987–2001. Cyfarwyddwr Artistig, *Tate Games*, Oriel Tate, Llundain (OT) 1975; cyd-sefydlydd, Arsyllfa Celf Gyhoeddus, Prifysgol Barcelona; Llywydd Art Accord 1999–2005. Comisiynau'n cynnwys *Kidsplay 1* a *2*, OT/Amgueddfa Cymru, Caerdydd (AC) 1973, 1974, 1975; Ysgol Uwchradd Joseff Sant, Casnewydd, de Cymru 1984; SWALEC/Ymddiriedolaeth Gelfyddydau Bae Caerdydd (ar y cyd ag Artstation) 1992–94; Parc Ynni Baglan, Port Talbot 2001. Gwobrau'n cynnwys Cyngor Celfyddydau Cymru (CCC) 1975; Cymrodoriaeth Lorne, Prifysgol Llundain 1983; Gwobr Celfyddydau Gweledol y BBC 1994. Aelod sefydlu Grŵp Zoo 1972. Arddangosfeydd ar y cyd yn cynnwys *Everyday Something Changes*, Chapter, Caerdydd 1973; *7 Sculptors*, Amgueddfa ac Oriel Gelf Casnewydd 1975; *From Wales*, Oriel Fruitmarket, Caeredin, Cyngor Celfyddydau'r Alban/CCC 1977 (teithiol); *Art into Landscape*, Oriel Serpentine, Llundain 1977; *Fragile Stones Make Art*, Eisteddfod Genedlaethol Cymru/AC 1978; *Sculpture in a Country Park*, Parc Gwledig Margam 1983; Gŵyl Erddi Cymru, Glynebwy 1992. Arddangosfeydd undyn yn cynnwys Canolfan Gelfyddydau Neuadd Llanofer, Caerdydd 1973; Oriel Frans Wynans, Vancouver 1982; Oriel, CCC, Caerdydd, 1983; Ymddiriedolaeth Celfyddydau Amgylcheddol, Canolfan Ddylunio Ibstock, Bryste 1987. Perfformiadau niferus gan gynnwys AC 1972, 1974; Prifysgol Cymru, Caerdydd 1972, 1973; Grŵp Zoo, Amsterdam 1974; Coleg Celf Caerdydd 1975 (gyda Colin Ainsworth) 1976. Cyhoeddiadau'n cynnwys cyfraniad i *Urban Regeneration: A Challenge for Public Art*, golygydd A Remesar (Prifysgol Barcelona 1997); pennod yn *Groundbreaking: The Artist in the Changing Landscape*, golygydd Iwan

Bala (Cywaith Cymru/Seren Books, Pen-y-bont ar Ogwr 2005). Casgliadau'n cynnwys Oriel Gelf Herbert, Coventry; Sefydliad Calouste Gulbenkian; Y Gymdeithas Celf Gyfoes. '…hanfod rhyddid – anwiredd fel celu a chyfeiliorni – ymadael; ymdeithio a bod.' Roedd yn byw yng Nghaerdydd, de Cymru.
*Zoë Gingell*

## Christine GITTINS 1948–
**Enw gwaith Christina Helena Gittins, ceramegydd. Ganed yn Johannesburg, De Affrica.**

Astudiodd ym Mhrifysgol Stellenbosch (PS) 1967–70, 1976 (Gwyddor Amgueddfeydd), 1997 (Astudiaethau Diwylliannol Afrikaans). Mynychodd ddosbarthiadau nos mewn crochenwaith; crochenydd stiwdio o 1981. Swyddog arddangosfeydd, Llyfrgell Genedlaethol De Affrica, Cape Town 1971–73; curadur amgueddfa, Corfforaeth y Distyllwyr, Stellenbosch 1977–80; perchennog oriel, Stellenbosch 1984–91; swyddog amgueddfa, Amgueddfa Hanes Diwylliannol, Cape Town (AHD) 1992–93. Cyrhaeddodd Gymru ym 1994. Stiwdio, Canolfan Grefft a Dylunio Model House, Llantrisant 1994–99; o 2006. Perchennog oriel, Stiwdio Grochenwaith yr Hen Bopty, Llantrisant 1999–2006. Tiwtor, gweithdai, Crefft yn y Bae, Caerdydd. Gwobr Cyngor Celfyddydau Cymru (CCC) 2000. Aelod o Gymdeithas Crochenwyr De Affrica; Cymdeithas y Crochenwyr Crefft; Crochenwyr De Cymru. Arddangosfeydd ar y cyd yn cynnwys Oriel Myrddin, Caerfyrddin 1994; *Made in Wales, Wales in Catalonia*, Barcelona/CCC 1995; Eisteddfod Genedlaethol Cymru, Pen-y-bont ar Ogwr 1998; *Pots to Give and Take*, Amgueddfa ac Oriel Gelf Casnewydd 1998; *The Cat Scratched Little Johnny*, Canolfan y Celfyddydau Aberystwyth 1999; Canolfan Gelfyddydau Wrecsam 2004; *Gŵyl Gerameg Ryngwladol*, Aberystwyth 2005. Arddangosfeydd un-ddynes, Beaux Arts, Caerfaddon 1996, 1998; Oriel Cameo, Stellenbosch 1997; Oriel Real Art, Amwythig 2002; *Earth, Fire and the Last Hunters of the Kalahari*, Model House, Llantrisant 2005. Wedi'i chynnwys yn *Salt-Glaze Ceramics*, Rosemary Cochrane (Crowood Press 2001); *The Potter's Guide to Ceramic Surfaces*, Jo Connell (Apple Press 2002); *The Potter's Dictionary of Materials and Techniques*, Frank a Janet Hamer (y pumed argraffiad, A&C Black, Llundain 2004); rhaglen i ITV Cymru, Hydref 2002. Casgliadau'n cynnwys AHD; Amgueddfa Gelf Fetropolitan Nelson Mandela, Port Elizabeth; Oriel Gelf Tatham, Pietermaritzburg; PS; Yr Amgueddfa Glai, Durbanville. '…croesbeilliad rhwng diwylliannau Ewrop ac Affrica.' Yn byw ym Meisgyn, de Cymru.
*Yr artist*

## Anthony GOBLE 1943–2007
**Enw gwaith Anthony Barton Goble, peintiwr. Ganed yn y Drenewydd, canolbarth Cymru. Hefyd yn cael ei adnabod fel Tony Goble.**

Y Llynges Fasnachol o 1949. Astudiodd yn Ysgol Gelf Wrecsam ar ddechrau'r 1960au. Bu Cicely Hey yn gynghorydd/ffrind dylanwadol arno. Adeiladwr, ffermwr moch, ceidwad sw. Yng Nghanolfan Gelfyddydau Neuadd Llanofer, Caerdydd (CGNLl) 1979–2007, fel artist preswyl 1979; gweithiwr prosiect (rhan-amser), tiwtor 1980–99, Cyfarwyddwr Oriel, Cyfarwyddwr Cynorthwyol y Ganolfan 1983–2007. Pennaeth Celf, Ysgol Clive Hall i Ferched, Caerdydd, am ddwy flynedd; tiwtor, addysg oedolion, Caerdydd. Artist preswyl, ysgolion niferus. Teithio yn yr Undeb Sofietaidd 1981. Gwobrau'n cynnwys Cyngor Celfyddydau Cymru (CCC) 1982, 1995; Gwobr Oppenheim/John Downes 1984. Comisiynau'n cynnwys reredos, Eglwys Sant Saviour, Caerdydd 1988; paentiad, Eglwys y Santes Fair, Caerdydd; mosaig, Yr Eglwys yng Nghymru 1985. Aelod o Gymdeithas Artistiaid a Dylunwyr Cymru (Cadeirydd); Y Grŵp Cymreig (Is-Gadeirydd 1988–98, Cadeirydd 1998–2001); Yr Academi Frenhinol Gymreig, Conwy (1977). Arddangosfeydd cenedlaethol/ rhyngwladol niferus gan gynnwys *An Iconograph of The Mabinogion*, Eisteddfod Genedlaethol Cymru/CCC 1974 (teithiol) (gwobr brynu); *From a Public Collection II*, Oriel, CCC, Caerdydd 1979; *Creu Cymuned Gelf: Hanner Canmlwyddiant y Grŵp Cymreig*, Amgueddfa Cymru (AC)1999; *Artist y Flwyddyn Cymru*, Neuadd Dewi Sant, Caerdydd 2002 (Ail Wobr);

*A Serious Magic*, Amgueddfa ac Oriel Gelf Casnewydd (AOGC) 2004; orielau yng ngogledd Cymru, Llundain. Arddangosfeydd undyn yn cynnwys Amgueddfa ac Oriel Gelf Gwynedd, Bangor; *Dream-Seeds*, Oriel Gelf Glynn Vivian, Abertawe (OGGV) 1995; *Tony Goble: 25 Years in Residence*, CGNLl 2004. Wedi'i gynnwys mewn erthygl gan Ceri Thomas, 'The Welsh Group at Fifty: David Tinker and Tony Goble in conversation with Ceri Thomas' (*Planet* rhif 137, Hyd/Tach 1999.) Ysgrifau coffa, David Moore (*The Independent*, 1 Mai 2007); Peter Wakelin (*The Guardian*, 27 Ebrill 2007). Casgliadau'n cynnwys AC; Amgueddfa ac Oriel Gelf Brycheiniog, Aberhonddu; Amgueddfa Bwrdeistref Sirol Wrecsam; AOGC; Cyngor Gwynedd; Cymdeithas Celf Gyfoes Cymru; OGGV; Prifysgol Bangor; Ymddiriedolaeth Castell Bodelwyddan. Prynwyd gwaith gan CCC; Cymdeithas Gelfyddydau Gogledd Cymru. 'Mae paentio rywle rhwng breuddwydion a'r byd effro.' Roedd yn byw yng Nghaerdydd, de Cymru.

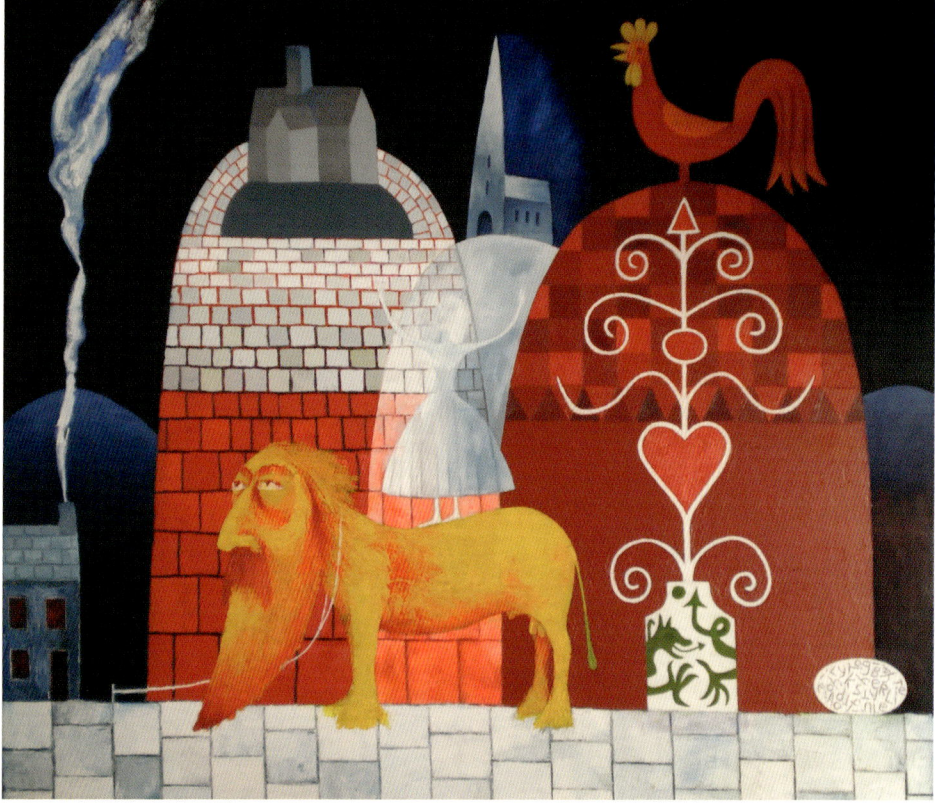

117 | Anthony Goble
*The Last Dance* 1997

## J GODDARD 1924–2008
### Enw gwaith John Goddard, peintiwr. Ganed yng Nghaerdydd, de Cymru.

Astudiodd yng Ngholeg Celf Caerdydd (CCCaerd) 1941–43, gydag Evan Charlton, Ceri Richards; 1947–51; 1967–68, gyda Leslie Moore. Athro, ysgolion yn ne Cymru 1951–84; darlithydd (rhan-amser), CCCaerd 1959–62. Cyn-aelod, Cymdeithas Celf De Cymru; aelod, Grŵp De Cymru/Y Grŵp Cymreig. Arddangosfeydd ar y cyd yn cynnwys *Pictures for Welsh Schools*, Cymdeithas er Addysg Trwy

Gelf/Amgueddfa Cymru 1952; *Contemporary Welsh Painting and Sculpture*, Pwyllgor Cymreig Cyngor Celfyddydau Prydain Fawr 1953, 1955, 1956, 1960; Grŵp Llundain 1956; *Art and Society in Newport*, Amgueddfa ac Oriel Gelf Casnewydd (AOGC) 2000; Oriel Albany, Caerdydd 2001; *The Discerning Eye*, Orielau'r Mall, Llundain 2001, 2002. Arddangosfeydd undyn yn cynnwys Celfyddydau Cain Manor House, Caerdydd 1995; Oriel GPF, Casnewydd; Oriel Washington, Penarth 2003. Wedi'i gynnwys yn *Diwylliant Gweledol Cymru: Y Gymru Ddiwydiannol*, Peter Lord (Canolfan Uwchefrydiau Cymreig a Cheltaidd Prifysgol Cymru/Gwasg Prifysgol Cymru 1998). Gwaith yng nghasgliad AOGC. 'Yr amgylchedd naturiol a gwneud.' Roedd yn byw yn Rhydri, de Cymru.
*Yr artist*

## Tom GODDARD 1980–
**Enw gwaith Thomas Goddard, artist amlgyfrwng. Ganed ym Mhentyrch, de Cymru.**

Astudiodd yng Nghanolfan Gelf a Thechnoleg Ddylunio Morgannwg, Pontypridd 1999–2001, gyda Brendan Stuart Burns; Prifysgol Swydd Gaerloyw 2001–04, gydag Andrew Bick, Paul Rosenbloom; Coleg Tower Hamlets, Llundain 2005–06, gydag Andrew Greaves; Athrofa Prifysgol Cymru, Caerdydd, o 2007. Darlithydd (rhan-amser), Coleg Ealing, Hammersmith a Gorllewin Llundain 2006–07. Artist preswyl, Ysgol Glan Clwyd, Llanelwy 2005; Ysgol Gymunedol Newent 2006; Prosiect Adfywio Caergybi, Cywaith Cymru (CyCym) 2007; Canolfan Gelfyddydau a Chymunedol Courtyard, Hertford 2007. Comisiynau'n cynnwys CyCym 2005: Ysgol Glan Clwyd, Llanelwy, Cyngor Sir Ddinbych 2005; Gŵyl Gerddoriaeth Gogledd Cymru 2005; Ysbyty Brenhinol Swydd Gaerloyw, Caerloyw 2006. Gwobrau'n cynnwys Gwobr Gelf Greenbelt, Gŵyl Gelfyddydau, Cheltenham 2004; *Signpost a-n:* Myfyriwr Graddedig Newydd y Flwyddyn 2004. Arddangosfeydd ar y cyd yn cynnwys *What's New*, Oriel Cupola, Sheffield 2004; Eisteddfod Genedlaethol Cymru, Y Faenol 2005; *Slice III*, Canolfan Gelfyddydau Chapter, Caerdydd 2005; Biennale Lerpwl 2006; Oriel Garej, Caerdydd 2007. Arddangosfa ddeuddyn, Oriel Mostyn, Llandudno (gyda Gareth Morgan) 2007. Arddangosfeydd undyn yn cynnwys *Face of St Asaph*, Theatr Elwy, Llanelwy 2006; Canolfan Grefft Rhuthun 2006; *Market Trader*, Oriel Here, Bryste 2006; *Tom in the Bar*, Canolfan Gelfyddydau Chapter, Caerdydd 2006; *This is not a Postcard*, Canolfan Ucheldre, Caergybi 2007. '…testunau'n cynnwys delio ag anaf personol…cariad, anifeiliaid anwes, gêmau… arlunio a hiwmor yn sail i'm gwaith.' Yn byw ym Mhen-tyrch.
*Yr artist*

## GOOD COP BAD COP  Gweler Paul JEFF

## John GOODE 1929–1999
**Peintiwr, gwneuthurydd printiau. Ganed yn Rhymni, de Cymru.**

Astudiodd yng Ngholeg y Drindod, Caerfyrddin 1946–48; Coleg Celf Caerdydd 1950; Prifysgolion Birmingham a Manceinion (Seicoleg). Gwasanaeth Milwrol 1948–50. Athro celf, ysgolion yn Norwich, de Cymru. Darlithydd, seicoleg, Coleg Hyfforddi Athrawon Henffordd a Phrifysgol Caerdydd 1972–85. Agorodd oriel gartref a stiwdio, Bedwellte 1992. Arddangosfeydd ar y cyd yn cynnwys *Aspects of the Valleys*, Sefydliad y Glowyr Coed-duon 1992. '... atgofion o ymweliadau â Gwersylloedd Pobl wedi'u Dadleoli yn yr Almaen; …barddoniaeth Idris Davies; glowyr, gwaith caled, amodau byw gwael … ymddygiad annynol dyn at ei gyd-ddyn.' Roedd yn byw ym Medwellte, de Cymru.

## Ann GOODFELLOW 1952–
**Enw gwaith Carol Ann Goodfellow, ceramegydd, peintwraig. Ganed yn Henffordd, Lloegr.**

Ei rhieni'n Gymry. Cyrhaeddodd Gymru ym 1953. Astudiodd yng Ngholeg Celf Dyfed 1979–83 (Darlunio Bywyd Gwyllt) 1997–99; Athrofa Addysg Uwch Abertawe 1993–96; Athrofa Prifysgol Cymru,

Caerdydd 2004–06 (MA Cerameg), gyda Claire Curneen, Natasha Mayo. Gweithwraig gyda Swyddfa'r Post 1983–93; darlithydd (rhan-amser), Coleg Technoleg a Chelf Sir Gaerfyrddin/Ysgol Gelfyddydau Gorllewin Cymru 1997–2007; darlithydd (rhan-amser), Coleg Abertawe 1999–2000; tiwtor (rhan-amser), Cyngor Sir Caerfyrddin (CSCaer), o 1999; athrawes (rhan-amser), Ysgol y Frenhines Elizabeth Maridunum, Caerfyrddin 2002–03. Artist preswyl, ysgolion niferus, gan gynnwys Ysgol Brynhyfryd, Abertawe 1996; Ysgol Abergwili 2001; Ysgol Nantgaredig 2007. Cyfarwyddwr, Oriel Heol y Brenin, Caerfyrddin. Gwobr Cyngor Celfyddydau Cymru 2007. Aelod o Gerfluniaeth Cymru (CerfC). Arddangosfeydd ar y cyd yn cynnwys Oriel Gelf Glynn Vivian, Abertawe 1995; *With the Body in Mind*, Canolfan Richard Attenborough, Prifysgol Caerlŷr 2000; Oriel Kaleyards, Caer 2004; *Artist y Flwyddyn Cymru*, Neuadd Dewi Sant, Caerdydd 2005; *Lines and Strata*, Theatr Mwldan, Aberteifi 2006; *Hiraeth*, CerfC, Oriel Cross Street, Llundain 2007 (teithio'n rhyngwladol). Wedi'i chynnwys yn *Ceramic Review* (rhifyn 224, Mawrth/Ebrill 2007). Gwaith yng nghasgliad Cyngor Sir Gaerfyrddin. '…cerfluniaeth ffiguraidd … y ffurf fenywaidd; …ar raddfa fawr.' Yn byw yng Nghaerfyrddin, gorllewin Cymru.
*Yr artist*

### David GOULD 1947–
**Enw gwaith David Paul Gould, peintiwr. Ganed yn Llundain, Lloegr.**

Astudiodd yng Ngholeg Celf Swydd Gaerloyw, Cheltenham 1965–69; Y Coleg Celf Brenhinol, Llundain 1969–72 (MA Paentio), gyda Peter Blake, Peter de Francia, Carel Weight. Ysgoloriaeth Abbey, Paentio, Yr Ysgol Brydeinig yn Rhufain 1972–73. Cymrawd Iau, Coleg Celf Caerdydd 1974–75; Pennaeth y Cwrs Sylfaen, Ysgol Gelf Byam Shaw, Llundain 1975–80; darlithydd (rhan-amser)/darlithydd (llawnamser)/Cyfarwyddwr, Cwrs Sylfaen, Athrofa Addysg Uwch De Morgannwg/Athrofa Prifysgol Cymru, Caerdydd, o 1981. Comisiynau'n cynnwys Cyngor Sir De Morgannwg 1989. Aelod o Grŵp 56 Cymru 1993–98; Artistiaid Butetown. Arddangosfeydd ar y cyd yn cynnwys *Sioe Haf 1*, Oriel Serpentine, Llundain 1982; *Singer and Friedlander/Sunday Times Watercolour Competition*, Llundain 1994–96; Yr Asiantaeth Gelf ac Adfywio 1997, 1998; BayArt, Caerdydd 2002; *The Discerning Eye*, Orielau'r Mall, Llundain 2002, 2004 (Gwobr Brynu Humphries), 2005 (Gwobr Ranbarthol Cymru), 2006, 2007; Oriel Mission, Abertawe 2004. Arddangosfa ddeuddyn, BayArt, Caerdydd (gyda Carol Hiles) 2005. Arddangosfeydd undyn yn cynnwys Canolfan Gelfyddydau Chapter, Caerdydd 1985; Oriel y Bont, Coleg Polytechnig Cymru, Pontypridd 1986, 1991; Amgueddfa ac Oriel Gelf Buxton 1989; Neuadd Dewi Sant, Caerdydd 1989, 1993; Oriel Adam, Penarth 2003. Wedi'i gynnwys yn *Papermaking Techniques Book*, John Plowman (Quantum Books 2001). Casgliadau'n cynnwys Cyngor Caerdydd. 'Tirluniau a bywyd llonydd; acrylig a dyfrlliwiau; themâu haniaethol a ffigurol mewn basgerfwedd ar bapur a wneir â llaw; delweddaeth ffotograffig ac wedi'i chynhyrchu'n ddigidol a'i thrafod mewn basgerfwedd.' Yn byw yng Nghaerdydd, de Cymru.
*Yr artist*

### Teena GOULD 1947–
**Artist cerameg. Ganed yn Stockport, Lloegr.**

Ei nain yn Gymraes. Astudiodd yng Ngholeg Technoleg Uwch Stockport 1963–64, 1966–67; Coleg Celf Caerdydd 1967–70, gyda Tom Hudson; Coleg y Gofaint Aur, Llundain 1970–71. Athrawes (rhan-amser), Llundain 1971–73; tiwtor (rhan-amser), addysg oedolion, Llundain, Dyfed 1982–99; darlithydd (rhan-amser), Athrofa Addysg Uwch Abertawe, o 1999; darlithydd (rhan-amser), Coleg y Drindod, Caerfyrddin 2004–07. Gweithdai yn y DU, Japan, Y Ffindir, o 1971. Preswyliadau artist niferus gan gynnwys Ysgol y Rhos, Abertawe 1990; Gŵyl Llanelli 1993; Ysgol Gyfun Cymer Afan, y Cymer 1998; Llwybr Seiclo Cenedlaethol, gogledd Cymru 2000–02. Comisiynau'n cynnwys Gŵyl Erddi Cymru, Glynebwy 1992; Ysbyty Cyffredinol Glangwili, Caerfyrddin 2001; Ymddiriedolaeth y Tywysog 2003, 2005; Canolfan

Adnoddau Kinora, Aberteifi 2006, 2007. Gwobrau'n cynnwys Celfyddydau Rhyngwladol Cymru 2002; Cyngor Celfyddydau Cymru 2005, 2007 (Cymru Greadigol). Aelod o Grochenwyr De Cymru. Arddangosfeydd niferus ar y cyd gan gynnwys *Tangled Routes*, Oriel Gelf Glynn Vivian, Abertawe 1990; *Gŵyl Grefftau Ryngwladol*, Toyama, Japan 1992 (arobryn); Eisteddfod Genedlaethol Cymru, Llanfair-ym-Muallt 1993; *IRIS 5, Cerameg Fyd Gyfoes*, Y Ffindir 1996; *Cerameg o Gymru*, Canolfan y Celfyddydau Aberystwyth 1999 (teithiol); *Artist y Flwyddyn Cymru*, Neuadd Dewi Sant, Caerdydd 2007. Arddangosfeydd un-ddynes yn cynnwys y Capel Celf, Cricieth 1996; Amgueddfa Ceredigion 1997; Canolfan Addysg a Chelfyddydau Gateway, Amwythig 1997; Oriel Llyfrgell Dinbych 1999; Canolfan Gelfyddydau Pontardawe 2000; Oriel Neuadd y Frenhines, Arberth 2007. Wedi'i chynnwys yn *Colour in Clay*, Jane Waller (Crowood Press 1998); *Ceramic Review* (1993, 1996); *Craft Arts International* (1996); *a-n* magazine (2000). Casgliadau'n cynnwys Amgueddfa Cymru; Sefydliad Celf Gerameg Jingdezhen Sanbao, Tsieina. 'Ffurfiau a llestri cerfluniol, …y môr ac adeiladau creigiog yn cwrdd yn dylanwadu arni.' 'Prosiectau celfyddydau cyhoeddus gydag ysgolion a chymunedau.' Yn byw yn Llangrannog, gorllewin Cymru.
*Yr artist*

## James Henry GOVIER 1910–1974
**Peintiwr, ysgythrwr. Ganed yn Oakley, Swydd Buckingham, Lloegr. Roedd hefyd yn gweithio fel J Henry Govier.**

Cyrhaeddodd Gymru ym 1915. Gweithiwr tun tua 1924–30. Astudiodd yn Ysgol Gelf Abertawe, dosbarthiadau nos, llawnamser 1930–35, gyda W Grant Murray; Y Coleg Celf Brenhinol, Llundain (CCB) 1935–38, gyda Malcolm Osborne, Robert Austin (Gwobr Ysgythru, ysgoloriaeth deithio). Cynorthwy-ydd, dangoswr ysgythru, CCB 1938–40. Gwasanaeth milwrol, Y Peirianwyr Brenhinol, Y Llu Awyr Brenhinol 1940–45. Athro, Ysgol Ramadeg Eye 1947–1965; Ysgol Ramadeg Diss 1965–1972. Aelod, Cymdeithas

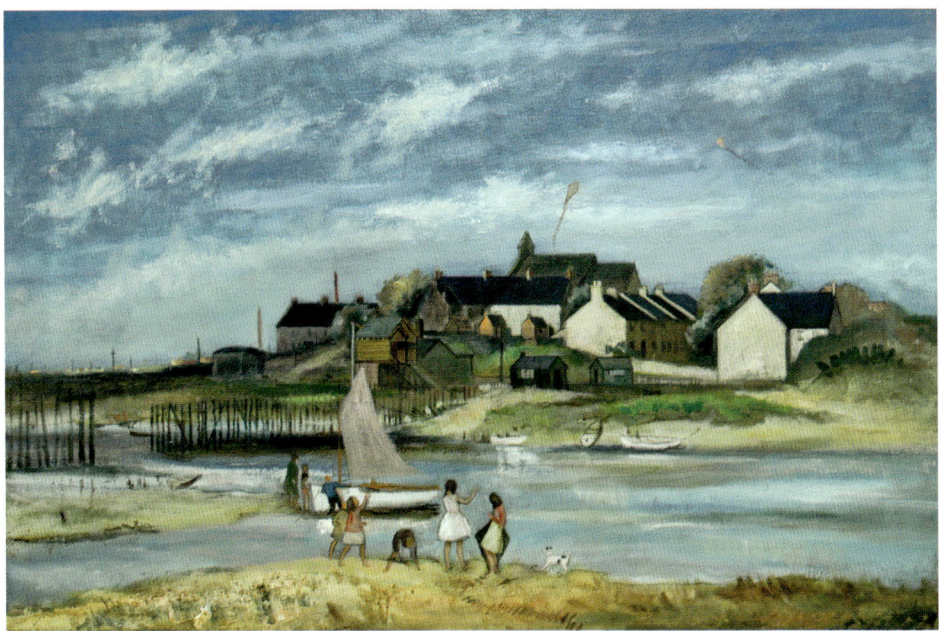

118 | James Henry Govier
*Lougher* 1947

Gelf Abertawe (CGA); Cymdeithas Gelf Aylesbury; Clwb Celf Ipswich. Arddangosfeydd ar y cyd yn cynnwys CGA 1930–1938; Eisteddfod Genedlaethol Cymru 1932–35; Cymdeithas Gelf Aylesbury 1945–51; Clwb Celf Ipswich 1947–63; Gŵyl Eye 1951–53. Arddangosfeydd undyn yn cynnwys *Reflections of East Anglia*, Oriel Frameworks, Diss 1991; Tŷ Woolverstone, Suffolk 1992; Ysgol Gymunedol North Westminster, Llundain 1993; Plas Christchurch, Ipswich 1993; Amgueddfa Swydd Buckingham, Aylesbury (ASB). Wedi'i gynnwys yn *An Illustrated History of Hoxne* (2006); *An Illustrated History of Diss* (2007); *Gower Journal* (Stephen J Govier, rhif XLIII 1992); *Printmakers Journal* (Stephen J Govier 1992); Radio Norfolk 1991. Casgliadau'n cynnwys Amgueddfa Ashmole, Rhydychen; Amgueddfa Castell Norwich; Amgueddfa Cymru, Caerdydd; Amgueddfa Victoria ac Albert; Llundain; ASB; Cymdeithas Celf Gyfoes Cymru; Llyfrgell Genedlaethol Cymru, Aberystwyth; Oriel Gelf Glynn Vivian, Abertawe; Plas Christchurch, Ipswich; Yr Amgueddfa Brydeinig, Llundain; Yr Oriel Bortreadau Genedlaethol, Llundain. Roedd yn byw yn Hoxne, Lloegr.

### Lucie GRAHAM 1974–
**Enw gwaith Lucie Kate Graham-Smith, peintwraig. Ganed yng Nghaerdydd, de Cymru.**
Astudiodd yn Athrofa Addysg Uwch Caerdydd 1992–93. Rheolwr, bar coffi 1995–99. Gwobr Arts & Business 2002. Artist preswyl, Ove Arup 2002–03. Arddangosfeydd ar y cyd yn cynnwys *Arddangosfa'r Nadolig*, Neuadd Dewi Sant, Caerdydd (NDS) 2001; *Artist y Flwyddyn Cymru*, NDS 2002; Oriel Albany, Caerdydd 2002. Arddangosfeydd un-ddynes, Oriel Makers, Caerdydd 2000, 2001; Oriel Tisch Beere, Caerdydd 2000; Coastlines, Yr Asiantaeth Gelf ac Adfywio 2002. '…gwedd newidiol Bae Caerdydd o 1999 i'r presennol.' Yn byw yng Nghaerdydd.
*Yr artist*

### Virginia GRAHAM 1978–
**Ceramegydd. Ganed yn Guildford, Lloegr.**
Astudiodd yn Ysgol Gelf Wimbledon 1996–97; Athrofa Prifysgol Cymru Caerdydd 1997–2000, gyda Peter Starkey, Geoffrey Swindell. Gwobrau Cyngor Celfyddydau Cymru 2001, 2007 (Cymru Greadigol). Aelod o Stiwdios Clai Fireworks, Caerdydd, o 2000. Arddangosfeydd ar y cyd yn cynnwys *Destination Unknown*, Canolfan Grefft Rhuthun (CGRh) 2001; *New Wave*, CGRh/Oriel yr Alban 2003 (teithiol); Eisteddfod Genedlaethol Cymru, Tyddewi 2002; *This was Then*, Amgueddfa ac Oriel Gelf Casnewydd (AOGC) 2003; Amgueddfa Victoria ac Albert, Llundain 2004, 2007; Oriel y Cyngor Crefftau, Llundain 2005; *SOFA*, Chicago (gyda CGRh/Celfyddydau Rhyngwladol Cymru) 2006. Arddangosfa un-ddynes, *Craft Focus*, Oriel Mission, Abertawe 2001. Wedi'i chynnwys yn *The Potter's Guide to Ceramic Surfaces*, Jo Connell (Apple Press 2002); *The Teapot Book*, Steve Woodhead (A&C Black, Llundain (A&CB) 2005); *Ceramics with Mixed Media*, Joy Bosworth (A&CB 2006); cylchgrawn *Homes and Antiques* y BBC (Hydref 2000, Hydref 2003); 'Look Out', y cylchgrawn *Crafts* (Y Cyngor Crefftau, rhifyn 174, Ionawr/Chwefror 2002); *High Performance*, HTV Cymru (Chwefror 2001). Casgliadau'n cynnwys AOGC; Prifysgol Aberystwyth. 'Wedi fy ysbrydoli gan gerameg hanesyddol a gynhyrchwyd mewn ffatrïoedd; technegau adeiladu â llaw, bwrw slip.' Yn byw yng Nghaerdydd, de Cymru.
*Yr artist*

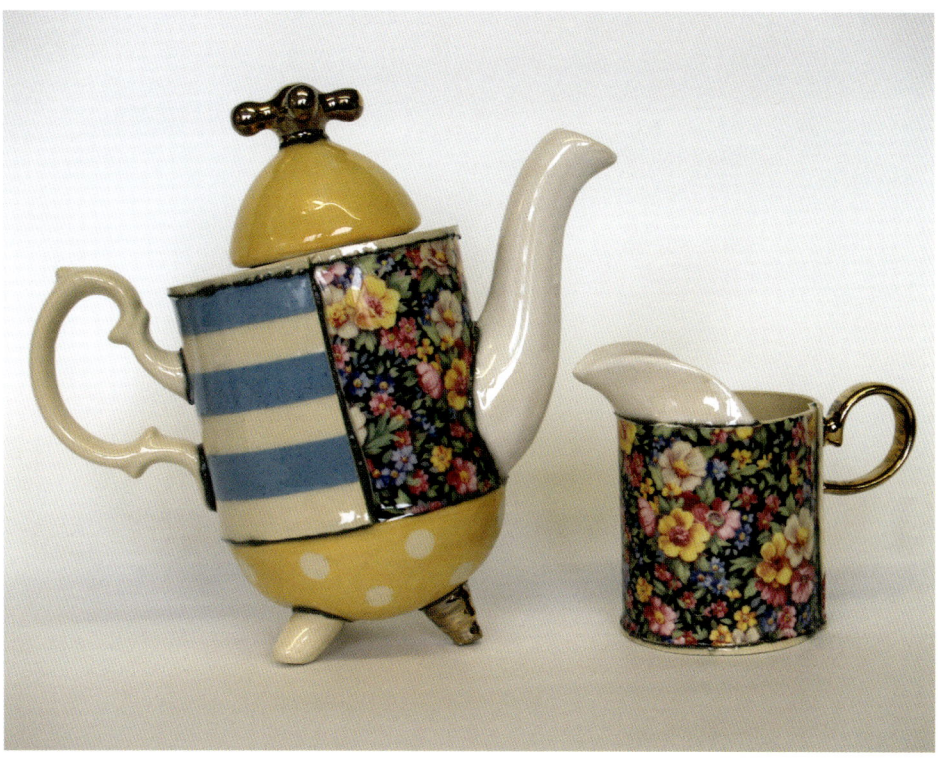

119 | Virginia Graham
*Tebot â choesau a jwg fach* 2007

## Esther GRAINGER 1912–1990
**Enw gwaith Esther Margaret Grainger, peintwraig, artist tecstiliau. Ganed yng Nghaerdydd, de Cymru.**

Astudiodd yn Ysgol Gelf Caerdydd 1928–34; Ysgol Baentio ac Arlunio East Anglia, Hadleigh, o 1942, gyda Cedric Morris. Tiwtor, Cyngor Cenedlaethol Gwasanaeth Cymdeithasol; Sefydliad Pontypridd 1934–46. Trefnydd, Athrofa Addysg Oedolion Prydain 1940–46; Ysgrifenyddes Ffederasiwn Clybiau Cerddoriaeth a Chelfyddydau Cymru tua 1945. Athrawes, Ysgol Ramadeg Caerffili i Ferched 1946–50. Darlithydd/Prif Ddarlithydd, Awdurdod Addysg Caerdydd 1950–60; Coleg Addysg Caerdydd 1960–1975. Trefnydd, gyda David Bell, yr arddangosfa ddethol agored gyntaf, Eisteddfod Genedlaethol Cymru (EGC) 1950. Ysgrifenyddes fygedol, arddangosfeydd *Pictures for Welsh Schools*, Cymdeithas er Addysg drwy Gelf (CADG) 1957–59. Aelod, Grŵp De Cymru/Y Grwp Cymreig; Cymdeithas Ddyfrlliwiau Cymru. Arddangosfeydd ar y cyd yn cynnwys *Twenty-five Paintings by Contemporary Welsh Artists*, Pwyllgor Cymreig Cyngor Celfyddydau Prydain Fawr (PCCCPF) 1949 (teithiol); EGC 1950, 1952, 1955, 1960; *Pictures for Welsh Schools*, CADG/PCCCPF 1951–52; *Welsh Drawings*, PCCCPF 1963 (teithiol); *Art in Wales, The 20th Century: The Early Years, 1900–56*, Cyngor Celfyddydau Cymru (CCC) 1969 (teithiol); *The Benton End Circle*, Bury St Edmunds 1986; *Arddangosfa Hanner Can Mlwyddiant*, Cymdeithas Celf Gyfoes Cymru (CCGC) 1987. Arddangosfeydd deuddyn (gyda Glyn Morgan) yn cynnwys Oriel Canaletto, Llundain 1966; Oriel, Caerdydd, CCC 1976. Arddangosfeydd un-ddynes yn cynnwys Amgueddfa ac Oriel Gelf Casnewydd (AOGCas) 1954; Oriel Canaletto, Llundain 1968; The Minories, Colchester 1973; Llyfrgell Genedlaethol Cymru, Aberystwyth (LlGC)1975; *A Pontcanna Flora*,

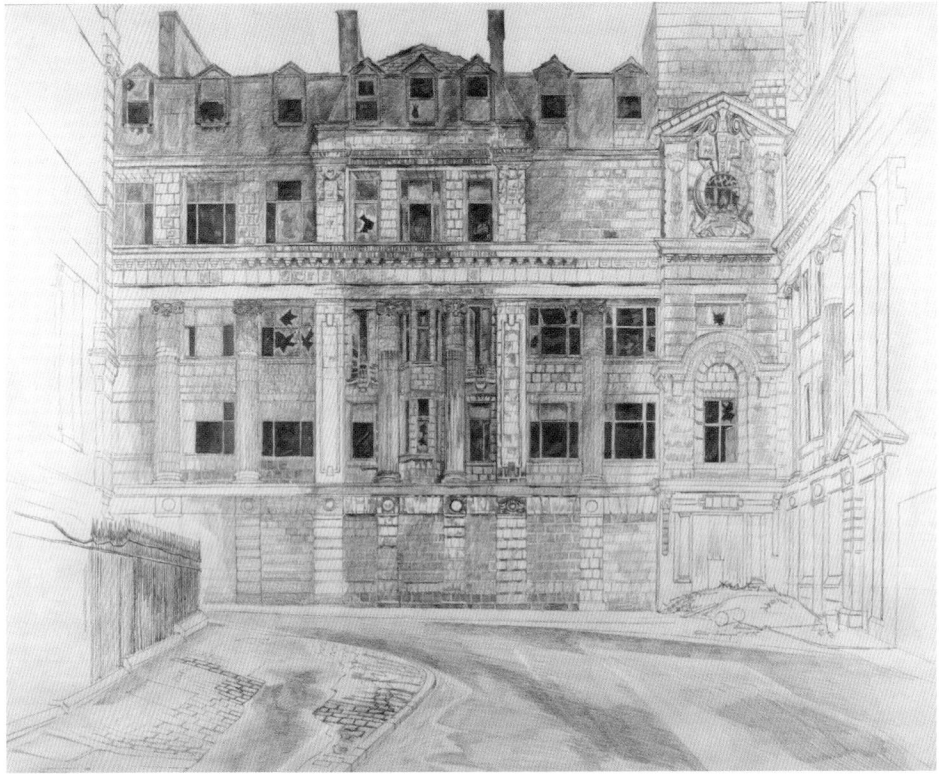

120 | Esther Grainger
*Mount Stuart Square, Cardiff* tua 1988

Celfyddydau Cain Manor House, Caerdydd 1990. Wedi'i chynnwys yn 'Artists of Wales: Esther Grainger', *Western Mail* (25 Tachwedd 1955); ysgrif goffa Nan Youngman, *The Guardian* (3 Ionawr 1991). Casgliadau'n cynnwys Amgueddfa ac Oriel Gelf Castell Cyfarthfa; Amgueddfa Cymru; Amgueddfa Pontypridd; AOGC; awdurdodau addysg, Cymru a Lloegr; CCGC; LlGC; Prifysgol De Cymru, Pontypridd. Prynwyd gwaith gan CCC. Brodwaith/gludwaith; adeiladau; cymoedd glofaol, mynyddoedd ac arfordir Cymru. Roedd yn byw yng Nghaerdydd.

### Ian GRAINGER 1942–2007
**Enw gwaith Ian Gavin Howard Grainger, gwneuthurydd printiau, peintiwr. Ganed yn Umtali, Zimbabwe.**

Astudiodd yng Ngholeg Celf Sunderland 1965–68 (gradd yn y dosbarth cyntaf); Coleg Celf Birmingham 1968–69. Cymrodoriaeth mewn Peintio, Sefydliad Celf Chicago 1969–70; Prix de Rome (Ysgythru), Yr Ysgol Brydeinig yn Rhufain 1971–73. Darlithydd, gwneud printiau, Coleg Celf Caerdydd/Athrofa Prifysgol Cymru, Caerdydd o 1973. Cymrodoriaeth Gelf Gregynog, Prifysgol Cymru 1980–81. Taith astudio/ddarlithio, India 1982. Preswyliadau i arlunwyr yn cynnwys Ymddiriedolaeth Gwneud Printiau Lowick/Celfyddydau Gogledd Lloegr 1977; Canolfan Gelfyddydau Neuadd Llanofer, Caerdydd 1986. Gwobrau'n cynnwys Cyngor Celfyddydau Cymru (CCC) 1975–77, 1990; Y Cyngor Prydeinig 1982. Comisiynau'n cynnwys CCC 1975, 1976, 1980. Aelod, Cyfadran Ysgythru, Yr Ysgol Brydeinig yn Rhufain; Cyngor Gwneuthurwyr Printiau Prydain Fawr; Grŵp 56 Cymru 1979–87; Aelod

cyswllt, Cymdeithas Frenhinol y Peintwyr-Ysgythrwyr ac Engrafwyr. Cyfyngodd iechyd gwael ar ei weithgareddau o ddiwedd y 1980au. Arddangosfeydd ar y cyd yn cynnwys *Mostra*, Yr Ysgol Brydeinig yn Rhufain 1972, 1973; *The Fall*, CCC 1976 (teithiol); *Text and Image*, Oriel Curwen, Llundain 1978; *Sioe Haf*, Oriel Serpentine, Llundain 1980; *The Final Proof*, CCC 1981 (teithiol). Arddangosfeydd undyn yn cynnwys Prifysgol Chicago 1970; *Some Enquiries and Observations*, Canolfan Gelfyddydau Sunderland 1974; *Ian Grainger*, Oriel, CCC, Caerdydd 1975; Arnolfini, Bryste 1980. Cyhoeddiadau'n cynnwys *Cabinet des Refusés: Prints I.G.H. Grainger* (Ian Grainger 1977). Casgliadau'n cynnwys Cyngor Celfyddydau Lloegr – y Gogledd-ddwyrain; Prifysgol Aberystwyth; Prifysgol De Cymru, Pontypridd. Prynwyd gwaith gan CCC. '…adeiladu go iawn a damcaniaethol, mecaneg, mudiant, gwironeddau hynod amser…' *(yng nghatalog Oriel 1975)* '…mae tyrau ifori'n cymysgu â chŵn poeth; …mae syniadau Breughel a Schongauer yn cadw cwmni i falwod a gwlithod…' *(Eric Rowan, cyflwyniad, Cabinet des Refusés 1977)*. Roedd yn byw yng Nghaerdydd, de Cymru.
*Frances Woodley*

## Paul GRANJON 1965–
**Artist yn gweithio gydag electroneg, roboteg, fideo. Ganed yn Lyon, Ffrainc.**

Astudiodd yn École des Beaux Arts de Marseille (graddiodd ym 1990). Technegydd fideo/clyweledol llawrydd, cwmnïau petrocemegol, ar ddiwedd y 1980au. Sefydlodd/rheolodd Z Productions 1988–2003. Darlithydd/artist ymchwil (Ymarfer Celf Gyfryngol), Athrofa Prifysgol Cymru, Caerdydd, o 1995. Cymrodoriaeth, Y Gwaddod Cenedlaethol ar gyfer Gwyddoniaeth, Technoleg a'r Celfyddydau 2004. Artist preswyl, Le Lieu, Dinas Québec, Canada 2006. Aelod o b1oc: Technoleg Greadigol Cymru; Rhwydwaith-Roboteg-Creadigol. Perfformiadau/gosodwaith yn cynnwys *Z Food across the World*, Caerdydd 1995–99 (teithiol); *Z Lab Presents*, Oriel Whitechapel, Llundain 1999 (teithiol); *Z Lab 2001* (teithiol); *Z Lab Transported* 2003–05 (teithiol); *Mind Sniffer*, gyda Davida Hewlett, Gŵyl Experimentica, Canolfan Gelfyddydau Chapter, Caerdydd 2007. Ffilmiau'n cynnwys *The Flying Synthetic Doughnut* (1996); *The Antigravitational Vehicle for Cats* (1997); *The Creatures of Mill River* (2005). Arddangosfeydd

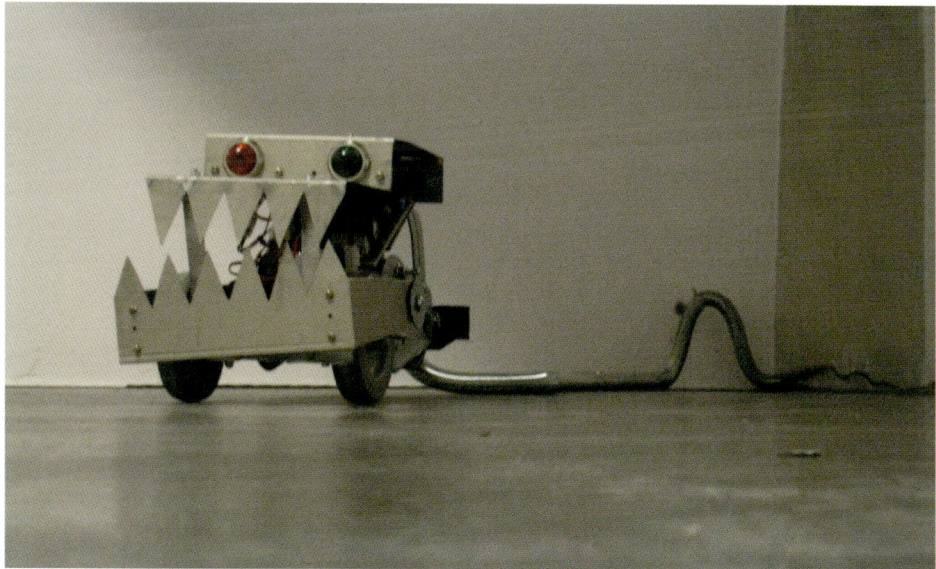

121 | Paul Granjon
*Biting Machine* 2007

cenedlaethol/rhyngwladol yn cynnwys *Somewhere Else: Artistiaid o Gymru yn 51fed Biennale Fenis*, Cyngor Celfyddydau Cymru, Fenis 2005; *Boed i Chi Fyw Mewn Amseroedd Diddorol*, Caerdydd 2005; *Somewhere Else, Something Else*, Oriel Davies, Y Drenewydd 2006; *Creative Cyborgs*, Canolfan DANA, Llundain 2006; *Gŵyl Celf mewn Amser*, Caerdydd 2007. Cyhoeddiadau'n cynnwys *Hand Made Machines* (g39, Caerdydd/Z Productions 2007); 'A personal story of art and technology' (*Hothaus Papers, Perspectives and Paradigms in New Media Arts*, Vivid/Article Press 2006). Wedi'i gynnwys yn 'Cwningen a chyfrifiadur', Rhian Price (*Golwg* 2001); 'Welsh artists make way for French robots', Dalya Alberge (*The Times* 2005); 'Paul Granjon's 21st century bestiary', Jon Bird (Paul Granjon/gwefan Zproductions 2006); 'Interview of Paul Granjon', Regine Debatty (gwefan 'we make money not art' 2006). Casgliadau'n cynnwys Amgueddfa Celf Fodern, Lwcsembwrg; Cyngor Celfyddydau Lloegr. '…cydesblygiad bodau dynol a pheiriannau.' Yn byw yng Nghaerdydd, de Cymru.
*Yr artist*

### Lyn GRANT 1941–
**Enw gwaith Eluned Tudor Grant, peintwraig, artist tecstiliau. Ganed yn Llanddeiniolen, gogledd Cymru.**

Astudiodd yng Ngholeg y Santes Fair, Bangor 1959–61 (Llenyddiaeth Gymraeg a Saesneg); Coleg Celf Caerdydd 1965–66; Coleg Menai, Bangor 1998–2002, gydag Edward Davies, Peter Prendergast. Athrawes, Rochdale 1961–63, Casnewydd, de Cymru 1963–65, 1966–70; uwch-ddarlithydd, Y Coleg Normal, Bangor 1970–86. Aelod o'r Academi Frenhinol Gymreig. Arddangosfeydd ar y cyd, *Sioe Dylan*, Y Tabernacl, Machynlleth (TM) 2003; Amgueddfa ac Oriel Gelf Gwynedd 2003. Arddangosfeydd un-ddynes yn cynnwys *Pedwaredd Gainc y Mabinogi*, TM 2004; Llyfrgell ac Oriel Gelf yr Wyddgrug 2005; Canolfan Ucheldre, Caergybi 2005; Galeri, Caernarfon 2005; Oriel Plas Glyn-y-Weddw, Llanbedrog 2007; Oriel Tegfryn, Porthaethwy 2007; Oriel Ynys Môn, Llangefni 2007. Wedi'i chynnwys yn Y Sioe Gelf, S4C (2004), *Croma*, S4C (2004); *Barn* (2005). Prynwyd gwaith gan Gyngor Celfyddydau Cymru. 'Naws a ffurfiau ar hap a ddarganfyddir yn y dirwedd …' Yn byw ym Miwmares, Ynys Môn, gogledd Cymru.
*Yr artist*

### Adrian GREEN 1967–
**Peintiwr. Ganed yng Nghaerdydd, de Cymru.**

John Walklate, athro celf, Monkton House, Caerdydd, yn ddylanwad cynnar arno. Astudiodd yn Athrofa Addysg Uwch De Morgannwg /Athrofa Addysg Uwch Caerdydd 1986–90, gyda Tom Piper. Swyddog heddlu o 1991. Comisiwn, Ysbyty Plant Cymru, Caerdydd 2006. Arddangosfeydd ar y cyd, Canolfan Gelfyddydau Chapter, Caerdydd 1986; *Artist y Flwyddyn Cymru*, Neuadd Dewi Sant, Caerdydd (NDS) 2001 (Gwobr Dewis y Bobl), 2002; Oriel Martin Tinney, Caerdydd 2004–07. Arddangosfeydd undyn yn cynnwys y Llyfrgell Ganolog, Caerdydd 1996; Canolfan Ymwelwyr Caerffili 1996; *An African Adventure*, NDS 2000; *African Adventure II*, Y Tabernacl, Machynlleth 2001; Canolfan Gelfyddydau'r Eglwys Norwyaidd, Caerdydd 2003; Oriel Glan y Môr, Abergwaun 2004. Mae gwaith ganddo yng nghasgliad y BBC. Prynwyd gwaith gan Gyngor Celfyddydau Cymru. '…golygfeydd o ddinasoedd oddi fry ac eu traws.' Yn byw yng Nghaerdydd.
*Yr artist*

### Bernard GREEN 1931–1998
**Gwneuthurydd printiau, peintiwr.**

Astudiodd yng Ngholeg Celf Birmingham 1948–53, 1973–74. Athro, Ysgol Abbotsholme, Swydd Stafford 1966–81; cynlluniodd ganolfan gelf a thŷ newydd i'r ysgol. Cyrhaeddodd Gymru ar ddiwedd y 1970au; bu'n byw/gweithio yn Oriel Hendre Cross Llan-lwy, o 1977. Artist preswyl, Oriel Graham

Sutherland, Rhos 1986. Comisiynau'n cynnwys torlun leino *Castell Caernarfon*, Telecom Prydain 1990. Arddangosfeydd ar y cyd yn cynnwys Oriel Asset, Llundain 1974; *Arddangosfa Agored Canolbarth Cymru*, Canolfan y Celfyddydau Aberystwyth 1982; *The Art of Giving*, Oriel, Cyngor Celfyddydau Cymru, Caerdydd 1982; Oriel Albany, Caerdydd 1983; Oriel Gelf Glynn Vivian, Abertawe 1984; Eisteddfod Genedlaethol Cymru, Llanbedr Pont Steffan 1984; Cymdeithas Frenhinol y Peintwyr-Ysgythrwyr ac Engrafwyr 1985; *Myth, Legend and Faith: Invited Pembrokeshire artists*, Yr Academi Frenhinol Gymreig, Conwy 1997. Arddangosfeydd deuddyn yn cynnwys Oriel yr Atig, Abertawe 1988. Arddangosfeydd undyn yn cynnwys Oriel Sessions, Trefdraeth 1985; Canolfan y Barbican, Llundain 1986. Wedi'i gynnwys yn 'Opus', *Western Telegraph* (19 Mehefin 1985). Casgliadau'n cynnwys Amgueddfa ac Oriel Gelf Derby; Amgueddfa Maenordy Scolton, Sir Benfro; Amgueddfa Tref Hwlffordd; Llyfrgell Genedlaethol Cymru, Aberystwyth; Oriel Gelf Oldham. Prynwyd gwaith gan Gymdeithas Gelfyddydau De-ddwyrain Cymru. Paentiadau olew; torluniau leino; Sir Benfro, Ardal y Llynnoedd, Twsgani yw'i themâu tirluniol pennaf. Roedd yn byw yn Llan-lwy, gorllewin Cymru.

## Valerie GREEN 1940–
**Peintwraig. Ganed yn Beeston, Swydd Nottingham.**
Astudiodd yng Ngholeg Celf Nottingham 1956–59, gyda Brian Long; Coleg Celf Loughborough 1959–62, gyda Charles Pulsford. Dylunydd tecstiliau, Viyella 1962–63; athrawes, Swydd Nottingham a Swydd Gaerlŷr 1963–72; perchennog oriel a siop grefftau, gorllewin Cymru a Chrucywel, o 1972. Comisiwn, BP Exploration 1980. Arddangosfeydd ar y cyd yn cynnwys Amgueddfa ac Oriel Gelf Castell Nottingham 1968–72 (Gwobr Gelf Ymddiriedolaeth Holbrook 1969); Gŵyl Loughborough 1969 (arobryn) 1970; Eisteddfod Genedlaethol Cymru, Aberteifi 1976, Wrecsam 1977, Caerdydd 1978; *Sioe Gelf Dyfed*, Llyfrgell Caerfyrddin 1990; *Artist y Flwyddyn Cymru*, Neuadd Dewi Sant, Caerdydd 2003, 2007; *Sheep – a Celebration in Art*, Amgueddfa ac Oriel Gelf Brycheiniog, Aberhonddu 2003. Arddangosfeydd un-ddynes yn cynnwys Yr Emlyn Arms, Castellnewydd Emlyn 1992, 1993; Theatr Brycheiniog, Aberhonddu 2002; Oriel ar Wysg, Crucywel 2007. Wedi'i chynnwys ar Radio Nottingham (1968), BBC Radio 4 (1989); y wasg leol/genedlaethol (1968–2002). 'Mynyddoedd, camlesi, y môr, creigiau. Tiroedd diffaith diwydiannol. Y planhigion yn fy ngardd.' Yn byw yn Llangatwg, canolbarth Cymru.
*Yr artist*

## Myrtle GREENAWAY 1919–2002
**Peintwraig. Ganed ym Mhontypridd, de Cymru.**
Astudiodd yn Ysgol Gelf Caerdydd 1938–1944, gydag Evan Charlton, Ceri Richards. Athrawes, Ysgol Ramadeg Stand, Manceinion 1944–45; Ysgol Uwchradd Sant Illtud, Caerdydd 1945–59; hefyd yn diwtor, dosbarthiadau nos, Caerdydd. Uwch-ddarlithydd mewn Celf, Coleg Hyfforddi Athrawon y Barri, Y Barri, de Cymru 1959–1978. Arddangosfeydd ar y cyd yn cynnwys Grŵp De Cymru/Y Grŵp Cymreig; *Pictures for Welsh Schools*, Y Gymdeithas Er Addysg Drwy Gelf/Pwyllgor Cymreig Cyngor Celfyddydau Prydain Fawr (PCCCPF) 1951–52; *Contemporary Painting in Wales (Casgliad Cyngor y Celfyddydau)*, PCCCPF 1952 (teithiol); *Welsh Painting and Sculpture* (Agored), PCCCPF 1953; *Thirty Welsh Paintings of Today*, PCCCPF 1954 (teithiol); Prifysgol y Drydedd Oes, Porthcawl, 1996. Arddangosfeydd dwy-ddynes yn cynnwys *Welsh Vision*, James Howell, Caerdydd (gyda Joan Baker) 1948. Casgliadau'n cynnwys Amgueddfa Cymru; Prifysgol Aberystwyth. Prynwyd gwaith gan Gyngor Celfyddydau Cymru. Roedd yn byw ym Mhorth-cawl, de Cymru.

## Suzanne GREENSLADE 1952–
**Ffotograffydd. Ganed yn Atlanta, UDA.**

Cyrhaeddodd Gymru ym 1985. Astudiodd ym Mhrifysgol Tulane, New Orleans, UDA 1970–74 (Seicoleg); Prifysgol Madrid 1972–73; Prifysgol Fflorens, Yr Eidal 1976; Prifysgol Kansai Gaidai, Japan 1978–79; Canolfan Celfyddydau Ffotograffig y De-ddwyrain, Atlanta 1983–85; Athrofa Addysg Uwch Caerdydd 1991–93 (MA Celf Gain). Tiwtor, ffotograffiaeth, Cymdeithas Addysg y Gweithwyr /awdurdodau lleol yn ne Cymru 1985–86; uwch-ddarlithydd cyswllt (rhan-amser), Athrofa Addysg Uwch Abertawe/ Gorllewin Morgannwg 1987–97; cynorthwy-ydd gweinyddol /swyddog addysg, Oriel Washington, Penarth (OW), o 2003. Gwobrau Cyngor Celfyddydau Cymru 2000, 2004. Aelod o Ffotogallery; IRIS. Arddangosfeydd ar y cyd yn cynnwys *Women in Photography: the Southern Image*, Prifysgol Alabama, Huntsville 1985; *Pivot, 16 Artists Using Photography in Philadelphia and Wales*, Oriel Mostyn, Llandudno 1991 (teithiol); *Sites and Sensibilities*, Canolfan Gelfyddydau Chapter, Caerdydd 1992; *John Kobal Photographic Portrait Award Exhibition*, Oriel Zelda Cheatle, Llundain 1993; Eisteddfod Genedlaethol Cymru, Nedd a'r Cyffiniau 1994, Abertawe 2006; *Preoccupations*, Oriel Gelf Glynn Vivian, Abertawe 1996 (teithiol); *Arddangosfa Agored Ffotograffiaeth Cymru*, Oriel Gerddi Howard, Caerdydd 2006. Arddangosfeydd un-ddynes yn cynnwys *Cloisonné and Clouds*, Oriel Front Street, Wilmington, UDA 1982; Under the Bed, Canolfan Gyfryngau Watershed, Bryste 1997; *A Tribute to Willie*, Casa Americana, Valencia, Sbaen 1999 (teithiol); *Waking from the Long Sleep*, OW 2004. Cyhoeddiadau'n cynnwys *Under the Magnolias: Growing Up White in the South* (Prifysgol Valencia 2004). Yn gyfrannwr i *Discovering Welshness*, Fiona Bowie ac Oliver Davies (Gwasg Gomer 1992); *I Spy: Representations of Childhood*, Catherine Fehily, Jane Fletcher a Kate Newton (I B Tauris 1999). Ffilm BBC2 Cymru, *My Other Mother* (Hydref 2003). '…profiad personol … salwch cronig, cysylltiadau hiliol, brad, colled ac ieuangu.' Yn byw yng Nghaerdydd, de Cymru.
*Yr artist*

## Maurice A GREENWOOD 1930–
**Enw gwaith Maurice Arthur Greenwood, peintiwr. Ganed yn Rochdale, Lloegr.**

Cyrhaeddodd Gymru ym 1960. Astudiodd yn Ysgol Gelf Rochdale a Bury (rhan-amser) 1948–50, 1959–60; Coleg Llandrillo, Llandrillo-yn-Rhos (CLl) 1979–80. Gwneuthurydd offer/drafftsmon, y diwydiant peirianyddol 1944–60; manwerthu setiau teledu, Hen Golwyn 1960–80; athro (rhan-amser), CLl 1982–96; tiwtor, Adran Dysgu Gydol Oes, Coleg Prifysgol Gogledd Cymru, Bangor, o 1982; Cymdeithas Addysg y Gweithwyr, Bae Colwyn o 1982; llongau teithio, o 2003. Aelod o'r Academi Frenhinol Gymreig. Arddangosfeydd ar y cyd yn cynnwys Y Capel, Llangollen 1990–2004; Neuadd Dewi Sant, Caerdydd 1995; Amgueddfa Cymru 1999; Llyfrgell Genedlaethol Cymru, Aberystwyth 2003. Arddangosfeydd undyn yn cynnwys Hosbis Springfield, Rochdale 1992; Llyfrgell Bae Colwyn 1994; Llyfrgell Bridgnorth 1996. 'Y dirwedd, arfordir gogledd Cymru, Swydd Gaerhirfryn a Swydd Efrog.' Yn byw ym Mae Penrhyn, gogledd Cymru.
*Yr artist*

## Jim GREER 1948–
**Enw gwaith James Greer, peintiwr, gwneuthurydd printiau, artist gwydr lliw. Ganed yn Glasgow, Yr Alban.**

Bu'n byw yn Llundain, Paris 1965–70; Awstralia 1978–79; India, Australia, UDA, Canada 1992–94. Cyrhaeddodd Gymru ym 1979. Astudiodd yn Ysgol Gelf Glasgow 1970–74, gyda Philip Reeves; Coleg Addysg Jordanhill 1974–75; Athrofa Addysg Uwch Abertawe 1994–97, gyda Rodney Bender. Dylunydd dan hyfforddiant, asiantaeth hysbysebu 1962–65; athro, Ysgol Uwchradd St Andrew, Clydebank 1975–78; aelod, Tîm Gweithgareddau i Gleifion, Ysbyty Dewi Sant, Caerfyrddin 1983–85; artist arweiniol, prosiectau celf gyhoeddus (murluniau), Bryste a gorllewin Cymru 1985–92, Llanelli 2000 (ariannwyd

gan Gronfa Gŵyl y Mileniwm/Cyngor Celfyddydau Cymru); stiwdio gwydr lliw, o 1997; artist arweiniol gyda Gofal Celf, o 1998; sefydlodd/rheolodd fusnes celfyddydau cymunedol (gyda Chronfa Datblygu Rhanbarthol Ewrop) 1999–2005; tiwtor (rhan-amser), Coleg y Drindod, Caerfyrddin 2001–07, Cyngor Sir Caerfyrddin, o 2005. Comisiynau'n cynnwys ffenestri gwydr lliw, Llyfrgell Llanelli/Cyngor Sir Caerfyrddin 2002; Gwasanaethau Iechyd Meddwl Sir Gaerfyrddin 2003. Arddangosfeydd ar y cyd yn cynnwys *Scottish Young Contemporaries* 1974 (arobryn); Oriel Myrddin, Caerfyrddin 2000. Casgliadau'n cynnwys Canolfan Angel Ornaz, Efrog Newydd.'…gwydr ymdoddedig ac argraffu sgrîn sidan ar wydr…wedi'i ysbrydoli gan ymdeimlad â lle. Fel arfer yn cydweithio ag artistiaid eraill…' Yn byw ym Mhont-iets, gorllewin Cymru.
*Yr artist*

## Robert GREETHAM 1957–
**Enw gwaith Robert Michael Greetham, ffotograffydd, peintiwr, artist cyfryngau cymysg. Ganed yng Nghaerdydd, de Cymru.**

Astudiodd yng Ngholeg Prifysgol Cymru, Aberystwyth (CPCA) 1976–79, 1979–81 (MA Celf a Hanes Celf). Cyfarwyddwr, Ffotogallery, Caerdydd (Ffotog)1982–83; golygydd, y cylchgrawn *Ffotoview* 1982–85; tiwtor (rhan-amser), Ysgol Gelf, CPCA 1986–96. Artist preswyl, Neuadd Dewi Sant, Caerdydd 1993. Comisiynau, Canolfan Gelfyddydau Chapter, Caerdydd (CGChap) 1986; Oriel Mostyn, Llandudno (OM) 1990. Gwobrau Cyngor Celfyddydau Cymru (CCC) 1985, 1988, 2005. Arddangosfeydd niferus ar y cyd gan gynnwys Oriel, CCC, Caerdydd 1982; Eisteddfod Genedlaethol Cymru, Llanrwst 1989 (arobryn), Yr Wyddgrug 1991; *Under the Eye of Saturn*, OM 1991; *Just Another Day*, Ffotog 2000 (teithiol); NYAD2000, Oriel dfn, Efrog Newydd 2000; *Arddangosfa Haf*, Yr Academi Frenhinol, Llundain 2000; *Six Photographers*, Oriel Gerddi Howard, Caerdydd 2007. Arddangosfeydd undyn yn cynnwys *Formal Gardens*, Canolfan y Celfyddydau Aberystwyth 1981 (teithiol); *On the House*, CGChap 1986; *A Retrospective 1978–1998*, Oriel Ysgol Gelf, Prifysgol Cymru, Aberystwyth 1998; *Of Fire and Rites*, The Gate, Caerdydd 2005. Erthyglau cyhoeddiedig yn cynnwys 'Bill Brandt: A Life', *Inscape* (2004); 'Suzanne Greenslade', *Inscape* (2005). Wedi'i gynnwys yn 'Robert Greetham: Photographs 1978–98' (Chris Webster, *Inscape* 1999). Casgliadau'n cynnwys Cyngor Caerdydd; Ffotog; Llyfrgell Genedlaethol Cymru, Aberystwyth; Prifysgol Aberystwyth. '…y ffigwr dynol ac ymdeimlad â lle …y gwrthrych diwylliannol hapgael, cerfddelw wedi'i thorri… ac awgrym o fyrhoedledd, dirywiad a'r ystum wib…tirwedd y cof.' Yn byw yng Nghaerdydd.
*Yr artist*

## Emily GREGORY-SMITH 1978–
**Enw gwaith Emily Kate Gregory-Smith, peintwraig, gwneuthurydd printiau. Ganed yn Peterborough, Lloegr.**

Cyrhaeddodd Gymru yn 2000. Astudiodd ym Mhrifysgol Fetropolitan Leeds 1998–2000; Universidad Complutense, Madrid 2000 (Rhaglen Gyfnewid Erasmus, Yr Undeb Ewropeaidd); Prifysgol Cymru, Aberystwyth 2000–02 (Gwobr Ben Bowen Thomas 2002), 2003–05 (MA Celf Gain), gyda John Harvey. Gwobr David Tinker, Cymdeithas Celf Gyfoes Cymru 2001. Aelod o Wneuthurwyr Printiau Aberystwyth; Fforma, grŵp artistiaid Aberystwyth. Arddangosfeydd ar y cyd yn cynnwys *Biennale Arlunio Cymru*, Canolfan y Celfyddydau Aberystwyth 2002 (teithiol), 2005 (teithiol); *Lines and Strata*, Oriel Mwldan, Aberteifi 2006; Oriel Plas Glyn-y-Weddw, Llanbedrog 2006; Canolfan Gelfyddydau Gorllewin Cymru, Abergwaun 2006, 2007; Canolfan Celfyddydau Cain Feick, Coleg Green Mountain, Vermont 2007; Oriel Theatr Clwyd, Yr Wyddgrug 2007. Arddangosfeydd un-ddynes yn cynnwys Ysbyty Bronglais, Aberystwyth 2003–05; Oriel Cambria, Tregaron 2005. 'Tirluniau a phaentiadau o arfordir gorllewin Cymru, Cwm Rheidol a Chernyw.' Yn byw yn Aberystwyth, canolbarth Cymru.
*Yr artist*

## Kathryn LE GRICE 1972–
**Enw gwaith Kathryn Elizabeth Le Grice, peintwraig. Ganed yn Abertawe, de Cymru.**

Astudiodd ym Mhrifysgol Leeds 1991–94 (Athroniaeth); Prifysgol Caerlŷr 2001–04 (rhan-amser) (MA Astudiaethau Amgueddfa). Artist hunanddysgedig. Wedi'i hysbrydoli gan ei thad, David Randal Davies. Gwaith manwerthu, Llundain 1994–95; gwaith TG, Nottingham 1995–99; gweinyddwraig (rhan-amser), Nottingham 2000–03; gweinyddwraig ysbyty, Abertawe 2003–04. Artist (llawnamser), o 2004. Comisiynau'n cynnwys Prifysgol Cymru, Abertawe 2006. Arddangosfeydd ar y cyd yn cynnwys Canolfan Gelfyddydau Taliesin, Abertawe (CGT), o 2004; *Artist y Flwyddyn Cymru*, Neuadd Dewi Sant, Caerdydd 2004–06; Oriel Pen y Fan, Aberhonddu, o 2006; Celf Gain Fountain, Llandeilo, o 2006; Oriel yr Atig, Abertawe, o 2006. Arddangosfa ddwy-ddynes, Canolfan Gelf Patchings, Nottingham (gyda Ruth Lyne) 2003. Arddangosfa un-ddynes, CGT 2003. Gwaith yng nghasgliad Prifysgol Abertawe. 'Y gwaith yn adlewyrchu Cymru – tirweddau, tirwedd dinasoedd, pensaernïaeth.' Yn byw ym Mhen-clawdd, de Cymru.
*Yr artist*

## Chris GRIFFIN 1945–
**Enw gwaith Christopher John Griffin, peintiwr, gwneuthurydd printiau. Ganed ym Maesycwmer, de Cymru.**

Astudiodd yng Ngholeg Celf Swydd Gaerloyw, Cheltenham 1969–72 (ysgoloriaeth deithio 1972); Y Coleg Celf Brenhinol, Llundain 1972–75 (MA), gyda Peter Blake, Carel Weight (Gwobr Anstruther 1975); Coleg Celf Caerdydd 1975–76. Clerc cyfrifon, Y Bwrdd Glo Cenedlaethol 1965–68; athro cyflenwi, Bargoed 1976–83; tiwtor (rhan-amser), addysg oedolion, Canolfan Howardian, Caerdydd o 2003. Aelod o Artistiaid yr Hen Lyfrgell; Cymdeithas Ddyfrlliwiau Cymru; Y Grŵp Cymreig. Arddangosfeydd ar y cyd yn cynnwys *Arddangosfa Haf*, Yr Academi Frenhinol, Llundain 1975; *Cystadleuaeth Dirluniau Laing*, Orielau'r Mall, Llundain 1997 (gwobr genedlaethol), 1998 (gwobr ranbarthol); Neuadd Dewi Sant, Caerdydd (NDS) o 2003; *Visions of the Valleys*, Oriel yr Atig, Abertawe (OAA) 2004; *Changing Moods of the Rhondda*, Parc Treftadaeth y Rhondda, Trehafod (PTRh) 2004. Arddangosfeydd deuddyn yn cynnwys OAA (gyda James Donovan) 1998, (gyda Mike Jones) 2000, 2003, 2006; Oriel Washington, Penarth (gyda Martin Vaughan Jones) 1998, 2003, (gyda James Beale) 2004, (gyda Brian Smith) 2005; Oriel Canfas, Caerdydd (gyda George Chambers) 2006. Arddangosfeydd undyn yn cynnwys Oriel Artichoke, Caerffili 1979; *The Valleys Revisited*, Canolfan Gelfyddydau yr Eglwys Norwyaidd, Caerdydd 1997; NDS 2000; *Looking Back*, PTRh 2002. Cyhoeddiadau'n cynnwys *Looking Back*, C Griffin a Robert Macdonald (Christopher John Griffin, Caerdydd 2002). Gwaith yng nghasgliad PTRh. Wedi'i gynnwys yn y *Western Mail* (2002). Prynwyd gwaith gan Gyngor Celfyddydau Cymru. 'Cymoedd diwydiannol de Cymru …y diwydiant glo; …agweddau ffurfiol ar y dirwedd a'i gwahanol elfennau.' Yn byw yng Nghaerdydd, de Cymru.
*Yr artist*

## David Lloyd GRIFFITH 1956–
**Peintiwr. Ganed ym Mae Colwyn, gogledd Cymru.**

Astudiodd yn Athrofa Gogledd Ddwyrain Cymru, Wrecsam 1975–76; dosbarthiadau bywlunio, Coleg Prifysgol Gogledd Cymru, Bangor (CPGC) 1985–92, gyda Mike Knowles, Emrys Williams; Coleg Agored y Celfyddydau 1989–93. Swyddog llywodraeth leol 1977–96; tiwtor (rhan–amser), Adran Addysg Barhaus, CPGC 1992–96; Cymdeithas Addysg y Gweithwyr, Bangor, o 1998; Cyngor Sir Ddinbych o 1999. Aelod o'r Academi Frenhinol Gymreig (AFG). Arddangosfeydd ar y cyd yn cynnwys Canolfan Gelfyddydau Llyfrgell y Rhyl (CGLlRh) 1997, 2004; *Welsh Painters Past and Present*, Oriel John Davies, Stow-on-the-Wold 2005; Oriel Plas Glyn-y-Weddw, Llanbedrog (OPGW) 2002, 2005; *Ffermio a Thirwedd Cymru*, Sioe Frenhinol Cymru, Llanelwedd 2004 (teithiol); Y Tabernacl, Machynlleth 2005; Oriel Kooywood, Caerdydd 2006. Arddangosfeydd deuddyn (gyda David Loten) yn cynnwys AFG 2002, Oriel Theatr Clwyd, Yr Wyddgrug 2003. Arddangosfeydd undyn yn cynnwys CGLlRh 1999; *Moments*, Oriel Llyfrgell Dinbych 2001; OPGW 2002; Amgueddfa Elusendai Llanrwst 2003; Oriel Alpine, Betws-y-coed 2006. Wedi'i gynnwys yn Y Sioe Gelf, S4C (1999); BBC Radio Wales (2002). 'Tirwedd Cymru. Gwneir fy holl waith yn yr awyr agored.' Yn byw ym Metws-yn-Rhos, gogledd Cymru.
*Yr artist*

## Gareth GRIFFITH 1940–
**Peintiwr. Ganed ym Mangor, gogledd Cymru.**

Astudiodd yng Ngholeg Celf Lerpwl 1960–66, gydag Arthur Ballard, Charles Burton. Cadét heddlu 1957–60; athro 1967–97, Lerpwl, Jamaica (1970–72), gogledd Cymru. Artist preswyl, Oriel Gelf Walker, Lerpwl (OGW) 1999. Aelod o Academi Lerpwl; bu'n aelod o Gymdeithas Artistiaid a Dylunwyr Cymru. Arddangosfeydd ar y cyd yn cynnwys OGW 1963, 1965, 1967; *Daear, Awyr a Dŵr*, Eisteddfod Genedlaethol Cymru (EGC), Cricieth/Cyngor Celfyddydau Cymru (CCC) 1975 (teithiol); EGC, Caernarfon 1979 (arobryn), Ynys Môn 1983, Casnewydd 1988 (arobryn), Ynys Môn 1999, Llanelli 2000; Oriel Mostyn, Llandudno 1988; *Arddangosfa'r Wobr Prynu Celf*, Prifysgol Morgannwg, Pontypridd 1999; Yr Academi Frenhinol Gymreig, Conwy 2001, 2005; Oriel Plas Glyn-y-Weddw, Llanbedrog (OPGW) 2002, 2004; *Ysbryd Llŷn*, OPGW 2003 (arobryn). Arddangosfeydd undyn yn cynnwys Oriel John Peartree, Jamaica 1972; Oriel Bangor/Amgueddfa ac Oriel Gelf Gwynedd 1977, 1999; Theatr Gwynedd, Bangor 1978; Canolfan Gelfyddydau Ucheldre, Caergybi 2003; *A55, Landscape Through Time*, Oriel Ynys Môn, Llangefni 2004; Canolfan y Plase, Y Bala 2007. Wedi'i gynnwys yn Y Sioe Gelf, S4C (1999, 2004). Casgliadau'n cynnwys Cyngor Dinas Soest, Yr Almaen; Cyngor Gwynedd; OGW; Prifysgol Bangor; Ymddiriedolaeth Celf Gain Clwyd, Bodelwyddan. Prynwyd gwaith gan CCC; Cymdeithas Gelfyddydau Gogledd Cymru. '…heb fod yn ffiguraidd, thema sy'n codi'i phen drachefn a thrachefn yw nofio a dŵr.' 'Yr arfordir; broc môr; lliw, golau, awyrgylch.' Yn byw ym Mynydd Llandygái, gogledd Cymru.
*Yr artist*

## Hanmer GRIFFITH 1880–1969
**Enw gwaith Hanmer Griffith MBE, peintiwr. Ganed yn Nhrefynwy, de Cymru.**

Bu'n gwasanaethu â Chyffinwyr De Cymru 1914–1918; gwerthwr tai, Ystradgynlais, de Cymru. Aelod sefydlu, Cymdeithas Gelf Dyffryn Gwy. Arddangosfeydd ar y cyd yn cynnwys Amgueddfa ac Oriel Gelf Casnewydd 1949; Grŵp De Cymru 1950–53. Bu hefyd yn arddangos yn y Rhosan ar Wy. Wedi'i gynnwys yn *Where Wye and Severn Flow*, W J Smart (R H Johns 1949). Casgliadau'n cynnwys Cymdeithas Celf Gyfoes Cymru. Dyfrlliwiau; tirluniau. Roedd yn byw yn Ynysgynwraidd, de Cymru.

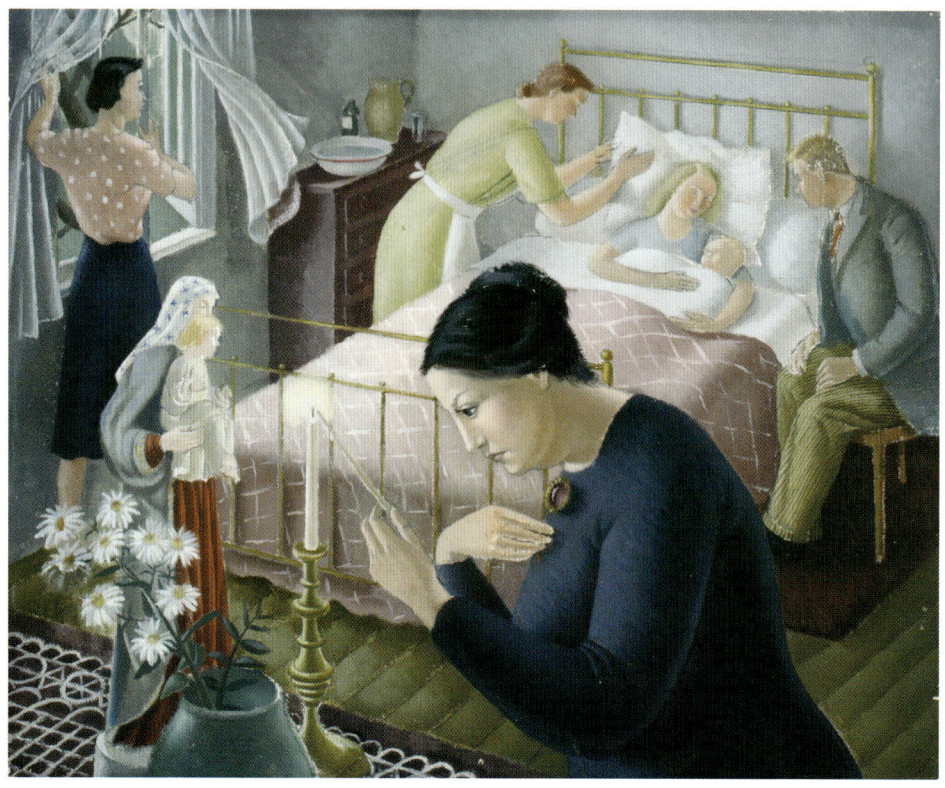

122 | Mignon Griffith
*Devotion after Childbirth* 1964

### Mignon GRIFFITH 1902–1971
**Enw gwaith Mignon F Baldwin Griffith, peintwraig. Ganed yn Rhuthun, gogledd Cymru.**

Astudiodd yn Ysgol Gelf Lerpwl tua 1921–23; Ysgol Gelf Chelsea, Llundain 1923–25; Y Coleg Celf Brenhinol, Llundain tua 1925–28, gyda Syr William Rothenstein (Ysgoloriaeth Deithio, Yr Eidal 1929; y fyfyrwraig gyntaf i'w derbyn). Athrawes, Ysgol Uwchradd Rhuthun o tua 1930; Coleg Dover i Ferched (cafodd yr ysgol ei symud i Gaerllion ar ddechrau'r Ail Ryfel Byd). Darlithydd, Celf Gain, Adran Addysg, Prifysgol Caerdydd, ar ddechrau'r 1940au– tan tua 1969. Ymweliadau ag orielau Ewropeaidd ac Americanaidd, drwy gydol ei gyrfa. Aelod o Glwb Artistiaid Lerpwl. Ei gwaith yn cynnwys *The Three Marys Visit the Empty Tomb*, Eglwys Sant Pedr a Sant Meugan, Rhuthun, cofeb ei rhieni i'w brawd hynaf, a laddwyd ar faes y gâd Gorffennaf 1918; portread, Dr Alfred George Edwards, Archesgob cyntaf Cymru. Arddangosfeydd ar y cyd yn cynnwys Arddangosfa Ryngwladol Fenis 1930; Clwb Celf Newydd Lloegr, Llundain. Wedi'i chynnwys yn 'Calvary relocated: expressions of renewed faith and hope in the work of twentieth century Welsh artists', John Morgan-Guy (gwefan *Delweddu'r Beibl*, Gorffennaf 2006). Casgliadau'n cynnwys Amgueddfa Cymru. Bu gwaith ffresco Eidalaidd o'r bymthegfed ganrif yn ddylanwad arni. Portreadaeth, gludweithiau, brodwaith, cynllunio tecstiliau, mosaig, terracotta. Roedd yn byw ym Mhenarth, de Cymru.
*Betty R Thomas*

## Aerwen GRIFFITHS 1940–
**Enw gwaith Margaret Aerwen Griffiths, peintwraig, Ganed ym Mhontrhydfendigaid, gorllewin Cymru.**

Astudiodd yng Ngholeg Hyfforddi CF Mott, Lerpwl 1958–60; Coleg Agored y Celfyddydau 1990; Coleg y Brifysgol, Allgymorth Aberystwyth 1998–99. Athrawes ysgol, Ceredigion 1960–62; Leamington Spa 1962–69, 1978–93. Dychwelodd i Gymru ym 1995. Aelod o'r Grŵp Argraffu, Aberystwyth. Arddangosfeydd ar y cyd yn cynnwys Oriel Cambria, Tregaron 2002–05; Oriel y Llys, Llanbedr Pont Steffan (OLlys). Arddangosfeydd un-ddynes yn cynnwys Theatr Mwldan, Aberteifi 2001; OLlys 2003; Oriel Emrys, Hwlffordd 2004. Wedi'i chynnwys yn 'Cymeriad Bro - Mrs Aerwen Griffiths', Twynog Davies (*Papurau Bro*, BBC Canolbarth Cymru, Tachwedd 2005); Teledu S4C (2004, 2006). Tirluniau; pentrefi; cwiltiau Cymreig. Yn byw yn Llanbedr Pont Steffan, gorllewin Cymru.
*Yr artist*

## Andy GRIFFITHS 1956–
**Enw gwaith Andrew Francis Griffiths, cerflunydd. Ganed yn Wallasey, Lloegr.**
**Hefyd yn gweithio fel Griff Griffiths.**

Cyrhaeddodd Gymru ym 1959. Astudiodd yng Ngholeg Celf Wrecsam 1974–75; Yr Ysgol Gelf Ganolog, Llundain 1983–87, gydag Ab Abercrombie, Cecil Collins, Steve Furlonger. Prif ganwr, The Wall, yn recordio/teithio 1978–83; gweithiwr mewn ffowndri, Ffowndri Gastio Celf Gain A@A, Llundain 1988–92; adeiladwr setiau, Expo 92, Seville 1992; Pennaeth Cerfluniaeth, Coleg Technoleg a Chelf Sir Gaerfyrddin/Ysgol Gelfyddydau Gorllewin Cymru, Coleg Sir Gâr, o 1994. Gwobr Cyngor Celfyddydau Cymru 2007. Aelod o Gerfluniaeth Cymru. Arddangosfeydd ar y cyd, *Sioe Gerfluniaeth Gŵyl Llundain*, Palas Alexandra, Llundain 1988; *Grŵp Llundain*, Y Coleg Celf Brenhinol, Llundain 1990; *Now I See*, Oriel Gelf Glynn Vivian, Abertawe 1993; *Art Medal World Congress*, Seixal, Portiwgal 2005. Arddangosfeydd undyn, *Sedum*, Gerddi Botanegol Abertawe 1995; Oriel Neuadd y Frenhines, Arberth 1999. Wedi'i gynnwys yn *The Medal* (rhif 49, 2006); *Planet* (rhifyn 177, 2006). Gwaith yng nghasgliad Cymdeithas Celf Gyfoes Cymru. '…trawsnewid y gwrthrych pob dydd, fel arfer drwy gyfrwng tân. Mae metel tawdd a mowldiau'n dal i fy nghyfareddu ar ôl 20 mlynedd o gastio.' Yn byw yng Nghydweli, gorllewin Cymru.
*Yr artist*

## Archie GRIFFITHS / Rhys GRIFFITHS 1902–1971
**Enwau gwaith Archie Rhys Griffiths, peintiwr. Hefyd yn cael ei adnabod fel Griff Griffiths. Ganed yn Aberdâr, de Cymru.**

Astudiodd yn Ysgol Gelf Abertawe 1919–24; Y Coleg Celf Brenhinol, Llundain (CCB) 1924–27, gyda William Rothenstein (CCB, Ysgoloriaethau Sir Forgannwg; ysgoloriaeth deithio CCB). Teithiodd yn Ffrainc, yr Eidal. Gweithiwr, ffatri dunplat; glöwr, Pwll Glo'r Mynydd, Gorseinion, cyn mynd i'r Ysgol Gelf. Aelod, Cymdeithas Gelf Abertawe. Symudodd i Lundain 1931. Comisiynau'n cynnwys murlun, Oriel Gelf Glynn Vivian, Abertawe (OGGV) 1933; murlun, Coleg y Gweithwyr, Camden Town, Llundain 1932; llawer o bortreadau. Arddangosfeydd ar y cyd yn cynnwys Eisteddfod Genedlaethol Cymru (arobryn 1922). Arddangosfeydd undyn yn cynnwys *Paintings, Drawings and Etchings by Archie Griffiths*, OGGV 1929; Cymdeithas Cymry Ifainc. Wedi'i gynnwys yn 'An Artist of Vision: The Work of Rhys Griffiths', Geraint Goodwin (*The Welsh Outlook*, rhifyn 19, 1932); *Diwylliant Gweledol Cymru: Y Gymru Ddiwydiannol*, Peter Lord (Canolfan Uwchefrydiau Cymreig a Cheltaidd Prifysgol Cymru/Gwasg Prifysgol Cymru 1998); *Drawn from Wales: A School of Art in Swansea 1853–2003*, golygydd Kirstine Brander Dunthorne (Gwasg Academaidd Cymru 2003). Casgliadau'n cynnwys Amgueddfa Cymru; OGGV. Golygfeydd gweithio yn y pwll glo. '…gallu arlunio anghyffredin. … elfen angerddol o ddiffuantrwydd yn ei gyfansoddiadau ffigurol…' *(William Rothenstein, catalog, OGGV 1929)*. Roedd yn byw yn Llundain, Lloegr.

## Claire GRIFFITHS 1952–
**Peintwraig, gwneuthurydd printiau. Ganed yn y Waun, gogledd Cymru.**

Astudiodd yng Ngholeg Brenhinol Fforest y Ddena, Coleford 1995–96; Athrofa Prifysgol Cymru, Caerdydd 1996–99, gyda Tom Piper. Tiwtor (rhan amser), addysg i oedolion, Canolfan Howardian, Caerdydd 1999–2000; Y Ganolfan Ddydd, Penarth 2001–02. Gweithdai, Y Fenni, Magwyr, o 2002. Aelod o grŵp artistiaid Cylch y Mynydd Du, Llandeilo Bertholau. Arddangosfeydd ar y cyd yn cynnwys Theatr Brycheiniog, Aberhonddu 1998; Oriel Albany, Caerdydd 1999, 2000, 2004–07; Oriel Washington, Penarth (OWP), o 1999; Oriel Grefft Court Cupboard, Y Fenni (OGCC), o 2000; Oriel GreenStage, Bishops Frome 2006, 2007. Arddangosfeydd un-ddynes yn cynnwys OWP 2002, 2007; OGCC 2002; Oriel Parkfields, Rhosan ar Wy 2003. '…golygfeydd cartref, tirluniau a phortreadau. Cymoedd ôl-ddiwydiannol Cymru.' Yn byw yn Llandogo, de Cymru.
*Yr artist*

## David GRIFFITHS 1939–
**Enw gwaith David Wyn Griffiths, peintiwr. Ganed yn Lerpwl, Lloegr.**

Ei rieni'n Gymry. Cyrhaeddodd Gymru ym 1945. Bu Elis Gwyn Jones, athro celf, Ysgol Ramadeg Pwllheli, yn ddylanwad cynnar. Astudiodd yn Ysgol Celf Gain Slade, Llundain 1957–61, gyda Syr William Coldstream. Athro, Ysgol Ramadeg Waverley, Birmingham 1962–66; perchennog oriel, Pwllheli, Caerdydd 1964–67; darlunydd llawrydd i'r BBC, HTV 1967–72. Comisiynau portreadau niferus gan gynnwys EUB Tywysog Cymru; Arglwydd Tonypandy; Syr Geraint Evans. Arddangosfeydd ar y cyd yn cynnwys Eisteddfod Genedlaethol Cymru (EGC), Glynebwy 1958, Caerdydd 1960, Llanelli 1962. Arddangosfeydd undyn yn cynnwys EGC, Rhydaman 1970; adolwg, Llyfrgell Genedlaethol Cymru, Aberystwyth (LlGC) 2002. Wedi'i gynnwys yn *Portreadau*, Rhian Evans (LlGC 2002); y wasg leol. Casgliadau niferus yn cynnwys Amgueddfa ac Oriel Gelf Casnewydd; Cyngor Caerdydd; LlGC; Llysgenhadaeth yr Unol Daleithiau, Llundain; Prifysgolion Abertawe, Aberystwyth, Bangor, Caerdydd; Tŷ'r Arglwyddi. 'Testunau'n cynnwys brenhindod, llysgenhadon, archesgobion, aelodau nodedig o'r llywodraeth, diwydiant, masnach a'r proffesiynau meddygol a chyfreithiol.' Yn byw yng Nghaerdydd, de Cymru.
*Yr artist*

## Gareth GRIFFITHS 1956–
**Peintiwr. Ganed yng Nghaerffili, de Cymru.**

Astudiodd yng Ngholeg Celf Casnewydd/Coleg Addysg Uwch Gwent 1974–78, gyda John Selway, Ernest Zobole; Athrofa Addysg Uwch De Morgannwg 1987–88. Bu'n gweithio ym musnes coed y teulu 1979–85. Athro, ysgolion uwchradd, Swydd Efrog, Swydd Gaerhirfryn, Swydd Henffordd 1988–99; (rhan-amser), de Cymru 2000–05. Tiwtor/swyddog addysg /cyfarwyddwr oriel, Canolfan Gelfyddydau Neuadd Llanofer, Caerdydd (CGNLl), o 2005. Artist preswyl, Canolfan Gelfyddydau Chapter, Caerdydd 1980–81; Ysgol Gynradd Sant Pedr, Caerdydd 1987. Comisiynau'n cynnwys Celfyddydau Cymunedol Hull 1991. Gwobrau Cyngor Celfyddydau Cymru 1980, 1986. Aelod o'r Grŵp Cymreig (1985–94). Arddangosfeydd ar y cyd yn cynnwys Theatr Sherman, Caerdydd 1979; Amgueddfa ac Oriel Gelf Casnewydd 1979; *Drawing 80*, Amgueddfa Cymru 1980; *Arddangosfa Agored Canolbarth Cymru*, Canolfan y Celfyddydau Aberystwyth 1986; A Rare Chance to See, Oriel Washington, Penarth (OWP) 2005; *Keepers of the Flame*, OWP 2006. Arddangosfeydd undyn yn cynnwys CGNLl 1986; Gŵyl Bolton, Neuadd y Dref, Bolton, Humberside 1994. Casgliadau'n cynnwys Cyngor Caerdydd; Prifysgol Cymru, Y Drindod Dewi Sant. 'Paentiadau olew lled-ffiguraidd … domestig, tirluniau, pobl… Dw i'n hoffi darganfod cysylltiadau a hiwmor yn yr amgylchedd o'm cwmpas.' Yn byw ym Mhontypridd, de Cymru.
*Yr artist*

## Gillian GRIFFITHS 1964–
**Ffotograffydd, peintwraig. Ganed yn Walsall, Lloegr.**

Astudiodd yn Ysbyty Prifysgol Cymru, Caerdydd. Gweithwraig gymunedol a chymdeithasol; artist. Partner sefydlu, cyfarwyddwr ariannol, Parthian Books, Aberteifi. Arddangosfeydd ar y cyd yn cynnwys Eisteddfod Genedlaethol Cymru, Castell-nedd 1994; *Arddangosfa Castell-nedd*, Castell-nedd 1995; *Vital Art*, Tŷ Celf Llundain 1998. Arddangosfeydd un-ddynes yn cynnwys *Freeways*, Caerdydd 1995 (teithiol); Permanent Waves, Caerdydd 1996. Comisiynau/cyhoeddiadau'n cynnwys clawr/ ffotograffau'r llyfr, *Freeways: A Journey West on Route 66*, Lewis Davies (Parthian Books 1997, 2003); teitlau Parthian Books eraill. Yn byw yng Ngheredigion, gorllewin Cymru.
*Yr artist*

## Gillian GRIFFITHS 1946–
**Enw gwaith Gillian Louise Griffiths, peintwraig. Ganed ym Mhen-y-bont ar Ogwr, de Cymru.**

Dosbarthiadau darluniau botanegol, Coleg West Dean, Chichester, gyda Margaret Merritt. Ysgrifennydd Cwnstabliaeth Morgannwg a De Cymru 1965–88; artist llawrydd 1988–2007. Athrawes/tiwtor, Amgueddfa Cymru, Caerdydd ar ddechrau'r 1990au; Gardd Fotaneg Genedlaethol Cymru, Llanarthne (GFGC) 2003; ei gweithdai ei hun yng nghanol y 1990au. Aelod o Artistiaid Botaneg Cymru (ABC) gynt. Arddangosfeydd ar y cyd yn cynnwys y Gymdeithas Arddwriaethol Frenhinol (paentiadau botanegol), 1986 (medal aur), 1990, 1992 (medal arian gilt, y ddau ddyddiad), 2002 (medal aur); ABC, arddangosfa gychwynnol, GFGC 2002; *Not the Turner Prize*, Orielau'r Mall, Llundain 2004. Arddangosfeydd un-ddynes yn cynnwys Canolfan Arfordir Treftadaeth Southerndown, yn flynyddol 1985–2007. Paentiadau botanegol yn enwedig o flodau gwyllt yn ardal Pen-y-bont ar Ogwr. Yn byw ym Mhen-y-bont ar Ogwr.
*Yr artist*

## Glyn GRIFFITHS 1926–1999
**Peintiwr, darlunydd. Ganed yng Nghaerdydd, de Cymru (ond weithiau'n cael ei gofnodi fel Treorci).**

Astudiodd yn Ysgol Gelf Caerdydd 1942–45, gyda Ceri Richards; Ysgol Gelf Chelsea, Llundain 1948–49. Y Llynges Frenhinol 1945–47/48. Athro, ysgolion Morgannwg 1950–51; darlithydd, Dylunio Cyffredinol, Darlunio, Dylunio Graffeg, Coleg Celf a Chrefftau Birmingham tua 1950–66; darlithydd (rhan-amser), Ysgol Gelf Bournville a Choleg Celf Amwythig 1974–84; Coleg Celf a Dylunio Henffordd, o 1987. Dychwelodd i fyw yng Nghymru rhwng 1966–74; ffermwr defaid, tyfwr ffrwythau, gorllewin Cymru. Comisiynau'n cynnwys deunydd ymgyrchoedd cyhoeddusrwydd Plaid Cymru 1966; darluniau, cloriau, dylunio llyfrau, Gwasg Gomer; cynlluniau theatr, Canolfan Gelfyddydau Sir Aberteifi, Felin-fach 1967. Arddangosfeydd ar y cyd yn cynnwys *60 Years of Welsh Painting*, Oriel San Siôr, Llundain 1947; *Welsh Vision*, James Howell a'i Gwmni, Caerdydd 1948; *Grŵp De Cymru*, Amgueddfa Cymru, Caerdydd (AC) 1949; *The 2nd Exhibition of Contemporary Welsh Painting and Sculpture*, Pwyllgor Cymreig Cyngor Celfyddydau Prydain Fawr 1955 (teithiol); *Pictures for Welsh Schools*, Y Gymdeithas Er Addysg Trwy Gelf 1956; *Midlands Artists*, Birmingham 1960, 1961; Prifysgol Birmingham (PB) 1965; *Zobole and Friends*, Oriel Pen-y-Fan, Aberhonddu 2007. Arddangosfeydd undyn yn cynnwys *Glyn Griffiths 1926– 1999*, Oriel Cymdeithas Frenhinol Artistiaid Birmingham 2002–04 (teithiol, yn cynnwys canolfannau yng Nghymru). Wedi'i gynnwys mewn adolygiadau, *Studio, Arts Review, Guardian, Birmingham Post*. Casgliadau'n cynnwys AC; Amgueddfa ac Oriel Gelf Casnewydd; Cyngor Dinas Birmingham; Cymdeithas Celf Gyfoes Cymru; PB; Prifysgol Abertawe. Tirluniau diwydiannol; golygfeydd arfordirol a gwledig; bywyd llonydd gyda blodau. Roedd yn byw yn Swydd Henffordd.
*Cynthia Griffiths*

**Griff GRIFFITHS  Gweler Andy GRIFFITHS**

**Gwenny GRIFFITHS** 1867–1953
**Enw gwaith R Gwenny Griffiths. Ganed yn Abertawe, de Cymru.**

Astudiodd yn Ysgol Gelf Abertawe; Ysgol Celf Gain Slade, Llundain; Académie Julian ac Atelier Colarossi, Paris. Peintwraig/darlunwraig lawrydd, Llundain 1902–20 (o leiaf). Portreadau rhodd yn cynnwys Esgob Gibraltar; Roger Beck, Ysbyty Abertawe; portreadau comisiwn yn cynnwys y Fonesig Margaret Lloyd George; yr Arglwydd Ustus Banks; Is-iarlles Penarlâg. Aelod o Glwb Celf Rhyngwladol y Menywod, Llundain (Ysgrifenyddes Fygedol 1906–07). Arddangosfeydd ar y cyd yn cynnwys *Exhibition of Works by Past Students of the School of Art and Crafts, Swansea*, Oriel Gelf Glynn Vivian, Abertawe (OGGV) 1935; yr Academi Frenhinol, Llundain; Paris Salon; y Galeri Newydd, Llundain; eraill yn Llundain, Budapest, Melbourne (Awstralia). Arddangosfeydd un-ddynes yn cynnwys OGGV 1922. Symudodd i Ffrainc, gan ddychwelyd i'r Fenni yn ystod yr Ail Ryfel Byd. Wedi'i chynnwys yn *The Lady's Realm; An Illustrated Monthly Magazine* (tua'r 1890au); *Swansea Evening Post* (4, 10 Ionawr 1954). Casgliadau'n cynnwys OGGV; Oriel Gelf Manceinion. '… gellid dyddio'i darluniau … o'u hawyrgylch, (gan ei gwneud) yn bosibl pennu eu dyddiad bron i'r flwyddyn.' *(Awdur anhysbys)* Roedd yn byw ger Cannes, de Ffrainc.

**John GRIFFITHS** 1958–
**Enw gwaith John Howard Griffiths, peintiwr. Ganed yn Ffynnon Taf, de Cymru.**

Astudiodd yn Athrofa Addysg Uwch De Morgannwg, Caerdydd (AAUDM), 1976–80, 1988–89, gyda Glyn Jones, Terry Setch, Mike Crowther, Harry Holland; Prifysgol Reading (MA Celf Gain) 1983–85, gydag Adrian Heath, Terry Frost. Gwobrau'n cynnwys Cyngor Celfyddydau Cymru 1983, 1986. Athro Celf a Dylunio, Ysgol Gyfun Bryn Hafren, Y Barri er 1989. Arddangosfeydd ar y cyd yn cynnwys *Cystadleuaeth Baentio Ganmlwyddol*, Prifysgol Caerdydd 1983 (y Wobr Gyntaf); Oriel, Cyngor Celfyddydau Cymru, Caerdydd 1983, 1989; *Arddangosfa Tlws Stowells*, Yr Academi Gelf Frenhinol, Llundain 1983; *Moving Pictures*, Cymdeithas Gelfyddydau De-Ddwyrain Cymru, Caerdydd 1987; Eisteddfod Genedlaethol Cymru, Cwm Rhymni 1990, Yr Wyddgrug 1991, Llanfair-ym-Muallt 1993; *Myth, Faith and Religion*, Canolfan Gelfyddydau'r Eglwys Norwyaidd, Caerdydd 1997. Arddangosfeydd undyn yn cynnwys Canolfan Gelfyddydau Neuadd Llanofer, Caerdydd 1981, 1986; Oriel y Cyntedd, Canolfan Gelfyddydau Chapter, Caerdydd 1983; Neuadd Dewi Sant, Caerdydd 1990; Canolfan Cyncoed AAUDM, Caerdydd 1993, 2000. Casgliadau'n cynnwys Cyngor Caerdydd. 'Mythau creu; y Themâu Mawr, Genedigaeth, Bywyd, Marwolaeth ac yn y blaen; (ond hefyd) …teimladau syml.' Yn byw yng Nghaerdydd, de Cymru.
*Yr artist*

**Martin GRIFFITHS** 1955–
**Enw gwaith Martin Howard Griffiths, peintiwr, artist sy'n defnyddio golau.**
**Ganed yn Rhydychen, Lloegr.**

Astudiodd yn Ysgol Gelf a Chrefftau Bournville, Birmingham 1973–75; Coleg Celf a Dylunio Caerloyw 1975–78; Coleg Polytechnig Birmingham 1978–79. Athro celf cynorthwyol, Southend-on-Sea 1979–82. Bu'n byw yng Nghymru 1982–2002. Bu'n trefnu cyrsiau paentio, Tyddewi, o 1983, yn fwy diweddar gyda Choleg Prifysgol Cymru, Aberystwyth (CPCA); sefydlodd oriel ger Tyddewi 1990. Darlithydd (rhan-amser), Coleg Sir Benfro, Hwlffordd 1991–92; Adran Addysg Barhaus, CPCA 1992–2001; darlithydd llawrydd 1998–2000; tiwtor (rhan-amser), Ysgol Addysg Barhaus, Prifysgol Nottingham 2001–03; Cymdeithas Addysg y Gweithwyr, Dwyrain Canolbarth Lloegr 2003–06. Symudodd i Swydd Lincoln 2002. Gwobr Er Clod Ymddiriedolaeth Goffa WCW James 2000; Gwobr Cyngor Celfyddydau

Lloegr 2003. Arddangosfeydd ar y cyd yn cynnwys *Pembrokeshire Painters*, Neuadd y Santes Fair, Tyddewi 1990 (teithiol); Eisteddfod Genedlaethol Cymru, Ynys Môn 1999, Tyddewi, 2002; *Art West*, Oriel Myrddin, Caerfyrddin 2000 (teithiol); *Salon 2000*, Oriel Limner, Efrog Newydd 2000; Oriel Stephen Lacey, Llundain 2003–04; Sefydliad Cass (SC), Parc Cerfluniau Goodwood 2005–07. Arddangosfeydd undyn yn cynnwys Oriel Hamilton House, Massachusetts 1990–94, 1997; Canolfan Gelfyddydau Gorllewin Cymru, Abergwaun 1999, 2001; *Through a Glass Darkly*, Y Tabernacl, Machynlleth (TM) 2001. Cyhoeddiadau'n cynnwys erthyglau, *The Artist* (Mehefin–Hydref 1996). Wedi'i gynnwys yn *Pembrokeshire Painters* (Rosedale Publications 1990); 'Discovering Shades in the Dark' (*Western Mail*, 5 Tachwedd 2001); *Cass Sculpture* (Cass Foundation Publications 2007). Casgliadau'n cynnwys SC; TM. Gwaith wedi datblygu o dirluniau i waith sy'n defnyddio golau. Yn byw yn Swydd Lincoln, Lloegr. *Yr artist*

## Mary GRIFFITHS 1956–
**Peintwraig. Ganed yn Llanelli, gorllewin Cymru.**

Astudiodd yng Ngholeg Celf Dyfed 1974–75; Coleg Celf Croydon 1975–78, gyda John Bellany, Bruce McLean, Gus Cummins. Bu DM Daniel yn ddylanwad cynnar arni. Peintwraig (llawnamser), o 1988; comisiynau portreadau preifat. Eisteddfod Genedlaethol Cymru (EGC), Castell-nedd, Y Fedal Aur 1994; *Gwobrau Celf Hunting*, y Wobr Gyntaf 1995. Wedi'i hethol i'r Academi Frenhinol Gymreig, Conwy (AFG)

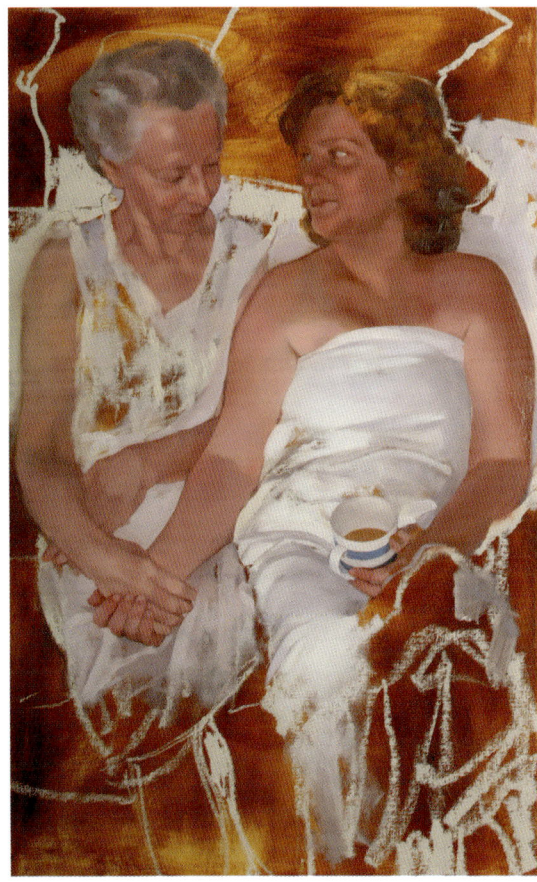

123 | Mary Griffiths
*Angela and Emma* 2006

2000. Arddangosfeydd ar y cyd yn cynnwys *Arddangosfa Agored y Dwyrain*, King's Lynn (Gwobr Arlunio'r Fonesig Evershed 1988, 1997, Gwobr Baentio 1999); Cymdeithas Frenhinol y Peintwyr Portreadau, Llundain 1990; Yr Oriel Newydd, Abertawe 1990; Oriel Bow House, Llundain 1991, 1994–95, 1997; *Sioe Arddangos Cymru*, Y Tabernacl, Machynlleth (TM) 1995; Yr Oriel, Llundain 1996; *Contemporary Welsh Art*, Hong Kong 1997; *Enillwyr y Fedal Aur, EGC* 2001; *Sioe Haf*, AFG 2001–03. Arddangosfeydd un-ddynes yn cynnwys Orielau Chappel, Chappel, Essex (OC) 1993, 1995, 1997, 2000, 2002, 2004, 2007; Oriel Martin Tinney, Caerdydd 1998, 2001. Cyhoeddiadau'n cynnwys *The World They Mean*, Glyn Maxwell a Mary Griffiths (Clarion Publishing 1997). Wedi'i chynnwys yn *The Parables of Sunlight … Mary Griffiths* (OC/John Sansom 2002); *The Hunting Art Prizes 1981–2005* (Hunting plc 2005). Casgliadau'n cynnwys Casgliad Celf Ysgolion a Cholegau Swydd Gaerlŷr gynt; Cymdeithas Celf Gyfoes Cymru; TM. Paentiadau ffigurol, arluniadau. Yn byw yng Nghaergrawnt, Lloegr.
*Yr artist*

### Noëlle GRIFFITHS 1959–
**Peintwraig. Ganed yn Harrow, Lloegr.**

Astudiodd yng Ngholeg Celf a Dylunio Gorllewin Surrey 1977–78; Ysgol Gelf St Martin, Llundain 1978–82, gydag Anthony Wishaw, Eileen Cooper. Cyrhaeddodd ogledd Cymru ym 1986. Athrawes, darlithydd (rhan-amser) o 1987. Gwobrau'n cynnwys Cyngor Celfyddydau Cymru 1986, 1990, 1996, 2003. Artist preswyl, India 2003, Sbaen 2006. Sefydlodd Wasg yr Hafod (GH), argraffiadau cyfyngedig o lyfrau artistiaid 2003. Aelod o Gymdeithas Artistiaid a Dylunwyr Cymru (gynt) 1985–92. Arddangosfeydd ar y cyd yn cynnwys *Sioe Gelf Cymru*, Canolfan y Celfyddydau Aberystwyth (CCA) 1996 (arobryn); *Biennale Arlunio Cymru*, CCA/Canolfan Gelfyddydau Wrecsam (CGW) 1997, 1999 (teithiol). Arddangosfeydd deuddyn yn cynnwys CCA (gydag Iwan Bala) 1994; Oriel y Crypt, Seaford (gyda Walter Bailey) 1995; Oriel 31, Y Drenewydd (gyda Lucy Voelcker) 1996 (teithiol); Celf Gain Duncan Campbell, Llundain (gyda Cecily Sash) 2003. Arddangosfeydd un-ddynes yn cynnwys *Paentiadau Dethol 1991–93*, Oriel Mostyn, Llandudno 1993; *Creation*, Stiwdio 8, Canolfan Grefft Rhuthun 1997; *Noëlle Griffiths Season Songs*, CGW 2002; *Llyfrau Artistiaid a Phaentiadau Cysylltiedig*, Amgueddfa Ceredigion, Aberystwyth 2004; *Aderyn Cân a Phaentiadau Cysylltiedig*, Y Tabernacl, Machynlleth 2007. Cyhoeddiadau'n cynnwys llyfrau artistiaid, *Intimate Land* 1988; *India Books* (GH 2003); *The Sacredness of Matter* (GH 2004). Wedi'i chynnwys yn y catalog *Noëlle Griffiths Season Songs*, traethawd gan Anne Stevenson (CGW 2002). Casgliadau'n cynnwys Amgueddfa Victoria ac Albert, Llundain; Casgliadau Arbennig Prifysgol Fetropolitan Manceinion; Llyfrgell Genedlaethol Cymru, Aberystwyth; Y Llyfrgell Brydeinig, Llundain. Paentiadau, celf lyfrau. Yn byw ym Maentwrog, gogledd Cymru.
*Yr artist*

### Owen GRIFFITHS 1983–
**Enw gwaith Owen Daniel Griffiths, peintiwr, cerflunydd. Ganed yn Abertawe, de Cymru.**

Astudiodd yn Athrofa Addysg Uwch Abertawe (AAUAbert) 2001–02; Prifysgol Brookes Rhydychen 2002–05 gyda Shelley Sacks. Gweithdai'n cynnwys AAUAbert 2005–06; artist preswyl, Oriel Mission, Abertawe (OGA) 2005–06. Aelod o Common Knowledge; Return to Darkness (RtD). Arddangosfeydd ar y cyd yn cynnwys *Broken Contemporary*, Celf Fodern Rhydychen 2003; *Space Tours*, 'Tate Cymru', Abertawe 2003; *Bread Oven Opening Ceremony*, Rhandiroedd St Clements, Rhydychen 2005; *Alternative Light Night*, OGA, Abertawe (gyda RtD) 2005; *Stiwdios Agored*, Stiwdios Gloucester Road, Abertawe 2005. Cyhoeddiadau'n cynnwys *Alternative Dialogues: Cultural Exchange Through Cooking* (OGA, Abertawe 2005). Wedi'i gynnwys yn y Sioe Gelf, S4C (2006). Ecoleg, yr amgylchedd; celf wleidyddol; cerfluniaeth gymdeithasol. Yn byw yn Abertawe, de Cymru.
*Yr artist*

## Philip Jones GRIFFITHS 1936–2008
**Ffoto-newyddiadurwr. Ganed yn Rhuddlan, gogledd Cymru.**

Astudiodd ym Mhrifysgol Lerpwl (Fferylliaeth). Fferyllydd, Llundain; ffotograffydd (rhan-amser), *Manchester Guardian*; dyn camera, Teledu Granada; ffotograffydd, *The Observer* 1961; llawrydd o 1963, gan aros gyda *The Guardian*. Aseiniadau'n cynnwys y rhyfel yn Algeria 1962; y rhyfel yn Fiet-nam o 1966; rhyfel Yom Kippur 1973; gwrthdaro yng Ngogledd Iwerddon 1970au; Cambodia 1973–75; Gwlad Thai. Darlithydd, Y Coleg Celf Brenhinol, Llundain 1974–76. Astudiaeth o ganlyniadau rhyfel yn Fiet-nam 1980–2005. Aelod, Magnum Photos 1966; aelod llawn 1971; Llywydd 1980–1985. Symudodd i Efrog Newydd 1980. Comisiynau ffilm yn cynnwys ffilmiau dogfen, gwaith glo brig yn un o gymoedd de Cymru; Gwersyll Ffoaduriaid Khao-i-Dang, Gwlad Thai, Uchel Gomisiwn y Cenhedloedd Unedig dros Ffoaduriaid. Sefydlodd Sefydliad Philip Jones Griffiths er Astudio Rhyfel 2001. Arddangosfeydd ar y cyd yn cynnwys Magnum Photos. Arddangosfeydd undyn yn cynnwys *Retrospective*, Photofest, Houston, a Madrid 1990, 1992; *Dark Odyssey*, Amgueddfa Cymru, Caerdydd (AC)/Ffotogallery 1996; Eisteddfod Genedlaethol Cymru, Dinbych 2001; *Agent Orange*, Oriel Ffotograffig Side, Newcastle upon Tyne 2004; *Fifty Years of Frontline*, Celf Gain Denise Bibro, Efrog Newydd 2005 (teithiol). Cyhoeddiadau'n cynnwys *Vietnam Inc.* (Collier UDA, Phaidon 1971); *Dark Odyssey* (Aperture, UDA 1996); *Agent Orange – Collateral Damage in Vietnam* (Trolley Books 2003); *Vietnam at Peace* (Trolley Books 2005). Ei gynnwys mewn cyfweliad ar y rhyngrwyd â Bob Dannin (Musarium Photo, Ionawr 2002); *The Digital Journalist* (Gorffennaf 2005). Casgliadau'n cynnwys AC; Cyngor Celfyddydau Lloegr. 'Henri Cartier-Bresson. Y llun cyntaf ganddo i mi ei weld erioed oedd un a ddangoswyd yn ystod darlith yng nghlwb camera'r Rhyl. Ro'n i'n 16…' Roedd yn byw yn Llundain, Lloegr.

## Rhys GRIFFITHS  Gweler Archie GRIFFITHS

## Steven Allan GRIFFITHS 1960–
**Peintiwr. Ganed yn Llanelli, gorllewin Cymru.**

Astudiodd yng Ngholeg Celf Dyfed 1985–86; Coleg Addysg Uwch Gwent 1987–90, gydag Ifor Davies, John Selway; Prifysgol Reading 1994–96 (MA). Darlithydd (rhan-amser/gwadd) o 1991, Athrofa Addysg Uwch Abertawe; Athrofa Prifysgol Cymru, Caerdydd; Ysgol Gelfyddydau Gorllewin Cymru, Caerfyrddin. Arddangosfeydd ar y cyd yn cynnwys *Arddangosfa 10 Mlwyddiant*, Neuadd Dewi Sant, Caerdydd (NDS) 1993; *Pre-occupations*, Oriel Gelf Glynn Vivian, Abertawe 1997; *Sioe Arddangos Cymru*, Y Tabernacl, Machynlleth (TM) 2001; *Singer and Friedlander/Sunday Times Watercolour Competition*, Orielau'r Mall, Llundain 2004–06. Arddangosfeydd undyn yn cynnwys NDS 1994; Oriel Neville, Llanelli 1997; Oriel Gelf Malvern Hills, Swydd Gaerwrangon 2004; TM 2006. Wedi'i gynnwys yn *Higher Performance*, HTV Cymru (2001). Casgliadau'n cynnwys TM. Gwaith cynrychioladol; dyfrlliw. Yn byw yn Llanelli.
*Yr artist*

## Winsor GRIMES 1928–1996
**Enw gwaith Winsor Kingsley Grimes, peintiwr a darlunydd. Ganed ym Mhont-y-pŵl, de Cymru.**

Astudiodd yng Ngholeg Technoleg Casnewydd (Tystysgrif Athro Oedolion). Glöwr yn 14 oed; dylunydd, ICI Fibres, Pont-y-pŵl, tan 1981, gan ddod yn Artist y Gwaith, darluniau â llaw/lluniau technegol. Comisiynau'n cynnwys Amgueddfa Cymru, Caerdydd; Cyngor Sir Gwent; Yr Ymddiriedolaeth Genedlaethol; Cymdeithas Hanes Lleol y Fenni; cynlluniau ar gyfer anrhegion, Doncaster's, Blaenafon. Gwobr Cyngor Celfyddydau Cymru 1986. Arddangosfeydd ar y cyd yn cynnwys Sefydliad Brenhinol

Penseiri Prydain, Llundain; Canolfan Gelfyddydau Abaty Nant Teyrnon, Cwmbrân (CGANT) 1987; Cymanfa Ganu Genedlaethol UDA, Baltimore 1988; Cymanfa Ganu Genedlaethol Canada, Victoria 1990; *The Landscape*, CGANT (gyda Sheila Pick, Paul Burgess) 1992; Yr Hen Lyfrgell, Caerdydd (gyda Helen Lush) 1995. Arddangosfeydd undyn yn cynnwys Tŷ Rhydychen, Rhisga 1972; Hanofer, Yr Almaen 1982; Oriel Old Smithy, Brynbuga 1985. Wedi'i gynnwys yn *The Raging Summer*, John Summers, (Joseph 1972). Pin ac inc, dyfrlliwiau; archeoleg ddiwydiannol; testunau pensaernïol, archeolegol, technegol. Roedd yn byw yn y Fenni, de Cymru.

124 | Jon Groom
*Between the Light # 10* 2006

## Jon GROOM 1953–

**Peintiwr, gwneuthurydd printiau. Ganed yng Nghasnewydd, de Cymru.**

Astudiodd yng Ngholeg Celf Caerdydd 1971–72, 1974–76; Coleg Polytechnig Sheffield 1972–73; Ysgol Gelf Chelsea, Llundain 1976–77 (MA), gydag Ian Stephenson (Ysgoloriaeth Boise, teithio yn UDA 1977). Cymrawd mewn Paentio, Coleg Celf a Dylunio Swydd Gaerloyw, Cheltenham 1977–78. Saer, Stiwdios Riverside, Llundain 1979. Darlithydd, o 1980, Coleg Celf Caerdydd; Coleg Celf Hornsey, Llundain; Ysgol Gelf St Martin's, Llundain; Coleg Polytechnig Portsmouth. Bu'n byw/gweithio yn Efrog Newydd 1988–90. Artist preswyl, Munich Kulturreferat 1987; Cadeirlan Lincoln 1990; Amgueddfa Luis Barragán, Mexico 1997; Coleg Addysg Bellach Guernsey 2003. Arddangosfeydd cenedlaethol/ rhyngwladol niferus ar y cyd gan gynnwys *Gwreiddiau*, Eisteddfod Genedlaethol Cymru/Cyngor Celfyddydau Cymru (CCC) 1976 (teithiol); *The British Art Show*, Oriel Hayward 1979 (teithiol); *The Presence of Painting: Aspects of British Abstraction 1958–1988*, Oriel Gelf Mappin, Sheffield 1988 (teithiol); *Cabinet Paintings*, Oriel Gillian Jason, Llundain 1992 (teithiol, gan gynnwys Cymru). Arddangosfeydd undyn yn cynnwys Stiwdios Riverside, Llundain 1978, 1981; Oriel Nicola Jacobs, Llundain 1979, 1986, 1988; *Jon Groom Paintings and Drawings*, Oriel, CCC, Caerdydd 1982; *The Assumption Paintings*, Oriel Pamela Auchincloss, Efrog Newydd 1991; *Jon Groom: New Works*, Celf a Dylunio Paal, Munich 2000, 2004. Llyfrau artistiaid yn cynnwys *Between Light and Dark; Man and the Sea Shell* (Gernot Pape, Munich 1994). Wedi'i gynnwys yn *Jon Groom: Between the Light*, Robert C Morgan ac eraill (Prestel 2007). Casgliadau'n cynnwys Amgueddfa Cymru; Amgueddfa'r Castell, Norwich; Amgueddfa Victoria ac Albert, Llundain; Cymdeithas Celf Gyfoes; Cyngor Celfyddydau Lloegr. '…lliw'n cyfuno â gofod pensaernïol…' *(Gwefan, The Gallery, Guernsey)* Yn byw yn Munich, Yr Almaen.
*Yr artist*

## David GROSVENOR 1956–

**Enw gwaith David John Grosvenor, peintiwr. Ganed yn Burnham-on-Crouch, Lloegr.**

Ei flynyddoedd cynnar ym Madagascar. Astudiodd ym Mhrifysgol Caerwysg o tua 1974. Bu'n gweithio mewn ymgynghoriaethau dylunio graffeg, Llundain 1977–91. Cyrhaeddodd ogledd Cymru ym 1991; artist llawrydd, dylunydd graffeg, darlunydd, tiwtor, o 1991. Comisiynau'n cynnwys posteri 1990au, Rheilffordd Ffestiniog; Rheilffordd Tal-y-llyn. Arddangosfeydd ar y cyd yn cynnwys Oriel Albany, Caerdydd o ganol y 1990au; Oriel yr Hen Efail, Llanfrothen 2003; Oriel Tegfryn, Porthaethwy o 2004; Galeri, Betws-y-coed, o 2005; *Sioe Haf*, Yr Academi Frenhinol Gymreig, Conwy ganol degawd cyntaf y 21ain ganrif; Oriel Cymru (oriel ar-lein), Cricieth, o 2006. Arddangosfeydd undyn yn cynnwys Oriel Plas Glyn-y-Weddw, Llanbedrog 1996, 1999, 2004, 2007; Oriel y Mynydd Gwefru, Llanberis 1999, 2000–01; Oriel Ynys Môn, Llangefni 2003; Stiwdio 35, St Antonin Noble Val, Ffrainc 2004; Oriel Tegfryn, Porthaethwy 2005. Casgliadau'n cynnwys Llyfrgell Genedlaethol Cymru, Aberystwyth; Tŷ'r Arglwyddi, Llundain. Tirluniau, bywyd llonydd, blodau; dyfrlliwiau, olew, pastelau. Yn byw ym Mhenrhyndeudraeth, gogledd Cymru.
*Yr artist*

## Irene GUNSTON 1960–

**Cerflunydd. Ganed yn Abercynffig, de Cymru.**

Astudiodd yng Ngholeg Celf Caerdydd 1978–79; Coleg Celf Caergaint 1979–82. Gwerthwraig, busnes llyfrau/hynafiaethau 1982–86; cerflunydd cerfwedd, IM Imprimit 1985–86. Cerflunydd, cyfarwyddwr/ technegydd cerflunwaith, Llundain, o 1987. Castiwr efydd/gwneuthurydd mowldiau/rheolwr gweithdy, Ffowndri Celfyddydau Cain A&A 1988–2000; cerflunydd, Rupert Harris Metal Conservation; technegydd, Coleg Celf a Dylunio Canolog St Martin; Ysgol Gelf Dinas ac Urddau Llundain. Gweithdai/cyrsiau,

Llundain, yn cynnwys Canolfan Ddydd Seiciatryddol Awdurdod Addysg Canol Llundain 1986; Oriel Whitechapel 1994; Ysgol Gymunedol St Paul's Way 2002, 2004. Comisiynau'n cynnwys medal ganmlwyddiant, yr Academi Brydeinig 2002; Medal Wigmore, Neuadd Wigmore 2007. Artist preswyl, Symposiwm Cerfluniau a Medalau Bach y Ffindir 1997; Symposiwm Castio Efydd Uherske Hradiste, y Weriniaeth Tsiec 2002. Gwobr am y Patiniad Gorau, Cymdeithas y Fedal Gelf Ryngwladol, yr Almaen 2000. Aelod o Gymdeithas y Fedal Gelf Brydeinig. Arddangosfeydd ar y cyd yn cynnwys Parc Gwledig Margam 1993; Oriel Martin Tinney, Caerdydd 1993, 2004; *Size Immaterial: Hand-held Sculpture of the 1990s*, yr Amgueddfa Brydeinig, Llundain (AB) 2000. Arddangosfeydd un-ddynes yn cynnwys Amgueddfa Celfyddydau Cain, Malta 1993; Clwyd Theatr Cymru, yr Wyddgrug 1993; Oriel Gelf Glynn Vivian, Abertawe 1994; Galleria Ceribelli, yr Eidal 2001. Wedi'i chynnwys yn *Women's Art* (1993); *Modern Painters* (Gaeaf, cyf VII, 1994); *Celfwaith … Pobl/Artworks on … People* (Cyhoeddiadau FBA 2000). Casgliadau'n cynnwys AB; Amgueddfa Genedlaethol yr Alban, Caeredin. Cerflunwaith efydd ffiguraidd. Yn byw yn Llundain, Lloegr.
*Yr artist*

### Louella GWILLIM 1950–
**Enw gwaith Louella Mary Gwillim, peintwraig. Ganed yn Amwythig, Lloegr.**

Ei thad yn Gymro. Astudiodd yn Ysgol Gelf Dinas ac Urddau Llundain 1975–78 gyda Peter Coker, Roger de Grey. Gwobr Richard Ford 1979 (teithio i Sbaen). Cyrhaeddodd Gymru ym 1990. Athrawes, bywlunio, Canolfan Hamdden y Fenni. Arddangosfeydd ar y cyd yn cynnwys *Arddangosfa Haf*, Yr Academi Frenhinol, Llundain 1981; *Arddangosfa Agored Whitechapel*, Llundain 1984, 1987, 1989; *Figurative Painters*, Oriel Woodlands, Llundain 1985; Oriel Washington, Penarth 1996–2007; *The Discerning Eye*, Orielau'r Mall, Llundain 2002; Amgueddfa Pont-y-pŵl/Ymddiriedolaeth Amgueddfa Torfaen 2004; *Artist y Flwyddyn Cymru*, Neuadd Dewi Sant, Caerdydd 2007. Arddangosfeydd deuddyn yn cynnwys Oriel Halesworth, Suffolk 1985. Golygfeydd Cymreig, trefluniau, hen ardaloedd diwydiannol. Yn byw ym Mlaenafon, de Cymru.
*Yr artist*

### Carol GWIZDAK  Gweler Carol KINGSBURY-GWISDAK

### Allan GWYNNE-JONES 1892–1982
**Enw gwaith Allan Gwynne-Jones CBE DSO RA, peintiwr. Ganed yn Richmond, Surrey, Lloegr. O dras Gymreig gymysg.**

Astudiodd y gyfraith 1911–14; cyfreithiwr cymwysedig, ond ni ddilynodd yr alwedigaeth. Astudiodd yn Ysgol Celf Gain Slade, Llundain (YCGS), rhan o dymor yr haf 1914; o 1919 (y Wobr Gyntaf, Paentio o Fywyd). Gwasanaeth yn y Rhyfel Byd Cyntaf, Catrawd 1af Swydd Gaer (DSO 1916); y Gwarchodlu Cymreig. Athro Paentio, Y Coleg Celf Brenhinol, Llundain 1923–30; Uwch-ddarlithydd, YCGS 1930–59; darlithydd (rhan-amser), Prifysgol Reading 1940–45. Artist Rhyfel, Llu Awyr Awstralia 1944. Aelod o Glwb Celf Newydd Lloegr (CCNLl) 1925–40, bu'n arddangos 1913–1939; Yr Academi Frenhinol, Llundain (AF) (Aelod Cyswllt 1955, Aelod o'r Academi Frenhinol 1965). Penodwyd yn CBE 1980. Comisiynau niferus am bortreadau. Arddangosfeydd ar y cyd yn cynnwys CCNLl 1913–1939; AF 1931, yn flynyddol o 1950. Arddangosfeydd undyn yn cynnwys Oriel Grosvenor, Llundain 1923; Thos Agnew a'i Feibion, Llundain 1972; *Allan Gwynne-Jones*, Amgueddfa Cymru, Caerdydd (AC)/Cyngor Celfyddydau Cymru/Eisteddfod Genedlaethol Cymru 1982 (teithiol). Cyhoeddiadau'n cynnwys *Notes on the Technique of Painting* (Hall the Printer 1946); *A Way of Looking at Pictures* (Phoenix House 1947); *Portrait Painters* (British Book Center Inc 1950); *Introduction to Still Life* (Staples Press 1954). Wedi'i gynnwys yn *The Times* (6 Awst 1982). Casgliadau'n cynnwys AC; AF; Amgueddfa ac Oriel Gelf Castell Cyfarthfa, Merthyr Tudful; Amgueddfa Ashmole, Rhydychen; Amgueddfeydd ac Oriel Gelf Birmingham; Casgliad Celf y Llywodraeth, Llundain; Cymdeithas Celf Gyfoes Cymru; Oriel Gelf Glynn Vivian, Abertawe; Tate, Llundain; Y Gymdeithas Celf Gyfoes; Yr Oriel Bortreadau Genedlaethol, Llundain. Portreadau; paentiadau o flodau. Roedd yn byw yn Eastleach Turville, Lloegr.

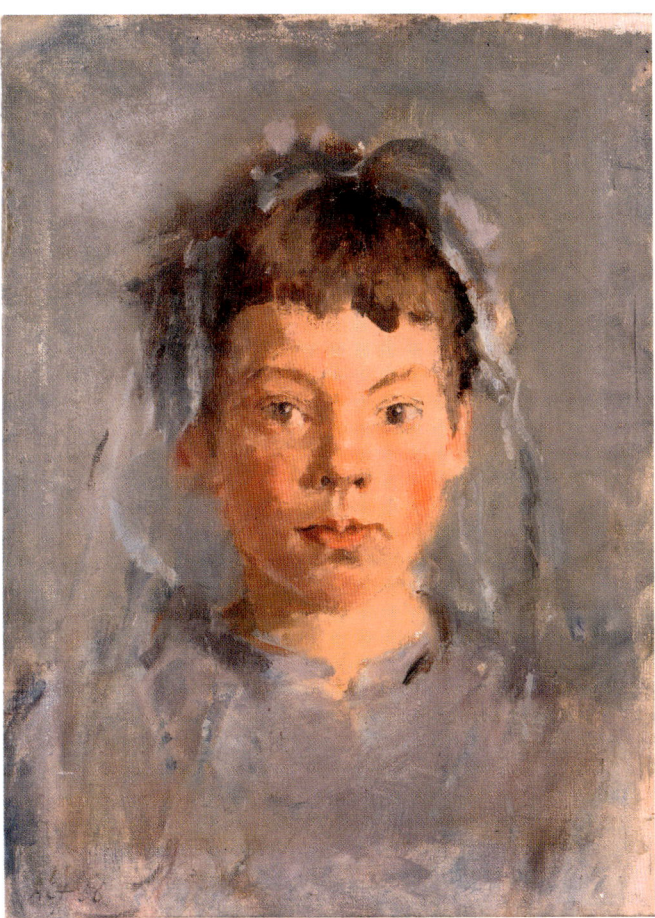

125 | Allan Gwynne-Jones
*Emmy as a Bridesmaid* 1958

# ARTISTIAID: H

H **HB  Gweler Honor BROGAN**

**Bryan HACKETT** 1936–
**Cerflunydd, bardd. Ganed yn Aberdaugleddau, gorllewin Cymru.**
Astudiodd yng Ngholeg Technoleg a Chelf Caerfyrddin 1987–91, gyda Christine Kinsey, Roger Moss. Comisiwn, Cyngor Tref Aberdaugleddau 1992. Yn byw yn Aberdaugleddau.
*Yr artist*

**HAFOD HILL POTTERY  Gweler Christine Frances McCOLE**

**Susan HAKES** 1958–1998
**Enw gwaith Susan Elise Hakes, artist tecstiliau, artist cymunedol, therapydd celf. Ganed yn Wellington, Seland Newydd.**
Astudiodd yn Torquay 1976–77; Coleg Celf Lerpwl 1977–80; Birmingham 1981–82; Coleg West Dean, Chichester 1988–89 (Gwehyddu Tapestri Uwch). Cyrhaeddodd Gymru tua 1981–82. Therapydd celf 1982–1986, Ysbyty Trelái, Caerdydd; gweithdai gwehyddu *Celfyddydau i Bobl Anabl yng Nghymru* 1986; hyfforddwraig gelf, Gwasanaeth Prawf De Morgannwg 1986–88; gweithdy plant, Canolfan Gelfyddydau Chapter, Caerdydd (CGChap) 1987. Tiwtor, Canolfan Gelfyddydau Neuadd Llanofer, Caerdydd; Canolfan y Celfyddydau Aberystwyth (CCA); Amgueddfa Cas-gwent 1990. Artist preswyl, Gŵyl Celfyddydau Gweledol Caerdydd 1988, 1989; Ysgol Gynradd Llandrindod (YGLl), Cymdeithas Gelfyddydau De-ddwyrain Cymru (CGDC) 1992. Comisiynau, Theatr Taliesin 1987; Cwmni Dawns Diversions 1989. Gwobr Cyngor Celfyddydau Cymru 1987 (gydag Alain Ayers). Symudodd i'r Alban yng nghanol y 1990au. Arddangosfeydd ar y cyd yn cynnwys *Gŵyl Celf Menywod Caerdydd* 1986, 1988; *Felt*, Canolfan Gelfyddydau Plymouth 1987 (teithiol); *About Wool*, Canolfan Gelfyddydau Abaty Nant Teyrnon, Cwmbrân 1989–90 (teithiol); *In the First Place*, CCA 1990; *Embrace Tiger*, Oriel West Wharf, Caerdydd 1990; *Artists in Residence*, CGDC, Yr Hen Lyfrgell, Caerdydd 1992. Arddangosfeydd un-ddynes, CGChap 1987; *Harmony of Elements*, Canolfan Gelfyddydau Sain Dunwyd, Llanilltud Fawr 1987. Ysgrifau coffa, *Artists Notes* (rhif 17, Cyngor Celfyddydau Cymru 1998); Claire Edwards, *International Journal of Art Therapy* (Ionawr 1999). Gwaith yng nghasgliad YGLl. '…tirwedd…dw i'n defnyddio technegau tapestri Gobelin trawsnewidiol i droi fy mhaentiadau a'm brasluniau yn eitemau sydd wedi'u gwehyddu… ffibrau naturiol, wedi'u lliwio…' Roedd yn byw yn Glasgow, Yr Alban.

**Elizabeth HAINES** 1945–
**Peintwraig a darlunydd. Ganed yn Harpenden, Lloegr.**
Astudiodd yng Ngholeg Celf Brighton 1964–67, gyda Raymond Briggs, John Lawrence; Prifysgol Cymru, Llanbedr Pont Steffan 1994–2001 (Doethuriaeth Athroniaeth). Gwobr Ysbyty Llwynhelyg 1979; Bwrsari Cyngor Celfyddydau Cymru 1990. Artist preswyl, Eisteddfod Genedlaethol Cymru, Porthmadog 1987; chwe ysgol gynradd yn Sir Benfro 1992; Gŵyl Bro Preseli 2000. Comisiwn, cofnod llyfr braslunio o adferiad gardd furiog, Tŷ Glyn Davis, Ciliau Aeron. Darluniau ar gyfer cyhoeddiadau niferus. Aelod o Gymdeithas Ddyfrlliwiau Cymru. Arddangosfeydd ar y cyd yn cynnwys Yr Academi Frenhinol Gymreig, Conwy 1999; Oriel Albany, Caerdydd 2000; Art Matters, Dinbych-y-pysgod 2003;

arobryn, Cystadleuaeth Gelf Agored, Y Tabernacl 2003; *Six Pembrokeshire Painters*, Oriel Tidal Wave, Henffordd 2004. Arddangosfeydd un-ddynes yn cynnwys Llyfrgell Genedlaethol Cymru, Aberystwyth (LlGC) 1996; Oriel Heifer, Llundain 2002; Oriel y Llys, Llanbedr Pont Steffan 2002; Neuadd y Frenhines, Arberth 2003. Cyhoeddiadau'n cynnwys *Ruth Harvey, Paintings* (Heliotrope Publishing 1995); 'Cézanne, Wagner, Modulation' (*Journal of Aesthetics & Art Criticism*, Haf 2000); 'Do the Arts Need Aesthetics?' (*Cymdeithas David Jones*, Haf 2001); 'The Sister Arts' (*New Thesis*, cylchgrawn ar-lein, Haf 2004). Casgliadau'n cynnwys Cymdeithas Celf Gyfoes Cymru; LlGC; Prifysgol Cymru Y Drindod Dewi Sant, Llanbedr Pont Steffan; Ysbyty Llwynhelyg, Hwlffordd. '…barddoniaeth a thirwedd Cymru; paentio Ewropeaidd o ddechrau'r ugeinfed ganrif.' Yn byw yng Nghlunderwen, gorllewin Cymru.
*Yr artist*

## AH Morgan HALL 1900–1984
**Peintiwr. Ganed yng Nghaerdydd, de Cymru. Hefyd wedi'i gofnodi fel AH Morgan-Hall.**

Rhwng 1920 a 1937, yn cael ei hyfforddi'n breifat; cynorthwy-ydd yn nelwriaeth celf gain ei dad; artist llawrydd. Bu'n gweithio mewn swyddfa pensaer 1937–39; dylunydd, artist-drafftsmon, Y Weinyddiaeth Waith. Peintiwr llawnamser o 1965. Cymrawd y Gymdeithas Gelfyddydau Frenhinol. Aelod o Grŵp De Cymru/Y Grŵp Cymreig; Cymdeithas Gelf De Cymru; Cymdeithas Ddyfrlliwiau Cymru (Cadeirydd); Cymdeithas Artistiaid Proffesiynol. Arddangosfeydd niferus ar y cyd gan gynnwys Academi Frenhinol Gorllewin Lloegr 1945–72; *Arddangosfa Haf*, Yr Academi Frenhinol, Llundain 1947, 1965, 1966; Eisteddfod Genedlaethol Cymru 1950–55; *Exhibition of Contemporary Welsh Painting and Sculpture*, Pwyllgor Cymreig Cyngor Celfyddydau Prydain Fawr (PCCCPF)/ Amgueddfa Cymru (AC) 1953, 1955; *Thirty Welsh Paintings of Today*, PCCCPF 1954; *Wales Through the Painter's Eye*, Oriel Howard Roberts Caerdydd (HR) 1957; *Cofnodi Cymru 2, Capeli*, Cyngor Celfyddydau Cymru (CCC) 1969; Orielau Arlington, Caerdydd 1970au. Arddangosfeydd deuddyn, HR (gydag Arthur Miles) 1964; Oriel Albany, Caerdydd (gyda William Selwyn) 1971. Gwaith wedi'i gynnwys yn y *Western Mail* (1955, 1964, 1971). Casgliadau'n cynnwys AC; Casgliad Celf y Llywodraeth; Cyngor Caerdydd; Llyfrgell Genedlaethol Cymru, Aberystwyth; Prifysgol Aberystwyth. Prynwyd gwaith gan CCC. Dyfrlliwiau; tirwedd Cymru. Roedd yn byw yn Llanilltud Fawr, de Cymru.

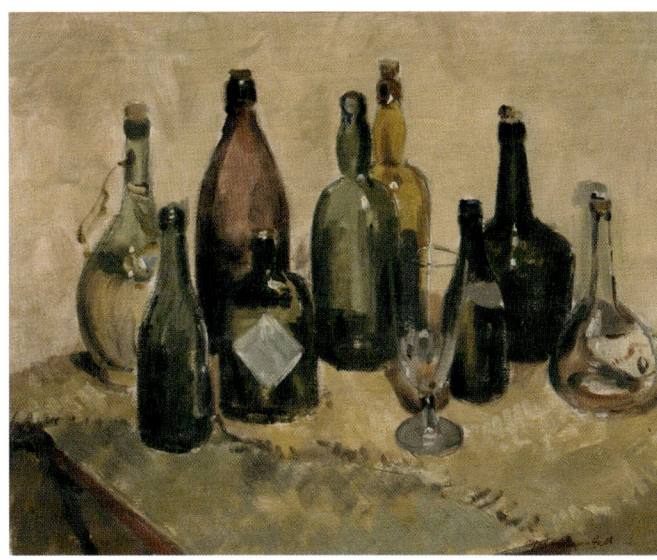

126 | A H Morgan Hall
*Bottles* 1947

### Alison HALL 1962–
**Enw gwaith Alison Pierse, artist tecstiliau. Ganed yn Clitheroe, Lloegr.**

Astudiodd yng Ngholeg Polytechnig Wolverhampton 1980–84; Coleg Prifysgol, Casnewydd 1996–98; Prifysgol Aberystwyth (PA), o 2007 ymlaen. Bu'n arddangos ac yn addysgu yn Michigan 1998. Athrawes gelf, Essex 1985–96; artist preswyl, ysgolion yn y DU, 1996–2002; tiwtor celf, Addysg Barhaus, PA o 1996 (Gwobr Rhagoriaeth Addysgu 2006); cydgysylltydd, Celf a Dylunio, Dysgu Gydol Oes, Prifysgol Aberystwyth (PA), o 2000. Gwobr Goffa Callendar Davey Summerfield 1993; Ysgoloriaeth Deithio Geoffrey Crawshay 2007. Aelod o Fforma; Urdd Batic (cydgysylltydd arddangosfeydd). Arddangosfeydd ar y cyd yn cynnwys *Book Art Competition*, Oriel Gelf Glynn Vivian, Abertawe 1996; Orielau'r Mall, Llundain 1999; Fforma, Y Tabernacl, Machynlleth (TM) 2003. Arddangosfeydd deuddyn yn cynnwys Sefydliad y Gymanwlad, Llundain 1999; TM 1999. Arddangosfeydd un-ddynes yn cynnwys Oriel St Martin, South Yarra, Melbourne, Awstralia 1994; Amgueddfa Buxton, Swydd Derby 1999; Amgueddfa Ceredigion, Aberystwyth 1999. Gwaith wedi'i gynnwys yn *Batik for Artists*, Eloise Piper (Search Press 2002). Gwaith yng nghasgliad Prifysgol Latrobe, Melbourne. '…teithio, tecstiliau, gwneud printiau, nosluniau'. Yn byw yn Aberystwyth, canolbarth Cymru.
*Yr artist*

### Anthony HALL 1976–
**Artist sy'n defnyddio technolegau newydd. Ganed yn Taunton, Lloegr.**

Astudiodd yn Athrofa Prifysgol Cymru, Caerdydd (APCC) 1996–99 (gradd yn y dosbarth cyntaf); Prifysgol Ddinesig Manceinion 2002 (MA Celf fel Amgylchedd). Cydgysylltydd, *Gŵyl Celf Fyw Celf mewn Amser Caerdydd*, APCC 1999. Comisiynau'n cynnwys Oriel Site, Sheffield; *STAR Radio*, Caerdydd 2005. Gwobrau'n cynnwys Cyngor Celfyddydau Cymru 2000; Cyngor Celfyddydau Lloegr 2003, 2005; *Rolls Royce Science*, prosiect Oriel Universe, Llundain 2007. Aelod sefydlu *Owl Project* (gyda Simon Blackmore, Steve Symons). Preswyliadau, perfformio, gweithdai niferus, gan gynnwys g39, Caerdydd 2002; Athrofa Abertawe 2002; Athrofa Gwyddoniaeth a Thechnoleg Prifysgol Manceinion 2002–03; Amgueddfa Manceinion 2004–05; *Festival Emergencies*, Paris 2005; Gŵyl Gelf/Gwyddoniaeth/Technolegau Newydd, Prag 2007. Arddangosfeydd ar y cyd yn cynnwys *Modus Operandi*, g39, Caerdydd 2000; Canolfan Gelfyddydau Chapter, Caerdydd 2000; Celfyddydau Rhyngwladol Cymru, Milan 2001; *Thermo 03*, The Lowry, Salford 2004; *Rouge Wave*, FACT, Lerpwl 2006. Arddangosfeydd undyn gan gynnwys *FLUID*, Oriel Mission, Abertawe 2004; Oriel Chapman, Prifysgol Salford 2004. Gwaith wedi'i gynnwys mewn cyhoeddiadau niferus, yn eu plith *Art Monthly* (Emma Safe, Mawrth 2002); *Flux Magazine* (Mawrth/Ebrill 2005); *La Liberation* (Medi 2005). ' … sut rydym yn ymwneud wyneb yn wyneb â thechnoleg …a sut mae'r rhyngweithio yma'n effeithio arnom yn greadigol ac yn gymdeithasol.' Yn byw ym Manceinion, Lloegr.
*Yr artist*

### Christopher HALL 1930–
**Enw gwaith Christopher Compton Hall, peintiwr. Ganed yn Slaugham, Lloegr.**

Gwasanaeth Milwrol 1949–50. Astudiodd yn Ysgol Celf Gain Slade, Llundain 1950–54, gyda John Aldridge RA. Athro, rhan-amser 1955–67. Medal De Lazslo 1994. Comisiynau niferus, gan gynnwys Llyfrgell Genedlaethol Cymru, Aberystwyth (LlGC). Aelod o'r Academi Frenhinol Gymreig (AFG); Cymdeithas Frenhinol Artistiad Prydain. Arddangosfeydd ar y cyd yn cynnwys Oriel Tegfryn, Porthaethwy 1977, 1980; LlGC 1986, 1993; Y Tabernacl, Machynlleth 1999; *Arddangosfa Haf*, Yr Academi Frenhinol, Llundain ar wahanol adegau 1961–2007. Arddangosfeydd undyn yn cynnwys Oriel Portal, Llundain 1964–72; Oriel New Grafton, Llundain 1974–97; LlGC 1986, 1993; *Visits to Wales*, Canolfan

Ucheldre, Caergybi 1998 (yn teithio Cymru). Gwaith wedi'i gynnwys yn *Young Artists of Promise*, Jack Beddington (1955). Paentiadau wedi'u hatgynhyrchu ar gyfer wynebddarluniau, siacedi llwch. Casgliadau'n cynnwys Amgueddfa Ashmole, Rhydychen; Amgueddfa Llundain; LlGC. 'Adeiladau o ddiddordeb hanesyddol… Yr Eidal… Cymru, lle y bu ei rieni'n byw am lawer o flynyddoedd ger Porthmadog.' (o *Visits to Wales* 1998). Yn byw yn Newbury, Lloegr.
*Yr artist*

### Dan Llywelyn HALL 1980–
**Peintiwr. Ganed yng Nghaerdydd, de Cymru.**

Astudiodd yn Athrofa Prifysgol Cymru, Caerdydd 1998–99; Prifysgol San Steffan, Campws Harrow 1999–2002. Artist preswyl, Ysgol Harrow 2003–05. Comisiynau'n cynnwys Tŷ'r Arglwyddi 2004; Cymdeithas Celf Gyfoes Cymru (CCGC) 2006. Arddangosfeydd ar y cyd yn cynnwys *Artist y Flwyddyn Cymru*, Neuadd Dewi Sant, Caerdydd 2000, 2002; *Singer and Friedlander/Sunday Times Watercolour Competition*, Orielau'r Mall, Llundain 2003 (arobryn) *Arddangosfa Haf*, Oriel Martin Tinney, Caerdydd 2004; *New Professionals*, Canolfan Mileniwm Cymru 2006. Arddangosfeydd undyn yn cynnwys *Wales: Dead or Alive?*, Amgueddfa ac Oriel Gelf Frycheiniog, Aberhonddu 2004 (teithiol); *Contemporary Celtic Landscapes*, Oriel Washington, Penarth 2005; The Art Shop, y Fenni 2005, *Winter Salon*, Oriel Albemarle, Llundain 2006. Gwaith wedi'i gynnwys yn Atodiad Diwylliant y *Sunday Times* (Frank Whitford 2003); cylchgrawn *Galleries* (Caroline Juler 2005); *Western Mail* (Stephen Rhys 2005). Casgliadau'n cynnwys CCGC; Llyfrgell Genedlaethol Cymru, Aberystwyth; Tŷ'r Arglwyddi. 'Tirluniau, portreadaeth … y cyfnod modern Prydeinig …' Yn byw yn ne Harrow, Lloegr.
*Yr artist*

### Jennifer HALL 1972–
**Enw gwaith Jennifer Caroline Hall, ceramegydd. Ganed yn Chertsey, Lloegr.**

Astudiodd yn Athrofa Addysg Uwch Caerdydd 1991–94, gyda Mick Casson, Peter Starkey, Geoffrey Swindell. Taflwr/addurnwr, Crochendy Gwili, Pont-ar-sais, Caerfyrddin, gyda Pru Green 1994–96. Sefydlodd stiwdio grochenwaith yn Swydd Buckingham ym 1997. Dychwelodd i Gymru yn 2000. Aelod o Gymdeithas y Crochenwyr Crefft. Comisiwn teiliau, gan weithio gyda disgyblion, 150fed pen blwydd Ysgol Nantmel, Powys. Arddangosfeydd ar y cyd yn cynnwys *Slipware*, Canolfan Grefftau Rufford, Ollerton, Swydd Nottingham 2004; *Gwobr Brynu Cerameg*, Canolfan Mileniwm Cymru, Prifysgol Morgannwg, Pontypridd 2005; *Contemporary Culinary Ceramics*, Castell y Fenni, wedi'i threfnu gan Ganolfan Gelfyddydau Abaty Nant Teyrnon 2006; *Table Manners*, Cerameg Gyfoes Ryngwladol y Cyngor Crefftau, Canolfan y Celfyddydau Aberystwyth 2006. Erthygl wedi'i chyhoeddi, 'Down the Rabbit Hole' (*Ceramic Review*, Rhifyn 214, Gorffennaf/Awst 2005); gwaith wedi'i gynnwys yn *The Basics of Throwing*, Dave Cohen (A&C Black, Llundain 2007). Gwaith yng Nghasgliad y Cyngor Crefftau. 'Technegau crochenwaith slip wedi'u trosi'n grochenwaith pridd ymarferol a chyfoes.' Yn byw yn Llanwrthwl, canolbarth Cymru.
*Yr artist*

### Keith HALL 1934–
**Ceramegydd a pheintiwr. Ganed yn East Lulworth, Lloegr.**

Taid yn Gymro. Astudiodd yng Ngholeg Celf Poole 1951–55, gyda Philip Wadsworth, Edward D'Arcy-Lister; Prifysgol Bryste 1957–58, gyda Donald E Milner. Pennaeth celf, Ysgolion Cyfun Henbury a Bedminster Down 1958–68; darlithydd, tecstiliau a dylunio, Coleg Addysg Llandaf (Economeg y Cartref) 1968–80; uwch-ddarlithydd, dylunio ac addysg, Ysgol Economeg y Cartref, Coleg Prifysgol Cymru,

Caerdydd 1980–92. Bu'n berchennog a rheolwr Oriel Parc y Mynydd Bychan, Caerdydd 1992–98; Oriel Hall-Marks, Caerdydd 1998–2000; St Anthony Fine Art, Caerdydd 2000–06. Aelod o Grochenwyr De Cymru (CDC) 1968–76; Cymdeithas Gelf De Cymru (CGDC) 1968–95. Arddangosfeydd ar y cyd yn cynnwys Cyngor Dylunio Prydain Fawr, Haymarket, Llundain 1956–58; CDC 1970–75; CGDC 1970–94; Urdd Bryste 1960–90 (hefyd undyn). Casgliadau'n cynnwys Amgueddfa ac Oriel Gelf Bryste; Prifysgol Caerdydd. Mân astudiaethau yn yr awyr agored, golygfeydd yng Nghaerdydd. Yn byw yng Nghaerdydd, de Cymru.
*Yr artist*

### Morgen HALL 1960–
**Enw gwaith Jan-Morgen Hall, ceramegydd, sy'n byw yn y DU er 1972.**

Cyrhaeddodd Gymru ym 1983. Astudiodd yn Ysgol Gelf Grays, Aberdeen 1979–83; Athrofa Addysg Uwch Caerdydd 1983–84 (MA Cerameg). Stiwdio, Canolfan Gelfyddydau Chapter o 1984. Uwch Gymrodor Ymchwil, Prifysgol Cymru, Caerdydd 1998–2001. Comisiynau'n cynnwys Amgueddfa Cymru (AC); Canolfan y Celfyddydau Aberystwyth (CCA). Preswyliadau'n cynnwys Cymdeithas Gelf De-ddwyrain Cymru 1987; *Cyfnewidfa Grefft Cymru – Japan* 1995. Fe'i detholwyd ar gyfer Photostore y Cyngor Crefftau (CC). Gwobrau'n cynnwys Medal Aur Gorchestwaith Crefft, Eisteddfod Genedlaethol Cymru (EGC), Cwm Rhymni 1990; Cyngor Celfyddydau Cymru (CCC) 1991, 1998, 2005 (Dyfarniad Cymru Greadigol). Cymrodor o Gymdeithas y Crochenwyr Crefft. Arddangosfeydd ar y cyd niferus gan gynnwys Amgueddfa ac Oriel Gelf Casnewydd (AOGC) 1987; AC 1995; EGC Porthmadog 1987 (y wobr gyntaf), Casnewydd 1988 (y wobr gyntaf), *Arddangosfa Bwcle*, Sir y Fflint 2007, Tyddewi 2002; *Table Manners*, CC 2005 (teithiol); *Collecting Contemporary Ceramics*, Canolfan Grefft Rhuthun 2006; *Y Pot, Y Llestr, y Gwrthrych*, CCA 2007. Arddangosfeydd undyn yn cynnwys *The Breakfast, Lunch and*

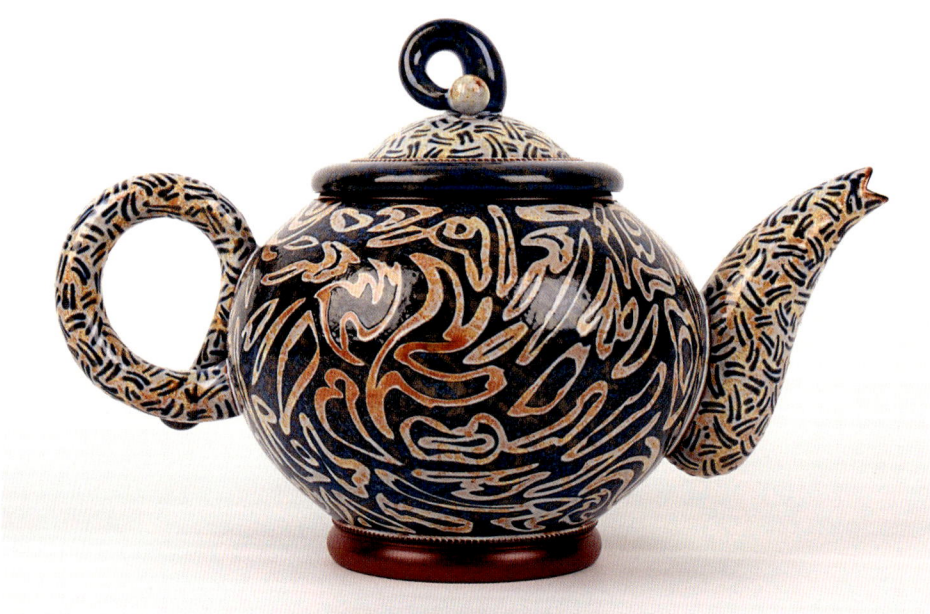

127 | Morgen Hall
*Tebot* 2007

*Dinner Party*, Canolfan Gelfyddydau Abaty Nant Teyrnon, Cwmbrân 1994 (teithiol); *From Clay to the Table*, Oriel y Bont, Pontypridd 1994; *Y Gyfres Gerameg*, CCA 2000; Oriel Godfrey a Watt, Harrogate 2003, 2006. Cyhoeddiadau'n cynnwys *The Potters Primer* (Quarto 1997); *Ceramic Review* (Chwefror 1994, Tachwedd 1998, Mawrth 2002). Gwaith wedi'i gynnwys yng nghylchgrawn *Crafts* (CC Mawrth 1995); *Ceramics Monthly* (Ebrill 1997). Casgliadau'n cynnwys AC; Amgueddfa Victoria ac Albert, Llundain; AOGC; CCA; '…priddlestri coch wedi'u gwydro â thun … llestri bwrdd domestig … tebotiau wedi'u haddurno â stensiliau sy'n deillio o batrymau dail Darjeeling.' Yn byw yng Nghaerdydd, de Cymru.
*Yr artist*

## John HAMBLEY 1970–
**Peintiwr, artist perfformio. Ganed yn Swydd Stafford, Lloegr.**

Astudiodd yn Athrofa Gelf a Dylunio Swydd Caint 1990–91; Athrofa Addysg Uwch Caerdydd, Cyfadran Gelf a Dylunio 1992–95 (Myfyriwr y Flwyddyn 1992); Coleg y Frenhines Mary, Prifysgol Llundain 2003–05 (MSc Rheoli Eiddo Deallusol). Swyddog Celfyddydau Gweledol, yna Uwch Swyddog, Celfyddydau Gweledol a Chrefftau, Cyngor Celfyddydau Cymru 1997–2002; Prif Swyddog y Celfyddydau, Cyngor Bwrdeistref Bedford 2002–05; Rheolwr Prosiect, *Happen*, Prosiect y Celfyddydau Cymunedol, Swydd Bedford 2005–08; cyfarwyddwr, Alchemy Creative Solutions, o 2005. Comisiwn Cyngor Dinas Caerdydd 1994. Aelod sefydlu, Stiwdios Kings Road, Caerdydd; aelod o fwrdd *trace:* Installaction Artspace, Caerdydd. Arddangosfeydd ar y cyd yn cynnwys *Selected New Graduates*, Oriel Gerddi Howard, Caerdydd 1995; *Punk Painters, Gŵyl Gelf Mewn Amser Caerdydd*, Caerdydd 1995; 6 x 6, curadur William Brown, 1997 (teithio'n rhyngwladol); *Show 1*, Oriel West Wharf, Caerdydd 1997; *Three Counties Open*, Prifysgol Keele 1998. Arddangosfeydd undyn yn cynnwys *Oil and Enamel*, Llyfrgell Coleg Darwin, Prifysgol Swydd Caint 1991; *24hr MTV Moronothon*, Canolfan Gelfyddydau'r Eglwys Norwyaidd, Caerdydd. Gwaith wedi'i gynnwys ar *The Slate*, BBC 2 Cymru (1995). Gwaith yng nghasgliad Amgueddfa ac Oriel Gelf y Ddinas, Hanley, Stoke on Trent. Yn byw yn Bedford, Lloegr.
*Yr artist*

## Frank HAMER 1929–
**Enw gwaith Frank Hamer Ceramics. Artist cerameg. Ganed yn Accrington, Lloegr.**

Astudiodd yn Ysgol Gelf Accrington 1944–47, 1949–50; Ysgol Gelf Burnley 1950–5, gyda Harold Thornton; Coleg Celf Leeds 1951–52, gyda Ronald Cooper. Athro/darlithydd, Ysgol Uwchradd De-ddwyrain Swydd Stafford 1952–54; Ysgol Gelf Wolverhampton 1952–54 (rhan-amser); Ysgol Gelf Rotherham 1955–59; Coleg Addysg Uwch Caerllion 1959–82. Comisiwn, Geest Line Shipping, Swydd Gaer-wynt 1995. Gwobr Cyflawniad Oes (gyda Janet Hamer), *Gŵyl Gerameg*, Aberystwyth 2005. Cymrodor Cymdeithas y Crochenwyr Crefft; aelod sefydlu, Crochenwyr De Cymru. Gwaith mewn orielau ledled Cymru gan gynnwys Oriel Mission, Abertawe; Canolfan Gelfyddydau Abaty Nant Teyrnon, Cwmbrân. Arddangosfeydd ar y cyd yn cynnwys *Academi Gerameg Ryngwladol*, Istanbwl 1968; *Seven Studio Potters*, Amgueddfa Dinas Stoke-on-Trent 1981; *Breath of the Dragon*, Canolfan y Barbican, Llundain 1992; *Ceramic Plates*, Oriel Collins, Prifysgol Clydesdale 1997–2002 (teithiol ); *The Cat Scratched Little Johnny*, Canolfan y Celfyddydau, Aberystwyth 1999 (teithiol). Arddangosfeydd undyn yn cynnwys Oriel Gelf Haworth Accrington (OGH),1983; Oriel Workshop, Cas-gwent 1986; Ysgol Wellingborough 1989. Casgliadau Amgueddfa ac Oriel Gelf Casnewydd; Amgueddfa Cymru; OGH. Cyhoeddiadau'n cynnwys *Pottery Glazes* (Cymdeithas Addysg trwy Gelf 1973); *The Potter's Dictionary of Materials and Techniques*, cydawdur Janet Hamer (A&C Black, Llundain 1975, 1986, 1991, 1993, 1997, 2004); *Ceramic Skillbook on Clays*, cydawdur Janet Hamer (Pitman, Llundain 1977, Axner 2002). Gwaith wedi'i gynnwys mewn cyhoeddiadau niferus, yn enwedig *Ceramic Review* (o 1962). 'Ym 1981, ymweld â Tsieina …o 1989,

canolbwyntio ar blatiau wedi'u mowldio â gwasg … o 1996 pysgod yn nofio yw'r ddelweddaeth yn ddieithriad bron.' Yn byw ym Mamheilad, de Cymru.
*Yr artist*

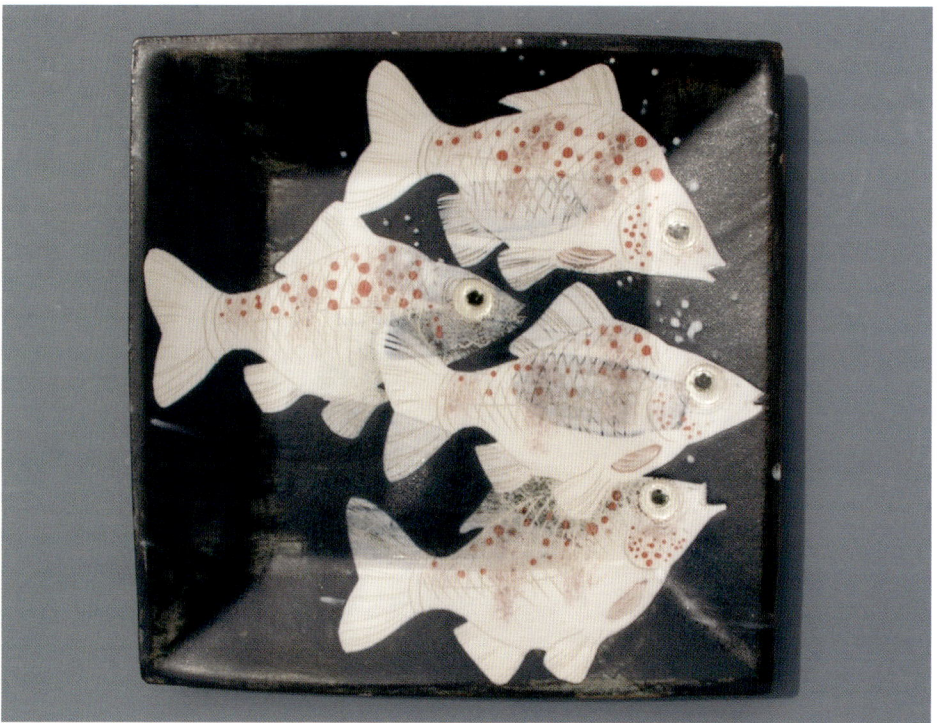

128 | Frank Hamer
*Square plate: ember barb* 2007

## JANET HAMER  Gweler Janet ASHWORTH-HAMER

### Andy HANCOCK 1961–
**Enw gwaith Andrew Peter John Hancock, cerflunydd, gweithiwr coed, artist amgylcheddol a chymunedol. Ganed yn Melbourne, Awstralia. Hefyd yn llofnodi'i waith yn OZWOODS, OZ.**

Cyrhaeddodd Gymru ym 1970. Hyfforddodd yng Ngholeg Technegol Merton, Morden, Swydd Surrey, yn dechnegydd moto beic (gyda rhagoriaeth). Brocer yswiriant tan 1990, yna'n artist llawnamser. Gwobr Wythnos yr Amgylchedd BT 1997 (ail yng Nghymru). Preswyliadau, gweithdai, cyrsiau, prosiectau celf ysgol/cymuned niferus yng nghanolbarth Cymru, gan gynnwys *Llwybr Cerfluniaeth Llyn Efyrnwy*, Dŵr Hafren Trent/Menter Goedwigaeth 1996–99; *Resource Wales*, Symposiwm Rhyngwladol, Llanfyllin 1996. Cyfarwyddwr, Arts Connection (Origin Powys Ltd); aelod o Grŵp Efyrnwy. Cydgysylltydd (gyda Tom Gilhespy), Symposiwm Cerfluniaeth Ryngwladol Llyn Efyrnwy 2000–04. Sefydlodd ymgynghoriaeth Lone Star Sculpture, symposia cerflunio coed, South Padre Island, Texas 2005. Arddangosfeydd parhaol, *Llwybr Cerfluniaeth Llyn Efyrnwy*; safleoedd eraill, canolbarth Cymru, Swydd Amwythig; Amgueddfa Powysland, y Trallwng. Gwaith wedi'i gynnwys ar Newyddion HTV; BBC Cymru, cyfres

*Homeland*. 'Dynion gwyrdd. Cerfluniaeth coed sy'n sefyll. Ailgylchu coed o unrhyw fath. Ailgylchu deunyddiau diwydiannol sydd dros ben.' Yn byw yn Neston, Swydd Gaer, Lloegr; Texas, UDA.
*Yr artist*

## Kenneth HANCOCK 1911–1978
**Enw gwaith Kenneth R Hancock, peintiwr. Ganed yn y Mwmbwls, de Cymru.**

Astudiodd yng Ngholeg Celf Abertawe, gan raddio ym 1931, gyda W Grant Murray; Y Coleg Celf Brenhinol, Llundain. Darlithydd, Prifysgol Cymru, Aberystwyth, ac Ysgol Gelf Abertawe (YGA) 1937–40. Gwasanaeth rhyfel; Pennaeth, YGA 1946–76. Comisiynau niferus gan gynnwys portreadau, Prifysgol Cymru, Abertawe; murluniau, gan gynnwys Oriel Gelf Glynn Vivian, Abertawe (OGGV) 1935. Aelod o Gymdeithas Gelf Abertawe (Cadeirydd 1949); Grŵp De Cymru/Y Grŵp Cymreig 1949–56; Cymdeithas Frenhinol y Peintwyr Portreadau; Cymdeithas y Peintwyr Blodau. Arddangosfeydd niferus ar y cyd gan gynnwys *Twenty-five Paintings by Contemporary Welsh Artists*, Pwyllgor Cymreig Cyngor Celfyddydau Prydain Fawr (PCCCPF) 1949; Cymdeithas Celf Gyfoes Cymru (CCGC) 1950, 1963; Eisteddfod Genedlaethol Cymru 1950–52, 1954, 1956; *Festival Exhibition of Contemporary Welsh Painting*, PCCCPF 1951; *Contemporary Painting in Wales* (Casgliad y Cyngor Celfyddydau), PCCCPF 1952; *Contemporary Welsh Painting and Sculpture*, PCCCPF 1955; *Artists of Swansea and West Wales*, Oriel Howard Roberts, Caerdydd 1961; Yr Academi Frenhinol Gymreig 1960–62; *Swansea Artists*, PCCCPF 1968; *Cofnodi Cymru 2, Capeli*, Cyngor Celfyddydau Cymru (CCC) 1969; *Art in Wales, the 20th Century: The Early Years 1900–56*, CCC 1969. Arddangosfa undyn ar ôl ei farwolaeth, OGGV 1980. Erthygl, 'On the Present Position of Art' (*Journal of the Swansea Art Society*, Cyf 1, Rhif 1, Ionawr 1956). Gwaith wedi'i gynnwys yn y *Western Mail* (Goronwy Powell, 9 Rhagfyr 1955). Casgliadau niferus gan gynnwys Amgueddfa Abertawe; Amgueddfa Cymru; CCGC; Llyfrgell Genedlaethol Cymru, Aberystwyth; OGGV; Prifysgol Harvard, Cambridge, Massachusetts; Prifysgol De Cymru, Pontypridd. Prynwyd gwaith gan CCC; Cymdeithas Celfyddydau Gorllewin Cymru. Tirluniau; portreadau; murluniau; paentiadau blodau. Roedd yn byw yn Abertawe, de Cymru.

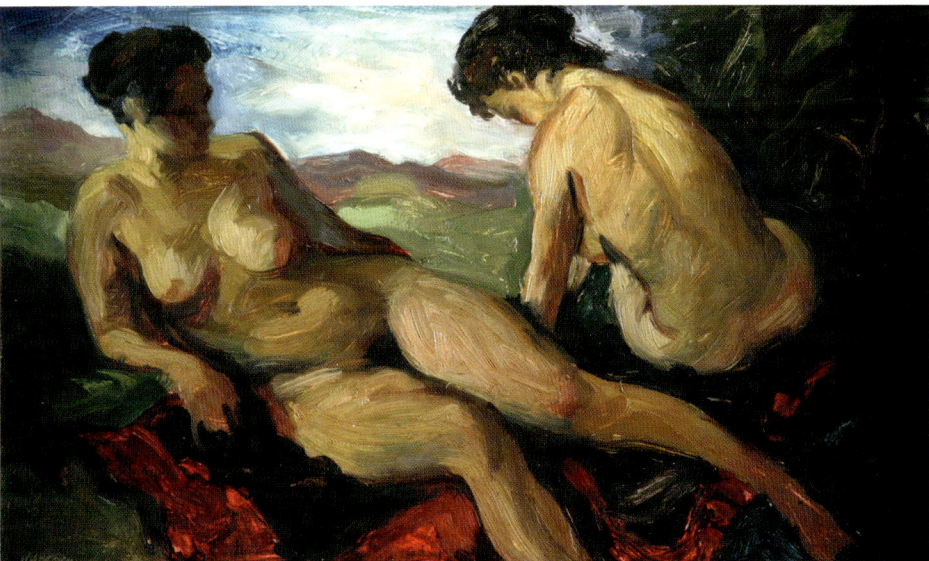

129 | Kenneth Hancock
*Two Figures in a Landscape* tua 1951

## Mark HANCOCK 1960–

**Turniwr coed. Ganed yn Wellington, Swydd Amwythig, Lloegr.**

Bu'n byw yng Nghymru 1986–2005. Astudiodd ym Mhrifysgol Manceinion 1979–82; Erwood, Powys, turnio coed 1989–90 gydag Alan Cunningham. Cynorthwy-ydd ariannol, Gweithrediaeth Trafnidiaeth Manceinion Fwyaf 1982–86; cyfrifydd, Selflock Ltd, Cwmbrân 1986–89; artist llawnamser o 1990. Gwobrau'n cynnwys Cystadleuaeth Durnio, Eisteddfod Genedlaethol Cymru, Cwm Rhymni 1990; Cystadleuaeth Turnio Powlenni Caerdydd 1991; Cyngor Celfyddydau Cymru (CCC) 2003; Anrhydeddus Gwmni'r Turnwyr (AGT) 1997, 2002, 2004. Artist preswyl, Cyfnewidfa Durnio Ryngwladol, Philadelphia 2003. Comisiynau'n cynnwys y Swyddfa Dramor a Chymanwlad 1998; Menter Goedwigaeth Cymru 1998. Aelod o WCT (Cofrestr Turnwyr Proffesiynol); Cymdeithas Turnwyr Prydain Fawr (CTPF); Cymdeithas Turnwyr Coed America; Urdd Gwneuthurwyr Cymru 1994–2005 (Ymddiriedolwr/Trysorydd am 3 blynedd). Arddangosfeydd niferus ar y cyd gan gynnwys *Feature on Wood*, Oriel, Cyngor Celfyddydau Cymru, Caerdydd 1996; *An Exhibition of Crafts from Wales*, Y Fforwm Ryngwladol, Tokyo; *Going with the Grain*, The Contemporary Craftsman, Trefynwy 2001; *SOFA*, Chicago 2005; *British Woodturning*, Canolfan Grefft Rufford, Nottingham 2005. Arddangosfeydd undyn yn cynnwys Tŷ Grosvenor, Llundain; Oriel From the Wood, Y Gelli Gandryll 2001; Oriel Washington, Penarth 1999, 2001; Oriel Andora, Carefree, Arizona 2003. Gwaith wedi'i gynnwys yn 'Profile Woodturner' (*Crefft*, CCC 1997); 'Woodturning Gifts for Foreign Ministers', CTPF (*Revolutions*, rhif 46, 1998). Yn byw yn Littleworth, Swydd Gaerwrangon, Lloegr.
*Yr artist*

## David HANDFORD 1967–

**Artist gosodwaith, sain, cerddor. Ganed yn Torquay, Lloegr. Hefyd yn llofnodi'i waith yn dj Methodist a Ministry of Defiance.**

Nain yn Gymraes. Astudiodd yng Ngholeg Caerwysg 1985–89 (Peirianneg Sifil); Prifysgol y Guildhall Llundain (Cynllunio Cerddoriaeth Electronig) 1993–95. Tiwtor, Cerddoriaeth Electronig, Coleg Penfro 1999–2001; sefydlodd ei label ei hun, *Post Office Records*. Gwobrau Cyngor Celfyddydau Cymru 2003, 2006. Aelod o Gydweithfa Gelf Ointment (CGO) 2001–02. Comisynau niferus, prosiectau ar y cyd, perfformiadau, arddangosfeydd gan gynnwys *Chrysalis* (electroneg i Jo Shapland) 1998 (teithiol); *Cerddoriaeth Fyw Aberteifi* 2000; *Experimentica*, Gŵyl Gelf Fyw, CAC 2001; *See the Woods Through the Trees* (gyda Jo Shapland/Man Troi), Stiwdios tactileBosch, Caerdydd 2001; *Trepan Yourself*, Gŵyl Gelf Berfformio Ryngwladol Las Bas, Helsinki, Ffindir 2003. Perfformiadau undyn yn cynnwys *Sounding*, Eglwys Sant Tomos, Llandudoch/ Capel Prifysgol Llanbedr Pont Steffan 2001; *From Below*, Oriel g39, Caerdydd 2004. Gwaith yn cael ei gynnwys yn rhaglen John Peel, BBC Radio 1 (2002, 2003). '…yn gweithio ag adweithiau cemegol (ffilm super 8, cannydd, tân ac yn y blaen) a phrosesu'r elfennau gweledol gan ddefnyddio is-dechnoleg (osgilosgopau, teledu unlliw, tanciau crychu a distrywio fideo wedi'i syntheseiddio).' Yn byw yn Llandudoch, gorllewin Cymru.
*Yr artist*

## Sally HANDS 1955–

**Artist tecstiliau, gwneuthurydd printiau. Ganed ym Mryste, Lloegr.**

Cyrhaeddodd Gymru ym 1993. Astudiodd yng Ngholeg Celf Caeredin 1972–77 (Ysgoloriaeth Andrew Grant). Ei busnes gwau ei hun, *Sally's Woollies* 1979–86; tiwtor, gwneud printiau, Genefa 1992–93; athrawes, piano, o 2000. Artist preswyl, Coleg Gorseinon 2000. Gwobr Cyngor Celfyddydau Cymru 1997; Gwobr y Mileniwm 1998. Aelod o Gydweithfa Gwneuthurwyr Printiau Rhydychen (1986–88); Gweithdy Argraffu Abertawe (GAA) (cyn-gyfarwyddwr). Arddangosfeydd ar y cyd yn cynnwys

Academi Frenhinol yr Alban, Caeredin 1977; *Artist y Flwyddyn Cymru*, Neuadd Dewi Sant, Caerdydd 2000; *Dylan Thomas Print Project*, GAA 2003 (teithiol); Oriel Mount Street, Aberhonddu 2005. Arddangosfeydd dwy-ddynes, Canolfan Gelfyddydau Taliesin, Abertawe (CGT) (gyda Sarah Hopkins) 1997, 1999. Arddangosfeydd un-ddynes yn cynnwys Rhydychen 1986–88; Oriel Gelf Illini Union, Urbana, UDA 1988; CGT 1995; Canolfan y Celfyddydau Aberystwyth 2000; *Printmaker of the Month*, Canolfan Gelfyddydau Wrecsam 2001. Darluniau ar gyfer llyfrau/cylchgronau. Wedi'i chynnwys yn *Fiberarts Design Book Four*, Nancy Orban (Lark Books, UDA 1990). Casgliadau'n cynnwys Paentiadau mewn Ysbytai. Brithlenni, lluniau, printiau, papier-mâché, gweuwaith. Yn byw yn Abertawe, de Cymru. *Yr artist*

### Roderick HANLAN 1928–
**Peintiwr, cerflunydd. Ganed ym Mhen-y-graig, de Cymru.**

Astudiodd yn Ysgol Bensaernïaeth Cymru 1945–46; Ysgol Gelf Casnewydd 1948–52; Ysgol Gelf Birmingham 1954–56. Gwasanaeth Gwladol 1946–48. Bu'n byw yn yr Almaen 1964–68. Darlithydd mewn dylunio 3–dimensiwn, Polytechnig Kingston 1968. Gwobrau Cyngor Celfyddydau Cymru (CCC) 1957, 1970. Comisiwn, Camlas Longau Bryste 1970. Artist gwadd, *Forma Viva*, Symposiwm Rhyngwladol a Pharc Cerfluniaeth, Slofenia 1972. Arddangosfeydd niferus ar y cyd gan gynnwys *Young Welsh Artists*, Pwyllgor Cymreig Cyngor Celfyddydau Prydain Fawr, Caerdydd 1958 (teithiol) (y wobr gyntaf); Oriel Arnolfini, Bryste 1963; *Towards Sculpture*, CCC/Eisteddfod Genedlaethol Cymru, Rhydaman 1970 (dyfarniad comisiwn; prynwyd gwaith i Oriel Davies, Y Drenewydd); *Pavilions in the Park*, Castell Caerdydd 1974; Oriel Tŷ Guildford, Swydd Surrey 1982. Arddangosfeydd undyn yn cynnwys Orielau Drian, Llundain 1962, 1963; Galerie Falazik, Bochum 1967; Argelander Galerie, Bonn 1968. Cyfweliad, teledu BBC Cymru 1963. Prynwyd gwaith gan CCC. '(Ym 1975) dychwelais at fy nisgyblaeth wreiddiol, sef paentio … gan brynu tŷ yn Ffrainc lle y bydda i'n paentio tirluniau ac yn gwneud cerfluniau bach.' Yn byw yn Guildford, Lloegr. *Yr artist*

### David HARDING 1950–
**Peintiwr, artist digidol, cynllunydd theatr. Ganed yng Nglynebwy, de Cymru.**

Astudiodd yng Ngholeg Celf Caerdydd 1968–72; Prifysgol Llundain 1973. Hefyd yn gerddor ac yn fardd. Artist cymunedol, Grŵp Celf Cymunedol Ymddiriedolaeth Drosiannol, Caerdydd 1977–78. Cynllunydd theatr, Hijinx Theatre; Spectacle Theatre; Coracle Theatre 1981–86. Darlithydd rhan-amser, Coleg Cerdd a Drama Cymru, Caerdydd 1988–89; Coleg Celf Caerdydd 1989–90. Comisiynau niferus ar gyfer darluniau a dylunio 1985–96. Arddangosfeydd ar y cyd yn cynnwys *Drawing the Line*, 1989 (teithiol); *Visions of Identity*, Datblygu Celfyddydau Amlddiwylliannol Caerdydd a'r Cylch (CADMAD), Canolfan Hanes a Chelfyddydau Butetown (CHChB), Caerdydd 1998; *Impressions of the Bay*, CADMAD 1998 (teithiol); Uwchgynhadledd yr Undeb Ewropeaidd, Neuadd y Ddinas, Caerdydd 1998; *Art4Sale*, CHChB 2001; *Island Echoes*, Grŵp Arlunio Caerdydd, Yr Hen Lyfrgell, Caerdydd 2007. Cydguradur, *The Big Mix*, Stiwdios tactileBosch, Caerdydd 2002. Arddangosfeydd undyn yn cynnwys *Ticking Over* 1986 (teithiol); *Gilead*, Neuadd Dewi Sant, Caerdydd 1992. Cartwnau/darluniau ar gyfer *Stori Bri a Goglis*, HTV Cymru 1978–80. Gwaith yng nghasgliad Cyngor Caerdydd. '…tirwedd a ffigyrau … yn gwneud gludwaith digidol mawr.' Yn byw yng Nghaerdydd, de Cymru. *Yr artist*

## Robert HARDING 1954–
**Cerflunydd. Ganed yn Southport, Lloegr.**

Astudiodd yng Ngholeg Celf a Dylunio Caerwysg 1974–77, gydag Edward Allington; Prifysgol Caerhirfryn (rhan-amser) 1977–81, gyda Paul Cooper. Cyrhaeddodd Gymru ym 1982. Darlithydd rhan-amser, Coleg Sir Gâr o 1982. Cymrodoriaeth Grefft Gorllewin Morgannwg, Coleg Afan, Port Talbot 1987. Ymgynghorydd i Gerfluniaeth Cymru o 2007. Aelod o Gymdeithas Artistiaid a Dylunwyr Cymru (CADC) 1982–89; Y Grŵp Cymreig; Grŵp 56 Cymru. Gwobrau'n cynnwys Cyngor Celfyddydau Cymru 1982, 1984; Y Cyngor Prydeinig (CP) 1987; Gwobr Brynu Richard a Rosemary Wakelin 2000. Mae comisiynau/gosodwaith niferus yn cynnwys *Larger than Life*, Canolfan Gelf Chapter, Caerdydd 1985; *Testimony Garden*, Gŵyl Erddi Glynebwy 1992. Arddangosfeydd ar y cyd yn cynnwys *UK Sculptour USA* 1981 (teithiol); *Seven Sculptors Working in Wales*, Oriel Gelf Glynn Vivian (OGGV) 1986; *The Art of Lego*, Canolfan Gelf Llyfrgell Wrecsam 1988 (teithio'n rhyngwladol); Prosiect *Yr Adwy*, Gofod Celf Gwledig Coed Hills, Y Bont-faen 1997; *Artist y Flwyddyn Cymru*, Neuadd Dewi Sant, Caerdydd 2005 (gwobr gerflunio), 2007 (gwobr gerflunio); *Cast Iron Sculpture Symposium Exhibition*, Ironbridge 2006 (teithiol). Arddangosfeydd undyn yn cynnwys *Artworks I* ac *Artworks II*, Oriel Mission, Abertawe 1982, 1984; *On and Off the Horizon*, Yr Hen Lyfrgell, Caerdydd 1995; *Size Matters*, Oriel y Bont, Prifysgol Morgannwg, Pontypridd (teithiol) 2002. Erthyglau yn *Link*, CADC (rhifynnau 36, 41, 48, 54); *Planet* (rhif 106, 1994; rhif 158, 2003). Gwaith wedi'i gynnwys yn *Welsh Artists Talking*, Tony Curtis (Seren, 2000). Gwaith yng nghasgliad OGGV. '…cyfeiriadaeth o Finimaliaeth i kitsch chwareus … gan ymgorffori technegau cynhyrchu "diwydiannol" ynghyd ag estheteg grefft.' Yn byw yn Llantrisant, de Cymru.
*Yr artist*

## Sara Jane HARPER 1959–
**Peintwraig, ceramegydd. Ganed yn Lagos, Nigeria.**

Ei thaid yn Gymro. Astudiodd yng Ngholeg Celf Wrecsam/Athrofa Gogledd Ddwyrain Cymru 1978–79; Polytechnig Lanchester, Coventry 1979–82, gydag Alan Dyer a Ted Atkinson (gradd yn y dosbarth cyntaf); Prifysgol Reading 1985–87 (MFA). Sefydlodd Stiwdios y Red Cow, Cydweithfa Artistiaid, Bermondsey, Llundain 1987–89. Aelod o Rwydwaith Artistiaid Gogledd-ddwyrain Cymru (RhAGDdC). Artist golygfeydd llawrydd, Theatr Clwyd, Yr Wyddgrug 1990–94; The Spring, Vauxhall, Llundain 1995–98. Prosiectau/ gweithdai cymunedol niferus, gogledd-ddwyrain Cymru 1990–94; 1998–2006. Arddangosfeydd ar y cyd yn cynnwys Oriel Reeds Wharf, Llundain 1994; *Homeground*, Canolfan y Celfyddydau, Aberystwyth 1994; '5', RhAGDdC, Oriel Corwen (teithiol) 2004; *Paintings, Drawings and Prints of the Smaller Kind*, Oriel Llyfrgell Dinbych 2006. Sioeau un-ddynes yn cynnwys Artist of the Day, Oriel Angela Flowers, Llundain 1986; Oriel Goffa, Coleg Iâl, Wrecsam 2003; Theatr Clwyd 2005; Canolfan Gelfyddydau Llyfrgell y Rhyl 2006. ' …wedi tynnu ysbrydoliaeth o'm hisymwybod … yn aml bydd paentiadau'n esblygu trwy haenau …' Yn byw yn Wrecsam, gogledd Cymru.
*Yr artist*

## D M HARRIES 1942–
**Enw gwaith David Melvin Harries, cerflunydd, artist gwydr. Ganed yn Llandybïe, gorllewin Cymru. Hefyd yn ei lofnodi'i hun yn Melvin HARRIES, Mel HARRIES.**

Astudiodd yn Ysgol Gelf Caerfyrddin 1959–61, gyda John Petts, Stanley Lewis; Coleg Celf Wimbledon 1961–63; Coleg Celf Caerdydd 1963–64. Pennaeth Cerfluniaeth a Cherameg 1966–70, Pennaeth Astudiaethau Sylfaen 1970–76, Coleg Celf Wrecsam; Pennaeth Gwydr Pensaernïol, Athrofa Addysg Uwch Gogledd Ddwyrain Cymru, Wrecsam 1976–91. Aelod o Academi Gelf Lerpwl (AGL) 1972–75; Cymdeithas yr Academi Gelf Frenhinol Gymreig (AFG) 1968–75. Comisiynau'n cynnwys Ceredigion/

Cyngor Bwrdeistref Aberystwyth/Cymdeithas Gelfyddydau Gorllewin Cymru (CGC) 1973; Cyngor Sir Clwyd 1976; Awdurdod Iechyd Clwyd, Wrecsam 1990. Arddangosfeydd niferus ar y cyd gan gynnwys Eisteddfod Genedlaethol Cymru (EGC), Y Drenewydd 1965, Y Barri 1968; Hwlffordd 1972; *Towards Sculpture*, Cyngor Celfyddydau Cymru (CCC)/EGC Rhydaman 1970 (gwobr gomisiwn); *Young Sculptor of the Year*, Yr Academi Frenhinol, Llundain 1971 (terfynwr) (teithiol); *Design in Wales*, Y Ganolfan Ddylunio, Llundain 1973; *Arddangosfa* AGL, Oriel Gelf Walker, Lerpwl 1975; *Arddangosfa Haf*, AFG, Conwy 1968, 1975. Arddangosfeydd undyn yn cynnwys *Artist at Work*, CGGC, Aberystwyth 1973; *A Festival of Exhibitions*, Coleg Prifysgol Cymru, Aberystwyth 1973. Gwaith wedi'i gynnwys yn y *Western Mail* (Medi 1963, Awst 1973); *Heddiw*, BBC Cymru (1973); *Cymru Heno*, BBC Radio Cymru (1973). Casgliadau'n cynnwys Amgueddfa Cymru; Amgueddfa Sir Gaerfyrddin; Ymddiriedolaeth Celfyddydau Cain Clwyd. Prynwyd gwaith gan CCC; Cymdeithas Gelf Gogledd Cymru. '…y gwrthgyferbyniad rhwng erydu naturiol yn yr amgylchedd… a chanlyniadau dylanwad dynol…' Yn byw yn Newbridge, ger Wrecsam, gogledd Cymru.
*Yr artist*

## Hywel HARRIES 1921–1990
**Peintiwr, darlunydd. Ganed yn y Tymbl, Llanelli, de Cymru.**

Astudiodd yn Ysgol Gelf Llanelli 1937–41; Coleg Celf Caerdydd o 1947. Gwasanaeth rhyfel, Yr Awyrlu Brenhinol 1941–46. Athro celf 1956–82, West Ealing; Ysgol Ramadeg Machynlleth; Ysgol Ramadeg Ardwyn/Ysgol Gyfun Penglais, Aberystwyth, gan ddod yn Bennaeth Celf. Peintiwr, darlunydd, cartwnydd; tiwtor achlysurol. Cadeirydd y Pwyllgor Celf a Chrefft, Cyngor Eisteddfod Genedlaethol Cymru (EGC). Aelod o'r Academi Frenhinol Gymreig (yr Is-gadeirydd gynt); Grŵp Gogledd Cymru (Cadeirydd tua 1986); Cymdeithas Gelf Ceredigion (sefydlydd 1963; Llywydd Oes). Arddangosfeydd ar y cyd yn cynnwys EGC 1951–55; *Contemporary Painting in Wales*, Pwyllgor Cymreig Cyngor Celfyddydau Prydain Fawr 1952; Oriel Albany, Caerdydd (yn arddangos yn rheolaidd); Llyfrgell Genedlaethol Cymru, Aberystwyth (LlGC) 1980. Arddangosfeydd deuddyn, y Swyddfa Hysbysrwydd,

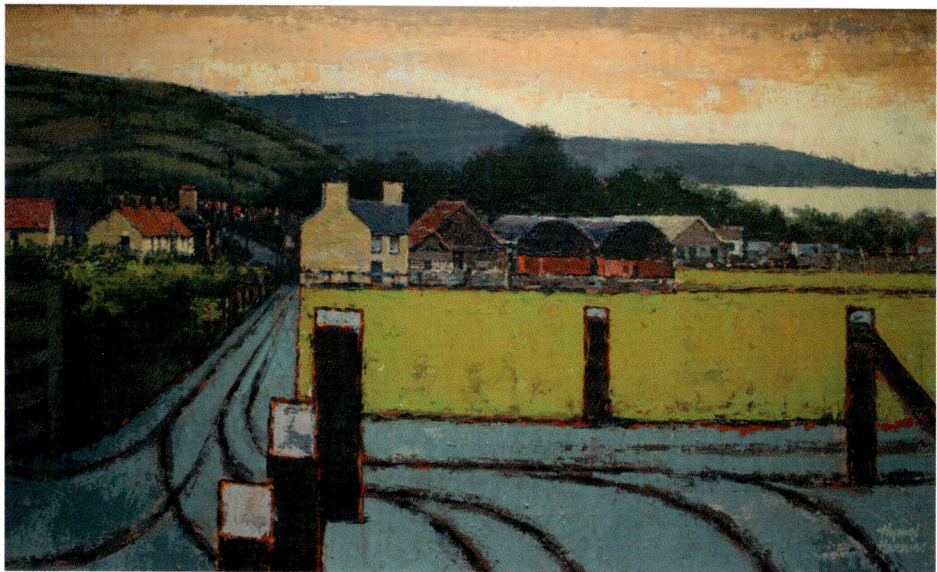

130 | Hywel Harries
*Llanon, Ceredigion* 1975

Aberystwyth 1980; LlGC (gyda Terry Bailey) 1985. Arddangosfeydd undyn yn cynnwys Gŵyl Gelfyddydau Aberystwyth 1965; *Pictures by Hywel Harries*, LlGC 1970. Cyhoeddiadau'n cynnwys *Cymru'r Cynfas* (Gwasg y Lolfa (YL) 1983, argraffiad dwyieithog 1988); *Posteri Cyfres y Diarhebion* (YL); *Drawing* (Gwasg Ffynnon 1975). Darluniau/cartwnau, *Cambrian News* 1956–64; *Trysorfa'r Plant; Blodau'r Ffair; Hwyl; Cymru'r Plant* (1950au); *Y Cymro*. Wedi'i gynnwys yn y *Cambrian News* (28 Tachwedd 1980; 2 Ionawr 1987; 26 Tachwedd 1990; 28 Rhagfyr 1990; Ionawr 1991); *Smile with Hywel: A Selection of Cambrian News Cartoons 1981–1985*; Arddangosfa Gelf a Chrefft (EGC 1992). Casgliadau'n cynnwys Amgueddfa Ceredigion, Aberystwyth; Cymdeithas Celf Gyfoes Cymru; LlGC; Prifysgol Bangor; Ymddiriedolaeth Castell Bodelwyddan. Prynwyd gwaith gan Gyngor Celfyddydau Cymru. Roedd yn byw yn Aberystwyth, canolbarth Cymru.

### Mags HARRIES 1945–
**Enw gwaith Margaret L Harries, cerflunydd. Ganed yn y Barri, de Cymru.**

Astudiodd yng Ngholeg Celf a Dylunio Caerlŷr 1963–67; Prifysgol De Illinois 1968–70 (MA Celfyddydau Cain). Darlithydd, Prifysgol Brown, Providence 1972–75; Cymrodor yn Sefydliad Bunting, Coleg Radcliffe, Prifysgol Harvard 1977–78; darlithydd, Cyfadran Gerfluniaeth, Ysgol Amgueddfa'r Celfyddydau Cain (YACC), Boston, UDA 1978–2006. Gwobrau niferus gan gynnwys Ysgoloriaeth Thomas ac Elizabeth Williams, Morgannwg 1968; Cymdeithas Benseiri Boston 1993; Coleg Regis, Weston, Massachusetts 1998 (Doethuriaeth Fygedol, y Celfyddydau Cain). Preswyliadau/comisiynau niferus gan gynnwys *The Demon Trap*, Blwyddyn Lenyddiaeth y DU, Canolfan Dylan Thomas, Abertawe 1995 (gosodwaith â'r bardd, Peter Finch); Parc Glannau Hamadryad, Yr Asiantaeth Gelf ac Adfywio (CBAT), Caerdydd 1997; Yr Academi Americanaidd yn Rhufain, Yr Eidal 2003. Arddangosfeydd ar y cyd yn cynnwys Amgueddfa Cymru (AC), Caerdydd 1984; *Changing Places*, Oriel CBAT, Caerdydd 1997; *Knowing Limits*, Sefydliad Pratt, Efrog Newydd a Gwasanaeth y Parciau Cenedlaethol 2000 (teithiol). Arddangosfeydd un-ddynes yn cynnwys *Mags Harries*, Amgueddfa Decordova, Lincoln, Massachusetts; *Changing Places – Part 2*, Oriel CBAT, Caerdydd 1999; *Public Projects*, Prifysgol California, Santa Cruz 2001. Gwaith wedi'i gynnwys mewn llawer o gyhoeddiadau, yn eu plith *Touchstone* (Cymdeithas Frenhinol Penseiri Cymru, fis Hydref 2006). Casgliadau'n cynnwys AC; YACC. '…celf gyhoeddus … afonydd, dŵr, ecoleg, tirwedd.' Yn byw yn Cambridge, Massachusetts, UDA.
*Yr artist*

### Melvin/Mel HARRIES  Gweler DM HARRIES

### Pauline HARRIES 1931–
**Enw gwaith Pauline Mary Harries, peintwraig. Ganed ym Manceinion, Lloegr.**

Cyrhaeddodd Gymru ym 1951. Astudiodd yng Ngholeg y Drindod, Caerfyrddin 1971–74. Cyrsiau penwythnos, gyda Mary Lloyd Jones, Ron Lowe, Peter Nicholas, o 1965. Tiwtor, dosbarthiadau addysg bellach, celf, crochenwaith, hanes celf 1970; athrawes, celf a dylunio, Ysgol Syr Thomas Picton, Hwlffordd 1979–85. Perchennog oriel, Oriel Pauline Harries, Trefdraeth, Sir Benfro 1984–2000. Arddangosfeydd ar y cyd yn cynnwys *Nawr – Now*, Grŵp De Cymru, Caerdydd 1971 (teithiol); Academi'r Celfyddydau Cain Manceinion 1973. Arddangosfeydd deuddyn, Oriel Albany Caerdydd (OA) 1988, 1990 (gyda David Tress). Arddangosfeydd un-ddynes yn cynnwys Oriel Plas Glyn-y-Weddw, Llanbedrog 1990; OA 1994. Casgliadau'n cynnwys Gwasanaeth Addysg Cyngor Sir Penfro; Llyfrgell Genedlaethol Cymru, Aberystwyth. '… coetiroedd amgaeëdig a golygfeydd ar yr arfordir … y bryniau erbyn hyn…' Yn byw yn Hendy-gwyn ar Daf, gorllewin Cymru.
*Yr artist*

## Anne HARRINGTON-REES 1969–
**Artist ffibr, gwneuthurydd basgedi. Ganed yn Kilkenny, Iwerddon.**

Astudiodd yng Ngholeg y Brifysgol, Dulyn 1988–92 (Garddwriaeth Dirlunio); Coleg Menai, Bangor 1999–2000 (Celf a Dylunio), 2000–03 (Crefftau Dylunio). Darlithydd, Garddwriaeth Amwynder, Swydd Suffolk 1992–96. Cynllunydd gerddi a'u cynnal a chadw'n llawrydd 1996–98. Bu'n byw yn Ynys Môn, gogledd Cymru 2000–2006. Aelod o Dîm Cerflunio Rhew Gogledd Cymru, Pello, Ffindir 2000; gweithdai, Canolfan Grefft Rhuthun (CGRh), Plas Tan-y-Bwlch, Maentwrog 2004–2006. Preswyliad, Encilfa Artistiaid Cill Rialaig, Ballinskelligs, Swydd Kerry 2006. Aelod o Gelf Ffibr Cymru; Cymdeithas y Gwneuthurwyr Basgedi. Arddangosfeydd ar y cyd yn cynnwys Eisteddfod Genedlaethol Cymru, Casnewydd a'r cylch 2004, Eryri a'r cylch 2005 (enillydd gwobr); Ffair Grefftau Chelsea 2005; Verve, Yr Oriel, CGRh 2005. Arddangosfeydd un-ddynes yn cynnwys *Spotlight*, Oriel Mostyn, Llandudno 2004; Canolfan Gelfyddydau Brindley, Runcorn 2005, 2006 (sioe arddangos). Gwaith wedi'i gynnwys yn 'Macrame-Free Zone' (cylchgrawn *Blueprint*, Rhagfyr 2005); 'A Crafts Fair with a Difference', Helen Chislett (*Country Homes and Interiors*, Tachwedd 2005); *London Gazette* (Tachwedd 2005). '… ffurfiau naturiol, pensaernïaeth, llestri a symudiad … defnyddio ffibrau naturiol neu ddeunyddiau y gellir eu hailgylchu ….' Yn byw yn Iwerddon.
*Yr artist*

## Bev HARRIS 1939–
**Enw gwaith Beverley Harris, peintwraig. Ganed yng Ngarndiffaith, de Cymru.**

Astudiodd yng Ngholeg Celf Caerdydd 1956–61, gydag Eric Malthouse, Frank Roper, Frank Vining. Pennaeth Celf, Ysgol Fechgyn Dormston, Sedgley 1961–64; Ysgol Gyfun Trefethin, Pont-y-pŵl 1964–91. Aelod o Artistiaid Torfaen 1992–2003. Arddangosfeydd ar y cyd yn cynnwys Theatr y Lyceum, Casnewydd tua 1961; Oriel Torfaen, Pont-y-pŵl 1995; *Torfaen Artists*, Amgueddfa Pont-y-pŵl (AP) 1997. Arddangosfeydd un-ddynes yn cynnwys Tŷ Rhydychen, Rhisga 1971; Llyfrgell Cwmbrân, 1995, 1999; *Bev Harris – A Retrospective Exhibition*, AP 2002; *Faces and Places*, AP 2006. Delir ei gwaith yng nghasgliad AP. '… dyffryn dwyreiniol Gwent, ei orffennol a'i bresennol….' Yn byw yn Abersychan, de Cymru.
*Yr artist*

## Dafydd HARRIS 1936–1986
**Peintiwr. Ganed yn Llandrindod, canolbarth Cymru. Hefyd yn cael ei adnabod fel David Harris, tan y 1960au–70au.**

Astudiodd yng Ngholeg y Drindod, Caerfyrddin tan 1962; Coleg Celf Caerdydd tan 1964; Coleg Prifysgol Cymru, Aberystwyth, tan 1969. Athro celf, ardal Amwythig, am bedair blynedd. Arddangosfeydd ar y cyd yn cynnwys Llyfrgell Amwythig 1969; Oriel Gelf Bangor, gogledd Cymru (OGB) 1970; Oriel Albany, Caerdydd 1979, 1980, 1981; Oriel Pwllheli 1982. Arddangosfeydd undyn yn cynnwys Oriel Temple, Llandrindod 1964, 1966 (fel David Harris); Moelfre 1967; Amwythig 1968; OGB 1971. Cyhoeddiad, *The Place of Art and Craft Teaching in the Senior Approved School*. Wedi'i gynnwys yn y wasg leol. Tirluniau, o ogledd Cymru'n bennaf. Roedd yn byw ym Mhenarth, de Cymru.
*Yr artist*

## David HARRIS Gweler Dafydd HARRIS

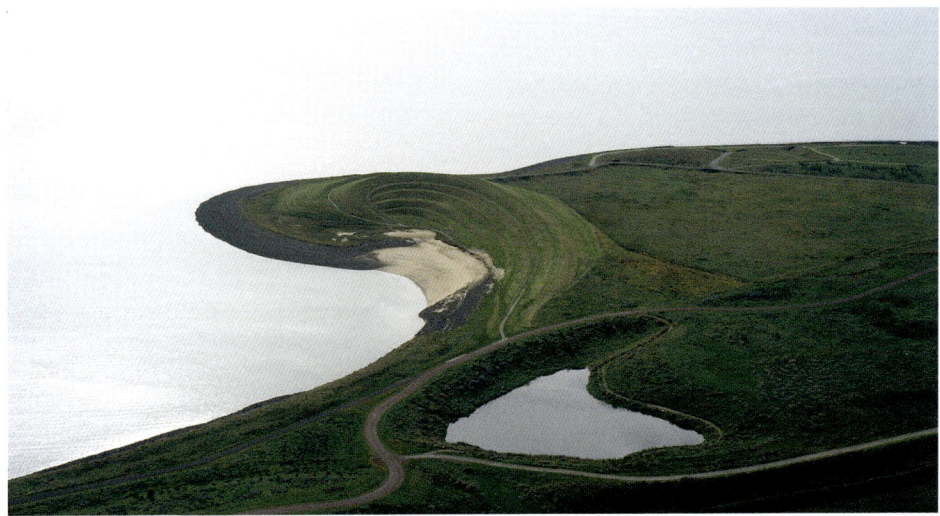

131 | Richard Harris
*Walking with the Sea* 1999

## Richard HARRIS 1954–

**Enw gwaith Richard John Harris, cerflunydd, artist tirwedd. Ganed yn Newton Abbot, Lloegr.**

Astudiodd yn Ysgol Gelf Torquay 1972–73; Coleg Celf a Dylunio Swydd Gaerloyw, Cheltenham 1973–76. Darlithydd, ysgolion celf yn Awstralia 1979–81. Bu'n gweithio â thîm strategaeth dirlunio *Porth i Gymru*, Ail Groesfan afon Hafren 1994. Gwobrau, Celfyddydau'r Gogledd 1990; Northern Electric (celf amgylcheddol) 1992. Comisiynau cenedlaethol/rhyngwladol niferus yn cynnwys Cyngor Gateshead 1982–86; Maes Awyr Manceinion 1993; Parc Arfordirol y Mileniwm, Llanelli 1998; Tyddewi, Sir Benfro 1999; Cyngor Dinas Wolverhampton 2000–02 (gyda'r Asiantaeth Gelf ac Adfywio, Caerdydd); Cynulliad Cenedlaethol Cymru, Caerdydd 2005. Preswyliadau'n cynnwys Birrigai, Y Brif Diriogaeth Awstralaidd 1980; Wuppertal, Yr Almaen 1991. Arddangosfeydd niferus ar y cyd gan gynnwys *The Sculpture Show*, Oriel Hayward, Llundain 1983; *Sculpture and Architecture – Restoring the Partnership*, Ymddiriedolaeth Gerfluniaeth Cymru, Caerdydd 1985; *British Abstract Art, Part 2*, Flowers East, Llundain 1995; *Sculpture in the Park*, Parc yr Ŵyl, Glynebwy 1997; Cywaith Cymru, Caerdydd 1998; *Explorations*, Gardd Fotaneg Genedlaethol Cymru, Caerfyrddin 2003. Arddangosfa undyn, *A Space for Dreaming*, Oriel Bede, Jarrow 1991 (gyda llyfr gan yr artist). Gwaith wedi'i gynnwys yn 'A Hidden Sculpture in the Australian Capital Territory', Terry Measham (*Art and Australia* 1982); *A Sense of Place*, golygyddion Peter Davies, Tony Knipe (Ceolfrith Press 1984); *30 Years of British Sculpture*, Françoise Cohen *et al* (Editions de la Différence 1988); *Krakamarken – Land Art as Process*, Jørn Rønnau (Forlaget Djurs, Denmarc 2001). '…mae [ei] ymyriadau'n gynnil …deunyddiau naturiol lleol neu o'r tu allan …' (*Ymddiriedolaeth Gerfluniaeth Cass*) Yn byw yn Rhos-goch, Llanfair-ym-Muallt, canolbarth Cymru.
*Yr artist*

## Sean HARRIS 1965–
**Artist-gwneuthurydd ffilmiau, gwneuthurydd printiau. Ganed yn Kingston upon Thames, Lloegr.**

Ei daid yn Gymro. Astudiodd yng Ngholeg Whitelands, Prifysgol Llundain. Cyrhaeddodd Gymru ym 1995. Gwobrau, Cyngor Celfyddydau Cymru (CCC) 2001, 2003, 2004 (Cymru Greadigol), 2005; Cywaith Cymru (CC), Good Ideas 2004, 2005. Artist preswyl, Cyngor Celfyddydau Swydd Amwythig 2003. Prosiectau animeiddio/ffilm niferus, comisiynau'n cynnwys *Dadeni*, Amgueddfa Cymru (AC) (cywaith gydag *On Common Ground*) 2006; *Y Pair*, Eisteddfod Genedlaethol Cymru (EGC), CC, Yr Wyddgrug 2007; *Gwreiddiau – Canfod y Gymru Gynnar*, AC 2007; *The Song of the Axe*, Amgueddfa ac Oriel Gelf Derby 2007; *Mona*, Oriel Ynys Môn, AC, Amgueddfa Genedlaethol yr Alban (AGA) 2007. Arddangosfeydd ar y cyd yn cynnwys yr Academi Frenhinol, Llundain 1992, 1993; *A Tale Told by an Idiot*, Theatr Clwyd Cymru, Yr Wyddgrug 2003 (gyda Susan Adams a Christopher Nurse) (teithiol); EGC, Llanbedr-goch 1999; *Biennale Arlunio Cymru*, Canolfan Gelfyddydau Wrecsam 1999 (teithiol). Arddangosfeydd undyn, Canolfan Grefft Rhuthun 2000 (teithiol); *Hela'r Twrch Trwyth*, Amgueddfa Genedlaethol Hanes ac Archeoleg, Dulyn 2005 (yn teithio i Gymru). '…ers 2004… cydweithrediadau traws-gyfryngau mawr gydag amgueddfeydd a grwpiau cymunedol ledled y DU – mytholeg, cynddelwau, archeoleg, hunaniaeth genedlaethol… a'r dirwedd.' Yn byw yn Llangynog, Powys, canolbarth Cymru.
*Yr artist*

## Desmond HARRISON 1982–
**Enw gwaith Desmond Duncan Harrison, cerflunydd, gwneuthurydd printiau. Ganed yn Llundain, Lloegr. Hefyd yn llofnodi'i waith yn D.23.**

Daeth i Gymru ym 1988. Astudiodd yng Ngholeg Celf Henffordd 1998–2000; Prifysgol Leeds 2000–2003. Gweithdai argraffu rheolaidd ar gyfer y prosiect *The Meaningful Day*, Ysbyty Bronllys, Aberhonddu 2004–05; sefydlodd stiwdio gerfluniaeth/gwneud printiau, Aberhonddu 2005. Arddangosfeydd ar y cyd yn cynnwys Amgueddfa ac Oriel Gelf Brycheiniog, Aberhonddu 2007; The Art Shop, Y Fenni 2007; Oriel Mount Street, Aberhonddu 2007. Arddangosfa undyn, *U Can Only ½ C*, Theatr Brycheiniog, Aberhonddu 2006. Comisiynau'n cynnwys HAFAL/RETHINK, Machynlleth 2005; Llwybr Celf Bannau Brycheiniog, Parc Cenedlaethol Bannau Brycheiniog 2005. Gwaith wedi'i gynnwys yn *The Beacons Way Art Trail – 8 Stones, 8 Artists*, David Moore (Little Fish Press 2007). 'Printiau: haniaethau gofod mewnol, tirwedd, y ffurf ddynol … cerfluniau: metel yn bennaf – …deunyddiau wedi'u hailgylchu … myth, chwedlau… ffurfiau naturiol….' Yn byw yn Aberhonddu, canolbarth Cymru.
*Yr artist*

## Robert Henry HARRISON 1943–
**Peintiwr. Ganed yng Nghaerdydd, de Cymru.**

Astudiodd yng Ngholeg Celf Gorllewin Lloegr, Bryste 1965–68, gyda George Tute; Coleg y Brifysgol, Caerdydd 1969–70. Athro celf, Ysgol John Warner, Hoddesdon, Swydd Henffordd 1970–73. Aelod o Fforwm Celfyddydau Abertawe. Arddangosfeydd ar y cyd yn cynnwys *Artist y Flwyddyn Cymru*, Neuadd Dewi Sant, Caerdydd 2001; Urdd Bryste, Bryste 2004; Oriel yr Atig, Abertawe 2006; arddangosfa undyn, Art Matters, Dinbych-y-pysgod 2003. 'Cestyll, adeiladau eraill, arfordir de Cymru.' Yn byw yn Llangatwg, gorllewin Cymru.
*Yr artist*

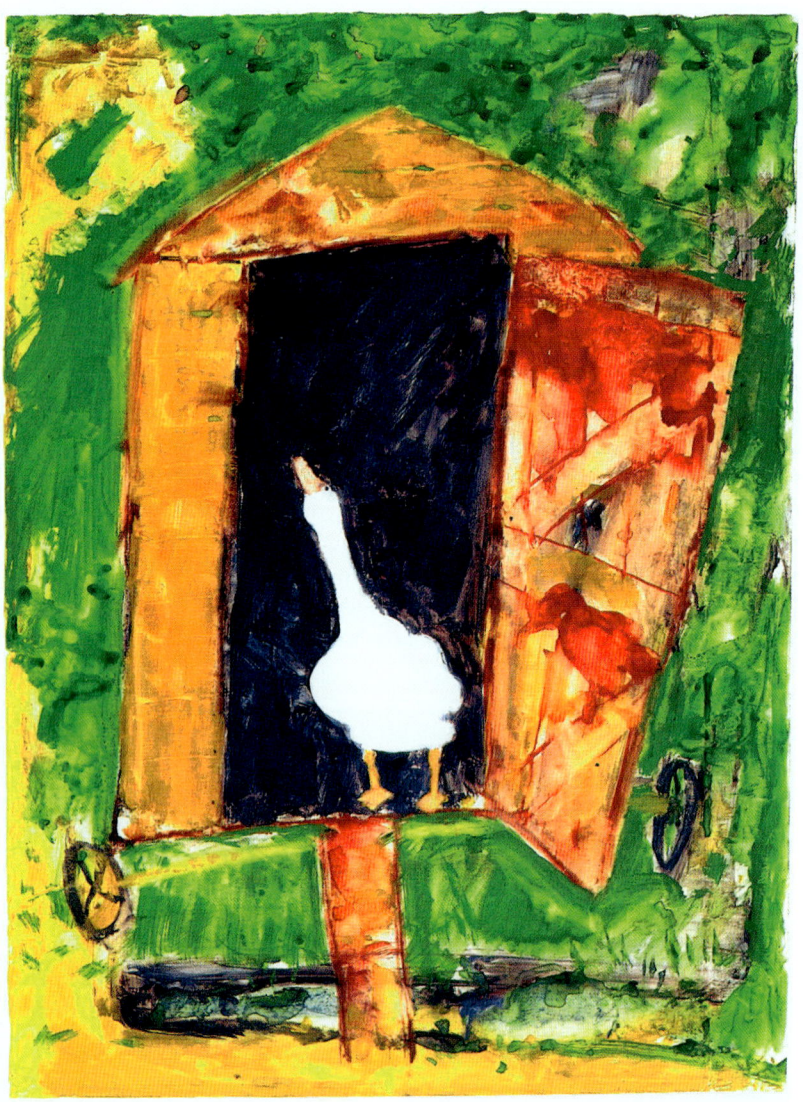

132 | Ben Hartley
*Triumphalist*

## Ben HARTLEY 1933–1996
**Peintiwr. Ganed yn Mellor, Swydd Derby, Lloegr.**

Astudiodd yn Ysgol Gelf Stockport 1950–52; Ysgol Gelf Ranbarthol Manceinion (YGRM) 1952–54, gyda Paul Keene, Norman Jacques; Y Coleg Celf Brenhinol, Llundain 1954–57, gyda Julian Trevelyan, Alistair Grant. Darlithydd (rhan-amser), YGRM 1958–60; Coleg Celf Plymouth 1960–79. Ymwelydd mynych â Llanandras/Y Gororau o 1958. Daeth i Gymru 1983. Arddangosfeydd ar y cyd yn cynnwys *Arddangosfa Haf*, Yr Academi Frenhinol, Llundain 1957; *Animals in Art*, Gweithdai Cirencester 1984; *Carel Weight's Friends*, Clwb y Celfyddydau, Llundain 1991. Arddangosfeydd undyn niferus gan gynnwys Canolfan Gelfyddydau Plymouth 1979 (teithiol), 1992–93 (teithiol i Oriel Gelf Glynn Vivian, Abertawe; Oriel 31, Y Trallwng; Canolfan Gelfyddydau Abaty Nant Teyrnon, Cwmbrân); Oriel Beaux Arts Caerfaddon (OBA), 1983–91; Oriel Andrew Knight, Caerdydd 1984. Arddangosfeydd ar ôl ei farwolaeth yn cynnwys *Arddangosfa Goffa*, Ystafelloedd Ymgynnull, Llanandras 1997; The Rodd, Gŵyl Llanandras, Mid Border Arts 2001; OBA 2002, 2005; Oriel Gelf Dinas Southampton 2004. Cyhoeddiadau'n cynnwys *Eight Little Pictures from Ben Somewhen*, 1983; *Ben Somewhen, Complete Ink Drawings* (2000); *Pigs Must Eat on Sundays, Notebooks 1964–65* (Green Books 2005). Gwaith wedi'i gynnwys yn *Ben Hartley*, Bernard Samuels (Sansom & Co, Bryste 2001). Casgliadau'n cynnwys Cyngor Celfyddydau Lloegr; Cyngor Dinas Plymouth. 'Bu'r blynyddoedd yn Llanandras nid yn unig yn gynhyrchiol; hon hefyd oedd yr adeg pryd y paentiodd rai o'i luniau mwyaf cynhyrfiol a theimladwy. Bu'n cloddio, yn ddyfnach nag erioed, i wythïen ei atgofion am bobl cefn gwlad.' (Bernard Samuels, *Ben Hartley* 2001). Roedd yn byw yn Llanandras, canolbarth Cymru.
*Yr artist*

## Johana HARTWIG 1979–
**Gwneuthurydd ffilmiau, artist sain a fideo, cerflunydd. Ganed yn Llundain, Lloegr.**

Daeth i Gymru ym 1998. Astudiodd yn Athrofa Prifysgol Cymru, Caerdydd 1998–2001 (gradd yn y dosbarth cyntaf). Ffurfiodd *Twig and Moss Productions* (gydag Ifan Tomos) 2001. Gwaith ar brosiectau, Prifysgol Cymru Casnewydd, Sefydliad Dysgu Digidol, o 2006. Comisiynau'n cynnwys Gofod Celf Gwledig Coed Hills (GCGCH), Saint Hilari, Bro Morgannwg 2006. Arddangosfeydd ar y cyd yn cynnwys *Celf Mewn Amser Caerdydd*, trace: Installaction Artspace, Caerdydd 1999; *Roam*, GCGCH 2001; *All Wales Film Makers Challenge*, Dempseys, Caerdydd 2004 (yn y rownd derfynol gydag Ifan Tomos); *Live*, Eggspace, Lerpwl 2005; *Brolly Folly*, Gŵyl Ffilm Caerdydd, Canolfan Gelfyddydau Chapter, Caerdydd 2005 (gydag Ifan Tomos). Arddangosfa un-ddynes, *One Ring Too Many*, Thompson Park, Caerdydd 2004. Delir gwaith yng nghasgliad y Sefydliad Celf Fideo. 'Cynhyrchu ffilmiau, micro newyddiaduraeth a llên gwerin … Cyfuno technolegau hen a newydd …' Yn byw yng Nghaerdydd, de Cymru.
*Yr artist*

## Dan HARVEY  Gweler Heather ACKROYD a Dan HARVEY

## David HASTIE 1967–
**Enw gwaith David Rees Hastie, artist gosodwaith, cerflunydd. Ganed yng Nghaerfyrddin, gorllewin Cymru.**

Astudiodd yn Athrofa Prifysgol Cymru, Caerdydd (APCC) 1992–93 gyda Don Jackson, Stephen Young; 1994–97 (gradd yn y dosbarth cyntaf), gyda Harvey Hood, David Shepherd, Cornelia Parker. Cydsefydlydd (gyda Tim Davies) *Locws Rhyngwladol* 1999 (Gwobr Mileniwm 2000). Comisiynau'n cynnwys Eisteddfod Genedlaethol Cymru (EGC), Y Trallwng 2003. Arddangosfeydd niferus ar y cyd gan gynnwys *Ffresh (1)*, Canolfan Gelfyddydau Chapter, Caerdydd 1998; EGC, Llanfair-ym-Muallt

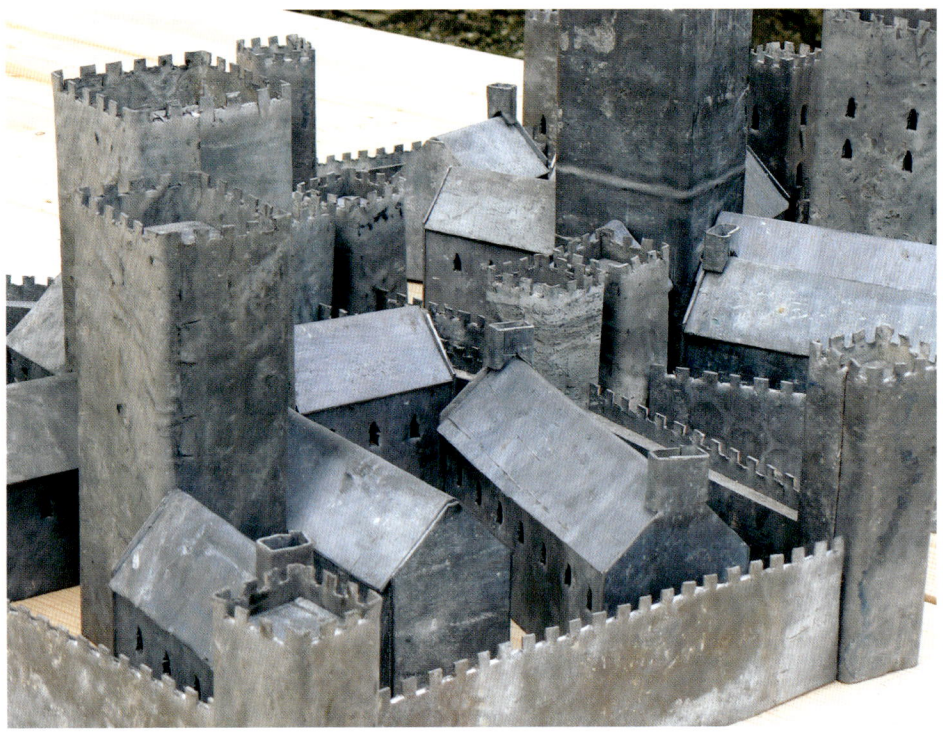

133 | David Hastie
*The Two Tables* 2007

1993–2007 (saith arddangosfa: arobryn 1998); *Superstructure*, Canolfan y Celfyddydau Gweledol, Caerdydd 1999; *Certain Welsh Artists*, Oriel Gelf Glynn Vivian, Abertawe (OGGV) 2000; *Art from Wales – A New Generation*, Openspace, Milan 2001; *Elsewhere*, OGGV 2003. Arddangosfeydd undyn yn cynnwys *Refuge*, Oriel Watch This Space, Alice Springs, Awstralia 2001; *Terminus (The Artist's Studio)*, Oriel Davies, Y Drenewydd 2003; *Excavation*, Amgueddfa Genedlaethol y Glannau, Abertawe 2006; *Waiting for the Railroad*, Oriel Henry Thomas, Caerfyrddin 2007. Cyhoeddiad, *Locws International*, cydawduron Tim Davies, Felicia Hughes-Freeland, Emma Safe (Locws Rhyngwladol 2003). Gwaith wedi'i gynnwys yn 'David Hastie – The Secluded Stage', Jennie Savage (*a-n* 2000); 'Crossover States: Material Memory – David Hastie and Angharad Jones', Iwan Bala (*Planet* 2000); *Imaging Wales*, Hugh Adams (Seren, Pen-y-bont ar Ogwr (Seren) 2003); *here + now. Essays on Contemporary Art in Wales*, Iwan Bala (Seren 2004); *First Hand – David Hastie*, Jeanette Minns (BBC Radio Wales 2000). '...yn cyffwrdd â rhai gwirioneddau am y cyflwr dynol... geirfa wedi'i thynnu'n llythrennol o'i libart ei hun.' (*Iwan Bala, Planet* 2000). Yn byw yn Llandeilo Ferwallt, gorllewin Cymru.
*Yr artist*

## Des HAWKINS 1931–2008
**Enw gwaith William Desmond Hawkins, peintiwr, dylunydd graffeg. Ganed yn Wattsville, de Cymru. Bu'n defnyddio'r llofnod Hawkins.**

Astudiodd (yn rhan-amser) yng Ngholeg Celf Casnewydd 1947–52. Prentis ddylunydd graffeg, Stiwdios Dylunio Frank Giles, Casnewydd 1947–52; Gwasanaeth Milwrol, Yr Awyrlu Brenhinol 1952–54; Rheolwr Hysbysebu, Capper Print, Pont-y-clun 1954–94. Aelod o Gymdeithas Gelf De Cymru; Cymdeithas

Ddyfrlliwiau Cymru. Gwobr Frederick Slater 1994. Arddangosfeydd ar y cyd yn cynnwys *Arddangosfa Efeillio Caerdydd/Nantes*, Nantes, Ffrainc 1993 (Y Fedal Gyntaf); *Annual Exhibition*, Sefydliad Brenhinol y Peintwyr Dyfrlliwiau, Orielau'r Mall, Llundain 1995–99; Neuadd Dewi Sant, Caerdydd (NDS) 1996–2003 (arobryn 2001); Yr Academi Frenhinol Gymreig, Conwy 1997, 1999, 2001; Amgueddfa ac Oriel Gelf Brycheiniog, Aberhonddu 1998, 2001; Amgueddfa ac Oriel Gelf Casnewydd, 1999, 2000; Canolfan Gelfyddydau Abaty Nant Teyrnon 2001. Arddangosfeydd undyn, NDS 1995, 2000. 'Trefluniau a morluniau.' Roedd yn byw ym Mhen-tyrch, de Cymru.
*Mrs Hawkins*

## HAWKINS Gweler Des HAWKINS

## Rozanne HAWKSLEY 1931–
**Enw gwaith Rozanne Jill Pibworth Hawksley, artist tecstiliau/cyfryngau cymysg. Ganed yn Portsmouth, Lloegr.**

Astudiodd yng Ngholeg Celf y De, Portsmouth 1947–51; Y Coleg Celf Brenhinol (Ysgol Ffasiwn) 1951–54; Coleg y Gofaint Aur (CGA), Llundain 1980. Swyddi addysgu 1954–93, gan gynnwys Coleg Addysg Battersea (uwch-ddarlithydd 1969–78); CGA (rhan-amser) 1980–87. Daeth i Gymru ym 1987. Nifer o gomisiynau. Gwobrau'n cynnwys Cyngor Celfyddydau Cymru 1989, 2006; Y Cyngor Prydeinig 1992. Aelod o Gymdeithas Frenhinol Cerflunwyr Prydain; Grŵp 62 o Artistiaid Tecstiliau; Rhwydwaith Cerflunwyr Gogledd Sir Benfro. Arddangosfeydd ar y cyd yn cynnwys *The Subversive Stitch*, Cornerhouse, Manceinion 1988; Eisteddfod Genedlaethol Cymru, Aberystwyth 1992, Tyddewi 2002, Y Trallwng 2003; *Out of the Frame*, Y Cyngor Crefftau, Llundain, 1992 (teithiol); *Cerfluniaeth ym Margam*, Parc Margam, Port Talbot 1993; *The First World War Remembered*, Yr Amgueddfa Ryfel Ymerodrol (ARY),

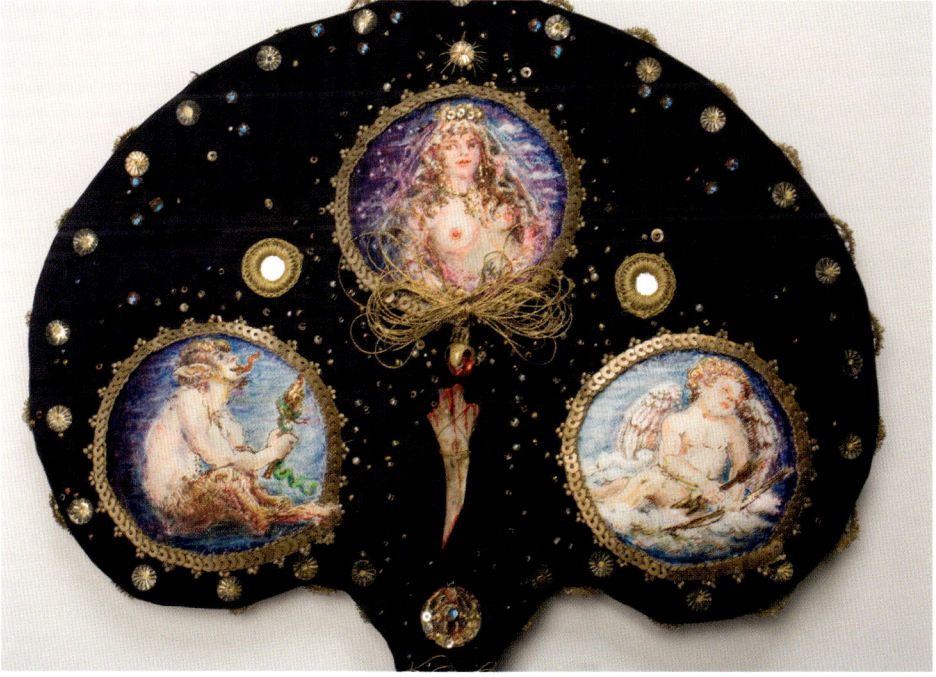

134 | Rozanne Hawksley
*Goe and Catche a Falling Starr* 2003–04

Llundain 1998; *Aspects of Narrative*, Canolfan Grefft Rhuthun (CGRh) 2006; *Flossie and Me*, ARY 2007. Arddangosfeydd un-ddynes yn cynnwys *a treaty will be signed sometime today*, Oriel Mission, Abertawe 1997 (teithiol); *The Seamstress and the Sea*, HMS Belfast/ARY 2006 (teithiol). Erthyglau i *World of Embroidery* (1997, 1999); llyfrau (gyda Pamela Lee) ar dechnegau celf decstiliau 1981–87. Gwaith wedi'i gynnwys yn *Gweld Llais a Chlywed Llun/Aspects of Narrative in Contemporary Textiles in Wales* (CGRh, 2002); *Textiles Perspectives in Mixed Media Sculpture*, Jac Scott (Crowood Press 2002); *National Electronic and Video Archive of the Crafts*, Matthew Partington 2004. Casgliadau'n cynnwys Amgueddfa Decstiliau Ganolog Łodz; ARY. '… dioddefaint yr unigolyn, oherwydd rhyfel, tlodi, salwch a marwolaeth… profiad fy nheulu a'm profiad i fy hun …' Yn byw yn Nhrefdraeth, gorllewin Cymru. *Yr artist*

### Anne HAYES  Gweler Glenn DAVIDSON ac Anne HAYES

### Maria HAYES 1963–
**Enw gwaith Maria Theresa Hayes, peintwraig, artist perfformio/cyfryngau cymysg. Ganed yn Llanelwy, gogledd Cymru.**

Astudiodd yng Ngholeg Polytechnig Portsmouth 1982–85 (gradd yn y dosbarth cyntaf), gyda Darrell Viner, Nick Roberts; Prifysgol Leeds 1985–86 (MA Astudiaethau Theatr). Cynorthwy-ydd rhan-amser i David Nash 1995–99. Aelod sefydlu, cyrsiau cymunedol Arts Venture 1997–2000. Sefydlodd Vesica Piscis (gweithdai i ysgolion celf/dawns) gyda'r dawnsiwr, Paul Davies (PD) 2006–07. Gwobrau Cyngor Celfyddydau Cymru 1993, 1997, 2006 (gyda PD). Comisiynau'n cynnwys Cyngor Swydd Amwythig 1997; Cwmni Theatr Volcano 2002; Mid Pennine Arts 2004. Nifer o breswyliadau, gweithdai, cydweithrediadau, gan gynnwys Ymddiriedolaeth Dawns Gyfoes Llundain 1987–1997; Arts Connection, Portsmouth 1993, 2005; Canolfan Gelfyddydau Belmont, Amwythig 1996– 98, 2001–02; Oriel Davies, Y Drenewydd 1999; Oriel Mostyn, Llandudno 2001, 2003. Gwaith hyfforddi/mentora helaeth ledled y DU o 1996. Arddangosfeydd ar y cyd yn cynnwys Journey, Oriel Ynys Môn, Llangefni 2001; Biennale Arlunio Cymru, Canolfan Gelfyddydau Llyfrgell Wrecsam (CGLlW) 2003 (teithiol); Ambiente, Tokyo 2005. Arddangosfa ddeuddyn, Vesica Piscis, Tŷ Dawns Diversions, Caerdydd (gyda PD) 2006 (teithiol). Llawer o arddangosfeydd un-ddynes, gan gynnwys Living Forms, Woman Walking, Oriel Davies, Y Drenewydd 1999; Motion of Tenderness, Canolfan Grefft Rhuthun (CGRh) 2001; Face to Face, CGLlW 2003; In the Moment, Oriel Mostyn @ Venue Cymru 2007. Cyhoeddiad, Telling Tales (Mid Pennine Arts 2004). Gwaith wedi'i gynnwys yn Maria Hayes, Jill Piercy (CGRh 2001). '…tirwedd gogledd Cymru….y ffurf ddynol.' Yn byw ym Mlaenau Ffestiniog, gogledd Cymru. *Yr artist*

### David HAYNES 1956–
**Cerflunydd cerameg/artist graffeg. Ganed yng Ngweunllwg, Lloegr.**

Astudiodd yng Ngholeg Celf Caer 1978–79; Polytechnig Gogledd Swydd Stafford 1979–82. Ceidwad, Sw Caer 1973–78; Sw Mynydd Cymru 1981. Daeth i Gymru ym 1982. Hyfforddwr technegol, Ymddiriedolaeth Iechyd Cymunedol Gwynedd, o 1982. Arddangosfeydd ar y cyd yn cynnwys *Northern Exhibition of Wildlife Art*, Oriel Black Sheep, Penarlâg 1995–97; Oriel Plas Glyn-y-Weddw, Llanbedrog 1997; Yr Academi Frenhinol Gymreig, Conwy/Oriel Myrddin, Caerfyrddin, ar ddiwedd y 1990au. Arddangosfeydd undyn niferus gan gynnwys Amgueddfa Diwydiant a Môr, Caerdydd 1995; Oriel Pendeitsh, Caernarfon 1996; Amgueddfa Lechi Cymru, Llanberis 1996; Llyfrgell Bae Colwyn 1997; Parc Bywyd Gwyllt y Cotswolds, Burford tua 2000. Gwaith wedi'i gynnwys ar *Y Sioe Gelf* (S4C, 2004). Gwaith yng nghasgliad Gardd Fotaneg Genedlaethol Cymru. '…anifeiliaid, y Beibl, cerddorion, pobl cefn gwlad.' Yn byw ym Methesda, gogledd Cymru. *Yr artist*

## Susan HAYWARD 1965–
**Enw gwaith Susan Elizabeth Hayward, ceramegydd, cerflunydd. Ganed yn Leamington Spa, Lloegr.**

Astudiodd yng Ngholeg Celf Dyfed/Coleg Technoleg a Chelf Sir Gaerfyrddin 1985–87, gyda Geraint Evans, Shirley Frost; Ysgol Gelfyddydau Gorllewin Cymru, Coleg Sir Gâr (YGGC/CSG) 2000–02, gyda Peter Bodenham, Ingrid Murphy, Paul Roche. Cydgysylltydd Oriel/Marchnata, Oriel Henry Thomas, YGGC/CSG. Aelod o Gerfluniaeth Cymru (CerfC) (Ysgrifenyddes). Arddangosfeydd cenedlaethol/rhyngwladol niferus ar y cyd gan gynnwys *Ceramica Cymru*, Celf Gain Fountain, Llandeilo 2003–05; *Sculpture Works at Margam*, Parc Margam, Port Talbot 2004; Amgueddfa Salvador Dali, Barcelona, CerfC 2004; *Hiraeth*, CerfC, 2006 (teithiol); *Féile Clai (Gŵyl Glai)*, Canolfan y Celfyddydau Aberystwyth/Yr Oriel Grefft Genedlaethol, Kilkenny, Iwerddon 2006. Gwaith wedi'i gynnwys yng nghylchgrawn *Sculpture Bretagne* (Hydref 2002); *Wedi Saith* (S4C, Mai 2004); *P'nawn Da* (S4C Digidol, Mai 2004). 'Fy nghartref … y tir… fy ngheffylau.' *(Catalog arddangosfa Hiraeth 2006)*. Yn byw yn Llangynnwr, gorllewin Cymru.
*Yr artist*

## Andy HAZELL 1959–
**Enw gwaith Andrew Hazell, cerflunydd, ffotograffydd/gwneuthurydd ffilmiau, awtomatydd. Ganed yn Altrincham, Lloegr.**

Astudiodd ym Mhrifysgol Reading 1977–81; Ysgol Celf Gain Slade, Llundain 1984–86 (MA Celf Gain). Wedi'i ddethol i Fynegai Gwneuthurwyr y Cyngor Crefftau (CC). Gwobrau'n cynnwys CC 1988, 2003; Cyngor Celfyddydau Cymru, Cymru Greadigol 2003. Preswyliadau'n cynnwys Coleg Iwerydd, Sain Dunwyd 1990; Amgueddfa Forol Genedlaethol, Greenwich 2005. Comisiynau cenedlaethol/rhyngwladol niferus, gan gynnwys Tir Sofran - Yr Asiantaeth Gelf ac Adfywio, Bae Caerdydd 2000; Sustrans/Cywaith Cymru 2000, 2002, 2003; Ysbyty Plant Caerdydd 2004, 2005; Theatr Powys, Llandrindod 2006. Prosiectau/cydweithrediadau theatr yn cynnwys *Slate Voices* 1991; *Kicking Man* (i Paul Granjon) 2002; *The Writing Lady* (i Susan Adams) 2006; pedwar awtomaton o faint naturiol (i Shani Rhys James) 2006. Arddangosfeydd ar y cyd niferus gan gynnwys CC, Llundain 1991, 1995, 1999; *Automata*, Canolfan South Bank, Llundain 1992; Eisteddfod Genedlaethol Cymru, Casnewydd 2004; *14eg Arddangosfa Agored Mostyn*, Oriel Mostyn, Llandudno 2004; *British Automata, Craft 2EU*, Hambwrg 2005; *Heim und Handwerk*, Munich 2006. Arddangosfeydd undyn yn cynnwys Oriel Gelf Bangor 2003; Oriel Myrddin, Caerfyrddin (OMyr) 2002–05 (teithiol). Cynyrchiadau ffilm/fideo i'r theatr a thafluniadau awyr agored o 1992. Gwaith wedi'i gynnwys yng nghylchgrawn Crafts (CC Ion/Chwef 1988, Medi/Hydref 1993); *Automata and Mechanical Toys* (Crowood Press 2002); *Andy Hazell* (OMyr 2002, 2003); *What's Up Doc*, ITV (Ionawr 1994). Casgliadau'n cynnwys Amgueddfa Ddiwydiannol Bradford; Amgueddfa Wyddoniaeth Manceinion; CC, Llundain; Yr Amgueddfa Wyddoniaeth, Llundain. Yn byw yn Nhrefyclo, canolbarth Cymru.
*Yr artist*

## Katrina HEAD 1952–
**Peintwraig, ffotograffydd, artist cymunedol. Ganed yn Plymouth, Lloegr.**

Bu'n byw yng Nghymru 1978–2007. Astudiodd yng Ngholeg Celf Caerfyrddin 1979–83, gyda Mary Lloyd Jones, Gordon Stuart. Bu'n gweithio yn y diwydiant ffotograffig, Llundain 1970–75; artist cymunedol, canolfannau yng ngorllewin Cymru 1987–88; ymgynghorydd fframio 1991–2007; cynorthwy-ydd oriel, Oriel y Dociau (OyD) Aberdaugleddau, 1989–91. Aelod o Gymdeithas Ddyfrlli-wiau Cymru 2004–07. Arddangosfeydd ar y cyd yn cynnwys *Hunting/Observer National Art Exhibition*, Llundain 1994 (teithiol); *Artists Against Pollution*, Llyfrgell Dociau Penfro 1996; *Cymdeithas Ddyfrlliw*

*Cymru*, Y Tabernacl, Machynlleth 1998, Oriel Tŷ Turner, Penarth 2003; *Artist y Flwyddyn Cymru*, Neuadd Dewi Sant, Caerdydd 2001; Oriel Waterfront, Aberdaugleddau 2005. Arddangosfeydd un-ddynes yn cynnwys Theatr y Torch, Aberdaugleddau 1989; Two-Faced Show, OyD 1992; *Watercolours in Mixed Media*, Llyfrgell Hwlffordd 1995; *I love to be under the sea*, OyD 2000. Gwaith wedi'i gynnwys yn *Pembrokeshire – Look upon the Land and Sea*, Peter Green (Celtic Horizons Publishing 2003). '…mwynhau'r traeth…arfordir Sir Benfro.' Yn byw yn Espéraza, Ffrainc.
*Yr artist*

### Jonathan HEALE 1949–
**Enw gwaith Jonathan Malcolm Heale, peintiwr, gwneuthurydd printiau, darlunydd. Ganed yn Lerpwl, Lloegr.**

Cyrhaeddodd Gymru ym 1952. Astudiodd yng Ngholeg Celf Southampton 1966–67; Ysgol Gelf Chelsea 1967–68; Y Coleg Celf Brenhinol, Llundain 1969–71, gyda Richard Guyatt. Gwobr Cyngor Celfyddydau Cymru (CCC) 1983. Arddangosfeydd ar y cyd yn cynnwys Canolfan Glan Gwy, Llanfair-ym-Muallt 1979; *Singer and Friedlander/Sunday Times Watercolour Competition*, Orielau'r Mall, Llundain 1991, 1992; *Gŵyl Llanandras*, Llanandras 2003, 2004. Arddangosfeydd undyn yn cynnwys *Watercolours and Woodcuts*, Oriel Goffa Davies, Y Drenewydd, Powys 1978; adolygol, Oriel Bluecoat, Lerpwl 1982; *Wood and Water Works*, Oriel, CCC, Caerdydd 1984; Oriel Andrew Knight, Caerdydd 1986; *Branches in Town*, Oriel Pentonville, Llundain 1991; Y Tabernacl, Machynlleth 2000; *Jonathan Heale Marches Into Town*, Oriel Air, Llundain 2006. Darluniau ar gyfer llyfrau plant, *The Ugly Duckling*, Hans Christian Andersen (Dorling Kindersley (DK) 1994); *The Steadfast Tin Soldier* (DK1996); *Lady Muck* (William Heinemann 1997) (Gwobr Kurt Maschler); *The Tortoise and The Hare* (Frances Lincoln 2001). Gwaith yng nghasgliad Amgueddfa ac Oriel Gelf Birmingham. Prynwyd gwaith gan CCC. 'Dw i'n paentio mewn dyfrlliwiau; rhywfaint o baentio olew; dw i'n addurno tsieni asgwrn Seisnig… Dw i'n cynhyrchu cyfresi o dorluniau pren.' Yn byw yn Llanllieni, Lloegr.
*Yr artist*

### Elaine HEARD 1944–
**Enw gwaith Elaine Ellen Heard, peintwraig, murlunwraig. Ganed yng Nghasnewydd, de Cymru.**

Astudiodd yng Ngholeg Addysg Uwch Gwent 1975–80, gyda Jack Crabtree, John Selway, Ernest Zobole; Prifysgol Cymru, Caerdydd 1980; Ravenna, Yr Eidal 1998 (adfer mosaigau). Pennaeth Celf a Dylunio, Ysgol Gyfun Llyswyry, Casnewydd, de Cymru 1981–95; tiwtor, addysg gymunedol a phellach, de-ddwyrain Cymru 1996–98; artist preswyl, Prosiect Ardal y De-orllewin, Cwmbrân 1998. Prosiectau murluniau mosaig niferus, canolfannau cymunedol/ysgolion, de-ddwyrain Cymru 1998–2007. Aelod o Art 2000. Arddangosfeydd ar y cyd yn cynnwys *Arddangosfa Agored y Grŵp Cymreig*, Amgueddfa ac Oriel Gelf Casnewydd 1979; Grŵp *Art 2000*, canolfannau 1996–98, yn cynnwys Amgueddfa'r Fenni, Canolfan Dylan Thomas, Abertawe, Neuadd Dewi Sant, Caerdydd, Amgueddfa ac Oriel Gelf Brycheiniog, Aberhonddu. 'Paent olew … dyfrlliw …. mosaig.' Yn byw ym Magwyr, de Cymru.
*Yr artist*

### Virginia HEARTH 1977–
**Enw gwaith Virginia Louise Hearth, artist cymunedol, seicotherapydd celfyddydau. Ganed ym Mhont-y-pŵl, de Cymru. Hefyd yn defnyddio'r llofnod Gini.**

Astudiodd yng Ngholeg Technoleg a Chelf Sir Gaerfyrddin 1995–96, gyda Tim Davies, Ozi Rhys Osmond; Coleg Bretton Hall, Prifysgol Leeds 1996–1999, gyda David Walker-Barker, Andrea Thoma; Athrofa Addysg Uwch Gogledd Ddwyrain Cymru, Wrecsam 2000–01 (Gwaith Ieuenctid a Chymuned); Sefydliad i'r Celfyddydau mewn Therapi ac Addysg, Llundain o 2005 (MA, Seicotherapi Celfyddydau

Integreiddiol, PGDip, Cymhwyso'r Celfyddydau'n Therapiwtig). Therapydd Celfyddydau, Uned Ddiogel Hillside, Castell-nedd Port Talbot 1999–2001; Cyngor Gorllewin Morgannwg ar Gamddefnyddio Alcohol a Chyffuriau 2000–02; Cyngor Gwasanaethau Gwirfoddol Castell-nedd 2002–03; *Arts for Us*, Tîm Celfyddydau Cymunedol, Cyngor Dinas Abertawe 2003–06; Hosbís St Christopher, Llundain 2006; *Youth Arts Showcase* a *Festival of Youth Arts*, Llundain 2007. Sefydlodd GiniArt, sefydliad celfyddydau cymunedol a therapiwtig 2005. Symudodd i Lundain 2006. Aelod o Celfyddydau Ystalyfera; Ymddiriedolaeth Fforwm Celfyddydau Abertawe; Fforwm Celfyddydau Castell-nedd Port Talbot. Arddangosfeydd ar y cyd yn cynnwys *How was it for you*, Ysbyty Pindersfield, Wakefield 1998; *World Within Swansea*, Amgueddfa Abertawe (AAber) 2005; *Incredible Journeys*, AAber 2006; Oriel Gaeaf, Mwmbwls 2006. 'Dw i'n defnyddio'r holl gelfyddydau … i ddiwallu anghenion y rheini dw i'n gweithio â nhw.' 'Tirwedd Cymru …' Yn byw yn Llundain, Lloegr.
*Yr artist*

## Adrian HEATH 1920–1992
**Enw gwaith Adrian Lewis Ross Heath, peintiwr. Ganed ym Maymyo, Myanmar.**

Astudiodd yn breifat gyda Stanhope Forbes, Ysgol Gelf Newlyn 1938; Ysgol Gelf Slade, Llundain 1939, 1945–47. Y Llu Awyr Brenhinol 1940–45 (Carcharor Rhyfel 1942–45, gyda Terry Frost). O 1948, yn byw yn Llundain, gan deithio yn Ewrop. Uwch-gymrawd, Athrofa Addysg Uwch De Morgannwg 1977–80; darlithydd, Prifysgol Reading 1980–85. Aelod o Grŵp Llundain; Cymdeithas Ryngwladol yr Artistiaid (Cadeirydd 1954–64); Grŵp 56 Cymru 1978–81. Arddangosfeydd cenedlaethol/rhyngwladol niferus ar y cyd gan gynnwys *Abstract Art*, Oriel AIA, Llundain 1951; *Arddangosfa Ryngwladol*, Y Cyngor Prydeinig, Tunis 1960; *Grŵp 56 Cymru* 1978–81; *The Probity of Art*, Cyngor Celfyddydau Cymru (CCC) 1980 (teithiol); *St Ives 1939–64*, Oriel Tate, Llundain 1985; *Figures in Landscapes and Interiors*, Oriel Redfern, Llundain (OR) 1991. Arddangosfa ddeuddyn, *Arte Fiera*, Bologna (gyda Graham Sutherland) 1987. Llawer o arddangosfeydd undyn gan gynnwys OR, yn rheolaidd 1953–1990; *Retrospective*, Oriel City Art, Bryste 1971 (teithiol); *Adrian Heath, New Paintings*, Oriel, CCC, Caerdydd 1979. Cyhoeddiadau'n cynnwys *Abstract Art: its Origin and Meaning* (1953); *Rhagymadrodd*, catalog arddangosfa, *The Probity of Art* (CCC 1980). Wedi'i gynnwys yn *Nine Abstract Artists*, Lawrence Alloway (1954); ysgrifau coffa, *The Independent*, *Daily Telegraph* (Medi, Hydref 1992). Casgliadau niferus ar y cyd gan gynnwys Amgueddfa Cymru; Amgueddfa Victoria ac Albert, Llundain; Cyngor Celfyddydau Lloegr; Y Cyngor Prydeinig; Yr Amgueddfa Brydeinig. Prynwyd gwaith gan CCC. '…ar y dechrau roedd yn gogwyddo tuag at… gelf 'systemau'… gwyrodd oddi wrth hyn … gan ffafrio gweithio'n reddfol …gyda'r hyn roedd yn ei alw yn 'ddeunyddiau baw' fel Polyfila neu sment.' (*Julian Freeman, Oxford Dictionary of National Biography* 2004). Roedd yn byw yn Llundain, Lloegr.

## Marc HEATON 1973–
**Peintiwr. Ganed ym Mhontypridd, de Cymru.**

Astudiodd yng Ngholeg Celf a Dylunio Pontypridd 1990–1991; Coleg Argraffu Llundain 1992; Ysgol Gelf a Dylunio St Martin 1993–1996, gydag Eileen Cooper, Maurice Cockrill. Symudodd i Ddyfnaint yn 2004. Arddangosfeydd ar y cyd yn cynnwys Galeri, Caernarfon 1998; Neuadd Dewi Sant, Caerdydd (NDS) 2000, 2001, 2004; *Small Originals*, Oriel 22, Ashburton, Dyfnaint 2005; *Artist y Flwyddyn Cymru*, NDS 2006, 2007; *The Great Create Festival of the Arts*, Greenway, Dyfnaint 2007. Arddangosfeydd undyn yn cynnwys Plas Glyn-y-Weddw, Pwllheli 1991; Oriel Gelf Cramsdam, Porthaethwy 1996, 1997; Oriel Art Furniture and Interiors, Caerdydd 2001; Neuadd y Frenhines, Arberth 2002; Canolfan Sherwell, Plymouth 2006; *Overdrive Project*, Paignton, Dyfnaint 2007. Gwaith wedi'i gynnwys ar *5 Minutes of Fame*, Y Sioe Gelf (Cwmni Da, S4C 1998). '…bywyd morol a'i amgylchedd, yn Sir Benfro a Dyfnaint … gwrthrychau wedi'u gwneud gan bobl…' Yn byw yn Torquay, Lloegr.
*Yr artist*

### Diana HEEKS 1944–
**Enw gwaith Diana Jane Heeks, peintwraig, ceramegydd, therapydd celf. Ganed yn Sutton Coldfield, Lloegr.**

Rhieni ei rhieni'n Gymry. Astudiodd yng Ngholeg Celf Birmingham 1960–64, gyda Gilbert Mason, Katherine Fryer; Athrofa Prifysgol Cymru Caerdydd 2006–07, gyda Chris Short, Louise Short (MA Celf Gain, Blwyddyn Gyntaf). Athrawes gelf, Ysgol Ramadeg Oldbury, Warley 1965–68; Ysgol Gyfun Aston Manor, Birmingham tua 1972–74. Dylunydd (dillad, doliau), hefyd yn ymwneud ag arddangosfeydd stryd, celf y pafin, Fflorens, Yr Eidal 1968–71. Therapydd celf, Ysbyty Leavesden, Abbots Langley 1980–82. Comisiynau cerameg, Birmingham 1972–74. Cyrhaeddodd Gymru ym 1991. Aelod o Grŵp Artistiaid Teifi; aelod sefydlu Fforma (grŵp artistiaid Aberystwyth). Arddangosfeydd ar y cyd yn cynnwys *Arddangosfa Agored Pontardawe* 1997 (y wobr gyntaf); Eisteddfod Genedlaethol Cymru, Pen-y-bont ar Ogwr 1998, Ynys Môn 1999, Eryri 2005; *Arddangosfa Gwobr Brynu Celf*, Prifysgol Morgannwg 1999 (terfynwr); *Sioe Arddangos Cymru*, Y Tabernacl, Machynlleth (TM) 2000; *Fforma*, TM 2003, Neuadd Dewi Sant, Caerdydd 2004. Arddangosfeydd un-ddynes, Canolfan y Celfyddydau Aberystwyth (Y Caffi) 2000; Yr Eglwys Norwyaidd, Caerdydd 2000; Oriel y Baytree, Bradford upon Avon 2002, 2006. Casgliadau'n cynnwys Art for Hospitals. 'Arfordir gorllewin Cymru …' Yn byw yn Llanrhystud, gorllewin Cymru.
*Yr artist*

### Gwen HEENEY 1952–
**Ceramegydd pensaernïol, cerflunydd. Ganed yn Lerpwl, Lloegr.**

Astudiodd yn Ysgol Gelf Laird, Penbedw 1970–71; Polytechnig Bryste 1971–74. Y Coleg Celf Brenhinol, Llundain 1987–89 (MA Cerameg), gydag Eduardo Paolozzi. Athrawon dylanwadol, Ian Auld, Gillian Lowndes. Cyrhaeddodd Gymru ym 1974. Cymrodor Ymchwil, Cerameg Bensaernïol, Athrofa Prifysgol Cymru Caerdydd (APCC) 1991–2; uwch-ddarlithydd mewn Cerameg, APCC 1992–97, Prifysgol Wolverhampton o 1998 (rhan-amser). Gwobrau, Cyngor Celfyddydau Cymru (CCC) 2005; Celfyddydau Rhyngwladol Cymru 2005; Ysgoloriaeth Myhre, Sefydliad Archie Bray UDA 2005; Celfyddydau a Busnes 2006. Aelod o'r Academi Gerameg Ryngwladol; Y Cyngor Cenedlaethol ar gyfer Addysg yn y Celfyddydau Cerameg, UDA. Comisiynau niferus, preswyliadau'n cynnwys Coed Cadw/Cyngor Celfyddydau Cymru (CCC) 1991; Gŵyl Erddi Cymru, Glynebwy 1992; Yr Asiantaeth Gelf ac Adfywio (AGA)/Grosvenor Waterside 1994; Gŵyl Gerameg Ryngwladol Aberystwyth 1995; Castell Powis/Canolfan Gelfyddydau Canolbarth Cymru, Y Drenewydd (CGCanCym) 1995; Cyngor Sir Dinbych 2001; Cywaith Cymru (CC)/CCC 2004–06; Dyfrffyrdd Prydain/CC/CCC/Amgueddfa Powysland 2005. Arddangosfeydd ar y cyd yn cynnwys *Art for the* Garden, Canolfan Gelfyddydau Llyfrgell Wrecsam (CGLlW) 1994; *Forced*, Adnoddau Cymru, Llanfyllin 1996; *Biennale Arlunio Cymru*, CGLlW 1998 (teithiol); Canolfan Grefft Rufford, Ollerton 2001. Arddangosfa ddwy-ddynes, *Brickworks*, CC, Caerdydd (gyda Brenda Oakes) 1994. Cyhoeddiadau'n cynnwys *Brickworks* (A&C Black (ACB) 2003). Gwaith wedi'i gynnwys yn *Ceramics in the Environment: An International Review*, Janet Mansfield (ACB 2005). Casgliadau'n cynnwys Amgueddfa Gerameg Gyfoes, Icheon, Corea; Canolfan y Celfyddydau Aberystwyth. '… comisiynau cyhoeddus mawr, saflebenodol … brics cerfiedig ynghyd â deunyddiau eraill. … cyweithiau rhwng artistiaid, y gymuned (ac eraill) ….' Yn byw yn y Trallwng, canolbarth Cymru.
*Yr artist*

## Graham HEMBROUGH 1959–
**Ffotograffydd, dylunydd graffeg. Ganed yn Bowdon, Lloegr.**

Symudodd y teulu i Gymru ym 1971. Astudiodd yng Ngholeg Handbridge, Caer 1977–78; Coleg Celf a Dylunio Caerwysg 1978–81 (bwrsari teithio); Athrofa Gogledd Ddwyrain Cymru 1991 (Arweinyddiaeth Ieuenctid); Prifysgol Sheffield Hallam 1995. Tiwtor, Adran Ffotograffiaeth, Coleg Chesterfield, Swydd Derby 1991–97; Darlithydd, Coleg Llandrillo, Conwy 1997–2005. Trefnydd, gweithdai mewn ffotograffiaeth, delweddu digidol, dylunio graffeg. Gwobrau, Cyngor Celfyddydau Cymru 1991, 2007. Aelod o Gelf Gogledd Cymru. Arddangosfeydd niferus ar y cyd gan gynnwys Y Ganolfan Ddylunio, Darmstadt 1990; Y Pafiliwn Brenhinol Rhyngwladol, Llangollen 2004; Amgueddfa Andrew Logan, Aberriw 2005; *Grŵp Celf Gogledd Cymru*, Oriel Plas Glyn-y-Weddw, Llanbedrog 2006. Arddangosfeydd undyn yn cynnwys Ceantar na n-Oileán, Conamara 1988–98; Llyfrgell Genedlaethol Galway 1990 (teithiol); *Ynys Llanddwyn: a Year and a Day*, Castell Bodelwyddan 2007. '…yn gynt… ffotograffiaeth ddogfennol du a gwyn …Gaeltachtai gorllewin Iwerddon; heddiw, ffotograffiaeth ddigidol, cyfryngau newydd …tirwedd …' Yn byw yn Nhrefriw, gogledd Cymru.
*Yr artist*

## Alun HEMMING 1954–
**Enw gwaith Alun John Hemming, cerflunydd, peintiwr. Ganed ym Mlaengarw, de Cymru.**

Astudiodd yng Ngholeg Celf Maidstone 1972–76; Coleg y Gofaint Aur, Llundain 1976–77. Astudiodd yn Llundain 1976–87; gwneuthurydd modelau/peintiwr setiau, hysbysebion teledu 1977–83; bu'n cynllunio a gwneud dodrefn 1983–87, gyda Souheil Sleiman. Tiwtor (rhan-amser), addysg gymunedol, Llundain 1977–88. Dychwelodd i Gymru 1988. Tiwtor, cerflunydd, cerfio coed, paentio, addysg gymunedol, Caerdydd o 1988; gwaith technegol gydag arddangosfeydd o 1991. Stiwdio yn yr Hen Lyfrgell, Caerdydd (YHL) 1992–96. Comisiynau'n cynnwys Anterliwt Cyf, Gŵyl Animeiddio Caerdydd 1996. Gwobr Cyngor Celfyddydau Cymru 1997. Aelod o Artistiaid yr Hen Lyfrgell, Caerdydd. Arddangosfeydd niferus ar y cyd gan gynnwys Eisteddfod Genedlaethol Cymru, Casnewydd 1988; *Artistiaid yr Hen Lyfrgell*, Caerdydd 1992, 1994, 1997, Amgueddfa Dreftadaeth y Rhondda, Trehafod 2007; *Arddangosfa Printiau Cyfoes*, Canolfan Gelfyddydau Chapter/Oriel, Cyngor Celfyddydau Cymru, Caerdydd 1991; *Prints and Ceramics by Welsh Artists*, Oriel Gelf Akademi, Jaipur, Rajasthan 1996. Arddangosfeydd deuddyn yn cynnwys *Recent Works*, Oriel Canfas, Caerdydd (OCan) (gyda Tim Long) 2003; Coleg y Santes Anne, Rhydychen (gydag Anthony Evans) 2004. Arddangosfeydd undyn yn cynnwys *Roco Co. Visit*, YHL 1995; OCan 1999, 2002. Dylunio clawr, *Canals of Mars*, Patrick McGuinness (Carcanet Press 2004). '…cerfluniaeth, paentio, ffoto-ddigidol …. themâu storïol, pryderon trefol.' Yn byw yng Nghaerdydd, de Cymru.
*Yr artist*

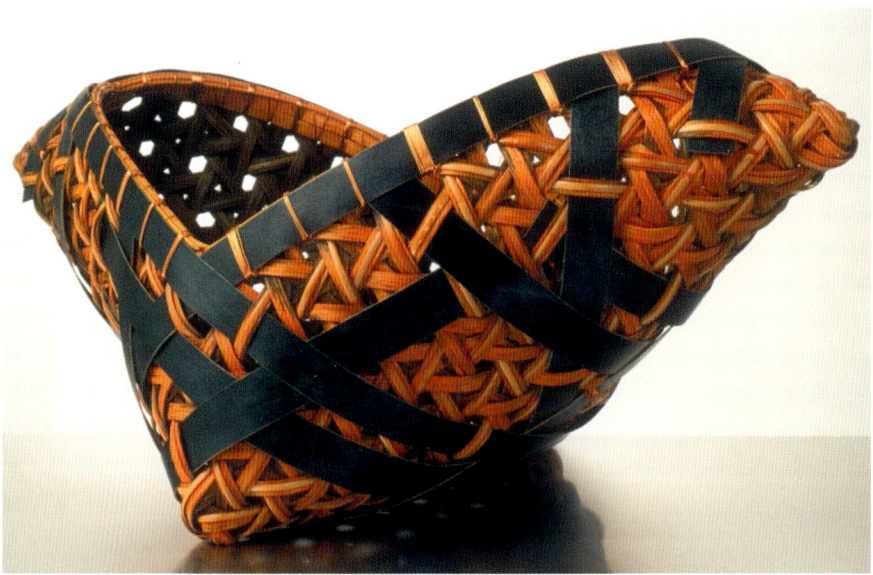

135 | Maggie Henton
*Basket* 1994

## Maggie HENTON 1953–
### Artist tecstiliau, cerflunydd. Ganed ym Mryste, Lloegr.

Ei rhieni'n Gymry. Astudiodd yn Ysgol Gelf Chelsea, Llundain 1975–78; Coleg y Gofaint Aur, Llundain 1987–88; Prifysgol Middlesex, Llundain 2002–04 (MA Pensaernïaeth a Diwylliant Gofodol). Bu'n byw yng Nghymru 1992–93. Preswyliadau rhyngwladol niferus gan gynnwys Canolfan Grefft Rhuthun (CGRh) 1990, 1992; Ysgol Gelf Canberra, Awstralia 1997, 2005; Cyfadran Crewe ac Alsager, Prifysgol Ddinesig Manceinion 1998, 2002; Prifysgol Wollongong, Awstralia 2004. Gwobrau'n cynnwys Celfyddydau Llundain Fwyaf 1991; Bwrdd Celfyddydau Llundain 1997. Aelod o Grŵp 62 o Artistiaid Tecstiliau. Arddangosfeydd cenedlaethol/rhyngwladol ar y cyd yn cynnwys Eisteddfod Genedlaethol Cymru, Llandeilo 1996 (arobryn), Dinbych 2001 (arobryn), Meifod 2003; *Diaspora Cymreig*, CGRh 2002; *Decade*, CGRh 2003. Arddangosfeydd un-ddynes yn cynnwys *Crafts Council at the Victoria & Albert Museum* Llundain (VacA), 1992; *Maggie Henton*, CGRh 1992 (teithiol); *New Work*, CGRh 1995; *Passages*, Canolfan Gelfyddydau Canolbarth Lloegr, Birmingham 1999–2001 (teithiol). Casgliadau'n cynnwys Amgueddfa Crefftau Americanaidd, Efrog Newydd; Amgueddfa Ulster, Belffast; VacA; Y Cyngor Crefftau; Y Gymdeithas Celfyddydau Cyfoes. '…ymateb i safleoedd penodol … cysylltiadau rhyngwladol rhwng tirwedd, defnydd a chyfaneddu.' Yn byw yn Llundain, Lloegr.
*Yr artist*

## John HERITAGE 1931–1994
### Peintiwr. Ganed yn Lerpwl, Lloegr.

Astudiodd yng Ngholeg Celf Lerpwl, tan 1954; Ysgol Celf Gain Slade, Llundain 1955–56; Yr Ysgol Brydeinig yn Rhufain 1961. Athro, Lerpwl 1956–60, 1962–72; Pennaeth, Ysgol Gelf Wallasey, yna Is-bennaeth, Coleg Celf a Dylunio Cilgwri 1972–79; Deon Celf a Dylunio, Athrofa Addysg Uwch Gogledd Ddwyrain Cymru, Wrecsam 1979–92. Aelod o Academi Gelfyddydau Lerpwl (cyn-ysgrifennydd). Arddangosfeydd undyn yn cynnwys *John Heritage – Thematic Observations*, Canolfan Gelfyddydau

Llyfrgell Wrecsam 1990; *Recent Work*, Theatr Clwyd Cymru, Yr Wyddgrug 1994 (teithiol). Casgliadau'n cynnwys Oriel Gelf Walker, Lerpwl. Hiwmor, dychan. Roedd yn byw yng Nghilgwri, Lloegr.

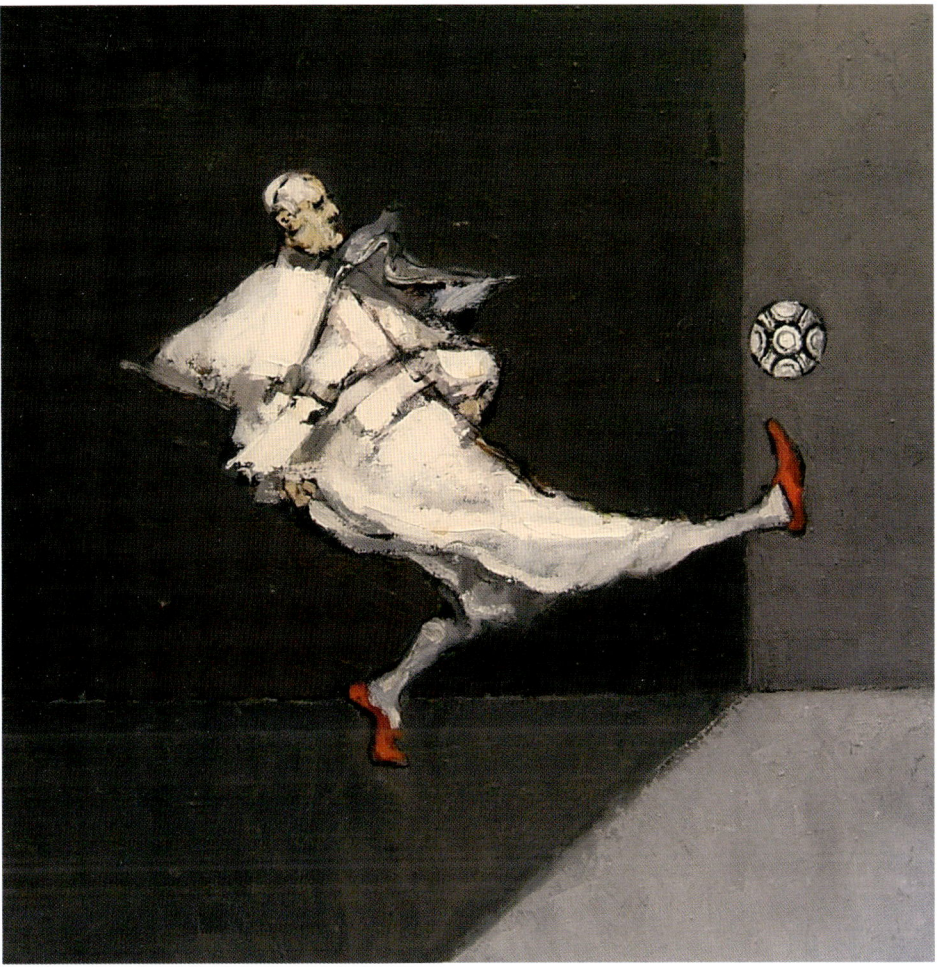

136 | John Heritage
*Papal Intermission* 1988

### Josef HERMAN 1911–2000
**Enw gwaith Josef Herman OBE RA, peintiwr. Ganed yn Warsaw, Gwlad Pwyl.**

Astudiodd yn Ysgol Gelf ac Addurno Warsaw 1930–32. Bu'n gweithio fel artist graffig, aelod o'r Phrygian Bonnet, grŵp o artistiaid a oedd yn ymwybodol yn gymdeithasol. Ymfudodd i Wlad Belg ym 1938; mynychodd Academi Celfyddydau Cain Brwsel; bu Constant Permeke yn ddylanwad arno. Ffodd i Brydain ym 1940, bu'n byw yn Glasgow, Llundain; yna Ystradgynlais, de Cymru 1944–55. Comisiwn, murlun i'r Pafiliwn Mwynau, Gŵyl Prydain 1951. Y Fedal Aur, Eisteddfod Genedlaethol Cymru, Llanelli 1962. Arddangosfeydd ar y cyd yn cynnwys *Twenty-five Paintings by Contemporary Welsh Artists*, Pwyllgor Cymreig Cyngor Celfyddydau Prydain Fawr (PCCCPF) 1949; *60 Paintings for '51*, Cyngor

Celfyddydau Prydain Fawr 1951; *Festival Exhibition of Contemporary Welsh Painting*, PCCCPF 1951. Arddangosfeydd deuddyn yn cynnwys *Paintings by Josef Herman and L S Lowry*, Oriel Reid a Lefevre, Llundain, 1943. Arddangosfeydd undyn niferus gan gynnwys *Welsh Miners: Pastels and Drawings*, Oriel Roland, Browse a Delbanco, Llundain 1946; *Miners at Ystradgynlais*, PCCCPF 1948; *Josef Herman Retrospective*, Oriel Gelf ac Amgueddfa Glasgow (OGAG) 1975 (teithiol); *Josef Herman*, Amgueddfa Cymru (AC) 1992. Cyhoeddiadau'n cynnwys *Related Twilights* (Robson Books, Llundain 1975; Seren, Pen-y-bont ar Ogwr 2002); *Notes from a Welsh Diary* (Free Association, Llundain 1988). Wedi'i gynnwys mewn cyhoeddiadau niferus, gan gynnwys 'The Art of Josef Herman', David Bell (*Welsh Review*, Haf 1948); *Josef Herman: a working life*, N Herman (Quartet, Llundain 1996); *Josef Herman: the work is the life*, R Heller (Flowers, Llundain 1998). Casgliadau niferus gan gynnwys AC; Amgueddfa ac Oriel Gelf Brycheiniog, Aberhonddu; Cymdeithas Celf Gyfoes Cymru; OGAG; Oriel Gelf Dinas Birmingham; Oriel Gelf Dinas Leeds; Oriel Gelf Fodern Genedlaethol yr Alban, Caeredin; Oriel Gelf Glynn Vivian, Abertawe; Oriel Gelf y Ddinas, Bryste; Prifysgol De Cymru, Pontypridd, Sefydliad Josef Herman Cymru, Ystradgynlais; Tate, Llundain; Yr Amgueddfa Brydeinig, Llundain. Prynwyd gwaith gan Gyngor Celfyddydau Cymru. Paentiadau, pastelau ac arluniau; y glöwr dienw, pobl wrth eu gwaith, noethion, bywyd llonydd. Roedd yn byw yn Suffolk a Llundain.

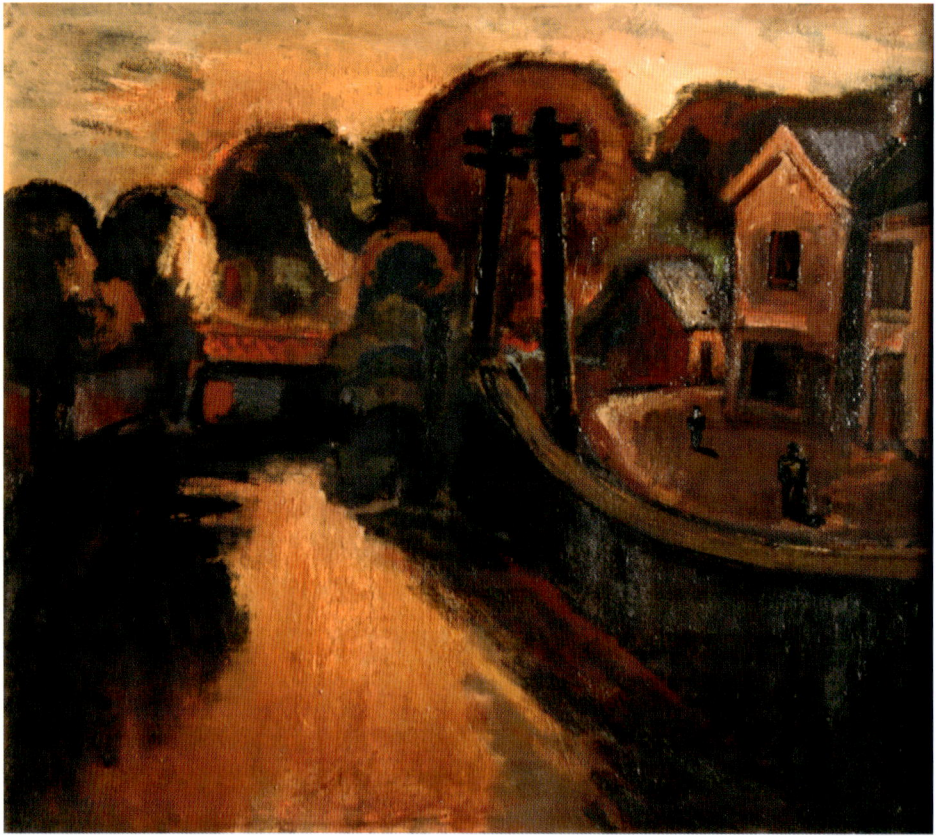

137 | Josef Herman
*Pen-y-Bont Inn, Ystradgynlais* 1949

## Morgan HEWINSON 1913–2003
**Enw gwaith John Morgan Hewinson, peintiwr. Ganed yng Nghasnewydd, de Cymru.**

Astudiodd yng Ngholeg Celf a Dylunio Casnewydd (CCDCas); Y Coleg Celf Brenhinol, Llundain, tan 1937. Athro, ysgol uwchradd yng Nghasnewydd. Gwasanaeth rhyfel, Y Llu Awyr Brenhinol. Darlithydd, Y Coleg Celf Rhanbarthol, Manceinion 1948; Ysgol Dylunio Graffeg, Coleg Polytechnig Manceinion, tan 1978. Comisiynau'n cynnwys murlun, *The Firing of Newport Castle, 1409*, tybid iddo fod yn CCDCas. Aelod o Grŵp Artistiaid Swydd Gaerhirfryn; Academi Celfyddydau Cain Manceinion. Casgliadau yn Bolton, Huddersfield, Sheffield, Stockport. '…dyfrlliwiau ac olewau; ansawdd drafftsmonaeth a defnydd o liw cain'. Roedd yn byw yn Gatley, Lloegr.
*Jane Burgess*

## Francis HEWLETT 1930–2012
**Peintiwr, ceramegydd. Ganed ym Mryste, Lloegr.**

Ei fam yn Gymraes. Astudiodd yng Ngholeg Celf Gorllewin Lloegr, Bryste 1948–52, gyda George Sweet; École des Beaux Arts, Paris 1953, gyda Raymond Leguelt, Maurice Briachon; Ysgol Celf Gain Slade, Llundain 1953–55, gyda William Coldstream, Claude Rogers. Gwaith mewn cartref plant 1955–57 (Gwrthwynebydd Cydwybodol). Pennaeth Paentio, Ysgol Gelf Falmouth 1958–81; Cymrodor Celfyddydau Gregynog, Y Drenewydd, canolbarth Cymru 1977. Aelod o Gymdeithas Artistiaid Newlyn; Academi Frenhinol Gorllewin Lloegr (AFGLl). Sioeau niferus ar y cyd gan gynnwys Y Ganolfan Gelf Newydd Llundain (CGN) 1959–63, 1970; *International Ceramics*, Amgueddfa Victoria ac Albert, Llundain 1972; *New Ceramics*, Amgueddfa Ulster 1974 (teithiol); Amgueddfa Cymru, Caerdydd 1975; *Arddangosfa Haf*, Yr Academi Frenhinol, Llundain 1979–81; *Ship Shape*, Oriel Gelf Glynn Vivian, Abertawe 1980; Oriel Tregony, Truro 1999. Llawer o arddangosfeydd undyn gan gynnwys CGN 1964, 1966; Oriel Gelf Dinas Plymouth 1975; Gregynog 1977; Oriel, Cyngor Celfyddydau Cymru (CCC), Caerdydd 1978 (teithiol); Oriel Spacex, Caerwysg 1980; Browse a Darby, Llundain 1993. Gwaith wedi'i gynnwys yn *Architectural Ceramics*, David Hamilton (Thames & Hudson 1978); *Catching the Wave*, Tom Cross (Halsgrove Press 2002). Casgliadau'n cynnwys AFGLl; Oriel Gelf Falmouth; Prifysgol Bryste. Prynwyd gwaith gan CCC. 'Peintiwr ffigurol, bu'r math o arlunio a ysgogwyd gan Ysgol Euston Road yn ddylanwad arno. Cerflunydd ceramig ffigurol. Fel arfer ychydig yn ddi-foes ac ar raddfa fawr.' Roedd yn byw yn Falmouth, Lloegr
*Yr artist*

## Cicely HEY 1896–1980
**Peintwraig, cerflunydd, gwneuthurydd modelau. Ganed yn Faringdon, Lloegr.**

Astudiodd yn Ysgol Gelf Brwsel; Yr Ysgol Gelf Ganolog, Llundain; Ysgol Gelf Slade, Llundain. Bu'n gweithio fel peintwraig/drafftsmones yn Llundain; model ar gyfer Walter Sickert. Cyrhaeddodd Gymru ym 1941. Aelod o Grŵp Llundain (o 1928); Cymdeithas Ryngwladol yr Artistiaid; Cymdeithas Ryngwladol y Menywod. Arddangosfeydd ar y cyd yn cynnwys *The London Group* 1928–70; *Clwb Celf Sir Ddinbych*, Bae Colwyn tua 1949–70; *The Second Exhibition of Contemporary Welsh Painting and Sculpture*, Pwyllgor Cymreig Cyngor Celfyddydau Prydain Fawr 1955 (teithiol); *Grŵp Gogledd Cymru* tua 1956–68; Eisteddfod Genedlaethol Cymru (EGC) 1957, 1959, 1960, 1961; *A Small World*, Amgueddfa Bywyd Gwledig Lloegr, Prifysgol Reading (ABGLl), o 2007. Arddangosfeydd un-ddynes yn cynnwys *Period Figures*, Amgueddfa Geffrye, Llundain 1964 (yn teithio yng Nghymru); *Drawings by Cicely Hey*, Canolfan Gelfyddydau Neuadd Llanofer, Caerdydd 2006. Gwaith wedi'i gynnwys yn adolygiadau'r wasg, BBC Cymru, Teledu Granada 1965–69. Casgliadau'n cynnwys ABGLl; Cymdeithas Celf Gyfoes Cymru; Oriel Gelf Glynn Vivian, Abertawe. Portreadau wedi'u harlunio; gwaith mewn teracota a chyda gwifrau; ffigurau cyfnodol bychanig, mwydion papur a fframiau gwifrau, aelodau symudol, gwisgoedd Seisnig hanesyddol gywir. Roedd yn byw yn Llysfaen, gogledd Cymru.

## Ned HEYWOOD 1947–
### Ceramegydd, crochenydd. Ganed yn West Hartlepool, Lloegr.

Astudiodd yng Ngholeg Celf Wimbledon, Llundain 1965–66; Coleg Celf Newcastle 1966–69; Coleg Polytechnig Leeds 1972–73. Athro, ysgolion uwchradd, gogledd-ddwyrain Lloegr 1969–71; Coleg Chweched Dosbarth Rutland 1973–82; darlithydd (rhan-amser), Coleg Addysg Uwch Gwent 1985–92. Sefydlodd Oriel Workshop, Cas-gwent 1983. Aelod o Urdd Gwneuthurwyr Cymru; Crochenwyr De Cymru; Cydweithfa Gerameg De Cymru a Gorllewin Lloegr (Cadeirydd); Gŵyl Gelfyddydau a Chymunedol Cas-gwent (Cadeirydd). Dechreuwr/trefnydd, *Wales Potters Garden*, Gŵyl Erddi Cymru, Glynebwy 1992 (medal aur; gwobr BBC). Comisiynau niferus gan gynnwys Marchnata Dinas Caerdydd 1993; elfennau ceramig, gardd *Earth, Air, Fire and Water*, Sioe Flodau Haf y Gymdeithas Arddwriaethol Frenhinol, Hampton Court 1994 (medal gilt-arian). Arddangosfeydd niferus ar y cyd gan gynnwys Amgueddfa ac Oriel Gelf DLI, Durham 1979; Oriel St James, Caerfaddon 1988. Arddangosfeydd deuddyn yn cynnwys Amgueddfa Mansfield 1980; Amgueddfa Stamford 1981; Amgueddfa Stoke-on-Trent 1982; Amgueddfa Peterborough 1983. Arddangosfeydd undyn yn cynnwys Amgueddfa Plas Preston, Stockton 1979. Casgliadau'n cynnwys Amgueddfa ac Oriel Gelf Casnewydd; Amgueddfeydd Dinas Stoke-on-Trent; Sain Ffagan: Amgueddfa Werin Cymru. '… crochenwaith caled a phowlenni, llestri a jygiau porslen…' Yn byw yng Nghas-gwent, de Cymru.
*Yr artist*

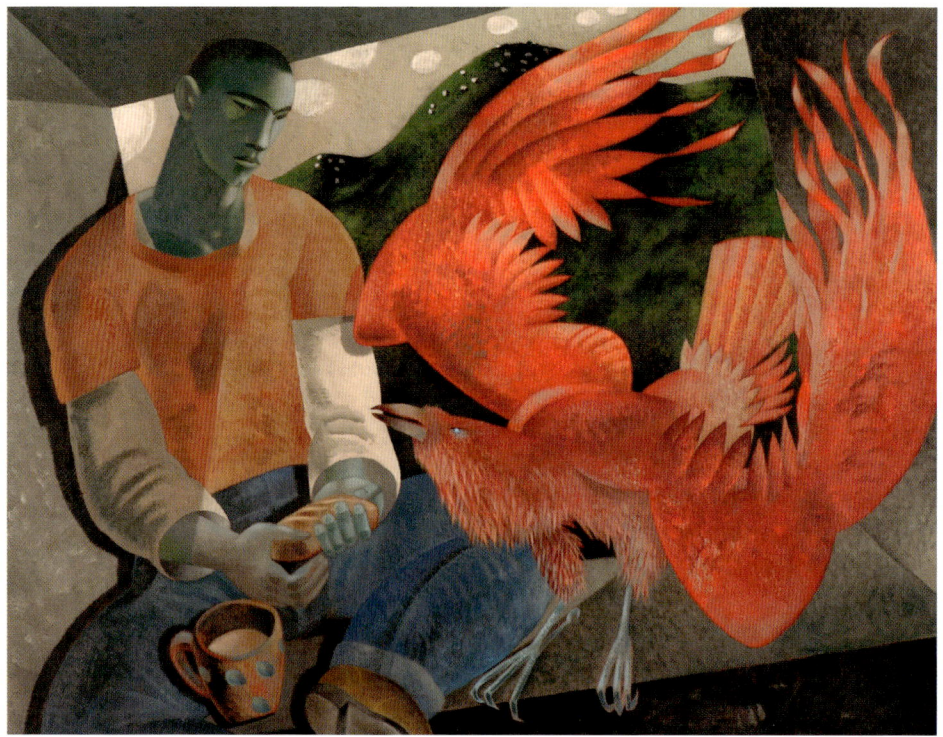

138 | Clive Hicks-Jenkins
*The Prophet Fed by a Raven* 2007

## Clive HICKS-JENKINS 1951–
**Peintiwr, darlunydd. Ganed yng Nghasnewydd, de Cymru.**

Bu'n hyfforddi ac yn gweithio fel dawnsiwr, coreograffydd tan y 1980au pryd yr aeth yn beintiwr. Gwobr Celf Gymreig Gulbenkian 1999; Cyngor Celfyddydau Cymru, Dyfarniad Cymru Greadigol 2003. Aelod o'r Grŵp Cymreig; Cymdeithas Ddyfrlliwiau Cymru (CDdC) 1997–2001; Grŵp 56 Cymru. Cymrodor Mygedol, Ysgol Gelf, Prifysgol Aberystwyth. Arddangosfeydd niferus ar y cyd gan gynnwys CDdC, *Arddangosfa Agored* 1996 (arobryn); Eisteddfod Genedlaethol Cymru, 1997, 1998, 2003; *Artist y Flwyddyn Cymru*, Neuadd Dewi Sant 2000 (arobryn); *The Best Welsh Artists*, Oriel Martin Tinney (OMT), Caerdydd 2000; *Dreaming Awake*, Oriel Goffa Terezin, Prâg 2001 (teithiol); *The Painted Pot*, Amgueddfa ac Oriel Gelf Casnewydd (AOGC) 2006. Arddangosfeydd undyn yn cynnwys *The Mare's Tale*, AOGC 2001; *The Tower on the Hill*, Amgueddfa ac Oriel Gelf Brycheiniog, Aberhonddu (AOGB) 2002; *The Temptations of Solitude*, Y Tabernacl, Machynlleth/Coleg Eglwys Crist, Rhydychen 2004; OMT 2004, 2006. Mae darluniau ar gyfer The Old Stile Press yn cynnwys *The Affectionate Shepheard*, Richard Barnfield (1998); *The Sonnets of Richard Barnfield* (2001); *The Mare's Tale, Poems by Catriona Urquhart* (2001). Gwaith wedi'i gynnwys yn *The Temptations of Solitude: Paintings by Clive Hicks-Jenkins*, Seamus Heaney ac eraill (Grey Mare Press 2004). Casgliadau'n cynnwys Amgueddfa Cymru; AOGC; Cymdeithas Celf Gyfoes Cymru; Llyfrgell Genedlaethol Cymru, Aberystwyth; Oriel Gelf Glyn Vivian, Abertawe; Prifysgol De Cymru; Ymddiriedolaeth Gelf Amgueddfa Brycheiniog. 'Datblygodd defod y Fari Lwyd yn eiconograffeg bersonol gan edrych ar faterion yn ymwneud â marwoldeb, galar a phrynedigaeth.' Yn byw yn Aberystwyth, canolbarth Cymru.
*Yr artist*

## Richard HIGLETT 1966–
**Enw gwaith Richard Higlett, artist cysyniadol. Ganed yn Leamington Spa, Lloegr. Hefyd yn gweithio o dan yr enw Wally French, 'artist diarth a ffug'.**

Astudiodd yn Athrofa Addysg Uwch Caerdydd 1991–94 gydag Anthony Howells, Cornelia Parker, Mona Hatoum; Athrofa Prifysgol Cymru, Caerdydd 1999–2001 (MA, Celf Gain) gyda John Gingell. Cydlynydd Addysg, Gwobr Artes Mundi, Caerdydd 2004; Rheolwr Prosiect, Rhaglen Ddiwylliannol Canmlwyddiant Caerdydd 2004–2006; cydsefydlydd, â Gordon Dalton, *Mermaid and Monster*, asiantaeth gelf gyfoes ar-lein 2007. Artist preswyl, Gofod Celf Gwledig Coed Hills, Y Bont-faen 2004. Cyngor Celfyddydau Cymru, Dyfarniad Cymru Greadigol 2006. Aelod o Stiwdios Top Floor, Spike Island, Bryste 1998–2002 (Cadeirydd). Arddangosfeydd ar y cyd yn cynnwys *Ffresh*, Canolfan Gelfyddydau Chapter (CGChap) 2002; *Apropos of Nothing*, g39, Caerdydd (g39) 2003; *Urban Legacies: Ain't no love in the heart of the city*; Yr Asiantaeth Gelf ac Adfywio, safleoedd cyhoeddus, Caerdydd 2003; *Flourish: Artists from Wales*, Yr Oriel Forafaidd, Brno 2005; *Anima*, Oriel B-312, Montreal; *Arddangosfa Agored Oriel Davies*, Y Drenewydd 2005 (y wobr gyntaf); *Addiction*, tactileBOSCH, Caerdydd 2007. Arddangosfeydd undyn, *Sitters*, Art in the Bar, CGChap 2001; *Travelling Light*, Taurus Arts, Lydney 2002; *Unbound* (dangosiadau sinema), CGChap 2007. Gwaith wedi'i gynnwys yn *Re-Imaging Wales*, golygydd Hugh Adams (Seren Books, Pen-y-bont ar Ogwr 2006). '…celfyddydau "anweledol"… ffolineb … y damweiniol…' Yn byw yng Nghaerdydd, de Cymru.
*Yr artist*

### Rauni HIGSON 1970–
**Dylunydd gwaith gof arian, gemwaith. Ganed yn Kingsley, Swydd Gaer, Lloegr.**

Astudiodd yn Ysgol y Gofaint Aur, Sefydliad Dylunio Lahti, Ffindir 1992–95; Ysgol Emwaith, Prifysgol Canolbarth Lloegr, Birmingham 1995–96; gyda Brian Clarke, Swydd Wicklow 2001. Gwobr Cyngor Celfyddydau Cymru 2001. Comisiynau niferus, gan gynnwys *Daily Post* 2000; Esgobaeth Bangor, gogledd Cymru 2000; Esgobaeth Tyddewi, de Cymru 2002; *Liverpool Echo* 2002, 2003; Celfyddydau a Busnes Cymru 2004; Eglwys y Santes Catherine, Pontypridd 2003, 2004. Aelod o Ofaint Arian Cyfoes Prydain; Urdd Gwneuthurwyr Cymru. Arddangosfeydd ar y cyd yn cynnwys *The Silver Show*, Gofaint Arian Cyfoes Prydain, Oriel Collins a Hastie, Llundain 2002; *Knife, Fork and Spoon* a *Ladysmiths: Contemporary Women Silversmiths*, Oriel Metal, Llundain 2003; *Moments of Indulgence* a *Christmas Crackers*, Amgueddfa ac Oriel Gelf Sheffield 2007; *Ffair y Gofaint Aur*, Neuadd y Gofaint Aur, Llundain 2007. Gwaith yng nghasgliad Cwmni Parchedig y Gofaint Aur, Llundain. '…cynlluniau wedi'u hysbrydoli gan y byd naturiol a… mynyddoedd Eryri.' Nwyddau arian morthwyliedig; ar hyn o bryd yn gweithio ar ffurfio plygiadau (ystumio plygiadau trwy forthwylio) Yn byw yn Nhal-y-sarn, gogledd Cymru.
*Yr artist*

### Gillian HILBOURNE 1935–
**Enw gwaith Gillian Ruth Hilbourne, peintwraig. Ganed yn Nofr, Lloegr. Gwaith cynnar dan y llofnod Gillian Potter.**

Ei mam yn Gymraes. Astudiodd yng Ngholeg Celf Caerdydd 1951–56, gydag Eric Malthouse, Frank Roper, David Tinker. Ysgoloriaeth Ymchwil David Murray, Yr Academi Gelf Frenhinol (AGF), Llundain 1955. Athrawes, Ysgol Ramadeg Pates i Ferched, Cheltenham 1956–61; Ysgol Uwchradd y Foneddiges Margaret i Ferched, Caerdydd 1963–67; Ysgol Gyfun Llanedeyrn, Caerdydd 1974–91. Arddangosfeydd ar y cyd yn cynnwys *Arddangosfa Haf*, AGF 1957, 1960; *Exposition Internationale de Novalaise*, Frainc 1997; *Arddangosfa Tirluniau Cymru*, Oriel Washington, Penarth 1999; *Artist y Flwyddyn Cymru*, Neuadd Dewi Sant, Caerdydd 2001, 2003. Arddangosfeydd un-ddynes yn cynnwys Canolfan Gymunedol Howardian, Caerdydd 1999, 2004; Yr Hen Neuadd, Y Bont-faen 1999; Canolfan Gelfyddydau'r Eglwys Norwyaidd, Bae Caerdydd 2001. Gwaith wedi'i gynnwys yn *Young Artists of Promise*, Jack Beddington (Studio Publications 1957); *New York Times* (1961). Casgliadau'n cynnwys Awdurdodau Addysg Lleol de Cymru; Gwasanaeth Amgueddfeydd Swydd Derby; Prifysgol De Cymru, Pontypridd. Prynwyd gwaith gan Gyngor Celfyddydau Cymru. '…siapiau, patrymau, gweadau y deuir o hyd iddynt ym myd natur … ffurfiau creigiau, cychod drylliedig, rhwydi pysgota … porthladdoedd pysgota Ffrainc, Bae Caerdydd.' Yn byw yng Nghaerdydd, de Cymru.
*Yr artist*

### Falcon D HILDRED 1935–
**Enw gwaith Falcon David Hildred, artist graffeg, dylunydd diwydiannol. Ganed yn Grimsby, Lloegr. Hefyd yn defnyddio'r llofnodion FDH, Falcon Hildred, Falcon.**

Astudiodd yn Ysgol Gelf Coventry 1948–53; Coleg Celf Birmingham 1953–55, Y Coleg Celf Brenhinol 1957–60 (medal, Gwaith Rhagorol). Gwasanaeth Milwrol 1955–57. Cyrhaeddodd Gymru ym 1969. Artist o 1960; dylunydd diwydiannol llawrydd (y tu mewn i longau'n bennaf), tan 1986. Cychwynnodd *Worktown*, astudiaeth ddarluniadol o drefi diwydiannol Prydain 1968. Aelod Mygedol, Cymdeithas Frenhinol Penseiri Cymru; aelod o Gymdeithas Archeoleg Ddiwydiannol (CADd). Curadur, *Pontydd y Fenai*, Archifau Gwynedd (AGwyn)/Cyngor Celfyddydau Gwynedd 1980 (arddangosfa deithiol). Comisiynau'n cynnwys CADW 1987; Cyngor Sir Gwynedd/Parc Glynllifon 1995; darluniau niferus i gyhoeddiadau. Arddangosfeydd undyn yn cynnwys *Worktown*, Coleg Polytechnig Newcastle 1976–82 (teithiol, gan gynnwys Cymru); *Travels in a Victorian City (A Study of Cardiff)*, Oriel Andrew Knight,

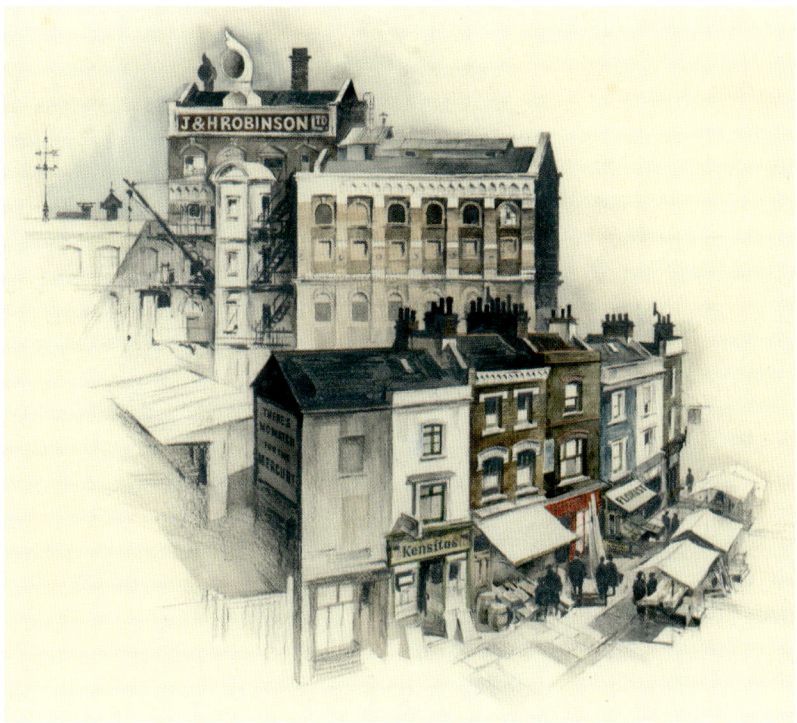

139 | Falcon Hildred
*Deptford Mill, London* 1974

Caerdydd 1987; *Newport Now*, Amgueddfa ac Oriel Gelf Casnewydd (AOGC) 1988–89; *Cofnodi Cymru*, Llyfrgell Blaenau Ffestiniog 1997; *Blaenau Ffestiniog*, Melin Pant-yr-Ynn, Bethania, Blaenau Ffestiniog o 2000. Cyhoeddiadau'n cynnwys *Overton on Dee* (Falcon Hildred, argraffiad o 3, 1993), gan ddilyn preswyliad artist; *Newport Transporter Bridge*, golygydd Roger Cucksey (AOGC 1996) (Gwobr CADd 1996; Gwobr Gulbenkian 1997); *Word in Your Eye, or What is Design?* (Dylunio Cymru, Athrofa Prifysgol Cymru Caerdydd 2006). Wedi'i gynnwys yn *Arts Review* (Rosemary Markham, Tachwedd 1988); *Industrial Archaeology Review* (David de Haan, cyf XIX, 1997). Casgliadau'n cynnwys AGwyn; Amgueddfa Ceunant Ironbridge; Amgueddfa Cymru; Amgueddfa Victoria ac Albert, Llundain; AOGC; Archifau Cymru; CADW; Canolfan Gelfyddydau Llyfrgell Wrecsam; Cyngor Caerdydd; Llyfrgell Genedlaethol Cymru, Aberystwyth; Treftadaeth Lloegr; Yr Ymddiriedolaeth Genedlaethol. 'Dylunydd diwydiannol… yn cofnodi'n treftadaeth ddiwylliannol trwy…arluniau dyfrlliw.' Yn byw ym Mlaenau Ffestiniog, gogledd Cymru. *Yr artist*

## Carol HILES 1959–

**Enw gwaith Carol Lesley Hiles, peintwraig, artist cymunedol. Ganed yn Reading, Lloegr.**

Astudiodd yn Athrofa Addysg Uwch De Morgannwg/Athrofa Addysg Uwch Caerdydd (AAUC) 1977–1981, gyda Glyn Jones, Terry Setch; AAUC, 1987–89 (MA Celf Gain). Artist preswyl, Ymddiriedolaeth GIG Glan Hafren 1991–2002; Sefydliad Artistiaid, Lugansk, Wkráin/Cymdeithas Gelfyddydau De-ddwyrain Cymru (CGDDdC) 1992; Ysbyty Brenhinol Morgannwg 2002–2003. Uwch-ddarlithydd (llawnamser), Prifysgol Morgannwg, Pontypridd (PM), o 2003. Aelod o Grŵp 56 Cymru; Artistiaid Butetown; Cymdeithas Artistiaid Cymunedol Cymru. Arddangosfeydd niferus ar y cyd gan gynnwys

*Artists in Residence*, CGDDdC, Amgueddfa ac Oriel Gelf Casnewydd (AOGC) 1991; *Artists in Residence*, Cyngor Celfyddydau Cymru, AOGC 1994; *Biennale Arlunio Cymru*, Canolfan y Celfyddydau Aberystwyth 1998 (teithiol); *Artistiaid Butetown*, BayArt/CBAT- Asiantaeth Gelf ac Adfywio, Caerdydd 2002; *Recent Purchases by the Contemporary Art Society for Wales* (CCGC), Amgueddfa ac Oriel Gelf Brycheiniog, Aberhonddu 2003. Arddangosfa ddeuddyn, BayArt (gyda David Gould) 2005. Casgliadau'n cynnwys Bwrdd Iechyd Prifysgol Aneurin Bevan; Bwrdd Iechyd Prifysgol Cwm Taf; Cyngor Caerdydd; Prifysgol De Cymru, Pontypridd. '…gerddi cyhoeddus ….sy'n cyfuno ymdeimlad â rhyddid â chaethiwed.' Yn byw yng Nghaerdydd, de Cymru.
*Yr artist*

### Muriel HILEY 1905–tua 1978
**Enw gwaith Muriel Blanche G Hiley, cerflunydd, medalydd. Ganed yng Nghaerdydd, de Cymru.**

Astudiodd yng Ngholeg y Gofaint Aur, Llundain 1926–29; Ysgolion yr Academi Frenhinol (dwy fedal arian, un fedal efydd). Gwobr Feodora Gleichen ar gyfer Cerflunwyr Benywaidd. Cymrawd Cymdeithas Frenhinol y Celfyddydau. Aelod, Yr Academi Frenhinol Gymreig (AFG) 1956; Cymdeithas Gelfyddydau Lewisham (CGL). Comisiynau niferus, gan gynnwys Cadeirlan St Paul, Llundain 1929; St Clement Danes, Llundain 1929; Ymddiriedolaeth Jiwbilî'r Brenin Siôr 1939; Canolfan Hyfforddi Corfflu Merched Brenhinol y Fyddin, Guildford 1969. Arddangosfeydd ar y cyd yn cynnwys *Arddangosfa Haf*, Yr Academi Frenhinol, Llundain, o 1929; AFG 1950–60; CGL 1950–60. Casgliadau'n cynnwys Amgueddfa ac Oriel Gelf Casnewydd; Amgueddfa ac Oriel Gelf Dinas Birmingham; Amgueddfa Cymru; Oriel Gelf Glynn Vivian, Abertawe; Y Bathdy Brenhinol, Llantrisant; Yr Amgueddfa Ryfel Ymerodrol, Llundain. Tybir ei bod yn byw yn Llundain.

### Sue HILEY HARRIS 1950–
**Enw gwaith Susan Mary Hiley Harris, gwehydd-gerflunydd. Ganed yn Brisbane, Awstralia.**

Astudiodd yng Ngholeg Celf Queensland (CCQ) 1968–73; Coleg Bradford (gwehyddu) 1979–82; Y Brifysgol Agored (Gwyddoniaeth) 1982–98. Artist Amgueddfa, Amgueddfa Queensland, Brisbane 1968–74. Darlithydd (rhan-amser) dylunio ac arlunio technegol, CCQ (1972–73). Symudodd i'r DU 1974. Artist sifil, Y Weinyddiaeth Amddiffyn 1976–78; darlunydd technegol llawrydd 1978–81. Sefydlodd stiwdio wehyddu yng Nghymru 1981. Gwobrau'n cynnwys Cyngor Celfyddydau Cymru 1999, 2001; Celfyddydau Rhyngwladol Cymru 2003, 2004, 2007. Aelod o Urdd Gwneuthurwyr Cymru 1989–94, 1998–2001; Hay Makers, Y Gelli Gandryll 1989–2005; Celf.Ffibr.Cymru 1999–2006. Ymddiriedolwraig, Ymddiriedolaeth Theo Moorman i Wehyddion o 2001. Comisiynau'n cynnwys Llwybr Celf Bannau Brycheiniog, Parc Cenedlaethol Bannau Brycheiniog 2005; Arddangosfeydd cenedlaethol/rhyngwladol niferus ar y cyd gan gynnwys *Top to Toe*, Oriel Myrddin, Caerfyrddin 1994 (teithiol); Eisteddfod Genedlaethol Cymru Llanelli 2000, Bangor 2005, Abertawe 2006, Yr Wyddgrug 2007; *Metamorphing*, Ymddiredolaeth Wellcome/Yr Amgueddfa Wyddoniaeth, Llundain 2002; *Sheep – A Celebration by Contemporary Artists*, Amgueddfa ac Oriel Gelf Brycheiniog, Aberhonddu (AOGB) 2003; *Focalmix*, Gŵyl Celfyddydau Gweledol, Rhuthun 2004; *INDIGO: A Blue to Dye For*, Oriel Gelf Whitworth, Manceinion 2007 (teithiol); *Lin Sacré, 2e Biennale Internationale du Lin de Portneuf*, Québec 2007. Arddangosfa ddeuddyn, *Confluence/Cydlifiad*, Crefft yn y Bae, Caerdydd (gyda Richard Renshaw) 2007. Arddangosfeydd un-ddynes yn cynnwys *Woven Structures*, AOGA 2002; Oriel Ararat, Victoria, Awstralia 2004; Oriel Mount Street, Aberhonddu 2006. Cyfraniadau i *Journal for Weavers, Spinners and Dyers* (1992, 2000). Casgliadau'n cynnwys AOGB; Collezione Civica di Fiber Art, Chieri, Yr Eidal; Cymdeithas Celf Gyfoes Cymru. '…cerfluniau wedi'u gwehyddu (er 1997)… sy'n adleisio tirwedd ucheldir moel y Mynydd Du a Bannau Brycheiniog.' Yn byw yn Aberhonddu, canolbarth Cymru.
*Yr artist*

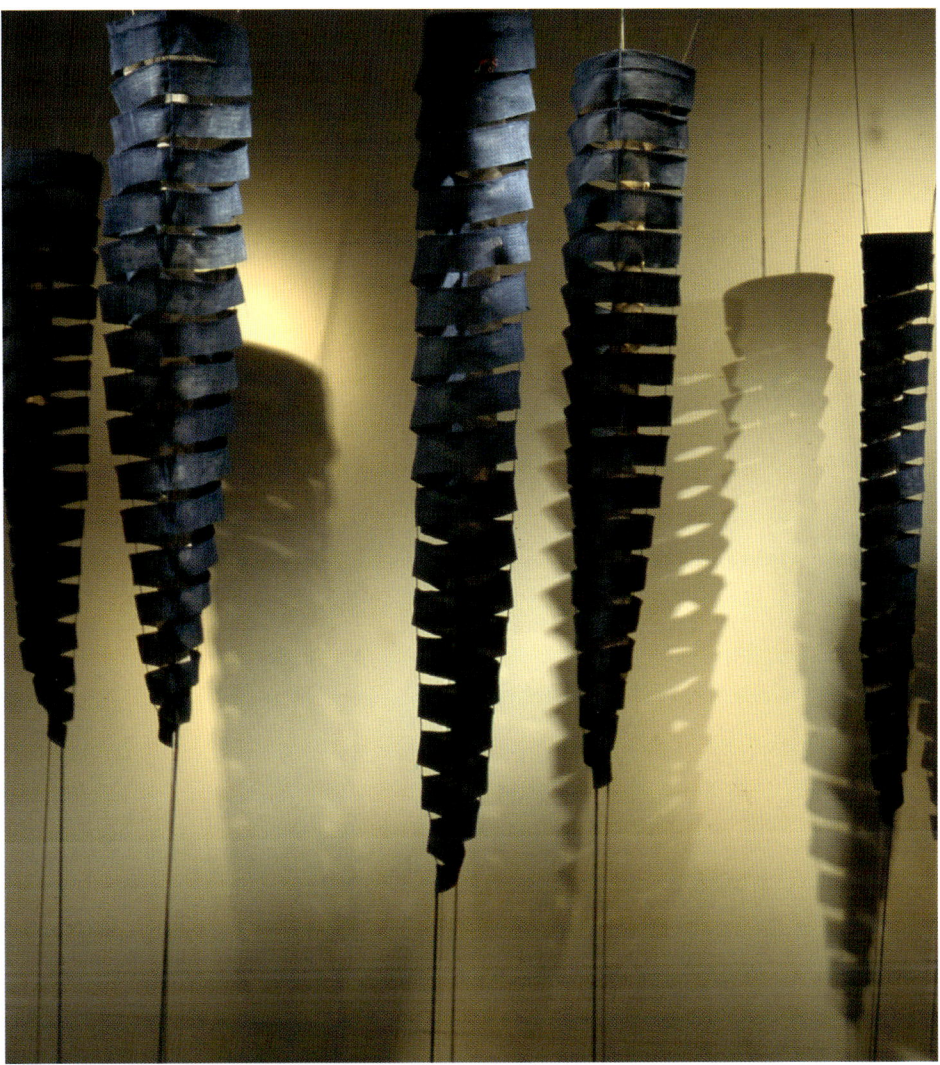

140 | Sue Hiley Harris
*Indigo vessels I, II, III, IV, V* 2002

## Mrs E D HILL 1900–1983
**Enw gwaith Elizabeth Dedwydd Hill, peintwraig. Ganed yng Nghaernarfon, gogledd Cymru.**

Hunanaddysgedig; dechreuodd baentio ym 1964. Aelod o Grŵp Celf Caernarfon 1964–74; Grŵp Celf Dyffryn Nantlle 1965–74. Arddangosfeydd ar y cyd yn cynnwys Bangor 1964; *An Alternative Tradition*, Cyngor Celfyddydau Cymru 1972 (teithiol); Oriel Arfon, Caernarfon. Arddangosfeydd un-ddynes yn cynnwys Adeiladau'r Institiwt, Caernarfon 1966, 1972. Tirwedd Gwynedd; ei hamgylchedd personol. Roedd yn byw yng Ngwynedd, gogledd Cymru.

### Renée Elizabeth HILL 1923–1994
**Artist tecstiliau, nyddwraig, gwehyddwraig. Ganed yn Taunton, Lloegr.**

Symudodd y teulu i Gymru tua 1926. Astudiodd yng Ngholeg Celf Caerloyw (Sefydliad y Ddinas a'r Urddau). Sefydlodd weithdy yng Ngwaelod-y-garth tua 1971; athrawes, addysg oedolion, Caerdydd. Aelod o Urdd Gwehyddion, Nyddwyr a Lliwyddion De Cymru, (UGNLl) (cyn-ysgrifenyddes); aelod sefydlu, UGNLl Morgannwg, o 1978 (bu'n gwasanaethu fel Cadeirydd a Llywydd); aelod, UGNLl Gwent (bu'n gwasanaethu fel Llywydd); Cyngor Crefftau'r Byd yn y 1970au. Arddangosfeydd ar y cyd yn cynnwys Ystafell Arddangos y Cyngor Dylunio, Caerdydd; *Crefft Cymru 76*, Cyngor Celfyddydau Cymru 1976; *Craftswomen from Mid Glamorgan*, Cymdeithas Gelfyddydau De-ddwyrain Cymru 1980 (teithiol). Arddangosfa un-ddynes, *One Weaver's Work – Renée Hill*, Canolfan Gelfyddydau Abaty Nant Teyrnon, Cwmbrân 1981. Wedi'i gynnwys yn y *Western Mail* (Judy Hughes, 18 Ebrill 1979). Technegau sy'n defnyddio gwlân; gwehyddu patrymau cymhleth; croglenni wal wedi'u gwehyddu, rygiau, stolau, clustogau. Bu'n byw yng Ngwaelod-y-garth, de Cymru, gan symud wedyn i Sir Fynwy.

### Audrey HIND 1936–
**Peintwraig, gwneuthurydd printiau. Ganed yn Swydd Gaer, Lloegr.**

Astudiodd yng Ngholeg Celf Northwich 1953–55; Coleg Celf Manceinion 1955–57, gyda Norman Jacques; Coleg Celf Lerpwl 1957. Cyrhaeddodd Gymru ym 1962. Addysgodd yn Ysgol Gwfaint Le Bon Sauveur, Caergybi 1970–88; sefydlodd weithdy printiau (ysgythru, acwatint) 1984. Aelod o'r Academi Frenhinol Gymreig (AFG). Comisiynau'n cynnwys 1987–88, Cyngor Bwrdeistref Ynys Môn; Shell y DU; Cyngor Bwrdeistref Cilgwri; Unilever. Arddangosfeydd ar y cyd yn cynnwys Oriel Mostyn, Llandudno 1980; Eisteddfod Genedlaethol Cymru, Ynys Môn 1983; Oriel Albany, Caerdydd 1986; *Helfa Gelf*, gogledd Cymru 2006; Oriel Gorstella, Dodleston 2007. Arddangosfeydd un-ddynes yn cynnwys Oriel Tegfryn, Porthaethwy 1985, 1987, 1989, 2005; AFG 2004; Gŵyl Biwmares, Ynys Môn 2006. Wedi'i chynnwys yng nghylchgrawn *Artists and Illustrators* (Helen Gould, Mehefin 1995). Casgliadau'n cynnwys Amgueddfa Cymru; EM y Frenhines. Prynwyd gwaith gan Gymdeithas Gelfyddydau Gogledd Cymru. '…olew, pastel dyfrlliw, cyfryngau cymysg …ysgythru ac acwatint… Ynys Môn a mynyddoedd Eryri'. Yn byw yn Amlwch, gogledd Cymru.
*Yr artist*

### Kathryn HINKS  Gweler Kathryn DODD

### Amber HISCOTT 1951–
**Enw gwaith Ann Elizabeth Hiscott, artist gwydr pensaernïol. Ganed yn Ilford, Lloegr.**

Symudodd i Gymru tua 1967. Astudiodd ym Mhrifysgol Essex 1971; Coleg Celf Abertawe (CCAbert) 1972–75. Artist perfformio gyda Theatr Defodol. Darlithydd, CCAbert 1976–79; Coleg Celf Caerfyrddin 1982–87; Prifysgol Swydd Stafford 1991–93. Rhyddid Dinas Llundain 1978. Gwobrau'n cynnwys y Gymdeithas Frenhinol, Celf mewn Pensaernïaeth 1998; Cyngor Celfyddydau Cymru (CCC) 2002; Cymru Greadigol, CCC 2005. Aelod o Weithdy Gwydr Rhyngwladol Merched; Artist preswyl, Canolfan Trin Canser Gogledd Cymru 2000; Cymrawd, Sefydliad Sgiliau Arbenigol, Melbourne 2005. Comisiynau niferus gan gynnwys Capel Coleg Llanymddyfri 1991; Gŵyl Erddi Cymru, Glynebwy 1992 (gyda'r bardd Menna Elfyn); Cyngor Dinas Abertawe 1996; Theatr y Gyfnewidfa Frenhinol, Manceinion (ThGF) 1998; Cadeirlan Sheffield 1999; Canolfan Celfyddydau Gweledol, Caerdydd 1999; Amgueddfa Wydr, Frauenau 2002; Canolfan Mileniwm Cymru, Bae Caerdydd 2003; Yr Asiantaeth Gelf ac Adfywio, Bae Caerdydd 2005 (gyda David Pearl). Arddangosfeydd niferus ar y cyd gan gynnwys *Layers of Experience*, Shinjuku, Japan 1995; *The Wind that Blows Me is Called Light*, Oriel Gelf Glynn Vivian, Abertawe (OGGV) 1999; *Arddangosfa Rhestr Fer Gwobr Jerwood*, Y Cyngor Crefftau, Llundain 2003; *Spirit Journeys*, Oriel

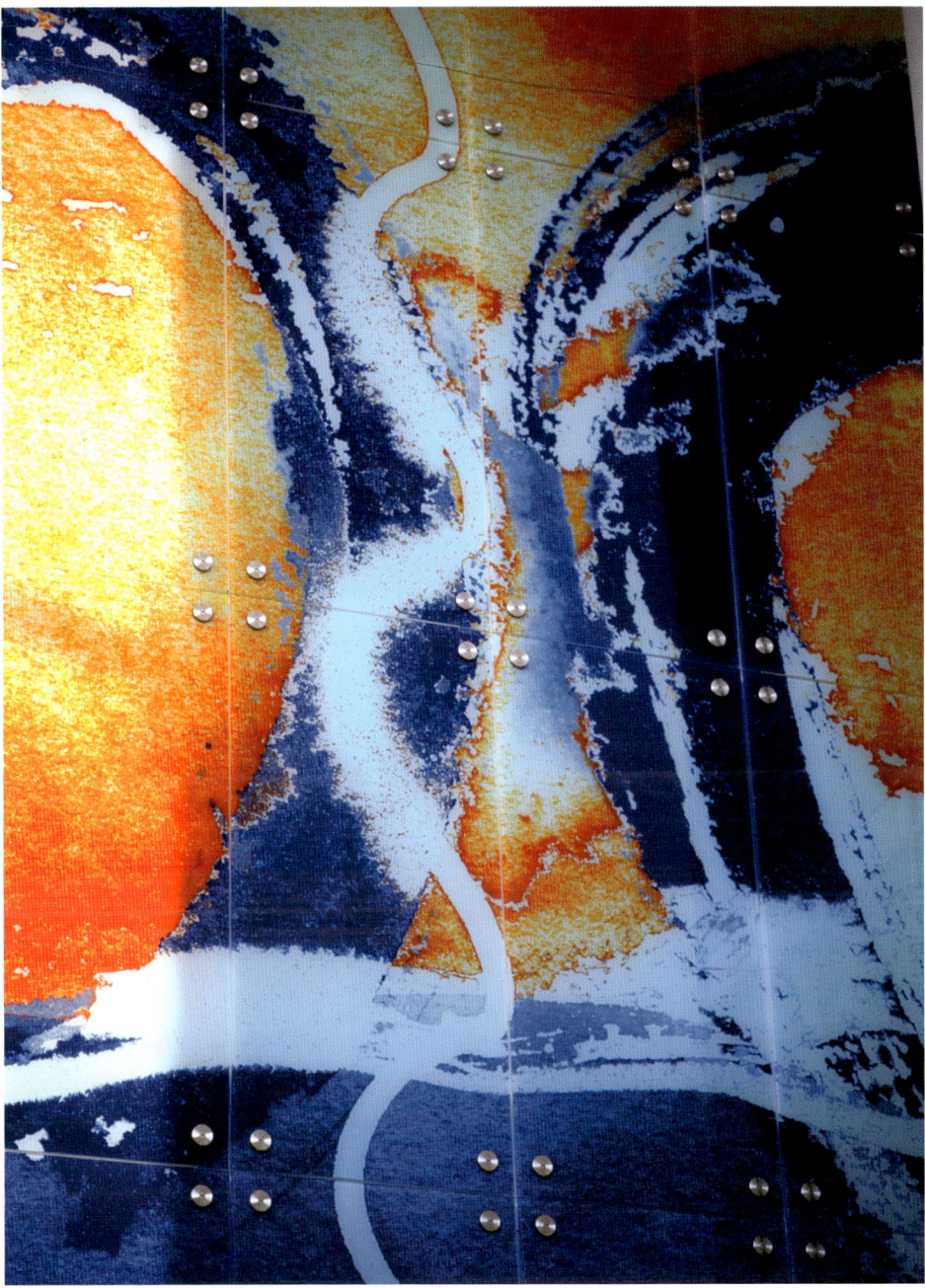

141 | Amber Hiscott
*The Journey* 2002

Artistiaid Gwydr, Sydney 2006. Arddangosfeydd un-ddynes yn cynnwys *Flat Muff*, Gŵyl yr Ymylon Caeredin 1975; Gŵyl Gerdd Abergwaun 1988; *Amber Hiscott: Two Decades of Architectural Glass*, Oriel Theatr Cochrane, Llundain 1997; *Paper, Paint, Glass*, ThGF 1997. Cyhoeddiadau'n cynnwys erthyglau, cylchgrawn Crafts (Y Cyngor Crefftau 1970au– 80au). Wedi'i chynnwys yn *Contemporary Stained Glass*, Andrew Moor (Mitchell Beazley (MB) 1989); *form: contemporary craft in Wales* (Celfyddydau Rhyngwladol Cymru 2003); *Contemporary Stained Glass Artists*, Kate Baden-Fuller (A&C Black, Llundain 2006); cylchgrawn Crafts (rhif 79, Mawrth/Ebrill 1986); *Planet* (Shelagh Hourahane, tua 1996). Casgliadau'n cynnwys Amgueddfa Cymru; Amgueddfa Dinas Mannheim; Amgueddfa Ushida, Japan, Amgueddfa Victoria ac Albert, Llundain; OGGV. 'Mae fy ngwaith byrfyfyr cynnar…gyda thaflunio golau a gosodweithiau yn dal i ddylanwadu arnaf…'. Yn byw yn Abertawe, de Cymru a Phentre-dŵr, gogledd Cymru.
*Yr artist*

### John HOBART 1922–
**Peintiwr. Ganed yn Llundain, Lloegr.**
Astudiodd yng Ngholeg Polytechnig Chelsea 1938–39; Coleg Prifysgol, Llundain 1940–43 (gradd yn y dosbarth cyntaf, Gwyddorau Naturiol, Swoleg). Dim hyfforddiant celf ffurfiol. Swyddi academaidd uwch niferus 1944–80, Coleg Prifysgol Gogledd Cymru Bangor (CPGCB); Deon y Gyfadran Wyddoniaeth (1973–77), Pennaeth Ysgol Bioleg Anifeiliaid (1977–80). Gwobrau'n cynnwys Cymrodoriaeth CPGCB. Artist (llawnamser) o 1981. Symudodd i Loegr ym 1985. Aelod o Grŵp Gogledd Cymru 1956–64 (Ysgrifennydd 1961–64); Yr Academi Frenhinol Gymreig (AFC) (Trysorydd 1968–74, Is-lywydd 1980–85); Cymdeithas Artistiaid Penwith, o 1986. Arddangosfeydd ar y cyd yn cynnwys AFG, yn flynyddol o 1956 (teithiol, canolfannau ledled Cymru); Sefydliad Brenhinol y Peintwyr mewn Dyfrlliwiau, Llundain 1965; Newlyn Orion, ac orielau yn St Ives, er 1985. Arddangosfeydd undyn yn cynnwys Theatr Gwynedd, Bangor 1981; Oriel Corner, St Ives 1988; Prifysgol Twanta, Enshede, yr Iseldiroedd 1990. Delir gwaith ym Mhrifysgol Bangor. 'Yr ugain mlynedd cyntaf … dyrfrlliw, peintiadau olew o'r dirwedd … Er 1980…anghynrychioladol… gludwaith, inc, gouache, acrylig.' Yn byw yn Penzance, Lloegr.
*Yr artist*

### Annie Giles HOBBS 1949–
**Gwneuthurydd printiau, peintwraig, ceramegydd. Ganed yng Nghaerdydd, de Cymru.**
Astudiodd yn Athrofa Addysg Uwch Caerdydd (AAUC) 1988–92, gyda Tom Piper, Terry Setch. Bu'n gweithio yng nghrochendy'r teulu (Crochendy Tredelerch) 1967–80; tiwtor (rhan-amser), addysg uwch, Caerdydd 1988–99; pennaeth gwneud printiau (rhan-amser), Gweithdy Argraffu Caerdydd (GAC) o 1993; darlithydd (rhan-amser), AAUC/Athrofa Prifysgol Cymru, Caerdydd, o 1995. Aelod o Artistiaid Butetown; GAC; Virtually 6. Arddangosfeydd niferus ar y cyd gan gynnwys Eisteddfod Genedlaethol Cymru, Cwm Rhymni 1990, Llanfair-ym-Muallt 1993, Castell-nedd 1994; Cystadleuaeth Celf Gain Swyddfa'r Post/S4C 1991 (arobryn); *Biennale Argraffu*, Academi Frenhinol Gorllewin Lloegr, Bryste 2000, 2002, 2004, 2006; *Six Welsh Printmakers*, Oriel Gelf Glynn Vivian, Abertawe 2001; Amgueddfa ac Oriel Gelf Dinbych-y-pysgod (AOGDyp) 2003; *Artist y Flwyddyn Cymru*, Neuadd Dewi Sant, Caerdydd (NDS) 2003 (y wobr gyntaf); *Arddangosfa Gwobr Prynu Celf*, Oriel y Bont, Prifysgol Morgannwg, Pontypridd 2006. Arddangosfa ddeuddyn, *Frayed Reality*, NDS (gyda Steven Owen Griffiths) 1992. Arddangosfeydd un-ddynes yn cynnwys Canolfan Howardian, Caerdydd 1999; Ysbyty Brenhinol Morgannwg, Llantrisant 2003. Wedi'i chynnwys ar raglen deledu i S4C (1995). Casgliadau'n cynnwys Adran yr Arglwydd Ganghellor; Amgueddfa Cymru; AOCDyp; Ysbyty Tywysoges Cymru, Pen-y-bont ar Ogwr. 'Dylanwadau'n cynnwys celf Gothig, mytholeg Geltaidd, symbolaeth.' Yn byw yng Nghaerdydd.
*Yr artist*

### David HOBBS 1955–
**Enw gwaith David Charles Hobbs, peintiwr. Ganed yng Nghwmbrân, de Cymru.**

Hunanaddysgedig. Astudiodd ym Mhrifysgol Aston 1973–74 (Peirianneg Sifil); Coleg Addysg Uwch Gwent (CAUG) 1981–82 (Cyfrifyddiaeth); Prifysgol Ystrad Clud 1990–94 (MBA); Prifysgol Morgannwg, Pontypridd (PM) 2001–04 (Gwyddorau Cymdeithasol). Aelod Cyswllt Coleg Cerdd Llundain, gitâr clasurol. Cerddor 1974–76; cyfrifydd 1976–85; darlithydd (Cyfrifyddiaeth), CAUG 1985–90; PM 1990–2001; Prif Gynghorydd Cyfrifyddiaeth, Y Swyddfa Ystadegau Cenedlaethol, Casnewydd o 2002. Arddangosfeydd ar y cyd yn cynnwys Gwaith Haearn Blaenafon 1994; Oriel Victoria, Cwmbrân, o 1995; Oriel yr Old Smithy, Brynbuga 2002; Canolfan Gelfyddydau Craft Renaissance, Cemais Comawndwr 2002, 2006. Arddangosfeydd deuddyn (gyda Jill Hobbs), Llyfrgell Cwmbrân 1999, 2001; Amgueddfa Pont-y-pŵl 2001, 2004. Arddangosfeydd undyn, Canolfan Gelfyddydau Abaty Nant Teyrnon, Cwmbrân 2004. Casgliadau'n cynnwys Llyfrgell Pont-y-pŵl; Ymddiriedolaeth Amgueddfa Pont-y-pŵl. 'Tirluniau o Gymru.' Yn byw yn Sebastopol, de Cymru.
*Yr artist*

### Jill HOBBS 1955–
**Peintwraig. Ganed yn Hakin, gorllewin Cymru.**

Astudiodd yng Ngholeg Celf Casnewydd/Coleg Addysg Uwch Gwent 1973–77, gyda Jack Crabtree, Philip Muirden, Ernest Zobole. Tiwtor (rhan-amser), Amgueddfa Pont-y-pŵl (AP), o 1988; addysg oedolion, Cyngor Bwrdeistref Sirol Torfaen, o 1990; Canolfan Gelfyddydau Abaty Nant Teyrnon, Cwmbrân (CGANT) 2002–06; Grŵp Celf Griffithstown, o 2004. Arddangosfeydd ar y cyd yn cynnwys Gwaith Haearn Blaenafon 1990au; CGANT 1990au; AP, o 1995; Oriel Victoria, Cwmbrân, o 1999; Llyfrgell Cwmbrân (LlCwm) 2007; Ffwrwm, Caerllion 2007. Arddangosfeydd deuddyn (gyda David Hobbs), LlCwm 1999, 2001; AP 2001, 2004. Arddangosfeydd un-ddynes, AP 1990; CGANT 2004. Casgliadau'n cynnwys Llyfrgell Blaenafon; Ymddiriedolaeth Amgueddfa Pont-y-pŵl. 'Tirwedd; effeithiau newidiadau cyflym yn y golau ar dirwedd Cymru. Gwaith mewn pastel yn bennaf, ond hefyd mewn dyfrlliw, acrilyg.' Yn byw yn Sebastopol, de Cymru.
*Yr artist*

### Carole HODGSON 1940–
**Cerflunydd, peintwraig. Ganed yn Llundain, Lloegr.**

Astudiodd yn Ysgol Gelf Wimbledon 1957–1962; Ysgol Gelf Gain Slade, Llundain 1962–64. Stiwdio yng Ngorllewin Cymru o 1968. Darlithydd (rhan-amser), Prifysgol Reading 1964–7; Coleg Philippa Fawcett, Llundain 1971–75; (llawnamser) Sefydliad Addysg Prifysgol Llundain 1975–79; (rhan-amser) Ysgol Gelf Norwich 1979–87; Y Coleg Celf Brenhinol, Llundain 1981–86; Cyfarwyddwr Cwrs/ Athro Celf Gain, Prifysgol Kingston, Llundain 1997–2005. Cymrawd Cymdeithas Frenhinol Cerflunwyr Prydain. Gwobrau niferus gan gynnwys Cyngor Celfyddydau Prydain Fawr 1973; Ymddiriedolaeth Eliffant 1979, 1986; Y Cyngor Prydeinig (CP) 1980; X Premio de Grabado 'Máximo Ramos', Ferrol, Sbaen 1993 (gwobr brynu). Comisiynau'n cynnwys Cymdeithas Fedal Prydain 1987; Ysbyty Wellington, Llundain 1995. Arddangosfeydd ar y cyd yn cynnwys Eisteddfod Genedlaethol Cymru/ Cyngor Celfyddydau Cymru (CCC) 1970, 1975 (gwobr brynu); *The Probity of Art*, CCC 1980 (teithiol); *1979 British Art Show Revisited*, Bloomberg Space, Llundain 2005; *Seven Sculptors at Flowers Central*, Llundain 2006. Arddangosfeydd un-ddynes yn cynnwys Angela Flowers, Llundain, Iwerddon, UDA o 1973; Oriel, CCC, Caerdydd 1976. Gŵyl Llanelli 1994; Centro Cultural Recoleta, Buenos Aires, Ariannin 1995; Amgueddfa Gelf Haggerty, Wisconsin, UDA 1999. Wedi'i gynnwys mewn monograff, Mary Rose Beaumont (Momentum 1999); *British Sculptors of the 20th Century*, golygydd, Alan Windsor (Ashgate

2003); *Modern British Sculpture*, golygydd, Guy Portelli (Schiffer 2004). Casgliadau'n cynnwys Amgueddfa Cymru; CP; Cymdeithas Celf Gyfoes Cymru; Cyngor Celfyddydau Lloegr; Prifysgol Aberystwyth; Tate, Llundain; Y Gymdeithas Gelf Gyfoes. Prynwyd gwaith gan CCC. 'Y dirwedd o'm cwmpas… wedi'i gwrthgyferbynnu â siwrneiau pell.' Yn byw yn Llundain.
*Yr artist*

### Maria HOLAHAN 1981–
**Artist tecstiliau, peintwraig, gwneuthurwraig printiau. Ganed yn Swydd Aeron, yr Alban.**

Astudiodd yng Ngholeg Swindon 2002–03; Athrofa Addysg Uwch Abertawe 2003–06, gyda Julia Griffiths Jones, Anna Lewis, Sue Williams. Hyfforddai, Cynllun Mentora a Rhwydweithio Craft Angels, Model House, Llantrisant 2006–07. Cynorthwy-ydd addysgu celf, Canolfan Ddydd Create, Abertawe 2005–06. Trwyddedogaeth, Cymdeithas Crefftwyr Dylunwyr (CCD) 2006 (teilyngdod), 2007 (rhagoriaeth). Arddangosfeydd ar y cyd yn cynnwys *Arddangosfa Agored Abertawe*, Oriel Gelf Glynn Vivian/Oriel Exposure, Abertawe (OEA) 2006; *Sioe Arddangos Graddedigion, Rhan 2*, OEA 2006; Artist y Flwyddyn Cymru, Neuadd Dewi Sant, Caerdydd 2007; *Gŵyl Celf Decstiliau a Gwehyddu*, Amgueddfa Trowbridge 2007; *One Fine Day*, Oriel CCD, Llundain 2007. Wedi'i chynnwys yn *Embroidery Magazine* (Ionawr/Chwefror 2007); 'Studio Space' (*White Chimney Magazine (WCM)*, Gwanwyn 2007); *WCM* (Hydref 2007). '… Dw i'n arlunio â defnydd a phwythau i greu celf decstiliau hynod a gwreiddiol… paentio, gwneud printiau traddodiadol… arbrofi â gludwaith, torri â laser ac argraffu digidol…'. Yn byw ym Mhenarth, de Cymru.
*Yr artist*

### Claerwen HOLLAND 1942–
**Enw gwaith Claerwen Belinda Holland, peintwraig. Ganed yng Nghwmdeuddwr, canolbarth Cymru.**

Astudiodd yn Ysgol Gelf Byam Shaw, Llundain 1960–64, gyda Bernard Dunstan, Diana Armfield (Gwobr y Prifathro; Ysgoloriaeth Dirluniau David Murray ). Aelod o Gymdeithas Artistiaid a Dylunwyr Cymru. Arddangosfeydd ar y cyd yn cynnwys *Cardiff Festival of 20th Century Music*, Coleg y Brifysgol, Caerdydd 1974; Prifysgol Tennessee 1976; Ffair Celf Gyfoes Caerfaddon 1991; Oriel Countryworks, Trefaldwyn 1995, 1997; Oriel yr Hen Ysgol, Bleddfa 2000; Oriel Mount Street, Aberhonddu 2005. Arddangosfeydd un-ddynes yn cynnwys Oriel Sue Rankin, Llundain 1990; Oriel Thackeray Rankin, Llundain 1992, 1994, 1996. Darluniau ar gyfer *A Year and a Day*, cerddi gan Jennifer Holland (Hodder a Stoughton 1990). Gwaith yng nghasgliad Llyfrgell Prifysgol Caerdydd. '… tirwedd canolbarth Cymru, ei choed, ei bryniau a'i ffermydd ac arfordir Bae Ceredigion … hefyd golygfeydd domestig mwy agos atoch.' Yn byw yng Nghwmdeuddwr.
*Yr artist*

### Harry HOLLAND 1941–
**Peintiwr. Ganed yn Glasgow, Yr Alban.**

Astudiodd yn Ysgol Gelf St Martins, Llundain 1965–69. Tiwtor, Canolfan Gymunedol Chelsea tua 1969/70; darlithydd, Coleg Celf Coventry/colegau celf canolbarth Lloegr tan 1973; Coleg Celf Caerdydd 1973–78; artist llawnamser ers 1978. Cyrhaeddodd Gymru ym 1973. Aelod o Gymdeithas Artistiaid a Dylunwyr Cymru. Comisiynau portreadau niferus. Arddangosfeydd niferus ar y cyd gan gynnwys *Aspects du Réalisme*, Musée d'Art Contemporain de Montréal 1977 (yn teithio Canada); Eisteddfod Genedlaethol Cymru, Caerdydd 1978 (arobryn); *Sioe Gelf Prydain*, Cyngor Celfyddydau Prydain Fawr 1980; Oriel Martin Tinney, Caerdydd (OMT), o 1989; *Disclosures*, Oriel Mostyn, Llandudno/Amgueddfa Cymru (AC), Caerdydd/Amgueddfa ac Oriel Gelf Casnewydd (AOGC) 1994

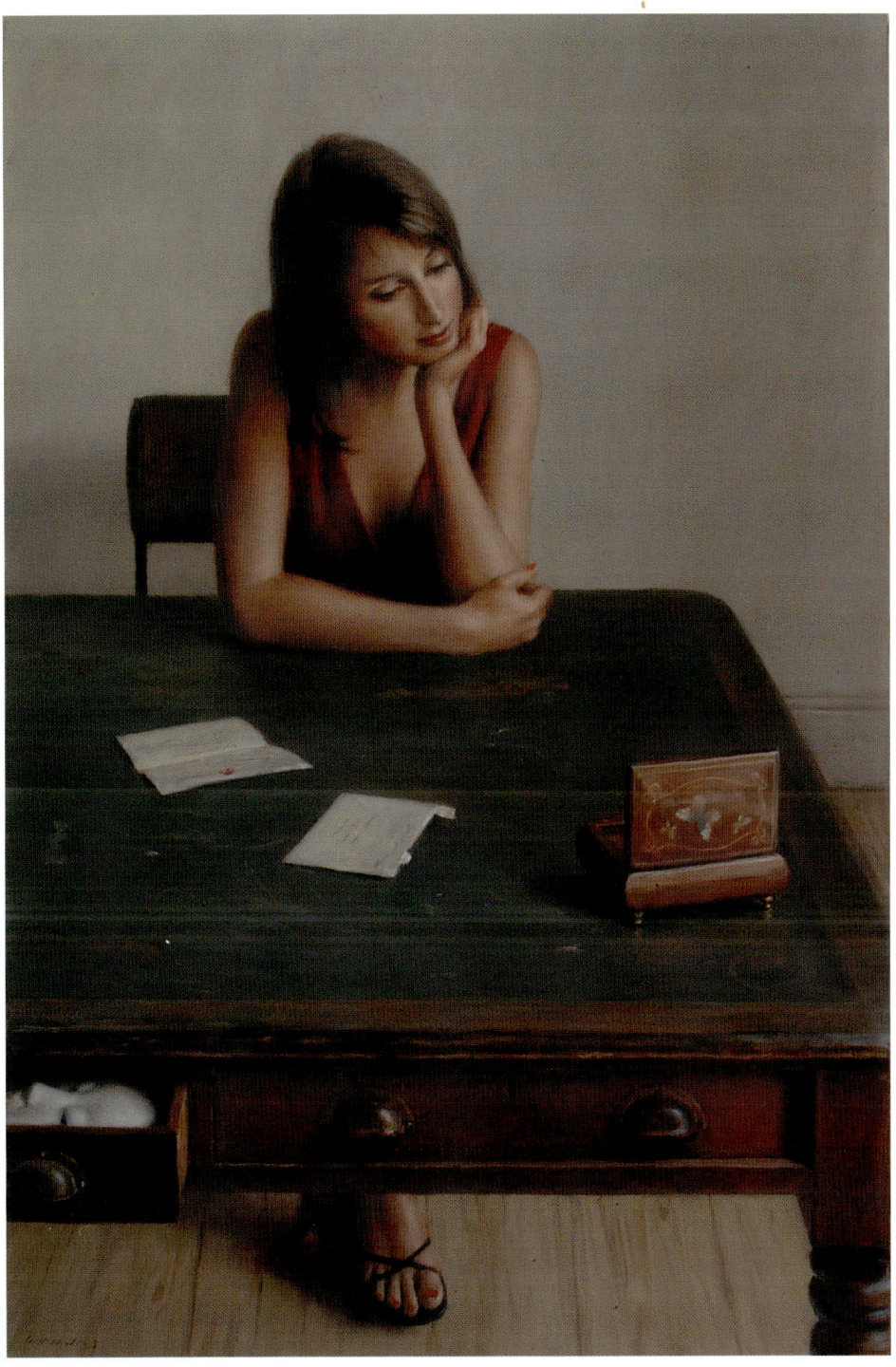

142 | Harry Holland
*Note* 2003

(ar daith yn rhyngwladol); *Intimate Portraits*, Amgueddfa ac Oriel Gelf Glynn Vivian, Abertawe 1995; *Celebrate*, Oriel Davies, Y Drenewydd 2003; *What is Realism?*, Oriel Albemarle, Llundain (OAlb) 2005; *Nuovo Realismo*, 58 Premio Michetti, Museo Michetti, Francavilla a Mare, Chieti, Yr Eidal 2007. Arddangosfeydd undyn yn cynnwys Cyngor Celfyddydau Cymru (CCC) 1980 (teithiol); Oriel Mineta Move, Brwsel 1981, 1999, 2003; Artsite, Caerfaddon 1985; Oriel Andrew Knight, Caerdydd 1987; OMT, yn rheolaidd er 1992; Oriel Jill George, Llundain 1992, 1994, 1996, 1998; Oriel, CCC, Caerdydd 1995 (teithiol); Il Polittico, Rhufain 2000, 2002, 2004; OAlb 2004. Wedi'i gynnwys yn *Harry Holland, The Painter and Reality*, Edward Lucie-Smith (Art Books International 1991); *Harry Holland: New Paintings*, (OMT 2005). Casgliadau'n cynnwys AC; Amgueddfa Celf Fodern Fetropolitan, Efrog Newydd; AOGC; Casgliad Cenedlaethol Gwlad Belg; Cymdeithas Celf Gyfoes Cymru; Prifysgol De Cymru, Pontypridd; Senedd Ewrop; Tate, Llundain; Y Gymdeithas Celf Gyfoes; Yr Oriel Bortreadau Genedlaethol, Canada. Prynwyd gwaith gan CCC. '… ymagwedd ddeallusol a pheintwrus…ei wreiddiau'n ddwfn yn nhraddodiadau celf…cyfeiriadau mytholegol yn ei waith ffigurol a bywyd llonydd.' *(gwefan OMT)*. Yn byw yng Nghaerdydd, de Cymru.
*Yr artist*

## Laura HOLLIDAY 1958–
### Ceramegydd, cerflunydd. Ganed yn Sydney, Awstralia.
Astudiodd yn Athrofa Addysg Uwch De Morgannwg, Caerdydd (AAUDM) 1976–80, gyda Terry Setch; Y Coleg Celf Brenhinol, Llundain, gyda Ken Kiff, Carole Hodgson 1982–84. Gwaith dros dro'n cynnwys cynlluniau chwarae yn Llundain i blant 5–11 oed, 1984–86; artist llawnamser o 1986. Aelod o Artistiaid Bro Morgannwg. Gwobr Cyngor Celfyddydau Cymru 1983. Comisiwn, Pirelli 1986. Arddangosfeydd ar y cyd yn cynnwys Llyfrgell Gerddi Howard, AAUDM, Caerdydd 1992; *Small Sculptures*, Llyfrgell Ganolog Caerdydd 1995; *Off the Wall*, Oriel Circle, Pontypridd/Canolfan Gelfyddydau Abaty Nant Teyrnon, Cwmbrân 1996; *Cardiff Artists: All Women's Show*, Oriel Celf Gyfoes, Llundain 1996. Arddangosfeydd undyn yn cynnwys *Gossiping Teapots*, Yr Hen Neuadd, Y Bont-faen (HNB) 1982; Canolfan Gelfyddydau Neuadd Llanofer 1987, 2001; Neuadd Dewi Sant, Caerdydd 1988; *Face to Face*, HNB 1993; *Face 2 Face*, HNB 2003. '… mae'r gwaith wedi'i wneud o…wrthrychau hapgael, esgidiau, menig, ffitiadau trydanol, teganau … mwydion papur, gludwaith a ddyfrlliw. …mae'r holl ddeunyddiau a ddefnyddir wedi'u hailgylchu …'. Yn byw ym Mhenarth, de Cymru.
*Yr artist*

## Christopher HOLLOWAY 1980–
### Peintiwr. Ganed yng Nghaerdydd, de Cymru.
Astudiodd yn Ysgol Gelf a Dylunio Pontypridd 1998–2000; Athrofa Prifysgol Cymru, Caerdydd (APCC) 2000–03, gyda Michael Crowther, Carol Robertson. Cynorthwy-ydd cynhyrchu, Sample3 Design 2004; goruchwyliwr/gweinyddwr, Oriel BayArt, Caerdydd (OBAC) o 2005; curadur, artist, cyswllt oriel/gweinyddu ar gyfer *Figure in Wales*, Oriel Gelf Campbells, Llundain (OGC) 2006. Aelod o Various Painters, cydweithfa artistiaid. Gwobr Brynu Eversheds 2003. Arddangosfeydd ar y cyd yn cynnwys Oriel Albany, Caerdydd 2004, 2005; Oriel Washington, Penarth 2004–06; Oriel Kooywood, Caerdydd 2005–07; *Drawing the City*, OBAC 2005; *Figure in Wales*, OGC 2006; *New Beginnings*, Celf Gyfoes Denise Yapp, Trefynwy 2007. Wedi'i gynnwys mewn erthygl, 'Blue painting wins top award' (*Western Mail*, 13 Awst 2003). '… gwrthrychau a ffigurau…o fewn tirwedd …..gan ddibynnu fel arfer ar ffotograffiaeth a'm dychymyg fy hun.' Yn byw ym Mae Caerdydd a Phontypridd, de Cymru.
*Yr artist*

## Edgar HOLLOWAY 1914–2008
**Gwneuthurydd printiau, darlunydd, peintiwr. Ganed yn Mexborough, ger Doncaster, Lloegr.**

Astudiodd drwy gwrs arlunio drwy'r post; dosbarthiadau nos, Ysgol Gelf Doncaster; bywlunio, Ysgol Celf Gain Slade 1934. Cyfres o ysgythriadau hunanbortreadol, o 1931. Artist llawrydd, athro, Llundain, Swydd Amwythig, Doncaster. Ymwelodd â Chapel-y-ffin, de Cymru 1943. Dylunydd graffeg, llythrennwr, darlunydd, cartograffydd, Urdd Sant Joseph a Sant Dominic, Ditchling tua 1949–tua 1969. Comisiynau'n cynnwys ysgythriadau portreadol (T S Eliot, Stephen Spender, Herbert Read); cloriau llyfrau, Gwasg Prifysgol Rhydychen, Heinemann, Bodley Head, Random House; arluniau, Hudson-Mohawk Industrial Gateway, UDA 1972–75. Aelod o Urdd Gweithwyr Llaw Ditchling o 1960; Cymdeithas Frenhinol Artistiaid Prydain 1947; Cymdeithas yr Artistiaid Gwneuthurwyr Printiau, Caeredin; Cymrawd, Cymdeithas Frenhinol y Peintwyr-Gwneuthurwyr Printiau 1991. Arddangosfeydd ar y cyd yn cynnwys orielau yn Llundain; *Edgar Holloway and Friends*, Oriel Gelf Abbot Hall, Kendal 2000. Arddangosfeydd deuddyn yn cynnwys Oriel Hill Court, Y Fenni (gyda Jennifer Boxall) 1997. Arddangosfeydd undyn yn cynnwys Oriel 21, Llundain 1931, 1934; Garton a'i Gwmni, Llundain 1979; adolwg, Amgueddfa Ashmole, Rhydychen (AARh) 1991; *Edgar Holloway at 80*, Celfyddydau Cain Wolseley, Llundain (CCWol) 1994 (teithiol, gan gynnwys Cymru); *Capel-y-ffin to Ditchling*, Amgueddfa ac Oriel Gelf Brycheiniog, Aberhonddu (AOGB) 2002; *Edgar Holloway at 90*, Prifysgol Cymru, Aberystwyth/CCWol 2004. Wedi'i gynnwys yn *The Etchings and Engravings of Edgar Holloway*, Robert Meyrick (Scolar Press (SP) 1996); *Supplement to the Etchings and Engravings of Edgar Holloway*, Robert Meyrick (SP 2004); *The Etching Revival in Britain 1850–1950, from Palmer to Holloway* (CCWol 2002). Casgliadau'n cynnwys AARh; AOGB; Amgueddfa Cymru; Amgueddfa Ditchling; Amgueddfa Victoria ac Albert, Llundain; Llyfrgell Genedlaethol Cymru, Aberystwyth; Prifysgol Aberystwyth (PA); Yr Amgueddfa Brydeinig, Llundain; Yr Oriel Bortreadau Genedlaethol, Llundain. '…ffigwr allweddol yn niwygiad ysgythru'r 1920au a'r 30au.' (Gwefan PA) Roedd yn byw yn Ditchling Common, Lloegr.

## Nick HOLLY 1968–
**Peintiwr. Ganed yng Nghaerdydd, de Cymru.**

Astudiodd yn Athrofa Addysg Uwch Gorllewin Morgannwg 1984–88. Cyflogaeth amrywiol, gan gynnwys diogelwch, y diwydiant adeiladu, Y Post Brenhinol. Comisiynau'n cynnwys Amgueddfa a Chymdeithas Dreftadaeth Merthyr Tudful 2007. Arddangosfeydd ar y cyd yn cynnwys *Visions of the Valleys*, Oriel yr Atig, Abertawe (OAA) 2004; Oriel Albany, Caerdydd (OA) 2007; Celf Gain Fountain, Llandeilo 2007. Arddangosfeydd deuddyn yn cynnwys OAA (gyda Leonard Beard) 2004, (gyda David Randal-Davies) 2006; OA (gyda Beth Fletcher) 2005. Arddangosfeydd undyn yn cynnwys *On a High*, Oriel Gelf Glynn Vivian, Abertawe 1993; Canolfan Gelfyddydau Taliesin 2004; *South Wales to New York*, Oriel Russell, Llundain 2007. Darluniau ar gyfer barddoniaeth gan Peter Thabit Jones, gan gynnwys *Ballad of Kilvey Hill* (Swansea Bay Publishers 1999), *The Lizard Catchers* (Cross-Cultural Communications, Efrog Newydd, UDA 2006). Wedi'i gynnwys yn *The Western Mail* (5 Mawrth 2004; 13 Mai 2005); *South Wales Evening Post* (12 Mawrth 2004; 7 Mawrth 2007). Gwaith yng nghasgliad Llyfrgell Genedlaethol Cymru, Aberystwyth. '…yn cael ysbrydoliaeth o'i gymuned, St Thomas, Abertawe a'r cymoedd cyfagos …' Yn byw yn Abertawe, de Cymru
*Yr artist*

## Erich HOLMANN  Gweler Jeff PICKERING

### Clyde HOLMES 1949–2008
**Peintiwr. Ganed yn Llundain.**

Astudiodd yng Ngholeg Celf Hornsey, Coleg Celf St Martins, Llundain 1965–68, gyda John Hoyland, Frederick Gore. Hefyd yn fardd. Cerddor sesiwn, ar ddechrau'r 1960au; bu'n gweithio ag ymwelwyr dall, Y Llyfrgell Brydeinig, Llundain tua 1969–70. Cyrhaeddodd Gymru ym 1972. Gwobr Cyngor Celfyddydau Cymru 2005. Comisiynau'n cynnwys Swltan Oman 2004. Arddangosfeydd ar y cyd yn cynnwys *The Native Land*, Oriel Mostyn, Llandudno (OM) 1979; *The Shadow of my Hand*, Oriel, Cyngor Celfyddydau Cymru, Caerdydd 1981 (teithiol); OM 1982, 1986, 1988; *Artists in National Parks*, Amgueddfa Victoria ac Albert, Llundain 1990 (teithiol); Amgueddfa Cymru 1991; Eisteddfod Genedlaethol Cymru, Aberystwyth 1992; *Landmarks*, Amgueddfa ac Oriel Gelf Casnewydd 2002; *British Landscape Painting in the 20th Century*, Oriel Crane Kalman, Llundain 2004. Arddangosfeydd undyn yn cynnwys *Skywalls*, Oriel Ynys Môn, Llangefni 1998; *Uplandscapes*, Tŷ Parc Osterley, Llundain (TPO) 2000; *Uplandmarks*, Llyfrgell Genedlaethol Cymru, Aberystwyth (LIGC) 2002; *Skywalks*, Y Tabernacl, Machynlleth (TM)/Galerie Bernak, Worpswede, Yr Almaen 2003; *Clyde Holmes: Watermarks*, TPO 2007. Cerddi a gyhoeddwyd yn cynnwys *In Season* (Embers Press 1988); *Skywalls* (Gwasg Carreg Gwalch (GCG) 1998); *Feather Paths* (GCG 2004). Wedi'i gynnwys yn *The Inspiration of Landscape, Artists in National Parks* (Phaidon 1988); *Visions of Snowdonia*, adroddwyd gan Syr Anthony Hopkins/cyhoeddiad (BBC 2, 1997; Cyhoeddiadau BBC 1997); *Uplandscapes*, rhaglen ddogfen (*Primetime*, HTV, tua 2000); 'Art of Clyde Holmes', Mary Burdett Jones (*Planet*, rhif 162, 2003); Open Country, Radio 4 BBC (Ebrill 2005); ysgrif goffa, Nia Charpentier (*The Guardian*, 28 Awst 2008). Casgliadau'n cynnwys LIGC, TM. '… ucheldiroedd Eryri… pryder am yr agweddau mwyaf gwyllt ar fyd natur.' Roedd yn byw yn Fron–goch, gogledd Cymru.
*Yr artist*

### Robin HOLTOM 1944–
**Peintiwr, cerflunydd. Ganed yn Dorking, Lloegr.**

Astudiodd yn Ysgol Gelf Guildford 1962–63; Ysgol Gelf Chelsea 1963–66; Coleg Celf Brenhinol 1967–70, gyda Patrick Caulfield, Allen Jones, Ken Kiff, John Hoyland. Bu'n byw yng Nghymru 1984–2001. Therapydd celf, Llundain 1970–82; tiwtor, canolfannau addysg oedolion, Llundain 1982–84; darlithydd, Ysgol Gelf Hammersmith a Choleg Syr John Cass, Llundain 1970–71, Coleg Ceredigion, Aberteifi 1988–95. Peintiwr llawnamser o 1995. Bu'n cynnal cyrsiau paentio preswyl yn Llechryd, gorllewin Cymru 1984–94; tiwtor gwadd, Centro d'Arte Verrochio, Tuscany, o 1990. Artist preswyl, Fundación Valparaiso, Sbaen 2000. Sefydlodd Stiwdios Agored Aberteifi 1995. Aelod cyswllt Cymdeithas Frenhinol Cerflunwyr Prydain; cyn-gadeirydd, Artistiaid Arfordir De Lloegr. Arddangosfeydd undyn niferus gan gynnwys Canolfan Gelfyddydau Battersea, Llundain 1980, 1982; Theatr Mwldan, Aberteifi 1986, 1988, 1992; Celf Gain Fountain, Llandeilo 1995; Oriel Celf Gyfoes, Llundain 1995, 1997; *Moving Pictures*, Cymdeithas Gelfyddydau De-ddwyrain Cymru 1996 (yn teithio yng Nghymru); Neuadd Dewi Sant, Caerdydd 1999; Oriel Star, Lewes 2000, 2004. '…cipolwg ar y stiwdio; model yr artist, bywyd llonydd, neu ran o'r ystafell a welir o ongl od ….' (*gwefan, Celfyddydau Cyfoes Woodbine, Swydd Lincoln*). Yn byw yn St Leonards-on-Sea, Lloegr.
*Yr artist*

### Harvey HOOD 1946–
**Cerflunydd. Ganed yn Swydd Stafford, Lloegr.**

Astudiodd yn Ysgol Gelf Birmingham 1966–69; Y Coleg Celf Brenhinol, Llundain 1969–72, gyda Bernard Meadows (ysgoloriaeth deithio 1971). Darlithydd (rhan-amser), Coleg Polytechnig Caerlŷr 1972–73; darlithydd, wedyn Pennaeth Cerfluniaeth, Coleg Celf Caerdydd/Athrofa Prifysgol Cymru, Caerdydd 1973–2000. Cyd-gadeirydd, *Ironbridge 06*, symposiwm cerfluniaeth ryngwladol 2006.

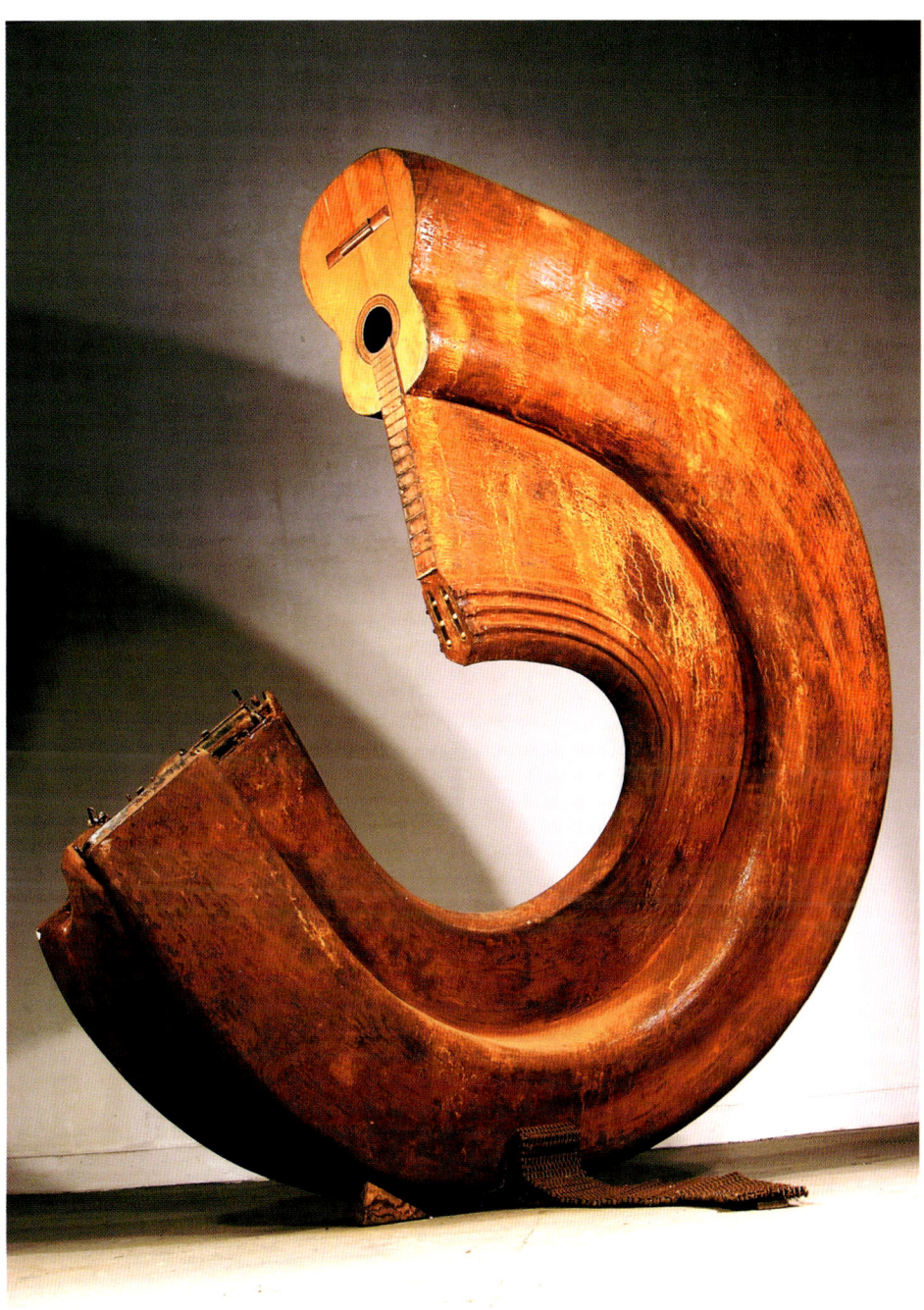

143 | Harvey Hood
*From Guitar to Typewriter* 2002

Sefydlydd/Cyfarwyddwr, Gweithdy Cerfluniaeth Berllanderi, ger Rhaglan (gwobrau Cyngor Celfyddydau Cymru (CCC)). Cyfnewidfa Cymru/Philadelphia, 1990 (gyda Helen Merkil), 1994 (gyda Lorraine Mullins). Cymrawd Cymdeithas Frenhinol Cerflunwyr Prydain (CFCP). Aelod sefydlu Ymddiriedolaeth Cerfluniaeth Cymru (Cadeirydd 1982–86); aelod o Grŵp 56 Cymru; Cymdeithas Artistiaid a Dylunwyr yng Nghymru. Gwobrau'n cynnwys Cyngor Celfyddydau Prydain Fawr (CCPF) 1971, 1975, 1981 (gwobr brynu); Gwobr Sainsbury 1973. Comisiynau niferus ar y cyd gan gynnwys Rheilffyrdd Prydeinig, Casnewydd 1981; Optrex, Gŵyl Erddi Cymru, Glynebwy 1992; Yr Asiantaeth Gelf ac Adfywio 1993. Llawer o arddangosfeydd ar y cyd gan gynnwys *The Young Contemporaries*, CCPF 1968 (teithiol); *Young Contemporaries*, Yr Academi Frenhinol, Llundain 1971; *Seven Cardiff Sculptors*, Amgueddfa ac Oriel Gelf Casnewydd 1973; *Kidsplay*, Oriel Tate, Llundain (OT) 1974; *Tate Games*, OT 1974; *Cerflunwyr Ifanc Cymreig, Rhan 1*, CCC 1979 (teithiol); *Wood*, Parc Cerfluniau Swydd Efrog 1979. Arddangosfeydd undyn yn cynnwys Oriel Ikon, Birmingham 1969; Oriel, CCC, Caerdydd 1979; Chateau Musée, Boulogne 1992; Canolfan Gelfyddydau Glannau Gwy, Llanfair-ym-Muallt 1996; Oriel CFCP, Llundain 2002. Wedi'i gynnwys yn *Modern British Sculpture*, Guy Portelli (Schiffer 2005). Casgliadau'n cynnwys Adran Addysg OT; Amgueddfa Cymru; Amgueddfa Nadwislandskie, Kazimierz Dolny, Gwlad Pwyl; Amgueddfa Nykytaiteen, Helsinki; Canolfan Cerfluniaeth Gwlad Pwyl, Orońsko; Cyngor Celfyddydau Lloegr. '…mae cerfluniau'n defnyddio cydrannau sy'n…dangos bwriadau ynglŷn â sut rydych yn ystyried y berthynas rhyngddynt.' Yn byw yn Rhaglan, de Cymru.
*Yr artist*

### Nichola HOPE 1975–

**Enw gwaith Nichola Jane Hope, peintwraig. Ganed yng Nghaerdydd, de Cymru.**

Astudiodd yn Ysgol Gelf Caer-wynt 1998; Athrofa Addysg Uwch Caerdydd 2006; Y Brifysgol Agored (MA, Diwylliant Poblogaidd) 2007. Astudiaethau arlunio o berfformiadau theatr 2004–07, gan gynnwys Theatr Genedlaethol Cymru; Opera Genedlaethol Cymru; Opera Monte Carlo. Gwobr Baentio RK Burt 1998. Arddangosfeydd niferus ar y cyd gan gynnwys *Arddangosfa Haf*, Oriel Plas Glyn-y-Weddw, Llanbedrog 2002; *Gŵyl Gelf Focal*, Rhuthun 2004; *Arddangosfa Enillwyr Gwobrau Portreadau Cymru* 2006 (teithiol); *Cymru Ifanc VII*, Yr Academi Frenhinol Gymreig, Conwy 2006; *Llinellau ac Amgyffrediadau*, Llyfrgell a Chanolfan Gelfyddydau Cootehill, Cavan, Iwerddon (gyda Sarah Hope, Eirian Llwyd) 2006; *Celf Gymreig*, Oriel Washington, Penarth 2007. Arddangosfa ddwy-ddynes, Canolfan Dylan Thomas, Abertawe (gyda Sarah Hope) 2007. Arddangosfeydd undyn yn cynnwys *New Works*, Theatr Wyvern, Swindon 2001; *Cowboy Boots*, Oriel Goffa, Coleg Iâl, Wrecsam 2002; *Recent Works*, Canolfan Gelfyddydau Parc South Hill, Bracknell 2003; *New Works*, Canolfan Gelfyddydau Helmsley, Caerefrog 2005. Wedi'i chynnwys yn Y Sioe Gelf (Cwmni Da, S4C 2000); *Welsh Country Magazine* (2007). 'Mytholeg Cymru ac Iwerddon a'r ffigwr dynol … portreadaeth … arlunio, paentio, gwneud printiau.' Yn byw yng Nghaerdydd.
*Yr artist*

### Sarah HOPE 1975–

**Enw gwaith Sarah Louise Hope, artist sy'n defnyddio arlunio. Ganed yng Nghaerdydd, de Cymru.**

Astudiodd yn Athrofa Addysg Uwch Caerdydd 1994–95; Coleg Addysg Uwch Cheltenham a Chaerloyw 1995–98; Stiwdios Arlunio Tywysog Cymru, Llundain 2002–03 (bwrsari), gyda Glenn Sujo, Francis Hoyland, Timothy Hyman. Tiwtor, bywluniadu, Canolfan Gelfyddydau Parc South Hill, Bracknell 2003. Astudiaethau arlunio o berfformiadau theatr, gan gynnwys Theatr Genedlaethol Cymru 2004. Arddangosfeydd niferus ar y cyd gan gynnwys *Visible Two*, Permanent Waves, Canolfan Gelfyddydau

Abaty Nant Teyrnon, Cwmbrân 2002; *Gŵyl Gelf Focal*, Rhuthun 2004; Eisteddfod Genedlaethol Cymru, Y Faenol 2005; *Arddangosfa Enillwyr Portreadau Cymru* 2006 (teithiol); *Cymru Ifanc VII*, Yr Academi Frenhinol Gymreig, Conwy 2006; *Llinellau ac Amgyffrediadau*, Llyfrgell a Chanolfan Gelfyddydau Cootehill, Cavan, Iwerddon (gyda Nichola Hope, Eirian Llwyd) 2006; *Celf Gymreig*, Oriel Washington, Penarth 2007; *Gwobr Arlunio Jerwood*, Llundain 2007 (rhestr fer) (teithiol). Arddangosfa ddwy-ddynes, Canolfan Dylan Thomas, Abertawe (gyda Nichola Hope) 2007. Arddangosfeydd un-ddynes yn cynnwys Oriel Goffa, Wrecsam 2002; Amgueddfa ac Oriel Gelf Gwynedd, Bangor 2004; Canolfan Gelfyddydau Parc South Hill, Bracknell 2004. Wedi'i chynnwys yn *The Big Issue* (Chwefror 2002); Y Sioe Gelf (Cwmni Da, S4C, 2000, 2003); P'nawn Da (S4C, Mai 2004). '…dawnswyr, symudiad… a deunydd crai o'r Mabinogi'. Yn byw yn Nhrefdraeth, Sir Benfro, gorllewin Cymru.
*Yr artist*

## Elizabeth HOPKIN 1921–
### Peintwraig. Ganed yn Ystradgynlais, canolbarth Cymru.

Astudiodd yng Ngholeg Technegol/Ysgol Gelf Caerdydd; dosbarthiadau â Josef Herman, Ystradgynlais. Arddangosfeydd ar y cyd yn cynnwys Oriel Greenwich, Connecticut 1981; Oriel Albany, Caerdydd 2004; *Artist y Flwyddyn Cymru*, Neuadd Dewi Sant, Caerdydd 2005, 2007; Oriel Crane, Abertawe 2006; Oriel Washington, Penarth 2006. Arddangosfeydd un-ddynes yn cynnwys Oriel Portal, Llundain 1976; Oriel Fowler Mills, Los Angeles 1978. Wedi'i chynnwys yn *British Primitive Fantasists*, Eric Lister (Alpine Books, Efrog Newydd 1979); *Twentieth Century British Naïve and Primitive Artists*, Eric Lister a Sheldon Williams (Astragal Books, Efrog Newydd 1982). Gwaith yng nghasgliad UNICEF. 'Paentiadau cynnar yn seiliedig ar fywyd yng nghymoedd glofaol Cwm Tawe … etholiadau, gorymdeithiau, digwyddiadau'r glowyr … Yn nes ymlaen … bu ffotograffau o Llew E Morgan (ei thad) yn ddylanwad.' Yn byw ym Mhontardawe, de Cymru.
*Yr artist*

## Carole MORGAN HOPKIN 1945–
### Peintwraig. Ganed yng Nghaerdydd, de Cymru.

Hefyd yn actor ac yn awdur. Astudiodd yng Ngholeg Celf Caerdydd 1965–68, gyda Tom Hudson; Coleg Hyfforddi Caerdydd 1968–69, gyda Gwyn Davies; Prifysgol Cymru, Caerdydd 1995 (MA Ysgrifennu Creadigol). Wedi'i hannog trwy gyfeillgarwch teuluol â Josef Herman. Perfformiodd mewn cynyrchiadau radio, teledu, theatr niferus, o 1972; teithio'n fyd-eang fel rheolwraig i'r gantores, Mary Hopkin; bu'n gweithio yn Swyddfa Is-gennad Prydain, Efrog Newydd 1979–84; tiwtor cyswllt, Prifysgol Cymru, Abertawe, o 1994; gweithdai/seminarau, Gofal Celf, Caerfyrddin. Cydgyfarwyddwr, Sefydliad Celf Josef Herman Cymru. Arddangosfeydd ar y cyd yn cynnwys Canolfan Gelfyddydau Taliesin, Abertawe 2005; Oriel Crane, y Mwmbwls 2006; Oriel Washington, Penarth 2006. Arddangosfeydd un-ddynes yn cynnwys Oriel Greenwich, Connecticut 1982; Oriel Worth Avenue, Palm Beach, Florida 1983; Canolfan Gelfyddydau Pontardawe 2003. Cyhoeddiadau niferus gan gynnwys bywgraffiad ei thaid, *Full Circle, The Life of Llew E Morgan* (Gwasg Gomer, Llandysul (GG) 1997); cyfraniadau i *The Anthology of Erotica* (Iron Press 1994); *The Third Day* (GG 1995); *Even the Rain is Different* (Honno 2006). Gwaith yng nghasgliad Prifysgol Florida. '… tai a gerddi, ei thad (a oedd yn bensaer) yn ddylanwad arni.' Yn byw ym Mhontardawe, de Cymru.
*Yr artist*

### Neil S HOPKINS 1942–
**Enw gwaith Neil Sean Hopkins, peintiwr. Ganed yn Salford, Lloegr.**

Astudiodd yn Ysgol Gelf Wallasey 1958–62; Coleg Uwch-dechnoleg Gogledd Swydd Stafford 1962–63 (gradd yn y dosbarth cyntaf, Dylunio Cerameg Ddiwydiannol); Ysgol Gelf Manceinion, Prifysgol Manceinion 1963–64. Dylunydd, Cwmni Porslen Empire, Stoke-on-Trent, tan 1966; dylunydd (gorchuddion wal PVC), ICI, tan tua 1971; steilydd cyswllt, Cynhyrchion Modur ICI, tan 1976. Cyrhaeddodd Gymru ym 1976. Peintiwr (llawnamser), o 1977; sefydlodd The Artists Studio, Aber-soch (ASA). Arddangosfeydd ar y cyd yn cynnwys Oriel Albany, Caerdydd, o 1984; Yr Oriel, Betws-y-coed 1985; Siop y Siswrn, Yr Wyddgrug (SSyW) o 1995; Oriel Plas Glyn-y-Weddw, Llanbedrog o 2005. Arddangosfeydd undyn, ASA, o ddechrau'r 1980au; The Artists Club, Lerpwl, o 1985; SSyW 1995. 'Dyfrlliwiau, pastelau; golygfeydd hwylio … morluniau o Benrhyn Llŷn …' Yn byw ym Mhwllheli, gogledd Cymru.

### Sarah HOPKINS 1966–
**Gwneuthurydd, peintwraig. Ganed ym Mhen-y-bont ar Ogwr, de Cymru.**

Astudiodd yn Ysgol Gelf a Dylunio Swindon 1985–87; Prifysgol Cymru, Abertawe (PCAbert) 1999–2002, gydag Anne Price-Owen, Robert Newell; Athrofa Abertawe 2003 (MA Celf Gain). Tiwtor, Carchar EM, Abertawe 1989–90; darlithydd, Coleg Gorseinon, Abertawe, o 1990. Cyfarwyddwr, Gweithdy Argraffu Abertawe (GAA). Trefnydd, *Festival of Muslim Cultures Print Project*, GAA 2006. Aelod cyswllt o Gymdeithas Genedlaethol y Cerflunwyr a'r Gwneuthurwyr Printiau (1999–2001). Preswyliadau artist/prosiectau cymunedol niferus, de Cymru, o 1987. Gwobrau'n cynnwys Ysgol Fusnes Ewrop, PCAbert 1993; Dinas ac Urddau (Medal Rhagoriaeth ar gyfer Gwydr Lliw Addurnol) 2000; Urdd y Peintwyr Staenwyr 2001; Cyngor Celfyddydau Cymru 2002, 2003. Arddangosfeydd niferus ar y cyd gan gynnwys Oriel yr Atig, Abertawe (OAA) 1989, 1990, 1998; Oriel Albany, Caerdydd 1990, 1998; *Wales Week*, Y Theatr, Brwsel 2003, Adeilad Chrysler, Efrog Newydd 2004; *Contemporary Welsh Printmakers*, Oriel Genedlaethol Alhambra, Lahore/Oriel VM, Karachi 2007 (cyd-guradur â Sameera Khan, GAA). Arddangosfeydd deuddyn yn cynnwys OAA (gyda Valerie Ganz) 1991; *Paintings by Two Printmakers*, OAA (gyda Peter Kosowicz) 1993; *Oranges and Lemons*, Canolfan Gelfyddydau Taliesin, Abertawe (CGT) (gyda Sally Hands) 1997; *A Toe in the Tawe*, CGT (gyda Sally Hands) 1999. Arddangosfeydd un-ddynes yn cynnwys OAA 1988, 1991, 1997, 2001; CGT 1997, 2005–06. Cyhoeddiad, *Especially When the October Wind* (GAA 2003). Casgliadau'n cynnwys Cymdeithas Celf Gyfoes Cymru; Cyngor Sir Gaerfyrddin; Dinas a Sir Abertawe; Prifysgol Abertawe. 'Mae ei defnydd o dechnegau gwneud printiau yr un mor amrywiol â'r amgylchedd dinesig y mae hi'n canolbwyntio arno.' *(Anne Price-Owen).* Yn byw yn Abertawe, de Cymru.
*Yr artist*

### Richard HORE 1935–
**Enw gwaith Richard Peter Paul Hore, peintiwr. Ganed yn Clacton-on-Sea, Lloegr.**

Astudiodd yn Ysgol Gelf Colchester 1951–55, gyda John O'Connor, Franta Belsky; Y Coleg Celf Brenhinol 1957–60, gyda Carel Weight, Leonard Rosoman, Ceri Richards (ysgoloriaeth mewn Peintio Murluniau, medal arian). Ysgoloriaeth deithio, Cyngor Sir Essex 1960. Darlithydd (rhan-amser), Ysgol Gelf Walthamstow 1960, Y Coleg Celf Brenhinol 1960; darlithydd, Ysgol Gelf Folkestone 1960–66, Ysgol Gelf Sir y Fflint 1966–75; Coleg Celf Wrecsam, Athrofa Gogledd Ddwyrain Cymru, Clwyd 1975–94. Bu cartref ganddo yng Nghwm Penmachno, gogledd Cymru 1972–2003. Comisiynau'n cynnwys Cyngor Celfyddydau Cymru 1980; Cyngor Sir Swydd Gaer (CSSG) 1986; Cyngor Dinas Caer 1997. Cymrawd o'r Gymdeithas Gelfyddydau Frenhinol. Aelod o'r Academi Frenhinol Gymreig; Grŵp 75. Arddangosfeydd niferus ar y cyd gan gynnwys *Towards Art?*, Y Coleg Celf Brenhinol, Llundain 1962; Oriel Mostyn, Llandudno 1980au; *Grŵp 75* (yn teithio yng Nghymru, Newcastle, UDA, De Affrica). Arddangosfeydd deuddyn yn cynnwys *Painter and Potter*, Caer (gyda Norman Makinson) 1967; *Artist in an Industrial Landscape*, Cymdeithas Gelfyddydau Gogledd Cymru (CGGC) 1978. Arddangosfeydd undyn yn cynnwys The Minories, Colchester 1964; Amgueddfa Ddiwydiannol y Bers 1993. Wedi'i gynnwys yn *The Techniques of Water-Colour Painting*, Colin Hayes (Batsford Books 1967); *Picturesque Chester – The City in Art*, Peter Broughton (Phillimore 1997). Casgliadau'n cynnwys CSSG; Cyngor Sir Ddinbych; Yr Amgueddfa Forol Genedlaethol, Llundain. Prynwyd gwaith gan CGGC. '…tirwedd gogledd Cymru.' Yn byw yng Nghaer. *Yr artist*

## David HORN 1937–
**Enw gwaith David George Horn, cerflunydd. Ganed yn Llundain, Lloegr.**

Ei dad yn Gymro. Bu'n byw yn Noc Penfro, gorllewin Cymru 1938–56. Astudiodd yng Ngholeg Celf Chelsea, Llundain 1956–60; Y Coleg Celf Brenhinol, Llundain 1960–64 (gwobr arlunio 1964), gyda Bernard Meadows, Elizabeth Frink, George Fullard. Darlithydd yn Ysgol Gelf St Martin, Llundain, Coleg Celf Hammersmith, Llundain, Coleg Celf Caerlŷr, Coleg Celf Watford 1964–70; Pennaeth y Celfyddydau Gweledol ac Arweinydd Cwrs MA, Coleg Celf Nottingham/Polytechnig Trent/Prifysgol Nottingham Trent 1968–2004: Prif Arholwr, Celf a Dylunio, Y Bwrdd Arholi Cysylltiol, Bwrdd Arholi Prifysgol Llundain, Edexcel; arholwr allanol, Prifysgol Coventry, MA Celf Gain. Comisiwn, cerflun ar gyfer Canol Tref Newydd Cwmbrân 1965. Arddangosfeydd niferus ar y cyd gan gynnwys *Eighth Exhibition of Contemporary Welsh Painting, Drawing and Sculpture*, Pwyllgor Cymreig Cyngor Celfyddydau Prydain Fawr 1961 (PCCCPF); *Young Contemporaries*, Llundain 1963 (arobryn); *St David's Exhibition*, PCCCPF 1964 (arobryn), 1965 (teithiol); Eisteddfod Genedlaethol Cymru, Hwlffordd 1972; *Sculpture 66*, PCCCPF 1966 (teithiol). Ei waith wedi'i gynnwys yn *Art and Artists* 1961; *The Observer* 1963; *The Times* 1963; *Western Mail* 1963, 1965, 1966; *South Wales Argus* 1966; ffilm deledu BBC Cymru 1963. Casgliadau'n cynnwys Amgueddfa Cymru; Cyngor Celfyddydau Lloegr; Ysgol Ramadeg Penfro. Prynwyd ei waith gan Gyngor Celfyddydau Cymru. 'Y prif bethau sy'n mynd â'i fryd yw geiriau a delweddau – cerfweddau, gwaith arlunio'. Yn byw yn Norfolk, Lloegr.
*Yr artist*

## John HORWILL 1927–1997
**Peintiwr. Ganed yn Llundain, Lloegr.**

Astudiodd yng Ngholeg Celf Caerliwelydd 1949–53; Y Coleg Celf Brenhinol, Llundain 1953–56 (cyfoeswyr, Frank Auerbach, Peter Blake, John Bratby). Ymunodd â'r Llynges Fasnachol 1942; gwasanaeth yn y Llynges Frenhinol. Athro, ysgolion uwchradd tua 1956–61; darlithydd â gofal am baentio, Coleg Celf Henffordd 1961–65; Prif Ddarlithydd, Celf, Coleg Addysg Uwch y Santes Fair, Twickenham 1965–82. Cyrhaeddod Gymru ym 1982. Aelod o Grŵp 75. Arddangosfeydd ar y cyd yn cynnwys *Pum Arlunydd o Dri Chantref*, Amgueddfa ac Oriel Llyfrgell Dinbych 1989; Gweithdy Cymru, Abergwaun 1995; *The Last Dance*, Oriel Theatr Clwyd, Yr Wyddgrug (OThCYW) 1996. Arddangosfeydd deuddyn, gyda John Smout, yn cynnwys *Double Visions*, Neuadd Dewi Sant, Caerdydd 1993, Oriel y Black Sheep, Penarlâg 1995. Sioeau undyn yn cynnwys *Images of Nant Ffrancon*, Theatr Gwynedd, Bangor 1989; *Image and Resolution*, OThCYW 1990; *Permutations*, Amgueddfa ac Oriel Gelf Henffordd (AOGH), Oriel Plas Glyn-y-Weddw, Llanbedrog 1994; *John Horwill 1927–1997: A Retrospective*, Canolfan Gelfyddydau Llyfrgell Wrecsam 1999. Wedi'i gynnwys yn *North Wales Weekly News*, rhwng 1989 a 1995. Casgliadau'n cynnwys AOGH; Gwasanaeth Amgueddfeydd ac Orielau Cyngor Middlesbrough; Oriel Gelf Walker, Lerpwl. 'Ffurfiau ffigurau a thirwedd.' Roedd yn byw yn Llanrwst, gogledd Cymru.

## Mark HOUGHTON 1961–
**Cerflunydd. Ganed yn Warrington, Lloegr.**

Cyrhaeddodd Gymru ym 1987. Astudiodd yng Ngholeg Polytechnig Middlesex 1980–83; Athrofa Addysg Uwch Caerdydd 1992–94 (MA Celf Gain). Dylunydd graffeg hunangyflogedig, cerflunydd 1983–92; darlithydd, Coleg Celf a Dylunio Henffordd, o 1996. Artist preswyl, Canolfan y Celfyddydau Cyfoes Bemis, Omaha 1999. Gwobrau'n cynnwys Cyngor Celfyddydau Cymru 1999; Sefydliad Elmley 1999; Ymddiriedolaeth Elusennol North Weir 1999. Arddangosfeydd ar y cyd yn cynnwys *News-Print-News*, Oriel, Cyngor Celfyddydau Cymru, Caerdydd 1991 (teithiol); *Cerfluniaeth Cymru*, Parc Cerfluniau Margam 1993; *Angels and Mechanics*, Oriel Theatr Clwyd, Yr Wyddgrug 1996; *Biennale Arlunio Cymru*, Canolfan Gelfyddydau Wrecsam 1997 (teithiol), 1999 (teithiol), Oriel Gelf Glynn Vivian, Abertawe 2000 (teithiol); *10fed Arddangosfa Agored Mostyn*, Oriel Mostyn, Llandudno 1998; Eisteddfod Genedlaethol Cymru, Ynys Môn 1999; *Identity*, Oriel Davies, Y Drenewydd 2004; *The Art of Love*, Twr Oxo, Llundain 2005. Arddangosfeydd undyn yn cynnwys Theatr Bridge Lane, Llundain 1983; Oriel Square, Llundain 1988; The Globe at Hay, Y Gelli Gandryll 2001. 'Eitemau sydd wedi'u lluchio o'r neilltu, y bylchau nad oes neb yn meddwl amdanynt rhwng adeiladau, mae'r rhain i gyd â'u priodweddau gweledol… barddoniaeth weledol y cyffredin.' Yn byw yn Aberllynfi, canolbarth Cymru.
*Yr artist*

## Shelagh HOURAHANE 1941–
**Enw gwaith Shelagh Mary Hourahane, cerflunydd, artist amgylcheddol. Ganed yng Nghaerdydd, de Cymru.**

Astudiodd yng Ngholeg Prifysgol De Cymru a Sir Fynwy, Caerdydd 1959–62 (Hanes); Prifysgol Caeredin 1965–66 (Hanes Celf). Darlithydd, Hanes Celf, Coleg Prifysgol Cymru, Aberystwyth (CPCA) 1966–92. Artist ac awdur, o 1992. Comisiynau'n cynnwys Ysgol Gwyddor Amaethyddol, CPCA 1980. Cyngor Celfyddydau Cymru (CCC) Gwobr Awdur 1986. Curadur, *Cymru a'r Mudiadau Modern*, CPCA 1973 (teithiol); *A Mare in a Grey Sheet, the Work of Paul Davies 1947–1993*, Canolfan Gelfyddydau Wrecsam (CGW) 1998 (teithiol). Aelod sefydlu Ymddiriedolaeth Gerfluniaeth Cymru (YGC), yn nes ymlaen Cywaith Cymru (CyCym) 1981 (Cadeirydd 1988–92). Ymchwilydd arddangosfeydd, trefnydd, arddangosfeydd YGC/CyCym 1988–99, yn enwedig *Cerfluniaeth mewn Parc Gwledig*, Parc Margam, Port Talbot; *Dathliad Awduron Gwynedd*, Glynllifon, Caernarfon; *Stoneworks*, Castell Powys, Y Trallwng; yn ymwneud â phrosiectau celf cyhoeddus CyCym. Aelod o Fforma (grŵp artistiaid o Aberystwyth), o 2001. Gyda Lynne Denman, sefydlodd Creu-ad (cwmni dehongli treftadaeth) 2001. Arddangosfeydd niferus ar y cyd gan gynnwys Canolfan Dylunio Celtaidd, Llundain 1971; *Gwreiddiau*, Eisteddfod

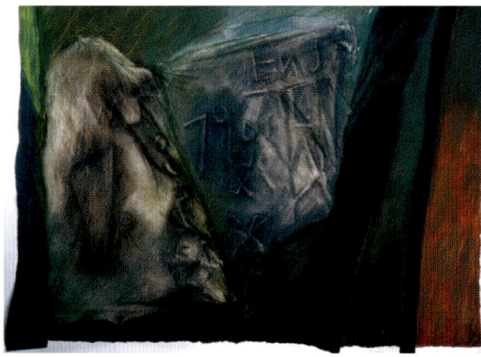

144 | Shelagh Hourahane
*Cerrig-amser coch (Red Time-stones)* 2000

Genedlaethol Cymru, Aberteifi/CCC 1976; *Blue to One Hundred*, Y Grŵp Cymreig 1977 (teithiol); Canolfan Gelfyddydau Llyfrgell Wrecsam (CGLIW) 1978; Canolfan Gelfyddydau Glannau Gwy, Llanfair-ym-Muallt 1979; *Arddangosfa Agored Canolbarth Cymru*, Canolfan y Celfyddydau Aberystwyth (CCA) 1980–82; *welshdrawings.com*, Parc Treftadaeth y Rhondda, Pontypridd 2001; *Biennale Arlunio Cymru*, CGW/CCA 2002, 2006. Arddangosfa ddwy-ddynes, CGLIW (gyda Mary Lloyd Jones) 1982. Arddangosfeydd un-ddynes yn cynnwys CCA 1977; *Timescapes*, Oriel Pendeitsh, Caernarfon 2001 (teithiol). Cyfraniadau niferus i gyhoeddiadau, gan gynnwys *Planet – the Welsh Internationalist*; *Certain Welsh Artists*, golygydd Iwan Bala (Seren Books, Pen-y-bont ar Ogwr (Seren) 1999); *Groundbreaking – the arts in the changing landscape*, golygydd Iwan Bala (Seren 2005).'…Mi fydda i'n defnyddio …gwrthrychau cyffredin sydd wedi'u taflu …yn ffocws ar gyfer lluniau a phaentiadau gludwaith … gyda… choed, cerrig, adeiladau a waliau, mae'r rhain yn cynnig cyfrwng at ddehongli'r dirwedd, ei chymeriad yn y gorffennol a'r presennol…' Yn byw yn Nhre'r-ddôl, canolbarth Cymru.
*Yr artist*

## Gordon HOUSE 1932–2004
**Peintiwr, dylunydd graffig. Ganed ym Mhontardawe, de Cymru.**

Astudiodd yn Ysgol Gelf Luton tua 1949; Ysgol Gelf St Albans (YGSA) tua 1950. Bu'n gweithio mewn asiantaeth hysbysebu, Letchworth, ac fel cynorthwy-ydd i Theodore Kern, cerflunydd eglwysi 1950–52; dylunydd, ICI 1952–59; dylunydd graffeg, Gwasg Kynoch 1959–61; tiwtor (rhan-amser) 1961–64, Yr Ysgol Gelf a Dylunio Ganolog, Llundain, YGSA, Ysgol Gelf Hornsey, Coleg Technoleg Luton; sefydlodd Stiwdio White Ink (gyda Cliff White); bu'n gweithio yn Llundain a Gwent 1978–80. Comisiynau dylunio/teipograffeg yn cynnwys Celf Gain Marlborough, Llundain; Orielau Waddington, Llundain; Academi Frenhinol y Celfyddydau, Llundain; Amgueddfa Ashmole, Rhydychen (AARh); cloriau recordiau (gyda Peter Blake, Richard Hamilton) i'r Beatles, y Rolling Stones, Paul McCartney. Arddangosfeydd niferus ar y cyd gan gynnwys Amgueddfa Letchworth 1951; *Situation: British Painting*, Orielau Cymdeithas Frenhinol Artistiaid Prydain (CFAP), Llundain 1960; *New Painting in England*, Leverkusen, Yr Almaen 1961; *Arddangosfa Haf*, Yr Academi Frenhinol, Llundain 1962–93; *Play Orbit*, Cyngor Celfyddydau Cymru (CCC)/Eisteddfod Genedlaethol Cymru, Y Fflint/Sefydliad y Celfyddydau Cyfoes, Llundain 1969; *Y Weledigaeth Geltaidd*, Oriel Mostyn, Llandudno 1987 (teithio'n rhyngwladol); *The Sixties Art Scene in London*, Canolfan y Barbican 1993. Arddangosfeydd undyn yn cynnwys Canolfan New Vision, Llundain 1959; *After Powhatan*, AARh 1994. Cyhoeddiadau'n cynnwys cofiant, *Tin Pan Valley* (Archive Press, Llundain 2004). Ysgrifau coffa, David Buckman, Peter Blake (*The Independent*, 5 Ebrill 2004). Casgliadau niferus gan gynnwys Amgueddfa Cymru; Amgueddfa Victoria ac Albert, Llundain; Cyngor Celfyddydau Lloegr; Oriel Gelf ac Amgueddfa Aberdeen; Tate, Llundain; Y Cyngor Prydeinig, Llundain; Yr Amgueddfa Gelf Fodern, Efrog Newydd. Prynwyd gwaith gan Gyngor Celfyddydau'r Alban; CCC. '…golygai ei gynlluniau graffig, modiwlar a syml … ynghyd â ffurfdeip hawdd ei ddarllen fod ei graffeg yn teimlo'n ysgafn…' 'Erbyn y 1980au, roedd Cymru wedi dod yn destun parhaus iddo [yn ei baentio]… atgofion o byllau glo, cymoedd…' *(Gwefan Roe a Moor 2004–05)* Roedd yn byw yn Llundain.
*Josephine House*

## Ray HOWARD-JONES 1903–1996
**Enw gwaith Rosemary Howard-Jones, peintwraig. Ganed yn Lambourn, Lloegr.**

Hefyd yn fardd. Ei rhieni'n Gymry. Cyrhaeddodd Benarth, de Cymru, ar ddechrau ei phlentyndod. Astudiodd yn Ysgol Celf Gain Slade, Llundain tua 1921–25, gyda Philip Wilson Steer, Henry Tonks (Ysgoloriaethau Iau a Hŷn, gwobrau); Hospitalfield, Arbroath, gyda James Cowie (1946). Artist rhyfel, Y Llynges Frenhinol, de Cymru 1942–43. Comisiynau'n cynnwys Tŷ Thomson, y *Western Mail* ac *Echo*,

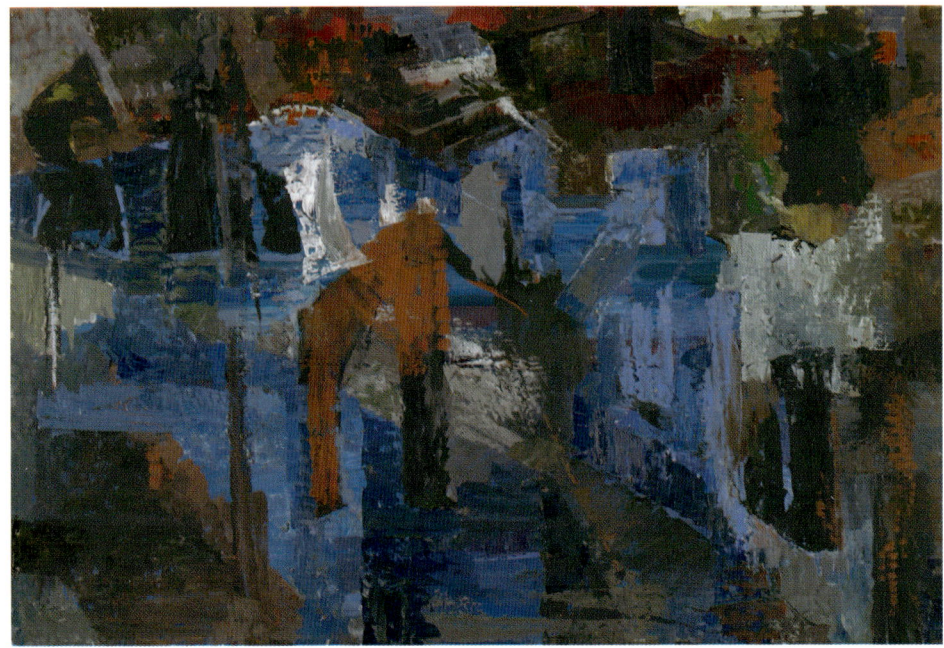

145 | Ray Howard-Jones
*Estuary at Night* 1962

Caerdydd 1958; Eglwys Marchmont St Giles, Caeredin 1964. Aelod o'r Grŵp De Cymru/Grŵp Cymreig; Yr Academi Frenhinol Gymreig. Arddangosfeydd niferus ar y cyd gan gynnwys *Civil Defence Artists of Wales*, Amgueddfa Cymru (AC) 1942; *First Exhibition of Contemporary Welsh Painting and Sculpture*, Pwyllgor Cymreig Cyngor Celfyddydau Prydain Fawr/(AC) 1953; Eisteddfod Genedlaethol Cymru 1954–56, 1961, 1970; *Cofnodi Cymru 2, Capeli*, Cyngor Celfyddydau Cymru (CCC) 1969 (teithiol). Arddangosfeydd deuddyn yn cynnwys Oriel Dillwyn, Abertawe (gyda Glenys Cour) 1963; *The Two Rays*, Oriel Rocket, Llundain (gyda Raymond Moore) 1994. Llawer o arddangosfeydd un-ddynes gan gynnwys Yr Oriel Celf Gyfoes, Llundain 1942; Orielau Leicester, Llundain 1959, 1961, 1964, 1967, 1969; Oriel, CCC, Caerdydd 1974 (teithiol); Cymdeithas Gelfyddydau Gorllewin Cymru (CGGC) 1983 (teithiol); *Heart of the Rock: Late Seascapes by Ray Howard-Jones*, Celf Gyfoes Rocket, yn Yr Oriel, Cork Street, Llundain 1994 (teithiol, gan gynnwys Amgueddfa ac Oriel Gelf Brycheiniog, Aberhonddu). Cyhoeddiadau'n cynnwys *Heart of the Rock: Poems by Ray Howard-Jones* (Rocket Press (RP) 1993). Wedi'i chynnwys yn *Ray Howard-Jones: The Elements of an Art*, Merlin James a David Stephenson (RP 1993); ysgrifau coffa (*Y Guardian*, Gorffennaf 1996, *Yr Independent*, Mehefin 1996, *The Times*, Gorffennaf 1996; *The Telegraph* Gorffennaf 1996). Casgliadau niferus yn cynnwys AC; Casgliad Celf y Llywodraeth, Llundain; CCGC; Llyfrgell Genedlaethol Cymru, Aberystwyth; Oriel Gelf Glynn Vivian, Abertawe; Yr Amgueddfa Ryfel Ymerodrol, Llundain. Prynwyd gwaith gan CCC; CGGC. '…yn defnyddio lliwiau hynod mewn morluniau a thirluniau arfordirol o Sir Benfro sy'n argraffiadol ac yn aml yn ysbrydol iawn….' *(David Moore, gwefan ArtinWales 2006)* Roedd yn byw yn Martin's Haven, gorllewin Cymru, a Llundain, Lloegr.

## Bev HOWE 1951–

**Enw gwaith Beverly Howe, peintwraig. Ganed yng Nghasnewydd, de Cymru.**

Bu'n byw yng Nghanada 1970–90. Astudiodd yn Athrofa Prifysgol Cymru, Caerdydd 1997–2000; 2000–01 (MA, Celf Gain). Gwobrau'n cynnwys Myfyriwr Graddedig 2000, Cyngor Celfyddydau Cymru/Axis 2000; Winsor a Newton, gwobr baentio i'r Newydd-Ddyfodiad Gorau 2001. Aelod o Ffederasiwn Artistiaid Canada (FfAC). Arddangosfeydd niferus ar y cyd gan gynnwys Neuadd Dewi Sant, Caerdydd (NDS) 2000, 2003–05; Canolfan Gelfyddydau Glan-yr-afon, Casnewydd (CGGAC) 2005; Oriel y Ffederasiwn, FfAC Vancouver 2005, 2007; Oriel Kooywood, Caerdydd (OK) 2006. Arddangosfeydd un-ddynes yn cynnwys Oriel y Santes Ffraid, Saundersfoot 2002, 2004; Oriel Adam, Penarth 2003–04; NDS 2004–05; CGGAC 2005; OK 2006. Wedi'i chynnwys yn y *Western Mail* (Karen Price, Mai 2003; Mark Templeton, Mehefin 2005). '…anatomeg ac ymdriniaeth glasurol â ffurf; …golau, naws a harddwch naturiol de Cymru.' Yn byw yng Nghaerdydd, de Cymru.
*Yr artist*

## Anthony HOWELL 1945–

**Artist perfformio; awdur, bardd, dawnsiwr, curadur. Ganed yn Llundain, Lloegr.**

Astudiodd yn Yr Ysgol Fale Frenhinol, Llundain 1961–62, 1964; Centre de Danse Classique, Cannes 1963. Aelod o'r corfflu bale, Y Cwmni Bale Brenhinol, Llundain 1965–tua 1967. Darlithydd, ysgrifennu creadigol, Sefydliad Astudio Tramor America, Prifysgol Grenoble 1968–69; sefydlodd gwmni perfformio, *The Theatre of Mistakes* 1974; darlithydd, colegau celf Llundain o tua 1975; darlithydd, artist preswyl, Coleg Celfyddydau Sydney, Awstralia 1982–84; Uwch-ddarlithydd, Astudiaethau Seiliedig ar Amser, Athrofa Prifysgol Cymru, Caerdydd 1987–tua 2001; sefydlodd *Celf Mewn Amser Caerdydd* (CMAC), gŵyl celf fyw 1994; golygydd sefydlu, *Grey Suit: Video for Art and Literature*; tiwtor, celfyddydau gweledol, ysgrifennu creadigol, Carchardai Ei Mawrhydi 2002. Gwobrau'n cynnwys Cyngor Celfyddydau Cymru 1991; Celfyddydau Llundain/Asiantaeth Datblygu Celf Fyw 2002. Cyweithiau, perfformiadau, comisiynau, darlithoedd cenedlaethol/rhyngwladol niferus gan gynnwys Oriel Tate, Llundain 1985; *British Art Show 1985*; *Commentary on Klein*, Arddangosfa Yves Klein, Oriel Hayward, Llundain 1995; taith berfformio Dwyrain Ewrop, Y Cyngor Prydeinig 1997; *The Infernal Triangle*, Canolfan Gelfyddydau Chapter, Caerdydd 1998/Sefydliad Celfyddydau Cyfoes, Llundain 1999; *Homage to the Horses of St Petersburg*, Ffotogallery, Caerdydd/CMAC 1999; *Tango Art*, Gofod Dawnsio Chisenhale, Llundain 2002 (teithiol). Casgliadau niferus o farddoniaeth, nofelau, fideos, traethodau, gan gynnwys *Inside the Castle* (Cresset Press 1969); *The Analysis of Performance Art* (Harwood Academic Publishers, Routledge 1999); traethawd, 'Performance Art, An Incorrect View', *Blast to Frieze: A Century of British Art* (Kunstmuseum, Wolfsburg 2002). '…Wedi cyfuno tango â chelf berfformio, dw i bellach am greu cyfuniad o'r tango â cheffyl a'i farchog…' Yn byw yn Llundain, Lloegr.
*Yr artist*

## Barbara HOWELL 1935–

**Artist tecstiliau. Ganed yn Oldham, Lloegr.**

Astudiodd yng Ngholeg Prifysgol Gogledd Cymru, Bangor 1972 (Cymdeithaseg); Coleg Kelsterton, Glannau Dyfrdwy 1984–86 (Brodwaith); Coleg Caerlwytgoed (rhan-amser) 1997–2000, gyda Jean Draper. Wedi'i chyflogi'n bennaf ym maes gwaith cymdeithasol yng nghyswllt iechyd meddwl. Aelod o Fforwm Celfyddydau Sir Ddinbych (Is-gadeirydd, Grŵp Llywio 2004). Aelod o Urdd y Brodwyr (o 1977); Urdd y Cwiltwyr (UyC) (o 1987). Arddangosfeydd ar y cyd yn cynnwys *Quilt Expo Europa*, Odense, Denmarc 1990; Eisteddfod Genedlaethol Cymru, Yr Wyddgrug 1991, Aberystwyth 1992; *Quiltfest*, Fflorida 1992, 1993; Y Gymdeithas Gwiltiau, Canolfan Gelfyddydau Minerva, Llanidloes 1998, 2000–04; *Quiltfest*, Llangollen 2001–07. Arddangosfeydd un-ddynes yn cynnwys Amgueddfa

Bankfield, Halifax 1994; Oriel Gelf Llyfrgell y Rhyl 1997, 2005; Castell Bodelwyddan, Y Rhyl 1998; Theatr Clwyd, Yr Wyddgrug 2002, 2005, 2007; Oriel Môn, Llangefni 2004; Canolfan Gelfyddydau Wrecsam 2004. Cyhoeddiadau'n cynnwys *Ideas for Textiles from the Celtic Heritage* (Gwasg Carreg Gwalch 2005); cyfranwraig, *Quilters Handbook*, golygydd R Wilkinson (New Holland 1999); erthyglau niferus yn *Needlework* (1994); *The Quilter* (Ionawr 1997); *World of Embroidery* (1997); *Fabrications* (Ionawr 2000); *Popular Patchwork* (Hydref 2003, Mai, Hydref, Rhagfyr 2004; Ionawr 2006). Gwaith yng nghasgliad UyC (Casgliad y Naw Degau). 'I mi mae cyswllt annatod rhwng gwneud cwiltiau a brodwaith … Mae syniadau'n dod o rygiau Islamaidd, celf Geltaidd, mosaigau a'm ffotograffiaeth fy hun.' Yn byw yn Henllan, gogledd Cymru.
*Yr artist*

### Catrin HOWELL 1969–
**Ceramegydd. Ganed yng Nghaerfyrddin, gorllewin Cymru.**

Astudiodd ym Mhrifysgol Wolverhampton 1989–92; Y Coleg Celf Brenhinol, Llundain 2003–05 (MA Cerameg a Gwydr). Gwobrau'n cynnwys Gwobr Teilyngdod Her Fletcher (Seland Newydd) 1994; Y Cyngor Crefftau 1996; Cyngor Celfyddydau Cymru (CCC) (Cymru Greadigol) 2007. Medal Aur am Grefft a Dylunio, Eisteddfod Genedlaethol Cymru (EGC), Pen-y-bont ar Ogwr 1998. Artist preswyl, Y Stiwdio Gerameg Ryngwladol, Kecskemét, Hwngari (SGRK) 2003; Y Ganolfan Ryngwladol er Ymchwil i Gerameg, Guldagergaard, Denmarc 2005; Y Stiwdio Glai, Philadelphia 2007. Arddangosfeydd niferus ar y cyd gan gynnwys EGC, Pen-y-bont ar Ogwr 1998, Yr Wyddgrug 2007; *Animal Magic*, Amgueddfa Cymru, Caerdydd (AC) 1999; *The Cat Scratched Little Johnny*, Canolfan y Celfyddydau Aberystwyth 1999; *Aur – 10 Mlynedd o Fedalwyr Aur*, EGC, Llanelli 2000; *Farmers Daughters*, Canolfan Greft Rhuthun (CGRh) 2000; *Collect*, Y Cyngor Crefftau, Amgueddfa Victoria ac Albert, Llundain, gyda CGRh 2006, 2007; *Collecting Contemporary Ceramics*, CGRh 2006; *Llif*, Oriel Flow, Llundain/Oriel Myrddin, Caerfyrddin 2007. Arddangosfeydd un-ddynes yn cynnwys Oriel Gelf Dinas Leeds 1998; CGRh 2001 (teithiol); *Mythologies*, Oriel Gelf Glynn Vivian, Abertawe 2006. Wedi'i chynnwys yn *Keramik* (Gorffennaf/Awst 1994); *Crafts* (Y Cyngor Crefftau, Medi 1995, Ionawr 1999, Mai 2006); *Crefft* (CCC, Rhagfyr 1998); *Ceramic Review* (Medi 2001, Tachwedd 2006). Casgliadau'n cynnwys AC; Cymdeithas Celf Gyfoes Cymru; Oriel Gelf Shipley, Gateshead; Oriel Ryngwladol Gwaith Cerameg, Castell Gwladwriaethol Cesky Krumlov, Y Weriniaeth Tsiec; Prifysgol Aberystwyth; SGRK. 'Anifeiliaid, tirwedd, mytholeg.' Yn byw yn Llandysul, gorllewin Cymru.
*Yr artist*

### Lorraine HOWELLS 1947–
**Enw gwaith Lorraine Newman Howells, peintwraig. Ganed yn Llwynypia, de Cymru.**

Artist hunanaddysgedig. Gweithwraig glerigol 1963–68; gweithwraig mewn canolfan arddio (rhan-amser) 2002. Aelod o Grŵp Celf Silwraidd, Porthcawl. Arddangosfeydd ar y cyd yn cynnwys Oriel Artichoke, Caerffili 1977; Festival Interceltique, L'Orient, Llydaw 1978; *Arddangosfa Agored*, Parc Treftadaeth y Rhondda, Trehafod (PTRh) 1999 (y wobr gyntaf), 2000, 2002; *Artist y Flwyddyn Cymru*, Neuadd Dewi Sant, Caerdydd 2000. Arddangosfa ddwy-ddynes, PTRh (gyda Judith Beecher) 2003. Arddangosfa un-ddynes, Gŵyl Gelf Thornbury 2001. Prynwyd gwaith gan Gyngor Celfyddydau Cymru. 'Cymoedd y Rhondda. Morluniau, tirluniau o Gymru.' Yn byw yn Nhrefforest, de Cymru.
*Yr artist*

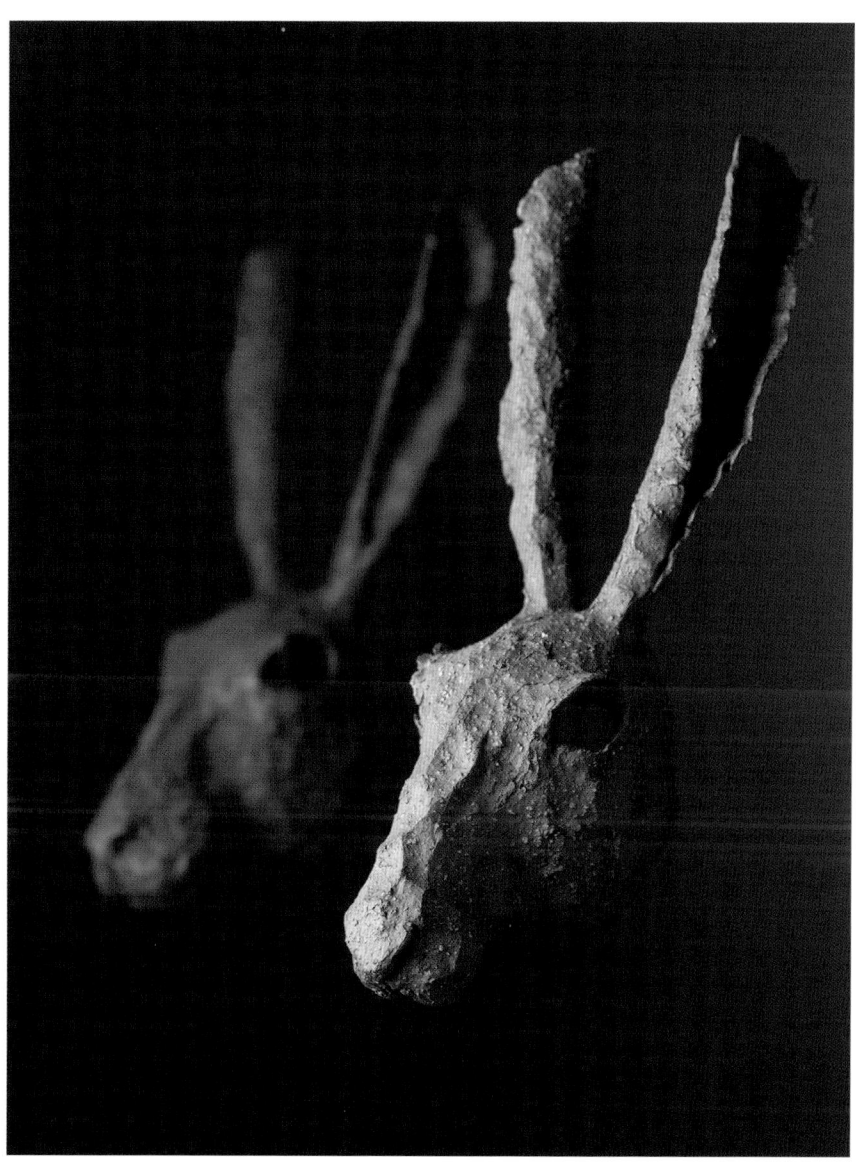

146 | Catrin Howell
*Portents* 2005

## Neale HOWELLS 1965–
**Peintiwr, artist animeiddio/fideo. Ganed yng Nghastell-nedd, de Cymru.**

Astudiodd yng Ngholeg Trydyddol Castell-nedd 1985–87, gydag Ian Wagstaff; Coleg Addysg Uwch Caerfaddon 1987–90, gyda Michael Simpson. Gwaith amrywiol 1981–85. Gwobrau Cyngor Celfyddydau Cymru 1996, 1998, 1999, 2003. Comisiynau'n cynnwys Manic Street Preachers 2001. Arddangosfeydd niferus ar y cyd gan gynnwys Eisteddfod Genedlaethol Cymru, Abergele 1995, Y Bala 1997; *9fed Arddangosfa Agored Mostyn*, Oriel Mostyn, Llandudno 1997; *Young Wales* 4, Yr Academi Frenhinol Gymreig, Conwy 1998; Oriel Ormeau Baths, Belffast 2001; *Ffresh 3*, Canolfan Gelfyddydau Chapter, Caerdydd 2002; Oriel AIR, Llundain 2004; *Artists Rolls*, Oriel Mission, Abertawe 2006. Arddangosfa ddeuddyn, Oriel John Martin, Llundain (OJM)/Oriel Moncrieff-Bray, Gorllewin Sussex (gyda William Peers) 2006. Arddangosfeydd undyn yn cynnwys *The Wall*, Amgueddfa Castell-nedd 1996; *Works 94–95*, Canolfan Gelfyddydau Pontardawe 1997; Gŵyl Ffilmiau Lerpwl 1998; Oriel Washington, Penarth 1998–99, 2000, 2002–03; Y Tabernacl, Machynlleth 2000; OJM 2005. Wedi'i gynnwys yn *Textured Lives: Here, Now*, cyfarwyddwr/cynhyrchydd Emyr Jenkins (HTV Cymru 2001) (gwobr Gŵyl Cyfryngau Celtaidd (GCC 2002); *Dal: Yma Nawr*, cyfarwyddwr Marc Evans (Fiction Factory/S4C 2003) (gwobr GCC 2004); 'The Naming of Things – the Art of Elfyn Lewis and Neale Howells', *here + now. Essays on*

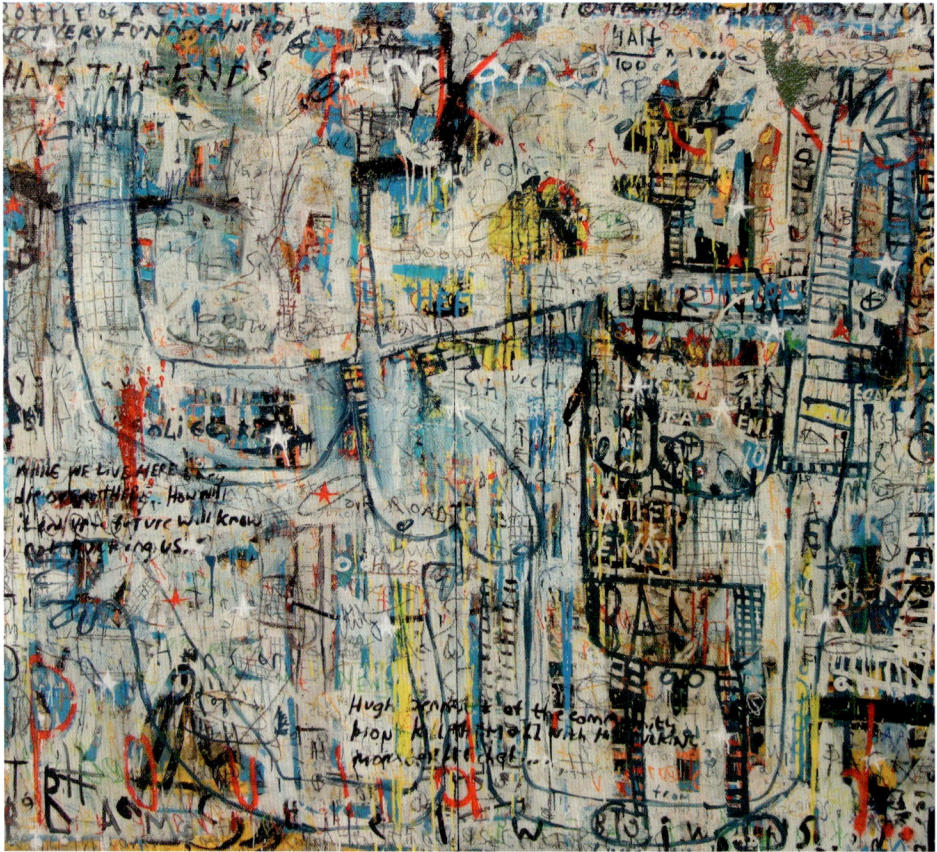

147 | Neale Howells
*Best Cross Dresser Award* 2007

*Contemporary Art in Wales*, Iwan Bala (Seren Books, Pen-y-bont ar Ogwr (Seren) 2004); *Imaging Wales*, Hugh Adams (Seren/Celfyddydau Rhyngwladol Cymru 2003); *Owe are Ewe*, Rachel Trezise (*New Welsh Review*, Rhif 66 Ionawr/Chwefror 2004); *Sideways Glances – five off-centre artists in Wales*, golygydd Jeni Williams (Parthian 2005). Casgliadau'n cynnwys Radio'r Ddraig, Caerdydd; Theatr y Grand, Abertawe; 'rhai gyda waliau!' 'Mwy o ddehongli na chynrychioli!' Yn byw yng Nghastell-nedd..
*Yr artist*

## Adrienne HOWES 1949–
**Peintwraig, artist graffeg. Ganed yn Lerpwl, Lloegr.**

Astudiodd yng Ngholeg Celf a Dylunio Ravensbourne, Caint 1967–70; Prifysgol Llundain 1970–71. Cynghorydd Celf, Awdurdod Addysg Powys 1989–90; cymedrolwraig, Consortiwm Coleg a Mynediad Agored De- orllewin Cymru 1996–99; tiwtor, Y Coleg Celfyddydau Agored, o 1996; Cyfarwyddwr Cwrs (BA Paentio ac Arlunio), Athrofa Addysg Uwch Abertawe 1997–99; Cydgysylltydd, Arena Pontardawe (grŵp adfywio cymdeithasol, economaidd, diwylliannol ac amgylcheddol), o 2000. Artist preswyl, ysgolion yn Abertawe, Castell-nedd Port Talbot, o 1984. Comisiynau'n cynnwys Eisteddfod yr Urdd 1993; Eisteddfod Genedlaethol Cymru (EGC) 2006; o 1997, Bwrdd Croeso Cymru, Parc Cenedlaethol Bannau Brycheiniog, Cymdeithas Dwristiaeth Penrhyn Gŵyr, Cymdeithas Hanes Cwm Tawe. Arddangosfeydd ar y cyd yn cynnwys *Arddangosfa Gelf Laing*, Orielau'r Mall, Llundain 1992; *Recent Paintings*, Oriel Coningsby, Llundain 1997; EGC, Pen-y-bont ar Ogwr 1998; *Gwobr Arlunio Cheltenham* 1999; *Biennale Arlunio Cymru*, 2000, 2002; *Homage to the Horse*, Canolfan Gelfyddydau Pontardawe, Abertawe 2004; *Equus: A Celebration of the Horse*, Parc Margam, Port Talbot 2006. Arddangosfeydd un-ddynes yn cynnwys *Sheepscape*, Gweithdy Celfyddydau Abertawe 1983 (teithiol); *Landscapes*, Oriel Gelf Glynn Vivian, Abertawe 1986; *Living at the Edge*, Menter Aman Tawe 1994; *Horizons*, Oriel Abulafia, Llandeilo 1996; *Old Lines, New Lines, Side Lines*, Canolfan Gelfyddydau Taliesin, Abertawe 2002; Canolfan Gelfyddydau Bleddfa, Trefyclo 2003. Wedi'i chynnwys yn Scene at Six (HTV 1986). '…wedi fy ysbrydoli gan y tirweddau o'm cwmpas a chan fy nghariad at geffylau a'm hymwneud â nhw ar hyd fy oes.' Yn byw ym Mhontardawe, de Cymru.
*Yr artist*

## John HOWES 1946–
**Cerflunydd, dylunydd. Ganed yn Llundain, Lloegr.**

Hefyd yn ffermwr ac yn gerddor. Astudiodd yng Ngholeg Celf a Dylunio Maidstone 1967–70; Coleg Celf a Dylunio Caerfaddon 1993–95; Coleg Cerdd a Drama Cymru, Caerdydd 1999–2001. Ymgynghorydd llawrydd, cyhoeddi/dylunio arddangosfeydd 1970–90; Cyfarwyddwr Rhaglenni, Athrofa Addysg Uwch Abertawe (BA Celf Gain 1995–2003, MA Menter Celfyddydau Gweledol, o 2004). Artist preswyl, Prosiect Artoteek, Schiedam, Yr Iseldiroedd 1998; Prosiect Rhith-gyfathrebu, Esslingen, Yr Almaen; Prosiect Cill Rialaig, Swydd Kerry 2006. Comisiynau'n cynnwys Prifysgol Cymru, Abertawe 2000; Cyngor Bwrdeistref Sirol Castell-nedd Port Talbot 2000; Eisteddfod yr Urdd 2003; Asiantaeth Trwyddedu Gyrwyr a Cherbydau, Abertawe 2006. Aelod o Cerfluniaeth Cymru/Cerflunwyr yng Nghymru. Arddangosfeydd niferus ar y cyd gan gynnwys Eisteddfod Genedlaethol Cymru (EGC), Llanelli 2000; *Artist y Flwyddyn Cymru*, Neuadd Dewi Sant, Caerdydd 2001; *Sculptureworks*, Parc Margam, Port Talbot 2004; *Farming and the Welsh Landscape*, Arddangosfa Canmlwyddiant Sioe Frenhinol Cymru, Llanfair-ym-Muallt 2004 (teithiol); *Crossing Over: Sculpture from Wales and Ireland*, Canolfan Gelfyddydau Garter Lane, Waterford/Oriel Coliseum, Aberystwyth 2005; *Hiraeth: Cerfluniau o Gymru*, Academi Ewropeaidd Otzenhausen, Saarbrucken, Yr Almaen 2007 (teithiol). Arddangosfeydd undyn, *Registering the Land*, Canolfan Gelfyddydau Pontardawe 2003/Parc Treftadaeth y Rhondda,

Trehafod 2006. Wedi'i gynnwys yn *The Visit* (cyfweliad/ffilm HTV, EGC 2000). '…safleoedd gwledig; …yn tueddu i ymchwilio i'r broses o reoli, dogfennu a darlunio tirweddau.' Yn byw ym Mhontardawe, de Cymru.
*Yr artist*

### Steve HOWLETT 1953–

**Enw gwaith Stephen John Howlett, turniwr coed, cerflunydd. Ganed yn Sunbury-on-Thames, Lloegr.**

Hefyd yn gerddor. Hyfforddodd fel saer coed 1972–74. Cyrhaeddodd Gymru ym 1983. Canolbwyntiodd ar durnio coed 1985–2005; cerfluniaeth goed, o 2005. Y Fedal Aur, Eisteddfod Genedlaethol Cymru, Llandeilo 1996. Wedi'i gynnwys yn Photostore/Mynegai Gwneuthurwyr Dethol y Cyngor Crefftau. Gwobrau Cyngor Crefftau Cymru 1990, 1997, 2002. Aelod o Gymdeithas y Dylunwyr Grefftwyr 1993–2007 (Cymrawd o 2001). Arddangosfeydd ar y cyd yn cynnwys Eisteddfod Genedlaethol Cymru, Aberystwyth 1992 (arobryn), Llanfair-ym-Muallt 1993 (arobryn); *Eloge de la Matière*, Galerie Carlin, Paris 1999; *Contemporary Decorative Arts*, Sotheby's, Llundain 1999; *Modern Pots – Hans Coper, Lucie Rie and their Contemporaries: the Lisa Sainsbury Collection*, Canolfan Celfyddydau Gweledol Sainsbury, Prifysgol East Anglia, Norwich (CCGS) 2000 (ynghyd â chyhoeddiad gan Cyril Frankel, ffotograffiaeth gan James Austin, Thames a Hudson 2000). Arddangosfeydd undyn yn cynnwys Oriel Tŷ Alpha, Sherborne 1994; *Vessels of the Tree*, Celf Gain Miriam Shiell, Toronto 1997; *Sculptural Forms in Wood*, Oriel Plateaux, Llundain 2000; *New Studio: New Work*, 54 The Gallery, Mayfair, Llundain 2005. Casgliadau'n cynnwys Amgueddfa Victoria ac Albert, Llundain; CCGS; Ymddiriedolaeth Derek Williams, Amgueddfa Cymru. '… (er 2005) yn symud tuag at gerflunio heb y durn ….' Yn byw yn Llanfachreth, gogledd Cymru.
*Yr artist*

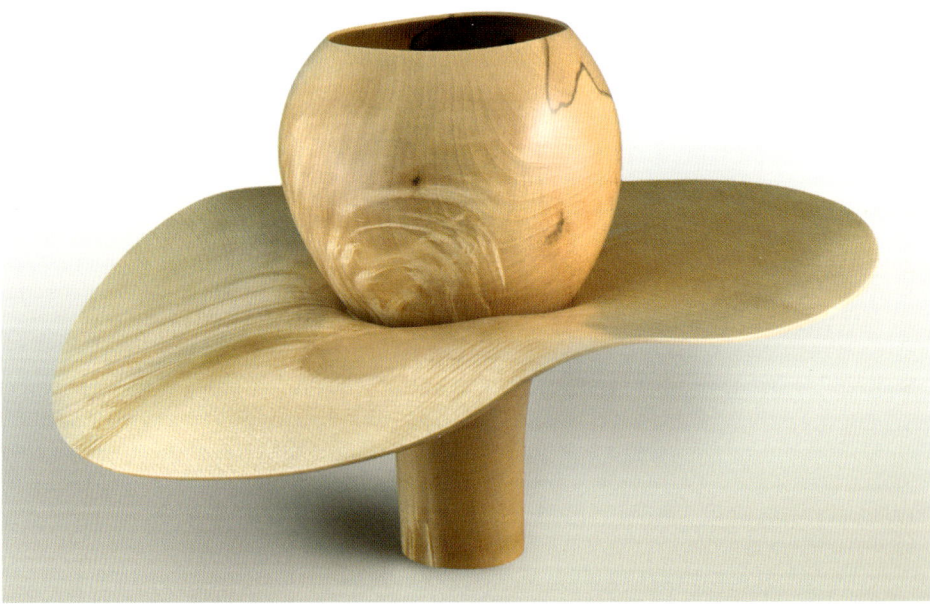

148 | Steve Howlett
*Vessel* 1994

## Tom HUDSON 1922–1997
**Peintiwr, lluniadaethwr, addysgwr. Ganed yn Horden, Lloegr.**

Astudiodd yng Ngholeg Celf Sunderland 1940–42, 1946–48; Coleg y Brenin, Prifysgol Durham 1949–50, gyda Diana Lall; Sefydliad Courtauld, Llundain 1950–51, gydag Anthony Blunt. Gwasanaeth rhyfel, Myanmar 1942–46. Meistr Paentio, Ysgol Gelf Lowestoft 1951–56; Darlithydd, Dylunio Sylfanenol, Coleg Celf Leeds 1956–60; Pennaeth Astudiaethau Sylfaen, Coleg Celf Caerlŷr 1960–64; Cyfarwyddwr Astudiaethau, Coleg Celf Caerdydd 1964–77; Deon Cyfarwyddyd, wedyn Deon Emeritws, Coleg Celf Emily Carr, Vancouver 1977–95. Trefnydd, Ysgol Haf Morgannwg, Y Barri, de Cymru 1959–70. Aelod am Oes o Grŵp 56 Cymru. Arddangosfeydd niferus ar y cyd gan gynnwys *Five Creative Statements*, Oriel Gelf Glynn Vivian, Abertawe 1965; *Structure 66*, Cyngor Celfyddydau Cymru (CCC) 1967 (teithiol); *Learning Design*, CCC 1967; *Recent Purchases*, Cymdeithas Celf Gyfoes Cymru (CCGC) 1968 (teithiol); *Play Orbit*, Sefydliad Celfyddydau Cyfoes, Llundain/CCC/Eisteddfod Genedlaethol Cymru, Y Fflint 1969. Arddangosfeydd deuddyn yn cynnwys Oriel Grabowski (OGrab), Llundain (gyda Terry Setch) 1967, (gyda Mervyn Baldwin) 1968. Arddangosfeydd undyn yn cynnwys OGrab 1965, 1968, 1973; Theatr Sherman, Caerdydd 1974. Deunyddiau cwrs wedi'u cyhoeddi ar gyfer Addysg Gelf y Brifysgol Agored (Asiantaeth Ddysgu Agored Vancouver 1992–95); erthyglau, adolygiadau niferus, gan gynnwys *Studio International* (Ionawr 1967); *Art and Artists* (Hydref 1969). Wedi'i gynnwys mewn llawer o gyhoeddiadau gan gynnwys *The History and Philosophy of Art Education*, Stuart MacDonald (Hodder a Stoughton 1970); *The Dream of Icarus*, Kenneth Coutts-Smith (Hutchinson 1970). Ysgrifau coffa, *Yr Independent* (Mark Hudson, Ionawr 1998); *Y Guardian* (Norbert Lynton, Chwefror 1998); y *Western Mail* (John O'Neill, Ionawr 1998). Casgliadau'n cynnwys Amgueddfa Cymru, Caerdydd; Amgueddfa Victoria ac Albert, Llundain; CCGC; Prifysgol Aberystwyth; Ysbyty Athrofaol Cymru, Caerdydd. Prynwyd gwaith gan CCC. Gweithiau ar bapur; adeiladweithiau mewn resin, alwminiwm, rhai ohonynt â thema Gymreig. '…cyfrannwr craidd i ddadeni addysg gelf Prydain yn y 1950au … ' *(Norbert Lynton, Y Guardian, 16 Chwefror 1998)*. Roedd yn byw ym Mryste, Lloegr.

*Sally Hudson*

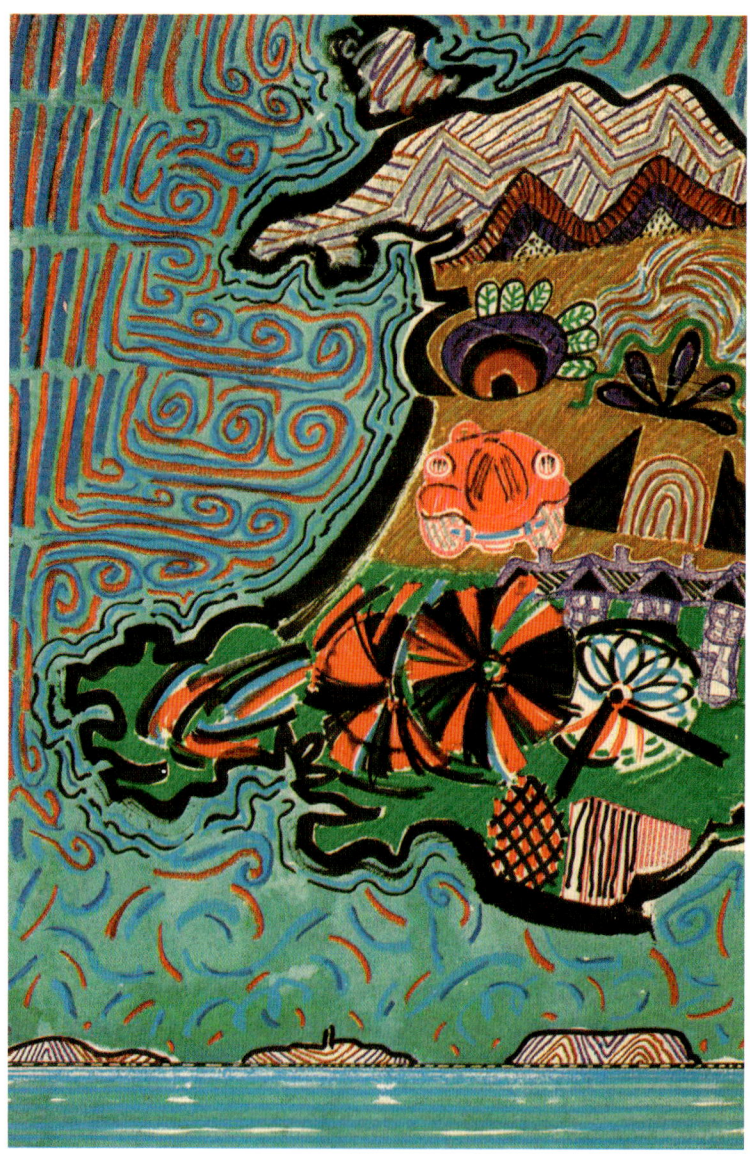

149 | Tom Hudson
*Wales – Map and Horizon* 1975

## Allan HUGHES 1947–

**Enw gwaith William Allan Hughes, crochenydd. Ganed yng Nghei Connah, gogledd Cymru.**

Astudiodd yng Ngholeg Technoleg Sir y Fflint, Cei Connah 1964–66, gyda Norman Makinson. Prentis crochenydd i David Frith 1967–72; ei grochendai ei hun, Crochendy Wilan, Dinbych 1973–80; Crochendy'r Eingion, Llanrheadr, o 1981. Aelod o Grochenwyr Gogledd Cymru (CGC) 1973–80 (Cadeirydd 1976–80). Arddangosfeydd ar y cyd yn cynnwys CGC, Canolfan Grefft Rhuthun ac Oriel Mostyn, Llandudno 1973–80; *10 o Grochenwyr*, Cyngor Celfyddydau Cymru (CCC)/Eisteddfod Genedlaethol Cymru, Caerdydd 1978 (teithiol). Arddangosfa undyn, Oriel Bridge Street, Caer 1968. Gwaith wedi'i gynnwys yn *10 Potters* (CCC 1978); y wasg genedlaethol/leol o 1973. Casgliadau'n cynnwys Amgueddfa Cymru, Caerdydd; Amgueddfa Llety'r Barnwr, Llanandras; Amgueddfa Nantclwyd y Dre, Rhuthun; Cyngor Sir Ddinbych; Gwaith Haearn Blaenafon; Sain Ffagan, Amgueddfa Werin Cymru Caerdydd; Ymddiriedolaeth Gwaith Halen y Llew, Northwich. '… nwyddau lleol Bwcle yw ei ddiléit… wedi cynorthwyo i ail-lunio padellau halen arbenigol o Oes y Rhufeiniaid a'r Oes Haearn… gan ddod â thechnolegau cerameg y gorffennol yn fyw unwaith eto'. Yn byw yn Llanrhaeadr, gogledd Cymru. *Yr artist*

## Aled Rhys HUGHES 1966–

**Ffotograffydd. Ganed yn Llwynypia, de Cymru.**

Astudiodd yng Ngholeg Celf Dyfed, Caerfyrddin 1982–84; Coleg Addysg Uwch Gwent 1992–96 (gradd yn y dosbarth cyntaf), gyda Ron McCormick, Ian Walker. Darlithydd mewn Ffotograffiaeth,

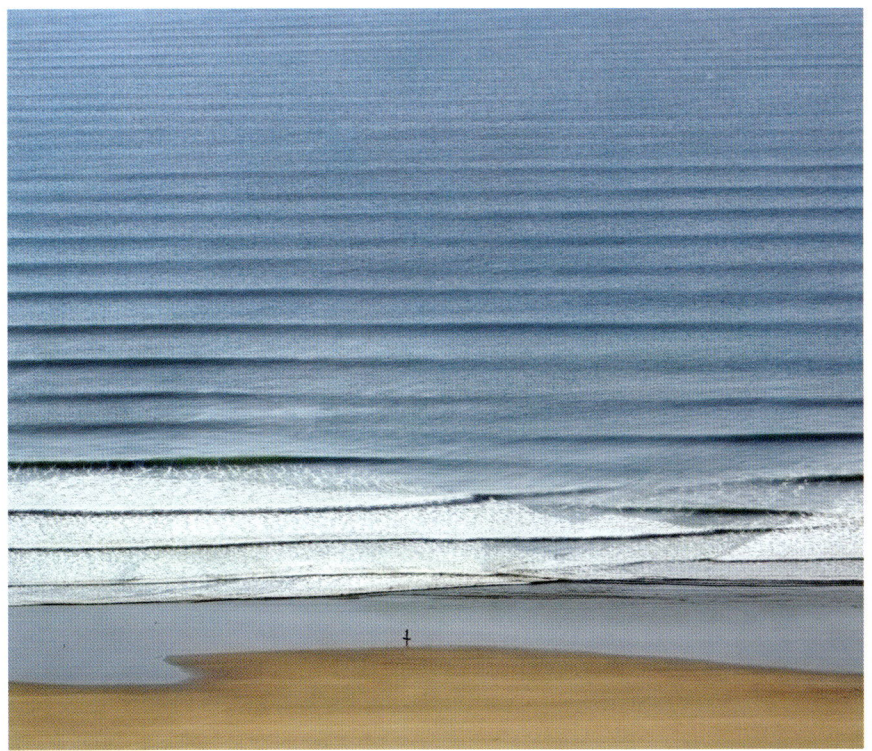

150 | Aled Rhys Hughes
*Rhossili: A Tide Coming In* 2002

Athrofa Addysg Uwch Abertawe (AAUA) 1989–2003; Hämeenlinna, Y Ffindir (Erasmus, rhaglen gyfnewid addysgol y Comisiwn Ewropeaidd 2000, 2002); Coleg Pen-y-bont ar Ogwr, o 2003. Y Fedal Aur am Gelf Gain, Eisteddfod Genedlaethol Cymru (EGC), Abertawe 2006. Aelod o Ffotogallery. Comisiwn, Gwasg Gomer (GG) (gyda'r bardd, Iwan Llwyd). Arddangosfeydd cenedlaethol/rhyngwladol niferus ar y cyd gan gynnwys EGC 1992, 1999, 2002, 2003; Oriel Coningsby, Llundain 1996; *Push the Boat Out*, Oriel Mission, Abertawe 1997; *Y Lens Gymreig*, Y Tabernacl, Machynlleth (TM) 1997 (teithiol). Arddangosfeydd undyn yn cynnwys Oriel Anthony Richards, Rhydaman 1995; AAUA/Prifysgol Cymru, Casnewydd 1996; *Môr Goleuni, Tir Tywyll*, Llyfrgell Genedlaethol Cymru, Aberystwyth (LlGC) 2004. Cyhoeddiadau'n cynnwys *Môr Goleuni, Tir Tywyll*, barddoniaeth Waldo Williams, golygydd Damian Walford Davies (GG 2004). Wedi'i gynnwys yn *The Welsh Lens*, Alistair Crawford (TM 1997); *here + now. Essays on Contemporary Art in Wales*, Iwan Bala (Seren Books, Pen-y-bont ar Ogwr 2004). Casgliadau'n cynnwys Cymdeithas Celf Gyfoes Cymru; LlGC; Oriel Gelf Glynn Vivian, Abertawe; Prifysgol Aberystwyth. Y dirwedd, yn arbennig yng ngogledd a de Cymru. '…dyn a natur mewn clymblaid anesmwyth'. Yn byw yn Rhydaman, gorllewin Cymru.
*Yr artist*

### Darren HUGHES 1970–
**Gwneuthurydd printiau, peintiwr. Ganed ym Mangor, gogledd Cymru.**

Astudiodd yng Ngholeg Technegol Gwynedd, Bangor 1989-90, gyda Peter Prendergast; Ysgol Gelf a Dylunio Falmouth 1990–93; Ysgol Gelf Cyprus, Paphos, Cyprus 1994–95. Cynorthwy-ydd Gwybodaeth Oriel, Oriel Mostyn, Llandudno (OM); tiwtor (rhan-amser), BA Darlunio a Dylunio, Coleg Menai, Bangor. Aelod o'r Academi Frenhinol Gymreig (AFG) (o 2001). Artist preswyl, OM 1999. Arddangosfeydd niferus ar y cyd yn cynnwys Eisteddfod Genedlaethol Cymru, Ynys Môn 1999, Llanelli 2000; *Biennale Arlunio Cymru*, Canolfan y Celfyddydau Aberystwyth 2000–01 (teithiol); *Young Wales V*, AFG, Conwy 2001 (Artist Ifanc y Flwyddyn Cymru); *Gwneuthurwyr Printiau Cymreig*, Canolfan Gelfyddydau Wexford 2001; *The Discerning Eye*, Orielau'r Mall, Llundain 2003 (Gwobr Ranbarthol, Cymru); *Native Land – North Wales Artists and Landscape 1979–2004*, OM 2004 (teithiol); Oriel Thackeray, Llundain, o 2004; *Eryri – Y Syniad o Le*, Amgueddfa ac Oriel Gelf Gwynedd, Bangor (AOGG) 2005. Arddangosfeydd deuddyn yn cynnwys *Tirnodau*, Oriel Ynys Môn, Llangefni 2002 (gydag Iwan Gwyn Parry) 2002. Arddangosfeydd undyn yn cynnwys *Prints and Drawings*, AOGG 2001; *Moments with Light*, Canolfan Grefft Rhuthun 2002; Oriel Martin Tinney, Caerdydd 2006. Wedi'i gynnwys ar Y Sioe Gelf (S4C 2001); First Hand – Landscape Painters (BBC Radio 4, 2003); Slate Stories (BBC Radio 4, 2005); Wedi 3 (S4C Digidol 2006). Gwaith yng nghasgliad Llyfrgell Genedlaethol Cymru, Aberystwyth. '… y dirwedd lle dw i'n byw a'r cyffiniau …'. Yn byw yn y Waunfawr, gogledd Cymru.
*Yr artist*

### Nia Lloyd HUGHES 1951–
**Enw gwaith Nia Lloyd Reed, artist tecstiliau, peintwraig. Ganed yn Nolgellau, gogledd Cymru.**

Astudiodd yn Ysgol Gelf a Dylunio Manceinion 1970–74 (gradd yn y dosbarth cyntaf); Ysgol Gelf a Dylunio Lerpwl 1976–77. Tiwtor (rhan-amser), Cymdeithas Addysg y Gweithwyr (CAG), Bangor 1982–85; artist hunangyflogedig yn oriel/stiwdio David Williams, Caernarfon 1985–1990; tiwtor (rhan-amser), CAG Coleg Harlech, Coleg Llandrillo, Dinbych o 2001. Aelod o Gymdeithas Ddyfrlliwiau Cymru (CDdC). Arddangosfeydd ar y cyd yn cynnwys Neuadd Dewi Sant, Caerdydd 1994; *Arddangosfa Agored Gogledd Cymru*, Theatr Clwyd, Yr Wyddgrug 1996; CDdC, Y Tabernacl, Machynlleth 2002; CDdC, Amgueddfa ac Oriel Gelf Brycheiniog, Aberhonddu 2007. Arddangosfeydd un-ddynes yn cynnwys

Canolfan Grefft Rhuthun 1987; Oriel Plas Glyn-y-Weddw, Llanbedrog 1989; Llyfrgell Dinbych 1995; Llyfrgell Rhuthun 1998. '…dechreuodd ganolbwyntio ar beintio Eryri mewn dyfrlliwiau o ddiwedd y 1970au … yn y blynyddoedd diweddar…cyfryngau eraill seiliedig ar ddŵr, gouache ac acrylig a gwaith sy'n fwy haniaethol.' Yn byw yn Rhuthun, gogledd Cymru.
*Yr artist*

## Robert Alwyn HUGHES 1935–
**Peintiwr, gwneuthurydd ffilmiau. Ganed yn Nowlais, de Cymru.**

Astudiodd yng Ngholeg Celf Casnewydd 1953–57; Coleg Celf Caerlŷr 1958; Y Coleg Celf Brenhinol, Llundain 1958–61, gyda Ceri Richards, Graham Sutherland. Darlithydd, Coleg Celf Cheltenham 1962–91. Cynhyrchu ffilmiau 1977–85, gwaith yn cynnwys rhaglen ddogfen ar y gerdd gan Idris Davies, *Send out your Homing Pigeons Dai* (â chymorth Cyngor Celfyddydau Cymru (CCC)), ffilmiau hyrwyddo, hysbysebion ar y teledu. Sefydlodd *Wales Modern*, e-gylchlythyr a gwefan celfyddydau gweledol 2003. Aelod o Grŵp 56 Cymru; Y Grŵp Cymreig; Cymdeithas Ddyfrlliwiau Cymru. Arddangosfeydd niferus ar y cyd gan gynnwys Cyngor Celfyddydau Prydain Fawr 1960; CCC, Caerdydd 1960; Cymdeithas Celf Gyfoes Cymru (CCGC) 1960; Grŵp Llundain 1960; Oriel Gelf Walker, Lerpwl 1960–61; Canolfan New Art, Llundain 1960–63; *Four Welsh Painters, One Sculptor*, Oriel Howard Roberts, Caerdydd 1961; Oriel Grosvenor, Llundain 1977–79; Oriel Canfas, Caerdydd; Oriel Glynn Vivian, Abertawe. Arddangosfa undyn, *Anadl Aneglur y Ddelwedd, Gwaith Diweddar 1990–2006*, Amgueddfa ac Oriel Gelf Casnewydd 2006. Casgliadau niferus ar y cyd gan gynnwys Amgueddfa Castell Cyfarthfa, Merthyr Tudful; Amgueddfa Cymru; Amgueddfa ac Oriel Gelf Brycheiniog, Aberhonddu; CCGC; Cyngor Celfyddydau Lloegr; Prifysgol De Cymru, Pontypridd; Y Gymdeithas Celf Gyfoes. Prynwyd gwaith gan CCC. '…yn y 1990au, cyfres o baentiadau a ysbrydolwyd gan *Lyfr Datguddiad Ioan*, gan dynnu ar astudiaethau o baentio'r 14eg a'r 16eg ganrif.' Traddodiadau a thirwedd Cymru. Yn byw yn Cheltenham, Lloegr.
*Yr artist*

## TG HUGHES / Thomas G HUGHES / TOM HUGHES  Gweler Thomas HUGHES

## Thomas HUGHES 1923–88
**Enw gwaith Thomas Gwynfryn Hughes, peintiwr. Ganed yn Ynys-hir, de Cymru. Hefyd yn defnyddio'r llofnod Tom Hughes, Thomas G Hughes, T G Hughes.**

Astudiodd yn Ysgol Gelf Caerdydd 1940–42, gyda Ceri Richards, Evan Charlton. Gwasanaeth rhyfel 1942–47. Darlithydd/uwch-ddarlithydd, Ysgol Gelf Northampton 1949–64; Pennaeth Dylunio Graffeg, Coleg Gelf Casnewydd 1964–82 (cydweithwyr yn cynnwys John Selway, Ernest Zobole). Arddangosfeydd niferus ar y cyd gan gynnwys Grŵp De Cymru 1951; *Contemporary Painting in Wales*, Pwyllgor Cymreig Cyngor Celfyddydau Prydain Fawr (PCCCPF) 1952 (teithiol); *Contemporary Welsh Painting and Sculpture*, PCCCPF 1955 (teithiol); Eisteddfod Genedlaethol Cymru (EGC), Abertawe 1964; *An Iconograph of the Mabinogion*, EGC/Cyngor Celfyddydau Cymru, Caerfyrddin 1974 (teithiol); yn flynyddol, Northampton 1949–64. Gwaith yng nghasgliad Prifysgol De Cymru, Pontypridd (a brynwyd gan PCCCPF). '…gwahanol rannau o'r Eidal, ond yn bennaf Cymoedd Cymru – hanes (glofaol) a thopograffeg …' Roedd yn byw yng Nghwmbrân, de Cymru.
*Gwen Hughes*

### Trefor HUGHES 1942–
**Peintiwr. Ganed yn y Rhiw, gogledd Cymru.**

Hyfforddiant preifat gyda Maurice Rose, Joan Hutt, Honora Keating. Arddangosfa ar y cyd, Eisteddfod Genedlaethol Cymru, Wrecsam 1977 (Tystysgrif Teilyngdod). Arddangosfeydd undyn yn cynnwys Theatr Gwynedd, Bangor; Llyfrgell Blaenau Ffestiniog; Oriel Bangor; Yr Academi Frenhinol Gymreig, Conwy. 'Tirweddau Llŷn ac Eryri …'. Yn byw ym Mhwllheli, gogledd Cymru.
*Yr artist*

### Dafydd HUMPHREYS 1940–
**Peintiwr, ceinlythrennydd. Ganed yn Harlech, gogledd Cymru.**

Astudiodd yng Ngholeg Celf Wrecsam 1952–56, gydag Ernest Mitchell, Gwyn Evans. Pennaeth Celf, Ysgol Uwchradd Stockton Heath, Warrington 1960–65; Ysgol Uwchradd Castell Alun, Yr Hôb 1965–86; o 1986, tiwtor, cyrsiau/gweithdai byrion, celf a chaligraffeg, Cymdeithas Addysg y Gweithwyr, Lerpwl, Caer; Canolfan Astudio Parc Cenedlaethol Eryri, Maentwrog. Aelod o Gymdeithas Geinlythrenwyr Gogledd Orllewin Lloegr. Arddangosfeydd ar y cyd, *Arddangosfa Gogledd Cymru*, Oriel Theatr Clwyd, Yr Wyddgrug (OThCyW) 2005–07. Arddangosfeydd undyn yn cynnwys OThCyW tua 2005; Theatr y Gateway, Caer 2005; llyfrgelloedd, Caer, Prestatyn, Ellesmore Port tua 2005. 'Tirluniau a morluniau yng ngogledd Cymru … ychydig baentio ffigurau a phaentio pensaernïol … pasteli (olew a sych), dyfrlliw, pin ac inc …caligraffig'. Yn byw yn yr Wyddgrug, gogledd Cymru.
*Yr artist*

### David HUMPHREYS 1937–
**Enw gwaith David William Pugh Humphreys, peintiwr. Ganed yn Llundain, Lloegr.**

Ei dad yn Gymro. Astudiodd ym Mhrifysgol Durham, 1958–62, gyda Victor Pasmore, Richard Hamilton (Ysgoloriaeth Thomas Pennman; Ysgoloriaeth Wladol). Athro, ysgolion i blant anabl, Llundain 1962–63; darlithydd, Coleg Celf a Dylunio Ravensbourne 1963–69. Stiwdio yn Sir Benfro, o 1969. Bu'n teithio'n helaeth yng ngogledd, canolbarth a de America (gan gynnwys Patagonia), Awstralasia a'r Pasiffig, o 1970. Aelod, Yr Academi Frenhinol Gymreig (AFG) (o 1994). Arddangosfeydd cenedlaethol/rhyngwladol niferus ar y cyd gan gynnwys *Young Contemporaries*, Cyngor Celfyddydau Prydain Fawr 1960; *St David's Exhibition*, Pwyllgor Cymreig Cyngor Celfyddydau Prydain Fawr 1964; *12th Open Exhibition of Welsh Contemporary Painting and Sculpture*, Cyngor Celfyddydau Cymru 1967; Eisteddfod Genedlaethol Cymru, saith gwaith 1968–95; *Arddangosfa Haf,* Yr Academi Frenhinol, Llundain 1975, 1996, 2000, 2007; *Singer and Friedlander/Sunday Times Watercolour Competition*, Orielau'r Mall, Llundain 1987–91, 1995; AFG 1989, 2007. Arddangosfeydd undyn yn cynnwys Y Tabernacl, Machynlleth 1994; *Wild Wales*, Oriel Contemporary Art, Llundain 1997; Oriel Albany, Caerdydd 1998, 2007; *Yn Nhir Paradwys*, AFG, Conwy/Gweithdy Cymru, Abergwaun 2003. Cyhoeddiadau'n cynnwys *A Painters Notes* (1999); *A Further View* (2002); *Heaven on Earth* (2003). Cyfweliadau, BBC Radio Wales (Ebrill 1994); Primetime, HTV (Ebrill 1998). Wedi'i gynnwys yn 'An Artist in his Element', Kitty Corrigan (*Country Living* 1997); 'Behold the Hebrides: Paintings from the Scottish Islands by David Humphreys', Iain Maclain (cylchgrawn *Scots Heritage*, New South Wales (SH) 1999); 'Hebridean Odyssey: Paintings by David Humphreys (SH 2001). Casgliadau niferus gan gynnwys Cyngor Celfyddydau Lloegr; Cyngor Dinas Casnewydd; Llyfrgell Genedlaethol Cymru, Aberystwyth; Prifysgolion Bryste, Caerlŷr, Leeds, Newcastle. 'Chwedloniaeth a thirwedd Cymru; Ynysoedd Heledd a'u traethau…' Yn byw yn Steyning, Lloegr a Sir Benfro, gorllewin Cymru.
*Yr artist*

## Ioan HUMPHREYS 1974–
**Peintiwr. Ganed yn Nhreforys, de Cymru.**

Astudiodd yn Athrofa Addysg Uwch Abertawe 1992–93, gyda Howard Riley; Coleg Technoleg a Chelf Sir Gaerfyrddin 1993–94, gyda Peter Spriggs, Robert Harding; Athrofa Prifysgol Cymru, Caerdydd 1994–97, gyda Terry Setch, Michael Crowther. Goruchwyliwr arddangosfeydd/tywysydd addysg (rhan-amser), Amgueddfa Celf Fodern, Rhydychen 1998–2000; dychwelodd i Gymru yn 2000. O 2000, cyflogaeth amrywiol, gan gynnwys ymchwilydd, Prifysgol Cymru, Abertawe. Aelod o Gydweithfa Artistiaid 3jay, Rhydychen 1999–2002. Arddangosfeydd ar y cyd, Ogilvy ac Estill, Conwy 1997; 6 x 6, 1997 (wedi'i churadu gan William Brown; teithio'n rhyngwladol); *Of Sea and Stars*, Oriel Mission, Abertawe (OMA) 2004; Oriel Martin Tinney, Caerdydd 2007. Arddangosfa undyn Out the Other Side, OMA 2005. 'Mae artistiaid haniaethol America wedi dylanwadu arno… peintiwr gweithredu minimalaidd'. Yn byw yn Abertawe, de Cymru.
*Yr artist*

## Sara HUMPHREYS 1970–
**Enw gwaith Sara Humphreys-Jones, dylunydd gemwaith. Ganed ym Mae Colwyn, gogledd Cymru.**

Astudiodd yng Ngholeg Technegol Gwynedd, Bangor 1988–89, gydag Alan Brunson, Phil Mumford; Prifysgol Northumbria, Newcastle 1989–92, gyda Norman Cherry. Comisiynau'n cynnwys y goron, Eisteddfod Môn 2000; tlws, *Dysgwr y Flwyddyn*, Eisteddfod Genedlaethol Cymru (EGC), Ynys Môn 1999. Gwobrau'n cynnwys Gwobr Livewire Shell 1993; Ymddiriedolaeth Busnes Ieuenctid Tywysog Cymru 1993, 1995 (Medal Aur, Ffasiwn ac Ategolion; Medal Efydd, y cyfryngau, *Retail Jeweller*). Aelod o Gyngor Crefftau Cymru 1998–2002; Urdd Crefftwyr Ynys Môn 1993–2002. Arddangosfeydd ar y cyd yn cynnwys *Y Crefft*, EGC 1994–98, 2000; *Celf a Chrefft*, EGC, Ynys Môn 1999; *Arddangosfa Grefft Ynys Môn*, Castell Biwmares, Ynys Môn 2002. Gwaith wedi'i gynnwys yn *ffurf: crefft gyfoes yng Nghymru* (Celfyddydau Rhyngwladol Cymru 2003); *Slate of Hand*, Ted a Julie Buswick (Trafford 2007). ' … ffurfiau organig… mae cerfiadau llechi hynod loyw'n cael eu troshaenu â metel ….' Yn byw yn Nhre-garth, gogledd Cymru.
*Yr artist*

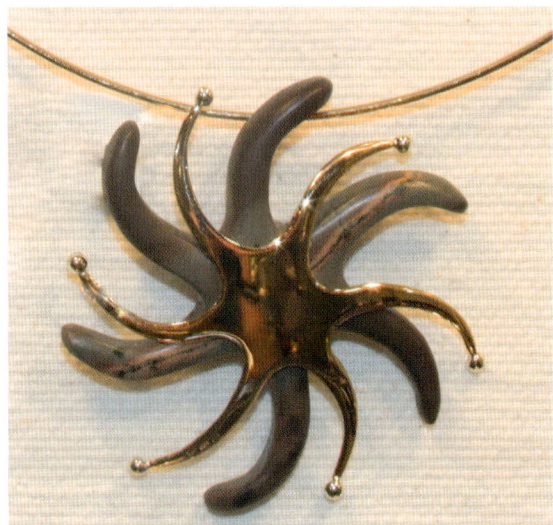

151 | Sara Humphreys
*Jester Pendant* 2007

## Maggie HUMPHRY 1943–
**Peintwraig, gwneuthurydd printiau, ceramegydd. Ganed yn Hitchin, Lloegr.**

Astudiodd yn Ysgol Gelf St Alban 1960–64; Ysgol Gelf Abertawe 1964–65, gyda George Fullard, John Mills. Athrawes, Ysgol Uwchradd Hitchin 1965–67; Pennaeth Celf, Ysgol Ramadeg y Frenhines i Ferched, Barnet 1969–71; Cymrawd Canolfan Gelfyddydau Tŷ Digswell, Welwyn Garden City 1968–72. Bu'n byw yng Nghymru 1971–2000. Tiwtor, Cerameg, Coleg Cartrefle, Wrecsam 1971–93. Preswyliadau cymunedol ac ysgol, gweithdai, prosiectau niferus, gogledd Cymru o 1971. Llawer o gomisiynau gan gynnwys Cyngor Celfyddydau Cymru (CCC), Theatr Clwyd, Yr Wyddgrug (ThCYW) 1978; CCC, Canolfan Goffa Hywel Dda, Hendy-gwyn ar Daf 1984; Amgueddfa a Chanolfan Gelfyddydau Llyfrgell y Rhyl 1987; Amgueddfa Grosvenor, Caer 1999. Aelod Cyswllt Cymdeithas Gelfyddydau Frenhinol Birmingham (CGFB). Arddangosfeydd niferus ar y cyd yn cynnwys Oriel Casson, Llundain 1974; Oriel Bluecoat, Lerpwl 1977, 1978; Canolfan Seren, Y Bala 1980, 1981; ThCYW 1998, 2003; CGFB 2003; Yr Academi Frenhinol Gymreig, Conwy 2003. Cyhoeddiadau, *Maggie Humphry's Shropshire* (2004); darluniau ar gyfer *All (you ever wanted to know) About Christmas*, Dorothy Nicolle (2005), *Armchair Exercises for Fitness Phobics*, Sue Hooker (Trafford Publishing 2007). Gwaith wedi'i gynnwys mewn cyfnodolion, gan gynnwys *Shropshire Magazine* (Awst 2002); *Art of England* (Hydref 2003). 'Drwy gydol fy mlynyddoedd cerameg, bu gwaith ffigurau wastad yn…ganolog. …proses heriol ond hynod bleserus… oedd gwneud rhywbeth tebyg mewn olew.' Yn byw yn Broseley, Lloegr.
*Yr artist*

## Richard HUMPHRY 1942–
**Peintiwr. Ganed yn Nottingham, Lloegr.**

Ieuenctid wedi'i dreulio rhwng Lloegr a Seland Newydd. Astudiodd yn Ysgol Gelf Mansfield tua 1957; Ysgol Gelf Elham, Auckland, Seland Newydd 1960–61; Ysgol Gelf Camberwell, Llundain 1962–63; Prifysgol

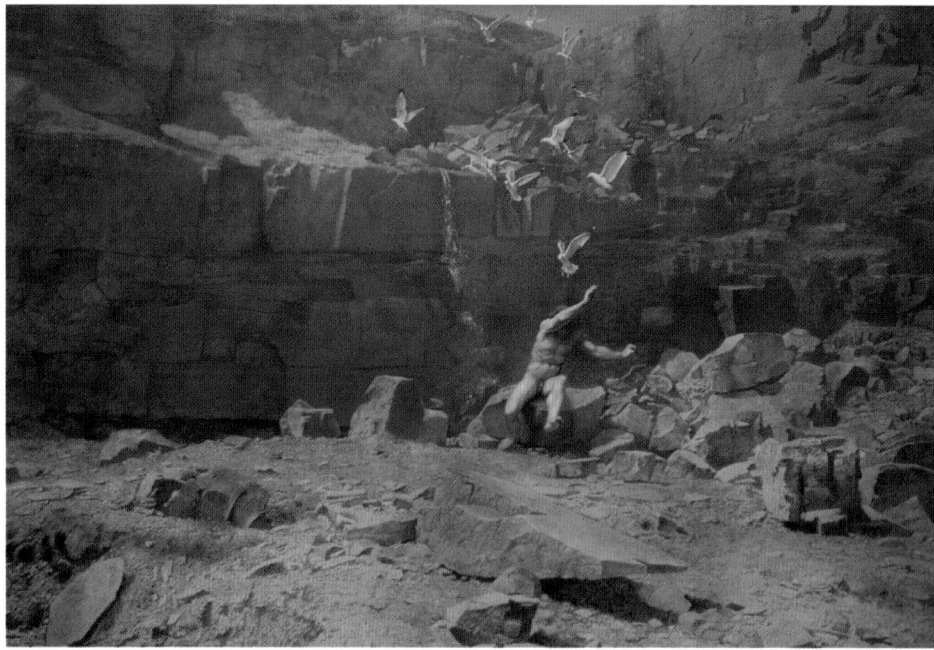

152 | Richard Humphry
*Philoctetes in Lemnos* 1985–95 (manylyn)

Canolbarth Lloegr, Birmingham (PCLI) 1993 (Theori Feirniadaeth a Phensaernïaeth). Darlithydd, Ysgol Gelf Harrow tua 1967. Cyrhaeddodd Gymru ym 1971. O 1995– tua 2001, darlithydd, PCLI, Ysgol Gelf Amwythig; Cydgysylltydd Rhaglenni, Ysgol Addysg, Prifysgol Birmingham tua 2001. Gwobrau'n cynnwys Sefydliad Cassandra 1969; Cyngor Celfyddydau Cymru (CCC) 1975. Arddangosfeydd ar y cyd yn cynnwys Sefydliad Celfyddydau Cyfoes, Llundain 1965, tua 1967; Amgueddfa Santa Barbara, Califfornia, UDA 1966; *Sweet Dreams and Nightmares: Dada and Surrealism from the Rosalind and Melvin Jacobs Collection*, Amgueddfa Celf Gyfoes, Gogledd Miami, UDA 2000. Arddangosfa ddeuddyn, Oriel, CCC, Caerdydd (gydag Eric Paetz) 1977. Arddangosfeydd undyn, Oriel Portal, Llundain 1964, 1966, 1974; Oriel Portals, Chicago 1988. Gwaith yng nghasgliad Amgueddfa Sir Gaerfyrddin. Gwaith wedi'i brynu gan CCC. Tirwedd (bu Cymru'n ei atgoffa o Seland Newydd). 'Er fy mod i bob amser yn paentio neu'n arlunio … dw i ddim wedi bod yn awyddus i arddangos ers blynyddoedd lawer. …eiconograffiaeth grym ac erchylltra, o'r hen fyd hyd at y presennol…' Yn byw yn Llanfair Caereinion, gogledd Cymru.

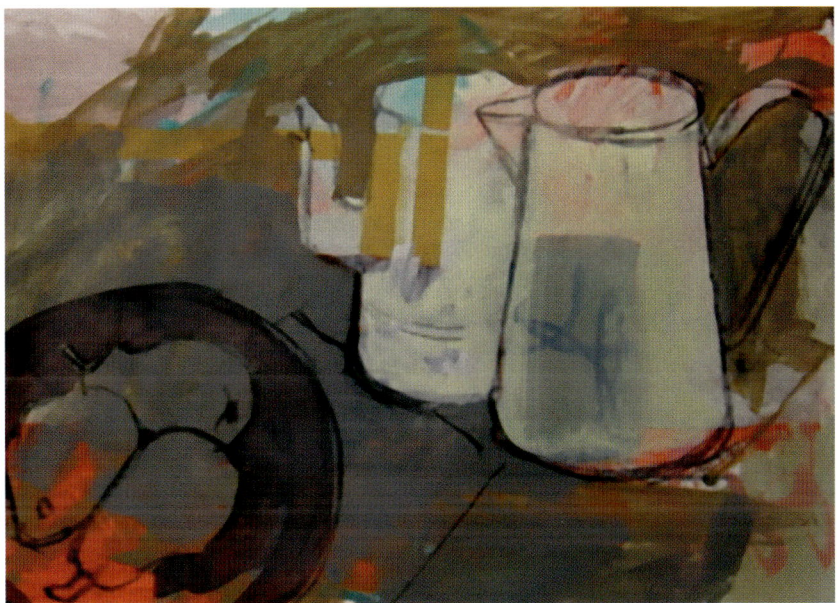

153 | Sue Hunt
*Composition in grey, ochre and vermilion* 2006

## Sue HUNT 1959–
**Peintwraig, gwneuthurydd printiau. Ganed yn Llundain, Lloegr.**

Astudiodd yng Ngholeg Celf a Thechnoleg High Wycombe 1977–78; Coleg Celf Caergaint 1978–81, gyda Thomas Watt, Mali Morris; Athrofa Addysg Uwch De Morgannwg 1985–87 (MA). Aelod o Grŵp Celfyddydau Cymunedol y Pioneers 1981–89. Artist preswyl, Cymdeithas Gelfyddydau De Ddwyrain Cymru /ysgolion ym Morgannwg Ganol 1984–90. Uwch-ddarlithydd (rhan-amser), Ysgol Gelf Norwich 1991–94; darlithydd/uwch-ddarlithydd (rhan-amser) Athrofa Addysg Uwch Caerdydd /Athrofa Prifysgol Cymru, Caerdydd, o 1991. Comisiynau'n cynnwys *Gŵyl Japan/Cymru*, Cyngor Celfyddydau Cymru (CCC) 1991. Gwobrau'n cynnwys CCC 1986, 1992, 2002; Prifysgol Cymru 2003. Aelod o Gymdeithas

Artistiaid a Dylunwyr Cymru (1981–92); Grŵp 56 Cymru; V6 Printmakers. Arddangosfeydd niferus ar y cyd gan gynnwys *News-Print-News*, Oriel, CCC Caerdydd 1991 (teithiol); *Cystadleuaeth Baentio Laing*, Orielau'r Mall, Llundain 1995 (arobryn); *Seven Contemporary Artists from Wales*, Oriel John Martin, Llundain 1996; *Shared Language*, Amgueddfa ac Oriel Gelf Casnewydd (AOGC) 1997 (teithiol); *Surface Language*, Canolfan Gelfyddydau Abaty Nant Teyrnon, Cwmbrân 2003; *Artist y Flwyddyn Cymru*, Neuadd Dewi Sant, Caerdydd (NDS) 2006 (arobryn). Arddangosfeydd un-ddynes yn cynnwys NDS 1995; *Still Life, New Paintings*, Oriel New Burlington, Llundain 1998; *Art Direct 2*, Yr Asiantaeth Gelf ac Adfywio, Caerdydd (CBAT) 1999; *New Paintings, Prints and Drawings*, CBAT 2003 (traethawd catalog, Norbert Lynton); Jawahar Kala Kendra, Jaipur, India (JKKJ) 2004; *New Paintings and Prints*, Oriel Great Atlantic, Trefynwy 2005. Wedi'i chynnwys yn y wasg gelf ryngwladol/genedlaethol, gan gynnwys *Philadelphia Herald and Tribune* (1988); *Arts Review* (Ebrill 1997). Casgliadau'n cynnwys AOGC; Cymdeithas Celf Gyfoes Cymru; Gweithdy Argraffu Brandywine, Philadelphia; JKKJ; Ysbyty Brenhinol Gwent, Casnewydd; Ysbyty Tywysoges Cymru, Pen-y-bont ar Ogwr. 'Dw i'n defnyddio gwrthrychau bywyd llonydd fel cyfrwng… er mwyn adeiladu a datgymalu rhai ffurfiau wrth adeiladu wyneb arluniol…' Yn byw yng Nghaerdydd, de Cymru.
*Yr artist*

## Robert HUNTER 1920–1996
### Peintiwr. Ganed yn Lerpwl, Lloegr.

Gwasanaeth milwrol 1938–45 (Y Groes Filwrol). Astudiodd yng Ngholeg Celf Lerpwl 1946–50; Prifysgol Southampton 1956. Cyrhaeddodd Gymru ym 1952. Pennaeth Adran Celfyddydau Creadigol, Coleg y Drindod, Caerfyrddin 1952–83. Medal Arian Jiwbilï'r Frenhines Elisabeth II 1977. Aelod sefydlu Grŵp 56 Cymru (G56C) 1956–84 (yna'n aelod er anrhydedd). Arddangosfeydd niferus ar y cyd, y tu mewn a'r tu allan i Gymru, gan gynnwys *First Exhibition of Contemporary Welsh Painting and Sculpture*, Pwyllgor Cymreig Cyngor Celfyddydau Prydain Fawr (PCCCPF)/Amgueddfa Cymru (AC) 1953; Eisteddfod Genedlaethol Cymru 1956, 1966, Caerfyrddin 1974 (Cyngor Celfyddydau Cymru (CCC), gwobr brynu); Cymdeithas Celf Gyfoes Cymru (CCGC) 1956, 1960, 1963, 1968; *Welsh Drawings*, PCCCPF 1963 (teithiol); *Art in Wales, the 20th Century: The Early Years (1900–1956)*, CCC 1969 (teithiol); *Wales and the Modern Movements*, Prifysgol Cymru, Aberystwyth 1973. Arddangosfeydd deuddyn yn cynnwys *Two Artists*, PCCCPF 1965 (gyda David Tinker) (teithiol); *Changing Places*, Oriel, CCC, Caerdydd 1986 (gydag Adrian Davies); *Arddangosfa'r Ŵyl*, Oriel yr Attig, Abertawe 1993 (gyda David Tress). Arddangosfeydd undyn niferus gan gynnwys Canolfan Celfyddydau Newydd, Llundain 1961, 1962; *Robert Hunter: Paintings 1987–1990: Seventy and Still Dancing*, Oriel Henry Thomas, Coleg Technoleg, Celf a Dylunio Caerfyrddin 1990; *My Family*, Oriel Myrddin, Caerfyrddin 1994 (teithiol). Cyhoeddiadau'n cynnwys traethawd hunagofiannol, *Artists in Wales 2*, golygydd Meic Stephens (Gwasg Gomer 1973). Gwaith wedi'i gynnwys mewn cyhoeddiadau niferus, gan gynnwys *Young Artists of Promise*, Jack Beddington (Studio Publications 1957); *Paintings of Robert Hunter*, Gareth Jones (*Anglo-Welsh Review*, Haf 1965); *Art in Wales 1850–1980*, Eric Rowan (CCC/Gwasg Prifysgol Cymru, Caerdydd 1985). Casgliadau niferus gan gynnwys AC; Amgueddfa ac Oriel Gelf Casnewydd; Amgueddfa Sir Gaerfyrddin; CCGC; Coleg y Drindod, Caerfyrddin; Oriel Gelf Glynn Vivian, Abertawe; Prifysgol Aberystwyth. Prynwyd gwaith gan CCC. ' …pethau gorchuddiedig ac enigmatig… datganiad darluniadol eiconaidd syml….' Roedd yn byw yng Nghaerfyrddin, gorllewin Cymru.

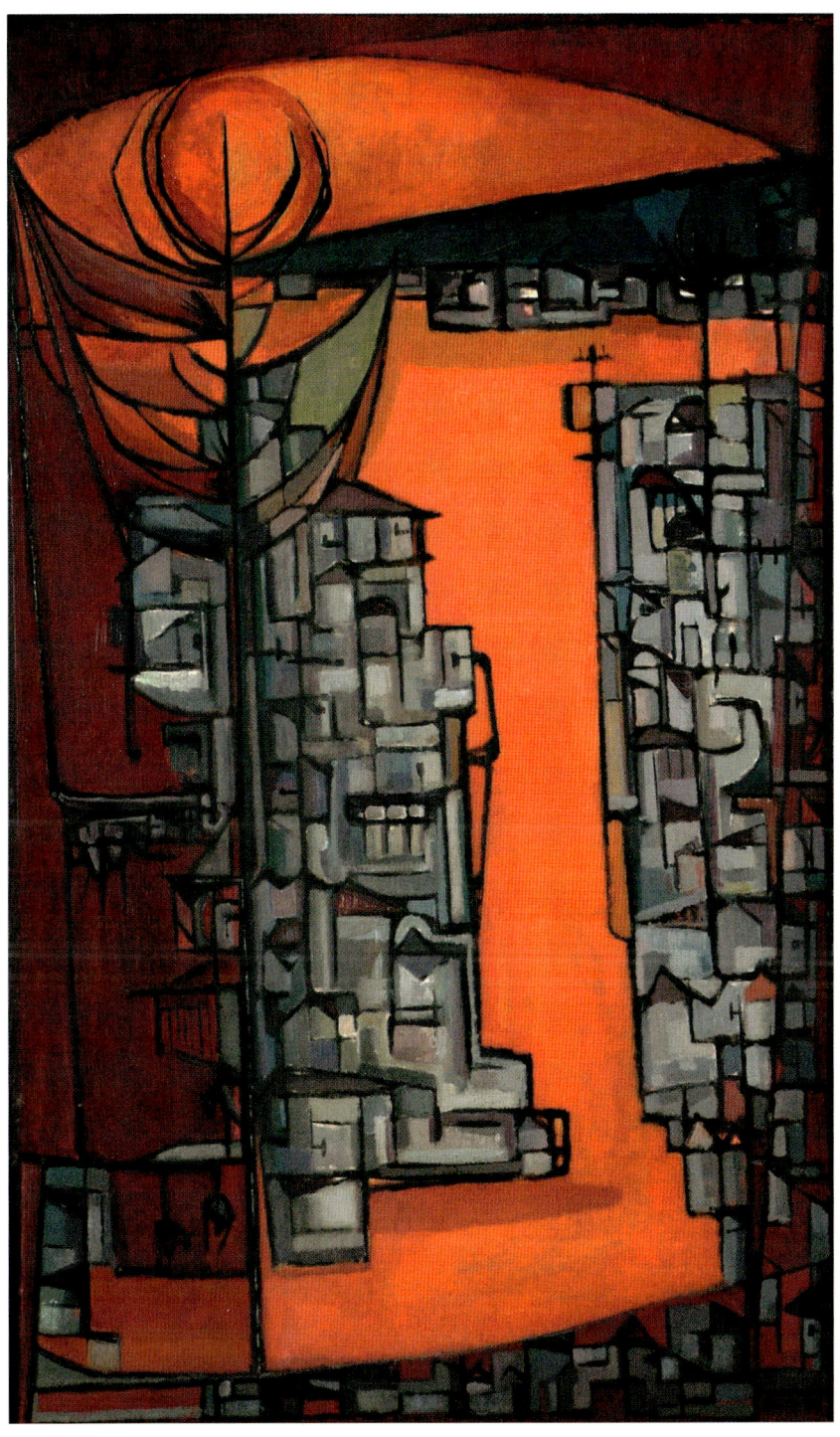

154 | Robert Hunter
*Carmarthenshire Landscape (Sunset)* 1955

### Rowan HUNTLEY 1965–
**Enw gwaith Rowan Isobel Huntley, peintwraig. Ganed yn Berwick-upon-Tweed, Lloegr.**

Astudiodd yng Ngholeg Celf Dyfed/Coleg Technoleg a Chelf Sir Gaerfyrddin 1983–87. Dylunydd gwirfoddol, Amgueddfa Hancock, Newcastle upon Tyne (AHN) 1987–89; dylunydd, Amgueddfa ac Oriel Gelf Dinas Plymouth 1989–91. Artist (llawnamser), o 1992. Gwobrau'n cynnwys y Gymdeithas Eingl-Norwyaidd 1996; Cronfa Eaton 1996; Ymddiriedolaeth Elusennol Godinton 1996; Celfyddydau'r Gogledd 2000. Arddangosfeydd ar y cyd yn cynnwys Gŵyl Gelfyddydau Derby 1991 (enillydd tlws); *Arddangosfa Agored Cymru*, Llyfrgell Genedlaethol Cymru, Aberystwyth 1993; *Arddangosfa Flynyddol*, Cymdeithas Frenhinol Peintwyr Dyfrlliw yr Alban, Caeredin 1994, 1995; Neuadd Dewi Sant, Caerdydd 1994, 1998–2001, 2006; Oriel Albany, Caerdydd 1995, 1999; *Arddangosfa Haf*, Norsk Fjellmuseum, Lom, Norwy 1997; Cyfarfod Uwchgynhadledd Cyngor Ewrop, Neuadd y Ddinas, Caerdydd 1998; *Arddangosfa Haf*, Yr Academi Frenhinol Gymreig, Conwy 2003. Arddangosfeydd un-ddynes yn cynnwys *Spirit of Norway*, Llysgenhadaeth Frenhinol Norwy/Gweinyddiaeth Materion Tramor Norwy, AHN 2000; *Portrait of a Coastline – Peterston to Southerndown*, Canolfan Gelfyddydau'r Eglwys Norwyaidd, Caerdydd 2000; *Rhythms of the Alps*, Y Clwb Alpaidd, Llundain (CALl) 2007. Cyhoeddiadau'n cynnwys erthyglau, *Anglo-Norse Review* (Gaeaf 1996, Haf 2003). Cyfweliad, BBC Radio Newcastle (2000). Wedi'i chynnwys yn *The Artists of the Alpine Club*, Peter Mallalieu (CALl/Ernest Press 2007). Casgliadau'n cynnwys CALl; Luster Fylkeskommune, Norwy. '…darlunio'n gynrychioladol y mynydd-dir garw, yn aml wedi'i rewi, a'r arfordir.' Yn byw yng Nghaerdydd, de Cymru.
*Yr artist*

### Moira HUNTLY 1932–
**Enw gwaith Moira Gay Huntly, peintwraig. Ganed yn Motherwell, Yr Alban.**

Astudiodd yn Ysgol Gelf Harrow 1948–53; Coleg Celf Hornsey 1953–54. Athrawes, Maldon 1954–56; Caerwrangon 1956–59; addysg oedolion (rhan-amser), Chipping Campden, o'r 1970au. Trefnydd, gwyliau paentio yng Nghymru, sawl gwaith y flwyddyn, o'r 1980au. Aelod o Gymdeithas Bastel y DU (Llywydd o 2003); Sefydliad Brenhinol y Peintwyr Dyfrlliw (SBPD); Cymdeithas Frenhinol yr Artistiaid Morol; Academi Frenhinol Gorllewin Lloegr (AFGLl). Gwobrau niferus gan gynnwys gŵyl *Japan 2001*. Arddangosfeydd ar y cyd yn cynnwys SBPD 1985 (Gwobr Winsor a Newton); *Cystadleuaeth Baentio Genedlaethol Laing* 1986 (enillydd); Oriel Albany, Caerdydd (OA) 1990–93, 1995, 2004, 2005; Oriel Tegfryn, Porthaethwy (OTP) 1991, 1992, 1994, 1995; Gweithdy Cymru, Abergwaun 1996, 2006; Neuadd Dewi Sant, Caerdydd 2000, 2001, 2003, 2006. Arddangosfeydd deuddyn, Oriel Theatr Clwyd, Yr Wyddgrug (gyda Zenon D Zamojski) 1977; (gyda John Blockley) OTP 1985, Kaiserslautern, Yr Almaen 1991, OA 1993. Arddangosfeydd un-ddynes yn cynnwys *Welsh Landscapes*, Canolfan Daniel Owen, Yr Wyddgrug 1978; AFG 2003. Sawl cyhoeddiad, gan gynnwys *Imaginative Still Life* (A&C Black, Llundain/North Light, Cincinatti/Bauverlag, Berlin (ACB *et al*) 1983); *Painting and Drawing Boats* (ACB *et al* 1985); *The Artists' Drawing Book* (David & Charles, Newton Abbot (DC) 1994); *Moira Huntly's Sketchbook Secrets* (DC 2005); cyfrannwr i lyfrau eraill. Casgliadau'n cynnwys Amgueddfa Cymru; Cyngor Sir Ddinbych; Cyngor Hampshire. 'Ffigurau a bywyd llonydd… Tirwedd, adeiladau a harbwrs Cymru.' Yn byw yn Willersey, Lloegr.
*Yr artist*

## Paul HURLEY 1979–
**Artist perfformio. Ganed yn Poole, Lloegr.**

Astudiodd ym Mhrifysgol Caint yng Nghaergaint (PCaint) 1997–2001 (Drama/Theatr, gradd yn y dosbarth cyntaf); Prifysgol Utrecht, Yr Iseldiroedd 1999–2000 (Rhaglen Gyfnewid Erasmus, Yr Undeb Ewropeaidd); Athrofa Prifysgol Cymru, Caerdydd 2002–03 (MA Celf Gain), gydag André Stitt (Gwobr Bwrdd Ymchwil i'r Celfyddydau a'r Dyniaethau). Cydsefydlydd/curadur/ cydgysylltydd, grwpiau/ prosiectau perfformio cenedlaethol/rhyngwladol, o 2003. Cyfranogwr, *Of Contradiction*, Preswyliad Celf Berfformio Cymru, Prosiectau Celf Newydd Beijing 2005. Comisiwn, Sefydliad Calouste Gulbenkian, Canolfan Gelfyddydau Chapter, Caerdydd (CGChap) 2005. Gwobrau'n cynnwys Artsadmin, Llundain 2004. Perfformiadau'n cynnwys Arena, tactileBOSCH, Caerdydd (tBosch) (gyda Sara Rees) 2003 (teithio'n rhyngwladol); *Becoming-Slug*, tBosch 2004 (teithiol); *Experimentica 04*, CGChap 2004; *Moscow Love Songs*, Oriel ABC, Art Strelka, Moscow 2006; *Becoming-Goat*, tBosch 2006 (teithiol); *Animal Love Project*, Canolfan Ymchwil Perfformio, Aberystwyth 2007; Gŵyl Bone, Berne 2007. Wedi'i gynnwys yn *Re:Imaging Wales*, Hugh Adams (Seren, Pen-y-bont ar Ogwr 2006). Yn byw yng Nghaerdydd, de Cymru.
*Yr artist*

## Daphne HURN 1941–
**Peintwraig, cerflunydd. Ganed yn Brightwell-cum-Sotwell, Lloegr.**

Cyrhaeddodd Gymru ym 1962. Hyfforddodd fel nyrs, Birmingham 1959–62; astudiodd yng Ngholeg Addysg Uwch Gwent (CAUG) (Celf Gain) 1983–86. Ffermwr 1965–78; nyrs, Ysbyty Llwynhelyg, Hwlffordd 1975–83; swyddog clerigol, Y Swyddfa Batentau, Casnewydd 1990–2001. Artist preswyl, Cyngor Bwrdeistref Casnewydd 1986. Bu'n trefnu gweithdai (rhan-amser), CAUG 1988–90. Aelod o Gymdeithas Ddyfrlliw Cymru. Arddangosfeydd ar y cyd yn cynnwys *Across the Borders*, Canolfan Gelfyddydau Bleddfa, Trefyclo 2003; Oriel Washington, Penarth 2003; Y Tabernacl, Machynlleth 2005; *The Painted Pot*, Amgueddfa ac Oriel Gelf Casnewydd 2006. Arddangosfeydd un-ddynes, Neuadd Dewi Sant, Caerdydd 2004, 2006; Canolfan Gelfyddydau Abaty Nant Teyrnon, Cwmbrân 2007. 'Cerfio carreg, mân, alabastr yn bennaf, rhai'n fwy mewn carreg nadd; paentio, tirluniau, gan ganolbwyntio ar … adeiladau ac adeileddau ynysig.' Yn byw yn y Fenni, de Cymru.
*Yr artist*

## David HURN 1934–
**Ffotograffydd. Ganed yn Redhill, Lloegr.**

Rhieni'n Gymry. Bu'n byw yng Nghymru 1934–53; o 1971. Hunanaddysgedig mewn ffotograffiaeth. Yr Academi Filwrol Frenhinol, Sandhurst 1953–55. Ffotograffydd cynorthwyol i Michael Peto a George Vargas, Asiantaeth Reflex, Llundain 1955–57; ffotograffydd llawrydd, y wasg genedlaethol 1957–70; Pennaeth yr Ysgol Ffotograffiaeth Ddogfennol, Coleg Celf Casnewydd/Coleg Addysg Uwch Gwent 1973–90. Cymrawd mygedol, Coleg Prifysgol Cymru, Casnewydd 1997. Gwobrau Cyngor Celfyddydau Cymru (CCC) 1971, 1995; Cymrodoriaeth Deucanmlwyddiant y DU/UDA 1979–80; Gwobr Gelfyddydau'r Amgueddfa Ryfel Ymerodrol 1987–88; Cymrodoriaeth Bradford 1993–94. Aelod o Magnum Photos, o 1967. Arddangosfeydd cenedlaethol/ rhyngwladol niferus ar y cyd gan gynnwys *Personal Views 1850–1970*, Y Cyngor Prydeinig, Llundain 1972 (teithio'n rhyngwladol); Oriel y Ffotograffwyr, Llundain 1983, 1985 (teithiol); *Through the Looking Glass, Photographic Art in Britain 1945–1989*, Barbican, Llundain 1989; *In Our Time, the World as seen by Magnum Photographers*, Y Ganolfan Ffotograffiaeth Ryngwladol, Efrog Newydd (CFfR) 1989 (teithio'n rhyngwladol); *A Positive View*, Oriel Saatchi, Llundain 1994; *The Coast Exposed*, Yr Ymddiriedolaeth Genedlaethol, Greenwich, Llundain 2005. Arddangosfeydd

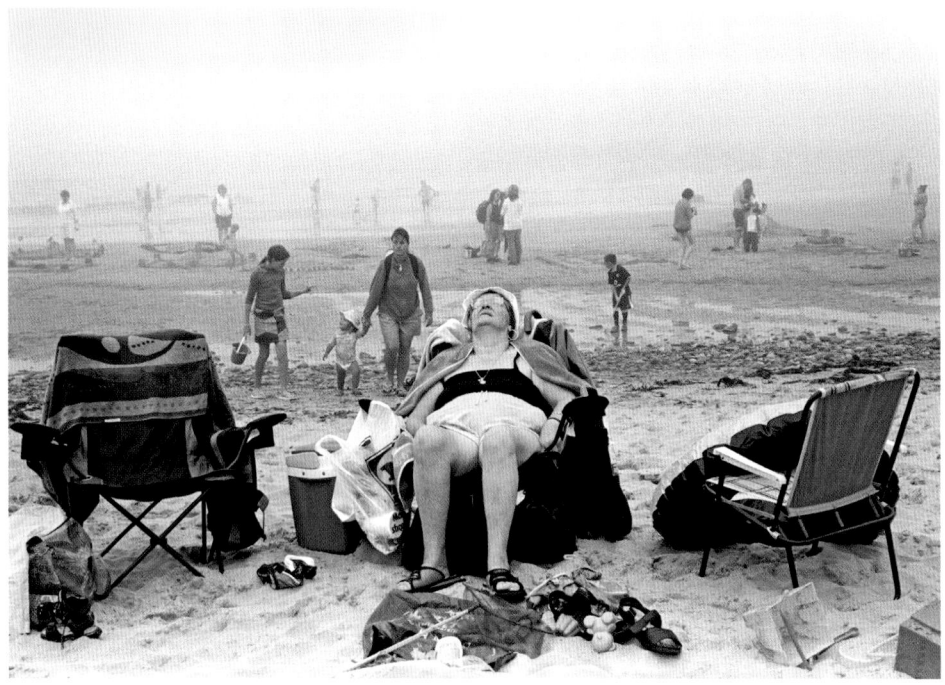

155 | David Hurn
*Porth Oer (Whistling Sands). Enjoying the Beach* 2004

undyn cenedlaethol/rhyngwladol niferus gan gynnwys Oriel Serpentine, Llundain 1971; Bibliothèque Nationale de France, Paris (BibN) 1973; *Wales Black and White*, CCC 1973 (teithiol); Amgueddfa Cymru (AC) 1974, 2000; Ffotogallery, Caerdydd 1984; Amgueddfa Genedlaethol Ffotograffiaeth, Ffilm a Theledu, Bradford 1985, 1994; Llyfrgell Genedlaethol Cymru, Aberystwyth (LlGC) 2000; Canolfan Hanes a Chelfyddydau Butetown, Caerdydd 2004. Cyhoeddiadau'n cynnwys *David Hurn: Photographs 1956–1976* (Cyngor Celfyddydau Prydain Fawr 1979); *Wales: Land of my Father* (Thames & Hudson 2000); *Living in Wales* (Seren Books, Pen-y-bont ar Ogwr 2003). Wedi'i gynnwys yn *The History of Photography*, Peter Turner (Hamlyn 1987); *Contemporary Photographers* (St James Press, Detroit 1995); *Magnum Stories*, Chris Boot (Phaidon 2004); *British Journal of Photography* (8 Mai 1971, 29 Tachwedd 1974, 3 Mehefin 1983, 15 Mawrth 1985). Casgliadau niferus gan gynnwys AC; BibN; Cyngor Celfyddydau Lloegr; Cymdeithas Celf Gyfoes Cymru; LlGC; ICP; Yr Amgueddfa Celf Fodern, Efrog Newydd. Prynwyd gwaith gan CCC. 'Sylwi ar y byd'. Yn byw yn Nhyndyrn, de Cymru.
*Yr artist*

### Dora HURST 1925–
**Enw gwaith Dora E C Hurst, peintwraig. Ganed yng Nghaerloyw, Lloegr.**

Astudiodd yng Ngholeg Celf Caerdydd 1956–61; 1968–69. Addysgodd yn Ysgol St Cyres, Penarth 1961–65; Ysgol Uwchradd Caerdydd 1965–72. Darlithydd, Coleg Addysg Caerdydd 1972–tua 1983. Aelod o Grŵp De Cymru/Y Grŵp Cymreig; Cymdeithas Ddyfrlliwiau Cymru o 1963 (aelod sefydlu, yr ysgrifenyddes gyntaf). Arddangosfeydd ar y cyd yn cynnwys *The 8th Exhibition of Contemporary Welsh Painting, Drawing and Sculpture*, Pwyllgor Cymreig Cyngor Celfyddydau Prydain Fawr/Amgueddfa Cymru, Caerdydd 1961 (teithiol); Eisteddfod Genedlaethol Cymru (EGC), Abertawe 1964; *Structure 66*, Cyngor Celfyddydau Cymru (CCC) 1966; *Wales Now*, CCC/EGC, Y Barri 1968 (teithiol); *From Earth and*

*Fire*, CCC/EGC, Rhuthun 1973 (teithiol); *Wales and the Modern Movements*, Prifysgol Aberystwyth 1973. Casgliadau'n cynnwys Awdurdod Addysg Caerdydd; Awdurdod Addysg Rhydychen. Lluniadaethau a lluniau dyfrlliw. Yn byw ym Mhenarth, de Cymru.
*Yr artist*

## Simon HUSON 1967–

**Enw gwaith Simon Christopher Huson, peintiwr, ceramegydd, darlunydd. Ganed yn Leeds, Lloegr.**

Cyrhaeddodd Gymru ym 1971. Astudiodd yng Ngholeg Addysg Uwch Gwent 1987–88; Ysgol Gelf Falmouth 1988–90; Y Brifysgol Agored 1991–97; Prifysgol Gorllewin Lloegr, Bryste (PGLl) 1993–95. Darlunydd llawrydd 1990–93; Pennaeth Celf, Ysgol Uwchradd Cwm-carn 1995–2005; uwch-ddarlithydd (rhan-amser), PGLl, o 2005. Comisiynau'n cynnwys Llywodraeth Cynulliad Cymru 2003. Arddangosfeydd ar y cyd yn cynnwys Gŵyl Erddi Cymru, Glynebwy 1992; *Arddangosfa Agored Clwb Celf Clifton*, Academi Frenhinol Gorllewin Lloegr, Bryste 1994, 1995; *Arddangosfa Agored Machynlleth*, Y Tabernacl, Machynlleth 1999; *Artist y Flwyddyn Cymru*, Neuadd Dewi Sant, Caerdydd 2005; *Cystadleuaeth Agored Cas-gwent*, Artists Corner, Cas-gwent 2006 (arobryn). Arddangosfeydd deuddyn yn cynnwys Oriel-y-Felin, Tre-fin (gyda Geoff Davies) 2003, (gyda Susie Grindey) 2004. Arddangosfa undyn, Kreations Gift Shop, Cas-gwent 2004. Darluniau, ar gyfer llyfrau/cylchgronau, yn cynnwys *Kingfisher Illustrated History of the World*, Charlotte Evans (Kingfisher Books 1992); *The Human Body*, Moff Betts (Wooden Books 2005). '…portreadau a golygfeydd mytholegol yn bennaf yw fy ngwaith personol.' Yn byw yng Nghas-gwent, de Cymru.
*Yr artist*

## Mary V HUSTED 1944–

**Enw gwaith Mary Vivienne Husted, peintwraig amlgyfrwng. Ganed yng Nghaerlŷr, Lloegr.**

Cyrhaeddodd Gymru ym 1979. Astudiodd yng Ngholeg Celf Gorllewin Sussex 1961–62; Folkwangschule, Essen, Yr Almaen 1963; Athrofa Addysg Uwch De Morgannwg/Athrofa Addysg Uwch Caerdydd 1986–90, gyda Paul Beauchamp, Mona Hatoum, Chris Shurrock. Gweithwraig glerigol, Llundain 1963–65. Gweithdai yng Nghaerdydd, Caerfyrddin, Casnewydd, Hong Kong, o 2000. Gwobrau'n cynnwys Cyngor Celfyddydau Cymru 1993; Y Cyngor Prydeinig 1994, 1997. Cymrawd Gwadd, Prifysgol Genedlaethol Awstralia, Canberra (PGAwst) 1997. Aelod o Artistiaid Butetown; Cymdeithas Gelfyddydau y Menywod; Y Grŵp Cymreig. Arddangosfeydd niferus ar y cyd gan gynnwys *New Australian Images Through British Eyes*, Oriel y Drill Hall, PGAwst 1997; *Terra Incognita: Images of Australia*, Yr Ysgol Gelf, Aberystwyth 2000 (teithiol); *Waterlines*, Amgueddfa ac Oriel Gelf Casnewydd (AOGC) 2002; *Insiders – Art and the Box*, Oriel Davies, Y Drenewydd 2003 (teithiol). Arddangosfeydd deuddyn (gyda Valerie Coffin Price) yn cynnwys *Residues*, Canolfan Gelfyddydau Abaty Nant Teyrnon, Cwmbrân 2006; *Shadows*, Cynulliad Cenedlaethol Cymru 2006. Arddangosfeydd un-ddynes yn cynnwys *Recent Work*, Oriel y Bont, Prifysgol Morgannwg, Pontypridd 1992; *Box Paintings*, New Hall, Caergrawnt (NHC) 1993; Canolfan Gelfyddydau Sain Dunwyd 2001, 2005; *Theatres of Memory*, Gŵyl Celf Gyfoes a Golau Rhuthin 2004; *Take Care of the Small Box*, AOGC 2006; *Shifts*, Neuadd Dewi Sant 2007. Cyhoeddiad, 'An Artist's Notebooks' (*Temenos, Australian Jungian and Cultural Review*, rhifyn 3, 1996). Wedi'i chynnwys yn 'Passage of Time, Ann Jones on Mary Husted' (*Women's Art Magazine*, rhif 55, Tachwedd 1993); 'The Intimate Art of Mary Husted', Michael Denholm (*Craft Arts International*, rhif 48, 1998). Casgliadau'n cynnwys AOGC; Cymdeithas Celf Gyfoes Cymru; NHC; PGAwst; Yr Uchel Gomisiwn Prydeinig, Canberra. '…delwedd, y cof, hunaniaeth a thirwedd.' Yn byw yn y Barri, de Cymru.
*Yr artist*

## Bethan HUWS 1961–
### Artist amlgyfrwng. Ganed ym Mangor, gogledd Cymru.

Astudiodd yng Ngholeg Polytechnig Middlesex 1981–85; Y Coleg Celf Brenhinol, Llundain 1986–88; Yr Ysgol Brydeinig yn Rhufain 1999–2000 (Ymddiriedolaeth Gerflunio Henry Moore). Artist preswyl, DAAD (Gwasanaeth Cyfnewid Academaidd yr Almaen) Berlin 2007. Gwobr Ymddiriedolaeth Adolf-Luther, Krefeld 1998; Gwobr Ludwig-Gies am Gerflun Maint Canolig, Ymddiriedolaeth LETTER, Cwlen 2004; Gwobr Eilflwydd am Gelf Gyfoes yn Ewrop, Amgueddfa Bonnefanten, Maastricht (BMM) 2006. Arddangosfeydd cenedlaethol/rhyngwladol niferus gan gynnwys *The British Art Show*, Canolfan South Bank, Llundain 1990 (teithiol); Oriel Mostyn, Llandudno 2000, 2005; *Self/Portrait*, Amgueddfa Cymru (AC) 2001; Musée Nationale d'Art Moderne, Centre Georges Pompidou, Paris 2001; *Cymru yn 50fed Biennale Gelf Fenis*, Cyngor Celfyddydau Cymru, Fenis 2003; *Further*, Canolfan y Celfyddydau Aberystwyth 2003 (teithiol); *Learn to Read*, Tate Modern, Llundain (TMLl) 2007. Arddangosfeydd un-ddynes cenedlaethol/rhyngwladol niferus gan gynnwys Sefydliad y Celfyddydau Cyfoes, Llundain 1991; *A Work for the North Sea*, Alnwick, Artangel, Llundain 1993; *Watercolours*, Amgueddfa Kaiser Wilhelm, Krefeld 1998 (teithio yn y Swistir, Cymru); *On What?*, Sefydliad Henry Moore, Leeds 2001; *ION ON*, Canolfan Gelfyddydau Chapter, Caerdydd 2003; *ION ON, Singing for the Sea*, TMLl 2004; BMM, 2006. Wedi'i chynnwys yn helaeth yn y wasg gelf/genedlaethol/ryngwladol, gan gynnwys *Artscribe International* (1988, 1990); *Certain Welsh Artists*, Iwan Bala (Seren Books, Pen-y-bont ar Ogwr 1999); catalogau, gan gynnwys *Bethan Huws: Selected Textual Works 1991–2003*, Penelope Curtis *et al* (Dieter Association, Paris/Kunsthalle, Dusseldorf 2003). Casgliadau'n cynnwys AC; Kolumba, Cwlen; Orielau Oakville, Ontario; Oriel Gelf Dinas Southampton; Oriel Gelf Leeds; Tate, Llundain. Dyfrlliwiau, testunau, ffotograffiaeth, cerfluniaeth, ffilmiau. Yn byw ym Mharis, Ffrainc.
*Yr artist*

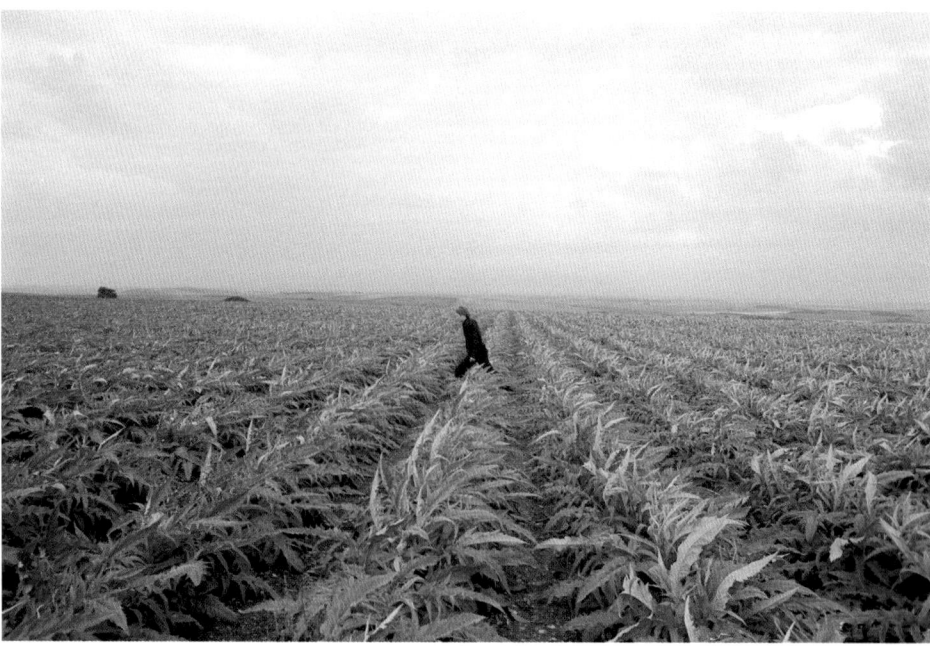

156 | Bethan Huws
*ION ON* 2003

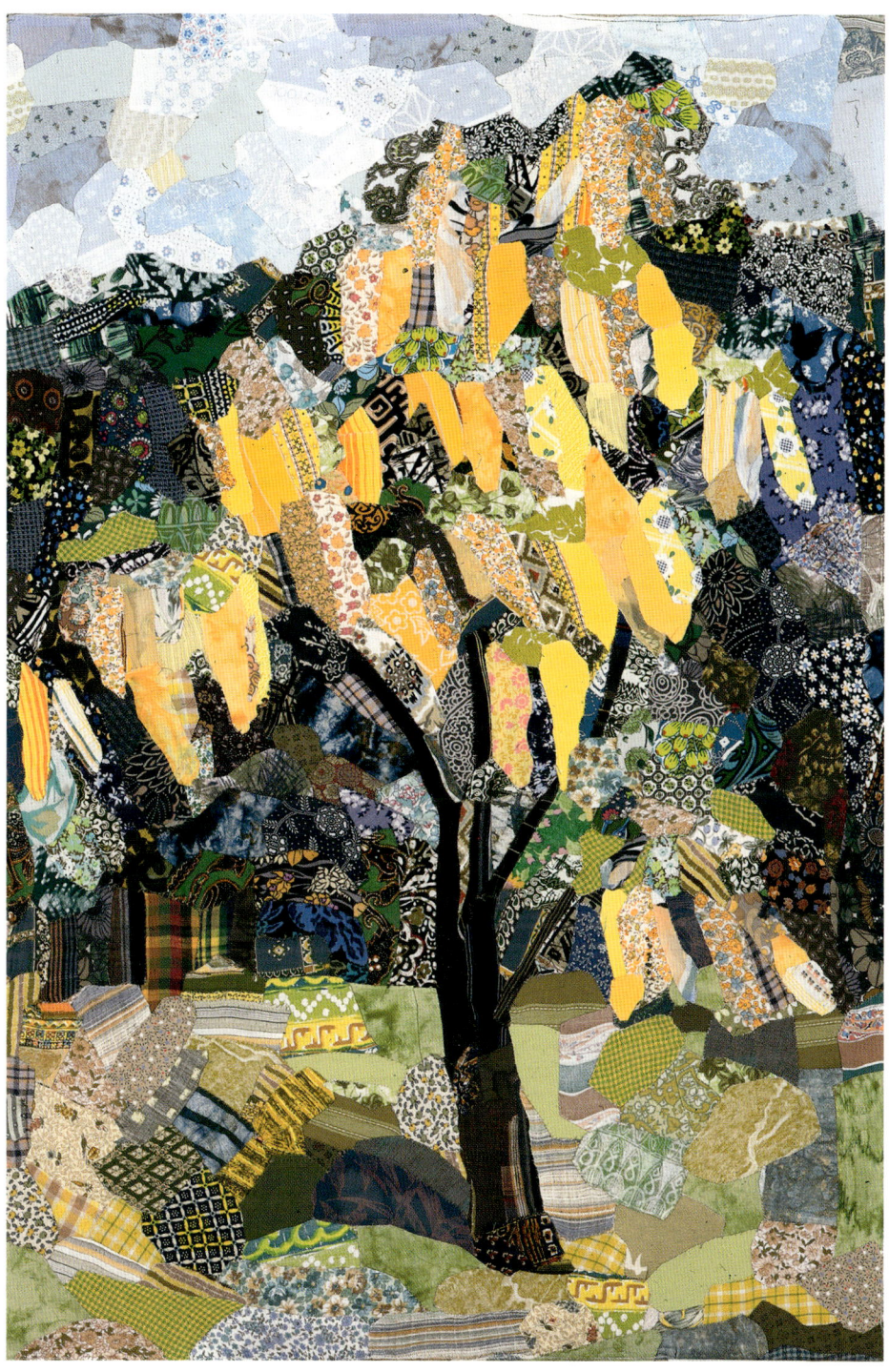

157 | Edrica Huws
*Laburnum Tree* 1990

### Edrica HUWS 1907–1999
**Enw gwaith Edrica Troth Huws, artist tecstiliau, peintwraig, gwneuthurydd printiau. Ganed yn Pretoria, De Affrica.**

Hefyd yn fardd. Plentyndod cynnar yn Llundain, Lloegr. Astudiodd yn Ysgol Gelf Chelsea; Y Coleg Celf Brenhinol tua 1927–29, gydag E W Tristram. Comisiwn paentio, Eglwys y Santes Fair, South Benfleet (gyda Barbara Nicholson). Cyrhaeddodd Gymru ym 1939; symudodd i Loegr ym 1967 ac i Ffrainc ym 1981; yn nes ymlaen dychwelodd i Gymru. Arddangosfeydd ar y cyd yn cynnwys *Gŵyl Gwiltiau'r Byd*, Fforwm Rhyngwladol Tokyo, Japan 1998; *Quiltfest*, Llangollen 2003. Arddangosfeydd un-ddynes yn cynnwys Oriel Ysgol Bluecoat, Lerpwl 1973; *The Ginza*, Oriel Shiseido, Tokyo 1983; Musée du Textile des Vosges, Ventron, Ffrainc 1994; *Retrospective*, Oriel Mitsukoshi, Tokyo, Japan 2000 (teithiol); *Arddangosfa Adolygol y Canmlwyddiant*, Ysgol y Graig, Llangefni 2007. Cyhoeddwyd barddoniaeth mewn cyfnodolion; *Poems*, Edrica Huws (Embers Handpress, Rhiwargor 1994). Gwaith wedi'i gynnwys mewn cyhoeddiadau niferus, gan gynnwys 'Celf a Chrefft Edrica Huws', Rhiannon Parry (*Y Wawr*, rhif 136, 2002); 'The Work of a Celebrated Quilt Artist', Val Shields (*Workbox*, rhif 80, 2003); 'Discovering Edrica Huws', Val Shields (*The Quilter*, rhif 95, 2003); 'Pioneer of Patchwork', Ceridwen Lloyd Morgan (*Planet*, 2007); *Clytweithiau Edrica Huws*, golygydd Daniel Huws (Manaman, Aberystwyth 2007). Ffilm deledu S4C, *Clytwaith Edrica Huws* (2007). Gwaith yng nghasgliad Llyfrgell Genedlaethol Cymru, Aberystwyth. Roedd tirwedd gogledd Cymru'n ysbrydoliaeth iddi. 'Fy meini prawf ar gyfer llwyddiant clytwaith yw, yn gyntaf oll, a yw wedi defnyddio'r cyfrwng yn deg, er enghraifft, heb geisio defnyddio'r defnydd fel pe bai'n baent.' (*Clytweithiau Edrica Huws*, golygydd *Daniel Huws 2007*). Roedd yn byw yn Ynys Môn, gogledd Cymru; Rhydychen; Paris.

### Elin HUWS 1976–
**Artist tecstiliau. Ganed ym Mangor, gogledd Cymru.**

Astudiodd yng Ngholeg Menai, Bangor 1996; Coleg Celf Caeredin (CCCaered) 1996–99 (gwobr dapestri 1997, 1999); CCCaered 1999–2001 (MA Celf Gain) (Ysgoloriaeth Andrew Grant, Cymynrodd Helen A Rose, Bwrsari Clason Harvie 1999; Ysgoloriaeth Cwmni Parchedig y Gwehyddion 2000); Llywodraeth Cynulliad Cymru, rhaglen addysg i raddedigion 2004. Comisiynau'n cynnwys Gŵyl Lenyddiaeth y Gelli Gandryll 2000. Gwobrau'n cynnwys Gwobr Dapestri Simon Jersey, Llundain 1997. Arddangosfeydd cenedlaethol/rhyngwladol niferus ar y cyd gan gynnwys Eisteddfod Genedlaethol Cymru (EGC), Bro Ogwr 1998, Ynys Môn 1999 (enillydd Ysgoloriaeth yr Artist Ifanc), Llanelli 2000 (enillydd gwobr Dewis y Bobl); *The Project Room*, Oriel Mostyn, Llandudno 1999; *Cam Tu Hwnt*, Canolfan Grefft Rhuthun (CGRh)/Yr Oriel Albanaidd, Caeredin 2001; *Gweld Llais a Chlywed Llun*, Cyngor Celfyddydau Cymru, EGC, Meifod 2003 a'r Oriel, CGRh 2006; *Y Lle Celf ac A Chrefft*, EGC, Yr Wyddgrug 2007. Gwaith wedi'i gynnwys yn *ffurf: crefft gyfoes yng Nghymru* (Celfyddydau Rhyngwladol Cymru 2003); *Sioe Gelf* (Cwmni Da, S4C 1999, 2007); *Byd o Liw* (Zip TV, S4C 2007). '…tapestri gwaith gwehyddu… perthynas dyfnder a chywair, llonyddwch a symudiad. … tirweddau a morluniau Cymru.' Yn byw ym Mhwllheli, gogledd Cymru.

*Yr artist*

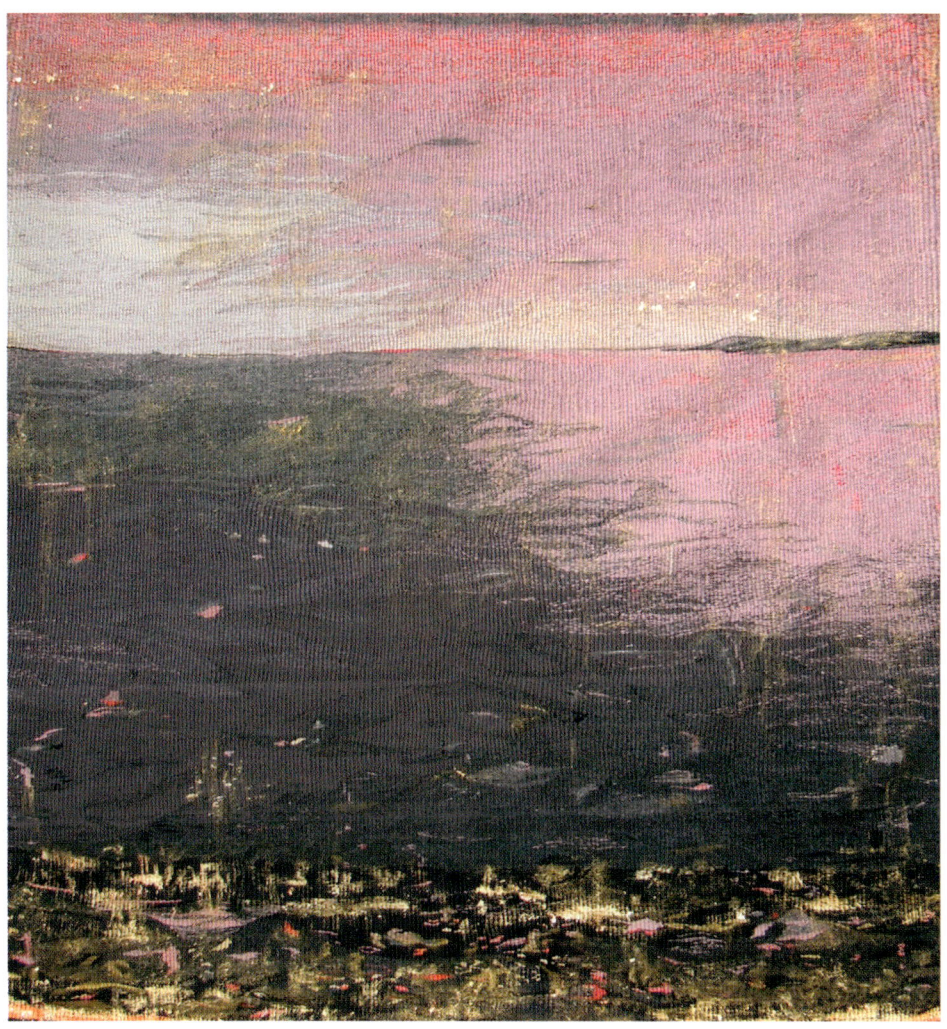

158 | Elin Huws
*Llewyrch* 2007

**Richard HUWS** 1902–1980
**Cerflunydd, dylunydd diwydiannol, cartwnydd. Ganed ym Mhen-sarn, gogledd Cymru.**
Ei brentisio i Cammell Laird, Penbedw; astudiodd ym Mhrifysgol Lerpwl (pensaernïaeth lyngesol) tan 1925 (Ysgoloriaeth Armstrong Whitworth); Kunstgewerbeschule, Fiena (cerflunio) 1927–30; Bu Josef Hoffman yn ddylanwad cynnar arno. Symudodd i Lundain ym 1930. Cartwnydd llawrydd, artist arddangos; dylunydd, Logo y Triban i Blaid Cymru 1933. Dychwelodd i Gymru 1939. Gwaith rhyfel yn cynllunio awyrennau a chychod. Dylunydd diwydiannol llawrydd hyd at 1955; darlithydd, dylunio strwythurol, Prifysgol Lerpwl 1955-69. Symudodd i Lerpwl yn ystod y cyfnod hwn, yn nes ymlaen dychwelodd i Gymru. Dylunydd tan ganol y 1970au. Comisiynau'n cynnwys Gŵyl Prydain 1951; Cymdeithas Ddinesig Glannau Merswy, Lerpwl 1967 (gyda H Hinchcliffe Davies); Cyngor Tref Grimsby 1973. Cymrodor Cymdeithas yr Artistiaid Diwydiannol; Aelod Cysylltiol, Sefydliad yr Artistiaid Tirlunio. Cartwnau wedi'u cyhoeddi yn y 1930au yn *Everyman*, *The New Clarion*, *The Listener*, *Y Ford Gron*, *Heddiw*. Ei gynnwys yn *A Tribute to Richard Huws*, Chris Crickmay a John Chris Jones (*Architectural Association Quarterly*, Cyfrol 13, 1982); *Diwylliant Gweledol Cymru: Delweddu'r Genedl*, Peter Lord (Canolfan Uwchefrydiau Cymreig a Cheltaidd Prifysgol Cymru/Gwasg Prifysgol Cymru 2000). Casgliadau'n cynnwys Cyngor Tref Grimsby; Dinas Lerpwl; Llyfrgell Genedlaethol Cymru, Aberystwyth. Roedd yn byw yn Nhalwrn, Ynys Môn, gogledd Cymru.

# ARTISTIAID: I

### Cyril IFOLD 1922–1986
**Enw gwaith Cyril John Ifold, peintiwr. Ganed yn Glan-rhyd, Ystradgynlais, de Cymru.**
Dosbarthiadau celf gydag Arthur Pawson, athro wedi ymddeol, tua 1937–45; dosbarthiadau nos, Ysgol Gelf Abertawe, gydag Alfred Janes, yn ystod yr Ail Ryfel Byd; ymweliadau â Josef Herman yn Ystradgynlais 1944–55. Colier bach, glöwr, Pwll Glo Ynysgedwyn, o 15 oed. Gwobr Cyngor Celfyddydau Cymru 1977. Arddangosfeydd ar y cyd yn cynnwys *Art by the Miner*, Y Bwrdd Glo Cenedlaethol, Llundain (BGC) 1947; *Contemporary Welsh Painting and Sculpture*, Pwyllgor Cymreig Cyngor Celfyddydau Prydain Fawr 1958 (teithiol); *Miner-Artists: The Art of Welsh Coal Workers*, Llyfrgell Genedlaethol Cymru, Aberystwyth (LlGC) 2000. Arddangosfeydd undyn yn cynnwys Castell Cyfarthfa, Merthyr Tudful 1950au; Y Pafiliwn, Porth-cawl 1950au; Y Neuadd Les, Ystradgynlais 1957; Llyfrgell y Glowyr Maes yr Haf, Abertawe 1974; Amgueddfa Cefn Coed, Y Creunant 1982; Gwesty'r Castell, Aberhonddu 1983; Oriel Gelf Glynn Vivian, Abertawe (OGGV) 1986. Wedi'i gynnwys yn *South Wales Evening Post* (Richard Jones, 1 Chwefror 1986); *Miner-Artists: The Art of Welsh Coal Workers*, John Harvey (LlGC 2000). Casgliadau'n cynnwys Prifysgol Abertawe; OGGV. Prynwyd gwaith gan y BGC. Pyllau glo a glowyr; tirweddau a threfi glofaol de Cymru. Roedd yn byw ym Mlaendulais, Castell-nedd, de Cymru.

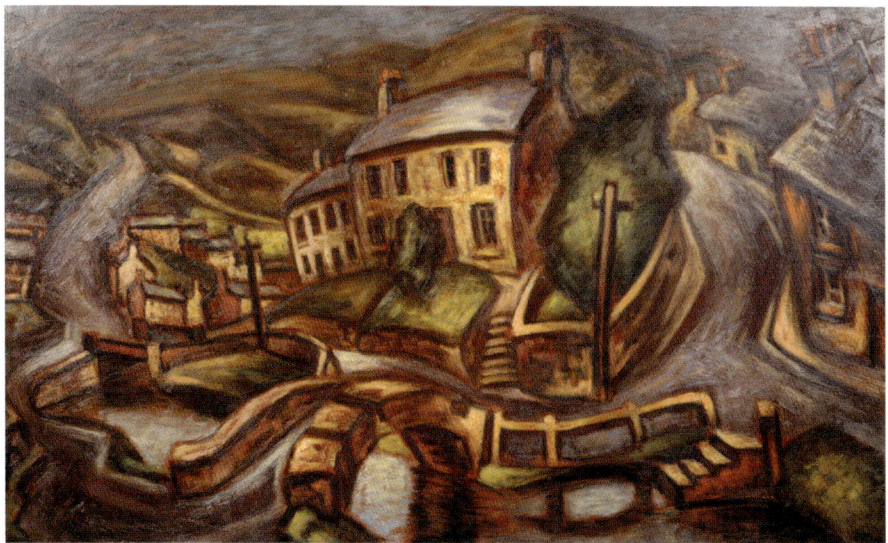

159 | Cyril Ifold
*Welsh Village* tua 1980

### Karen INGHAM 1960–
**Artist seiliedig ar y lens. Ganed yn Nelson, Swydd Gaerhirfryn, Lloegr.**

Hefyd yn awdur ac yn guradur. Astudiaethau plentyndod a chynnar, UDA, Yr Almaen, Norwy. Cyrhaeddodd Gymru ym 1987. Astudiodd ym Mhrifysgol Cymru, Abertawe 2001 (MPhil)), 2006 (PhD). Awdur/cyfarwyddwr annibynnol, Sianel 4, Sefydliad Ffilm Prydain 1980au; bu'n gweithio yng nghanol yr 80au–1995 yng Nghanolfan Gelfyddydau Chapter, Caerdydd; Teledu BBC Cymru. Ffilmiau'n cynnwys *High Winds and Acts of God* (BBC Cymru 1994) (Gwobr BAFTA am y Gwaith Camera Gorau, Ffeithiol). Gwneud delweddau seiliedig ar luniau llonydd, o ganol y 90au. Uwch-ddarlithydd Cyswllt, Ffotograffiaeth ac Ymarfer Celfyddydau Seiliedig ar y Lens, Athrofa Addysg Uwch Abertawe, o 2000. Gwobrau'n cynnwys Cyngor Celfyddydau Cymru 1992; Celfyddydau Rhyngwladol Cymru, Caerdydd 2005; Cymrodoriaeth SciArts, Cyngor Ymchwil i'r Celfyddydau a'r Dyniaethau (CYCD)/Ysgol Fiowyddorau Prifysgol Caerdydd 2005. Arddangosfeydd/gosodweithiau rhyngwladol niferus ar y cyd gan gynnwys *Lost*, Ffotogallery, Caerdydd (Ffotog) 1997 (teithiol); *Memory and Transformation*, Locws Rhyngwladol, Abertawe 2000; *Y Gorllewin: Ffotobiennale 1af Cymru*, Ffotog 2000 (teithiol); *Cyfoeswyr Newydd Cymru Milano*, Galleria Communale, Milan 2001; *HaHa: Margam Re-visited*, Yr Orendy, Margam, Ffotog 2002 (cyfrannwr i gyhoeddiad, Ffotog/Seren); *Elsewhere*, Oriel Glynn Vivian, Abertawe (OGGV) 2003. Arddangosfeydd un-ddynes yn cynnwys *Caustic Soda*, Oriel Metro, Derby/Watershed, Bryste 1994; *Paradise Park*, OGGV 2000 (cyhoeddiad, Seren); *Death's Witness*, Ffotog/Ysbyty Treforys, Abertawe 2000 (cyhoeddiad, Ffotog 2000); *Anatomy Lessons*, Ymddiriedolaeth Wellcome/CYCD 2003 (teithio'n rhyngwladol, gan gynnwys Cymru) (cyhoeddiad, Dewi Lewis Publishing 2004); *Seeds of Memory*, CYCD 2005 (cyhoeddiad, CLASI Publications) (teithiol, gan gynnwys Cymru). Casgliadau'n cynnwys Adnodd Astudio i Ffilm a Fideo Artistiaid y CYCD, St Martin Canolog; Sefydliad Ffilm Prydain, Llundain. '…y corff a'r ymgom rhwng celf a'r biowyddorau; y berthynas rhwng ffotograffiaeth, y cof ac angau.' *(Gwefan Canolfan Ryngwladol IRIS ar gyfer Menywod mewn Ffotograffiaeth 2005)* Yn byw yn Abertawe, de Cymru.
*Yr artist*

### Sera JAMES IRVINE 1965–
**Peintwraig. Ganed yn ardal Ceunant, gogledd Cymru.**

Astudiodd yng Ngholeg Menai, Bangor (ColM) 1984–85, gyda Peter Prendergast; Ysgol Celf a Chrefftau Camberwell 1985–86, gydag Ewen Henderson, Colin Pearson; Athrofa Addysg Uwch De Morgannwg 1986–88, gyda Michael Casson. Tiwtor (rhan-amser), ColM 1993–95; pen-cogydd, Beyond Retreats Yoga Company 2005–07. Artist preswyl, Ysgol Tarland, Swydd Aberdeen 2004; NEXUS 'Communities', Limousine Bull (cydweithfa artistiaid), Aberdeen 2007. Gwobrau'n cynnwys Fforwm Celfyddydau Kincardine a Deeside 2006. Arddangosfeydd ar y cyd yn cynnwys Oriel Parc Glynllifon, Caernarfon (OPG) 2003; Oriel Plas Glyn-y-Weddw, Llanbedrog 2005; Y Tabernacl, Machynlleth 2005. Arddangosfeydd deuddyn yn cynnwys Oriel Bangor (gyda Rhodri Jones) 1988; (gydag Iorwen James) OPG 2003, Y Tabernacl, Machynlleth 2005. Wedi'i gynnwys yn y Sioe Gelf, S4C (2003). 'Drwy ddistyllu llinell, ffurf a gofod…mae hi'n ymchwilio i sut y gall y delweddau moel hyn atgoffa rhywun o rai profiadau dynol.' Yn byw yn Tarland, Yr Alban.
*Yr artist*

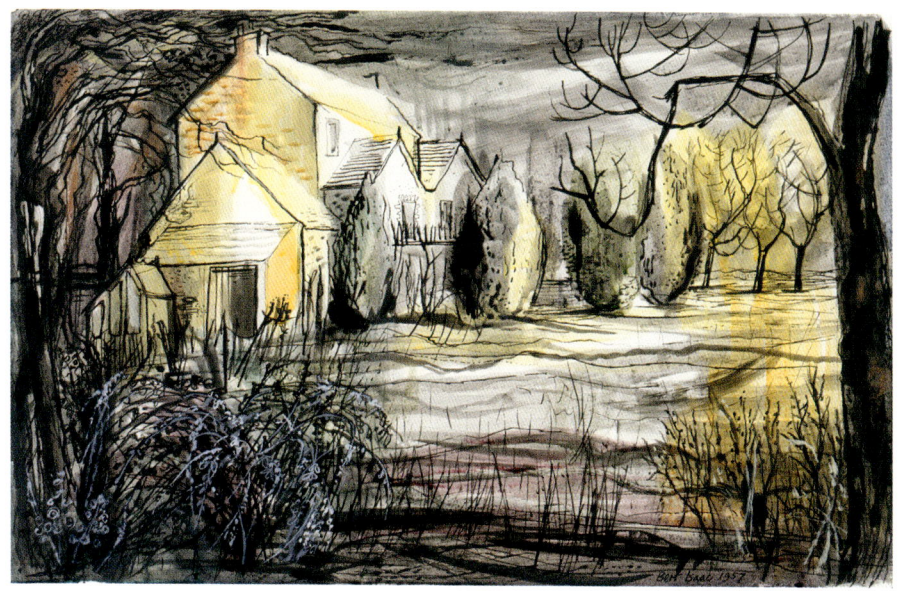

160 | Bert Isaac
*Nagg's Farm near Abergavenny* 1957

## Bert ISAAC 1923–2006

**Enw gwaith Bert Isaac MBE, peintiwr, gwneuthurydd printiau. Ganed yng Nghaerdydd, de Cymru.**

Astudiodd yng Ngholeg Celf Caerdydd (CCCaer) 1940–44, gyda Ceri Richards; Prifysgol Llundain. Bu'n gwasanaethu ag Amddiffyn Sifil 1939–45. Darlithydd, CCCaer 1949–57; Pennaeth Celf, Coleg Borough Road, Isleworth 1957–68, Coleg Celf Battersea o 1968; darlithydd (rhan-amser), Sefydliad Addysg, Prifysgol Llundain 1979–88. Tiwtor, Ysgol Haf y Barri, o 1953. Dychwelodd i Gymru ym 1986. Aelod o Grŵp De Cymru/Y Grŵp Cymreig; Academi Frenhinol Gorllewin Lloegr 1994; Yr Academi Frenhinol Gymreig (aelod mygedol o 1997); Cymdeithas Ddyfrlliwiau Cymru. Arddangosfeydd niferus ar y cyd gan gynnwys Eisteddfod Genedlaethol Cymru 1952–60, 1989 (gwobr ar y cyd); *Exhibition of Contemporary Welsh Painting and Sculpture*, Pwyllgor Cymreig Cyngor Celfyddydau Prydain Fawr (PCCCPF)/Amgueddfa Cymru (AC) 1953, 1955, 1960, 1961; *Thirty Welsh Paintings of Today*, PCCCPF 1954; Cymdeithas Celf Gyfoes Cymru (CCGC) 1956, 1958, 1963; *Wales Through the Painter's Eye*, Oriel Howard Roberts, Caerdydd 1957; *Arddangosfa Haf*, Yr Academi Frenhinol, Llundain, yn fynych 1959–70; *Cofnodi Cymru 2: Capeli*, Cyngor Celfyddydau Cymru (CCC) 1969. Llawer o arddangosfeydd undyn gan gynnwys Oriel Howard Roberts, Caerdydd 1959; Oriel Albany, Caerdydd 1974; Canolfan Gelfyddydau Abaty Nant Teyrnon, Cwmbrân 1991, 2005; Oriel Hill Court, Y Fenni 1995; Amgueddfa ac Oriel Gelf Brycheiniog, Aberhonddu (AOGB) 1996; *Remembered Places*, Amgueddfa ac Oriel Gelf Casnewydd (AOGC) 1998; *Bert Isaac: Continuum*, Oriel Kooywood, Caerdydd 2005. Cyhoeddiad, *The Landscape Within* (Old Stile Press 1991); darluniau ar gyfer casgliadau barddoniaeth (Parrish 1958–61). Gwaith wedi'i adolygu yn *Modern Painters, Art Review, Western Mail*; erthygl, Sheila Paine (*Planet* 2001); ysgrifau coffa'n cynnwys Peter Wakelin (*The Guardian* 10 Ebrill 2006). Casgliadau'n cynnwys AC; AOGB; AOGC; CCGC; Llyfrgell Genedlaethol Cymru, Aberystwyth; Prifysgol De Cymru, Pontypridd; Y Tabernacl, Machynlleth. Prynwyd gwaith gan CCC. '… dyfrlliwiau neu bastel, sialc a golosg…themâu'n ymwneud â'r dirwedd … gogledd a de Cymru, yn enwedig ardaloedd y chwareli.' Roedd yn byw yn y Fenni, de Cymru.

# ARTISTIAID: J

J

**Dilys JACKSON** 1938–
**Cerflunydd, artist amgylcheddol. Ganed yn Badulla, Sri Lanka. Enw gwaith cynt,
Dilys Vibert.**

Astudiodd yn Ysgol Celf Gain Slade, Llundain 1956–60; Coleg Celf Abertawe 1961–62; Coleg Prifysgol Abertawe 1971–72; Y Brifysgol Agored 1972–76; Athrofa Addysg Uwch Caerdydd 1987–89 (MA Celf Gain). Athrawes gelf/pennaeth, ysgolion arbennig, Caerdydd 1966–92; trefnydd arddangosfeydd, Gŵyl Celfyddydau Menywod De Ddwyrain Cymru 1986–97; rheolwr celfyddydau amgylcheddol, Groundwork Pen-y-bont ar Ogwr a Chastell-nedd Port Talbot 1998–2003. Artist preswyl, Canolfan Gelfyddydau Banff, Canada 1994; Gwarchodfa Natur Silent Valley, Glynebwy 2002; Salem Art Works, Talaith Efrog Newydd 2007. Comisiynau'n cynnwys Canolfan Ystangbwll, Ystangbwll 1993; Greenfield Valley Meadow Mill, Y Fflint 2000. Gwobrau Cyngor Celfyddydau Cymru 1990, 2007. Aelod o Cywaith

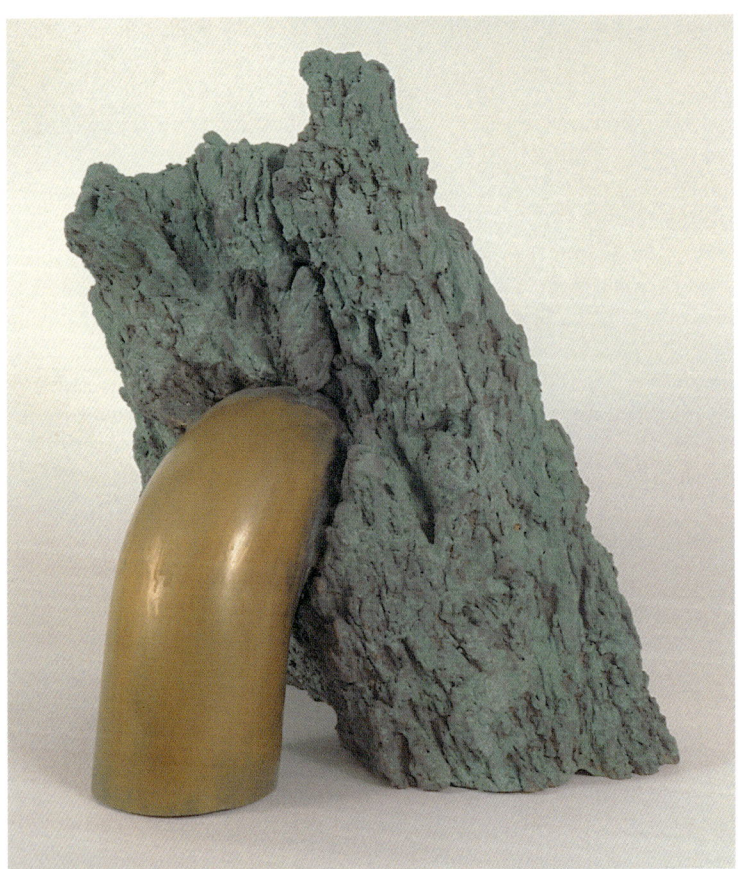

161 | Dilys Jackson
*Arch Formation* 1995

Cymru (Cadeirydd 1999); Grŵp 56 Cymru; Cymdeithas Frenhinol Cerflunwyr Prydain; Cerfluniaeth Cymru (CC) (Cadeirydd 2006–07); Y Grŵp Cymreig. Arddangosfeydd niferus ar y cyd gan gynnwys Eisteddfod Genedlaethol Cymru 1993, 1998; Neuadd Dewi Sant, Caerdydd (NDS) 1997, 1999, 2001, 2005–07; *Inner Visions*, Amgueddfa ac Oriel Gelf Casnewydd 2000 (teithiol); CC ac Associació d'Escultors de Catalunya, Terrassa, ac Amgueddfa Salvador Dali, Barcelona 2003; *Sculptureworks*, Parc Margam, Port Talbot 2004. Arddangosfeydd un-ddynes yn cynnwys Canolfan Gelfyddydau Abaty Nant Teyrnon, Cwmbrân 1969 (teithiol); Canolfan Gelfyddydau Chapter, Caerdydd 1971; NDS 1995; Oriel Washington, Penarth 2001; Coleg New Hall, Caergrawnt (CNH) 2003; Oriel y Bont, Prifysgol Morgannwg, Pontypridd 2003. Cyhoeddiadau'n cynnwys pennod yn *Chasing the Dragon* (1996); *Dilys Jackson, Sculptor* (Dilys Jackson 2003). Gwaith wedi'i gynnwys yn *Planet* (rhif 166, 2004; rhif 177, 2006); *Brickworks*, Gwen Heeney (A&C Black, Llundain 2003); *Planet* (2004). Casgliadau'n cynnwys Coleg Harlech; Cymdeithas Celf Gyfoes Cymru; Llyfrgell Genedlaethol Cymru, Aberystwyth; CNH; Parc Cerfluniau Franconia, Minnesota. '…ffurfiau ar blanhigion a… thirwedd hynafol Cymru.' Yn byw yng Nghaerdydd, de Cymru.
*Yr artist*

### Arthur JACOB 1916–
**Peintiwr. Ganed yng Ngarndiffaith, de Cymru.**

Astudiodd yng Ngholeg Celf Casnewydd; Coleg Addysg Caerllion; peth astudio yng Ngholeg Celf Caerwysg, Coleg Celf Caerdydd. Hefyd yn fardd. Athro, ysgolion yng Nghaerwysg, Abersychan; Pennaeth Celf, Ysgol Croesyceiliog, Cwmbrân. Aelod sefydlu, Cymdeithas Gelfyddydau Pont-y-pŵl. Arddangosfeydd ar y cyd yn cynnwys *Contemporary Welsh Painting and Sculpture*, Pwyllgor Cymreig Cyngor Celfyddydau Prydain Fawr (PCCCPF) 1958 (teithiol); *Industrial Wales: The 7th Exhibition of Contemporary Welsh Painting, Drawing and Sculpture*, PCCCPF 1960 (teithiol); *Cymdeithas Gelfyddydau De Cymru* (Tlws Beverley Burton) 1971. Arddangosfa ddeuddyn, Oriel Temple, Llandrindod (gyda Tudor Marici) 1962. Arddangosfeydd undyn yn cynnwys Prifysgol Syracuse, UDA 1954; Canolfan Gelfyddydau Abaty Nant Teyrnon, Cwmbrân 1972. Cyhoeddiad, *The Holy Land*, cerddi a thorluniau leino 1950. Gwaith wedi'i adolygu yn y wasg leol, gan gynnwys *Cwmbran Leader* 1972; *Gwent Magazine* 1973. Casgliadau'n cynnwys Gwaith Dur Llan-wern; Prifysgol Caerdydd. Ni wyddys lle y mae'n byw.

### Ian JACOB 1950–
**Peintiwr. Ganed yn Llangwm, gorllewin Cymru.**

Astudiodd yng Ngholeg Celf Casnewydd 1968–69; Coleg Celf a Dylunio Swydd Gaerloyw 1969–72; Coleg y Gofaint Aur, Llundain 1972–73. Athro (rhan-amser), Ysgol Gelf Caergaint 1974–77; Coleg Polytechnig Birmingham 1974–77; gyrfa mewn hysbysebu, marchnata, Llundain, Efrog Newydd 1978–2005. Arddangosfeydd ar y cyd, *Bodyworks*, Oriel Kooywood, Caerdydd 2007. Arddangosfa undyn, Canolfan Gelfyddydau Gorllewin Cymru, Abergwaun 2006. Casgliadau'n cynnwys Cymdeithas Celf Gyfoes Cymru; Llyfrgell Genedlaethol Cymru, Aberystwyth. '…tirwedd Cymru.' Yn byw yn Llangwm.
*Yr artist*

### Kevin JACOBS 1954–
**Peintiwr. Ganed yn Doncaster, Lloegr.**

Cyrhaeddodd Gymru ym 1961. Astudiodd yng Ngholeg Polytechnig Hatfield 1974–76; Athrofa Addysg Uwch De Morgannwg, Caerdydd 1980–84. Gweithiwr clerigol, postmon, labrwr 1976–80. Athro, Ysgol Gyfun Treorci, o 1988. Arddangosfeydd ar y cyd, Oriel Albany, Caerdydd 1990au; Oriel Washington, Penarth 1990au; Oriel Adam, Penarth 1990au. Arddangosfa undyn, Hen Lyfrgell y Bont-faen 1980au. 'Tirwedd Cymru.' Yn byw yng Nghaerdydd, de Cymru.
*Yr artist*

### Margaret JAGGAR 1907–1996
**Enw gwaith Margaret Leah Jaggar, peintwraig murluniau, gwneuthurydd printiau, dylunydd graffeg. Ganed yn Wallasey, Lloegr. Hefyd yn defnyddio'r llofnod Margaret Blundell.**

Astudiodd yn Ysgol Gelf Lerpwl. Cyrhaeddodd ogledd Cymru 1939. Aelod o'r Academi Frenhinol Gymreig (AFG). Comisiynau'n cynnwys Cunard, murlun i'r RMS Caronia 1949; Parc Difyrion Blackpool; *Radio Times*; cylchgronau eraill. Arddangosfeydd ar y cyd yn cynnwys Oriel Gelf Walker, Lerpwl tua 1932; AFG o 1950; Grŵp Gogledd Cymru 1962–63, 1968; *The Final Proof*, Cyngor Celfyddydau Cymru 1981 (teithiol). Arddangosfeydd un-ddynes yn cynnwys Stiwdios Sandon, Lerpwl 1930; Llyfrgell Caergybi 1971. Cyhoeddiadau'n cynnwys erthyglau darluniedig, *Design for Today* (Hydref 1935); *Architects Journal* (tua 1936); *Holyhead and Anglesey Mail* (Hydref 1968, Medi 1973). Roedd yn byw yn Ynys Môn, gogledd Cymru.

### Robert JAKES 1959–
**Enw gwaith Robert Talbot Owen Jakes, cerflunydd. Ganed yn Hythe, Lloegr.**

Astudiodd yng Ngholeg Celf a Dylunio Gorllewin Surrey, Farnham 1977–78; Academi Gelf Caerfaddon, Corsham 1978–81. Cyrhaeddodd Gymru ym 1991. Symposia rhyngwladol, gwyliau o 1996. Gwobrau Cyngor Celfyddydau Cymru 1994, 1995, 2001. Artist preswyl, ysgolion yng Nghymru o 1998; Prifysgol Radford, Virginia 1993; Amgueddfa Cymru 1999; canolfan ailgylchu FRAME, Hwlffordd 2007. Comisiynau niferus gan gynnwys Canolfan Ystangbwll, Ystangbwll 1994; Llwybr Beiciau Sustrans, Tal-y-bont, Aberhonddu 1998; Gerddi Coetir Colby, Yr Ymddiriedolaeth Genedlaethol, Amroth 2003; Llwybr Treftadaeth Doc Penfro 2005; mainc goffa, Nyth yr Eos, Aberaeron 2007. Aelod o Rwydwaith Rhyngwladol Artistiaid ym Myd Natur. Arddangosfeydd niferus ar y cyd gan gynnwys *Tri Cherflunydd*, Theatr Clwyd, Yr Wyddgrug 1990; *Gŵyl Cerfluniaeth Eira*, gogledd yr Eidal 1994, 1996; Eisteddfod Genedlaethol Cymru, Abergele 1995; *Mythau a Chwedlau*, Oriel Myrddin, Caerfyrddin 2000; *Celf yn y Dirwedd*, Gut Gusteil, Awstria 2000; *Fine to Functional*, Canolfan Gelfyddydau Abaty Nant Teyrnon, Cwmbrân 2003. Arddangosfeydd deuddyn yn cynnwys y Cyngor Prydeinig (yn teithio Gwlad Pwyl) 1991; Parc Cerfluniau Swydd Efrog, Wakefield 1991. Arddangosfeydd undyn yn cynnwys Oriel Gelf y Dref, Middlesbrough 1991; Oriel Gelf Wolverhampton 1993. Casgliadau'n cynnwys Ymddiriedolaeth Gelfyddydau Ysbytai Grampian, Aberdeen. Meinciau, bwâu wedi'u cerfio, seddau adrodd straeon; 'gwaith wedi'i gomisiynu a'i greu ar gyfer lleoliadau penodol.' Yn byw yn Ystangbwll, gorllewin Cymru.
*Yr artist*

### Iorwen JAMES 1942–
**Peintwraig, dylunydd gwisgoedd. Ganed yng Ngellilydan, gogledd Cymru.**

Astudiodd yng Ngholeg Celf Abertawe 1961–64, gydag Alfred Janes. Athrawes (rhan-amser), tiwtor 1964–85, ysgolion yng ngogledd Cymru, cyrsiau Cymdeithas Addysg y Gweithwyr, Bangor; dylunydd gwisgoedd, ffilm, theatr, teledu 1985–99. Gwobr BAFTA (dylunio gwisgoedd) 1999. Arddangosfeydd ar y cyd yn cynnwys Oriel Martin Tinney, Caerdydd 2001, 2002; Oriel Albany, Caerdydd (OA) 2001, 2002, 2007; *Gweithdy Cymru*, Llyfrgell Abergwaun 2002; *Sioe Arddangos Cymru*, Y Tabernacl, Machynlleth (TM) 2002; Oriel Fenderesky, Belffast (OFB) 2002, 2004, 2006. Arddangosfeydd deuddyn yn cynnwys Prifysgol Queen's, Belffast (gyda Sarah Longley) 2001; Oriel Appleloft, Sligo (OApp) (gyda Jack Crabtree) 2002, 2003; OA (gyda Jack Crabtree) 2003; Oriel Parc Glynllifon, Caernarfon (gyda Sera Irvine) 2003. Arddangosfeydd un-ddynes yn cynnwys OFB 2003; OApp 2004; TM 2005; Oriel Kooywood, Caerdydd 2005. Yn byw yn Nantlle, gogledd Cymru a Grand Brassac, Ffrainc.
*Yr artist*

**Maggie JAMES** 1956–
**Peintwraig. Ganed yng Nghaerdydd, de Cymru.**

Astudiodd yng Ngholeg Celf Caerdydd 1974–75, gyda Mike Crowther; Coleg Polytechnig Newcastle upon Tyne 1975–78, gyda Lloyd Gibson; Y Coleg Celf Brenhinol, Llundain 1979–82 (MA Paentio), gyda Peter de Francia (ysgoloriaeth deithio 1981; gwobr y Coleg Ymerodrol 1982; ysgoloriaeth John Minton 1982). Tiwtor (rhan-amser), Carchar Caerdydd 1985–87; addysg oedolion, Caerdydd 1985–2002; Canolfan Gelfyddydau Neuadd Llanofer, Caerdydd 1988–93; Coleg Agored y Celfyddydau 1988–2004; hwylusydd addysg (rhan-amser), Bay Art, Caerdydd o 2004. Artist preswyl, Yr Hen Lyfrgell, Caerdydd 1996–97. Gwobrau'n cynnwys Celfyddydau Gogledd Lloegr 1978; Cyngor Celfyddydau Cymru (CCC) 1984, 1993, 1994; Ymddiriedolaeth Goffa Oppenheim-John Downes 1987; ysgoloriaeth Jacob Mendelson 1984. Aelod o Grŵp 56 Cymru, Artistiaid Butetown. Arddangosfeydd niferus ar y cyd gan gynnwys *Life and Landscape from Scotland and Wales*, Amgueddfa ac Oriel Gelf Casnewydd 1985; *Inscape, James, Jones and Williams*, Oriel, CCC, Caerdydd 1990; Eisteddfod Genedlaethol Cymru 1990 (arobryn ar y cyd), 1993, 1994, 1996; *Cynefin*, Canolfan y Celfyddydau Aberystwyth (CCA) 1994; Oriel Martin Tinney, Caerdydd 1997, 2003–05. Arddangosfa ddeuddyn, *Interior View*, CCA (gydag Ian Westacott) 1997. Arddangosfeydd un-ddynes, *Interiors*, Oriel 39 Steps, Llundain 1987; Oriel y Bont, Prifysgol Morgannwg, Pontypridd 1994. Wedi'i gynnwys yn '40 under 40, New Art in Wales', David Briers (*Art and Design*, Gorffennaf 1989). Casgliadau'n cynnwys Cyngor Caerdydd; Cymdeithas Celf Gyfoes Cymru. '…y lleoedd lle dw i'n byw ac yn gweithio, y profiadau dw i wedi cael ynddynt a'u cysylltiadau.' Yn byw yng Nghaerdydd.
*Yr artist*

**Merlin JAMES** 1960–
**Peintiwr. Ganed yng Nghaerdydd, de Cymru.**

Astudiodd yn Athrofa Addysg Uwch De Morgannwg 1978–79; Ysgol Gelf Ganolog, Llundain 1979–82 (gradd yn y dosbarth cyntaf); Y Coleg Celf Brenhinol, Llundain 1983–86. Bu'n byw yn Llundain 1979–

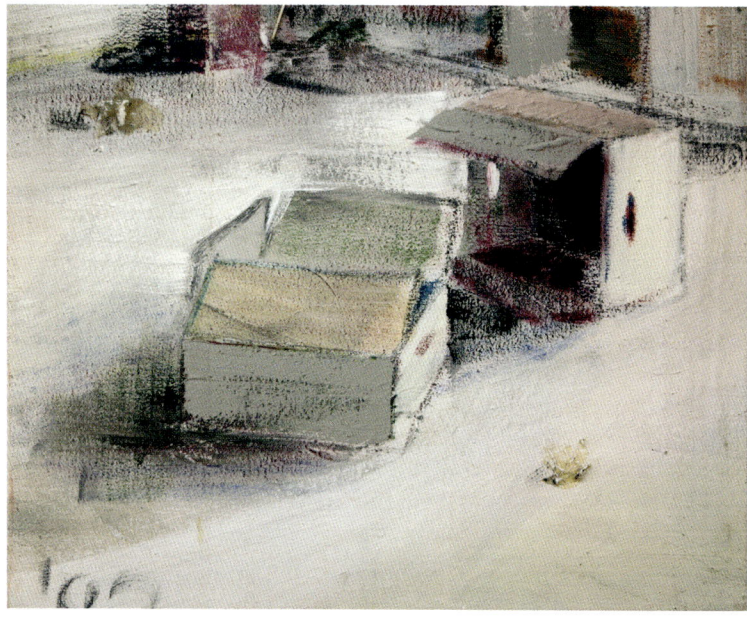

162 | Merlin James
*Boxes* 1988–90

389

2003; llawer o amser yn Efrog Newydd, o 2000; ymweliadau cyson â Chymru. Golygydd Cysylltiol, *The Burlington Magazine*, Llundain 1997–2000; Cadair Baentio Alex Katz, Ysgol Gelf Undeb Cooper, Efrog Newydd 2002 (YGUCEN). Beirniad preswyl, Prifysgol Kingston, Llundain 1995; artist preswyl, Ysgol Gelf Glasgow 1996; BayArt, Caerdydd c2003–04. Arddangosfeydd niferus ar y cyd gan gynnwys *Biennale Prâg* 2003; *Easel Painting*, Oriel Talbot Rice, Caeredin 2004 (teithiol, gan gynnwys BayArt, Caerdydd; Oriel Theatr Mwldan, Aberteifi); *Cymru yn Fenis, Biennale Fenis*, Cyngor Celfyddydau Cymru 2007. Llawer o arddangosfeydd undyn gan gynnwys *Poussin's Phocion*, Amgueddfa Cymru, Caerdydd (AC) 1995; Oriel Andrew Mummery, Llundain 2001; Oriel Kerlin, Dulyn 2005; Sikkema Jenkins, Efrog Newydd 2007. Cyhoeddiadau niferus yn cynnwys *Alex Katz: Twenty-five Years of Painting* (Oriel Saatchi, Llundain 1997); *Merlin James, Painting Per Se* (YGUCEN); traethawd catalog, *William Nicholson* (Yr Academi Frenhinol, Llundain 2004). Wedi'i gynnwys yn *Modern Painters* (David Cohen, Gwanwyn 1995); *British Art in the 90s: The Saatchi Decade* (Booth-Clibborn Editions, Llundain 1999). Gwaith yng nghasgliad AC. '…ystod amrywiol ac eclectig o wahanol fathau o baentio – morluniau, tirluniau, portreadau, erotig, mewnluniau, bywyd llonydd – yn ogystal ag amrywiadau o ran arddull…' *(Gwefan Axis)* Yn byw yn Glasgow, Yr Alban.
*Yr artist*

### Sally JAMES 1973–
**Gwneuthurydd printiau. Ganed yng Nghaerdydd, de Cymru.**

Astudiodd yng Ngholeg Technoleg a Chelf Coleg Sir Gaerfyrddin 1991–92, gydag Osi Rhys Osmond; Prifysgol Middlesex 1992–95 (Celf Gain gyda Chymdeithaseg); Coleg Prifysgol Cymru, Casnewydd 2007. Athrawes, Ysgol Uwchradd Abergwaun 1995–96; darlithydd/technegydd gwneud printiau (rhan-amser), Coleg Sir Penfro 1999–2000, darlithydd (llawnamser) o 2000. Artist preswyl, Gŵyl Gerdd Ryngwladol Abergwaun 1997. Gweithdai, Gŵyl Ysbryd Ieuenctid, Abergwaun 1995, 1997. Comisiwn, Liberty Holdings, Abertawe. Gwobr Brynu Ymddiriedolaeth Goffa WCW James 1997. Aelod o Gyngor Gwneuthurwyr Printiau. Arddangosfeydd ar y cyd yn cynnwys Canolfan Gelfyddydau Gorllewin Cymru, Abergwaun 1996; *Arddangosfa Agored Cymru*, Canolfan y Celfyddydau Aberystwyth 1996; Y Tabernacl, Machynlleth 1999; *Biennale Cyngor Gwneuthurwyr Printiau*, Oriel Atrium, Llundain 1999; *Pentigili*, Eisteddfod Genedlaethol Cymru, Tyddewi 2002; Oriel Stiwdio Tyddewi 2007. Arddangosfa un-ddynes, Gŵyl Gerdd Abergwaun, Llyfrgell Abergwaun 1997. Wedi'i chynnwys yn y cylchgrawn *Dan Haul* (Gwasg Gomer 1997). 'Mae ffurfiau, siapiau a gweadau daearegol a thopograffigol gogledd Sir Benfro'n cael eu hefelychu drwy arbrofi â gwahanol ddeunyddiau.' Yn byw ym Mathri, gorllewin Cymru.
*Yr artist*

### Therese JAMES 1959–
**Peintwraig. Ganed yn Llanelli, gorllewin Cymru.**

Hunanaddysgedig. Cynorthwy-ydd addysgu (rhan-amser) 2000–05; asesydd Cymhwyster Galwedigaethol Cenedlaethol, gofal plant (rhan-amser) o 2000. Aelod o Gymdeithas Gelf Llanelli; Cymdeithas Peintwyr Naïf Newydd Prydain. Arddangosfeydd ar y cyd, *Artist y Flwyddyn Cymru*, Neuadd Dewi Sant, Caerdydd 2006; *New British Naives*, Oriel Mariners, St Ives 2006; Oriel Millpool, Mousehole 2007; Oriel Victoria Fearn, Caerdydd (OVF) 2007. Arddangosfeydd dwy-ddynes (gyda Jocelyn Prosser) yn cynnwys Oriel Neville, Llanelli 2004; OVF 2006. Arddangosfeydd un-ddynes yn cynnwys Oriel Makers, Caerdydd 2005; Canolfan Gelfyddydau Muni, Pontypridd 2005; Art Matters, Dinbych-y-pysgod 2006. Wedi'i chynnwys yn 'Hon. Mr Denham Opened Doors for Me', Edwin Riddell (y cylchgrawn *Artists and Illustrators*, Mai 2005). 'Mae fy ngwaith yn naïf ac yn eithaf aml yn storïol.' Yn byw yn Llanelli.
*Yr artist*

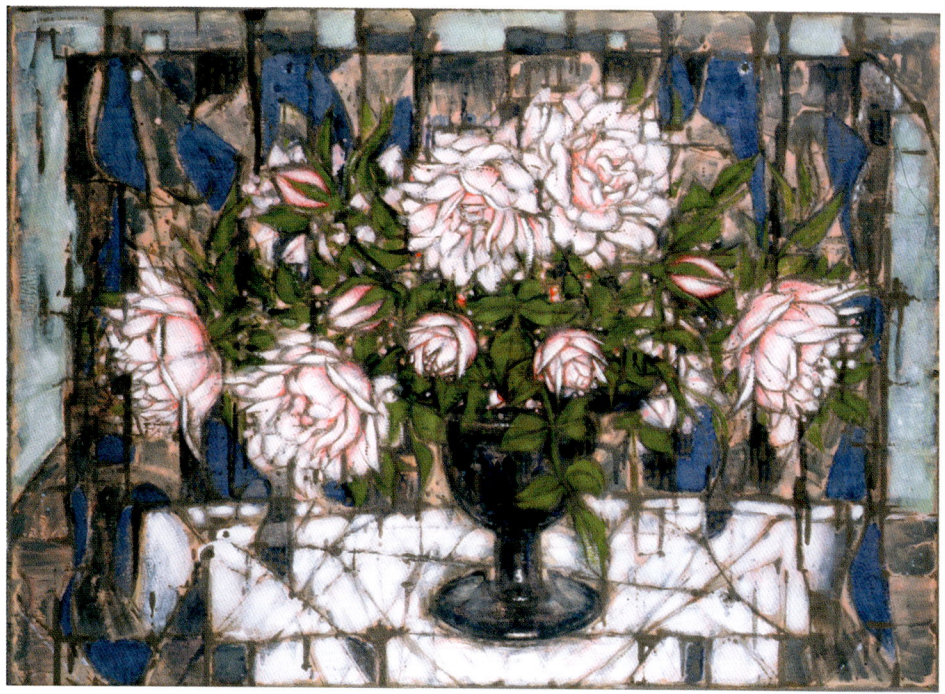

163 | Alfred Janes
*Roses* 1957

## Alfred JANES 1911–1999

**Enw gwaith Alfred George Anstee Janes, peintiwr. Ganed yn Abertawe, de Cymru.**

Astudiodd yng Ngholeg Celf Abertawe (CCAbert) tua 1927–31; Ysgolion yr Academi Frenhinol, Llundain 1931–35, gyda Walter Monnington (Medal Efydd 1935). Darlithydd, CCAbert 1936–62 (gwasanaeth rhyfel, Gogledd Affrica 1940–46). Bu'n byw yng Nghymru 1936–1963. Darlithydd, Coleg Celf Croydon (gyda George Fairley) 1963–82. Portreadau'n cynnwys cyfeillion, Dylan Thomas, Mervyn Levy, Vernon Watkins. Aelod sefydlu Grŵp De Cymru/Y Grŵp Cymreig. Arddangosfeydd niferus ar y cyd gan gynnwys *Contemporary Welsh Art*, Amgueddfa Cymru (AC), Caerdydd 1935; Cymdeithas Celf Gyfoes Cymru (CCGC), yn fynych 1941–1987; Eisteddfod Genedlaethol Cymru 1944, 1950, 1964; *Festival Exhibition of Contemporary Welsh Painting*, Pwyllgor Cymreig Cyngor Celfyddydau Prydain Fawr 1951; Orielau Leicester, Llundain 1961–63, 1965–66; Dillwyn/Oriel yr Atig, Abertawe o 1962; *Metamorphosis - Figure into Abstract*, Oriel Gelf Herbert, Coventry (gyda Ceri Richards, Merlyn Evans) 1966; *The Probity of Art*, Cyngor Celfyddydau Cymru (CCC) 1980 (teithiol); *Painting the Dragon*, AC 2000. Arddangosfeydd undyn yn cynnwys Oriel Gelf Glynn Vivian, Abertawe (OGGV) 1947/49; Oriel, CCC, Caerdydd (Oriel) 1974 (teithiol); Neuadd Dewi Sant, Caerdydd 1988; Oriel yr Atig, Abertawe 1995; *Alfred Janes 1911–1999*, OGGV 1999. Darllediad gan y BBC, *What is Modern Painting?* (Mehefin 1949, cyhoeddwyd yn *Journal of the Swansea Art Society*, Ionawr 1950). Wedi'i gynnwys mewn cyhoeddiadau niferus, gan gynnwys *The Artist in Wales*, David Bell (Harrap, Llundain 1957); *Letters to Vernon Watkins*, Dylan Thomas, golygydd Vernon Watkins (Dent a Faber, Llundain 1957); *The Art of Alfred Janes*, George Fairley (Anglo-Welsh Review, cyf 9, rhif 24, gaeaf 1958). *Drawn from Wales: a School of Art in Swansea*, golygydd Kirstine Brander Dunthorne (Gwasg Academaidd Cymru 2003). Casgliadau niferus yn cynnwys AC; Amgueddfa ac Oriel Gelf Casnewydd; Amgueddfa Castell Cyfarthfa, Merthyr Tudful; CCGC; Llyfrgell

Genedlaethol Cymru, Aberystwyth; OGGV; Prynwyd gwaith gan CCC. '…o'i baentio olew endoredig, glyptig a ffigurol yn ei flynyddoedd cynnar i … haniaethau a ffurfioli cynnil mewn plastigau wedi'u saernïo'n gain.' *(Catalog, Alfred Janes Retrospective, Oriel 1974)*. Roedd yn byw yn Dulwich, Lloegr.

### GWAITH CERAMEG JANET HAMER  Gweler Janet ASHWORTH-HAMER

### Glyn Howard JEAVONS 1974–
**Peintiwr. Ganed yn Nhon-teg, de Cymru.**

Astudiodd yng Ngholeg Technoleg a Chelf Sir Gaerfyrddin 1992–94, gydag Osi Rhys Osmond. Gwaith tymhorol, garddwr, o 1994. Gwobr Cyngor Celfyddydau Cymru 2003. Comisiwn, Café Loco, Y Drenewydd 2003. Arddangosfeydd ar y cyd yn cynnwys Neuadd Gregynog, Tregynon 2003, 2004; Y Tabernacl, Machynlleth 2004; Canolfan Dylan Thomas, Abertawe 2004. Arddangosfa undyn, Theatr Hafren, Y Drenewydd 2005. Wedi'i gynnwys yn y cylchgrawn *Heart of England* (Mai/Mehefin 2005). '…pobl yn ymwneud â'i gilydd yn eu cynefin ffisegol.' Yn byw yn y Drenewydd, canolbarth Cymru.
*Yr artist*

### JED  Gweler John ELWYN

### Paul JEFF 1957–
**Ffotograffydd, artist gosodwaith/perfformio. Ganed yn Northallerton, Lloegr.**
**Hefyd gwaith fel Paul+A, Good Cop Bad Cop (gyda Richard Morgan).**

Astudiodd yng Ngholeg Addysg Uwch Swydd Derby 1984–87, gyda John Blakemore, Olivier Richon. Cyrhaeddodd Gymru ym 1988. Ffurfiodd Klanger a Boink (KaB), gydag Elizabeth McDonough. Pennaeth Ffotonewyddiaduraeth, Ffotograffiaeth, Portffolio Meistr, Athrofa Addysg Uwch Abertawe/Prifysgol Ddinesig Abertawe er 1997. Gwaith helaeth ym maes theatr arbrofol yng Nghymru gan gynnwys Brith Gof, o 2000. Aelod o Ffotogallery, Caerdydd (Ffotog); aelod sefydlu, TRAWS: grŵp ymchwil, perfformio yng Nghymru. Arddangosfeydd/perfformiadau cenedlaethol/rhyngwladol niferus ar y cyd gan gynnwys *Pop Icons*, Yr Oriel Bortreadau Genedlaethol, Llundain (OBG) 1999 (KaB); Gŵyl Experimentica, Canolfan Gelfyddydau Chapter, Caerdydd, 2004, 2005; *The Addition*, galleria acbeu, Salvador, Brasil (KaB) 2005; *Strata 06*, Arddangosfa Gerfluniaeth Ryngwladol, Ystrad Fflur, Cymru/Kells, Iwerddon 2006 (Good Cop Bad Cop); *Contemporary British Portraiture*, Gŵyl Ffotograffiaeth Fremantle/Canolfan Ffotograffiaeth yn Sydney, Awstralia (Paul +A) 2006. Arddangosfeydd/digwyddiadau ffotograffiaeth wedi'i pherfformio undyn, *The Drifting Document*, Gŵyl Gelfyddydau Ryngwladol Locws, Abertawe 2002 (Paul+A); *Life is Perfect*, Canolfan Gelfyddydau Chapter, Caerdydd ac Aberhonddu 2004; *I Watched Her Until She Disappeared*, Gogledd Iwerddon (Paul+A) 2007. Cyhoeddiadau'n cynnwys 'Space – The Final Frontier', *Reception*, monograff ar Peter Bobby (Ffotog 2003). Wedi'i gynnwys yn *Life is Perfect: the Performance Photography of Paul Jeff*, Mike Pearson (11eg Gynhadledd Astudiaethau Perfformio Ryngwladol, Prifysgol Brown, Talaith Efrog Newydd 2005); *Transgressing the Witness at Three Sites of Knowledge*, Daniel Watt (*Research in Drama Education*, Chwefror 2007). Casgliadau'n cynnwys OBG; Yr Amgueddfa Gyfryngau Genedlaethol, Bradford. '…ffurf hybrid ar ffotograffiaeth a pherfformio…' Yn byw yng Nghasnewydd, de Cymru.
*Yr artist*

### Alun Vaughan JENKINS 1946–
**Enw gwaith, Crochendy Ewenni. Ceramegydd. Ganed ym Mhen-y-bont ar Ogwr.**

Astudiodd yng Ngholeg Celf Loughborough 1965–66; Coleg Celf Caerdydd 1966–69, gydag Alan Barrett-Danes. Perchennog (y chweched genhedlaeth), Chrochendy Ewenni, Pen-y-bont ar Ogwr. Aelod o Grochenwyr De Cymru. Arddangosfa ar y cyd, Eisteddfod Genedlaethol Cymru, Pen-y-bont

ar Ogwr 1998. Wedi'i gynnwys yn *The Ewenny Potteries*, J M Lewis (Amgueddfa Cymru 1982); *Ewenny Potteries, Potters and Pots*, Gwyneth ac Ieuan Evans (Old Bakehouse Publications 2002). Gwaith yng nghasgliad y Gymdeithas Goffaol. Yn byw yn Ewenni, de Cymru.
*Yr artist*

### Caitlin JENKINS 1976–

**Enw gwaith Caitlin Aeronwy Jenkins, ceramegydd. Ganed ym Mhen-y-bont ar Ogwr, de Cymru.**

Astudiodd yn Athrofa Addysg Uwch Caerdydd/Athrofa Prifysgol Cymru, Caerdydd 1995–98; Y Coleg Celf Brenhinol, Llundain 2001–03, gydag Alison Britton, Martin Smith. Crochenydd mewn busnes teuluol yn ymestyn dros saith cenhedlaeth, Crochendy Ewenni, o 1998. Aelod o Grochenwyr De Cymru. Arddangosfeydd ar y cyd yn cynnwys *Gwobr Brynu Prifysgol Morgannwg*, Oriel y Bont, Pontypridd 2004; Oriel Albany, Caerdydd 2004; Eisteddfod Genedlaethol Cymru, Casnewydd 2004, Abertawe 2006; *SOFA (Cerfluniaeth, Gwrthrychau a Chelf Ymarferol)*, Chicago, gyda Chanolfan Grefft Rhuthun (CGRh) 2005; *Setting Out*, Contemporary Ceramics, Llundain; *Verve*, CGRh 2005; Canolfan y Celfyddydau Aberystwyth 2005–06; *Artist y Flwyddyn Cymru*, Neuadd Dewi Sant, Caerdydd 2006. Wedi'i chynnwys yn *Ceramic Review* (rhif 177, 1999; rhif 205, 2004). Gwaith yng nghasgliad Amgueddfa Cymru, Caerdydd. 'Llestri bwrdd a phowlenni mynegus unigryw wedi'u taflu'n llac ar y droell.' Yn byw yn Llanilltud Fawr, de Cymru.
*Yr artist*

### D MAYNE JENKINS  Gweler DM STEPHENS

### Eveline JENKINS 1893–1976
**Enw gwaith Eveline A Jenkins, artist botanegol. Ganed yn Sir Fynwy, de Cymru.**

Astudiodd yng Ngholeg Prifysgol Cymru Aberystwyth; athrawes gelf, chwe blynedd yng Nghernyw a de Cymru; artist botanegol, Amgueddfa Cymru (AC) 1927–1959. Aelod o Gymdeithas Gelf De Cymru (CGDC) 1954 fan leiaf. Arddangosfeydd ar y cyd yn cynnwys Eisteddfod Genedlaethol Cymru, Y Fenni 1913 (cynllun y ffynnon gyhoeddus, y wobr gyntaf); CGDC 1954; *2nd Exhibition of Contemporary Welsh Painting and Sculpture*, Pwyllgor Cymreig Cyngor Celfyddydau Prydain Fawr 1955 (teithiol). Darluniau, cyhoeddiadau botanegol AC, gan gynnwys *Welsh Timber Trees*, H A Hyde ac A E Wade (1961). Wedi'i gynnwys yn *Catalogue of Botanical Prints and Drawings of the National Museum of Wales*, M H Lazarus ac H S Pardoe (AC 2001). Casgliadau'n cynnwys AC; Cymdeithas Celf Gyfoes Cymru. Lluniau a modelau cwyr o blanhigion. Llyfrau braslunio a lluniau dyfrlliw o blanhigion. Roedd yn byw yng Nghaerdydd, de Cymru.

### Wynne JENKINS 1937–
**Peintiwr. Ganed yn Llangennech, gorllewin Cymru.**

Astudiodd yng Ngholeg y Brifysgol, Abertawe 1955–59 (Cymraeg). Hunanaddysgedig. Athro celf, John Bowen, yn ddylanwad cynnar. Athro, de a gorllewin Cymru 1959–78; dirprwy bennaeth, Ysgol Gyfun Bro Myrddin, Caerfyrddin 1978–98. Arddangosfeydd ar y cyd yn cynnwys Llyfrgell Caerfyrddin 1999 (Gwobr Edith Lodwick); Oriel yr Atig, Abertawe o 2000; *Artist y Flwyddyn Cymru*, Neuadd Dewi Sant, Caerdydd 2003, 2005; Y Tabernacl, Machynlleth 2006; Oriel Albany, Caerdydd 2006; Oriel Plas Glyn-y-Weddw, Llanbedrog 2007. Arddangosfeydd undyn yn cynnwys *Canfasau Mai*, Oriel Emrys, Hwlffordd 2001; *Y Wal Gefn*, Oriel Stages, Machynlleth 2004; *Eiliadau mewn Canfas*, Canolfan Hywel Dda, Hendy-gwyn 2004. Wedi'i gynnwys yn Y Sioe Gelf (S4C). '…tirwedd ac adeiladau Cymru.' Yn byw yng Nghaerfyrddin, gorllewin Cymru.
*Yr artist*

## Philip JENNINGS 1921–1983
**Enw gwaith Philip Oswald Jennings, peintiwr, gwneuthurydd printiau. Ganed yn Llundain, Lloegr.**

Astudiodd yn Ysgol Gelf Harrow; Y Coleg Celf Brenhinol 1947–51. Rheolwr cynhyrchu, peirianneg hydrolig 1940–45; Darlunydd 1951–52. Darlithydd/Uwch-ddarlithydd, gwneud printiau, Coleg Celf Caerdydd 1952–83; Llywodraethwr Staff y Coleg. Comisiwn, *Printiau i'r Seremoni Gyhoeddi*, Eisteddfod Genedlaethol Cymru (EGC)/Cyngor Celfyddydau Cymru (CCC) 1977. Aelod o Grŵp De Cymru/Y Grŵp Cymreig (GDC/GC) (Is-gadeirydd 1969–72); Cymdeithas Frenhinol y Peintwyr-Ysgythrwyr ac Engrafwyr; aelod sefydlu Cymdeithas Ddyfrlliwiau Cymru (CDdC) 1959–64. Arddangosfeydd niferus ar y cyd gan gynnwys *Arddangosfa Haf*, Yr Academi Frenhinol, Llundain 1949–52, 1958–59, 1966; *Pictures for Welsh Schools*, Cymdeithas Addysg drwy Gelf/Amgueddfa Cymru (AC), yn fynych 1951–78; *The Festival Exhibition of Contemporary Welsh Paintings*, Oriel Howard Roberts, Caerdydd 1958; Eisteddfod Genedlaethol Cymru (EGC), Caerdydd 1960, 1978; *Cymru Nawr*, EGC/CCC 1968; *Art in Wales, the 20th Century: Today*, CCC 1969; *Arddangosfa Gwneuthurwyr Printiau Cymru*, Canolfan Gelfyddydau Chapter, Caerdydd 1979; *The Final Proof*, CCC 1981 (teithiol). Arddangosfa undyn, *Prints and Drawings*, Oriel Iolo, Y Bont-faen 1974. Wedi'i gynnwys mewn erthyglau yn *South Wales Echo* (1954); *Art News and Review* (10 Gorffennaf 1954) *The Times* (6 Mawrth 1959); *Western Mail* (1969). Casgliadau'n cynnwys AC; Amgueddfa ac Oriel Gelf Casnewydd; Amgueddfa ac Oriel Gelf Castell-nedd; Cyngor Sir Ddinbych; Prifysgol Caerdydd. Prynwyd gwaith gan CCC. Roedd yn byw yng Nghaerdydd, de Cymru.

## Howard Samuel JEVONS 1946–
**Peintiwr, ceramegydd. Ganed yn Nhonypandy, de Cymru.**

Astudiodd yng Ngholeg Addysg y Barri/Coleg Polytechnig Cymru 1974–78, gyda Charles Burton. Cyflogaeth ym maes peirianneg, de Cymru 1961–74; athro, Ysgol Uwchradd y Drenewydd 1978–2001. Arddangosfeydd ar y cyd, Canolfan Bleddfa 2002; Neuadd Gregynog, Tregynon 2003; Oriel Washington, Penarth 2004; Oriel Twenty Twenty, Gweunllwg 2005. Erthygl wedi'i chyhoeddi yn *Ceramics Review* (rhifyn 19, 2004). 'Mae ei baentiadau'n adlewyrchu'r ardal lle y mae'n byw.' Yn byw yn Nhregynon, canolbarth Cymru.
*Yr artist*

## Helen JOB 1957–
**Peintwraig. Ganed yn Wrecsam, gogledd Cymru.**

Astudiodd yn Athrofa Gogledd Ddwyrain Cymru, Wrecsam 1975–76; Coleg Polytechnig Lerpwl 1982–85, gyda Mike Knowles, Jeff Nuttall. Yn byw yn Marseilles 1977–79. Aelod o Gymdeithas Celf Clwyd 1988–92; Grŵp Focal. Arddangosfeydd ar y cyd yn cynnwys *Biennale Arlunio Cymru*, Canolfan y Celfyddydau Aberystwyth 1997 (teithiol), 1999 (teithiol); Yr Academi Frenhinol Gymreig, Conwy 1997; Llyfrgell Rhuthun (LlRh) 1998, 2001; Eisteddfod Genedlaethol Cymru, Ynys Môn 1999; *In Our Time*, Oriel ECTARC, Llangollen 2000. Arddangosfeydd undyn yn cynnwys *Animal Dandies*, LlRh 1995, 1996; *Sublime and Ridiculous*, Llyfrgell Dinbych 2000; *Unseen Venetians*, Manorhaus, Rhuthun 2004; Canolfan Grefft Rhuthun (CGRh) 1999, *A Cytie Glorious*, CGRh 2006. 'Paentio haniaethol wedi'i ysbrydoli gan hanes Gweriniaeth Fenis, a thirluniau o Ddyffryn Clwyd.' Yn byw yn Llanbedr, gogledd Cymru.
*Yr artist*

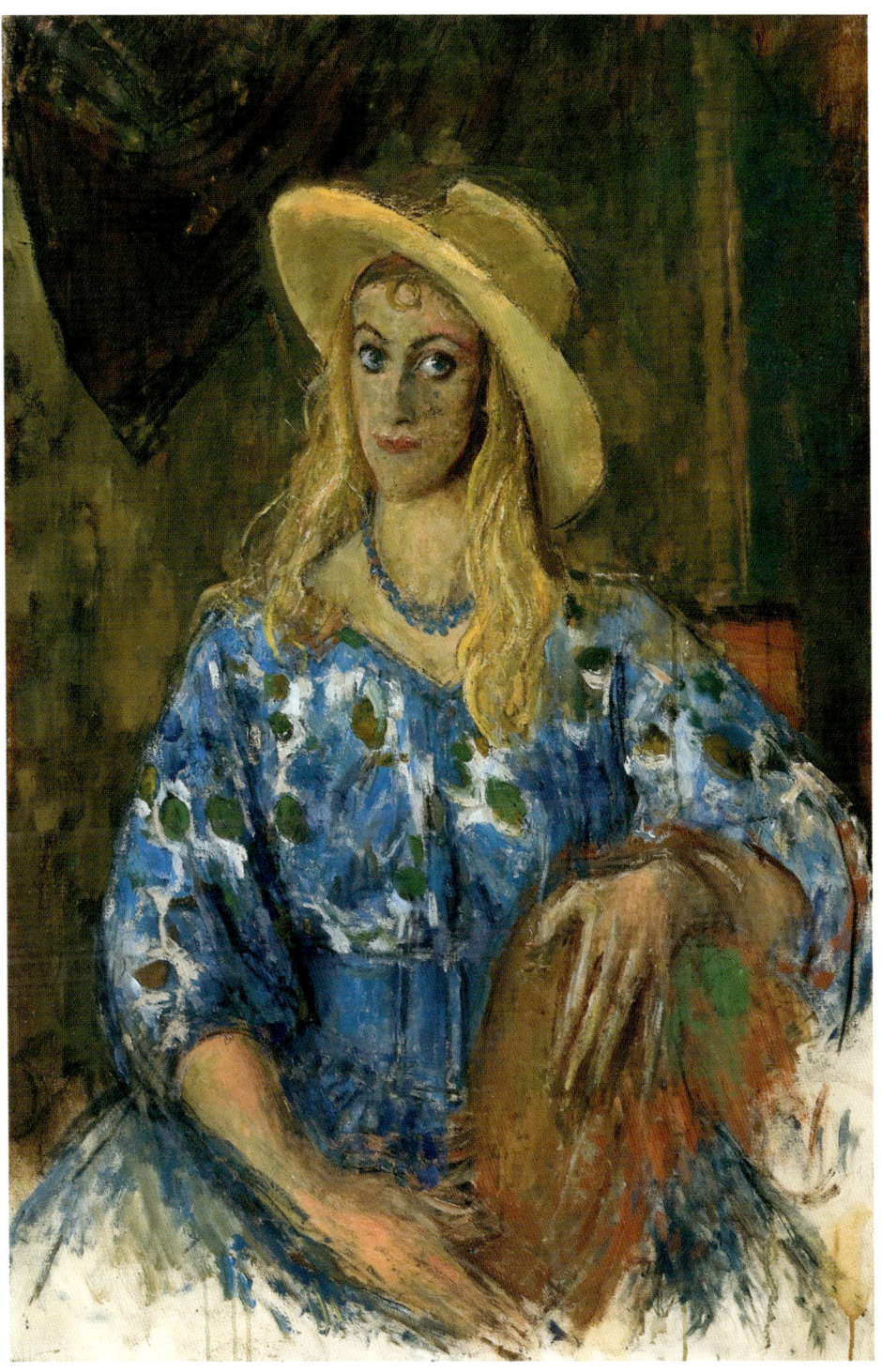

164 | Augustus John
*Portrait of Beshlie Heron (aka Clarissa)* 1950au

### Augustus JOHN 1878–1961
**Enw gwaith Augustus Edwin John OM RA, peintiwr, ysgythrwr. Ganed yn Ninbych-y-pysgod, gorllewin Cymru.**

Astudiodd yn Ysgol Gelf Gain Slade, Prifysgol Llundain 1894–98. Addysgodd yn Ysgol Gelf Lerpwl 1901–02. Bu'n byw yn Llundain ac yn Ffrainc 1902–10; yn Dorset 1911–27; yn Fryern Court, Swydd Gaerwynt o 1927. Gyda'r peintwyr, J D Innes (1887–1914), Derwent Lees (1884–1931), ymwelodd â Chwm Arennig, ger y Bala, gogledd Cymru 1911–14. Fe'i gwrthodwyd ar gyfer gwasanaeth milwrol; artist rhyfel, byddin Canada, Ffrainc 1917–18. Portreadwr yn bennaf 1920au–1930au; comisiynau'n cynnwys portreadau swyddogol, Cynhadledd Heddwch Paris 1919. Cefnogwr Eisteddfod Genedlaethol Cymru (EGC). Gyda Chymry Llundain, trefnodd yr *Welsh Contemporary Art Exhibition* gyntaf (Llyfrgell Genedlaethol Cymru, Amgueddfa ac Oriel Gelf Glynn Vivian, Abertawe, Amgueddfa Cymru (AC)) 1935, gan arwain at ffurfio Cymdeithas Celf Gyfoes Cymru (CCGC). Llywydd, Yr Academi Frenhinol Gymreig 1934–39. Ymwelodd â Sir Benfro, ardal Blaenau Ffestiniog 1947–55. Fe'i hetholwyd yn Academydd Brenhinol 1928, 1940. Fe'i hanrhydeddwyd â'r Urdd Teilyngdod ym 1942. Llawer o arddangosfeydd ar y cyd, gan gynnwys Clwb Celf Newydd Lloegr o 1899; Grŵp Camden Town 1911; 20fed Biennale Fenis 1936; *Exhibition of British Art*, Louvre, Paris 1938; *Festival Exhibition of Contemporary Welsh Painting*, Pwyllgor Cymreig Cyngor Celfyddydau Prydain Fawr 1951; *Some Miraculous Promised Land*, Oriel Mostyn, Llandudno 1982; *Portreadau gan Augustus John*, AC 1988; *Gwen John and Augustus John*, Tate/AC 2004. Llawer o arddangosfeydd undyn gan gynnwys *Drawings of Augustus John*, Yr Oriel Genedlaethol, Llundain 1940; EGC, Pen-y-bont ar Ogwr 1948; Yr Academi Frenhinol, Llundain 1954; llawer o orielau preifat, Llundain. Cyhoeddiadau'n cynnwys *Chiaroscuro, Fragments of Autobiography* (Cape, 1952). Wedi'i gynnwys yn *Augustus John: The New Biography*, Michael Holroyd (Farrar, Straus a Giroux, UDA 1996). Casgliadau cenedlaethol/rhyngwladol niferus ar y cyd gan gynnwys AC; CCGC; Yr Oriel Bortreadau Genedlaethol, Llundain. Drafftsmon, portreadwr; brasluniau olew hynod gyntefig, o'i gymar Dorelia McNeill a'i blant yn bennaf. Delweddau o artistiaid, awduron, merched. Roedd yn byw yn Fordingbridge, Lloegr.

### Goscombe JOHN 1860–1952
**Enw gwaith Syr William Goscombe John RA, cerflunydd, medalydd. Ganed yng Nghaerdydd, de Cymru.**

Astudiodd yn Ysgol Gelf Caerdydd; bu'n gweithio yng Ngweithdai Bute, Caerdydd; disgybl gynorthwy-ydd i Thomas Nicholls, Llundain 1881–86, ac i Charles Bell Birch 1886–87; astudiodd yn Ysgol Gelf Kennington, Dinas ac Urddau Llundain 1881–84; Ysgolion yr Academi Frenhinol 1884–89 (medal aur, ysgoloriaeth deithio, 1889). Bu'n gweithio ym Mharis (bu Rodin yn ddylanwad arno), yna yn Llundain. Llawer o gomisiynau, gan gynnwys cerfluniau marchogol o Edward VII (Cape Town 1904); Arglwydd Tredegar (Caerdydd 1909); Arglwydd Minto (Calcutta 1913); cerfluniau o Daniel Owen (Yr Wyddgrug tua 1896); Thomas Ellis, AS (Y Bala 1902); David Lloyd George (Caernarfon 1921); *St David Blessing the People* (Neuadd Ddinas Caerdydd) 1916. Cofebau i WRH Powell, AS (Llanboidy 1891); Y Deon Vaughan (Llandaf 1900). Cofebau i Gatrawd y Brenin (Lerpwl 1905); *Engine-Room Heroes* (Lerpwl 1916). Cofgolofnau'r Rhyfel Byd Cyntaf, gan gynnwys Port Sunlight; Wrecsam; Llandaf. Cerfluniau, penddelwau portreadol; teyrndlysau ar gyfer arwisgiad Tywysog Cymru 1911; medalau/seliau ar gyfer sefydliadau Cymreig, gan gynnwys Eisteddfod Genedlaethol Cymru. Fe'i hetholwyd yn Academydd Brenhinol ym 1909; fe'i hurddwyd ym 1911. Medal Aur, Cymdeithas Frenhinol Cerflunwyr Prydain 1942. Arddangosfeydd undyn yn cynnwys Amgueddfa Cymru (AC) 1948, 1979. Rhoddwr gwaith hael i AC. Casgliadau'n cynnwys AC; Amgueddfa ac Oriel Gelf Casnewydd; Amgueddfa Fitzwilliam, Caergrawnt; Oriel Gelf Glynn Vivian, Abertawe; Oriel Gelf Walker, Lerpwl; Tate, Llundain; Yr Amgueddfa Ryfel Ymerodrol,

Llundain. Gwaith wedi'i gynnwys yn *Goscombe John at the National Museum of Wales*, Fiona Pearson (AC 1979); *War memorials from antiquity to the present*, Alan Borg (Leo Cooper 1991). Cerflunydd academaidd, un o hoelion wyth 'Cerfluniaeth Newydd' diwedd y 19eg ganrif. Roedd yn byw yn Llundain.

### Sara JOHN 1946–
**Peintwraig, gwneuthurydd printiau. Ganed yn Llundain.**

Ei thaid yn Gymro; ei thad yn Gymro. Astudiodd yng Ngholeg y Gofaint Aur 1958–63; Ysgol Gelf Gain Slade 1965–69, gydag Euan Uglow, BAR Carter, Philip Sutton (Ysgoloriaeth Deithio David Murray); Coleg Argraffu Llundain 1969–70. Darlithydd, Coleg Celf a Dylunio Swydd Hertford 1969–76; hefyd Ysgol Gelf Chelsea, Ysgol Gelf Byam Shaw a'r Ysgol Gelf Ganolog, Llundain. Bu'n gweithio yng ngwasg lithograffig Sky Editions 1973; Stiwdio Lithograffig Curwen 1979; cyfarwyddwr celf cynorthwyol, asiantaethau hysbysebu, Ogilvy a Mather, S H Benson. Aelod, Cymdeithas y Peintwyr Tirluniau. Arddangosfeydd ar y cyd yn cynnwys *Young Artists of Today*, Oriel Grosvenor, Llundain 1969; *Arddangosfa Haf*, Yr Academi Frenhinol o 1978; Canolfan Daniel Owen, Yr Wyddgrug 1989; Y Tabernacl, Machynlleth 1990; Orielau'r Mall, Llundain 2001. Arddangosfeydd un-ddynes yn cynnwys Oriel Gweithdy Mel Calman, Llundain 1975; The Art Shop, Y Fenni 2005; *Inside and Out*, Oriel Washington, Penarth 2005; *Retrospective*, Oriel Martin, Cheltenham 2005. Ei gwaith yn cynnwys tirluniau, bywyd llonydd, portreadau. Yn byw ym Mhowys.

### Ewart JOHNS 1923–2013
**Enw gwaith Ewart Morien Johns, peintiwr, cerflunydd, artist yn defnyddio arlunio. Ganed yn y Barri, de Cymru.**

Astudiodd yng Ngholeg Sant Ioan, Caergrawnt 1940–41, 1945–47 (Daearyddiaeth – gradd yn y dosbarth cyntaf); Sefydliad Addysg Prifysgol Llundain 1947–48; Coleg Celf Caerdydd 1941–45 (rhan-amser), gyda Ceri Richards; Ysgol Gelf Caergrawnt 1945–47; Coleg Celf Caerwysg (rhan-amser) 1948, gyda Clifford Fishwick. Bu'n gweithio yn y Gwasanaethau Cymdeithasol, Caerdydd 1941–45; darlithydd/uwch-ddarlithydd, Daearyddiaeth, Coleg Prifysgol De Orllewin Lloegr/Prifysgol Caerwysg (PCaer) 1948–72; Pennaeth Adran y Celfyddydau Gweledol, Prifysgol Caerhirfryn (PCaerhir) 1972–83. Cyfarwyddwr/dylunydd yn y theatr gerdd broffesiynol, cyfansoddwr caneuon a geiriau, Theatr Northcott, Caerwysg 1960au. Comisiynau, PCaer 1960au (dau). Doethur Mygedol yn y Celfyddydau, Prifysgol Plymouth (PPly) 2001. Arddangosfeydd ar y cyd yn cynnwys Gŵyl Gelfyddydau PCaer 1966; Coleg Prifysgol, Caerdydd 1981; *The Last Picture Show*, Canolfan Gelfyddydau Caerwysg a Dyfnaint 1987. Arddangosfa ddeuddyn, Tŷ Devonshire, Caerwysg/PCaerhir (gyda Marty Avrell) 1974. Arddangosfeydd undyn niferus gan gynnwys Oriel Grabowski, Llundain 1961–63; Oriel Victoria, Harrogate 1977; Oriel Gelf Abbot Hall, Kendal 1980; adolwg, Oriel Scott, PCaerhir 1981; *The Isles of Scilly and Other Subjects*, Y Llyfrgell Newydd, PCaer 1987; *Ewart Johns, 50 Years of Art*, Coleg Celfyddydau Dartington 2001 (teithiol); *Ewart Johns, A Retrospective*, Oriel Cube 3, PPly 2007. Cyhoeddiad, *British Townscapes* (Edward Arnold 1965); 'A Visual Aid for Artists with Retinitis Pigmentosa (Tunnel Vision)' gydag Ian E Gordon, y cylchgrawn *Leonardo* (cyf 17, rhif 3, 1984). Casgliadau'n cynnwys Coleg Sant Ioan, Caergrawnt; PCaer; Prifysgol Essex; Prifysgol De Cymru, Pontypridd. Prynwyd gwaith gan Gyngor Celfyddydau Cymru. '…y ffigwr dynol mewn perthynas annatod â'r byd o'i gwmpas.' Roedd yn byw yn South Brent, Lloegr.

*Yr artist*

### Madge JOHNS 1924–
**Enw gwaith Doris Madge Johns, peintwraig. Ganed yn Abertawe, de Cymru.**

Astudiodd yng Ngholeg Celf Abertawe (rhan-amser) 1970au, gydag Archie Williams, George Little; Coleg Gorseinon (rhan-amser) 1980au, gyda Maggie Carr. Cynorthwy-ydd, Oriel Gweithdy Celfyddydau Abertawe (OGCA)/Oriel Mission, am 25 o flynyddoedd. Aelod o Gymdeithas Artistiaid a Dylunwyr Cymru (CADC); Cymdeithas Gelf Abertawe (CGA). Arddangosfeydd ar y cyd, CADC, OGCA 1985, 1989, 1994; CGA, Canolfan Gelfyddydau Taliesin, Abertawe ac Oriel Gelf Glynn Vivian, Abertawe (OGGV) o'r 1970au; Eisteddfod Genedlaethol Cymru, Wrecsam 1977. Arddangosfeydd un-ddynes, OGCA 1984; OGGV 1985; Oriel Cross, Pontardawe 1991, 1992; Llyfrgell Doc Penfro 2002. 'Y dirwedd allanol…fy mamwlad…fy nhirwedd hudol fewnol fy hun sy'n cynnwys mythau, breuddwydion ac atgofion personol o gael fy magu yng Nghymru.' Yn byw yn Abertawe.
*Yr artist*

### Justine JOHNSON 1960–
**Cerflunydd, gwneuthurydd printiau. Ganed yn Orange, UDA.**

Cyrhaeddodd Gymru ym 1992. Astudiodd ym Mhrifysgol Daleithiol San Francisco, UDA 1978–84 (Drama a Chynllunio Gwisgoedd); Coleg Technoleg a Chelf Sir Gaerfyrddin (CTChSG) 1995–98 (gradd yn y dosbarth cyntaf); Prifysgol Middlesex 2002–03 (Meistr Celf Gain). Cynllunydd llawrydd, gwisgoedd chwaraeon, cyfarwyddo celf, UDA, Hong Kong 1983–90; prentis i Hiroshi Hashida, Osaka, Japan 1984–85; athrawes, Gwasanaeth Cymdeithasol Rhyngwladol, Y Cenhedloedd Unedig, Hong Kong 1986–88; darlithydd (rhan-amser), CTChSG 1994–95; artist llawrydd, Gofal Celf, Caerfyrddin, o 2004. Artist preswyl, Ysbyty Llwynhelyg, Hwlffordd 2005; Ysbyty Waterford, Iwerddon 2005. Comisiwn, Ysgol Gynradd Tŷ-croes, Rhydaman 2006. Gwobrau Cyngor Celfyddydau Cymru 1994, 2004, 2006. Aelod o'r Ganolfan Gerfluniaeth Ryngwladol; Cerfluniaeth Cymru; Grŵp 56 Cymru. Arddangosfeydd ar y cyd yn cynnwys *Gŵyl Gelf y Menywod*, Caerdydd 1994, 1995; Oriel Gelf Glynn Vivian, Abertawe 1996; *Postscript*, Oriel Neuadd y Frenhines, Arberth 1998, 2002; *Biennale Arlunio Cymru*, Aberystwyth 1999 (teithiol), 2005 (teithiol); *Young Curators Select*, Oriel Davies, Y Drenewydd 2006; *Iron Tribe Exhibit*, Prifysgol Ucheldiroedd New Mexico (PUNM) 2007. Arddangosfeydd un-ddynes yn cynnwys Oriel Seasons, Hong Kong 1989; Oriel Soundscape, Santa Rosa, UDA 1994; *Ferrofluid*, Llysgenhadaeth yr Unol Daleithiau, Llundain 1998; Oriel Nevill, Llanelli 2004. Erthygl gyhoeddedig, 'Collective Endeavour' (*Artist Blacksmith*, Mawrth 2010). Wedi'i chynnwys yn y wasg genedlaethol/ryngwladol. Casgliadau'n cynnwys Parc Cerfluniau Franconia, Shafer, UDA; Prifysgol Bolytechnig Hong Kong; PUNM. Yn byw yn Foelgastell, gorllewin Cymru.
*Yr artist*

### Cecile JOHNSON SOLIZ 1957–
**Artist. Ganed yn Landstuhl, Yr Almaen.**

Symudodd i UDA ym 1960; yn y DU o 1975. Astudiodd yng Ngholeg Celf Caerdydd 1975–76, gyda Michael Crowther; Prifysgol Legon, Accra, Ghana 1977–78; Coleg y Gofaint Aur, Llundain, gyda Michael Craig-Martin, Rita Donagh 1976–77, 1978–80, 1981–83 (Diploma Ôl-raddedig, Celf Gain a Theori), 1987–89 (MA Celf Gain). Gweithwraig ieuenctid, Llundain 1978–81. Darlithydd, Coleg Technegol Thurrock, hefyd yn olygydd copi, prawfddarllenydd, awdur, 1983–88; darlithydd, Coleg Addysg Uwch East Berkshire 1994–96; ymchwilydd/cynorthwy-ydd golygyddol, y cyhoeddwyr Macmillan, Llundain (Macmillan) 1986–96; Cymrodoriaeth Henry Moore 1995–97, uwch-ddarlithydd, Cerfluniaeth 1997–2006, Pennaeth Cerfluniaeth o 2007, Athrofa Prifysgol Cymru, Caerdydd (APCC) (oll). Comisiynau'n cynnwys yr Asiantaeth Gelf ac Adfywio 1999. Gwobrau'n cynnwys Cymdeithas Gelfyddydau Llundain Fwyaf 1982; Bwrdd Celfyddydau Llundain 1993; Y Cyngor Prydeinig 1989, 1995; Cyngor Celfyddydau

Cymru 1996, 2001, 2004 (Cymru Greadigol); Sefydliad Henry Moore 2002; Cywaith Cymru 2003. Arddangosfeydd ar y cyd yn cynnwys *Objects for the Ideal Home*, Oriel Serpentine, Llundain 1991; *Craft*, Oriel Richard Salmon, Llundain 1997 (teithiol, gan gynnwys Cymru); *Strata 06*, Abaty Ystrad Fflur 2006 (teithiol); *New Acquisitions on Paper*, Sefydliad Henry Moore, Leeds (SHML) 2005; *things we lost in the fire*, Oriel Transitions, Llundain 2006 (teithiol); *Still Life*, Canolfan New Art a Pharc Cerfluniau Roche Court 2007. Arddangosfeydd un-ddynes yn cynnwys Oriel Nicola Jacobs, Llundain 1989; *Regarding the Function of Objects*, Amgueddfa Cymru, Caerdydd (AC) 1999; *Property of a Lady*, Amgueddfa Barnstable a Gogledd Dyfnaint 2002; *Proposition: Room*, AC 2007. Cyhoeddiadau'n cynnwys erthyglau, *Dictionary of Art* (Macmillan 1996). Wedi'i chynnwys yn 'Heatwork', Jeff Jones (*Ceramic Review*, rhif 197, Medi/Hydref 2002). Casgliadau'n cynnwys AC; Amgueddfa ac Oriel Gelf Ardal y Crochendai, Stoke-on-Trent; Centro d'Arte Contemporanea, Rivara, Yr Eidal; Prifysgol Swydd Hertford, Hatfield (pryniant gan y Gymdeithas Celf Gyfoes); SHML. Cerfluniaeth, 'fyfyriol, ymarferol'; dyfrlliwiau; ffotograffiaeth. Yn byw yng Nghaerdydd, de Cymru.
*Yr artist*

## Mary JOLLEY 1939–
**Enw gwaith Mary Elizabeth Jolley, peintwraig. Ganed ym Mhan-teg, de Cymru.**

Astudiodd yng Ngholeg y Brifysgol, Caerdydd 1960–64 (Gwyddorau Cymdeithasol). Artist hunanaddysgedig. Gweithwraig gymdeithasol feddygol/prif swyddog hyfforddiant a datblygu staff, Caerdydd 1964–2002. Aelod o Glwb Celfyddydau Caerdydd. Arddangosfeydd ar y cyd yn cynnwys Oriel Albany, Caerdydd (OA) 2004–07; Oriel Stiwdio Tyddewi 2004, 2005; Celf Gain Michael Wood, The Barbican, Plymouth 2005, 2006; Oriel Burlington, Cheltenham 2006, 2007. Arddangosfa ddwy-ddynes, OA (gyda Dionne Sievewright) 2006. Arddangosfeydd un-ddynes, Oriel St Brides, Saundersfoot 2004, 2006. Wedi'i chynnwys yn *Western Mail* (2002, 2006). '…wedi fy ysbrydoli gan y tensiynau rhwng y ddinas a'r pentref, y dref a'r wlad, y tir a'r môr…' Yn byw ym Mhenarth, de Cymru a Montcuq, Ffrainc.
*Yr artist*

## Allen JONES 1937–
**Enw gwaith Allen Jones RA, cerflunydd, gwneuthurydd printiau, peintiwr. Ganed yn Southampton, Lloegr.**

Ei dad yn Gymro. Astudiodd yn Ysgol Gelf Hornsey 1953–59; Y Coleg Celf Brenhinol 1960–61. Darlithydd, lithograffeg 1961–83, Llundain, Hambwrg, Los Angeles, Alberta, Berlin. Wedi'i ethol i'r Academi Frenhinol 1986. Comisiynau cerflunio'n cynnwys Gŵyl y Gerddi, Lerpwl 1984; Terfynell 4, Heathrow, Llundain 1990; Docklands Llundain 1994; Sefydliad Red Mansion, Llundain 2004. Cynlluniau llwyfan yn cynnwys *O! Calcutta!*, Kenneth Tynan, Efrog Newydd/Llundain 1969; *Cinéma*, Eric Satie, Bale Rambert 1987; *Signed in Red* (Y Bale Brenhinol 1995). Arddangosfeydd cenedlaethol/rhyngwladol undyn niferus gan gynnwys, Arthur Tooth and Sons, Llundain 1963, 1964, 1967, 1970; Oriel, Cyngor Celfyddydau Cymru, Caerdydd 1975; Orielau Waddington 1976–93; Sefydliad y Celfyddydau Cyfoes, Llundain 1978 (teithiol); Oriel Gelf Walker, Lerpwl 1979 (teithio'n rhyngwladol); Oriel Gelf Glynn Vivian, Abertawe 1992 (teithiol); Oriel Gelf y Barbican/Y Cyngor Prydeinig 1995 (teithio'n rhyngwladol); Yr Academi, Helsinki 1999; Oriel Alan Cristea, Llundain 2003, 2007. Cyhoeddiadau'n cynnwys 'Thoughts and Recollections', *Print Quarterly* (Mawrth 2004). Gwaith wedi'i gynnwys yn *Allen Jones: Sheer Magic*, Marco Livingstone (Thames a Hudson, Llundain 1981); *Allen Jones Works* (Yr Academi Frenhinol, Llundain/Thames a Hudson 2005). Casgliadau'n cynnwys Amgueddfa Celf Fodern, Efrog Newydd; Amgueddfa Cymru; Amgueddfa Stedelijk, Amsterdam; Cyngor Celfyddydau Lloegr; Tate, Llundain;

Yr Amgueddfa Brydeinig, Llundain. Yn y 1960au, 'aeth ati i ddangos yn ddiamwys fanwl yr erotigiaeth a fu gynt yn ddistaw, gan fabwysiadu arddull linol fanwl gywir fel ffordd o bwysleisio hydeimledd.' *(Marco Livingstone, Grove Art Online/www.tate.org.uk)* Yn byw ac yn gweithio yn Llundain, Lloegr. *Yr artist*

### Aneurin M JONES 1930–
**Enw gwaith Aneurin Morgan Jones, peintiwr. Ganed yn Nhrecastell, canolbarth Cymru.**

Astudiodd yng Ngholeg Celf Abertawe 1951–55, gyda Kenneth Hancock, Alfred Janes, William Price; Coleg Prifysgol Abertawe 1955–56. Dylunydd gwydr lliw, Stiwdios Celtic, Abertawe 1956–57; pennaeth Celf a Dylunio, Ysgol Gyfun y Preseli 1957–85. Artist preswyl, Gŵyl Gregynog, Y Drenewydd 1992. Aelod o Orsedd y Beirdd, Eisteddfod Genedlaethol Cymru (EGC); Cymrawd Anrhydeddus, Prifysgol Cymru, Llanbedr Pont Steffan. Medal Aur (Celfyddyd Gain), EGC, Machynlleth 1981. Comisiwn, Eglwys Pennal, Machynlleth 1995. Aelod o Gymdeithas Gelf Aberteifi (aelod sefydlu/cyn-gadeirydd); Gweled (cyn-gadeirydd). Arddangosfeydd niferus ar y cyd gan gynnwys Oriel Albany, Caerdydd 1969; Canolfan y Celfyddydau Aberystwyth 1973; Oriel Tegfryn, Porthaethwy 1982, 1997, 1998; Oriel Pen y Fan, Aberhonddu 1996–98, 2004, 2005; Yr Academi Frenhinol Gymreig, Conwy 1999. Arddangosfeydd deuddyn, Oriel Gelf Bangor (gyda John Meirion Morris) 1992; Oriel Washington, Penarth (gyda Meirion Jones) 2004, 2005, 2007; Oriel yr Atig, Abertawe (gyda Donald McIntyre) 2005; Fountain Fine Art,

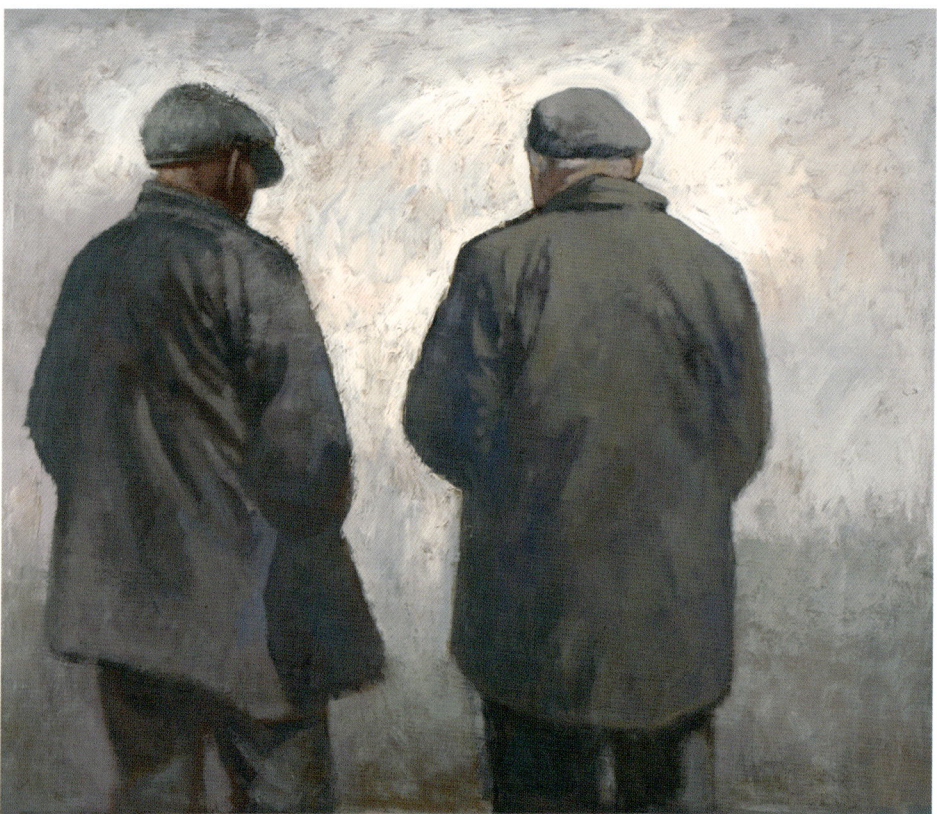

165 | Aneurin Jones
*Goleuni* 2006

Llandeilo (gyda Meirion Jones) 2006. Arddangosfeydd undyn yn cynnwys yr Hen Ysgol Gelf, Caerfyrddin, Caerfyrddin 1967; Llyfrgell Genedlaethol Cymru, Aberystwyth (LlGC) 1984; Plas Gregynog, Y Drenewydd 1985, 2001; Oriel Plas Glyn-y-Weddw 1988, 2000; Canolfan Gelfyddydau Taliesin, Abertawe 2003; Oriel Awen Teifi, Aberteifi 2004–07. Erthyglau wedi'u cyhoeddi yn *Barn*, *Y Cymro*, *Western Mail*. Wedi'i gynnwys yn *Cymru'r Cynfas*, Hywel Harries (Y Lolfa, Tal-y-bont (YL) 1980); *Aneurin*, Emyr Llywelyn (YL 2000). Casgliadau'n cynnwys Cyngor Sir Ceredigion; Cyngor Sir Gaerfyrddin; LlGC; Y Tabernacl, Machynlleth. '…cymeriadau gwledig mewn ffeiriau ceffylau, sioeau, treialon cŵn defaid a digwyddiadau cefn gwlad eraill.' Yn byw yn Aberteifi, gorllewin Cymru.
*Yr artist; Meirion Jones*

## Ben JONES 1947–
**Enw gwaith Bernard Jones, cerflunydd, peintiwr. Ganed yn Llanfair-ym-Muallt, canolbarth Cymru.**

Astudiodd ym Mholytechnig Tafwys, Llundain 1966–69 (gan gynnwys amser yn Mexico); Ysgol Gelf Sant Martin, Llundain 1969–71. Bu'n byw/gweithio yn Llundain o 1970. Golygydd sefydlu cylchgrawn Artscribe, Llundain 1976. Dychwelodd i Gymru ym 1981. Aelod gweithredol o Ymddiriedolaeth Gerfluniaeth Cymru; sefydlydd Llwybr Cerfluniaeth Powys. Gwobrau Cyngor Celfyddydau Cymru (CCC) 1976, 1980. Cerflun cyhoeddus o'r bardd T Harri Jones, Canolfan Gelfyddydau Glannau Gwy, Llanfair-ym-Muallt. Arddangosfa ar y cyd, *Seven Sculptors Working in Wales*, Oriel Gelf Glynn Vivian, Abertawe 1986. Arddangosfa undyn, Oriel, CCC, Caerdydd 1985. Casgliadau'n cynnwys Adran Addysg Swydd Caerlŷr; Cyngor Celfyddydau Lloegr; Prifysgol De Cymru, Pontypridd; Rheilffyrdd Prydeinig. Prynwyd gwaith gan CCC. Yn byw yn ardal y Fenni, de Cymru.

## Bryan JONES 1938–1997
**Peintiwr. Ganed yn Rhymni, de Cymru.**

Astudiodd yng Ngholeg Celf Casnewydd 1960–64, gyda Tom Rathmell, John Wright; Coleg Prifysgol Cymru, Caerdydd 1965–66. Gweithiwr dur 1956–58; Gwasanaeth milwrol 1958–60; tiwtor (rhan-amser), addysg oedolion, Cymdeithas Addysg y Gweithwyr, Cyngor Sir Mynwy 1966–69; athro (rhan-amser), Ysgol Uwchradd Abertridwr 1967–69; cydsefydlydd/cyfarwyddwr artistig, Canolfan Gelfyddydau Chapter, Caerdydd 1968–77; artist/dylunydd, Sint Maarten, Antilles yr Iseldiroedd 1977–80; darlithydd (rhan-amser), Coleg Technoleg a Chelf Sir Gaerfyrddin 1985–97. Comisiynau'n cynnwys gwestai, Sint Maarten 1977–80; darlunydd, dylunio, ffilmiau wedi eu hanimeiddio 1980–97, i Siriol, Caerdydd; Cyngor Llyfrau Cymraeg, Aberystwyth; New Welsh Review; Pont Books, Gwasg Gomer. Arddangosfeydd ar y cyd yn cynnwys Yr Oriel, Phillipsburg, ac Oriel Marigot, Sint Maarten 1977–80; Oriel McFarlane, Wisconsin, UDA 1978; Oriel Omell, Bruton Street, Llundain 1985; Oriel yr Atig, Abertawe 1987–97; Oriel Martin Tinney, Caerdydd 1988; Oriel y Golden Sheaf, Arberth 1990–97; Neuadd Dewi Sant, Caerdydd 1991, 1995; Canolfan Sunlife, Dulyn 1991. Roedd yn byw ym Maesycrugiau, gorllewin Cymru.
*Christine Kinsey*

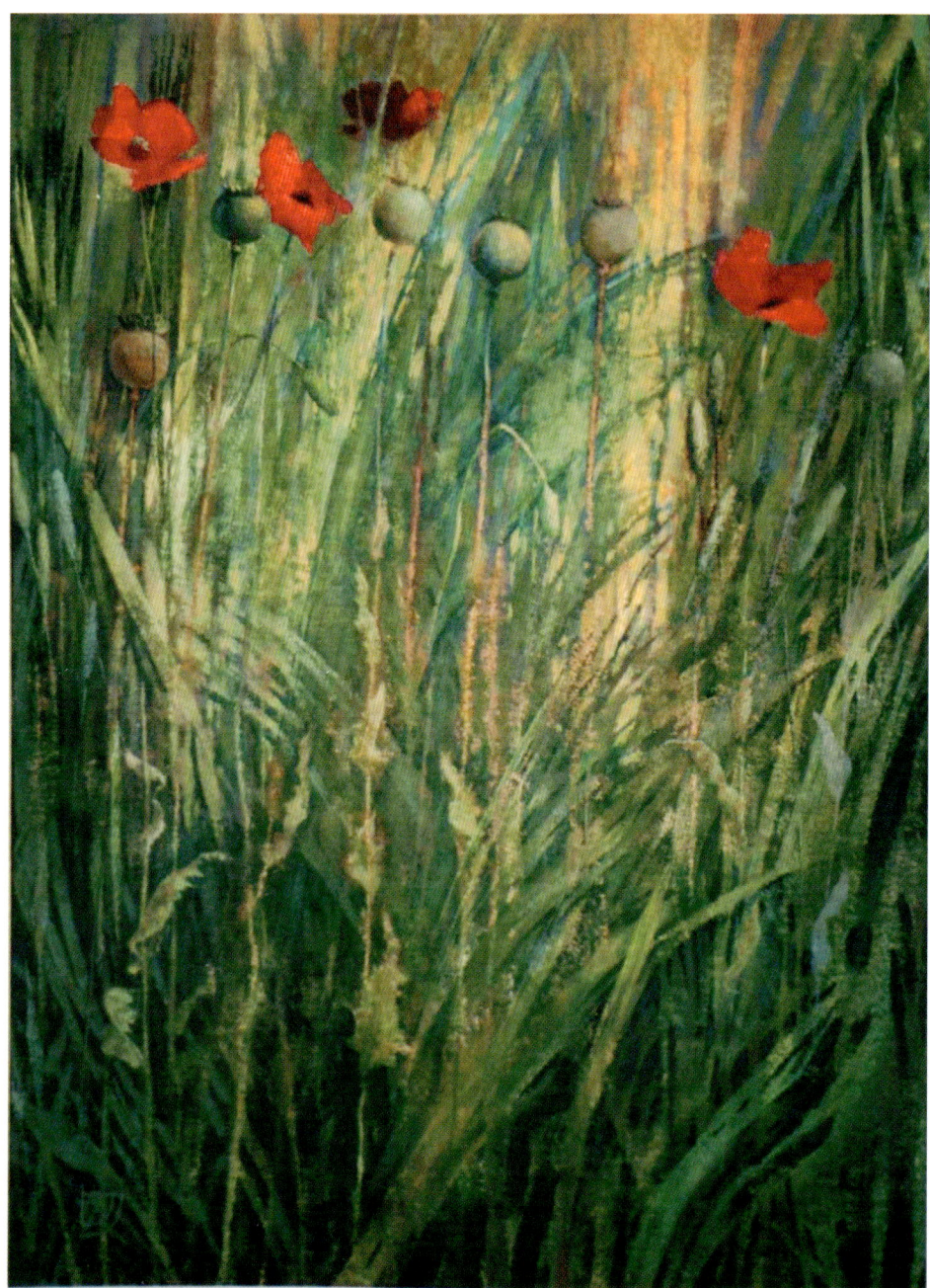

166 | Bryan Jones
*Poppy Field* 1997

## Catrin JONES 1960–
**Artist pensaernïol a gwydr lliw. Ganed yn Aberteifi, gorllewin Cymru.**

Astudiodd yn Athrofa Addysg Uwch Gorllewin Morgannwg, Abertawe 1978–82 (rhagoriaeth), gyda Glenys Cour, Tim Lewis, Alexander Beleschenko. Yn gweithio yn Stiwdios Gaslight, Abertawe (cydsefydlydd) 1982–87. Wedi'i rhestru yn Photostore/Mynegai Gwneuthurwyr Dethol, y Cyngor Crefftau, Llundain. Gweithdai mewn ysgolion, Cymru a Lloegr 1998–2003. Comisiynau niferus gan gynnwys Priordy Dewi Sant, Abertawe 1983–86; Theatr y Lyceum, Sheffield 1990; Oriel Myrddin, Caerfyrddin 2000; Galeri Caernarfon 2004; Tŷ Newydd, Canolfan Ysgrifenwyr Genedlaethol Cymru, Cricieth 2006; Ysgol Gymunedol Sant Thomas, Abertawe 2007. Gwobrau'n cynnwys Cystadleuaeth Wydr Hetley Hartley-Wood 1981 (y wobr gyntaf); Cyngor Celfyddydau Cymru 1989, 1991, 1997, 2000; Gwobr Gelf Ryhurst 2004; Celfyddydau Rhyngwladol Cymru 2005, 2006. Aelod o Weithdy Gwydr Rhyngwladol y Menywod. Arddangosfeydd cenedlaethol/rhyngwladol niferus ar y cyd gan gynnwys Eisteddfod Genedlaethol Cymru (EGC), 1980, 1982 (gwobr gyntaf, gwydr lliw yn y ddwy flynedd); *Young Blood*, Canolfan Gelfyddydau y Barbican, Llundain 1982; *Cerfluniaeth yn y Parc*, Parc yr Ŵyl, Glynebwy 1997; *The Wind that Blows Me is Called Light*, Oriel Gelf Glynn Vivian 1998; *Das Farbige Licht*, Arddangosfa Stiwdio Derix, Pfarrkirchen, Yr Almaen 2001; *Arddangosfa Dydd Gŵyl Ddewi*, Adeilad Time-Warner, Dinas Efrog Newydd 2006. Arddangosfeydd deuddyn, *Glass: the Laboratory of the Spirit*, Canolfan Grefft Rhuthun (gyda Chris Bird-Jones) 1999; *Alcemi*, EGC, Abertawe (gyda Tim Davies) 2006. Arddangosfeydd un-ddynes, *Male Nudes*, Gŵyl yr Ymylon, Abertawe 1987; Theatr Cochrane, Llundain 1997; Cywaith Cymru, Caerdydd 2003. Ei chynnwys yn *Modern Stained Glass in British Churches*, Mark Angus (AR Mowbray 1984); *The New Artist's Handbook*, Ray Smith (Dorling Kindersley 2003); *Contemporary Stained Glass Artists*, Kate Baden Fuller (A&C Black, Llundain 2006); *Journal of Stained Glass*, Cymdeithas Penbeintwyr Gwydr Prydain (1991, 1992, 1994). Gwaith yng nghasgliad Amgueddfa Victoria ac Albert, Llundain. Comisiynau gwydr seciwlar, sanctaidd a phreifat. Yn byw yn Abertawe, de Cymru.
*Yr artist*

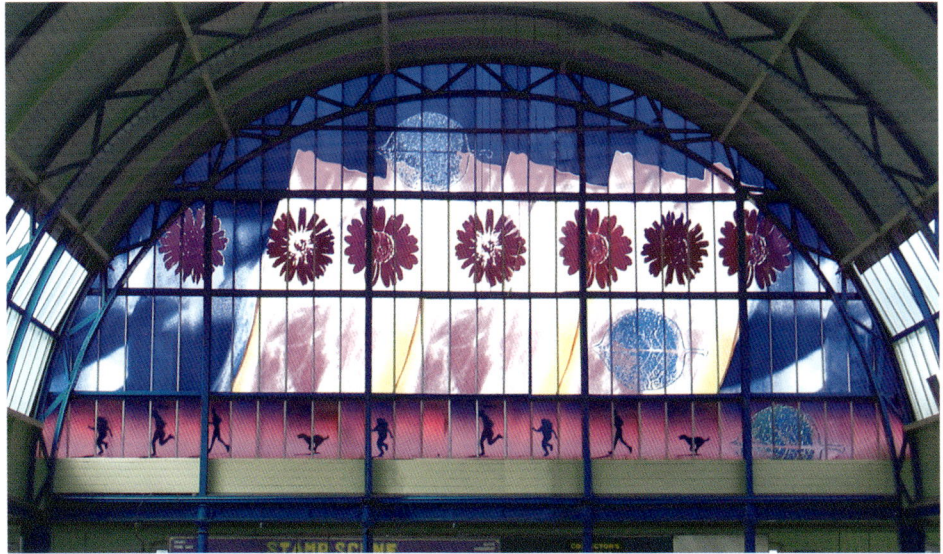

167 | Catrin Jones
*Ffenest ddwyreiniol, Marchnad Nwyddau o dan Do, Dinas Casnewydd* 2003

## Christine JONES 1955–
### Ceramegydd. Ganed yn Rhydaman, gorllewin Cymru.

Astudiodd yng Ngholeg Celf a Dylunio Gorllewin Surrey 1980–83. Tiwtor cyswllt (rhan-amser), Adran Addysg Barhaus i Oedolion, Prifysgol Cymru, Abertawe 1997–2005. Wedi ei rhestru yn Photostore/ Mynegai Gwneuthurwyr Dethol, y Cyngor Crefftau Llundain. Gweithdai/preswyliadau niferus mewn ysgolion, orielau, o 1987. Gwobrau'n cynnwys Cyngor Celfyddydau Cymru 1989, 1998, 2006 (Cymru Greadigol); Eisteddfod Genedlaethol Cymru (EGC), Llanelli, Y Fedal Aur am Gelfyddyd a Dylunio 2000. Arddangosfeydd ar y cyd yn cynnwys *In the First Place*, Canolfan y Celfyddydau Aberystwyth 1990; EGC 1995, 1996 (arobryn), 2000, 2001, 2006; *Beyond Material: the New Craft of the 90s*, Oriel Mostyn, Llandudno 1998 (teithiol); *Clay into Art*, Amgueddfa Gelf Fetropolitan, Dinas Efrog Newydd (AGFetro) 1999; *Self Portrait*, Amgueddfa Cymru, Caerdydd (AC) 2001; *Modern Pots: Ceramics from the Lisa Sainsbury Collection*, Canolfan Sainsbury i'r Celfyddydau Gweledol, Norwich 2001; *Collect*, Canolfan Grefft Rhuthun (CGRh) yn y VacA, Llundain 2004, 2005, 2007. Arddangosfeydd un-ddynes yn cynnwys *Clay Circles*, Gweithdy Celfyddydau Abertawe (GCA) 1985; *Form: Coiled and Carved*, Wilson a Gough, Llundain 1991; *Still Horizons*, GCA 1996 (teithiol); *Christine Jones*, CGRh 2003 (teithiol). Gwaith wedi'i gynnwys yn *Coiled Pottery – Traditional and Contemporary Ways*, Betty Blandino (A&C Black, Llundain 1997); *Colour in Clay*, Jane Waller (Crowood Press 1998); *Welsh Artists Talking*, Tony Curtis (Seren Books, Pen-y-bont ar Ogwr 2000); *Modern Pots: Ceramics from the Lisa Sainsbury Collection*, Cyril Frankel (Thames a Hudson 2001). Casgliadau'n cynnwys AC; AGFetro; Amgueddfa Fitzwilliam, Caergrawnt; Casgliad Sainsbury, Norwich; Oriel Gelf Dinas Caerefrog; Oriel Glynn Vivian, Abertawe. 'Dw i'n cadw fy holl ddeunyddiau a dulliau ymarferol i'r llelaf sy'n bosibl, gan ganolbwyntio ar y ffurf. Gobeithio bod y llestri'n cyfleu eglurder a llonyddwch, ynghyd ag egni eu creu.' *(Catalog, Arddangosfa Rhuthun 2003)* Yn byw yn Abertawe, de Cymru.

*Yr artist*

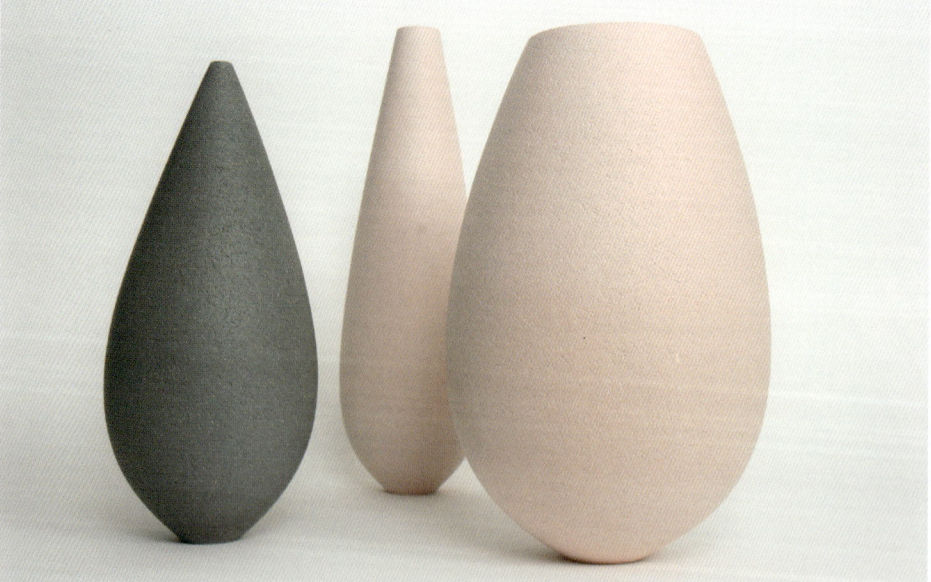

168 | Christine Jones
*Llestri pinc a llwyd* 2007

## Colin JONES 1928–1967
**Enw gwaith Colin Herbert Beynon (Beyne gynt) Jones, peintiwr. Ganed yng Nghasnewydd, de Cymru.**

Astudiodd yng Ngholeg Celf Casnewydd 1944–46, gyda Thomas Rathmell; Coleg Celf Caerdydd 1948–51 (un o 'Grŵp y Rhondda'). Gwasanaeth milwrol 1946–48. Athro, Tre-gŵyr, Abertawe 1951–57; Treharris, c1957–61; darlithydd efrydiau allanol, Prifysgol Cymru, Caerdydd; Swyddog Gwasanaethau Ysgol mewn Celf, Amgueddfa Cymru (AC) 1961–63; Arolygydd EM (Celf), Cymru 1963–67. Comisiynau portreadau; gwaith adfer, eglwysi yng Nghymru. Aelod o Grŵp De Cymru/Y Grŵp Cymreig (Cadeirydd 1964–65). Arddangosfeydd niferus ar y cyd gan gynnwys Eisteddfod Genedlaethol Cymru (EGC) 1956,

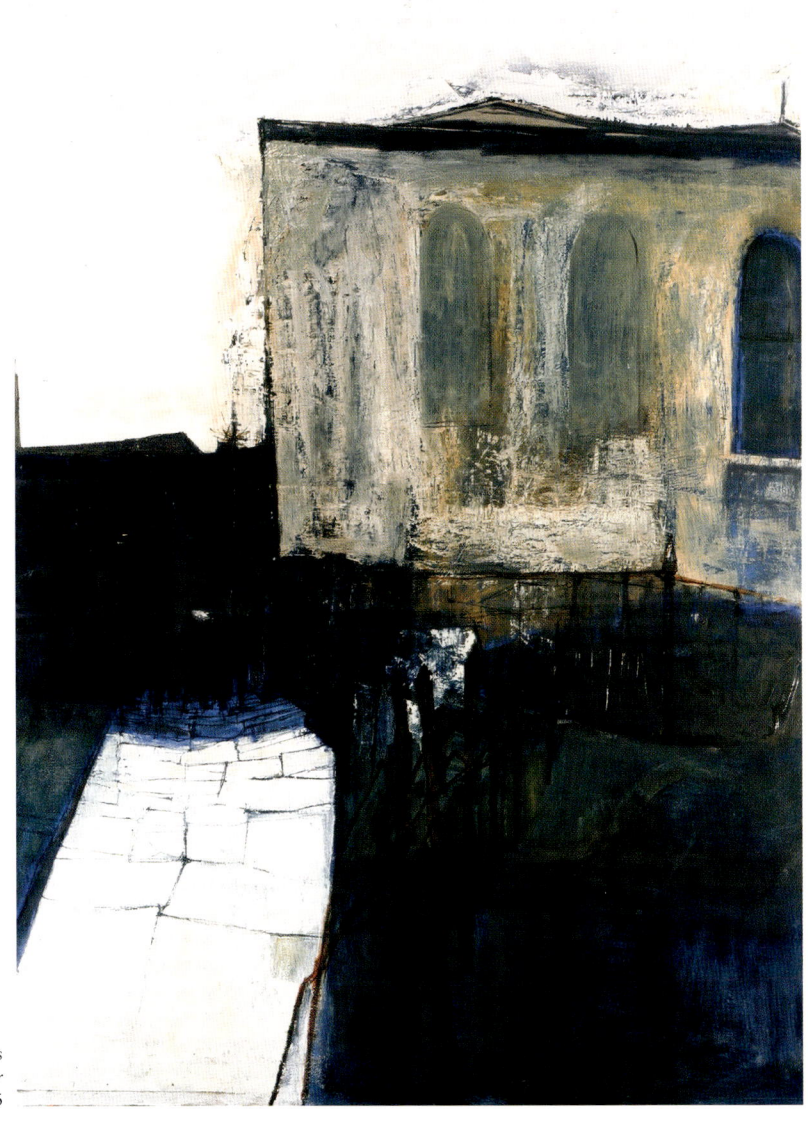

169 | Colin Jones
*Funeral, Merthyr*
1965

1958, 1960; 1968; *Pictures for Welsh Schools*, Cymdeithas Addysg drwy Gelf/AC 1957–63; *Contemporary Welsh Drawing, Painting and Sculpture*, Pwyllgor Cymreig Cyngor Celfyddydau Prydain Fawr 1958; Cymdeithas Celf Gyfoes Cymru (CCGC) 1958, 1961, 1963; *Arddangosfa John Moores*, Lerpwl 1961 (arobryn). Arddangosfeydd undyn yn cynnwys Oriel Stow Hill, Casnewydd 1950au; Dillwyn/Oriel yr Atig, Abertawe 1965; *Colin Jones 1928–67: Some Recent Drawings*, AC 1968; *Colin Jones (1928–67): The Retrospective Exhibition*, Prifysgol Morgannwg, Pontypridd 2005 (teithiol). Wedi'i gynnwys mewn erthygl, *Planet* (Tony Curtis, Mehefin 2005). Ysgrifau coffa, *The Guardian* (Bryn Richards, Ionawr 1968); *Western Mail* (16 Chwefror 1968). Casgliadau'n cynnwys AC; Amgueddfa ac Oriel Gelf Casnewydd; CCGC; Oriel Gelf Glynn Vivian, Abertawe; Oriel Gelf Walker, Lerpwl; Prifysgol Caerdydd. Prynwyd gwaith gan Gyngor Celfyddydau Cymru. Ymgymerodd â thystysgrif Dinasoedd ac Urddau Llundain mewn paentio ac addurno er mwyn deall ei ddewis gyfrwng, paent olew. Roedd yn byw yng Nghaerdydd, de Cymru.

### Cyril JONES 1937–
**Peintiwr, artist sy'n defnyddio arlunio. Ganed ym Mhontllyfni, gogledd Cymru.**

Astudiodd yng Ngholeg Technegol Sir Ddinbych 1953–57; Coleg Celf Lerpwl 1960–61; Coleg Celf Caerdydd 1972–73. Athro, ysgolion yn Swydd Derby, Swydd Gaerhirfryn, Ynys Manaw 1961–95. Comisiwn, Bwrdd Coedwigaeth Cymru, ar ddechrau'r 2000au. Arddangosfeydd ar y cyd yn cynnwys *Biennale Arlunio Cymru*, Canolfan y Celfyddydau Aberystwyth 1997, 1999 (y ddwy'n deithiol); Prifysgol Cymru, Llanbedr Pont Steffan 1999; *Sioe Grŵp Celfyddydau Cymru*, Museum Burg Altena, Yr Almaen 1999; Oriel Plas Glyn-y-Weddw, Llanbedrog 2001; Coleg Iâl, Wrecsam 2002. Arddangosfeydd undyn, Oriel Ainscough, Lerpwl 1998; Llyfrgell Genedlaethol Cymru, Aberystwyth (LlGC) 1999; Canolfan Gelfyddydau Abaty Nant Teyrnon, Cwmbrân 2000; Oriel Courtyard, Ynys Manaw 2000, 2003; Amgueddfa ac Oriel Gelf Buxton 2004; Neuadd y Dref Ramsey, Ynys Manaw 2006-07. Casgliadau'n cynnwys Cyngor Celfyddydau Ynys Manaw; LlGC. '…lluniau siarcol wedi'u lleoli mewn coetiroedd… testunau Cymreig.' Yn byw yn Ramsey, Ynys Manaw.
*Yr artist*

### David JONES 1895–1974
**Enw gwaith Walter David Michael Jones CH CBE, peintiwr, bardd. Ganed yn Brockley, Swydd Caint, Lloegr.**

Ei dad yn Gymro. Astudiodd yn Ysgol Gelf Camberwell, 1910–14, gydag AS Hartrick; Ysgol Gelf Westminster, 1919–21, gyda Walter Sickert, Bernard Meninsky. Bu'n gwasanaethu fel milwr cyffredin, 15fed Gatrawd y Ffiwsilwyr Brenhinol Cymreig 1915–18. Daeth yn Babydd, bu'n gweithio gydag Eric Gill, Ditchling, Sussex 1921. Cyfnodau hir gyda Gill a'i deulu, Capel-y-ffin, ger y Fenni 1924–28. Bu'n gweithio mewn ysgrifdy, y Fynachlog Fenedictaidd, Ynys Bŷr. Aelod, Cymdeithas Seven and Five 1928. D Litt er anrhydedd, Prifysgol Cymru 1960. Medal Aur, Eisteddfod Genedlaethol Cymru (EGC), Abertawe 1964. Arddangosfeydd ar y cyd yn cynnwys *Modern British Paintings from the Tate Gallery*, Y Cyngor Prydeinig 1945–46; *Festival Exhibition of Contemporary Welsh Painting*, Pwyllgor Cymreig Cyngor Celfyddydau Prydain Fawr (PCCCPF) 1951; *Arddangosfa'r Fedal Aur*, EGC/Cyngor Celfyddydau Cymru (CCC) 1967; *Art in Wales, The 20th Century: The Early Years 1900–56*, CCC 1969. Llawer o arddangosfeydd undyn, gan gynnwys *Paintings, Drawings and Engravings by David Jones*, PCCCPF 1954 (teithiol); *David Jones*, Oriel Celf Fodern Genedlaethol yr Alban, Caeredin 1977; *David Jones*, Oriel Tate, Llundain 1981; *David Jones: Paintings, Drawings, Inscriptions, Prints*, Canolfan y South Bank 1989 (teithiol); *A Map of the Artist's Mind: David Jones 1895–1974: Arddangosfa Canmlwyddiant*, Amgueddfa Cymru (AC) 1995–96 (teithiol). Llawer o gasgliadau gan gynnwys AC; Amgueddfa ac Oriel Gelf Casnewydd; Amgueddfa Tate, Llundain; Amgueddfa Victoria ac Albert, Llundain; Casgliad Celf y Llywodraeth; Cymdeithas Celf

Fodern Cymru; Llyfrgell Genedlaethol Cymru, Aberystwyth; Oriel Gelf Glynn Vivian, Abertawe; Oriel Gelf Walker, Lerpwl; Y Cyngor Prydeinig, Llundain; Yr Amgueddfa Ryfel Ymerodrol, Llundain. Dyfrlliwiau; ysgythru; darlunio; llythrennu; ychydig gerfluniaeth bren. Yr un mor enwog am ei farddoniaeth, yn arbennig *In Parenthesis* (1937), *The Anathemata* (1952), *The Sleeping Lord* (1974). Meddyliwr dwys a chymhleth; hanes a chwedlau Cymru. Roedd yn byw yn Llundain a Harrow.

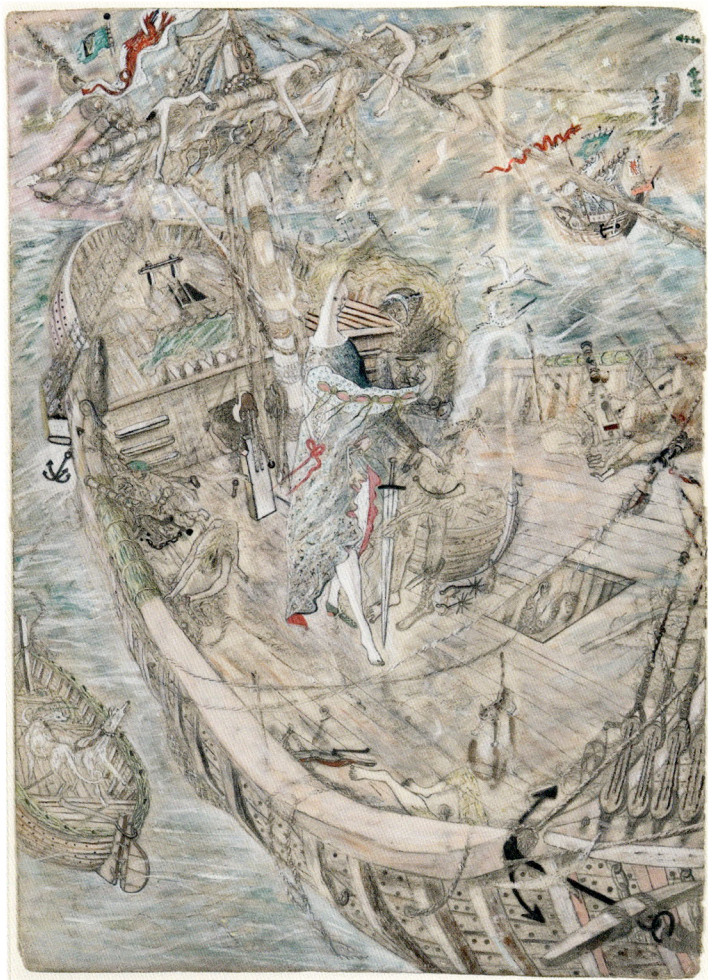

170 | David Jones
*Trystan ac Essyllt* tua 1962

## David J JONES 1961–
**Enw gwaith David John Jones, ffotograffydd, cerflunydd tirluniau. Ganed yn Northampton, Lloegr.**

Cyrhaeddodd Gymru ym 1978. Astudiodd yn Athrofa Addysg Uwch Gorllewin Morgannwg, Abertawe 1982–86; Y Coleg Celf Brenhinol, Llundain 1986–88 (MA Ffotograffiaeth). Artist graffeg/gweithredydd ffotolithograffiaeth 1978–82; darlithydd, Alkmaar Cultureel Centrum, Yr Iseldiroedd 1992–94; darlithydd

(rhan-amser), Athrofa Addysg Uwch Southampton 1994–97. Artist preswyl, Ysgol Pentrehafod, Abertawe 1990–91; Cywaith Cymru /Cyngor Bwrdeistref Sirol Castell-nedd Port Talbot (CNPT) 2001. Rhaglenni celfyddydau cymunedol, CNPT 2001–05. Comisiynau'n cynnwys prosiect Capital Challenge, Hunstanton 1999; Groundwork Fforest Afan 2005, Creunant 2006. Gwobrau'n cynnwys Cymdeithas Gelf Abertawe 1986; Cyngor Celfyddydau Cymru 1995, 1999, 2005; Celfyddydau Rhyngwladol Cymru 2007. Aelod o Gerfluniaeth Cymru; Rhwydwaith Rhyngwladol Artistiaid ym Myd Natur. Arddangosfeydd ar y cyd yn cynnwys Eisteddfod Genedlaethol Cymru, Cwm Rhymni 1990 (arobryn), Yr Wyddgrug 1991; *Arddangosfa Agored Mostyn*, Oriel Mostyn, Llandudno 1991; *Eyes Abroad*, Sefydliad Courtauld, Llundain 1994; *The Beautiful Game*, Oriel Gelf Dinas Caerlŷr 1996; *Undercover*, Oriel Davies, Y Drenewydd 2006; *Artist y Flwyddyn Cymru*, Neuadd Dewi Sant, Caerdydd 2007. Arddangosfeydd undyn yn cynnwys *Coming Next Month*, Canolfan Gelfyddydau Pontardawe (CGPont) 2004; *Flame Bearers*, CGPont 2005; *Occupational Hazards*, Oriel Washington, Penarth 2004; Oriel Exposure, Abertawe 2005; *Focal Solo*, Rhuthun 2005; *Full Circle*, Prifysgol Northampton 2006. Wedi'i gynnwys mewn cylchgronau teithio/hamdden. Yn byw yng Nghastell-nedd, de Cymru.
*Yr artist*

### Delyth JONES 1958–
**Ceramegydd. Ganed yn Llanelwy, gogledd Cymru.**

Astudiodd yn Ysgol Gelf Wrecsam 1974–76; Ysgol Gelf Caergaint 1976–79; Ysgol Gelf Richmond, Llundain (YGRich) 1999–2002 (Gwobr Ragoriaeth 2001). Darlunydd llawrydd 1980–96; athrawes (rhan-amser), YGRich/Coleg Cymunedol Oedolion Richmond, o 2003. Artist preswyl, YGRich 2002. Arddangosfeydd ar y cyd yn cynnwys Eisteddfod Genedlaethol Cymru, Meifod 2003; Oriel Twenty Twenty, Gweunllwg 2004; Stiwdios y Sculpture Lounge, Holmfirth 2004; *Artist y Flwyddyn Cymru*, Neuadd Dewi Sant, Caerdydd 2006; *ClayArt*, Dinbych 2006. Gwaith wedi'i gynnwys yn *500 Animals in Clay*, Suzanne J E Tourtillott (Lark Books 2006); 'Cream of the Crop', *Ceramic Review* (Tachwedd/Rhagfyr 2002); *Crafts* (Mawrth/Ebrill 2005); The Visit, rhaglen HTV 2003. 'Cerfluniau o anifeiliaid fferm wedi'u hysbrydoli gan baentiadau o dda byw o'r 18fed ganrif …fy magwraeth ar fferm y teulu yn Sir y Fflint.' Yn byw yn Llundain, Lloegr.
*Yr artist*

### DEMPSTER JONES 1949–
**Enw gwaith Alwyn Dempster Jones, peintiwr. Ganed yng Nghaer, Lloegr. Hefyd yn defnyddio'r llofnod ADJ.**

Ei rieni'n Gymry. Yn byw yng Nghymru ers ei eni. Astudiodd yn Ysgol Gelf Sir y Fflint 1967–69; Coleg Celf a Dylunio Manceinion/Coleg Polytechnig Manceinion 1969–72; Coleg y Brifysgol, Caerdydd 1972–73. Athro, Ysgol Dinas Brân, Llangollen 1973–74; dylunydd, Peter Carlyle Designs, Wrecsam 1974–75; uwch-ddylunydd, Canolfan Technoleg Addysgol Clwyd, Yr Wyddgrug 1975–95; tiwtor celf (rhan-amser), Cyngor Sir Clwyd (CSC) 1991–95; swyddog cyhoeddiadau, Cyngor Sir y Fflint (CSFf) 1995–2006. Aelod o Gymdeithas Gelf Clwyd 1992–2005; Cymdeithas Gelf Grosvenor 1992–95; Cymdeithas Celf Gain Gogledd Cymru. Arddangosfeydd niferus ar y cyd gan gynnwys yr Academi Frenhinol Gymreig, Conwy 1991; *Under the Eye of Saturn*, Oriel Mostyn, Llandudno 1991; Academi Celfyddydau Cain Manceinion, Oriel Gelf Manceinion 1992; Cymdeithas Peintwyr Prydain, Ilkley 1992; Neuadd Dewi Sant, Caerdydd 1994; Oriel Frenhinol Beatrice, Eastleigh 1994. Arddangosfeydd undyn niferus gan gynnwys Parc Gwledig Cwm Dâr, Aberdâr 1994; Canolfan Grefft Rhuthun 1994; Canolfan Gelfyddydau Ellesmere 1995; Oriel ECTARC, Llangollen 2000; Celfyddydau Cain Dyfrdwy, Heswall 2001; Theatr Clwyd, Yr Wyddgrug 2005. Wedi'i gynnwys yn 'Paint: Landscapes', Betty Hosegood (RotoVision

2000); *Walking Wales* (rhifyn 3, Chwefror/Mawrth 1998). Casgliadau'n cynnwys CSC; CSFf. '…y mynyddoedd …a chymoedd gogledd Cymru… Bob amser tirluniau, weithiau golygfeydd, weithiau tameidiau. Pastelau'n bennaf ac yn achlysurol inc wedi'i ysgeintio.' Yn byw yn yr Wyddgrug, gogledd Cymru. *Yr artist*

## Thomas DEMPSTER JONES 1914–1989
### Peintiwr, ffotograffydd. Ganed yn Harlech, gogledd Cymru.

Astudiodd yng Ngholeg Harlech (CH) 1937–39. Artist hunanaddysgedig. Chwarelwr llechi 1929–36; ffotograffydd, Y Llu Awyr Brenhinol 1940–44; arolygydd awyrennau, de Havillands 1944–50; ffotograffydd masnachol 1950–78. Medal Aur Salon Paris (SP) 1970; Eisteddfod Genedlaethol Cymru, Urdd Ofydd 1971. Aelod o Gymdeithas Gelf Bwcle (llywydd 1970); Ymddiriedolaeth Celf Gain Clwyd (aelod sefydlu); Société des Artistes Françaises (aelod cyswllt). Arddangosfeydd ar y cyd yn cynnwys Eisteddfod Genedlaethol Cymru, Rhosllannerchrugog 1961, Y Drenewydd 1965; Yr Academi Frenhinol, Llundain 1961; SP 1964–68; Yr Academi Frenhinol Gymreig, Conwy 1966; Galerie Internationale, Efrog Newydd 1971; *Every Picture Tells…*, Cyngor Celfyddydau Cymru 1972 (teithiol). Arddangosfeydd undyn yn cynnwys y Ganolfan Ddinesig, Cei Connah 1968; Llyfrgell Prestatyn 1968; Y Ganolfan Ddinesig, Yr Wyddgrug 1970. Darluniau cloriau cylchgronau, gan gynnwys *Deesider* (Chwefror 1972); *Country Quest* (Mehefin 1974). Wedi'i gynnwys yn y wasg leol/cenedlaethol, gan gynnwys *Daily Mail* (1961, 1966); rhaglenni HTV/BBC. Casgliadau'n cynnwys Canolfan Gymunedol Hawkesbury, Bwcle; CH; Cyngor Sir y Fflint. 'Peintiwr portreadau, ceffylau a thirluniau.' Roedd yn byw ym Mwcle, gogledd Cymru.

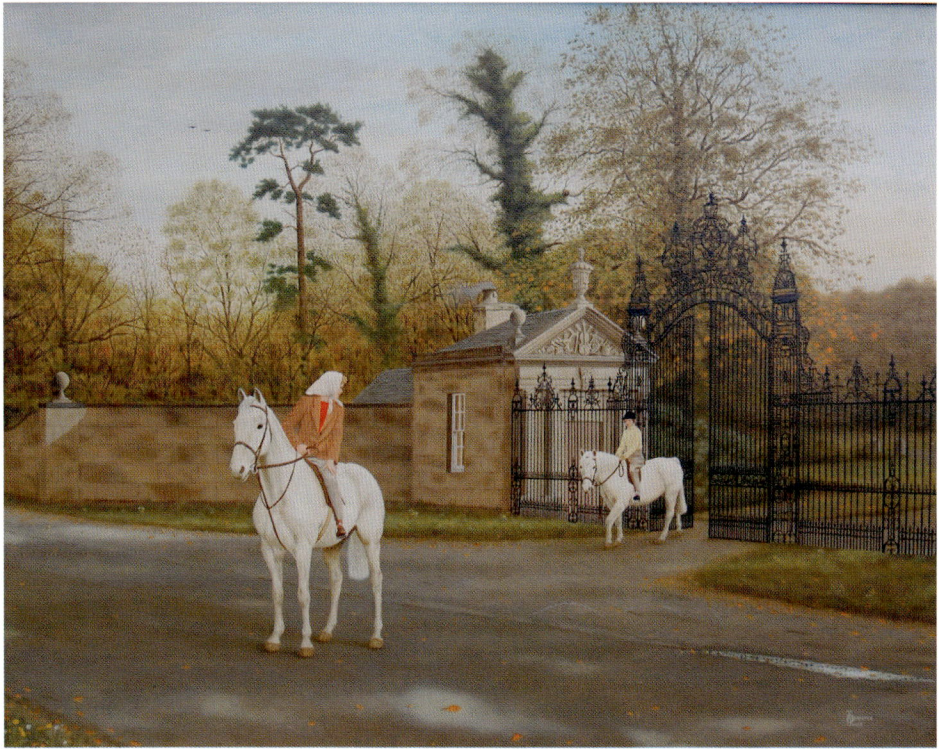

171 | Thomas Dempster Jones
*The Riding Lesson* 1963

### Diana JONES 1932–
**Dylunydd tecstiliau. Ganed yng Nghaerdydd, de Cymru.**

Astudiodd yng Ngholeg Celf Caerdydd (CCelfCaer) 1949–54, gyda Phyllis Barron, June Tiley. Darlithydd, Ysgol Gelf Stroud 1955–56; CCelfCaer 1968–76; darlithydd/uwch-ddarlithydd, Coleg Celf Dyfed/Coleg Celf a Thechnoleg Sir Gaerfyrddin 1976–86. Preswyliad artist, Llyfrgell Bae Colwyn 1973. Comisiynau'n cynnwys Eglwys yr Holl Saint, Porth-cawl 1965; Eglwys Abercanaid 1968; Eglwys Waltham Cross 2002. Cyn-aelod o Gymdeithas y Crefftwyr Dylunio; aelod, Grŵp 62 o Artistiaid Tecstiliau (G62AT); Urdd y Brodwyr; Urdd Gwneuthurwyr Cymru (UGC). Arddangosfeydd ar y cyd yn cynnwys G62AT, Amgueddfa Cymru 1966; Urdd y Cwiltwyr, Gerddi Howard, Caerdydd 1980; UGC, Brwsel 1993, Barcelona 1995; *Knitting and Stitching Show*, Palas Alexandra, Llundain 1994 (y wobr gyntaf); Yr Hen Neuadd, Y Bont-faen 2002. Arddangosfa ddeuddyn, Coleg Prifysgol Cymru, Aberystwyth (gyda John Lloyd Jones) 1975. Arddangosfa un-ddynes, Amgueddfa ac Oriel Gelf Dinbych-y-pysgod 2000. Cyhoeddiad, *Patterns for Canvas Embroidery* (Batsford 1977). Gwaith yng nghasgliad yr Eglwys yng Nghymru. Prynwyd gwaith gan Gyngor Celfyddydau Cymru. 'Mae syniadau'n tyfu o ddeunyddiau a dulliau ochr yn ochr ag arbrofi ac arloesi.' Yn byw yn Nhalacharn, gorllewin Cymru.
*Yr artist*

### Eirony JONES  Gweler Timothy Emlyn JONES

### Elen Delafouge JONES 1981–
**Brodwraig celf gain. Ganed ym Mangor, gogledd Cymru.**

Astudiodd yng Ngholeg Meirion Dwyfor, Dolgellau (CMD) 1999–2000, gyda Pegi Gruffudd, Luned Rhys Parri, Christine Mills; Prifysgol Fetropolitan Manceinion 2000–03 (gradd yn y dosbarth cyntaf), 2005–06. Dylunydd ffabrig/brodwaith llawrydd, Llundain 2003. Comisiwn, Liberty plc, Llundain 2003. Gweithdai, ysgolion yn Sir Ddinbych, Gwynedd 2004; Canolfan Grefft Rhuthun 2005. Darlithydd (rhan-amser), Coleg Addysg Bellach ac Uwch Stockport 2004–05; CMD 2004–05; Coleg Harlech 2005; athrawes, Ysgol Morgan Llwyd, Wrecsam, o 2006. Arddangosfeydd ar y cyd yn cynnwys *New Designers*, Llundain 2003; *Premiere Vision Indigo*, Paris 2003; *Knitting and Stitching* Show, Palas Alexandra, Llundain 2003 (teithiol); Oriel Pen y Fan, Aberhonddu 2005; Eisteddfod Genedlaethol Cymru, Bangor 2005; Oriel Plas Glyn-y-Weddw, Llanbedrog 2006. Arddangosfa un-ddynes, Canolfan Grefft Rhuthun 2004. 'Gwerthfawrogiad yw fy marciau, y rhai sydd wedi'u tynnu a'r rhai sydd wedi'u pwytho fel ei gilydd, o'm treftadaeth, yn ogystal â chofnod o'm hunaniaeth ddiwylliannol.' (*arddangosfa CGRh 2004*). Yn byw ym Manceinion.
*Yr artist*

### Eleri JONES 1974–
**Gwneuthurydd printiau. Ganed ym Mae Colwyn, gogledd Cymru.**

Astudiodd yng Ngholeg Menai, Bangor 1993–94; Athrofa Addysg Uwch Caerdydd/Athrofa Prifysgol Cymru Caerdydd 1994–97; Prifysgol Cymru, Bangor 2002–03. Bu'n teithio yn Ne America, Awstralia, Asia, India 2000, 2003, 2005. Artist preswyl, Canolfan Gymunedol y Brenin, Y Fflint 1998; Oriel Mostyn, Llandudno (OM) 1999; Castell ac Amgueddfa Dalkey, Dulyn 2004; Ysgol Craig y Don, Llandudno, Ysgol Bodafon, Conwy 2007. Gweithdai'n cynnwys Ysgol Gynradd Tywyn, Y Rhyl 1999; Canolfan Addysg y Gogarth, Llandudno 2002; Eisteddfod yr Urdd, Ynys Môn 2004; Castell Bodelwyddan (CB) 2005; Ysgolion uwchradd Sir y Fflint 2007. Comisiynau Ysgol Gynradd y Fflint 1999; Eisteddfod Genedlaethol Cymru (EGC), Ynys Môn 1999 (ar y cyd ag Ysgol David Hughes); Ysgol Glanmorfa, Abergele 2004; Canolfan Nacro, Bangor 2005. Aelod o'r Academi Frenhinol Gymreig (AFG). Arddangosfeydd ar y cyd yn cynnwys Canolfan Gelfyddydau Chapter, Caerdydd 1996; Llyfrgell Gyfeiriadurol Printiau a Lluniau,

Amgueddfa Cymru 1997; EGC, Pen-y-bont ar Ogwr 1998, Ynys Môn 1999; *Farmer's Daughters*, Canolfan Grefft Rhuthun (CGRh) 2000 (teithiol); *Cymru Ifanc*, AGF, Conwy 2003 (yr ail wobr); CB 2007. Arddangosfeydd un-ddynes, Theatr Gwynedd, Bangor 1998; CGRh 1999; OM 2000; Amgueddfa Llandudno 2006; Galeri Caernarfon 2007. Wedi'i chynnwys yn Sioe Gelf, S4C 1999. '…gwaith argraffu yn portreadu cymeriadau yn y Gymru wledig a threfol.' Yn byw yn Abergele, gogledd Cymru. *Yr artist*

## Elis Gwyn JONES 1918–1999
**Peintiwr. Ganed yn Llanystumdwy, gogledd Cymru. Hefyd yn cael ei adnabod fel Elis Gwyn**

Hefyd yn awdur, yn gerddor ac yn ddarlledwr. Astudiodd ym Mhrifysgol Bangor 1936–40 (Astudiaethau Clasurol a'r Gymraeg); ni chafodd unrhyw hyfforddiant celf ffurfiol. Athro celf, Ysgol Ramadeg Pwllheli (YRP) o 1948. Roedd ei ddisgyblion yn cynnwys Emrys Parry, Gwynfor Roberts, John Baum, David Wyn Griffiths. Comisiwn murlun, YRP, Pwyllgor Addysg Sir Gaernarfon. Arddangosfeydd ar y cyd yn cynnwys Eisteddfod Genedlaethol Cymru 1951, 1957, 1959, 1961–62; *Pictures for Welsh Schools*, Y Gymdeithas Er Addysg Drwy Gelf/Amgueddfa Cymru 1953–54, 1961; Grŵp Gogledd Cymru 1961–62; Oriel Bangor 1963; *Arddangosfa Goffa*, Oriel Plas Glyn-y–Weddw, Llanbedrog 2002. Arddangosfeydd deu- a thri-dyn, Prifysgol Cymru, Bangor 1959 (gydag Edward Pond, Helen Steinthal); Oriel Tegfryn, Porthaethwy 1969 (gydag Arthur Pritchard). Cyhoeddiadau'n cynnwys Richard Wilson 1713–1782 (Gwasg Prifysgol Cymru (GwPC) 1973). Defnyddiwyd gwaith wrth ddarlunio Enlli, golygyddion R Gerallt Jones a Christopher J Arnold (GwPC 1996); darllediadau ynglŷn â chelf, Teledu/radio BBC Cymru o 1960. Cyfweliad, Radio 4 Cymru, Mai 1974; teyrnged gan Emrys Parry, Gwefan ArtCymru 2002. Casgliadau'n cynnwys awdurdodau lleol Gwynedd a Sir Fynwy; Llyfrgell Genedlaethol Cymru, Aberystwyth; Ymddiriedolaeth Castell Bodelwyddan. Prynwyd gwaith gan Gymdeithas Gelfyddydau Gogledd Cymru; Cyngor Celfyddydau Cymru. 'Rhodd mawr Gwyn yw defnyddio'r iaith i greu del-weddau a fyddai'n deffro ac yn ysbrydoli'r rhai mwyaf di-fflach yn ein mysg.' *(Emrys Parry, 2002)*. Roedd yn byw yn Llanystumdwy.

## Ezzelina JONES 1921–2012
**Enw gwaith Ezzelina Gwenhwyfar Jones, cerflunydd. Ganed ym Mhontarddulais, gorllewin Cymru.**

Hunanaddysgedig; cyrsiau byr, Coleg Celf Caerfyrddin, Coleg Prifysgol Abertawe (CPAbert). Aelod o Gymdeithas Artistiaid a Dylunwyr Cymru; Cywaith Cymru; Cymdeithas Gelf Llanelli (cyn-Gadeirydd; gwobr Emlyn Roberts 1977). Mae arddangosfeydd ar y cyd yn cynnwys Amgueddfa ac Oriel Gelf Casnewydd 1977; Canolfan Gelfyddydau Taliesin, Abertawe 1980au; Eisteddfod Genedlaethol Cymru, Yr Wyddgrug 1991; *The Welsh*, Parc Cerfluniaeth Margam 1993; Yr Academi Frenhinol Gymreig, Conwy 1994; *Welsh Contemporaries*, Llundain, Caerdydd, Abertawe, yn flynyddol o 1995. Arddangosfeydd dwy-ddynes yn cynnwys CPAbert (gyda Seren Bell) 1981; Parc Treftadaeth y Rhondda, Trehafod 1994; Neuadd Dewi Sant, Caerdydd 1995. Arddangosfeydd un-ddynes yn cynnwys Llyfrgell Hwlffordd 1978; Canolfan Gelfyddydau Abaty Nant Teyrnon, Cwmbrân 1983; Oriel Gelf Glynn Vivian, Abertawe 1996. Wedi'i chynnwys yn y wasg leol; BBC Radio Cymru (1995); S4C (1994, 1995). Casgliadau'n cynnwys Amgueddfa Glowyr De Cymru, Afan Argoed; Amgueddfa Roscoff, Llydaw. 'Efydd a cherameg…gwaith celf a thestunau traddodiadol…dw i wedi cofnodi mewn celf yr hyn dw i wedi sylwi arno yn niwylliant a 'diwydiant' Cymru ac wedi'i ddysgu amdano dros naw degawd.' Roedd yn byw yn Llanelli, gorllewin Cymru. *Yr artist; Beti Jones*

**Fred JONES** 1940–
**Enw gwaith Frederick Jones, peintiwr, gwneuthurydd printiau. Ganed yn Llanymynech, canolbarth Cymru.**

Astudiodd yng Ngholeg Celf Caerdydd 1961; Prifysgol Cymru Caerdydd 1962; Prifysgol Pittsburgh, UDA 1965 (MAdd); Prifysgol Wisconsin, UDA (PWisc) 1970–71 (MA Celf Gain). Darlithydd, Coleg Celf Caer 1966–68; Prifysgol Gorllewin Illinois, UDA (PGI) o 1968 (Athro Celf Emeritws o 2000). Cymrodor Mygedol, PWisc (celf a gyfryngir gan gyfrifiadur) 1987. Sefydlodd Folio Press PGI (FPPGI) 1980. Gwobr Artist Nodedig, Cymdeithas Anrhydeddau Phi Kapper, PGI 2000. Amrywiol gomisiynau, rhaglen Canran dros Gelf Illinois. Arddangosfeydd ar y cyd yn cynnwys *A Welsh American Portfolio*, Cyngor Celfyddydau Cymru 1984 (teithio yng Nghymru); *Arddangosfa Broffesiynol Ffair Talaith Illinois* 1994 (y wobr gyntaf, arlunio). Arddangosfeydd undyn yn cynnwys *Time Works*, Urdd Gelf Peoria, Peoria, Illinois 2004; *Welsh Timescapes*, Prifysgol Morgannwg, Pontypridd 2004; *Journey to Wales*, Llyfrgell Genedlaethol Cymru, Aberystwyth (LlGC) 2006; *Fred Jones: Encounters with Landscape, Time and Spirituality*, Oriel PGI 2006. Cyhoeddiadau'n cynnwys *Pig Passages* (FPPGI); *A Welsh American Portfolio*, gyda chaligraffeg gan Jonah Jones (FPPGI 1984); *Village Memories*, yn cynnwys Llanymynech (FPPGI 1992). Casgliadau'n cynnwys Amgueddfa Cymru; Cyngor Gwynedd; LlGC, (mae gan bob un o'r rhain gopïau o *A Welsh American Portfolio*, a roddwyd gan Gyngor Celfyddydau Cymru); hefyd Amgueddfa Victoria ac Albert, Llundain; Prifysgol De Cymru, Pontypridd; Y Llyfrgell Brydeinig, Llundain. Wrth ymchwilio ar gyfer *Journey to Wales*, paentiadau tirlun, ffotograffau digidol: 'Mae'r daith ddarganfod dair blynedd (2003–06) wedi gwneud llawer i gynyddu fy mharch tuag at dirwedd y wlad dw i'n hanu ohoni.' Yn byw yn UDA.

**Gareth Wyn JONES** 1952–
**Gwneuthurydd printiau, ffotograffydd. Ganed ym Mangor, gogledd Cymru.**

Aled Williams, athro celf, yn ddylanwad cynnar. Astudiodd yng Ngholeg Celf Wrecsam 1969–71; Coleg Technoleg Pen-y-bont ar Ogwr (rhan-amser) 1989–91; Prifysgol Portsmouth 1997–98 (Gwaith Cymdeithasol Ewropeaidd). Dylunydd graffig, Coleg Prifysgol, Caerdydd 1973–83; gweithiwr cymdeithasol, Caerdydd 1983–93; darlithydd (rhan-amser), Coleg Celfyddydau Perfformio Gweledol Edna Manley, Kingston, Jamaica 1993–96; gweithdai celf, Gwasanaethau Cymdeithasol, Caerdydd 1996–97; artist a gweithiwr cymdeithasol (rhan-amser), Caeredin 1998–2002; artist mewn ysgolion, Gwynedd, Ynys Môn, o 2003. Rhwydwaith Mynediad i Adnoddau Diwylliannol yr Alban (SCRAN)/Gwobr *The Scotsman* 1999. Aelod o Gymdeithas Artistiaid a Dylunwyr Cymru; Gweled; Gweithdy Argraffu Caerdydd (GAC). Arddangosfeydd ar y cyd yn cynnwys *Tri Artist*, Oriel Plas Glyn-y-Weddw, Llanbedrog 1986; GAC, Coleg Polytechnig Cymru, Pontypridd 1986; *Docklands in Print*, Oriel Coach House, Caerffili 1988; *Art Jamaica*, Oriel Genedlaethol Jamaica, Kingston 1995; *A Snapshot of Britain in the 21st Century*, Oriel Stills, Caeredin 2001 (teithiol); *paent.clai.pwyth*, Amgueddfa ac Oriel Gelf Gwynedd, Bangor 2004. Arddangosfeydd undyn, *Welsh Landscape Prints*, Dyffryn Gardens, Sain Nicolas 1991; *The Poet in Context*, cydweithrediad ag R Gerallt Jones, Canolfan Celfyddydau Gweledol Philip Sherlock, Prifysgol India'r Gorllewin, Jamaica (PIG) 1994; *Jungle Lawn*, PIG 1996; *Bruntsfield 2001*, Christ Church, Caeredin 2001. Casgliadau'n cynnwys Cyngor Caerdydd; Prifysgol India'r Gorllewin; SCRAN. 'Golygfeydd o ddirywiad diwydiannol… tirwedd, gwaith ffigurol…adeiladu llongau yn aber afon Mawddach a Phen Llŷn.' Yn byw yn Nolgellau, gogledd Cymru.
*Yr artist*

## Glyn JONES 1936–
**Peintiwr. Ganed yn Nhynewydd, de Cymru.**

Astudiodd yng Ngholeg Celf Caerdydd (CCCaer) 1953–57, gydag Eric Malthouse, David Tinker (Medal Arian G L Clark 1957); Ysgol Celf Gain Slade, Llundain 1957–60, gyda William Coldstream, Ceri Richards. Darlithydd, Ysgol Gelf Canol Swydd Warwig 1961–65; darlithydd/uwch-ddarlithydd, Coleg Celf Coventry/Coleg Polytechnig Lanchester 1965–71; pennaeth ysgol/cyfarwyddwr ymchwil, CCCaer/ Athrofa Prifysgol Cymru, Caerdydd 1972–2001 (cadair bersonol 1994). Comisiynau, Coleg Prifysgol Cymru, Abertawe 1979; Eglwys Plwyf Tongwynlais 1991; Eglwys y Santes Ann, Y Trallwng 1998. Gwobr Cyngor Celfyddydau Cymru (CCC) 1975. Aelod, Grŵp Cymru 56 (cadeirydd 2004); Ysbryd/Spirit–Wales; Cymdeithas Artistiaid a Dylunwyr Cymru (cadeirydd sefydlu 1974–76). Arddangosfeydd niferus ar y cyd gan gynnwys Eisteddfod Genedlaethol Cymru (EGC) 1958 (arobryn), 1960–99 (11 o weithiau); *Welsh Drawings*, CCC 1961 (teithiol); *Cymru Nawr*, CCC 1968 (teithiol); *Fragile Stones Make Art*, Amgueddfa Cymru (AC) 1978; *Celtic Vision*, Oriel Mostyn 1987 (teithiol); arolwg hanesyddol o gelf yng Nghymru, EGC 1992; *A Propos Ceri Richards*, AC 2002 (teithiol); *The Painted Pot*, Amgueddfa ac

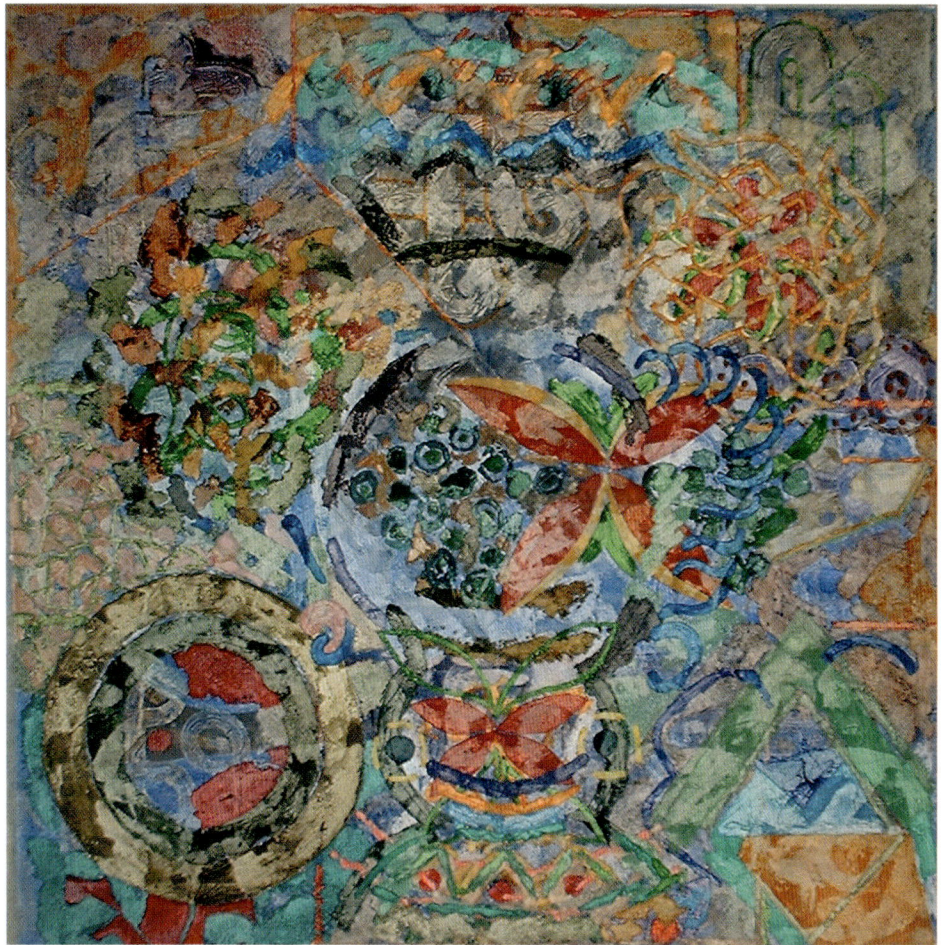

172 | Glyn Jones
*Provence* 2006

Oriel Gelf Casnewydd, 2006; *Ifor Davies, Glyn Jones, Robert Pepperell*, Neuadd Dewi Sant, Caerdydd 2007. Arddangosfeydd undyn, Oriel Müller, Stuttgart 1975; Coleg Prifysgol, Caerdydd 1976; Oriel Felicity Samuel, Llundain 1976; Oriel Frank Marino, Dinas Efrog Newydd 1979; Oriel, CCC, Caerdydd 1981; Cadeirlan Caer-wynt 2000. Gwaith wedi'i gynnwys mewn erthygl, David Fraser Jenkins (*Arts Magazine USA*, Hydref 1976); *Art in Wales 1850–1980*, Eric Rowan (CCC/Gwasg Prifysgol Cymru 1985); *Certain Welsh Artists*, Iwan Bala (Seren, Pen-y-bont ar Ogwr (Seren) 1999); *Imaging Wales*, Hugh Adams (Seren 2003). Casgliadau'n cynnwys AC; Coleg Prifysgol, Corc; Cyngor Dinas Caerdydd; Cymdeithas Celf Gyfoes Cymru; Oriel Gelf Glynn Vivian, Abertawe; Oriel Genedlaethol Slofacia; Prifysgol Abertawe. Prynwyd gwaith gan CCC. '…addurno Celtaidd, celf a chrefftau'r India a gogledd Affrica…' Yn byw yn Ffynnon Taf, de Cymru.
*Yr artist*

### Helen JONES 1965–
**Enw gwaith Helen Ann Jones, cerflunydd, artist gosodwaith. Ganed yn Llanelwy, gogledd Cymru.**

Astudiodd yn Academi Gelf Caerfaddon 1987–90; Coleg Prifysgol Cymru Caerdydd 1992–93. Darlithydd, Coleg Waltham Forest 1995–99; Ysgol Gelf a Dylunio Kingston 1999–2001; darlithydd/cydgysylltydd cyrsiau, BA Celf Gain, Coleg Menai, o 2001. Artist preswyl, Artistiaid Rhyngwladol Site-ations, Sligo 2006; NEXO 2007, Rhwydwaith Rhyngwladol Symposia Celf Annibynnol, Círculo de Arte de Toledo 2007. Comisiwn, Eisteddfod Genedlaethol Cymru, Y Faenol/Cywaith Cymru (CC) 2005. Gwobr Celfyddydau

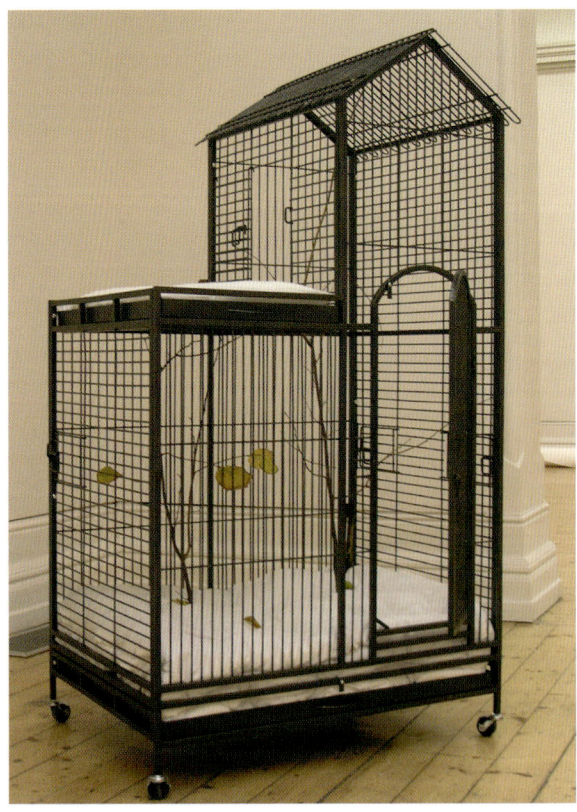

173 | Helen Jones
*Pastoral Care* 2005

Rhyngwladol Cymru 2007. Arddangosfeydd ar y cyd yn cynnwys *Alchemica*, Oriel Mostyn, Llandudno (OM) 1995; *Native Land*, OM 2004; *Sense in Place*, The Model, Sligo 2005, 2006; *Brought to Light*, OM/Amgueddfa Cymru 2007; Canolfan Ddiwylliannol San Clemente, Toledo 2007; *Uncommon Ground*, Celf Gyfoes Ryngwladol Cymru, Biennale Harlech 2007; *Cerfluniaeth yn Ystrad Fflur a Kells*, Abaty Ystrad Fflur, Tregaron/Priordy Kells, Iwerddon 2007. Arddangosfa un-ddynes, *Cell*, Galeri Caernarfon 2006. Bu'n cyfrannu i'r 'Bauhaus: trem yn ôl', *Sioe Gelf* (S4C, 2001). Wedi'i chynnwys yn *Re:Imaging Wales*, Hugh Adams (Seren, Pen-y-bont ar Ogwr 2006); *Groundbreaking – Artists in the Changing Landscape*, golygydd Iwan Bala (Seren/CC 2005). 'Safle a chyd-destun; syniadau rhamantus am y byd gwledig delfrydol.' Yn byw yn Llanfairfechan, gogledd Cymru.
*Yr artist*

## Huw JONES 1956–
**Peintiwr. Ganed yn Ninbych, gogledd Cymru.**

Astudiodd yng Ngholeg Polytechnig Preston 1976–80; Ysgol Gelf Chelsea, Llundain 1982–83 (MA Paentio), gyda Ken Kiff. Stiwdios StArt, Caerhirfryn 1980–82; Stiwdios Cymdeithas Artistiaid a Dylunwyr Cymru (CADC), Bethesda 1985–87; tiwtor (rhan-amser), Coleg Menai, Bangor 1987–89; athro (rhan-amser), Awdurdod Iechyd Gwynedd, o 1990. Gwobrau'n cynnwys Celfyddydau Gogledd Orllewin Lloegr 1981; Cyngor Celfyddydau Cymru 2005. Arddangosfeydd ar y cyd yn cynnwys CADC, Oriel Mostyn, Llandudno (OM) 1987; *Mostyn Open*, OM 1995, 2000; Eisteddfod Genedlaethol Cymru, Abergele 1995, Ynys Môn 1999, Llanelli 2000, Dinbych 2001; *John Moores 19*, Oriel Gelf Walker, Lerpwl 1995; *Hats and Gloves*, Oriel Gelf Dinas Caerlŷr 2004 (teithiol); Oriel Martin Tinney, Caerdydd 2006. Arddangosfeydd undyn yn cynnwys Stiwdio 8, Canolfan Grefft Rhuthun 1996, 2000; Amgueddfa ac Oriel Gelf Gwynedd, Bangor 2000; Oriel Theatr Clwyd, Yr Wyddgrug 2003; Galeri Caernarfon 2005 (teithiol). Wedi'i gynnwys yn *Imaging Wales*, Hugh Adams (Seren, Pen-y-bont ar Ogwr 2003). Yn byw yn Llanfairfechan, gogledd Cymru.
*Yr artist*

## Huw Gareth JONES 1959–
**Peintiwr. Ganed ym Mangor, gogledd Cymru.**

Astudiodd ym Mholytechnig Lerpwl 1979–83, gyda Mike Knowles, Sam Walsh. Ffotograffydd sifilian /swyddog lleoliadau trosedd, Heddlu Gogledd Cymru 1984–89; athro, Ysgol Gyfun Bargoed 1989–90; Ysgol Aveley, Essex 1990–99; Ysgol Treborth, Bangor 1999–2004. Arddangosfeydd ar y cyd yn cynnwys *Artist y Flwyddyn Cymru*, Neuadd Dewi Sant, Caerdydd 2003; Eisteddfod Genedlaethol Cymru, Meifod 2003; Oriel Albany, Caerdydd 2004–06. Arddangosfeydd undyn yn cynnwys Oriel Plas Glyn-y-Weddw, Llanbedrog 2003; Oriel Glynllifon, Caernarfon 2004; Oriel Ynys Môn, Llangefni 2006; Oriel Kooywood, Caerdydd 2006. 'Paentiadau mewn olew, weithiau'n rhai mawr … mynyddoedd, arfordir ac adeiladau gogledd-orllewin Cymru.' Yn byw yn Rhoscolyn, Ynys Môn, gogledd Cymru.
*Yr artist*

## Idris Phylip JONES 1905–?
**Peintiwr. Ganed ym Mhen-y-groes, gogledd Cymru.**

Ffitiwr mecanyddol hunanaddysgedig. Yna bu'n rhedeg gwasanaeth tacsi. Ffitiwr awyrennau sifiliaid cymwysedig 1937; astudiodd mewn sefydliadau hyfforddiant technegol, Derby, Hatfield. Arolygwr awyrennau, Y Weinyddiaeth Awyr. Dychwelodd i Gymru tua 1970; peintiwr llawnamser. Aelod (o bosibl) o Glwb Celf Pen-y-groes. Arddangosfeydd ar y cyd yn cynnwys Eisteddfod Genedlaethol Cymru 1957–73; wyth arddangosfa, arobryn 1968; Cymdeithas Celf Gyfoes Cymru 1961; Arddangosfa Flynyddol Dinas Bangor 1970 (a blynyddoedd eraill); *An Alternative Tradition*, Cyngor Celfyddydau

Cymru 1972 (teithiol). Wedi'i gynnwys yn y *Liverpool Daily Post* (Awst 1968); *Caernarfon and Denbigh Herald* (Awst 1973); *Yr Herald Cymraeg* (Awst 1973). Cyfweliad teledu, Heddiw, BBC Cymru (2 Mawrth 1966). 'Mae ei beintiadau yn hynod ramantaidd… gan ymwneud â'r ymdeimlad sy'n gynhenid i bob tirlun.' *(Alan Williams, An Alternative Tradition 1972)* Bu'n byw ym Mhen-y-groes wedi iddo ymddeol.

### Jac JONES 1943–
**Darlunydd, dylunydd graffeg. Ganed yng Ngwalchmai, Ynys Môn, gogledd Cymru.**

Ailgyffwrddwr lliw ffoto-fecanyddol, artist masnachol, Llangefni 1961–73; dylunydd graffeg llawrydd, o 1974. Comisiynau'n cynnwys logo, Cyngor Celfyddydau Cymru 1994; cloriau recordiau, Sain; posteri, Theatr Cymru Genedlaethol, Brith Gof, Theatr Gwynedd; safleoedd arddangos, Eisteddfod Genedlaethol Cymru, Caernarfon 1979, Llanrwst 1989 (arobryn). Awdur, rhaglenni teledu plant, *Teledu Mr Glas* (1991). Gwobr Tir na N-og, Y Cyngor Llyfrau Cymraeg 1989, 1990, 1998. Darlunydd/dylunydd, 400+ o lyfrau plant, gan gynnwys *Penillion y Plant*, T Llew Jones (Gwasg Gomer (GG) 1992), *Trysorfa T Llew Jones*, T Llew Jones (GG 2004); *Cyfres Dau Dau*, gan gynnwys *Llyfr Mawr Jac y Jwc*, Mary Vaughan Jones (GG 1977–95). Cyhoeddiadau, *Betsan a'r Bwlis* (GG 2000); *Dianc* (GG 2004). Wedi'i gynnwys, *Best of British Illustrators Directory* 1982; Cyfeiriadur *Premi De Catalonia* 1990. Casgliadau'n cynnwys Llyfrgell Genedlaethol Cymru, Aberystwyth. Yn byw yn Llangefni, Ynys Môn, gogledd Cymru.
*Yr artist*

### Jack JONES 1922–1993
**Peintiwr. Ganed yn Abertawe, de Cymru.**

Hefyd yn awdur (o dan yr enw Jack Raymond Jones). Gwasanaeth yn y Llu Awyr Brenhinol yn yr Ail Ryfel Byd. Astudiodd yn y Coleg Normal, Bangor 1947–49; Prifysgol Paris 1949–50; Prifysgol Caen, Normandi 1950–51; hyfforddiant athro, DU. Ni chafodd unrhyw hyfforddiant celf ffurfiol. Dechreuodd baentio ym 1953. Athro, Saesneg/Ffrangeg, yn nes ymlaen yn Bennaeth Saesneg, Ysgol Ramadeg Barnes, Llundain, tan 1976; wedyn yn beintiwr ac yn awdur llawnamser, Llundain ac Abertawe.

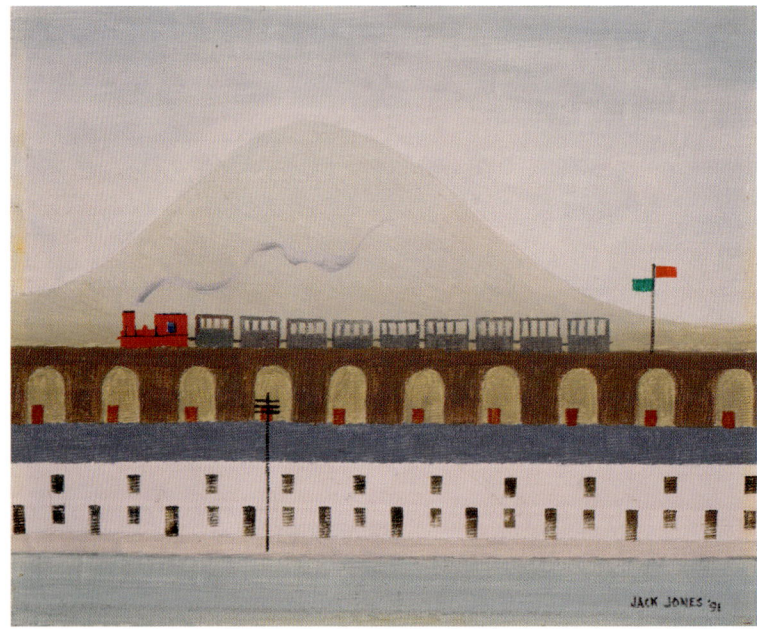

174 | Jack Jones
*Landore Viaduct, Swansea*
1991

Arddangosfeydd niferus ar y cyd yn cynnwys orielau Llundain; Oriel yr Atig, Abertawe (OAA) o'r 1960au; Coleg Prifysgol Cymru, Abertawe 1975; Oriel Albany, Caerdydd 1977; *Arddangosfa Flynyddol Cyfoedion Cymru*, Oriel Red Square, Llundain (ORS) 1991; *Painting the Dragon*, Amgueddfa Cymru 2000. Arddangosfeydd undyn yn cynnwys *Paintings by Jack Jones*, Gweithdy Celfyddydau Abertawe 1977; *Paintings by Jack Jones*, Canolfan Gelfyddydau Taliesin, Abertawe 1991; *Paintings by Jack Jones*, Oriel Gelf Glynn Vivian, Abertawe (OGGV) 1993; *Abertawe Jack Jones*, OAA 2007. Cyhoeddiadau'n cynnwys *The Man who Loved the Sun: the Life of Vincent Van Gogh* (Evans Bros, Llundain 1953); straeon byrion, cerddi yn *Planet, Wales*, cyfnodolion eraill; sgriptiau radio i'r BBC (addysg, llenyddiaeth, y celfyddydau) 1956–72. Wedi'i gynnwys yn 'Abertawe Ddoe, Lluniau Jack Jones' (*Barn*, rhif 370, Tachwedd 1993). Casgliadau'n cynnwys OGGV; Prifysgol Abertawe. Trefluniau, golygfeydd diwydiannol o Abertawe; tirluniau o wledydd eraill. Roedd yn byw yn Abertawe a Llundain.

### Jacqueline JONES 1947–
**Artist tecstiliau, peintwraig. Ganed yn Llundain, Lloegr.**

Astudiodd yng Nghanolfan Hunloke, Chesterfield 1983–84; Coleg Malvern Hills 1984–87. Cyrhaeddodd Gymru ym 1985. Tiwtor (rhan-amser), addysg oedolion, Sir Fynwy, o 1985; tiwtor llawrydd, gweithdai/ysgolion haf yn Sir Fynwy, o 1985. Artist preswyl, Canolfan Gymunedol Tregaron 2000. Comisiynau, Cymdeithas Gefeillio Trefi Waldbronn 1986; Eglwys San Mihangel a'r Holl Angylion, Llanfihangel Troddi 1987; Eglwys y Santes Fair, Cas-gwent 1987; Cyngor Bwrdeistref Aberconwy 1989; Neuadd y Sir, Sir

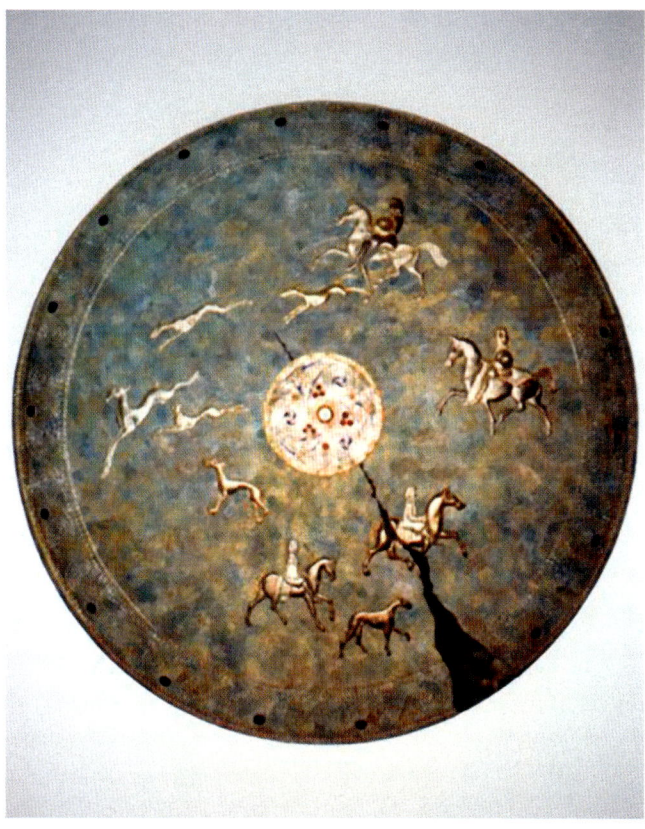

175 | Jacqueline Jones
*Spirit of The Mabinogion* 1989

417

Fynwy 1998–2002. Medal Aur, Crefft a Dylunio, Eisteddfod Genedlaethol Cymru (EGC), Casnewydd 1988. Arddangosfeydd ar y cyd yn cynnwys EGC, Casnewydd 1988 (y wobr gyntaf, croglun), Llanrwst 1989 (y wobr gyntaf, brodwaith; y wobr gyntaf, plac); *A Class of Their Own*, Amgueddfa Sir Fynwy 1991, 1994; *Stitched Textiles – a Celebration*, Sefydliad y Gymanwlad, Llundain 1990; *A Thread of Inspiration*, Neuadd Merchant Adventurers, Caerefrog 1992; *Threaded Together*, Canolfan Grefft Rhuthun 1992; *Celfyddydau Celtaidd Cyfoes*, Oriel Gelf Falmouth 1994; *Pencampwriaeth Frodwaith Genedlaethol*, Ascot 1994; *The Midas Touch*, Llyfrgell Rhosan ar Wy 2003. Wedi'i chynnwys yn *Embroidery* (Haf 1993; Gaeaf 1998); BBC Cymru/HTV Cymru (1988, 1989, 2003). '…effaith golau a phydru ar wahanol arwynebau…diddordeb mawr mewn trompe l'oeil…yr ethos Celtaidd.' Yn byw yn Llanfihangel Troddi, de Cymru.
*Yr artist*

### Jacqueline JONES 1967–
**Enw gwaith Jacqueline Janine Jones, peintwraig. Ganed yng Nghaerfyrddin, gorllewin Cymru.**

Astudiodd yng Ngholeg Technoleg a Chelf Sir Gaerfyrddin 1985–87, gyda Christine Kinsey, Osi Rhys Osmond; Coleg Prifysgol Abertawe 1991–93. Darlunydd, Amgueddfa Ceredigion 1989–91; gwaith ffatri 1993–99; cynorthwy-ydd, Canolfan y Celfyddydau Gweledol, Caerdydd 1999–2000; tiwtor (rhan-amser), addysg oedolion, Maerdy, Llantrisant o 2003. Gwobr Fileniwm 2004. Arddangosfeydd ar y cyd yn cynnwys Oriel Washington, Penarth 2001, 2005; *Artist y Flwyddyn Cymru*, Neuadd Dewi Sant, Caerdydd 2004; Prifysgol John Moore, Lerpwl 2006; Canolfan Gelfyddydau Muni, Pontypridd 2007; *Outsiders*, Oriel Whitechapel, Llundain 2007. Wedi'i chynnwys yn y *Western Mail* (2000, 2003, 2004); Primetime, HTV 2003. '…yn ymboeni am themâu oesol.' Yn byw yn y Porth, de Cymru.
*Yr artist*

### Jamie Michael JONES 1967–
**Peintiwr. Ganed yn Abertawe, de Cymru.**

Astudiodd yng Ngholeg Celf Maidstone 1988–91 (Cyfathrebu Cyfryngau). Tiwtor celf, Cymdeithas Addysg y Gweithwyr, de Cymru o 2005. Aelod o Ymddiriedolaeth Fforwm Celfyddydau Abertawe 2005–07. Arddangosfeydd ar y cyd, *Arddangosfa Agored Abertawe*, Oriel Gelf Glynn Vivian, Abertawe 2003; *Dylan's Swansea*, Canolfan Gelfyddydau Taliesin, Abertawe (CGT) 2003; Oriel Washington, Penarth 2005; *Artist y Flwyddyn Cymru*, Neuadd Dewi Sant, Caerdydd 2006. Arddangosfeydd undyn, *Never Changing Moods*, Canolfan Gelfyddydau Pontardawe 2001; *Four Seasons in One Day*, Theatr y Grand, Abertawe 2002; *Rooftops and Seashores*, CGT 2002; *Travelling Light*, Oriel Andrew Lamont, Theatr Brycheiniog, Aberhonddu 2006. Gwaith yng nghasgliad Prifysgol Abertawe. 'Tirwedd drefol Cymru… Bae Abertawe.' Yn byw yn Abertawe.
*Yr artist*

### Jenny JONES 1954–
**Peintwraig. Ganed yn Norwich, Lloegr.**

Ei mam yn Gymraes. Astudiodd gyda Russell Foreman, Fflorens 1971; Coleg Celf Amwythig 1971–73; Ysgol Gelf Farnham 1973–76 (Gwobr Rowney). Athrawes, Ysgol Old Hall, Wellington 1978–79. Cyrhaeddodd Gymru ym 1992. Arddangosfeydd ar y cyd yn cynnwys South Park, Bracknell 1976; *Cystadleuaeth Gelf Agored Swydd Amwythig*, Oriel Gateway, Amwythig (OGA) 1993 (arobryn); *Cystadleuaeth Gelf Agored*, Y Tabernacl, Machynlleth (TM) 1995 (arobryn); Country Works, Trefaldwyn 1997, 1998, 2000, 2003; *Cystadleuaeth Arlunio Agored Swydd Amwythig*, OGA 2003 (arobryn); *Arddangosfa Bortreadau Cymru*, Castell Bodelwyddan 2006 (teithiol). Arddangosfeydd un-ddynes yn cynnwys y

Gelli Gandryll 1977; Oriel Silk Top Hat, Llwydlo 1986–2005 (naw arddangosfa); TM 1996. Darluniau llyfrau'n cynnwys *Happy Birthday Amelia*, Nicola Moon (Pavilion 1999); *When I Grow Up*, Lennie Goodings (Macmillan 2000); *Sandbear*, Shen Roddie (Bloomsbury 2002); *Harry's Box*, Angela McAllister (Bloomsbury 2003). Wedi'i chynnwys yn Border Patrol, S4C, (1997); The Mix, Sianel 4/Ysgolion BBC. '…pobl ac anifeiliaid… beth sy'n mynd ymlaen o'm cwmpas.' Yn byw yn Nhrefaldwyn, canolbarth Cymru. *Yr artist*

### Jonah JONES 1919–2004
**Enw gwaith Leonard Jonah Jones, cerflunydd, torrwr llythrennau, caligraffydd. Ganed yn Washington, Swydd Durham.**

Hefyd yn awdur ac addysgwr. Ei daid yn Gymro. Astudiodd yn Ysgol Gelf Newcastle upon Tyne tua 1938, gyda Leonard Evetts; Gweithdai Eric Gill, Pigotts 1949, gyda Laurence Cribb. Gwasanaeth yn yr Ail Ryfel Byd, Ambiwlans Maes Parasiwt 224 a'r Corfflu Addysg (gyda John Petts) (Gwrthwynebydd

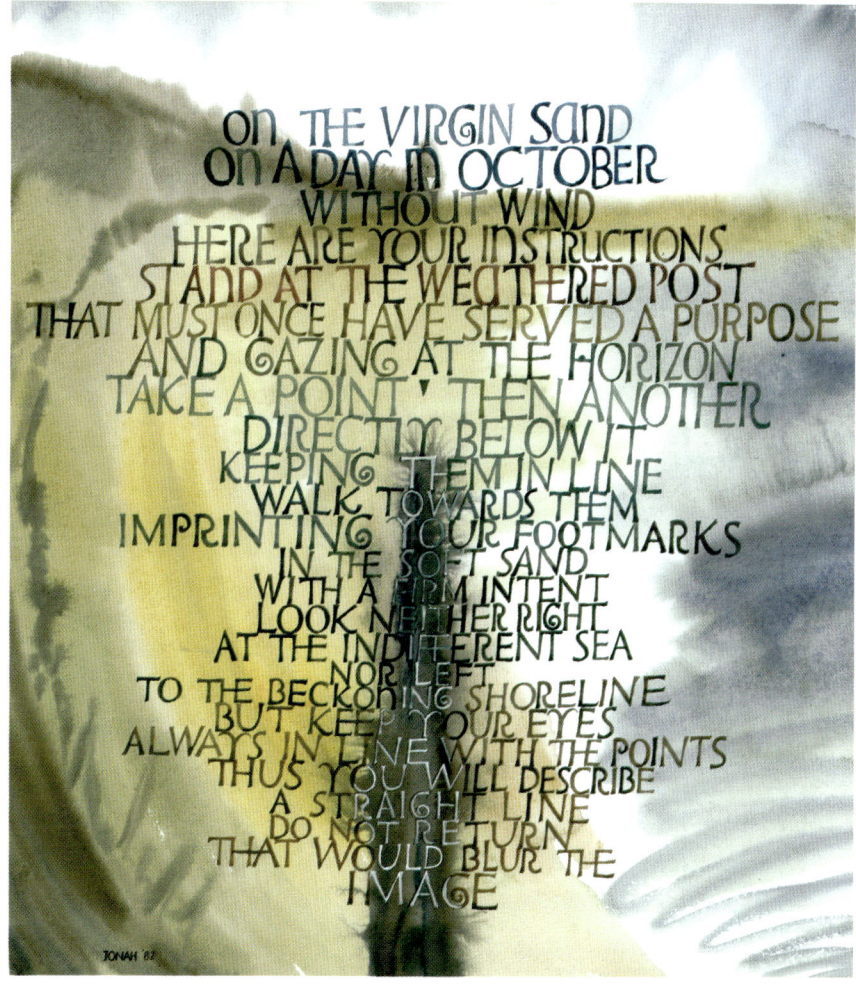

176 | Jonah Jones
*Directions* 1982

Cydwybodol). Cyrhaeddodd Gymru ym 1948. Gyda John Petts, adferodd Wasg Caseg, Llanystumdwy, 1949–51; sefydlodd weithdy, Minffordd, Penrhyndeudraeth. Cyfarwyddwr, Y Coleg Celf a Dylunio Cenedlaethol, Dulyn 1974–78. Aelod o'r Academi Frenhinol Gymreig. Medal Jiwbilî'r Frenhines 1983; aelod mygedol, Cymdeithas Frenhinol y Penseiri, Cymru 2004 (ar ôl ei farwolaeth). Gwobrau'n cynnwys Ymddiriedolaeth Caerefrog 1949; Pwyllgor Cymreig Cyngor Celfyddydau Cymru Prydain Fawr (PCCCPF) tua 1948–49; Cyngor Celfyddydau Cymru 2001. Cymrodor Celfyddydau Gregynog, Prifysgol Cymru/Cyngor Celfyddydau Cymru (CCC) 1981. Comisiynau cyhoeddus niferus, gan gynnwys penddelwau portreadol; Arysgrif y Ffiwsilwyr Cymreig, Wrecsam 1955; Coleg Harlech 1969; Pencadlys Heddlu Gwynedd 1973; Cofeb y Tywysogion, Aberffraw; Abaty Westminster, Llundain. Llawer o arddangosfeydd ar y cyd gan gynnwys Cymdeithas Celf Gyfoes Cymru (CCGC) 1960; *Welsh Drawings*, PCCCPF 1963; *Art in Wales, the 20th Century: Today*, CCC 1969 (teithiol); *Wales and the Modern Movements*, Prifysgol Aberystwyth 1973; *Sculpture in a Country Park*, Margam, Ymddiriedolaeth Gerfluniaeth Cymru 1983; *Welsh Artists Talking*, Amgueddfa Cymru (AC) 2001. Arddangosfeydd undyn yn cynnwys Oriel Tegfryn, Porthaethwy 1967; Cymdeithas Gelfyddydau Gogledd Cymru 1968; *Jonah Jones: Romance in the Stone: sculptures inscriptions and watercolours 1951–1989*, Oriel Mostyn, Llandudno 1990 (teithiol); Neuadd Dewi Sant, Caerdydd 2001. Cyhoeddiadau niferus gan gynnwys traethawd hunangofiannol, *Artists in Wales 2*, golygydd Meic Stephens (Gwasg Gomer 1973); *The Gallipoli Diary* (Seren Books, Pen-y-bont ar Ogwr 1989); *Clough Williams-Ellis: Architect of Portmeirion* (Seren 1997). Casgliadau'n cynnwys AC; Cyngor Gwynedd; CCGC; Llyfrgell Genedlaethol Cymru, Aberystwyth; Prifysgol De Cymru, Pontypridd. Prynwyd gwaith gan CCC. '…fy mhrif nod yw ymestyn cwmpas ac ansawdd fy ngweithdy.' Yn eiriol dros gymorth i artistiaid. Roedd yn byw ym Mhenrhyndeudraeth, gogledd Cymru, ac yna yng Nghaerdydd, de Cymru.

### Joy Farrall JONES 1933–
**Enw gwaith Joyce Margaret Jones, peintwraig, darlunydd. Ganed yn Bangalore, India.**
Astudiodd yng Ngholeg Celf Rhanbarthol Manceinion 1954–57; Ysgol Gelf St Martin, Llundain 1957–59, gyda Joe Tilson, Eric Thomas. Cyn-ddarlithydd, Sefydliad Marylebone, Llundain; artist, Prosiect Clasuron Ysgolion Caergrawnt. Cyrhaeddodd Gymru tua 1967. Comisiynau darluniau yn cynnwys Arnold Publishers; Blackie & Sons Cyf; Encyclopædia Britannica (DU) Cyf, i gyd yn y 1960au; Gwasg Prifysgol Cymru; Cyngor Ysgolion Cymru; Cronfa Ymddiriedolaeth Overton; Cyngor Cadwraeth Natur Cymru; Merched y Wawr; Cymdeithas Gelfyddydau Gogledd Cymru; Yoga yng Nghymru, i gyd yn y 1970au–80au. Aelod o Academi Frenhinol Gymreig Conwy, o 1997. Arddangosfeydd ar y cyd yn cynnwys Oriel Del Bello, Canada 1970au; Oriel Plas Glyn-y-Weddw, Llanbedrog 1970au–80au; Oriel Llewellyn Alexander, Llundain 1990au. Arddangosfeydd deuddyn yn cynnwys yr Amgueddfa Lechi Genedlaethol, Llanberis (gyda Leslie Jones), ddiwedd y 1970au–canol yr 80au. Arddangosfeydd un-ddynes yn cynnwys Oriel Gelf Llyfrgell Dinbych, ddiwedd y 1980au; Orielau'r Mall, Llundain, ddechrau'r 1990au. Tempera; bywyd llonydd, portreadau; bu ymweliadau ag India'n ddylanwad arni. Yn byw ym Mae Colwyn, gogledd Cymru.
*Yr artist*

### Leslie JONES 1934–2010
**Peintiwr, gwneuthurydd printiau. Ganed yn Nhremadog, gogledd Cymru.**
Astudiodd yn y Coleg Celf Rhanbarthol, Manceinion 1951–55 (Medal Heywood; Ysgoloriaeth Deithio Proctor); Y Coleg Celf Brenhinol, Llundain 1955–58 (Ysgolor Brenhinol), gyda John Nash, Julian Trevelyan; Y Coleg Celf Prydeinig yn Rhufain, Yr Eidal 1958–60 (Prix de Rome, Ysgythru); Yr Academi Celf Gain, Belgrad, Iwgoslafia 1959. Darlithydd (rhan-amser) 1961–65, Colegau Celf Hammersmith, Hornsey, Kingston; Ysgol Gelf St Martin, Llundain (YGSM). Uwch-ddarlithydd, YGSM 1965–67.

Arolygwr EM, Celf a Dylunio, Cymru 1967–83. Pennaeth yr Adran Gelf, Coleg Technegol Gwynedd, Bangor 1986–89. Aelod Cyswllt, Cymdeithas Frenhinol yr Ysgythrwyr (o 1961); aelod, Cymdeithas yr Artistiaid a Dylunwyr Diwydiannol (1966–85); Yr Academi Frenhinol Gymreig, Conwy (AFG) (o 1970). Arddangosfeydd ar y cyd yn cynnwys Oriel, Cyngor Celfyddydau Cymru (CCC), Caerdydd; Oriel Mostyn, Llandudno; Oriel Plas Glyn-y-Weddw, Llanbedrog; AFG; Oriel Pendeitsh, Caernarfon; Oriel Wicklow, Iwerddon. Arddangosfeydd deuddyn yn cynnwys yr Amgueddfa Lechi Genedlaethol, Llanberis (ALG) (gyda Joy Farrall Jones), ddiwedd y 1970au – ganol yr 80au. Arddangosfeydd undyn yn cynnwys Oriel Henry Thomas, Caerfyrddin; ALG; Canolfan Grefft Rhuthun; Canolfan Gelfyddydau Llyfrgell y Rhyl; Oriel Gelf ac Amgueddfa Williamson, Penbedw. Cyhoeddiadau'n cynnwys traethawd i *Kyffin Williams: Portraits* (Cyngor Sir Ynys Môn 1993); catalogau ar gyfer arddangosfeydd gan John Heritage; Jeremy Yates; Selwyn Jones. Sylwebaeth i'r Sioe Gelf, S4C. Casgliadau'n cynnwys Amgueddfa ac Oriel Gelf Gwynedd, Bangor; Cyngor Sir Dyfed; Cymdeithas Celf Gyfoes Cymru; Llyfrgell Genedlaethol Cymru, Aberystwyth; Prifysgol Aberystwyth; Prifysgol Bangor; Prifysgol Oregon, UDA. Prynwyd gwaith gan CCC. Lithograffau, ysgythriadau, sychbwyntiau, paentiadau; themâu topograffigol yn bennaf; darluniau llyfrau. Roedd yn byw ym Mae Colwyn, gogledd Cymru.
*Yr artist*

### Julia JONES 1938–
**Enw gwaith Florence Julia Jones, peintwraig. Ganed yn Barnsley, Lloegr.**

Cyrhaeddodd Gymru ym 1951. Astudiodd yng Ngholeg Prifysgol Cymru, Aberystwyth 1956–60 (Bioleg); Coleg Technegol Gwynedd 1988–89, gyda Peter Prendergast. Athrawes, bioleg, ysgolion yn Aberteifi, Amwythig, Stoke-on-Trent 1960–64. Comisiynau, Dŵr Cymru; National Power. Aelod o Gymdeithas Celf Gain Gogledd Cymru; Yr Academi Frenhinol Gymreig (AFG). Arddangosfeydd ar y cyd, AFG, Conwy 1980, 1990au, yn flynyddol o 2001; Eisteddfod Genedlaethol Cymru, Llanbedr Pont Steffan 1984; Sefydliad Brenhinol Peintwyr Dyfrlliwiau, Llundain 1985; Oriel Westminster, Llundain 1980au; Oriel Albany, Caerdydd 1990au; Oriel Gorstella, Caer 2005. Arddangosfeydd un-ddynes, Llyfrgell Llangefni, 1986, 1996. '…y dirwedd… a'r eitemau cyfarwydd sydd o'm cwmpas gartre…' Yn byw ym Miwmares, gogledd Cymru.
*Yr artist*

### Julia Griffiths JONES 1954–
**Artist/gwneuthurydd. Ganed ym Mangor, gogledd Cymru.**

Astudiodd yng Ngholeg Celf Hornsey 1972–73; Ysgol Gelf Caer-wynt 1973–76 (Tecstiliau Printiedig); Y Coleg Celf Brenhinol, Llundain 1976–78 (MA Tecstiliau Printiedig). Darlithydd (rhan-amser), Coleg Celf Berkshire 1978–90; Ysgol Gelf Epsom 1981–83; darlithydd cyswllt, Prifysgol Middlesex 1982–90; Coleg Technoleg a Chelf Sir Gaerfyrddin 1991–2000; Athrofa Addysg Uwch Caerdydd/Athrofa Prifysgol Cymru, Caerdydd (APCC) 1991–2000; uwch-ddarlithydd, APCC 2000–04; Athrofa Addysg Uwch Abertawe, o 2004. Artist preswyl, Gweithdy Spectro Arts, Newcastle upon Tyne 1980; Canolfan Gelfyddydau South Hill Park, Berkshire 1984; Ysgol Uwchradd Castellnewydd Emlyn 2002; Amgueddfa Wlân Cymru, Dre-fach Felindre 2007. Comisiynau'n cynnwys Person Busnes y Flwyddyn Cymru 2000; Ysbyty Brenhinol Aberdeen i Blant, GIG Grampian 2004. Gwobrau'n cynnwys Celf mewn Diwydiant Sanderson 1977; Y Cyngor Prydeinig (ysgoloriaethau) 1979, 1982, 1984; Cyngor Celfyddydau Cymru 1996, 2003 (Cymru Greadigol); Celfyddydau Rhyngwladol Cymru 1999. Arddangosfeydd ar y cyd yn cynnwys *The Open and Closed Book*, Amgueddfa Victoria ac Albert, Llundain (VacA) 1979; *Riveting Stuff*, Oriel 31, Y Trallwng 1991; *Live Wire*, Oriel Dinas Caerlŷr 1992 (teithiol); Eisteddfod Genedlaethol Cymru 1992, 1995, 1996, 2001; *Telling*, Canolfan y Celfyddydau Aberystwyth 2001; *Decade*, Canolfan Grefft Rhuthun (CGRh) 2002. Arddangosfeydd deuddyn yn cynnwys The Minories, Caer Colun 1985.

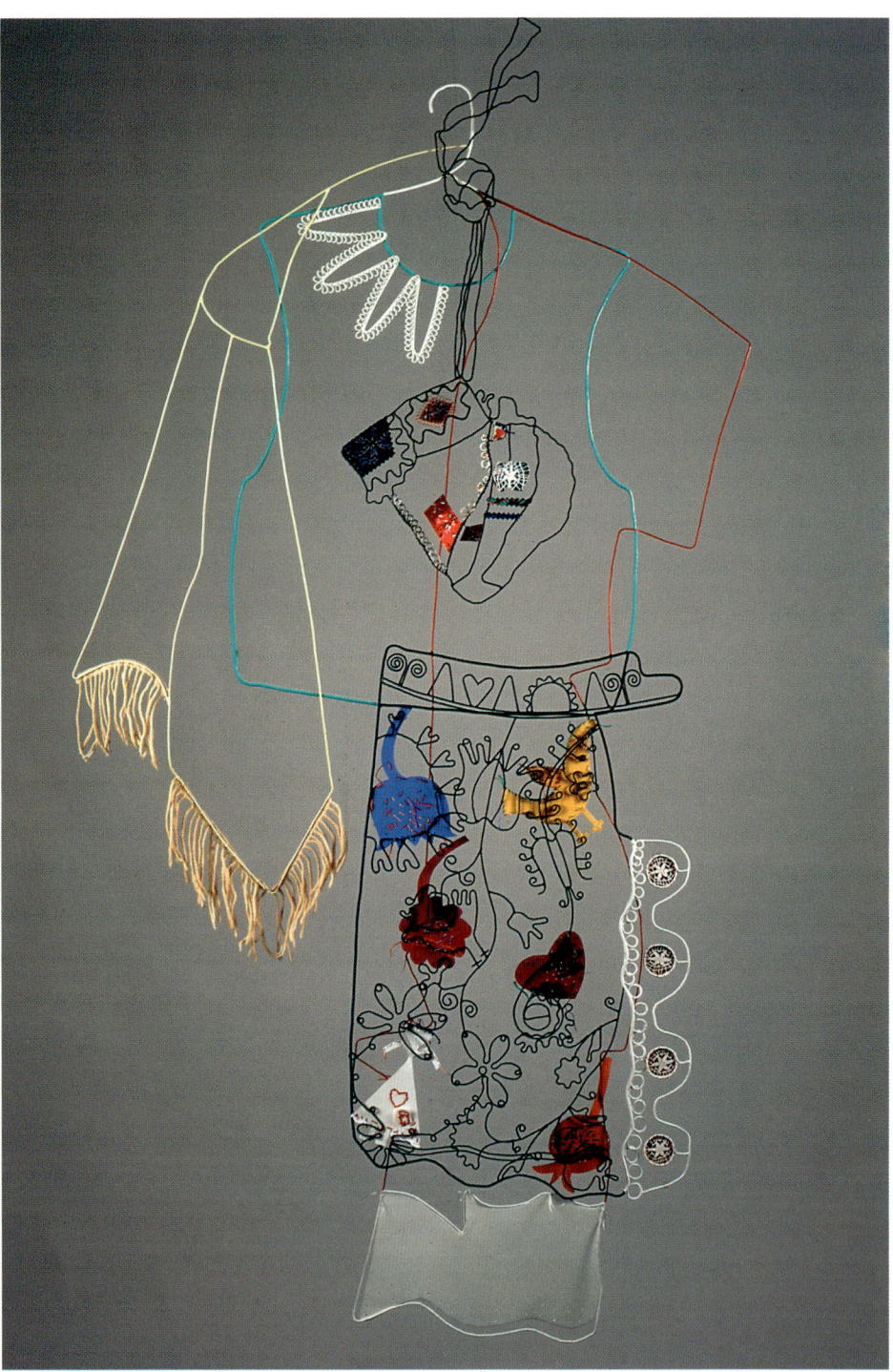

177 | Julia Griffiths Jones
*Homage to Calder* 2003

Arddangosfeydd un-ddynes yn cynnwys *Folk Art of Three Lands Revisited*, Llyfrgell Hwlffordd 1987 (teithiol); *Unwinding the Thread*, CGRh 1997 (teithiol); *Embroideries in the Air*, Amgueddfa Genedlaethol Slofacia 1999; *Focus Showcase*, Celfyddydau Cymhwysol Cyfoes, Llundain 1999; *Stories in the Making*, CGRh 2005 (teithiol). Wedi'i chynnwys yng nghylchgrawn *Crafts* (Mawrth/Ebrill 2002, Mawrth/Ebrill 2006). Casgliadau'n cynnwys Amgueddfa Bankfield, Halifax; Amgueddfa Povazske, Zilina, Slofacia; VacA. '…yn ceisio trosi delweddaeth, symboliaeth a phwythau'n ffurf fetel galed…' Yn byw yn Llan-y-bri, gorllewin Cymru.
*Yr artist*

## Karen JONES 1961–
**Artist gwydr/enamel. Ganed ym Mangor, gogledd Cymru.**

Astudiodd yng Ngholeg Openshaw, Manceinion 1979–81. Cymrawd, Cymdeithas Emoleg Prydain Fawr 1986. Busnes diemwntau/hen emwaith 1981–99; busnes teuluol adeiladu tai 1999–2003; artist llawnamser o 2003. Agorodd Oriel Llywelyn, Caernarfon 2003. Arddangosfeydd ar y cyd yn cynnwys Oriel Albany, Caerdydd 2004; Oriel Washington, Penarth 2004; Galeri Betws-y-coed 2006; Oriel Tonnau, Pwllheli 2007. Arddangosfa un-ddynes, *Stages*, Oriel Môn, Llangefni 2005. Cyhoeddwyd erthyglau yn y wasg leol 2006. Wedi'i chynnwys mewn cyfweliad ar BBC Radio Cymru 2004; Wedi Saith, S4C. Gwaith yng nghasgliad Cyngor Gwynedd. '…natur, tirwedd a'r tymhorau.' Yn byw yn Waunfawr, gogledd Cymru.
*Yr artist*

## Lucilla JONES 1949–
**Enw gwaith Lucilla Teresa Jones, peintwraig portreadau/anifeiliaid. Ganed yn Exmouth, Lloegr. Hefyd yn llofnodi ei gwaith yn Lucilla Allsworth Jones; LTJ.**

Ei thad yn Gymro. Cyrhaeddodd Gymru ym 1959. Astudiodd yn Ysgol Arlunio a Chelf Gain Ruskin, Prifysgol Rhydychen 1968–71. Therapydd celf, Awdurdod Iechyd Powys 1976–80; tiwtor (rhan-amser), addysg oedolion. Trefnydd/tiwtor, gwyliau paentio, Cymru 1994–98. Lluniadau, Opera Genedlaethol Cymru 1995. Artist preswyl, Gŵyl Gerdd a Dawns Ryngwladol, Billingham 1998; Gŵyl Gerdd Ryngwladol, Jimena de la Frontera, Sbaen 2001. Comisiynau'n cynnwys Coleg Manceinion, Rhydychen 1970; Clwb Jockey Singapôr 1988; Syrcas Syr Robert Fossett 1990; Y Môr-filwyr Brenhinol, 45 Commando, Arbroath 1991; Catrawd 104 y Magnelwyr Brenhinol 1992. Arddangosfeydd ar y cyd yn cynnwys Amgueddfa Ashmole, Rhydychen 1970; Canolfan Gelfyddydau Chapter, Caerdydd 1974; Oriel Luis C Morton, Dinas Mexico 1989, 1996; *Jazz Aberhonddu*, Amgueddfa ac Oriel Gelf Brycheiniog (AOGB) 1996; *The Art of Music*, Neuadd Dewi Sant, Caerdydd 1997; Oriel Brian Sinfield, Burford 2002, 2003. Arddangosfeydd un-ddynes yn cynnwys Oriel Julian Davies, San Diego, UDA 1989; Arddangosfa Gŵyl Cheltenham, Winchcombe 1994; *Images of Movement*, AOGB 1995; Oriel Halcyon, Puerto Banus, Sbaen 2002; *Inspirations of Andalucía*, Galeria El Monesterio, Cadiz, Sbaen 2007. Wedi'i chynnwys yn *Horse, Hounds and Hunting Horns*, Colin A Lewis (JA Allen 1979); *Horse Breeding in Ireland*, Colin A Lewis (Hyperion Books 1980). Gwaith yng nghasgliad AOGB; Y Fagnelaeth Frenhinol, Woolwich. '…ceffylau'n mynd drwy eu pethau…theatr, dawns a cherddoriaeth.' Yn byw yn Llandyfalle, canolbarth Cymru, ac Andalucía, Sbaen.
*Yr artist*

### Lucy JONES 1974–
**Enw gwaith Rhiannon Lucy Jones, peintwraig.**

Astudiodd yng Ngholeg Technegol Gwynedd, Bangor 1992–93 (rhagoriaeth); Coleg Canolog Celfyddydau a Dylunio St Martin, Llundain 1993–94; Ysgol Gelf a Dylunio Norwich 1994–97. Bu'n teithio yn Awstralia, Indonesia, Nepal 1997–99. Arddangosfeydd niferus ar y cyd gan gynnwys *Arddangosfa Agored y Tabernacl*, Y Tabernacl, Machynlleth 1997; *Arddangosfa Agored Oriel 31*, Oriel 31, Y Drenewydd 1997 (cyd-enillydd), 1999; *Biennale Arlunio Cymru*, Canolfan Gelfyddydau Wrecsam 1997 (teithiol); *Terra Incognita: Images of Australia*, Prifysgol Cymru, Aberystwyth 2000. Arddangosfeydd un-ddynes yn cynnwys Neuadd Dwyfor, Pwllheli 2000; Theatr Ardudwy, Harlech 2001; Llyfrgell Caernarfon 2001. Gogledd Cymru a thirweddau eraill. Yn byw yn Abermaw, gogledd Cymru 2001.
*Yr artist*

### Lynnford JONES 1940–
**Peintiwr. Ganed yng Nghastell-nedd, de Cymru.**

Hunanddysgedig. Astudiodd yng Ngholeg Prifysgol Abertawe 1969–73 (Peirianneg Sifil, gradd yn y dosbarth cyntaf). Glöwr 1956–58; Y Llu Awyr Brenhinol 1959–63; drafftsmon peirianneg 1963–69; peiriannydd sifil, Cyngor Abertawe 1973–75; darlithydd, Coleg Trydyddol Castell-nedd 1975–92. Gwobr Cyngor Celfyddydau Cymru 2000. Aelod o Grŵp Crochenwaith Rhiwfawr. Arddangosfeydd ar y cyd yn cynnwys Yr Orendy, Parc Margam 1989; *Celebration of Norfolk*, Oriel Poppy Land, Great Yarmouth 1993; Oriel Kilvert, Cleirwy 1994; Oriel Washington, Penarth 1999, 2001; Canolfan Gelfyddydau Pontardawe (CGP) 2002; Oriel Heol y Brenin, Caerfyrddin 2005. Arddangosfeydd undyn yn cynnwys Llyfrgell Ystradgynlais 1990; Canolfan Gelfyddydau Taliesin, Abertawe 1992; Oriel Cross, Pontardawe 1994, 1998; Oriel Gelf Glynn Vivian, Abertawe 1996; CGP 2003; *Arddangosfa Adolygol*, Neuadd Gwyn, Castell-nedd 2004. Wedi'i gynnwys yn *South Wales Guardian*, Mai 2003. '…materion y byd…emosiynau a pherthynas pobl â'i gilydd.' Yn byw ym Mhontardawe, de Cymru.
*Yr artist*

### Margaret JONES 1918–
**Enw gwaith Margaret Dorothy Jones, darlunydd, peintwraig. Ganed yn Bromley, Lloegr.**

Astudiodd yng Ngholeg Methodistaidd Handsworth Wood, Birmingham (diwinyddiaeth), graddiodd 1940. Artist hunanaddysgedig. Bu'n byw dramor am sawl blwyddyn; cyrhaeddodd Gymru ym 1954. Darlun cyntaf i'w gomisiynu 1978–79. Gwobr *Tir na n-Og* (ar y cyd ag awduron), Cyngor Llyfrau Cymru (CLlC) 1989, 1993, 2000, 2003, 2004. Darluniau wedi'u comisiynu'n cynnwys *Y Mabinogi*, addaswyd gan Gwyn Thomas a Kevin Crossley-Holland (Victor Gollancz Cyf 1984; Y Lolfa (YL) 2006); *The Quest for Olwen*, Gwyn Thomas a Kevin Crossley-Holland (Lutterworth 1988); *Chwedlau o'r Gwledydd Celtaidd*, Rhiannon Ifans (YL 1999); *From the Four Corners of Europe – Tales and Folk Legends*, Wolfgang Greller (Canolfan Astudiaethau Addysg, Prifysgol Cymru 2000); *Dewi Sant*, Rhiannon Ifans (YL 2002); *The Tale of Twm Siôn Cati*, Margaret Isaac (Apecs Press, Caerllion (APC) 2005); *Y Brenin Arthur*, Gwyn Thomas (YL 2006). Aelod o Gymdeithas Gelf Ceredigion. Arddangosfeydd un-ddynes yn cynnwys *Y Mabinogi*, CLlC 1980au (teithiol); Canolfan y Celfyddydau Aberystwyth; Amgueddfa Ceredigion, Aberystwyth. Cyhoeddiadau yn cynnwys *Nat* (Gwasg Gomer 2004); *It Came, to Pass: an Autobiography* (APC 2007). Casgliadau'n cynnwys Amgueddfa Ceredigion, Aberystwyth; Llyfrgell Genedlaethol Cymru, Aberystwyth. Y darlunwyr Arthur Rackham ac Edward Dulac yn ddylanwad arni. Yn byw yn Aberystwyth, canolbarth Cymru.
*Yr artist*

## Martyn JONES 1955–
**Peintiwr. Ganed yn Aberdâr, de Cymru. Hefyd yn defnyddio'r llofnod Martyn Dallimore-Jones.**

Astudiodd yn Athrofa Addysg Uwch De Morgannwg, Caerdydd 1974–77 (gradd yn y dosbarth cyntaf); Ysgol Gelf Chelsea, Llundain 1977–78, gyda Patrick Heron (MA); Academi Gelf Caerfaddon (Cymrawd Iau) 1978–79, gydag Adrian Heath, Peter Kinley. Athro (rhan-amser), Academi Caerfaddon 1980–83; darlithydd/pennaeth adran, Coleg Merthyr Tudful o 1986. Aelod o Grŵp 56 Cymru; Ysbryd/Spirit–Wales. Arddangosfeydd ar y cyd yn cynnwys *New Contemporaries*, Sefydliad Celfyddydau Cyfoes, Llundain 1978 (Gwobr Artscribe); Eisteddfod Genedlaethol Cymru, Abergele 1995, Llanelli 2000; *Gweledigaeth Geltaidd*, Oriel Mostyn, Llandudno 1987 (teithio'n rhyngwladol); *Arddangosfa Gwobr Prynu Celf*, Prifysgol Morgannwg, Pontypridd 2000 (y wobr gyntaf); *A Propos Ceri Richards*, Amgueddfa Cymru 2002; Oriel Robert Steele, Dinas Efrog Newydd 2004, 2005, 2007. Arddangosfeydd undyn yn cynnwys Stiwdios Riverside, Hammersmith 1979; Oriel Ian Birksted, Llundain 1981; Amgueddfa Castell Cyfarthfa 1997; *Genius Loci*, Canolfan Gelfyddydau Abaty Nant Teyrnon, Cwmbrân 2002; Oriel Môn, Llangefni 2005; Canolfan Ryngwladol Cymru, Efrog Newydd 2004–06. Wedi'i gynnwys yn y *Western Mail* (2002, 2005, 2006); Heno, S4C (2002); Newyddion ITV Cymru (2005). Casgliadau'n cynnwys Amgueddfa ac Oriel Gelf Cwm Cynon; Banc Allied Irish, Caerdydd; Cymdeithas Celf Gyfoes, Llundain; Prifysgol Dallas, Texas; Prifysgol De Cymru. '…Lle ac Amser.' Yn byw yng Nghaerdydd, de Cymru.
*Yr artist*

## Martyn Vaughan JONES 1957–
**Peintiwr. Ganed yn Coventry, Lloegr.**

Ei dad yn Gymro. Astudiodd yng Ngholeg Addysg Uwch Gwent 1975–79, gyda Jack Crabtree, Ernest Zobole. Sgrin-argraffydd, Heddlu Metropolitan, Llundain 1980–81. Dychwelodd i Gymru ym 1983. Tiwtor (rhan-amser), addysg uwch, Ystrad Mynach 1987–88. Arddangosfeydd ar y cyd yn cynnwys Oriel Benjamin Hargreaves, Llundain o 1997; Oriel Albany, Caerdydd 2001; Art Matters, Dinbych-y-pysgod, o 2001 (Cystadleuaeth Gelf Agored, y wobr gyntaf 2002). Arddangosfeydd deuddyn yn cynnwys Oriel Washington, Penarth (OW) (gyda Chris Griffin) 2003. Arddangosfeydd undyn yn cynnwys Canolfan Ymwelwyr, Cwm-carn 1992–95; Sefydliad y Glowyr Coed-duon 1994; Oriel Riverside, Crucywel 1995; OW 1998. 'Tirwedd a morluniau Cymru.' Yn byw yn Sanclêr, gorllewin Cymru.
*Yr artist*

## Mary Lloyd JONES 1934–
**Peintwraig. Ganed ym Mhontarfynach, canolbarth Cymru.**

Astudiodd yng Ngholeg Celf Caerdydd 1951–56, gydag Eric Malthouse, David Tinker. Swyddog Celfyddydau Gweledol, Cyngor Sir Dyfed 1985–88. Artist preswyl, Canolfan Tyrone Guthrie, Iwerddon 1988; Citta di Adria, Yr Eidal 1997; Farrera de Pallars, Catalonia, Sbaen 1999; Amgueddfa Werin Cymru Sain Ffagan 2007. Comisiynau'n cynnwys Gŵyl Erddi Cymru, Glynebwy 1992; Eisteddfod Genedlaethol yr Urdd, Llanbedr Pont Steffan 1996; Y Cyngor Prydeinig, Efrog Newydd 2001. Cymrawd Anrhydeddus, Coleg y Drindod, Caerfyrddin 2003; Athro Mygedol, Ysgol Gelf, Prifysgol Cymru, Aberystwyth 2006. Aelod o Orsedd y Beirdd, Eisteddfod Genedlaethol Cymru (EGC). Gwobrau Cyngor Celfyddydau Cymru (CCC) 1988, 1997, 1999, 2003, 2004, 2005. Aelod o Grŵp 56 Cymru; Fforma (aelod sefydlu); Yr Academi Frenhinol Gymreig; Cymdeithas Ddyfrlliwiau Cymru. Arddangosfeydd niferus ar y cyd gan gynnwys EGC 1990, 1996, 1997, 1999, 2000, 2004; *Arddangosfa Agored Cymru*, Canolfan y Celfyddydau Aberystwyth (CCA) 1996 (y wobr gyntaf); *Ystyr y Tir*, Yr Ŵyl Geltaidd, Lorient, Llydaw 2002; *Eryri: y Syniad o Le*, Amgueddfa ac Oriel Gelf Gwynedd, Bangor 2005; *Biennale Arlunio Cymru*, CCA

2006. Arddangosfeydd un-ddynes yn cynnwys Oriel Montserrat, Efrog Newydd 1994; Oriel Martin Tinney, Caerdydd 1999, 2001, 2002, 2005; *Lliwio'r Gair*, CCA 2001 (teithiol); *Iaith Gyntaf*, Llyfrgell Genedlaethol Cymru, Aberystwyth (LlGC) 2006 (yn teithio Cymru, Iwerddon, Llydaw). Darluniau cloriau llyfr yn cynnwys *The Bloodaxe Book of Modern Welsh Poetry*, Menna Elfyn a John Rowlands (Bloodaxe Books 2003); *Against the Flow*, Peter Abbs (RoutledgeFalmer 2003). Wedi'i chynnwys yn *Certain Welsh Artists*, Iwan Bala (Seren Books, Pen-y-bont ar Ogwr 1999); *Delweddau o'r Ymylon*, Ceridwen Lloyd Morgan a Mary Lloyd Jones (Y Lolfa 2002). Casgliadau'n cynnwys Amgueddfa ac Oriel Crawford, Corc, Iwerddon; Amgueddfa Cymru; Cymdeithas Celf Gyfoes Cymru; LlGC; Prifysgol De Cymru; Prifysgol Keele. Prynwyd gwaith gan CCC. '… ymateb i le, ymwybyddiaeth o gof hynafiadol ac o farciau ar y tir a adawyd gan y cenedlaethau a fu.' Yn byw yn Aberystwyth, canolbarth Cymru.
*Yr artist*

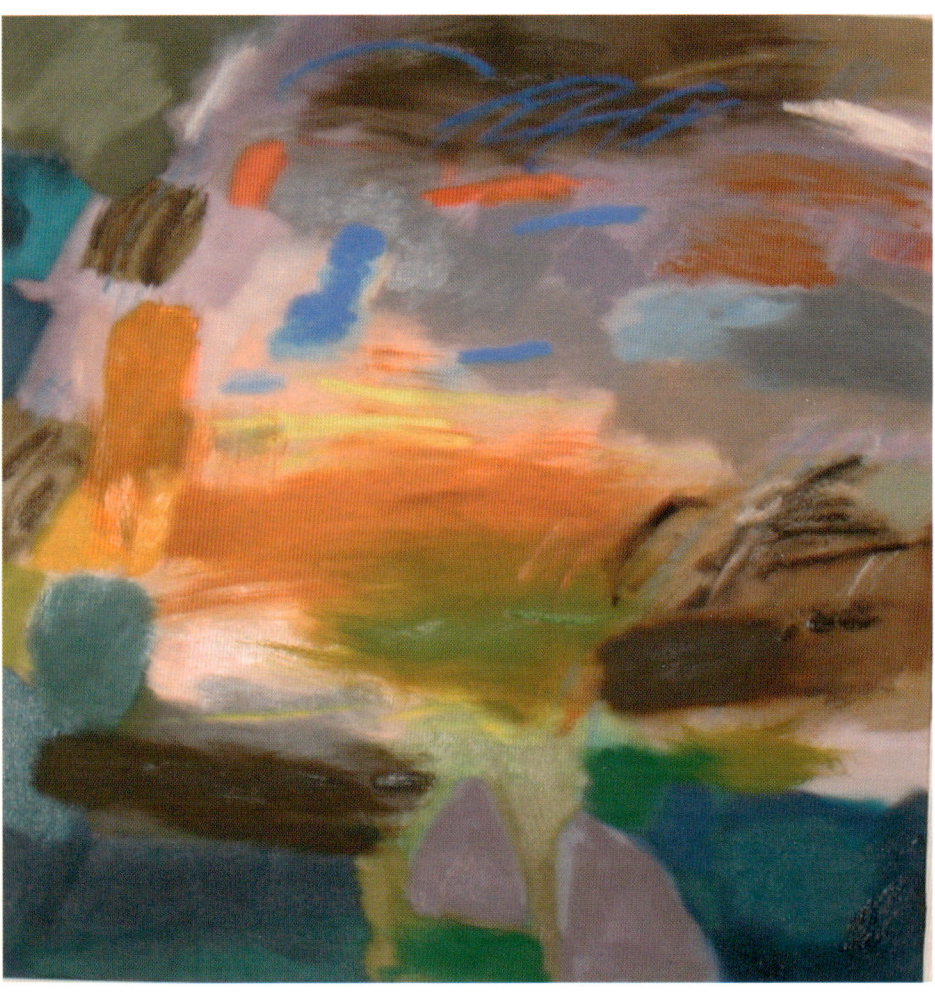

178 | Mary Lloyd Jones
*Ochre Pool, Cwm Rheidol/Pwll Melyn, Cwm Rheidol* 2004

## Megan JONES 1936–
**Peintwraig. Ganed yn y Creunant, de Cymru.**

Astudiodd yng Ngholeg Celf Abertawe 1952–57, gydag Alfred Janes. Athrawes, Ysgol Kingsbury, Dunstable 1957–59; Ysgol Mynydd-bach i Ferched, Abertawe 1959–63; pennaeth (rhan-amser), Canolfan Addysg Oedolion, Ystalyfera 1970–79; darlithydd (rhan-amser), Coleg Celf Abertawe 1979–81. Gwobr Cyngor Celfyddydau Cymru 1994. Aelod o'r Grŵp Cymreig. Arddangosfeydd ar y cyd yn cynnwys *Contemporary Welsh Art*, Amgueddfa Cymru 1957; Eisteddfod Genedlaethol Cymru 1959, 1980, 1993; *Mineworkers Exhibition*, Blackpool 1990 (arobryn); *The Guardian Exhibition of Contemporary British Art*, Llundain 1992, 1993; *Laing National Exhibition*, Yr Hen Lyfrgell, Caerdydd 1992; *Biennale Arlunio Cymru*. Canolfan y Celfyddydau Aberystwyth 1997, 1999, 2002 (i gyd yn deithiol); *Laing National Exhibition*, Academi Frenhinol Gorllewin Lloegr, Bryste 1998. Arddangosfeydd un-ddynes yn cynnwys Oriel Blackheath, Llundain 1982; *The Wild and Sacred Land*, Gweithdy Celfyddydau Abertawe 1988 (teithiol); Amgueddfa ac Oriel Gelf Brycheiniog (AOGB) 1992, 1996; Parc Treftadaeth y Rhondda, Trehafod (PTRh) 1992, 1999; Canolfan Gelfyddydau Taliesin, Abertawe 1993, 1997; Amgueddfa ac Oriel Cwm Cynon, Aberdâr (AOCCyn) 2003. Cyhoeddiadau'n cynnwys hunangofiant (Honno 1989); traethawd ar Ceri Richards, *Darganfod Celf Cymru*, golygyddion Ifor Davies a Ceridwen Lloyd-Morgan (Gwasg Prifysgol Cymru 1999). Defnyddiwyd gwaith ar gyfer clawr llyfr, *Songs of Silence*, Patricia Barrie (Honno 1999). Wedi'i chynnwys yn *Certain Welsh Artists*, Iwan Bala (Seren 1999); *Drawn from Wales: a School of Art in Swansea 1853–2003*, golygydd Kirstine Brander Dunthorne (Gwasg Academaidd Cymru 2003). Casgliadau'n cynnwys AOCCyn; AOGB; Cyngor Sir Gaerfyrddin; Cymdeithas Celf Gyfoes Cymru; Cymuned Lidice, Y Weriniaeth Tsiec; Prifysgol Abertawe; Prifysgol Newfoundland; PTRh. 'Ffurf a hanes y dirwedd…lliw a ffurf gref….' Yn byw yn Ystradgynlais, de Cymru.
*Yr artist*

## Meirion JONES 1966–
**Enw gwaith, Meirion. Peintiwr. Ganed yn Aberteifi, gorllewin Cymru.**

Astudiodd yng Ngholeg Celf Dyfed/Coleg Technoleg a Chelf Sir Gaerfyrddin 1984–86; Coleg Prifysgol Gogledd Cymru, Bangor 1986–89 (Astudiaethau Cyfryngau); Coleg Prifysgol Dewi Sant, Llanbedr Pont Steffan 1989–92 (MPhil Cymraeg); Coleg Prifysgol Cymru, Aberystwyth 1992–93. Athro, Ysgol Uwchradd Abergwaun 1994–2004. Aelod o Gweled. Arddangosfeydd deuddyn (gydag Aneurin Jones), Oriel Washington, Penarth (OWP) 2004, 2007; Oriel Rhiannon, Tregaron 2005; Oriel Plas Glyn-y-Weddw, Llanbedrog 2005; Fountain Fine Art, Llandeilo 2006; Oriel Tegfryn, Porthaethwy 2006, 2007; Oriel y Bont, Aberystwyth 2006. Arddangosfeydd undyn, OWP 2006; Oriel Awen Teifi, Aberteifi 2006, 2007. Wedi'i gynnwys yn *Golwg* (Hydref 2004, Mai 2005); *Western Mail* (Hydref 2004); Wedi 7, S4C (Hydref 2004); Radio Ceredigion (Mawrth 2005). 'Arfordir gorllewin Cymru a sylwi ar bobl yn eu bywyd bob dydd.' Yn byw yn Aberteifi.
*Yr artist*

## Mike JONES 1941–
**Enw gwaith David Michael Jones, peintiwr. Ganed yng Nghastell-nedd, de Cymru.**

Hunanddysgedig. Technegydd labordy, Pontardawe 1956–61; busnes offer a chelfi swyddfa 1961–70; swyddog llywodraeth leol 1970–96. Cyfarwyddwr, Sefydliad Josef Herman, o 1996. Arddangosfeydd niferus ar y cyd gan gynnwys *John Uzzell Edwards and Friends*, Canolfan Gelfyddydau Taliesin, Abertawe 1985; Oriel yr Atig, Abertawe (OAA) 1994, 1997, 1999–2005; Oriel Albany, Caerdydd (OAlb) 1998, 2000, 2002–06; Neuadd Dewi Sant, Caerdydd 1998, 2000–05; *Arddangosfa Agored Abertawe*, Oriel Gelf Glynn Vivian, Abertawe 2002; *Ysbryd Llŷn*, Oriel Plas Glyn-y-Weddw, Llanbedrog 2003;

*Keeping up with the Joneses*, Oriel Pen y Fan, Aberhonddu 2006. Arddangosfeydd deuddyn, OAA (gyda Nick Holly) 1998; OAA (gyda Chris Griffin) 2000, 2003; Canolfan Gelfyddydau Pontardawe (CGP) (gyda James Donovan) 1999. Arddangosfeydd undyn yn cynnwys Sefydliad Gorseinon, 1993; CGP 1996, 1998; Theatr Brycheiniog, Aberhonddu 2000; OAlb 2006. Cyfrannwr, rhaglenni teledu Cymraeg ar artistiaid gan gynnwys Josef Herman, Will Roberts, David Hockney 1996–2006. '…pobl a lleoedd Cwm Tawe…' Yn byw ym Mhontardawe, de Cymru.
*Yr artist*

## Penny JONES 1949–
**Enw gwaith Penny Dulcie Jones, artist amlgyfrwng. Ganed yn Llundain, Lloegr.**

Ei thad yn Gymro. Cyrhaeddodd Gymru ym 1978. Astudiodd ym Mhrifysgol East Anglia 1967–70 (Athroniaeth); Coleg Polytechnig Gogledd Llundain 1972–74 (Gwaith Cymdeithasol); Coleg Technoleg a Chelf Sir Gaerfyrddin 1996–98, gyda Bryan Jones; Ysgol Gelfyddydau Gorllewin Cymru, Coleg Sir Gâr 2004–07. Athrawes, Ysgol Uwchradd Sprowston 1970–71; gweithwraig gymdeithasol, Essex, Llundain, Iwerddon, Sir Benfro 1971–72, 1974–86, 1993–99; cynorthwy-ydd ymchwil, Coleg Prifysgol, Corc 1989–91. Aelod o Gymdeithas Gelf Abergwaun (arobryn 2002); Grŵp Artistiaid Teifi; Cymdeithas Gelf Gorllewin Corc. Arddangosfeydd ar y cyd yn cynnwys *Stiwdios Agored*, Cydweithfa Trefdraeth, Sir Benfro, o 1995; Theatr Mwldan, Aberteifi 1997–2004; Eisteddfod Genedlaethol Cymru, Tyddewi 2002; Oriel Exposure, Abertawe 2004; Oriel Neuadd y Frenhines, Arberth 2005. Arddangosfeydd un-ddynes yn cynnwys Llyfrgell Abergwaun 1999, 2001; Oriel Glan y Môr, Abergwaun 2002; Oriel Signature, Abertawe 2004. Wedi'i chynnwys ar y Sioe Gelf, S4C (2002); Am Saith, S4C (2003). 'Paentio, arlunio, fideo, gosodwaith, seiliedig ar amser, perfformio… y tu mewn, siwrneiau, cerdded, materion gwleidyddol a ffeministiaeth.' Yn byw yn Nhrefdraeth, gorllewin Cymru.
*Yr artist*

## Peter JONES  Gweler Peter JONES a Lynne DICKENS

## Peter JONES a Lynne DICKENS
**Artistiaid sy'n cydweithio dan yr enw COLOURSCAPE.**

Peter Jones, peintiwr, cerflunydd. Cyrhaeddodd Gymru ym 1978. Ganed ym 1939 yn Hilsea, Lloegr. Astudiodd yn Ysgol Gelf St Martin, Llundain (YGSM) 1958–62, gyda Robert Hyde, Michael Fussell. Darlithydd (rhan-amser), YGSM, Coleg y Gofaint Aur, Llundain a Choleg Argraffu Llundain 1963–72; cyd-gyfarwyddwr, Gweithdy Spacestructure, Llundain 1966–77. Gwaith ar y cyd â Maurice Agis 1965–77, Lynne Dickens o 1978. Ei ddarnau pwysicaf o 1971 oedd gwneud 'cerfluniau pensaernïol cerdded-i-mewn, wedi'u cynnal ag aer'. Gwobrau niferus gan gynnwys Sefydliad Celfyddydau yr Iseldiroedd 1967; Cyngor Celfyddydau Prydain Fawr (CCPF) 1968, 1972, 1973, 1975, 1977; Cyngor Celfyddydau'r Alban 1976; Cyngor Celfyddydau Cymru (CCC) 2002. Cyhoeddwyd erthyglau yn *Ark* (1964); *Form* (1966); *Studio International* (Mawrth 1969, Ionawr 1972); *L'Architecture d'Aujourd'hui* (rhif 334, 2001). Wedi'i gynnwys yn *The Hidden Order of Art*, Anton Ehrensweig (1967). Ganed Lynne Dickens ym 1948 yn Buxton, Lloegr. Astudiodd yn Ysgol Gelf St Martin ac Ysgol Gelf Wimbledon (YGW) 1967–71; Coleg y Gofaint Aur, Llundain 1971–72. Darlithydd (rhan-amser), YGW 1973–78. Dylunydd, awdur, perfformiwr gyda grŵp theatr bach, Llundain 1973–75. Digwyddiadau COLOURSCAPE niferus mewn gwyliau celfyddydau a cherddoriaeth, mewn canolfannau celfyddydau a gwyddoniaeth, Yr Alban, Cymru, Lloegr, Awstralia, Yr Almaen, Gwlad Pwyl, o 1971, gan gynnwys *Blow Up*, CCPF 1971 (teithiol); *Bubbles*, sfferau tryloyw ar ddŵr 1974–2007; *Seeing the Wind*, Canolfan y Celfyddydau, Aberystwyth a gwyliau 1998–2006. Cydweithrediadau â cherddorion o 2000, gan gynnwys Amgueddfa Lerpwl 2000; Oriel y Mileniwm, Sheffield 2004; Oriel Gelf Ferens, Hull 2007. Prosiectau/gweithdai addysg lliw

a golau, Aberystwyth, Llundain, ysgolion yng Nghymru a Lloegr 1985–2000. Comisiynau'n cynnwys Ymddiriedolaeth Nettlefold 1983, 1994–2004; Gŵyl Jazz Aberhonddu 1983–96; Ymddiriedolaeth New Lanark, Ysgol Robert Owen, Yr Alban 2000–06; Cwmni Theatr Volcano 2007. Gwobrau'n cynnwys Sefydliad Calouste Gulbenkian 1978; CCC 1979, 1981, 1986, 1987, 2007; Gwobr y Mileniwm 1999. Aelod o Grŵp Lliwiau Prydain Fawr. Arddangosfeydd ar y cyd yn cynnwys *Art into Landscape*, Oriel Serpentine, Llundain 1975, 1979 (yn teithio i Ganolfan Gelfyddydau Glannau Gwy, Llanfair-ym-Muallt); *Restoring the Partnership*, *Safle*, Yr Hen Lyfrgell, Caerdydd 1985. Wedi'i gynnwys yn *Lights and Pigments*, Roy Osborne (1980); erthyglau, *Link* (Cymdeithas Artistiaid a Dylunwyr yng Nghymru 1983); *Golwg* (1993); *Architekture Bauforum* (Awstria 2000). 'Gofod, golau, lliw a symudiad yw prif elfennau (ein) gwaith.' Yn byw yn y Borth, canolbarth Cymru.
*Yr artistiaid*

### Ruth JONES 1972–
**Artist gosodwaith/ffilm. Ganed yn Llundain, Lloegr.**

Astudiodd yn Ysgol Gelf Wimbledon 1991–92; Prifysgol John Moores Lerpwl (gradd yn y dosbarth cyntaf) 1992–95; Prifysgol Ulster (PU) 1995–97 (MFA), 1999–2002 (DPhil), gydag Alastair MacLennan, Hilary Robinson. Cydgyfarwyddwr, Catalyst Arts, Belffast (CAB) 1997–99. Cydguradur, *And the One Doesn't Stir Without the Other*, Oriel Ormeau Baths, Belffast 2003 (cyhoeddiad). Cyrhaeddodd Gymru yn 2003. Darlithydd (rhan-amser), PU 1996–2003; Sefydliad Technoleg Limerick 2002; Athrofa Prifysgol Cymru, Caerdydd (APCC) 2004–06; Coleg Sir Benfro 2005–06; Goruchwylydd PhD, Prifysgol Gorllewin Lloegr, Bryste (PGLl), o 2006. Gwobrau'n cynnwys Cyngor Celfyddydau Gogledd Iwerddon 1998, 2000, 2001, 2003; Alice Berger Hammerschlag 1999; Celfyddydau Rhyngwladol Cymru 2005; Cyngor Celfyddydau Cymru 2005; Cymrodoriaeth Cyngor Ymchwil y Celfyddydau a Dyniaethau, PGLl, o 2006. Prosiectau celf gyhoeddus yn cynnwys *Fabryka Fantasmagoria*, Galeria Wschodnia, Łódź, Gwlad Pwyl/Site-ations, APCC/Prosiect yr Artistiaid, Caerdydd 2005; *Bordering*, y ffin rhwng Powys a Swydd Amwythig, Oriel Qube, Croesoswallt 2006; dangosiad ffilm, *I:Crow, Trailerpark*, UGC Caerdydd 2005. Aelod o Gymdeithas Gelfyddydau Abergwaun; Catalyst Arts. Arddangosfeydd ar y cyd yn cynnwys Oriel Gelf Dinas Limerick 2001; *Traditions: the Blessing and the Curse*, Oriel Woman Made, Chicago 2003; *Transformations*, Amgueddfa Manceinion 2004; *The Suicide of Objects*, CAB 2004. Arddangosfeydd un-ddynes yn cynnwys *Liminal*, Oriel Proposition, Belffast 2000; *Sleepers*, Canolfan Gelfyddydau'r Hen Amgueddfa, Belffast 2002; *Bestiarios*, Galeria Formiguer, Castellón, Sbaen 2005; *Sleepers*, Oriel Mwldan, Aberteifi 2007. Cyhoeddiadau'n cynnwys erthygl, *Journal of Visual Art Practice* (cyf. 3:2, 2003); traethawd, *Tidings from Here to There*, Christine Mackey (Cyngor Dinas Dulyn 2006). Wedi'i chynnwys yn y cylchgrawn *Circa* (Gwanwyn, Hydref 2000; Hydref 2002). 'Gwaith diweddar ….y berthynas rhwng bodau dynol, anifeiliaid a'r tir, yn enwedig yn ne Cymru ….' Yn byw yn Sain Nicolas, gorllewin Cymru.
*Yr artist*

### Selwyn JONES 1928–1998
**Peintiwr, darlunydd. Ganed yn Llanberis, gogledd Cymru.**

Astudiodd yng Ngholeg Celf Manceinion 1948–53 (Ysgoloriaeth Deithio Goffa Proctor; Sefydliad Brenhinol Manceinion, Medal Arian Haywood). Y Gwasanaeth Awyr Llyngesol Brenhinol 1945–48. Darlunydd llawrydd, Llundain 1953–54; Pennaeth Celf a Chrefftau, Ysgol Segontiwm, Caernarfon 1954–60; darlithydd, Coleg Celf Rochdale 1960–63; darlithydd, yn nes ymlaen yn Bennaeth Astudiaethau Sylfaen, Coleg Celf Casnewydd 1963–70; Pennaeth Celf a Dylunio, Y Coleg Normal, Bangor (CNB) 1970–82; peintiwr llawnamser, o 1982. Aelod o'r Academi Frenhinol Gymreig (AFG); Grŵp Gogledd Cymru; Grŵp De Cymru. Gwobr Cyngor Celfyddydau Cymru (CCC) 1976. Comisiynau'n cynnwys CNB;

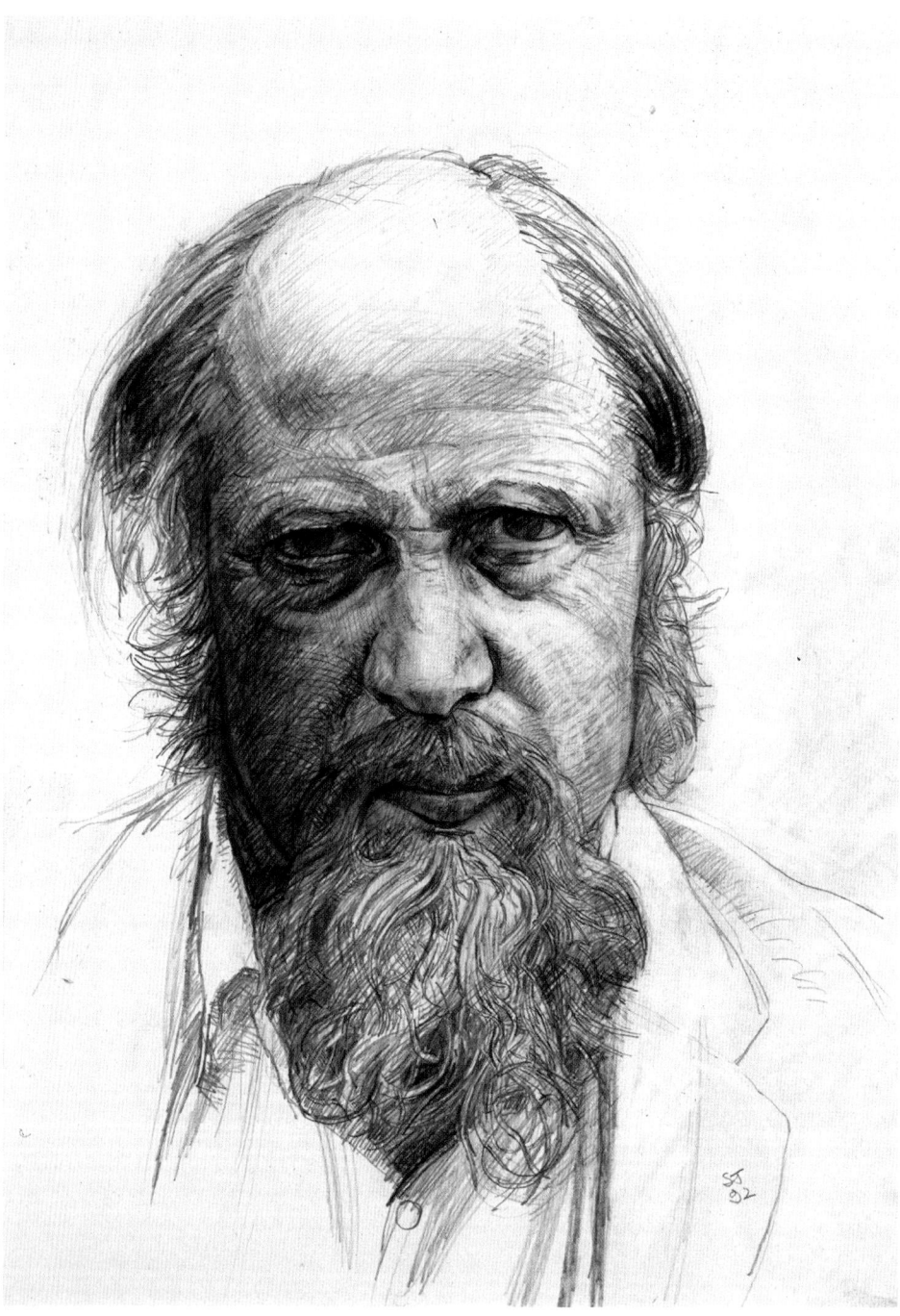

179 | Selwyn Jones
*Peter II (Peter Prendergast)* 1992

Ysgol Gyfun Porthmadog. Arddangosfeydd niferus ar y cyd gan gynnwys Eisteddfod Genedlaethol Cymru (EGC) 1951–55, 1957–59; *Contemporary Welsh Painting and Sculpture*, Pwyllgor Cymreig Cyngor Celfyddydau Prydain Fawr (PCCCPF) 1955, 1963; *The Festival Exhibition of Contemporary Welsh Painting*, Oriel Howard Roberts (HR), Caerdydd 1958; Cymdeithas Celf Gyfoes Cymru (CCGC) 1958, 63; *Art Spectrum – Wales*, Cyngor Celfyddydau Cymru, Amgueddfa Cymru (AC) 1971 (teithiol); *Nine Artists*, Oriel Tegfryn, Porthaethwy 1979. Arddangosfeydd undyn yn cynnwys HR 1959, 1962, 1965 (i'r 'Protestiwr', Cronfa ddŵr Cwm Tryweryn 1963); Coleg Prifysgol Gogledd Cymru, Bangor 1959, 1962; Oriel Bangor, yn fynych 1975–88; Oriel Plas Glyn-y-Weddw, Llanbedrog 1992; Yr Amgueddfa Lechi Genedlaethol, Llanberis 1992; *Adolygol*, Llyfrgell Genedlaethol Cymru, Aberystwyth (LlGC) 2002 (ar ôl ei farwolaeth). Wedi'i gynnwys yn 'The Art of Selwyn Jones', Rhys Gwyn (*Anglo-Welsh Review*, cyf 10, rhif 26, 1960); 'Artistiaid Cymreig 5: Selwyn Jones', Elis Gwyn Jones (*Y Genhinen*, 28 Mawrth 1978); adolygiadau niferus yn y wasg. Casgliadau'n cynnwys AC; awdurdodau lleol yng Nghymru; Awdurdod Dinas Llundain Fwyaf; CNB; CCGC; EGC; Gwasanaeth Amgueddfeydd Gwynedd; LlGC; Oriel Ynys Môn; Prifysgol Bangor. Prynwyd gwaith gan CCC; Cymdeithas Gelfyddydau Gogledd Cymru. '…mae'r bryniau wrth odre'r mynyddoedd yng nghyffiniau Llanberis … bob amser wedi lliwio fy ngwaith.' Roedd yn byw yn Ynys Môn, gogledd Cymru.

### Sheila JONES 1946–
**Ceramegydd. Ganed yn Llanmadog, de Cymru.**

Astudiodd yng Ngholeg Celf Abertawe 1976–79, gyda Glenys Cour, Malcolm Griffiths. Tiwtor (rhan-amser), addysg oedolion, Abertawe 1979–89; trefnydd gweithdai (rhan-amser), Amgueddfa Forwrol Abertawe 1982–89; darlithydd, Coleg Celfyddydau Falmouth, Cernyw 1995–96; dylunydd graffeg (rhan-amser) 1979–89. Dychwelodd i Gymru ym 1997. Aelod o Gymdeithas Gelf Llwchwr; Crochenwyr De Cymru 1983–91. Arddangosfeydd ar y cyd yn cynnwys Canolfan Gelfyddydau Taliesin, Abertawe o 1980; Canolfan Grefft Rhuthun 1980au; Oriel Mostyn, Llandudno 1980au; *Crafts in Action*, Canolfan Gelfyddydau Sain Dunwyd 1980au; Canolfan Grefft Dartington 1990au. Arddangosfeydd un-ddynes yn cynnwys Llyfrgell Llanelli 1980au (pum gwaith). Wedi'i chynnwys yn *British Studio Potters' Marks*, Eric Yates-Owen a Robert Fournies (A&C Black, Llundain 2005). 'Ffurfiau naturiol, y môr (lliw a symudiad) a gweadau arwyneb.' Yn byw yn Abertawe, de Cymru.
*Yr artist*

### Shirley JONES 1934–
**Gwneuthurydd printiau. Ganed ym Mhentre, de Cymru.**

Astudiodd yng Ngholeg Prifysgol, Caerdydd 1954–58 (Saesneg); cyrsiau bywyd/portreadaeth rhan-amser 1962–69, gwneud printiau/cerfluniaeth 1973–75; Coleg Celf Croydon 1975–76, gyda Charles Keeping, Bartolomeu dos Santos. Hefyd yn awdur. Athrawes, Llundain 1958–61, 1969–72. Sefydlodd stiwdio ysgythru 1977; Red Hen Press (RHP) 1983. Gwobr Dylunio Llyfrau Prydain 1994. Aelod o Urdd Gwneuthurwyr Cymru. Arddangosfeydd rhyngwladol ar y cyd yn cynnwys *Open and Closed Book Exhibition*, Amgueddfa Victoria ac Albert, Llundain (VacA) 1977; Oriel, Cyngor Celfyddydau Cymru, Caerdydd 1991; *Masters of the Craft*, Canolfan Celfyddydau Llyfrau Efrog Newydd 1994; *True to Type*, Y Cyngor Crefftau 1994 (teithiol); *Artist y Flwyddyn Cymru*, Neuadd Dewi Sant, Caerdydd 2003; *Eight Stones, Eight Artists*, Oriel Mount Street, Aberhonddu 2007. Arddangosfeydd rhyngwladol un-ddynes yn cynnwys Y Llyfrgell Gelf Genedlaethol, VacA 1993; Amgueddfa ac Oriel Gelf Brycheiniog, Aberhonddu (AOGB) 1993, 1999; Llyfrgell Genedlaethol Cymru, Aberystwyth (LlGC) 1995; Canolfan Dylan Thomas, Abertawe 1997; Llyfrgell John Rylands, Prifysgol Manceinion 1999; Amgueddfa ac Oriel Gelf Casnewydd 2003 (teithiol). Llyfrau artist argraffiad cyfyngedig (23) yn cynnwys *Words and Prints* (1975); *Llym Awel* (RHP 1994); *Chwedlau* (RHP 2005); *Taith Arall* (RHP 2007). Wedi'i chynnwys yn 'The

Books and Prints of Shirley Jones', Colin Franklin (Private Library Association, Hydref 1988); *A Nation and its Books*, golygyddion Philip Henry Jones ac Eluned Rees (LlGC 1998); *Barn* 1997; rhaglenni BBC Cymru (1995, 2003). Casgliadau cyhoeddus niferus gan gynnwys Amgueddfa Cymru; AOGB; LlGC; Llyfrgell y Gyngres, Washington DC; Museum van het Boek, Rijksmuseum, Yr Iseldiroedd; Prifysgol Vermont; VacA; Y Llyfrgell Brydeinig, Llundain. '…mezzotint…yw fy hoff gyfrwng; …mae tirwedd, llenyddiaeth, mythau a chwedlau Cymru'n dylanwadu'n ddwfn arna i.' Yn byw yn Llanhamlach, canolbarth Cymru.
*Yr artist*

### Stan JONES 1930–2012
**Enw gwaith Stanley Owen Jones, peintiwr. Ganed yn Ninas, gorllewin Cymru.**

Astudiodd yng Ngholeg y Drindod, Caerfyrddin 1950–52, gyda Robert Hunter; Coleg Celf Caerdydd (CCCaerd) 1957–58, gydag Esther Grainger; Coleg Polytechnig Middlesex 1971–72. Athro, Ysgol Gynradd Fictoria, Penarth 1952–57; athro/pennaeth adran, Ysgol Gyfun Sant Cyres, Penarth (YGSC) 1959–88; darlithydd (rhan-amser), CCCaerd/Athrofa Addysg Uwch De Morgannwg 1990–98. Aelod o Gymdeithas Ddyfrlliwiau Cymru (cadeirydd 1973–92); Grŵp De Cymru 1963–73. Comisiwn, YGSC (dylunio bathodyn) 1960; Cymdeithas Celf Gyfoes Cymru, logo 2000. Arddangosfeydd ar y cyd yn cynnwys *Pictures for Schools*, Amgueddfa Cymru 1957–87 (11 o weithiau); Eisteddfod Genedlaethol Cymru 1963, 1968, 1970, 1974, 1976, 1980, 1986; *Four Glamorgan Artists*, Oriel Howard Roberts, Caerdydd 1968; *Welsh Landscape*, Oriel Albany, Caerdydd 1969. Arddangosfeydd undyn yn cynnwys Llyfrgell Hwlffordd 1972; Llyfrgell Abergwaun 1975; Coleg Prifysgol, Caerdydd (CPCaer) 1980; Y Tŷ Cychod, Talacharn 1982; Oriel Sessions, Trefdraeth, gorllewin Cymru 1985, 1994, 1998; *Prints from Wales*, Wennige Graphics, Boston, UDA 1987. Casgliadau'n cynnwys awdurdodau lleol Caerdydd, Gwent, Morgannwg, Walsall, Wiltshire; Llyfrgell Genedlaethol Cymru, Aberystwyth; Prifysgol Caerdydd. Prynwyd gwaith gan Gyngor Celfyddydau Cymru. 'Wedi fy ysbrydoli'n wreiddiol gan y cyfeiriadau at fyd natur ym marddoniaeth Dylan Thomas…delweddau planhigion a'r byd naturiol…' Roedd yn byw yn Ninas Powys, de Cymru.
*Yr artist*

### Steven JONES 1959–
**Peintiwr. Ganed yng Nghaer, Lloegr. Ei fam yn Gymraes.**

Yn byw yng Nghymru ers ei blentyndod. Astudiodd yn Athrofa Gogledd Ddwyrain Cymru, Wrecsam 1975–81. Darlunydd, Llundain 1981–85. Agorodd Oriel Steven Jones, Y Felinheli 1990. Arddangosfeydd ar y cyd yn cynnwys Theatr Clwyd, Yr Wyddgrug 1997; Amgueddfa ac Oriel Llyfrgell Dinbych 1997; Oriel Tegfryn, Porthaethwy 2004; Oriel Plas Glyn-y-Weddw, Llanbedrog 2005. Arddangosfeydd undyn, Oriel Ynys Môn, Llangefni (OYM) 1996; Castell Penrhyn, Bangor 1997, 2000. Gwaith yng nghasgliad OYM. 'Morluniau, yn arbennig golygfeydd ffigurol ar y traeth wedi'u paentio'n fras mewn paent olew.' Yn byw ym Methel, gogledd Cymru.
*Yr artist*

### Terry JONES 1938–1992
**Enw gwaith Terence Martin Jones, peintiwr. Ganed yn Abersychan, de Cymru.**

Astudiodd yng Ngholeg Celf a Dylunio Casnewydd (CCDCas) 1955–60, gyda Thomas Rathmell; Y Coleg Celf Brenhinol, Llundain (CCB) 1960–63, gyda Carel Weight (John Selway a Peter Nicholas yn gyfoeswyr). Tiwtor, crochenwaith, dosbarthiadau nos yng Nghil-y-coed; Croesyceiliog; CCDCas, cyn 1955; tra oedd yn CCB, tiwtor i fyfyrwyr y Coleg Ymerodrol, arlunio/paentio, Coleg y Gweithwyr, Llundain. Darlithydd (rhan-amser), Colegau Celf Medway, Caergaint, Kingston (CCK) 1963–67; (llawnamser), CCK/Coleg Polytechnig Kingston (CPK) o 1967; Uwch-ddarlithydd, Ysgol Celf Gain, CPK, o 1979. Teithiodd i Bortiwgal yn ystod 1960au–70au; UDA 1980–91. Aelod sefydlu Cymdeithas Enamlwyr

Prydain 1970au. Arddangosfeydd niferus ar y cyd gan gynnwys *Invited Contemporary British Artists*, Oriel Gelf Dinas Bradford 1966; *Origins*, Eisteddfod Genedlaethol Cymru/Cyngor Celfyddydau Cymru (CCC), Aberteifi 1976 (enillydd gwobr brynu); *Arddangosfa Haf*, Yr Academi Frenhinol, Llundain 1977–82; *British Enamels Exhibition*, Oriel Gelf Shipley, Gateshead 1985; Oriel Electrum, Llundain 1987. Arddangosfeydd undyn yn cynnwys Oriel Rowan, Llundain 1962, 1964; Oriel Thames, Windsor 1968; Terry Jones: A Retrospective, 1938–1992, Oriel Waterman, Brentford 1994 (teithiol, gan gynnwys Amgueddfa ac Oriel Gelf Casnewydd). Gwaith yng nghasgliad Prifysgol De Cymru, Pontypridd; Ymddiriedolaeth Castell Bodelwyddan. Prynwyd gwaith gan CCC. Ymweliadau mynych â'i gartref, Garndiffaith, ger Abersychan, gan ddod o hyd i ysbrydoliaeth yno. Roedd yn byw yn Llundain.

### Thomas Daniel JONES 1975–
**Peintiwr. Ganed ym Mangor, gogledd Cymru.**

Hunanaddysgedig; wedi'i ysbrydoli 1988–92 gan William Richard Jones. Töwr llechi 1993–2006. Comisiwn, gydag Ysgol Gynradd Llanwnda, Oriel Parc Glynllifon, Caernarfon (OPG). Arddangosfeydd ar y cyd yn cynnwys yr Oriel Bortreadau Genedlaethol, Llundain 1995; Yr Academi Frenhinol Gymreig, Conwy 2006; Oriel Plas Glyn-y-Weddw, Llanbedrog (OPGW) 2006, 2007; *Arddangosfa'r Nadolig*, Oriel Albany, Caerdydd 2007. Arddangosfeydd undyn, OPG 2006; Oriel Maenofferen, Blaenau Ffestiniog 2006; Oriel Tegfryn, Porthaethwy 2007; OPGW 2007. Wedi'i gynnwys yn rhaglenni S4C Wedi 7, Wedi 3, Sioe Gelf (i gyd yn 2006). Gwaith yng nghasgliad Llyfrgell Genedlaethol Cymru, Aberystwyth. 'Portreadau a thirluniau… y wlad o'm cwmpas sy'n gyforiog o hanes chwarelu a ffermio.' Yn byw yn Nantlle, gogledd Cymru.

*Yr artist*

### Tim JONES  Gweler Timothy Emlyn JONES

### Timothy Emlyn JONES 1948–
**Artist sy'n defnyddio arlunio, artist perfformio. Ganed yn Llundain.**

Ei dad yn Gymro. Hefyd yn gweithio fel Tim Jones, Eirony Jones, Pat Keiss. Astudiodd yn Ysgol Gelf Cheltenham a Stroud 1965–66; Coleg Celf Hornsey 1966–69, gyda Stuart Brisley; Y Coleg Celf Brenhinol, Llundain 1969–71; Coleg y Brifysgol, Caerdydd/Athrofa Addysg Uwch De Morgannwg, Caerdydd 1979–80. Athro, ysgolion a cholegau'r DU, gan gynnwys Coleg Celf Rochdale, Prifysgol Wolverhampton, Y Brifysgol Agored 1973–93; Pennaeth cynorthwyol/Athro, Ysgol Gelf Wimbledon, Llundain 1994–99; Dirprwy gyfarwyddwr, Ysgol Gelf Glasgow (YGG) 1999–2003; Deon, Coleg Celf y Burren, Iwerddon o 2003. Athro mygedol, Prifysgol Glasgow 1999; Academi Celfyddydau Cain Xi'an, Tsieina 2001; Prifysgol Genedlaethol Iwerddon, Galway 2003. Curadodd *How the Past Perishes, How the Future Becomes* (gyda Caroline Tisdall), Cyngor Celfyddydau Cymru (CCC/Eisteddfod Genedlaethol Cymru, Wrecsam 1977; *Educations and Creativity*, Documenta 6, Kassel 1977. Arddangosfeydd niferus ar y cyd yn cynnwys *Young Contemporaries*, Oriel Angela Flowers, Llundain 1970 (gwobr, Cyngor Celfyddydau Prydain Fawr); Oriel Howard Roberts, Caerdydd (HR) 1970; *Beth sy'n Newydd?*, Grŵp De Cymru, CCC, Caerdydd 1974 (teithiol); *Drawing Connections*, Prifysgol De Cymru Newydd, Sydney 2001; *Gwobr Arlunio Jerwood*, Llundain 2001 (teithiol); *Suijomo Identity*, Yr Academi Celfyddydau Cain Ganolog, Beijing 2002. Arddangosfeydd undyn yn cynnwys HR 1970; *Equation=Equation*, Canolfan Gelfyddydau Chapter, Caerdydd 1972; *Proposition: Now,Here*, Oriel, CCC, Caerdydd 1975; *Proposition: Urbanism*, Oriel Gelf Bangor 1978; *Seeing Things*, Muzeul Banatuliu, Timosoara, Romania 1996 (teithiol); *The Elements of Drawing*, YGG 2000. Cyfraniadau i gylchgronau addysg gelf 1992–2006. Casgliadau'n cynnwys Amgueddfa Celfyddydau Cain Hwngari, Bwdapest; Amgueddfa'r Llyfr, Yr Hag; Casgliad Celf y Llywodraeth; Prifysgol Bangor. Prynwyd gwaith gan CCC. Yn byw yn Kinvara, Iwerddon.

*Yr artist*

## Tony JONES 1944–
**Enw gwaith Anthony Edward Jones CBE, peintiwr, cerflunydd. Ganed yn Aberpennar, de Cymru.**

Astudiodd yng Ngholeg y Gofaint Aur, Llundain 1961–62; Coleg Celf a Dylunio Casnewydd 1962–66 (Ysgoloriaeth Deithio 1966); Coleg Celf Abertawe 1963; Ysgoloriaeth Fulbright, Prifysgol Tulane, New Orleans 1966–67. Cymrodor, Coleg Celf Swydd Gaerloyw, Cheltenham 1968–69; darlithydd, cerfluniaeth, Ysgol Gelf Glasgow (YGG) 1969–72; Cadeirydd, Celf a Hanes Celf, Prifysgol Gristnogol Texas (PGT) o 1972; Cyfarwyddwr, YGG 1980-86; Rheithor ac Is-Brofost, Y Coleg Celf Brenhinol, Llundain (CCB), 1992–97; Llywydd a Phrif Weithredwr, Sefydliad yr Ysgol Gelf, Chicago 1986–1992, o 1996. Aelod Mygedol, Sefydliad y Penseiri Americanaidd; Cyfarwyddwr Mygedol, Prifysgol y Celfyddydau Osaka, Japan; Uwch-gymrodor, CCB; Cymrodor y Gymdeithas Gelfyddydau Frenhinol. Gwobrau'n cynnwys Cyngor Celfyddydau'r Alban (CCAlb) 1971; PGT 1972. Arddangosfeydd niferus ar y cyd, DU, UDA, gan gynnwys Eisteddfod Genedlaethol Cymru, Abertawe 1964, Aberafan 1966; *The St David's Exhibition*, Pwyllgor Cymreig Cyngor Celfyddydau Prydain Fawr 1965 (teithiol); *Structure 66*, Cyngor Celfyddydau Cymru (CCC) 1966 (teithiol); *Art in Wales, the 20th Century: Today*, CCC 1969 (teithiol); Amgueddfa Cymru (AC) 1970; *Art Spectrum – Scotland*, CCAlb 1972. Cyhoeddiadau'n cynnwys *Welsh Chapels* (AC, Alan Sutton Publishing 1984, 1996). Curadur, awdur, cyflwynydd, *Painting the Dragon:* arddangosfa (AC 2000), cyhoeddiad, cyfres deledu'r BBC. Casgliadau'n cynnwys AC; Cymdeithas Celf Gyfoes Cymru. Awdurdod ar gelf, dylunio a phensaernïaeth y 19eg a'r 20fed ganrif. Yn byw yn Chicago, UDA.

## William Henry JONES 1900–1964
**Cerflunydd. Ganed ym Mhorthaethwy, Ynys Môn, gogledd Cymru.**

Hunanaddysgedig. Gwasanaeth yn y fyddin yn ystod y Rhyfel Byd Cyntaf. Swyddog heddlu, Heddlu Sir Aberteifi. Agorodd gaffi a gerddi te, Porthaethwy, ar ddechrau'r 1950au; gwnaeth gerfluniau i'w harddangos yno. Arddangosfa ar y cyd, *An Alternative Tradition*, Cyngor Celfyddydau Cymru (CCC) 1972 (teithiol). Modelau o bobl, golygfeydd; sment ar fframwaith metel. Roedd yn byw ym Mhorthaethwy.

## Yvonne JONES 1946–
**Peintwraig, artist gosodwaith. Ganed yn Nhreffynnon, gogledd Cymru.**

Astudiodd yng Ngholeg Addysg Notre Dame, Lerpwl 1965–68 (Mathemateg, Bioleg); Coleg Celf Lerpwl 1977–80, gyda Michael Knowles; Prifysgol Southampton (Seicoleg) 1990–91; Ysgol Gelf Caer-wynt (YGC) 2003–04 (MA â rhagoriaeth); YGC o 2004. Athrawes, Bromborough, Cilgwri 1968–69; Uxbridge 1969–70; Cilgwri 1971–73; Stevenage 1988; Hythe 1993; tiwtor/cydgysylltydd, Awdurdod Addysg Hampshire 1995–2000. Gwobrau, Cyngor Celfyddydau Cymru (CCC) 1975; Ymddiriedolaeth Gelfyddydau Glannau Mersi 1981; Cymdeithas Gelfyddydau'r Dwyrain 1982; Cymdeithas Gelfyddydau'r De 1995, 2002. Aelod sefydlu ArtSway, New Forest; aelod, Cymdeithas Artistiaid a Dylunwyr Cymru. Arddangosfeydd ar y cyd yn cynnwys *Blue to 100*, Grŵp De Cymru/CCC 1977; Canolfan y Celfyddydau Aberystwyth (CCA) 1983; *Arddangosfa Haf*, Yr Academi Frenhinol, Llundain 1989, 1990; *Under the Eye of Saturn*, Oriel Mostyn, Llandudno 1991; *Bloomberg New Contemporaries*, The Coach Shed, Lerpwl 2004 (teithiol). Arddangosfeydd deuddyn, *Two Artists from Hope Street*, Canolfan Gelfyddydau Llyfrgell Wrecsam (gyda David Campbell) 1981; *Memory 3 – the Eye of the Artist*, Oriel Fetropolitan Leeds (gyda Helen Sears) 2005. Arddangosfeydd un-ddynes, Theatr Clwyd, Yr Wyddgrug 1978; CCA 1980; *Family Matters*, CCA 1995; *Describing the Elephant*, Canolfan Gelfyddydau Quay, Ynys Wyth 1995; *The Way I See It*, Coleg New Hall, Caergrawnt (CNH) 2001. Wedi'i gynnwys yn *Re:Imaging Wales*, golygydd Hugh Adams (Seren Books, Pen-y-bont ar Ogwr 2006). Casgliadau: CNH, Ymddiriedolaeth Gelfyddydau Glannau Mersi. Prynwyd gwaith gan CCC. 'Perthnasoedd, allanol a mewnol.' Yn byw yn Brockenhurst, Lloegr.
*Yr artist*

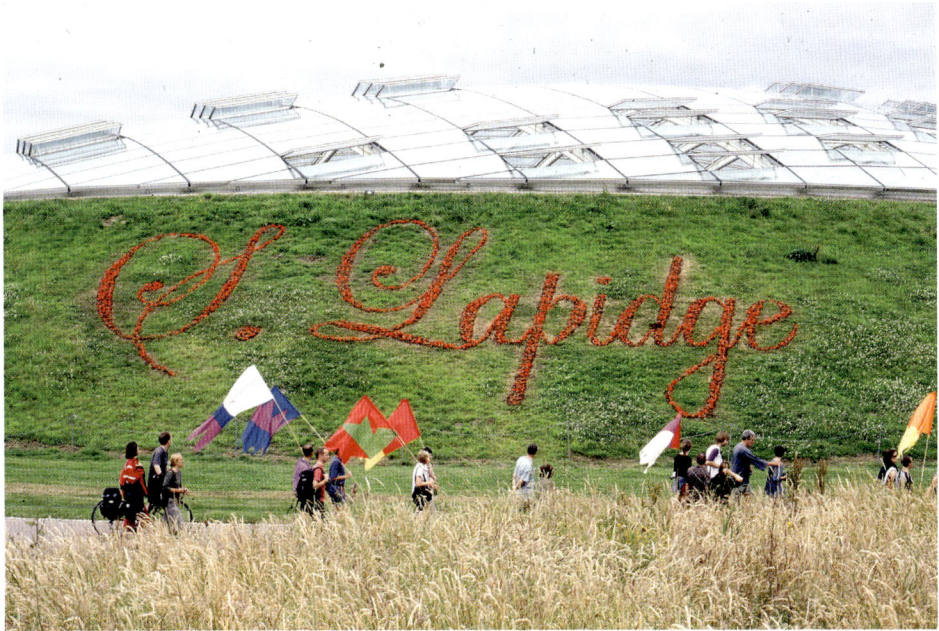

180 | Angharad Pearce Jones
*Branding the Land* 2003

## Angharad PEARCE JONES 1969–
**Artist gosodwaith, cerflunydd. Ganed yn y Bala, gogledd Cymru.**

Astudiodd yng Ngholeg Menai, Bangor 1987–88; Prifysgol Brighton 1988–91; Athrofa Prifysgol Cymru Caerdydd 1997–99 (MA Celf Gain). Cydgyfarwyddwr, Gofaint Dylunio DD Cyf. o 1992; tiwtor, Canolfan Addysg Gymunedol Howardian, Caerdydd 1992–97; gweinyddwraig gelfyddydau, Cyngor Celfyddydau Cymru (CCC) 2000–01, Cywaith Cymru (CyCym) 2002, Artes Mundi, Caerdydd 2002–03; darlithydd (rhan-amser), Athrofa Addysg Uwch Abertawe o 2006. Artist preswyl, Ysgol Gyfun Ardudwy 1997; Ysgol Gyfun i Fechgyn Aberdâr 2000. Comisiynau'n cynnwys Llwybr Taf, CyCym 1996; Eisteddfod Genedlaethol Cymru (EGC), Y Bala/CyCym 1997; BP Caerdydd Canwr y Byd 1997; BBC Cymru 1999; Groundwork Caerffili 2006; Ysgol Gyfun Oakdale 2007. Dyfarniad Cymru Greadigol, CCC 2003. Aelod o Quincunx 1997–2000. Arddangosfeydd ar y cyd yn cynnwys Cystadleuaeth Cerfluniaeth Eira Ryngwladol, Breckenridge, Colorado 1997, 1998 (Capten tîm Cymru); *Superstructure*, Canolfan i'r Celfyddydau Gweledol, Caerdydd 1999; *Rhai Artistiaid Cymreig*, Oriel Gelf Glynn Vivian, Abertawe 2000; EGC, 2000, 2005; *Wales: Unauthorised Version*, Tŷ Artistiaid Croatia, Zagreb 2001; *Locws Rhyngwladol*, Abertawe 2002; *Explorations*, CyCym/Gardd Fotaneg Genedlaethol Cymru, Llanarthne 2003; *Flourish*, Brno, Morafia 2005. Arddangosfa un-ddynes, *Who Wins? You Decide*, Canolfan Gelfyddydau Chapter, Caerdydd 2005. Wedi'i chynnwys yn *Delweddu Cymru*, Hugh Adams (Celfyddydau Rhyngwladol Cymru Seren Books, Pen-y-bont ar Ogwr (Seren) 2003; *here +now. Essays on Contemporary Art in Wales*, Iwan Bala (Seren 2004); *Groundbreaking – the Artist in the Changing Landscape*, golygydd Iwan Bala (CyCym/Seren 2005). '…gwleidyddiaeth gymdeithasol …effaith newid yn y gweithle ar ystrydebu o ran rhywedd ac ar gymdeithas yn ei chrynswth.' Yn byw yn y Garnant, gorllewin Cymru.
*Yr artist*

## Gareth STONE JONES 1925–

**Enw gwaith J Gareth Stone Jones, peintiwr. Ganed ym Mhont-iets, gorllewin Cymru.**

Astudiodd yng Ngholeg y Drindod, Caerfyrddin; Coleg Prifysgol Cymru, Abertawe. Athro ysgol, Saesneg, Economeg, Celf, am ddeudeng mlynedd. Uwch-ddarlithydd, Hanes Celf ac Addysg Gelf, gan ddod yn Bennaeth Adran Celfyddydau Creadigol, Coleg y Drindod, Caerfyrddin 1970au–88. Arddangosfeydd ar y cyd yn cynnwys *Portreadau o'r Cymry*, Eisteddfod Genedlaethol Cymru (EGC)/Cyngor Celfyddydau Cymru (CCC) 1973 (teithiol); *An Iconograph of The Mabinogion*, EGC/CCC 1974 (teithiol); *What's New*, Grŵp De Cymru 1974 (teithiol). Cyhoeddiadau'n cynnwys erthyglau (*Anglo-Welsh Review; Barn* 1964–71); traethawd catalog, 'Metamorphoses: Peter Bailey' (Oriel/CCC, Caerdydd 1983); 'Perfect Moments' (*Arts Review (AR)*, 24 Medi 1982); 'Roy Lichtenstein: Entablatures' (*AR* 31, rhif 6, Mawrth 1979). Yn byw ger Llanelli, gorllewin Cymru.
*Yr artist*

## Michelle JONES-HUGHES 1944–

**Peintwraig. Ganed ym Mae Colwyn, gogledd Cymru.**

Astudiodd yng Ngholeg Celf Lerpwl 1962–66, gyda Keith Arnatt, Charles Burton; Y Coleg Celf Brenhinol, Llundain 1966–69 gyda Roger de Grey, Carel Weight (MA, Rhagoriaeth). Darlithydd (rhan-amser), Coleg Wigan a Leigh 1988–90; Prifysgol Manceinion 1989–90; uwch- ddarlithydd (rhan-amser), Athrofa Addysg Uwch Lerpwl/Prifysgol Hope Lerpwl o 1990. Comisiynau'n cynnwys Llys y Goron Lerpwl 2003. Aelod o Academi Manceinion. Arddangosfeydd ar y cyd yn cynnwys *Cymru Nawr*, Cyngor Celfyddydau Cymru/Amgueddfa Cymru 1967 (y wobr gyntaf); *Arddangosfa Haf*, Yr Academi Frenhinol, Llundain 1969; *Arddangosfa Agored Academi Manceinion*, Oriel Gelf Dinas Manceinion 1970 (y wobr gyntaf); Oriel Hanover, Lerpwl 1997; *Do as I Say not as I Do*, Oriel Cornerstone, Lerpwl 2006. Arddangosfa ddeuddyn, Oriel Gelf Rochdale (OGR) (gyda Selwyn Jones-Hughes) 1976. Wedi'i chynnwys yn *Art in a City*, John Willett (Methuen 1967); cylchgrawn *Art and Artists* (Ionawr 1969). Casgliadau'n cynnwys Cyngor Celfyddydau Gogledd Orllewin Lloegr; Cyngor Celfyddydau Lloegr; OGR; Prifysgol Brunel. 'Bob dydd mewn bywyd rydym yn trafod sefyllfaoedd gweledol…mae paentiadau diweddar yn rhoi cipolwg, darn o'r cyfan, heb naratif clir a chydag amwysedd o ran delwedd ac ystyr.' Yn byw yn Crank, Lloegr.
*Yr artist*

## Selwyn JONES-HUGHES 1943–

**Peintiwr. Ganed yn Nolgellau, gogledd Cymru.**

Astudiodd yng Ngholeg Celf Lerpwl 1962–66, gyda Keith Arnatt, Charles Burton; Y Coleg Celf Brenhinol, Llundain 1966–69 (MA), gyda Merlyn Evans, Carel Weight (Gwobr Baentio Walter Neurath, Gwobr Baentio Burston). Pennaeth Astudiaethau Sylfaen, Coleg Celf a Dylunio St Helens 1969–89; darlithydd, Ysgol Gelf Wigan 1989–94; uwch-ddarlithydd, Athrofa Addysg Uwch Lerpwl 1994–97. Aelod o Grŵp 56 Cymru; Academi Manceinion. Arddangosfeydd ar y cyd yn cynnwys Eisteddfod Genedlaethol Cymru 1963–65, 1974, 1976, 1979 (y wobr gyntaf), 1981 (arobryn); *Arddangosfa Haf*, Yr Academi Frenhinol, Llundain 1970; *Arddangosfa Academi Manceinion*, Oriel Gelf Dinas Manceinion 1970–73 (y wobr gyntaf 1972); *Celtic Triangle*, Cyngor Celfyddydau Cymru (CCC) 1971 (teithiol); *What's New*, CCC/Amgueddfa Cymru 1972; *Four Liverpool Painters*, Amgueddfa ac Oriel Gelf Casnewydd (AOGC) 1975. Arddangosfeydd deuddyn, Oriel, CCC, Caerdydd (gyda Peter Prendergast) 1974; Oriel Gelf Rochdale (OGR) (gyda Michelle Jones-Hughes) 1976. Arddangosfeydd undyn, Oriel Prescote, Banbury 1970; *The Speculative Image*, Canolfan y Celfyddydau Aberystwyth 1995. Wedi'i gynnwys yn y cylchgrawn *Art and Artists* (Ionawr 1969). Casgliadau'n cynnwys Adran yr Amgylchedd; AOGC;

Awdurdod Addysg Caerlŷr; Cyngor Celfyddydau Gogledd Orllewin Lloegr; Cyngor Celfyddydau Lloegr; OGR; Prifysgol Bangor; Prifysgol Lerpwl; Sefydliad Nuffield. Prynwyd gwaith gan CCC. '…cysylltiad rhydd mewn lliw a ffurf a geir mewn clociau, adeiladau, cychod, seremoni, tirwedd, lleoliad, stori, achlust, dilyniant…a nonsens.' Yn byw yn Crank, Lloegr.
*Yr artist*

### Steffan JONES-HUGHES 1968–
**Peintiwr, gwneuthurydd printiau. Ganed ym Mangor, gogledd Cymru.**

Astudiodd yng Ngholeg Celf a Dylunio Gorllewin Surrey, Farnham 1986–89 (gwobr decstiliau Ella McLeod 1989, bwrsari teithio Johnson Wax 1989); Coleg Polytechnig Manceinion 1990–91 (MA). Darlithydd (rhan-amser) 1989–95, Coleg Gogledd Swydd Gaer; Coleg Prifysgol Edge Hill, Ormskirk; Prifysgol Salford; Coleg Skelmersdale; darlithydd (rhan-amser) Prifysgol Canol Swydd Gaerhirfryn 1992–93; Coleg Wigan a Leigh 1999; swyddog addysg, Oriel Davies, Y Drenewydd 1995; cydgysylltydd, Canolfan Argraffu Ranbarthol, Coleg Iâl, Wrecsam (CARCI) o 2002. Trefnydd, gweithdai mewn ysgolion/orielau o 1996. Curadur, arddangosfa *Aspects of Landscape*, Gwasanaeth Celfyddydau Sir Ddinbych 2006 (teithiol). Artist preswyl, Celfyddydau Canol y Penwynion (CCP) 1995; Oriel Gelf Walker, Lerpwl 2000; Elusendai Llanrwst, Conwy 2007. Comisiynau, Teledu Granada 1992; Gŵyl Gerdd MPA Sound 1996. Gwobr Cyngor Celfyddydau Cymru 2006. Arddangosfeydd ar y cyd yn cynnwys Eisteddfod Genedlaethol Cymru, 1995, 2001, 2005; Gŵyl Brintiau Chongqing, Tsieina 2000 (teithiol); *Process*, CARCI 2004 (teithiol); *Arddangosfa Agored Wrecsam*, Canolfan Gelfyddydau Llyfrgell Wrecsam (CGLlW) 2004, 2005 ( y wobr gyntaf), 2006; *Biennale Arlunio Cymru*, Canolfan y Celfyddydau Aberystwyth 2005 (teithiol); *Welsh Printmaking*, Canolfan Gelfyddydau Belger, Dinas Kansas, UDA 2007. Arddangosfeydd deuddyn (gyda Jeanette Orrell), Canolfan y Plase, Y Bala 2006; The Brindley, Runcorn 2007. Arddangosfeydd undyn, Neuadd Ffilharmonig Lerpwl 1992; Oriel Gelf Dinas Leeds 1996; *Art Factory*, Oriel Turnpike, Leigh 2001; Canolfan Grefft Rhuthun (CGRh) 2002; *Narrative without Stories*, Y Tabernacl, Machynlleth 2006. Cyhoeddiadau'n cynnwys traethodau catalog, CGRh (2004), Oriel Davies (2007), CGLlW (2007); erthygl, *Printmaking Today* (cyf 14, Hydref 2004). '…portreadau o'r teulu agos yw fy ngwaith yn aml…' Yn byw ym Metws Gwerful Goch, gogledd Cymru.
*Yr artist*

### Valerie JORDAN 1945–
**Peintwraig. Ganed yng Nghaerloyw, Lloegr.**

Ei rhieni'n Gymry. Daeth i Gymru ym 1967. Astudiodd yng Ngholeg Celfyddydau a Thechnoleg Caerloyw 1963–67; Coleg Celf Caerdydd 1967–68. Tiwtor (rhan-amser), Cwrs Sylfaen, Coleg Canolbarth Swydd Warwig 1987–2002. Arddangosfeydd niferus ar y cyd gan gynnwys Academi Frenhinol Gorllewin Cymru, Bryste 1968, 1984, 1987; *Arddangosfa Agored y Pedair Swydd*, Oriel City Art, Milton Keynes (y wobr gyntaf) 1988; Eisteddfod Genedlaethol Cymru, Ynys Môn 1999; *Embedded Technologies*. Prifysgol Cymru, Llanbedr Pont Steffan 1999; *Biennale Arlunio Cymru*, Canolfan Gelfyddydau Wrecsam 2001 (teithiol); *Represent*, Oriel Plas Glyn-y-Weddw, Llanbedrog 2001; *Singer and Friedlander/Sunday Times Watercolour Competition*, Orielau'r Mall, Llundain 2007. '…tirwedd a phaentio bywyd llonydd.' Yn byw yn Sheepscombe, Lloegr.
*Yr artist*

### Sol JORGENSEN 1956–
**Enw gwaith Solveig Jorgensen, gwneuthurydd printiau, artist cymunedol. Ganed yn Llanilltud Faerdref, de Cymru.**

Astudiodd yng Ngholeg Polytechnig Manceinion 1978–79; Coleg Polytechnig Wolverhampton 1979–82, gyda Knighton Hosking. Cyd-drefnydd, *Women's Photography Project*, Wolverhampton 1981–83. Darlithydd, Ysgol Gelf St Martin, Llundain 1983–84. Artist cymunedol/gweithwraig datblygu'r celfyddydau gyda Philip Sky, U-Print, Canolfan Gelfyddydau Chapter, Caerdydd (CGChap) 1983–88; Cyfarwyddwr Artistig/Cydgysylltydd, U-Print 4, 1988–92. Curadur, arddangosfa ar gyfer Mind Cymru, U-Print 4, CGChap 1991. Aelod o Gelfyddydau Fideo Llundain (1983–84); Gweithdy Ffilm Chapter (1984–86); Cymdeithas Gelfyddydau'r Menywod (Ymddiriedolwraig o 2002). Arddangosfeydd ar y cyd o'i gwaith personol yn cynnwys *New Contemporaries*, Sefydliad y Celfyddydau Cyfoes, Llundain 1982; Gŵyl Fenywod, Leamington Spa 1984. Arddangosfeydd cymunedol/U-Print yn cynnwys *Who Cares for the Carers?*, Y Grŵp Ffocws, CGChap, Cymdeithas Gelfyddydau De-Ddwyrain Cymru (CGDddC) 1983 (teithiol); *Graphic Intervention*, U-Print/CGDddC/Cyngor Celfyddydau Cymru (CGChap) 1984–85; *The Family*, CGChap, CGDdC/CCC 1985; *People's Portraits*, CGChap 1988; *Arddangosfa Hanes Butetown* 1989. Ffotograffau, cyfweliadau ar gyfer *Women and Craft* (Virago Press 1988). Yn weithgar ym maes anabledd a gofal; gofal am ei mab anabl yn ddylanwad ar ei gwaith. Yn byw yn y Wig, de Cymru. *Yr artist*

### Jane JOSEPH 1942–
**Peintwraig, gwneuthurwraig printiau, cerflunydd, artist tirwedd. Ganed yn Surrey, Lloegr.**

Astudiodd yn Ysgol Celfyddydau a Chrefftau Camberwell 1961–65, gyda Frank Auerbach, Robert Medley, Euan Uglow. Bu'n addysgu yng Ngholeg Celf a Dylunio Casnewydd tua 1975; stiwdio yng nghanolbarth Cymru. Gwobr Deithio Leverhulme, Ewrop 1965–66; Gwobr Baentio Abbey, Ysgol Brydeinig Rhufain 1991; Gwobr Ymddiriedolaeth yr Eliffant. Arddangosfeydd ar y cyd, Grŵp De Cymru/Y Grŵp Cymreig. Arddangosfeydd un-ddynes yn cynnwys *Drawings and Paintings*, Oriel Angela Flowers, Llundain 1987; *Drawn in Place: Two Decades of Drawing and Printmaking 1980–1997*, Oriel Morley, Llundain 1997; *Etchings and Lithographs 1985–2001*, Oriel Gelf Victoria, Caerfaddon 2001; *Prints, Drawings and Paintings 1985–2004*, Ysgol Gelf, Prifysgol Aberystwyth 2004. Delweddau wedi'u comisiynu ar gyfer *A Little Flora of Common Plants*, cerddi gan Mel Gooding (Celfyddydau EMH 2002); *A Survivor's Journey Home from Auschwitz*, Primo Levi (Y Gymdeithas Ffolio 2002). Wedi'i chynnwys yn *Architectural Review, Art Review, Print Quarterly, Printmaking Today, Royal Academy Magazine, Jewish Chronicle*. Casgliadau'n cynnwys Amgueddfa ac Oriel Gelf Brycheiniog, Aberhonddu; Amgueddfa Victoria ac Albert, Llundain; Prifysgol Aberystwyth; Yr Amgueddfa Brydeinig, Llundain. Prynwyd gwaith gan Gyngor Celfyddydau Cymru. '…mae'r lleoedd a bortreadir gennyf yn gyffredin: fy stiwdio, tirwedd Llundain o'm cwmpas, lleoedd y tu allan i'r ddinas sy'n gyfarwydd i mi…lleoedd sy'n cael eu bywiogi gan symudiad.' *(Jane Joseph 2004, gwefan, Ysgol Gelf Prifysgol Aberystwyth)* Yn byw yn Llundain.

**Nigel JUDGE** 1961–
**Ffotograffydd. Ganed ym Malta.**

Astudiodd ym Mhrifysgol Bryste 1980–83 (Saesneg); Coleg Addysg Uwch Gwent 1989–91, gyda David Hurn. Gwaith cadwraeth, Bryste 1983–85. Comisiwn, Land Use Consultants 1990. Gwobr Cyngor Celfyddydau Cymru 1992. Aelod o Gydweithfa Trefdraeth, Sir Benfro. Arddangosfeydd ar y cyd yn cynnwys *Barrage*, Ffotogallery, Caerdydd (Ffotog) 1991; *Waterways*, Coleg Green, Rhydychen 1992; *Life's a Beach*, Oriel Dinas Caerlŷr 1995; *Territory*, Gŵyl Ffotograffiaeth Henffordd 2001. Arddangosfeydd undyn, *Uncertain Shores*, Ffotog 1993 (teithiol). Gwaith yng nghasgliad Cyngor Caerdydd. 'Ffotograffiaeth dirlun ac amgylcheddol.' Yn byw yn yng Nghlunderwen, gorllewin Cymru.
*Yr artist*

**Carole JURY** 1947–
**Enw gwaith Carole Yvonne Jury, peintwraig. Ganed yn Folkestone, Lloegr.**

Cyrhaeddodd Gymru ym 1969. Hunanaddysgedig; astudiodd trwy'r Coleg Celfyddydau Agored; gweithdai gyda Shani Rhys James, Mary Lloyd Jones. Adferydd hen grochenwaith 1969–90. Aelod o Gymdeithasau Celf Aberteifi, Abergwaun, Castellnewydd Emlyn. Arddangosfeydd ar y cyd yn cynnwys *Arddangosfa Agored Cymru*, Canolfan y Celfyddydau Aberystwyth 1993, 1995, 1996; Llyfrgell Hwlffordd (LlH) 1995–98; *Aspects of Wales*, Canolfan Gelfyddydau Pontardawe 1996; Y Tabernacl, Machynlleth 1997, 1998; Oriel yr Atig, Abertawe, o 1999; *Artist y Flwyddyn Cymru*, Neuadd Dewi Sant, Caerdydd 2000; Oriel Albany, Caerdydd 2002. Arddangosfa ddwy-ddynes, Theatr Mwldan, Aberteifi (ThM) (gyda Barbara Hutchby) 1999. Arddangosfeydd un-ddynes yn cynnwys ThM 1996; Oriel y Cei, Aberdaugleddau 2000; LlH 2001; Oriel Stages, Machynlleth 2001; Canolfan Gelfyddydau'r Eglwys Norwyaidd, Caerdydd 2002. 'Peintiadau ffigurol cryf a lliwgar yn bennaf, olew ar gynfas…' Yn byw yn Aber-porth, gorllewin Cymru.
*Yr artist*

# ARTISTIAID: K

**K**

**Sasha KAGAN** 1945–
**Enw gwaith Sasha Alexandra Kagan, dylunydd gweuwaith. Ganed yn St Albans, Lloegr.**
Astudiodd yng Ngholeg Celf Caergaint 1964–65; Coleg Celf Caerwysg 1965–68; Y Coleg Celf Brenhinol, Llundain 1968–71. Cyrhaeddodd Gymru ym 1977. Teithiau darlithio, UDA 1997, 1999, 2003; Japan 2001. Sefydlodd Sasha Kagan Knitwear ar ddechrau'r 1970au. Bwrsari Cyngor Celfyddydau Cymru (CCC) 1977. Arddangosfeydd un-ddynes yn cynnwys Oriel, CCC, Caerdydd 1984 (teithiol); *Big and Little Sweater Book*, Canolfan y Celfyddydau Aberystwyth 1987 (teithiol); *Country Inspiration*, Amgueddfa Victoria ac Albert, Llundain (VacA) 2000. Cyhoeddiadau, *The Sasha Kagan Sweater Book* (Dorling Kindersley (DK) 1984); *Sasha Kagan's Big and Little Sweaters* (DK 1987); *Country Inspiration* (Taunton Press 2000); *Knitting for Beginners* (Carroll a Brown, Llundain 2004); *Crochet Inspiration* (Sixth a Spring, Efrog Newydd 2007). Gwaith yng nghasgliad VacA. '…technegau traddodiadol gweu a chrosio â llaw… tirwedd Cymru… tymhorau newidiol, lliwiau, gweadau a hanfod Cymru.' Yn byw yn Llawr-y-glyn, canolbarth Cymru.
*Yr artist*

**KAU   Gweler Keith UNDERWOOD**

**Ian KAY** 1955–
**Peintiwr. Ganed yn Lerpwl, Lloegr.**
Nain yn Gymraes. Cyrhaeddodd Gymru ym 1975. Astudiodd yn Ysgol Gelf Lerpwl 1974–75, gyda Maurice Cockrill; Coleg Celf Caerdydd 1975–78, gyda Harry Holland, Terry Setch. Peintiwr golygfeydd, Opera Cenedlaethol Cymru 1979–81; actor, ffilm/teledu/theatr, o 1981. Aelod o Gymdeithas Artistiaid a Dylunwyr Cymru. Arddangosfeydd ar y cyd yn cynnwys Oriel, Cyngor Celfyddydau Cymru, Caerdydd 1980au; Canolfan Gelfyddydau Chapter, Caerdydd 1980au; *Arddangosfa Agored Aberystwyth*, Canolfan y Celfyddydau Aberystwyth 1980au; Oriel Hanover, Lerpwl 1980au; arddangosfeydd yn Japan, Brasil, Gwlad Pwyl, UDA 1990au. Arddangosfeydd undyn 1990au, Oriel Submarine, Llundain, Canolfan Gyfryngau 051, Lerpwl, Oriel Ginou Laroux, Biarritz. Gwaith wedi'i gynnwys yn *Liverpool Echo* 1980. '…gwrthddywediadau cymdeithasol ac esthetig mewn paentiadau haniaethol a ffigurol …hiwmor.' Yn byw yng Nghaerdydd, de Cymru.
*Yr artist*

**Jenny KEAL** 1951–
**Enw gwaith Jennifer Keal, peintwraig. Ganed yn Southampton, Lloegr.**
Ei thad yn Gymro. Hunanddysgedig; mynychodd ddosbarthiadau nos yn lleol. Gwaith clerigol, Southampton 1967–73, 1981–90. Cyrhaeddodd Gymru ym 1990. Yn rhedeg gweithdai, cyrsiau, arddangosiadau yn y DU/dramor. Aelod o Grŵp Celf Romsey. Arddangosfeydd ar y cyd yn cynnwys Neuadd Dewi Sant, Caerdydd 1998; Oriel Turnpike, Petersfield (OTP) 2001. Arddangosfeydd deuddyn niferus (gyda David Bellamy) yn cynnwys Oriel Torfaen (OT) 1995, 1996; Amgueddfa'r Fenni 1997; OTP, 2000; Canolfan Ymwelwyr Cwm Elan 2000. Arddangosfeydd un-ddynes, Canolfan Gelfyddydau Abaty Nant Teyrnon, Cwmbrân 1993; OT 1994; Oriel Burford 2003. Cyhoeddiadau'n cynnwys *Landscapes*

*in Pastel* (cyfres *Learn to Paint*, Harper Collins 2003); erthyglau, *Leisure Painter* (1997, 1999, 2001–04). Wedi'i chynnwys yn Painting Wild Wales (HTV). '…tirwedd Cymru… pensaernïaeth gynhenid.' Yn byw yn Aberedw, canolbarth Cymru.
*Yr artist*

### Peter KEEGAN 1986–
**Enw gwaith Peter David Keegan, peintiwr. Ganed yng Nghaerdydd, de Cymru.**

Astudiodd yn Athrofa Prifysgol Cymru Caerdydd 2004–07, gyda Philip Nicol, Stephen Young. Gwobr dosbarth meistr Andrew Vicari 2004. Comisiwn, Maes Awyr Rhyngwladol Caerdydd 2003. Gwobr, cystadleuaeth ryngwladol, *A Brush with Fame*, ITV1, 2005. Arddangosfeydd ar y cyd yn cynnwys Oriel Kooywood, Caerdydd 2005, 2006. 'Peintiwr portreadau a ffigurol – pobl yng Nghymru ac ym mhedwar ban byd.' Yn byw yn y Barri, de Cymru.
*Yr artist*

### Walter KEELER 1942–
**Enw gwaith Walter Charles John Keeler, ceramegydd. Ganed yn Llundain, Lloegr.**

Astudiodd yn Ysgol Gelf Harrow, Llundain 1958–63, gyda Michael Casson, Victor Margrie. Athro (rhan-amser), Ysgol Gelf Harrow 1965–78; darlithydd/athro/darllenydd, Coleg Polytechnig Bryste/Prifysgol Gorllewin Lloegr 1976–2002. Stiwdio, Bledlow Ridge, Swydd Buckingham 1956–76, Pen-allt, de Cymru o 1976. Medal Aur am Grefft a Dylunio, Eisteddfod Genedlaethol Cymru, Casnewydd 2004. Aelod o Gymdeithas y Crochenwyr Crefft; Celfyddydau Cymhwysol Cyfoes (CCCyf). Arddangosfeydd ar y cyd

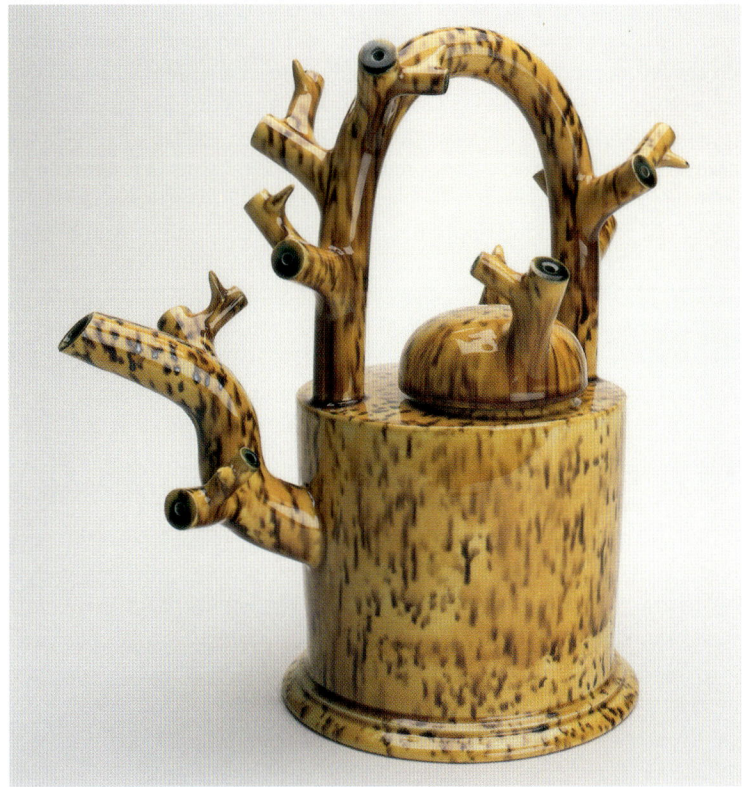

181 | Walter Keeler
*Cut Branch Teapot* 2004

yn cynnwys *Colours of the Earth*, Y Cyngor Prydeinig 1991 (yn teithio India); *Modern Ceramic Art from an International Perspective*, Amgueddfa Celf Geram eg Fodern, Gifu, Japan 2003; *SOFA (Sculpture, Objects and Functional Art)*, Chicago, gyda Chanolfan Grefft Rhuthun (CGRh) 2004–06; *Ceramic Art London*, Y Coleg Celf Brenhinol, Llundain 2005; *Collect*, Amgueddfa Victoria ac Albert, Llundain (VacA) 2006; *Artist y Flwyddyn Cymru*, Neuadd Dewi Sant, Caerdydd 2007. Arddangosfa ddeuddyn, Centrum Goed Werk, Zulte, Gwlad Belg (gyda Colin Pearson) 2002. Arddangosfeydd undyn yn cynnwys CCCyf 1989, 1999; Oriel Gelf Dinas Leeds 1993; CGRh 2004 (teithiol); Canolfan y Celfyddydau Aberystwyth 2007. Gwaith wedi'i gynnwys yn *Walter Keeler*, Emmanuel Cooper ac Amanda Fielding (CGRh 2004). Casgliadau'n cynnwys Amgueddfa Celf Fodern Genedlaethol, Tokyo; Amgueddfa Cymru, Caerdydd; Amgueddfa Dinas Stoke-on-Trent; Amgueddfa Fitzwilliam, Caergrawnt; Amgueddfa Gelf Los Angeles; Amgueddfa Genedlaethol Sweden, Stockholm; Amgueddfa Grefft America, Efrog Newydd; Sefydliad Celf Fodern Middlesbrough; VacA; Y Cyngor Crefftau, Llundain. '…gwaith wedi'i wydro â halen ac yn fwy diweddar, priddlestri lliw hufen… nodweddion clasurol potiau Brythonig-Rufeinig yn cael eu cyfuno â moderniaeth…' *(O form: contemporary craft in Wales, Celfyddydau Rhyngwladol Cymru 2003)* Yn byw ym Mhen-allt, de Cymru.
*Yr artist*

## Pat KEISS  Gweler Timothy Emlyn JONES

## Andrea KELLAND 1944–
### Enw gwaith Andrea Heather Kelland, peintwraig. Ganed yn Llundain, Lloegr.

Astudiodd yn Ysgol Gelf Kingston 1960–64, gyda Graham Arnold, Reginald Brill; Coleg Celf Brighton 1964–65. Dylunio/sgrin-brintio dillad, yn nes ymlaen dylunio/gwneud dillad, Dyfnaint 1972–89. Cyrhaeddodd Gymru ym 1989. Sgrin-brintio cardiau 1989–96. Aelod o Gymdeithas Ddyfrlliwiau Cymru. Arddangosfeydd ar y cyd yn cynnwys *Women Artists and Pembrokeshire*, Amgueddfa ac Oriel Gelf Dinbych-y-pysgod (AOGDyp)1999; *Mythau a Chwedlau*, Oriel Myrddin, Caerfyrddin 2000; *Blodau*, Gardd Fotaneg Genedlaethol Cymru 2001; *Biennale Arlunio Cymru*, Canolfan y Celfyddydau Aberystwyth 2002 (teithiol); Eisteddfod Genedlaethol Cymru, Tyddewi 2002; Oriel Q, Arberth 2007. Arddangosfeydd deuddyn yn cynnwys *Watermarks*, Canolfan Gelfyddydau Taliesin, Abertawe (CGT) (gyda Geoff Yeomans) 1994; CGT (gydag Angela Hoppe Kingston) 2002. Arddangosfeydd un-ddynes yn cynnwys *Above and Below*, CGT 1997 (teithiol); *Waterways*, Canolfan Gelfyddydau'r Eglwys Norwyaidd, Caerdydd (CGEN) 1999; Theatr Mwldan, Aberteifi 2000; *Coastlines*, CGEN 2001 (teithiol); Oriel Neuadd y Frenhines, Arberth 2001; *Land Meets Sea*, AOGDyp 2002. Gwaith wedi'i gynnwys ar Radio/Teledu BBC Cymru (1994); cylchgrawn *Pembrokeshire Life* (2002). Gwaith yng nghasgliad Ysbyty Torbay. 'Dŵr: y môr a phyllau a hefyd yr arfordir.' Yn byw yn Amroth, gorllewin Cymru.
*Yr artist*

## Nora KERR 1908–1956
### Enw gwaith Nora Jean Kerr, peintwraig, dylunydd. Ganed yn Beijing, Tsieina.

Astudiodd yn Llundain yn Ysgol Gelf Byam Shaw; Yr Ysgol Gelf Ganolog, Llundain; Ysgol Celf Gain Heatherley. Cyrhaeddodd Gymru tua 1950. Arddangosfeydd ar y cyd yn cynnwys Grŵp De Cymru/Y Grŵp Cymreig 1952, 1954; *Pictures for Welsh Schools*, Cymdeithas Er Addysg Trwy Gelf, Amgueddfa Cymru 1953, 1954; *Contemporary Welsh Painting and Sculpture*, Pwyllgor Cymreig Cyngor Celfyddydau Prydain Fawr 1953–57 (i gyd yn deithiol). Arddangosfa un-ddynes, Neuadd Cheltenham, Casnewydd 1953. Casgliadau'n cynnwys Amgueddfa ac Oriel Gelf Casnewydd; Amgueddfa Ceredigion, Aberystwyth; awdurdodau lleol de Cymru; Cymdeithas Celf Gyfoes Cymru. Roedd yn byw yng Nghasnewydd, de Cymru.

### GJ KILBRIDE 1940–2010
**Enw gwaith Gilbert John Kilbride, gwehydd sidan, gwneuthurydd gwisgoedd. Ganed yn Ditchling, Lloegr.**

Cyrhaeddodd Gymru 1961. Astudiodd yn Urdd Sant Joseph a Sant Dominic, Ditchling 1955–62, gyda'i dad, John V Kilbride. Comisiynau'n cynnwys Eglwys y Santes Fair, Cwrt-henri, Dryslwyn 2000; gwisgoedd urddo, Dr Rowan Williams, Archesgob Caergaint 2002; Eglwys San Siôr, Tredegar 2003; Eglwys y Santes Fair, y Gelli Gandryll 2005; Eglwys Sant Bartholomew, Llanofer 2006; Eglwys Sant Mihangel, Llanfihangel-y-fedw 2007; Pontnewydd 2007. Aelod o'r Fforwm Crefft. Wedi'i gynnwys yn *Cloak and Dragon* (HTV 2002). Casgliadau'n cynnwys eglwysi cadeiriol yn Birmingham, Brisbane, Caersallog, Chartres, Cincinnati, Efrog Newydd, Leeds, Washington UDA, Westminster; mynachlogydd/abatai Buckfast, Douai, Mownt St Bernard, Prinknash, Pluscarden, Ramsgate, Rhufain. 'Cobau, casuliau, stolau, blaenlieiniau; sidan wedi'i wehyddu â llaw; dim ond gwnïo â llaw a ddefnyddir.' Roedd yn byw yn Llanofer, de Cymru.
*Yr artist*

### George KILIBARDA 1954–
**Peintiwr, cerflunydd, modelwr cyfrifiadurol 3D. Ganed yn Sittingbourne, Lloegr.**

Astudiodd yng Ngholeg Dylunio Medway; Coleg Celf Casnewydd. Gwobr Cyngor Celfyddydau Cymru 1993. Gweithiwr llywodraeth leol (rhan-amser); dylunydd/modelwr gyda chwmni gemau fideo o 2001; gyda Tangent 3D, sefydlodd Image Armada, offeryn dylunio at greu cyflwyniadau digidol 3-D/rhith-orielau tua 2005. Bu'n byw yng Nghaerdydd, de Cymru, tan ddiwedd degawd cyntaf y 2000au. Arddangosfeydd ar y cyd yn cynnwys Oriel Nick Cotton, Watchett; Oriel Roy Miles, Llundain; Yr Academi Frenhinol, Llundain; *Garden of Welsh Myth and Magic*, Gŵyl Erddi Cymru, Glynebwy 1992. Arddangosfeydd undyn, Celfyddydau Cain Manor House, Caerdydd; Neuadd Dewi Sant, Caerdydd 1992. '…yn beintiwr bywyd beunyddiol "gyda diléit yng ngolau a bywyd y stryd" .' *(Gwefan Lateral Arts)*. Yn byw yn Lloegr.

### Amelia KILVINGTON 1979–
**Ffotograffydd. Ganed yn Brighton, Lloegr.**

Astudiodd ym Mhrifysgol Caerwysg 1998–2001 (Saesneg); Ysgol Gelfyddydau Gorllewin Cymru, Caerfyrddin 2003–06. Cyrhaeddodd Gymru 2001. Rheolwraig Gynorthwyol (rhan-amser), Celf Gain y Fountain, Llandeilo (CGF) 2004–06; athrawes (rhan-amser), Ysgol Gyfun Emlyn, Castellnewydd Emlyn, o 2006. Arddangosfeydd ar y cyd yn cynnwys CGF 2004–05; Galerie Andreas Huber, Fienna 2005; Amgueddfa Cymru, Caerdydd 2007. '…portreadaeth, ffotograffiaeth ddogfen a cherddoriaeth, bywyd llonydd.' Yn byw yng Nghydweli, gorllewin Cymru.
*Yr artist*

### David KILVINGTON 1965–
**Enw gwaith David Ashley Kilvington, peintiwr. Ganed yn Llanelli, gorllewin Cymru.**

Astudiodd yng Ngholeg Polytechnig Brighton 1987–90. Artist preswyl, Sefydliad Meddygaeth Drofannol, Fienna (SMD) 1991; Banc Creditanstalt, Fienna 1992–95. Arddangosfeydd ar y cyd yn cynnwys Galerie Utraque Lungo, Fienna 1992, 1993, 1995, 1997, 1999; Celf Gain y Fountain, Llandeilo 1995–99, 2004, 2005; Oriel yr Atig, Abertawe 2005. Gwaith yng nghasgliad SMD. Ffigurau, morluniau a'r awyr. Yn byw yng Nghydweli, gorllewin Cymru.
*Yr artist*

## Paul Bothwell KINCAID 1946–
### Cerflunydd. Ganed yn Birmingham, Lloegr.

Cyrhaeddodd Gymru ym 1972. Astudiodd yng Ngholeg Celf a Dylunio Stourbridge 1962–63, gyda Harry Seager; Coleg Celf Dyfed 1980–83, gyda Terry Briers, Roger Moss; Ysgol Gelf Wimbledon, Llundain 1989–91 (MA), gyda Richard Rome, Glynn Williams. Darlithydd, Coleg Celf Dyfed/Coleg Technoleg a Chelf Sir Gaerfyrddin/Coleg Sir Gâr (CSG)/Ysgol Gelfyddydau Gorllewin Cymru a Choleg y Drindod, Caerfyrddin, o 1984. Cymrodoriaeth Grefft Gorllewin Morgannwg, Ysgol yr Esgob Vaughan, Abertawe (YEV) 1983. Comisiynau'n cynnwys YEV 1984; Cyngor Bwrdeistref Casnewydd 1990; CSG 1996; Ysgol Llansawel 2000; Cwmwd Rohan, Llydaw 2005. Aelod o Gymdeithas yr Artistiaid Graffeg; Cymdeithas Crefftwyr Dylunio; Cerfluniaeth Cymru; Sculpteurs Bretagne (SB). Arddangosfeydd ar y cyd yn cynnwys Oriel Albany, Caerdydd 1967; Parc Cerfluniaeth Margam 1986, 1987, 1993, 2004; *Insight*, Oriel Gelf Glynn Vivian, Abertawe 1992; *Continuum*, Oriel Henry Thomas, Caerfyrddin (OHT) 1994, 1997–99; *Cyfnewidfa Geltaidd*, SB, Landivisiau, Llydaw 2002, 2005, 2006; *Crossing Over, Contemporary Irish and Welsh Sculpture*, Artswave Cymru 2005 (teithiol). Arddangosfa ddeuddyn, *Anatomy of Vision*, OHT (gyda Gareth Davies) 2000. Arddangosfeydd undyn, Oriel Gordon, Wimbledon 1964; OHT 1988; *The Subconscious Apparition*, Canolfan Gelfyddydau Pontardawe 2003. Cyhoeddwyd erthyglau yn Planet (1978, 1985). Wedi'i gynnwys yn *The London Magazine* (Ebrill/Mai 2002, Mehefin/Gorffennaf 2002). 'Mae fy nhras ac eiconograffi magwraeth Gatholig yn dylanwadu ar y ddelweddaeth yn fy ngwaith.' Yn byw ym Mhencader, gorllewin Cymru.
*Yr artist*

## Clive KING 1944–
### Artist sy'n defnyddio arlunio. Ganed yng Nghwm-gwrach, de Cymru.

Astudiodd yng Ngholeg Celf Caerwysg 1962–66; Coleg y Gofaint Aur, Llundain 1967. Uwch-artist Graffeg, International Computers Cyf, Reading 1971–75; arweinydd cwrs, Celfyddydau Cyfathrebu, Coleg Celf Caersallwg, Lloegr 1979–87; arweinydd cwrs, Astudiaethau Sylfaen, yna Cadeirydd Celfyddydau Gweledol, Prifysgol Brookes Rhydychen (PBRh) 1979–92; Cadeirydd Celfyddydau Gweledol, Prifysgol Ryngwladol Fflorida (PRFf) o 1992. Artist preswyl, Oriel Gelf Glynn Vivian (OGGV), Abertawe 1990. Cymrodoriaeth Gyfnewid Fulbright, Prifysgol Wisconsin 1986. Gwobrau'n cynnwys Cymdeithas Celfyddydau'r De; PBRh. Llawer o arddangosfeydd ar y cyd, DU, UDA, gan gynnwys *12fed Arddangosfa Agored Paentio a Cherfluniaeth Gyfoes Cymru*, Cyngor Celfyddydau Cymru (CCC), Amgueddfa Cymru (AC) 1967 (teithiol) (arobryn); *Wales Now*, CCC/Eisteddfod Genedlaethol Cymru, Y Barri 1968 (teithiol) (arobryn); *Painting the Dragon*, AC 2000; *Rites of Passage*, Oriel Gelf Whitworth, Manceinion 2000; Oriel Parc Treftadaeth y Rhondda, Trehafod 2001. Arddangosfeydd undyn niferus gan gynnwys Canolfan Gelfyddydau Camden, Llundain 1980; OGGV 1990; Y Tabernacl, Machynlleth (TM) 1999; Amgueddfa Celf Gyfoes Jacksonville, Fflorida 2006. Casgliadau'n cynnwys PRFf; TM. '…dros ddau ddegawd…yn gweithio ar gyfres o luniau lled hunangofiannol, *Valley of the Witches*, cyfieithiad Saesneg o Gwm-gwrach, y pentref bach yng Nghymru lle y ces i fy ngeni ac y bues i'n treulio'r rhan fwyaf o'm plentyndod.' Yn byw yn Fflorida, UDA.

## Sue KING 1952–
### Enw gwaith Susan Elizabeth King, ceramegydd. Ganed yn Llundain, Lloegr.

Cyrhaeddodd Gymru ym 1969. Astudiodd yng Ngholeg Menai, Bangor 1986–87; Coleg Celf a Thechnoleg Harrogate 1987–90, gyda Dennis Farrell, Tim Proud. Tiwtor (rhan-amser), oedolion/plant ag anghenion arbennig, o 1995; perchennog oriel stiwdio crochenwaith o 2003. Gwobrau, Cyngor Celfyddydau Cymru 2003, 2004. Aelod o Grochenwyr Gogledd Cymru. Arddangosfeydd ar y cyd yn cynnwys Amgueddfa ac Oriel Gelf Ceredigion, Aberystwyth 1992; Yr Academi Frenhinol Gymreig, Conwy 1992; Oriel Ynys Môn, Llangefni 1994; Canolfan Gelfyddydau Nant Teyrnon, Cwmbrân 1998;

Oriel Corwen 2001; Castell Bodelwyddan 2007. Arddangosfeydd un-ddynes yn cynnwys Canolfan Ucheldre, Caergybi 1999, 2001, 2005. Erthygl cyhoeddiedig, 'Potting in Africa' (*Ceramic Review* 2004). Gwaith wedi'i gynnwys yn *The Complete Potter*, Steven Mattison (Apple 2003). 'Potiau coginio a dŵr traddodiadol Affricanaidd …' '…ffurfiau addurniadol, wedi'u taflu a'u gwneud â llaw.' Yn byw ym Mhenmaen-mawr, gogledd Cymru.
*Yr artist*

## Carol KINGSBURY-GWIZDAK / KINGSBURY GWIZDAK 1963–

**Enw gwaith Carol Anne Kingsbury Gwizdak, artist-gemydd. Ganed yng Nghaerfyrddin, gorllewin Cymru. Hefyd yn defnyddio'r llofnod Carol Kingsbury Gwizdak, Carol Gwizdak.**

Astudiodd yng Ngholeg Celf Dyfed, Caerfyrddin 1981–82; Coleg Polytechnig Birmingham 1982–85, gyda Hamish Bowie. Arweinydd Cwrs, Diploma Cyd-bwyllgor Addysg Cymru mewn Astudiaethau Syl-faen, Celf a Dylunio, Coleg Sir Gâr, Caerfyrddin o 1997. Gwobr Aur, Prifysgol Kingston (PK) 2004; Y Fedal Aur am Grefft a Dylunio, Eisteddfod Genedlaethol Cymru (EGC), Abertawe 2006. Aelod o'r Gymdeithas Gemwaith Cyfoes. Arddangosfeydd ar y cyd yn cynnwys EGC, Abertawe 2006; *The Nature of Things*, Oriel Gelf Glynn Vivian, Abertawe 2007; *Llif*, Oriel Myrddin, Caerfyrddin ac Oriel Flow, Llundain 2007. Arddangosfeydd un-ddynes yn cynnwys Oriel Q, Arberth 2007. Cyhoeddiadau'n cyn-nwys 'Precious', catalog i'r Lle Celf (EGC 2006). Wedi'i chynnwys yn *Taliesin* (Alun Llwyd, Yr Academi Gymreig 2006); *Crefft/Nodiadau Artistiaid* (Cyngor Celfyddydau Cymru, Awst 2006). Gwaith yng ng-hasgliad PK. 'Mae fy ngwaith yn mynd i'r afael â'r syniad o 'werthfawr' yn y gymdeithas gyfoes;… ffurf naturiol.' Yn byw Sir Gaerfyrddin, gorllewin Cymru.
*Yr artist*

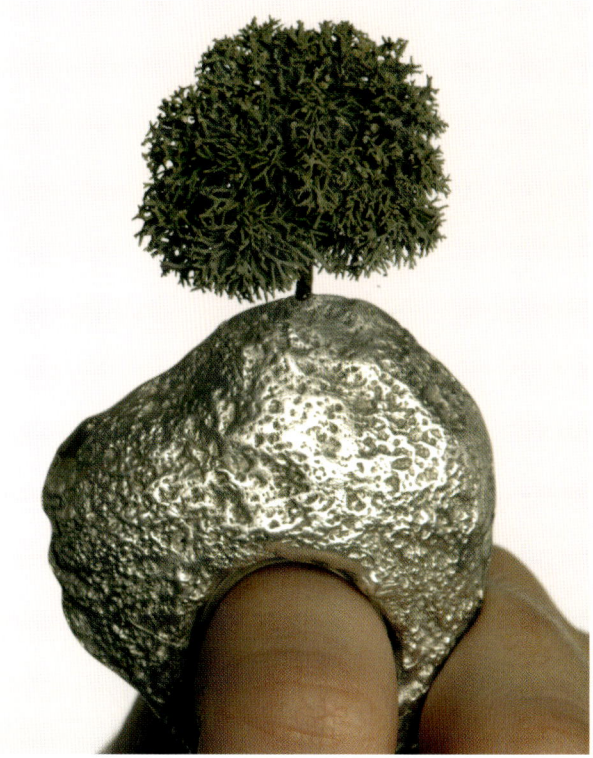

182 | Carol Kingsbury-Gwizdak
*Tree on the Hill* 2005

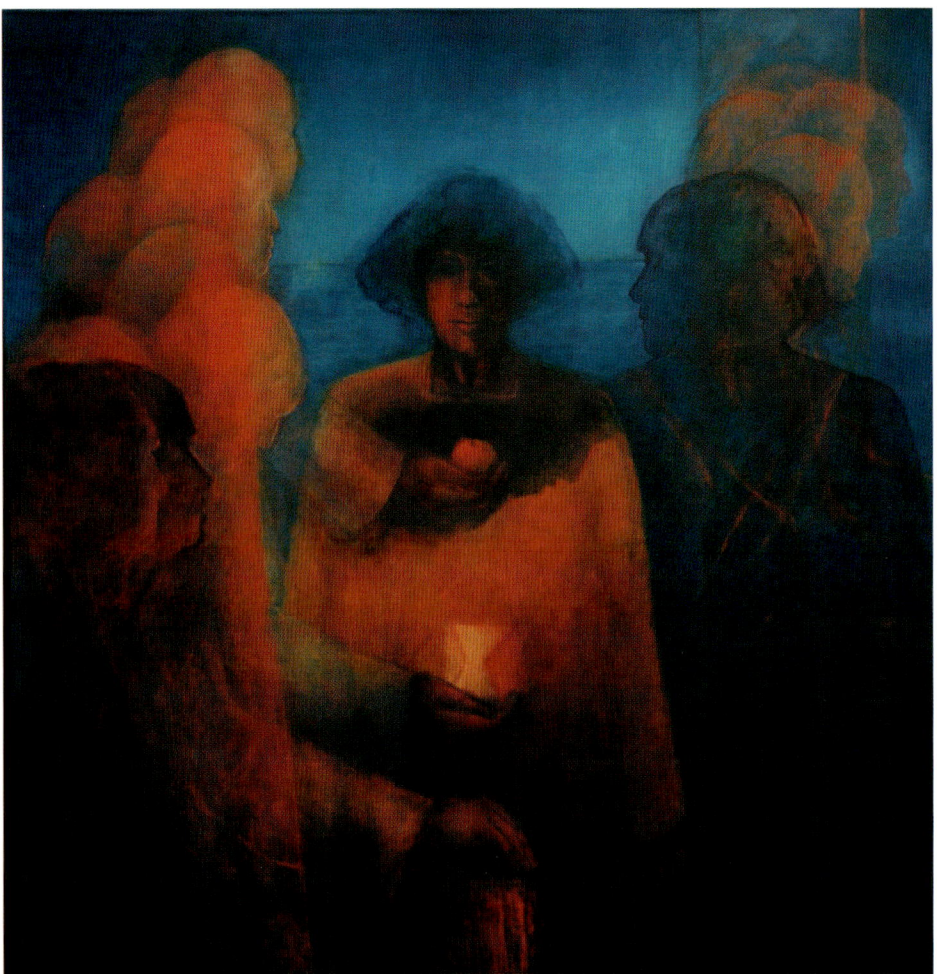

183 | Christine Kinsey
*Soliloquy 1/Ymson 1* 2001

### Christine KINSEY 1942–
**Peintwraig. Ganed ym Mhont-y-pŵl, de Cymru.**

Astudiodd yng Ngholeg Celf Casnewydd 1960–65; Coleg y Brifysgol, Caerdydd 1966–67. Hefyd yn awdur. Athrawes (rhan-amser), de Cymru 1967–76; artist/athrawes, Sint Maarten, Antilles yr Iseldiroedd 1976–80; darlithydd (rhan-amser), Coleg Celf Dyfed/Coleg Technoleg a Chelf Sir Gaerfyrddin/Coleg Sir Gâr 1982–2001; cymrodor ymchwil mygedol, Athrofa Addysg Uwch Abertawe, o 2007. Trefnydd, Pafiliwn yn y Parc, Casnewydd 1970; cydsefydlydd/cyfarwyddwr artistig/gweinyddwr, Canolfan Gelfyddydau Chapter, Caerdydd (CGChap) 1968–76. Curadur arddangosfa, *META Imaging the Imagination*, Oriel Neuadd y Frenhines, Arberth 1999 (teithio'n rhyngwladol). Comisiynau'n cynnwys portread, Prys Edwards, S4C/Cywaith Cymru 1998. Gwobrau'n cynnwys Cyngor Celfyddydau Cymru 1985, 1990, 1995, 1998; Y Cyngor Prydeinig 1987; Cymdeithas Gelfyddydau Prydain-America 1990; Celfyddydau Rhyngwladol Cymru 2000, 2002, 2004. Cydsefydlydd, Cymdeithas Artistiaid a Dylunwyr

Cymru; aelod o Grŵp 56 Cymru; Grŵp 75. Arddangosfeydd niferus ar y cyd gan gynnwys Oriel McFarlane, Wisconsin, UDA 1979; Eisteddfod Genedlaethol Cymru, 1982 (arobryn), 1996, 1997, 1999, 2000, 2002; Yr Academi Frenhinol, Llundain 1991; Neuadd Dewi Sant, Caerdydd 1991, 1993; *Game-Rule-Chance*, Tŷ Turner, Penarth 1995 (teithiol); *Labour Intensive*, Oriel y Ddinas, Caerlŷr 2000. Arddangosfeydd un-ddynes niferus gan gynnwys *Pilgrim's Progress*, CGChap 1986 (teithiol); *Cymreictod-Menywod Cymru*, CGChap 1989 (teithiol); *Bywyd Arall*, Oriel Henry Thomas, Caerfyrddin 1994; *Ceidwad y Cofion Ysbrydol*, Vilnius, Lithiwania 2000; *Llais*, Oriel Neuadd y Frenhines, Arberth 2001 (teithiol); *Ymddiddan*, Amgueddfa ac Oriel Gelf Casnewydd (AOGC) 2006 (teithiol). Erthyglau cyhoeddiedig yn cynnwys *Planet* (Mehefin 1999); cydolygydd â Ceridwen Lloyd-Morgan, *Imaging the Imagination* (Gwasg Gomer, Llandysul 2005). Wedi'i chynnwys yn *Planet* (rhif 107, 1994; rhif 179, 2006); *Re:Imaging Wales*, Hugh Adams (Seren Books, Pen-y-bont ar Ogwr 2006). Casgliadau'n cynnwys Amgueddfa Victoria ac Albert, Llundain; AOGC; Cymdeithas Celf Gyfoes Cymru; Llyfrgell Genedlaethol Cymru, Aberystwyth; Oriel Gelf Glynn Vivian, Abertawe. 'Gwybod am brifio/bod yn fenyw yng Nghymru mewn diwylliant Celtaidd/Cristnogol.' Yn byw yng Nghas-lai, gorllewin Cymru.
*Yr artist*

### Angela Hoppe KINGSTON 1936–
**Peintwraig. Ganed yn Abertawe, de Cymru.**

Astudiodd yn Academi Gelf Caerfaddon 1955–58, gydag Adrian Heath, Howard Hodgkin, Peter Lanyon, William Scott (Ysgoloriaeth Deithio 1958). Aelod o Gymdeithas Ddyfrlliwiau Cymru (Cadeirydd 1991–2000); Y Grŵp Cymreig; Artistiaid Bro Morgannwg. Arddangosfeydd niferus ar y cyd gan gynnwys Oriel Gelf Glynn Vivian, Abertawe (OGGV) 1992, 1994; Canolfan Gelfyddydau Taliesin, Abertawe (CGT) 1996, 2003, 2004; Neuadd Dewi Sant, Caerdydd (NDS) 1996, 1998, 2004–07; *Biennale Arlunio Cymru*, Canolfan Gelfyddydau Wrecsam 2002 (teithiol). Arddangosfa ddwy-ddynes, CGT (gydag Andrea Kelland) 2002. Arddangosfeydd un-ddynes yn cynnwys Coleg y Brifysgol, Caerdydd 1979; NDS 1991; Oriel Mistral, Llundain 1992; Sioe Frenhinol Cymru 1993; Canolfan Gelfyddydau'r Eglwys Norwyaidd, Caerdydd 2002. Casgliadau'n cynnwys OGGV; Prifysgol Corc. 'Paentiadau o flodau…ffurfiau haniaethol mawr terfynol, pastelau, gouache, olew …paentiadau o draethau, paentiadau ffigurol haniaethol cryf…' Yn byw yn Llanilltud Fawr, de Cymru.
*Yr artist*

### Stephen KINGSTON 1962–
**Enw gwaith Stephen Gordon Kingston, peintiwr, gwneuthurydd ffilmiau. Ganed yn Romford, Lloegr.**

Ei fam yn Gymraes. Cyrhaeddodd Gymru ym 1967. Astudiodd yn Athrofa Addysg Uwch De Morgannwg, Caerdydd 1981–82; Coleg y Gofaint Aur, Llundain 1982–85; Prifysgol Bryste 1987–88. Dyn camera, cyfarwyddwr (ffilmiau byrion, gan gynnwys animeiddio) o 1988. Arddangosfa ar y cyd gydag aelodau'r teulu, Canolfan Gelfyddydau'r Eglwys Norwyaidd, Caerdydd 2000. Arddangosfeydd undyn, Theatr Gwynedd, Bangor 2000; Llyfrgell Caernarfon 2004. 'Mae gen i ddiddordeb arbennig mewn arlunio, lliw…' Yn byw yng Ngheunant, gogledd Cymru.
*Yr artist*

## Myfanwy KITCHIN 1917–2002
**Peintwraig, cerflunydd cerameg, darlunydd. Ganed yn Newbury, Lloegr. Yn aml byddai'n defnyddio'r llofnod Myf.**

Ei thad yn Gymro. Astudiodd yn Ysgol Gelf Hornsey 1935–39; Ysgol Celf Gain Slade, Llundain (rhan-amser) 1941–45 (gwobr gyfansoddi 1944); Ysbyty Radcliffe, Rhydychen 1941–45 (yn hyfforddi fel nyrs); Prifysgol Reading 1946–48; Coleg Celf Walsall (rhan-amser) 1980–84. Darlithydd, Coleg Celf Paignton 1949–51; gohebydd celf i Ganolbarth Lloegr, *The Guardian* 1960–78; darlunydd llyfrau, Tŷ Phoenix 1947, Duckworth Publishers 1960–70; nyrsio diwydiannol (rhan-amser) 1970au. Comisiynau'n cynnwys darluniau, Phoenix 1948. Cyrhaeddodd Gymru ym 1984. Aelod o'r Academi Frenhinol Gymreig (AFG) 1986–2000; Cymdeithas Gelf Meirionnydd 1985–2002. Arddangosfeydd ar y cyd yn cynnwys Cymdeithas Gelf Frenhinol Birmingham 1970–90; AFG, Conwy 1986–2000; Oriel y Ddraig, Blaenau Ffestiniog; *The Great Small Picture Show*, Oriel Wren, Burford 2007. Arddangosfa ddwy-ddynes, Oriel Ombersley (gyda Waveney Payne) 1999. Arddangosfeydd un-ddynes yn cynnwys Y Tabernacl, Machynlleth (TM) 1997, 2002. Casgliadau'n cynnwys Oriel New Art, Walsall; TM. '…gwaith cynnar, gwneud printiau a darlunio llyfrau. …gwaith diweddarach, astudiaethau a cherfluniau cerameg o fyd amaethyddol Cymru...' Roedd yn byw yn y Bermo, gogledd Cymru.

## Alwyn KITT 1931–
**Enw gwaith Alwyn David Kitt, peintiwr. Ganed yn UDA.**

Astudiodd yn Efrog Newydd a New England, UDA; Ysgol Gelf Caergrawnt, Lloegr. Peintiwr portreadau, Llundain, 15 mlynedd. Bu'n byw ym Mlaenafon yn y 1970au; sefydlodd oriel, Y Fenni; sefydlodd ysgol gelf breswyl, Pen-coed 1976. Bu'n byw ar Ynys Wyth, Lloegr, yn ystod y 1990au, dychweliad arfaethedig i Gymru ym 1997. Arddangosfeydd ar y cyd yn y DU, UDA, gan gynnwys *An Iconograph of the Mabinogion*, Eisteddfod Genedlaethol Cymru/Cyngor Celfyddydau Cymru (CCC), Caerfyrddin 1974 (teithiol) (gwobr brynu); Yr Oriel Gymreig, Y Fenni; Y Tabernacl, Machynlleth; Yr Oriel Celf Gyfoes, Llundain 1997. Casgliadau'n cynnwys Amgueddfa Cymru; Ymddirieolaeth Celf Gain Clwyd. Prynwyd gwaith gan CCC; Cymdeithas Celfyddydau Gogledd Cymru. Gwyddys iddo fyw yn Ryde, Ynys Wyth, Lloegr.

## John KNAPP-FISHER 1931–
**Peintiwr. Ganed yn Llundain, Lloegr.**

Astudiodd yng Ngholeg Celf Maidstone 1949–52 (Dylunio Graffeg); addysgwyd gan ei dad, Arthur John Knapp-Fisher. Cynllunydd arddangosfeydd/theatr tan tua 1958. Saer cychod a morwr. Bu'n paentio/arddangos o gwch, arfordiroedd de a dwyrain Lloegr 1960–64. Cyrhaeddodd Gymru ym 1965. Sefydlodd Oriel a Stiwdio Trefigan, Croes-goch 1967. Artist preswyl, Cadeirlan Caerlwytgoed 1995. Aelod o'r Academi Frenhinol Gymreig (AFG) (o 1992). Arddangosfeydd cenedlaethol/rhyngwladol niferus ar y cyd gan gynnwys *Arddangosfa Haf*, Academi Frenhinol y Celfyddydau, Llundain 1978–81, 1983–85; *The Shadow of My Hand*, Oriel, Cyngor Celfyddydau Cymru 1981; AFG, Conwy 1993, 1997; AFG/Amgueddfa Cymru, Caerdydd (AC) 1994 (teithiol). Arddangosfa ddeuddyn, AFG (gydag Honor Brogan) 1992. Arddangosfeydd undyn yn cynnwys Oriel Albany, Caerdydd 1965, 1966; Oriel Beaux Arts, Caerfaddon 1986, 1989; Oriel Henry Thomas, Caerfyrddin 1989; Oriel Martin Tinney, Caerdydd, o 1993; *Capturing Light for 40 Years: Retrospective 1958–1998*, Amgueddfa ac Oriel Gelf Dinbych-y-pysgod (AOGDyp) 1998. Cyhoeddiadau'n cynnwys darluniau, *Churches of Pembrokeshire*, Michael Fitzgerald (Rosedale Publications 1989); *John Knapp-Fisher's Pembrokeshire* (Senecio Press 1995); darluniau cloriau, *One Moonlit Night*, Caradog Pritchard (Penguin Books 2003); *Collected Later Poems: 1988–2000*, R S Thomas (Bloodaxe 2004). Wedi'i gynnwys yn *Cymru'r Cynfas: Pymtheg Artist Cyfoes*, Hywel Harries (Gwasg y Lolfa 1983); *Welsh Painters Talking*, Tony Curtis (Seren Books, Pen-y-bont ar Ogwr 1997).

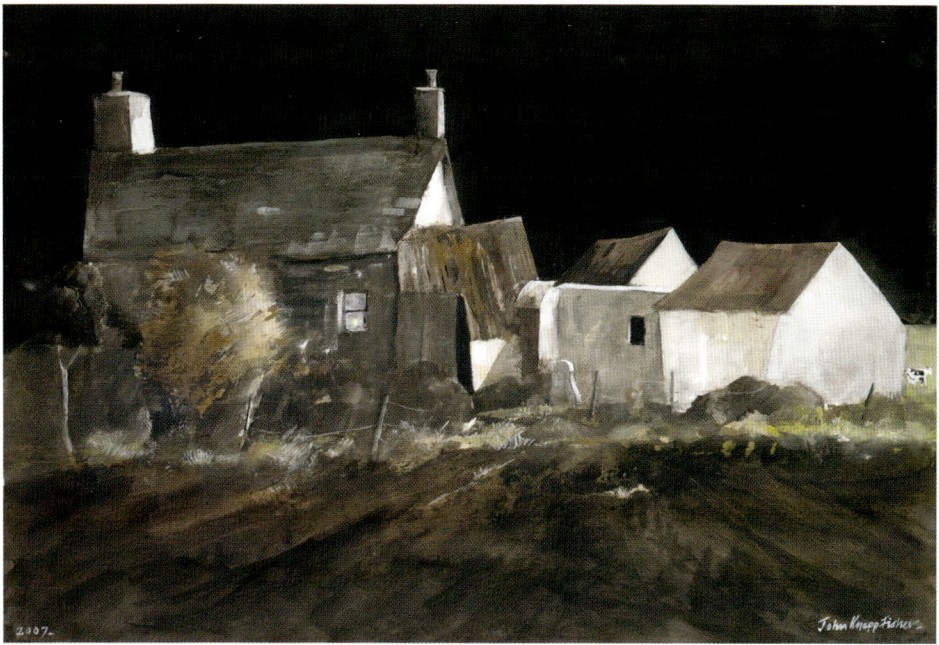

184 | John Knapp-Fisher
*Smallholding* 2007

Wedi'i gynnwys yn *The Artist and his Work* (Anglia TV 1963); Elinor (S4C 1988); *A Word in Your Eye*, Paul Islwyn Thomas (HTV 1997); *I Love Wales (Beaches)* (BBC Cymru 2002). Casgliadau'n cynnwys AC; AOGDyp; BBC Cymru; Cymdeithas Celf Gyfoes Cymru; Llyfrgell Genedlaethol Cymru, Aberystwyth; Prifysgol Abertawe; Ysbyty Llwynhelyg, Hwlffordd. Prynwyd gwaith gan Gymdeithas Gelfyddydau Gorllewin Cymru. '…ardal arfordirol Sir Benfro ….' Yn byw yng Nghroes-goch, gorllewin Cymru.
*Yr artist*

## Sheila KNAPP-FISHER 1935–

**Enw gwaith Sheila Marion Knapp-Fisher, peintwraig. Ganed yn Cape Town, De Affrica. Enw gwaith cynharach, Sheila Paton.**

Ei nain a'i thaid yn Gymry. Cyrhaeddodd Gymru ym 1967. Hunanaddysgedig; bu John Knapp-Fisher yn ddylanwad. Didolwr deiamwntau, gwaith clerigol, De Affrica, Llundain 1952–60. Aelod o Gymdeithas Artistiaid a Dylunwyr Cymru (1980au); Cymdeithas Gelfyddydau Abergwaun (CGAberg). Arddangosfeydd ar y cyd yn cynnwys Oriel Sessions, Trefdraeth, Sir Benfro (OS) 1988; Oriel Graham Sutherland, Castell Picton 1989; CGAberg o 1991 (arobryn 1991, 1996, 1997, 1999). Arddangosfa ddwy-ddynes, *Mabinogion*, Canolfan Gelfyddydau Wexford (gyda Perryn Butler) 2002. Arddangosfeydd un-ddynes, OS 1992, 2001, 2002, 2006; Theatr Mwldan, Aberteifi 1996; Oriel Harbour Lights, Porth-gain 1999. Darluniau, *Myths and Legends of Wales*, Tony Roberts (Abercastle 1979). Gwaith wedi'i gynnwys yn *Pembrokeshire Painters*, Michael FitzGerald (Rosedale Publications 1991). Casgliadau'n cynnwys Prifysgol Abertawe; Ysbyty Glangwili, Caerfyrddin. Prynwyd gwaith gan Gymdeithas Gelfyddydau Gorllewin Cymru. '…blodau gwyllt yng Nghymru…mythau a chwedlau Cymru…' Yn byw yn Abergwaun, gorllewin Cymru.
*Yr artist*

### Bill KNEALE 1945–
**Enw gwaith William Henry Kneale, peintiwr. Ganed yn Crewe, Lloegr.**

Cyrhaeddodd Gymru ym 1949. Astudiodd yn Ysgol Gelf y Fflint 1964–65; Coleg Celf a Dylunio Manceinion 1965–68; Prifysgol Lerpwl 1975–76. Dylunydd, cwmnïau'n cynnwys Decca Radio and Television 1968–75; athro/pennaeth cyfadran ddylunio, Ysgol Uwchradd Cei Connah 1976–2002; athro maes (rhan-amser), RSPB, Conwy, o 2003. Aelod o Gymdeithas Genedlaethol y Peintwyr Acrylig (NAPA). Arddangosfeydd ar y cyd yn cynnwys *Arddangosfa Agored Gogledd Cymru*, Theatr Clwyd, Yr Wyddgrug 2000 (arobryn); *NAPA International Open*, Prifysgol De-ddwyrain Louisiana, Hammond 2000 (arobryn); *Artist y Flwyddyn Cymru*, Neuadd Dewi Sant, Caerdydd 2000, 2002; *Arddangosfa Agored Croesoswallt*, Canolfan Dreftadaeth, Croesoswallt (CDCroesos) 2003 (arobryn); Oriel Mariners, St Ives 2006; Yr Academi Frenhinol Gymreig, Conwy 2007. Arddangosfeydd undyn, Pafiliwn Llangollen 2000; Oriel Llyfrgell Dinbych 2002; CDCroesos 2004; Canolfan Gelf Llyfrgell y Rhyl 2006; Theatr Gateway, Caer 2004, 2006. '…pobl a'r lleoedd y byddant yn ymweld â nhw, tirluniau a morluniau llawn naws gydag elfennau dylunio cryf …' Yn byw yn Lloc, gogledd Cymru.
*Yr artist*

### David KNIGHT 1965–
**Peintiwr. Ganed yn Colchester, Lloegr.**

Cyrhaeddodd Gymru ym 1965. Astudiodd gyda Harry Holland 1992–93; Athrofa Addysg Uwch Caerdydd 1993–96. Cyflogaeth amrywiol gan gynnwys technegydd coleg celf, chwarelwr 1981–93. Aelod o Artistiaid Butetown. Arddangosfeydd ar y cyd yn cynnwys Oriel Albany, Caerdydd o 1997; Oriel Washington, Penarth 1998; Oriel Wiseman, Rhydychen 1999; Neuadd Dewi Sant, Caerdydd o 2000 (*Cystadleuaeth y Nadolig*, y wobr gyntaf 2000; *Artist y Flwyddyn Cymru*, enillydd gwobr dewis y bobl 2000); Oriel Kooywood, Caerdydd o 2004; Denise Yapp Contemporary Art, Whitebrook 2007. Arddangosfa ddeuddyn, Oriel Plas Glyn-y-Weddw, Llanbedrog (gyda James Donovan) 1999. Arddangosfa undyn, Oriel Adam, Penarth 2003. 'Ffigurol yw fy ngwaith … noethluniau, portreadau a bywyd llonydd.' Yn byw yng Nghaerdydd, de Cymru.
*Yr artist*

### Mike KNOWLES 1941–
**Enw gwaith Michael Knowles, peintiwr. Ganed yn Warrington, Lloegr.**

Astudiodd yng Ngholeg Celf Lerpwl (CCL) 1959–63, gydag Arthur Ballard, Charles Burton; Ysgol Celf Gain Slade, Llundain 1964–66, gyda Michael Andrews, Frank Auerbach, Euan Uglow (Gwobr Arlunio Tonks; Gwobr Paentio Tirluniau; Ysgoloriaeth Dirlunio David Murray). Athro (rhan-amser), Coleg Celf Manceinion a Lerpwl 1966–67; darlithydd, CCL 1967–84, Pennaeth Celf Gain 1984–1991; Athro Emeritus Celf Gain, Prifysgol John Moores Lerpwl, o 1991; artist (llawnamser), o 1991. Cyrhaeddodd Gymru ym 1971. Ymgynghorydd, dosbarthiadau o'r byw, Prifysgol Bangor, o tua 2004. Comisynau'n cynnwys Ysbyty Llwynhelyg, Hwlffordd (Cyngor Celfyddydau Cymru (CCC)/Awdurdod Iechyd Rhanbarthol) 1978; Uwch-athrofa Astudiaethau Croesddisgyblaethol Hong Kong; Radio City/Oriel Bluecoat, Lerpwl (OBL) 1984. Aelod o'r Academi Frenhinol Gymreig (AFG), o 1992. Arddangosfeydd ar y cyd yn cynnwys *John Moores*, Oriel Gelf Walker, Lerpwl 1974, 1991; *Painting in Wales, 1650 to the Present*, Oriel Mostyn, Llandudno (OM) 1980; *Drawing In Action*, Cyngor Celfyddydau Prydain Fawr (teithiol) 1980; *The Probity of Art*, CCC (teithiol) 1980; *The Natural Parallel*, Stiwdios Riverside, Llundain (gyda Peter Prendergast, Peter Crabtree) 1982; *Arddangosfa Agored Canolbarth Cymru*, Canolfan y Celfyddydau Aberystwyth 1990. Arddangosfeydd deuddyn, *Mike and Veronica Knowles*, OBL 1982; *Mike and Emma Knowles*, AFG 2002. Arddangosfeydd undyn yn cynnwys Academi Lerpwl 1978; Oriel Bangor 1979; OM (teithiol)

1992. Casgliadau'n cynnwys Cymdeithas Celf Gyfoes Cymru; Llyfrgell Genedlaethol Cymru, Aberystwyth; Oriel Gelf Williamson, Penbedw; Prifysgol Abertawe; Ymddiriedolaeth Castell Bodelwyddan. Prynwyd gwaith gan CCC. '…tirwedd a phobl. …tir, golau a'r awyr …' Yn byw yn Ynys Môn, gogledd Cymru. *Yr artist*

### Frederick KÖNEKAMP 1897–1977
**Enw gwaith Frederick R Könekamp, peintiwr. Ganed yn Offenburg, Baden, Gorllewin yr Almaen.**

Hefyd yn awdur. Bu'n byw yng Nghymru 1947–74. Astudiodd fathemateg, athroniaeth ym Mhrifysgolion Basle, Freiburg, Berlin (DPhil 1922). Artist hunanaddysgedig. Carcharor Rhyfel yn yr Alban yn ystod y Rhyfel Byd Cyntaf. Dychwelodd i'r Almaen; darlithydd (mathemateg), newyddiadurwr, addysgwr; ei arddangosfa gyntaf erbyn 1928. Gadawodd yr Almaen ym 1933 ac ymsefydlodd ym Mhrydain ym 1935. Cafodd ei ddalgadw yng Nghanada yn ystod yr Ail Ryfel Byd. Symudodd i Gotllwyd, Sir Benfro ym 1947. Aelod sefydlu, Grŵp Cotllwyd (GCt). Dychwelodd i Neuwied, Yr Almaen ym 1974. Urdd Teilyngdod Gweriniaeth Ffederal yr Almaen (yn y Dosbarth Cyntaf) 1967. Aelod Mygedol a Deilydd Medal Aur, Accademia Internazionale Tommaso Campanella, Rhufain 1972. Cymrodor o Sefydliad Rhyngwladol y Celfyddydau a Llên.  Aelod o Grŵp De Cymru/Y Grŵp Cymreig (GDC/YGC). Arddangosfeydd Cymreig/rhyngwladol ar y cyd yn cynnwys GDC/YGC 1966, 1972; GCt, Düsseldorf, Llundain, Lindau-Bodensee, Hamburg, Bregenz 1950au–60au; Eisteddfod Genedlaethol Cymru 1950–53; *Art in Wales, The 20th Century: The Early Years 1900–56*, Cyngor Celfyddydau Cymru (CCC) 1969; *2il Arddangosfa Peintwyr Cyfoes Ewrop*, Efrog Newydd a Nice, 1969 (Y Fedal Aur am

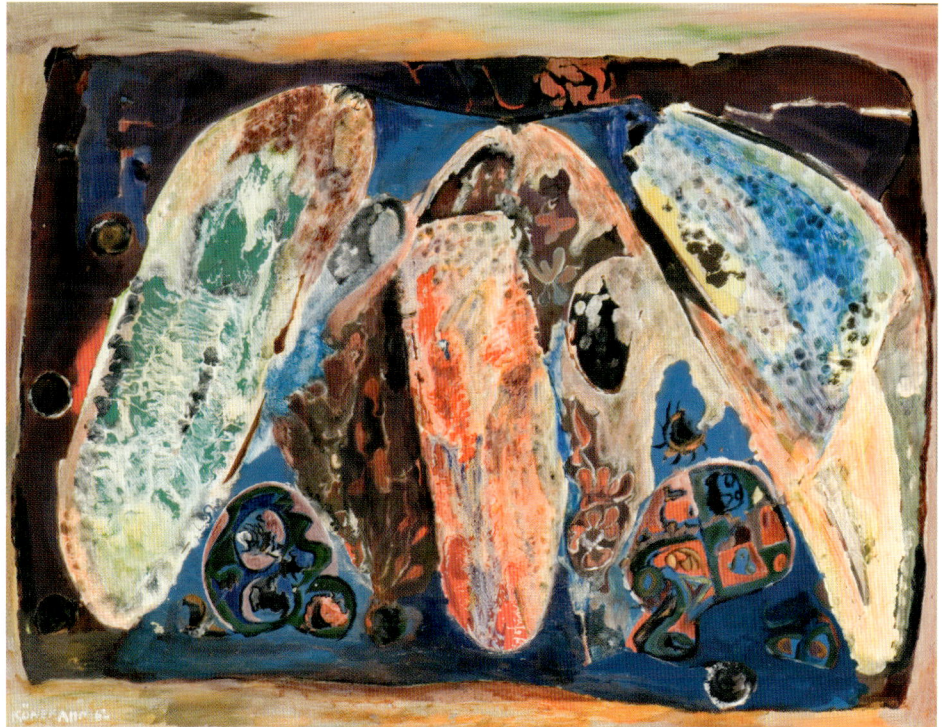

185 | Frederick Könekamp
*Evolution II* 1962

Gyfansoddiad); *Wales and the Modern Movements*, Prifysgol Cymru, Aberystwyth 1973. Arddangos-feydd undyn yn cynnwys Oriel Bloomsbury, Llundain 1937; Die Brűcke, Düsseldorf 1958; Llyfrgell Genedlaethol Cymru, Aberystwyth 1965; *70th Birthday Exhibition*, Oriel Albany, Caerdydd, 1967; *80th Birthday Exhibition*, Oriel Gelf ac Amgueddfa'r Castell, Hwlffordd 1977 (gyda digwyddiad tebyg yn Neuwied). Cyhoeddiadau'n cynnwys hunangofiant, *Viele Reden, Einer Ruft* (Benziger & Co, Y Swistir 1936, 1957, 1971); 'Artists and Specialists', *Dock Leaves* (cyf 2, rhif 5, 1951). Gwaith wedi'i gynnwys yn y ffilm The Cotllwyd Group, BBC Cymru, tua 1955; *Anglo-Welsh Review* (Anthony Hayter, cyf 15, rhif 36, Haf 1966; Shelagh Hourahane, Hydref 1972). Casgliadau'n cynnwys Amgueddfa Cymru; Amgueddffeydd Sir Benfro. Prynwyd gwaith gan CCC. 'Y mynydd, Carn Ingli, y dirwedd yma o gwmpas Cotllwyd yn ei holl symlrwydd gogoneddus …' *(Catalog Arddangosfa, The Cotllwyd Group 1957)*. Roedd yn byw yn Sir Benfro; dychwelodd i Neuwied.

## Heinz KOPPEL 1919–1980
### Peintiwr. Ganed yn Berlin, Yr Almaen.

Astudiodd yn breifat gyda'r Athro Falileff, Berlin 1931–33; Yr Academi Celfyddydau Cain, Prag, Tsiecoslofacia 1933, gyda Friedrich Feigl; Ysgol Paentio Cyfoes Martin Bloch, Llundain 1935–36, 1938–39. Cyrhaeddodd Gymru ym 1944; dychwelodd i Loegr ym 1956. Darlithydd, Ysgol Gelf Burslem, Stoke on Trent 1941–42; athro, Sefydliad Addysgol Merthyr Tudful (gyda Cedric Morris) 1944–48. Pennaeth, Canolfan Gelf Dowlais 1948–56 (ymwelodd Ernest Zobole ag ef; bu Koppel yn ddylanwad arno); uwch-ddarlithydd (rhan-amser), Ysgol Gelf Hornsey 1960–62; darlithydd (llawnamser), Coleg Celf

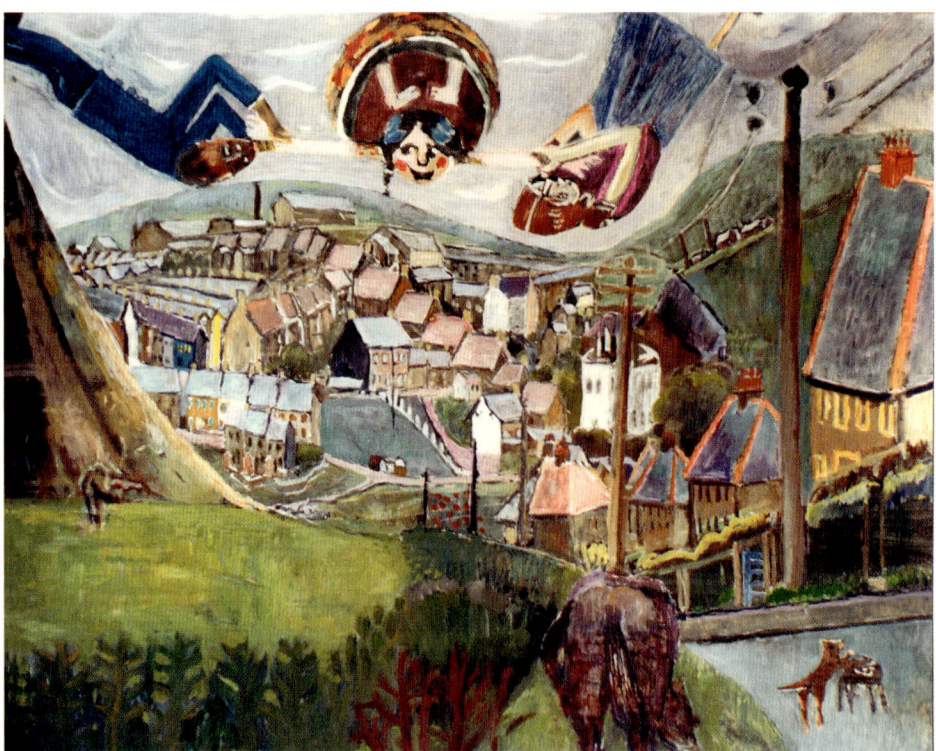

186 | Heinz Koppel
*Happy Family* 1953

Lerpwl 1964–74. Symudodd i Gwmerfyn, canolbarth Cymru 1974. Aelod sefydlu Grŵp 56 Cymru (1956–79; Aelod Cyswllt 1963–67). Arddangosfeydd niferus ar y cyd gan gynnwys Eisteddfod Genedlaethol Cymru tua 1946–52; *Drawings from a South Wales Town*, Cymdeithas Gelf Merthyr, Pwyllgor Cymreig Cyngor Celfyddydau Prydain Fawr, Caerdydd (PCCCPF) 1947; *Festival Exhibition of Contemporary Welsh Painting*, PCCCPF 1951; *Art in Wales, The 20th Century: The Early Years 1900–56*, Cyngor Celfyddydau Cymru (CCC) 1969; *Wales and the Modern Movements*, Coleg Prifysgol Cymru, Aberystwyth 1973; *Arddangosfa 50 Mlwyddiant*, Cymdeithas Celf Gyfoes Cymru (CCGC)/Amgueddfa Cymru (AC) 1987; *Creating an Art Community: Fifty Years of the Welsh Group, Part 1*, AC 1999. Arddangosfeydd undyn yn cynnwys Oriel Gelf Glynn Vivian, Abertawe 1951; Oriel Beaux Arts, Llundain 1958, 1960, 1963; *Heinz Koppel: New Paintings, Drawings and Constructions*, Oriel, CCC, Caerdydd 1978; *Heinz Koppel*, Oriel Jason, Llundain 1988. Cyhoeddiad, *Picture Book* (argraffiad o 50, CCC 1978). Wedi'i gynnwys yn *The Arts in Wales*, golygydd Meic Stephens (CCC 1979); erthygl, David Sinclair (*The Times*, 4 Ionawr 1984). Casgliadau'n cynnwys AC; Amgueddfa ac Oriel Gelf Casnewydd; Castell Cyfarthfa; CCGC; Cyngor Celfyddydau Lloegr; Tate, Llundain. Prynwyd gwaith gan CCC. '… un o'r prif ddylanwadau yn ystod ei flynyddoedd yng Nghymru a'i flynyddoedd cynnar yn Llundain, oedd mynegiadaeth Bloch…' *(Astudiaeth ddichonoldeb, arddangosfa adolygol, wedi'i chomisiynu gan CCC, 1981)*. Roedd yn byw yng Nghwmerfyn, canolbarth Cymru.

## Josef KOUDELKA 1938–
### Ffotograffydd. Ganed ym Morafia, Tsiecoslofacia.

Astudiodd ym Mhrifysgol Dechnegol Prag 1956–61 (Peirianneg). Lloches wleidyddol yn Lloegr 1970–79; bu'n byw yn Ffrainc 1980–87; daeth yn Ddinesydd Ffrengig ym 1987. Peiriannydd awyrennol 1961–67; ffotograffydd llawnamser o 1967. Cyhoeddodd luniau o oresgyniad Prag gan y Sofietiaid 1968 yn ddienw, fel PP (Ffotograffydd Prag). Llawer o ymweliadau â Chymru 1993–98, â'r Rhondda a Chwm Cynon; Bae Caerdydd. Aelod o Ffotograffau Magnum (Magnum) o 1971. Gwobrau niferus gan gynnwys Undeb Artistiaid Tsiecoslofacia 1967; Gwobr Medal Aur Robert Capa, Cymdeithas Ffotograffwyr y Wasg Genedlaethol, UDA 1969; Cyngor Celfyddydau Prydain Fawr 1972, 1973, 1976; Grand Prix National de la Photographie, Gweinyddiaeth Ddiwylliant Ffrainc 1987. Comisiynau'n cynnwys Ffotogallery, Caerdydd (Ffotog)/Asiantaeth Celfyddydau ac Adfywio (CBAT) 1997, 1998. Llawer o arddangosfeydd undyn rhyngwladol gan gynnwys *Josef Koudelka*, Amgueddfa Celf Fodern, Efrog Newydd, UDA 1975; *Josef Koudelka*, Oriel Hayward, Llundain 1984; *Josef Koudelka – Reconnaissance – Wales*, Ffotog/CBAT/Magnum, Amgueddfa Cymru (AC), Caerdydd 1998, Oriel Gelf Glynn Vivian, Abertawe 1999; CBAT 1998; *Exiles*, Ffotog 1998; *Prague Spring Series*, Ffotog, Tŷ Turner, Penarth 1998. Cyhoeddiadau rhyngwladol niferus gan gynnwys *Prague 1968* (Centre Nationale de Photographie, Ffrainc 1990); *Gypsies* (Ffrainc, UDA 1975); *Exiles* (Ffrainc, UDA, DU 1988, 1997); *Reconnaissance Wales* (Ffotog/AC 1998); *Chaos* 1999; *Koudelka* 2006. Casgliadau'n cynnwys AC. Yn ne Cymru, bu'n tynnu lluniau o fwyngloddiau brig, offer diwydiannol trwm, porthladdoedd, safleoedd adfer tir. Yn byw yn Ivry-sur-Seine, Ffrainc.

**Radovan KRAGULY** 1935–
**Artist amlgyfrwng, rhyngddisgyblaethol. Ganed yn Prijedor, Iwgoslafia gynt (Bosnia Herzegovina).**

Astudiodd yn Academi'r Celfyddydau Cain, Belgrad, Iwgoslafia 1953–60; Ysgol Ganolog y Celfyddydau a Chrefftau, Llundain 1962–64. Darlithydd, Celf Gain, Ysgol Gelf a Thechnoleg Caergrawnt; Coleg Celf Manceinion; Coleg Argraffu Llundain; Ysgol Gelf Parson, Paris, Ffrainc. Artist llawrydd. Artist preswyl, Canolfan Bemis i'r Celfyddydau Cyfoes, Omaha, UDA 1988. Prynodd gartref ger Llanfair-ym-Muallt 1970au; roedd yn byw yng Nghymru am dros 30 o flynyddoedd. Gwobrau'n cynnwys y Cyngor Prydeinig 1962; Cyngor Celfyddydau Cymru (CCC); gwobrau am brintiau, arluniau mewn arddangosfeydd rhyngwladol 1970au–80au. Arddangosfeydd ar y cyd yn cynnwys *British Graphic Arts*, Y Cyngor Prydeinig 1976 (yn teithio Ewrop, UDA); *British International Print Biennale*, Bradford 1977; *Artistes de la Fondation Veranneman*, Gwlad Belg 1983; *Biennale Graffeg Ryngwladol*, Berlin 1984; *Endangered Species: Ecological Commentaries*, Yr Amgueddfa Amgen, UDA 1987; *Biennale Celf Graffig Ewrop*, Maastricht 1993. Arddangosfeydd undyn yn cynnwys Sefydliad y Celfyddydau Cyfoes, Llundain 1965; Oriel Angela Flowers, Llundain 1977, 1983; Amgueddfa'r Celfyddydau Cyfoes, Belgrad 1979, 1998; Oriel, CCC, Caerdydd 1981; Sioe Frenhinol Cymru, Llanfair-ym-Muallt 1984; *La Vache dans l'Imaginaire de Kraguly*, Musée d'Art Moderne de la Ville de Paris (MMVP) 1989; *Hathor: Voies Lactées Kraguly*, Canolfan Gelfyddydau Chapter, Caerdydd, a Chanolfan Gelfyddydau Glannau Gwy, Llanfair-ym-Muallt 1995. Wedi'i gynnwys yn 'Obsessions', J B Taylor (*The Times* 1983); *Western Mail* (Sue Goddard, Hydref 17, 2001). Casgliadau cenedlaethol/rhyngwladol niferus gan gynnwys Amgueddfa ac Oriel Gelf Brycheiniog, Aberhonddu; Amgueddfa Celf Fodern, Efrog Newydd; Amgueddfa Cymru, Caerdydd; Amgueddfa Victoria ac Albert, Llundain; Cymdeithas Celf Gyfoes Cymru; Llyfrgell y Gyngres, Washington; MMVP; Oriel Gelf Whitworth, Manceinion; Yr Amgueddfa Brydeinig, Llundain. Prynwyd gwaith gan CCC. Paentiadau, arlunio; gwneud printiau; cyfosod, cerfluniaeth, fideo; '…gwahaniad dyn â natur …' Yn byw ym Mharis, Ffrainc.
*Yr artist*

**Lisa KRIGEL** 1961–
**Ceramegydd/cerflunydd cyfryngau cymysg. Ganed yn Pittsburgh, UDA.**

Astudiodd ym Mhrifysgol Alfred, Efrog Newydd (PrifA) 1980–83; Prifysgol Talaith Pennsylvania 1985–87. Cyrhaeddodd Gymru ym 1999. Athrawes, Ysgol Uwchradd Ossining, Efrog Newydd 1989–99; tiwtor cerameg, Ysgol Haf Prifysgol Morgannwg, Pontypridd 2001; swyddog datblygu /rheolwr prosiect, Gweithdy Cerameg Cymunedol y Gurnos, Merthyr Tudful (GGur) 2004–07; tiwtor/technegydd, Prifysgol Morgannwg 2007. Artist preswyl, GGur 1999–2004; Ysgol Glantâf, Caerdydd 2001–02. Cymrodoriaeth, Coleg Skidmore, Saratoga Springs, UDA 1995, 1997, 1998; Gwobr Cyngor Celfyddydau Cymru 2005. Aelod o Stiwdios Clai Fireworks, Caerdydd, o 2000. Arddangosfeydd ar y cyd yn cynnwys Oriel Schick, Saratoga Springs 2000; *Reasons to be Cheerful*, Oriel GPF, Casnewydd 2002, 2004; *The Joy of Kitsch*, Oriel Myrddin, Caerfyrddin (OMyr) 2003; *That Was Then*, Amgueddfa ac Oriel Gelf Casnewydd (AOGC) 2003; *Arddangosfa'r Nadolig*, OMyr 2006; *Out of the Ordinary*, AOGC 2007. Arddangosfa un-ddynes, Oriel Snickerdoodles, Caerffili 2002. Gwaith wedi'i gynnwys yn *500 Teapots*, Suzanne Tortillot (Lark Books 2002); *The Teapot Book*, Steve Woodhead (A&C Black, Llundain 2005); erthygl yn *Golwg* (Hydref 2002). Casgliadau'n cynnwys AOGC; PrifA. '…delweddaeth a gymerir o hanes ffasiwn merched a ffetisiaeth.' Yn byw yng Nghaerdydd, de Cymru.
*Yr artist*

# ARTISTIAID: L/LL

**Eddie LADD** 1964–

**Enw gwaith Gwenith Owen, artist perfformio. Ganed yn Nhre-main, gorllewin Cymru.**

Hefyd yn berfformwraig, yn ddawnswraig, yn awdur/cynhyrchydd/cyfarwyddwr theatr ac yn gyfansoddwraig. Astudiodd yng Ngholeg Prifysgol Cymru Aberystwyth (Drama a Cherddoriaeth) 1982–85. Gweithiodd gyda chwmnïau theatr yng Nghymru, gan gynnwys Moving Being, Hijinx, Taliesin, Volcano, Theatrig, tan 1990. Cyflwynydd, *Fideo 9*, Teledu S4C, o 1989; *The Slate*, Teledu BBC Cymru, o 1993; aelod creiddiol, Brith Gof, cwmni perfformio arbrofol 1991–2000; yn creu ei gwaith ei hun wrth weithio'r un pryd â chyfarwyddwr Brith Gof, Cliff McLucas, o 1993. Mae'r gwobrau'n cynnwys y Gymdeithas Deledu Frenhinol 1994; Cymrodoriaeth y Gwaddod Cenedlaethol ar gyfer Gwyddoniaeth a'r Celfyddydau 2002; Total Theatre, Gŵyl Ymylon Caeredin 2003. Perfformiadau niferus (gan gynnwys teithiau rhyngwladol) gan gynnwys *Scarface*\*, Canolfan y Celfyddydau Aberystwyth 2000; *Club Luz*, Canolfan Gelfyddydau Chapter, Caerdydd 2002, Theatr Felin-fach, Ceredigion 2003; *Stafell A+B+C*, perfformiadau ar y we, Prifysgol Cymru, Aberystwyth 2003–06; *Scarface bach*, Celf mewn Amser Caerdydd, Gŵyl Celf Fyw, Athrofa Prifysgol Cymru, Caerdydd 2007. Cyhoeddiadau'n cynnwys traethawd, gyda Sarah Broughton ac Anne Cakebread, i *Sideways Glances*, golygydd Jeni Williams (Parthian 2005). Wedi'i chynnwys yn 'Women in Welsh Theatre: Saying Their Piece: Lis Hughes Jones and Gwenith Owen/Eddie Ladd', *Planet* (rhif 91, 1992); 'Eddie Ladd and Modern Welsh Performance', Alyce von Rothkirch, *Planet* (rhif 161, 2003). 'Mae'n ei gyfri ef, y cyfarwyddwr, perfformiwr a'r athro Mike Pearson, y ddawnswraig Margaret Ames, a'l brawd Roger Owen, fel y rhai sydd wedi dylanwadu arni fwyaf. Gyda chydweithwyr mae wedi llunio un deg chwech o sioeau sy'n cyfuno dawns, testun, fideo, sain a cherddoriaeth. Mae pwyslais y rhan fwyaf ohonynt ar yr hunaniaeth Gymreig, ac ar sut y mae'r genedl yn dygymod â threfedigaethu.' Yn byw yng Nghaerdydd, de Cymru.

*Yr artist*

**Peter LAMBERT  Gweler Peter TRURAN**

**Phil LAMBERT** 1980–

**Enw gwaith Philip William Randall Lambert, peintiwr. Ganed yn Rhydychen, Lloegr.**

Cyrhaeddodd Gymru yn 2002. Astudiodd yng Ngholeg y Brifysgol, Llundain 1998–2001 (Gwyddorau Dynol); Athrofa Prifysgol Cymru, Caerdydd 2002–05, gyda Mike Crowther, Merlin James, Philip Nicol. Gwahanol swyddi, canolfannau/orielau celf, Cymru a Lloegr, o 2000; cynorthwy-ydd amgueddfa (rhan-amser), Amgueddfa Cymru 2006–07. Comisiwn murlun, Meddygfa Kings Road, Pontcanna, Caerdydd. Artist preswyl, Ysgol Gynradd Mount Stuart, Caerdydd 2006. Aelod o Weithdy'r Farchnad Brintiau, Caerdydd. Arddangosfeydd ar y cyd yn cynnwys Oriel Kooywood, Caerdydd 2005, 2006; Oriel Washington, Penarth 2005; *Artist y Flwyddyn Cymru*, Neuadd Dewi Sant, Caerdydd 2006. 'Haniaethol; bywyd llonydd…' Yn byw yng Nghaerdydd, de Cymru.

*Yr artist*

## Valerie LAND 1956–
**Enw gwaith Valerie Linda Land, peintwraig. Ganed yn Norwich, Lloegr.**

Astudiodd yn Ysgol Gelf Norwich 1975–76; Coleg Celf a Dylunio Gorllewin Surrey 1976–79; Prifysgol Reading 1979–80. Athrawon nodedig yn cynnwys Siddig El Nigoumi, Sebastian Blackie. Athrawes, Ysgol Finborough, Stowmarket 1980–99. Cyrhaeddodd Gymru ym 1999. Aelod o Gelf Gogledd Cymru. Arddangosfeydd ar y cyd yn cynnwys Y Tabernacl, Machynlleth 2000–02, 2006, 2007; Yr Academi Frenhinol Gymreig, Conwy 2002, 2003, 2005, 2006; *Artist y Flwyddyn Cymru*, Neuadd Dewi Sant, Caerdydd 2002; *Arddangosfa Agored Bangor*, Amgueddfa ac Oriel Gelf Gwynedd, Bangor 2003–05, 2007; *Arddangosfa Agored Oriel Davies*, Y Drenewydd 2004; Canolfan Gelfyddydau Pontardawe 2004. Arddangosfa ddwy-ddynes, *Square Visions*, Canolfan Maenofferen, Blaenau Ffestiniog (gyda Sonja Benskin Mesher) 2003 (teithiol). Arddangosfeydd un-ddynes, *Enduring Light*, Oriel Toko, Aberystwyth 2005; *Evening Shorelines*, Oriel Plas Glyn-y-Weddw, Llanbedrog 2006; *Last Light*, Oriel Silver Moon, Porthmadog 2007. Cyhoeddiadau, *Llangelynnin, An Historical Guide* (2003); *The Church of St Celynnin, Llangelynnin* (2004). Wedi'i chynnwys yn *Welsh Living* (2002). 'Tirwedd Cymru'n ddylanwad arna i, gweithio yn fanwl iawn. Morluniau a dŵr...' Yn byw yn y Friog, gogledd Cymru.
*Yr artist*

## Andrew LANE 1959–
**Enw gwaith, Andrew Lane Furniture. Andrew Nicholas Charlton Lane, gwneuthurydd dodrefn. Ganed yn Llundain, Lloegr.**

Cyrhaeddodd Gymru ym 1991. Astudiodd yng Ngholeg Celf Maidstone 1979–82, gyda Noel White; Coleg Crefftau Gwledig Rycotewood, Thame 1990–91, gyda David Colwell. Darlithydd (rhan-amser), Prifysgol Canolbarth Lloegr, Birmingham 1997–2003; Coleg Prifysgol Cymru, Casnewydd 2001–2002; Coleg Celf a Dylunio Amwythig 2004–05. Comisiwn, Ysgol Dilladyddion Trefynwy i Fechgyn, 2004. Gwobr Cyngor Celfyddydau Cymru 1998. Aelod o AKademi (i hybu rhagoriaeth ym maes dylunio yng Nghymru) 1999–2004. Arddangosfeydd ar y cyd, *A Celebration of Craftsmanship*, Oriel Hir Thirlestaine, Cheltenham 1997; *Artisan*, Caeredin 1998; Contemporary Craftsman, Trefynwy 2001; Oriel Collection, Ledbury 2002. Wedi'i gynnwys yn *Abergavenny Chronicle* (Medi 2003). 'O hyd yn adolygu technoleg ac ergonomeg cynllunio cadeiriau a siapio pren yn gyfansawdd.' Yn byw yn Nhrefynwy, de Cymru.
*Yr artist*

## Betty LANE 1921–
**Ceramegydd, peintwraig, dylunydd graffeg. Ganed yng Nghaerdydd, de Cymru. Hefyd yn defnyddio'r llofnod Betty Capel.**

Hefyd yn awdur. Astudiodd yng Ngholeg Celf Caerdydd 1945–50, gydag Evan Charlton, Ceri Richards; Ysgol Gelf St Martin, Llundain 1960–61, gydag Anthony Caro; Coleg Prifysgol, Caerdydd 1975–78 (Seicoleg Gymdeithasol); Athrofa Addysg Uwch De Morgannwg, Caerdydd 1979–80. Yn gweithio yng Nghrochendy Bernard Leach, Cernyw 1956–58; perchennog gweithdy/crochendy, Lane Ceramics, Cernyw 1958–75. Dychwelodd i Gymru 1975. Therapydd galwedigaethol, Ysbyty'r Eglwys Newydd, Caerdydd 1980–82; perchennog oriel/siop, Caerdydd o 1982. Aelod o Grochenwyr De Cymru. Arddangosfeydd ar y cyd yn cynnwys *Contemporary Welsh Painting and Sculpture*, Pwyllgor Cymreig Cyngor Celfyddydau Prydain Fawr, Amgueddfa Cymru 1953; Amgueddfa Cas-gwent 1998; *Art 2000*, Canolfan Gelfyddydau Sain Dunwyd, Llanilltud Fawr 1998 (teithiol); Amgueddfa ac Oriel Gelf Brycheiniog, Aberhonddu 1999; Canolfan Gelfyddydau Neuadd Llanofer, Caerdydd (CGNLlC) 2000, 2003–05; Neuadd Dewi Sant, Caerdydd 2000, 2003. Arddangosfeydd un-ddynes, *Heavenly Bodies*, Yr Hen Neuadd, Y Bont-faen 2001; *Manhattan on the Moon*, CGNLlC 2002. Cyhoeddiadau'n cynnwys cerddi, *Passionate Landscape* (1989); cyfraniad i *The Rain is Always Different: Welsh Women Travelling Abroad* (Honno 2000). '… symudiadau'r ddaear, yr haul, y lleuad a'r sêr, wedi'u hail-greu mewn clai, eu gwydro a'u tanio; portreadau mewn clai; peintio ag olew, dyfrlliwiau; cerfluniaeth; dylunio Photoshop a chyfrifiadurol.' Yn byw yng Nghaerdydd.

*Yr artist*

## Claire LANGDOWN 1950–
**Peintwraig, cerfwraig bren. Ganed yng Nghaersallwg, Lloegr.**

Astudiodd yng Ngholeg Polytechnig Isleworth, Llundain 1966–67; Coleg Celf Kingston 1967–71. Cyrhaeddodd Gymru ym 1971. Athrawes (rhan-amser), Ysgol Rudolf Steiner Eryri 1990–98; bu'n gweithio ar brosiectau celf cymunedol, gogledd Cymru 1990–2002. Artist preswyl, Amgueddfa ac Oriel Gelf Gwynedd, Bangor 1979. Comisiwn, cerfiadau cerfwedd pren, Ysgol Maenofferen, Blaenau Ffestiniog/ Cyngor Celfyddydau Cymru (CCC) 1978. Arddangosfeydd ar y cyd yn cynnwys Oriel Gelf Bangor, Gwynedd 1976; *Made to Measure*, CCC 1981 (teithiol); *Art and the Sea*, Oriel Mostyn, Llandudno (OM) 1981 (teithiol); *Through Artists' Eyes*, OM 1984; *Natural Resources*, Oriel Ikon, Birmingham 1988 (teithiol); *Narrative Wood*, Celfyddydau Deheuol 1994 (teithiol); Oriel Ynys Môn, Llangefni 2001. Arddangosfeydd un-ddynes yn cynnwys Canolfan Gelfyddydau Brillig, Caerfaddon 1979; *Claire Langdown*, Stiwdios Riverside, Llundain 1979; *Claire Langdown: Woodcarvings and Reliefs*, Parc Cerfluniaeth Swydd Efrog 1982; Canolfan Grefft Rhuthun 1998; *Pacific Skies*, Galerij S65, Aalst, Gwlad Belg 2000; *Turner's Corner*, Kloster Schoenthal, Y Swistir 2004 (teithiol) (gyda chyhoeddiad gan yr artist). Casgliadau'n cynnwys Celfyddydau Gogledd Lloegr, Fforest Grizedale. 'Cerfiadau cerfwedd pren yn bennaf oedd fy ngwaith cynnar – o ffenestri, drysau, ystafelloedd, llenni…fframiau ar gyfer bywyd yn cael ei fyw. Ers y 1990au, dw i wedi symud at baentio…ystafelloedd, ffenestri, drysau, llenni;…cymylau'n mynd heibio… ochr y mynydd yno o hyd – gan fframio'r awyr.' Yn byw ym Mlaenau Ffestiniog, gogledd Cymru.

*Yr artist*

## Chris LAST 1946–
**Peintiwr. Ganed yn Hitchin, Lloegr.**

Cyrhaeddodd dde Cymru ym 1951. Astudiodd yng Ngholeg Celf Abertawe 1966–69, gyda Kenneth Hancock, Andy Charlton, Griff Edwards. Uwch-ddylunydd Graffig, 23 mlynedd, Cyngor Sir Gorllewin Morgannwg; Cyngor Sir Abertawe. Artist llawrydd; tiwtor, dosbarthiadau celf lleol, gwyliau paentio. Artist preswyl, 'Weekend Artist', W H Smith, Abertawe 1985–88; Siop Adrannol David Evans, Abertawe 1999–2005; Debenhams, Abertawe 2005–07. Comisiynau'n cynnwys Dinas a Sir Abertawe 1998. Aelod o Gymdeithas Ddyfrlliwiau Cymru. Arddangosfeydd ar y cyd yn cynnwys Coleg y Brifysgol, Caerdydd 1988; Oriel Albany, Caerdydd 1989; Cymdeithas Frenhinol yr Artistiaid Morol, Orielau'r Mall, Llundain 1990; Cymdeithas Frenhinol y Peintwyr mewn Dyfrlliw, Orielau'r Mall, Llundain 1991. Arddangosfeydd deuddyn yn cynnwys arddangosfa agoriadol, Taliesin, Abertawe (gyda Gareth Thomas) 1986. Arddangosfeydd undyn yn cynnwys Oriel Gelf Glynn Vivian, Abertawe 1987; Oriel Lime Street, Gorseinon 1990; Llyfrgell Ganolog Abertawe 1994. 'Peintiwr realaidd traddodiadol; …dyfrlliwiau, paentiadau olew.' Yn byw yn Abertawe, de Cymru.

*Yr artist*

## A J LAVENDER 1900–1966
### Enw gwaith Alfred Joel Lavender, peintiwr, darlunydd. Ganed yn Gosforth, Lloegr.

Astudiodd ym Mhrifysgol Durham 1919–21; Prifysgol Newcastle 1922–23. Athro, ysgolion uwchradd, Gateshead, Newcastle upon Tyne 1923–26. Cyrhaeddodd Gymru ym 1926. Athro, Ysgol Ramadeg Abertawe, tan 1965; darlithydd (rhan-amser, gwneud printiau intaglio, Coleg Celf Abertawe tua 1935–45. Uwch-warden Cyrchoedd Awyr, Yr Ail Ryfel Byd. Comisiynau'n cynnwys graffeg i HTV a BBC Cymru. Aelod o Gymdeithas Gelf Abertawe (Ysgrifennydd Mygedol); Grŵp De Cymru (GDC) (aelod sefydlu, Ysgrifennydd Mygedol); Clwb Braslunio Llundain. Arddangosfeydd ar y cyd yn cynnwys yr Academi Frenhinol Gymreig 1948–1953; GDC 1949–53, 1959–60; Oriel Gelf Shipley, Gateshead; Oriel Gelf Laing, Newcastle upon Tyne. Cyhoeddiadau'n cynnwys darluniau, *French Essay Writing*, J M Williams a Michael Lecavelier (Gwasg Prifysgol Llundain 1959); *A Guide to Gower*, Sidney Heath (Cymdeithas Gŵyr, Abertawe 1965); erthyglau, *The Journal of the Swansea Art Society* (cyf 1, rhif 1, Ionawr 1950; cyf 1, rhif 2, Mehefin 1952); *The History of the Swansea Art Society*; dylunio rhifyn dau gan mlwyddiant a hanner cylchgrawn Ysgol Ramadeg Abertawe. Casgliadau'n cynnwys Eglwys y Santes Fair, Abertawe; Oriel Gelf Glyn Vivian, Abertawe. 'Diddordeb gwybodus mewn pensaernïaeth ar hyd ei oes…' *(Muriel Wilson 2008)*. Roedd yn byw yn Abertawe, de Cymru.
*Muriel Wilson*

## Anna LAWDAY 1969–
### Enw gwaith Anna Wilkinson Lawday, ceramegydd. Ganed yn Ninas Powys, de Cymru.

Astudiodd yn Athrofa Addysg Uwch De Morgannwg, 1987–88; Coleg Addysg Uwch Gwent 1988–91; Athrofa Prifysgol Cymru, Caerdydd 1997–99, gyda Peter Starkey, Geoffrey Swindell. Gwaith cymunedol (rhan-amser) 1991–97; athrawes (rhan-amser), Coleg Merthyr 2003–04; cyrsiau oedolion, Aberhonddu 2004–06; athrawes (rhan-amser), Coleg Powys 2005–07. Aelod o Urdd Gwneuthurwyr Cymru; Crochenwyr De Cymru. Arddangosfeydd ar y cyd yn cynnwys Tŷ Tredegar, Casnewydd 2000, 2001; *Artist y Flwyddyn Cymru*, Neuadd Dewi Sant, Caerdydd 2003; *Animalia*, Craft Renaissance, Brynbuga 2003; *Arddangosfa'r Nadolig*, Oriel Rhiannon, Tregaron 2003; Gerddi Aberglasne 2007. '…bywyd gwyllt, anifeiliaid. Yn cael fy nabod orau am fy 'crocogators', dehongliad swrrealaidd o fridiau crocodeil ac aligator… myth a cherddi.' Yn byw ym Mwlch, canolbarth Cymru.
*Yr artist*

## Philippa LAWRENCE 1968–
### Cerflunydd sy'n gwneud gwaith sy'n ymateb i'w safle, artist tecstiliau, gwneuthurydd printiau. Ganed yn Louth, Lloegr.

Astudiodd yn Ysgol Gelf Norwich 1987–90 (gradd yn y dosbarth cyntaf); Y Coleg Celf Brenhinol, Llundain 1990–93 (MA Gwneud Printiau). Cyrhaeddodd Gymru ym 1995. Rheoli prosiect, Cywaith Cymru (CC) tan 2000; *Cymru yn Biennale Celf Fenis*, Celfyddydau Rhyngwladol Cymru (CRhC), taith o gwmpas Cymru 2003. Darlithydd/Uwch-ddarlithydd (rhan-amser), Cyfryngau Cymysg, Ymarfer Tecstiliau Cyfoes, Athrofa Prifysgol Cymru, Caerdydd, o 2000. Gwobrau'n cynnwys Ysgoloriaeth Sylfaen Henry Moore 1992; Celf mewn Technoleg IBM 1993; Cyngor Celfyddydau Cymru 1997, 2000, 2003 (Cymru Greadigol), 2006; Cronfa Goffa Oppenheim John-Downes 1998. Artist preswyl, Artspace, Sydney, Awstralia 2001; Laura Ashley, Artists@Work, CC 2004. Aelod o MaP (Gwneuthurwyr ac Ymarferwyr). Arddangosfeydd ar y cyd yn cynnwys *Revelation*, Oriel Maidstone 1996 (teithiol): *Glow*, Artspace, Sydney, Oriel Gelf Glynn Vivian, Abertawe 2001; *Like Gold Dust*, Oriel Angel Row, Nottingham 2002; *Ffresh 3*, Canolfan Gelfyddydau Chapter, g39, Caerdydd 2002; Explorations, Gardd Fotaneg Genedlaethol Cymru, Llanarthne/CC 2003; *14eg Arddangosfa Agored Mostyn*, Oriel Mostyn, Llandudno 2004. Arddangosfeydd dwy-ddynes yn cynnwys Tŷ Celf, Cseke Budejovice, Y Weriniaeth Tsiec (gyda

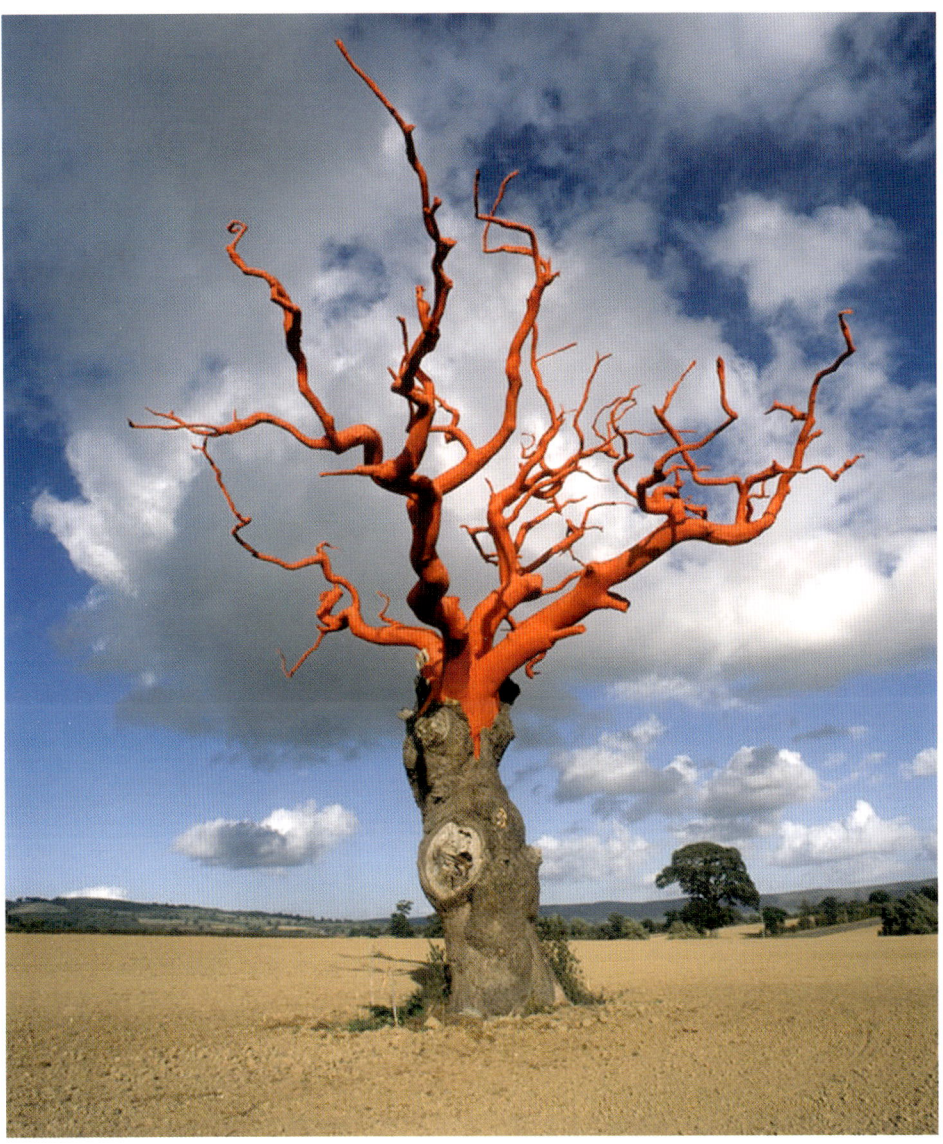

187 | Philippa Lawrence
*Bound, Montgomeryshire* 2005

Reiko Aoyagi) 2005. Arddangosfeydd un-ddynes yn cynnwys Oriel y Bont, Prifysgol Morgannwg, Pontypridd (PM) 1996; Oriel Gelf Glynn Vivian, Abertawe 2001; Oriel Davies, Y Drenewydd 2006 (teithiol). Wedi'i chynnwys yn *a-n Magazine* (Tachwedd 2001; Tachwedd 2006); 'Made in Wales', *Object*, cylchgrawn crefft o Awstralia (CRhC) 2003); *Imaging Wales*, Hugh Adams (CRhC 2003); *Re-imaging Wales*, Hugh Adams (Seren Books, Pen-y-bont ar Ogwr 2007).   Gwaith yng nghasgliad Prifysgol De Cymru, Pontypridd. '…gosodwaith neu gasgliadau o wrthrychau sy'n ymateb i le.' Yn byw ym Mryste, Lloegr. *Yr artist*

## RHJ LAWRENCE 1929–
**Enw gwaith Ronald Herbert Lawrence, peintiwr, cerflunydd, ffotograffydd. Ganed yn Nhrehopcyn, de Cymru. Hefyd yn cael ei adnabod fel Ron Lawrence.**

Gwasanaeth Milwrol, Y Llu Awyr Brenhinol 1947–49. Astudiodd yng Ngholeg Sant Luc, Caerwysg (hyfforddi fel athro). Pennaeth Adran Grefft a Thechnegol, Ysgol Gyfun Sant Ilan, Caerffili. Enillydd, Cystadleuaeth Furluniau Dunlop Semtex 1965. Aelod o Gymdeithas Ddyfrlliwiau Cymru. Arddangosfeydd niferus ar y cyd gan gynnwys *Contemporary Welsh Painting and Sculpture*, Pwyllgor Cymreig Cyngor Celfyddydau Prydain Fawr, 1953–55, 1960, 1961, 1964, 1965 (teithiol); Eisteddfod Genedlaethol Cymru (EGC), yn rheolaidd 1956–1989 (cyd-enillydd 1974; gwobr gyntaf, paentio 1980; gwobr gyntaf, ffotograffiaeth 1988, 1989); Y Grŵp Cymreig/Grŵp De Cymru 1956–69; Cymdeithas Celf Gyfoes Cymru (CCGC) 1960–62; *Origins*, EGC/Cyngor Celfyddydau Cymru (CCC), Aberteifi 1976 (gwobr brynu). Arddangosfeydd deuddyn a thri-dyn yn cynnwys Oriel Cymru, Y Fenni (gyda Tony Wells) 1973. Arddangosfeydd undyn yn cynnwys *The Fugitive Image, Retrospective*, OCP 2002. Wedi'i gynnwys yn *Pontypridd Observer* (Chwefror 1965); *South Wales Argus* (Ebrill 1965); *Western Mail* (Ionawr 1966). Casgliadau cyhoeddus yn cynnwys Casgliad Allgymorth Amgueddfa Cymru; Cyngor Caerdydd; CCGC; Cyngor Dinas Salford; Cyngor Sir Fynwy; Llyfrgell Genedlaethol Cymru, Aberystwyth; Prifysgol De Cymru, Pontypridd. Prynwyd gwaith gan CCC. Yn byw ym Mhontypridd, de Cymru. *Yr artist*

## Ron LAWRENCE  Gweler RHJ LAWRENCE

## Wendy LAWRENCE 1968–
**Ceramegydd. Ganed yn Clitheroe, Lloegr.**

Astudiodd ym Mhrifysgol Canol Swydd Gaerhirfryn 1993–94, 1995–98; Sefydliad Bolton 1998–99. Cyrhaeddodd Gymru ym 1999. Perchennog, stiwdio/oriel gerameg, Dinbych o 1999; rheolwr prosiect/dylunydd gwneuthurydd, murluniau ceramig, Craig Bragdy Design, gogledd Cymru o 2000; tiwtor (rhan-amser), Coleg Llandrillo 2003–06; cydgysylltydd arddangosfeydd/ cynorthwy-ydd oriel, Canolfan Grefft Rhuthun (CGRh) o 2006. Artist preswyl, Stiwdios Ceramig Rhyngwladol, Kesckemet, Hwngari 2006; Canolfan Gelf Lee, Arlington, UDA 2007. Gwobrau'n cynnwys Cyngor Celfyddydau Cymru (CCC) 2000, 2006 (Cymru Greadigol); Celfyddydau Rhyngwladol Cymru 2002; medal arian, Y Gymdeithas Arddwriaethol Frenhinol, Hampton Court, Surrey, a Tatton Hall, Knutsford, cydweithio â dylunydd gerddi 2005. Aelod o Gymdeithas y Crochenwyr Crefft; Cymdeithas Crochenwyr Gogledd Cymru. Arddangosfeydd ar y cyd yn cynnwys Eisteddfod Genedlaethol Cymru, Tyddewi 2002, Sir y Fflint 2007; Eisteddfod yr Urdd/CCC, Caerdydd 2002; *Gŵyl Gerameg Ryngwladol*, Canolfan Gelfyddydau Aberystwyth 2003; *SOFA (Sculpture, Objects and Functional Art)*, Chicago, gyda CGRh 2005, 2006; Oriel Cross McKenzie, Washington, UDA 2007. Arddangosfeydd un-ddynes, Oriel Platform, Clitheroe 1997; Canolfan Dylunio a Chrefft Leeds 2002; Oriel y Capel, Llangollen 2004; *Solo Focus*, Cerameg Gyfoes, Llundain 2007. Wedi'i chynnwys yn *The Complete Potter*, Steve Mattison (Apple Press 2003); *An A-Z of 300 Ceramic Artists*, golygydd Emmanuel Cooper (*Ceramic Review Publishing* 2006); rhaglenni

teledu/radio BBC2/BBC Cymru 2005. Gwaith yng nghasgliad Prifysgol Aberystwyth.'…obsesiwn gyda gwead, yn enwedig mewn creigiau ac adeiledd daearegol…gan ddefnyddio deunyddiau gwydro sy'n adweitheddol ac yn ffrwydrol iawn…' Yn byw yn Ninbych, gogledd Cymru.
*Yr artist*

### Emma Juliet LAWTON 1962–
**Artist amlddisgyblaethol. Ganed yn Llundain.**

Ei mam yn Gymraes. Astudiodd yng Ngholeg Polytechnig Bryste 1981–82; Ysgol Gelf Gain Heatherley, Llundain 1983; Ysgol Gelf Byam Shaw, Llundain 1983–86, gyda Ken Butler, Robin Klassink; Prifysgol Cymru, Athrofa Addysg Uwch Caerdydd 1992–95 (MA Celf Gain), gyda John Gingell, Susan Butler. Ymsefydlodd yng Nghymru ym 1987. Gwobrau'n cynnwys Cyngor Celfyddydau Cymru 1990, 1992, 1993; Y Cyngor Prydeinig 1995. Aelod sefydlu (gyda Sean O'Reilly), Prosiect Artistiaid Rhyngwladol Caerdydd, ar ddechrau'r 1990au. Aelod o Ffotogallery; Cymdeithas Celfyddydau Menywod. Cydgysylltydd (gyda Sean O'Reilly, Iwan Bala, Paul Beauchamp, David Shepherd), *Site-ations* 1994 (y digwyddiad saflebenodol rhyngwladol cyntaf yng Nghaerdydd). Comisiynau, Cwmni Dance Alive, Caerdydd 1989; *Avexo*, Gŵyl Ffilm a Theledu Montreux 1990, 1993; Theatr y Byd, Caerdydd 1990. Ymyrrwyd ag arddangos gwaith gan salwch difrifol 1998–2007. Arddangosfeydd niferus rhyngwladol/DU ar y cyd gan gynnwys *Christie's Young Contemporaries*, Oriel Henry Moore, Llundain 1988; *4 Bays*, Canolfan Gelfyddydau Chapter, Caerdydd (CGChap) 1991; *Construction in Process – Cleansing the Quarry Stones*, Anialdir Negev 1995. Arddangosfeydd un-ddynes yn cynnwys *Reversible Destiny*, Celf Mewn Amser Caerdydd, CGChap 1994; *Sunlight Cuttings*, Palas Grohmann, Łodź 1993; *A Personal Archaeology*, cloddio ac atgyweirio stiwdio, CGChap 1992–98; *Inscape Series – Night Traces*, Oriel, Cyngor Celfyddydau Cymru, Caerdydd 1996. Ffilm o *Construction in Process*, Gwlad Pwyl 1993, Caerdydd 1994, Israel 1995. Wedi'i chynnwys yn *Twin Images*, Y Gymdeithas Celf Gain (Llundain 1989); *Comment on Klein* (cylchgrawn fideo *Grey Suit* 1994); Architects Journal (1997). 'Y dirwedd hynafol newidiol ar hyd arfordir treftadaeth Morgannwg…fu prif ffynhonnell fy ngwaith creadigol erioed…' Yn byw yng Nghaerdydd, de Cymru.
*Yr artist*

### Tom LEARMONTH 1955–
**Enw gwaith Thomas Andrew Learmonth, ffotograffydd. Ganed yn Lerpwl, Lloegr.**

Treuliodd amser yng Nghymru yn blentyn; yn byw yng Nghymru o 1987. Astudiodd yng Ngholeg Polytechnig Canol Llundain 1974–78. Prosiectau ffotograffiaeth cymunedol, Llundain 1978–87; ffotograffydd dogfen/ffoto-newyddiadurwr 1978–93; ffotograffydd tirwedd, Cymru, o 1987. Artist preswyl, Oriel Myrddin, Caerfyrddin (OMyr) ac ysgolion lleol 2000. Arddangosfeydd ar y cyd yn cynnwys *Sioe Gelf Dyfed* 1989, 1990; *Welsh Landscape*, Oriel yr Attig, Abertawe 1990; *Mythau a Chwedlau*, OMyr 2000; *Art West*, OMyr 2001. Arddangosfeydd undyn, *Underdeveloping Bangladesh*, Camerawork, Llundain 1982 (teithiol); *East of the Moon, West of the Sun*, Oriel Henry Thomas, Caerfyrddin 1993; *Hill and Water under Sky*, Oriel Emrys, Hwlffordd 2002. Cyhoeddiadau'n cynnwys *Underdeveloping Bangladesh* (War on Want 1982); *Our Land Our Right* (Cymorth Cristnogol 1986). '…tirwedd Cymru a phobl…' Yn byw yn Hwlffordd, gorllewin Cymru.
*Yr artist*

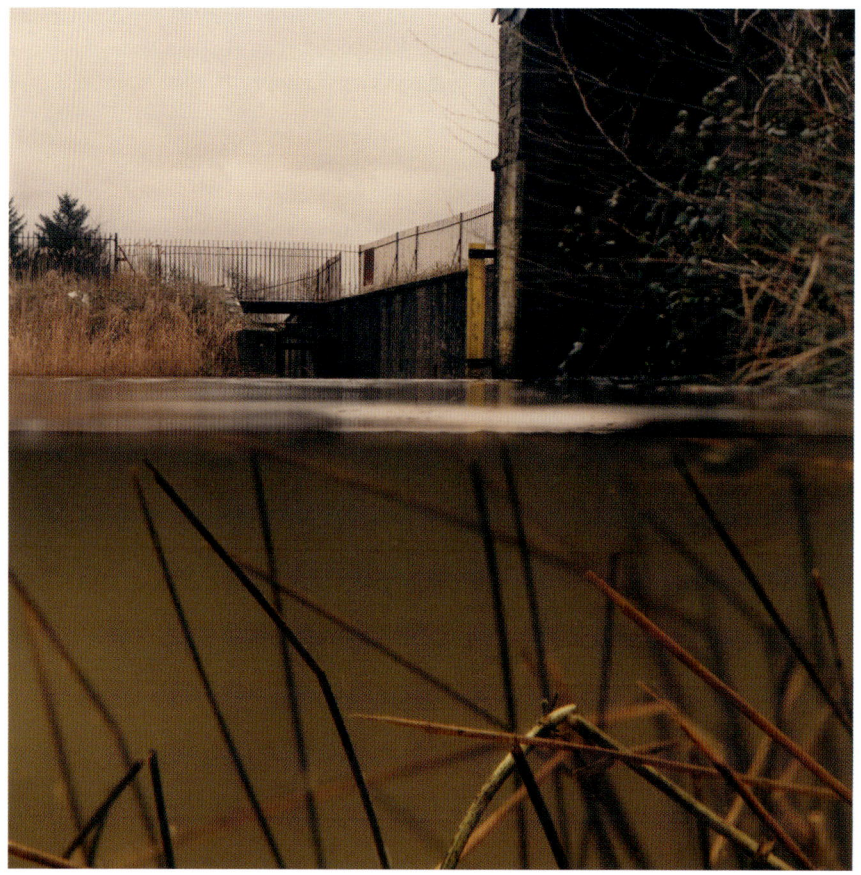

188 | Stuart Lee
*Heb Deitl rhif* 6 o'r gyfres, *Water Level* 2004

## Stuart Robert LEE 1974–
**Ffotograffydd, artist fideo/gosodwaith. Ganed yn Slough, Lloegr.**

Cyrhaeddodd Gymru 1996. Astudiodd yng Ngholeg Polytechnig Caerlŷr 1992–95 (Astudiaethau Cyfryngau); Coleg Prifysgol Cymru, Casnewydd 1997–90 (MA Ffotograffiaeth Ddogfen), gyda Paul Seawright, Ian Walker. Ffotograffydd llawrydd/gweithiwr gwirfoddol, Caerdydd 1999–2005. Darlithydd (rhan-amser), Prifysgol Morgannwg, Pontypridd/Prifysgol De Cymru Pontypridd, o 2005. Medal Aur am Gelfyddyd Gain, Eisteddfod Genedlaethol Cymru (EGC), Casnewydd 2004. Arddangosfeydd ar y cyd yn cynnwys *Ffotoannual*, Ffotogallery, Caerdydd 1999 (Gwobr Alan Jacobs am y Newydd-ddyfodiad Gorau); *West: Ffotobiennial Cymru*, Oriel Gelf Glynn Vivian, Abertawe 2001 (teithiol); *Under Construction 9*, g39, Caerdydd 2001; *Ffresh 3*, Canolfan Gelfyddydau Chapter, Caerdydd (CGChap) 2002; EGC, Y Faenol 2005; *Arddangosfa Agored Mostyn*, Oriel Mostyn, Llandudno 2005. Arddangosfa undyn, *Reserve 1*, CGChap 1999. Wedi'i gynnwys yn 'Llynnoedd', Twm Morys (*Taliesin*, rhifyn 123, 2004); rhaglenni BBC Cymru, ITV Cymru 2004. Gwaith yng nghasgliad Ymddiriedolaeth Derek Williams, Amgueddfa Cymru. '…dulliau gwyddonol o astudio a sylwi ar anifeiliaid…yr agweddau voyeuraidd ar ffotograffiaeth bywyd gwyllt.' Yn byw yng Nghaerdydd, de Cymru.
*Yr artist*

## Hendrik LEK 1903–1985
### Peintiwr. Ganed yn Antwerp, Gwlad Belg.

Astudiodd mewn dosbarthiadau nos, Academi Kunst, Antwerp 1924–30; hyfforddiant preifat gan Lucien de Jaegher 1932–38. Bu'n gweithio ym musnes y teulu (offer diemwnt manwl) o 1917. Cyrhaeddodd Gymru tua 1940. Ar ôl 1945, adferodd dŷ o'r 15fed ganrif, Y Tudor Rose, Biwmares, i arddangos ei waith a gwaith ei fab Karel. Aelod cyswllt yr Academi Frenhinol Gymreig. Arddangosfeydd ar y cyd yn cynnwys *The Art of Giving*, Oriel, Cyngor Celfyddydau Cymru, Caerdydd 1982; wedi'i harddangos hefyd yn Toronto a Gwlad Belg. Arddangosfeydd deuddyn, *Paintings by Hendrik and Karel Lek*, Oriel Ynys Môn, Llangefni 1980: *Father and Son*, Plas Glyn-y-Weddw, Llanbedrog 2005. Arddangosfeydd undyn yn cynnwys Oriel Bangor 1975, 1981; Oriel Ynys Môn, Sir Fôn 1980; *The Enigmatic Vision: Retrospective Exhibition of the Paintings of Hendrik Lek (1903–1985)*, Canolfan Gelfyddydau Llyfrgell Wrecsam 1985. Wedi'i gynnwys yn *Guardian* (13 Ebrill 1965, 18 Ebrill 1968); *Papur Menai* (Mehefin 1979); *The Liverpool Daily Post* (5 Mehefin 1980). Casgliadau'n cynnwys Cyngor Sir Ynys Môn; Llyfrgell Genedlaethol Cymru, Aberystwyth. Tirwedd gogledd Cymru; hanes dychmygol tŷ'r Tudor Rose; Gwlad Belg, Antwerp ei blentyndod; clawstroffobia, rhagargoelion. Roedd yn byw ym Miwmares, Ynys Môn, gogledd Cymru.

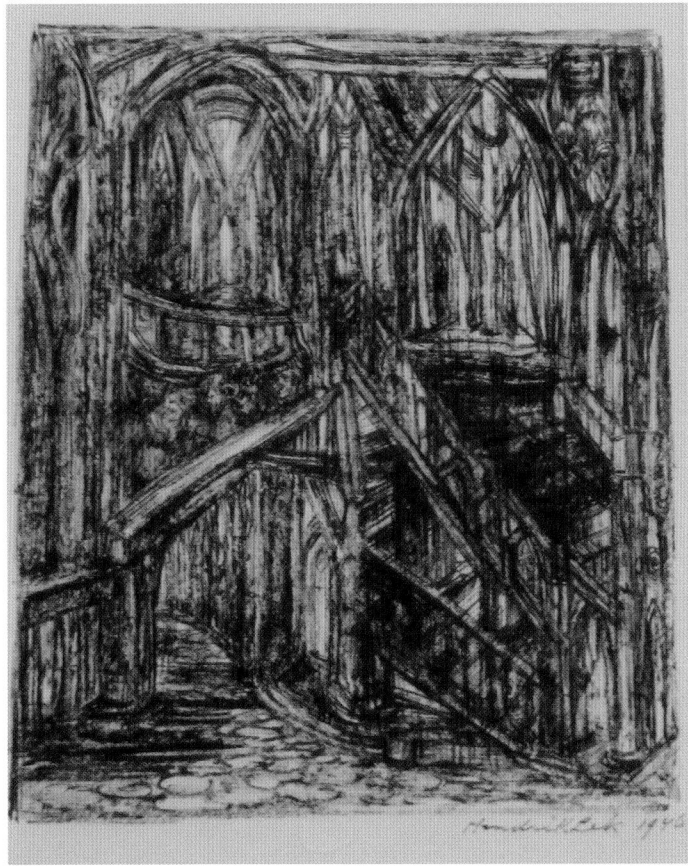

189 | Hendrik Lek
*Beams* 1946

**Karel LEK** 1929–
**Enw gwaith Karel Lek MBE, peintiwr. Ganed yn Antwerp, Gwlad Belg.**

Cyrhaeddodd Gymru ym 1940. Astudiodd yng Ngholeg Celf Lerpwl 1946–52, gydag Alan P Tankard, Karel Vogel, Geoffrey Wedgwood. Athro, Ysgol Sandringham, Llundain 1952–56; darlithydd (rhan-amser), astudiaethau allanol, Coleg Prifysgol Gogledd Cymru, Bangor 1959–95. Aelod o'r Academi Frenhinol Gymreig (AFG); Cymdeithas yr Ysgythrwyr Pren. Arddangosfeydd niferus ar y cyd gan gynnwys Amgueddfa Stedelijk, Amsterdam 1958; Cymdeithas Celf Gyfoes Cymru (CCGC) 1961–63; Eisteddfod Genedlaethol Cymru, Y Bala 1967, Caerfyrddin 1974 (arobryn). Arddangosfeydd deuddyn yn cynnwys (gydag Hendrik Lek) Oriel Ynys Môn, Llangefni (OYM) 1980; *Father and Son*, Oriel Plas Glyn-y-Weddw, Llanbedrog 2005; (gydag Audrey Hind) AFG 2004. Arddangosfeydd undyn yn cynnwys AFG 1968, 1971, 2004; Oriel Gelf Bangor, Gwynedd 1968, 1971; Oriel Tegfryn, Porthaethwy 1968, 2004; OYM 1994; Amgueddfa ac Oriel Gelf Brycheiniog, Aberhonddu (AOGB) 1997; Oriel yr Atig, Abertawe 2003. Darluniau ar gyfer *In the Cause of Liberty*, Andrew Kirby (Sparkler Books 1990). Wedi'i gynnwys yng nghylchgrawn *Artists and Illustrators* (Ionawr 1999); *Three Welsh Artists at the Royal Academy*, Teledu'r BBC 1959; rhaglenni HTV, Mehefin 1971, Mai 1994, Awst 1997, Awst 1998. Casgliadau'n cynnwys AOGB; Cyngor Gwynedd; Cyngor Sir Ddinbych; Cyngor Sir Ynys Môn; CCGC; Llyfrgell Genedlaethol Cymru, Aberystwyth; Oriel Gelf Dinas Kansas. Prynwyd gwaith gan Gyngor Celfyddydau Cymru. '… fy nghyd-ddynion a merched ym mha bynnag sefyllfa dw i'n dod o hyd iddynt, boed yn y wlad neu yn y dref…'. Yn byw ym Miwmares, Ynys Môn, gogledd Cymru.
*Yr artist*

**Mervyn LEVY** 1914–1996
**Enw gwaith Mervyn Montague Levy, peintiwr. Ganed yn Abertawe, de Cymru.**

Hefyd yn awdur, darlledwr. Yn gyfaill ac yn gyfoeswr i Dylan Thomas. Astudiodd yn Ysgol Gelf Abertawe 1929–32 (Pennaeth, W Grant Murray); (cyfoeswyr yn cynnwys Alfred Janes, Kenneth Hancock). Y Coleg Celf Brenhinol, Llundain (CCB), gyda Syr William Rothenstein (Ysgoloriaeth Barhad, Gwobr Arlunio Herbert Read 1935). Y Coleg Milwrol Brenhinol, Sandhurst. Gwasanaeth milwrol, Corfflu Addysgol Brenhinol y Fyddin. Pennaeth Adran Gelf, Coleg Byddin 3 o 1947; darlithydd (rhan-amser), Addysg Oedolion, Prifysgol Bryste; Academi Frenhinol Gorllewin Lloegr, Bryste; Prifysgol Llundain; darlithydd tramor, Y Cyngor Cynghori Canolog ar gyfer Addysg Oedolion. Golygydd Cyswllt, *Art News and Review* 1956–61; trefnydd, *National Exhibition of Housewives' Art* 1957; golygydd ysgrifau nodwedd, *The Studio* 1962–66. Cymrawd y Gymdeithas Gelfyddydau Frenhinol. Arddangosfeydd ar y cyd yn cynnwys Llyfrgell Gyhoeddus Swindon 1948; *Festival Exhibition of Contemporary Welsh Painting*, Oriel Howard Roberts, Caerdydd 1958; Canolfan Dylan Thomas, Abertawe (CDTh) 2003 (ar ôl ei farwolaeth). Arddangosfeydd undyn yn cynnwys Canolfan Gelfyddydau, Swindon 1948; *Life Drawings by Mervyn Levy*, Oriel Gelf Glynn Vivian, Abertawe (OGGV) 1950. Cyhoeddiadau niferus yn cynnwys *Painting for All* (Odhams Press, London 1959); *The Studio Dictionary of Art Terms* (Studio Books, London 1961); *The Paintings of DH Lawrence* (Viking Press, New York 1964); *Whistler Lithographs* (Jupiter Books (JB) 1975); *The Paintings of LS Lowry* (JB 1975, 1981); *The Drawings of LS Lowry* (JB 1976). Cyfweliadau i *Kaleidoscope*, teledu BBC; cyflwynydd, cyfres deledu, *Painting for Housewives*. Wedi'i gynnwys yn *Diwylliant Gweledol Cymru: Delweddu'r Genedl*, Peter Lord (CD-Rom, Canolfan Uwchefrydiau Cymreig a Cheltaidd/Gwasg Prifysgol Cymru 2002); ysgrifau coffa, Ceri Levy (*The Independent* 17 Mai 1996), Terence Mullaly (*Guardian* 17 Mai 1996). Casgliadau'n cynnwys Amgueddfa Cymru; CDTh; Cymdeithas Celf Gyfoes Cymru; Llyfrgell Genedlaethol Cymru, Aberystwyth; OGGV; Oriel Gelf ac Amgueddfa Herbert, Coventry; Yr Oriel Bortreadau Genedlaethol, Llundain; Y Tabernacl, Machynlleth. Portreadau ar ffurf darluniau; Swrealaeth yn dylanwadu ar ei baentio. Roedd yn byw yn Llundain.

**Ann LEWIS** 1962–

**Peintwraig, gwneuthurydd printiau. Ganed yn Llanelwy, gogledd Cymru.**

Astudiodd yng Ngholeg Celf a Dylunio Caerwysg 1986–88. Darlunydd/dylunydd graffeg llawrydd 1988–94; cyfarwyddwr creadigol, WISS Ltd, dylunio gwefannau, o 1995; peintwraig/gwneuthurydd printiau o 1995. Aelod o'r Academi Frenhinol Gymreig (AFG). Arddangosfeydd ar y cyd yn cynnwys AFG, Conwy 1996; *Afon Conwy*, AFG/Llyfrgell Genedlaethol Cymru (LlGC) 1997; Oriel Tegfryn, Porthaethwy 1999–2006; *Cadair Idris*, AFG/LlGC 2001. Gwaith yng nghasgliad LlGC. '…tirwedd Cymru bob amser …cyfryngau cymysg…tywydd, golau ac amrywiadau tymhorol….' Yn byw yng Ngerlan, gogledd Cymru. *Yr artist*

**Anna LEWIS** 1976–

**Dylunydd/gwneuthurydd gemwaith, artist gosodwaith. Ganed yn Hwlffordd, gorllewin Cymru.**

Astudiodd yn Athrofa Addysg Uwch Abertawe (AAUA) 1995–96 (rhagoriaeth); Prifysgol Middlesex 1996–2000 (gradd yn y dosbarth cyntaf); AAUA 2004–05. Artist preswyl, Coleg Abertawe 2002; AAUA 2003–05; swyddog prosiect ar gyfer celfyddydau cymhwysol, Canolfan Ymchwil a Gwybodaeth Diwydiannau Creadigol, AAUA, o 2006. Aelod o Design Nation; Y Celfyddydau Cymhwysol Cyfoes, Llundain. Arddangosfeydd ar y cyd yn cynnwys *Destination Unknown*, Canolfan Grefft Rhuthun (CGRh) 2001; Eisteddfod Genedlaethol Cymru, Dinbych 2001, Tyddewi 2002, Casnewydd 2004, Y Faenol 2005; *Craft Focus: Anna Lewis*, Oriel Mission, Abertawe (OGA) 2002; *New Wave – Wales/Scotland II*, CGRh/Yr Oriel Albanaidd, Caeredin 2003; *Wales in New South Wales*, Amgueddfa Celf Gyfoes, Sydney 2003; *SOFA*, CGRh, Chicago 2006; *Traditional Jewellery*, Amsterdam 2007 (yn teithio'n rhyngwladol). Arddangosfeydd un-ddynes yn cynnwys Oriel Harley, Worksop 2002; *Anna Lewis: Cathexis*, OGA 2007. Wedi'i chynnwys yn *New Directions in Jewellery* (Black Dog 2005); *Elle Decor Italia* (Hydref 2007); traethawd, Caroline Broadhead, *Anna Lewis: Cathexis* (OGA 2007); adolygiad, y cylchgrawn *Findings* (Cymdeithas Gemwaith Cyfoes, Medi 2007); *Living Etc* (Medi 2007). '…Dw i'n cyfuno deunyddiau fel plu, lledr, pren ac arian … wedi'u printio ag olion cain y cof.' Yn byw yn Abertawe, de Cymru. *Yr artist*

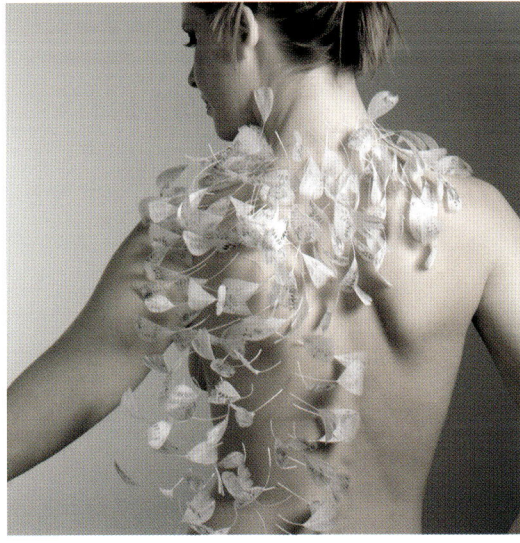

190 | Anna Lewis
*Vanished – feather wrap* 2001

## BA LEWIS 1857–1946
**Enw gwaith Benjamin Archibald Lewis, peintiwr. Ganed yng Nghaerfyrddin, gorllewin Cymru.**

Hyfforddodd fel peiriannydd nwy; mynychodd gyrsiau yn Ysgol Gelf Caerfyrddin tua 1892. Symudodd i Wantage, Lloegr, ar ddechrau'r 1880au, wedyn i Cape Town; dychwelodd i Gymru tua 1892. Rheolwr cwmni nwy, Caerfyrddin; bu'n paentio yn ei oriau hamdden; ysgrifennydd, Pwyllgor Celf a Chrefftau, Eisteddfod Genedlaethol Cymru (EGC) 1911. Aelod sefydlu Clwb Braslunio Caerfyrddin (CBCaerf) 1921. Arddangosfeydd undyn ar ôl ei farwolaeth, CBCaerf/EGC, Caerfyrddin 1974; *B A Lewis*, Amgueddfa Caerfyrddin (ACaerf)/Oriel Myrddin, Caerfyrddin 1995. Wedi'i gynnwys mewn erthygl gan Barbara Webb, *Planet* (rhif 113, Hydref 1995). Casgliadau'n cynnwys ACaerf; Amgueddfa Cymru, Caerdydd; Oriel Gelf Glynn Vivian, Abertawe. Golygfeydd o afonydd, llongau ar afon Tywi, tirluniau; dyfrlliwiau'n bennaf, rhai mewn olew, ysgythriadau. Roedd yn byw yng Nglanyferi, gorllewin Cymru.

## Catherine LEWIS 1967–
**Artist tecstiliau. Ganed yng Nghaerffili, de Cymru.**

Astudiodd yng Ngholeg Addysg Bellach Gwent 1986–87; Athrofa Addysg Uwch Caerdydd 1991–93; Coleg Celf a Dylunio Chelsea 1993–94; Athrofa Addysg Uwch Abertawe (AAUA) o 2007. Bu'n gweithio gyda Charles a Patricia Lester Cyf, Y Fenni 1994–97; tiwtor/darlithydd (rhan-amser), Athrofa Prifysgol Cymru Caerdydd 1997–2007; swyddog rhanbarthol, Creative Futures 2003–04; sefydlodd/bu'n

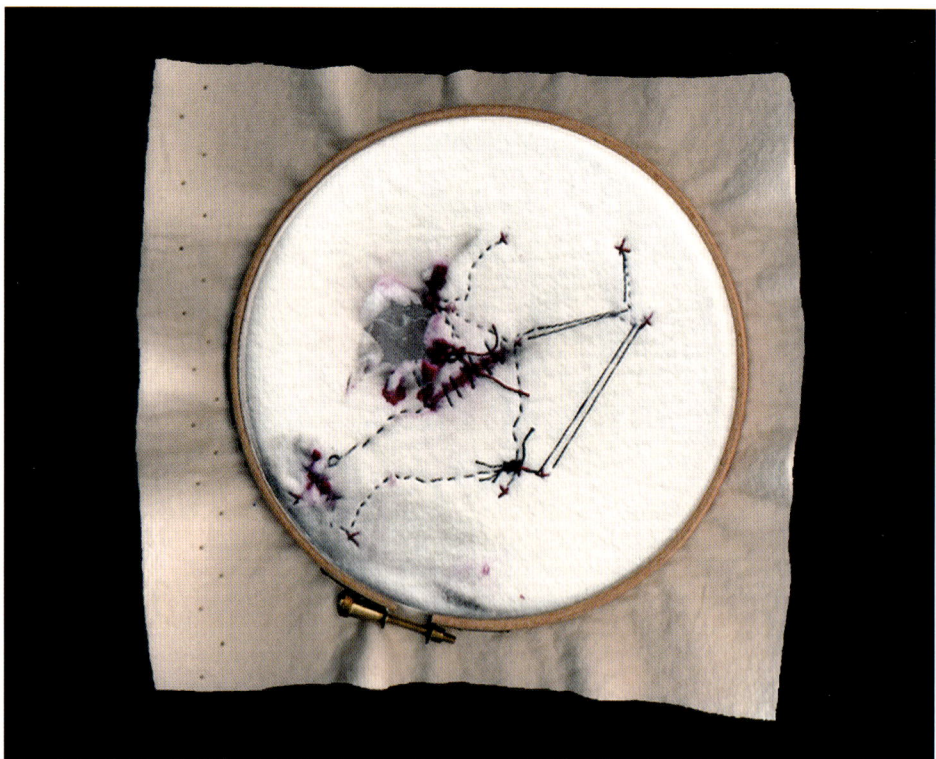

191 | Catherine Lewis
*Body Mapping* 2007

rheoli Oriel Context, Bae Caerdydd, ar gyfer dylunwyr/gwneuthurwyr tecstiliau 2004–2007; tiwtor (rhan-amser), AAUA 2005. Artist preswyl, ysgolion Caerdydd 1998, 2002; Groundwork Caerffili 2001; Canolfan Gelfyddydau Méduse, Dinas Quebec 2004; Ysgol Shirenewton, Sir Fynwy 2005; Parc Fforest Cwm Afan, Port Talbot 2005; Ysgol Basaleg, Casnewydd 2007. Gwobrau'n cynnwys Ymddiriedolaeth y Tywysog 1997; Cyngor Celfyddydau Cymru 2000, 2004 (Cymru Greadigol), 2006; Celfyddydau Rhyngwladol Cymru 2003; Masnach Cymru Ryngwladol 2003. Aelod o Urdd Gwneuthurwyr Cymru (cyfarwyddwr 2002–03); aelod sefydlu, MaP (Gwneuthurwyr ac Ymarferwyr) (Cadeirydd 2003–04); Cymdeithas Celfyddydau'r Menywod (ymddiriedolwraig 2007). Arddangosfeydd ar y cyd yn cynnwys *Adornment*, Oriel ac Amgueddfa Wolverhampton a Bilston 1997; Crefft yn y Bae, Caerdydd 2002, 2006 (teithiol); Canolfan Gelfyddydau'r Eglwys Norwyaidd, Caerdydd 2002, 2003; *Natural Selection*, Parc Dreftadaeth y Rhondda, Trehafod 2005; *Women's Work*, Oriel GPF, Casnewydd 2005; *Sioe Haf*, Oriel Washington, Penarth 2007. Arddangosfeydd un-ddynes yn cynnwys *Endangered*, Oriel yr Hen Neuadd, Y Bont-faen 2003; *De Sang Froid*, Engramme, Dinas Quebec 2004. Gwaith wedi'i gynnwys yn *form: contemporary craft in Wales* (Celfyddydau Rhyngwladol Cymru (CRhC) 2003); *Quebec Cymru* (CRhC 2004). '…yn cyfuno delweddau o dirweddau personol, profiad amgylcheddol a thecstiliau…' Yn byw yng Nghlawdd–coch, de Cymru.
*Yr artist*

## Daniel Phillip LEWIS 1908–?
### Ganed yn Nhrefenter, gorllewin Cymru.

Bu'n gweithio fel gof. Ar ddiwedd y 1960au, dechreuodd arlunio mewn dosbarthiadau celf a drefnwyd gan y Groes Goch yn ei gartref preswyl. Arddangosfeydd ar y cyd yn cynnwys *An Alternative Tradition*, Cyngor Celfyddydau Cymru 1972 (teithiol). Tynnodd luniau o gapeli'r ardal. Roedd yn byw yn Aberystwyth, canolbarth Cymru.

## David LEWIS  Gweler Dai DAVID

## Elfyn LEWIS 1969–
### Enw gwaith Richard Elfyn Lewis, peintiwr. Ganed ym Mangor, gogledd Cymru.

Astudiodd yng Ngholeg Technegol Gwynedd, Bangor 1987–88; Prifysgol Canol Swydd Gaerhirfryn, Preston 1988–92; Athrofa Prifysgol Cymru, Caerdydd 1996–98 (MA), 1998–99, gyda John Gingell. Arweinydd gweithdy, Canolfan Celfyddydau Gweledol, Caerdydd 1999–2000. Artist preswyl, cywaith cerddoriaeth/barddoniaeth, Theatr Bara Caws, Caernarfon 2000. Aelod o Quincunx. Comisiynau'n cynnwys cynllunio cloriau llyfrau a recordiau o 1994; Eisteddfod Genedlaethol Cymru (EGC), Llanelli/Cywaith Cymru (ar y cyd â Peter Finnemore) 2000. Gwobrau Cyngor Celfyddydau Cymru (CCC) 2001, 2003. Arddangosfeydd ar y cyd yn cynnwys EGC 1987, 1999, 2004, 2005; Yr Academi Frenhinol Gymreig, Conwy 1996 (arobryn), 1998, 2001–03; *Yr Ŵyl Geltaidd*, Tokyo 1998; Gardd Fotaneg Genedlaethol Cymru, Llanarthne/CCC 2000; Oriel Ynys Môn, Llangefni (OYM) 2002 (arobryn, Cwpan Barhaol Warren Morris); Neuadd Dewi Sant, Caerdydd 2002, 2004. Arddangosfeydd undyn yn cynnwys *Gwawr*, Amgueddfa ac Oriel Gelf Gwynedd, Bangor 1999; *Awel*, Oriel Washington, Penarth 2000; Canolfan Gelfyddydau Rotherham 2001; *Pyrgad*, Canolfan Grefft Rhuthun 2001 (teithiol); *Gerlan*, Oriel ac Amgueddfa yr Ysgol Gelf, Prifysgol Cymru, Aberystwyth 2002; Bern, OYM 2003 (teithiol). Wedi'i gynnwys yn *Here + Now. Essays on Contemporary Art in Wales*, Iwan Bala (Seren Books, Pen-y-bont ar Ogwr 2004). Gwaith yng nghasgliad Cymdeithas Celf Gyfoes Cymru. 'Cymru, ei thirwedd, ei phobl, ei lleoedd a'r iaith.' Yn byw yng Nghaerdydd, de Cymru.
*Yr artist*

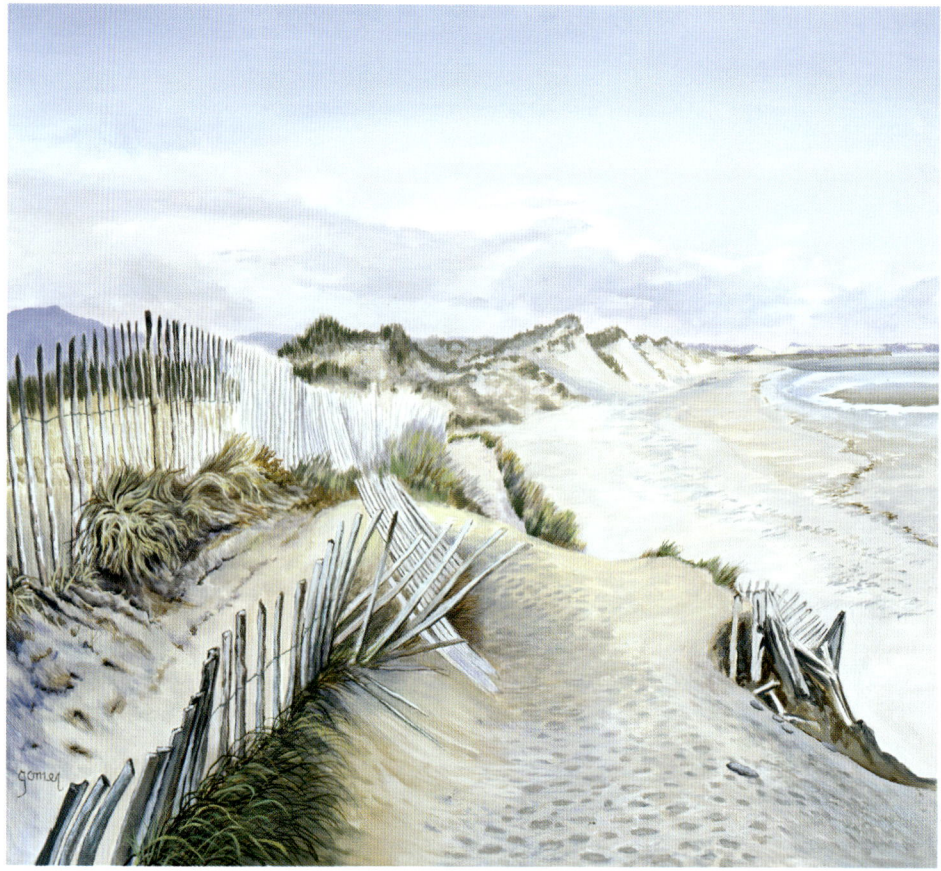

192 | Gomer Lewis
*Llandanwg* 1981

## Gomer LEWIS 1921–1994
### Peintiwr, cerflunydd. Ganed yng Nghaerffili, de Cymru.

Astudiodd yng Ngholeg Addysg Sir Fynwy; Coleg Celf Caerdydd. Carcharor rhyfel, Japan, yn ystod rhyfel 1939–45. Athro, ysgolion yn ne Cymru (disgyblion yn cynnwys Peter Prendergast). Symudodd i Lundain 1963. Darlithydd, Prifysgol Llundain; prif ddarlithydd, Coleg Shoreditch, Llundain. Dychwelodd i Gymru 1978 (Ynys Môn). Gwobr Byng Stamper, Cymdeithas Celf Gyfoes Cymru (CCGC) 1962. Aelod o Gymdeithas Genedlaethol Peintwyr, Cerflunwyr a Gwneuthurwyr Printiau. Arddangosfeydd yn cynnwys Eisteddfod Genedlaethol Cymru 1960–63, 1977; *Industrial Wales*, Pwyllgor Cymreig Cyngor Celfyddydau Prydain Fawr (PCCCPF) 1960 (teithiol); *Eighth Exhibition of Contemporary Welsh Painting, Drawing and Sculpture*, PCCCPF 1961 (teithiol); Grŵp De Cymru 1960–62; Oriel Howard Roberts, Caerdydd 1962; *10fed Arddangosfa Flynyddol*, PCCCPF 1963 (teithiol); Campbell a Franks, Llundain 1970, 1975. Arddangosfeydd undyn yn cynnwys Oriel Caerdydd, Caerdydd 1956; Oriel Boyson, Llundain 1962–63; Oriel Zaydler, Llundain 1968–69; *Trem yn Ôl*, Canolfan Gelfyddydau Chapter, Caerdydd 1974; Oriel Cockpit, Llundain 1975; Oriel Llŷn, Pwllheli 1979. Wedi'i gynnwys yn *University of London Bulletin* (1968, 1969); *South Wales Echo* (6 Gorffennaf 1951, 1 Chwefror 1961); *Arts Review*

(1962, Awst 1963); rhaglenni BBC/ITV (Chwefror 1961). Casgliadau'n cynnwys Amgueddfa Cymru; CCGC; Llyfrgell Genedlaethol Cymru Aberystwyth; Oriel Gelf Towner, Eastbourne; Oriel Ynys Môn, Llangefni; Prifysgol Bangor. Prynwyd gwaith gan Gyngor Celfyddydau Cymru. '… tirluniau a morluniau hegar a garw…lliwiau priddlyd a chynnil…' *(Julie Richards, Holyhead and Anglesey Mail, 8 Ionawr 1981).* Roedd yn byw yn Llandegfan, gogledd Cymru.

### Lee LEWIS 1965–
**Artist perfformio/sain/gosodwaith. Ganed yn y Drenewydd, canolbarth Cymru.**

Astudiodd yng Ngholeg Polytechnig Manceinion 1983–84, gyda Bob Frith, Don McKinlay; Coleg Polytechnig Wolverhampton 1984–85. Artist preswyl, Carchar EM, Amwythig 2002 (gwobr Koestler). Prosiectau'n cynnwys *Now Hear This*, gosodwaith sain, Amgueddfa ac Oriel Gelf Amwythig 2002; *The Audible Picture Show*, Berlin 2004 (teithio'n rhyngwladol); *River Solstice*, darn sain, Eglwys y Santes Fair, Y Drenewydd (gyda Christine Kinsey) 2006. Comisiynau'n cynnwys seinlun ar gyfer Neuadd yr Hen Farchnad, Amwythig 2006. Arddangosfeydd ar y cyd yn cynnwys Oriel Davies, Y Drenewydd (OD) 1986; Y Tabernacl, Machynlleth 1998, 2002; Eisteddfod Genedlaethol Cymru, Meifod 2003; *Lessandra*, Y Palas Diwylliant, Sofia, Bwlgaria 2004; *Arddangosfa Agored Amwythig Whittingham Riddell*, Canolfan Gelfyddydau Belmont, Amwythig 2005 (gwobr celf gain Callaghan); *Undercover*, OD 2006 (gwobr gyntaf ar y cyd). Arddangosfeydd undyn yn cynnwys Oriel Phoenix, Y Drenewydd 1990, 1999; *Porthole*, OD, Y Drenewydd 2000 (a Phlas Gregynog, Tregynon, Prifysgol Cymru (PG) 2002, Amgueddfa Awyr Swydd Efrog, Caerefrog 2007); *Flight*, PG 2001; Oriel Plas Glyn-y-Weddw, Llanbedrog 2002; *Mental Block*, Oriel Qube, Croesoswallt 2006 (teithiol). Gwaith yng nghasgliad PG. Wedi'i gynnwys ar Newyddion HTV (2000); yng nghylchgrawn *Art Review* (1998). '…radio; gwylio pobl.' Yn byw yn Amwythig, Lloegr.
*Yr artist*

### Nigel LEWIS 1951–
**Enw gwaith Nigel John Lewis, ffotograffydd. Ganed yn Aberdâr, de Cymru.**

Astudiodd yn Athrofa Gorllewin Morgannwg, Abertawe 1989–91; gweithdai ffotograffiaeth, Athrofa Prifysgol Cymru, Caerdydd, gyda John Davies 2000; Duckspool, Gwlad yr Haf, gyda John Blakemore 2001. Gweithiwr Ieuenctid a Chymunedol, Morgannwg Ganol 1970au– 80au; gweithiwr gwirfoddol, prosiect ffotograffiaeth Fresh Start, Celfyddydau Cymunedol Rhondda Cynon Taf 1992–94; cynorthwy-ydd dros dro i Ian Wiblin, darlithydd, ffotograffiaeth, Prifysgol Morgannwg 2001; ffotograffydd annibynnol o 2001. Aelod o Ffotogallery (Ffotog). Arddangosfeydd ar y cyd yn cynnwys *Drawing '80*, Y Grŵp Cymreig, Amgueddfa Cymru 1980 (teithiol); *Arddangosfa Agored Cymru*, Canolfan y Celfyddydau Aberystwyth 1984; Eisteddfod Genedlaethol Cymru, Cwm Rhymni 1990, Y Bala 1997, Ynys Môn 1999; *Ffotoannual*, Ffotog, Caerdydd 1993; *Artist y Flwyddyn Cymru*, Neuadd Dewi Sant, Caerdydd 2001, 2006. Arddangosfeydd undyn yn cynnwys Gŵyl *Valleys Live '92*, Theatr y Parc a'r Dar, Treorci 1992; *Moving Pictures*, Cymdeithas Gelfyddydau De-ddwyrain Cymru 1993 (teithiol); Gŵyl Ddiwylliannol Meysydd Glo'r Rhondda, Cwm Clydach 1994. 'Ymdeimlad â lle a phroses canfyddiad diamod….' Yn byw ym Mhentre, de Cymru.
*Yr artist*

### Peter LEWIS 1956–
**Enw gwaith Peter George Lewis, ceramegydd. Ganed yn Llandudno, gogledd Cymru.**

Astudiodd yn Athrofa Gogledd Ddwyrain Cymru, Wrecsam (AGDdC) 1975–77; Coleg Polytechnig Gogledd Swydd Stafford 1977–80, 1980–82 (MA). Dylunydd ceramig llawrydd 1982–83; darlithydd, Prifysgol Yarmouk, Gwlad yr Iorddonen 1983–87; darlithydd (rhan-amser), Coleg Technoleg a Chelf Sir Gaerfyrddin/AGDdC 1987–88; uwch-ddarlithydd, Athrofa Addysg Uwch Bolton/Prifysgol Bolton o 1988. Comisiynau, cynghorau trefi lleol, awdurdodau twristiaid 1984–88; Theatr Octagon, Bolton 1989; 'Shrine at Nemi', Parc Gwledig Abaty Rufford (gwobr genedlaethol). Cyd-enillydd, Cystadleuaeth Dylunio Cerameg Rosenthal 1982. Gwobrau'n cynnwys Celfyddydau Rhyngwladol Cymru 2003; Cyngor Celfyddydau Lloegr/Oriel Gelf Manceinion/Canolfan Gelf Khalil Sakakini, Ramallah 2004–05. Aelod o Grochenwyr Gogledd Cymru; Cymdeithas Genedlaethol Cerameg mewn Addysg Uwch. Arddangosfeydd ar y cyd yn cynnwys yr Academi Frenhinol Gymreig, Conwy 1988; Oriel Mostyn, Llandudno 1988, 2002; Canolfan y Celfyddydau, Aberystwyth 1999, 2007 (teithiol); Oriel Plas Glyn-y-weddw, Llanbedrog 2002; *Encounters*, Canolfan Gelfyddydau Drumcroon, Wigan 2003; Canolfan Gelfyddydau Llyfrgell Wrecsam (CGLlW) 2003, 2004; *Biennale Arlunio Cymru* 2005 (teithiol); Yr Amgueddfa Ryfel Ymerodrol (Gogledd), Manceinion 2005. Arddangosfeydd undyn yn cynnwys CGLlW 1988; *Camouflage of Truth*, CGLlW 2007. Cyhoeddiadau'n cynnwys erthyglau, *Ceramic Review* (rhifynnau 176, 1999; 216, 2005). 'Mae clai'n addas i fynegi fy mhryderon sy'n deillio o gamsyniadau am amodau yn y Dwyrain Canol.' Yn byw ym Mae Colwyn, gogledd Cymru.

### Stanley LEWIS 1905–2009
**Enw gwaith Stanley Cornwell Lewis MBE, peintiwr, darlunydd. Ganed yng Nghas-gwent, de Cymru.**

Wedi'i erthyglu mewn swyddfa lluniadu/tirfesur, Pont-y-pŵl 1921–1923. Astudiodd yng Ngholeg Celf Casnewydd 1923–26; Y Coleg Celf Brenhinol, Llundain 1926–1930. Athro Paentio Cynorthwyol, Coleg Celf Casnewydd 1930–46; gwasanaeth rhyfel 1941–45; Pennaeth, Ysgol Gelf Caerfyrddin 1946–68. Gyda'i wraig, Min Lewis, sefydlodd Amgueddfa Pramiau a Thegannau Min Lewis, Beckington 1971. Bu'n byw yn Llanandras 1986–1992; Swydd Henffordd 1992–2003; Swydd Efrog, o 2003. Derbyniodd MBE yn 2006. Ysgrifennodd gofiant i gydfynd â 300 o luniau a wnaed yn ystod y rhyfel. Comisiynau'n cynnwys 66ain Catrawd Chwiloleuadau (Catrawd Swydd Gaerloyw) 1943; Cangen Awyr y Llynges 1944; cyflwyniad awdurdodau Caerfyrddin i EM y Frenhines Elizabeth y Fam Frenhines; murluniau, Banc Lloegr (gydag AK Lawrence) 1929. Aelod o Gymdeithas Gelf Gwent; Grŵp De Cymru/y Grŵp Cymreig. Arddangosfeydd ar y cyd yn cynnwys yr Academi Frenhinol, Llundain 1932; *The Artist in Wales*, Llyfrgell Genedlaethol Cymru, Aberystwyth 1952 (teithiol); *Contemporary Welsh Painting and Sculpture*, Pwyllgor Cymreig Cyngor Celfyddydau Prydain Fawr 1955, 1958; Oriel Bruton, Gwlad yr Haf 1971–72. Arddangosfeydd undyn yn cynnwys Gŵyl Talacharn; *War Images*, Amgueddfa ac Oriel Gelf Casnewydd (AOGC) 2002. Darluniau'n cynnwys *The Story of Carmarthenshire*, A G Prys-Jones (1960); *I Challenge the Dark Sea*, Olive W Burt (Dennis Dobson (DD) 1962); *Laugharne and Dylan Thomas*, Min Lewis (DD 1967, Jennifer Heywood Press 2004); *Infantilia: The Archaeology of the Nursery*, Arnold Haskell a Min Lewis (DD 1971); llyfrau gan Min Lewis (1992–2001). Wedi'i gynnwys yn y *Western Mail* (Goronwy Powell, 2 Rhagfyr 1955); *La Revue Moderne* (1 Rhagfyr 1961); *Country Life* (Jeremy Musson, 15 Tachwedd 2007). Casgliadau'n cynnwys Amgueddfa Cangen Awyr y Llynges, Yeovilton; AOGC; Cymdeithas Celf Gyfoes Cymru; EM y Frenhines. Roedd yn byw yn Saddleworth, Lloegr.

### Tim LEWIS 1940–
**Enw gwaith Timothy Lewis, artist gwydr lliw. Ganed ym Mhontarddulais, de Cymru.**

Astudiodd yn Ysgol Gelf Abertawe 1957–61, gyda Howard Martin; Y Coleg Celf Brenhinol, Llundain 1961–64, gyda Lawrence Lee. Uwch-ddarlithydd, Gwydr Lliw, Coleg Celf Abertawe/Athrofa Addysg Uwch Gorllewin Morgannwg/Athrofa Addysg Uwch Abertawe 1965–1996. Sefydlodd Stiwdios Glantawe, Treforys 1980; ymarfer llawnamser o 1996. Cymrawd Cymdeithas Pen-peintwyr Gwydr Prydain 1970 (Is-lywydd 1992). Ymchwilydd arddangosfa, *Glass Masters*, Cyngor Celfyddydau Cymru/Oriel Gelf Glynn Vivian 1979. Comisiynau'n cynnwys Eglwys yr Holl Saint, Ystumllwynarth, Abertawe 1977,

1986, 1989, tua 1990; Eglwys Sant Theodore, Port Talbot 1983; Amlosgfa Llangrallo, Pen-y-bont ar Ogwr 1970au; Eglwys Sant Luc, Cwmdâr, Aberdâr 1968, 1992; Eglwys Llangyfelach, Abertawe 1963. Yn byw yn Abertawe, de Cymru.

*Yr artist*

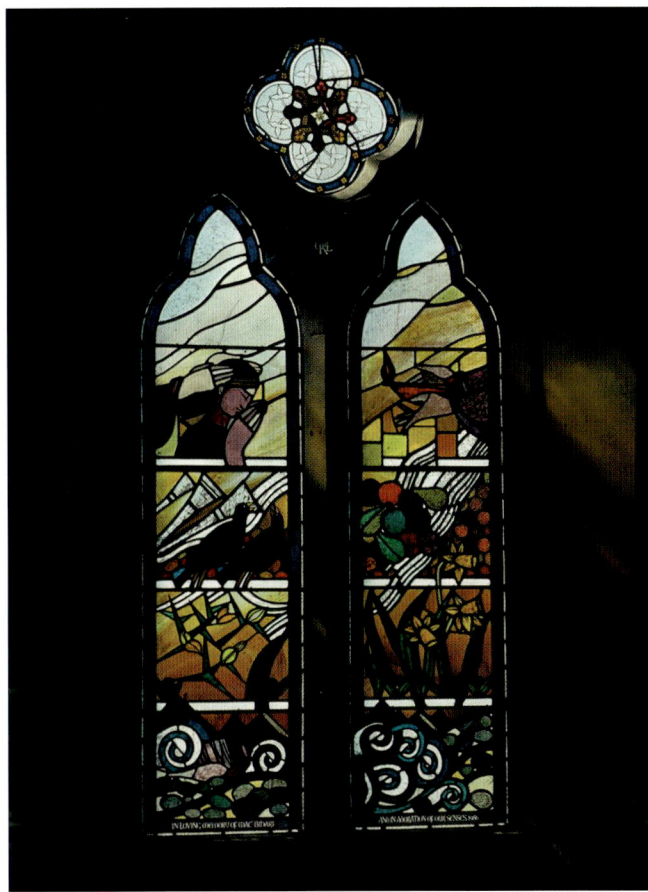

193 | Tim Lewis (Stiwdios Glantawe, Abertawe) *Ffenest goffa i Mac Bihari*, 1988

## Tina LEWIS 1958–

### Peintwraig. Ganed yn Ely, Lloegr.

Astudiodd yng Ngholeg Celf a Dylunio Watford 1976–77; Coleg Celf Hornsey 1977–80. Perchennog oriel/darlunydd/artist masnachol, Caint 1980–93; bu'n gweithio yn Sir Benfro o 1993. Artist preswyl, Ysgol Sant Aidan, Wiston (YSA) 2002; Canolfan Gymunedol Monkton 2003; Ysgol Roch, Niwgwl 2005; Sculpture by the Sea, Amroth 2007. Comisiynau, Awdurdod Iechyd Arberth 2004; Cyngor Neyland 2005; YSA 2006; Wythnos Bysgod Sir Benfro 2006. Aelod o Rwydwaith Celfyddydau De Sir Benfro. Arddangosfeydd un-ddynes, Oriel Waterfront, Aberdaugleddau 2003; Oriel Colby, Amroth 2003; Oriel Emrys, Hwlffordd 2004; Art Matters, Dinbych-y-pysgod 2005; Canolfan Carnegie, Trefdraeth, Sir Benfro 2006. 'Dyfrlliwiau, arluniau, olew…tirluniau, golygfeydd o amaethyddiaeth Cymru, ffigurau, y tu mewn i adeiladau.' Yn byw yn Hendy-gwyn, gorllewin Cymru.

*Yr artist*

### Tomas LEWIS 1967–
**Enw gwaith Tomas Sebastian Lewis, artist fideo digidol. Ganed yn Llundain, Lloegr.**

Cyrhaeddodd Gymru ym 1967. Astudiodd yng Ngholeg Celf Caeredin 1989–93; Coleg Celf a Dylunio Canolog St Martin, Llundain 1997–98 (MA). Athro, photoshop/fideo digidol, i grwpiau ac unigolion. Artist preswyl, Tŷ Hospitalfield, Arbroath 1992; Amgueddfa Swydd Buckingham, Aylesbury (ASB) 1999–2000; Ysgol Gyfun Tonypandy 2000. Aelod o Gymdeithas Artistiaid yr Alban. Arddangosfeydd ar y cyd yn cynnwys *Trans-Co-Bi*, Oriel Fridge, Brixton 1997; *Cooper*, Oriel Conductors Hallway, Camberwell 1998; *Primed*, ASB 2000; *Janelas Verdes Dream*, rue Truffaut, Paris 2001; *Entropy Blues*, Canolfan Gyfryngau Brighton 2004; *Cardiff Constellation*, Yr Hen Neuadd Fancio, Caerdydd 2005. Arddangosfeydd undyn yn cynnwys *Some Little White Lives*, Oriel Diorama, Llundain 1996; *tomas lewis*, Cywaith Cymru, Bae Caerdydd 2001; *I See Language*, Oriel Gelf Glynn Vivian, Abertawe 2003. Gwaith wedi'i gynnwys mewn erthygl, 'Artistic Effects', C Barrett (*Computer Video Magazine* 2000); Y Sioe Gelf, S4C, Chwefror 2004. '…cof, hunaniaeth a hanes.' Yn byw yn Aberdâr, de Cymru.
*Yr artist*

### Thyrza Anne LEYSHON 1892–1996
**Peintwraig, miniaturwraig. Ganed ym Môn-y-maen, Abertawe, de Cymru.**

Bu'n gweithio mewn busnes; rheolwraig, Cwmni Peiriannau Gwnïo Singer, Abertawe; gwas sifil, Cyllid y Wlad, tan 1942. Ar ôl ymddeol, astudiodd yng Ngholeg Celf Abertawe; yn breifat gydag Ethol Court, Aelod Cyswllt o'r Gymdeithas Finiaturau Frenhinol, Llundain; Ysgol Miniaturwyr Southall 1963–65. Y Fedal Aur, Société des Artistes Francais, Paris 1968; Y Fedal Arian a Gwobr Rowland, Brwsel 1973. Aelod o Gymdeithas y Miniaturwyr (CyM); Cymdeithas Celf Finiaturaidd Fflorida (CCFFf). Arddangosfeydd ar y cyd yn cynnwys *Gŵyl Cymru*, Llandrindod 1958; Oriel Gelf Glynn Vivian, Abertawe, o 1960; Cymdeithas Gelf De Cymru, Tŷ Turner, Penarth 1961; Grŵp Celf Dyffryn Aman, Rhydaman 1962; Paris Salon 1962, 1965, 1968–74; Circle Nationale Belge d'Art et Esthétique, Brwsel 1963; *Les Arts en Europe*, Brwsel 1964, 1967; Cymdeithas Frenhinol y Peintwyr Miniaturau, Llundain 1966, 1969, 1970; CyM, Llundain 1969, 1970, 1971, 1986; Yr Academi Frenhinol 1969; Oriel y Gymdeithas Ddyfrlliwiau Frenhinol, Llundain 1969, 1983; CCFFf 1982, 1983. Wedi'i chynnwys ar daflen wybodaeth gan Ronald Austin, Amgueddfa Abertawe (AAbert) 2001. Casgliadau'n cynnwys AAbert. Portreadau, tirluniau o'r Alban a Chymru, yn arbennig miniaturau mewn dyfrlliw ar ifori. Roedd yn byw yn Abertawe, de Cymru.
*Ronald Austin*

### Bernard VAN LIEROP 1946–
**Enw gwaith Bernard Luscombe van Lierop, peintiwr, cerflunydd, gwneuthurydd printiau. Ganed yn Rhiwabon, gogledd Cymru.**

Astudiodd ym Mhrifysgol Leeds 1965–68, gydag Arnold Kettle, Lawrence Gowing; Prifysgol Birmingham 1970–71 (MA Celf yn Shakespeare); Athrofa Prifysgol Cymru, Caerdydd 1998–2000 (MA Celf Gain). Athro, Wolverhampton 1968–69, 1971–81; Düsseldorf 1969–70. Datblygwr Cwricwlwm a Darparwr mewn Gwasanaeth i Athrawon, Awdurdod Addysg Wolverhampton 1981–96. Dychwelodd i Gymru ym 1996. Aelod sefydlu, Artistiaid Bro Morgannwg (ABM) 1997. Arddangosfeydd ar y cyd yn cynnwys *Art for the Hungry*, Gwesty'r Midland, Birmingham 1984; *Arddangosfa Agored Pontardawe*, Canolfan Gelfyddydau Pontardawe 1997; *ABM*, Oriel Washington, Penarth 1999, 2001, 2003; *ABM*, Neuadd Dewi Sant, Caerdydd 2002, 2005, 2007; *Twin Towns, ABM*, Yr Oriel Gelf ac Amgueddfa Ddinesig, Rheinfelden, ac Oriel Gelf Ddinesig, Fécamp 2005; *ABM Beyond the Vale*, Oriel Gelf ac Amgueddfa Casnewydd 2006. Arddangosfeydd undyn yn cynnwys Oriel Penny Farthing, Wolverhampton 1986; *Transformations*, Canolfan Gyfryngau'r Light House, Wolverhampton 1998; *Tide and Seasons*, Oriel Harborne,

Birmingham 2005. Cyhoeddiadau'n cynnwys 'Mariele Neudecker and the Ironical Sublime' (Planet, rhif 156 Rhag. 2003/Ion. 2004; adolygiad llyfr, *British Journal of Aesthetics* (Hydref 2004). '… genedigaeth a theulu, testunau Shakespearaidd, cylch bywyd planhigion ….'Yn byw yn y Barri, de Cymru. *Yr artist*

### Andrea LIGGINS 1953–
**Enw gwaith Andrea Mahala Liggins, ffotograffydd. Ganed yn Plymouth, Lloegr.**

Astudiodd yng Ngholeg Celf a Dylunio Plymouth; Coleg Celf a Thechnoleg Harrow; Coleg Polytechnig Manceinion 1988 (MA Celfyddydau Cyfathrebu); Prifysgol Cymru 2005 (PhD). Darlithydd, Ffotograffiaeth, Clyweledol a Fideo 1978–89; Uwch-ddarlithydd/Cyfarwyddwr Cwrs, Coleg Celf a Dylunio Bournemouth a Poole 1989–94; Uwch-ddarlithydd/Prif Ddarlithydd, Athrofa Addysg Uwch Abertawe (AAUA) 1994–99; Pennaeth, Ysgol Gelf a Dylunio Abertawe, AAUA 1999–2002; Athro/Deon Cyfadran Celf a Dylunio, AAUA o 2002. Cyfarwyddwr, Canolfan Arloesi mewn Ffotograffiaeth mewn Fideo Abertawe; Canolfan Ymchwil ac Arloesi Diwydiannau Creadigol. Gwobr Celfyddydau Rhyngwladol Cymru. Arddangosfeydd ar y cyd yn cynnwys *West*, Ffotogallery, Caerdydd (Ffotog) 2001 (teithiol); *From Without*, Gwobrau Ffotograffig Llundain 2002 (teithiol); *Tempered Ground*, Amgueddfa Genedlaethol Hanes Gerddi/Tate Prydain/Amgueddfa Genedlaethol Ffotograffiaeth, Ffilm a Theledu, Llundain 2004; *Re-Locations*, Prifysgol Plymouth ac AAUA 1996–97. Arddangosfeydd un-ddynes yn cynnwys *On the Beaten Track*, Tŷ Llên, Abertawe 1998; *Conversations with the Landscape*, Amgueddfa Abertawe 2003; *Uncertain Terrain*, Oriel Exposure, Abertawe 2005; *Uncertain Terrain*, Prifysgol Ranbarthol Talaith Moscow 2007. Cyhoeddiadau'n cynnwys y papurau cynhadledd ar-lein,'A new documentary perspective and situation' (AAUA 2002); 'Towards an understanding of the role of photography in the preservation and destruction of the rural environment' (Prifysgol Hallam Sheffield 2004). Wedi'i chynnwys yn 'Alternative Landscapes' (Source, cyf 35, 2004). Casgliadau'n cynnwys Ffotog. Yn byw yn Abertawe, de Cymru. *Yr artist*

### Carolyn LITTLE 1943–
**Peintwraig. Ganed yn Abertawe, de Cymru.**

Astudiodd yng Ngholeg Celf Abertawe 1962–66. Athrawes, ysgolion yn Llundain, Abertawe 1966–1990; darlithydd (rhan-amser), Yr Adran Efrydiau Allanol, Coleg Prifysgol Abertawe 1990–94. Aelod o Gymdeithas Celfyddydau'r Merched. Arddangosfeydd niferus ar y cyd gan gynnwys *Pictures for Welsh Schools*, Cymdeithas er Addysg drwy Gelf, Amgueddfa Cymru 1978, 1984, 1989; *The Art of Giving*, Oriel, Cyngor Celfyddydau Cymru, Caerdydd 1982; *Arddangosfa Agored Cymru*, Canolfan y Celfyddydau Aberystwyth 1990–93, 1995, 1996; Neuadd Dewi Sant, Caerdydd 1996, 1997, 1999–2004, 2006; *Arddangosfa Agored Abertawe*, Oriel Glynn Vivian, Abertawe 1998; Oriel yr Atig, Abertawe 1999–2007. Arddangosfeydd deuddyn (gyda George Little) yn cynnwys Canolfan Gelfyddydau Abaty Nant Teyrnon, Cwmbrân 1980, Amgueddfa ac Oriel Gelf Dinas Henffordd 1985, Theatr Ardudwy, Harlech 1988, Llyfrgell Hwlffordd 1999, Canolfan Gelfyddydau Muni, Pontypridd 2005; (gydag Elizabeth Barratt) Amgueddfa ac Oriel Gelf Cwm Cynon, Aberdâr 2006. Arddangosfeydd un-ddynes yn cynnwys *25 Paintings*, Coleg Prifysgol Abertawe 1977; *Interpretations – Paintings and Drawings*, Parc Treftadaeth y Rhondda, Trehafod 2000. 'Mae fy ngwaith yn haniaethol yn yr ystyr nad yw o anghenraid yn cynrychioli unrhyw beth yn ei gyfnod terfynol ond mae'r syniadau'n dod o…rywbeth neu rywle sy'n ddiddorol yn weledol.' Yn byw yn Abertawe. *Yr artist*

### George LITTLE 1927–
**Peintiwr. Ganed yn Abertawe, de Cymru.**

Astudiodd yng Ngholeg Celf Abertawe 1944–46, 1948–51 (Gwasanaeth Milwrol 1946–48); Ysgol Celf Gain Ruskin, Rhydychen 1951–53. Athro, Ysgol Oxford Street, Abertawe 1953–56; Ysgol Gelf Barnsley 1956–61; tiwtor, Ysgol Gelf y Barri 1958–67; tiwtor (rhan-amser), Yr Adran Efrydiau Allanol, Coleg Prifysgol Cymru, Abertawe (CPCAbert) 1962–94; darlithydd, CPCAbert 1966–94. Gwobrau'n cynnwys Cyngor Celfyddydau Cymru 1999. Comisiynau, CPCAbert 1996; cynllunio siacedi llwch, Gwasg Prifysgol Cymru 2000. Aelod o Gymdeithas Ddyfrlliwiau Cymru. Arddangosfeydd niferus ar y cyd yn cynnwys Eisteddfod Genedlaethol Cymru (EGC) 1951, 1964, 1984; *Thirty Welsh Paintings of Today*, Pwyllgor Cymreig Cyngor Celfyddydau Prydain Fawr (PCCCPF) 1954 (teithio); *Industrial Wales*, PCCCPF 1960 (teithiol) (arobryn); *Our Towns and Villages*, Cymdeithas Gelfyddydau Gorllewin Cymru (CGGC) 1976 (teithiol); *Arddangosfa Agored Cymru*, Canolfan y Celfyddydau Aberystwyth 1982, 1983 (arobryn), 1984, 1989–91, 1993, 1995; Neuadd Dewi Sant, Caerdydd 2000–02, 2004, 2006, 2007. Arddangosfeydd deuddyn (gyda Carolyn Little) yn cynnwys Canolfan Gelfyddydau Abaty Nant Teyrnon, Cwmbrân 1980, Amgueddfa ac Oriel Gelf Henffordd 1985, Theatr Ardudwy, Harlech 1988, Llyfrgell Hwlffordd 1999, Canolfan Gelfyddydau Muni, Pontypridd 2005; (gyda Robert Macdonald) Canolfan Gelfyddydau Neuadd Llanofer, Caerdydd 2007 (teithiol). Arddangosfeydd undyn yn cynnwys Oriel Gelf Ferens, Hull 1985; *Arddangosfa Adolygol 1942–87*, Canolfan Gelfyddydau Taliesin, Abertawe (CGT) 1987; CGT 1990, 1994, 2001, 2004; Llyfrgell Genedlaethol Cymru, Aberystwyth (LlGC) 1995 (teithiol); Oriel yr Atig, Abertawe 2007. Wedi'i gynnwys yn *Art News and Review* 1958, 1969; *Studio* 1965. Casgliadau'n cynnwys Cymdeithas Celf Gyfoes Cymru; EGC; LlGC; Prifysgol Abertawe. Prynwyd gwaith gan Gyngor Celfyddydau Cymru; CGGC. '…tirluniau a morluniau, yn enwedig y rheini lle y ceir diwydiant.' Yn byw yn Abertawe.
*Yr artist*

### Alison LOCHHEAD 1953–
**Cerflunydd, ceramegydd. Ganed yng Nghaerdydd, de Cymru.**

Astudiodd yng Ngholeg Celf Loughborough 1971–72; Coleg Polytechnig Wolverhampton 1972–75. Gwehydd llawrydd/athrawes (rhan-amser), Abertawe 1977–79; darlithydd (rhan-amser), Coleg Addysg Uwch Caerfaddon 1979–81. Arbenigwraig gwehyddu, Llywodraeth Oman, 1981–84. Dychwelodd i Gymru 1994. Ymgynghorydd datblygu cymdeithasol, Y Dwyrain Canol, Affrica, Asia o 1994. Ysgoloriaeth y Cyngor Prydeinig 1975–76. Aelod o Gymdeithas Artistiaid a Dylunwyr Cymru; Cerfluniaeth Cymru. Arddangosfeydd ar y cyd yn cynnwys *Art West*, Llyfrgell Caerfyrddin 2002; *14eg Salon Cerfluniaeth Gyfoes*, Landivisiau, Llydaw 2002; *Sculpture Works*, Parc Margam, Port Talbot 2004; *Celf Gerameg o Gymru a Llydaw*, Y Tabernacl, Machynlleth 2006; *There's Lovely*, Oriel Henry Thomas, Caerfyrddin 2006; *Féile Clai*, Oriel Farmleigh, Dulyn, Canolfan y Celfyddydau Aberystwyth 2007. Arddangosfeydd un-ddynes yn cynnwys Theatr y Grand, Abertawe 1978; Canolfan Gelfyddydau Sain Dunwyd (CGSD) 1979, 1980; Canolfan Pankhurst, Manceinion 1997; Oriel Gelf Cambria, Tregaron 2003. Wedi'i chynnwys yn *The Art and Craft of Papier Maché*, Juliet Bawden (Chronicle Books 1995). Gwaith yng nghasgliad CGSD. '…cylchoedd bywyd, dylanwad cymdeithasol a hanesyddol a newid.' 'Bûm yn gweithio â ffibr, gan symud ymlaen i weithio â mwydion papur, yna cerameg a bellach â chlai a haearn bwrw (gyda) gwydr, pren a deunyddiau eraill.' Yn byw ym Mwlch-llan, gorllewin Cymru.
*Yr artist*

### Barbara LOCK 1945–
**Ceramegydd. Ganed yn Llundain, Lloegr.**

Astudiodd yng Ngholeg Celf Bournemouth a Poole 1972–75; Coleg Technoleg Willesden 1981–83; Athrofa Addysg Uwch Gorllewin Llundain 1983–84; Coleg Celf De Swydd Hertford 1984–86. Cyrhaeddodd Gymru ym 1989. Athrawes (anghenion arbennig), Llundain 1983–89; tiwtor (anghenion arbennig), rhaglen hyfforddi Crochenwaith, Caerdydd 1993–96. Aelod o Grochenwyr De Cymru; Urdd Gwneuthurwyr Cymru; Cymdeithas y Crochenwyr Crefft. Arddangosfeydd ar y cyd yn cynnwys Oriel 3D, Bryste 1990, 1997, 2001; Crefft yn y Bae, Caerdydd o 1991; Hay Makers, Y Gelli Gandryll 2001; Old Bakehouse, Llantrisant 2001, 2003; Art Matters, Dinbych-y-pysgod o 2003; Neuadd Dewi Sant, Caerdydd 2005; Atticus Arts, Caerfaddon 2006. Yn byw yng Nghaerdydd, de Cymru.
*Yr artist*

### Frankie LOCKE 1959–
**Peintiwr, peintiwr golygfeydd, ceramegydd. Ganed yn y Barri, de Cymru.**

Astudiodd yng Ngholeg Celf Birmingham 1979–82; Coleg Prifysgol Cymru, Casnewydd 2002–04; Athrofa Prifysgol Cymru, Caerdydd 2004–06 (MA Cerameg, Rhagoriaeth). Therapydd celf, Ysbyty Selly Oak, Birmingham 1982–84. Dychwelodd i Gymru ym 1984. Peintiwr golygfeydd llawrydd, teledu, ffilm, opera 1984–94, 1996–98; uwch-beintiwr golygfeydd, Stageworks 1994–96; peintiwr golygfeydd, Opera Genedlaethol Cymru (OGC)/Gwasanaethau Theatraidd Caerdydd o 1998; athrawes (rhan-amser), Coleg y Barri o 2003. Curadodd y rhaglen arddangosfeydd flynyddol, gwaith gan staff technegol, OGC, Caerdydd 1999–2003. Comisiynau, SA Brains Cyf, Bae Caerdydd 1991; Nwy De Cymru, Caerdydd 1993. Gwobr Cyngor Celfyddydau Cymru 1986. Aelod o Gymdeithas Artistiaid a Dylunwyr Cymru 1984–94; Stiwdios Clai Fireworks. Arddangosfeydd ar y cyd yn cynnwys *Young Cardiff Artists*, Tŷ Turner, Penarth 1984; *Arddangosfa Agored Canolbarth Cymru*, Canolfan y Celfyddydau Aberystwyth 1986–88; Gŵyl Celfyddydau Gweledol, Caerdydd 1988–89; Neuadd Dewi Sant, Caerdydd 1991; Eisteddfod Genedlaethol Cymru, Llanfair-ym-Muallt 1993, Abertawe 2006; *Arddangosfa'r Nadolig*, Oriel Kooywood, Caerdydd 2007. Arddangosfeydd un-ddynes, *Changing Shape*, Llyfrgell Ganolog Caerdydd 1994; *Arddangosfa Haf*, Birch Grove, Y Barri 1996; Oriel Canfas, Caerdydd 2007. Gwaith wedi'i gynnwys yn y wasg leol. '…rhythm a symudiad…dylanwad y theatr…' Yn byw yn y Barri.
*Yr artist*

### Andrew LOGAN 1945–
**Cerflunydd, gemydd, dylunydd. Ganed yn Rhydychen, Lloegr.**

Astudiodd yn Ysgol Bensaernïaeth Rhydychen 1963–70. Sefydlodd *Andrew Logan's Alternative Miss World* 1972; cydweithrediadau â dylunwyr ffasiwn yn cynnwys Biba, Sculpture Garden, Llundain 1974; Zandra Rhodes, yn barhaus er 1980; Wythnos Ffasiwn Moscow, Moscow 2006; Emmanuel Ungaro, Paris 2006, 2007; Comme des Garçons, Paris 2007. Agorodd Amgueddfa Gerfluniaeth Andrew Logan, Aberriw (AGAL) 1991; llawer o arddangosfeydd/perfformiadau, gweithdai/digwyddiadau addysgol, AGAL, orielau, gwyliau yng Nghymru/mannau eraill, o 1991. Comisiynau llwyfan yn cynnwys *The Mayfly*, Nether Wallop 1984; *Wolfi*, Ballet Rambert, Llundain 1987; *Bastet*, Theatr Sadler's Wells, Llundain, Birmingham 1988; comisiynau eraill yn cynnwys Mis Amgueddfeydd, Cyngor Amgueddfeydd Cymru 2002. Arddangosfeydd cenedlaethol/rhyngwladol niferus ar y cyd gan gynnwys *The Holography Show*, Cymru ac Iwerddon 1982 (teithiol); *Jewels of Fantasy*, Amgueddfa Victoria ac Albert, Llundain (VacA) 1992; *Shining Through*, Y Cyngor Crefftau 1995; *Men on Women*, Cyngor Sir Ddinbych 1997 (teithiol); *Magic Moments*, Canolfan Grefft Rhuthun (CGRh) 1998; *Adorn, Equip*, Oriel 31, Y Drenewydd 2001 (teithiol); *COLLECT*, CGRh, VacA 2007. Arddangosfeydd undyn yn cynnwys

*Plants, Flowers for all Occasions and Friends*, Canolfan New Art, Llundain 1973; *Andrew Logan's Galactic Works*, Limelight, Efrog Newydd a Chicago 1985; *An Artistic Adventure*, Amgueddfa Celf Fodern, Rhydychen 1991 (teithiol, gan gynnwys Caerdydd); *Caravan of Travelling Sculptures*, AGAL 2002; adolwg, Oriel Rivington, Llundain 2007. Casgliadau'n cynnwys Amgueddfeydd Cenedlaethol, Lerpwl; Cyngor Celfyddydau Lloegr, Llundain; Oriel Gelf ac Amgueddfa Cheltenham; Ymddiriedolaeth Elusennol Ysbytai Guy's a St Thomas', Llundain; Yr Oriel Bortreadau Genedlaethol, Llundain; Y Tŷ Opera Brenhinol, Llundain. 'Fy rheswm am fyw yw rhoi mwynhad a phleser i bobl eraill drwy gofarwyddion hynod, digrif ac afradlon.' Yn byw yn Llundain, Lloegr.
*Yr artist*

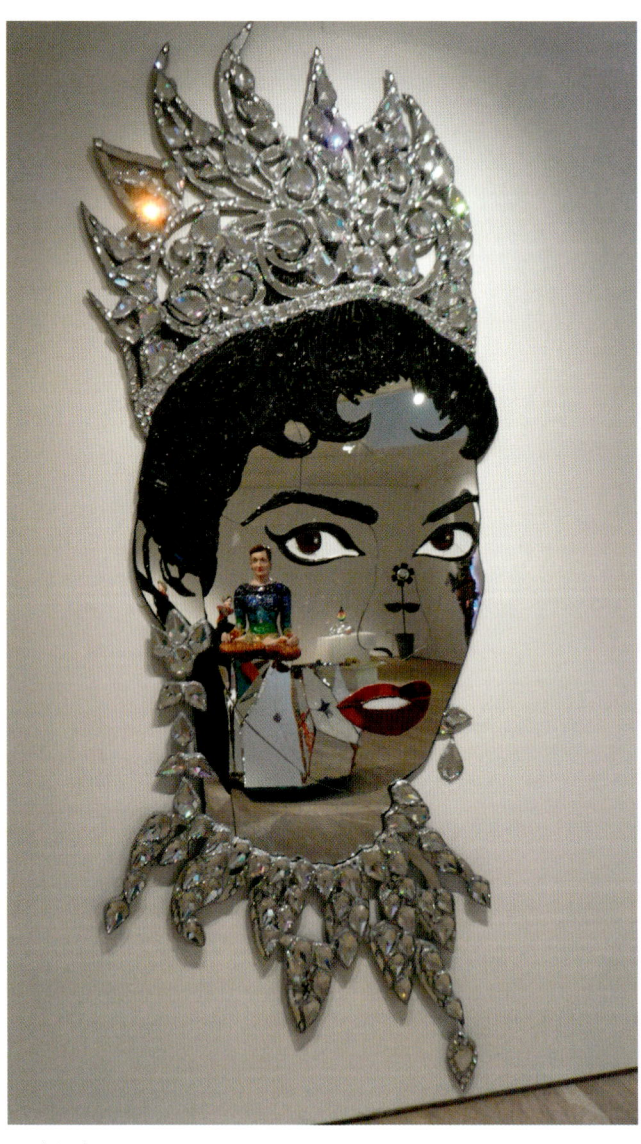

194 | Andrew Logan
*Maria Callas* 2007

## Helen LOPEZ 1961–
**Peintwraig. Ganed yn Llundain, Lloegr.**

Astudiodd yng Ngholeg Celf a Dylunio Chelsea 1980–81; Coleg Polytechnig Lerpwl 1981–84; Prifysgol Bangor, Gwynedd, o 2006. Cyrhaeddodd Gymru ym 1986. Gweithiwr datblygu'r celfyddydau (rhan-amser), Cymdeithas Addysg y Gweithwyr 1996–2001; cymedrolwraig sector (rhan-amser), Rhwydwaith Coleg Agored Cymru 1999–2006; tiwtor (rhan-amser), Prifysgol Bangor, o 2004. Gwobrau'n cynnwys y Cyngor Prydeinig 2001; Cyngor Celfyddydau Cymru 2005; Masnach Ryngwladol Cymru 2005, 2006. Arddangosfeydd ar y cyd yn cynnwys *The Probity of Virtue*, Oriel Mostyn, Llandudno (OM) 1990 (teithiol), *Under the Eye of Saturn*, OM 1991; Yr Academi Frenhinol Gymreig, Conwy 2001; Oriel Tegfryn, Ynys Môn 2003–06; Oriel Albany, Caerdydd 2004; *Welsh Contemporary Art*, Adeilad Time Warner, Efrog Newydd 2006. Arddangosfeydd un-ddynes niferus gan gynnwys Llyfrgell Sir y Fflint 1997 (teithiol); Canolfan Ucheldre, Caergybi 1999 (teithiol); *Wide Open*, Amgueddfa ac Oriel Gelf Williamson, Birkenhead (AOGW) 2000; *A Room Full of Angels*, Canolfan Gelfyddydau Taliesin, Abertawe 2001; Oriel Ynys Môn 2003; *Nudes, Stored Memory and Landscape*, Theatr Clwyd, Yr Wyddgrug 2005. Gwaith yng nghasgliad AOGW. 'Angylion, ffigurau, tirluniau, printiau'. Yn byw yn Llanedwen, Ynys Môn, gogledd Cymru.
*Yr artist*

## Bernard LORD 1940–
**Peintiwr. Ganed yng Nghaerdydd, de Cymru.**

Astudiodd yng Ngholeg Harlech, gogledd Cymru 1961–62; Coleg Celf a Dylunio Casnewydd (CCDCas) 1963–67, gyda Thomas Rathmell, Jack Crabtree, Brian Gardiner, Ernest Zobole, John Selway; Ysgol Gelf Tyler, Rhufain, Yr Eidal 1967–68, gyda Richard Callner, Rudi Staffel, Roger Anliker; Prifysgol Temple, Philadelphia, UDA 1968–69 (MFA). Darlithydd rhan-amser, CCDCas 1969–71; Darlithydd, celf a dylunio, Ysgol Gelf Luton 1971–76; Uwch-ddarlithydd, Coleg Celf Rotherham 1976–80; Pennaeth Celf Gain, Coleg Celf Swydd Lincoln 1980–87; Pennaeth y Celfyddydau Gweledol a Dylunio, Coleg Northbrook, Gorllewin Sussex 1987–95. Arddangosfeydd niferus ar y cyd gan gynnwys Oriel Rittenhaus Square, Philadelphia, UDA 1969 (gwobr gyntaf); Eisteddfod Genedlaethol Cymru, Bangor 1971; *What's New*, Y Grŵp Cymreig/Cyngor Celfyddydau Cymru 1974 (teithiol); *Wales and the Modern Movements*, Coleg Prifysgol Cymru Aberystwyth 1973; Oriel Usher, Lincoln 1984; *Arddangosfa Haf*, Yr Academi Frenhinol, Llundain 1993; Oriel Albany, Caerdydd 1993. Arddangosfa undyn, Coleg Addysg Caerllion, Casnewydd, de Cymru 1967. Yn byw yn Goring, Lloegr.
*Yr artist*

## Peter LORD 1948–
**Cerflunydd. Ganed yng Nghaerwysg, Lloegr.**

Hefyd yn awdur, hanesydd celf, o 1986. Astudiodd ym Mhrifysgol Reading 1966–70, gyda Terry Frost. Cymrawd Gwadd, Canolfan Celf Prydain Yale, New Haven, Connecticut 1994; Cymrawd Ymchwil, Canolfan Uwchefrydiau Cymreig a Cheltaidd Prifysgol Cymru, Aberystwyth (CUCC) 1997–2003. Aelod anrhydeddus, Yr Academi Frenhinol Gymreig; Cymdeithas Frenhinol Penseiri Cymru; aelod, Academi Cymru; Gorsedd y Beirdd, Eisteddfod Genedlaethol Cymru. Gwobrau'n cynnwys Cyngor Celfyddydau Cymru (CCC) (Ysgoloriaeth Lenyddiaeth) 1992; Artist y Flwyddyn BBC 1993. Comisiynau'n cynnwys Cofeb Hywel Dda, Hendy-gwyn Canolfan Rhyngwladol Astudiaethau Gwerin, Llangollen; Eglwys Llanbadarn Fawr, Aberystwyth; Cyngor Sir Gwynedd; Parc Glynllifon, Caernarfon. Arddangosfeydd ar y cyd yn cynnwys Annely Juda, Llundain 1971; Oriel Angela Flowers, Llundain 1974; Eisteddfod Genedlaethol Cymru 1976, 1978, 1979; Oriel Mostyn, Llandudno 1979; *Arddangosfeydd Rhyngwladol Cerfluniau Bach*, Bwdapest 1981. Arddangosfeydd undyn yn cynnwys Oriel, CCC, Caerdydd 1977; Spacex, Caerwysg 1979; Neuadd Dewi Sant, Caerdydd 1986; Oriel Plas Glyn-y-Weddw, Llanbedrog

1987. Cyhoeddiadau niferus gan gynnwys *The Aesthetics of Relevance* (Gwasg Gomer (Gomer) 1992); *Arlunwyr Gwlad* (Llyfrgell Genedlaethol Cymru, Aberystwyth (LlGC) 1993); *Gwenllian – Essays on Visual Culture* (Gomer 1994); *Diwylliant Gweledol Cymru: Y Gymru Ddiwydiannol* (CUCC/Gwasg Prifysgol Cymru, Caerdydd (GPC) 1998); *Diwylliant Gweledol Cymru: Delweddu'r Genedl* (CUCC/GPC 2000) (Medal Aur Bestermen McColvin, Sefydliad Siartredig Gweithwyr Proffesiynol Llyfrgelloedd a Gwybodaeth, am y fersiwn CD ROM); *Diwylliant Gweledol Cymru: Gweledigaeth yr Oesoedd Canol* (CUCC/GPC 2003); *Winifred Coombe Tennant: A Life Through Art* (LlGC 2007). Awdur, cyflwynydd, *The Big Picture* (Element/Teledu'r BBC 1999); ymchwilydd, awdur, cyflwynydd, *Y Ferch o Daliaris* 2005, *Tro yn yr Yrfa* 2006 (y ddau i Cwmni Da, S4C). Wedi'i gynnwys yn 'Peter Lord', *Portreadau* (S4C 2000). Casgliadau'n cynnwys Amgueddfa Cymru; LlGC. Yn byw yn Aberystwyth, canolbarth Cymru.
*Yr artist*

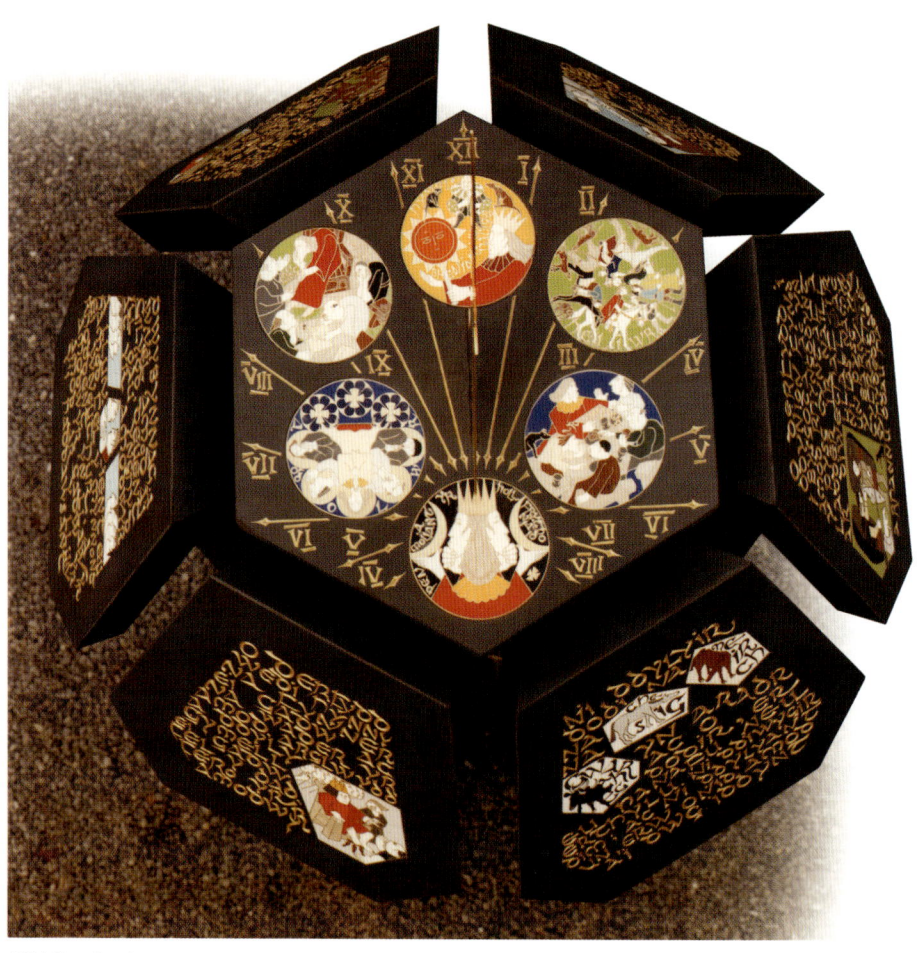

195 | Peter Lord
*Cloc Haul: Gardd a Chanolfan Ddehongli Hywel Dda* 1985

### Ross LOVEDAY 1946–

**Peintiwr, gwneuthurydd printiau. Ganed ym Margoed, de Cymru.**

Astudiodd yn Athrofa Wyddoniaeth a Thechnoleg Prifysgol Cymru, Caerdydd 1965–68 (Optometreg). Artist hunanaddysgedig. Optegydd, Harlow o 1971. Arddangosfeydd niferus ar y cyd yn cynnwys *Laing Art Competition*, Bury St Edmunds 1992–2000 (arobryn 1992, 1996); Eisteddfod Genedlaethol Cymru, Castell-nedd 1994; Oriel Martin Tinney, Caerdydd (OMT) 1995, 2003; Neuadd Dewi Sant, Caerdydd 1999; Y Coleg Celf Brenhinol, Llundain 2000, 2004, 2005; *Arddangosfa Haf*, Yr Academi Frenhinol, Llundain 2007. Arddangosfa ddeuddyn, OMT (gyda Dewi Tudor) 1999. Arddangosfeydd undyn yn cynnwys Oriel Cowleigh, Malvern 2001; Celf Gyfoes Caergrawnt 2002, 2004; Canolfan Gelfyddydau Gorllewin Cymru, Abergwaun 2003; Oriel Kooywood, Caerdydd 2005, 2006. Casgliadau'n cynnwys Amgueddfa Ddosbarth Epping Forest, Waltham Abbey; Oriel Gelf Beecroft, Westcliff-on-Sea; Tŷ'r Arglwyddi. '…awyrgylch tirwedd Prydain… Sir Benfro ac East Anglia…naws a golau byrhoedlog y pedwar tymor …' Yn byw yn Stansted, Lloegr.
*Yr artist*

### Wendy LOVEGROVE 1941–

**Peintwraig. Ganed ym Mryste, Lloegr.**

Mynychodd ddosbarthiadau yn Ysgol Gelf Bryste, Coleg Filton, Bryste 1998–2001. Cyrhaeddodd Gymru 2002. Bu'n gweithio fel ysgrifenyddes, stiwardes awyr. Aelod o Gymdeithas Artistiaid Gwlad yr Haf 1982–88 (Cadeirydd); Clwb Celfyddydau Clifton, Bryste (1989–2004); Celfyddydau Cambria. (CCam). Arddangosfeydd ar y cyd yn cynnwys *Arddangosfa Agored Academi Frenhinol Gorllewin Lloegr*, Bryste 1997–2007; Gweithdy Cymru, Abergwaun 2004–07; Gerddi Aberglasne, Llangathen 2004, 2006; Celf Gain Fountain, Llandeilo 2004–07; Canolfan Gelfyddydau Taliesin, Abertawe 2005–07; *Artist y Flwyddyn Cymru*, Neuadd Dewi Sant, Caerdydd 2007. Arddangosfa un-ddynes, Oriel Loft, Caerfyrddin 2007. Wedi'i chynnwys yn *Carmarthenshire Life* (Gorffennaf 2004, Gorffennaf 2006). '…tirwedd, bywyd llonydd, anifeiliaid, portreadau…' Yn byw yn Rhydaman, gorllewin Cymru.
*Yr artist*

### Ronald LOWE 1932–1985

**Peintiwr, gwneuthurydd printiau. Ganed yn Skipton, Lloegr.**

Astudiodd yng Ngholeg Celf Leeds 1949–55, gyda Keith Lucas. Gwasanaeth Milwrol 1955–59. Cyrhaeddodd Gymru ym 1959. Athro, Ysgol Ramadeg Hwlffordd 1959–71; darlithydd (rhan-amser), adrannau efrydiau allanol prifysgolion, Aberystwyth, Abertawe 1959–71; Arolygydd Ysgolion Ei Mawrhydi (Celf), Cymru 1971–85. Comisiynau'n cynnwys ysgolion a cholegau, Leeds 1955; Theatr Sherman, Caerdydd 1974. Gwobrau Cyngor Celfyddydau Cymru (CCC) 1979, 1980. Aelod o Gymdeithas Gelf Sir Benfro (cyd-sefydlydd 1964); Cymdeithas Frenhinol y Peintwyr mewn Dyfrlliw (CFPD). Arddangosfeydd niferus ar y cyd gan gynnwys Cymdeithas Celf Gyfoes Cymru (CCGC) 1960, 1963; Oriel Howard Roberts, Caerdydd (HR) 1961, 1964; 1969; *Artists from Wales*, Coleg Clare, Caergrawnt 1963; Oriel, CCC, Caerdydd 1974, 1982; CFPD, Llundain 1984. Arddangosfeydd deuddyn yn cynnwys Coleg Prifysgol Cymru, Aberystwyth (gyda Ray Evans) 1968 (teithiol). Arddangosfeydd undyn yn cynnwys HR 1962, 1964, 1965; Oriel yr Atig, Abertawe 1968–80; *Images of Flight and Landscape*, Prifysgol Bradford 1969; Canolfan Gelfyddydau Glannau Gwy, Llanfair-ym-Muallt 1978; Oriel Gelf Glynn Vivian, Abertawe 1980; *A Commemorative Retrospective Exhibition of the 1959–1971 Works of Ron Lowe*, Amgueddfa ac Oriel Gelf Castell Hwlffordd 1987; *Ron Lowe 1932–85*, Amgueddfa ac Oriel Gelf Casnewydd (AOGCas) 1988 (teithiol). Cyhoeddiadau'n cynnwys 'Turner in Pembrokeshire' (*Anglo Welsh Review* 1983); *Sutherland in Pembrokeshire* (catalog, arddangosfa deithiol, CCC/Cyngor Celfyddydau'r

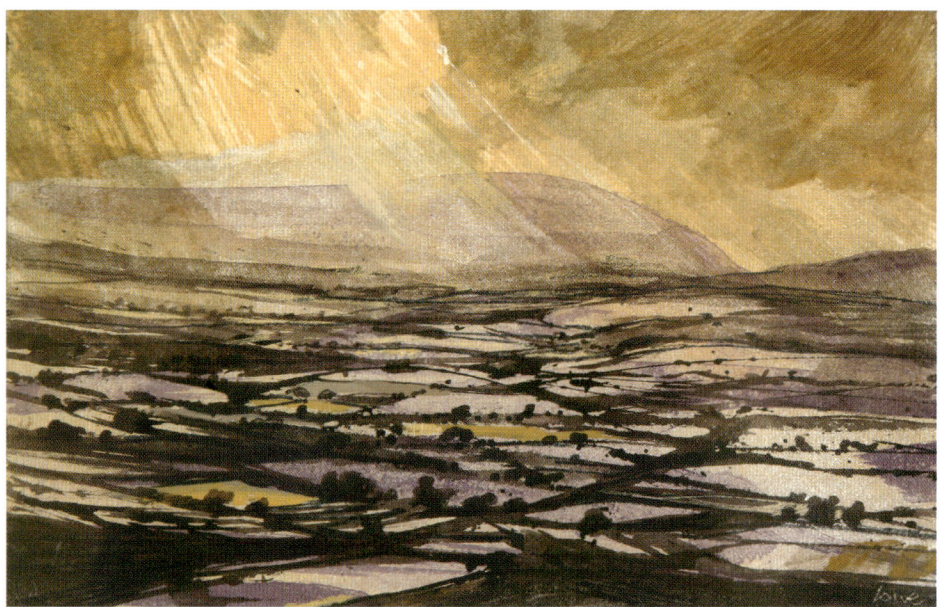

196 | Ronald Lowe
*Golden Light Towards Brecon* 1974

Alban 1983). Wedi'i gynnwys yn *Arts Review* (Medi 1962, Mehefin 1965, Ebrill 1966); *Anglo Welsh Review* (Bryn Richards, Cyf 19, Rhif 43, 1970); Here Today, Teledu BBC Cymru (Mehefin 1963). Casgliadau niferus yn cynnwys Amgueddfa ac Oriel Gelf Brycheiniog, Aberhonddu; Amgueddfa Cymru; AOGCas; CCGC; Llyfrgell Genedlaethol Cymru, Aberystwyth; Prifysgol Abertawe; Prifysgol Aberystwyth. Prynwyd gwaith gan CCC. Y dirwedd; weithiau byddai'n cael ei ysbrydoli wrth hedfan yn isel dros orllewin a chanolbarth Cymru.  Ar ddiwedd ei fywyd roedd yn byw yng Nghaerdydd.

### Diane LUCAS 1957–
**Enw gwaith Diane Llewellin, artist tecstiliau. Ganed yn Hwlffordd, gorllewin Cymru.**

Astudiodd yng Ngholeg Celf Dyfed 1976–77; Coleg Polytechnig Manceinion 1977–79. Preswyliadau niferus yng Nghymru o 1992, India o 1996, gan gynnwys Ysgol Gyfun y Gwendraeth 1992; Neuadd Dewi Sant, Caerdydd 1998; Coleg y Barri 2001; Ffermydd i Blant y Ddinas, Tyddewi 2005. Gweithdai cymunedol niferus, Cymru, Iwerddon, India o 1994. Hwylusydd, ArtsCare, gorllewin Cymru, o ddiwedd y 1990au. Arddangosfeydd ar y cyd yn cynnwys *Artistiaid mewn Ysgolion*, Cymdeithas Gelfyddydau De Ddwyrain Cymru/Cyngor Celfyddydau Cymru, Neuadd Dewi Sant, Caerdydd 1993–95; Oriel Myrddin, Caerfyrddin 1994; *Art of the Stitch*, Urdd y Brodwyr, Leeds 1995; *Colour*, Amgueddfa Leeds 1998; Canolfan Gelfyddydau Abaty Nant Teyrnon, Cwmbrân 2001; Canolfan Gelfyddydau Sain Dunwyd 2002. Arddangosfeydd un-ddynes, Prifysgol Caerhirfryn 1992; Llyfrgell Hwlffordd 1998, 1999; Oriel Neuadd y Frenhines, Arberth 2000. Gwaith wedi'i gynnwys mewn cylchgronau tecstiliau ac addysg amgylcheddol. 'Yr amgylchedd a lle dyn ynddo sy'n dylanwadu arnaf.' Yn byw yn Hwlffordd.
*Yr artist*

### Andrew LUMBORG 1956–
**Enw gwaith Andrew Paul Lumborg, peintiwr. Ganed yng Nghasnewydd, de Cymru.**

Astudiodd yn Athrofa Addysg Uwch De Morgannwg, Caerdydd 1983–87, gyda Michael Crowther, Terry Setch. Gwahanol swyddi, gan gynnwys gwaith swyddfa, labro 1972–83; gyrrwr 1987–2000; cynorthwy-ydd labordy (rhan-amser), Ysbyty Brenhinol Gwent, Casnewydd o 2000. Gwobr Cyngor Celfyddydau Cymru 2003. Aelod o Gymdeithas Artistiaid a Dylunwyr Cymru 1984–88. Arddangosfeydd ar y cyd yn cynnwys Oriel Albany, Caerdydd 2000; Oriel GPF, Casnewydd 2001; *Welsh Contemporaries Annual*, Sheldon Square, Llundain 2001, 2004, Oriel Woburn, Llundain 2006, Ymddiriedolaeth Gelfyddydau Capel Salem, Y Gelli Gandryll (YGCS) 2006; *Four Abstract Painters*, Oriel Washington, Penarth 2002. Arddangosfeydd undyn yn cynnwys Canolfan Gelfyddydau Glannau Gwy, Llanfair-ym-Muallt 1996; Canolfan Gelfyddydau Abaty Nant Teyrnon, Cwmbrân 2003; Prifysgol Derby 2006; YGCS 2006. Casgliadau'n cynnwys Canolfan Gelfyddydau Sain Dunwyd; Cyngor Caerdydd; Bwrdd Iechyd Prifysgol Aneurin Bevan. 'Tirwedd Cymru.' Yn byw yng Nghasnewydd, de Cymru.
*Yr artist*

### Alan LUMSDEN 1937–
**Enw gwaith Richard Alan Lumsden, gwneuthurydd printiau, drafftsmon. Ganed yn Aldershot, Lloegr.**

Astudiodd yn Ysgol Gelf Cheltenham 1953–1957; Sefydliad Addysg Prifysgol Llundain 1959–60. Gwasanaeth Milwrol, Y Llu Awyr 1957–59. Darlunydd llawrydd, Llundain; darlithydd, argraffu/teipograffeg 1960–65, gyda Merlyn Evans, Yr Ysgol Gelf Ganolog, Llundain. Roedd Edward Ardizzone ymhlith ei ffrindiau. Argraffiadau llofnodol, o dan gontract oriel 1969–1974. Pennaeth gwneud printiau, yna dylunio, Ysgol Gelf Caer 1965–80; artist llawnamser, peth darlithio 1980–83. Darlithydd (rhan-amser), Coleg Polytechnig Lerpwl 1983–87; Coleg Iâl, Wrecsam 1984–1994. Comisiynau'n cynnwys Cyngor Celfyddydau Cymru (CCC)/ Gweddw a Mab Felix Rosenstiel Cyf 1980; Unilever, gyda phreswyliad, Port Sunlight 1988. Arddangosfeydd ar y cyd yn cynnwys *Prints for Schools*, Cymdeithas Frenhinol y Peintwyr Ysgythrwyr 1970; Eisteddfod Genedlaethol Cymru, Caerdydd 1978; *The Probity of Art*, CCC 1980 (yn teithio'n rhyngwladol); *The Final Proof*, CCC 1981 (teithiol); Oriel 31, Y Drenewydd 1983, 1986, 1987; *Artists in Wales*, Oriel Gelf Glynn Vivian, Abertawe 1984; *Arddangosfa Cymru/Yr Alban*, Boston, UDA 1988. Arddangosfeydd undyn yn cynnwys y Ganolfan Adeiladu, Llundain 1973; *Prints by Alan Lumsden*, Prifysgol Cymru, Gregynog 1982; Dee Fine Arts, Heswall 1983; Wenniger Graphics, Boston, UDA 1989. Casgliadau'n cynnwys Amgueddfa ac Oriel Gelf Dinas Bryste; Amgueddfa ac Oriel Gelf Henffordd; Amgueddfa Cymru; Casgliad Celf y Llywodraeth, Llundain; Oriel Gelf De Llundain; Oriel Gelf Graves, Sheffield; Oriel Gelf Laing, Newcastle upon Tyne; Oriel Gelf Whitworth, Manceinion; Oriel Gelf Williamson, Penbedw; Ymddiriedolaeth Castell Bodelwyddan. Prynwyd gwaith gan CCC. Yn byw ger Trefaldwyn, canolbarth Cymru.
*Yr artist*

**Helen LUSH** 1958–
**Enw gwaith Helen Barbara Lush, peintwraig. Ganed yn Darlington, Lloegr.**

Cyrhaeddodd Gymru ym 1984. Astudiodd yng Ngholeg Celf a Dylunio Loughborough 1978–82. Dylunydd Gweuwaith, Nottingham 1982–84; athrawes (rhan-amser), Canolfan Howardian, Caerdydd 1999–2000. Comisiynau'n cynnwys yr Hen Lyfrgell, Caerdydd 1986; Bragdy Brains, Caerdydd tua 1986; Eglwys Annibynnol Saron, Ymddiriedolaeth Groundwork 1999. Aelod o Oriel Makers, Caerdydd (OM Caerdydd). Arddangosfeydd ar y cyd yn cynnwys Neuadd Dewi Sant, Caerdydd 1994, 1998, 2002, 2003, 2007; Oriel Albany, Caerdydd 1994–96, 1998–2000; Oriel Tisch Beere, Caerdydd 1994–95; *The Secret Gardens*, Yr Hen Lyfrgell, Caerdydd 1995. Arddangosfeydd deuddyn, OM Caerdydd, Caerdydd (gyda Billy Adams) 2001, (gyda Simon Rich) 2002, (gyda Noleen Reid) 2003. Arddangosfeydd un-ddynes, OM Caerdydd 1998–2000, 2004, 2005. 'Tirluniau, gerddi a golygfeydd stryd…triniaeth led-haniaethol gydag ymdeimlad cryf â lle.' Yn byw yng Nghaerdydd, de Cymru.
*Yr artist*

**Roger LUXTON** 1942–
**Enw gwaith Roger John Newton Luxton, cerflunydd, peintiwr. Ganed yng Nghaersallwg, Lloegr.**

Ei fam yn Gymraes. Astudiodd yng Ngholeg Celf Caerlŷr 1958–64, gyda Ken Ford; Y Coleg Celf Brenhinol, Llundain 1964–65. Athro (rhan-amser), Ysgol Gelf Norwich 1965; Coleg Celf Ravensbourne, Chislehurst 1966–69; Coleg y Gofaint Aur, Llundain 1968–71; darlithydd/uwch-ddarlithydd (llawnamser), Coleg Celf Swydd Gaerloyw 1969–92. Cyrhaeddodd Gymru ym 1992. Aelod o Gymdeithas Frenhinol Cerflunwyr Prydain 1987–94. Arddangosfeydd ar y cyd, *Arddangosfa Haf*, Yr Academi Frenhinol, Llundain 1980–85; Oriel Albany, Caerdydd 2002–07; Oriel Globe, Y Gelli Gandryll 2004. '…byd natur a grymoedd naturiol, ysbryd anifeiliaid, adar a blodau…Cymru.' Yn byw yng Nghastell-paen, canolbarth Cymru.
*Yr artist*

**Kieran LYONS** 1946–
**Artist sy'n defnyddio gosodwaith a gwaith seiliedig ar y lens. Ganed yn Guildford, Lloegr.**

Astudiodd yn Academi Gelf Caerfaddon 1964–68, gyda Michael Craig-Martin; Ysgol Gelf a Phensaernïaeth Prifysgol Yale 1968–1971 (MFA) gyda Richard Serra; Prifysgol Cymru Casnewydd (PhD) 2000–07, gyda Michael Punt. Cymrodoriaethau Addysgu, Ysgol Celf Gain (Cerfluniaeth), Prifysgol Auckland, Seland Newydd 1974; Ysgol Celf Gain (Cerfluniaeth), Coleg Polytechnig Ulster, Belffast 1978; Uwch-ddarlithydd (rhan-amser) Prifysgol Cymru Casnewydd (PCCas) 1981–89; amser) PCCas 1989–2002; Arweinydd Rhaglen (Celf Gain), PCCas, o 2002. Aelod o Grŵp 56 Cymru 1987–99. Arddangosfeydd ar y cyd yn cynnwys *Ffotofactions*, Ffotogallery, Caerdydd 1993 (teithiol); Afon, Oriel Mostyn, Llandudno (OM) 2001; A470, OM 2002 (teithiol). Arddangosfeydd undyn yn cynnwys *A Tree in Winter*, wedi'i chyflwyno yn y gynhadledd, 'Consciousness Reframed I', PCCas 1999; *Assigning Handlers to a Shadow*, wedi'i chyflwyno yn y gynhadledd, 'Consciousness Reframed II', PCCas 2000; *No More Play*, Oriel Ymchwil Ffloc, PCCas 2007. Cyhoeddiadau'n cynnwys 'Military Avoidance: Marcel Duchamp and the 'Jura-Paris Road" (*Tate Papers*, Cylchgrawn Ymchwil Ar-lein y Tate, Gwanwyn 2006). 'Gosodwaith rhyngweithiol, cerfluniau gwneuthuredig, lluniau, gweithiau llyfrau.' Yn byw yng Nghas-gwent, de Cymru.
*Yr artist*

## Anthony LYSYCIA 1959–
**Enw gwaith Anthony John Lysycia, cerflunydd, peintiwr. Ganed yn Chorley, Lloegr.**

Astudiodd yng Ngholeg Polytechnig Preston 1978–1981; Y Coleg Celf Brenhinol, Llundain MA (Gwneud printiau) 1981–1984, gyda Michael Rothenstein; Ysgol Brydeinig Rhufain 1984–85. Bu'n byw/gweithio yn Ewrop, Awstralasia, UDA, Ukrain o 1985. Artist preswyl, Canolfan Gelfyddydau Wrecsam; Oriel Gelf Dinas Manceinion; Tate Lerpwl; Gŵyl Llanelli; gweithdai niferus, ysgolion yng Nghymru. Comisiynau'n cynnwys 200 mlwyddiant Traphont Pontcysyllte, Dyfrffyrdd Prydain 2003; *Parc y Ponciau, Rhosllannerchrugog 2007. Arddangosfeydd undyn yn cynnwys Canolfan Gelfyddydau* Wrecsam 1991, 2005; Oriel Gelf Llanelli 1993. Cerfiadau mewn pren, carreg; 'dyfrlliwiau a wneir ar leoliad… cynfasau tempera wy mawr wedi eu datblygu o ddyfrlliwiau.' *(Gwefan yr artist)* Yn byw yn Johnstown, Wrecsam, gogledd Cymru.
*Yr artist*

## Eironwy LLEWELLYN 1930–
**Cerflunydd, peintwraig. Ganed yn Llanbadarn Fawr, canolbarth Cymru.**

Bu'n byw yn Sain Tathan, de Cymru 1939–45. Astudiodd yn Ysgol Gelf Abertawe. Athrawes, ysgolion uwchradd/anghenion arbennig/addysg oedolion. Aelod cyswllt, Cymdeithas Therapyddion Celf Prydain. Agorodd stiwdios manwerthu (Mandola Terre Cottes, Stiwdio Tana) yn y Bont-faen, de Cymru. Arddangosfeydd ar y cyd yn cynnwys Grŵp Celf y Bont-faen 1995. Arddangosfeydd un-ddynes yn cynnwys *Perestroika is Painful or Seven Days that Shook the Artist*, tua 1990. Penddelwau teracota, ffigurynnau; paentiadau'n cofnodi ei phlentyndod. Yn byw yn y Bont-faen, de Cymru.
*Yr artist*

## Alan LLOYD 1925–
**Ceramegydd. Ganed ym Mhen-bre, gorllewin Cymru.**

Astudiodd yng Ngholeg y Drindod, Caerfyrddin 1946–48; Coleg y Gofaint Aur, Llundain 1950–51; Coleg Prifysgol, Caerdydd 1970–71. Athro, ysgolion Middlesex 1948–56; Ysgol Penlan, Abertawe 1956–59. Darlithydd, Coleg y Drindod, Caerfyrddin 1959–64; Coleg Addysg y Barri 1964–79. Comisiynau, paneli ceramig mawr yn Bahrain, Belffast, Birmingham, Bryste, Brunei, Llundain, Riyadh 1982–95; Ysbyty Tywysoges Cymru, Pen-y-bont ar Ogwr 1987; Neuadd y Sir, Caerdydd 1989. Arddangosfeydd ar y cyd, *Design Expo*, Olympia, Llundain 1983, 1984. Wedi'i gynnwys yn *The Potter's Manual*, Kenneth Clark (MacDonald 1983). Yn byw yn y Barri, de Cymru.
*Yr artist*

## Chris LLOYD 1950–
**Enw gwaith Christopher Lloyd, gwneuthurydd printiau. Ganed yn Stockton-on-Tees, Lloegr.**

Ei dad yn Gymro. Cyrhaeddodd Gymru ym 1987. Astudiodd ym Mhrifysgol Newcastle upon Tyne 1969–74, gyda Kenneth Rowntree, Ian Stephenson; Athrofa Prifysgol Cymru, Caerdydd (APCC) 1996–98 (MA Celf Gain). Darlithydd (rhan–amser), Coleg Celfyddydau a Thechnoleg Newcastle 1975–78; Prifysgol Middlesex 1982–87; Coleg Barnet 1984–87; Athrofa Addysg Uwch Caerdydd/APCC o 1987; Hyfforddwr Celfyddydau a'r Cyfryngau, Gwasanaeth Ieuenctid a Chymunedol, Bro Morgannwg, o 1990; tiwtor, Ysgol Haf Morgannwg, Porth-cawl 1991, 1993; tiwtor (rhan–amser), Coleg Iwerydd, Sain Dunwyd o 1997. Prosiectau'n cynnwys *Issue*, llyfrau artistiaid argraffiad cyfyngedig 2002–07. Aelod sefydlu o virtually–6 (v–6), artistiaid, gwneuthurwyr printiau, cyhoeddwyr. Arddangosfeydd ar y cyd yn cynnwys *6 Printmakers*, Oriel Gelf Glynn Vivian, Abertawe 2001; *6 Printmakers*, Canolfan Gelfyddydau Abaty Nant Teyrnon, Cwmbrân 2002; Amgueddfa ac Oriel Gelf Dinbych-y-pysgod 2003;

*Classic IX*, Biennale Rhyngwladol, Kortrijk, Gwlad Belg 2003; *Artist y Flwyddyn Cymru*, Neuadd Dewi Sant, Caerdydd, 2006, 2007; *Imprint*, Canolfan Mileniwm Cymru, Caerdydd 2007; *Siggraph*, San Diego, California 2007. Yn byw ym Mhenarth, de Cymru.
*Yr artist*

### David LLOYD 1937–2012
**Enw gwaith David Morse Lloyd, peintiwr. Ganed yn Nhre-g yr, Abertawe, de Cymru.**

Astudiodd yng Ngholeg Celf Abertawe 1960–64, gyda Howard Martin; Coleg Celf Caerdydd 1964–65. Athro, Ysgol Uwchradd Llanrhymni i Fechgyn, Caerdydd 1966; Ysgol Uwchradd Stebonheath, Llanelli 1966–70; darlithydd (rhan-amser), Darlunio Technegol, Athrofa Addysg Uwch Abertawe 1975–87; Coleg Abertawe 1987–90; tiwtor (rhan-amser), Addysg Uwch, ac addysgu arall, Abertawe 1990–2003. Arddangosfeydd yn cynnwys Canolfan Gelfyddydau Taliesin, Abertawe (gyda Christian Lloyd) 1999. Peintiadau ac arluniau haniaethol a ffigurol. '…artist preifat iawn oedd e ac anaml y byddai'n arddangos ei waith – dyma resyn o beth o ystyried ei fod yn paentio bob dydd, bron â bod.' *(Christian Lloyd)* Roedd yn byw yn Abertawe.
*Christian Lloyd*

### David LLOYD 1969–
**Enw gwaith David Roger Lloyd, cerflunydd, peintiwr. Ganed yn Aberystwyth, gorllewin Cymru.**

Astudiodd yng Ngholeg Technoleg a Chelf Sir Gaerfyrddin 1988–92. Gweithdai/prosiectau helaeth, gan gynnwys addysg oedolion/cymunedol, o 1995. Artist preswyl, Ymddiriedolaeth Bywyd Gwyllt Gwlyptiroedd (YBGG), Pen-clawdd 1994; Castell Henllys 1995, 1997, 2002; Plas Newydd, Ynys Môn 2000; Ysgol Gynradd Llan-y-tair-mair, Oxwich 2002. Comisiynau niferus gan gynnwys grŵp cerfluniaeth, Castell Henllys 1994; Antur Waunfawr 1998; Eisteddfod Genedlaethol Cymru (EGC), Pen-y-bont ar Ogwr 1998; Comisiwn Coedwigaeth, Coed y Brenin, Dolgellau 2006; Sefydliad y Glowyr Llai, Wrecsam 2007. Aelod o Creu-ad. Arddangosfeydd ar y cyd yn cynnwys *Open Folio*, Oriel Henry Thomas, Caerfyrddin 1993; *Blue Horses*, Oriel Fac-Simile, Milan 1994; *Ar Drywydd y Twrch Trwyth*, Oriel Myrddin, Caerfyrddin (OMyr) 1995 (teithiol); EGC, Llandeilo 1996 (cydenillydd); *New Beginnings*, OMyr 2000. Arddangosfeydd undyn, *Art of Camouflage*, YBGG, Llanelli 1993; *Recent Works Wildfowl*, Oriel Artizan, Castellnewydd Emlyn 1996; *Selection of the First*, Oriel Swyddfeydd Sirol Kilkenny, Iwerddon 1996. Casgliadau'n cynnwys Amgueddfa Sir Gaerfyrddin; Cyngor Sir Waterford, Iwerddon. 'Hanes diwylliannol, y byd naturiol, gweithio mewn cyfryngau naturiol yn y dirwedd.' Yn byw yng Nghydweli, gorllewin Cymru.
*Yr artist*

### Megan LLOYD 1964–
**Artist cymunedol, gwneuthurydd printiau. Ganed yng Nghaerfyrddin, gorllewin Cymru.**

Astudiodd yng Ngholeg Celf Dyfed 1982; Athrofa Addysg Uwch De Morgannwg 1983–86; Rubicon, Prosiect Dawns Gymunedol Caerdydd 1986–87. Comisiynau'n cynnwys Gŵyl Celfyddydau Gweledol Caerdydd 1989; Sioe Amaethyddol Frenhinol Cymru/Cymdeithas Gelfyddydau De Ddwyrain Cymru 1990; Cyngor Sir Powys 1990; Gwasanaeth Addysg Ysgolion, Amgueddfa Cymru, Caerdydd 1991; *Ballroom Blitz Dance Festival*, Festival Hall, Canolfan South Bank, Llundain 1991. Aelod, Cymdeithas Artistiaid a Dylunwyr Cymru (CADC); Gweithdy Argraffu Caerdydd (GAC). Arddangosfeydd niferus ar y cyd yn cynnwys GAC 1986–91; *Gŵyl Gelfyddydau'r Menywod*, Caerdydd 1986, 1987, 1989; *Arddangosfa Agored Canolbarth Cymru*, Canolfan y Celfyddydau Aberystwyth 1987; Eisteddfod Genedlaethol Cymru, Casnewydd 1988; Oriel, Cyngor Celfyddydau Cymru, Caerdydd (Oriel) 1989; *Arddangosfa Agored CADC*, Glanfa Camlas y Gorllewin, Caerdydd 1990, Gweithdy Celfyddydau Abertawe 1991;

*Print News: Printmakers from Wales*, Oriel/Canolfan Gelfyddydau Chapter, Caerdydd 1990 (teithiol). Yn byw yn Nhrehafod, de Cymru.
*Yr artist*

### Sarah J LLOYD 1896–?
**Peintwraig. Ganed yn Nhalacharn, gorllewin Cymru.**

Hunanaddysgedig yn bennaf; peth astudio gwnïo/dylunio defnyddiau'n rhan-amser, Coleg Celf Caerfyrddin; dosbarthiadau nos lleol. Dechreuodd baentio 1960. Y Fedal Aur mewn arddangosfa gan Sefydliad y Merched (SyM). Arddangosfeydd ar y cyd yn cynnwys *An Alternative Tradition*, Cyngor Celfyddydau Cymru 1972 (teithiol); arddangosfeydd SyM. Cefn gwlad Sir Gaerfyrddin/Sir Benfro. Roedd yn byw yng ngorllewin Cymru.

### Sylvia LLOYD 1944–
**Enw gwaith Sylvia Ellen Lloyd, peintwraig. Ganed yn Llanbradach, de Cymru.**

Hunanaddysgedig; dosbarthiadau gyda Roy Marsden, o 1994. Nyrs, Caerffili, Tregaron, Aberystwyth 1962–94. Arddangosfeydd ar y cyd yn cynnwys *Biennale Arlunio Cymru*, Canolfan y Celfyddydau Aberystwyth 1997, 2002; Y Tabernacl, Machynlleth 1999–2005, 2007; *Artist y Flwyddyn Cymru*, Neuadd Dewi Sant, Caerdydd 2000; *Dydd Gŵyl Dewi*, Llyfrgell Caerfyrddin (LlCaerf) 2000 (y wobr gyntaf); *Cystadleuaeth y Tair Tref*, LlCaerf 2002, Llyfrgell Llanelli 2003 (arobryn); Oriel Albany, Caerdydd 2004, 2005; *Ysbryd Llŷn*, Oriel Plas Glyn-y-Weddw, Llanbedrog 2004. Arddangosfeydd dwy-ddynes (gyda Wendy Lloyd), Theatr Felin-fach 1997; Theatr Mwldan, Aberteifi 2002; Art Matters, Dinbych-y-pysgod 2002–05. 'Portreadau a thirluniau Cymru.' Yn byw yn Llanbedr Pont Steffan, gorllewin Cymru.
*Yr artist*

### Wendy LLOYD 1959–
**Enw gwaith Wendy Myfanwy Lloyd, peintwraig. Ganed yng Nghribyn, gorllewin Cymru.**

Hunanaddysgedig; dosbarthiadau gyda Roy Marsden, o 1994. Busnes teulu, peiriannau amaethyddol/ cyfarpar godro, o 1976. Arddangosfeydd ar y cyd yn cynnwys *Biennale Arlunio Cymru*, Canolfan Gelfyddydau Wrecsam 1999; Y Tabernacl, Machynlleth 1999–2001, 2003–05, 2007; *Artist y Flwyddyn Cymru*, Neuadd Dewi Sant, Caerdydd 2000, 2002, 2003; *Cystadleuaeth y Tair Tref*, Llyfrgell Llanelli (LlLl) 1998 (y wobr gyntaf), *Art West*, Llyfrgell Caerfyrddin (LlCaerf) 2002; *Arddangosfa Agored Wrecsam*, Canolfan Gelfyddydau Llyfrgell Wrecsam 2002; LlLl 2005; *Ysbryd Llŷn*, Oriel Plas Glyn-y-Weddw, Llanbedrog 2003, 2004; Oriel Albany, Caerdydd 2000, 2005. Arddangosfeydd dwy-ddynes (gyda Sylvia Lloyd), Theatr Felin-fach 1997; Theatr Mwldan, Aberteifi 2002; Art Matters, Dinbych-y-pysgod 2002–05. 'Cefn gwlad Cymru.' Yn byw yn Llanbedr Pont Steffan, gorllewin Cymru.
*Yr artist*

# ARTISTIAID: M

M

**M  Gweler Madeleine ADDYMAN**

**Emma MacCALLUM** 1971–
**Peintwraig, cerflunydd. Ganed yn Kingswood, Lloegr.**

Astudiodd yn Athrofa Addysg Uwch De Morgannwg , Caerdydd 1989–90, 1995; Coleg Polytechnig Newcastle 1990–93. Bu'n byw yng Nghymru 1994–2001. Gwobr Cyngor Celfyddydau Cymru 1996. Cyfranogwraig, rhaglen gyfnewid dri-mis, Coleg Cenedlaethol Celf a Dylunio, Dulyn 1992; Gwersylloedd Artistiaid India Gyfan, Hyderabad 1997. Arddangosfeydd ar y cyd yn cynnwys *Artistiaid yr Hen Lyfrgell*, Yr Hen Lyfrgell, Caerdydd (HL) 1994; *No Frills: 25 Artists in a White Wine Sauce*, Oriel Third Wave, Caerdydd 1994 (cyd-guradur); *Arddangosfa Offene Ateliers (Stiwdios Agored): Chwe Artist Cymreig Dewisol*, Bielefeld 1995; *OLA and Out*, HL 1995; Prosiect Artistiaid (Rhyngwladol), Stiwdios y Prosiect Artistiaid, Caerdydd 1996. Arddangosfeydd dwy-ddynes, Oriel yr Atig, Abertawe (OAA) (gyda Linda Norris) 1999; OAA (gyda Donald McIntyre) 2001. Arddangosfeydd un-ddynes, *Figuratively Speaking*, Permanent Waves, Glanfa Iwerydd, Bae Caerdydd 1995; Fforwm *Women in the Arts*, The Point, Bae Caerdydd 1995. Yn byw yn Saint Martin, India'r Gorllewin.
*Yr artist*

**Bryan MACDONALD** 1932–1990
**Cerflunydd. Ganed yn Singapore.**

Yn byw yng Nghymru 1965–68. Astudiodd yng Ngholeg Addysg Plas Bretton, Wakefield 1954–56; Coleg y Brenin, Prifysgol Durham 1958–61. Darlithydd, Ysgol Gelf Salford 1961–64; Cymrawd Gulbenkian mewn Cerfluniaeth, Prifysgol Keele (PK) 1964–65; Uwch-ddarlithydd, Coleg Celf Casnewydd 1965–68; Prif Ddarlithydd/Pennaeth Adran, Coleg Polytechnig Dinas Sheffield 1968–86; Pennaeth Celf Gain, Athrofa Dechnoleg Darwin/Prifysgol y Diriogaeth Ogleddol, Awstralia 1986–90. Comisiynau'n cynnwys cerflun coffa, Aberdaugleddau 1968; *Towards Sculpture*, Eisteddfod Genedlaethol Cymru (EGC), Rhydaman/Cyngor Celfyddydau Cymru (CCC) 1970; Ysbyty Parc Weston, Sheffield 1972; Llyfrgell Gyhoeddus Greasbrough 1973–74. Aelod o Grŵp 56 Cymru 1966–70. Arddangosfeydd ar y cyd yn cynnwys *Twenty-six Young Sculptors*, Sefydliad Celfyddydau Cyfoes, Llundain 1961; *Structure 1966*, CCC 1966 (teithiol); *Cymru Nawr*, EGC/CCC, Y Barri 1968 (teithiol); *Play Orbit*, EGC y Fflint/CCC/ICA 1969 (teithiol); *Three towards Infinity*, Oriel Gelf Whitechapel, Llundain 1971; *Arddangosfa Ganmlwyddiant*, Prifysgol Newcastle 1971; Parc Cerfluniaeth Swydd Efrog, Wakefield 1975. Arddangosfeydd undyn yn cynnwys *Sculptures and Drawings*, PK 1965; Oriel Mappin, Sheffield 1972; *Images*, Amgueddfa Celfyddydau a Gwyddorau'r Diriogaeth Ogleddol, Darwin (ACGDO) 1987; adolygol, *Spirit and Light*, ACGDO 1991. Casgliadau'n cynnwys Coleg Addysg Crewe; Coleg Addysg Madeley; PK. Roedd yn byw yn Darwin, Awstralia.

### Robert MACDONALD 1935–
**Enw gwaith Robert James Macdonald, peintiwr, gwneuthurydd printiau. Ganed yn Spilsby, Lloegr.**

Bu'n byw yn Seland Newydd 1945–58; hyfforddodd fel newyddiadurwr. Astudiodd yn Yr Ysgol Gelf Ganolog, Llundain 1958–59, 1971–72, 1981–82, gyda Mervyn Peake, Keith Vaughan; Y Coleg Celf Brenhinol, Llundain 1976–79, gyda Peter de Francia. Gohebydd/adolygydd y celfyddydau 1968–90; darlithydd (rhan-amser), Colegau Celf Caergaint a Maidstone 1984–90. Daeth i Gymru ym 1989. Cyfarwyddwr, Gweithdy Argraffu Abertawe o 2007. Comisiynau'n cynnwys Llwybr Celf y Bannau, Parc Cenedlaethol Bannau Brycheiniog 2005. Gwobr Cyngor Celfyddydau Cymru 1997. Aelod o Gymdeithas Ddyfrlliwiau Cymru; Y Grŵp Cymreig (Cadeirydd 2007). Arddangosfeydd ar y cyd yn cynnwys *Singer and Friedlander/Sunday Times Watercolour Competition*, Orielau'r Mall, Llundain 1994 (arobryn), 1995, 1998 (arobryn), 1999–2001, 2003, 2005–07; Y Gymdeithas Ddyfrlliwiau Frenhinol, Oriel Bankside, Llundain 2005 (y wobr gyntaf), 2006 (arobryn); *Biennale Arlunio Cymru*, Canolfan y Celfyddydau Aberystwyth 1999 (teithiol), 2005 (teithiol); *Eight Artists on the Trail*, Oriel yr Art Shop, Y Fenni 2007. Arddangosfa ddeuddyn, *Myths and Landscape – Urban and Rural Wales*, Amgueddfa Cwm Cynon (gyda George Little) 2007 (teithiol). Arddangosfeydd undyn yn cynnwys adolygol, Amgueddfa ac Oriel Gelf Brycheiniog (AOGB) 1997, 2000; *Paintings of Welsh Legend, Llyn-y-Fan Fach*, Oriel y Globe, Y Gelli Gandryll 2000; *Brecon Jazz Paintings*, AOGB 2000; The Hay Makers, Y Gelli Gandryll 2007. Cyhoeddiad, *The Fifth Wind* (Bloomsbury a Hodder and Stoughton 1989). Torluniau pren, *Where Many Shipwrack, a selection of early poems by John Donne* (Old Stile Press 2004). Gwaith wedi'i gynnwys yn *The Beacons Way Art Trail – 8 Stones, 8 Artists*, David Moore (Little Fish Press 2007). Casgliadau'n cynnwys Amgueddfa Victoria ac Albert, Llundain; AOGB; Cymdeithas Celf Gyfoes Cymru; Oriel Gelf Ferens, Hull. '…mythau llwythol …dyfrlliwiau …tirluniau o'r Bannau a Dyffryn Wysg.' Yn byw ym Mhen-pont, canolbarth Cymru.
*Yr artist*

### John MACFARLANE 1948–
**Enw gwaith John Foster Macfarlane, peintiwr, gwneuthurydd printiau, cynllunydd theatr. Ganed yn Glasgow, Yr Alban.**

Astudiodd yn Ysgol Gelf Glasgow 1966–70. Daeth i Gymru ym 1975. Comisiynau niferus, cynllunio theatr ar gyfer opera a bale, gan gynnwys Y Bale Brenhinol 1985; Theatr Ddawns Harlem, Efrog Newydd 1991; Compania Nacional de Danza, Madrid 1993; Glyndebourne 2002; Opera Paris 1997; Tŷ Opera'r Metropolitan, Efrog Newydd 2007; Y Tŷ Opera Brenhinol, Llundain 2002–04, 2007; Opera Wladol Fiena 2006; Opera Genedlaethol Cymru 1998, 2000. Cymrodor, Coleg Cerdd a Drama Brenhinol Cymru, Caerdydd 2002. Arddangosfeydd undyn yn cynnwys Oriel, Cyngor Celfyddydau Cymru (CCC), Caerdydd 1979; Galerie Hilger, Fiena 1983, 1985; Oriel Andrew Knight, Caerdydd 1984, 1986; Oriel Marina Henderson, Llundain 1986, 1988, 1991, 1993, 2001; Oriel Martin Tinney, Caerdydd 1995, 1998, 2002, 2004; Y Gymdeithas Celf Gain, Llundain 2005. Casgliadau'n cynnwys Albertina, Fiena; Amgueddfa Cymru; Amgueddfa Hunter, Glasgow; Amgueddfa Victoria ac Albert, Llundain; Cymdeithas Celf Gyfoes Cymru; Kunsthalle Nürnberg; Oriel Gelf Glynn Vivian, Abertawe. Prynwyd gwaith gan CCC. Yn byw ym Mhwll Glo Fforest, de Cymru.
*Yr artist*

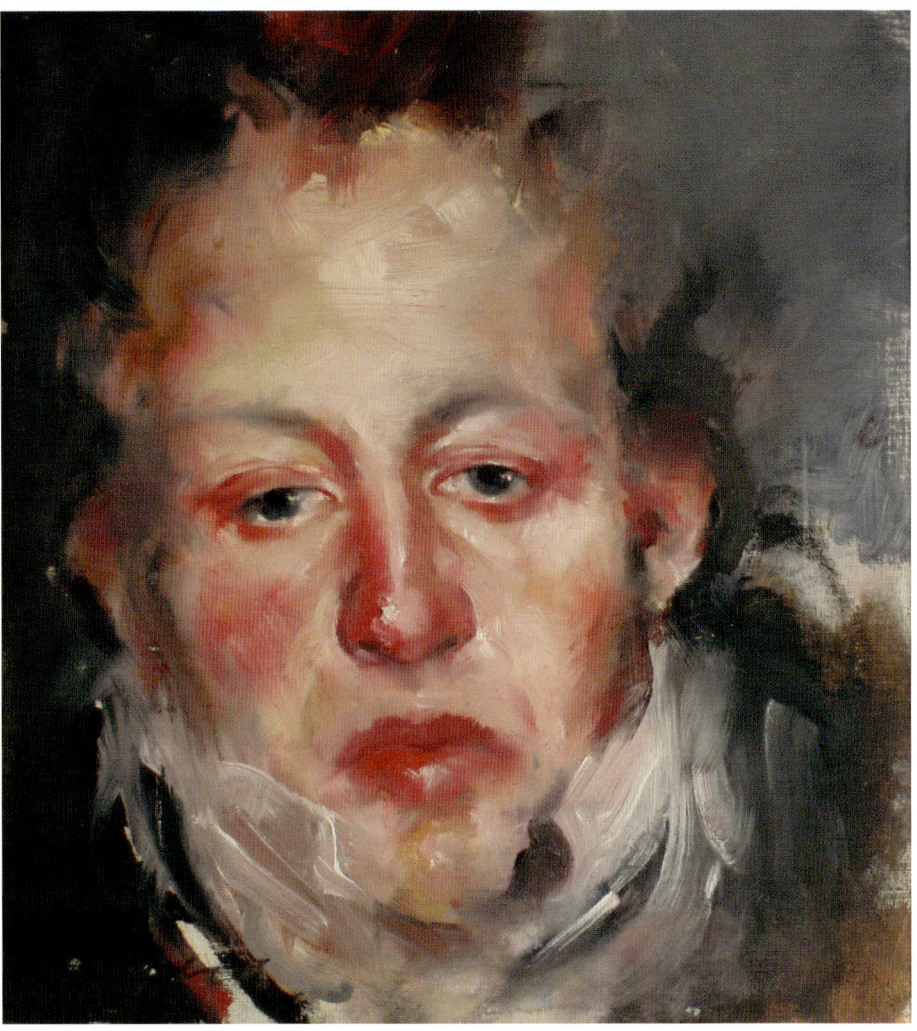

197 | John Macfarlane
*Man's Head II, Monastatos, The Magic Flute, Y Tŷ Opera Brenhinol* 2005

## James MacKEOWN 1961–

**Enw gwaith James Martin MacKeown, peintiwr. Ganed yn Llundain, Lloegr.**

Bu'n byw yng Nghymru 1975–87; yn dod yn ôl ar ymweliadau mynych. Wedi'i addysgu gan dad ei fam, Tom Carr; tad, Martin MacKeown. Arddangosfeydd ar y cyd yn cynnwys yr Oriel Bortreadau Genedlaethol, Llundain 1981; Eisteddfod Genedlaethol Cymru, Abergwaun 1986; Oriel Phoenix, Lavenham (OP) (gyda Tom Carr a Martin MacKeown) 1990; Canolfan Gelfyddydau Gorllewin Cymru, Abergwaun (CGGC) 1995, 1996, 1998, 2001, 2003, 2005; Academi Frenhinol Ulster, Belffast 2000 (medal arian); Oriel Kooywood, Caerdydd (OK) 2006. Arddangosfeydd undyn cenedlaethol/rhyngwladol niferus gan gynnwys Oriel Sessions, Trefdraeth, Sir Benfro 1985; OP 1987–89, 1991; CGGC 2001, 2003, 2005; OK 2006. Casgliadau'n cynnwys Casgliad Hunanbortreadau Cenedlaethol Iwerddon, Limerick; Cymdeithas Celf Gyfoes Cymru; Llyfrgell Genedlaethol Cymru, Aberystwyth. 'Ffigurau; mewnluniau; tirwedd: Swydd Down, Sir Benfro, Normandi'. Yn byw yn Vattetot-sur-Mer, Ffrainc.
*Yr artist*

## Dave MAINWARING 1933–1993

**Enw gwaith David M Mainwaring, peintiwr. Ganed yn Nhreherbert, de Cymru.**

Astudiodd yng Ngholeg Celf Caerdydd 1949–1954; Prifysgol Cymru 1966–67. Un o Grŵp Artistiaid y Rhondda, gydag Ernest Zobole, Charles Burton, Nigel Flower, Gwyn Evans. Athro, Ysgol Uwchradd Bodringallt 1956–7; Ysgol Ramadeg Castell-nedd i Ferched 1958–66; darlithydd/uwch-ddarlithydd, Addysg Gelf, Athrofa Addysg Uwch De Morgannwg (AAUDM) 1967–84. Arddangosfeydd ar y cyd yn cynnwys Grŵp De Cymru 1952, 1956; Eisteddfod Genedlaethol Cymru 1952, 1960, 1964; *Young Welsh Artists*, Pwyllgor Cymreig Cyngor Celfyddydau Prydain Fawr/Amgueddfa Cymru 1958 (teithiol); *Eight Neath Painters*, Canolfan Ddinesig Castell-nedd 1966; *Landscapes and Animals*, Yr Hen Neuadd, Y Bont-faen (NHyB) 1981; Sefydliad Brenhinol y Peintwyr Mewn Dyfrlliwiau, Orielau'r Mall, Llundain 1989, 1990. Arddangosfeydd undyn yn cynnwys *Selected Drawings*, Oriel Gerddi Howard, Caerdydd 1978; *Images from My Past*, Theatr Sherman, Caerdydd 1983; *Journey Round My Eye: Recent Work 1988*, NHyB 1989; *Landscape of Time, Dave Mainwaring 1933–93*, HNyB 1994. Gwnaeth ffilm, *An Introduction to Secondary Education* (AAUDM 1982); cyhoeddodd adroddiad, *Artists in Residence* (Sefydliad Gulbenkian 1988). Wedi'i gynnwys yn *Landscape of Time, Dave Mainwaring 1933–93* (HNyB 1994). Casgliadau'n cynnwys Llyfrgell Genedlaethol Cymru, Aberystwyth. Roedd yn byw yn Nhre-fin, gorllewin Cymru.
*Barbara Price*

## Kathleen MAKINSON 1926–

**Gemydd. Ganed yn Efrog Newydd, UDA.**

Cyrhaeddodd Gymru ym 1956. Astudiodd yng Ngholeg Celf Sheffield 1942–43; Coleg Celf Caer 1943–45; Y Coleg Celf Brenhinol, Llundain 1945–48; Coleg Celf Glasgow 1953–54. Artist preswyl, Canolfan Gelfyddydau Llyfrgell Wrecsam 1974. Comisiynau niferus 1978–95, gan gynnwys naw Coron Farddol, Eisteddfod Genedlaethol Cymru; Cyngor Sir Clwyd; BBC; ITV; Prifysgol Cymru; Eisteddfod yr Urdd. Arddangosfeydd ar y cyd yn cynnwys *About Time*, Cyngor Celfyddydau Cymru (CCC)/Eisteddfod Genedlaethol Cymru, Caernarfon 1979 (teithiol); *Made to Measure*, CCC 1981 (teithiol); *In the First Place*, Canolfan y Celfyddydau Aberystwyth 1990; Llyfrgell, Amgueddfa ac Oriel Gelf Dinbych 1996, 1998, 2000; *Cymru yng Nghatalonia*, Barcelona, Cyngor Celfyddydau Cymru (CCC)/Y Cyngor Prydeinig 1996; Collect, Y Cyngor Crefftau, Amgueddfa Victoria ac Albert, Llundain 2004, 2005. Arddangosfeydd undyn yn cynnwys *Gemwaith Kathleen Makinson*, Oriel Mostyn, Llandudno 1986; Canolfan Grefft Rhuthin (CGRh) 1994 (teithiol), 2002 (teithiol). Gwaith wedi'i gynnwys yn 'Friths and Makinsons', Philip

Hughes (*Crefft*, CCC, Rhagfyr 1995); 'Wales in Catalonia', Philip Hughes (*Crefft*, CCC, Rhagfyr 1996); *Kathleen Makinson*, Elizabeth Goring (CGRh 2002). Casgliadau'n cynnwys Bwrdd Iechyd Prifysgol Betsi Cadwaladr; Cwmni y Gofaint Aur, Llundain; Prifysgol Bangor; Prifysgol John Moores Lerpwl; Ymddiriedolaeth Warwick, Llundain. Prynwyd gwaith gan CCC. Metelau gwerthfawr; minimaliaeth; ffurf bensaernïol gyfoes. Yn byw yn Ninbych, gogledd Cymru.

*Yr artist*

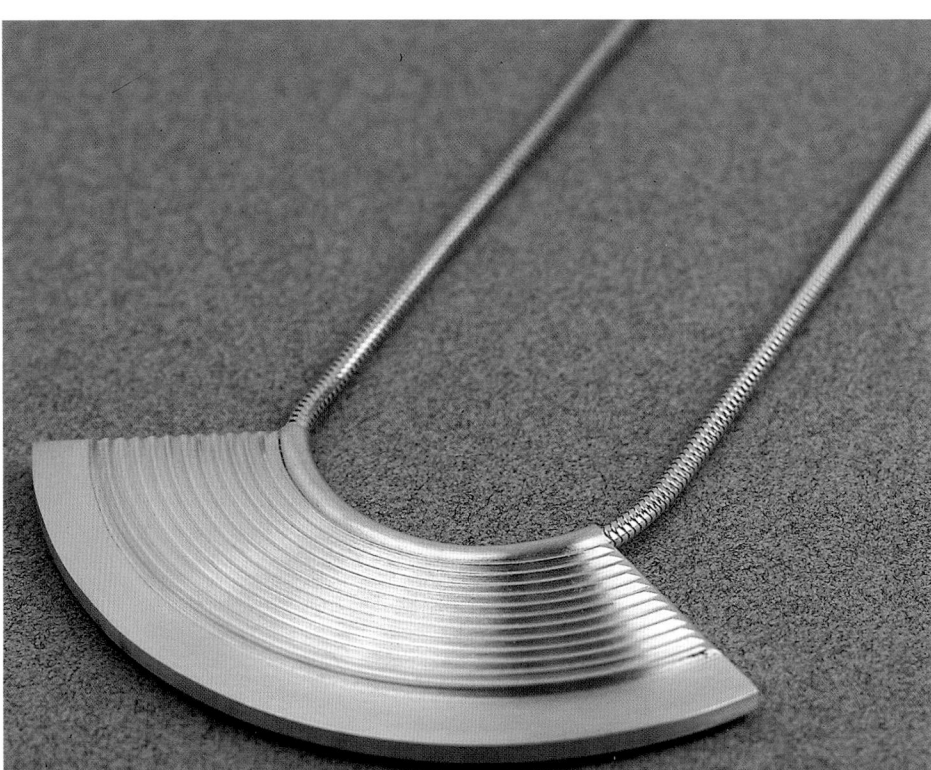

198 | Kathleen Makinson
*Seal Pendant* 2001–02

## Norman MAKINSON 1921–2010
### Ceramegydd. Ganed yn Stoke-on-Trent, Lloegr.

Prentis addurnwr, Wedgwood, Etruria 1937; astudiodd Ddylunio Diwydiannol, ysgol nos; Y Coleg Celf Brenhinol 1946–49; ysgoloriaeth deithio, Ffrainc, Yr Eidal 1949–50. Gwasanaeth rhyfel, Y Môr-filwyr Brenhinol 1940–45. Dylunydd yn ffatri Wedgwood 1950–53; ysgoloriaeth deithio, Llychlyn 1952. Darlithydd, Coleg Celf Glasgow 1953–56; Coleg Celf a Dylunio Gogledd Cymru 1956–70. Cerameg, paentio, arlunio, cerfluniaeth efydd yn amser o 1970. Comisiynau'n cynnwys Wedgwood, mwg coffaol 1951. Aelod sefydlu, Crochenwyr Gogledd Cymru. Arddangosfeydd niferus yng Nghymru, Lloegr, Yr Almaen, gan gynnwys yr Academi Frenhinol Gymreig 1960; Gŵyl Erddi Cymru, Glynebwy 1992. Casgliadau'n cynnwys Amgueddfa Cymru. 'Y byd naturiol.' Roedd yn byw yn Ninbych, gogledd Cymru.

*Yr artist*

### Victoria MALCOLM 1957–
**Enw gwaith Anne Victoria Mary Christian Malcolm, peintwraig, gwneuthurydd printiau.**
**Ganed yn Tiwnis, Tiwnisia.**

Bu'n byw yn Ne Affrica 1967–74. Cyrhaeddodd Gymru ym 1985. Astudiodd yng Ngholeg Celf ac Adeiladu Hammersmith, Llundain 1974–77, gyda Peter Baer, Dennis Gilbert, Eric Shanes; Coleg Ceredigion 1997–98; Coleg Sir Gâr, o 2006. Astudiodd gyda Mary Lloyd Jones 1995–99, John Boydell Rogers 1997–98. Trefnydd, cyd-gyfarwyddwr, *Sioe Gelf Dyfed* 1990–95. Gweithdai celf gymunedol o 2004. Aelod o Wneuthurwyr Printiau Aberystwyth; Fforma; Artistiaid Teifi; Cydweithfa Artistiaid Oriel Stryd y Brenin, Caerfyrddin. Arddangosfeydd niferus ar y cyd gan gynnwys Y Coleg Celf Brenhinol, Llundain 1984; *Arddangosfa Agored Aberystwyth*, Canolfan y Celfyddydau Aberystwyth, 1987, 1988, 1991, 1993, 1995, 1996; Oriel yr Atig, Abertawe 1993, 1996–2005; Eisteddfod Genedlaethol Cymru, Y Bala 1997; Oriel Neuadd y Frenhines, Arberth 2000, 2002, 2003, 2005, 2007; Oriel Myrddin, Caerfyrddin (OMyr) 1998, 2000. Arddangosfeydd un-ddynes yn cynnwys Theatr Mwldan, Aberteifi 1994; Llyfrgell Caerfyrddin 1996; OMyr 2002; Oriel Cambria, Tregaron 2004. Gwaith yng nghasgliad Cyngor Sir Gaerfyrddin; Prifysgol De Cymru, Pontypridd. 'Blynyddoedd cynnar yn niwylliant Tiwnisia, ieuentid diweddarach yn niwylliant a gwleidyddiaeth De Affrica…teulu amlieithog sydd wedi teithio llawer.' Yn byw yn Llanfihangel-ar-arth, gorllewin Cymru.
*Yr artist*

### Helen MALIA 1968–
**Artist amgylcheddol, ceramegydd. Ganed yn Llundain, Lloegr.**

Daeth y teulu i Gymru ym 1968. Astudiodd yn Athrofa Addysg Uwch De Morgannwg, Caerdydd 1986–87; Coleg Celf a Dylunio Chelsea, Llundain 1987–89; Prifysgol Swydd Stafford 1990–92; Athrofa Addysg Uwch Caerdydd 1992–94 (MA Cerameg); Athrofa Prifysgol Cymru, Caerdydd 1998–99. Swyddog Addysg (rhan-amser), Fforwm Gwastraff Caerdydd 2001–04; Rheolwr Prosiect, Comisiynau, Cywaith Cymru 2006; Swyddog Celfyddydau ac Adfywio, Cyngor Rhondda Cynon Taf 2007. Trefnodd/cynhaliodd weithdai, de/canolbarth Cymru 2003–06. Artist preswyl, Amgueddfa Werin Cymru, Sain Ffagan, 2003, 2005 ;Eisteddfod Genedlaethol Cymru, Casnewydd 2004; Amgueddfa ac Oriel Stundars, Y Ffindir (AOS) 2005. Comisiynau'n cynnwys Amgueddfa Cymru 2004; Gŵyl Mardi Gras Caerdydd 2004; Ysgol Gynradd Oakfield, Caerdydd 2005; Gofod Celf Gwledig Coed Hills, Sain Hilari (CWCH) 2006. Gwobrau'n cynnwys Celfyddydau Rhyngwladol Cymru 2005; Cyngor Celfyddydau Cymru 2006. Arddangosfeydd ar y cyd yn cynnwys *Glassworks*, tactileBOSCH, Caerdydd 2002; AOS 2005; Oriel Canfas 2006; *Breathing Grounds*, CWCH 2006. Arddangosfeydd un-ddynes yn cynnwys Wombman, Amgueddfa ac Oriel Cwm Cynon, Aberdâr 2002; *Celf Amgylcheddol* ac *Arbrofion yn y Dirwedd*, Amgueddfa Werin Cymru Sain Ffagan 2006. Casgliadau'n cynnwys AOS; Llywodraeth y Ffindir. 'Harddwch naturiol ein tirwedd.' Yn byw yng Nghaerdydd, de Cymru.
*Yr artist*

### Jim MALONE 1946–
**Enw gwaith James Malone, ceramegydd. Ganed yn Sheffield, Lloegr.**

Ei fam yn Gymraes. Bu'n byw yng Nghymru 1958–69; 1976–1982. Astudiodd ym Mangor 1966–69 (hyfforddiant athrawon); Ysgol Gelf a Chrefftau Camberwell, Llundain 1972–76, gydag Ewen Henderson, Colin Pearson; Crochendy Winchcombe, Swydd Gaerloyw 1975, gyda Ray Finch. Athro celf, Essex 1969–72. Stiwdio yn Llandegla 1976–82; Ainstable 1984–2002; Burnby, o 2002. Artist preswyl, Athrofa Addysg Uwch De Morgannwg 1980. Darlithydd, Coleg Celf Cumbria 1982–90; crochenydd (llawnamser) o 1990. Wedi'i ddewis i Photostore/Mynegai Gwneuthurwyr Dethol, y Cyngor

Crefftau, Llundain (CC). Gwobrau'n cynnwys CC 1976; Celfyddydau Gogledd Lloegr 1993. Aelod o Gymdeithas Crochenwyr Crefftwyr Prydain Fawr (1978–84); Celfyddydau Cymhwysol Cyfoes, Llundain (CCCyf). Arddangosfeydd cenedlaethol/rhyngwladol niferus ar y cyd yn cynnwys *10 Crochenydd*, Cyngor Celfyddydau Cymru/Eisteddfod Genedlaethol Cymru, Caerdydd 1978 (teithiol); *Can't Stop me Now*, CC 1991; *Form and Function*, CCCyf 1993, 1994; *The Jug Show*, Galerie Besson, Llundain (GBLl) 2007. Arddangosfa ddeuddyn, *Potters in Cumbria*, Oriel Paul Rice, Llundain 1993 (gydag Ewen Henderson). Arddangosfeydd undyn niferus gan gynnwys Canolfan Arddangos Bluecoat, Lerpwl 1978; Amalgam Art, Llundain 1979, 1981, 1991, 1993, 1995; GBLl 1997; adolwg, *Jim Malone Artist Potter*, Amgueddfa ac Oriel Gelf Bolton (AOGBolt) 1997 (teithiol). Cyhoeddiadau'n cynnwys 'A Point of View' (*Pottery Quarterly*, rhifyn 14/56, 1983); 'Jim Malone in Conversation' (*Ceramic Review*, Mawrth 1993). Wedi'i gynnwys yn *Studio Pottery* (Phaidon Press/Amgueddfa Victoria ac Albert, Llundain (VacA) 1999); *British Studio Ceramics*, Paul Rice (Crowood Press 2002); *Studio Pottery in Britain 1900–2005*, Jeffrey Jones (A&C Black, Llundain 2007). Casgliadau niferus yn cynnwys Amgueddfa Ulster, Belffast; AOGBolt; CC; Oriel Gelf Dinas Manceinion; Prifysgol Aberystwyth; VacA. 'Llestri crochenwaith caled a phorslen … eu crasu mewn odyn ddringo ddwyreiniol.' Yn byw yn Wigton, Lloegr.

### Eric MALTHOUSE 1914–1997
**Enw gwaith Eric James Malthouse, peintiwr, gwneuthurydd printiau. Ganed yn Erdington, Lloegr.**

Astudiodd yng Ngholeg Celfyddydau a Chrefftau Birmingham 1931–1937. Athro, Ysgolion Uwchradd Salt, Saltaire 1938–39. Gwasanaeth rhyfel, Y Corfflu Arfog Brenhinol 1940–42. Bu'n byw yng Nghymru 1944–73, 1985–97. Darlithydd/Uwch-ddarlithydd, Coleg Celf Caerdydd 1944–73. Aelod sefydlu Grŵp De Cymru 1949; Grŵp 56 Cymru (1956–70;) aelod cyswllt, Academi Frenhinol Gorllewin Lloegr 1959–67. Comisiynau'n cynnwys Neuadd y Brifysgol, Caerdydd 1962; print poster, Cyngor Celfyddydau Cymru (CCC) 1967; cynllunio setiau, *Façade*, perfformiad gan John Dankworth, Caerdydd 1967; *Printiau i'r Cyhoeddi*, Eisteddfod Genedlaethol Cymru (EGC) Caerdydd/CCC 1977. Arddangosfeydd niferus ar y cyd yn cynnwys *Pictures for Welsh Schools*, Amgueddfa Cymru (AC) 1947–67; EGC/CCC, wyth gwaith 1950–76; arddangosfeydd teithiol agored, Pwyllgor Cymreig Cyngor Celfyddydau Prydain Fawr (PCCCPF)/CCC, wyth gwaith 1953–67; Oriel Redfern, Llundain 1956, 1957; Cymdeithas Celf Gyfoes Cymru (CCGC), wyth gwaith 1956–87; *Art in Wales, The 20th Century: The Early Years 1900–56*, CCC 1969 (teithiol); *Art Spectrum – Wales*, AC/CCC 1971 (teithiol); *Wales and the Modern Movements*, Coleg Prifysgol Aberystwyth 1973. Arddangosfeydd deuddyn yn cynnwys PCCCPF (gyda John Warren Davis) 1964 (teithiol). Arddangosfeydd undyn yn cynnwys Oriel Howard Roberts, Caerdydd 1957; *Ten Year Retrospective*, AC, Tŷ Turner, Penarth (ACP) 1959; Canolfan New Vision, Llundain 1965; Oriel, CCC, Caerdydd a Theatr Sherman, Caerdydd 1981; Oriel Powerhouse/Oriel Red Square, Llundain 1991; AC-ACP 1992. Wedi'i gynnwys yn *Studio International* (Ionawr, Rhagfyr 1967, Ebrill 1968); *Art in Wales 1850–1980*, Eric Rowan (Gwasg Prifysgol Cymru (GwasgPC) 1985); *Diwylliant Gweledol Cymru: Y Gymru Ddiwydiannol*, Peter Lord (Canolfan Uwchefrydiau Cymreig a Cheltaidd/GwasgPC 1998). Casgliadau'n cynnwys AC; Amgueddfa ac Oriel Gelf Casnewydd; Amgueddfa Victoria ac Albert, Llundain; Casgliad Celf y Llywodraeth; CCGC; Llyfrgell Genedlaethol Cymru, Aberystwyth; Oriel Gelf Glynn Vivian, Abertawe; Prifysgol De Cymru, Pontypridd. Prynwyd gwaith gan CCC; Cymdeithas Celfyddydau Gogledd Cymru. 'Dw i'n peintio…gan ymgolli'n llwyr yn y strwythurau cymhleth a'r tensiynau rhwng lliwiau…'. Roedd yn byw yn y Barri, de Cymru.

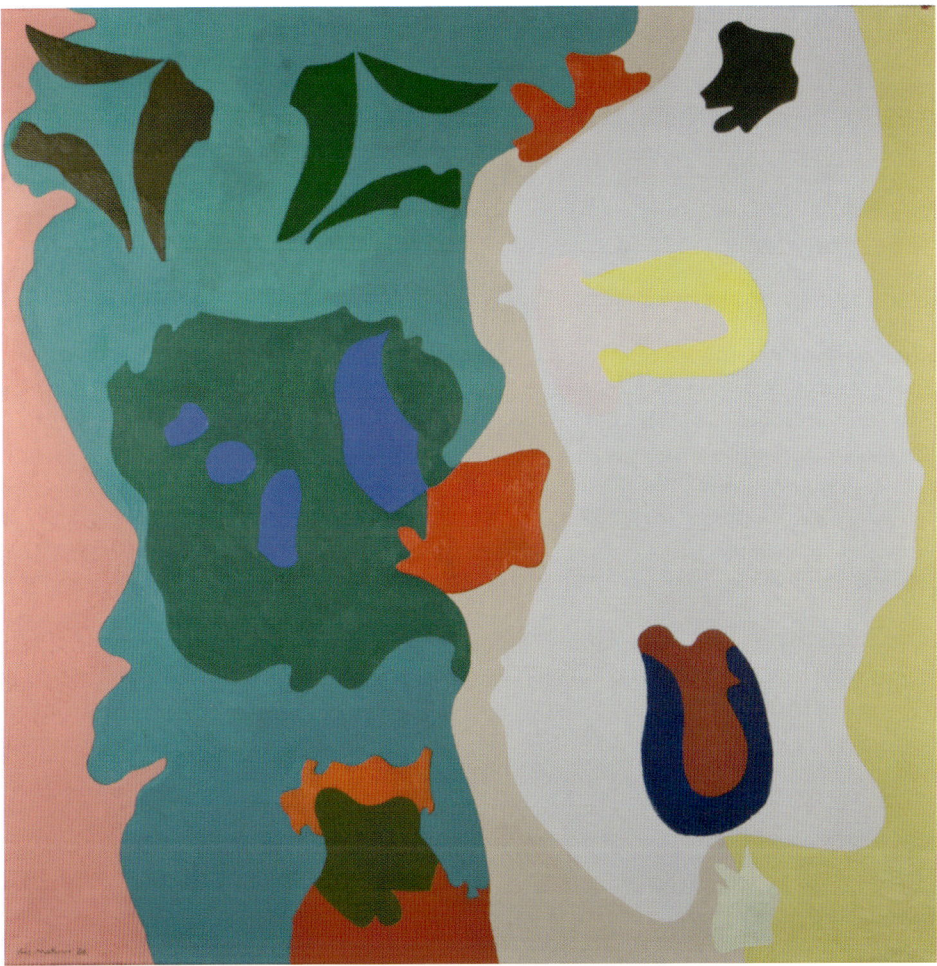

199 | Eric Malthouse
*Vertical Bands and Cryptic Signs* 1986

### Peter MARKEY 1930–

**Enw gwaith Peter Charles Markey, peintiwr, cerflunydd, gwneuthurydd awtomata.**
**Ganed yn Abertawe, de Cymru.**

Astudiodd yng Ngholeg Celf Abertawe 1948–53, gyda George Fairley, Kenneth Hancock; Athrofa Addysg Uwch De Morgannwg, Caerdydd 1977–78. Gwasanaeth Milwrol 1953–55. Athro, Llundain 1955–59; Falmouth 1959–80. Dychwelodd i Gymru ym 1986; artist (llawnamser). Arddangoswr, Theatr Fecanyddol Cabaret, Llundain 1980au; byddai'n gwneud 'peiriannau tonnau' mawr; dylunydd, darlunydd, llyfrau plant. Artist preswyl, Oriel Davies, Y Drenewydd (OD)/Cymdeithas Gelfyddydau Gogledd Cymru 1989; Oriel Gelf ac Amgueddfa Cheltenham (OGAC) 1995. Comisiynau'n cynnwys *Poster Prints*, Cyngor Celfyddydau Cymru 1967; Amgueddfa Dreftadaeth Weston-super-Mare; Ysbyty Brenhinol Caeredin; teledu BBC ac ITV. Arddangosfeydd ar y cyd yn cynnwys *Artistiaid yng Nghymru*, Llyfrgell Genedlaethol Cymru/CCC 1952; Eisteddfod Genedlaethol Cymru (EGC), Abertawe 1964; *Cofnodi Cymru: Capeli*, Cyngor

Celfyddydau Cymru (CCC) 1969 (teithiol); *Toys*, EGC Bro Dwyfor/CCC 1975 (arobryn); *The Shadow of My Hand*, Oriel, CCC, Caerdydd 1981 (teithiol); *Moving Toys*, OD 1989; *Markey and Friends*, Oriel Gelf Falmouth 2007. Arddangosfeydd undyn yn cynnwys Oriel Stiwdio 17, Bryste 1966; OGAC 1995; *Paintings and Automata*, Oriel First, Southampton 2005 (teithiol, gan gynnwys Cymru). Gwaith wedi'i gynnwys yn y cylchgrawn *Crafts* 1990au. Casgliadau'n cynnwys Amgueddfa Cymru; Amgueddfa Dreftadaeth Weston-super-Mare; Amgueddfa Plentyndod Llundain; Ymddiriedolaeth Castell Bodelwyddan; Ysbyty Brenhinol, Caeredin. Prynwyd gwaith gan CCC. '…symlrwydd dylunio…defnyddio lliwiau llachar…mae'n cael ei swyno gan y syniad – sydd i'w weld yn chwerthinllyd braidd – o geisio cynhyrchu symudiadau tonnog o bren.' Yn byw yn Llanbryn-mair, canolbarth Cymru.
*Beryl Markey*

### Rosemary MARKHAM 1930–
**Enw gwaith Rosemary Helen Markham, peintwraig. Ganed yn St Helens, Swydd Gaerhirfryn, Lloegr. Fel arfer yn defnyddio'r llofnod Ro.m.y Markham ar ei phaentiadau.**
Cyrhaeddodd Gymru ym 1959. Astudiodd ym Mhrifysgol Nottingham 1950–53 (Llenyddiaeth Saesneg). Rhai dosbarthiadau rhan-amser, Coleg Celf Nottingham. Athrawes, Coleg Technegol Sunderland 1953–58; Coleg Technegol Tredelerch, Caerdydd (rhan-amser) 1961–64; Coleg Technoleg Llandaf, Caerdydd (rhan-amser) 1966–75. Comisiynau, Cyfeillion Cadeirlan Llandaf 1992; Urdd Sant Ioan, Priordy Cymru 1999. Arddangosfeydd ar y cyd yn cynnwys Neuadd Dewi Sant, Caerdydd (NDS) 1997, 2001, 2005; *Arddangosfa Tearfund*, Oriel Washington, Penarth 2002; *Art for Youth Cymru*, Neuadd y Ddinas, Caerdydd 2004. Arddangosfa un-ddynes, *Castell Dinas Powys*, NDS 1983–84. Cyfrannodd adolygiadau/erthyglau/straeon byrion/barddoniaeth 1979–2002, i'r *Western Mail*; *Link*; *Art Review*; *Anglo-Welsh Review*; *Contemporary Review*; *Church Times*; *Agenda*. Gwaith wedi'i gynnwys yng nghylchgrawn *Agenda* (cyf 31 rhif 3, 1993). Casgliadau'n cynnwys Cadeirlan Llandaf; Llyfrgell Britten-Pears, Aldeburgh; Llyfrgell Genedlaethol Cymru, Aberystwyth; Prifysgol Hull; Sain Ffagan Amgueddfa Werin Cymru; Tŷ Tredegar, Casnewydd. 'Arlunio; portreadau; tirluniau Cymru.' Yn byw yn Ninas Powys, de Cymru.
*Yr artist*

### Ross MARKLEW 1983–
**Peintiwr. Ganed yn Halifax, Lloegr.**
Cyrhaeddodd Gymru yn 2003. Astudiodd yng Ngholeg Celf a Dylunio Leeds 2002–03, gyda Sean Kaye; Athrofa Prifysgol Cymru Caerdydd 2003–06, gyda Michael Crowther, Philip Nicol (gradd yn y dosbarth cyntaf; Gwobr Ymddiriedolaeth Gelf Dulcie Mayne Stephens 2005). Arddangosfeydd ar y cyd yn cynnwys Oriel Oxford, Guiseley; Oriel Washington, Penarth 2006, 2007; Oriel Kooywood, Caerdydd 2006; BayArt, Caerdydd 2006. Mewnluniau, 'lleoedd dw i wedi ymweld â nhw… dw i'n ymchwilio i sut y gellir cyfuno ymdeimlad â gofod sy'n wastad ac yn fodernaidd â gofod darluniadol, lled realistig a chonfensiynol.' Yn byw yng Nghaerdydd, de Cymru.
*Yr artist*

### Lydia MAROUF 1956–
**Artist gwydr pensaernïol. Ganed yn Aden.**
Astudiodd yn Athrofa Addysg Uwch Gorllewin Morgannwg, Abertawe 1977–81, gyda Glenys Cour, Tim Lewis; Prifysgol Wolverhampton 1990–91, gyda Keith Cummings; Coleg Prifysgol Gogledd Cymru, Bangor 1993–94. Ysgoloriaeth Deithio Arthur Evans, Cwmni Anrhydeddus y Gwydrwyr, Llundain (CAGwyd) 1981. Cynorthwy-ydd personol i Lawrence Lee, Stiwdio Penshurst, Caint 1981–82. Cydsefydlydd, Stiwdios Glasslight, Abertawe 1982. Darlithydd, Athrofa Addysg Uwch Gogledd Ddwyrain Cymru,

Wrecsam 1987–94; Coleg Iâl, Wrecsam 1994–2005. Comisiynau'n cynnwys Eglwys y Santes Fair, Swanley 1982; Tŷ Pwmp, Abertawe 1985; Lever Brothers Cyf, Port Sunlight 1988; Canolfan Ymwelwyr Tegg's Nose, Macclesfield 2004. Aelod o CAGwyd; Aelod cyswllt o Gymdeithas Pen-peintwyr Gwydr Prydain (CPGP). Arddangosfeydd ar y cyd yn cynnwys Oriel Gelf Glyn Vivian, Abertawe 1981; Canolfan Wydr, Chartres 1981; Eisteddfod Genedlaethol Cymru, Abertawe 1982, Ynys Môn 1983 (arobryn, ffotograffiaeth); Oriel Gweithdy Abertawe 1985; *Lifestyle Europe*, Tokyo 1989; Canolfan Gelfyddydau Llyfrgell Wrecsam 1994; Oriel Gelf Goffa Coleg Iâl, Wrecsam 2001. Gwaith wedi'i gynnwys yn *The Journal of Stained Glass* (CPGP 1984, 1988, 1989, 1992); *American Stained Glass Quarterly* (cyf 183, 1988); *Design Source Book*, Lynette Wrigley (New Holland 2002); *Homes and Gardens* (Awst 2004). Yn byw yng Ngwersyllt, gogledd Cymru.

*Yr artist*

## Ami MARSDEN 1979–
**Cerfiwr coed, gwneuthurydd printiau, artist amgylcheddol. Ganed yn Llundain, Lloegr.**

Cyrhaeddodd Gymru pan oedd yn blentyn ifanc iawn. Astudiodd yn Ysgol Gelfyddydau Gorllewin Cymru 1998–2002; Athrofa Addysg Uwch Abertawe 2003–04. Gwneuthurydd (rhan-amser), gyda'r cerflunydd John Clinch 1996–2001; gweithgareddau amlddisgyblaethol niferus o 1997 gan gynnwys creu celfi ar gyfer *Slot Meithrin*, S4C 1998; cynllunio/adeiladu setiau ar gyfer perfformiadau saflebenodol gan Firenza Guidi, *Elan Frantoio*, Pisa, 2006, 2007, *Elan Cymru*, Gerddi Aberglasne, Llangathen 2006; gwneud/golygu ffilmiau gydag Undercurrents, cwmni fideo, Abertawe 2006; trefnydd (gyda Beth Marsden), *Private Views*, arddangosfa amlgyfrwng yn yr awyr agored, Ceredigion 2003, 2005; gweithdai mewn ysgolion cynradd, canolfannau ieuenctid a chymunedol, yng ngorllewin Cymru. Artist preswyl, Ysgol Uwchradd Tregaron, Ceredigion 2002; Cywaith Cymru, Pwllheli 2007. Comisiynau'n cynnwys Cyngor Sir Gaerfyrddin 2000; Cyngor Cefn Gwlad Cymru 2002, 2005. Arddangosfeydd niferus ar y cyd gan gynnwys Eisteddfod Genedlaethol Cymru, Pen-y-bont ar Ogwr 1998; Oriel Neuadd y Frenhines, Arberth 2002; *Biennale Arlunio Cymru*, Canolfan y Celfyddydau Aberystwyth 2002 (teithiol); Oriel Fountain Fine Art, Llandeilo 2002, 2005, 2006; *Welsh Contemporaries 2007*, Llundain 2007. Arddangosfa ddwy-ddynes, Oriel Cambria, Tregaron (gyda Beth Marsden) 2004. Gwaith yng nghasgliad Amgueddfa Ceredigion, Aberystwyth. 'Cerfio coed a gwaith saflebenodol yn yr amgylchedd naturiol yw fy mhrif ddileit mewn bywyd …pan na fydd gen i'r cyfle i wneud hyn, dw i'n troi fy sgiliau at amrywiaeth o brosesau creadigol o waith mewn orielau a theatrau, ffotograffiaeth a ffilmio i addysgu a chynnal gweithdai.' Yn byw yn Abertawe, de Cymru.

## Beth MARSDEN 1982–
**Peintwraig. Ganed yn Aberystwyth, canolbarth Cymru.**

Astudiodd yn Ysgol Gelfyddydau Gorllewin Cymru 2001–04 (Ysgoloriaeth y Seiri Rhyddion 2002; Myfyriwr y Flwyddyn 2004) (gradd yn y dosbarth cyntaf). Trefnydd (gydag Ami Marsden), *Private Views*, arddangosfa amlgyfrwng yn yr awyr agored, Ceredigion 2003, 2005. Cymrodor Graddedig Diweddar, Grŵp 56 Cymru, 2006. Arddangosfeydd ar y cyd yn cynnwys Y Tabernacl, Machynlleth 2001, 2002; *Biennale Arlunio Cymru*, Canolfan y Celfyddydau Aberystwyth 2002 (teithiol); Oriel Davies, Y Drenewydd 2004; Ringstrasse 416, Fienna 2005; Oriel Washington, Penarth 2006; *Welsh Contemporaries 2007*, Llundain 2007. Arddangosfa ddwy-ddynes, Oriel Cambria, Tregaron (gydag Ami Marsden) 2004. Arddangosfeydd un-ddynes yn cynnwys Oriel Myrddin, Caerfyrddin 2002; Neuadd y Frenhines, Arberth 2005; Fountain Fine Art, Llandeilo 2006. Wedi'i chynnwys ar Prynhawn Da (S4C 2002, 2004); Y Sioe Gelf (S4C 2003). 'O ran fy ngwaith, fel arfer, bydd popeth yn y pair, a dyna'r elfen sy'n fy nghadw i'n llawn cyffro.' Yn byw yn Abertawe, de Cymru.

### Nigel MARSH 1944–
**Enw gwaith Nigel Scott Marsh, peintiwr. Ganed ym Mangor, gogledd Cymru.**

Astudiodd yn Ysgol Celf Gain Slade, Llundain 1962–66 (ysgoloriaeth), 1967–68, gyda Geoffrey Camp, William Coldstream, Patrick George. Gwneuthurydd platiau, argraffu a ffotograffiaeth, Caerdydd; peintiwr cefnlenni, Teledu BBC Cymru, gan gynnwys *Pobol y Cwm* 1970. Aelod o Gymdeithas Artistiaid a Dylunwyr Cymru tua 1990. Arddangosfeydd ar y cyd yn cynnwys Oriel Iolo, Y Bont-faen 1969; Theatr Sherman, Caerdydd 1970; Llyfrgell Penarth 1979; Neuadd Dewi Sant, Caerdydd 1986; Caffi Travellers in Mind, Gorsaf Reilffordd y Barri 2006. Yn byw ym Mhenarth, de Cymru.
*Yr artist*

### Howard MARTIN 1907–1972
**Dylunydd gwydr lliw. Ganed yn Abertawe, de Cymru.**

Fel prentis gwaith gwydr a phlwm, mynychodd Ysgol Gelf Abertawe (YGA) (o dan William Grant Murray); hunanaddysgedig mewn gwydr lliw. Gyda Hubert Thomas, sefydlodd/rheolodd y cwmni Martin a Thomas, Artistiaid mewn Gwydr Lliw, Abertawe (MTAGLl) 1933–39/40. Ysgoloriaeth, Cwmni Anrhydeddus y Gwydrwyr 1937; Cymrawd, Cymdeithas Pen-peintwyr Gwydr Prydain. Tiwtor, dosbarthiadau nos ar gyfer prentisiaid gwydr a phlwm, YGA 1935; darlithydd, dylunio/gwydr lliw,

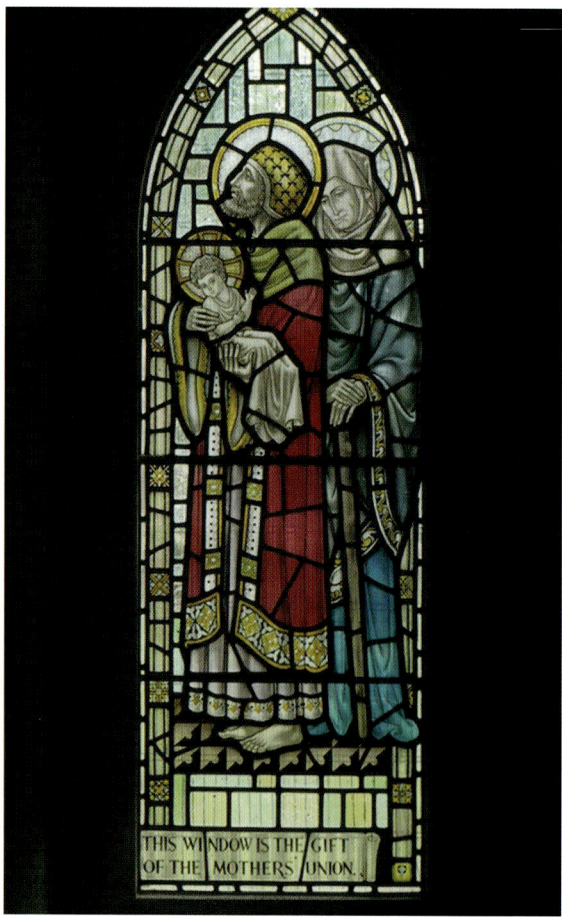

200 | Howard Martin
*The Presentation in the Temple* 1957

YGA 1945; Is-bennaeth, YGA 1962–72. Sefydlodd Celtic Studios, Abertawe (CSA) 1948. Comisiynau (Howard Martin, MTAGLl, CSA) yn cynnwys Sinema'r Windsor, Castell-nedd tua 1936; Eglwys Sant Mihangel a'r Holl Angylion, Manselton 1947 (gyda Kenneth Hancock); Sant Gabriel, Abertawe 1949–60; Y Santes Fair yn Newchurch-in-Pendle, Swydd Gaerhirfryn 1951; Eglwys y Santes Margaret, Creunant 1951–1966; Eglwys y Santes Fair, Hwlffordd 1965; sawl un yng Nghanada. Wedi'i gynnwys yn *The Artist in Wales*, David Bell (Harrap, Llundain 1957); 'The Secret of the Dulais Valley. The stained glass windows in St Margaret's, Crynant', Maurice Broady (*Morgannwg* 37, 1993); *Drawn from Wales: A School of Art in Swansea 1853–2003*, golygydd Kirstine Brander Dunthorne (Gwasg Academaidd Cymru 2003); *The Journal of Stained Glass* (rhifynnau XIX: 207; XX: 96-99). Cwrs gwydr lliw YGA a oedd yn unigryw yn y DU erbyn y 1970au. 'Er bod comisiynau'n mynnu ei fod yn gweithio mewn idiom eithaf confensiynol, …byddai'n dylunio mewn arddull bywiog a ffres iawn…' *(Maurice Broady)* Roedd yn byw yn Abertawe, de Cymru.

## Nick MARTIN 1956–
**Peintiwr. Ganed yn Altrincham, Lloegr.**

Astudiodd yng Ngholeg Celf Caergaint 1975–76; Coleg y Gofaint Aur, Llundain 1976–79; Athrofa Addysg Uwch Caerdydd 1993–95 (MA). Stiwdio yn Llundain 1983–88. Cyrhaeddodd Gymru ym 1988. Cynorthwy-ydd Llyfrgell (rhan-amser), Abertawe o 1996. Artist preswyl, Llyfrgell Treganna, Caerdydd (LITC) 1995. Arddangosfeydd ar y cyd yn cynnwys *New Contemporaries*, Sefydliad Celfyddydau Cyfoes, Llundain 1978; Neuadd Dewi Sant, Caerdydd 1993; *Arddangosfa Agored Cymru*, Canolfan y Celfyddydau Aberystwyth 1993; *Sioe Gelf Dyfed 3*, Llyfrgell Caerfyrddin 1995; Canolfan Gelfyddydau'r Eglwys Norwyaidd, Caerdydd 1996; Oriel Gelf Glynn Vivian, Abertawe (OGGV) o 2000. Arddangosfeydd undyn, LITC 1995; *Coloured Surfaces*, OGGV 1996; *Smaller Works 1976–2001*; Llyfrgell Ganolog, Abertawe 2001. Gwaith yng nghasgliad Cyngor Celfyddydau Lloegr. 'Paentio, arlunio, gludwaith, cyfosod.' Yn byw yng Nglanaman, gorllewin Cymru.
*Yr artist*

## Phil MARTIN 1957–
**Enw gwaith Philip Anthony Martin, ffotograffydd. Ganed yng Nghaerdydd, de Cymru.**

Astudiodd yn Athrofa Addysg Uwch De Morgannwg 1979; Coleg Addysg Uwch Gwent 1992–94 (rhan-amser); Prifysgol Cymru, Casnewydd (PCCas) 1994–96, gydag Ian Walker, Paul Seawright, Susan Butler (gradd yn y dosbarth cyntaf); PCCas 1996–98 (rhan-amser) (MA Ffotograffiaeth Ddogfen). Technegydd reprograffig, Cyd-bwyllgor Addysg Cymru 1977–80; peiriannydd telathrebu, Telecom Prydeinig 1980–94; tiwtor, ffotograffiaeth, Canolfan Gymunedol Howardian, Caerdydd 1997. Comisiynau'n cynnwys Statement: Media Arts, Caerfaddon (SMAC) 2000. Aelod o Ffotogallery (Ffotog); Cymdeithas Genedlaethol yr Artistiaid. Arddangosfeydd ar y cyd yn cynnwys El Consejo Municipal para la Cultura y las Artes, Fesnillo, Mexico 1992; *Caucus 2, Inflagrante, The Photografters*, Yr Hen Lyfrgell, Caerdydd 1994; *Ffotoannual*, Ffotog 1994 (Gwobr Goffa Allan Jacobs); *West: Ffotobiennial Wales*, Ffotog 2000 (teithiol); *From a to b (Via c)*, g39, Caerdydd 2001; *Peripheral Landscapes – Around and About, Photographs of Bath*, Oriel Threshold, Prifysgol Caerfaddon/SMAC 2001. Arddangosfeydd undyn yn cynnwys *Islands*, Oriel Mission, Abertawe (OGA) 1998; *Skyclad*, delweddau mewn ymateb i berfformiad gan Simon Whitehead a Barnaby Oliver, Canolfan Gelfyddydau Chapter, Caerdydd 2000. Cyhoeddiadau'n cynnwys *The Footsteps of King Arthur*, gyda Lawrence Main (*Western Mail and Echo* (WME) 1995); *A Guide to the Dyfi Valley Way*, gyda Lawrence Main (WME) 1996); *Islands – Circumnavigation* (OGA 2000); CD ROM, *Via*, curadur Stefhan Caddick (g39, 2001). 'Ffotograffiaeth ddogfen o'r dirwedd, y berthynas rhwng yr artiffisial a'r gwyllt…' Yn byw yng Nghaerdydd.
*Yr artist*

## Frances MASON 1911–92
**Peintwraig, artist cyfryngau cymysg. Ganed ym Manceinion, Lloegr.**

Symudodd i Gymru ym 1957. Dim hyfforddiant celf ffurfiol. Nyrs ysbyty, Dwyrain Llundain, Ail Ryfel Byd; cynorthwy-ydd llyfrgell, Yr Amgueddfa Brydeinig, Llundain, ddiwedd y 1950au; sefydlodd siop hen lyfrau/llyfrau ail-law/busnes fframio, gyda'i gŵr, Charles Mason, Aberteifi, gorllewin Cymru tua 1959. Cyd-sefydlodd Gymdeithas Gelf Aberteifi (CGAberteifi) 1964 (Ysgrifenyddes tan 1983, wedyn yn Llywydd am oes). Maer, Cyngor Tref Aberteifi 1982–83. Arddangosfeydd ar y cyd yn cynnwys CGAberteifi, o 1964 (yn ddiweddarach yn Theatr Mwldan, Aberteifi); *Arddangosfa Agored Canolbarth Cymru*, Canolfan y Celfyddydau Aberystwyth 1980, 1981; *The Art of Giving*, Oriel, Cyngor Celfyddydau Cymru, Caerdydd 1982. Adolygiadau yn y wasg leol o 1964. Gwobr Frances Mason i artistiaid lleol ifainc, CGAberteifi 1993, 1994. Tirluniau, morluniau o orllewin Cymru, de-orllewin Iwerddon; themâu cymdeithasol a gwleidyddol. Roedd yn byw yn Aberteifi, gorllewin Cymru, a Chaerdydd, de Cymru.

## Gilbert MASON 1913–1972
**Peintiwr, ysgythrwr. Ganed yng Nghasnewydd, de Cymru.**

Astudiodd yng Ngholeg Celf Casnewydd 1930–33; Y Coleg Celf Brenhinol, Llundain 1933–37, gyda Robert Austin, Malcolm Osborne. Darlithydd, Ysgol Gelf Leeds 1938–40; 1945–49; Gwasanaeth Rhyfel, Yr Heddlu Milwrol 1940–43; RAF (Uned Dehongli Ffotograffig Ganolog) 1943–45. Is-bennaeth, Ysgol Gelf Eastbourne 1949–52; darlithydd, yna Pennaeth Ysgol Baentio, Coleg Celf a Dylunio Birmingham, 1952–70. Ymddeolodd i Ddrenewydd Gelli-farch, de Cymru tua 1970. Aelod cyswllt, Cymdeithas Frenhinol y Peintwyr a'r Ysgythrwyr; aelod o Gymdeithas Frenhinol Artistiaid Birmingham (CFAB). Arddangosfeydd ar y cyd yn cynnwys *Contemporary Welsh Painting and Sculpture*, Pwyllgor Cymreig Cyngor Celfyddydau Prydain Fawr (PCCCPF) 1955 (teithiol); *Paintings from the Arts Council's Welsh Collection*, PCCCPF 1955; *Pictures for Welsh Schools*, Cymdeithas Er Addysg Drwy Gelf 1962, 1963, 1966, 1968; Cymdeithas Frenhinol y Peintwyr Portreadau, Llundain 1972; *Arddangosfa Haf*, Yr Academi Frenhinol, Llundain 1973. Arddangosfeydd undyn yn cynnwys Oriel Gelf Eastbourne 1952; *Gilbert Mason 1913–1972*, Orielau CFAB, Birmingham 1974 (teithiol); *Paintings by Gilbert Mason*, Amgueddfa Cymru, Tŷ Turner, Penarth 1980. Wedi'i gynnwys yn *Studio* (Tachwedd 1951); *Gilbert Mason 1913–1972* (CFAB 1974). Casgliadau'n cynnwys Amgueddfa ac Oriel Gelf Birmingham; Amgueddfa ac Oriel Gelf Casnewydd; Cymdeithas Celf Gyfoes Cymru; Oriel Gelf Towner, Eastbourne; Prifysgol Birmingham. Prynwyd gwaith gan Gyngor Celfyddydau Cymru. Lluniau, ysgythriadau; dyfrlliw, gouache, olew. Mewnluniau, tirluniau, portreadau. Roedd yn byw yn Nrenewydd Gelli-farch, de Cymru.

## Robin MASON 1958–
**Peintiwr. Ganed ym Mhen-y-bont ar Ogwr, de Cymru.**

Astudiodd yng Ngholeg Celf Caerdydd 1976–77; Coleg Polytechnig Wolverhampton 1977–1980, gyda Victor Willing, Anish Kapoor; Y Coleg Celf Brenhinol, Llundain (CCB) (MA Paentio) 1981–1984, gyda Peter De Francia, Cecil Collins (Ysgoloriaeth J Andrew Lloyd ar gyfer Paentio Tirluniau 1983; Gwobr Baentio Burston 1984); MPhil/PhD, CCB, o 2006. Pennaeth Paentio, Ysgol Gelf Dinas ac Urddau Llundain, o 2007 ymlaen. Curadur, *If You Go Down to the Woods Today*, Prosiect Rockwell, Llundain 2004; *Obsession*, Celf Gyfoes Sartorial, Llundain 2006; *Nature and Society: Parallel Lines*, Yr Amgueddfa Ethnograffig, Dubrovnik 2007. Comisiynau'n cynnwys London Underground 1989. Arddangosfeydd ar y cyd yn cynnwys *Northern Young Contemporaries*, Oriel Whitworth, Manceinion 1979 (y wobr gyntaf); *Still Life*, Oriel Gelf Bangor, gogledd Cymru 1986; *Biennale Arlunio Cleveland* 1989 (y wobr gyntaf); Y Gynghrair Frenhinol Dramor 1989 (y wobr gyntaf); *Cabinet Paintings*, Oriel Gelf Glynn Vivian, Abertawe (OGGV) 1992; Eisteddfod Genedlaethol Cymru 1993, 1999. Arddangosfeydd deuddyn yn cynnwys Oriel Paton, Llundain (gyda Shani Rhys James) 1998, 1999. Arddangosfeydd undyn yn

cynnwys Oriel Andrew Knight, Caerdydd 1989; *Homage to Bocklin's Rock*, Galerie zur Alten Deutschen Schule, Thun, Y Swistir 1994 (teithiol, gan gynnwys OGGV); *Paintings and Drawings*, OGGV 1995; *Passion*, Oriel Vertigo, Llundain 2000 (teithio'n rhyngwladol); *Signs*, Y Goedwig Ddu, Yr Almaen 2003. Cyfraniad i *Research RCA*, golygydd Sandra Kemp (CCB 2007). Casgliadau'n cynnwys Casgliad Celf y Llywodraeth; Cyngor Sir Swydd Gaerlŷr; Cyngor Swydd Cleveland; London Underground. '… mae arfordir, traethau a thirwedd de Cymru'n ymgyfuno â mynyddoedd a fforestydd y Vosges yn Ffrainc a'r Goedwig Ddu yn yr Almaen…' Yn byw yn Llundain, Lloegr.
*Yr artist*

### E J MAYBERY/MAYBERRY/MAYBURY 1887–1964
**Enwau gwaith Edgar James Maybery, peintiwr, gwneuthurydd printiau. Ganed yng Nghasnewydd, de Cymru. Hefyd yn defnyddio'r llofnod E Miller, E Stanton.**

Astudiodd yn Ysgol Gelf Casnewydd (gyda William Bush); Ysgol South Kensington, Llundain, Aelod Cyswllt o'r Coleg Celf Brenhinol 1923. Gwasanaeth Rhyfel, Y Ffiwsilwyr Brenhinol Cymreig 1914–18. Bu'n byw am rai blynyddoedd yng ngorllewin Lloegr. Aelod o'r Academi Frenhinol Gymreig; Academi Frenhinol Gorllewin Lloegr; Academi Frenhinol Iwerddon. Arddangosfeydd ar y cyd yn cynnwys Eisteddfod Genedlaethol Cymru, Caernarfon 1935 (arobryn). Casgliadau'n cynnwys Amgueddfa ac Oriel Gelf Casnewydd; Amgueddfa ac Oriel Gelf Dinas Bryste. Tirluniau, adeiladau; olew, dyfrlliw; ysgythriadau. Roedd yn byw yng Nghasnewydd.

### Sally MATTHEWS 1964–
**Cerflunydd. Ganed yn Tamworth, Lloegr.**

Cyrhaeddodd Gymru ym 1982. Astudiodd yng Ngholeg Celf Loughborough 1981–82, 1983–86 (gradd yn y dosbarth cyntaf). Artist preswyl, Fforest Grizedale, Cumbria 1987, 1989, 1990, 1993; Fforest

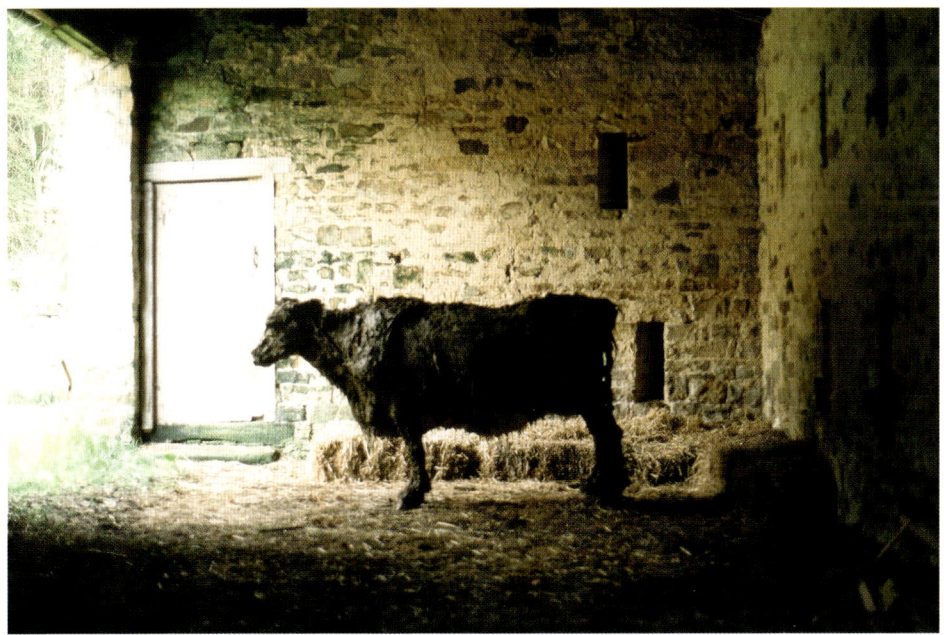

201 | Sally Matthews
*Cow* 2005

Garwnant 1996, 1999; Coleg Iâl, Wrecsam 2007. Bu'n gweithio ym Mharc Cenedlaethol Białowieża, Gwlad Pwyl 2004; prosiect ffermio'r bryniau, Northumberland, gyda Kate Bellis, ffotograffydd 2004. Comisiynau niferus yn cynnwys Cyngor Sir Caerlŷr 1985; Sustrans 1989, 2000, 2002, 2006, 2007; Ymddiriedolaeth Gelfyddydau Bae Caerdydd 1999; Tyddyn Môn, Ynys Môn 2002; Llwybr Celf Llwybr y Bannau, Ymddiriedolaeth Gelf Amgueddfa Brycheiniog/Cymdeithas Parc Bannau Brycheiniog 2007. Bwrsari Celfyddydau Gogledd Lloegr 1989, 1992. Aelod o'r Academi Frenhinol Gymreig. Arddangosfeydd ar y cyd yn cynnwys Palas Alexandra, Llundain 1988; Parc Cerfluniaeth Swydd Efrog, Wakefield 1990; *Artistiaid Preswyl*, Cyngor Celfyddydau Cymru, Neuadd Dewi Sant, Caerdydd 1997; Parc yr Ŵyl, Glynebwy 1997; *Sculpture at Goodwood Park*, Casgliad Peggy Guggenheim, Fenis 2002; *Artists in Focus*, Amgueddfa ac Oriel Gelf Brycheiniog (AOGB) 2005. Arddangosfeydd dwy-ddynes, Yr Academi Frenhinol Gymreig, Conwy (gyda Shani Rhys James) 2001; Amgueddfa ac Oriel Gelf Gwynedd, Bangor (gyda Kim Atkinson) 2005. Arddangosfeydd un-ddynes yn cynnwys Tŷ Tullie, Caerliwelydd 1994 (teithiol); *Sentient Beings*, Oriel Mostyn, Llandudno 1999 (teithiol); *Artesella*, La Malga, Yr Eidal 2002. Cyhoeddiadau'n cynnwys *Gathering*, gyda Kate Bellis (Little Fish Press 2005). Wedi'i chynnwys yn *Public Sculpture of North East England*, Paul Usherwood *et al* (Gwasg Prifysgol Lerpwl 2000); *The Beacons Way Art Trail – 8 Stones, 8 Artists*, David Moore (Little Fish Press 2007). Casgliadau'n cynnwys Amgueddfa Cymru; AOGB; Cymdeithas Celf Gyfoes Cymru; Oriel Shipley, Gateshead. 'Crwsâd tawel i ddathlu'r anifeiliaid o'n cwmpas….' Yn byw yn Rhos-goch, canolbarth Cymru.
*Yr artist*

### Steve MATTISON 1954–
**Ceramegydd, artist graffeg. Ganed yng Nghaer, Lloegr.**

Cyrhaeddodd Gymru ym 1954. Astudiodd yng Ngholeg Celf Wrecsam/Athrofa Addysg Uwch Gogledd Ddwyrain Cymru, Wrecsam 1974–76, 1984–86, gyda David Binns, David Cooper, Mel Harries. Darlithydd (Cyswllt), Coleg Prifysgol Cymru, Aberystwyth 1987–92; Coleg Meirion Dwyfor 1995–2001; darlithydd (rhan-amser), Coleg Dinas Manceinion 1994–2002. Cyfarwyddwr/cydgysylltydd, Gŵyl Gerameg Ryngwladol, Canolfan y Celfyddydau Aberystwyth 1993–2003. Gweithdai/arddangosiadau niferus, Cymru, Lloegr, Dwyrain Ewrop, Japan, UDA o 1986. Artist preswyl, Llyfrgell Rhosllannerchrugog 1986. Ysgoloriaeth, Stiwdio Gerameg Ryngwladol, Hwngari 1992. Gwobrau, Cymuned Economaidd Ewrop 1992; Cyngor Celfyddydau Cymru 1992, 1996, 2001; Celfyddydau Rhyngwladol Cymru 2002. Aelod o Grochenwyr Gogledd Cymru (cadeirydd 1999–2003); Yr Academi Gerameg Ryngwladol (AGR). Arddangosfeydd niferus ar y cyd gan gynnwys Canolfan Grefft Rhuthun 1986, 1995; Amgueddfa ac Oriel Gelf Casnewydd 1988; Oriel Ynys Môn 1992, 1993; *Cyfres Gerameg*, Canolfan y Celfyddydau Aberystwyth 1995; Eisteddfod Genedlaethol Cymru, Abergele 1995; AGR, Amgueddfa Celf Gain, Riga, Latfia 2006. Arddangosfeydd undyn yn cynnwys Museion, Kecskemét, Hwngari 2000; Oriel Csok Istvan, Bwdapest 2005. Cyhoeddiadau'n cynnwys *Two in One Ceramics* (Sterling 1998, Quarto 2003; cyfieithiadau i'r Iseldireg, Sbaeneg, Ffinneg a'r Slofaceg); *The Complete Potter* (Quarto 1998, Cyfres Addysgol Barron 2003; cyfieithiadau i'r Almaeneg/Ffrangeg). Gwaith wedi'i gynnwys yn rhaglenni teledu'r BBC, HTV a'r Weriniaeth Tsiec. Casgliadau'n cynnwys Asiantaeth Dylunio Cerameg y Weriniaeth Tsiec, Cesky Krumlov; Casgliad Crefftau y Gyfnewidfa Frenhinol, Manceinion; Oriel Gelf ac Amgueddfa Plas Towneley, Burnley; Sefydliad Celf Dinas Kansas; Sefydliad Cenedlaethol Celf Gymhwysol, Riga; Y Tabernacl, Machynlleth. '…roedd fy ngwaith cynnar yn seiliedig ar lestri, wedi'u gwneud â llaw a'u tanio yn null Racw; yn ddiweddarach, potiau wedi'u taflu; wedi dychwelyd yn ddiweddar i gerfluniaeth ffigurol…' Yn byw ym Mochdre, gogledd Cymru.
*Yr artist*

## June MAYHEW 1941–
**Peintwraig. Ganed yn Newton-le-Willows, Lloegr.**

Cyrhaeddodd Gymru ym 1967. Astudiodd ym Mhrifysgol Keele 1962–65 (Addysg, Ffiseg a Mathemateg); Prifysgol Cymru, Abertawe (Addysg Oedolion a Pharhaus) 1998–2002, gyda Glenys Cour, Keith Bayliss. Athrawes, Ysgol Sant Luc, Lowton 1965–67; ysgolion yn Abertawe 1978–94. Aelod o Gymdeithas Gelf Abertawe 1995–2000. Arddangosfeydd ar y cyd yn cynnwys *Biennale Arlunio Cymru*, Canolfan Gelfyddydau Wrecsam 1999 (teithiol); *139fed Arddangosfa Flynyddol*, Cymdeithas yr Artistiaid Benywaidd, Neuadd Ganolog Westminster, Llundain 2000; Oriel Martin Tinney, Caerdydd 2000–02; *Arddangosfa Agored Abertawe*, Oriel Gelf Glynn Vivian, Abertawe 2003; Oriel Signature, Abertawe 2004. Arddangosfeydd un-ddynes, Canolfan Gelfyddydau Taliesin, Abertawe 2001, 2007; *Just Looking*, Canolfan Dylan Thomas, Abertawe 2005. 'Tirwedd Cymru.' Yn byw yn Abertawe, de Cymru.
*Yr artist*

## Clare MAYNARD 1966–
**Peintwraig. Ganed yn Llundain, Lloegr.**

Cyrhaeddodd Gymru ym 1992. Astudiodd yng Ngholeg Technegol Coventry 1980–82; Coleg Polytechnig Manceinion 1987–90. Prosiectau, *The Exploding Cinema Event*, Llundain 1997; murlun, Swydd Gaer, Celfyddydau'r Gogledd-orllewin 1992. Peintwraig gerameg/cynorthwy-ydd oriel, Swydd Suffolk 1984–87, Stoke-on-Trent 1994–96; tiwtor, ysgrifennu creadigol, Prifysgol Cymru, Aberystwyth (Addysg Barhaus) 1999–2002; tiwtor, celf, canolbarth Cymru 2006–07. Arddangosfeydd ar y cyd yn cynnwys Oriel Davies, Y Drenewydd 1999, 2006; Y Tabernacl, Machynlleth 2000; Oriel Cambria, Tregaron 2005, 2006; *Arddangosfa'r Nadolig*, Oriel Myrddin, Caerfyrddin 2005. Arddangosfeydd un-ddynes, *Tirluniau o Gymru ac o'r Wladwriaeth Tsiec*, Canolfan y Celfyddydau Aberystwyth 2006; *Atgofion Eira*, Canolfan Glannau Gwy, Llanfair-ym-Muallt 2007; *Abstracts and Landscapes*, Oriel Llwyngwril 2007. 'Thema Ewropeaidd a chysylltiadau â thirwedd Cymru.' Yn byw yn Llanbryn-mair, canolbarth Cymru.
*Yr artist*

## Natasha MAYO 1972–
**Ceramegydd. Ganed yn Llundain, Lloegr.**

Astudiodd yn Sefydliad Celf a Dylunio Caint, Caergaint 1992–95; Prifysgol Canolbarth Lloegr, Birmingham 1996–97; Athrofa Prifysgol Cymru, Caerdydd (APCC) 1999–2000 (MA Cerameg), 2000–04 (PhD). Athrawes, ysgolion uwchradd 1997–99. Darlithydd, Canolfan Ymchwil i Gerameg, Sefydliad Ymchwil i Gelf a Dylunio, APCC, o 2003. Gwobrau'n cynnwys y Cyngor Ymchwil Celfyddydau a Dyniaethau 1999–2000, 2000–03; Gwobr Porslen Zelli 2002. Arddangosfeydd yn cynnwys *Gwobr Porslen Zelli*, Llundain 2002; *Ceramic Contemporaries 4*, Y Coleg Celf Brenhinol, Llundain 2002–03 (teithiol, gan gynnwys Cymru); *Gwobr Brynu Cerameg*, Prifysgol Morgannwg, Pontypridd 2004; *The Fragmented Figure*, Oriel Gerddi Howard, APCC, Caerdydd 2005 (curadur); *Bodyworks*, Canolfan y Celfyddydau Aberystwyth 2005 (teithiol). Cyhoeddiadau'n cynnwys papurau cynadleddau academaidd/ymchwil 2001–07. Wedi'i chynnwys ar y wefan, *fragmentedfigure.net*; 'Figurative Ceramics', Jo Dahn (*Ceramic Review* 219); 'Natasha Mayo', Sonny Hyo Kim (*Ceramic Art Monthly*, Rhifyn 219); *Ceramic Contemporaries 4* (Cymdeithas Genedlaethol Cerameg mewn Addysg Uwch 2002). Cerfluniaeth gerameg ffigurol. Yn byw ym Mhenarth, de Cymru.
*Yr artist*

**Jo MAZELIS** 1956–
**Ffotograffydd, dylunydd llyfrau. Ganed yn Abertawe, de Cymru.**

Hefyd yn awdur. Astudiodd yng Ngholeg Celf Abertawe 1974–75; Coleg Addysg Bellach Ealing, Llundain 1982–84, gyda Gwydion Thomas; Coleg Polytechnig Canol Llundain (gydag Andy Golding); Athrofa Addysg Uwch Abertawe 1991–94 (Celf a Saesneg); Prifysgol Cymru, Abertawe 1996–98 (MA Llenyddiaeth Gyfoes). Dylunydd, golygydd lluniau, darlunydd, *Women's Review*, *Spare Rib*, *City Limits*, *Everywoman Magazine*, Llundain 1985–91. Athrawes (rhan-amser), ysgrifennu creadigol, Abertawe, Caerfyrddin 2002–05. Arddangosfeydd ar y cyd yn cynnwys Camerawork, Llundain 1986; *Arddangosfa Agored Abertawe*, Oriel Gelf Glynn Vivian, Abertawe 1998, 2000–03, 2005, 2006. Arddangosfeydd un-ddynes yn cynnwys y Clwb Camera, Llundain 1982; Theatr y Grand, Abertawe 1984; Canolfan Dylan Thomas, Abertawe 2002. Gwaith ffotograffig wedi'i gynnwys yn *New Musical Express (NME)*, *New Welsh Review*, *Women's Review*; siacedi llwch, Honno, Parthian, Gwasg Gomer. Straeon, llyfrau ffeithiol, wedi'u cyhoeddi gan Honno, Parthian, Seren Books. Yn byw yn Abertawe.
*Yr artist*

**McCLURE  Gweler William BROWN**

**Christine Frances McCOLE** 1943–
**Enw gwaith HAFOD HILL POTTERY. Ceramegydd. Ganed yn Rhydychen, Lloegr.**

Astudiodd yng Ngholeg Technoleg a Chelf Harrow 1977–79, gyda Mo Jupp, Walter Keeler, West Marshall, Richard Slee. Swyddi ysgrifenyddol, Llundain 1961–77. Cyrhaeddodd Gymru ym 1980. Sefydlydd/cyd-berchennog, Hafod Hill Pottery, Llanboidy o 1980. Gwobrau Cyngor Celfyddydau Cymru, 1992, 1994. Aelod o Gymdeithas y Crochenwyr Crefft. Arddangosfeydd ar y cyd yn cynnwys *Simply the Best*, Amgueddfa Caerfyrddin 1990; *Ceramics and Weaving in Wales*, Llyfrgell Caerfyrddin 1992 (teithiol); *Studio Ceramics*, Amgueddfa Victoria ac Albert, Llundain 1994; *Arddangosfa Haf*, Oriel Myrddin, Caerfyrddin 1997. Gwaith wedi'i gynnwys yn *Single Firing*, Fran Tristram (A&C Black, Llundain (ACB) 1996); *The Potter's Dictionary of Shape and Form*, Neal French (Krause Publications 1998); *Pots in the Kitchen*, Josie Walter (Crowood Press 2002); *The Potter's Dictionary of Materials and Techniques*, Frank a Janet Hamer (ACB 2004); *Oriental Glazes*, Michael Bailey (ACB 2004). 'Potiau ymarferol i'r cartref a'r ardd…wedi'u tanio â choed…' Yn byw yn Llanboidy, gorllewin Cymru.
*Yr artist*

**Laura McCORMACK** 1958–
**Peintwraig, gwneuthurydd printiau. Ganed yng Nghaerdydd, de Cymru.**

Astudiodd yn Athrofa Prifysgol Cymru, Caerdydd, o 2003, gyda David Gould, Tom Piper. Gwaith clerigol, y Gwasanaeth Sifil, y BBC 1976–88; busnes dillad y teulu 1988–98. Aelod o Gymdeithas Gelf De Cymru. Arddangosfeydd ar y cyd, Oriel Washington, Penarth 2003; Oriel Kooywood, Caerdydd 2005–07; Oriel Cole & Co, Caerdydd (OC&C) 2007; Oriel yr Hen Neuadd, Y Bont-faen 2007; Academi Frenhinol Gorllewin Lloegr, Bryste 2007. Arddangosfa un-ddynes, OC&C 2006. 'Mae fy ngwaith wedi adlewyrchu Caerdydd, a bellach mae'n ffigurol yn bennaf.' Yn byw yng Nghaerdydd.
*Yr artist*

**Helen McCORMICK** 1977–
**Ceramegydd. Ganed ym Mhen-y-bont ar Ogwr, de Cymru.**

Astudiodd yng Nghanolfan Technoleg Celf a Dylunio Morgannwg Ganol, Pontypridd 1995–96; Prifysgol Plymouth, Caerwysg 1996–99; Athrofa Prifysgol Cymru Caerdydd (APCC) 2003–04 (MA Cerameg), gyda Peter Castle, Michael Hose; APCC 2005–06. Arweinydd prosiect celf, Ymddiriedolaeth

Canolfan Ogwr 2005; goruchwylydd, The Big Draw, Parc Afon, Cywaith Cymru 2005. Artist preswyl, Ysgol Gynradd Gatholig Sant Philip Evans 2005. Athrawes, Ysgol Gyfun y Barri o 2006.'…tirlun/treflun mewn clai…'Yn byw yng Nghaerdydd, de Cymru.
*Yr artist*

## Ron McCORMICK 1947–
**Enw gwaith Ronald Hugh McCormick, ffotograffydd. Ganed yn Lerpwl, Lloegr.**

Astudiodd yn Ysgol Gelf Lerpwl 1965–1968, gyda Michael Knowles, Charles Burton; Ysgolion yr Academi Frenhinol, Llundain 1968–1971, gyda Peter Greenham, John Holden. Ffotograffydd llawrydd, *New Society*, *Times Educational Supplement*, *Time Out*, *Design* 1971–79; sefydlodd Reality Press, Llundain, gyda Chris Searle 1971–75; Cyfarwyddwr, Oriel Half Moon (Camerawork yn ddiweddarach), Llundain 1971–73; Cyfarwyddwr sefydlu, Oriel Side, Newcastle upon Tyne 1976–77. Artist preswyl, Coleg Addysg Uwch Gwent, Casnewydd (CAUG) 1977–78; Sefydliad Technoleg Gorllewin Awstralia, Perth (STGA) 1983–84. Uwch-ddarlithydd/Prif Ddarlithydd, Ffotograffiaeth Ddogfen CAUG 1979–97; Pennaeth Dylunio, Sefydliad Southampton 1997–2000; Ceidwad, Casgliad Celf Prifysgol Solent Southampton, o 2000; ffotograffydd annibynnol, Casnewydd, de Cymru, o 2000. Aelod o Ffotogallery (Ffotog) 1981–89 (Cadeirydd 1986–9). Arddangosfeydd ar y cyd yn cynnwys *Problem in the City*, Sefydliad y Celfyddydau Cyfoes, Llundain 1975; *Nuova Fotografia Inglese*, Y Cyngor Prydeinig, Yr Eidal 1984 (teithiol); *The Valleys Project*, Ffotog 1985; *Through the Looking Glass – 40 years of British Photography*, Oriel Barbican, Llundain 1989; *The Valleys Revisited*, Ffotog 1994; *Where Coal was King*, Amgueddfa Cymru, Caerdydd 1995. Arddangosfeydd undyn yn cynnwys Oriel, Cyngor Celfyddydau Cymru (CCC), Caerdydd 1979; *Australia's West – The Man-Altered Landscape*, STGA 1984; *The Wasteland*, Oriel John Hansard, Southampton 1984; *Archaeologies*, Galerie Lampingstrasse, Bielefeld 1998. Cyhoeddiadau'n cynnwys

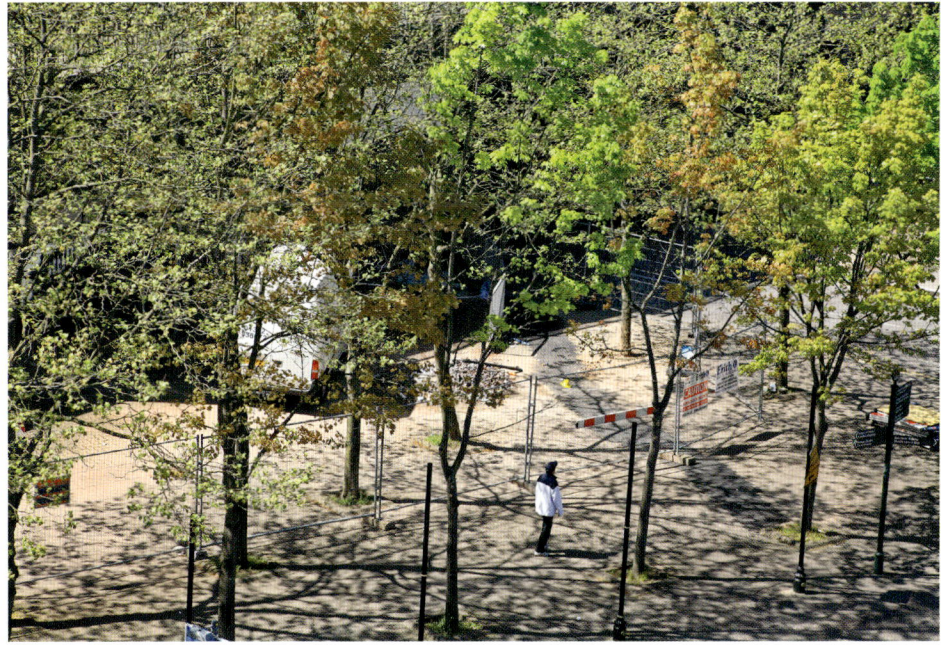

202 | Ron McCormick
*Kingsway, Newport* 2006

*New Valleys Landscapes – The Valleys Project* (Ffotog 1985); *Yellow* (Ffotog 2000). Wedi'i gynnwys yn *Contemporary Photographers* (St James' Press, Efrog Newydd 1995). Casgliadau'n cynnwys Amgueddfa ac Oriel Gelf Casnewydd; Cyngor Celfyddydau Lloegr; Cymdeithas Celf Gyfoes Cymru; Ffotog; Llyfrgell Genedlaethol Cymru, Aberystwyth; Prifysgol Aberystwyth; Prifysgol Solent Southampton; Y Cyngor Crefftau. Prynwyd gwaith gan CCC. Croniclo; materion cymdeithasol. Yn byw yng Nghasnewydd, de Cymru.
*Yr artist*

### Sue McDONAGH 1958–
**Peintwraig. Ganed yn Llundain, Lloegr.**

Cyrhaeddodd Gymru ym 1986. Hunanaddysgedig. Plismones, Swydd Essex 1977–86; perchennog (gyda Teri Penswick) oriel/stiwdio grefft, Llanilltud Fawr; perchennog, Oriel yr Hen Ysgubor Wlân, Y Bont-faen, o 1993; gweithdai mewn ysgolion, de Cymru, o 1990. Artist preswyl, Ysgol Sant Ioan, Porthcawl 2003. Arddangosfeydd ar y cyd yn cynnwys Neuadd Dewi Sant, Caerdydd 1993–2007 (ei dewis yn Hoff Artist drwy bleidlais, *Artist y Flwyddyn Cymru* 1998); Orielau San Steffan, Llundain 1995; Sarah Samuels Fine Art, Caer 1998. Arddangosfa un-ddynes, Canolfan Gelfyddydau Taliesin, Abertawe 2007. Gwaith wedi'i ddefnyddio ar gyfer cardiau cyfarch. 'Portreadau; pobl, plant, y berthynas rhwng plant â'u rhieni.' Yn byw yn Llanilltud Fawr, de Cymru.
*Yr artist*

### Edwina McGRAIL 1950–
**Cerflunydd, peintwraig. Ganed yn Wrecsam, gogledd Cymru.**

Astudiodd yng Ngholeg Celf a Dylunio Cheltenham 1967–68; Coleg Celf a Dylunio Birmingham 1968–71; Coleg Brenhinol Addysg Uwch Bellach Fforest y Ddena 1975–76. Hefyd yn fardd. Therapydd celf, Stepping Stones, Swydd Gaerloyw 1986–88; Cerrig Camu, Dolgellau 1992–94. Aelod o Artistiaid Benywaidd Swydd Gaerloyw. Arddangosfeydd ar y cyd yn cynnwys *An exhibition, in two parts, of sculpture by 23 young artists living or working in Wales*, Cyngor Celfyddydau Cymru 1979 (teithiol); *Edwina McGrail, David Nash, Ken Nathan*, Blaenau Ffestiniog 1979; Oriel Gelf Dinas Henffordd 1985. Arddangosfeydd deuddyn yn cynnwys Oriel Old Flourished, Porthmadog (OOFP) (gyda Liam Marshall) 1997. Arddangosfeydd un-ddynes yn cynnwys Canolfan Gelfyddydau, Mitcheldean, Caerloyw 1976; tair oriel yn Iwerddon 1995; *Celtica*, Machynlleth 1996, 1998–2000; *Rumours of Madness*, OOFP 1996; Llyfrgell Genedlaethol Cymru, Aberystwyth (LlGC) 2000; orielau yn Nhwrci 2000. Cyhoeddiadau'n cynnwys cerddi a darluniadau, *Celtic Madness* (Handsell Publications 1996, 2000). Wedi'i chynnwys yn *Women Artists in Gloucestershire*, Mary Morris (1987); cyfweliadau, Gwasanaeth Byd y BBC (1979); *Points West* (Teledu'r BBC 1984, 1985). Chwaraeodd ran y cerflunydd, Mary Lloyd, mewn ffilm ddogfen/drama (Teledu BBC Cymru 1995). Casgliadau'n cynnwys LlGC (llawysgrifau); Tate, Llundain. 'Y traddodiad Celtaidd.' Yn byw yn Nolgellau, gogledd Cymru.
*Yr artist*

### Donald McINTYRE 1923–2009
**Peintiwr. Ganed yn Leeds, Lloegr.**

Ei blentyndod yn Garelochhead, Yr Alban. James Wright RSW (Cymdeithas Frenhinol Peintwyr Dyfrlliwiau'r Alban), Garelochhead, yn ddylanwad cynnar. Astudiodd yn Glasgow (Deintyddiaeth); dosbarthiadau nos, Ysgol Gelf Glasgow. Cyrhaeddodd Gymru ar ddiwedd y 1950au. Deintydd, Y Fyddin Brydeinig/y gwasanaeth ysgolion tan 1963; yna yn beintiwr llawnamser. Aelod o'r Academi Frenhinol Gymreig; Cymdeithas Frenhinol y Peintwyr Dyfrlliwiau; Cymdeithas Frenhinol yr Artistiaid Morol; Cymdeithas Bastelau. Arddangosfeydd ar y cyd yn cynnwys Eisteddfod Genedlaethol Cymru

1951, 1953; Grŵp Gogledd Cymru 1960–63; *The Possessors*, Oriel Howard Roberts, Caerdydd (HR) 1969; Oriel yr Atig, Abertawe (OyAA) 1998, 2001, 2005, 2007. Arddangosfeydd deuddyn yn cynnwys OyAA 2005 (gydag Aneurin Jones), 2007 (gyda Karel Lek). Arddangosfeydd undyn yn cynnwys HR 1965, 1966, 1968; Oriel David Griffiths/Oriel Albany, Caerdydd, ddwywaith y flwyddyn 1966–1982, ac o 1998; Oriel Tegfryn, Porthaethwy 1967, 1973, 1978, 1980, 1982, 1984; Oriel Thackeray, Llundain, ddwywaith y flwyddyn 1969–99; Oriel Ynys Môn, Llangefni 1996; OyAA 2003. Wedi'i gynnwys yn *The Times* (17 Ebrill 1968); *Western Mail* (27 Chwefror 1965, 22 Chwefror 1966, 24 Medi 1966); *Cymru'r Cynfas*, Hywel Harries (Y Lolfa 1983, 1986); *Acrylics Masterclass*, Sally Bulgin (HarperCollins 1994). Casgliadau'n cynnwys Amgueddfa ac Oriel Gelf Casnewydd; Amgueddfa ac Oriel Gelf Castell Cyfarthfa, Merthyr Tudful; Amgueddfa Cymru; Casgliad Celf y Llywodraeth; Cyngor Gwynedd; Cyngor Sir Ynys Môn; Cymdeithas Celf Gyfoes Cymru; Llyfrgell Genedlaethol Cymru, Aberystwyth; Prifysgol Aberystwyth; Ymddiriedolaeth Castell Bodelwyddan. Prynwyd gwaith gan Gyngor Celfyddydau Cymru. Golygfeydd arfordirol, tirluniau; traddodiad Lliw-wyr yr Alban. Roedd yn byw yn Nhre-garth, gogledd Cymru.
*Lauren Lindee*

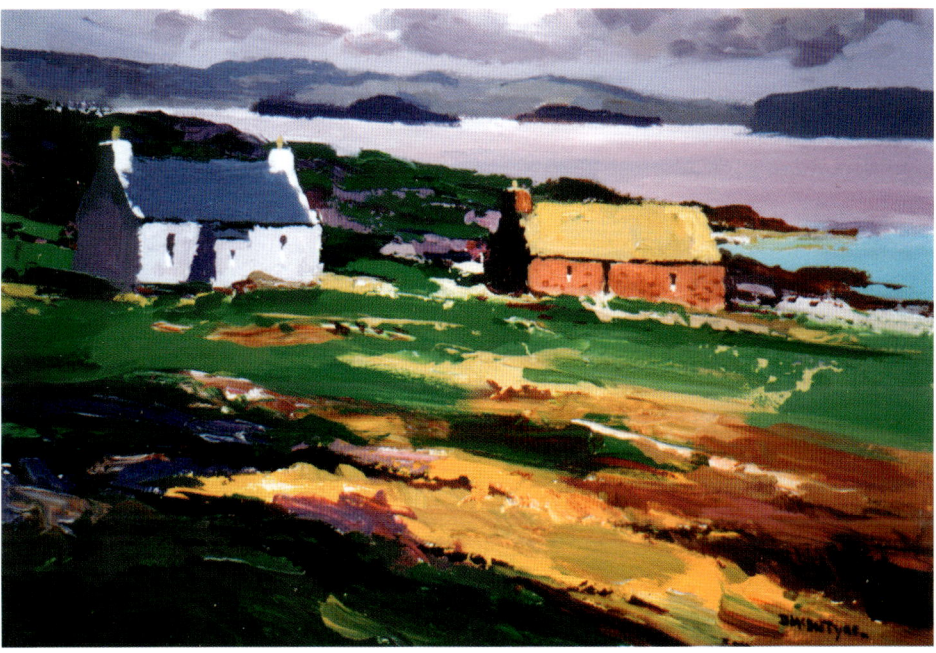

203 | Donald McIntyre
*Cuil Phail* tua 1994

## June McLAUGHLIN 1949–
**Enw gwaith, WEAVING ARTS. Peintwraig, artist tecstiliau. Ganed yn Wrecsam, gogledd Cymru.**

Astudiodd yn Athrofa Addysg Uwch Gogledd Ddwyrain Cymru, Wrecsam 1989–91. Athrawes gynorthwyol, Münster, Yr Almaen 1978–82; athrawes (rhan-amser), Coleg Iâl, Wrecsam 1994–2000. Trefnydd, gweithdai yn Llangollen, Llansilin 1994–2000. Artist preswyl, Uned Ganser Gogledd Cymru 2000, 2001; Tŷ'r Eos, Wrecsam 2004; Ysbyty Glannau Dyfrdwy 2005–07. Gwobr Cyngor Celfyddydau

Cymru 2004. Aelod o Grŵp Tecstiliau'r Chameleons; Celfyddydau Creadigol Corwen. Arddangosfeydd un-ddynes yn cynnwys Canolfan Gelfyddydau Llyfrgell Wrecsam 1992; *Landscapes of Colour and Light*, Canolfan Dreftadaeth y Bers, Wrecsam 2004 (teithiol). Gwaith wedi'i gynnwys yn *Weavers Journal* (2002); cylchgrawn *Artist & Illustrators* (2004). Yn byw yn Wrecsam.
*Yr artist*

### Gaynor McMORRIN 1945–
**Ceramegydd. Ganed yn Wrecsam, gogledd Cymru.**

Astudiodd yn Academi Gelf Caerfaddon 1963–66, gyda John Colbeck, Howard Hodgkin, James Tower. Bu'n gweithio yng Nghrochendy Yelland, Fremington 1968, gyda Michael Leach; Crochendy Branham, Barnstaple 1969. Athrawes (llawnamser), Durham 1969–70; (rhan-amser) Lloegr, Zimbabwe, Cymru 1971–80. Teithio yn Japan, India. Busnes teuluol ym maes adfer eiddo, Wrecsam 1980au–90au. Athrawes, cerameg (rhan-amser), addysg oedolion, Sir Benfro 1998–2001. Aelod o Gymdeithas Gelfyddydau Abergwaun (CGAberg) (Cadeirydd o 2006). Arddangosfeydd ar y cyd yn cynnwys *Lines and Strata*, Theatr Mwldan, Aberteifi 2005; Parc dan y Garn, Dinas 2006; Ysgol Bro Gwaun, Abergwaun, CGAberg 2007. Gwnaeth ffilm, *The Dolphin Coast Concept*, CGAberg 2007. '…gwaith wedi'i daflu, cerfluniaeth geramea, arlunio, dylunio, ffilm… Sir Benfro… tirwedd, y môr a hanes… ffilm gomig a gwaith llwyfan o bob oes.' Yn byw yn Wdig, gorllewin Cymru.
*Yr artist*

### Jean McMULLEN  Gweler Jean FRANCIS

### Tricia McPARLIN 1959–
**Peintwraig. Ganed yn y Barri, de Cymru.**

Astudiodd yng Ngholeg y Brifysgol, Caerdydd 1979–82 (Saesneg), 1985–86; Ysgol Gelfyddydau Gorllewin Cymru, Caerfyrddin 1999–2003. Athrawes/Pennaeth Drama, Bwrdeistref Harrow Llundain 1986–92. Gweithwraig ofal, athrawes, Abertawe 1992–99. Curadur, Oriel Llandudoch, o 2005. Arddangosfeydd ar y cyd, *Artist y Flwyddyn Cymru*, Neuadd Dewi Sant, Caerdydd 2000, 2001, 2003, 2007; Eisteddfod Genedlaethol Cymru, Tyddewi 2002; *Fresh Art*, Oriel Celf Gain Rainbird, Llundain 2003; *Blood Relative*, Paintworks, Bryste 2007. Arddangosfa un-ddynes, Oriel Stryd y Brenin, Caerfyrddin 2005. Wedi'i chynnwys yn *South Wales Evening Post* (Abigail Hart, Ebrill 2005); *Pembrokeshire Life* (Keith Johnson, Awst 2007). '…ymatebion i globaleiddio a'r amgylchedd ôl-fodernaidd.' Yn byw ym Mhen-bre, gorllewin Cymru.
*Yr artist*

### Robert McPARTLAND 1953–
**Peintiwr. Ganed yn Redcar, Lloegr.**

Astudiodd yng Ngholeg Celf Middlesbrough 1971–72; Coleg Celf a Dylunio Ravensbourne 1972–75, gyda Brian Fielding; Coleg y Gofaint Aur, Llundain 1980–81. Porthor, Ysbyty Bromley 1975–77. Technegydd, Orielau Waddington, Llundain 1977–78; Oriel Tate, Llundain 1979–80. Athro, Ysgol St Michael, Limpsfield 1981–84; Pennaeth Celf, Ysgol Uwchradd Bromley 1984–95; Ysgol Howell, Llandaf, Caerdydd, o 1995. Gwobr Ranbarthol Hunting i Gymru 1998. Arddangosfeydd ar y cyd yn cynnwys *Arddangosfa Agored Whitechapel*, Oriel Whitechapel, Llundain 1983, 1986, 1988–92; *Homework*, Canolfan Gelfyddydau'r Eglwys Norwyaidd, Caerdydd 1997; *Biennale Arlunio Cymru*, Canolfan Gelfyddydau Llyfrgell Wrecsam/Canolfan y Celfyddydau Aberystwyth 1997 1999, 2006 (i gyd yn deithiol); Amgueddfa ac Oriel Gelf Casnewydd 1999; Eisteddfod Genedlaethol Cymru, Llanelli 2000; *Artist y Flwyddyn Cymru*, Neuadd Dewi Sant, Caerdydd 2000. Arddangosfa undyn, Oriel Kooywood, Caerdydd 2006. Gwaith wedi'i gynnwys yn *Art Review*, Chwefror 1986; *Guardian*, Art for Sale (Ebrill 1993); Arts Round,

Radio BBC (Mawrth 1998); *Prime Time*, HTV (Mawrth 1998). 'Gall ffurf unigol fod ag aml ymddangosiad a bodolaeth …dw i'n gweithio mor syml ag sy'n bosibl.' Yn byw yng Nghaerdydd, de Cymru.
*Yr artist*

### Alan McPHERSON 1943–
**Peintiwr, dylunydd, gwneuthurydd ffilmiau. Ganed yn Braunton, Lloegr. O dras Gymreig.**

Bu'n byw yng Nghymru 1963–77. Astudiodd yng Ngholeg Brighton: Coleg Prifysgol Gogledd Cymru, Bangor (CPGC) 1963–67 (Athroniaeth); Prifysgol Middlesex 1999–02, gyda Peter Osborne (MA Estheteg a Theori Gelf). Artist hunanaddysgedig. Tiwtor (rhan-amser), CPGC 1967–70; darlithydd (rhan-amser), Coleg Technegol Gwynedd, Bangor 1967–70. paentiwr/arddurnwr 1969–75; cynorthwy-ydd arddangosfeydd, Oriel Gelf Bangor, Gwynedd (OGBG) 1968–77. Dylunydd annibynnol, ymchwilydd, gwneuthurydd ffilmiau o 1970; dylunydd arddangosfeydd, Eisteddfod Genedlaethol Cymru (EGC) 1985–89. Artist preswyl, Gŵyl yr Ymylon Caeredin 1997. Comisiynau'n cynnwys Cyngor Celfyddydau Cymru (CCC) 1977; Ysbyty'r Santes Fair, Ynys Wyth 1998. Gwobrau'n cynnwys CCC 1973, 1976; Celfyddydau Dwyrain Canolbarth Lloegr 1985. Arddangosfeydd ar y cyd yn cynnwys OGBG 1965, 1974, 1975, 1982: Academi Gelfyddydau Lerpwl 1973; *An Iconograph of the Mabinogion*, CCC/EGC Caerfyrddin 1974 (teithiol); Oriel Mostyn, Llandudno 1980; Oriel Richard Demarco, Caeredin 1982; Oriel Chalk Farm, Llundain 1996; Gŵyl y Mileniwm, Melton Mowbray 2000. Arddangosfa ddeuddyn, Oriel, CCC, Caerdydd (gyda Michael Cullimore) 1975. Arddangosfeydd undyn yn cynnwys OGBG 1968, 1970, 1980; Oriel Bluecoat, Lerpwl 1973; Amgueddfa'r Castell, Nottingham 1985 (teithiol); Oriel Gelf Usher, Lincoln 1986; Amgueddfa ac Oriel Gelf Buxton 1987; Oriel Woods, Caerlŷr 1996. Adolygydd, cyhoeddiadau celf, gan gynnwys *Artscribe* 1970au. Wedi'i gynnwys yn y *Daily Telegraph*, Mai 1965; *Arts Review*, mis Medi 1973. Casgliadau'n cynnwys Cyngor Celfyddydau Peterborough; Cyngor Sir Essex; Cyngor Gwynedd; Clafdy Brenhinol Caerlŷr; Prifysgol Bangor. Prynwyd gwaith gan Gymdeithas Gelfyddydau Gogledd Cymru; CCC. 'Lluniau a phaentiadau haniaethol sy'n ymwneud â thirwedd…wedi'i newid gan ymyrraeth ddynol.' Yn byw yn Buckminster, Lloegr.
*Yr artist*

### Ishbel McWHIRTER 1927–
**Peintwraig. Ganed yn Llundain, Lloegr.**

Ei mam yn Gymraes. Cyrhaeddodd ei theulu Gymru ym 1928. Symudodd i Lundain ym 1946. Astudiodd gydag Oskar Kokoschka 1946–53. Teithiodd yn helaeth yn Ewrop, Affrica, y Dwyrain Agos 1947. Comisiynau'n cynnwys portreadau o A S Neill, Tom Conti, Y Fonesig Barbara Hepworth, Yr Arglwydd Longford, Germaine Greer. Aelod o'r Academi Gymreig Frenhinol (AGF). Arddangosfeydd ar y cyd yn cynnwys *Oskar Kokoschka, Schüler und Freunde*, Zurich 1969; Celf Gain Leinster, Llundain 1983, 1984; *Twentieth Century Watercolours*, Amgueddfa Victoria ac Albert, Llundain (VacA) 1984; AGF, Conwy, sawl un gan gynnwys 2002. Arddangosfeydd un-ddynes niferus gan gynnwys Oriel Arcade, Llundain 1945; Oriel Victor Waddington, Dulyn 1952; *A Very Un-English Palette*, Amgueddfa Archifau Oskar Kokoschka, Fienna 1990; *A Very English Palette*, Oriel Ynys Môn, Llangefni 1997; Oriel Plas Glyn-y-Weddw, Llanbedrog 2003; Oriel Tegfryn, Porthaethwy 2006. Mae cyhoeddiadau'n cynnwys portreadau clawr i *Neill! Neill! Orange Peel!*, A S Neill (Weidenfeld a Nicolson 1972); *Melanie Klein* (Penguin). Casgliadau'n cynnwys Llyfrgell Genedlaethol Cymru, Aberystwyth; Oriel Bortreadau Genedlaethol yr Alban, Caeredin; VacA; Yr Oriel Bortreadau Genedlaethol, Llundain. 'Dechreuodd baentio tirluniau ar y Fenai a'r cylch oherwydd ei harddwch syfrdanol. Yn gynt, yn fwyaf adnabyddus am ei phortreadau.' Yn byw yn Llundain, Lloegr a Phorthaethwy, Ynys Môn, gogledd Cymru.
*Yr artist*

**Philip MEAD** 1948–
**Peintiwr, Ganed yn Lincoln, Lloegr.**

Bu'n byw yng Nghymru 1985–2003. Astudiodd yng Ngholeg Celf Caerloyw 1979–82; Polytechnig Birmingham 1983–84 (MA) (Gwobr Baentio Whitworth Wallis 1983). Artist preswyl, Ysgol Porth-cawl 1985–86; Yr Oriel Genedlaethol, Llundain (OGLl) 1987–88; Academi'r Celfyddydau Cain Pennsylvania, Philadelphia 1992; Canolfan Bemis, Omaha, Nebraska 1998. Gwobrau'n cynnwys Cyngor Celfyddydau Lloegr 1977, 2005; Celfyddydau De Orllewin Lloegr 1985; Llywodraeth Gwlad Groeg 1986, 1987; Cyngor Celfyddydau Cymru (CCC) 1989, 1993, 1998; Ymddiriedolaeth Leverhulme 1991; Y Gymdeithas Gelfyddydau Brydeinig Americanaidd 1992; Sefydliad Pollock-Krasner 1994; Ymddiriedolaeth Juliet Gomperts 2002. Arddangosfeydd niferus ar y cyd gan gynnwys *The Natural Element*, Oriel, CCC, Caerdydd 1989; *Hortus Cambrensis*, Yr Ymddiriedolaeth Genedlaethol 1991 (teithiol); *Syzygy*, Amgueddfa ac Oriel Gelf Casnewydd 1998 (teithiol); *Luminaries*, Canolfan y Celfyddydau Aberystwyth 2000 (teithiol); *Arddangosfa Gyfnewid Cymru-Rajasthan*, Canolfan Gelfyddydau Neuadd Llanofer, Caerdydd 2003; *Secret*, Y Coleg Celf Brenhinol Llundain 2005. Arddangosfeydd undyn yn cynnwys Oriel New Academy, Llundain 1989, 1991, 1993; Galleri Haaken, Oslo 1989; *Imago Mundi*, Canolfan Phoenix, Caerwysg 2001; Oriel White Space, Taunton 2003, 2006; *Drivemecrazy*, Oriel Capitol, Horsham 2007. Wedi'i gynnwys yng nghylchgrawn *Contemporary Arts* (Rhifyn 3, Gwanwyn 1993); cylchgrawn *a-n* (Tachwedd 1995, Ebrill 1999). Casgliadau'n cynnwys Amgueddfa Gelf Fodern, Oslo; Amgueddfa Mehrangarh, Jodhpur; OGLl; Rathausgalerie, St Veit, Awstria; Yr Ysgol Brydeinig yn Athen. 'Atgofion, tirwedd, cyfle a newid.' Yn byw yn Hassocks, Lloegr.
*Yr artist*

**Audrey MEADOWCROFT** 1932–
**Peintwraig, artist botanegol. Ganed yn Swydd Gaer, Lloegr.**

Cyrhaeddodd Gymru ym 1959. Astudiodd yng Ngholeg Caerllion 1974–78, gyda F Heap. Athrawes, ysgolion cyfun yng Nghymru; tiwtor, Cymdeithas Addysg y Gweithwyr. Aelod o Gymdeithas Ddyfrlliwiau Cymru (CDdC); Aelod Sefydlu Ymddeoledig Anrhydeddus, Cymdeithas yr Artistiaid Botanegol (CAB). Arddangosfeydd ar y cyd yn cynnwys yr Academi Frenhinol Gymreig, Conwy 2006; Y Tabernacl, Machynlleth 2007. Wedi'i chynnwys yn *Arte-y-Botanica* (Lunwerg Editores 2001). Casgliadau'n cynnwys Llyfrgell Genedlaethol Cymru, Aberystwyth; Llyfrgell Walsall. 'Planhigion ac anifeiliaid Cymru yn y dirwedd.' Yn byw ym Mhen-allt, de Cymru.
*Yr artist*

**Harry MEADOWS** 1931–
**Enw gwaith Alfred Harry Dennis Meadows, caligraffydd. Ganed yn y Fenni, de Cymru.**

Astudiodd yng Ngholeg Celf a Dylunio Casnewydd (CCDCas) 1948–52; Athrofa Addysg Prifysgol Llundain 1952–53. Uwch-ddarlithydd, CCDCas/Coleg Addysg Uwch Gwent 1958–86. Medal Aur am Grefft a Dylunio, Eisteddfod Genedlaethol Cymru, Caerfyrddin 1974. Comisiynau'n cynnwys Cofeb Trychineb Aberfan; Amgueddfa Cymru (AC); Cyngor Sir Clwyd; Cyngor Bwrdeistref Casnewydd; Coleg Cerdd a Drama Cymru; Cofeb Beirdd y Rhyfel Byd Cyntaf yng Nghornel y Beirdd, Abaty Westminster. Cymrawd Cymdeithas Sgrifellwyr ac Addurnwyr. Arddangosfeydd ar y cyd yn cynnwys *The Craftsman's Art*, Pwyllgor Cynghori ar Grefftau (PCG)/Amgueddfa Victoria ac Albert, Llundain (VacA) 1973; *The Artist Craftsman*, AC 1975; *Director's Choice*, Y Cyngor Dylunio, Llundain 1976; *Commemoration*, Oriel, Cyngor Celfyddydau Cymru (CCC), Caerdydd (Oriel) 1976 (gwobr o bwys); *Draw the Line*, VacA 1977; *Take a Letter*, Y Cyngor Crefftau 1979 (teithiol); *Modern Artist Craftsman*, AC 1980; *About Time*, CCC 1980 (teithiol); *Craft 86*, Oriel 1986. Arddangosfeydd undyn, Canolfan Gelfyddydau Abaty Nant Teyrnon, Cwmbrân 1978; *A Touch of Gold*, Amgueddfa'r Fenni 2001. Cyfrannwr i *Artists in Wales*, golygydd

Meic Stephens (Gwasg Gomer 1976). Wedi'i gynnwys yn *Craftsmen of Quality* (PCG/Canolfan Grefftau Prydain 1978); *Encyclopaedia of Calligraphy Techniques*, Diana Hardy Wilson (Quarto Publishing 1990). Casgliadau'n cynnwys Llyfrgell Genedlaethol Cymru, Aberystwyth; Prifysgol De Cymru, Pontypridd. Prynwyd gwaith gan CCC. Yn byw yn y Fenni.

*Yr artist*

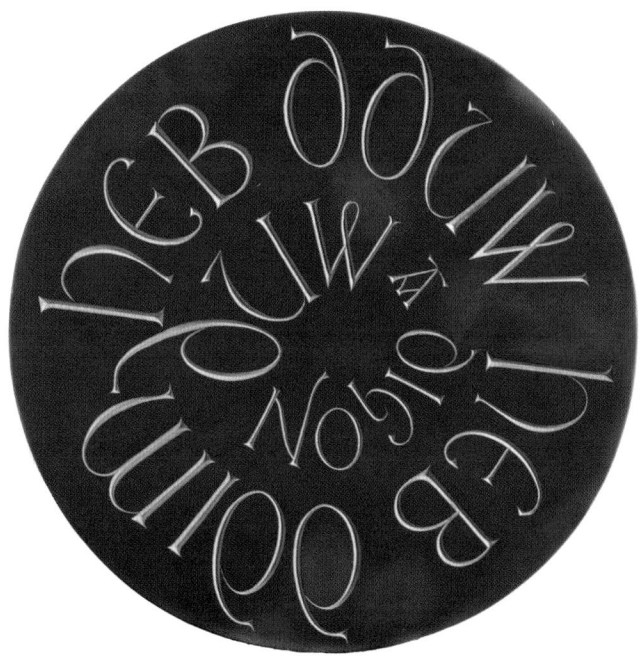

204 | Harry Meadows
*Cylchig llythrennu arysgrifiadol* 1973

## Nigel MEAGER 1957–
**Peintiwr, addysgwr celf. Ganed yn Reading, Lloegr.**

Ei fam yn Gymraes. Bu'n byw yng Nghymru 1964–2006. Astudiodd ym Mhrifysgol Newcastle 1975–80, 1983–85 (MFA). Swyddog Addysg, Oriel Gelf Glynn Vivian, Abertawe (OGGV) 1985–86; addysgwr celf llawrydd 1987–2006. Artist preswyl, Dinas Mannheim, Yr Almaen 1991–92. Prosiectau'n cynnwys *The Visual Impact Project* 1987–91; *Opt for Art*, engage/ Cyngor Celfyddydau Cymru 1995–99; Gwefan *Art Education* a *schoolart*, Cymdeithas Genedlaethol er Addysg mewn Celf a Dylunio (CGACD) 1997–2001; *The British Art Show 4*, Canolfan y South Bank 1996 (teithiol)/Cyngor Celfyddydau Cymru; *Islands of Imagination*, Tîm Cefnogi Celfyddydau Caerdydd 2005. Aelod o Gymdeithas Artistiaid a Dylunwyr Cymru (CADC). Arddangosfeydd ar y cyd, CADC, Gweithdy Celf Abertawe (GCA) 1986–93; Gŵyl Lenyddiaeth y Gelli; OGGV. Arddangosfeydd undyn, GCA 1979, 1992; OGGV; Galerie der Alten Feuerfache, Mannheim 1991. Cyhoeddiadau'n cynnwys *Teaching Art at Key Stage 1* a *Teaching Art at Key Stage 2* (CGACD 1993, 1995); *Cardiff Bay Art and Education Pack* (Yr Asiantaeth Gelf ac Adfywio 1997); *Creativity and Culture – Art Projects for Primary Schools* (CGACD 2006). Gwaith yng nghasgliad OGGV. Yn byw yn Costa Rica a Ffrainc.

*Yr artist*

## Stuart MEALING 1946–
**Artist. Ganed yn Epsom, Lloegr.**

Astudiodd yng Ngholeg y Gofaint Aur, Prifysgol Llundain; Coleg Celf Caerdydd. Darlithydd, Celf Gain (Astudiaethau Sylfaen), Coleg Celf Caerdydd 1969–canol y 1970au. Ymgynghorydd, *Kidsplay II*, Tate, Llundain 1974. Gwobr Cyngor Celfyddydau Cymru (CCC) 1970. Arddangosfeydd ar y cyd yn cynnwys Abertawe 1968; *Art in Wales: the 20th Century: Tomorrow?*, CCC 1969 (teithiol); Oriel Midland Group, Nottingham 1969, 1972; Cyngres Addysg Gelf y Byd, Coventry 1970; *Day Trip: Cardiff College of Art Artists*, Amgueddfa Cymru, Caerdydd 1972. Arddangosfeydd undyn yn cynnwys Oriel Serpentine, Llundain 1971. Bu'n aelod gynt o Gymdeithas Ymchwil i'r Ymennydd, Cymdeithas y Celfyddydau Cyfrifiadurol, Grŵp Deallusrwydd Artiffisial ac Efelychu Ymddygiad. Prynwyd gwaith gan CCC. Credir ei fod yn byw yn Lloegr.

## Luci MELEGARI 1963–
**Gwneuthurydd printiau, athrawes. Ganed yn Rhuthun, gogledd Cymru.**

Astudiodd yn Athrofa Gogledd Ddwyrain Cymru, Wrecsam (AGDdC) 1982–83; Coleg Celf Loughborough 1983–86 (gradd yn y dosbarth cyntaf); Coleg Polytechnig Manceinion 1987–88 (MA Gwneud Printiau). Swyddog celfyddydau, Cadwyn Clwyd, Yr Wyddgrug 1986–87; darlithydd (rhan-amser), AGDdC 1987–88; cyd-gysylltydd (rhan-amser), gweithdai celf/crefft, Canolfan Gelfyddydau Llyfrgell Wrecsam (CGLIW) 1987–92; artist cymunedol (rhan-amser) 1987–96 (Oriel Tate, Lerpwl; Cyngor Sir Clwyd; Cymdeithas Gelfyddydau Gogledd Cymru; Ysgol Bryn Alyn, Wrecsam; Canolfan Grefft Rhuthun; Canolfan Gelfyddydau Sain Dunwyd); darlithydd/Cyfarwyddwr Cynorthwyol, Celf, Cyfrifiannu, Dylunio a Chynhyrchu Cyfryngau, Coleg Iâl, Wrecsam, o 1989. Gwobrau Cyngor Celfyddydau Cymru (CCC) 1987, 1994. Aelod o Gymdeithas Gelfyddydau Wrecsam (Cadeirydd 1994–97); aelod o Gymdeithas Artistiaid a Dylunwyr Cymru (Cadeirydd 1988–90). Arddangosfeydd ar y cyd yn cynnwys *An Indian Summer*, Oriel Mostyn, Llandudno 1989; Oriel, CCC, Caerdydd 1990, 1991, 1992; Eisteddfod Genedlaethol Cymru, Yr Wyddgrug 1991, Castell-nedd 1994 (y wobr gyntaf); *A Midsummer Night's Dream*, Canolfan Grefft Rhuthun (CGRh) 1993; *Under Milk Wood*, Canolfan Gelfyddydau Taliesin 1995; *The Last Dance*, Gwasanaeth Celfyddydau ac Arddangosfeydd Clwyd 1996 (teithiol); *Argraffu Wrecsam Rhyngwladol*, CGLIW 2001, 2003, 2005, 2007. Arddangosfeydd un-ddynes yn cynnwys Oriel y Salt House, St Ives 1987; *Spoiled Landscapes*, Canolfan Dreftadaeth y Bers 1990 (teithiol); *Paradise Created*, CGLIW 1993–95 (teithiol); *An Italian Dream*, CGRh 1997–99 (teithiol); *The Romantick and Sublime*, CGLIW 2006. Casgliadau'n cynnwys Amgueddfa Grosvenor, Caer; Ymddiriedolaeth Celf Gain Clwyd, Castell Bodelwyddan. 'Tirwedd Cymru.' Yn byw yn y Maerdy, gogledd Cymru.
*Yr artist*

## Owen MEILIR 1954–
**Peintiwr. Ganed ym Mangor, gogledd Cymru.**

Hunanaddysgedig. Y Llynges Fasnach 1969–71; peintiwr/addurnwr o 1971. Arddangosfeydd ar y cyd, Llyfrgell Llangefni 1980; Oriel Kooywood, Caerdydd 2006; Amgueddfa ac Oriel Gelf Gwynedd, Bangor 2006. Gwaith wedi'i gynnwys mewn rhaglen ar S4C. 'Tirluniau a morluniau o Ynys Môn.' Yn byw yn Aberffraw, Ynys Môn, gogledd Cymru.
*Yr artist*

## MEIRION  Gweler Meirion JONES

## Alison MERCER 1965–
**Artist tecstiliau. Ganed yn Bloxwich, Lloegr.**

Cyrhaeddodd Gymru ym 1989. Astudiodd yng Ngholeg Polytechnig Manceinion 1985–88, gyda Carolyn Broadhead, Peter Chatwin; Prifysgol Fetropolitan Manceinion 1998–2000, gyda Rushton Aust, Janet Bezant, Maureen Wayham (MA Tecstiliau); (rhan-amser) Coleg Menai, Bangor (ColM) 2000–02. Darlithydd (rhan-amser), ColM o 1996. Dylunydd gwisgoedd preswyl, Theatr Bucks Rock, Connecticut 1986–88. Artist preswyl, Gŵyl Erddi Cymru, Glynebwy 1992; Parc Gwledig Gwepra, Sir y Fflint 1997; ysgolion yng Nghymru, Lloegr o 1992. Cyrsiau tecstiliau cymunedol, o 1997. Bwrsari Dylunio'r Gymdeithas Gelfyddydau Frenhinol 1988; Gwobr Dylunio Brodwaith Lynnette de Denn 1989; Coleg Argraffu Llundain, Gwobr Dylunio Strwythurau Llyfrau 2007. Aelod o Celf Ffibr Cymru (CFfC). Arddangosfeydd ar y cyd yn cynnwys Urdd Gwneuthurwyr Cymru 1994–97; *Bookworks*, Oriel Gelf Glynn Vivian, Abertawe (OGGV) 1994; *Artist y Flwyddyn Cymru*, Neuadd Dewi Sant, Caerdydd 2001–05 (enillydd gwobr grefft 2001); *Artist y Flwyddyn Cymru*, Stuttgart 2005; Eisteddfod Genedlaethol Cymru, Y Faenol 2005; *Arddangosfa Agored*, Oriel Davies, Y Drenewydd 2006. Arddangosfeydd un-ddynes yn cynnwys Canolfan Grefft Rhuthun 1993; *Mexicana*, Model House, Llantrisant 1995; *A Stitched Inheritance*, Oriel Makers, Caerdydd 2005; Oriel Context, Caerdydd 2006; *The Nightingale Sings for No-one but Herself*, Amgueddfa ac Oriel Gelf Gwynedd, Bangor 2006 (teithiol); Oriel John Holden, Manceinion 2007. Gwaith wedi'i gynnwys yn *Homelands*, golygyddion Bethan Ash a Helen Foroughi (CFfC 2004). Casgliadau'n cynnwys ColM; Cyngor Gwynedd. '…delweddaeth hanesyddol …crwyn defnyddiau, wynebau dros dro, haenog…' Yn byw yn Llanberis, gogledd Cymru.
*Yr artist*

## (W) Moelwyn MERCHANT 1913–1997
**Enwau gwaith y Parchedig Athro William Moelwyn Merchant, cerflunydd. Ganed ym Mhort Talbot, de Cymru.**

Astudiodd yng Ngholeg Prifysgol De Cymru a Sir Fynwy (CPDCSF) (Saesneg, Hanes) 1933, 1934; Prifysgol Cymru (PC) 1935. DLitt PC 1960. Uwch-ddarlithydd, Saesneg, Coleg Hyfforddi Caerllion 1937–39; Darlithydd/Uwch-ddarlithydd/Darllenydd mewn Saesneg, CPDCSF 1939–61; Athro Saesneg, Prifysgol Caerwysg (PCaer) 1961–74. Offeiriad-mewn-gofal, Llanhenwg 1937–39; Canghellor, Cadeirlan Caersallwg 1967–71. Ficer, Llanddewi Brefi 1974–78; symudodd i Leamington Spa. Cerflunydd, o 1964. Doethuriaethau anrhydeddus 1957–81, Coleg Prifysgol Cymru, Aberystwyth, Coleg Prifysgol, Caerdydd; Cymrawd, Cymdeithas Frenhinol Llenyddiaeth. Cynghorydd beiblaidd/cyd-awdur ffilm gyda Christopher Fry ac eraill, *The Bible* (de Laurentis/John Huston 1965); libreto opera, *The Tree of Life*, Alun Hoddinott 1972. Arddangosfeydd ar y cyd yn cynnwys Oriel Albany, Caerdydd 1976; Oriel Aberystwyth 1977; Amgueddfa Cymru (AC), Tŷ Turner, Penarth 1980; *Sculpture in a Country Park*, Ymddiriedolaeth Gerfluniau Cymru, Parc Gwledig Margam (PGM) 1983–84. Arddangosfeydd deuddyn yn cynnwys Oriel Ben Uri, Llundain, Canolfan Manor House, Finchley (y ddwy gyda Josef Herman) 1984. Arddangosfeydd undyn yn cynnwys *A Life's Work*, Oriel Theatr Clwyd, Yr Wyddgrug 1985 (teithiol). Cyhoeddiadau niferus gan gynnwys argraffiadau o waith Wordsworth, Shakespeare, Marlowe; *Shakespeare and the Artist* (Gwasg Prifysgol Rhydychen 1959); *Shakespeare in Art* (Cyngor Celfyddydau Prydain Fawr 1964); cerddi (Gwasg Gomer (GG) 1975), (Christopher Davies (ChD) 1985); 'R S Thomas', *Writers of Wales* (Gwasg Prifysgol Cymru 1979, 1989); *Josef Herman: The Early Years in Scotland and Wales* (ChD 1984); hunangofiant, *Fragments of a Life* (GG 1990). Ei gerfluniau wedi'u cynnwys yn *A Life's Work* (Gwasanaeth Celfyddydau ac Arddangosfeydd Clwyd 1985). Casgliadau'n cynnwys AC; Eglwys yr Holl Saint, Leamington Spa; PCaer; PGM; Prifysgol Caerdydd; Prifysgol Stirling; Prifysgol Warwick. 'Roedd gen i obsesiwn gyda'r ymdeimlad â thwf mewn ffurfiau naturiol.' Roedd yn byw yn Leamington Spa, Lloegr.

**Dave MERRILLS** 1933–
**Enw gwaith David Merrills, peintiwr. Ganed yn Rotherham, Lloegr.**

Cyrhaeddodd Gymru ym 1972. Astudiodd yn Ysgol Gelf Rotherham 1950–53; Coleg Celf Sheffield 1953–56; Coleg Prifysgol, Caerdydd 1969–70. Pennaeth Celf, Ysgol Ramadeg Cannock 1959–72; Pennaeth Cyfadran Ddylunio, Ysgol Uwchradd Cei Connah 1972–86. Aelod o'r Academi Frenhinol Gymreig (AFG). Arddangosfeydd ar y cyd yn cynnwys *Arddangosfa Agored Gogledd Cymru*, Oriel Theatr Clwyd, Yr Wyddgrug (OThC) o 1987 (arobryn 1993, gwobr gyntaf 1995); Canolfan Gelfyddydau Llyfrgell Wrecsam 1993; Oriel Plas Glyn-y-Weddw, Llanbedrog (OPGW) 1995–2000; Oriel ECTARC, Llangollen 1995–2000 (gwobr gyntaf 1995, 1997); Neuadd Dewi Sant, Caerdydd 2000. Arddangosfeydd deuddyn, OThC (gydag Alex Campbell) 1995, 1996; Theatr Cymru, Llandudno 2006. Arddangosfeydd undyn yn cynnwys Amgueddfa Lechi Cymru, Llanberis 1987; Canolfan Gelfyddydau Llyfrgell Dinbych 1989, 1995; OPGW 1995; OThC 1999; AFG 2000. 'Fel arfer yn gweithio'n ffigurol, maint naturiol; bob amser ag olew; gwrthrychau personol; drysau, ffasadau.' Yn byw ym Modfari, gogledd Cymru.
*Yr artist*

**Sonja BENSKIN MESHER** 1947–
**Enw gwaith Sonja Benskin-Mesher, peintwraig. Ganed yn Bournemouth, Lloegr.**

Cyrhaeddodd Gymru ym 1993. Astudiodd yng Ngholeg Bournemouth 1962–63; Coleg Meirion Dwyfor, Dolgellau 1997–99, gyda Cefyn Burgess, Eleri Mills, Catrin Williams. Tiwtor/darlithydd, grwpiau celf lleol, o 1998. Prosiectau mewn ysgolion lleol o 2000. Curadur, *Arddangosfa Kernow/Cymru*, Oriel Plas Glyn-y-Weddw, Llanbedrog (OPGW) 2006 (teithiol). Canolfan y Celfyddydau Aberystwyth (CCA)/Cyngor Ceredigion, gwobr farddoniaeth 1999; Gwobr Cyngor Celfyddydau Cymru 2000; Ymddiriedolaeth Bywyd Gwyllt Gogledd Cymru, gwobr arlunio 2000. Aelod o'r Academi Frenhinol Gymreig. Arddangosfeydd niferus ar y cyd gan gynnwys *Biennale Arlunio Cymru*, CCA 1999 (teithiol), 2003 (teithiol); *Artist y Flwyddyn Cymru*, Neuadd Dewi Sant, Caerdydd 2001–04; OPGW 2001–07; Oriel Mostyn, Llandudno 2001; Eisteddfod Genedlaethol Cymru, Casnewydd 2004 (teithiol). Arddangosfeydd un-ddynes niferus gan gynnwys Canolfan Gelfyddydau Pontardawe 2000; Canolfan Gelfyddydau'r Eglwys Norwyaidd 2000; CCA 2001; Canolfan Gelfyddydau Llyfrgell Wrecsam 2004; OPGW 2005. Gwaith wedi'i gynnwys mewn *Rhai Gwneuthurwyr Printiau Cyfoes yng Nghymru*, Johanna Ekornes (2002). Casgliadau'n cynnwys Amgueddfa Gelf Fodern Efrog Newydd; Theatr Harlech; Y Tabernacl, Machynlleth. '…paentiadau haniaethol, cyfryngau cymysg a hapgael … bywyd a thirwedd Cymru …cerddoriaeth….' Yn byw yn Llanelltud, gogledd Cymru.
*Yr artist*

**Adrian Paul METCALFE** 1960–
**Peintiwr, gwneuthurydd printiau. Ganed yn Bradford, Lloegr.**

Cyrhaeddodd Gymru ym 1978. Astudiodd yn Athrofa Addysg Uwch De Morgannwg, Caerdydd 1978–79; Coleg Polytechnig Lanchester, Coventry 1979–82. Darlithydd (rhan-amser), Gwasanaeth Addysg Cymunedol, Caerdydd/Bro Morgannwg 1989–2000; Coleg Cross Keys, Gwent 1998–2000; Coleg y Barri 1998–2000, (llawnamser) o 2000. Artist preswyl, Llyfrgell Canolfan Daniel Owen, Yr Wyddgrug 1985; Canolfan Gymunedol Carnegie, Sgiwen 1988; Oriel Bonhoga, Melin Weisdale, Shetland 1996; Ysgol Gynradd y Santes Fair, Caerdydd 1997. Comisiwn, Ysbyty yr Eglwys Newydd, Caerdydd 1994. Gweithdai ledled Cymru 1987–92. Aelod o Gymdeithas Artistiaid a Dylunwyr Cymru (CADC) tan 1992; Artistiaid yr Hen Lyfrgell. Arddangosfeydd cenedlaethol/rhyngwladol niferus ar y cyd gan gynnwys *Arddangosfa Agored Cymru*, Canolfan y Celfyddydau Aberystwyth 1981–96; Eisteddfod Genedlaethol Cymru 1984, 1985, 1986, 1991, 1992; *Open Boxes*, Yr Hen Lyfrgell, Caerdydd 1995 (teithiol); *Book Art*

*Competition*, Oriel Gelf Glynn Vivian, Abertawe (OGGV) 1996; Neuadd Dewi Sant, Caerdydd (NDS) 2000; *Sun and Moon*, Amgueddfa ac Oriel Gelf Falmouth 2004. Arddangosfeydd undyn niferus gan gynnwys *Touch the Earth*, NDS 1990; *The Shining Land*, OGGV 1996; *The Archivists Madness*, Canolfan Gelfyddydau Taliesin, Abertawe 1999 (teithiol); Oriel Canfas, Caerdydd 2002, 2004, 2007; Theatr y Grand, Abertawe 2005; Theatr Brycheiniog, Aberhonddu. Cyhoeddiadau'n cynnwys llyfrau a wnaed â llaw; argraffiadau cyfyngedig llyfrau printiau. Gwaith wedi'i gynnwys yn *Link* (CADC, rhif 55, 1987); *South Wales Evening Post* (8 Ebrill 2005). Casgliadau'n cynnwys Amgueddfa ac Oriel Gelf Casnewydd; Amgueddfa Cymru; Cyngor Caerdydd; Ymddiriedolaeth Gelfyddydau Shetland. Prynwyd gwaith gan Gymdeithas Gelfyddydau De-ddwyrain Cymru. '…effeithiau byrhoedlog golau, patrwm a lliw…' Yn byw yng Nghaerdydd, de Cymru.
*Yr artist*

## Robert MEYRICK 1958–
**Enw gwaith Robert Kendall Meyrick, gwneuthurydd printiau. Ganed yng Nghwm Ogwr, de Cymru.**

Hefyd yn hanesydd celf. Astudiodd yng Ngholeg Prifysgol Cymru, Aberystwyth (CPCAbery) 1977–81, gydag Alistair Crawford, David Tinker. Darlithydd/Uwch-ddarlithydd/Pennaeth Ysgol a Cheidwad Celf, Ysgol Gelf CPCAbery/ Prifysgol Cymru, Aberystwyth/Prifysgol Aberystwyth o 1986. Ymchwilydd/curadur, arddangosfeydd i Lyfrgell Genedlaethol Cymru, Aberystwyth (LlGC). Cynghorydd/awdur, arddangosfa ganmlwyddiant, *Industry to Impressionism*, Amgueddfa Cymru (AC) 2007. Aelod sefydlu, Gwneuthurwyr Printiau Aberystwyth 1988; aelod o Fforwm Curadwyr Printiau'r DU. Cymrawd Mygedol, Cymdeithas Frenhinol y Peintwyr-Gwneuthurwyr Printiau 2001. Arddangosfeydd ar y cyd yn cynnwys Oriel, Cyngor Celfyddydau Cymru, Caerdydd 1980–83; *Gwneuthurwyr Printiau Aberystwyth*, Oriel Consort, Y Coleg Ymerodrol, Llundain 1981, 1985; *Arddangosfa Haf*, Yr Academi Frenhinol, Llundain 1985–86; Oriel Grape Lane, Caerefrog 1985–88; Oriel Leigh, Llundain 1986; *Gwneuthurwyr Printiau Aberystwyth*, Theatr y Gyfnewidfa Frenhinol, Manceinion 1990. Cyhoeddiadau niferus gan gynnwys *Gregynog Prints: European Printmaking from Dürer to Augustus John* (LlGC/Gwasg yr Ysgol Gelf, Aberystwyth 1994); *Etchings and Engravings of Edgar Holloway* (Scolar Press/Lund Humphries (SP/LH) 1996); *John Elwyn* (SP/LH 2000); 'Hugh Blaker: doing his bit for the Moderns', *Journal of the History of Collections* (Gwasg Prifysgol Rhydychen 2004); 'Beyond Impressionism: The Davies Sisters as Collectors of Modern British Art', *Radical Visions: British Art 1910–1950*, golygydd Amanda Farr (AC/Oriel Davies 2006); 'Wealth Wise and Culture Kind: Gregynog in the 1920s and 1930s', *Things of Beauty: What Two Sisters did for Wales*, golygydd Oliver Fairclough (AC 2007). Casgliadau'n cynnwys Amgueddfa Ashmole, Rhydychen; Amgueddfa Ceredigion; BBC; LlGC; Prifysgol Aberystwyth. Yn byw yn Aberystwyth, canolbarth Cymru.
*Yr artist*

## Arthur MILES 1905–1988
**Enw gwaith Arthur Henry Miles, peintiwr. Ganed yn Faversham, Lloegr.**

Artist hunanaddysgedig. Labrwr, llythrennwr, peintiwr golygfeydd, cartwnydd, teipograffydd, darlithydd; bu'n gweithio ym maes papurau newydd ac mewn asiantaethau hysbysebu. Peintiwr llawnamser o 1968. Comisiynau'n cynnwys Amgueddfa Cymru (AC); Amgueddfa y Ffiwsilwyr Brenhinol Cymreig, Caernarfon; Cadeirlan Llandaf; Ysgol Uwchradd Willows, Caerdydd; Undeb Cenedlaethol y Glowyr. Aelod o Grŵp De Cymru/Y Grŵp Cymreig 1949–72; Cymdeithas Ddyfrlliwiau Cymru (Llywydd); Cymdeithas Gelf De Cymru (Llywydd); Cymdeithas Frenhinol y Peintwyr Dyfrlliwiau. Arddangosfeydd ar y cyd yn cynnwys Pwyllgor Cymreig Cyngor Celfyddydau Prydain Fawr (PCCCPF) 1949; Eisteddfod Genedlaethol Cymru (EGC) 1950, 1960, 1966, 1973; *The 2nd Exhibition of Contemporary*

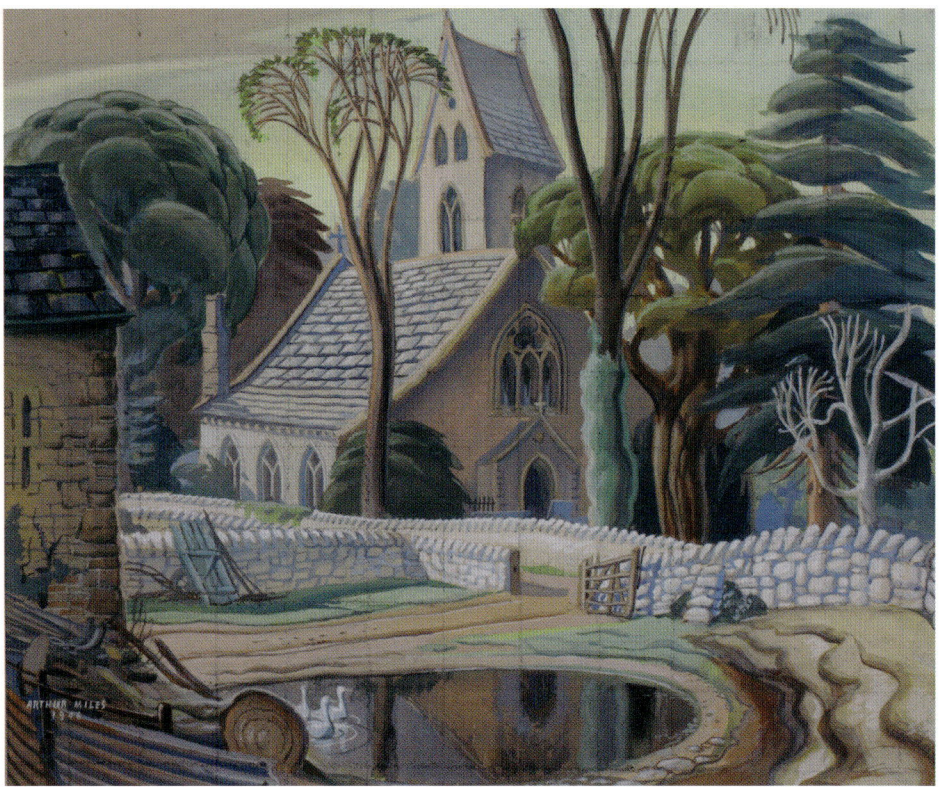

205 | Arthur Miles
*Llandough Church* 1946

*Welsh Painting and Sculpture*, PCCCPF 1955; *Wales through the Painter's Eye*, Oriel Howard Roberts, Caerdydd (HR) 1957; Cymdeithas Celf Gyfoes Cymru (CCGC) 1958, 1961, 1963; *Cofnodi Cymru 2: Capeli*, Cyngor Celfyddydau Cymru (CCC) 1969 (teithiol); *Portraits of Welsh People*, EGC/CCC 1973 (teithiol); Oriel Plas Glyn-y-Weddw, Llanbedrog 1985. Arddangosfeydd deuddyn yn cynnwys HR (gydag AH Morgan Hall) 1964; Oriel, CCC, Caerdydd (gyda John Miles) 1974; Yr Oriel Gymreig, Y Fenni (OGyF) gyda Ronald Lowe) 1975. Arddangosfeydd undyn yn cynnwys HR 1968; Oriel Albany, Caerdydd 1970; Oriel Clarges, Llundain 1970; Oriel Temple, Llandrindod 1971; OGyF 1973; The Tanyard, Tongwynlais 1989. Wedi'i gynnwys yn *Arts Review* (1970). Casgliadau'n cynnwys Amgueddfa ac Oriel Gelf Casnewydd; AC; CCGC: Llyfrgell Genedlaethol Cymru, Aberystwyth; Parc Treftadaeth y Rhondda. Prynwyd gwaith gan CCC. 'Paentio tirwedd Cymru yw fy ngwaith. Hwn hefyd yw fy niléit.' Roedd yn byw yng Ngwaelod-y-garth, de Cymru.

### Gordon MILES 1947–
**Enw gwaith Gordon Ernest Miles, peintiwr, gwneuthurydd printiau. Ganed yn Maidstone, Lloegr.**

Astudiodd yng Ngholeg Argraffu Llundain 1965–68, gyda Bill Ward, Michael Carlo, Charles Bartlett; Ysgol Gelf Harrow 1968–71 (llwyddo yn y dosbarth cyntaf; Gwobr Winsor a Newton Griffin), gyda Christopher Sanders. Cyrhaeddodd Gymru ym 1980. Agorodd Oriel Gordon Miles, Pengarreg, Aberaeron 1993. Comisiynau'n cynnwys Oriel Holly House, Tynemouth 1986; CADW – Henebion Hanesyddol Cymru (CADW) 1987; Cadeirlan Lincoln 1990. Arddangosfeydd niferus ar y cyd gan gynnwys Cymdeithas Frenhinol yr Ysgythrwyr 1969, 1975, 1990; *Arddangosfa Haf*, Yr Academi Frenhinol, Llundain 1973–75, 1979, 1980, 1982, 1984, 1985–88; Oriel yr Atig, Abertawe 1981; Llyfrgell Genedlaethol Cymru, Aberystwyth (LlGC) 1981; *Drawings of the Mabinogion*, Prifysgol Abertawe 1982; Canolfan y Celfyddydau Aberystwyth 1985 (teithiol); Oriel Old Chapel, Pembridge, Swydd Henffordd 1995. Arddangosfeydd undyn yn cynnwys Oriel Open Eye, Caeredin 1978; Oriel Focus, Nottingham 1979; Oriel Goldsmiths, Lenham, Caint 1987. Darluniau ar gyfer *Joy of Knowledge* (Mitchell Beazley 1976). Casgliadau'n cynnwys CADW; LlGC; Senedd Genedlaethol Iwerddon, Dulyn; Y Senedd, Llundain. '… gwaith llyfr braslunio …yn hanfodol i ysgogi gwir ymdeimlad â lle arbennig….' Yn byw ym Machynlleth, canolbarth Cymru. *Yr artist*

### John F B MILES 1944–1997
**Enw gwaith John Francis Beverley Miles, peintiwr. Ganed yng Nghaerdydd, de Cymru.**

Symudodd i Gernyw 1951. Astudiodd yng Ngholeg Celf Casnewydd 1961–66; Coleg Celf Caerdydd 1966–67. Athro, Ysgol Ramadeg Gydaddysgol Vyners, Ickenham, Lloegr 1968–72; darlithydd, Ysgol Gelf Torquay 1972–90. Dychwelodd i Gaerdydd 1990. Comisiynau'n cynnwys IBM Computers (UK), Llundain 1970; Banc National Westminster, Torquay 1973–4. Aelod o Grŵp De Cymru/Y Grŵp Cymreig. Arddangosfeydd ar y cyd yn cynnwys Oriel Howard Roberts, Caerdydd 1965–68; *Cymru 'Nawr*, Cyngor Celfyddydau Cymru (CCC)/Eisteddfod Genedlaethol Cymru (EGC) 1968 (arobryn) (teithiol); *London '69*, Oriel Hayward 1969 (arobryn); Oriel De Llundain 1971; *An Iconograph of the Mabinogion*, CCC/EGC 1974 (arobryn) (teithiol); *Origins*, CCC/EGC, 1976 (arobryn) (teithiol); EGC 1989. Arddangosfeydd deuddyn yn cynnwys Oriel Albany, Caerdydd (gyda Jon Hague) 1966; Oriel, CCC, Caerdydd (gydag Arthur Miles) 1974. Arddangosfeydd undyn yn cynnwys *John F B Miles: The Life Force*, Yr Hen Lyfrgell, Caerdydd 1990–91; Neuadd Dewi Sant, Caerdydd 1994. Casgliadau'n cynnwys Amgueddfa Cymru; Awdurdod Llundain Fwyaf; Bwrdd Iechyd Prifysgol Caerdydd a'r Fro; Cyngor Sir Swydd Gaerhirfryn; Cymdeithas Celf Gyfoes Cymru; Prifysgol Abertawe. Prynwyd gwaith gan CCC. 'Byddai *Synaesthesia* yn cael ei roi o flaen teitlau ei waith am ddeng mlynedd. Ei ystyr yw gorgyffwrdd y synhwyrau, ar y sail bod pob profiad – corfforol, gweledol neu emosiynol – yn cydgrynhoi'r holl synhwyrau.' *(Crynodeb o nodyn gan yr artist)* Roedd yn byw yng Nghaerdydd.

## Valerie MILES 1914–1999
**Peintwraig, darlunydd. Ganed yn Abercynffig, de Cymru. Hefyd yn cael ei hadnabod fel Valerie Sweet.**

Astudiodd yn Ysgol Gelf Caerdydd 1932–38. Comisiynau'n cynnwys Ysbyty Sili, de Cymru. Aelod o Gymdeithas Gelf De Cymru (CGDC). Arddangosfeydd ar y cyd yn cynnwys CGDC; *The Art of Giving*, Oriel, Cyngor Celfyddydau Cymru, Caerdydd 1982. Cyhoeddiadau â darluniau'n cynnwys *A Snuffle of Pekes*, Valerie Miles a Norma Procter (Beech Publishing House 1996). Portreadau o blant, oedolion, ceffylau a chŵn. Roedd yn byw yng Ngwaelod-y-garth, de Cymru.

## Clive MILLER 1938–
**Enw gwaith Clive Beverley Miller, peintiwr, cerflunydd, crochenydd. Ganed yn Bexley, Lloegr. Hefyd yn defnyddio'r llofnod MILLER.**

Ei fam yn Gymraes. Astudiodd yn Ysgol Gelf Sidcup 1953–56; Coleg Celf Bromley 1956–57; Ysgolion yr Academi Frenhinol, Llundain (YAF) 1960–64, gydag Edward Middleditch, William Scott (Ysgoloriaethau Rhufain ac Abbey Minor 1963). Gwasanaeth Milwrol, Y Llu Awyr Brenhinol 1957–60. Aelod o grŵp pop, The Brothers Grimm 1960au. Darlithydd (rhan-amser), Coleg Celf Medway 1964–79, Coleg Celf Sheffield 1971–74, YAF hyd at 1980. Bu'n byw yng Nghymru 1969–79 (stiwdio yng Ngŵyr; yn addysgu 1979–2006). Symudodd i'r Iseldiroedd ym 1979; agorodd oriel ym Meppel 1992. Arddangosfeydd cenedlaethol/ rhyngwladol ar y cyd yn cynnwys *Young Contemporaries*, Llundain 1959–64; *Arddangosfa Haf*, Yr Academi Frenhinol, Llundain 1961–83 (saith arddangosfa); Cyngor Celfyddydau Prydain Fawr 1963 (teithiol); Oriel New Bond Street, Llundain 1967; Cyngor Celfyddydau Cymru (CCC) 1974 (teithiol); Museumboerderij, Zuidwolde, Yr Iseldiroedd (MZ) 1982, 1984; Stiwdio'r Ysgubor, Cheriton, Gŵyr o 1996; Canolfan Gelfyddydau Taliesin, Abertawe 2003; Oriel Loft, Caerfyrddin, o 2004. Casgliadau'n cynnwys Amgueddfa Wrecsam; Canolfan Gelfyddydau Llyfrgell y Rhyl; MZ. Prynwyd gwaith gan CCC. Yn byw ym Meppel, Yr Iseldiroedd.
*Yr artist*

## E MILLER  Gweler EJ MAYBERY

## Christine MILLS 1961–
**Artist amlgyfryngau. Ganed yn Llangadfan, canolbarth Cymru.**

Astudiodd yn Ysgol Ganolog Celf a Dylunio, Llundain 1979–80; Coleg y Gofaint Aur, Llundain 1980–84. Curadur cynorthwyol, Amgueddfa ac Oriel Gelf Bangor 1985–87; swyddog arddangosfeydd, Canolfan Gelfyddydau Llyfrgell Wrecsam 1987–88; swyddog addysg, Oriel Davies, Y Drenewydd 1989–95; darlithydd (rhan-amser), Coleg Meirion Dwyfor, Dolgellau 1995–2005; darlithydd (cyswllt), Prifysgol Fetropolitan Manceinion o 2005. Artist preswyl, Ysgol Gynradd Dyffryn Banw 1989; ysgolion Sir Drefaldwyn 2001; Eisteddfod Genedlaethol Cymru (EGC), Meifod/Cywaith Cymru (CC) (gyda Carlos Pinatti), gan gynnwys ffilm, *Creu Synnwyr*, ac arddangosfa (teithiol, Amgueddfa Cymru (AC)) 2003; Ysgol Gynradd y Bala 2005; Canolfan Darganfod Bryniau Swydd Amwythig, Craven Arms 2005; Llyfrgell Genedlaethol Cymru, Aberystwyth (LlGC)/CC 2006–07; Ysgol Gynradd Glanrafon, Yr Wyddgrug 2007. Arddangosfeydd ar y cyd yn cynnwys *Merched Ffermwyr*, Canolfan Grefft Rhuthun 2000 (teithiol); *Biennale Arlunio Cymru*, Canolfan y Celfyddydau Aberystwyth 2001, 2003, 2005 (i gyd yn deithiol); EGC, Tyddewi 2002, Meifod 2003 (teithiol); *Exodus*, Y Tabernacl, Machynlleth (TM) 2004 (teithiol); *Y Sioe Frenhinol, Canmlwyddiant* 2004 (teithiol); *Strata 06*, Abaty Ystrad Fflur 2006 (teithiol, Kells, Iwerddon); Cymdeithas Celf Gyfoes Cymru (CCGC) 2006. Arddangosfeydd un-ddynes yn cynnwys *Cyfathrebu mewn Gwlân*, Canolfan Dreftadaeth y Plase, Y Bala 2005; Betws Gwerful Goch 2005; LlGC

2006. Wedi'i chynnwys yn *Groundbreaking: the Artist in the Changing Landscape*, golygydd Iwan Bala (CC 2005); *Planet* (rhif 161, 2003; rhif 173, 2005); rhaglenni BBC Radio Cymru, BBC Radio 4, HTV, S4C, 2003–07. Casgliadau'n cynnwys AC; Archif Genedlaethol Sgrin a Sain Cymru; Casgliad Gregynog, Prifysgol Cymru; CCGC; LlGC; Prifysgol Bangor; TM. 'Lleoliad a bywyd o fewn bro benodol.' Yn byw yn y Foel, canolbarth Cymru.

*Yr artist*

## Eleri MILLS 1955–
**Peintwraig, artist tecstiliau. Ganed yn Llangadfan, canolbarth Cymru.**

Astudiodd yng Ngholeg Polytechnig Manceinion 1974–77. Stiwdio ym Manceinion. Dychwelodd i Gymru ym 1988. Artist preswyl, Theatr Geffylau Equilibre, Machynlleth 2001. Comisiynau'n cynnwys Cymdeithas Celf Gyfoes Cymru (CCGC) 2000. Medal Aur am Grefft a Dylunio, Eisteddfod Genedlaethol Cymru, Porthmadog 1987. Aelod o Orsedd y Beirdd 2004; Yr Academi Gymreig Frenhinol (AGF). Arddangosfeydd ar y cyd yn cynnwys *British Needlework*, Amgueddfa Genedlaethol Celf Fodern, Kyoto 1982 (teithiol); Eisteddfod Genedlaethol Cymru 1992, 1994–96, 1999, 2000–01, 2003, 2005; *Rhwymiadau Llyfrau wedi'u Brodio*, Museo Nacional de Artes Decorativas, Madrid 1998; *Art of the Stitch*, Barbican, Llundain 1999 (gwobr Arddangosyn Eithriadol); *Merched Ffermwyr*, Canolfan Grefft Rhuthun (CGRh) 2000; AGF, Conwy 2001; *One Step Beyond*, CGRh 2001 (teithiol); *Collect*, Amgueddfa Victoria ac Albert, Llundain (gyda CGRh) 2004. Arddangosfeydd un-ddynes, CGRh 1995 (teithiol); Museu Textil i d'Indumentaria, Barcelona (Gŵyl Cymru yng Nghatalonia) 1995; Y Tabernacl, Machynlleth 1999; Oriel Thackeray, Llundain 2003, 2005. Wedi'i chynnwys yn *Planet* (Peter Lord, rhif 113, 1995; Shelagh Hourahane, rhif 138, 1999); *Fiberarts*, UDA (Jennifer Harris, Medi/Hydref 1999); cylchgrawn *Crafts* (Mary Schoeser, rhif 195, Gorffennaf/Awst 2005). Casgliadau'n cynnwys Amgueddfa Genedlaethol yr Alban, Caeredin; CCGC; Llyfrgell Genedlaethol Cymru, Aberystwyth; Oriel Gelf Whitworth, Manceinion; Urdd y Brodwyr, Hampton Court, Surrey. 'Mae'r tir wedi bod yno yn fy meddwl erioed…roedd y dirwedd a oedd yn gynefin i mi wedi'i chysylltu gan rwydwaith o gysylltiadau mytholegol a diwylliannol…' Yn byw yng nghanolbarth Cymru.

*Yr artist*

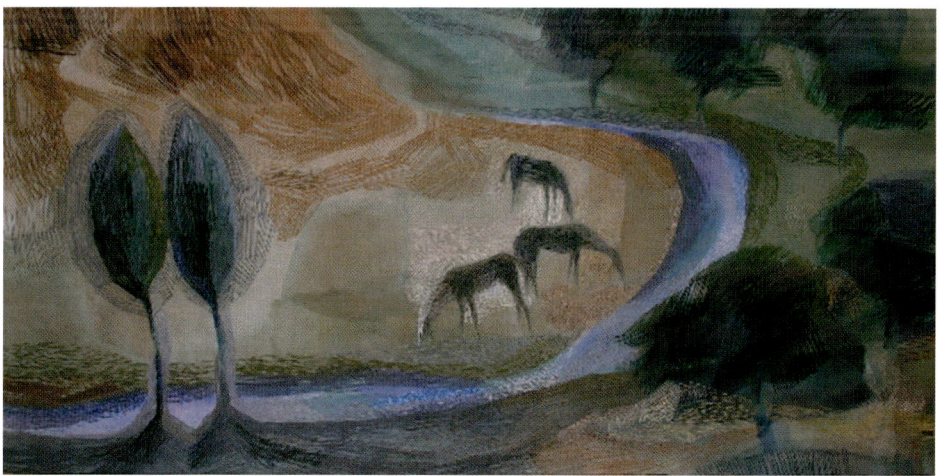

206 | Eleri Mills
*Meirch yn y Winllan* 2006

## William MILLS 1923–1997

**Enw gwaith William Herbert Mills, peintiwr. Ganed yn Hampshire, Lloegr. Hefyd defnyddiai'r llofnod WM ar ei waith.**

Gwasanaeth Rhyfel, RAF 1941–45. Astudiodd yng Ngholeg y Gofaint Aur, Llundain (CGA) 1945–49. Darlithydd, CGA 1950–51; tiwtor, dosbarthiadau nos, Cyngor Sir Llundain 1950–59; Coleg yr Iesu, Blackheath, Llundain 1958–59; darlithydd, Coleg Addysg Bellach Broxbourne, ar ddechrau'r 1960au; darlithydd (rhan-amser), Ysgol Gelf Chelsea 1978–87. Ymweliadau gwaith, deheubarth Sbaen 1980au. Cyrhaeddodd Gymru ym 1987, 'i weithio o'r dirwedd'; stiwdio yn Nhrefyclo, o 1988. Gwobr Celfyddydau Gweledol Cymdeithas Celfyddydau Llundain Fwyaf 1981. Aelod o Space, Llundain 1981. Arddangosfeydd niferus ar y cyd gan gynnwys Oriel AIA, Llundain 1952, 1983; *Arddangosfa Agored Whitechapel*, Oriel Whitechapel, Llundain 1976, 1978, 1985; *British Contemporary Art*, Japan 1981, 1982; Oriel Davies, Y Drenewydd (OD) 1988, 1989; Oriel Kilvert, Cleiro 1989, 1990; *Amnesty*, Llyfrgell Trefyclo 1995. Arddangosfeydd undyn yn cynnwys Oriel AIR, Llundain 1981; Oriel Off Centre, Bryste 1982; Oriel Boundary, Llundain 1988; OD 1990; Amgueddfa ac Oriel Gelf Aberhonddu 2000. Cyfranodd bennod ar bypedwaith, gyda Ruth Mills, ar gyfer *Handbook of Crafts* (Vista Books, Hulton Press 1960). Casgliadau'n cynnwys Amgueddfa ac Oriel Gelf Brycheiniog, Aberhonddu; Cymdeithas Celf Gyfoes Cymru; Oriel Dinas Leeds; Prifysgol Newcastle. 'Dechreuodd symud oddi wrth gelf haniaethol ar ôl y cyntaf o chwe chyfnod yn ne Sbaen, gan ddechrau datblygu ei arddull unigryw o gyfryngau cymysg, ffigurol, paentio tirluniau.' Roedd yn byw yn Nhrefyclo, canolbarth Cymru.
*Ruth Mills*

## David Wynn MILLWARD 1944–

**Peintiwr, cartwnydd, gwneuthurydd printiau, naddwr pren. Ganed yn Amwythig, Lloegr. Hefyd yn defnyddio'r llofnodau David, Wynn, Millward.**

Ei fam yn Gymraes. Astudiodd yng Ngholeg y Frenhines, Dundee, Prifysgol St Andrews 1963–66 (y Gyfraith); Ysgolion yr Academi Frenhinol, Llundain (YAF) 1971–74, gydag Edward Bawden, Peter Greenham (gwobr Griffin 1972, Gwobr Argraffu 1972, 1973; Gwobr Arbenigwr (paentio ag olew), Ysgoloriaeth Landseer 1973); Coleg y Gofaint Aur, Llundain (CGA) 1974–75, gyda John Hart. Ysgrifennwr copi/delweddwr, asiantaeth hysbysebu, Llundain 1966–68; artist, cartwnydd llawrydd 1968–71. Cyrhaeddodd Gymru ym 1980. Trefnydd/athro, ysgolion haf mewn paentio, Y Trallwng, o 1982. Comisiynau, Parc Coed y Deri, Llanfair Caereinion 2000; Ysgol Uwchradd y Trallwng 2003–04. Arddangosfeydd ar y cyd yn cynnwys *Arddangosfa Haf*, Yr Academi Frenhinol, Llundain 1985; Academi Frenhinol Gorllewin Lloegr, Bryste 1985, 1986. Arddangosfa ddeuddyn, Oriel Plas Glanhafren, Aberriw (gyda Mark Griffiths) 2003. Arddangosfeydd undyn, Oriel Davies, Y Drenewydd 1976; Oriel Tŷ Cornel, Meifod 2000, 2001; *Screenprints*, Canolfan Hamdden Caereinion (CHC) 2003–06; *Montgomeryshire Landscapes and Faces 1969–2006*, CHC. Darluniau ar gyfer llawer o lyfrau plant, gan gynnwys *The Dragons of Snowdon*, Jenny Nimmo (Methuen 1991); *Hot Dog, Cool Cat*, Jenny Nimmo (Read Books 1997). Casgliadau'n cynnwys Amgueddfa ac Oriel Gelf Brycheiniog, Aberhonddu; Ysbyty Frenhinol Gwent, Casnewydd. Prynwyd gwaith gan Gyngor Celfyddydau Cymru. 'Tirwedd, cariad, dynoliaeth…dychan.' Yn byw yn Llangynyw, canolbarth Cymru.
*Yr artist*

## Susan MILNE 1939–

**Darlunydd, dylunydd. Ganed yn Sussex, Lloegr.**

Astudiodd yn Ysgol Gelf St Martin, Llundain 1955–1959, gydag Anthony Caro, Clifford Webb, Joe Tilson. Artist llawrydd, Llundain 1960–1981. Cyrhaeddodd Gymru ym 1981. Uwch-ddarlithydd, Astudiaethau Gweledol, Ysgol Pensaernïaeth a Phensaernïaeth Tirwedd, Prifysgol Greenwich

1986–1991. Gwobr Cyngor Celfyddydau Cymru. Cymrawd y Gymdeithas Gelfyddydau Frenhinol 1997. Cyd-sefydlydd/cyfarwyddwr, The Space Project, sefydliad celfyddydau amlddisgyblaethol (gyda Dan Milne), o 1997; cydweithredwyr yn cynnwys Gŵyl y Mileniwm Llundain/Cwmni Theatr y Young Vic 2000; Y Sefydliad Pensaernïaeth 2001–2; Ymddiriedolaeth Sainsbury 2001. Comisiynau'n cynnwys Bwrdd Datblygu Cymru Wledig (BDCW) 1999; Cwmni Theatr About Face 2004. Darluniau ar gyfer llyfrau *How to* (Blandford Press 1980); llyfrau *Close up* (Ginn and Co 1982); *Planet* (rhif 59, 1986). Aelod o Gymdeithas Artistiaid a Dylunwyr Cymru o 1982 (Cadeirydd, cangen Llanfair-ym-Muallt 1983–84); Engage Cymru. Arddangosfeydd ar y cyd yn cynnwys y Gymdeithas Bastelau, Llundain 1990; Eisteddfod Genedlaethol Cymru, Aberystwyth 1992; *Re-Worked*, Oriel Washington, Penarth 2000. Arddangosfeydd un-ddynes yn cynnwys Amgueddfa ac Oriel Gelf Brycheiniog, Aberhonddu 1994, 2000; *Retrospective*, Oriel Rye, Rye 1995; Canolfan Gelfyddydau Taliesin, Abertawe 1996; Oriel Mount Street, Aberhonddu 2007. Cyhoeddiadau'n cynnwys *Rural Wales Artist's Portfolio* (BDCW, Y Drenewydd 1999). Wedi'i chynnwys yn *Building a Significant Regional Collection*, David Moore (Cymdeithas Brycheiniog 2006); *8 Stones, 8 Artists: Exploring the Beacons Way Art Trail*, David Moore (Little Fish Press 2007). Casgliadau'n cynnwys Coed Cadw; Cymdeithas Celf Gyfoes Cymru; Ymddiriedolaeth Gelf Amgueddfa Brycheiniog, Aberhonddu. '…tirwedd y Gororau, yn arbennig y Mynydd Du'. Yn byw yn Henffordd, Lloegr.
*Yr artist*

### Geoffrey MILSOM 1917–1976
**Enw gwaith Geoffrey Austin Milsom, cerflunydd. Ganed yn Castleford, Lloegr.**

Astudiodd yng Ngholeg Celf Leeds 1934–36; Y Coleg Celf Brenhinol 1936–39. Darlithydd cynorthwyol/ darlithydd, Coleg Celf Caerdydd o 1964. Comisiwn, ysgol yn Nhrelái, Cyngor Dinas Caerdydd. Aelod o'r Gymdeithas Genedlaethol er Addysg trwy Gelf; Grŵp De Cymru/Y Grwp Cymreig (GDC/GC). Arddangosfeydd ar y cyd yn cynnwys Pwyllgor Cymreig Cyngor Celfyddydau Prydain Fawr 1953; Eisteddfod Genedlaethol Cymru, Pwllheli 1955, Aberdâr 1956, Caerdydd 1960; Oriel Howard Roberts, Caerdydd 1956, 1961; GDC/GC 1958, 1964, 1969–70; Oriel Woodstock, Llundain 1960, 1962; Sefydliad y Brifysgol, Bryste 1964; Oriel Dillwyn, Abertawe 1965. Gwaith wedi'i gynnwys yn *Young Artists of Promise*, Jack Beddington (Studio Publications 1957); *The Studio* (cyf 164, rhif 831 Gorffennaf 1962); *Annuaire International des Galeries d'Art*, Max Fourni (1963). Gwaith yng nghasgliad Ymddiriedolaeth Castell Bodelwyddan. Prynwyd gwaith gan Gyngor Celfyddydau Cymru. Roedd yn byw yng Nghaerdydd, de Cymru.
*Paul Vining*

### Luke MINTOWT-CZYZ 1982–
**Enw gwaith Luke Kirmel Mintowt-Czyz, peintiwr. Ganed yn Basel, Y Swistir.**

Cyrhaeddodd Gymru 1989. Astudiodd yn Athrofa Prifysgol Cymru, Caerdydd (APCC) 2000–04, gyda Michael Crowther, David Gould, Stephen Young (gradd yn y dosbarth cyntaf) (Gwobr Astudiaethau Sylfaen 2001, Gwobr Harry Holland 2004). Tiwtor, APCC (rhan-amser) 2005–07. Wedi cynnal gweithdai, BayArt, Caerdydd 2005; APCC 2006. Curadur arddangosfa, *Celf Gymreig*, Oriel Washington, Penarth (OWP) 2007. Arddangosfeydd ar y cyd yn cynnwys *Flower Business*, OWP 2005; OWP 2006; *Drawing out the City*, Oriel BayArt, Caerdydd (OBAC) 2005; *Recent Graduates*, OBAC 2006; *New Professionals*, Canolfan Mileniwm Cymru, Caerdydd 2006; *The Figure in Wales*, Oriel Gelf Campbell, Llundain 2006; Oriel Kooywood, Caerdydd 2006. '…peintiadau olew sy'n ymateb i bensaernïaeth a thirwedd Cymru'. Yn byw yng Nghasnewydd, de Cymru.
*Yr artist*

**MIRAGE GLASS**  Gweler Wolfe VAN BRUSSEL

**Bernard MITCHELL** 1947–
**Enw gwaith Bernard Anthony Mitchell, ffotograffydd portreadau. Ganed yn Nhreforys, de Cymru.**

Astudiodd yng Ngholeg Celf a Dylunio Berkshire, Reading 1965–66, gyda Gilbert Adams; Coleg Polytechnig Wolverhampton 1970–71; Athrofa Addysg Uwch Abertawe 2003–05 (MA Ffotograffiaeth). Ffoto-newyddiadurwr 1966–96; portreadaeth ddogfen gysylltiedig â'r celfyddydau o 1996. Darlithydd (rhan-amser), Artscare, Ysbyty Dewi Sant, Caerfyrddin o 1996, Canolfan y Celfyddydau Aberystwyth o 1999. Comisiynau'n cynnwys Ymddiriedolaeth Gelf Amgueddfa Frycheiniog (YGAB) 2004. Arddangosfeydd ar y cyd yn cynnwys *Welsh Painters Talking*, Amgueddfa Cymru (AC) 1997; *Welsh Artists Talking*, AC 2000; *Welsh Artists*, Bruges, Gwlad Belg 2002; *Dreaming Awake*, Y Weriniaeth Tsiec 2002 (teithiol); *Icons*, Oriel Canfas, Caerdydd 2004. *Artists in Focus: Celf Amgueddfa Frycheiniog Ochr yn Ochr â Ffotograffau Bernard Mitchell o'r Artistiaid* (Amgueddfa ac Oriel Gelf Brycheiniog) 2005. Arddangosfeydd undyn yn cynnwys *Oswestry People*, Gwesty'r Wynnstay, Croesoswallt 1990; *Ffotograffau o Artistiaid*, Llyfrgell Genedlaethol Cymru, Aberystwyth (LlGC) 1999; *The Great, the Good and the Dead*, Canolfan Gelfyddydau Taliesin, Abertawe 2003 (teithiol). Cyhoeddiadau'n cynnwys *Oswestry in Black and White* (Bernard Mitchell (BM) 1982); *Swansea – Reflections in Black and White* (BM 1983); *Oswestry People* (BM 1990); cyfrannwr i *Planet*. Casgliadau'n cynnwys AC; LlGC; Oriel Gelf Glynn Vivian, Abertawe; Yr Oriel Bortreadau Genedlaethol, Llundain; YGAB; Y Tabernacl, Machynlleth. 'Portreadau dogfennol o'r artistiaid a'r awduron yng Nghymru (Archif Gelfyddydau Cymru).' Yn byw yn Abertawe, de Cymru.

*Yr artist*

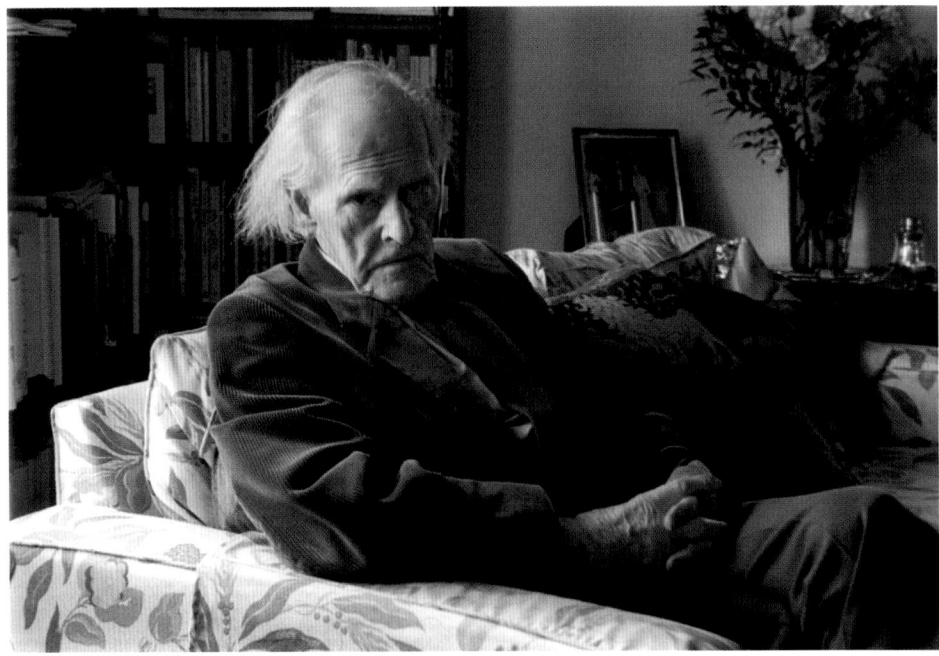

207 | Bernard Mitchell
*R.S. Thomas, wedi'i dynnu fis Chwefror 1997 yn Llanfair-yng-Nghornwy*

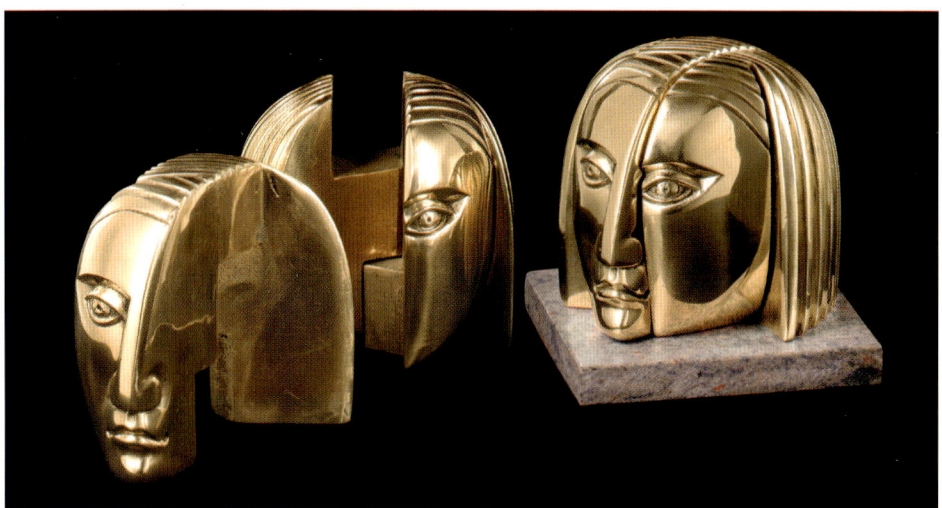

208 | Bob Mitchell
*Andromeda* 2007

## Bob MITCHELL 1943–

**Enw gwaith Robert Mitchell, cerflunydd. Ganed yn Leamington Spa, Lloegr.**

Astudiodd yng Ngholeg Celf Coventry 1960–64, gyda Derrick Turner; Ysgol Celf Gain Slade, Llundain 1964–66, gydag AH Gerrard. Darlithydd, Coleg Celf Farnham 1966–68 (rhan-amser), 1968–74 (llawnamser); Uwch-ddarlithydd/Cyfarwyddwr Dysgu ac Addysgu, Coleg Celf Caerdydd/Athrofa Prifysgol Cymru, Caerdydd o 1974. Comisiynau'n cynnwys Llysoedd Barn Wrecsam 1979; Cadeirlan Llandaf 1980; Coron Eisteddfod Genedlaethol Cymru, Cwm Rhymni 1990. Gwobr Cyngor Celfyddydau Cymru (CCC) 1975. Arddangosfeydd ar y cyd yn cynnwys *Seven Sculptors*, Amgueddfa ac Oriel Gelf Casnewydd 1974; Grŵp 56 Cymru, Amgueddfa Cymru 1975 (teithiol); Cymdeithas Artistiaid a Dylunwyr Cymru, Abertawe 1977; *Twelve Sculptors*, Oriel Coleg Celf Gorllewin Surrey (OCCGS) 1978; *Resources*, Yr Hen Lyfrgell, Caerdydd 1990 (teithiol); *Biennale Arlunio Cymru*, Canolfan y Celfyddydau Aberystwyth 1997; Cymdeithas y Cerflunwyr Portreadol, Cork Street, Llundain 2006; *Symposiwm*, Oriel Henry Thomas, Caerfyrddin 2006. Arddangosfa ddeuddyn, Oriel, CCC, Caerdydd (gyda Philip O'Reilly) 1976. Arddangosfa undyn, OCCGS 1973. Casgliadau, Amgueddfeydd Sir Benfro. Prynwyd gwaith gan CCC. 'Defnydd diwydiannol o haearn bwrw a thraddodiadau portreadu.' Yn byw ym Mhandy, de Cymru. *Yr artist*

## Christina MITCHELL 1943–

**Enw gwaith Christina Mary Mitchell, peintwraig, gwneuthurydd. Ganed yn Stratford-upon-Avon, Lloegr.**

Cyrhaeddodd Gymru ym 1974. Astudiodd yng Ngholeg Celf Coventry 1960–64; Coleg y Gofaint Aur, Llundain 1964–65. Dylunydd/gwneuthurydd, Waterfall Fine Arts 1986–88; peintwraig, R a CM Design (RCMD), gyda Bob Mitchell, o 1988; darlithydd (rhan-amser), Coleg Celf a Dylunio Swydd Henffordd o 1994. Comisiynau'n cynnwys y Goron, Eisteddfod Genedlaethol Cymru (EGC), Cwm Rhymni 1990 (RCMD); set i'r uwch allor, eglwys y Rhath, Caerdydd 1992 (RCMD); penwisgoedd i *Mary Poppins* (cynhyrchiad teithiol) 2005. Gwaith ar *Mary Poppins* o 2006. Arddangosfeydd ar y cyd yn cynnwys *Teganau*, EGC/Cyngor Celfyddydau Cymru (CCC), Cricieth 1975 (y wobr gyntaf); *About Time*, EGC/CCC, Caernarfon 1979; *The Art of Craft*, Amgueddfa ac Oriel Gelf Casnewydd 1983; *Celf Menywod*

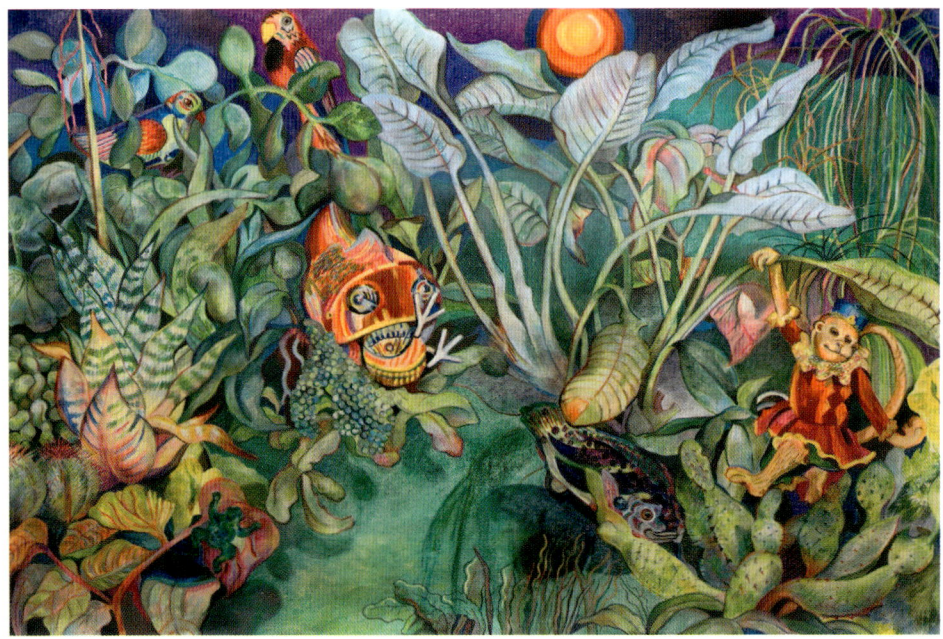

209 | Christina Mitchell
*Tribute to Rousseau* 2007

*yng Nghymru*, Oriel Mostyn, Llandudno 1985; *Craft 86*, CCC 1986 (teithiol); *Japan International*, Ishikawa 1991, 1993, 1996; *Biennale Arlunio Cymru*, Canolfan y Celfyddydau Aberystwyth 1997 (teithiol); *5ed Arddangosfa Brintiau Agored*, Academi Frenhinol Gorllewin Lloegr, Bryste 2000. Gwaith wedi'i gynnwys yng nghylchgrawn Crafts. Casgliadau'n cynnwys Amgueddfa Caerliwelydd; Prifysgol De Cymru, Pontypridd. Gwaith wedi'i brynu gan CCC. Yn byw ym Mhandy, de Cymru.
*Yr artist*

### Denis MITCHELL 1912–1993
**Enw gwaith Denis Adeane Mitchell, cerflunydd. Ganed yn Wealdstone, Lloegr.**

Ei fam yn Gymraes. Bu'n byw yng Nghymru 1913–30. Ymweliadau mynych o Gernyw ar ôl hynny. Mynychodd ddosbarthiadau nos, Coleg Celf Abertawe tua 1930. Masnach-arddwr, mwynwr tun, Geevor, Land's End 1942–45; prif gynorthwy-ydd Barbara Hepworth, St Ives 1949–59; athro (rhan-amser), Ysgol Gelf Redruth, Ysgol Ramedeg Penzance 1960–67. Gwobr Cyngor Celfyddydau Prydain Fawr (CCPF) 1966. Aelod sefydlu Cymdeithas Gelfyddydau Penwith (Cadeirydd 1955–57). Arddangosfeydd ar y cyd yn cynnwys *British Abstract Art*, Oriel AIA, Llundain 1952; Cyngor Celfyddydau Cymru 1967 (teithiol); *Art Spectrum – South*, CCPF 1971 (teithiol); *St Ives 1939–64*, Oriel Tate, Llundain 1985; *Artists from Cornwall*, Academi Frenhinol Gorllewin Lloegr, Bryste 1992; *Denis Mitchell and Friends*, The Bridge, Dulyn 1992. Arddangosfa ddeuddyn, *Ascending Forms*, Tate, St Ives (gydag Wilhelmina Barns-Graham) 2005. Arddangosfeydd undyn niferus gan gynnwys Orielau Waddington, Llundain 1961; Oriel Marjorie Parr, Llundain 1967, 1969, 1971; Y Cyngor Prydeinig 1973–79 (yn teithio'r Dwyrain Canol a Phell); Oriel Gelf Glynn Vivian, Abertawe 1979, 1994; *Drawings, Paintings, Sculpture, Arddangosfa 80fed Pen Blwydd 1932–92*, Orielau Penwith, St Ives (OPSI) 1992; Flowers East, Llundain 1993. Wedi'i gynnwys yn *Contemporary British Art*, Herbert Read (Pelican 1964); *Concise History of*

*Modern Sculpture*, Herbert Read (Thames a Hudson 1964); *Denis Mitchell, Sculptor*, John Halkes (OPSI, 1992); *Denis Mitchell and Friends*, Judith Harris *et al* (The Bridge, Dulyn 1997). Casgliadau'n cynnwys Amgueddfa Cymru; Amgueddfa Fitzwilliam, Caergrawnt; Cyngor Celfyddydau Lloegr; Oriel Genedlaethol De Cymru Newydd, Awstralia; Sefydliad Calouste Gulbenkian; Tate, Llundain. Cerfio carreg, pren, llechi; celfi efydd caboledig wedi'u swndgastio; cerfluniau haniaethol. Roedd yn byw yn Newlyn, Lloegr.

## John MITCHELL 1942–

**Enw gwaith John Raymond Mitchell, peintiwr, cerflunydd. Ganed yn Walton-on-Thames, Lloegr.**

Bu'n byw yng Nghymru 1983–87. Astudiodd yng Ngholeg Celf Kingston 1959–64. Darlithydd, Coleg Celf Coventry 1964–68, Polytechnig Lanchester, Coventry 1968–71; prif ddarlithydd, Coleg Celf Stourbridge 1971–78; Cymrodor Paentio Gregory, Prifysgol Leeds (PLee) 1979–80; Cyfarwyddwr Cwrs MA Celf Gain, Polytechnig Birmingham 1980–83; Uwch Gymrodor, Athrofa Addysg Uwch De Morgannwg, Caerdydd (AAUDM) 1983–86; darlithydd (rhan-amser), AAUDM 1986–87; uwch-ddarlithydd, Ysgol Gelf Wimbledon (YGW) 1987–2003. Aelod o Grŵp 56 Cymru (G56C) 1985–88. Arddangosfeydd ar y cyd yn cynnwys G56C, Oriel Viriamu Jones, Prifysgol Cymru, Caerdydd 1986; *Arddangosfa 30ain Mlwyddiant*, Bratislafa 1986, Oriel Gelf Dinas Caerwrangon 1987; Oriel Mostyn, Llandudno 1988. Arddangosfa ddeuddyn, Oriel Gerddi Howard, Caerdydd (gyda Barrie Cook) 2006. Arddangosfeydd undyn yn cynnwys Canolfan Gelfyddydau Camden, Llundain 1972; *Paintings Complete with Missing Parts*, Oriel Serpentine, Llundain 1980; Oriel Ikon, Birmingham 1987; City Thoughts Space, Amsterdam 1995; *16 Gunmetal Frustums and Fillers: 4 Bronze Blocks with Conic Voids*, PLee 2000. Cyhoeddiadau'n cynnwys *Extracts from the Log of a Sixties Space Cowboy* ac *Eight New Members* (y ddau gyda G56C, 1986); *56 in 88* (G56C, 1988). Wedi'i gynnwys yn *The Presence of Painting: Aspects of British Abstraction 1957–1988*, Michael Tooby (Canolfan y South Bank 1988). Casgliadau'n cynnwys Amgueddfa Gelf Fodern Hunfeld, Yr Almaen; Amgueddfa Stedelijk, Leiden; Cyngor Celfyddydau Lloegr, Oriel Gelf Dinas Leeds; PLee. '…Dilyniant Fibonacci …ynghyd â "Beth pe bawn i?"…yn ei wneud o'n wastad?…yn ei wneud o'n grwn?…' Yn byw yn Newlyn, Lloegr.

*Yr artist*

## MELVILLE MITCHELL

**Enw gwaith Simon Mitchell (gweler cofnod ar wahân) a Melville Thomas, artistiaid sy'n defnyddio perfformiad, cerfluniaeth, fideo, arlunio. Sefydlwyd yn 2004.**

Aelod o tactileBOSCH, Caerdydd (tBosch); Plus Art Projects; Volume. Arddangosfeydd yn cynnwys *Co-habitation*, tBosch 2004; *Dirty Harry*, Oriel y Bont, Pontypridd 2004; *Co-agulation*, tBosch 2005; *In Absentia, House*, Canolfan Gelfyddydau Chapter/tBosch 2005; *Popular Art: from Nehru's Democracy to the Networked Multitude*, Canolfan Nehru, Llundain 2005; *Paradise*, tBosch 2006; *Verbo*, Galeria Vermelho, São Paulo, Brasil 2006; *How Many Steps*, tBosch 2007. '…perfformiadau sy'n cael cryn effaith …corfforolrwydd penderfynol, undod curo-cefn a chadarn a champau sy'n amlygu dygnwch cynhaliol. Yn aml yn deillio o ddigwyddiadau go iawn y mae'r ddau wedi'u profi gyda'i gilydd …'

*Yr artistiaid*

## Simon MITCHELL 1978–

**Artist perfformio, dylunydd graffeg/gwe-ddylunydd. Ganed yn Bradford, Lloegr. Hefyd yn gweithio o dan yr enw Melville Mitchell (gyda Melville Thomas) o 2004 (gweler cofnod ar wahân).**

Astudiodd yn Athrofa Prifysgol Cymru, Caerdydd 1998–2001, gydag André Stitt. Bu'n byw yng Nghymru 1998–2006. Cydsefydlydd, dpi, gwasanaeth argraffu celf gain digidol 2001–05; sefydlodd

Backdrop Design, dylunio print ac ar y we i artistiaid/sefydliadau celf 2002–05; triniwr celf gain 2005–06; rheolwr technegol, White Cube, Llundain, o 2006. Gwobrau'n cynnwys Celfyddydau Rhyngwladol Cymru (gyda tactileBOSCH (tBosch)) 2000, 2004, 2005; Cyngor Celfyddydau Cymru 2001. Aelod sefydlu (gyda Kim Fielding) tBosch 2000–05; aelod, *trace:* Install-action Artspace, Caerdydd (TRACE); Grŵp 2nd Wednesday; Plus Art Projects; Volume. Arddangosfeydd/perfformiadau rhyngwladol niferus gan gynnwys *Gŵyl Celf mewn Amser Caerdydd*, Oriel Gerddi Howard, Caerdydd 1999; *Experimentica*, Canolfan Gelfyddydau Chapter, Caerdydd 2001; *tactileBOSCH has More Front*, tBosch 2001; *Something for the Weekend*, Gregynog, Y Drenewydd 2002; *Rhwnt*, Quebec 2004; *Gŵyl Celf Fyw Da Dao*, Beijing 2004. Arddangosfeydd/perfformiadau undyn yn cynnwys *Anonymous*, Gofod Celf Rubelad, Williamsburg, Efrog Newydd 2000; *Sublimation Series*, tBosch 2001. Wedi'i gynnwys yn *Live Art Magazine* (Nottingham 2001, delwedd y clawr); *Imaging Wales*, Hugh Adams (Seren Books, Pen-y-bont ar Ogwr 2003); 'What's the Welsh for Performance Art?', Heike Roms (*Inter Art Actuel*, Le Lieu, Quebec 2004); 'When a Home is not a Home'. Hugh Adams (*Western Mail* 2004); *Trace Installation Artspace 00–05* (TRACE, Caerdydd 2005). 'Diwylliant hogiau/yfed, gweithredoedd arwrol a machismo seithug. Defnyddir y themâu hyn i edrych ar drais ar raddfa fwy mawreddog ac esgynnol.' Yn byw yn Llundain, Lloegr.
*Yr artist*

## Colin MOLYNEUX 1939–

**Enw gwaith Colin Keith Molyneux, ffotograffydd. Ganed yn Norwich, Lloegr. Hefyd yn gweithio o dan yr enw Molyneux Associates.**

Cyrhaeddodd Gymru ym 1946. Astudiodd yng Ngholeg Celf Gorllewin Lloegr, Bryste 1957–59, gyda Derek Crow. Dylunydd graffeg 1961–73; contract gyda Bwrdd Croeso Cymru 1973–76. Ffotograffydd llawrydd o 1976. Comisiynau'n cynnwys Cyngor Celfyddydau Cymru (CCC) (arddangosfeydd, catalogau, o ganol y 1970au); cyhoeddwyr. Gwobrau ar gyfer ffotograffiaeth dwristiaeth, UDA, Ewrop 1973–76; ar gyfer ffotograffiaeth amlgyfrwng, UDA. Aelod o Gymdeithas y Ffotograffwyr; Cymdeithas Siartredig y Dylunwyr. Arddangosfeydd o waith personol yn cynnwys Oriel, CCC, Caerdydd (gydag Al Campbell) 1979; Ewrop, Japan; UDA. Ffotograffiaeth i gyhoeddiadau'n cynnwys *10 Welsh Potters* (CCC 1977); *Wales* (Awdurdod Datblygu Cymru); Mitchell Beazley, Dorling Kindersley. Rhaglen yn y gyfres *Welsh Piers*, S4C. Casgliadau'n cynnwys Llyfrgell Genedlaethol Cymru, Aberystwyth. 'Tirluniau yw'r rhan fwyaf o'm gwaith personol.' Yn byw yng Nghas-gwent.
*Yr artist*

## Richard MONAHAN 1979–

**Enw gwaith Richard William Monahan, peintiwr. Ganed yn Tiverton, Lloegr.**

Cyrhaeddodd Gymru yn 2001. Astudiodd yng Ngholeg Celfyddydau Camberwell, Llundain 1999–2001; Athrofa Addysg Uwch Abertawe 2001–04 (gradd yn y dosbarth cyntaf), gyda Tim Davies, Howard Riley, Sue Williams, Craig Wood, John Howes. Gwobr Artist Ifanc Syr Leslie Joseph, Cyfeillion Oriel Gelf Glynn Vivian, Abertawe (OGGV) 2005. Arddangosfeydd ar y cyd yn cynnwys *Interactive Drawing*, Oriel Exposure, Abertawe (OEA) 2003; *New Art and Design*, OEA 2004; House of Fogg, Gŵyl yr Ymylon Caerfaddon 2006. Arddangosfeydd undyn, *Drawn*, OGGV 2005; Canolfan Grefft Rhuthun 2006. Gwaith yng nghasgliad OGGV; Prifysgol De Cymru, Pontypridd. 'Hunanbortreadaeth, portreadau, pwysigrwydd arlunio.' Yn byw yn Abertawe, de Cymru.
*Yr artist*

## Pauline MONKCOM 1957–
**Enw gwaith Pauline Joy Monkcom, ceramegydd. Ganed yn Enfield, Lloegr.**

Astudiodd yng Ngholeg Celf a Dylunio Swydd Henffordd 1980–82; Athrofa Addysg Uwch De Morgannwg, Caerdydd 1982–86 (gradd yn y dosbarth cyntaf, MA), gydag Alan Barrett-Danes, Geoffrey Swindell. Uwch-dechnegydd (rhan-amser), Cerameg, Athrofa Addysg Uwch Caerdydd/Athrofa Prifysgol Cymru, Caerdydd o 1986; darlithydd (rhan-amser), Coleg Celf a Thechnoleg Sir Gaerfyrddin 1987–89. Y Fedal Aur am Grefft a Dylunio, Eisteddfod Genedlaethol Cymru, Llanelwedd 1993; Cymrodoriaeth Winston Churchill 1997; Gwobr Cyngor Celfyddydau Cymru 2001. Comisiynau ledled y DU yn cynnwys Amgueddfa Cymru (AC) 1992; Yr Ymddiriedolaeth Genedlaethol, Castell Powys 1999; Urdd Gwneuthurwyr Cymru (UGC), Caerdydd 2002; Castell Cyfarthfa, Merthyr Tudful 2007. Aelod o UGC; Makers Connect. Arddangosfeydd ar y cyd yn cynnwys *Deuddeg o Grochenwyr Stiwdio yng Nghymru*, Canolfan y Celfyddydau Aberystwyth (CCA) 1989; *Cerameg Cymru*, Celfyddydau Rhyngwladol Cymru, Paddington, Awstralia 1998; *The Cat Scratched Little Johnny*, CCA, 2000 (teithiol); *Les Lustres et les Reveries de la Lumière*, Maison de la Céramique Contemporaine, Giroussens 2004; *Arddangosfa'r Wobr Prynu Cerameg*, Prifysgol Morgannwg, Canolfan Mileniwm Cymru, Caerdydd 2005; *Sparkle*, Crefft yn y Bae, Caerdydd 2006. Arddangosfa un-ddynes, Oriel Baytree, Alresford 1997. Erthygl, 'Reduced Lustre' (*Ceramic Review* 2001). Wedi'i chynnwys yn *Lustreware*, Paul Spence (A&C Black, Llundain (ACB) 2001); *Brickworks*, Gwen Heeney (ACB 2003); *World Contemporary Public Ceramic Art*, Zhang Yushan (Hunan Fine Arts Press 2006). Casgliadau'n cynnwys AC; Amgueddfa ac Oriel Gelf Bryste; Amgueddfa ac Oriel Gelf Henffordd. '...cyfuno technegau gwneud printiau â gloywedd a grëir mewn atmosffer sydd wedi'i deneuo...; cerameg, hefyd plastr, cerrig, efydd, briciau wedi'u sgwrio â thywod.' Yn byw yng Nglanaman, gorllewin Cymru.
*Yr artist*

## A G Tennant MOON 1914–2008
**Enw gwaith Alan George Tennant Moon, peintiwr. Ganed ym Mhenarth, de Cymru.**

Astudiodd yn Ysgol Gelf Caerdydd 1929–1933 (Ysgoloriaeth Gelf Sir Forgannwg 1933); Y Coleg Celf Brenhinol, Llundain 1933–37, gyda Syr William Rothenstein, Gilbert Spencer. Darlithydd, Coleg Celf Caerlŷr 1946–49; Pennaeth, Ysgol Gelf Gravesend 1949–57; Pennaeth, Coleg Celf a Dylunio Cumbria/Coleg Celf Caerliwelydd 1957–78. Cadeirydd, Cymdeithas Sefydliadau Celf (1976–77); Llywydd, Cymdeithas Genedlaethol Addysg Celf a Dylunio 1972–73; Cadeirydd, Pwyllgor Sefydlog Celf a Dylunio, Bwrdd Arholi Cyswllt 1970–86. Comisiynau'n cynnwys BBC Cymru. Arddangosfeydd ar y cyd yn cynnwys *Welsh Art*, Heal's, Llundain 1948 (hefyd yn symbylydd, yn adolygydd i'r BBC); Grŵp De Cymru; Amgueddfa Cymru, Caerdydd (AC); Yr Academi Frenhinol, Llundain; Orielau Leicester, Llundain; Oriel Gelf Glynn Vivian, Abertawe. Darllediadau i'r BBC, cyn/ar ôl yr Ail Ryfel Byd, yn cynnwys 'Welsh Forum: Art in Wales', gyda Josef Herman, Cedric Morris, John Steegman, Ivor Williams (21 Chwefror 1947). Casgliadau'n cynnwys AC; Amgueddfa ac Oriel Gelf Casnewydd. Roedd ei waith yn cynnwys portreadau o Gymry enwog, gan gynnwys William Goscombe John, y nofelydd Jack Jones. Roedd yn byw yn Cheltenham, Lloegr.

## Jeremy MOORE 1953–
**Enw gwaith Jeremy William Moore, ffotograffydd tirwedd/awyr agored. Ganed yn Louth, Lloegr.**

Astudiodd ym Mhrifysgol Nottingham 1971–75 (Seicoleg). Cyrhaeddodd Gymru ym 1977. Rheoli cefn gwlad, cadwraeth bywyd gwyllt yng Nghymru 1977–90; pedwar mis yn yr Arctig 1984. Cyhoeddwr, cardiau post *(Cymru Wyllt)* o 1990; ffotograffydd (llawnamser) o 1991. Comisiynau, Ymddiriedolaeth Natur Sir Drefaldwyn 1988; Greenpeace 1988–90. Gwobrau Cyngor Celfyddydau Cymru 1986, 2002, 2004; Gwobr Urdd Awduron yr Awyr Agored ar gyfer Rhagoriaeth Ffotograffig 2001, 2003. Arddangosfeydd ar y cyd yn cynnwys *Clean Irish Sea* 1988 (teithiol); Amgueddfa Ddiwydiannol a Morol Abertawe 1999; *Dyffryn Dyfi*, Cyngor Cefn Gwlad Cymru, Y Tabernacl, Machynlleth (TM) 2006. Arddangosfeydd undyn yn cynnwys *Skylines*, Canolfan y Celfyddydau Aberystwyth (CCA) 1986 (teithiol); *After the Wildwood*, Canolfan Gelfyddydau Llyfrgell Wrecsam 1990 (teithiol); *Wales –The Lie of the Land*, Llyfrgell Genedlaethol Cymru, Aberystwyth (LlGC) 1996 (teithiol); *Parc Cenedlaethol Eryri*, Cynulliad Cenedlaethol Cymru 2000; *Heart of the Country*, CCA 2003 (teithiol); *Lle Glyndŵr*, TM 2004. Cyhoeddiadau'n cynnwys *Cardigan Bay and the Bottlenose Dolphin* (Cyfeillion Bae Ceredigion 1996); *Wales – The Lie of the Land*, Jeremy Moore a Nigel Jenkins (Gwasg Gomer (GG) 1997); *Snowdonia National Park Guide*, Jeremy Moore a Merfyn Williams (David a Charles 2000); *The Heart of the Country*, Jeremy Moore a William Condry (GG 2003); *Blaenau Ffestiniog*, Jeremy Moore a Gwyn Thomas (GG 2007). Gwaith wedi'i gynnwys yn *Creative Roads*, ITV Cymru 2004. Casgliadau'n cynnwys Amgueddfa Ceredigion, Aberystwyth; Llyfrgell Genedlaethol Cymru; Prifysgol Aberystwyth. '…poeni am yr amgylchedd…' Yn byw ym Mhenrhyn-coch, canolbarth Cymru.
*Yr artist*

## Leslie MOORE 1913–1976
**Peintiwr. Ganed yng Nghaerdydd, de Cymru.**

Astudiodd yng Ngholeg Celf Caerdydd 1932–36. Athro, Ysgol Ramadeg yr Eglwys Newydd, Caerdydd 1937–40, 1946–50; Lluoedd Ei Mawrhydi, Y Dwyrain Canol, Yr Eidal 1940–46; Cynghorydd Celf, Awdurdod Addysg Morgannwg 1950–76. Cysylltiad agos ag Ysgol Haf y Barri am 25 o flynyddoedd (Is-brifathro o 1974). Aelod o Gymdeithas Gelf De Cymru (Is-lywydd 1974); Grŵp De Cymru (GDC) (Cadeirydd 1962–64); Cymdeithas Ddyfrlliwiau Cymru. Arddangosfeydd niferus ar y cyd yn cynnwys GDC/Pwyllgor Cymreig Cyngor Celfyddydau Prydain Fawr (PCCCPF) 1949; Oriel Dillwyn, Abertawe (ODA) 1949; Oriel Howard Roberts, Caerdydd (HR) 1949; *Pictures for Schools*, Y Gymdeithas er Addysg Drwy Gelf, Llundain (CADG) 1949; Eisteddfod Genedlaethol Cymru 1950, 1954, 1955, 1958, 1960, 1962, 1964, 1966, 1968; *Pictures for Welsh Schools*, CADG, Amgueddfa Cymru (AC) 1952; PCCCPF/Cyngor Celfyddydau Cymru (CCC) 1952–68; *Artists in Wales*, PCCCPF, Llyfrgell Genedlaethol Cymru, Aberystwyth 1952; Cymdeithas Celf Gyfoes Cymru (CCGC) 1956, 1958, 1963. Arddangosfeydd deuddyn yn cynnwys Oriel Martin Tinney, Caerdydd (OMT) (gyda Sally Moore) 2005. Arddangosfeydd undyn yng Nghaerdydd, Abertawe, Cwmbrân; *Arddangosfa Goffa*, AC/CCC 1977. Gwaith wedi'i gynnwys yn y *Western Mail* (Goronwy Powell, 6 Ionawr 1973); ffilm gan John Petts, HTV, Chwefror 1973. Casgliadau niferus yn cynnwys AC; Amgueddfa ac Oriel Gelf Casnewydd; awdurdodau addysg, gan gynnwys Birmingham, Caerdydd, Caerlŷr, Casnewydd; CCGC; Oriel Gelf Glynn Vivian, Abertawe; Prifysgol Caerdydd; Prifysgol Metropolitan Caerdydd. Prynwyd gwaith gan CCC. '…rhamantydd…tirluniau…y byd bob dydd o'i gwmpas.' *(Bert Isaac, OMT 2005)* Roedd yn byw yn y Barri, de Cymru.

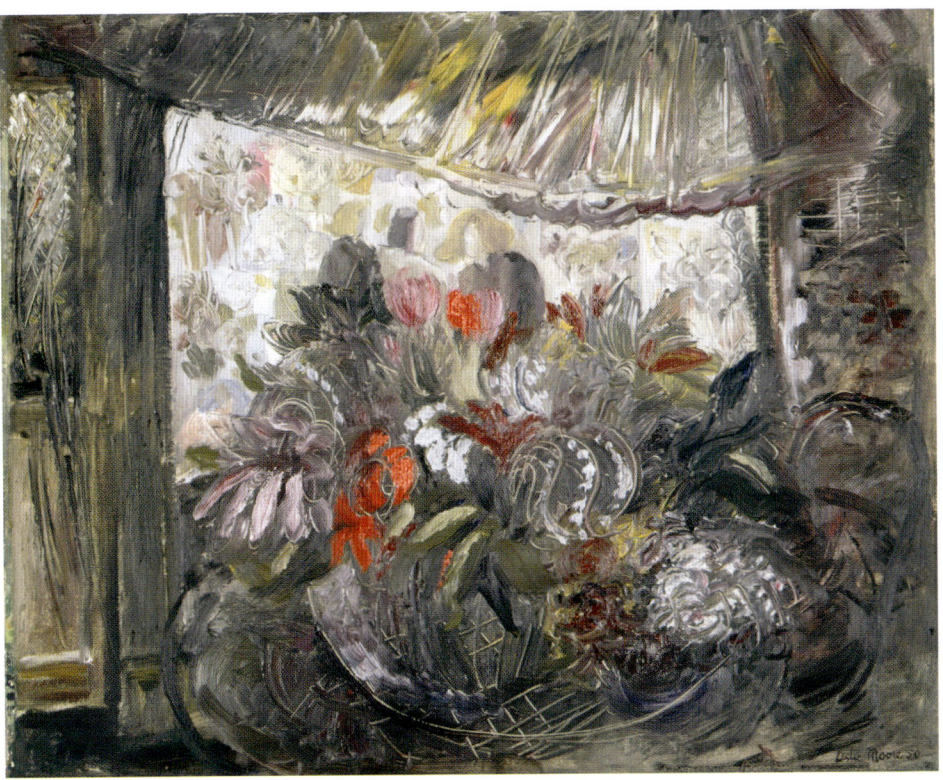

210 | Leslie Moore
*Flower Shop* 1950

## Raymond MOORE 1920–1987
**Enw gwaith Raymond Ethelbert Moore, ffotograffydd. Ganed yn Wallasey, Lloegr.
Hefyd yn cael ei adnabod fel Ray Moore.**

Astudiodd yn Ysgol Gelf Wallasey 1937–40; Y Coleg Celf Brenhinol (paentio) 1947–50. Gwasanaeth Rhyfel, Y Llu Awyr Brenhinol 1940–46. Darlithydd (rhan-amser), Ysgol Gelf Watford 1950–75 (paentio, lithograffeg; sefydlodd gwrs ffotograffiaeth 1956); uwch-ddarlithydd, ffotograffiaeth greadigol, Coleg Polytechnig Trent, Nottingham 1975–78. Ymweliadau blynyddol â Sir Benfro (gyda Ray Howard-Jones) 1949–58; America 1970–77. Ffotograffydd/darlithydd llawrydd, o 1978. Gwobr Cyngor Celfyddydau Prydain Fawr 1977. Arddangosfeydd ar y cyd yn cynnwys *Modfot 1*, Llundain 1967; *Three Perspectives on Photography*, Oriel Hayward, Llundain 1979; Oriel Gerddi Howard, Caerdydd (gyda Sarah Wenden a David Mabb) 1982; *Through the Looking Glass: Photographic Art in Britain 1945–1989*, Oriel Gelf y Barbican, Llundain 1989. Arddangosfeydd deuddyn yn cynnwys *The Two Rays*, Oriel Rocket, Llundain (gyda Ray Howard-Jones) 1994. Arddangosfeydd undyn yn cynnwys *Photographs by Raymond Moore*, Cyngor Celfyddydau Cymru (CCC) 1968 (teithiol); Oriel y Ffotograffwyr, Llundain 1973; Ffotogallery, Caerdydd 1978; Oriel Gelf Bangor, gogledd Cymru 1979; *Photographs by Raymond Moore*, Oriel Hayward, Llundain 1981 (teithiol); *Raymond Moore*, Ffotogallery ac Oriel, CCC, Caerdydd 1990–92 (teithiol). Cyhoeddiadau'n cynnwys erthyglau, *Amateur Photographer* (3 Mehefin 1959, 25 Tachwedd 1959). Wedi'i gynnwys yn 'The light and the vision: the work of Raymond Moore' (D. McClelland, *British*

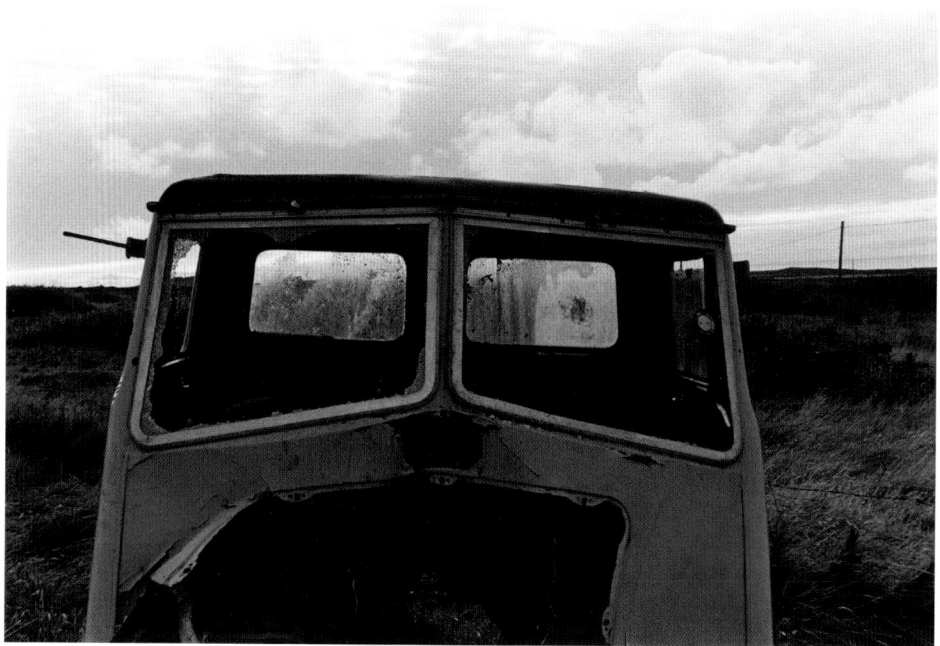

211 | Raymond Moore
*Pembrokeshire* 1969

*Journal of Photography*, 29 Awst 1969); *Anglo-Welsh Review* (cyf 17, rhif 40, 1969); *Murmurs at Every Turn: The Photographs of Raymond Moore* (Travelling Light Photography 1981); monograff a ffilm deledu, *Every So Often*, BBC Gogledd Ddwyrain 1983. Casgliadau rhyngwladol yn cynnwys Amgueddfa Cymru, Caerdydd; Amgueddfa Victoria ac Albert, Llundain; Cyngor Celfyddydau Lloegr; Cymdeithas Celf Gyfoes Cymru; Llyfrgell Genedlaethol Cymru, Aberystwyth; Prifysgol Aberystwyth; Y Cyngor Prydeinig, Llundain; Yr Amgueddfa Gyfryngau Genedlaethol, Bradford. Prynwyd gwaith gan CCC; Cyngor Celfyddydau'r Alban. Themâu cynnar, Sir Benfro a Skomer. Roedd yn byw yn Canonbie, Yr Alban.

## Sally MOORE 1962–
**Peintwraig. Ganed yn y Barri, de Cymru.**

Astudiodd yn Athrofa Addysg Uwch De Morgannwg, Caerdydd 1980–81; Ysgol Arlunio a Chelf Gain Ruskin, Rhydychen 1981–84 (ysgoloriaeth deithio, Coleg Somerville (CS) 1983); Coleg Polytechnig Dinas Birmingham 1986–87 (MA) (Gwobr Emma Jessie Phipps 1987). Gwobr Cyngor Celfyddydau Cymru 1986; Ysgoloriaeth Goffa Abbey, Yr Ysgol Brydeinig yn Rhufain 1992–93; Artist y Flwyddyn Cymru, Neuadd Dewi Sant, Caerdydd (NDS) 2005. Artist preswyl, Ymddiriedolaeth Stiwdio Delfina, Llundain 1988–90. Arddangosfeydd niferus ar y cyd gan gynnwys *Young Cardiff Artists*, Amgueddfa Cymru (AC) 1984; Y Gynghrair Frenhinol Dramor, Llundain 1988 (enillydd Gwobr Goffa Lucy Morrison), 1992; Arddangosfa *10fed Pen Blwydd*, NDS 1993 (arobryn); Eisteddfod Genedlaethol Cymru, Castell-nedd 1994 (arobryn); *Discerning Eye*, Orielau'r Mall, Llundain 1996 (Gwobr y Beirniad); *Welsh Painters Talking*, AC 1997; *Arddangosfa Haf*, Yr Academi Frenhinol, Llundain 2000, 2001. Arddangosfa ddeuddyn, Oriel Martin Tinney Caerdydd (OMT) (gyda Leslie Moore) 2005. Arddangosfeydd un-ddynes yn cynnwys CS 1982; Coleg y Brifysgol, Caerdydd 1986; Oriel y Bont, Coleg Polytechnig Cymru, Pontypridd 1988;

OMT 1995, 1997, 2000, 2003, 2007. Casgliadau'n cynnwys AC; Amgueddfa ac Oriel Gelf Casnewydd; Coleg Sant Ioan, Rhydychen; Cymdeithas Celf Gyfoes Cymru; Llyfrgell Genedlaethol Cymru, Aberystwyth; Oriel Gelf Sunderland; Y Gymdeithas Celf Gyfoes. Prynwyd gwaith gan Gymdeithas Gelfyddydau De Ddwyrain Cymru. 'Dw i'n paentio'r ffigwr dynol gan mai dyma'r ffordd fwyaf pwerus i bortreadu'r emosiynau dw i am eu mynegi.' Yn byw yn Llundain, Lloegr.
*Yr artist*

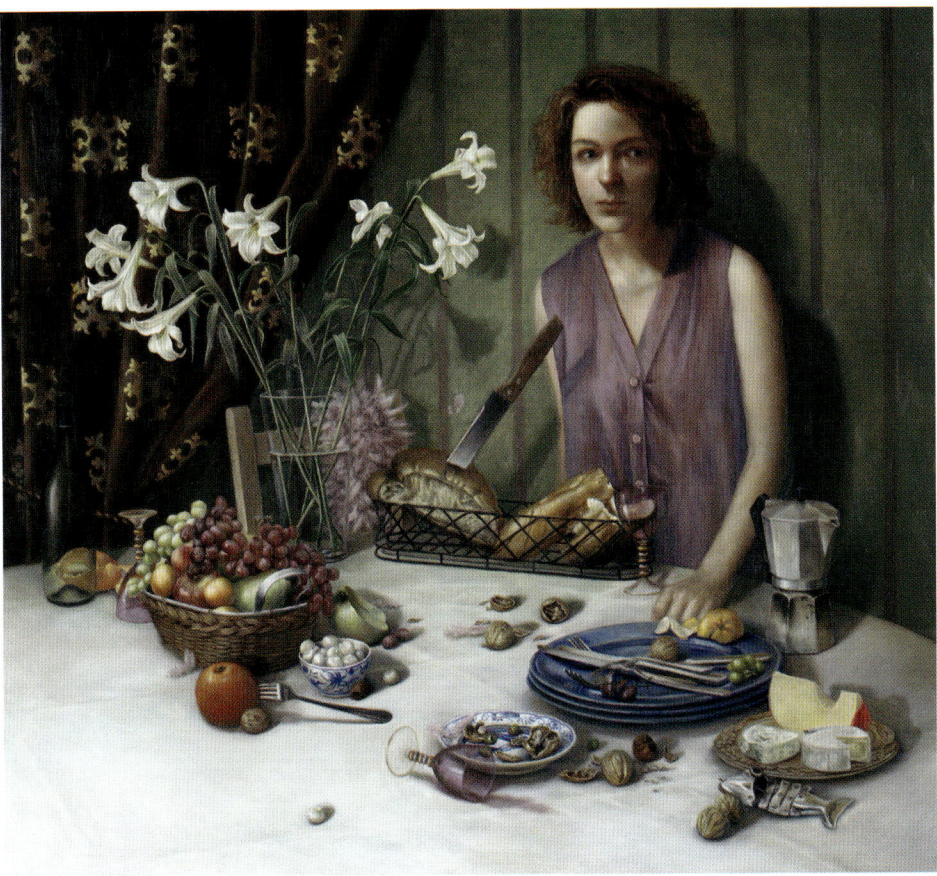

212 | Sally Moore
*Remains* 2000

## Sara MOORHOUSE 1974–
### Enw gwaith Sara Louise Moorhouse, ceramegydd. Ganed yn Sheffield, Lloegr.

Cyrhaeddodd Gymru yn 2003. Astudiodd yng Ngholeg Gorllewin Swydd Nottingham, Mansfield 1992–93; Prifysgol Wolverhampton 1993–96; Prifysgol Caerwysg 1996–97; Athrofa Prifysgol Cymru, Caerdydd (APCC) 2003–04 (MA Cerameg) (Rhagoriaeth). Athrawes, Ysgol y Brenin Edward VII, Melton Mowbray 1997–2003; darlithydd (rhan-amser), Coleg Stamford 2002–03; tiwtor celf, Ymddiriedolaeth Canolfan Ogwr 2004–05 (rhan-amser); ymchwilydd, Cerameg, APCC 2004–05; cynorthwy-ydd

gwybodaeth (rhan-amser), APCC, o 2005. Artist preswyl, Heol-y-cyw, ysgolion cynradd Llangrallo 2005. Gwobrau'n cynnwys Cyngor Celfyddydau Cymru 2005; Celfyddydau Rhyngwladol Cymru 2005. Arddangosfeydd ar y cyd yn cynnwys *3ydd Biennale Cerameg y Byd*, Corea 2005; *Arddangosfa Gwobr Brynu Prifysgol Morgannwg*, Oriel y Bont, Prifysgol Morgannwg, Pontypridd 2005 (teithiol); *Verve*, Canolfan Grefft Rhuthun 2005; Ffair Grefftau Chelsea, Llundain 2005 (gwobr arddangoswr am y tro cyntaf); *Prospect – Ten Artists in Clay*, Amgueddfa Cymru 2005. Gwaith wedi'i gynnwys yn *Ceramic Review* (Ionawr/Chwefror 2005); cylchgrawn *Crafts* (Gorffennaf/Awst 2005). '…tirwedd…y Mynydd Du a Bannau Brycheiniog.' Yn byw yng Nghaerdydd, de Cymru.
*Yr artist*

### Arthur MORGAN 1936–
**Enw gwaith Arthur Thomas John Morgan, peintiwr, ffotograffydd, artist gwydr. Ganed yng Nghoed-duon, de Cymru.**

Astudiodd yng Ngholeg Celf Caerdydd 1956–60, gyda Philip Jennings, Eric Malthouse, David Tinker; Athrofa Addysg Uwch Abertawe 2004–07 (MA Gwydr Pensaernïol; rhagoriaeth), gyda Rodney Bender. Gwasanaeth Milwrol, Y Llu Awyr Brenhinol 1954–56. Athro/pennaeth celf a dylunio, Ysgol Uwchradd y Coed-duon/Ysgol Gyfun y Coed Duon (YGCD) 1962–92, (rhan-amser) 1992–98. Murluniau ar gyfer Canolfan Hamdden Cefn Fforest, gyda disgyblion YGCD 1991–93. Gwobr Gelf Xerox, Y Gymdeithas Gelfyddydau Frenhinol, Llundain 1997. Aelod o Ffotogallery. Arddangosfeydd niferus ar y cyd gan gynnwys *Young Welsh Artists*, Pwyllgor Cymreig Cyngor Celfyddydau Prydain Fawr, Amgueddfa Cymru 1959 (teithiol); *Arddangosfa Agored Canolbarth Cymru*, Canolfan Gelfyddydau Aberystwyth 1982, 1983, 1991; *Wales 83*, Y Grŵp Cymreig (arddangosfa agored) 1983 (teithiol); Eisteddfod Genedlaethol Cymru (EGC), Llanbedr Pont Steffan 1984, Y Rhyl 1985; Oriel, Cyngor Celfyddydau Cymru, Caerdydd 1989; *Arddangosfa Agored Mostyn*, Oriel Mostyn, Llandudno 1990; Neuadd Dewi Sant, Caerdydd 1993, 2000, 2002, 2004; *Caucus 2 Inflagrante*, Yr Hen Lyfrgell, Caerdydd 1994; *12th Singer and Friedlander/Sunday Times Watercolour Competition*, Orielau'r Mall, Llundain 2000 (y wobr gyntaf) (teithiol). Arddangosfa undyn, *Of the Earth's Other Air, Where the Hummingbird Flies in the Shadow of the Hawk*, Yr Hen Lyfrgell, Caerdydd 1995. Wedi'i gynnwys yn *Art Review* (Mai 2000); *The Artist* (Ionawr 2002); cyfweliad, BBC Radio Cymru (Medi 2000). Casgliadau'n cynnwys Cyngor Caerdydd; EGC; Singer a Friedlander/Sunday Times. Yn byw yn yr Hengoed, de Cymru.
*Yr artist*

### Brian MORGAN 1939–
**Ffotograffydd. Ganed yn Abertawe.**

Astudiodd yng Ngholeg y Brifysgol, Abertawe (Ffiseg) 1957–60. Dosbarthiadau nos mewn ffotograffiaeth, Canolfan Gelfyddydau Neuadd Llanofer, Caerdydd, ddiwedd y 1980au. Hefyd yn newyddiadurwr. Bu'n gweithio ym myd diwydiant, Lloegr, Cymru 1960–86; newyddiadurwr llawrydd, Caerdydd, o 1986, yn gweithio i'r *Observer, Times, Sunday Times, Independent, Daily Mail, Express*; Radio Wales, Gwasanaeth y BBC i'r Byd, BBC Radio 4, ddiwedd y 1980au–90au. Cyfrannodd ffotograffiaeth olygyddol i atodiadau'r *Independent, Times*, cylchgronau proffesiynol. Athro, ffotograffiaeth, Coleg Chweched Dosbarth Glan Hafren, Caerdydd; darlithydd, ffotograffiaeth, Abertawe, Athrofa Prifysgol Cymru Caerdydd. Newyddiadurwr (rhaglenni ymchwiliol) gyda HTV/ITV Cymru, o 2003. Comisiynau'n cynnwys prosiect ffoto-newyddiaduraeth ar gau pwll glo ger Rhydaman, *The Independent* 1989 (teithiol wedyn, canolfannau yng Nghaerdydd). Ffilmiau teledu o 1994, gan gynnwys Sianel 4. Prosiectau (rhai'n derbyn cyllid gan Gyngor Celfyddydau Cymru), gyda Mo Wilson, yn cynnwys *Millennium Photographs from the Welsh Valleys*, Rhondda Cynon Taf; *Wales in our own Image*, Awdurdod Datblygu Cymru 2000; *Teenage Mams*, Rhondda Cynon Taf 2003; Cymdeithas Tai Menywod Ifainc 2004 (Gwobr

Val Feld, Shelter Cymru); cyhoeddiad gyda Menywod Asia, Menywod ar Waith 2004. Prosiectau ysgol, Penrhiw-ceibr 2006; Glanyrafon, Caerdydd 2007. Casgliadau'n cynnwys Cyngor Caerdydd. Yn byw yng Nghaerdydd, de Cymru.

*Yr artist*

## Gareth MORGAN 1945–
**Artist gwydr lliw, yn gweithio fel STIWDIO SAREFFTA. Ganed yn Dewsbury, Lloegr.**

Astudiodd ym Mhrifysgol Hull (PH) 1963–67 (Ffrangeg ac Almaeneg) (gradd yn y dosbarth cyntaf); Coleg y Frenhines, Rhydychen 1967–71; Athrofa Addysg Uwch Gorllewin Morgannwg 1985–88 (gwydr lliw pensaernïol) (rhagoriaeth; Gwobr Ddylunio Howard Martin 1988), gydag Alexander Beleschenko, Glenys Cour, Rodney Bender; PH 1986 (M Phil, gweithiau Jean Cocteau). Athro, ieithoedd modern, Ysgol Uwchradd Hartridge, Casnewydd 1971–79 (pennaeth adran o 1975); Pennaeth Ieithoedd Modern, Ysgol Gyfun Bro Myrddin, Caerfyrddin 1979–85. Comisiynau niferus gan gynnwys Eisteddfod Genedlaethol Cymru (EGC), Cwm Rhymni 1990; Eglwys Sant Ioan, Pontyberem 1991; Ffenest *Llyfr Du Caerfyrddin*, Coleg y Drindod, Caerfyrddin 1996; Eglwys y Drindod Sanctaidd, Casnewydd 1996; Ysbyty Brenhinol Bolton 2005; Prifysgol Cymru y Drindod Dewi Sant, Caerfyrddin 2006; Eglwys Morwyn Fair y Llaswyr, Rhydaman 2006, 2007. Aelod sefydlu Gweled; aelod cyswllt, Cymdeithas Penpeintwyr Gwydr Prydain. Arddangosfeydd ar y cyd yn cynnwys *Art at St Giles*, Rhydychen 1990; *Gweled*, Castell Cyfarthfa, Merthyr Tudful 1993; EGC, Castell-nedd 1994; dyluniad ffenestr Llyfrgell Cadeirlan Southwark, Calouste Gulbenkian/Yr Amgueddfa Gwydr Lliw 1999 (teithiol). Wedi'i gynnwys yn *Design Source Book, Stained Glass*, Lynette Wrigley (New Holland 1998); erthyglau, Ann Gruffydd Rhys, *Barn* (rhif 307, Awst 1988; rhif 453, Hydref 2000); *Journal of Stained Glass* (cyfrol 23, 1999; cyfrol 26, 2002; cyfrol 29, 2005); rhaglenni teledu BBC Cymru ac S4C, gan gynnwys Arwyddion Ffyrdd a'r Sioe Gelf; cyfweliadau radio, *Inspired by Faith* (Gwasanaeth Byd y BBC, Hydref/Tachwedd 1999). 'Mae fy ffydd Gristnogol a'm hoffter o lenyddiaeth yn ffynonellau ysbrydoliaeth cyfoethog ar gyfer fy ngwaith.' Yn byw yng Nghwm-ffrwd, gorllewin Cymru.

*Yr artist*

## Gerald MORGAN 1922–
**Peintiwr. Ganed ym Merthyr Tudful, de Cymru.**

Astudiodd fferylliaeth. Cyfnod byr mewn coleg celf. Y Llu Awyr Brenhinol, yna yn un o fechgyn Bevin yn ystod yr Ail Ryfel Byd. Gwerthwr yswiriant; canwr (rhan-amser). Arddangosfeydd ar y cyd yn cynnwys *Welsh Contemporaries*, Oriel Contemporary Art, Llundain 1995; Oriel y Crane, Abertawe, ar ddiwedd y 2000au. Arddangosfa ddeuddyn, Gweithdy Celfyddydau Abertawe, Abertawe (gyda Richard Wakelin) 1981. Arddangosfeydd undyn yn cynnwys Oriel Alwin, Llundain 1966; Oriel Raymond Duncan, Paris 1967 (ddwywaith); Coleg Prifysgol Cymru, Abertawe 1967, 1972, 1975; Oriel Zaydler, Llundain 1968; Oriel Overland, Abertawe 1970, 1971; Oriel Woodstock, Llundain 1971; The Fringe, Gŵyl Caeredin 1979; Oriel West Wharf, Caerdydd 1989. Wedi'i gynnwys yn *South Wales Evening Post* (Hydref 1989). '…mae ei waith â'i wreiddiau yng nghreigiau a dŵr Cymru'. *(Erthygl papur newydd heb ei phriodoli)* Yn byw yn Abertawe, de Cymru.

## Glyn MORGAN 1926–
**Peintiwr. Ganed ym Mhontypridd, de Cymru.**

Astudiodd yng Ngholeg Celf Caerdydd 1942–44 (gyda Ceri Richards), 1946–47; Coleg Celfyddydau Camberwell 1947, gyda John Minton; Ysgol Gelf Dwyrain Anglia 1944–82, gyda Cedric Morris. Bu'n gweithio ym Mharis 1951. Athro, Ysgol Ramadeg Rhiwabon 1949–50; Ysgol y Faenor, Ruislip 1953–73; Burnham 1973–83. Tiwtor dosbarthiadau nos, Ysgol Gelf High Wycombe 1959–68. Ymweliadau â

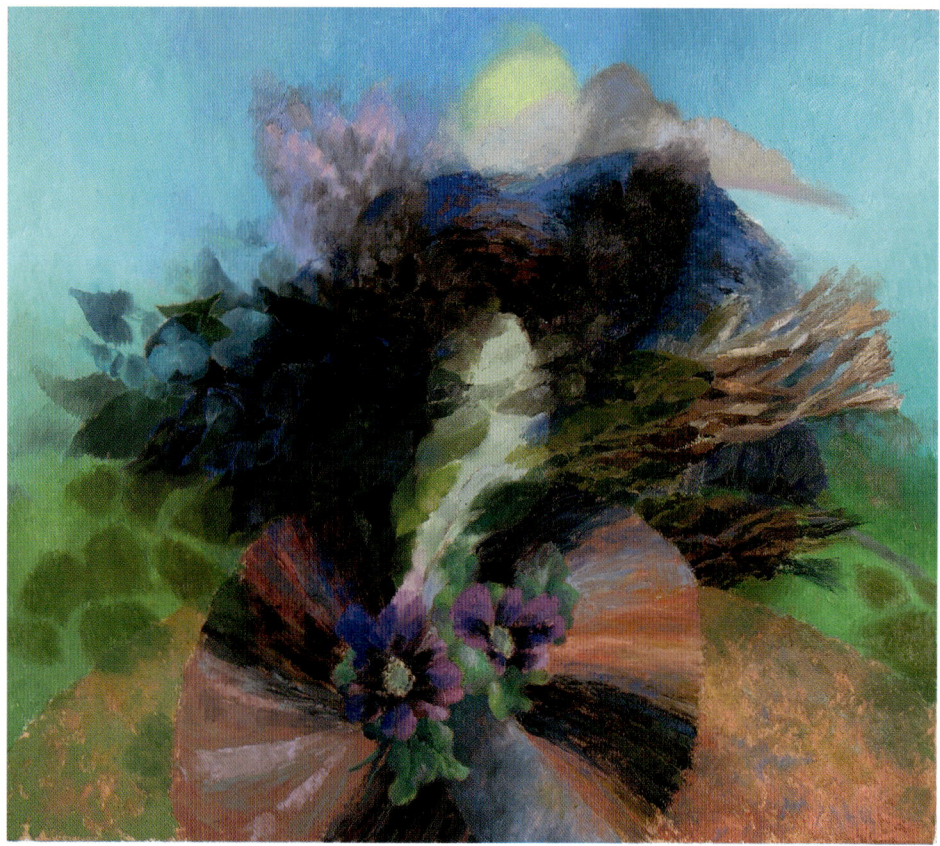

213 | Glyn Morgan
*Song of the Earth* 2003

Gwlad Groeg 1960au. Cymrodoriaeth, Cwmni'r Gofaint Aur 1968. Aelod o Gymdeithas yr Artistiaid Botanegol 1988–98; Grŵp De Cymru; Cymdeithas Gelf De Cymru. Arddangosfeydd ar y cyd yn cynnwys Eisteddfod Genedlaethol Cymru (EGC) 1950; Amgueddfa Cymru (AC) 1955, 1999; Cymdeithas Celf Gyfoes Cymru (CCGC) 1956, 1967; Pwyllgor Cymreig Cyngor Celfyddydau Prydain Fawr/Cyngor Celfyddydau Cymru (CCC) 1955–57, 1968, 1969; *An Iconograph of the Mabinogion*, CCC/EGC, Caerfyrddin 1974 (teithiol). Arddangosfeydd deuddyn gan gynnwys Oriel, CCC, Caerdydd (gydag Esther Grainger) 1976; *Master and Pupil*, Orielau Chappel, Essex (OCE) (gyda Cedric Morris) 1994. Arddangosfeydd undyn yn cynnwys Canolfan Gelfyddydau Taliesin, Abertawe 1986; OCE 1991, 1996, 1998, 2001, 2004, 2006; *Glyn Morgan – Fifty Years*, Oriel Llundain, Llundain 1996 (teithiol, Cymru); Oriel Martin Tinney, Caerdydd 2004; *Arddangosfa Adolygol Pen Blwydd 80fed*, Llyfrgell Genedlaethol Cymru, Aberystwyth (LlGC) 2006. Wedi'i gynnwys yn *A Vision of Landscape: The Art of Glyn Morgan*, Ronald Blythe (Sansom a'i Gwmni, Bryste (Sansom) 2001); cofiant, *Glyn Morgan at Eighty*, David Buckman (Sansom 2006); *Arts Review* (1969); *Apollo* (Mehefin 1969). Casgliadau'n cynnwys AC; Amgueddfa ac Oriel Gelf Brycheiniog, Aberhonddu; Amgueddfa ac Oriel Gelf Casnewydd; Amgueddfa ac Oriel Gelf Ipswich; CCGC; LlGC; Oriel Dinas Auckland; Oriel Dinas Brisbane; Oriel Gelf Glynn Vivian, Abertawe. Prynwyd gwaith gan CCC. '…tirluniau'n bennaf … mytholeg Gwlad Groeg a Chymru.' Yn byw yn Hadleigh, Lloegr.
*Yr artist*

### Llew E MORGAN 1885–1960
**Enw gwaith Llewelyn Edward Morgan, ffotograffydd. Ganed yn Ystradgynlais, de Cymru.**

Astudiodd yng Ngholeg y Brifysgol, Caerwysg 1907–11 (Ffiseg); Coleg Technegol Castell-nedd 1912; Coleg Celf Abertawe 1926–28 (rhan-amser). Trydanwr dan hyfforddiant, y diwydiant glo 1899–1903; athro, Ysgol Gynradd Ynysgedwyn, Ystradgynlais 1912–20, 1926–45 (gwrthwynebydd cydwybodol, Amddiffyn Cartref, Y Rhyfel Byd Cyntaf); pennaeth, Canolfan Crefftau Llaw Rhydychen 1920–25; athro, Ysgol Iau'r Gurnos 1925–45; awdur llawrydd/cyflwynydd, papurau newydd lleol/cylchgronau, Radio'r BBC 1943–60; cwnstabl arbennig/warden cyrchoedd awyr 1939–45 (trefnydd ardal, Cymru a'r Gororau 1943–45). Josef Herman yn gyfaill iddo. Comisiynau, hanes ogofâu Dan-yr-Ogof (Y Brodyr Morgan 1938); llyfryn coffa, Eisteddfod Genedlaethol Cymru, Ystradgynlais 1954; darluniau, *Paul a Nesta*, W J Jones (Llyfrau'r Dryw 1960). Aelod, Clwb Camera Abertawe; Clwb Ffotograffiaeth Wallace Heaton. Arddangosfeydd ar y cyd, Eisteddfod Genedlaethol Cymru 1928–54 (y wobr gyntaf 13 o weithiau, gan gynnwys Treorci 1928, Lerpwl 1929, Abergwaun 1936, Aberystwyth 1952). Arddangosfeydd undyn (adolygol), Amgueddfa Werin Cymru, Sain Ffagan 1982; Canolfan Dylan Thomas, Abertawe 1999. Cyhoeddiadau'n cynnwys erthyglau, *Llais Llafur* (o 1912); pamffledi i raglenni Ysgolion y BBC (1940au–50au); ffotograffau, *Kodak Magazine* 1930–60 (y wobr gyntaf 1924). Cofiant, *Full Circle*, Carole Morgan Hopkin (Gwasg Gomer 1997). Casgliadau'n cynnwys Sain Ffagan Amgueddfa Werin Cymru. 'Bywyd a byd natur Cymru.' Roedd yn byw yn Ystradgynlais.
*Carole Morgan Hopkin*

### Mick MORGAN 1947–
**Enw gwaith Michael Paul Morgan, ceramegydd. Ganed yn Blackpool, Lloegr.**

Astudiodd yng Ngholeg Celf Caerdydd 1971–74, gydag Alan Barrett-Danes, Frank Vining. Darlithydd (rhan-amser), Coleg Iwerydd, Sain Dunwyd 1975; Coleg Technoleg a Chelf Sir Gaerfyrddin/Coleg Sir Gâr o 1988; Athrofa Addysg Uwch Gorllewin Morgannwg/Athrofa Addysg Uwch Abertawe o 1988. Artist preswyl, ysgolion cynradd ac uwchradd yng Nghymru. Gwobrau Celfyddydau Cymru 1974, 1980. Busnes crochenwaith stiwdio ei hun, gyda rhaglen addysg, o 1975. Aelod o Grochenwyr De Cymru; Urdd Gwneuthurwyr Cymru. Arddangosfeydd niferus ar y cyd ledled Cymru. Arddangosfeydd undyn, *After the Fire*, Oriel Mission, Abertawe 1986; *Stim Mwg Heb Dân*, Oriel Henry Thomas, Caerfyrddin 1990; *On-na*, Oriel Golden Sheaf, Arberth 1996; *Picture This*, Amgueddfa ac Oriel Gelf Dinbych-y-pysgod 2006. Gwaith wedi'i gynnwys yn rhaglen deledu'r BBC, *Beautiful Things* (1998). Gwaith yng nghasgliad Amgueddfa Cymru, Caerdydd. '…dechreuodd gyda llestri cartref, gan fynd ymlaen i ymddiddori mewn racw…potiau mawr.' Yn byw yn Nhalog, gorllewin Cymru.
*Yr artist*

### Nik MORGAN 1962–
**Peintiwr, bardd. Ganed yn Norwich, Lloegr.**

Astudiodd yng Ngholeg y Brifysgol Abertawe 1980–83 (Saesneg), 1986 (MA), gyda M Wynn Thomas. Arddangosfeydd ar y cyd, Biennales Rhyngwladol Hiwmor a Dychan yn y Celfyddydau, Gabrovo, Bwlgaria (HDCG) 1993, 1995, 1999, 2003; *Artist y Flwyddyn Cymru*, Neuadd Dewi Sant, Caerdydd (NDS) 1995; *Memories of Lewis Carroll*, Oriel Washington, Penarth 1999. Arddangosfeydd undyn, NDS 1992; Oriel Freud, Llundain a Rhydychen, 1993; Oriel Contact, Gŵyl Caeredin 1994; Canolfan Dylan Thomas, Abertawe 2004. Cerddi/darluniau wedi'u cynnwys yn *Grandchildren of Albion*, golygydd Michael Horowitz (New Departures 1992); adolygiadau, *The Scotsman* (Sally Kerr, Awst 1994); *South Wales Evening Post* (Jenny White, Mai 2004). Gwaith yng nghasgliad HDCG. '…cymeriadau a golygfeydd breuddwydiol eu naws – gwawdluniau eironig wedi'u lliwio'n llachar…' Yn byw ym Mhenarth, de Cymru.
*Yr artist*

## Robert MORGAN 1921–1994
**Enw gwaith Norman Robert Morgan, peintiwr. Ganed ym Mhenrhiw-ceibr, de Cymru.**

Hefyd yn awdur. Glöwr, Penrhiw-ceibr 1935–47. Astudiodd yng Ngholeg Fircroft, Birmingham 1949–51; Coleg Addysg Bognor 1951–53; Prifysgol Southampton 1969–70. Athro uwchradd, Hampshire, nes iddo ymddeol i ganolbwyntio ar waith creadigol. Cyhoeddwyd ei gerddi/straeon byrion gyntaf ym 1962. Arddangosfeydd ar y cyd yn cynnwys *Wessex Artists*, Oriel Gelf Southampton 1960; *Industrial Wales: The 7th Exhibition of Contemporary Welsh Painting, Drawing and Sculpture*, Pwyllgor Cymreig Cyngor Celfyddydau Prydain Fawr 1960 (teithiol); *Origins*, Eisteddfod Genedlaethol Cymru, Aberteifi/Cyngor Celfyddydau Cymru 1976 (teithiol); *Miner-Artists: The Art of Welsh Coal Workers*, Llyfrgell Genedlaethol Cymru, Aberystwyth (LlGC) 2000. Arddangosfeydd undyn yn cynnwys Theatr y Mermaid, Llundain 1965; Oriel Picture, Caer-wynt 1972; Prifysgol Surrey, Guildford 1973. Cyhoeddiadau'n cynnwys *The Night's Prison: Poems*, a *Rainbow Valley* (Rupert Hart-Davis 1967); *On the Banks of the Cynon* (ARC Publications 1974); *My Lamp Still Burns* (Gwasg Gomer 1981). Wedi'i gynnwys fel awdur yn *Anglo-Welsh Review (A-WR)*, *Poetry Wales*, *The London Welshman*, *Tribune*, BBC Radio 3; *Poetry 1900–2000*, golygydd Meic Stephens (Parthian 2007). Wedi'i gynnwys fel artist mewn ffilm, Teledu Southern (1964); cyfweliad, Teledu Southern (1967); 'Norman Robert Morgan Mining Painter' (*A-WR*, cyf 17, rhif 40, 1968–69); *Miner-Artists: The Art of Welsh Coal Workers*, John Harvey (LlGC 2000). Cymoedd a mwyngloddio glofaol de Cymru. Roedd yn byw yn Portsmouth, Lloegr.

## Sally J MORGAN 1951–
**Enw gwaith Sally Jeannette Morgan, peintwraig, artist perfformio. Ganed yn Abertyleri, de Cymru.**

John Selway yn ddylanwad cynnar. Astudiodd yn Ysgol Gelf Sutton Coldfield 1967–1969; Coleg Celf Sheffield 1969–1972; Uwch Athrofa Genedlaethol ac Academi Frenhinol y Celfyddydau Cain, Gwlad Belg 1975–1976. Artist preswyl, Ysgol Gyfun Queens, Casnewydd, de Cymru/Cymdeithas Gelfyddydau De Ddwyrain Cymru 1984–5; Arnolfini, Bryste/Cyngor Celfyddydau Lloegr 1995. Darlithydd/Arweinydd Pwnc, Paentio a Chelf Berfformio, Coleg Celfyddydau Dartington 1986–92; Uwch-ddarlithydd/Prif Ddarlithydd/ Pennaeth Celfyddydau Cain, Prifysgol Gorllewin Lloegr 1992–2001; Yr Athro/Pennaeth Ysgol/ Dirprwy Is-ganghellor/Pennaeth Coleg Celfyddydau Creadigol Prifysgol Massey, Wellington, Seland Newydd, o 2001. Gwobrau'n cynnwys y Cyngor Prydeinig/Gweinyddiaeth Ddiwylliant Gwlad Belg 1975–6; Coleg Celf Caerwysg 1981–2; Celfyddydau De Orllewin Lloegr 1994. Comisiynau'n cynnwys Tŷ Tredegar, Casnewydd 1985. Arddangosfeydd ar y cyd yn cynnwys *Residencies 85*, Cymdeithas Gelfyddydau De Ddwyrain Cymru (CGDDdC), Amgueddfa ac Oriel Gelf Casnewydd (AOGC) 1985; *A Life in Diagrams No 2, National Review of Live Art*, Sefydliad y Celfyddydau Cyfoes, Llundain (SCC) 1993; *Where Are They Now?*, CGDDdC, AOGC 1994. Arddangosfeydd deuddyn yn cynnwys CGDDdC (gyda Juliette McCullough) 1984–5 (teithiol). Arddangosfeydd un-ddynes yn cynnwys *A Mythology*, Canolfan Gelfyddydau Glannau Gwy, Llanfair-ym-Muallt 1985; *A Life in Diagrams No. 4*, ICA 1994; *In a Hundred Years of Occupation: Episode 2: Points of Perspective*, Oriel Blue Oyster, Seland Newydd 2006. Cyhoeddiadau'n cynnwys pennod yn *Seeing History: Public History in Britain Now*, golygyddion Hilda Kean ac eraill (Francis Boutle 2000). Casgliadau'n cynnwys ICA. Prynwyd gwaith gan CGDDdC. '…yn cyfeirio o hyd at Gymru a'm treftadaeth Gymreig….' Yn byw ger Wellington, Seland Newydd.

*Yr artist*

## Victor MORGAN 1927–
**Enw gwaith Victor Roy Morgan, peintiwr, cerflunydd. Ganed yng Nghasnewydd, de Cymru.**

Hunanaddysgedig. Gyrfa amrywiol, ffermio, y fyddin, y rheilffordd, ynni, gwaith dur 1940–79. Gwobr, Cyngor Celfyddydau Cymru 1986. Aelod o Gymdeithas Artistiaid a Dylunwyr Cymru (CADC); Cymdeithas Gelf Casnewydd a Sir Fynwy. Arddangosfeydd ar y cyd yn cynnwys Amgueddfa ac Oriel Gelf Casnewydd 1976–92; Llyfrgell Ganolog Rhydychen 1988; Gŵyl Erddi Cymru, Glynebwy 1992; Eisteddfod Genedlaethol Cymru, Aberystwyth 1992; Neuadd Dewi Sant, Caerdydd 1993. Arddangosfeydd undyn, Oriel Woodstock Tower, Cil-y-coed 1979; Canolfan Gelfyddydau Abaty Nant Teyrnon, Cwmbrân 1986. Gwaith wedi'i gynnwys yn y cylchgrawn *Link* (CADC 1986); *Planet* (rhif 104, 1994). 'Golygfeydd hanesyddol Cymru.' Yn byw yng Nghaerllion, de Cymru.
*Yr artist*

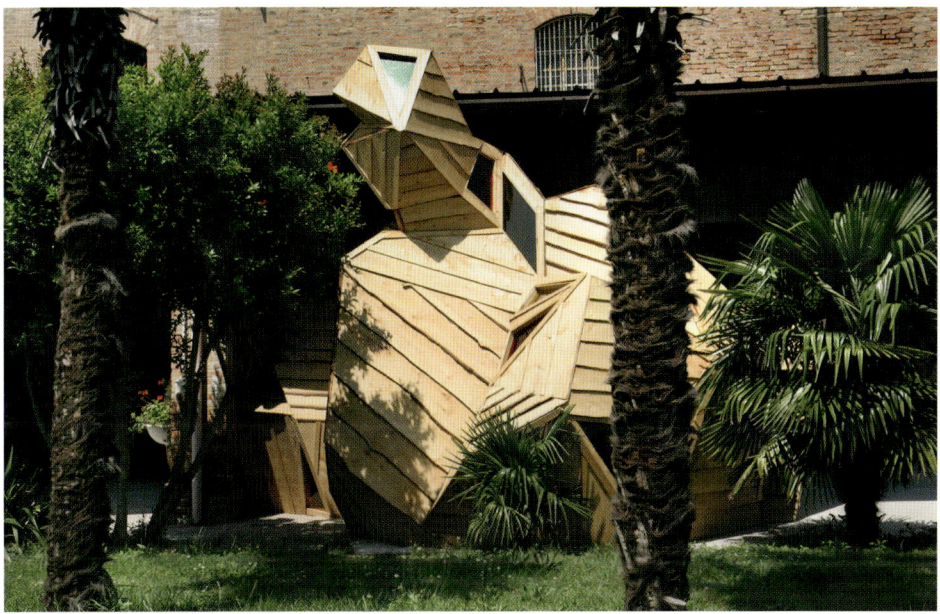

214 | Heather ac Ivan Morison
*Pleasure Island* 2007

## Heather ac Ivan MORISON
**Enwau gwaith artistiaid tir/ecoleg. Ganed Heather Ann Peak ym 1973 yn Desborough, Lloegr, a ganed Ivan William Morison ym 1974 yn Nottingham, Lloegr.**

Astudio ym Mhrifysgol Brighton 1993–96; Prifysgol Canolbarth Lloegr, Birmingham 2000–02 (Heather Morison, Astudiaethau Rheoli; Ivan Morison, MA Celf Gain). Gwobrau'n cynnwys Celfyddydau Gorllewin Canolbarth Lloegr 2002; Y Cyngor Prydeinig 2003, 2005; Cyngor Celfyddydau Lloegr 2005. Artistiaid preswyl, Oriel Red Gate, Beijing 2003; Vivid, Birmingham 2003; Canolfan Gelfyddydau Camden, Llundain 2006; Situations, Bryste, Y Gymdeithas Gelfyddydau Frenhinol/Sefydliad Gulbenkian 2007. Arddangosfeydd/prosiectau ar y cyd yn cynnwys *The Art of the Garden*, Tate Britain, Llundain 2004–5 (teithiol, gan gynnwys y Drenewydd, canolbarth Cymru); *Forest*, Amgueddfa ac Oriel Gelf Wolverhampton 2004–5 (teithiol, gan gynnwys y Drenewydd); *British Art Show 6*, Oriel Hayward

2005 (teithiol); *And so it goes, Cymru ym Miennale Fenis*, Cyngor Celfyddydau Cymru 2007 (teithiol). Arddangosfeydd/prosiectau deuddyn yn cynnwys *Heather and Ivan Morison do not understand it*, Gofod Prosiectau Rhyngwladol, Birmingham 2004; Celf Gyfoes Danielle Arnaud, Llundain 2004, 2006; *Fantasy Island*, cerfluniaeth, Coed Gwynant, gogledd Cymru o 2005; *Camden Arts Centre Tree Tour*, Canolfan Gelfyddydau Camden, Llundain 2006. Wedi'u cynnwys yn 'Deliberate Regression', Dan Smith (*Art Monthly*, Tachwedd 2002); 'Heather & Ivan Morison', Sally O'Reilly (*Frieze*, Rhifyn 97, Mawrth 2006); 'Germinal Fictions', Frances Williams (*New Welsh Review*, rhifyn 76, Haf 2007); 'In Bloom' (*a-n Magazine*, Rhagfyr 2007). Casgliadau'n cynnwys Amgueddfa ac Oriel Gelf Harris, Preston; Oriel Gelf ac Amgueddfa Dinas Caerwrangon; Oriel Gelf Manceinion; Tate Britain, Llundain. Cerfluniau, gosodwaith, llyfrau artistiaid. Yn byw yn Brighton, Lloegr ac Arthog, gogledd Cymru.

### Carey MORRIS 1882–1968
**Peintiwr. Ganed yn Llandeilo, gorllewin Cymru.**

Astudiodd yn Ysgol Celf Gain Slade, Llundain, gyda Henry Tonks; Ysgol Baentio Newlyn, Newlyn, gyda Stanhope Forbes RA 1893–1898. Peintiwr llawrydd, Llundain; ymweliadau â Llandeilo, yn rheoli busnes paentio/addurno'r teulu. Gwasanaeth gyda Chyffinwyr De Cymru, o 1914. Trefnydd, Celf a Chrefft, Eisteddfod Genedlaethol Cymru 1922–24; gyda William Goscombe John, Clough Williams-Ellis, gwellodd gyflwyniad seremonïau'r beirdd. Comisiynau'n cynnwys portreadau, llawer ohonynt o blant; darluniau llyfrau, *Taith y Pererin*, wedi'i addasu gan Edward Tegla Davies (1931); llyfrau plant gan Jessie Phillips Morris; *Detholiad o Storïau Andersen*, cyfieithydd David Evans (Hughes a'i Fab 1929). Aelod o Gymdeithas Gelf De Cymru; Cymdeithas Gelf Abertawe; Cymdeithas Gelf Highgate, Llundain. Arddangosfeydd ar y cyd yn cynnwys yr Academi Frenhinol, Llundain, o 1913; *Modern Welsh Painters*, Amgueddfa Cymru, Caerdydd 1913; Oriel Passmore Edwards, Newlyn; *Hanes Celf a Chrefftau yn yr Eisteddfod*, Eisteddfod Genedlaethol Cymru 1992. Erthyglau wedi'u cyhoeddi, 'Personality as a Force in Art'; 'Craftsmanship Must Not Be Allowed to Die'; 'Art and Religion in Wales'. Wedi'i gynnwys yn 'Carey Morris (1882–1968): The Llandeilo Artist', Eirwen Jones (*The Carmarthenshire Historian*, Cyfrol XV, 1978); *Diwylliant Gweledol Cymru: Delweddu'r Genedl*, Peter Lord (Canolfan Uwchefrydiau Cymreig a Cheltaidd/Gwasg Prifysgol Cymru 2000); *Bywgraffiadur Cymreig Llyfrgell Genedlaethol Cymru*, Elis Gwyn Jones; *Carmarthen Journal* (1968). Casgliadau'n cynnwys Amgueddfa Sir Gaerfyrddin, Caerfyrddin; Coleg Brenhinol Cerdd a Drama Cymru, Caerdydd; Coleg Mihangel Sant, Caerdydd; Llyfrgell Genedlaethol Cymru, Aberystwyth. Roedd yn byw yn Llundain a Llandeilo.

### Cedric MORRIS 1889–1982
**Enw gwaith Syr Cedric Lockwood Morris, 9fed barwnig, peintiwr. Ganed yn Sgeti, Abertawe, gorllewin Cymru.**

Yn rhannol hunanaddysgedig; astudiodd ym Mharis. Hefyd yn arddwr. Bu'n byw yn Llundain, Cernyw, Paris 1917–29. Gydag Arthur Lett Haines, sefydlodd Ysgol Baentio ac Arlunio East Anglia yn Dedham ym 1937 (yn Benton End, Suffolk o 1940); ei fyfyrwyr yn cynnwys Lucian Freud, Maggi Hambling. Ymwelodd â Chymru yn y 1930au; Ymddiriedolwr Sefydliad Addysgol Dowlais, Merthyr Tudful, gan annog artistiaid i weithio yno; cyd-sylfaenydd Cymdeithas Gelf Merthyr. Bu'n helpu i drefnu yr *Welsh Contemporary Art Exhibition* gyntaf (Llyfrgell Genedlaethol Cymru, Aberystwyth (LIGC), Amgueddfa ac Oriel Gelf Glynn Vivian, Abertawe (OGGV), Amgueddfa Cymru (AC)) 1935, gan arwain at ffurfio Cymdeithas Celf Gyfoes Cymru (CCGC). Darlithydd, Y Coleg Celf Brenhinol, 1950–53. Aelod o Gymdeithas Seven and Five 1926–32 (Cadeirydd 1931); Grŵp De Cymru/Y Grŵp Cymreig; Yr Academi Frenhinol Gymreig. Arddangosfeydd ar y cyd yn cynnwys *Contemporary Flower Paintings*, Cyngor Celfyddydau Prydain Fawr (CCPF), Llundain 1948; *Twenty-five Paintings by Contemporary Welsh Artists*, Pwyllgor

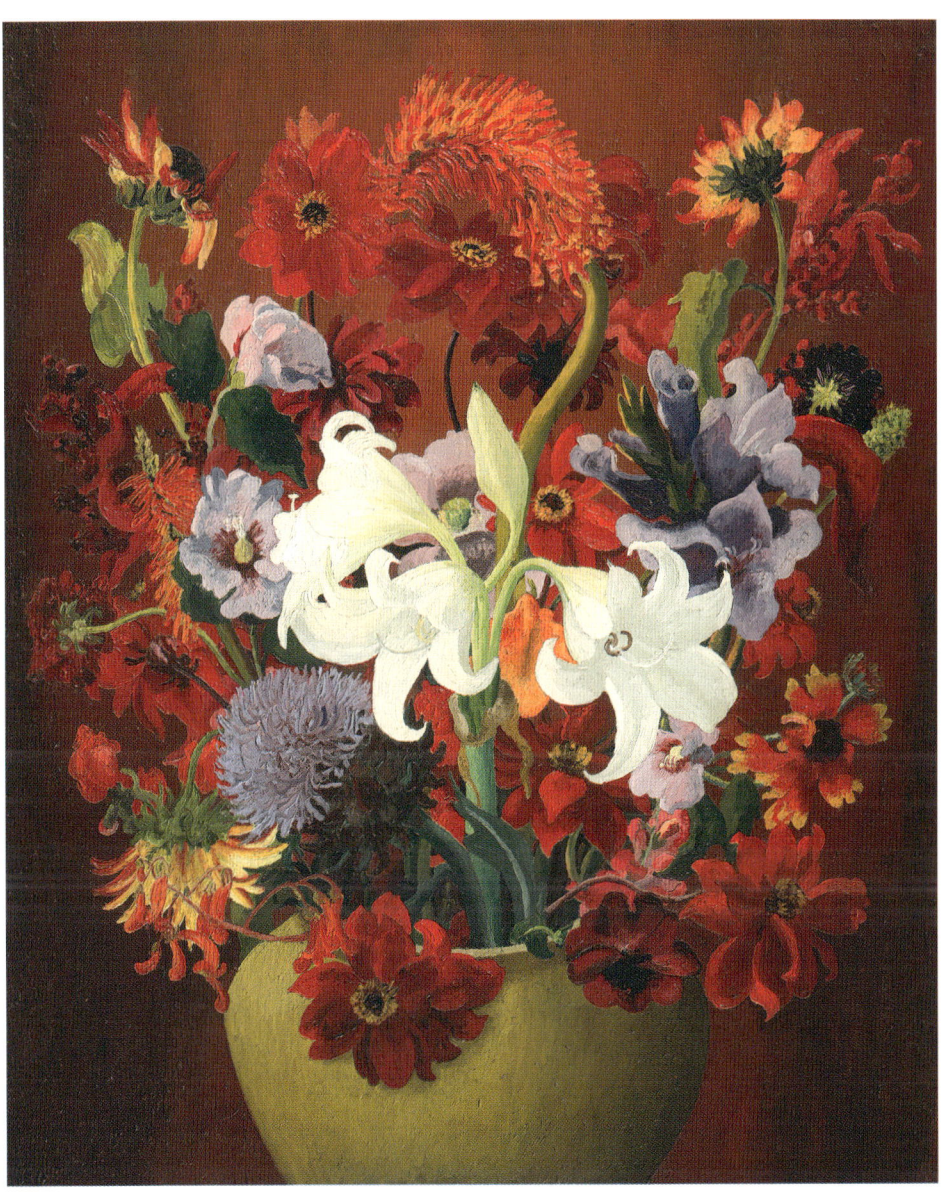

215 | Cedric Morris
*Flower Still Life* tua 1950au/60au

Cymreig Cyngor Celfyddydau Prydain Fawr 1949; *Art in Wales, The 20th Century: The Early Years 1900–56*, Cyngor Celfyddydau Cymru 1969; *Thirties: British Art and Design before the War*, CCPF, Oriel Hayward, Llundain 1979; *Cedric Morris and Lett-Haines: Teaching, Art and Life*, Amgueddfa'r Castell, Norwich ac AC, 2002. Arddangosfeydd deuddyn yn cynnwys Oriel Claridge, Llundain (gyda Christopher Wood) 1927. Arddangosfeydd undyn yn cynnwys adolygol, Oriel Tate, Llundain 1984; orielau yng Nghymru, Llundain, mannau eraill, o 1922. Casgliadau'n cynnwys AC; Amgueddfa ac Oriel Gelf Castell Cyfarthfa, Merthyr Tudful; Amgueddfa'r Castell, Norwich; Casgliad Celf y Llywodraeth; CCGC; LlGC; OGGV; Tate, Llundain; Yr Oriel Bortreadau Genedlaethol, Llundain. Portreadau, bywyd llonydd, blodau, adar, tirluniau; olewau, dyfrlliwiau. Roedd yn byw yn Hadleigh, Suffolk.

### Cynthia MORRIS 1921–
**Enw gwaith Cynthia Irene Morris, peintwraig, artist tecstiliau. Ganed yn Cameron, Missouri, UDA.**

Cyrhaeddodd Gymru ym 1959. Astudiodd yng Ngholeg Hockerill, Bishop Stortford 1939–41; cyrsiau addysg oedolion, Caerdydd 1980–94; Cyrsiau Mynediad Agored, gwneud printiau, Athrofa Addysg Uwch De Morgannwg, Caerdydd 1979–84, gyda Chris Lloyd. Athrawes, ysgolion cynradd ac uwchradd 1941–52; pennaeth addysg arbennig, Ysgol Uwchradd y Willows, Caerdydd 1963–80. Aelod o Gymdeithas Gelfyddydau'r Menywod (Cadeirydd 1997–98). Arddangosfeydd ar y cyd, Y Llyfrgell Ganolog, Caerdydd 1996; *Four Printmakers*, Canolfan Gelfyddydau Muni, Pontypridd 1997; *Artistiaid dros yr Amgylchedd*, Pabell Pen-y-bont ar Ogwr, Eisteddfod Genedlaethol Cymru, Pen-y-bont ar Ogwr 1998; *My Kind of Eden*, Parc Treftadaeth y Rhondda, Trehafod 2004. Arddangosfeydd un-ddynes, Oriel Makers, Caerdydd 1998; *The Eighth Age*, Y Deml Heddwch, Caerdydd 2001. Gwaith yng nghasgliad Cyngor Caerdydd. '…darlunio arfordir Cymru'n lleol ac yn Sir Benfro.' Yn byw yng Nghaerdydd, de Cymru.
*Yr artist*

### Dorothy MORRIS 1953–
**Enw gwaith Dorothy Ann Morris, peintwraig, artist tecstiliau. Ganed yng Ngorseinon, de Cymru.**

Astudiodd ym Mholytechnig Birmingham 1971–75; Coleg Celf Caerdydd 1976–77; Athrofa Addysg Uwch Abertawe 2000–03 (MA). Athrawes, Farnborough 1977–78; Ysgol y Frenhines Elisabeth, Caerfyrddin 1978–88, (rhan-amser) 1988–2002; tiwtor (rhan-amser), Canolfan Ystangbwll (CS) 1997–2004; darlithydd cymunedol (rhan-amser), Coleg y Drindod, Caerfyrddin o 2003. Sefydlydd, Oriel Heol y Brenin, Caerfyrddin 2001. Aelod o'r Urdd Batic; Cydweithfa Tarddiad Dyfed. Arddangosfeydd ar y cyd yn cynnwys *Contemporary Batik*, Llyfrgell Doc Penfro 1995 (teithiol); *Trails in Wax*, Oriel Gelf Glynn Vivian, Abertawe 1996; *Artistiaid yn erbyn Llygredd*, Neuadd y Frenhines, Arberth 1996; *Artists in Arms*, Neuadd Dewi Sant, Caerdydd (NDS) 1998; *Artist y Flwyddyn Cymru*, NDS 2000, 2004; *East meets West*, Theatr y Grand, Abertawe 2004 (teithiol). Arddangosfeydd un-ddynes, Canolfan Gelfyddydau'r Eglwys Norwyaidd, Caerdydd 1997; *The Lily Ponds*, CS 1999. Gwaith yng nghasgliadau Amgueddfa ac Oriel Gelf Dinbych-y-pysgod. Yn byw yng Nghaerfyrddin, gorllewin Cymru.
*Yr artist*

### Edward MORRIS 1919–1996
**Peintiwr. Ganed ym Manceinion, Lloegr.**

Dim cymwysterau celf ffurfiol. Cyrhaeddodd Gymru ym 1963. Ffisiotherapydd, Ysbytai Machynlleth a Thywyn; agorodd ei oriel ei hun, Aberdyfi 1967. Aelod o Gymdeithas Gelf Aberdyfi (CGAberd) (Cadeirydd 1968–82; Llywydd 1984–96). Arddangosfeydd ar y cyd yn cynnwys CGAberd tua 1969–96;

Cymdeithas Frenhinol yr Artistiaid Morol, Llundain tua 1970; Yr Academi Frenhinol Gymreig, Conwy 1970; Cymdeithas Frenhinol y Peintwyr mewn Dyfrlliwiau, Llundain, amrywiol, gan gynnwys 1977; Cymdeithas Frenhinol Artistiaid Birmingham, Birmingham, amrywiol, gan gynnwys 1979. Cyhoeddiadau'n cynnwys *Portrait of the Dysynni* (Edward Morris 1984). Wedi'i gynnwys yn *Liverpool Daily Post* (16 Rhagfyr 1966); *Sunday Telegraph* (1975). 'Tirluniau dyfrlliw – aberoedd a thestunau morol; …y tu mewn i eglwysi'. Roedd yn byw yn Aberdyfi, gogledd Cymru.

### Eirlys MORRIS 1933–
**Artist gwydr lliw, peintwraig, artist tecstiliau. Ganed yn Nhrebannws, de Cymru.**
**Yn cael ei hadnabod gynt fel Eirlys Ayres.**

Astudiodd yng Ngholeg Celf Abertawe 1949–53, gyda Howard Martin; Y Coleg Celf Brenhinol, Llundain (CCB) 1953–56, gyda Lawrence Lee (Gwobr fyfyrwyr Hybarch Gwmni'r Gwydrwyr a Pheintwyr Gwydr 1953; bwrsari'r CCB 1956); Konstfackskolan, Stockholm, Sweden 1956–57 (ysgoloriaeth y Cyngor Prydeinig/llywodraeth Sweden). Gwobrau'n cynnwys Ysgoloriaeth Gelf Morgannwg 1952–56. Athrawes, Ysgol Colfox, Bridport 1958–60; Ysgol Uwchradd Truro i Ferched 1961–63; Ysgol Uwchradd Fodern Portsmouth 1963–68; pennaeth celf a dylunio, Ysgol Uwchradd Chichester i Ferched 1969–90. Aelod o Urdd y Brodwyr, Abertawe (1993–97), Chichester (o 1997); Grŵp Tecstiliau Tamarisk. Arddangosfeydd ar y cyd yn cynnwys Eisteddfod Genedlaethol Cymru, Glynebwy 1958, Llanelli 1962; *West Sussex Art Teachers' Open Exhibition*, Tŷ Pallant, Chichester 1988. Rhaglen deledu BBC Cymru, Design in Sweden (1957). 'Ers cymhwyso mewn tecstiliau wedi'u brodio, mae fy ngwaith wedi datblygu'n ddelweddau tri dimensiwn y mae manylion Celtaidd a phensaernïol clasurol yn dylanwadu arnynt; …tirwedd Cymru.' Yn byw yn Chichester, Lloegr.
*Yr artist*

### Jackie MORRIS 1961–
**Darlunydd, peintwraig. Ganed yn Birmingham, Lloegr.**

Astudiodd yn Academi Gelf Caerfaddon 1980–83. Hefyd yn awdur. Cyfranwraig reolaidd, Gŵyl Lyfrau Ryngwladol Caeredin; Wordplay, Gŵyl Llyfrau Plant, Abertawe. Gwobrau'n cynnwys Tir Na N-og, Llyfr Saesneg Gorau'r Flwyddyn, Cyngor Llyfrau Cymru 1997. Aelod o Gymdeithas Artistiaid Abergwaun. Arddangosfeydd ar y cyd yn cynnwys *Barefoot Illustrators*, Highbury, Llundain 1996; Canolfan Dylan Thomas, Abertawe 2004; *Eight Pembrokeshire Artists*, Oriel Tidal Wave, Henffordd 2004. Arddangosfeydd un-ddynes yn cynnwys Oriel Nino Tucci, Queensland 1988; Oriel Anthony Hepworth, Caerfaddon 1990, Amgueddfa ac Oriel Gelf Hitchin 1996; Llyfrgell Genedlaethol Cymru, Aberystwyth (LlGC) 1999; Oriel Tŷ Rhosson, Tyddewi 2004. Cyhoeddiadau'n cynnwys *Bears, Bears and More Bears* (Barron's, Hauppauge, Efrog Newydd 1995); *The Seal Children* (Frances Lincoln, Llundain (FLLI) 2004)/*Trysor y Morloi* (Gwasg Gomer 2004). Darluniau llyfrau'n cynnwys *Cities in the Sea*, Siân Lewis (Llyfrau Pont, Llandysul 1996); *Going Fishing*, Juliet Partridge (Gwasg Prifysgol Caergrawnt 1996); *How the Whale Became and Other Stories*, Ted Hughes (Faber & Faber, y DU/Orchard Books, Efrog Newydd 2000); *Marian and the Merchild: A Folk Tale from Chile*, Caroline Pitcher (FLLI/Erdman, Grand Rapids, Michigan 2000); *Can You See a Little Bear?*, James Mayhew (FLLI 2004). Wedi'i chynnwys yn Ramblings, BBC Radio 4 (2004). Gwaith yng nghasgliad LlGC. '…ffigurol; straeon a mythau … rhyw naws freuddwydiol.' Yn byw yn Nhyddewi, gorllewin Cymru.
*Yr artist*

### John MORRIS 1922–
**Peintiwr. Ganed yn Neiniolen, gogledd Cymru.**

Astudiodd yn y Coleg Normal, Bangor 1955–57 (hyfforddiant athrawon) gydag H Douglas Williams; Ysgol Gelf Press, Llundain 1958–60, gyda Percy V Bradshaw. Gweithiwr, Banc Midland 1945–55; gyrfa addysgu 1957–79, Yr Wyddgrug, yna pennaeth, Ysgol Rhes-y-cae, Treffynnon, Ysgol Llanfynydd, Wrecsam. Artist (llawnamser), o 1979. Comisiynau'n cynnwys Ymgyrch Diogelu Cymru Wledig 1982, 1985. Aelod o Gylch Celf Dyffryn Nantlle; Cymdeithas Ddyfrlliwiau Cymru; aelod cyswllt, Cymdeithas Genedlaethol y Peintwyr, Cerflunwyr a Gwneuthurwyr Printiau, Llundain. Arddangosfeydd niferus ar y cyd yn cynnwys Oriel Plas Glyn-y-Weddw, Llanbedrog 1981; Sefydliad Brenhinol y Peintwyr mewn Dyfrlliwiau, Llundain 1982; Plas Shugborough, Caerlwytgoed 1985; Oriel Rob Piercy, Porthmadog 1990. Arddangosfeydd undyn yn cynnwys Theatr Clwyd, Yr Wyddgrug 1959; Neuadd y Santes Fair, Cadeirlan Dewi Sant, Tyddewi, bob blwyddyn 1980–94; Oriel Gelf Williamson, Penbedw 1982; Canolfan Gelfyddydau Gorllewin Cymru, Abergwaun 1986; Oriel Fulmar, Llandudno 1986. Cyhoeddiadau'n cynnwys *Newid Aelwyd* (Gwasg Gee (GGee) 1969); *Newid Bro* (GGee 1969). Wedi'i gynnwys yn Galw i Gof, HTV (Tachwedd 1985); Graffiti, HTV (Gorffennaf 1990, Awst 1992); *Artist yr Awyr Agored*, gyda Moc Morgan, Heno, S4C (Ebrill 1995); *Nôl a Ni, Cyfarchion o'r Eidal*, S4C (Tachwedd 2007). Casgliadau'n cynnwys Cyngor Sir Ddinbych; Cymdeithas Amaethyddol Frenhinol Cymru; Llyfrgell Genedlaethol Cymru, Aberystwyth. 'Mynyddoedd, tyddynnod a ffermydd. Eglwysi. Adfeilion. Diffeithwch.' Yn byw yn yr Wyddgrug, gogledd Cymru.
*Yr artist*

### John Meirion MORRIS 1936–
**Cerflunydd. Ganed yn Llanuwchllyn, gogledd Cymru.**

Astudiodd yng Ngholeg Celf Lerpwl 1954–60, gydag Arthur Ballard; Prifysgol Lerpwl 1960–61; Coleg Prifysgol Gogledd Cymru, Bangor 1989 (MPhil). Darlithydd cynorthwyol, Coleg Celf Swydd Warwick Ganol, Leamington Spa 1965–67; darlithydd, Kumasi, Ghana 1967–68, Coleg Prifysgol Cymru, Aberystwyth 1968–81; Pennaeth Celf, Y Coleg Normal, Bangor 1985–90. Comisiynau'n cynnwys penddelwau portreadol, gan gynnwys Gwenallt, Gwyn Thomas, Edward Llwyd, R S Thomas. Gwobr Glyndŵr 2001. Cynllun ar gyfer cofeb i Dryweryn, ger y Bala 1997. Aelod sefydlu/Cadeirydd, Gweled. Arddangosfeydd ar y cyd, Eisteddfod Genedlaethol Cymru, Castell-nedd 1994, Y Bala 1997; Yr Academi Frenhinol Gymreig, Conwy (AFG) 1996; *Rhai Artistiaid Cymreig*, Amgueddfa Cymru (AC) 2000. Arddangosfeydd undyn yn cynnwys Y Tabernacl, Machynlleth 1999; AC 2000; Caplaniaeth Anglicanaidd, Prifysgol Bangor 2004; *Cofeb Tryweryn*, maquette, Y Llysgenhadaeth Brydeinig, Efrog Newydd 2004–07; AFG 2005; Canolfan y Morlan, Aberystwyth 2006. Cyhoeddiadau, *Y Weledigaeth Geltaidd* (Y Lolfa (YLol) 2002); *The Celtic Vision* (YLol) 2003). Wedi'i gynnwys yn 'On the Fine Art of Sacred Sculpture', Peter Abbs (Planet 1994); *Certain Welsh Artists*, Iwan Bala (Llyfrau Seren, Pen-y-bont ar Ogwr (Seren) 1999); *Against the Flow*, Peter Abbs (RoutledgeFalmer 2003); *Imaging Wales*, Hugh Adams (Seren 2003); *Portreadau*, teledu S4C, 2003. Casgliadau'n cynnwys AC; Llyfrgell Genedlaethol Cymru, Aberystwyth; Y Ganolfan Uwchefrydiau Cymreig a Cheltaidd, Aberystwyth; Yr Eglwys Anglicanaidd, Porthmadog. '…cefndir diwylliannol Llanuwchllyn…Y Mabinogi a mythau Cymreig eraill …cerfluniaeth Affricanaidd …y Pietà…trychineb ecolegol.' Yn byw yn Llanuwchllyn.
*Yr artist*

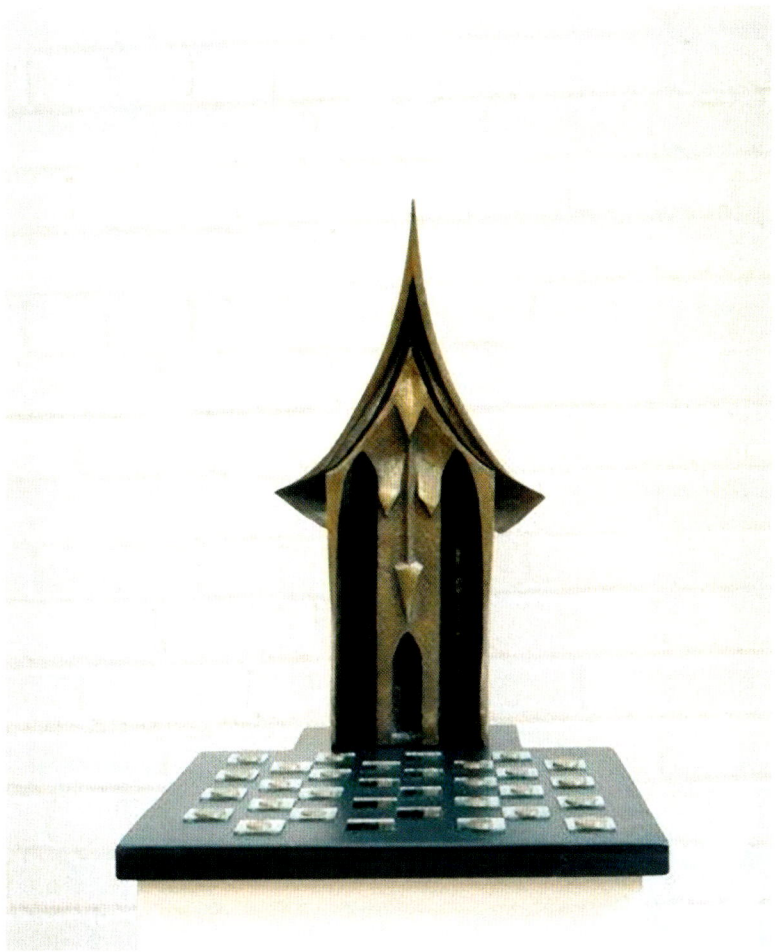

216 | John Meirion Morris
*Ar y Sgwâr* 2004

### Keith MORRIS 1958–
**Ffotograffydd, dylunydd gwefannau. Ganed yn Aberystwyth, canolbarth Cymru.**

Astudiodd ym Mhrifysgol Caerwysg 1976–79 (Daearyddiaeth ac Economeg); Ysgol Economeg Llundain 1980–81 (MSc Cynllunio Dinesig a Rhanbarthol). Ffotograffydd llawrydd, gan arbenigo yn y celfyddydau/perfformio/y cyfryngau o 1982; aelod sefydlu/artist stiwdio/cadeirydd/gweinyddwr, Canolfan yr Ysgubor, Aberystwyth 1982–92; aelod tîm, prosiect celfyddydau cymunedol, Cribyn, Llanbedr Pont Steffan 1985. Dylunydd gwefan Red Snapper, o 1995. Cysylltiad hir ag Adran Astudiaethau Theatr, Ffilm a Theledu Prifysgol Aberystwyth. Gwobr Cyngor Celfyddydau Cymru 1986. Aelod o Ffotogallery (Ffotog) (cadeirydd 1992–94); Cywaith Cymru (cadeirydd 1995–97); Gweled. Arddangosfeydd ar y cyd yn cynnwys *The Camera is my Albatross*, Amgueddfa Ceredigion, Aberystwyth 1983; *Y Filltir Sgwar*, Canolfan y Celfyddydau Aberystwyth (CCA) 1992 (teithiol); Eisteddfod Genedlaethol Cymru 1992–95; Amgueddfa Celf Fodern, Rhydychen 1989; *Hunanbortreadau*, Llyfrgell Genedlaethol

Cymru, Aberystwyth (LlGC) 1995; *The Beach: a Retrospective Look at 20 Years Work*, Canolfan Grefft Rhuthun (CGRh) 2001. Arddangosfeydd deuddyn yn cynnwys *Ar Lan y Môr* (gyda Lynne Dickens), CCA 1984. Arddangosfeydd undyn, *Fy Milltir Sgwâr*, CCA 1987; *Keith Morris by Keith Morris*, CGRh 1994 (teithiol); *Antur Waunfawr*, Waunfawr, Gwynedd 2000. Cyhoeddiadau'n cynnwys *Antur Waunfawr* (Gwasg Gomer 2000); *Wales Theatre Handbook*, cyd-olygydd Gill Ogden (2001). Wedi'i gynnwys yn y wasg/cyfryngau cenedlaethol/rhyngwladol, gan gynnwys *The Keith Morris Project*, Cwmni Darlledu Canada, Radio 4 BBC (1995); *The Long Exposure*, Radio 4 BBC (1998). Casgliadau'n cynnwys Comisiynydd y Gymraeg; Cyngor Sir Ceredigion; Ffotog; LlGC. '…cysylltiad dwys â'r "filltir sgwâr" …hanes cymdeithasol Aberystwyth.' Yn byw yn Aberystwyth.

### Mali MORRIS 1945–
**Peintwraig. Ganed yng Nghaernarfon, gogledd Cymru.**

Astudiodd ym Mhrifysgol Newcastle 1963–68, gyda Richard Hamilton, Ian Stephenson (Ysgoloriaeth Hatton 1967); Prifysgol Reading (PR) 1968–70, gyda Terry Frost (MFA). Darlithydd, Polytechnig Sunderland 1970–72; PR 1975–90 (rhan-amser); uwch-ddarlithydd, Coleg Celf a Dylunio Chelsea 1990–2005 (rhan-amser). Bu'n byw yng Nghymru 1945–63. Gwobrau'n cynnwys Cyngor Celfyddydau Lloegr (CCLl) 1976; Y Cyngor Prydeinig (YCP) 1978, 1998, 2000; Cymdeithas Gelfyddydau Llundain Fwyaf 1979; Ymddiriedolaeth yr Eliffant 1983; Gwobr Lorne 1994–95; Sefydliad Daiwa 2000. Arddangosfeydd niferus ar y cyd gan gynnwys *Arddangosfa Agored Whitechapel*, Oriel Gelf Whitechapel, Llundain 1977, 1983, 1985, 1986, 1988, 1992, 1994; *Certain Traditions*, Oriel Mostyn, Llandudno 1978 (teithiol); *Arddangosfa John Moores*, Oriel Gelf Walker, Lerpwl 1980, 1989, 2003; *Three Ways*, Y Coleg Celf Brenhinol/YCP 1990 (Teithio yn Ewrop); *Cabinet Paintings*, Oriel Gelf Glynn Vivian, Abertawe 1992 (teithiol); *Biennale Harlech*, Harlech 1994, 1996; *Arddangosfa Agored Creekside*, Ymddiriedolaeth Celf Dros Byth, Llundain 2007 (arobryn). Arddangosfeydd un-ddynes niferus gan gynnwys Oriel Serpentine, Llundain 1977; Oriel Ikon, Birmingham 1979; Oriel Davies, Y Drenewydd 2002; *Mali Morris, Four Decades*, Oriel Poussin, Llundain 2005; Oriel Robert Steele, Efrog Newydd 2005, 2007. Wedi'i chynnwys yn *The Gaze of Love*, Y Chwaer Wendy Beckett (Harper Collins 1993); *Modern Painters* (Gaeaf 1988, 2005); *Contemporary Visual Art* (rhifyn 15, 1997; Rhifyn 34, 2001). Casgliadau'n cynnwys Casgliad Celf y Llywodraeth; Oriel Gelf Whitworth, Manceinion; CCLl; YCP; Y Gymdeithas Celf Gyfoes, Llundain; Ymddiriedolaeth Derek Williams, Amgueddfa Cymru. Prynwyd gwaith gan Gyngor Celfyddydau Cymru. '…paentio cyfoes, haniaethol …sut y crëir goleuedd trwy liw, a sut mae'n effeithio ar y ffordd yr ydym yn darllen gofodau.' Yn byw yn Llundain, Lloegr.
*Yr artist*

### Dorothy MORSE-BROWN 1900–1995
**Enw gwaith Dorothy Leader Morse-Brown, peintwraig. Ganed ym Mryste, Lloegr. Hefyd yn cael ei rhestru weithiau fel Dorothy Morse Brown.**

Astudiodd yn Miss Willways Studio, Bryste, o 1918; Ysgol Gelf Ddinesig Bryste, o 1919. Athrawes, Ysgol Gelf Bryste (tra oedd yn fyfyrwraig); Ysgol Frenhinol i Ferched Swyddogion y Fyddin, Caerfaddon, o 1925. Bu'n byw yng Nghymru (Caerfyrddin, yna Dinbych-y-pysgod) 1930–77. Comisiynau'n cynnwys darluniau llyfrau plant, J Arthur Dixon 1946; *The Tenby Observer* 1950au. Athrawes, celf a brodwaith, ysgolion Sir Benfro; dosbarthiadau cyhoeddus a phreifat. Gwnaeth/gwerthodd emwaith, tecstiliau, teganau meddal. Aelod sefydlu Clwb Celfyddydau Dinbych-y-pysgod a'r Cylch 1947; aelod sefydlu, Cyfeillion Dinbych-y-pysgod (Cymdeithas Ddinesig Dinbych-y-pysgod yn ddiweddarach). Arddangosfeydd ar y cyd yn cynnwys Ysgol Gelf Sir Gaerfyrddin 1932; Clwb Celfyddydau Sir Gaerfyrddin 1933, ac yn ddiweddarach; Clwb Celfyddydau Dinbych-y-pysgod a'r Cylch, hyd at y 1970au; Grŵp De

Cymru/Y Grŵp Cymreig. Arddangosfeydd deuddyn, Oriel Gelf Glynn Vivian, Abertawe (gyda Sam Morse-Brown) 1936; Y Ganolfan Ddinesig, Dinbych-y-pysgod (CDdD-y-p) (gyda Herbert Allen) 1953. Arddangosfeydd un-ddynes yn cynnwys CDdD-y-p 1951; Amgueddfa ac Oriel Gelf Dinbych-y-pysgod (AOGDyp) 1996. Wedi'i chynnwys yn *Impelled to Paint: The Life and Work of Dorothy Morse Brown*, Neil Westerman (Neil Westerman 2005). Casgliadau'n cynnwys AOGDyp. Roedd yn byw yn Wombourne, Lloegr.

### Sam MORSE-BROWN 1903–2001
**Enw gwaith Sydney Adolphus Samuel Morse-Brown, Brown yn wreiddiol. Peintiwr. Ganed yn Kerala, India. Hefyd yn cael ei adnabod fel Sydney Morse-Brown; weithiau'n defnyddio'r llofnod S Morse-Brown ar ei waith.**

Mewn ysgol yn Lloegr o tua 1910. Astudiodd yn Ysgol Gelf Ddinesig Bryste tua 1920–21 (Ysgoloriaeth Gelf y Llywodraeth), gyda REJ Bush. Athro, Ysgol Crypt, Caerloyw, ar ddechrau'r 1920au; Pennaeth, Ysgol Gelfyddydau a Chrefftau Caerfyrddin (YCChC) 1930–39; darlithydd peripatetig, Bwrdd Addysg Cymru. Paentiai/tynnai luniau o gefn gwlad Sir Gaerfyrddin, yn aml gydag E Morland Lewis. Symudodd i Lundain, tua 1939. Gwasanaeth rhyfel, De Affrica, o 1942. Peintiwr llawnamser, o'r 1950au. Comisiynau'n cynnwys portreadau, Amgueddfa Cymru, Caerdydd (AC) 1937–42; EUB Dug Caeredin 1954; Cyfarwyddwyr Shell-Mex 1956; EM y Frenhines, ar gyfer Tŷ'r Llywodraeth, Bermwda 1985. Peintiwr/darlithydd llawrydd, Llundain, Kingstonridge, Ibiza, Bermwda (o 1971). Aelod sefydlu Clwb Celfyddydau Sir Gaerfyrddin; aelod Clwb Braslunio a Chymdeithas Gelf Caerfyrddin (Ysgrifennydd); Clwb Celfyddydau Brighton (Cadeirydd); Y Gymdeithas Bastelau (Ysgrifennydd); Cymdeithas Gelfyddydau Bermwda (Llywydd). Arddangosfeydd ar y cyd yn cynnwys YCChC 1932; Cymdeithas Frenhinol y Peintwyr Portreadau, Llundain; Clwb Celfyddydau Newydd Lloegr, Llundain. Arddangosfa ddeuddyn, Oriel Gelf Glynn Vivian, Abertawe (gyda Dorothy Morse-Brown) 1936. Arddangosfeydd undyn yn cynnwys *Beyond the Lines: Portraits by an Artist at War*, Gosport 1995. Cyhoeddiadau'n cynnwys *A New Outlook in Education; Brief Candle* (Island Press Limited, Bermwda (Island Press) 1991); *An Artist Explains* (Island Press 1992). Wedi'i gynnwys yn *The Imprisoned Splendour – the Life and Work of Sam Morse-Brown*, David F Raine (David F Raine 1994). Casgliadau'n cynnwys AC; Cymdeithas Celf Gyfoes Cymru; Llyfrgell Genedlaethol Cymru, Aberystwyth; Prifysgol Aberystwyth; Yr Amgueddfa Ryfel Ymerodrol, Llundain. Roedd yn byw yn Bermwda.

### Roger MOSS 1949–
**Cerflunydd. Ganed yng Nghaerhirfryn, Lloegr.**

Astudiodd yn Ysgol Gelf a Dylunio Ganolog Llundain 1967–71. Cynorthwy-ydd stiwdio, Barry Wall 1971–72, Barry Flanagan 1971–73, William Turnbull 1973; darlithydd, Coleg Celf Dyfed 1972–82; Pennaeth Cerfluniaeth, Coleg Technoleg a Chelf Sir Gaerfyrddin 1982–94; tiwtor, Coleg Agored y Celfyddydau 1996–2001; Swyddog Ymchwil, Y Ganolfan Genedlaethol ar gyfer Ymchwil i Ddylunio a Datblygu Cynnyrch, Athrofa Prifysgol Cymru, Caerdydd, o 2003. Artist preswyl, Prifysgol Newcastle, De Cymru Newydd, Awstralia (PNDCN) 1995. Comisiynau'n cynnwys Canolfan yr Amgylchedd, Abertawe 2001. Aelod o Gymdeithas Artistiaid a Dylunwyr Cymru (CADC) 1976–87; Ymddiriedolaeth Gerfluniaeth Cymru. Arddangosfeydd ar y cyd yn cynnwys *Young Sculptors*, Cyngor Celfyddydau Cymru (CCC) 1979 (teithiol); Oriel Gelf Glynn Vivian, Abertawe (OGGV) 1985, 1986, 1992, 1995; Eisteddfod Genedlaethol Cymru, Abergwaun 1986; Parc Cerfluniaeth Margam, Port Talbot 1993; *Mythau a Chwedlau*, Oriel Myrddin, Caerfyrddin (OM) 2000; *Anastomosis*, Oriel Canfas, Caerdydd 2005. Arddangosfa ddeuddyn, Amgueddfa Caerfyrddin (gyda Jeremy Roberts) 1980. Arddangosfeydd undyn, *Sculpture in the Courtyard*, Oriel Artsite, Caerfaddon 1985; *Shifting Shapes*, OGGV 1989; *Some*

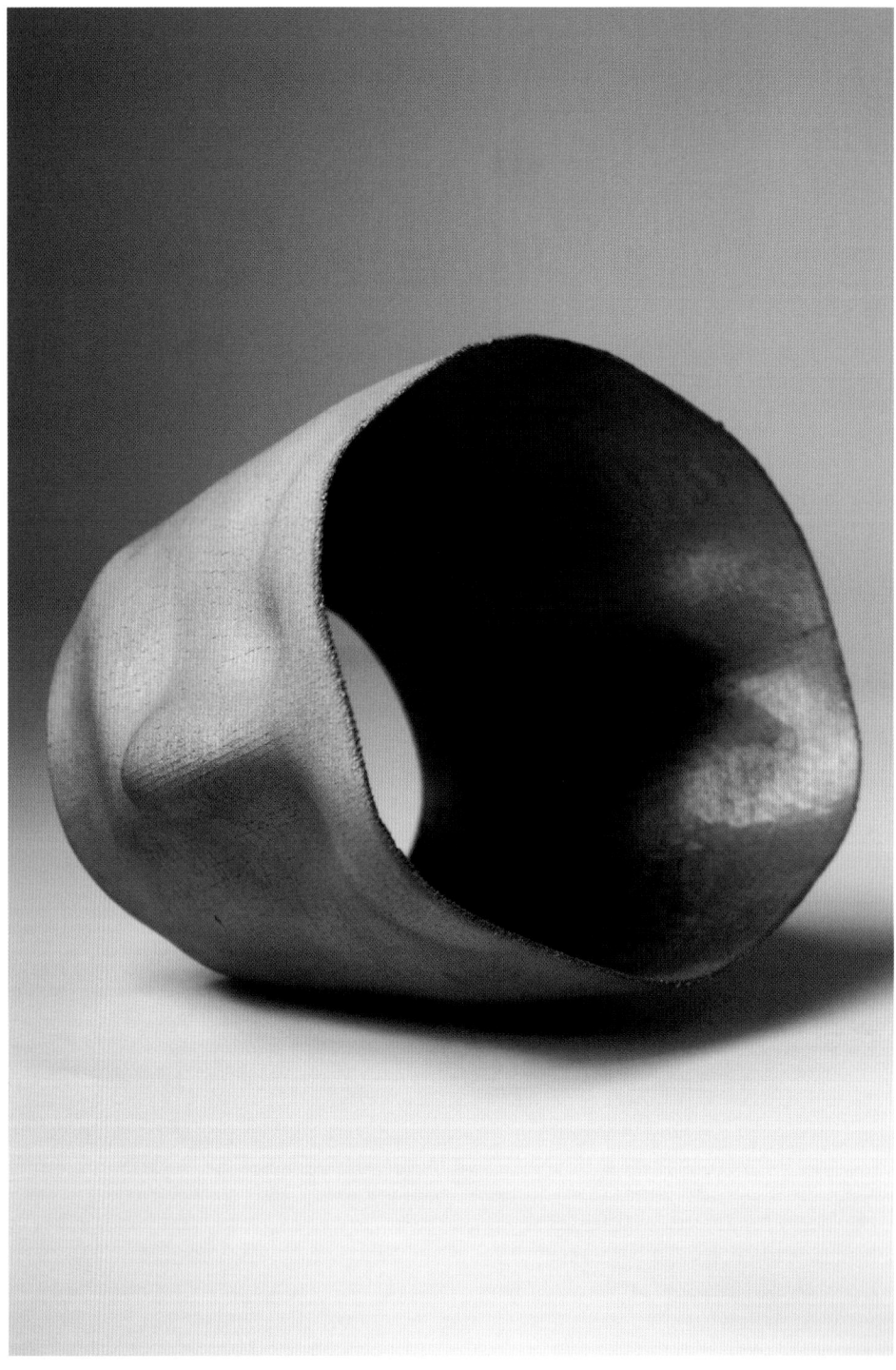

217 | Roger Moss
*Skin* 2006

*Accumulated Objects*, OM 2004; *Taking Shape*, Cynulliad Cenedlaethol Cymru, Caerdydd 2007. Cyfraniadau niferus, *Link* (CADC 1976–87). Wedi'i gynnwys yn *The Self Portrait – A Contemporary View*, Edward Lucie-Smith a Sean Kelly (Sarema Press 1987); *Arts from Wales* (Celfyddydau Rhyngwladol Cymru 1998), *Planet* (Ebrill/Mai 2004). Casgliadau'n cynnwys Cyngor Sir Gaerfyrddin; Cymdeithas Celf Gyfoes Cymru; OGGV; PNDCN. Yn byw yng Nghaerfyrddin, gorllewin Cymru.
*Yr artist*

### Peter MOUSDALE 1940–
**Enw gwaith John Peter Mousdale, gwneuthurydd printiau, darlunydd. Ganed yn Sir y Fflint, gogledd Cymru.**

Astudiodd yng Ngholeg Celf Caergaint; Athrofa Addysg Prifysgol Lerpwl. Uwch-ddarlithydd, Astudiaethau Sylfaen, Coleg Polytechnig Lerpwl; Pennaeth Ysgol Gelf a Dylunio, Prifysgol Dechnoleg Auckland, Seland Newydd (wedi ymddeol). Gwobr Sylfaen Asia Seland Newydd 2003. Ymweliadau â Tsieina, o 1998. Arddangosfeydd ar y cyd yn cynnwys Oriel Bluecoat, Lerpwl 1970au; *From a Public Collection*, Oriel, Cyngor Celfyddydau Cymru, Caerdydd 1977. Arddangosfeydd undyn yn cynnwys Oriel Elegant, Shanghai, Tsieina 2007. Darluniau'n cynnwys *Old and New*, Peter Mousdale (MacDonald Phoebus 1976); *Picture Atlas (Children's Guides)*, Tessa Campbell (Usborne Publishing, Llundain (UPL) 1976); *The Children's Encyclopaedia of Our World*, Jenny Tyler ac eraill (UPL 1993). Delweddau cefndir ar gyfer *Jackanory*, teledu'r BBC. Casgliadau'n cynnwys Amgueddfa ac Oriel Gelf Casnewydd; Llyfrgell Genedlaethol Cymru, Aberystwyth; Paentiadau mewn Ysbytai (Cymru); Pwyllgor Addysg Wallasey. Prynwyd gwaith gan CCC. '…tirwedd Dyffryn Clwyd a threfi'r Wyddgrug a Rhuthun.' Yn byw yn Auckland, Seland Newydd.

### Philip MUIRDEN 1932–
**Peintiwr. Ganed yn Aberdaugleddau, gorllewin Cymru.**

Astudiodd yng Ngholeg Celf Caerdydd 1951–55; Ysgolion yr Academi Frenhinol, Llundain 1955 (Ysgoloriaeth Ymchwil David Murray); Coleg y Brifysgol, Caerdydd 1958–59. Gwasanaeth Milwrol 1955–58. Athro, Ysgol Winchcombe, Ysgol Gyfun Warrenfield, Slough 1959–65; darlithydd, Coleg Celf Mansfield 1965–72; uwch-ddarlithydd, Coleg Celf Casnewydd/Coleg Addysg Uwch Gwent 1972–89. Comisiynau'n cynnwys darluniau, Cerddi 74 (Cyngor Celfyddydau Cymru (CCC) 1974). Aelod o'r Grŵp Cymreig (Cadeirydd 1978–79). Arddangosfeydd niferus ar y cyd gan gynnwys *Industrial Wales: The 7th Exhibition of Contemporary Welsh Painting, Drawing and Sculpture*, Pwyllgor Cymreig Cyngor Celfyddydau Prydain Fawr, Amgueddfa Cymru, Caerdydd 1960 (teithiol); *Arddangosfa'r Haf*, Yr Academi Frenhinol, Llundain 1979–83; Cymdeithas Ddyfrlliwiau Cymru, Neuadd Dewi Sant, Caerdydd (NDS) 1992–99 (arobryn 1997); *Biennale Arlunio Cymru*, Canolfan y Celfyddydau Aberystwyth 1999, 2001, 2003 (i gyd yn deithiol); *Arddangosfa'r Mileniwm Casnewydd*, Amgueddfa ac Oriel Gelf Casnewydd (AOGC) 2000; *Teyrnged i Waldo Williams*, Llyfrgell Hwlffordd 2006. Arddangosfeydd undyn yn cynnwys Canolfan Gelfyddydau Abaty Nant Teyrnon, Cwmbrân 1987; *Jazz Notes*, AOGC 1990; NDS 1991; Oriel GPF, Casnewydd 1997, 2004; Oriel St Anthony, Caerdydd 2005; Oriel Waterfront, Aberdaugleddau 2006. Wedi'i gynnwys yn *Pembrokeshire – Look upon the Land and Sea*, Peter Green (Celtic Horizons Publishing 2003); River Patrol, HTV (Awst 2000). Casgliadau'n cynnwys AOGC; Cymdeithas Celf Gyfoes Cymru; Cyngor Caerdydd; Prifysgol Bangor. Prynwyd gwaith gan CCC. '…profiad retinol…mytholeg a ffisioleg a dylanwad cymdeithasol.' Yn byw yn Aberdaugleddau.
*Yr artist*

## Sigrid MÜLLER 1962–

**Enw gwaith Ruth Sigrid Müller, peintwraig, darlunydd. Ganed yn Schwäbisch Hall, Yr Almaen.**

Astudiodd yn Nürnberg, Yr Almaen 1985–91. Dylunydd graffig, Asiantaeth Hysbysebu Grimme, Nürnberg 1991–96. Artist llawnamser, Cymru o 1996. Arddangosfeydd ar y cyd yn cynnwys Oriel Martin Tinney (OMT), Caerdydd o 1997; Ffair Gelf Gyfoes Llundain (gyda OMT) 1997–2000; *Leading Welsh Artists*, OMT, Cork Street 2000–04; *Artist y Flwyddyn Cymru*, Neuadd Dewi Sant, Caerdydd 2000, 2007; *Artistiaid Botanegol Cyfoes*, Gardd Fotaneg Genedlaethol Cymru, Llanarthne 2001. Arddangosfeydd un-ddynes yn cynnwys OMT 1999, 2001, 2004. Gwaith yng nghasgliad Ymddiriedolaeth Derek Williams. '…portreadau o flodau … Cefndiroedd a golchiadau dyfrlliw wedi'u cronni, tra bydd y

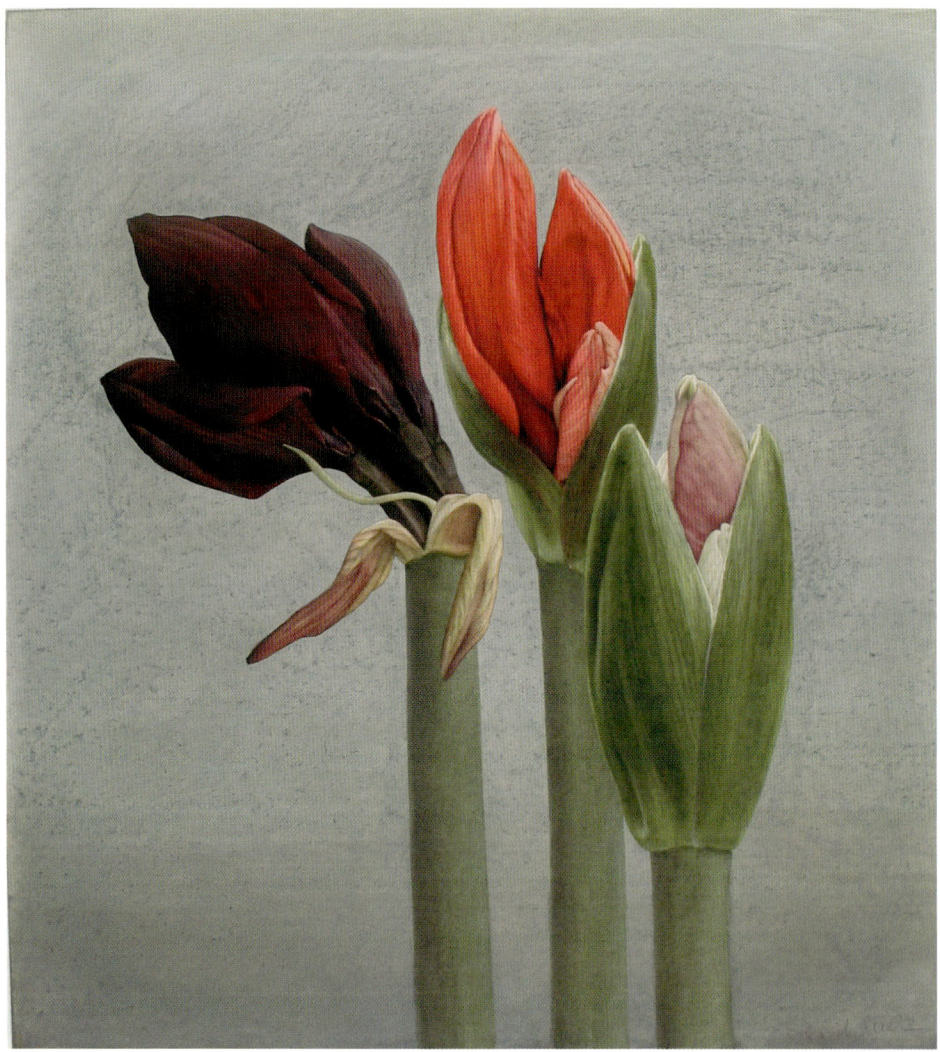

218 | Sigrid Müller
*Amaryllis* 2007

blodau'n cael eu tynnu gyda haenen ar ben haenen o greon pensil cain iawn …proses hynod fanwl sy'n gallu cymryd sawl wythnos.' Yn byw yn Abertawe, de Cymru.
*Yr artist*

### Stuart MULLIGAN 1979–
**Enw gwaith Stuart Francis Mulligan, peintiwr. Ganed yn Middlesbrough, Lloegr.**

Cyrhaeddodd Gymru yn 2000. Astudiodd ym Mhrifysgol Swydd Gaerhirfryn, Preston 1999–2002, gyda John Hodgkinson. Swyddog, Cyllid a Thollau EM, Caerdydd, o 2003. Artist preswyl, Yr Oriel Werdd, Rhosili (YOW) 2004–07. Arddangosfeydd ar y cyd yn cynnwys Oriel Albany, Caerdydd, yn flynyddol o 2001; YOW 2002–07; Orielau'r Mall, Llundain 2002; Oriel yr Atig, Abertawe 2003. Arddangosfeydd undyn yn cynnwys Amgueddfa ac Oriel Gelf Harris, Preston 2002; Canolfan Gelfyddydau'r Eglwys Norwyaidd, Caerdydd 2003. 'Tirluniau cyfoes o dde Cymru.' Yn byw yn Llanhari, de Cymru.
*Yr artist*

### Ann MUMFORD 1945–
**Peintwraig. Ganed yn yr Eglwys Wen, Swydd Amwythig, Lloegr.**

Ei nain a'i thaid yn Gymry. Bu'n byw yng Nghymru 1971–8 ac wedyn o 2000. Astudiodd yn Ysgol Gelf Wakeman, Amwythig 1960–64. Rheolodd ei chrochendy ei hun 1971–81. Aelod o'r Academi Frenhinol Gymreig (AFG). Arddangosfeydd ar y cyd yn cynnwys Oriel Tegfryn, Porthaethwy (OTPorth) o 1979; Oriel Plas Glyn-y-Weddw, Llanbedrog 1980au; Oriel Richard Hagen, Broadway, Swydd Gaerwrangon (ORH) 1983–2004; *Arddangosfa Haf*, Academi Frenhinol Gorllewin Lloegr, Bryste 1990, 1991; Y Gymdeithas Ddyfrlliwiau Frenhinol, Oriel Bankside, Llundain 1990, 1992; AFG, Conwy 2003. Arddangosfeydd deuddyn (gyda Gerry Ball), OTPorth 1982; ORH 1994; Oriel y Bont, Aberystwyth 2005. 'Tirluniau a chyfansoddiadau bywyd llonydd…golygfeydd lleol.' Yn byw ym Mhonterwyd, gorllewin Cymru.
*Yr artist*

### Keith MUNRO 1958–
**Ceramegydd. Ganed yng Nghaerdydd, de Cymru.**

Astudiodd yng Ngholeg Celf Caerdydd 1976–80. Sefydlodd stiwdio 1983. Comisiynau niferus gan gynnwys Prentis Ffederasiwn Cyflogwyr Peirianneg y Flwyddyn i Gymru 2001. Gwobr Celfyddydau Rhyngwladol Cymru 2004. Arddangosfeydd undyn yn cynnwys Arddangosfa Nodwedd Crefftwyr, Oriel, Cyngor Celfyddydau Cymru, Caerdydd 1991. Casgliadau'n cynnwys Yr Amgueddfa Ddylunio, Llundain. Yn byw yng Nghaerdydd.
*Yr artist*

### Dianne MURPHY 1958–
**Peintwraig, gwneuthurydd printiau. Ganed yn Dundee, Yr Alban.**

Cyrhaeddodd Gymru ym 1987. Astudiodd yng Ngholeg Celf Duncan o Jordanstone, Dundee 1981–85, gyda Grant Clifford, Will Maclean. Darlithydd (rhan-amser), Coleg Addysg Uwch Gwent 1988–92; Athrofa Addysg Uwch Abertawe, 1992–93, 1996–98. Gweithdai niferus, de Cymru, o 1992, gan gynnwys Amgueddfa Cymru 1992; Oriel Gelf Glynn Vivian, Abertawe 1992; Canolfan Gelfyddydau Glannau Gwy 1997; Amgueddfa Cwm Cynon, Aberdâr (ACCyn) (yn fynych). Artist preswyl, Cymdeithas Gelfyddydau Gogledd Cymru, Ysgol Uwchradd Bodedern, Ynys Môn 1986; Swyddfeydd y cyngor, Caernarfon, a Theatr Gwynedd, Bangor 1987; Ysgol Iau Durham Road, Caerdydd 1987–88; Academi Gelf Gain Pennsylvania, Philadelphia 1993. Gwobr Cyngor Celfyddydau Cymru 1990. Arddangosfeydd niferus ar y cyd gan gynnwys Oriel Gelf Dinas Caeredin 1986; *Arddangosfa Agored Canolbarth Cymru,*

Canolfan y Celfyddydau Aberystwyth 1988; *Biennale Ryngwladol Printiau Prydain*, Neuadd Cartwright, Bradford 1990; *Casgliad De Morgannwg a brynwyd yn '89*, Neuadd Dewi Sant, Caerdydd (NDS) 1990; *Artistiaid Preswyl 1992–94*, Cymdeithas Gelfyddydau De Ddwyrain Cymru, Tŷ Turner, Penarth 1994; *Artists in Arms*, NDS 1998 (teithiol). Arddangosfeydd un-ddynes yn cynnwys Amgueddfa ac Oriel Gelf Hamilton, Glasgow 1991; Oriel Gelf Glynn Vivian, Abertawe 1994 (teithiol); Canolfan Gelfyddydau Abaty Nant Teyrnon, Cwmbrân 1996 (teithiol); ACCyn 2000; Canolfan Gelfyddydau'r Muni, Pontypridd 2003, 2006. Casgliadau'n cynnwys Amgueddfa ac Oriel Gelf Philadelphia; Cyngor Dinas Caeredin; Cyngor Sir Caerdydd. 'Delweddau o gamweddau plentyndod ….' Yn byw yng Nghilfynydd, de Cymru. *Yr artist*

### Ingrid MURPHY 1969–
**Ceramegydd. Ganed yn Corc, Iwerddon.**

Astudiodd yn Ysgol Gelf Crawford, Corc 1987–90; Athrofa Addysg Uwch, Caerdydd 1990–1992 (MA Cerameg). Arweinydd Cwrs, BTEC, Coleg Chippenham 1995–97; Pennaeth Cerameg, Ysgol Gelfyddydau Gorllewin Cymru, Caerfyrddin o 1997. Gwobr Prynu Celf, Prifysgol Morgannwg, Pontypridd (PM) 2004. Arddangosfeydd yn cynnwys *Still*, Oriel Henry Thomas, Caerfyrddin 2002; *Modus Operandi*, Canolfan Grefft Rhuthun 2003 (teithiol); *Six Artists and the Sea*, Oriel Washington, Penarth 2004. Arddangosfa un-ddynes, *Ingrid Murphy – New Work*, Oriel Neuadd y Frenhines, Arberth 2006. Gwaith yng nghasgliad Prifysgol De Cymru. '…canfyddiad gofod drwy ddefnyddio trompe l'oeil a dyfeisiau persbectifaidd.' *(Gwefan Ysgol Gelf a Dylunio Caerdydd)* Yn byw yng Nghaerdydd, de Cymru. *Yr artist*

### Wendy MURPHY 1956–
**Peintwraig, darlunydd. Ganed yn Farnborough, Lloegr.**

Astudiodd yng Ngholeg Celf Caergaint 1985–87; Coleg Polytechnig Brighton 1987–90. Cysodydd yn Llundain 1971– 84. Cyrhaeddodd Gymru ym 1990. Tiwtor (rhan-amser), gwyliau paentio 1991–97; cymdeithasau celf lleol, o 1998. Darlithydd, paentio/arlunio, Coleg Meirion Dwyfor, Dolgellau, ac addysg oedolion, o 2001. Comisiynau'n cynnwys Cyngor Llyfrau Cymru 1998–2002. Arddangosfeydd niferus ar y cyd gan gynnwys Eisteddfod Genedlaethol Cymru 1993, 1994, 1996, 1998; Oriel Martin Tinney, Caerdydd 1996; *Cystadleuaeth Gelf y Tabernacl*, Y Tabernacl, Machynlleth 1997, 2003 (y wobr gyntaf, y ddau dro); *Cystadleuaeth Paentio Tirluniau John Laing* 1998, 2001 (y wobr gyntaf, y ddau dro); *Singer and Friedlander/Sunday Times Watercolour Competition*, Orielau'r Mall, Llundain 2002; Oriel Albany, Caerdydd 2006; Oriel Plas Glyn-y-Weddw, Llanbedrog (OPGW) 2007. Arddangosfeydd un-ddynes yn cynnwys Oriel Llwyngwril, Llwyngwril 2006; OPGW 2006; Canolfan y Plase, Y Bala 2007. Darluniau wedi'u cyhoeddi'n cynnwys *Fflamio*, Ann Pierce Jones (Gwasg Gomer (Gomer) 1999); *Straeon y Lôn Wen*, Kate Roberts (Gwasg Carreg Gwalch 1999); *Cadwyn o Flodau*, Sonia Edwards (Gomer 2000); *Cerddi'r Troad*, golygydd Dafydd Rowlands (Gomer 2000); *Storïau'r Troad*, golygydd Manon Rhys (Gomer 2000); *Artist and Illustrators* (rhif 150, Mawrth 1999); *International Artist* (rhif 28, Ionawr 2003); *Farming and the Welsh Landscape* (Cymdeithas Amaethyddol Frenhinol Cymru 2004). 'y dirwedd, pobl dw i'n eu nabod, pethau o'm bywyd bob dydd…' Yn byw yn y Friog, gogledd Cymru. *Yr artist*

## Kate MURRAY 1975–
**Enw gwaith Katherine Rachel Murray, peintwraig, darlunydd. Ganed yn Stoke-on-Trent, Lloegr.**

Cyrhaeddodd Gymru yn 2001. Astudiodd yng Ngholeg Stafford 1994–95; Prifysgol Derby 1995–98 (Delweddu Biolegol); Prifysgol Cymru, Llanbedr Pont Steffan 2001–04 (Archeoleg). Warden cadwraeth, Canolbarth Lloegr, Medway, Swydd Derby 1998–2001 (cynhyrchodd ddarluniau ar gyfer cyhoeddiadau, Ymddiriedolaethau Bywyd Gwyllt/Yr Ymddiriedolaeth Genedlaethol). Artist llawnamser, o 2005. Aelod o Gymdeithas Gelf Aberystwyth; Celfyddydau Cambria. Arddangosfeydd ar y cyd, Ffair Gelf Agored Canolbarth Cymru, Tregaron 2006. Arddangosfeydd un-ddynes, Oriel Gorsaf Erwood, Llanfair-ym-Muallt 2006; Canolfan Aur Rhiannon, Tregaron 2006. 'Bywyd Cymru.. pobl a'u hanifeiliaid.' Yn byw yn Nhregaron, gorllewin Cymru.
*Yr artist*

## William Grant MURRAY 1877–1950
**Peintiwr. Ganed yn Portsoy, Yr Alban. Hefyd yn cael ei adnabod fel W Grant Murray.**

Astudiodd yn Ysgol Gelf Blairgowrie; Y Sefydliad Brenhinol, Caeredin; Y Coleg Celf Brenhinol, Llundain; Académie Julian, Paris. Pennaeth, Ysgol Gelf a Chrefftau Abertawe 1909–43, a Chyfarwyddwr, Oriel Gelf Glynn Vivian, Abertawe (OGGV) 1909–50 (agorodd yr oriel ym 1911). Ysgrifennydd, Cymdeithas yr Amgueddfeydd 1915–17. Trefnydd, gyda Sefydliad Addysg Oedolion Prydain/Y Cyngor er Annog Cerddoriaeth a'r Celfyddydau, darlithiau, dosbarthiadau, arddangosfeydd 1940au. Trefnydd, gyda David Bell, yr arddangosfa ddethol agored gyntaf, Eisteddfod Genedlaethol Cymru (EGC), Caerffili 1950. Aelod o Gymdeithas Gelf Abertawe (Cadeirydd 1947); cyd-sefydlydd, Grŵp De Cymru 1948 (Is-lywydd 1950). Arddangosfeydd ar y cyd yn cynnwys *Swansea Artists*, Pwyllgor Cymreig Cyngor Celfyddydau Prydain Fawr 1968 (teithiol); *Art in Wales, The 20th Century: The Early Years 1900–56*, Cyngor Celfyddydau Cymru 1969 (teithiol); Yr Academi Frenhinol; Sefydliad Brenhinol y Peintwyr Dyfrlliwiau. Arddangosfeydd undyn ar y cyd yn cynnwys Amgueddfa Cymru, Caerdydd (AC) 1943; OGGV 1944, 1952. Wedi'i gynnwys yn 'A Tribute to W Grant Murray 1877–1950' (*Journal of the Swansea Art Society*, cyf 1, rhif 2, Mehefin 1952); erthygl, Kenneth Hancock (*Swansea Evening Post*, 15 Mawrth 1952); *Hanes Celf a Chrefft yn yr Eisteddfod*, Peter Lord (EGC 1992); *Y Gymru Ddiwydiannol*, Peter Lord (Canolfan Uwchefrydiau Cymreig a Cheltaidd/Gwasg Prifysgol Cymru, Caerdydd (CUCC/GPC) 1998); *Delweddu'r Genedl*, Peter Lord (CUCC/GPC 2000); *Drawn from Wales: a School of Art in Swansea 1853–2003*, golygydd, Kirstine Brander Dunthorne (Gwasg Academaidd Cymru 2003). Casgliadau'n cynnwys AC; Amgueddfa ac Oriel Gelf Casnewydd; Cymdeithas Celf Gyfoes Cymru; Llyfrgell Genedlaethol Cymru, Aberystwyth; OGGV; Prifysgol Aberystwyth. Tirluniau. Roedd yn byw yn Abertawe, de Cymru.

## Stephen MUSSON 1946–
**Peintiwr. Ganed yn Maltby, Lloegr.**

Cyrhaeddodd Gymru ym 1947. Astudiodd yn Ysgol Feddygol Genedlaethol Cymru, Caerdydd 1964–68, 1982–84 (MSc); Sefydliad Deintyddol Eastman, Llundain 1969–70 (MSc). Mynychodd ysgolion haf ar gyfer celf, Porth-cawl a Phrifysgol Morgannwg, gyda Bert Isaac; dosbarthiadau yng Nghanolfan Gelfyddydau Neuadd Llanofer, Caerdydd. Deintydd/orthodeintydd 1968–2006. Arddangosfeydd ar y cyd, Oriel Adam, Penarth 2003, 2004; Oriel Albany, Caerdydd 2004, 2005; Oriel St Anthony, Caerdydd 2004, 2005. 'Arfordir Sir Benfro.' Yn byw ym Mhorth-cawl, de Cymru.
*Yr artist*

**Jaroslav MYKISA** 1950–
**Artist gwydr lliw, cerflunydd. Ganed yn Olomouc, Y Weriniaeth Tsiec.**

Cyrhaeddodd Gymru ym 1979. Astudiodd yng Ngholeg Celf Cymhwysol Olomouc 1968–71; Athrofa Addysg Uwch Gorllewin Morgannwg, Abertawe 1979–82; Coleg Abertawe (CAbert) 1998–99. addurnwr ffenestri/rheolwr arddangosfeydd, siopau yn Llundain, Abertawe 1972–79; aelod sefydlu, Stiwdios Glass-Light, Pumphouse, Abertawe 1983–87; cynorthwy-ydd i'r Pengwydrwr, Adran Gadwraeth, Cadeirlan Lincoln 1993–97; tiwtor, CAbert 2001–03; cyd-gysylltydd, gŵyl ddiwylliannol Tsiec-Cymreig, Canolfan Dylan Thomas, Abertawe 2003–04; artist gwydr annibynnol o 2005. Comisiynau'n cynnwys ffenestr y mileniwm, Ysgol Gynradd Pentip, Llanelli 1999; Cwmni Anrhydeddus y Teilswyr a Bricwyr, ffenestr y mileniwm, Eglwys y Santes Margaret, Lothbury, Llundain 1999. Gwaith ag Adran Addysg Dinas Abertawe 2003–04. Arddangosfeydd ar y cyd, *Dreaming Awake: Wyth Artist o Gymru*, Pisek, Y Weriniaeth Tsiec 2002 (cydgysylltydd yr arddangosfa); *Artistiaid o Gymru yn Pribram*, Oriel Orbis Pictus Europa, Y Weriniaeth Tsiec 2005 (cydgysylltydd arddangosfeydd). Yn byw yn Abertawe, de Cymru.

*Yr artist*

# ARTISTIAID: N

**Jean NAPIER** 1948–

**N**

**Enw gwaith, Jean Napier Photography. Jean Lillian Napier, ffotograffydd. Ganed yn Llundain, Lloegr.**

Cyrhaeddodd Gymru ym 1991. Astudiodd ym Mhrifysgol Derby 1991–94, gyda John Berger, John Blakemore, Richard Saddler. Peiriannydd moduron, Cwmni Modur Ford 1978–91. Tiwtor/trefnydd (rhan-amser), gweithdai ffotograffig, gogledd Cymru o 1996; tiwtor, Coleg Agored y Celfyddydau. Artist preswyl, Coleg y Mynydd Gwyrdd, Vermont 1998; Oriel Gelf ac Amgueddfa Cheltenham 2000; Adran Addysg, Cyngor Sir y Fflint 2003; Halo Foods/Cywaith Cymru 2003; Ysgol Gynradd Aberdyfi 2004. Aelod Cysylltiol, Y Gymdeithas Ffotograffig Frenhinol (CFfF); aelod o Gelf Gogledd Cymru. Arddangosfeydd ar y cyd yn cynnwys *The Welsh Industrial Landscape*, Oriel y Gymdeithas Ffotograffig Frenhinol, Caerfaddon 1999; Neuadd Dewi Sant, Caerdydd 2003; *Journeys*, Y Pafiliwn Rhyngwladol Brenhinol, Llangollen 2004; *Birds of a Feather*, Cadeirlan Lerpwl 2005. Arddangosfeydd deuddyn, *Elements, Wood, Water and Stone*, Amgueddfa Ceredigion, Aberystwyth (gyda Jane Whittle) 2004 (teithiol); *Response to Place*, Canolfan y Plase, Y Bala (gyda Leslie James) 2006. Arddangosfeydd un-ddynes yn cynnwys *Chwarel Llechi y Rhosydd*, Oriel Pendeitsh, Caernarfon 1996 (teithio yng Nghymru, Lloegr, UDA); *Welsh Light*, Oriel Rhiannon, Tregaron 2005–06 (teithiol); *Mawddach and Beyond*, Oriel Llwyngwril 2007. Cyhoeddiadau'n cynnwys *Rhosydd – A Personal View* (Carreg Gwalch (CG) 1999). Gwaith wedi'i gynnwys yn *A Tale of Two Rivers*, Alun John Richards (CG 2005); Rhaglenni HTV, 2002; adolygiadau'n cynnwys *Times Weekend Supplement* (Ionawr 1999), *Horizons*, Gwanwyn 2003. 'Ffotograffiaeth dirluniol greadigol …Parc Cenedlaethol Eryri …' Yn byw yn Nhywyn, Meirionnydd, gogledd Cymru.

*Yr artist*

**David NASH** 1945–

**Enw gwaith David John Nash OBE RA, cerflunydd. Ganed yn Esher, Lloegr.**

Astudiodd yng Ngholeg Celf Kingston 1963–67, gydag Edwin Piggot; Ysgol Gelf Chelsea 1969–70. Cyrhaeddodd Gymru ym 1970. Artist preswyl, Fforest Grizedale 1978; Parc Cerfluniau Swydd Gaerefrog 1981–82. Prosiectau'n cynnwys *Ash Dome* 1971; *Wooden Boulder* 1978; Japan, gweithdai, darlithoedd, arddangosfeydd 1984–85. Cymrawd ymchwil, Prifysgol Northumbria 1999–2002. Gwobr Cyngor Celfyddydau Cymru (CCC) 1975. Doethuriaeth Anrhydeddus, Celf Gain a Dylunio, Prifysgol Kingston, Llundain 1999. Wedi'i ethol yn Aelod o'r Academi Frenhinol 1999; derbyniodd OBE 2005. Comisiynau'n cynnwys Prifysgol Southampton 1980; Amgueddfa Kröller-Müller, Otterlo (AK-M) 1985. Arddangosfeydd rhyngwladol niferus ar y cyd gan gynnwys *The Condition of Sculpture*, Oriel Hayward, Llundain 1975; *Biennale Arlunio Rhyngwladol*, Cleveland 1979 (arobryn); *British Art Now: An American Perspective*, Amgueddfa Guggenheim, Efrog Newydd (AGEN) 1980; *A Quiet Revolution – British Sculpture since 1965*, Amgueddfa Celf Gyfoes, Chicago 1987 (teithiol); *The Shape of the Century*, Cadeirlan Caersallwg 1999; *Annely Juda – A Celebration*, Annely Juda Fine Art, Llundain (AJFA) 2007. Arddangosfeydd undyn rhyngwladol ar y cyd gan gynnwys *Briefly Cooked Apples*, Neuadd y Frenhines Elisabeth, Caerefrog 1973 (teithiol, gan gynnwys Cymru); *Wood Quarry*, AK-M 1982; Oriel, CCC, Caerdydd 1982, 1993, 1994;

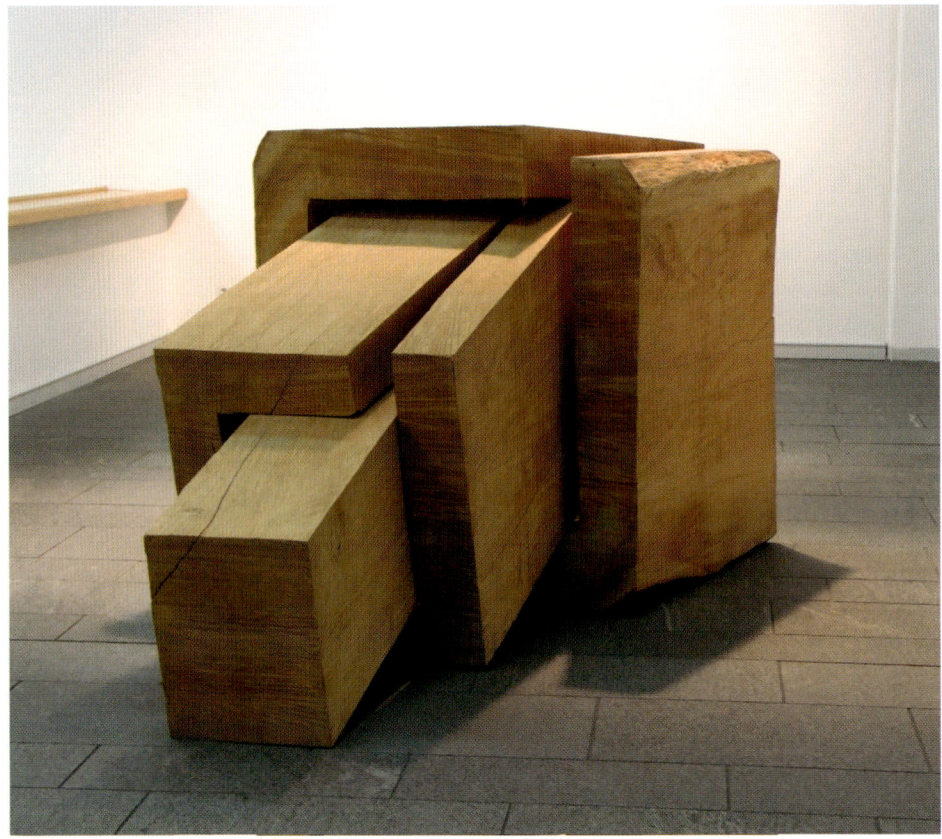

219 | David Nash
*Extended Cube* 1996

*David Nash – Sculpture 1971–90*, Oriel Serpentine, Llundain 1990 (teithiol, gan gynnwys Cymru); *Line of Cut*, Sefydliad Henry Moore, Leeds 1996; *Chwarel Coed*, Canolfan y Celfyddydau Gweledol, Caerdydd 2000; *Making and Placing 1978–2004*, Tate St Ives 2004; *David Nash: Pyramids rise, Spheres turn and Cubes stand still*, AJFA 2005; *David Nash*, Oriel Kukje, Seoul 2007. Cyhoeddiad, *Wood Primer* (Bedford Press, San Francisco 1987). Wedi'i gynnwys yn *David Nash – Forms into Time*, Marina Warner (Academy Editions, Llundain 1996); *The Sculpture of David Nash*, Julie Andrews (Lund Humphries, Llundain 1996); *The Return of Art to Nature* (Scheffel Editions, Frankfurt 2003); *David Nash*, Norbert Lynton (Thames a Hudson, Llundain 2007). Casgliadau'n cynnwys AGEN; Amgueddfa Cymru; Amgueddfa Fetropolitan, Efrog Newydd; Cyngor Celfyddydau Cymru; Cymdeithas Celf Gyfoes Cymru; Prifysgol De Cymru, Pontypridd; Tate, Llundain. Prynwyd gwaith gan CCC. 'Ymchwil i nodweddion coed a ffurfiau elfennol.' Yn byw ym Mlaenau Ffestiniog, gogledd Cymru.

*Yr artist*

## Mandy NASH 1957–
**Gemydd. Ganed yn Llundain, Lloegr.**

Cyrhaeddodd Gymru ym 1990. Astudiodd yng Ngholeg Celf Caergaint 1975–76; Polytechnig Birmingham 1976–79; Y Coleg Celf Brenhinol, Llundain 1980–83 (MA) (Gwobr Anstruther). Artist preswyl, Oriel Bonhoga, Ynysoedd Shetland 1997; Ysgolion Glanafon, Castell-nedd Port Talbot 1999–2000. Comisiynau'n cynnwys Gwobr Menter a Busnes, Eisteddfod Genedlaethol Cymru, Abertawe 2006. Gwobrau Cyngor Celfyddydau Cymru 1991, 1994. Aelod o Urdd Gwneuthurwyr Cymru; Grŵp Gwneuthurwyr ac Ymarferwyr Celfyddydau Tecstiliau. Arddangosfeydd niferus ar y cyd gan gynnwys *Made in Wales*, Gŵyl Cymru/Catalonia, Barcelona 1995; Model House, Llantrisant (MH) 1996, 1997, 2003–07; Neuadd Dewi Sant, Caerdydd 2003, 2006; Oriel Gelf ac Amgueddfa Brycheiniog, Aberhonddu 2003; Crefft yn y Bae, Caerdydd 2003, 2005–07; *Sioe Arddangos Crefft*, Amgueddfa ac Oriel Gelf Casnewydd (AOGC) 2007. Arddangosfeydd un-ddynes yn cynnwys adolygol, MH 1993; *The Contemporary Craftsman*, Canolfan Gelfyddydau Abaty Nant Teyrnon, Cwmbrân 2002; *Proffil Arddangos Gemwaith*, Canolfan Gelfyddydau Llyfrgell Wrecsam 2005. Gwaith wedi'i gynnwys yn *The Art and Craft of Jewellery*, Janet Fitch (Mitchell Beazley 1992); *Create your own Jewellery*, Jo Moody (Headline 1994); *Jewellery and Accessories*, Juliet Bawden (North Light 1994); Rhaglenni Thames Television, HTV, S4C. '…lliw, patrwm a thechneg… tecstiliau traddodiadol a chyfoes.' Yn byw yn Llantrisant, de Cymru.
*Yr artist*

## Tom NASH 1931–
**Peintiwr. Ganed yn Rhydaman, gorllewin Cymru.**

Astudiodd yn Ysgol Gelf Llanelli (YGLl) 1949–51; Coleg Celf Abertawe 1951–54. Chwarelwr llechi 1954–55; darlithydd (rhan-amser), YGLl 1960–85, Coleg Technoleg a Chelf Sir Gaerfyrddin 1985–89. Bu'n gweithio ym Mharis, Lyon, Provence 1963. Comisiynau'n cynnwys Coleg Brasenose, Rhydychen 1972; Prifysgol Bradford 1974. Gwobrau'n cynnwys Cymdeithas Celf Gyfoes Cymru (CCGC), Byng Stamper 1962; Cymdeithas Gelfyddydau Gorllewin Cymru 1972; Ysgoloriaeth Deithio Geoffrey Crawshay, Prifysgol Cymru 1963. Aelod o Grŵp De Cymru/Y Grŵp Cymreig; Yr Academi Frenhinol Gymreig (AFG). Arddangosfeydd ar y cyd yn cynnwys Eisteddfod Genedlaethol Cymru 1954, 1956, 1960, 1962, 1964, 1968; Pwyllgor Cymreig Cyngor Celfyddydau Prydain Fawr/Cyngor Celfyddydau Cymru (CCC) 1955, 1959–65, 1968; *Art in Wales: The 20th Century: Today – Invited Artists*, CCC 1969 (teithiol); *Cofnodi Cymru: Capeli*, CCC 1969 (teithiol); Oriel Redfern, Llundain 1966, 1970; *Wales and the Modern Movements*, Coleg Prifysgol Cymru, Aberystwyth 1973; *25 Years On…* Oriel yr Atig, Abertawe (OAA) 1987. Arddangosfeydd tri-dyn, Coleg Clare, Caergrawnt (gyda Keith Vaughan, Prunella Clough) 1965; AFG, Conwy (gyda Howard Roberts, Will Roberts) 1971. Arddangosfeydd undyn yn cynnwys Oriel Howard Roberts, Caerdydd 1964, 1967; Oriel Dillwyn, Abertawe 1965; Prifysgol Nottingham 1968; Coleg y Brifysgol, Caerdydd 1972; *Images of France*, OAA 1989. Gwaith wedi'i gynnwys mewn erthyglau niferus, gan gynnwys *Anglo-Welsh Review* (Cyf 14, Rhif 33, 1964); *Y Gragen* (Chwefror 1971); rhaglenni teledu, BBC/ITV. Casgliadau'n cynnwys Amgueddfa Cymru; CCGC; Coleg Clare, Coleg Churchill, Coleg Penfro, Caergrawnt; Coleg Wadham, Rhydychen; Cyngor Celfyddydau Lloegr; Oriel Gelf Glynn Vivian, Abertawe. Prynwyd gwaith gan CCC. Tirwedd; golau a lliw; paent, plastigau sy'n gallu adlewyrchu golau. Yn byw yn Llandeilo, gorllewin Cymru.
*Yr artist*

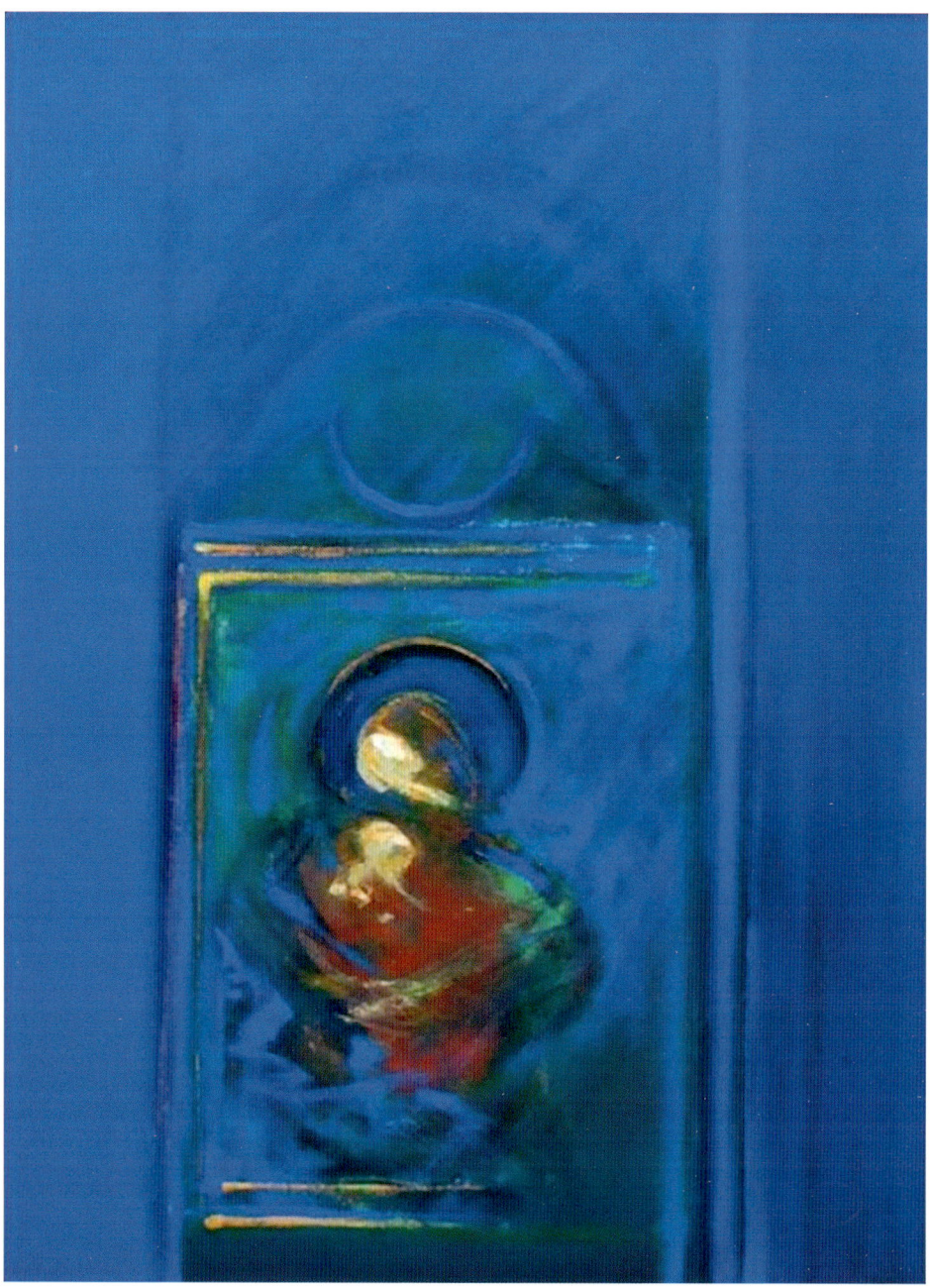

220 | Tom Nash
*Venice* 2007

## Victor NEEP 1921–1979
**Peintiwr, cerflunydd. Ganed yn Nottingham, Lloegr.**

Astudiodd 1945–48 yng Ngholeg Celf Lerpwl, Coleg Celf Blackpool, Coleg Polytechnig Chelsea (gyda Henry Moore, Ceri Richards); Academi Gelf Caerfaddon 1954–55. Gwasanaeth rhyfel, y Llu Awyr a Royal Scots Greys. Athro (rhan-amser), Cyngor Sir Swydd Hertford (CSSH) 1948–54; canolfannau addysg bellach, Hertford, Rye 1955–60. Darlunydd/dylunydd diwydiannol llawrydd 1948–54. Cyrhaeddodd Gymru ym 1960. Athro, Ysgol Ramadeg Bethesda 1960–61. Comisiynau, Llywodraeth India; Teledu ABC a Granada 1955–60; cerfluniaeth/murluniau, Rochdale 1964, Benllech 1965, Abergele 1969, Ysgol Gyfun Brynrefail, Llanrug. Gwobr Cyngor Celfyddydau Cymru (CCC) 1978. Arddangosfeydd ar y cyd yn cynnwys Eisteddfod Genedlaethol Cymru Caernarfon 1959; Cymdeithas Celf Gyfoes Cymru (CCGC) 1961, 1963; *Welsh Painting and Sculpture*, Pwyllgor Cymreig Cyngor Celfyddydau Prydain Fawr 1962 (teithiol), 1963 (teithiol); Oriel Howard Roberts, Caerdydd (HR) 1962; Oriel Kensington, Llundain 1963. Arddangosfa ddeuddyn, Oriel Tegfryn, Porthaethwy (gydag Arthur Pritchard) 1979. Arddangosfeydd undyn yn cynnwys HR 1962–64; Oriel Gelf Bangor 1974; Theatr Gwynedd, Bangor 1978; Oriel y Ganolfan Farddoniaeth Genedlaethol, Llundain 1982. Gwaith wedi'i gynnwys yn *Figure on a Hillside* and *Portrait of his Daughter, Collected Poems*, Tony Conran (cyf 3, 1965); *Letters to Five Artists*, John Wain (Macmillan 1969); Mabon 1974; teledu BBC 1969, HTV 1961. Casgliadau'n cynnwys Amgueddfa Cymru; CSSH; Cyngor Bwrdeistref Rochdale; Cyngor Sir Gwynedd; Cyngor Sir Llundain; CCGC; Prifysgol Bangor, Gwynedd. Prynwyd gwaith gan CCC. '…yn paentio'r Gwynedd ddiwydiannol ddiffaith dan olau'r lleuad, bywyd llonydd haniaethol…ac yn cerflunio adar a rhyfelwyr ffyrnig o hen olion peiriannau a llechi.' *(Tony Conran, Haibun – The Funeral, 2005)*. Roedd yn byw yn Rhosgadfan, gogledd Cymru.

## John NEILSON 1959–
**Cerflunydd llythrennau, dylunydd llythrennau. Ganed yn Isleworth, Lloegr.**

Astudiodd ym Mhrifysgol Rhydychen 1978–82 (ieithoedd Modern, gradd yn y dosbarth cyntaf); Prifysgol Efrog 1982–83; Athrofa Addysg Uwch Roehampton 1989–91 (caligraffeg, rhwymo llyfrau), gydag Ann Camp; bu'n gweithio â'r cerflunydd llythrennau Tom Perkins, Ely, Caergrawnt 1991–92. Daeth i Gymru ym 1993. Athro, ysgolion cyfun yn swydd Amwythig 1985–88, Clwyd (rhan-amser) 1992–95; tiwtor, gweithdai/cyrsiau helaeth, Lloegr, gogledd Cymru o 1991; cerflunydd llythrennau llawnamser o 1995. Wedi'i gynnwys yn Photostore y Cyngor Crefftau. Comisiynau niferus ar y cyd gan gynnwys Cronfa Gofeb Aberdyfi i'r Commandos 1990; Cyngor Celfyddydau Lloegr 1999; Groundwork Wrecsam 2001; Abaty Caerfaddon 2007; Cyngor Celfyddydau Cymru (CCC); Cyngor Sir y Fflint. Gwobr y Cyngor Crefftau (CC) 1996. Aelod o Letter Exchange. Arddangosfeydd ar y cyd yn cynnwys *Fine Words Fine Books*, Cadeirlan St Paul, Llundain 1991; *Pieces in Codes and Messages*, Oriel CC, Llundain 1995–96 (teithiol); *Catalyst*, Canolfan Grefft Rhuthun (CGRh) 2007 (teithiol). Arddangosfa dri-dyn, *Drawing on Stone*, Oriel Davies, Y Drenewydd (gyda Ralph Beyer a Mark Evans) 1998. Arddangosfeydd deuddyn, *Out of the Land*, Oriel ECTARC, Llangollen (gyda Mark Lockett) 1994–95 (teithiol); CGRh (gyda Valerie Coffin Price) 1996; The Contemporary Craftsman, Trefynwy (gyda Rod Edwards) 2000. Arddangosfeydd undyn yn cynnwys Oriel Street, Amwythig 1997; Celfyddydau'r Black Swan, Frome 2004. Cyhoeddiadau'n cynnwys 'Profile', *Crefft* (rhifyn 82, CCC 1997); cyfraniadau i *Step by Step Calligraphy*, Sue Hufton (Weidenfeld a Nicolson, Llundain 1995), *Calligraphy Made Easy*, Gaynor Goffe (Paragon/Robinson 1994). Gwaith yng nghasgliad Roche Court, Caersallog. '…gwaith heb ei gomisiynu'n cynnwys dehongliadau 'cerfluniol' o destunau…' Yn byw yn Llansilin, canolbarth Cymru.
*Yr artist*

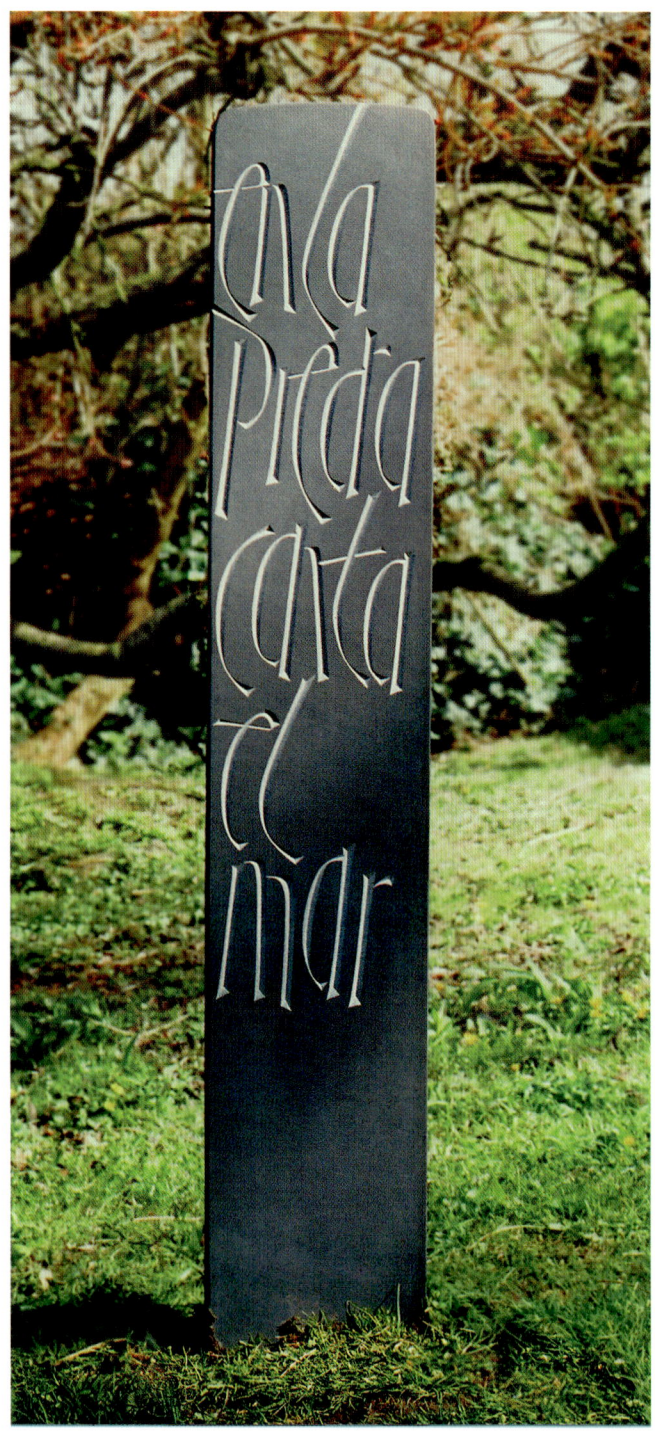

221 | John Neilson
*En la piedra canta el mar (Yn y garreg mae'r môr yn canu)* 2005

**NERYS Gweler Nerys WILLIAMS**

**Eileen NEWELL** 1948–
**Enw gwaith Eileen Valerie Newell, ceramegydd. Ganed yn Portsmouth, Lloegr.**

Ei mam yn Gymraes. Cyrhaeddodd Gymru ym 1988. Astudiodd yn Athrofa Addysg Uwch Gorllewin Morgannwg, Abertawe 1990–91 (Gwobr Myfyriwr y Flwyddyn); Coleg Technoleg a Chelf Caerfyrddin 1991–92, 1996–97; Athrofa Addysg Uwch Abertawe 1992–95; Athrofa Addysg Uwch Caerdydd 1995–96. Gwaith ysgrifenyddol, Gorllewin Canolbarth Lloegr, 1976–88. Arddangosfeydd ar y cyd yn cynnwys Oriel Washington, Penarth 1997; *Heads and Hills*, Canolfan Gelfyddydau Pontardawe 1998; *Headmasters*, Oriel Red, Southsea 1999, 2001, 2002; Gardd Gerfluniau Hannah Peschar, Swydd Surrey 2000–02; *Ceramic Contemporaries 4*, Canolfan y Celfyddydau Aberystwyth/Cymdeithas Genedlaethol ar gyfer Cerameg mewn Addysg Uwch 2002 (teithiol); *Modus Operandi*, Canolfan Grefft Rhuthun 2003 (teithiol). Gwaith wedi'i gynnwys yn *Colour in Clay*, Jane Waller (Crowood Press (CP) 1999); *The Human Form in Clay*, Jane Waller (CP 2001). Pennau mawr wedi'u cerflunio. 'Dylanwadau clasurol, ymateb i nodweddion organig y clai.' Yn byw yn Llandeilo, gorllewin Cymru.

*Yr artist*

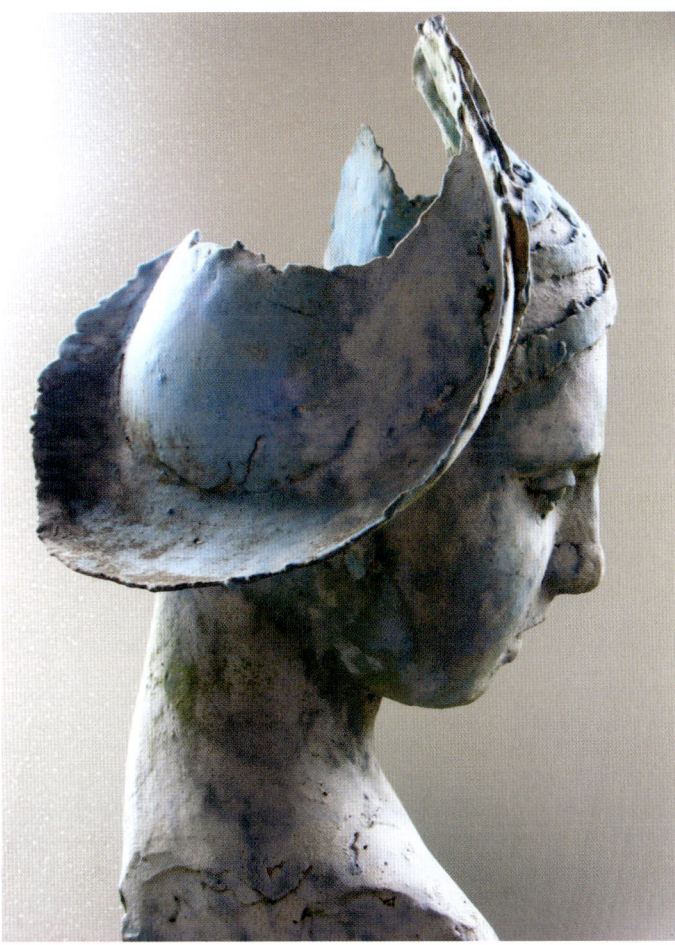

222 | Eileen Newell
*Muse* 2003

## Robert NEWELL 1952–
**Enw gwaith Robert Alan Newell, peintiwr. Ganed ym Merton, Swydd Surrey, Lloegr.**

Daeth i Gymru ym 1993. Astudiodd yn Ysgol Gelf Wimbledon 1973–77 (y wobr gyntaf, cystadleuaeth arlunio 1976), gydag Adrian Berg, Richard Long, Victor Newsome; Prifysgol Reading 1980–81; Coleg y Gofaint Aur, Llundain 1982–84 (MA), gyda Basil Beattie, Albert Irvin; Athrofa Addysg Uwch Abertawe (AAUA) 1999–2005 (Doethuriaeth). Swyddog clerigol, Gwasanaeth Sifil 1971–73; darlithydd (rhan-amser), Ysgol Gelf Blackheath, Llundain 1985–86; Coleg Richmond 1988; Coleg Bwrdeistref Hounslow 1988–91; darlithydd (llawnamser), Coleg Gogledd Dyfnaint 1991–93; uwch-ddarlithydd/uwch-ddarlithydd (cyswllt), AAUA o 1993. Aelod Urdd Sant Siôr; Yr Academi Frenhinol Gymreig (AFG). Arddangosfeydd niferus ar y cyd gan gynnwys *Arddangosfa'r Haf*, Yr Academi Frenhinol, Llundain 1980, 1983, 1985–86, 1997, 2000; *Aspects of Wales*, Canolfan Gelfyddydau Pontardawe 1996 (y wobr gyntaf); Eisteddfod Genedlaethol Cymru, Llandeilo 1996, Y Bala 1997; *Biennale Arlunio Cymru*, Canolfan y Celfyddydau Aberystwyth 1997 (teithiol), 2005 (teithiol), 2002–03 (teithiol); AFG, Conwy 2002–03, 2005–07. Arddangosfeydd undyn yn cynnwys Coleg Polytechnig Dinas Llundain 1990; *A Land*, Oriel Gelf Glynn Vivian, Abertawe 1996; *Environment into Landscape*, Amgueddfa ac Oriel Gelf Brycheiniog (AOGB) 2003. Erthyglau'n cynnwys 'Landscape Painting in Wales; a personal statement' (*Landscape and Art*, Gwanwyn 2000); pennod yn *Presenting and Representing Environments*, golygyddion G Humphries ac M Williams (Dordrecht Springer 2005). Gwaith yng nghasgliad AOGB. '…arlunio a phaentio lleoedd penodol yng Nghymru… tirwedd gyda strwythurau daearegol amlwg…'. Yn byw yn Llandeilo, gorllewin Cymru.
*Yr artist*

## David NEWMAN 1956–
**Enw gwaith David John Newman, ffotograffydd. Ganed yng Nghaerdydd, de Cymru.**

Astudiodd yng Ngholeg Celf Caerdydd 1975–78; Y Coleg Celf Brenhinol, Llundain 1983–85 (MA Ffotograffiaeth). Gwaith amrywiol, gweithiwr ffatri, weldiwr, gorchuddiwr dodrefn 1970au/1980au; ffotograffydd/dylunydd/technegydd, Caerdydd a Llundain; darlithydd, Athrofa Addysg Uwch Caerdydd/Athrofa Prifysgol Cymru Caerdydd 1991–98. Artist preswyl, Oriel Photographers, Llundain (OPh) 1988. Gwobr Cyngor Celfyddydau Cymru, Cymru Greadigol 2003. Arddangosfeydd/gosodweithiau niferus gan gynnwys Oriel Gerddi Howard, Caerdydd 1983; *Solipsis*, Canolfan Gelfyddydau Chapter, Caerdydd 1984; *Untitled*, Oriel Gelf y Barbican, Llundain 1987; OPh 1988; *Corpus Vile*, Galerie Gutharc-Ballin, Paris (GG-B) 1988; *The Seventh Nerve*, Canolfan y Third Eye, Glasgow 1989; *Sotto Voce*, GG-B 1990. Cyhoeddiad, *Nature Morte* (argraffiad cyfyngedig, DOR Books, Llundain 1988). Wedi'i gynnwys yn y *Western Mail* (Derek Stears 1983); *British Journal of Photography* (1965); *The Observer* (Tim Hilton 1985); *Sunday Times* (Marina Vaisey 1986); *Herald Tribune* (Emmanuel Cooper 1988); *Bijutsu Techo* (Tokyo 1989). Casgliadau'n cynnwys Bibliothéque Nationale, Paris; Y Llyfrgell Brydeinig, Llundain. Archwiliadau'r corff dynol. Yn byw yn Saint-y-brid, de Cymru.
*Yr artist*

## Verity NEWMAN 1954–
**Enw gwaith Verity Anne Mary Newman, cerflunydd cerameg. Ganed yn Newton Abbot, Lloegr.**

Bu'n byw yng Nghymru 1971–2007. Astudiodd yng Ngholeg Prifysgol Caerdydd 1971–75 (Gweinyddiaeth Gymdeithasol); Coleg Merthyr, Merthyr Tudful 1996–98; Prifysgol Morgannwg, Pontypridd 1998–2003, gyda Daniel Allen, Frances Woodley (gradd yn y dosbarth cyntaf). Gweithwraig gymdeithasol, Morgannwg Ganol 1975–82; tyddynwraig 1988–98. Arddangosfeydd ar y cyd yn cynnwys Crochenwyr De Cymru, Canolfan y Celfyddydau Aberystwyth 2003; Yr Academi Celf Gain a Chymhwysol, Canolfan

Phoenix, Caerwysg 2003, 2005, 2007; *Mothership*, Amgueddfa ac Oriel Cwm Cynon, Aberdâr 2004; *Arddangosfa Gwobr Brynu Celf*, Prifysgol Morgannwg, Pontypridd 2004; Canolfan Gelfyddydau Neuadd Llanofer, Caerdydd 2005. Arddangosfa un-ddynes, Amgueddfa Goffa Frenhinol Albert, Caerwysg 2006. Gwaith yng Nghasgliad Cerameg Prifysgol Aberystwyth. '…darnau ffigurol… themâu mytholegol…traddodiadau cerameg sefydledig.' Yn byw yn Totnes, Lloegr.
*Yr artist*

### Peter NICHOLAS 1934–2015

**Enw gwaith Peter William Nicholas, cerflunydd, peintiwr. Ganed yn Nhredegar, de Cymru.**

Astudiodd yng Ngholeg Celf Caerdydd 1951–56, gyda Geoffrey Milsom, Frank Roper, Frank Vining; Y Coleg Celf Brenhinol, Llundain 1958–61, gyda Bernard Meadows, John Skeaping. Gwasanaeth Milwrol, Y Llynges Frenhinol 1956–58. Darlithydd/Pennaeth Astudiaethau Sylfaen, Coleg Celf Casnewydd/Coleg Addysg Uwch Gwent 1963–80; Pennaeth, Cyfadran Gelf a Dylunio, Athrofa Addysg Uwch Gorllewin Morgannwg, Abertawe 1980–88; darlithydd (cyswllt), Prifysgol Cymru, Abertawe 1997–98. Comisiynau ar y cyd yn cynnwys Aberpennar 1991; Gŵyl Erddi Cymru, Glynebwy 1992; Tref Newydd Cwmbrân 2000; Y Bathdy Brenhinol, Llantrisant 2003. Gwobr Cyngor Celfyddydau Cymru (CCC) 1968. Aelod sefydlu Ymddiriedolaeth Gerfluniaeth Cymru; Cymrawd, Cymdeithas Frenhinol Cerflunwyr Prydain (CFCP); aelod o Gymdeithas Ddyfrlliwiau Cymru. Arddangosfeydd niferus ar y cyd gan gynnwys *4 Welsh Artists*, Gŵyl Mynwy, Brynbuga (gyda Ron Carlson, Manuel Chetcuti, John Selway) 1968; *Sculpture in a Country Park*, Ymddiriedolaeth Gerfluniaeth Cymru (YGC), Parc Margam 1983; YGC, Oriel 31, Y Drenewydd 1988; CFCP, Parc Margam 1992; *Biennale Arlunio Cymru* 1997 (teithiol), 1999 (teithiol); *Sculpture in the Wild*, Castell Eastnor 2001, 2003. Arddangosfeydd undyn yn cynnwys *Drawings and Sculpture*, Oriel Fictoria, Cwmbrân 1996. Gwaith wedi'i gynnwys yn *Art in Architecture in Great Britain since 1945*, Eugene Rosenberg (Thames a Hudson 1990); *Encyclopaedia of Sculpture Techniques*, John W Mills (Batsford 1990). Casgliadau'n cynnwys Amgueddfa ac Oriel Gelf Casnewydd; Amgueddfa Hwlffordd; Canolfan Cochrane, Rhydychen; Llyfrgell Genedlaethol Cymru, Aberystwyth; Oriel Gelf Glynn Vivian, Abertawe; Prifysgol Abertawe; Prifysgol Aberystwyth; Prifysgol Harvard, UDA. Prynwyd gwaith gan CCC. 'Y ffurf ddynol.' 'Dau noddwr dylanwadol, Cyrnol Syr William Crawshay a'r Athro Archie Cochrane yw'r dylanwadau cryfaf a mwyaf parhaus arnaf.' Roedd yn byw ym Mhort Einon, de Cymru.
*Yr artist*

### Phyllida NICHOLSON 1924–

**Peintwraig, dylunydd tapestri. Ganed yn Swydd Gaer, Lloegr.**

Ei nain yn Gymraes. Cyrhaeddodd Gymru ym 1924. Astudiodd yn Ysgol Gelf Lerpwl 1941–42, 1945–47, gyda William C Penn; Accademia di Belle Arti, Fflorens 1947–48, gyda Pietro Annigoni, Celestino Celestini; Canolfan Gelf Eingl-Ffrengig, Llundain 1948–49; Academie André Lhôte, Paris 1949–50; Prifysgol Llundain 1970–75. Artist, Ysgol Archeoleg Prydain, Caersalem 1960. Teithio yn Ewrop, Rwsia, y Dwyrain Canol, Dwyrain Affrica 1960au. Comisiynau gan gynnwys sawl un am dapestrïau 1961–80, gan gynnwys Cyngor Celfyddydau'r Alban ar gyfer Gŵyl Caeredin 1970. Aelod o Glwb Celf Rhyngwladol y Menywod; Société Internationale des Artistes Chrétiens. Arddangosfeydd niferus ar y cyd gan gynnwys *Thirty Welsh Paintings of Today*, Pwyllgor Cymreig Cyngor Celfyddydau Prydain Fawr (PCCCPF) 1954 (teithiol); PCCCPF/Cyngor Celfyddydau Cymru (CCC) 1950au–60au; Eisteddfod Genedlaethol Cymru, Ystradgynlais 1954; *Artists of Fame and Promise*, Orielau Leicester, Llundain 1957; Yr Academi Frenhinol Gymreig, Conwy 1971. Arddangosfeydd un-ddynes yn cynnwys Ystafelloedd Booth, Chichester 1968; *Paentiadau ac Arluniau*, Llyfrgell ac Oriel Gelf Dinbych 1993; *Paintings of Wales and Far Away*, Theatr Clwyd, Yr Wyddgrug 1993; *Paintings and Tapestry*, Stiwdios St Alban Street, Llundain 1997. Casgliadau'n cynnwys Oriel Ynys Môn, Llangefni; Pwyllgor Addysg Swydd Rydychen; Sefydliad Nuffield. Prynwyd gwaith gan CCC. 'Tirwedd Cymru, Gwlad Groeg a Thwsgani.' Yn byw yn Llandyrnog, gogledd Cymru, a Llundain, Lloegr.

*Yr artist*

### Philip NICOL 1953–
**Peintiwr. Ganed yng Nghaerffili, de Cymru.**

Astudiodd yng Ngholeg Celf Caerdydd 1972–76. Darlithydd, Athrofa Addysg Uwch De Morgannwg, Caerdydd 1979–82; Coleg Celf Limerick 1983–84; Coleg Celf a Dylunio Leeds (rhan-amser) 1993–2001; Athrofa Prifysgol Cymru, Caerdydd (APCC) (rhan-amser) 1997–2001; uwch-ddarlithydd, APCC o 2001. Swyddog Datblygu, Artistiaid Butetown, BayArt, oriel a stiwdios, Caerdydd 1995–97. Cyfarwyddwr/curadur arddangosfeydd, BayArt, Caerdydd o 2001. Gwobr Cyngor Celfyddydau Cymru 1976, 1978, 1982–84, 1993, 1999, 2004; Gwobr Oppenheim-John Downes 1984; Medal Aur am Gelfyddyd Gain, Eisteddfod Genedlaethol Cymru (EGC) 2001. Aelod o Gymdeithas Artistiaid a Dylunwyr Cymru (Cadeirydd 1988); Artistiaid Butetown (Cadeirydd 1994); Grŵp 56 Cymru 1984–91. Arddangosfeydd niferus ar y cyd yn cynnwys EGC 1977, 1990 (arobryn), 1994, 2000 (arobryn), 2001, 2002; The *British Art Show 1984* (teithiol); Oriel Gelf Glynn Vivian, Abertawe (OGGV) 1989; Neuadd Dewi Sant, Caerdydd 1993, 1997, 2001, 2003 (arobryn); *Arddangosfa Gwobr Brynu Celf*, Oriel y Bont, Prifysgol Morgannwg, Pontypridd (PM), 1998 (y wobr gyntaf), 2000, 2001; Llyfrgell Genedlaethol Cymru, Aberystwyth 2003. Arddangosfeydd undyn yn cynnwys Oriel Andrew Knight, Caerdydd 1985; OGGV 1987; Canolfan y Celfyddydau Aberystwyth 1992; Canolfan Ewropeaidd Cymru, Brwsel 2002; Amgueddfa ac Oriel Gelf Casnewydd (AOGC) 2005; Oriel Kooywood, Caerdydd 2006. Gwaith wedi'i gynnwys mewn adolygiadau/erthyglau/llyfrau, gan gynnwys *Imaging Wales*, Hugh Adams (Seren Books, Pen-y-bont ar Ogwr 2003); *Imaging the Imagination*, golygyddion Christine Kinsey, Ceridwen Lloyd-Morgan (Gwasg Gomer 2005); BBC, HTV, rhaglenni radio 1983–2001. Casgliadau'n cynnwys

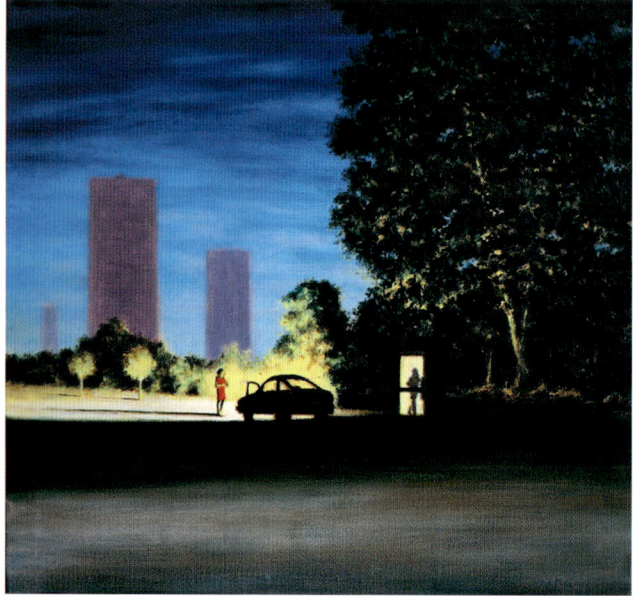

223 | Philip Nicol
*Visit* 2004

Amgueddfa Genedlaethol Slofacia; AOGC; Cymdeithas Celf Gyfoes Cymru; Cynulliad Cenedlaethol Cymru; OGGV; Prifysgol De Cymru, Pontypridd; Ymddiriedolaeth Derek Williams, Amgueddfa Cymru. 'Dinasluniau; naratif awgrymedig.' Yn byw yng Nghaerdydd, de Cymru.
*Yr artist*

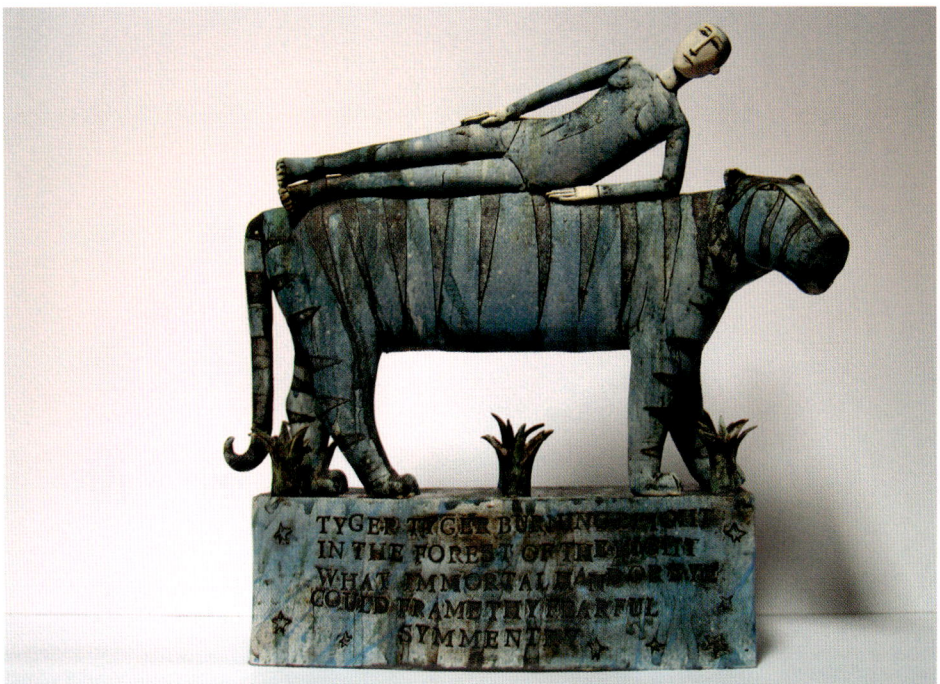

224 | Anna Noël
*Tyger Tyger* 2006

## Anna NOËL 1958–

**Ceramegydd. Ganed yn Abertawe, de Cymru.**

Astudiodd yn Academi Gelf Caerfaddon 1979–82; Y Coleg Celf Brenhinol, Llundain 1989–91, gydag Alison Britton, Martin Smith. Comisiwn, Y Gynghrair Dramor Frenhinol, Llundain 1991. Arddangosfeydd ar y cyd yn cynnwys *British Ceramics*, Keramik Galerie-Hilde Holstein, Bremen 1996, 1997; *British Ceramics*, Biennale y Swistir, Lucerne 2000; Oriel Mission, Abertawe 2004; *Naked Clay*, Keramiek Centrum Tiendschuur Tegelen, Yr Iseldiroedd 2006. Arddangosfa dair-dynes, Canolfan Gelfyddydau Abaty Nant Teyrnon, Cwmbrân (gyda Sarah a Wendy Noël) 1987. Arddangosfeydd dwy-ddynes (gyda Sarah Noël), *Y Gyfres Gerameg*, Canolfan y Celfyddydau Aberystwyth (CCA) 1986; Oriel Gelfyddydau Beaux, Caerfaddon 2006. Arddangosfeydd un-ddynes yn cynnwys Primavera, Caergrawnt 2004; CCA 2005; Parc Cerfluniau Swydd Efrog, Wakefield 2005; Oriel Open Eye, Caeredin 2006; Oriel Roger Billcliffe, Glasgow 2007. Gwaith wedi'i gynnwys yn *Ceramics Review* (Hydref 2000); *Raku*, Tim Andrews (A&C Black, Llundain (ACB), 1998, 2005); *Naked Clay*, Jane Perryman (ACB 2004). Casgliadau'n cynnwys Amgueddfa ac Oriel Gelf Casnewydd; Oriel Gelf Shipley; Prifysgol Aberystwyth. '…anifeiliaid a pherthynas pobl ag anifeiliaid… diwylliannau hynafol megis Tsieina, yr Aifft a chelf werin…' Yn byw yn Llandeilo Ferwallt, de Cymru.
*Yr artist*

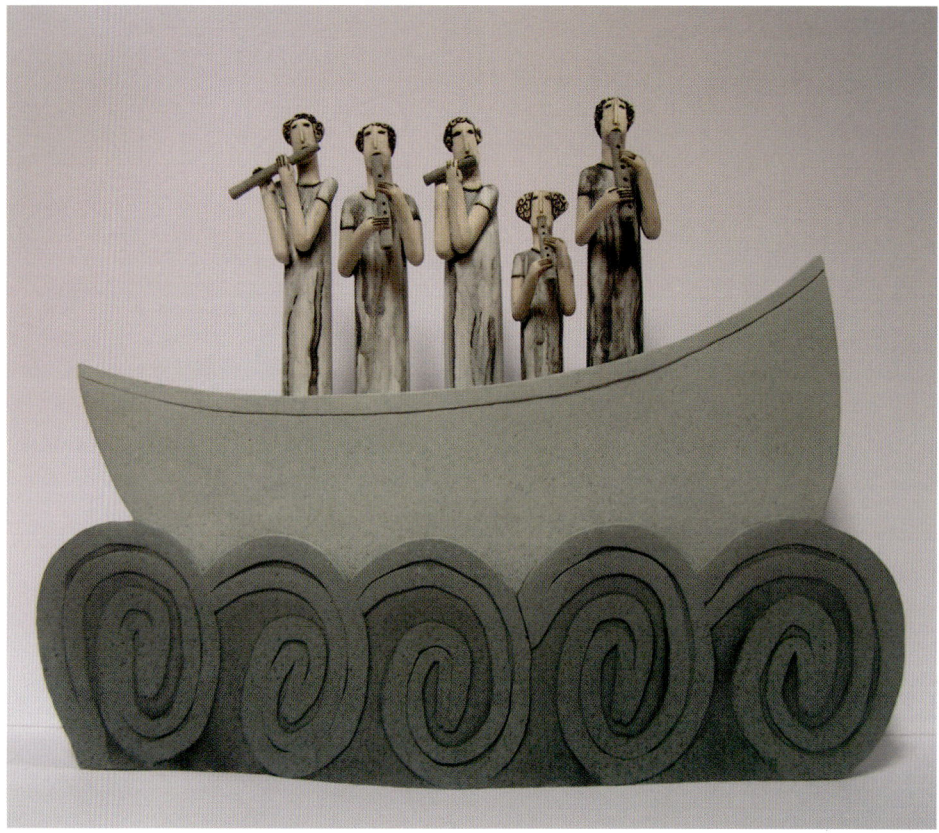

225 | Sarah Noël
*Harmony* 2007

## Sarah NOËL 1961–
### Ceramegydd. Ganed yn Abertawe, de Cymru.

Astudiodd yng Ngholeg Polytechnig Bryste 1980–83, gyda Nicholas Homoky, Walter Keeler. Artist preswyl, Ysgol Gyfun Tre-gŵyr (YGT) 1984–85. Comisiynau'n cynnwys S4C, Caerdydd. Arddangosfeydd ar y cyd yn cynnwys Broadway Modern, Swydd Gaerwrangon 2004; Oriel Mostyn, Llandudno 2004; *Artist y Flwyddyn Cymru*, Neuadd Dewi Sant, Caerdydd 2006, 2007; Celf Gain y Fountain, Llandeilo 2006, 2007. Arddangosfa dair-dynes, Canolfan Gelfyddydau Abaty Nant Teyrnon, Cwmbrân (gydag Anna a Wendy Noël) 1987. Arddangosfeydd dwy-ddynes (gydag Anna Noël), *Y Gyfres Gerameg*, Canolfan y Celfyddydau Aberystwyth (CCA) 1986; Oriel Gelfyddydau Beaux, Caerfaddon 2006. Arddangosfeydd un-ddynes yn cynnwys Oriel Mission, Abertawe 2003; Oriel Crane, Abertawe 2005. Gwaith wedi'i gynnwys yn 'Raku Today', *Ceramics Review* (Gorffennaf/Awst 1989); *Y Gyfres Gerameg Rhif 17* (David Briers, CCA 1986); *Raku*, Tim Andrews (A&C Black, Llundain (ACB), 1998, 2005); *Naked Clay*, Jane Perryman (ACB 2004). Casgliadau'n cynnwys Amgueddfa ac Oriel Gelf Casnewydd; Oriel Gelf Glynn Vivian, Abertawe; Prifysgol Aberystwyth. 'Mae ffigurau a delweddau cychod yn cael eu hadeiladu o silindrau a slabiau clai i greu ffurfiau arddulliedig.' Yn byw yn Llandeilo Ferwallt, de Cymru.
*Yr artist*

## Wendy NOËL 1933–
**Peintwraig. Ganed yn Blackburn, Lloegr.**

Astudiodd yng Ngholeg Celf Caerlŷr 1950–55. Daeth i Gymru ym 1955. Comisiynau'n cynnwys Cymdeithas Theatr y Grand Abertawe 1977; Coleg Prifysgol Abertawe (CPAbert) 1989. Aelod o'r Grŵp Cymreig (GC) 1956–90; Cymdeithas Gelf Abertawe (CGA) 1956–90. Arddangosfeydd ar y cyd yn cynnwys GC 1956–90; CGA 1956–90; Oriel Mission, Abertawe 1986. Arddangosfa dair-dynes, Canolfan Gelfyddydau Abaty Nant Teyrnon, Cwmbrân (gydag Anna a Sarah Noël) 1987. Arddangosfa un-ddynes, CPAbert 1971. Prynwyd gwaith gan Gyngor Celfyddydau Cymru. 'Portreadau, paentiadau ffigurol.' Yn byw yn Llandeilo Ferwallt, de Cymru.
*Yr artist*

## Linda NORRIS 1960–
**Peintwraig, gemydd. Ganed yn Chichester, Lloegr.**

Astudiodd yng Ngholeg Prifysgol Cymru Aberystwyth (CPCA) 1978–82. Artist cymunedol, Cymru a Llundain 1982–84, 1989–97. Artist preswyl, Prosiect Kaleidoscope, Kingston upon Thames 1984–89. Dychwelodd i Gymru ym 1993. Agorodd Oriel Linda Norris, Maenclochog 1998. Comisiynau, Canolfan yr Urdd, Llangrannog 1984; Ysbyty Llandochau, Penarth 1996. Bwrsari Peintio Rhyngwladol Elizabeth Greenshields 1983; Gwobr Ymddiriedolaeth Goffa WC Wilson James 1994; Gwobr Daler Rowney, Gŵyl Gelfyddydau Abergwaun 1995. Aelod o Gymdeithas Gelfyddydau Abergwaun. Arddangosfeydd ar y cyd yn cynnwys Oriel yr Atig, Abertawe 1993–98; Oriel Albany, Caerdydd 1994–96; Canolfan Gelfyddydau Wexford 1995; Oriel Firth, Caeredin 1996; Oriel Martin Tinney, Caerdydd 1997; Oriel yr Academi Newydd, Llundain 1998, 2000, 2002, 2004. Arddangosfeydd un-ddynes yn cynnwys Canolfan Gelfyddydau Wexford 1995; Canolfan y Celfyddydau Aberystwyth 1996; Oriel yr Academi Newydd, Llundain 1998, 2000, 2002, 2004. Gwaith wedi'i gynnwys yn *Paint, Seascapes and Waterways*, Betsy Hosegood (RotoVision 2001); 'Painting the Wind', Damian Walford Davies (*Planet*, Rhif 148, 2001). Casgliadau'n cynnwys Prifysgol Aberystwyth; Y Cyngor Meddygol Cyffredinol. 'Tirwedd Sir Benfro.' Yn byw ym Maenclochog, gorllewin Cymru.
*Yr artist*

## Eugene NOWAKOWSKI 1949–
**Peintiwr, artist gwydr lliw, dylunydd. Ganed ym Mhentre'r Eglwys, de Cymru.**

Astudiodd yn Athrofa Addysg Uwch Abertawe 1994–96. Bu'n gweithio â lledr, gwehyddu, yn saer maen ac yn y diwydiant gwydr 1965–94; tiwtor, Addysg i Oedolion, Y Barri, Caerdydd, Y Bont-faen, Casnewydd o 1990. Arddangosfeydd undyn, Canolfan Gelfyddydau Neuadd Llanofer, Caerdydd 1984; Cydweithfa Gerddorion Llundain, Camden 1986; Oriel Marchnad Jacob, Caerdydd 1988; *So Far*, Yr Hen Neuadd, Y Bont-faen 2003; *Cutting Edge*, Model House, Llantrisant 2004; Sioe'r Gymdeithas Arddwriaethol Frenhinol, Caerdydd 2005; Parc Treftadaeth y Rhondda, Trehafod 2006. Gwaith wedi'i gynnwys mewn erthygl gan Peter Finch, *Poetry Wales* (tua 1992). 'Morlinau, lluniau o'r arfordir.' Yn byw yng Nghaerdydd, de Cymru.
*Yr artist*

## Lorna Vera NOWELL 1919–
**Peintwraig. Ganed yng Nghasnewydd, de Cymru. Yn defnyddio'r llofnod L V Nowell.**

Astudiodd yng Ngholeg Celf Casnewydd 1933–34, 1936–38; Coleg Celf Caerdydd (rhan-amser) 1959–61, gydag Eric Malthouse. Tiwtor, dosbarthiadau nos, Ysgol Uwchradd yr Eglwys Newydd, Caerdydd 1970–81. Cyn-aelod o Gymdeithas Gelf De Cymru (CGDC); Cymdeithas Gelf Casnewydd. Arddangosfeydd ar y cyd yn cynnwys CGDC 1960au (arobryn 1968), Oriel Albany 1980au; Oriel Gelf

Glynn Vivian, Abertawe 1969; Eisteddfod Genedlaethol Cymru, Bangor 1971; Amgueddfa ac Oriel Gelf Casnewydd 1990; Neuadd Dewi Sant, Caerdydd 2000, 2003. Gwaith yng nghasgliad Ysbyty Athrofa Cymru, Caerdydd. Tirwedd leol. Yn byw yng Nghaerdydd, de Cymru.
*Yr artist*

## Christopher NURSE 1962–
### Peintiwr, gwneuthurydd printiau. Ganed yn Llundain, Lloegr.

Ei fam yn Gymraes. Astudiodd yn Yr Ysgol Gelf Ganolog, Llundain 1982–87, gyda Cecil Collins, Bill Turnbull, Norman Ackroyd; Y Coleg Celf Brenhinol, Llundain 1988–90 (MA Gwneud Printiau) (Ysgoloriaeth Rhufain 1990), gydag Alistair Grant, Chris Orr. Cymrodor mewn Paentio a Gwneud Printiau, Coleg Celf Cheltenham 1992–93; uwch-ddarlithydd, Prifysgol Morgannwg, Pontypridd (PM) o 1993. Artist preswyl, Canolfan Ryngwladol ar gyfer Datblygu Diwylliannol, Trivandrum, Kerala 2000. Cystadleuaeth Sgrin Sidan Awtodeip Ryngwladol, y wobr gyntaf 1990; gwobr Cyngor Celfyddydau Cymru 1996. Arddangosfeydd ar y cyd yn cynnwys *A View of the New*, Y Gynghrair Dramor Frenhinol, Llundain (YGDF) 1991 (y wobr gyntaf); Eisteddfod Genedlaethol Cymru, Llandeilo 1996, Pen-y-bont ar Ogwr 1998, Tyddewi 2002, Meifod 2003, Casnewydd 2004; *Biennale Arlunio Cymru*, Canolfan y Celfyddydau Aberystwyth 1999 (teithiol); *Something Funny in the Wood Shed*, Oriel Gerddi Howard, Caerdydd 2001 (teithiol); *Free Association*, Amgueddfa ac Oriel Gelf Casnewydd 2003; *Arddangosfa Brynu*, Cymdeithas Celf Gyfoes Cymru (CCGC), Llyfrgell Genedlaethol Cymru, Aberystwyth 2005. Arddangosfeydd undyn Canolfan Grefft Rhuthun 1998; *Take Away Life*, Canolfan Gelfyddydau Gateway, Amwythig 2002; Oriel Ci Melyn, Cydweli 2002, 2004. Cyhoeddiadau'n cynnwys *Pyramus and Thisbe* (Old Stile Press 2004). Gwaith wedi'i gynnwys yn *A Tale Told by An Idiot*, Anne Jones (Gerbiltree 2004). Casgliadau'n cynnwys CCGC; Prifysgol De Cymru, Pontypridd; YGDF; Yr Ysgol Brydeinig yn Rhufain. '…mae gwrthrychau difywyd yn hanner dadebru.' Yn byw yn Llan-ddew, canolbarth Cymru.
*Yr artist*

## Jeff NUTTALL 1933–2004
### Peintiwr, artist perfformio. Ganed yn Clitheroe, Lloegr.

Daeth i Gymru ym 1987. Astudiodd yn Ysgol Gelf Henffordd 1949–51; Academi Gelf Caerfaddon 1951–53, gyda William Scott, Peter Lanyon, Terry Frost, Kenneth Armitage; Athrofa Addysg Prifysgol Llundain 1953–54. Hefyd yn fardd, cerddor jazz, beirniad, sylwebydd cymdeithasol, nofelydd, actor. Sefydlodd *The People Show*, grŵp theatr arbrofol 1966. Athro, ysgolion yn Llanllieni, Llundain, Swydd Hertford, Swydd Norfolk a Chymdeithas Addysg y Gweithwyr 1956–68; darlithydd, Coleg Bradford 1968–70; uwch-ddarlithydd, Coleg Polytechnig Leeds 1970–81; Pennaeth Celf Gain, Coleg Polytechnig Lerpwl 1981–84. Artist preswyl, Prifysgol Deakin, Geelong, Awstralia 1982–83. Gwaith gyda'r teledu, ffilm, o ganol y 1980au. Arddangosfeydd niferus gan gynnwys Amgueddfa ac Oriel Gelf Brycheiniog, Aberhonddu (AOGB) 2000 (deuddyn gyda Islwyn Watkins). Arddangosfeydd undyn yn cynnwys Canolfan Gelfyddydau Bryste 1968; Oriel Angela Flowers, Llundain 1970, 1975, 1980, 1987; Amgueddfa'r Fenni 1996; Y Ganolfan Wlyptiroedd, Glynebwy 1997; AOGB 1997, 2004 (adolygol); Canolfan Gelfyddydau Neuadd Llanofer, Caerdydd 1998; Oriel Coningsby, Llundain 2000. Cyhoeddiadau'n cynnwys *My Own Mag*, cydolygydd William Burroughs 1964–67; *Bomb Culture* 1968; barddoniaeth/graffeg i'r *International Times*, *The Moving Times* 1964–67; *Art and the Degradation of Awareness* (Calder Publications 1999). Gwaith yng nghasgliad AOGB; Oriel Dinas Leeds; Oriel Walker, Lerpwl; Sefydliad Henry Moore, Leeds; Tate, Llundain. Cyfosodiadau, digwyddiadau; yn ddiweddarach, astudiaethau tirluniau dyfrlliw, cerfluniaeth sy'n gysylltiedig â'r Mynydd Du. Roedd yn byw yng Nghrucywel, de Cymru.
*Gwefan yr artist*

# ARTISTIAID: O

**R O  Gweler RM O'CONNELL**

O

**Vera OAK** 1902–1980
**Enw gwaith Vera Ethel Oak, peintwraig. Ganed yng Nghasnewydd, de Cymru.**

Astudiodd yng Ngholeg Celf Abertawe. Aelod o Gymdeithas Gelf Abertawe. Arddangosfeydd ar y cyd yn cynnwys Grŵp De Cymru/Y Grŵp Cymreig; Y Sefydliad Brenhinol, Llundain 1960au; Salon Paris 1965, 1968, 1975; *Origins*, Eisteddfod Genedlaethol Cymru/Cyngor Celfyddydau Cymru (CCC) 1976 (teithiol); *Blue to 100*, Y Grŵp Cymreig, Amgueddfa Cymru, Caerdydd (AC) 1977 (teithiol). Casgliadau'n cynnwys AC; Cyngor Bwrdeistref Castell-nedd Port Talbot. Prynwyd gwaith gan CCC. Dyfrlliwiau; paentiadau o flodau. Roedd yn byw yng Nghastell-nedd, de Cymru.
*Pandora Allin*

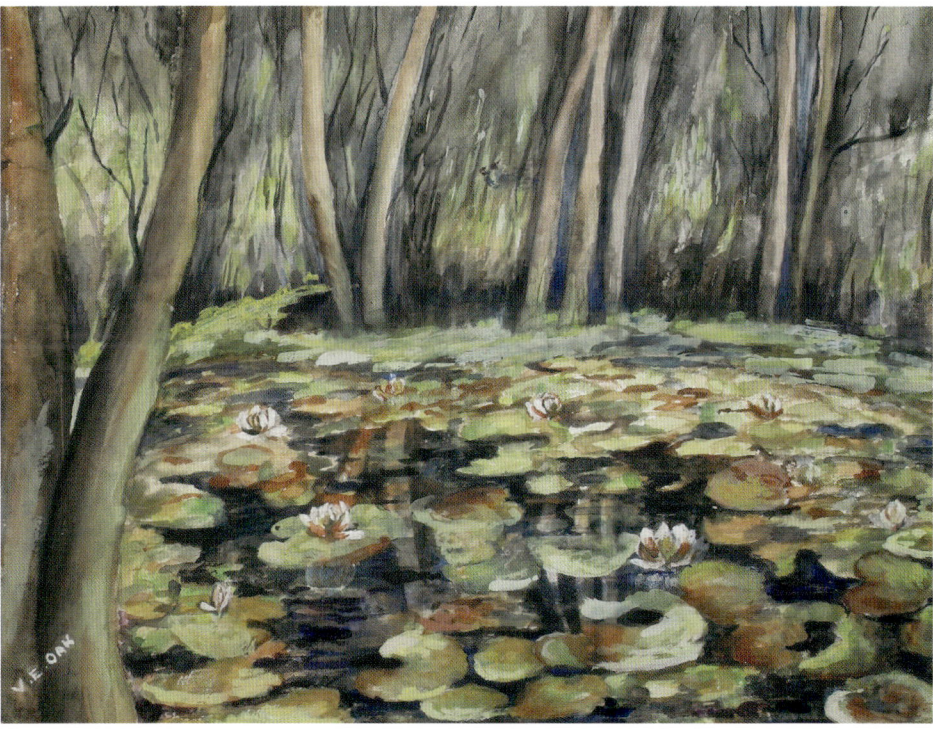

226 | Vera Oak
*Water Lilies* 1960

## Brenda OAKES 1947–

**Cerflunwraig, peintwraig, dylunydd. Ganed yn Lerpwl, Lloegr.**

Cyrhaeddodd Gymru ym 1970. Astudiodd yn Athrofa Addysg Uwch Gogledd Ddwyrain Cymru, Wrecsam (NEWI) 1978–79; Coleg Polytechnig Manceinion 1979–82 (gradd yn y dosbarth cyntaf), 1989–90 (MA Celf Gain); Coleg Polytechnig Newcastle 1984–85. Darlithydd (rhan-amser), NEWI 1983–90. Artist/ dylunydd, Adran Gynllunio Cyngor Sir Abertawe 1990–98. Prosiectau celf gyhoeddus/cymunedol yn cynnwys cynllun i ganol y dref, Newton Abbot, Dyfnaint 2002–03; Glan-môr Aberafan, Cyngor Bwrdeistref Sirol Castell-nedd Port Talbot (CBSCPT/Cywaith Cymru (CC)) 2001–03. Arweinydd, gweithdai rhyngwladol/symposia o 1984. Artist preswyl, Ysgol y Grove, Wrecsam 1989; Canolfan Dechnoleg Manceinion 2004. Comisiynau'n cynnwys Oriel Gelf Walker, Lerpwl 1985; Cyngor Dinas Lerpwl 1996; Gwasanaeth Celfyddydau ac Arddangosfeydd Clwyd 1987; CBSCPT 2004–07; Coleg Cymunedol Ballybay, Iwerddon 2007. Gwobrau'n cynnwys Cyngor Celfyddydau Cymru 1984, 1988, 1997, 2004, 2007; Celfyddydau Rhyngwladol Cymru 2003. Aelod o Gymdeithas Artistiaid a Dylunwyr Cymru (Cadeirydd 1986–90); CC (Cadeirydd 1996–97); Cerfluniaeth Cymru; La Banda Ancha. Arddangosfeydd cenedlaethol/rhyngwladol ar y cyd yn cynnwys *Arddangosfa Agored Canolbarth Cymru*, Canolfan y Celfyddydau Aberystwyth 1983, 1984; Oriel Mostyn, Llandudno 1984–86, 1988 (teithiol); Eisteddfod Genedlaethol Cymru 1987, 1992; Amgueddfa Gelf Fetropolitan, Seoul 1999; Canolfan Gelfyddydau Pontardawe 2005; Cerfluniaeth Cymru, Parc Cerfluniaeth Margam (PCM) 2004. Arddangosfa ddwy-ddynes, *Architectural Ceramics*, CC (gyda Gwen Heeney) 1990–91. Arddangosfeydd un-ddynes yn cynnwys Stiwdio Brick, Manceinion 1984–85; Theatr Clwyd, Yr Wyddgrug 1987. Gwaith wedi'i gynnwys yn *Architects' Journal* (1997), *Building Design* (1998). Casgliadau'n cynnwys Oriel Dinas Huddersfield; Parc Coffa'r Cenhedloedd Unedig, Pusan, De Korea; PCM; Swydd Aarhus, Denmarc. '…ynni adnewyddadwy a deunyddiau sydd wedi'u hailgylchu…cyfryngau digidol a 2D…' Yn byw yng Nghastell-nedd, de Cymru.
*Yr artist*

## RM O'CONNELL 1947–

**Enw gwaith Richard Marcus O'Connell, peintiwr. Ganed yn Abertawe, de Cymru. Hefyd yn defnyddio'r llofnod R O.**

Astudiodd yng Ngholeg Celf Abertawe 1965–66; Ysgol Gelf Norwich 1966–69; Coleg Addysg Plas Keswick, Norwich 1970–71; Ysgol Arlunio a Chelf Gain Ruskin, Rhydychen 1972–74. Athrawes, Ysgol Wood Green, Witney 1974–78; Pennaeth Celf, Ysgol Uwchradd Glyn Derw, Caerdydd 1978–98. Aelod o Artistiaid Bro Morgannwg (ABM). Arddangosfeydd ar y cyd yn cynnwys Celf Gain Marlborough, Llundain 1974; Canolfan Gelfyddydau Sain Dunwyd, Llanilltud Fawr 2003; Cynulliad Cenedlaethol Cymru 2004; *Sioe Gelf Agored*, Parc Treftadaeth y Rhondda, Trehafod 2007 (gwobr gyntaf). Arddangosfeydd undyn yn cynnwys Neuadd Dewi Sant, Caerdydd 1989, 1995; *Penarth Seafront* 1894–1994, Tŷ Turner, Penarth 1994; Oriel Washington, Penarth 2001, 2002, 2007. Casgliadau'n cynnwys Amgueddfa Cymru; Amgueddfa Genedlaethol y Glannau, Abertawe; Coleg Balliol, Rhydychen; Coleg Brenhinol Cerdd a Drama Cymru; Cyngor Caerdydd; Cyngor Bwrdeistref Sirol Bro Morgannwg; Cyngor Bwrdeistref Sirol Rhondda Cynon Taf; Prifysgol Abertawe. 'Mytholeg Geltaidd, Roegaidd a Rhufeinig … Penarth, Caerdydd, y Cotswolds… themâu chwaraeon … portreadau.' Yn byw ym Mhenarth, de Cymru.
*Yr artist*

## Liam O'CONNOR 1981–

**Enw gwaith Liam Marc O'Connor, peintiwr. Ganed ym Mhen-y-bont ar Ogwr, de Cymru.**

Astudiodd yn Athrofa Prifysgol Cymru, Caerdydd 2000–03. Arddangosfeydd ar y cyd yn cynnwys *Super 8*, g39, Caerdydd 2005; *Drawing the City*, BayArt, Caerdydd 2005; *Artist y Flwyddyn Cymru*,

Neuadd Dewi Sant, Caerdydd 2006, 2007; *Gwobr Bortread Cymru*, Castell Bodelwyddan 2006 (teithiol); *Y Gymdeithas Ddyfrlliwiau Frenhinol/Cystadleuaeth Ddyfrlliwiau'r Sunday Times*, Orielau'r Mall, Llundain 2006; *Gwobr Prynu Celf*, Prifysgol Morgannwg, Pontypridd 2007 (teithiol). Arddangosfeydd undyn yn cynnwys Oriel Kooywood, Caerdydd, 2005, 2006; Coleg Iâl, Wrecsam 2006. Portreadau. 'Mae yna rywfaint o actio o ran yr un sy'n eistedd …' Yn byw yng Nghwmfelin, de Cymru. *Yr artist*

### Peter O'DWYER 1943–

**Enw gwaith, Peter O'Dwyer, Stiwdio Cilfodan. Cerflunydd. Ganed yn Coventry, Lloegr.**

Astudiodd yng Ngholeg Celf Coventry 1959–63. Cyrhaeddodd Gymru ym 1970. Athro celf, dylunydd graffeg, gweithdai weldio celf (Y Lycée Français, Llundain; Les Rencontres Ovales de Pessac, Gironde). Cydsefydlydd gyda Dawn Haydon, Cerfluniaeth Cymru (CerfC). Arddangosfeydd ar y cyd, CerfC/ Sculpteurs Bretagne, yn cynnwys 12fed–18fed Salon, Landivisiau, Llydaw 2000–06; *First Exchange Exhibition of Contemporary Celtic Sculpture*, Caernarfon 2000; *Celtic Exchange*, Canolfan Gelfyddydau Pontardawe (CGP) 2001; *Cerfluniaeth Cymru*, Y Faenol 2001; *Celtic Exchanges*, CGP, 2002 (teithiol); *Les Amis*, Oriel Courtroom, Llanbedr Pont Steffan 2003; Terrassa, Barcelona 2004. Cyfraniadau i gylchgrawn *Sculpteurs Bretagne*; cylchlythyr, Cerfluniaeth Cymru. 'Dw i'n cyfuno dur wedi'i weldio â choed ac ystôr …themâu mytholegol a doniol.' Yn byw yng Ngharmel, Gwynedd, gogledd Cymru. *Yr artist*

### Bart O'FARRELL 1941–

**Enw gwaith Bartholomew Patrick O'Farrell, peintiwr. Ganed ym Margoed, de Cymru.**

Astudiodd yng Ngholeg Celf Caerdydd 1959–62; Coleg Polytechnig Cymru, Y Barri 1974–78 (BAdd). Darlunydd hysbysebu 1960au; darlithydd, Athrofa Addysg Uwch Gorllewin Morgannwg 1981–85. Arddangosfeydd ar y cyd yn cynnwys Amgueddfa Cymru; Oriel Albany, Caerdydd; Celfyddydau Cain Manor House, Caerdydd; Amgueddfa Frenhinol Cernyw, Truro. Arddangosfeydd undyn (o 1986) yn cynnwys Amgueddfa Werin Helston; Canolfan Gelfyddydau St Austell; Oriel Gelf Falmouth. Casgliadau'n cynnwys Llyfrgell Genedlaethol Cymru, Aberystwyth. Yn byw yn St Keverne, Lloegr. *Yr artist*

### Maureen O'KANE 1961–

**Enw gwaith Maureen Ann O'Kane, artist mosäig. Ganed yn Wolverhampton, Lloegr.**

Cyrhaeddodd Gymru ym 1989. Astudiodd yn Ysgol Gelf a Dylunio Wolverhampton 1980–84, gyda Ron Dutton; Athrofa Addysg Uwch Caerdydd 1991–92; Coleg Celf a Dylunio Chelsea 1997–99 (MA Celf a Dylunio Cyhoeddus); Studio Arte del Mosaico, Ravenna 2001. Gweithwraig Celfyddydau Ieuenctid, Cyngor Rhondda Cynon Taf 1990–98; Athrawes, Ysgol Gyfun Porthcawl 1991–92; Ysgol Gyfun Cil-y-coed (rhan-amser) 1992–97; tiwtor Celf, Carchar Caerdydd, o 1998; Ysgol Westbourne, Penarth 2002–05. Aelod tîm Cymru, Pencampwriaethau Cerfluniaeth Eira Rhyngwladol 1991–94. Artist preswyl, ysgolion, de Cymru 1994–2002; Ysbyty y Glowyr, Dosbarth Caerffili 1998–2000; Ymddiriedolaeth Groundwork Pen-y-bont ar Ogwr 1998–2001; Ysbyty George Thomas, Treorci o 2006. Lleoliad artist, La Familia Sagrada, Barcelona 2005. Comisiynau'n cynnwys Ysbyty Llandochau, Penarth 1997; Canolfan Gelfyddydau Neuadd Llanofer, Caerdydd 2000; Ysbyty Plant Caerdydd 2003; Ysgol Gyfun Lewis i Ferched, Ystrad Mynach 2003, 2007; ffilmiau animeiddio S4C, *Dove Life* 2002, *The Unswept Floor* 2003 (arobryn, Gŵyl Ffilmiau Celtaidd, a BAFTA Cymru); Ysgol Ryngwladol Escaan, Sitges, Sbaen 2006. Gwaith wedi'i gynnwys yn BBC Cymru, The Slate 1994. Yn byw yng Nghaerdydd, de Cymru. *Yr artist*

## Geoffrey OLSEN 1943–2007
**Peintiwr. Ganed ym Merthyr Tudful, de Cymru.**

Astudiodd 1962–68 yng Ngholeg Celf Gorllewin Lloegr, Bryste; Coleg Celf Casnewydd; Coleg Celf Caerdydd; Yr Academi Celf Gain, Munich. Athro, ysgolion yn Swydd Derby 1968–72; darlithydd, Coleg Technegol Gogledd Swydd Rhydychen, Banbury 1972–78; darlithydd/prif ddarlithydd/uwch-ddarlithydd, Polytechnig Rhydychen/Prifysgol Brookes Rhydychen (PBRh) 1978–2001; cyfarwyddwr MFA y Celfyddydau Gweledol, Prifysgol Ryngwladol Fflorida, Miami (PRFf) 2001–06. Artist preswyl, Ysgol Cheney, Rhydychen 1988; Stiwdios Art Centers International, Fflorens, Yr Eidal 1992; PRFf 1996; Oriel Gelf ac Amgueddfa Cheltenham (OGAC) 1999–2000. Gwobr Abbey, Yr Ysgol Brydeinig yn Rhufain 1999; Gwobr Brynu Celfyddydau De Lloegr (CD) 1992; Ysgoloriaeth gan Lywodraeth Bafaria 1992. Cydweithio â'r rhwymydd llyfrau, David Sellars, *Art and Beauties of Florence or Attempts to Make Paintings in the Renaissance Capital in the 1990s* (1997); *Quartered* (1997). Arddangosfeydd niferus ar y cyd gan gynnwys *Six from Oxford/Seven from Leiden*, Amgueddfa Celf Fodern, Rhydychen 1982; *Cymru 83*, Oriel Mostyn, Llandudno 1983 (teithiol); *The Green Show*, Oriel Ikon, Birmingham 1990–91 (teithiol); Eisteddfod Genedlaethol Cymru, Aberystwyth 1992 (arobryn); *Arddangosfa'r Wobr Brynu Celf*, Prifysgol Morgannwg, Pontypridd (PM) 1997; *Painting the Dragon*, Amgueddfa Cymru 2000. Arddangosfeydd undyn niferus gan gynnwys *25+*, *Mixed Media Works*, Canolfan Gelfyddydau Chapter, Caerdydd 1974; Oriel Gelf Newlyn 1990; *Small Paintings and Collaborative Bookworks*, Llyfrgell Genedlaethol Cymru, Aberystwyth 2000 (teithiol); Canolfan Gelfyddydau Abaty Nant Teyrnon, Cwmbrân 2001; Oriel y Bont, PM 2002. Casgliadau CD; OGAC; PBRh; Ymddiriedolaeth Ysbyty Dwyrain Swydd Gaerloyw. Byddai'n gwneud murbaentiadau gan ddefnyddio cyfryngau digidol. '…ffurfiau naturiol Merthyr Tudful… tarenni'r Cotswolds … golau Miami …'. Roedd yn byw yn Sheepscombe, Lloegr.
*Yr artist*

## Nicola O'NEILL 1962–
**Ffotograffydd. Ganed yn Ellesmere Port, Lloegr.**

Astudiodd yng Ngholeg Celf a Dylunio Caerwysg 1981–84; Prifysgol St Andrews 1988–91 (MPhil Archeoleg Forol). Cyrhaeddodd Gymru ym 1984. Ffotograffydd, Oriel Mission, Abertawe 1993–2003; dogfennu gwaith artistiaid, ffotograffiaeth i hysbysebu ymgyrchoedd 2002–07. Comisiwn, Cymdeithas Tai Abertawe 2007. Arddangosfeydd ar y cyd yn cynnwys Oriel Gweithdy Abertawe 1995, 1997; Eisteddfod Genedlaethol Cymru, Llanelli 2000; *Identity*, Oriel Davies, Y Drenewydd 2004; *Fashion Doll*, Prifysgol Heriot Watt, Caeredin 2004; *Idolatry*, Oriel Canfas, Caerdydd 2007; *Artist y Flwyddyn Cymru*, Neuadd Dewi Sant, Caerdydd 2007. Arddangosfa ddeuddyn, *Strange Tilt*, Oriel Mission, Abertawe (gyda John Paul Evans) 1999. 'Doliau, symboliaeth pobl berffaith. Dw i wedi'u defnyddio i boblogi golygfeydd a chreu cipluniau arddulliedig o'r gorffennol.' Yn byw yn Abertawe, de Cymru.
*Yr artist*

## Philip O'REILLY 1944–
**Cerflunydd, artist digidol. Ganed yn Leamington Spa, Lloegr.**

Astudiodd yng Ngholeg Celf a Dylunio Coventry 1959–64, gyda John England, Derrick Turner; Ysgol Celf Gain Slade, Llundain 1964–66, gyda Harold Cohen, Robyn Denny, William Townsend (ysgoloriaeth deithio Boise 1966). Technegydd, Ysgol Gelf Wimbledon, Llundain (YGW) 1966–67; darlithydd, YGW o 1979; uwch-ddarlithydd, Athrofa Prifysgol Cymru, Caerdydd o 2000. Artist preswyl, Athrofa Bolton 2001; Ysgol Gelf a Chrefft, Petäjävesi, Jyväskylä, Ffindir 2001; Gemini Digital Colour, Pen-y-bont ar Ogwr/Cywaith Cymru (CC) 2002. Comisiynau'n cynnwys Datblygiad King's Cross, Llundain, P&O Developments 2004–06; Prifysgol Strathclyde, Glasgow 2006. Gwobr, Celfyddydau Rhyngwladol

Cymru 2005. Aelod o'r Grŵp Lliwiau (Prydain Fawr); Rhwydwaith Tecstiliau Ewropeaidd; Cymdeithas Gwneuthurwyr Ffelt Rhyngwladol; Fforwm Tecstiliau De-orllewin Lloegr. Arddangosfeydd ar y cyd yn cynnwys *Arddangosfa'r Haf*, Yr Academi Frenhinol, Llundain 1972; *Colour Feature*, Oriel Myrddin, Caerfyrddin (OM) 2000; arddangosfa staff, Ysgol Gelf a Dylunio Caerdydd, BayArt, Caerdydd 2002; CC, Bae Caerdydd 2002, 2004; *Digital Perceptions*, Oriel Collins, Glasgow 2006 (teithiol). Arddangosfa ddeuddyn, Oriel, Cyngor Celfyddydau Cymru (CCC), Caerdydd (gyda Bob Mitchell) 1976. Arddangosfeydd undyn yn cynnwys *Art-Artist-Artisan-Artefact – A Cycle of Making*, Amgueddfa ac Oriel Gelf Casnewydd 1997 (teithiol); *Material Colour*, Oriel ID, Colchester 2001 (teithiol, gan gynnwys OM); *Objects and Intervals*, Oriel UpFront, Penrith 2007. Wedi'i gynnwys yn *The Art School Series* (Dorling Kindersley 1993–94). Casgliadau'n cynnwys Amgueddfa Ephesus, Twrci; Oriel Gelf Dinas Sheffield; Y Gymdeithas Celf Gyfoes. Prynwyd gwaith gan CCC. 'Mae pob ffurf ar ddefnyddiau a chyfryngau lliw o ddiddordeb i mi.' Yn byw yn Llundain, Lloegr.
*Yr artist*

### Sean O'REILLY 1963–
**Peintiwr, artist gosodwaith. Ganed yn Leeds, Lloegr.**

Astudiodd yng Ngholeg Celf Leeds 1980–82, gyda Patrick Oliver; Athrofa Addysg Uwch De Morgannwg, Caerdydd/Athrofa Prifysgol Cymru, Caerdydd 1982–85, 1987–89, 2004. Cyfarwyddwr, Artists Project Ltd. Prosiectau'n cynnwys Borders, Cymru/Cyfnewidfa Croatia 1997; *Artfront/Waterfront*, Site-ations International, Dinas Efrog Newydd (DEN) 2002; Cyfnewidfa Cymru/Chile 2007. Gwobrau (Artists Project) yn cynnwys Sefydliad Soros, Y Cyngor Prydeinig 1997; Y Gwaddol Cenedlaethol ar gyfer y Celfyddydau, Cyngor Celfyddydau Talaith Efrog Newydd, Ymddiriedolaeth Philip Morris 2002; (unigol) Cymru Creadigol, Cyngor Celfyddydau Cymru 2003; Celfyddydau Rhyngwladol Cymru 2004. Arddangosfeydd ar y cyd yn cynnwys *Sub-lands*, Site-ations, Y Warws Nwyddau, Caerdydd 1994; *Borders*, Amgueddfa Cymru/Amgueddfa Celf Fodern, Zagreb 1997; *Arddangosfa Agored Mostyn*, Oriel Mostyn, Llandudno 1998; *Markers*, Amgueddfa Artistiaid Rhyngwladol, Biennale Fenis (gyda'r bardd, Cathal O'Searcaigh) 2001; *Fresh Kills*, DEN 2001; *Cambio Constante II*, Mynachlog Veruela, Zaragoza 2002. Arddangosfeydd undyn yn cynnwys *Elegeia II*, Palas Grohmann, Łódź, Gwlad Pwyl 1993; *Concealed Fragments*, Oriel Wschodnia, Łódź 1994; *Field* a *Ceilings and Chairs*, Anialdir Negev, Israel 1995; *Polcov 243*, Canolfan Prosiect Artistiaid, Caerdydd 1996; Service, Oriel Emily Harvey, DEN 1997; *Elegeia V*, Avesta, Sweden 2000. Cyhoeddiadau'n cynnwys traethodau catalog ar gyfer Ginevra Godin, Berlin 1997; Paco Simon (adolygol) 2000. Wedi'i gynnwys yn *Planet* (Shelagh Hourahane) 1994; *New York Times Arts Review* (2002). Yn byw yng Nghaerdydd, de Cymru.
*Yr artist*

### Michael ORGAN 1939–
**Enw gwaith George Ralph Michael Organ, peintiwr, ceramegydd. Ganed ym Mhen-maen, de Cymru.**

Astudiodd yng Ngholeg Hyfforddi Caerllion 1957–59, gyda Frank Hamer, Frederick Heap; Coleg Celf Caerdydd 1963–64, gydag Edward Jenkins; Athrofa Addysg Uwch De Morgannwg, Caerdydd 1977–80, gyda Ronald George (Addysg Gelf). Gwaith gyda'r Comisiwn Coedwigaeth 1956–57. Gwasanaeth Milwrol, Y Llu Awyr 1957–59. Athro, Ysgol Uwchradd Fodern Greenfield, Pontnewydd-ar-Wy 1961–63; Ysgol Uwchradd Fodern Coed Efa, Cwmbrân 1964–71; Pennaeth Celf a Dylunio, Ysgol Gyfun Fairwater, Cwmbrân 1971–90. Cyn-aelod o'r prif bwyllgor, Cyngor Ysgolion Prydain Fawr; cyn-arweinydd cyd-bwyllgor, HMS Addysg Gelf BAdd, Prifysgol Cymru. Aelod o'r Grŵp Cymreig; Crochenwyr De Cymru. Arddangosfeydd niferus ar y cyd gan gynnwys Cyngor Celfyddydau Cymru, Caerdydd 1965,

1969, 1974; Canolfan Gelfyddydau Abaty Nant Teyrnon, Cwmbrân (CGANT) 1969, 2000; Eisteddfod Genedlaethol Cymru, Rhydaman 1970 (arobryn); *Wales and the Modern Movements*, Coleg Prifysgol Cymru, Aberystwyth 1973; Neuadd Dewi Sant, Caerdydd 2000–04, 2007. Arddangosfeydd undyn yn cynnwys CGANT 1997, 2007; Oriel Fictoria, Cwmbrân 1999, 2000, 2002; Amgueddfa ac Oriel Gelf Casnewydd (AOGC) 2004; Canolfan Gelfyddydau Neuadd Llanofer, Caerdydd 2006; Canolfan Treftadaeth y Byd Blaenafon 2007. Casgliadau'n cynnwys Amgueddfa ac Oriel Gelf Brycheiniog, Aberhonddu; Amgueddfa ac Oriel Gelf Dinbych-y-pysgod; AOGC; Cyngor Llundain Fwyaf; Prifysgol De California. Prynwyd gwaith gan Gyngor Celfyddydau Cymru. '…atgofion, llenyddiaeth, y cyfryngau torfol, yr amgylchedd naturiol …nid y lleiaf, hanes celf, crefft a dylunio.' Yn byw yn Griffithstown, de Cymru.
*Yr artist*

### Jeanette ORRELL 1964–
**Enw gwaith Jeanette Jones-Hughes, ceramegydd, cerflunydd papur. Ganed yn Leigh, Swydd Gaerhirfryn, Lloegr.**

Astudiodd yn Yr Ysgol Gelfyddydau a Chrefftau, Llundain 1982–85, gyda Jacqui Poncelet, Ewen Henderson. Trefnydd gweithdai, orielau gogledd Cymru 1991–92; Canolfan Grefft Rhuthun (CGRh) 2004; Canolfan Gelfyddydau Llyfrgell Wrecsam 2005 (CGLlW); The Brindley, Runcorn (TB) 2007. Artist preswyl, Coleg Technoleg Wigan 1990–91; Ysgol Failsworth, Oldham 1991–92. Arddangosfeydd ar y cyd yn cynnwys Oriel Gelf Walker, Lerpwl 1991; Oriel Mostyn, Llandudno (OM) 1994; Canolfan y Celfyddydau Aberystwyth 1995; *Biennale Arlunio Cymru*, CGLlW 2002 (teithiol); Yr Academi Frenhinol Gymreig, Conwy 2003; *Arddangosfa Agored Gogledd Cymru*, Theatr Clwyd, Yr Wyddgrug 2003, 2004 (arobryn). Arddangosfeydd deuddyn (gyda Steffan Jones-Hughes), Canolfan y Plase, Y Bala 2006; TB 2007. Arddangosfeydd un-ddynes yn cynnwys OM 1992; Y Gyfnewidfa Frenhinol, Manceinion 1995; CGRh 2004; *Home Ground*, CGLlW 2006. Gwaith wedi'i gynnwys yn *Papier Maché Style*, Alex McCormick (Chilton Book Company 1994). 'Trwy graffu ar yr un darn tirwedd yn feunyddiol, dw i'n sylwi… ar symudiadau cynnil mewn lliw a ffurf …' Yn byw ym Metws Gwerful Goch, gogledd Cymru.
*Yr artist*

### Osi Rhys OSMOND 1942–
**Enw gwaith Donald Malcolm Osmond, peintiwr. Ganed ym Mryste, Lloegr.**

Ei rieni'n Gymry. Daeth i Gymru ym 1942. Astudiodd yng Ngholeg Celf Casnewydd 1959–64, gyda Thomas Rathmell; Coleg Celf Caerdydd 1964–65, Athrofa Addysg Uwch De Morgannwg 1976–77. Darlithydd/Cyfarwyddwr Cwrs Sylfaen, Coleg Celf Dyfed/Coleg Celf a Dylunio Sir Gaerfyrddin 1982–96; darlithydd (rhan-amser), Athrofa Addysg Uwch Abertawe, o 1996. Gwobrau, Cyngor Celfyddydau Cymru (CCC) 1984, 1987. Arddangosfeydd ar y cyd yn cynnwys *Cymru Nawr*, CCC/Eisteddfod Genedlaethol Cymru (EGC), Y Barri 1968; EGC 1990–92, 1996, 1998, 1999; *META*, Neuadd y Frenhines, Arberth, (NFA) 2001 (teithiol), Amgueddfa ac Oriel Gelf Casnewydd 2005 (teithiol); Llyfrgell Genedlaethol Cymru, Aberystwyth (LlGC) 2005 (teithiol). Arddangosfeydd undyn yn cynnwys Canolfan Gelfyddydau Chapter, Caerdydd 1974, 1977; Oriel, CCC, Caerdydd 1986; Gŵyl Geltaidd Lorient, Lorient, Llydaw 1989; *The Machynlleth Venus*, Oriel Gelf Glynn Vivian, Abertawe 1993; NFA 2005; Canolfan Gelfyddydau Taliesin, Abertawe 2006. Cyhoeddiadau'n cynnwys *Carboniferous Collision – Josef Herman's Ystradgynlais Epiphany* (Y Sefydliad Materion Cymreig 2006); pennod yn *Imaging the Imagination*, golygyddion Christine Kinsey, Ceridwen Lloyd-Morgan (Gwasg Gomer 2005); erthyglau, *Planet*, *New Welsh Review*. Deuddeg rhaglen, *Byd o Liw* (S4C, 2005–07). Casgliadau'n cynnwys Amgueddfa Sir Gaerfyrddin, LlGC. Prynwyd gwaith gan CCC. 'Paentio ac arlunio o fywyd ac yn y stiwdio o ffynonellau eilaidd… myth mewn diwylliant cyfoes.' Yn byw yn Llansteffan, gorllewin Cymru.
*Yr artist*

## Roy OSTLE 1930–1992

**Enw gwaith Roy John Ostle, peintiwr. Ganed yng Nghaer, Lloegr.**

Astudiodd yn Ysgol Gelf Caer 1947–50; Coleg Celf Lerpwl 1950–51. Athro, Llundain, yna Ysgol Uwchradd Prestatyn, 1950au. Uwch-ddarlithydd, Coleg Addysg y Santes Fair, Bangor, a'r Adran Allanol, Coleg Prifysgol Gogledd Cymru, Bangor 1958–1982. Tiwtor, Cymdeithas Gelf Aberdyfi 1980–92. Comisiynau'n cynnwys Eglwys Blwyf Pwllheli; Y Llu Awyr Brenhinol, Sain Tathan; portreadau. Aelod o Gyngor yr Academi Frenhinol Gymreig. Arddangosfeydd niferus ar y cyd gan cynnwys Eisteddfod Genedlaethol Cymru 1957, 1959, 1961, 1964, 1969; Grŵp Gogledd Cymru 1957–63; *The Eighth Exhibition of Contemporary Welsh Painting, Drawing and Sculpture*, Pwyllgor Cymreig Cyngor Celfyddydau Prydain Fawr 1961 (teithiol); Canolfan New Art, Llundain 1962. Arddangosfeydd deuddyn yn cynnwys Oriel Temple, Llandrindod (gydag Ronald Organ) 1963; *Moments in Time*, Oriel Pendeitsh, Caernarfon (gydag Elizabeth Edwards) 1989. Arddangosfeydd undyn yn cynnwys Blyth's, Caeredin 1963 (Gŵyl Caeredin; gwobr am y sioe undyn orau); Oriel Gelf Bangor 1965, 1970; Oriel Tegfryn, Porthaethwy 1973; Oriel Môn, Llangefni 1981. Wedi'i gynnwys yn *The Scotsman* (Awst 1963); cyfweliadau, ITV (1963). Casgliadau'n cynnwys Cyngor Newham, Llundain; Cyngor Sir Gwynedd; Cyngor Sir Ynys Môn; Prifysgol Aberystwyth; Prifysgol Bangor; Ymddiriedolaeth Celfyddydau Cain Clwyd, Castell Bodelwyddan. Prynwyd gwaith gan Gymdeithas Gelfyddydau Gogledd Cymru. Roedd yn byw yn Nant Ffrancon, gogledd Cymru.

## Kathleen O'SULLIVAN 1961–

**Enw gwaith Kathleen Evans, peintwraig, ffotograffydd. Ganed yn Aberdâr, de Cymru.**

Astudiodd yn Athrofa Addysg Uwch De Morgannwg 1979–80; Coleg Polytechnig Birmingham 1980–83 (gradd yn y dosbarth cyntaf; Gwobr Deithio George Jackson); Ysgol Celf Gain Slade, Llundain 1983–85 (MA); Coleg Merthyr 1985–86; Prifysgol Cymru, Caerdydd 2001–02. Darlithydd (rhan-amser), Coleg y Rhondda, Llwynypia 1987–90; Coleg Pontypridd, Rhydyfelin 1987–90; Aberpennar, canolfannau addysg oedolion Blaengarw 1987–90; Coleg Merthyr Tudful, o 1990 (yn llawnamser, o 1995). Gweithdai, Ysgol Haf Morgannwg, Prifysgol Morgannwg 1997; Gwasanaethau Llyfrgell Cwm Cynon i Blant, o 1999. Artist preswyl, llyfrgelloedd Cwm Cynon (LlCwmC) 1986–87; Gwersyll Sequoia, Mynyddoedd Catskill, Efrog Newydd 1989. Gwobrau'n cynnwys Cyngor Celfyddydau Cymru 1986, 1996; Arloesedd y Celfyddydau Creadigol, Prifysgol Morgannwg 2006. Arddangosfeydd ar y cyd yn cynnwys *8th International Print Biennale*, Bradford 1984; *Arddangosfa Agored Cymru*, Canolfan Gelfyddydau Aberystwyth 1984, 1987; *Cynon Valley Profile*, LlCwmC 1987 (teithiol); Oriel Washington, Penarth 1996. Arddangosfa ddwy-ddynes, Oriel Art Hive, Corc (gydag Infinity Bunce) 1996. Arddangosfeydd un-ddynes, Canolfan Ymwelwyr Cwm Dâr, Aberdâr 1990; Oriel Hill Court, Y Fenni 1996; Oriel Henry Thomas, Caerfyrddin 1997. '…mae sylwadau ar y dirwedd yn cydblethu â naratif bywgraffyddol personol, mynegiant ystumiol, darnau lliw emosiynol…' Yn byw yng Nghwm-bach, de Cymru. *Yr artist*

## Don OWEN 1929–2013

**Peintiwr, gwneuthurydd printiau. Ganed yn Llanidloes, canolbarth Cymru.**

Astudiodd yng Ngholeg Hyfforddi Caerdydd 1952; Ysgol Gelf a Dylunio Abertawe 1964, gydag Alfred Janes, Howard Martin, Kenneth Hancock. Athro, ysgolion yng Nghymru, Lloegr. Aelod o Gymdeithas Ddyfrlliwiau Cymru (CDdC); Cymdeithas Frenhinol Artistiaid Prydain (CFAP). Arddangosfeydd ar y cyd yn cynnwys *Print News: Printmakers from Wales*, Oriel, Cyngor Celfyddydau Cymru, Caerdydd/Canolfan Gelfyddydau Chapter, Caerdydd 1990 (teithiol); *Arddangosfa Haf*, Yr Academi Frenhinol, Llundain 1993; CDdC, Cymdeithas Artistiaid Birmingham 1994; CFAP, Orielau'r Mall,

Llundain, o 1995; CDdC, Neuadd Dewi Sant, Caerdydd 2006. Arddangosfa undyn, Oriel Glynn Vivian, Abertawe 1989. 'Olew, dyfrlliw ac ysgythriadau, arluniau…*Under Milkwood* gan Dylan Thomas … cefn gwlad a morluniau Cymru, gweithwyr, creaduriaid.' Roedd yn byw yn Abertawe, de Cymru.
*Yr artist*

### Elspeth OWEN 1938–
**Ceramegydd. Ganed yn Stony Stratford, Lloegr.**

Ei thad yn Gymro. Astudiodd ym Mhrifysgol Rhydychen 1957–60 (Hanes); Ysgol Economeg Llundain 1963–64 (Gweinyddu Cymdeithasol). Dosbarthiadau nos, Coleg Celfyddydau a Thechnoleg Swydd Gaergrawnt 1974–75, gyda Zoë Ellison. Cynorthwy-ydd ymchwil, Prifysgol Caergrawnt 1965–68; gweithwraig gymdeithasol, Caergrawnt 1968–75; tiwtor (rhan-amser), Y Brifysgol Agored 1979–96. Artist preswyl, ysgol arbennig Llansawel 1987. Wedi'i chynnwys ym Mynegai Gwneuthurwyr Dethol y Cyngor Crefftau. Arddangosfeydd ar y cyd yn cynnwys *BP Craft Fellows*, Oriel Gelf Glynn Vivian, Abertawe 1988; Canolfan Gelfyddydau Gorllewin Cymru, Abergwaun 1996; Eisteddfod Genedlaethol Cymru, Ynys Môn 1999, Tyddewi 2002; Galerie Besson, Llundain 1999, 2003; *Diaspora Cymreig*, Canolfan Grefft Rhuthun 2002; *Llif*, Oriel Flow, Llundain ac Oriel Myrddin, Caerfyrddin 2007 (teithiol). Arddangosfeydd un-ddynes yn cynnwys y Cyngor Crefftau yn y VacA, Llundain 1986; *Y Gyfres Gerameg*, Canolfan y Celfyddydau Aberystwyth 1988; Oriel Hart, Llundain 1995, 1997, 2002, 2004, 2006; Oriel Helen Drutt, Philadelphia 2000. Cyhoeddiadau'n cynnwys 'A Question of Balance' (Crafts, rhif 84, 1980); 'On Being a Potter' (*Ceramic Review*, rhif 114, 1988); *Coming Round Again*, Elspeth Owen a Webster Wickham (1998). Wedi'i gynnwys yn *British Studio Pottery*, golygydd Oliver Watson (Christies/Phaidon 1990); *The Crafts in Britain in the 20th Century*, Tanya Harrod (Yale University Press 1999); *Naked Clay*, Jane Perryman (AacC Black, Llundain 2004). Casgliadau'n cynnwys Amgueddfa Fitzwilliam Caergrawnt; Amgueddfa Gerameg Deidesheim, Yr Almaen; Amgueddfa Victoria ac Albert, Llundain; Kunstmuseum, Hambwrg; Prifysgol Aberystwyth. 'Mae'r potiau…yn tarddu'n fwy o'm hatgofion o ddal a chael fy nal nag o unrhyw astudiaeth o gelf na byd natur.' Yn byw yn Grantchester, Lloegr.
*Yr artist*

### Gareth OWEN 1946–
**Peintiwr, artist gosodwaith. Ganed yng Nghroesor, gogledd Cymru.**

Astudiodd yng Ngholeg Celf Caerdydd 1965–70, gyda Tom Hudson, Terry Setch. Athro celf, Ysgol Gyfun, Rhydfelen 1970–73; Ysgol y Berwyn, Y Bala 1973–83; Pennaeth Celf, Ysgol y Creuddyn, Llandudno 1983– tua 2005; Cynghorydd Addysg Gelf 1999–2005; Cynghorydd Allanol, Celf a Dylunio, Cynnal (asiantaeth gynghori i ysgolion, Gwynedd ac Ynys Môn) o 2005; Swyddog Celf, Awdurdod Cymwysterau, Cwricwlwm ac Asesu Cymru 2005–06; Arbenigwr Allanol mewn Celf a Dylunio, Yr Adran Plant, Addysg, Dysgu a Sgiliau Gydol Oes, o 2006. Arddangosfa ddeuddyn, *Dau Gyfaill*, Oriel Canfas, Caerdydd (gyda John Rowlands) 2006. Arddangosfeydd undyn yn cynnwys Oriel Plas Glyn-y-Weddw, Llanbedrog 2003, 2004; Oriel Llyfrgell Caernarfon 2003; Theatr Ardudwy, Harlech 2004; Canolfan y Plase, Y Bala 2004; *Y Wal*, Amgueddfa ac Oriel Gelf Gwynedd 2004; *Cysgod y Capel*, Galeri Caernarfon 2007. Cyhoeddiadau'n cynnwys erthyglau, 'Y Cwricwlwm Cymreig', Catalog Celf, Eisteddfod Genedlaethol yr Urdd (2000); 'Art as Stage Show' (*Daily Post*, 23 Mai 2003); 'Mewn gair a llun' (*Y Cymro*, 25 Ionawr 2003). Wedi'i gynnwys yn Y Sioe Gelf, Cwmni Da (S4C 2002, 2007). 'Yr ymwybyddiaeth o fod yn Gymro …' Yn byw ym Mae Colwyn, gogledd Cymru.
*Yr artist*

## Jonathan OWEN 1948–
**Enw gwaith Jonathan Glynd r Poyntz Owen, peintiwr, gwneuthurydd printiau. Ganed yn Dorking, Lloegr.**

Ei dad yn Gymro. Cyrhaeddodd Gymru ym 1975. Astudiodd yn Ysgol Ganolog Celf a Dylunio, Llundain 1967–68; Coleg Polytechnig Bryste 1968–71, gyda David Inshaw (gradd yn y dosbarth cyntaf); Y Coleg Celf Brenhinol, Llundain 1971–74, gyda Derek Boshier (MA Gwneud printiau). Darlithydd, Coleg Celf Dyfed 1975–78; Coleg Celf Casnewydd 1977–80. Bu'n byw yn California 1980–95; dychwelodd i Gymru ym 1995. Comisiynau'n cynnwys cloriau recordiau, Recordiau RCA 1984, 1987. Arddangosfeydd ar y cyd yn cynnwys Eisteddfod Genedlaethol Cymru, Caerdydd 1978 (arobryn); Oriel Andrew Knight, Caerdydd 1984; *Heart of America National Print Exhibition*, Prifysgol Missouri, UDA (PM) 1986 (enillydd gwobr brynu); *Arddangosfa Brintiau Ryngwladol Casgliad Printiau UDA/DU* (yn teithio'r DU) 1989; Tŷ Cwch Dylan Thomas, Talacharn 1997; *Yr Arddangosfa Brintiau Genedlaethol*, Orielau'r Mall, Llundain 1998 (Gwobr Ryngwladol Papur Whatman). Arddangosfa ddeuddyn, Amgueddfa Sir Dyfed, Caerfyrddin (gyda Pete Davis) 1979. Gwaith wedi'i gynnwys yn *Wales Today*, teledu BBC Cymru (1977); *LA Times*, UDA (1986). Casgliadau'n cynnwys Amgueddfa Cymru; Amgueddfa Sir Gaerfyrddin; PM; Prifysgol California. Prynwyd gwaith gan Gyngor Celfyddydau Cymru. 'Mae'r gwaith yn ffigurol, yn draethiadol …delweddau o'r Unol Daleithiau a Chymru.' Yn byw yn Nhalacharn, gorllewin Cymru.
*Yr artist*

## Shirley Anne OWEN 1946–
**Peintwraig. Ganed yn Llanddunwyd, de Cymru.**

Astudiodd yng Ngholeg Celf Caerdydd 1962–65, gyda Tom Hudson; Coleg Celf Casnewydd 1965–66. Artist meddygol, Ysbyty Rhydlafar 1966–67; clerc cofnodion personol, J R Freeman, Caerdydd 1967–74. Peintwraig lawnamser o 1996. Aelod o Artistiaid Bro Morgannwg; Grŵp Arlunio Caerdydd. Arddangosfeydd ar y cyd yn cynnwys *Arddangosfa'r Hydref*, Academi Frenhinol Gorllewin Lloegr, Bryste 1998; *Biennale Arlunio Cymru*, Canolfan y Celfyddydau Aberystwyth 1999 (teithiol); *Artist y Flwyddyn Cymru*, Neuadd Dewi Sant, Caerdydd (NDS) 2003, 2007; *Essence of Wales*, NDS 2004; *In the Summertime*, Cymdeithas Gelfyddydau y Menywod, Oriel Canfas, Caerdydd 2005; Canolfan Gelfyddydau Neuadd Llanofer, Caerdydd 2006; *Beyond the Vale*, Amgueddfa ac Oriel Gelf Casnewydd 2006. Arddangosfeydd un-ddynes, Oriel Adam, Penarth 2001–03; NDS 2002; Oriel Tri, Penarth 2006; Oriel Gwesty Sba St Brides, Saundersfoot 2007. 'Tirwedd a phobl gwlad a threfi de Cymru …' Yn byw ym Mhenarth, de Cymru.
*Yr artist*

## Stephen John OWEN 1959–
**Peintiwr. Ganed yng Nghaernarfon.**

Dim hyfforddiant celf ffurfiol. William Selwyn ac Ifor Pritchard yn ddylanwadau cynnar arno. Gwyliau plentyndod ym Mhorth Swtan, Ynys Môn; cafodd ei fagu yng Nghaernarfon. Paentiwr ac addurnwr o 1976. Arddangosfeydd ar y cyd, Oriel Kooywood, Caerdydd 2005–07; Oriel Plas Glyn-y-Weddw, Llanbedrog 2005; Oriel Gwyngyll, Llanfair PG, 2006. 'Yr ardal lle dw i'n byw a lle y ces i fy magu.' Yn byw yn Waunfawr, gogledd Cymru.
*Yr artist*

### Trefor Glyn OWEN 1936–
**Ceramegydd. Ganed yn Enfield, Lloegr.**

Ei rieni'n Gymry. Astudiodd yng Ngholeg Kelsterton, Cei Connah 1959–61; Ysgol Gelf Wimbledon 1961–63. Tiwtor, crochenwaith, Ysgol Harrow 1966; Ysgol Gelf Harrow 1967. Aelod o Grochenwyr Gogledd Cymru (CGC). Arddangosfeydd ar y cyd yn cynnwys Eisteddfod Genedlaethol Cymru (EGC) 1963, 1985, 1996; CGC 1971; Amgueddfa ac Oriel Gelf Bangor 1976; *About Time*, EGC, Caerdydd/Cyngor Celfyddydau Cymru (CCC) 1978; Amgueddfa Aabenraa, Denmarc 1985; Keramikmuseet, Grimmerhus, Denmarc 2000. Casgliadau'n cynnwys Amgueddfa Cymru; Canolfan y Celfyddydau Aberystwyth. Prynwyd gwaith gan CCC. '…crochenwaith caled Tz'u-Chou, wedi'i danio â phren, o frenhinlin Sung Tsieina… natur a thirwedd Cymru.' Yn byw ym Mlaenau Ffestiniog, gogledd Cymru.
*Yr artist*

### Joan OXLAND 1920–2009
**Enw gwaith Joan G Oxland, peintwraig. Ganed yng Nghaerdydd, de Cymru.**

Hefyd yn awdur. Astudiodd yn Ysgol Gelf Caerdydd; Ysgol Gelf Wimbledon; Athrofa Addysg Prifysgol Llundain; Académie Julien, Paris 1962–63. Athrawes, Ysgol Ramadeg y Frenhines Anne, Caer Efrog 1947–50; Ysgol Uwchradd Caerdydd i Ferched (daeth yn Bennaeth Adran) 1950–65; Pennaeth Adran Ddylunio, Coleg Addysg Llandaf, Caerdydd 1968–72; athrawes, Ysgol Uwchradd Llanedeyrn, Caerdydd 1972–73 (datblygodd gwrs rhyngddisgyblaethol newydd mewn Dylunio Sylfaenol). Artist a thiwtor llawnamser, Cymdeithas Addysg y Gweithwyr, o 1973. Aelod o Grŵp De Cymru (Ysgrifennydd 1952–54); Cymdeithas Gelf De Cymru (CGDC) (Is-lywydd 1954). Arddangosfeydd ar y cyd yn cynnwys *Arddangosfa Haf*, Yr Academi Frenhinol, Llundain 1950, 1952, 1955, 1957; *Pictures for Welsh Schools*, Cymdeithas er Addysg drwy Gelf, Amgueddfa Cymru (AC) 1951–60; *Wales Through the Painter's Eye*, Oriel Howard Roberts, Caerdydd 1957; Eisteddfod Genedlaethol Cymru 1958, 1960; CGDC 1990 (Gwobr Derrick Turner); Celf Gain Sant Anthony, Caerdydd 2004. Arddangosfeydd un-ddynes yn cynnwys Ysgol Uwchradd Caerdydd i Ferched 1964; Cadeirlan Sant Gwynlliw, Casnewydd 1964; Canolfan Gelfyddydau Chapter, Caerdydd 1974. Cyhoeddiadau'n cynnwys *Design for Embroidery – An Experimental Approach*, Joan Oxland a Betty Whyatt (Mills a Boon 1975, 1976). Wedi'i chynnwys yn *La Revue Moderne* (1971). Casgliadau'n cynnwys AC; Amgueddfa ac Oriel Gelf Castell-nedd; Cyngor Dinas Casnewydd. Prynwyd gwaith gan Gyngor Celfyddydau Cymru. 'Byddai rhanbarthau Ffrainc, yn arbennig Llydaw, Profens a'r Ardèche, yn cael sylw'n gyson yn ei gwaith…' *(South Wales Echo, 21 Gorffennaf 2009)* Roedd yn byw yng Nghaerdydd.

# ARTISTIAID: P

### Richard PAGE 1975–

**Ffotograffydd. Ganed yn Bournemouth, Lloegr.**

Astudiodd ym Mhrifysgol Cymru, Casnewydd (PCCas) 1993–96, gyda Paul Seawright, Clive Landen; Prifysgol Westminster, Llundain (MA Astudiaethau Ffotograffig) 2001–03, gyda David Bate, Andy Golding. Darlithydd (rhan-amser), PCCas 1997–2005; Uwch-ddarlithydd, Athrofa Addysg Uwch Abertawe, o 2002; Darlithydd Cyswllt, Prifysgol Caerdydd, o 2002. Gwobrau'n cynnwys Gwobr Ffotograffiaeth Jerwood 2004; Cyngor Celfyddydau Cymru 2006. Artist preswyl/comisiynau ar gyfer arddangosfeydd, *Prosiect yr A470*, Ffotogallery, Caerdydd (Ffotog)/Oriel Mostyn, Llandudno 2001 (teithiol); *Ha Ha: Margam Revisited*, Ffotog 2002 (gyda chyhoeddiad gan yr artist). Arddangosfeydd

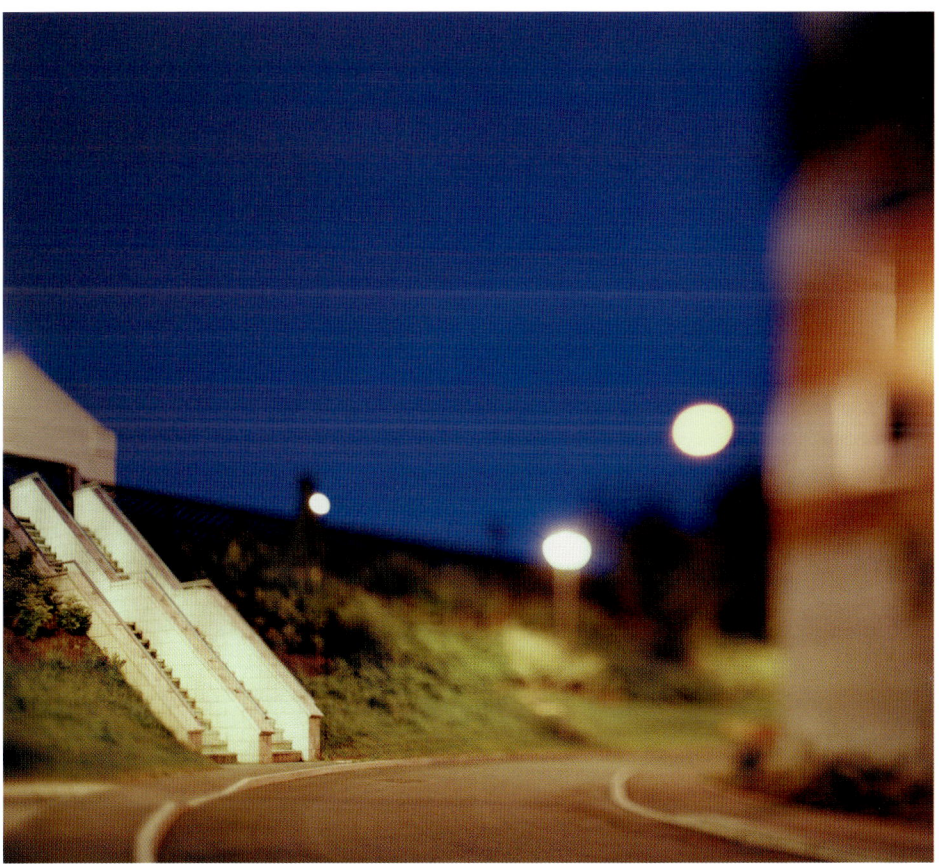

227 | Richard Page
*The Decoy* 2006

eraill ar y cyd yn cynnwys *Twenty Shadows*, Oriel Focal Point, Southend-on-Sea 2004. Arddangosfeydd undyn yn cynnwys *Landscapes from the Tryweryn Valley*, Y Gymdeithas Ffotograffig Frenhinol, Caerfaddon 1999 (teithio'n rhyngwladol, gan gynnwys Canolfan Gelfyddydau Wrecsam (CGW)); *What We Already Know*, Ffotog 2007 (gyda chyhoeddiad gan yr artist). Cyhoeddiadau'n cynnwys *Tirluniau o Gwm Tryweryn* (CGW 2000). Wedi'i gynnwys yn 'Landscapes from the Tryweryn Valley' (Jonathan Jones, *The Guardian* 14 Mehefin 1999); *here + now. Essays on Contemporary Art in Wales*, Iwan Bala (Seren Books, Pen-y-bont ar Ogwr (Seren) 2004); 'Richard Page: Suburban Exposures', Francesca Genovese (*Re:Imaging Wales*, golygydd Hugh Adams, Seren, Tachwedd 2006); 'Paranoid Looking' (Jesse Alexander, Source rhif 50, Gwanwyn 2007). Yn byw yng Nghaerdydd, de Cymru.
*Yr artist*

### Barry PAISH 1937–1981
**Enw gwaith Barry Russell Paish, peintiwr, gwneuthurydd printiau, crochenydd.**
**Ganed yn Beverley, Lloegr.**

Astudiodd yng Ngholeg Celf Birmingham tan 1964. Trefnydd gwirfoddol, Adran Argraffu a Chelf, Coleg Elidyr, Rhandir-mwyn. Arddangosfeydd ar y cyd yn cynnwys Eisteddfod Genedlaethol Cymru, Caerfyrddin 1974 (yr ail wobr); Llyfrgell Caerfyrddin 1974; *Towns and Villages of Wales*, Cymdeithas Gelfyddydau Gorllewin Cymru (CGGC) 1975 (teithiol). Casgliadau'n cynnwys Gwasanaeth Amgueddfeydd Sir Benfro. Prynwyd gwaith gan CGGC. 'Tirluniau o Gymru; portreadau.' Roedd yn byw yn Ninas, gorllewin Cymru.

### Herbert PARKER 1908–1996
**Peintiwr. Ganed ym Mwcle, gogledd Cymru.**

Astudiodd ar gyfer Tystysgrif Addysgu'r Bwrdd Addysg; Y Coleg Normal, Bangor (CNB), gogledd Cymru (Diploma mewn Celf); cyrsiau byr, Ysgolion Celf Caer a Lerpwl, Ysgol Gwerthfawrogi Celf Ruskin, Fenis; Coleg Plas Bretton, ger Wakefield. Athro celf, Ysgol Plas Colomendy, Yr Wyddgrug (YPCyW), am saith mlynedd; Ysgol Dechnegol a Masnachol y Santes Margaret, Lerpwl, chwe blynedd; Dirprwy Brifathro, YPCyW a'r Ganolfan Astudio Amgylcheddol, pedair blynedd ar bymtheg. Tiwtor, cyrsiau gwyliau i athrawon, Y Gymdeithas Datblygu Addysg, Prifysgol Aberystwyth, CNB. Ar ôl ymddeol, tiwtor, cyrsiau paentio i oedolion. Detholydd, yr *Arddangosfa Celf Plant* gyntaf, Pwyllgor Addysg Lerpwl 1955. Aelod o'r Gymdeithas Gelfyddydau Frenhinol. Aelod o Gyngor y Gymdeithas er Addysg drwy Gelf, (Cadeirydd, Cangen Glannau Mersi 1950–56). Aelod, Société des Artistes Français; Cymdeithas Gelf Clwyd (sefydlydd 1960; Llywydd, o 1980); Cymdeithas Gelf Sir y Fflint (Cadeirydd); Cymdeithas Gelfyddydau Sir y Fflint (sefydlydd 1974; Cadeirydd). Arddangosfeydd ar y cyd yn cynnwys yr Academi Frenhinol Gymreig, Conwy; Grŵp Gogledd Cymru; Salon Paris 1976–78, 1980; *Britain in Water Colour*, Orielau'r Mall, Llundain; Oriel Hugo Lang, Lerpwl; Oriel Llyfrgell Daniel Owen, Yr Wyddgrug (LIDO) 1976, 1979. Arddangosfeydd deuddyn yn cynnwys LIDO (gyda J MacMenigall) 1976. Arddangosfeydd undyn yn cynnwys LIDO 1973; Yr Oriel Gymunedol, Theatr Clwyd, Yr Wyddgrug 1991. Wedi'i gynnwys mewn erthygl ar Richard Wilson, *Country Life* (Hydref 1979). Casgliadau'n cynnwys Cyngor Sir Clwyd. Tirluniau mewn dyfrlliw. Roedd yn byw yn Llanferres, gogledd Cymru.

## Heather PARNELL 1959–
**Enw gwaith Heather Winter Parnell, peintwraig, artist cymunedol. Ganed yn Salford, Lloegr.**

Cyrhaeddodd Gymru ym 1984. Astudiodd ym Mholytechnig Manceinion 1978–79; Coleg Celf a Dylunio Caerwysg 1979–82; Athrofa Addysg Uwch De Morgannwg, Caerdydd 1984–85. Ysgoloriaeth Deithio Leverhulme 1988–89. Darlithydd (rhan-amser), Athrofa Addysg Uwch Caerdydd 1989–90; Prifysgol Morgannwg, Pontypridd (PM) 2007. Artist preswyl, ysgolion ym Mhowys 1987; Prifysgol Helwan, Cairo, Yr Aifft (PH) 1988–89; Ysgol Gynradd Ashton Gate, Bryste 1990; Ymddiriedolaeth GIG Ysbyty Llandochau, Caerdydd 1990–98; Ysbyty Brenhinol Morgannwg, Llantrisant (gyda Carol Hiles, Nigel Talbot) 2002–04. Prosiectau cymunedol niferus, de Cymru, Lloegr. Comisiynau'n cynnwys Cyngor Sir Blaenau Gwent/Cywaith Cymru (CywCym) 2004; Yr Asiantaeth Gelf ac Adfywio/Cyngor Dosbarth Gorllewin Lindsey 2002; Cyngor Colchester 2007; Cyngor Sir Caerdydd/CywCym 2007; Cyngor Sir Swydd Gaerhirfryn 2002; Cyngor Sir Abertawe/CywCym 2005. Arddangosfeydd ar y cyd yn cynnwys *Current Artists in Residence*, Cymdeithas Gelfyddydau De-ddwyrain Cymru /Amgueddfa ac Oriel Gelf Casnewydd 1991, 1994; Eisteddfod Genedlaethol Cymru, Pen-y-bont ar Ogwr 1998; *Art in Healthcare*, CywCym, Caerdydd 2001; Athrofa Prifysgol Cymru, Cyncoed, Caerdydd 2003; *Artists in Residence and in Transit*, Oriel Gerddi Howard, Caerdydd 2005. Arddangosfa ddeuddyn, PH (gydag Alan Rogers) 1989. Arddangosfeydd un-ddynes gan gynnwys *Personal Work*, Oriel y Bont, PM 1987 (teithiol); *Paradise Amongst You*, Canolfan Gelfyddydau Abaty Nant Teyrnon, Cwmbrân 1996 (teithiol). Casgliadau'n cynnwys Bwrdd Iechyd Prifysgol Aneurin Bevan; Cyngor Caerdydd. '…hanes personol, daearyddiaeth a mytholeg …' Yn byw ym Mhenarth, de Cymru.
*Yr artist*

## Luned Rhys PARRI 1970–
**Peintwraig, cerflunydd papur. Ganed yn Llanelwy, gogledd Cymru.**

Astudiodd yng Ngholeg Technegol Gwynedd 1988–89, gyda Peter Prendergast; Athrofa Addysg Uwch Caerdydd 1989–92 (gradd yn y dosbarth cyntaf), gyda Terry Setch. Darlithydd, Coleg Menai, Bangor 1993–94; Coleg Meirion Dwyfor 1994–2006. Preswyliadau, gweithdai niferus, yn ysgolion gogledd Cymru o 1993; Canolfan y Celfyddydau Aberystwyth 1994, Oriel Mostyn, Llandudno 1996. Aelod o Exodus; Yr Academi Frenhinol Gymreig (AFG); a Chrefft. Arddangosfeydd niferus ar y cyd gan gynnwys Eisteddfod Genedlaethol Cymru, Llanrwst 1989 (Gwobr Myfyriwr y Flwyddyn), Pen-y-bont ar Ogwr 1998 (arobryn), Dinbych 2001 (Gwobr Dewis y Bobl), Y Fflint 2007; Oriel Pendeitsh, Caernarfon 1992, 1998, 1999; *Arddangosfa 10 mlwyddiant*, Neuadd Dewi Sant, Caerdydd 1993 (y wobr gyntaf); AFG, Conwy 1996, 1998, 2001, 2004; *Ar Bapur*, Amgueddfa Ceredigion, Aberystwyth (ACer) 2003; Oriel Plas Glyn-y-Weddw, Llanbedrog 2003, 2007. Arddangosfeydd un-ddynes yn cynnwys *Cerfweddau Miniatur*, Canolfan Grefft Rhuthun 2003; Oriel Ynys Môn, Llangefni 2004. Gwaith wedi'i gynnwys yn *form: contemporary craft in Wales* (Celfyddydau Rhyngwladol Cymru 2003); Byd o Liw, S4C (2007). Gwaith yng nghasgliad ACer..'…gartref, atgofion plentyndod, bywyd Cymreig.' Yn byw yn y Groeslon, gogledd Cymru.
*Yr artist*

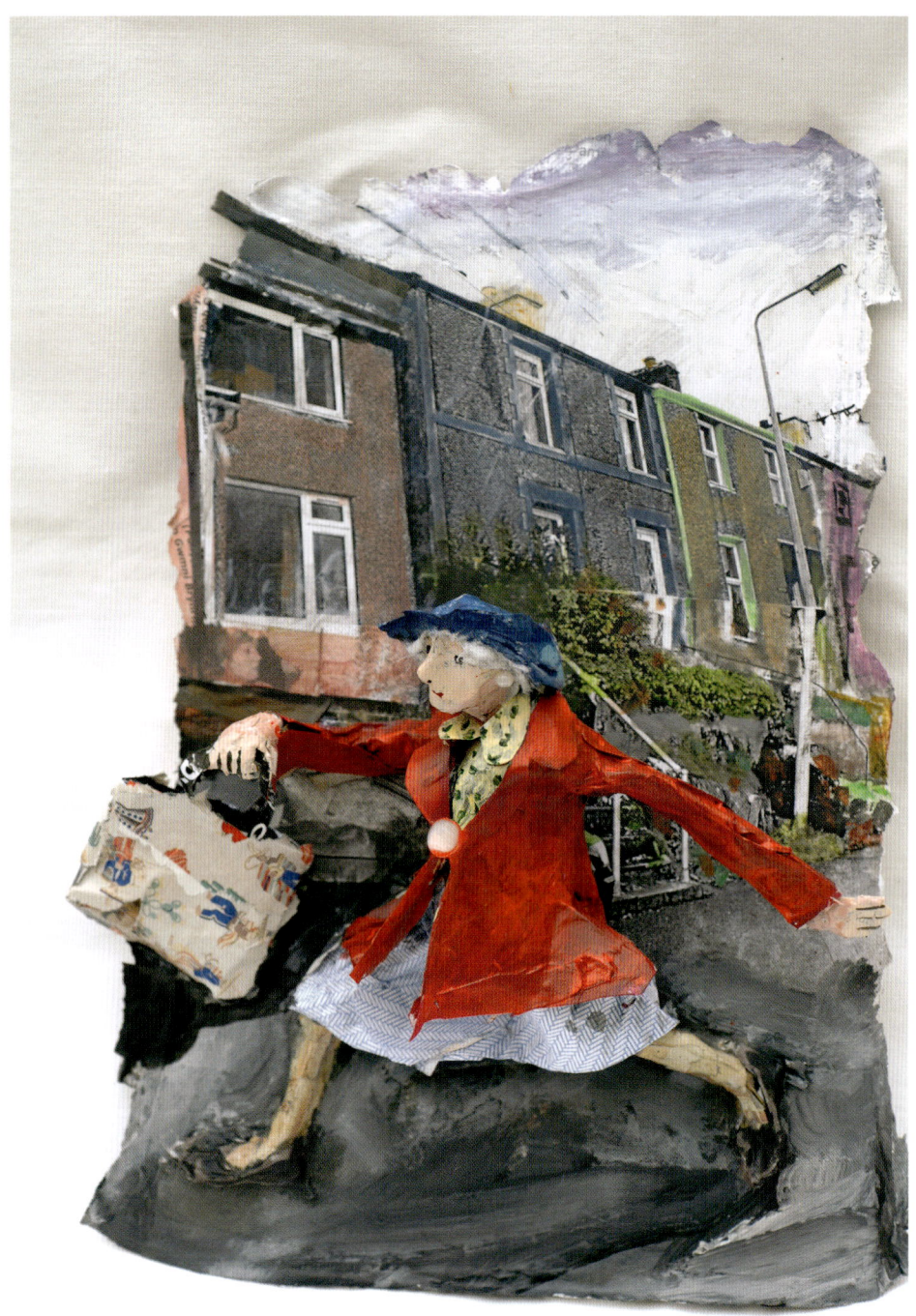

228 | Luned Rhys Parri
*Ar Frys yn Hyfrydle* 2007

### Emrys PARRY 1941–
**Peintiwr. Ganed ym Mangor, gogledd Cymru.**

Roedd Elis Gwyn Jones yn ddylanwad cynnar arno. Astudiodd yng Ngholeg Celf a Dylunio Caerlŷr 1958–63. Pennaeth y Cwrs Sylfaen a Ffasiwn, Coleg Celf a Dylunio Great Yarmouth 1974–88; Pennaeth Astudiaethau Diploma a Diagnostig, Sefydliad Celf a Dylunio Swydd Norfolk 1988–94; Pennaeth Astudiaethau Diagnostig a Gweledol, Ysgol Gelf a Dylunio Norwich 1994–96. Artist llawnamser o 1996. Prif arholwr, Cyrsiau Sylfaen Celf a Dylunio, Cydbwyllgor Addysg Cymru 1996–2005. Aelod o'r Academi Frenhinol Gymreig; Grŵp 20 Norwich (G20N). Arddangosfeydd niferus ar y cyd gan gynnwys Eisteddfod Genedlaethol Cymru Abertawe 1964, Y Drenewydd 1965, Porthmadog 1987; Oriel Plas Glyn-y-Weddw, Llanbedrog (OPGW) 1984, 1985, 1991, 1994, 1995, 2002; *Artistiaid Norwich*, Amgueddfa ac Oriel Gelf Castell Norwich 1995; Canolfan Gelfyddydau Gorllewin Cymru, Abergwaun 2000; Oriel Pen y Fan, Aberhonddu 2007. Arddangosfeydd undyn yn cynnwys Oriel Llyfrgell Caernarfon 1984; OPGW 1988, 1995, 2006, 2007; *Gwreiddiau*, Llyfrgell Genedlaethol Cymru, Aberystwyth (LlGC) 1999; The Playhouse, Norwich 2005; Oriel Ethna Dillon, Norwich 2007. Cyhoeddiadau'n cynnwys *Elis Gwyn Jones, Tribute* (welshartsarchive.org 2003). Gwaith wedi'i gynnwys yn *O Ynys Enlli i Ynys Cynhaearn*, Elis Gwyn Jones (1986); *Cyfaredd Eifionydd, Ysgrifau Elis Gwyn Jones* (Gwasg Carreg Gwalch 2002); *Ysbrydoliaeth/Inspiration R S Thomas* (Cyfeillion OPGW 1995); *Norwich Twenty Group, Sixty Years of Art* (G20N 2005). Casgliadau'n cynnwys LlGC. 'Tirwedd Pen Llŷn (mae gan y tir ei gof).' Yn byw yn Great Yarmouth, Lloegr.
*Yr artist*

### Gareth PARRY 1951–
**Peintiwr. Ganed ym Mlaenau Ffestiniog, gogledd Cymru.**

Astudiodd yng Ngholeg Celf Manceinion 1969–70. Chwarelwr 1970–73; swyddi labro 1973–93; darlunydd llyfrau 1973–78. Aelod o'r Academi Frenhinol Gymreig. Arddangosfeydd ar y cyd yn cynnwys Oriel Plas Glyn-y-Weddw, Llanbedrog 2004–06; Y Tabernacl, Machynlleth 2005; Oriel John Davies, Stow-on-the-Wold 2005; Oriel Albany, Caerdydd 2006. Arddangosfeydd undyn yn cynnwys Llyfrgell Genedlaethol Cymru, Aberystwyth (LlGC) 2001; Oriel Ynys Môn, Llangefni (OYM) 2003; Oriel Kooywood, Caerdydd 2005–07; Oriel yr Atig, Abertawe 2007. Gwaith wedi'i gynnwys yn rhaglenni S4C. Casgliadau'n cynnwys LlGC; OYM. 'Fy nhestunau gan mwyaf yw'r Cymry a Chymru.' Yn byw ym Mlaenau Ffestiniog.
*Yr artist*

### Iwan Gwyn PARRY 1970–
**Peintiwr. Ganed yng Nghaergybi, Ynys Môn, gogledd Cymru.**

Astudiodd yng Ngholeg Technegol Gwynedd, Bangor 1987–89; Athrofa Addysg Uwch Caerdydd 1989–92 (gradd yn y dosbarth cyntaf); Coleg Celf a Dylunio Chelsea 1992–93 (MA Paentio). Darlithydd, Cwrs Sylfaen Celf Gain, Coleg Menai, Bangor o 1994. Artist preswyl, Oriel Mostyn, Llandudno (OM) 2000. Aelod o'r Academi Frenhinol Gymreig (AFG). Arddangosfeydd ar y cyd yn cynnwys Eisteddfod Genedlaethol Cymru, Ynys Môn 1999 (medal arian); *Olew a Dŵr*, Canolfan y Celfyddydau Gweledol, Caerdydd 2000; Oriel Ynys Môn, Llangefni (OYM) 2003, 2004; *Native Land*, OM 2004; *Eryri*, Amgueddfa ac Oriel Gelf Gwynedd, Bangor (AOGG) 2005; *Sea Britain*, Yr Ymddiriedolaeth Genedlaethol, Oriel Plas Glyn-y-Weddw, Llanbedrog 2005 (teithiol). Arddangosfeydd deuddyn yn cynnwys AOGG (gydag Owein Prendergast) 1997; *Landmarks*, OYM (gyda Darren Hughes) 2002. Arddangosfeydd undyn yn cynnwys Theatr Clwyd, Yr Wyddgrug 2003; Oriel Martin Tinney, Caerdydd 2007; AFG, Conwy 2007. Gwaith wedi'i gynnwys yn Arfordir Lliwgar, S4C 2006. '…tirluniau…yn feddylfryd llawn cymaint â lleoedd penodol …gogledd-orllewin Ynys Môn lle y cefais fy ngeni a'm magu …' *(dyfyniad o Oriel Martin Tinney)* Gwaith yng nghasgliad Cyngor Sir Ynys Môn, Prifysgol De Cymru, Pontypridd. Yn byw ym Methesda, gogledd Cymru.

*Yr artist*

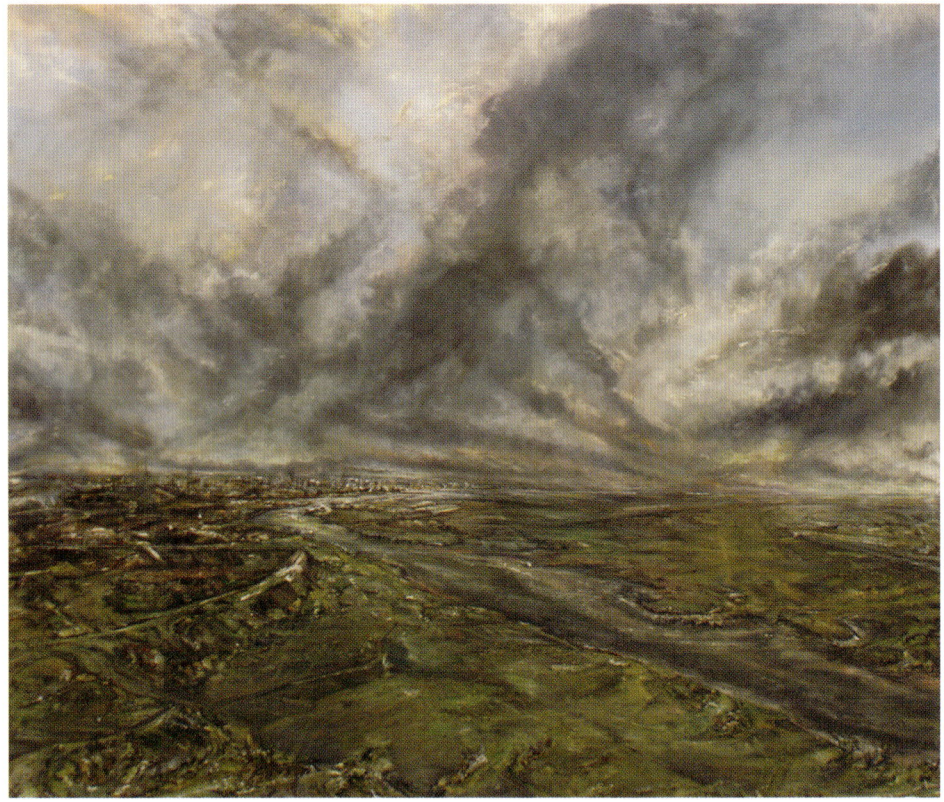

229 | Iwan Gwyn Parry
*Estuary with Clearing Skies* 2004

### Phil **PARRY** 1952–

**Enw gwaith Philip James Parry, peintiwr. Ganed yng Nglynebwy, de Cymru.**

Astudiodd yng Ngholeg Celf Casnewydd 1972–76, gyda Jack Crabtree, Peter Nicholas, John Selway, Ernest Zobole; Athrofa Addysg Uwch De Morgannwg, Caerdydd 1976–77. Athro, Ysgol Uwchradd Teilo Sant, Caerdydd 1977–80; Ysgol Uwchradd Esgob Llandaf, Caerdydd o 1980. Comisiwn, Canolfan Hyfforddi Swyddogion Prifysgol, Caerdydd 1977. Aelod o Gymdeithas Artistiaid a Dylunwyr Cymru 1976–82. Arddangosfeydd ar y cyd yn cynnwys *Cardiff Artists*, Galerie der Stadt, Stuttgart 1982; Eisteddfod Genedlaethol Cymru, Llanfair-ym-Muallt 1993; *Gwobr Bortreadau BP*, Yr Oriel Bortreadau Genedlaethol, Llundain 1993; *Artist y Flwyddyn Cymru*, Neuadd Dewi Sant, Caerdydd (NDS) 2007. Arddangosfeydd undyn yn cynwys NDS 1986, 1989; Oriel Cei'r Gorllewin, Caerdydd 1993; Oriel Kooywood, Caerdydd 2006. Casgliadau'n cynnwys Cymdeithas Celf Gyfoes Cymru; Ysbyty Brenhinol Gwent, Casnewydd. '…traethau a'r golau'n chwarae ar ddŵr; portreadaeth, cyfansoddiadau ffigurau.' Yn byw yng Nghaerdydd, de Cymru.

*Yr artist*

## Christine PARSONS 1932–
**Peintwraig. Ganed ym Merthyr Tudful, de Cymru.**

Astudiodd yn Ysgol Gelf Harrow 1948–51; Ysgol Gelf Willesden 1951–53, gydag Ivor Fox; Coleg Celf Sheffield 1954–55. Athrawes, ysgolion yn Llundain 1955–58; darlithydd (rhan-amser), colegau celf/ politechnig, gan gynnwys Plymouth, Sheffield, Coventry, Brighton 1963–78. Arddangosfeydd ar y cyd yn cynnwys *Arddangosfa Haf*, Yr Academi Frenhinol, Llundain 1971, 1976, 1983; Oriel Angela Flowers, Llundain 1974; Buy More Art, Eastbourne 1979; *Art 89*, Canolfan Cynllunio Adeiladau, Llundain 1989. Arddangosfeydd un-ddynes yn cynnwys Oriel Gelf Wolverhampton 1970; Oriel Ikon, Birmingham 1971, 1974; Oriel Ogle, Cheltenham 1983; Amgueddfa ac Oriel Gelf Henffordd (AOGH) 1987. Gwaith wedi'i gynnwys yn y wasg gelf genedlaethol gan gynnwys *Sunday Times*, *Birmingham Post*. Casgliadau'n cynnwys AOGH; Oriel Graves, Sheffield; Oriel Towner, Eastbourne. Prynwyd gwaith gan Gyngor Celfyddydau Cymru. '…fy nyddiau cynnar yn ne Cymru …bywyd llonydd, tirluniau, rhai portreadau …yr awyr.' Yn byw yn Brampton Abbotts, Rhosan ar Wy, Lloegr.
*Yr artist*

## Kay PARSONS 1947–
**Peintwraig. Ganed yn Aberdaugleddau, gorllewin Cymru.**

Astudiodd gydag Arthur Giardelli, David Tress, Sir Benfro 1984–91; yn Ysgol Gelf Byam Shaw, Llundain 1991–92, gyda Gethin Evans, Richard Kenton Webb; Coleg Celf a Dylunio Gorllewin Swydd Surrey, Farnham 1992–95, gyda Paul Butler, Wyn Jones. Clerc swyddfa bost, Aberdaugleddau 1965–69; gweithiwr crefft/gweinyddwr swyddfa, Aberdaugleddau 1972–88. Arddangosfeydd ar y cyd yn cynnwys *Arddangosfa Agored Dyfed*, Caerfyrddin 1990; *Art West 2000*, Oriel Myrddin, Caerfyrddin 2000 (teithiol); *Biennale Arlunio Cymru*, Canolfan Gelfyddydau Llyfrgell Wrecsam 2002 (teithiol), 2005 (teithiol); *Pastels Today*, Y Gymdeithas Bastel, Orielau'r Mall, Llundain 2002, 2006; *Arddangosfa Agored Oriel Davies*, Oriel Davies, Y Drenewydd 2004. Arddangosfeydd dwy-ddynes, *The Old Ice Factory*, Amgueddfa Dreftadaeth a Morol Aberdaugleddau (gyda Katrina Head) 1990; *Inside and Outside*, Oriel Boundary, Llundain (gyda Clarissa Upchurch) 2002. Arddangosfeydd un-ddynes, *Interior Spaces*, Oriel Cable Street, Llundain 2002; Oriel 33, Llundain 2002, 2002, 2005. Casgliadau'n cynnwys Cyngor Sir Gaerfyrddin; Prifysgol Cymru Y Drindod Dewi Sant. 'Mewnluniau …gofodau pensaernïol…' Yn byw yn Aberdaugleddau.
*Yr artist*

## Keith M PARSONS 1936–
**Peintiwr. Ganed ym Mryste, Lloegr.**

Ei fam yn Gymraes. Bu'n byw yng Nghymru 1947–54. Astudiodd yng Ngholeg Celf Gorllewin Lloegr, Bryste 1954–58, 1960–61, gyda Paul Feiler, Francis Hoyland, Rachel Roberts. Gwasanaeth Milwrol, Y Llu Awyr 1958–60. Athro, Ysgol Holmer Green, Swydd Buckingham 1961–86. Dychwelodd i Gymru 1986. Arddangosfeydd ar y cyd yn cynnwys Arddangosfa Gelf Agored Hwlffordd 1987, 1988, 1990, 1996; *Save St Davids/The Exhibition, Pembrokeshire against Radar Campaign*, Cadeirlan Tyddewi 1990 (teithiol); *Sioe Gelf Dyfed*, Caerfyrddin 1991; *Arddangosfa Agored Cymru*, Canolfan y Celfyddydau Aberystwyth 1991–93, 1995, 1996. Arddangosfeydd undyn yn cynnwys Llyfrgell Hwlffordd 1987, 1988, 1995; Llyfrgell Abergwaun 1990. Gwaith wedi'i gynnwys yn ffilm y BBC ar ôl trychineb olew y Sea Empress, 1996. '…effaith golau ar dirwedd yr arfordir …y môr yn ei holl dymherau; lonydd cefn gwlad tlws; harddwch llonydd caeau a llynnoedd.' Yn byw ym Marloes, gorllewin Cymru.
*Yr artist*

**Paul+A** **Gweler Paul JEFF**

### Paul PARSONS 1961–
**Peintiwr. Ganed ym Maesteg, de Cymru.**

Artist hunanaddysgedig. Bu'n gweithio mewn melin bapur 1977–96. Arddangosfeydd ar y cyd yn cynnwys Oriel Nolton, Pen-y-bont ar Ogwr 2004; Oriel Kooywood, Caerdydd 2006; Canolfan Gelfyddydau Pontardawe 2007. 'Natur yw fy mhrif ddylanwad.' Yn byw ym Maesteg.
*Yr artist*

### Sheila PARSONS 1936–
**Enw gwaith Sheila May Parsons, peintwraig. Ganed yn Watford, Lloegr.**

Cyrhaeddodd Gymru ym 1980. Astudiodd yng Ngholeg Celf Harrow 1950–52; Coleg Celf Hornsey, Swydd Middlesex 1952–53; Coleg Celf Jacob Kramer, Leeds 1979–80; Athrofa Addysg Uwch De Morgannwg, Caerdydd 1980–83, gyda Paul Beauchamp, Michael Crowther, Terry Setch. Drafftsmones, cynorthwy-ydd llyfrgell gelfyddydau, Llundain, Leeds 1953–80; cynorthwy-ydd llyfrgell, artist graffeg, Caerdydd 1983–89. Aelod o Gymdeithas Artistiaid a Dylunwyr Cymru; Cymdeithas Gelf y Menywod. Arddangosfeydd ar y cyd yn cynnwys *Stowells Trophy Exhibition*, Yr Academi Frenhinol, Llundain 1982; *Arddangosfa Haf Canolbarth Cymru*, Aberystwyth 1982, 1983; Canolfan Gelfyddydau Neuadd Llanofer, Caerdydd (CGNLI) 1994; Oriel Albany, Caerdydd 1995; *Arddangosfa Agored Cymru*, Canolfan y Celfyddydau Aberystwyth 1995; Neuadd Dewi Sant, Caerdydd 1995, 1997. Arddangosfeydd un-ddynes yn cynnwys CGNLl 1995; Llyfrgell Ganolog Caerdydd 1996; Oriel y Cylch, Y Miwni, Pontypridd 1997. 'Tirwedd Cymru … lle dyn a'i berthynas â'i amgylchedd.' Yn byw yng Nghaerdydd, de Cymru.
*Yr artist*

### Sheila PATON **Gweler Sheila KNAPP-FISHER**

### Anna PAWELKO 1951–
**Enw gwaith Helena Anna Pawelko, peintwraig. Ganed ym Mhen-y-bont ar Ogwr, de Cymru.**

Astudiodd yng Ngholeg Celf Caerdydd 1969–70, gyda Tom Hudson; Coleg Celf a Dylunio Bournemouth a Poole 1970–73. Bu'n gweithio ar gomisiynau ledled Ewrop 1972–2007. Tiwtor annibynnol yng Nghymru o 2005. Arddangosfeydd ar y cyd yn cynnwys Oriel GPF, Casnewydd 1999; Oriel Albany, Caerdydd 2001; Oriel Washington, Penarth 2001; *Walking the Line*, tactileBOSCH, Caerdydd 2007. Arddangosfa un-ddynes Oriel Kilvert, Cleiro 2000. 'Tirluniau o Gymru, bywlunio a phaentio.' Yn byw yn Radur, de Cymru.
*Yr artist*

### Michael Gustavius PAYNE 1969–
**Peintiwr. Ganed ym Merthyr Tudful, de Cymru.**

Astudiodd yng Nghanolfan Celf a Thechnoleg Ddylunio Morgannwg Ganol, Pontypridd 1991–93; Coleg Addysg Uwch Cheltenham a Chaerloyw 1993–96 (gradd yn y dosbarth cyntaf) (Gwobr Brynu Cymdeithas Adeiladu Cheltenham a Gloucester 1996); Ysgol Gelf Gain Athen, Gwlad Groeg 1995. Artist cymunedol 1996–2003. Cydgysylltydd Celf Ieuenctid, Cyngor Bwrdeistref Sirol Merthyr Tudful (CBSMT) 1999–2004; Swyddog Datblygu'r Celfyddydau, CBSMT o 2005. Arddangosfeydd cenedlaethol/rhyngwladol niferus ar y cyd gan gynnwys Eisteddfod Genedlaethol Cymru, Llanfair-ym-Muallt 1993 (gwobr fyfyriwr), Pen-y-bont ar Ogwr 1998, Ynys Môn 1999; Llanelli 2000;

*Cymru Ifanc III*, Yr Academi Frenhinol Gymreig, Conwy 1996 (enillydd gwobr); Y Tabernacl, Machynlleth 1998, 2007; Yr Uwchgynhadledd Ewropeaidd, Neuadd y Ddinas, Caerdydd 1998; *Animal Magic*, Amgueddfa Wlân Cymru, Dre-fach Felindre 1999; *Arddangosfa'r Wobr Prynu Celf*, Oriel y Bont, Prifysgol Morgannwg, Pontypridd 1999 (Gwobr Dewis yr Ymwelwyr). Arddangosfeydd undyn yn cynnwys Canolfan Gelfyddydau yr Eglwys Norwyaidd, Caerdydd 1997; Oriel Washington, Penarth 2000, 2001; Canolfan Gelfyddydau Gorllewin Cymru, Abergwaun 2002, 2004; *Stories without Narrative*, Parc Treftadaeth y Rhondda, Trehafod 2006. Gwaith wedi'i gynnwys yn y *Western Mail* (Pauline McLean, 24 Mai 1997; Emily Lambert, 4 Mai 2002), *Art Review* (Ebrill 1997, Hydref 2000); The Slate, teledu'r BBC (1993); Cwmni Da, HTV (1998). Gwaith yng nghasgliad Prifysgol De Cymru, Pontypridd. '…Mytholeg Cymru a'r Mabinogi.' Yn byw yn Nowlais, de Cymru.
*Yr artist*

### Eric PEAKE 1940–
**Enw gwaith Eric Harries Peake, peintiwr. Ganed yng Nghorwen, gogledd Cymru.**

Astudiodd yng Ngholeg Alsager, Stoke-on-Trent 1963–65; Prifysgol Manceinion (Seicoleg Addysgol) 1974–75. Prentis saer coed 1956–61; Adran Benseiri, Cyngor Sir Swydd Gaer 1961–63; athro, Ysgol Sirol/Ysgol Uwch Bromborough 1965–70; tiwtor/darlithydd, Coleg Dinesig Cilgwri, Eastham 1970–77; darlithydd/arddangoswr, cynadleddau rhyngwladol ar adar o 1977. Aelod o Gymdeithas Celf Gain Gogledd Cymru (CCGGC); Cymdeithas yr Artistiaid Botaneg. Gwobr Cyngor Celfyddydau Cymru 2004. Arddangosfeydd cenedlaethol/ rhyngwladol niferus ar y cyd gan gynnwys *Birds in Art in Wales*, Y Gymdeithas Frenhinol er Diogelu Adar 1981, 1983, 1986; *Arddangosfa Agored Gogledd Cymru*, Oriel Theatr Clwyd, Yr Wyddgrug 1995, 2002; *Parrots*, Amgueddfa Oldham 1995; *Expo Internationale d'Art Animalier*, Brwsel 1997; Oriel Ynys Môn, Llangefni 1998, 2001, 2005; Yr Academi Frenhinol Gymreig, Conwy 2004. Arddangosfeydd undyn yn cynnwys Canolfan Gelf Gateway, Amwythig 1989; Theatr Clwyd, Yr Wyddgrug 1996, 2003; Canolfan Gelfyddydau Llyfrgell Wrecsam 2001; adolygol, Amgueddfa Grosvenor, Caer 2001. Cyhoeddiadau'n cynnwys erthyglau mewn cylchgronau adar Seisnig, Ewropeaidd ac Americanaidd. Darluniau llyfrau, gan gynnwys *Monograph of Macaws and Conures*, Tony Silva (Silvio Mattacchione & Co, Canada 1993); *The Scottish British Bird and Mule Club*, RE Phillips (Almac Print Ltd, DU 2001). Gwaith wedi'i gynnwys mewn rhaglenni radio a theledu, DU/UDA, gan gynnwys The Elinor Show (HTV Cymru 1987). '…adar mewn perygl, yn enwedig parotiaid.' Yn byw yn y Fflint, gogledd Cymru.
*Yr artist*

### Karen PEARCE 1958–
**Enw gwaith Karen Mary Pearce, peintwraig. Ganed yn Folkestone, Lloegr. Cyrhaeddodd Gymru ym 1966.**

Roedd Hywel Harries yn ddylanwad cynnar arni. Astudiodd ym Mhrifysgol Cymru, Aberystwyth (PCA) 1998–2001 (gradd yn y dosbarth cyntaf) (Gwobr Ben Bowen 1998), 2001–03 (MA Celf Gain). Tiwtor (rhan-amser), Ysgol Gelf a Dysgu Gydol Oes, PCA o 2003. Artist preswyl, Ysgol Penweddig ac Ysgol Penglais, Aberystwyth 1996. Ysgoloriaeth Dirlunio'r Academi Frenhinol 2001. Aelod o fforma. Arddangosfeydd ar y cyd yn cynnwys Eisteddfod Genedlaethol Cymru, Dinbych 2000; *Biennale Arlunio Cymru*, Canolfan y Celfyddydau Aberystwyth (CCA) 2003, 2005; Oriel yr Atig, Abertawe (OAA) 2004, 2005; Oriel Stark, Llundain 2005; Oriel Plas Glyn-y-Weddw, Llanbedrog (OPGW) 2006; Oriel Albany, Caerdydd 2007. Arddangosfeydd un-ddynes yn cynnwys CCA 1993; Ysgol Gelf, Aberystwyth 2003; Amgueddfa Ceredigion, Aberystwyth (ACer) 2005; OAA 2006; OPGW 2007. Darluniau llyfrau, gan gynnwys *Are you Talking to Me*, golygddion John Spink a Mairwen Jones (Llyfrau Pont, Gwasg Gomer (LlPGG) 1994); *The Animal Wall and other Poems*, Gillian Clarke (LlPGG 1999). Gwaith wedi'i

gynnwys mewn erthyglau mewn cylchgronau/cyfnodolion, gan gynnwys *Planet* (Jenny Williams, Rhagfyr 2004). Gwaith yng nghasgliad ACer. '…y dirwedd o gwmpas fy nghartref yn Aberystwyth…Mi fydda i'n gweithio o nodiadau a brasluniau sy'n cael eu gwneud yn yr awyr agored, o ffotograffau a hefyd o'r cof ….'Yn byw yn Aberystwyth, canolbarth Cymru.
*Yr artist*

### Sally PEARCE 1941–
**Peintwraig. Ganed yn y Fenni, de Cymru.**

Bu'r artist lleol, Yolande Hurley, yn ddylanwad cynnar. Hyfforddai drafftsmonaeth 1954–57, swyddfa arlunio Richard Thomas a Baldwin, Glynebwy, gyda diwrnod astudio mewn peirianneg, Coleg Technegol Crymlyn; astudiodd yng Ngholeg Aberteifi (celf a dylunio) 2003–06, gyda Dave Parkin; cyrsiau byrion, Ysgol Addysg a Dysgu Gydol Oes, Coleg y Brifysgol Aberystwyth. Bu'n byw/gweithio yn India 1958–61; gwaith gyda theuluoedd a phlant dan anfantais, Sheffield, Swydd Nottingham 1961–75; bu'n byw yn yr Alban 1975–81; Pacistan 1981–85; dychwelodd i Gymru 1985. Trefnydd gweithgareddau, cartref preswyl ger Llandysul 1992–95; tiwtor i grwpiau stiwdio. Aelod o Gymdeithas Gelf Aberteifi (CGAbert); Grŵp Celf Trefdraeth, Sir Benfro; Stiwdios Agored Gorllewin Cymru. Arddangosfeydd ar y cyd yn cynnwys Y Tabernacl, Machynlleth 2003; CGAbert, Theatr Mwldan, Aberteifi 2005, 2006, 2007; Celfyddydau Cambria, Tregaron 2007. '… y wlad o'm cwmpas yng Nghymru, tirluniau a morluniau, fy ngardd fy hun ….' Yn byw yn Llandysul, gorllewin Cymru.
*Yr artist*

### David PEARL 1952–
**Artist gwydr, cerflunydd. Ganed yn Nottingham, Lloegr.**

Ei fam yn Gymraes. Astudiodd yng Ngholeg Sheridan, Ontario, Canada 1970–74; Coleg Celf Abertawe 1975–77 (rhagoriaeth); Coleg y Brifysgol, Llundain 2002–03 (MA Pensaernïaeth). Yn byw yng Nghymru er 1981. Darlithydd, Athrofa Addysg Uwch Abertawe 1996–99; Prifysgol Cymru, Caerdydd 1998–99. Comisiynau niferus gan gynnwys Amgueddfa Môr a Diwydiant Cymru, Caerdydd 1987; Tŵr Ecliptig Arsyllfa Abertawe 1992; Gŵyl Erddi Cymru, Glynebwy 1993; Academi Frenhinol Cerdd a Drama'r Alban, Glasgow 1996; Ysbyty Tywysoges Cymru, Pen-y-bont ar Ogwr (gyda'r bardd Nigel Jenkins) 1998; Gateshead's Quays, Gateshead/Newcastle upon Tyne 2004; Bae Caerdydd (gydag Amber Hiscott) 2000; Plas Bute, Caerdydd 2005. Cymdeithas Frenhinol y Celfyddydau, Gwobr Celf mewn Pensaernïaeth 1995. Arddangosfeydd ar y cyd yn cynnwys y Cyngor Crefftau, Llundain 1991; *Six Voices*, Centre International du Vitrail, Chartres ac Oriel Clai a Gwydr Canada, Ontario 1997; *The Wind that Blows Me is Called Light*, Oriel Gelf Glynn Vivian, Abertawe 1999; Deutsches Glasmalerei-Museum, Linnich, Yr Almaen 2003. Arddangosfeydd undyn yn cynnwys *Ritual Theatre*, Oriel yr Asiantaeth Gelf ac Adfywio, Caerdydd 2005; *Table: Topography*, Oriel Material Matters, Toronto, Canada 2006. Gwaith wedi'i gynnwys yn *Crafts* Magazine (Mawrth 1986); *Neues Glas* (Mawrth 1986, Ionawr 1995); *Architects Journal* (Mehefin 1998); *Art Review* (Rhagfyr 2000); *Stained Glass USA* (2003); llyfrau, gan gynnwys *Contemporary Stained Glass*, Andrew Moor (Mitchell Beazley 1989, 2001); *20th Century Stained Glass*, Robert Kehlmann (Kyoto Shoin International 1992); *The Art of Glass*, Stephen Knapp (Rockport 1998); *Glass*, Jera May Morton (Watson-Guptill, Efrog Newydd 1999). Yn byw yn Abertawe, de Cymru.
*Yr artist*

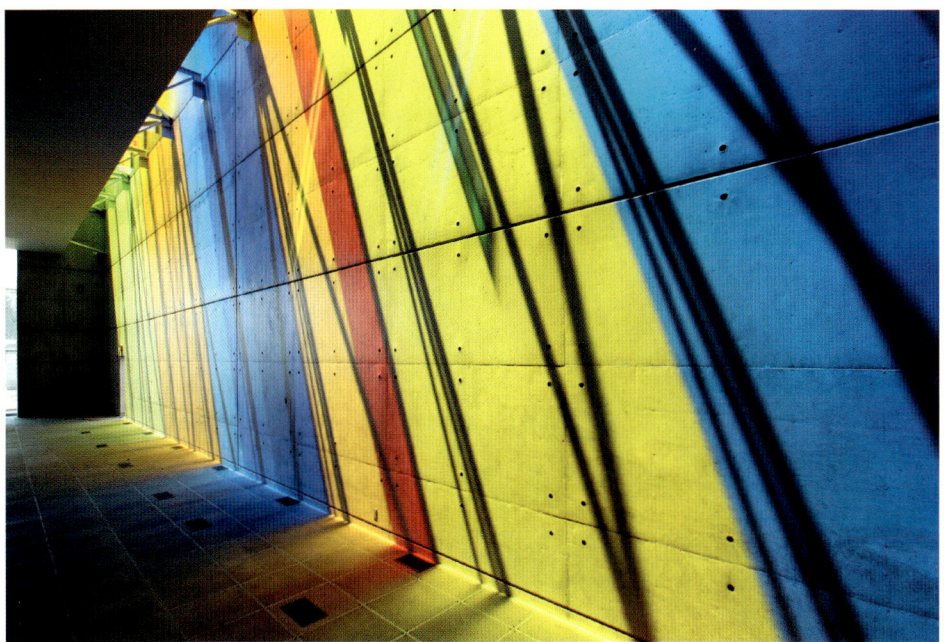

230 | David Pearl
*Gosodwaith golau lliw naturiol* 2006

## Vanessa PEARSON 1940–
**Enw gwaith Isobel Hilary Vanessa Pearson, peintwraig. Ganed yn Llundain, Lloegr.**

Ei mam yn Gymraes. Cyrhaeddodd Gymru ym 1965. Astudiodd yng Ngholeg Celf Wimbledon, Llundain 1957–61; Athrofa Addysg Prifysgol Llundain 1961–62; Coleg Celf a Thechnoleg Swydd Hertford 1990–91 (Therapi Celf). Athrawes yn Llundain, Groeg, Sir Benfro 1962–65; busnes gwesty'r teulu 1965–83; artist cymunedol/therapydd celf, Sir Benfro 1983–87. Cymerodd ran yn ArtsCare, Cymdeithas Gelfyddydau Gorllewin Cymru 1986–88. Comisiynau'n cynnwys CADW, Castell Carreg Cennen 1988; Y Fyddin Brydeinig, Castell Martin. Aelod o Gymdeithas Artistiaid a Dylunwyr Cymru 1984–87. Arddangosfeydd ar y cyd yn cynnwys Llyfrgell Hwlffordd 1984; *Arddangosfa Bastel*, Orielau'r Mall, Llundain 1988; Art Matters, Dinbych-y-pysgod (AM) 2001; Eisteddfod Genedlaethol Cymru, Tyddewi 2002. Arddangosfeydd un-ddynes yn cynnwys Oriel Gelf Glynn Vivian, Abertawe 1987; Llyfrgell Doc Penfro 1988; AM 2001; Oriel Emrys, Hwlffordd 2003. Prynwyd gwaith gan Gymdeithas Gelfyddydau Gorllewin Cymru. 'Y dirwedd yn Sir Benfro a'r Eidal …[y gwaith] yn aml yn cael ei greu yn y man a'r lle …' Yn byw yn Angle, gorllewin Cymru.
*Yr artist*

## Marged PENDRELL 1951–
**Cerflunydd, artist gosodwaith. Ganed ym Mhontyberem, gorllewin Cymru.**

Astudiodd yng Ngholeg Celf Dyfed, Caerfyrddin 1970–71; Coleg Celf a Dylunio Loughborough 1974–77. Tiwtor, gweithdai/cyrsiau i oedolion/plant, gogledd Cymru, o 1978; tiwtor (rhan-amser), cerflunydd, Ysgol Dysgu Gydol Oes, Prifysgol Cymru, Bangor, o 2002. Artist preswyl, A Solaina, Galicia 2007. Comisiwn i'r Ymddiriedolaeth Genedlaethol, Craflwyn, Beddgelert. Gwobrau'n cynnwys Cyngor Celfyddydau Cymru 2001, 2007; Celfyddydau Rhyngwladol Cymru 2005, 2006. Arddangosfeydd niferus ar y cyd gan gynnwys Oriel Plas Glyn-y-Weddw, Llanbedrog 1995, 2003; Eisteddfod Genedlaethol Cymru, Llandeilo 1996; Oriel Ynys Môn, Llangefni (OYM) 1998; *Insiders – Art and the Box*, Oriel Davies, Y Drenewydd 2003 (teithiol); *Artist y Flwyddyn Cymru*, Neuadd Tyddewi, Caerdydd 2007. Arddangosfeydd un-ddynes gan gynnwys Llyfrgell Caerfyrddin 1978; *Lleoliad*, Amgueddfa ac Oriel Gelf Gwynedd, Bangor 1999; *Cardinal Directions*, Oriel Gelf Glynn Vivian, Abertawe 2001; *Between the Layers*, OYM 2005; *Chwarae Chwiw*, Oriel Mostyn, Llandudno 2006. Gwaith wedi'i adolygu yn *The Big Issue* (Kate Freeman 2001); *a-n Magazine* (Richard Noyce, Ionawr 2004); cyfweliad, Y Sioe Gelf (S4C 1999). '...y tir, y ddaear ...tirwedd wyllt ac anghysbell ...' Yn byw ym Mhenrhyndeudraeth, gogledd Cymru. *Yr artist*

### Michael PENNIE 1936–
**Cerflunydd. Ganed yn Wallasey, Lloegr.**

Astudiodd yng Ngholeg Celf Sunderland 1953–57; Y Coleg Celf Brenhinol, Llundain 1957–61 (Ysgoloriaeth Syr James Knott); Yr Ysgol Brydeinig yn Rhufain 1961 (ysgoloriaeth gerfluniaeth). Darlithydd/ Uwch-ddarlithydd/Athro o 1996, Academi Gelf Caerfaddon 1962–2001. Cymrawd Celfyddydau Gregynog, Prifysgol Cymru/Cyngor Celfyddydau Cymru (CCC) 1971–72. Comisiynau'n cynnwys Ysgol Corsham 1984; Cadeirlan Caersallog. Gwobrau'n cynnwys Celfyddydau De Orllewin Lloegr 1977; Celfyddydau De Lloegr 1979. Artist arweiniol, Gardd Gerfluniau Caerfaddon, Prifysgol Sba Caerfaddon 2006. Arddangosfeydd ar y cyd yn cynnwys *Sculpture '60*, 1960, *Sculpture '64*, 1964, *Sculpture '68*, 1968, Oriel AIA, Llundain; *Play Orbit*, Eisteddfod Genedlaethol Cymru, Y Fflint/Sefydliad y Celfyddydau Cyfoes, Llundain (SCC)/CCC 1969–70 (teithiol); *Themes and Images*, Canolfan y Celfyddydau Aberystwyth 1971; *Art Spectrum South*, Cyngor Celfyddydau Prydain Fawr 1971 (teithiol); *British Artists in Italy 1920–1980*, 1985 (teithiol). Arddangosfeydd undyn yn cynnwys SCC 1965; *Cymrawd Gregynog*, CCC 1971 (teithiol); Oriel Angela Flowers, Llundain 1971, 1973; *Across the Board & 2 Other Sculptures*, Celfyddydau Black Swan, Frome 2007. Cyhoeddiadau'n cynnwys llyfrau am gelf Affrica (Atworth Publications 1987–2000). Wedi'i gynnwys yn *Spectator* (27 Awst 1965); *Art and Artists* (Ebrill 1971); *Sunday Telegraph* (28 Mawrth 1971, 21 Hydref 1973); *Arts Review* (Mawrth 1971, Chwefror 1974). Casgliadau'n cynnwys Amgueddfa Victoria ac Albert, Llundain; Cymdeithas Celf Gyfoes Cymru; Cyngor Celfyddydau Lloegr; Gwasanaeth Amgueddfeydd Sir Benfro; Prifysgol Aberystwyth; Prifysgol Sussex; Y Gymdeithas Celf Gyfoes; Ymddiriedolaeth Celfyddydau Cain Clwyd. Prynwyd gwaith gan CCC; Cymdeithas Gelfyddydau Gogledd Cymru. Cerfluniaeth mewn pren, efydd. Wedi'i ysbrydoli gan gelf Gorllewin Affrica. Yn byw yn Corsham, Lloegr.

### Robert PEPPERELL 1963–
**Enw gwaith Robert Christian Pepperell, artist. Ganed yn Llundain, Lloegr.**

Hefyd yn awdur. Ei fam yn Gymraes. Bu'n byw yng Nghymru 1968–71; dychwelodd ym 1983. Astudiodd yng Ngholeg Addysg Uwch Gwent 1983–86, gyda Roy Ascott, Keith Arnatt; Ysgol Celf Gain Slade, Llundain 1986–88, gyda Stuart Brisley, Susan Hiller. Sefydlydd/Cyfarwyddwr, Hex, cydweithfa ddatblygu amlgyfrwng, Llundain 1989–2000; uwch-ddarlithydd (rhan-amser), Coleg Prifysgol Cymru, Casnewydd 1999–2006; Prifysgol Plymouth 2004–06; athro a Phennaeth Celf Gain, Athrofa Prifysgol Cymru, Caerdydd (APCC) o 2006. Cymrawd o'r Gymdeithas Gelfyddydau Frenhinol. Yn aelod o Gymdeithas Ryngwladol y Celfyddydau, Gwyddorau a Thechnoleg (golygydd cyswllt, *Leonardo Reviews*, o 2000). Arddangosfeydd ar y cyd yn cynnwys *Paradise: a Turn to the Left*, tactileBOSCH, Caerdydd 2006; *Three Painters*, Oriel Gerddi Howard, Caerdydd 2007. Gosodwaith yn cynnwys *Aspects of Gaia*, Ars Electronica, Linz, Awstria (gyda Roy Ascott) 1989; *Synopticon*, arddangosfa JAM, Barbican, Llundain 1996; *Generator*, Oriel Celf Fodern Glasgow 1996; *Aquasphere*, Acwariwm Llundain

(gyda Dianne Harris) 1998; *RAMJAM2* a *Pratyahara*, yn y *Nerve Show*, Sefydliad Celfyddydau Cyfoes, Llundain 1999; *Musical Pods* a *Cyborg Guides*, Dôm y Mileniwm, Greenwich 1999; *Seeing Without Objects*, Canolfan Gelfyddydau Glan yr afon, Casnewydd 2006. Cyhoeddiadau niferus yn cynnwys *The Postdigital Membrane: Imagination, Technology and Desire*, cydawdur Michael Punt (Intellect Books, Bryste (IB) 2000, 2003); *The Posthuman Condition: Consciousness Beyond the Brain* (IB, 2003); *Screen Consciousness: Mind, World and Cinema*, cydolygydd Michael Punt (Rodopi, Amsterdam/Efrog Newydd 2006). Wedi'i gynnwys yn y rhaglen ddogfen, Young South Bank Show (LWT 1993). Casgliadau'n cynnwys Prifysgol Caerwysg; Prifysgol Metropolitan Caerdydd. '… ymchwilio i natur ymwybyddiaeth barhaol drwy ymchwil athronyddol a pheintio ac arlunio.' Yn byw yng Nghasnewydd, de Cymru.
*Yr artist*

## Alan PERRY 1942–
### Peintiwr, darlunydd. Ganed yn Abertawe, de Cymru.

Astudiodd yng Ngholeg Celf Abertawe 1960–65, gyda Frank Beanland, George Fairley, George Little. Hefyd yn fardd ac yn ddramodydd. Athro ysgol yn Swydd Essex 1965–66; Ysgol Pen-lan, Abertawe 1967–80; Ysgol Treforys 1980–95. Tiwtor (rhan-amser), Carchar Abertawe 1978–80. Cydgysylltydd Celfyddydau, Canolfan Gelfyddydau'r Ddraig, Abertawe 1999. Gweithdai, ysgolion Abertawe 1997–2001. Artist preswyl, Oriel Gelf Glynn Vivian, Abertawe (OGGV) 1997; Syreniaid Cymru, Abertawe 1998. Gwobr Leslie Moore, Cyngor Celfyddydau Cymru 1977. Aelod o Gymdeithas Artistiaid a Dylunwyr Cymru.  Arddangosfeydd ar y cyd yn cynnwys Oriel Albany, Caerdydd 1967; Eisteddfod Genedlaethol Cymru, Y Bala 1967, Caerdydd 1978, Pen-y-bont ar Ogwr 1998; Canolfan Gelfyddydau Taliesin, Abertawe 1996; Oriel Mission, Abertawe 1997; *Arddangosfa Agored Abertawe*, OGGV 2003–07; *Biennale Arlunio Cymru*, Canolfan Gelfyddydau Wrecsam 2005 (teithiol). Arddangosfeydd deuddyn yn cynnwys Oriel y Bont, Prifysgol Morgannwg, Pontypridd (OYB) (gyda William Brown) 2004. Arddangosfeydd undyn yn cynnwys *Shards*, OGGV 1977, 1993, 1998; *The Poet's Progress*, OYB 1989; *Running Man*, Canolfan Dylan Thomas, Abertawe 1991, 1995; Yr Oriel Goch, Abertawe 1999; Oriel Exposure, Abertawe 2006. Cyhoeddiadau niferus fel dramodydd a bardd. Arlunio, cartwnau, darluniau wedi'u cynnwys mewn cylchgronau, papurau newydd, gan gynnwys *Planet*, *New Welsh Review*, *Cambrensis*; rhaglenni HTV, BBC2 Cymru. Casgliadau'n cynnwys OGGV; Prifysgol Abertawe. '…paentiadau breuddwydiol sy'n rhannol hunangofiannol, fel arfer wedi'u lleoli yn ei dŷ a'r cyffiniau sy'n edrych dros Fae Abertawe … Cariad, Rhyw ac Angau.' Yn byw yn Abertawe.
*Yr artist*

## David PETERSEN 1944–
### Gof artist. Ganed yng Nghaerdydd, de Cymru.

Astudiodd yng Ngholeg Celf Casnewydd (CCCas) 1961–65, gyda Tom Rathmell; Prifysgol Llundain 1965–66, gyda Bill Newland. Pennaeth Cerfluniaeth, Ysgol Gelf Harrow 1967–70; darlithydd/uwch-ddarlithydd, CCCas/Coleg Addysg Uwch Gwent 1972–78; Pennaeth 3D/Pennaeth Cerfluniaeth, Coleg Celf Dyfed 1978–82. Sefydlodd Stiwdios Myfyrfa Petersen, Sanclêr 1982; Oriel Sanglier, Sanclêr 1997. Ysgogydd digwyddiadau diwylliannol o 1975. Preswyliadau artist niferus, gan gynnwys Parc Cerfluniaeth Margam (PCM) 1984; Yr Ysgol Ryngwladol, Brwsel 2006, 2007. Darlithio'n helaeth yn genedlaethol/rhyngwladol. Cadeirydd/Cyfarwyddwr, Yr Ŵyl Haearn Ryngwladol gyntaf, Caerdydd 1989. Comisiynau'n cynnwys Athrofa Wyddoniaeth a Thechnoleg Prifysgol Cymru, Caerdydd 1984; Cofeb Coed Mametz, Cymdeithas y Ffrynt Gorllewinol 1987; Y Swyddfa Bost/Cynulliad Cenedlaethol Cymru (CynCCym) 1998; Coelcerth Mileniwm/Nwy Prydain/Cyngor Sir Caerdydd (gyda Toby a Gideon Petersen) 2000;

Eisteddfod Genedlaethol Cymru, Tyddewi 2002. Aelod sefydlu o Gymdeithas Artistiaid a Dylunwyr Cymru (cadeirydd 1976–78); aelod o Gymdeithas Gofaint Artist Prydain (CGAP) (cadeirydd 1983–84); Yr Academi Frenhinol Gymreig. Arddangosfeydd niferus ar y cyd gan gynnwys Eisteddfod Genedlaethol Cymru, rhwng 1964 a 1978; *Structure 66*, Cyngor Celfyddydau Cymru (CCC) 1966; *Play Orbit*, CCC/Sefydliad y Celfyddydau Cyfoes, Llundain 1970; *Wales and the Modern Movements*, Coleg Prifysgol Cymru, Aberystwyth 1973 (teithiol); *Sculpture in a Country Park*, PCM 1983; *Wrought*, Stiwdios Petersen 1997 (teithiol); *Flourishing Wales*, Crefft yn y Bae, Caerdydd 2002; *Playing with Fire*, CGAP, Ironbridge 2007. Arddangosfeydd undyn yn cynnwys Canolfan Gelfyddydau Chapter, Caerdydd 1976; Gŵyl Gelfyddydau Llanelli 1979; *Celtic Transmogrification*, Amgueddfa ac Oriel Gelf Dinbych-y-pysgod 2003 (teithiol). Darlledwr/awdur/cyflwynydd, rhaglenni niferus, gan gynnwys *Blacksmith's Ball* (HTV 1989); *The Artist, the Dragon and the Fire* (Teledu Ffrainc 1991); *Graffiti* (S4C 1993); *Fire in the Family* (HTV 1996); *Blacksmiths in History* (BBC Radio 4, 2005). Casgliadau'n cynnwys Amgueddfa ac Oriel Gelf Casnewydd; Cyngor Sir Gaerfyrddin; CynCCym. 'Gwaith mewn metel; themâu Cymreig.' Yn byw yn Sanclêr, gorllewin Cymru. *Yr artist*

### Gideon PETERSEN 1971–
**Enw gwaith Gideon David Petersen, gof artist. Ganed yng Nghasnewydd, de Cymru.**

Astudiodd yng Ngholeg Celf a Dylunio Caerfyrddin 1989–1990; Ysgol Gelf Wimbledon 1990–1993. Bu'n gweithio ag Anthony Caro 1994; gyda chwmnïau celf a dylunio golygfaol, prosiectau parciau, amgueddfeydd, ffilmiau a theatr, Llundain 1993–98. Bu'n gweithio â Stiwdios Petersen 1999–2003; sefydlodd weithdy'r Creative Spiral, â'i wraig, Tanya Petersen 2003. Comisiynau'n cynnwys Castell Picton, Sir Benfro 2002; Artistiaid mewn Diwydiant, Cywaith Cymru 2003; Canolfan Mileniwm Cymru, Caerdydd 2004; Tower Hamlets, Llundain 2005; Creu-ad, Comisiwn Coedwigaeth Cymru 2006. Aelod o Urdd Gwneuthurwyr Cymru. Arddangosfeydd ar y cyd yn cynnwys Oriel Myrddin, Caerfyrddin 1996, 2002; Crefft yn y Bae, Caerdydd 2003; *Iron Works*, Amgueddfa a Chanolfan Hanes Lleol Nelson, Trefnwy 2004. 'Dw i'n gweithio gan amlaf mewn metel gan ddefnyddio llawer o dechnegau gofannu traddodiadol.' Yn byw yng Nghlunderwen, gorllewin Cymru. *Yr artist*

### David PETTS  Gweler David FELIX-DEXTER

### John PETTS 1914–1991
**Peintiwr, ysgythrwr pren, artist gwydr lliw a mosäig, cerflunydd. Ganed yn Llundain.**

Hefyd yn awdur ac yn ddarlledwr. Astudiodd yng Ngholeg Celf Hornsey 1930–33, gyda Norman Janes; Ysgolion yr Academi Frenhinol, Llundain 1933–35 (Ysgolor Sefydliad Prydain), gydag Ernest Jackson; Ysgol Ganolog Celf a Dylunio, Llundain 1934, gyda WF Robins. Cyrhaeddodd ogledd Cymru, Llanllechid ym 1936, gyda'i wraig ar y pryd, yr artist a'r awdur Brenda Chamberlain; sefydlodd Wasg Caseg (ysgythriadau tirluniol, cardiau cyfarch). Gwrthwynebydd cydwybodol yn ystod yr Ail Ryfel Byd, ond bu'n gwasanaethu gyda'r 6ed Adran Awyrennol, Corfflu Meddygol Brenhinol y Fyddin, yn yr Almaen, Gwlad Groeg, Y Dwyrain Canol. Ailgychwynnodd Wasg Caseg, Llanystumdwy, gogledd Cymru 1948–51, gyda Jonah Jones. Cyfarwyddwr Cynorthwyol (Celf), Pwyllgor Cymreig Cyngor Celfyddydau Prydain Fawr, Caerdydd (PCCCPF) 1951–56. Gwaith llawrydd, gan gynnwys ysgythriadau ar gyfer Gwasg y Golden Cockerel. Darlithydd, Dylunio a Chrefftau, Ysgol Gelf Caerfyrddin 1956–61. Comisynau gwydr lliw niferus gan gynnwys Ffenest y Brenin Dafydd, Eglwys Sant Cynfelyn, Caerau, Maesteg; Eglwys y Bedyddwyr 16th Street, Birmingham, Alabama 1965 (wedi'i harannu gan apêl/tanysgrifiadau cyhoeddus y *Western Mail*, ar ôl i blant gael eu lladd mewn ymosodiad bom hiliol). Cerfluniau, mosaigau, i eglwysi, ysgolion yng Nghymru, Manceinion, Sheffield. Gwobrau'n cynnwys

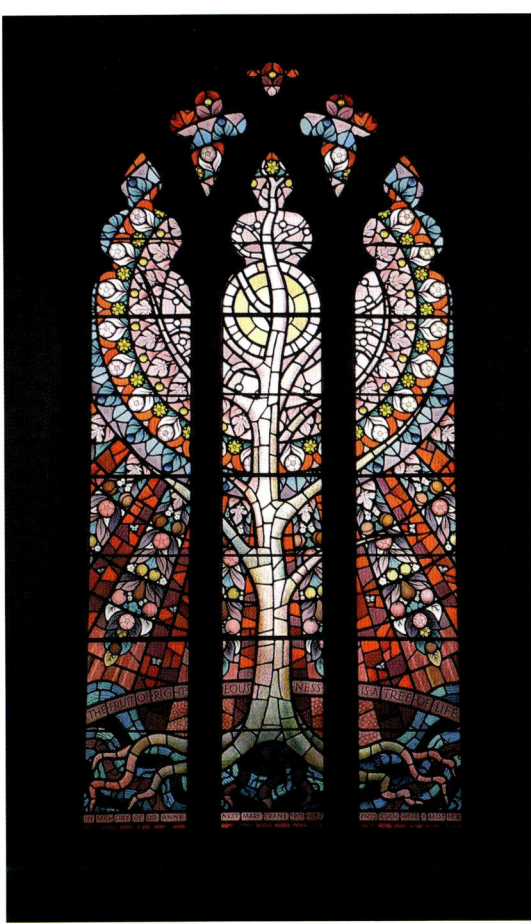

231 | John Petts
*The Tree of Life* 1987

Cymrodoriaeth Churchill 1966. Aelod o Gymdeithas yr Ysgythrwyr Pren; Cymdeithas Frenhinol y Peintwyr-Ysgythrwyr; Grŵp De Cymru/Y Grŵp Cymreig. Arddangosfeydd niferus ar y cyd yng Nghymru a'r DU, gan gynnwys Eisteddfod Genedlaethol Cymru 1950–56; *Second Open Exhibition of Contemporary Welsh Painting and Sculpture*, PCCCPF 1955 (teithiol); *Art in Wales, The 20th Century: The Early Years 1900–56*, Cyngor Celfyddydau Cymru (CCC) 1969 (teithiol); *The Art of Work*, Amgueddfa ac Oriel Gelf Casnewydd 1993. Arddangosfeydd undyn yn cynnwys Oriel Dillwyn, Abertawe 1965; adolwg, Oriel Gelf Glynn Vivian, Abertawe (OGGV) 1975. Casgliadau'n cynnwys Amgueddfa Cymru; Amgueddfa Lloyd George, Llanystymdwy; Amgueddfa Victoria ac Albert, Llundain; Cymdeithas Celf Gyfoes Cymru; Llyfrgell Genedlaethol Cymru; OGGV. Prynwyd gwaith gan CCC. '..mae ysbryd grefyddol yn dylanwadu ar ei holl waith: ond mae gofynion realistig ei grefft yn ei atal rhag "hedfan i'r nwyon tragwyddol" .' *(Gareth Stone Jones 1975)* Roedd yn byw yn y Fenni, de Cymru.

## Kusha PETTS 1921–2003
**Enw gwaith Margery Helen Petts, peintwraig. Ganed yn Llundain, Lloegr.**

Hefyd yn awdur. Ei nain yn Gymraes. Cyrhaeddodd Gymru ym 1947. Astudiodd ym Mhrifysgol Reading 1939–44 (gradd yn y dosbarth cyntaf). Athrawes, Chesterfield 1944–45; Ysgol Sant Paul, Llundain 1945–47; Ysgol Stanwell, Penarth 1956–57. Cynorthwy-ydd gweithdy, gwydr lliw a mosaigau, i John Petts 1947–83; addysgu efrydiau allanol, Sir Gaerfyrddin. Arddangosfeydd ar y cyd yn cynnwys Oriel Howard Roberts, Caerdydd 1956; Eisteddfod Genedlaethol Cymru, Aberdâr 1956; *Pictures for Welsh Schools*, Cymdeithas er Addysg drwy Gelf, Amgueddfa Cymru 1956–57, 1960; Oriel Cricieth 1964; *Sioe Gelf Dyfed*, Llyfrgell Caerfyrddin 1990. Arddangosfeydd un-ddynes yn cynnwys Tŷ Thomson, Caerdydd 1965; Oriel Myrddin, Caerfyrddin 1996; Oriel Court Cupboard, Y Fenni 1999. Cyhoeddiadau'n cynnwys *Necklace for a Poor Sod* (Gwasg Gomer (GG) 1970); cyfraniad i *Parachutes and Petticoats – Welsh Women Writing on WWII*, golygyddion Leigh Verrill-Rhys a Deirdre Beddoe (Honno 1993); *Luminous and Forlorn – Contemporary Short Stories by Women from Wales*, golygydd Elin ap Hywel (Honno 1994). Cerddi/straeon byrion, Radio 2, Radio 4 (1980au–90au). Wedi'i chynnwys yn *Profiles*, Glyn Jones a John Rowlands (GG 1980); Poems and Pints, Teledu BBC Cymru (1972–78); River Patrol, HTV Cymru 2001. Gwaith yng nghasgliad Amgueddfa Sir Gaerfyrddin. 'Bywyd llonydd, morluniau/tirluniau; gwneuthurydd portreadau'n gynt yn ei bywyd'. 'Diddordeb yn yr ecsentrig a'r hynod'. Roedd yn byw yn Llansteffan, gorllewin Cymru.

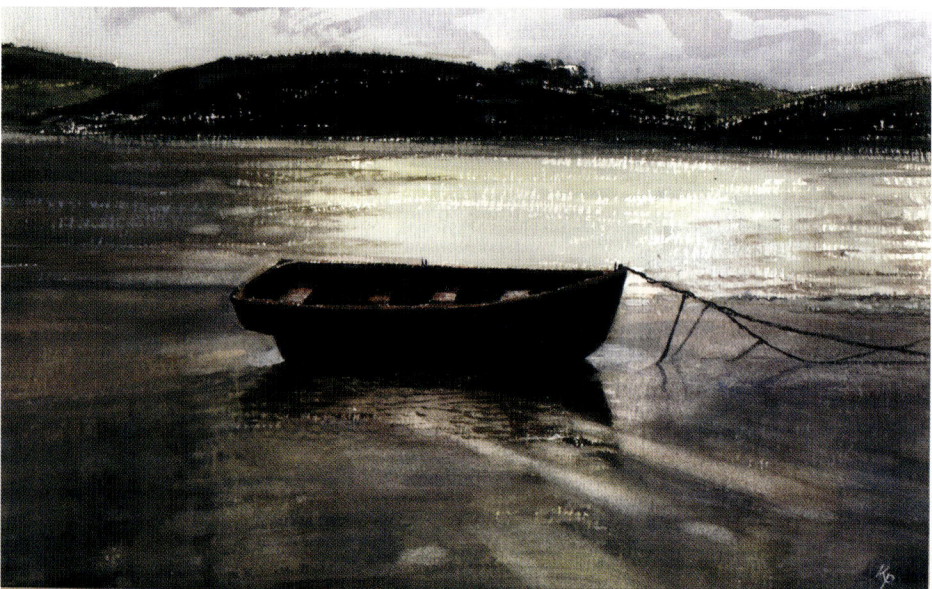

232 | Kusha Petts
*Poacher's Boat* 1988

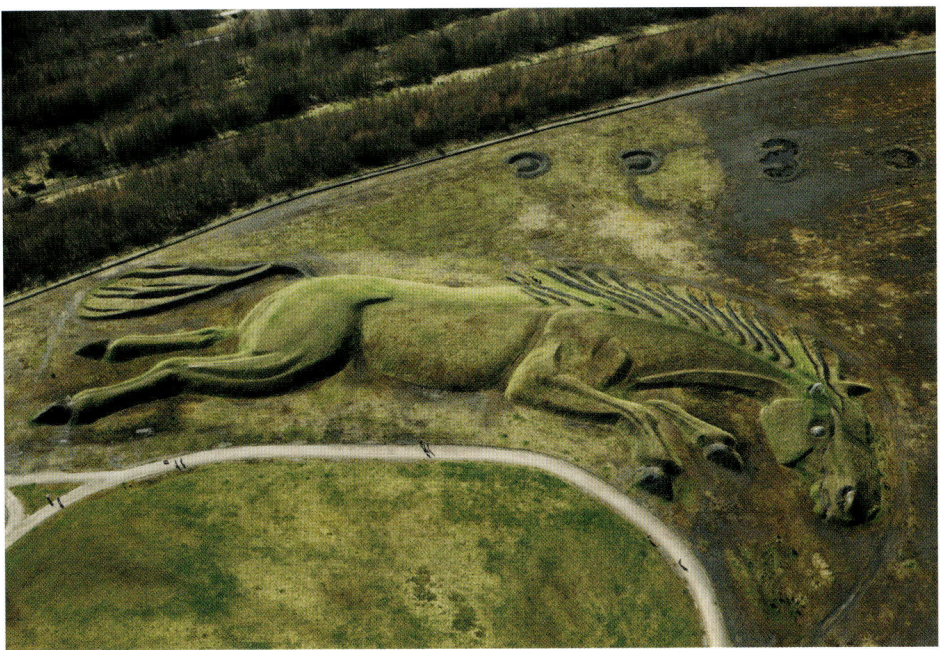

233 | Mick Petts
*The Pit Pony* 1998–9

## Mick PETTS 1957–

**Enw gwaith Michael John Petts, artist tir/amgylcheddol. Ganed yng Nghaerdydd, de Cymru.**

Astudiodd yng Ngholeg Celf Brighton 1976–1980. Darlithydd, Cwrs Sefydlu, Cwrs Dylunio 3D, Coleg Polytechnig Brighton 1980–84; arweinydd cwrs, Celf Tir, Canolfan Amgylcheddol Bishopswood, Swydd Gaerwrangon, o 2003. Artist preswyl, Cronfa Ddŵr Bewl, Caint 1983; Ysbyty Sant Lawrence, Caterham 1985; Ysbyty Trelái, Caerdydd 1986–88; Groundwork Caerffili (GrC) 1993–97. Comisiynau'n cynnwys Coed Cadw, Norfolk 1988, 2004–06; Gŵyl Erddi Cymru, Glynebwy 1992; Gwlyptir y Mileniwm, Llanelli 1997–2000; Parc Penallta, GrC/Cyngor Bwrdeistref Sirol Caerffili 1999, 2000; Coedfa Hilliers, Hampshire 2007. Arddangosfeydd ar y cyd yn cynnwys *Artistiaid Preswyl*, Cymdeithas Gelfyddydau De-ddwyrain Cymru (tan 1994), Neuadd Dewi Sant, Caerdydd 1986, 1997, Tŷ Turner, Penarth 1994, Oriel Gerddi Howard, Caerdydd 2005; *High Tech, Low Tech and No Tech*, Canolfan y Celfyddydau Aberystwyth 1986; *Sites (Public Art throughout Wales)*, Yr Hen Lyfrgell, Caerdydd 1991; *Landscape and Identity*, Cywaith Cymru, Caerdydd 2005. Wedi'i gynnwys yn *Living Sculpture*, Paul Cooper (Mitchell Beazley 2001). Wedi'i ysbrydoli gan wrthgloddiau cynnar. Yn byw yn y Fenni, de Cymru.
*Yr artist*

## David PHILLIPS 1937–

**Enw gwaith David Brian Phillips, peintiwr. Ganed yn Mhen-y-graig, de Cymru.**

Hunanaddysgedig. Glöwr a gweithiwr ffatri 1952–56, 1959–95; y fyddin 1956–59; rheolwr/ymgynghorydd tŷ lliwio, prosesau matsio lliwiau peiriannau lliwio parhaus, Llwynypia, Treorci 1959–95, Yr Iseldiroedd, Seland Newydd, Canada, o 1995. Aelod o Gymdeithas Gelf Llantrisant a'r Cylch; Cymdeithas Gelf De Cymru. Arddangosfeydd ar y cyd yn cynnwys Canolfan y Celfyddydau Aberystwyth

1985, 1987; Llyfrgell Treorci 1986; Llyfrgell Pontypridd 1986. Gwaith wedi'i gynnwys yn *South Wales Echo*, *Western Mail*. 'Tirluniau a phortreadau Cymreig.' Yn byw yn Nhonypandy, de Cymru.
*Yr artist*

### Ian PHILLIPS 1969–
**Darlunydd, gwneuthurydd printiau. Ganed yn Nghaerlŷr, Lloegr.**

Astudiodd yng Ngholeg Polytechnig Caerlŷr 1987–88, 1989–92. Darlunydd llawrydd, Llundain, Brighton 1992–2001. Cyrhaeddodd Gymru yn 2001. Artist preswyl, Cyngor Dosbarth Gogledd Kesteven, Sleaford 2004. Gwobrau'n cynnwys Gweledigaeth Ewropeaidd Ymddiriedolaeth y Tywysog 1993; Cyngor Celfyddydau Cymru 2003. Aelod o Wneuthurwyr Printiau Aberystwyth. Arddangosfeydd ar y cyd yn cynnwys *Arddangosfa Haf*, Yr Academi Frenhinol Gymreig, Conwy 2003; *Farming and the Welsh Landscape, 100 Years of the Royal Show*, Llanfair-ym-Muallt 2004 (teithiol); Oriel yr Atig, Abertawe 2004–06; Canolfan Gelfyddydau Llyfrgell Wrecsam 2005, 2006; *Gwneuthurwyr Printiau Aberystwyth*, Canolfan Gelfyddydau Feick, Vermont 2007; *Artist y Flwyddyn Cymru*, Neuadd Dewi Sant, Caerdydd 2007. Arddangosfeydd undyn yn cynnwys *Llwybr Dyffryn Dyfi*, Y Tabernacl, Machynlleth 2004; *The Way to Here*, Amgueddfa Ceredigion, Aberystwyth (ACer) 2004; *New Works*, Oriel y Bont, Aberystwyth 2006; *Llwybr Arfordir Ceredigion*, Theatr Mwldan, Aberteifi 2007. Casgliadau ACer; Llyfrgell Genedlaethol Cymru. 'Tirluniau, darlunio. Y dylanwadau mwyaf yw torluniau pren Siapaneaidd o'r dirwedd.' Yn byw ym Machynlleth, canolbarth Cymru.
*Yr artist*

### Jane PHILLIPS 1957–2011
**Enw gwaith Jane Elizabeth Phillips, peintwraig. Ganed yn Abertawe, de Cymru.**

Astudiodd yng Ngholeg Celf Abertawe, tan 1976; Ysgol Ganolog Gelf a Dylunio, Llundain, tan 1979. Uwch-dechnegydd, Oriel Gelf Glynn Vivian, Abertawe (OGGV) 1984; Swyddog Arddangosfeydd 1991. Hefyd yn weithwraig wirfoddol, Oriel Gweithdy Celfyddydau Abertawe/Oriel Mission, Abertawe (OMA); y cyfarwyddwr cyntaf, OMA, o 2003. Arddangosfeydd ar y cyd yn cynnwys OMA 1979, 1983; Galerie im Kulturzentrum, Mannheim (gydag artistiaid eraill o Gymru) 1983. Casgliadau'n cynnwys OGGV. Arluniau; paentiadau mawr, lliwiau cryf. Roedd yn byw yn Abertawe.
*Oriel Mission*

### John PHILLIPS 1936–1998
**Cerflunydd. Ganed yn Llundain, Lloegr. Ei rieni'n Gymry.**

Cyrhaeddodd Gymru yn ystod ei blentyndod. Astudiodd yng Ngholeg Celf Caerdydd 1952–56; Ysgol Celf Gain Slade, Llundain 1956–57, 1959–61. Y Llu Awyr Brenhinol 1957–59. Athro, Bryste 1961–64; rheolodd theatr pypedau/mecanyddol gyda'r cyfansoddwr, Martin White 1964–65; darlithydd (rhan-amser), Coleg Celf Caerhirfryn 1965–66; Pennaeth Cerfluniaeth, Coleg Celf Gwlad yr Haf, Taunton 1966–tua 1971; darlithydd (rhan-amser), Coleg Celf Epsom, Coleg Addysg Bellach Barnet, Llundain; Uwch-ddarlithydd, Adran Dylunio Amgylcheddol, Coleg Polytechnig Manceinion tua 1971; Pennaeth Is-adran: Therapïau Celf a'r Celfyddydau, Prifysgol Swydd Hertford, tan 1995. Sefydlodd/rheolodd gwmni pypedwaith, Theatre Grotesque. Aelod o Urdd Theatrau Model Pypedau Prydain. Comisiynau'n cynnwys Gorsaf Dân Bryste; Coleg Prifysgol Cymru, Aberystwyth (gan ddefnyddio chwedl Lleu Llaw Gyffes) 1968. Aelod o Grŵp De Cymru/Y Grŵp Cymreig. Arddangosfeydd ar y cyd yn cynnwys *Young Contemporaries*, Llundain 1955; Oriel Howard Roberts, Caerdydd 1958; *Arddangosfa Agored Oriel Arnolfini*, Bryste 1963 (arobryn); Oriel AIA, Llundain 1963; *12th Exhibition of Contemporary Painting and Sculpture in Wales*, Cyngor Celfyddydau Cymru (CCC) 1967 (teithiol); *Play Orbit*, Eisteddfod Genedlaethol Cymru, Y Fflint/Sefydliad y Celfyddydau Cyfoes, Llundain/CCC 1969–70; Oriel Marjorie

Parr, Llundain 1975. Arddangosfeydd undyn yn cynnwys Oriel Forum, Bryste 1963. Cyhoeddwyd erthygl, 'A Survey of Victorian Marionettists'; ymchwil wedi'i defnyddio yn *The Victorian Marionette Theatre (Studies in Theatre History and Culture)*, John McCormick ac eraill (University of Iowa Press 2004). Casgliadau'n cynnwys Amgueddfa Cymru; Cyngor Sir Gwlad yr Haf; Prifysgol Aberystwyth. Roedd yn byw yn Llundain, Lloegr.

### Tom PHILLIPS 1937–
**Enw gwaith Trefor Thomas Phillips CBE, RA, peintiwr, gwneuthurydd printiau. Ganed yn Llundain, Lloegr.**

Ei rieni'n Gymry. Hefyd yn ffotograffydd, yn awdur, yn gyfansoddwr, yn gyfieithydd llenyddol. Astudiodd yng Ngholeg y Santes Catherine (Saesneg) ac Ysgol Arlunio a Chelf Gain Ruskin, Rhydychen 1957–60; Ysgol Gelf Camberwell, Llundain 1961–63. Darlithydd 1965–72, Academi Gelf Caerfaddon; Coleg Celf Wolverhampton. Penodwyd yn CBE 2002. Etholwyd yn Aelod o'r Academi Frenhinol 1989. Aelod o Gymdeithas Frenhinol y Peintwyr Ysgythrwyr 1987; aelod anrhydeddus, Cymdeithas Frenhinol y Peintwyr Portreadau 1999. Arddangosfeydd cenedlaethol/rhyngwladol niferus o'r 1960au gan gynnwys, yng Nghymru, *Undefined Situation*, Oriel Howard Roberts, Caerdydd 1966; *12fed Arddangosfa Agored Paentio a Cherfluniau Cyfoes Cymru*, Cyngor Celfyddydau Cymru (CCC) 1967 (teithiol); *Play Orbit*, Sefydliad y Celfyddydau Cyfoes/CCC/Eisteddfod Genedlaethol Cymru, Y Fflint, Llundain 1969–70; Blodau, CCC 1978 (teithiol); *Master Weavers from the Dovecot Studios 1912–1980*, Oriel Mostyn, Llandudno (teithiol) 1980. Arddangosfeydd undyn niferus gan gynnwys Oriel CCC, Caerdydd 1971; *Tom Phillips: New Drawings and Prints*, Oriel, CCC, Caerdydd 1975 (teithiol); Oriel Tate, Llundain 1980; Amgueddfa Victoria ac Albert, Llundain (VacA) 1983, 1992; Yr Academi Frenhinol, Llundain 1993; *Sacred and Profane*, Oriel De Llundain, Llundain 1997; *A Humument*, Oriel Genedlaethol Celf Fodern yr Alban, Caeredin 2007. Cyhoeddiadau niferus gan gynnwys *A Humument* (Cyfrolau I – X, Tetrad Press 1971–76; Thames a Hudson 1980, 1987, 1997); *Dante's Inferno* (Talfourd Press 1983). Wedi'i gynnwys yn y wasg gelf/cenedlaethol/rhyngwladol o 1970, gan gynnwys 'A Conversation with Tom Phillips', Richard Minsky (*Craft International*, Hyd–Rhag 1984); *Tom Phillips Works and Texts* (Yr Academi Frenhinol/Thames a Hudson/Hansjörg Mayer 1992); *Royal Academy Illustrated* (1997). Casgliadau'n cynnwys Amgueddfa Cymru, Caerdydd; Casgliadau'r Tate; Cyngor Celfyddydau Lloegr; Prifysgol Aberystwyth; VacA; Yr Amgueddfa Brydeinig, Llundain; Yr Oriel Bortreadau Genedlaethol, Llundain. Prynwyd gwaith gan CCC. Printiadau; llyfrau wedi'u 'trin'; portreadau. Roedd yn byw yn Llundain. *Yr artist.*

### Paul PHILP 1941–
**Ceramegydd. Ganed yng Nghaerdydd.**

Bu'n gweithio ym musnes hen bethau ei dad, Caerdydd; astudiodd yng Ngholeg Celf Caerdydd. Sefydlodd ei grochendy cyntaf, Brychdwn, de Cymru; ei ail grochendy, ger Llanddewi, Caerllion tua 1980. Arddangosfeydd rhyngwladol yn cynnwys Oriel Richard Philp, Llundain; Dillingham a'i Gwmni, Efrog Newydd 2006, 2007; Oriel Carlin, Paris 2006. Erthyglau wedi'u cyhoeddi yn *Ceramic Review*: 'Marbled Pottery' (rhif 14, Mawrth/Ebrill 1972); 'Collecting Ancient Pottery' (rhif 21, Mai/Mehefin 1973); 'Achieving Agate' (rhif 116, Mawrth/Ebrill 1989); 'Rocky Times' (rhif 188, Mawrth/Ebrill 2001). Casgliadau'n cynnwys Gwasanaeth Amgueddfeydd Sir Benfro. Prynwyd gwaith gan Gyngor Celfyddydau Cymru. '… cynhyrchu eitemau sy'n edrych fel pe baent wedi digwydd drwy broses naturiol – fel pe baent wedi cael eu darganfod yn hytrach na wedi cael eu gwneud.' Yn byw yn Llanddewi, de Cymru.

### Sara PHILPOTT 1963–
**Peintwraig, gwneuthurydd printiau. Ganed yn Guildford, Lloegr.**

Astudiodd yn yr Ysgol Gelf Ganolog, Llundain 1981–84. Cyrhaeddodd Gymru 1991. Arddangosfeydd ar y cyd yn cynnwys y Gymdeithas Ddyfrlliwiau Frenhinol, Oriel Bankside, Llundain 1987; Country Works, Trefaldwyn 1995–97, 2000; Canolfan Gelfyddydau Gorllewin Cymru, Abergwaun (CGGC) 2002, 2004, 2006; Oriel Pen y Fan, Aberhonddu 2006. Arddangosfeydd un-ddynes yn cynnwys Oriel Cartoon, Llundain 1985; Theatr Hafren, Y Drenewydd 1996, 1997, 2003; CGGC 2001, 2003, 2005, 2007; Plas Gregynog, Y Drenewydd 2000–02; Canolfan Bleddfa 2004, 2006. Darluniau llyfrau, yn cynnwys *The Lens of Crystal*, Robin Skelton (Old Stile Press (OSP) 1996); *Cefn Golau: Shooting a Novelist*, Christopher Meredith (Cyfres y *Man a'r Lle*, Gwasg Gregynog 1997); *Poems of Light*, Lucien Blaga (OSP 2002); *The Story of the Afanc King and the Sons of Teyrnon*, Christopher Meredith (Gwasg Gregynog 2006). Gwaith yng nghasgliad Cymdeithas Celf Gyfoes Cymru. '…Tirwedd Cymru.' Yn byw yn y Drenewydd, canolbarth Cymru.

*Yr artist*

### Jeff PICKERING 1931–2004
**Enw gwaith Robert Jeffrey Eric Pickering, peintiwr, darlunydd. Ganed yn Sevenoaks, Lloegr. Hefyd yn defnyddio'r llofnod Robert Pickering, Erich Holmann.**

Bu'n byw yng Nghymru 1940–58. Astudiodd yng Ngholeg Celf Casnewydd 1947–51, gyda Thomas Rathmell, Hubert Dalwood; Athrofa Addysg Prifysgol Llundain 1951–52. Stiwdio yng Nghaerdydd gyda Jeffrey Steele, Roderick Hanlan, David Mathias 1952–58. Athro, ysgol uwchradd fodern, Watford (daeth tri o'i ddisgyblion yn artistiaid); darlithydd, Coleg Addysg Bellach Tŷ Manresa, Roehampton a Sefydliad Llenyddol y Ddinas, Holborn, Llundain 1958–70; pennaeth canolfan gelfyddydau, Bromley a Beckenham 1970–80. Aelod o Gymdeithas Frenhinol Artistiaid Prydain. Arddangosfeydd ar y cyd yn cynnwys Amgueddfa Cymru 1956; *Completing the Circle – Master and Pupils: Past and Present*, Gŵyl Honiton 1992. Arddangosfeydd undyn yn cynnwys Oriel Tŷ Saltram, Plymouth 1991; Oriel Town Mill, Lyme Regis (TMLR) 1996; adolygol, TMLR 2005. Darluniau llyfrau i *The Saturn-Pluto Phenomenon*, J Michaud a K Hilverson (S Weiser (SW) 1993); *The Uranus-Neptune Influence*, J Michaud (SW 1994). Gwaith wedi'i gynnwys yn y *South Wales Times* (Terry Hawkes, 17 Awst 1956). Casgliadau'n cynnwys Llyfrgell Casnewydd; Prifysgol Aberystwyth. '…O'r 1940au ymlaen bu gwaith cynnar Victor Pasmore'n ddylanwad arno …Y Gaerdydd sy'n llym, weithiau'n dywyll neu sy'n unlliw a niwlog …yn nes ymlaen, celf haniaethol, ymhyfrydu mewn lliw …' Roedd yn byw yn Sherborne, Lloegr.

*Alice Pickering; Jeffrey Steele*

### Robert PICKERING  Gweler Jeff PICKERING

### Cherry PICKLES 1950–
**Peintwraig. Ganed ym Mhen-y-bont ar Ogwr, de Cymru.**

Astudiodd ym Mhrifysgol Ulster 1969–73 (Mathemateg); Ysgol Gelf Chelsea, Llundain 1973–77, gyda Ken Kiff, Patrick Symonds (gradd yn y dosbarth cyntaf); Ysgol Celf Gain Slade, Llundain 1977–79, gydag Euan Uglow. Darlithydd (rhan-amser), Ysgol Gelf Falmouth 1979–81; Athrofa Addysg Uwch Caerdydd 1986–90; Coleg yr Iesu, Caergaint 1995–96; uwch-ddarlithydd (rhan-amser), Athrofa Prifysgol Cymru, Caerdydd (APCC) o 1997. Artist preswyl, Prifysgol St Andrews 1979–80; Ysgol Royston/Kettles Yard, Celfyddydau Dwyrain Lloegr, Caergrawnt 1984; Preswyliad Landsker, Sir Benfro 1997. Cymrodoriaeth, Prifysgol Caerfaddon 1981. Ysgoloriaeth Dirlunio David Murray 1980; Cymrodoriaeth Llywodraeth Gwlad Groeg 1992, 1994, 1995. Gwobrau'n cynnwys Cyngor Celfyddydau

Cymru (CCC) 1997; Celfyddydau Rhyngwladol Cymru 2001; CCC/APCC 2004, 2006. Arddangosfeydd ar y cyd yn cynnwys Eisteddfod Genedlaethol Cymru, 1986 (arobryn), 1994, 2000, 2003, 2005, 2007; *Arddangosfa Haf*, Yr Academi Frenhinol, Llundain 1986; *Gwobr John Player*, Yr Oriel Bortreadau Genedlaethol, Llundain 1987, 1989; *The Intimate Portrait*, Oriel Gelf Glynn Vivian, Abertawe 1995; Grŵp 56 Cymru, Oriel Gerddi Howard, Caerdydd 1999; Bay Art, Caerdydd 2005, 2007. Arddangosfeydd un-ddynes yn cynnwys Oriel y Bont, Polytechnig Cymru, Pontypridd 1988; Oriel Jill Yakas, Athens 1993, 1995, 2002, 2006; Neuadd Dewi Sant, Caerdydd 1994; *Painting the Gods*, Y Ganolfan Helenig, Llundain 2003; *Self Portraits*, Oriel Piano Nobile, Llundain 2005. Casgliadau'n cynnwys Amgueddfa Cymru; Oriel Frenhinol Genedlaethol Jordan, Amman; Prifysgol Brunel; Prifysgol St Andrews. 'Yn paentio peth tirluniau; hunanbortreadau'n bennaf.' Yn byw yn Nhre-fin, gorllewin Cymru.
*Yr artist*

## Paul Peter PIECH 1920–1996
### Gwneuthurydd printiau. Ganed yn Brooklyn, UDA.

Anfonwyd i Gaerdydd, de Cymru, gydag 8fed Awyrlu Byddin UDA yn ystod yr Ail Ryfel Byd. Dylunydd graffeg, UDA 1945–47. Astudiodd yng Ngholeg Celf Cooper Union, Efrog Newydd (graddiodd ym 1947); Ysgol Gelf Chelsea, Llundain (gwneud printiau) (graddiodd ym 1951). Cyfarwyddwr celf, W S Crawford's Advertising, Llundain 1951–60; Hysbysebu Gwasanaethau, Llundain 1960–68. Sefydlodd Taurus Press, Bushey Heath, Lloegr 1959. Darlithydd (rhan-amser), colegau yn Llundain, Caerlŷr, Watford 1968–1986. Yn byw yng Nghymru erbyn 1986. Cymrawd Cymdeithas y Dylunwyr Argraffyddol. Comisiynau'n cynnwys *The Stations of the Cross*, Emmerich am Rhein, Yr Almaen 1985; Y Ganolfan Ddiwylliannol Iracaidd, Llundain (CDdI) 1986; Eisteddfod Genedlaethol Cymru 1998;

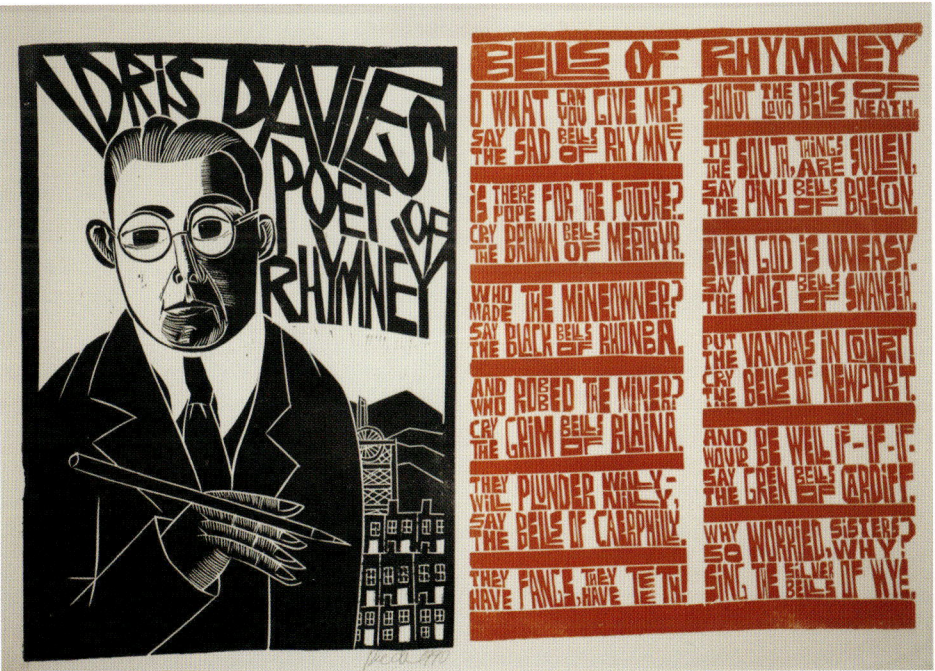

234 | Paul Peter Piech
*Bells of Rhymney (Idris Davies): Y Gyfres Printiau a Cherddi* 1990

darluniau ar gyfer *The War Poems of Wilfred Owen*, Perdix Press (y Fedal Efydd 1989, Arddangosfa Llyfrau Rhyngwladol Leipzig); *Coal, a Sonnet Sequence*, cerddi gan John Gurney (Prifysgol Salzburg 1994). Ymgyrchoedd ar gyfer achosion dyngarol; darluniau ar gyfer llyfrau/cylchgronau. Arddangosfeydd ar y cyd yn cynnwys CDdl 1984, 1985; *Posada and Piech*, Canolfan Gelfyddydau Chapter, Caerdydd 1989; *Contemporary Printmaking in Wales*, Canolfan Gelfyddydau Small Mansion, Llundain/Oriel Gelf Glynn Vivian, Abertawe (OGGV) 1992 (teithiol). Arddangosfeydd deuddyn a thri-dyn yn cynnwys Oriel y Coach House, Caerffili (gyda Derek Barrett) 1990; *The Visual Word: An Exhibition of Responses*, Gweithdy Celfyddydau Abertawe, Abertawe (gyda John Beynon, Warren Allen) 1995. Arddangosfeydd undyn yn cynnwys *Words and Image*, Theatr y Grand, Abertawe 1990; *Poem Posters by Paul Peter Piech (poetical works of Walt Whitman)*, Neuadd Dewi Sant, Caerdydd 1992; Y Llyfrgell Farddoniaeth, Royal Festival Hall, Llundain, 1993; *The Graphic World of Paul Peter Piech*, Parc Treftadaeth y Rhondda, Trehafod 1994; *All that Jazz & Graphics*, Amgueddfa ac Oriel Gelf Brycheiniog, Aberhonddu (AOGB), 1995, *Piech Jazz*, AOGB 1996; OGGV 1998. Portffolios wedi'u cyhoeddi yn cynnwys *War and Misery*; *Martin Luther King: A Drum Major for Justice*; *Prints and Poems*. Casgliadau'n cynnwys Amgueddfa Victoria ac Albert, Llundain; Prifysgol Middlesex; Prifysgol De Cymru, Pontypridd. '…problemau cymdeithasol a gwleidyddol y byd; …torluniau leino, torluniau pren (mewn) posteri a phrintiau ….basgerfweddau pren. Llythrennu oedd un o'i brif ddiddordebau …' Roedd yn byw ym Mhorth-cawl, de Cymru.

### Rob PIERCY 1946–
**Peintiwr. Ganed ym Mhorthmadog, gogledd Cymru.**

Astudiodd yn y Coleg Normal, Bangor 1968–72, gyda Selwyn Jones, Douglas Williams. Athro, Ysgol Eifionydd, Porthmadog 1975–89. Perchennog oriel o 1986. Peintiwr llawnamser o 1989. Aelod o'r Academi Frenhinol Gymreig; Cymdeithas Ddyfrlliwiau Cymru (CDdC). Arddangosfeydd niferus ar y cyd gan gynnwys *Singer and Friedlander/Sunday Times Watercolour Competition*, Orielau'r Mall, Llundain 1994–98, 2001–05; *Venice*, Oriel Albany, Caerdydd (OA) 1996; CDdC, Neuadd Dewi Sant, Caerdydd (NDS) 1996 (enillydd); *Artist y Flwyddyn Cymru*, NDS 2002 (enillydd), 2004 (Enillydd Cyfryngau Cymysg). Arddangosfeydd undyn yn cynnwys *Yr Wyddfa*, Amgueddfa Lechi Cymru, Llanberis 1993; OA 1994, 2001, 2007; Oriel Ynys Môn, Llangefni (OYM) 1995; NDS 1996, 1998; Y Clwb Alpaidd, Llundain 2005. Gwaith wedi'i gynnwys yn *Dosbarth Meistr gyda Rob Piercy*, S4C, 2003. Casgliadau'n cynnwys OYM. 'Arbenigwr mewn tirluniau mynydd.' Yn byw ym Mhorthmadog.
*Yr artist*

### Simon PIERSE 1956–
**Peintiwr. Ganed yn Llundain, Lloegr.**

Cyrhaeddodd Gymru 1992. Astudiodd yn Ysgol Celf Gain Slade, Llundain 1975–79, gyda Jeffrey Camp, Euan Uglow (Gwobr Melville Nettleship 1979; Ysgoloriaeth deithio Boise 1979). Athro, Ysgol Felsted 1984–91; darlithydd, Prifysgol Cymru, Aberystwyth o 1992. Artist preswyl, Ysgol Ramadeg Melbourne, Awstralia 1993; Cymdeithas Gelfyddydau Glen Arbor, Michigan 1998; Dunmoochin, Melbourne 2007. Ysgoloriaeth Llywodraeth yr Eidal 1980–81. Aelod o fforma; Y Gymdeithas Ddyfrlliwiau Frenhinol (CDdF); Cymdeithas Ddyfrlliwiau Cymru (CDdC). Arddangosfeydd niferus ar y cyd yn cynnwys CDdF, Oriel Bankside, Llundain 1992, 1994, 1995, 2003, 2004, 2005 (enillydd), 2006, 2007; *Arddangosfa Agored Cymru*, Canolfan y Celfyddydau Aberystwyth (CCA) 1995; *Biennale Arlunio Cymru* 1997 (teithiol), 2002 (teithiol), 2005 (teithiol); *Arddangosfa'r Haf*, CDdC, Amgueddfa ac Oriel Gelf Brycheiniog 1998 (teithiol); CDdC, Yr Academi Frenhinol Gymreig, Conwy 1999–2001 (teithiol); fforma, Y Tabernacl, Machynlleth (TM) 2004 (teithiol). Arddangosfeydd undyn yn cynnwys TM 1995, 1997; *The Empty Landscape*, Llyfrgell Genedlaethol Cymru, Aberystwyth 1996; *Paintings of Ladakh*, Oriel Rhydychen

1999; *A Sometimes Cloud*, Hen Dŷ'r Injan Dân, Ely 2004. Cyhoeddiadau'n cynnwys *Terra Incognita: Images of Australia* (Gwasg Gomer 2000); 'Painting the Edge: Sidney Nolan in Wales' (Planet rhif 158, 2003). Gwaith wedi'i gynnwys yng nghylchgrawn *The Artist* (2004). Casgliadau'n cynnwys Coleg y Brifysgol, Llundain; Prifysgol La Trobe, Melbourne; Yr Amgueddfa Brydeinig, Llundain. '…yn ymddiddori yn y berthynas rhwng y dirwedd a'r cof.' Yn byw yn Aberystwyth, canolbarth Cymru.
*Yr artist*

## Carlos PINATTI 1961–
**Enw gwaith Carlos Alfredo Pinatti, cerflunydd, artist sy'n defnyddio ffilm. Ganed yn La Plata, Ariannin.**

Daeth i Gymru 1992. Astudiodd yn Universidad de Bellas Artes, La Plata 1985–89; Coleg Technoleg a Chelf Sir Gaerfyrddin 1997–99; Prifysgol Cymru, Caerdydd 2000–01. Artist preswyl, Ymddiriedolaeth Groundwork Pen-y-bont ar Ogwr (YGPO) 1998–99; Eisteddfod Genedlaethol Cymru, Meifod 2003; Prosiect Cwmafan 2004–07. Comisiynau'n cynnwys Parc Treftadaeth Ton-du, YGPO 2000; Rheiliau Coffa Richard Price, YGPO, Llangeinwyr 2001. Gwobrau, Cyngor Celfyddydau Cymru 2002, 2006, 2007. Arddangosfeydd ar y cyd yn cynnwys Llyfrgell Genedlaethol yr Alban 2000; Eisteddfod Genedlaethol Cymru (EGC), Dinbych 2001, Meifod 2003; prosiect *Making Sense*, Amgueddfa Cymru (AC) (gyda Christine Mills) 2004. Dangosiadau ffilm yn cynnwys *Just Like That*, EGC 2003; *It's much better to love than to fight, ain't it?*, Prifysgol Bryste, Gŵyl Ffilmiau Portobello, Llundain, Canolfan Gelfyddydau Chapter, Caerdydd 2004–07. Cyhoeddiad llyfr artist, gyda Christine Mills, *Murmura Maldwyn* (Gwasg Gregynog 2003). Casgliadau'n cynnwys AC; Cymdeithas Celf Gyfoes Cymru; Gregynog, Prifysgol Cymru; Llyfrgell Genedlaethol Cymru, Aberystwyth. Yn byw yng Nghaerdydd, de Cymru.
*Yr artist*

## John PIPER 1903–1992
**Enw gwaith John Egerton Christmas Piper CH, peintiwr, dylunydd. Ganed yn Epsom, Surrey.**

Astudiodd yng Ngholeg Celf Richmond 1927–28, gyda Raymond Coxon; Y Coleg Celf Brenhinol 1928–29; Ysgol Celf Gain Slade 1930. Bu'n byw yn Llundain; Fawley Bottom, ger Henley, Swydd Rhydychen, o 1935. Aelod o gymdeithas Seven&Five 1934. Diddordeb mawr mewn pensaernïaeth. Yn y 1930au, tir-luniau mewn dyfrlliw a gludwaith; paentiadau haniaethol. Ymweliadau gwaith â de Cymru 1936, 1939. Artist Rhyfel Swyddogol 1940/41. Ymweliadau gwaith blynyddol ag Eryri 1943–51; ymweliadau rheolaidd â Sir Benfro 1962–80. Amrywiaeth eang o waith, gan gynnwys tecstiliau; cynlluniau llwyfan, yn enwedig i Benjamin Britten, o 1937; cynlluniau ar gyfer gwydr lliw (Cadeirlan Llandaf; Cadeirlan Sant Gwynllyw, Casnewydd; Cadeirlan Coventry), o 1953. Arddangosfeydd ar y cyd yn cynnwys *Celf yng Nghymru, yr 20fed Ganrif: y Blynyddoedd Cynnar 1900–56* Cyngor Celfyddydau Cymru (CCC) 1969. Llawer o arddangosfeydd undyn gan gynnwys *John Piper in Wales*, Gŵyl Llandaf/Pwyllgor Cymreig Cyngor Celfyddydau Prydain Fawr 1964 (teithiol); *John Piper Photographs*, CCC 1974 (teithiol); *John Piper*, Oriel Tate, Llundain 1983; *John Piper in Wales*, Oriel 31, Y Trallwng/Oriel Goffa Davies, Y Drenewydd 1990 (teithiol); *John Piper in the 1930s*, Oriel Luniau Dulwich 2003. Awdur *Shell County Guide to Oxfordshire*, 1937; *British Romantic Artists* (Collins, Llundain, 1942); *Buildings and Prospects*, (Architectural Press, Llundain 1948); *Piper's Places*, John Piper a Richard Ingrams (Chatto a Windus, Llundain 1983); erthyglau, arweinlyfrau pensaernïol. Wedi'i gynnwys mewn llawer o gyhoeddiadau, yn enwedig *John Piper*, John Betjeman (Penguin Modern Painters 1948); *John Piper*, Anthony West (Secker and Warburg, Llundain 1979); *John Piper. The Complete Graphic Works*, Orde Levinson (Faber, Llundain 1987). Casgliadau niferus gan gynnwys Amgueddfa ac Oriel Gelf Brycheiniog; Amgueddfa ac Oriel Gelf Casnewydd; Amgueddfa ac Oriel Gelf Gwynedd, Bangor; Amgueddfa Ashmole, Rhydychen;

Amgueddfa Cymru; Amgueddfa Sir Gaerfyrddin; Amgueddfa Sir Benfro, Hwlffordd; Amgueddfa Victoria ac Albert, Llundain; Llyfrgell Genedlaethol Cymru, Aberystwyth; Oriel Celf Fodern Genedlaethol yr Alban, Caeredin; Oriel Gelf Glynn Vivian, Abertawe; Prifysgol Aberystwyth; Tate, Llundain; Y Llyfrgell Brydeinig, Llundain; Yr Amgueddfa Brydeinig, Llundain. Prynwyd gwaith gan CCC. Roedd yn byw yn Swydd Rhydychen.

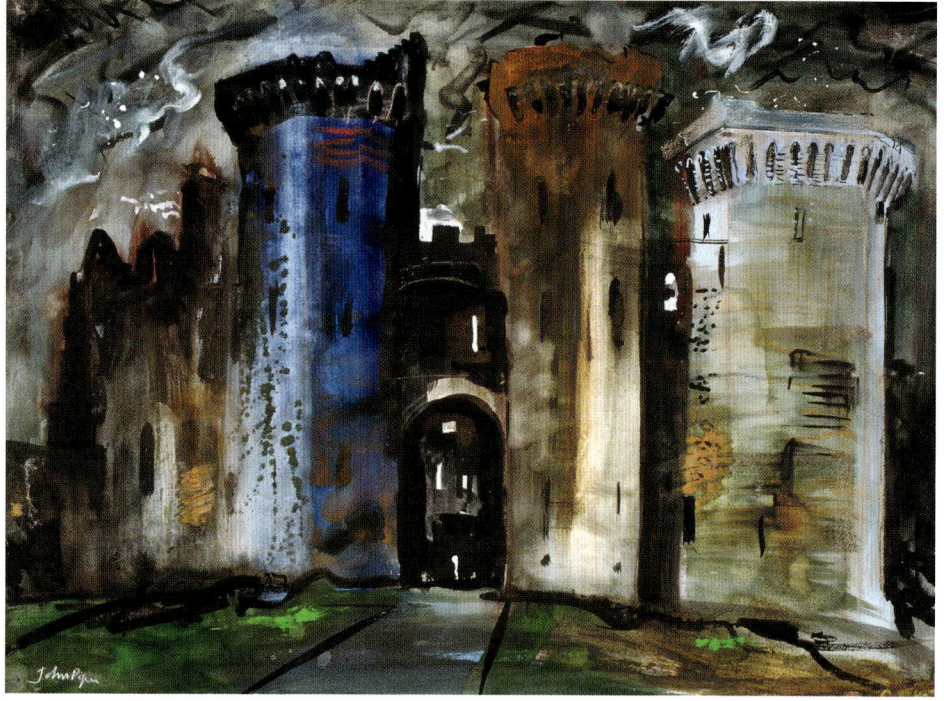

235 | John Piper
*Raglan Castle* 1980

### Tom PIPER 1942–
**Gwneuthurydd printiau. Ganed yng Ngogledd Dakota, UDA.**

Cyrhaeddodd Gymru ym 1984. Astudiodd yng Ngholeg Taleithiol y Gogledd, De Dakota 1960–65; Prifysgol Dwyrain Michigan, Ypsilanti 1968–69 (MFA). Athro cynorthwyol, Coleg Damen, Buffalo 1970–72; Pennaeth Adran, Gwneuthurydd Printiau, Ysgol Arlunio a Chelf Gain Ruskin, Rhydychen 1973–77; gwneuthurydd printiau/lithograffydd, Llundain, Jerusalem, Dallas 1977–84; Pennaeth Gwneud Printiau, Athrofa Prifysgol Cymru, Caerdydd (APCC), o 1984. Cyfarwyddwr, Canolfan Ymchwil i Gelf Gain, APCC 1994–2002; cydsefydlydd, Virtually-6 (cyweithiau gwneud printiau, cyhoeddi celf gain, arddangosfeydd), APCC o 2001. Artist preswyl, gweithdy gwneud printiau Tŷ Lowick, Cumbria 1997. Cymrodoriaeth Gwneud Printiau Robert Horne 1997; Cyngor Celfyddydau Cymru, Dyfarniad Cymru Greadigol 2004, 2005. Aelod o Grŵp 56 Cymru. Arddangosfeydd ar y cyd yn cynnwys *Works on Paper*, Amgueddfa ac Oriel Gelf Casnewydd 1992; *Printmakers in Wales*, Oriel Gelf Glynn Vivian, Abertawe 1995; *The Electronic Art Show*, Oriel Drumcroon, Wigan 1996; *Rules of Engagement*, Canolfan

Gelfyddydau Abaty Nant Teyrnon, Cwmbrân 2003; *Virtually-6, Classic IX*, Nawfed Biennale Ryngwladol, Kortrijk, Gwlad Belg 2004; *Arddangosfa Gwobr Prynu Celf*, Prifysgol Morgannwg, Oriel y Bont, Pontypridd (OYB) 2006 (teithiol). Arddangosfeydd undyn yn cynnwys OYB 1990; *EXPrint*, Oriel Gerddi Howard, Caerdydd 2006. Gwaith yng nghasgliad Prifysgol De Cymru, Pontypridd. 'Cyfryngau digidol, a dulliau traddodiadol, ysgythru a lithograffeg.' Yn byw yng Nghaerdydd, de Cymru.
*Yr artist*

## Jacky PIQUÉ 1960–
**Enw gwaith Jacqueline Anne Piqué, darlunydd. Ganed yn Coulsdon, Lloegr.**

Cyrhaeddodd Gymru ym 1984. Astudiodd yng Ngholeg Celf Reigate 1976–77; Coleg Sir Gâr, Caerfyrddin 1998– 2001. Cynorthwy-ydd clerigol 1977– 80; darlunydd, cardiau, papur, llyfrau o 1980; perchennog oriel 1990– 98; tiwtor (rhan-amser), Cymdeithas Addysg y Gweithwyr 1999–2005, Coleg y Drindod, Caerfyrddin, 2002–07. Comisiynau'n cynnwys Cyngor Cefn Gwlad Cymru (rhwng 2002 a 2005). Aelod o Ddarlunwyr Gorllewin Cymru. Arddangosfeydd ar y cyd yn cynnwys *Five Alive*, Oriel Neuadd y Frenhines, Arberth 1991; *In their Element*, Llyfrgell Hwlffordd 1995; Oriel y Mulberry Bush, Llanbedr Pont Steffan 2007. Arddangosfa un-ddynes, Y Galeri, Llanbedr Pont Steffan 1996. '…mae darlunwyr rhwng 1860 a 1920 yn ddylanwad arnaf… ynghyd â darlunwyr cyfoes.' Yn byw yn Nhregaron, gorllewin Cymru.
*Yr artist*

## Simon POPE 1966–
**Artist cerdded/artist sy'n defnyddio cyfryngau newydd. Ganed yng Nghaerwysg, Lloegr.**

Astudiodd yn Athrofa Addysg Uwch De Morgannwg, Caerdydd 1988–91. Ymchwilydd, Amgueddfa Cymru, Caerdydd 1991–93; cynllunydd cyfryngau newydd, Caerdydd 1991–95; Uwch-ddarlithydd/ Cyfarwyddwr Cwrs, Cyfryngau Rhyngweithiol, Athrofa Prifysgol Cymru Caerdydd 2000–02, arweinydd pwnc, Celfyddydau'r Cyfryngau 2005. Darllenydd mewn Celf Gain, Ysgol Gelf a Dylunio Caerdydd (YGDC), cydsefydlydd Canolfan Ymchwil i Gelf Gain YGDC, o 2005. Comisiynau'n cynnwys *The Memorial Walks*, Film and Video Umbrella 2007. Gwobrau'n cynnwys Cyngor Celfyddydau Lloegr 1997, 1998, 2001; Gwobr Webby 2000; Sefydliad Henry Moore 2001; Cymrodoriaeth NESTA 2002–05; Gwobr SciArt (gyda Vaughan Bell), Ymddiriedolaeth Wellcome 2005. Arddangosfeydd ar y cyd yn cynnwys *Crash!*, Sefydliad y Celfyddydau Cyfoes, Llundain 1999; *Further: Cymru ym Miennale Fenis*, Fenis 2003, Cyngor Celfyddydau Cymru (teithiol); *Ain't No Love In The Heart Of The City*, Yr Asiantaeth Gelf ac Adfywio, Caerdydd 2004; *ArtBase 101*, Yr Amgueddfa Newydd, Efrog Newydd, UDA 2005; *The Memorial Walks, Waterlog*, Norwich a Lincoln, Film & Video Umbrella 2006. Curadur, *Art for Networks*, Chapter, Caerdydd 2002 (teithiol). Arddangosfeydd undyn yn cynnwys *Gallery Space Recall*, Chapter, Caerdydd 2006; *London Bridge Recall*, perfformiad, Danielle Arnaud Contemporary Art, Llundain 2007. Cyhoeddiadau'n cynnwys prosiect net.art, *I/O/D 4: The Web Stalker*, gyda Matthew Fuller, Colin Green (1997); *London Walking: A Handbook for Survival* (Ellipsis/BT Batsford 2001); *Walking & Sociality in Contemporary Visual Art Practice* (Transmedia, Brwsel 2005). Wedi'i gynnwys yn *New Media Art: Practice and Context in the UK 1994–2004*, golygydd Lucy Kimbell (Cyngor Celfyddydau Lloegr/Cornerhouse 2004); *Internet Art*, Rachel Greene (Thames & Hudson, Llundain ac Efrog Newydd 2004). 'Mae fy ngwaith diweddar wedi canolbwyntio ar gerdded fel model ar gyfer prosesau deialog a thrafod.' Yn byw yn Llundain, Lloegr.
*Yr artist*

### Christine Kowal POST 1951–
**Cerflunydd. Ganed yn Nigeria.**

Ei mam yn Gymraes. Astudiodd yng Ngholeg Prifysgol Cymru, Aberystwyth (Celf Gain/Eidaleg) 1970–74; Accademia delle Belle Arti, Fflorens 1972–73. Artist graffeg, Canada, Ewrop 1975–82. Bu'n byw yng Nghymru 1988–91. Artist preswyl, Oriel Gelf Walker, Lerpwl (OGWalk) 1986, 1989; Oriel Gelf Minories, Colchester 1991. Comisiynau'n cynnwys Amgueddfa Norton Priory, Runcorn 1986, 1994; Oriel Gelf ac Amgueddfa Williamson, Penbedw (OGAWill) 1989; Ymddiriedolaeth GIG Glan Clwyd 2000; Ysbyty Ashworth, Glannau Merswy 2000; Ysbyty Maelor Wrecsam, Ymddiriedolaeth GIG gogledd-ddwyrain Cymru 2006. Gwobrau'n cynnwys Cyngor Celfyddydau Cymru 1991; Cyngor Celfyddydau Lloegr – De-ddwyrain 2002. Aelod o'r Academi Frenhinol Gymreig (AFG). Arddangosfeydd niferus ar y cyd gan gynnwys *John Moores 15*, OGAWalk 1997 (arobryn); *The Probity of Virtue*, Oriel Mostyn, Llandudno 1990; *Out of the Wood*, Oriel Tate, Lerpwl 1990; *Arddangosfa Haf*, Yr Academi Frenhinol, Llundain 2001; Amgueddfa ac Oriel Gelf Amwythig 2003; AFG, Conwy 2005, 2007; *Der Rote Teppich*, Kunst im Schloss Untergröningen, Yr Almaen 2005. Arddangosfeydd un-ddynes yn cynnwys OGAWill 1987, 1999; Canolfan Gelfyddydau Llyfrgell Wrecsam 1989; Canolfan Gelfyddydau'r Rhyl 2000; Kunstlerhaus Ulm 1999; Y Pafiliwn Rhyngwladol Brenhinol, Llangollen 2000; Y Capel, Llangollen 2005; Amgueddfa ac Oriel Gelf Worthing 2006. Casgliadau'n cynnwys Cymdeithas Wispolnota Polska, Nowy Sacz; Fforwm Twristiaeth Caerllion; Oriel Gelf Dinas Manceinion; Prifysgol Lerpwl; OGAWalk. 'Cerfiadau pren amryliw, ffigurol sydd wedi cael eu dylanwadu gan gelf lwythol, Mynegiadaeth Almaenig a cherfiadau canoloesol.' Yn byw yn Polegate, Lloegr.
*Yr artist*

### Marten POST 1942–
**Peintiwr. Ganed yng Ngilfach Goch, de Cymru.**

Bu'n byw yn yr Iseldiroedd a Ffrainc yn ystod ei blentyndod; ymweliadau rheolaidd â Chymru. Astudiodd 1961–65 yn Akademie voor Beeldende Kunst, Arnhem; dosbarthiadau nos celf gain; Akademie voor Kunst en Industrie, Enschede, gyda Johan Haanstra, Jo Pessink. Athro (rhan-amser), Lyceum, Hoogeveen 1965–67. Gwobrau'n cynnwys Beeldende Kunstenaars Regeling (cynllun cymorth artistiaid gweledol) 1967. Dylunydd llawrydd, darlunydd, ffotograffydd 1969–73; comisiynau (dylunio deunydd pacio) yn cynnwys Van Den Bergh a Jurgens (Unilever). Pennaeth Celf a Dylunio, Coleg Byd Unedig yr Iwerydd, Sain Dunwyd, de Cymru 1973–2002. Dychwelodd i fyw yn yr Iseldiroedd. Arddangosfeydd ar y cyd yn cynnwys *Gwneud Printiau Cyfoes yng Nghymru*, Oriel Gelf Glynn Vivian 1992–93 (teithio'n rhyngwladol); *Arddangosfa Agored Canolbarth Cymru*, Canolfan y Celfyddydau Aberystwyth 1995, 1997; *Open Boxes*, Chapter, Caerdydd 1996 (teithio'n rhyngwladol); Oriel y Crane, Abertawe 2005, 2006; *Hommage aan Rembrandt op A4*, Sidac, Leiden 2006. Arddangosfeydd deuddyn yn cynnwys Galerie Caprice, Beusichen (gyda Luigi Amati) 2002, (gyda Jose Krombach) 2005. Arddangosfeydd undyn yn cynnwys Canolfan Gelfyddydau Neuadd Llanofer, Caerdydd 1988; Galerie Ginnekin, Breda 1996; *Marten Post: A Retrospective*, Canolfan Gelfyddydau Sain Dunwyd 2002; *Looking Back*, Het Hof van Salland, Diepenveen 2006. '…ymweliad yn fy mhlentyndod â Phwll Glo Britannic yn sbardun i luniau o hyd…; …tirwedd Cymru, arfordiroedd garw, y gwrthdaro rhwng y môr a'r tir yn ogystal â'r gwrthdaro rhwng pobl a gwahanol ddiwylliannau…' Yn byw yn Kesteren, Yr Iseldiroedd.
*Yr artist*

### Gillian POTTER  Gweler Gillian HILBOURNE

## Edward POVEY 1951–
**Peintiwr, cerflunydd. Ganed yn Llundain, Lloegr.**

Astudiodd yng Ngholeg Celf a Dylunio Eastbourne 1972–73; Y Coleg Normal, Bangor, Gwynedd (CNBG) 1974–78, gyda Selwyn Jones. Cerddor yng Nghanada 1969–71. Artist llawnamser, o 1978. Artist preswyl, Canolfan y Celfyddydau Aberystwyth 1983. Comisiynau (gan gynnwys murluniau niferus) yn cynnwys Cydbwyllgor Addysg Gogledd Cymru 1976; Cyngor Sir Gwynedd 1978; Cymdeithas Gelfyddydau Gorllewin Cymru/Canolfan y Celfyddydau Aberystwyth 1982; Coleg Prifysgol Gogledd Cymru, Bangor 1992; Cyngor Sir Ynys Môn 1999; Cymdeithas Celf Gyhoeddus Cymru 2001. Bu'n byw yn Ynysoedd y Caribi 1982–88. Dychwelodd i Gymru 1992. Aelod o'r Academi Frenhinol Gymreig (AFG). Arddangosfeydd cenedlaethol/rhyngwladol niferus gan gynnwys Amgueddfa Cymru 1994; Oriel Martin Tinney, Caerdydd (OMT) 1994, 1999; Llyfrgell, Amgueddfa ac Oriel Gelf y Rhyl 1996; Oriel Hanson, New Orleans, UDA 1997, 1999, 2001; Oriel Plas Glyn-y-Weddw, Llanbedrog 2007. Arddangosfeydd deuddyn (gyda Donna Toler), OPGW, 2005, 2006; AFG 2007. Arddangosfeydd undyn yn cynnwys *Through Artist's Eyes*, Oriel Mostyn, Llandudno 1980; Amgueddfa ac Oriel Gelf Gwynedd, Bangor 1982; OMT 1996, 2000; Oriel Kooywood, Caerdydd 2005. Darluniau i lyfrau yn cynnwys *Call Me Ridvan*, Wendi Momen (George Ronald, Rhydychen 1982). Gwaith wedi'i gynnwys yn *Painting the Town*, Graham Cooper a Douglas Sargent (Phaidon Press 1979); *Cymru'r Cynfas*, Hywel Harries (Y Lolfa 1983); *Teaching Art in Wales*, Alan Torjussen (Gwasg Prifysgol Cymru 1996); erthyglau mewn cylchgronau, gan gynnwys *Arts News* (Awst 1987); rhaglenni radio a theledu BBCIITV. Casgliadau'n cynnwys Llyfrgell Genedlaethol Cymru, Aberystwyth.'…gwrthrychau pob dydd …naws rywiol …theatr; persbectifau traddodiadol …gofodau wedi'u gwastatáu.' Yn byw ym Mangor, gogledd Cymru.
*Yr artist*

## Ivor POWELL 1910–1983
**Enw gwaith Ivor John Powell, peintiwr. Ganed yn Mhandy, de Cymru.**

Dechreuodd baentio ym 1966; peth tiwtoriaeth gan ei fab, Roy Powell. Garddwr, sarjant heddlu, swyddog diogelwch. Arddangosfeydd ar y cyd yn cynnwys *A Family of Painters*, Llyfrgell Kidderminster 1973, Canolfan Gelfyddydau Oriel Gelf Abaty Nant Teyrnon, Cwmbrân (CGANT) 1976, Canolfan Gelfyddydau Glannau Gwy, Llanfair-ym-Muallt 1979. Arddangosfeydd deuddyn gyda Roy Powell, CGANT 1980; Llyfrgell Genedlaethol Cymru, Aberystwyth (LIGC) 1997; Amgueddfa ac Oriel Gelf Brycheiniog, Aberhonddu 2004. Gwaith wedi'i gynnwys yn *Planet* (Peter Lord, rhif 104, Ebrill 1994). Gwaith yng nghasgliad LIGC. 'Peintiwr cyntefig.' Roedd yn byw ym Mhontnewydd, de Cymru.
*Roy Powell*

## Roy POWELL 1934–
**Enw gwaith Roy Owen Powell, peintiwr. Ganed yng Nghas-gwent, de Cymru.**

Astudiodd yng Ngholeg Celf Caerdydd (CCCaer) 1952–56, 1958–59, gydag Eric Malthouse, David Tinker. Gwasanaeth Gwladol 1956–58. Athro, ysgolion yng nghanolbarth Lloegr a Llundain 1959–74, Aber-honddu 1974–90. Aelod o Gymdeithas Ddyfrlliwiau Cymru (CDdC); Y Grŵp Cymreig (GC). Mae ard-dangosfeydd ar y cyd yn cynnwys *A Family of Painters*, Llyfrgell Kidderminster 1973, Canolfan Gelfyddydau Abaty Nant Teyrnon, Cwmbrân (CGANT) 1976, Canolfan Gelfyddydau Glannau Gwy, Llanfair-ym-Muallt 1979; *The Shadow of My Hand*, Oriel, Cyngor Celfyddydau Cymru, Caerdydd 1981; CDdC, Canolfan Gelfyddydau Llyfrgell y Rhyl 2007. Arddangosfeydd deuddyn, gydag Ivor Powell, yn cynnwys CGANT 1980; Llyfrgell Genedlaethol Cymru, Aberystwyth (LIGC) 1997; Amgueddfa ac Oriel Gelf Brycheiniog (AOGB) 2004. Arddangosfeydd undyn yn cynnwys AOGB 1992; LIGC 1994; Theatr Clwyd, Yr Wyddgrug 1995; Oriel Contemporary Art, Y Gelli Gandryll 2007. Cyhoeddiadau'n cynnwys erthygl, 'The House Machine' (Planet 1998); adolygiadau *(Planet)*. Gwaith wedi'i gynnwys yn *Certain Welsh Artists*, gol. Iwan Bala (Seren Books, Pen-y-bont ar Ogwr 1999); The Slate, teledu BBC 1992; rhaglen ar *Drawing Roy* (arddangosfa gan Ivor Davies), S4C 2005. Casgliadau'n cynnwys AOGB; Cymdeithas Celf Gyfoes Cymru; LIGC. 'Cézanne, celf ganoloesol.' Yn byw yn Aberhonddu, canolbarth Cymru. *Yr artist*

### DEH PRATT 1895–1979
**Enw gwaith Derrick Edward Henry Pratt, peintiwr. Ganed yn Walsall, Lloegr.**

Astudiodd yn Ysgol Gelf Leeds 1911–15; Y Coleg Celf Brenhinol, Llundain 1919–23. Lluoedd EM/ Y Magnelwyr Brenhinol 1915–19. Pennaeth, Ysgol Gelf Llanelli 1923–60. Symudodd i Harpenden, Lloegr 1971. Comisiynau'n cynnwys portreadau o ffigurau cyhoeddus, ardal Llanelli. Aelod o Grŵp De Cymru; Cymdeithas Gelf Llanelli. Arddangosfeydd ar y cyd yn cynnwys yr Academi Frenhinol, Llundain 1936; Arddangosfa Ganmlwyddiant, Coleg Celf Leeds 1942; Grŵp De Cymru 1949–50, 1953–54, 1959–60; Cymdeithas Gelf Llanelli (o bosib, o'i chychwyn 1927). Arddangosfeydd undyn yn cynnwys adolwg, Parc Howard, Llanelli 1969. Wedi'i gynnwys yn *Western Mail* (Mehefin 1969). Casgliadau'n cynnwys Cyngor Tref Llanelli; Cymdeithas Celf Gyfoes Cymru; Oriel Gelf Glynn Vivian, Abertawe. Yn byw yn Swydd Hertford, Lloegr.

### Peter PRENDERGAST 1946–2007
**Enw gwaith Peter Thomas Prendergast, peintiwr. Ganed yn Abertridwr, de Cymru.**

Astudiodd yng Ngholeg Celf Caerdydd 1962–64, gyda Chris Shurrock; Ysgol Gelf Gain Slade, Llundain 1964–6, gyda Frank Auerbach (Gwobr Nettleship); Prifysgol Reading 1968–70 (MA), gyda Terry Frost. Ysbrydoliaeth gynnar, Gomer Lewis. Darlithydd (rhan-amser), Coleg Celf Lerpwl 1970–74; athro, Ysgol Dyffryn Ogwen, Bethesda 1974–80; darlithydd (rhan-amser), Coleg Menai, Bangor 1980–2007. Doethuriaeth Fygedol, Prifysgol Morgannwg (PM) 1995. Comisiynau'n cynnwys Amgueddfa Victoria ac Albert, Llundain 1988; Yr Ymddiriedolaeth Genedlaethol (YG) 1990, 1991, 1998; Amgueddfa Cymru (AC) 1993. Gwobrau Cyngor Celfyddydau Cymru (CCC) 1975, 1992; Gwobr Glyndŵr 2004. Aelod o Gymdeithas Artistiaid a Dylunwyr Cymru; Grŵp 56 Cymru; Yr Academi Frenhinol Gymreig; Academi Frenhinol Gorllewin Lloegr. Arddangosfeydd niferus ar y cyd yn cynnwys *Earth, Air and Water*, Eisteddfod Genedlaethol Cymru (EGC)/CCC, Cricieth 1975 (arobryn); *The Dark Hills The Heavy Clouds*, CCC 1981 (teithiol); *The Native Land*, Oriel Mostyn, Llandudno (OM) 1979; *Fragments Against Ruin*, Cyngor Celfyddydau Prydain Fawr (CCPF) 1980 (teithiol); *The Hard Won Image*, Oriel Tate, Llundain

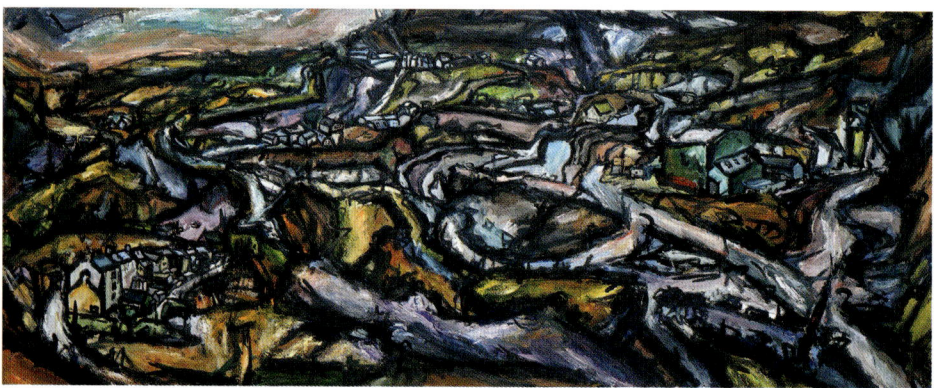

236 | Peter Prendergast
*Blaenau Ffestiniog* 1993

(OT) 1984; *Landscapes from Britain*, Gŵyl Gelfyddydau Perth, Awstralia 1985; *The Experience of Landscape*, CCPF 1988 (teithiol); Flowers East, Llundain 1999, 2002. Arddangosfeydd deuddyn yn cynnwys *From the Land and the Sea*, Oriel Glynn Vivian, Abertawe (OGGV) (gyda Len Tabner) 1991 (teithiol). Arddangosfeydd undyn yn cynnwys Oriel Gelf Bangor, Gwynedd 1974, 1979, 1980; Oriel, CCC, Caerdydd 1975; *The Road to Bethesda*, OM 1983 (teithiol); Oriel Andrew Knight, Caerdydd 1987, 1988; *Paintings from Wales*, Agnews, Llundain 1994 (teithiol); AC, Llanberis 1995; Oriel Martin Tinney, Caerdydd 2000, 2003; adolygol, Oriel Ynys Môn, Llangefni 2006 (teithiol). Gwaith wedi'i gynnwys yn *Art in Wales 1850–1980*, Eric Rowan (Gwasg Prifysgol Cymru (GPC)/CCC 1985); *Welsh Painters Talking*, Tony Curtis (Seren Books, Pen-y-bont ar Ogwr 1997); *The Painter's Quarry: the Art of Peter Prendergast*, David Alston *et al* (Seren 2006). Casgliadau'n cynnwys AC; Cyngor Celfyddydau Lloegr; Cymdeithas Celf Gyfoes Cymru; Llyfrgell Genedlaethol Cymru, Aberystwyth; OGGV, Abertawe; Oriel Genedlaethol Bratislava; Prifysgol De Cymru, Pontypridd; Staatsgalerie, Stuttgart; Tate, Llundain; Yr Amgueddfa Brydeinig, Llundain. Prynwyd gwaith gan CCC. 'Tirwedd. Y môr.' Roedd yn byw yn Neiniolen, gogledd Cymru.
*Yr artist*

## Barbara PRICE 1955–
**Peintwraig, artist tecstiliau. Ganed yn Poole, Lloegr.**

Astudiodd yn Ysgol Gelf Bournemouth 1975–76; Coleg Celf a Dylunio Gorllewin Swydd Surrey, Farnham 1976–79; Coleg Prifysgol Caerdydd 1979–80. Athrawes, Bournemouth 1980–82. Dychwelodd i Gymru 1982. Bu'n gweithio o stiwdio grefft yn y Bont-faen 1985–90; tiwtor, Canolfan Gymunedol Abergwaun, 1995–2007. Artist preswyl, Amgueddfa Wlân Cymru, Dre-fach Felindre (AWC) 1995. Arddangosfeydd ar y cyd yn cynnwys Eisteddfod Genedlaethol Cymru, Casnewydd 1988 (enillydd gwobr, dylunio gweuwaith); Sefydliad Brenhinol Peintwyr mewn Dyfrlliwiau, Orielau'r Mall, Llundain 1990; Llyfrgell Abergwaun (LlAb) 1994, 1997 (enillydd gwobr) 2007 (enillyd gwobr); ArtWest 2000, Oriel Myrddin, Caerfyrddin 2000 (teithiol); Castell Picton, Rhos 2007. Arddangosfeydd un-ddynes yn cynnwys Llyfrgell Hwlffordd 1994; AWC 1996; LlAb 2000; Oriel Glan-y-môr, Abergwaun 2003; Canolfan Grefftau Gorllewin Cymru, San Clêr 2005. Gwaith wedi'i gynnwys yn *Pembrokeshire Life* (2003); *Pembrokeshire – Look upon the Land and Sea*, Peter Green (Celtic Horizons Publishing 2003). '…Cymry lleol a thirwedd Cymru.' Yn byw yn Nhre-fin, gorllewin Cymru.
*Yr artist*

## Bill PRICE 1921–1976
**Enw gwaith William Price ARCA, peintiwr. Ganed yn Abertawe, de Cymru.**

Astudiodd yng Ngholeg Celf Abertawe 1938–40; Coleg Celf Bournemouth (am gyfnod byr, yn ystod ei wasanaeth yn y rhyfel); Y Coleg Celf Brenhinol, Llundain 1944–48, gyda Robert Austin, Gilbert Spencer (Ysgoloriaeth Rhufain tua 1946–48). Y Llu Awyr 1940–43. Darlithydd/Uwch-ddarlithydd, Coleg Celf Abertawe 1949–76. Comisiynau'n cynnwys Gwesty'r Ddraig, Abertawe; Tŷ Awstralia, Llundain; Maer Abertawe 1976 (anorffenedig). Aelod o Grŵp De Cymru/Y Grŵp Cymreig. Arddangosfeydd niferus ar y cyd gan gynnwys *Nine Swansea Artists*, Oriel Gelf Glynn Vivian, Abertawe (OGGV) 1957; *Contemporary Welsh Painting and Sculpture*, Pwyllgor Cymreig Cyngor Celfyddydau Prydain Fawr/Amgueddfa Cymru (AC) 1958. Casgliadau'n cynnwys AC; Amgueddfa Sirol Sir Benfro; Cymdeithas Celf Gyfoes Cymru; OGGV. Prynwyd gwaith gan Gyngor Celfyddydau Cymru. Roedd yn byw yn Abertawe.
*Barbara Price*

### Glyn PRICE 1980–
**Peintiwr. Ganed ym Mangor, gogledd Cymru.**

Astudiodd yng Ngholeg Menai, Bangor 1998–99, gydag Iwan Gwyn Parry, Peter Prendergast; Prifysgol Swydd Gaerloyw 1999–2002; Coleg Prifysgol Cymru, Bangor 2006–07. Comisiynau'n cynnwys Ysbyty Nuffield, Cheltenham 2001; Capel y Tabernacl, Cwm-y-glo 2001. Arddangosfeydd ar y cyd yn cynnwys Oriel Plas Glyn-y-Weddw, Llanbedrog (OPGW) 2003–06; Amgueddfa ac Oriel Gelf Gwynedd, Bangor 2004, 2005; Y Tabernacl, Machynlleth 2004; Oriel Gwyngyll, Llanfairpwll 2004–07; Yr Academi Frenhinol Gymreig, Conwy 2006; Oriel Ynys Môn, Llangefni 2006. Arddangosfa undyn, OPGW 2005. '...mae'r dirwedd lle'r ydw i wedi fy magu'n dylanwadu arnaf.' Yn byw yng Nghwm-y-glo, gogledd Cymru.
*Yr artist*

### Valerie Coffin PRICE 1953–
**Artist-llythrennydd, cerflunydd. Ganed yn Bushey, Lloegr.**

Cyrhaeddodd Gymru ym 1956. Astudiodd yng Ngholeg Celf Caer-wynt 1971–72; Coleg Celf a Dylunio Chelsea, Llundain 1973–76, gyda Jack Smith; Ysgol Gelf Dinas ac Urddau Llundain 1986–87, gyda Roger de Grey. Tiwtor, gweithdai niferus, Cymru/Lloegr o 1987. Artist preswyl, Parc Cerfluniaeth Margam, Port Talbot (PCM) 1992, 1995; Cywaith Cymru. (CC)/SUSTRANS 1997–98; Est-Nord-Est, Quebec 2002; Cyngor Ffoaduriaid Cymru/CC 2005. Comisiynau'n cynnwys Gŵyl Erddi Cymru, Glynebwy 1992; Prosiect Celf Gyhoeddus Caerloyw 1993; PCM 1995; Cwningar Niwbwrch, Ynys Môn 2002. Gwobrau'n cynnwys Cyngor Celfyddydau Prydain Fawr 1985; Cyngor Celfyddydau Cymru 1991, 1998, 2004; Oppenheim-Downes 1998; Celfyddydau Rhyngwladol Cymru 2002, 2004. Aelod o Gweled. Arddangosfeydd niferus ar y cyd gan gynnwys *Still and Silent Objects*, Amgueddfa Astudiaethau Natur, Llundain 1990; *Y Cymry*, PCM 1993; *Made in the Middle*, Canolfan Gelfyddydau Canolbarth Lloegr, Birmingham 1995 (teithiol); *Waterlines*, Amgueddfa ac Oriel Gelf Casnewydd (AOGC) 2002. Arddangosfeydd deuddyn, Canolfan Grefft Rhuthun (gyda John Neilson) 1996; *Residues*, Canolfan Gelfyddydau Abaty Nant Teyrnon, Cwmbrân (gyda Mary Husted) 2006. Arddangosfeydd un-ddynes, *The Grave Stanzas*, Canolfan Gelfyddydau'r Eglwys Norwyaidd, Caerdydd 1995 (teithiol); *Vessels of Sound*, Amgueddfa ac Oriel Gelf Brycheiniog, Aberhonddu 1996; *Territoires*, Montmagny, Quebec 2003; *Distant Voices*, AOGC 2007. Erthyglau i *a-n* Magazine, 1991, 2002; *Sculpture* (Cyf 22 rhif 6, 2002; Cyf. 22 rhif 9, 2003). Gwaith wedi'i gynnwys yn y wasg gelf genedlaethol, y cyfryngau Cymreig, o 1991. 'Yr amgylchedd, iaith a hunaniaeth ddiwylliannol.' Yn byw yn Llandochau, Penarth, de Cymru.
*Yr artist*

### Gwilym PRICHARD 1931–
**Peintiwr. Ganed yn Llanystumdwy, gogledd Cymru.**

Astudiodd yng Ngholeg Bangor 1951–53; Coleg Celf Birmingham 1953–54. Athro, ysgolion yng ngogledd Cymru/Lloegr 1954–73. Bu'n byw yn Ffrainc 1987–2001. Cymrodoriaeth, Prifysgol Bangor 2003. Aelod o'r Academi Frenhinol Gymreig 1959–85 (Gwobr Goffa Saxton Barton 1958); Artistiaid Gwynedd. Comisiynau'n cynnwys y Fagnelaeth Frenhinol, Belffast 1975; Eglwys San Mihangel, Rhiwabon. Bwrsariaeth Cymdeithas Gelf Gorllewin Canolbarth Lloegr 1978; medal arian, Yr Academi Gelfyddydau, Gwyddoniaeth a Llên, Paris 1995. Arddangosfeydd cenedlaethol/rhyngwladol niferus ar y cyd gan gynnwys Eisteddfod Genedlaethol Cymru 1955–60, 1963; *Contemporary Welsh Painting and Sculpture*, Pwyllgor Cymreig Cyngor Celfyddydau Prydain Fawr/Amgueddfa Cymru 1956–58; Oriel Howard Roberts, Caerdydd 1958–62; *Cofnodi Cymru: Capeli*, Cyngor Celfyddydau Cymru (CCC) 1969 (teithiol); *The Native Land*, Oriel Mostyn, Llandudno 1979 (teithiol). Arddangosfeydd deuddyn (gyda Claudia Williams) yn cynnwys Oriel Tegfryn, Porthaethwy 1971, 1976, 1979, 1981; Oriel yr Atig,

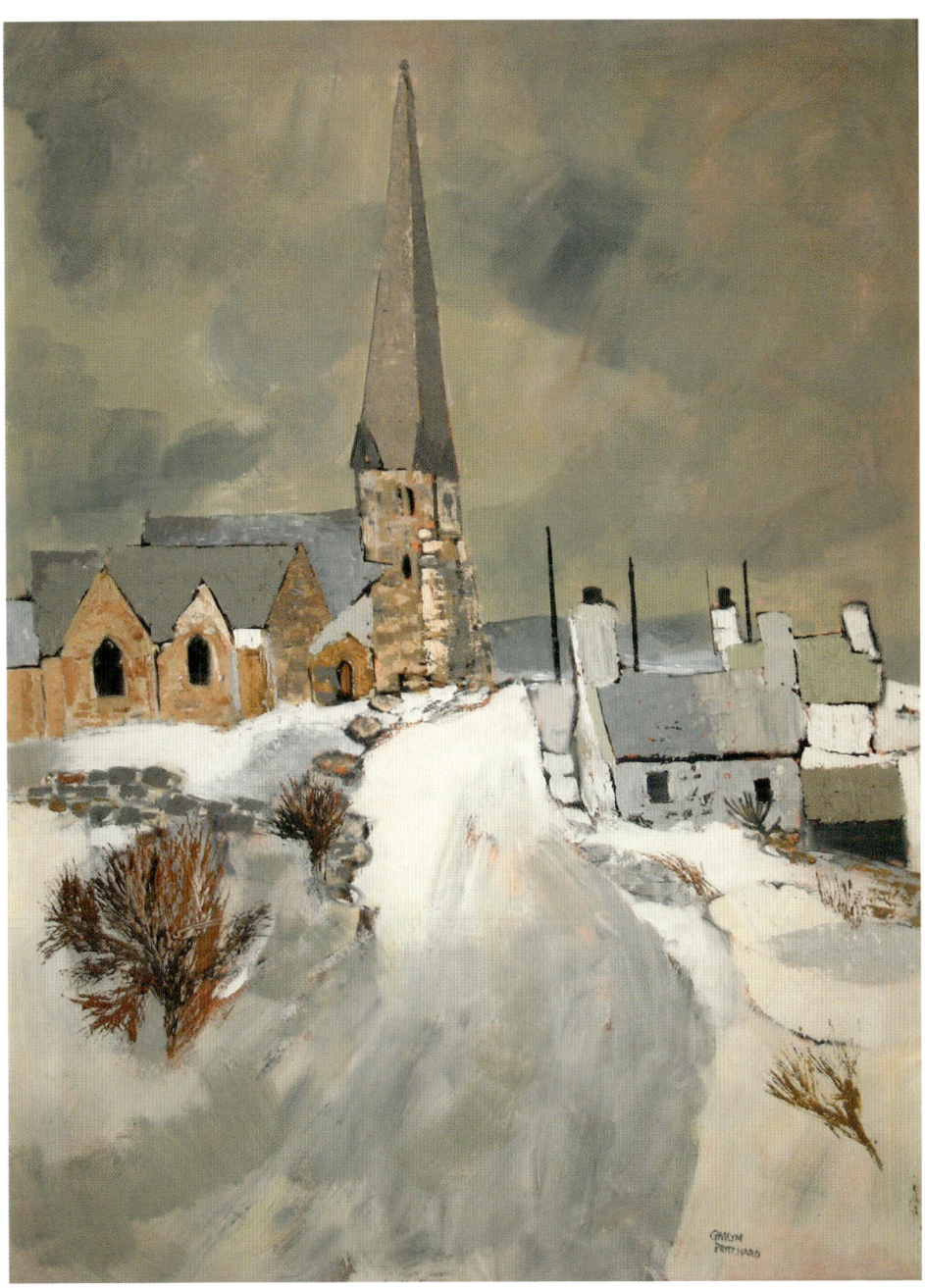

237 | Gwilym Prichard
*Eglwys ac Eira, Llanfaes* 1965

Abertawe 1995, 1997, 2000; Oriel Martin Tinney, Caerdydd (OMT) 1996, 1997, 1999, 2002; *The Return*, Amgueddfa ac Oriel Gelf Dinbych-y-pysgod 2002. Arddangosfeydd undyn niferus gan gynnwys Coleg Prifysgol Abertawe 1980; Llyfrgell Genedlaethol Cymru, Aberystwyth (LlGC) 1993; adolygol, LlGC 2001 (teithiol); OMT 2001, 2003, 2005, 2007. Gwaith wedi'i gynnwys mewn erthyglau/adolygiadau niferus gan gynnwys yr *Anglo-Welsh Review* (Jonah Jones, cyf 11 rhif 27, 1959). Casgliadau'n cynnwys Amgueddfa ac Oriel Gelf Casnewydd; Casgliad Celf y Llywodraeth; Coleg Lincoln, Rhydychen; Cyngor Gwynedd; Cymdeithas Celf Gyfoes Cymru; LlGC; Oriel Gelf Southampton; Prifysgolion Abertawe, Aberystwyth, Bangor, De Cymru, Pontypridd. Prynwyd gwaith gan CCC; Cymdeithas Gelf Gogledd Cymru. 'Lonydd, caeau, ffermydd a bryniau gleision … ymdeimlad dwfn â lliw a ffurf Geltaidd…' *(Jonah Jones, Ceri Richards Gallery 1988)* Yn byw yn Ninbych-y-pysgod, gorllewin Cymru. *Yr artist*

### Aled PRICHARD-JONES 1945–

**Peintiwr. Ganed ym Mangor, gogledd Cymru.**

Astudiodd ym Mhrifysgol Caerfaddon 1963–69 (Pensaernïaeth). Rhwng 1969 a 2000, pensaer, Aberystwyth, Hwlffordd; Prif Bensaer, Cyngor Dosbarth y Preseli; Cyfarwyddwr Datblygu, Cymdeithas Tai Sir Benfro. Arddangosfeydd ar y cyd yn cynnwys Oriel Albany, Caerdydd o 2003; Oriel Plas Glyn-y-Weddw, Llanbedrog (OPGW) o 2003; Oriel Tegfryn, Porthaethwy (OT) o 2004; Yr Oriel, Betws-y-coed (OGByC) o 2004; Neuadd Dewi Sant, Caerdydd 2005, 2006. Arddangosfeydd undyn yn cynnwys OPGW 2005, 2007; OT 2006; OGByC 2007; Oriel Ynys Môn, Llangefni 2007. Gwaith yng nghasgliad Ysbyty Bronglais, Aberystwyth. 'Golau ar dirwedd Eryri.' Yn byw yn Llannerch-y-medd, Ynys Môn, gogledd Cymru. *Yr artist*

### Arthur PRITCHARD 1927–1993

**Peintiwr. Ganed yn Llanystumdwy, gogledd Cymru.**

Hunanaddysgedig. Syrfëwr siartredig yn Llangefni, o 1956; Peiriannydd Ardal Ynys Môn, Cyngor Sir Gwynedd gynt. Aelod Cyswllt o'r Academi Frenhinol Gymreig (AFG) 1969. Arddangosfeydd ar y cyd yn cynnwys Eisteddfod Genedlaethol Cymru 1959, 1961, 1963, 1965; Grŵp Gogledd Cymru 1960–63; *Pictures for Welsh Schools*, Cymdeithas er Addysg drwy Gelf, Amgueddfa Cymru (AC) 1961–66; *Welsh Landscape*, Oriel Howard Roberts, Caerdydd 1964; Oriel David Griffiths, Caerdydd 1966; AFG 1968 (fan leiaf); *Cofnodi Cymru 2: Capeli*, Cyngor Celfyddydau Cymru (CCC) 1969 (teithiol); Wales 1983, Y Grŵp Cymreig 1983 (teithiol). Arddangosfeydd deuddyn yn cynnwys Oriel Tegfryn, Porthaethwy (gydag Elis Gwyn Jones) 1969, (gyda Victor Neep) 1979. Wedi'i gynnwys yn *Liverpool Daily Post* (29 Gorffennaf 1966); *Barn* (Siân Wyn Parri, Hydref 1989); *North Wales Lifestyle* (Peter Underwood, Gwanwyn 1990). Casgliadau'n cynnwys AC; Cyngor Bwrdeistref Merthyr Tudful; Cyngor Sir Ynys Môn; Coleg Caerdydd a'r Fro; Llyfrgell Genedlaethol Cymru, Aberystwyth; Prifysgol Bangor. Prynwyd gwaith gan CCC. Tirweddau ac adeiladau Ynys Môn. 'Paentio olew – lled-haniaethol…' Roedd yn byw ym Modffordd, gogledd Cymru.

## Ken PRITCHARD 1939–
**Peintiwr. Ganed yng Nghefnpennar, de Cymru.**

Dosbarthiadau nos, Ysgol Gyfun Aberpennar, gyda Gwynfor Howells. Glöwr, Pwll Glo Deep Duffryn, Aberpennar 1954–56; Y Llynges Frenhinol 1956–65; saer maen, 1965 tan ymddeol. Aelod o'r Grŵp Cymreig. Arddangosfeydd ar y cyd yn cynnwys y Senedd Ewropeaidd, Strasbourg 1997; *Arddangosfa Nadolig*, Neuadd Dewi Sant, Caerdydd 2001, 2002. Arddangosfeydd undyn, Yr Hen Lyfrgell, Aberpennar 1976; Eglwys y Santes Farged, Aberpennar 1979. '…ein cwm hyfryd a Chymreig a'r bobl sy'n byw yma.' Yn byw yng Nghefnpennar.
*Yr artist*

## Helga PROSSER 1932–
**Enw gwaith Helga Charlotte Prosser, cerflunydd, peintwraig. Ganed yn Escourt, De Affrica.**

Cyrhaeddodd Gymru ym 1961. Astudiodd yn Ysgol Celf Gain Michaelis, Prifysgol Cape Town 1950–53, gyda Lippy Lipschitz (Gwobr Michaelis 1952); Ysgol Ganolog Gelf a Dylunio, Llundain 1959–61, gyda Leslie Thornton; Coleg Fforest Frenhinol y Ddena 1999–2000. Comisiynau'n cynnwys Tref Newydd Cwmbrân 1966; Canolfan Gelfyddydau Abaty Nant Teyrnon, Cwmbrân (CGANT) 1966; Eglwys Llanfihangel-y-fedw 1980; Dur Prydain, Gŵyl Erddi Cymru, Glynebwy 1992; Eisteddfod Genedlaethol Cymru, Casnewydd 2004. Aelod o Grŵp De Cymru/Y Grŵp Cymreig 1963–78. Arddangosfeydd ar y cyd yn cynnwys *Welsh Painting and Sculpture: the 10th Annual Exhibition*, Pwyllgor Cymreig Cyngor Celfyddydau Prydain Fawr (PCCCPF)/Amgueddfa Cymru, Caerdydd 1963 (teithiol); Arddangosfa Dewi Sant, PCCCPF 1964 (teithiol); *Arddangosfa Haf*, Yr Academi Frenhinol, Llundain 1964; Salon Paris 1964; Celfyddydau Cain Manor House, Caerdydd (CCMH) 1988, 1989; *Sculpture at Margam*, Parc Margam 1993, 1994; Oriel Parkfields, Rhosan ar Wy 1998. Arddangosfeydd un-ddynes yn cynnwys CGANT 1969, 1974; Oriel Alwin, Llundain 1977; CCMH 1994; Oriel Washington, Penarth 2002, 2006. Gwaith wedi'i gynnwys yn rhaglenni'r BBC, HTV (Mawrth 1964, Awst 2004). Cerfluniaeth ddur wedi'i weldio, symudiad dynol 'wedi'i rewi'n ystumiau'; dyfrlliw, clai. Yn byw yn Llanbedr Pont Steffan, canolbarth Cymru.
*Yr artist*

## Ieuan M PUGH 1939–
**Enw gwaith Ieuan Meirion Pugh, peintiwr. Ganed yn Aberystwyth, canolbarth Cymru.**

Hefyd yn awdur. Astudiodd yng Ngholeg Celf Abertawe 1958–62; Coleg Celf Caerdydd 1962–63. Bu'n addysgu yn Birmingham, Llundain, Salford. Pennaeth Adran, Celf Gain a Graffeg, Coleg Celf Caersallog 1972–77; darlithydd, Coleg Richmond upon Thames 1979–81; Pennaeth, Coleg Celf Bournville 1981–89; Pennaeth/Prif Weithredwr, Coleg Celf a Dylunio Loughborough 1989–1997. Dychwelodd i Gymru 2002. Cyn-aelod o Gymdeithas Genedlaethol y Peintwyr Acrylig. Arddangosfeydd ar y cyd yn cynnwys Oriel Overland, Abertawe 1970; *Welsh Artists One*, Oriel Gelf Glynn Vivian, Abertawe 1972; Coleg Polytechnig Canol Llundain 1972. Arddangosfeydd undyn yn cynnwys *The Red Noise*, Oriel Gelf Dinas Salford 1968; Oriel Salubrious, Abertawe 1969; *Written Treeforms and Other Poems*, Compendium 2, Llundain 1971; Llyfrgell Genedlaethol Cymru, Aberystwyth (LlGC) 1971; Oriel Gelf Bangor 1972; *Blue Remembered Hills: Landscape Paintings and Drawings: Ieuan Meirion Pugh*, LlGC 2004. Cyhoeddiadau'n cynnwys erthyglau, *Planet*; 'Myth and Mystique in Art and Design Education' (*Studies in Design Education Craft and Technology*, cyf 5, rhif 2 1973). Gwaith llenyddol yn cynnwys *The Day God Met Father and Other Fables* (Athena Press Ltd 2007). Casgliadau'n cynnwys LlGC; Prifysgol Loughborough; Prifysgol Westminster. Yn byw yng Ngheri, canolbarth Cymru.

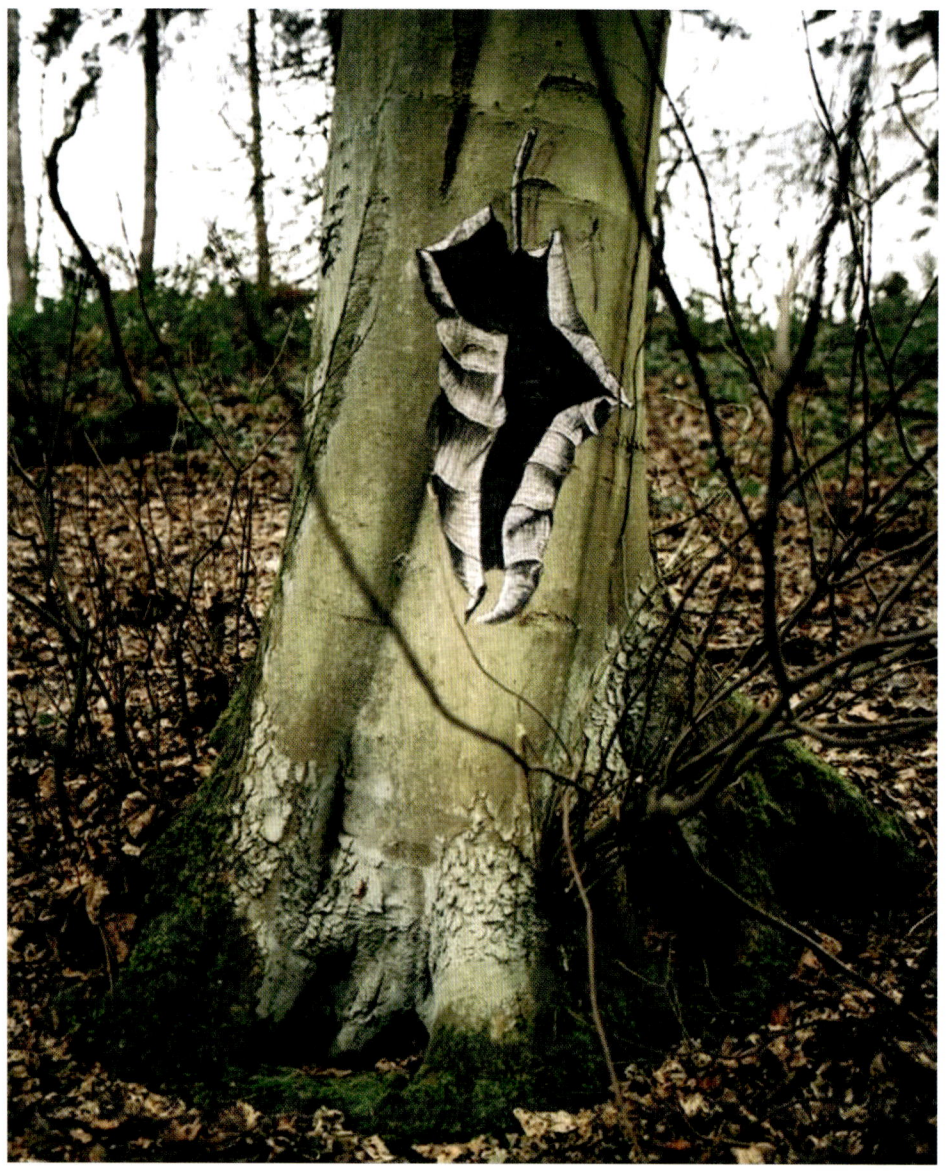

238 | Timothy Pugh
*Leaf Drawing* 2004

## Timothy PUGH 1965–
**Artist amgylcheddol cyfryngau cymysg. Ganed yng Nghaer, Lloegr.**

Ei rieni'n Gymry. Cyrhaeddodd Gymru ym 1965. Astudiodd yn Athrofa Gogledd Ddwyrain Cymru 1983–87; Coleg Celf Caeredin 1987–89. Prosiectau niferus, artist preswyl, gan gynnwys Ynys-las, Y Borth 1994; Castell Bodelwyddan, Sir Ddinbych 1999; Llyn Sinclair, Tasmania 1999; Canolfan Gelfyddydau Llyfrgell Wrecsam (CGLlW) 2000; Gardd Fotaneg Genedlaethol Cymru (GFGC), Llanarthne 2003; Gŵyl Erddi Meranflora, Merano, Yr Eidal 2007. Comisiynau'n cynnwys y Crwndy Celtaidd, Llanddeusant, Ynys Môn 2007. Gwobrau Cyngor y Celfyddydau, 2000, 2003. Aelod o'r Academi Frenhinol Gymreig (AFG) (Ysgrifennydd 2005). Arddangosfeydd niferus ar y cyd gan gynnwys *Clwyd and North West Young Professionals*, Oviedo, Asturias 1995; Eisteddfod Genedlaethol Cymru, Y Bala 1997, Y Faenol 2005; *Biennale Arlunio Cymru* 1998, 2001, 2005; *Cymru Ifanc V*, AFG, Conwy 2001; *Explorations*, Cywaith Cymru, GFGC 2003; *Native Land*, Oriel Mostyn, Llandudno 2004. *Arddangosfa Gwobr Brynu*, Oriel y Bont, Prifysgol Morgannwg, Pontypridd 2006. Arddangosfeydd undyn yn cynnwys *Solitude*, Oriel Carnegie, Hobart, Tasmania 1999; *Glo*, CGLlW 2000; *Coastal Arrangements*, Canolfan Gelfyddydau Llyfrgell y Rhyl (CGLlRh) 2002; AFG 2004; Oriel y Bont, Prifysgol Morgannwg, Pontypridd 2006; *Natural Selection*, CGLlRh 2007. Gwaith wedi'i gynnwys yn The Art Show, Teledu Cenedlaethol ABC Awstralia (Hydref 1999); Radio Llydaw (Ebrill 2000); Y Sioe Gelf, S4C (Rhagfyr 2001); BBC Cymru 2007. 'Cerfluniaeth a gosodwaith gan ddefnyddio deunyddiau a phrosesau naturiol …ar draethau, mewn coetiroedd ac ar lan afonydd.' Yn byw ym Mancot, gogledd Cymru.
*Yr artist*

## Michael PUNT 1946–
**Cerflunydd, artist fideo/digidol. Ganed yn Llundain, Lloegr.**

Astudiodd yn Academi Gelf Caerfaddon 1964–68; Prifysgol East Anglia 1989–90 (MA); Prifysgol Amsterdam (PAmst) 2000 (PhD). Gwneuthurydd modelau/dylunydd teganau, Eldon Industries, Middlesex 1968–69; darlithydd, Coleg Polytechnig Ulster 1969–74; darlithydd/uwch-ddarlithydd/cyfarwyddwr cwrs, Coleg Celf Casnewydd/Coleg Addysg Uwch Gwent/Coleg Prifysgol Cymru, Casnewydd 1974–2004; uwch-gymrawd ymchwil, PAmst 1992–96; Darllenydd/Athro, Celf Ddigidol a Thechnoleg, Prifysgol Plymouth o 2004. Bu'n byw yn Sir Fynwy a Swydd Gaerloyw 1974–2004. Colofnydd, *Skrien* 1996–2000; Prif Olygydd, *Leonardo Reviews* (Cymdeithas Ryngwladol i'r Celfyddydau, Gwyddorau a Thechnoleg), o 1998. Aelod o Grŵp 56 Cymru 1974–91; Cymdeithas Genedlaethol Addysg Celf Gain 1985–90; Cymdeithas Ymarferwyr Ffilm a Fideo Annibynnol 1985–88. Arddangosfeydd niferus ar y cyd gan gynnwys *Play Orbit*, Eisteddfod Genedlaethol Cymru, Y Fflint 1969 (teithiol); *Recent Purchases 1973–78*, Cymdeithas Celf Gyfoes Cymru (CCGC)/Cyngor Celfyddydau Cymru (CCC) 1979; *Cerflunwyr Ifainc Cymru*, Oriel Mostyn, Llandudno/CCC 1979 (teithiol); *Collaborations in Network Projects*, Biennale Fenis 1986; *Systems of Support*, Kettles Yard, Caergrawnt 1987; *Camden/Caerdydd*, Yr Hen Lyfrgell, Caerdydd 1989 (teithiol). Arddangosfeydd undyn yn cynnwys Oriel Ikon, Birmingham 1970, 1984; *Relics of a World War*, Oriel Richard Demarco, Caeredin 1973; *Sculpture, Drawing and Painting*, Oriel Arnolfini, Bryste 1976; Oriel, CCC, Caerdydd 1980. Cyhoeddiadau niferus, gan gynnwys *The Postdigital Membrane: Connecting Imagination, Technology and Desire*, gyda Robert Pepperell (Exeter Intellect Books 2000, 2005); *Screen Consciousness: Cinema, Mind and World*, golygyddion Michael Punt, Robert Pepperell (Rodopi, Amsterdam 2006). Casgliadau'n cynnwys CCGC; Prifysgol Aberystwyth. Prynwyd gwaith gan CCC. 'Technoleg a diwylliant…hanes sinema…' Yn byw yn Aish, Lloegr.

**John PURNELL** 1954–
**Gwneuthurydd printiau, ffotograffydd. Ganed yn Birmingham, Lloegr.**

Cyrhaeddodd Gymru ym 1991. Astudiodd yng Ngholeg Celf a Dylunio Bournville, Birmingham 1989–90; Coleg Technegol Hall Green 1990–91 (gwobr fyfyriwr); Athrofa Addysg Uwch Caerdydd/Athrofa Prifysgol Cymru, Caerdydd (APCC) 1991–2000 (gwobr fyfyriwr 1994), gyda Martin Gaughan, Tom Piper (MA, PhD). Tiwtor ffotograffig cynorthwyol cyffredinol/golygydd cylchgrawn aelodaeth, Canolfan Gelfyddydau Canolbarth Lloegr, Birmingham 1974–85. Tiwtor ffotograffig (rhan-amser), Canolfan Addysg Gymunedol Howardian, Caerdydd 1994–2001; Coleg Iwerydd, Sain Dunwyd (CI) 1994–2002; technegydd (rhan-amser)/darlithydd (rhan-amser), APCC 1991–2001; tiwtor, APCC o 2001. Artist preswyl (ar y cyd), Amgueddfa Cymru (AC) 1997, 2000. Aelod o Gymdeithas Artistiaid Frenhinol Birmingham 1977–87; Cymdeithas Genedlaethol yr Artistiaid 1985–88; Ffotogallery, Caerdydd; Y Gymdeithas Ffotograffig Frenhinol 1990–2000; Chwe Gwneuthurydd Printiau Cyfoes yng Nghymru 1996–2000. Arddangosfeydd niferus ar y cyd gan gynnwys *Arddangosfa Ffotograffig Genedlaethol y BBC* (y wobr gyntaf) 1982; Canolfan Gelfyddydau Chapter, Caerdydd 1997; Oriel Washington, Penarth 1997, 1998; Theatr Brycheiniog, Aberhonddu 1997, 1999; Oriel Gelf Glynn Vivian, Abertawe 2001; Canolfan Gelfyddydau Abaty Nant Teyrnon, Cwmbrân 2002; Asiantaeth Gelf ac Adfywio Bae Caerdydd, Caerdydd 2002; Biennale Harlech 2002. Arddangosfeydd undyn yn cynnwys AC 1995, 1997, 1998. Casgliadau'n cynnwys AC; CI; Prifysgol Metropolitan Caerdydd; Ysbyty Athrofa Cymru, Caerdydd; 'Ei holl waith celf yn saflebenodol.' Yn byw yng Nghaerdydd, de Cymru.
*Yr artist*

# ARTISTIAID: R/RH

**David RANDAL  Gweler David Randal DAVIES**

R/RH

**Elizabeth RATHMELL** 1942–1994
**Peintwraig. Ganed yn Leamington Spa, Lloegr.**

Cyrhaeddodd Gymru ym 1947. Astudiodd yng Ngholeg Celf Casnewydd 1959–63; Y Coleg Celf
Brenhinol, Llundain (CCB) 1963–66 (MA Paentio) (Gwobr Dirlun 1963, Ysgoloriaeth Deithio David
Murray 1966); Ysgol Gelf Blackheath 1984. Artist, darlunydd, athrawes ran-amser, ynghyd â gwaith

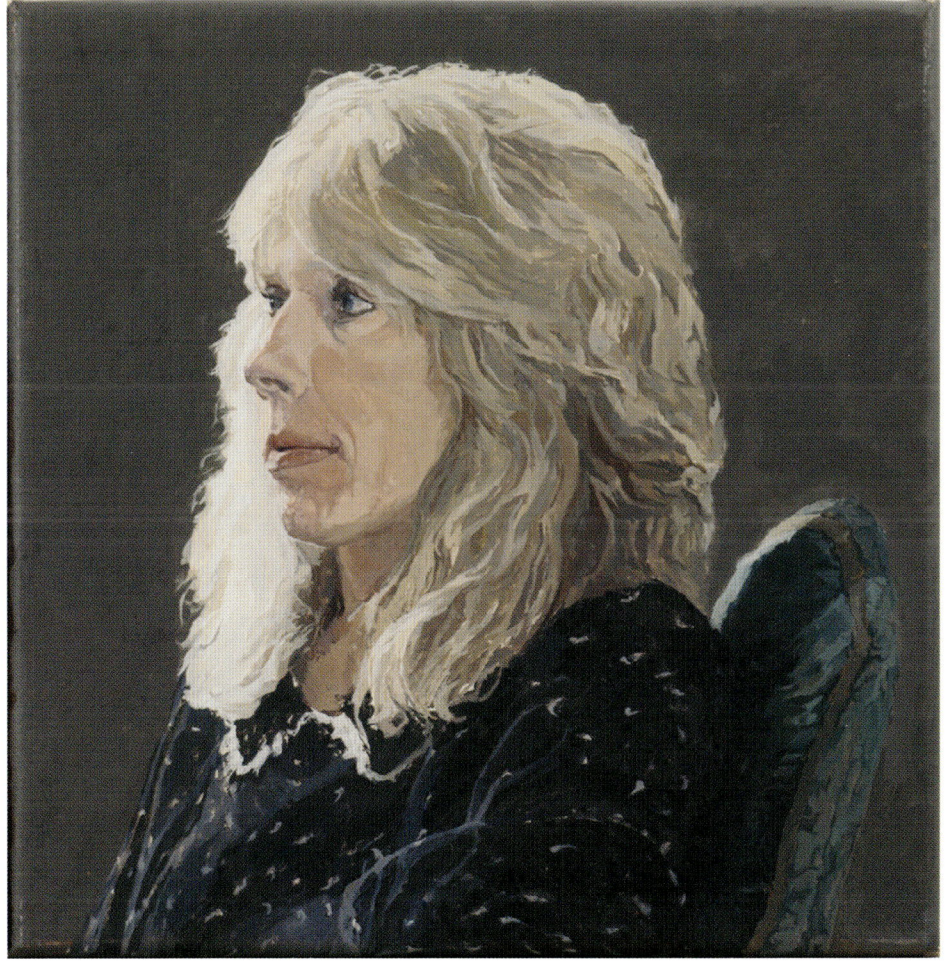

239 | Elizabeth Rathmell
*Study for Portrait of Angela Down* 1986

arall cysylltiedig â chelf, Llundain, ar ôl graddio. Bu'n byw yng Nghaerllion, ac yna Casnewydd, o 1990. Aelod o Gymdeithas Ddyfrlliwiau Cymru (CDdC); Arddangosfeydd ar y cyd yn cynnwys CCB 1971; *Arddangosfa Haf*, Yr Academi Frenhinol, Llundain 1977, 1978, 1983; Canolfan Gelfyddydau Abaty Nant Teyrnon, Cwmbrân (CGANT) 1982; CDdC, Tŷ Turner, Penarth 1992, 1993; Y Grŵp Cymreig (GC) Yr Hen Lyfrgell, Caerdydd 1994. Arddangosfeydd gyda Thomas a Lilian Rathmell, *Three Painters*, CGANT 1982; *The Rathmell Vision: People and Places*, Canolfan Gelfyddydau Taliesin, Abertawe 1991. Arddangosfeydd deuddyn, CCB (gydag Ian Dury) 1968; *Gods, Goats and Blue Jeans*, Canolfan Gelf a Chrefftau Ffwrwm, Caerllion (gyda Marie Tailford) 1994. Darluniau i *Radio Times*; Cymdeithas y Darlunwyr; cloriau recordiau, Ian Dury and The Blockheads. Gwaith yng nghasgliad Amgueddfa ac Oriel Gelf Casnewydd. '…y byd o'm cwmpas, fy nheulu, ffrindiau… y tyndra rhwng cyfansoddi, ffurf, lliw a golau.' *(Catalog y GC 1994)* Roedd yn byw yng Nghasnewydd, de Cymru.

*Y teulu*

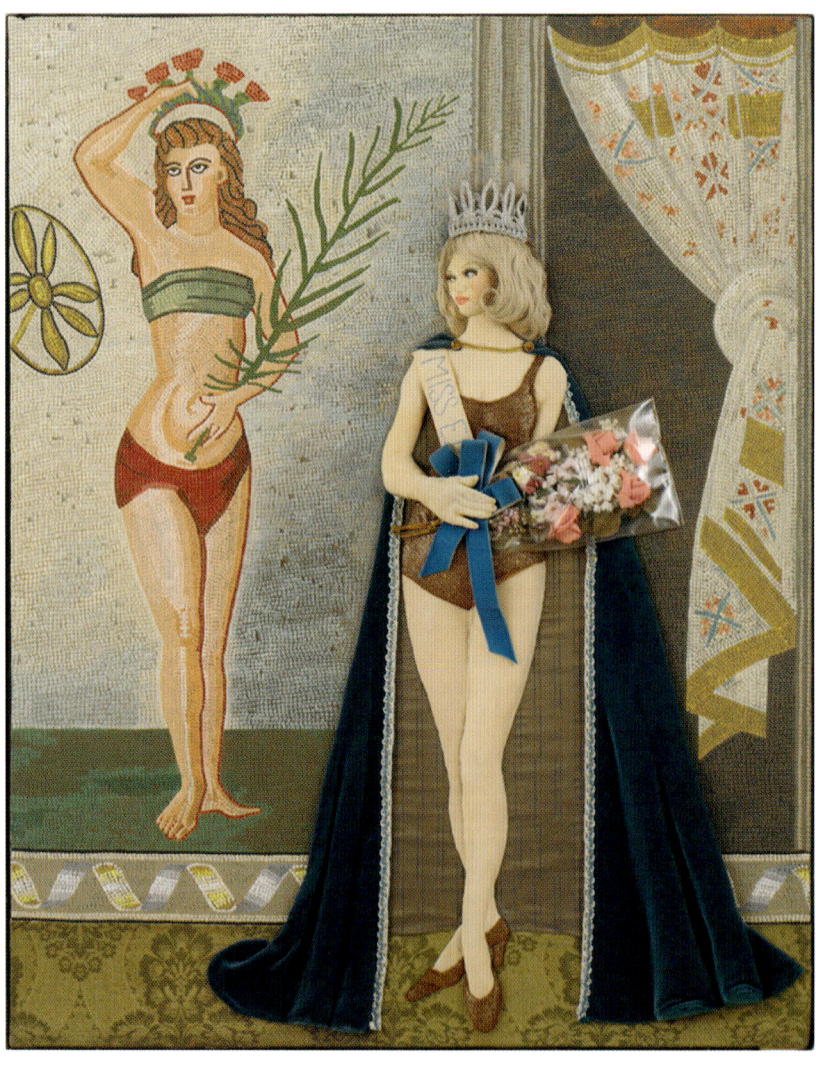

240 | Lilian Rathmell
*The Winners* dyddiad yn anhysbys

## Lilian RATHMELL 1909–2000
**Artist tecstiliau, peintwraig. Ganed yn Lerpwl, Lloegr.**

Cyrhaeddodd Gymru ym 1947. Astudiodd yng Ngholeg Celf Lerpwl 1929–33; Coleg Celf Caerdydd (Dylunio Gwisgoedd) 1957–59. Darlithydd, Coleg Celf Casnewydd, 1960au–70au; dylunydd gwisgoedd, Theatr Ieuenctid Mynwy. Aelod o Gymdeithas Ddyfrlliwiau Cymru (CDdC); Y Grŵp Cymreig. Arddangosfeydd ar y cyd yn cynnwys *Crack, Grin and Chuckle*, Oriel, Cyngor Celfyddydau Cymru, Caerdydd 1981; *Wales 83*, Y Grŵp Cymreig 1983 (teithio yng Nghymru); *Women's Art in Wales*, Oriel Mostyn 1985 (teithiol); *Gardens*, CDdC, Tŷ Turner, Penarth 1992. Arddangosfeydd gyda Thomas ac Elizabeth Rathmell, *Three Painters*, Canolfan Gelfyddydau Nant Teyrnon (CGANT) 1982; *The Rathmell Vision: People and Places*, Canolfan Gelfyddydau Taliesin, Abertawe 1991. Arddangosfa ddeuddyn, *Paintings and other Objects*, CGANT (gyda Thomas Rathmell) 1977. Casgliadau'n cynnwys Amgueddfa ac Oriel Gelf Casnewydd; Prifysgol De Cymru, Pontypridd. Prynwyd gwaith gan Gyngor Celfyddydau Cymru. Gwaith dau- a thri-dimensiwn mewn defnydd; mân ffigurau wedi'u modelu. Roedd yn byw yng Nghaerllion, de Cymru a Chaer, Lloegr.
*Y teulu*

## Thomas RATHMELL 1912–1990
**Enw gwaith Thomas Roland Rathmell, peintiwr. Ganed yn Wallasey, Lloegr.**

Cyrhaeddodd Gymru ym 1947. Astudiodd yng Ngholeg Celf Lerpwl 1929–33; Y Coleg Celf Brenhinol, Llundain 1933–36. Gweinyddiaeth Diogelwch Cartref ac Adran Guddweddu'r Morlys 1940–45; darlithydd/Pennaeth Celf Gain/Is-Bennaeth, Coleg Celf Casnewydd 1947–72. Bwrsariaeth Ymddiriedolaeth Leverhulme 1963. Comisiynau niferus gan gynnwys Arwisgiad Tywysog Cymru, y Swyddfa Gymreig 1969; Undeb Rygbi Cymru 1979; Coleg Addysg Uwch Gwent 1979. Aelod o

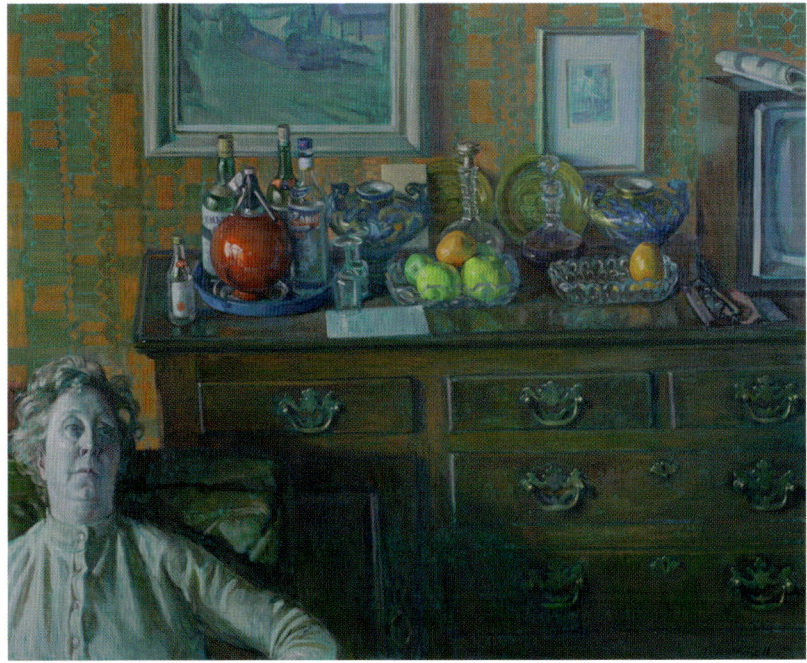

241 | Thomas Rathmell
*The Sideboard* 1974

Gymdeithas Ddyfrlliwiau Cymru; Cymdeithas Frenhinol y Peintwyr Portreadau (CFPP); Y Grŵp Cymreig. Arddangosfeydd niferus ar y cyd gan gynnwys *Pictures for Welsh Schools*, Y Gymdeithas er Addysg drwy Gelf, Amgueddfa Cymru (AC) 1951–63, 1973; *Industrial Wales, 7th Exhibition of Contemporary Welsh Painting, Drawing and Sculpture*, Pwyllgor Cymreig Cyngor Celfyddydau Prydain Fawr 1960; Eisteddfod Genedlaethol Cymru (EGC) 1954, 1956, 1960, 1964, 1973; Cymdeithas Celf Gyfoes Cymru (CCGC) 1960–63, 1978 (teithiol), 1987 (teithiol); *The Probity of Art*, Cyngor Celfyddydau Cymru (CCC) 1980 (teithiol). Arddangosfeydd gyda Lilian ac Elizabeth Rathmell, *Three Painters*, Canolfan Gelfyddydau Abaty Nant Teyrnon (CGANT) 1982; *The Rathmell Vision: People and Places*, Canolfan Gelfyddydau Taliesin, Abertawe 1991. Arddangosfeydd deuddyn yn cynnwys *Paintings and other Objects*, CGANT (gyda Lilian Rathmell) 1977. Arddangosfeydd undyn yn cynnwys Oriel Howard Roberts, Caerdydd 1956, 1958, 1961, 1964; Amgueddfa ac Oriel Gelf Casnewydd (AOGC) 1956 (teithiol), 1974; Oriel, CCC, Caerdydd 1982; Oriel GPF, Casnewydd 2001. Gwaith wedi'i gynnwys yn y wasg leol. Casgliadau'n cynnwys AC; AOGC; Casgliad Celf y Llywodraeth; CCGC; Llyfrgell Genedlaethol Cymru, Aberystwyth; Oriel Gelf Glynn Vivian, Abertawe; Prifysgol Aberystwyth; Prifysgol De Cymru; Ymddiriedolaeth Castell Bodelwyddan. Prynwyd gwaith gan Gymdeithas Gelfyddydau Gogledd Cymru; CCC. Pobl a lleoedd. Roedd yn byw yng Nghaerllion, de Cymru.
*Y teulu*

### Pamela RAWNSLEY 1952–2014
**Gof arian, gemydd. Ganed yn Plymouth, Lloegr.**

Cyrhaeddodd Gymru ym 1997. Astudiodd yn Ngholeg Syr John Cass, Llundain 1969–71; Polytechnig Caerlŷr 1971–73; Coleg Celf Henffordd 1979–80. Comisiynau'n cynnwys Ysbyty Cymunedol Rhosan ar Wy 1998; Gŵyl Lên y *Guardian* y Gelli Gandryll 2004. Gwobrau'n cynnwys Cyngor Celfyddydau

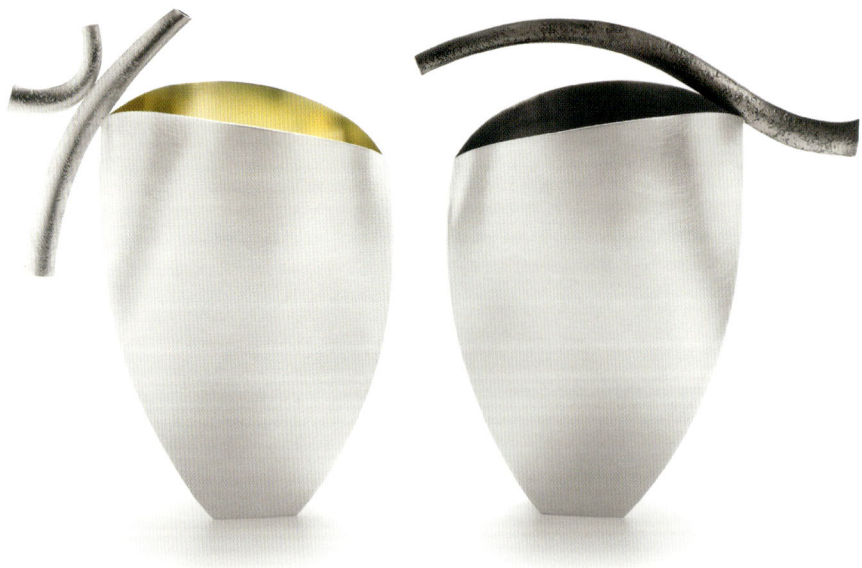

242 | Pamela Rawnsley
*Vessel Sequence: Nightfall* 2007

Cymru 1998, 2004 (Cymru Greadigol), 2007; Gwobr Ffair Arloesedd y Gofaint Aur 1998; Y Cyngor Crefft/Yr Adran Fasnach a Diwydiant 2001; Y Fedal Aur am Grefft a Dylunio, Eisteddfod Genedlaethol Cymru, Y Faenol 2005. Wedi'i dewis ar gyfer Photostore/Mynegai Gwneuthurwyr Dethol, y Cyngor Crefftau, Llundain (CC). Aelod o Gymdeithas Brydeinig y Gofaint Arian Dylunio; Y Gymdeithas Gemwaith Cyfoes. Arddangosfeydd niferus ar y cyd gan gynnwys *Contemporary Costume Jewellery*, Amgueddfa Victoria ac Albert, Llundain (VacA) 1983; Oriel Gelf Dinas Leeds 1994, 1996, 1998, 2002; *Collect*, VacA 2006, 2007; *Hands Across the Border*, Canolfan Grefft Rhuthun (CGRh) 2004 (teithiol); *SOFA (Sculpture, Objects and Functional Art)*, Chicago (gyda CGRh) 2005; Arddangosfeydd deuddyn yn cynnwys Oriel 31, Y Trallwng (gyda Cynthia Cousins) 1992; Expo Arte Smykkegalleri, Oslo (gyda Sarah Parker-Eaton) 2000; *Metal x 2*, Model House, Llantrisant (gyda Matthew Tomalin) 2002. Arddangosfeydd un-ddynes yn cynnwys Oriel Mostyn, Llandudno 2003. Gwaith wedi'i gynnwys yn *Buyer's Guide to Contemporary British Metal* (CC 2001); *Form* (Celfyddydau Rhyngwladol Cymru 2003); Rhaglenni BBC2, S4C, ITV Cymru 2005. Casgliadau'n cynnwys Amgueddfa Cymru; Amgueddfa VacA; Cwmni'r Gofaint Aur, Llundain; Neuadd y Sir, Stafford; Oriel Gelf Aberdeen; Oriel Gelf Shipley, Gateshead. 'Bu'r dirwedd yn ddylanwad enfawr.' Roedd yn byw yn Llanfrynach, canolbarth Cymru. *Yr artist*

## Peter REDDICK 1924–2010
**Enw gwaith Peter George Reddick, gwneuthurydd printiau/ysgythrwr pren. Ganed yn Upminster, Lloegr.**

Astudiodd yng Ngholeg Technegol ac Ysgol Gelf De Ddwyrain Essex 1941–42; Ysgol Gelf Guildford 1946–47; Ysgol Gelf Caerdydd 1947–48; Ysgol Celf Gain Slade, Llundain 1948–51; Coleg Argraffu Llundain 1959–60. Darlithydd, lithograffeg, llythrennu, caligraffeg, teipograffeg, Coleg Polytechnig Regent Street, Llundain 1951–57; dylunydd llawrydd, darlunydd. Cynorthwy-ydd i Willy de Majo 1956–57, Peter Hatch 1960, 1962–63. Darlithydd, Prifysgol Wyddoniaeth a Thechnoleg Kumasi, Ghana 1960–62; Ysgol Gelf Glasgow 1963–67; Uwch-ddarlithydd, Coleg Polytechnig Bryste 1967–89; Cymrawd yn y Celfyddydau Gregynog, Prifysgol Cymru 1979–80. Cymrawd Cymdeithas Frenhinol y Peintwyr Ysgythrwyr 1973; aelod o Gymdeithas yr Ysgythrwyr Pren; aelod, Academi Frenhinol Gorllewin Lloegr; aelod sefydlu, Bristol Artspace; artist sefydlu, Gweithdy Gwneuthurwyr Printiau Bryste/Gweithdy Argraffu Spike Island, Bryste (GASI). Comisiynau'n cynnwys y Gymdeithas Ffolio, o 1964; Gwasg Gregynog 1980; Jonathan Cape, Penguin Press. Arddangosfeydd undyn yn cynnwys *Peter Reddick, Gregynog Fellow 1979–80*, Cyngor Celfyddydau Cymru 1981 (teithiol); Prifysgol Manceinion 1996; *A Backward Glance*, GASI 2007. Wedi'i gynnwys yn *The History of British Wood Engraving*, Albert Garret (Humanities Press 1978); *British Wood Engraving of the 20th Century*, Albert Garret (Scolar Press 1980); *Peter Reddick: Draughtsman, wood engraver, illustrator*, Ian Rogerson (Llyfrgell Prifysgol Fetropolitan Manceinion (PFM) 1994); *Moods and Tenses: the Portraits and Characters of Peter Reddick*, Ian Rogerson (Fleece Press 1999). Casgliadau'n cynnwys Amgueddfa ac Oriel Gelf Dinas Bryste; Amgueddfa Victoria ac Albert, Llundain; Llyfrgell Genedlaethol Cymru, Aberystwyth; PFM; Prifysgol Aberystwyth. 'Ysgythrwyr Rhamantaidd Lloegr; ei waith cynnar yn 'wladaidd rhamantaidd'. *(Gwefan Archives Hub)* Roedd yn byw ym Mryste, Lloegr.

### Anne REES 1953–
**Enw gwaith Anne Elizabeth Rees, artist tecstiliau. Ganed yn Huddersfield, Lloegr.**

Cyrhaeddodd Gymru ym 1976. Astudiodd yng Ngholeg Technoleg a Chelf Sir Gaerfyrddin 1997. Bu'n gweithio i'r Adran Iechyd a Nawdd Cymdeithasol 1976–87. Aelod o Urdd Brodwyr Sir Benfro (UBSB) tua 1990–94. Arddangosfeydd ar y cyd yn cynnwys UBSB, Castell Picton, Hwlffordd 1990; *Women's Art Exhibition*, Oriel Albany, Caerdydd 2004; Art Matters, Dinbych-y-pysgod 2005; Gerddi Aberglasne, Sir Gaerfyrddin (GAb) 2005. Arddangosfa ddeuddyn, GAb 2004. Gwaith wedi'i gynnwys ar BBC Knowledge 1996–97. '…brodwaith a chyfryngau cymysg o blastr i *tulle* sidan… Cadeirlan Tyddewi… Gerddi Aberglasne… gerddi Castell Picton…' Yn byw yng Nghryndal, gorllewin Cymru.
*Yr artist*

### Bromfield REES 1912–1965
**Enw gwaith John Bromfield Gay Rees, peintiwr. Ganed yn Llanelli, gorllewin Cymru.**

Astudiodd yn Ysgol Gelf a Chrefft Llanelli; Ysgolion yr Academi Frenhinol, o 1932 (cyfoedion yn cynnwys Alfred Janes, Kenneth Hancock, Mervyn Levy, William Scott). Bu iechyd gwael cronig yn amharu ar ei waith o 1935; ymwelodd â Pharis ym 1948. Arddangosfeydd ar y cyd yn cynnwys Eisteddfod Genedlaethol Cymru (gwobr iau, 13 oed); *Contemporary British Painting*, Cyngor Celfyddydau Prydain Fawr 1951 (teithiol); *Contemporary Art Society for Wales Past Purchases 1938–62*, Cymdeithas Celf Gyfoes Cymru/Cyngor Celfyddydau Cymru (CCGC/CCC) 1967 (teithiol). Arddangosfeydd undyn yn cynnwys Celf Gain Michael Parkin, Llundain 1989. Casgliadau'n cynnwys Amgueddfa Sir Gaerfyrddin; CCGC; Oriel Gelf Glynn Vivian, Abertawe. Prynwyd gwaith gan CCC. Roedd yn byw yn Richmond, Kingston upon Thames, Lloegr.

### Ieuan REES 1941–
**Ceinlythrennydd, torrwr llythrennau, dylunydd graffeg. Ganed ym Mhontyberem, gorllewin Cymru.**

Astudiodd yn Ysgol Gelf Caerfyrddin; Ysgol Gelf a Chrefftau Camberwell (YGChC); Y Coleg Celf Brenhinol, Llundain. Dylunydd llawrydd, darlithydd (rhan-amser), YGChC 1964 – canol y 70au. Dychwelodd i Gymru tua 1977; darlithydd, Coleg Celf Casnewydd, Ysgol Gelf Abertawe, Coleg Celf Dyfed; dosbarthiadau meistr mewn stiwdio; sesiynau gweithdai rhyngwladol, llawer yn UDA. Comisiynau niferus gan gynnwys Gerddi Cymunedol y Betws, gorllewin Cymru; Llywodraeth Cynulliad Cymru, Caerdydd; Abaty Westminster; Canolfan Mileniwm Cymru, Caerdydd; Canwr y Byd BBC Caerdydd; cofebion, gan gynnwys Gwynfor Evans AS. Aelod o'r Orsedd (gwisg wen). Aelod o Gymdeithas yr Ysgrifellwyr ac Addurnwyr, Llundain (cyn-gadeirydd); aelod o'r Academi Frenhinol Gymreig, o 2001; Urdd Ceinlythrenwyr Washington (UCW). Cyhoeddiadau'n cynnwys *Modern Scribes and Lettering Artists*, Michael Gullick ac Ieuan Rees (Boston 1980, Llundain 1990). Wedi'i gynnwys yn *Carmarthenshire Life* (proffil, David Fielding); *Scripsit* (Cylchgrawn UCW, Ionawr 2005, cyf 7, rhifyn 1). Siartrau gefeillio, sgroliau rhyddid, siacedi llwch, cydnabyddiaethau teledu, placiau coffa, cofebion, llythrennu pensaernïol, cerrig beddau, dylunio logos. 'Dw i wedi dysgu cymaint am ffurf, strwythur a llif llythrennau drwy astudio natur…' *(Scripsit)* Yn byw yn Llandybïe, gorllewin Cymru.
*Yr artist*

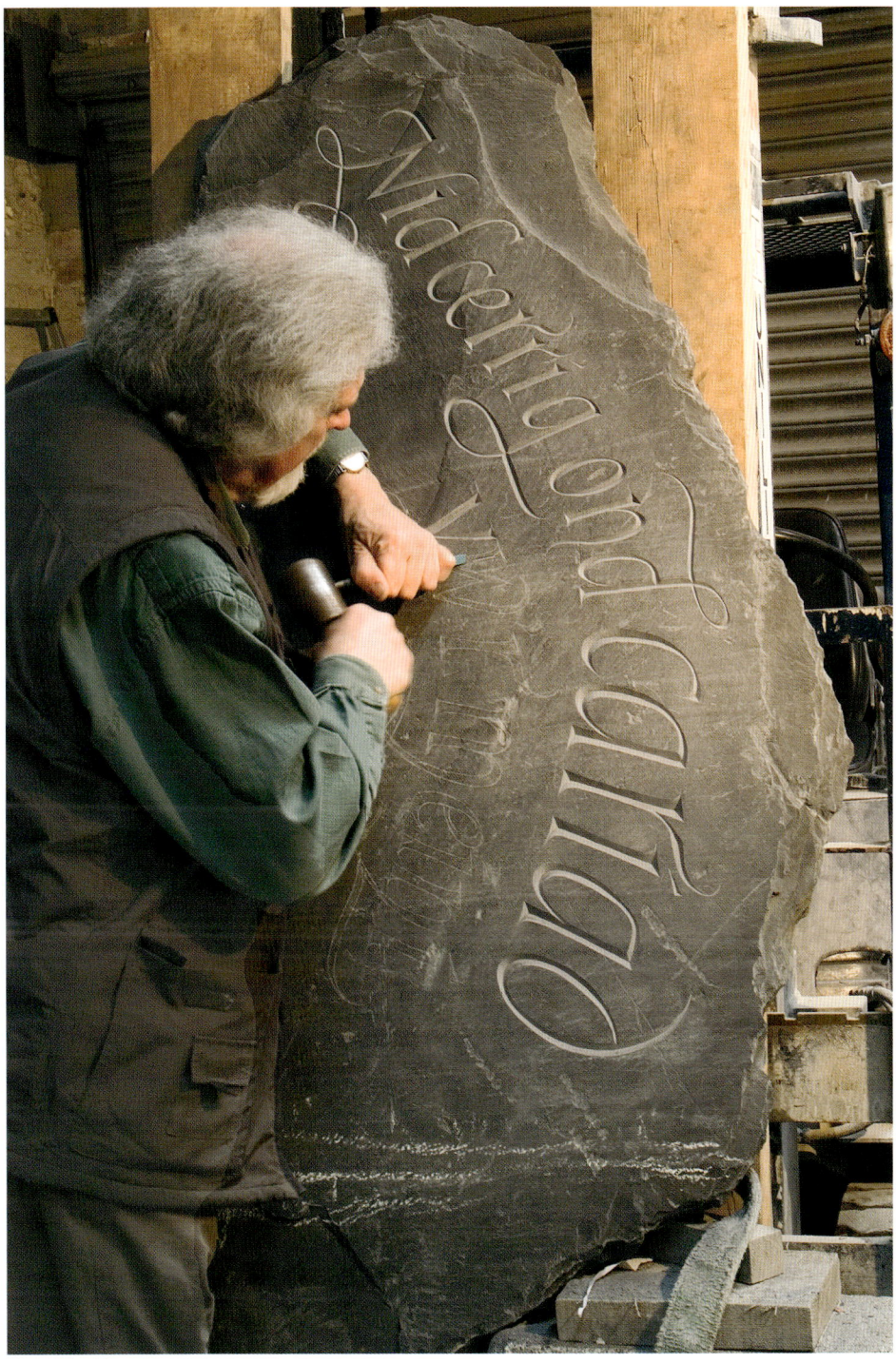

243 | Ieuan Rees
*Clogfaen â gwaith llythrennu wedi'i gerfio 2007*

### Sara REES 1971–
**Artist perfformio. Ganed yng Ngŵyr, de Cymru.**

Astudiodd yng Ngholeg Celfyddydau Dartington 1992–95 (gradd yn y dosbarth cyntaf); Athrofa Prifysgol Cymru, Caerdydd 1999–2001 (MA Celf Gain gyda Rhagoriaeth). Artist preswyl, Canolfan Gelfyddydau Chapter, Caerdydd (CGChap) 1999; Hangar, Canolfan Cynhyrchu Celfyddydau Amlgyfrwng, Barcelona (HB) 2000; Oriel Mostyn, Llandudno 2002; Prifysgol Caerdydd 2003–04. Comisiynau'n cynnwys prosiect storïau digidol y BBC 2001. Gwobrau'n cynnwys Celfyddydau Rhyngwladol Cymru (CRhC) 2003, 2005, 2006; Cywaith Cymru. Artworks Wales (CC.AW) 2003; Visiting Arts 2005; Cyngor Celfyddydau Cymru 2005, 2007. Aelod o 2il ddydd Mercher (@ Chapter); Celf Gyfoes Ryngwladol Cymru. Arddangosfeydd ar y cyd yn cynnwys CGChap 1999, 2001, 2002; *Mezzanine*, Amgueddfa ac Oriel Gelf Casnewydd 2001; *Horizon*, Haagse Kunstkring, Iseldiroedd 2004; *Sense of Place*, Site-Ations International, Riga 2006; *Undercover*, Oriel Davies, Y Drenewydd 2006 (y wobr gyntaf); *Locws 3*, Abertawe 2007. Arddangosfa ddeuddyn, *Memento*, g39, Caerdydd (gyda David Garner) 2002. Arddangosfeydd un-ddynes yn cynnwys *Celestial Blues*, CC.AW, CGChap 2004. Erthygl, 'Threshold – On the Work of Eve Dent', *Platfform Un* (CRhC, 2003). Gwaith wedi'i gynnwys mewn llyfrau/cylchgronau niferus gan gynnwys *Living in Wales*, David Hurn (Seren, Pen-y-bont ar Ogwr (Seren) 2003); *Imaging Wales*, Hugh Adams (Seren 2003); *Walking to Work*, Simon Whitehead (Shoeless 2007). '…creu amgylcheddau minimalaidd, lle y mae pethau'n digwydd yn araf iawn …mae'r naws yn annaearol.' Yn byw yng Nghaerdydd, de Cymru.
*Yr artist*

### Tim REES 1953–
**Enw gwaith Timothy Rees, peintiwr. Ganed yn Hwlffordd, gorllewin Cymru.**

Artist/athro Ronald Lowe yn ddylanwad cynnar. Astudiodd yng Ngholeg Technoleg a Chelf Stourbridge; Coleg Celf Casnewydd/Athrofa Addysg Uwch Gwent, Casnewydd, hyd tua 1977, gyda Ron Carlson, John Selway, Anthony Stevens, Ernest Zobole. Dylunydd, Theatr y Tortsh, Aberdaugleddau; Swyddog Arddangosfeydd a Digwyddiadau, Cyngor Sir Benfro, erbyn 2007. Arddangosfeydd ar y cyd yn cynnwys Canolfan Gelfyddydau Richmond, Caerdydd 1979; *The Shadow of my Hand: Part II*, Oriel, Cyngor Celfyddydau Cymru (CCC), Caerdydd 1981. Arddangosfeydd undyn yn cynnwys Llyfrgell Hwlffordd 1991. Casgliadau'n cynnwys Amgueddfeydd Sir Benfro. Prynwyd gwaith gan CCC. '… cymysgedd o dirluniau, morluniau a lluniau o aberoedd …dyfrlliw, cyfryngau cymysg, pastelau olew.' Yn byw ger Hwlffordd.
*Yr artist*

### Alan REES-BAYNES 1973–
**Peintiwr. Ganed yn Enfield, Lloegr.**

Astudiodd ym Mhrifysgol Swydd Hertford, Hatfield (PH) 1993–96. Swyddog Technegol, PH 1996–97. Cyrhaeddodd Gymru ym 1997. Aelod o Stiwdios Artistiaid Ffordd y Brenin, Caerdydd (Cadeirydd). Arddangosfeydd ar y cyd yn cynnwys Oriel Washington, Penarth (OWP) 2001, 2005; Oriel Ymddiriedolaeth Gelf ac Adfywio, Caerdydd 2001; Oriel Canfas, Caerdydd 2002; *Catalyst*, tactileBOSCH, Caerdydd 2003; Eisteddfod Genedlaethol Cymru, Casnewydd 2004; *Artist y Flwyddyn Cymru*, Neuadd Dewi Sant, Caerdydd 2005. Arddangosfa ddeuddyn, OWP (gyda James Charlton) 2005. Arddangosfeydd undyn yn cynnwys Oriel Manorhaus, Rhuthun 2004, 2007. '… iaith a lliw ….' Yn byw yng Nghaerdydd, de Cymru.
*Yr artist*

## Jane REES-PARFITT 1964–

**Enw gwaith Alison Jane Rees-Parfitt, ceramegydd. Ganed yng Nghasnewydd, de Cymru.**

Astudiodd yng Ngholeg Trydyddol Pont-y-pŵl 1997–2001, gyda David Garner, Billy Adams; Athrofa Prifysgol Cymru, Caerdydd 2001–04, gyda Geoffrey Swindell, Peter Starkey. Tiwtor rhan-amser, ysgolion yn ne Cymru; Amgueddfa Cymru, Adran Ddysgu; Canolfan Gelfyddydau Abaty Nant Teyrnon, Cwmbrân o 1997. Aelod o Grochenwyr De Cymru. Arddangosfeydd ar y cyd yn cynnwys *From the Ground Up*, Oriel Truman, Llundain 2004; Oriel Kooywood, Caerdydd 2004–07; *Arddangosfa'r Nadolig*, Neuadd Dewi Sant, Caerdydd 2005. '…ffurfiau llestri cerfluniol sydd wedi'u hysbrydoli gan …natur a'r amgylchedd.' Yn byw yng Nghroesyceiliog, de Cymru.
*Yr artist*

## Mary RENNELL 1901–1981

**Enw gwaith y Fonesig Mary Rennell, peintwraig. Ganed yn Chigwell, Lloegr. Hefyd yn defnyddio'r llofnod Mary Smith, Mary Rodd.**

Astudiodd yn Ysgol Gelf Byam Shaw, Ysgol Gelf Gain Slade, Llundain 1915–22, gyda Henry Tonks, Philip Wilson Steer. Cyrhaeddodd Gymru ym 1938. Bu'n byw yn UDA 1940–43. Llawer o ymweliadau ag Awstralia. Gwobr y Sketch Club. Arddangosfeydd ar y cyd yn cynnwys *Cymdeithas Frenhinol y Peintwyr Portreadau*, Orielau'r Mall, Llundain 1963, 1974; Oriel Howard Roberts, Caerdydd (HR) (gyda John Piper, Ceri Richards, Kyffin Williams) 1966–67; *Cofnodi Cymru: Capeli*, Cyngor Celfyddydau Cymru 1969 (teithiol); *Arddangosfa Haf*, Yr Academi Frenhinol, Llundain 1971, 1973; Oriel Tŷ Canolbarth Cymru, Pontnewydd-ar-Wy 1974. Arddangosfeydd un-ddynes yn cynnwys *Landscapes of Wales*, HR 1966; Oriel Upper Grosvenor, Llundain 1967, 1969; Amgueddfa ac Oriel Gelf Henffordd (AOGH) 1970; adolygol, Llyfrgell Genedlaethol Cymru, Aberystwyth (LlGC) 1970; Oriel Skinner, Perth, Awstralia 1972. Cyhoeddiadau, *The Paintings and Drawings of Mary Rennell* (Fowler Wright Books 1976). Gwaith wedi'i gynnwys yn *Arts Review* (Ebrill 1967, Gorffennaf 1969); *The Connoisseur* (erthygl gan Megan Ellis, Ionawr 1971); *The Times*; *Western Mail*; BBC Cymru (mis Mawrth 1966); ABC (Medi 1968). Casgliadau'n cynnwys AOGH; Banc Cenedlaethol Awstralia, Sydney; Coleg San Siôr, Perth, Awstralia; LlGC; Tate, Llundain. Prynwyd gwaith gan Gyngor Celfyddydau Cymru. Roedd yn byw yn Llanandras, canolbarth Cymru.

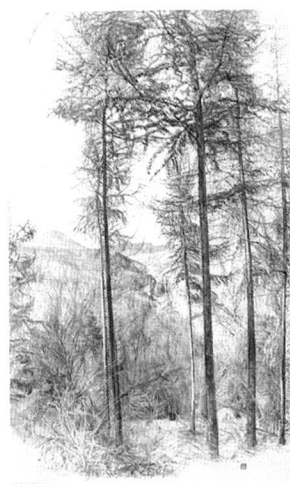

244 | Mary Rennell
Credir mai *A Landscape, Radnorshire* tua 1978

### Richard RENSHAW 1950–
**Enw gwaith Richard Michael Renshaw, cerflunydd. Ganed yn Beverley, Lloegr.**

Cyrhaeddodd Gymru ym 1978. Astudiodd ym Mhrifysgol Manceinion 1968–71 (Daeareg). Bu'n gweithio fel geoffisegydd, adeiladwr, cerflunydd. Aelod o Grŵp 56 Cymru. Comisiynau niferus gan gynnwys Gŵyl Erddi Cymru, Glynebwy 1992; Groundwork Merthyr a Rhondda Cynon Taf 2004; Llwybr Celf Llwybr y Bannau, Parc Cenedlaethol Bannau Brycheiniog 2005. Arddangosfeydd ar y cyd yn cynnwys Parc Cerfluniaeth Margam 1993; *Sculpture in the Park*, Parc yr Ŵyl, Glynebwy 1997; Oriel Mount Street, Aberhonddu 2004. Arddangosfeydd deuddyn yn cynnwys *Cydlifiad*, Crefft yn y Bae, Caerdydd (gyda Sue Hiley Harris) 2007. Arddangosfeydd undyn yn cynnwys Oriel Gelf Glynn Vivian, Abertawe 1998; Oriel Washington, Penarth 2000, 2003; Canolfan Bleddfa, Trefyclo 2005. Gwaith wedi'i gynnwys yn *Llwybr Celf y Bannau – 8 Stones, 8 Artists*, David Moore (Little Fish Press 2007). Casgliadau'n cynnwys Amgueddfa ac Oriel Gelf Brycheiniog; Cymdeithas Celf Gyfoes Cymru. '…mae bywyd gwyllt yn ysbrydoliaeth gyson; gweithio mewn carreg …haearn…coed, …y rhyngweithio sydd rhwng cerfluniaeth â'r dirwedd.' *(Gwefan Grŵp 56 Cymru)* Yn byw yng Nghwm-du, canolbarth Cymru.
*Yr artist*

### Anne REYNOLDS 1954–
**Dylunydd patrymau arwyneb. Ganed ar Ynys Vancouver, Canada.**

Yn byw yng Nghymru 1993–2007. Astudiodd ym Mhrifysgol Caerfaddon 1972–74 (Mathemateg); Ysgol Bwyd a Gwin Leith 1986–87 (Rhagoriaeth); Coleg West Dean, Chichester 1989–90 (Gwehyddu Tapestrïau); Athrofa Prifysgol Cymru, Caerdydd (APCC) 1996–98, 1999–2002 (Ymarfer Tecstiliau Cyfoes; gradd yn y dosbarth cyntaf); Cockpit Arts, Llundain 2004–05. Uwch-raglennydd, Barclays International, Poole 1978–83; uwch-ddadansoddwr cyfrifiaduron, Diners Club, Farnborough 1983–86; cogyddes/howsgiper lawrydd 1987–89; gwerthu edafedd a phecynnau blaen nodwydd 1990–96; dylunydd tecstiliau llawrydd, comisiynau preifat, o 2002; cyflogaeth amrywiol heb fod yn gysylltiedig â chelf (rhan-amser), o 2002; Digital Print Bureau, APCC (rhan-amser) 2003–05; darlithydd (rhan-amser), Cwrs Sylfaen, APCC 2006. Comisiynau'n cynnwys Debenhams, Caerdydd 2002; Harvey Nichols, Birmingham 2004; Coleg Byd Unedig yr Iwerydd, Sain Dunwyd 2006; Awdurdod Iechyd Nottingham 2006. Gwobrau'n cynnwys Sefydliad Laura Ashley 1989; Macob Holdings, Caerdydd 2000; Ymddiriedolaeth Coats Viyella 2002; Celfyddydau Rhyngwladol Cymru 2003; Golden Pixel (ar gyfer artistiaid digidol annibynnol o Gymru) 2003; Cronfa Datblygu Gwybodaeth, Y Comisiwn Ewropeaidd 2004; Cyngor Celfyddydau Cymru 2006. Arddangosfeydd ar y cyd yn cynnwys Oriel Washington, Penarth 2002; *One Year On*, Canolfan Gelfyddydau'r Eglwys Norwyaidd, Caerdydd 2003; *The Joy of Kitsch*, Oriel Myrddin, Caerfyrddin 2003; *100% Design, Design Nation*, Llundain 2005; *Casa FOA*, Buenos Aires 2005; *Gŵyl Ddylunio Caerdydd*, Caerdydd 2006. Wedi'i chynnwys yn 'Digital Print onto Felt', Meike Dalal-Laurenson (*Journal of International Feltmakers Association*, rhifyn 70, 2003); *Design a Laminate*, Formica Ltd (2004); erthyglau yn y wasg, gan gynnwys (2006) *Western Mail, Sunday Telegraph, London Evening Standard*. Dyluniau tecstiliau, rygiau, darnau i'r wal. 'Optimistiaeth, egni, llif, cydbwysedd, lliw, paradocs.' Yn byw yn Dorset.
*Yr artist*

### Aurelia REYNOLDS 1943–
**Peintwraig, artist tecstiliau. Ganed yn Greenford, Lloegr.**

Astudiodd yn Ysgol Gelf Caerfyrddin 1959–62, gyda John Petts; Ysgol Gelf Camberwell, Llundain 1962–64; Coleg Celf Caerdydd 1964–65. Athrawes, Ysgol Ysbyty Crist i Ferched, Hertford (pennaeth yr Adran Gelf) 1965–66; uwch-ddarlithydd, Coleg y Drindod, Caerfyrddin (CDC) 1966–96; addysgu

(rhan-amser), gwaith llawrydd, o 1996; tiwtor (rhan-amser), Addysg, CDC 1998–2001. Darlithoedd, cyrsiau, addysgu gwirfoddol, ar raglenni celf i oedolion a phobl ifainc o 1967, gan gynnwys ysgolion cynradd yn Aberhonddu, Caerfyrddin, Dinbych-y-pysgod; digwyddiadau stiwdio agored, cyrsiau haf mewn gwehyddu, nyddu a lliwio, Llan-y-bri, o 1987. Prosiect Brodwaith y Mileniwm Llan-y-bri 2000. Gwobr Cyngor Celfyddydau Cymru 2000. Arddangosfeydd niferus ar y cyd gan gynnwys *Pictures for Schools*, Amgueddfa Cymru, Caerdydd 1966–70; Eisteddfod Genedlaethol y Barri 1968, Caerfyrddin 1974; *Sioe Gelf Dyfed /Celf y Gorllewin*, Caerfyrddin 1990, 1995, 2000, 2002 (teithiol); *Homework*, Gŵyl Decstiliau Manceinion 1993. Arddangosfeydd un-ddynes yn cynnwys Llyfrgell Caerfyrddin (LlyfrCaer) 1975; *A Walk in the Woodland*, LlyfrCaer 1997. Casgliadau'n cynnwys Prifysgol Cymru Y Drindod Dewi Sant; Prifysgol Aberystwyth. '…y tir, yr awyr agored a'r planhigion a'r creaduriaid sy'n byw ynddi. Mae fy ngwaith fel artist tecstiliau'n gadael i mi … ymgorffori defnyddio deunyddiau naturiol – ffibrau, llifiynnau a ffurfiau organig wedi'u hailgylchu.' Yn byw yn Llan-y-bri, gorllewin Cymru.
*Yr artist*

### Bryony RICH 1978–
**Enw gwaith Bryony Jane Megan Rich, crochenydd. Ganed yn Hwlffordd, gorllewin Cymru.**

Astudiodd yng Ngholeg Technoleg a Chelf Sir Gaerfyrddin 1994–96. Teithio, Gwlad Thai 1997. O 1998, yn grochenydd gyda Simon Rich, Crochendy Arberth; prif ben-cogydd/rheolwr tymhorol, tai bwyta, gorllewin Cymru; perchennog, tŷ llety, Sri Lanca. Arddangosfeydd ar y cyd yn cynnwys Union, Grantham 2003; Oriel y Cei, Aberdaugleddau 2004; Oriel Cric, Crucywel 2007; Neuadd Dewi Sant, Caerdydd 2007. '... fasys racw gloywedd mat; yn gyfuniad o terra *sigillata* a racw gan ddefnyddio gwydredd bismwth a chopr ...' Yn byw yn Arberth, gorllewin Cymru.
*Yr artist*

### Alan RICHARDS 1932–
**Enw gwaith Alan John Richards, peintiwr, gwneuthurydd printiau. Ganed yn St Agnes, Cernyw, Lloegr.**

Cyrhaeddodd Gymru ym 1938. Astudiodd yn Ysgol Gelf Caer (Gwobr Myfyrwyr Huw T Edwards, Gwobr Goffa Randolph Caldecott ar gyfer Darlunio); Coleg Celf Lerpwl. Gwasanaeth Milwrol 1955–57. Athro, ardal yr Wyddgrug, un flwyddyn; darlithydd, Coleg Celf Caerwysg 1958–89, gan ddod yn Bennaeth Adran Printiau Cain, yna'n Bennaeth Celf Gain 1979. Sefydlodd Weithdy Argraffu Bartholomew 1966 (ar gyfer awduron a darlunwyr cyfoes). Comisiynau'n cynnwys printiau'n darlunio libreto opera gan Moelwyn Merchant ar gyfer *The Tree of Life*, Alun Hoddinott 1972; darluniau llyfrau. Aelod o'r Academi Frenhinol Gymreig, Conwy; Cymdeithas Gelf Newlyn. Arddangosfeydd ar y cyd yn cynnwys Eisteddfod Genedlaethol Cymru 1953, 1954, 1956, 1961; *Bartholomew Print Workshop*, Prifysgol Caerwysg (PCwysg) a chanolfannau eraill, o 1966; Prifysgol Abertawe 1974. Arddangosfeydd undyn yn cynnwys Oriel Grabowski, Llundain 1965; PCwysg 1966, 1971; Oriel Newlyn 1968, 1970; Amgueddfa ac Oriel Gelf Goffa Frenhinol Albert, Caerwysg, 2000; Celf Gain Gordon Hepworth, Caerwysg 2001. Ei gynnwys yn y wasg gelf/genedlaethol. Casgliadau'n cynnwys Amgueddfa ac Oriel Gelf Dinas Plymouth; Amgueddfa ac Oriel Gelf Goffa Frenhinol Albert, Caerwysg; Cymdeithas Celf Gyfoes Cymru; Ymddiriedolaeth Celf Gain Clwyd, Bodelwyddan. Ffigurau, tirluniau, morluniau. Yn byw yng Nghaerwysg, Dyfnaint.

## Anthony RICHARDS 1962–
**Peintiwr. Ganed yng Nglanaman, gorllewin Cymru.**

Astudiodd yng Ngholeg Celf Dyfed, Sir Gaerfyrddin 1979–83. Peintiwr llawnamser o 1984. Arddangosfeydd ar y cyd yn cynnwys Oriel y Bont, Llandeilo (OBLl) 1992–2007. Arddangosfeydd undyn niferus gan gynnwys Canolfan Gelfyddydau Pontardawe 1984–86; Castell Carreg Cennen 1984–94; Oriel Gelf Glynn Vivian, Abertawe (OGGV) 1991; *Where the Dragon Spreads his Wings*, OBLl 2001. Gwaith wedi'i gynnwys yn *Carmarthenshire Life* (Gorffennaf 1996); *Cambria* (2001); erthyglau i'r wasg, yn cynnwys y *Western Mail*. Casgliadau'n cynnwys Amgueddfa Sir Gaerfyrddin; OGGV. 'Tirwedd Cymru.' Yn byw yng Nglanaman.
*Yr artist*

## Bryn RICHARDS 1922–
**Enw gwaith Brynmor Richards, peintiwr. Ganed yng Nghaerdydd, de Cymru.**

Astudiodd yng Ngholeg Celf Caerdydd 1938–42, gyda Ceri Richards, Evan Charlton. Gwasanaeth Rhyfel, Llynges Frenhinol Seland Newydd 1942–46: 'tatŵio a cherfluniaeth, i gyd wedi'u rhoi i gyd-aelodau o griw HMN 25 Achilles'. Pennaeth Celf Ysgol Ramadeg Accrington/tiwtor (rhan-amser), Ysgol Gelf Accrington 1946–50; Pennaeth Celf, Ysgol Uwchradd Caerdydd 1950–82; tiwtor, Ysgol Haf Morgannwg, Y Barri 1965–75. Gohebydd celf rhanbarthol, *The Guardian* 1965–75. Arddangosfeydd ar y cyd yn cynnwys *Contemporary Welsh Painting and Sculpture*, Pwyllgor Cymreig Cyngor Celfyddydau Prydain Fawr/Amgueddfa Cymru 1956; Oriel Howard Roberts, Caerdydd 1965–75; St Anthony Fine Art, Caerdydd (SAFC) 2004. Arddangosfa ddeuddyn, *Affinity, Bryn and Sarah Richards*, SAFC 2005. Arddangosfeydd undyn gan gynnwys Oriel Hill Court, Y Fenni 1987; Oriel Crucywel 1987; Yr Hen Neuadd, Y Bont-faen 1998. Cyfraniadau rheolaidd i'r *Anglo-Welsh Review* (1965–72). 'Tirluniau, trefluniau, portreadau, bywyd llonydd a blodau.' Yn byw yng Nghaerdydd.
*Yr artist*

## Ceri RICHARDS 1903–1971
**Enw gwaith Ceri Giraldus Richards CBE, peintiwr, gwneuthurydd printiau. Ganed yn Nynfant, Abertawe, de Cymru.**

Astudiodd yn Ysgol Gelf Abertawe 1921–24, gyda Grant Murray; Y Coleg Celf Brenhinol, Llundain (CCB) 1924–27, gyda Randolph Schwabe. Bu'n byw yn Llundain tan 1939; darlithydd, Ysgol Gelf Chelsea 1937. Bu'n byw yng Nghaerdydd 1939–45. Darlithydd, celf graffeg, Ysgol Gelf Caerdydd 1940–44; wedi'i gomisiynu i gofnodi gweithwyr tunplat o dde Cymru, Y Weinyddiaeth Wybodaeth. Darlithydd, Ysgol Gelf Chelsea 1945; Ysgol Celf Gain Slade, Llundain 1955–58; CCB 1958–60. Effeithwyd arno gan salwch difrifol 1952 a chan farwolaeth Dylan Thomas ym 1953. Derbyniodd CBE ym 1960; DLitt Anrhydeddus, Prifysgol Cymru 1961. Y Fedal Aur, Eisteddfod Genedlaethol Cymru (EGC), Rhosllannerchrugog 1961. Aelod o Grŵp Llundain, o 1937. Arddangosfeydd ar y cyd yn cynnwys Grŵp Swrealwyr Lloegr 1936–39; *Contemporary British Artists*, Oriel Buchholz, Efrog Newydd 1945; *60 Paintings for '51*, Cyngor Celfyddydau Prydain Fawr 1951. Arddangosfeydd undyn niferus gan gynnwys EGC 1960, 1961; Biennale Fenis 1962 (adolwg, teithiol yn rhyngwladol); *Homage to Two Poets*, Oriel Gelf Glynn Vivian, Abertawe (OGGV) (teithiol). Adolygon yn cynnwys Oriel Whitechapel, Llundain 1960; OGGV 1964; Amgueddfa Cymru (AC) 1979, 2002 (teithiol); Oriel Tate, Llundain/OGGV 1981. Ffilm, *The Piano Has Many Strings*, cyfarwyddwr John Ormond (BBC Cymru 1969). Wedi'i gynnwys yn *The Graphic Work of Ceri Richards*, Roberto Sanesi (Cerastico Editore, Milan 1973); *Ceri Richards*, Mel Gooding (Cameron a Hollis, Moffat 2002). Casgliadau niferus gan gynnwys AC; Amgueddfa Gelf Fetropolitan, Efrog Newydd; Amgueddfa Ulster, Belffast; Llyfrgell Genedlaethol Cymru, Aberystwyth; Oriel Gelf Dinas Leeds; OGGV; Orielau Cenedlaethol yr Alban; Oriel Gelf Walker, Lerpwl; Prifysgol De

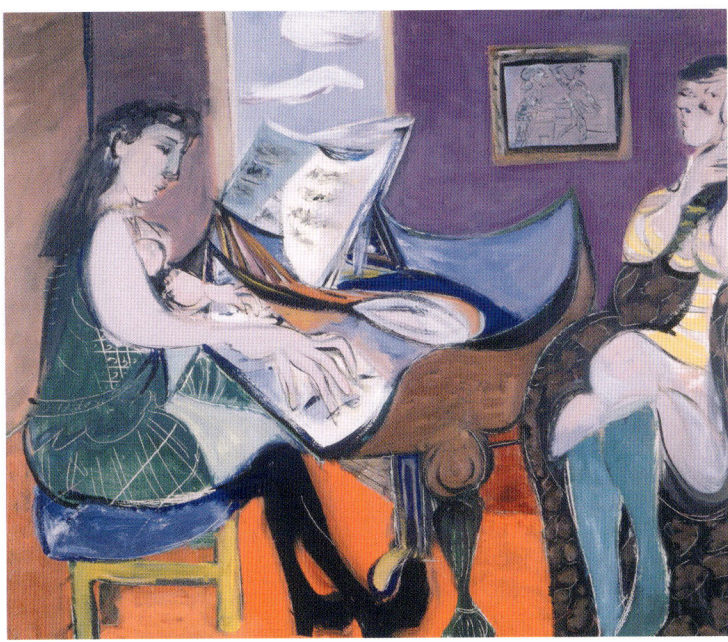

245 | Ceri Richards
*The Pianist* 1948

Cymru, Pontypridd; Tate, Llundain, Lerpwl. Cylch natur; barddoniaeth Dylan Thomas, Vernon Watkins; cerddoriaeth Beethoven, Debussy; Rape of the Sabines; dynes wrth biano; *La Cathédrale Engloutie* gan Debussy. Adeileddau cerfweddol; lithograffau, printiau â sgrîn. Roedd yn byw yn Llundain, Lloegr.

### Frances RICHARDS 1903–1985
**Peintwraig, darlunydd, gwneuthurydd printiau. Ganed yn Burslem, Stoke-on Trent, Lloegr.**

Bu'n byw/addysgu yng Nghymru yn ystod yr Ail Ryfel Byd. Astudiodd yn Ysgol Gelf Burslem 1919–24; Y Coleg Celf Brenhinol, Llundain 1924–27. Athrawes, Ysgol Gelf a Chrefftau Camberwell 1928–39; Coleg Celf Caerdydd 1939–47; Ysgol Gelf Chelsea 1947–59. Dylunydd, Cwmni Paragon China. Comisiynau'n cynnwys darluniau, 'The Acts of the Apostles', ar gyfer *The Fleuron* (cylchgrawn Cymdeithas Fleuron), golygydd Stanley Morison (Gwasg Prifysgol Caergrawnt/ Doubleday Doran, Efrog Newydd 1930); *The Book of Revelation* (Faber & Faber, Scribners 1931); *The Book of Lamentations* (Gwasg Prifysgol Rhydychen 1969); *Les Illuminations*, Arthur Rimbaud (Stiwdio Curwen 1973–75). Addurno ar gyfer llong deithio P&O, Orcades 1937. Arddangosfeydd ar y cyd yn cynnwys Grŵp Llundain 1930au; *Seventeen Collectors*, Oriel Tate, Llundain (OT) 1952; Cymdeithas Celf Gyfoes Cymru (CCGC) 1960, 1968, 1972, 1982; Oriel Howard Roberts, Caerdydd (HR) 1961, 1962, 1964, 1969; Academi Frenhinol Yr Alban 1968. Arddangosfeydd un-ddynes yn cynnwys Oriel Redfern, Llundain 1945, 1949, 1954; Orielau Leicester, Llundain 1964, 1969; Oriel Fach, Tyddewi 1967; HR 1967; Gŵyl Aldeburgh 1972. Cyhoeddiad, *A Friendship: Vernon Watkins and Ceri Richards* (1982). Casgliadau'n cynnwys Amgueddfa Cymru; Amgueddfa Victoria ac Albert, Llundain; Awdurdod Addysg Swydd Gaerlŷr; Awdurdod Addysg Swydd Hertford; CCGC; Llyfrgell Genedlaethol Cymru, Aberystwyth; Oriel Gelf ac Amgueddfa Rugby; Tate, Llundain. Prynwyd gwaith gan Gymdeithas Gelf Gorllewin Cymru. Roedd yn byw yn Llundain, Lloegr.

### Gwyn RICHARDS 1910–1983
**Peintiwr. Ganed yng Nghaerdydd, de Cymru.**

Astudiodd yng Ngholeg Technegol Caerdydd. Saer; drafftsmon adeiladu; cynorthwy-ydd peirianneg sifil; Pennaeth Adran Astudiaethau 3-D, Ysgol Basaleg, tan 1980. Tiwtor, paentio dyfrlliwiau, dosbarthiadau nos preifat a'r awdurdod addysg lleol. Dylunydd, Symbol Parc Cenedlaethol Eryri. Aelod o Gymdeithas Gelf a Chrefft Casnewydd a'r Cylch; Cymdeithas Gelf De Cymru. Arddangosfeydd ar y cyd yn cynnwys Canolfan Gelfyddydau Chapter, Caerdydd; Canolfan Gelf Richmond, Caerdydd 1980; Academi Frenhinol Gorllewin Cymru, Bryste; Oriel Albany, Caerdydd; *The Art of Giving*, Oriel, Cyngor Celfyddydau Cymru, Caerdydd 1982. 'Tirluniau, golygfeydd o borthladdoedd mewn dyfrlliw, pastel…'.Roedd yn byw yng Nghaerdydd.

### Ivor RICHARDS 1941–
**Cerflunydd. Ganed yn Llundain, Lloegr.**

Rhieni'n Gymry. Cyrhaeddodd Gymru ym 1980. Astudiodd yn Ysgol Ganolog Celf a Dylunio, Llundain 1968–72, 1975–76; Coleg y Gofaint Aur, Llundain 1982–83. Y Llynges Fasnachol 1959–61; drafftsmon pensaernïol 1961–65; crochenydd stiwdio 1965–67; tiwtor, Ysgol Gelf Caerfyrddin 1976; athro (rhan-amser), Awdurdod Addysg Gwynedd 1995–2005. Arweinydd tîm Cymru, Cystadleuaeth Cerfluniaeth Eira Ryngwladol 1991–95. Ysgoloriaeth deithio'r Cyngor Prydeinig 1977–78. Aelod cysylltiol, Cymdeithas Frenhinol Cerflunwyr Prydain; aelod o'r Academi Frenhinol Gymreig (AFG). Arddangosfeydd ar y cyd yn cynnwys *Arddangosfa Agored Mostyn*, Oriel Mostyn, Llandudno 1986; Amgueddfa ac Oriel Gelf Gwynedd, Bangor 1992; Eisteddfod Genedlaethol Cymru, Castell-nedd 1994, Ynys Môn 1999; *Welsh Contemporary Exhibition*, Llundain 1998 (teithiol), 1999, 2007; Amgueddfa Lechi Cymru, Llanberis 1999; *Artist y Flwyddyn Cymru*, Neuadd Dewi Sant, Caerdydd 2001; AFG, Conwy 2004. Arddangosfa undyn, AFG 2007. Gwaith wedi'i gynnwys yn *Sleight of Hand*, Judy Buswick (Trafford Publishing 2006). Gwaith yng nghasgliad y BBC, Caerdydd. 'Gweithio mewn carreg, efydd, llechi…ysbrydoliaeth yn dod o chwedlau a hanes Cymru.' Yn byw ym Methesda, gogledd Cymru.
*Yr artist*

### Julie RICHARDS 1952–
**Enw gwaith Margaret Julie Richards, peintwraig. Ganed yn Birmingham, Lloegr.**

Cyrhaeddodd Gymru ym 1968. Cwrs allgymorth, Canolfan y Celfyddydau Aberystwyth (CCA) 1997–98, gyda Roy Marsden. Yn ffermio gydol ei hoes. Aelod o Cambria Arts Tregaron (CATreg); Cymdeithas Gelf Aberystwyth ac Aberaeron (CCAAb); Cymdeithas yr Artistiaid Amatur. Arddangosfeydd ar y cyd yn cynnwys Amgueddfa Ceredigion, Aberystwyth (ACer) 1996–99; *Arddangosfa Agored Cymru*, CCA 1996; CCAAb, 1998–2000; CATreg, 1997–99; Y Tabernacl, Machynlleth 1998–99. Gwaith wedi'i gynnwys yn y *Western Mail* (Rhagfyr 1997); Radio Wales (2002). Gwaith yng Nghasgliad ACer. 'Dw i'n paentio ar gerameg slip bwrw … themâu cefn gwlad wedi'u cysylltu â'm cefndir amaethyddol.' Yn byw yn Nhregaron, gorllewin Cymru.
*Yr artist*

### Sarah RICHARDS 1966–
**Peintwraig a gwneuthurydd printiau. Ganed yng Nghaerdydd, de Cymru.**

Astudiodd yng Ngholeg Prifysgol Cymru, Aberystwyth 1985–88, gyda David Tinker, Alistair Crawford, Moira Vincentelli; 2001–2002 (MA Celf Gain). Dylunydd, Pearl & Dean, TV AM, Teletext UK, Llundain 1989–93. Athrawes iaith Saesneg, Japan 1993–95; athrawes, celf a dylunio, ysgolion yng Nghaerdydd 1996–2001. Tiwtor (rhan-amser), Ysgol Gelf Agored, Athrofa Prifysgol Cymru, Caerdydd o 2002. Arddangosfeydd ar y cyd yn cynnwys *Gwneuthurwyr Printiau Aberystwyth*, Y Coleg Ymerodrol,

Llundain 1989; Canolfan Gorsaf Gyfryngol, Fukuoka 1994; Ysbyty Bronglais, Aberystwyth; St Anthony Fine Art, Caerdydd (SAFC) 2004; Oriel Albany, Caerdydd 2005–07; Oriel Plas Glyn-y-Weddw, Llanbedrog 2007. Arddangosfa ddeuddyn, *Affinity, Bryn and Sarah Richards*, SAFC, 2005. Casgliadau'n cynnwys Llyfrgell Genedlaethol Cymru, Aberystwyth; Prifysgol Aberystwyth. 'dylanwadau: fy nhad! (Bryn Richards) …themâu: Tirwedd dociau Caerdydd… safleoedd sy'n dadfeilio yng nghanol y ddinas.' Yn byw yng Nghaerdydd.
*Yr artist*

## Audrey RICHARDSON 1931–
**Enw gwaith Audrey Marion Richardson, ceramegydd. Ganed yn Ashford, Swydd Gaint, Lloegr.**

Astudiodd yng Ngholeg Celf Duncan Jordanstone, Dundee 1952–56. 'Yn hunanaddysgedig gan mwyaf' mewn cerameg, o 1972. Athrawes (ran-amser), crochenwaith/cerameg, cerfluniaeth, Ysbytai a Sefydliad Dorking 1978–94. Cyrhaeddodd Gymru ym 1994. Aelod o Gymdeithas y Crochenwyr Crefft, Cymdeithas Crochenwyr Gogledd Cymru. Arddangosfeydd ar y cyd yn cynnwys *Wales and Catalonia*, Galeria d'Artesania, Barcelona 1995; Amgueddfa Ceredigion, Aberystwyth 1996; *The Cat Scratched Little Johnny*, Canolfan y Celfyddydau Aberystwyth 1999 (teithiol); *Fireworks*, Oriel Corwen 2004; Neuadd Dewi Sant, Caerdydd 2006; Y Tabernacl, Machynlleth 2006; Cymdeithas Gelf Abergwaun (CGA), Theatr Mwldan, Aberteifi 2006–07; CGA, Abergwaun 2007 (arobryn). Arddangosfa un-ddynes, *Window Show*, Canolfan Arddangos Bluecoat, Lerpwl 2004. 'Morluniau Sir Benfro – siâp y cerrig wedi'u llyfnu o gael eu herydu gan yr heli …'. Yn byw yn Nhrefdraeth, gorllewin Cymru.
*Yr artist*

## Gillian RICHARDSON 1944–
**Ffotograffydd, cerflunydd. Ganed yn Corbridge, Lloegr.**

Astudiodd yng Ngholeg y Gofaint Aur, Llundain 1962–66, gyda Paul de Monchaux, Ivor Roberts-Jones, Basil Beattie (Gwobr yr Adran Gerfluniaeth 1964); Coleg Celf Hornsey, Llundain 1966–67 (Amgylchedd a Phensaernïaeth); Coleg Technoleg a Chelf Sir Gaerfyrddin 1996–98. Athrawes, Coleg Celf Croydon 1967–68; pennaeth celf, Ysgol Uwchradd Sirol Lochinvar, Caerliwelydd 1970–83. Cyrhaeddodd Gymru ym 1983. Perchennog oriel o 1988. Comisiynau'n cynnwys Dŵr Cymru; Cyngor Cefn Gwlad Cymru; Parc Cenedlaethol Arfordir Sir Benfro. Aelod o Gymdeithas Gelf Abergwaun (CGA); Sefydliad Ffotograffiaeth Broffesiynol Prydain (trwyddedog); Ffotogallery. Arddangosfeydd ar y cyd yn cynnwys Llyfrgell Hwlffordd (LlH) 1987, 1993, 1997; Eisteddfod Genedlaethol Cymru, Llanrwst 1989; Canolfan Gelfyddydau Taliesin, Abertawe 1991; Ffotogallery, Caerdydd 1992, 1993; Oriel Myrddin, Caerfyrddin 1994; *Artsfest*, CGA 1995–97, 2004, 2005. Arddangosfa un-ddynes yn cynnwys Llyfrgell Abergwaun 1988, 1997; Theatr y Grand, Abertawe 1993; LlH 1994; Oriel y Clas, Cadeirlan Tyddewi 2007. Delweddau a gyhoeddwyd gan Barc Cenedlaethol Arfordir Sir Benfro; Cyngor Cefn Gwlad Cymru; Dŵr Cymru; Menter Preseli. Casgliadau'n cynnwys Coleg Sir Benfro, Hwlffordd; Cyngor Diogelu Lloegr Wledig; Ysbyty Llwynhelyg, Hwlffordd. '…arfordir, tirwedd a blodau sir Benfro a gorllewin Cymru.' Yn byw yn Spittal, gorllewin Cymru.
*Yr artist*

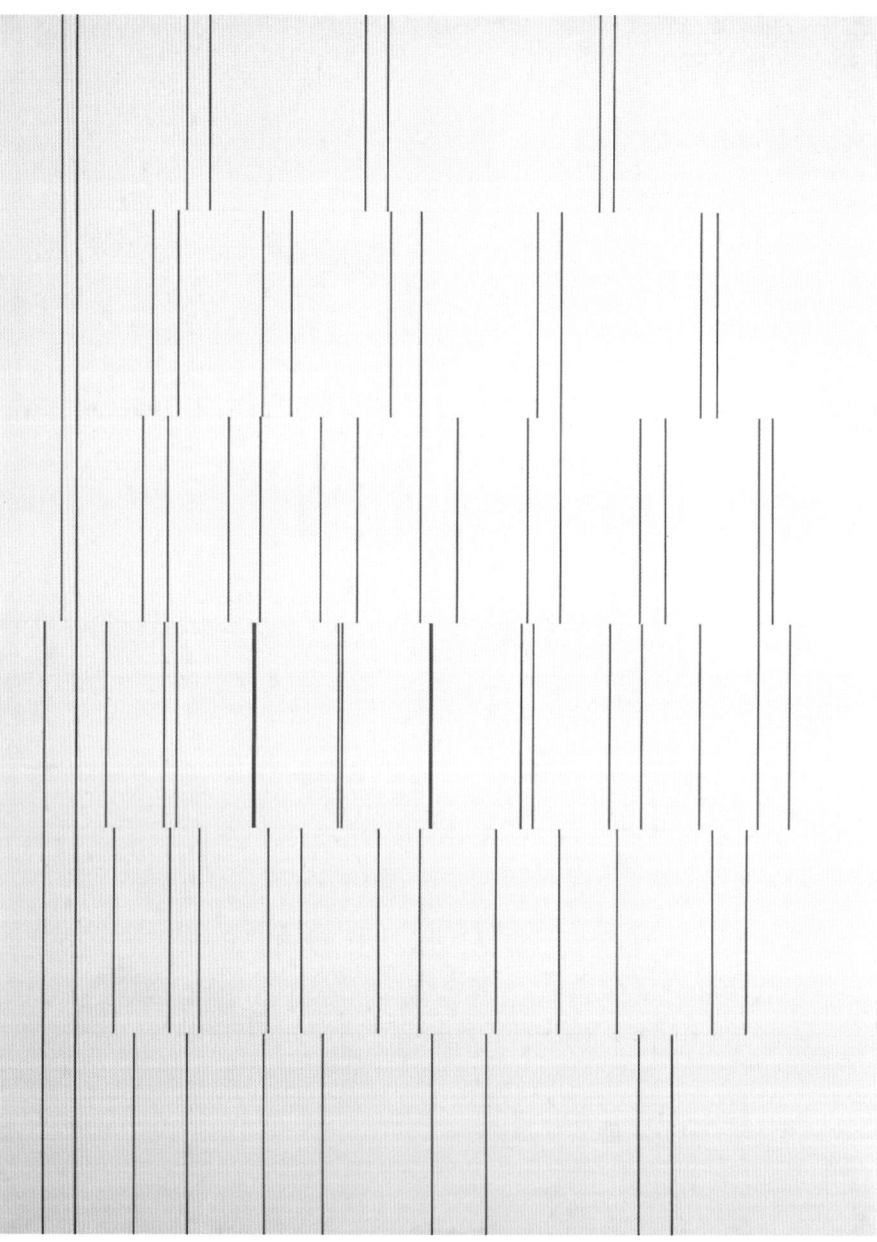

246 | Keith Richardson-Jones
*Interspaced Sequence* tua 1974

## Keith RICHARDSON-JONES 1925–2005
**Enw gwaith Geoffrey Keith Henry Richardson-Jones, peintiwr, gwneuthurydd printiau. Ganed yn Northampton, Lloegr.**

Astudiodd yn Ysgol Gelf Northampton; Ysgolion yr Academi Frenhinol, Llundain 1950–52. Darlithydd, Coleg Celf Derby 1960au; uwch-ddarlithydd, Coleg Celf Casnewydd 1965–87. Gwobr Cyngor Celfyddydau Cymru (CCC) 1975. Digwyddiad perfformio, *Constructive Art, Constructive Music*, Coleg Cerdd a Drama Cymru, Caerdydd 1995. Cyd-sefydlydd Grŵp Artistiaid Derby 1961; aelod, Grŵp Cymru 56 1967–73. Arddangosfeydd cenedlaethol/rhyngwladol niferus ar y cyd gan gynnwys *12fed Arddangosfa Agored Paentio a Cherfluniaeth Gyfoes yng Nghymru*, CCC 1967 (arobryn); *Cymru Nawr*, Eisteddfod Genedlaethol Cymru/CCC, Y Barri 1968; CCC/Cymdeithas Celf Gyfoes Cymru (CCGC) 1968, 1973; *Yr Arddangosfa Agored Genedlaethol*, Oriel Grŵp Midland, Nottingham 1968 (y wobr gyntaf); *Art Spectrum – Wales*, CCC, 1971 (teithiol); *Wales and the Modern Movements*, Canolfan y Celfyddydau Aberystwyth 1973; *New Print Acquisitions*, Oriel Tate, Llundain 1976; *Creu Cymuned o Arlunwyr: 50 Mlynedd o'r Grŵp Cymreig*, Amgueddfa Cymru (AC) 1999. Arddangosfeydd undyn yn cynnwys Oriel Lisson, Llundain 1970; Galerie Nouvelles Images, Yr Hag 1976; Oriel, CCC, Caerdydd 1977; Oriel Répères/Lahumière, Paris 1989; *A Retrospective 1970–95: Systems, Series and Syzgies*, Canolfan Gelfyddydau Wrecsam 1996 (teithiol). Casgliadau rhyngwladol yn cynnwys AC; Amgueddfa Wrecsam; Cyngor Celfyddydau Lloegr; CCGC; Oriel Gelf Dinas Manceinion; Oriel Gelf Whitworth, Manceinon; Prifysgol Aberystwyth; Prifysgol Beckett, Leeds; Prifysgol Salford; Tate, Llundain. Prynwyd gwaith gan CCC. Systemau rhifyddol neu geometregol, sydd yn aml yn defnyddio gwyn neu ddu a gwyn yn unig; paentiadau a cherfwedd. Roedd yn byw yn Nhyndyrn, de Cymru.

## Marianne RIDGE 1942–
**Enw gwaith Marianne Joan Ridge, gemydd. Ganed ym Mhontardawe, de Cymru.**

Astudiodd yng Ngholeg Celf Coventry 1957–59; Ysgol Gelf Birmingham 1959–62; Coleg Prifysgol Caerdydd, Caerdydd 1986–87; Y Coleg Celf Brenhinol, Llundain 1995–2000 (rhan-amser) (MPhil Electroffurfio). Swyddi addysgu/darlithio'n cynnwys Ysgol Gelf Nuneaton 1962–64; Ysgol Gelf Newcastle under Lyme 1966–68; Coleg Addysg Bellach Canolbarth Swydd Gaer, Northwich 1971–81 (rhan-amser); Athrofa Gogledd Ddwyrain Cymru Wrecsam 1981–96; Coleg Iâl, Ysgol Gelf a Dylunio, Wrecsam 1996–98. Arholwr allanol, Prifysgol Canolbarth Lloegr, Birmingham 1995–2001; Prifysgol Canolbarth Sir Gaerhirfryn 2000–02; Prifysgol Stafford 2005. Dylunydd i Maricraft 1963–81. Gwobr Cymdeithas Gemyddion Prydain 1962; Ysgoloriaeth Deithiol H Samuel 1963; Ysgoloriaeth Cyngor Celfyddydau Prydain 1980. Arddangosfeydd ar y cyd yn cynnwys Oriel ECTARC, Llangollen 1991, 1993–94 (teithio yn Sbaen); Oriel y Celfyddydau Cain Cyfoes, Llundain 1992; *Class of 2000*, Neuadd y Gofaint Aur, Llundain 2001; *Dazzle*, Y Theatr Genedlaethol, Llundain 2001; *Ever and Again*, Coleg Celf Chelsea, Llundain 2007. Arddangosfeydd deuddyn, Llyfrgell Northwich 1990, 1995. Arddangosfeydd un-ddynes yn cynnwys Oriel Plas Glyn-y-Weddw, Llanbedrog 1991; Oriel 2000, Heswall 1991; Canolfan Grefft Rhuthun 1995. Cyfrannwr i *American Jewelry Magazine* (2003); *Electroforming*, Leslie Curtis (A&C Black, Llundain 2004). '…ffurfiau ac adeileddau cau a chyfliniau codennau hadau …gweoedd pry cop oherwydd eu ffilamentau cain a phatrymau manwl.' Yn byw yn Newbridge, Wrecsam, gogledd Cymru.

*Yr artist*

## James RIELLY 1956–
**Peintiwr. Ganed yn Wrecsam, gogledd Cymru.**

Astudiodd yng Ngholeg Glannau Dyfrdwy, Cei Connah 1974–75; Coleg Celf a Dylunio Caerloyw, Cheltenham 1975–78 (gwobr deithio); Coleg Celf Belffast 1980–81. Gwobrau'n cynnwys Celfyddydau Swydd Lincoln a Glannau Humber 1983; Celfyddydau Llundain Fwyaf 1986, 1989; Cyngor Celfyddydau Cymru 1989; Y Cyngor Prydeinig 1989. Artist preswyl, Oriel Cyfnewidfa Gelf ac Ymchwil, Belffast 1983. Cymrodor, Ymddiriedolaeth Artscape, Lincoln 1983–84; Canolfan Waith y Celfyddydau Cain, Provincetown, UDA 1984–85; Kunstlerhaus Bethanien, Berlin 1988–89; Oriel Tate, Lerpwl 1995. Arddangosfeydd rhyngwladol niferus ar y cyd gan gynnwys *New Heritage*, Oriel, Cyngor Celfyddydau Cymru, Caerdydd 1983 (teithiol); *Arddangosfa 19 John Moores*, Oriel Gelf Walker, Lerpwl 1995 (arobryn); *Men on Women*, Theatr Clwyd, Yr Wyddgrug 1997; *Pure Fantasy*, Oriel Mostyn, Llandudno (OM) 1997; *Sensation – Young British Artists from the Saatchi Collection*, Yr Academi Frenhinol, Llundain 1997–98; *The Armory Show*, Oriel Timothy Taylor, Efrog Newydd 2006. Arddangosfeydd undyn niferus gan gynnwys *Casual Influences*, OM a Chapter, Caerdydd 2000; Galeria Ramis Barquet, Efrog Newydd 2004, 2006. Gwaith wedi'i gynnwys yn *Young British Art: The Saatchi Decade*, Richard Cork (Booth-Clibborn Editions, Llundain 1999); catalogau, y wasg genedlaethol/celf, gan gynnwys *Art Monthly* ('Dissolution', David Barrett, Mawrth 1997); *Contemporary Visual Arts* ('Pale Transgressions', Mark Gisborne, Rhifyn 16 1997); *Art Review* (Neal Brown, mis Hydref 2000). Casgliadau'n cynnwys Amgueddfa Ashmole, Rhydychen; Amgueddfa Cymru; Cyngor Celfyddydau Lloegr; Musée des Beaux Arts de Nantes; Oriel Celf Fodern yr Alban, Caeredin; Tate, Llundain. 'Mi fydda i'n gwawdio rhai pethau, grym, perthnasoedd mewn teuluoedd ….' *(Gwefan Chapter, Casual Influences 2001)* Yn byw ger Toulouse, Ffrainc.

## Patrick RIXSON 1940–1974
**Enw gwaith Patrick William Rixson, peintiwr, darlunydd. Ganed yn Birmingham, Lloegr.**

Hunanaddysgedig. Dyn lludw, Penarth. Comisiynau'n cynnwys darluniau, *Mortal Coils*, Aldous Huxley (Heron Books 1969); *Tales*, Alexander Kuprin (Edito-Services, Y Swistir (E-SS) 1968); *Plays*, D H Lawrence (Heron Books (HnB) 1965); *The Launching of Roger Brook*, Dennis Wheatley (HnB 1972); *The Rape of Venice*, Dennis Wheatley (E-SS 1974). Arddangosfeydd yn cynnwys Tŷ Thomson, Caerdydd; Oriel Gelf Glynn Vivian, Abertawe; arddangosfa celf carcharorion, Tŷ Reed, Llundain 1971 (arobryn). Wedi'i gynnwys yn 'The Dorrie Thomas Column' *(Penarth Times*, 21 Mai 1965). Roedd yn byw ym Mhenarth, de Cymru.

## Philippa ROBBINS 1964–
**Enw gwaith Philippa Siân Robbins, peintwraig. Ganed yn Llundain, Lloegr.**

Rhieni'n Gymry. Cyrhaeddodd Gymru ym 1980. Astudiodd yn Athrofa Prifysgol Cymru, Caerdydd 2000–04, gyda David Gould a Philip Nicol. Aelod o Stiwdios Ffordd y Brenin, Caerdydd. Arddangosfeydd ar y cyd yn cynnwys Oriel Washington, Penarth (OWP) 2001, 2004; *The Discerning Eye*, Orielau'r Mall, Llundain 2004 (enillydd gwobr); Academi Frenhinol Gorllewin Lloegr 2004 (gwobr gyntaf), 2005, 2006; *Arddangosfa Haf*, Yr Academi Frenhinol, Llundain 2005, 2006; *Drawing out the City*, BayArt, Caerdydd 2005; Oriel yr Atig, Abertawe 2006, 2007. Arddangosfa un-ddynes, OWP 2005. 'Ffigurol… bywyd llonydd a phortreadau sy'n aflonyddu … tirwedd sy'n meddiannu lle sydd braidd yn anghyfforddus rhwng y trefol a'r diwydiannol.' Yn byw ym Mhenarth, de Cymru.
*Yr artist*

## Bronwen ROBERTS 1917–

**Enw gwaith Bronwen Margaret Roberts, peintwraig. Ganed yn Newbury, Lloegr.**

Ei thad yn Gymro. Astudiodd yng Ngholeg Celf Hornsey, Llundain 1935–39; Prifysgol Reading 1939–40. Athrawes, Ysgol Ramadeg Ramsey, Ynys Manaw 1941–45; dosbarthiadau nos, Ysgol Gelf Ynys Manaw 1942–45; Ysgol Uwchradd Loughborough 1945–76. Dyluniodd Frodwaith i Amgueddfa'r Crynwyr, Dolgellau 1994. Aelod o'r Academi Frenhinol Gymreig (AFG). Arddangosfeydd ar y cyd, AFG 1990, 1993, 1995, 2002. Casgliadau'n cynnwys Oriel Ynys Môn, Ynys Môn; Y Tabernacl, Machynlleth. 'Tirluniau, paentio planhigion a blodau.' Yn byw yn Nolgellau, gogledd Cymru.
*Yr artist*

## Carys ROBERTS 1953–

**Enw gwaith Carys Ann Roberts, gwneuthurydd printiau. Ganed yn Abertawe, de Cymru.**

Astudiodd yng Ngholeg Celf Abertawe 1971–72, gyda David Barron, Pat Briggs; Coleg Celf Birmingham 1972–75, gyda John Bridgeman, Peter Greaves. Athrawes, Ysgol Moreton, Wolverhampton 1977–80; athrawes/pennaeth celf, Ysgol yr Esgob Gore, Abertawe 1980–2007. Aelod o Weithdy Argraffu Abertawe (GAA). Arddangosfeydd ar y cyd yn cynnwys Llyfrgell Dudley 1972 (teithiol); Oriel Gelf Lichfield 1979; Oriel yr Atig, Abertawe 2003–07; Oriel Gelf Glynn Vivian, Abertawe (OGGV) 2003; GAA; Theatr y Grand, Abertawe 2005–07. Arddangosfa ddwy-ddynes, Llyfrgell Caerfyrddin (gyda Dorothy Morris) 1991. Arddangosfeydd un-ddynes yn cynnwys OGGV 1979; Theatr Dylan Thomas, Abertawe 1984. 'Bae Abertawe, rhythmau, patrymau ac erydu.' Yn byw yn Abertawe.
*Yr artist*

## DC ROBERTS  Gweler David ROBERTS

## David ROBERTS 1923–

**Peintiwr. Ganed ym Metws-y-Coed, gogledd Cymru. Hefyd yn cael ei adnabod fel DC Roberts.**

Astudiodd yng Ngholeg Celf Lerpwl 1946–51. Darlithydd, Coleg Technegol Llandrillo. Y Fedal Aur am Gelf Gain, Eisteddfod Genedlaethol Cymru (EGC) 1955. Arddangosfeydd ar y cyd yn cynnwys EGC 1951, 1955 (fan leiaf); *Contemporary Painting in Wales (The Arts Council Collection)*, Pwyllgor Cymreig Cyngor Celfyddydau Prydain Fawr 1952 (teithiol); Grŵp De Cymru; *Arddangosfa'r Fedal Aur*, EGC/Cyngor Celfyddydau Cymru (CCC) 1967 (teithiol). Casgliadau'n cynnwys Llyfrgell Genedlaethol Cymru, Aberystwyth. Prynwyd gwaith gan CCC. Man preswyl yn anhysbys.

## Diana ROBERTS 1941–

**Enw gwaith Diana Blatton, peintwraig. Ganed yng Nghaerwrangon, Lloegr.**

Bu'n byw yng Nghymru 1966–75. Astudiodd yng Ngholeg Celf Birmingham 1957–62. Athrawes (rhan-amser), Ysgol Dechnegol Llanelli, Coleg Celf Dyfed, Coleg Celf Abertawe 1966–75; Coleg Celf Epsom/Athrofa Swydd Surrey 1975–2001. Tiwtor, dosbarth meistr, Oriel Luniau Dulwich o 2001. Arddangosfeydd ar y cyd yn cynnwys *12fed Arddangosfa Agored Paentio a Cherfluniaeth Gyfoes yng Nghymru*, Cyngor Celfyddydau Cymru (CCC) (teithiol) 1967; *Cymru Nawr*, CCC/Eisteddfod Genedlaethol Cymru (EGC), Y Barri 1968 (teithiol); *Cofnodi Cymru: Capeli*, CCC 1969 (teithiol); EGC, Rhydaman 1970 (arobryn); *Nawr*, Grŵp De Cymru/CCC 1971 (teithiol). Arddangosfeydd un-ddynes yn cynnwys Oriel Richard Demarco, Caeredin 1972; Canolfan y Celfyddydau Aberystwyth 1974. Gwaith wedi'i gynnwys yn *Sunday Times* 1968; cyfres John Osmond, teledu'r BBC Artists in Wales 1969. Prynwyd gwaith gan CCC. '…tensiynau seicolegol rhwng pobl ….' Yn byw yn Llundain, Lloegr.
*Yr artist*

**Gladys ROBERTS** yn weithgar o'r 1950au ymlaen
**Enw gwaith Gladys Gregory Roberts, peintwraig. Ganed yn y Rhyl, gogledd Cymru.**

Astudiodd yng Ngholeg Technegol Bangor 1959–63. Aelod o'r Academi Frenhinol Gymreig, Conwy (AFG). Arddangosfeydd ar y cyd yn cynnwys Oriel Tegfryn, Porthaethwy 1970 (fan leiaf); AFG 1970; *Dathliad Canmlwyddiant*, AFG 1982 (teithiol); Grŵp Celf Ynys Môn (arobryn); Grŵp Gogledd Cymru; Sefydliad Brenhinol y Peintwyr Olew, Llundain. Yn byw yn Mangor, gogledd Cymru.

**Gwyn ROBERTS** 1953–
**Enw gwaith Gwyn Hughes Rowley Roberts, peintiwr. Ganed yn Llanrwst, gogledd Cymru.**

Astudiodd yng Ngholeg Celf Wrecsam 1971–73; Coleg Celf Norwich 1973–76; Coleg Celf Caerdydd 1976–77. Athro, Ysgol Llanhari, Pont-y-clun 1977–90; Ysgol Glantaf, Caerdydd o 1990. Arddangosfeydd ar y cyd yn cynnwys *Daear, Aer a Dŵr*, Eisteddfod Genedlaethol Cymru/Cyngor Celfyddydau Cymru (EGC/CCC) 1975 (enillydd y wobr brynu) (teithiol); *Gwreiddiau*, EGC/CCC 1976 (teithiol); Oriel Albany, Caerdydd; Oriel Andrew Knight, Caerdydd; Oriel yr Atig, Abertawe; Oriel Gelf Glynn Vivian, Abertawe; Oriel Graffiti, Llundain; Oriel Zella 9, Llundain, i gyd yn y 1980au; Oriel Albany, Caerdydd 2006, 2007. Arddangosfa undyn, Yr Hen Neuadd, Y Bont-faen 1984. Casgliadau'n cynnwys Amgueddfa Sir Gaerfyrddin; Prifysgol Caerdydd. Prynwyd gwaith gan Gyngor Celfyddydau Cymru. Yn byw yng Nghaerdydd, de Cymru.
*Yr artist*

**Howard ROBERTS** 1922–2001
**Peintiwr. Ganed yng Nghaerdydd, de Cymru.**

Astudiodd yng Ngholeg Celf Caerdydd 1938–41, 1946–47. Gwasanaeth rhyfel, y 57fed Gatrawd Faes, Y Magnelwyr Brenhinol. Athro celf, Fflorens, tuag at ddiwedd ei wasanaeth rhyfel; darlithydd, Ysgol Gelf Tiverton 1947–55. Sefydlodd/rheolodd Oriel Howard Roberts, Caerdydd (HR) 1956–70 (cafodd cyfran fawr o gasgliad Derek Williams sydd ar fenthyciad estynedig i Amgueddfa Cymru a chymynrodd Alex Gordon i Oriel Gelf Glynn Vivian, Abertawe, eu prynu o Oriel HR). Athro, Ysgol Emanuel, Llundain, i 1987. Rhoddwyd y llun dyfrlliw, *St Mark's, Venice*, i Dywysog Cymru gan Ddinas Caerdydd i ddynodi ei ben-blwydd yn 21 oed. Comisiynau'n cynnwys Cwmni Haearn a Dur Guest a Keen 1964; Cyngor Celfyddydau Cymru (CCC) 1969. Aelod o'r Academi Frenhinol Gymreig, Conwy (AFG); Grŵp De Cymru. Arddangosfeydd ar y cyd yn cynnwys *Wales Through the Painter's Eye*, HR 1957; *Pictures for Welsh Schools*, Cymdeithas er Addysg Drwy Gelf/Amgueddfa Cymru (AC) 1957; *Contemporary Welsh Painting and Sculpture*, Pwyllgor Cymreig Cyngor Celfyddydau Prydain Fawr 1958 (teithiol); Cymdeithas Celf Gyfoes Cymru (CCGC), 1960, 1963; AFG 1965, 1969, 1971; *Cofnodi Cymru 2: Capeli*, CCC 1969 (teithiol); Yr Academi Frenhinol, Llundain; Cymdeithas Frenhinol y Peintwyr Portreadau, Llundain. Arddangosfeydd undyn yn cynnwys HR 1964, 1967, *Paintings of Venice*, 1970; *Howard Roberts: Recent Paintings and Watercolours*, Oriel Martin Tinney, Caerdydd 1996. Cyhoeddwyd erthygl, 'Howard Roberts Gallery' (*Anglo-Welsh Review (A-WR)*, cyf 18, rhif 41, Haf 1969). Wedi'i gynnwys yn 'Howard Roberts', Bryn Richards (*A-WR*, fel uchod); *Western Mail* (14 Tachwedd 1969, 1 Awst 1970); ysgrif goffa, Peter Wakelin (*The Guardian*, 17 Ebrill 2001). Casgliadau'n cynnwys AC; CCGC; Dur Tata Ewrop; Llyfrgell Genedlaethol Cymru, Aberystwyth. Prynwyd gwaith gan CCC. Tirluniau, gorllewin Cymru, Fenis. Roedd yn byw yn Llundain, Lloegr.

**James ROBERTS / Jess ROBERTS  Gweler Jeremy ROBERTS**

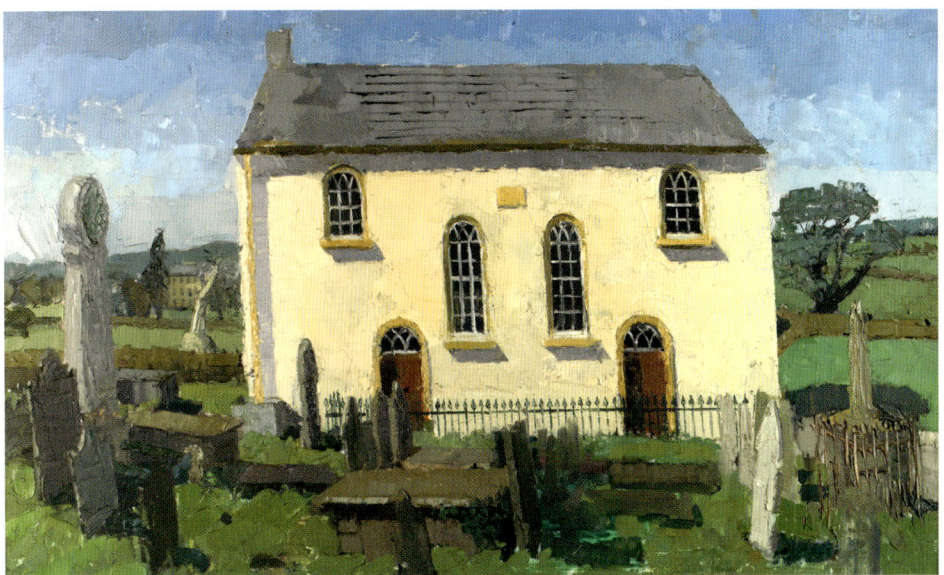

247 | Howard Roberts
*Capel y Bedyddwyr Croes-y-Parc* 1969

## Jean ROBERTS 1932–

**Enw gwaith Jean Mary Roberts, artist tecstiliau. Ganed yng Nghaerdydd, de Cymru.**

Astudiodd yng Ngholeg Celf Caerdydd 1948–53, gyda Frank Roper, James Tarr. Athrawes, Ysgol Uwchradd Cwfaint Sant Joseff, Caerdydd 1957–61; Pennaeth yr Adran Iau, Ysgol Gynradd Sant John Lloyd, Caerdydd 1968–90. Gwobr Cyngor Celfyddydau Cymru 2005. Arddangosfeydd ar y cyd yn cynnwys Oriel Gelf Glynn Vivian, Abertawe 1995; Amgueddfa ac Oriel Gelf Casnewydd 2000; Oriel Davies, Y Drenewydd 2005; Oriel Washington, Penarth 2005. Mae wedi cyhoeddi erthygl, 'Designing a Tapestry' (*Journal for Weavers, Spinners and Dyers* 2002). Casgliadau'n cynnwys eglwysi yn ne Cymru. '…tapestrïau… tirwedd, diwylliant a hanes Cymru …edafedd wedi'u nyddu â llaw gan ddefnyddio lliwurau naturiol.' Yn byw yng Nghaerdydd.
*Yr artist*

## Jeremy ROBERTS 1945–

**Enw gwaith Douglas James Jeremy Roberts, peintiwr. Ganed ym Maesteg, de Cymru.**

Hefyd yn defnyddio'r llofnod Jess Roberts, James Roberts. Astudiodd yng Ngholeg Celf Caerdydd 1963–64; Coleg Celf Leeds 1964–67; Coleg y Brifysgol, Llundain 1967–69. Darlithydd, Astudiaethau Rhyddfrydig, Coleg Technoleg Llandaf 1970–73. Swyddi addysgu, yn ddiweddar Deon Cysylltiol, Celf a Dylunio, Coleg Celf Dyfed/Coleg Technoleg a Chelf Sir Gaerfyrddin 1974–1997. Cymrodor Ymchwil, Archeoleg, Prifysgol Cymru, Llanbedr Pont Steffan 1995–2000. Bu'n aelod o Gymdeithas Artistiaid a Dylunwyr Cymru. Arddangosfeydd ar y cyd yn cynnwys Grŵp 6, Yr Hen Neuadd, Y Bont-faen 1963; Eisteddfod Genedlaethol Cymru, Caerfyrddin 1974; *Delweddu Cymru*, Theatr y Grand, Abertawe 2001. Arddangosfeydd undyn yn cynnwys *Borders of the Flesh*, Canolfan Gelfyddydau Taliesin, Abertawe 2001; *Portrait of a Poet*, Galerie Wandelbar, Gstaad 2001; *Mind's Eye – The Map of Love*, Canolfan Dylan Thomas, Abertawe 2001. Cyhoeddiad, *Trelech, a Place of Shelter* (Rampart Press 1982). Casgliadau'n cynnwys Cyngor Sir Gaerfyrddin. Yn byw yn Nhre-lech, gorllewin Cymru.
*Yr artist*

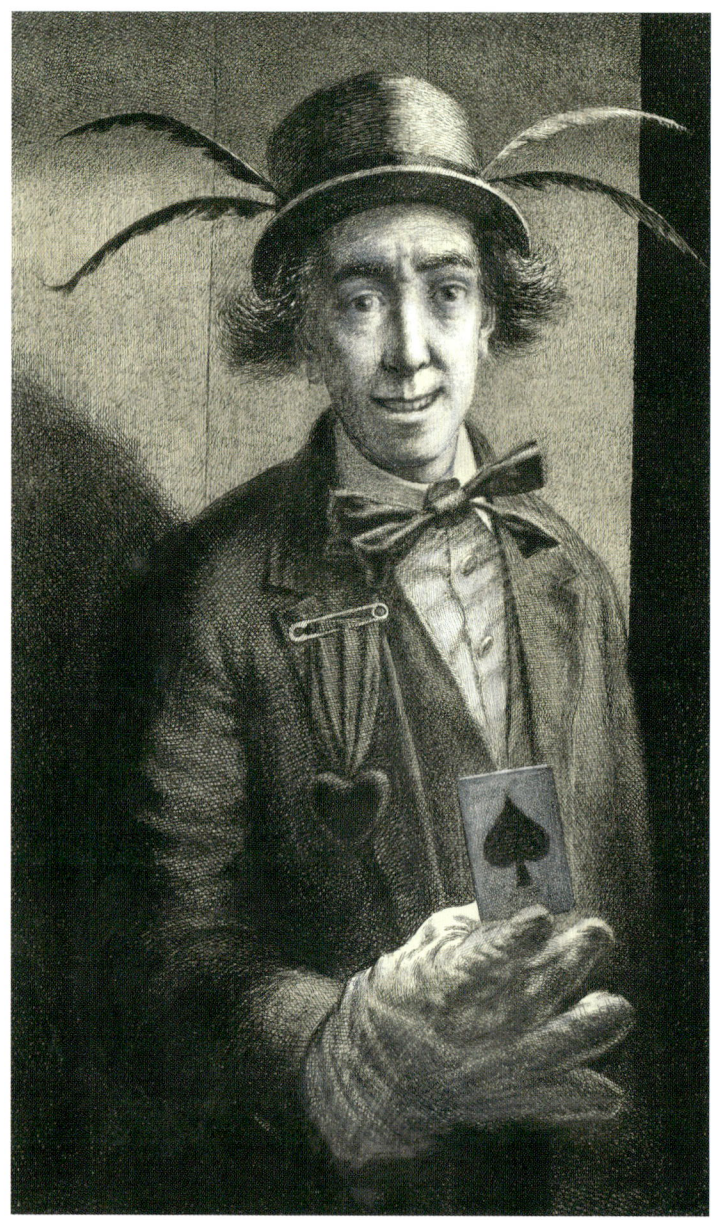

248 | John V Roberts
*Ace of Spades (Take a Card)* tua 1980

## John ROBERTS 1923–2003
**Enw gwaith John Vivian Roberts, peintiwr, gwneuthurydd printiau. Ganed yn Nhredegar, de Cymru.**

Astudiodd yn Ysgol Gelf Caerdydd 1939–41 (ysgoloriaeth), gydag Evan Charlton, Ceri Richards; Y Coleg Celf Brenhinol, Llundain 1947–51 (gwneud printiau), gyda Robert Austin, Edwin La Dell (ysgoloriaeth deithio). Lluoedd EM, Cyffinwyr De Cymru, Y Corfflu Signalau Indiaidd 1942–47. Darlithydd, Coleg Celf Caerdydd 1951–60; Prif Ddarlithydd, Gwneud Printiau a Darlunio, Coleg Polytechnig Lerpwl 1960–83. Comisiynau (darluniau) yn cynnwys BBC Publications; Macmillan; Nelson; Longman; Oldham; Purnell; Penguin. Comisiynau eraill yn cynnwys portreadau, Amgueddfa Cymru, Caerdydd (AC); Sefydliad Gwyddoniaeth a Thechnoleg Prifysgol Cymru, Caerdydd. Cymrawd, Cymdeithas Frenhinol y Peintwyr Ysgythrwyr, Llundain; Cymrawd, Cymdeithas Frenhinol y Peintwyr Dyfrlliwiau, Llundain; aelod o Academi Gelfyddydau Lerpwl; Yr Academi Frenhinol Gymreig, Conwy. Arddangosfeydd ar y cyd yn cynnwys Grŵp De Cymru 1949–50, 1957–60; Eisteddfod Genedlaethol Cymru, 1950, 1952, 1954; *Festival Exhibition of Contemporary Welsh Painting*, Pwyllgor Cymreig Cyngor Celfyddydau Prydain Fawr (PCCCPF) 1951; *The Artist in Wales*, Llyfrgell Genedlaethol Cymru, Aberystwyth (LlGC) 1952 (teithiol); *Contemporary Welsh Painting and Sculpture*, PCCCPF 1955, 1958, 1961; *The Festival Exhibition of Contemporary Welsh Painting*, Oriel Howard Roberts, Caerdydd 1958; *Cofnodi Cymru 2: Capeli*, Cyngor Celfyddydau Cymru (CCC) 1969 (teithiol). Arddangosfeydd undyn yn cynnwys Tŷ Turner, Penarth 1953; *Artist at Work*, Yr Wyddgrug 1970; Amgueddfa ac Oriel Gelf Casnewydd, de Cymru (AOGC) 1986; *A Selection of Contemporary Portraits*, LlGC 1990; *John Roberts: Odd Companions*, Oriel yr Ysgol Gelf, Prifysgol Cymru, Aberystwyth 2003 (teithiol). Wedi'i gynnwys ar wefan Robert Meyrick; ysgrif goffa, Simon Fenwick (*The Independent*, 15 Medi 2003). Casgliadau'n cynnwys AC; AOGC; Cymdeithas Celf Gyfoes Cymru; LlGC; Prifysgol Aberystwyth; Prifysgol Lerpwl. Prynwyd gwaith gan CCC. Bywyd y syrcas a'r stryd; haniaeth (1960au); amrywiaeth o gyfryngau. Roedd yn byw yn Nhyddewi, gorllewin Cymru.

## Keith ROBERTS 1958–
**Cerflunydd. Ganed yn Mhenbedw, Lloegr.**

Ei fam yn Gymraes. Astudiodd yng Ngholeg Celf a Dylunio Cilgwri, Penbedw 1976–77; Coleg Polytechnig Wolverhampton 1977–80. Cymrawd Ymchwil, Coleg Celf Caerwysg/Akademie Frankfurt, Yr Almaen 1981–82; Cymrawd Iau, Athrofa Addysg Uwch De Morgannwg, Caerdydd (AAUDM) 1983–84. Prosiectau, Lerpwl, Kidderminster, Basingstoke, Bracknell 1984–1986; dychwelodd i Gaerdydd ym 1986. Cyfranogwr, Y Prosiect Morol, Abertawe 1987. Y Fedal Aur am Gelf Gain, Eisteddfod Genedlaethol Cymru (EGC) 1988. Gwobr Cyngor Celfyddydau Cymru 1988. Arddangosfeydd ar y cyd yn cynnwys EGC, Casnewydd 1988. Arddangosfeydd undyn yn cynnwys Canolfan Gelfyddydau Sunderland 1984. Casgliadau'n cynnwys Oriel Gelf Glynn Vivian, Abertawe, Prifysgol Metropolitan Caerdydd. Prynwyd gwaith gan Gymdeithas Gelfyddydau De-ddwyrain Cymru. Gwaith dau- a thri-dimensiwn, gan gynnwys defnyddio papur wedi'i fathru. Gweddillion diwydiant. Man preswyl yn anhysbys.

## Leslie ROBERTS 1953–
**Enw gwaith Leslie Anthony Roberts, peintiwr, darlunydd. Ganed yn Aberdâr, de Cymru.**

Coleg y Brifysgol, Abertawe, Yr Adran Efrydiau Allanol, ar ddechrau'r 1980au, gyda Michael Freeman. Gweithiwr yn y diwydiant cig; glöwr brig, Hirwaun. Aelod sefydlu Grŵp Friday (GF) 2000. Arddangosfeydd ar y cyd yn cynnwys Cymdeithas Gelf Castell-nedd (yn rheolaidd); GF, Arberth 2002. 'Mythau Celtaidd … tirweddau coediog de Cymru… darluniau du a gwyn …'. Yn byw ym Mryn-coch, de Cymru.

*Yr artist*

### Matthew ROBERTS 1960–
**Enw gwaith Matthew James Collingwood Roberts, peintiwr, artist wedi'i seilio ar amser. Ganed yn Llundain, Lloegr.**

Astudiodd yn Athrofa Addysg Uwch De Morgannwg, Caerdydd 1980–83, gyda Michael Crowther, Terry Setch. Gwobrau'n cynnwys Cyngor Celfyddydau Cymru tua 1984, 1986; Llywodraeth Ffrainc 1986. Artist preswyl, Ecole des Beaux Arts, Paris 1986–87. Aelod o Gymdeithas Artistiaid a Dylunwyr Cymru 1983–86. Arddangosfeydd ar y cyd yn cynnwys *Stowells Trophy*, Yr Academi Frenhinol, Llundain 1983; *Artistiaid Caerdydd*, Amgueddfa Cymru, Caerdydd 1984; *Artistiaid y Byd*, Paris 1986 (y wobr gyntaf); *Four Painters*, Oriel Gerddi Howard, Caerdydd 1986; *Cardiff/Belfast Exchange*, Oriel y Cyngor Celfyddydau, Belffast 1987. Arddangosfeydd undyn yn cynnwys Canolfan Gelfyddydau Neuadd Llanofer, Caerdydd 1985; Oriel Bernanos, Paris 1988; Free Trade Wharf, Llundain 1992. Cyhoeddiadau'n cynnwys *Short Stories about Painting* (Oriel Art Space, Llundain 2005). Wedi'i gynnwys yn *Art and Artists* (1988); BBC Radio Gogledd Iwerddon (1987). Casgliadau'n cynnwys Cyngor Sir Berkshire. 'Mae [fy] ngwaith peintio wedi ymestyn yn ddiweddar i animeiddio 3d digidol…' Yn byw yn Llundain, Lloegr.
*Yr artist*

### Sue ROBERTS 1953–
**Enw gwaith Susan Roberts, cerflunydd. Ganed yn Seaford, Lloegr.**

Cyrhaeddodd Gymru ym 1983. Astudiodd yng Ngholeg Addysg Bulmershe, Reading 1979–82 (BAdd); Coleg Celf a Dylunio Pontypridd 1997–98, gyda Brendan Stuart Burns, Tim Collier; Athrofa Prifysgol Cymru, Caerdydd 1998–2003, gyda Bob Mitchell, Paul Beauchamp (BA, MA Celf Gain) (gwobr 2001). Bu'n cynnal ysgol feithrin Gymraeg 1988–95; athrawes, ysgolion cynradd, Caerdydd, Caerffili 1995–97; tiwtor (rhan-amser), Canolfan Gelfyddydau Neuadd Llanofer, Caerdydd (CGNLI) o 2003. Gwobr Cyngor Celfyddydau Cymru 2007. Aelod sefydlu o Fourchette. Arddangosfeydd ar y cyd yn cynnwys Amgueddfa ac Oriel Gelf Cwm Cynon, Aberdâr 2003; Oriel Canfas, Caerdydd 2003, 2005; *Women's Arts Association*, Cynulliad Cenedlaethol Cymru, Caerdydd 2005–07; Canolfan Gelfyddydau'r Eglwys Norwyaidd, Caerdydd 2006; Oriel Mwldan, Aberteifi 2006; Neuadd Dewi Sant, Caerdydd 2006; Fourchette, tactileBOSCH, Caerdydd 2007. Arddangosfa un-ddynes, CGNLI 2003. 'Myth, syniadau'n ymwneud â'r 'fam', y corff benywaidd.' Yn byw yn Nhongwynlais, de Cymru.
*Yr artist*

### Wilf ROBERTS 1941–
**Enw gwaith Richard Wilfred Roberts, peintiwr. Ganed yn Llanfaelog, Ynys Môn, gogledd Cymru.**

Dylanwadau cynnar arno oedd Gwilym Prichard, Ernest Zobole. Astudiodd yng Ngholeg Normal Bangor 1959–61; Coleg Celf Croydon (rhan-amser) 1968–73. Athro, Ysgol Fairchildes, Croydon 1961–70; pennaeth yr adran gelf, Ysgol Uwchradd Overbury, Croydon 1970–73; bu'n gweithio â Gwasanaethau Cymdeithasol, Addysg Cyngor Sir Gwynedd 1974–96. Arddangosfeydd niferus ar y cyd gan gynnwys Oriel Arnhem, Croydon 1965; Oriel yr Atig, Abertawe (OAA) 1997, 2001–05; Oriel Ynys Môn, Llangefni (OYM) 1998; Neuadd Dewi Sant, Caerdydd 2000; Oriel Tegfryn, Porthaethwy 2003–05. Arddangosfeydd undyn yn cynnwys Neuaddau Fairfield, Croydon 1966, 1972; OYM 1996, 2000 (teithiol), 2004; Oriel Pendeitsh, Caernarfon 1998; OAA 2002, 2005; Amgueddfa ac Oriel Gelf yr Wyddgrug 2001. Darluniau i lyfrau/posteri, Y Biwro Ieuenctid Cenedlaethol, Cyngor Alcoholiaeth Gogledd Cymru, Cyngor Cynghorol ar Gamddefnyddio Cyffuriau 1974–89. Casgliadau'n cynnwys Bwrdd Iechyd Prifysgol Betsi Cadwaladr; Cyngor Sir Ynys Môn. '…yr amgylchedd yn union o'm cwmpas …tirweddau….' Yn byw ym Mynydd Bodafon, Ynys Môn, gogledd Cymru.
*Yr artist*

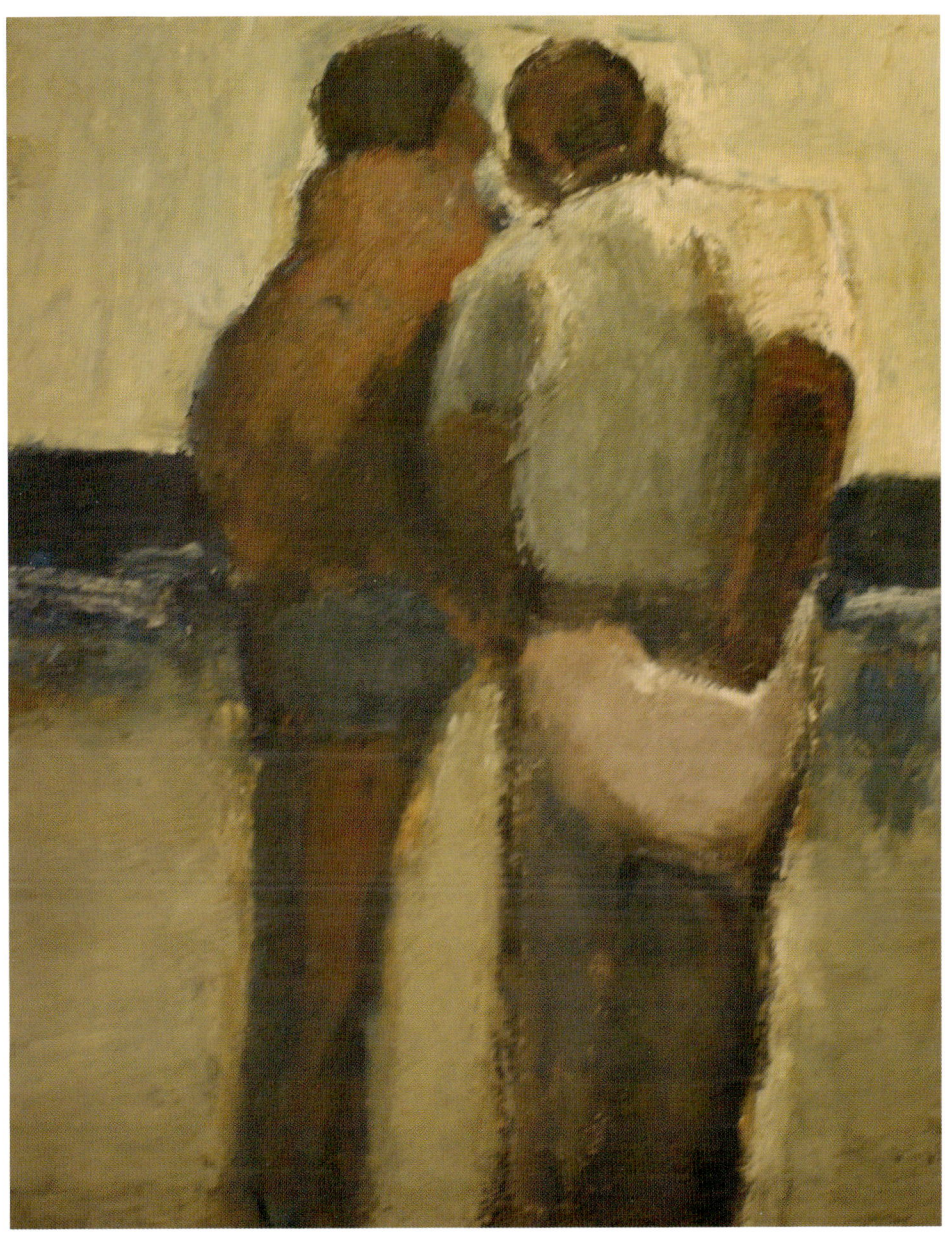

249 | Will Roberts
*Cefn Seison Fach* 1964

## Will ROBERTS 1907–2000
### Enw gwaith William Roberts, peintiwr. Ganed yn Rhiwabon, gogledd Cymru.

Astudiodd yn Ysgol Gelf Abertawe 1928–32 (ysgoloriaeth). Y Llu Awyr Brenhinol 1940–45. Oriadurwr, gyda busnes gemwaith y teulu, nes iddo ymddeol. Athro (rhan-amser), Canolfan Addysg Oedolion, Castell-nedd, tan 1972. Gwobr Byng-Stamper, Cymdeithas Celf Gyfoes Cymru (CCGC) 1962. Cymrawd Anrhydeddus, Coleg Prifysgol Cymru, Abertawe 1992. Aelod o Grŵp 56 Cymru 1956–64; Grŵp De Cymru/Y Grŵp Cymreig; Yr Academi Frenhinol Gymreig; Cymdeithas yr Artistiaid Rhyngwladol, Llundain. Arddangosfeydd niferus ar y cyd gan gynnwys *Twenty-Five Paintings by Contemporary Welsh Artists*, Pwyllgor Cymreig Cyngor Celfyddydau Prydain Fawr (PCCCPF) 1949; Eisteddfod Genedlaethol Cymru 1950, 1952, 1954, 1955, 1960, 1964, 1966; *The Artist in Wales*, Llyfrgell Genedlaethol Cymru, Aberystwyth (LlGC) 1952 (teithiol); *Contemporary Welsh Painting and Sculpture*, PCCCPF 1955, 1958, 1960, 1961, 1963 (i gyd yn deithiol); *The Dark Hills The Heavy Clouds*, Cyngor Celfyddydau Cymru (CCC) 1981 (teithiol); *The History of Art and Crafts in the Eisteddfod*, EGC, Aberystwyth 1992. Arddangosfeydd deuddyn yn cynnwys *Two Artists of West Wales* (gydag Alfred Janes), PCCCPF 1962 (teithiol); Coleg Prifysgol Cymru, Abertawe (gyda Jack Jones) 1974; Oriel Albany, Caerdydd (gyda Josef Herman) 1996. Arddangosfeydd undyn niferus gan gynnwys Roland, Browse a Delbanco, Llundain 1954; Oriel Dillwyn/Oriel yr Atig, Abertawe 1964, 1988, 2001; Oriel Howard Roberts, Caerdydd 1968, 1969; Oriel Gelf Tegfryn, Porthaethwy 1979, 1982; *Will Roberts: A Retrospective 1930–1992*, Oriel Mostyn, Llandudno 1993 (teithiol); arddangosfa goffa, LlGC 2001 (teithiol). Cyhoeddiadau'n cynnwys traethawd hunangofiannol, *Artists in Wales 3*, golygydd Meic Stephens (Gwasg Gomer 1977). Wedi'i gynnwys yn *Anglo-Welsh Review* (Philip Barlow, cyf 12, rhif 30); ffilm gan John Petts (teledu BBC Cymru, Mehefin 1964). Casgliadau'n cynnwys Amgueddfa ac Oriel Gelf Brycheiniog, Aberhonddu; Amgueddfa ac Oriel Gelf Casnewydd, de Cymru; Amgueddfa Cymru, Caerdydd; CCGC; Cyngor Bwrdeistref Castell-nedd Port Talbot; LlGC; Oriel Gelf Glynn Vivian, Abertawe; Prifysgolion Abertawe, Aberystwyth, Bangor, Caerdydd; Y Gymdeithas Celf Gyfoes; Ymddiriedolaeth Castell Bodelwyddan. Prynwyd gwaith gan CCC. '…cariad at y ffermwr Cymreig…ac ardal Cimla.' *(Ceri Thomas 2011)* Roedd yn byw yng Nghastell-nedd, de Cymru.

## Ivor ROBERTS-JONES 1913–1996
### Enw gwaith Ivor Roberts-Jones CBE, RA, cerflunydd, drafftsmon. Ganed yng Nghroesoswallt, Lloegr.

Hefyd yn fardd. Astudiodd yng Ngholeg y Gofaint Aur, Llundain 1932–34; Ysgolion yr Academi Frenhinol, Llundain 1934 –38. Gwasanaeth milwrol, Y Magnelwyr Brenhinol, Byrma 1939–46. Darlithydd/Pennaeth Cerfluniaeth (o 1964), Coleg y Gofaint Aur 1946–78. Comisiynau niferus am bortreadau, o'r 1960au, gan gynnwys Winston Churchill, Parliament Square, Llundain 1971–76; Clement Attlee, Tŷ'r Cyffredin, Llundain 1979; Somerset Maugham, Yehudi Menuhin, Augustus John, Kyffin Williams; Charles, Tywosog Cymru (Neuadd Dewi Sant, Caerdydd). Comisiynau eraill yn cynnwys cerflun marchogol, *Y Ddau Frenin*, Castell Harlech, Y Swyddfa Gymreig/Cyngor Celfyddydau Cymru (CCC) 1983. Ei ethol yn RA 1973. DLitt Anrhydeddus, Prifysgol Cymru 1983; wedi'i wneud yn CBE 1975. Bu'n byw yn Cratfield, Suffolk 1970–86; Diss, Norfolk 1986–96. Aelod Anrhydeddus o'r Academi Frenhinol Gymreig 1968; aelod, Cymdeithas Anrhydeddus y Cymmrodorion. Arddangosfeydd ar y cyd yn cynnwys *Open Exhibition of Contemporary Welsh Painting and Sculpture*, Pwyllgor Cymreig Cyngor Celfyddydau Prydain Fawr 1958, 1962 (teithiol); *Art and Idea*, Oriel North London 1959; *The Face of Man*, Oriel Gelf Whitechapel, Llundain 1965; *Silver Jubilee Exhibition of Contemporary British Sculpture*, Parc Battersea, Llundain 1977. Arddangosfeydd undyn yn cynnwys Oriel Beaux Arts, Llundain, 1954; Oriel, CCC, Caerdydd 1978; Eisteddfod Genedlaethol Cymru, Llangefni 1983; *Portraits*

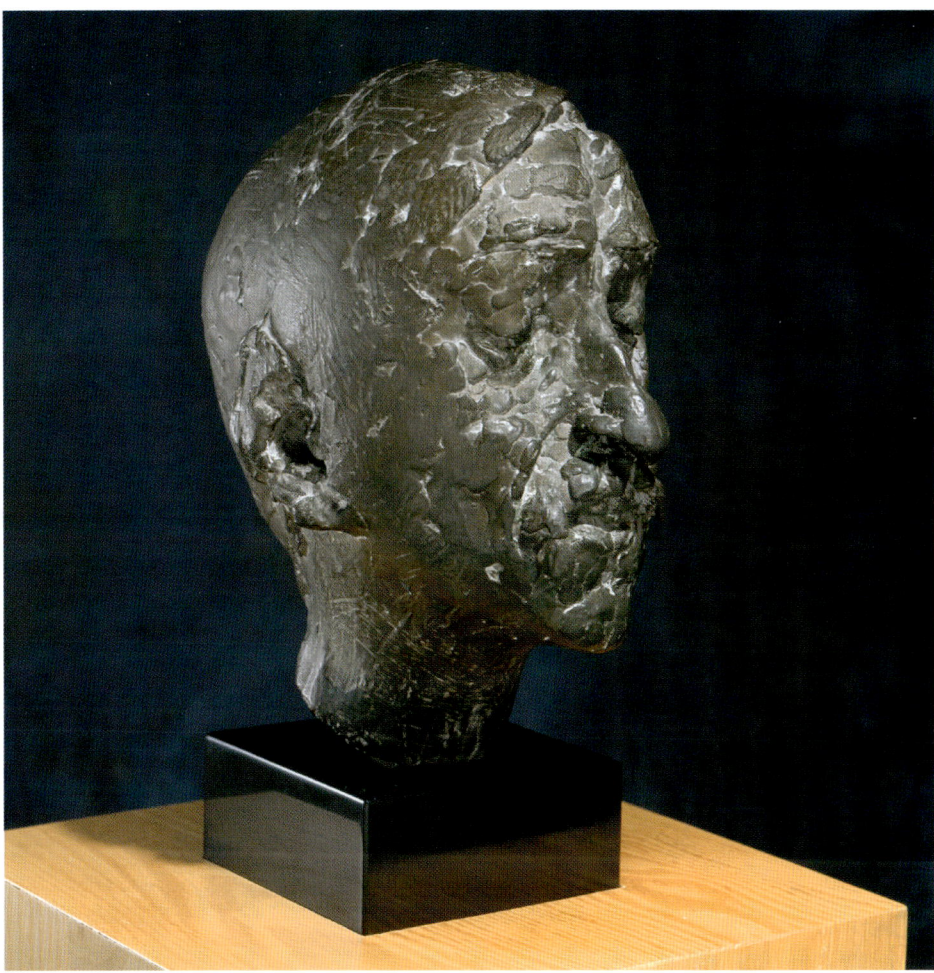

250 | Ivor Roberts-Jones
*Kyffin Williams* 1959

*by Ivor Roberts-Jones*, Yr Academi Frenhinol Gymreig, Conwy 1999; adolwg, Oriel Gelf Wolsey, Ipswich 2000. Wedi'i gynnwys yn *Ivor Roberts-Jones: The Journey to Harlech*, Peter Cannon-Brookes (Trefoil Books Ltd, Llundain 1983). Casgliadau'n cynnwys Amgueddfa Cymru, Caerdydd; Amgueddfa Dinbych-y-pysgod; Casgliad Celf y Llywodraeth, Llundain; Cymdeithas Celf Gyfoes Cymru; Llyfrgell Genedlaethol Cymru, Aberystwyth; Tate, Llundain; Ymddiriedolaeth Castell Bodelwyddan; Yr Oriel Bortreadau Genedlaethol, Llundain. Prynwyd gwaith gan CCC. 'I'm tyb i, mae'r portread mewn cerfluniaeth yn gymhleth yn ogystal â chyffrous. Un peth yw portreadu, peth arall yw cerfluniaeth.' Roedd yn byw yn Llundain a Norfolk, Lloegr.

## Carol ROBERTSON 1955–
**Peintwraig, gwneuthurydd printiau. Ganed yn Berkshire, Lloegr.**

Astudiodd yng Ngholeg Celf Caerdydd 1974–78; Ysgol Gelf Chelsea 1980–81 (MA Celf Gain). Cymrawd, Sefydliad Celfyddydau Ballinglen, Swydd Mayo, Iwerddon 2001, 2003; Cymrawd Ymchwil, Paentio, Athrofa Prifysgol Cymru, Caerdydd, o 2003. Gwobrau'n cynnwys Ysgoloriaeth Boise, Yr Eidal 1981–82; Gwobr Goffa Edwin Austin Abbey, Yr Ysgol Brydeinig yn Rhufain 1993; Bwrdd Celfyddydau Llundain 1996. Arddangosfeydd ar y cyd yn cynnwys *New Painting*, Arddangosfeydd Teithiol Cenedlaethol, Oriel Hayward, Llundain 1994–96; *The Last Dance*, Oriel Theatr Clwyd, Yr Wyddgrug (OThCyW) 1996; *Small is Beautiful*, Flowers East, Llundain (FELI) 1998–2006; *Singer and Friedlander/Sunday Times Watercolour Competition* 2003 (arobryn), 2005 (y wobr gyntaf); *Three Abstract Painters*, Oriel Martin Tinney, Caerdydd 2004; *Impressionism and Post-Impressionism in Scotland and Wales: transformation and influence*, Amgueddfa Cymru, Caerdydd (AC) 2005; *rich & strange – altered books*, Oriel Flock, Casnewydd 2007 (teithiol). Arddangosfeydd dwy-ddynes yn cynnwys BayArt Caerdydd (gyda Cherry Pickles) 2007. Arddangosfeydd un-ddynes yn cynnwys *Italian Paintings*, Oriel Gerddi Howard, Caerdydd (OGH) 1983; *Internal View*, OThCyW 1995; FELI/Flowers Graphics/Flowers Central, Llundain 2000, 2002–05; *Abstract Realities Part 1, Installation*, AC 2004; *Abstract Realities Part 2, Recent Work*, OGH 2004. Cyhoeddiadau'n cynnwys llyfr artist, *Year* (Sefydliad October, Yr Iseldiroedd 2005); *Dark City Light City*, Michèle Roberts a Carol Robertson (TRACE Editions 2007). Wedi'i chynnwys yn *Carol Robertson: New Paintings*, Sacha Craddock (FELI a Galleri Weinberger 2000); *Carol Robertson: Abstract Realities*, Michael Tooby, Sue Hubbard (AC 2004). Casgliadau'n cynnwys AC; Casgliad Celf y Llywodraeth, Llundain; Cyngor Celfyddydau Lloegr; Y Gymdeithas Celf Gyfoes. 'Y dirwedd, pensaernïaeth, natur a'r amgylchedd…confensiynau haniaethol lleihaol.' Yn byw yn Llundain, Lloegr.

## Beth ROBINSON 1959–
**Enw gwaith Beth Meinir Robinson, peintwraig. Ganed yng Nghaerllion, de Cymru.**

Astudiodd yng Ngholeg Brenhinol Cerdd a Drama Cymru, Caerdydd 1977–80; Yr Academi Gerddoriaeth Frenhinol, Llundain 1980–82. Cantores opera, DU/dramor. Dechreuodd baentio ar sidan, o bosib yn 1977, yn ddiweddarach ar gynfas. Agorodd Oriel Glyn y Môr, Tre-fin (gyda Margaret Jones) 1997, symudodd yr oriel i Abergwaun 2002. Aelod o Gylch Crefftwyr Sir Benfro 1997–2000. Arddangosfeydd ar y cyd yn cynnwys *Platform 100: Discerning Eye*, Llundain 2004 (teithiol); *Waldo Williams*, Hwlffordd 2005; arddangosfeydd deuddyn, Tyddewi (gyda Royston Hopson) 2006, 2007. Arddangosfeydd un-ddynes yn cynnwys *Songs of Pembrokeshire*, Canolfan Gelfyddydau Nant y Cou, Ceunant Trefgarn 2007. Tirluniau, morluniau, yng ngogledd Sir Benfro'n bennaf. Yn byw yng Nghrymych, gorllewin Cymru. *Yr artist*

## Tim ROBINSON a Sue EVANS
**Ffotograffwyr sy'n gweithio â'i gilydd fel FFOTO FICTIONS.**

Ganed Tim Robinson (TR) ym 1954 yn Southampton, Lloegr. Astudiodd yng Ngholeg Prifysgol Abertawe 1973–77 (Economeg); Coleg Prifysgol Caerdydd 1981–82 (MSc Economeg/Cysylltiadau Diwydiannol). Gwaith gwleidyddol, Llundain 1977–80. Ffotograffydd hunanaddysgedig sy'n gweithio'n broffesiynol er 1982. Ganed Sue Evans ym 1956 yng Nghaerdydd, de Cymru. Ffotograffydd hunanaddysgedig sy'n gweithio'n broffesiynol er 1988. Darlithwyr (rhan-amser), Athrofa Addysg Uwch Abertawe 1995–97, Athrofa Prifysgol Cymru, Caerdydd 1998–2000; Ffotogallery, Canolfan Gelfyddydau Chapter, Caerdydd 1999–2001. Artistiaid preswyl, Canolfan Morgannwg Ganol ar gyfer Celf a Thechnoleg Ddylunio, Pontypridd 1993. Comisiynau'n cynnwys Oriel Gelf Oldham 1994; BBC

Cymru 1995; Signals and the Art of Change 1995; Cyngor Bwrdeistref Maidstone 1997; Photo 98 – Blwyddyn Ffotograffiaeth a'r Ddelwedd Electronig 1997; Cyngor Dinas Caerloyw 2001. Gwobr Cyngor Celfyddydau Cymru 1984; Y Gymdeithas Ffotograffig Frenhinol, Caerfaddon (CFfF), medal arian 1992; Gwobr British Journal of Photography/Agfa, y wobr gyntaf 1997; Gwobr Ffotograffydd y Mileniwm Colab, DU 2000; Gwobrau Ffotograffig Llundain, y wobr gyntaf 2000. Aelodau o Gymdeithas y Ffotograffwyr. Arddangosfeydd niferus ar y cyd gan gynnwys *The Probity of Virtue*, Oriel Mostyn, Llandudno 1990; Sioe Ffotograffig y South Bank, y wobr gyntaf 1992; *Fotofeis*, Gŵyl Ffotograffiaeth Ryngwladol yr Alban, Caeredin 1993; *What She Wants*, Oriel Impressions, Caerefrog 1993; *Artists in Residence*, Tŷ Turner, Penarth 1994; *Diverse Signals*, Ffotogallery, Caerdydd 1995; *One Vision*, Paris 2004 (enillydd y DU); *Francisco Fernandez*, Jaen, Sbaen 2007 (TR). Gwaith wedi'i gynnwys ar The Slate, Teledu BBC Cymru 1995. Casgliadau'n cynnwys Ayuntamiento de Torreblascopedro, Sbaen (TR); Caja Castilla La Mancha, Sbaen (TR); CFfF; Cyngor Caerdydd. 'Delweddaeth sydd wedi'i llunio a'i hadeiladu yn y stiwdio … gwaith mwy doniol … (Ffoto Fictions)'. TR: 'Hefyd, bydda i'n gweithio ar fy liwt fy hun …gonestrwydd ffotograffiaeth y stryd …' Yn byw yng Nghaerdydd, de Cymru.
*Yr artistiaid*

## Catherine ROCHE 1969–
**Peintwraig. Ganed yn Scunthorpe, Lloegr.**

Ei thad yn Gymro. Astudiodd yng Ngholeg Technoleg a Chelf Sir Gaerfyrddin 1988–89; Prifysgol Reading 1990–94. Arweinydd Cwrs, HND Celf Gain (Paentio), Ysgol Gelfyddydau Gorllewin Cymru, Coleg Sir Gâr, Caerfyrddin 1999–2003; BA Anrhydedd Paentio Celf Gain o 2003. *Painters/Frieze Magazine/Cut Gallery* Gwobr De Ddwyrain Lloegr i Raddedigion 1994. Arddangosfeydd ar y cyd yn cynnwys *Kinsey, Roche, Webster*, Oriel Q, Arberth (OQA) 1997 (teithiol); *Conversations*, Canolfan Gelfyddydau Garter Lane, Waterford, Iwerddon 2000; *Luminaries*, Canolfan y Celfyddydau Aberystwyth/Oriel Mostyn, Llandudno 2000; *Wales Modern*, Amgueddfa ac Oriel Cwm Cynon, Aberdâr 2005. Arddangosfeydd un-ddynes yn cynnwys Oriel y Cut, Llundain 1996; OQA 1997; Amgueddfa Ceredigion, Aberystwyth 1999. Wedi'i chynnwys yn 'Rachel Levitas and Catherine Roche', Elizabeth James (*Modern Painters*, Hydref 1996). '… amser, hanes ac atgof…' Yn byw yng Nghilgeti, gorllewin Cymru.
*Yr artist*

## Mary RODD  Gweler Mary RENNELL

## John ROGERS 1939–
**Enw gwaith John Roland Rogers, peintiwr. Ganed yng Nghaerdydd, de Cymru.**

Astudiodd yng Ngholeg Celf Caerdydd 1955–57, gyda John Roberts, David Tinker a Philip Jennings. Swyddi amrywiol mewn syrcas deithiol, y theatr, teledu, dylunio mewnol, cartograffeg ddaearegol a darlunio 1957–72; perchennog oriel, Tyddewi, o 1972. Gwobrau Cyngor Celfyddydau Cymru (CCC) 1984, 1997. Aelod o Gymdeithas Artistiaid a Dylunwyr Cymru gynt (Cadeirydd, Cangen Gorllewin Cymru); Cymdeithas Ddyfrlliwiau Cymru. Arddangosfeydd ar y cyd yn cynnwys *Cymdeithas Frenhinol yr Artistiaid Morol*, Orielau'r Mall, Llundain 1973; *Through Artists' Eyes*, Oriel Mostyn, Llandudno 1979; *The Shadow of my Hand*, Oriel, CCC, Caerdydd (Oriel) 1980 (teithiol); *Art and the Sea*, Athrofa'r Celfyddydau Cyfoes, Llundain 1981. Arddangosfeydd undyn yn cynnwys Oriel Pascoe, Winnipeg 1975; *Journey in Morocco*, Oriel 1983 (teithiol); *Retrospective*, Oriel Henry Thomas, Caerfyrddin 1991–92 (teithiol). Cyhoeddiad, *From Africa to Iceland, a Visual Celtic Voyage*, John Rogers (Gwasg Gomer (GG) 2007). Gwaith wedi'i gynnwys yn rhaglenni teledu'r BBC; *Magic Islands*, Jamie Owen (GG 2002). Casgliadau'n cynnwys Amgueddfa ac Oriel Gelf Casnewydd; Amgueddfa ac Oriel Gelf Sirol Hwlffordd;

Cymdeithas Celf Gyfoes Cymru; Llyfrgell Genedlaethol Cymru, Aberystwyth; Y Tabernacl, Machynlleth. Prynwyd gwaith gan CCC. '…ymchwiliad i arfordir Iwerydd wrth chwilio am harddwch ym myd natur ….' Yn byw yn Nhyddewi, gorllewin Cymru.
*Yr artist*

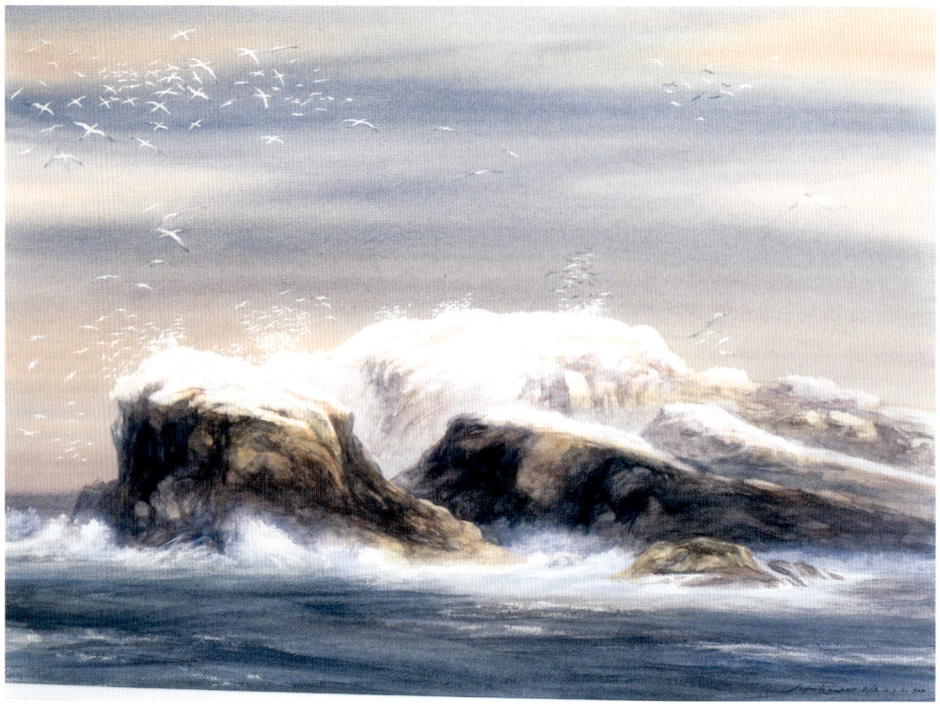

251 | John Rogers
*Grassholm Island, Gannets* 2003

## Phil ROGERS 1951–
### Ceramegydd. Ganed yng Nghasnewydd, de Cymru.

Astudiodd yng Ngholeg Celf Casnewydd 1969–70; Coleg Celf Abertawe 1970–74. Athro/darlithydd (rhan-amser), Swydd Gaergrawnt 1974–77; agorodd weithdy yn Rhaeadr Gwy 1978; cynhaliodd ysgolion haf i grochenwyr 1985–2001. Gwobrau Cyngor Celfyddydau Cymru (CCC) 1982, 1984, 2005; Gwobr y Cyngor Crefftau 1987; Ysgoloriaeth Sefydliad Harold Wingate 1998. Cymrodor Cymdeithas y Crochenwyr Crefft (cyn-gadeirydd); aelod o'r Academi Ceramegyddion Ryngwladol; Celfyddydau Cymhwysol Cyfoes; Yr Academi Frenhinol Gymreig. Arddangosfeydd niferus ar y cyd gan gynnwys CCC 1983–84 (teithiol); Canolfan Grefft Rufford, Ollerton 1982, 1998; *Teatime*, Amgueddfa ac Oriel Gelf Casnewydd (AOGC) 1986; Eisteddfod Genedlaethol Cymru 1986 (gwobr gyntaf), 1999 (arobryn), 2006; *Biennale Cerameg y Byd*, De Korea 2001; *Collect*, Amgueddfa Victoria ac Albert, Llundain (Amgueddfa VacA) 2004, 2006; Oriel Gelf Glynn Vivian, Abertawe (OGGV) 2005. Arddangosfeydd undyn yn cynnwys Canolfan y Celfyddydau Aberystwyth 1982, 1988, 2007; Oriel 31, Y Trallwng 1984, 1990; Canolfan Gelfyddydau Nant Teyrnon, Cwmbrân 1990; Amgueddfa Celf Geramig, Mashiko, Japan 2006. Cyhoeddiadau'n cynnwys *Ash Glazes* (A&C Black, Llundain (ACB) 1992, 2003); *Throwing Pots*

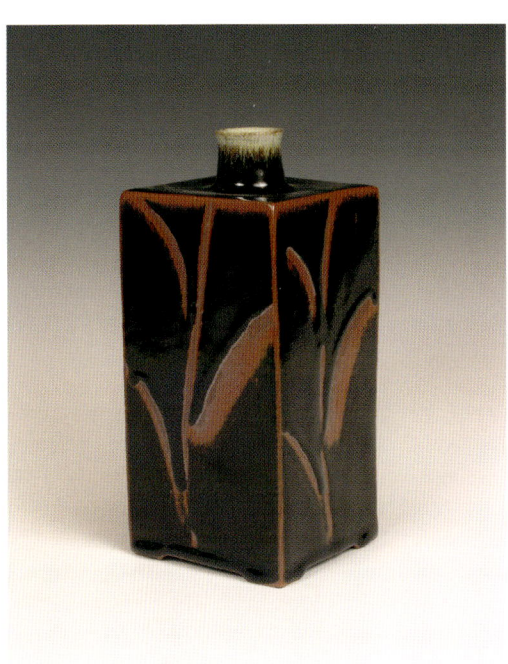

252 | Phil Rogers
*Potel wedi'i mowldio â gwasg* 2007

(ACB 1995, 2000, 2001, 2005); *Salt Glazing* (ACB 2002). Gwaith wedi'i gynnwys yn *Phil Rogers – Potter* (Oriel Pucker, Boston 2007); *Two Potters: Phil Rogers and Mo Jupp*, Invision Films 1994; *Creative Roads*, rhaglen ddogfen HTV Cymru 2004. Casgliadau cenedlaethol/rhyngwladol niferus gan gynnwys Amgueddfa Ashmole, Rhydychen; Amgueddfa Celfyddydau Cain, Boston, UDA; Amgueddfa Cymru; Amgueddfa Fitzwilliam, Caergrawnt; Amgueddfa Gelf Philadelphia; AOGC; Amgueddfa VacA; Keramik Museum, Grentzhausen, Yr Almaen; OGGV; Prifysgol Aberystwyth; Yn byw yn Rhaeadr Gwy, canolbarth Cymru.
*Yr artist*

## Frank ROPER 1914–2000
**Enw gwaith Frank Roper MBE, cerflunydd, artist gwydr lliw. Ganed yn Haworth, Lloegr.**

Astudiodd yn Ysgol Gelf Keighley; Y Coleg Celf Brenhinol, Llundain. Gyda'r Weinyddiaeth Amddiffyn, yn ystod yr Ail Ryfel Byd. Darlithydd, colegau celf yn Lincoln, Sheffield. Darlithydd, Coleg Celf Caerdydd 1947–73, Is-bennaeth tan 1964. Bu'n gweithio ar adfer Cadeirlan Llandaf 1950au, gyda George Pace, Jacob Epstein, John Piper. Dyfeisiodd gastio polystyren coll. Comisiynau'n cynnwys Eglwys Sant Martin, Caerdydd 1959; Cadeirlan Llandaf 1964–1991; Eglwys y Drindod, Caerdydd 1964 (ac yn ddiweddarach); Ysgol Howell, Caerdydd 1965; Eisteddfod Genedlaethol Cymru 1966; Cadeirlan Durham 1970; Eglwys Gatholig Castellnewydd Emlyn 1970; Cadeirlan Tyddewi 1973; Eglwys Sant Mathew, Treorci 1984. Derbyniodd MBE 1991. Aelod o Grŵp De Cymru/Y Grŵp Cymreig; Aelod Cyswllt, Cymdeithas Frenhinol Cerflunwyr Prydain. Arddangosfeydd ar y cyd yn cynnwys Oriel Howard Roberts, Caerdydd 1956, 1958, 1961–63, 1965, 1969; *Contemporary Welsh Painting and Sculpture*, Pwyllgor Cymreig Cyngor Celfyddydau Prydain Fawr 1958 (teithiol), 1961 (teithiol); *Day Trip – Cardiff College of Art*, Amgueddfa Cymru, Caerdydd (AC) 1972; *The Church and The Artist*, Tŷ Turner, Penarth 1990. Arddangosfeydd undyn yn cynnwys Mostra dell' Arte Nazionale, Fflorens 1973; *Collection of*

*Musical Fountains*, Theatr Sherman, Caerdydd 1974; *Frank Roper: Sculpture with Stockhausen Musical Movements*, Oriel Rhydychen, Rhydychen 1980; Neuadd Dewi Sant, Caerdydd 1994. Wedi'i gynnwys yn *Mind into Metal – Frank Roper, Sculptor*, John Petts (teledu BBC Cymru 1964); *Look Stranger: Sculpture and Singing Fountains* (teledu BBC Cymru 1976); *Y Celfyddydau yng Nghymru 1950–75*, golygydd Meic Stephens (Cyngor Celfyddydau Cymru 1979); 'The Art of Frank Roper', Rosemary Markham (*New Welsh Review* rhif 17, Haf 1992); ysgrifau coffa, Peter Wakelin (*The Guardian*, 11 Rhagfyr 2000), Ceri Thomas (*Planet*, rhif 145, Chwefror–Mawrth 2001). Casgliadau'n cynnwys AC; Amgueddfa ac Oriel Gelf Casnewydd; Cymdeithas Celf Gyfoes Cymru; Prifysgol Abertawe. '…bwystfilod swrrealaidd, peiriannau rhyfeddol, a chomisiynau eglwys pwysig…' *(Peter Wakelin, The Guardian, 11 Rhagfyr 2000)*. Roedd yn byw ym Mhenarth, de Cymru.

### Gerda ROPER 1949–

**Enw gwaith Gerda Susanna Roper, peintwraig. Ganed yng Nghaerdydd, de Cymru.**

Astudiodd yng Ngholeg Celf a Dylunio Swydd Gaerloyw, Cheltenham 1967–68, gyda David Maclagan; Coleg Celf Caerwysg 1968–71, gyda John Bellany, Albert Irvin, Basil Beattie; Prifysgol Reading 1973–75 (MA Celf Gain), gyda Terry Frost, William Scott, Ron Hazleden. Darlithydd, Coleg Addysg Uwch Gwent 1975–84; darlithydd/Pennaeth Adran, Ysgol Gelf, Prifysgol Northumbria 1984–2005; Deon/Athro, Ysgol Gelfyddydau a Chyfryngau, Prifysgol Teesside, Middlesbrough o 2005. Aelod o Gymdeithas Artistiaid a Dylunwyr Cymru. Cymrodor Cymdeithas Frenhinol y Celfyddydau. Arddangosfeydd ar y cyd yn cynnwys *Nawr*, Y Grŵp Cymreig/Cyngor Celfyddydau Cymru (CCC), Amgueddfa Cymru 1972; *Recent Acquisitions*, Cymdeithas Celf Gyfoes Cymru (CCGC), Oriel, CCC, Caerdydd 1983; *Women's Art in Wales*, Oriel Mostyn 1985 (teithiol); *Paintings from the Collection*, Amgueddfa ac Oriel Gelf Casnewydd (AOGC) 2000. Arddangosfeydd un-ddynes yn cynnwys Canolfan Gelfyddydau Abaty Nant Teyrnon, Cwmbrân 1980; AOGC 1981; Oriel y Brifysgol, Prifysgol Northumbria 1993 (teithiol). Casgliadau'n cynnwys AOGC; CCGC. 'Testun: y corff benywaidd.' Yn byw yn Newcastle upon Tyne, Lloegr.
*Yr artist*

### Stanley ROSENTHAL 1933–2012

**Peintiwr. Ganed yn Llundain, Lloegr.**

Cyrhaeddodd Gymru ym 1955. Astudiodd yng Ngholeg Celf Southend 1947–49; Coleg Celf Caerlŷr 1949–52; Coleg y Brifysgol Caerdydd 1979–81 (rhan-amser) (Addysg). Darlithydd, Athrofa Addysg Uwch De Morgannwg 1975–79, 1982–84; perchennog oriel, Hwlffordd/Tyddewi 1990–94; athro (rhan-amser), ysgolion yn sir Benfro 1996–98. Artist preswyl, Theatre Royal, Plymouth 1988. Comisiwn, Amgueddfa ac Oriel Gelf Dinbych-y-pysgod (AOGDyp) 1996. Gwobrau Cyngor Celfyddydau Cymru 1987, 1988. Arddangosfeydd ar y cyd yn cynnwys Oriel Ben Uri, Llundain 1953; Oriel Tate, Llundain 1987; Cynulliad Cenedlaethol Cymru (CynCC) 2002; Oriel Albany, Caerdydd 2003; Canolfan Gelfyddydau Taliesin, Abertawe 2004; Oriel Kooywood, Caerdydd 2005. Arddangosfa undyn, Canolfan Gelfyddydau Neuadd Llanofer, Caerdydd 1988. Cyhoeddiad, *Approaches to Art*, Stanley Rosenthal (Gwasg Gomer 2002). Gwaith wedi'i gynnwys yn *Stan Rosenthal: Biography of an Artist*, Steve Dube a Nicola Iles (Very Affordable Art 2002). Casgliadau'n cynnwys AOGDyp; CynCC. 'Tirluniau yn null *genre* neo-Ramantaidd Prydain.' Roedd yn byw yn Arberth, gorllewin Cymru.
*Yr artist*

## Lawrence ROSTERN 1926–
**Peintiwr. Ganed yn Leigh, Swydd Gaerhirfryn, Lloegr.**

Astudiodd yn Ysgol Gelf Keighley, gorllewin Swydd Gaerefrog 1939–44; Coleg Celf Leeds 1947–49, gyda Maurice de Sausmarez; Y Coleg Celf Brenhinol, Llundain 1949–52, gyda Rodrigo Moynihan, Carel Weight, Francis Bacon. Gwasanaeth Rhyfel, Y Llynges Frenhinol 1944–46. Athro, Ysgol Heol Rhydychen, Abertawe 1954–56; Ysgol Parc Tullington, Llundain 1956–58; Coleg Addysg, Wrecsam 1958–81 (Prif Ddarlithydd/Pennaeth yr Adran Gelf/Cyfarwyddwr Cyffredinol Celfyddydau Mynegol Creadigol (Yr Adrannau Celf, Drama, Cerddoriaeth a Chlyweledol); Cyfarwyddwr, Y Gwasanaeth Celfyddydau Cymunedol, Wrecsam 1981–98. Aelod sefydlu, Grŵp 75 (G75) 1975–94. Arddangosfeydd ar y cyd yn cynnwys *Young Contemporaries*, Cymdeithas Frenhinol Artistiaid Prydain, Llundain 1950; *Contemporary Welsh Painting and Sculpture*, Pwyllgor Cyngor Celfyddydau Cymreig Prydain Fawr/Amgueddfa Cymru, Caerdydd 1957; *Industrial Scenes of North Wales*, Cymdeithas Gelfyddydau Gogledd Cymru 1978; *In Our Element*, G75, 1991 (Cyfnewid America/Cymru ag Oriel Muse, Philadelphia; yn teithio Cymru). Prynwyd gwaith gan Gyngor Celfyddydau Cymru. Yn byw yn Edgbaston, Lloegr.
*Yr artist*

## Anna ROTHWELL 1981–
**Ceramegydd ffigurol/cerflunydd. Ganed yn Bournemouth, Lloegr.**

Cyrhaeddodd Gymru ym 2001. Astudiodd yn Athrofa Prifysgol Cymru, Caerdydd 2001–04, gyda Geoffrey Swindell, Claire Curneen a Duncan Ayscough. Athrawes (ran-amser), ysgolion yng Nghaerdydd 2005–06. Aelod o Grochenwyr De Cymru; Makers Connect. Arddangosfeydd ar y cyd yn cynnwys Crefft yn y Bae, Caerdydd 2004–05; *Artist y Flwyddyn Cymru*, Neuadd Dewi Sant, Caerdydd 2005; Melin Ddŵr Nant-y-Cou, ger Hwlffordd 2006. Arddangosfeydd dwy-ddynes, Fountain Fine Art, Llandeilo (gyda Beth Marsden) 2006. 'Yn dal pobl gyffredin yn eu bydoedd eu hunain, heb fod yn ymwybodol o'r gwyliwr.' Yn byw yng Nghaerdydd, de Cymru.
*Yr artist*

## Eric ROWAN 1931–
**Peintiwr, ysgythrwr. Ganed yn Lerpwl, Lloegr.**

Hefyd yn awdur. Cyrhaeddodd Gymru ym 1963. Astudiodd yng Ngholeg Celf Lerpwl (CCL) 1951–55, gydag Arthur Ballard, George Meyer-Marten; Accademia di Belle Arti, Fflorens 1955–56, gydag Ottone Rosai. Cyfarwyddwr Celf, Theatr Shakespeare Newydd, Lerpwl 1957–59; darlithydd, CCL 1961–63; darlithydd/uwch-ddarlithydd, Coleg Celf Caerdydd 1963–78; artist/hanesydd celf/darlithydd llawrydd o 1978. Aelod o Grŵp 56 Cymru. Arddangosfeydd ar y cyd yn cynnwys *Undefined Situation*, Oriel Howard Roberts, Caerdydd 1966; *Art in Wales: The Twentieth Century: Today – Grŵp 56 Cymru*, Cyngor Celfyddydau Cymru (CCC) 1969 (teithiol). Arddangosfeydd deuddyn yn cynnwys *Etchings International*, Oriel Clark, Efrog Newydd (gyda Victor Vasarely) 1968; Coleg Prifysgol Cymru Abertawe (gyda Glyn Jones) 1974. Cyhoeddiadau'n cynnwys *Art in Wales: An Illustrated History: 1850–1980* (Gwasg Prifysgol Cymru, Caerdydd (GwPC/CCC)), Cyf 1, 1978 (golygydd), Cyf 2, 1985 (awdur); *Y Celfyddydau yng Nghymru 1950–75*, golygydd Meic Stephens (CCC 1979); *An Elusive Tradition*, Eric Rowan a Carolyn Stewart (GwPC 2002); erthyglau i *The Times*, *Western Mail*, *Studio International*; ffilmiau celf dogfennol, yn cynnwys *The Fire and the Fountain (Augustus and Gwen John)*, BBC (1974); *Poor Richard Wilson*, BBC (1982). Casgliadau'n cynnwys Amgueddfa Cymru; Amgueddfa Daleithiol, Ludwigshafen, Yr Almaen; Casgliad Celf y Llywodraeth; Cymdeithas Celf Gyfoes Cymru; Prifysgolion Abertawe, Aberystwyth a Bangor. Prynwyd gwaith gan CCC. Yn byw yn Church Stretton, Lloegr.
*Yr artist*

## John ROWLANDS 1947–
**Enw gwaith John Gareth Rowlands, peintiwr. Ganed yn Llanrhystud, gorllewin Cymru.**

Hefyd yn fardd. Astudiodd yng Ngholeg Celf Caerdydd 1965–66; Coleg Celf Gorllewin Lloegr, Bryste 1966–67; Coleg y Drindod, Caerfyrddin 1967–70, gyda Robert Hunter. Athro, ysgolion yng Nghymru a Lloegr 1970–75; Pennaeth Celf, Ysgol Gyfun Penweddig, Aberystwyth 1975–89; swyddog celf, Addysg a Dehongli, Amgueddfa Cymru 1990–96. Comisiynau, dylunio'r goron ar gyfer eisteddfod ryng-golegol, Coleg Prifysgol Cymru Aberystwyth 1977. Enillydd Coron, Eisteddfod Pontrhydfendigaid 1987. Enillydd cystadleuaeth logo Eisteddfod Genedlaethol Cymru (EGC), Aberystwyth 1992. Aelod o Gweled. Arddangosfeydd ar y cyd yn cynnwys EGC, Caerfyrddin 1974, Aberteifi 1976, Abertawe 1982, Y Rhyl 1985; Neuadd Dewi Sant, Caerdydd 1995, 2005; Oriel Plas Glyn-y-Weddw, Llanbedrog 2004, 2006, 2007; Oriel Albany, Caerdydd 2004, 2005; Oriel Canfas, Caerdydd (OC) 2005; Y Tabernacl, Machynlleth (TM) 2005. Arddangosfeydd deuddyn yn cynnwys Oriel, Aberystwyth (gyda Janet Rowlands) 1981; OC (gyda Gareth Owen) 2006. Arddangosfeydd undyn yn cynnwys Toko, Aberystwyth 2003, 2005; Oriel yr Hen Efail, Llanfrothen 2003, 2004; TM 2007. Cyhoeddiadau'n cynnwys *Aber* (Y Lolfa (YL) 1986); *Annwyl Arholwr* (YL 1990). 'Traethau, pyllau creigiog, glannau afonydd…y tywydd, golau cyffredinol, gwedd y tir …' Yn byw yn Nhremadog, gogledd Cymru.
*Yr artist*

## Wil ROWLANDS 1948–
**Peintiwr, darlunydd. Ganed yn Llandyfrydog, Ynys Môn, gogledd Cymru.**

Astudiodd yng Ngholeg Celf Caer 1966–68, gydag Alan Lumsden, Jack Shore; Coleg Celf Lerpwl 1968–71, gyda Ray Fields, John Roberts (Ysgoloriaeth Syr John Moores 1971). Bu'n teithio ac yn gweithio yn Ewrop 1971–72; artist llawrydd 1972–88; bu'n teithio yn India a Nepal 1988–90; peintiwr (llawnamser) o 1992. Arddangosfeydd ar y cyd yn cynnwys *Laing Landscape Competition North West* 1990 (enillydd); *Arddangosfa Agored Mostyn*, Oriel Mostyn, Llandudno 1993; Eisteddfod Genedlaethol Cymru, Llanfair-ym-Muallt 1993, Castell-nedd 1994, Pen-y-bont ar Ogwr 1998; *Inspirations*, Oriel Plas Glyn-y-Weddw, Llanbedrog 1995; *Essence of Wales*, Neuadd Dewi Sant, Caerdydd 1997; *Biennale Arlunio Cymru* 1997 (teithiol), 1999 (teithiol); *Singer and Friedlander/Sunday Times Watercolour Competition*, Orielau'r Mall, Llundain 1998. Arddangosfeydd undyn yn cynnwys *Portraits*, Canolfan Grefftau Rhuthun 1994; *Illustrations for 'Wild Wales'*, Oriel ECTARC, Llangollen 1995–96 (teithiol); Oriel Pendeitsh, Caernarfon 1997; *Parys, Amlwch*, Canolfan Ucheldre, Caergybi 1998 (teithiol); *Sioe Môn*, Oriel Ynys Môn, Llangefni (OYM) 2000; *Gwaith Diweddar*, OYM 2006. Gwaith wedi'i gynnwys ar *Byd o Liw*, Sioe Gelf, S4C (2006). Gwaith yng nghasgliad OYM. '…ei wir ddileit yw bod yn Ynys Môn lle y gall ymateb i'r amgylchedd yn union o'i gwmpas.' Yn byw yng Nghemaes, Ynys Môn.
*Yr artist*

## Gyrth RUSSELL 1892–1970
**Peintiwr. Ganed yn Dartmouth, Nova Scotia, Canada.**

Astudiodd yn Ysgol Gelf Halifax, Canada o tua 1906; Boston, UDA (gan gynnwys Peintio Morol); Académie Julian ac Atelier Colarossi, Paris, Ffrainc 1911–14. Drafftsmon, Adran Gweithiau Cyhoeddus, Halifax, Canada. Artist Rhyfel, sector lluoedd Canada, Ffrynt y Gorllewin, Y Rhyfel Byd Cyntaf. Artist mewn stiwdios ffilm, dylunydd posteri, darlunydd. Gwasanaeth Patrolio'r Llynges Frenhinol, Yr Ail Ryfel Byd, Llundain 1940–43. Cyrhaeddodd Gymru ym 1953. Aelod o Gymdeithas Frenhinol Artisti-aid Prydain; Sefydliad Brenhinol y Peintwyr Dyfrlliwiau; Sefydliad Brenhinol y Peintwyr Olew; Clwb Braslunio Langham; Cymdeithas Frenhinol y Peintwyr Morol (aelod sefydlu); Cymdeithas Ddyfrlliwiau Cymru; Cymdeithas Gelf De Cymru; Grŵp De Cymru. Arddangosfeydd ar y cyd yn cynnwys *Canadian War Memorial Exhibition*, Tŷ Burlington, Llundain 1919; Oriel Howard Roberts, Caerdydd (HR) 1957, 1964; Cymdeithas Celf Gyfoes Cymru (CCGC) 1960, 1963; Yr Academi Frenhinol Gymreig, Conwy 1962, 1964. Arddangosfeydd undyn yn cynnwys HR 1956; Oriel Stiwdio, Penarth 1966; *Gyrth Russell, 1892–1970, Parts I and II*, Celfyddydau Cain Manor House, Caerdydd 1981. Darluniau, *Unknown Devon*, John Lane (Bodley Head, Llundain 1927); *See and Paint*, Gyrth Russell ac L du Garde Peach (Winsor a Newton 1957); *An Introduction to Oil Painting* (Winsor a Newton 1959); erthyglau yn *The Artist; Studio*. Casgliadau'n cynnwys CCGC; Llyfrgell Genedlaethol Cymru, Aberystwyth. Testunau morol ac arfordirol, Penarth, Y Barri, Caerdydd, Ynys Môn. Roedd yn byw ym Mhenarth, de Cymru.

## Shani RHYS-JAMES/RHYS JAMES 1953–
**Enw gwaith Shani Rhys-James MBE, peintwraig. Ganed yn Melbourne, Awstralia.**

Cyrhaeddodd Gymru ym 1984. Astudiodd yng Ngholeg Celf Loughborough 1972–73; Ysgol Gelf St Martin, Llundain 1973–76, gyda Gillian Ayres, Patrick Heron. Artist preswyl, Canolfan y Celfyddydau Aberystwyth (CCA) 1992; Oriel Gelf Walker, Lerpwl 1994. Gwobrau Cyngor Celfyddydau Cymru 1985, 1992, 2006 (Cymru Greadigol); Eisteddfod Genedlaethol Cymru (EGC) Y Fedal Aur 1992; Gwobr Gelf Hunting/Observer 1994; Gwobr Baentio Jerwood 2003; Gwobr Celf Weledol BBC Cymru 1994; Menywod mewn Diwylliant, Cymraes y Flwyddyn 2003; Gwobr Glyndŵr, Y Tabernacl, Machynlleth 2007. Cymrodor Mygedol, Sefydliad Prifysgol Cymru Caerdydd 2007. Aelod o'r Academi Frenhinol Gymreig; cyn-aelod, Grŵp 56 Cymru. Arddangosfeydd ar y cyd niferus gan gynnwys *Arddangosfa Agored Cymru*, CCA 1989 (y wobr gyntaf),1990; *Arddangosfa Agored Mostyn*, Oriel Mostyn, Llandudno (OM) (y wobr gyntaf) 1994; *BP Gwobrau Portread Cenedlaethol*, Yr Oriel Bortreadau Genedlaethol, Llundain 1994 (yr ail wobr); *Intimate Portraits*, Oriel Gelf Glynn Vivian, Abertawe (OGGV) 1995 (teithiol); *Welsh Painters Talking*, Amgueddfa Cymru (AC) 1997 (teithiol); *On Home Ground*, OM 2002; *Cymru ar Gynfas*, Llywodraeth y Cynulliad Cenedlaethol /Y Cyngor Prydeinig, Brwsel 2007. Arddangosfeydd un-ddynes yn cynnwys Beaux Arts, Caerfaddon 1992; Oriel Martin Tinney, Caerdydd 1993, 1995, 1998, 2003, 2005; *Blood Ties*, Canolfan Gelfyddydau Wrecsam 1993 (teithiol); *Facing the Self*, OM 1997 (teithiol); *The Black Cot*, CCA 2003 (teithiol). Wedi'i chynnwys yn *Art Today*, Edward Lucie-Smith (Phaidon 1995); *Welsh Painters Talking*, Tony Curtis (Seren Books, Pen-y-bont ar Ogwr 1997); *Imaging the Imagination*, cydolygyddion Christine Kinsey a Ceridwen Lloyd-Morgan (Gwasg Gomer, Llandysul 2005); y wasg genedlaethol/ gelfyddydau; rhaglenni radio/teledu. Casgliadau'n cynnwys AC; Amgueddfa ac Oriel Gelf Casnewydd; BBC Cymru; Bwrdeistref Tower Hamlets Llundain; Cyngor Celfyddydau Lloegr; Cymdeithas Celf Gyfoes Cymru; New Hall, Caergrawnt; OGGV; Oriel Gelf Fodern, Glasgow; Oriel Gelf Dinas Birmingham; Oriel Gelf Wolverhampton; Prifysgol De Cymru, Pontypridd. 'Plentyndod; gwrthrychau; celfi theatr a setiau llwyfan.' *(Gwefan Axis)* Yn byw yn Llangadfan, canolbarth Cymru. *Yr artist*

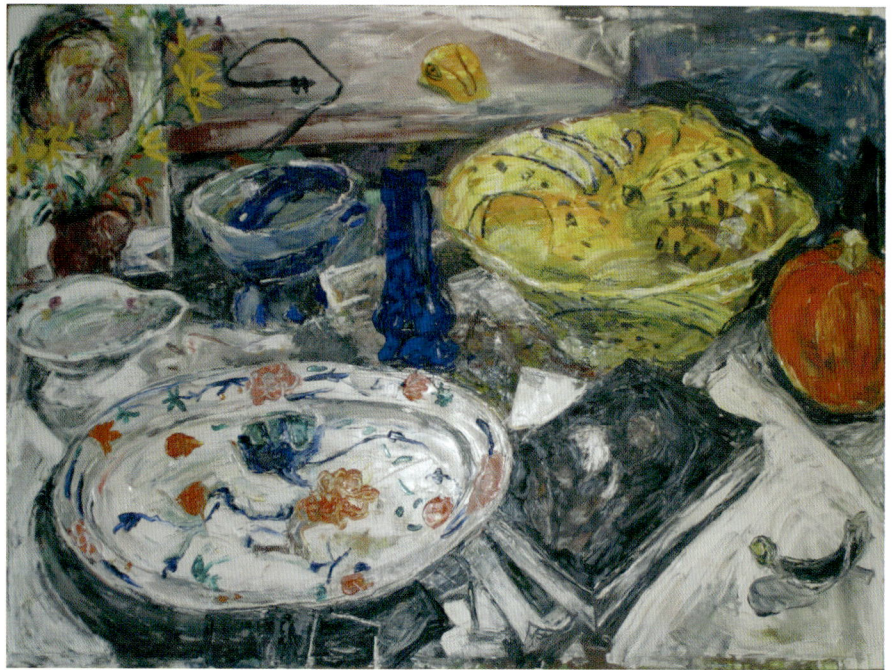

253 | Shani Rhys James
*The Collector* 1994

# ARTISTIAID: S

**Peter SAINTY** 1943–
**Peintiwr, cerflunydd. Ganed yn Lerpwl, Lloegr.**
Astudiodd yng Ngholeg Celf Lerpwl 1960–64; Ysgol Celf Gain Slade, Llundain 1964–67. Darlithydd rhan-amser, Polytechnig Lerpwl 1970–73; Coleg Addysg Bellach Wrecsam 1971–72. Cyrhaeddodd Gymru ym 1978. Meistr/cynllunydd propiau, Theatr y Playhouse Lerpwl 1974–78; meistr propiau cynorthwyol, Opera Cenedlaethol Cymru, Caerdydd 1978–80; cerflunydd/gwneuthurydd propiau o 1980. Comisiwn cerfluniaeth, *Reading Piece*, Heron House, Reading 1982. Gwobrau'n cynnwys Llywodraeth yr Eidal 1972; Cyngor Celfyddydau Cymru 1996. Aelod cysylltiol, Cymdeithas Frenhinol Penseiri Prydain 2002. Arddangosfeydd niferus ar y cyd yn cynnwys Oriel Gelf Walker, Lerpwl 1963, 1972, 1974; *Artistiaid yr Hen Lyfrgell* (AHL), Yr Hen Lyfrgell, Caerdydd 1995; *AHL*, Neuadd Dewi Sant, Caerdydd (NDS) 2000; *Artist y Flwyddyn Cymru*, NDS 2003; *Open Sculpture*, Academi Frenhinol Gorllewin Lloegr, Bryste 2003, 2004, 2007. Arddangosfeydd undyn yn cynnwys Oriel yr Academi, Lerpwl 1974; Canolfan Gelfyddydau Glannau Gwy, Llanfair-ym-Muallt 1997; Oriel Canfas, Caerdydd 1999, 2004, 2007. Gwaith wedi'i gynnwys yn *Art in a City*, John Willett (Methuen 1967); *Open Air Sculpture in Britain*, WJ Strachan (Zwemmer/Oriel Tate 1984). Yn byw yn y Barri, de Cymru.
*Yr artist*

**Alan SALISBURY** 1946–
**Peintiwr. Ganed yn Preston, Lloegr.**
Astudiodd yng Ngholeg Celf Lerpwl 1967–70, gyda Heinz Koppel, Charles Burton; Y Coleg Celf Brenhinol, Llundain 1970–73 (MA), gyda Carel Weight, Nicolas Evans; Coleg Celf Caerdydd 1973–74. Cyrhaeddodd Gymru ym 1973. Uwch-ddarlithydd, Coleg Addysg Morgannwg/Polytechnig Cymru/Prifysgol Morgannwg (PM) 1974–2003. Curadur, Oriel y Bont, PM, Pontypridd (OYB) 1986–2003. Aelod o Artistiaid Bro Morgannwg; y Grŵp Cymreig. Arddangosfeydd niferus ar y cyd gan gynnwys *The Final Proof*, Cyngor Celfyddydau Cymru 1979 (teithiol); *The New Look in British Portraiture*, yr Oriel Bortreadau Genedlaethol 1983 (arobryn): *Singer and Friedlander/Sunday Times Watercolour Competition*, Oriel Bankside, Llundain 1989, 2005; Neuadd Dewi Sant, Caerdydd 1993, 1997, 2003, 2005–07; *Revelations*, Y Grŵp Cymreig, Amgueddfa Cymru 2000 (teithiol); Amgueddfa ac Oriel Gelf Casnewydd 2001, 2003, *The Painted Pot* 2006. Arddangosfeydd undyn yn cynnwys Canolfan Gelfyddydau Chapter, Caerdydd 1983; Canolfan Gelfyddydau Abaty Nant Teyrnon, Cwmbrân 1992; Oriel Washington, Penarth 1999; *Transcription and Appropriation*, OYB 2007. Gwaith wedi'i gynnwys mewn erthyglau, 'Looking Out', Tony Curtis (Planet 2001); 'One Vision', Peter Wakelin (Western Mail, 7 Tachwedd 2003). Casgliadau'n cynnwys Awdurdod Addysg Swydd Efrog; Cyngor Celfyddydau Ynys Manaw; Cyngor Caerdydd; Cymdeithas Celf Gyfoes Cymru. Yn byw yn y Barri, de Cymru.
*Yr artist*

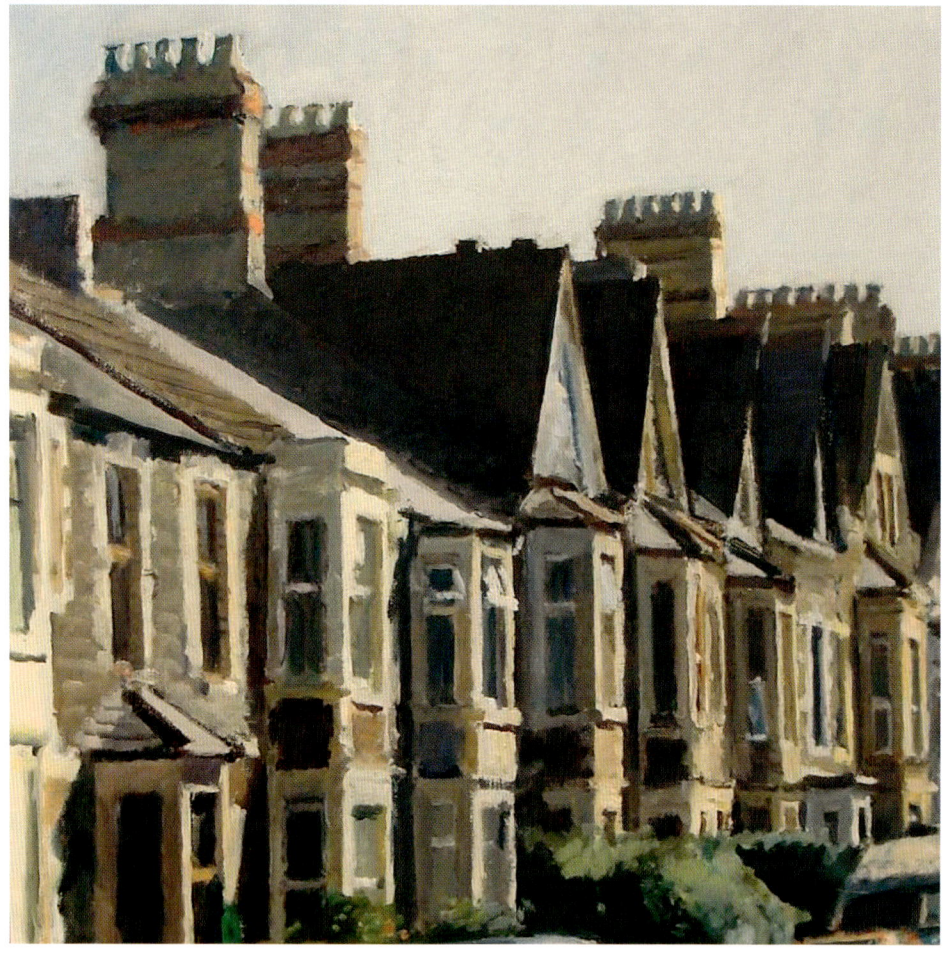

254 | Mark Samuel
*Over the Rooftops, King's Road* 2007

### Mark SAMUEL 1956–
**Enw gwaith David Mark Samuel, peintiwr. Ganed yn Kettering, Lloegr.**

Ei dad yn Gymro. Daeth i Gymru ym 1960. Astudiodd yng Ngholeg Celf Caerdydd 1974–75; Coleg Celf Stourbridge 1975–78. Arddangosfeydd ar y cyd yn cynnwys Oriel Martin Tinney, Caerdydd (OMT) 1996–98; Eisteddfod Genedlaethol Cymru, Pen-y-bont ar Ogwr 1998. Arddangosfeydd undyn yn cynnwys OMT 1996, 1998, 1999, 2002; Oriel Kooywood, Caerdydd 2004, 2006. Dinaslun Caerdydd; 'ymdeimlad â lle wedi'i gyfuno â golau a'r adeg o'r dydd.' Yn byw yng Nghaerdydd, de Cymru.
*Yr artist*

## Susan SANDS 1935–
**Enw gwaith Katherine Susan Sands, peintwraig, gwneuthurydd printiau. Ganed yn Bombay, India.**

Astudiodd ym Mhrifysgol Reading 1953–57. Swyddog Celf i Ysgolion, Orielau Celf Dinas Sheffield 1957–59; cynllunydd cerameg, Malta Industries 1961–62; cynllunydd llyfrau, Eastern Universities Press, Singapore 1963–64. Cyrhaeddodd Gymru ym 1989. Cymdeithas Genedlaethol y Peintwyr, Gwneuthurwyr Printiau a Cherflunwyr, Gwobr Flynyddol 2000. Aelod o Gymdeithas Gwneuthurwyr Printiau Greenwich 1982–2003; Grŵp Celf Gain a Chrefft, Tyddewi. Arddangosfeydd ar y cyd yn cynnwys Eisteddfod Genedlaethol Cymru, 1989, 1993, 1995, 1997, 2002; *Women Artists and Pembrokeshire*, Amgueddfa Dinbych-y-pysgod 1999; *Biennale Arlunio Cymru*, CCA 2002 (teithiol); *Lines and Strata – Welsh Drawing*, Theatr Mwldan, Aberteifi 2006. Arddangosfeydd un-ddynes yn cynnwys Oriel Gelf Maple Ridge Art, Vancouver 1986; Amgueddfa ac Oriel Gelf Dinbych-y-pysgod 2002; *Positive Colour*, Oriel Art Matters, Dinbych-y-pysgod 2006; Llyfrgell y Barbican, Llundain (LIBLI) 2003, *The Indian Connection*, LIBLI 2007. Gwaith wedi'i gynnwys yn *Pembrokeshire – Look upon the Land and Sea*, golygydd Peter Green (Celtic Horizons 2003). Gwaith yng nghasgliad Oriel Gelf Dinas Caerlŷr. '…teithiau i India… ysbrydoliaeth enfawr; themâu morol … ffigyrau…' Yn byw yng Nghilgeti, gorllewin Cymru.
*Yr artist*

## STIWDIO SAREFFTA  Gweler Gareth MORGAN

## David SAUNDERS 1936–
**Peintiwr. Ganed yn Southend, Lloegr.**

Astudiodd 1956–62 yn Ysgol Gelf St Martin, Llundain; Ysgolion yr Academi Frenhinol, Llundain. Darlithydd, Coleg Celf Derby 1962–65; Coleg Celf Casnewydd 1965–68; Coleg Polytechnig Portsmouth 1968–71; Coleg Polytechnig Lerpwl 1971–1988. Bu'n byw yng Nghymru 1965–68, 1984–1995. Artist preswyl, Amgueddfa Stedelijk, Amsterdam 1972–3. Gwaith 'Systematig-Adeiladol' o 1967; cydweithrediadau â grwpiau cerddoriaeth/cyfansoddwyr, o 1969. Cyd-sefydlydd, y grŵp Systems, gyda Malcolm Hughes, Michael Kidner, Peter Lowe, Jean Spencer, Jeffrey Steele. Aelod o Grŵp 56 Cymru 1967–70. Arddangosfeydd ar y cyd yn cynnwys *Undefined Situation*, Oriel Howard Roberts, Caerdydd 1966; *Cymru Nawr*, Eisteddfod Genedlaethol Cymru/Cyngor Celfyddydau Cymru (CCC) 1968 (teithiol) (enillydd y wobr brynu); Cymdeithas Celf Gyfoes Cymru (CCGC) 1968 (teithiol); *Systems*, Cyngor Celfyddydau Prydain Fawr 1972 (teithiol) (catalog gyda thestun gan yr artist); *Ways of Making: 5 Systemic Artists*, CCC 1975 (teithiol); *Colour Presentations*, Gwasanaeth Arddangosfeydd Clwyd 1985 (teithiol); *Arddangosfa Agored Mostyn*, Oriel Mostyn, Llandudno 1990, 1992, 1995; *Ten 10 Zehn*, Forum Konkrete Kunst, Yr Almaen 2003; *The Stars Down to Earth*, Oriel Nunnery, Llundain 2006. Arddangosfeydd undyn yn cynnwys Oriel Lucy Milton, Llundain 1974; Orielau Dean Clough, Halifax 2002; Forum Konkrete Kunst, Yr Almaen 2003. Wedi'i gynnwys yn *Studio International* (Medi 1969, Mai 1970, Mai 1972, Tachwedd-Rhagfyr 1976); *Handbook of Modern British Painting and Printmaking, 1900–1990* (2il argraffiad 1998); *Photogenic Painting*, Gilles Deleuze a Michel Foucault (Courtauld, Llundain 1999). Casgliadau'n cynnwys Amgueddfa Victoria ac Albert, Llundain; Cyngor Celfyddydau Lloegr; CCGC; Prifysgol Aberystwyth; Tate, Llundain; Y Llyfrgell Brydeinig, Llundain; Ymddiriedolaeth Castell Bodelwyddan. Prynwyd gwaith gan CCC. Yn byw yn Foix, Ffrainc.
*Yr artist*

## Roy SAUNDERS 1911–1977
**Ysgythrwr, darlunydd. Ganed yn Llandeilo, gorllewin Cymru.**

Astudiodd yn Ysgol Gelf Caerdydd 1928–31. Athro celf, Ysgol Uwchradd Cathays i Fechgyn, Caerdydd; Ysgol Uwchradd Caerdydd; darlithydd, Astudiaethau Natur, Coleg y Brifysgol, Caerdydd, Yr Adran Allanol. Hefyd yn awdur ac yn ffermwr defaid; cystadleuwr, treialon cŵn defaid. Arddangosfeydd niferus. Cyhoeddiadau darluniedig yn cynnwys *Sheepdog Glory* (1956); *Craig of the Welsh Hills* (1958; Oldbourne 1960). Ysgrifennodd/darluniodd erthyglau ar hanes a lleoedd Cymru (*Western Mail*, drwy'r 1930au); sgyrsiau misol ar y radio am fywyd gwledig Cymru (Gwasanaeth Tramor y BBC). Gwaith yng nghasgliad Prifysgol De Cymru, Pontypridd. Tirwedd a phensaernïaeth Cymru. 'Ysgythrwr oedd e'n bennaf. Treuliais fy mhlentyndod yn troi'r wasg gydag e. Cafodd miloedd eu gwerthu am 7 gini'r un. Dw i'n dal i'w gweld ym mhobman!' Roedd yn byw yn Llandeilo a Chaerdydd.
*Gareth R Saunders*

## Jennie SAVAGE 1975–
**Enw gwaith Jennifer Savage, artist cysyniadol. Ganed yn Southampton, Lloegr.**

Astudiodd yng Ngholeg Celf a Dylunio Shelley Park, Bournemouth; Athrofa Prifysgol Cymru Caerdydd (APCC), gan raddio ym 1997, MA (Celf Gain) 1997–99. Gweithwraig oriel, Canolfan Gelfyddydau Chapter, Caerdydd (CGChap); golygydd, y cylchgrawn *Skip* 1999. Darlithydd (rhan-amser), Yr Adran Ffotoweledol a Seiliedig ar Amser, AAPC, o 2000. Artist preswyl, Llyfrgell Ganolog Caerdydd 2002–03; Avatar, Méduse, Dinas Québec, Canada 2006. Gwobrau'n cynnwys Cyngor Celfyddydau Cymru 2004, 2007 (dwy, gan gynnwys Cymru Greadigol); Celfyddydau Rhyngwladol Cymru 2006. Comisiynau'n cynnwys gwaith saflebenodol, *Sleuth*, Ffotogallery, Caerdydd 1999; *Making History 3*, Habitat, Caerdydd 2002. Arddangosfeydd ar y cyd yn cynnwys g39, Caerdydd 1998, 2001, 2006; *Rant from Another Realm*, Canolfan Clemente Soto Vélez, Efrog Newydd 1999; *Ffresh 2, Ffresh 3*, CGChap 1999, 2002; *Celf o Gymru – Cenhedlaeth Newydd*, Openspace, Milan 2001; *Roam*, Gofod Celf Gwledig Coed Hills, Saint Hilari 2001; *Comfort Zones*, Oriel Davies, Y Drenewydd 2007 (teithiol). Arddangosfeydd/ prosiectau un-ddynes yn cynnwys *And Then I Returned It to the Sea*, Oriel Gelf Glynn Vivian, Abertawe 2002 (teithiol); *Scarchive*, CGChap 2004; *STAR Radio*, Amgueddfa Cymru, Caerdydd 2005. Cyhoeddiadau'n cynnwys *'STAR: A psychotopography of Place'* (Yr Asiantaeth Gelf ac Adfywio (CBAT) 2006). Wedi'i chynnwys yn *Ain't No Love in the Heart of the City* (CBAT 2004); *here + now. Essays on Contemporary Art in Wales*, Iwan Bala (Seren Books, Pen-y-bont ar Ogwr 2004); 'Artist Story' (*a-n Magazine*, Ebrill 2003). Gosodwaith saflebenodol, digwyddiadau cyhoeddus, ymyriadau, darnau sain a fideo. Yn byw yng Nghaerdydd, de Cymru.
*Yr artist*

## Mike SCOTT 1943–
**Enw gwaith Michael Scott, turniwr coed, cerfiwr. Ganed yn Rhydychen, Lloegr.**
**Hefyd yn defnyddio'r llofnod 'Chai' ar ei waith.**

Swyddi cyfrifydda a gweinyddol, Lloegr, Awstralia; ymfudodd ym 1965, dychwelodd i Loegr ym 1976. Astudiodd yng Ngholeg Addysg Uwch Crewe ac Alsager 1982–83, lle y dechreuodd durnio coed. Sefydlodd fusnes gwaith coed ym 1984. Cyrhaeddodd ogledd Cymru ym 1991. Gwobrau'n cynnwys Cyngor Celfyddydau Cymru 1994; Celfyddydau Rhyngwladol Cymru 2004. Curadur, *Women in Wood*, Burnley 1993; *Tony Boase Tribute*, Y Gelli Gandryll 2003. Artist preswyl, Fforest Grizedale, Cumbria 1995; Ymweliad Cyfnewid Turnio Rhyngwladol, Philadelphia 2000; Stanley Artworks, Stanley, Tasmania 2005. Wedi'i gynnwys yn Photostore/Mynegai Gwneuthurwyr Dethol, y Cyngor Crefftau, Llundain. Cyn-aelod o Urdd Gwneuthurwyr Cymru; aelod sefydlu, Cymdeithas Turnwyr Coed Prydain Fawr.

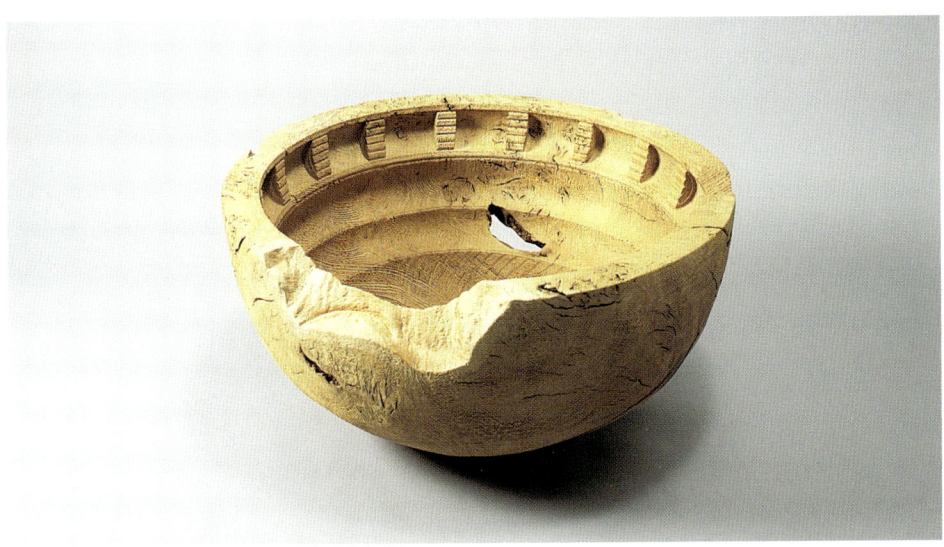

255 | Mike Scott
*Ceremonial Bowl* 2004

Arddangosfeydd ar y cyd yn cynnwys *Beyond Material*, Oriel Mostyn, Llandudno 1998; *SOFA (Sculpture, Objects and Functional Art)*, Efrog Newydd, Chicago, gyda Chanolfan Grefft Rhuthun 1999–2002; *British Woodturning*, Canolfan Grefft Rufford, Swydd Nottingham 2005. Arddangosfeydd undyn yn cynnwys *Turned Wood*, Oriel Rhydychen, Rhydychen 1987; Canolfan Grefft y Gyfnewidfa Frenhinol, Manceinion 1992; *Turned Wooden Vessels*, Celf Gyfoes Andrew Usiskin, Llundain 1994. Wedi'i gynnwys yn *Bowl Turning Techniques Masterclass a Woodturning Masterclass*, y ddau gan Tony Boase (GMC Publications 1995, 1999); *Connections – International Turning Exchange 1995–2005* (Canolfan Fasnach y Byd, Philadelphia); erthyglau, y cylchgrawn *Woodturning* (1992–2000). Casgliadau'n cynnwys Amgueddfa Dinas Portsmouth; Amgueddfa Natur mewn Celf, Twigworth; Cymdeithas Celf Gyfoes Cymru. Prynwyd gwaith gan Gelfyddydau Gorllewin Canolbarth Lloegr, Birmingham. Ceir deunydd yn aml o goetir yn Ynys Môn. Yn byw yng Nghymru yn 2007.
*Yr artist*

### Grace SCURLOCK 1926–2005
**Enw gwaith Grace Mary Scurlock, peintwraig, cerfwraig goed. Ganed yn Llanismel, gorllewin Cymru.**

Astudiodd mewn dosbarthiadau efrydiau allanol gydag Arthur Giardelli, Ron Lowe, John Petts, David Tinker. Asiant tai, perchennog oriel. Aelod o Gymdeithas Artistiaid a Dylunwyr Cymru gynt. Cyflwynwyd paentiadau i Romilly-sur-Seine ar gyfer seremoni efeillio. Arddangosfeydd ar y cyd yn cynnwys y Gymdeithas Genedlaethol i Artistiaid Benywaidd, Llundain 1962; Salon Paris 1963–65, 1967; Eisteddfod Genedlaethol Cymru, Rhydaman 1970; Canolfan y Celfyddydau Aberystwyth 1983. Arddangosfeydd un-ddynes yn cynnwys Theatr y Torch, Aberdaugleddau 1984, 1991; Llyfrgell Aberdaugleddau 1985. Cyhoeddwyd erthyglau yn *La Revue Moderne* (Paris 1962, 1963); *Western Mail* (17 Mehefin 1965). Cyfweliad, BBC Radio Wales 2004. Adolygiad, *Boomerang* (Paris, Mai 1966). Prynwyd gwaith gan Gymdeithas Gelfyddydau Gorllewin Cymru. Roedd yn byw yn Aberdaugleddau, gorllewin Cymru.
*Yr artist*

## Peter SEABOURNE 1944–
**Enw gwaith Peter Alan Seabourne, peintiwr. Ganed yn y Fenni, de Cymru.**

Astudiodd yng Ngholeg Celf Casnewydd 1960–64, gyda John Wright, Ron Carlson; Coleg Celf Manceinion 1964–65; Coleg Celf Caerdydd 1974–75; Coleg Prifysgol Cymru, Aberystwyth 1986–89. Athro, Ysgol Nant Teyrnon 1966–75; Ysgol Julian Sant, Casnewydd 1975–81; Coleg Gwent 1981–87. Aelod o Grŵp 56 Cymru. Arddangosfeydd ar y cyd yn cynnwys Oriel Albany, Caerdydd 1970; Oriel Washington, Penarth 1998, 2001, 2006; Canolfan Gelfyddydau y Gate, Caerdydd 2004; Oriel Kooywood, Caerdydd 2006; Llyfrgell Genedlaethol Cymru, Aberystwyth 2006; Canolfan Gelfyddydau Abaty Nant Teyrnon, Cwmbrân (CGANT) 2007. Arddangosfeydd undyn yn cynnwys CGANT 1999; Oriel Victoria, Cwmbrân 2003; Oriel Court, Y Fenni 2004. '… safleoedd diwydiannol … uwchben y Fenni.' Yn byw ym Mrynbuga, de Cymru.
*Yr artist*

## Helen SEAR 1955–
**Artist sy'n defnyddio ffotograffiaeth. Ganed yn Banbury, Lloegr.**

Astudiodd ym Mhrifysgol Reading 1975–79; Ysgol Celf Gain Slade, Llundain 1981–83. Cymrawd Iau, Celf Gain, Athrofa Addysg Uwch De Morgannwg, Caerdydd 1984–85; darlithydd, Athrofa Addysg Uwch Caerdydd 1986–92; uwch-ddarlithydd (rhan-amser), Athrofa Addysg Uwch Southampton 1992–96; darlithydd (rhan-amser), Ysgol Gelf Chelsea, Llundain 1993–99; tiwtor, Y Coleg Celf Brenhinol, Llundain 2001–03; Uwch-gymrawd, Y Ganolfan Ymchwil Ffotograffig, Prifysgol Cymru, Casnewydd 2004–07. Gwobrau'n cynnwys Cyngor Celfyddydau Prydain Fawr 1983, 1984; Cyngor Celfyddydau Cymru (CCC) 1990; Gwobr Goffa Edwin Austin Abbey, Yr Ysgol Brydeinig yn Rhufain 1993; Bwrdd Ymchwil y Celfyddydau a Dyniaethau 2003. Cyngor Celfyddydau Lloegr (CCLl)/Cymrodoriaeth Ffotograffiaeth Ryngwladol Prifysgol Sunderland, Y Ffindir 2004. Comisiynau'n cynnwys Earth Centre, Doncaster 1998; Amgueddfa Maidstone 1999; Oriel Site/Celfyddydau Swydd Gaerefrog, Sheffield 2001. Aelod o Ffotogallery, Caerdydd (Ffotog) 1988–92. Arddangosfeydd ar y cyd yn cynnwys *Transformations*, Canolfan Gelfyddydau Chapter, Caerdydd (CGChap) 1988; *Pivot*, Oriel Mostyn, Llandudno a Philadelphia 1991; *Barrage*, Ffotog 1991; *Decomposition*, Y Cyngor Prydeinig 1991 (teithiol); *Volcano*, Oriel, CCC, Caerdydd 1992; *About Face*, Oriel Hayward Llundain 2004. Arddangosfeydd deuddyn yn cynnwys *Greenhouse/Yellow Lemon*, CGChap (gyda Sharon Morris) 1989 (teithiol). Arddangosfeydd un-ddynes yn cynnwys Ffotog 1995, 2003; Oriel Zelda Cheatle, Llundain 1997, 2000; *Plantasia*, Locws 3, Llyfrgell Gyfeirio Abertawe 2007. Wedi'i chynnwys yn *Masquerade* (Ffotog 2003); *Face: the New Photographic Portrait* (Thames a Hudson 2006). Casgliadau'n cynnwys Amgueddfa Victoria ac Albert (Portffolio Z), Llundain; CCLl; Cyngor Caerdydd; Y Cyngor Prydeinig, Llundain; Yr Adran Masnach a Diwydiant. '… arlunio, cyfryngau sy'n seiliedig ar lens, technolegau digidol.' *(Gwefan Axis)* Yn byw yn Sir Fynwy, de Cymru.
*Yr artist*

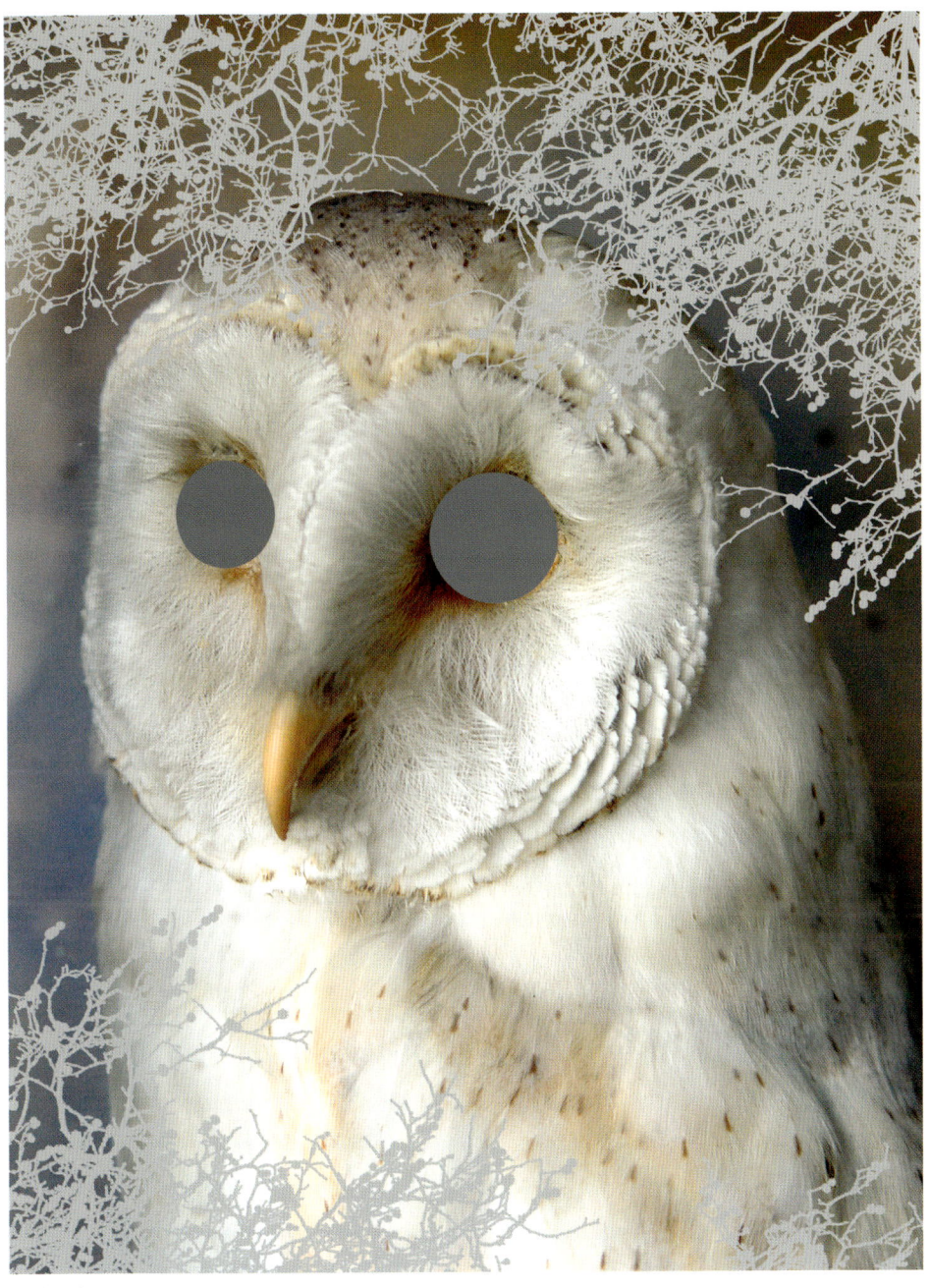

256 | Helen Sear
*Spot 10* 2003

257 | Paul Seawright
*Between* 2003

## Paul SEAWRIGHT 1965–
**Ffotograffydd. Ganed ym Melffast, Gogledd Iwerddon.**

Astudiodd ym Mhrifysgol Ulster, Belffast (PUB) 1984–85; Coleg Celf Gorllewin Surrey 1985–88; Coleg Prifysgol Cymru, Casnewydd (CPCCas) 2006 (Doethuriaeth). Uwch-ddarlithydd, Ffotograffiaeth, CPCCas 1994–2003 (cadair bersonol 2002); Deon Celf, Cyfryngau a Dylunio, Prifysgol Cymru, Casnewydd 2003–06; Athro Ffotograffiaeth, PUB o 2007. Bu'n byw yng Nghymru 1994–2006. Comisiynau'n cynnwys Hotel de Ville, Paris 1999; Cyngor Sir De Dulyn 2000; Yr Amgueddfa Ryfel Ymerodrol (ARY) 2002. Cymrodor, y Gymdeithas Ffotograffig Frenhinol. Arddangosfeydd niferus ar y cyd gan gynnwys *British Art Show 5,* Hayward Teithiol 2000 (canolfannau, Caerdydd); *Dreams and Conflicts A470,* Oriel Mostyn, Llandudno 2001 (teithiol); *Further: Artists from Wales,* Biennale Fenis 2003 (teithio Cymru); *Beautiful Suffering – Photography and the Traffic in Pain,* Amgueddfa Williams, Boston, UDA 2006; *How We Are: Photographing Britain,* Tate Prydain, Llundain 2007. Arddangosfeydd undyn niferus gan gynnwys *The Orange Order,* Oriel Cyngor y Celfyddydau, Belffast 1993; *Police Force,* Oriel y Ffotograffwyr, Llundain 1995; Ffotogallery, Caerdydd (Ffotog) 1996; *Hidden,* ARY 2003 (teithio'n rhyngwladol, gan gynnwys Cymru); *Invisible Cities,* Ffotog 2007 (teithio'n rhyngwladol). Cyhoeddiadau niferus gan gynnwys *Hidden* (ARY/Amgueddfa Celf Fodern Iwerddon 2002); *Invisible Cities* (Ffotog 2007). Rhaglen ddogfen i BBC Radio Wales, BBC World Service 2002. Gwaith wedi'i gynnwys yn *New Welsh Review* 2005; *Portfolio Magazine* 2007; rhaglen ddogfen deledu, BBC4 2003. Casgliadau'n cynnwys Amgueddfa

Cymru; Amgueddfa Ulster, Belffast; ARY; Casgliadau Tate, Llundain; Casgliad Celf y Llywodraeth, Llundain; Cyngor Celfyddydau Eire; Cyngor Celfyddydau Gogledd Iwerddon; Cyngor Celfyddydau Lloegr; Y Gymdeithas Celf Gyfoes, Llundain; Y Sefydliad Celf, Chicago. Yn byw yn Groomsport, Gogledd Iwerddon. *Yr artist*

### Colin SEE-PAYNTON 1946–

**Enw gwaith Colin Frank See-Paynton, peintiwr, engrafwr coed. Ganed yn Bedford, Lloegr.**

Ei nain yn Gymraes. Astudiodd yn Ysgol Gelf Northampton 1962–64, gyda Henry Bird. Peintiwr llawnamser o 1965. Cyrhaeddodd Gymru ym 1972. Comisiynau'n cynnwys Gwasg Gregynog 1984,

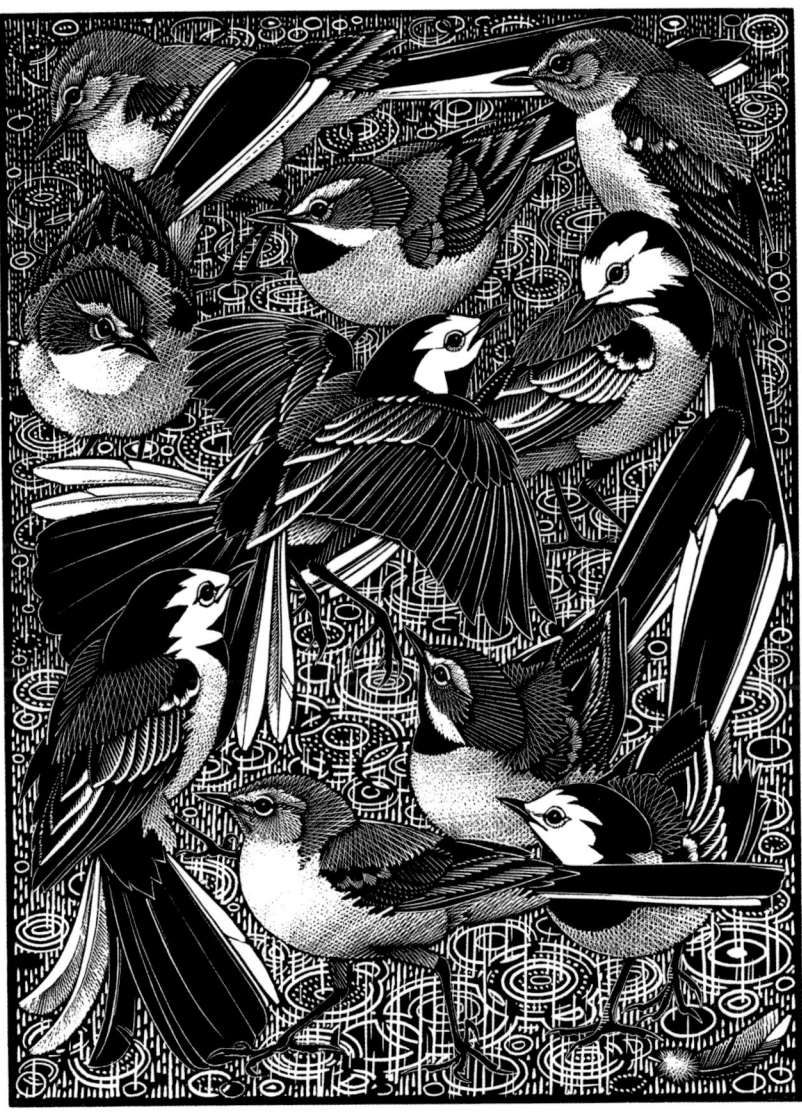

258 | Colin See-Paynton
*Walk of Wagtails*, o'r gyfres *Of a Feather – An Avian Alphabet* 2006

1988, 2000. Cymrodor Mygedol, Cymdeithas Frenhinol y Peintwyr-Gwneuthurwyr Printiau; Cymrodor o'r Academi Frenhinol Gymreig (AFG). Gwobr RSPB/Cymdeithas Artistiaid Bywyd Gwyllt 1998. Arddangosfeydd niferus ar y cyd gan gynnwys AFG, Conwy 1983–2007; Gwobr Arddangosfa Gwneuthurwyr Printiau Glannau Humber 1985, 1987; Eisteddfod Genedlaethol Cymru, Y Rhyl 1985 (arobryn), Abergwaun 1986 (arobryn); *Wood Engraving Here and Now*, Amgueddfa Ashmole, Rhydychen, Oriel Cork Street, Llundain 1996; *Arddangosfa'r Haf*, Yr Academi Frenhinol, Llundain o 1987; Oriel Serpentine, Llundain 1998; *Welsh Impressions*, Neuadd Dewi Sant, Caerdydd 1999. Arddangosfeydd undyn niferus gan gynnwys *The Incisive Eye*, Oriel Gelf Glynn Vivian, Abertawe 1996–99 (teithiol); Oriel y Silk Top Hat, Llwydlo 1989, 1991, 1993, 1995, 1997, 1999, 2001, 2003, 2005; Y Tabernacl, Machynlleth (TM) 2001; AFG 2002; Llyfrgell Genedlaethol Cymru, Aberystwyth (LlGC) 2004; *Adar o'r Unlliw – Yr Wyddor Adar*, LlGC 2007 (teithiol). Cyhoeddiadau'n cynnwys *The Incisive Eye: Colin See-Paynton: Wood Engravings 1984–1996* (Scolar Press 1996); *Air and Water: Colin See-Paynton: Fish and Fowl Engravings 1984–2006* (Medlar Press 2006); *Of a Feather* (Stingwern Books 2007). Gwaith wedi'i gynnwys mewn cyhoeddiadau niferus. Casgliadau'n cynnwys Amgueddfa Ashmole, Rhydychen; Amgueddfa Cymru; Amgueddfa Victoria ac Albert, Llundain; LlGC; Oriel Gelf Glynn Vivian, Abertawe; TM. Yn byw yn Aberriw, canolbarth Cymru.
*Yr artist*

## John SELWAY 1938–
**Enw gwaith John Henry Selway, peintiwr. Ganed yn Askern, Lloegr.**

Ei rieni'n Gymry. Cyrhaeddodd Gymru ym 1940. Astudiodd yng Ngholeg Celf Casnewydd (CCCas) 1953–57; Y Coleg Celf Brenhinol, Llundain 1959–62. Gwasanaeth Gwladol 1957–59. Uwch-ddarlithydd, CCCas 1964–91. Ysgoloriaeth Deithio Boise, Prifysgol Llundain 1962–63; Gwobrau, Cyngor Celfyddydau Cymru (CCC) 1970, 1976. Aelod o'r Academi Frenhinol Gymreig; Grŵp 56 Cymru 1964–70; Ysbryd-Cymru; Cymdeithas Ddyfrlliwiau Cymru. Arddangosfeydd niferus ar y cyd gan gynnwys *Industrial Wales*, Pwyllgor Cymreig Cyngor Celfyddydau Prydain Fawr 1960 (Gwobr Brynu Sefydliad Owen); Roland, Browse a Delbanco, Llundain 1964, 66, 68, 70, 77; *Vision of Landscape*, Cyngor Celfyddydau Prydain Fawr, Canolfan Gelfyddydau Camden, Llundain 1968; *4 Welsh Artists*, Gŵyl Mynwy, Brynbuga (gyda Ron Carlson, Manuel Chetcuti, Peter Nicholas) 1968; *Art Spectrum – Wales*, CCC/Amgueddfa Cymru (AC) 1971 (teithiol); *The Probity of Art*, CCC 1978 (Teithio'n rhyngwladol);

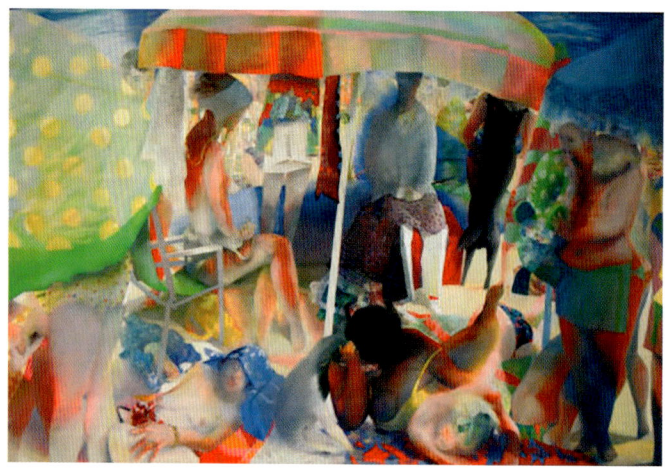

259 | John Selway
*The Conformist, Palamos Beach (Homage to Bertolucci)* 2003–04

Eisteddfod Genedlaethol Cymru, Caerdydd 1978 (Gwobr Graffeg), Llandeilo 1996 (Gwobr Baentio, Cydenillydd); *Arddangosfa Gwobr Brynu*, Prifysgol Morgannwg 1996 (enillydd); *A Propos Ceri Richards*, AC 2002. Arddangosfeydd undyn niferus gan gynnwys Oriel, CCC, Caerdydd 1975; Oriel Andrew Knight, Caerdydd 1984; Oriel Washington, Penarth 1998, 2001, 2002, 2005; Canolfan Gelfyddydau Abaty Nant Teyrnon, Cwmbrân 2004; *Retrospective*, Amgueddfa ac Oriel Gelf Casnewydd (AOGC) 2007. Gwaith wedi'i gynnwys yn y wasg/cylchgronau, yn eu plith *London Magazine* (1965–68, 1970); *Art International* (1970); John Russell Taylor, *The Times*, 1982, 1985; *Planet* 2002. Casgliadau'n cynnwys AC; Amgueddfa Fitzwilliam, Caergrawnt; AOGC; Cyngor Celfyddydau Lloegr; Cymdeithas Celf Gyfoes Cymru; Oriel Ferens, Hull; Oriel Gelf Glynn Vivian, Abertawe; Oriel Gelf Johannesburg; Sefydliad Nuffield; Y Gymdeithas Celf Gyfoes, Llundain; Ymddiriedolaeth Derek Williams, Caerdydd. Yn byw yn Abertyleri, de Cymru.
*Yr artist*

### William SELWYN 1933–
**Peintiwr. Ganed yng Nghaernarfon, gogledd Cymru.**

Gwasanaeth Gwladol 1952–54. Astudiodd yng Ngholeg Normal Bangor 1954–56. Athro, Ysgol Iau Maesincla, Ysgol Syr Hugh Owen, Caernarfon 1956–90. Gwobr Gelf Anfield ac Everton 1946; Yr Academi Frenhinol Gymreig (AFG), Gwobr Saxon Barton 1961. Aelod o'r AFG. Arddangosfeydd niferus ar y cyd gan gynnwys AFG, Conwy 1958–2007; Oriel Tegfryn, Porthaethwy 1962–2007; Eisteddfod Genedlaethol Cymru, Bangor 1971, Caerfyrddin 1974 (arobryn); *Ysbryd Llŷn*, Oriel Plas Glyn-y-Weddw, Llanbedrog (OPGW) 2003 (enillydd); OPGW 1992–2007; *11th Singer and Friedlander/Sunday Times Watercolour Competition*, Orielau'r Mall, Llundain 1998 (enillydd); *Artist y Flwyddyn Cymru*, Neuadd Dewi Sant, Caerdydd 2001 (enillydd), 2005 (arobryn). Arddangosfeydd undyn yn cynnwys Oriel Albany, Caerdydd 1970, 2007; Llyfrgell Genedlaethol Cymru, Aberystwyth (LlGC) 1973. Casgliadau'n cynnwys Cyngor Gwynedd; Cyngor Sir Ynys Môn; LlGC; Prifysgol Bangor; Prifysgol Caerfaddon. '…tirwedd Gwynedd, ei gweithwyr amaethyddol a'i physgotwyr.' *(OPGW)* Yn byw yng Nghaernarfon.
*Yr artist*

### Di SETCH 1945–
**Enw gwaith Dianne Setch, cerflunydd, dylunydd, gwneuthurydd printiau. Ganed yn Market Bosworth, Lloegr.**

Astudiodd yng Ngholeg Celf Caerlŷr 1961–64 (BA Ffasiwn), gyda Tom Hudson. Cyrhaeddodd Gymru ym 1964. Ei chyflogi yn y diwydiant dillad 1964–66. Tiwtor, addysg oedolion 1968–69. Darlithydd, Astudiaethau Sylfaen, Coleg Celf Caerdydd 1969–74. Trefnydd/cynllunydd arddangosfeydd, trefnydd ymweliadau cyfnewid artistiaid, o 1969; Aelod, Bwrdd Ymwelwyr, Carchar EM, Caerdydd o 1988 (Cadeirydd 1995–97). Ysgrifennydd Arddangosfeydd, Adran Gelf, Amgueddfa Cymru 1986–88. Cynllunydd, *Dilys Jackson Sculptor*, Shelagh Hourahane (cyhoeddwyd 2003). Aelod o Gymdeithas Artistiaid a Dylunwyr Cymru (Ysgrifennydd Cenedlaethol 1976–82); Aelod sefydlu o Permanent Waves/Cymdeithas Gelfyddydau y Menywod (Rheolwraig, Gweithdy Celfyddydau Digidol o 1999). Arddangosfeydd niferus ar y cyd yn cynnwys *Play Orbit*, Cyngor Celfyddydau Cymru/Sefydliad y Celfyddydau Cyfoes, Llundain 1969 (teithiol); *Day Trip*, Tŷ Turner, Penarth 1972; *Kidsplay*, Oriel Tate, Llundain/Amgueddfa Cymru 1973; *In the Summer Time*, Oriel Canfas, Caerdydd 2005, 2007; *Viginti*, Neuadd Dewi Sant, Caerdydd (NDS) 2006; *Artist y Flwyddyn Cymru*, NDS 2006 (Gwobr Gwneud Printiau). Arddangosfeydd un-ddynes yn cynnwys Oriel, Cyngor Celfyddydau Cymru, Caerdydd 1974; Canolfan y Celfyddydau Aberystwyth 1975; Oriel Gelf Whitechapel, Llundain 1975; Coleg y Brifysgol, Caerdydd 1978. Yn byw ym Mhenarth, de Cymru.
*Yr artist*

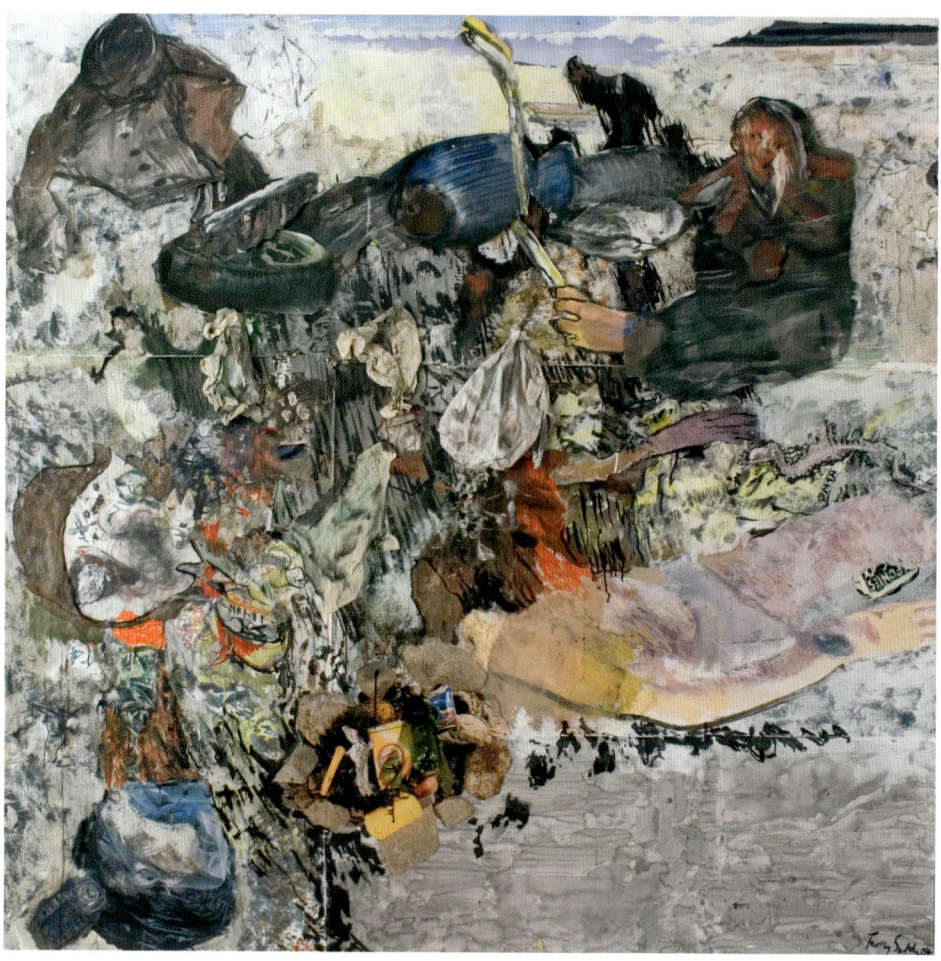

260 | Terry Setch
*Branscombe, after the sinking of the MSC Napoli* 2007

## Terry SETCH 1936–
**Enw gwaith Terry Setch, Aelod o'r Academi Frenhinol a'r Academi Frenhinol Gymreig, peintiwr. Ganed yn Llundain, Lloegr.**

Cyrhaeddodd Gymru ym 1964. Astudiodd yn Ysgol Gelf Sutton a Cheam 1950–54; Ysgol Celf Gain Slade, Llundain 1956–60, gyda William Coldstream, Andrew Forge, Ceri Richards. Darlithydd, Ysgol Gelf Caerlŷr 1960–64. Tiwtor/trefnydd, Ysgol Haf y Barri 1963–69. Uwch-ddarlithydd, Coleg Celf Caerdydd/Athrofa Prifysgol Cymru, Caerdydd 1964–2001. Etholwyd yn Aelod o'r Academi Frenhinol yn 2009. Comisiynau'n cynnwys *Poster Prints*, Cyngor Celfyddydau Cymru (CCC) 1968; Coleg Harlech/CCC 1972; *Prints for the Proclamation*, Eisteddfod Genedlaethol Cymru (EGC)/CCC 1978; Amgueddfa Cymru (AC) 1993. Gwobrau CCC 1971, 1978. Aelod o Gyfadran Baentio a Chyfadran y Celfyddydau Cain, Yr Ysgol Brydeinig yn Rhufain; Grŵp 56 Cymru. Arddangosfeydd niferus ar y cyd gan gynnwys EGC, Y Barri/CCC 1968 (y wobr gyntaf); *John Moores 8, 14*, Oriel Gelf Walker, Lerpwl (OGW) 1972 (arobryn), 1985 (arobryn); *Innovation and Tradition: Recent Painting in Britain*, Oriel Tate, Llundain (OT) 1993, *Tirnodau*, Amgueddfa Cymru 1998; *Contemporary British Landscape*, Flowers East,

Llundain 1999; *Paentio'r Ddraig*, AC 2000; *Broken Ground*, OT 2003; *50 Mlwyddiant Grŵp 56 Cymru*, Llyfrgell Genedlaethol Cymru, Aberystwyth 2006. Arddangosfeydd undyn niferus gan gynnwys Oriel Grabowski, Llundain 1965, 1967, 1968, 1970, 1973; Oriel, CCC 1976, 1992; Canolfan Gelfyddydau Chapter, Caerdydd 1979; *Sioe Haf 3*, Oriel Serpentine, Llundain 1980; *The Bay*, Oriel Andrew Knight, Caerdydd 1989; *Oil, Water*, Canolfan y Celfyddydau Gweledol, Caerdydd 2000; *Terry Setch Retrospective*, Academi Frenhinol Gorllewin Lloegr, Bryste 2001 (teithiol); *Terry Setch: In Celebration of his Seventieth Birthday*, OT 2006. Gwaith wedi'i gynnwys yn helaeth mewn llyfrau, yn y wasg, cyfryngau gan gynnwys *New Work by Terry Setch* (Oriel, CCC/AC, Canolfan Gelfyddydau Camden, Llundain 1992). Casgliadau'n cynnwys AC; Amgueddfa Gelf Fodern, Łódź; Amgueddfa Victoria ac Albert, Llundain; Casgliadau Tate, Llundain; Cymdeithas Celf Gyfoes Cymru; Oriel Gelf Glynn Vivian; Prifysgol Abertawe; Prifysgol Aberystwyth. Prynwyd gwaith gan CCC. 'Y traeth, sbwriel, plastigau, tirwedd, tywydd, gwleidyddiaeth fyd-eang.' Yn byw ym Mhenarth, de Cymru.
*Yr artist*

## Anthony SHAPLAND 1971–
**Enw gwaith Anthony Daniel Shapland, artist gweledol, curadur. Ganed ym Mhontypridd, de Cymru.**

Astudiodd ym Mhrifysgol Southampton Solent ac Universidad Politecnica de Valencia, Sbaen 1993–96 (gradd yn y dosbarth cyntaf). Technegydd, Adran Argraffu a Ffotograffiaeth, Canolfan Gelf a Dylunio Morgannwg Ganol 1991–93; Cynorthwy-ydd oriel, Oriel y Tanerdy, Llundain 1997; Cyfarwyddwr, Contemporary Temporary Artspace/g39, Caerdydd o 1997. Arddangosfeydd niferus ar y cyd gan gynnwys *Cardiff Art in Time, Live Art Festival*, Athrofa Prifysgol Cymru Caerdydd 1996; Eisteddfod Genedlaethol Cymru, Tyddewi 2002, Meifod 2003; *Locws Rhyngwladol 2*, Abertawe 2002; *Unplumbed*, Oriel Keith Talent, Llundain 2004; *Brought to Light*, Oriel Mostyn 2005; *Another New Babylon*, CBAT – Asiantaeth Gelf ac Adfywio, Caerdydd 2006. Arddangosfeydd undyn yn cynnwys *Kultur-Natur*, Stadtsmuseum, Ludwigsburg, Yr Almaen 1997 (teithiol); *Suddenly After a Long Silence*, Canolfan Gelfyddydau Chapter, Caerdydd 2007. Ffilmiau'n cynnwys *A Sign 2006; A Setting 2007; False Dawn* 2007. Cyhoeddiadau'n cynnwys catalogau arddangosfeydd. Gwaith wedi'i gynnwys mewn adolygiadau/erthyglau yn y wasg gelf; *here + now. Essays on Contemporary Art in Wales*, Iwan Bala (Seren, Pen-y-bont ar Ogwr, 2004); *Imaging Wales*, Hugh Adams (Seren, 2003). 'Taflunio, ffotograffiaeth, plastig, tân, gwydr, metel… Mi fydda i'n gweithio'n saflebenodol felly mae sylwedd fy ngwaith bob amser yn newid ond nid ei natur.' Yn byw yng Nghaerdydd, de Cymru.
*Yr artist*

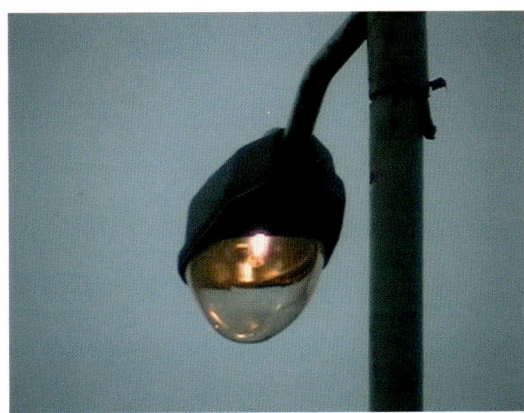

261 | Anthony Shapland
*Rise* 2002

## Jo SHAPLAND 1963–
**Enw gwaith Joanna Catherine Shapland, artist perfformio. Ganed yn Llundain, Lloegr.**

Cyrhaeddodd Gymru ym 1993. Astudiodd yn Ysgol Dawns Gyfoes Llundain 1982–87, gyda Nina Fonaroff, Jane Dudley, Viola Farber; Coleg Ceredigion 1994–96, gyda Michael Turner; Prifysgol Caerwysg 2006–07, gyda Nick Kaye, Phillip B Zarrilli (MFA Theatre Practice). Artist preswyl, *(in)scape*, Oriel Mostyn, Llandudno, o 2005. Gwobrau'n cynnwys Cyngor Celfyddydau Cymru 1998, 2001, 2005; PACT@Aberystwyth, Yr Undeb Ewropeaidd 2001. Comisiynau'n cynnwys *Spilt Milk*, Adolygiad Cenedlaethol o Gelf Fyw, Glasgow 2006. Aelod o Man Troi; Ointment; Grŵp Llannarth, Ceredigion; Blank Studios, Brighton. Arddangosfeydd ar y cyd yn cynnwys *A Sudden Slant of Light*, Oriel Llandudoch 2007. Perfformiadau gosodwaith unigol, *The Soluna Project*, tactileBOSCH a Chanolfan Gelfyddydau Chapter, Caerdydd 2001–02. '…fy ngwaith yw dawns …perfformio byw, corfforol, gosodwaith celf sain a gweledol a fideo …artistiaid yn gweithio ar y cyd ac yn sensitif i safleoedd mewn mannau anarferol.' Yn byw yn Llandudoch, gorllewin Cymru.
*Yr artist*

## Hermon SHAPIRO 1933–
**Enw gwaith Hermon Harris Shapiro, peintiwr, cerflunydd. Ganed yn Llundain, Lloegr.**

Astudiodd yng Ngholeg Celfyddydau Camberwell, Llundain 1949–54, gyda Martin Bloch, Victor Pasmore, John Minton, Keith Vaughan; Coleg Celf Caerdydd (CCCaer) 1960–62. Daeth i Gymru ym 1958. Athro, Ysgol Ramadeg Maesteg 1958; Ysgol Ramadeg y Bechgyn Pen-y-bont ar Ogwr 1959–60; darlithydd, CCCaer 1962–67; Pennaeth Celf a Dylunio, Ysgol Gyfun Ynysawdre 1967–91. Aelod, Grŵp De Cymru; Cymdeithas Ddyfrlliwiau Cymru. Arddangosfeydd ar y cyd yn cynnwys *Contemporary Welsh Painting and Sculpture*, Pwyllgor Cymreig Cyngor Celfyddydau Prydain Fawr, Amgueddfa Cymru (AC) 1960, 1961, 1963 (teithiol); Eisteddfod Genedlaethol Cymru (EGC), Caerdydd 1960, Llandudno 1963, Abertawe 1964, Y Fflint 1969; EGC/Cyngor Celfyddydau Cymru, Cricieth 1975, Aberteifi 1976; *Cymdeithas Addysg Trwy Gelf*, Caerdydd 1960–67, 1969, Llundain 1963; Yr Academi Frenhinol Gymreig, Conwy 1963; Oriel Howard Roberts, Caerdydd 1964–70. Arddangosfeydd undyn yn cynnwys Oriel yr Atig, Abertawe 1992; *Man Woman Environment*, Canolfan Gelfyddydau Taliesin, Abertawe (CGT) 2005. Casgliadau'n cynnwys AC; Awdurdodau Addysg Cymru; CGT. '…y ffurf fenywaidd, tirwedd Cymru. Y ddwy'n cael eu darlunio mewn arddulliau realistig a haniaethol.' Prynwyd gwaith gan CCC. Yn byw ym Mhen-y-bont ar Ogwr, de Cymru.
*Yr artist*

## Leo SHARRATT 1934–
**Peintiwr. Ganed yn Durham, Lloegr.**

Astudiodd ym Mhrifysgol Durham 1952–56, gyda Lawrence Gowing, Victor Pasmore, Richard Hamilton; Ysgol Celf Gain Slade, Llundain 1958–59. Athro, ysgolion yn Sunderland 1959–64; darlithydd, Hanes Celf, yna'n Bennaeth Astudiaethau Sylfaen, Coleg Technegol Sir Ddinbych/Coleg Celf Wrecsam 1964–73; Dirprwy Bennaeth, Ysgol Gelf Caer 1973–76. Bu'n byw yng Nghymru 1964–76. Athro mewn ysgolion yn yr Alban 1976–91. Aelod o Grŵp 75; Academi Gelf Lerpwl 1973–76. Arddangosfeydd ar y cyd yn cynnwys *Nawr/Now*, Grŵp De Cymru/Cyngor Celfyddydau Cymru, Caerdydd 1971 (teithiol); Yr Academi Frenhinol Gymreig, Conwy 1971, 1975; *Wales and the Modern Movements*, Canolfan y Celfyddydau Aberystwyth 1973. Arddangosfeydd â Grŵp 75 yn cynnwys *Dialogue*, Oriel ECTARC, Llangollen 1997 (teithiol); *Open Prospect*, 2006 (teithio Cymru); *Recent Work*, Y Pafiliwn Brenhinol Rhyngwladol, Llangollen 2007. Arddangosfeydd undyn yn cynnwys Oriel Westgate, Newcastle upon Tyne 1962; Oriel Peterloo, Manceinion 1972. Casgliadau'n cynnwys Sefydliad Heddwch Bertrand Russell, Llundain;

John Moores, Lerpwl. Prynwyd gwaith gan CCC. 'Wedi cymryd yn arw at gelf Islamaidd, sydd wedi esgor ar ddull…mathemategol… systemig …' Yn byw yn Evanton, Yr Alban.
*Yr artist*

## Alfred Burgess SHARROCKS 1919–1988
**Enw gwaith Alfred Peter Burgess Sharrocks, peintiwr, darlunydd. Ganed yn Stockport, Lloegr. Hefyd yn cael ei adnabod fel A Burgess Sharrocks.**

Hefyd yn awdur ac yn adaregydd. Astudiodd yn Ysgol Gelf Stockport (YGS) 1933–37 (Ysgoloriaeth Whitworth); Coleg Technoleg, Manceinion 1937–39; Ysgolion yr Academi Frenhinol, Llundain 1946–51 (Medal Landseer, Paentio Murluniau; Ysgoloriaeth Landseer, Paentio Ffigurau; Gwobr Syr David Murray, Paentio Tirluniau). Gwasanaeth yn yr Ail Ryfel Byd, Y Llynges Frenhinol. Darlithydd, YGS 1945–46; Coleg Technegol Sir Gaernarfon, Bangor 1954–62; Coleg Celf Caer 1962–67; Coleg Technoleg Llandrillo o 1967. Aelod o'r Academi Frenhinol Gymreig, Conwy (AFG) o 1953 (Llywydd 1961–62, 1967–69). Arddangosfeydd ar y cyd yn cynnwys Clwb Celf Newydd Lloegr; *Recording Britain*, Gŵyl Prydain 1951; *British Bird Artists*, Belffast 1957; *Conway Artists*, Trefriw 1969; *A Centenary Celebration*, AFG 1982 (teithiol). Arddangosfeydd undyn yn cynnwys Bae Curtis, Baltimore 1941; Llandudno 1956; Caer 1965. Cyhoeddiadau'n cynnwys darluniau ar gyfer *Adventures and Escapes*, golygydd E W Parker (Longmans, Green and Co 1953); *The Secret Seven* (wyth teitl), Enid Blyton (Brockhampton Press 1956–63); *Yma a Thraw*, Eirwen Jones a Hannah Davies (Macmillan and Co (Macmillan) 1957; *Nature Detectives*, Donald G Cunningham (Macmillan 1959); *On the Ball!*, Gordon Jeffery (J M Dent and Sons 1962); erthyglau adaregol, *The Radio Times; Birds of North Wales*. Wedi'i gynnwys yn y wasg Gymreig. Casgliadau'n cynnwys Llyfrgell Genedlaethol Cymru, Aberystwyth. Tirluniau; lluniau a phaentiadau adaregol. Roedd yn byw ger Conwy, gogledd Cymru.

## Lynda SHELL 1966–
**Enw gwaith Lynda Jean Ford, artist tecstiliau. Ganed yng Nghaerdydd, de Cymru.**

Astudiodd yng Ngholeg Trydyddol Crosskeys 1989–90; Athrofa Prifysgol Cymru, Caerdydd 2001–04 (gradd yn y dosbarth cyntaf). Cynllunydd mewnol llawrydd, cynllunydd setiau, artist golygfeydd 1990–2006. Gwobr Cyngor Celfyddydau Cymru 2004. Arddangosfeydd ar y cyd yn cynnwys Oriel Context, Caerdydd 2005; Eisteddfod Genedlaethol Cymru, Y Faenol 2005; Crefft yn y Bae, Caerdydd 2006; Oriel Washington, Penarth (OW) 2006. Arddangosfa un-ddynes, *For Valour and Honour*, Oriel Andrew Lamont, Theatr Brycheiniog, Aberhonddu 2005, OW 2006. Erthygl gan Alison Hembrow yn *The Three Feathers* (Cylchlythyr Amgueddfa Catrawd Frenhinol Cymru, Rhifyn 13 Chwefror 2005). Rhaglen ITV Cymru, *The Visit*, 2005. '…hanes, yn enwedig hanes milwrol.' Yn byw yng Nghaerdydd, de Cymru.
*Yr artist*

## David SHEPHERD 1944–
**Cerflunydd, artist gosodwaith. Ganed yn Wigan, Lloegr.**

Astudiodd yn Ysgol Gelf Wigan 1961–65; Coleg y Gofaint Aur, Llundain 1965–66. Darlithydd rhan-amser/llawnamser, Ysgol Gelf Leamington Spa 1966–71; darlithydd/uwch-ddarlithydd, Arweinydd mewn Cerfluniaeth, Coleg Celf Caerdydd/Athrofa Prifysgol Cymru, Caerdydd o 1971. Artist preswyl, Ysgol Gyfun Cefn Saeson, Castell-nedd 1986; Phuthadikobo, Mochudi, Botswana 1998. Gwobr Cyngor Celfyddydau Prydain Fawr 1968, 1969, 1971; Gwobr Cyngor Celfyddydau Cymru (CCC) 1975, 1977, 1981, 1998. Aelod o Grŵp 56 Cymru 1972–80; Cymdeithas Artistiaid a Dylunwyr Cymru; Ffotogallery. Cyfarwyddwr, Prosiect Artistiaid, o 1997. Gwaith mewn lleoliadau yng Nghaerdydd a Dociau Casnewydd 1981–85; Sweden 2001; *Paint the Town Red*, Caerdydd 2003. Arddangosfeydd

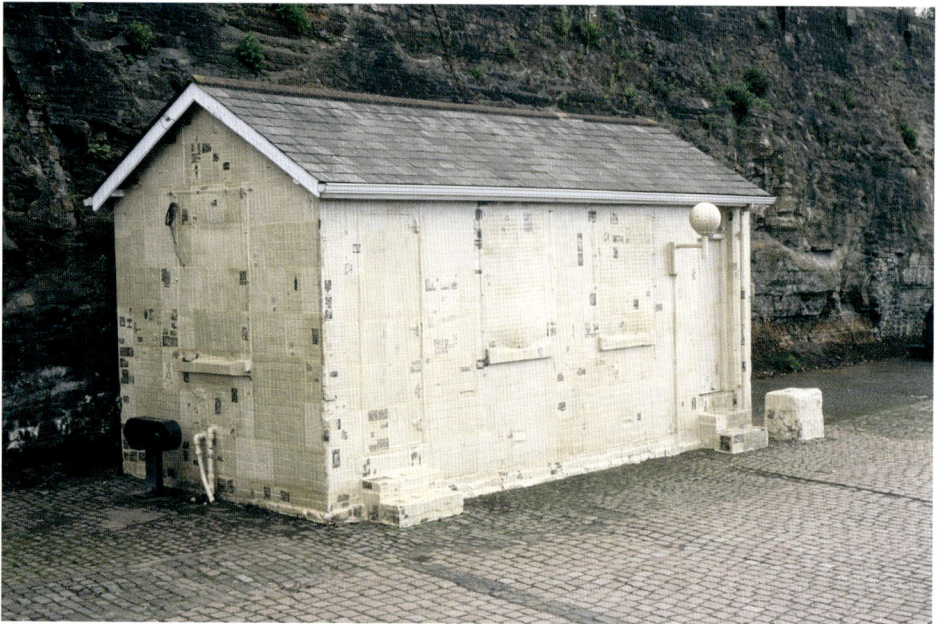

262 | David Shepherd
*Drifter* 2003

niferus ar y cyd gan gynnwys Canolfan Gelfyddydau Chapter Caerdydd 1972, 1988, 2006; Amgueddfa ac Oriel Gelf Casnewydd 1972, 1974; *Fragile Stones Make Art*, Eisteddfod Genedlaethol Cymru/CCC, Caerdydd 1978; *Site-ations*, Caerdydd 1994, 1996, 2005; *Artists in Arms*, Neuadd Dewi Sant, Caerdydd 1998; *Addiction – How many Steps*, tactileBosch, Caerdydd 2007. Arddangosfeydd undyn yn cynnwys *Van Gogh had been Dead for 10 Years*, Oriel Serpentine, Llundain 1971; Coleg y Brifysgol, Caerdydd 1977, 1985; *Blue Dog Days*, Oriel, CCC, Caerdydd 1981; *Resources*, Oriel Glynn Vivian, Abertawe 1989. Yn byw yng Nghaerdydd, de Cymru.
*Yr artist*

## Luke SHEPHERD 1961–
**Cerflunydd. Ganed yng Nghaerdydd, de Cymru.**

Astudiodd yn Athrofa Addysg Uwch De Morgannwg, Caerdydd 1979–83; Y Coleg Celf Brenhinol, Llundain 1984–85. Addysgu helaeth, gan gynnwys Coleg Brenhinol y Llawfeddygon 1999–2006; Gweithdy Cerfluniaeth Berllanderi, Gwent (GCB) 1988–95. Artist preswyl, Sefydliad Henry Moore, GCB 1988; Polytechnig Hawkes Bay, Seland Newydd 1992. Comisiynau'n cynnwys Prifysgol Cymru, Caerdydd 1998; Ymddiriedolaeth Derek Williams 2004. Gwobr Livewire am Fentrau Busnes 1987; Gwobr Cyngor Celfyddydau Cymru 1988. Aelod o Gymdeithas Cerflunwyr y De-orllewin. Arddangosfeydd ar y cyd yn cynnwys *Arddangosfa Haf*, Yr Academi Frenhinol, Llundain 1987; Académie des Beaux Arts, Paris 1988; Y Gymdeithas Portreadaeth Gyfoes, Llundain 1988; Neuadd Dewi Sant, Caerdydd (NDS) 1988; Parc Cerfluniaeth Margam, Port Talbot 1990; Oriel Washington, Penarth 2002; Canolfan Gelfyddydau Dartington 2003–05. Aeth i Ddyfnaint 1988. Erthyglau/adolygiadau'n cynnwys Vanessa Wilde (*Sunday Times Colour Supplement* 2003); 'Feats of Clay', Suzanne Glass (*The Times* 2003); Rhaglenni teledu. Casgliadau'n cynnwys Amgueddfa Cymru; Cyngor Caerdydd; Llyfrgell Genedlaethol Cymru, Aberystwyth; NDS; Prifysgol Caerdydd. Yn byw yn Ashburton, Lloegr.
*Yr artist*

## Julian SHEPPARD 1929–2009
**Enw gwaith David Julian St John Sheppard, ffotograffydd. Ganed yn Croydon, Lloegr.**

Astudiodd yn Ysgol Gelf Guildford 1949–51, gydag Ifor Thomas, Alfred Lanner. Daeth i Gymru ym 1965. Ffotograffydd masnachol 1952–54; darlithydd, Coleg Argraffu Llundain 1955–65; darlithydd, Ysgol Haf y Barri 1958–78; prif/uwch-ddarlithydd, Coleg Celf Caerdydd 1965–91. Comisiynau'n cynnwys Cyngor Celfyddydau Cymru (CCC), Awduron a beirdd Cymreig, 1967–89; i arddangosfeydd CCC, 1967, 1968, 1970, 1974. Aelod cysylltiol o'r Gymdeithas Ffotograffig Frenhinol 1951, Cymrodor 1967. Aelod o Grŵp 56 Cymru (Ysgrifennydd 1991–96). Arddangosfeydd ar y cyd gan gynnwys *Learning Design*, CCC 1967 (teithiol); *Background 2*, CCC (teithiol) 1968; *Recording Wales 3: Remains of Early Industry 1750–1900*, CCC 1970 (teithiol); *Slate*, CCC (teithiol) 1974. Arddangosfa undyn, Coleg y Brifysgol, Caerdydd 1970au. Cyhoeddiad, *Photography for Designers* (Focal Press 1971). Gwaith yng nghasgliadau Llyfrgell Genedlaethol Cymru, Aberystwyth. Roedd yn byw yng Nghaerdydd, de Cymru.
*Yr artist*

## Maurice SHEPPARD 1947–
**Peintiwr. Ganed yn Llangwm, gorllewin Cymru.**

Astudiodd yng Ngholeg Celf Loughborough 1966–67, gydag Ian Fothergill; Coleg Celf Kingston upon Thames 1967–70; Y Coleg Celf Brenhinol, Llundain 1970–73 (MA), gyda Carel Weight, Roger de Grey, Ruskin Spear. Bu Ronald Lowe hefyd yn ddylanwad cynnar. Artist preswyl, Ysgol Oundle 1983. Comisiynau niferus gan gynnwys murlun ar gyfer Neuadd Eglwys Sant Martin, Hwlffordd. Gwobr y Sefydliad Prydeinig, Ysgolion yr Academi Frenhinol 1971; Gwobr Tirlun David Murray 1972; Ysgoloriaeth Deithio Goffa Geoffrey Crawshay, Prifysgol Cymru 1973. Aelod o'r Gymdeithas Ddyfrlliwiau Frenhinol

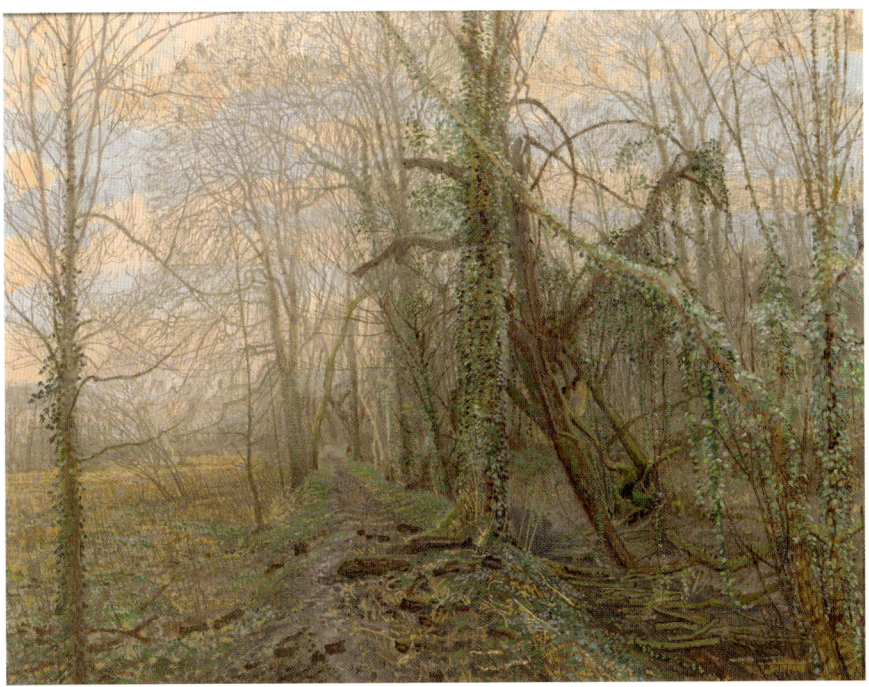

263 | Maurice Sheppard
*A Time Line of Trees* 2007

1977–2002 (Llywydd 1984–87); Clwb Celf New England; Cymdeithas Ddyfrlliwiau Cymru. Arddangosfeydd niferus ar y cyd yn cynnwys *Arddangosfa Haf*, Yr Academi Frenhinol, Llundain o 1971; *Welsh Connections, Fifteen Differing Views*, Oriel Langton, Llundain 1976; Eglwys Gadeiriol Tyddewi 1990 (teithiol); Eisteddfod Genedlaethol Cymru, Tyddewi 2002; Oriel yr Atig, Abertawe 2002, 2004–07; *Artist y Flwyddyn Cymru*, Neuadd Dewi Sant, Caerdydd 2007. Arddangosfeydd undyn yn cynnwys Oriel New Grafton 1979, 1985; Oriel Christopher Wood, Llundain 1989. Cyfraniadau i'r wasg a chatalogau; *Ron Lowe 1932–1985* (Amgueddfa ac Oriel Gelf Casnewydd 1988). Gwaith wedi'i gynnwys mewn erthyglau niferus yn y wasg; *Kaleidoscope* (BBC Radio 4, 4 Mai 1973). Casgliadau'n cynnwys Amgueddfa ac Oriel Gelf Dinas Birmingham; Amgueddfa Cymru; Amgueddfa Victoria ac Albert; Cymdeithas Celf Gyfoes Cymru; Llyfrgell Genedlaethol Cymru, Aberystwyth; Oriel Gelf Glynn Vivian, Abertawe; Prifysgol Aberystwyth; Yr Amgueddfa Brydeinig, Llundain. Peintiwr portreadau a thirluniau. Yn byw yn Hwlffordd, gorllewin Cymru.
*Yr artist*

### Brian SHIELDS 1937–
**Dylunydd graffeg. Ganed yn Sunderland, Lloegr.**

Astudiodd yn Ysgol Gelf Doncaster 1955–57; Ysgol Ganolog Celfyddydau a Chrefftau, Llundain 1957–60, gydag Alan Fletcher, Colin Forbes, Hans Schleger. Dylunydd ar gyfer gwahanol gwmnïau, gan gynnwys Galeries Lafayette, Paris 1960–67. Cyrhaeddodd Gymru 1967. Pennaeth Graffeg, Teledu BBC Cymru 1967–69; uwch-ddarlithydd, Coleg Celf Caerdydd 1969–71; Cyfarwyddwr Sefydlu, Design Systems Ltd, Caerdydd 1971–2004 (gwaith estynedig ar arddangosfeydd Cyngor Celfyddydau Cymru 1970au–80au); Partner Sefydlu, Matrix Communications, Caerdydd 1981–89; Cyfarwyddwr, Strata Matrix Cyf, Caerdydd/Aberystwyth 1989–97; Partneriaeth Brian a Sue Shields (Darlunio a Dylunio) o 2004; dylunydd/golygydd, y cylchgrawn *Touchstone*, Cymdeithas Frenhinol Penseiri Cymru (CFPC), o 1996. Gwobr Dylunio Poster Prydain 1971–72; Medal Jiwbilî Arian y Frenhines 1977. Aelod o Gymdeithas y Dylunwyr a Chyfarwyddwyr Celf; Aelod Mygedol, CFPC. Arddangosfeydd ar y cyd, *Contemporary Posters*, Amgueddfa Cymru (AC) 1974; *It all began with Caxton*, Y Ganolfan Ddylunio, Llundain 1976. Gwaith yng nghasgliad AC. Yn byw yn Radur, de Cymru.
*Yr artist*

### Sue SHIELDS 1941–
**Enw gwaith Susan Stanley Shields, darlunydd. Ganed yng Nghaerdydd, de Cymru.**

Astudiodd yng Ngholeg Celf Caerdydd 1958–61, gyda Joan Baker, Frank Vining; Coleg y Gofaint Aur, Llundain 1961–62, gyda Constance Parker. Addysgu'n helaeth gan gynnwys Adran Therapi Galwedigaethol, Ysbyty Brenhinol Caerdydd 1963–69; Athrofa Addysg Uwch De Morgannwg 1978–84, 1990–92; Coleg Addysg Uwch Gwent 1982–98; Athrofa Prifysgol Cymru, Caerdydd o 1998. Comisiynau'n cynnwys cerameg i Ysgol Gyfun Treorci 1963; rhaglenni plant, BBC, HTV 1970–75; llyfrau gwisgoedd i William Heinemann 1987, 1988. Comisiynau darlunio niferus gan gynnwys Bwrdd Croeso Cymru 1970–80; CADW, Comisiwn Henebion Hanesyddol Cymru 1988; *Poster Poems*, Cyngor Celfyddydau Cymru 1978–88; Amgueddfa Cymru (AC); y prif gyhoeddwyr. Aelod o Grŵp Gwneuthurwyr ac Ymarferwyr Celf Decstiliau (GacY); Cymdeithas y Darlunwyr. Curadur, *The Box of Delights*, Amgueddfa ac Oriel Gelf Casnewydd 1990 (teithiol). Arddangosfeydd ar y cyd yn cynnwys *Pictures for Wales Schools*, AC 1968; *Contemporary Posters*, AC 1974; *Drawing the Line*, Canolfan Gelfyddydau Abaty Nant Teyrnon, Cwmbrân 1991; *WH Smith Illustration Awards Exhibition*, Amgueddfa Victoria ac Albert, Llundain 1994–95 (arobryn); Yr Eglwys Norwyaidd, Caerdydd 2002; *Grŵp GacY*, Crefft yn y Bae, Caerdydd 2002, 2006. Gwaith yng Nghasgliad Allgymorth AC. Prynwyd gwaith gan Gyngor Celfyddydau Cymru. Yn byw yn Radur, de Cymru.
*Yr artist*

### Keith SHONE 1931–
**Enw gwaith Keith Collins Shone, peintiwr, darlunydd. Ganed yn yr Wyddgrug, gogledd Cymru.**

Astudiodd yn Ysgol Gelf Caer 1946–50. Darlunydd llyfrau comics, gan gynnwys *Wizard*, *Hotspur*, *Rover* 1959–95. Arddangosfeydd deuddyn yn cynnwys Oriel Tegfryn, Porthaethwy (gyda Karel Lek) 2005; Oriel Plas Glyn-y-Weddw, Llanbedrog 2005. Arddangosfeydd undyn yn cynnwys Theatr Clwyd, Yr Wyddgrug 2002–04; Oriel Ynys Môn, Llangefni 2003; Y Galeri, Betws-y-coed 2007. Yn byw ym Moelfre, gogledd Cymru.
*Yr artist*

### Andy SHORT 1965–
**Enw gwaith Andrew Kenneth Short, peintiwr. Ganed yng Nghaerffili, de Cymru.**

Astudiodd yn Athrofa Prifysgol Cymru, Caerdydd 2004–07. Swyddi yn y diwydiannau gwasanaeth/telathrebu 1981–2004. Arddangosfeydd ar y cyd yn cynnwys Crefft yn y Bae, Caerdydd 2003; Oriel Washington, Penarth 2004; Oriel Kooywood, Caerdydd 2006, 2007. Yn byw ym Mhenarth, de Cymru.
*Yr artist*

### Denys SHORT 1927–
**Cerflunydd, peintiwr. Ganed yn Bideford, Lloegr.**

Astudiodd yng Ngholeg y Gofaint Aur, Llundain (CyGA) 1948–53. Athro, Ysgol Iau Dulwich, Llundain 1954–63; darlithydd rhan-amser, CyGA, Coleg Celf Croydon, Coleg Celf Hornsey 1963–85. Daeth i Gymru ym 1985. Comisiynau'n cynnwys Awduron Gwynedd, Caernarfon 1988–90; Gŵyl Erddi Cymru, Glynebwy 1989–92; Coed Cadw 1990; Corfforaeth Datblygu Bae Caerdydd 1991. Y Fedal Aur am Gelf Gain, Eisteddfod Genedlaethol Cymru, Glynebwy 1958. Aelod o Rwydwaith Cerflunwyr Gogledd Sir Benfro. Gwobr Cyngor Celfyddydau Cymru 1985. Arddangosfeydd ar y cyd yn cynnwys *Arddangosfa Haf*, Yr Academi Frenhinol, Llundain 1960au; *The 8th Exhibition of Contemporary Welsh Painting, Drawing and Sculpture*, Pwyllgor Cymreig Cyngor Celfyddydau Prydain Fawr, Amgueddfa Cymru 1961 (teithiol); hefyd y 10fed 1963, 12fed 1967, 13eg 1968; Y Cyngor Prydeinig, Helsinki 1974; *Arddangosfa 50*

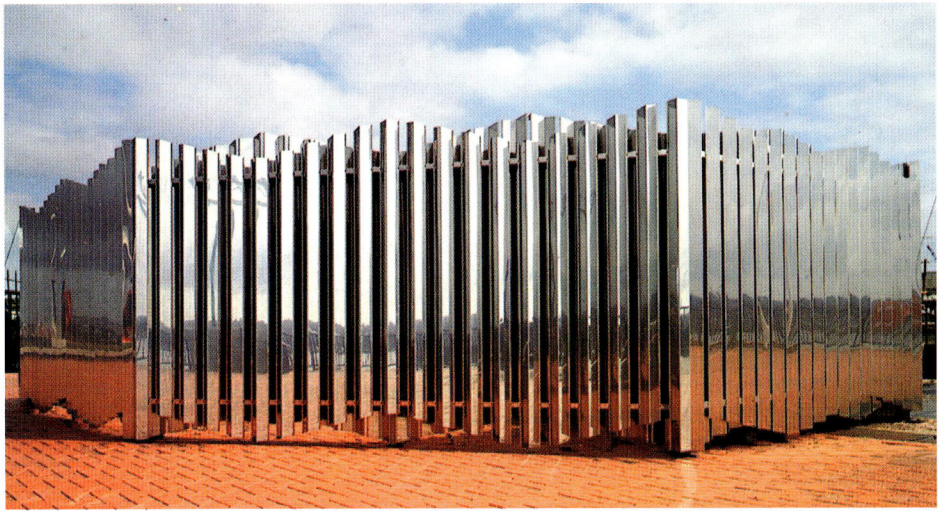

264 | Denys Short
*Palisade* 1991

*Mlwyddiant*, Cymdeithas Celf Gyfoes Cymru (CCGC), Amgueddfa Cymru (AC) 1987; Parc Margam, Port Talbot (PM) 1993; *Sculpture in the Park*, Glynebwy 1992, 1997. Arddangosfa ddeuddyn, Llyfrgell Genedlaethol Cymru, Aberystwyth (gydag Eirian Short) 1997. Arddangosfeydd undyn yn cynnwys Oriel Serpentine, Llundain 1973; Oriel, CCC, Caerdydd 1974; Yr Orendy, PM 1985; Llyfrgell Genedlaethol Cymru, Aberystwyth (LlGC) 1997. Gwaith wedi'i gynnwys yn *Diwylliant Gweledol Cymru: Y Gymru Ddiwydiannol*, Peter Lord (Canolfan Uwchefrydiau Cymreig a Cheltaidd/Gwasg Prifysgol Cymru 1998); Rhaglenni ar BBC1, S4C. Casgliadau'n cynnwys AC; CCGC; LlGC. 'Mynedfeydd, drysau, ffenestri… yn thema a fydd yn codi droeon.' Yn byw yn Ninas, gorllewin Cymru.
*Yr artist*

### Eirian SHORT 1924–
**Cerflunydd, artist tecstiliau. Ganed yn Abergwaun, gorllewin Cymru.**

Astudiodd yng Ngholeg y Gofaint Aur, Llundain (CyGA) 1947–53, gydag Ivor Roberts-Jones, Constance Howard. Darlithydd rhan-amser, CyGA, Coleg Celf Hornsey, Coleg yr Holl Saint, Llundain 1953–85. Cyn-aelod o'r Crefftwyr Dylunio; Grŵp Brodwyr 62; aelod o Urdd y Brodwyr (UB); Rhwydwaith

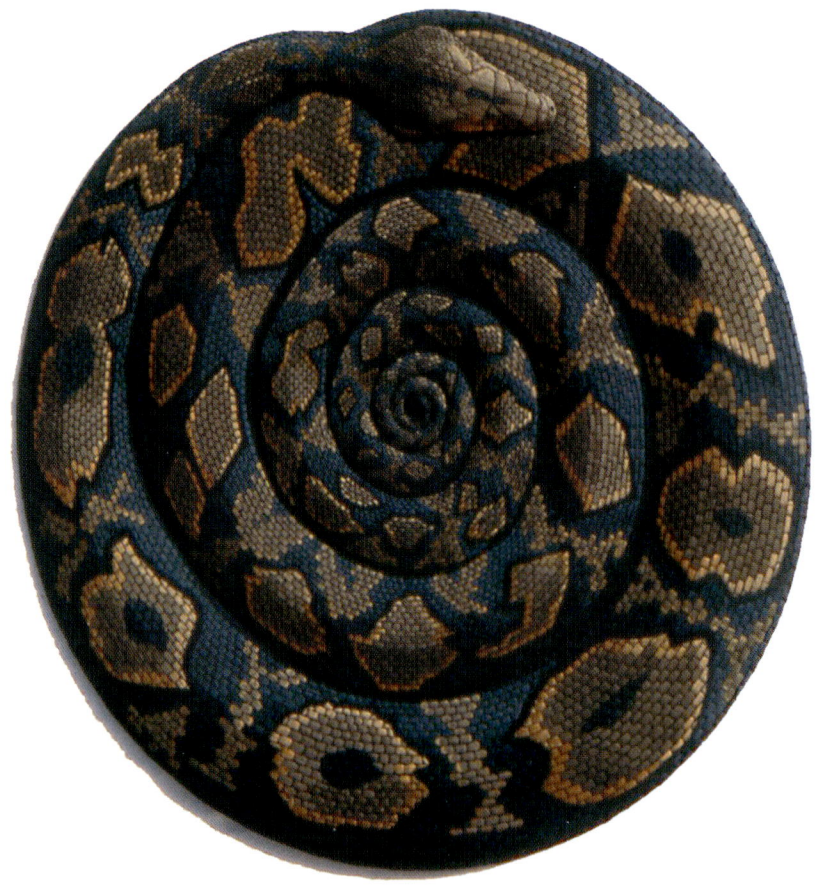

265 | Eirian Short
*Mandala* 1995

Cerflunwyr Gogledd Penfro; Cymdeithas Gelf Abergwaun. Arddangosfeydd ar y cyd yn cynnwys *Pictures for Schools*, Caerdydd 1960au; *Grŵp 62*, Amgueddfa Cymru (AC) 1971, 1975, Coleg Prifysgol Abertawe 1986, a chanolfannau rhyngwladol; Llys yr Esgob, Tyddewi 1991, 2000. Arddangosfeydd deuddyn, Llyfrgell Genedlaethol Cymru, Aberystwyth (LlGC) (gyda Denys Short) 1997; Oriel, Cyngor Celfyddydau Cymru, Caerdydd (gyda Gillian Still) 1981; Amgueddfa Lechi Cymru, Llanberis 1995; Oriel Myrddin, Caerfyrddin 1996. Cyhoeddiadau'n cynnwys *Embroidery and Fabric Collage* (Pitman, Llundain 1967); *Introducing Macramé*, (Batsford 1970); *Introducing Quilting* (Batsford 1974); *Quilting, Technique, Design and Application* (Batsford 1979); erthyglau mewn cylchgronau tecstiliau. Gwaith wedi'i gynnwys yn *World of Embroidery* (Haf 1995, Gorffennaf 1997), *Crafts* (Ionawr/Chwefror 1998); rhaglenni ar BBC1, S4C. Casgliadau'n cynnwys Casgliadau Allgymorth Amgueddfa Cymru; LlGC. '...Capeli Cymru, pynciau crefyddol (1950au), creadigaeth (1960au), angau a galar, llwynogod (1970au); tirwedd Sir Benfro (1970au–80au); mytholeg nadroedd, bywyd llonydd, colomennod (1990au); darnau blodau ....' Yn byw yn Ninas, gorllewin Cymru.

*Yr artist*

## Christopher SHURROCK 1939–
**Cerflunydd, gwneuthurydd printiau. Ganed ym Mryste, Lloegr.**

Astudiodd yng Ngholeg Celf Gorllewin Lloegr, Bryste 1955–59, gyda Paul Feiler, Francis Hoyland, Cecil Horstmann; Coleg Celf Caerdydd 1959–60, gydag Alan Chapman, Ted Jenkins, Frank Vining. Darlithydd/Uwch-ddarlithydd/Cyfarwyddwr Astudiaethau Sylfaen, Coleg Celf Caerdydd/Athrofa Addysg Uwch Caerdydd 1962–91; Cydlynydd, Ysgol Gelf Agored Caerdydd 1994–98. Comisiynau'n cynnwys Cyngor Celfyddydau Cymru (CCC), 1969, 1974. Aelod o Grŵp De Cymru 1963–68; Grŵp 56 Cymru; Cyngor y Gwneuthurwyr Printiau 1970–76; Academi Frenhinol Gorllewin Lloegr, Bryste. Arddangosfeydd niferus ar y cyd gan gynnwys *Constructions*, Oriel Axiom, Llundain 1966; *12th Open exhibition of Contemporary Painting and Sculpture in Wales*, CCC/Amgueddfa Cymru 1967 (teithiol) (arobryn); *Cymru Nawr*; Eisteddfod Genedlaethol Cymru/CCC, Y Barri 1968; *Three to Infinity*, Oriel Gelf Whitechapel, Llundain 1970; *Ail Biennale Printiau Rhyngwladol*, Amgueddfa Gelf Fodern, Seoul 1972; *Wales and the Modern Movements*, Coleg Prifysgol Cymru, Aberystwyth 1973; *Biennale Arlunio Cymru*, Canolfan y Celfyddydau Aberystwyth 1997 (teithiol); *Biennale Portreadau Cymru*, Castell Bodelwyddan 2007 (teithiol). Arddangosfeydd undyn gan gynnwys *Some Small Works*, Oriel yr Hen Neuadd, Y Bont-faen 1994 (catalog argraffiad cyfyngedig, gyda phrintiau gan yr artist); *studies, chance & intention*, Oriel Gerddi Howard, Caerdydd 2007. Gwaith wedi'i gynnwys yn *Art in Britain 1969–70*, Edward Lucie-Smith (JM Dent 1970); *The Arts in Wales 1950–75*, Meic Stephens (CCC); *Art in Wales 1850–1980*, Eric Rowan (Gwasg Prifysgol Cymru/CCC 1985). Casgliadau niferus gan gynnwys Amgueddfa ac Oriel Gelf Bryste; AC; Cyngor Caerdydd; Coleg Celfyddydau a Chrefftau Califfornia; Cymdeithas Celf Gyfoes Cymru; Oriel Genedlaethol Slofacia, Bratislafa; Prifysgol Abertawe; Prifysgol Aberystwyth. 'Ffurfiau sy'n trigo mewn gofod bas... adeiladau cerfweddol cynharach... deunyddiau amrywiol... darnau, olion a chyfeiriadau...' Yn byw yng Nghaerdydd, de Cymru.

*Yr artist*

### Dionne SIEVEWRIGHT 1973–
**Darlunydd. Ganed yn Perth, Yr Alban.**

Astudiodd yng Ngholeg Dundee 1991–94; Coleg Celf a Dylunio Duncan of Jordanstone 1994–97. Artist preswyl, Missoni, Yr Eidal 1997. Daeth i Gymru ym 1998. Gwobr Busnes Ifanc Livewire, Casnewydd 2001. Arddangosfeydd ar y cyd yn cynnwys *Artist y Flwyddyn Cymru*, Neuadd Dewi Sant, Caerdydd 2001; The Art Shop, Y Fenni (ASYF) 2001–07; *Scottish Art Portfolio*, Oriel Dundas Street, Caeredin. Arddangosfeydd un-ddynes yn cynnwys ASYF 2006; Oriel Albany, Caerdydd 2006. Casgliadau'n cynnwys Amgueddfa ac Oriel Gelf Perth, Yr Alban; Amgueddfa Cymru, Caerdydd. '…tirwedd Cymru.' Yn byw yn Wern-y-cwrt, de Cymru.
*Yr artist*

### Helen SINCLAIR 1954–
**Cerflunydd. Ganed yn Llanelli, gorllewin Cymru.**

Astudiodd yn Ysgol Gelf Dyfed 1972–73; Ysgol Gelf Wimbledon, Llundain 1973–76, gyda Peter Startup. Athrawes mewn ysgolion 1976–78; Pennaeth Celf a Chrefft, Ysgol Tŷ Ffynnon, Abertawe 1978–88. Cerflunydd llawnamser o 1988. Comisiynau'n cynnwys Theatr y Grand, Abertawe (ThG) 1990; Ysgol y Tad Bendigaid Oldcorne, Caerwrangon 1992; Cyngor Dinas Abertawe 1995; Eglwys y Santes Fair, Rhosili 1999; Eglwys yr Holl Saint, Fulham, Llundain 2000; Shelter Cymru 2003. Arddangosfeydd ar y cyd yn cynnwys Sioe Flodau Chelsea, Llundain 1999–2007; Oriel yr Atig, Abertawe (OA) 1992–2006; *Ffair Celf Gyfoes Cymru*, Yr Hen Lyfrgell, Caerdydd 1993–96; *Arddangosfa Agored Cymru*, Parc Margam, Port Talbot 1993; Oriel Albany, Caerdydd 1997; Neuadd Dewi Sant, Caerdydd (NDS) 1997–99. Arddangosfeydd un-ddynes yn cynnwys ; Oriel Gelf Glynn Vivian, Abertawe 1993; Cadeirlan Southwark 1994; NDS 1996; OA 1994, 1996, 1997. Gwaith wedi'i gynnwys ar raglen ar HTV 2003. '…yn seiliedig ar ffigurau … ffurfiau cerfluniol a mytholeg gwareiddiadau hynafol …' Yn byw yn Rhosili, de Cymru.
*Yr artist*

### Riitta SINKKONEN DAVIES 1947–
**Enw gwaith Riitta Anneli Sinkkonen Davies, gwehydd llaw. Ganed yn Turku, Y Ffindir.**

Astudiodd yng Ngholeg Celf a Dylunio Turku 1967–72. Cyrhaeddodd Gymru ym 1975. Gwehydd llaw ar ei liwt ei hun â stiwdio/oriel; gweithdai gydag ysgolion, colegau, grwpiau cymunedol. Gwobr Ymddiriedolaeth Theo Moorman 2000. Comisiynau'n cynnwys Eglwys San Mihangel, Rhydychen 1993; Yr Amgueddfa Forol Genedlaethol, Llundain 1995; Yr Ymddiriedolaeth Genedlaethol, Sutton Hoo 2001–02; gwenwisg, Ordeinio Archesgob Caergaint 2003. Artist preswyl, Ysgolion Sir Benfro, o 1984. Aelod o Urdd Gwneuthurwyr Cymru; Cylch Crefftwyr Sir Benfro. Arddangosfeydd ar y cyd yn cynnwys *Fibre Art on the Outside*, Priordy Norton, Swydd Gaer 1996; *Small Pieces for Europe 1996–98* (teithio rhyngwladol); *Continuum*, Cymdeithas Urddau'r Gwehyddwyr, Nyddwyr a Lliwyddion 2000 (teithiol); *Tecstiliau Cymreig – Hen a Newydd*, Amgueddfa ac Oriel Gelf Gwynedd, Bangor 2001. Arddangosfeydd un-ddynes yn cynnwys Oriel Llyfrgell Hwlffordd 1977, 1988, 1992, 1999; Oriel Llyfrgell Caersallwg 1990. Cyhoeddiadau'n cynnwys 'The Archbishop's New Clothes' (*The Journal for Weavers, Spinners and Dyers* 2003). Wedi'i chynnwys yn 'A Feeling for Flax', Alison Heighton (*Pembrokeshire Life* 1996); A Welsh Herbal, Teledu'r BBC (1998); 'Riitta Sinkkonen Davies in Conversation' (*The Journal* 1999); Cloak and Dragon, HTV (2003). Casgliadau'n cynnwys Amgueddfa Cymru, Caerdydd. 'Dw i'n hoffi archwilio hen dechnegau traddodiadol wrth greu tecstiliau cyfoes.' Lliain, gwlân. Yn byw ger Hwlffordd, gorllewin Cymru.
*Yr artist*

## Kevin SINNOTT 1947–
**Peintiwr. Ganed yn Sarn, Pen-y-bont ar Ogwr, de Cymru.**

Astudiodd yng Ngholeg Celf Caerdydd 1967–68; Coleg Celf a Dylunio Swydd Gaerloyw 1968–71; Y Coleg Celf Brenhinol, Llundain 1971–74 (MA). Aelod o'r Academi Frenhinol Gymreig. Arddangosfeydd niferus ar y cyd gan gynnwys *John Moores Exhibition*, Oriel Gelf Walker, Lerpwl 1978, 1980 (arobryn), 1991, 1992; *Modern British Graphics*, Yr Amgueddfa Brydeinig, Llundain (AB) 1993; Oriel Martin Tinney, Caerdydd (OMT) 1994–2000, 2002, 2003; *New British Painting*, Y Ganolfan Celf Gyfoes, Cincinnati 1988 (teithiol UDA); *Paentio'r Ddraig*, Amgueddfa Cymru (AC) 2000; Oriel Mostyn, Llandudno 2001, 2002. Arddangosfa ddeuddyn, Oriel St Paul's, Leeds (gyda Jon Whitaker) 1981. Arddangosfeydd undyn yn cynnwys Canolfan Gelfyddydau Chapter, Caerdydd 1984; Bernard Jacobson, Llundain 1986, 1987,1990; Flowers East, Llundain 1992, 1994, 1996, 1998; OMT 1996, 1999, 2001, 2003, 2005, 2007. Casgliadau'n cynnwys Amgueddfa Ashmole, Rhydychen; AB; AC; Amgueddfa Gelf Ddinesig, Efrog Newydd; Cyngor Celfyddydau Lloegr; Y Cyngor Prydeinig, Llundain; Cymdeithas Celf Gyfoes Cymru. 'Tra bydd ei waith yn ymwneud yn bennaf â pherthnasoedd dynol, mae dylanwad tirwedd de Cymru i'w deimlo'n gryf yn ei baentiadau.' *(Gwefan Martin Tinney)*. Yn byw ym Mhen-y-bont ar Ogwr, de Cymru.
*Yr artist*

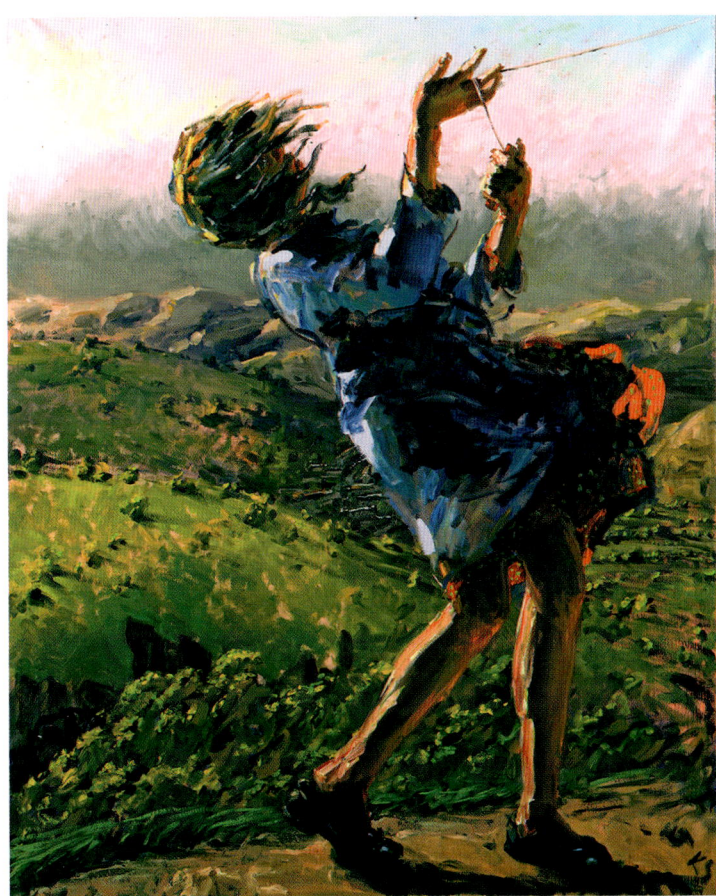

266 | Kevin Sinnott
*Lost Romantic* 1994

### Monte SIROTA 1932–
**Ceramegydd, cerflunydd. Ganed ym Manceinion, Lloegr.**

Ei fam yn Gymraes. Astudiodd yng Ngholeg Celf Salford 1949–51; Coleg Celf Manceinion 1951–53; Coleg Celf Lerpwl 1965–67. Daeth i Gymru 1971. Darlithydd rhan-amser, Coleg Celf Bolton, Coleg Celf Rochdale 1953–56; darlithydd, Coleg Celf Southport 1957–71; Coleg Celf Casnewydd/Coleg Addysg Uwch Gwent 1971–94. Tiwtor, Ysgol Haf y Barri. Comisiynau'n cynnwys cerfluniau i ganol tref St Helens, Ashby, a Wakefield; Ysgol Feddygaeth, Prifysgol Caerdydd; Ymddiriedolaeth Ysbyty Treforys, Abertawe. Aelod o Urdd y Rhosyn Coch; Urdd Gwneuthurwyr Cymru. Arddangosfeydd ar y cyd yn cynnwys Canolfan Gelfyddydau Taliesin, Abertawe 2000; Oriel Martin Tinney, Caerdydd 2001; Oriel Washington, Penarth 2002; Amgueddfa ac Oriel Gelf Casnewydd 2003; Oriel Albany, Caerdydd 2005; Neuadd Dewi Sant, Caerdydd 2007. Arddangosfa undyn, Oriel Portland Street, Manceinion. Gwaith wedi'i gynnwys ar BBC Cymru 2001; yn y *Daily Telegraph*, Mehefin 2000. Casgliadau'n cynnwys Amgueddfa Bowes, Castell Barnard; Amgueddfa St Helens; Oriel Gelf ac Amgueddfa Salford; Oriel Gelf Dinas Manceinion; Oriel Gelf Walker, Lerpwl; Oriel Whitworth, Manceinion. 'Darnau mawr, haniaethol. Minimalistaidd… cyfuniad o gerameg a dur di-staen.' Yn byw yng Nghaerdydd, de Cymru.
*Yr artist*

### Philip SKY 1947–
**Gwneuthurydd printiau. Ganed yn Hull, Lloegr.**

Astudiodd yn Ysgol Gelf Caerefrog 1964–66, gyda Roger Hallam, Reg Williams; Coleg Celf a Dylunio Hornsey 1966–68, gyda Martin Lehman, Tess Jaray; Athrofa Addysg Uwch Caerdydd (AAUC) 1993–99 (Hanes Celf, gradd yn y dosbarth cyntaf); AAUC, MA (Addysg Gelf a Dylunio) 1999, gyda Martin Gaughan. Dylunydd graffeg 1967–70. Sefydlodd weithdy The Print Room, gweithdy argraffu cymunedol, Caerdydd 1977; U-Print, Canolfan Gelfyddydau Chapter, Caerdydd (CGChap) 1983. Agorodd U-Print 2, 1987. Arddangosfeydd U-Print yn cynnwys *Adamsdown Photographic Exhibition*, Canolfan Gymunedol Adamsdown/Carchar Caerdydd (cydgysylltydd, gyda Clive Grace) 1978; *U-Print Retrospective*, CGChap 1984; *The Family Project*, CGChap 1984; *Printng* [sic] *is Easy*, Oriel Woodlands, Greenwich 1986; *Welsh Cinema History*, CGChap 1988 (teithiol); rhaglen *Moving Pictures*, Cymdeithas Gelf De-ddwyrain Cymru, o 1983. Darlithydd, Y Brifysgol Agored o 2000. Aelod o Community Communication; Cultural Democracy; Ymddiriedolaeth Shelton. Posteri U-Print yng nghasgliad Amgueddfa Victoria ac Albert, Llundain. 'Un o nifer o fyfyrwyr Hornsey a daflwyd o'r coleg ym mis Rhagfyr 1968 yn sgil yr hyn a fu yno…digwyddiadau y bûm yn chwarae rhan weithredol ynddynt.' Yn byw ym Mhenarth, de Cymru.
*Yr artist*

### Roy SLADE 1933–
**Paentiwr. Ganed yng Nghaerdydd, de Cymru.**

Astudiodd yng Ngholeg Celf Caerdydd 1949–53; Prifysgol Cymru, Caerdydd 1953–54. Gwasanaeth Milwrol, Lluoedd EM 1954–56. Pennaeth yr Adran Gelfyddydau a Chrefftau, Ysgol Heolgam, Pen-y-bont ar Ogwr 1956–60; darlithydd, Coleg Clarendon, Nottingham 1960–64; darlithydd, Cyfarwyddwr Astudiaethau Ôl-ddiploma/Uwch-ddarlithydd, Coleg Celf Leeds 1964–69; Ysgolhaig Fulbright-Hays, Ysgol Gelf Corcoran, Washington DC (YGCW) 1967–68. Dychwelodd i YGCW ym 1969, Deon 1970–77; Llywydd, Academi Gelf Cranbrook, Michigan/Cyfarwyddwr, Amgueddfa Gelf Cranbrook (AGCran) 1977–1995; Cyfarwyddwr Emeritws, AGCran, o 1995. Arddangosfeydd ar y cyd (Y DU) gan gynnwys *Pictures for Welsh Schools*, Cymdeithas er Addysg drwy Gelf, Amgueddfa Cymru, Caerdydd (AC) 1952–59; *Contemporary Welsh Painting and Sculpture*, Pwyllgor Cymreig Cyngor Celfyddydau Prydain Fawr

1953, 1957–60 (teithiol); Grŵp De Cymru 1957–60; Eisteddfod Genedlaethol Cymru 1958, 1960; Cymdeithas Celf Gyfoes Cymru (CCGC) 1960–63; *A Welsh-American Portfolio*, Cyngor Celfyddydau Cymru (CCC) tua 1985 (teithiol). Arddangosfa ddeuddyn, Canolfan New Art, Llundain (gyda John Wright) 1960. Arddangosfeydd undyn yn cynnwys Oriel Howard Roberts, Caerdydd 1958; Oriel Gelf ac Amgueddfa Herbert, Coventry 1964; Oriel Jefferson Place, Washington DC, 1968, 1970, 1972; Oriel Pyramid, Washington DC 1976, 1977; Oriel Robert Kidd, Michigan 1981, 1992, 2000. Erthyglau i *Studio International* (1968, 1972); *Contemporary Review* (1969); *Art Journal* 1972. Casgliadau'n cynnwys AC; Casgliad Celf y Llywodraeth, Llundain; CCGC; Cyngor Gwynedd; Llyfrgell Genedlaethol Cymru, Aberystwyth. Prynwyd gwaith gan CCC. Yn byw yn Clearwater, UDA.
*Yr artist*

### Andrew SMITH 1963–
**Peintiwr/gwneuthurydd printiau. Ganed yn Llundain, Lloegr.**

Astudiodd yng Ngholeg Addysg Uwch Swydd Buckingham 1981–82; Ysgol Gelf Norwich 1983–86; Prifysgol Greenwich 1993–94; Coleg Celfyddydau Camberwell, Llundain 1994–96 (MA Gwneud Printiau). Daeth i Gymru ym 1989. Tiwtor/athro rhan-amser, Coleg Newham 1993–95; Coleg Southwark 1995–98; tiwtor (rhan-amser) 2001–06, Cydgysylltydd Academaidd o 2006, Celf Gain, Ysgol Dysgu Gydol Oes, Prifysgol Cymru, Bangor. Preswyliadau yn Piloño, Galicia 2002; Macedonia 2003; Michoácan, Mexico 2004; Katowice, Gwlad Pwyl 2004. Gwobrau Cyngor Celfyddydau Cymru 2001, 2006; Gwobrau Celfyddydau Rhyngwladol Cymru 2002–05. Arddangosfeydd niferus ar y cyd gan gynnwys *Arddangosfa Agored Cymru*, Canolfan y Celfyddydau Aberystwyth 1990, 1992, 1993, 1995, 1996; *Biennale Celf Rhyngwladol*, Harlech 1994, 2002; *Arddangosfa Gwobr Brynu*, Prifysgol Morgannwg 2001; *Horizon*,

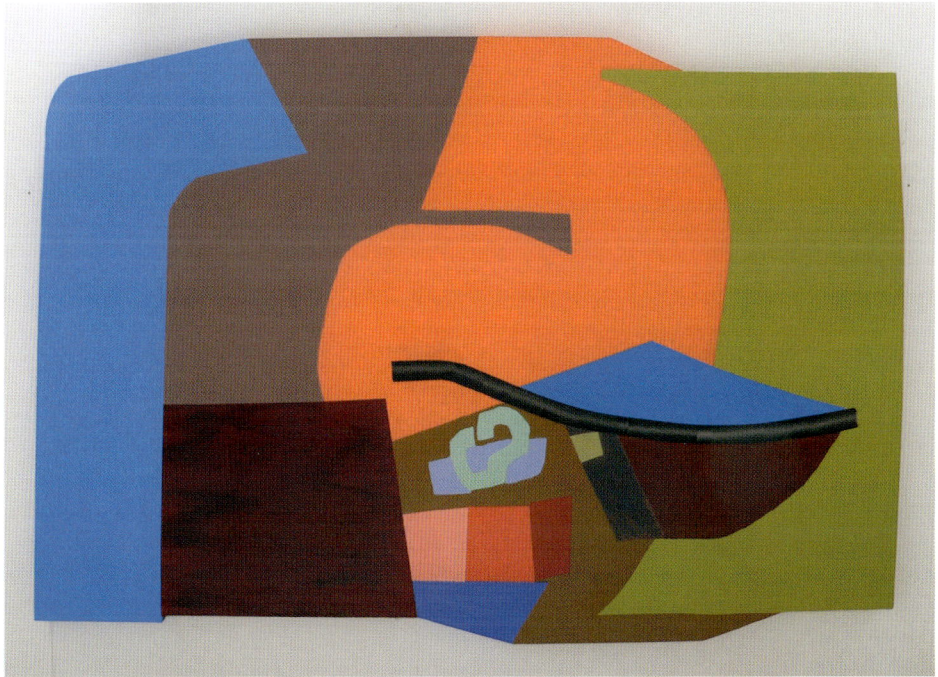

267 | Andrew Smith
*Light Cerulean, Umber Line* 2006

Haagskunstkring, Den Haag, Yr Iseldiroedd 2004; *Prints of Wales*, Canolfan Gelfyddydau Belger, Kansas City 2007. Arddangosfeydd undyn yn cynnwys *The Surface of Colour*, Amgueddfa Ceredigion, Aberystwyth 2001; *En Route*, Krakow 2006, Oriel Davies, Y Drenewydd 2007. Erthyglau mewn cylchgronau gwneud printiau. Gwaith wedi'i gynnwys ar S4C, 2005; cyfryngau Ewropeaidd. Casgliadau'n cynnwys Amgueddfa Celf Gyfoes, Skopje, Macedonia; Universidad Michoácan, Mexico. '…lliw a lliw fel ffurf yn rhyngweithio.' Yn byw yn Harlech, gogledd Cymru.
*Yr artist*

## Joanne SMITH 1983–
**Peintwraig. Ganed ym Merthyr Tudful, de Cymru.**

Astudiodd yn Athrofa Prifysgol Cymru, Caerdydd (APCC) 2003–06, gyda Steve Young, Cherry Pickles, Carol Robertson, Michael Crowther. Bu'n gweithio yn Diversions: Cwmni Dawns Cymru, Caerdydd, o 2006. Gwobr Brynu AAPC 2006. Arddangosfeydd ar y cyd yn cynnwys Oriel Kooywood, Caerdydd 2006, 2007; Oriel Washington, Penarth 2006, 2007. Arddangosfa dwy-ddynes, Parc Treftadaeth y Rhondda (gyda Thomasin Toohie) 2007. Gwaith yng nghasgliad Cynulliad Cenedlaethol Cymru. '…blodau, yn enwedig blodau sy'n marw.' Yn byw ym Merthyr Tudful, de Cymru.
*Yr artist*

## Mary SMITH  Gweler Mary RENNELL

## Susan SMITH 1950–
**Enw gwaith Susan Elaine Smith, artist tecstiliau. Ganed yng Nghasnewydd, de Cymru.**

Astudiodd yng Ngholeg Addysg Uwch Gwent 1993–96 (Hanes a Saesneg, gradd yn y dosbarth cyntaf). Swyddog Gweinyddol, Amgueddfa ac Oriel Gelf Casnewydd (AOGC) 1971–93; addysgu helaeth, Astudiaethau Diwylliannol, gan gynnwys diwylliant Cymru, Casnewydd, Athrofa Prifysgol Cymru, Caerdydd o 1978. Swyddog Datblygu'r Cwricwlwm (Celf a Chrefft), Cyngor Dinas Casnewydd 1999–2005. Aelod o Urdd Gwneuthurwyr Cymru; Gwneuthurwyr ac Ymarferwyr; Urdd y Brodwyr. Arddangosfeydd ar y cyd yn cynnwys Eisteddfod Genedlaethol Cymru, Dyffryn Lliw 1980 (y wobr gyntaf, Brodio); *The Art of Craft*, AOGC 1983; *Women's Art in Wales*, Oriel Mostyn, Llandudno 1985; *Journeys*, Crefft yn y Bae, Caerdydd 2002; *Eve of Lupercalia*, Canolfan Gelfyddydau'r Eglwys Norwyaidd, Caerdydd 2002; *La Rencontre I*, Oriel Washington, Penarth 2006. Arddangosfeydd un-ddynes yn cynnwys *Susan Smith Samplers*, Amgueddfa Caerfyrddin (ACaer) 1988; *Susan Smith Embroidery*, Athrofa Addysg Uwch Southampton (AAUS) 2002; *Susan Smith Textiles*, Oriel y Court Cupboard, Y Fenni 2004. Gwaith wedi'i gynnwys mewn erthyglau mewn cylchgronau gwnïo/brodio; *The Embroiderer's Garden*, Thomasina Beck (David a Charles 1992); *Encyclopaedia of Embroidery Techniques*, Pauline Brown (Search Press 1994). Casgliadau'n cynnwys AAUS; AOGC; Amgueddfa Sir Gaerfyrddin; Castell Leeds; Tŷ Tredegar, Casnewydd. '…dw i'n gweithio ar raddfa fechan iawn ….themâu cariad a cholled.' Yn byw yng Nghasnewydd, de Cymru.
*Yr artist*

## Dave SMITHAM 1952–
**Enw gwaith David Charles Smitham, peintiwr. Ganed yng Nghaerdydd, de Cymru.**

Astudiodd yng Ngholeg y Brifysgol, Llundain 1971–72 (Cemeg); Coleg Stockwell, Llundain 1973–76 (celf/cyfryngau). Darlithydd, hanes celf/paentio, Coleg Trydyddol Gwent 1989–97; tiwtor, Canolfan Gelfyddydau Neuadd Llanofer, Caerdydd 1990–95. Ymwelodd â Tsieina 1992, 1995; bu'n byw/gweithio yn Chongqing, Shanghai 1997–2002. Athro Mygedol, Sefydliad Celfyddydau Cain Sichuan (SCCS) 1995. Gwobrau'n cynnwys Cyngor Celfyddydau Cymru (CCC) 1986, 1995; Y Cyngor Prydeinig 1992.

Aelod o Gymdeithas Artistiaid Chapter 1977–84, 1989–97. Arddangosfeydd ar y cyd yn cynnwys *Three: Martin Jones, Phil Rawsthorne, Dave Smitham*, Canolfan Gelfyddydau Chapter, Caerdydd 1982; *3, Mick Blackburn, John Pye, Dave Smitham*, Prifysgol Cymru Caerdydd 1983; *Big Blue*, Coins, Llundain 1997. Arddangosfeydd deuddyn yn cynnwys *Drawing*, Orielau AIR, Llundain (gyda John Epstein) 1979. Arddangosfeydd undyn yn cynnwys *Roadworks*, Oriel Gwyn Hodges, Rhydychen 1981; *Stations of the Cross*, Theatr Sherman, Caerdydd 1985; *De Gratia Deiectus*, Canolfan Gelfyddydau Abaty Nant Teyrnon, Cwmbrân 1991; *The Modern World*, Bedford 1993. Cyhoeddiadau'n cynnwys 'Teaching in China' (*a-n Magazine*, Gorffennaf 1993); 'Finding the Real China in Words and Pictures' (*Western Mail*, Hydref 2001); 'Anarchy in Caerphilly – Obviously no Nostalgia Intended' (Gwefan y Sex Pistols 2006). Wedi'i gynnwys yn *Western Mail* (1991, 1997, 1999); HTV Cymru 1995; Teledu Chonqqing 1999. Casgliadau'n cynnwys Cyngor Caerdydd; Cyngor Gwynedd; Llyfrgell Genedlaethol Cymru (Archif Tsieina); SCCS. Prynwyd gwaith gan CCC. '… yn hollbwysig i'm gyrfa gelf y mae'r dosbarth meistr gyda John Dawson Evans ym 1986 a'r teithiau i Tsieina a ddaeth yn ei sgil …' Yn byw yng Nghaerdydd, de Cymru. *Yr artist*

## John F SMOUT 1938–
**Peintiwr. Ganed yn Oldbury, Lloegr.**

Astudiodd yng Ngholeg Celf Stourbridge 1961–65; Coleg Celf Lerpwl 1965–66, gyda John Walker, Keith Sutton. Daeth i Gymru ym 1967. Athro, Manceinion 1966–67; Ysgol Ramadeg Rhiwabon 1967–96; darlithydd rhan-amser, Coleg Iâl, Wrecsam 1996–2005. Comisiwn, Cadeirlan Llanelwy 2000. Aelod o'r Academi Frenhinol Gymreig (AFG); Celfyddydau Gweledol y Gororau. Arddangosfeydd ar y cyd yn cynnwys AFG o 1978; Oriel Theatr Clwyd, Yr Wyddgrug (OThC) 1985–2007; *Biennale Arlunio Cymru*, Canolfan y Celfyddydau Aberystwyth 2003, 2005 (teithiol). Arddangosfa ddeuddyn, Neuadd Dewi Sant, Caerdydd (gyda John Horwill) 1993. Arddangosfeydd undyn niferus gan gynnwys Canolfan Gelfyddydau Llyfrgell Wrecsam 1982, 1990; Oriel ECTARC, Llangollen 2001; Oriel Cemlyn, Harlech 2002; Canolfan Gelfyddydau Amwythig 2002; Llyfrgell Genedlaethol Cymru, Aberystwyth (LlGC) 2004; OThC 2005. '…Dw i'n hoffi pwysleisio strwythur a threfn yn y byd gweledol…' Gwaith yng nghasgliad LlGC. Yn byw yn Rhiwabon, gogledd Cymru. *Yr artist*

## Sarah SNAZELL 1965–1999
**Peintwraig. Ganed yn y Fenni, de Cymru.**

Astudiodd yng Ngholeg Addysg Uwch Gwent 1984–85; Prifysgol Leeds 1985–89; Coleg Technoleg Leeds 1992–94; Prifysgol Fetropolitan Leeds (PFL) 1993–95 (MA Celf a Dylunio). Darlithydd (rhan-amser, Coleg Cymunedol Bradford ac Ilkley 1993–95; Coleg Technoleg Tameside 1994; Coleg Celf a Dylunio Leeds 1994–95; Coleg Joseph Priestley, Leeds 1995–96; (llawnamser), Coleg Calderdale, Halifax 1996–97. Trefnydd gweithdy celf a dylunio, MIND, Leeds. Aelod o Stiwdios Artistiaid Jackson's Yard, Leeds, o 1989 (rheolwr, o 1995); Yr Academi Frenhinol Gymreig (AFG) 1996 (yr aelod ieuengaf erioed); Rhwydwaith Artistiaid Leeds. Arddangosfeydd ar y cyd yn cynnwys *West Yorkshire Artists*, Oriel Gelf Dinas Leeds 1991–94; Eisteddfod Genedlaethol Cymru 1994, 1996, 1998; *Artistiaid Cymru Ifanc*, AFG 1996, 1998 (y wobr gyntaf bob tro); Eisteddfod Ryngwladol Llangollen 1998; *Arddangoswyr yr Eisteddfod Genedlaethol*, Neuadd Dewi Sant, Caerdydd 1998; *Look without Prejudice*, MIND Cymru/Neuadd Dewi Sant, Caerdydd 1998. Arddangosfeydd un-ddynes yn cynnwys *Mirror, Mirror*, Oriel Eastthorpe, Mirfield 1995; *Lost Landscapes*, Canolfan Design Innovation, Leeds 1997; *Sneaks and Dreamers: Sarah Snazell: A Retrospective*, PFL 1999; Oriel Hill Court, Y Fenni 2002. Gwaith i'w weld ar gloriau, *One Woman, One Voice* (Parthian Press (PPr) 2000); *New Welsh Drama II* (PPr 2001); yn *Modern Painters* (Hydref 1996);

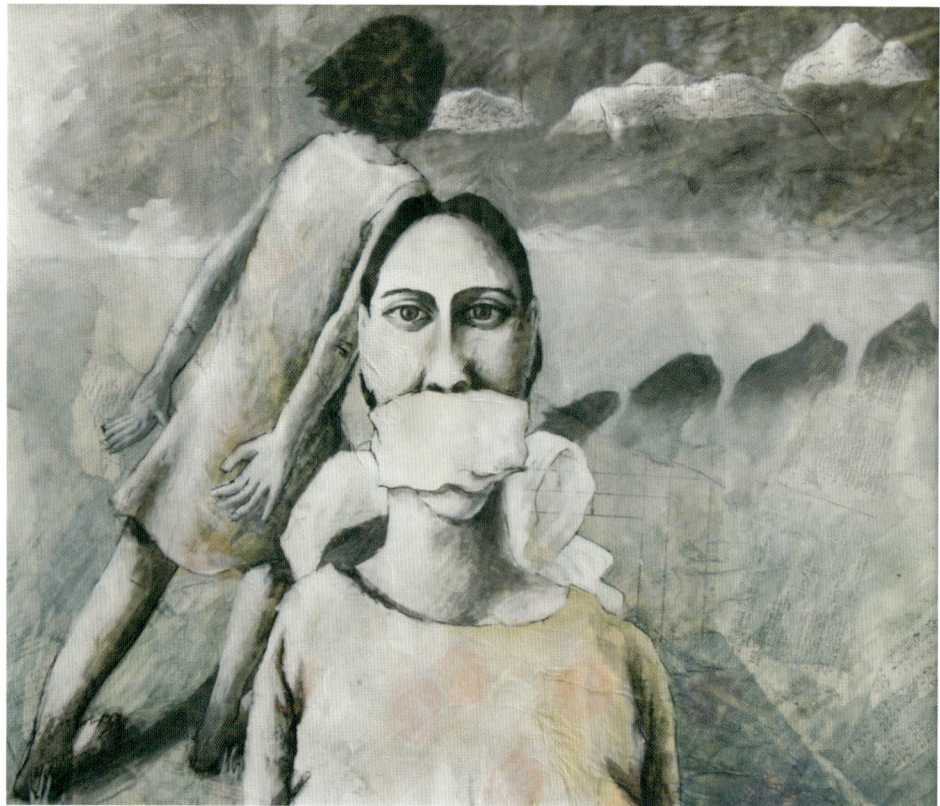

268 | Sarah Snazell
*Lost Words* 1997

*Western Mail* (21 Mawrth 1998); *South Wales Argus* (2 Medi 1999); 'Through the Looking Glass - the Art of Sarah Snazell', Anne Price-Owen (*Planet*, rhif 139, 2000); *Y Sioe Gelf*, S4C (3 Mawrth 1998). Casgliadau'n cynnwys Amgueddfa ac Oriel Gelf Brycheiniog, Aberhonddu; Cymdeithas Celf Gyfoes Cymru; Y Tabernacl, Machynlleth. Cynfasau mawr, yn dangos y Mynydd Du [Gwent]. '…dw i am ddarparu delweddau cofiadwy a swynol…'. Roedd yn byw yn Leeds, Lloegr.

### Philip SNOW 1947–
**Peintiwr, darlunydd. Ganed yn Altrincham, Lloegr.**

Astudiodd yng Ngholeg Northwich 1965–67; Polytechnig Manceinion 1980–83, gyda Tony Ross (gradd yn y dosbarth cyntaf). Yn byw yng Nghymru'n bennaf o 1972, yn gyfan gwbl yng Nghymru o 1983. Cyflogaeth amrywiol heb gysylltiad â chelf 1967–80; peintiwr/darlunydd llawnamser o 1980. Arddangosfeydd ar y cyd yn cynnwys *British Art*, Yr Academi Frenhinol, Llundain 1984 (teithio'n rhyngwladol); *Celf Bywyd Gwyllt yng Nghymru*, Oriel Ynys Môn, Llangefni (OYM) 1995; *Y Gymdeithas Artistiaid Bywyd Gwyllt*, Orielau'r Mall, Llundain 2000; *Artist y Flwyddyn Cymru*, Neuadd Dewi Sant, Caerdydd 2003; Oriel Plas Glyn-y-Weddw, Llanbedrog 2007. Arddangosfa ddeuddyn, *Global Sketchbook*, OYM (gyda Kim Atkinson) 1998. Arddangosfeydd undyn yn cynnwys *Paentiadau, Printiau a Darluniau*, Canolfan Gelfyddydau Taliesin, Abertawe 1987; *Paentiadau, Printiau a Darluniau*, OYM 1994, 2000; *Paentiadau, Printiau a Darluniau*, Oriel Tegfryn, Porthaethwy 2003, 2006. Cyhoeddiadau niferus gan

gynnwys *The Design and Origin of Birds* (Day One 2006); *Light and Flight – Hebridean Wildlife and Landscapes Sketchbook* (Brown and Whittaker 2007). Darluniau i dros 80 o lyfrau adaregol/cylchgronau bywyd gwyllt. Gwaith wedi'i gynnwys mewn erthyglau mewn papurau newydd/cylchgronau, gan gynnwys 'Birdman of Anglesey', *Western Mail* (Awst 1987); rhaglenni HTV, BBC Radio Wales. Casgliadau'n cynnwys Cynulliad Cenedlaethol Cymru; Llyfrgell Genedlaethol Cymru; OYM; Prifysgol Bangor; Y Gymdeithas Frenhinol er Diogelu Adar. 'Bywyd gwyllt a'r dirwedd…..yn arbennig "golau a hedfan"…' Yn byw ym Malltraeth, Ynys Môn, gogledd Cymru.
*Yr artist*

### Derek SOUTHALL 1930–2011
**Peintiwr. Ganed yn Coventry.**

Astudiodd yn Ysgol Gelf Coventry 1947–49; Ysgol Gelf Camberwell 1949–51, gyda Richard Eurich RA, Martin Bloch; Coleg y Gofaint Aur, Llundain 1953–54 (Bwrsariaeth Deithio, Ymddiriedolaeth Gelfyddydau Spencer); Ecole des Beaux Arts, Paris 1954; Hochschule, Berlin, gyda Karl Schmidt-Rotluff; Prifysgol Munich. Darlithydd, Ysgol Gelf Birmingham (YGB) 1962–64; Pennaeth Paentio a Cherfluniaeth, Ysgol Gelf Rhydychen 1964; Cyfarwyddwr Paentio Ôl-raddedig, YGB 1967. Cyfarfu â Mark Rothko, Robert Motherwell, UDA 1968. Artist preswyl, Prifysgol De Carolina 1972–76; Prifysgol Yale 1975; Yr Ysgol Gelf Genedlaethol, Sydney/Cyngor Awstralia 1984. Uwch Gymrawd Ymchwil, Coleg Celf Caerdydd 1980–87. Cyfres o ddarnau seiliedig ar y Mynydd Du 1980au. Aelod o Grŵp 56 Cymru 1981–83. Arddangosfeydd cenedlaethol/rhyngwladol ar y cyd yn cynnwys *64–67*, Cyngor Celfyddydau Prydain Fawr 1968 (teithiol); *Gŵyl Gelfyddydau*, Prifysgol Cymru, Aberystwyth 1969; Musée d'Art oderne, Paris 1970; Oriel Mostyn, Llandudno 1982; *Constable, 'The Opening of Waterloo Bridge' and The Wider Scene*, Oriel Tate, Llundain 1994 (teithiol); *Arddangosfa 60fed Mlwyddiant*, Cymdeithas Celf Gyfoes Cymru (CCGC), Llyfrgell Genedlaethol Cymru, Aberystwyth 1997. Arddangosfeydd undyn yn cynnwys Orielau Drian, Llundain 1962; Oriel Ikon, Birmingham 1969; Oriel Arnolfini, Bryste 1980; Oriel Nicola Jacobs, Llundain 1982, 1985; *Tirlun y Teimladau*, Oriel, Cyngor Celfyddydau Cymru, Caerdydd 1983; *Coleridge and Wordsworth 200th Anniversary*, Grasmere 1999. Cyhoeddiadau'n cynnwys *In Suffolk*, cerddi gan Michael Hamburger, ysgythriadau gan Derek Southall (argraffiad cyfyngedig, Five Seasons Press 1982). Wedi'i gynnwys yn helaeth yn y wasg gelf 1978–92. Casgliadau'n cynnwys Adran Nawdd Cymdeithasol, Newcastle upon Tyne; Amgueddfa Coventry; Amgueddfa Cymru; Canolfan Yale ar gyfer Celf Brydeinig, Connecticut; CCGC; Cyngor Celfyddydau Lloegr; Oriel Victoria, Caerfaddon; Sefydliad Calouste Gulbenkian, Lisbon; Tate, Llundain. Coed; mynyddoedd; clogwyni; ynysoedd (Steepholm, Ynys Echni); clogfeini. '…drwy fyw yn y gofod ffugiol, mae'r peintiwr yn ei fywiogi, gan ei wneud yn hygyrch i bobl eraill.' Roedd yn byw yng Nghaerfaddon, Lloegr.
*Jennifer Southall*

### Jeffrey SPEDDING 1944–
**Enw gwaith Jeffrey George Spedding, peintiwr. Ganed yn Carshalton, Lloegr.**

Astudiodd yn Ysgol Gelf Wimbledon 1961–65; Coleg Celf Brighton 1965–66. Bu'n byw yng Nghymru 1979–1995; dychwelodd yn 2007. Athro, ysgolion yn Basingstoke, Orpington, Colchester, Llandeilo 1966–79; darlithydd rhan-amser, Coleg Technoleg a Chelf Sir Gâr 1981–90; Athrofa Addysg Uwch Abertawe 1981–90 (llawnamser 1990–95); uwch-athro/gweinyddwr, Coleg Addysg Bellach Nene/Coleg Prifysgol Northampton 1995–2004. Artist preswyl, Gŵyl Gerdd Abergwaun (GGA) 1982; Gŵyl Gelfyddydau Caerfyrddin (GGC) 1988; Gŵyl Llanelli 1990. Comisiynau niferus am bortreadau o gerddorion. Arddangosfeydd ar y cyd yn cynnwys Oriel Richmond, Llundain 1989, 1990; Oriel Gelf Glynn Vivian, Abertawe 1995. Arddangosfeydd undyn yn cynnwys GGA 1982; Y Neuadd Gŵyl Frenhinol,

Llundain 1986; GGC 1988; Neuadd Dewi Sant, Caerdydd (NDS) 1988, 1990; Neuadd Ffilharmonig, Lerpwl (NFfL) 1992. Defnyddiwyd gwaith ar gloriau recordiau. Casgliadau'n cynnwys NDS; NFfL; Y Coleg Cerdd Brenhinol, Llundain. '…y môr a thirweddau…caeau blodau'r haul a phabïau… trawsnewid delweddaeth ffotograffig.…cerddoriaeth glasurol a chyfoes.' Yn byw yn Rhydaman, gorllewin Cymru a Ffrainc.
*Yr artist*

### Sally SPEDDING 1943–
**Enw gwaith Sally Frenkel Spedding, cerflunydd, ceramegydd, peintwraig. Ganed ym Mhorth-cawl, de Cymru.**

Hefyd yn nofelydd ditectif ac yn fardd. Astudiodd yng Ngholeg Celf Manceinion 1959–62, 1963–65, gydag Edward Roocroft, Norman Adams; Coleg Celf St Martin, Llundain 1962–63, gydag Anthony Caro, Philip King, Elisabeth Frink. Athrawes, ysgolion yn Lloegr 1967–78; athrawes, Ysgol Gyfun Tre-gib, Llandeilo 1980–95. Bu'n byw yn Northampton 1996–2007. Dychwelodd i Gymru 2007. Comisiynau'n cynnwys yr Amgueddfa Brydeinig, Llundain 1985; Penguin, Longman 1990–92. Arddangosfeydd ar y cyd yn cynnwys Gweithdy Celfyddydau Abertawe 1985; Oriel Portal, Llundain 1987; Canolfan Gelfyddydau Taliesin, Abertawe 1988; Oriel Gelf Glynn Vivian, Abertawe 1995. Arddangosfeydd un-ddynes yn cynnwys The Minories, Colchester 1977; Coleg Technoleg a Chelf Sir Gâr 1987; Oriel Taurus, Skipton 1992. Gwaith wedi'i gynnwys mewn rhaglen ar HTV Cymru 1984; Caryl Faraldi, *The Observer* (1984); *Sunday Times* 2006. 'Naratifau gweledol yr artistiaid Ffleminaidd… cysylltiadau Ewropeaidd…cefndir Mam.' Casgliadau'n cynnwys yr Amgueddfa Brydeinig, Llundain. Yn byw yn Rhydaman, gorllewin Cymru a Ffrainc.
*Yr artist*

### Rebecca SPOONER 1980–
**Artist sy'n defnyddio ffilm. Ganed yng Nghasnewydd, de Cymru.**

Astudiodd yng Ngholeg Prifysgol Cymru, Casnewydd 1999; Athrofa Prifysgol Cymru, Caerdydd 1999–2002 (gradd yn y dosbarth cyntaf), MA (Celf Gain) 2002– 04; NoWhere Labs, Llundain 2007 (cwrs ffilmiau). Gwobrau'n cynnwys Cyngor Ymchwil Celfyddydau a Dyniaethau 2003; Celfyddydau Rhyngwladol Cymru 2007; Cyngor Celfyddydau Cymru 2007. Artist preswyl, yr Adran Archeoleg, Amgueddfa ac Oriel Gelf Casnewydd/Cywaith Cymru 2005. Prosiectau'n cynnwys *Artinnit*, Rhwydwaith Artistiaid Pontypridd 2007. Cyd-guradur (gyda Richard Bevan), *One Night Stand*, g39, Caerdydd 2005. Arddangosfeydd ar y cyd yn cynnwys *Super 8 film festival*, Station, Bryste 2002; tactileBOSCH, Caerdydd 2004, 2005, 2007; *In Absentia*, House 5, Canolfan Gelfyddydau Chapter, Caerdydd (CGChap) 2005; *Lines and Strata*, Theatr Mwldan, Aberteifi 2006; *Experimentica 06*, CGChap 2006; Oriel Mostyn, Llandudno 2006, 2007. Ffilm, taflunio, ffotograffiaeth, gwrthrychau hapgael. Yn byw yng Nghaerdydd, de Cymru.

### Antonia SPOWERS 1934–
**Cerflunydd. Ganed yn Knaresborough, Lloegr.**

Astudiodd ym Mharis 1950, gydag André Lhote, Jean Souverbie; Fflorens 1951, gyda Giunio Gatti; Camberley (addysg i oedolion) 1977–82, gyda Trevor Collis; Coleg San Steffan, Llundain 1996. Daeth i Gymru ym 1998. Artist preswyl, Ysgol Bro Famau, Yr Wyddgrug 1997–98; Europos Parkas, Vilnius 1999; Parc Gwledig Afan Argoed 2000. Comisiynau'n cynnwys Ysgol y Santes Fair, Caerdydd 2003; Standing Stones, Cwmbrân 2007. Gwobr Cyngor Celfyddydau Cymru 2001. Aelod o Grŵp 56 Cymru; Y Grŵp Cymreig; Cerfluniaeth Cymru; Cymdeithas Ryngwladol Artistiaid Papur; Cymdeithas Frenhinol Brydeinig Cerflunwyr Prydain (aelod cyswllt). Arddangosfeydd niferus ar y cyd gan gynnwys Amgueddfa ac Oriel Gelf Caersallog 1997; Parc yr Ŵyl, Glynebwy 1997; *Biennale Arlunio Cymru*, Canolfan y Celfyddydau

Aberystwyth 2002, 2004 (teithiol); *Triennale Internationale du Papier*, Musée de Charmey, Y Swistir 2005; *Young Curators*, Oriel Davies, Y Drenewydd 2006; *Hiraeth*, Cerfluniaeth Cymru 2007 (teithio'n rhyngwladol). Arddangosfeydd un-ddynes yn cynnwys Oriel Pump House, Parc Battersea, Llundain 1995; *Unfolding*, Amgueddfa Red House, Christchurch 1998; *Life of Water*, Amgueddfa ac Oriel Gelf Brycheiniog, Aberhonddu (AOGB) 2000; Y Tabernacl, Machynlleth 2005; Oriel Washington, Penarth 2006. Gwaith wedi'i gynnwys yn *River Usk*, *River Patrol*, HTV (Awst 2000). Casgliadau'n cynnwys AOGB; Ffatri Gelf Glynrhedynog. 'Dŵr…ynni amgen, ffurf gylchol…parhad, cysylltiad.' Yn byw yn Nhalgarth, canolbarth Cymru.
*Yr artist*

### Peter SPRIGGS 1963–

**Enw gwaith Peter Howard Spriggs, peintiwr. Ganed yng Nghaerdydd, de Cymru.**

Astudiodd yn Athrofa Addysg Uwch De Morgannwg 1981–85, gyda Glyn Jones, Terry Setch, Mike Crowther (gradd yn y dosbarth cyntaf); Y Coleg Celf Brenhinol, Llundain (CCB) 1986–88, gyda Ken Kiff, Christopher Fisher (MA). Tiwtor, Addysg i Oedolion, Llundain 1988–90; darlithydd, Coleg Sir Gâr, Caerfyrddin o 1990. Gwobr Jeremy Cubitt, CCB 1987; gwobrau, Cyngor Celfyddydau Cymru 2002, Cymru Greadigol 2003; Celfyddydau Rhyngwladol Cymru 2005. Aelod o Gymdeithas Artistiaid a Dylunwyr Cymru; Grŵp 56 Cymru; aelod sefydlu, Paentio – Ysbryd – Cymru (P–Y–C). Arddangosfeydd niferus ar y cyd gan gynnwys Eisteddfod Genedlaethol Cymru, Porthmadog 1987, Casnewydd 1988, Cwm Rhymni 1990 (arobryn), Llanfair-ym-Muallt 1993, Pen-y-bont ar Ogwr 1998, Ynys Môn 1999, Llanelli 2000; Neuadd Dewi Sant, Caerdydd 1993, 1999, 2001, 2002, 2004; *Luminaries*, Canolfan y Celfyddydau Aberystwyth (CCA) 2000 (teithiol); *Biennale Arlunio Cymru*, CCA 1998, 1999, 2002; *Welsh*

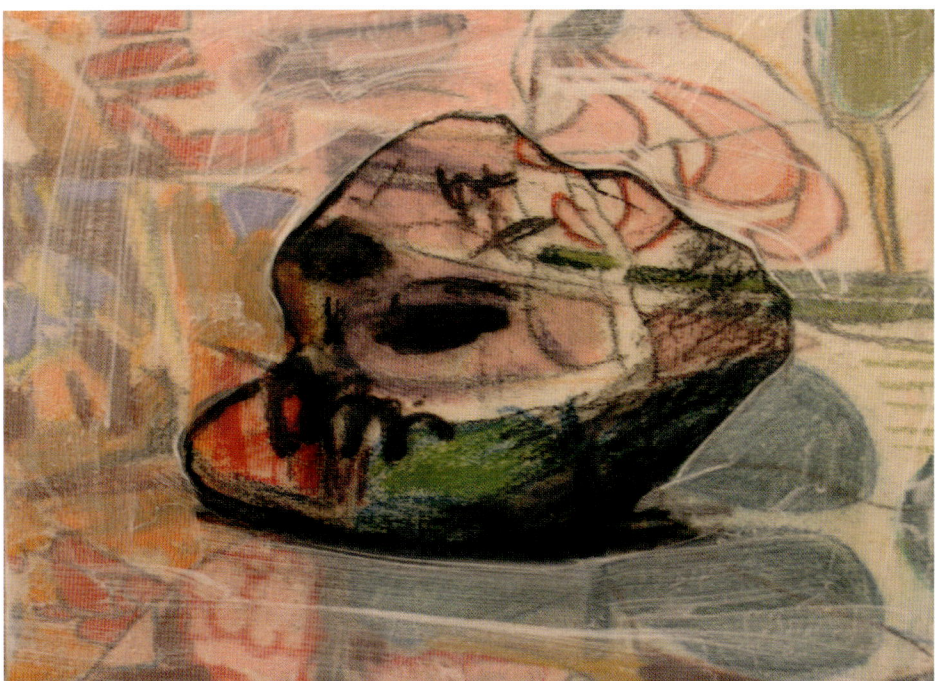

269 | Peter Spriggs
*Gaudi, Guell and Making Faces (rhif 21 o gyfres o 33 o baentiadau)* 2007

*Painting for the Twenty-first Century*, P–Y–C, Orielau'r Mall 2001; *A Propos Ceri Richards*, Amgueddfa Cymru 2002; *50 Mlwyddiant Grŵp 56 Cymru*, Llyfrgell Genedlaethol Cymru, Aberystwyth (LlGC) 2006; *The Painted Pot*, Amgueddfa ac Oriel Gelf Casnewydd 2006. Arddangosfeydd undyn yn cynnwys *Face the Façade*, Gŵyl Llandaf, Caerdydd 1986; *Drawings and Works on Paper*, Oriel y Bont, Prifysgol Morgannwg, Pontypridd 1999. Gwaith wedi'i gynnwys ar raglenni S4C/HTV; adolygiadau'r wasg, gan gynnwys 'Young Masters', Brian Sewell (*Mail on Sunday*, Gorffennaf 1986). Gwaith yng nghasgliad LlGC. Themâu cylchol, 'Y Ddinas (Caerdydd); …canhwyllau'n llosgi…dylanwadau trawsddiwylliannol yn sgil ymweliadau â Chatalonia…' Yn byw yn Llanelli, gorllewin Cymru.
*Yr artist*

### E STANTON  Gweler EJ MAYBERY

### Peter STARKEY 1945–
**Enw gwaith Peter Gerard Starkey, ceramegydd. Ganed yn Widnes, Lloegr.**

Cyrhaeddodd Gymru ym 1947. Astudiodd yng Ngholeg Celf Portsmouth 1963–65; Coleg Addysg Caerdydd 1967–70; Ysgol Gelf a Dylunio Harrow, Llundain 1971–73. Athro, Ysgol Uwchradd Sirol Acton, Llundain 1970–71; darlithydd, Awdurdod Addysg Harrow, Llundain 1972–73; bu'n sefydlu/rheoli Crochendy Hunworth, Norfolk 1973–75; sefydlodd/arweiniodd Grochendy Gweithdy Hyfforddi Dartington 1975–79; Cyfarwyddwr Cwrs, BA Cerameg, De Morgannwg/Athrofa Addysg Uwch Caerdydd/Athrofa Prifysgol Cymru, Caerdydd 1979–2003. Stiwdio, Caerdydd 1979–1985; Swydd Henffordd, o 1985. Aelod o Gymdeithas y Crochenwyr Crefft (Is-gadeirydd 1977–78). Arddangosfeydd ar y cyd yn cynnwys Amgueddfa Castell Norwich 1974; Oriel y Cyngor Crefftau, Llundain 1977, 1989; Amgueddfa Victoria ac Albert, Llundain 1978; *Tea Time*, Amgueddfa ac Oriel Gelf Casnewydd (AOGC) 1986, 1994, 1996; Oriel Porticus, Llandrindod 1989; *Songs in Salt*, Amgueddfa Keramiek, Princessehof, Leeuwarden 1997 (traethodau catalog gan yr artist); Canolfan y Celfyddydau Aberystwyth 2000; *Functional Form Now: British Domestic Ceramics*, Galerie Besson, Llundain 2005; *Saltglaze Ceramics*, Hå Gamle Prestegard, Norwy 2006. Arddangosfeydd deuddyn yn cynnwys Oriel, Cyngor Celfyddydau Cymru (CCC), Caerdydd (gyda Ted Hamlyn) 1983. Cyhoeddiadau'n cynnwys *Peter Starkey, Saltglaze* (Pitmans, Llundain 1977); *Potters on Pottery*, golygyddion Elizabeth Cameron a Philippa Lewis (St Martin's Press 1978); 'Below the Salt' (*Point Magazine*, Gorffennaf 1997); adolygiadau (*Crafts Magazine*; *Ceramic Review*). Casgliadau'n cynnwys Amgueddfa Ulster, Belffast; Amgueddfeydd ac Orielau Dinas Nottingham; Amgueddfeydd Norwich; Amgueddfeydd Stoke-on-Trent; AOGC; Prifysgol Aberystwyth; Y Cyngor Crefftau, Llundain. Prynwyd gwaith gan CCC. Crochenwaith stiwdio gwydredd halen; llestri bwrdd a chegin. Yn byw yn Whitchurch, Swydd Henffordd, Lloegr.
*Yr artist*

## Ralph STEADMAN 1936–
**Enw gwaith Ralph Idris Steadman, darlunydd, cartwnydd, gwneuthurydd printiau. Ganed yn Wallasey, Lloegr.**

Ei fam yn Gymraes. Aeth fel faciwî i Abergele, yn yr ysgol yno tan 1952; Asiantaeth Hysbysebu McConnell's, Bae Colwyn 1954. Astudiodd (yn rhan-amser) yng Ngholeg Technegol East Ham, Llundain 1959–66; Ysgol Argraffu a Chelfyddydau Graffeg Llundain 1961–65. Gwasanaeth Milwrol, RAF 1954–56, cwrs trwy'r post mewn cartwnio; cyhoeddwyd ei gartŵn cyntaf, *Manchester Evening Chronicle* 1956. Cartwnydd, Grŵp Papurau Newydd Kemsley 1959–61; *The Times* 1970–71; *New Statesman* 1976–80. Ei gartwnau hefyd yn *Punch*; *The Telegraph*; *Private Eye*; *Rolling Stone*; *Black Dwarf*; *New York Times*; *Times Higher Education Supplement*; *New Scientist*; *The Independent*; *The Guardian*; *Sunday Times*. Dylunio llwyfan ar gyfer *Gulliver's Travels: A Surf on the Wild Side*, Theatr Clwyd Cymru, Yr Wyddgrug 1995. Gwobrau'n cynnwys Amgueddfa Victoria ac Albert, Llundain 1973; Darlunydd y Flwyddyn Sefydliad Celfyddydau Graffeg America 1979; Gwobr Ddylunio'r BBC 1987. Dlitt Anrhydeddus, Prifysgol Caint 1995. Arddangosfeydd ar y cyd yn cynnwys *Some Famous Sons & Daughters*, Canolfan Gelfyddydau Llyfrgell y Rhyl (CGLlRh) 1986. Arddangosfeydd undyn yn cynnwys CGLlRh tua 1988; *Dragon Meat*, Eisteddfod Genedlaethol Cymru 1995; *Drawing Breath: A Retrospective Whisper*, Sefydliad Celf Boston, UDA 2007. Cyhoeddiadau niferus, ysgrifenedig a darluniedig, yn cynnwys *I, Leonardo* (Pan Books 1983); *The Grapes of Ralph* (Ebury Press 1992); *Gonzo the Art* (Weidenfeld a Nicolson, Llundain 1998); *The Joke's Over* (William Heineman 2006). Darluniau'n cynnwys *Fear and Loathing in Las Vegas*, Hunter S Thompson (Rolling Stone 1971, Random House 1972); *The Mildenhall Treasure*, Roald Dahl (Jonathan Cape Ltd 1999); *The Devil's Dictionary*, Ambrose Bierce (Bloomsbury 2003). Casgliadau'n cynnwys Archif Gartwnau Prydain, Prifysgol Caint, Caergaint. '…medrusaf yn y byd mae'r drafftsmonaeth, huotlaf yn y byd y mae'r neges yn cael ei chyfleu.' Yn byw yng Nghaint, Lloegr.

## Jeffrey STEELE 1931–
**Peintiwr. Ganed yng Nghaerdydd, de Cymru.**

Astudiodd yng Ngholeg Celf Caerdydd 1948–50 (gadawodd mewn protest yn erbyn y dulliau addysgu); Coleg Celf Casnewydd 1950–52. Ysgoloriaeth Llywodraeth Ffrainc, Ecole des Beaux-Arts, Paris 1959–60, lle y cyfarfu â Vasarely, Albers, Soto; dychwelodd i Gaerdydd. Darlithydd, Colegau Celf Caerdydd a Chasnewydd, Ysgol Haf y Barri, Coleg Polytechnig Portsmouth. Aelod o Grŵp 56 Cymru 1963–74; aelod oes/mygedol, o 1974; cyd-sefydlydd, gyda Malcolm Hughes, Y Grŵp Systemau 1970. Arddangosfeydd cenedlaethol/rhyngwladol ar y cyd yn cynnwys *The Responsive Eye*, Amgueddfa Celf Fodern, Efrog Newydd 1965; *L'Ultima Avanguardia*, Palazzo Reale, Milan 1983. Arddangosfeydd undyn yn cynnwys y Sefydliad Celf Gyfoes, Llundain 1961; Oriel Neuadd Clare, Caergrawnt 1992. Casgliadau'n cynnwys Amgueddfa ac Oriel Gelf Portsmouth; Amgueddfa Cymru, Ymddiriedolaeth Derek Williams; Amgueddfa Fitzwilliam, Caergrawnt; Amgueddfa Victoria ac Albert, Llundain; Casgliad Celf y Llywodraeth; Cymdeithas Celf Gyfoes Cymru; Cyngor Celfyddydau Lloegr; Oriel Gelf Walker, Lerpwl; Tate, Llundain. Prynwyd gwaith gan CCC. Roedd mathemateg ac athroniaeth Gartesaidd yn ddylanwad arno yn ystod y 60au cynnar. '...cael gwared â ffactorau goddrychol, digwyddiadol a hap o blaid egwyddor anghenraid; datblygu cyd-destun darluniadol sy'n cydymffurfio â'r egwyddor hon a pheri i'r egwyddor hon fod mor ddealladwy ag y bo modd… a datblygu sefyllfa ffurfiol sy'n ysgogi'r gwyliwr i wneud symudiadau penderfynol yn y gofod go iawn o gwmpas y gwrthrychau.' Yn byw yn Portsmouth, Lloegr.

## Tony STEELE-MORGAN 1930– 2009
**Enw gwaith Anthony John Steele-Morgan, peintiwr. Ganed ym Montreal, Canada.**

Rhieni'n Gymry. Daeth i Gymru ym 1939. Astudiodd yng Ngholeg Celf Casnewydd 1967–72. Llyfrgellydd, Pen-y-bont ar Ogwr, Hwlffordd 1950–67; darlithydd rhan-amser, Coleg Technoleg a Chelf Sir Gâr 1989–93. Artist preswyl, Ysgol Uwchradd Lliswerry, Casnewydd 1981; Gŵyl Llanelli 1990. Comisiynau'n cynnwys Coleg yr Heddlu, Cwmbrân 1978; Cyngor Sir Gwent 1978. Gwobrau Cyngor Celfyddydau Cymru (CCC) 1978, 1982. Arddangosfeydd niferus ar y cyd gan gynnwys *Every Picture Tells…* CCC 1972 (teithiol); Eisteddfod Genedlaethol Cymru, Aberteifi 1976 (gwobr gyntaf), Tyddewi 2002 (teithiol); Oriel Albany, Caerdydd 1976, 1980; Amgueddfa ac Oriel Gelf Casnewydd (AOGC) 2001, 2007; Neuadd Dewi Sant, Caerdydd 2003; Theatr Mwldan, Aberteifi 2003, 2004 (gyda Peter Coviello, Geoffrey Yeomans). Arddangosfeydd niferus ar y cyd gan gynnwys Oriel Portal, Llundain 1972, 1973, 1975; AOGC 1978;

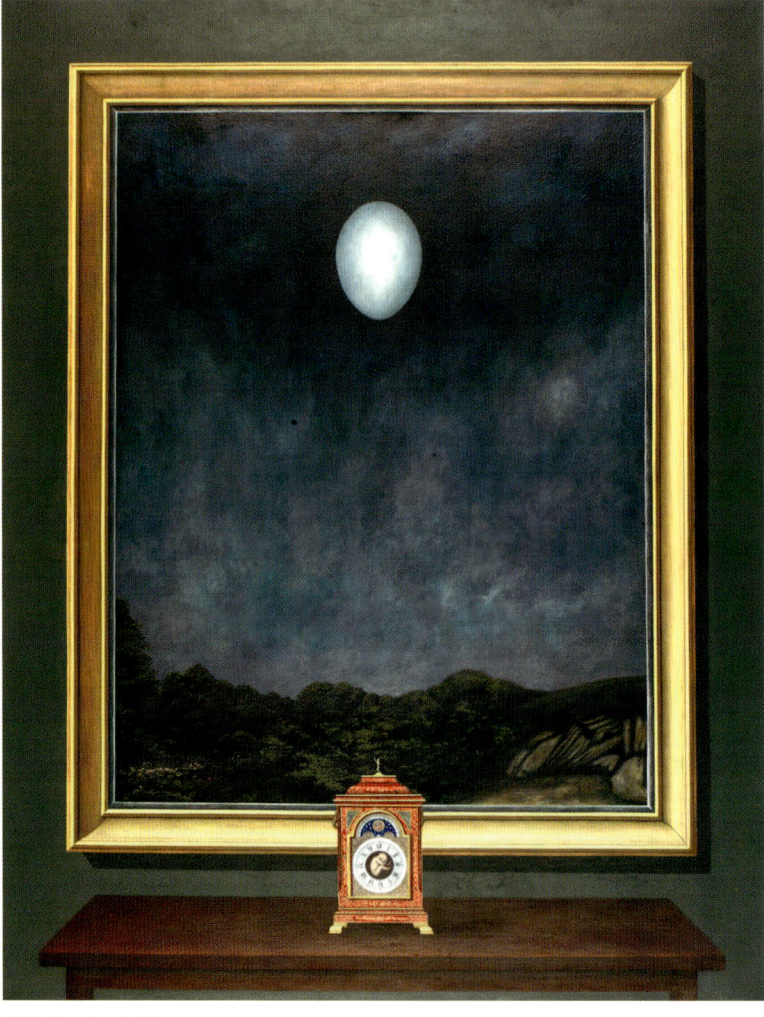

270 | Tony Steele-Morgan
*The Source* 1976

Oriel, CCC, Caerdydd 1979; Canolfan Gelfyddydau Wrecsam 1980; Oriel Gelf Glynn Vivian, Abertawe (OGGV) 1997; Llyfrgell Genedlaethol Cymru, Aberystwyth (LlGC) 2001. Gwaith wedi'i gynnwys yn *Look upon the Land and Sea* (Celtic Horizons 2003); Y Sioe Gelf, S4C 2003. Casgliadau'n cynnwys Amgueddfa Cymru; Amgueddfeydd Sir Benfro; AOGC; Cymdeithas Celf Gyfoes Cymru; LlGC; Llywodraeth Cynulliad Cymru; OGGV. Prynwyd gwaith gan CCC. 'Elfen bendant o'r swreal …pobl mewn angen yn y trydydd byd.' Roedd yn byw yn Hwlffordd, gorllewin Cymru.

*Yr artist*

### Brinley STEPHENS 1967–
**Enw gwaith Brinley Neil Stephens, cerflunydd. Ganed yn Abertawe, de Cymru.**

Astudiodd yng Ngholeg Technoleg a Chelf Sir Gaerfyrddin 1990–92, gyda Roger Moss; Ysgol Gelf Caer-wynt 1992–95, gyda John Gibbons. Darlithydd, Coleg Celf Cyprus, Paphos (CCCP) am gyfnodau 1996–2007. Artist preswyl, CCCP 2000–01. Gwobr Cyngor Celfyddydau Cymru 2003. Arddangosfeydd ar y cyd yn cynnwys *Rundgang*, Kunstacademie, Düsseldorf 1993; Oriel Apocalypse, Nicosia 1996; *Middlesbrough Open*, Oriel Cleveland, Middlesbrough 1998 (y wobr gyntaf); Oriel Montage Castleton (OMC) 1998. Arddangosfeydd undyn yn cynnwys OMC 1998; Oriel Nevill, Llanelli 2003; Oriel Neuadd y Frenhines, Arberth 2004. Gwaith yng nghasgliad CCCP. 'Mae gwrthrychau iwtilitaraidd yn ddylanwad arno; …cyfyngiant, rhythm… ailadrodd.' Yn byw yn Llanelli, gorllewin Cymru.

*Yr artist*

### DM STEPHENS 1907–1997
**Enw gwaith Dulcie Mayne Stephens, peintwraig, gwneuthurydd printiau. Ganed yn y Barri, de Cymru. Hefyd yn gweithio fel D Mayne Jenkins.**

Astudiodd yn y 1920au yng Ngholeg Celf Caerdydd; Ysgol Gelf Abertawe. Tiwtor, dosbarthiadau nos, Penarth, Y Bont Faen, cymoedd de Cymru. Comisiynau'n cynnwys cynlluniau ar gyfer siopau adrannol, Abertawe, Caerfaddon; Cwmni Dur Cymru. Aelod o Gymdeithas Ddyfrlliwiau Cymru (aelod sefydlu 1959); Cymdeithas Gelf De Cymru; Cymdeithas Artistiaid Caerfaddon. Arddangosfeydd ar y cyd yn cynnwys Oriel Gelf Victoria, Caerfaddon, sawl gwaith 1940au –54; *Pictures for Welsh Schools*, Amgueddfa Cymru/Cymdeithas er Addysg drwy Gelf 1957, 1959, 1971–72; Cymdeithas Celf Gyfoes Cymru (CCGC) 1958; Eisteddfod Genedlaethol Cymru 1958; Academi Frenhinol Gorllewin Cymru, Bryste; Oriel Albany, Caerdydd. Arddangosiad paentio, Teledu'r BBC, Caerdydd 1970au. Casgliadau'n cynnwys CCGC; Llyfrgell Genedlaethol Cymru, Aberystwyth; Oriel Gelf Glynn Vivian, Abertawe. Sefydlwyd Ymddiriedolaeth Gelf Dulcie Mayne Stephens i ddarparu ysgoloriaethau teithio yn Athrofa Prifysgol Cymru, Caerdydd. Dyfrlliwiau, olew; portreadau. Roedd yn byw yng Ngwenfô, de Cymru.

*Henry Stephens*

### Amy STERLY 1964–
**Enw gwaith Amy Margaret Sterly, gwneuthurydd printiau, cerflunydd. Ganed yn Elgin, Illinois, UDA.**

Astudiodd yng Ngholeg Rockford, Illinois 1982–86. Daeth i Gymru ym 1993. Bu'n gweithio ym maes Cadwraeth Ataliol, Llyfrgell Genedlaethol Cymru, Aberystwyth 1999–2001; Ffowndri Celfyddydau Cain y Castell, Llanrhaeadr-ym-Mochnant o 2001. Comisiwn, paentio cymunedol, Gŵyl yr Ymylon Machynlleth 1999. Gwobrau, Arthur B Adair 1986; Celfyddydau Rhyngwladol Cymru 2004; Cyngor Celfyddydau Cymru 2006. Aelod o Gelfyddydau Gweledol y Gororau. Arddangosfeydd niferus ar y cyd gan gynnwys *The Book as Art*, Oriel Gelf Glynn Vivian, Abertawe 1996; *Biennale Arlunio Cymru*, Canolfan y Celfyddydau Aberystwyth 1997 (teithiol); Y Tabernacl, Machynlleth 1996; Yr Academi Frenhinol Gymreig, Conwy 1997, 1998; *Arddangosfa Agored Wrecsam*, Canolfan Gelfyddydau Wrecsam

2001, 2002; *Artist y Flwyddyn Cymru*, Neuadd Dewi Sant, Caerdydd 2007. Arddangosfa un-ddynes, Oriel Stages, Machynlleth 2001. Erthyglau ar gyfer *a-n* (Awst 2004); *Printmaking Today* (Hydref 2007). Gwaith yng nghasgliad Oriel Gelf Lessedra, Sofia. 'Ffurfiau pensaernïol…yn creu'r dirwedd fodern.' Yn byw yn Llanfair Caereinion, canolbarth Cymru.
*Yr artist*

### Anthony STEVENS 1928–2000
**Cerflunydd. Ganed yn Nrenewydd Gelli-farch, de Cymru. Hefyd yn cael ei adnabod fel Tony Stevens.**

Astudiodd yng Ngholeg Celf Casnewydd 1945–47, 1949–51; Athrofa Addysg, Prifysgol Llundain 1951–52. Hyfforddwr, arlunio/paentio, Coleg y Fyddin 1947–49; athro, ysgolion uwchradd, Trefynwy, Bro Morgannwg 1953–60. Pennaeth Cerfluniaeth/Pennaeth Celf Gain, Coleg Celf Casnewydd/Coleg Addysg Uwch Gwent 1960–79; Pennaeth Celf Gain, Ysgol Gelf Wimbledon 1979–91. Tiwtor, Ysgol Haf y Barri 1956–69. Comisiynau'n cynnwys Coleg Nash, Casnewydd 1971; Ysgol St Dial's, Cwmbrân/Cyngor Celfyddydau Cymru 1975. Aelod o Grŵp De Cymru/Y Grŵp Cymreig; Grŵp 56 Cymru 1963–85; Cymdeithas Artistiaid a Dylunwyr Cymru (aelod sefydlu); Cymdeithas Gelf Gorllewin Sussex (Llywydd 1995–2000). Arddangosfeydd niferus ar y cyd yn cynnwys *Contemporary Welsh Painting and Sculpture*, Pwyllgor Cymreig Cyngor Celfyddydau Prydain Fawr/Cyngor Celfyddydau Cymru (CCC) 1955, 1961, 1963 (i gyd yn deithiol); Oriel Howard Roberts, Caerdydd 1956, 1958, 1961, 1962, 1966; Eisteddfod Genedlaethol Cymru 1959 (gwobr gerfluniaeth), 1960, 1968; Oriel New Vision, Llundain 1961; Amgueddfa ac Oriel Gelf Casnewydd (AOGC) 1979; *Eight Sculptures: Two Decades*, Oriel, CCC, Caerdydd (Oriel) 1984; *Painting the Dragon*, Amgueddfa Cymru (AC) 2000. Arddangosfeydd undyn yn cynnwys Coleg Prifysgol Gogledd Cymru, Bangor 1959; Canolfan Gelfyddydau Abaty Nant Teyrnon, Cwmbrân 1967, 1994; *Anthony Stevens: The Assembling of Parts*, Oriel 1982; *Sculpture by Anthony Stevens*, Amgueddfa ac Oriel Gelf Worthing (AOGW) 1986; Oriel Orsini, Llundain 1991. Cyhoeddiadau'n cynnwys *The Artist and How to Employ Him*, Arthur Giardelli ac eraill (Grŵp 56 Cymru 1976); *Sculpture from the Arts Council Welsh Collection* (CCC 1966). Wedi'i gynnwys yn *Y Celfyddydau yng Nghymru 1950–75*, golygydd Meic Stephens (CCC 1979). Casgliadau'n cynnwys AC; AOGC; AOGW; Cymdeithas Celf Gyfoes Cymru; Prifysgol Abertawe; Prifysgol Bangor. Prynwyd gwaith gan CCC. Clai'n sylfaen, mewn amrywiaeth o ddeunyddiau. Roedd yn byw yn Worthing, Lloegr.

### Meg STEVENS 1931–2012
**Enw gwaith Margaret Stevens, peintwraig, darlunydd, engrafwraig goed. Ganed yn Leeds, Lloegr.**

Astudiodd ym Mhrifysgol Reading 1950–54, gydag Anthony Betts, William McCance; Prifysgol Leeds 1959, gyda Maurice de Saumarez (MA Celf Gain). Daeth i Gymru ym 1970. Comisiynau'n cynnwys Gŵyl Aldeburgh 1961; JM Dent, *Dylan Thomas Stories* 1971–76. Aelod o'r Academi Frenhinol Gymreig (AFG). Arddangosfeydd ar y cyd yn cynnwys AFG, Conwy 1996–2001; Y Tabernacl, Machynlleth 1999; Oriel Albany, Caerdydd. Arddangosfeydd un-ddynes yn cynnwys Tŷ Turner, Penarth 1983; Oriel Eryri, Llanberis 1984; Gŵyl Cefn Gwlad Canolbarth Cymru 1985–95; Neuadd Dewi Sant, Caerdydd 1999. Cyhoeddiad, *A Brush with Nature* (cyhoeddwyd yn breifat 1993, 1997). Casgliadau'n cynnwys Amgueddfa ac Oriel Gelf Brycheiniog; Amgueddfa Natur Mewn Celf, Twigworth. '…agweddau ar dirwedd Cymru sydd heb fod mor gymen …Mae fy holl baentiadau (olew, gouache/dyfrlliw/golchiadau arlunio) wedi'u cynhyrchu yn yr awyr agored …' Roedd yn byw yn Llanfyrnach, canolbarth Cymru.
*Yr artist*

## Valerie STEWART 1937–
**Enw gwaith Valerie Jean Stewart, peintwraig. Ganed yng Nghasnewydd, de Cymru.**

Astudiodd yng Ngholeg Celf Casnewydd 1954–55, 1975–78, gydag Ernest Zobole, John Selway, Ron Carlson; Prifysgol Cymru, Caerdydd 1990 (MEd). Athrawes (cyflenwi), Casnewydd, Caerdydd 1968–82, 2001–07; (llawnamser) Ysgol Uwchradd Dyffryn, Casnewydd 1982–2000. Aelod o Gymdeithas Gelfyddydau'r Menywod (CGM); Y Grŵp 21 Artist Cyfoes. Arddangosfeydd niferus ar y cyd gan gynnwys Amgueddfa ac Oriel Gelf Casnewydd 1970–80, 1982; Neuadd Dewi Sant, Caerdydd 1996, 1998; *Celestial Journey*, Amgueddfa Abertawe 1997; Amgueddfa ac Oriel Gelf y Fenni 1997–99, 2004; *Artists for the New Millennium*, Canolfan Gelfyddydau Abaty Nant Teyrnon, Cwmbrân 2000; WAA, Oriel Canfas, Caerdydd 2005. Arddangosfeydd un-ddynes yn cynnwys Llyfrgell Caerdydd 2005; *Gypsy Life*, Amgueddfa Cwm Cynon, Aberdâr 2006. '… sipsiwn, ffeiriau a syrcasau.' Yn byw yng Nghasnewydd, de Cymru.
*Yr artist*

## Jem STIFF 1960–
**Enw gwaith Jeremy Robert Stiff, cerflunydd. Ganed yn Llundain, Lloegr.**

Astudiodd yn Ysgol Celf a Dylunio Syr John Cass 1994; Coleg Stafford 1996–97, gyda Mike Talbot; Athrofa Prifysgol Cymru, Caerdydd 2007 (MA Celf Gain). Saer coed. Artist preswyl, Longleat 2004. Symposia cerfluniaeth, Meymac, Ffrainc 2003; Saint Maur, Ffrainc 2005. Arddangosfeydd ar y cyd yn cynnwys The Crypt, St Martin in the Fields, Llundain 1997; Oriel Plas Glyn-y-Weddw, Llanbedrog 2003, 2004; *Arddangosfa Agored*, Oriel Davies, Y Drenewydd 2004; Yr Academi Frenhinol Gymreig, Conwy 2005; Oriel Kooywood, Caerdydd (OK) 2005; *Very Important Products*, Oriel Centrespace, Bryste 2007. Arddangosfa ddeuddyn, OK (gyda Menna Angharad) 2005. 'Pren ac efydd, y ffurf ddynol – astudiaethau bywyd haniaethol.' Ei waith yn cynnwys portreadu. Yn byw yn Felindre, canolbarth Cymru.
*Yr artist*

## Gillian STILL 1939–
**Cerflunydd cerameg. Ganed yn Llundain, Lloegr.**

Tad yn Gymro. Astudiodd yng Ngholeg Celf Farnham 1957–61, gyda Henry Hammond, Paul Barron; Coleg Celf Brighton 1961–62 (rhagoriaeth). Athrawes (rhan-amser), Ysgol Ramadeg Woking 1962–65; darlithydd, Coleg Celf Harrow 1965–69; darlithydd (rhan-amser), Coleg Celf Abertawe, Coleg Celf Caerfyrddin, Coleg Celf Henffordd, Coleg Prifysgol Cymru, Aberystwyth, Coleg Prifysgol Abertawe 1971–76. Bu'n byw yn Sbaen 1977–80. Perchennog Oriel y Ffynnon, Llandeilo 1989–2004. Gwobr brynu Gulbenkian 1977. Arddangosfeydd niferus ar y cyd gan gynnwys *Arddangosfa Haf*, Yr Academi Frenhinol, Llundain 1961–63, 1965, 1984; Canolfan Gelfyddydau Taliesin, Abertawe 1971, 1992, 1995; Eisteddfod Genedlaethol Cymru, Aberteifi 1976 (arobryn); Museum für Moderne Keramik, Deidesheim 1980–87; Oriel 31, Y Trallwng 1982, 1983, 1994. Arddangosfeydd deuddyn yn cynnwys Oriel, Cyngor Celfyddydau Cymru (CCC), Caerdydd (gydag Eirian Short) 1981; Theatr Clwyd, Yr Wyddgrug 1986. Arddangosfeydd un-ddynes, Parc Margam, Port Talbot 1985; Canolfan y Celfyddydau Aberystwyth 1989; Amgueddfa Ceredigion, Aberystwyth 1992. Casgliadau'n cynnwys Amgueddfa Cwlen; Oriel Gelf Glynn Vivian, Abertawe; Prifysgol Aberystwyth. Prynwyd gwaith gan CCC. 'Porslen, llestri caled ac efydd …dyfrlliw a thempera wy… "cipluniau" o fywyd, mytholeg a gweithiau llenyddol.' *(Llyfryn a gyhoeddwyd gan Gillian Still, heb ddyddiad)* Yn byw yn Llandeilo, gorllewin Cymru.
*Yr artist*

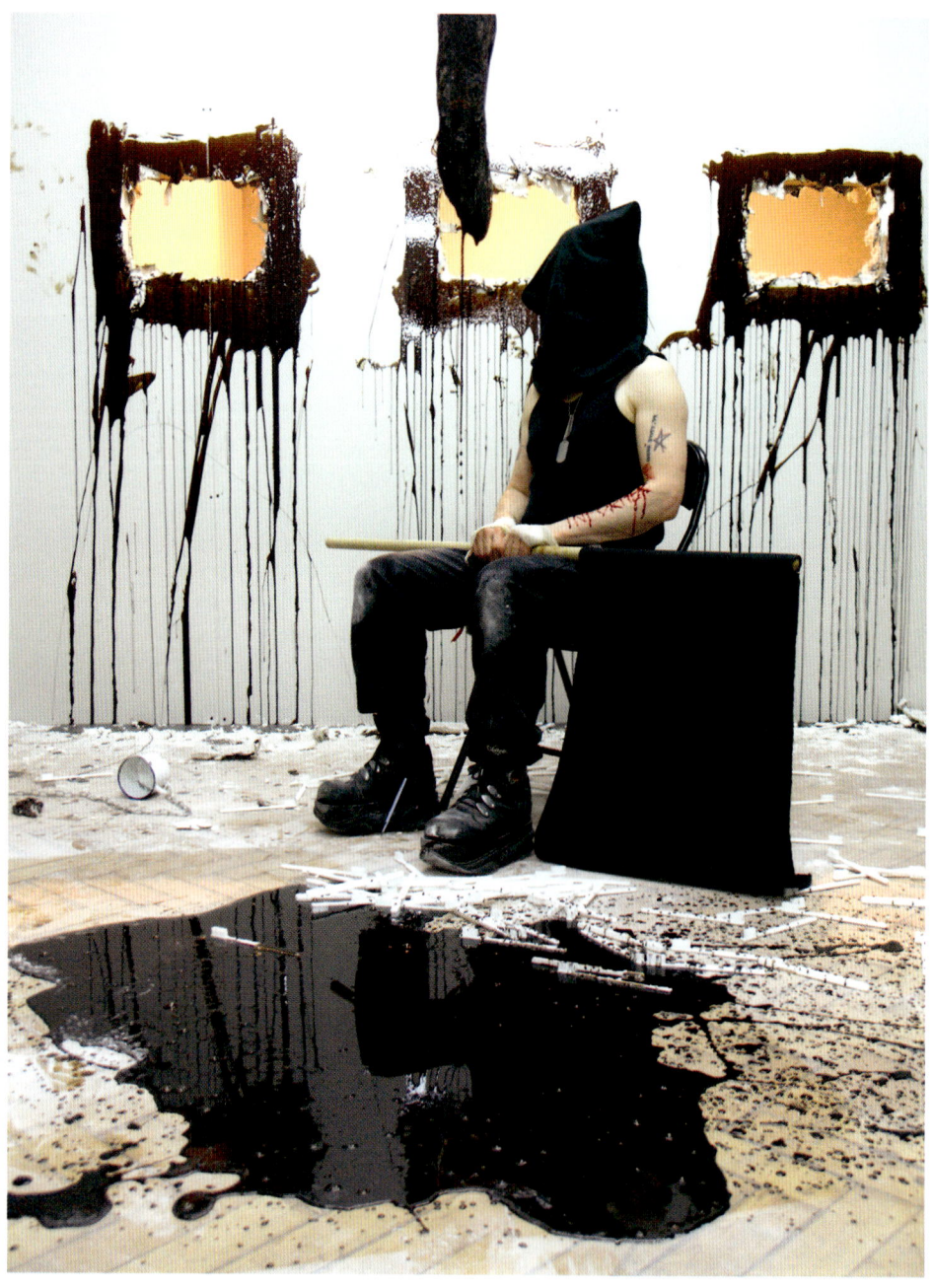

271 | André Stitt
*Chapter: The Institution* Ebrill 2005

## Andre STITT 1958–
**Artist perfformio/rhyngddisgyblaethol. Ganed ym Melffast, Gogledd Iwerddon.**

Astudiodd yng Ngholeg Celf Belffast 1976–80, gydag Alastair MacLennon. Uwch-ddarlithydd, Gwaith sy'n Seiliedig ar Amser, Athrofa Prifysgol Cymru, Caerdydd o 1999. Agorodd *trace:* Installation Artspace, Caerdydd 2000 (grantiau Cyngor Celfyddydau Cymru). Curadur, *Span*, Prosiectau Celfyddydau Rhyngwladol sy'n Seiliedig ar Amser; Gwyliau Celf mewn Amser Caerdydd. Aelod o Grŵp 2nd Wednesday (Caerdydd); Rhwydwaith Celf Berfformio. Arddangosfeydd ar y cyd yn cynnwys *Aart*, Amgueddfa Celf Fodern, Dulyn 1994; *Video Expedition in the Performance World*, Artpool, Bwdapest 1995; *Streetworks*, Oriel Ffotograffiaeth Street Level, Glasgow 1998; *0044*, Amgueddfa Celf Gyfoes PSI ac Amgueddfa Albright Knox, Buffalo, Efrog Newydd 2000; *Something for the Weekend*, Plas Gregynog, Y Drenewydd, canolbarth Cymru 2002; Eisteddfod Genedlaethol Cymru 2006 (Gwobr Ifor Davies). Arddangosfeydd/ymyriadau undyn yn cynnwys *Homework*, Le Lieu, Dinas Québec, Québec 2001; *The Bedford Project*, Oriel Celfyddydau Creadigol Bedford, Bedford 2003 (teithiol); *Reclamation*, Canolfan Gelfyddydau Chapter, Caerdydd (CGChap) 2005; *Totem*, Gofod Celf Gwledig Coed Hills, Bro Morgannwg 2006; *Arcadia (art for morons)*, tactileBosch, Caerdydd 2007. Cyfraniadau niferus i'r wasg gelf; *Homework* (Krash Verlag, Cwlen 2000); *The Institution* (CGChap 2005); *The CAT Show, Cardiff Art in Time* (*trace:* Samizdat Press 2007). Gwaith wedi'i gynnwys yn aml yn y wasg gelf/genedlaethol o 1978; *Contemporary Irish Art*, Roderick Knowles (Wolfhound Press, Iwerddon 1983); *Performance: Live Art since the Sixties*, RoseLee Goldberg (Thames and Hudson 1998); *The Psychology of Performance Art*, Anthony Howell (Harwood Academic Publishers 1999). Casgliadau'n cynnwys Amgueddfa Celf Fodern, Dulyn; Cyngor Celfyddydau Gogledd Iwerddon; Cyngor Celfyddydau Lloegr . '…celf berfformio… gosodweithiau, argraffu digidol, fideograffiaeth, ffotograffiaeth, paentio ac arlunio.' Yn byw yng Nghaerdydd, de Cymru.
*Yr artist*

## Judith STROUD 1946–
**Enw gwaith Judith Madeleine Stroud, peintwraig, gwneuthurydd printiau. Ganed yn Dudley, gorllewin canolbarth Lloegr. Hefyd yn llofnodi ei gwaith yn JM DAVIDOFF.**

Astudiodd yng Ngholeg Celf Bournemouth a Poole 1962–64; Coleg Celf Gorllewin Lloegr, Bryste 1964–67; Coleg Celf Caerlŷr 1968–69. Daeth i Gymru ym 1971. Athrawes, Ghana 1969–71; ysgolion yn Abertawe, Port Talbot 1972–92; Pennaeth yr Adran Gelf, Ysgol Gyfun Gatholig yr Esgob Vaughan, Abertawe 1992–96. Artist/arweinydd gweithdai llawnamser o 1996; Cyfarwyddwr, Gweithdy Argraffu Abertawe (GAA). Prosiectau'n cynnwys *The Dylan Thomas Print Project*, GAA 2002–04. Gwobr y Mileniwm, GAA 2003–04; gwobr Cyngor Celfyddydau Cymru 2005–06. Arddangosfeydd ar y cyd yn cynnwys *Arddangosfa Agored Abertawe*, Oriel Gelf Glynn Vivian, Abertawe 2001–03; Canolfan Gelfyddydau Taliesin, Abertawe 2001–06; Oriel yr Atig, Abertawe 2001–04, 2006; *The Dylan Thomas Print Project*, GAA 2002 (teithio'n rhyngwladol); *Artist y Flwyddyn Cymru*, Neuadd Dewi Sant, Caerdydd 2005, 2006; *Contemporary Welsh Printmakers*, GAA 2007 (teithio'n rhyngwladol); *Small Print, Big Impression*, Gweithdy Argraffu Caerlŷr 2007 (teithiol). Casgliadau'n cynnwys Canolfan Dylan Thomas, Abertawe; Llyfrgell Genedlaethol Cymru. Yn byw yn Abertawe, de Cymru.
*Yr artist*

## Gordon STUART 1924–
**Peintiwr. Ganed yn Toronto, Canada.**

Astudiodd yng Ngholeg Celf Ontario 1946–48; Ysgol Gelf St Martin, Llundain 1951; Coleg Addysg Parc Trent, Llundain 1958–60; Coleg Celf Brighton 1968–69. Byddin Canada 1942–46. Golygydd Celf, cylchgrawn *New Liberty*, Toronto 1948–51. Darlithydd, Ysgol Celf Gain Heatherley, Llundain 1956–57;

athro, Awdurdod Addysg Llundain Fewnol 1960–75 (Dirprwy Bennaeth, o 1969); darlithydd, Athrofa Gelf a Dylunio Caerfyrddin 1960–75; Coleg Celf Dyfed 1975–86. Artist preswyl, Blwyddyn Lenyddiaeth y DU, Abertawe 1995; Canolfan Dylan Thomas, Abertawe (CDT) o 1996. Gwobr Gelf Hunting; Cyngor Celfyddydau Cymru 2004. Aelod o'r Academi Frenhinol Gymreig (AFG); Cymdeithas Ddyfrlliw Cymru; Cymdeithas Gelf Abertawe; Fforwm Celfyddydau Abertawe. Arddangosfeydd niferus ar y cyd gan gynnwys Eisteddfod Genedlaethol Cymru, Ystradgynlais 1954; *Arddangosfa Haf*, Yr Academi Frenhinol, Llundain 1962–2000; AFG, Conwy 1985–92; *Singer and Friedlander/Sunday Times Watercolour Competition*, Orielau'r Mall, Llundain 1985–2000. Arddangosfeydd undyn yn cynnwys CDT 1996, 2003; Oriel Gelf Glynn Vivian, Abertawe (OGGV) 1997, 1999; Neuadd Dewi Sant, Caerdydd 1998, 2000, 2005; Canolfan Gelfyddydau Taliesin, Abertawe (CGT) 2004; Llyfrgell Genedlaethol Cymru, Aberystwyth (LlGC) 2005. Gwaith wedi'i gynnwys mewn cylchgronau niferus gan gynnwys *Planet*. Casgliadau'n cynnwys Cymdeithas Celf Gyfoes Cymru; LlGC; Neuadd y Ddinas, Abertawe; OGGV; Oriel Genedlaethol Canada; Prifysgol Abertawe; Prifysgol Buffalo, Efrog Newydd; Uwchgomisiwn Canada, Llundain; Yr Oriel Bortreadau Genedlaethol, Llundain. Prynwyd gwaith gan Gyngor Celfyddydau Cymru. 'Peintiwr portreadau …a baentiodd y portread olaf o Dylan Thomas…' Yn byw yn Abertawe, de Cymru.
*Yr artist*

### Katherine SULLIVAN 1950–
**Enw gwaith Katherine Angela Sullivan, cerflunydd. Ganed yn Llundain, Lloegr.**

Ei rhieni'n Gymry. Astudiodd ym Mhrifysgol Wolverhampton 1993–96 (Gwobr Mander), gyda Nick Lloyd; Prifysgol Dwyrain Llundain (MA Celf mewn Pensaernïaeth) 1997–98, gyda Jane Riches. Preswyliadau'n cynnwys Celfyddydau Dwyrain Canolbarth Lloegr 2000; Cywaith Cymru 2003; Gweithdy Cerfluniaeth Berllanderi 2003. Arddangosfeydd ar y cyd yn cynnwys *Women's Work*, Oriel Artlink Exchange, Hull 2001; *Swarf*, Oriel Stroud House, Stroud 2003. Arddangosfeydd un-ddynes yn cynnwys *Tower*, Amgueddfa Cas-gwent 2003; Canolfan Gelfyddydau Glan yr afon, Casnewydd 2005. '…sut rydym yn portreadu hunaniaeth trwy… ddillad a phensaernïaeth… penseiri'r cyfnod modernaidd.' Yn byw yng Nghasnewydd, de Cymru.
*Yr artist*

### Graham SUTHERLAND 1903–1980
**Enw gwaith Graham Vivian Sutherland, Urdd Teilyngdod, peintiwr, gwneuthurydd printiau. Ganed yn Streatham, Llundain.**

Yn brentis peirianneg; astudiodd wedyn yng Ngholeg Celf y Gofaint Aur, Llundain (CCGA) 1921–26, gyda Malcolm Osborne, Stanley Anderson. Bu'n gweithio fel gwneuthurydd printiau tan 1930; darlithydd (rhan-amser), ysgythru, yna cysodi, darlunio llyfrau, Ysgol Gelf Chelsea 1927–39. Bu'n byw yng Nghaint, o 1927. Dylunio cerameg, gwydr, tecstiliau, papurau wal yn fasnachol, a datblygu paentio dyfrlliw/olew, ddechrau'r 1930au. Ymweliadau blynyddol â Sir Benfro 1934–39, 1967–79. Artist Rhyfel Swyddogol 1940/41, yn cofnodi difrod y bomiau yn Abertawe, ffowndrïau haearn ger Caerdydd. Darlithydd (rhan-amser), CCGA 1945–46. Ymweliadau blynyddol hirfaith â de Ffrainc, o 1947; bu'n byw ger Menton am sawl blwyddyn o 1955. Derbyniodd Urdd Teilyngdod ym 1960. Cychwynnodd Sefydliad Graham a Kathleen Sutherland, gan arddangos corff o waith yng Nghastell Picton, Sir Benfro 1976–89, pryd y trosglwyddwyd y casgliad i Amgueddfa Cymru (AC). Aelod o Grŵp Llundain. Arddangosfeydd cenedlaethol/rhyngwladol ar y cyd yn cynnwys *International Surrealist Exhibition*, Llundain 1936; *British Art and the Modern Movement 1930–40*, Pwyllgor Cymreig Cyngor Celfyddydau Prydain Fawr 1962; *Art in Wales, The 20th Century: The Early Years 1900–56*, Cyngor Celfyddydau Cymru 1969. Arddangosfeydd undyn niferus gan gynnwys y Pafiliwn Prydeinig, Biennale Fenis 1952: Oriel Tate, Llundain 1953; Yr Oriel Bortreadau Genedlaethol, Llundain, 1977; *Graham Sutherland: Nature*

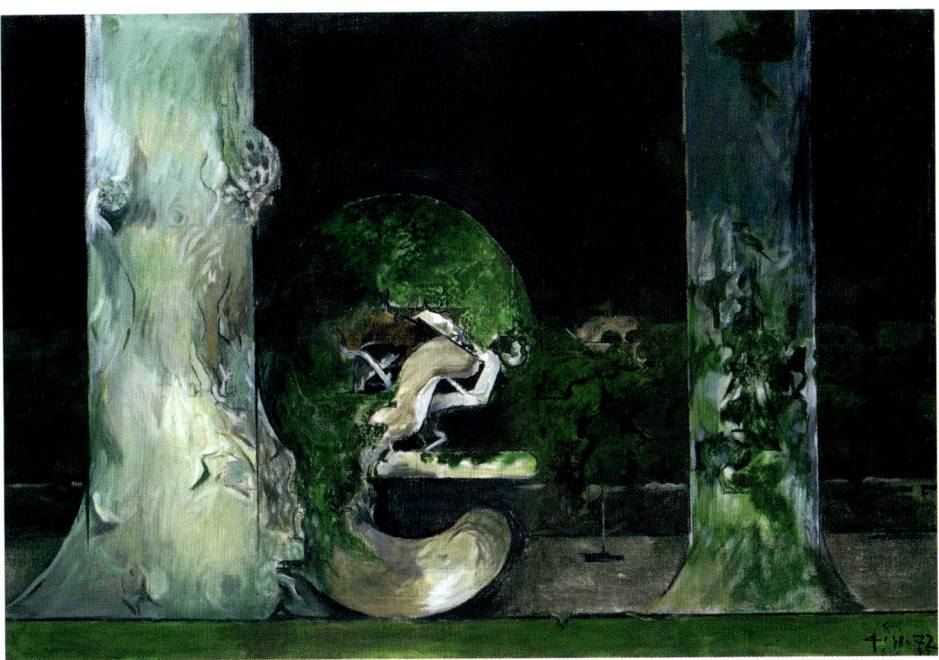

272 | Graham Sutherland
*Trees with G-Shaped Form* 1972

*into Art*, Oriel Gelf Glynn Vivian, Abertawe (OGGV) 2004. Wedi'i gynnwys yn *Graham Sutherland*, Edward Sackville-West (Penguin Modern Painters 1943); *The Work of Graham Sutherland*, Douglas Cooper (Lund Humphries, Llundain 1961); *Graham Sutherland: a biography*, Roger Berthoud (Faber, Llundain 1982). Llawer o gasgliadau gan gynnwys AC, Caerdydd; Amgueddfa ac Oriel Gelf Brycheiniog, Aberhonddu; Amgueddfa ac Oriel Gelf Birmingham; Cymdeithas Celf Gyfoes Cymru; Orielau Cenedlaethol yr Alban; OGGV; Tate, Llundain; Y Cyngor Prydeinig, Llundain; Yr Amgueddfa Ryfel Ymerodrol, Llundain. 'Yn y wlad hon (Cymru) y dechreuais i ddysgu paentio.' Un o hoelion wyth y mudiad neo-Ramantaidd ym Mhrydain; yn nes ymlaen yn agos i Picasso ac i Bacon. Darnau pwysig o waith crefyddol, portreadau, tirluniau o Sir Benfro. Roedd yn byw yn Trottiscliffe, Caint.

## Ann SUTTON 1935–

**Enw gwaith Ann Sutton MBE, gwehydd, artist tecstiliau. Ganed yng ngogledd Swydd Stafford, Lloegr.**

Astudiodd yng Ngholeg Celf Caerdydd 1951–55. Darlithydd, Ysgol Haf Morgannwg, Y Barri; Pennaeth Adran Gwehyddu, Coleg Celf a Dylunio Gorllewin Sussex, Worthing; Uwch-gymrawd, Y Coleg Celf Brenhinol, Llundain 2005. Bu'n arloesi wrth ddefnyddio gwŷdd sy'n gysylltiedig â chyfrifiadur. Sefydlodd Sefydliad Ann Sutton 2001. Gwobrau'n cynnwys Cwmni Anrhydeddus y Gwehyddion 1971; Y Cyngor Crefftau (CC) 1978; Celfyddydau De Lloegr 1984. Athro anrhydeddus, Prifysgol Gelfyddydau, Llundain. Comisiynau'n cynnwys *Towards Sculpture*, Eisteddfod Genedlaethol Cymru, Rhydaman/ Cyngor Celfyddydau Cymru (CCC) 1970; CC 1973, 1983; Adran yr Amgylchedd, Caerdydd 1976. Aelod o Gelfyddydau Cymhwysol Cyfoes; Cymdeithas yr Artistiaid a Dylunwyr Diwydiannol. Arddangosfeydd ar y cyd yn cynnwys *Pictures for Welsh Schools*, Cymdeithas er Addysg drwy Gelf, Caerdydd/Amgueddfa

Cymru (AC) 1950au; *The Craftsman's Art*, Amgueddfa Victoria ac Albert, Llundain (VacA) 1973; *Ann Sutton and Gunilla Treen*, Y Cyngor Crefftau 1974 (teithiol, gan gynnwys Caerdydd); *International Exhibition of Miniature Textiles*, Cyngor Crefftau Prydain, Llundain 1974, 1978, 1980; Amgueddfa Sir Gaerfyrddin 1987. Arddangosfeydd un-ddynes yn cynnwys *Ann Sutton: Textiles*, Cyngor Crefftau Prydain, Llundain 1969, 1975; *Recent Work*, Norrköping Konstmuseum, Sweden 1985; *Ann Sutton: Weaving, Wit and Logic*, CC 2003 (teithiol). Cyhoeddiadau'n cynnwys *Structure of Weaving* (Hutchinson 1982); *Textiles of Wales* (Bellew Publishing 1987); *Ideas in Weaving*, gyda Diane Sheehan (Batsford Press 1989). Ffilm, *The Craft of the Weaver* (Teledu'r BBC 1980). Wedi'i chynnwys yn *Ann Sutton*, Diane Sheehan a Susan Tebby (Lund Humphries 2003); cyfweliad, Archif Electronig a Fideo Genedlaethol y Crefftau, Prifysgol Gorllewin Lloegr, Bryste 2003. Casgliadau'n cynnwys AC; Amgueddfa ac Oriel Gelf y Potteries, Stoke-on-Trent; CC; Oriel Gelf Whitworth, Manceinion; VacA. Prynwyd gwaith gan CCC. Defnydd arloesol o ddeunyddiau; arddull lluniadaethol. Yn byw yn Arundel, Lloegr.

### Philip SUTTON 1928–
**Enw gwaith Philip Sutton RA, peintiwr, gwneuthurydd printiau. Ganed yn Poole, Lloegr.**

Astudiodd yn Ysgol Celf Gain Slade, Llundain (YCGS) 1948–53 (Gwobr am Gyfansoddiad yr Haf), gyda William Coldstream. Gwasanaeth Gwladol. Darlithydd, YCGS 1954–63. Comisiynau'n cynnwys yr Academi Frenhinol, Llundain (AF) 1979, 1985; Coleg West Dean, Chichester 1984, 1986; Swyddfa'r Post 1987; Pentagram 1986; Trafnidiaeth Llundain 1987. Paentio yn Sir Benfro o 1989; cyrhaeddodd Gymru ym 1993. Etholwyd yn Academydd Brenhinol 1988. Aelod o Grŵp Llundain. Arddangosfeydd niferus ar y cyd gan gynnwys arddangosfa John Moores, Lerpwl 1957 (arobryn), 1963 (arobryn); AF 1977, 1979, 1982, 1989, 1995–97, 2005. Arddangosfa ddeuddyn, *Father and Son* (gyda Jacob Sutton), 1998 (teithio Cymru); Oriel Albany, Caerdydd (gyda Jacob Sutton) 2002. Arddangosfeydd undyn niferus gan gynnwys Roland, Browse a Delbanco/Browse a Darby, Llundain o 1953; adolwg, Oriel Gelf Dinas Leeds 1960; adolwg, Yr Academi Frenhinol, Llundain 1977; *Philip Sutton, a Personal View*, Oriel Theatr Clwyd, Yr Wyddgrug 1993 (teithiol); Oriel, Cyngor Celfyddydau Cymru, Caerdydd 1994; *Philip Sutton in Pembrokeshire*, Amgueddfa ac Oriel Gelf Dinbych-y-pysgod (AOGDyp) 1995; *Paintings on Shakespeare*, AF 1995–97 (teithiol); *Paintings from Manorbier*, Oriel Piano Nobile, Llundain 2001; Cynulliad Cenedlaethol Cymru 2006; Oriel Richmond Hill, Llundain 2006, 2007. Rhaglen deledu BBC, Arena 1977. Casgliadau'n cynnwys Amgueddfa ac Oriel Gelf Durban, De Affrica; AOGDyp; Casgliadau Cenedlaethol, Adelaide, Melbourne, Perth, Awstralia; Casgliadau Tate, Llundain; Cyngor Celfyddydau Lloegr, Llundain; Orielau Celf Dinasoedd Birmingham, Bradford, Caerlŷr, Leeds, Manceinion. '…afieithus a bywiocaol… mae ei bortreadau, morluniau, tirluniau a'i luniau bywyd llonydd (yn ffrwydro) fel rocedi amryliw o'i frwsh…' (Hugh Casson, catalog arddangosfa, AOGDyp 1995). Yn byw ym Maenorbŷr, gorllewin Cymru.
*Yr artist*

### Bill SWANN 1947–
**Artist gwydr. Ganed yn Stoke-on-Trent, Lloegr.**

Astudiodd ym Mhrifysgol Gogledd Swydd Stafford 1967–71, 1989–92. Daeth i Gymru ym 1973. Perchennog Crochendy Porthmadog 1975–92. Comisiynau'n cynnwys Cyngor Gwynedd 1998, 2001; Neuadd Gymunedol Talsarnau 2000; Canolfan Ysgrifennu Genedlaethol Tŷ Newydd, Llanystumdwy 2006. Aelod o Tarddiad Gwynedd; Urdd Gwneuthurwyr Cymru (UGC). Arddangosfeydd ar y cyd yn cynnwys Eisteddfod Genedlaethol Cymru, Llanfair-ym-Muallt 1992; Oriel Opus One, Llundain 1994; *Expo 98*, Kyushu 1998; Neuadd Dewi Sant, Caerdydd (NDS) 2003; Oriel Ynys Môn, Llangefni 2005. Arddangosfeydd deuddyn yn cynnwys UGC, Caerdydd (gyda Neil Buxton) 1996; Oriel Plas Glyn-y-Weddw, Llanbedrog (gyda Linda Norris) 2001. Arddangosfeydd undyn yn cynnwys Castell Penrhyn, Bangor

1994–97, 2001; Oriel Pendeitsh, Caernarfon 1995; Parc Treftadaeth y Rhondda 2003; Canolfan Time Warner, Efrog Newydd 2006. Gwaith wedi'i gynnwys yn *Welsh Homes*, Gwenda Griffith a Greg Stevenson (Quinto Press 2006); *Discovering Welsh Houses*, Michael Davies (Graffeg 2007); *Slate of Hand: Stone for Fine Art and Folk Art*, Judy a Ted Buswick (Trafford Publishing 2007); rhaglenni BBC, S4C. Gwaith yng nghasgliad Museum für Kunst und Gewerbe, Hambwrg. 'Pate de verre plwm crisialog a gludweithio… cerfluniau sy'n defnyddio llechi a gwydr stiwdio…' Yn byw ym Mhorthmadog, gogledd Cymru.
*Yr artist*

### Charlotte SWANN 1979–
**Peintwraig. Ganed yn Abertawe, de Cymru.**

Astudiodd yn Athrofa Addysg Uwch Abertawe 1997–98; Y Coleg Celf a Dylunio Cenedlaethol, Dulyn 1998–2002. Athrawes, 2002–03; peintwraig lawnamser o 2003. Arddangosfeydd ar y cyd yn cynnwys *Arddangosfa Agored Abertawe*, Oriel Glynn Vivian, Abertawe 2003; Y Tabernacl, Machynlleth 2004; *Arddangosfa'r Nadolig*, Canolfan Gelfyddydau Taliesin, Abertawe 2004; *Arddangosfa Aeaf*, Canolfan Gelfyddydau Gorllewin Cymru, Abergwaun 2005; *Arddangosfa Agored*, Canolfan Gelfyddydau The Gate, Caerdydd (CGGate) 2005; Oriel Washington, Penarth (OWP) 2005, 2006. Arddangosfeydd un-ddynes yn cynnwys *The Line of Vision*, Canolfan Gelfyddydau Neuadd Llanofer, Caerdydd 2004; *Original Stratum*, Theatr Mwldan, Aberteifi 2005; OWP 2005; *Speaking in Silence*, CGGate 2006. Adolygwyd ei gwaith yn y *Western Mail* (8 Mawrth 2004), *Irish Times* (12 Mehefin 2002). Gwaith yng Nghasgliad y Swyddfa Gwaith Cyhoeddus, Dulyn. '…Tirwedd Cymru.' Yn byw ym Mynachlog Nedd, de Cymru.
*Yr artist*

### Valerie SWEET  Gweler Valerie MILES

### Geoffrey SWINDELL 1945–
**Ceramegydd. Ganed yn Stoke-on-Trent, Lloegr.**

Nain yn Gymraes. Cyrhaeddodd Gymru ym 1975. Astudiodd yng Ngholeg Celf Stoke-on-Trent 1960–67, gyda Derek Emms; Y Coleg Celf Brenhinol, Llundain 1967–70 (MA), gyda Hans Coper. Darlithydd, Ysgol Gelf Caerefrog 1970–75; Coleg Celf Caerdydd/Athrofa Prifysgol Cymru, Caerdydd 1975–2003. Cymrodor, Cymdeithas y Crochenwyr Crefft, Llundain. Arddangosfeydd ar y cyd yn cynnwys *International Ceramics*, Amgueddfa Victoria ac Albert, Llundain (VacA) 1972; *The Craftsman's Art*, Pwyllgor Crefftau'r Cyngor Dylunio (PCCD), VacA 1974; *Ceramic Forms*, PCCD 1974 (teithio yn Ewrop); *British Ceramics Today*, Prifysgol Talaith Pennsylvania 1982 (teithiol). Arddangosfeydd undyn niferus ar y cyd yn gynnwys Canolfan Grefft Prydain, Llundain 1972; Oriel Rhydychen 1974, 1979; Amgueddfa Cymru (AC) 1978; Oriel Graham, Efrog Newydd 1979, 1980, 1985, 1990, 2003, 2006; Canolfan y Celfyddydau Aberystwyth 1988; Amgueddfa ac Oriel Gelf Casnewydd (AOGC) 2002. Gwaith wedi'i gynnwys mewn llawer o gyhoeddiadau: *Ceramics of the Twentieth Century*, Tamara Préaud a Serge Gauthier (Rizzoli International, Y Swistir 1982); *A History of World Pottery*, Emanuel Cooper (Batsford 1988); *Contemporary Studio Porcelain*, Peter Lane (A&C Black, Llundain 2003); *Porcelain and Bone China*, Sasha Wardell (Crowood Press 2004). Casgliadau'n cynnwys AC; Amgueddfa Ashmole, Rhydychen; Amgueddfa Celf Gerameg Americanaidd, California; Amgueddfa Celfyddydau Cymhwysol, Sydney; Amgueddfa Frenhinol yr Alban, Caeredin; Amgueddfa Gerameg Keramion, Yr Almaen; AOGC; Amgueddfa Ulster, Belffast; Prifysgol Aberystwyth; VacA; Y Cyngor Crefftau. Prynwyd gwaith gan Gyngor Celfyddydau Cymru. 'Yn cael fy ysbrydoli gan… ddarluniau o greaduriaid morol …caledwedd ffuglen wyddonol, ffosilau, teganau tun… gwrthrychau sydd wedi'u herydu gan y môr ac amser y ceir hyd iddynt ar ddraethau de Cymru.' Yn byw yn Ninas Powys, de Cymru.
*Yr artist*

**Rhian SYMES** 1956–
**Peintwraig. Ganed yng Nghwmbrân, de Cymru.**

Astudiodd yng Ngholeg Celf Casnewydd 1973–74, gydag Anthony Stevens, Ernest Zobole. Artist cerameg, Welsh Crest China Cwmbrân 1975–85; peintwraig tsieina lawrydd 1985–90; gwneuthurydd/adferwraig doliau, gwneuthurydd mapiau 1990au; tiwtor (rhan-amser), Ymddiriedolaeth Natur Brycheiniog, o 2005. Artist preswyl, Ysbyty Coffa'r Rhyfel Aberhonddu 2003, 2004. Aelod o Gymdeithas Ddyfrlliwiau Cymru; Celfyddydau Anabledd Cymru. Arddangosfeydd ar y cyd yn cynnwys Olympia, Llundain 1980au; Canolfan Javits, Efrog Newydd 1980au; Oriel Makers, Caerdydd, o 2002; Oriel Parkfields, Rhosan ar Wy o 2002; Oriel Ardent, Aberhonddu, o 2006. 'Paentiadau o ddŵr adlewyrchol, gyda bywyd gwyllt a liliau'r dŵr.' Yn byw yn Aberhonddu, canolbarth Cymru.
*Yr artist*

**David SYMONS** 1970–
**Enw gwaith David Richard Symons, peintiwr, ffotograffydd, artist cymunedol. Ganed yn Abertawe, de Cymru.**

Astudiodd yn Athrofa Addysg Uwch Gorllewin Morgannwg 1989–90, gyda Jeffrey Spedding, John Howes; Prifysgol Sunderland 1990–93, gyda Virginia Badman, Ralph Fulcher; Prifysgol Cymru, Caerdydd 1996–97. Tiwtor, gweithdai/ysgolion/addysg oedolion, de Cymru 1997–2007; Cydgysylltydd Prosiectau, Cywaith Cymru.Artworks Wales (CC.AW) 2005–07; Rheolwr Prosiectau Cynorthwyol, Celf Gyhoeddus Cymru/Safle 2007. Artist preswyl, Murlun Cymunedol, Y Gilfach Goch, 2000; Ysbyty'r Tri Chwm 2001; Canolfan y Berwyn, Nant-y-moel, CC.AW 2002; Murlun Tanffordd Ystradgynlais, CC.AW/Cyngor Sir Powys 2003 (enillydd gwobr driphlyg: Sustrans; Cyngor Diogelwch ar y Ffyrdd Cymru; Sefydliad Logisteg a Thrafnidiaeth Cymru); Parc Brynmill, Abertawe 2003–04. Comisiynau'n cynnwys Theatr Cwmtawe 1996; Theatr Felin-fach 1997; Eisteddfod Genedlaethol Cymru (EGC), Llandeilo 1996, Y Bala 1997, Pen-y-bont ar Ogwr 1998. Aelod o Ffotogallery, Caerdydd, Artistiaid Bro Morgannwg. Arddangosfeydd ar y cyd yn cynnwys *Arddangosfa Agored Aberystwyth*, Canolfan y Celfyddydau Aberystwyth 1995; *Gwobrau Celf Pontardawe* 1995; *Arddangosfa Agored y Drenewydd*, Oriel Davies, Y Drenewydd 2000; *Artist y Flwyddyn Cymru*, Neuadd Dewi Sant, Caerdydd 2001; EGC, Casnewydd 2004. Arddangosfa undyn, Amgueddfa Cwm Cynon, Aberdâr 2001. '…cyfryngau ffotograffig a digidol, Cliché Verre …' Yn byw yn y Barri, de Cymru.
*Yr artist*

# ARTISTIAID: T

**Nigel TALBOT** 1952–
**Cerflunydd. Ganed yn Taunton, Lloegr.**

Astudiodd yng Ngholeg Celf Casnewydd (CCCas) 1972–75; Ysgol Gelf Glasgow (YGG) 1975–76. Pennaeth Celf a Dylunio, Ysgol Gyfun Cil-y-coed 1985–98; tiwtor, cerameg, Addysg Oedolion Sir Fynwy 1989–98; tiwtor cerflunio, rhaglen yr haf, Coleg Skidmore, Saratoga Springs, Efrog Newydd (CS) 1998–2000. Dychwelodd i Gymru ym 1978. Preswyliadau 1998–2005 gan gynnwys y Gurnos, Merthyr Tudful; *Opt for Art*, Merthyr Tudful; Yr Ymddiriedolaeth Genedlaethol, Erddig, Wrecsam (EW); Parc Glynllifon, Caernarfon; Ysbyty Brenhinol Morgannwg, Llantrisant. Prosiectau celf gymunedol niferus gan gynnwys CS 1996, 1998; Siuntio, Y Ffindir 1997; EW 2002; Cofeb Howard Winstone, Merthyr Tudful 2003; Llyn Cosmeston, Penarth 2004; Gerddi Rhyngwladol Aber-fan 2004; Llanrwst 2005. Arddangosfeydd ar y cyd yn cynnwys *Young Welsh Sculptors*, Cyngor Celfyddydau Cymru 1979 (teithiol); *Three Sculptors*, Canolfan Gelfyddydau Chapter, Caerdydd 1981 (teithiol); *Lightproof, Artists using Light*, Fenis 2002; *Artists in Transit*, Oriel Gerddi Howard, Caerdydd 2005. Arddangosfeydd undyn gan gynnwys Oriel 103, Athrofa Gogledd Ddwyrain Cymru, Wrecsam 2002; EH 2002; Oriel Ynys Môn, Llangefni 2007; Amgueddfa ac Oriel Gelf Casnewydd 2007. 'Saflebenodol yw fy ngwaith … yn cynnwys y gymuned neu grwpiau ysgol…' Yn byw yng Nghaerdydd, de Cymru.
*Yr artist*

**Angharad TARIS** 1964–
**Ceramegydd. Ganed yng Ngheinewydd, gorllewin Cymru.**

Astudiodd yng Ngholeg Celf Dyfed, Caerfyrddin 1983–84; Coleg Celf a Dylunio St Martin, Llundain 1987–90, gydag Eileen Nisbet, Gordon Baldwin, John Stezaker, Michael Flynn (gradd yn y dosbarth cyntaf). Swyddog Gwybodaeth, Oriel Tate, Llundain 1991–94; athrawes, Coleg Shiplake, Henley on Thames 1994–98; Cydgysylltydd Prosiect, Comisiynau, Cywaith Cymru 1998–2000; darlithydd, Prifysgol Aberystwyth o 2001. Comiswn ar gyfer placiau Llwybr Dylan Thomas, Ceredigion. Gwobr, Celfyddydau Rhyngwladol Cymru 2004. Aelod o Artistiaid Teifi; Stiwdios Agored Aberteifi. Arddangosfeydd ar y cyd yn cynnwys *Ceramic Contemporaries 1*, Amgueddfa Victoria ac Albert, Llundain 1993 (gwobrwywyd); *Art '94*, Ffair Gelf Llundain, Canolfan Dylunio Busnes, Llundain 1994; *New Welsh Ceramicists*, Canolfan y Celfyddydau, Aberystwyth 1995; *Arch 191*, The Orangery, Holland Park, Llundain 1997; *Surface*, Curaduriaid Ifainc, Oriel Davies, Y Drenewydd (OD) 2006; Gweithdy Cymru, Abergwaun (rheolaidd). Arddangosfa un-ddynes, *Attachment*, Oriel Mwldan, Aberteifi 2006. '…hen wrthrychau amaethyddol sy'n datgymalu ac yn rhydu ac yn cael eu hindreulio … cerrig, rhwd a haenau.' Yn byw yng Ngheinewydd.
*Yr artist*

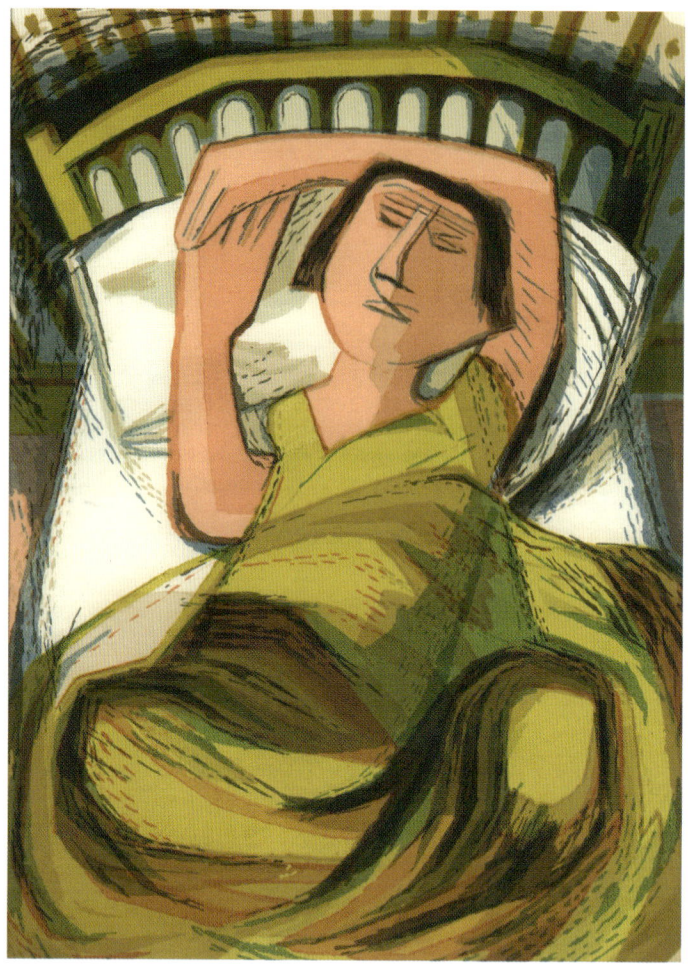

273 | James Tarr
*Woman Sleeping* 1960

### James TARR 1905–1996

**Enw gwaith James Cresser Tarr, peintiwr. Ganed yn Abertawe, de Cymru.**

Astudiodd yn Ysgol Gelf Abertawe; Ysgol Gelf Cheltenham 1921–24; Y Coleg Celf Brenhinol, Llundain (CCB) 1924–28; Ysgolhaig CCB 1928–29. Darlithydd, Ysgol Gelf Colchester 1929–31; Ysgol Gelf Hull 1934; Ysgol Gelf Derby 1935–36. Pennaeth, Ysgol Gelf Lydney 1936–38; Ysgol Gelf High Wycombe 1938–46; Ysgol/Coleg Celf Caerdydd 1946–70. Llywydd, Cymdeithas Genedlaethol er Addysg mewn Celf a Dylunio 1957, 1970. Aelod o Grŵp De Cymru/Y Grŵp Cymreig; Cymdeithas Gelf De Cymru; Cymdeithas Ddyfrlliwiau Cymru. Arddangosfeydd ar y cyd yn cynnwys Eisteddfod Genedlaethol Cymru (y wobr gyntaf, tirluniau a phortreadu 1930; tirluniau 1932). *Arddangosfa Haf*, Yr Academi Frenhinol, Llundain, sawl gwaith 1939–60; Biwro Arddangosfeydd Celf, sawl gwaith 1939–60 (teithiol); *Welsh Painting*, Oriel St George, Llundain 1947; *Paintings by Welsh Artists*, Oriel Heals Mansard, Llundain 1948; *Pictures for Welsh Schools*, Y Gymdeithas er Addysg drwy Gelf/Amgueddfa Cymru (AC) 1952–61; *Contemporary Welsh Painting and Sculpture*, Pwyllgor Cymreig Cyngor Celfyddydau Prydain Fawr,

1955, 1958 (y ddwy'n deithiol). Wedi'i gynnwys yn 'Artists of Wales', Goronwy Powell (*Western Mail* 1955). Casgliadau'n cynnwys Amgueddfa ac Oriel Gelf Casnewydd, de Cymru; AC; Prifysgol Aberystwyth. Prynwyd gwaith gan Gyngor Celfyddydau Cymru. Tirluniau, paentiadau ffigurau. Roedd yn byw yng Nghaerdydd, de Cymru.

*Andrew Tarr*

### Alan TAYLOR 1930–

**Dylunydd, peintiwr a darlunydd. Ganed ym Mryniau Nilgiri, India. Hefyd yn ei alw ei hun yn Supercovers, ar gyfer dylunio cloriau llyfrau.**

Astudiodd yn Ysgol Bensaernïaeth Delhi 1947–50; Coleg Celf Kingston 1951–54, gyda Wilfred Fairclough, Douglas Hobson; Y Coleg Celf Brenhinol, Llundain 1955–58, gyda John Skeaping, Leonard Underwood, Henry Moore, Jacob Epstein. Cyrhaeddodd Gymru ym 1959. Uwch Ddylunydd, Teledu BBC Cymru 1959–87; celf gyfrifiadurol, paentio a dylunio llyfrau o 1987. Cynlluniodd y set ar gyfer Arwisgiad Tywysog Cymru, Castell Caernarfon; Arddangosfa'r Arwisgiad, Amgueddfa Cymru 1969; arddangosfeydd i Gyngor Celfyddydau Cymru yn y 1960au. Arddangosfeydd niferus ar y cyd. Arddangosfeydd undyn gan gynnwys *Cats in the Coach House*, Oriel y Coach House, Caerffili 1990; *The Collection*, Canolfan Gelfyddydau Abaty Nant Teyrnon, Cwmbrân; *Landscape Drawings of Wales*, Oriel Makers, Y Trallwng 1993; *Cats, Nudes and Landscapes*, Oriel Ffwrwm, Caerllion 1994; *Computer Art in Wales*, Oriel GPF, Casnewydd 1997, 2004. Gwaith yn cael ei gynnwys mewn rhaglenni teledu'r BBC, HTV. Casgliadau'n cynnwys BBC Cymru; Prifysgol Bangor; Prifysgol Caerdydd, 'Wedi cynnal y sioe gelf gyfrifiadurol undyn gyntaf yng Nghymru.' Yn byw yng Nghasnewydd, de Cymru.

*Yr artist*

### Caroline TAYLOR 1969–

**Ceramegydd. Ganed yn Hull, Lloegr.**

Cyrhaeddodd Gymru ym 1993. Astudiodd ym Mhrifysgol Wolverhampton 1989–92; Athrofa Prifysgol Cymru, Caerdydd (APC) 1993–94. Artist preswyl, Canolfan y Celfyddydau Aberystwyth (CCA) 1998, 1999; Arddangosydd Technegol, APC o 1997. Aelod o Stiwdios Fireworks, Caerdydd (SF). Arddangosfeydd ar y cyd yn cynnwys *Ceramic Contemporaries 2*, Amgueddfa Victoria ac Albert, Llundain 1996; *The Cat Scratched Little Johnny*, CCA 1999; Eisteddfod Genedlaethol Cymru, Casnewydd 2004, Eryri a'r Cylch 2005; Oriel Canfas, Caerdydd 2006; *Ten Years On, Fireworks Studios*, Oriel y Bont, Prifysgol Morgannwg, Pontypridd (OYB) 2007 (teithiol). Arddangosfeydd un-ddynes yn cynnwys *Objects of Dissent*, Oriel, Cyngor Celfyddydau Cymru, Caerdydd 1997; *Sioe arddangos y Cyntedd*, y Cyngor Crefftau, Llundain 1999; *Domestic Science*, OYB 2001. Gwaith wedi'i gynnwys yn 'The Politics of Print', Moira Vincentelli (*Ceramic Review*, Mai/Mehefin 2000). Casgliadau'n cynnwys Amgueddfa ac Oriel Gelf Casnewydd; Canolfan Gelfyddydau Wrecsam. '…dewis bwyd yng nghymdeithas y gorllewin… y berthynas rhwng pobl ac anifeiliaid, a sut mae hyn yn cael ei adlewyrchu yn ein diwylliant gweledol.' Yn byw yng Nghaerdydd, de Cymru.

*Yr artist*

### James TEAGUE 1964–

**Enw gwaith James Anthony Teague, peintiwr. Ganed yn Rickmansworth, Lloegr.**

Ei nain a'i daid yn Gymry. Cyrhaeddodd Gymru 1986. Astudiodd yn Ysgol Gelf Southampton 1983–84; Ysgol Gelf Aberystwyth (YGA) 2004–07 (rhan-amser). Gyrrwr trên o 1984. Gwobr Fred Mansel, YGA 2005. Aelod o Urdd Artistiaid y Rheilffyrdd (UARh). Arddangosfeydd ar y cyd yn cynnwys Y Tabernacl, Machynlleth 2000–07; *Biennale Arlunio Cymru*, Wrecsam 2002, 2005; UARh Swindon 2003, Caer Efrog 2004; Biennale Oriel Davies, Y Drenewydd 2004. Gwaith wedi'i gynnwys yn *Along Artistic Lines – Two*

*Centuries of Railway Art*, Beverley Cole ac Andrew Scott (Atlantic 2004). Casgliadau'n cynnwys Amgueddfa Genedlaethol y Rheilffyrdd/UARh, Caerefrog. 'Dydw i ddim yn artist rheilffordd yng ngwir ystyr y gair a bydd fy nhestunau'n amrywio…' Yn byw ym Machynlleth, canolbarth Cymru.
*Yr artist*

### Angie TEIGER 1940–
**Enw gwaith Angela Rosalind Helen Teiger, peintwraig, artist tecstiliau, ceramegydd. Ganed yn Tipton, Lloegr.**

Ei thad yn Gymro. Astudiodd yng Ngholeg Celf Birmingham 1956–59; Coleg Celf a Dylunio St Martin, Llundain 1963–65, gydag Albert Herbert; Prifysgol Llundain 1965–66. . Cyrhaeddodd Gymru ym 1986. Preswyliadau'n cynnwys Calcutta, Bengal 1992; Canolfan Gelfyddydau Indo-Isalmaenig, Trivandrum, Kerala (CGII) 1997; Coleg Celf Cyprus 2000, 2001, 2002. Aelod o Grŵp y Riverside Artists, Llundain; Grŵp Artistiaid Glannau Teifi; Stiwdios Agored Ceredigion. Arddangosfeydd ar y cyd yn cynnwys Ffair Grefftau Chelsea, Llundain 1985–87; *Craft Works*, Y Neuadd Gŵyl Frenhinol, Llundain 1991; Oriel Muu, Kyoto 1992; *Crafts in Action*, Canolfan Gelfyddydau San Dunwyd 1994; Amgueddfa Gelf Fodern Tashkent 1995; Stiwdios Agored Aberteifi 2003–05. Arddangosfeydd un-ddynes yn cynnwys Oriel Asahi, Llundain 1988; *Art to Wear*, Oriel Compendium, Auckland 1996; *Celtic Uzbek Exhibition*, Oriel Mwldan, Aberteifi (OMA) 1996 (teithiol); *Cymru Komari*, CGII 1997; Oriel Stiwdios Steps, Arberth 1998; *A Celebration of 30 Years Work*, OMA 2005. '…yr hyn sydd o'm cwmpas sy'n dylanwadu ar fy ngwaith; daw'r lliw o'r tir a'r môr yn Llangrannog.' Yn byw yn Llangrannog, gorllewin Cymru.
*Yr artist*

### Ceri THOMAS 1958–
**Peintiwr, Ganed yn Llundain, Lloegr.**

Ei rieni'n Gymry. Astudiodd yng Ngholeg Prifysgol Llundain 1978–82, gyda John White, John Hale, Lawrence Gowing; Coleg Prifysgol Cymru, Aberystwyth 1983–87 (MA Celf Weledol), gyda David Tinker, Alistair Crawford; Accademia di Belle Arti, Fflorens, yr Eidal 1989–90, gyda Pietro Annigoni; Prifysgol Morgannwg (PM) 2002–07 (PhD). Darlithydd, Coleg Abertawe 1993–2001; Cymrodor Ymchwil, PM 2001–06; Curadur Casgliadau Celf, PM 2006–07. Ysgoloriaeth Addysg Uwch Cyngor Ewrop i Fflorens 1989–90; Gwobr Goffa Gwyn Alf Williams 1999. Aelod o'r Grŵp Cymreig; Yr Academi Frenhinol Gymreig (AFG). Arddangosfeydd ar y cyd yn cynnwys Eisteddfod Genedlaethol Cymru, Llanbedr Pont Steffan 1984; *Pwy ydym ni?* Amgueddfa Cymru 2000; *Arddangosfa Agored Abertawe*, Oriel Gelf Glynn Vivian, Abertawe (OGGV) 2000, 2001; *Artist y Flwyddyn Cymru*, Neuadd Dewi Sant, Caerdydd (NDS) 2000, 2001; *The Painted Pot*, Amgueddfa ac Oriel Gelf Casnewydd 2006; *Grace Williams Centenary*, Llyfrgell Genedlaethol Cymru, Aberystwyth 2006 (teithiol). Arddangosfeydd undyn yn cynnwys *Tuscan Perspectives 1989–90*, Athrofa Brydeinig Fflorens, Yr Eidal 1990; *Golden Prospects*, Canolfan Gelfyddydau'r Eglwys Norwyaidd, Caerdydd 1992; *Patria*, OGGV 1998; *Rites of Passage*, Canolfan Dylan Thomas, Abertawe 2003; *Time and Place*, Oriel y Bont, Prifysgol Morgannwg, Pontypridd 2004. Erthyglau niferus, *New Welsh Review*, *Arts Review* a *Planet* o 1999; *Ernest Zobole: a Retrospective* (PM 2004); *Ernest Zobole: a Life in Art* (Seren Books, Pen-y-bont ar Ogwr 2007); *Mapping the Welsh Group* 2007. Casgliadau'n cynnwys Cynulliad Cenedlaethol Cymru, Caerdydd; Llyfrgell Genedlaethol Cymru, Aberystwyth; Parc Treftadaeth y Rhondda. '…diwylliant Cymru a'r Eidal.' Yn byw yn Abertawe, de Cymru.
*Yr artist*

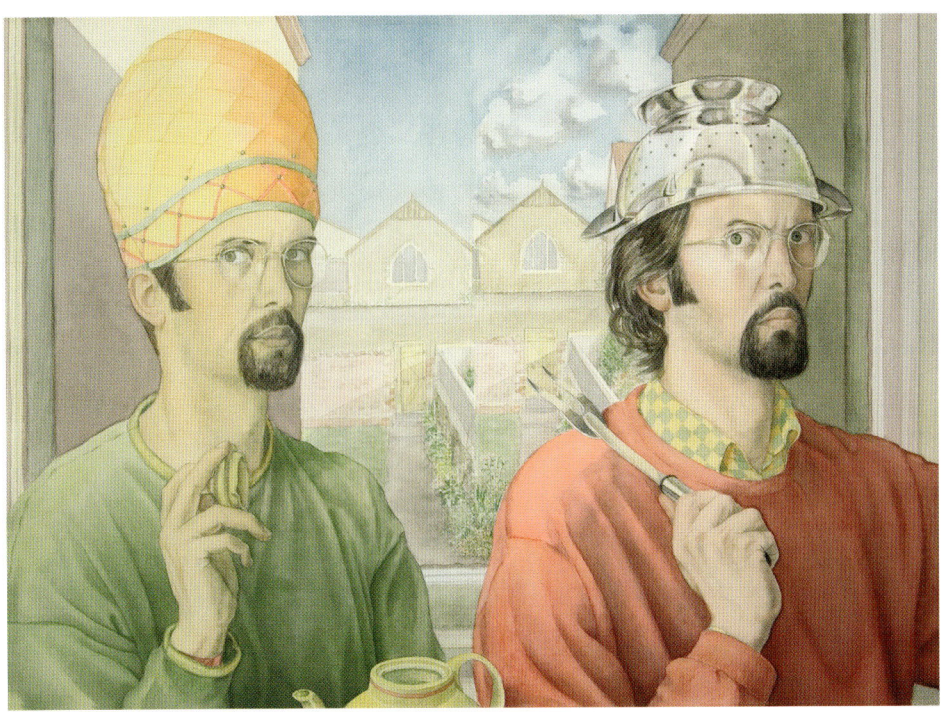

274 | Ceri Thomas
*Tŷ -tea, Guard-gardd* 1996–98

## Cynthia Margaret THOMAS  Gweler Cynth WEYMAN

## Elizabeth THOMAS 1927–
**Enw gwaith Elizabeth Mary Thomas, peintwraig. Ganed yng Nghastell-nedd, de Cymru.**

Astudiodd yng Ngholeg Prifysgol Cymru, Aberystwyth (CPCA) 1945–48 (Ffrangeg); CPCA 1948–49; Coleg Holborn, Llundain 1964–65 (Rwsieg). Pennaeth Adran Ffrangeg, Ysgol Ramadeg i Ferched, Aberdâr 1949–62; Pennaeth Ieithoedd Modern, Ysgol Gyfun Mynydd-bach, Abertawe 1962–81. Peintwraig lawnamser o 1981. Arddangosfeydd ar y cyd yn cynnwys Salon des Artistes Français, Paris 1969, 1970, 1972–78, 1982, 1986, 1987; Galerie Vallombreuse, Biarritz 1970; Galerie Mouffe, Paris 1971; Yr Academi Frenhinol Gymreig, Conwy 1976–81,1983–85, 1988; Cymdeithas y Peintwragedd, Orielau'r Mall, Llundain 1982; Cymdeithas yr Artistiaid Botaneg, Oriel San Steffan, Llundain 1992–94. Arddangosfeydd un-ddynes yn cynnwys Canolfan y Celfyddydau Aberystwyth, 1973; Coleg Prifysgol Abertawe 1979; Amgueddfa Abertawe 1983; Oriel Gelf Glynn Vivian, Abertawe 1984; Canolfan Dylan Thomas, Abertawe 1985–88; Oriel yr Atig, Abertawe 1989–96, 1999–2004, 2007. Gwaith wedi'i gynnwys mewn erthyglau yn y *South Wales Evening Post*. 'Paentio blodau a thirlun Cymru.' Yn byw yn Abertawe, de Cymru.
*Yr artist*

### Fern THOMAS 1983–

**Artist perfformio a fideo. Ganed yng Nghastell-nedd, de Cymru.**

Astudiodd yn Athrofa Addysg Uwch Abertawe (AAUA) 2001–02, gyda Bella Kerr, Osi Rhys Osmond; Prifysgol Brookes Rhydychen (PBRh) 2002–05, gyda Shelley Sacks; AAUA 2005–06 (MA). Aelod o Uned Ymchwil Cerfluniaeth Gymdeithasol, PBRh, o 2003. Aelod o Treffung; Grŵp Rhydychen. Arddangosfeydd ar y cyd yn cynnwys *Oxdox*, Gŵyl Ffilmiau Dogfen Ryngwladol Rhydychen 2005; *Expedition No 3*, ART IG – Ystafell Arddangos, Hanover 2005; *Artists Rolls*, Gŵyl Tanio Tawe, Oriel Mission, Abertawe (OMA) a Chanolfan Gelfyddydau Taliesin, Abertawe 2006; *Titled*, OMA 2006; *Arddangosfa Agored Abertawe*, Oriel Gelf Glynn Vivian, Abertawe 2006; *Experimentica 06*, Canolfan Gelfyddydau Chapter, Caerdydd 2006. '…mytholeg, straeon creu, defodaeth.' Yn byw yn Abertawe, de Cymru.
*Yr artist*

### Gareth THOMAS 1955–

**Enw gwaith Gareth Charles Thomas, peintiwr. Ganed yn Abertawe, de Cymru.**

Astudiodd yng Ngholeg y Drindod, Caerfyrddin (CDC) 1975–78, gyda Robert Hunter, Gareth Jones. Artist preswyl, Oriel Gelf Glynn Vivian, Abertawe (OGGV) 1983. Comisiynau'n cynnwys y Magnelwyr Brenhinol, Dortmund; y Peirianwyr Brenhinol, Pontsenni. Aelod o Gymdeithas Artistiaid a Dylunwyr Cymru 1980–83; Cymdeithas Ddyfrlliwiau Cymru 1984–96. Arddangosfeydd ar y cyd yn cynnwys Cymdeithas Frenhinol Artistiaid Morol, Llundain 1982, 1983; Oriel Bohun, Henley on Thames (OB) 1985–88; Oriel Plas Glyn-y-Weddw, Llanbedrog 1985–2007; Canolfan Gelfyddydau Taliesin, Abertawe (CGT) 1986–93; Oriel Thackeray, Llundain 1987–90. Arddangosfeydd deuddyn yn cynnwys Amgueddfa Caerfyrddin (gyda Richard Criddle) 1981; OB (gyda Hugh Casson) 1987; Oriel Albany, Caerdydd (OA) (gyda Neil Murison) 1993. Arddangosfeydd undyn yn cynnwys Theatr y Grand, Abertawe 1981, 1982; OGGV 1983, 1986; CGT 1988; Oriel yr Atig, Abertawe 1991–2007; OA 1995–2007. Gwaith wedi'i gynnwys yn y wasg/cyfryngau yng Nghymru. Casgliadau'n cynnwys Bwrdeistref Hackney Llundain; OGGV; Prifysgol Cymru Y Drindod Dewi Sant; Tŷ'r Arglwyddi, Llundain. '…paentio yn yr awyr agored.' Yn byw yn Llangynydd, de Cymru.
*Yr artist*

### Gwilym THOMAS 1914–1995

**Ceramegydd, peintiwr. Ganed yn Abertawe, de Cymru.**

Astudiodd yn Ysgol Gelf Abertawe o 1931; Y Coleg Celf Brenhinol, Llundain 1935–38, gyda William Staite Murray. Athro, dosbarthiadau nos, Cyngor Sir Llundain, Ysgol Gelf Putney; clybiau bechgyn, Llundain. Athro (rhan-amser), Ysgolion Celf Bromley a Maidstone, o 1945, gan adael Bromley ym 1949. Darlithydd, gan ddod yn Bennaeth Cerameg, Coleg Celf Hammersmith, Llundain 1951–75. Crochenydd stiwdio. Arddangosfeydd undyn yn cynnwys Sefydliad y Gymanwlad, Llundain 1970; *Gwilym Thomas: A Retrospective Exhibition*, Oriel Gelf Glynn Vivian, Abertawe (OGGV) 1997. Cyhoeddiadau'n cynnwys *Step by Step Guide to Pottery* (Hamlyn 1973). Casgliadau'n cynnwys Amgueddfa ac Oriel Gelf Birmingham; Amgueddfa Cymru, Caerdydd; OGGV; Prifysgol Aberystwyth. 'Mae (ei) gerameg…yn perthyn i oes aur o grochenwaith stiwdio a ddechreuodd yn y 1920au gan ffynnu am o leiaf bedwar degawd ar ôl hynny.' (*Graham Whitham*, catalog, OGGV 1997) Roedd yn byw yn Orpington, Lloegr.

### Irene Elizabeth THOMAS 1930–

**Peintwraig, bardd, awdur. Ganed yng Nglynebwy, de Cymru.**

Astudiodd yng Ngholeg Celf Caerdydd 1947–51. Bu'n cynnal ei hysgol dawnsfeydd ei hun 1970–82. Gwobrau niferus am farddoniaeth ac ysgrifennu o 1983. Tiwtor rhan-amser, Celf a Dylunio Safon Uwch, Coleg Trydyddol Glynebwy 1972–75. Comisiynau'n cynnwys Coleg Preswyl yr Hill, Y Fenni

Arddangosfeydd ar y cyd yn cynnwys Eisteddfod Genedlaethol Cymru, Glynebwy 1958, Caerfyrddin 1974, Dwyfor 1975, Caerdydd 1978; Yr Hen Lyfrgell, Caerdydd 2001, 2002; Oriel Washington, Penarth 2001, 2003; *A Childhood in the Valleys*, Canolfan Gelfyddydau Glannau Gwy, Llanfair-ym-Muallt 2007. Arddangosfeydd un-ddynes yn cynnwys *A Childhood in Colliers Row*, Llyfrgell Cwmbrân (LlC) 1999; *Looking Both Ways*, LlC 2000. Gwaith wedi'i gynnwys ar raglen Hywel Gwynfryn, BBC Radio Wales. Cyhoeddiadau llenyddol niferus. Casgliadau'n cynnwys Cyngor Bwrdeistref Sirol Blaenau Gwent; Cyngor Sir Fynwy; Llyfrgell Genedlaethol Cymru, Aberystwyth. 'Bywyd y Cymoedd yn y 1930au.' Yn byw yng Nglynebwy.
*Yr artist*

## Laura THOMAS 1977–
### Artist tecstiliau. Ganed yn Hwlffordd, gorllewin Cymru.

Astudiodd yng Ngholeg Technoleg a Chelf Caerfyrddin 1995–96; Prifysgol Canolbarth Lloegr, Birmingham 1996–99 (gradd yn y dosbarth cyntaf); Y Coleg Celf Brenhinol, Llundain 1999–2001 (MA Tecstiliau Adeiledig). Cymrodor Ymchwil Dylunio Weave, Sefydliad Ann Sutton, Swydd Sussex 2001–03; tiwtor rhan-amser, Weave, Ysgol Gelfyddydau Gorllewin Cymru, Caerfyrddin o 2004; Cymrodor Ymchwil Gwadd Prifysgol Cymru, Casnewydd 2005–06. Dylunydd, Melin Tregwynt, Cymru 1998–2000. Artist tecstiliau ac ymgynghorydd dylunio, Caerdydd, o 2003. Comisiynau'n cynnwys Cwmni

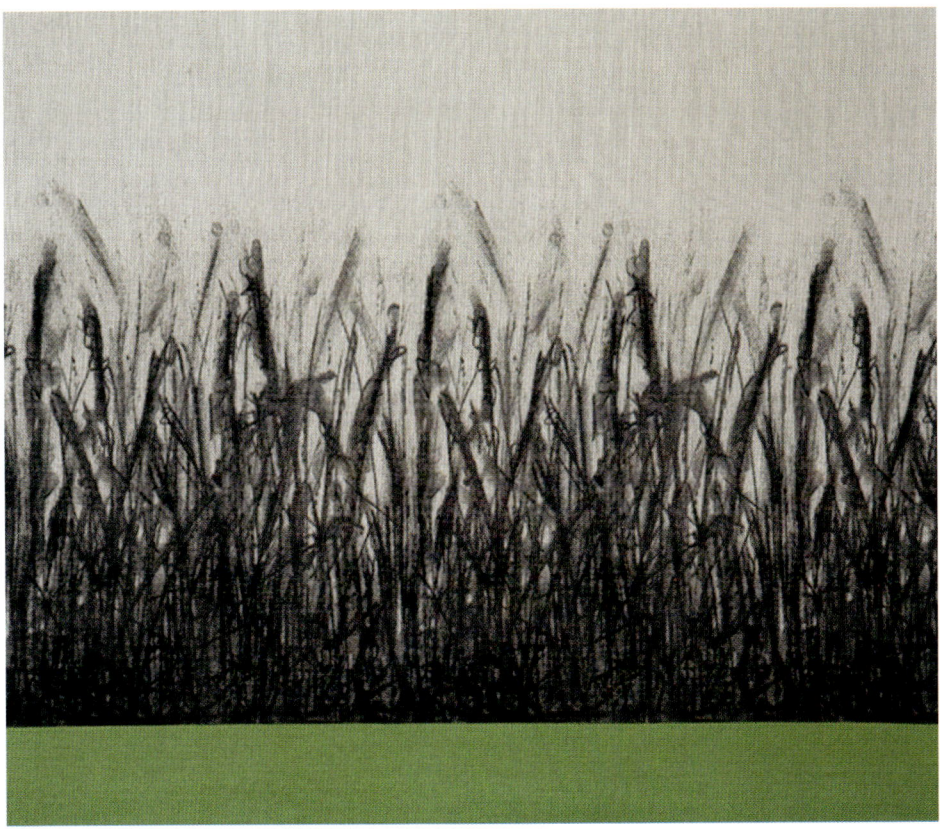

275 | Laura Thomas
*Meadow Grasses* 2007

Anrhydeddus y Gwehyddwyr 2002; Cyngor Celfyddydau Lloegr, De-ddwyrain 2003; Canolfan Astudio Crefft, Farnham 2004; Gwobrau Menter a Busnes 2005; Prosiect Kings Fund Bartholomew House, Hull 2006. Artist preswyl, Cywaith Cymru/Hafod Grange Ltd, Port Talbot 2004–05. Gwobrau'n cynnwys Cyngor Celfyddydau Cymru (CCC) 2003; Cymru Greadigol, CCC 2007. Ymddiriedolaeth Elusennol Theo Moorman 2004. Aelod o Urdd Gwneuthurwyr Cymru; Celf Ffibr Cymru. Arddangosfeydd ar y cyd yn cynnwys *Weave: Ann Sutton Foundation Design Fellows 2001–03*, Oriel y Ddinas, Caerlŷr 2002; *COLLECT*, y Cyngor Crefftau, Amgueddfa Victoria ac Albert, Llundain (VacA) 2004; *Verve*, Canolfan Grefft Rhuthun (CGRh) 2005; *Made in Wales*, Canolfan Time Warner, Efrog Newydd 2006; *Catalyst*, CGRh 2006; *Reflections*, Crefft yn y Bae, Caerdydd 2007. Arddangosfa un-ddynes, Oriel Tecstiliau Context, Bae Caerdydd 2005. Gwaith wedi'i gynnwys mewn cyhoeddiadau niferus; *Woman's Hour*, BBC Radio 4, 2003. 'Cyfuno pethau sydd i'w gweld yn ddigyswllt… arfordir, bryniau a fforestydd dramatig sir Benfro… byd y cyfathrebu gweledol, ei estheteg slic, drefnus a rheoledig.' Gwaith yng nghasgliad VacA. Yn byw yng Nghaerdydd, de Cymru.
*Yr artist*

### LG THOMAS 1914–1975
**Enw gwaith Leslie Gurwin Thomas, peintiwr. Ganed yn Fochriw, de Cymru.**

Astudiodd 1931–37 yn Ysgol Gelf Caerdydd, gyda Margaret Lindsay Williams (y wobr baentio 1931); Ysgol Bensaernïaeth Cymru, Caerdydd; Prifysgol Caerdydd; Coleg y Gofaint Aur, Llundain 1949; Coleg Celf, Great Yarmouth 1951; Coleg Celf Hornsey, Llundain 1963–64. Athro, ysgolion gramadeg, Tonyrefail, de Cymru a Swydd Gaergrawnt 1937–40. Gwasanaeth yn yr Ail Ryfel Byd, Adfyddin Wirfoddol y Llu Awyr Brenhinol, Canada a Sain Tathan, de Cymru 1940–46. Athro, Wisbech 1946–51; Coleg Crist, Llundain 1952–73, gan ddod yn Bennaeth yr Adran Gelf. Dychwelodd i Gymru 1973; gyda'i wraig, Norma Thomas, agorodd stiwdio-oriel, Oriel yr Hen Ysgol, Blaen-porth 1973 (caeodd yn 2000). Arddangosfeydd ar y cyd yn cynnwys llyfrgelloedd, East Finchley, North Finchley; *Homemakers Exhibition*, Castell Maelgwyn, Aberteifi 1974. Arddangosfeydd deuddyn yn cynnwys Llyfrgell Bwcle (gyda Norma Thomas) 2005. Arddangosfeydd undyn yn cynnwys y Gadeirlan, Bury St Edmunds 1968; Amgueddfa Broomfield, Llundain 1969, 1972; Canolfan Gelfyddydau Plas Ingestre, Stafford (CGPI) 1971; Oriel Gelf Stafford 1971; Oriel Gelf Letchworth 1972. Darluniau ar gyfer *Teenagers in Finchley* (Bwrdeistref Llundain Barnet 1961–2); *Cathedrals You Have to See*, Monica Pearson (1969). Wedi'i gynnwys yn 'A Curious Monumental Look', Kathy Liveley (*Southgate Gazette* 1972); *Y Cymro* (Lyn Ebenezer, 1 Gorffennaf 1975). Casgliadau'n cynnwys CGPI; Llyfrgell Genedlaethol Cymru, Aberystwyth; Plas Aston, Penarlâg. Tirluniau; eglwysi; dyluniadau hanesyddol a herodrol; caligraffeg i gofebion. Roedd yn byw ym Mlaen-porth, gorllewin Cymru.
*Norma Thomas*

### Marcus THOMAS 1968–
**Enw gwaith Marcus Andrew Thomas, ceramegydd, artist gosodwaith. Ganed yn Rhosllanerchrugog, gogledd Cymru.**

Astudiodd yng Ngholeg Celf, Dylunio a Thechnoleg Clwyd 1986–88; Coleg Polytechnig Bryste 1988–91, gyda Walter Keeler, Mo Jupp, Nicholas Homoky; Athrofa Addysg Uwch Caerdydd 1992–93 (MA Cerameg) gyda Mick Casson, Geoffrey Swindell. Swyddog Addysg y Celfyddydau, Canolfan Gelfyddydau Amgueddfa Llyfrgell y Rhyl/Oriel Gelf Llyfrgell Dinbych 1994–96; cydgysylltydd, Sioeau Arddangos Crefft Teithiol Clwyd, Cyngor Sir Clwyd; darlithydd (llawnamser), celf, crefft a dylunio, Coleg Iâl, Wrecsam, o 1996. Y Fedal Aur am Grefft a Dylunio, Eisteddfod Genedlaethol Cymru (EGC), Castell-nedd 1994. Aelod o Gymdeithas Artistiaid a Dylunwyr Cymru 1988. Arddangosfeydd ar y cyd yn cynnwys EGC,

Castell-nedd 1994; *Hot off the Press*, Amgueddfa ac Oriel Gelf Tullie House, Caerliwelydd (AOGTH) 1996–97 (teithiol, gan gynnwys Cymru); *Transformations*, Oriel, Cyngor Celfyddydau Cymru, Caerdydd 1997; *The Cat Scratched Little Johnny*, Canolfan y Celfyddydau Aberystwyth (CCA) 1999 (teithiol). Arddangosfeydd undyn yn cynnwys Canolfan Grefft Rhuthun (CGRh) 1994 (teithiol); *Close Relations*, CCA 1995. Wedi'i gynnwys yn 'Marcus Thomas: Gold Medal, Craft', Philip Hughes (*Uned Gelf*, Cyngor Celfyddydau Cymru, Hydref 1994); *Safbwyntiau: Artistiaid Cymreig ar Gymru* (Canolfan Gelfyddydau Llyfrgell Wrecsam 1995); *Hot off the Press*, Terry Bennet a Paul Scott (AOGTH 1996); *Decade* (CGRh 2002). Gwaith yng nghasgliad Prifysgol Aberystwyth. '… Mae syniadau'n cael eu casglu trwy astudio, casglu a thrin a thrafod gwrthrychau personol, eiddo teuluol, delweddau a thestun, a gwrthrychau a defodau cyffredin beunyddiol y sefyllfa ddomestig archdeipaidd …' Yn byw yng Nghorwen, gogledd Cymru.
*Yr artist*

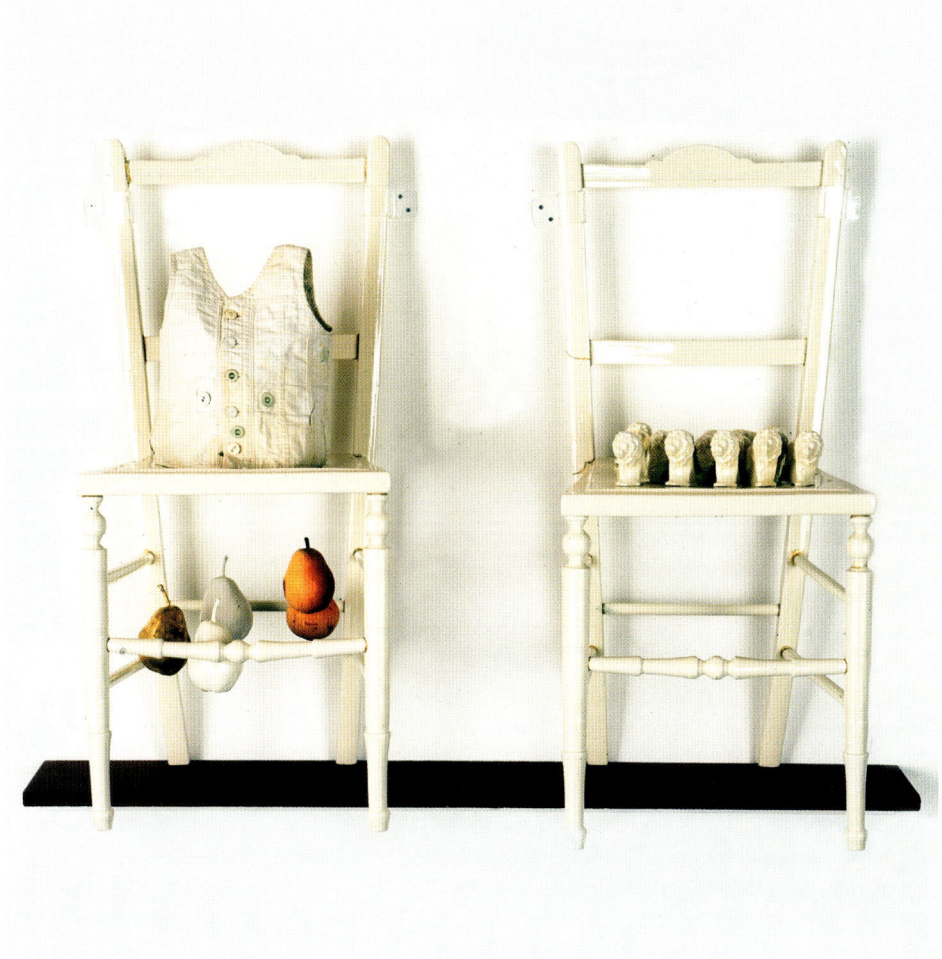

276 | Marcus Thomas
*Heb Deitl* 1993

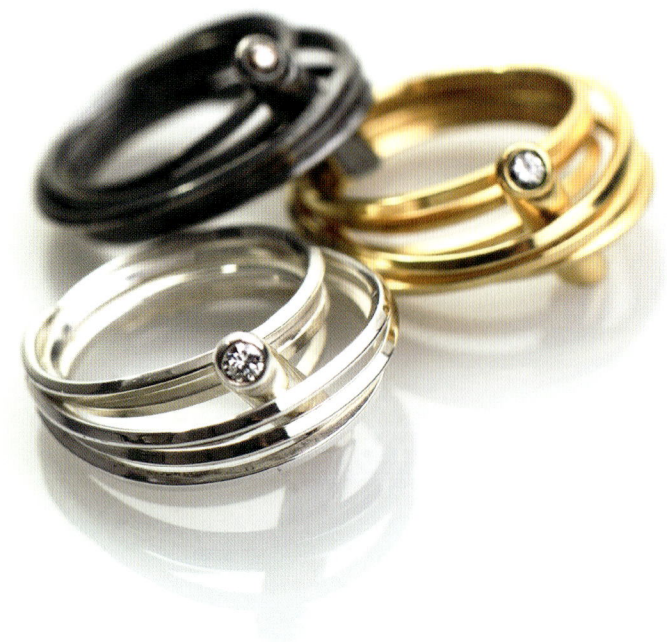

277 | Mari Thomas
*Modrwyau o Gasgliad Solitaire* 2003

## Mari THOMAS 1971–
**Dylunydd gemwaith. Ganed yn Llanelli, gorllewin Cymru.**

Astudiodd yng Ngholeg Technoleg a Chelf Sir Gaerfyrddin 1990–91; Prifysgol Canolbarth Lloegr, Birmingham 1991–93; Sefydliad Celf a Dylunio Swydd Surrey 1993–95. Bu'n gweithio mewn llywodraeth leol 1995–97; Oriel Myrddin, Caerfyrddin (OMyr) 1997–98. Dylunydd/gwneuthurydd gemwaith llawnamser o 1998. Comisiynau'n cynnwys Gwobr Madog, Gŵyl y Gelli y Sunday Times 2001; Coron Eisteddfod Genedlaethol Cymru (EGC) 2006, 2007; Cwpan y Tywysog William, Undeb Rygbi Cymru (gyda Nicola Palterman) 2007. Wedi'i dethol i Photostore, y Cyngor Crefftau. Aelod o'r Gymdeithas Gemwaith Cyfoes; Design-Nation; Urdd Gwneuthurwyr Cymru. Y Fedal Aur am Grefft a Dylunio, EGC Meifod 2003. Arddangosfeydd ar y cyd yn cynnwys *Craft West*, Celfyddydau Gorllewin Cymru 1999 (teithiol); EGC, Llanelli 2000 (Gwobr Grefft a Dylunio); *Sioe Arddangos Gemwaith*, Oriel Albany, Caerdydd 2003; Arddangosfa Emwaith Ryngwladol, Itami, Japan 2003; *Artist y Flwyddyn Cymru*, Neuadd Dewi Sant, Caerdydd 2003, 2005–07; *The Ring Cycle*, Canolfan Mileniwm Cymru, Caerdydd 2006. Arddangosfeydd un-ddynes yn cynnwys *Mari Thomas*, Oriel Myrddin 2002, 2003–04 (teithiol). Gwaith wedi'i gynnwys yn *The Jeweller's Directory of Decorative Finishes*, Jinks McGrath (A&C Black, Llundain 2005); *Jewellery Making: a Complete Course for Beginners*, Jinks McGrath (Apple Press 2007); erthyglau cylchgronau; rhaglenni teledu. '…Tirwedd Cymru …gwaith ysgrifenedig beirdd cyfoes.' Yn byw yn Llanelli, gorllewin Cymru.
*Yr artist*

## Meriel Jane THOMAS 1960–
**Peintwraig. Ganed yn Lerpwl, Lloegr.**

Cyrhaeddodd Gymru ym 1994. Astudiodd ym Mhrifysgol Leeds 1979–83 (BAdd); Athrofa Addysg Uwch Abertawe 2001–02, gydag Osi Rhys Osmond; Coleg Sir Gâr 2002–05, gyda John Selway, Catrin Webster. Rheolwraig Ymddiriedolaeth Cartrefi, Mencap 1985–94; Rheolwraig Tai'r Sector Gwirfoddol, Aberdaugleddau 1994–2001. Artist preswyl, Ysgol Gynradd Llandeilo 2005–06. Arddangosfeydd ar y cyd yn cynnwys *Artist y Flwyddyn Cymru*, Neuadd Dewi Sant, Caerdydd 2002; Oriel Henry Thomas, Caerfyrddin 2007; *The Good, the Bad and the Ugly*, Canolfan Grefftau Gorllewin Cymru, Sanclêr 2005; Eisteddfod Genedlaethol Cymru, Abertawe 2006; *Polarities a Sioe Nadolig*, Oriel Washington, Penarth 2007. 'Deunyddiau traddodiadol …naratif agored, seiliedig ar luniau llonydd o'm ffilm fy hun gan gynnwys pobl nad oedd yn nabod ei gilydd.' Yn byw yn Llandysul, gorllewin Cymru
*Yr artist*

## Norma THOMAS 1922–
**Enw gwaith Norma Marion Thomas, peintwraig. Ganed ym Mhenarlâg, gogledd Cymru.**

Astudiodd yn y Coleg Normal, Bangor 1940–42; Ysgol Gelf Lerpwl 1942–44; Coleg y Gofaint Aur, Llundain 1949; Coleg Celf Hornsey, Llundain 1963–64; Y Brifysgol Agored (graddiodd ym 1980). Athrawes, Lerpwl 1942–48; Bebington 1948–50; Wisbech 1951–52. Tiwtor/Tiwtor Cartref, Awdurdod Addysg Llundain Fewnol 1970au; cyfrannwr, Mass Observation, Llyfrgell Prifysgol Sussex; cyfwelydd arolwg gwrandawyr, BBC 1963–64. Dychwelodd i Gymru ym 1973. Gyda'i gŵr, Leslie Gurwin Thomas, agorodd stiwdio-oriel, Stiwdio'r Hen Ysgol, Blaen-porth 1973 (caeodd yn 2000). Cyfwelydd Cyfleoedd Ieuenctid, Prifysgol Bangor 1980–83. Arddangosfeydd deuddyn yn cynnwys Llyfrgell Bwcle (gyda Leslie Gurwin Thomas) 2005. Wedi'i chynnwys yn *Tivyside Advertiser* (1980); *Cambrian News* (Chwefror 1981); *Western Telegraph* (1981). Tirluniau mewn dyfrlliw, olew. Yn byw yn Ewlo, gogledd Cymru.
*Yr artist*

## Philip THOMAS 1968–
**Dylunydd graffeg, peintiwr. Ganed yn Abertawe, de Cymru.**

Astudiodd yn Athrofa Addysg Uwch Abertawe (AAUA) 1985–87; AAUA 1989–91 (rhagoriaeth). Dylunydd graffeg, Dinas a Chyngor Sir Abertawe 1991–95; dylunydd llawrydd, Llundain 1995–96; gyda Coastline Design 1996–98; gyda Kneath Associates 1998–2001; llawrydd, Abertawe, o 2001; darlithydd (rhan-amser), dylunio graffeg, AAUA 1998–2004; uwch-ddarlithydd, AAUA, o 2004. Gwobr Rhagoriaeth mewn Print, Papur GF Smith 1995. Arddangosfeydd niferus ar y cyd gan gynnwys *New Faces*, Oriel Plumbline, St Ives 1997; *Young Wales IV,V a VI*, Yr Academi Frenhinol Gymreig, Conwy (AFG) 1998, 2001, 2003; *Y 116eg Arddangosfa Haf*, AFG 1998; Eisteddfod Genedlaethol Cymru, Pen-y-bont ar Ogwr 1998; Ogilvy ac Estill, Conwy 1998. Arddangosfa ddeudyn, Oriel Flotilla, Caerwysg 1998 (gyda Simon Ripley). Arddangosfeydd undyn, *Zeros and Ones*, Oriel Network (arddangosfa ar y we) 1997; *Ocean Going*, Oriel Gelf Glynn Vivian, Abertawe 1997. Yn byw yn Abertawe.
*Yr artist*

## Robert THOMAS 1926–1999
**Enw gwaith Robert John Roydon Thomas, cerflunydd. Ganed yn Nhreorci, de Cymru.**

Astudiodd yng Ngholeg Celf Caerdydd 1947–49, gyda Frank Roper; Y Coleg Celf Brenhinol, Llundain 1949–52, gyda Frank Dobson. Trydanwr pyllau glo, Cwm Rhondda 1942–47. Darlithydd, Ysgolion Celf Gravesend, Maidenhead ac Ealing 1953–71. Dychwelodd i Gymru ym 1971. Comisiynau niferus gan gynnwys Diana, Tywysoges Cymru, Caerdydd; Aneurin Bevan, Caerdydd; Isambard Kingdom Brunel,

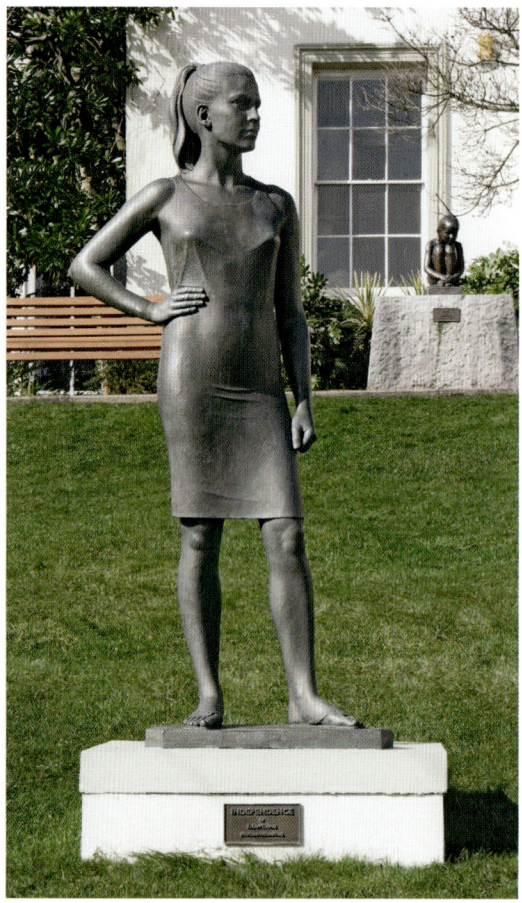

278 | Robert Thomas
*Independence* 1965–66

Neyland; *Captain Cat*, Abertawe. Cymdeithas Frenhinol Cerflunwyr Prydain (CFCP), Medal Efydd Syr Otto Beit 1963, Medal Arian 1966; Gwobr Cydnabyddiaeth y Rhondda 1967. Aelod o CFCP 1961–86 (Is-lywydd 1979–84); Cymdeithas y Cerflunwyr Portread (Llywydd 1972–77). Arddangosfeydd ar y cyd yn cynnwys *Arddangosfa'r Haf*, Yr Academi Frenhinol, Llundain 1955, 1957, 1965; *Sculpture at Margam*, Ymddiriedolaeth Gerfluniaeth Cymru, Parc Margam, Port Talbot 1983–89; *Alchemy*, Gŵyl Erddi Cymru, Glynebwy 1992. Arddangosfa ddeuddyn, *Thomas Twice*, Parc Treftadaeth y Rhondda (gyda Ceri Thomas) 1991; *Branching Out*, Prifysgol Morgannwg (gydag Ernest Zobole) 2002. Cyhoeddiadau'n cynnwys 'Make it True, Make it New' (*New Welsh Review* Rhif 38, Hydref 1997); *Welsh Writing in English Yearbook* (cyf. 5, 1999). Gwaith wedi'i gynnwys mewn erthyglau niferus yn y wasg genedlaethol; *Art in Parliament*, Malcolm Hay a Jacqueline Riding (Jarrold Publishing, Norwich 1996); rhaglenni BBC ac ITV. Casgliadau'n cynnwys Llyfrgell Genedlaethol Cymru, Aberystwyth; Prifysgol De Cymru, Pontypridd; Tŷ'r Cyffredin, San Steffan, Llundain. Roedd yn byw yn y Barri, de Cymru.
*Yr artist a Ceri Thomas*

## Ruth THOMAS 1963–
**Peintwraig, gwneuthurydd printiau. Ganed yn Nottingham, Lloegr.**

Ei thad yn Gymro. Astudiodd yng Ngholeg Nene, Northampton 1981–82; Polytechnig Lanchester, Coventry 1982–85, gydag Arthur Hilyer, Peter McCarthy, Adrian Searle, Graham Crowley; Prifysgol Ddinesig Leeds 1992–94 (MA), gyda Geoff Teasdale, Jill Morgan. Cyrhaeddodd Gymru yn 2000. Darlithydd rhan-amser, colegau yng Nghymru a Lloegr 1986–2004. Preswyliadau'n cynnwys Canolfan Gelf Addysg Drumcroon, Wigan (CGAD) 1989–90; Ysgol Gynradd Sirol Tiber Lerpwl 1994–96; *Year of the Sea*, Cilgwri 2005; Castell Bodelwyddan (CB) 2006. Comisiynau'n cynnwys Ysgol Gynradd Ewlo, Sir y Fflint; Ysgol Cornist Park, Y Fflint. Grantiau Cyngor Celfyddydau Cymru 2002, 2004, 2005. Aelod o'r Academi Frenhinol Gymreig (AFG). Arddangosfeydd ar y cyd yn cynnwys *Out of the Mist and Hum of that Low Land*, CGAD 2003; Canolfan Gelfyddydau Abaty Nant Teyrnon, Cwmbrân 2006; *Arddangosfa'r Haf*, AFG, Conwy. Arddangosfa ddeuddyn, Canolfan Gelf Llyfrgell y Rhyl (gyda Tim Pugh) 2007. Arddangosfeydd un-ddynes yn cynnwys *Prints and Paintings 1991–2002*, Clwyd Theatr Cymru, Yr Wyddgrug 2002; CB 2006. Cyhoeddiadau'n cynnwys 'Back to School: Ruth Thomas artist in residence in the classroom', (*Printmaking Today*, cyf. 8, Rhif 1, Gwanwyn 1999). Gwaith wedi'i gynnwys yn y *Daily Post* 2002, 2003; rhaglen ddogfen, HTV Cymru 2002. 'Gwrthrychau hapgael, o blu gwylan i …hadau a glaswellt …colograffau yw'r rhan fwyaf o'm printiau.' Casgliadau'n cynnwys Ymddiriedolaeth CB; Ysgolion Swydd Northampton. Yn byw yn yr Wyddgrug, gogledd Cymru.
*Yr artist*

## Winifred THOMAS 1910– tua 1976
**Peintwraig, artist tecstiliau. Ganed ym Mhengam, de Cymru. Hefyd yn cael ei hadnabod fel Wyn Thomas; weithiau'n defnyddio'r llofnod WT.**

Astudiodd yn Ysgol Gelf Abertawe 1929–32, gyda William Grant Murray; Ysgol Gelf Casnewydd 1932–35, gyda William Dudley; Ysgol Baentio Stanhope Forbes, Newlyn, Cernyw. Athrawes Wadd (rhan-amser), paentio, gwehyddu, ysgythru pren, dylunio gwisgoedd, crochenwaith, Ysgol Gelf Caerfyrddin 1938–47, yna yn Athrawes Gynorthwyol (llawnamser) tan tua 1972, yn dod yn Bennaeth Ffasiwn a Thecstiliau; hefyd yn aelod Staff Cynorthwyol (rhan-amser), Ysgol Gelf a Chrefftau Llanelli 1945–46. Cymrawd Cymdeithas Frenhinol y Celfyddydau. Aelod o Sefydliad Dylunwyr Gwisgoedd Prydain. Arddangosfeydd ar y cyd yn cynnwys Grŵp De Cymru; Cymdeithas Frenhinol Artistiaid Prydain, Llundain; Ysgol Talacharn (gyda Stanley Lewis, Julian Brown). Arddangosfeydd un-ddynes yn cynnwys Cheltenham tua 1974. Casgliadau'n cynnwys Amgueddfeydd Sir Gaerfyrddin. Roedd yn byw yng Nghaerfyrddin, gorllewin Cymru.
*Julian Brown*

## Wyn THOMAS  Gweler Winifred THOMAS

## Janine THOMPSON 1957–
**Enw gwaith ARTIJAN, peintwraig. Ganed yn Wolverhampton, Lloegr.**

Astudiodd yng Ngholeg Addysg Uwch Gwent, Casnewydd 1991–94 (gradd yn y dosbarth cyntaf, Addysg). Preswyliadau mewn ysgolion yn Nhorfaen, Caerffili, Blaenau Gwent. Aelod o Gymdeithas Gelf Dyffryn Gwy. Arddangosfeydd ar y cyd yn cynnwys Oriel Whitespace, Brynbuga 2002; Canolfan Gymunedol Bridges, Trefynwy 2006; Oriel Victoria, Pontnewydd 1995; Amgueddfa ac Oriel Pont-y-pŵl 1996, 2007. 'Dylanwadau teithiol a sgiliau arsylwi … mynd lle mae'r paent yn mynd â fi!' Yn byw yn Nhrefynwy, de Cymru.
*Yr artist*

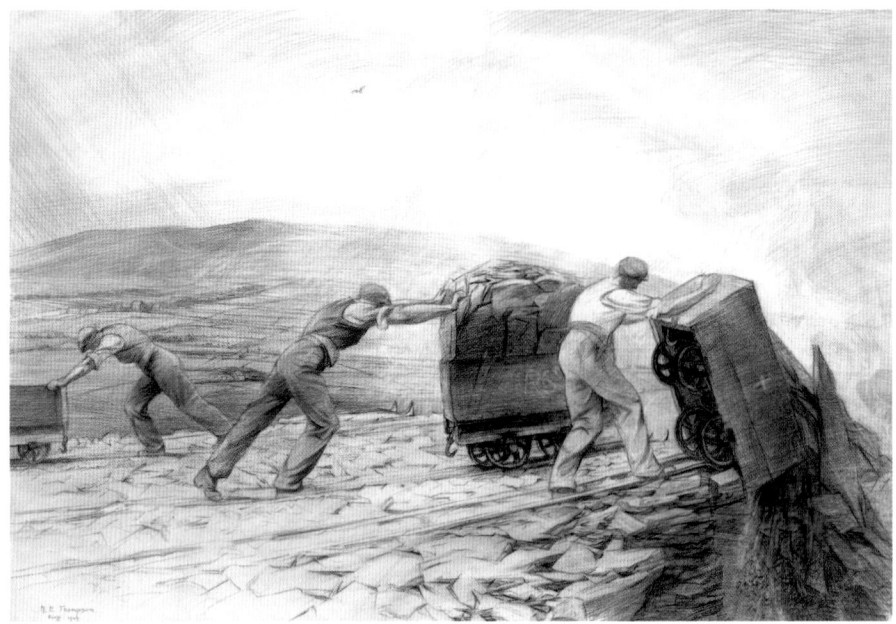

279 | M E Thompson
*The Tip* Gorffennaf 1949

## ME THOMPSON 1896–1981

**Enw gwaith Mary Elizabeth Thompson, artist yn defnyddio arlunio. Ganed yn Braunton, Lloegr.**

Astudiodd yn Ysgol Gelf St Albans tua 1913; gydag Alfred Hartley, Émile Fabry, St Ives, Cernyw; Yr Academi, Brwsel tua 1918–21. Bu'n byw yng Nghymru tua 1922–54. Bu'n tynnu lluniau o dirwedd fynyddig tan tua 1939, yna'r diwydiant llechi yn chwareli'r Penrhyn, Dorothea, Pen-yr-Orsedd a Dinorwig, a'r diwydiant ithfaen yn chwareli Penmaenmawr a Threfor. Arddangosfeydd ar y cyd yn cynnwys *Through Artists' Eyes*, Oriel Mostyn, Llandudno 1980; *Cymdeithas Celf Gyfoes Cymru (CCGC): Arddangosfa 50 Mlwyddiant*, Amgueddfa Cymru, Caerdydd (AC) 1987. Arddangosfeydd un-ddynes yn cynnwys yr Amgueddfa Ddaearegol, Llundain 1949; *An Artist in the Quarries: drawings by Miss M E Thompson (1896–1981)*, Cyngor Celfyddydau Cymru 1981 (teithiol); *Images of the Quarry: studies by Miss M E Thompson*, Yr Ymddiriedolaeth Genedlaethol, Castell Penrhyn, Bangor 1996. Cyhoeddiadau'n cynnwys 'An Artist in the Penrhyn Slate Quarry', *The Highway* (Cylchgrawn Cymdeithas Addysg y Gweithwyr, Mai 1950); 'An Artist in the Quarries', *The Quarry Managers' Journal* (Medi 1951). Wedi'i chynnwys yn 'An Artist's Contribution to Geology', FJ North (*Museums Journal*, cyf 53, 1953), 'ME Thompson', FJ North (*The Studio*, cyf 145, rhif 720, Mawrth 1953); Peter Lord, *Diwylliant Gweledol Cymru: Y Gymru Ddiwydiannol* (Y Ganolfan Uwchefrydiau Cymreig a Cheltaidd/Gwasg Prifysgol Cymru 1998). Casgliadau'n cynnwys AC (Yr Adran Ddiwydiant); CCGC; Llyfrgell Genedlaethol Cymru, Aberystwyth. Roedd yn byw yn Tunbridge Wells, Lloegr.

*K L Thompson*

## Lou THORNTON 1965–
**Enw gwaith Louise Jayne Thornton, gwneuthurydd printiau, cerflunydd. Ganed ym Mhen-y-bont ar Ogwr, de Cymru.**

Astudiodd ym Mhrifysgol Dwyrain Llundain 1984–87; Prifysgol Brighton 1988–90 (MA Argraffu Celf Gain). Darlithydd, colegau Lloegr 1994–97; Coleg Pen-y-bont ar Ogwr o 1997. Cyfarwyddwr Cynorthwyol, Gweithdy'r Farchnad Printiau, Canolfan Gelfyddydau Chapter, Caerdydd o 1997. Comisiynau'n cynnwys fflôt *Nebuta*, Gŵyl Japan/Yr Amgueddfa Brydeinig 1991. Arddangosfeydd ar y cyd yn cynnwys *Fifth Humberside Printmaking Exhibition* 1991 (teithiol); Oriel Artspace, Portsmouth 1996; *Wales to Cuba*, Havana 2004; *Arddangosfa Argraffu Ryngwladol*, Gweithdy Argraffu Wrecsam 2004 (teithiol); Oriel Albany, Caerdydd 2004; Oriel yr Asiantaeth Gelf ac Adfywio (CBAT), Caerdydd 2006; Oriel RED, Rhydychen 2007. Arddangosfeydd deuddyn yn cynnwys *New Works*, Oriel Eagle, Llundain (gyda Jennet Thomas) 1992; *Collect*, Yr Hen Lyfrgell, Caerdydd (gyda Peter Williams) 2002; *Baggages and Boxes*, Oriel CBAT (gyda Peter Williams) 2005. Arddangosfeydd un-ddynes yn cynnwys *Memorial*, Canolfan Gelfyddydau Ashcroft, Fareham 1996; *Super 30*, Canolfan Gelfyddydau'r Eglwys Norwyaidd, Caerdydd 2000. Yn byw ym Mhenarth, de Cymru.
*Yr artist*

## Sarah THWAITES 1959–
**Peintiwr. Ganed yn Llundain, Lloegr.**

Astudiodd yn Ysgol Gelf Wimbledon 1977–78; Polytechnig Middlesex 1978–79; Coleg y Gofaint Aur, Llundain 1979–81. Daeth i Gymru ym 1987. Arddangosfeydd grŵp yn cynnwys Oriel Kilvert, Cleirwy (OK) 1996–99; Oriel Riverside, Crucywel 1992–98; Neuadd Dewi Sant, Caerdydd 1997–2005; The Art Shop, Y Fenni (TAS) 2002–07; Oriel Martin Tinney, Caerdydd 2006–07. Arddangosfeydd un-ddynes yn cynnwys OK 1996; TAS 2003, 2006. 'Yn cael fy ysbrydoli gan y dirwedd lle'r ydw i'n byw a'm hymateb emosiynol iddi.' Yn byw yn y Fenni, de Cymru.
*Yr artist*

## Boris TIETZE 1928–
**Peintiwr, cerflunydd. Ganed yn Chadderton, Lloegr.**

Cyrhaeddodd Gymru ym 1967. Astudiodd yng Ngholeg Celf Rhanbarthol Manceinion 1948–51; Ysgol Gelf Gain Slade, Llundain 1951–53; Prifysgol Lerpwl 1976; Coleg Prifysgol Gogledd Cymru, Bangor 1980. Athro, ysgolion yn Swydd Caint 1956–66; uwch ddarlithydd, Coleg Addysg Cartrefle, Wrecsam (CACW) 1967–93; darlithydd, Y Brifysgol Agored, o 1971. Comisiynau'n cynnwys Awdurdod Addysg Coventry 1961; CACW 1989; Teledu BBC Cymru. Aelod o Grŵp 75. Arddangosfeydd ar y cyd yn cynnwys Neuadd Dewi Sant, Caerdydd 1993; *Arddangosfa Agored*, Academi Manceinion 1994, 1996, 1997; Eisteddfod Genedlaethol Cymru, Pen-y-bont ar Ogwr 1998; *Arddangosfa Gwobr Brynu*, Prifysgol Morgannwg 1998, 1999; *Spirit of the Place*, Canolfan Gelfyddydau Pontardawe 2001 (teithio'n rhyngwladol); *Open Prospect*, Canolfan Gelfyddydau Ucheldre, Caergybi 2005 (teithiol). Arddangosfeydd deuddyn (gyda Margaret Tietze) yn cynnwys *Two Views*, Oriel ECTARC, Llangollen 1994 (teithiol); *Gwaith Diweddar*, Oriel Ynys Môn, Llangefni 1995 (teithiol); *Drawings*, Canolfan Dreftadaeth Y Bers 1998; *Drawings and Paintings*, Oriel Gelf Llyfrgell Dinbych 1999. 'Rwyf yn gweithio ar raddfa eithaf mawr… mae'r allbwn yn ffigurol.' Yn byw yn Wrecsam, gogledd Cymru.
*Yr artist*

## Margaret TIETZE 1927–
**Peintwraig. Ganed yn Adlington, Lloegr.**

Cyrhaeddodd Gymru ym 1967. Astudiodd yng Ngholeg Technegol Ysgol Gelf Natal, De Affrica 1940–44; Coleg Celf Rhanbarthol Manceinion 1945–50. Athrawes, ysgolion yng Nghaer 1968–74; Pennaeth Celf, Ysgol Howells, Dinbych 1975–91. Aelod o Grŵp 75. Arddangosfeydd ar y cyd yn cynnwys *Women's Art in Wales*, Oriel Mostyn, Llandudno 1986; *Homeland*, yr Academi Frenhinol Gymreig, Conwy 1995 (teithiol); *Dialogue*, Oriel ECTARC, Llangollen 1997 (teithiol); *Spirit of the Place*, Canolfan Gelfyddydau Pontardawe 2001 (teithio'n rhyngwladol); *Open Prospect*, Canolfan Gelfyddydau Ucheldre, Caergybi 2005 (teithiol). Arddangosfeydd deuddyn yn cynnwys *American Postscript*, Canolfan Dreftadaeth Ddiwydiannol Y Bers 1992 (gyda Christine Kinsey); *Two Views*, ECTARC 1994 (gyda Boris Tietze); *Drawings and Paintings*, Oriel Gelf Llyfrgell Dinbych 1999 (gyda Boris Tietze). Arddangosfeydd un-ddynes yn cynnwys *From Coal to Computers*, Oriel Gelf Amgueddfa Bwrdeistref Sirol Wrecsam 2001 (teithiol); *Gwaith Diweddar*, Canolfan Grefft Rhuthun. Llyfrynnau athrawon ar gyfer cyfres y BBC, *Charles Rennie Mackintosh – Architect, Artist, Designer* 1996; *Date with an Artist* 1997. Gwaith yng nghasgliad Oriel Prifysgol Stellenbosch, De Affrica. '…gwaith wedi'i focsio a gludwaith…gan ddibynnu ar ddewis ffodus o wrthrychau hapgael.' Yn byw yn Wrecsam, gogledd Cymru.
*Yr artist*

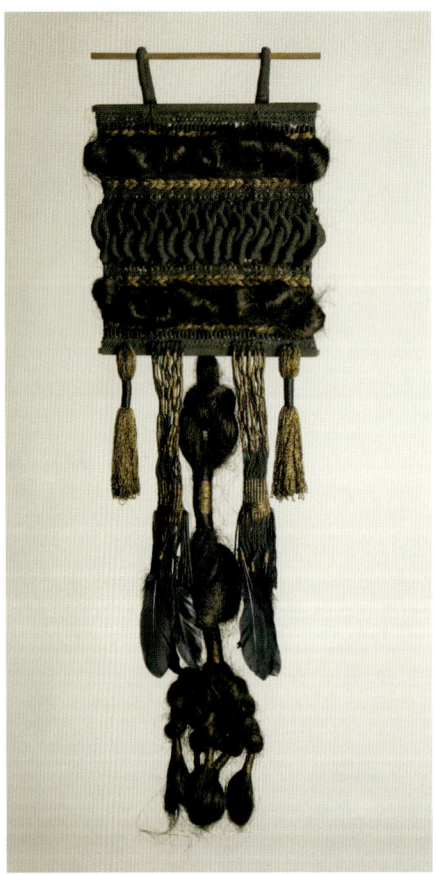

280 | June Tiley
*Heb deitl* dyddiad yn anhysbys

### June TILEY 1925–1998
**Enw gwaith Vera June Tiley, artist tecstiliau a ffasiwn. Ganed yn Abertawe, de Cymru.**

Astudiodd yng Ngholeg Celf Caerdydd (CCCaer) 1941–45; Y Coleg Celf Brenhinol, Llundain (CCB) 1945 (ysgoloriaeth) gyda Ceri Richards. Darlithydd/Uwch-ddarlithydd, Darlunydd, Brodio, Tecstiliau Argraffiedig, Ffasiwn, CCCaer 1948–90. Sabothol yn CCB 1964. Tiwtor, Brodio, Ysgol Gelf y Barri 1954–74. Artist preswyl, Bae Colwyn 1973. Comisiwn, Cyngor Celfyddydau Cymru 1977. Bwrsariaeth, Ysgol Grefft Haystack Mountain, Maine 1971. Aelod sefydlu Grŵp Brodwyr 62; aelod o Urdd y Brodwyr; Cymdeithas Ddyfrlliwiau Cymru. Arddangosfeydd ar y cyd yn cynnwys *Pictures for Welsh Schools*, Cymdeithas Addysg trwy Gelf 1951–52; *Crefft Cymru*, Cyngor Celfyddydau Cymru (CCC) 1976 (teithiol); *Masquerade*, CCC 1977 (teithiol); Eisteddfod Genedlaethol Cymru Caerdydd 1978 (arobryn); *Textiles, A Broader Definition*, Canolfan y Celfyddydau Aberystwyth 1978. Arddangosfeydd un-ddynes yn cynnwys *Craft Case*, Amgueddfa Cymru 1976; Neuadd Dewi Sant, Caerdydd 2001, 2002. Casgliadau'n cynnwys Coleg y Gofaint Aur, Llundain; Prifysgol De Cymru, Pontypridd. Prynwyd gwaith gan CCC. '…maluriodd gysyniadau traddodiadol ynglŷn â'r grefft [brodio], gan symud at waith sy'n fwy 3D ac yn nes ymlaen, adeiladau ffibr.' Roedd yn byw yn Ninas Powys, de Cymru.
*Cyfeillion yr artist*

### Roger TILEY 1960–
**Enw gwaith Roger Glyn Tiley, ffotograffydd. Ganed yng Nghasnewydd, de Cymru.**

Astudiodd yng Ngholeg Addysg Uwch Gwent (CAUG) 1982–84, gyda David Hurn; CAUG 1986–88; Coleg Prifysgol Cymru, Casnewydd 1996–98 (MA). Ffotograffydd diwydiannol 1978–82; ffotograffydd annibynnol, y wasg genedlaethol 1982–84; Pennaeth Ffotograffiaeth, Coleg Abertawe o 1988. Artist preswyl, Ysgol Uwchradd Llanedeyrn, Caerdydd/Cymdeithas Gelfyddydau De-ddwyrain Cymru 1985. Comisiynau yng Nghymru yn cynnwys *The Valleys Project*, Ffotogallery (Ffotog) 1986; *Just Another Day* Ffotog 2000. Gwobrau'n cynnwys Cyngor Celfyddydau Cymru (CCC) 1984, 1988, 1996, 2002; Cyngor Llyfrau Cymru 1995. Aelod o Ffotog. Arddangosfeydd ar y cyd yn cynnwys *Newport Survey*, Amgueddfa ac Oriel Gelf Casnewydd (AOGC) 1984; *The Valleys Project*, Ffotog, Caerdydd 1986; Neuadd Dewi Sant, Caerdydd (NDS) 1987; *When Coal was King*, Amgueddfa Werin, Sain Ffagan 1989; Eisteddfod Genedlaethol Cymru, Abergele 1995, Llandeilo 1996. Arddangosfeydd undyn yn cynnwys *Life after School*, AOGC 1985; *Coal Dust Memories*, NDS 1987; *Grazing Slateland*, Amgueddfa ac Oriel Gelf Gwynedd, Bangor 1994 (teithiol) (llyfr, Incline Publications, Ystradgynlais (IP)); *A Geological Presence*, NDS 1992; Canolfan Gelfyddydau Aberystwyth 1995; *Owned by the Miners: Tower*, Llyfrgell Genedlaethol Cymru, Aberystwyth (LlGC) 1998 (llyfr, IP 1998). Cyhoeddiadau'n cynnwys *The Black Valley, the Grey Sky* (IP 1995); *Merched y Cymoedd and the American Dream* (IP 1999). Gwaith wedi'i gynnwys yn y wasg genedlaethol a ffotograffig; rhaglenni teledu BBC, HTV, S4C. Casgliadau'n cynnwys Coleg y Drindod, Dulyn; Llyfrgell Bodley, Rhydychen; Llyfrgell Genedlaethol yr Alban; LlGC; Prifysgol Abertawe; Prifysgol Aberystwyth. Prynwyd gwaith gan CCC. Yn byw yn Ystradgynlais, de Cymru.
*Yr artist*

### David TINKER 1924–2000
**Enw gwaith David Trevor Tinker, peintiwr, cerflunydd, cynllunydd llwyfan. Ganed yn Llundain, Lloegr.**

Astudiodd yn Ysgol Gelf Caer-wynt 1941–42; Ysgol Gelf Caerfaddon 1942; Ysgol Gelf Gain Slade 1946–49. Llu Wrth Gefn y Llynges Frenhinol 1942–46; darlithydd, Coleg Celf Caerdydd 1949–62; Pennaeth yr Adran Gelf, Coleg Prifysgol Cymru, Aberystwyth (CPCA) 1962–86. Artist preswyl, Amgueddfa Werin, Sain Ffagan 1989. Comisiynau'n cynnwys CPCA 1963, 1965, 1970, 1984; Llyfrgell Sir Benfro, Hwlffordd

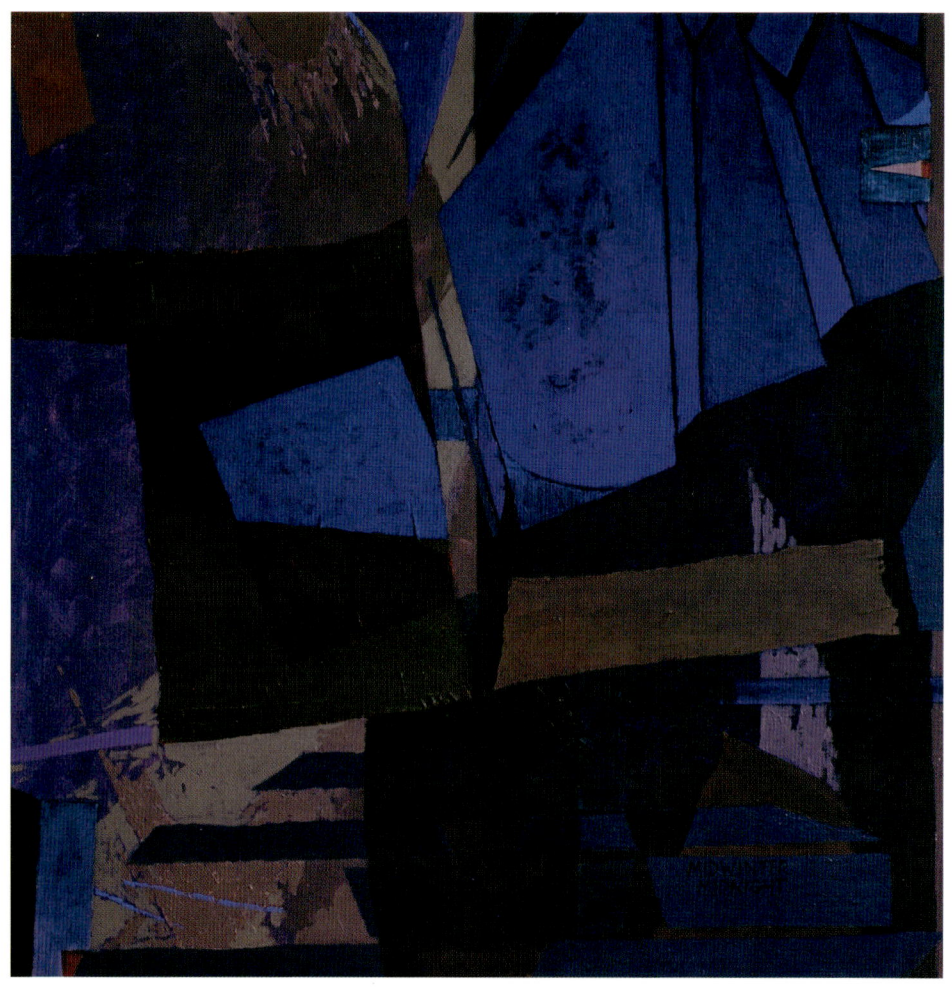

281 | David Tinker
*Midwinter Midnight* 1995

1969; Coleg Harlech (ar gyfer 50 mlwyddiant). Pwyllgor Cymreig Cyngor Celfyddydau Prydain Fawr (PCCCPF) (bwrsariaeth 1959; Medal Gelf y Frenhines 1977). Aelod sefydlu, Grŵp 56 Cymru (o 1956); aelod o'r Grŵp Cymreig (Cadeirydd 1983–98). Arddangosfeydd niferus ar y cyd gan gynnwys Eisteddfod Genedlaethol Cymru, Aberystwyth 1952, Aberdâr 1956, Caerdydd 1960, Y Barri 1968; *Contemporary Welsh Painting and Sculpture*, PCCCPF 1953, 1955, 1958, 1961; Cymdeithas Celf Gyfoes Cymru 1960, 1963, 1969, 1973; *Art in Wales, the Twentieth Century*, Cyngor Celfyddydau Cymru 1969 (teithiol); *Art Spectrum – Wales*, Amgueddfa Cymru (AC)/Cyngor Celfyddydau Cymru (CCC) 1971; *Wales and the Modern Movements*, CPCA 1973. Arddangosfeydd undyn yn cynnwys Oriel Howard Roberts, Caerdydd 1961; Oriel, CCC, Caerdydd 1975; Llyfrgell Genedlaethol Cymru, Aberystwyth (LlGC) 1975; *Dream Places*, Bae Colwyn 1996–99 (teithiol); *Enter the Conjuror's Cabinet: David Tinker 1924–2000*, CPCA 2002 (teithiol). Cyhoeddiadau'n cynnwys *Colour Recognition* (1982); traethawd hunangofiannol, *Artists in Wales 2*, golygydd Meic Stephens (Gwasg Gomer 1973). Gwaith wedi'i gynnwys yn y wasg a chylchgronau, gan gynnwys 'David Tinker, An Introduction', Saunders Lewis (Anglo-Welsh Review, cyf. 13 rhif 31 1963); *The Arts in Wales 2*, gol. Meic Stephens (CCC 1979). Casgliadau'n cynnwys Cymdeithas Celf Gyfoes Cymru; LlGC; Prifysgol Abertawe, Prifysgol Aberystwyth (PA); Prifysgol Bangor. Prynwyd gwaith gan CCC. 'Byth yn ofni arbrofi, lliwiedydd heb ei ail oedd Tinker.' *(Gwefan Ysgol Gelf PA)* Roedd yn byw yng Nghaerdydd, de Cymru.

### Mary TINKER 1925–1991
**Peintwraig, gwneuthurydd printiau, dylunydd-gwneuthurydd; hefyd bu'n gweithio fel Mary Tinker Designs.**

Astudiodd yn Ysgol Gelf Gain Slade, Llundain, tan 1947. Athrawes mewn ysgolion, ysgol gelf, coleg hyfforddi. Cyrhaeddodd Gymru tua 1949; dylunydd-gwneuthurydd, gwisgoedd/celfi i grwpiau theatr; Cwmni Opera Cenedlaethol Cymru, Caerdydd. Symudodd i Aberystwyth 1962. Athrawes, dosbarthiadau i bobl anabl a hŷn; dechreuodd sgrin-argraffu; cynlluniodd/paratôdd wisgoedd i Theatr y Werin, Canolfan y Celfyddydau Aberystwyth; darlithydd, Dylunio a Hanes Gwisgoedd, Yr Adran Ddrama, Coleg Prifysgol Cymru, Aberystwyth, o 1983. Ei gwaith wedi'i ddethol ar gyfer swfenîr coffaol swyddogol ar gyfer y Briodas Frenhinol 1981. Aelod sefydlu Cymdeithas Artistiaid a Dylunwyr Cymru. Arddangosfeydd ar y cyd yn cynnwys y Ganolfan Ddylunio, Llundain 1973, 1975, 1980; Canolfan Ddylunio Cymru, Caerdydd; *Wales Week*, Efrog Newydd 1976; Oriel y Craftsman, Henffordd 1985; Oriel 700, Aberystwyth; Canolfan y Celfyddydau Aberystwyth. Trefluniau, portreadau; printiau; clytwaith, dillad wedi'u gwneud â llaw, cwiltiau, clustogau, rygiau; cardiau cyfarch. Roedd yn byw yn Aberystwyth, gorllewin Cymru.

### Matthew TOMALIN 1945–
**Cerflunydd, artist cymhwysol. Ganed yn Hawkhurst, Lloegr.**

Astudiodd ym Mhrifysgol Sussex 1963–66 (BA Gwleidyddiaeth a Chymdeithaseg); Coleg Syr John Cass, Llundain 1972–74. Darlithydd rhan-amser, Coleg Celf Swydd Henffordd 1977–96. Cyrhaeddodd Gymru ym 1997. Aelod o Gerfluniaeth Cymru. Wedi'i ddewis ar gyfer Comisiynau Photostore y Cyngor Crefftau (CC). Comisiynau'n cynnwys Ymddiriedolaeth GIG Swydd Henffordd 1998; Prosiect Ystad Unedig, Pont-y-pŵl (gyda Richard Renshaw) 1999. Bwrsariaeth Gelfyddydau Gorllewin Canolbarth Lloegr 1976; Cymrodoriaeth Deithio Ymddiriedolaeth Goffa Winston Churchill 1997; Gwobrau Cyngor Celfyddydau Cymru (CCC) 2002, 2006; Gwobr CC 2003. Arddangosfeydd niferus ar y cyd gan gynnwys *Manmade*, Amgueddfa Victoria ac Albert, Llundain 1976; *Free to Move*, Craftspace Touring, Birmingham 1997; *One Step Beyond: Wales. Scotland*, Canolfan Grefft Rhuthun/Yr Oriel Albanaidd, Caeredin 2001; Eisteddfod Genedlaethol Cymru Dinbych 2001, Y Faenol 2005; *Fine to Functional*, Canolfan

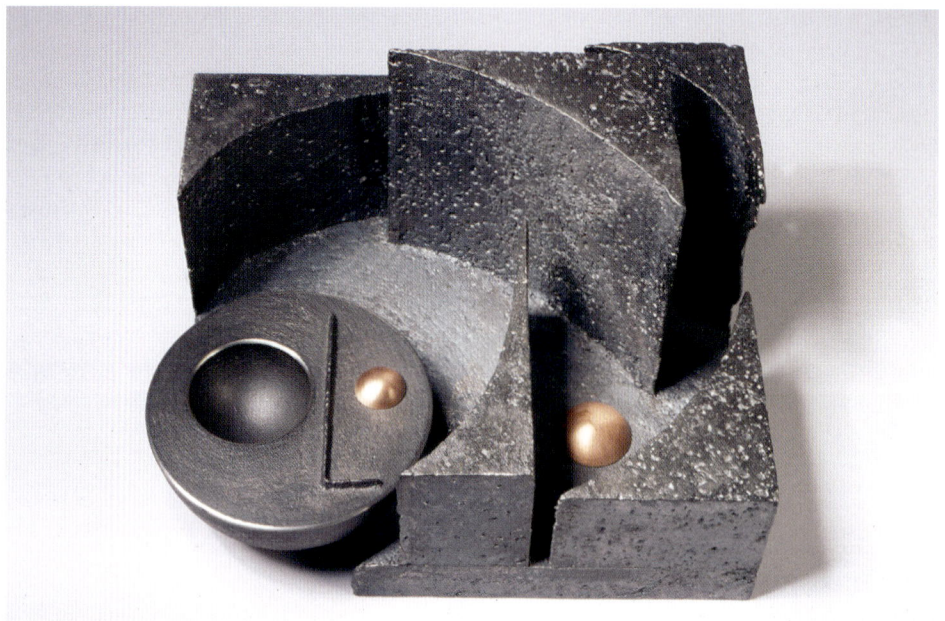

282 | Mathew Tomalin
*Powlen â Darnau, rhif 4* 2006

Gelfyddydau Abaty Nant Teyrnon, Cwmbrân 2003; Chess, Oriel Velvet da Vinci, San Francisco, UDA 2003 (teithiol). Arddangosfa deuddyn, Metal x 2 (gyda Pamela Rawnsley) 2002. Arddangosfa undyn, Oriel Washington, Penarth 2001. Gwaith wedi'i gynnwys yn *Twentieth Century British Jewellery, 1900– 1980*, Peter Hinks (Faber & Faber, Llundain 1983); *Buyers Guide to Contemporary British Metal* (CC 2002); *ffurf: crefft gyfoes yng Nghymru* (Celfyddydau Rhyngwladol Cymru, Caerdydd 2003); erthyglau yn y wasg/cylchgronau; rhaglenni teledu BBC1/ Sianel 4. Casgliadau'n cynnwys Cyngor Celfyddydau Gorllewin Canolbarth Lloegr; Cymdeithas Celf Gyfoes Cymru; Prifysgol Ucheldiroedd Mexico Newydd; Ymddiriedolaeth Gelf Amgueddfa Frycheiniog. '…mae fy ngwaith yn cymryd deunydd (haearn) sy'n mynegi mas, parhauster a swyddogaeth gan gyflwyno rhyw elfen o syndod iddo.' Yn byw yn Llanfrynach, canolbarth Cymru.
*Yr artist*

## Michael TOMLINSON 1958–
**Peintiwr. Ganed yn Accrington, Lloegr.**

Bu'n byw yng Nghymru 1986–88; dychwelodd 1993. Astudiodd ym Mhrifysgol Manceinion 1976–80 (BA Daeareg ac Archeoleg); Prifysgol Cymru, Aberystwyth 2003–04. Warden Hostel Ieuenctid 1980–85; y diwydiant arlwyo 1986–2003. Gwobrau'n cynnwys Celfyddydau Gogledd-orllewin Lloegr 1984, 1987; Cyngor Celfyddydau Cymru 1995; Gwobr Goffa Ailsa Owen 1996. Arddangosfeydd ar y cyd yn cynnwys *BP National Portrait Competition*, yr Oriel Bortreadau Genedlaethol, Llundain 1993, 1997; Eisteddfod Genedlaethol Cymru, Castell-nedd 1994; Y Tabernacl, Machynlleth (TM) 1995, 1997–2003; *Arddangosfa Agored Cymru*, Canolfan y Celfyddydau Aberystwyth (CCA) 1996; *Biennale Arlunio Cymru*, CCA 1997 (teithiol); *Arddangosfa'r Wobr Brynu*, Prifysgol Morgannwg, Pontypridd 1998. Arddangosfeydd undyn yn cynnwys Amgueddfa'r Pensil, Cumbria, Keswick 1984; Amgueddfa ac Oriel Gelf Blackburn

1988; TM 1994, 1995, 1997; Llyfrgell Genedlaethol Cymru, Aberystwyth (LlGC) 1999. Casgliadau'n cynnwys Amgueddfa Cymru; LlGC; TM. 'Mae magu teulu wedi arwain at ymddiddori'n fwy mewn portreadaeth.' Yn byw ym Machynlleth, canolbarth Cymru.
*Yr artist*

### Thomasin TOOHIE 1965–
**Peintiwr, ceramegydd. Ganed yn Stourbridge, Lloegr.**

Astudiodd yng Ngholeg Celf a Dylunio Henffordd 1982–86; Coleg y Brifysgol, Scarborough 1999–2001 (MA), gyda Clive Head. Athrawes celf, ysgolion yn Scarborough 1999–2003. Cyrhaeddodd Gymru yn 2002. Tiwtor, Arts Factory, Ferndale o 2003. Artist preswyl, ysgolion yn Swydd Henffordd 1987–90. Prosiectau cymunedol, de-ddwyrain Cymru, o 2003. Comisiynau'n cynnwys Cyngor Sirol Bwrdeistref Caerffili 2007. Gwobrau'n cynnwys Gwobrau Gorllewin Canolbarth Lloegr 1995; Celfyddydau Gogledd Lloegr 2001. Aelod o'r Grŵp Cymreig. Arddangosfeydd ar y cyd yn cynnwys Oriel Kilvert, Y Gelli Gandryll 1994, 2003; *Artist y Flwyddyn Cymru*, Neuadd Dewi Sant, Caerdydd (Gwobr y Newydd-ddyfodiad Gorau); Oriel Washington, Penarth 2003; *Arddangosfa'r Wobr Brynu*, Prifysgol Morgannwg 2004; Eisteddfod Genedlaethol Cymru, Sir y Fflint 2007. Arddangosfeydd undyn yn cynnwys Oriel Gelf Dinas Caerlŷr 1999; *South Wales Discovered*, Oriel yr Art Shop, Y Fenni 2007. 'Celf werin …diwylliant poblogaidd …ysbryd lle, naratif.' Yn byw yn Nhreorci, de Cymru.
*Yr artist*

### Dawny TOOTES 1967–
**Enw gwaith Sonya Dawn Flewitt, cerflunydd. Ganed yn Neston, Swydd Gaer, Lloegr.**

Nyrs ddeintyddol 1981–85; arlwywraig/perchennog bwyty 1988–95; model bywlunio, Lerpwl, Cilgwri 1995–97. Astudiodd yng Ngholeg Metropolitan Cilgwri, Penbedw 1997–2000, gydag Emma Knowles, Mike Knowles; Athrofa Gogledd Ddwyrain Cymru, Wrecsam 2000–02, gyda Sue Liggett, John McClenaghen. Gwobrau'n cynnwys Interreg, Cronfa Datblygu Rhanbarthol Ewrop 2003; Parc Cenedlaethol Arfordir Penfro 2005. Prosiectau'n cynnwys cerfluniaeth gyhoeddus, Artswave Cymru/Artswave Iwerddon 2003–05; gwaith gydag ysgolion Sir Benfro 2004, 2005. Aelod o Gerfluniaeth Cymru. Arddangosfeydd ar y cyd yn cynnwys Parc Margam 2004; Canolfan Gelfyddydau Gorllewin Cymru, Abergwaun (CGGCAb) 2004, 2007; Gardd Fotaneg Genedlaethol Cymru, Llanarthne (GFGC) 2006; Oriel Henry Thomas, Caerfyrddin 2006; Europäische Akademie Otzenhausen, Nonnweiler, Yr Almaen 2007; Rhos y Gilwen, Cilgerran 2007; *Artist y Flwyddyn Cymru*, Neuadd Dewi Sant, Caerdydd 2007. Arddangosfeydd un-ddynes yn cynnwys Y Ganolfan Ymwelwyr, Tyddewi, gorllewin Cymru 2003; CGGCAb 2004, 2007; Oriel Kooywood, Caerdydd 2005. Wedi'i chynnwys ar BBC Radio Cymru (2003); Teledu'r BBC (2005); *Richard and Judy Show*, Sianel 4 (2006); y wasg leol. Casgliadau'n cynnwys GFGC; Llyfrgell Genedlaethol Cymru, Aberystwyth. '…diwylliant, iaith a thirwedd gorllewin Cymru.' Yn byw yng Nghrymych, gorllewin Cymru.
*Yr artist*

### Sylvia TOULCHER 1934–
**Peintwraig. Ganed yn Abertawe, de Cymru.**

Cemegydd dadansoddol, Y Bwrdd Glo Cenedlaethol 1951–63. Aelod o Artistiaid Gwasanaeth Sifil a Chyhoeddus. Arddangosfeydd ar y cyd yn cynnwys Oriel Gelf Glynn Vivian, Abertawe (OGGV) 1993, 2001; Canolfan y Celfyddydau Aberystwyth 1996; Eisteddfod Genedlaethol Cymru, Ynys Môn 1999; Neuadd Dewi Sant, Caerdydd 2004. Arddangosfa un-ddynes, OGGV 1994. '…tirluniau a morluniau ysgubol Cymru … gweithgareddau diwylliannol pobl Cymru.' Yn byw yn Abertawe.
*Yr artist*

## Norman TOYNTON 1939–
**Peintiwr. Ganed yn Llundain, Lloegr.**

Astudiodd yng Ngholeg Celf Hornsey, Llundain; Y Coleg Celf Brenhinol, Llundain (Gwobr am baentio). Darlithydd, Coleg Celf Caerlŷr, Coleg Celf Caerdydd tua 1965–70. Yn UDA rhwng 1969 a 2006; darlithydd, Prifysgol Talaith Ohio 1970–71; Prifysgol Victoria, Canada 1970–72; Coleg Celf Massachusetts, Boston, diwedd y 1970au. Gwobrau'n cynnwys Sefydliad Pollock-Krasner; Sefydliad Adolph ac Esther Gottlieb. Aelod o Grŵp 56 Cymru 1967–71. Arddangosfeydd ar y cyd yn cynnwys *Image in Progress*, Oriel Grabowski, Llundain 1962; *Five Creative Statements*, Oriel Gelf Glynn Vivian, Abertawe 1965; Oriel Howard Roberts, Caerdydd 1965, 1966; *12fed Arddangosfa Agored Paentio a Cherfluniaeth Gyfoes yng Nghymru*, Cyngor Celfyddydau Cymru (CCC) 1967 (teithiol); *British Painting*, Chicago 1967; Sefydliad Celfyddydau Cyfoes (SCC), Llundain 1967, 1968; Biennale Lignano 1968 (arobryn); *Play Orbit*, Eisteddfod Genedlaethol Cymru, Y Fflint/CCC/SCC, Llundain 1969–70; *Messages from the Interior*, Oriel Sound Shore, UDA 1996. Arddangosfeydd undyn yn cynnwys Oriel Whitechapel, Llundain 1976; *Pegboard Installations*, Sefydliad Celf Gyfoes, Boston 1977; Oriel Daniel Newburg, Efrog Newydd 1987. Wedi'i gynnwys yn *Studio International* (cyf 172, Medi 1966); *Y Celfyddydau yng Nghymru 1950–75*, golygydd Meic Stephens (CCC 1979). Casgliadau'n cynnwys Amgueddfa Cymru, Caerdydd; Llyfrgell Genedlaethol Cymru, Aberystwyth; Oriel Gelf Dinas Bradford. Prynwyd gwaith gan CCC. Yn byw yn Norfolk, Lloegr.

## Peter TRAYLER 1926–
**Enw gwaith Peter Henry Trayler, peintiwr. Ganed yng Nghasnewydd, de Cymru.**

Astudiodd yn Ysgol Gelf Casnewydd 1939–44, gyda Harry Lea. Artist litho, Western Mail and Echo, Caerdydd 1944–46; artist sgrin sidan, Stiwdios Pergriff, Caerdydd 1950–53; ei weithdy ei hun, gwaith arwyddion, arddangosfeydd 1956–92. Aelod o Gymdeithas Gelf Casnewydd. Arddangosfeydd ar y cyd yn cynnwys *Arddangosfa'r Nadolig*, Neuadd Dewi Sant, Caerdydd 1995; Amgueddfa ac Oriel Gelf Casnewydd (AOGC) 2001; Llyfrgell Malpas, Casnewydd 2001, 2003. Gwaith wedi'i gynnwys yn y *South Wales Argus* (Mike Buckingham, Gorffennaf 2001). Gwaith yng nghasgliad AOGC. Yn byw yng Nghasnewydd.

*Yr artist*

## Mary TRAYNOR 1934–
**Enw gwaith Mary Lila Traynor, peintwraig. Ganed yn Hong Kong.**

Astudiodd yng Ngholeg Celf Birmingham 1948–52, gyda Roy Mason, Finlay James; Coleg y Gofaint Aur, Llundain 1951–52 (rhan-amser). Daeth i Gymru ym 1963. Ynad Heddwch 1981–2004; gweithwraig achos bensaernïol i Grŵp De Cymru'r Gymdeithas Fictorianaidd. Comisiynau niferus gan gynnwys y *Western Mail*; Croeso Cymru; Amgueddfa Cymru (AC). Arddangosfeydd ar y cyd yn cynnwys *Biennale Arlunio Cymru*, Canolfan y Celfyddydau Aberystwyth 1997, 1999, 2001 (teithiol); Eisteddfod Genedlaethol Cymru, Llanrwst 1989; *Artist y Flwyddyn Cymru*, Neuadd Dewi Sant, Caerdydd (NDS) 2006; *Essence of Wales*, NDS 2007. Arddangosfeydd undyn yn cynnwys Amgueddfa Diwydiant a Môr Cymru, Caerdydd 1990; Celfyddydau Cain Manor House, Caerdydd 1994; NDS 2001, 2005; Oriel Washington, Penarth 2002, 2004, 2007; Canolfan Gelfyddydau Neuadd Llanofer, Caerdydd 2006. Gwaith wedi'i gynnwys yn *Temples of Faith*, John B Hilling (Cymdeithas Ddinesig Caerdydd 2001). Casgliadau'n cynnwys AC; Cyngor Caerdydd; Llys Ynadon Caerdydd; Prifysgol Caerdydd. '…pensaernïaeth a chadwraeth.' Yn byw yng Nghaerdydd, de Cymru.

*Yr artist*

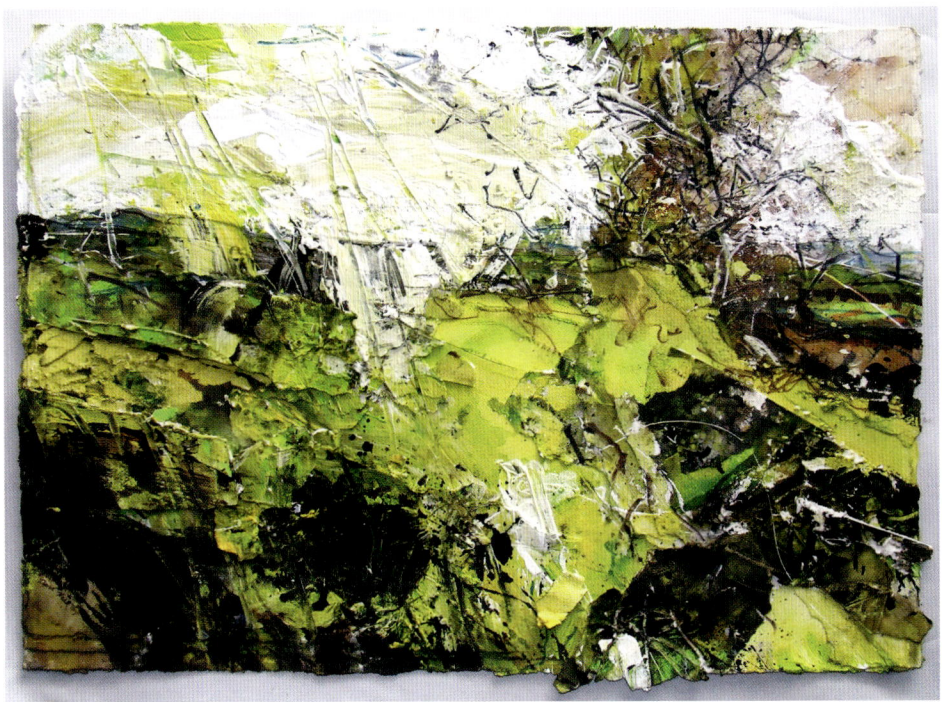

283 | David Tress
*The Big Greening* 2007

## David TRESS 1955–
### Peintiwr. Ganed yn Llundain, Lloegr.

Ei fam yn Gymraes. Astudiodd yng Ngholeg Celf Harrow 1972–73; Polytechnig Trent, Nottingham 1973–76. Cyrhaeddodd Gymru ym 1976. Comisiynau'n cynnwys Cyngor Cadwraeth Natur; Bwrdd Datblygu Cymru Wledig; y Post Brenhinol (Stamp y Mileniwm 1999). Gwobr WCW James Er Clod 1999; Gwobr D&AD 2000; Gwobr Wakelin 2001; *The Discerning Eye*, gwobr ranbarthol i Gymru 2003. Arddangosfeydd ar y cyd niferus gan gynnwys Oriel, Cyngor Celfyddydau Cymru, Caerdydd 1980, 1981; Oriel Albany, Caerdydd (OA) 1983–2006; Oriel yr Atig, Abertawe 1987–99, 2003; Canolfan Gelfyddydau Gorllewin Cymru, Abergwaun 1991, 1994, 2000, 2002, 2004, 2006; *Landmarks*, Amgueddfa Cymru (AC) 1998; Eisteddfod Genedlaethol Cymru, Tyddewi 2002. Arddangosfeydd undyn yn cynnwys Oriel Plas Glyn-y-Weddw, Llanbedrog 1988, 1992, 1999, 2001; OA 1993, 1995, 1999, 2001, 2003, 2005; Oriel Gelf Glynn Vivian, Abertawe (OGGV) 2001; *David Tress. Drawings*, Amgueddfa ac Oriel Gelf Frycheiniog (AOGF) 2003 (teithiol); Clwyd Theatr Cymru, Yr Wyddgrug 2006. Sawl un o'i baentiadau wedi'u hatgynhyrchu'n gloriau llyfrau gan gynnwys *Sacred Place, Chosen People*, Dorian Llewelyn (Gwasg Prifysgol Cymru 1999). Gwaith wedi'i gynnwys yn *David Tress*, Clare Rendell (Gwasg Gomer 2002); erthyglau niferus, gan gynnwys Robert Macdonald (*Modern Painters*, cyf. 10 rhif 2, Haf 1997); Alistair Crawford (Planet, Rhif 154 Awst/Medi 2002); rhaglenni teledu/radio. Casgliadau'n cynnwys AC; AOGF; Amgueddfeydd Sir Benfro; Cyngor Sir Gaerfyrddin; Cymdeithas Celf Gyfoes Cymru; Llyfrgell Genedlaethol Cymru, Aberystwyth; Neuadd Clare, Caergrawnt; OGGV; Oriel Gelf y Guildhall, Llundain. Yn byw yn Hwlffordd, gorllewin Cymru.
*Yr artist*

## Tony TRIBE 1947–
**Enw gwaith Anthony John Tribe, peintiwr. Ganed yn Hillingdon, Lloegr.**

Ei fam yn Gymraes. Astudiodd yn Ysgol Gelf a Chrefftau Camberwell, Llundain 1963–68, gydag Euan Uglow; Ysgol Addysg Prifysgol Cymru, Caerdydd 1969–70; Coleg y Gofaint Aur, Llundain 1979–80, gydag Albert Irvin, Adrian Ryan. Athro, ysgolion Gorllewin Canolbarth Lloegr 1970–71; hunangyflogedig 1971–79; tiwtor, Addysg Oedolion, Llundain 1979–90; athro, Ysgol Trefynwy, o 1990. Arddangosfeydd ar y cyd yn cynnwys *Arddangosfa Haf*, yr Academi Frenhinol, Llundain 1969, 1978, 1979, 1982, 1985, 1993; *Pictures for Schools*, Amgueddfa Cymru 1986; Academi Frenhinol Gorllewin Lloegr, Bryste 1996; *The Discerning Eye*, Orielau'r Mall, Llundain 2002, 2006; *Arddangosfa Aeaf*, Amgueddfa Pont-y-pŵl 2004; *Artist y Flwyddyn Cymru*, Neuadd Dewi Sant, Caerdydd 2007. Arddangosfeydd undyn yn cynnwys Oriel Woodstock, Llundain 1969; Oriel Radlett, Swydd Hertford 1969; Oriel Talent Store, Llundain 1988. 'Tirwedd Cymru, bywyd llonydd.' Yn byw ym Mlaenafon, de Cymru.
*Yr artist*

## Man TROI Gweler Jo SHAPLAND

## Peter TRURAN 1948–
**Enw gwaith Peter Lambert Truran, peintiwr. Ganed yn Redruth, Lloegr. Hefyd yn llofnodi'i waith yn Peter LAMBERT.**

Ei fam yn Gymraes. Cyrhaeddodd Gymru ym 1974. Astudiodd ym Mhrifysgol Witwatersrand, De Affrica 1966–69 (BSc Biocemeg); Coleg Prifysgol Cymru, Caerdydd 1980 (MAdd), 1982 (PhD); Coleg Agored y Celfyddydau, Athrofa Prifysgol Cymru, Caerdydd 1989–94 (rhan-amser), gyda Stephen Young, David Gould, Philip Nichol, Maggie James. Athro, Ysgol San Joseff, Casnewydd 1971–79; gwyddonydd ymchwil 1979–2003. Arddangosfeydd ar y cyd yn cynnwys Oriel Adam, Penarth 2004; Celf Gain St Anthony, Caerdydd 2004; Neuadd Dewi Sant, Caerdydd 2005; Oriel Kooywood, Caerdydd 2005. Arddangosfa undyn, Canolfan Gelfyddydau'r Eglwys Norwyaidd, Caerdydd 2004. 'Y ffigur dynol … mae fy ngwaith yn seiliedig ar ymrwymiad i arlunio.' Yn byw yng Nghaerdydd, de Cymru.
*Yr artist*

## Stephanie TUCKWELL 1953–
**Enw gwaith Stephanie Linda Tuckwell, artist tecstiliau, peintwraig. Ganed yn Chalk, Lloegr.**

Cyrhaeddodd Gymru ym 1995. Astudiodd yng Ngholeg y Gofaint Aur, Llundain 1971–75; Prifysgol Aston, Birmingham (PAB) 1976–77. Darlithydd rhan-amser, Ysgol Gelf a Dylunio Epsom 1979–86; Coleg Ffasiwn Llundain 1979–95; Coleg Technoleg a Chelf Sir Gaerfyrddin 1996–99; Coleg Trydyddol Gwent 1996–2000; Athrofa Prifysgol Cymru, Caerdydd o 1998; Athrofa Addysg Uwch Abertawe o 1999. Ysgoloriaeth Urdd y Brodwyr 2005–06. Ei dewis i Photostore y Cyngor Crefftau. Arddangosfeydd niferus ar y cyd gan gynnwys *Arddangosfa Haf*, Yr Academi Frenhinol, Llundain 1985, 1991, 1992; *Sioe Arddangos Cymru*, Y Tabernacl, Machynlleth 1998; *Hunting Group Art Prizes*, Amgueddfa ac Oriel Gelf Casnewydd (AOGC) 1998; *Arddangosfa Gwobr Brynu*, Prifysgol Morgannwg 1998; *Artist y Flwyddyn Cymru*, Neuadd Dewi Sant, Caerdydd 2000, 2005; Eisteddfod Genedlaethol Cymru, Llanelli 2000. Arddangosfeydd undyn yn cynnwys Oriel Rhydychen, Rhydychen 1994; *Human and Spiritual Presences*, AOGC 1997; Oriel Washington, Penarth 2006. Gwaith wedi'i gynnwys yn *Designer Textiles, Stitching for Interiors*, Fiona Adamczewski (David and Charles, Devon/Urdd y Brodwyr 1987); *The Art of Embroidery*, Julia Barton (Merehurst Press, Llundain 1989). Casgliadau'n cynnwys Amgueddfa Sirol Rhydychen; Amgueddfa Sirol Swydd Stafford; AOGC; Casgliadau Celf y Llywodraeth, Llundain; Prifysgol De Cymru, Pontypridd. Yn byw yng Nghaerdydd, de Cymru.
*Yr artist*

## Dewi TUDUR 1957–
**Enw gwaith Dewi Tudur Morus, peintiwr. Ganed ym Mangor, gogledd Cymru.**

Astudiodd yng Ngholeg Prifysgol Cymru, Aberystwyth, gyda David Tinker; Coleg y Drindod, Caerfyrddin, gyda Robert Hunter, Gareth Stone Jones 1976–80. Athro celf, Ysgol Dyffryn Conwy, Llanrwst, o 1982. Arddangosfeydd ar y cyd yn cynnwys Oriel Martin Tinney, Caerdydd, o 1991; orielau Llundain. Wedi'i gynnwys yn fynych ar y Sioe Gelf (S4C); BBC Radio Cymru. Gwaith yng nghasgliad Neuadd Dewi Sant, Caerdydd. '…tirluniau diamser … golygfeydd o Sir Benfro …' Yn byw yn Llanrwst, gogledd Cymru. *Yr artist*

## CF TUNNICLIFFE 1901–1979
**Enw gwaith Charles Frederick Tunnicliffe OBE RA, darlunydd, gwneuthurydd printiau. Ganed yn Langley, Lloegr.**

Astudiodd yn Ysgol Gelf Macclesfield 1915; Ysgol Gelf Manceinion 1915–21; Y Coleg Celf Brenhinol, Llundain 1921–25 (Ysgoloriaeth yr Arddangosfa Frenhinol). Ysgythrwr, Llundain; aelod staff (rhan-amser), Cymdeithas Frenhinol y Peintwyr Ysgythrwyr (CFPY). O 1928, artist llawrydd/darlunydd bywyd gwyllt, Hurdsfield, Macclesfield. Athro, Ysgol Ramadeg Manceinion. Cyrhaeddodd Gymru ym 1947. Cymrawd o CFPY 1934; Aelod o'r Academi Frenhinol 1954; Is-lywydd, Cymdeithas Frenhinol er Gwarchod Adar (RSPB) 1954; Is-lywydd, Cymdeithas yr Artistiaid Bywyd Gwyllt 1968. Medal Aur, RSPB 1975. Derbyniodd OBE 1978. Comisiynau am ddarluniau'n cynnwys llyfrau gan Henry Williamson; Ernest Hemingway; H E Bates; Alison Uttley; ymgyrchoedd posteri amser rhyfel. Arddangosfeydd ar y cyd yn cynnwys *Arddangosfa Haf*, Yr Academi Frenhinol, Llundain, sawl gwaith 1928–79; Oriel Mostyn, Llandudno (OM) 1981; *Out of the Wood: British Woodcuts and Wood Engravings 1890–1945*, Y Cyngor Prydeinig (CP) 1991 (teithiol). Arddangosfeydd undyn yn cynnwys Orielau Greatorex, Llundain 1938; *Bird Drawings by C F Tunnicliffe RA*, RA 1974; *Wild Lives: The Art of Charles F Tunnicliffe RA 1901–1979*, OM 1980 (teithiol); *Charles F Tunnicliffe RA: The Artist's Working Methods*, Oriel Ynys Môn, Llangefni (OYM) 1983 (teithiol). Cyhoeddiadau'n cynnwys *My Country Book* (The Studio 1942); *Birds of the Estuary* (Penguin Books 1952); *Shorelands Summer Diary* (Collins 1952; Clive Holloway Books 1984); *Shorelands Winter Diary*, golygydd Robert Gillmor (Constable a Robinson 1992). Wedi'i gynnwys yn *Portrait of a Country Artist: C F Tunnicliffe RA 1901–1979*, Ian Niall (Victor Gollancz 1983, 1985); *Tunnicliffe's Birds*, Noel Cusa (Gollancz 1984); 'The Birdman of Anglesey', Christopher Proudlove (*North Wales Life Style*, Gaeaf 1988). Casgliadau'n cynnwys Amgueddfa ac Oriel Gelf Casnewydd; Amgueddfa ac Oriel Gelf Harris, Preston; Amgueddfa Cymru, Caerdydd; Amgueddfa West Park, Macclesfield; CP; Llyfrgell Genedlaethol Cymru, Aberystwyth; Orielau Celf Dinas Manceinion; OYM. O 1981, roedd Kyffin Williams 'yn gyfrifol am sicrhau i Ynys Môn arluniau'r artist bywyd gwyllt Charles Tunnicliffe ac, ymhen amser, oriel i'w cadw' *(Rhian Evans, The Guardian, 4 Medi 2006.)* Arluniau a dyfrlliwiau mesuredig a manwl gywir o adar Prydain. Roedd yn byw ym Malltraeth, gogledd Cymru.

## WT Gweler Winifred THOMAS

## William McAllister TURNER 1901–1976
**Peintiwr, ysgythrwr. Ganed yn yr Wyddgrug, gogledd Cymru. Weithiau'n cael ei restru o dan McAllister Turner.**

Gweithiwr yn y diwydiant dur, Shotton. Astudiodd yn Ysgol Gelf Caer (Gwobr Goffa Randolph Caldecott); Coleg Celf Lerpwl; yn yr Eidal. Stiwdio yng Nghaer 1926. Cynghorydd Addysg Gelf, Awdurdod Addysg Lerpwl 1935; Pennaeth yr Adran Gelf, Coleg Technegol y Fflint; Trefnydd Celf y Sir, Sir y Fflint; beirniad celf; cartwnydd chwaraeon; adferwr lluniau achlysurol. Aelod o'r Academi Frenhinol Gymreig, Conwy

(AFG), o 1944 (Llywydd 1962–67). Arddangosfeydd ar y cyd yn cynnwys Oriel Gelf Walker, Lerpwl, sawl gwaith 1925–39; *Jubilee Exhibition of Modern Art*, Oriel Atkinson, Southport 1928; *Living British Artists*, Lerpwl, Llundain, Efrog Newydd 1930; AFG, sawl gwaith 1932–66; Arddangosfa BBC/AFG, Buenos Aires, Patagonia 1965; Eisteddfod Genedlaethol Cymru; Academi Frenhinol Gorllewin Lloegr, Bryste. Arddangosfeydd undyn yn cynnwys Neuadd y Sir, Yr Wyddgrug 1970. Wedi'i gynnwys yn yr wasg leol; HTV; BBC Cymru. Casgliadau'n cynnwys Cyngor Swydd Derby; Eglwys y Galon Sanctaidd, Penarlâg. Dinasluniau, Ffrainc, Yr Eidal; bywyd llonydd. Roedd yn byw ym Mhenarlâg, gogledd Cymru.

## Vince TUTTON 1943–
**Enw gwaith Vincent John Tutton, peintiwr. Ganed yng Nglynrhedynog, de Cymru.**

Astudiodd yng Ngholeg Celf Caerdydd 1962–63; Coleg Celf Casnewydd 1963–66, gydag Ernest Zobole; Coleg Celf a Dylunio Leeds 1966–67; Accademia di Belle Arti, Fflorens 1967, 1969–70; Prifysgol Fflorens 1973; Coleg Polytechnig Leeds 1977–78. Pennaeth yr Uned Therapi Celf, Ysbyty Seiciatrig Glan-rhyd, Pen-y-bont ar Ogwr 1970–72; Pennaeth y Sector Celf, Coleg Addysg Bellach Hemsworth, Ackworth 1972–81; Cydgysylltydd Cyrsiau, Celfyddydau Cyfun, Coleg Trydyddol Dosbarth Wakefield 1981–89. Peintiwr llawnamser o 1989. Artist preswyl, Fundacion Valparaiso, Sbaen 1994, 1995. Comisiwn, Awdurdod Addysg Leeds 1967. Gwobr Paentio Ysgolion (y wobr gyntaf) 1961, 1962; Ysgoloriaeth Llywodraeth yr Eidal, Paentio 1967, 1969–70, 1973; Ysgolor Fulbright 1986–87. Aelod Cyswllt, Cymdeithas Artistiaid Newlyn 2007. Arddangosfeydd niferus ar y cyd gan gynnwys Oriel Howard Roberts, Caerdydd 1963; *Pictures for Welsh Schools*, Amgueddfa Cymru 1971–74; Oriel Iolo, Y Bont-faen 1973; Oriel Cymdeithas Artistiaid St Ives 1991; *Twenty Years of Contemporary Art in Cornwall*, Oriel Gelf Falmouth 2000; *Gone South*, Oriel Lander, Truro 2007. Arddangosfeydd undyn niferus gan gynnwys Canolfan Gelfyddydau Chapter, Caerdydd 1972; Oriel y Bont, Polytechnig Cymru, Pontypridd 1984; Oriel Gelf Falmouth 1998; Amgueddfa Frenhinol Cernyw, Truro 2002; Chiesa di Santa Maria della Spina, Pisa, Yr Eidal 2003. Gwaith wedi'i gynnwys mewn erthyglau yn y wasg; *Changes in a Landscape*, Keith Blackburn (Minerva Press 1988). Yn byw yn Ruan Minor, Lloegr.
*Yr artist*

## Naomi TYDEMAN 1957–
**Enw gwaith Naomi Ann Tydeman, peintwraig. Ganed yn Taiping, Malaysia.**

Cyrhaeddodd Gymru ym 1980. Astudiodd yng Ngholeg y Drindod, Caerfyrddin 1983–87 (BAdd). 'Swyddi amrywiol', teithio 1973–83, 1987–92. Peintwraig lawnamser, perchennog oriel o 1992. Gwobr Frank Herring 2005. Aelod o Sefydliad Brenhinol y Peintwyr Dyfrlliw (SBPD); Cymdeithas Ddyfrlliwiau Cymru (CDdC) 1998–2006. Arddangosfeydd ar y cyd yn cynnwys CDdC; SBPD, Orielau'r Mall, Llundain 2004–07; *Artist y Flwyddyn Cymru*, Neuadd Dewi Sant, Caerdydd 2005. Arddangosfeydd un-ddynes, Canolfan Gelfyddydau Taliesin, Abertawe 2004. Cyhoeddiad, *Different Strokes* (Walter Foster, UDA 2007). Gwaith yng nghasgliad Amgueddfa Dinbych-y-pysgod. Yn byw yn Saundersfoot, gorllewin Cymru.
*Yr artist*

## Esther TYSON 1973–
**Peintwraig. Ganed yn Ulverston, Lloegr.**

Astudiodd yng Ngholeg Technoleg a Chelf Sir Gâr 1993–95, 2000–01; Y Coleg Celf Brenhinol, Llundain (CCB) 2001–03 (MA Cyfathrebu, Celf a Dylunio). Daeth i Gymru ym 1993. Artist preswyl, Natur mewn Celf, Twigworth 2003–06; Y Gymdeithas Frenhinol er Diogelu Adar, Gwarchodfa Dinas 2006; Slofacia 2006. *Big Draw*, aelod o'r tîm, Amgueddfa Natur, Llundain 2003–05 (arweinydd tîm 2005). Gwobrau'n cynnwys Gwobr Cyngor Celfyddydau Cymru 2006. Aelod o'r Gymdeithas Artistiaid Bywyd Gwyllt. Arddangosfeydd ar y cyd yn cynnwys *Hunting Art Prizes*, Orielau Darwin, CCB 2004; *Artist y Flwyddyn Cymru*, Neuadd Dewi Sant, Caerdydd 2005, 2006; Gardd Fotaneg Genedlaethol Cymru 2005, 2007;

Celf Gain Fountain, Llandeilo 2005–07; Oriel Crane, Abertawe 2007. Arddangosfa un-ddynes, *Open Land*, Oriel King Street, Caerfyrddin 2004. 'Geiriau. Byd natur.' Yn byw yn Llanwrda, gorllewin Cymru.
*Yr artist*

### Ian TYSON 1933–
**Peintiwr, gwneuthurydd printiau, cerflunydd, artist llyfrau. Ganed yn Wallasey, Lloegr.**

Astudiodd yn Ysgol Gelf Laird, Penbedw 1950–53; Ysgolion yr Academi Frenhinol, Llundain 1953–57. Bu'n byw yn Llundain a Phenmachno, gogledd Cymru 1959–70. Darlithydd 1966–97, Ysgol Gelf Farnham; Ysgol Gelf St Martin, Llundain; Ysgol Gelf Wimbledon. Sefydlydd/rheolwr Tetrad Press 1970–95; trefnydd, prosiect llyfrau artistiaid. Creodd wasgnod, *ed.it* 1996. Aelod o Gymdeithas yr Artistiaid Rhyngwladol (1964–71; cyn-gadeirydd). Arddangosfeydd ar y cyd yn cynnwys *8th Exhibition of Contemporary Welsh Painting, Drawing and Sculpture*, Pwyllgor Cymreig Cyngor Celfyddydau Prydain Fawr (PCCCPF) 1961 (teithiol); *The St David's Exhibition*, PCCCPF 1964, 1965 (teithiol); *Contemporary Prints*, Cyngor Celfyddydau Cymru (CCC) 1967 (teithiol); Flowers East, Llundain 1990, 1994, 1996; *Painters and Poets in Print*, Arddangosfeydd Teithiol y South Bank 1990; *Artists' Books*, Oriel Tate, Llundain 1995. Arddangosfeydd undyn yn cynnwys *Ian Tyson Sculpture*, Oriel Gelf Bangor 1964; *Bookworks*, Oriel Hardware, Llundain 1985, 1994; Oriel Eagle, Llundain 1995, 2004, 2006; *ed.it*, Prifysgol Gorllewin Lloegr Bryste 2005. Cyhoeddiadau, llyfrau artistiaid gan gynnwys *British Artists' Books 1970–1983*, cydolygydd Silvie Turner (Lund Humphries 1984); *The Case for Memory*, gyda cherddi gan Jerome Rothenberg (cydgyhoeddwr Granary Books, Efrog Newydd 2001). Wedi'i gynnwys yn *Artists' Lives*, Archif Sain y Llyfrgell Brydeinig 2007. Casgliadau'n cynnwys Amgueddfa Cymru, Caerdydd; Cyngor Celfyddydau Lloegr; Prifysgol Bangor; Ymddiriedolaeth Canolfan Gymunedol Goffa Gresffordd a'r Cylch; Amgueddfa Victoria ac Albert; Tate; Casgliad Celf y Llywodraeth; Y Cyngor Prydeinig; Y Llyfrgell Brydeinig, Llundain oll. Prynwyd gwaith gan CCC. Diddordeb cynnar yn strwythur y tir, chwareli, olion Oes y Cerrig a'r Oes Efydd o gwmpas Penmachno. Yn byw yn Vaucluse, Ffrainc.
*Yr artist*

### Michael TYZACK 1933–2007
**Enw gwaith Michael Rodney Tyzack, peintiwr. Ganed yn Sheffield, Lloegr.**

Hefyd yn drympedwr jazz. Astudiodd yng Ngholeg Celf a Chrefftau Sheffield 1950–52; Ysgol Celf Gain Slade, Llundain 1952–56, gyda William Coldstream, Lucian Freud, William Townsend. Ysgoloriaeth Llywodraeth Ffrainc 1956–57. Darlithydd, Coleg Celf Caerdydd 1964–68; Coleg Celf Hornsey, Llundain 1968–71; Prifysgol Iowa, UDA 1971–76; Athro Celfyddydau Cain, Coleg Charleston, UDA 1976–2005 (Cadeirydd yr Adran Gelf 1992–2005). Comisiynau'n cynnwys Ysbyty Athrofaol Cymru, Caerdydd/Cyngor Celfyddydau Cymru (CCC) 1969–71. Aelod o Grŵp 56 Cymru 1969–71. Arddangosfeydd ar y cyd yn cynnwys Oriel AIA, Llundain 1962, 1964; *Formal Visual Dialogue*, Coleg Prifysgol Cymru, Aberystwyth 1964; *John Moores*, Oriel Gelf Walker, Lerpwl 1965 (enillydd y wobr brynu gyntaf), 1967; *Five Creative Statements*, Oriel Gelf Glynn Vivian, Abertawe (OGGV) 1965; Oriel Howard Roberts, Caerdydd 1965, 1966, 1969; *Documenta 4*, Kassel 1968; *British Abstraction*, Oriel Angela Flowers, Llundain 1994; *British Abstract Painting and Sculpture 1960-1970*, Tate Lerpwl 2003. Arddangosfeydd undyn yn cynnwys Oriel Axiom, Llundain 1966, 1968, 1970; Oriel Corcoran, Washington DC 1973; *Appropriate to the Moment*, Oriel Halsey, Coleg Charleston 2001. Wedi'i gynnwys yn *Y Celfyddydau yng Nghymru 1950–75*, golygydd Meic Stephens (CCC 1979); ysgrifau coffa, *Post and Courier*, Charleston (Chwefror 2007); *The Independent* (19 Ebrill 2007); *The Times* (8 Mehefin 2007). Casgliadau'n cynnwys Amgueddfa Cymru, Caerdydd (rhodd gan Gymdeithas Celf Gyfoes Cymru); Amgueddfa Ulster, Belffast; Amgueddfa Victoria ac Albert, Llundain; Cyngor Celfyddydau Lloegr; OGGV; Tate, Llundain; Y Gymdeithas Celf Gyfoes. Haniaeth galedlin. Roedd yn byw yn Ynys John, De Carolina, UDA.

# ARTISTIAID: U

### Fran UGUEN-SYKES 1971–

**Enw gwaith Françoise Uguen-Sykes, peintwraig, gwneuthurydd printiau.**
**Ganed yn Darwin, Awstralia.**

Ei mam yn Gymraes. Cyrhaeddodd Gymru ym 1971. Astudiodd yn Athrofa Addysg Uwch Caerdydd 1989–90; Athrofa Prifysgol Cymru, Caerdydd 2004–07, gyda Tom Piper. Bu'n addysgu yng Nghibwts Ramat Yochanan, Israel 1990–91. Aelod o Weithdy Argraffu Caerdydd o 2003. Arddangosfeydd ar y cyd yn cynnwys Oriel Gerddi Howard, Caerdydd 2005, 2006; *Contemporary Printmaking*, Oriel yr Hen Lyfrgell, Caerdydd 2007; Canolfan y Mileniwm, Caerdydd 2007; *Artist y Flwyddyn a'r Arddangosfa Nadolig*, Neuadd Dewi Sant, Caerdydd 2007. '…yn ysgythriadau ac yn acwatintau …mae fy nghelf yn fyfyrdod ar fy mywyd beunyddiol.' Yn byw yng Nghaerdydd, de Cymru.
*Yr artist*

### Fred UHLMAN 1901–1985

**Enw gwaith Manfred Uhlman, peintiwr. Ganed yn Stuttgart, Yr Almaen.**

Hunanaddysgedig. Astudiodd y gyfraith 1919–22; bargyfreithiwr, Stuttgart 1927–33. Gadawodd yr Almaen ym 1933; dechreuodd baentio ym 1934; symudodd i Loegr ym 1936. Carcharor yn ystod yr Ail Ryfel Byd. Cymrawd Cymdeithas Frenhinol y Celfyddydau. Aelod Anrhydeddus, Yr Academi Frenhinol Gymreig, Conwy; aelod o Grŵp Llundain 1940–1943. Arddangosfeydd ar y cyd yn cynnwys *The Artist in Wales*, Llyfrgell Genedlaethol Cymru, Aberystwyth 1952 (teithiol); *Pictures for Welsh Schools*, Cymdeithas er Addysg trwy Gelf, Amgueddfa Cymru (AC), 1952–64; *20th Century British Romantic Painting*, Cyngor Celfyddydau Prydain Fawr (CCPF) 1953 (teithiol); *Contemporary Welsh Paintings*, Pwyllgor Cymreig CCPF 1958 (teithiol); *Aspects of Wales*, Oriel Howard Roberts, Caerdydd (HR) 1961; *Ninety Selected Oil Paintings*, Oriel Albany, Caerdydd 1974. Arddangosfeydd undyn yn cynnwys Galerie Le Niveau, Paris 1935, 1937; Oriel Zwemmer 1938, 1956, 1959; Oriel Redfern, Llundain 1943, 1953; Canolfan Gelfyddydau Camden 1973; Coleg Prifysgol Gogledd Cymru, Bangor 1960; HR 1963. Cyhoeddiadau'n cynnwys *Captivity, Twenty-four drawings by Fred Uhlman* (Jonathan Cape 1946); darluniau, *An Artist in North Wales*, Clough Williams-Ellis (Paul Elek 1946); 'Why Do I Live Here? – Penrhyndeudraeth' (*House and Garden*, Awst 1958). Wedi'i gynnwys yn *Sunday Times* (Eric Newton, Mai 1944, ailargraffwyd yn *In My View* 1950); 'Portrait of the Artist', Michael Rothenstein (*Art News and Review*, cyf 1, rhif 14, 13 Awst 1949); *The Jewish Quarterly*, Josef Herman (cyf 16, rhif 1, Gwanwyn 1968); 'Fred Uhlman's Internment Drawings', Anna Müller-Härlin (*Yearbook of the Research Centre for German and Austrian Exile Studies* rhif 6, 2005). Casgliadau'n cynnwys AC; Amgueddfa ac Oriel Gelf Casnewydd; Amgueddfa Fitzwilliam, Caergrawnt; Amgueddfa Victoria ac Albert, Llundain; Casgliad Celf y Llywodraeth; Cymdeithas Celf Gyfoes Cymru; Oriel Gelf Glynn Vivian, Abertawe; Prifysgol Aberystwyth; Yr Amgueddfa Brydeinig, Llundain. '…roedd dylanwad ei gariad tuag at Gymru'n drwm ar ei waith gorau.' Roedd yn byw yn Llundain, Lloegr a Chwm Croesor, ger Penrhyndeudraeth.

**Keith UNDERWOOD** 1934–
**Enw gwaith Keith Alfred Underwood, peintiwr, dylunydd, cerflunydd. Ganed yn Portsmouth, Lloegr. Hefyd yn defnyddio'r llofnod KAU; K. UNDERWOOD.**

Cyrhaeddodd Gymru ym 1946. Astudiodd yng Ngholeg Celf Casnewydd 1953–57, gyda Tom Rathmell, Hubert Dalwood; Coleg Celf Gorllewin Lloegr, Bryste 1960–61. Athro 1961–75; tiwtor ac artist/ dylunydd llawrydd o 1975. Cynllunydd set/propiau herodrol ar gyfer pasiantau/cynyrchiadau Son et Lumiere i Ŵyl eilflwydd Cas-gwent o 1983. Comisiynau niferus gan gynnwys Cadeirlan Onitsha, Nigeria 1985; cerfluniaeth arfbeisiol, porth tref Cas-gwent 1988; murlun hanesyddol a map o'r dref, Cas-gwent 1991; map o'r dref, Cil-y-coed 1994; Plac Llwybr Treftadaeth, Cas-gwent 2005, 2006. Gwobr Ymchwil Leverhulme mewn Celf Gain 1957–58. Arddangosfeydd niferus ar y cyd gan gynnwys *Pictures for Welsh Schools*, Amgueddfa Cymru (AC) 1956, 1957, 1964, 1989 (teithiol); *Contemporary Welsh Painting and Sculpture*, Pwyllgor Cymreig Cyngor Celfyddydau Prydain Fawr/AC 1956, 1957; Eisteddfod Genedlaethol Cymru, Aberdâr 1956; *Young Contemporaries*, Orielau RBA, Llundain 1957; *Castles of Gwent*, Canolfan Gelfyddydau Abaty Nant Teyrnon, Cwmbrân (CGANT) 1983; *Apêl Eryri'r Ymddiriedolaeth Genedlaethol*, Neuadd Dewi Sant, Caerdydd 1998. Arddangosfeydd undyn yn cynnwys Ysgol Sant Paul, Llundain 1975; CGANT 1982; *In Colours Bright*, Amgueddfa Cas-gwent 1987. '…plentyndod yn ardal Cas-gwent …tirwedd rhan isaf Dyffryn Gwy a Hafren. …peintiwr ffigurol …yn rhoddi'r pwysigrwydd pennaf i arlunio.' Yn byw yn Sedbury, de Cymru.
*Yr artist*

**John UPTON** 1949–
**Ceramegydd a pheintiwr. Ganed yn Abertawe, de Cymru.**

Astudiodd yng Ngholeg Celf Abertawe 1967–68; Coleg Celf Caerdydd 1968–71 (gradd yn y dosbarth cyntaf), gyda Frank Vining, Alan Barrett-Danes, Tony Franks; Cyfadran Addysg, Caerdydd 1971–72. Athro, Ysgol Gyfun Dawlish, Dyfnaint 1972–79. Crochenydd hunangyflogedig 1979–82; athro, Ysgol Gyfun Pontarddulais 1982–94; Swyddog Addysg, Oriel Gelf Glynn Vivian, Abertawe (OGGV) o 1994. Arddangosfeydd ar y cyd yn cynnwys *Arddangosfa Agored Abertawe*, OGGV 1998–2007. Arddangosfeydd undyn yn cynnwys Neuadd y Sir, Abertawe 1995; *Images of Christmas*, OGGV 1997; *A Child's Christmas in Wales*, Canolfan Dylan Thomas, Abertawe 2001, Theatr y Grand, Abertawe 2006. Cyhoeddiadau'n cynnwys *Art in Wales Collection* (OGGV 1995); 'Looking at Art – a Gallery Educator's View', *Teaching Art in Wales*, Alan Torjussen (Gwasg Prifysgol Cymru 1996); *Eight Images of Coal Mining* (OGGV 1997); *Let's Draw* (OGGV 2004); Cardiau Cyfarch John Upton 1993–2005. '…peintiwr ffigurol … breuddwydion ac atgofion am fy mywyd yn Abertawe.' Yn byw yn Abertawe.
*Yr artist*

**Therese URBANSKA** 1980–
**Peintwraig. Ganed ym Mangor, gogledd Cymru.**

Astudiodd yng Ngholeg Meirion Dwyfor, Dolgellau 1998–99; Prifysgol Fetropolitan Manceinion 1999–2002; Coleg Menai, Bangor 2002–04; Coleg Meirion Dwyfor, Pwllheli 2005–06. Gweithdai celf ar gyfer plant ac oedolion, gogledd Cymru, er 2002; Preswyliad *Myfyriwr y Flwyddyn*, Gofod Celf Gwledig Coed Hills, Y Bont-faen 2004; tiwtor (rhan-amser), Cymdeithas Addysg y Gweithwyr, Coleg Harlech, o 2004. Comisiynau'n cynnwys teledu S4C, *Byd o Liw* 2005; Eisteddfod Genedlaethol Cymru/Y Sefydliad Materion Cymreig 2005; dylunio clawr *Natur Cymru* (Hydref 2005). Arddangosfeydd ar y cyd yn cynnwys *Ysbryd Llŷn*, Oriel Plas Glyn-y-Weddw, Llanbedrog 2002, 2004 (Gwobr yr Artist Ifanc), 2006; *Arddangosfa Agored Wrecsam*, Canolfan Gelfyddydau Wrecsam 2003; Oriel Pen-y-Fan, Aberhonddu 2005; Oriel Tonnau, Pwllheli 2005, 2007; Oriel Albany, Caerdydd 2006; Galeri, Caernarfon 2007. Arddangosfeydd deuddyn, Llyfrgelloedd Blaenau Ffestiniog a Chaernarfon (gyda Darren Evans) 2005. Wedi'i chynnwys yn rhaglenni S4C, *Y Sioe Gelf* (Mai 2004); *Cer i Greu* (Awst 2005). '…wedi fy ysbrydoli gan dirweddau Cymru…mae'r rhan fwyaf o'm gwaith yn seiliedig ar Ben Llŷn … mae fy ngwaith wedi dod yn fwyfwy haniaethol….' Yn byw ger Pwllheli, gogledd Cymru.
*Yr artist*

# ARTISTIAID: V

**Gladys VASEY** 1889–1981

**V**

**Peintwraig. Ganed yn Blackpool, Lloegr.**

Astudiodd mewn dosbarthiadau preifat gyda William Fitz, Manceinion tua 1909 (cyd-fyfyriwr, LS Lowry); Ysgol Baentio Stanhope Forbes, Newlyn; dosbarthiadau gyda Lamorna Birch, Cernyw. Bu'n byw yng Nghymru ar ddechrau'r Ail Ryfel Byd, yna 1943–64, 1969–81. Aelod o Academi Celfyddydau Cain Manceinion (Trysorydd 1939–42); Yr Academi Frenhinol Gymreig, Conwy (AFG); Cymdeithas yr Artistiaid Benywaidd (1960–65). Arddangosfeydd ar y cyd yn cynnwys *Arddangosfa Wanwyn*, Academi Celfyddydau Cain Manceinion, sawl gwaith 1930–1968; *Annual Spring Exhibition of Modern Art*, Oriel Gelf Atkinson, Southport 1931–34, 1936–39, 1953–54, 1956; AFG 1953–55, 1958; Eisteddfod Genedlaethol Cymru, Aberpennar 1946 (y wobr gyntaf); Cymdeithas Frenhinol y Peintwyr Portreadau, Llundain 1956, 1960–61; Cymdeithas Gelf Aberaeron a'r Cylch 1970–71. Arddangosfeydd un-ddynes yn cynnwys *Portraits and other paintings by Gladys Vasey*, Llyfrgell Genedlaethol Cymru, Aberystwyth (LlGC) 1973; *Gladys Vasey ARCA SWA: A Retrospective*, LlGC 1991 (teithiol). Wedi'i chynnwys yn *Art Quarterly* (o 1957). Casgliadau'n cynnwys LlGC; Orielau Celf Dinas Manceinion. Portreadau; tirluniau, yn arbennig o Gernyw. Roedd yn byw yn Aberaeron, gorllewin Cymru.

*Robert Meyrick*

**Susie VAUGHAN** 1948–

**Basgedwraig. Ganed ym Mhant-teg, de Cymru.**

Dim cymwysterau celf gymhwysol ffurfiol. Newyddiadurwraig, *South Wales Argus*, Casnewydd 1967–72. Digwyddiadau hyrwyddo Llywodraeth Cynulliad Cymru, Tokyo 1998, Stuttgart 1999, Sydney 2003, Hong Kong 2006. Comisiwn, Gwesty'r Celtic Manor, Casnewydd 1999. Aelod o Urdd Gwneuthurwyr Cymru; Cymdeithas y Basgedwyr; y Gymdeithas Gwneuthurwyr Ffelt Rhyngwladol. Arddangosfeydd ar y cyd yn cynnwys Eisteddfod Genedlaethol Cymru, Aberystwyth 1992; *21 Artists: 21 Years*, Oriel yr Hen Ysgol, Bleddfa 1995; *Garden Room*, The Contemporary Craftsman, Trefynwy 2000; *Assembly*, Brewery Arts, Cirencester 2002. Cyhoeddiad, *Handmade Baskets : From Nature's Colourful Materials* (Search Press 1994, 2006). Gwaith wedi'i gynnwys yn *Craft Hour*, BBC2 Cymru 1998; *form – contemporary craft in Wales* (Celfyddydau Rhyngwladol Cymru 2003). Yn byw ym Mrynbuga, de Cymru.

*Yr artist*

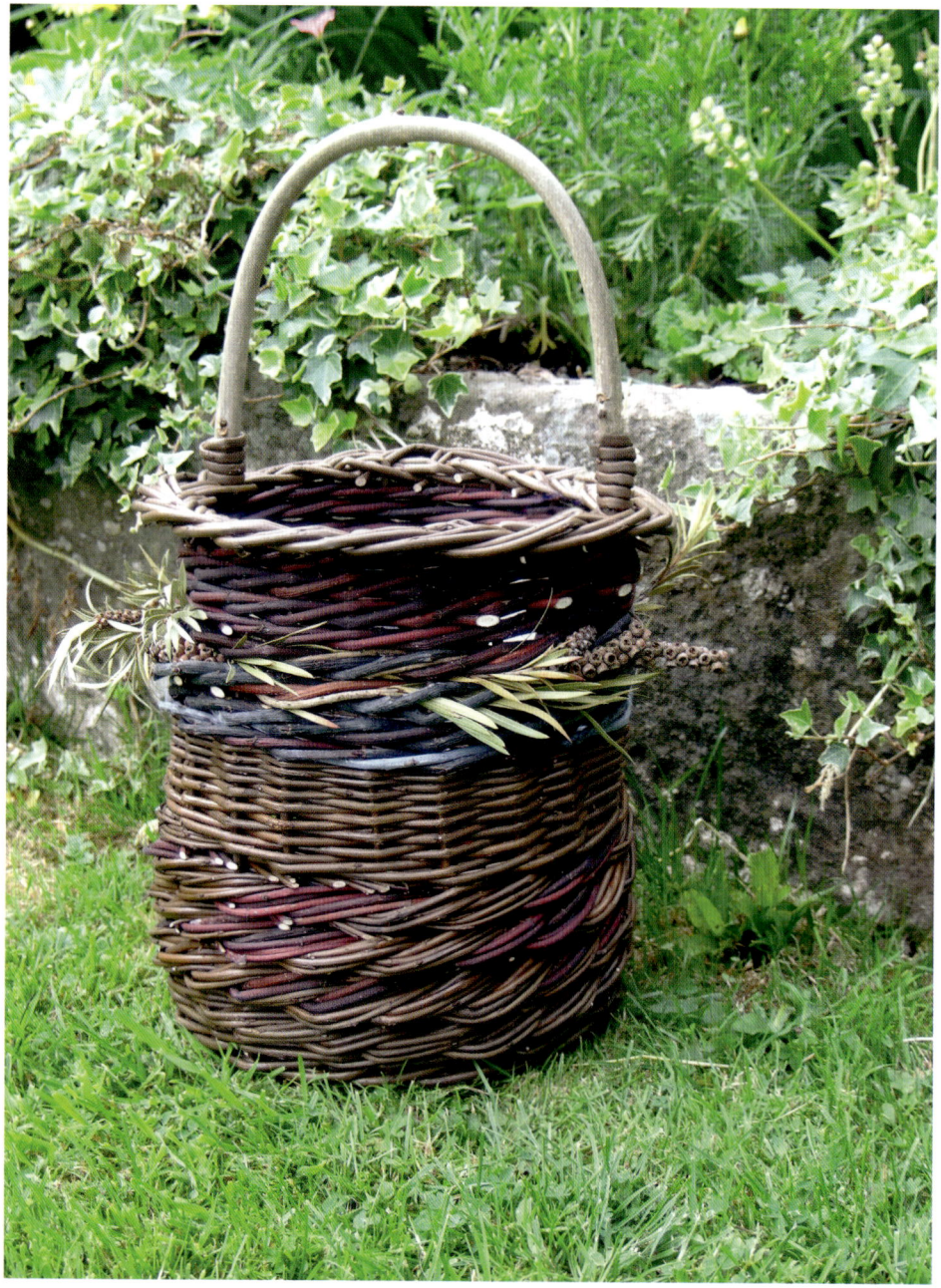

284 | Susie Vaughan
*Blackberry Picker* 2007

**David VIBERT** 1939–
**Peintiwr, gwneuthurydd printiau. Ganed yng Nghastell-nedd, de Cymru.**

Astudiodd yng Ngholeg Celf Abertawe 1956–57, gyda Bill Price, Alfred Janes; Ysgol Gelf Gain Slade, Llundain 1957–61, gyda Claude Rogers, Anthony Gross; Academia de San Fernando, Madrid 1964–65; Atelier 17, Paris 1965–66, gyda William Hayter; Coleg Celf Caerdydd 1975–76; Coleg Prifysgol Cymru Caerdydd 1987–90 (MSc Astudiaethau Cyfryngau). Athro ysgol yng Nghymru a Lloegr 1961–64, 1966–93. Ysgoloriaeth Gelf Sirol Morgannwg 1955; Ysgoloriaeth Gelf Llywodraeth Sbaen 1964–65; Bwrsariaeth Cyngor Celfyddydau Cymru 1980. Arddangosfeydd niferus ar y cyd gan gynnwys *Young Contemporaries*, Llundain 1958; Oriel Howard Roberts, Caerdydd 1960, 1965; Cymdeithas Celf Gyfoes Cymru (CCGC) 1961; Eisteddfod Genedlaethol Cymru, Aberafon 1966, Caernarfon 1979, Llandeilo 1996; Oriel, Cyngor Celfyddydau Cymru, Caerdydd 1980; Oriel yr Atig, Abertawe 1999; Oriel Washington, Penarth 2000. Arddangosfa ddeuddyn yn cynnwys Canolfan Gelfyddydau Chapter, Caerdydd (gyda Dilys Vibert) 1974. Arddangosfeydd undyn yn cynnwys CGChap 1974; Oriel yr Hen Lyfrgell, Caerdydd 1995; Canolfan Gelfyddydau San Dunwyd, Llanilltud Fawr 1998; Oriel Adam, Penarth 2002. Casgliadau'n cynnwys Cyngor Caerdydd; Cyngor Celfyddydau Lloegr; CCGC; Prifysgol Caergrawnt; Prifysgol Caerlŷr. Prynwyd gwaith gan Gyngor Celfyddydau Cymru. '…gweadau a theilchion y ceir hyd iddynt yn y dirwedd a'r moroedd Celtaidd.' Yn byw ym Mhenarth, de Cymru.
*Yr artist*

**Andrew VICARI** 1938 *(sic)* –
**Peintiwr. Ganed ym Mhort Talbot, de Cymru.**

Astudiodd yng Ngholeg Celf Abertawe; Ysgol Celf Gain Slade, Llundain. Peintiwr portreadau o bobl enwog a brenhiniaeth ryngwladol. Comisiynau'n cynnwys Ysgol Gynradd Gymraeg Rhos Afan tua 1960; Y Ganolfan Gynadledda Islamaidd, Riyadh, Saudi Arabia; Brenin a Llywodraeth Saudi Arabia 1974–78 (trigain o baentiadau); Llyfrgell y Brenin Fahd/Amgueddfa'r Brenin Abdul Aziz, Riyadh 1986; Pencadlys y Byd, Interpol, Lyon, Ffrainc 1989; Stadiwm y Mileniwm Cymru, Caerdydd 2002; Pencampwriaeth Golff Agored Cymru, Gwesty Hamdden Celtic Manor, Casnewydd, de Cymru (CeltM) 2007. Dosbarthiadau meistr, Coleg Castell-nedd a Port Talbot tua 2000. Arddangosfeydd ar y cyd yn cynnwys Oriel Redfern, Llundain 1956; Oriel Albany, Caerdydd 2002. Arddangosfeydd undyn yn cynnwys Coleg y Brifysgol, Caerdydd 1963; adolwg, Grand Palais des Beaux Arts, Beijing 1995; *Iconic Figures of the 20th Century*, Theatr a Chanolfan Gelfyddydau Gymunedol Dubai, Dubai 2006; *The Enigma: 1956–2006*, Gwesty Tŷ Grosvenor, Llundain 2006; *Dreams and Enigmas*, CeltM 2007. Cyhoeddiadau'n cynnwys *Realisme Romantique 1961–1981* (Nice 1981); *Triumph of the Bedouin* (Routledge a Kegan Paul 1984); darluniau, *From the Orient and the Desert: Poems*, Ghazi A Algosaibi (Kegan Paul 1994). Wedi'i gynnwys yn 'I am the King of Painters', Stuart Jeffries (*Y Guardian*, 16 Tachwedd 2001); 'From Italian café to rich court painter: In Focus: Andrew Vicari' (*Western Mail*, 13 Mawrth 2002); cyfweliad, Oriel *Fideo Cymru*, Archif Genedlaethol Sgrin a Sain Cymru, Llyfrgell Genedlaethol Cymru, Aberystwyth (LlGC) 2002; *Outrageous Fortune: Life of Andrew Vicari*, Simon Mansfield, Teledu'r BBC (1997). Casgliadau'n cynnwys Amgueddfa Bryn-mawr a'r Cylch; AC (Yr Adran Ddiwydiant); Canolfan Gynadledda'r Brenin Faisal, Riyadh, Saudi Arabia; Cymdeithas Celf Gyfoes Cymru; LlGC; Llywodraeth Ffrainc; Oriel Gelf Glynn Vivian, Abertawe; Oriel Ynys Môn, Llangefni. Yn byw'n bennaf yn Ffrainc a Saudi Arabia.

### Seán VICARY 1965–
**Enw gwaith Seán Adrian Vicary, artist-gwneuthurydd ffilmiau. Ganed yn Amwythig, Lloegr.**

Cyrhaeddodd Gymru ym 1993. Astudiodd ym Mholytechnig Newcastle upon Tyne 1986–89; Coleg Sîr Gâr (CSG) 1994–97. Darlithydd rhan-amser, Astudiaethau Cyfryngau, CSG er 1998. Comisiynau'n cynnwys *Animate It!*, S4C/Sgrîn 2004; graffeg symudol ar gyfer y CD-ROM *Diwylliant Gweledol Cymru*, Y Ganolfan Uwchefrydiau Cymreig a Cheltaidd, Aberystwyth 1999–2004. Arddangosfeydd ar y cyd yn cynnwys *Flux*, Gŵyl Vital Animation, Neuadd Dewi Sant, Caerdydd 1998; *Llifo*, Oriel Mwldan, Aberteifi (OMA) 2004; Gŵyl Optronica, Y Theatr Ffilm Genedlaethol, Llundain 2005; 49ain Gŵyl Ffilmiau Ryngwladol San Francisco, 2006. Arddangosfa undyn, OMA 2005. Casgliadau'n cynnwys Archif Genedlaethol Sgrîn a Sain Cymru, Llyfrgell Genedlaethol Cymru, Aberystwyth; Archif S4C. 'Mae'n defnyddio gwrthrychau hapgael a sborion …(wedi'u cydosod) mewn gofod rhithwir i greu gludweithiau wedi'u hanimeiddio.' Yn byw yn Aberteifi, gorllewin Cymru.
*Yr artist*

### Frank VINING 1924–1989
**Enw gwaith Frank Wilfred Vining, peintiwr, ceramegydd. Ganed yn Aber-fan, de Cymru.**

Astudiodd yng Ngholeg Celf Caerdydd 1941–43, 1946–48, gyda Ceri Richards. Athro, Ysgol Ramadeg Pontypridd 1948–50; Pennaeth Cerameg, Coleg Celf Caerdydd/Athrofa Addysg Uwch De Morgannwg 1950–82. Aelod o'r Gymdeithas Addysg Gelf Genedlaethol; Y Grŵp Cymreig; Crochenwyr De Cymru (Is-Lywydd Mygedol). Arddangosfeydd ar y cyd yn cynnwys *Welsh Painting: The Last Sixty Years*, Oriel San Siôr, Llundain 1947; *Welsh Vision*, James Howells, Caerdydd 1948; *Grŵp De Cymru*, Amgueddfa Cymru (AC) 1949 (teithiol), Biwmares 1964; Oriel Dillwyn, Abertawe 1965; *The Craftsmen Potters of South Wales*, Cymdeithas Crochenwyr Crefft Prydain Fawr, Llundain 1967; Oriel Howard Roberts, Caerdydd 1967, 1968; *137ain Arddangosfa Flynyddol Academi Frenhinol Gorllewin Lloegr*, Bryste 1989. Arddangosfa undyn, Gŵyl Gelfyddydau Aberystwyth 1963. Gwaith wedi'i gynnwys yn *Ceramic Review* (rhif 121, Ionawr/Chwefror 1990); *Crefft* (Cyngor Celfyddydau Cymru, rhif 53, Rhagfyr 1989); *Crafts* (Y Cyngor Crefftau, rhif 102, Ionawr/Chwefror 1990). Casgliadau'n cynnwys AC; Awdurdod Addysg Gwent; Casgliad Celfyddydau Cymhwysol Camberwell, Llundain; Prifysgol Aberystwyth. Roedd yn byw yng Nghaerdydd, de Cymru.
*Paul Vining*

# ARTISTIAID: W

**AE WADE** 1895–1989

**Enw gwaith Arthur Edward Wade, botanegydd, peintiwr. Ganed yng Nghaerlŷr, Lloegr.**

Cynorthwy-ydd, Yr Adran Fotaneg, Amgueddfa Cymru, Caerdydd (AC) 1920, gan ddod yn Geidwad Cynorthwyol 1942–61; datblygodd Lysieufa Genedlaethol Cymru. MSc er Anrhydedd, Prifysgol Cymru 1958. Aelod sefydlu Cymdeithas Gen Prydain 1958 (ysgrifennydd; Llywydd); aelod mygedol Cymdeithas Fotanegol Ynysoedd Prydain 1962. Aelod sefydlu Cymdeithas Gelf De Cymru (1927; bu'n arddangos tan 1961; cyn-Lywydd); aelod sefydlu Grŵp De Cymru (1949). Arddangosfeydd ar y cyd yn cynnwys yr Academi Frenhinol Gymreig, Conwy 1930au. Cyhoeddiadau'n cynnwys *Welsh Flowering Plants*, gydag HA Hyde (AC 1934); *Flora of Monmouthshire* (AC 1970); *Flora of Glamorgan*, gyda QON Kay, RG Ellis, AC (Yr Amgueddfa Astudiaethau Natur 1994). Wedi'i gynnwys yn *Lichenologist* (Rhifyn dathlu'i ben blwydd yn 80, Cymdeithas Gen Prydain 1977). Ysgrif goffa, RG Ellis ac AR Perry (*Watsonia* 18, 1990). Casgliadau'n cynnwys AC; Cymdeithas Celf Gyfoes Cymru. Tirluniau, coed a rhywogaethau eraill. Roedd yn byw yn Seland Newydd o 1981.

**BWE; B W-Ellis  Gweler Bronwyn WILLIAMS-ELLIS**

**Tessa WAITE** 1960–

**Peintwraig. Ganed yng Nghaeredin, Yr Alban.**

Astudiodd yn Ysgol Gelf Norwich 1978–79; Coleg Celf Caerdydd 1985–87 (MA Celf Gain). Athrawes/darlithydd mewn addysg bellach ac uwch ac ysgolion yng Nghymru o 1986. Gwobr Dosbarthiadau Meistr, Cyngor Celfyddydau Cymru 1990. Artist preswyl, Ysbyty Canolbarth Cymru 1990–94; Ysbyty Llandochau, de Cymru 1996; Cynllun Cyfnewid Artistiaid Cymru/Rajasthan, Cymdeithas Gelfyddydau De-ddwyrain Cymru 1994. Comisiynau'n cynnwys y Ganolfan Ymchwil Perfformio, Caerdydd 1992; *Secret Garden*, Ymddiriedolaeth Gofal Iechyd GIG Powys 1994. Arddangosfeydd ar y cyd yn cynnwys Cymdeithas Celf Gyfoes Cymru (CCGC), Neuadd Dewi Sant, Caerdydd (NDS) 1990; *Shared Language*, Amgueddfa ac Oriel Gelf Casnewydd (AOGC) 1997 (teithiol); Oriel Tŷ Turner, Penarth 1994; Canolfan y Celfyddydau Aberystwyth 1995. Arddangosfeydd un-ddynes yn cynnwys Oriel Henry Thomas, Caerfyrddin 1990; Canolfan Gelfyddydau Glannau Gwy, Llanfair-ym-Muallt 1994; Amgueddfa ac Oriel Gelf Frycheiniog, Aberhonddu (AOGF) 1995; NDS 1996. Paentiadau wedi'u dewis ar gyfer clawr blaen, *Morphine and Dolly Mixtures*, Carol Ann Courtney (Gwasg Honno 1989); *Corresponding Cultures*, M Wynn Thomas (Gwasg Prifysgol Cymru (GPC) 1999); *The Novel, Spirituality and Modern Culture*, Paul S Fiddes (GPC 2000); *Discourse, the Body and Identity*, golygyddion Justine Coupland a Richard Gwyn (Palgrave Macmillan 2003). Gwaith arlunio ar gyfer *Walking on Bones*, Richard Gwyn (Parthian Press 2000); paentiadau i *A Pocket Full of Rye*, golygydd Vivien Norris (Lady Pippen Press 2002). Casgliadau'n cynnwys AOGF; CCGC; Cyngor Caerdydd; Ymddiriedolaethau GIG Glanhafren, Powys a Swydd Gorllewin Berkshire. Yn byw yn Aberhonddu, canolbarth Cymru.

*Yr artist*

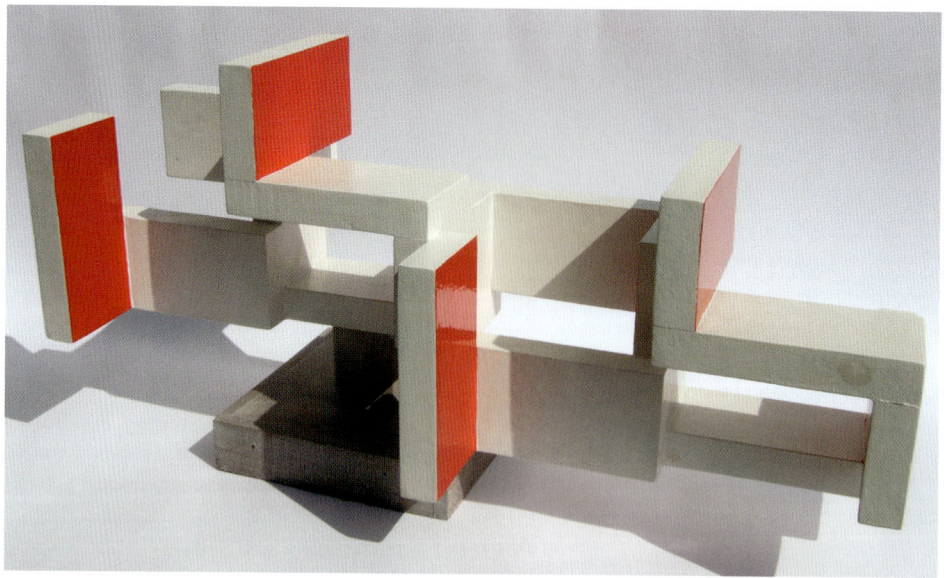

285 | Richard Wakelin
*Construction '80-'85* 1985

### Richard WAKELIN 1921–1987

**Enw gwaith Richard Langford Wakelin, pensaer, peintiwr, cerflunydd. Ganed yng Nghaerdydd, de Cymru. Hefyd yn cael ei adnabod fel Dick Wakelin.**

Astudiodd yn Ysgol Bensaernïaeth Cymru, Caerdydd 1938–41, 1946–48; Ysgol Haf y Barri 1968–72. Corfflu Brenhinol Gwasanaeth y Fyddin 1941–46. Pensaer mewn practis preifat, Abertawe; Cyngor Dinas Abertawe. Aelod o Gymdeithas Gelf Abertawe 1959–87; Grŵp De Cymru /Y Grŵp Cymreig 1967–87; Cymdeithas yr Artistiaid Penseiri 1971–87; Cymdeithas Artistiaid a Dylunwyr Cymru (CADC) 1977–87. Arddangosfeydd ar y cyd yn cynnwys *Cerfluniaeth i Hwlffordd*, Eisteddfod Genedlaethol Cymru /Cyngor Celfyddydau Cymru (CCC), Hwlffordd 1972; *The Art of Giving*, Oriel, CCC, Caerdydd 1982. Arddangosfeydd deuddyn yn cynnwys Cymdeithas Gelfyddydau Gorllewin Cymru, Caerfyrddin (CGGC) (gyda Rosemary Wakelin) 1973; Canolfan Gelfyddydau Abaty Nant Teyrnon, Cwmbrân (gyda Doyly Cooper) 1979; Gweithdy Celfyddydau Abertawe, Abertawe (gyda Gerald Morgan) 1981. Arddangosfeydd undyn yn cynnwys Y Stiwdio, Hen Parc Lane, Abertawe 1967. Cyhoeddiadau'n cynnwys adolygiadau yn *Link* (cylchlythyr CADC). Cyflwynir Gwobr Brynu Richard a Rosemary Wakelin yn flynyddol gan Gyfeillion Oriel Gelf Glynn Vivian. Casgliadau'n cynnwys Prifysgol Abertawe; Prifysgol Bangor. Prynwyd gwaith gan CCC, CGGC. Tirluniau paentiedig; cerfluniaeth o dan ddylanwad Lluniadaeth, Celf Optegol, Systemau. Roedd yn byw yn Abertawe, de Cymru.
*Peter Wakelin*

### Rosemary WAKELIN 1919–1998

**Enw gwaith Rosemary Margaret Wakelin, peintwraig, artist tecstiliau. Ganed yng Nghaerdydd, de Cymru.**

Astudiodd yn Ysgol Bensaernïaeth Cymru, Caerdydd 1938–41; Ysgol Haf y Barri 1968–72, Corfflu Brenhinol Menywod y Fyddin 1941–46. Aelod o Gymdeithas Gelf Abertawe, 1960–87; Urdd yr Artistiaid Crefftwyr 1974–80; Urdd y Cwiltwyr 1980–98. Arddangosfeydd ar y cyd yn cynnwys arddangosfeydd agored Grŵp De Cymru /Y Grŵp Cymreig; *Teganau*, Eisteddfod Genedlaethol Cymru, Cricieth/Cyngor Celfyddydau Cymru (CCC)/Pwyllgor Cynghori ar Grefftau 1975 (arobryn). Arddangosfeydd deuddyn yn cynnwys Cymdeithas Celfyddydau Gorllewin Cymru, Caerfyrddin (gyda Richard Wakelin) 1973. Arddangosfeydd un-ddynes yn cynnwys Gweithdy Celfyddydau Abertawe, Oriel Gelf Glynn Vivian, Abertawe (OGGV) 1986. Wedi'i chynnwys yn y *Western Mail* (7 Ionawr 1986). Cyflwynir Gwobr Brynu Richard a Rosemary Wakelin yn flynyddol gan Gyfeillion Oriel Gelf Glynn Vivian. Casgliadau'n cynnwys OGGV. Prynwyd gwaith gan CCC. Celf Optegol, Systemau; acrylig, llinyn; clytwaith. Roedd yn byw yn Abertawe, de Cymru.

*Peter Wakelin*

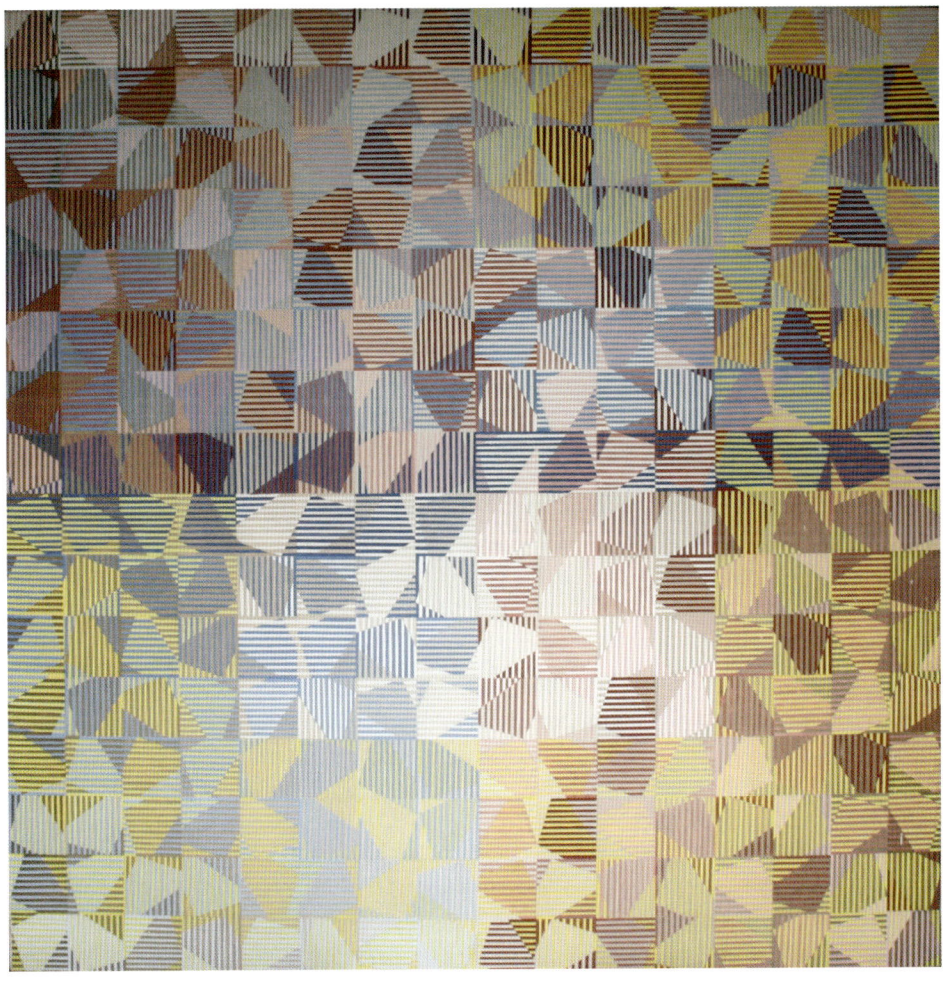

286 | Rosemary Wakelin
*Striped Polygons* 1974

## Sally WAKELIN 1951–
**Enw gwaith Sally Caroline Wakelin, dylunydd a gwneuthurydd gemwaith. Ganed yng Nghaerfaddon, Lloegr.**

Rhieni'n Gymry. Cyrhaeddodd Gymru 1958. Astudiodd yng Ngholeg Celf Abertawe 1969–70; Polytechnig Birmingham 1970–73. Gwarcheidwad Paentiadau'r Amgueddfa Forol Genedlaethol, Llundain 1974–2001. Dylunydd/gwneuthurydd gemwaith o 2001. Aelod o Gymdeithas y Gwneuthurwyr Gemwaith Cyfoes. Arddangosfeydd ar y cyd yn cynnwys *Design Nation*, Nicholas James, Hatton Garden, Llundain 2007; *Artist y Flwyddyn Cymru*, Neuadd Dewi Sant, Caerdydd 2007; arddangosfeydd bach niferus o dan baneli beirniaid, Llundain 2000–07. 'Geometreg sy'n tra-arglwyddiaethu yn fy ngwaith dylunio … archwilio cymhlethdodau ffurfiau syml, defnyddio patrymau ailadroddus, ynganiad a chysylltiadau arloesol…' Yn byw yn Llundain, Lloegr.
*Yr artist*

## Sallie WAKLEY 1967–
**Cerflunydd. Ganed yn Sutton, Swydd Surrey, Lloegr.**

Cyrhaeddodd Gymru 1986. Astudiodd yng Ngholeg Celf a Thechnoleg Caerfyrddin 1986–90, gyda Mick Morgan, Roger Moss. Artist preswyl, Ymddiriedolaeth Adar y Gwlyptiroedd Pen-clawdd 1994. Arddangosfeydd niferus ar y cyd gan gynnwys Oriel Gelf Glynn Vivian, Abertawe 1990; Oriel Henry Thomas, Caerfyrddin 1990, 1992; *Making it*, Oriel Myrddin, Caerfyrddin 1993; Oriel Eaton, Hudson, Efrog Newydd 2000. Arddangosfeydd deuddyn, gydag Andrew Douglas-Forbes, Fountain Fine Art, Llandeilo 2005; gyda Gareth Thomas, Oriel y Crane, Abertawe 2006. 'Anifail, ymlusgiad, aderyn.' Yn byw yn Rhydaman, gorllewin Cymru.
*Yr artist*

## Jean WALCOT 1936–
**Enw gwaith Jean Margaret Ellen Walcot, peintwraig. Ganed yn West Wickham, Lloegr.**

Cyrhaeddodd Gymru 1956. Astudiodd yn Athrofa Prifysgol Cymru, Caerdydd 1995–99. Aelod o'r Grŵp Cymreig (GC) (Is-Gadeirydd 2003). Arddangosfeydd ar y cyd yn cynnwys GC; Neuadd Dewi Sant, Caerdydd 1998. Arddangosfa un-ddynes yn cynnwys *American Experience*, Canolfan Gelfyddydau Plas Llanofer, Caerdydd (CGPLl) 1999; *From this to …*, Oriel y Bont, Pontypridd 2001; *One Month in Vermont and after*, CGPLl 2001; *Body and Sole*, Amgueddfa ac Oriel Gelf Brycheiniog 2003. Ei gwaith wedi'i gynnwys yn *Creating an Art Community: 50 years of the Welsh Group*, Peter Wakelin (Amgueddfa Cymru 1998). 'Oriau lawer wedi'u treulio ar draethau ac mewn dociau, yn arlunio, yn casglu ac yn tynnu ffotograffau o ddeunyddiau gwastraff i'w paentio.' Yn byw yng Nghaerdydd, de Cymru.
*Yr artist*

## Jack WALDRON 1923–1984
**Enw gwaith Jack Llewelyn Waldron, cerflunydd, peintiwr. Ganed yn Abertawe, de Cymru.**

Astudiodd yng Ngholeg Celf Abertawe 1937–38, 1946–48. Prentis dylunydd graffeg, Abertawe 1938–40. Gwasanaeth yn yr Ail Ryfel Byd, Y Llynges Frenhinol 1940–45. Torri llythrennau, dylunio diwydiannol yn llawrydd. Darlithydd, Coleg Celf Stoke-on-Trent 1951–64; Uwch-ddarlithydd, Coleg Celf Stourbridge, o 1964. Comisiynau'n cynnwys Prifysgol Keele 1959; Awdurdodau Afon Hafren 1969–70; Amgueddfeydd Stoke-on-Trent 1974; Canolfan Ddinesig Caerliwelydd 1974. Yn rownd derfynol Cystadleuaeth Gerfluniaeth Genedlaethol yr *Unknown Political Prisoner*, Oriel Tate, Llundain 1953. Aelod o Grŵp De Cymru/ Y Grŵp Cymreig 1949–73; Y Peintwyr a'r Cerflunwyr Rhydd. Arddangosfeydd niferus ar y cyd gan gynnwys *Contemporary Welsh Painting and Sculpture*, Pwyllgor Cymreig Cyngor Celfyddydau Prydain Fawr (PCCCPF) 1955, 1961–63 (i gyd yn deithiol); Oriel Howard Roberts,

Caerdydd 1961, 1962 (dwywaith), 1966, 1969; *Structure 66*, PCCCPF 1966 (teithiol); *Art in Wales, The 20th Century: Today - Invited Artists*, Cyngor Celfyddydau Cymru (CCC) 1969 (teithiol); *Play Orbit*, Eisteddfod Genedlaethol Cymru (EGC), Y Fflint/Sefydliad y Celfyddydau Cyfoes/CCC 1969 (teithiol); *Cerfluniaeth i Hwlffordd*, EGC/CCC 1972 (arobryn); *Wales and the Modern Movements*, Prifysgol Aberystwyth 1973. Arddangosfeydd undyn yn cynnwys Oriel Grabowski, Llundain 1963; Canolfan New Vision, Llundain 1965, 1972; Oriel Dillwyn, Abertawe 1965; Oriel Drian, Llundain 1967; Canolfan Gelfyddydau Canolbarth Lloegr, Birmingham 1972. Wedi'i gynnwys yn *Apollo* (Jasia Reichardt, Medi 1961); *Studio International* (James Bostock, Ionawr 1963); *Art and Artists* (Pierre Rouve, Awst 1966); ffilm, *Jack Waldron at Keele*, Edmund Marshall (Teledu BBC Canolbarth Lloegr 1964). Casgliadau'n cynnwys Amgueddfeydd Stoke-on-Trent; Cymdeithas Celf Gyfoes Cymru; Oriel Gelf Dinas Manceinion; Oriel Gelf Whitworth, Manceinion; Prifysgol De Cymru, Pontypridd. Prynwyd gwaith gan CCC. Roedd yn byw yng Ngorllewin Canolbarth Lloegr.

### Audrey WALKER 1928–
**Enw gwaith Audrey Walker MBE, peintwraig ac artist tecstiliau. Ganed yn Workington, Lloegr.**

Astudiodd yng Ngholeg Celf Caeredin 1944–48, gyda William Gillies; Coleg Celf Gain Slade, Llundain 1948–51, gyda William Coldstream, William Townsend. Athrawes gelf, Llundain, Leeds 1951–66; Uwch-ddarlithydd, Paentio, Coleg Addysg Whitelands, Llundain 1966–75; Pennaeth Adran, Tecstiliau, Coleg y Gofaint Aur, Llundain 1975–88. Cyrhaeddodd Gymru ym 1990. Cydgysylltydd, Prosiect Tapestri'r *Goresgyniad Olaf*, Abergwaun 1993–97. Cymrawd Mygedol, Prifysgol Cymru, Caerdydd 2002. Aelod o Grŵp 62 Artistiaid Tecstiliau (G62AT) (Cadeirydd o 2003). Arddangosfeydd niferus ar y cyd gan gynnwys G62AT, o 1966; *Out of the Frame*, Y Cyngor Crefftau 1992 (teithiol); *Biennale Arlunio Cymru*, Canolfan y Celfyddydau Aberystwyth 1997 (teithiol); *Flourishing Wales*, Crefft yn y Bae, Caerdydd 2002; *Decade*, Canolfan Grefft Rhuthun (CGRh) 2002; Eisteddfod Genedlaethol Cymru, Casnewydd 2004; *Collect*, Amgueddfa Victoria ac Albert, Llundain (Amgueddfa VacA) (gyda CGRh) 2004–07; *SOFA (Sculpture, Objects & Functional Art)*, Chicago (gyda CGRh) 2003–06; *Gwobr Prynu Celf Prifysgol Morgannwg*, Oriel y Bont, Pontypridd, Canolfan Mileniwm Cymru, Caerdydd 2007. Arddangosfeydd un-ddynes yn cynnwys CGRh 2000 (teithiol); Coleg y Gofaint Aur, Llundain 2003; Oriel Decstiliau, Llundain (teithiol) 2004. Ei gwaith wedi'i gynnwys mewn llawer o erthyglau yn y cylchgrawn *Crafts; Embroidery; Fiber Arts USA*; monograff, *Audrey Walker* (CGRh 2000); Canolfan Hanes Bywyd Cenedlaethol y Llyfrgell Brydeinig; *Needlework: an Illustrated History*, Bridgeman a Dury (Paddington Press 1978); *World of Embroidery* (cyfrol 34 rhif 2, 1983; cyfrol 50 rhif 2, 1999); *Twentieth Century Embroidery in Great Britain*, Constance Howard (BT Batsford 1986); *Complete Guide to Creative Embroidery*, Jan Beaney (BT Batsford 1991); *British Craft Textiles*, Ann Sutton (Collins 1995). Casgliadau'n cynnwys Cyngor Dinas Caerfaddon; Prifysgol De Cymru, Pontypridd; Amgueddfa VacA; Y Cyngor Crefftau, Llundain. 'Mae fy ngwaith yn ffigurol ac wedi'i bwytho â llaw neu â pheiriant... i'w hongian ar waliau ... cyfarfyddiadau, ciledrychiadau, digwyddiadau hanner cudd ... myth Adda ac Efa a pharadwys goll... ffigyrau chwedlonol eraill.' Yn byw yn Ninas, gorllewin Cymru.

*Yr artist*

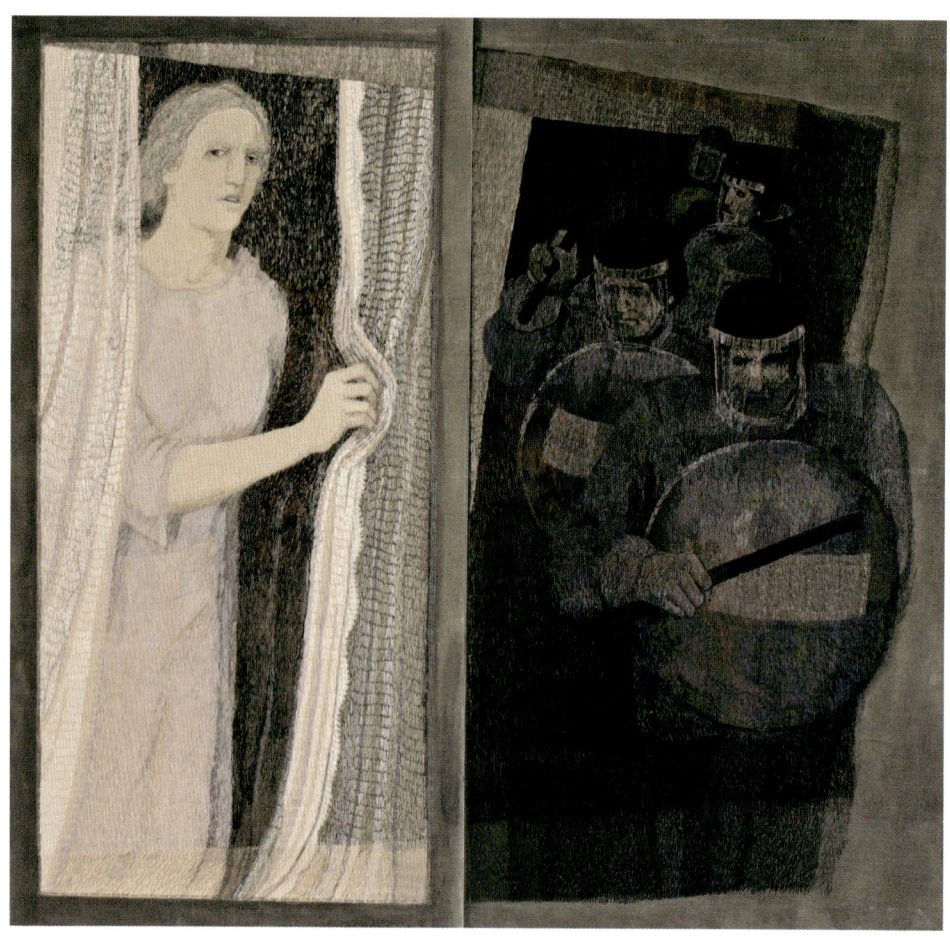

287 | Audrey Walker
*Observed Incident* 2002

## Ian WALKER 1952–
### Ffotograffydd. Ganed yn Birmingham, Lloegr.

Astudiodd ym Mhrifysgol Manceinion 1970–73 (Hanes Celf); Sefydliad Courtauld, Llundain 1973–74 (MA); Prifysgol Sussex 1995 (DPhil). Uwch-ddarlithydd, Coleg Addysg Uwch Gwent, Casnewydd 1975–2007; Darllenydd, Prifysgol Cymru, Casnewydd o 2007. Gwobrau'n cynnwys Cyngor Celfyddydau Cymru (CCC) 1992; Y Cyngor Prydeinig/Gweinyddiaeth Diwylliant Gwlad Tsiec 1993; Sefydliad Kraszna-Krausz 2002, 2006; Cyngor Ymchwil Celfyddydau a Dyniaethau 2005. Arddangosfeydd ar y cyd yn cynnwys *The Pope in Cardiff*, Ffotogallery, Caerdydd (Ffotog) 1982; *Common Ground: Images of the Welsh Landscape*, Canolfan Gelfyddydau Chapter, Caerdydd (CCChap) 1985 (teithiol); *Regarding Photography*, Ffotog 1987 (teithiol); *Inter Views*, CAC 1994; *Archaeologies*, Amgueddfa Diwylliant Bysantaidd, Thessaloniki ac Amgueddfa'r Ddinas, Athen 2003; *Le Spectre des Jardins*, Fondation de Coubertin, St Rémy-lès-Chevreuse 2006. Arddangosfeydd undyn yn cynnwys *A Royal Wedding in Newport*, Amgueddfa ac Oriel Gelf Casnewydd 1982; *The Other Side of the Castle*, Theatr Gwynedd, Bangor 1983–84 (teithiol); Ffotog 1989; *Caryatid*, Oriel, CCC, Caerdydd 1998 (teithiol). Cyhoeddiadau niferus yn cynnwys *City Gorged with Dreams: Surrealism and Documentary Photography in Interwar Paris* (University of Manchester Press (MUP) 2002); *So Exotic, So Homemade: Surrealism, Englishness and Documentary Photography* (MUP 2007); erthyglau; adolygiadau; traethodau llyfrau, cyfnodolion, catalog. Gwaith wedi'i gynnwys yn *Common Ground: Poets in a Welsh Landcape*, golygydd Susan Butler (Poetry Wales Press (PWP) 1985); *Wales, the Imagined Nation*, golygydd Tony Curtis (PWP 1986); *Art Monthly* (John Stathatos 1989). Casgliadau'n cynnwys Archives du Louvre, Paris; Oriel Gelf Dinas Southampton; Y Comisiwn Henebion Brenhinol, Llundain; Yr Amgueddfa Gyfryngau Genedlaethol, Bradford. Yn byw yng Nghasnewydd, de Cymru.
*Yr artist*

## Miranda WALKER 1943–
### Enw gwaith Miranda Susan Walker, ffotograffydd. Ganed yn Dorking, Lloegr.

Cyrhaeddodd Gymru 1971. Astudiodd yng Ngholeg Addysg Uwch Gwent 1991–93 gyda David Hurn; Coleg Prifysgol Cymru, Casnewydd, Gwent 1996–98 (MA Ffotograffiaeth Ddogfennol), gyda Paul Reas, Paul Seawright. Grant teithio Cyngor Celfyddydau Cymru 1995. Aelod o Gydweithfa Casnewydd o 2000. Arddangosfeydd ar y cyd yn cynnwys *Touched by Light*, Amgueddfa ac Oriel Gelf y Potteries, Stoke on Trent (AOGP) 1994 (teithiol); *Diverse Signals*, Ffotogallery, Caerdydd (Ffotog)1995 (teithiol); *Work*, Gŵyl Ffotograffiaeth Henffordd 1995; *Haha: Margam Revisited*, Orendy, Parc Margam, Port Talbot 2002 (gwaith wedi'i gomisiynu gan Ffotog); *Masquerade*, AOGP 2006; *Icon*, Galerie Pomie, Ffrainc 2007. Arddangosfeydd un-ddynes yn cynnwys Forgotten Lives, Prosiect Hanes Llafar Cymunedau Ethnig, Llundain 1990 (teithiol); *Karmageddon*, Watershed, Bryste 1994; *Madonna*, Oriel Kemble, Henffordd 2000. Ffotograffiaeth a gyhoeddwyd yn *Forgotten Lives*, golygydd Sav Kyriacou; *Viewfindings: Women Photographers: Landscape and Environment*, golygydd Liz Wells (West Country Books, Available Light 1994); *Haha: Margam Revisited*, golygyddion Carol Ingham a Hugh Adams (Ffotog a Seren Books, Pen-y-bont ar Ogwr 2002); *Masquerade, Women's Contemporary Portrait Photography*, golygyddion Kate Newton a Christine Rolph (Ffotog ac IRIS 2003). Casgliadau'n cynnwys Bibliothèque Nationale, Paris. 'Materion amgylcheddol, cymdeithasol, crefyddol, dogfen estynedig, tirwedd.' Yn byw yng Nghlunderwen, gorllewin Cymru.
*Yr artist*

## Diane WALKEY 1951–
**Peintwraig a ffotograffydd. Ganed yn Abertawe, de Cymru.**

Astudiodd yng Ngholeg Celf Abertawe 1968–70; Coleg Celf Stourbridge 1970–73; Gerrit Rietveld Academie, Amsterdam 1973; Coleg Polytechnig Manceinion 1980–84. Athrawes, ysgolion a cholegau yng Nghymru a Lloegr 1980au. Arddangosfeydd ar y cyd yn cynnwys *Welsh Artists Three*, Oriel Gelf Glynn Vivian, Abertawe 1974; *Earth*, Y Tabernacl, Machynlleth 2002; *14eg Sioe Brintiau Ryngwladol*, Y Gymdeithas Ffotograffeg Frenhinol 2002–03 (teithiol); *A Snapshot of Climate Change*, Yr Amgueddfa Wyddoniaeth, Llundain 2003–04 (arobryn). Arddangosfeydd un-ddynes yn cynnwys Llyfrgell Abergwaun 2003; Oriel Neuadd y Dref, Aberteifi 2003; Canolfan y Celfyddydau Aberystwyth 2004; Oriel Cambria, Tregaron 2007. 'Thema ar hyn o bryd, portreadau ffotograffig.' Yn byw yn Nhan-y-groes, gorllewin Cymru. *Yr artist*

## Tom WALL 1941–1992
**Peintiwr. Ganed yn Llundain, Lloegr.**

Cyrhaeddodd Gymru ym 1951. Astudiodd yng Ngholeg Celf a Dylunio Casnewydd 1956–60; Ysgol Celf Gain Slade, Llundain 1960–63. Darlithydd, Coleg Celf Henffordd 1963; Coleg Celf Caer 1964–68; Coleg Celf Teesside, Middlesbrough/ Coleg Celf a Dylunio Cleveland (CCDClev) 1968–91, gan ddod yn Brif Ddarlithydd Celf. Aelod o'r Academi Frenhinol Gymreig, Conwy 1967. Arddangosfeydd ar y cyd yn cynnwys *Contemporary Welsh Painting and Sculpture*, Pwyllgor Cymreig Cyngor Celfyddydau Prydain Fawr 1959–62, 1964 (teithiol); Grŵp De Cymru 1959–61, 1971–72; Eisteddfod Genedlaethol Cymru 1960, 1980; *Young Contemporaries*, Llundain 1961, 1963; *Work, Five Artists*, Jarrow 1983; *Arddangosfa John Laing*, Harrogate 1992. Arddangosfeydd deuddyn, Oriel Arnolfini, Bryste (gydag Arthur Wilson) 1966; Oriel St. Martin in the Fields, Llundain (gyda Mackenzie Thorpe) 1992. Arddangosfeydd undyn yn cynnwys Canolfan Gelfyddydau Chapter, Caerdydd 1974; Orielau'r Mall, Llundain 1975; CCDClev 1973, 1982; Canolfan Gelfyddydau Warminster 1985. Wedi'i gynnwys yn 'Paintings by Tom Wall' (*Yorkshire Post*, 23 Gorffennaf 1975); 'A Passion for Colour', Phillip Gatenby (*The Guardian*, 20 Hydref 1992); *Modern Painters* (Haf 1992). Casgliadau'n cynnwys Cyngor Sir Cleveland; Prifysgol De Cymru, Pontypridd. Prynwyd gwaith gan Gyngor Celfyddydau Cymru; Celfyddydau Gogledd Lloegr. 'Mae mytholeg Llychlyn…y gerdd epig Ffinnaidd *Y Kalevala*…wedi fy ysbrydoli'n arbennig.'…lliwiwr ar raddfa fawr…gwaith hafaidd iawn…' *(www.geocities.com/tomwallartist)* Roedd yn byw yn Cleveland, Lloegr.

## Clive WALLEY 1943–
**Enw gwaith Clive Eric Walley, peintiwr gwneuthurydd ffilmiau. Ganed yn Swydd Gaer, Lloegr.**

Ei fam yn Gymraes. Astudiodd ym Mhrifysgol Manceinion (Peirianneg Sifil) 1961–64; Coleg Prifysgol Gogledd Cymru, Bangor (CPGCB) 1965–66. Athro celf, Ysgol Uwchradd Shifnal 1966–67; darlithydd rhan-amser, Coleg Technolegol Bangor 1967–72; adeiladwr, gogledd Cymru 1972–82. Bu'n gweithio fel artist gwneuthurydd ffilmiau yng Nghymru tan 2004. Saith gwobr ryngwladol am ffilmiau wedi'u hanimeiddio, gan gynnwys *Gwobr Animeiddio Prydain*, Y Theatr Ffilm Genedlaethol, Llundain 1998; S4C 2001. Gwobrau Cyngor Celfyddydau Cymru (CCC) 1974, 1998; *Invention in Industry*, Eisteddfod Genedlaethol Cymru, Cwm Rhymni 1990. Y ffilm animeiddio peintiedig gyntaf, *This is the Life* 1974. Mae ffilmiau wedi'u comisiynu'n cynnwys S4C 1982, 1987, 1991, 1997; BBC 1991, 1997. Aelod o Grŵp Animeiddio Cymru; Artistiaid a Dylunwyr yng Nghymru. Arddangosfeydd niferus ar y cyd gan gynnwys *Three Painters*, Oriel Bangor 1965, 1975 (deuddyn); *Ways of Seeing*, Oriel Mostyn 1989; *WYSYWIG*, Canolfan y Celfyddydau, Aberystwyth 1996; *Last Dance*, Theatr Clwyd 1996; Oriel Arteria, Zagreb

1998; Neuadd Dewi Sant, Caerdydd 1998; *A470*, Oriel Mostyn/Ffotogallery 2001 (teithiol). Arddangosfeydd undyn yn cynnwys *Tunnels of Lovely*, CPGCB 1968; Oriel Bangor 1976, 1982, 1986; Theatr Gwynedd 1981; Canolfan Gelfyddydau Wrecsam 1989; *Animation*, Oriel Gelf ac Amgueddfa Castell Norwich 2001. Gwrthrych Space, *Time and Paint*, BBC2 1995; *5 Films by Clive Walley*, BBC2 1997. Erthygl am waith animeiddio'r artist, *Filmwaves* (rhif 6, Llundain 1998); cyfweliad, *Animation Journal* (UDA 1999). Prynwyd ei waith gan CCC. 'Mae athroniaeth a gwyddoniaeth yn ddylanwadau arno.' Yn byw yn Frome, Lloegr.
*Yr artist*

## Maria A WALSH 1959–
**Peintwraig. Ganed yn St Albans, Lloegr.**
Astudiodd yng Ngoleg Celf a Dylunio Watford 1977–79; Athrofa Addysg Uwch De Morgannwg 1979–82. Aelod o Gymdeithas Artistiaid a Dylunwyr Cymru. Arddangosfeydd ar y cyd yn cynnwys *Arddangosfa Ganmlwyddiant*, Coleg y Brifysgol, Caerdydd 1983; *Arddangosfa'r Nadolig*, Oriel, Cyngor Celfyddydau Cymru, Caerdydd 1983, 1989; *Arddangosfa Agored Canolbarth Cymru*, Canolfan y Celfyddydau Aberystwyth 1986, 1988; *Gŵyl Gelfyddydau Menywod*, Cyngor Sir De Morgannwg 1986, 1988; *Arddangosfa Brynu Cyngor Sir De Morgannwg, Neuadd Dewi Sant*, Caerdydd/Cymdeithas Gelfyddydau De Ddwyrain Cymru (CGDDdC) 1987; Oriel y Bont, Coleg Polytechnig Cymru, Pontypridd 1993. Arddangosfa ddeuddyn, Canolfan Gelfyddydau Neuadd Llanofer, Caerdydd (CGNLl) (gyda Nicholas Ripley) 1986. Arddangosfeydd un-ddynes yn cynnwys *Moving Pictures*, Llyfrgell Trelái/CGDDdC 1989; Y Llyfrgell Ganolog Newydd, Caerdydd 1990; CGNLl 1991. Gwaith yng nghasgliad Cyngor Caerdydd. Yn byw yng Nghaerdydd, de Cymru 1993.

## Evan WALTERS 1893–1951
**Enw gwaith Evan John Walters, peintiwr. Ganed yn Llangyfelach, gorllewin Cymru.**
Astudiodd yn Ysgol Gelf Abertawe 1910–13, gyda William Grant Murray; Coleg Polytechnig Regent Street 1913; Ysgolion yr Academi Frenhinol (dwy wobr gyntaf; medal arian am arlunio; Ysgoloriaeth Landseer). Bu'n gweithio yn UDA 1915–18, astudiodd bensaernïaeth (rhan-amser), Efrog Newydd. Peintiwr portreadau (llawnamser), Abertawe 1918–27; comisiynau'n cynnwys y Gwir Anrhydeddus David Lloyd George; teulu Coombe Tennant; Yr Ôl-lyngesydd Algernon Walker-Heneage-Vivian. Stiwdios yn Abertawe a Hampstead, o 1927; portreadau, cyfansoddiadau ffigurau, lluniau bywyd llonydd, tirluniau. O 1936, arbrofodd â damcaniaethau golwg 'dwbl' ac ymylol. Arddangosfeydd ar y cyd yn cynnwys Cymdeithas Gelf Abertawe 1911–1934 (wyth); Cymdeithas Gelf De Cymru, 1919, 1926, 1937; Yr Academi Frenhinol 1921–32; Eisteddfod Genedlaethol Cymru, Abertawe 1926 (arobryn). Arddangosfeydd undyn yn cynnwys Oriel Gelf Glynn Vivian, Abertawe (OGGV) 1920, 1921, 1935, 1952, 1976, 2006; Oriel Warren, Llundain 1927; Wiltsche Galerie, Berlin 1928; Oriel Guillaume/Brandon, Llundain; Oriel Cooling, Llundain 1936; Oriel Clwb Alpine, Llundain 1950; *Arddangosfa Goffa*, Amgueddfa Cymru, Caerdydd (AC) 1953. Cyhoeddiadau'n cynnwys 'Binocular Vision and the Artist', *The Artist* (cyf 19, rhifau 1–6, 1940). Wedi'i gynnwys yn *The Vogue* (Augustus John, 11 Ionawr 1928); *The Artist in Wales*, David Bell (Harrap, Llundain 1957); *The British Journal of Aesthetics* (Erna Meinel, cyf 13, rhif 3, 1973); *Drawn from Wales: a School of Art in Swansea 1853–2003*, golygydd Kirstine Brander Dunthorne (Gwasg Academaidd Cymru 2003); *Diwylliant Gweledol Cymru: Y Gymru Ddiwydiannol*, Peter Lord (Y Ganolfan Uwchefrydiau Cymreig a Cheltaidd/Gwasg Prifysgol Cymru 1998); *Evan Walters: Moments of Vision*, golygydd Barry Plummer (Seren, Pen-y-bont ar Ogwr 2011). Casgliadau'n cynnwys AC; Amgueddfa Caerfyrddin; Amgueddfa Lloyd George, Llanystumdwy; Coleg y Brifysgol, Llundain; Llyfrgell Genedlaethol Cymru, Aberystwyth; OGGV; Parc Howard, Llanelli; Prifysgol

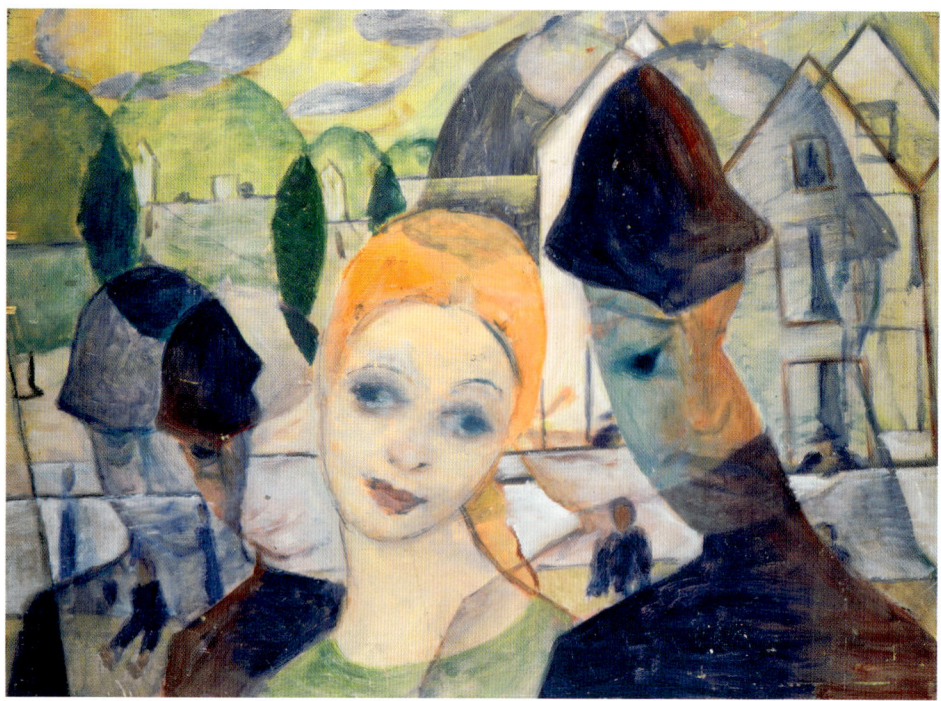

288 | Evan Walters
*Abstract with Woman's Head* tua 1948

Aberystwyth; Ymddiriedolaeth Castell Bodelwyddan. Dychwelodd yn aml at destunau tirluniol a phobl Llangyfelach, gan gynnwys ei rieni a'i gartref. Ei ddamcaniaethau am olwg bellach yn derbyn ystyriaeth ddwys gan ysgolheigion. Roedd yn byw yn Abertawe, de Cymru.

### Lynn WALTERS 1964–
**Cerflunydd, artist tecstiliau. Ganed ym Mhen-y-bont ar Ogwr, de Cymru.**

Astudiodd yn Athrofa Prifysgol Cymru, Caerdydd 1999–2002 (gradd yn y dosbarth cyntaf), gyda Julia Griffiths Jones, Don Jackson. Adnewyddwr hen bethau, peintiwr modelau miniatur, Pen-y-bont ar Ogwr 1982–88; gwerthwr blodau 1990–92; peintiwr modelau miniatur, Llundain 1992–97; techne-gydd, Ysgol Gelf a Dylunio Caerdydd 2002–03. Comisiynau'n cynnwys Ymddiriedolaeth Gofal Iechyd Green Park, Belfast 2004, 2006; Celfyddydau Cymunedol yng Nghwmaman 2004, 2005. Aelod o Urdd Gwneuthurwyr Cymru; MAP (Grŵp Gwneuthurwyr ac Ymarferwyr mewn Tecstiliau), Caerdydd. Ard-dangosfeydd ar y cyd yn cynnwys Oriel Washington, Penarth 2002–05; Canolfan Grefft Rhuthun 2003 (teithiol), 2004; *Of Sea and Stars*, Oriel Mission, Abertawe (OMA) 2004; *Artist Cymreig y Flwyddyn*, Neuadd Dewi Sant, Caerdydd 2005. Arddangosfeydd undyn yn cynnwys Amgueddfa ac Oriel Gelf Gwynedd, Bangor 2004; sioe, OMA 2005; Canolfan Grefft a Dylunio, Model House, Llantrisant 2006. Ei waith wedi'i gynnwys yng nghylchgrawn *One Wales* (2003, 2004); cylchgrawn *Crafts* (Awst 2005); cylchgrawn *Craftsman* (Medi 2005). 'Mae ei gerfluniau'n portreadu bywyd beunyddiol mewn gwifrau a metel … (Mi fydda i) weithiau'n defnyddio patrymau a gweadau (tecstiliau) o wahanol ddegawdau ….' Yn byw ym Mryncethin, de Cymru.
*Yr artist*

## Prudence WALTERS 1949–
**Peintwraig. Ganed ym Mhontyberem, gorllewin Cymru.**

Ei rhieni'n Gymry. Astudiodd yng Ngholeg Celf Caerdydd 1967–68; Coleg Celf, Llundain 1968–71. Cynllunydd ffasiwn, Llundain 1971–74; golygydd ffasiwn/steilydd, Llundain 1974–79; artist colur, Llundain 1979–83; celf berfformio yn orielau Efrog Newydd, UDA 1983–90. Bu'n byw ac yn gweithio ym Mharis, Efrog Newydd, Llundain 1990–93. Dychwelodd i Gymru 1993. Arddangosfeydd ar y cyd yn cynnwys Oriel Martin Tinney, Caerdydd 2002, 2003; Oriel yr Atig, Abertawe (OA) 2002–05; Canolfan Gelfyddydau Gorllewin Cymru, Abergwaun 2002, 2003; Oriel Kooywood, Caerdydd (OK) 2005. Arddangosfeydd un-ddynes yn cynnwys Oriel 286, Llundain 2001, 2003, 2007; OA 2004, 2007; Canolfan Mileniwm Cymru, Caerdydd 2005; OK 2006. Ei gwaith yng nghasgliad Croeso Cymru. 'Canlyniad yw fy mhaentiadau ar bapur … i'm hymdeimlad â threftadaeth, hiraeth…' Yn byw yn Nhalacharn, gorllewin Cymru.
*Yr artist*

## Andrew WALTON 1947–
**Enw gwaith Andrew George Walton, peintiwr. Ganed yn Rhydychen, Lloegr.**

Astudiodd yn Ysgol Gelf Rhydychen 1965–66, gyda Leonard McComb; Coleg Celf Caerdydd 1966–70, gyda Terry Setch, Tom Hudson, Alan Wood. Darlithydd, Coleg Celf Caerdydd 1970–72, Is-gymrodor 1971–72; athro a thiwtor rhan-amser, colegau ac ysgolion yn Swydd Rhydychen, Swydd Berkshire, Wolverhampton, Llundain. Aelod o Grŵp 56 Cymru (G56C) yn y 1970au. Arddangosfeydd ar y cyd yn cynnwys G56C, 1971–75; Oriel, Cyngor Celfyddydau Cymru (CCC), Caerdydd 1975; *The Experience of Landscape*, Cyngor Celfyddydau Prydain Fawr (teithiol) 1987; *Eight Artists from the South*, Oriel John Hansard, Southampton 1987; *Marks of Tradition*, Amgueddfa Celf Fodern Rhydychen (AGFRh) 1991; Oriel Wiseman, Rhydychen 2006. Arddangosfa ddeuddyn, CCC, Stryd yr Amgueddfa, Caerdydd 1972. Arddangosfeydd undyn yn cynnwys Neuadd Clare, Caergrawnt 1985; Oriel Salt House, St Ives 1986; AGFRh 1990; Oriel Gelf Grand Forks, British Columbia, Canada 2003; Coleg Templeton, Rhydychen 2004. Casgliadau'n cynnwys Amgueddfa Russell-Cotes, Bournemouth; Cyngor Celfyddydau Lloegr; Neuadd Clare, Caergrawnt; Oriel Gelf Dinas Sheffield. Prynwyd ei gwaith gan CCC. '… cynrychiolaeth sgematig o'r dirwedd fel y'i profir trwy deithio drwyddi naill ai ar droed, mewn car neu awyren.' Yn byw yn Rhydychen.
*Yr artist*

## Alan WARBURTON 1949–
**Peintiwr ac artist murluniau. Ganed yn Rochdale, Lloegr.**

Astudiodd yng Ngholeg Celf Rochdale 1967–69; Coleg Celf a Dylunio Loughborough 1969–72; Coleg Celf Caerdydd 1972–73. Athro, wedyn Pennaeth Celf a Dylunio, Ysgol Sir y Porth, o 1973. Gwobrau'n cynnwys Cyngor Celfyddydau Cymru (CCC) 1976; Tywysog Cymru 1976, 1979; Banc National Westminster 1979; Ysgoloriaeth deithio Coleg y Gofaint Aur 1981; Jiwbilî Arian y Frenhines 1982; Cyngor Sir De Morgannwg 1982; *Better Britain* Shell 1982, 1984; *Artworks Awards* 2000. Paentio murluniau ar adeiladau cyhoeddus yng Nghwm Rhondda, yn aml yn gweithio â disgyblion. Arddangosfeydd niferus ar y cyd yn cynnwys Eisteddfod Genedlaethol Cymru, Caerdydd 1978, Dyffryn Lliw 1980 (arobryn), 1983 Llangefni; *Un Certain Art Anglais*, Amgueddfa Gelf Fodern, Paris 1979; Palais des Beaux Arts, Brwsel 1979; *Drawing 80*, Amgueddfa Cymru, Caerdydd 1980; CCC 1980, 1982, 1983. Ei waith wedi'i gynnwys mewn rhaglenni teledu'r BBC *Nationwide; Art and Craft in Wales* 1986, *At Home with Lady Anglesey* 1987. Ymhlith y cyhoeddiadau sy'n cynnwys ei waith mae *Painting the Town*, Cooper a Sargent (Phaidon 1979); *Community Murals*, Drescher (San Francisco 1981). 'Tirwedd Cymru; delweddaeth gysylltiedig â Chymru.' Yn byw yn Nhon-teg, de Cymru.
*Yr artist*

## John WARD 1938–
**Enw gwaith John Douglas Ward, crochenydd. Ganed yn Llundain.**

Astudiodd yn Ysgol Gelf a Chrefftau Camberwell, Llundain 1966–70, gyda Hans Coper, Lucie Rie, Colin Pearson, Ian Godfrey. Addysgodd grochenwaith yn ne-ddwyrain Llundain 1970–79. Cyrhaeddodd Gymru 1979. Cymrodor Cymdeithas y Crochenwyr Crefft; aelod, Celfyddydau Cymhwysol Cyfoes, Llundain (CCCyf). Arddangosfeydd ar y cyd yn cynnwys *Modern Artist Craftsmen*, Amgueddfa Cymru, Caerdydd (AC) 1986; *Self/Portrait*, AC 2001. Arddangosfa ddeuddyn, gyda Jonathan Cramp, Canolfan Gelf Gorllewin Cymru, Abergwaun 1994; gyda Chris Carter, Oriel Ombersley, Swydd Gaerwrangon 2004. Arddangosfeydd undyn yn cynnwys *Handbuilt Stoneware*, Oriel Peter Dingley, Stratford-upon-Avon 1982; Oriel Graham, Efrog Newydd 1990; *New Pots*, Courcoux & Courcoux, Stockbridge, Swydd Gaer-wynt 2001; *Focus*, CAA 2004. Erthygl gyhoeddiedig, 'Working Methods' (*Ceramica*, Madrid 1985). Ei waith wedi'i gynnwys yn *Coiled Pottery – Traditional and Contemporary Ways*, Betty Blandino (A&C Black, Llundain 1984); *British Studio Ceramics*, Paul Rice a Christopher Gowing (Barrie a Jenkins 1989); *Modern Pots: Hans Coper, Lucie Rie and their Contemporaries*, Cyril Frankel (Thames a Hudson 2000). Casgliadau'n cynnwys AC; Amgueddfa Gelf Fodern, Efrog Newydd; Amgueddfa Fitzwilliam, Caergrawnt; Amgueddfa Hambwrg, Yr Almaen; Amgueddfa Prifysgol Daleithiol Pennsylvania; Amgueddfa Victoria ac Albert, Llundain. 'Y nod yw gwneud potiau sydd â ffurfiau syml ac addurno integrol, i geisio mynegi cydbwysedd rhwng y priodoleddau deinamig hyn ac ymdeimlad â thawelwch neu gyfyngiant.' Yn byw yng Nghasnewydd, gorllewin Cymru.
*Yr artist*

## Melissa WARREN 1951–
**Enw gwaith Melissa Binet-Fauvel, artist tecstiliau/gweuwraig. Ganed yn Alton, Lloegr.**

Astudiodd yn Ysgol Gelf Caerwynt 1970–74, gyda Hilary Chetwynd, David Holbourne; Athrofa Prifysgol Cymru Caerdydd 1994–96. Cyrhaeddodd Gymru ym 1991; gweithdy/oriel, Pentre, de Cymru. Darlithydd, Coleg Dodrefn Llundain (Gwehyddu) 1974–75; Coleg Celf a Dylunio Bournemouth (Gweu) 1979–82; Coleg Celf Southampton 1983–84; Coleg Ynys Wyth, Newport, Ynys Wyth (YW) 1986–88; Coleg Morgannwg (Aberdâr, Llwynypia, Nantgarw, Pontypridd), o 1992. Artist preswyl, Ysgol Uwchradd Cowes, YW 1987; *Valleys Live*, Maesteg 1994. Gwobrau'n cynnwys y Cyngor Crefftau 1978; Cyngor Celfyddydau Cymru 1996; Llywodraeth Cynulliad Cymru 2000. Aelod o Urdd Gwneuthurwyr Cymru; Celf Ffibr Cymru 2000–04. Arddangosfeydd ar y cyd yn cynnwys *Top Dressing*, Canolfan Grefft a Dylunio, Model House, Llantrisant, 2004, 2005. Arddangosfa ddeuddyn, *The Dyer and the Wire*, Oriel Makers, Caerdydd (gyda John Binet-Fauvel) 2004. Arddangosfeydd un-ddynes yn cynnwys Oriel Macknit, Livingstone, UDA 1987. 'Fisgos, gwlân, edafedd cotwm, wedi'u trafod â llaw ar beiriannau gweu gwŷdd llaw.' Yn byw ger Tonypandy, de Cymru.
*Yr artist*

## Charles Wyatt WARREN 1908–1993
**Peintiwr. Ganed yng Nghaernarfon, gogledd Cymru.**

Astudiodd ym Mhrifysgol Llundain. Artist hunanaddysgedig. Swyddog llywodraeth leol, Cyngor Sir Caernarfon gynt 1926–1962. Aelod o Grŵp Celf Caernarfon; Grŵp Gogledd Cymru (aelod sefydlu, Ysgrifennydd, Cadeirydd); Cymdeithas Gelfyddydau Paddington. Comisiynau'n cynnwys Pencadlys NATO, Brwsel; Neuadd Rathbone, Prifysgol Bangor. Arddangosfeydd ar y cyd yn cynnwys Eisteddfod Genedlaethol Cymru 1950–67; Yr Academi Frenhinol Gymreig, Conwy 1951–62; Arddangosfa Gelf Flynyddol Porthmadog 1953–55; Arddangosfa Flynyddol Dinas Bangor 1956–70; Yr Oriel Gymreig, Y Fenni; Sefydliad Brenhinol y Peintwyr Olew, Llundain. Arddangosfeydd undyn yn cynnwys Oriel

Terry, Caernarfon 1964–1970 (deuddeg); Oriel Albany, Caerdydd 1965; Selfridges, Llundain 1969; Browns o Gaer 1970–73 (chwech). Wedi'i gynnwys mewn llun ar y clawr, *Snowdonia National Park* (Cydbwyllgor Cynghori Eryri 1970); adolygiadau yn y wasg Gymreig; cyfweliadau, Teledu'r BBC 1965, 1971. Casgliadau'n cynnwys Casgliad Celf y Llywodraeth, Llundain; Cymdeithas Celf Gyfoes Cymru; Cyngor Gwynedd; Llyfrgell Genedlaethol Cymru, Aberystwyth. Tirwedd gogledd Cymru. Roedd yn byw yng Ngwynedd, gogledd Cymru.

### John WARREN-DAVIS 1919–1998
**Cerflunydd. Ganed yn Christchurch, Lloegr. Weithiau'n cael ei restru fel John Warren Davis.**

Ei dad yn Gymro. Yn ei flynyddoedd cynnar bu'n treulio amser yng nghartref teuluol ei dad, Trewarren, Llanismel, gorllewin Cymru. Astudiodd yn Ysgol Gelf Westminster 1937–39 (paentio), gyda Bernard Meninski, Mark Gertler; Coleg Celf Brighton 1949–52 (cerfluniaeth), gyda James Woodford RA. Gwasanaeth Rhyfel, Y Magnelwyr Brenhinol 1939–46; derbyniodd y Groes Filwrol. Darlithydd, cerfluniaeth, Ysgol Gelf Chichester tua 1952–59; Ysgol Ganolog Gelf a Dylunio, Llundain 1959–75. Darlithydd (rhan-amser), o 1975, Leeds; Portsmouth; Caergaint; Coleg Celf Dyfed, Caerfyrddin, weithiau'n byw yn Llanismel (bu hefyd yn treulio amser yn cimycha). Mae arddangosfeydd ar y cyd yn cynnwys *Contemporary Welsh Painting and Sculpture*, Pwyllgor Cymreig Cyngor Celfyddydau Prydain Fawr (PCCCPF) 1962; *50 Years of Sculpture*, Oriel Grosvenor, Llundain 1964; *Eric Malthouse/John Warren Davis*, PCCCPF 1964 (teithiol); Oriel Howard Roberts, Caerdydd 1965; *Structure 1966*, Cyngor Celfyddydau Cymru (CCC) 1966 (teithiol); *Sculpture in the City*, Cyngor Celfyddydau Prydain Fawr (CCPF) 1968; *Art Spectrum South*, CCPF 1971; *City Sculpture Project*, Sefydliad Peter Stuyvesant 1972. Arddangosfeydd undyn yn cynnwys Oriel Lords, Llundain 1959; Oriel Molton, Llundain 1963; Parc Battersea, Llundain 1976; Oriel Crane-Kalman, Llundain 1995. Wedi'i gynnwys yn *Concise History of Modern Sculpture*, Herbert Read (Thames a Hudson 1964); *Contemporary British Art*, Herbert Read (Gannon Distributing Company 1964); *Motif; Studio International*. Casgliadau'n cynnwys Amgueddfa ac Oriel Gelf Dinas Southampton; Amgueddfa Cymru; Amgueddfeydd ac Orielau Leeds; Amgueddfeydd Sirol Sir Benfro; Cyngor Celfyddydau Lloegr; Oriel Gelf Plas Abbot, Kendal; Y Gymdeithas Gelf Gyfoes; Y Cyngor Prydeinig. Prynwyd gwaith gan CCC. '…tirwedd y sir [Sir Benfro]…' Roedd yn byw yn Llanismel ac Eastergate, Lloegr.
*William Warren-Davis*

### Gary WATERS 1953–
**Peintiwr. Ganed ym Merthyr Tudful, de Cymru.**

Astudiodd yng Ngholeg Celf Hornsey; Coleg Celf Birmingham; y Coleg Celf Brenhinol, Llundain gyda Bill Brandt, Peter Blake. Darlithydd, Colegau Celf Abertawe, Casnewydd, Caerdydd, Caersallog, Bradford; Coleg Morris, New Jersey; Coleg Castres, Ffrainc. Arddangosfeydd ar y cyd yn cynnwys *The Self Portrait*, Oriel Artsite, Caerfaddon 1987 (teithiol); *Seasons of Man*, Canolfan Gelfyddydau Hammonton, New Jersey 1992; *Apres La Fenice* 1998 (teithiol Ewrop); Oriel Washington, Penarth 2007. Arddangosfeydd undyn yn cynnwys *Pri Slonu v Gostem*, Zagreb 1982; Coleg Prifysgol Caerdydd 1983; Dean Clough, Halifax, Swydd Efrog 1987; Percosi del Arte, Fenis 1997; *Le Centre du Palais*, Galerie Quarridge, Nice 1998; Galerie de la Daurade, Toulouse 2005. Adolygiadau niferus o arddangosfeydd. Casgliadau'n cynnwys Amgueddfeydd Halifax; Prifysgol Leeds. 'Mae Waters yn cyflwyno dirgelwch i bob delwedd ac mae'r ffigurau fel pe baent mewn pair.' (Maggie Knight, rhagair i Gary Waters, *Paintings*) Yn byw yn Le Bez, Ffrainc.
*Yr artist*

## James a Tilla WATERS
**Enw gwaith James WATERS a Tilla WATERS, ceramegyddion.**

Ganed Tilla Waters ym 1967 yn Haslemere, Lloegr. Astudiodd yng Ngholeg Addysg Uwch Caerfaddon 1986–89. Athrawes, ysgolion uwchradd yn Llundain 1993–95. Yn brentis i Rupert Spira 1998–2000. Ganed James Waters ym 1968 yn Redditch, Lloegr. Astudiodd yn Mholytechnig Birmingham 1986–87; Ysgol Celf Gain Slade, Llundain 1987–91. Yn brentis i Rupert Spira 1998–2000. Y ddau'n cyrraedd Cymru yn 2000. Gwobr Cyngor Celfyddydau Cymru 2007. Arddangosfeydd ar y cyd yn cynnwys *Made in the Middle*, Craftspace 2006 (teithiol); *Emerging Makers*, Oriel Grefft Genedlaethol, Kilkenny/Canolfan y Celfyddydau Aberystwyth (CCA) 2007; *Artist y Flwyddyn Cymru*, Neuadd Dewi Sant, Caerdydd 2007; CCA 2007; Oriel Myrddin, Caerfyrddin 2007. 'Rydym yn ymwneud â swyddogaeth a symlrwydd cyfoethog. Mae fy holl waith yn cael ei wneud ar y cyd â Tilla Waters, fy ngwraig. Hi, felly, yw'r prif ddylanwad arnaf.' Yn byw yn Llanwrda, gorllewin Cymru.
*Yr artistiaid*

## Linda WATERS 1955–
**Enw gwaith Linda Mercedes Waters, peintwraig. Ganed yng Nghasnewydd, de Cymru.**

Astudiodd yng Ngholeg Celf a Dylunio Casnewydd (CCDC) 1974–77, gyda Charles Gillard, Terry Ilott, Derek Butler, Tom Hughes, Harry Meadows. Dylunydd llyfrau, Cyhoeddiadau Addysgol y BBC 1979–81; darlithydd rhan-amser, CCDC 1983–89. Comisiwn, adluniadau hanesyddol o Gas-gwent 1980au. Arobryn, *Castles on Canvas*, Castell Cil-y-coed 1983. Aelod o Gymdeithas Miniaturau Hilliard. Arddangosfeydd ar y cyd yn cynnwys Academi Frenhinol Gorllewin Lloegr, Bryste 1989–90, 1992–96; Oriel, Cyngor Celfyddydau Cymru, Caerdydd 1989; *Medici Miniatures*, Oriel Medici, Llundain 1990–91, 1993–95, 1997; *A Million Brush Strokes*, Oriel Llewellyn-Alexander, Llundain 1999–2003; Neuadd Dewi Sant, Caerdydd 2001. Ei gwaith wedi'i gynnwys yn *South Wales Argus* 1984–86; *Western Mail* 1998. Casgliadau'n cynnwys Amgueddfa Cas-gwent. 'Miniaturau, darlunio… adeiladau, anifeiliaid, golygfeydd… dyfrlliwiau, inc, gwneud printiau a pheth olew.' Yn byw yng Nghas-gwent, de Cymru.
*Yr artist*

## Frank WATKINS 1951–
**Peintiwr. Ganed yng Nglanaman, gorllewin Cymru.**

Astudiodd yng Ngholeg Celf Caerfyrddin 1969–70; Coleg Celf Casnewydd 1970–73. Athro mewn gwahanol ysgolion 1974–99. Gwobr Leslie Moore 1976; Ysgoloriaeth Ymddiriedolaeth yr Eliffant 1985; Dosbarth gyda'r Meistr, Cyngor Celfyddydau Cymru 1991; Gwobr Sefydliad Pollock-Krasner, Efrog Newydd 1991. Arddangosfeydd ar y cyd yn cynnwys Eisteddfod Genedlaethol Cymru, Aberteifi 1976; *An Indian Summer*, Oriel Mostyn, Llandudno 1989; Oriel Elenore Austerer, San Francisco 1993; *Containment*, Canolfan Gelfyddydau Abaty Nant Teyrnon, Cwmbrân 2002. Arddangosfeydd deuddyn, Canolfan Gelfyddydau, Caerdydd 1980; gyda Tony Alcock, Amgueddfa ac Oriel Gelf Casnewydd 1998. Arddangosfeydd undyn gan gynnwys *Homage*, Oriel, Cyngor Celfyddydau Cymru, Caerdydd (Oriel) 1984; Oriel 2004; *New Works*, Artsite, Caerfaddon 1986; Oriel Martin Tinney, Caerdydd 1992. Ei waith wedi'i gynnwys yn *40 under 40: The New Generation in Britain*, New Art in Wales, David Briers (Art and Design 1989). Casgliadau yn Archif Samuel Beckett, Prifysgol Reading; Ymddiriedolaeth yr Eliffant, Penrose, Llundain; Ysgol Feddygol Prifysgol Abertawe. 'Tapies, Celan, Beckett… dadfeiliad, anobaith ac yn y blaen.' Yn byw ym Margam, de Cymru.
*Yr artist*

## Gwyn WATKINS 1951–
**Artist, cerfiwr meini pensaernïol. Ganed yng Nghaerlŷr, Lloegr.**

Astudiodd yng Ngholeg Polytechnig Bryste; Coleg Celf Caerdydd. Therapydd celf ysbyty, Caerdydd. Comisiynau'n cynnwys darluniau ar gyfer *The Fall*, Cyngor Celfyddydau Cymru (CCC) 1976. Teithio, De America. Symudodd i Lundain ac ailhyfforddodd; saer maen/cerfiwr yn gweithio gyda Threftadaeth Lloegr, Llundain; saer maen, Parc Burghley, Stamford o 1988. Prosiectau cerfio/adfer yn cynnwys Castell Windsor; Tŷ Apsley, Llundain; Gerddi Eidalaidd Kensington, Hyde Park, Llundain; Cofeb y Gwarchodluoedd, Parc St. James, Llundain; Tŷ Burghley, Stamford. Gwobrau'n cynnwys Cymdeithas er Diogelu Adeiladau Hynafol, Cymrodoriaeth Grefft William Morris 1987. Arddangosfeydd ar y cyd yn cynnwys *The Fall: Artists as Illustrators*, CCC 1976 (teithiol); *From a Public Collection*, Oriel, CCC, Caerdydd 1977. Arddangosfeydd undyn yn cynnwys Canolfan Gelfyddydau Chapter, Caerdydd 1974. Casgliadau'n cynnwys Prifysgol Aberystwyth; Prifysgol De Cymru, Pontypridd. Prynwyd gwaith gan CCC. Roedd yn byw yn Stamford, Lloegr.
*Yr artist*

## Islwyn WATKINS 1938–
**Cerflunydd. Ganed yn Nhonypandy, de Cymru.**

Ei rieni'n Gymry. Astudiodd yng Ngholeg Celf Caerdydd 1954–59; Prifysgol Wisconsin, Madison 1965–66. 'Happenings and installations', Llundain ac UDA 1962–67; *Stigma*, amgylchedd gyda Jeffrey Nuttall, Bruce Lacey, John Latham, Oriel Better Boxes, Llundain 1964. Athro, ysgolion a cholegau, Llundain, Leeds, Wisconsin, Birmingham 1959–67; darlithydd, Polytechnig Birmingham 1967–78. Aelod (a Chadeirydd 1979–83) y Grŵp Cymreig (GC); Group H, Llundain; Cymdeithas Artistiaid a Dylunwyr Cymru (Cadeirydd, dechrau'r 80au). Arddangosfeydd niferus ar y cyd yn cynnwys y GC o 1958; *Contemporary Welsh Painting and Sculpture*, Pwyllgor Cymreig Cyngor Celfyddydau Prydain Fawr (dyddiadau amrywiol); *Pictures for Welsh Schools*, Cymdeithas Addysg drwy Gelf (dyddiadau amrywiol); *Arddangosfa Dewi Sant*, Cyngor Celfyddydau Cymru (CCC) 1964, 1965; *Play Orbit*, CCC/Yr Athrofa Gelf Gyfoes, Llundain (AGG) 1969; *Midland Art Now*, Oriel Ikon, Birmingham 1974, 1976. Arddangosfeydd undyn niferus gan gynnwys Oriel Queenswood, Llundain 1963; Canolfan Gelfyddydau Abaty Nant Teyrnon, Cwmbrân 1974; Canolfan Gelfyddydau Glannau Gwy, Llanfair-ym-Muallt 1978; *The Brecon Column and Other Works*, Amgueddfa ac Oriel Gelf Frycheiniog (AOGF) 1994; *Merzjam*, AOGF 2000 (gyda Jeffrey Nuttall); Oriel Tower House, Trefyclo 2000–05. Ei waith wedi'i gynnwys yn *Play Orbit*, golygydd Jasia Reichardt (CCC/AGG 1969). Casgliadau'n cynnwys AOGF; Cymdeithas Celf Gyfoes Cymru; Prifysgol Wisconsin. 'Kurt Schwitters, peintwyr St Ives, ac ysgrifau Patrick Heron ar gelf.' Yn byw yn Nhrefyclo, canolbarth Cymru.
*Yr artist*

## Philip WATKINS 1954–
**Enw gwaith Philip Granville Watkins, peintiwr. Ganed ym Mhentre'r Eglwys, de Cymru.**

Astudiodd yng Ngholeg Celf Casnewydd 1974–77, gyda Ernest Zobole, Peter Nicholas, Phil Muirden, Tom Gillespy, Michael Punt, Jack Crabtree. Rheolwr cynhyrchu, Cwmni Animeiddio Siriol, Caerdydd 1982–93; Swyddog Addysg Gymunedol Ieuenctid Caerdydd 1994–2000; athro, dysgu gydol oes, Caerdydd o 2000. Arddangosfeydd ar y cyd yn cynnwys Oriel Hunter, Long Melford, Swydd Suffolk 2002; Eisteddfod Genedlaethol Cymru, Meifod 2003; Oriel Washington, Penarth (OW) 2003. Arddangosfeydd undyn gan gynnwys *Moving Pictures*, Ysgol Croesyceiliog, Cwmbrân 1992; *You are here*, OW 2003; *Focal Solo*, Rhuthun (gwahanol ganolfannau) 2004. 'Dw i'n paentio lluniau o Gymru oherwydd i mi gael fy ngeni yma ac oherwydd fy mod i'n byw yma, yn enwedig lleoedd diwydiannol/o waith dyn sy'n cyferbynnu â'r dirwedd naturiol.' Yn byw yng Nghaerdydd, de Cymru.
*Yr artist*

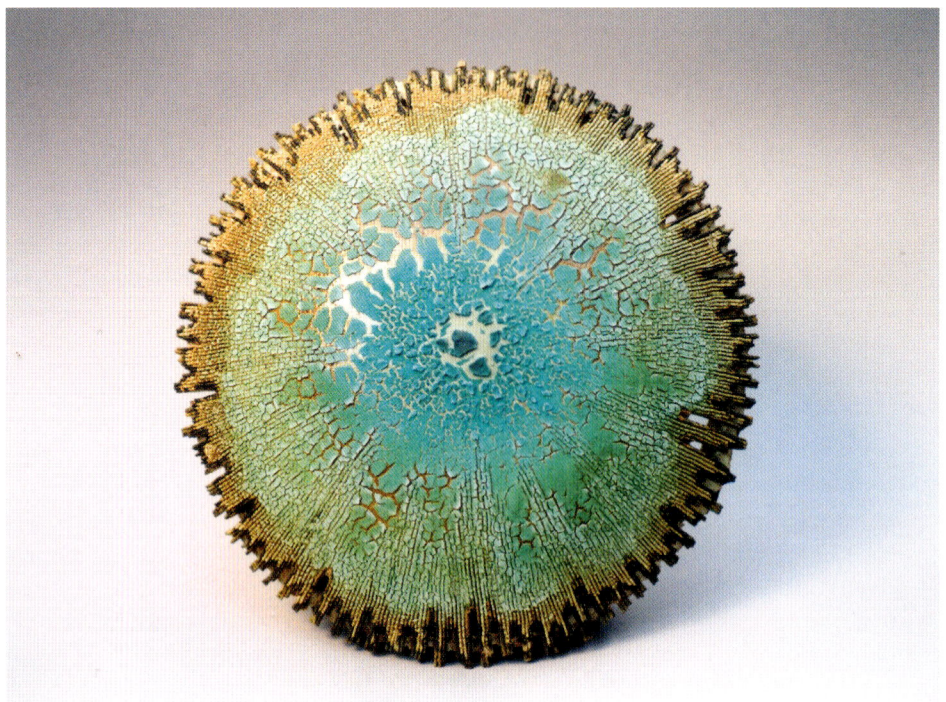

289 | Paul Wearing
*Ceramic wall piece* 2003

## Paul WEARING 1967–
### Ceramegydd. Ganed yn Tunbridge Wells, Lloegr.
Cyrhaeddodd Gymru ym 1983. Astudiodd yn Athrofa Prifysgol Cymru, Caerdydd 1997–2000, gyda Geoffrey Swindell, Peter Starkey; MA (Cerameg) 2003–04. Gwobr Cyngor Celfyddydau Cymru (CCC) 2001. Cyd-sefydlydd/Cyfarwyddwr, Oriel a Stiwdio Elements, Caerdydd 2000–03. Aelod o Stiwdios Clai Fireworks, Caerdydd, o 2007. Arddangosfeydd ar y cyd yn cynnwys *Dathliadau'r Cynllun Casglu*, CCC, Gardd Fotaneg Genedlaethol Cymru, Llanarthne 2000; *New Designers*, Oriel Red, Southsea 2001; *Artist y Flwyddyn Cymru*, Neuadd Dewi Sant, Caerdydd 2002 (y wobr gyntaf, yr adran grefft); *Ceramic Contemporaries 4*, Cymdeithas Genedlaethol Cerameg mewn Addysg Uwch/Canolfan y Celfyddydau Aberystwyth 2002–03 (teithiol). Arddangosfeydd undyn yn cynnwys *Beyond the Surface*, Oriel Lliw, Pontardawe 2001; *A Sense of Order*, Canolfan Grefft a Dylunio, Model House, Llantrisant 2003. Wedi'i gynnwys yn *form: contemporary craft in Wales* (Celfyddydau Rhyngwladol Cymru 2003). Yn byw yng Nghaerdydd, de Cymru.
*Yr artist*

## WEAVING ARTS  Gweler June McLAUGHLIN

## Catrin WEBSTER 1966–
### Peintwraig. Ganed yng Nghaerdydd, de Cymru.
Astudiodd yn Ysgol Gelf Falmouth 1986–87; Ysgol Celf Gain Slade, Prifysgol Llundain 1987–91 (Ysgoloriaeth Deithio Duveen), 1991–93; Prifysgol Aberystwyth (PhD Celf Gain), o 2006. Cymrawd

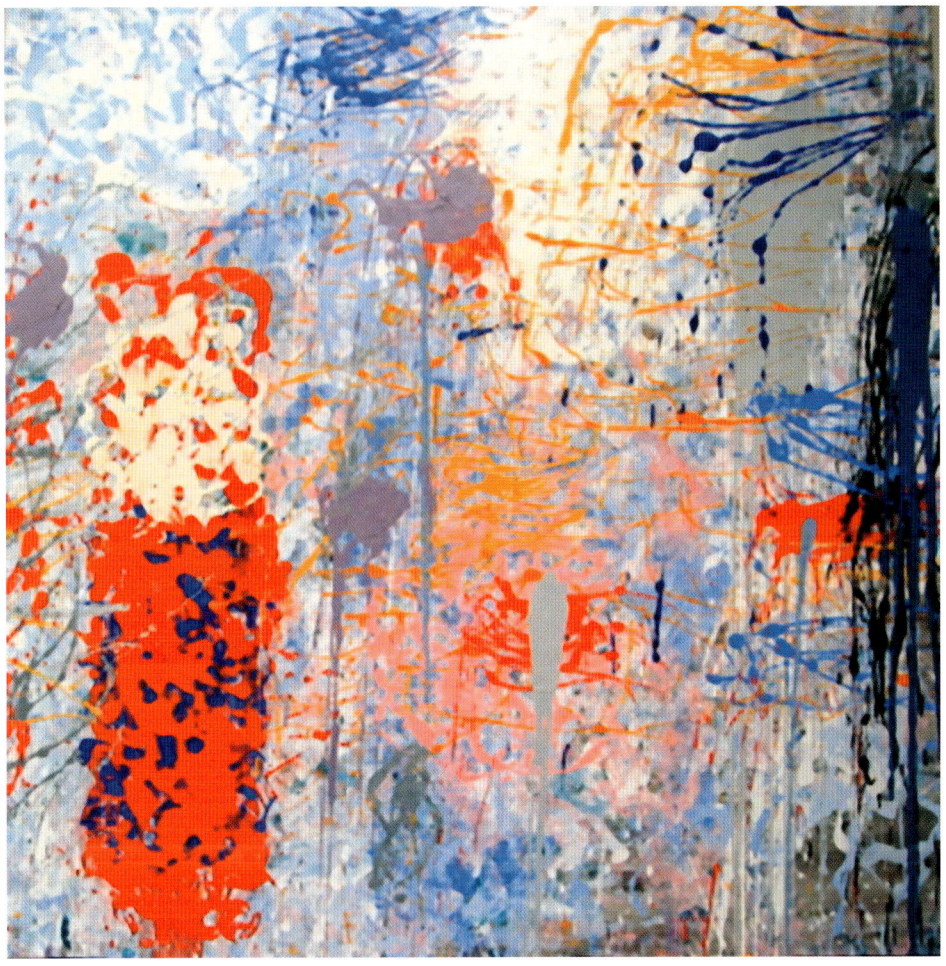

290 | Catrin Webster
*A Gesture Against the Wild, Winter Painting* 2002

Addysgu, Athrofa Prifysgol Cymru, Caerdydd 1993–94; Tiwtor (rhan-amser), Celf Gain, Prifysgol Cymru, Aberystwyth 1998–99; Athrofa Addysg Uwch Abertawe, o 2006. Artist preswyl, Cymdeithas Gelfyddydau Gorllewin Cymru 1995, 1997; *Optio am Gelf*, Oriel Mostyn, Llandudno (OM) 1997; Canolfan y Celfyddydau Aberystwyth (CCA) 1998; Amgueddfa Cymru, Caerdydd 1998. Gwobrau'n cynnwys Ysgoloriaeth Abbey mewn Paentio, Yr Ysgol Brydeinig yn Rhufain 1997; Cyngor Celfyddydau Cymru 1996, 1998, 2004 (Cymru Greadigol); Ysgoloriaeth Deithio Goffa Geoffrey Crawshay 2007. Arddangosfeydd ar y cyd yn cynnwys *Sioe Gelf Agored Cymru*, Aberystwyth 1992, 1995 (y wobr gyntaf, bob tro); *Pure Fantasy*, OM 1997; *Kinsey, Roche and Webster*, Neuadd y Frenhines, Arberth 1997 (teithiol); *Expanded View*, Oriel Ikon, Birmingham 1998 (teithiol); Canolfan Gelfyddydau Dinas Terrassa, Barcelona 2000; Gŵyl Ddiwylliannol Ryngwladol Qatar, Qatar 2005. Arddangosfeydd un-ddynes yn cynnwys *Mapio Cymru*, Yr Hen Lyfrgell, Caerdydd 1995 (teithiol); *En Plein Air*, Tŷ Turner, Penarth 1997 (teithiol); *Transports 1996–98*, Oriel Gelf Glynn Vivian, Abertawe 1998 (teithiol); *Nocturnes*, Amgueddfa Ceredigion, Aberystwyth 2000 (teithiol); *Terra Firma*, Amgueddfa Celf Gyfoes, Reykjavik, Gwlad yr Iâ

2004; *In Transit – Y Prosiect Teithio*, CCA (gydag ysgolion yn Birmingham, Aberystwyth) 2007. Cyhoeddiadau'n cynnwys 'Painting, the Built Environment and Landscape', *Creating Utopia* (Y Drenewydd 1997); 'Artist's Eye', *Arts Review* (rhif 40, Rhagfyr 1997); 'Being There', *Planet* (rhif 122, 1997). Casgliadau'n cynnwys Amgueddfa Ceredigion, Aberystwyth; Coleg Gŵyr, Abertawe; Cyngor Celfyddydau Lloegr; Prifysgol Bangor. Paentiadau haniaethol, arluniadau, yn aml yn cael eu creu yn yr awyr agored; 'profiad cyfoes o'r tirlun a'r dirwedd'. Yn byw yn y Borth, canolbarth Cymru.
*Yr artist*

### Chris WEBSTER 1965–
**Enw gwaith Christopher Peter Webster, ffotograffydd. Ganed yn Runcorn, Lloegr.**

Astudiodd yn Vaal Triangle Technikon, Vanderbiljpark, De Affrica (VTT) 1986–89; 1991–93, gyda Brent Record, Rodney Hopley. Darlithydd, ffotograffiaeth, VTT 1991–94; curadur gwadd, Oriel Gelf Johannesburg 1992–93; darlithydd, celf gain, Prifysgol Cymru, Aberystwyth (PCA) o 1996. Aelod o Fforma. Arddangosfeydd ar y cyd yn cynnwys *Emerging Artists*, Oriel Limner, Efrog Newydd 2001, 2002; Oriel Ryngwladol, Baltimore (ORhB) 2002, 2003; *Fforma*, Y Tabernacl, Machynlleth 2003; *Fforma*, Theatr Mwldan, Aberteifi 2004; Neuadd Dewi Sant, Caerdydd 2004. Arddangosfeydd undyn yn cynnwys *Memory of the Fall*, Orielau'r Ysgol Gelf, PCA 1998 (teithiol); *Gnosis*, Oriel Folly, Caerhirfryn 1999; *Riemland's Edge*, Amgueddfa Het Princessehof, Leeuwarden, Yr Iseldiroedd 2000; *Sleepwalkers*, Oriel 1885, Llundain a PCA 2001; *Fragments*, Oriel Artemesia, Chicago/ORhB 2002. Ei waith wedi'i gynnwys yn *Ghost Hunters*, Sianel Deledu Discovery 2002. Casgliadau'n cynnwys Amgueddfa Affrica, Johannesburg; Canolfan West Virginia ar gyfer Ffotograffiaeth Greadigol, Elkins, UDA; Oriel Gelf Johannesburg; PCA. '…collage, ffoto-montage a phrintiau cyfryngau cymysg.' Yn byw yn Aberystwyth, canolbarth Cymru.
*Yr artist*

### John WEBSTER 1934–1994
**Enw gwaith John Robert Webster, peintiwr, gwneuthurydd printiau. Ganed yn Bridlington, Lloegr.**

Astudiodd yng Ngholeg Celf Leeds 1951–57; Athrofa Addysg Prifysgol Leeds 1958. Athro, ysgolion yn Leeds; Llanelwy, gogledd Cymru. Darlithydd mewn Addysg (celf) 1968, Uwch-ddarlithydd 1972, Darlithydd mewn Addysg Gelf 1977, Coleg y Santes Fair, Bangor/Coleg Prifysgol Gogledd Cymru, Bangor (CPGC); hefyd yn ddarlithydd, hanes celf, gwneud printiau, Adran Efrydiau Allanol CPGC, Cymdeithas Addysg y Gweithwyr. Curadur Anrhydeddus, Oriel Gelf Bangor (OGB). Aelod o'r Academi Frenhinol Gymreig, Conwy (AFG) (Ysgrifennydd Mygedol). Gwobr Cyngor Celfyddydau Cymru (CCC) 1977. Arddangosfeydd ar y cyd yn cynnwys Oriel Gelf Dinas Leeds 1960; AFG (gyda William A Boswell, Ted Dummett) 1972; Oriel Blue Coat, Lerpwl 1972; *Naw Artist*, Oriel Tegfryn, Porthaethwy,1979; *The Final Proof*, CCC 1981 (teithiol); Grŵp Gogledd Cymru. Arddangosfeydd deuddyn yn cynnwys OGB 1970. Arddangosfeydd undyn yn cynnwys Llandrindod 1964; Llyfrgell Prestatyn 1969–72; Oriel Clwyd Theatr Cymru, Yr Wyddgrug tua 1970; Y Porth, Plas Mawr, Conwy 1970–75. Wedi'i gynnwys yn *Liverpool Post* (Mehefin 1964); *North Wales Weekly News and Chronicle* (Mehefin 1972, Ebrill/Mai 1973, Rhagfyr 1973); HTV (Mehefin 1972). Casgliadau'n cynnwys Adran yr Amgylchedd, Bwyd a Materion Gwledig, Llundain; Casgliad Allestyn Amgueddfa Cymru; Llyfrgell Genedlaethol Cymru, Aberystwyth. Tirluniau a phaentiadau ffigurol, printiau (ysgythriadau sincblat yn bennaf). Roedd yn byw yn Modorgan, gogledd Cymru.

## Paul WEBSTER 1971–
**Enw gwaith Paul James Webster, peintiwr. Ganed yn Widnes, Lloegr.**

Astudiodd yn Vaal Triangle Technikon, Vanderbiljpark, De Affrica (VTT) 1990–94, gyda Brent Record, GB Koen (arobryn 1991,1992); Coleg Prifysgol Cymru, Aberystwyth 1995–96, gydag Alistair Crawford, John Harvey. Athro, VTT 1994; artist preswyl, Coleg Spelthorne, Ashford, Swydd Middlesex 1995; tiwtor, celf gain, Prifysgol Cymru, Aberystwyth (PCA) o 1995. Aelod o Fforma. Arddangosfeydd ar y cyd yn cynnwys *Artists of the Vaal Triangle*, Sefydliad Celf Gyfoes, Johannesburg 1993; *Go Sepela Serita*, Oriel Vanderbijlpark 1994; *Fforma*, Y Tabernacl, Machynlleth 2003; *Fforma*, Neuadd Dewi Sant, Caerdydd 2004; *Fforma*, Oriel Mwldan, Aberteifi 2004. Arddangosfeydd undyn yn cynnwys *Baha*, Spiritual Assembly, Johannesburg 1993; *Leaf*, Orielau'r Ysgol Gelf, PCA 1996; *Figura*, PCA 2001; Oriel Madeley Court, Telford 2002. '…yr amgylchedd, pensaernïaeth a diwylliant gorllewin Cymru.' Yn byw yn Aberystwyth, canolbarth Cymru.
*Yr artist*

## Cordelia WEEDON 1948–
**Ffotograffydd. Ganed yn Guildford, Lloegr.**

Cyrhaeddodd Gymru ym 1974. Astudiodd ym Mhrifysgol Wolverhampton (PW) 1994–96, gyda Nick Hodges. Tiwtor, PW 1999–2001, Photoworks Westminster, Llundain o 2000. Aelod o Cyswllt Celf. Arddangosfeydd ar y cyd yn cynnwys *Final Focus*, Gŵyl Ffotograffiaeth Henffordd 1996; Tŷ Llên, Abertawe 1996; *Elegy*, Oriel Davies, Y Drenewydd 2001; *Mencap Trackside Charcoal Project*, Amgueddfa Victoria ac Albert, Llundain 2004; *Elegy*, Canolfan Gelfyddydau Abaty Nant Teyrnon, Cwmbrân 2005. Arddangosfeydd un-ddynes yn cynnwys Oriel Makers, Y Trallwng 1991; Theatr Clwyd, Yr Wyddgrug 1991; Theatr Ardudwy, Harlech 1997; PW 2005. Cyhoeddwyd gwaith ganddi yn *The Guardian*, *The Independent*, y *Western Mail*, *Time Out*, *New Musical Express*. Casgliadau'n cynnwys Amgueddfa Llundain; Corfforaeth Datblygu Dociau Llundain; Canolfan Grefft Rhuthun; Comisiwn Brenhinol Henebion Cymru; Dŵr Hafren Trent; Ysbyty Frenhinol Amwythig. 'Mi fydda i'n defnyddio ffotograffiaeth ddogfennol i roi llais i'r rheini sydd yn aml yn destun y lluniau… mae themâu'n cynnwys tirluniau, prosesau argraffu hanesyddol.' Yn byw yn Llanfyllin, canolbarth Cymru.
*Yr artist*

## Helen WEEKS 1982–
**Gwneuthurydd printiau. Ganed yn y Fenni, de Cymru.**

Astudiodd ym Mhrifysgol Cymru, Casnewydd 2003–04; Athrofa Prifysgol Cymru, Caerdydd 2004–2007, gyda Sue Hunt, Tom Piper. Arddangosfeydd ar y cyd yng Nghanolfan y Mileniwm, Caerdydd 2007; *Artist y Flwyddyn Cymru*, Neuadd Dewi Sant, Caerdydd 2007; Yr Hen Lyfrgell, Caerdydd 2007. 'Mae cael fy magu yn y Cymoedd wedi cyfrannu llawer iawn i'm gwaith.' Yn byw yng Nglynebwy, de Cymru.
*Yr artist*

## Sandie WELCH 1946–
**Artist ffibr. Ganed yn Llundain, Lloegr.**

Astudiodd yn Athrofa Addysg Uwch Gorllewin Morgannwg, Abertawe 1988–92, gyda Pat Briggs, John Howes, David Barron. Cyrhaeddodd Gymru ym 1975. Darlithydd, Athrofa Gorllewin Morgannwg, Abertawe, a threfnydd gweithdai i blant ac oedolion o 1991. Artist preswyl, Canolfan Gelfyddydau Sain Dunwyd, Sain Dunwyd 2000. Dyfarniad Dewis y Bobl, Oriel Gelf Glynn Vivian, Abertawe (OGGV) 1999, 2000; Dyfarniad Cymru Greadigol, Cyngor Celfyddydau Cymru 2002. Aelod o Boarding Card, Dyfnaint; Cymdeithas Celfyddydau'r Menywod; Celf Ffibr Cymru. Arddangosfeydd ar y cyd yn cynnwys

*Arddangosfa Agored Abertawe*, OGGV 1999; *Fibre Visions*, Canolfan Gelfyddydau Abaty Nant Teyrnon, Cwmbrân 2001; *Telling*, Canolfan y Celfyddydau Aberystwyth 2001; *Arddangosfa Agored Wrecsam*, Canolfan Gelfyddydau Wrecsam 2002; *Homelands*, Celf Ffibr Cymru 2004 (teithiol). Arddangosfeydd un-ddynes yn cynnwys *Celebrating The Child Within*, OGGV 1995 (teithiol); *Mesh Mania*, Oriel Makers, Caerdydd 2001 (teithiol). Gwaith wedi'i gynnwys yn *Real Homes*, Vivian Jones (rhifyn 18, 2000); *The World of Embroidery* (Cyfrol 52, 2001); *The Workbox*, Victor Briggs (rhif 85, 2004); rhaglen HTV *Celebrating the Child Within* 1995; *High Performance* 2000; BBC *The Wrap Show* 2000. '…wedi fy nghyfareddu ers amser maith gan lochesi a ffeuau…' Yn byw yn Abertawe, de Cymru.
*Yr artist*

## Meri WELLS 1946–
### Ceramegydd. Ganed yn Guildford, Lloegr.

Ei mam yn Gymraes. Cyrhaeddodd Gymru ym 1972. Astudiodd yn Ysgol Gelf Sutton, Ysgol Gelf Epsom 1966–68; Coleg Prifysgol Cymru, Aberystwyth 1985–88, gydag Alistair Crawford, Moira Vincentelli. Gwobrau'n cynnwys Cyngor Celfyddydau Cymru 1996, 2001; Celfyddydau Rhyngwladol Cymru 2004. Comisiynau'n cynnwys baneri tecstiliau, Eisteddfod Genedlaethol Cymru (EGC), Aberystwyth 1992. Preswyliadau a gweithdai niferus. Aelod o Exodus; Cymdeithas Grochenwyr Gogledd Cymru; Yr Academi Frenhinol Gymreig (AFG); Academi Gerameg Ryngwladol (AGR) 2007. Arddangosfeydd niferus ar y cyd gan gynnwys EGC, Casnewydd 1988, Yr Wyddgrug 1991, Aberystwyth 1992, Abergele 1995; Oriel Ynys Môn, Llangefni 1992, 1993; Amgueddfa Ceredigion, Aberystwyth (ACer) 1995; Canolfan Grefft Rhuthun 1995; *Y Gyfres Gerameg*, Canolfan y Celfyddydau Aberystwyth (CCA) 1995; *The Cat Scratched Little Johnny*, CCA 1999 (teithiol); Oriel Mostyn 2003; AFG 2007; AGR, Xian, Tsieina 2007. Arddangosfeydd dwy-ddynes (gyda Catrin Williams), ACer 2007. Proffil o'i gwaith ar y rhaglen gelf, *Sioe Gelf*, S4C 2005. Casgliadau'n cynnwys Asiantaeth Dylunio Cerameg y Weriniaeth Tsiec; Oriel Gelf ac Amgueddfa'r Ddinas, Panevezys, Lithiwania; Oriel Gelf ac Amgueddfa Townley Hall, Burnley; Prifysgol Aberystwyth; Stiwdio Gerameg Ryngwladol, Kecskemet, Hwngari; '…delweddaeth anghofiedig straeon plentyndod a'n mythau diwylliannol.' Yn byw ym Machynlleth, canolbarth Cymru.
*Yr artist*

## Sue WELLS 1952–2005
### Ffotograffydd. Ganed yn Harare, Zimbabwe.

Astudiodd yng Ngholeg Argraffu Llundain 1970–73; Diploma Uwch, Coedyddiaeth 1986. Cyrhaeddodd Gymru 1973. Warden, Coed Cadw, o 1986. Dyfarniadau Cyngor Celfyddydau Cymru 1975, 1980. Cyfres ffotograffig, *John 'Tan y Mynydd' Fences*, canol y 1970au. Comisiynau'n cynnwys ffotograffau i *Loosely Held Grain, sculpture by David Nash*, catalog 1976; *Flexed Over Ash, sculpture by David Nash*, catalog 1977. Ffotograffau â gwaith gan David Nash, Oriel Sefydliad Guggenheim, Efrog Newydd 1980. Arddangosfeydd ar y cyd yn cynnwys Oriel Arnolfini, Bryste 1976; *Lives*, Oriel Hayward, Llundain 1979; *The Native Land*, Oriel Mostyn, Llandudno (OM) 1979; *Art of the Sea*, OM 1981 (teithiol); *Artists and Designers in North Wales*, OM 1981. Arddangosfa ddeuddyn gyda John Charity, Oriel, Cyngor Celfyddydau Cymru, Caerdydd 1977; gyda Falcon Hildred, *To Save a Vanished Way of Life*, Blaenau Ffestiniog 1982. Gwaith wedi'i gynnwys yn y *Western Mail* (1977); *Artscribe* (1978); *Sunday Times* (Mawrth 1978). Casgliadau'n cynnwys Casgliad Celf y Llywodraeth, Llundain; Cyngor Gwynedd; Llyfrgell Genedlaethol Cymru, Aberystwyth. Prynwyd gwaith gan Gyngor Celfyddydau Cymru. 'Blaenau Ffestiniog… Mae'r defaid yn crwydro strydoedd â'u tai teras cerrig a chapeli. Mae cymylau'n hongian ar y mynydd ac yn aml iawn mae'n bwrw glaw.' Roedd yn byw ym Mlaenau Ffestiniog, gogledd Cymru.

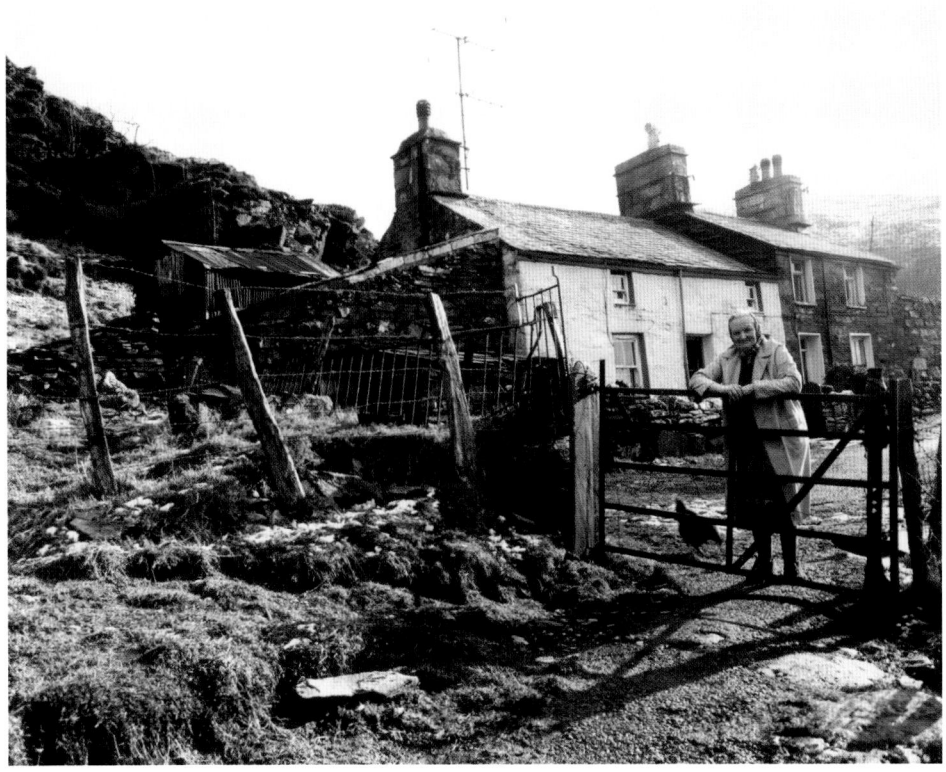

291 | Sue Wells
*Mrs Richards, Fuches-Wen* 1978

## Martin WENHAM 1941–
**Enw gwaith Martin William Wenham, artist llythrennu. Ganed yn Andover, Lloegr.**

Astudiodd yng Ngholeg Prifysgol Gogledd Cymru, Bangor 1959–62 (Botaneg a Choedwigaeth); Coleg Prifysgol Cymru, Aberystwyth 1962–63; Prifysgol Aberdeen 1963–66 (Doethuriaeth Botaneg); Prifysgol Nottingham 1974–77 (MAdd); Prifysgol Caerlŷr 1988 (MA Addysg). Athro mewn ysgolion cynradd, uwchradd ac arbennig, Swydd Gaerlŷr 1967–89; darlithydd, Addysg, Prifysgol Caerlŷr 1989–98. Dychwelodd i Gymru 2001. Comisiynau'n cynnwys Parc Cerfluniaeth Swydd Efrog 1990au; Eglwys Sant Oswallt, Durham 1994; Eisteddfod Genedlaethol Cymru, Eryri 2005. Aelod o Letter Exchange, Cymdeithas Gelfyddydau, Caligraffeg a Llythrennu. Arddangosfeydd ar y cyd yn cynnwys *The Woodcarver's Craft*, Oriel y Cyngor Crefftau (OCC), Llundain 1994; *David Jones, Painter Poet*, Wolsey Fine Arts, Llundain 1999; Amgueddfa ac Oriel Gelf Gwynedd, Bangor 2002–07; *Ysbryd Llŷn*, Oriel Plas Glyn-y-Weddw, Llanbedrog 2004, 2005. Arddangosfeydd undyn *Language Visible*, Oriel Goldmark, Uppingham 2001; *Llais yn eich Llygad*, Y Tabernacl, Machynlleth 2006; Canolfan y Plase, Y Bala 2007. Erthyglau niferus ar gyfer cylchgronau llythrennu. Gwaith wedi'i gynnwys yn *Y Sioe Gelf* (Gwanwyn 2005). Casgliadau'n cynnwys Eglwys y Plwyf, Bosham, Lloegr; OCC. 'David Jones… Klee, Nicholson Pasmore.' Yn byw ym Mangor, gogledd Cymru.
*Yr artist*

### Stephen WEST 1952–
**Enw gwaith Stephen Alexander West, cerflunydd, peintiwr. Ganed yn Reading, Lloegr.**

Astudiodd yn y Coleg Ymerodrol, Llundain (Peirianneg) 1970–71; Coleg Celf a Dylunio Berkshire, Reading 1974–75; Ysgol Gelf St Martin, Llundain 1975–78, gyda John Hoyland (gradd yn y dosbarth cyntaf); Y Coleg Celf Brenhinol 1979–82, gyda Graham Crowley, Ken Kiff (MA Paentio). Cyrhaeddodd Gymru ym 1984. Athro Celf (rhan-amser/llawnamser), Coleg Davies, Llundain 1977–84, 1990; swyddog (rhan-amser), Oriel Davies, Canolfan y Celfyddydau Aberystwyth (CCA) 1992–96; Swyddog Celfyddydau Gweledol, Canolfan Gelfyddydau Wrecsam 1996–99; Pennaeth Preswyliadau/Cyd-gyfarwyddwr, Cywaith Cymru (CC) 1999–2007; Cyfarwyddwr, Datblygu Creadigol, Celf Gyfoes Cymru 2007. Artist preswyl, Ysgol High Ercall, Wellington 1992. Gwobrau'n cynnwys Cyngor Celfyddydau Cymru 1985, 1992; Ymddiriedolaeth Goffa Oppenheim-John Downes 1987. Aelod o Grŵp 56 Cymru 1994–2004. Arddangosfeydd ar y cyd yn cynnwys *British Drawing, Arddangosfa Flynyddol Haywood*, Oriel Hayward, Llundain 1982; *Eisteddfod Genedlaethol Cymru 1993–2003*; *Arddangosfa Agored Cymru, CCA 1988–92; Gwobr Arlunio Jerwood* 2003 (teithiol); *Y Fari Lwyd*, Y Tabernacl, Machynlleth 2004; *10x10x10*, Cole a'i Gwmni, Caerdydd 2007. Arddangosfa ddeuddyn, Canolfan y Plase, Y Bala (gydag Iwan Bala) 2006. Arddangosfeydd undyn yn cynnwys Oriel 31, Y Trallwng 1990; *The Door in the Hill*, Canolfan Grefft Rhuthun 1994; *Head Tales*, Oriel y Bont, Prifysgol Morgannwg, Pontypridd 1996; *The Stone Guest*, Canolfan Ucheldre, Caergybi 1997 (teithiol). Cyhoeddiadau'n cynnwys cyfraniadau i *Groundbreaking: The Artist in the Changing Landscape*, golygydd Iwan Bala (CC/Seren Books 2005), *And So It Goes*, Cymru yn Fenis (Cyngor Celfyddydau Cymru 2007). Wedi'i gynnwys yn *Artscribe* (Adrian Searle, Rhif 6, 1997), *Arts Review* (Tachwedd 1990). Casgliadau'n cynnwys Bwrdeistref Llundain Tower Hamlets; Cymdeithas Celf Gyfoes Cymru. '…bywyd yr artist, digwyddiadau cyfoes; …mytholegol a hanesyddol…lleoedd pensaernïol….' Yn byw yn Llangadfan, canolbarth Cymru.
*Yr artist*

### Cynth WEYMAN 1949–
**Enw gwaith Cynthia Margaret Thomas, artist tecstiliau. Ganed yn Henffordd, Lloegr.**

Ei thad yn Gymro. Cyrhaeddodd Gymru ym 1950. Astudiodd yn Ysgol Gelf Llanelli 1967, gyda Tom Nash; Coleg Addysg Caerllion 1968–71; Y Brifysgol Agored. Athrawes, Ysgol Gyfun Cwmtawe, Pontardawe 1972–79; Cyfarwyddwr Artistig, Artlink, Celfyddydau Cymunedol Gorllewin Swydd Efrog 1983–97. Dychwelodd i Gymru 1999. Arobryn, Y Gymdeithas Gwiltio, Llanidloes 2006. Aelod o Grŵp Celf y Menywod Hidden Strengths, Leeds; Cywaith Trefdraeth, Sir Benfro; Cymdeithas Gelfyddydau Abergwaun. Arddangosfeydd ar y cyd yn cynnwys Llyfrgell Caerfyrddin 1979; Theatr Mwldan, Aberteifi (ThM) 2005; *Lines and Strata*, ThM 2006; *Hidden Strengths*, Oriel Gelf Dinas Leeds 1981–96 (teithiol). Arddangosfa ddeuddyn gyda Robert Atkins, Canolfan Gymunedol Pontardawe 1979. Arddangosfa un-ddynes yn cynnwys Prifysgol Leeds (PL) 1995; Gerddi Aberglasne, Sir Gaerfyrddin 2006, 2007. Casgliadau'n cynnwys PL. '…morluniau, creigiau, erydu, delweddau botanegol a ffigurau…' Yn byw yn Ninas, gorllewin Cymru.
*Yr artist*

### Miranda WHALL 1969–
**Artist fideo a gwaith seiliedig ar amser. Ganed yng Nghaerdydd, de Cymru.**

Astudiodd yng Ngholeg Polytechnig Coventry 1988–89, gyda Pat Shenstone; Athrofa Prifysgol Cymru, Caerdydd 1989–92, gyda David Shepherd, Anthony Howell, Mona Hatoum; Rhaglen Gyfnewid i Israddedigion, Ysgol Gelf Emily Carr, Vancouver 1991; Ysgolion yr Academi Frenhinol, Llundain 1993–96 (gyda Terry New, Helen Chadwick ac eraill); Coleg y Gofaint Aur, Prifysgol Llundain 2000–01

(Ysgoloriaeth Ymchwil Cyswllt). Artist preswyl, Parc Gwledig Margam, Port Talbot 1992; Oriel Stills, Caeredin 2003–04; Cyngor Celfyddydau Gogledd Ddwyrain Lloegr (CCGDdLl) 2005. Cymrawd Cymynrodd Weathley, Prifysgol Canolbarth Lloegr, Birmingham 1998. Gwobrau'n cynnwys y Cyngor Prydeinig 1997, 2004; Cronfa Ddatblygu Celfyddydau Llundain 2003; CCGDdLl 2004. Dychwelodd i Gymru 2006; Darlithydd, Celf Gain, Prifysgol Aberystwyth. Arddangosfeydd ar y cyd yn cynnwys *Gwobr Arlunio Jerwood*, Llundain 2004 (teithiol); *Inside Out*, Oriel Stills, Caeredin 2004; *You Shall Know Your Velocity*, Canolfan Celf Gyfoes y Baltic, Gateshead 2006; *Right – On Write – Off*, Celfyddydau Cain Chapman, Llundain 2006; *Loners Island, Mermaid and Monster*, g39, Caerdydd 2007. Arddangosfeydd dwy-ddynes yn cynnwys *Hulagirl*, Oriel Waygood, Newcastle upon Tyne (OWN) (gyda Lynne Marsh) 2004. Arddangosfeydd un-ddynes yn cynnwys *Cut*, Oriel Central Point, Llundain 1998; *Where the Monkey Sleeps*, Oriel Vane, Newcastle upon Tyne 2006; *Tirly-Whirly*, Glasgow International 06, Offsite Space, Glasgow 2006. Wedi'i chynnwys yn *Stills Artists in Residence*, Iliyana Nedkova (2003); *Hulagirl*, Janice Cheddie (OWN, Northumbria University Press 2004); *criSIS, Commissions and Residencies at ISIS*, golygydd Adinda V'ant Klooster (2007). Arlunio, paentiadau, animeiddio, gludwaith digidol. Yn byw yn Aberystwyth, canolbarth Cymru.
*Yr artist*

### Ann WHALLEY 1933–
**Enw gwaith Ann Penelope Whalley, ceramegydd a pheintwraig. Ganed yn Llundain, Lloegr.**
Astudiodd yng Ngholeg Celf Leeds 1950–54; Coleg Celf Birmingham 1954–55. Athrawes, Swydd Efrog 1955–60. Cyrhaeddodd Gymru ym 1961. Sefydlodd Grochendy Hwlffordd â'i gŵr, Theo Whalley 1962 (caewyd 1978). Dechreuodd baentio ym 1980. Tiwtor a threfnydd, teithiau paentio ar draws y byd. Aelod o Gymdeithas Ddyfrlliwiau Cymru; Cymdeithas yr Artistiaid Benywaidd. Arddangosfeydd niferus ar y cyd gan gynnwys Neuadd Dewi Sant, Caerdydd 2000–2002, 2005; *A Journey to Provence*, Oriel Albany, Caerdydd (OA) 1993; OA 1968–2004. Arddangosfeydd un-ddynes yn cynnwys Oriel, Henley-on-Thames 1990, 1993; *Earth, Sea and Sky*, Coleg Celf a Thechnoleg Sir Gaerfyrddin 1987. Cyhoeddiadau'n cynnwys *Painting Water in Watercolour* (Batsford 1984); erthyglau, *Leisure Painter; Artists and Illustrators*. Casgliadau'n cynnwys Cyngor Sir Penfro. 'Tir– a morluniau yn Sir Benfro … awyrgylch a golau.' Yn byw yn Hwlffordd, gorllewin Cymru.
*Yr artist*

### Theo WHALLEY 1930–
**Enw gwaith Theodore John Maton Whalley, peintiwr a cheramegydd. Ganed yn Wallasey, Lloegr.**
Astudiodd yn Ysgol Gelf Wallasey a Choleg Celf Birmingham 1952–56. Athro 1956–60. Cyrhaeddodd Gymru ym 1961. Sefydlodd Grochendy Hwlffordd â'i wraig, Ann Whalley 1962 (caewyd 1978). Rheolwr/dylunydd, Crochendy Lacharn o 1981. Dychwelodd at baentio 1980. Tiwtor a threfnydd teithiau paentio ar draws y byd o 1982. Arddangosfeydd niferus ar y cyd yng Nghymru a mannau eraill. Cyhoeddiadau'n cynnwys erthyglau yn *Leisure Painter; Artists and Illustrators*. '…tirwedd Sir Benfro.' Yn byw yn Hwlffordd, gorllewin Cymru.
*Yr artist*

### William E WHEELER 1936–
**Enw gwaith William Edward Wheeler, peintiwr. Ganed Sutton, Lloegr.**

Ei rieni'n Gymry. Cyrhaeddodd Gymru ym 1939. Astudiodd yng Ngholeg Celf Caerdydd 1969–73, gyda Jack Birch. Bu'n gweithio yn Swyddfa'r Pensaer, Cyngor Bwrdeistref Cwm Cynon; tiwtor cymunedol, Paentio Dyfrlliwiau, Prifysgol Morgannwg; trefnydd, gwyliau paentio yng Nghymru, Lloegr, Yr Iseldiroedd o 1990. Comisiynau, Cyngor Bwrdeistref Taf Elaí 1986; Cwmni Pensiliau Derwent 2003. Aelod o Gymdeithas Gelf De Cymru. Arddangosfeydd ar y cyd yn cynnwys *Pictures for Schools*, Amgueddfa Cymru 1989; *Arddangosfa'r Nadolig*, Neuadd Dewi Sant, Caerdydd (NDS) 2002, 2003, 2004; *Artist y Flwyddyn Cymru*, NDS 2003, 2006. Arddangosfa ddeuddyn, Parc Treftadaeth y Rhondda (gydag Elwyn Thomas) 1991; Pembroke Lodge, Llundain 2003. Cyhoeddiad, *Painting Skies and Landscapes* (A & C Black, Llundain 2005); erthyglau yn *Artists and Illustrators* (1996), *Leisure Painter* (Mai 1998). Gwaith wedi'i gynnwys ar raglen gelfyddydau *Primetime*, HTV. 'Tirluniau, lluniau o eira, lluniau o afonydd, morluniau.' Yn byw ym Mhontypridd, de Cymru.
*Yr artist*

### Jon WHITAKER 1943–
**Enw gwaith Jonathan S Whitaker, peintiwr. Ganed yn Llundain, Lloegr.**

Astudiodd yng Ngholeg Celf St Albans 1959–61, gyda George Fullard, Norman Adams, Euan Uglow. Pennaeth yr Adran Gelf, Ysgol Birklands, St Albans 1961–67; darlithydd, Polytechnig Manceinion 1967–74, Ysgol Gelf Norwich (YGN) 1983–86. Cymrodoriaeth Brinkley, YGN 1983. Daeth i Gymru ym 1990. Arddangosfeydd ar y cyd yn cynnwys *The Subjective Eye*, Oriel Moira Kelly, Llundain 1982 (teithiol); *Arddangosfa Agored Cymru*, Canolfan y Celfyddydau Aberystwyth 1990 (y wobr gyntaf); Gweithdy Celfyddydau Abertawe 1991; Canolfan Gelfyddydau Neuadd Llanofer, Caerdydd (CGNLl) 1995; Oriel Canfas, Caerdydd 2003, 2006. Arddangosfa ddeuddyn gyda Kevin Sinnott, Oriel St Paul, Leeds 1981. Arddangosfeydd undyn yn cynnwys Oriel y Groes, Pontardawe 1992; CGNLl 1993, 2004; Canolfan Gelfyddydau Sain Dunwyd 1994; Oriel y Bont, Prifysgol Morgannwg, Pontypridd 1995. Clawr i *British Poetry since 1945* (Penguin Books 1985). Adolygwyd gwaith yn y *Guardian* 1974, 1979, 1981, 1982; *Artscribe* (rhifyn 29, Mehefin 1981); *Art and Artists* (Edward Lucie-Smith, rhif 181, Hydref 1981). Casgliadau'n cynnwys Cyngor Celfyddydau Lloegr. '…mythau trawsamserol o hanes modern.' Yn byw yn Llansanffraid-ar-Elái, de Cymru.
*Yr artist*

### Charles WHITE 1928–1997
**Peintiwr, gwneuthurydd printiau. Ganed yn Surrey, Lloegr.**

Ei fam yn Gymraes. Astudiodd yn Ysgol Gelf Sutton a Cheam; Coleg Celf a Dylunio Casnewydd (CCD-Cas); Ysgol Gelf Kingston-upon-Thames; Ysgol Celf Gain Slade, Llundain. Bu'n byw yng Nghymru 1950–75. Darlithydd, CCDCas; Coleg Celf Abertawe; Coleg Addysg Bellach Margam. Bu'n gweithio mewn therapi celf, de Cymru; tiwtor, Cymdeithas Addysg y Gweithwyr; darlithydd, Yr Adran Efrydiau Allanol, Coleg Prifysgol Cymru, Caerdydd. Pennaeth Celf, Coleg Iwerydd, Sain Dunwyd (CI) 1961–72. Artist (llawnamser), Llanilltud Fawr, o 1972; Malmesbury, o 1975; Wonsheim, o 1980. Cymrawd o'r Gymdeithas Gelfyddydau Frenhinol; Cymrawd, Y Peintwyr a Cherflunwyr Rhyddion. Aelod sefydlu o'r Young Contemporaries; aelod, Cymdeithas yr Artistiaid Graffeg; Grŵp De Cymru. Arddangosfeydd cenedlaethol/rhyngwladol niferus ar y cyd gan gynnwys Eisteddfod Genedlaethol Cymru 1951, 1956, 1962–65; *The Festival Exhibition of Contemporary Welsh Painting*, Oriel Howard Roberts, Caerdydd 1958; *Welsh Painting and Sculpture, 10th Annual Exhibition*, Pwyllgor Cymreig Cyngor Celfyddydau Prydain Fawr 1963 (teithiol); *Cofnodi Cymru 2 – Capeli*, Cyngor Celfyddydau Cymru (CCC) 1969 (teithiol); Ffederasiwn Artistiaid Prydain, Llundain 1969. Arddangosfeydd deuddyn yn cynnwys CI (gyda Will Roberts) 1965; Oriel Gelf Rye (gyda Mary White) 1973; Celfyddydau Cain Manor House, Caerdydd (gyda John Goddard) 1995. Arddangosfeydd undyn yn cynnwys Oriel Dillwyn, Abertawe 1963; Oriel Arlington, Caerdydd 1965; Oriel Thackeray, Llundain 1976. Cyhoeddiadau'n cynnwys darluniau, *Y Stafell Ddirgel, Y Rhandir Mwyn*, Marion Eames (Christopher Davies 1969, 1972). Wedi'i gynnwys yn y *Western Mail* (Graham Samuel, 25 Awst 1969); *Anglo-Welsh Review* (Colin Murry, cyf. 21, rhif 47, Haf 1972). Casgliadau'n cynnwys Amgueddfa ac Oriel Gelf Casnewydd; Cymdeithas Celf Gyfoes Cymru; Ei Mawrhydi'r Frenhines; Llyfrgell Genedlaethol Cymru, Aberystwyth. Prynwyd gwaith gan CCC. Roedd yn byw yn Wonsheim, Yr Almaen.

### Tony WHITE 1948–
**Enw gwaith Anthony John White, ceramegydd. Ganed yn Hinckley, Lloegr.**

Astudiodd ran-amser yng Ngholeg Addysg Bellach Hinckley 1976–81. Bu'n gweithio mewn ffatri beirianneg, Hinckley 1963–79; technegydd, Ysgol Mount Grace, Hinckley 1979–81; technegydd, celf/cerameg, Coleg Addysg Bellach Hinckley 1981–83. Cyrhaeddodd Gymru ym 1983. Technegydd, celf/cerameg, Coleg Prifysgol Cymru, Aberystwyth 1986–90. Aelod o Gymdeithas y Crochenwyr Crefft; Gwneuthurwr Crefft Ceredigion 2001–2003. Arddangosfeydd ar y cyd yn cynnwys *Ceramics and Weaving from West Wales*, Oriel Myrddin, Caerfyrddin 1992 (teithiol); *Presenting*, Canolfan Grefft Rhuthun 1993; Oriel Mission, Abertawe 1994; *The Cat Scratched Little Johnny*, Canolfan y Celfyddydau, Aberystwyth (CCA) 1999 (teithiol); *Christmas Crackers*, Oriel y Mileniwm, Sheffield 2006, 2007; *Nature in Art*, Tigworth Hall, Stroud 2007. Arddangosfa undyn, *Y Gyfres Gerameg*, CCA 1999. Gwaith wedi'i gynnwys yn *Potter's Guide to Ceramic Surfaces*, Jo Connell (Apple Press 2002); *Raku*, John Mathieson (A&C Black, Llundain 2002). Casgliadau'n cynnwys Prifysgol Aberystwyth. '...ffurfiau allwthiedig/ dysglau. Y dylanwad cyntaf ar ei addurno oedd Joan Miró.' Yn byw yng Nghwmystwyth, gorllewin Cymru. *Yr artist*

### Angharad WHITFIELD 1980–
**Artist gwydr lliw. Ganed yn Aberhonddu, canolbarth Cymru.**

Astudiodd ym Mhrifysgol Cymru, Aberystwyth 1999–2002 (gradd yn y dosbarth cyntaf, Saesneg ac Astudiaethau Ffilm); Canolfan Wydr Ryngwladol, Brierley Hill 2003–05; prentisiaethau yn rhai o brif stiwdios y DU a thramor 2005–06. Comisiynau'n cynnwys ffenest goffa, Ysgol Uwchradd Aberhonddu 2007; panel coffa, Ysbyty'r Tywysog Siarl, Merthyr Tudful 2007. Gwobr Goffa Frederick Stewart, Anrhydeddus Gwmni'r Gwerthwyr Gwydr, Llundain 2004; Gwobr Ashton Hill, Anrhydeddus Gwmni'r Gwydrwyr a Pheintwyr Gwydr (AGGPhG) 2005; Gwobr am Ragoriaeth, AGGPhG 2005. Aelod o Gymdeithas y Pen-beintwyr Gwydr 2006. Arddangosfeydd ar y cyd yn cynnwys *First Gather*, Himley Hall, Gorllewin Canolbarth Lloegr (HHGCLl) 2004; *Second Gather*, HHGCLl 2005; Oriel a Gweithfeydd Gwydr, Aberhonddu 2005; *Celf Agored Powys*, Canolfan Gelfyddydau Minerva, Llanidloes 2005; *Breaking the Silence*, Oriel Gelf Gyfoes Silent Voices, Y Gelli 2007. 'Bydd fy ngwaith dylunio'n cael ei ysbrydoli gan waith ysgrifenedig a pherfformio sydd wedi effeithio arnaf.' Yn byw yn Llanfyrnach, canolbarth Cymru. *Yr artist*

### Steve WHITEHEAD 1960–
**Enw gwaith Steven Whitehead, peintiwr. Ganed yn Coventry, Lloegr.**

Astudiodd yng Ngholeg Celf Gogledd Swydd Warwick; Coleg Prifysgol Cymru, Aberystwyth (CPCA) 1978–81, 1982–84 (MA), gyda David Tinker; Sefydliad Celf Courtauld 1985–86 (Cadwraeth Murluniau). Cynorthwy-ydd stiwdio, CPCA 1982–84. Darlithydd, gan ddod yn Bennaeth Paentio MA, Prifysgol Hull, Scarborough. Preswyliadau'n cynnwys Amgueddfa Ceredigion, Aberystwyth 1984. Aelod o'r

Grŵp Cymreig. Arddangosfeydd niferus ar y cyd gan gynnwys *Four into 85*, Canolfan y Celfyddydau Aberystwyth (CCA) 1985; *Arddangosfa Agored Canolbarth Cymru*, CCA 1985, 1988 (y wobr gyntaf, y ddau dro); Canolfan Gelfyddydau Taliesin, Abertawe 1986; Y Gymdeithas Bortreadau Frenhinol, Orielau'r Mall, Llundain 1993, 2002; Oriel Third Wave, Caerdydd 1993; Academi Celfyddydau Cain Manceinion 2002 (arobryn); *Singer and Friedlander/Sunday Times Watercolour Competition* 2004–05; Y Pafiliwn Rhyngwladol Brenhinol, Llangollen 2007. Arddangosfeydd ar y cyd yn cynnwys CCA 1990; Celf Gain Panter a Hall, Llundain 2001, 2003, 2005, 2006. Wedi'i gynnwys yn *Art Review* (27 Gorffennaf 1990); *The Artist* (Ionawr 1995); *The Spectator* (Medi 1999); *a-n Magazine* (Tachwedd 2001); *The Portman Magazine* (Gwanwyn 2003). Casgliadau'n cynnwys Cymdeithas Celf Gyfoes Cymru; Prifysgol Aberystwyth. Peintiwr realaidd. Yn byw yn Scarborough, Lloegr.
*Yr artist*

### William WILKINS 1938–
**Enw gwaith William Powell Wilkins CBE DL Er Anrhydedd FRIBA, peintiwr. Ganed yn Kersey, Lloegr.**

Ei fam yn Gymraes. Cyrhaeddodd Gymru ym 1940. Astudiodd yng Ngholeg Celf Abertawe 1955–57; Y Coleg Celf Brenhinol, Llundain 1957–60. Sefydlydd, Ymddiriedolaeth Gerddi Hanesyddol Cymru 1989; Partneriaeth Hafod; Cyfarwyddwr Prosiect sefydlu, Gardd Fotaneg Genedlaethol Cymru;

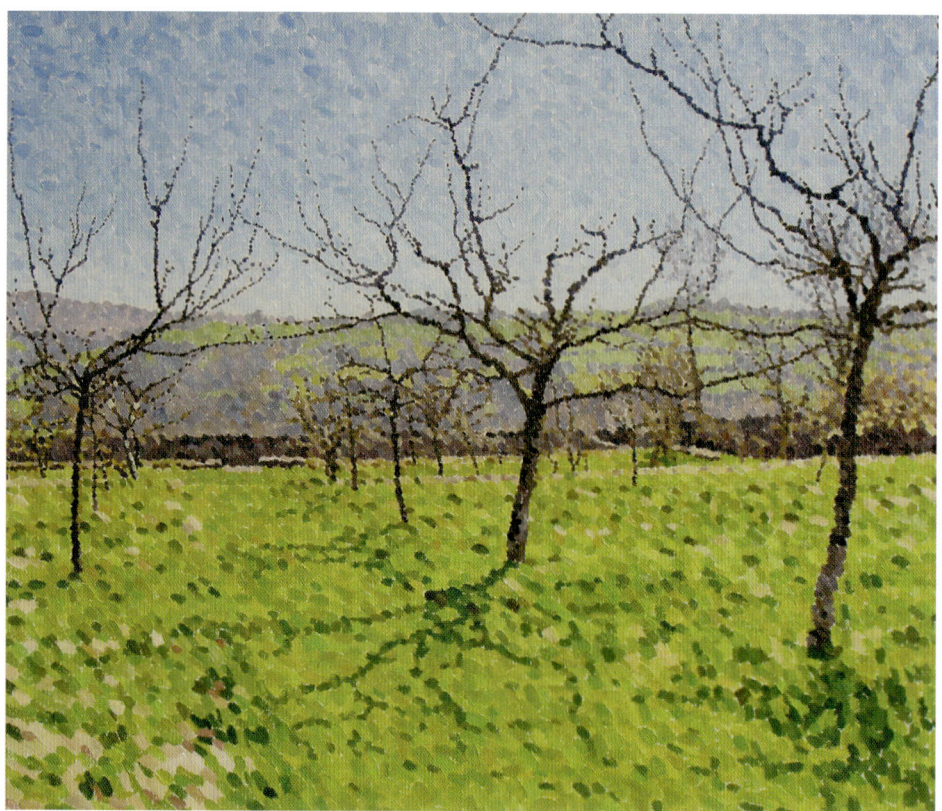

292 | William Wilkins
*The Orchard, Spring Morning* 2007

cyfarwyddwr, adfer Gerddi Aberglasne; Cadeirydd, Gwobr Artes Mundi. Gwobrau'n cynnwys Cyngor Celfyddydau Cymru (CCC) 1971; Cyngor Celfyddydau Cymru (CCC) 1978; Sefydliad Ingram Merrill 1980; Gwobr Bwrdd Croeso Cymru 2000. Aelod o Grŵp 56 Cymru (G56C); Yr Academi Frenhinol Gymreig. Arddangosfeydd grŵp yn cynnwys Oriel Covent Garden, Llundain 1973; *The Probity of Art*, CCC 1976 (teithiol); *Painting in Wales 1850–1980*, Oriel Andrew Knight, Caerdydd 1985; *Intimate and Intense*, Oriel Gruenebaum, Efrog Newydd 1987; Oriel Martin Tinney, Caerdydd (OMT) 1996, 2002, 2004. Arddangosfeydd undyn niferus gan gynnwys Canolfan y Celfyddydau Aberystwyth 1970; CCC 1972; Oriel Robert Schoelkopf, Efrog Newydd 1977, 1979, 1981; Oriel Gelf Glynn Vivian, Abertawe 1989; Oriel Piccadilly, Llundain 1991; Oriel Maxwell Davidson, Efrog Newydd 1994; OMT 2000, 2004. Gwaith wedi'i gynnwys yn *New York Times* (Hilton Kramer, Hydref 1977); *The Times* (John Russell Taylor, Mai 1983); *Painting in Wales 1850–1980*, Eric Rowan (Gwasg Prifysgol Cymru 1985); *The Self Portrait: a Modern View*, Sean Kelly/Edward Lucie-Smith (Sarema Press 1987); *Post Modernism*, Charles Jenks (Argraffiad yr Academi 1988). Casgliadau'n cynnwys Amgueddfa a Gardd Gerfluniaeth Hirschhorn, Washington DC; Amgueddfa Cymru; Cymdeithas Celf Gyfoes Cymru; Prifysgol Abertawe; Prifysgol Aberystwyth. Prynwyd gwaith gan CCC. Yn byw yn Llandeilo, gorllewin Cymru.
*Yr artist*

### Ray WILKINSON 1943–

**Enw gwaith Raymond Thomas Wilkinson, peintiwr. Ganed yn Whalley, Lloegr.**

Astudiodd yng Ngholeg Harris, Preston 1961–65. Bu'n gweithio dramor 1966–97. Cyrhaeddodd Gymru ym 1997. Comisiynau'n cynnwys Gwasanaeth Ategol y Fflyd Frenhinol 1990; Llywodraethwr Ynysoedd y Falklands 1991. Arddangosfeydd ar y cyd yn cynnwys Oriel Myrddin, Caerfyrddin 1998; *Biennale Arlunio Cymru*, Wrecsam 1999–2003 (teithiol); Neuadd Dewi Sant, Caerdydd 1999–2005; Y Tabernacl, Machynlleth (TM) 1999–2006; Oriel Plas Glyn-y-Weddw, Llanbedrog 2000–07; Oriel 31, Y Drenewydd, Powys 1999; Oriel Albany, Caerdydd 2001–06; Yr Academi Frenhinol Gymreig, Conwy 2005. Gwaith yng nghasgliad TM. '…golau, tywod, môr, awyr a thywydd Cymru.' Yn byw yn Hwlffordd, gorllewin Cymru.
*Yr artist*

### Margaret LINDSAY WILLIAMS 1888–1960

**Peintwraig. Ganed yng Nghaerdydd, de Cymru.**

Astudiodd yng Ngholeg Technegol Caerdydd 1902–04 (Y Fedal Aur am Gelf 1904); Ysgol Baentio Pelham Street, Llundain, gydag Arthur S Cope, George Clausen, J Watson Nicholl 1905; Ysgolion yr Academi Frenhinol (AF), Llundain (gan gynnwys Pensaernïaeth) 1906–12 (Medal Aur AF, Ysgoloriaeth Deithio 1911; pedair Medal Arian; gwobrau eraill, gan gynnwys Gwobr Creswick am Dirlun 1908, 1910, 1911); yn yr Eidal, yr Iseldiroedd 1912–13. Gyrfa gynnar, tirluniau a phaentiadau testun; comisiynau'n cynnwys *The Right Hon David Lloyd George, Prime Minister, Unveiling the National Statuary at Cardiff* 1919; *The Welsh National War Service in Westminster Abbey* 1924; *The Re-Opening of St Paul's Cathedral* 1930. Comisiynau portreadaeth eraill yn cynnwys aelodau o'r Teulu Brenhinol; Yr Arlywydd Warren G Harding; Henry Ford; dynion a merched enwog o Gymru. Aelod o'r Academi Frenhinol Gymreig; Cymdeithas Gelf De Cymru; Cymdeithas Anrhydeddus y Cymmrodorion; Gorsedd y Beirdd. Arddangosfeydd ar y cyd yn cynnwys AF, Llundain, o 1910; Eisteddfod Genedlaethol Cymru (EGC); *Works by Certain Modern Artists of Welsh Birth or Extraction*, Amgueddfa Cymru (AC) 1913; *Hanes Celf a Chrefft yn yr Eisteddfod*, EGC, Aberystwyth 1992. Arddangosfa un-ddynes, New Galleries, Heol y Frenhines, Caerdydd 1914. Wedi'i chynnwys yn *Wedded to her Art: Margaret Lindsay Williams 1888–1960*, Angela Gaffney (Canolfan Uwchefrydiau Cymreig a Cheltaidd Prifysgol Cymru, Aberystwyth

1999). Casgliadau'n cynnwys AC; Amgueddfa ac Oriel Gelf Casnewydd; Cyngor Sirol Caerdydd; Llyfrgell Genedlaethol Cymru, Aberystwyth; Oriel Gelf Dinas Leeds; Prifysgol Aberystwyth. Ei dyfrlliwiau'n cynnwys themâu Cymreig. Roedd yn byw yn y Barri, de Cymru, ac yn Llundain, Lloegr.

## AA WILLIAMS 1947–
**Enw gwaith Alan Anthony Williams, peintiwr, dylunydd, darlunydd. Ganed ym Margoed, de Cymru.**

Astudiodd yng Ngholeg Celf Casnewydd 1971–75, gyda Peter Nicholas, Ernest Zobole, Jack Crabtree, Terry Ilott. Clerc, Bwrdd Glo Cenedlaethol 1964–70; Y Swyddfa Gymreig, Caerdydd 1970–71. Dylunydd/ Darlunydd, Cyngor Sir Morgannwg Ganol 1986–90. Comisiynau niferus gan gynnwys y Cyngor Llyfrau Cymraeg, o 1978; Y Comisiwn Coedwigaeth 1993; Groundwork Islwyn 1996. Arddangosfeydd ar y cyd yn cynnwys Amgueddfa ac Oriel Gelf Casnewydd 1975; Oriel Albany, Caerdydd 1988; Oriel y Coach House, Caerffili 1988. '…tirwedd Cymru …' Yn byw ym Margoed.
*Yr artist*

## Alan WILLIAMS 1951–
**Gwneuthurydd printiau. Ganed yn Abertawe, de Cymru.**

Astudiodd yn Athrofa Addysg Uwch Abertawe (AAUA) 1993–97, gydag Adrienne Howes. Darlithydd rhan-amser, gwneud printiau, AAUA 1997–2005; cydsefydlydd a Chyfarwyddwr Gweithdy Argraffu Abertawe (GAA) o 1998; tiwtor, Adran Addysg Barhaus, Prifysgol Abertawe o 2001. Prosiect cymunedol *Josef Albers*, Oriel Myrddin, Caerfyrddin 2006; Gŵyl Diwylliant Mwslemaidd, GAA 2006. Arddangosfeydd ar y cyd yn cynnwys *Aspects of Wales*, Canolfan Gelfyddydau Pontardawe 1998; Canolfan Gelfyddydau Taliesin, Abertawe 2002; *Hot off the Press*, Oriel yr Atig, Abertawe 2003; *Especially when the October Wind*, Canolfan Dylan Thomas, Abertawe 2003 (teithiol). Arddangosfa undyn, Oriel Ffordd y Brenin, Caerfyrddin 2004. Casgliadau'n cynnwys yr Amgueddfa Brydeinig, Llundain; Llyfrgell Genedlaethol Cymru, Aberystwyth. 'Torion coed a cholograff … Dyffryn Tywi a'i holl harddwch, India a'r Dwyrain Pell …Jim Dine, Vivienne Williams.' Yn byw yn Nryslwyn, gorllewin Cymru.
*Yr artist*

## Alex WILLIAMS 1942–
**Peintiwr a gwneuthurydd printiau. Ganed yn Reading, Lloegr.**

Astudiodd yn Ysgol Gelf St Martin's, Llundain 1961–65, gyda Peter Blake; Coleg Prifysgol Abertawe 1965–66 (TAR). Athro, ysgol uwchradd 1967–72. Bu'n byw yng Nghymru 1976–92. Comisiynau'n cynnwys yr Ymddiriedolaeth Genedlaethol 1989. Arddangosfeydd ar y cyd yn cynnwys Oriel Jay Davidson, Los Angeles, UDA 1980; *Arddangosfa Agored Canolbarth Cymru*, Canolfan y Celfyddydau Aberystwyth 1982; Arddangosfa'r Nadolig, Oriel, Cyngor Celfyddydau Cymru, Caerdydd 1982; Eisteddfod Genedlaethol Cymru Abertawe 1982; Y Grŵp Cymreig 1983 (teithiol); *Sheep*, Amgueddfa ac Oriel Gelf Brycheiniog, Aberhonddu 2003. Arddangosfeydd undyn yn cynnwys Oriel Gelf Dinas Henffordd (OGDH) 1983; Oriel Henry Brett, Stow-on-the-Wold 1984–86; Canolfan Gelfyddydau Glan Gwy, Llanfair-ym-Muallt 1984; *Wales and California*, Canolfan Gelfyddydau Abaty Nant Teyrnon, Cwmbrân 1994; Gŵyl y Gelli 1996, 1997. Darluniau, *Tales for a Prince* (Hodder & Stoughton (H&S) 1988); *The Bird Who Couldn't Fly*, Richard Buckley (H&S 1989). Gwaith teledu i'r BBC/Sianel 4 o 1999. Casgliadau'n cynnwys Llyfrgell Genedlaethol Cymru, Aberystwyth; Maes awyr rhyngwladol Los Angeles; OGDH. 'George Chapman …unigedd a rhywiogrwydd Cymru.' Yn byw yn Cheltenham, Lloegr.
*Yr artist*

## Ally WILLIAMS 1972–
**Artist sy'n defnyddio ffotograffiaeth, fideo, cerfluniaeth, paentio. Ganed yng Nghasnewydd, de Cymru.**

Astudiodd yng Ngholeg Gwent, Crosskeys 1996–98; Athrofa Prifysgol Cymru, Caerdydd 1998–2001; 2001–03 (MA Celf Gain). Aelod o The National Health, Caerdydd (grŵp o fyfyrwyr BA yn eu blwyddyn gyntaf, yn arddangos yn annibynnol ar UWIC) (1999); Grŵp Celfyddydau Umbrella (GCU) (2001–03); *Fourchette* (o 2002) (aelod sefydlu). Arddangosfeydd ar y cyd yn cynnwys Fourchette, tactileBOSCH, Caerdydd (tBOSCH) 2002–04, Oriel Canfas, Caerdydd 2005; Eisteddfod Genedlaethol Cymru, Casnewydd 2004 (Gwobr Ifor Davies); *Arddangosfa Agored Oriel Davies*, Y Drenewydd 2004; *In Absentia*, House, Caerdydd 2005; *Sense In Place: Convergence: Caerdydd 2005*, GCU, Tafarn yr Eli Jenkins/Yr Eglwys Norwyaidd, Caerdydd 2005. Wedi'i chynnwys yn 'The great Welsh art debate', Hannah Jones a Rhodri Clark (*Western Mail*, 3 Awst 2004); archifau tBOSCH. '…y cyfryngau, cymdeithas ac effaith yr amgylchedd ar y corff dynol…'. Yn byw yng Nghaerdydd, de Cymru.
*Yr artist*

## Archie WILLIAMS 1922–1993
**Peintiwr. Ganed yn Abertawe, de Cymru.**

Drafftsmon, Thompson a Manolopoulos (Peirianwyr Concrit Dur), Abertawe 1938–41. Gwasanaeth rhyfel, Lluoedd EM 1941–46. Astudiodd yn yr Academi Gelf, Fflorens (tri mis) 1946; Coleg Celf Abertawe (CCAbert) 1946–51. Darlithydd dros dro, CCAbert 1951; drafftsmon, Stiwdio Gwydr Lliw Whitefriars, Middlesex 1952–56; athro, Ysgol Ramadeg Tre-gŵyr 1956–64; darlithydd (rhan-amser), arlunio/paentio, CCAbert 1957– tua 1964; Pennaeth Celf a Chrefft, Ysgol Uwchradd Sirol Dinefwr, Abertawe 1964–69, Ysgol Gyfun yr Olchfa, Abertawe, o 1969. Ymweliadau mynych â'r Eidal. Comisiynau'n cynnwys Cyngor Dinas Abertawe 1973; Cyngor Celfyddydau Cymru (CCC) 1969. Aelod o Grŵp De Cymru/Y Grŵp Cymreig; Cymdeithas Gelf Abertawe. Arddangosfeydd ar y cyd yn cynnwys *Young Contemporaries*, Llundain 1950; Eisteddfod Genedlaethol Cymru 1951; *Pictures for Welsh Schools*, Cymdeithas er Addysg drwy Gelf/Amgueddfa Cymru 1957–64; *The 8th Exhibition of Contemporary Welsh Painting, Drawing and Sculpture*, Pwyllgor Cymreig Cyngor Celfyddydau Prydain Fawr 1961 (teithiol); Cymdeithas Artistiaid Proffesiynol, Caerdydd, Caerdydd 1961–62; Oriel Howard Roberts, Caerdydd 1961, 1965; Prifysgol Abertawe 1962; *Cofnodi Cymru 2: Capeli*, CCC 1969 (teithiol). Arddangosfeydd undyn yn cynnwys adolwg, Oriel Gelf Glynn Vivian, Abertawe (OGGV) 1996. Casgliadau'n cynnwys Cymdeithas Celf Gyfoes Cymru; Llyfrgell Genedlaethol Cymru, Aberystwyth; OGGV. Golygfeydd o fywyd Eidalaidd yn arbennig. Prynwyd gwaith gan CCC; Cymdeithas Gelfyddydau Gorllewin Cymru. Roedd yn byw yn Abertawe.

## Bedwyr WILLIAMS 1974–
**Artist perfformio, cerflunydd, ffotograffydd. Ganed yn Llanelwy, gogledd Cymru.**

Astudiodd yng Ngholeg Canolog Celfyddydau a Dylunio St Martin, Llundain 1994–97; Ateliers Arnhem, Yr Iseldiroedd 1998–99. Gwobr Paul Hamlyn i Artistiaid 2004; Gwobr Cymru Greadigol, Cyngor Celfyddydau Cymru (CCC) 2005. Artist preswyl, *Basta, Cymru yn Fenis*, CCC/Cywaith Cymru, Biennale Fenis 2005. Perfformiadau cenedlaethol/rhyngwladol yn cynnwys *The Florist, an evening of off the wall performances*, Oriel Hayward, Llundain 2007 (teithiol). Arddangosfeydd rhyngwladol niferus ar y cyd gan gynnwys *Young Wales II*, Yr Academi Frenhinol Gymreig, Conwy 2001; *Apropos of Nothing*, g39, Caerdydd 2003; *Romantic Detachment*, Celfyddydau Grizedale, Cumbria/PS 1, Efrog Newydd 2004 (teithiol, gan gynnwys Cymru); *Flourish: Contemporary Artists from Wales*, Oriel Moravian, Brno 2005; *Among the Living*, Sefydliad y Celfyddydau Cyfoes, Llundain 2007 (teithiol, gan gynnwys Cymru).

Arddangosfa ddeuddyn, *Seamus Harahan/Bedwyr Williams*, Oriel Collective, Caeredin 2006. Arddangosfeydd undyn yn cynnwys *Ymgyrch Ffurel*, Eisteddfod Genedlaethol Cymru, Tyddewi 2002 (teithiol); *Tyranny of the Meek*, Canolfan Gelfyddydau Chapter, Caerdydd 2004 (teithiol); *Bedwyr Williams*, Oriel Store, Llundain 2005; *Chydig Bach yn Too Much*, Oriel Mostyn, Llandudno 2006 (teithiol); *Lwmp o dda da*, Galeri Caernarfon 2006. Gwaith yng nghasgliad Amgueddfa Cymru, Caerdydd. 'Mae'n tynnu ar ei brofiadau ei hun, gan ddefnyddio hiwmor i ddatgelu ei niwrosis cymhleth a'i hynodweddau'n ogystal â'n rhai ni'. *(Gwefan Oriel Ceri Hand)* Yn byw yng Nghaernarfon, gogledd Cymru.

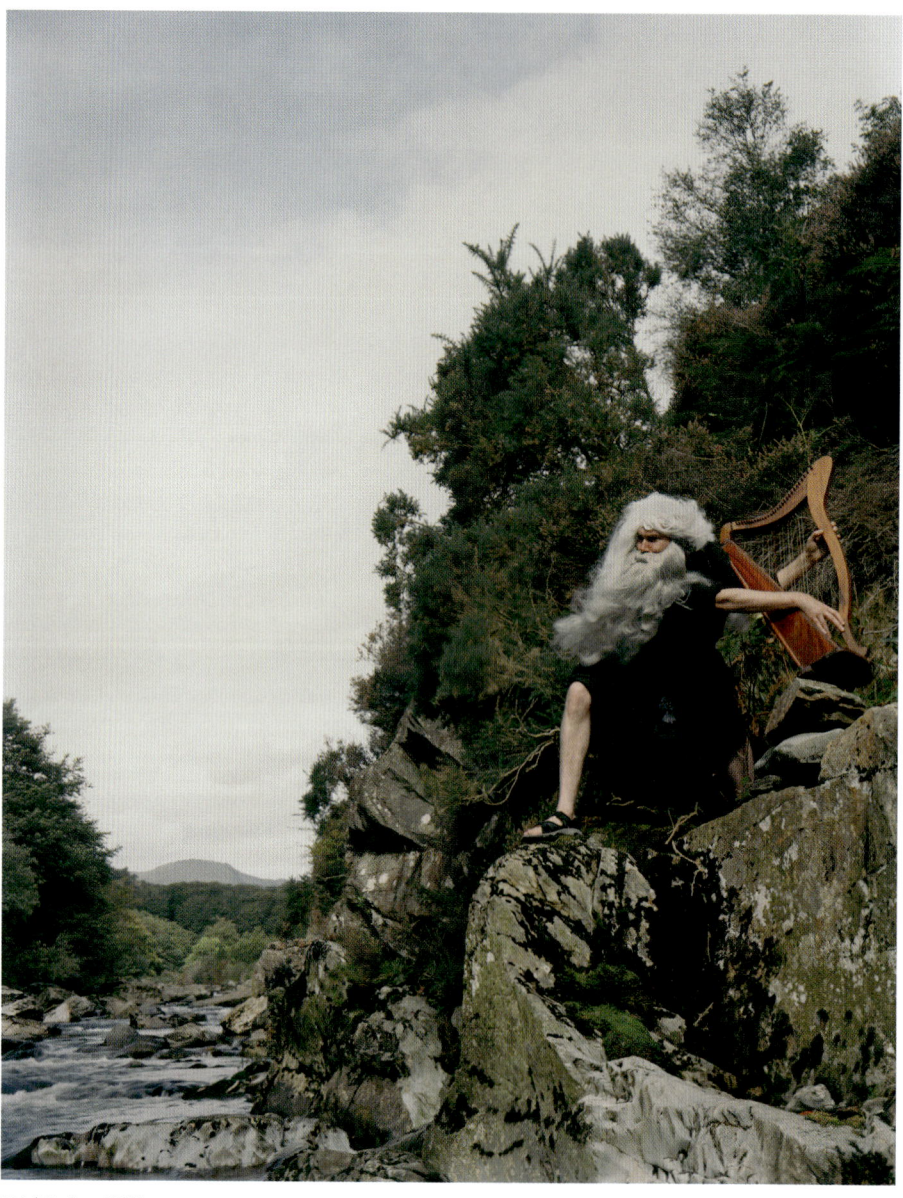

293 | Bedwyr Williams
*Bard Attitude* 2005

## Catrin WILLIAMS 1966–
**Peintwraig. Ganed yn Wrecsam, gogledd Cymru.**

Astudiodd yng Ngholeg Technegol Bangor 1985–86; Athrofa Addysg Uwch Caerdydd 1986–89. Athrawes, gogledd Cymru 1990–2000. Gweithdai, perfformiadau o 1990. Artist preswyl, Plas Newydd, Llangollen 2001. Arddangosfeydd niferus ar y cyd gan gynnwys Eisteddfod Genedlaethol Cymru 1991 (enillydd yr ail wobr) – 2005; *Rhai Artistiaid o Gymru*, Amgueddfa Cymru (AC) 1999 (teithiol); *Young Wales 5*, Yr Academi Frenhinol Gymreig (AFG) 2001 (clod uchel); *Farmers' Daughters*, Canolfan Grefft Rhuthun (CGRh) 2000 (teithiol); *Farming and the Landscape*, Sioe Frenhinol Cymru 2004 (teithiol); *The Painted Pot*, Amgueddfa ac Oriel Gelf Casnewydd (AOGC) 2006; *Prints of Wales*, Kansas City, UDA 2007. Arddangosfeydd un-ddynes niferus gan gynnwys Amgueddfa Lechi Cymru, Llanberis 1994; *Collecting Eggs*, CGRh 2000 (teithiol); Y Tabernacl, Machynlleth (TM) 1994, 1997, 1998; AC, Caerdydd 2002; AFG 2003; Oriel Mostyn 2005. Gwaith wedi'i gynnwys yn 'The First Spring – the Paintings of Catrin Williams', Shelagh Hourahane (*Planet* Rhif 109, Mawrth 1995); 'Pethau Brau – Fragile Things. The Art of Catrin Williams', Tamara Krikorian (*Certain Welsh Artists*, gol. Iwan Bala, Seren Books 1999); 'Catrin Llwyniolyn gartref gyda Marianne Nicolson', Siân Melangell Dafydd (*Tu Chwith – Wales/The World* Rhif 12, 1999); *Darllen Delweddau*, Iwan Bala (Gwasg Carreg Gwalch 2000). Rhaglenni teledu niferus, gan gynnwys *Portrait of Catrin Williams*, Ffilmiau'r Bont 2002. Casgliadau'n cynnwys AOGC; Cyngor Gwynedd; TM. '…profiad byw yng Nghymru … y cartref a'r fferm; y dathliadau … y dillad; y gerddoriaeth … y diwylliant Cymreig; y traddodiadau teuluol … yr wynebau enwog.' Yn byw ym Mhwllheli, gogledd Cymru.
*Yr artist*

## Claudia WILLIAMS 1933–
**Enw gwaith Claudia Jane Herington Williams RCA, peintwraig. Ganed yn Purley, Lloegr.**

Cyrhaeddodd Gymru ym 1946. Astudiodd yn Ysgol Gelf Chelsea, Llundain 1950–53, gyda Bernard Meadows, Frances Richards, Julian Trevelyan, John Berger. Gwobrau'n cynnwys *National Exhibition of*

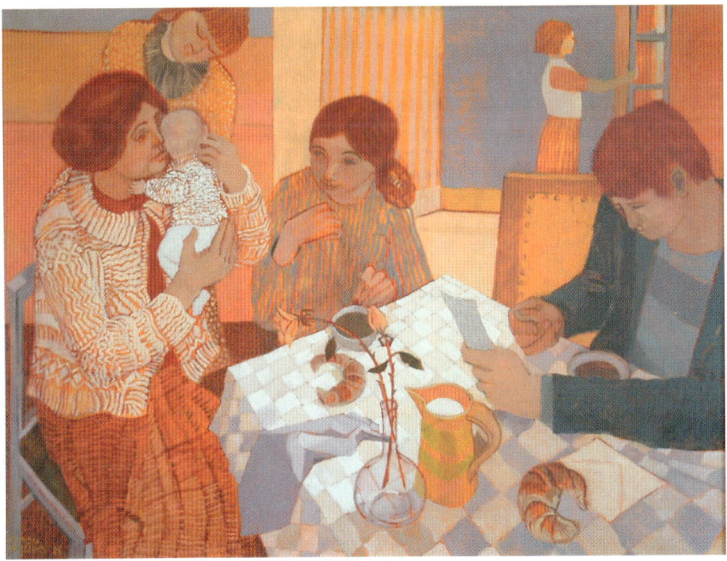

294 | Claudia Williams
*Petit Déjeuner* 1986

*Children's Art*, Orielau'r Sefydliad Brenhinol, Llundain 1949 (y wobr gyntaf; gwobr hyfforddiant celf); Salon de Vannes, Ffrainc 1989 (gwobr gyntaf). Cymrodor Mygedol, Prifysgol Bangor 2002. Aelod o'r Academi Frenhinol Gymreig (AFG); Salon des Beaux Arts, Paris 1993. Arddangosfeydd ar y cyd yn cynnwys Eisteddfod Genedlaethol Cymru 1952–1963; *Contemporary Welsh Painting and Sculpture*, Pwyllgor Cymreig Cyngor Celfyddydau Prydain Fawr/Amgueddfa Cymru (AC) 1957; Oriel Howard Roberts, Caerdydd 1958, 1959, 1961; *Women's Art in Wales*, Oriel Mostyn 1985; *Biennale*, Salon de Nantes 1987, 1989; *Arddangosfa 60ain Mlwyddiant*, Cymdeithas Celf Gyfoes Cymru, AC 1997 (teithiol). Arddangosfeydd deuddyn (gyda Gwilym Pritchard) gan gynnwys Oriel Gelf Tegfryn, Porthaethwy (OGT) 1971, 1978, 1979, 1981; Tŷ Turner, AC 1985 (teithiol); Oriel Plas Glyn-y-Weddw, Llanbedrog 1991. Arddangosfeydd un-ddynes yn cynnwys OGT 1968, 1972; Galerie Romanet, Paris 1989; Oriel Philip Mouwes, Amsterdam 1994; Llyfrgell Genedlaethol Cymru, Aberystwyth (LlGC) 2000 (adolygol); Oriel Martin Tinney, Caerdydd 2001, 2003, 2006. Gwaith wedi'i gynnwys yn *The Listener* (Medi 1949); *Anglo-Welsh Review* (Jonah Jones, Cyf. 11 Rhif 27, 1958); *Feminist Art News* (Moira Vincentelli Cyf. 2 Rhif 4); *Art Review* (Peter Wakelin, mis Hydref 1997); *Claudia Williams*, Robert Meyrick (LlGC 2000). 'Gwylnos heddwch; ymdrochwyr; mam a'i phlentyn; golau'r lleuad; bywyd llonydd …' Casgliadau'n cynnwys Amgueddfa ac Oriel Gelf Casnewydd; Cymdeithas Celf Gyfoes Cymru; LlGC; Oriel Gelf Dinas Southampton; Prifysgol Aberystwyth; Prifysgol Bangor; Prifysgol Caerdydd. Prynwyd gwaith gan Gyngor Celfyddydau Cymru. Yn byw yn Ninbych-y-pysgod, gorllewin Cymru.
*Yr artist*

### Daisy WILLIAMS 1925–2001
**Enw gwaith Daisy Emily Williams, artist tecstiliau, peintwraig. Ganed yn Efrog Newydd, UDA.**

Astudiodd yn Ysgol Gelf Leamington Spa, Coleg Celf Birmingham 1943–47; Coleg Prifysgol Cymru Aberystwyth 1969–70. Athrawes, Yr Aifft 1947–52; Ysgol Aberteifi 1970–74; Ysgol Gyfun Aberaeron 1974–85. Bu'n byw yng Nghymru 1952–56; Libya 1956–61; Twrci 1961–69. Dychwelodd i Gymru 1969. Aelod sefydlu Urdd Gwehyddwyr, Nyddwyr a Lliwyddion Ceredigion. Arddangosfeydd ar y cyd yn cynnwys Amgueddfa Ceredigion, Aberystwyth (ACer) 1978 (arobryn); *Three Artists Working in Textiles*, Canolfan y Celfyddydau Aberystwyth 1981; *The Art of Giving*, Oriel, Cyngor Celfyddydau Cymru, Caerdydd 1982; *Fibre Art*, Oriel Gelf ac Amgueddfa Bury 1983; Eisteddfod Genedlaethol Cymru, Llanbedr Pont Steffan 1984. Arddangosfeydd un-ddynes yn cynnwys Coleg Alcuin, Prifysgol Caerefrog 1987; Llyfrgell Doc Penfro 1988; Oriel Myrddin, Caerfyrddin 1993; ACer 2004 (adolygol). Gwaith wedi'i gynnwys mewn cyhoeddiadau addysgol 1997, 1999; darluniau ar gyfer *Summer Journal 1951*, Gwyn Williams (*Planet* 2004). Casgliadau'n cynnwys Amgueddfa Cyngor Sir Gaerfyrddin; Amgueddfa Cymru. Prynwyd gwaith gan Gymdeithas Gelf Gorllewin Cymru. 'Yn tynnu ar natur, celf a dylunio Celtaidd … ymweliadau â Tsieina, India a Rwsia.' Roedd yn byw yn Aberystwyth, canolbarth Cymru.

### Derek WILLIAMS 1932–
**Peintiwr. Ganed yng Ngorllewin Canolbarth Lloegr.**

Astudiodd yng Ngholeg Celf Wolverhampton, gyda Norman Thelwell, Bernard Brett. Darlithydd, Coleg Addysg Uwch Gorllewin Canolbarth Lloegr, Walsall; Coleg Addysg Bellach, Wolverhampton. Cyrhaeddodd Gymru ym 1994. Trefnydd, cyrsiau a gweithdai, Y Borth, canolbarth Cymru. Comisynau'n cynnwys Cyngor Sir Ceredigion; Cyngor Bwrdeistref Wolverhampton; Coleg Addysg Bellach Bilston. Aelod o Gymdeithas Frenhinol Artistiaid Birmingham; Cymdeithas Frenhinol y Celfyddydau. Arddangosfeydd ar y cyd yn cynnwys Amgueddfa Ceredigion, Aberystwyth; Oriel, Caerdydd; Orielau'r Mall, Llundain; Gŵyl Gelfyddydau Dinbych-y-pysgod. Arddangosfa undyn, Oriel Art Matters, Dinbych-y-pysgod 2005,

2006. Ei waith wedi'i gynnwys yng nghylchgrawn *International Artist* (UDA). Gwaith yn cael ei ddal yng nghasgliad y Tabernacl, Machynlleth. 'Tirluniau, trefluniau a golygfeydd arfordirol.' Yn byw yn y Drenewydd, canolbarth Cymru.

*Yr artist*

### Edwin WILLIAMS 1940–

**Enw gwaith William Edwin Williams, cerflunydd. Ganed ym Mhontarddulais, gorllewin Cymru. Hefyd yn defnyddio'r llofnod Edwin.**

Astudiodd yng Ngholeg Celf Abertawe 1955–59, gyda Ronald Cour; Ysgol Gelf Dinas ac Urddau Llundain, Llundain (YGDULI) 1959–62, gyda Jim Butler. Cerfiwr pren, Beresford a Hicks, Llundain 1959–65; Darlithydd, YGDULI 1963–66; Coleg Celf Hornsey, Llundain 1967–81; Athrofa Addysg Uwch Gorllewin Morgannwg, Abertawe 1980–85. Artist preswyl, Ymddiriedolaeth Gelfyddydau Tŷ Digswell /Adran Ymchwil ICI, Welwyn Garden City 1967–72. Arddangosfeydd ar y cyd yn cynnwys *Arddangosfa Haf*, Yr Academi Frenhinol, Llundain 1962–64; Amgueddfa Cymru 1964; *Arddangosfa Dydd Gŵyl Ddewi*, Pwyllgor Cymreig Cyngor Celfyddydau Prydain Fawr (teithiol); Amgueddfa ac Oriel Gelf Gwynedd, Bangor 1965. Arddangosfeydd undyn yn cynnwys Oriel Exposure, Abertawe 2005; Canolfan Dylan Thomas, Abertawe 2005; Gwaith yng nghasgliad Amgueddfa Sirol Durham; Amgueddfa Sirol Sir Benfro. Prynwyd gwaith gan Gyngor Celfyddydau Cymru. Cerfluniau mewn persbecs, pren, metel. 'Symudiadau, dŵr, goleuni a gofod.' Yn byw ym Mhontarddulais.

*Yr artist*

### Emrys WILLIAMS 1958–

**Peintiwr. Ganed yn Lerpwl, Lloegr.**

Cyrhaeddodd Gymru ym 1969. Astudiodd yn Ysgol Gelf Slade, Llundain 1976–80 (gradd yn y dosbarth cyntaf), gyda Lawrence Gowing, Mick Moon, Christopher Le Brun, Jeffery Camp, Noel Forster. Darlithydd, Coleg Menai, Bangor o 1990. Comisiynau'n cynnwys Cyngor Sir Clwyd 1987; Amgueddfa Cymru (AC) 1990. Gwobrau'n cynnwys Cyngor Celfyddydau Cymru (CCC) 1991, 1993; Dyfarniad Cymru Greadigol, Cyngor Celfyddydau Cymru 2006; Y Fedal Aur am Gelf Gain, Eisteddfod Genedlaethol Cymru (EGC), Sir y Fflint 2007. Aelod o'r Academi Frenhinol Gymreig; Grŵp 56 Cymru. Arddangosfeydd niferus ar y cyd gan gynnwys EGC, y Rhyl 1985 (arobryn), Castell-nedd 1994, Llanelli 2000; *Ways of Telling*, Oriel Mostyn (OM) 1989; *Print Views*, Oriel, CCC, Caerdydd 1991 (teithiol); *Joie de Vivre*, Oriel Gelf Canolbarth Lloegr, Birmingham 1993; *Intimate Portraits*, Oriel Gelf Glynn Vivian, Abertawe (OGGV) 1995 (teithiol); *John Moores*, Oriel Gelf Walker, Lerpwl 1982 (arobryn); *Arddangosfa Wobr Brynu*, Prifysgol Morgannwg 2006 (y wobr gyntaf); *Artist y Flwyddyn Cymru*, Neuadd Dewi Sant, Caerdydd 2007 (gwobr baentio). Arddangosfeydd undyn yn cynnwys Oriel Andrew Knight, Caerdydd 1984; Oriel Benjamin Rhodes, Llundain 1986, 1989, 1991, 1994; *Sunny Spells*, OM 1995 (teithiol); Oriel Martin Tinney, Caerdydd 1997; *Various Fictions*, Oriel Collins, Glasgow 1998 (teithiol); *Recent Paintings*, Amgueddfa ac Oriel Gelf Casnewydd (AOGC) 2002 (teithiol). Gwaith wedi'i gynnwys mewn rhaglenni teledu 1990–2000. Casgliadau'n cynnwys AC; Amgueddfa ac Oriel Gelf Casnewydd; Amgueddfa Gelf Ddinesig, Efrog Newydd; Casgliad Celf y Llywodraeth; Cyngor Celfyddydau Lloegr; Cymdeithas Celf Gyfoes Cymru; OGGV; Prifysgol De Cymru, Pontypridd. '…gofod glan-môr … profiad adlunio drwy frithgofio.' Yn byw yng Nghaerdydd, de Cymru.

*Yr artist*

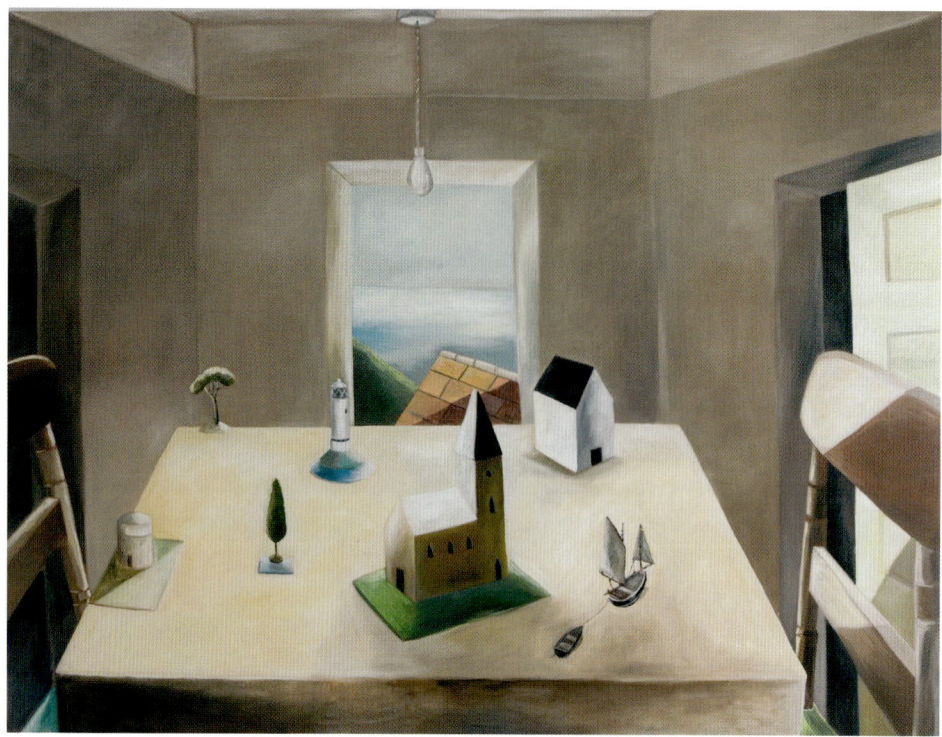

295 | Emrys Williams
*Room* 2006

## Emyr Wyn WILLIAMS 1965–
**Peintiwr. Ganed ym Merthyr Tudful, de Cymru.**

Astudiodd yn Athrofa Addysg Uwch De Morgannwg, Caerdydd 1983–84; Prifysgol Reading (PR) 1984–88, gyda Mali Morris. Athro, Ysgol Woodlands, Basildon 1998–2004; Ysgol Sweyne Park, Rayleigh o 2004. Artist preswyl. Comisiynau'n cynnwys murlun i orsaf reilffordd, Merthyr Tudful 1992. Dyfarniad Cyngor Celfyddydau Cymru 1994; y wobr gyntaf am Gelf Gymunedol, *Times Educational Supplement* 1997. Arddangosfeydd ar y cyd yn cynnwys *British Abstract Art*, Oriel Impact, Albi 1990; *Arddangosfa Agored Cymru*, Canolfan y Celfyddydau, Aberystwyth (CCA) 1993 (enillydd y wobr gyntaf); Harlech Biennale 1995; *Wysiwyg*, CCA 1996 (teithiol); *25 Years of Triangle Artists Workshop*, Efrog Newydd 2007. Arddangosfeydd undyn yn cynnwys Oriel Arranz, Boston, UDA 1989; Amgueddfa ac Oriel Gelf Castell Cyfarthfa, Merthyr Tudful (AOGCC) 1990; Centre Gallery, Llundain 1993; ACM 1996. Casgliadau'n cynnwys AOGCC; PR. 'Mae fy mhaentiadau'n ymwneud â lliw a sut mae'n cael ei ddatgelu trwy arwyneb.' Yn byw yn Chelmsford, Lloegr.
*Yr artist*

**Evelyn WILLIAMS** 1929–2012

**Peintwraig, cerflunydd. Ganed yn Llundain, Lloegr.**

Ei thad yn Gymro. Astudiodd yn Ysgol Gelf St Martin's, Llundain 1944–47; Yr Ysgol Gelf Frenhinol, Llundain 1947–50 (diploma yn y dosbarth cyntaf; Gwobr EQ Henriques am Arlunio). Gwobr Gerfluniaeth *John Moores* 1961. Bu'n byw yng Nghymru 1990–96. Arddangosfeydd ar y cyd yn cynnwys *Drawing, Sculptures and Reliefs*, Oriel Ikon, Birmingham, 1985 (teithiol). Arddangosfeydd un-ddynes yn cynnwys Oriel Woodstock, Llundain 1958; A *Retrospective 1945–72*, Oriel Gelf Whitechapel, Llundain 1972; Oriel Cyngor y Celfyddydau, Belffast 1989; *Out of the Forest*, Oriel Gelf Graves, Sheffield, a Chanolfan Gelfyddydau Chapter, Caerdydd 1990; *Antinomies*, Oriel Mead, Prifysgol Warwick a Chanolfan Gelfyddydau Llyfrgell Wrecsam 1994 (teithiol); *Encounters*, Oriel Gelf Dinas Manceinion 1997; Oriel Gelf Glynn Vivian, Abertawe 2002; Oriel Martin Tinney, Caerdydd 2006. Cyhoeddiadau'n cynnwys *Love* (Eyeline 2003); *Artist* (Eyeline 2004); *Child* (Eyeline 2004); *Ending* (Eyeline 2005); *Evelyn Williams Works and Words* (Eyeline 1998). Gwaith wedi'i gynnwys yn *ArtScribe* (Mel Gooding, rhif 48, 1984); cylchgrawn yr *Independent* (Ionawr 1990); *Art Review* (David Lee 1997). Ffilm deledu, *Works and Words*, Sky Arts 1998. Casgliadau'n cynnwys Amgueddfa Cymru; Amgueddfa Victoria ac Albert, Llundain; Cyngor Celfyddydau Lloegr; Cymdeithas Celf Gyfoes Cymru; Oriel Gelf Groves, Sheffield. Roedd yn byw yn Llundain.
*Yr artist*

**Glo WILLIAMS** 1940–

**Enw gwaith Gloria Ann Williams, peintwraig. Ganed ym Mryste, Lloegr.**

Ei mam yn Gymraes. Astudiodd yng Ngholeg Celf Gorllewin Lloegr, Bryste 1956–60, gyda Paul Feiler, Ernest Pascoe, Robert Hurdle. Darlithydd/Pennaeth Ffasiwn, Coleg Celf Abertawe 1960–67. Aelod o Gymdeithas Artistiaid Caerfaddon; Academi Frenhinol Gorllewin Lloegr (AFGLl). Arddangosfeydd grŵp yn cynnwys Oriel Gelf Victoria, Caerfaddon 1989–2007; Oriel Albany, Caerdydd (OA) 1991–2007; AFGLl, Bryste 1992–2007; Neuadd Dewi Sant, Caerdydd 1996; Oriel Gweithdy Cymru, Abergwaun 2001–07; Orielau'r Mall, Llundain 2002, 2003. Arddangosfeydd dwy-ddynes, Oriel Sadler Street, Wells (gyda Claire Burbridge) 1997; Oriel Carousel, Chipping Sodbury (gyda Barbara Steward) 2001. Arddangosfeydd un-ddynes, OA 1996; AFGLl 2006. 'Astudiaethau ffigurol yn deillio o waith yn Abertawe … teithio yn Nhwrci, India, Nepal, De Affrica …' Gwaith yng nghasgliad AFGLl. Yn byw ym Mryste.
*Yr artist*

**Glynn WILLIAMS** 1939–

**Cerflunydd. Ganed yn Amwythig, Lloegr.**

Ei dad yn Gymro. Astudiodd yng Ngholeg Celf Wolverhampton 1955–61; Yr Ysgol Brydeinig yn Rhufain 1961–63. Darlithydd rhan-amser, Coleg Celf Casnewydd 1964–65; darlithydd 1966–90, Coleg Celf Leeds/Politechnig Leeds; Ysgol Gelf Ganolog, Llundain; Ysgol Gelf Wimbledon, Llundain; Athro Cerfluniaeth, Yr Ysgol Gelf Frenhinol, Llundain o 1990, Pennaeth yr Ysgol Gelf Gain o 1995. Comisiynau niferus gan gynnwys Cyngor Celfyddydau Cymru (CCC) 1970, 1973; Oriel Bortreadau Genedlaethol, Llundain (OBG) 1993; Cadeirlan Caer-wynt 2001. Arddangosfeydd ar y cyd yn cynnwys Pwyllgor Cymreig Cyngor Celfyddydau Prydain Fawr, Caerdydd 1964 (Gwobr gerfluniaeth), 1965, 1967; *Play Orbit*, Sefydliad Celf Gyfoes, Llundain/CCC 1969; *Towards Sculpture*, Eisteddfod Genedlaethol Cymru, Rhydaman/CCC 1970; Oriel, CCC, Caerdydd 1976; *Sculpture in a Country Park*, Ymddiriedolaeth Gerfluniaeth Cymru (YGC), Parc Margam, Port Talbot (PM) 1983; *Stoneworks*, Castell Powys, YGC 1988; *Heads, Hands, Feet*, Parc Cerfluniaeth Margam 1990 (teithiol); *Arddangosfa Haf*, RA 1990, 1996, 1997,

2001; *The Painted Nude*, Oriel Tate, Llundain 1991; *Portrait Now*, OBG 1993; *Arddangosfa Gerfluniaeth Ryngwladol*, Delhi 2004. Arddangosfeydd undyn yn cynnwys Oriel y Serpentine, Llundain 1972; Oriel Bernard Jacobson, Llundain 1985–2000; PM 1992; Amgueddfa ac Oriel Gelf Doncaster 1994; Priordy Kells, Iwerddon 2004. Gwaith wedi'i gynnwys mewn erthyglau ac adolygiadau niferus; *The Self Portrait; a Modern View*, Sean Kelly/Edward Lucie-Smith (Sarema Press 1987); *British Contemporary Art 1910–90*, Edward Lucie-Smith (Herbert Press 1991). Casgliadau niferus gan gynnwys Amgueddfa Victoria ac Albert, Llundain; Canolfan Gerfluniaeth Henry Moore, Leeds; Casgliadau Tate, Llundain; Cyngor Celfyddydau Lloegr; Cymdeithas Celf Gyfoes Cymru; OBG. Yn byw yn Shrewton, Lloegr.
*Yr artist*

### Gwendolen WILLIAMS 1870–1955
**Enw gwaith Lucy Gwendolen Williams, cerflunydd, dyfrlliw-wraig. Ganed yn New Ferry, ger Lerpwl.**

Ei thaid yn Gymro. Astudiodd yng Ngholeg Celf Wimbledon, gydag Alfred Drury; Ysgolion Hyfforddiant Celf Cenedlaethol, Llundain 1897, gydag Edouard Lanteri; Académie Colarossi, Paris. Bu'n byw yn Rhufain am gyfnod estynedig tan y Rhyfel Byd Cyntaf; adeiladodd Stiwdios Calpurnia (naw fflat stiwdio). Comisiynau'n cynnwys penddelw efydd o Robert Owen (dyngarwr/diwygiwr cymdeithasol), i'r Drenewydd, Powys. Arddangosfeydd ar y cyd yn cynnwys yr Academi Frenhinol, Llundain, 1893–1919; Yr Academi Frenhinol Gymreig 1907; *Works by Certain Modern Artists of Welsh Birth or Extraction*, Amgueddfa Cymru (AC) 1913; Eisteddfod Genedlaethol Cymru, Abertawe 1926 (â chanmoliaeth uchel); Academi Frenhinol Iwerddon, Dulyn 1911–13; llawer yn Lloegr. Arddangosfeydd un-ddynes yn cynnwys dyfrlliwiau, Oriel Brook Street, Llundain 1935. Casgliadau'n cynnwys AC; Amgueddfa'r Drenewydd, Powys; Amgueddfa Victoria ac Albert, Llundain; Llyfrgell Genedlaethol Cymru, Aberystwyth; Oriel Gelf Walker, Lerpwl; Prifysgol Cymru, Gregynog. Efyddynnau bach, o blant yn bennaf; testunau mytholegol. Roedd yn byw yn Llundain, Lloegr.

### H Douglas WILLIAMS 1917–1969
**Enw gwaith Hugh Douglas Williams, darlunydd, dylunydd. Ganed ym Mangor Uchaf, gogledd Cymru.**

Astudiodd yn Ysgol Gelf Manceinion 1936–41. Athro, Ysgol Ramadeg Whitefield, Salford; Ysgol Uwchradd Penbedw 1944; Ysgol Brenin Siôr V, Southport 1945; darlithydd mewn celf, Y Coleg Normal, Bangor 1948, prif ddarlithydd/pennaeth celf yn ddiweddarach. Aelod o Orsedd y Beirdd, Eisteddfod Genedlaethol Cymru (EGC); aelod, pwyllgor celf a chrefftau, Cyngor EGC, cychwynnodd y pafiliwn celf a chrefftau 1951–75; dylunydd, tlysau EGC. Cynlluniau cloriau llyfrau, darluniau llyfrau plant, gan gynnwys *Teulu'r Cwpwrdd Cornel*, Alwyn Thomas (1950); *Pedoli Pedoli, Ail Lyfr Hwiangerddi*, Jennie Jones (1958); *Pethau Tlws*, Mari Wynn Meredith (1959) (i gyd wedi'u cyhoeddi gan Wasg y Brython). Casgliadau'n cynnwys Llyfrgell Genedlaethol Cymru, Aberystwyth. Roedd yn byw yng ngogledd-orllewin Cymru.

### Harry Hughes WILLIAMS 1892–1953
**Peintiwr. Ganed ym Mhentraeth, gogledd Cymru.**

Astudiodd yn Ysgol Gelf Dinas Lerpwl 1911–14; Y Coleg Celf Brenhinol, Llundain 1914 (ysgoloriaeth; hefyd ysgoloriaeth deithio Prix de Rome, ond ni allai ei defnyddio oherwydd dechrau'r rhyfel). Dychwelodd i Ynys Môn; sefydlodd stiwdio. Athro, Ysgol Ramadeg Llangefni 1938–53. Comisiynau'n cynnwys paentiadau coffaol; anerchiadau goliwiedig. Aelod o'r Academi Frenhinol Gymreig, Conwy (arddangoswr o 1918). Arddangosfeydd ar y cyd yn cynnwys yr Academi Frenhinol, Llundain 1940, 1942 (o leiaf); Eisteddfod Genedlaethol Cymru; *Paintings and Drawings by Welsh Artists*, Oriel Hugo

Lang, Lerpwl 1948; Salon Paris 1951. Arddangosfeydd undyn yn cynnwys Delwyr Celf Gain Gladwells, Llundain 1949; *Harry Hughes Williams 1892–1953: Adolwg Dethol*, Oriel Ynys Môn, Llangefni (OYM) 1992, Llyfrgell Genedlaethol Cymru, Aberystwyth 1993. Wedi'i gynnwys yn *Y Cymro* (13 Ionawr 1940, 10 Ionawr 1942); erthygl, Georges Turpin (*La Revue Moderne*, Awst 1951); 'Arlunydd y Mynydd Mawr', Elis Gwyn Jones (*Barn* 358, Tachwedd 1992); 'Ar ei ben ei hun', Siân Wyn Jones (*Golwg*, 5 Tachwedd 1992); erthygl, Siân Rees (*Taliesin* 1992); 'Harry Hughes Williams', Peter Lord (*Planet* 98, 1993); erthygl, Mari Jones (*North Wales Weekly News*, 11 Gorffennaf 2007); ffilm, S4C (Ebrill 1986). Casgliadau'n cynnwys OYM. Tirluniau, dyfrlliwiau, weithiau ar ddefnydd sgrap. Roedd yn byw yn Llandrygarn, gogledd Cymru.

### Ian WILLIAMS 1965–
**Peintiwr a gwneuthurydd printiau. Ganed yn Orsett, Lloegr.**

Ei rieni'n Gymry. Astudiodd yng Ngholeg Meddygaeth Prifysgol Cymru, Caerdydd 1984–89 (MB BCh); Coleg y Brifysgol, Caer 1999–2000 (TAR Celf Gain), gyda Maxine Bristow. Ymarferydd Meddygol o 1989. Comisynau'n cynnwys Ymddiriedolaeth GIG Glan Clwyd 1999; Cyfadran Gogledd Cymru, Coleg Brenhinol yr Ymarferwyr Cyffredinol 2000, 2003; Cyngor Llyfrau Cymru 2002, 2004. Aelod o'r Academi Frenhinol Gymreig (AFG). Arddangosfeydd niferus ar y cyd gan gynnwys Oriel Albany 2001–03; Oriel Plas Glyn-y-Weddw, Llanbedrog 2003, 2004; Eisteddfod Genedlaethol Cymru, Casnewydd 2004; Academi Frenhinol Gorllewin Lloegr, Bryste 2004; *Artist y Flwyddyn Cymru*, Neuadd Dewi Sant, Caerdydd 2005, 2006. Arddangosfeydd deuddyn, Oriel ECTARC, Llangollen (gyda Paul Lloyd) 1999, 2000; *Time and Place*, Oriel Corwen (gyda Tim Pugh) 2005. Arddangosfeydd undyn yn cynnwys *Rift*, Canolfan Gelfyddydau ac Oriel Gelf y Rhyl 2002; Oriel Ynys Môn, Llangefni 2004; Oriel Parc Glynllifon, Caernarfon 2004; Oriel Kooywood, Caerdydd 2005, 2006. Gwaith wedi'i gynnwys mewn erthyglau yn y wasg, rhaglenni teledu, *Sioe Gelf*, S4C 2003. Gwaith yng nghasgliad Ymddiriedolaeth GIG Conwy a Sir Ddinbych. '…profiadau beunyddiol … wedi'u gosod yn y tirlun gwledig modern.' Yn byw yn Llanrhaeadr, gogledd Cymru.

*Yr artist*

### Idris Aeron WILLIAMS 1918–1992
**Enw gwaith Idris Elgina Williams, artist a newyddiadurwr. Ganed yn Birmingham, Lloegr. Hefyd yn cael ei adnabod fel Idris Aeron.**

Astudiodd yng Ngholeg Celf a Chrefftau Birmingham 1939–1944, gyda Bernard Fleetwood-Walker, W F Colley. Beirniad celf, *Birmingham Evening Despatch* a phapurau newydd eraill canolbarth Lloegr 1930au–50au. Bu'n ymwneud â bywyd gwyllt a chadwraeth byd natur. Aelod o Gymdeithas Artistiaid Marchogol. Arddangosfeydd ar y cyd yn cynnwys Gŵyl Castell Bromwich; Llyfrgelloedd Dyfed; *Arddangosfa Apêl Bywyd Gwyllt Dyfed*, Ymddiriedolaeth Naturiaethwyr Gorllewin Cymru 1979; *Arddangosfa Agored Canolbarth Cymru*, Canolfan y Celfyddydau Aberystwyth. Wedi'i gynnwys yn y *Cambrian News* (18 Mawrth 1983). Casgliadau'n cynnwys Llyfrgell Genedlaethol Cymru, Aberystwyth (hefyd yn dal yr archif). Darluniau o geffylau. Roedd yn byw yn y Ceinewydd, gorllewin Cymru.

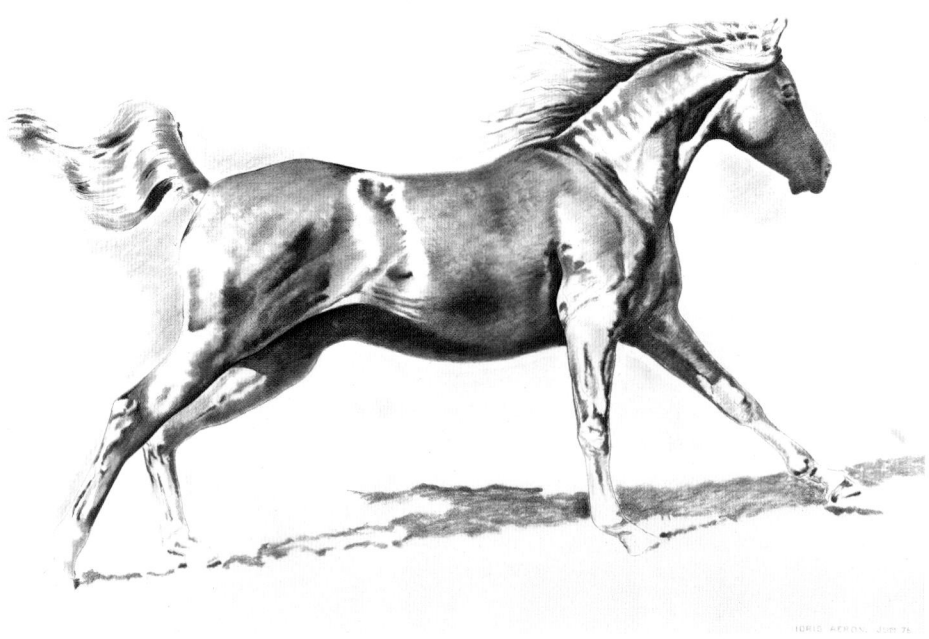

296 | Idris Aeron Williams
*Siesta* 1976

### Ieuan WILLIAMS 1946–
**Enw gwaith Ieuan Lewis Williams, peintiwr. Ganed yn Birkenhead, Lloegr.**

Ei rieni'n Gymry. Astudiodd yng Ngholeg Celf Caer 1975–76, gyda Jack Shore; Coleg Celf Caerdydd 1976–79, gyda Harry Holland, Paul Beauchamp. Arddangosfeydd ar y cyd yn cynnwys *Pictures for Schools*, Cymdeithas dros Addysg drwy Gelf, Amgueddfa Cymru 1978 (teithiol); *The Final Proof*, Cyngor Celfyddydau Cymru 1981 (teithiol); Eisteddfod Genedlaethol Cymru, Ynys Môn 1983, Y Rhyl 1985; *Arddangosfa Agored Mostyn*, Oriel Mostyn, Llandudno 1984, 1985; Neuadd Dewi Sant, Caerdydd 1984; Oriel Ynys Môn, Llangefni (OYM) 1992. Arddangosfeydd undyn yn cynnwys Sioe Frenhinol Cymru, Llanelwedd 1986; Theatr Gwynedd 1987. Casgliadau'n cynnwys Amgueddfa'r Glannau, Abertawe; Gorsaf Fioleg Forol, Porthaethwy; Llyfrgell Genedlaethol Cymru, Aberystwyth; OYM. 'Tirluniau, bywyd gwyllt a bywyd y môr.' Yn byw ym Mhorthaethwy, gogledd Cymru.
*Yr artist*

### Irene WILLIAMS 1934–2004
**Peintwraig, darlunydd llyfrau. Ganed yn Aberystwyth, canolbarth Cymru.**

Astudiodd ym Mangor, Lerpwl (Coleg Celf) (Ysgoloriaeth Agored Parker Leighton) a Rhufain 1950au. Pennaeth yr Adran Gelf, Ysgol Uwchradd Dinbych 1960au–75. Agorodd ei horiel/stiwdio ei hun 1981. Arddangosfeydd ar y cyd yn cynnwys Oriel Albany, Caerdydd; Celfyddydau Cain Manor House, Caerdydd; Eisteddfod Genedlaethol Cymru; Artistiaid Aberdyfi 1970au; Salon International d'Art, Paris 1983. Arddangosfeydd un-ddynes yn cynnwys Plas Machynlleth 1975; Llyfrgell Genedlaethol Cymru, Aberystwyth (LlGC) 1976; Cymdeithas Frenhinol yr Artistiaid Morol, Orielau'r Mall, Llundain 1982; Garmisch-Partenkirschen 1983–90au; Llyfrgell Sirol Ynys Môn (LlSYM). Darluniau ar gyfer dau lyfr

plant gan Marion Eames; atgynhyrchwyd gwaith fel cardiau cyfarch. Casgliadau'n cynnwys Coleg Harlech; LlGC; LlSYM. Golygfeydd o fywyd Cymru. Roedd yn byw ym Machynlleth, canolbarth Cymru.
*Yr artist; Sali Roberts*

### Ivor WILLIAMS 1908–1982
**Enw gwaith Christopher Ivor Williams, peintiwr. Ganed yn Llundain, Lloegr.**

Ei dad yn Gymro. Astudiodd yn yr Ysgol Gelf Ganolog, Llundain; Ysgol Celf Gain Slade, Llundain 1930–33, 1934 (Ionawr-Mehefin), 1935–36 (y wobr gyntaf, portreadaeth). Cyrhaeddodd Gymru ar ôl yr Ail Ryfel Byd; artist llawnamser; bu'n cynnal dosbarthiadau paentio, Caerdydd. Bu'n teithio yn yr Eidal a'r Iseldiroedd 1951. Comisiynau'n cynnwys ICI; Undeb yr Annibynwyr; Coleg Prifysgol Gogledd Cymru, Bangor; Llyfrgell Genedlaethol Cymru; Cynghorau Casnewydd a Chaerdydd. Aelod o Grŵp De Cymru; Cymdeithas Gelf De Cymru (Is-lywydd); Cymdeithas yr Artistiaid Proffesiynol, Caerdydd (Ysgrifennydd 1959–62). Arddangosfeydd ar y cyd yn cynnwys Oriel Palser, Llundain 1936; orielau eraill yn Llundain; *Contemporary Artists in Wales*, Amgueddfa Cymru (AC) 1944; Eisteddfod Genedlaethol Cymru 1950; Yr Academi Frenhinol Gymreig, Conwy 1953; *The 4th Exhibition of Contemporary Welsh Painting and Sculpture*, Pwyllgor Cymreig Cyngor Celfyddydau Prydain Fawr 1958 (teithiol); Cymdeithas Celf Gyfoes Cymru (CCGC) 1963. Arddangosfa ddeuddyn, *Christopher Williams and Ivor Williams*, Neuadd y Dref, Maesteg 1981. Arddangosfeydd undyn yn cynnwys David Morgan Cyf, Caerdydd 1955; Tŷ Turner, Penarth, AC 1962. Sgwrs ar y radio, 'Art in Wales', BBC (1947). Wedi'i gynnwys yn *Glamorgan County Magazine* (1949); 'Artistiaid Cymreig: 1: Ifor Williams', L Haydn Lewis (*Y Genhinen*, 21 Ionawr 1976); ffilm, *Old Wine in New Bottles* (prosiect gyda Parrot Enterprises tua 1978). Casgliadau'n cynnwys AC; Amgueddfa ac Oriel Gelf Casnewydd, de Cymru; Amgueddfa ac Oriel Gelf Castell Cyfarthfa, Merthyr Tudful; Cyngor Caerdydd; CCGC; Llyfrgell Genedlaethol Cymru, Aberystwyth (hefyd yn dal yr archif); Prifysgol Aberystwyth; Prifysgol Bangor. Portreadau; comisiynau beiblaidd a choffaol mawr. 'Byddai'n sgwrsio â'r un oedd yn eistedd iddo...er mwyn darganfod ac wedyn baentio'r ochr orau i'w gymeriad. ...Defnyddiai baentio i edrych ar ei frwydrau ysbrydol ei hun.' *(Sophia Hughes 2008)* Roedd yn byw yng Nghaerdydd, de Cymru.
*Sophia Hughes, Alastair Rabagliati*

### Karla WILLIAMS 1971–
**Ffotograffydd. Ganed yng Nghaerdydd, de Cymru.**

Astudiodd yng Ngholeg Addysg Uwch Gwent 1989–91; Athrofa Prifysgol Cymru, Caerdydd (UWIC) 1996–99, gyda Bob Mitchell, Ken Butler, Clive Cazeaux, Karin Hiscock; UWIC 2001–2003 (MA Celf Gain), gyda Paul Beachamp, David Shepherd, Chris Short. Aelod o fourchette o 2002. Tiwtor gwirfoddol, ffotograffiaeth, Grassroots: Prosiect Ieuenctid Canol y Ddinas, Caerdydd 1997–2001. Arddangosfeydd ar y cyd yn cynnwys *From Bahia to Over by Yer*, tactileBOSCH, Caerdydd 2003; *Ida Branson Memorial Bequest Exhibition*, Oriel Atkinson, Street, Gwlad yr Haf 2003; Eisteddfod Genedlaethol Cymru, Meifod 2003. 'Y corff, ei swyddogaethau a'i fannau bregus, ei gryfderau a'i wendidau.' Yn byw yng Nghaerdydd.
*Yr artist*

## Kathy WILLIAMS 1948–
Enw gwaith Katherine Frances Williams, nyddwraig â llaw, gwehyddes. Ganed yng Nghaerdydd, de Cymru.

Astudiodd yng Ngholeg Cymunedol Bradford ac Ilkley 1986–87. Gwaith â cheffylau (gwastrawd) 1964–83. Gweithdai, Sefydliad Art in the Frame/ysgolion yn St Helier, Jersey 2003. Comisiynau, Ysbyty Glan Clwyd 1996; Canolfan Gelfyddydau Sain Dunwyd 2002. Aelod o Gymdeithas Brêd; Celf.Ffibr Cymru; Urdd Gwehyddwyr, Nyddwyr a Lliwyddion Morgannwg; Urdd Gwneuthurwyr Cymru. Arddangosfeydd ar y cyd yn cynnwys *Woven Threads*, Amgueddfa ac Oriel Gelf Worthing 2001; *A Legacy in Weaving, The Theo Moorman Charitable Trust 10th Anniversary Exhibition*, Prifysgol Leeds 2001; *Tactile Dimensions*, 4ydd Symposiwm Shibori Rhyngwladol, Harrogate 2002; *Y Fari Lwyd*, Y Tabernacl, Machynlleth (gwaith ar y cyd â Jan Beeny) 2004; *The Faces of the Vale of Glamorgan*, Celf Ganolog, Neuadd y Dref, Y Barri (gwaith ar y cyd â Jan Beeny) 2007. Arddangosfeydd dwy-ddynes (gyda Jan Beeny), *Fire, Feathers, Fleece*, Canolfan Grefft a Dylunio, Model House, Llantrisant 2004 (teithiol); *Earth Energy*, Oriel Line of Fire, Trefynwy 2007. Erthyglau wedi'u cyhoeddi yn *Journal for Weavers, Spinners and Dyers* (2002, 2003, 2004); y cylchgrawn *World of Embroidery* (2002). Wedi'i chynnwys yn *The Textiles of Wales*, Ann Sutton (Bellew Publishing 1987). 'Rygiau tapestri geometrig a sgarffiau cashmir/sidan main, gyda'm dehongliad o gynlluniau defnydd Cymreig. Dylanwadau – cynlluniau Nafacho, anifeiliaid fferm a siapiau cymylau.' Yn byw yn Nwyrain Aberddawan, de Cymru.
*Yr artist*

## Kyffin WILLIAMS 1918–2006
Enw gwaith Syr John Kyffin Williams KBE RA, peintiwr, gwneuthurydd printiau. Ganed yn Llangefni, gogledd Cymru.

Astudiodd yn Ysgol Celf Gain Slade, Llundain 1941–44, gydag Allan Gwynne-Jones (Gwobr Bortreadau Slade 1943; Ysgoloriaeth Adael Robert Loss 1944). Y Ffiwsilwyr Brenhinol Cymreig 1936; Y Fyddin Diriogaethol, hyd at 1941. Athro celf (rhan-amser), Ysgol Highgate, Llundain 1944–74; ymweliadau gwaith rheolaidd, gogledd-orllewin Cymru, Ewrop. Cymrodoriaeth Deithio Winston Churchill 1968. Dychwelodd i Ynys Môn 1974. Anrhydeddau'n cynnwys OBE 1982; KBE 2000; MA er Anrhydedd, Prifysgol Cymru (PC) 1973, Dlitt er Anrhydedd, PC; Cymrawd Anrhydeddus, Colegau Prifysgol Abertawe 1989, Bangor 1991, Aberystwyth 1992; Medal, Anrhydeddus Gymdeithas y Cymmrodorion. Etholwyd yn aelod o'r Academi Frenhinol 1974. Aelod o'r Academi Frenhinol Gymreig, Conwy (Llywydd 1969–76, 1992–2006); Grŵp De Cymru/Y Grŵp Cymreig. Arddangosfeydd niferus ar y cyd gan cynnwys *Twenty-five Paintings by Contemporary Welsh Artists*, Pwyllgor Cymreig Cyngor Celfyddydau Prydain Fawr (PCCCPF) 1949; *Welsh Drawings*, PCCCPF 1964 (teithiol); *Art in Wales The 20th Century: The Early Years 1900–1956*, Cyngor Celfyddydau Cymru (CCC) 1969 (teithiol); *The Dark Hills The Heavy Clouds*, CCC 1981 (teithiol); *Landscape in Britain 1850–1950*, Arddangosfeydd Teithiol Cenedlaethol, Oriel Hayward, Llundain 1983 (teithiol); *Hanes Celf a Chrefftau yn yr Eisteddfod*, Eisteddfod Genedlaethol Cymru 1992; *Painting the Dragon*, Amgueddfa Cymru (AC) 2000. Arddangosfeydd undyn niferus gan gynnwys Colnaghi, Llundain 1948, 1965, 1970; Oriel Tegfryn, Porthaethwy, saith gwaith 1968–92; Oriel Thackeray, Llundain, un ar bymtheg o weithiau 1975–2007 (adolwg goffaol); Oriel Albany, Caerdydd, pedair ar ddeg o weithiau 1975–2006; Llyfrgell Genedlaethol Cymru (LlGC) 1981, 1999; AC/Oriel Mostyn 1987 (teithiol); Oriel Ynys Môn, Llangefni (OYM) 1993, 1995, 1998. Cyhoeddiadau'n cynnwys *Across the Straits* (1973), *A Wider Sky* (1991), *Portraits* (1996), *The Land and The Sea* (1998), *Drawings* (2001) (i gyd gan Wasg Gomer). Wedi'i gynnwys yn *Patagonia Revisited*, Bruce Chatwin a Paul Theroux (Michael Russell 1985); *A Welsh Anthology*, Alice Thomas Ellis (Collins 1989); *Kyffin Williams*, Nicholas Sinclair (Lund Humphries 2004); Teledu BBC Cymru, John Ormond, *Horizons Hung*

*in Air* (1966), *A Land Against the Light* (1979); BBC Radio 4, *Desert Island Discs* (2001). Casgliadau'n cynnwys AC; Cymdeithas Celf Gyfoes Cymru; Cyngor Celfyddydau Lloegr; LlGC; OYM; Prifysgolion Aberystwyth, Bangor ac Abertawe; Tate, Llundain; Y Gymdeithas Celf Gyfoes; Yr Oriel Bortreadau Genedlaethol, Llundain. Prynwyd gwaith gan CCC. Tirwedd, ffermydd gogledd-orllewin Cymru; portreadau. Olew, dyfrlliw, golch inc, leino. Roedd yn byw yn Llanfair-pwll, gogledd Cymru.
*Yr artist*

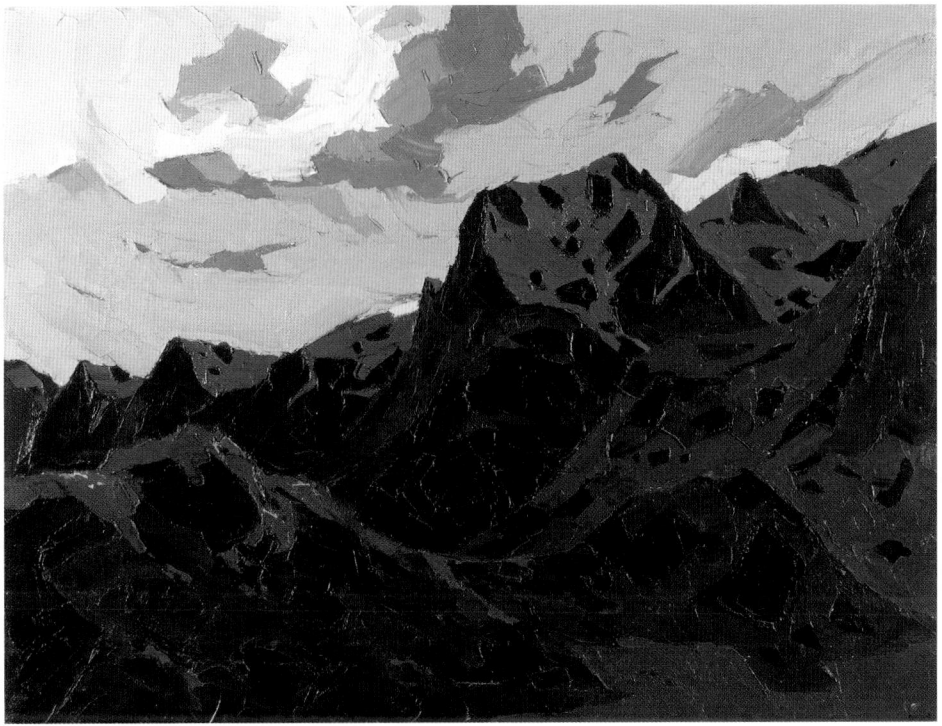

297 | Kyffin Williams
*Blaen Ffrancon rhif 1* dyddiad yn anhysbys

## Laurie WILLIAMS 1924–2007
**Enw gwaith Arthur Laurence Williams, peintiwr. Ganed ym Masaleg, de Cymru.**

Astudiodd yng Ngholeg Pensaernïaeth Caerdydd 1942–51 (torrwyd ar draws ei astudiaethau gan wasanaeth yn y rhyfel). Addysgwyd gan Ceri Richards. Yn bensaer o 1951 nes ymddeol. Aelod o'r Grŵp Cymreig (GC). Arddangosfeydd ar y cyd yn cynnwys *Artist y Flwyddyn Cymru*, Neuadd Dewi Sant, Caerdydd 1999–2007; GC, Canolfan Gelfyddydau Taliesin Abertawe 2004; GC, Amgueddfa ac Oriel Gelf Brycheiniog, Aberhonddu (AOGB) 2005. Arddangosfeydd undyn yn cynnwys Canolfan Gelfyddydau Chichester 1996; Canolfan Gelfyddydau Chapter, Caerdydd 1999; Oriel Washington, Penarth 2001, 2005. Casgliadau'n cynnwys Amgueddfa Gelf Canberra; AOGB. 'Gweledigaeth freuddwydiol … lliw llachar … hiwmor. tirluniau Cymru, y Cymoedd, Aberhonddu, dociau.' Roedd yn byw yng Nghaerdydd, de Cymru.
*Marion Williams*

## Lois WILLIAMS 1953–
**Cerflunydd. Ganed yn Sir Ddinbych, gogledd Cymru.**

Astudiodd yng Ngholeg Technegol Wrecsam 1971–72; Polytechnig Manceinion 1972–75; Coleg y Gofaint Aur, Prifysgol Llundain 1975–76. Prosiectau'n cynnwys *Site-ations*, Caerdydd 1994; *Locws International*, Amgueddfa Genedlaethol y Glannau, Abertawe 1998; *Cyfuniad*, gweithdy artistiaid rhyngwladol, Ymddiriedolaeth Gelfyddydau Triangle, Y Bermo 1999, 2001. Artist preswyl, Ynys Enlli, 2004; artist ymgynghorol, Oriel Mostyn, Llandudno (OM), gyda Phenseiri Ellis Williams 2005–07. Y Fedal Aur am Gelf Gain, Eisteddfod Genedlaethol Cymru, Ynys Môn 1999; Dyfarniad Cymru Greadigol, Cyngor Celfyddydau Cymru 2006. Arddangosfeydd ar y cyd yn cynnwys *New North*, Tate Lerpwl 1990; *Disclosures*, OM ac Amgueddfa ac Oriel Gelf Casnewydd 1994; *Landmarks*, Amgueddfa

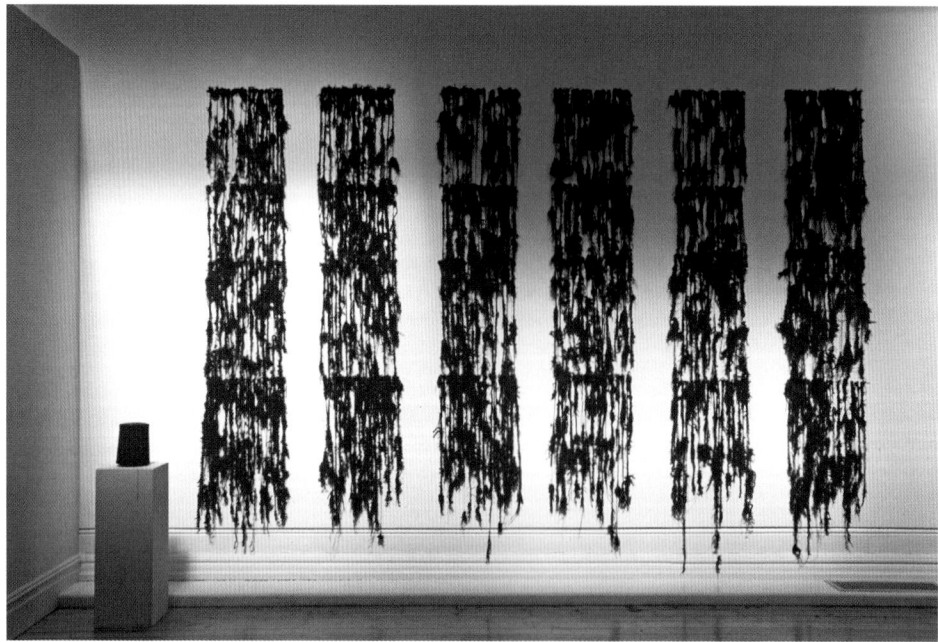

298 | Lois Williams
*A Reconstructed Thing* 1994

Cymru, Caerdydd 1998; *Artworkers*, OM/Oriel Gelf Newlyn, 2001; *Sculpture at Strata Florida, Sculpture at Kells*, Cymru ac Iwerddon 2006. Arddangosfeydd un-ddynes yn cynnwys *From the Interior, Lois Williams Selected Sculptures 1983–95*, OM/Canolfan Gelfyddydau Wrecsam 1995 (teithiol); *A Living Position*, Rich Women of Zurich, Llundain 1999; *Objects and Ashes*, Canolfan Gelfyddydau Djanogly, Nottingham 2000; *Lois Williams*, Oriel Gelf Fodern, Llundain 2002. Ei gwaith wedi'i gynnwys yn *From the Interior. The sculpture of Lois Williams*, Martin Barlow (*Planet*, rhif 93, 1992); *A Thief of Object's Use*, A Greenan (*Women's Art Magazine*, Mai/Mehefin 1995); *Certain Welsh Artists*, Iwan Bala (Seren 1999); *Welsh Artists Talking*, Tony Curtis (Seren 2000). Casgliadau'n cynnwys Cyngor Celfyddydau Lloegr; Cymdeithas Celf Gyfoes Cymru; Ymddiriedolaeth Derek Williams. 'Mi fydda i'n trafod deunyddiau bob dydd megis defnydd, papur a ffelt er mwyn creu rhyw bresenoldeb lle, teimlad, ennyd o amser, atgof.' Yn byw yng Nghefn Meiriadog, gogledd Cymru.
*Yr artist*

### Michael WILLIAMS 1936–
**Enw gwaith Michael Antony Ellis Williams, peintiwr. Ganed yn Patna, India.**

Ei dad yn Gymro. Astudiodd yng Ngholeg Prifysgol Rhydychen 1957–60 (Hanes Modern); ym Mharis, Paentio a Hanes Celf 1960–62. Bu'n byw yng Nghymru 1971–96. Darlithydd, Coleg Celf St Martin, Llundain 1962–70, Pennaeth Adran 1970–72; Coleg y Gofaint Aur, Llundain 1972–80, Arweinydd Cwrs MA Celf Gain 1978–80. Grant Cyngor Celfyddydau Cymru, ysgoloriaeth gan Lywodraeth Gwlad Groeg 1986. Aelod o Grŵp 56 Cymru (G56C); Cymdeithas Artistiaid a Dylunwyr Cymru 1978–93 (Golygydd, *Link* 1981–84). Arddangosfeydd ar y cyd yn cynnwys *John Moores 6*, Oriel Gelf Walker, Lerpwl 1967; *Arddangosfa Haf*, Yr Academi Frenhinol 1982, 1992, 1999; G56C 1986–96; *Singer and Friedlander/Sunday Times Watercolour Competition* 1988, 1993, 1997–2001, 2004; *The Pursuit of Painting*, Amgueddfa Gelf Fodern Iwerddon, Dulyn 1997. Arddangosfeydd undyn yn cynnwys Austin Desmond Fine Art, Llundain 1988, 1991; BayArt, Caerdydd 2005. Erthyglau niferus yn *Link*; rhagymadroddion i gatalog ar gyfer G56C. Gwaith wedi'i gynnwys yn *Modern Painters*, Peter Fuller (1988). 'I archwilio a chynrychioli'r byd gan ddefnyddio dull gwasgarog, os rhagfwriadus, o baentio â dyfrlliwiau.' Yn byw yn Stroud, Lloegr.
*Yr artist*

### Moss WILLIAMS 1894–1975
**Peintiwr, cerflunydd. Ganed yng Nghaernarfon, gogledd Cymru.**

Gwasanaeth yn yr Ail Ryfel Byd, Corfflu Brenhinol yr Arsylwyr. Comisiynau'n cynnwys darluniau llyfrau i'r cyhoeddwyr Hughes a'i Fab, Wrecsam; Y Brodyr Evans, Lerpwl. Arddangosfeydd ar y cyd yn cynnwys Eisteddfod Genedlaethol Cymru 1952–54, 1957 (gwobrau am gerfluniaeth); *First Exhibition of Contemporary Welsh Painting and Sculpture*, Pwyllgor Cymreig Cyngor Celfyddydau Prydain Fawr 1953 (teithiol); Yr Academi Frenhinol Gymreig, Conwy 1956–61, 1964; Salon Paris 1967–70 (Clod). Arddangosfeydd undyn yn cynnwys Oriel Arfon, Caernarfon 1972. Lluniau wedi'u hatgynhyrchu ar glawr llyfr, *Tom Ellis: Y Gwladgarwr*, Owain Llew Owain (Caernarfon 1915); yn *Y Cymro*; *Royal Air Force Journal*. Cyhoeddodd erthyglau yn y wasg leol. Casgliadau'n cynnwys Llyfrgell Genedlaethol Cymru, Aberystwyth. Dyfrlliwiau; tirluniau, adeiladau yng ngogledd-orllewin Cymru. Roedd yn byw yng Nghaernarfon.

## Nerys WILLIAMS 1913–

**Enw gwaith Nerys Prys Williams, peintwraig, crochenydd. Ganed yng Nghaergybi, gogledd Cymru. Hefyd yn llofnodi ei gwaith yn Nerys.**

Astudiodd yn Ysgol Celf Gain Slade, Llundain 1932–36. Roedd yn byw yn Oxshott, Lloegr ac yna yng Nglyn Ceiriog, gogledd-ddwyrain Cymru. Arddangosfeydd ar y cyd yn cynnwys yr Academi Frenhinol, Llundain; Yr Academi Frenhinol Gymreig, Conwy. Yn byw yng ngogledd Cymru.

## Pete WILLIAMS 1965–

**Enw gwaith Peter Edward Williams, gwneuthurydd printiau. Ganed yn Llundain, Lloegr.**

Ei dad yn Gymro. Astudiodd yng Ngholeg Celfyddydau a Thechnoleg Caerloyw, Caerloyw 1986–89; Prifysgol Brighton 1989–91. Cyrhaeddodd Gymru ym 1997. Cyfarwyddwr a Chydgysylltydd, Gweithdy Argraffu'r Capel, Art Space Portsmouth 1995–97; Cyfarwyddwr a Chydgysylltydd, Gweithdy Argraffu'r Farchnad, Canolfan Gelfyddydau Chapter (CCChap), Caerdydd 1997–2007; Uwch-ddarlithydd, Coleg Gwent, Casnewydd 2000–04, Ysgol Gelf Gorllewin Cymru, Caerfyrddin 2003–06. Artist preswyl, Prifysgol Cymru, Abertawe 1999; Canolfan Mileniwm Cymru, Caerdydd 2002, 2003; Ysgol Gwyddorau Optometreg a Golwg, Prifysgol Caerdydd 2006. Comisiynau'n cynnwys Gŵyl Gerdd Cheltenham 1989; Gŵyl Japan, Llundain 1991; Cyngor Sir Caerdydd 1998; Canolfan y Celfyddydau Gweledol, Caerdydd 2000; Cerddorfa Genedlaethol Gymreig y BBC 2001. Arddangosfeydd ar y cyd yn cynnwys *VI Biennale Internationale de Gravure*, Digne-les-Bains, Ffrainc 1988; Oriel Albany, Caerdydd 1998; Ymddiriedolaeth Gelf Bae Caerdydd, Caerdydd (YGBC) 2005; Canolfan Gelfyddydau Abaty Nant Teyrnon, Cwmbrân 2006. Arddangosfa ddeuddyn, *Baggage and Boxes*, YGBC (gyda Lou Thornton) 2004. Arddangosfeydd undyn niferus gan gynnwys Tŷ Llên, Abertawe 1999; Canolfan Gelfyddydau Sant Dunwyd 2000; Oriel y Bont, Pontypridd 2001. Yn byw ym Mhenarth, de Cymru.
*Yr artist*

## Peter S F WILLIAMS 1940–

**Enw gwaith Peter Salesbury Finlay Williams, peintiwr. Ganed ym Mhontycymer, de Cymru.**

Astudiodd amaethyddiaeth yn Rhuthun a Cirencester. Astudiodd yng Ngholeg Celf a Dylunio Caerloyw, Cheltenham 1963–67. Gyrfa amrywiol. Grant Cyngor Celfyddydau Cymru (CCC) 1977. Comisiwn, CCC 1977. Aelod o Gymdeithas Artistiaid a Dylunwyr Cymru; Urdd yr Enamlwyr. Arddangosfeydd ar y cyd yn cynnwys Oriel Gelf Cheltenham 1968–71; Oriel Rhydychen 1969; Oriel Albany, Caerdydd 1976; *Arddangosfa Haf*, Yr Academi Frenhinol 1979, 1980, 1982, 1983, 2001, 2002, 2005; Cymdeithas Frenhinol y Peintwyr Miniatur, Cerflunwyr ac Engrafwyr, Orielau'r Mall, Llundain 1981, 1983; *British Ceramics and Paintings*, Grand Avenue Frame and Gallery, St Paul, UDA 1983; Glenusk Park, Crucywel 1996. Arddangosfa ddeuddyn (gyda Jenny Jones) Oriel y Silk Top Hat, Llwydlo 1989. Arddangosfeydd undyn gan gynnwys Coleg Addysg Caerloyw 1973; *Welsh Fantasy*, Orielau Medici, Llundain 1981. Prynwyd gwaith gan CCC. 'Richard Dadd, Samuel Palmer, Swrealwyr a pheintwyr ffantasïol …' Yn byw yn Llandrindod, canolbarth Cymru.
*Yr artist*

## Stan WILLIAMS 1948–

**Enw gwaith Stanley Williams, artist gwydr lliw, peintiwr. Ganed yn Sir Benfro, gorllewin Cymru.**

Aneurin Jones, Ysgol Gyfun Preseli, yn ddylanwad cynnar. Astudiodd yng Ngholeg Celf Abertawe, gyda Howard Martin, Tim Lewis. Trefnydd, Urdd Gobaith Cymru, Sir Benfro 1971–75; athro, Ysgol Uwchradd Aberteifi 1975–82; pennaeth celf, Ysgol Dyffryn Teifi 1982–2002. Comisiynau'n cynnwys Eglwys Sant Brynach, Dinas 1997. Aelod o Gymdeithas Gelf Aberteifi. Arddangosfeydd ar y cyd yn cynnwys Grŵp

Celf y Cnapan 1995–2000; Grŵp Celf Crannog 1999–2003; *Ysbryd Llŷn*, Oriel Plas Glyn-y-Weddw, Llanbedrog 2004; Oriel Teifi, Aberteifi; Oriel y Môr, Pwllheli; orielau lleol. Arddangosfeydd undyn yn cynnwys Gŵyl y Preseli, Crymych 1991. Wedi'i gynnwys yn Barn (Ann Gruffydd Rhys, Mawrth 1990). 'Peintiadau ac arluniau o dirwedd Sir Benfro ac arfordir Sir Aberteifi'. Yn byw yn Llandysul, gorllewin Cymru.
*Yr artist*

## Sue WILLIAMS 1956–
**Peintwraig. Ganed yn Redruth, Lloegr.**

Astudiodd yn Athrofa Addysg Uwch De Morgannwg, Caerdydd (AAUDM) 1975–80, gyda Terry Setch; AAUDM 1985–87 (MA Celf Gain). Sefydlodd raglen arlunio, *Bodyworks* 1996. Gwobrau Cyngor Celfyddydau Cymru (CCC) 1982, 1995, 2006; Gwobr Ymddiriedolaeth Goffa Oppenheim John Downes 1993; Gwobr Sefydliad Rootstein Hopkins am Baentio 2000; Y Fedal Aur, Eisteddfod Genedlaethol Cymru (EGC), Llanelli 2000. *Artes Mundi*, Amgueddfa Cymru, ei henwebu ar restr fer gwobr 2006. Cydsefydlydd, Ysbryd Cymru (YCym); aelod o Grŵp 56 Cymru; Artistiaid Butetown; Cymdeithas Celf Menywod. Arddangosfeydd niferus ar y cyd gan gynnwys *Inscape Wales*, Oriel, CCC, Caerdydd 1990 (teithiol); *META. Imaging the Imagination*, Oriel Neuadd y Frenhines, Arberth (teithiol) 2001; *A Propos Ceri Richards*, AC 2002; EGC, Dinbych 2001; YCym 2002 (ar daith yn Ffrainc); *Artes Mundi*, AC, Caerdydd 2006. Arddangosfa ddeuddyn, Oriel Martin Tinney, Caerdydd 1991. Arddangosfeydd un-ddynes yn cynnwys Oriel Viriamu Jones, Coleg Prifysgol, Caerdydd 1984; *All Hers*, Oriel Mission, Abertawe 1999 (teithiol); *Small Talk, High Heels*, Oriel Gelf Glynn Vivian, Abertawe 2006 (teithiol). Gwaith wedi'i gynnwys yn *Imaging Wales*, Hugh Adams (Seren 2003); *here + now. Essays on Contemporary Art in Wales*, Iwan Bala (Seren Books, Pen-y-bont ar Ogwr); *Imaging the Imagination*, golygyddion Christine Kinsey/Ceridwen Lloyd-Morgan (Gwasg Gomer 2005). Gwaith yn cael ei broffilio yn *The Naked and the Nude*, HTV Cymru 1995; 'Ar Fenthyg', *Y Sioe Gelf*, S4C 2003; *Small Talk, High Heels*, ffilm, Michele Ryan 2006. Casgliadau'n cynnwys AC; Cyngor Caerdydd; Cymdeithas Celf Gyfoes Cymru; Cynulliad Cenedlaethol Cymru; OGGV. '…arlunio'n cael ei ddefnyddio fel offeryn brys ac uniongyrchol i ddarlunio fy ymateb…' Yn byw yng Nghaerdydd, de Cymru.
*Yr artist*

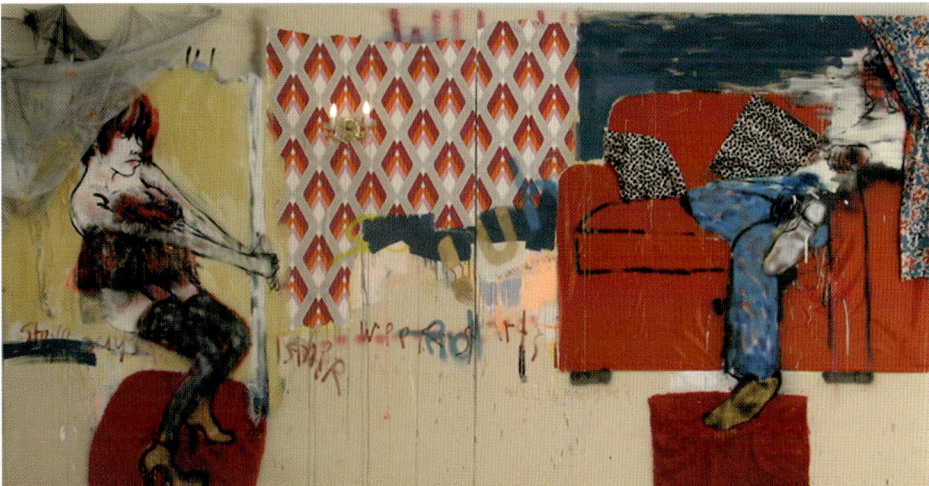

299 | Sue Williams
*Hi babe, where r u? (cyfres Through Glass)* 2006

## Thomas Gwyn WILLIAMS 1950–
**Peintiwr. Ganed yn Nhywyn, gogledd Cymru.**

Astudiodd yng Ngholeg Celf Wrecsam 1968–69; Coleg Celf a Dylunio Casnewydd 1969–72, gyda Jack Crabtree, Thomas Rathmell, Ernest Zobole; Prifysgol Cymru 1972–73. Swyddog arddangosfeydd, Canolfan Gelfyddydau Wrecsam 1974–77; swyddog cyhoeddusrwydd, Tyddewi 1980–86; swyddog arddangosfeydd, Canolfan Gelfyddydau'r Rhyl 1986–90. Aelod o grŵp artistiaid, Cucumber. Arddangosfeydd ar y cyd yn cynnwys *Portreadau o Gymru*, Cyngor Celfyddydau Cymru/Eisteddfod Genedlaethol Cymru, Rhuthun 1973 (teithiol); *Beth Sy'n Newydd*, Grŵp De Cymru 1974 (teithiol); *Surrealism*, Tate Lerpwl 1989; *Biennale Arlunio Cymru*, Canolfan y Celfyddydau Aberystwyth 1999 (teithiol). Cyfrannwr rheolaidd, rhaglenni BBC Cymru, gan gynnwys y Sioe Gelf (gan gynnwys rhaglen ar ei waith ei hun 1999); Croma. Casgliadau'n cynnwys Amgueddfa Sir Benfro, Scolton Manor; Llyfrgell Genedlaethol Cymru, Aberystwyth; Ymddiriedolaeth Celf Gain Clwyd. Yn byw yn y Cwm, gogledd Cymru.
*Yr artist*

## Tracey WILLIAMS 1969–
**Enw gwaith Tracey Ann Williams, peintwraig. Ganed yng Nghaernarfon, gogledd Cymru.**

Astudiodd yn Athrofa Addysg Uwch Caerdydd 1992–95, gyda Terry Setch, Mike Crowther; Athrofa Prifysgol Cymru, Caerdydd 1998–2000 (MA Celf Gain), gyda Terry Setch, John Gingell. Tywysydd/ gwesteiwraig, Canolfan y Celfyddydau Gweledol, Caerdydd 1999–2000; tywysydd byw, *Artes Mundi*, Amgueddfa Cymru 2004. Aelod o Grŵp 75. Arddangosfeydd ar y cyd yn cynnwys *Dialogue*, ECTARC, Llangollen 1997 (teithiol); *Arddangosfa Wobr Brynu*, Prifysgol Morgannwg 1998; *Homelands*, Yr Academi Frenhinol Gymreig, Conwy 1998 (teithiol); Eisteddfod Genedlaethol Cymru, Ynys Môn 1999, Y Faenol 2005; *META. Imaging the Imagination*, Oriel y Frenhines, Arberth 2001 (teithiol); *Drawing out the City*, BayArt, Caerdydd 2005; *New Contemporaries*, Canolfan Mileniwm Cymru, Caerdydd 2006. Arddangosfeydd un-ddynes yn cynnwys *Memories*, Galeri, Caernarfon 2007. 'Natur… lliwiau, bywyd teuluol, y cof…' Yn byw yng Nghaerdydd, de Cymru.
*Yr artist*

## Vivienne WILLIAMS 1955–
**Enw gwaith Vivienne Mary Williams, peintwraig. Ganed yn Abertawe, de Cymru.**

Astudiodd ym Mhrifysgol Reading 1974–78 (MA Saesneg). Dosbarthiadau arlunio, Sydney, Awstralia, 1980–82. Athrawes Saesneg, Yr Eidal 1978–80; cynorthwy-ydd oriel gelf, Awstralia 1980–82; gweithreg, cymuned Fwdaidd, gogledd Lloegr 1983–90. Bu'n byw yng Nghymru 1991–94; o 1996; Nuremberg, Yr Almaen 1994–96. Artist preswyl, Gŵyl Ceri Richards, Dynfant, de Cymru 1992. Comisynau'n cynnwys Canolfan Fasnach y Byd, Caerdydd 1993; Prifysgol Cymru, Abertawe 1997. Arddangosfeydd niferus ar y cyd gan gynnwys Oriel yr Atig, Abertawe (OA) 1983–2005; Oriel Martin Tinney, Caerdydd (OMT); Eisteddfod Genedlaethol Cymru, Yr Wyddgrug 1991, Llanfair-ym-Muallt 1993 (arobryn); *A Roomful of Flowers* 1994 (teithiol); *Arddangosfa Gwobr Brynu Celf*, Prifysgol Morgannwg 1999, 2001; *Artist y Flwyddyn Cymru*, Neuadd Dewi Sant, Caerdydd 2000–04 (arobryn 2000); *The Painted Pot*, Amgueddfa ac Oriel Gelf Casnewydd 2006. Arddangosfeydd un-ddynes yn cynnwys OMT 1992, 1998, 2000, 2004; OA 1993, 1995, 1997, 1999, 2001, 2005. Ei gwaith wedi'i gynnwys ar Primetime, HTV Cymru 1991. Casgliadau'n cynnwys Cymdeithas Celf Gyfoes Cymru; Prifysgol Abertawe. 'Lliw yw'r peth pwysicaf yn fy ngwaith – testunau cyfyngedig – blodau, ffrwythau a llysiau…' Yn byw yn Abertawe.
*Yr artist*

### Warren WILLIAMS 1975–
**Enw gwaith Warren Paul Williams, peintiwr. Ganed Castell-nedd, de Cymru.**

Astudiodd yn Athrofa Addysg Uwch Abertawe 1993–96, gydag Ian Farren, Rob Newell. Arddangosfeydd ar y cyd yn cynnwys Oriel Gelf Glynn Vivian, Abertawe 1999, 2001; *Artist y Flwyddyn, Cymru*, Neuadd Dewi Sant, Caerdydd 2001, 2002 (Artist Myfyriwr y Flwyddyn Cymru); Oriel yr Atig, Abertawe (OA) 2002–06; Oriel Thompson, Marylebone, Llundain 2005. Arddangosfeydd undyn yn cynnwys *My Family and Other Animals*, Oriel Mission, Abertawe 2003; *A Certain Frame of Mind*, OG 2004. Casgliadau'n cynnwys Llyfrgell Genedlaethol Cymru, Aberystwyth; Y Llysgenhadaeth Brydeinig, Helsinki. 'Artistiaid comics gwledydd Prydain … Clasuron Groegaidd …' Yn byw yng Nghastell-nedd, de Cymru.
*Yr artist*

### Bronwyn WILLIAMS-ELLIS 1953–
**Enw gwaith Bronwyn Mary Williams-Ellis. Hefyd yn llofnodi'i gwaith Bron; BronW-E; B.W-E; BW-Ellis. Ceramegydd. Ganed yn Burton-on-Trent, Lloegr.**

Ei dau riant yn Gymry. Cyrhaeddodd Gymru ym 1971. Astudiodd yng Ngholeg Celf Caerdydd 1972–75, gyda Frank Vining, Alan Barrett-Danes, Michael Hose; Athrofa Addysg Uwch De Morgannwg, Caerdydd 1982–83 (MA Cerameg). Gweithdy yng ngogledd Cymru 1975–82. Gweithdy yng Nghaerfaddon o 1986. Comisiynau'n cynnwys Clough Williams-Ellis, Pentref Portmeirion 1975, 1988, 2000, 2001; Amgueddfa Werin Yeun Dun, Hong Kong 1980; Ysbyty Musgrove Park, Taunton 1999; Ysbyty Glan Clwyd, Conwy 2001. Cymrodoriaeth, Academi Gelf Caerfaddon 1984. Cymrodor, Yr Academi Frenhinol Gymreig (AFG) 1999. Arddangosfeydd ar y cyd yn cynnwys Canolfan Ddylunio, Caerdydd 1974; *Welsh Potters*, Cymdeithas Crochenwyr Crefft Prydain Fawr, Llundain 1979; *Gŵyl Grochenwyr Ryngwladol*, Canolfan y Celfyddydau (CCA) 1991; Oriel Albany, Caerdydd 1991; Oriel Plas Glyn-y-Weddw, Llanbedrog (OPGW) 1993, 2000; Capel Celf, Cricieth 1998, 2001. Arddangosfeydd un-ddynes yn cynnwys *Y Gyfres Gerameg*, CCA 1991; *2D*, Oriel y Bont, Pontypridd 1995; OPGW 1995, 2004; *Sea:Water*, AFG 2001; Oriel Gelf Victoria, Caerfaddon 2007. Gwaith wedi'i gynnwys yn *Decorating with Tiles*, Elizabeth Hilliard (Pavilion Books 1993); *Ceramics and Print*, Paul Scott (A&C Black, Llundain (ACB) 1984); *Tile Style*, Gill Blake (Quarto 1996); *Practical Solutions for Potters*, Gill Bliss (ACB/Sterling Publishing 1998); *The Tile: Making, Designing and Using*, Kenneth Clark (Crowood Press 2002). Gwaith Cymdeithas Crochenwyr Crefft Prydain Fawr yng nghasgliad CCA. '…ffigyrau, tirwedd, dŵr. …Diwylliannau canoldirol a'r Dwyrain Agos.' Yn byw yng Nghaerfaddon, Lloegr a Chricieth, gogledd Cymru.
*Yr artist*

### David WILLIAMS-ELLIS 1959–
**Enw gwaith David Hugo Martyn Williams-Ellis, cerflunydd. Ganed yn Lisburn, Gogledd Iwerddon.**

Ei rieni'n Gymry. Astudiodd yn Fflorens, Yr Eidal 1977–78; Carrara, Yr Eidal 1978–80; Ysgol Gelf Sir John Cass, Llundain 1981–84, gyda Clive Duncan. Bu'n gweithio yn Llundain a gogledd Cymru 1984–96, hefyd Cumbria o 1996. Comisiynau'n cynnwys yr Ymddiriedolaeth Genedlaethol 1987; Y Coleg Nyrsio Brenhinol 1988; Plas Scone, Perth, Yr Alban 1991; Coleg Boneddigesau Okayama 1993; Oriel Plas Glyn-y-Weddw, Llanbedrog (OPGW) 2002. Gwobr Elisabeth T Greenshield 1978. Aelod o'r Academi Frenhinol Gymreig; Cymdeithas Frenhinol Cerflunwyr Prydain. Arddangosfeydd yn cynnwys Oriel Fiona Whitney, Los Angeles 1985, 1986; Canolfan Cerfluniaeth Gyfoes, Tokyo 1990; OPGW 1993, 2000, 2004; Oriel Marcos Bledel, Buenos Aires 1997; Oriel Albany, Caerdydd 2000, 2002; *Sculpture and Gardens*, Oriel Solomon, Dulyn 2005. 'Efydd, gwydr, terracotta.' Yn byw yn Penrith, Lloegr a Chricieth, gogledd Cymru.
*Yr artist*

### Susan WILLIAMS-ELLIS 1918–2007
**Enw gwaith Susan Cooper-Willis, ceramegydd, dylunydd. Ganed yn Guildford, Lloegr.**

Ei thad yn Gymro. Astudiodd ym Mhlas Dartington 1934–36, gyda Bernard a David Leach; Polytechnig Chelsea, Llundain 1936–39, gyda Graham Sutherland, Henry Moore. Drafftsmones, Y Weinyddiaeth Awyr 1939–45; athrawes, Plas Dartington ac Ysgol Gelf St Martin, Llundain, ar ddiwedd y 1940au. Bu'n byw yng Nghymru o 1948. Comisiynau'n cynnwys darluniau llyfrau. Sefydlydd Crochenwaith Portmeirion gyda'i gŵr Euan, 1960; yn Gyfarwyddwr Dylunio ar ôl hynny. Cymrodoriaethau Mygedol, Prifysgol Keele a Phrifysgol y Celfyddydau, Llundain. Arddangosfeydd yn cynnwys *One of Fishes Done Underwater*, Oriel Plas Glyn-y-Weddw, Llanbedrog 2002. Gwaith wedi'i gynnwys yn *Portmeirion Potteries*, Steven Jenkins a Stephen McKay (Richard Dennis Publications 2000); *Underwater in the Maldives*, Teledu BBC. Casgliadau'n cynnwys Amgueddfa Cymru; Crochendai Portmeirion. 'Wedi treulio hanner can mlynedd yn dylunio crochenwaith. Hefyd llawer o gynlluniau ar gyfer carpedi a thecstiliau.' Roedd yn byw ym Mhortmeirion, gogledd Cymru.
*Yr artist a Menna Angharad Williams-Ellis*

### Graham WILLIAMSON 1949–
**Crochenydd stiwdio. Ganed yn Dundee, Yr Alban.**

Astudiodd yn Ysgol Gelf Caerefrog (YGC) 1966–68, gyda David Lloyd Jones; Coleg Celf Caerdydd 1968–71, gyda Frank Vining, Alan Barrett-Danes. Rheolwr, Crochendy York Rose 1971–74; Technegydd Cerameg, YGC 1974–79; Technegydd Cerameg, yn nes ymlaen yn Ddangosydd Technegol, Athrofa Prifysgol Cymru, Caerdydd, o 1979. Arddangosfeydd ar y cyd yn cynnwys Sioe Arddangos Gwneuthurwyr, Canolfan y Celfyddydau Aberystwyth 1992; Oriel, Cyngor Celfyddydau Cymru, Caerdydd 1995; *Focus on Cardiff*, Crefft yn y Bae, Caerdydd (CynyB) 1996; *Twentieth Century Studio Pottery*, Amgueddfa Cymru, Caerdydd (AC) 1996; *The Discerning Eye*, Orielau'r Mall, Llundain 1998; *Out of the Ashes*, CynyB 2001; Oriel Brook Street, Y Gelli Gandryll 2007. Casgliadau'n cynnwys AC. '…gwaith â chysylltiad cryf â swyddogaeth, er nad yw bob amser yn iwtilitaraidd gaeth; y rhan fwyaf o'm gwaith yn cael ei fwrw mewn porslen.' Yn byw yng Nghaerdydd, de Cymru.
*Yr artist*

### Peter WILLS 1955–
**Ceramegydd. Ganed yn Binley Woods, Lloegr.**

Yn hunanaddysgedig i raddau helaeth mewn Cerameg; astudiodd yng Ngholeg Addysg Bellach Chichester 1976–77; Athrofa Addysg Uwch Gorllewin Morgannwg, Abertawe 1984–86. Crochenydd (llawnamser), o 1989. Comisiynau'n cynnwys Ysbyty Tywysoges Cymru, Pen-y-bont ar Ogwr; rhoddion Llywodraeth Prydain i Uwchgynhadledd Penaethiaid Gwladwriaethau Ewrop, Caerdydd 1998. Aelod o Grochenwyr De Cymru; Cymdeithas y Crochenwyr Crefft. Arddangosfeydd ar y cyd yn cynnwys Canolfan Grefft Rhuthun 1992; *Crafts in Action*, Canolfan Gelfyddydau Sain Dunwyd 1994; Oriel Pendeitsh, Caernarfon 1997; Oriel Myrddin, Caerfyrddin 1997; Eisteddfod Genedlaethol Cymru, Pen-y-bont ar Ogwr 1998; Oriel Gelfyddydau Beaux, Caerfaddon 2003; Oriel Albany, Caerdydd 2003. Arddangosfeydd undyn yn cynnwys Oriel Plasnewydd, Maesteg 1992; Oriel Out of the Blue, Marazion, Cernyw 1999, 2000; *In the Window*, Contemporary Ceramics, Llundain 2003. Wedi'i gynnwys yn *The Times* (Mehefin 1998); *World of Interiors* (1998); *One Wales* (Arriva, Gwanwyn 2002); Cylchgrawn *BBC Homes & Antiques* (Ionawr 2003); Wales Today, BBC Radio Wales (2003); cylchgrawn *Grand Designs* (2004); *The Potter's Dictionary*, Frank a Janet Hamer (A&C Black, Llundain 2004). 'Yn cael fy ysbrydoli gan botiau o'r hen Tsieina i'r Ewrop fodern; …gwaith Lucie Rie; mi fydda i'n defnyddio porslen o Loegr a Ffrainc wedi'u cyfuno'n ôl fy ryseitiau fy hun.' Yn byw ym Mhen-y-bont ar Ogwr, de Cymru.
*Yr artist*

## Richard A WILLS 1939–
**Enw gwaith Richard Allin Wills, peintiwr. Ganed yn Nhrefynwy, de Cymru.**

Astudiodd yng Ngholeg Celf Casnewydd 1957–1961, gyda Thomas Rathmell; Coleg Celf Bournemouth 1961–62. Athro, Ysgol Gelf Lydney; Ysgol Ramadeg Lydney 1966–80. Comisiynau portreadau'n cynnwys Dr Rowan Williams, ar gyfer yr Eglwys yng Nghymru; Syr Geraint Evans, ar gyfer HTV Cymru 1986; Yr Is-iarll Tonypandy 1994; EUB Dug Caerloyw, ar gyfer Peirianwyr Brenhinol Sir Fynwy; Syr Charles Villiers, ar gyfer Corfforaeth Ddur Prydain. Aelod o Gymdeithas Ddyfrlliwiau Prydain. Arddangosfeydd ar y cyd yn cynnwys Cymdeithas Frenhinol y Peintwyr Portreadau, Llundain 1974, 1976, 1978; Yr Academi Frenhinol, Llundain tua 1975, tua 2002; Oriel Gelf Glynn Vivian, Abertawe 1980; Oriel Martin Tinney, Caerdydd 1983; Y Gymdeithas Ddyfrlliwiau Frenhinol, Llundain 1985; Academi Frenhinol Gorllewin Lloegr 1985; Amgueddfa ac Oriel Gelf Casnewydd (AOGC) 1991. Arddangosfeydd undyn yn cynnwys Oriel y Great Atlantic Church Street, Trefynwy 2007. Wedi'i gynnwys yn *Watercolour Workshop*, John Lidzey (Collins 1988); *Complete Drawing Course*, Ian Simpson (Collins, argraffiad 1989); *Encyclopædia of Watercolour Techniques*, Hazel Harrison (Search Press 1998); ffilm, 'A Week in the Life of Richard A Wills', HTV Cymru. Casgliadau'n cynnwys AOGC; Cymdeithas Celf Gyfoes Cymru; Prifysgol Abertawe; Prifysgol De Cymru, Pontypridd. Olew, dyfrlliwiau; portreadau; tirluniau; golygfeydd chwaraeon. Yn byw yn Nhrefynwy.
*Yr artist*

## Mo WILSON 1954 –2010
**Ffotograffydd. Ganed yn Tillicoultry, Yr Alban.**

Roedd yn byw yng Nghymru er 1995. Astudiodd yn Ysgol Gelf Syr John Cass, Llundain 1986–87; Coleg Addysg Uwch Gwent 1987–89, gyda David Hurn, Daniel Meadows; Coleg Prifysgol Cymru, Casnewydd 1995–97. Ffotograffydd-newyddiadurwraig lawrydd o 1989. Tiwtor rhan-amser, Coleg Celf 1994–98; Athrofa Addysg Uwch Abertawe 1994–98. Gwobrau Cyngor Celfyddydau Cymru 1995, 2006. Comisiynau niferus gan gynnwys Cyngor Sir De Morgannwg 1995; Rhondda Cynon Taf 2000; Gŵyl Erddi Glynebwy 1992. Arddangosfeydd ar y cyd yn cynnwys Ffotogallery, Caerdydd 1989–94; Amgueddfa ac Oriel Gelf Casnewydd 1989; Oriel Bortreadau Genedlaethol, Llundain 1994; Neuadd Dewi Sant, Caerdydd 1995, 1997; Canolfan y Celfyddydau Aberystwyth 1996; *Tenants in Focus*, Canolfan Hanes a Chelfyddydau Butetown 2003; *In for Lunch*, Llyfrgell Ganolog Caerdydd 2005. Gwaith wedi'i gyhoeddi yn y wasg genedlaethol, cylchgronau, cyfnodolion. *Life Stories*, Red Flannel Films 1993; gwaith wedi'i gynnwys ar raglenni teledu. Casgliadau'n cynnwys Amgueddfa Cymru; Amgueddfa ac Oriel Gelf Walsall; Cyngor Caerdydd; Llyfrgell Genedlaethol Cymru, Aberystwyth; Prifysgol Aberystwyth. Roedd yn byw yng Nghaerdydd, de Cymru.
*Yr artist*

## Vicky WILSON 1953–
**Enw gwaith Violet Allan-Wilson, artist cymunedol, ceramegydd. Ganed yn St Neots, Lloegr.**

Cyrhaeddodd Gymru ym 1983. Astudiodd yn Athrofa Prifysgol Cymru Caerdydd 1995–99, gyda Bob Mitchell, Trevor Worton, Alan Barrett-Danes. Gwaith â grwpiau cymunedol, awdurdodau lleol, sefydliadau sy'n bartneriaid o 2002. Aelod o Gymdeithas Gelf y Menywod; Cymdeithas Artistiaid Cymuned Cymru. Gwobrau'n cynnwys Cyngor Celfyddydau Cymru 2004, 2005; Cymunedau yn Gyntaf 2005. Artist preswyl/Tiwtor Celf, Ysgol Anghenion Arbennig Pen-y-cwm o 2005. Arddangosfeydd ar y cyd yn cynnwys Canolfan Gelfyddydau Abaty Nant Teyrnon, Cwmbrân 2002; Oriel Glan Ochr, Casnewydd, Sir Fynwy 2003; *Dreams*, Neuadd Dewi Sant, Caerdydd 2004; Oriel Artavia, Caerllion 2004;

*Up the Wall*, Castell Caer 2007. Arddangosfa ddeuddyn (gyda Claire Porter), *Nature's States*, Amgueddfa ac Oriel Gelf Casnewydd 2003. 'Dw i'n gwneud cerfluniau cerameg … sy'n hongian o'r nenfwd … i gynrychioli cyflwr bregus pawb ohonom a pha mor werthfawr ac unigryw yr ydym un ac oll …' Yn byw yng Nghil-y-coed, de Cymru.
*Yr artist*

### Peter WINSTANLEY 1953–

**Enw gwaith Peter William Winstanley, peintiwr. Ganed yn Rinteln, Yr Almaen.**

Cyrhaeddodd Gymru ym 1973. Astudiodd yng Ngholeg Prifysgol Gogledd Cymru, Bangor 1973–76 (MSc Bioleg Planhigion). Bu'n gweithio ym maes garddwriaeth a manwerthu yng Nghymru 1976–2002. Artist preswyl, Gŵyl Llandudno 2003. Comisiwn, Asiantaeth Cyffuriau ac Alcohol Cymru. Arddangosfeydd ar y cyd yn cynnwys Amgueddfa ac Oriel Gelf Gwynedd, Bangor 2003; Gŵyl Biwmares 2003; Oriel Kooywood, Caerdydd 2006. Arddangosfeydd undyn Theatr Gwynedd, Bangor 2002– 04, 2006; Gŵyl Llandudno 2003; Gŵyl Llanberis 2005. '…olew ac acrylig …tirluniau, ffigyrau, bywyd llonydd, portreadau… gwaith a ysbrydolir gan Gymru.' Yn byw ym Mhentraeth, gogledd Cymru.
*Yr artist*

### Kathy DE WITT 1948–

**Enw gwaith Kathleen Dawn de Witt, ffotograffydd. Ganed yn Buffalo, UDA.**

Cyrhaeddodd Gymru ym 1977. Astudiodd ym Mhrifysgol Califfornia, Los Angeles 1968–71 (Saesneg); Coleg Prifysgol Cymru, Casnewydd (CPCC) 1998–2000 (MA Ffotograffiaeth Ddogfen). Bu'n gweithio â phenseiri, Archigram Group 1972–74, Y Gymdeithas Bensaernïol 1974–76. Gweithdai Ffotogallery 1984–87. Ffotograffydd llawrydd o 1987. Comisiynau'n cynnwys yr Ymddiriedolaeth Genedlaethol 1987–90, 1991, 1992; Ymddiriedolaeth Gerddi Hanesyddol Cymru 1991; Pwll Mawr 1991; Cyngor Cefn Gwlad Cymru 1992; Gardd Fotaneg Genedlaethol Cymru 1994; Ymddiriedolaeth Adfer Aberglasne 1994, 1997, 1999; Ymddiriedolaeth Archaeolegol Dyfed 1996; Bwrdd Croeso Cymru. Gwobrau Cyngor Celfyddydau Cymru 1990, 1994. Aelod, Cymdeithas y Ffotograffwyr. Arddangosfeydd un-ddynes, *Let there be Dark*, Amgueddfa Diwydiant a Môr Cymru, Caerdydd 1993 (teithiol); *Native Insight*, Canolfan y Celfyddydau Aberystwyth 1995; *Clad in Colours of the Air*, Gerddi Aberglasne, Llanarthne 1999; *Conceive These Images in Air*, Oriel Gelf Glynn Vivian, Abertawe 2000 (teithiol). Ffotograffau ar gyfer *Dylan Thomas's Wales*, Hilary Laurie (Weidenfeld and Nicolson (WN) 1998); *Aberglasney – A Garden Lost in Time*, Penny David (WN 1998). Gwaith yng nghasgliad Llyfrgell Genedlaethol Cymru, Aberystwyth. Yn byw yn Llanwrda, gorllewin Cymru.
*Yr artist*

### WM  Gweler William MILLS

### James WOLFENDEN 1920–

**Enw gwaith Samuel James Wolfenden, peintiwr. Ganed yng Nghaerdydd, de Cymru.**

Astudiodd yng Ngholeg Celf Caerdydd (dosbarthiadau nos) 1944–49, gydag Ivor Williams; dosbarthiadau dydd, Canolfan Gelfyddydau Chapter, Caerdydd 1981–88. Bu'n gweithio ym maes gwneud papur, peirianneg, cyfrifeg 1936–80. Aelod o Gymdeithas Gelf De Cymru 1974–95 (Cadeirydd 1990–95). Arddangosfeydd niferus ar y cyd yng Nghaerdydd; Tŷ Turner, Penarth 1986, 1997; arddangosfeydd tridyn, The Tanyard, Tongwynlais (gydag Arnold Lowrey, Bruce Mepham) 1988–98. Arddangosfa undyn, Canolfan Gelfyddydau'r Eglwys Norwyaidd, Caerdydd. Gwaith yng nghasgliad Llyfrgell Genedlaethol Cymru, Aberystwyth. 'Tirnodau lleol, yr awyr, adlewyrchiadau, pobl yn eu hamgylchedd, natur…' Yn byw yng Nghaerdydd.
*Yr artist*

## Alan WOOD 1935–
**Enw gwaith John Alan Wood, peintiwr, cerflunydd. Ganed yn Widnes, Lloegr.**

Astudiodd yng Ngholeg Celf Lerpwl 1954–59, gydag Arthur Ballard. Athro, Ysgol Ramadeg Newton Abbot 1959–61; darlithydd, Coleg Addysg James Graham, Leeds; Coleg Celf Caerhirfryn 1963–65; Ysgol Gelf Falmouth 1965–66; Prif Ddarlithydd, Coleg Celf Caerdydd 1966–73. Ymfudodd i Vancouver 1974. Artist preswyl, Prifysgol Cincinnati 1974. Darlithydd, Coleg Capilano, Gogledd Vancouver. Prosiectau'n cynnwys adeiladwaith peintiedig 320 erw yn Alberta Rockies 1983. Gwobrau'n cynnwys Ymddiriedolaeth Dartington 1961. Comisiynau'n cynnwys Prifysgol Leeds, 1965; Llywodraeth Columbia Brydeinig 1974. Aelod o Grŵp 56 Cymru 1967–72. Arddangosfeydd ar y cyd yn cynnwys *Welsh Painting and Sculpture; the 10th Annual Exhibition*, Pwyllgor Cymreig Cyngor Celfyddydau Prydain Fawr 1963 (teithiol); *Arddangosfa Agored Arnolfini* Oriel Arnolfini, Bryste 1963 (y wobr gyntaf); Oriel Grabowski, Llundain (gyda Terry Setch) 1968, 1970; *Cymru Nawr*, Eisteddfod Genedlaethol Cymru /Cyngor Celfyddydau Cymru (CCC) 1968 (teithiol); Arddangosfa Agored Cyngor Celfyddydau Gogledd Iwerddon 1968 (cyd-enillydd y wobr gyntaf); *Day Trip – Coleg Celf Caerdydd*, Amgueddfa Cymru (AC) 1972; Oriel Gelf Vancouver 1983, 1990–92; 2006–07. Arddangosfeydd undyn yn cynnwys Canolfan New Art, Llundain 1964; Oriel Jacobs Ladder, Washington DC 1973; Oriel Gillian Jason, Llundain 1990; Orielau Winchester, Victoria 1998, 2005. Wedi'i gynnwys mewn erthygl, Tom Hudson (*Studio International* 1968); 'West Coast Painting' (*Arts Canada* 1975); *Art in Wales 1850–1980*, Eric Rowan (Gwasg Prifysgol Cymru 1985). Casgliadau yn y DU yn cynnwys AC; Casgliadau Celf y Llywodraeth; Cyngor Celfyddydau Gogledd Iwerddon; Cymdeithas Celf Gyfoes Cymru; Y Gymdeithas Celf Gyfoes. Tirluniau, morluniau. Prynwyd gwaith gan CCC. Yn byw yn Vancouver, Canada.
*Yr artist*

## Craig WOOD 1960–
**Cerflunydd. Ganed yng Nghaeredin, yr Alban.**

Bu'n byw yng Nghymru 1982–86; o 1995. Astudiodd yng Ngholeg Technoleg a Chelf Sir Gaerfyrddin 1985–86; Coleg y Gofaint Aur, Llundain 1986–89, gyda Michael Craig Martin. Drafftsmon pensaernïol/cynllunydd arddangosfeydd 1978–83. Uwch-ddarlithydd, Athrofa Addysg Uwch Abertawe o 2006. Ysgoloriaeth Arlunio Faber Castell, Nürnberg 1993; Preswyliad Prifysgol Warwick, Fenis 1994; Cymrodoriaeth Cyfnewid Academaidd â'r Almaen, Berlin 1996; Cymrodor Gregory mewn Cerfluniaeth, Prifysgol Leeds 1997–2000; Gwobr Wakelin, Abertawe 2003. Arddangosfeydd niferus ar y cyd gan gynnwys *Current*, Canolfan Gelfyddydau Taliesin, Abertawe 1989; *In Site – New British Sculpture*, Amgueddfa Celf Gyfoes Genedlaethol, Oslo 1993; *Ffresh*, Canolfan Gelfyddydau Chapter, Caerdydd 1998; *Superstructure*, Canolfan i'r Celfyddydau Gweledol, Caerdydd 1999; *The Other Flower Show*, Amgueddfa Victoria ac Albert, Llundain (Amgueddfa V ac A) 2004; *Elsewhere*, Oriel Gelf Glynn Vivian, Abertawe (OGGV) 2004. Arddangosfeydd undyn yn cynnwys Oriel Laure Genillard, Llundain 1990; Amgueddfa Städtisches Abteiberg, Mönchengladbach, Yr Almaen 1992; Oriel Mission, Abertawe 2001; *Shelf Life*, Oriel Mostyn, Llandudno 2002 (teithiol). Gwaith wedi'i gynnwys mewn cyhoeddiadau niferus gan gynnwys 'Mapping the Future' (*Frieze*, rhif 3, Chwefror 1993); *Technique Anglaise: Current Trends in British Art*, golygyddion Liam Gillick ac Andrew Renton (Thames and Hudson/One Off Press 1991); *Imaging Wales*, Hugh Adams (Seren Books, Pen-y-bont ar Ogwr 2003). Fideo, *Craig Wood* (Y Cyngor Prydeinig 1993). Casgliadau'n cynnwys Amgueddfa Vac A; Casgliadau Tate, Llundain; Cyngor Celfyddydau Lloegr; OGGV; Oriel Gelf Fodern Genedlaethol yr Alban, Caeredin; Oriel Gelf Whitworth, Manceinion. 'Safle-penodedig yw dull fy ngwaith.' Yn byw yn Nhalacharn, gorllewin Cymru.
*Yr artist*

### Julie WOOD 1952–
**Ceramegydd, ffotograffydd. Ganed yn Yr Orsedd, gogledd Cymru.**

Astudiodd yng Ngholeg Politechnig Brighton 1986–89 (gradd yn y dosbarth cyntaf); Y Coleg Celf Brenhinol, Llundain 1989–91 (MA Cerameg a Gwydr); Sefydliad Llundain 2003–04. Darlithydd, Prifysgol Brighton 1991–2000. Gwobrau'n cynnwys Constance West 1989; Y Gymdeithas Gelfyddydau Frenhinol 1990, 1993; Comité Colbert 1990; Grant Sefydlu, y Cyngor Crefftau 1993. Arddangosfeydd ar y cyd yn cynnwys y Gymdeithas Gelfyddydau Frenhinol, Llundain 1991 (teithiol); Amgueddfa Victoria ac Albert, Llundain 1993, 1995; *On the Edge*, Y Cyngor Crefftau (teithiol i Ganolfan y Celfyddydau Aberystwyth) 1993; Eisteddfod Genedlaethol Cymru, Abergele 1995 (arobryn); *Beyond Materials*, Oriel Mostyn, Llandudno 1998 (teithiol); *Diaspora*, Canolfan Grefft Rhuthun 2002 (teithiol). Arddangosfeydd deuddyn, *Freshwater/Wood*, Celfyddydau Cymhwysol Cyfoes, Llundain ac Oriel, Cyngor Celfyddydau Cymru, Caerdydd 1996; *Dialectic*, Gŵyl Art Wave Lewes 2006 (gyda C Morey de Morand). Arddangosfeydd un-ddynes, *Inspired by Collection*, Amgueddfa Ddynoliaeth, Llundain 1992; *Nine Lives*, Y Gynghrair Dramor Brydeinig, Llundain 1995. Gwaith wedi'i gynnwys yn *Ceramic Review* (Mai/Mehefin 1993, Gorff/Awst 1996); *New British Design*, Peta Levi (Mitchell Beazley 1998). Casgliadau'n cynnwys Amgueddfa Paisley; Oriel Gelf Dinas Caerefrog; Oriel Gelf Walker, Lerpwl; Y Gymdeithas Gelf Gyfoes, Llundain. Yn byw yn Lewes, Lloegr.
*Yr artist*

### Nigel WOOD 1960–
**Peintiwr. Ganed yn Reading, Lloegr.**

Ei nain yn Gymraes. Astudiodd yng Ngholeg Celf Dyfed (darlunio bywyd gwyllt) 1980–84. Peintiwr llawnamser o 1984. Gwobr Art West 1994. Arddangosfeydd ar y cyd yn cynnwys Oriel, Cyngor Celfyddydau Cymru, Caerdydd 1985; Fountain Fine Art, Llandeilo (FFA) 1988; *BP Portrait Awards*, Yr Oriel Bortreadau Genedlaethol, Llundain 1993, 1996; *People and Beasts*, Oriel Myrddin, Caerfyrddin (OMC) 1993; *Hunting plc Art Prizes*, Y Coleg Celf Brenhinol, Llundain 1994, Oriel Gelf Glynn Vivian, Abertawe (OGGV) 1995; *Intimate Portraits*, OGGV 1995 (teithiol); Oriel Martin Tinney, Caerdydd 1996, 1999. Arddangosfeydd deuddyn (gyda Gillian Still), FFA 1990, Galerie Beim, Rotenturm 1992. Arddangosfeydd undyn yn cynnwys Theatr Mwldan, Aberteifi 1993; OMC 1995 (teithiol); FFA 2006. Gwaith wedi'i adolygu yn y wasg genedlaethol a lleol; *ArtCReview* (Medi 1990); teledu rhanbarthol y BBC 1998. Gwaith yng nghasgliad Cyngor Sir Gaerfyrddin. 'Portreadau a thirluniau. Siarcol, pastel, olew.' Yn byw ym Mhencader, gorllewin Cymru.
*Yr artist*

### David WOODFORD 1938–
**Enw gwaith David James Woodford, peintiwr, gwneuthurydd printiau.**
**Ganed yn Rawmarsh, Lloegr.**

Ei fam yn Gymraes. Astudiodd yng Ngholeg Celf Gorllewin Swydd Sussex 1955–59; Coleg Celf Leeds 1959–60; Ysgolion yr Academi Frenhinol, Llundain 1965–68. Athro mewn ysgolion uwchradd yn Lloegr 1961–65. Cyrhaeddodd Gymru ym 1968. Aelod o'r Academi Frenhinol Gymreig (AFG). Arddangosfeydd niferus ar y cyd gan gynnwys *Arddangosfa Haf*, Yr Academi Frenhinol, Llundain 1966, 1967; Eisteddfod Genedlaethol Cymru, Ynys Môn 1983 (arobryn ar y cyd); AFG 1999 (teithiol); Amgueddfa ac Oriel Gelf Dinas Henffordd. Arddangosfeydd undyn yn cynnwys Oriel, Cyngor Celfyddydau Cymru 1977; *Moments of Light*, Oriel Mostyn, Llandudno 1981; Oriel Ynys Môn, Llangefni 1994 (teithiol); Llyfrgell Genedlaethol Cymru, Aberystwyth (LlGC) 1995; Oriel Martin Tinney, Caerdydd 2002; *Elemental Associations*, Plas Glyn-y-Weddw, Llanbedrog 2005 (teithiol). Cyhoeddiadau yn cynnwys *Elemental Associations* (DW Publications 2005). Casgliadau'n cynnwys Amgueddfa Cymru; CCGC; Cyngor Celfyddydau Lloegr; LlGC. '[arlunydd] traddodiadol sy'n edrych eto ar yr olwg sydd ar sut olwg sydd ar bethau . ....nid oes unrhyw ddylanwad arall heblaw'r dirwedd ei hun.' Yn byw ym Methesda, gogledd Cymru.

*Yr artist*

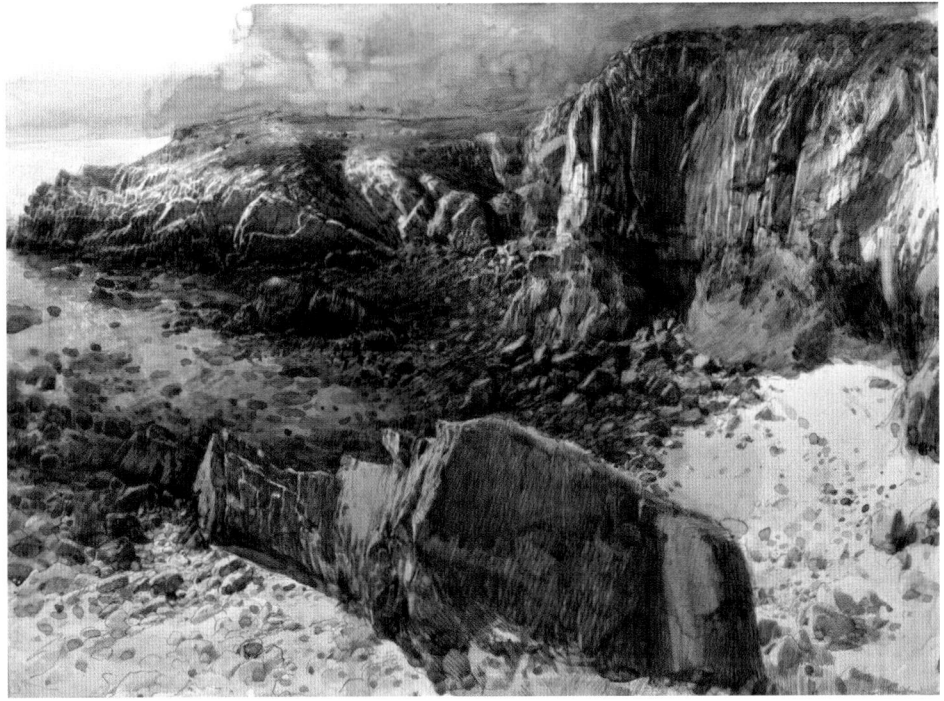

300 | David Woodford
*Porth Saint* 2001

## PD WOODFORD 1950–
### Enw gwaith Paul David Woodford, peintiwr. Ganed yn Southampton, Lloegr.

Astudiodd yng Ngholeg Technegol Basingstoke 1981–82; Coleg Celf, Dylunio ac Addysg Bellach Portsmouth 1983–86, gyda Nicola Hicks (gradd yn y dosbarth cyntaf). Cyrhaeddodd Gymru ym 1998. Darlithydd/athro, colegau/ysgolion yng Nghymru a Lloegr o 1992. Artist preswyl, Coleg Castell-nedd Port Talbot 1999–2001. Arddangosfeydd niferus ar y cyd gan gynnwys *Valley of Shadows*, Oriel Atrium, Derby 1997; Oriel yr Atig, Abertawe (OA) 2000–06; Oriel Albany, Caerdydd 2002; Oriel Mount Street, Aberhonddu 2004–05. Arddangosfeydd deuddyn, OA 2001, 2003. Arddangosfeydd undyn, Theatr Lawrence Batley, Huddersfield 1996; Art Matters, Dinbych-y-pysgod 2005; OA 2006. Casgliadau'n cynnwys Llyfrgell Genedlaethol Cymru, Aberystwyth; Palas San Steffan, Llundain. '...lle mae dŵr a chreigiau'n cwrdd, lle mae'r awyr yn cyffwrdd â'r gorwel, "ymylon" tirluniau.' Yn byw ym Mhorthcawl, de Cymru.

*Yr artist*

## Frances WOODLEY 1952–
**Cerflunydd ceramig, gwneuthurydd printiau. Ganed yn Münster, Yr Almaen.**

Astudiodd yn Academi Gelf Caerfaddon 1970–71; Coleg Celf Caerdydd 1972–75, gydag Alan Barrett-Danes, Eric Malthouse, Phil Jennings, Frank Vining; Polytechnig Manceinion 1975–76 (MA Gwneud Printiau); Athrofa Addysg Uwch De Morgannwg (TAR) 1977–78, gyda David; Y Brifysgol Agored (PA) o 2006 (MA Hanes Celf). Athrawes, Ysgol Uwchradd Dyffryn, Casnewydd, Gwent 1980–82; Pennaeth Celf a Dylunio, Coleg Pont-y-pŵl 1982–91; Pennaeth Celf, Prifysgol Morgannwg o 1991. Aelod o '4', Grŵp Arddangos Prifysgol Morgannwg; aelod cysylltiol o Grŵp Arlunio Caerdydd. Arddangosfeydd niferus ar y cyd gan gynnwys *Free Association*, Amgueddfa ac Oriel Gelf Casnewydd (AOGCas) 2003; *The Fragmented Figure*, Oriel Gerddi Howard, Athrofa Prifysgol Cymru, Caerdydd 2005. Arddangosfeydd deuddyn, Oriel, Cyngor Celfyddydau Cymru, Caerdydd (gyda Ken Elias) 1978; Canolfan Gelfyddydau Chapter, Caerdydd (gydag Ian Grainger) 1983. Gwaith wedi'i gynnwys mewn catalogau ac erthyglau papurau newydd. Casgliadau'n cynnwys AOGCas; Prifysgol Aberystwyth; Prifysgol Bangor. Prynwyd gwaith gan Gyngor Celfyddydau Cymru. Yn byw yn Radur, de Cymru.
*Yr artist*

## Pip WOOLF 1954–
**Peintiwr. Ganed yn Llundain, Lloegr.**

Astudiodd ym Mhrifysgol Keele 1973–77 (Bioleg a Saesneg; Saesneg a Drama); Polytechnig Dinas Llundain 1978–80 (Aelod o'r Sefydliad Bioleg, Ecoleg ac Ymddygiad); Ysgol Gelf a Dylunio Queen's Road, Bryste 1990–92. Athrawes, 1978–81; cyfarwyddwr prosiect, Ymddiriedolaeth Bywyd Gwyllt Avon 1981–87; prosiectau amgylcheddol, gwaith stiwdio o 1987. Cyrhaeddodd Gymru ym 1993. Dyfarniad Cymru Greadigol, Cyngor Celfyddydau Cymru 2002. Trefnydd, *Big Draw*, Oriel Gelf ac Amgueddfa Brycheiniog, Aberhonddu (AOGB) o 2001. Comisiynau'n cynnwys Ysbyty Frenchay Bryste 1992. Aelod o'r Gymdeithas Artistiaid Genedlaethol; Y Grŵp Cymreig. Arddangosfeydd ar y cyd yn cynnwys *Biennale Arlunio Cymru*, Canolfan y Celfyddydau Aberystwyth 1997 (teithiol); *Rare*, Gŵyl Ryngwladol y Menywod, Oriel Washington, Penarth 2002; *Identity*, Oriel Davies, Y Drenewydd 2004; *Works on Paper, Artists from South East Wales*, The Gate, Caerdydd 2005; *Lines & Strata*, Oriel Mwldan, Aberteifi 2006. Mae arddangosfeydd un-ddynes yn cynnwys *From a Brecon Barn, Winterreise*, Y Tabernacl, Machynlleth 1999; *Rare Music*, AOGB 2001; *Re-Presenting Wool*, Amgueddfa Werin Cymru, Sain Ffagan 2003; *Marking a Point*, Amgueddfa ac Oriel Gelf Casnewydd 2006 (teithiol). Cyhoeddiadau'n cynnwys 'Winter in India', *AN* (Tachwedd 1993); 'One Piece of Advice', *Artists and Illustrators* (Ionawr 1997); *Winterreise, Interpretations Across Two Centuries from Franz Schubert to Wilhelm Müller*, gyda Robert Lloyd a Julius Drake (Seren Books, Pen-y-bont ar Ogwr 2000). Casgliadau'n cynnwys Canolfan Feddygol y De-orllewin ym Mhrifysgol Dallas; Cymdeithas Celf Gyfoes Cymru; Ymddiriedolaeth Gelf Amgueddfa Frycheiniog. Yn byw yn Llangynidr, canolbarth Cymru.
*Yr artist*

## Trevor WORTON 1936–
**Enw gwaith Trevor Edward Worton, cerflunydd, ceramegydd. Ganed yn Cradley, Lloegr.**

Astudiodd yn Ysgol Gelf Stourbridge 1952–58, gyda Bill Stanier, George Webb; Coleg Celf Birmingham 1958–59, gyda Dick Field, John Newick. Bu'n gweithio gyda WJ Bloye 1953–58 ar gomisiynau, gan gynnwys y Palas Brenhinol, Baghdad; Prifysgolion Rhydychen, Leeds, Reading a Belffast. Darlithydd, Ysgol Gelf Henffordd 1959–64; Uwch-ddarlithydd, Coleg Addysg Athrofa Prifysgol Cymru, Caerdydd 1964–2001. Mae comisiynau'n cynnwys Cyngor Dinas Caerdydd. Cyfarwyddwr, Oriel y Crefftwyr, Caerdydd 1976–79. Aelod o Grochenwyr De Cymru (Llywydd am 5 mlynedd). Arddangosfeydd ar y

cyd yn cynnwys Eisteddfod Genedlaethol Cymru (EGC), Y Barri 1968 (enillydd); *From Earth and Fire*, EGC/Cyngor Celfyddydau Cymru (CCC) 1973 (enillydd); *Welsh Artists Four*, Oriel Gelf Glynn Vivian, Abertawe 1975; *Ten Potters*, EGC Caerdydd/CCC 1978 (teithiol); *Thirty Years On*, Oriel Gelf Dinas Henffordd (OGDH) 1991. Arddangosfeydd deuddyn, *Permutations*, OGDH 1994. Arddangosfa undyn, Gŵyl Gerddoriaeth yr Ugeinfed Ganrif Caerdydd, 1974. Cyhoeddiadau'n cynnwys *Ceramics in Schools* (Amgueddfa Cymru (AC), Gwasanaeth Ysgolion 1974); *Elements of Form – Craft Design Technology Teaching Pack* (Cyd-bwyllgor Addysg Cymru 1991). Casgliadau'n cynnwys AC; OGDH. Prynwyd gwaith gan CCC. '… roedd fy nhaid yn saer cadwyni… roedd gweddill fy nheulu… yn y diwydiant gwneud briciau.' 'Y tirlun o'r Graig a bryniau Caerffili… pensaernïaeth capeli Cymru.' Yn byw yng Nghaerdydd, de Cymru.
*Yr artist*

### Austin WRIGHT 1911–1997
**Enw gwaith Austin Andrew Wright, cerflunydd. Ganed yng Nghaer, Lloegr.**

Ei dad yn Gymro. Bu'n byw yng Nghaerdydd 1912–canol y 1930au. Astudiodd yng Ngholeg Celf Caerdydd (dosbarthiadau nos); New College, Rhydychen (Ieithoedd Modern). Athro, Ysgol Downs, Malvern 1934–37; Ysgol Bootham, Caerefrog 1937–48. Darlithydd, Ysgol Gelf Caerefrog 1948–54. Gwobr Gaffael Ricardo da Silvera, Biennale São Paulo, Brasil 1957. Cymrawd Gregory mewn Cerfluniaeth, Prifysgol Leeds 1961–64. Arddangosfeydd niferus ar y cyd yn cynnwys *Contemporary Welsh Painting and Sculpture*, Pwyllgor Cymreig Cyngor Celfyddydau Prydain Fawr/Amgueddfa Genedlaethol Cymru 1956, 1957, 1962; *Ten Young British Sculptors*, Y Cyngor Prydeinig 1956 (teithiol); *Sculpture 1850 and 1950*, Holland Park, Cyngor Sir Llundain 1957; Cymdeithas Celf Gyfoes Cymru (CCGC) 1963, 1977; Eisteddfod Genedlaethol Cymru, Abertawe 1964. Ymddiriedolaeth Gerfluniaeth Cymru, Parc Margam 1982, 1984. Mae arddangosfeydd undyn yn cynnwys Oriel Gelf Dinas Wakefield 1960 (teithiol), 1977; Parc Cerfluniaeth Swydd Efrog 1981; Oriel Gelf Dinas Caerefrog 1994. Gwaith wedi'i gynnwys yn *The Sculpture of Austin Wright*, James Hamilton (Lund Humphries/Sefydliad Henry Moore 1994); adolygiadau, erthyglau yn cynnwys *Art Review* (Charlotte Mullins, Mehefin 2000); ffilm, *The Secret Middle*, Cymdeithas Gelf Swydd Efrog 1973. Casgliadau'n cynnwys Amgueddfa Cymru; Amgueddfa Fitzwilliam, Caergrawnt; Casgliadau Tate, Llundain; CCGC; Cyngor Celfyddydau Lloegr; Orielau Dinas Leeds; Oriel Gelf Glynn Vivian, Abertawe. Prynwyd gwaith gan Gyngor Celfyddydau Cymru. Roedd yn byw yn Upper Poppleton, Lloegr.

### John WRIGHT 1931–2013
**Peintiwr, gwneuthurydd ffilmiau. Ganed yn Llundain, Lloegr.**

Cyrhaeddodd Gymru ym 1939. Astudiodd yn Ysgol Gelf Caerfyrddin 1948–52, gyda Stanley C Lewis; Coleg Celf Kingston upon Thames 1952–1953, gyda John Newton, Augustus Lunn; Coleg Prifysgol Abertawe 1954–55. Darlithydd, Ysgol Gelf Henffordd 1955–59; Coleg Celf a Dylunio Casnewydd 1959–75 (Pennaeth 1965–75); Is-bennaeth, Coleg Addysg Uwch Gwent, Casnewydd, 1975–89. Comisiynau'n cynnwys Coleg Prifysgol Caerdydd 1962. Dylunydd cynorthwyol, Yr Arwisgiad Brenhinol, Caernarfon 1969. Gwobr Byng Stamper, Cymdeithas Celf Gyfoes Cymru (CCGC) 1957; Gwobr Gŵyl Llandaf 1961; Gwobr Dewi Sant, Cyngor Celfyddydau Cymru (CCC) 1964; Montero d'Or, Montpellier 1969. Aelod sefydlu, Grŵp 56 Cymru (G56C) (1956–67). Mudodd i Sbaen 1989. Arddangosfeydd niferus ar y cyd yn cynnwys CCC 1953–65 (gwobr brynu, *Contemporary Welsh Painting and Sculpture* 1955); *Dylan Thomas Memorial Exhibition*, Lacharn 1956; Eisteddfod Genedlaethol Cymru, Aberdâr 1956, Caerdydd 1960; CCGC 1958, 1961, 1963, 1967; *John Moores*, Oriel Gelf Walker, Lerpwl 1961, 1963. Arddangosfeydd deuddyn yn cynnwys *Two Artists from Wales*, CCC 1966 (gyda Tom Rathmell) (teithiol). Arddangosfeydd undyn yn cynnwys Oriel Howard Roberts, Caerdydd 1961, 1963; Oriel Bear Lane, Rhydychen 1967; Oriel Pentagon, Efrog Newydd 1971; *Mountain Pictures*, Oriel Alpine, Boston, UDA 1972. Gwaith wedi'i gynnwys mewn cyhoeddiadau niferus, gan gynnwys *Artists in Wales*, golygydd Meic Stephens (Gwasg Gomer 1971); *Art in Wales*, Eric Rowan (CCC/Gwasg Prifysgol Cymru 1978); *Mynyddoedd*, Ioan Bowen Rees (Gomer). Casgliadau'n cynnwys Amgueddfa Cymru; CCGC; Llyfrgell Genedlaethol Cymru, Aberystwyth; Oriel Gelf Glynn Vivian, Abertawe; Amgueddfa ac Oriel Gelf Casnewydd; Sefydliad Knox, Boston, UDA; Casgliadau Tate, Llundain. Prynwyd gwaith gan CCC. Ysbrydoliaeth o Gymru a Sbaen. Roedd yn byw yn Estepona, Sbaen.

*Yr artist*

## WT Gweler Winifred THOMAS

## Nancy WYNNE-JONES 1922–2006

**Enw gwaith Mary Esperance Wynne-Jones, peintwraig, artist yn defnyddio arlunio. Ganed yn Nolgellau, gogledd Cymru.**

Bu'n byw yng Nghymru tan 1939. Yn blentyn, bu Ruth Jervis yn ei haddysgu. Astudiodd yn yr Academi Gerdd Frenhinol, Llundain 1940–43; Ysgol Celf Gain Heatherley, Llundain; Coleg Celf a Dylunio Chelsea, Llundain 1952–55, gyda Prunella Clough; St Peter's Loft, St Ives, rhwng 1957–64, gyda Peter Lanyon. Ymgartrefodd yn Iwerddon ym 1972. Cymrodoriaeth Ballinglen 1994. Aelod Anrhydeddus Academi Frenhinol Iwerddon (AFI); Aosdána. Arddangosfeydd ar y cyd yn cynnwys *Eleven British Artists*, Oriel Jefferson Place, Washington DC 1959; *The Probity of Art*, Cyngor Celfyddydau Cymru (CCC) 1980 (teithiol); *The Shadow of My Hand*, Oriel, CCC, Caerdydd 1981; *Hendriks Gallery International*, Efrog Newydd 1988; *Contemporary Artists from Ireland*, Oriel Austin Desmond, Llundain 1990; *British Abstract Art of 1950s and 60s*, Oriel Belgrave, Llundain 1992; *Artists' Century*, Oriel Gallagher AFI, Dulyn (OG AFI) 2000. Arddangosfeydd un-ddynes yn cynnwys Canolfan New Vision, Llundain 1962, 1965; Galleria Numero, Fflorens 1963; Dolgellau (canolfan anhysbys) 1964; Oriel Lincoln, Dulyn 1982, 1985; Oriel Hendriks, Dulyn 1988; Orielau Taylor, Dulyn 1990, 1995, 1997, 2000, 2002; adolwg, OG AFI /Coleg Prifysgol, Corc 1992 (teithiol). Wedi'i chynnwys yn *Nancy Wynne-Jones at Eighty*, Brian Fallon (Gandon Editions 2002); gwasg genedlaethol Iwerddon. Casgliadau'n cynnwys Cyngor Celfyddydau Lloegr; Cyngor Celfyddydau Iwerddon. Prynwyd gwaith gan CCC. 'Peintwraig hael a swynwyd gan dirweddau Celtaidd gwyllt.' *(David Whittaker, The Guardian, 29 Tachwedd 2006)* Roedd yn byw yn Rathdrum, Iwerddon.

*Bridget Fallon*

# ARTISTIAID: Y

**Pat YALLUP** 1929–
**Enw gwaith Patricia Anne Harvey-Yallup, peintwraig. Ganed yn Johannesburg, De Affrica.**
Astudiodd yng Ngholeg Celf Witwatersrand, Johannesburg 1946–1950; Coleg Celf Twickenham 1961–63, gydag Osmund Caine, Edward Burrett. Cyrhaeddodd Gymru ym 1970. Sefydlodd orielau, Canolfan Gelfyddydau Cas-gwent 1973–80, Oriel yr Old Bell, Cas-gwent 1980–90; cyrsiau celf, gweithdai yn Nhŷ'r Oriel, Llandogo, o 1980. Cyn-aelod o Gymdeithas Gelf Dyffryn Gwy. Arddangosfeydd yn cynnwys Neuadd y Sir, Trefynwy 1992–95, 1999–2005; Oriel Albany, Caerdydd 2001, 2002; Neuadd Dewi Sant, Caerdydd 1994. Arddangosfeydd un-ddynes yn cynnwys Cas-gwent, Llandogo, o 1973; Oriel Drian, Llundain 1997. Cyhoeddiadau'n cynnwys *Creative Imagination: Paintings by Pat Yallup, Poems by John Birch* (Pat Yallup 1995, 2000, 2005); *View of our Time – Painting the Sixth Sense* (Pat Yallup 2000). Casgliadau'n cynnwys yr Eglwys yng Nghymru (Eglwys Sant Oudoceus, Llandogo). Olew, ddyfrlliwiau; 'argraffiadaeth haniaethol'. Yn byw yn Llandogo, de Cymru.
*Yr artist*

**Jeremy YATES** 1947–
**Enw gwaith Jeremy Simon Liddell Yates, peintiwr. Ganed yn Wolverhampton, Lloegr.**
Astudiodd yng Ngholeg Celf Stafford 1963–65; Coleg Celf Brighton 1965–68; Coleg Celf Chelsea, Llundain 1968–69. Athro, East Finchley, Llundain 1969–70. Cyrhaeddodd Gymru ym 1977. Tiwtor Celf (rhan-amser), o 1977, Adran Dysgu Gydol Oes, Prifysgol Cymru, Bangor (PCB); Coleg Harlech/Cymdeithas Addysg y Gweithwyr; cyrsiau celf preswyl, Canolfan Astudio Parc Cenedlaethol Eryri, Maentwrog; Cyngor Astudiaethau Maes, Betws-y-coed; Coleg Gwynedd, Bangor 1990–94. Cymrawd Ymchwil, Canolfan Celf Brydeinig Yale, New Haven, UDA 1994. Prosiectau ymchwil arddangosfeydd yn cynnwys *Cotman in Wales*, Oriel Mostyn, Llandudno (OM)/Oriel Ynys Môn (OYM) 1989–92, 2003–04; *Sir Frank Brangwyn RA*, PCB 2006. Aelod o'r Academi Frenhinol Gymreig, Conwy, o 1994. Arddangosfeydd ar y cyd yn cynnwys *Arddangosfa Wanwyn*, Sefydliad Brenhinol y Peintwyr mewn Dyfrlliwiau, Llundain, o 1980; *Arddangosfa Haf*, Y Gymdeithas Ddyfrlliwiau Frenhinol, Llundain, o 1980; OM 1984, 1989; Eisteddfod Genedlaethol Cymru 1985, 1990; Oriel Plas Glyn-y-Weddw 1996. Arddangosfeydd undyn yn cynnwys Oriel Tegfryn, Porthaethwy 1999 (teithiol); OYM 1998; *New Worlds, New Works – Jeremy Yates*, OYM 2003 (teithiol); Gŵyl Biwmares 2005; *A Life in Art 1968–2005*, Celfyddydau Sir Ddinbych, Oriel Llyfrgell Dinbych 2005. Cyhoeddiadau'n cynnwys adolygiadau 1979–92, *LINK* (Cymdeithas Artistiaid a Dylunwyr yng Nghymru); 'Cotman and Munn at Capel Curig in 1802' (cylchgrawn *Watercolours and Drawings* 1989). Darluniau ar gyfer *The Carved Slates of Dyffryn Ogwen*, G Caffell (Amgueddfa Cymru, Caerdydd 1981); *The Fifteen Noble Tribes of North Wales*, Selwyn Roberts (Selwyn Roberts 1984); *Snowdon and its Railway* (Magma Publications, Biwmares 1985); *Time and the Valley*, David Hubback (Gwasg Carreg Gwalch 1987). Dyfrlliwiau, olew, acryligau; tirluniau, paentiadau ffigurau. Yn byw ym Methesda, gogledd Cymru.
*Yr artist*

## Geoff YEOMANS 1934–
**Peintiwr. Ganed yn Birkenhead, Lloegr.**

Astudiodd yn Ysgol Gelf Laird, Birkenhead 1951–54; Coleg Celf Lerpwl 1954–56, gyda Harry Hoodless, GW Oliver; Coleg Polytechnig Birmingham 1976–77. Pennaeth Celf, ysgol uwchradd fodern 1958–60; Darlithydd, Ysgol Gelf Warrington 1960–64; Darlithydd/Cyfarwyddwr, Ysgol Gelf Nuneaton 1964–87. Artist preswyl, ysgolion yn Swydd Gaerlŷr 1985–90. Cyrhaeddodd Gymru ym 1990. Aelod o'r Academi Frenhinol Gymreig (AFG). Arddangosfeydd ar y cyd yn cynnwys *Arddangosfa Haf*, Yr Academi Frenhinol, Llundain 1975, 1976, 1979, 1980, 1983; *John Moores*, Oriel Gelf Walker, Lerpwl (OGW) 1980; Neuadd Dewi Sant, Caerdydd 1993; *Swansea Waterlines*, Canolfan Gelfyddydau Taliesin, Abertawe 1994; Eisteddfod Genedlaethol Cymru, Pen-y-bont ar Ogwr 1998; AFG 2003, 2004, 2005. Arddangosfeydd undyn yn cynnwys *Towards a Greater Definition*, Neuadd y Frenhines, Arberth 1998; *Paentiadau Newydd*, Y Tabernacl, Machynlleth 2001; *Still Life to Landscape*, Oriel Henry Thomas, Caerfyrddin; *Pembrokeshire Necklace*, Canolfan Gelfyddydau Taliesin, Abertawe 2005; Amgueddfa ac Oriel Gelf Dinbych-y-pysgod 2006. Ei waith wedi'i gynnwys mewn llawer iawn o erthyglau mewn papurau cenedlaethol a chylchgronau ac mewn rhaglenni teledu. Casgliadau'n cynnwys Coleg Balliol, Rhydychen; Cymdeithas Celf Gyfoes Cymru; OGW; Ymddiriedolaeth SH Picker. 'Paentio bywyd llonydd … mae hyn yn cynnwys ochrau rhydlyd llongau, hen ddrysau, ffrwythau'n pydru a detritws cyffredinol …' Yn byw yn Amroth, gorllewin Cymru.
*Yr artist*

## Alan YOUNG 1941–
**Peintiwr, darlunydd. Ganed yn Woking, Lloegr.**

Ei dad yn Gymro. Astudiodd yng Ngholeg Celf Maidstone 1962–65, gyda Brian Wildsmith, Peter Coviello, David Hockney; Y Coleg Celf Brenhinol 1965–68, gyda Quentin Blake, Paul Hogarth. Uwch-ddarlithydd, Sefydliad Celf a Dylunio Caint (SCDC)/Coleg y Brifysgol i'r Celfyddydau Creadigol, Maidstone (CPCC) 1971–2007. Grantiau ymchwil, SCDC 1998; gwobr, Bwrdd Ymchwil y Celfyddydau a'r Dyniaethau 2003. Ymweliadau â Phowys, Bannau Brycheiniog, ers y 1960au. Comisiynau ar gyfer darluniau'n cynnwys *Esquire*, Munich; *Lear's Magazine*, Efrog Newydd; *Independent on Sunday*; *Radio Times*. Aelod o Gymdeithas Ddyfrlliwiau Cymru; Cymdeithas y Darlunwyr. Arddangosfeydd ar y cyd yn cynnwys Canolfan Gelfyddydau Abaty Nant Teyrnon, Cwmbrân 2005; Yr Academi Frenhinol Gymreig, Conwy 2006; Amgueddfa ac Oriel Gelf Brycheiniog, Aberhonddu (AOGB) 2007. Arddangosfa ddeudyn, *Parcside in particular…*, Oriel Kilvert, Cleiro (gyda Robert Macdonald) 1992. Arddangosfeydd undyn yn cynnwys Oriel Drew, Caergaint 1985; Canolfan Gelfyddydau'r Drindod, Tunbridge Wells 1987; Oriel Coningsby, Llundain 2004; CPCC 2006. Cyhoeddiadau'n cynnwys *Lord Bone and Other Landscapes* (Lion and Unicorn Press 1968); *A Bomb Inside the Hill* (Outposts Publications 1977); llyfr artist, cyfieithiadau o farddoniaeth gan Edith Södergran, gyda delweddau (2005). Wedi'i gynnwys yn y catalog, *Personal Mythologies*, Jacques Rangasami (SCDC 1988). Casgliadau'n cynnwys AOGB; Llyfrgell Genedlaethol Cymru, Aberystwyth. '… tirweddau, mewnluniau… arsylwi'n uniongyrchol, breuddwydion, mythau.' Yn byw yn Tonbridge, Lloegr.
*Yr artist*

### Sarah YOUNG 1971–

**Enw gwaith Sarah Jane Young, peintwraig. Ganed yn Hwlffordd, gorllewin Cymru.**

Ei mam yn Gymraes. Astudiodd yng Ngholeg Celf a Thechnoleg Caerfyrddin 1989–92, gydag Osi Rhys Osmond; Prifysgol Cymru Aberystwyth 1992–95. Comisiynau'n cynnwys darluniau i gydfynd â cherddi Myrddin ap Dafydd yn *Clawdd Cam* 2003; murlun, Ysgol Gynradd Croes-goch, gorllewin Cymru 2006. Gweithdai yn ysgolion gorllewin Cymru. Arddangosfeydd ar y cyd yn cynnwys Oriel yr Atig, Abertawe (OA) 2005– 07; Eisteddfod Genedlaethol Cymru, Neuadd Dewi Sant 2002; Canolfan Gelfyddydau Gorllewin Cymru, Abergwaun 2006. Arddangosfa ddeuddyn, Boncath, Y Preseli 2004; gyda Ceri Barclay, OA 2006. Arddangosfa un-ddynes, Cadeirlan Caerlwytgoed, Lloegr 2004; Oriel Glan y Môr, Abergwaun 2005. Ei gwaith wedi'i gynnwys mewn rhaglenni teledu, S4C 2002, 2006, 2007; BBC 2006. 'Paentiadau… wedi'u hysbrydoli gan dirwedd Sir Benfro …' Yn byw yn Hwlffordd.
*Yr artist*

### Steve YOUNG 1946–

**Enw gwaith Stephen Young, peintiwr. Ganed yn Godalming, Lloegr.**

Astudiodd yng Ngholeg Celf Guildford 1962–64; Ysgol Gelf Chelsea, Llundain 1964–68 (Diploma mewn Celf a Dylunio, yn y dosbarth cyntaf), gyda Ken Kiff, Malcolm Hughes, John Hoyland. Artist preswyl, Prifysgol Sussex 1969. Darlithydd, Coleg Celf Caerdydd 1969; ar ôl hynny Pennaeth Cwrs Sylfaen; Pennaeth Dylunio 2D; Cyfarwyddwr Cwrs, BA Celf Gain, Athrofa Prifysgol Cymru, Caerdydd. Arddangosfeydd ar y cyd yn cynnwys *John Moores*, Oriel Gelf Walker, Lerpwl 1967 (arobryn); *The Probity of Art*, Cyngor Celfyddydau Cymru (CCC) 1980 (teithiol); *Sioe Haf 1*, Oriel y Serpentine, Llundain 1980; *Arddangosfa Flynyddol Hayward*, Oriel Hayward, Llundain 1982; Eisteddfod Genedlaethol Cymru, Casnewydd 1988, Cwm Rhymni 1990 (arobryn); Oriel Martin Tinney, Caerdydd (OMT) 1993–99. Arddangosfa ddeuddyn (gyda Mike Crowther), Oriel, Caerdydd (CCC) 1975. Arddangosfeydd undyn yn cynnwys Oriel Arnolfini, Bryste 1979; Canolfan Gelfyddydau, Caerdydd 1986; Neuadd Dewi Sant, Caerdydd 1989; OMT 2004. Casgliadau'n cynnwys Cyngor Caerdydd; Cymdeithas Celf Gyfoes Cymru. Prynwyd ei waith gan CCC. 'Erbyn hyn mae'r dylanwadau mwyaf arno'n dod o gelf Ffrengig… (a) paentio Sgandinafaidd o ddiwedd y bedwaredd ganrif ar bymtheg…' Yn byw yng Nghaerdydd, de Cymru.
*Yr artist*

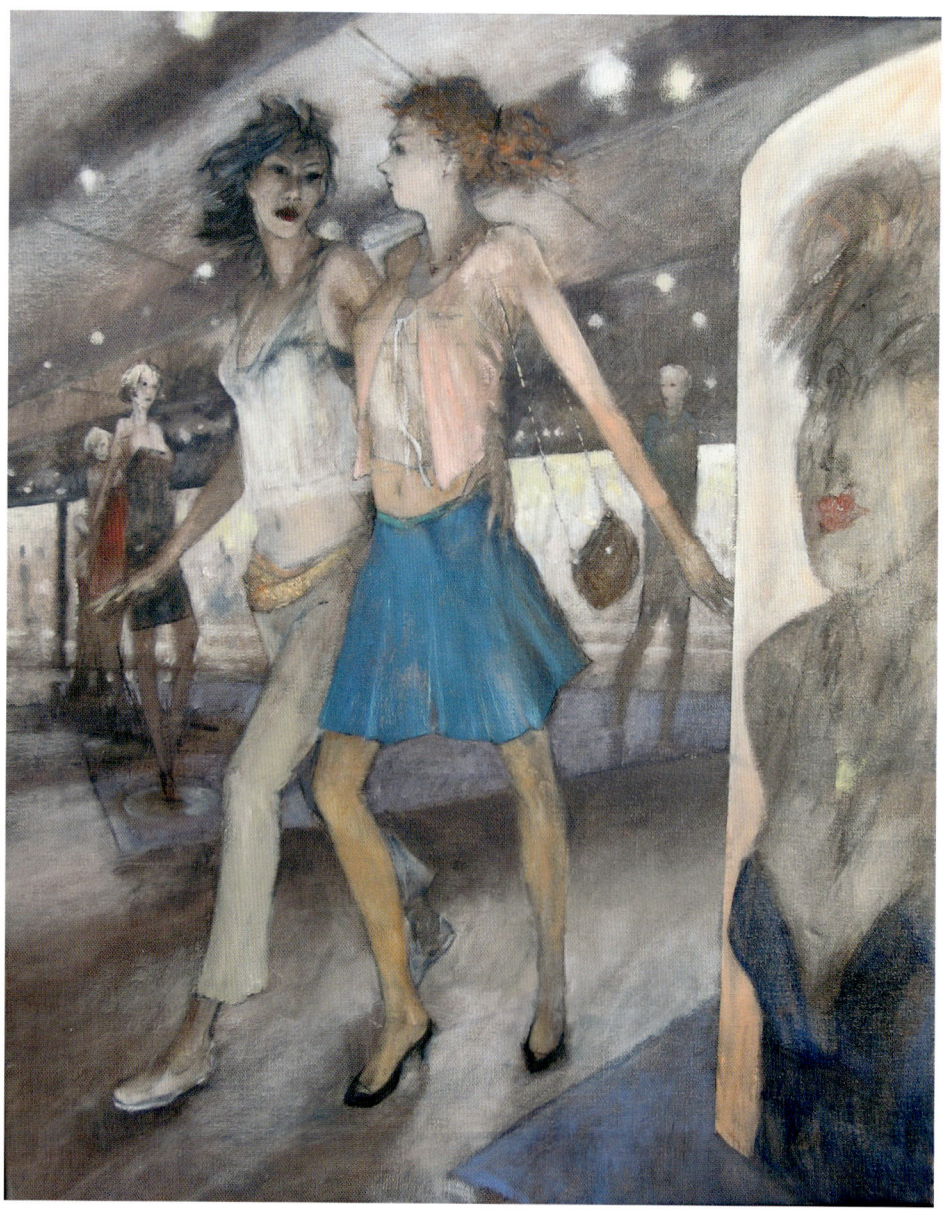

301 | Stephen Young
*Girlfriends* 2006

## Nan YOUNGMAN 1906–1995

**Enw gwaith Nan Youngman, OBE, peintwraig. Ganed yn Maidstone, Lloegr.**

Astudiodd yn Ysgol Gelf Gain Slade 1924–27 (arobryn 1926), gyda Henry Tonks, Philip Wilson Steer; Coleg Hyfforddiant Dydd Llundain 1928. Athrawes, Ysgol Uwchradd Highbury Hill, Llundain 1929–44; Ymgynghorydd Celf i Swydd Gaergrawnt 1944. Cadeirydd, Cymdeithas Addysg drwy Gelf; Trefnydd, *Pictures for Schools*, Lloegr 1947, Cymru 1950. Cadeirydd, Bwrdd Astudiaethau Celf Athrofa Addysg Caergrawnt 1951; darlithydd, Y Cyngor Prydeinig 1952–59. Teithiodd yn helaeth yn Ewrop ac UDA 1950au-60au. Ymweliad cyntaf â Chymru 1951; ymweliadau cyson o 1967. Aelod sefydlu Cymdeithas Peintwyr a Cherflunwyr Caergrawnt; aelod o'r Clwb Celf Seisnig Newydd; Grŵp Llundain; Cymdeithas Artistiaid Rhyngwladol; Clwb Celf Rhyngwladol y Merched. Trefnydd ac athrawes, y Mill Group, o'r 1960au. Arddangosfeydd niferus ar y cyd gan gynnwys *Arddangosfa Haf*, Yr Academi Frenhinol, Llundain 1939; *Pictures for Schools* 1947–1970au (teithio yn Lloegr, Cymru, Yr Alban); Oriel Heffer, Caergrawnt (OH) 1952–72; *Ten Decades*, Llundain a Norwich 1991. Arddangosfeydd undyn yn cynnwys Orielau Caerlŷr 1953; Coleg Clare, Caergrawnt 1957; OH 1965, 1968; Old Fire Engine House, Ely 1972, 1974, 1976, 1978; adolygol, Kettle's Yard, Caergrawnt 1987; adolygol, Oriel Morley, Llundain 1997. Gwaith wedi'i gynnwys mewn cyhoeddiadau niferus gan gynnwys cylchgrawn *Athene; Nan Youngman 1906–1995*, golygydd Julian Rea (1997). Casgliadau'n cynnwys Amgueddfa ac Oriel Gelf Casnewydd; Amgueddfa Cymru; Cyngor Caerdydd; Cymdeithas Celf Gyfoes Cymru; Oriel Dinas Manceinion. Prynwyd ei gwaith gan Gyngor Celfyddydau Cymru. 'Am 10 mlynedd roedd cymoedd de Cymru a'r trefi mawr cyfagos yn darparu'r ysbrydoliaeth ar gyfer peth o'i gwaith gorau.' *(Julian Rea)*. Roedd yn byw yn Waterbeach, Lloegr.

*Julian Rea*

# ARTISTIAID: Z

Z

### Ernest ZOBOLE 1927–1999
**Peintiwr. Ganed yn Ystrad, de Cymru.**

Astudiodd yn Ysgol Gelf Caerdydd 1948–53 (un o 'Grŵp y Rhondda'). Gwasanaeth yn y fyddin, Y DU, Palesteina, Yr Aifft 1945–48. Ymweliadau â Sefydliad Dowlais, Pwyllgor Addysg Merthyr, ar ddechrau'r 1950au; Heinz Koppel yn ddylanwad arno. Athro, Ysgol Llangefni, Ynys Môn 1953–57; ysgolion, Aberdâr, Treorci 1958–63; darlithydd, Coleg Celf Casnewydd/Coleg Addysg Uwch Gwent 1963–84. Bwrsari Cyngor Celfyddydau Cymru (CCC) 1965. Cymrawd er Anrhydedd, Prifysgol Abertawe 1996; DLitt (ar ôl marwolaeth), Prifysgol Morgannwg, Pontypridd (PM) 2001. Comisiynau'n cynnwys CCC 1966; Coleg Cerdd a Drama Cymru, Caerdydd/CCC 1974. Aelod o Grŵp De Cymru/Y Grŵp Cymreig; Grwp 56 Cymru 1956–70. Arddangosfeydd niferus ar y cyd gan gynnwys *Welsh Drawings*, Pwyllgor Cymreig Cyngor Celfyddydau Prydain Fawr (PCCCPF) 1963; *Art in Wales, The 20th Century: The Early Years 1900–56*, CCC 1969; *Wales and the Modern Movements*, Coleg Prifysgol Cymru, Aberystwyth 1973 (teithiol); *Ardangosfeydd 40fed a 50fed Mlwyddiant*, Cymdeithas Celf Gyfoes Cymru (CCGC) 1977, 1987, CCGC/Amgueddfa Cymru (AC); *The Probity of Art*, CCC 1980 (teithio'n rhyngwladol); *The Dark Hills The Heavy Clouds*, CCC 1981 (teithiol); *Intimate Portraits*, Oriel Gelf Glynn Vivian, Abertawe (OGGV) 1995.

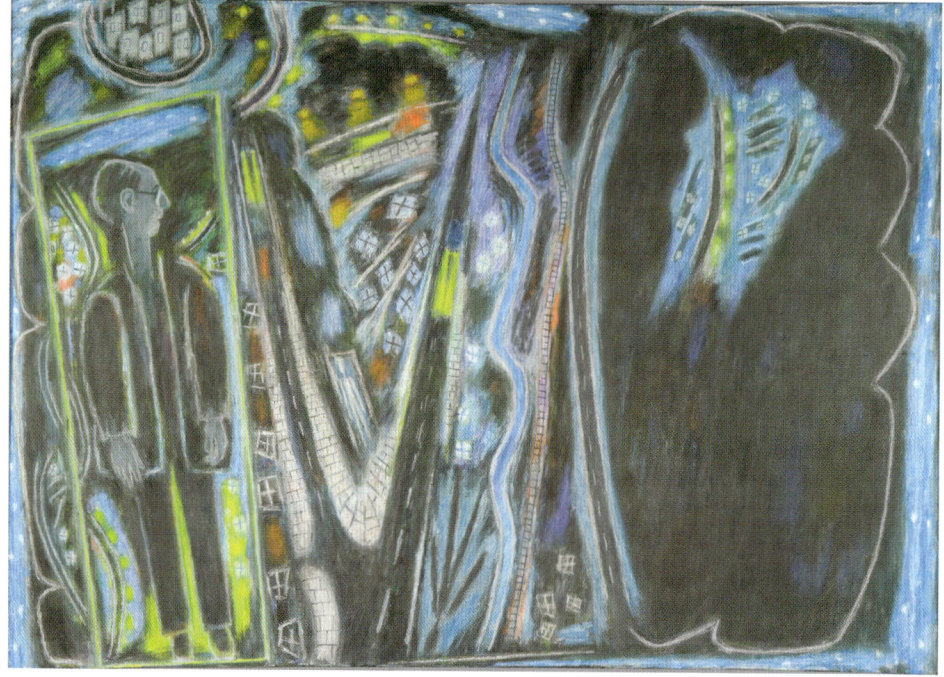

302 | Ernest Zobole
*A Painting about Myself in a Landscape* 1994–95

Arddangosfeydd undyn yn cynnwys *Ernest Zobole: Paintings*, Oriel, CCC, Caerdydd 1978; *Recent Paintings by Ernest Zobole*, Amgueddfa ac Oriel Gelf Casnewydd (AOGC) 1986; Oriel Martin Tinney, Caerdydd 1994, 1997; *Ernest Zobole: a retrospective (touring Wales)*, PM 2004. Testun *Ernest Zobole Art Project*, PM 2001–07. Wedi'i gynnwys yn *Welsh Painters Talking*, golygydd Tony Curtis (Seren Books, Pen-y-bont ar Ogwr (Seren) 1997); ysgrifau coffa yn *y Guardian*, *yr Independent*, *New Welsh Review*, *y Western Mail* 1999; *Ernest Zobole: A Life in Art*, Ceri Thomas (Seren 2007). Casgliadau'n cynnwys AC; AOGC; CCGC; OGGV; Prifysgol De Cymru, Pontypridd; Prifysgolion Abertawe, Aberystwyth, Bangor. Prynwyd gwaith gan CCC.'… yr hyn sydd o'm cwmpas yn uniongyrchol – y tŷ, y dirwedd y tu allan a'r dirwedd a welir trwy ddrysau a ffenestri.' *(Catalog arddangosfa 1963 PCCCPF)*. Roedd yn byw yn Ystrad.

## Wanda ZYBORSKA 1954–

**Enw gwaith Wanda Krystyna Zyborska, artist amlgyfrwng. Ganed yn Killarney, Iwerddon.**

Symudodd i Awstralia ym 1960. Astudiodd yn Sefydliad Technoleg Gorllewin Awstralia, Perth 1972–74; Prifysgol Essex, Wivenhoe, Lloegr (Llenyddiaeth Saesneg) 1977–80; Coleg Addysg Uwch Caer 1999– 2000; 2000–01 (MA Celf Gain). Cyrhaeddodd Gymru ym 1983. Arweinydd Tîm (rhan-amser), Dysgu ac Amrywiaeth, Cyngor Cefn Gwlad Cymru, Bangor 1991–2006; tiwtor (rhan-amser), BA Celf Gain (3-D) ac Ysgol Dysgu Gydol Oes, Prifysgol Cymru Bangor, o 2002. Artist preswyl, *Identidades 2*, Mexico 2005; Biennale Harlech 2005; Gwladfa Artistiaid Galichnik, Macedonia 2007. Aelod sefydlu, Grŵp In8 (1980– 85). Gwobrau'n cynnwys Celfyddydau Rhyngwladol Cymru 2005 (dwy), 2006; Cyngor Celfyddydau Cymru 2006. Digwyddiadau perfformio'n cynnwys *Body*, fideo o berfformiad o *Mastectomy Incognito*, wedi'i drosglwyddo o Fiennale Harlech i Amgueddfa Celf Gyfoes Casoria, Yr Eidal 2007. Arddangosfeydd ar y cyd yn cynnwys Cymdeithas Artistiaid a Dylunwyr Cymru, Bethesda 1989, 1990; *Material Spaces*, Amgueddfa ac Oriel Gelf Tŷ Tullie, Caerliwelydd 2003; *A55, Landscape Through Time*, Oriel Ynys Môn, Llangefni 2004; *Co-ordinates*, Biennale Harlech 2005. Arddangosfeydd deuddyn yn cynnwys *On the Road to Damascus* (gyda Jumana Mouradi), Syria 2004; *Without and Within* (gyda Carwyn Evans), Galerie Kuntsverein, Awstria 2006. Arddangosfeydd un-ddynes yn cynnwys *The End of the Road*, Porthladd Caergybi 2002; *Public Performance 6, 7, 8*, Syria 2004; *On the Side of the Road*, Canolfan Ucheldre, Caergybi 2004. Wedi'i chynnwys yn *Textile Perspectives in Mixed-Media Sculpture*, Jac Scott (Crowood Press 2003); *Embroidery* (cyf 54, 2003; cyf 55, 2004); cloriau, *Skald* (rhifyn 16, 2002, rhifyn arbennig 2003). Yn gweithio mewn 3D, gyda 'dulliau tecstiliau (adeiladu)'; perfformiad; gwaith digidol 2D. Yn byw yn Ynys Môn, gogledd Cymru.

*Yr artist*

# FFYNONELLAU GWYBODAETH A DDEFNYDDIWYD WRTH GRYNHOI'R COFNODION

**Os na chofnodir artist/artist cymhwysol yma, mae gwybodaeth wedi'i darparu gan yr artist/artist cymhwysol ei hun neu gan y teulu.**

**Lle na ddangosir unrhyw ffynhonnell o dan y cofnodion, ffynonellau printiedig, teuluol ac ar y we sydd wedi cael eu defnyddio fel a nodir isod.**

**Byrfoddau:**
Amgueddfa Cymru: AC
Cyngor Celfyddydau Cymru: CCC
Llyfrgell Genedlaethol Cymru: LlGC
Pwyllgor Cymreig Cyngor Celfyddydau Prydain Fawr: PCCCPF

**Heather Ackroyd a Dan Harvey**
Hamer International
Cyngor Celfyddydau Cymru
Sefydliad Laura Ashley
Ymddiriedolaeth Derek Williams
Amgueddfa Cymru
Yr Arolwg Ordnans
Eisteddfod Genedlaethol Cymru
Gwefan: Artsadmin, Llundain

**Mac Adams**
Catalog: *Mac Adams Mysteries* (CCC 1979)

**Henry Leslie Adamson**
*Artists Exhibited in Wales 1945–74,*
Kirstine Brander Dunthorne (CCC 1976)

**John Addyman**
Yr artist
Catalog, Oriel Neuadd y Frenhines (2003)

**Tony Alcock**
Yr artist
Catalog, Amgueddfa ac Oriel Gelf
Casnewydd (1998)

**Keith Arnatt**
Christopher Coppock, Ffotogallery, Caerdydd
Gwefan: The Photographers' Gallery
Gwefan: *The Guardian*
Gwefan: Y Cyngor Prydeinig

**Irene Bache**
Catalog: *Cofnodi Cymru 2, Capeli* (CCC 1969)
*Artists Exhibited in Wales 1945–74,*
Kirstine Brander Dunthorne (CCC 1976)
*Artists in Britain since 1945*, David Buckman
(Art Dictionaries Cyf., 2il argraffiad 2006)
Ysgrif Goffa: RM Healey, *The Independent*
(23 Mehefin 1999)

**Maurice Barnes**
*Artists Exhibited in Wales 1945–74*, Kirstine
Brander Dunthorne (CCC 1976)

**Vera Bassett**
Ann Dorsett, Swyddog Amgueddfeydd Sirol,
Caerfyrddin
Arolwg Casgliad CCC (AC/CCC 1996)
*Artists Exhibited in Wales 1945–74*, Kirstine
Brander Dunthorne (CCC 1976)
Gwefan yr artist

**Peter Bailey**
Yr artist
*Peter Bailey*, Tamara Krikorian (Orian Hopkin 2006)

**Trevor Bates**
Arolwg Casgliad CCC (AC/CCC 1996)
Catalogau: Grŵp 56 Cymru
*Artists Exhibited in Wales 1945–74*, Kirstine
Brander Dunthorne (CCC 1976)
Gwefan: Geocities/TrevorBates
Ysgrif Goffa: Peter Davies, *The Independent*
(2 Awst 2008)

**David Bell**
Arolwg Casgliad CCC (AC/CCC 1996)
*Creating an Art Community: 50 years of the
Welsh Group*, Peter Wakelin (AC 1999)
Catalog: Swansea Artists (CCC 1968)
Catalog: *David Bell Memorial Exhibition*
(Oriel Gelf Glynn Vivian, Abertawe 1961)
*Artists Exhibited in Wales 1945–74*, Kirstine
Brander Dunthorne (CCC 1976)
Ffeil Cofrestr Artistiaid CCC yn LlGC

**Graham Bevan**
*Artists Exhibited in Wales 1945–74*, Kirstine
Brander Dunthorne (CCC 1976)
Gwefan: *Artistiaid yng Nghymru (Artists in Wales)*
Gwefan: *Wales Modern*, Cylchlythyr 03/06

**Alfred Bestall**
Rupert: *A Bear's Life*, George Perry gydag
Alfred Bestall (Pavilion Books Ltd, Llundain 1985)

**Martin Bloch**
Peter Rossiter, ei ŵyr
Ffeil Cofrestr Artistiaid CCC yn LlGC yn cynnwys:
Catalog: Martin *Bloch 1883–1954* (Oriel Gelf
De Llundain 1984)
*Artists Exhibited in Wales 1945–74*, Kirstine
Brander Dunthorne (CCC 1976)
Catalog: *The Dark Hills The Heavy Clouds*
(CCC 1981)
Catalog: *Watercolours from Welsh Collections*,
detholwyd ac ysgrifennwyd gan Thomas
Rathmell (CCC 1976)

**Francesca Boehm**
*Artists Exhibited in Wales 1945–74*,
Kirstine Brander Dunthorne (CCC 1976)
Mae'r Gofrestr *Genedigaethau, Priodas a
Marwolaethau* a Chadeirydd ac Aelodau
Cymdeithas Ddyfrlliwiau Cymru i gyd yn dangos
y gallai'r artist fod wedi marw yn Swydd
Rhydychen ym 1997, ond nid yw hyn wedi'i
gadarnhau. Nodir 1905–06 fel ei ddyddiad geni.

**William A Boswell**
*Along the Cambrian Coast*, ysgrifennwyd a
darluniwyd gan William A Boswell (Window
on Wales 1990)
*Artists Exhibited in Wales 1945–74*, Kirstine
Brander Dunthorne (CCC 1976)
Ffeil Cofrestr Artistiaid CCC yn LlGC

**Christopher Bourne**
*Artists Exhibited in Wales 1945–74*, Kirstine
Brander Dunthorne (CCC 1976)

**John Bowen**
Yr artist
*Artists Exhibited in Wales 1945–74*, Kirstine
Brander Dunthorne (CCC 1976)

**Frank Brangwyn**
*Artists Exhibited in Wales 1945–74*, Kirstine
Brander Dunthorne (CCC 1976)
*Sir Frank Brangwyn RA, 1867–1956: Studies for
the British Empire Panels*, Hilary Woolley
(Gwasanaeth Amgueddfeydd Abertawe/Oriel
Gelf Glynn Vivian/Cyngor Dinas Abertawe 1987)
Catalog: *Frank Brangwyn Centenary*
(Amgueddfa Cymru/CCC 1967)

**Evelyn Brearley**
*Artists Exhibited in Wales 1945–74*, Kirstine
Brander Dunthorne (CCC 1976)
Ffeil Cofrestr Artistiaid CCC yn LlGC

**Deborah Buckland**
Ffeil Cofrestr Artistiaid CCC yn LlGC

**Christopher Burnham**
Arolwg Casgliad CCC (AC/CCC 1996)
*Artists in Britain since 1945*, David Buckman
(Art Dictionaries Cyf., 2il argraffiad 2006)

## Anthony Butler

Yr artist

*Artists Exhibited in Wales 1945–74*, Kirstine Brander Dunthorne (CCC 1976)

*Artists in Britain since 1945*, David Buckman (Art Dictionaries Cyf., 2il argraffiad 2006)

(noder: ceir dau gofnod ar wahân i 'Anthony Butler' a 'G A Butler', y ddau wedi'u geni ym 1927 a phethau tebyg eraill).

## Charles Byrd

Catalog: *Towards Sculpture* (Eisteddfod Genedlaethol Cymru/CCC 1970)

Catalog: *A Greater Reality* (Oriel, CCC, Caerdydd 1979)

Gwefan: *Casglu'r Tlysau*, cofnod ar gyfer Llyfrgell Ganolog Caerdydd

*Artists Exhibited in Wales 1945–74*, Kirstine Brander Dunthorne (CCC 1976)

## Roger Cecil

Yr artist

Gwefan: *Artistiaid yng Nghymru (Artists in Wales)*

Arolwg Casgliad CCC (AC/CCC 1996)

*Artists in Britain since 1945*, David Buckman (Art Dictionaries Cyf., 2il argraffiad 2006)

## Brenda Chamberlain

Arolwg Casgliad CCC (AC/CCC 1996)

Catalog: *Thirty Welsh Paintings of Today* (PCCCPF 1954)

Catalog: *Arddangosfa'r Fedal Aur* (Eisteddfod Genedlaethol Cymru/Cyngor Celfyddydau Cymru 1967)

Ffeil Cofrestr Artistiaid CCC yn LlGC

Catalog: *Two Painters: Brenda Chamberlain, Ernest Zobole* (PCCCPF 1963)

*Artists Exhibited in Wales 1945–74*, Kirstine Brander Dunthorne (CCC 1976)

Catalog: *Word + Image* (CCC 1970)

Catalog: *Brenda Chamberlain: Island Artist* (Oriel Mostyn 1988)

Catalog: *Arddangosfa Gelf a Chrefft* (Eisteddfod Genedlaethol Cymru 1992)

## George Chapman

Arolwg Casgliad CCC (AC/CCC 1996)

Catalog: *Arddangosfa'r Fedal Aur* (Eisteddfod Genedlaethol Cymru/Cyngor Celfyddydau Cymru 1967)

Catalog: *The Dark Hills The Heavy Clouds* (CCC 1981)

## Andy Charlton

Tony Charlton, ei fab

Arolwg Casgliad CCC (AC/CCC 1996)

Pennod a chyfweliad gan Ceri Thomas, *Drawn from Wales; a School of Art in Swansea 1853–2003*, golygydd Kirstine Brander Dunthorne (Y Wasg Academaidd Gymreig 2003)

## Elwyn Charles Chesterfield

*Miner-Artists: The Art of Welsh Coal Workers*, John Harvey (LlGC 2000)

## Manuel Chetcuti

Yr artist

Arolwg Casgliad CCC (AC/CCC 1996)

*Artists Exhibited in Wales 1945–74*, Kirstine Brander Dunthorne (CCC 1976)

*Artists in Britain since 1945*, David Buckman (Art Dictionaries Cyf., 2il argraffiad 2006)

## Ferdinand Cirel

Arolwg Casgliad CCC (AC/CCC 1996)

*Artists Exhibited in Wales 1945–74*, Kirstine Brander Dunthorne (CCC 1976)

Catalog: *Paintings by Ferdinand Cirel, Retrospective* (PCCCPF 1953)

Ffeil Cofrestr Artistiaid CCC yn LlGC

## Jeff Clements

Catalog: *Crefft Cymru 76* (Pwyllgor Crefft CCC 1976)

Gwefan: Cymdeithas y Dylunwyr-Rwymwyr Llyfrau

Gwefan: Prifysgol Gorllewin Lloegr

Gwefan: George Bayntun

Gwefan: Joshua Heller Rare Books 2005

## Maurice Cockrill

Gwefan yr artist

Gwefan: *Welsh Paintings*

*Artists Exhibited in Wales 1945–74*, Kirstine Brander Dunthorne (CCC 1976)

**Robert Conybear**
Yr artist
Catalog: *Robert Conybear: Inner Portraits*
(Oriel Mission, Abertawe 2006)

**Clifford Snowden Corke**
Ffeil Cofrestr Artistiaid CCC yn LlGC

**Trevor Crabtree**
Arolwg Casgliad CCC (AC/CCC 1996)
Gwefan: Donald Taylor
*Artists in Britain since 1945*, David Buckman
(Art Dictionaries Cyf., 2il argraffiad 2006)

**Andrew Craig**
Catalog: *A Greater Reality, Paintings by Sarah Allpress, Charles Byrd, Andrew Craig* (Oriel, CCC, Caerdydd 1979)

**Tom Cross**
Yr artist
*Artists Exhibited in Wales 1945–74*, Kirstine Brander Dunthorne (CCC 1976)
*Artists in Britain since 1945*, David Buckman
(Art Dictionaries Cyf., 2il argraffiad 2006)
*Creating an Art Community: 50 Years of the Welsh Group*, Peter Wakelin (Amgueddfa Cymru 1999)
*Helford – A River and Some Landscapes*, Tom Cross 2005 (darparwyd y darn gan yr artist)
Gwefannau: Llyfrwerthwyr ar y rhyngrwyd
Rhestr o waith gan Tom Cross yng nghasgliad Prifysgol Aberystwyth wedi'i darparu gan Phil Garratt, Yr Ysgol Gelf, Prifysgol Aberystwyth

**Hubert Dalwood**
*Artists Exhibited in Wales 1945–74*, Kirstine Brander Dunthorne (CCC 1976)
Gwefan: Sculpture UK
Gwefan: Gimpel Fils
Gwefan: Fine Art UK
Catalog: *A Rainy Day* (Grŵp 56 Cymru/CCC 1973) (ar gyfer dyddiadau aelodaeth)
Ffeil Cofrestr Artistiaid CCC yn LlGC

**Illtyd David**
*Miner-Artists: The Art of Welsh Coal Workers*, John Harvey (LlGC 2000)
Arolwg Casgliad CCC (AC/CCC 1996)

Ffeil Cofrestr Artistiaid CCC yn LlGC
*Artists Exhibited in Wales 1945–74*, Kirstine Brander Dunthorne (CCC 1976)

**Margaret Davies**
*Things of Beauty: What Two Sisters Did for Wales*, golygydd Oliver Fairclough (Llyfrau Amgueddfa Cymru 2007)
Gwefan: *Y Bywgraffiadur Cymreig Ar-lein*, cofnod gan Glyn Tegai Hughes
Gwefan: AC: 'From Industry to Impressionism – What Two Sisters Did for Wales'
Catalog: *Contemporary Art Society for Wales: 50th Anniversary Exhibition* (Cymdeithas Celf Gyfoes Cymru/AC, Caerdydd 1987)
Oliver Fairclough, Ceidwad Celf, AC Rhagfyr 2009 (gan gynnwys ei gyfeiriad at gatalog arddangosfa LlGC ym 1950)
Robert Meyrick, Pennaeth yr Ysgol Gelf, Prifysgol Aberystwyth
Gwefan: Cymdeithas Celf Gyfoes Cymru

**Nathaniel Davies**
Marcus Davies, ei fab
Arolwg Casgliad CCC (AC/CCC 1996)
*Artists in Britain since 1945*, David Buckman
(Art Dictionaries Cyf., 2il argraffiad 2006)
Gwefan yr artist

**Ron Davies**
Gwefan yr artist
Gwefan: *Wales Online*
LlGC: rhaghysbysiad cyhoeddi *Byd Ron* (2002)

**Thomas Davies**
*Artists in Britain since 1945*, David Buckman
(Art Dictionaries Cyf., 2il argraffiad 2006)

**W Mitford Davies**
Gwefan: Cyngor Sir Ynys Môn
Gwefannau: llyfrwerthwyr ar y rhyngrwyd
*Artists in Britain since 1945*, David Buckman
(Art Dictionaries Cyf., 2il argraffiad 2006)

**Richard Deacon**
Gwefan: Academi Frenhinol y Celfyddydau
Gwefan: Sefydliad Cerfluniaeth Cass
Gwefan yr artist

**Olivier Debré**
Mme Denise Debré, ei weddw
Galerie Louis Carré et Cie, Paris
Ffeil Cofrestr Artistiaid CCC yn LlGC

**Thomas Dempster Jones**
Aelodau'r teulu
*Artists Exhibited in Wales 1945–74*, Kirstine
Brander Dunthorne (CCC 1976)

**William Harold Dudley**
Gwefan: 24Hours Museum

**Ted Dummett**
Catalog: *An Alternative Tradition* (CCC 1972)
*Artists Exhibited in Wales 1945–74*, Kirstine
Brander Dunthorne (CCC 1976)
*Artists in Britain since 1945*, David Buckman
(Art Dictionaries Cyf., 2il argraffiad 2006)

**Griff Edwards**
*Artists Exhibited in Wales 1945–74*, Kirstine
Brander Dunthorne (CCC 1976)
*Drawn from Wales; a School of Art in Swansea
1853–2003*, golygydd Kirstine Brander Dunthorne
(Yr Wasg Academaidd Gymreig 2003)

**Peter Edwards**
Yr artist
Gwefan yr artist

**Frank Langford Edwards**
Ffeil AC
Catalog: *The Order of Things* (Oriel 31, 2001)
Cronfa Ddata Celfyddydau Cyngor
Celfyddydau Cymru
Gwefan: ZoneZero
Gwefan yr artist
Gwefan: BBC Cymru/Celf/Eisteddfod02

**Mildred Eldridge**
Arolwg Casgliad CCC (AC/CCC 1996)
Catalog: *Thirty Welsh Paintings of Today*
(PCCCPF 1954)
*Artists Exhibited in Wales 1945–74*, Kirstine
Brander Dunthorne (CCC 1976)
Gwefan: Ponyhide.com
Ysgrif Goffa i R.S. Thomas, Byron Rogers
(*The Guardian*, 27 Medi 2000)
Gwefan: Eglwys Sant Hywyn, Aberdaron

Swyddfa Ystadau, Ysbyty Orthopedig Robert
Jones ac Agnes Hunt
'The Artist, Mildred Elsi Eldridge', Diane Davies
(*Cylchlythyr a Chylchgrawn y Cyfeillion*, AC,
Hydref 2012)
Gwefan: Prifysgol Cymru y Drindod Dewi
Sant: *Delweddu'r Beibl yng Nghymru*

**Bill Ellis**
*Artists in Britain since 1945*, David Buckman
(Art Dictionaries Cyf., 2il argraffiad 2006)

**John Elwyn**
Casgliad Arolwg CCC (AC/CCC 1996)
Catalog: *Thirty Welsh Paintings of Today*
(PCCCPF 1954)
Catalog: *Arddangosfa'r Fedal Aur* (Eisteddfod
Genedlaethol Cymru/Cyngor Celfyddydau
Cymru 1967)
Catalog: *Art in Wales, The 20th Century: The
Early Years 1900–56* (CCC 1969)
Catalog: *Cofnodi Cymru 2, Capeli* (CCC 1969)
Catalog: *Arddangosfa Gelf a Chrefft*
(Eisteddfod Genedlaethol Cymru 1992)
*Artists Exhibited in Wales 1945–74*,
Kirstine Brander Dunthorne (CCC 1976)
*Artists in Britain since 1945*, David Buckman
(Art Dictionaries Cyf., 2il argraffiad 2006)
Ysgrif Goffa: Robert Meyrick, *The Independent*
(1997)
*John Elwyn*, Robert Meyrick (Scolar Press 2000)

**Ken Etheridge**
Aelod o'r teulu
*Artists Exhibited in Wales 1945–74*, Kirstine
Brander Dunthorne (CCC 1976)

**Bob Evans**
Casgliad Arolwg CCC (AC/CCC 1996)
*Artists Exhibited in Wales 1945–74*, Kirstine
Brander Dunthorne (CCC 1976)

**Brinley Evans**
*Miner-Artists: The Art of Welsh Coal Workers*,
John Harvey (LlGC 2000)

**Geoffrey Evans**
*Artists Exhibited in Wales 1945–74*, Kirstine
Brander Dunthorne (CCC 1976)

**Handel Evans**

Casgliad Arolwg CCC (AC/CCC 1996)

*Handel Evans: Paintings and Drawings of Three Decades*, Hameln (Chwefror 1989)

Ffeil Cofrestr Artistiaid CCC yn LlGC

Gwefan: Oriel ac Amgueddfa'r Ysgol Gelf, Prifysgol Aberystwyth

*Artists in Britain since 1945*, David Buckman (Art Dictionaries Cyf., 2il argraffiad 2006)

**Jenkin Evans**

Ffeil AC

**Merlyn Evans**

Casgliad Arolwg CCC (AC/CCC 1996)

Catalog: *Arddangosfa'r Fedal Aur* (Eisteddfod Genedlaethol Cymru/Cyngor Celfyddydau Cymru 1967)

Ffeil Cofrestr Artistiaid CCC yn LlGC

Catalog: *Merlyn Evans 1910–1973* (Oriel Mayor ac Oriel Redfern, Llundain 1988)

Catalog: *Merlyn Evans* (Sefydliad Celf Chicago 1967)

**Nicholas Evans**

Casgliad Arolwg CCC (AC/CCC 1996)

Catalog: *Nicholas Evans Paintings* (Oriel, CCC, Caerdydd 1978)

Ysgrif Goffa: Meic Stephens, *The Independent* (1 Tachwedd 2007) (o ffeil AC)

**Ray Evans**

Yr artist

*Artists in Britain since 1945*, David Buckman (Art Dictionaries Cyf., 2il argraffiad 2006)

**T Leonard Evans**

Ffeil Cofrestr Artistiaid CCC yn LlGC

Catalog: *T Leonard Evans 1926–1990* (Oriel Myrddin, Caerfyrddin 1993)

**Vincent Evans**

Ffeil AC

*Artists in Britain since 1945*, David Buckman (Art Dictionaries Cyf., 2il argraffiad 2006)

Cofrestr Genedigaethau a Chyfrifiad 1901 am flwyddyn ei eni

**Will Evans**

*Artists Exhibited in Wales 1945–74*, Kirstine Brander Dunthorne (CCC 1976)

Ffeil Cofrestr Artistiaid CCC yn LlGC yn cynnwys:

Catalog: *Swansea Artists* (CCC 1968)

Catalog: *Will Evans Memorial Exhibition* (Oriel Gelf Glynn Vivian, Abertawe 1958)

Taflen wybodaeth: *Will Evans 1888–1957* (Oriel Gelf Glynn Vivian 1992)

**George Fairley**

Casgliad Arolwg CCC (AC/CCC 1996)

Catalog: *Swansea Artists* (CCC 1968)

Catalogau: Grŵp 56 Cymru

*Artists Exhibited in Wales 1945–74*, Kirstine Brander Dunthorne (CCC 1976)

Ffeil AC

**William Featherston**

Yr artist

*Artists Exhibited in Wales 1945–74*, Kirstine Brander Dunthorne (CCC 1976)

**David Felix-Dexter**

Yr artist

David Petts/David Felix-Dexter, 'Nothing That's Not a Book', adolygiad *engage, Promoting greater understanding and enjoyment of the visual arts: Book Art* (Rhifyn 12, Haf 2002)

**Barry Flanagan**

Ffeil AC

Swyddog Celfyddydau Sirol, Sir Ddinbych

Gwefannau: Academi Frenhinol y Celfyddydau; Orielau Waddington

Catalog: *Barry Flanagan* (Orielau Waddington, Llundain 1998)

Catalog: *Barry Flanagan: Seeing Round Corners* (Orielau Waddington, Llundain 2001)

**Nigel Flower**

Jean Flower, ei weddw

Casgliad Arolwg CCC (AC/CCC 1996)

*Artists Exhibited in Wales 1945–74*, Kirstine Brander Dunthorne (CCC 1976)

**Donald Henry Floyd**
Ffeil AC, gwybodaeth gan ei fab 1993
*Artists in Britain since 1945*, David Buckman
(Art Dictionaries Cyf., 2il argraffiad 2006)
Gwefan: Free Press Series
Curadur, Amgueddfa Trefynwy

**Mary Fogg**
Ann Hirst, ei merch
*Artists Exhibited in Wales 1945–74*, Kirstine
Brander Dunthorne (CCC 1976)

**Edward Folkard**
Ffeil AC, gan gynnwys gohebiaeth â'r artist
2000
*Artists in Britain since 1945*, David Buckman
(Art Dictionaries Cyf., 2il argraffiad 2006)
Canolfan Gelfyddydau Glannau Gwy am
flwyddyn ei farwolaeth

**Laura Ford**
Gwefan: Y Gymdeithas Celf Gyfoes:
ARTFutures 2008

**Margaret Frith**
Gwefan: Crochendy Brookhouse

**Edwin Vincent Forrest**
Anne Forrest, ei weddw
*Artists in Britain since 1945*, David Buckman
(Art Dictionaries Cyf., 2il argraffiad 2006)
Gwefan: 1901 Cyfrifiad (ar gyfer ardal
cofrestru ei farwolaeth)

**Gavin Fraser-Williams**
Yr artist
Gwefan: Cyfeiriadur Crefft y Cyngor Crefftau
Gwefan: Sefydliad Treftadaeth Gardd-ddinas
Letchworth
Gwefan: Cylchgrawn *Indian Gem and Jewellery*
Gwefan: Ysgol St Christopher, Gardd-ddinas
Letchworth

**Andy Fung**
Yr artist
Gwefan: Y Cyngor Prydeinig (cyfeiriad Croatia,
Arddangosfa Arluniadau Ryngwladol 2004)
Gwefan: Canolfan Gelfyddydau Chapter
Gwefan: Gŵyl Technoleg Greadigol Caerdydd

**Hideo Furuta**
Ysgrif Goffa: Duncan Macmillan, *The Scotsman*
(19 Rhagfyr 2007)
Gwefan: Celf a Chrefft, De-orllewin yr Alban
Gwefan: Canolfan Gelfyddydau Gracefield,
Dumfries

**Reginald Gammon**
Casgliad Arolwg CCC (AC/CCC 1996)
Catalog: *Selection from the South Wales Group*
(PCCCPF 1949)
*Artists in Britain since 1945*, David Buckman
(Art Dictionaries Cyf., 2il argraffiad 2006)
Gwefan: Oriel Hutson, Llundain
Gwefan: Academi Frenhinol Gorllewin Lloegr

**Robert Gapper**
Ffeil Cofrestr Artistiaid CCC yn LlGC
*Artists Exhibited in Wales 1945–74*, Kirstine
Brander Dunthorne (CCC 1976)
Gwefan: Oriel Gelf ac Amgueddfa yr Ysgol
Gelf, Prifysgol Aberystwyth

**Sam Garratt**
Taflen wybodaeth: *Sam Garratt: Brecon Artist,
1864–1946* (Amgueddfa ac Oriel Gelf
Brycheiniog, Aberhonddu)
Gwefan: Whyte's Auctioneers, Dulyn

**Thomas A Gerrard**
*Artists Exhibited in Wales 1945–74*, Kirstine
Brander Dunthorne (CCC 1976)

**Rabab Ghazoul**
Yr artist
Gwefan: Axis

**Anthony Goble**
Ysgrif Goffa: David Moore, *The Independent*
(1 Mai 2007)
Ysgrif Goffa: Peter Wakelin, *The Guardian*
(27 Ebrill 2007)
*Artists in Britain since 1945*, David Buckman
(Art Dictionaries Cyf., 2il argraffiad 2006)

**John Goode**
Ffeil Cofrestr Artistiaid CCC yn LlGC

## James Henry Govier

Stephen Govier, ei fab
Ffeil Cofrestr Artistiaid CCC yn LlGC yn cynnwys:
*Taflen: James Henry Govier, ARCA 1910–1974*
(J Govier, Suffolk tua 1993)
Catalog: *James Henry Govier A.R.C.A., 1910–1974*
(Christchurch Mansion, Ipswich 1993)

## Esther Grainger

Casgliad Arolwg CCC (AC/CCC 1996)
Catalog: *Twenty-five Paintings by Contemporary Welsh Artists* (PCCCPF 1949)
Catalog: *Thirty Welsh Paintings of Today* (PCCCPF 1954)
Catalog: *Cofnodi Cymru 2, Capeli* (CCC 1969)
*Artists Exhibited in Wales 1945–74*, Kirstine Brander Dunthorne (CCC 1976)
Ffeil Cofrestr Artistiaid CCC yn LlGC yn cynnwys:
Catalog: *Esther Grainger/Glyn Morgan* (Oriel, Caerdydd, CCC 1976)
Catalog: *A Pontcanna Flora* (Manor House Fine Arts, Caerdydd 1990)

## Ian Grainger

Frances Woodley, cyn-wraig yr artist, ar ran ystad yr artist
Bu Frances Woodley hefyd yn darparu:
Cyhoeddiad gan yr artist: *Cabinet des Refusés: Prints I.G.H. Grainger* (1977)
Bywgraffiad pellach, hyd at 1990
Catalog: *The Fall* (CCC 1976)
Catalog: *The Final Proof* (CCC 1981)

## Paul Granjon

Yr artist
Gwefan yr artist
Gwefan: Ysgol Gelf a Dylunio Caerdydd
Gwefan: bloc
Gwefan: Casgliad Cyngor Celfyddydau'r DU

## Bernard Green

Ffeil Cofrestr Artistiaid CCC yn LlGC
Gwefan: Oriel Harbour Lights, Porth-gain

## Myrtle Greenaway

Peggy Greenaway, ei chwaer
Casgliad Arolwg CCC (AC/CCC 1996)
Catalog: *Thirty Welsh Paintings of Today* (PCCCPF 1954)

## Hanmer Griffith

*Artists Exhibited in Wales 1945–74*, Kirstine Brander Dunthorne (CCC 1976)
*Artists in Britain since 1945*, David Buckman (Art Dictionaries Cyf., 2il argraffiad 2006)

## Mignon Griffith

Ffeil AC
Gwefan: Prifysgol Cymru y Drindod Dewi Sant: *Delweddu'r Beibl yng Nghymru*
Gwefan: Cyfrifiad 1901, Genedigaethau a gofrestrwyd

## Archie Rhys Griffiths

Ffeil AC, yn cynnwys:
Catalog: *Paintings, Drawings and Etchings by Archie Griffiths, ARCA* (Oriel Gelf Glynn Vivian, Abertawe 1928);
*Artists in Britain since 1945*, David Buckman (Art Dictionaries Cyf., 2il argraffiad 2006)
*Diwylliant Gweledol Cymru: Y Gymru Ddiwydiannol,* Peter Lord (Gwasg Prifysgol Cymru 1998)

## Glyn Griffiths

*Artists Exhibited in Wales 1945–74*, Kirstine Brander Dunthorne (CCC 1976)
Catalog: *Glyn Griffiths 1926–1999: A Retrospective* (Oriel Frenhinol Cymdeithas Artistiaid Birmingham, Birmingham 2002)

## Gwenny Griffiths

Ffeil AC
Gwefan: Rhith-oriel John Singer Sargent

## Philip Jones Griffiths

Ffeil AC
Gwefan: Magnum Photos
Gwefan: Philip Jones Griffiths, cyfweliad
Ysgrif Goffa: Amanda Hopkinson, *The Guardian* (24 Mawrth 2008)

## Jon Groom

Gwefan: Oriel Lorenzelli Arte, Milan, Yr Eidal
Gwefan: Kunstnet
Gwefan: The Gallery, Guernsey

**Elis Gwyn Jones**
Mari Jenkin Jones, ei weddw
Ffeil Cofrestr Artistiaid CCC yn LlGC
*Artists Exhibited in Wales 1945–74*, Kirstine
Brander Dunthorne (CCC 1976)

**Allan Gwynne-Jones**
Catalog: *Allan Gwynne-Jones, adolwg*
(Amgueddfa Cymru/CCC/Eisteddfod
Genedlaethol Cymru 1982)
*Western Mail* (18 Ionawr 1983)
Gwefan: Oriel Gelf ac Amgueddfeydd
Birmingham
Gwefan: *Oxford Dictionary of National Biography*,
cofnod gan Brinsley Ford

**Susan Hakes**
Ffeil Cofrestr Artistiaid CCC yn LlGC yn cynnwys:
Ysgrif Goffa: *Nodiadau Artistiaid* (rhif 17, Cyngor
Celfyddydau Cymru, Gwanwyn/Haf 1998)
Catalog: *Artists in Residence 1992, The Old
Library, Caerdydd* (Cymdeithas Gelfyddydau
De-ddwyrain Cymru 1992)

**AH Morgan Hall**
*Artists Exhibited in Wales 1945–74*, Kirstine
Brander Dunthorne (CCC 1976)
Ffeil Cofrestr Artistiaid CCC yn LlGC

**Kenneth Hancock**
Casgliad Arolwg CCC (AC/CCC 1996)
Catalog: *Twenty-five Paintings by Contemporary
Welsh Artists* (PCCCPF 1949)
Catalog: *Swansea Artists* (CCC 1968)
*Artists Exhibited in Wales 1945–74*, Kirstine
Brander Dunthorne (CCC 1976)
Datganiad i'r wasg: Oriel Gelf Glynn Vivian
(arddangosfa undyn 1980)
Ffeil Cofrestr Artistiaid CCC yn LlGC

**Hywel Harries**
Casgliad Arolwg CCC (AC/CCC 1996)
Ffeil Cofrestr Artistiaid CCC yn LlGC
*Artists Exhibited in Wales 1945–74*, Kirstine
Brander Dunthorne (CCC 1976)

**Dafydd Harris**
Ffeil Cofrestr Artistiaid CCC yn LlGC

**Ben Hartley**
Bernard Samuels
Ffeil Cofrestr Artistiaid CCC yn LlGC yn cynnwys:
*Ben Hartley*, Bernard Samuels (Sansom and Co
Ltd, Bryste 2001);
Gwefan yr artist

**Des Hawkins**
Mrs Hawkins, ei weddw
Henry Stephens, Cadeirydd, Cymdeithas
Ddyfrlliwiau Cymru

**Adrian Heath**
Casgliad Arolwg CCC (AC/CCC 1996)
Catalog: *Adrian Heath: New Paintings* (Oriel,
CCC, Caerdydd 1979)
Gwefan: Oriel Redfern
Gwefan: *Oxford Dictionary of National Biography*,
cofnod gan Julian Freeman
Gwefan: Oriel Portland

**John Heritage**
Ffeil Cofrestr Artistiaid CCC yn LlGC
Catalog: *John Heritage: Thematic Observations*
(Canolfan Gelfyddydau Llyfrgell Wrecsam 1990)

**Josef Herman**
Casgliad Arolwg CCC (AC/CCC 1996)
Gwefan: *www.flowerseast.com*
Catalog: *Josef Herman* (PCCCPF/Eisteddfod
Genedlaethol Cymru 1962)
Catalog: *The Dark Hills The Heavy Clouds*
(CCC 1981)
Gwefan: *Oxford Dictionary of National Biography*,
cofnod gan Andrew Lambirth
*Josef Herman: The Work is the Life*, Robert
Heller (Momentum 1998)
*The Art and Life of Josef Herman*, Monica
Bohm-Duchen (Lund Humphries, Llundain 2009)

**Morgan Hewinson**
Jane Burgess, ei ferch
Cliff Moorhouse, Ysgrifennydd, Academi
Celfyddydau Cain Manceinion, ar gyfer
dyddiad ei farwolaeth
*Dictionary of British Art: Volume VI: 20th Century
Painters and Sculptors*, Frances Spalding
(Antique Collectors Club 1990)
Gwefan: Academi Celfyddydau Cain Manceinion

**Cicely Hey**
*Artists Exhibited in Wales 1945–74*, Kirstine
Brander Dunthorne (CCC 1976)
Ffeil Cofrestr Artistiaid CCC yn LlGC
Ffeil AC

**Muriel Hiley**
*Artists Exhibited in Wales 1945–74*, Kirstine
Brander Dunthorne (CCC 1976)
Mae cofnodion Cofrestr Genedigaethau a
Marwolaethau yn dangos 1905, Caerdydd fel
blwyddyn a man ei geni a 1978 a Bromley (o
bosibl) ar gyfer ei marwolaeth.

**Mrs ED Hill**
Ffeil Cofrestr Artistiaid CCC yn LlGC
*Artists Exhibited in Wales 1945–74*, Kirstine
Brander Dunthorne (CCC 1976)
Catalog: *An Alternative Tradition* (CCC 1972)

**Renée Hill**
Margaret Hansford, Urdd Gwehyddwyr,
Nyddwyr a Lliwyddion Morgannwg
Ffeil Cofrestr Artistiaid CCC yn LlGC
Catalog: *Crefft Cymru 76* (Pwyllgor Crefft,
CCC 1976)

**Edgar Holloway**
Ffeil AC
Taflen wybodaeth am arddangosfa:
Amgueddfa Brycheiniog
Taflen wybodaeth: Oriel Chichester House 1977
Taflen wybodaeth: Oriel Burstow, Coleg
Brighton 1980
Gwefan: Amgueddfa ac Oriel yr Ysgol Gelf,
Prifysgol Aberystwyth

**John Horwill**
Ffeil Cofrestr Artistiaid CCC yn LlGC
Catalog: *Image and Resolution: Work by John
Horwill*, Oriel Theatr Clwyd, Yr Wyddgrug (1990)

**Gordon House**
Josephine House, ei weddw
Gwefan: Roe and Moore

**Ray Howard-Jones**
David Moore
Casgliad Arolwg CCC (AC/CCC 1996)
Ffeil Cofrestr Artistiaid CCC yn LlGC
Catalog: *Cofnodi Cymru 2, Capeli* (CCC 1969)

Catalog: *Ray Howard Jones: a Retrospective
Exhibition* (Oriel, CCC, Caerdydd 1974)
Catalog: *Ray Howard-Jones* (Cymdeithas
Gelfyddydau Gorllewin Cymru 1983)
Ysgrif Goffa: Roger Worsley, *The Guardian*
(6 Gorffennaf 1996) (a ddyfynnwyd yn
*Nodiadau Artistiaid* rhif 12, CCC, Hydref 1996)
Ysgrif Goffa: *The Times* (8 Gorffennaf 1996)
(a ddyfynnwyd yn *Nodiadau Artistiaid*)
Ysgrif Goffa: David Stephenson a Lottie
Hoare, *The Independent* (27 Mehefin 1996)

**Robert Hunter**
Catalog: *My Family* (Oriel Myrddin,
Caerfyrddin 1994)
*Artists Exhibited in Wales 1945–74*, Kirstine
Brander Dunthorne (CCC 1976)
Catalog: *Two Artists: David Tinker/Robert
Hunter* (PCCCPF 1965)
Ffeil Cofrestr Artistiaid CCC yn LlGC

**Dora Hurst**
Yr artist
*Artists Exhibited in Wales 1945–74*, Kirstine
Brander Dunthorne (CCC 1976)

**Edrica Huws**
Daniel Huws, ei mab
Val Shields (Quiltfest), gwybodaeth bersonol
ac erthyglau/traethodau
Catalog: *Edrica Huws Patchwork Pictures* (Oriel
Sembikiya, Tokyo, Japan 1998)
Catalog: *Clytweithiau Edrica Huws*, golygydd
Daniel Huws (Manaman, Aberystwyth 2007)

**Richard Huws**
Daniel Huws
Catalog: *Clytweithiau Edrica Huws*, golygwyd
gan Daniel Huws (Manaman, Aberystwyth 2007)
*Artists in Britain since 1945*, David Buckman
(Art Dictionaries Cyf., 2il argraffiad 2006)

**Cyril Ifold**
*Miner-Artists: The Art of Welsh Coal Workers*,
John Harvey (LlGC 2000)
Catalog: *Paintings and Drawings by Cyril Ifold*
(Y Neuadd Les, Ystradgynlais (1957))
Gwybodaeth gan gasgliad Oriel Gelf Glynn
Vivian, Abertawe
Ffeil Cofrestr Artistiaid CCC yn LlGC

**Bert Isaac**
Casgliad Arolwg CCC (AC/CCC 1996)
Catalog: *Cofnodi Cymru 2, Capeli* (CCC 1969)
*Artists Exhibited in Wales 1945–74*, Kirstine
Brander Dunthorne (CCC 1976)
*Artists in Britain since 1945*, David Buckman
(Art Dictionaries Cyf., 2il argraffiad 2006)
Ysgrif Goffa: Peter Wakelin, *The Guardian*
(10 Ebrill 2006)
Gwefan: BBC: Anrhydeddau Pen-blwydd y
Frenhines 1999

**Arthur Jacob**
*Artists Exhibited in Wales 1945–74*, Kirstine
Brander Dunthorne (CCC 1976)

**Margaret Jaggar**
*Artists Exhibited in Wales 1945–74*, Kirstine
Brander Dunthorne (CCC 1976)
*Artists in Britain since 1945*, David Buckman
(Art Dictionaries Cyf., 2il argraffiad 2006)
Catalog: *The Final Proof* (CCC) 1981

**Alfred Janes**
Catalog: *Twenty-five Paintings by Contemporary
Welsh Artists* (PCCCPF 1949)
Catalog: *Two Artists of West Wales* (PCCCPF
1962) (gyda Will Roberts)
Catalog: *Swansea Artists* (CCC 1968)
Catalog: *Alfred Janes Retrospective* (Oriel,
CCC, Caerdydd 1974)
*Artists Exhibited in Wales 1945–74*, Kirstine
Brander Dunthorne (CCC 1976)
Ffeil Cofrestr Artistiaid CCC yn LlGC

**Eveline Jenkins**
Gwefan: Google Books (sy'n rhestru ac yn
rhagddangos *Catalogue of Botanical Prints
and Drawings…*)
*Artists in Britain since 1945*, David Buckman
(Art Dictionaries Cyf., 2il argraffiad 2006)
Catalog: Eisteddfod Genedlaethol Cymru, Y
Fenni 1913
Catalog: Cymdeithas Gelf De Cymru 1954
Catalog: *2nd Exhibition of Contemporary Welsh
Painting and Sculpture* (Pwyllgor Cymreig
Cyngor Celfyddydau Prydain Fawr 1955)

**Philip Jennings**
Vanessa Reed, ei ferch
Joan Baker, gynt o Ysgol Gelf Caerdydd,
Prifysgol Fetropolitan Caerdydd
Casgliad Arolwg CCC (AC/CCC 1996)
Ffeil Cofrestr Artistiaid CCC yn LlGC
*Artists Exhibited in Wales 1945–74*, Kirstine
Brander Dunthorne (CCC 1976)

**Augustus John**
*Artists Exhibited in Wales 1945–74*, Kirstine
Brander Dunthorne (CCC 1976)
Ffeil Cofrestr Artistiaid CCC yn LlGC
Catalog: *Some Miraculous Promised Land*
(Oriel Mostyn, Llandudno 1982)
Catalog: *Arddangosfa Gelf a Chrefft*
(Eisteddfod Genedlaethol Cymru 1992)
*Augustus John: The New Biography*, argraffiad
Michael Holroyd (Chatto & Windus 1996)
*Gwen John and Augustus John*, golygyddion
David Fraser Jenkins a Chris Stephens (Tate
Publishing 2004)

**Sara John**
*Artists in Britain since 1945,* David Buckman
(Art Dictionaries Cyf., 2il argraffiad 2006)

**William Goscombe John**
Catalog: *Arddangosfa Gelf a Chrefft*
(Eisteddfod Genedlaethol Cymru 1992)
Gwefan: *Oxford Dictionary of National Biography*,
cofnod gan RL Charles, wedi'i ddiwygio gan
Fiona Pearson
*Goscombe John at the AC-NMW*, Fiona Pearson
(Amgueddfa Cymru 1979)

**Ewart Johns**
Yr artist
Casgliad Arolwg CCC (AC/CCC 1996)
Gwefan: Prifysgol Plymouth/Oriel Cube
*Life*, Sefydliad Addysg, Prifysgol Llundain
(rhifyn 5, Haf 2007)

**Ben Jones**
Casgliad Arolwg CCC (AC/CCC 1996)
*Artists in Britain since 1945*, David Buckman
(Art Dictionaries Cyf., 2il argraffiad 2006)
*Dictionary of British Art: Volume VI: 20th Century
Painters and Sculptors*, Frances Spalding
(Antique Collectors Club 1990)

**Colin Jones**
*Artists Exhibited in Wales 1945–74*, Kirstine
Brander Dunthorne (CCC 1976)
Ffeil Cofrestr Artistiaid CCC yn LlGC
Gwefan yr artist
Catalog: *Colin Jones (1928–67): The Retrospective
Exhibition* (Prifysgol Morgannwg 2005)

**David Jones**
Catalog: *David Jones* (CCC 1977)
Catalog: *Paintings, Drawings and Engravings
by David Jones* (PCCCPF 1954) *David Jones
1895–1974: A Map of the Artist's Mind*, Merlin
James (Lund Humphries Publishers, Llundain,
ar y cyd ag Amgueddfeydd ac Orielau
Cenedlaethol Cymru 1995)
Gwefan: *Oxford Dictionary of National Biography*,
cofnod gan Peter Levi
*Artists Exhibited in Wales 1945–74*, Kirstine
Brander Dunthorne (CCC 1976)
*David Jones*, Paul Hills (Tate Gallery
Publications 1981)
Ffeil Cofrestr Artistiaid CCC yn LlGC

**Fred Jones**
Gwefan: Folio Press
Gwefan: Ysgol Gelf a Dylunio Caerdydd

**Idris Phylip Jones**
*Artists Exhibited in Wales 1945–74*, Kirstine
Brander Dunthorne (CCC 1976)
Catalog: *An Alternative Tradition* (CCC 1972)

**Jack Jones**
*Artists in Britain since 1945*, David Buckman
(Art Dictionaries Cyf., 2nd argraffiad 2006)
Ffeil Cofrestr Artistiaid CCC yn LlGC yn cynnwys:
Erthygl: 'The Stroller', Dan O'Neill (*South Wales
Echo*, 12 Hydref 1977);
Gwefan: Oriel yr Atig, Abertawe

**Jonah Jones**
Yr artist
*Artists Exhibited in Wales 1945–74*, Kirstine
Brander Dunthorne (CCC 1976)
Ysgrif Goffa: Meic Stephens, *The Independent*
(2 Rhagfyr 2004)
Ysgrif Goffa: Euan Cameron, *The Guardian*

(14 Ionawr 2005)
Catalog: *John Petts, Jonah Jones, Kyffin Williams*
(PCCCPF 1961)

**Margaret Jones**
Yr artist
Gwefan: Cyngor Llyfrau Cymru
Y Lolfa

**Selwyn Jones**
Sarah Jones, ei weddw
Casgliad Arolwg CCC (AC/CCC 1996)
Catalog: *Art Spectrum – Wales* (AC/CCC, 1971)
Ffeil Cofrestr Artistiaid CCC yn LlGC
*Artists Exhibited in Wales 1945–74*, Kirstine
Brander Dunthorne (CCC 1976)

**Terry Jones**
Ffeil Cofrestr Artistiaid CCC yn LlGC
Catalog: *Terry Jones: a retrospective, 1938–1992*
(Prifysgol Kingston 1994)

**Tony Jones**
*Artists Exhibited in Wales 1945–74*, Kirstine
Brander Dunthorne (CCC 1976)
Gwefan: Sefydliad yr Ysgol Gelf, Chicago.

**William Henry Jones**
Catalog: *An Alternative Tradition* (CCC 1972)

**Jane Joseph**
Gwefan: Eglwys St Paul, Deptford
Gwefan: Amgueddfa ac Oriel yr Ysgol Gelf,
Prifysgol Aberystwyth
Catalog: *Jane Joseph, Drawn in Place: Two
Decades of Drawing and Printmaking* 1980–1997
(Oriel Morley, Llundain 1997)
Casgliad Arolwg CCC (AC/CCC 1996)
*Artists in Britain since 1945*, David Buckman
(Art Dictionaries Cyf., 2il argraffiad 2006)
*Creating an Art Community: 50 Years of the
Welsh Group*, Peter Wakelin (Amgueddfa
Cymru 1999)

**Nora Kerr**
*Artists Exhibited in Wales 1945–74*, Kirstine
Brander Dunthorne (CCC 1976)
*Artists in Britain since 1945*, David Buckman
(Art Dictionaries Cyf., 2il argraffiad 2006)

**George Kilibarda**
Yr artist
Gwefan: Panormus.co
Gwefan: Lateral Arts
*Artists in Britain since 1945*, David Buckman
(Art Dictionaries Cyf., 2il argraffiad 2006)

**Clive King**
Yr artist
Gwefan yr artist
Catalog: *The 12th Open Exhibition of
Contemporary Painting and Sculpture in Wales*
(CCC 1967)
Catalog: *Cymru Nawr* (Eisteddfod Genedlaethol
Cymru/CCC 1968)

**Myfanwy Kitchin**
Bronwen Roberts, ei chwaer
*Artists in Britain since 1945*, David Buckman
(Art Dictionaries Cyf., 2il argraffiad 2006)
Gwefan: *The Barmouth News* (29 Ionawr 2007)

**Alwyn Kitt**
Casgliad Arolwg CCC (AC/CCC 1996)
Ffeil AC

**Frederick Kőnekamp**
Casgliad Arolwg CCC (AC/CCC 1996)
*Artists Exhibited in Wales 1945–74*, Kirstine
Brander Dunthorne (CCC 1976)
Ffeil Cofrestr Artistiaid CCC yn LlGC

**Heinz Koppel**
Catalog: *Twenty-five Paintings by Contemporary
Welsh Artists* (PCCCPF 1949)
Catalog: *Thirty Welsh Paintings of Today*
(PCCCPF 1954)
*Artists Exhibited in Wales 1945–74*, Kirstine
Brander Dunthorne (CCC 1976)
Ffeil Cofrestr Artistiaid CCC yn LlGC
Catalog: *Some Pictures from a South Wales
Town – Drawings and Paintings by Members of
the Merthyr Art Society* (Cyngor Celfyddydau
Prydain Fawr, Y Swyddfa Gymreig 1947)
Catalog: *Heinz Koppel* (Oriel Gillian Jason,
Llundain 1988)
Ffeil AC

**Josef Koudelka**
Gwefan: Magnum Photos
*Koudelka-Reconnaissance-Wales*
(Ffotogallery/AC 1998)
Ffeil AC

**AJ Lavender**
Muriel Wilson, ei ferch
*Artists Exhibited in Wales 1945–74*, Kirstine
Brander Dunthorne (CCC 1976)

**Ron Lawrence**
Yr artist
*Artists Exhibited in Wales 1945–74*, Kirstine
Brander Dunthorne (CCC 1976)

**Hendrik Lek**
Ffeil Cofrestr Artistiaid CCC yn LlGC
Catalog: *The Enigmatic Vision: Retrospective
exhibition of the paintings of Hendrik Lek
(1903–1985)* (Canolfan Gelfyddydau Llyfrgell
Wrecsam 1985)

**Mervyn Levy**
Ffeil Cofrestr Artistiaid CCC yn LlGC yn cynnwys:
Ysgrif Goffa: Terence Mullaly, *The Guardian*
(17 Mai 1996)
Ysgrif Goffa: Ceri Levy, *The Independent*
(17 Mai 1996)
Oriel Gelf Glynn Vivian, Abertawe
Ffeil AC, yn cynnwys Catalog yr Arddangosfa
yn Swindon
*Artists in Britain since 1945*, David Buckman
(Art Dictionaries Cyf., 2il argraffiad 2006)

**BA Lewis**
Ffeil Cofrestr Artistiaid CCC yn LlGC yn cynnwys:
Catalog: *B A Lewis* (Amgueddfa Caerfyrddin ac
Oriel Myrddin, Caerfyrddin 1995)

**Daniel Phillip Lewis**
Catalog: *An Alternative Tradition* (CCC 1972)

**Gomer Lewis**
Heddwyn Lewis, ei fab
Casgliad Arolwg CCC (AC/CCC 1996)
*Artists Exhibited in Wales 1945–74*, Kirstine
Brander Dunthorne (CCC 1976)
Ffeil Cofrestr Artistiaid CCC yn LlGC
Erthygl papur newydd: Julie Richards,
*Holyhead and Anglesey Mail* (8 Ionawr 1981)

**Stanley Lewis**
*Artists Exhibited in Wales 1945–74*, Kirstine
Brander Dunthorne (CCC 1976)
Gwefan: Liss Fine Art
Gwefan: *Country Life*
Paul Liss, cyhoeddiad am farwolaeth yr artist
Catalog: *The Unknown Artist: Stanley Lewis and
his Contemporaries* (Oriel Gelf Cecil Higgins ac
Amgueddfa Bedford/Liss Fine Art 2010)

**Thyrza Anne Leyshon**
Taflen wybodaeth: ysgrifennwyd gan Ronald
Austin, Abertawe 2001 a'i darparu gan Oriel
Gelf Glynn Vivian, Abertawe

**Ron Lowe**
Julie Lowe, ei weddw
*Artists Exhibited in Wales 1945–74*, Kirstine
Brander Dunthorne (CCC 1976)
Catalog: *Ron Lowe 1932–1985* (Amgueddfa ac
Oriel Gelf Casnewydd 1988)
Ffeil Cofrestr Artistiaid CCC yn LlGC

**Sarah J Lloyd**
Catalog: *An Alternative Tradition* (CCC 1972)

**Bryan Macdonald**
Elizabeth Macdonald, ei weddw
Catalog: *Towards Sculpture* (Eisteddfod
Genedlaethol Cymru/CCC 1970)
Gwefan: Archif Ymchwil i Gelf Gyhoeddus,
Prifysgol Sheffield Hallam
Catalog: *A Rainy Day* (Grŵp 56 Cymru/CCC 1973)
*Artists Exhibited in Wales 1945–74*, Kirstine
Brander Dunthorne (CCC 1976)

**Dave Mainwaring**
Barbara Price, ei weddw
Ffeil Cofrestr Artistiaid CCC yn LlGC
*Artists in Britain since 1945*, David Buckman
(Art Dictionaries Cyf., 2il argraffiad 2006)

**Jim Malone**
Gwefan: *www.jimmalonepottery.co.uk* gan
gynnwys pdf o'r cyhoeddiad, *Jim Malone Artist
Potter* (Amgueddfa ac Oriel Gelf Bolton 1997)

**Eric Malthouse**
Casgliad Arolwg CCC (AC/CCC 1996)
Catalogau: Grŵp 56 Cymru

Catalog: *Art Spectrum – Wales* (Amgueddfa
Cymru/CCC 1971)
Ffeil Cofrestr Artistiaid CCC yn LlGC
*Artists Exhibited in Wales 1945–74*, Kirstine
Brander Dunthorne (CCC 1976)
Gwefan: British Arts

**Ami Marsden**
Aelodau o'i theulu
Gwefan yr artist

**Beth Marsden**
Aelodau o'i theulu
Gwefan yr artist

**Howard Martin**
'Stained and Architectural Glass in the School
and the Institute', Maurice Broady, *Drawn from
Wales; a School of Art in Swansea 1853–2003*,
golygydd Kirstine Brander Dunthorne (Y
Wasg Academaidd Gymreig 2003)
Erthygl: 'The Secret of the Dulais Valley. The
stained glass windows in St Margaret's, Crynant',
Maurice Broady (*Morgannwg* 37, 1993) (copi
wedi'i ddarparu gan Elspeth Sevink, Broady gynt)
*The Artist in Wales*, David Bell (Harrap 1957)
Gwefan: Cyfrifiad 1901 (am flwyddyn debygol
ei eni)
Dyddiadau geni a marwolaeth, o ddeunydd
ymchwil Maurice Broady (ymadawedig) i
wydr lliw, wedi'u gwirio gan ei ferch,
Ms Elspeth Sevink

**Frances Mason**
Tessa Hartog, ei merch
Ffeil Cofrestr Artistiaid CCC yn LlGC
Ysgrif Goffa: *Western Telegraph* (12 Chwefror
1992);
Ysgrif Goffa: *Cardigan and Tivy-Side Advertiser*
(13 Chwefror 1992)

**Gilbert Mason**
Casgliad Arolwg CCC (AC/CCC 1996)
Ffeil Cofrestr Artistiaid CCC yn LlGC
Catalog: *Gilbert Mason 1913–1972* (Orielau
Cymdeithas Frenhinol Artistiaid Birmingham,
Birmingham, ac Oriel Towner, Eastbourne 1974);
Gwefan yr artist

**EJ Maybery**
Ffeil AC
Gwefan: Archif Caerllion (Caerleon Net Archive)
Gwefan: ŵyr yr artist: Royston Maybery
Gwefan: *Casglu'r Tlysau*, Amgueddfa ac Oriel
Gelf Casnewydd

**Donald McIntyre**
Lauren Lindee, ei weddw
*Artists Exhibited in Wales 1945–74*, Kirstine
Brander Dunthorne (CCC 1976)
Gwefan: Oriel yr Atig, Abertawe

**Alan McPherson**
Yr artist
Gwefan yr artist
Gwefan: Oriel Saatchi Ar-lein
*Artists Exhibited in Wales 1945–74*, Kirstine
Brander Dunthorne (CCC 1976)

**Stuart Mealing**
*Artists Exhibited in Wales 1945–74*, Kirstine
Brander Dunthorne (CCC 1976)

**Moelwyn Merchant**
Ffeil AC, yn cynnwys:
Ysgrif Goffa: ni roddir enw'r awdur, *The Times*
(29 Ebrill 1997);
Gwefan: BBC Cymru
Gwefan: Casgliad Celf Prifysgol Warwick
Catalog: *A Life's Work* (Gwasanaeth Celfyddydau
ac Arddangosfeydd Clwyd 1985)

**Arthur Miles**
Casgliad Arolwg CCC (AC/CCC 1996)
Catalog: *Selection from the South Wales Group*
(PCCCPF 1949)
Catalog: *Cofnodi Cymru 2, Capeli* (CCC 1969)
Ffeil Cofrestr Artistiaid CCC yn LlGC
*Artists Exhibited in Wales 1945–74*, Kirstine
Brander Dunthorne (CCC 1976)

**John Miles**
Casgliad Arolwg CCC (AC/CCC 1996)
Ffeil Cofrestr Artistiaid CCC yn LlGC
*Artists Exhibited in Wales 1945–74*, Kirstine
Brander Dunthorne (CCC 1976)

**Valerie Miles**
Ysgrif Goffa: awdur anhysbys, *Link*
(Cylchlythyr Pentyrch/Creigiau/Ffynnon Taf,
Gwanwyn 1999)
Ffeil Cofrestr Artistiaid CCC yn LlGC

**Geoffrey Milsom**
Paul Vining
*Artists Exhibited in Wales 1945–74,* Kirstine
Brander Dunthorne (CCC 1976)
Ffeil Cofrestr Artistiaid CCC yn LlGC

**Denis Mitchell**
Jane Mitchell, ei weddw
*Artists Exhibited in Wales 1945–74*, Kirstine
Brander Dunthorne (CCC 1976)
Catalog: *Denis Mitchell and Friends* (The
Bridge, Dulyn 1997)
Cyhoeddiad: *Denis Mitchell, Sculptor*, John
Halkes (Orielau Penwith, St Ives 1992)
Ysgrif Goffa: John Halkes, *The Independent*
(25 Mawrth 1993)

**AG Tennant Moon**
Ffeil AC
*Artists in Britain since 1945*, David Buckman
(Art Dictionaries Cyf., 2il argraffiad 2006)
E-bost gan Ceri Thomas 9 Ebrill 2008: yn
adrodd am farwolaeth yr artist

**Leslie Moore**
Eira Moore, ei weddw
Catalog: *Commemorative Exhibition*, AC
(CCC 1977)
Catalog: *Leslie Moore, Paintings 1952–1976*,
*Sally Moore, New Paintings* (Oriel Martin
Tinney 2005)

**Raymond Moore**
Casgliad Arolwg CCC (AC/CCC 1996)
Gwefan: Photography at Weeping Ash
Cyhoeddiad: *Murmurs at Every Turn: The
Photographs of Raymond Moore* (Travelling
Light Photography Cyf., 1981)
Catalog: *Raymond Moore* (Ffotogallery ac
Oriel, CCC, Caerdydd 1990)

**Gerald Morgan**
Yr artist
Cyhoeddiad arddangosfa (Oriel West Wharf 1989)
Toriadau papurau newydd
Gofynnodd yr artist hefyd fod gwybodaeth
yn cael ei thynnu o:
*Artists in Britain since 1945*, David Buckman
(Art Dictionaries Cyf., 2il argraffiad 2006)

**Llew E Morgan**
Carole Morgan Hopkin, ei ferch
Cofiant: *Full Circle*, Carole Morgan Hopkin
(Gwasg Gomer 1997)

**Robert Morgan**
*Miner-Artists: The Art of Welsh Coal Workers*,
John Harvey (LlGC 2000)
*Artists Exhibited in Wales 1945–74*, Kirstine
Brander Dunthorne (CCC 1976)
*Artists in Britain since 1945*, David Buckman
(Art Dictionaries Cyf., 2il argraffiad 2006)

**Heather and Ivan Morison**
Yr artist/iaid
Bywgraffiadau, mewn e-bost gan Heather
Morison
Gwefan yr artistiaid

**Carey Morris**
Catalog: *Arddangosfa Gelf a Chrefft*
(Eisteddfod Genedlaethol Cymru 1992)
Ffeil Cofrestr Artistiaid CCC yn LlGC yn cynnwys:
*Carey Morris (1882–1968): The Llandeilo Artist*,
Eirwen Jones (Pwyllgor Canmlwyddiant,
Llandeilo 1982);
*Diwylliant Gweledol Cymru: Delweddu'r Genedl*,
Peter Lord (Canolfan Uwchefrydiau Cymreig a
Cheltaidd Prifysgol Cymru/Gwasg Prifysgol
Cymru 2000)

**Cedric Morris**
Casgliad Arolwg CCC (AC/CCC 1996)
Catalog: *Twenty-five Paintings by Contemporary
Welsh Artists* (PCCCPF 1949)
Catalog: *Cedric Morris Retrospective*
(CCC/Amgueddfa Cymru 1968)
*Artists Exhibited in Wales 1945–74*, Kirstine
Brander Dunthorne (CCC 1976)
Catalog: *Cedric Morris*, Richard Morphet (Tate

Gallery Publications 1984)
Gwefan: *Oxford Dictionary of National Biography*,
cofnod gan Richard Morphet
Ffeil Cofrestr Artistiaid CCC yn LlGC

**Edward Morris**
Claire Davies, ei ferch
Ffeil Cofrestr Artistiaid CCC yn LlGC

**Dorothy Morse-Brown**
Guy Morse-Brown, ei mab
*Impelled to Paint: The life and work of Dorothy
Morse Brown*, Neil Westerman, a gyhoeddwyd
gan yr awdur (2005) a'i fenthyca trwy
garedigrwydd Guy Morse-Brown

**Sam Morse-Brown**
Guy Morse-Brown, ei fab
*The Imprisoned Splendour – the Life and Work
of Sam Morse-Brown*, David F Raine (1994)
*Impelled to Paint: The life and work of Dorothy
Morse Brown*, Neil Westerman, a gyhoeddwyd
gan yr awdur (2005)
(Y ddau lyfr wedi'u benthyca trwy garedigrwydd
Guy Morse-Brown)
Gwefan: llyfrwerthwyr ar y rhyngrwyd

**Peter Mousdale**
Casgliad Arolwg CCC (AC/CCC 1996)
Gwefan: The Old Pharosians/Ysgol
Ramadeg Dover:
Gwefan: Ysgol Ramadeg Dover: Cylchlythyr
(rhif 26, Gorffennaf 1974)
Gwefan: Prifysgol Technoleg Auckland,
Seland Newydd
Gwefannau: llyfrwerthwyr ar y rhyngrwyd
Gwefan: Diwydiannau Diwylliannol Tsieina

**Keith Munro**
Gwefan yr artist

**William Grant Murray**
Catalog: *Selection from the South Wales Group*
(PCCCPF 1949)
Catalog: *Swansea Artists* (CCC 1968)
Catalog: *Arddangosfa Gelf a Chrefft*
(Eisteddfod Genedlaethol Cymru 1992)
*Artists Exhibited in Wales 1945–74*, Kirstine
Brander Dunthorne (CCC 1976)

*Creating an Art Community: 50 Years of the Welsh Group*, Peter Wakelin (Amgueddfa Cymru 1999)
Ffeil AC

**Tom Nash**
Yr artist
*Artists Exhibited in Wales 1945–74*, Kirstine Brander Dunthorne (CCC 1976)

**Victor Neep**
Casgliad Arolwg CCC (AC/CCC 1996)
Ffeil Cofrestr Artistiaid CCC yn LlGC
*Artists Exhibited in Wales 1945–74*, Kirstine Brander Dunthorne (CCC 1976)

**David Newman**
Ffeil Cofrestr Artistiaid CCC yn LlGC

**Vera Oak**
Pandora Allin, ei merch
Casgliad Arolwg CCC (AC/CCC 1996)
Ffeil Cofrestr Artistiaid CCC yn LlGC

**Roy Ostle**
*Artists Exhibited in Wales 1945–74*, Kirstine Brander Dunthorne (CCC 1976)
Ffeil Cofrestr Artistiaid CCC yn LlGC

**Joan Oxland**
Casgliad Arolwg CCC (AC/CCC 1996)
*Artists Exhibited in Wales 1945–74*, Kirstine Brander Dunthorne (CCC 1976)
Gwefan: St Anthony Fine Art, Caerdydd

**Barry Paish**
Ffeil Cofrestr Artistiaid CCC yn LlGC

**Herbert Parker**
Ffeil Cofrestr Artistiaid CCC yn LlGC

**Michael Pennie**
Gwefan yr artist
Gwefan: Academi Gelf Caerfaddon

**Gideon Petersen**
Yr artist
Gwefan: Creative Spiral

**John Petts**
Casgliad Arolwg CCC (AC/CCC 1996)
*Creating an Art Community: 50 Years of the*

*Welsh Group*, Peter Wakelin (Amgueddfa Cymru 1999)
Catalog: *Selection from the South Wales Group* (PCCCPF 1949)
Catalog: *John Petts, Jonah Jones, Kyffin Williams* (PCCCPF 1961)
Ffeil Cofrestr Artistiaid CCC yn LlGC yn cynnwys:
*A History of Wood Engraving*, Albert Garrett (Midas Books 1978/Bloomsbury Books 1986);
Catalog: *John Petts Retrospective* (Oriel Gelf Glynn Vivian, Abertawe 1975);
Testun darlith: *The 1983 Radio Wales Lecture, Welsh Horizons*, John Petts, wedi'i darlledu ar Radio Wales a Radio Cymru 29 Chwefror 1984

**Kusha Petts**
Mick Petts (ei mab), gyda David Petts (Felix-Dexter) (ei mab) a Catrin Petts (ei merch)
Ann Dorsett, Swyddog Amgueddfeydd Sirol, Caerfyrddin

**Jane Phillips**
Amanda Roderick, cyn-gydweithwraig
Deunydd hyrwyddo a gyhoeddwyd ar gyfer Gwobr Jane Phillips gan y trefnwyr o Oriel Mission, 2011
Ysgrif Goffa: Osi Rhys Osmond, *The Guardian* (5 Ebrill 2011)
Gwefan: Gwobr Jane Phillips

**John Phillips**
Casgliad Arolwg CCC (AC/CCC 1996)
*Creating an Art Community: 50 Years of the Welsh Group*, Peter Wakelin (Amgueddfa Cymru 1999)
*Artists Exhibited in Wales 1945–74*, Kirstine Brander Dunthorne (CCC 1976)
Cofrestr Artistiaid CCC, ffeil yr artist yn LlGC.

**Tom Phillips**
Gwefan yr artist
Catalog: *Tom Phillips: New Drawings and Prints* (Oriel, CCC, Caerdydd 1977)

**Paul Philp**
Richard Philp, ei frawd
Gwefan: Oriel Richard Philp
Gwefan: *Ceramic Review*

## Paul Peter Piech

Ysgrifau Coffa: Elizabeth Salmon a Shelagh
Hourahane, *The Guardian* (29 Mehefin 1996)
Ysgrif Goffa: Lottie Hoare, *The Independent*
(4 Gorffennaf 1996)
Ffeil Cofrestr Artistiaid CCC yn LlGC

## John Piper

Casgliad Arolwg CCC (AC/CCC 1996)
Catalog: *John Piper in Wales* (PCCCPF 1964)
Catalog: *John Piper in Wales* (Oriel 31, 1990)
Gwefan: John Piper (testun gan Ken Hayes 2006)
Gwefan: Goldmark Art (testun gan Frances
Spalding 2005)
Gwefan: *Oxford Dictionary of National Biography*,
cofnod gan David Fraser Jenkins
*Artists Exhibited in Wales 1945–74,* Kirstine
Brander Dunthorne (CCC 1976)
Catalogue raisonné: *John Piper: The Complete
Graphic Works* 1923–1983, Orde Levinson,
(Faber & Faber 1987)
Ffeil Cofrestr Artistiaid CCC yn LlGC

## Simon Pope

Gwefan yr artist
Gwefan: Diffusion Library
Gwefan: Axis
Gwefannau Google

## Marten Post

Yr artist
Gwefan yr artist

## DEH Pratt

*Artists Exhibited in Wales 1945–74*, Kirstine
Brander Dunthorne (CCC 1976)
*Artists in Britain since 1945*, David Buckman
(Art Dictionaries Cyf., 2il argraffiad 2006)

## Bill Price

Casgliad Arolwg CCC (AC/CCC 1996)
*Artists Exhibited in Wales 1945–74*, Kirstine
Brander Dunthorne (CCC 1976)
Ffeil Cofrestr Artistiaid CCC yn LlGC

## Arthur Pritchard

Ffeil Cofrestr Artistiaid CCC yn LlGC
*Artists Exhibited in Wales 1945–74*, Kirstine
Brander Dunthorne (CCC 1976)

## Ieuan Meirion Pugh

Yr artist
*Artists Exhibited in Wales 1945–74*, Kirstine
Brander Dunthorne (CCC 1976)
Gwefan: Cymdeithas Genedlaethol y
Peintwyr Acrylig

## Michael Punt

Gwefan: Transtechnology Research
Catalog: *Michael Punt, New Sculptures and
Drawings* (Oriel, CCC, Caerdydd 1980)

## Peter Reddick

Catalog: *Peter Reddick, Gregynog Fellow
1979–80* (CCC 1981)
Gwefan: Archif Peter Reddick, Prifysgol
Fetropolitan Manceinion
Gwefan: Academi Frenhinol Gorllewin Lloegr
Gwefan: Archives Hub
Gwefan: Spike Island Print Workshop

## Bromfield Rees

Casgliad Arolwg CCC (AC/CCC 1996)
*Artists in Britain since 1945*, David Buckman
(Art Dictionaries Cyf., 2il argraffiad 2006)

## Ieuan Rees

Yr artist
Gwefan yr artist
Gwefan: Yr Academi Frenhinol Gymreig
*Scripsit*, Cylchgrawn Urdd Ceinlythrenwyr
Washington (Ionawr 2005, cyf. 27, rhifyn 1), a
ddarparwyd gan yr artist

## Tim Rees

Yr artist
Casgliad Arolwg CCC (AC/CCC 1996)
Catalog: *The Shadow of my Hand* (Oriel,
CCC, Caerdydd 1981)

## Mary Rennell

Juliet Boobbyer, ei merch
*Paintings and Drawings of Mary Rennell*,
rhagymadrodd gan yr artist (Fowler Wright
Books Limited, Cassell and Company, 1976)
*Artists Exhibited in Wales 1945–74*, Kirstine
Brander Dunthorne (CCC 1976)
Ffeil Cofrestr Artistiaid CCC yn LlGC

**Alan Richards**
*Artists in Britain since 1945*, David Buckman
(Art Dictionaries Cyf., 2il argraffiad 2006)
*Artists Exhibited in Wales 1945–74*, Kirstine
Brander Dunthorne (CCC 1976)
Gwefan yr artist

**Ceri Richards**
Rhiannon Gooding, ei ferch

**Frances Richards**
Casgliad Arolwg CCC (AC/CCC 1996)
*Artists Exhibited in Wales 1945–74*, Kirstine
Brander Dunthorne (CCC 1976)

**Gwyn Richards**
Ffeil Cofrestr Artistiaid CCC yn LlGC

**Keith Richardson-Jones**
*Artists Exhibited in Wales 1945–74*, Kirstine
Brander Dunthorne (CCC 1976)
Catalog: Oriel, CCC, Caerdydd 1977
Catalog: *Keith Richardson-Jones: A Retrospective
1970–1995: Systems, Series and Syzygies*
(Canolfan Gelfyddydau Wrecsam 1996)
Ysgrif Goffa: *The Independent*, Michael Harrison
(25 Ebrill 2005)

**James Rielly**
Gwefan: Canolfan Gelfyddydau Chapter,
Caerdydd
Gwefan: Orielau Cenedlaethol yr Alban
Gwefan: Art.Net
*Artists in Britain since 1945*, David Buckman
(Art Dictionaries Cyf., 2il argraffiad 2006)

**Patrick Rixson**
Ffeil Cofrestr Artistiaid CCC yn LlGC
*Artists in Britain since 1945*, David Buckman
(Art Dictionaries Cyf., 2il argraffiad 2006)
Ffeil AC

**David Roberts**
Casgliad Arolwg CCC (AC/CCC 1996)
Catalog: *Arddangosfa'r Fedal Aur* (Eisteddfod
Genedlaethol Cymru/Cyngor Celfyddydau
Cymru 1967)
Catalog: *The Arts Council Collection: Contemporary
Painting in Wales* (PCCCPF 1952)

**Gladys Roberts**
*Artists Exhibited in Wales 1945–74*, Kirstine
Brander Dunthorne (CCC 1976)
*Artists in Britain since 1945*, David Buckman
(Art Dictionaries Cyf., 2il argraffiad 2006)
Catalog: *A Centenary Celebration* (Yr Academi
Frenhinol Gymreig 1982)

**Howard Roberts**
Casgliad Arolwg CCC (AC/CCC 1996)
Ffeil Cofrestr Artistiaid CCC yn LlGC
Ysgrif Goffa: Peter Wakelin, *The Guardian*
(17 Ebrill 2001)
*Artists Exhibited in Wales 1945–74*, Kirstine
Brander Dunthorne (CCC 1976)

**John Roberts**
*Artists Exhibited in Wales 1945–74*, Kirstine
Brander Dunthorne (CCC 1976)
Gwefan: Archif Gelfyddydau Cymru: Ysgrif Goffa
*Joan Baker – A Retrospective – 65 Years of
Painting since 1944*, Ceri Thomas (Prifysgol
Morgannwg 2009)

**Keith Roberts**
Catalog: *Arddangosfa Gelf a Chrefft*
(Eisteddfod Genedlaethol Cymru, Casnewydd
1988)
*Dictionary of British Art: Volume VI: 20th Century
Painters and Sculptors*, Frances Spalding
(Antique Collectors Club 1990)

**Will Roberts**
Casgliad Arolwg CCC (AC/CCC 1996)
*Creating an Art Community: 50 Years of the
Welsh Group*, Peter Wakelin (Amgueddfa
Cymru 1999)
*Artists Exhibited in Wales 1945–74*, Kirstine
Brander Dunthorne (CCC 1976)
Catalog: *Twenty-five Paintings by Contemporary
Welsh Artists* (PCCCPF 1949)
Catalog: *Two Artists of West Wales* (PCCCPF
1962) (gydag Alfred Janes)
Catalogau: Grŵp 56 Cymru
Catalog: *The Dark Hills The Heavy Clouds*
(CCC 1981)
Catalog: *Arddangosfa Gelf a Chrefft*
(Eisteddfod Genedlaethol Cymru 1992)

Catalog: *Will Roberts: A Retrospective 1927–1992* (Oriel Mostyn 1993)
Ysgrif Goffa: Brian Carter, *The Independent* (14 Mawrth 2000)
Ffeil Cofrestr Artistiaid CCC yn LlGC

**Ivor Roberts-Jones**
Casgliad Arolwg CCC (AC/CCC 1996)
Ffeil Cofrestr Artistiaid CCC yn LlGC
Catalog: *Ivor Roberts-Jones RA: Sculpture* (Oriel, CCC, Caerdydd 1978)
Ysgrif Goffa: *Nodiadau Artistiaid* (rhif 14, Cyngor Celfyddydau Cymru, Gwanwyn/Haf 1997)
*Artists Exhibited in Wales 1945–74*, Kirstine Brander Dunthorne (CCC 1976)
Gwefan: Casgliad Academi Frenhinol y Celfyddydau

**Carol Robertson**
Gwefan yr artist

**Frank Roper**
Ffeil Cofrestr Artistiaid CCC yn LlGC
Ysgrif Goffa: *The Guardian*, Peter Wakelin (11 Rhagfyr 2000)
*Artists Exhibited in Wales 1945–74*, Kirstine Brander Dunthorne (CCC 1976)
Ffeil AC

**Gyrth Russell**
Ffeil Cofrestr Artistiaid CCC yn LlGC yn cynnwys:
Catalog: *An Exhibition of the Works of Gyrth Russell, RI, ROI, RSMA, 1892–1970, Part II, Sea, River and Ships* (Manor House Fine Arts, Caerdydd 1981);
*Artists Exhibited in Wales 1945–74*, Kirstine Brander Dunthorne (CCC 1976)

**David Saunders**
Yr artist
*Artists Exhibited in Wales 1945–74*, Kirstine Brander Dunthorne (CCC 1976)
Catalog: *Ways of Making: 5 Systemic Artists* (CCC 1975)
*Artists in Britain since 1945*, David Buckman (Art Dictionaries Cyf., 2il argraffiad 2006)

**Alfred Burgess Sharrocks**
*Artists Exhibited in Wales 1945–74*, Kirstine Brander Dunthorne (CCC 1976)
*Artists in Britain since 1945*, David Buckman

(Art Dictionaries Cyf., 2il argraffiad 2006)
Gwefan: Bear Alley

**Roy Slade**
*Artists Exhibited in Wales 1945–74*, Kirstine Brander Dunthorne (CCC 1976)
Gwefan yr artist

**Sarah Snazell**
Ffeil AC
Gwefan: Cymdeithas Hanes Lleol y Fenni
Gwefan: Abergavenny People

**Jeffrey Spedding**
Yr artist
Gwefan yr artist
Gwefan: Oriel Saatchi Ar-lein
*Artists in Britain since 1945*, David Buckman (Art Dictionaries Cyf., 2il argraffiad 2006)

**Rebecca Spooner**
Axis
Gwefan: Cyfrifiad Ar-lein (ar gyfer ei dyddiad geni, cadarnhawyd gan yr artist)

**Peter Starkey**
Yr artist
Gwefan: Studio Pottery
Catalog: *Peter Starkey/Ted Hamlyn* (Oriel, CCC, Caerdydd 1983)

**Ralph Steadman**
Gwefan yr artist
Gwefan: Opal.Kent
Gwefan: Books and Writers
*Artists in Britain since 1945*, David Buckman (Art Dictionaries Cyf., 2il argraffiad 2006)

**Anthony Stevens**
Casgliad Arolwg CCC (AC/CCC 1996)
*Creating an Art Community: 50 Years of the Welsh Group,* Peter Wakelin (Amgueddfa Cymru 1999)
Catalogau: arddangosfeydd ar y cyd: Grŵp 56 Cymru/CCC
Catalog: Canolfan Gelfyddydau Abaty Nant Teyrnon, Cwmbrân 1994
Catalog: *Sculpture by Anthony Stevens* (Amgueddfa ac Oriel Gelf Worthing 1986)
*Artists Exhibited in Wales 1945–74*, Kirstine Brander Dunthorne (CCC 1976)

**Dulcie Mayne Stephens**
Henry Stephens, ei mab
*Artists Exhibited in Wales 1945–74*, Kirstine Brander Dunthorne (CCC 1976)
Gwefan: Y Comisiwn Elusennau

**Gareth Stone Jones**
Yr artist
*Artists Exhibited in Wales 1945–74*, Kirstine Brander Dunthorne (CCC 1976)

**Graham Sutherland**
Gwefan: BBC Cymru
Gwefan: BBC (sawl gwefan, gan gynnwys y BBC a Sefydliad y Catalog Cyhoeddus *Your Paintings*)
Gwefan: Chris Beetles
Catalog: *Graham Sutherland Drawings of Wales* (PCCCPF 1963)
Catalog: *Graham Sutherland*, Ronald Alley, Tate Gallery Publications, 1982
Gwefan: *Oxford Dictionary of National Biography*, cofnod gan Roger Berthoud
Ffeil Cofrestr Artistiaid CCC yn LlGC

**Ann Sutton**
Gwefan: Photostore y Cyngor Crefftau
Gwefan: Oriel Zimmer Stewart
Gwefan: Crefftau'r Alban

**James Tarr**
Andrew Tarr, ei fab
Casgliad Arolwg CCC (AC/CCC 1996)
*Creating an Art Community: 50 Years of the Welsh Group*, Peter Wakelin (Amgueddfa Cymru 1999)
*Artists Exhibited in Wales 1945–74*, Kirstine Brander Dunthorne (CCC 1976)

**Gwilym Thomas**
Catalog: *Gwilym Thomas: A Retrospective Exhibition* (Oriel Gelf Glynn Vivian, Abertawe 1997)
*Artists in Britain since 1945*, David Buckman (Art Dictionaries Cyf., 2il argraffiad 2006)
Gwefannau: llyfrwerthwyr ar y rhyngrwyd
Rhestr Casgliad Prifysgol Aberystwyth
Gwefan: Amgueddfeydd ac Oriel Gelf Birmingham
Gwefan: AC

**LG Thomas**
Norma Thomas, ei weddw
Ffeil Cofrestr Artistiaid CCC yn LlGC
*Artists in Britain since 1945*, David Buckman (Art Dictionaries Cyf., 2il argraffiad 2006)

**Norma Thomas**
Yr artist
*Artists in Britain since 1945*, David Buckman (Art Dictionaries Cyf., 2il argraffiad 2006)
Gwefan: Cyngor Sir y Fflint

**Winifred Thomas**
Lynne Davies, cyn-aelod o staff, Ysgol Gelf Caerfyrddin
Julian Brown, cyn-aelod o staff, Ysgol Gelf Caerfyrddin
*Artists in Britain since 1945*, David Buckman (Art Dictionaries Cyf., 2il argraffiad 2006)

**ME Thompson**
Catalog: *An Artist in the Quarries: drawings by Miss M E Thompson (1896–1981) – the life, work and landscape of the North Wales Quarries* (CCC 1981)
Ffeil Cofrestr Artistiaid CCC yn LlGC

**David Tinker**
Casgliad Arolwg CCC (AC/CCC 1996)
Catalog: *Two Artists: David Tinker/Robert Hunter* (PCCCPF 1965)
Catalog: *Art Spectrum – Wales* (Amgueddfa Cymru/CCC 1971)
Catalogau: Grŵp 56 Cymru/CCC
Ffeil Cofrestr Artistiaid CCC yn LlGC
*Artists Exhibited in Wales 1945–74*, Kirstine Brander Dunthorne (CCC 1976)

**Mary Tinker**
Ffeil Cofrestr Artistiaid CCC yn LlGC

**Norman Toynton**
Casgliad Arolwg CCC (AC/CCC 1996)
*Artists Exhibited in Wales 1945–74*, Kirstine Brander Dunthorne (CCC 1976)
Gwefan: Archifau *The New York Times*

**Charles Tunnicliffe**
Catalog: *Wild Lives: The Art of Charles F Tunnicliffe RA 1901–1979* (Oriel Gelf Mostyn/CCC 1980)
Gwefan: Chris Beetles
Gwefan: Cymdeithas Charles Tunnicliffe

**William McAllister Turner**
*Artists Exhibited in Wales 1945–74*, Kirstine Brander Dunthorne (CCC 1976)
*Artists in Britain since 1945*, David Buckman (Art Dictionaries Cyf., 2il argraffiad 2006)
Ffeil AC

**Ian Tyson**
Yr artist
Casgliad Arolwg CCC (AC/CCC 1996)
Catalog: *St David's Exhibition* (PCCCPF 1965)
*Artists in Britain since 1945*, David Buckman (Art Dictionaries Cyf., 2il argraffiad 2006)
Gwefan: Prifysgol Bryste

**Michael Tyzack**
Ysgrif Goffa: Dave Munday, *The Post and Courier* (Chwefror 2007) (UDA)
Ysgrif Goffa: David Buckman, *The Independent* (19 Ebrill 2007)
*Artists Exhibited in Wales 1945–74*, Kirstine Brander Dunthorne (CCC 1976)
*Artists in Britain since 1945*, David Buckman (Art Dictionaries Cyf., 2il argraffiad 2006)

**Fred Uhlman**
Ffeil Cofrestr Artistiaid CCC yn LlGC
*Artists Exhibited in Wales 1945–74*, Kirstine Brander Dunthorne (CCC 1976)

**Gladys Vasey**
Catalog: Robert Meyrick, *Gladys Vasey ARCA SWA: A Retrospective Exhibition* (LlGC 1991)

**Andrew Vicari**
Gwefan yr artist
Gwefan: 24Hour Museum: The National Virtual Museum
Gwefan: Coleg Castell-nedd Port Talbot
Gwefan: Gwesty Hamdden y Celtic Manor
Gwefan: BBC a Sefydliad y Catalog Cyhoeddus: *Your Paintings*

**AE Wade**
Ffeil AC
Ysgrif Goffa: R G Ellis ac A R Perry, *Watsonia* 18 (1990), a ddarparwyd gan yr Adran Fotaneg a'r Cofrestrydd, Yr Adran Gelf, AC

**Richard Wakelin**
Peter Wakelin, ei fab
Casgliad Arolwg CCC (AC/CCC 1996)
*Creating an Art Community: 50 Years of the Welsh Group*, Peter Wakelin (Amgueddfa Cymru 1999)
Ffeil Cofrestr Artistiaid CCC yn LlGC

**Rosemary Wakelin**
Peter Wakelin, ei mab
Ffeil Cofrestr Artistiaid CCC yn LlGC

**Jack Waldron**
Casgliad Arolwg CCC (AC/CCC 1996)
*Artists Exhibited in Wales 1945–74*, Kirstine Brander Dunthorne (CCC 1976)

**Tom Wall**
*Artists Exhibited in Wales 1945–74*, Kirstine Brander Dunthorne (CCC 1976)
Gwefan: Geocities/Tom Wall
Gwefan: Works of Art UK
Gwefan: Cyfrifiad 1901
Gwefan: Cofrestrau Genedigaethau, Priodas a Marwolaethau

**Maria A Walsh**
Ffeil Cofrestr Artistiaid CCC yn LlGC

**Evan Walters**
Catalog: *Arddangosfa Gelf a Chrefft* (Eisteddfod Genedlaethol Cymru 1992)
Catalog: *Art in Wales, The 20th Century: The Early Years 1900–56* (CCC 1969)
Catalog: *Swansea Artists* (CCC 1968)

Catalog: *Evan Walters (1891–1951): Memorial Exhibition* (Oriel Gelf Glynn Vivian, Abertawe 1952)
Catalog: *Evan Walters: 25th Anniversary Exhibition*, (Oriel Gelf Glynn Vivian, Abertawe 1976)
*Artists Exhibited in Wales 1945–74*, Kirstine Brander Dunthorne (CCC 1976)
*Evan Walters: Moments of Vision*, golygydd Barry Plummer (Seren, Pen-y-bont ar Ogwr 2011)

'Walters, Evan John', Donald Moore, *Dictionary of Welsh Biography* (LlGC, argraffiad ar-lein 2008)

**John Warren-Davis**
Will Warren-Davis, ei fab
Casgliad Arolwg CCC (AC/CCC 1996)
Ffeil Cofrestr Artistiaid CCC yn LlGC (lle bo'n berthnasol, mae dyddiadau yn y ffeil hon wedi'u defnyddio yn lle rhai eraill)
*Artists Exhibited in Wales 1945–74*, Kirstine Brander Dunthorne (CCC 1976)

**John Webster**
Ffeil Cofrestr Artistiaid CCC yn LlGC
Catalog: *John Webster* (Oriel Theatr Clwyd, Yr Wyddgrug ?1970)
*Artists Exhibited in Wales 1945–74*, Kirstine Brander Dunthorne (CCC 1976)

**Charles White**
Casgliad Arolwg CCC (AC/CCC 1996)
*Creating an Art Community: 50 Years of the Welsh Group*, Peter Wakelin (Amgueddfa Cymru 1999)
Ffeil Cofrestr Artistiaid CCC yn LlGC
*Artists Exhibited in Wales 1945–74*, Kirstine Brander Dunthorne (CCC 1976)
Gwefan: AC
Gwefan: Yr Amgueddfa Brydeinig
Gwefan: Amgueddfa Victoria ac Albert

**Stephen Whitehead**
Gwefan: Tracey McNee Fine Art
Gwefan: Panter a Hall
Gwefan: Wicipedia
Gwefan: BBC/Gogledd Swydd Efrog
Gwefan: Art Connections, Gogledd Swydd Efrog
Gwefan: Hotfrog
*Creating an Art Community: 50 Years of the Welsh Group*, Peter Wakelin (Amgueddfa Cymru 1999)
Catalog: *Contemporary Art Society for Wales: 50th Anniversary Exhibition* (Cymdeithas Celf Gyfoes Cymru /AC, Caerdydd 1987)

**Charles Wyatt Warren**
*Artists Exhibited in Wales 1945–74*, Kirstine Brander Dunthorne (CCC 1976)

**Margaret Lindsay Williams**
Catalog: *Arddangosfa Gelf a Chrefft* (Eisteddfod Genedlaethol Cymru 1992)
Ffeil AC yn cynnwys:
Adroddiad am ei marwolaeth/ysgrif goffa mewn papur newydd dienw heb ddyddiad
Adroddiad am Fedal Aur yr Academi Frenhinol, *Western Mail* 1911
Manylion a ddarparwyd gan yr artist ar gyfer Artists of Welsh Birth or Extraction (Prosiect Arddangosfa AC 1913–14)

**Alex Williams**
Yr artist
Ffeil AC
Gwefan yr artist
Gwefan: Oriel D'Arcy, Cheltenham

**Ally Williams**
Gwefan yr artist

**Archie Williams**
*Artists Exhibited in Wales 1945–74*, Kirstine Brander Dunthorne (CCC 1976)
*Artists in Britain since 1945*, David Buckman (Art Dictionaries Cyf., 2il argraffiad 2006)
Oriel Gelf Glynn Vivian, Abertawe: cofnodion a chwiliadau

**Bedwyr Williams**
Gwefan yr artist
Gwefan: Oriel Ceri Hand

**Daisy Williams**
Merched yr artist
Testun ar gyfer arddangosfa yn Amgueddfa Ceredigion 2004 a thestun yr artist tua 1974 a ddarparwyd gan ferched yr artist.
Arolwg Casgliad Cyngor Celfyddydau Cymru (AC/Cyngor Celfyddydau Cymru 1996)
Ffeil Cofrestr Artistiaid CCC yn LlGC

**Gwendolen Williams**
Ffeil AC
*Artists in Britain since 1945*, David Buckman (Art Dictionaries Cyf., 2il argraffiad 2006)
Gwefan: *Welsh Biography Online*, cofnod gan Peter Lord

## Harry Hughes Williams

Catalog: *Harry Hughes Williams 1892–1953: a Selective Retrospective* (Oriel Ynys Môn, Llangefni/LlGC 1992)
Ffeil AC
Swyddog Amgueddfeydd Sirol, Ynys Môn

## H Douglas Williams

Gwefan: *Welsh Biography Online*, cofnod gan Elis Gwyn Jones

## Idris Aeron Williams

*Artists in Britain since 1945*, David Buckman (Art Dictionaries Cyf., 2il argraffiad 2006)
Gwefan: LlGC

## Ivor Williams

Sophia Hughes, ei ferch; Alastair Rabagliati, ei ŵyr
Cofrestr Artistiaid CCC, ffeil yr artist yn LlGC
*Artists Exhibited in Wales 1945–74*, Kirstine Brander Dunthorne (CCC 1976)

## Kyffin Williams

Yr artist
Casgliad Arolwg CCC (AC/CCC 1996)
*Creating an Art Community: 50 Years of the Welsh Group*, Peter Wakelin (Amgueddfa Cymru 1999)
Catalog: *Twenty-five Paintings by Contemporary Welsh Artists* (PCCCPF 1949)
Catalog: *Arddangosfa Gelf a Chrefft* (Eisteddfod Genedlaethol Cymru 1992)
Catalog: *The Dark Hills The Heavy Clouds* (CCC 1981)
*Kyffin Williams*, Nicholas Sinclair gyda thraethawd gan Ian Jeffrey (Lund Humphries 2004)

## Moss Williams

*Artists Exhibited in Wales 1945–74*, Kirstine Brander Dunthorne (CCC 1976)

## Nerys Williams

*Artists in Britain since 1945*, David Buckman (Art Dictionaries Cyf., 2il argraffiad 2006)

## Alan Wood

Casgliad Arolwg CCC (AC/CCC 1996)
Gwefan: Oriel Winsor
Gwefan: Casgliad Celf Ar-lein Cyngor Sir Cernyw
*Artists Exhibited in Wales 1945–74*, Kirstine Brander Dunthorne (CCC 1976)

## Austin Wright

Susan Wright, ei weddw
Gwefan: Oriel Hart
*Artists Exhibited in Wales 1945–74*, Kirstine Brander Dunthorne (CCC 1976)

## Ernest Zobole

Dr Ceri Thomas
*Creating an Art Community: 50 Years of the Welsh Group*, Peter Wakelin (Amgueddfa Cymru 1999)
Catalog: *The Dark Hills The Heavy Clouds* (CCC 1981)
Catalog: *Arddangosfa Gelf a Chrefft* (Eisteddfod Genedlaethol Cymru 1992)
Catalog: *Two Painters: Brenda Chamberlain, Ernest Zobole* (PCCCPF 1963)
Catalog: *Branching Out* (Prifysgol Morgannwg 2002)

# RHESTR O DDARLUNIAU

**Gwnaed pob ymdrech i gysylltu â deiliaid yr hawlfraint, ond mewn ambell i achos nid oedd modd dod o hyd iddynt. Croesewir gwybodaeth, a lle y bo'n bosibl caiff ei chynnwys mewn unrhyw argraffiad newydd.**

Oni nodir fel arall, rhoddir y mesuriadau isod mewn centimedrau, uchder x lled x dyfnder. Nid yw teitlau'r gweithiau celf wedi'u cyfieithu.

1. Billy Adams
*Landscape Chalice* and *Bowl*
2006
Cerameg
Uchder tua 35 a 15
Casgliadau Preifat
© Yr Artist

2. John Addyman
*Parrog* 1998
Dyfrlliw ar bapur
68.5 x 101.6
Casgliad: Harriet Addyman
© Ystad yr Artist

3. Eileen Allan
*Barry Night Lights* 2007
Olew ar banel
75 x 64
© Yr Artist

4. Lewis Allan
*Rain, Steam and Stamina* 2004
Olew ar banel
40 x 56
© Ystad yr Artist

5. Colin Allen
*Fishing Boat and Pier*
tua 1950–70
Olew ar fwrdd
63.5 x 76.5
Casgliad: Prifysgol
Aberystwyth. Rhodd gan
Gymdeithas Celf Gyfoes
Cymru 1995
© Ystad yr Artist

6. Daniel Allen
*Dummy* 2006
Cerameg a llygaid gwydr
Uchder 130
Casgliad Preifat
© Yr Artist

7. Pandora Allin
*Night over Pensax* 2007
Acrylig ar bapur
40 x 50
© Yr Artist

8. Diana Armfield
*Sheep in the Snow, above Llanycil* 2007
Olew ar fwrdd
27 x 29.5
Ffotograff: Trwy garedigrwydd
Browse a Darby
© Yr Artist

9. Keith Arnatt
*O Miss Grace's Lane* 1986
Ffotograff
16.5 x 16.5
Casgliad: Amgueddfa
Cymru
© Ystad Keith Arnatt

10. Janet Ashworth Hamer
*Mexican Toucan* 2007
Cerameg wedi'i gwydro a'i
thanio ar wres uchel
27 x 23
© Yr Artist

11. Duncan Ayscough
*Heb Deitl* 2006–07
Priddlestri ag arwyneb
terrasigilata a deilen aur y
tu mewn, pob un tua 25 o
ran diamedr
© Yr Artist

12. Philip Babot
*Black Narcissus* 2007
Perfformiad/gosodwaith yn
yr Adolygiad Cenedlaethol o
Gelf Fyw, Tramway, Glasgow
Ffotograff: Lee Hassall
© Yr Artist

13. Peter Bailey
*Still Life in Wales After The
Referendum: The Love Spoon*
1999
Cyfosodiad mewn blwch
21.7 x 22
Prynwyd gan Amgueddfa
Brycheiniog (1999.17)
© Ystad yr Artist

14. Joan Baker
*St Fagans – Flutter of Doves*
2002
Olew ar gynfas
61 x 76.2
Ffotograff: Phill Anstice
© Yr Artist

15. Iwan Bala
*Cernunnos* 2006–07
Cyfosodiad cyfryngau cymysg
106 x 70 x 30
© Yr Artist

16. Mervyn Baldwin
*That's the Way the Column
Crumbles* 1970
Gwobr gomisiwn Cyngor
Celfyddydau Cymru
Castinau gwydr ffibr
Uchder 198
Ffotograff: Peter Jones
© Yr Artist

17. Alan Barrett-Danes
*Pot gloywedd â slip gwydrog*
tua 1985–87
Uchder 23
Casgliad: Ruth Barrett-Danes
Ffotograff: Dan Salter
Photography
© Ystad yr Artist

18. Ruth Barrett-Danes
*A Stranger in our Midst* 1999
Wedi'i adeiladu â llaw
mewn clai porslen
Uchder 22
Ffotograff: Dan Salter
Photography
© Yr Artist

19. Kate Bassett
*'aving a bag of chips down
Barry* 2006
Sychbwynt ar bapur
24.5 x 34.5
© Yr Artist

20. Vera Bassett
*Heb Deitl* tua 1970
Dyfrlliw a phensil ar bapur
45 x 63
Casgliad: Amgueddfa Sir
Gaerfyrddin
© Ystad yr Artist

21. Paul Beauchamp
*Timescape Coordinate
52.52N 04.06W* 5/08/2005
Print Chwistrell K3
40.5 x 50.5
Casgliad Preifat
© Yr Artist

22. Lynne Bebb
*Shredded Past* 2004
Cyfryngau cymysg
30 x 13 x 19
© Yr Artist

23. David Bell
*A Civil Servant* dyddiad
anhysbys
Graffit ar bapur
48.9 x 27.3
Casgliad: Dinas a Sir
Abertawe:
Casgliad Oriel Gelf Glynn
Vivian, rhoddwyd gan Gyngor
Celfyddydau Cymru 2002
© Ystad yr Artist

24. David Binns
*Square Pierced Form* 2006
Agregau ceramig a
deunyddiau sy'n ffurfio
gwydr wedi'u bwrw mewn
odyn; eu malurio a'u
sgleinio ar ôl eu tanio
32 x 32 x 7
Casgliad: Casgliad Celf
Gwladol Latfia – Yr
Amgueddfa Celfyddydau
Cymhwysol, Riga, Latfia
Ffotograff: David Binns
© Yr Artist

25. Chris Bird-Jones
*Intimate Spaces* 1999
Gwydr
Eob un tua 11 x 9 x 4.8
Ffotograff: Simon Bruntnell
© Yr Artist

26. Martin Bloch
*Welsh Village* 1954
Olew ar gynfas
64.9 x 64
Casgliad: Amgueddfa
Brycheiniog, rhoddwyd gan
Gyngor Celfyddydau Cymru
(2003.7.1)
© Ymddiriedolaeth
Martin Bloch

27. Peter Bobby
*High-rise (23rd, Bar)* 2007
Print Giclée
80 x 120
© Yr Artist

28. Howard Bowcott
*Landsker Cross, Narberth*
1994
Llechen ar graidd concrid
400 x 120 x 60
Casgliad: Cyngor Sir Penfro
© Yr Artist

29. Denis Bowen
*Moon Rising* 1989
Olew ar gynfas
137 x 122
Casgliad: Casgliad Kirklees,
Oriel Gelf Huddersfield
© Ystad yr Artist

30. Keith Bowen
*Shepherd and Lamb* 2007
Pastel ar fwrdd papur
gwydrog
76.2 x 55.8
Casgliad Preifat
© Yr Artist

31. Paul Bowen
*Hiraethum* 1986
Coed a chalch
257 x 200 x 50
Casgliad Preifat
© Yr Artist

32. Sebastien Boyesen
*The Vision of St Gwynllyw*
1996
Efydd
Uchder 300
Comisiynwyd gan Gyngor
Bwrdeistref Casnewydd
Ffotograff: Yr Artist
© Yr Artist a Chyngor Dinas
Casnewydd

33. Geoffrey Bradford
*From The Time of the
Beginning* 2001
Adeiladwaith mewn blwch
35.5 x 38 x 7
Ffotograff: Geoffrey Bradford
© Yr Artist

34. Sarah Bradford
*And all around us (1)* 2003–07
Olew ar fwrdd, 96 x 96
Ffotograff: Geoffrey Bradford
© Yr Artist

35. Toril Brancher
*Heb Deitl rhif 43 o'r gyfres,*
*mean time* 2001
Ffotograff a dynnwyd o
draeth yn Sir Benfro
125 x 95
© Yr Artist

36. Frank Brangwyn
*Messina after the Earthquake*
tua 1948
Inc glas a phensil ar bapur
25.5 x 21
Ffotograff: trwy garedigrwydd
Lissfineart.com
© David Brangwyn

37. Evelyn Brearley
*Rush Hour Rain* 1962
Sialc a gouache ar bapur
33 x 49.5
Casgliad: Amgueddfa ac
Oriel Gelf Casnewydd, de
Cymru
© Jane Cornish

38. Karen Brett
*The Myth of Sexual Loss* 2003
Llun llonydd o ffilm
127 x 127
Delwedd/llun llonydd o
ffilm trwy garedigrwydd yr
artist
© Yr Artist

39. Paul Brewer
*Brewer 12/1* 2000
Print deuliw ar gynfas artist
34 x 26.5
© Yr Artist

40. Melanie Brown
*Family* 2006
Porslen, arian, gwiail
kooboo a choed ffawydd
28 x 39 x 10
Casgliad: Casgliad Tebotau

Kamm, Sparta, UDA
Ffotograff: Martin Avery
© Yr Artist

41. William Brown
*Mari Lwyd ar y Bryn Coch*
1999
Acrylig ar gynfas
68 x 116
© Carys Brown

42. Cefyn Burgess
*Slate florals, defnydd* 1990au
Gwlân
© Yr Artist

43. Brendan Stuart Burns
*Cyfres Liquid Light. Spindrift*
*– Ionawr 3ydd* 2007
Olew, cwyr a graffit ar gynfas
178 x 203
© Yr Artist

44. Laurence Burt
*Homage to Louis MacNeice*
*1965; Memorial to the Brave*
*Old World, and Beelzebub's*
*Toast to the New Scientists*
Haearn, efydd, pres, cwyr a
lliw
81.2 x 42 x 24.1 pan fydd
ynghau
Casgliad: Angela Burt
© Yr Artist

45. Charles Burton
*Leather Chair with Painting*
*of Marion* 1981–98
Olew ar gynfas
181 x 181
Casgliad: Prifysgol De
Cymru. Rhodd gan
Gymdeithas Celf Gyfoes
Cymru 2006
© Yr Artist

46. Susan Butler
*After Bernini II (Ludovica*
*Albertoni)* 2002 (manylyn)
Un mewn cyfres o naw
ffotograff lliw
20 x 29.4
© Yr Artist

47. Paul Cabuts
*Rhos Gwawr* 2004
Print ffotograffig lliw
12.7 x 10.2
© Paul Cabuts 2004

48. Simon Callery
*Trench 10 (Prosiect Segsbury,*
*Castell Dover, 2003)* 2000–03
Sialc, plastr a choed
2.2 x 19.1 x 5.1 metr
Trwy garedigrwydd Ysgol
Arlunio a Chelf Gain Ruskin,
Prifysgol Rhydychen
Ffotograff: © John Riddy
© Yr Artist

49. James Campbell
*Pillow dish: Bird and Moon*
2007
Priddlestr coch wedi'i slabio a'i
dorchi, slip gwyn, pigmentau
wedi'u paentio a'u hendorri
o dan wydredd clir
30.5 x 38
Ffotograff: trwy garedigrwydd
Oriel Stour, Shipston-on-Stour
© Yr Artist

50. Ronald Carlson
*After Laocoön* 1970au
Pensil
86 x 106
Casgliad: Anne Carlson
Ffotograff: Paul Jeff
© Ystad yr Artist

51. David Carpanini
*The Searchers* 1991
Acrylig ar gynfas
40.6 x 60
Casgliad Preifat
© Yr Artist

52. Jane Carpanini
*Eagle Tower* 1978
Dyfrlliw ar fwrdd wedi'i
baratoi
77.4 x 53.3
Casgliad Amgueddfa Cymru
© Yr Artist

53. Brenda Chamberlain
*The Fisherman's Return* 1949
Olew ar gynfas
102.3 x 76.8
Casgliad: Amgueddfa
Cymru
© Ystad yr Artist

54. George Chapman
*Street in Merthyr* tua 1961–64
Olew ar gynfas
57.5 x 85
Casgliad Preifat
© Ystad yr Artist

55. John Charity
*Fancy Dress Party, The Crown
Inn, Newport, Gwent* 1976
Print arian
29.7 x 21
© Yr Artist

56. Evan Charlton
*Early Morning* 1956
Olew ar fwrdd
60.8 x 91.6
Casgliad: Amgueddfa
Cymru
© Belinda Waddington

57. Felicity Charlton
*Garden and Greenhouse* 1956
Arlunio dyfrlliw ar bapur
56 x 71
Casgliad: Amgueddfa ac
Oriel Gelf Casnewydd, de
Cymru
© Belinda Waddington

58. Ferdinand Cirel
*Gentle Evening* 1950
Olew ar fwrdd
29 x 38.5
Casgliad: Amgueddfa
Cymru. Rhodd gan
Gymdeithas Celf Gyfoes
Cymru, 2000
© Ystad yr Artist

59. John Cleal
*Maasai Woman* 1998
Dyfrlliw ar bapur
73 x 55
Casgliad Preifat
© Ystad yr Artist

60. John Clinch
*People Like Us* 1993
Cei'r For-forwyn, Caerdydd
Efydd
Uchder 185
Yn eiddo i Gei'r For-forwyn.
Comisiynwyd trwy'r
Asiantaeth Gelf ac Adfywio
© Ystad yr Artist

61. David Colwell
*Cadair Giniawa C10* fersiwn
2006, cynhyrchwyd fesul swp
Onnen leol wedi'i thyfu'n
gyflym a'i phlygu ag ager a
dur di-staen
95 x 50 x 51
Ffotograff: Dewi Tannatt
Lloyd
© Yr Artist

62. Rob Conybear
*Anthropologist (Native North
American Indian)* 2006, rhan
o'r gyfres o arluniau Inner
Portraits ar gyfer cerfluniau
Cyfryngau cymysg ar bapur
125 x 75
Casgliad Preifat
Ffotograff: Hamish Gane,
trwy garedigrwydd Oriel
Mission, Abertawe
© Yr Artist

63. Barrie Cook
*Good Vibes* 2007
Acrylig ar gynfas
91.5 x 81
Ffotograff: Marea Downey
© Yr Artist

64. John F Cooper
*Terraced Houses, Swansea*
2006
Acrylig ar gynfas
20 x 26
Ffotograff: Rhodri Cooper
© Yr Artist

65. Glenys Cour
*Metaphor* 2007
Olew ar gynfas
102 x 81

Casgliad Preifat
Ffotograff: Lucy Russell
© Yr Artist

66. Ronald Cour
*The Bull* 1970
Dur wedi'i baentio
68 x 48
Casgliad: Glenys Cour
Ffotograff: Lucy Russell
© Ystad yr Artist

67. Richard Cox
*Abhaneri Chand Boari Cyfres
Stepwell 3.2.* 2005
Ffotograff digidol
55.8 x 76.2
© Yr Artist

68. Jack Crabtree
*Save This Pit* 1974
Olew ar fwrdd
99 x 99
Dinas a Sir Abertawe: Casgliad
Oriel Gelf Glynn Vivian.
Rhodd gan Gymdeithas Celf
Gyfoes Cymru
1982
© Yr Artist

69. Elizabeth Cramp
*Leinster Square* 1983
Dyfrlliw ar bapur
58 x 89
Ffotograff: Martin White
© Ystad yr Artist

70. Jonathan Cramp
*Orange Boat on Wet Sand*
2003
Dyfrlliw ar bapur
44 x 63
Casgliad Preifat
© Yr Artist

71. Alistair Crawford
*Flamenco II (Cheek to Cheek)*
1994, o *Barcelona Tango*
Creon olew, pensil, olew ar
bapur
61 x 46
© Yr Artist

72. Michael Crowther
*Flowers* 2007
Olew ar liain
21.5 x 25
Ffotograff: Mal Bennett
© Yr Artist

73. Claire Curneen
*In the Tradition of Smiling Angels* 2007
Terracotta
Uchder 85
© Yr Artist

74. Erica Daborn
*Interplay: Carafe* 2006
Gouache, pensil, inc ar label llyfr wedi'i hymestyn
52 x 50.8
Ffotograff: Dana Salvo
Delir gan yr Amgueddfa Brydeinig, Llundain
© Yr Artist

75. Hubert Dalwood
*Woman Washing* tua 1954
Plwm
45 x 21 x 21
Casgliad: Amgueddfa Cymru. Rhoddwyd gan Gyngor Celfyddydau Cymru, 2002
Atgynhyrchwyd gyda chaniatâd Ystad yr Artist

76. Peter Daniels
*Gardens at Picton, Pembrokeshire* 1997
Olew ar gynfas
182 x 121
Casgliad: Elizabeth Daniels
Ffotograff: Castle Photography, Hwlffordd
© Ystad yr Artist

77. Illtyd David
*Groesfaen Saga* 1969
Olew ar gynfas
147.4 x 99.7
Casgliad: Amgueddfa Cymru
© Ystad yr Artist

78. Artstation
*Polyphon* 2001
Oriel Fabrica, Brighton, comisiynwyd gan Fabrica fel rhan o'u Tymor Pulp 2001
Papur ac aer
tua 800 x 800 x 800
© Yr Artistiaid

79. Anthony Davies
*Border Crossings/Journey Through the Takapau Plains, 5* 2000
Print cerfwedd cyfryngau cymysg, gludwaith a sgrin sidan
70 x 100
© Yr Artist

80. Celia Davies
*Mwclis arian ag onyics du* 1998
Maint carreg: 1.4 x 1.2
Casgliad Preifat
Ffotograff: Patricia Aithie
© Yr Artist

81. Gareth Hugh Davies
*The Many Peopled Night* 2007
Olew ar gynfas
100 x 150
Casgliad: Prifysgol De Cymru
© Yr Artist

82. Ifor Davies
*Yr Ysgrifen ar y Mur: dinistr iaith a chymuned* 2001
Dryll tad-cu a beibl teuluol wedi'i hollti a llyfrau eraill ar sachlen
157 x 157
© Yr Artist

83. Lowri Davies
*Tebot, powlen siwgr a jwg mawr wedi eu haddurno gyda delweddau o'r gegin* 2007
Priddlestri gwyn
Uchder 20–30
Ffotograff: Mal Bennett
© Yr Artist

84. Marcelle Davies
*Moonlight* 2007
Wedi'i frodio â llaw
8.5 x 11.6
© Yr Artist

85. Ogwyn Davies
*Hen Wlad fy Nhadau…* 1975
Cyfryngau cymysg ar fwrdd
47.9 x 67.2
Casgliad: Ymddiriedolaeth Derek Williams, ar fenthyg i Amgueddfa Cymru er 1997
© Yr Artist

86. Yr artistiaid Paul Davies, sy'n dal *Welsh Not*, a Mario Merz yn yr Eisteddfod Genedlaethol Cymru, Wrecsam 1977
© Ystad yr Artist

87. Tim Davies
*Drumming* 2004
Llun llonydd o DVD
© Yr Artist

88. Richard Deacon
*Capannone 1*
Gosodwaith yn Cymru yn Biennale Fenis, 2007
Ffotograff: Polly Braden
© Yr Artist

89. Haydn Denman
*Easter Sunday, Cwm* 2001
Ffotograff, ffilm negatif du a gwyn, heb ei docio
© Yr Artist

90. James Donovan
*Boomer* 2007
Acrylig ar fwrdd
12 x 12
Casgliad Preifat
© Yr Artist

91. Deborah Edwards
*Cat Flap Rings* 1998
Aur 18ct, arian a cherrig lled-werthfawr
Ffotograff: Joel Degen
© Yr Artist

92. Peter Edwards
*Young Woman on the Bridge
at Llangollen* tua 1995
Olew ar gynfas
100.5 x 80.5
Trwy ganiatâd Llyfrgell
Genedlaethol Cymru
© Yr Artist

93. John Uzzell Edwards
*Cyfres y Cwilt Cymreig* 2006
Acrylig a chyfryngau
cymysg ar gynfas
183 x 167.6
Casgliad Preifat
© Yr Artist

94. Ken Elias
*Between Pictures* 2005
Acrylig ar bapur
86 x 99
© Yr Artist

95. John Elwyn
*The Farmer's Wife* 1953
Olew ar gynfas
40.6 x 58.4
Casgliad: Robert Meyrick
© Ystad yr Artist

96. Ann Catrin Evans
*Dolenni drws awditoriwm
Canolfan Mileniwm Cymru,
Caerdydd* 2004
Alwminiwm (castin cwyr
colledig)
Ffotograff: Penseiri Percy
Thomas
© Yr Artist

97. Cerith Wyn Evans
*Cleave '03 (Transmission:
Vision of the Sleeping Poet)*
yn Cymru yn Biennale Fenis
2003
Gosodwaith chwilolau
© Yr Artist

98. Handel Evans
*The Vaults* 1987
Tempera ar bapur
49 x 47
Casgliad: Prifysgol
Aberystwyth
© Prifysgol Aberystwyth

99. Merlyn Evans
*The Refugees* 1946
Olew ar gynfas
106.6 x 81.1
Casgliad: Amgueddfa Cymru
© Ystad yr Artist

100. Nicholas Evans
*Entombed – Jesus in the
Midst* 1974
Olew ar gynfas
137.2 x 91
Casgliad: Amgueddfa
Cymru. Rhoddwyd gan yr
Athro Mansel Davies, 1979
© Mr Victor Evans

101. Simon Fenoulhet
*Red Shift* 2005
100 o beli tenis bwrdd a 100
o laserau coch
300 x 500 x 1100
© Yr Artist

102. Peter Finnemore
*Koan Exercises* 2004
Naratif wedi'i berfformio,
Cymru yn Biennale Fenis 2005
Print Lambda wedi'i fowntio
ar ddiasec
Delwedd 143 x 94
© Yr Artist

103. Barry Flanagan
*Small Nijinsky Hare* 1992
Efydd
57.1 x 25.2 x 39.6
Casgliad: Amgueddfa Cymru
© Ystad yr Artist, trwy
garedigrwydd Rowford
Process ac Orielau
Waddington

104. Michael Flynn
*Brushing Teeth 2* 2007
Crochenwaith caled gydag
engobe porslen
Uchder 52
© Yr Artist

105. Edwin V Forrest
*Anne at Bron Garth, July* 1974
Olew ar fwrdd
21.6 x 16.5
Casgliad: Gweddw'r artist,
Anne Forrest
© Anne Forrest

106. Martin Fraser
*Bwrdd tangiad* 2006
Onnen wedi'i phlygu â stêm
a gwydr wedi'i galedu
35 x 87 x 87
© Yr Artist

107. Gavin Fraser-Williams
*Memory Sticks Triptych* 2007,
ynghau
Aur melyn 18ct a phren caled
Hyd 23
Casgliad Preifat, Yr Iseldiroedd
© Yr Artist

108. Gavin Fraser-Williams
*Memory Sticks Triptych*,
2007, ar agor
Aur melyn 18ct a phren caled
Hyd 23
Casgliad Preifat, Yr Iseldiroedd
© Yr Artist

109. David Frith
*Noe crochenwaith caled* 2006
canol wedi'i wydro â nuka,
tywalltiadau copr coch ac
arwyneb wedi'i wydro â
lludw ar yr ymyl
Lled 50
© Yr Artist

110. Margaret Frith
*Dysgl borslen wedi'i sgwaru*
2006
Gwydredd Tenmoku, motif
cwyr a gorwydredd nuka
gydag ymyl wedi'i wydro â
lludw
27 x 27
© Yr Artist

111. Valerie Ganz
*Trio of Tower Men* 2002
Dyfrlliw a siarcol ar bapur
63.5 x 56

Prynwyd gan Amgueddfa
Brycheiniog gyda grant gan
Ymddiriedolaeth Gelf
Amgueddfa Brycheiniog
(2003.12)
© Yr Artist

112. David Garner
*A is for Aberfan* 1999
Cadeiriau ysgol, bitwmen,
glo, bwrdd du plentyn
Maint amrywiol
© Yr Artist

113. David Gepp
*Punta Della Dogana, St
Patrick's Day, 1995, o'r gyfres,
Venezia Stenopaeica*
Dinoethiad 12 munud, print
C-teip o negydd camera
twll pin
40 x 50
© Yr Artist

114. Arthur Giardelli
*The Sea's Edge* 1990
Cyfryngau cymys ar fwrdd
91.8 x 91
Casgliad: Ymddiriedolaeth
Derek Williams, ar fenthyg i
Amgueddfa Cymru er 2001
© Ystad yr Artist

115. Tom Gilhespy
*Homeland Security: manylyn o
Fire Performance in Insterburg
Castle, Chernyakhovsk,
Kaliningrad Oblast, Rwsia*
Gorffennaf 2007
Ffotograff: Oleg Kabatov
© Yr Artist

116. John Gingell
*Power Box, Meshchip and
Blue Flash* 1992–94
Isbwerdy SWALEC, Herbert
Street, Caerdydd
Dur wedi'i orchuddio â
phowdr
Yn eiddo i SWALEC,
comisiynwyd trwy'r
Asiantaeth Gelf ac Adfywio

Ffotograff: Jeff Morgan
© Ystad yr Artist

117. Anthony Goble
*The Last Dance* 1997
Olew ar gynfas
95 x 113
© Janice Goble

118. James Henry Govier
*Lougher* 1947
Olew ar gynfas
45 x 76
Casgliad: Teulu Govier
© Stephen Govier

119. Virginia Graham
*Tebot â choesau a jwg fach*
2007
Cerameg crochenwaith
caled gyda phrint troslun a
gloywedd aur
27 x 24 x 15
Ffotograff: Toril Brancher
© Yr Artist

120. Esther Grainger
*Mount Stuart Square, Cardiff*
tua 1988
Pensil ar bapur
Delwedd weledol 55.5 x 69
Trwy ganiatâd Llyfrgell
Genedlaethol Cymru
Rhodd gan Gymdeithas Celf
Gyfoes Cymru 1996
© Mr Jeff Grainger

121. Paul Granjon
*Biting Machine* 2007
Dur, alwminiwm,
polyiwrethen, electroneg
30 x 36 x hyd amrywiol
© Yr Artist

122. Mignon Griffith
*Devotion after Childbirth* 1964
Olew ar gynfas
49.5 x 39.4
Casgliad: Amgueddfa
Cymru. Rhoddwyd gan
R Griffith 1978
© Ystad yr Artist

123. Mary Griffiths
*Angela and Emma* 2006
Olew ar gynfas ar fwrdd
95 x 60
Casgliad: Michael a Jane
Crowe
Ffotograff: Doug Atfield,
trwy garedigrwydd Orielau
Chappel
© Yr Artist

124. Jon Groom
*Between the Light # 10* 2006
Mwynau acrylig
210 x 180
Casgliad: Amgueddfa
Cymru. Rhoddwyd gan
Sean Scully, 2007
© Yr Artist

125. Allan Gwynne-Jones
*Emmy as a Bridesmaid* 1958
Olew ar gynfas
39.3 x 29.1
Dinas a Sir Abertawe: Casgliad
Oriel Gelf Glynn Vivian
© Ystad yr Artist

126. A H Morgan Hall
*Bottles* 1947
Olew ar fwrdd
40.6 x 50.8
Casgliad: Panter a Hall Cyf
© Matthew Hall

127. Morgen Hall
*Tebot* 2007
Priddlestr coch wedi'i daflu
ar droell a'i wydro â thun
Uchder 23
Casgliad Preifat
© Yr Artist

128. Frank Hamer
*Square plate: ember barb*
2007
Cerameg crochenwaith caled
27 x 27
© Yr Artist

129. Kenneth Hancock
*Two Figures in a Landscape*
tua 1951
Olew ar fwrdd
27 x 44.5
Dinas a Sir Abertawe:
Casgliad Oriel Gelf Glynn
Vivian
© Ystad yr Artist

130. Hywel Harries
*Llanon, Ceredigion* 1975
Olew ar fwrdd
37 x 62
Casgliad: Amgueddfa
Ceredigion, Aberystwyth
© Mrs C Harries

131. Richard Harris
*Walking with the Sea* 1999
Parc Arfordir y Mileniwm,
Llanelli
Lludw tanwydd wedi'i
falurio ac uwchbridd
© Yr Artist

132. Ben Hartley
*Triumphalist*
Gouache ar bapur
63 x 50
Casgliad Preifat
© Bernard Samuels

133. David Hastie
*The Two Tables* 2007
Dau fwrdd pren, plwm,
cortyn
100 x 300 x 600
© Yr Artist

134. Rozanne Hawksley
*Goe and Catche a Falling
Starr* 2003–04
Sidan, paent, inc, lledr,
gleiniau, sbanglau, edau
aur, rhuban
30.5 x 25.5 x 3.8
© Yr Artist

135. Maggie Henton
*Basket* 1994
Gwiail wedi'u lliwio, coed
bedwen haenog wedi'i
staenio, gwifren

30 x 48 x 28
Casgliad y Cyngor Crefftau
W99
Ffotograff: Sara Morris, 1995
© Maggie Henton/Y Cyngor
Crefftau 1995

136. John Heritage
*Papal Intermission* 1988
Olew ar gynfas
60 x 60
Casgliad: Elaine Heritage
Ffotograff: John Heritage Jnr
© Elaine Heritage

137. Josef Herman
*Pen-y-Bont Inn, Ystradgynlais*
1949
Olew ar gynfas
64.3 x 74.4
Prynwyd gan Amgueddfa
Brycheiniog gyda grantiau
gan y Gronfa Gelf, Cronfa
Grant Prynu MLA/V&A ac
Ymddiriedolaeth Gelf
Amgueddfa Brycheiniog
(2008.29)
© Ystad yr Artist

138. Clive Hicks-Jenkins
*The Prophet Fed by a Raven*
2007
Acrylig ar banel
62 x 82
Casgliad Preifat, UDA
© Yr Artist

139. Falcon Hildred
*Deptford Mill, London* 1974
Pensil a dyfrlliw ar bapur Caint
20 x 20
© Yr Artist

140. Sue Hiley Harris
*Indigo vessels I, II, III, IV, V* 2002
Lliain, gwifren, pren a sidan,
wedi'u gwehyddu a'u
hadeiladu â llaw
Pob un tua 200 x 20 x 20
Collezione Civica di Fiber
Art, Chieri, Yr Eidal, yn eiddo
i Ddinas Chieri ac o dan ei
rheolaeth
© Yr Artist

141. Amber Hiscott
*The Journey*, sgrin yng
nghyntedd Ysbyty'r Great
Western, Swindon 2002
(manylion)
Enamelau wedi'u sgrin-ar-
graffu ar wydr wedi'i galedu
1000 x 400 yn ei grynswth
Yn eiddo i Ysbyty'r Great
Western, Swindon
© Yr Artist

142. Harry Holland
*Note* 2003
Olew ar gynfas
92 x 61
Casgliad Preifat, Gwlad Belg
© Yr Artist

143. Harvey Hood
*From Guitar to Typewriter* 2002
Gitâr Sbaenaidd, teipiadur
Olympic, metel wedi'i rydu
a'i oerfwrw
210 x 220 x 160
Ffotograff: Matthew Hood
© Yr Artist

144. Shelagh Hourahane
*Cerrig-amser coch (Red
Time-stones)* 2000
Pastel, papur sidan a phadio
cnu
77 x 80
© Yr Artist

145. Ray Howard-Jones
*Estuary at Night* 1962
Olew ar fwrdd
49.5 x 74.5
Casgliad: Amgueddfa
Cymru. Cymynrodd Ray
Howard-Jones, 1996
© Nicola Howard-Jones ac
Amgueddfa Cymru

146. Catrin Howell
*Portents* 2005
Terracotta
35 x 9 x 12 yr un
Ffotograff: © Sylvain Deleu
© Yr Artist

147. Neale Howells
*Best Cross Dresser Award* 2007
Acrylig, olew, pastel, pensil,
pren
243 x 243
Casgliad Preifat
© Yr Artist

148. Steve Howlett
*Vessel* 1994
Celyn
31.5 x 51 ar y mwyaf x 48 ar
y mwyaf
Casgliad: Ymddiriedolaeth
Derek Williams, ar fenthyg i
Amgueddfa Cymru er 1997
© Yr Artist

149. Tom Hudson
*Wales – Map and Horizon* 1975
Cynllun i gerdyn post a
gomisiynwyd gan Oriel
(Cyngor Celfyddydau Cymru)
Casgliad: Sally Hudson
© Ystad yr Artist

150. Aled Rhys Hughes
*Rhossili: A Tide Coming In*
2002
Ffotograff
76 x 96
© Yr Artist

151. Sara Humphreys
*Jester Pendant* 2007
Llechen wythïen oren ac
aur melyn a gwyn
Diamedr 6.5
Casgliad Preifat
© Yr Artist

152. Richard Humphry
*Philoctetes in Lemnos*
1985–95 (manylyn)
Olew ar gynfas
91.4 x 121.9
© Yr Artist

153. Sue Hunt
*Composition in grey, ochre
and vermillion* 2006
Acrylig a phastel ar bapur
50.8 x 76.2
© Yr Artist

154. Robert Hunter
*Carmarthenshire Landscape
(Sunset)* 1955
Olew ar fwrdd
81.2 x 56.5
Casgliad: Amgueddfa Sir
Gaerfyrddin, rhoddwyd gan
Gyngor Celfyddydau Cymru
2002
© DACS 2012

155. David Hurn
*Porth Oer (Whistling Sands).
Enjoying the Beach* 2004
Ffotograff
28 x 40.6
© David Hurn/Magnum
Photos

156. Bethan Huws
*ION ON* 2003
Llun llonydd o ffilm: ffilm
35mm, lliw, sain, 60 munud
© Dieter Association Paris.
Trwy garedigrwydd yr artist
ac Yvon Lambert Paris-Efrog
Newydd-Llundain

157. Edrica Huws
*Laburnum Tree* 1990
Defnydd
109 x 74
Casgliad Preifat
© Ystad Edrica Huws

158. Elin Huws
*Llewyrch* 2007
Gwlân, cotwm moher,
deilen aur sidan, ystof foher
98 x 98
© Yr Artist

159. Cyril Ifold
*Welsh Village* tua 1980
Olew ar gynfas
58 x 98
Dinas a Sir Abertawe: Casgliad
Oriel Gelf Glynn Vivian
© Ystad yr Artist

160. Bert Isaac
*Nagg's Farm near
Abergavenny* 1957
Dyfrlliw ar bapur
30 x 48
Casgliad Preifat
© Joan Isaac

161. Dilys Jackson
*Arch Formation* 1995
Efydd
32 x 24 x 21
Casgliad: Prifysgol De
Cymru. Rhodd gan
Gymdeithas Celf Gyfoes
Cymru 2011
© Yr Artist

162. Merlin James
*Boxes* 1988–90
Acrylig ar gynfas
48 x 38
Casgliad Preifat
Ffotograff: Polly Braden
© Yr Artist

163. Alfred Janes
*Roses* 1957
Olew ar fwrdd
68 x 91.5
Casgliad Preifat
Ffotograff: Graham
Matthews
© Ystad yr Artist

164. Augustus John
*Portrait of Beshlie Heron
(aka Clarissa)* 1950au
Olew ar gynfas
107 x 71.5
Casgliad: Amgueddfa
Cymru
© Ystad yr Artist

165. Aneurin Jones
*Goleuni* 2006
Acrylig ar fwrdd
90 x 100
Casgliad: Paul Jones,
Caerdydd
Ffotograff: Ric Bower
© Yr Artist

166. Bryan Jones
*Poppy Field* 1997
Acrylig ar gynfas
31 x 25
Casgliad Preifat
© Christine Kinsey

167. Catrin Jones
*Ffenest ddwyreiniol, Marchnad Nwyddau o dan Do, Dinas Casnewydd* 2003
Yn eiddo i Gyngor Dinas Casnewydd ac wedi'i gomisiynu ganddo
Wedi'i sgrin-argraffu a gwydr arnawf wedi'i galedu
1000 x 2000
Ffotograff: Tim Pegler
© Yr Artist a Chyngor Dinas Casnewydd

168. Christine Jones
*Llestri pinc a llwyd* 2007
Priddlestri llwyd tywyll a phinc, wedi'u torchi
Diamedr 36 x 16, diamedr 43 x 14, diamedr 36 x 22
Casgliad Preifat
Ffotograff: Nicola O'Neill
© Yr Artist

169. Colin Jones
*Funeral, Merthyr* 1965
Olew ar banel
127 x 101.6
Dinas a Sir Abertawe: Casgliad Oriel Gelf Glynn Vivian
© Jean Roberts

170. David Jones
*Trystan ac Essyllt* tua 1962
Pensil, dyfrlliw a lliw di-draidd ar bapur
77.5 x 57.1
Casgliad: Amgueddfa Cymru
Atgynhyrchwyd gyda chaniatâd Ymddiriedolwyr Ystad David Jones

171. Thomas Dempster-Jones
*The Riding Lesson* 1963

Olew ar gynfas
70 x 90
Casgliad Preifat
© Ystad yr Artist

172. Glyn Jones
*Provence* 2006
Olew ar gynfas
101 x 101
© Yr Artist

173. Helen Jones
*Pastoral Care* 2005
Dur, cotwm, cnu, corn a chollen
Uchder 150
© Yr Artist

174. Jack Jones
*Landore Viaduct, Swansea* 1991
Olew ar fwrdd
19.6 x 24.7
Dinas a Sir Abertawe: Casgliad Oriel Gelf Glynn Vivian
© Ystad yr Artist

175. Jacqueline Jones
*Spirit of The Mabinogion* 1989
Wedi'i frodio â llaw mewn edau sidan a metel, gyda lledrau wedi'u padio, organza a gleiniau ar gefndir sidan wedi'i baentio
Diamedr 65
© Yr Artist

176. Jonah Jones
*Directions* 1982
Dyfrlliw ar bapur
45 x 40
Casgliad: Keith a Naomi Trodden
© Ystad yr Artist

177. Julia Griffiths Jones
*Homage to Calder* 2003
Dur meddal wedi'i baentio, alwminiwm, edafedd
130 x 74
Ffotograff: Jason Ingram
© Yr Artist

178. Mary Lloyd Jones
*Ochre Pool, Cwm Rheidol/Pwll Melyn, Cwm Rheidol* 2004
Olew ar gynfas
60 x 60
Casgliad Preifat
Ffotograff: Tina Carr ac Annemarie Schöne/Simply Solar
© Yr Artist

179. Selwyn Jones
*Peter II (Peter Prendergast)* 1992
Pensil ar bapur
Delwedd weladwy 35.5 x 25
Trwy ganiatâd Llyfrgell Genedlaethol Cymru
© Sarah Jones

180. Angharad Pearce Jones
*Branding the Land* 2003
Wedi'i greu ar gyfer Explorations, arddangosfa dros dro, Gardd Fotaneg Genedlaethol Cymru: prosiect Cywaith Cymru
Llofnod S.Lapidge mewn planhigion Betsan Brysur coch
3500 x 800
Ffotograff: Graham Matthews
© Yr Artist

181. Walter Keeler
*Cut Branch Teapot* 2004
Gwydredd melyn yn null Whieldon
Uchder 23
Casgliad Preifat
Ffotograff: Dewi Tannatt Lloyd
© Yr Artist

182. Carol Kingsbury-Gwizdak / Kingsbury Gwizdak
*Tree on the Hill* 2005
Modrwy, arian sterling wedi'i fwrw a chen
8 x 5
Ffotograff: Gina Hughes
© Yr Artist

183. Christine Kinsey
*Soliloquy 1/Ymson 1* 2001
Olew ar gynfas
152.5 x 152
Ffotograff: Tina Carr/
Annemarie Schöne
© Yr Artist

184. John Knapp-Fisher
*Smallholding* 2007
Olew ar bapur
51 x 76
Casgliad Preifat
Ffotograff: Senecio Press
© Yr Artist

185. Frederick Könekamp
*Evolution II* 1962
Olew ar galedfwrdd
89.5 x 118.1
Casgliad: Amgueddfa
Cymru

186. Heinz Koppel
*Happy Family* 1953
Olew ar fwrdd
71.1 x 93.9
Casgliad Preifat
© Ymddiriedolaeth Lluniau
Heinz Koppel

187. Philippa Lawrence
*Bound, Montgomeryshire*
2005
Coeden ddarfodedig wedi'i
lapio mewn cotwm
Ffotograff: Alex Ramsay
© Yr Artist

188. Stuart Lee
*Heb Deitl rhif 6* o'r gyfres,
*Water Level* 2004
C-Print
74 x 74
© Yr Artist

189. Hendrik Lek
*Beams* 1946
Brwsh sych ac inc ar bapur
18 x 14
Ffotograff: Carole Griffiths
© Karel Lek

190. Anna Lewis
*Vanished – feather wrap* 2001
Plu gŵydd, edau anweledig,
printio llaw a chlymu
1.5 x 30
Ffotograff: Jesse Seaward
© Yr Artist

191. Catherine Lewis
*Body Mapping* 2007
Fideo digidol a delwedd
ddigidol wed'i sganio
Ffotograff: Catherine Lewis
© Yr Artist

192. Gomer Lewis
*Llandanwg* 1981
Olew ar gynfas
91.2 x 101.5
Casgliad: Amgueddfa
Cymru. Cymynrodd Gaynor
Cemlyn Jones 2003
© Ystad yr Artist

193. Tim Lewis (Stiwdios
Glantawe, Abertawe)
*Ffenest goffa i Mac Bihari*,
1988, Eglwys yr Holl Saint,
Ystumllwynarth, Mwmbwls,
Abertawe
Gwydr lliw
Pob ffenest 175.2 x 45.7
Atgynhyrchwyd gyda
chaniatâd caredig y Ficer a
Wardeiniaid Eglwys yr Holl
Saint, Ystumllwynarth
© Yr Artist

194. Andrew Logan
*Maria Callas* 2007
Gwydr, Swarovski Crystals
(rhodd), llwch llewyrch,
ystor, alwminiwm a phren
315 x 135
© Yr Artist

195. Peter Lord
*Cloc Haul: Gardd a Chanolfan
Ddehongli Hywel Dda*, 1985,
*Hendy-gwyn*
Llechi ac enamel
Uchder 106.7
Comisiynwyd gan ac yn
eiddo i Gymdeithas

Genedlaethol Hywel Dda
© Yr Artist a Chymdeithas
Genedlaethol Hywel Dda

196. Ronald Lowe
*Golden Light Towards Brecon*
1974
Inc a gouache ar fwrdd
15.5 x 24.3
Casgliad: Amgueddfa
Brycheiniog, rhoddwyd gan
Gyngor Celfyddydau Cymru
(2003.7.17)
© Mrs Julie Lowe

197. John Macfarlane
*Man's Head II, Monastatos,
The Magic Flute, Y Tŷ Opera
Brenhinol* 2005
Cyfryngau cymys ar bapur
25 x 25
Casgliad Preifat
© Yr Artist

198. Kathleen Makinson
*Seal Pendant* 2001–02
Metel gwerthfawr gwyn,
wedi'i ocsideiddio'n rhannol
ar un ochr
2.7 x 8
Ffotograff: Dewi Tannatt Lloyd
© Yr Artist

199. Eric Malthouse
*Vertical Bands and Cryptic
Signs* 1986
Olew ar gynfas
91.5 x 91.5
Casgliad: y ddiweddar
Penny Malthouse
Ffotograff: Dave Daggers
© Ystad yr Artist

200. Howard Martin
*The Presentation in the
Temple* 1957, Eglwys y
Santes Farged, Crynant
Ffenestr wydr lliw, panel dde
127 x 41.9
Ffotograff: Tim Lewis
© Ystad Mr Howard Martin a
Ficer, Wardeiniaid ac Aelodau
Eglwys y Santes Farged,
Crynant

201. Sally Matthews
*Cow* 2005
Crëwyd i Gathering,
arddangosfa deithiol,
Northumberland, 2005–6,
a drefnwyd gan Artistiaid
Gweledol mewn Cymunedau
Gwledig
Tail gwartheg ar ffrâm ddur
Tua 135 x 64 x 235
© Yr Artist

202. Ron McCormick
*Kingsway, Newport* 2006
Ffotograff digidol, o'r gyfres
yn dogfennu strydoedd
Casnewydd
Ffotograff gan Ron
McCormick ©

203. Donald McIntyre
*Cuil Phail* tua 1994
Acrylig ar fwrdd
Tua 52 x 78
Casgliad Preifat
© L Lindee

204. Harry Meadows
*Cylchig llythrennu arysgrifiadol*
1973
Llechen Gymreig
32 x 32 x 3
Casgliad: Dr Peter Davies
© Yr Artist

205. Arthur Miles
*Llandough Church* 1946
Arlunio dyfrlliw ar bapur
24.5 x 31.2
Casgliad: Amgueddfa ac Oriel
Gelf Casnewydd, de Cymru
© Ystad yr Artist

206. Eleri Mills
*Meirch yn y Winllan* 2006
Paent, pwytho â llaw ac
appliqué ar ddefnydd
56 x 116
Casgliad Preifat
© Yr Artist

207. Bernard Mitchell
*R.S. Thomas, wedi'i dynnu
fis Chwefror 1997 yn
Llanfair-yng-Nghornwy*
Ffotograff du a gwyn
21 x 29.7
© Yr Artist

208. Bob Mitchell
*Andromeda* 2007
Efydd
10 x 10 x 10
Ffotograff: Simon Regan,
Regan Fine Print Production
© Yr Artist

209. Christina Mitchell
*Tribute to Rousseau* 2007
Pastel sych ar bapur
59 x 83
Ffotograff: Simon Regan,
Regan Fine Print Production
© Yr Artist

210. Leslie Moore
*Flower Shop* 1950
Olew ar gynfas
46.3 x 56.8
Casgliad: Amgueddfa Cymru
© Ystad yr Artist

211. Raymond Moore
*Pembrokeshire* 1969
Ffotograff
18 x 26.6
Casgliad: Amgueddfa Cymru
© Ystad yr Artist

212. Sally Moore
*Remains* 2000
Olew ar banel
107.1 x 117.7
Casgliad: Ymddiriedolaeth
Derek Williams, ar fenthyg i
Amgueddfa Cymru er 2000
© Yr Artist

213. Glyn Morgan
*Song of the Earth* 2003
Olew ar gynfas
102 x 117
Ffotograff: Douglas Atfield
© Yr Artist

214. Heather ac Ivan Morison
*Pleasure Island*, Cymru yn
Biennale Fenis 2007
Pren a gwydr
7.5 x 10 x 7.5 metr
Ffotograff: Polly Braden
© Yr Artistiaid

215. Cedric Morris
*Flower Still Life* tua
1950au/60au
Olew ar gynfas
76 x 63.5
Casgliad: Richard Green,
Llundain
Ffotograff trwy garedigrwydd
Richard Green, Llundain
© Ystad yr Artist

216. John Meirion Morris
*Ar y Sgwâr* 2004
Efydd, llechen,metel a
darnau arian,
53.3 x 45.7 x 45.7
© Yr Artist

217. Roger Moss
*Skin* 2006
Dur di-staen, Toddi Laser
Dethol
14.5 x 11 x 16.5
© Yr Artist

218. Sigrid Müller
*Amaryllis* 2007
Dyfrlliw a phensil creon ar
fwrdd lluniadu
39.5 x 36.5
Casgliad Preifat
© Yr Artist

219. David Nash
*Extended Cube* 1996
Cedrwydd
126 x 276 x 104
Casgliad: Capel Rhiw
© Yr Artist

220. Tom Nash
*Venice* 2007
Acrylig ar gynfas
101.6 x 75.2
© Yr Artist

221. John Neilson
*En la piedra canta el mar (Yn y garreg mae'r môr yn canu)* 2005
Llechen Gymreig
120 x 20.5 x 1.3
© Yr Artist

222. Eileen Newell
*Muse* 2003
Cerameg wedi'i gwydro a'i thanio ar wres uchel
52 x 32 x 28
© Yr Artist

223. Philip Nicol
*Visit* 2004
Olew ar liain
66 x 71
Casgliad: Bernard Rees
Ffotograff: Paul Beauchamp
© Yr Artist

224. Anna Noël
*Tyger Tyger* 2006
Llestri pridd wedi'u tanio ar wres uchel, wedi'u haml-danio ag ocsidau a slipiau
32 x 34 x 15
Casgliad Preifat
© Yr Artist

225. Sarah Noël
*Harmony* 2007
Llestr pridd wedi'i danio ar wres canolig, cerameg
40 x 54 x 7.6
© Yr Artist

226. Vera Oak
*Water Lilies* 1960
Dyfrlliw ar bapur
24 x 34
Casgliad: Pandora Allin
© Ystad yr Artist

227. Richard Page
*The Decoy* 2006
Print Fujitrans mewn bocs golau
100 x 110
© Yr Artist

228. Luned Rhys Parri
*Ar Frys yn Hyfrydle* 2007
Cyfryngau cymysg
Tua 30 x 12
Casgliad Preifat
Ffotograff: Gerallt Llywelyn
© Yr Artist

229. Iwan Gwyn Parry
*Estuary with Clearing Skies* 2004
Olew ar gynfas, 152 x 183
Casgliad Preifat
© Yr Artist

230. David Pearl
*Gosodwaith golau lliw naturiol* 2006, Eglwys y Plwyf, Sant Gabriel, Toronto
Sgrin sidan wedi'i henamelu, gwydr wedi'i galedu a ffiltrau deuliw wedi'u mowntio ar y wal
7 x 90 metr
© Yr Artist

231. John Petts
*The Tree of Life* 1987
Ffenestr gwydr lliw, Eglwys Sant Pedr, Caerfyrddin, er cof am Dr Anne Nest Mary Crane
Atgynhyrchwyd gyda chaniatâd Rheithor a Wardeiniaid Eglwys San Pedr, Caerfyrddin, a'r diweddar Dr John Crane
© Ystad yr Artist

232. Kusha Petts
*Poacher's Boat* 1988
Dyfrlliw ar bapur,
18 x 28
© Ystad yr Artist

233. Mick Petts
*The Pit Pony*, 1998–9, Parc Penallta, Ystrad Mynach, Caerffili
Siâl glo, isbridd, tyweirch
200 x 40 x 6 metr
Ffotograff: © Steve Brockett
© Yr Artist

234. Paul Peter Piech
*Bells of Rhymney (Idris Davies): Y Gyfres Printiau a Cherddi* 1990
Torlun pren ar bapur
45 x 64
Casgliad: Prifysgol De Cymru
© Mrs Olwen Stocker

235. John Piper
*Raglan Castle* 1980
Dyfrlliw ar bapur
55.5 x 77.9
Casgliad Preifat
© Ystad yr Artist

236. Peter Prendergast
*Blaenau Ffestiniog* 1993
Olew ar gynfas
122.3 x 305.2
Casgliad: Amgueddfa Cymru
© Ystad Peter Prendergast. Cedwir pob hawl, DACS 2012

237. Gwilym Prichard
*Eglwys ac Eira, Llanfaes* 1965
Olew ar fwrdd
122 x 91.5
Casgliad: Robert Meyrick
© Yr Artist

238. Timothy Pugh
*Leaf Drawing* 2004
Siercol a sialc
Uchder tua 120
Ffotograff: Timothy Pugh
© Yr Artist

239. Elizabeth Rathmell
*Study for Portrait of Angela Down* 1986
Olew ar gynfas
30.5 x 30.5
Casgliad: Baxter Dury, Jemima Dury a Clive Richards
© Ystad yr Artist

240. Lilian Rathmell
*The Winners* dyddiad yn anhysbys
Cerfwedd ddefnydd
122 x 152.4
Casgliad: Baxter Dury, Jemima Dury a Clive Richards
© Ystad yr Artist

241. Thomas Rathmell
*The Sideboard* 1974
Olew dros acrylig ar gynfas
101 x 127
Casgliad: Amgueddfa ac Oriel Gelf Casnewydd, de Cymru
© Ystad yr Artist

242. Pamela Rawnsley
*Vessel Sequence: Nightfall* 2007
Arian, euro gwyrdd, ocsid
21.5 x 36 x 8.3
Ffotograff: Keith Leighton
© Ystad yr Artist

243. Ieuan Rees
*Clogfaen â gwaith llythrennu wedi'i gerfio* 2007
Llechen Gymreig
Hyd 140
Casgliad Preifat
© Yr Artist

244. Mary Rennell
Credir mai *A Landscape, Radnorshire* tua 1978 yw hwn
Inc a golchiad ar bapur
Casgliad: anhysbys
Ffotograff: Michael Dunne
© Ystad yr Artist

245. Ceri Richards
*The Pianist* 1948
Olew ar gynfas
63.4 x 76.2
Dinas a Sir Abertawe: Casgliad Oriel Gelf Glynn Vivian
Ystad Ceri Richards. Cedwir pob hawl, DACS 2012

246. Keith Richardson-Jones
*Interspaced Sequence* tua 1974
Acrylig ar gynfas
91 x 121 x 9
Casgliad: Amgueddfa Cymru
© Ystad yr Artist

247. Howard Roberts
*Capel y Bedyddwyr Croes-y-Parc* 1969
Olew ar fwrdd
49 x 77
Gyda chaniatâd Llyfrgell Genedlaethol Cymru. Rhoddwyd gan Gyngor Celfyddydau Cymru 2002
© Ystad Howard Roberts

248. John V Roberts
*Ace of Spades (Take a Card)* tua 1980
Inc a gouache ar bapur
44 x 27.5
Casgliad: Robert Meyrick
© Ystad yr Artist

249. Will Roberts
*Cefn Seison Fach* 1964
Olew ar fwrdd
60 x 49
Casgliad Preifat
© Ystad yr Artist

250. Ivor Roberts-Jones
*Kyffin Williams* 1959
Efydd
33 x 15.9 x 28
Casgliad: Amgueddfa Cymru
© Ystad Ivor Roberts-Jones

251. John Rogers
*Grassholm Island, Gannets* 2003
Dyfrlliw ar bapur
51 x 71
Ffotograff: Al Campbell
© Yr Artist

252. Phil Rogers
*Potel wedi'i mowldio â gwasg* 2007
Gwydredd Tenmoku gydag addurniad wedi'i sychu â'r bysedd

23 x 10.5 x 10.5
Casgliad Preifat
© Yr Artist

253. Shani Rhys James
*The Collector* 1994
Olew ar gynfas
119.5 x 165.5
Casgliad Celf New Hall, Prifysgol Caergrawnt, rhoddwyd gan Elizabeth a John Gibbs 2005
© Shani Rhys James. Cedwir pob hawl, DACS 2012

254. Mark Samuel
*Over the Rooftops, King's Road* 2007
Olew ar bapur
60 x 60
© Yr Artist

255. Mike Scott
*Ceremonial Bowl* 2004
Derwen wedi'i thurnio, ei cherfio a'i chwistrellu â thywod
Diamedr 38 x 73.5
© Yr Artist

256. Helen Sear
*Spot 10* 2003
Print ffotograffig Lambda, argraffiad o 5
153 x 114.7
© Yr Artist

257. Paul Seawright
*Between* 2003
Duratran a blwch golau
122 x 152
© Yr Artist. Trwy garedigrwydd Oriel Kerlin

258. Colin See-Paynton
*Walk of Wagtails*, o'r gyfres *Of a Feather – An Avian Alphabet* 2006
Engrafiad pren ar bapur
20 x 15
© Yr Artist

259. John Selway
*The Conformist, Palamos Beach (Homage to Bertolucci)* 2003–04
Olew ar gynfas
121.9 x 182.8
Casgliad Preifat
Ffotograff: Robert Alwyn Hughes
© Yr Artist

260. Terry Setch
*Branscombe, after the sinking of the MSC Napoli* 2007
Cyfryngau cymysg ar bapur
229 x 229
Ffotograff: © Isabelle Anderson
© Yr Artist. Trwy garedigrwydd Michael Richardson Contemporary Art

261. Anthony Shapland
*Rise* 2002
DVD sianel unigol, llun llonydd
Delwedd trwy garedigrwydd yr Artist
© Yr Artist

262. David Shepherd
*Drifter* 2003
Gosodwaith dros dro, Bryste
Ffotograff: David Shepherd
© Yr Artist

263. Maurice Sheppard
*A Time Line of Trees* 2007
Olew ar fwrdd
61 x 81
Casgliad Preifat
Ffotograff: Todd-White Art Photography
© Yr Artist

264. Denys Short
*Palisade* 1991
Harbwr Mewnol, Bae Caerdydd
Dur di-staen
Uchder 250
Comisiynwyd trwy'r Asiantaeth Gelf ac Adfywio
Yn eiddo i Associated

British Ports
Ffotograff: John Davies
© Yr Artist

265. Eirian Short
*Mandala* 1995
Tecstil wedi'i bwytho
Diamedr 120
Casgliad: Diana Springall
© Yr Artist

266. Kevin Sinnott
*Lost Romantic* 1994
Olew ar liain
185 x 152
Casgliad: Sefydliad Cancer Wellness, Florida, UDA
Ffotograff: Oriel Flowers East
© Yr Artist

267. Andrew Smith
*Light Cerulean, Umber Line* 2006
Olew ar gynfas
150 x 225
© Yr Artist

268. Sarah Snazell
*Lost Words* 1997
Cyfryngau cymysg ar bapur
48 x 59
Casgliad: Casgliad y Tabernacl, MOMA CYMRU. Rhodd gan Gymdeithas Celf Gyfoes Cymru 2006
© Ystad yr Artist

269. Peter Spriggs
*Gaudi, Guell and Making Faces (rhif 21 o gyfres o 33 o baentiadau)* 2007
Acrylig a phastel ar gynfas
26 x 30.5
© Yr Artist

270. Tony Steele-Morgan
*The Source* 1976
Olew ar gynfas
89 x 70
Gyda chaniatâd Llyfrgell Genedlaethol Cymru. Rhoddwyd gan Gyngor Celfyddydau Cymru 2002
© Ystad yr Artist

271. André Stitt
*Chapter: The Institution*
Ebrill 2005
Perfformiad/gosodwaith
Casgliad: Archif André Stitt
Ffotograff: Philip Babot
© Yr Artist

272. Graham Sutherland
*Trees with G-Shaped Form* 1972
Olew ar gynfas
117 x 172
Casgliad: Amgueddfa Cymru
© Ystad yr Artist

273. James Tarr
*Woman Sleeping* 1960
Lithograff ar bapur
45.7 x 34.2
Casgliad: Robert Meyrick
© Ystad yr Artist

274. Ceri Thomas
*Tŷ-tea, Guard-gardd* 1996–98
Dyfrlliw a phensil ar bapur
64 x 90
Casgliad Preifat
Ffotograff: 2GJ Design & Print
© Yr Artist

275. Laura Thomas
*Meadow Grasses* 2007
Sidan a chotwm gwehyddiad jacquard
60 x 70
Casgliad Preifat
Ffotograff: Iain Davies
© Yr Artist

276. Marcus Thomas
*Heb Deitl* 1993
Cerameg, tecstil, ffrwyth wedi'i euro
85 x 90 x 35
Casgliad: Casgliad ac Archif Cerameg Prifysgol Aberystwyth
Ffotograff: Dewi Tannatt Lloyd
© Yr Artist

277. Mari Thomas
*Modrwyau o Gasgliad
Solitaire* 2003
Arian, arian wedi'i ocsideiddio
ac aur a diemwntau
© Yr Artist

278. Robert Thomas
*Independence* 1965–66
Efydd
183 x 76 x 46
Casgliad: Ymddiriedolaeth
Derek Williams, ar fenthyciad
i Brifysgol De Cymru er 2004
Ffotograff: 2GJ Design
© Ystad Robert Thomas

279. M E Thompson
*The Tip* Gorffennaf 1949
Pensil ar bapur
54.9 x 82.2
Casgliad: Amgueddfa Cymru
© Ystad yr Artist

280. June Tiley
*Heb deitl* dyddiad yn anhysbys
Sachliain ddu, sidanau a phlu
127 x 38 x 7
Casgliad: Prifysgol De
Cymru. Rhoddwyd gan
Gyngor Celfyddydau
Cymru, 2005
© Ystad yr Artist

281. David Tinker
*Midwinter Midnight* 1995
Acrylig ar gynfas
101.5 x 101.5
Casgliad: Tracy Tinker
© Tracy Tinker

282. Mathew Tomalin
*Powlen â Darnau, rhif 4* 2006
Haearn bwrw, copr
11 x 18.2 x 15
Casgliad Preifat
© Yr Artist

283. David Tress
*The Big Greening* 2007
Cyfryngau cymysg ar bapur
41 x 58
Casgliad: Patricia Broad
© Yr Artist

284. Susie Vaughan
*Blackberry Picker* 2007
Basged wedi'i gwehyddu
gyda helyg, gan gynnwys
salix irrorata, cwyrosyn
cochfrig, onnen a
phlanhigyn brwsh poteli o
Awstralia
Diamedr 40 x 24
© Yr Artist

285. Richard Wakelin
*Construction '80-'85* 1985
Pren wedi'i baentio
24 x 48 x 20
Casgliad: Peter Wakelin a
Clive Hicks-Jenkins
© Ystad yr Artist

286. Rosemary Wakelin
*Striped Polygons* 1974
Acrylig ar gynfas
122 x 122
Casgliad: Sally Wakelin
© Ystad yr Artist

287. Audrey Walker
*Observed Incident* 2002
Sidan, edefion wedi'u
gwneud â llaw, paent
acrylig, cotwm
132 x 142.4
Casgliad y Cyngor Crefftau
T172
Ffotograff: Heini Schneebeli,
2007
© Audrey Walker/Y Cyngor
Crefftau, 2007

288. Evan Walters
*Abstract with Woman's Head*
tua 1948
Olew ar gynfas
50.8 x 70.6
Dinas a Sir Abertawe:
Casgliad Oriel Gelf Glynn
Vivian
© Ystad yr Artist

289. Paul Wearing
*Ceramic wall piece* 2003
Diamedr 30
© Yr Artist

290. Catrin Webster
*A Gesture Against the Wild,
Winter Painting* 2002
Olew ar gynfas
175 x 175
© Yr Artist

291. Sue Wells
*Mrs Richards, Fuches-Wen*
1978
Ffotograff du a gwyn
27 x 34
Casgliad: Rick Wells
© Ystad yr Artist

292. William Wilkins
*The Orchard, Spring Morning*
2007
Olew ar gynfas
50 x 61
Casgliad Preifat
© Yr Artist

293. Bedwyr Williams
*Bard Attitude* 2005
Print ffotograffig teip C
99.6 x 88.9
Casgliad: Amgueddfa Cymru
© Yr Artist

294. Claudia Williams
*Petit Déjeuner* 1986
Olew ar gynfas
91.5 x 122
Casgliad: Robert Meyrick
© Yr Artist

295. Emrys Williams
*Room* 2006
Olew ar gynfas
195 x 250
© Yr Artist

296. Idris Aeron Williams
*Siesta* 1976
Pensil ar bapur
49.5 x 71
Gyda chaniatâd Llyfrgell
Genedlaethol Cymru
© Ystad yr Artist

297. Kyffin Williams
*Blaen Ffrancon rhif 1* dyddiad
yn anhysbys
Olew ar gynfas
92.1 x 121.1
Casgliad: Amgueddfa
Cymru. Cymynrodd Dr E
Woodford Williams, 1985
Gyda chaniatâd Llyfrgell
Genedlaethol Cymru

298. Lois Williams
*A Reconstructed Thing* 1994
Gwlân
Tua 275 x 365 x 60
Casgliad: Ymddiriedolaeth
Derek Williams, ar fenthyg i
Amgueddfa Cymru er 2000
Ffotograff: Martin Barlow
© Yr Artist

299. Sue Williams
*Hi babe, where r u?* (cyfres
Through Glass) 2006
Cyfryngau cymysg ar gynfas
243.8 x 487.7
Ffotograff: Graham Mathews
© Yr Artist

300. David Woodford
*Porth Saint* 2001
Pensil a golchiad ar bapur
28 x 40
© Yr Artist

301. Stephen Young
*Girlfriends* 2006
Olew ar gynfas
81 x 66
Casgliad Preifat
© Yr Artist

302. Ernest Zobole
*A Painting about Myself in a
Landscape* 1994–95
Olew ar gynfas
117 x 169
Casgliad: Prifysgol De
Cymru (prynwyd gan ystad
yr artist)
Ffotograff: 2GJ Design
& Print
© Ystad yr Artist